U0906739

河南教育年鉴

河南省教育史志年鉴编纂委员会

2013

大象出版社

图书在版编目（CIP）数据

河南教育年鉴. 2013卷 / 河南省教育史志年鉴编纂委员会编. —郑州：大象出版社，2013. 11
ISBN 978-7-5347-7931-2

Ⅰ. ①河… Ⅱ. ①河… Ⅲ. ①教育事业—河南省—2013—年鉴 Ⅳ. ①G527.61-54

中国版本图书馆CIP数据核字(2013)第278579号

责任编辑　焦　采
封面设计　郑建新
出　　版　大象出版社（郑州市开元路18号　邮政编码450044）
网　　址　www.daxiang.cn
发　　行　大象出版社总发行部
制　　版　河南省瑞光印务股份有限公司
印　　刷　河南省瑞光印务股份有限公司
版　　次　2013年12月第1版　2013年12月第1次印刷
开　　本　889×1194毫米　1/16
印　　张　48　　插页　16
字　　数　2 073.6千字
印　　数　1－7 000册
定　　价　100.00元

河南省教育史志年鉴编纂委员会

河南省教育史志年鉴编辑室

编辑部地址：郑州市纬五路12号供销大厦811室　邮编：450003
电　　话：0371-65838019
电子信箱：hnjynj@163.com

河南省教育史志年鉴编纂委员会

河南省教育史志年鉴编辑室

编辑部地址：郑州市纬五路12号供销大厦811室　邮编：450003

电　　话：0371-65838019

电子信箱：hnjynj@163.com

▲1月13日，教育部与河南省人民政府在郑州举行《加快河南教育发展推进中原经济区建设战略合作协议》签字仪式。河南省委副书记、省长郭庚茂（前右）与教育部部长袁贵仁（前左）在合作协议上签字。

河南省教育厅办公室供稿

▲3月1日，卫生部部长陈竺（前中）到郑州大学视察工作。

郑州大学供稿

▲9月25日，河南大学举办建校100周年庆祝大会。

河南大学供稿

▲7月6日，河南农业大学举行兴办高等农业教育100年庆祝大会。

河南农业大学供稿

▲5月17日，国务院侨办副主任赵阳（右三）、河南省副省长徐济超（左三）、河南省政府外事侨务办公室主任朱清孟（左二）等出席国侨办华文教育基地揭牌仪式。

郑州大学供稿

▲11月5日，河南省人民政府、国家林业局合作共建河南农业大学签约仪式在北京举行。

河南农业大学供稿

▲5月31日，中共河南省委副书记、组织部部长邓凯（前右）与郑州市少年儿童一起欢庆六一国际儿童节。

河南省教育厅办公室供稿

▲9月6日，中共河南省委常委、郑州市委书记吴天君（前右二）慰问郑州师范学院教师。

郑州师范学院供稿

▲12月6日，河南省副省长徐济超(前左二)到宝丰县周庄镇中心幼儿园参观考察。

河南省教育厅办公室供稿

▲7月6日，教育部党组副书记、副部长杜玉波（左一）视察郑州大学。图为杜玉波等察看材料国家级实验教学示范中心。

郑州大学供稿

▲4月13日，教育部副部长杜占元（前排左二）到河南大学调研。

河南大学供稿

▲4月19日，中国工程院院士考察团一行16人莅临河南科技大学考察指导工作。

河南科技大学供稿

◀11月9日，中共十八大代表，河南省委高校工委书记，省教育厅党组书记、厅长王艳玲（前中）在河南代表团开放日作“努力办好人民满意的教育”主题发言。

河南省教育厅办公室供稿

▶5月14日，河南省委高校工委常务副书记，省教育厅党组副书记、副厅长李敏（前左二）在郑州四十七中调研。

河南省教育厅基教一处供稿

◀4月26日，省委高校工委副书记，省教育厅党组成员、副厅长訾新建（前排右一）出席全省征兵工作总结表彰暨学校征兵工作会议并讲话。

河南省教育厅学生处供稿

▶11月10日，河南省委高校工委副书记，省教育厅党组成员、副厅长张亚伟（前左）考察华北水利水电学院龙子湖校区食堂餐厅。

华北水利水电学院供稿

◀5月31日，河南省教育厅党组成员、巡视员崔炳建（前右三）在民权县营养餐配送中心检查工作。

河南省教育厅体卫艺处供稿

▶9月9—13日，河南省高校纪工委书记、省教育厅党组成员、省纪委驻教育厅纪检组长李功勋（前中）带队慰问援疆教师。

河南省教育厅纪检监察室供稿

◀8月14日，河南省教育厅党组成员、巡视员张健（左三）在河南省2012届教育部直属师范大学免费师范生岗前培训班上讲话。

河南省教科所供稿

▶7月20日,河南省教育厅党组成员，省招办主任、党委书记杨智磊（前左三）陪同上级领导检查普通高招录取工作。

河南省教育厅办公室供稿

◀8月8日，河南省教育厅党组成员、副厅长刁玉华（前右二）在新乡一中考点巡视特岗教师招聘工作。

河南省教育厅办公室供稿

◀8月17日，河南省教育厅党组成员、副厅长任锋主持召开“全面提高高等教育质量新闻媒体通气会”。

河南省教育厅办公室供稿

▶9月，河南省教育厅党组成员、副厅长尹洪斌（前中）在郑州市考察学前教育宣传工作。

河南省教育厅基教二处供稿

◀6月20日，中国共产党河南省教育厅直属机关第四次代表大会召开。

河南省教育厅机关党委供稿

▶ 4月18日，中原经济区建设与河南高校改革发展座谈会在郑州大学举行。

郑州大学供稿

◀ 9月24日，IAUP（世界大学校长联合会）暨AUAP（亚太大学联合会）高等教育国际化论坛在河南大学举行。

河南大学供稿

◀ 6月29日，《中国粮食博物馆展陈大纲》第一次评审会在河南工业大学召开。

河南工业大学供稿

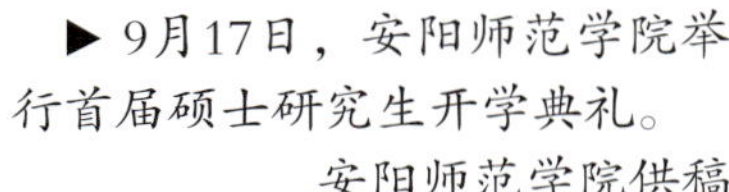

▶ 9月17日，安阳师范学院举行首届硕士研究生开学典礼。

安阳师范学院供稿

◀ 5月26日，河南省教育厅第五届职工运动会在郑州四十七中郑东校区举行。

河南省教育厅办公室供稿

▶ 5月24日，河南省暨省会郑州“学前教育宣传月”启动仪式在郑州绿城广场举行。

河南省教育厅办公室供稿

◀ 2月8日，洛阳师范学院合唱队在全国第三届大学生艺术展演活动中获得声乐专场合唱金奖。

洛阳师范学院供稿

▼ 6月10日，河南省第十七届大学生田径运动会在河南工程学院开幕。

河南工程学院供稿

目 录

综合管理

行政管理

政策法规及民办教育

人事、编制与教师队伍建设

·厅机关、直属单位干部队伍建设·

·机构与编制·

·劳动与工资·

·教师资格管理与教师队伍建设·

·教育人事制度改革·

·教育行政管理干部培训·

·人才管理与表彰奖励·

·原民办教师信访稳定工作·

高校党的建设

思想政治工作

高校哲学社会科学工作

发展规划

财经管理、审计

纪检监察

督　导

招生·考试

语言文字

机关党群工作

离退休干部工作

业务管理

义务教育、中小学德育与安全教育

高中教育、幼儿教育和特殊教育

职业与成人教育

高等教育

师范教育

高校科研与教育信息化

国际合作与交流、汉语国际推广、港澳台交流

学生工作

学校体育、卫生、艺术教育、国防教育

学位与研究生教育

其他各项事业

教育科学研究

基础教育教学研究

成人教育教学研究

职业教育教学研究

学生资助及高校后勤

教育报刊

电化教育

教育技术装备和勤工俭学

电子政务

市县教育

郑州市

·综合管理·

·基础教育·

·职业与成人教育·

·高等教育·

·民办教育·

开封市

洛阳市

平顶山市

安阳市

鹤壁市

新乡市

焦作市

濮阳市

许昌市

·综合管理·

·人民满意学校创建·

·基础教育·

·职业与成人教育·

·师资队伍建设·

·县域教育·

漯河市

·综合管理·

·贯彻落实《规划纲要》·

三门峡市

南阳市

商丘市

信阳市

周口市

驻马店市

济源市

巩义市

邓州市

永城市

中牟县

兰考县

汝州市

长垣县

鹿邑县

高等院校

郑州大学

河南大学

河南农业大学

河南师范大学

河南理工大学

河南科技大学

河南工业大学

华北水利水电学院

郑州轻工业学院

河南财经政法大学

中原工学院

河南中医学院

新乡医学院

郑州航空工业管理学院

河南科技学院

河南广播电视大学

河南教育学院

信阳师范学院

洛阳师范学院

安阳师范学院

南阳师范学院

商丘师范学院

周口师范学院

黄淮学院

平顶山学院

许昌学院

新乡学院

郑州师范学院

南阳理工学院

河南城建学院

河南工程学院

洛阳理工学院

安阳工学院

黄河科技学院

郑州升达经贸管理学院

郑州大学西亚斯国际学院

郑州科技学院

郑州华信学院

中原工学院信息商务学院

新乡医学院三全学院

郑州成功财经学院

商丘工学院

商丘学院

河南机电高等专科学校

信阳农业高等专科学校

郑州牧业工程高等专科学校

河南商业高等专科学校

郑州电力高等专科学校

焦作师范高等专科学校

郑州幼儿师范高等专科学校

中州大学

开封大学

焦作大学

开封文化艺术职业学院

郑州澍青医学高等专科学校

漯河医学高等专科学校

南阳医学高等专科学校

商丘医学高等专科学校

黄河水利职业技术学院

河南司法警官职业学院

河南检察职业学院（国家检察官学院河南分院）

河南质量工程职业学院

河南工业贸易职业学院

河南建筑职业技术学院

河南交通职业技术学院

郑州铁路职业技术学院

河南工业职业技术学院

平顶山工业职业技术学院

三门峡职业技术学院

鹤壁职业技术学院

许昌职业技术学院

濮阳职业技术学院

商丘职业技术学院

济源职业技术学院

信阳职业技术学院

永城职业学院

新乡职业技术学院

漯河职业技术学院

郑州职业技术学院

郑州交通职业学院

驻马店职业技术学院

洛阳职业技术学院

安阳职业技术学院

南阳职业学院

嵩山少林武术职业学院

周口职业技术学院

河南化工职业学院

河南推拿职业学院

河南护理职业学院

信阳涉外职业技术学院

郑州城市职业学院

郑州电力职业技术学院

郑州电子信息职业技术学院

鹤壁汽车工程职业学院

中专中小学选介

河南省医药学校

河南机电职业学院（河南机电学校）

中牟县官渡镇中学

新蔡县明英中学

河南省实验小学

中牟县人民路幼儿园

郑州市直幼儿园

教育人物

名师风采

教坛新秀

2012年省教育厅十佳优秀共产党员

青衿英姿

逝世人物

教育教学论坛

论文转载

论著提要

资料汇编

CONTENTS

Overview

Legislature Acts and Regulations Speeches Documentation

Special Reprinting

Comprehensive Management

Professional Management

Other Sectors

Education in Cities and Counties

Higher Institutions

Selecting Polytechnic Schools and Primary and Secondary Schools

Educational Figures

Special Reprinted

Uniqueness of Famous Teachers

Education and Teaching Forum

Theses Abstracts

Material Collection

·特别转载·

高度重视学习中华民族发展史

江泽民

中华文明源远流长，五千多年来一脉相承，始终没有中断。这在世界历史上是很罕见的。

中华民族是在波澜壮阔的历史进程中形成的。从遥远的古代起，我国各族人民就建立了紧密的政治经济文化联系，共同开发了祖国的河山。中华民族的悠久历史，是我们必须十分珍惜的宝贵财富。中华民族的优秀文化，是我国各族人民共同创造和传承的，是维系民族团结和国家统一的牢固纽带。

一个民族的历史深刻影响着一个民族的现在和未来。今天的中国从历史的中国发展而来。我们国家和民族的发展史，包含着治国安邦的深刻道理，也揭示了今天我国发展道路的历史必然性。要夺取改革开放和社会主义现代化建设的成功，我们不仅应该懂得中国的今天，而且还应该懂得中国的昨天和前天。我曾经说过，一名领导干部不善于从历史中吸取营养，不可能成为高明的领导者；一个政党不善于从总结历史中认识和把握社会发展规律，不可能成为顺应历史潮流的自觉的政党；一个民族不善于从历史中继承和发展本民族和世界其他民族创造的优秀文明成果，不可能屹立于世界民族之林。多读读中华民族发展史，可以使我们加深民族感情、增强民族自信心，更加信心百倍地投身坚持和发展中国特色社会主义、实现中华民族伟大复兴的宏伟事业。

当代中国正处在充满机遇也充满挑战的时期。改革开放以来，我国社会主义现代化建设取得了举世瞩目的成就，综合国力显著增强，人民生活水平大幅提高。同时，我们也必须清醒地看到，无论从国内看还是从外部环境看，我们在前进道路上面临的困难和挑战还很多,必须继续进行长期而艰苦的努力。要使我们的国家、我们的民族发展得更好,我们必须认真总结和发扬改革开放和社会主义现代化建设的成功经验,也必须注重汲取和运用历史经验,科学把握和正确运用历史规律,正确借鉴历代治乱兴衰的经验教训。

学习中华民族发展史,是弘扬爱国主义精神、增强民族凝聚力的重要途径。爱国主义始终是中华民族团结一心、自强不息的精神源泉。在中华民族漫长的发展史上,我国各族人民团结奋斗取得的辉煌成绩,我国各族人民经历的种种苦难曲折,都是爱国主义教育的生动教材,都是激励我们为祖国、为民族发展进步而不懈奋斗的强大精神力量。要真正形成对祖国、对民族的深切之爱、理性之爱,必须重视学习中华民族发展史,不断丰富历史知识。

全党同志特别是领导干部要自觉学习历史,把提高历史素养放到更为重要的位置上来看待,多读一点历史特别是中华民族发展史,汲取经验,陶冶情操,开阔眼界,以利于牢固树立正确的世界观、人生观、价值观,增强历史使命感和责任感,提高观察问题、分析问题的水平和能力。

改革开放以来,我们不断扩大对外开放,推动中国和世界的关系发生了举世瞩目的变化。新形势下,我们不仅要学习中国历史,而且要学习世界历史,善于从中外历史上的成功失败、经验教训中进一步认识和把握历史发展和社会进步的规律,认识和把握时代发展大势。同时,我们还要向世界介绍我国历史,特别是要介绍近代以来中华民族遭受的历史苦难和进行的伟大奋斗,让国外民众了解我国历史和国情,帮助他们从历史角度来客观观察和分析今天的中国。

“述往事,思来者”;“欲知大道,必先为史”。中国历代杰出的史学家们,用丰富的体裁和浓重的笔墨,给我们留下了珍贵而又丰厚的史学遗产,值得我们认真学习。由中国社会科学院历史研究所编写的《简明中国历史读本》,为我们了解中华民族发展史提供了一部通俗易懂的读物,希望大家都能读一读。

(江泽民为《简明中国历史读本》作序,原文转自2012年7月31日《光明日报》)

综　述

2012年河南省教育事业发展概况

2012年，全省教育系统认真贯彻落实《国家中长期教育改革和发展规划纲要(2010—2020年)》、《河南省中长期教育改革和发展规划纲要(2010—2020年)》及党的十八大会议精神，真抓实干、开拓创新，各级各类教育得到了科学协调发展，教育公平取得新进展，教育结构进一步优化，教育资源配置更趋合理，教育质量不断提高。

一、综　合

全省有各级各类学校(机构)6.5万所，教育人口2931万人，其中在校生2790万人，教职工141万人，教育人口占总人口28.1%。每万人口中接受高等教育在校生数246人，其中接受普通高等教育在校生数149人；接受高中阶段教育在校生数351人。小学净入学率为99.93%，普通初中净入学率为99.70%，高中阶段毛入学率为90.0%，高等教育毛入学率为27.22%。

二、学前教育

全省学前教育在园规模和教职工数快速增长，毛入园率达到历史最高水平。幼儿园12912所，比上年增加2608所；入园幼儿195.10万人，比上年增加19.54万人，增长11.13%；在园幼儿319.82万人，比上年增加37.61万人，增长13.33%；离园幼儿134.31万人，比上年增加36万人，增长11.13%。幼儿园教职工18.36万人，比上年增加3.26万人，增长21.59%；其中园长1.51万人，比上年增加0.3万人，增长24.79%；其中专任教师11.26万人，比上年增加1.9万人，增长20.3%。专任教师中学前教育专业毕业6.85万人，占总数60.8%，比上年提高0.33个百分点。全省学前一年毛入园率为91.51%，学前三年毛入园率为66.63%。

三、义务教育

义务教育阶段学校布局更趋优化，随着学龄段人口减少，招生和在校生呈下降趋势；教职工规模趋于稳定，专任教师学历合格率继续提高，高一级学历专任教师比例稳步上升，办学条件逐步改善。农民工随迁子女和农村留守儿童数量呈递增趋势。全省义务教育阶段学校3.20万所，在校生1533万人，九年义务教育巩固率为91.2%。教职工82.10万人，其中专任教师76.49万人。

小学2.75万所，比上年减少341所；教学点6022个，比上年增加355个；招生190.97万人，比上年减少2.46万人；在校生1079.21万人，比上年减少13.68万人；毕业生170.43万人，比上年增加2.83万人。校均规模393人，平均班额42人。小学五年巩固率为96.16%，毕业生升学率为92.79%。大班5.60万个，占21.88%；超大班2.51万个，占9.80%。教职工50.49万人，比上年减少0.02万人；其中专任教师49.69万人，比上年增加0.10万人。专任教师学历合格率为99.98%，与上年持平；专任教师中具有专科及以上学历比例为83.70%，比上年提高2.94个百分点。生师比为21.72:1，略低于上年的22.04:1。小学代课教师1.58万人，兼任教师0.13万人。

普通初中4551所，比上年减少45所；招生158.16万人，比上年减少3.46万人；在校生453.79万人，比上年减少14.19万人；毕业生149.80万人，比上年减少5.66万人。校均规模997人，平均班额58人。初中三年巩固率为90.91%,毕业生升学率为80.55%。大班4.01万个,占51.30%;超大班1.91万个,占24.43%。教职工31.61万人,比上年减少0.05万人;其中专任教师28.24万人,比上年增加0.02万人。专任教师学历合格率为98.88%,与上年基本持平;专任教师中具有本科及以上学历比例为59.96%,比上年提高4.41个百分点。生师比为16.07:1,略低于上年的16.58:1。普通中学代课教师1.09万人,兼任教师0.10万人。

全省小学和普通初中学校占地分别为30.05万亩和16.86万亩,校舍建筑面积分别为5117.17万平方米和3723.84万平方米,生均图书分别为13册和21册,生均教学仪器设备值分别为223元和468元。

全省义务教育阶段农民工随迁子女在校生56.58万人,比上年增加7.56万人,其中小学阶段39.43万人,初中阶段17.15万人,农民工随迁子女占义务教育阶段在校生总数的3.69%。义务教育阶段农村留守儿童在校生330.47万人,比上年增加13.36万人,其中小学阶段230.65万人,初中阶段99.82万人,农村留守儿童占义务教育阶段在校生总数的21.56%。

四、高中阶段教育

全省高中阶段教育校数、招生和在校生规模继续减少;中等职业教育招生、在校生占高中阶段教育比例均有所下降,办学条件得到改善。全省高中阶段教育学校1705所,比上年减少48所。招生129.87万人,比上年减少2.78万人;在校生366.50万人,比上年减少7.73万人。

普通高中785所,比上年减少7所;招生66.57万人,比上年增加1.94万人;在校生192.63万人,比上年增加3.12万人。校均规模由上年2393人增加到2454人。大班2.23万个,占77.95%;超大班1.42万个,占49.85%。教职工14.28万人,其中专任教师10.73万人。生师比为17.95:1,略低于上年的18.17:1。专任教师学历合格率为96.53%,比上年提高1.06个百分点;专任教师中具有研究生学历所占比例为5.88%,比上年提高0.59个百分点。占地8.53万亩,校舍建筑面积2529.96万平方米,图书藏量3340.61万册。

中等职业学校920所(校数、招生和在校生均含技工学校),比上年减少41所。国家级重点中等职业学校165所,省部级中等职业学校172所,国家示范性中等职业学校62所。招生63.30万人,比上年减少4.72万人;在校生173.87万人,比上年减少10.85万人。中等职业教育的招生数和在校生数分别占高中阶段教育48.74%和47.44%,分别比上年下降2.54个百分点和1.92个百分点。教职工7.64万人(均不含技工学校),其中专任教师5.72万人(其中双师型专任教师1.13万人),专任教师学历合格率为87.51%,专任教师具有研究生及以上学历占总数的5.28%。占地5.52万亩,校舍建筑面积1719.11万平方米,图书藏量3111.24万册,教学仪器设备值29.48亿元。

五、特殊教育

全省特殊教育校数继续增加,招生和在校生有所下降,教职工和专任教师有所增加,专任教师中受特教培训的比例继续提高。独立设置特殊教育学校132所,比上年增加5所;特殊教育学校和普通中小学随班就读班共招收残疾儿童0.3万人,比上年减少0.02万人;在校残疾儿童1.67万人,比上年减少0.28万人;残疾儿童毕业人数0.24万人,比上年增加0.07万人。特殊教育学校教职工0.38万人,其中专任教师0.32万人,专任教师中接受特教培训的占53.57%。

六、高等教育

全省研究生培养单位数和普通高等学校数均有所增加,成人高等学校数持平。高等教育总规模稳步增加,毛入学率明显提高;普通本科招生规模首次超过专科;专任教师高学历和高职称所占比例明显提高;各项办学条件继续改善。

全省研究生培养机构26处,比上年增加3处;普通高等学校120所,其中本科院校47所(含8所独立学院),高职高专院校73所;成人高等学校14所,与上年持平。博士学位授权一级学科点44个,博士学位授权二级学科点12个,硕士学位授权一级学科点282个。一级学科国家重点学科1个,二级学科国家重点(培育)学科8个。一级学科省级重点学科259个,二级学科省级重点学科92个。国家重点实验室1个,国家重点实验室培育基地3个,国家工程实验室4个(含国家地方联合工程实验室),国家工程(技术)研究中心2个。

全省高等教育总规模258.59万人,高等教育毛入学率为27.22%。研究生招生1.17万人(其中,博士生395人),比上年增加792人;在学研究生3.2万人(其中,博士生1298人),比上年增加1057人。

普通高等教育招生49.82万人,本、专科招生分别为24.92万人和24.89万人,本专科之比为5.03:4.97;在校生155.9万人,本、专科在校生分别为83.71万人和72.19万人,本专科之比为5.37:4.63。校均规模由12630人增加到12802人,其中本科学校由上年的20151人增加到21300人;高职高专学校由上年的7580人减少到7331人。普通高等学校教职工12.02万人,比上年增加0.3万人;其中专任教师8.6万人,比上年增加0.4万人。生师比为17.22:1,低于上年的17.29:1(在校生和教师总数均为折合数)。专任教师中副高及以上2.94万人(其中正高级7052人),占总数的34.15%,比上年提高0.29个百分点,本科学校和高职高专院校副高及以上所占比例分别为38.25%和27.28%。专任教师中硕士及以上学历4.12万人(其中博士生9566人),占总数的47.97%,比上年提高1.83个百分点。硕士及以上学位5.19万人(其中博士学位9894人),占总数的60.38%,比上年提高2.1个百分点。

普通高等学校占地面积15.35万亩(办学条件指标均为学校产权,以下均同),比上年增加0.58万亩;生均占地面积65.09平方米,比上年增加0.15平方米。校舍建筑面积5010.89万平方米,比上年增加322.1万平方米;生均校舍建筑面积31.88平方米,比上年增加0.93平方米,其中生均教学行政用房16.5平方米,比上年增加0.54平方米。图书藏量1.29亿册,比上年增加585.18万册;生均图书76册,比上年增加1册。教学科研仪器设备值108.84亿元,比上年增加13.51亿元;生均教学科研仪器设备值6613元,比上年增加590元。上学年年度信息化经费投入4.19亿元,比上年增加1100万元,信息化培训10.82万人次,每百人拥有多媒体教室和语音实验室座位数87个,比上年增加9个。

成人高等教育招生14.87万人,比上年增加2.93万人;在校生29.81万人,比上年增加4.16万人。成人高等学校教职工0.43万人,其中专任教师0.29万人。专任教师中副高及以上0.08万人,占总数的29.81%;硕士及以上学历0.06万人,占总数的20.92%;硕士及以上学位0.08万人,占总数的31.09%。

七、成人培训与扫盲教育

全省各类成人培训和扫盲教育稳步发展。高等学校举办的各类成人非学历教育结业人数35.67万人次,注册学生5.84万人。各种非学历中等教育结业人数40.94万人次,注册学生27.29万人。职业技术培训机构1.3万所,培训结业学员344.53万人次,注册学生307.17万人,教职工3.14万人,其中专任教师1.87万人。成人中学331所,结业人数20.54万人次,注册学生20.45万人,教职工0.17万人,其中专任教师0.1万人。成人初等学校4466所,结业生49.45万人次,注册学生50.53万人,教职工0.56万人,其中专任教师0.33万人。全省共扫除文盲3.76万人,教职工0.2万人,其中专任教师0.15万人。

八、民办教育

全省各类民办教育得到快速发展。全省各级各类民办学校12761所,比上年增加2222所,在校生总数421.68万人,比上年增加44.89万人,增长11.91%。其中,民办幼儿园10326所,在园幼儿174.04万人;民办普通小学1344所,在校生107.18万人;民办普通初中584所,在校生59.13万人;民办普通高中196所,在校生25.98万人;民办中等职业学校234所,在校生24.48万人;民办普通高等学校34所,在校生28.96万人,占普通高等教育在校生总数的18.58%,比上年提高1.32个百分点。

(省教育厅发展规划处　张　琳供稿)

2012年河南省教育大事记

1　月

13日,省政府与教育部在郑州签署《加快河南教育发展推进中原经济区建设战略合作协议》。省长郭庚茂、教育部长袁贵仁共同在合作协议上签字,并就有关重大合作事项进行磋商。

17日,省教育厅公示辉县市拍石头乡中心小学教师张锦文等10名2011"感动中原"河南年度教育人物名单。

18日,省教育厅厅长王艳玲、副厅长崔炳建及有关处室主要负责人到省军区慰问部队官兵。

2　月

7日,省政府批准同意洛阳轴承厂职工大学更名为洛阳轴承职工大学。

13日,第二十次全省高校党的建设工作会议在郑州召开。省委常委、宣传部部长赵素萍,省委高校工委书记、省教育厅厅长王艳玲,省委组织部副部长安平,省委宣传部副部长李宏伟出席会议。

20—26日,河南省参加全国第四届中小学生艺术展演现场展示活动。代表团表演类节目获7个一等奖、16个二等奖、1个三等奖、3个优秀创作奖和2个精神风貌奖；艺术作品获24个一等奖、32个二等奖、16个三等奖；5篇艺术教育论文获奖。省教育厅获优秀组织奖一等奖。本届活动，河南省参演人数、获奖成绩均创新高。

22日，省政府批准同意在郑州幼儿师范学校基础上建立郑州幼儿师范高等专科学校，全日制普通专科在校生规模暂定为3500人，同时撤销郑州幼儿师范学校的建制；在安阳幼儿师范学校基础上建立安阳幼儿师范高等专科学校，全日制普通专科在校生规模暂定为3500人，同时撤销安阳幼儿师范学校的建制。3月21日，教育部予以备案。

23日，教育部、财政部在郑州市召开国家学前教育项目工作会议，部署实施国家四大类学前教育项目；河南省副省长徐济超致辞，教育部副部长刘利民到会讲话。

29日，全省教育工作会议在郑州召开。副省长徐济超出席会议并讲话，省教育厅厅长王艳玲讲话并安排工作，省政府副秘书长介新主持会议。

同日，教育部批复同意中州大学增加计算机应用技术、动漫设计与制作、机电一体化、食品加工技术、电子商务、特殊教育等专业面向全国单独招收聋人学生。

同日，教育部批复同意河南推拿职业学院针灸推拿专业面向全国单独招收视力残疾学生。

3 月

8日，省教育厅研究决定，郑州市电子信息工程学校、安阳市中等职业技术学校、焦作冶金建材工业学校、灵宝市职业中等专业学校、正阳县职业教育中心、漯河市第一中等专业学校、南阳工业学校、巩义市第三中等专业学校等8所学校为河南省首批实施中德合作职业教育教学模式项目学校。

同日，省化解高校债务风险联席办公室召开省属高校化债工作推进会，进一步明确财政奖补政策，要求各高校按照"豫政〔2011〕79号"文件要求，进一步修改完善化债方案。根据各学校重新上报的化债方案，分类财政奖补符合第一类的学校有河南工业大学、河南农业大学、河南中医学院等9所，将按照锁定债务的三分之一进行奖补；符合第二类的学校有郑州大学、河南大学等30所，将按照化债目标的三分之一进行奖补；符合第三类的学校有河南教育学院和河南商业高等专科学校2所。财政奖补采取先预拨后结算的方式。

12日，省教育厅研究决定，从2013年开始，中招体育考试分值由30分增加到50分。

15日，省学位委员会批准中原工学院信息商务学院为学士学位授予单位。

16日，全省基础教育暨师范教育工作会在郑州召开，省委高校工委常务副书记、省教育厅副厅长李敏到会讲话。

20日，省教育厅下发通知，确定郑州煤矿机械集团股份有限公司幼儿园等48所幼儿园为第十二批河南省示范幼儿园。

21日，教育部对河南省2011年审批的郑州黄河护理职业学院予以备案。

23日，省教育厅、省财政厅公布《河南省高等职业院校教师素质提高计划（2011—2015）》，确定河南师范大学、河南科技学院、郑州师范学院、郑州牧业工程高等专科学校、河南财政税务高等专科学校和有关国家示范（骨干）高等职业院校为省级高等职业教育师资培训基地。

4 月

9日，教育部同意河南财经政法大学成功学院转设为郑州成功财经学院，同时撤销河南财经政法大学成功学院的建制，学校全日制在校生规模暂定为1.1万人。

18日，中国工程院院长周济带领30多位院士、专家莅临郑州参加中原经济区建设与河南高校改革发展座谈会，为河南省高等教育发展献计献策。河南省副省长徐济超出席座谈会并致辞。

19日，省学位委员会批准郑州科技学院、河南大学民生学院为学士学位授予单位。

23日，省教育厅、省发改委印发《关于普通高中改制学校清理规范工作的意见》，要求河南省符合国家清理规范条件的107所普通高中改制学校在秋季开学前基本完成清理规范工作。

同日，省学位委员会批准郑州华信学院为学士学位授予单位。

5 月

4日，省政府印发《河南省职业教育校企合作促进办法（试行）》。这是全国省级政府出台的第一个关于校企合作工作的制度性文件。

8日，省政府在郑州市召开2012年全省职业教育工作电视电话会议。省长郭庚茂，副省长刘满仓、赵建才、王铁、张广智等出席会议。

14日，省学位委员会批准河南理工大学万方科技学院、河南科技学院新科学院、河南师范大学新联学院为学士学位授予单位。

17日，在第二届全国大学生职业生涯规划大赛总决赛中，河南省获得一等奖2名、二等奖3名、优秀奖5名、单项奖1名，优秀指导教师4名，省教育厅获优秀组织奖。

24日，河南省暨省会郑州“学前教育宣传月”启动仪式在郑州绿城广场举行。副省长徐济超出席并宣布活动开始。

25日，省教育厅、省发改委、省财政厅、省人社厅、省扶贫开发办公室印发《关于实施面向贫困地区定向招生专项计划的通知》，组织开展面向贫困地区定向招生工作。

30日，省学位委员会批准华北水利水电学院等21所学校申请学士学位授予权的67个学科（专业）获得学士学位授予权。

6 月

10—14日，河南省第十七届大学生田径运动会在河南工程学院举行，共有7人8次打破5项省大学生田径比赛成绩纪录，2人2次打破2项省大学生田径运动会赛会纪录。

18日，省学位委员会批准华北水利水电学院、河南科技学院、商丘师范学院、新乡学院的11个专业开展双学位试点工作。

26—29日，河南省组团参加2012年全国职业院校技能大赛，共获得一等奖19个、二等奖50个、三等奖76个，省教育厅获大赛组织奖。

7 月

6日，河南农业大学举行兴办高等农业教育100年庆祝大会。中共中央政治局常委、国务院总理温家宝为学校亲笔题词：“扎根沃土　厚生丰民　中国要有最好的农业大学”。中共中央政治局常委、全国政协主席贾庆林，中共中央政治局常委李长春，中共中央政治局常委、国务院副总理李克强，中共中央政治局委员、国务院副总理回良玉，中共中央政治局委员、国务委员刘延东致信祝贺。全国政协副主席、民革中央常务副主席厉无畏，省委书记、省人大常委会主任卢展工等出席庆祝大会。

17日，省委高校工委、省教育厅授予铁道警官高等专科学校学生李博亚河南省模范大学生称号。8月14日，教育部授予铁道警官高等专科学校学生李博亚全国见义勇为优秀大学生称号。

29日，省编办通知，省教育厅所属事业单位清理规范后，撤销育苑宾馆事业机构，省轻工业干部学校并入省轻工业学校，核减省教育厅印刷厂编制；保留事业单位32个。

30日，2011年度长江学者特聘教授、讲座教授人选名单公示，河南大学生态学学科万师强、河南农业大学农业经济管理学科马恒运入选长江学者特聘教授。这是河南省“长江学者奖励计划”零的突破。

8 月

1日，省语言文字工作委员会副主任、省委高校工委书记、省教育厅厅长王艳玲做客大河网，就全省语言文字工作开展情况接受专访并与网友互动交流。

8日，省政府召开全面提高高等教育质量工作会议。会上印发了河南省人民政府《关于全面提高高等教育质量的若干意见》，河南省教育厅、河南省财政厅《关于进一步加强高等学校重点和特色学科专业建设的意见》，河南省教育厅、河南省财政厅《关于实施河南省高等学校协同创新计划的通知》。这是继2004年全省高等教育工作会议后，首次召开的提高高等教育质量专题会议。

9 月

5日，国务院印发《关于表彰全国“两基”工作先进单位和先进个人的决定》，河南省郑州市教育局、三门峡市教育局、洛宁县回族镇第一初级中学、焦作市教育局、辉县市教育局、安阳市教育局、濮阳市教育局、开封市教育局、睢县教育体育局、许昌市教育局、舞阳县教育科技体育局、鲁山县教育体育局、淅川县教育体育局、罗山县教育体育局、周口市教育局、驻马店市教育局等16个单位获得全国“两基”工作先进单位称号；河南省人民政府办公厅七处主任科员刘海香等27人获得全国“两基”工作先进个人称号。同日国务院印发《关于表扬全国“两基”工作先进地区的通报》，河南省郑州市、栾川县、孟州市、南阳市卧龙区4个地区受到通报表扬。

6日，河南省庆祝第28个教师节表彰大会在省人民会堂召开。省委常委、宣传部部长赵素萍参加会议并代表省委、省人大、省政府、省政协、省军区向全省辛勤工作在教育战线的广大教师和教育工作者致以节日的祝贺和诚挚的问候；副省长徐济超主持会议；省人大常委会副主任蒋笃运，省政协副主席龚立群，省军区政治部主任史衍良，省政府副秘书长介新，省委组织部副部长、省人力资源和社会保障厅厅长郭俊民，省委高校工委书记、省教育厅厅长王艳玲等出席会议。

8—18日，河南省大学生体育代表团参加全国第九届大学生运动会，在田径等11个比赛项目中共获得3枚金牌、3枚银牌、8枚铜牌及团体总分第十二名。

13日，省政府印发《河南省高等学校设置“十二五”规划》，并向教育部报送。

21日，经省政府批准，省教育厅公布《河南省教育事业发展“十二五”规划》。

同日，省教育厅公布第八批省级重点学科，郑州大学应用经济学等一级重点学科259个,河南大学建筑历史与理论等二级重点学科92个,全省新建本科院校基本布点了省级重点学科。同时,重点培育8个学科,明确突破方向,冲击国家重点学科。

25日,河南大学举行建校100周年庆祝大会。中共中央政治局常委、国务院总理温家宝亲笔题词:"办好河南大学 振兴中原教育"。中共中央政治局常委、全国政协主席贾庆林,中共中央政治局常委李长春,中共中央政治局常委、国务院副总理李克强,中共中央政治局委员刘云山,中共中央政治局委员、国务委员刘延东等致信祝贺。全国人大常委会副委员长、民盟中央主席蒋树声,省委书记、省人大常委会主任卢展工,省长郭庚茂等出席庆祝大会。

10 月

13日,省政府办公厅印发《关于进一步做好农村义务教育学校布局调整工作的意见》。意见规定:农村义务教育学校布局要满足学生就近上学的需要。农村小学一至三年级学生原则上不寄宿,就近走读上学;小学高年级学生以走读为主,确有需要的可以寄宿;初中学生根据实际可以走读或寄宿。原则上每个乡镇都应设置初中,人口相对集中的村要设置村小学或教学点,人口稀少、地处偏远、交通不便的地方应保留或设置教学点。全省各地要严格规范农村义务教育学校撤并行为。

15日,省政府在郑州召开全省义务教育均衡发展推进会。各省辖市、省直管试点县、重点扩权县(市)政府分管教育的负责人和教育局、发改委、财政局的主要负责人,省直有关部门的负责人,及列入2013年接受义务教育基本均衡评估验收的县(市、区)主要负责人参加会议。副省长徐济超到会讲话,省教育厅、省发改委、省财政厅的负责人对今后的工作进行部署。

22日,国务院学位委员会下发《关于批准服务国家特殊需求博士人才培养项目的通知》,河南工业大学"国家粮食安全(产后)人才培养项目"(授予学位学科名称:食品科学与工程)获得批准,河南省新增1所博士研究生培养高校。

11 月

2日,省教育厅同意在河南大学设立"河南省学位与研究生教育发展中心"。

5日,河南省政府与国家林业局合作共建河南农业大学签字仪式在北京举行。国家林业局党组书记、局长赵树丛出席签字仪式,河南省委常委、副省长刘满仓和国家林业局党组副书记、副局长张建龙在合作协议上签字。

6日,省教育厅、省人社厅和省财政厅发布《关于对我省原民办教师发放养老补贴的实施意见》,决定从2012年10月开始,政府财政将对全省所有符合条件的原民办教师发放专项养老补贴,补贴标准按教师教龄发放,教龄每满1年每人每月可领取养老补贴10元。

17日,省教育厅承办全国国家奖学金评审工作会议。教育部全国学生资助管理中心主任张光明,省教育厅副厅长刁玉华、尹洪斌出席会议并讲话,来自全国19所部属高等院校的资助工作负责人和14个省市的学生资助管理中心负责人参加会议。

21日,河南省普通大中专毕业生就业工作表彰大会暨2013年毕业生就业工作启动仪式在郑州召开。副省长徐济超,省教育厅厅长王艳玲、副厅长訾新建等为获奖者颁奖。

24日,郑州大学入选"中西部高校综合实力提升工程"。河南大学、河南农业大学、河南理工大学、河南师范大学、河南工业大学、华北水利水电学院、河南中医学院等7所院校进入"中西部高校基础能力建设工程"。这是继"211工程"和"省部共建"后,河南省高水平大学建设方面的又一重大进展。

12 月

4日,省政府授予新郑市、新密市、荥阳市、开封市金明区、尉氏县、新安县、洛阳市洛龙区、平顶山市卫东区、鲁山县、安阳县、林州市、沁阳市、武陟县、淇县、辉县市、新乡市红旗区、濮阳县、襄城县、漯河市源汇区、灵宝市、西峡县、内乡县、夏邑县、柘城县、永城市、新县、固始县、信阳市平桥区、郸城县、淮阳县、泌阳县、平舆县等32个县(市、区)河南省教育工作先进县称号,并给予每县100万元的经费奖励。

6日,省政府在平顶山召开全省学前教育三年行动计划现场推进会,副省长徐济超出席会议并讲话。各省辖市、省直管试点县(市)政府分管教育工作的副县(市)长,教育局局长、分管学前教育工作的副局长,发改委主任、财政局局长和省直有关单位负责人参加会议。

10日,省教育厅、省发改委等六部门发文确定汝州市、清丰县、修武县、平舆县、邓州市、桐柏县、淮阳县、息县、浚县、原阳县、南乐县、温县、鄢陵县、义马市、范县15个县(市)为河南省第七批职业教育强县(市),南召、沈丘、封丘3个县确定为职业教育强县(市)先进县。

12日,省财政厅、省教育厅印发《关于转发财政部、教育部〈研究生国家奖学金管理暂行办法〉的通知》,决定设立研究生国家奖学金,博士研究生国家奖学金奖励标准为每生每年3万元,硕士研究生国家奖学金奖励标准为每生每年2万元。研究生国家奖学金每年评审一次，所有符合规定条件的攻读硕士、博士学位的全日制研究生均有资格申请。

14日，省财政厅、省发改委、省教育厅、省人社厅印发《关于扩大中等职业教育免学费政策范围，进一步完善国家助学金制度的意见》，明确从2012年秋季学期起，对公办中等职业学校全日制正式学籍一、二、三年级在校生所有农村（含县镇）学生、城市涉农专业学生和家庭经济困难学生免除杂费，艺术类相关表演专业学生除外。

18—19日，国家职业教育体制改革试点工作暨职业教育集团化办学现场交流会在郑州召开。会议聚焦职业教育体制改革试点、试验区建设和集团化办学内容，总结经验并部署了下一阶段工作。教育部副部长鲁昕、河南省副省长徐济超出席会议并讲话，河南省教育厅厅长王艳玲作典型发言，教育部职成司司长葛道凯主持会议。

21日，河南省协同创新中心集中授牌会议在郑州举行，郑州大学先进材料及加工河南省协同创新中心等13个协同创新中心获得省教育厅、省财政厅的授牌。这标志着河南省首批协同创新平台建成。

22日，省政府授予郑州市二七区、尉氏县、洛阳市涧西区、洛阳市西工区、平顶山市湛河区、安阳县、鹤壁市鹤山区、新乡市卫滨区、新乡市红旗区、武陟县、博爱县、范县、许昌市魏都区、三门峡市湖滨区、南阳市宛城区、淅川县、虞城县、信阳市平桥区、泌阳县、永城市等20个县（市、区）河南省义务教育均衡发展先进县（市、区）称号。

24日，省政府办公厅印发通知，决定自2013年起，凡在河南省就业的非就业地户籍人员子女，父母一方有合法职业和稳定住所（含租赁）的，可在学籍所在地参加升学考试，并与当地户籍考生享受同等待遇。

26日，教育部公布2012年度“创新团队发展计划”，河南省3个创新团队（全国省均入选1.5个）和10名新世纪优秀人才（全国省均入选6.4人）获准立项，数量位居全国前列。

28日，教育部、国务院学位委员会下发《关于批准2012年全国优秀博士学位论文的决定》，郑州大学教授耿献国指导的博士研究生薛波的博士学位论文《具有N-Peakon的新可积模型与孤子方程的代数几何解》、河南师范大学教授杨亚东指导的博士研究生常钦的博士学位论文《b→s无粲衰变唯象研究及新物理探索》入选2012年全国优秀博士学位论文。这是河南省高校首次获得全国优秀博士学位论文。

（郭郑州）

法规　报告　文件

·特别转载·

中华人民共和国国务院令

第617号

《校车安全管理条例》已经2012年3月28日国务院第197次常务会议通过,现予公布,自公布之日起施行。

总　理　温家宝

二〇一二年四月五日

校车安全管理条例

第一章　总　　则

第一条　为了加强校车安全管理,保障乘坐校车学生的人身安全,制定本条例。

第二条　本条例所称校车,是指依照本条例取得使用许可,用于接送接受义务教育的学生上下学的7座以上的载客汽车。

接送小学生的校车应当是按照专用校车国家标准设计和制造的小学生专用校车。

第三条　县级以上地方人民政府应当根据本行政区域的学生数量和分布状况等因素,依法制定、调整学校设置规划,保障学生就近入学或者在寄宿制学校入学,减少学生上下学的交通风险。实施义务教育的学校及其教学点的设置、调整,应当充分听取学生家长等有关方面的意见。

县级以上地方人民政府应当采取措施,发展城市和农村的公共交通,合理规划、设置公共交通线路和站点,为需要乘车上下学的学生提供方便。

对确实难以保障就近入学,并且公共交通不能满足学生上下学需要的农村地区,县级以上地方人民政府应当采取措施,保障接受义务教育的学生获得校车服务。

国家建立多渠道筹措校车经费的机制,并通过财政资助、税收优惠、鼓励社会捐赠等多种方式,按照规定支持使用校车接送学生的服务。支持校车服务所需的财政资金由中央财政和地方财政分担,具体办法由国务院财政部门制定。支持校车服务的税收优惠办法,依照法律、行政法规规定的税收管理权限制定。

第四条　国务院教育、公安、交通运输以及工业和信息化、质量监督检验检疫、安全生产监督管理等部门依照法律、行政法规和国务院的规定,负责校车安全管理的有关工作。国务院教育、公安部门会同国务院有关部门建立校车安全管理工作协调机制,统筹协调校车安全管理工作中的重大事项,共同做好校车安全管理工作。

第五条　县级以上地方人民政府对本行政区域的校车安全管理工作负总责,组织有关部门制定并实施与当地经济发展水平和校车服务需求相适应的校车服务方案,统一领导、组织、协调有关部门履行校车安全管理职责。

县级以上地方人民政府教育、公安、交通运输、安全生产监督管理等有关部门依照本条例以及本级人民政府的规定,履行校车安全管理的相关职责。有关部门应当建立健全校车安全管理信息共享机制。

第六条　国务院标准化主管部门会同国务院工业和信息化、公安、交通运输等部门，按照保障安全、经济适用的要求，制定并及时修订校车安全国家标准。

生产校车的企业应当建立健全产品质量保证体系，保证所生产（包括改装，下同）的校车符合校车安全国家标准；不符合标准的，不得出厂、销售。

第七条　保障学生上下学交通安全是政府、学校、社会和家庭的共同责任。社会各方面应当为校车通行提供便利，协助保障校车通行安全。

第八条　县级和设区的市级人民政府教育、公安、交通运输、安全生产监督管理部门应当设立并公布举报电话、举报网络平台，方便群众举报违反校车安全管理规定的行为。

接到举报的部门应当及时依法处理；对不属于本部门管理职责的举报，应当及时移送有关部门处理。

第二章　学校和校车服务提供者

第九条　学校可以配备校车。依法设立的道路旅客运输经营企业、城市公共交通企业，以及根据县级以上地方人民政府规定设立的校车运营单位，可以提供校车服务。

县级以上地方人民政府根据本地区实际情况，可以制定管理办法，组织依法取得道路旅客运输经营许可的个体经营者提供校车服务。

第十条　配备校车的学校和校车服务提供者应当建立健全校车安全管理制度，配备安全管理人员，加强校车的安全维护，定期对校车驾驶人进行安全教育，组织校车驾驶人学习道路交通安全法律法规以及安全防范、应急处置和应急救援知识，保障学生乘坐校车安全。

第十一条　由校车服务提供者提供校车服务的，学校应当与校车服务提供者签订校车安全管理责任书，明确各自的安全管理责任，落实校车运行安全管理措施。

学校应当将校车安全管理责任书报县级或者设区的市级人民政府教育行政部门备案。

第十二条　学校应当对教师、学生及其监护人进行交通安全教育，向学生讲解校车安全乘坐知识和校车安全事故应急处理技能，并定期组织校车安全事故应急处理演练。

学生的监护人应当履行监护义务，配合学校或者校车服务提供者的校车安全管理工作。学生的监护人应当拒绝使用不符合安全要求的车辆接送学生上下学。

第十三条　县级以上地方人民政府教育行政部门应当指导、监督学校建立健全校车安全管理制度，落实校车安全管理责任，组织学校开展交通安全教育。公安机关交通管理部门应当配合教育行政部门组织学校开展交通安全教育。

第三章　校车使用许可

第十四条　使用校车应当依照本条例的规定取得许可。

取得校车使用许可应当符合下列条件：

（一）车辆符合校车安全国家标准，取得机动车检验合格证明，并已经在公安机关交通管理部门办理注册登记；

（二）有取得校车驾驶资格的驾驶人；

（三）有包括行驶线路、开行时间和停靠站点的合理可行的校车运行方案；

（四）有健全的安全管理制度；

（五）已经投保机动车承运人责任保险。

第十五条　学校或者校车服务提供者申请取得校车使用许可，应当向县级或者设区的市级人民政府教育行政部门提交书面申请和证明其符合本条例第十四条规定条件的材料。教育行政部门应当自收到申请材料之日起3个工作日内，分别送同级公安机关交通管理部门、交通运输部门征求意见，公安机关交通管理部门和交通运输部门应当在3个工作日内回复意见。教育行政部门应当自收到回复意见之日起5个工作日内提出审查意见，报本级人民政府。本级人民政府决定批准的，由公安机关交通管理部门发给校车标牌，并在机动车行驶证上签注校车类型和核载人数；不予批准的，书面说明理由。

第十六条　校车标牌应当载明本车的号牌号码、车辆的所有人、驾驶人、行驶线路、开行时间、停靠站点以及校车标牌发牌单位、有效期等事项。

第十七条　取得校车标牌的车辆应当配备统一的校车标志灯和停车指示标志。

校车未运载学生上道路行驶的，不得使用校车标牌、校车标志灯和停车指示标志。

第十八条　禁止使用未取得校车标牌的车辆提供校车服务。

第十九条　取得校车标牌的车辆达到报废标准或者不再作为校车使用的，学校或者校车服务提供者应当将校车标牌交回公安机关交通管理部门。

第二十条　校车应当每半年进行一次机动车安全技术检验。

第二十一条　校车应当配备逃生锤、干粉灭火器、急救箱等安全设备。安全设备应当放置在便于取用的位置，并确保性能良好、有效适用。

校车应当按照规定配备具有行驶记录功能的卫星定位装置。

第二十二条　配备校车的学校和校车服务提供者应当按照国家规定做好校车的安全维护，建立安全维护档案，保证校车处于良好技术状态。不符合安全技术条件的校车，应当停运维修，消除安全隐患。

校车应当由依法取得相应资质的维修企业维修。承接校车维修业务的企业应当按照规定的维修技术规范维修校车，并按照国务院交通运输主管部门的规定对所维修的校车实行质量保证期制度，在质量保证期内对校车的维修质量负责。

第四章　校车驾驶人

第二十三条　校车驾驶人应当依照本条例的规定取得校车驾驶资格。

取得校车驾驶资格应当符合下列条件：

（一）取得相应准驾车型驾驶证并具有3年以上驾驶经历，年龄在25周岁以上、不超过60周岁；

（二）最近连续3个记分周期内没有被记满分记录；

（三）无致人死亡或者重伤的交通事故责任记录；

(四)无饮酒后驾驶或者醉酒驾驶机动车记录,最近1年内无驾驶客运车辆超员、超速等严重交通违法行为记录;

(五)无犯罪记录;

(六)身心健康,无传染性疾病,无癫痫、精神病等可能危及行车安全的疾病病史,无酗酒、吸毒行为记录。

第二十四条 机动车驾驶人申请取得校车驾驶资格,应当向县级或者设区的市级人民政府公安机关交通管理部门提交书面申请和证明其符合本条例第二十三条规定条件的材料。公安机关交通管理部门应当自收到申请材料之日起5个工作日内审查完毕,对符合条件的,在机动车驾驶证上签注准许驾驶校车;不符合条件的,书面说明理由。

第二十五条 机动车驾驶人未取得校车驾驶资格,不得驾驶校车。禁止聘用未取得校车驾驶资格的机动车驾驶人驾驶校车。

第二十六条 校车驾驶人应当每年接受公安机关交通管理部门的审验。

第二十七条 校车驾驶人应当遵守道路交通安全法律法规,严格按照机动车道路通行规则和驾驶操作规范安全驾驶、文明驾驶。

第五章 校车通行安全

第二十八条 校车行驶线路应当尽量避开急弯、陡坡、临崖、临水的危险路段;确实无法避开的,道路或者交通设施的管理、养护单位应当按照标准对上述危险路段设置安全防护设施、限速标志、警告标牌。

第二十九条 校车经过的道路出现不符合安全通行条件的状况或者存在交通安全隐患的,当地人民政府应当组织有关部门及时改善道路安全通行条件、消除安全隐患。

第三十条 校车运载学生,应当按照国务院公安部门规定的位置放置校车标牌,开启校车标志灯。

校车运载学生,应当按照经审核确定的线路行驶,遇有交通管制、道路施工以及自然灾害、恶劣气象条件或者重大交通事故等影响道路通行情形的除外。

第三十一条 公安机关交通管理部门应当加强对校车行驶线路的道路交通秩序管理。遇交通拥堵的,交通警察应当指挥疏导运载学生的校车优先通行。

校车运载学生,可以在公共交通专用车道以及其他禁止社会车辆通行但允许公共交通车辆通行的路段行驶。

第三十二条 校车上下学生,应当在校车停靠站点停靠;未设校车停靠站点的路段可以在公共交通站台停靠。

道路或者交通设施的管理、养护单位应当按照标准设置校车停靠站点预告标识和校车停靠站点标牌,施划校车停靠站点标线。

第三十三条 校车在道路上停车上下学生,应当靠道路右侧停靠,开启危险报警闪光灯,打开停车指示标志。校车在同方向只有一条机动车道的道路上停靠时,后方车辆应当停车等待,不得超越。校车在同方向有两条以上机动车道的道路上停靠时,校车停靠车道后方和相邻机动车道上的机动车应当停车等待,其他机动车道上的机动车应当减速通过。校车后方停车等待的机动车不得鸣喇叭或者使用灯光催促校车。

第三十四条 校车载人不得超过核定的人数,不得以任何理由超员。

学校和校车服务提供者不得要求校车驾驶人超员、超速驾驶校车。

第三十五条 载有学生的校车在高速公路上行驶的最高时速不得超过80公里,在其他道路上行驶的最高时速不得超过60公里。

道路交通安全法律法规规定或者道路上限速标志、标线标明的最高时速低于前款规定的,从其规定。

载有学生的校车在急弯、陡坡、窄路、窄桥以及冰雪、泥泞的道路上行驶,或者遇有雾、雨、雪、沙尘、冰雹等低能见度气象条件时,最高时速不得超过20公里。

第三十六条 交通警察对违反道路交通安全法律法规的校车,可以在消除违法行为的前提下先予放行,待校车完成接送学生任务后再对校车驾驶人进行处罚。

第三十七条 公安机关交通管理部门应当加强对校车运行情况的监督检查,依法查处校车道路交通安全违法行为,定期将校车驾驶人的道路交通安全违法行为和交通事故信息抄送其所属单位和教育行政部门。

第六章 校车乘车安全

第三十八条 配备校车的学校、校车服务提供者应当指派照管人员随校车全程照管乘车学生。校车服务提供者为学校提供校车服务的,双方可以约定由学校指派随车照管人员。

学校和校车服务提供者应当定期对随车照管人员进行安全教育,组织随车照管人员学习道路交通安全法律法规、应急处置和应急救援知识。

第三十九条 随车照管人员应当履行下列职责:

(一)学生上下车时,在车下引导、指挥,维护上下车秩序;

(二)发现驾驶人无校车驾驶资格,饮酒、醉酒后驾驶,或者身体严重不适以及校车超员等明显妨碍行车安全情形的,制止校车开行;

(三)清点乘车学生人数,帮助、指导学生安全落座、系好安全带,确认车门关闭后示意驾驶人启动校车;

(四)制止学生在校车行驶过程中离开座位等危险行为;

(五)核实学生下车人数,确认乘车学生已经全部离车后本人方可离车。

第四十条 校车的副驾驶座位不得安排学生乘坐。

校车运载学生过程中,禁止除驾驶人、随车照管人员以外的人员乘坐。

第四十一条 校车驾驶人驾驶校车上道路行驶前,应当对校车的制动、转向、外部照明、轮胎、安全门、座椅、安全带等车况是否符合安全技术要求进行检查,不得驾驶存在安全隐患的校车上道路行驶。

校车驾驶人不得在校车载有学生时给车辆加油,不得在校车发动机引擎熄灭前离开驾驶座位。

第四十二条 校车发生交通事故,驾驶人、随车照管人员应当立即报警,设置警示标志。乘车学生继续留在校车内有危险的,随车照管人员应当将学生撤离到安全区域,并及时与学校、校车服务提供者、学生的监护人联系处理后续事宜。

第七章 法律责任

第四十三条 生产、销售不符合校车安全国家标准的校车的，依照道路交通安全、产品质量管理的法律、行政法规的规定处罚。

第四十四条 使用拼装或者达到报废标准的机动车接送学生的，由公安机关交通管理部门收缴并强制报废机动车；对驾驶人处2000元以上5000元以下的罚款，吊销其机动车驾驶证；对车辆所有人处8万元以上10万元以下的罚款，有违法所得的予以没收。

第四十五条 使用未取得校车标牌的车辆提供校车服务，或者使用未取得校车驾驶资格的人员驾驶校车的，由公安机关交通管理部门扣留该机动车，处1万元以上2万元以下的罚款，有违法所得的予以没收。

取得道路运输经营许可的企业或者个体经营者有前款规定的违法行为，除依照前款规定处罚外，情节严重的，由交通运输主管部门吊销其经营许可证件。

伪造、变造或者使用伪造、变造的校车标牌的，由公安机关交通管理部门收缴伪造、变造的校车标牌，扣留该机动车，处2000元以上5000元以下的罚款。

第四十六条 不按照规定为校车配备安全设备，或者不按照规定对校车进行安全维护的，由公安机关交通管理部门责令改正，处1000元以上3000元以下的罚款。

第四十七条 机动车驾驶人未取得校车驾驶资格驾驶校车的，由公安机关交通管理部门处1000元以上3000元以下的罚款，情节严重的，可以并处吊销机动车驾驶证。

第四十八条 校车驾驶人有下列情形之一的，由公安机关交通管理部门责令改正，可以处200元罚款：

(一)驾驶校车运载学生，不按照规定放置校车标牌、开启校车标志灯，或者不按照经审核确定的线路行驶；

(二)校车上下学生，不按照规定在校车停靠站点停靠；

(三)校车未运载学生上道路行驶，使用校车标牌、校车标志灯和停车指示标志；

(四)驾驶校车上道路行驶前，未对校车车况是否符合安全技术要求进行检查，或者驾驶存在安全隐患的校车上道路行驶；

(五)在校车载有学生时给车辆加油，或者在校车发动机引擎熄灭前离开驾驶座位。

校车驾驶人违反道路交通安全法律法规关于道路通行规定的，由公安机关交通管理部门依法从重处罚。

第四十九条 校车驾驶人违反道路交通安全法律法规被依法处罚或者发生道路交通事故，不再符合本条例规定的校车驾驶人条件的，由公安机关交通管理部门取消校车驾驶资格，并在机动车驾驶证上签注。

第五十条 校车载人超过核定人数的，由公安机关交通管理部门扣留车辆至违法状态消除，并依照道路交通安全法律法规的规定从重处罚。

第五十一条 公安机关交通管理部门查处校车道路交通安全违法行为，依法扣留车辆的，应当通知相关学校或者校车服务提供者转运学生，并在违法状态消除后立即发还被扣留车辆。

第五十二条 机动车驾驶人违反本条例规定，不避让校车的，由公安机关交通管理部门处200元罚款。

第五十三条 未依照本条例规定指派照管人员随校车全程照管乘车学生的，由公安机关责令改正，可以处500元罚款。

随车照管人员未履行本条例规定的职责的，由学校或者校车服务提供者责令改正；拒不改正的，给予处分或者予以解聘。

第五十四条 取得校车使用许可的学校、校车服务提供者违反本条例规定，情节严重的，原作出许可决定的地方人民政府可以吊销其校车使用许可，由公安机关交通管理部门收回校车标牌。

第五十五条 学校违反本条例规定的，除依照本条例有关规定予以处罚外，由教育行政部门给予通报批评；导致发生学生伤亡事故的，对政府举办的学校的负有责任的领导人员和直接责任人员依法给予处分；对民办学校由审批机关责令暂停招生，情节严重的，吊销其办学许可证，并由教育行政部门责令负有责任的领导人员和直接责任人员5年内不得从事学校管理事务。

第五十六条 县级以上地方人民政府不依法履行校车安全管理职责，致使本行政区域发生校车安全重大事故的，对负有责任的领导人员和直接责任人员依法给予处分。

第五十七条 教育、公安、交通运输、工业和信息化、质量监督检验检疫、安全生产监督管理等有关部门及其工作人员不依法履行校车安全管理职责的，对负有责任的领导人员和直接责任人员依法给予处分。

第五十八条 违反本条例的规定，构成违反治安管理行为的，由公安机关依法给予治安管理处罚；构成犯罪的，依法追究刑事责任。

第五十九条 发生校车安全事故，造成人身伤亡或者财产损失的，依法承担赔偿责任。

第八章 附 则

第六十条 县级以上地方人民政府应当合理规划幼儿园布局，方便幼儿就近入园。

入园幼儿应当由监护人或者其委托的成年人接送。对确因特殊情况不能由监护人或者其委托的成年人接送，需要使用车辆集中接送的，应当使用按照专用校车国家标准设计和制造的幼儿专用校车，遵守本条例校车安全管理的规定。

第六十一条 省、自治区、直辖市人民政府应当结合本地区实际情况，制定本条例的实施办法。

第六十二条 本条例自公布之日起施行。

本条例施行前已经配备校车的学校和校车服务提供者及其聘用的校车驾驶人应当自本条例施行之日起90日内，依照本条例的规定申请取得校车使用许可、校车驾驶资格。

本条例施行后，用于接送小学生、幼儿的专用校车不能满足需求的，在省、自治区、直辖市人民政府规定的过渡期限内可以使用取得校车标牌的其他载客汽车。

河南省人民政府
关于印发河南省农村义务教育学生营养改善计划试点工作实施方案的通知

豫政〔2012〕18号

各市、县人民政府,省人民政府各部门:

现将《河南省农村义务教育学生营养改善计划试点工作实施方案》印发给你们,请认真组织实施。

二〇一二年二月七日

河南省农村义务教育学生营养改善计划试点工作实施方案

为贯彻落实《国务院办公厅关于实施农村义务教育学生营养改善计划的意见》(国办发〔2011〕54号),指导我省试点地区科学有效地实施农村义务教育学生营养改善计划,切实改善农村义务教育学生营养状况,提高农村学生健康水平,结合我省实际,制定本实施方案。

一、指导思想

坚持以科学发展观为指导,坚持以人为本,坚持"健康第一"的指导思想,认真落实《国家中长期教育改革和发展规划纲要(2010—2020年)》、国办发〔2011〕54号文件要求,以贫困地区和家庭经济困难学生为重点,以为学生提供营养膳食为基本手段,组织实施农村义务教育学生营养改善计划,改善农村义务教育学生营养状况,提高农村学生健康水平。

二、基本原则

农村义务教育学生营养改善计划要按照"政府主导、试点先行、因地制宜、突出重点"的基本原则,稳步推进。

三、试点范围和内容

国家在我省试点范围为集中连片特殊困难地区的26个县:兰考县、嵩县、汝阳县、洛宁县、栾川县、鲁山县、卢氏县、淅川县、南召县、镇平县、内乡县、宁陵县、民权县、柘城县、沈丘县、淮阳县、商水县、郸城县、太康县、新蔡县、新县、商城县、淮滨县、光山县、潢川县、固始县。实施对象为以上试点县(不含县城)所有农村义务教育学校学生(含民办学校学生)。

试点基本内容:为试点地区农村义务教育学生提供营养膳食补助,标准为每生每天3元(全年按照学生在校时间200天计算)。试点工作从2012年春季新学期启动,所需资金全部由中央财政承担。

试点工作由省政府统筹,相关省辖市、县政府具体组织实施。我省将按照国家试点的有关要求,认真抓好各项工作的落实并在试点取得一定经验后启动省、省辖市试点工作。

四、主要工作措施

(一)创新供餐机制。

供餐模式主要有四种:一是加餐或课间餐,主要提供蛋、奶、肉、蔬菜、水果等;二是学校食堂供餐,主要提供午餐;三是向具备资质的餐饮企业、单位集体食堂购买供餐服务;四是偏远地区在严格准入的前提下可实行个人或家庭托餐等。鼓励食品原料采购本地化,通过集中采购、与农户签订食品原料供应协议等方式,妥善解决学校食堂副食品、蔬菜供应问题。鼓励有条件的农村学校适度开展勤工俭学,补充食品原料供应,试点县政府要为学校开展勤工俭学提供土地、经费和技术支持。

(二)改善就餐条件。

1."十二五"期间实施农村初中校舍改造工程项目。支持41个县(区)农村初中食堂建设项目。计划投资约7亿元,其中争取中央投资约5.5亿元,省投资约1.5亿元。

2.试点县在安排农村中小学校舍维修改造长效机制资金和农村义务教育薄弱学校改造资金时,对列入农村义务教育学生营养改善计划的食堂修缮改造项目优先予以支持。

3.对筹措的农村义务教育学生营养改善计划食堂修缮改造专项资金,要严格按照规定分配,及时拨付,专款专用,加强监管,提高资金使用效益。

(三)启动实施河南省中小学食堂等级量化评定工程。

为切实提高中小学食堂管理水平,启动实施河南省中小学食堂等级量化评定工程,5年内对全省所有中小学食堂实行分级量化管理。

(四)鼓励社会参与。

鼓励共青团、妇联等人民团体,居民委员会、村民委员会等有关基层组织以及企业、基金会、慈善机构,在政府统筹下,积极参与推进农村义务教育学生营养改善工作,在改善就餐条件、创新供餐方式、加强社会监督等方面积极发挥作用。

五、加强领导,明确责任,完善制度,规范管理,狠抓落实

(一)明确工作责任。

省政府负责制定全省试点工作实施方案,指导试点县开展工作。省辖市政府负责指导和协调本地农村义务教育学生营养改善工作。试点县政府是农村义务教育学生营养改善工作行动主体和责任主体,负责制定本县农村义务教育学生营养改善工作实施方案和配餐指南,因地制宜地实施计划。政府各有关部门要发挥职能作用,加强对农村义务教育学生营养改善工作的指导和协调。教育部门要把农村义务教育学生营养改善计划的实施作为贯彻落实教育改革和发展规划纲要的重要工作,牵头负责方案实施、指导和监督检查工作,负责学校食品安全日常管理,按照规定组织开展食品安全检查;财政部门要充分发挥公共财政职能作用,制定和完善相关政策,切实加大投入,落实专项资金,加强资金监管;发展改革部门要建立价格监测和预警机制,开展生产成本调查,组织对食品价格进行监督检查,制定农村义务教育学生营养改善计划实施及流通环节费用减免政策;农业部门负责食用农产品生产环节的监督检查;工商部门负责供餐企业主体资格的登记和管理;质监部门负责对供餐企业食品生产进行监管,查处生产加工中的质量问题及违法行为;卫生部门负责指导做好学生营养健康状况监测评估工作,对学生营养改善提出指导意见,组织处置学校食品卫生安全事故;食品药品监管部门负责学校食堂以及供餐单位、个人食品安全监管,制定不同供餐模式的准入办法,切实做好日常监督检查工作;食品安全综合协调机构及监管部门负责制定具体的食品安全培训方案和教材,对试点县的中小学校长、食堂负责人、工作人员以及供餐企业、托餐点相关人员进行食品安全相关法规政策和行业规范培训;监察、审计部门要依法对试点工作进行监督,查处违法违纪行为。

(二)建立健全制度,严格规范管理。

省相关部门建立省、市、县三级责任体系,制定食品安全应急预案、资金管理办法、工作经费保障办法、营养改善配餐指南。

试点县政府要建立县、乡、校三级责任体系,制定食品安全应急预案。结合当地实际,制定中小学食堂供餐规范,明确数量、质量和操作标准。制定原料采购、食品配送、招标投标和经费管理办法,确保规范化操作、精细化管理。将财政补助专项资金纳入国库管理,实行分账核算,集中支付,专款专用,严禁截留、挤占和挪用。督促供餐单位和个人定期公布配餐食谱、数量和价格,严禁克扣和浪费。加强运营监管和食品安全管理,确保食品采购、保管等环节不出现漏洞,确保食品卫生安全。指导试点学校进一步加强财务管理,加强内控制度建设,加强食堂会计核算,定期公布账目,确保资金使用安全、规范、有效。建立实名制学生信息管理系统,防止套取和虚报冒领补助经费的行为。建立学生营养状况监测评估制度,跟踪了解学生营养改善情况,为开展营养改善工作绩效评估提供科学依据。

补助资金要足额用于为学生提供等值优质的食品,不得直接发放给学生个人和家长。

(三)加强健康教育。

各地和有关部门要充分利用各种宣传教育形式,向学生、家长、教师和供餐人员普及营养科学知识,培养科学的营养观念和饮食习惯。学校要在地方课程中落实每学期9课时的健康教育时间,并安排营养膳食等相关内容,对学生进行营养健康教育,使其掌握营养知识,引导学生养成健康的饮食行为习惯。

(四)强化监督检查。

省、市、县级政府要建立问责制度,制定专门的监督检查办法,对农村义务教育学生营养改善计划的实施进行全过程监督。监察、审计部门要切实履行职责,促进计划实施公开透明、廉洁运作。教育督导部门要把计划实施情况作为重要工作内容,进行定期督导。要主动将计划实施情况向同级人大、政协报告,接受法律监督和民主监督。要督促农村学校成立家长、学生、教师代表共同参加的营养改善计划监督小组。各地要及时将工作方案、进展情况、运行结果向社会公示并设立举报电话和公众意见箱,广泛接受社会监督。省农村义务教育学生营养改善计划监督举报电话:0371-69691751。

(五)做好宣传工作。

实施农村义务教育学生营养改善计划在我省是一项创新性工作,时间紧、任务重、要求高,各级政府和有关部门要制定切实可行的宣传方案,充分利用各种媒体,采取多种方式,向全社会准确、深入宣传这项惠民政策,使之家喻户晓。要高度重视舆情分析,广泛听取社会各方面意见建议,及时改进工作。要认真总结、宣传推广典型经验,努力营造全社会共同支持、共同监督和共同推进的良好氛围。

河南省人民政府
关于印发河南省职业教育校企合作促进办法(试行)的通知

豫政〔2012〕48号

各省辖市人民政府,省人民政府各部门:

《河南省职业教育校企合作促进办法(试行)》已经2012年4月18日省政府第102次常务会议通过,现印发给你们,请认真贯彻落实。

二〇一二年五月四日

河南省职业教育校企合作促进办法(试行)

第一章 总 则

第一条 为促进职业院校与企业深度合作,培养支撑产业发展、改善民生、提升竞争力所需要的高素质劳动者和技能型、应用型人才,增强职业教育服务中原经济区建设的能力,根据《中华人民共和国职业教育法》等有关法律、法规,结合我省实际,制定本办法。

第二条 本办法所称的职业教育校企合作,是指职业院校与企业、事业单位、社会组织在人才培养与职工培训、科技创新与技术服务、资源共享与共同发展等方面开展的合作。

第三条 促进职业教育校企合作是政府、职业院校、行业协会、企业的共同责任。职业教育校企合作实行政府推动、行业协会协调、企业与职业院校共同参与的多元化校企合作机制,遵循自愿协商、优势互补、利益共享、过程共管、责任共担的原则,坚持以市场需求和劳动就业为导向,实现生产、教学、科研相结合。

第二章 政 府

第四条 各级政府应支持和促进职业教育校企合作,可以结合本地实际,建立校企合作相关组织,负责统筹协调本地职业教育校企合作的规划、资源配置、经费保障、督导评估等工作,推动职业教育校企合作。

为有效推动全省职业教育校企合作,省政府成立由省教育厅、人力资源社会保障厅、发展改革委、财政厅、省政府国资委、省工业和信息化厅、商务厅等部门和部分行业协会、企业、职业院校参加的职业教育校企合作促进委员会(以下简称校企合作促进会)。校企合作促进会下设秘书处,具体负责全省职业教育校企合作工作。

第五条 各级政府应定期对职业教育校企合作项目及其实施情况进行检查、评估和督导,对校企合作工作成绩突出的企业、学校及个人予以表彰、奖励,并通过主流媒体向全社会广泛宣传。

第六条 各级教育、人力资源社会保障、发展改革、财政、科技、工业和信息化、国土资源、国资、农业等部门在各自职责范围内制定相关优惠政策,引导和推动职业教育校企合作。

发展改革、科技等有关部门对在职业教育校企合作工作中成绩突出的企业,在技术改造、新产品研发等项目建设上予以优先支持。

国资、工业和信息化等有关部门应将企业的职业教育校企合作情况作为考核与评价企业和企业负责人业绩的重要内容。

教育、人力资源社会保障等有关部门对校企合作成绩突出的职业院校,在品牌示范性学校、实习实训基地等建设上予以优先支持。

第七条 教育、人力资源社会保障部门应制定鼓励与支持政策,推动职业院校教师到企业实践,促进企业的高技能人才、专业技术人员兼任职业院校专业课教师或实习指导教师。有企业工作或生产一线服务经历的职业院校专业课教师优先晋升高一级专业技术职务;有辅导职业院校学生实习经历的企业职工优先晋升高一级专业技术职务。

各地可以建立职业院校"双师型"教师人才库,探索职业院校之间"双师型"教师互聘互用机制。

第八条 各级政府应整合职业教育相关专项资金,引导和鼓励职业教育校企合作,主要用于:资助职业院校与企业联合设立职业教育实习实训基地、合作建设实验室或生产车间等校企合作项目;资助职业院校为实习学生统一办理意外伤害保险;对企业接纳职业院校学生实习发生的物耗、能耗给予适当资助;对与职业院校合作开展职工教育和培训并取得显著成绩的企业给予表彰、奖励;对职业院校参与企业技术改造、产品研发、科技攻关和促进科技成果转化给予资助或奖励;表彰、奖励其他在促进职业教育校企合作中做出显著成绩的单位和个人等。

第三章 行业协会

第九条 各行业协会应在政府相关部门的牵头支持下,成立由行业协会、企业、职业院校组成的行业职业教育校企合作指导委员会(以下简称指导委员会),引导、协调、指导本行业的校企合作工作,发挥在信息、人才和技术等方面的资源优势,发布和预测本行业用人信息;向职业院校推荐开展职业教育校企合作的企业;与职业院校合作,组织行业内员工培训;参与制定职业院校实践教学标准及实习指导教师能力标准;参与行业职业教育技能大赛举办等工作;参与职业教育校企合作项目的评估、职业技能鉴定及相关管理工作,推动职业教育校企合作项目顺利实施。

第十条 各行业协会可以牵头成立由有关职业院校和企业参加的全省性行业职业教育集团(以下简称职教集团)。在校企合作促进会的推动下,充分发挥职教集团的载体作用,以产业和专业为纽带,统筹行业、企业和职业院校等资源,积极开展专业建设、师资队伍建设、实习实训基地建设、实习就业指导等,实现专业与产业对接、教学过程与生产过程对接、专业课程内容与职业标准对接。

第四章 企 业

第十一条 企业应积极与职业院校开展多种形式的合作,可以与职业院校共建对口专业,联合建立实习实训基地,合作培养师资,合作培养企业急需人才,共同开发教材,合作进行产品设计和技术创新,合作组建产学研联合体等,共同搭建服务区域产业发展平台。

企业可以通过参股、入股等多种形式,与职业院校联合组建办学实体或独立举办职业院校。

第十二条 企业应根据实际生产需求,合理确定实习环节和实践内容,接纳职业院校学生顶岗实习并给予上岗实习学生适当的劳动报酬。

企业应按照与职业院校的合作协议,与职业院校共同组织和管理学生实习,制定实习计划,提供实习场地和设备设施,并指定专人负责学生实习工作,安排有经验的技术或管理人员担任实习指导教师,做好实习、实践前的安全培训和实习、实践期间的劳动保护、安全等工作。禁止企业安排实习学生从事不符合实习特征或与实习内容不一致的劳动生产。

第十三条 鼓励企业积极接纳职业院校教师进行教学实践或建立教师培训基地,帮助职业院校教师和管理人员进行实践锻炼和岗位体验。企业可以与教师合作开展产品研发、技术改造等工作。

第十四条 企业应建立职工培训和继续教育制度,制定本单位职工培训计划。企业可以举办职业教育机构或委托职业院校对本单位职工和准备录用的人员实施职业技能培训和继续教育。

企业应按照不低于职工工资总额的2.5%提取教育培训经费并列入成本开支,所提取经费主要用于企业职工特别是一线职工的教育培训。企业应严格遵守劳动就业准入制度,可以优先录用与合作职业院校共同培养的人才。

第十五条 按照国家有关规定,符合税收减免税条件的,享受有关税收减免政策。企业接纳学生顶岗实习并支付给实习学生的报酬,可以在计算缴纳企业所得税前扣除;企业发生的职工教育经费支出和用于职业教育事业的公益性捐赠支出,可以在计算企业应纳税所得额时扣除;企业委托职业院校开发新产品、新技术、新工艺发生的研究开发费用,可以享受企业所得税优惠政策;企业举办职业教育机构或设立实习实训、实践基地的,可以参照执行公益事业用地的有关政策,并享受税收优惠政策;企业接纳职业院校、职业培训机构学生实习实训、教师实践的,根据接纳的人数及岗位的特殊性,享受税收优惠政策或补贴政策;企业为职业院校学生提供的奖学金、助学金费用等可列入企业教育培训经费,作为企业成本列支,享受有关税收减免政策。企业为职业培训开发的培训教材,经相关机构和专业教学指导委员会审定,可以在职业院校中使用,按教育部门相关规定享受补贴政策。

第十六条 鼓励企业为职业院校提供资助和捐赠。企业可以通过多种捐助形式支持职业院校建设和发展,可在职业院校设立奖学金、助学金、奖研金、奖教金、创业就业基金等资助项目。

第十七条 企业应及时向行业协会反馈人才需求和岗位技术变化信息,派出专业技术人员参加指导委员会,积极参与组建职教集团,并将与职业院校的合作诉求反映给行业协会。

第五章 职业院校

第十八条 职业院校应根据经济社会发展和市场需求,主动与企业在学生实习、专业设置与课程开发、订单式教育与就业推荐、师资交流与培训、职工培训与继续教育、产品研发、技术攻关等方面开展合作。

第十九条 职业院校应积极实行“双证书”(学历证书与职业资格证书)制度,在教学中引入职业技能鉴定标准,实现专业课程内容与职业技能鉴定标准对接,并向合作企业优先推荐毕业生。

第二十条 职业院校应聘请企业的高技能人才、专业技术人员兼任专业课教师或实习指导教师,鼓励职业院校聘请企业的高技能人才、专业技术人员到校任教或参与管理工作,参与职业院校的培养目标设定、专业设置、课程改革、教学评价等人才培养的全过程。

第二十一条 职业院校应建立学生和教师到企业实习、实践制度。职业院校在校学生按有关规定应到企业或生产服务岗位参加上岗实习,实习成绩计入规定的学分;专任教师应定期到企业或生产服务岗位实践,并将实践情况作为教师考核的重要内容。

第二十二条 职业院校应优先安排与其建立校企合作关系的企业职工进校接受职业技能培训或继续教育。职业院校应积极参与企业的技术改造、产品研发和科技攻关等项目,促进科技成果转化。

第二十三条 职业院校应加强对实习学生和实践教师的职业道德教育和安全教育,并指派指导教师,按照《河南省工伤保险条例》为实习学生统一办理意外伤害保险。实习学生和实践教师应遵守企业制度和劳动纪律,保守企业商业秘密。

第二十四条 职业院校按照国家有关规定可以通过参股、入股的形式,与相关企业联合组建经济实体或独立举办经济实体。

第六章 责 任

第二十五条 职业院校、企业违反有关规定,侵害实习学生、实践教师、企业职工合法权益的,应依法承担相应的法律责任。

第二十六条 职业院校学生、教师在实习、实践期间发生安全事故的,职业院校实习学生和实践教师侵害企业商业秘密的,均依照国家有关规定处理。

第二十七条 职业院校、企业弄虚作假获得职业教育校企合作资助或奖励的,按照《财政违法行为处罚处分条例》(国务院令第427号),由相关部门追回已发放的资助或奖励资金,取消其获得相关资助或奖励的资格,追究有关人员的相关责任。

第二十八条 教育、人力资源社会保障和其他部门及工作人员违反本办法规定,在职业教育校企合作工作中玩忽职守、滥用职权、徇私舞弊的,由上级部门或其他有关部门责令改正,并对直接负责的主管人员和其他直接责任人员依据有关规定给予处分。

河南省人民政府
关于创新体制机制进一步加快职业教育发展的
若干意见

豫政〔2012〕49号

各省辖市人民政府,省人民政府各部门:

为认真贯彻落实《国务院关于支持河南省加快建设中原经济区的指导意见》(国发〔2011〕32号)精神,巩固职业教育成果,省政府决定,在"十二五"期间,以国家职业教育改革试验区为平台,创新职业教育发展机制,改革封闭式办学模式,积极推进校企合作;改革单一的政府投资模式,建立多元投资办学机制;改革职业院校管理体制和机制,切实增强办学活力;抓好一批具有品牌效应的职业教育示范院校和特色院校建设项目;探索构建现代职业教育体系,带动职业教育整体水平提高,进一步加快我省职业教育发展,增强服务中原经济区建设的能力。现提出若干意见如下:

一、提高认识,进一步增强加快发展职业教育的紧迫感和责任感

加快发展职业教育,是我省把人口压力转化为人力资源优势,建设全国人力资源高地的必然选择;是全面提升人口职业素质,提高人民群众就业质量,改善民生的重要手段;是提高我省产业竞争力,支撑转变经济发展方式,推动中原经济区快速发展的有力保障。我省实施职业教育攻坚计划以来,职业教育办学规模逐年扩大,办学条件得到改善,办学水平明显提升,服务经济社会发展的能力显著增强,呈现出前所未有的好局面。但我省职业教育在机制方面还存在一些问题,主要是办学模式比较封闭,校企合作不紧密;职业教育特色不突出,职业教育体系不健全;"双师型"教师队伍建设和实训环节薄弱;公办职业院校财政投入效益不高,企业用人不规范,就业准入制度有待进一步完善等。因此,各级政府、各部门要牢固树立抓职业教育既是当务之急又是长远大计,既是民生又是发展的意识,切实增强加快职业教育发展的紧迫感和责任感,创新机制,破解难题,大力提升我省职业教育发展水平,进一步增强服务中原经济区建设的能力。

二、改革封闭式办学模式,大力推进校企合作

1.构建促进职业教育校企合作组织框架。探索建立由政府强力推动,政府部门、行业协会、企业、职业院校等广泛参与的符合我省职业教育实际的校企合作新机制。省政府成立由省教育厅、人力资源社会保障厅、发展改革委、财政厅、省政府国资委、省工业和信息化厅、商务厅等部门和部分行业协会、企业、职业院校组成的职业教育校企合作促进委员会(以下简称校企合作促进会),推动建立校企合作良性运行机制。在整合高职、中职、技工学校职业教育集团的基础上,成立由政府有关部门、行业协会、企业、职业院校组成的行业职业教育校企合作指导委员会(以下简称指导委员会)和全省性行业职业教育集团(以下简称职教集团),促进行业内校企合作。

2.发挥校企合作促进会的推动作用。省政府制定《河南省职业教育校企合作促进办法》,明确参与各方的权利、义务和责任,为校企合作提供制度保障,实现职业院校办学与企业生产紧密结合。各级政府和有关部门制定土地、财政、金融等方面的优惠政策,贯彻落实税收优惠政策,引导和推动职业教育校企合作。各级财政要对职业教育校企合作成效显著的职业院校、行业协会和企业给予资助和奖励,公办职业院校实行"以补促改",民办职业院校实行"以奖代补"。

3.发挥指导委员会和职教集团的载体作用。以产业和专业为纽带,指导委员会和职教集团统筹行业、企业、职业院校资源,发布行业人才预警信息,开展行业内员工培训,建设专业教学资源共享库;通过实施“订单”培养、开展职业技能鉴定、举办行业职业教育技能大赛引领课程体系改革;开展专业建设、师资队伍建设、实训基地建设、实习就业指导等,实现专业与产业对接、教学过程与生产过程对接、专业课程内容与职业标准对接。

4.发挥企业和职业院校的主体作用。省内规模以上企业要积极参与校企合作,主动与职业院校共建实训基地,接纳职业院校学生和教师分别进行顶岗实习、实践。职业院校要适应企业用工需求,推行弹性学制、学分制等学习制度,参与企业职工培训、技术改造和产品研发等。用三年时间,在合作企业认定500个左右省级示范性综合实训基地,年接纳20万名左右学生进行实习实训。

5.加快建设职业院校“双师型”教师队伍。制定《河南省职业教育“双师型”教师队伍建设意见》,建立职业院校“双师型”教师长效补进机制,提高职业院校教师素质。明确“双师型”教师基本标准,开展“双师型”教师认定工作。建立全省职业院校“双师型”教师人才库,探索职业院校之间“双师型”教师互聘互用机制。不断完善职业教育教师专业技术职务评审办法;鼓励和支持职业院校教师到企业实践,有企业工作或生产一线服务经历的职业院校专业课教师优先晋升高一级专业技术职务;鼓励和支持企业技术人员兼任职业院校专业课教师、申请教师系列专业技术职务,有辅导学生实习经历的企业职工优先晋升高级专业技术职务。

三、改革单一的政府投资模式,积极建立多元投资办学机制

1.加快推进职业教育多元投入机制改革。进一步健全政府主导、行业指导、企业和社会参与的多元办学机制。积极推广我省职业教育多元投入机制改革的经验,如公办职业院校公办民助、股份制办学等经费投入新模式。积极促进民办职业教育发展,引导社会资金加大对职业教育的投入。在民办职业院校推广“政府引导、民办公助”的办学新机制,从事学历教育的民办职业院校在建设用地、项目安排以及学生资助、税收、银行贷款等方面与公办学校享受同等政策。

2.加大各级财政支持职业教育发展的力度。确保财政性教育经费支出用于职业教育的投入明显增加;扩大中等职业教育免学费政策覆盖范围,逐步实现免费中等职业教育;将职业教育作为新增教育财政支出的重点投入领域;教育费附加用于职业教育的比例不低于30%;统筹安排地方教育费附加支持职业教育发展。各级政府要将职业院校老校区土地出让所得资金按规定上交财政部分全额返还学校,用于新校区建设。

四、改革职业院校管理体制和机制,切实增强办学活力

1.改革职业院校管理体制和机制。在职业院校中引入竞争机制,实行优胜劣汰。对服务能力强、校企合作成效突出、办学规模大、质量高的职业院校,在项目、资金等方面要予以倾斜;对招生困难、规模偏小且办学特色不明显、质量不高、吸引力不强的公办职业院校,要予以整合。职业院校要遵循职业教育规律,建立和完善符合职业教育特点的内部管理体制和机制。坚持“六路并进”,统筹安排教育、人力资源社会保障、农业、民政、扶贫、残联等部门的职业培训项目和资金,充分发挥职业院校在全民技能振兴工程中的主阵地作用。采取政府购买服务的方式,积极为产业集聚区企业提供定向职业培训服务。各地要认真总结“职业培训券”等做法,并积极完善推行。

2.改革公办职业院校的经费供给机制。参照省属职业院校生均经费财政拨款办法,逐步在全省公办职业院校推进生均经费财政拨款改革。省辖市、县(市、区)政府要根据当地财力水平,结合不同专业类别和毕业生就业率等因素,确定当地的生均经费财政拨款标准,并随财政保障能力的增强逐步提高生均经费财政拨款标准。职业院校要深化内部分配制度改革,逐步将教职工绩效工资与学校发展、所聘岗位及其个人贡献挂钩。各级政府要制定投入成本与效益评价指标体系,并将评价结果作为经费投入的主要依据,提高政府投资的综合效益。职业院校要严格财务管理,完善内控机制,实行财务公开和项目资金集体决策制度,向管理要效益。

五、抓好职业教育示范院校和特色院校建设,带动职业教育办学水平提高

实施河南省职业教育示范院校和特色院校建设行动计划,2012年至2014年,在全省重点支持100所左右示范职业院校和200所左右特色职业院校建设。大力推进办学模式、投资模式、管理体制机制改革,加快职业教育创新发展步伐,建成一批服务能力强、办学条件好、教学质量高、特色鲜明,发挥骨干、示范作用的职业院校。加快职业教育园区建设,发挥集聚效应、规模效益。以建设具有品牌效应的示范院校、特色院校和职业教育园区为抓手,促进全省职业院校结构再优化,带动我省职业教育办学水平提高。

六、构建开放融通的现代职业教育体系,提升服务中原经济区建设的能力

积极构建适应经济发展方式转变和产业结构调整,体现终身教育理念、职业教育特点,中等和高等职业教育协调发展,外部开放、横向融通、纵向贯通的现代职业教育体系。外部开放:现代职业教育体系与产业体系吻合,与终身教育体系衔接,加强人才需求预测,深化校企合作,提升职业教育服务经济发展、保障民生、促进就业的能力;横向融通:职业院校毕业生在取得学历证书的同时取得职业资格证书,加强职业教育与普通教育的渗透融通,构建人才成长“立交桥”,满足个人多样化发展需求;纵向贯通:以课程体系为纽带,以“知识+技能”的考试制度改革为支撑,实现中职、高职、本科和研究生等各层次职业教育的内部贯通,提高学生可持续发展能力。借鉴国际职业教育先进经验,积极引导和推进职业教育国际交流与合作,建设一批职业教育国际交流与合作试点院校。

二〇一二年五月四日

河南省人民政府
关于转发河南省职业教育品牌示范院校和特色院校建设管理办法的通知

豫政〔2012〕70号

各市、县人民政府,省人民政府各部门:

省教育厅、人力资源社会保障厅、财政厅、发展改革委制定的《河南省职业教育品牌示范院校和特色院校建设管理办法》已经省政府同意,现转发给你们,请认真贯彻执行。

河南省职业教育品牌示范院校和特色院校建设是当前和今后一个时期推动我省职业教育改革与发展的重要任务,是贯彻落实《河南省人民政府关于创新体制机制进一步加快职业教育发展的若干意见》(豫政〔2012〕49号)的重要抓手。各地、各部门要高度重视,将职业教育品牌示范院校和特色院校建设纳入本地经济社会发展总体规划和教育事业发展规划,把品牌示范院校和特色院校作为今后全省职业教育的支撑予以重点支持,统筹安排,精心组织,认真实施,推动职业院校形成品牌、办出特色,提升职业教育的服务力、吸引力和办学活力,确保实现职业教育品牌示范院校和特色院校建设各项任务目标。

二〇一二年七月二十五日

河南省职业教育品牌示范院校和特色院校建设管理办法

省教育厅 省人力资源社会保障厅

省财政厅 省发展改革委

(二〇一二年七月十八日)

第一章 总 则

第一条 为进一步提升我省职业院校办学质量和水平,加强对我省职业教育品牌示范院校和特色院校建设的管理,规范建设工作,提高管理水平,在全省建成100所左右品牌示范院校和200所左右特色院校,根据国家有关规定和《河南省人民政府关于创新体制机制进一步加快职业教育发展的若干意见》(豫政〔2012〕49号)的要求,特制定本办法。

第二章 建设管理

第二条 管理方式。品牌示范院校和特色院校建设坚持“省级引导、统一规划、地方为主、行业参与、校企合作、院校实施”的原则,每所院校作为一个建设项目(以下简称项目院校),省、省辖市签订共建协议书,采取省、省辖市、校分级负责的管理方式。同时,鼓励行业、企业和社会有关方面积极参与和给予支持。

第三条 省教育厅、人力资源社会保障厅、财政厅、发展改革委等部门人员组成河南省职业教育品牌示范院校和特色院校建设管理办公室(以下简称省管理办),具体负责制定建设总体规划和规范要求,制定项目院校遴选条件等。主要履行以下职责:

(一)负责统筹、组织品牌示范院校和特色院校建设的相关工作;

(二)制定相关政策、管理规定和绩效考核办法等;

(三)组织专家遴选、认定项目院校;

(四)按计划组织开展政策发布、业务咨询和培训等工作;

(五)建立项目建设信息采集与绩效监控系统,开展年度绩效考评工作;

(六)指导项目院校的项目建设工作,组织开展调研督查、年度检查、项目验收、挂牌表彰、成果宣传等工作。

第四条 省辖市组成由市教育局、人力资源社会保障局、财政局、发展改革委等部门人员参加的本市职业教育品牌示范院校和特色院校建设管理办公室(以下简称市管理办),作为品牌示范院校和特色院校建设项目实施的地方管理协调部门,主要履行以下职责:

(一)按照省管理办的要求,初选和申报本地项目院校;

（二）负责指导、检查本地项目院校的项目建设工作，监督本地项目院校按项目建设任务书完成建设任务，及时协调、解决项目建设过程中出现的问题；

（三）负责筹集和落实项目院校的建设资金，对建设资金的使用进行监督，确保专款专用；

（四）向省管理办报送本地项目建设阶段进展报告和项目完成总结性报告。

省属院校的主管部门参照省辖市政府的职责。

第五条　项目院校法定代表人为项目建设主要责任人。项目院校应设立专门机构具体负责项目建设的规划、实施、管理和检查等工作，主要履行以下职责：

（一）按照省管理办有关规定及本办法的要求，编制、报送立项申报书、项目建设方案和项目建设任务书，并对有关申报材料的真实性负责；

（二）按照批复的项目建设方案和项目建设任务书确定的建设内容组织项目建设，确保项目建设进度和预期目标；

（三）统筹安排建设资金，按照有关财务制度及本办法规定，科学、规范和合理使用建设资金，确保资金使用效益；

（四）将上年度项目建设进展、年度资金使用等情况形成年度报告，上报省管理办；

（五）接受教育、人力资源社会保障、财政、发展改革、审计、监察等部门对项目建设过程和结果的监控、检查和审计。

第三章　组织实施

第六条　2012年、2013年、2014年每年按照项目总数的30%左右、40%左右、30%左右安排建设计划。项目院校的认定工作按照省管理办公布的年度建设计划执行。

（一）核定申报指标。省管理办根据总体规划确定和下达各省辖市年度申报项目院校控制数。

（二）初选与申报。省级以上重点中等职业学校、通过高等职业院校人才培养工作水平评估的高职院校按照省管理办的要求，编制项目申请书，提出基本建设思路、初步设想和项目建设方案。各省辖市要按照本地职业教育发展实际和本地项目院校控制数，从申请院校中初选项目院校，确定本地拟申报项目院校后统一向省管理办申报。省属职业院校由主管部门参照以上要求进行初选与申报。

（三）遴选与认定。省管理办组织专家组，按照省管理办制定的《河南省职业教育品牌示范院校建设项目遴选条件》和《河南省职业教育特色院校建设项目遴选条件》进行遴选，对申报材料进行审核，必要时对项目院校申报信息进行现场核查。对符合遴选条件的院校，由省管理办在媒体上公布拟立项支持的院校名单，公示期为7个工作日，接受社会监督和质询。公示期满无异议者，予以认定并公布项目院校名单。

第七条　评审与批复。项目院校编制项目建设方案和项目建设任务书，经省辖市或主管部门审核后报省管理办。省管理办组织专家对项目院校的项目建设方案和项目建设任务书进行评审论证，达到要求的予以批复。批复后正式启动项目建设工作。

第八条　建设与调整。项目院校按照批复的项目建设方案和项目建设任务书，组织项目建设，建设周期不超过2年，起始日期自下达批复之日起计算。项目建设方案和项目建设任务书一经批复，必须严格执行，建设过程中一般不得自行调整；如确需调整的，项目院校须重新按程序上报审定。

第九条　监控与考核。建立省、市、校三级监控考核体系，对项目建设实行事前科学论证、事中监控指导、事后效益评价的全过程审核、监控和考核。

（一）省管理办依据项目院校的项目建设方案和项目建设任务书，分阶段采集绩效考核信息，组织对项目院校进行年度检查，检查结果作为调整省财政奖补资金的重要依据。对年度绩效考核不合格的项目院校，终止财政资金支持，收回奖补资金，并取消评选资格。

（二）市管理办负责指导项目建设，监督和检查项目进展情况，及时解决建设中的问题。

（三）项目院校负责项目建设日常工作和过程管理，设立专门机构，建立管理责任制和绩效考评机制，确保项目建设质量与进度。

第十条　验收与授牌。项目建成后，项目院校应撰写建设总结报告，由市管理办初审后向省管理办申请项目验收。总结报告的内容主要包括：建设基本情况，建设目标任务完成情况和成效，对经济社会发展的贡献度，对其他院校的示范、带动和辐射成效，专项资金预算执行情况和使用效果，资金管理情况与存在的问题等。省管理办按照协议书和建设任务对项目院校建设情况进行评估与验收。对通过验收的项目院校，报请省政府授予“河南省职业教育品牌示范院校”或“河南省职业教育特色院校”称号并挂牌。对未通过验收的项目院校取消其评定资格，收回省财政奖补资金。

第十一条　建设任务。品牌示范院校建设期满要全面达到成本条规定的6项建设标准，发挥示范、带动和辐射作用。特色院校要突出办学优势，选取本条规定的3项以上建设任务重点建设，提升办学特色。通过建设品牌示范院校和特色院校，实现校企合作办学模式新突破、多元化办学机制基本建立、办学活力明显增强，大幅度提高办学的规范化、信息化和现代化水平，使其成为全省职业教育改革创新的示范、提高质量的示范和办出特色的示范，为建设中原经济区培养更多更好的技能型人才。

（一）深化校企合作。职业院校与行业企业深度合作，积极参与行业职业教育校企合作指导委员会和全省性行业职业教育集团，建立院校层面的校企合作委员会或专业建设指导委员会。探索与企业共建实习实训基地，合作建设实验室或生产车间，合作兴办技术创新机构，合作组建产学研联合体。实现专业课教师和企业技术人员双向交流、互通互用。大力开展“订单培养”，骨干专业“订单培养”规模每年不少于2个教学班。

（二）改革人才培养模式。密切职业院校与企业等用人单位的联系，深入推行“工学结合、校企合作、顶岗实习”的人才培养模式改革。实现专业与产业对接、教学过程与生产过程对接、专业课程内容与职业标准对接。深入开展项目教学、案例教学、场景教学、仿真教学和岗位教学等,增强教育教学的针对性和实效性。高职院校三年制专业的实践教学不低于教学活动总学时的40%,两年制专业的实践教学不低于教学活动总学时的30%;中职学校专业技能课程学时占总学时的2/3,其中顶岗实习累计总学时约为一学年。

(三)提升基础能力。职业院校占地面积、校舍面积、图书藏量、仪器设备值、生师比等5项主要办学条件达到教育部公布的办学标准。建设一支适应技能型人才培养需要的专业带头人、骨干教师和"双师型"教师队伍,"双师型"教师占专任专业课教师的比例不低于70%;专业课教师每两年必须有两个月到企业或生产服务一线实践,聘用企业工程技术人员作为专业课教师的数量不低于25%。每个专业都有必需的实验实训条件,骨干专业至少建立有1个具有真实(仿真)职业氛围的校内实训中心,所有专业与企业共建至少1个稳定的校外实训基地。

(四)加快信息化建设。以信息化带动现代化,建设数字化校园,现代信息技术在教育、教学、管理、决策和科研中广泛应用。开发或利用国内外先进的仿真实训等数字化教学资源,骨干专业建有数字化教学资源库,专业课教学普遍使用信息化手段。建立教学支持服务、电子学籍、教务和资产等信息系统。探索构建网络环境下的职业教育学习新模式。

(五)完善管理机制。以制度建设为基础,不断提高职业院校管理的规范化、现代化水平。建立规范的招生和考试制度、严格的学籍和教育教学管理制度、健全的财务管理和资产管理制度、科学的教师考核评价制度等。

(六)增强社会服务能力。学历教育与职业培训并举,规模与质量并重,努力提高服务经济社会的能力。中职学校学历教育在校生规模达到3000人以上、高职院校达到5000人以上,年均职业培训规模达到3000人次以上。毕业生"双证书"获取率达到80%以上,高职院校毕业生就业率达到90%以上,中职学校毕业生就业率达到95%以上。

第十二条 违规处理。在项目建设中有下列行为之一的,可视其情节轻重给予警告、中止或取消项目等处理。

(一)编报虚假申报信息,骗取项目院校建设权;

(二)工作不力,未开展实质性的项目建设工作;

(三)擅自改变项目总体目标和主要建设内容;

(四)项目经费的使用不符合有关财务制度规定;

(五)无正当理由未实现项目总体目标,延期一年未通过验收;

(六)其他违反国家法律、法规和本办法规定的行为。

第四章 资金管理

第十三条 省管理办根据批准项目院校的项目建设方案和建设任务书,下达省财政奖励引导资金总预算控制数。

第十四条 建设品牌院校和特色院校的资金通过多渠道筹措,由省、市、县各级财政奖补资金、院校自筹资金、行业企业合作资金和民间资金等组成。按照对公办职业院校"以奖促改"、对民办职业院校"以奖代补"的原则,财政奖补资金一次确定,分两年拨付,并根据年度检查情况适时调整。其他资金根据项目建设方案和任务书确定的年度投入规模足额到达项目学校。

第十五条 项目院校应统筹安排使用不同渠道的专项资金,科学、规范、合理地编制项目总预算及年度预算,严格遵守国家有关财经法律法规和本办法的规定加强资金管理,按照项目建设方案和项目建设任务书提出的目标组织项目建设。专项资金按财政国库管理制度的有关规定办理支付,纳入项目院校财务机构统一管理,设置单独账簿进行明细核算,专款专用、专账管理。项目预算是项目院校综合预算的组成部分,纳入总体预算,并将年度项目收支情况纳入单位决算统一编报。

第十六条 凡纳入政府采购的支出项目,必须按照《中华人民共和国政府采购法》的有关规定,经过招投标、集中采购等规范程序后方可列支。凡使用财政性资金形成的资产,均为国有资产,项目院校应按照国家有关规定加强管理,合理使用。

第十七条 省财政奖补资金不得用于项目院校人员经费、日常办公经费、偿还贷款、支付利息、捐赠赞助、对外投资、抵偿罚款以及与项目建设无关的其他支出。

河南省人民政府
关于印发河南省高等学院设置"十二五"规划的通知

豫政〔2012〕85号

各省辖市、省直管试点县(市)人民政府,省人民政府各部门:

现将《河南省高等学校设置"十二五"规划》印发给你们,请认真贯彻落实。

二〇一二年九月十三日

河南省高等学校设置“十二五”规划

根据《河南省中长期教育改革和发展规划纲要(2010—2020年)》、《河南省教育事业发展“十二五”规划》和《教育部关于“十二五”期间高等学校设置工作的意见》(教发〔2011〕9号),制定本规划。

一、规划基础

“十一五”期间,我省高等教育快速、健康发展,实现了历史性跨越。一是规模迅速扩大。高等教育在校生规模达到145.67万人,增加60.48万人,增长41.5%;本科层次招生和在校生占招生总数和在校生总数的比例分别达到44%和47%,比2005年提高5.9和1.5个百分点。高等教育毛入学率达到23.66%,提高6.64个百分点。二是层次结构和布局结构进一步优化。普通高等学校数量达到107所(含独立学院),其中本科院校45所(含独立学院),高职高专62所,净增15所,增长22.4%;18个省辖市均布局了普通高等学校,其中13个省辖市布局了本科院校。三是高等学校办学条件明显改善。全省普通高等学校占地面积达到14万亩,增加3.9万亩,增长38%;校舍建筑面积达到4237万平方米,增加1522万平方米,增长56%;图书藏量达到1.1亿册,增加0.5亿册,增长84%;教学科研仪器设备值达到87亿元,增加40亿元,增长87%;专任教师达到7.8万人,增加3.1万人,增长67%,为提高高等教育质量提供了有力保障。四是质量不断提高。高等教育质量工程建设、“211工程”建设、高水平大学建设取得新进展,省部共建高校由“十五”期间的1所增加到5所。五是民办高等教育健康发展。民办高等学校发展到28所(含独立学院),增加10所,增长35.7%;在校生规模达到25.4万人,增加15.5万人,增长61%。六是高等职业教育特色鲜明。增设了一批化工、汽车、陶瓷、食品、烹饪等特色鲜明、社会急需的高等职业学校,进一步完善了为区域经济服务并具有地方特色的高等职业教育体系。七是服务能力明显增强。我省每万人口接受普通高等教育人数达到146人,增加58人,增长39.7%;普通高等学校累计向社会输送大专以上毕业生151.89万人,增加98.53万人,增长64.9%。八是教育经费投入增长较快。2005年我省预算内教育经费支出191亿元,2010年达到649.1亿元,增长239.8%,占财政支出比例达到19%。

但是,与全国平均水平相比,我省高等教育发展仍然存在以下主要问题:一是高等教育规模偏小,毛入学率偏低。2010年我省高等教育毛入学率比全国低2.84个百分点,普通高招录取率比全国低2个百分点,每万人口中接受普通高等教育的在校生比全国少20人。二是高等学校数量偏少,校均规模偏大。我省每1000万人口拥有普通高等学校比全国少7所。我省本科院校校均规模为1.97万人,比全国多0.66万人;专科学校校均规模为0.86万人,比全国多0.27万人。三是结构需要进一步优化。我省高等教育体系逐步完善,但高校层次结构、布局结构、学科专业结构还不能适应我省新型工业化、新型城镇化和新型农业现代化协调发展的需要。四是体制改革亟待深化。如何健全政府主导、社会参与、办学主体多元、办学形式多样、充满生机活力的高等教育办学体制是新时期的重大课题。“十二五”期间,我省高等教育发展面临难得的机遇。一是教育规划纲要颁布实施为高等教育发展提供了有力的财政保障。2011年我省教育投入明显增长,顺利完成国家分解的财政教育支出占公共财政支出的比例达到16%的目标任务,省属本科学校生均经费达到9000元。2012年我省财政教育支出占公共财政支出的比例将达到17%,省属本科学校生均经费将达到12000元。二是国家加快建设中原经济区为我省高等教育发展提供了有力的政策支撑。教育部与省政府签订了《加快河南教育发展推进中原经济区建设战略合作协议》,重点支持我省全面提升高等学校服务中原经济区建设的能力。三是人民群众接受高质量教育的新期盼为高等教育发展增添了新动力。随着我省经济实力的不断增强,人民群众生活水平不断提高,接受高质量高等教育的愿望愈来愈强烈,为我省高等教育发展提出了新要求。因此,“十二五”期间,我省必须统筹规划全省高等学校设置工作,不断优化高等教育结构,推动高等教育提高水平、办出特色,为中原经济区建设和实现中原崛起河南振兴提供坚实的人才保证和智力支撑。

二、基本原则

“十二五”期间,我省高等学校设置工作要坚持以科学发展观为指导,认真贯彻落实国家和我省中长期教育改革和发展规划纲要精神,紧紧围绕加快建设中原经济区和教育事业发展的需要,以提高教育质量为核心,以改革创新为动力,以优化高等教育结构和调整布局为重点,深化高等教育办学体制改革,推动高等教育持续健康发展。高等学校设置应当坚持以下基本原则:

(一)按需设置。“十二五”期间,高等学校设置要把社会对人才的需求作为第一位的因素考虑,进一步增强高等教育为经济社会发展提供人才支撑的能力。2011年,我省有本科学校47所,在校本科生75.88万人,毕业生15.31万人。本科毕业生需求比较旺盛的学科为:工学、经济学、管理学、理学、农学等。2011年,我省有专科学校70所,在校专科生74.14万人,毕业生29.79万人。专科毕业生需求比较旺盛的专业大类为:轻纺食品、水利、交通运输、环保气象与安全、农林牧渔、土建、材料与能源、制造、公安、财经、资源开发与测绘等。增设和升格的学校要有明确的办学定位和鲜明的办学特色,学科专业要与以上人才需求相吻合。

(二)优化结构。与全国相比,2011年我省本科学校比例低8个百分点,冠名大学的比例低7个百分点。鼓励专科学校升格为本科学校,支持符合条件的本科学校更名大学,优化我省高等教育层次结构,提升高等教育办学水平和质量。要紧紧围绕我省现代产业体系建设、基本公共服务体系建设和终身教育体系建设,加快构建现代高等职业教育体系,增设一批面向现代农业、现代工业、现代服务业和战略性新兴产业的应用型本科学校,完善应用本科、高职与中职相衔接及普通教育、职业教育与继续教育相融通的人才培养体系,推动高等教育体制特别是人才培养模式改革。

(三)合理布局。要逐步调整高等学校布局结构,形成以郑州为中心,中原城市群为骨干,其他省辖市合理布局,为地域经济社会发展服务的高等教育体系。目前,鹤壁、濮阳、漯河、三门峡、济源等5个省辖市尚未布局本科学校,在政策允许的前提下优先考虑增设本科学校。濮阳、三门峡、济源等3个省辖市只有1所专科学校,优先考虑增设专科学校。已经布局师范院校的省辖市不再增设幼儿师范专科学校。原则上不在县及县级市增设高等学校。同时,增设高等学校要充分利用现有教育资源,原则上不再新设,避免资源过剩及投资浪费。

(四)坚持标准。增设高等学校必须达到教育部规定的基本办学标准,高等学校举办者必须有相应的投入能力,办学条件好、文化积淀厚、投入有保障、社会声誉高的学校优先考虑。省辖市属高等学校生均经费低于全省平均水平且没有明显增长的,原则上该省辖市不再增设公办高等学校。同等条件下,增设高等学校向民办倾斜,达到条件且有后续资金保障的民办学校优先考虑。

三、目标任务

到2015年,全省高等教育毛入学率达到36.5%,在校生总规模达到300万人,其中普通高等学校在校生达到185万人,成人高等教育规模达到115万人。"十二五"期间,要紧紧围绕调整优化高等学校布局结构、类型结构、层次结构和学科专业结构,调整校均规模,全面提高高等教育质量,适当增设一批本、专科学校,增强高等教育为经济社会发展服务的能力,努力适应中原经济区建设需要。每批申办本科层次学校和审批专科层次学校的数量及排序,根据教育部分配指标情况,由省教育厅组织专家考察、论证、评议,报省政府研究确定。

(一)本科层次学校设置。

1.更名大学。

(1)华北水利水电学院更名为华北水利水电大学。

(2)河南中医学院更名为河南中医药大学。

2.公办学校。

(1)以河南艺术职业学院为基础,整合省内艺术教育资源,组建中原文化艺术学院。

(2)郑州牧业工程高等专科学校与河南商业高等专科学校合并,组建河南牧业经济学院。

(3)以信阳农业高等专科学校为基础,申办信阳农林学院。

(4)以河南机电高等专科学校为基础,申办河南工学院。

(5)以河南财政税务高等专科学校为基础,申办河南财政金融学院。

(6)以焦作大学为基础,申办焦作工程学院。

(7)以南阳医学高等专科学校为基础,申办张仲景医学院。

(8)以漯河医学高等专科学校为基础,申办漯河医学院。

(9)以中州大学为基础,申办郑州理工学院。

(10)以郑州大学体育学院为基础,申办河南体育学院。

(11)以开封大学为基础,申办开封学院。

3.民办学校。

(1)以郑州经贸职业学院为基础,申办郑州财经学院。

(2)以郑州澍青医学高等专科学校为基础,申办郑州澍青医学院。

(3)以郑州交通职业学院为基础,申办郑州交通学院。

(4)以郑州电子信息职业技术学院为基础,申办郑州华电学院。

(5)以嵩山少林武术职业学院为基础,申办嵩山学院。

(6)以永城职业学院为基础,申办河南煤业化工学院。

4.独立学院。

(1)河南大学与河南日报报业集团合作,举办河南大学民生学院。

(2)河南师范大学与李香枝合作,举办河南师范大学新联学院。

(3)河南理工大学与郑州宇华投资管理有限公司合作,举办河南理工大学万方科技学院。

(4)中原工学院与嘉宏控股集团有限公司合作,举办中原工学院信息商务学院。

(5)新乡医学院与中美集团上海誉美投资管理有限公司合作,举办新乡医学院三全学院。

(6)信阳师范学院与信阳市天泰投资有限公司合作,举办信阳师范学院华锐学院。

(7)安阳师范学院与河南商丘春来教育集团合作,举办安阳师范学院人文管理学院。

(8)河南科技学院与河南商丘春来教育集团合作,举办河南科技学院新科学院。

5.中外合作学校。

(1)郑州大学与美国西亚斯集团、美国富特海斯州立大学合作,举办具有独立法人资格的郑州大学西亚斯国际学院。

(2)郑州轻工业学院与郑州易斯顿教育投资公司、俄罗斯莫斯科国立苏里科夫美术学院合作,举办具有独立法人资格的郑州易斯顿国际美术学院。

(二)专科层次学校设置。

1.省属学校。

(1)剥离郑州航空工业管理学院信息统计职业学院,设置河南信息统计职业学院。

(2)剥离华北水利水电学院水利职业学院,设置河南水利与环境职业学院。

(3)剥离河南理工大学高等职业学院,设置河南工业和信息化职业学院。

(4)剥离河南科技大学林业职业学院,设置河南林业职业学院。

(5)剥离郑州轻工业学院轻工职业学院,设置河南轻工职业学院。

(6)省教育厅组建河南地矿职业学院。

(7)省财政厅组建河南会计职业学院。

(8)省商务厅组建河南对外经济贸易职业学院。

(9)省供销社组建河南现代物流职业学院。

(10)省民政厅组建河南社会工作职业技术学院。

(11)省新闻出版局组建河南新闻出版职业学院。

2.市属学校。

(1)南阳市政府组建南阳农业职业学院。

(2)郑州市政府组建郑州财税金融职业学院。

(3)濮阳市政府以濮阳市卫生学校为基础,组建濮阳医学高等专科学校。

(4)三门峡市政府组建三门峡社会管理职业学院。

(5)驻马店市政府以汝南幼儿师范学校为基础,组建驻马店幼儿师范高等专科学校。

3.民办学校。

(1)北大学园教育投资有限公司投资,组建郑州北大学园职业技术学院。

(2)以洛阳荣华中等专业学校为基础,组建洛阳科技职业学院。

(3)河南煤化集团投资,组建鹤壁能源化工职业学院。

(4)河南商丘春来教育集团投资,组建开封护理职业学院。

(5)河南省正道实业有限公司投资,组建郑州商贸职业学院。

(6)以河南省制药职工中等专业学校为基础,组建安阳药学高等专科学校。

(7)以郑州大河专修学院为基础,组建郑州铁道职业学院。

(8)陶红星投资,组建平顶山魔术艺术职业学院。

(9)河南河源文化传播有限公司投资,组建固始河源科技职业学院。

(三)成人高等学校调整方案。

1.以河南教育学院新校区为基础,整合河南教育学院普通高等教育资源,组建河南师范高等专科学校,保留河南教育学院建制,待条件成熟后,河南师范高等专科学校升格为本科院校。

2.河南卫生职工学院改制为河南医学高等专科学校。

3.以河南广播电视大学为依托,整合各地广播电视大学及相关资源,组建开放大学。

四、保障措施

(一)科学论证。申办本科学校,须通过省直有关部门和专家论证。申办专科学校,须通过省高校设置评议委员会评议。调整优化高校设置评议委员会专家队伍和人员结构,按照公开、公平、公正的要求,改进和完善高校设置评议委员会专家队伍的推荐办法,加强专家队伍业务建设和作风建设,切实增强高等学校设置工作的科学性和规范性。

(二)提高质量。严格控制新设立高等学校规模,引导高等学校改善生均办学条件,提高办学质量。新设立的本科学校,首批招生本科专业原则上不超过5个;新设立的专科学校,首批招生专科专业原则上不超过5个。引导新设立的高等学校科学制订学科专业建设规划、师资队伍建设规划和校园建设规划,坚持内涵发展、特色发展。

(三)保障投入。高等学校举办者要切实保障投入,不断提高生均经费水平。新设立的省属本科学校,生均经费(含专科在校生)3年内达到全省同类学校平均水平。所属高等学校生均经费水平低于全省平均水平且没有明显增长的省辖市,不再增设公办专科学校,公办专科学校也不升格为本科学校。新设立的省辖市属本科学校,生均经费参照省属同类高等学校核拨。新设立的民办高校,要有可靠的办学经费来源。

(四)动态调整。建立动态调控机制,及时对新设立的高校进行复查、评估,对办学条件连续多年不达标的高等学校,要采取限制招生或停止招生措施,直至撤销。

五、工作程序

(一)申报。申办高等学校原则上由省辖市政府或学校主管部门向省政府申报,省政府举办的高等学校可以直接向省政府申报,民办学校按属地管理原则由所在地省辖市政府向省政府申报。申办本科层次学校需于受理年1—5月报送申请材料,申办专科层次学校需于受理年5—10月报送申请材料。

(二)形式审查。省教育厅对申报材料进行审查,主要审查申报材料是否符合要求、办学条件是否达到标准、申报学校是否符合国家政策。

(三)实地考察。省教育厅研究确定考察对象,并组织专家组进行实地考察。实地考察主要考察学校设置的必要性、专业设置的科学性、办学条件的真实性、发展规划的合理性。

(四)论证评议。设置本科层次学校,需由省教育厅邀请省发展改革、财政、人力资源社会保障、国土资源、编制等部门及有关专家召开论证会。设置专科层次学校,需召开河南省高校设置评议委员会评议会。

(五)批准与备案。本科层次学校设置,需省政府报教育部审批。专科层次学校设置,需省教育厅报省政府批准后向教育部备案。

附件:普通高等学校设置申报材料基本要求

附件:

普通高等学校设置申报材料基本要求

一、申请

申办高等学校原则上由省辖市政府或学校主管部门向省政府报送申请,省政府举办的高校可以直接向省政府申报,民办学校按属地管理原则由所在地省辖市政府向省政府申报。

(一)省辖市申请需载明本地经济社会发展状况、财政收入及高等教育投入情况、支持申报学校发展的政策措施和经费保障承诺。

(二)省直部门申请需载明主管行业或领域发展状况和支持申报学校发展的政策措施。

二、论证报告

论证报告应作为申请的附件报送,应包括下列内容:

(一)申办学校的必要性。需载明本地或本行业高等教育的布局结构、专业人才需求预测及办学效益。

(二)申办学校的可行性。需载明申办学校的名称、校址、类型、领导和管理体制、办学定位、学科和专业设置、办学规模、办学特色、服务面向以及办学条件。

(三)申办学校的发展规划。需载明师资队伍建设规划、学科专业建设规划和校园基本建设规划。

(四)申办学校的保障措施。需载明学校的经费来源等保障措施。

三、学校章程

学校章程应作为申请的附件报送,并符合《高等学校章程制定暂行办法》(教育部令第31号)要求。

四、学校校名

高等学校实行一校一名制度。申办高等学校应依据其层次、类型、学科专业类别、办学规模、教学和科学研究水平及所在地,使用相应的学校名称。

(一)高等学校校名不得冠以“中国”、“中华”、“国家”等字样,不得以个人姓名命名,也不得使用学校所在地以外的地域名称。省属高等学校可冠名“河南”,省辖市属高等学校(含民办高等学校)可使用学校所地名冠名。

(二)本科层次高等学校,使用“地域名称+学科类别+学院”校名。综合性本科层次高等学校,可以使用“地域名称+学院”校名。

(三)师范、医药、体育、公安类专科层次学历教育高等学校,使用“地域名称+专业类别+高等专科学校”校名。

(四)以文科类专业为主的专科层次学历教育高等学校,使用“地域名称+专业类别+职业学院”校名。

(五)以理工类专业为主的专科层次学历教育高等学校,使用“地域名称+专业类别+职业技术学院”校名。

(六)综合性专科层次学历教育高等学校,使用“地域名称+职业学院”或“地域名称+职业技术学院”校名。

河南省人民政府
关于全面提高高等教育质量的若干意见

豫政〔2012〕92号

各省辖市、省直管试点县(市)人民政府,省人民政府各部门:

为认真贯彻落实国家和我省中长期教育改革和发展规划纲要,主动融入中原经济区建设,全面提高高等教育质量,加快实施“人才驱动、学科驱动、创新驱动、品牌驱动”,提升高等学校人才培养水平、科学研究能力,服务经济社会发展,把高等学校建设成“育人高地、创新高地、集聚高地、服务高地”,现提出如下意见,请认真贯彻落实。

一、坚持内涵发展。牢固确立人才培养的中心地位,稳定规模,优化结构,特色办学,改革创新,走以质量提升为核心的内涵式发展道路。适度扩大本科招生规模,加快研究生尤其是专业学位研究生教育发展,积极发展高等职业教育,适度扩大合作办学、继续教育以及民办教育规模。优化高等学校区域布局结构,加大高等教育层次结构、学科专业结构调整力度,适应中原经济区建设需要,满足人民群众接受高等教育的多样化需求。指导和鼓励高等学校从实际出发,主动融入区域经济社会发展。以机制改革为重点,加快重点领域和关键环节改革步伐,增强高等教育发展的活力和后劲。

二、加强分类指导。指导高等学校根据实际,科学定位,确定发展规划和人才培养规格,在不同层次、领域办出特色,构建适应中原经济区建设的特色鲜明、协调发展的高等教育格局。加强高水平大学建设,支持郑州大学和河南大学创建国内一流大学,加大郑州大学“211工程”建设力度,支持河南大学实施百年名校振兴计划。加强骨干特色高等学校建设,促进其在行业领域进一步彰显特色。加强新建本科高等学校建设,大力支持其发展成为各具特色的应用型高等学校。加强高职示范(骨干)院校建设,充分发挥其在职业教育中的龙头示范作用。加强民办高等学校内涵建设,规范管理,打造若干所高水平民办高等学校。

三、巩固教学工作中心地位。把教学作为高等学校最基础、最根本的工作,做到政策措施激励教学、工作评价突出教学、资源配置优先保证教学。把教授为本科生上课作为学校基本制度,将承担本科教学任务作为教授聘用的基本条件,定期开展教授为本科生授课情况专项检查。鼓励高等学校开展专业核心课程教授负责制试点。继续实施高等学校本科教学质量与教学改革工程,完善国家、省、校三级教学工程体系。“十二五”期间,重点建设500门精品开放课程、100个教学团队,表彰100名在教学和人才培养领域做出突出贡献的教学名师,发挥其在推进教学改革、加强教学建设、提高教学质量方面的引领、示范、辐射作用。加强教育教学研究,继续开展教学成果奖励工作,奖励具有示范作用和推广价值的教学实践成果。

四、实施“重点和特色学科专业提升计划”。坚持“扶需、扶特、扶优”原则,调整优化学科专业结构。强化学科建设,巩固现有国家重点学科的学科优势和学术地位,选准方向,集中优势资源,培育若干个新的国家重点学科,新遴选建设一批省重点学科,培育催生新兴和交叉学科,强化特色优势学科,构建布局合理、结构优化、资源共享、相互支撑的学科群,逐步形成满足中原经济区建设需要、特色和优势鲜明的学科体系。加强专业建设,开展专业综合改革,重点建设一批国家和省级专业综合改革试点项目,构建适应产业结构调整和文化社会事业发展需求的特色专业群。提高按专业大类招生比例,健全校内二次选择专业制度,积极开设辅修专业、辅修课程、双学位课程。建立高等学校毕业生就业和重点产业人才供需年度报告制度,定期发布学科专业和重点产业人才需求报告,建立专业动态调整机制。

五、深化研究生培养机制改革。加快博士、硕士授权单位和授权学科点建设，扩大研究生特别是专业学位研究生培养规模，促进专业学位和学术学位研究生教育协调发展。完善以科学研究和实践创新为主导的导师负责制，健全导师遴选、考核等制度，给予导师特别是博士生导师在录取、资助等方面更多自主权。专业学位教育突出职业能力训练，建立健全与职业资格紧密衔接的培养、考核、评价和管理体系。专业学位研究生实行双导师制，"十二五"期间支持高等学校与行业企业合作建立15个左右示范性研究生培养与创新基地。支持开展专业学位硕士研究生培养综合改革试点。完善研究生分流、淘汰制度，强化研究生培养过程管理。完善研究生奖助体系。继续设立研究生奖学金，奖励学业成绩优秀、科研成果显著、社会公益活动表现突出的研究生。设立研究生助学金，将研究生纳入国家助学体系。改革奖学金评定、发放和管理办法。依托导师科学研究或技术创新经费增加研究生的研究资助额度。

六、创新人才培养模式。以提高实践能力为重点，支持高等学校探索与有关部门、科研院所、行业企业联合培养人才模式。大力推进实施卓越工程师、卓越农林人才、卓越法律人才教育培养计划。推进医学教育综合改革，实施卓越医生教育培养计划，探索适应国家医疗体制改革需要的临床医学人才培养模式。实施卓越教师教育培养计划，探索中小学特别是农村中小学骨干教师培养模式。提升高职学校服务产业发展的能力，探索高端技能型人才系统培养模式。改革教学管理，推行和完善学分制，实行弹性学制。鼓励因校制宜，探索科学基础、实践能力和人文素养融合发展的人才培养模式。创新教学方法和手段，倡导启发式、探究式、讨论式、参与式教学，构建自主学习、多元学习模式，促进个性发展。促进科研与教学互动，及时把科研成果融入教学内容，推动重点实验室、研究基地等向学生开放。支持本科生参与科研活动，早进课题组、早进实验室、早进研究团队。改革考试方式方法，注重学习过程考查和学生能力评价。

七、强化实践育人环节。大力强化实验、实习、实训和毕业设计（论文）等实践教学环节，达到国家不同专业实践教学学分比例要求。配齐配强实验室人员，提升实验教学水平。加强实验室、实习实训基地、实践教学共享平台建设，"十二五"期间新建100个省级本科实验教学示范中心和50个大学生校外实践教育基地。加强实践教学管理，提高实验、实习实训和毕业设计（论文）质量，支持500项大学生创新训练计划项目。加强"第二课堂"建设，鼓励高等学校开展形式多样的校园文化活动和大学生社会实践活动。支持高等学校开展数学建模、职业技能大赛、大学生职业生涯规划大赛、大学生科技文化艺术节、"挑战杯"创业计划竞赛等竞赛类活动。广泛开展社会调查、生产劳动、志愿服务、公益活动、科技发明和勤工助学等社会实践活动。把军事训练、就业指导作为必修课，列入教学计划。在高职院校推行"双证书"制度，支持学生参加企业技改、工艺创新等活动。加强校企合作，创立政府主导、学校为主体、企业参与的政校企联动机制、产学研合作机制、资源开放共享机制、考核与激励机制，共同推进高职院校技能型人才培养。

八、加强创业教育和就业指导服务。把创业教育贯穿人才培养全过程，制订高等学校创业教育教学基本要求，开设创业类课程并纳入教学计划。重点建设一批创业教育示范高等学校。大力开展创业教育师资培养培训。依托高新技术产业开发区、产业集聚区和大学科技园等，重点建设一批高等学校学生科技创业实习基地，支持学生开展创业训练。建立地方和高等学校创业教育指导中心和孵化基地，完善学生创业资助体系。加强就业指导服务，加快就业指导服务机构建设，大力开展就业指导师资队伍培训，推进高等学校就业指导专业技术职务评定工作。完善职业发展和就业创业指导课程体系。完善高等学校毕业生就业信息服务平台，加强毕业生困难群体就业援助与帮扶，促进大学生就业。

九、加强和改进思想政治教育。抓好思想政治理论课课程方案的实施，推动中国特色社会主义理论体系进教材、进课堂、进头脑。更新教学内容，及时反映马克思主义中国化最新成果。改进教学方法，增强教学实效。加强思想政治理论课教师队伍建设和马克思主义理论学科建设，为思想政治理论课提供师资和学科支撑。加强大学生形势与政策教育、新生入学教育、就业观念教育、毕业生文明离校教育和国防观念教育。实施立德树人工程，提高大学生思想政治教育工作科学化水平。创新开展网络思想政治教育，建设一批主题教育网站、网络社区。推动高等学校普遍设立心理健康教育和咨询机构，开好心理健康教育课程。完善大学生思想政治教育工作测评体系，开展测评工作。建设思想政治教育专家队伍，推进辅导员队伍专业化、职业化。积极组织思想政治理论课教师、辅导员和团干部参加社会实践、挂职锻炼、学习考察活动。加强爱国、敬业、诚信、友善等道德规范教育，引导学生自我教育、自我管理和自我服务。

十、大力推进协同创新。大力实施高等学校协同创新计划，面向国家战略和区域发展重大需求，以体制机制改革为重点，以创新能力提升为突破口，探索建立校校协同、校所协同、校企（行业）协同、校地（区域）协同、国际合作协同等开放、集成、高效的协同创新平台和新模式，形成以任务为牵引的人事聘用管理制度、寓教于研的人才培养模式、以质量与贡献为依据的考评机制、以学科交叉融合为导向的资源配置方式等，产出一批重大标志性成果，培养一批拔尖创新人才，支撑国家和区域创新体系建设。加强产学研合作，增强高等学校社会服务能力。加强高等学校技术转化中心建设，完善技术转化体系，加快科技成果转化和产业化，促进我省经济发展方式转变和产业优化升级。加强博士后研究人员与国家重大科技项目、重大工程项目的结合，提高博士后研究人员在科研团队中的比例。"十二五"期间重点支持100项节能环保、电子信息、新材料和精密制造等领域的产学研与科技成果转化专项。支持高等学校参与技术创新体系建设，参与组建产学研战略联盟，推进产学研合作。支持高等学校瞄准经济社会发展重大理论和现实问题，加强与相关部门和省辖市政府合作，建设一批高水平咨询研究机构。支持高等学校与行业部门（协会）、龙头企业共建一批发展战略研究院，开展产业发展研究和咨询。

十一、加强高水平科研平台建设。引导高等学校积极参与重大工程、重大项目实施和重要科研课题攻关。推进高等学校科研组织模式改革,提升科研管理水平,加强科研管理队伍建设,增强承担、参与重大科研项目的能力。创新高等学校科研人员聘用制度,建立稳定与流动相结合的科研团队。加大基本科研业务费专项资金投入力度,形成重点支持和竞争性项目相结合的资源配置方式。"十二五"期间集中力量培育建设5个左右高等学校国家级高水平科研平台,新增一批省部级重点实验室、工程技术研究中心和博士后科研流动站。加强国家大学科技园建设,到2020年,全省建设10个以上大学科技园,省重点建设的高等学校要与省辖市政府或省级以上高新技术产业开发区联合设立科技园。支持高等学校与海内外高水平教育、科研机构建立联合研发基地。整合科研资源,加大重大项目培育力度,资助200项自然科学领域重大科技攻关项目。

十二、繁荣发展高等学校哲学社会科学。实施新一轮高等学校哲学社会科学繁荣计划。积极参与马克思主义理论研究和建设工程,坚持和巩固马克思主义在意识形态领域的指导地位。发挥文化育人作用,加强图书馆、校史馆、博物馆等场馆建设,组织和引导高等学校开展丰富多彩的校园文化活动,凝练办学理念,确定校训、校歌,形成优良校风、教风和学风,培育大学文化和大学精神,提升大学品质。加强项目培育,科学配置项目资源,充分发挥项目的引导、带动作用。加强基础研究,实施基础研究重大专项和学术文化工程,推出一批具有中原特色的文化传承创新标志性成果,提升我省文化影响力。强化应用对策研究,促进交叉研究,培育建设一批智库。加强协同创新平台培育建设,建设若干个人文社会科学协同创新中心。"十二五"期间建立70个左右人文社会科学重点研究基地。实施名师名家培育工程,宣传推介高等学校哲学社会科学名师名家,面向社会开设高等学校名师大讲堂,开展高等学校理论名家社会行等活动,普及社会科学知识,弘扬优秀传统文化,提高公众人文素质。

十三、加快发展高职教育和继续教育。坚持以国家职业教育改革试验区为平台,以体制机制创新为中心,探索构建以高等职业教育为引领的现代职业教育体系。加强基础能力建设,推进校企合作、工学结合,创新人才培养模式,培养面向生产、服务和管理第一线的应用性、技能型人才。重点建设国家示范(骨干)高职学校和省级示范(特色)高职院校,发挥引领示范作用,带动全省高职院校办出特色,提高水平。进一步推进高职教育集团化办学,促进高职教育与经济建设紧密结合,向紧密型、集约化方向发展。切实加强高职院校实践教学基地建设,"十二五"期间重点建设100个省级示范性实训基地,为培养培训高技能人才提供条件保障。推进继续教育综合改革,探索高等学校继续教育改革与发展的新途径、新方法,引导高等学校面向行业和区域举办高质量学历和非学历继续教育。建设面向全社会的省内远程教育系统,构建开放型终身学习体系,鼓励社会成员通过多样化、个性化方式学习。进一步加强高等学校继续教育校外学习中心管理,规范办学秩序。完善高等教育自学考试制度。加强和规范以同等学力申请学位工作。

十四、加强国际交流与合作。积极推进高等教育国际交流与合作向全方位、多领域、深层次发展。支持有关高等学校与国(境)外高等学校深度合作,推进教师互派、学生互换、学分互认、学位互授联授。积极引进国(境)外优质教育资源,力争到2015年,与世界名校合作取得新突破,办好一批示范性中外合作办学机构。实施海外名师项目和学科创新引智计划,引进一批国际公认的高水平专家学者。大力实施"走出去"战略,支持高等学校领导海外研修工作,扩大国家公派出国留学规模,实施国家留学基金委我省地方项目。设立"河南省政府来华留学生奖学金",鼓励高等学校吸引更多外国学生来豫留学,扩大招生规模,提高培养层次,培养一批"知豫、友豫、爱豫"的友好人士。进一步加强与港澳台地区的交流与合作,不断扩大合作领域,深化合作内容。以孔子学院(课堂)建设为龙头,大力推进汉语国际教育与推广,与国外合作建设一批孔子学院(课堂),重点建设国家汉语国际推广少林武术基地、汉字文化体验与研究基地和15个省级汉语国际推广基地,加快国际汉语教学人才培养培训和教学资源开发。

十五、积极构建现代大学制度。依法落实和扩大高等学校办学自主权,引导高等学校加快制定大学章程,构建依法办学、自主管理、民主监督、社会参与的现代大学制度。坚持和完善普通高等学校党委领导下的校长负责制,健全议事规则和决策程序,依法落实职责和职权。坚持院系党政联席会议制度。加强学术组织建设,优化校院两级学术组织构架,发挥学术委员会在学科建设、学术评价、学术发展中的重要作用。推进教授治学工作,发挥教授在教学、学术研究和学校管理中的作用。建立校领导联系学术骨干和教授制度。加强教职工代表大会、学生代表大会制度建设,发挥群众团体的作用。探索高等学校理事会或董事会组建模式,建立健全社会支持和监督学校发展的长效机制。

十六、改革考试招生制度。改革高考招生录取模式,推行综合评价、多元录取,稳步扩大自主选拔录取规模,在坚持统一高考基础上探索完善自主录取、推荐录取、定向录取、破格录取等方式。推进高职教育考试内容和形式改革,探索分类入学考试和单独招生考试模式,建立"知识+技能"录取模式。深入实施"阳光工程",规范高等学校招生秩序,加强高考加分项目和艺术、体育等特殊类型招生管理。推进硕士生招生制度改革,突出对考生创新能力、专业潜能和综合素质的考查。推进博士生招生选拔评价方式、评价标准和内容体系等改革,把科研创新能力作为博士生选拔的首要因素,建立健全博士生分流淘汰与名额补偿机制。

十七、创新质量评价机制。建立既满足国家标准又符合省情的质量标准体系,把对中原经济区建设的支撑度、对人力资源强省建设的贡献度、社会和人民群众的满意度作为衡量高等教育质量的重要标准。落实本科、高职高专专业类教学质量国家标准,完善一级学科博士、硕士学位和专业学位基本要求。完善教育质量评估制度,建立本科教学基本状态数据监测体系。引进毕业生就业状况第三方调查评价机制。积极组织高等学校参与专业认证与评估。加强学位授权点建设和研究生培养质量监控,积极参与国务院学位委员会组织的博士、硕士学位授权点评估,建立健全评估与认证相结合的专业学位研究生教育质量保障制度。建设学位与研究生教育质量监控信息化平台。改革高等学校教师评价办法，建立科学合理的教师评价机制，在招聘、晋升、年度考核中，突出教学业绩评价。改进高等学校科学研究评价办法，改变单纯以项目、论文数量为主的考核评价方式，要注重原始创新质量、在解决国家和中原经济区建设重大问题中的贡献率和成果转化率等。

十八、加强师资队伍建设。加强教师职业理想和职业道德教育，强化师德教育，健全师德考评制度。抓住人才培养、引进、使用三个环节，继续实施人才强校工程，依托国家"千人计划"、国家高层次人才特殊支持计划、"长江学者"奖励计划和省"百人计划"，着力引进学术大师和优秀学科带头人。获批国家"千人计划"和"长江学者"奖励计划人选，同时享受特聘教授岗位待遇。"十二五"期间，遴选100名特聘教授，培养200名创新人才，建设100个科技创新团队，支持1500名优秀中青年骨干教师，选派500名优秀教师到海外知名大学、研究机构合作研修。推动高等学校建立教师教学发展中心。加强教师职业培训，启动实施教师素质提升计划。严格落实高等学校教师资格制度，全面实行新进人员公开招聘。实施教师分类管理和分类评价，明确不同类型教师的岗位职责和任职条件，完善聘用、考核、晋升、奖惩办法。改革薪酬分配办法，实施绩效工资，分配政策向教学一线教师倾斜。加强双师结构教学团队和专业教师双师素质建设，鼓励和支持兼职教师申请教学系列专业技术职务，高等学校可积极探索聘用具有实践经验的专业技术人员担任特定专业专兼职教师，支持教师获得校外工作或研究经历。探索建立教授、副教授学术休假制度。依法保障民办高等学校教师与公办高等学校教师具有平等的法律地位。

十九、加强高等学校信息化建设。利用网络和信息技术，加强高等学校数字校园建设，建设先进、高效、实用的高等教育信息基础设施，实现宽带网络校校通、优质资源班班通、网络学习空间人人通；建设河南省教育科研计算机网智能光网络，构建开放共享的省级教育云服务平台，开发整合各类优质教育教学资源，建设数字化图书馆、虚拟实验室和网络教学资源库，推进高等学校精品课程、图书文献、教学实验平台共建共享，提高高等教育各个环节的效率。加快专业和课程的数字化改造，提升个性化互动教学水平，促进教学和学习方式转变，培养学生自主学习、自主管理、自主服务的意识与能力，实现信息技术与教育教学的深度融合，更好地服务教学、科研和管理，支持跨学科、跨学校、跨区域的协同创新。依托信息技术，建立教育信息化公共服务平台，面向社会公众开展科普教育和人文教育，增强高等学校社会服务与文化传承能力。建立教育信息化产业发展机制，积极吸引企业参与教育信息化建设，引导产学研用结合，营造开放灵活的合作环境，推动校企之间、区域之间广泛合作。加强全省毕业生就业信息服务体系建设。

二十、完善以政府投入为主的经费筹措机制。加大政府统筹力度，统筹财政、教育、发展改革等部门，支持高等教育发展。深化高等学校拨款机制改革，加大政府对高等教育的经费投入，科学制定生均拨款标准，并随经济发展和教育事业发展逐步提高。省财政以奖代补，支持市属本科高等学校多渠道筹措经费。支持高等学校化解债务。根据经济发展状况、培养成本和群众承受能力，合理确定和调整学费标准。规范学校收费管理。做好普通高等学校家庭经济困难学生资助工作。鼓励和引导社会力量，通过各种形式捐资或投资高等教育。支持高等学校利用社会资本促进学校发展。引导高等学校优化经费支出结构，经费增量主要用于教育教学基本环节。积极筹措经费支持国家级本科教学工程项目建设。完善捐赠高等教育激励机制，落实个人教育公益性捐赠支出在所得税税前扣除规定。落实国家对高等学校的各项税收优惠政策。提高高等教育经费使用效益，加强高等学校财务管理，完善重大经济问题、重大投融资以及大额资金使用的集体决策制、专家咨询制和责任追究制。建立经费使用效益和资产管理评价指标体系，控制和降低行政运行成本。完善绩效考核和问责机制，建立高等学校财务信息公开制度，完善经济责任审计制度，建立健全自我约束与外部监督有机结合的财务监管体系。强化对重大项目建设、经费使用全过程的审计监督，提高经费使用的规范性、安全性、有效性。

二〇一二年十月十六日

在2012年全省职业教育工作电视电话会议上的讲话

郭庚茂

（2012年5月8日）

同志们：

这次会议的主要任务是，总结交流职业教育工作经验，分析研究当前职教发展面临的新情况、新问题，安排部署下一步的工作。省政府对开好这次会议十分重视，会前，省政府常务会、省长办公会多次听取职业教育工作汇报，审议了会议相关文件。刚才，会议表彰了全省职教攻坚工作先进单位和个人，6个单位做了典型发言，希望大家戒骄戒躁、再建新功，也希望各级、各部门认真学习借鉴先进经验，推动职业教育持续深入发展。下面，我讲四点意见。

一、职教攻坚取得阶段性成果，服务全局的综合效应正在显现

2008年以来，全省上下深入贯彻落实科学发展观，坚持

"四个重在"实践要领,大力实施科教兴豫和人才强省战略,持续推进职教攻坚计划和全民技能振兴工程,各项工作呈现良好发展态势,取得了重要的阶段性成果。

(一)大力发展职业教育已经形成全省共识。各级各部门从事关经济社会发展全局的战略高度,不断深化对职业教育重大意义的认识,精心部署安排,勇于实践探索,形成了重视职教、发展职教、齐抓共管的浓厚氛围。在工作推动上,各地、各部门坚持把职教攻坚作为"一把手工程"来抓,按照"三改一抓"、"六路并进"的要求,围绕职教攻坚的具体目标任务,制定年度计划,细化攻坚责任,确保每年都有新进展、新成效。鹤壁市把职业教育发展列入创建科学发展示范区的六大攻坚战役之一,大力推进资源整合和职教园区建设,全市17所中职学校整合为7所,入驻职教园区5所,入住学生6000多人。信阳市平桥区整合部门职能,专门成立了职业教育和就业服务局,实现了职业教育和就业服务的无缝对接;统筹培训资源,通过发放"职业技能培训券"等方式,实行"全员职教、免费职教",减轻了受教育者的经济负担,增强了职业教育的吸引力。在政策支持上,各地出台了不少含金量很高的优惠政策,从财政、税收、金融、土地等方面给予倾斜扶持。郑州市率先出台了加强校企合作的意见,明确企业税费减免等一系列具体政策,为校企合作提供了制度保障。在资金投入上,职教攻坚计划实施以来,全省共投入资金近200亿元,实施职业教育基础能力建设项目420个,比计划投入100亿元的目标增加了一倍;全省财政投入逐年递增,累计拨付资金约71亿元,资助学生1177万人次,促进了职教攻坚工作顺利开展。

(二)职业教育事业取得了长足发展。突出表现在:一是办学规模不断扩大。2011年,全省中职院校在校生达到184.7万人,高职院校在校生74.1万人,比2007年分别增加28.4万人、29.4万人,分别占高中阶段教育和普通高等教育的49.3%、51%,连续多年居全国第一。二是布局调整趋于合理。全省中职学校由1163所调减至874所,校均规模由1613人提高到2156人,优化了职教资源配置;国家职业教育改革实验区建设持续推进,规划的17个职教园区已有14个开工建设,入驻学校21所、学生8.6万人,提高了集聚发展能力。三是办学质量明显提高。全省共认定国家级重点中职院校165所,确定了28个重点专业、196个重点专业点。中职院校专任教师达到5.83万人,"双师型"专任教师达到1.07万人,比2007年增长13.3%。人才培养与经济社会发展吻合度不断加深,涌现出一批规模大、质量高、信誉好的品牌院校。四是改革创新取得实效。全省88所中职学校进行了多元化办学模式改革,吸纳社会资金26.4亿元;省属中职院校全部实行生均经费财政拨款办法,探索机制创新取得了初步效果;组建了60个职教集团,校企合作逐步深入;全省民办职业院校达到305所、在校生35.3万人,比2007年增加15万人,形成了各级各类院校共同发展的局面。

(三)职业教育服务经济社会发展能力不断增强。主要表现在:一是有力支撑了经济增长。职业教育的快速推进,为我省经济发展提供了技能人才支撑,扩大了教育需求,推动了经济增长。据统计,2008年至2011年,全省71个职教强县经济总量和财政收入增速均高于全省县市的平均增速,职业教育促进区域经济发展的作用显著增强。二是明显提升了区域竞争力。2008年以来,全省职业院校累计向社会输送技能和高技能型人才320多万人,我省人力资源优势进一步凸显,成为扩大开放招商、承接产业转移的"金字招牌",显著提升了区域竞争力。富士康集团、格力电器等一批境内外知名企业落户河南,很大程度上缘于这一优势。三是有效促进了民生改善。几年来,我省中高职院校毕业生就业率分别保持在95%和80%以上;通过开展各类职业技能培训,促进城乡新增就业450万人,城乡居民收入加快提高,据统计,2011年全省劳务收入2340亿元,比2007年翻了一番。

总的看,在我们"穷省办大教育"的条件下,我省职教攻坚工作成绩显著,来之不易。这是省委、省政府正确领导和国家有关部委关心支持的结果,是各级各部门和社会各界奋力拼搏、扎实工作的结果,也凝聚着广大职业教育战线同志们的心血和汗水。借此机会,我代表省委、省政府,向全省广大教师和职业教育工作者致以崇高的敬意和衷心的感谢!

实践证明,省委、省政府关于实施职教攻坚的决策部署符合科学发展观要求和河南实际,是正确的、有效的。回顾开展职教攻坚以来的探索和实践,主要有以下体会:一是必须坚持把职业教育摆在我省经济社会发展全局的战略位置,进一步统一思想、提高认识,坚定不移地全力推进;二是必须坚持以服务为宗旨、就业为导向,主动面向社会、面向市场办学,突出特色、打造品牌,提高服务经济社会发展的能力;三是必须坚持改革开放,在实践中大胆探索、大胆尝试,以体制机制创新激活动力,以扩大开放增强活力;四是必须坚持规模化、集约化发展,推动资源整合和战略重组,实现资源共享、优势互补;五是必须坚持齐抓共管,完善政府统筹、部门协同配合、社会广泛参与的工作格局,形成强大合力。

在总结成绩的同时,也要清醒地看到,目前我省职业教育发展仍处于转折转型之中,还没有完全脱离普教模式,有利于职业教育发展的体制机制还不完善,还存在不少突出问题:一是办学活力不够。办学模式还比较封闭,校企合作不紧密,尚未建立有效机制;公办职业院校管理体制机制尚不完善,政府投资效益不高;民办职业院校数量少、规模小,发展潜力还没有释放出来。二是吸引力不够。职教体系不完善,职教特色不突出,"双师型"教师队伍、实训环节还比较薄弱,办学质量有待进一步提升,社会对人才培养质量不够满意,学生报考职业院校积极性有待提高。三是服务能力不够。专业设置与产业结构、经济社会发展吻合度不够紧密,适应性不强,还不能很好解决人才需求的结构性矛盾。这些问题需要在今后的工作中高度重视并抓紧研究解决。

二、把职业教育作为事关中原经济区建设大局的战略举措来抓

当前和今后一段时期,我省正处在贯彻落实省九次党代会精神、全面推进中原经济区建设的关键时期,既需要大量的高素质人才,更需要大批的技能型人才,对人力资源的需求比任何时候都更为迫切。特别是在复杂多变的形势下,必须进一步加快职业教育发展,大力提升劳动力素质,实现人口大省向人力资源强省转变,为推进中原经济区建设提供人力资源保障。

（一）加快职业教育发展，是提升开放招商竞争新优势、增强中原经济区发展活力的迫切需要。随着全球化深入发展，我省正面临着国际国内产业加快向中西部地区转移的难得历史机遇，但也存在激烈竞争，究竟花落谁家，关键取决于区域综合竞争优势，而人力资源优势是吸引产业转移的关键因素之一。如果我们不把人口优势尽快转化为人力资源优势，必将错失发展良机。同时，随着开放招商的深入推进，对技能型人才需求急剧增加。而我省技能型劳动者仅占城镇从业人员的36%，高技能人才仅占技能人才的25.5%，均低于全国平均水平。如果不尽快扭转这一局面，我省已有的人力资源优势就可能丧失，承接产业转移的吸引力、竞争力就会大打折扣。

（二）加快职业教育发展，是助推新型城镇化进程、引领“三化”协调科学发展的现实选择。中原经济区建设的核心任务是探索不以牺牲农业和粮食、生态和环境为代价的新型城镇化引领的“三化”协调发展之路。目前我省城镇化发展严重滞后，低于全国平均水平10.7个百分点，已成为经济社会发展诸多矛盾的聚焦点。城镇化的实质是促进人口由农村向城镇转移，要真正使农民从农村转得出、在城市留得住，必须拥有一技之长。加快职业教育发展，使更多的农村劳动力接受教育、提高素质、增强技能，不仅可以提高农民进入城市后的预期收入、破解向城镇转移的内在“瓶颈”、加快我省新型城镇化进程，而且可以培育一支有文化、懂技术、会经营、适应现代农业生产方式的新型农民队伍，为加快新型农业现代化、促进高标准粮田“百千万”工程建设和农业产业化集群发展提供人力资源支撑。

（三）加快职业教育发展，是保障和改善民生、实现中原经济区和谐发展的根本要求。目前，我省农民人均纯收入、城镇居民人均可支配收入分别只有全国平均水平的94.7%、83.4%；依据新的扶贫标准，我省贫困人口还有1150多万，脱贫任务十分艰巨。保障和改善民生，第一要义是就业，关键在于技能的提升。从收入情况看，未经培训的劳动者做普工，一天工资大概只有30到50元，而经过职业技术培训后成为一个成熟技工，日工资约在100到150元之间。一个家庭如果培养一个成熟技工，一年净收入至少增加1万元以上，5口之家人均增收2000元以上。因此，大力发展职业教育对于促进城乡居民就业增收、保持社会和谐稳定至关重要。

总之，职业教育既是经济又是民生，既是发展又是稳定，既关乎农村又涉及城市，既是当务之急又是长远大计。我们要从中原经济区建设的全局出发，切实增强责任感和紧迫感，牢固树立抓职教就是抓经济、抓职教也是抓发展、抓职教又是抓民生的意识，持之以恒地做好职业教育发展的各项工作。

三、坚持“三改一抓一构建”，推动我省职业教育持续深入发展

今年是实施职教攻坚计划的最后一年，也是开创职业教育改革发展新局面的承启之年、关键之年。当前和今后一个时期，加快职业教育发展的总体思路是：贯彻落实《国务院关于支持河南省加快建设中原经济区的指导意见》和《国家中长期教育改革和发展规划纲要》精神，以国家职业教育改革试验区为平台，充分发挥其先行先试功能，以体制机制创新为中心任务，改革封闭式办学模式，改革单一的政府投资模式，改革职业院校的管理体制和机制，抓好一批职业教育重大项目，探索构建现代职业教育体系，不断巩固职教攻坚成果，不断提高职业教育的办学活力、吸引力和服务能力，为全面推进中原经济区建设、加快中原崛起河南振兴提供人力资源保障。

这次会议印发的《关于创新体制机制进一步加快职业教育发展的若干意见》，对“三改一抓一构建”作了具体安排，各地各部门要认真研究，抓好落实。这里，我重点强调以下几点：

（一）积极探索校企合作新途径。校企合作是增强办学活力和服务能力、决定职业教育质量和水平的主要途径。纵观职业教育比较发达的国家和地区，其共同的成功之处就是较好解决了校企合作问题。前一段到德国考察，其“双元制”模式给我们留下了深刻印象，即由企业和学校共同担负培养任务，学校负责理论教育，按照企业要求组织教学和岗位培训，企业负责提供实习车间；学员四分之一时间在学校学习，四分之三时间在企业实习；学习费用由政府负担，实践费用由企业承担，从而真正实现了学校、企业、学生、社会互利共赢，这种做法很值得学习借鉴。

近年来，我省在校企合作方面进行了积极探索，积累了一定经验，比如西华县推进富士康实训基地建设，河南机电职业学院建设“工厂式学院”等，都取得了良好效果。但整体上看，校企合作机制不活、深度不够、水平不高等问题还比较突出，已经成为制约职业教育质量水平的主要症结所在。我们必须摆脱封闭办学、用办普教的方式来办职教的思维定式，着力在校企合作的途径和机制上取得新突破。为此，省政府专门出台了《河南省职业教育校企合作促进办法》，各地要抓好落实、积极探索。一要建立校企合作新机制。加快构建校企合作组织框架，建立政府强力推动、多方广泛参与的运行机制。要在整合高职、中职、技校职教集团的基础上，成立全省性行业职教集团，促进行业内校企合作。要全面实施“工学结合、校企合作、顶岗实习”技能型人才培养新模式，以产业和专业为纽带，实现学校培养培训与区域经济发展及企业需求对接，专业与产业对接，教学过程与生产过程对接，课程内容与职业标准对接。二要发挥企业和学校的主体作用。认真落实税收、土地、财政、金融等方面的优惠政策，加快制定和完善校企合作的一系列配套制度，引导、推动职业院校与企业、行业加强双向沟通和对接，形成“人才共育、过程共管、成果共享、责任共担”的校企紧密合作新局面。三要加快建设“双师型”教师队伍。以具有职业资格证书为基本要求，建立“双师型”教师培养、引进的长效机制，推动现有职业院校教师提高水平，引导企业专业技术人员到职业院校任教，力争通过3至5年的努力，建设一支教学和实践经验丰富的“双师型”教师队伍。

（二）加快建立多元投资办学机制。教育的基本定位是公益性、普惠性，但也具有多样性、选择性，并不排斥引入市场机制来发展，职业教育尤其如此。对于我们这样一个财政穷省、教育大省来讲，仅靠政府投入是远远不够的，必须树立大家办教育、办大教育的思想。况且，倡导多元化投入也不仅仅是解决“钱”的问题，更重要的是可以促进办学机制创新、激发职业院校活力。因此，要在进一步加大各级财政投入的同时，多在体制机制创新上做文章，形成政府主导、行业指导、企业和社会共同参与的多元办学机制。一要创新职业院校办学机制。

大力推广“公办民助”、“股份制办学”、“公有民办”等新模式，鼓励和引导民间机构和资金投入公办职业院校，参与内部管理，增加公办职业院校的活力。要大力发展民办职业教育，推广“政府引导、民办公助”新机制，推动民办职业教育在发展中规范，在规范中发展，形成公办、民办、股份制职业教育共同发展的格局。二要加大财政支持力度。各级政府要将职业教育作为新增教育财政支出的重点投入领域，确保财政性教育经费支出用于职业教育的投入明显增加。要扩大中等职业教育免学费政策覆盖范围，逐步实现免费中等职业教育。要统筹安排地方教育附加支持职业教育发展，确保教育费附加用于职业教育的比例不低于30%。三要扩大职业教育开放合作。加大对外开放力度，积极开展多层次、宽领域的职业教育合作，吸引国内外职业教育机构到我省设立分支机构或联合办学，及时兑现各项优惠政策，有诺必践，优质服务，为投资者营造良好发展环境。

(三)加快推进职业院校管理体制机制改革。由于受传统计划体制的影响，我省现行职业教育管理体制机制活力不足、效率不高。必须遵循职业教育规律，加快建立和完善符合职业教育特点的管理体制机制。一要引入竞争机制。遵循“优胜劣汰”的市场法则，对服务能力强、办学规模大、质量高的职业院校，要在项目、资金等方面予以倾斜；对招生困难、规模偏小、质量不高的职业院校，要坚决予以整合。职业院校自身要不断创新内部管理，提高办学质量，增强竞争力和吸引力。二要改革公办院校经费供给机制。打破按编制核拨经费的传统，改变过去那种不管是否培养、不管培养的学生是否有用都给钱的“铁饭碗”模式，逐步在全省公办职业院校全面推行生均经费财政拨款改革。各级政府要根据当地财力水平，合理确定生均经费标准，制定投入成本与培育效果评价指标体系，并将评价结果作为经费投入的主要依据。三要改革职业院校办学评价体系。加快建立以贡献率为导向的评价体系，把促进人的全面发展、适应社会需要作为衡量办学质量的根本标准，积极推行第三方评价，真正做到办学质量由群众说了算、由用人单位说了算，引导学校面向企业、面向社会、面向群众办教育。

(四)切实抓好职业教育重大项目建设。项目建设是加快职业教育发展的重要抓手，今年全省职业教育重点项目投资达31亿元，无论是项目数量还是投资额度都是近年来最多的。各地要科学规划，加快进度，严格监管，确保各类项目早建设、早见效。一要抓好示范性职业院校和特色职业院校建设。省政府决定，用3到5年时间，重点支持建设100所示范职业院校和200所特色职业院校，实现对全省职业院校的再调整、再优化、再提升。各地各部门要选准选好支持学校，突出内涵和特色建设，着力打造一批办学条件优、教学质量高、改革成效好的品牌职业院校，发挥骨干、示范和引领作用。二要抓好全民技能振兴工程项目建设。实施全民技能振兴工程，是省政府强力推进人力资源开发、全面提升人力资源素质的一项重大决策，既包括职业教育、技工教育，也包括其他各方面的培训。各地要坚持“六路并进”，加大培训资源和资金统筹力度，高质量、高水平地推进这一工程。教育、人力资源社会保障、农业、民政、扶贫、残联等部门要充分发挥职能作用，加强对各类社会群体特别是弱势群体的职业教育和劳动技能培训，提高其就业增收能力。职业院校包括技工学校是实施全民技能振兴工程的主阵地，要重点抓好一批示范项目，带动全民技能振兴工程取得新突破。三要加快职教园区建设。职教园区是推进职业教育规模化、集约化发展，实现各类职教资源整合、资源共享的重要载体和平台。要坚持园区内公共教学、生活服务等设施集成集约配置的方向，避免产生新的浪费。要采取切实有效措施，加快解决职教园区建设中的具体问题，确保建设进度。今年，省政府将认定一批省级示范性职教园区，在项目和资金方面予以重点支持。

(五)着力构建具有河南特色的现代职业教育体系。构建现代职业教育体系，既是落实《国家中长期教育改革和发展规划纲要》的重要任务，也是实现职业教育自身完善提高的必然选择，还是提升职业教育吸引力的重要途径。要积极借鉴国际先进教育理念，加快编制我省现代职业教育体系建设专项规划，构建适应经济发展方式转变和产业结构调整、体现终身教育理念、中等和高等职业教育协调发展的现代职业教育体系。重点要把握好三个方面：一要加强人才需求预测，深化校企合作，提升职业教育服务经济发展、保障民生、解决就业的能力。二要加强职业教育与终身教育的渗透融通，满足个人多样化发展的需求。三要加强中职、高职、本科和研究生等各层次职业教育的内部贯通，满足经济社会发展对各层次技能型人才的需求。

四、强化政策措施，为加快职业教育发展提供坚强保障

加快职业教育发展是全局性工作，也是一项长期任务。我们要以领导方式转变加快发展方式转变，加强领导，落实责任，细化措施，真抓实干，确保职业教育改革发展各项任务圆满完成。

一要形成合力。各级党委政府要把职业教育列入重要议事日程，及时研究职业教育发展规划、资源配置、政策支持等重大问题。各级职教攻坚工作领导小组特别是市县两级，要加大统筹协调力度。教育、发改、财政、人力资源社会保障、国土等部门要强化合作联动，形成齐抓共管、推动职业教育发展的强大合力。

二要狠抓落实。为推进职业教育发展，省政府出台了一系列政策措施，但仍有不少政策落实不到位甚至没有落实。各地各部门要在抓落实上下功夫，特别是在职教园区建设用地、职业学校老校区土地出让、学校核编、严格就业准入制度等方面，要不折不扣地落实有关政策，确保收到实效。

三要强化考核。今年是实施职教攻坚计划的最后一年，为持续推进职教工作，省政府将对各省辖市政府、省直有关部门完成目标任务情况进行考核，对成绩显著的予以表彰和奖励，对没有完成任务的进行责任追究。希望各地对照签订的目标责任书，逐项检查进展情况，弥补薄弱环节，确保完成目标任务。

四要宣传引导。新闻宣传部门要大力宣传优秀技能人才、高素质劳动者在新时期的劳动价值和社会贡献，引导人们冲破传统教育思想、人才观念的束缚，改变重普教轻职教、重知识教育轻技能教育的旧观念，在全社会营造尊重技能型人才、鼓励技能型人才干事创业的良好氛围。

同志们，加快职业教育改革发展，承载着中原经济区建设的希望，寄托着全省人民加快中原崛起的期盼，使命光荣，任重道远。我们一定要振奋精神，开拓创新，持续求进，务实发展，努力为全面推进中原经济区建设做出新的更大贡献，以优异成绩迎接党的十八大胜利召开！

在新起点上推动河南教育实现新跨越

徐济超

河南地处中原，是全国第一教育人口大省，办好河南教育不仅事关中原崛起、河南振兴，也影响国家教育事业的改革发展，乃至社会进步、民族振兴。河南省委、省政府历来高度重视教育。2008年，作为全国9个试点省份之一，河南编制了教育规划纲要。国家教育规划纲要颁布和全国教育工作会议召开后，省委、省政府随之召开全省教育工作会议，认真贯彻国家教育规划纲要，在新的起点上推动河南教育事业实现新跨越。

一、坚持教育优先发展的战略地位

当前，河南城镇化、工业化、农业现代化加快推进，经济发展方式转变和产业结构升级处于关键阶段，教育的支撑地位更加凸显，特别是随着《国务院关于支持河南省加快建设中原经济区的指导意见》的出台，以积极探索不以牺牲农业和粮食、生态和环境为代价的新型工业化、新型城镇化和新型农业现代化“三化”协调发展的路子为核心任务的中原经济区建设，正在中原大地如火如荼地展开。建设中原经济区，关键靠人才，根基在教育。今天的教育就是明天的生产力，抓教育就是抓竞争力，抓教育就是抓民生等观念，已成为河南人民的共识，教育事业改革发展的良好氛围更加浓厚，学校教育、家庭教育、社会教育的合力更加凸显，教育优先发展的战略地位更加突出。

为全面深入贯彻落实好国家和省教育规划纲要，河南省及各省辖市都成立了教育体制改革领导小组和重大项目领导小组，切实加强对此项工作的领导，推动各项工作的落实。细化责任目标，明确责任主体，省委、省政府将纲要确定的重大任务分解为128项，逐一落实到省直40个部门，并积极调整支出结构，拓宽经费来源，加大教育投入。2011年，河南省教育经费总投入为1185.7亿元。其中，国家财政性教育经费932.5亿元，增长36.9%，增速历史空前，公共财政预算教育经费（含教育费附加）占公共财政支出的比例达21.8%，圆满完成国家对河南的分解4%的目标任务。同时，多方筹措资金，提高河南高校生均拨款水平，化解高校债务，力争到2012年年底将河南高校2009年以前的银行贷款余额减少2/3。

二、推进各级各类教育更加协调发展

两年来，河南在办好义务教育的基础上，努力实现各级各类教育全面协调可持续发展，积极构建现代国民教育体系。

一是加快普及学前教育。省委、省政府高度重视学前教育，启动实施了学前教育三年行动计划，实行严格准入，制定办园标准，多种方式办学，加快普及步伐。仅2011年，全省就新增各类幼儿园2606所，增长33.9%。二是均衡发展义务教育。把推进义务教育均衡发展作为当前教育工作的重中之重，围绕新型城镇化的加快推进，新型农村社区的建设需要，人口布局调整的新变化，优化中小学布局结构，仅2011年，城镇中小学就增加5571所，增长112%；农村中小学调减6401所，减少22.6%。

同时，通过逐步完善农村义务教育经费保障机制、实施义务教育学校标准化建设工程、加强薄弱学校建设、加强教师特别是农村教师队伍建设、开展义务教育均衡发展先进县创建活动等措施，逐步缩小城乡、区域、校际差距，中小学“上学难”得到一定程度的缓解，“大班额”逐步减少。三是强力推进职教攻坚。充分利用国家职业教育改革试验区先行先试的平台，结合河南省情，大力实施职业教育攻坚计划，坚持“六路并进”，统筹安排教育、人力资源和社会保障、农业、民政、扶贫、残联等部门的职业培训项目和资金，坚持“三改一抓一构建”的工作思路，改革封闭式办学模式，改革单一的政府投资模式，改革职业院校的管理体制和机制，抓好一批职业教育重大项目，探索构建现代职业教育体系。目前，全省18个省辖市中已有17个省辖市规划建设职教园区，组建了60个职教集团，形成了一批特色学校、品牌专业，职业教育的吸引力、竞争力和办学活力显著增强。四是全面提高高等教育质量。把高等教育质量放在更加突出的位置，省政府出台了《关于全面提高高等教育质量的若干意见》，引导和鼓励高校围绕中原经济区建设，积极调整学科、专业结构，主动融入、服务经济社会发展，仅2011年就围绕河南支柱产业、优势产业，新增专业385个。积极推进高校协同创新，在政府的推动下，实现政府有关部门、行业企业、科研院所和高校之间创新要素的有效聚集，为河南区域创新做出积极贡献。高校结构逐步优化，定位更加准确，特色更加鲜明，创新能力进一步提升，服务经济社会发展能力显著增强，为河南经济社会发展提供了强有力的人才支撑和智力支持。

三、依靠改革创新破解教育发展难题

穷省办大教育，根本出路在改革，必须通过改革，消除制约教育发展的体制机制障碍，为教育事业发展注入生机和活力，推动河南教育科学发展。

一是深化办学体制改革，完善多元化教育投入机制。进一步健全以政府投入为主、多渠道筹集教育经费的体制，大幅度增加教育投入，出台了《关于创新投融资机制鼓励引导社会资本投入教育领域的意见》，扩大社会资源进入教育途径，探索教育财政投入和资金核定新方式,用好财政资金,充分发挥教育拨款“四两拨千斤”的作用。大力发展民办教育,截至2011年年底,民办普通高校在校生已占全省的17.26%。二是深化教育管理体制改革,扩大学校办学自主权。逐步形成政事分开、责权明确、统筹协调、规范有序的教育管理体制。转变政府职能,改进管理方式,尊重教育规律,把该管的管好,把该放的放开。改革教育评价标准,真正做到教育质量由人民、由社会说了算,从而引导学校面向市场、面向社会、面向人民办教育。三是深化考试招生制度改革,科学选拔人才。深化考试内容改革,突出对素质和能力的考查。完善考试的组织与管理办法,加快推进考试招生制度规范化、法治化。进一步完善初中就近免试入学具体办法,不断扩大优质普通高中招生名额分配到区域内初中的比例,稳步推进高职院校单招改革试点和普通高校招生改革。四是推进教育对外开放,充分利用国内国际两种教育资源。加强教育交流合作,借鉴国内外先进教育理念,引进优质教育资源,鼓励各级各类学校发挥自身特色和优势,加强与高水平学校的合作与交流,全省中外合作办学项目(机构)达到234个,在校生6万多人,12所世界500强高校与我省开展了合作办学。

四、把促进公平作为基本教育政策

坚持教育的公益性和普惠性,以群众最关心、最直接、最现实的教育热点问题为切入点和着力点,重点在四方面寻求突破:

一是解决特殊群体孩子上学问题。进城务工人员随迁子女接受义务教育基本实现了“应入尽入”。基本建立了农村留守儿童关爱帮扶体系。保障残疾孩子平等接受教育,全省独立设置的特殊教育学校发展到127所,视力、听力、智力三类残疾儿童少年入学率达到85%以上。二是努力扩大高等教育机会。河南是高考大省,我们积极争取教育部和省外高校的支持,为河南学子提供更多接受高等教育的机会,2011年,高考录取率达到72%。三是构建完善学生资助体系。高度重视家庭经济困难学生的就学问题,切实加大财政投入,进一步完善义务教育经费保障机制,探索建立中等职业学校学生免费制度,扩大高校奖学金、助学金规模和覆盖面,引导和鼓励社会各界以多种形式设立奖学金、助学金等助学项目。四是靠制度保障教育公平。全面推进依法治教和依法治校,坚持用规范管理维护教育公平。坚持在经济社会发展的基础上,以发展促公平,以改革促公平,以政策支持促公平。

五、把教师队伍建设作为教育事业发展的关键

教育大计,教师为本。重视教师,就是重视人才,就是重视智力,就是重视后代,就是重视未来。

一是切实提高教师地位,着力改善教师待遇,努力创造有利于广大教师教书育人的良好政策环境、工作环境和生活环境。二是大力弘扬“平凡之中的伟大追求、平静之中的满腔热血、平常之中的极强烈的责任感”的“三平精神”,使教师成为学为人师、行为世范的楷模。三是着力提升教师素质,优化队伍结构。继续组织实施中小学、幼儿园“国培计划”、农村学校教师“特岗计划”和“农硕计划”,启动实施了“河南省中小学教师省级培训计划”;大力推进职业院校“双师型”教师队伍建设,实施“中等职业学校教师素质提高计划”,启动教授级高级讲师的试评工作,2011年评选出首批教授级高级讲师18名。实施高校“人才强校工程”,通过海外高层次人才引进“千人计划”和“百人计划”、省特聘教授岗位制度、高等学校中青年骨干教师支持计划等人才项目,加快培养引进高层次人才。

中原崛起,教育为基。我们将扎实实施国家和河南省教育规划纲要,以更加高昂的热情、更加振奋的精神、更加有力的措施,开拓创新,扎实工作,推动河南教育在新的起点上实现新的更大跨越。

(本文转自2012年9月12日《中国教育报》)

河南省人民政府办公厅
关于转发省教育厅等部门河南省幼儿园管理暂行办法(试行)的通知

豫政办〔2012〕63号

各省辖市人民政府,省人民政府各部门:

省教育厅等13部门制定的《河南省幼儿园管理暂行办法(试行)》已经省政府同意,现转发给你们,请认真贯彻执行。

二〇一二年五月十一日

河南省幼儿园管理暂行办法(试行)

省教育厅 省发展改革委 省公安厅 省民政厅 省财政厅

省人力资源社会保障厅 省编办 省国土资源厅 省住房城乡建设厅

省交通运输厅 省文化厅 省卫生厅 省工商局

(二〇一二年四月五日)

总 则

第一条 为加强对幼儿园的管理,促进我省学前教育事业健康发展,根据有关规定,结合我省实际,制定本办法。

第二条 本办法适用于在我省举办的以0—6岁幼儿为教育对象的各级各类幼儿园(含农村学前班)。

第三条 学前教育是国家教育事业的重要组成部分,必须贯彻国家的教育方针,遵循学龄前儿童身心发展规律和教育规律,坚持保育与教育相结合,为幼儿一生发展奠定基础。

第四条 各级教育部门是学前教育的主管部门,负责本地学前教育的行政管理工作,负责对各级各类幼儿园进行业务指导。

第五条 各级政府其他有关部门按各自职责做好幼儿园管理的相关工作。

第六条 建立健全幼儿园评估制度和分级分类管理制度,加强对各级各类幼儿园的督导、评估、监督、检查与指导。

第一章 幼儿园的举办

第七条 坚持政府主导、社会参与、公办民办并举,充分调动各方面积极性,多种形式扩大学前教育资源,满足人民群众的基本需求。

第八条 鼓励社会力量以多种形式举办幼儿园,积极探索创新学前教育管理模式和运行机制。对公建民营模式幼儿园实行管办分离,参照公办幼儿园管理模式委托进行管理。

第九条 实行幼儿园准入制度。举办幼儿园应当按照属地管理原则,由所在乡镇(街道)教育办或中心学校申报,县级教育部门负责审批,核发《河南省幼儿园办园许可证》(以下简称《办园许可证》)。

民办幼儿园取得办园许可后,依法办理《民办教育办学许可证》,再到民政部门注册登记,取得民办非企业单位法人许可。

未取得《办园许可证》和未办理登记手续,任何单位和个人不得举办幼儿园。

第十条 举办幼儿园的社会组织应当具有法人资格;举办幼儿园的公民应当具有政治权利和完全民事行为能力。举办的幼儿园应当达到河南省幼儿园办园基本标准。

第十一条 申请举办幼儿园,应当向审批机关提交下列材料:

(一)申办报告及审批注册登记表。申办报告内容包括举办者、规范的名称、办园性质、规模、形式、条件、内部管理体制、经费筹措与管理使用等。

(二)证明办园条件的有关资料。

申请举办民办幼儿园,还需提交以下材料:

1.举办者资格证明及决策机构组成人员名单。

2.园长、教师、保育人员及其他工作人员的资格证明及有资质的健康检查单位出具的健康证明。

3.拟办幼儿园资产的法律有效证明文件。

4.拟办幼儿园的章程草案(包括办学宗旨、管理体制、招收对象和范围、师资队伍构成、保教计划等)和发展规划。

5.房舍的房产证。租用园舍的,应当提供有法律效力的租赁合同或协议。

6.经公安消防部门审查同意的有效证明文件。

7.县级以上卫生监督机构出具的现场卫生监督审核意见。

8.法律、法规规定应当提交的其他材料。

第十二条 幼儿园应当使用规范的名称,一般应当与所在地的地名连用。

名称中不能单独冠以省、省辖市的名称或地名,不得冠以“中华”、“中国”、“国际”等字样;名称中冠以“河南”、“河南省”字样的,须经省教育部门和有关部门批准。

名称中不得使用带有宗教色彩和迷信含义的字词。

第十三条 举办民办幼儿园应当依照《中华人民共和国民办教育促进法》有关规定执行。承办公建民营模式幼儿园的,应当与教育部门签订委托办园合同或协议,明确权利和义务。

第十四条 幼儿园举办分园或合作办园,必须经主管部门同意后报原审批机关批准。各类幼儿园的分园或合作办园必须具有独立的法人,实行独立的经济核算,有独立的园舍,并独立开展保育和教育工作。

中外合作办园,按照《中华人民共和国中外合作办学条例》(国务院令第372号)要求,由省教育部门审批。

城市(含市区和县城)不得举办任何形式的学前班。

第十五条 对已取得《办园许可证》并办理登记手续的幼儿园,价格主管、财政、卫生、税务等有关部门应当按照规定及时办理相关手续。

幼儿园办理完毕上述各项手续后方可招生。

第十六条 建立定期复核审验和动态管理制度。审批机关依法对批准举办的幼儿园每年进行一次复核审验,审验项目由审批机关确定,审验结果向社会公示。

第十七条 幼儿园一经登记,不得随意变更主办单位或主办人,不得擅自搬迁。如确需变更,须由主办单位或主办人提出书面申请,经原审批机关同意后方可变更。

幼儿园变更登记事项,经原审批机关同意后30日内到相关部门办理登记变更手续。

第十八条 幼儿园因故停办,主办单位或主办人须提前30日向原审批机关提出书面申请,同时提交资产清理方案、教职工及幼儿分流安置方案,经核准后方可停办。

第二章 保育和教育

第十九条 幼儿园应当贯彻保育和教育相结合的原则,创设与幼儿的教育和发展相适应的和谐环境,引导幼儿个性健康发展。

幼儿园应当保障幼儿的身体健康,培养幼儿良好的生活、卫生习惯;促进幼儿的智力发展;培养幼儿热爱祖国的情感以及良好的品德行为。

第二十条 幼儿园的招生应当符合教育部门的规定。幼儿园的班额一般为小班25人、中班30人、大班35人。有条件的可设小托班,班额一般为20人。农村学前班不得超过40人。寄宿制幼儿园每班幼儿人数酌减。

第二十一条 幼儿入园时,幼儿园需查验其预防接种证,并向所在地疾控机构报告,督促未完成接种程序的幼儿及时查漏补种相关疫苗。未按规定完成预防接种程序的幼儿不宜入园。幼儿入园前应当到妇幼保健机构等具备资质的医疗卫生机构进行体检,体检不合格者不得入园。

除入园体检外,幼儿入园时禁止举行任何形式的考试或测查。

第二十二条 幼儿园应当使用普通话。

第二十三条 幼儿园应当以游戏为基本活动形式,寓教育于生活及各项活动之中,防止小学化、成人化倾向,引导幼儿身心科学健康发展。

第二十四条 教职工应当具有良好的职业道德,尊重爱护幼儿,成为幼儿学习活动的引导者、支持者、合作者。

严禁体罚、变相体罚幼儿。

第二十五条 幼儿园应当建立科学的一日生活制度,合理安排幼儿就餐、午睡、游戏、户外活动、教育活动时间。两餐之间的间隔一般为3.5小时;一日活动中户外活动时间不少于2小时,其中体育活动不少于1小时。

第二十六条 幼儿园应当建立科学的保育教育评价体系。

幼儿园应当为每个幼儿建立成长档案。教师和保育人员应当做好幼儿观察记录和个案分析工作,有针对性地观察幼儿的行为、表现,及时分析幼儿的发展状况、发展要求,及时调整教学设计。

第二十七条 幼儿园应当积极开展教研活动。针对幼儿的教育实验须经当地县级以上教育部门批准。未经批准,幼儿园不得开展各种形式的教育实验,不得随意悬挂各种教育实验和研究基地的牌匾。

第二十八条 幼儿园不得要求幼儿统一购买任何教材和幼儿读物。

第三章 行政事务

第二十九条 幼儿园实行园长负责制,园长全面负责幼儿园的工作。

幼儿园园长由举办幼儿园的单位、组织或个人聘用,并向幼儿园的审批机关备案。

民办幼儿园的教师、医师、保健员、保育员及其他工作人员由幼儿园园长聘用,也可由举办幼儿园的单位、组织或个人聘用。

公办幼儿园教职工的配备使用,按照国家和我省事业单位人事管理相关政策执行。

第三十条 幼儿园应当按照国家和我省的有关规定配备教职工。民办幼儿园聘用教职工应当按劳动保障有关法律、法规的要求办理聘用手续,依法保障教职工的合法权益。

第三十一条 幼儿园的园长、教师和其他工作人员应当具备国家规定的合格学历,取得相应任职资格,并符合《幼儿园工作规程》规定的其他各项条件。

第三十二条 幼儿园的各类工作人员应当取得健康合格证明。精神病及慢性传染病患者不得从事幼儿园的工作。

第三十三条 幼儿园工作人员应当按照教育部门及相关部门的规定,参加岗位培训和继续教育。

幼儿园应当通过多种形式,为教师的科研、教研提供条件,促进教师专业成长。

第三十四条 幼儿园应当有稳定的经费来源,确保保育和教育工作正常运转。幼儿园的举办者或承办者每年应当安排一定的专项资金进行园舍维护保养、设备更新。

第三十五条 幼儿园必须严格执行价格主管、财政、教育等部门关于幼儿园收费管理的规定。

第三十六条 幼儿园不得以开办实验班、特色班和兴趣班等为由另外收取费用,不得通过组织幼儿活动牟取经济利益。

第三十七条 幼儿园应当遵守财务管理制度,实行经费独立核算,收费专款专用,自觉接受审计监督。

幼儿的膳食经费必须建立专门账户,定期向幼儿家长公开账目。

第三十八条 幼儿园每年应当有一定比例的经费用于添置玩教具和图书。

第三十九条 鼓励和支持社会组织、公民个人向幼儿园捐赠财物。

幼儿园接受捐赠须依照国家有关法律、法规执行。

第四十条 幼儿园应当建立与家长联系制度,成立家长委员会,通过开办家长学校、召开家长会、开展家长开放日活动等形式,指导家长科学育儿。

省、市级示范性幼儿园应当积极探索、创造条件,逐步开展以社区为依托、向家庭辐射的0—3岁婴幼儿早期教育指导及服务工作。

第四章　安全与卫生

第四十一条　各级政府及其教育、公安、司法、住房城乡建设、交通运输、文化、卫生、工商、质监、新闻出版等部门应当按照职责分工，依法负责幼儿园安全工作，履行幼儿园周边环境治理和幼儿园安全监督与管理职责。

第四十二条　幼儿园应当增强安全意识，设置治安保卫机构，建立健全安全管理制度，制定各类安全工作预案，定期组织突发事件预案演练。

第四十三条　幼儿园应当加强教职工和幼儿安全教育，提高教职工保护幼儿安全的技能和幼儿自我保护能力。

第四十四条　幼儿园应当根据有关规定配备专职保安人员和必要的装备器械，在重点部位设置视频监控和报警设施并与公安部门联网。

第四十五条　幼儿园应当定期检查、维修园舍、设施，并组织专门人员每日进行巡检、记录，加强火源、电源管理，及时排除安全隐患，确保幼儿生命安全。

第四十六条　任何单位和个人不得侵占和破坏幼儿园园舍和设施，不得在幼儿园周围设置有危险、有污染或影响幼儿园采光的建筑和设施，不得干扰幼儿园正常的工作秩序。

第四十七条　幼儿园应当建立健全各项卫生保健制度和预防接种证查验制度。

第四十八条　幼儿园应当建立预防食物中毒、传染病流行的预案并严格执行，协助所在地疾控机构开展对适龄儿童的预防接种工作。

幼儿园发生食物中毒、传染病流行事故时，举办幼儿园的单位、组织或个人应当立即采取紧急救护措施，同时在规定时限内及时上报相关部门，并按照相关规定做好善后工作。

第四十九条　幼儿园食堂应当严格执行食品卫生安全制度，各种证照必须齐全。

幼儿餐具、饮水器具应当专人专用，并进行定期消毒，防止交叉感染。

第五十条　幼儿园应当建立监护人与教师的幼儿交接制度。有校车的幼儿园应当遵照《校车安全管理条例》（国务院令第617号）规定，使用按照专用校车国家标准设计和制造的幼儿专用校车，严格遵守校车安全管理规定。

第五章　奖励和处罚

第五十一条　对认真执行本办法并具备下列条件之一的，由政府或教育部门予以表彰和奖励:

（一）办园方向明确，普惠性和公益性突出的。

（二）改善幼儿园办园条件成绩显著的。

（三）保育、教育工作成绩显著的。

（四）幼儿园管理工作成绩显著的。

第五十二条　对违反本办法第九条，未经批准擅自举办幼儿园的，由教育、民政等部门依据有关法规下达依法取缔的行政处罚决定；在规定期限内拒不执行处罚决定或取缔后再次擅自开办幼儿园的，由教育、民政等部门强制取缔。

对违反本办法其他条款，具备下列情形之一的单位和个人，视其情节轻重，由政府及其教育部门或相关部门根据管理权限给予责令整改、停止办园和吊销《办园许可证》等处罚，或由教育部门建议有关部门对直接责任人员给予行政处分。情节严重，构成犯罪的，由司法机关依法追究法律责任。

（一）擅自改变有关登记事项的。

（二）发布虚假招生简章或广告，骗取钱财的。

（三）园舍、设施不符合国家卫生标准、安全标准，妨害幼儿身体健康或威胁幼儿生命安全的。

（四）教育内容和方法违背幼儿教育规律，损害幼儿身心健康的。

（五）管理混乱，严重影响保育、教育工作，产生恶劣社会影响的。

（六）提交虚假证明文件或采取其他欺诈手段隐瞒重要事实骗取《办园许可证》的。

（七）恶意终止办园、抽逃资金或克扣、挪用办园经费的。

（八）违反国家规定聘任、解聘教师的。

（九）体罚或变相体罚幼儿的。

（十）使用有毒有害物质制作玩教具的。

（十一）侵占、破坏幼儿园园舍、设备的。

（十二）干扰幼儿园正常工作秩序的。

（十三）在幼儿园周围设置有危险、有污染或影响幼儿园采光的建筑和设施的。

河南省人民政府办公厅

转发关于加强全省中小学幼儿园应急疏散演练工作意见的通知

豫政〔2012〕120号

各市、县人民政府，省人民政府各部门：

省教育厅、公安厅、地震局制定的《关于加强全省中小学幼儿园应急疏散演练工作的意见》已经省政府同意，现转发给你们，请结合实际，认真贯彻执行。

二〇一二年九月七日

关于加强全省中小学幼儿园应急疏散演练工作的意见

省教育厅　省公安厅　省地震局

(二〇一二年八月十四日)

为加强全省中小学、幼儿园安全教育和管理,增强师生的安全防范意识,提高应急避险技能和自救互救能力,保障校园安全稳定,根据《中华人民共和国突发事件应对法》、《中小学幼儿园安全管理办法》(教育部令第23号)及国务院、省政府关于全面加强应急管理工作的部署和要求,现就加强全省中小学、幼儿园应急疏散演练工作提出以下意见:

一、充分认识加强中小学、幼儿园应急疏散演练工作的重要意义

通过加强应急疏散演练工作,使学生具备良好的安全意识、掌握应急避险知识和技能,是新时期全面实施素质教育的迫切需要和重要任务,是贯彻落实科学发展观、保障广大师生生命安全和千家万户幸福安康的基础工程,对教育系统乃至整个社会的和谐稳定具有重大意义。近年来,在教育、公安、消防、地震等部门的指导下,我省中小学、幼儿园制定完善应急预案,积极开展应急疏散演练,取得了一定成效。但总的来看,各地工作开展不平衡,一些地方还存在认识不到位、应急预案不完善、应急演练不够规范等问题,应急疏散演练工作亟待加强。各级政府、各有关部门和中小学、幼儿园要从维护校园安全、保障社会稳定的全局出发,充分认识做好应急疏散演练工作的重要性和紧迫性,切实增强使命感和责任感,加强领导,提供保障,认真组织,进一步做好中小学、幼儿园应急疏散演练工作,确保师生生命财产安全。

二、加强教育,完善预案,认真做好应急疏散演练工作

(一)加强安全教育

各级教育部门和各中小学、幼儿园要充分考虑本地、本学校可能发生的各种突发事件,主动加强与有关部门、社会各界的沟通联系,收集地震、水灾、火灾、校园侵害、建筑物坍塌、交通事故、集体活动等各类突发事件应急疏散案例,总结典型案例处置情况的经验、教训,组织有关专家讲解应急疏散知识和自救互救技能。中小学要坚持贴近学生、贴近生活、贴近实际的原则,采取形式多样、内容丰富、学生喜闻乐见的方式,加强对学生的安全教育。幼儿园要针对幼儿群体的特殊性,采取动画演示、互动游戏等通俗易懂、寓教于乐的方式,激发幼儿的兴趣,增强教育效果。

(二)制定、完善应急疏散预案

各中小学、幼儿园要结合学校地域特点、建筑布局、校园周边情况和学生特点等实际,针对可能发生的各类突发事件,从适用范围、工作原则、组织体系、职责分工、应急准备、预警手段、紧急疏散、善后处置和信息报告等方面,全面、系统地制定、完善各类应急疏散预案,力求做到:内容完整、简洁规范,分工明确、责任到位,通俗易懂、便于操作。特殊教育学校要结合学校、师生特点,制定、完善切实可行的应急疏散预案,确保学校师生遇到突发事件发生时能安全顺利疏散。

为进一步规范预案编制,省教育厅、公安厅、地震局等单位制定了《中小学突发事件应急疏散预案编制指南》(见附件),供各中小学、幼儿园参考使用。各中小学、幼儿园编制或修订的应急疏散预案要报当地教育部门备案。

(三)认真组织应急疏散演练

1.制定专门演练方案。演练前,中小学要在应急疏散预案的基础上,制定专门的演练方案,细化演练的步骤和环节,力求信号清晰、路线明确、措施具体、保障有力、处置得当。根据不同演练主题,教育部门、中小学要加强与公安、地震、消防等部门的沟通协调,邀请专业人员到校指导,帮助学校完善方案,加强过程指导。

2.做好演练培训工作。演练前,中小学要对全校师生进行应急疏散演练培训,明确疏散程序、疏散信号、疏散路线、疏散顺序、疏散场地和时间要求等,使师生掌握撤离、逃生、自救、互救的方式、方法。特别要加强应急疏散演练过程中的安全知识教育,教育学生正确处理在疏散过程中遇到的各种突发或偶然事件,坚决避免因应急疏散演练而造成的楼道拥挤踩踏等安全事故的发生。

3.做好演练的组织工作。中小学都要成立专门的应急疏散演练组织机构负责演练工作,明确分工,责任到人,认真做好应急疏散演练的准备和组织工作,确保演练安全顺利进行。校长要担任总指挥,亲自组织,现场指挥,确保演练效果。学校组织演练要积极邀请家长委员会成员参加。

4.及时对演练进行总结。每次演练结束后,学校要及时进行总结,针对暴露出的问题和不足,制定并落实改进措施,对预案及时进行修订完善,使预案更具针对性、实用性和可操作性。

幼儿园要在充分考虑工作实际的基础上,参照中小学应急疏散演练工作的要求,制定演练方案,加强演练培训,做好演练组织工作并及时进行总结。要充分考虑幼儿的行为特点,采取分班、分组等方式进行小规模演练,避免发生拥挤、踩踏、摔伤等安全事故,确保演练活动安全、规范、有效。

三、加强领导,落实责任,建立中小学、幼儿园应急疏散演练工作的长效机制

(一)加强领导。各级教育部门要在当地政府的领导下,进一步加强对中小学、幼儿园应急疏散演练工作的指导和管理,督促学校制定完善应急预案和做好应急疏散演练工作。公安、消防、地震等有关部门要加强对学校应急疏散演练工作的支持和指导,新闻媒体要积极对演练进行宣传报道,努力形成政府领导、部门配合、学校负责、家长参与、社会关注的应急疏散演练工作体系。

（二）明确责任。各中小学校长、幼儿园园长是学校应急疏散演练工作的第一责任人，要提高认识，落实责任，把应急疏散演练工作作为学校教育教学、安全管理工作的重要内容，实行常态化管理，定期分析研究，及时解决问题，不断提高安全防范能力。

（三）建立应急疏散演练工作长效机制。中小学校每学年至少要开展两次应急疏散演练：一次为春季开学后，结合"全国中小学安全教育日"（3月最后一周的星期一）活动和各自实际，开展应急疏散演练；一次在秋季开学后，结合"全省中小学幼儿园安全月"（每年9月）活动开展应急疏散演练。幼儿园每年至少要开展一次应急疏散演练。演练期间，各级教育部门要组织人员进行观摩指导和检查，定期对辖区内中小学、幼儿园应急疏散演练工作进行总结，对工作开展得力的学校予以表彰，对重视不够、工作滞后的学校予以通报批评。

（四）突出重点，分类指导。在每年两次应急疏散演练的基础上，各级教育部门要充分考虑各中小学、幼儿园的安全工作实际，对不同学校加强分类指导、重点督促，鼓励、支持学校利用大课间、集体活动等形式，经常性地开展应急疏散演练。在校生较多的城镇中小学、农村寄宿制学校要适当增加应急疏散演练的次数。在确保安全的基础上，有住宿学生和晚自习学生的学校要重点加强夜间应急疏散演练。应急疏散演练工作基础较好的学校要加强随机性应急疏散演练。

（五）建立中小学应急疏散演练工作报告和督导评估制度。各县（市、区）教育部门年初要向本级政府报告全年中小学应急疏散演练工作计划，年末报告工作总结。各级政府应急办要将中小学应急疏散演练工作纳入政府应急管理工作的考核内容，会同有关部门每年对各地进行督导评估，并不定期汇总各地工作情况，适时编发工作简报，交流情况。省教育厅要把中小学应急疏散演练工作纳入各地教育工作、学校安全管理工作的考核内容，在各项评先评优时作为重点予以考核。

附件：

中小学突发事件应急疏散预案编制指南

1.总则

1.1编制目的。提高中小学迅速、高效、有序地处置各类突发事件的能力，确保对各类突发事件准备充分、反应迅速、处置有效，最大限度地减少人员伤亡和财产损失。

1.2编制依据。根据《中华人民共和国突发事件应对法》、《中小学幼儿园安全管理办法》和《河南省教育厅突发公共事件应急预案》，结合本校实际制定预案。

1.3适用范围。适用于学校全体师生应对各类突发事件时的应急疏散。

1.4工作原则。坚持以人为本、预防为主的方针，按照"统一指挥、分工负责，反应迅速、安全有序"的原则。

1.5启动条件。学校周边地区和校园内发生或可能发生突发事件需要疏散时，立即启动本预案。

2.应急疏散组织机构及职责

应急疏散工作在应急疏散组织机构的统一指挥下开展。学校成立突发事件应急疏散工作领导小组（以下简称领导小组。应急状态下，立即转为应急疏散指挥部），全面负责学校应急疏散工作。领导小组下设办公室、疏散引导组、抢险救护组、后勤保障组、善后工作组等。

2.1领导小组的组成及职责

领导小组组长（应急疏散总指挥）：校长。

副组长（应急疏散副总指挥）：书记、副校长及学校有关部门负责人。

成员：各级部主任、班主任，有关教职员工。

职责：

（1）全面负责学校突发事件应急疏散工作。

（2）执行上级有关指示和命令，领导小组成员按其所在部门的职能、职责各负其责，认真做好应急疏散工作。

（3）合理划定学校及周边应急疏散场地（避险场所）、疏散通道，明确应急疏散信号，设立应急疏散指示标志，教育学生熟悉和掌握应急疏散预案。

（4）接到预警时，负责对学生进行应急避险知识强化宣传教育，组织学校师生安全有序疏散；突发事件发生时，第一时间组织开展应急抢险和疏散工作，最大限度地减少人员伤亡和财产损失。

（5）及时调查、统计和报告人员伤亡和财产损失等情况；及时进行信息上报；经主管教育部门同意对外进行信息发布。

（6）妥善做好突发事件的善后工作。

2.2领导小组下设机构及职责

领导小组下设办公室、疏散引导组、抢险救护组、后勤保障组、善后工作组（负责人及组成人员视本学校情况自行确定）。各下设机构职责是：

（1）办公室：组织编制（修订）学校应急疏散预案、应急疏散演练方案；协调各下设机构之间的工作；组织开展应急知识宣传教育；完成领导小组交办的其他工作。

（2）疏散引导组：组织师生快速、安全、有序疏散；结合学校应急避险场所、应急疏散通道，编制张贴学校应急疏散平面图、各班级应急疏散路线等；做好残疾、患病学生应急疏散工作，并妥善安置受伤师生。应急疏散工作完成后，视情况协助其他各组工作。

（3）抢险救护组：第一时间组织实施自救互救，抢救遇险师生；视情况抢救重要财产、重要档案等；轻伤员临时救治、联系急救中心抢救伤员；预防次生灾害发生。

（4）后勤保障组：负责学校治安保卫工作，维护应急疏散秩序；妥善安排学生生活等；尽快恢复被破坏的供水、供电等设施；及时调度应急物资和资金；协助开展伤员救治和次生灾害处置工作。

（5）善后工作组：及时调查、统计人员伤亡、失踪和财产损失等情况;负责学校的信息报告、对外联络和信息发布等工作;妥善处理伤亡师生的善后工作。

3.应急疏散准备

3.1制定制度,明确责任。建立健全包括应急知识宣传、日常值班、应急疏散演练等各项制度。落实应急疏散岗位责任制,明确各楼层、各部门、各班级的具体负责人,做到分工明确、责任到人。制定地震、火灾、洪水、校园侵害、交通事故、建筑物坍塌、集体活动等不同情况下的应急疏散程序。

3.2加强宣传,熟知预案。通过多种渠道和载体宣传应急知识,使全体师生熟知应急疏散预案,把握应急疏散演练的关键环节,掌握各种应急避险技能。

3.3加强检查,做好保障。加强对重点部位、设施、路线等的安全检查。在校园内显要位置张贴应急疏散路线图、避险场地示意图,设立应急疏散指示标志等。应急疏散路线及各类标志应充分考虑不同年龄段的学生特点。

4.应急疏散实施

当突发事件发生后,应急疏散指挥部应在第一时间统一指挥师生应急疏散、抢险救护、后勤保障、善后处置等工作。

4.1疏散引导组立即组织师生疏散转移至安全区域,并妥善安置受伤师生。在疏散转移时,应采取必要的防护、救护措施。

4.2抢险救护组应立即组织开展自救互救和校园搜救工作,并对需要救治的伤病员组织现场抢救。协助专业救援队伍开展现场救援。

4.3后勤保障组检查并排除安全隐患,尽快恢复学校基础设施功能。协助专业救援队伍保护校内重点资料、重要设施。及时调度应急物资和资金,妥善安排师生的生活。协助加强治安管理,维护应急疏散秩序。

4.4善后工作组及时调查、统计和报告人员伤亡和财产损失等情况;妥善处理伤亡师生的善后工作。

4.5应急疏散工作结束后,在确保安全的情况,应急疏散指挥部应采取措施,尽快恢复正常的学校秩序。

5.应急疏散的演练、培训和管理

根据本预案,制定应急疏散演练方案,定期开展应急疏散演练。加强对师生应急疏散知识和技能的培训,强化师生的安全防范意识,提高应急处置能力。根据实际情况的变化,及时修订、完善本预案。结合实际建立奖惩制度。

备注:本指南供中小学编制突发事件应急疏散预案使用。幼儿园突发事件应急疏散预案,应在充分考虑学校实际和幼儿特点的前提下,参考本指南制定。

河南省人民政府办公厅
关于进一步做好农村义务教育学校布局调整工作的意见

豫政办〔2012〕132号

各省辖市、省直管试点县(市)人民政府,省人民政府各部门:

近年来,随着我省城镇化水平的不断提高和农村人口出生率的持续降低,农村学龄人口不断下降,各地对农村义务教育学校进行了布局调整和撤并,改善了办学条件,优化了资源配置,提高了办学效益和教育质量。但在农村义务教育学校布局调整的过程中,一些地方存在规划方案不完善、操作程序不规范、保障措施不到位的问题,影响了农村教育健康发展。根据《国务院办公厅关于规范农村义务教育学校布局调整的意见》(国办发〔2012〕48号)要求,经省政府同意,现就进一步做好我省农村义务教育学校布局调整工作提出如下意见:

一、农村义务教育学校布局调整的总体要求

保障适龄儿童少年就近入学是《中华人民共和国义务教育法》的规定,是政府的法定责任。农村义务教育学校布局调整,要与中原经济区建设、新型城镇化和新型农村社区建设的要求相适应,统筹考虑城乡人口流动、学龄人口变化趋势,以及当地农村地理环境、交通状况、教育条件保障能力、学生家庭经济负担等因素,充分考虑学生的年龄特点和成长规律,处理好提高教育质量和方便学生就近入学的关系。要在注重方便学生就近入学,保证入学率、普及率的前提下,积极稳妥地推进农村中小学布局调整,优化资源配置。要坚决杜绝因过急、过快、过度撤点并校造成学生失学、辍学和上学难等现象发生。

二、科学制定农村义务教育学校布局规划

根据我省中小学布局调整的要求,各地已经制定了2011—2015年中小学布局调整规划。县级政府要按照国务院的有关规定和本意见要求,在已有中小学布局调整规划的基础上,结合当地实际,完善农村义务教育学校布局专项规划,合理确定县域内教学点、村小学、中心小学、初中学校布局,以及寄宿制学校或非寄宿制学校的比例,明确学校布局调整的保障措施,保障学校布局与村镇建设和学龄人口居住分布相适应,与城镇建设规划、新型农村社区建设规划、土地利用总体规划以及土地整治规划相衔接。各县(市、区)的专项规划要在本级政府和教育、规划等部门网站上向社会公示,经省辖市政府审核后于2012年12月底前报省政府批准。

农村义务教育学校布局要满足学生就近上学的需要。农村小学1至3年级学生原则上不寄宿,就近走读上学;小学高年级学生以走读为主,确有需要的可以寄宿;初中学生根据实际可以走读或寄宿。原则上每个乡镇都应设置初中，人口相对集中的村要设置村小学或教学点，人口稀少、地处偏远、交通不便的地方应保留或设置教学点。

三、严格规范农村义务教育学校撤并行为

规范农村义务教育学校撤并程序和行为是保障布局调整科学性的重要环节。对确因生源减少需要撤并的学校，县级政府必须严格履行撤并方案的制定、论证、公示、报批等程序。要统筹考虑学生的交通安全、寄宿生学习生活设施等条件保障，并通过举行听证会等多种有效途径，广泛听取学生家长、学校师生、村民自治组织和乡镇政府的意见，保障群众充分参与并监督决策过程。学校撤并必须坚持先建后撤，保证平稳过渡。撤并方案要逐级上报省政府审批。在撤并之前，要保证学校和幼儿园的基本条件，确保教育教学工作的正常进行。要依法规范撤并后原有校园校舍资源的再利用工作，优先保障当地教育事业特别是学前教育的需要。

坚决制止盲目撤并农村义务教育学校。凡并入学校住宿和就餐条件不能满足需要或撤并后学生上下学交通安全得不到保障、造成学校超大规模或“大班额”问题突出的，均不得撤并现有学校或教学点。对已经撤并的学校或教学点，不符合本意见要求、确有必要保留的由当地政府按程序予以恢复。

各地的农村义务教育学校布局专项规划未经省政府批准之前，暂停对学校的撤并。

四、切实办好村小学和教学点

各级政府和有关部门要采取多种措施改善农村小学和教学点的办学条件，着力提高教学质量。要提高村小学和教学点的生均公用经费标准，对学生规模不足100人的村小学和教学点要按100人核定公用经费，保证其正常运转。要建立完善符合村小学和教学点实际的职称评定标准，职称晋升和绩效工资分配向村小学和教学点专任教师倾斜，鼓励省辖市、县(市、区)采取在绩效工资中设立岗位津贴等政策措施，支持优秀教师到村小学和教学点工作。要加快推进农村教育信息化建设，优先为村小学和教学点配备班级多媒体设备和数字化优质课程教学资源。要充分发挥中心小学的管理和指导作用，组织优秀教师巡回教学，开展连片教研，推进优质教学资源共享，提高村小学和教学点教学质量。

五、加强新型农村社区学校建设

学校建设是新型农村社区建设的重要组成部分。各地要把学校建设纳入新型农村社区的总体规划与建设之中，做到学校与新型农村社区同步规划、同步建设、同步交付使用。新建学校要严格按照国家建设标准和省定办学条件标准进行规划、设计和建设，确保质量。新型农村社区中小学校建设资金由县级政府负责统筹落实，学校不得举债建设。教育费附加、地方教育附加和土地出让收益中计提的教育资金，在规定的使用范围内，可优先用于支持新型农村社区学校建设。新型农村社区学校建设可参照财政部、国家发展改革委《关于免收全国中小学校舍安全工程建设有关收费的通知》(财综〔2010〕57号)规定的收费减免政策执行。新型农村社区学校布局要坚持相对集中、规模适度的原则。原则上4000人至1万人的社区设1所6至12班规模的完全小学；1万人以上的社区，每1万人设1所18至24班规模的小学，每2万人设1所18班以上规模的初中。对新型农村社区学校建设规划确定的3年内需要撤并的学校，经省政府有关部门审核后，原计划安排的校舍安全工程、薄弱学校改造等项目资金，可集中用于新型农村社区学校建设。新型农村社区学校建设是农村中小学布局调整的重要方面，涉及学校迁移和撤并，要按照本意见的规定，规范学校迁移和撤并程序，并做好新建学校与原有学校的衔接和平稳过渡工作。

六、着力解决农村义务教育学校撤并带来的突出问题

加强农村寄宿制学校建设和管理。学校撤并后需要寄宿的，由县级政府负责按照省定标准建设寄宿制学校或提供寄宿条件，为寄宿制学校配备教室、学生宿舍、食堂、饮用水设备、厕所、澡堂等设施和聘用必要的管理、服务、保安人员，寒冷地区要配备安全的取暖设施。有条件的地方应为学校配备心理健康教师。结合寄宿制学校特点，研究解决寄宿制学校教职工配备有关问题。要切实加强对寄宿制学校师生的安全教育与管理，科学安排学生的作息时间，积极开展符合学生身心特点、健康向上的校园活动，确保学生安全、健康成长。

认真贯彻落实《校车安全管理条例》(国务院令第617号)，切实保障学生上下学交通安全。要加快发展农村公共交通，通过增设农村客运班线及站点、增加班车、班次、缩短发车间隔、设置学生专线等方式，满足学生的乘车需求。公共交通不能满足学生上下学需要的，县级政府负责组织提供校车服务。严厉查处接送学生车辆超速、超员和疲劳驾驶等违法行为，坚决制止采用低速货车、三轮汽车、拖拉机以及拼装车、报废车等车辆接送学生。

高度重视并切实解决学校撤并带来的“大班额”问题。各地要通过新建、扩建、改建学校和合理分流学生等措施，使学校班额符合国家标准。凡班额超标的学校不得再接收其他学校并入的学生。对教育资源较好学校的“大班额”问题，要通过实行学区制管理、联合办学或建立学校联盟、探索集团化办学等措施，扩大优质教育资源覆盖面，合理分流学生。

七、开展农村义务教育学校布局调整专项督查

省、省辖市政府教育督导机构要对农村义务教育学校布局是否制订专项规划、规划是否公开、调整是否合理、保障措施是否到位、工作程序是否完善、村小学和教学点建设是否合格等进行专项督查，督查结果向社会公布。对存在问题较多、社会反映强烈的地方，要责成其限期整改。对因学校撤并不当引起严重不良后果的，要依照法律和有关规定追究责任。县级政府要认真开展农村义务教育学校布局调整工作检查，及时发现并解决好存在的问题。省教育厅要会同有关部门加强对各地农村义务教育学校布局调整工作的督促指导。

二〇一二年十月十二日

河南省人民政府办公厅
关于转发全省生源地信用助学贷款工作实施意见的通知

豫政办〔2012〕165号

各市、县人民政府,省人民政府各部门:

省教育厅、财政厅、人行郑州中心支行、河南银监局制定的《全省生源地信用助学贷款工作实施意见》已经省政府同意,现转发给你们,请结合实际,认真贯彻执行。

二○一二年十一月十九日

全省生源地信用助学贷款工作实施意见

省教育厅　省财政厅　人行郑州中心支行　河南银监局

(二○一二年八月十五日)

为帮助我省考往省外全日制普通高校的家庭经济困难学生顺利完成学业,根据《财政部教育部银监会关于大力开展生源地信用助学贷款的通知》(财教〔2008〕196号)、《河南省人民政府关于建立健全普通本科高校高等职业学校和中等职业学校家庭经济困难学生资助政策体系的实施意见》(豫政〔2007〕57号)、《河南省教育厅河南省财政厅转发教育部、财政部关于要求县级教育行政部门成立学生资助管理中心的紧急通知》(教财〔2007〕616号)等有关规定,省教育厅、财政厅、人行郑州中心支行、河南银监局决定从2012年起在我省开办生源地信用助学贷款(以下简称生源地贷款)工作。具体实施意见如下:

一、贷款性质、条件与范围

(一)河南省生源地贷款是指银行业金融机构向具有我省户籍、符合条件的家庭经济困难普通高校新生和在校生(以下统称学生)发放,在学生家庭户籍所在地办理、以借款人信用作担保的国家助学贷款。以国家开发银行股份有限公司河南省分行为主承办生源地贷款业务,同时鼓励其他银行业金融机构开展此项业务。学生和家长(或其他法定监护人)为共同借款人,一起承担还款责任。

(二)申请生源地贷款的学生必须同时符合以下条件:

1.具有我省户籍。

2.诚实守信,遵纪守法。

3.已被根据国家有关规定批准设立、实施高等学历教育的省外全日制普通本科高校、高等职业学校和高等专科学校(含民办高校和独立学院,学校名单以教育部公布的为准)正式录取,取得真实、合法、有效的录取通知书的河南籍新生和河南籍在省外高校就读的本专科学生、研究生和第二学士学生。

4.学生本人入学前户籍、其父母(或其他法定监护人)户籍均在本县(市、区)。

5.家庭经济困难,所能获得的收入不足以支付在校期间完成学业所需的基本费用。

二、贷款政策

(一)贷款额度。生源地贷款按年度申请、审批和发放。每个借款人每年申请的贷款额度不超过6000元,主要用于解决学生在校期间的学费和住宿费。高校在读学生当年在高校已获得高校国家助学贷款的,不得同时申请生源地贷款。

(二)贷款期限。贷款期限原则上按全日制本专科学制加10年确定,最长不超过14年,其中在校生按剩余学习年限加10年确定。学制超过4年或继续攻读研究生学位、第二学士学位的,相应缩短学生毕业后的还贷期限。生源地贷款原则上不展期。

(三)贷款利率及利息。生源地贷款利率执行中国人民银行同期公布的同档次基准利率,且在每年12月21日根据中国人民银行当日公布的同档次基准利率重新确定。生源地贷款利息按年计收。学生在校期间的利息由财政全额贴息,毕业当年9月1日起由学生和家长(或其他法定监护人)全额自付利息。

(四)还款时间及方式。学生在校及毕业后2年期间为"只付利息、不还本金"的宽限期,宽限期后由学生和家长(或其他法定监护人)按借款合同约定,按年度分期偿还贷款本息。

三、贷款贴息与风险补偿

（一）贷款贴息。贷款学生在校期间利息由中央财政全额补贴。

（二）风险补偿金。安排生源地贷款风险补偿专项资金，风险补偿金的比例按当年贷款发放额的15%确定，由中央财政承担。

（三）风险补偿金管理。生源地贷款风险补偿金由开展生源地信用助学贷款的经办银行（以下简称经办银行）实行专户管理，主要用于防范和弥补生源地贷款损失。若管理绩效好、违约率低、风险补偿金超出贷款损失的，超出部分由经办银行奖励给县级学生资助管理中心，统筹用于生源地贷款管理工作；若风险补偿金不足以弥补贷款损失，不足部分由县级财政和经办银行各承担50%。风险补偿金的具体管理办法由省教育厅、财政厅和经办银行另行研究确定。

（四）贴息和风险补偿金归集。贴息和风险补偿金由全国学生资助管理中心负责归集。每年11月底前，经办银行对贴息和风险补偿金所需额度进行统计，经省教育厅、财政厅审核确认后，报请全国学生资助管理中心审批划拨。

四、组织实施

我省生源地贷款工作，在省政府统一领导下，由省教育厅、财政厅、人行郑州中心支行、河南银监局、经办银行组织实施。各级教育、财政、人行、银监部门和经办银行要分工负责，密切合作，探索建立生源地贷款运行机制。

国家开发银行股份有限公司河南省分行等开办生源地贷款业务的金融机构要按照国家信贷政策，科学合理设计贷款方式和期限结构，制订生源地贷款的操作规程，负责审核、发放和管理贷款，确保贷款渠道畅通，使符合条件且有贷款需求的家庭经济困难学生都能够获得生源地贷款；要会同省教育厅、财政厅根据生源地贷款承贷周期不同阶段的特点，建立以学生为中心的家庭、高校和就业单位三地的贷款产品、信息和信用联结，实现贷款学生借款期间全过程信用管理；要按照本意见精神和国家助学贷款管理的有关规定，会同省教育厅制定具体实施办法，与省教育厅签订生源地贷款省级合作协议，与县（市、区）政府和县（市、区）学生资助管理中心签订生源地贷款县级合作协议，明确双方的责任和义务。

省教育厅指定省学生资助管理中心具体负责全省生源地贷款的日常管理工作，各省辖市、县（市、区）要按照豫政〔2007〕57号和教财〔2007〕616号文件的要求，在整合现有资源的基础上，成立学生资助管理中心。省辖市级学生资助管理中心负责本市生源地贷款的日常管理，指导本辖区内县级学生资助管理中心开展生源地贷款工作；市辖区贷款人数不多或区教育局不直管高中的省辖市，可由省辖市学生资助管理中心统一办理所辖区的生源地贷款业务。县级学生资助管理中心负责收集、整理、汇总学生的家庭经济状况、生源地贷款需求等信息；对贷款学生的家庭经济困难情况进行调查、认定；建立学生信用和贷款资格评议小组，确定符合贷款条件的学生名单，测算贷款需求，编制贷款预案；办理生源地贷款的申请、初审等管理工作；接受高校、经办银行的委托，建立与贷款学生家庭的联系制度，跟踪了解贷款学生的家庭经济状况变化情况；受经办银行委托催还贷款；负责向上级学生资助管理中心、高校和经办银行定期报送贷款学生的有关信息等，加强与高校的沟通，避免重复贷款。

各有关普通高中要配合县级学生资助管理中心及经办银行，提供当年高考招生录取情况及生源地贷款需求情况，协助做好贷款申请、审批和发放等工作。

财政部门要积极参与生源地贷款的管理，协调推动资助机构建设等，足额安排本级学生资助管理中心的业务经费，加强对财政贴息、风险补偿金的管理和监督，提高资金使用效益会同同级教育部门领导和监督县级学生资助管理中心开展生源地贷款工作。人行、银监部门要会同教育、财政部门加强对全省生源地贷款业务的指导，定期进行检查和评价。进一步完善征信系统，加强大学生诚信教育工作，努力提高大学生诚信意识和信用水平，为生源地贷款工作的开展创造良好的信用环境。

省教育厅、财政厅要会同相关部门建立全省生源地贷款工作考核奖励制度，制定具体考核奖励办法并定期通报考核结果。各级教育、财政等部门要加强对本地生源地贷款工作的考核，促进生源地贷款工作持续健康开展。

五、工作要求

（一）高度重视。生源地贷款是国家助学贷款的重要组成部分，是综合利用财政、金融手段，解决家庭经济困难学生就学问题的重要途径，对进一步完善我国家庭经济困难学生资助政策体系、创新金融服务体系、充分发挥政策整体效应、确保实现国家资助政策既定目标等具有十分重要的意义。各级财政、教育、人行、银监部门和经办银行要从落实科学发展观、构建社会主义和谐社会的高度，充分认识做好生源地贷款工作的重要性，进一步统一思想，提高认识，把其作为执政为民、服务发展、关注民生、推进教育公平的重大措施，切实抓好落实。

（二）精心组织。在省辖市、县（市、区）政府的统一领导下，由教育部门牵头，会同同级财政、人行、银监部门组成联合工作组，分工负责，密切配合，协调一致，按照“应贷尽贷、简化程序、方便群众、防范风险”的原则，研究制定本地生源地贷款工作方案，统一部署、周密安排、精心组织，扎扎实实地把这件惠及广大人民群众的实事办好。

（三）切实加强省辖市、县（市、区）学生资助管理中心建设。各省辖市、县（市、区）要认真落实豫政〔2007〕57号和教财〔2007〕616号文件精神，成立具有独立法人资格的学生资助管理中心，配备相应的专职工作人员和必要的办公设备，提供相应的办公场所，确保工作正常开展。各地成立专门机构、配备专职人员的文件要及时报省教育厅和经办银行备案。对未按上述要求成立专门机构的县（市、区），暂缓开办生源地贷款业务。

（四）继续做好高校国家助学贷款工作。被我省省属普通高校录取的家庭经济困难学生，到高校申请高校国家助学贷款。各高校要认真落实我省高校国家助学贷款政策，不断完善高校国家助学贷款“河南模式”，确保应贷尽贷。

（五）加强宣传。从2012年秋季开始启动生源地贷款工作。各地要制定切实可行的宣传方案，利用多种形式大力宣传生源地贷款政策，使这项政策家喻户晓。

河南省人民政府办公厅 关于转发河南省幼儿园办园基本标准的通知

豫政办〔2012〕169号

各省辖市、省直管试点县(市)人民政府,省人民政府各部门:

省教育厅、发展改革委、财政厅、人力资源社会保障厅、编办、国土资源厅、住房城乡建设厅、交通运输厅、文化厅、卫生厅制定的《河南省幼儿园办园基本标准(试行)》已经省政府同意,现转发给你们,请认真贯彻执行。

二〇一二年十二月四日

河南省幼儿园办园基本标准(试行)

教育厅 省发展改革委 省财政厅 省人力资源社会保障厅

省编办 省国土资源厅 省住房城乡建设厅

省交通运输厅 省文化厅 省卫生厅

(2012年11月8日)

一、总则

(一)为全面提高全省幼儿园办园水平,积极改善办园条件,促进学龄前儿童健康成长,满足广大人民群众对学前教育的需求,根据国家和我省有关规定,特制定本标准。

(二)本标准是幼儿园规划、设置和管理的重要依据,是对幼儿园评估和督导的基本标准。

(三)本标准适用于各类幼儿园。各项办园指标是我省举办幼儿园的基本标准,已批准设立的幼儿园应创造条件逐步达到本标准。

(四)本标准将幼儿园建设用地分为一级指标和二级指标,将各类园舍分为必备指标和选配指标,考虑到各地经济条件和地域、城乡差异,必备指标又分为一级指标和二级指标。农村新建幼儿园的建设用地不应低于一级指标,其园舍建筑面积不应低于必备指标中的一级指标,城镇新建幼儿园的建设用地不应低于二级指标,其园舍建筑面积不应低于必备指标中的二级指标。

(五)本标准为试行标准,若国家有新的规定和标准,按国家标准执行。

二、设置与规划

(一)设置与规模

1.幼儿园的设置应按照"因地制宜、规模适度、方便接送"的原则,根据城乡建设总体规划、学前教育发展及幼儿园布局规划的要求,结合人口密度、生源趋势、地形地貌、交通、环境等因素综合考虑,合理布点。

幼儿园设点布局应符合下列规定:

(1)应选在地质条件较好、环境适宜、交通方便、场地平整、排水通畅、日照充足、空气流通、公用配套设施较为完善、远离各种污染源的地段。

(2)应避开地震危险地段、泥石流易发地段、滑坡体、悬崖边及崖底、风口、河道、洪水沟口、输气管道、交通干道、高层建筑的阴影区及高压输变电线路、加油站等。

(3)不应与集贸市场、娱乐场所、网吧、医院传染病房、太平间、殡仪馆、垃圾及污水处理站、通讯发射塔(台)等辐射污染源、生产经营贮藏有毒有害危险品或易燃易爆物品等不利于儿童身心健康成长和危及儿童安全的场所毗邻。

2.原则上城镇每1万人、农村平原地区每3000—6000人设置1所幼儿园。新建5000人口以上小区应配套建设1所幼儿园。

3.幼儿园规模一般以6—18个班为宜,农村地区可设3个班的幼儿园。

(二)规划设计

1.幼儿园应有独立的园舍、场地,有围墙、大门和传达(安保)室,功能分区明确,布局合理。

2.幼儿园建筑应符合国家和省现行的规划、消防、抗震、安全、环保、卫生等有关规定,建筑形式和建筑风格应力求体现儿童特点。

三、建设标准

（一）建设用地标准。幼儿园建设用地包括园舍建筑用地、室外共用游戏场地和集中绿化用地。新建幼儿园应留有足够的发展空间。

1.园舍建筑用地包括建筑物占地、四周道路及绿化带、分班游戏场地等用地，其中分班游戏场地人均面积不应低于2平方米。

2.室外共用游戏场地宜集中设置，应包括活动器械场地、30米直跑道、玩沙玩水区等，部分场地宜与集中绿化用地结合设置。室外共用游戏场地人均面积不应低于2平方米。

3.集中绿化用地应包括专用绿地和自然生物园地，人均面积不应低于2平方米。

（二）园舍建筑组成。幼儿园园舍由活动及辅助用房、办公及辅助用房、厨房等生活用房组成。

1.活动及辅助用房包括幼儿班级活动用房、共用活动用房。幼儿班级活动用房应包括活动室、寝室、盥洗室、卫生间，盥洗室应相对独立。有条件的幼儿园每个班级尽量做到成套设置，其中活动室与寝室也可合并设置。由中小学校舍改建暂不具备成套设置条件的幼儿园，其幼儿活动室、寝室与卫生间应毗邻设置。

共用活动用房主要指多功能活动室。有条件的幼儿园可根据幼儿兴趣和办园特色设置图书阅览室、科学发现室、美工室、建构室等专用活动室。

2.办公及辅助用房包括行政办公室、教师办公（教研）室、图书资料室、玩教具及活动器械贮藏室、传达（安保）室和教工厕所。幼儿园必须设置保健室。

3.生活用房包括厨房（主副食加工间、烹饪间、备餐间、主副食仓库）及辅助用房（开水/消毒间、炊事员更衣室）。严禁将幼儿园生活用房设在地下室或半地下室。

（三）园舍用房面积。农村幼儿园生均建筑面积在6—9平方米左右；城市幼儿园6班（180人）、9班（270人）、12班（360人）生均园舍建筑面积定额分别为9.9平方米、9.2平方米、8.8平方米，有条件的乡镇幼儿园可参照执行。幼儿园活动室使用面积应不低于45平方米，寝教合一的应按两者面积之和的80%计算。

四、设施设备配备标准

幼儿园设施设备应符合国家安全和卫生标准，适应不同年龄儿童的生活能力、学习方式差异和行为反应水平，充分体现儿童积极探索、自主构建的主体地位，满足保育教育需要和儿童主动活动的需求，克服小学化、成人化倾向。

（一）教育活动设施设备配备标准

1.玩教具按照国家《幼儿园玩教具配备目录》等有关要求配备。有条件的幼儿园可依据本园办园特色增配相应的玩教具和器材，配备的玩具必须通过国家强制性产品认证。

2.室外设施配备。幼儿园室外活动场地应设置活动器械以及玩水池、玩沙池、种植园地、饲养区等场地所需设施。沙池深为0.3—0.5米，蓄水深度不超过0.3米，面积大小与办园规模相适应，池中沙（不得使用工业用沙）、水应保持清洁卫生。活动器械包括具有攀、爬、滑、钻、荡、平衡、投掷等功能的运动器械，3岁以下儿童以配备单一功能运动器械为主。禁止使用全封闭的滑梯和通道。运动器械上的装饰物不能遮挡教师和儿童的视线。室外活动场地应具有良好的排水系统。

3.室内设施设备。

（1）活动室设施设备。教学区配备幼儿桌椅、电子琴（或电钢琴）、黑板、钟表、电视机、DVD（数字通用光盘）、录音设备等。

活动区应配备足够的玩教具及各类游戏活动材料，并根据季节变换、教育活动内容、幼儿发展水平等及时更新；有适合幼儿阅读的图书，人均5册以上，复本不超过5册，并且每年更新；玩具橱宜采用开放式，其大小、高度与幼儿人数、身高相适应。

生活区应配备保暖桶（应设锁定装置）、水杯柜、衣帽储藏柜。每生配备1个杯子（无毒、不易碎、耐高温），并有明显区分标记。

幼儿桌椅应单人单椅，与幼儿身高相适应，使用环保材质，无尖锐棱角。

（2）寝室设施设备。配备供儿童午休的单层床，每生1床，小床长度应符合儿童身高要求，床间通道不得小于50厘米。

新建幼儿园不得使用双层床，现有幼儿园逐步取消双层床。

（3）卫生间设施设备。与活动室配套设置的卫生间应包括盥洗室和厕所，并分间或分隔，通风良好，地面应防滑、易清洗，盥洗室配备与儿童的身高、数量相适应的梳洗镜、洗手盆和防溅水龙头。儿童每人1巾，毛巾之间要有合理间隔，并以安全方式悬挂。单独设置的卫生间（幼儿厕所）应采用水冲式，其蹲位设置应注重安全，方便且满足幼儿如厕需要，并配备流水洗手设施。

（4）多功能活动室：应具备艺术活动、体育活动、游戏活动、观摩教学等综合性功能，并根据需要配备音响设备、电钢琴（或电子琴）、舞蹈设施、桌椅等相应的设施设备。有条件的可配备多媒体设备及钢琴。

（二）办公及生活设施设备配备标准

1.办公设备：应配备用于办公的桌椅、资料柜、储物柜、电话等必要设备，应配有数量充足的供教师使用的教学用书、用具和图书、资料，教师专业用书不少于15种，报纸杂志不少于5种，其中学前教育杂志不少于3种。农村地区3个班幼儿园，教师专业用书不少于10本，报纸杂志不少于3种，其中学前教育杂志不少于2种。有条件的可配备办公计算机、打印机、数码相机等教育教学设备。

2.卫生保健设备：应配备保健箱、常见外用药品及简易外伤处理器械、消毒液、温度计、手电筒、对数视力表等。

3.生活设备包括卫生用具、幼儿寝室设施等必要的生活服务设备。有就餐儿童的，应配备必要的食堂设施设备及防蝇、防鼠、防尘、防腐、消毒设施，并符合《学校食堂与学生集体用餐卫生管理规定》（教育部、卫生部令第14号）要求。

4.有条件的幼儿园可以配置幼儿接送车辆，但必须按照《校车安全管理条例》（国务院令第617号）要求，使用按照专用校车国家标准设计和制造的幼儿专用校车,并严格遵守校车安全管理规定。

5.按有关规定配齐安保防卫设施设备。

五、教职工配备要求

(一)幼儿园应依据有关规定,配备园长、专任教师、保育员、专(兼)职保健员、财会人员、专(兼)职安保人员等各类工作人员,满足幼儿园保教工作需要。其中,每班必须按照有关规定配备专任教师和保育员。

(二)园长及专任教师必须具备国家规定的合格学历和教师资格;园长须经过岗位培训,持证上岗;保育员应具有初中毕业以上学历,普通话水平达到二级乙等以上,并受过幼儿保育职业培训;其他工作人员按有关规定取得相应任职资格。

(三)精神病及慢性传染病患者不得在幼儿园工作。

六、经费保障

(一)幼儿园举办者应为幼儿园保育和教育、教师工资和福利待遇以及维修、扩建、设备设施添置等提供合法、稳定的经费来源,保证幼儿园正常运转。

(二)幼儿园经费要专款专用,任何单位和个人不得截留、挤占和挪用。膳食费应保证全部用于幼儿膳食,每月向家长公布账目。

附件:1.河南省幼儿园占地面积、建筑面积指标(略)

2.河南省幼儿园园舍建设有关指标(略)

3.幼儿园玩教具配备目录(略)

4.河南省幼儿园办公设备配备基本标准(略)

5.河南省幼儿园保健室设备目录(略)

河南省人民政府办公厅 转发省教育厅等部门关于做好进城务工人员随迁子女接受义务教育后在当地参加升学考试工作实施意见的通知

豫政办〔2012〕180号

各省辖市、省直管试点县(市)人民政府,省人民政府各部门:

省教育厅、发展改革委、公安厅、人力资源社会保障厅制定的《关于进城务工人员随迁子女接受义务教育后在当地参加升学考试工作的实施意见》已经省政府同意,现转发给你们,请认真贯彻执行。

二〇一二年十二月三十一日

关于进城务工人员随迁子女接受义务教育后在当地参加升学考试工作的实施意见

省教育厅 省发展改革委 省公安厅

省人力资源社会保障厅

(2012年12月24日)

为贯彻落实《国务院办公厅转发教育部等部门关于做好进城务工人员随迁子女接受义务教育后在当地参加升学考试工作意见的通知》(国办发〔2012〕46号)精神和《河南省中长期教育改革和发展规划纲要(2010—2020年)》要求,结合我省教育发展实际,现就做好进城务工人员及其他非本地户籍就业人员随迁子女接受义务教育后在当地参加中考和高考(以下简称随迁子女升学考试)工作提出如下实施意见:

一、充分认识做好随迁子女升学考试工作的重要性

我省是人口大省和教育大省,人民群众需求与优质教育资源不足的矛盾一直比较突出。近年来,各地认真贯彻落实

“以流入地政府为主、以全日制公办中小学为主”政策，不断加大投入，较好地解决了进城务工人员随迁子女接受义务教育的问题。目前，我省进城务工人员规模不断扩大，随迁子女就学、升学需求强烈。各级政府及有关部门要从维护社会和谐、保障随迁子女教育权和促进教育公平的高度，充分认识做好随迁子女升学考试工作的重要性。各地要在全省统一政策框架内，根据城镇化建设和人口合理流动的需要，进一步加大教育投入，科学调配教育资源，细化工作措施，完善保障机制，确保政策落到实处。

二、认真完善落实随迁子女在我省参加升学考试的政策

自2013年起，凡在我省就业的非就业地户籍人员子女，父母一方有合法职业和稳定住所（含租赁）并符合以下条件的，可在学籍所在地参加升学考试，并与当地户籍考生享受同等待遇：初中应届毕业生参加中考，须具有流入地正式学籍；普通高中和中职学校（含普通中专、职业中专、职业高中、成人中专、技工学校）应届毕业生参加高考，须具有当地学校正式学籍。

高考具体报名、考试和录取办法由省招生主管部门制定，中考具体报名、考试和录取办法由各省辖市教育部门制定。

三、加强组织领导和统筹协调

各级政府要统筹做好随迁子女升学考试工作，加强对随迁子女升学考试工作的组织领导；相关部门要明确责任分工，密切协作配合。教育部门要会同有关部门依据随迁子女升学考试人数合理调配资源，做好招生计划编制、考生报名组织、考试实施以及招生录取等工作。发展改革部门要将进城务工人员随迁子女教育纳入当地经济社会发展规划。公安部门要加强对流动人口的服务管理，及时提供进城务工人员及其随迁子女的居住等相关信息。人力资源社会保障部门要及时提供进城务工人员的就业信息。各级政府及有关部门要及时研究解决工作中出现的新情况和新问题，认真总结和推广经验，采取多种形式加强对随迁子女升学考试政策的宣传解读，做好舆论引导工作，营造良好社会氛围。

锐意进取　真抓实干
奋力开创我省教育改革发展新局面

——中共河南省委高校工委书记、省教育厅厅长王艳玲在2012年度全省教育工作会议上的讲话

（2012年3月23日）

2012年是教育规划纲要贯彻落实的关键一年，也是我国以及我省发展进程中具有特殊重要意义的一年，我们党将召开十八大，河南将加快建设中原经济区，与教育部签署的战略合作协议将全面实施，做好今年教育改革发展稳定各项工作意义重大。

一、2012年教育工作总体思路

当前，我省教育事业面临着良好的发展机遇。一是教育优先发展战略地位更加凸显。去年，卢展工书记在省九次党代会期间专程看望高校代表团并利用三天时间集中到部分高校调研，郭庚茂省长半年内两次召开会议专题研究教育工作，袁贵仁部长春节前夕来豫调研并签署省部合作协议。各级党委政府高度重视教育工作，全社会关心支持教育发展的氛围日益浓厚，这些都为我省教育事业发展创造了良好的环境和条件。二是教育经费保障更加有力。经过多年发展和积累，我省综合实力不断提升，对教育发展的人力、物力、财力支撑能力也在逐步增强，在不久前结束的河南省“两会”上，郭庚茂省长庄严承诺，力争2012年全省财政教育支出占公共财政支出的比例达到17%以上。同时，化解高校债务工作力度不断加大，力争到2012年底使我省高校截止2009年底银行贷款余额减少2/3。普通高校生均拨款标准持续提高，2012年将达到12000元。三是随着教育规划纲要的实施和教育部省政府战略合作协议的签署，我省教育改革发展将会得到更多的特殊机遇和政策保障。四是随着中原经济区规划的实施，以及我省“三化”协调发展的加速推进，对各类人才的需求越来越大，为教育发展提供了强大动力。总体看来，我省教育事业改革发展面临着良好机遇，我们一定要抢抓机遇，努力推动全省教育事业在新的历史起点上实现新的跨越，在服务全省经济社会发展上作出新的更大的贡献。

在谋划2012年教育改革发展目标和主要任务时，主要有以下四个方面的基本考虑：

1.强化服务，主动融入，实现教育与经济社会的协调发展。一是随着我省承接产业转移的深入，产业结构和经济结构的调整，经济发展方式的转变，要求教育提供强有力的人才支撑和智力支持，对职业教育和高等教育的学科建设、专业设置提出了新要求，需要我们着力提高学科、专业与中原经济区建设的吻合度和优化度，着力解决覆盖不够、对接不优的问题。二是随着新型城镇化的加快推进，人口布局调整的新变化，对学前教育、基础教育布局调整、教育服务体系的构建提出了新要求，需要我们加快解决学校布局不能适应新型城镇化带来的“入园难”、“择校热”、“大班额”等问题。三是随着人

民群众生活水平的不断提高,人民群众对教育的需求特别是优质教育、多样化、个性化教育的需求提出了新要求。这些都需要我们不断强化主动融入中原经济区建设的意识,在主动服务中原经济区建设大局中,在满足人民群众的教育需求中定位教育、发展教育,实现教育与经济社会的协调发展。

2.抓住关键,重点突破,实现各级各类教育协调发展。教育是一个完整的体系,面对新的形势,我省各级各类教育还存在一些短板。一是在基础教育阶段。随着新型城镇化的加快推进,出现了“入园难”、“择校热”、“大班额”等现象,这一方面反映了我省优质教育资源的积累不足,另一方面也反映了我省基础教育阶段的各类学校布局对人口迁移布局变化的不适应。推进义务教育均衡要按照新型城镇化带来的人口流动变化布局学校,只有这样,才能真正加快推进义务教育均衡发展,为新型城镇化建设构建公共教育服务体系。二是在职业教育方面。职业教育是工业化的伴随产物,我省正处于工业化进程加快推进阶段,迫切需要加快发展职业教育提供技能型人才;人民群众特别是广大农村劳动力在城镇的稳定就业,迫切需要加快发展职业教育。经过几年的职教攻坚,我省职业教育取得了很大成绩,为承接产业转移和农村劳动力转移做出了突出贡献,也为全国职教改革发展探索了好的经验。目前,我省职业教育已进入到了一个需要加强内涵建设的新阶段。下一步,要在巩固职业教育攻坚成果的基础上,按照“三改一抓”的发展思路,即改革单一的封闭式办学模式,积极推进校企合作;改革单一的政府投资模式,建立多元投资办学机制;改革公办学校的经费供给体制,充分发挥政府投资效益;抓好一批示范院校和特色院校建设项目,实施项目带动,创新机制,提升我省职业教育发展水平。三是在高等教育方面。高校既是聚集人才的高地,又是培养人才的阵地。高校要通过培养各类高层次人才和提供有价值的科技成果来支持经济社会的发展。建设的重点学科、设置的专业要能覆盖河南经济社会发展的需要,着力解决缺失和不优问题。通过以学科、专业为抓手,推进高等教育整体上水平。

3.解放思想,创新体制机制,实现教育规模、结构、质量、效益的协调发展。一是树立办大教育的思想,做大教育蛋糕。我省穷省办大教育的基本省情没有根本改变,必须强化办大教育的思想,坚持教育开放,鼓励支持社会力量依法举办多层次、多类别、多形式的民办学校,以补充公共财政教育资源的不足。发挥好财政资金的引导作用,引导行业、企业等社会资金进入教育领域,合作办学,实现共赢。二是提高资源的配置效益,分优教育蛋糕。建立学科、专业动态调整机制,建立有利于教育事业发展的人员编制动态管理机制和财政拨款机制。三是改革教育评价标准,真正做到教育质量由人民说了算,由社会说了算,从而引导学校面向市场、面向社会、面向人民办教育。

4.找准抓手、项目带动,实现教育的高效务实发展。一是要找准抓手,实现高效发展。各级各类教育事业的改革发展千头万绪,我们必须抓住某一时期各级各类教育改革发展的关键问题,找准主要矛盾,形成有力抓手,以此带动各级各类教育事业的整体提升。今后一段时期,我们将以继续实施学前教育三年行动计划为总抓手,学前教育求普及;以创建义务教育均衡发展“先进县”、“达标县”为总抓手,义务教育促均衡;以深化新课改为抓手,普通高中强内涵;以示范校特色校创建为抓手,职业教育求提升;以学科专业建设和高校协同创新计划为总抓手,高等教育上水平。二是要项目带动,实现教育务实发展。要善于把思路和规划转化为具体项目,并建立工作台账,落实责任主体、项目目标、项目内容、时间节点,把工作抓具体、抓实在。

二、2012年教育工作的主要任务

2012年全省教育工作总的要求是:全面贯彻落实党的十七届六中全会、省九次党代会精神,以邓小平理论和“三个代表”重要思想为指导,深入贯彻落实科学发展观,深入实施教育规划纲要,进一步转变教育发展方式,强化服务、主动融入,抓住关键、重点突破,解放思想、创新机制,找准抓手、项目带动,着力深化改革,积极促进公平,全面提高质量,切实维护稳定,推动教育事业科学发展,努力办好人民群众满意的教育,为中原经济区建设提供人才支撑和智力支持,以优异成绩迎接党的十八大胜利召开。

关于今年的具体工作,省委高校工委、省教育厅印发了工作要点,我就不再细讲了。借此机会,再强调一下重点工作和如何抓好落实的问题。

1.着力加强德育和高校党建工作,努力为党的十八大胜利召开营造良好氛围。今年下半年,我们党将召开十八大,这是全党全国各族人民政治生活中的一件大事。为党的十八大胜利召开创造和谐稳定的良好氛围,是教育战线的首要政治任务。一是坚决贯彻中央和省的重大决策部署。教育系统要增强政治意识、大局意识和责任意识,把思想和行动统一到中央和省对国际国内形势的判断上来,统一到中央和省对今年工作的总体要求和决策部署上来,始终与党中央保持高度一致。二是切实加强高校党的建设。坚持和完善高校党委领导下的校长负责制,不断提高高校领导班子和领导干部的思想政治素质和办学治校能力。加强高校基层组织建设,加大在青年教师中发展党员的力度,提高大学生党员的发展质量。三是把社会主义核心价值体系融入国民教育全过程。深入贯彻落实党的十七届六中全会精神,坚持德育为先,深入推动中国特色社会主义理论体系进教材、进课堂、进头脑,加强和改进未成年人思想道德建设和大学生思想政治教育,扎实推进高校思想政治理论课建设。加强辅导员队伍建设。四是认真做好广大师生思想政治工作。要加强大学生日常行为、心理健康教育和校园网络文化建设和管理,启动高校中青年教师思想状况滚动调查工作,结合形势发展和普遍关注的热点话题,有针对性地加强形势政策教育,使教育战线成为主流意识形态的坚强阵地。要紧紧围绕迎接党的十八大,深入宣传党的十六大特别是十七大以来取得的伟大成就,进一步增强广大师生在中国共产党领导下、坚定走中国特色社会主义发展道路的信心和信念。五是确保校园和谐稳定。要严格落实稳定是硬任务、稳定是第一责任的要求,切实做到守土有责、守土有方。要加强对影响教育系统稳定因素的分析和把握,做好抓早、抓小、抓苗头的工作,完善安全防控体系和应急管理体系,谨防一些“小事”发酵蔓延或被恶意炒作而扩大。要切实加强学校及周边治安综合治理,提高学校安全防范水平,确保校园安全，确保校园和谐稳定。

2.着力转变教育发展方式，为人民群众提供更多更优的教育资源。

——以继续实施学前教育三年行动计划为总抓手，着力缓解“入园难”。抓住教育部、财政部实施国家学前教育重大项目的机遇，通过实施新建、改扩建幼儿园工程、幼儿园办园条件达标工程、教师培训工程等项目，积极扩大学前教育资源。同时，实施好国家“农村学前教育推进工程”试点项目，重点支持31个国贫县和2个试点县新建和改扩建200个左右乡镇和农村幼儿园。2012年，全省新增幼儿学位50多万个，解决好250多万适龄幼儿的入园问题，学前一年和三年毛入园率分别达到83%和58%。同时，严格规范幼儿园办园行为，不断提高保教质量。

——以创建义务教育均衡发展“先进县”、“达标县”为总抓手，充分调动县级政府促进义务教育均衡发展的积极性，评选表彰第三批河南省义务教育均衡发展先进县(市、区)。启动义务教育发展基本均衡县的评估验收工作。继续完善义务教育经费保障机制。以义务教育学校标准化建设和中小学布局调整为载体，通过实施义务教育学校校舍安全工程、农村初中改造工程、农村义务教育薄弱学校改造计划等项目，着力缩小城乡、区域和学校之间教育水平差距，到2012年底，确保40个县(市、区)县域内义务教育学校办学条件基本达到省定办学条件标准，实现县域内义务教育基本均衡。同时，根据新型城镇化建设和城市人口变化的趋势，加强城镇义务教育学校的规划建设，推动实施城镇义务教育扩容改造工程，切实提高城镇义务教育的承载能力，着力解决“大班额”、“择校热”等问题。

——以深化新课改为抓手，推动普通高中内涵发展、特色发展和多样化发展。深入推进普通高中课程改革，开足开齐必修课，加强选修课程建设，增强课程的多样性和选择性。进一步完善评价体系，引导鼓励和推动普通高中立足本校传统和自身优势，办出特色，形成风格。启动实施普通高中改造工程，加强普通高中建设，缓解普通高中“大班额”问题，努力使普通高中办学条件、教育质量和办学水平得到提升。

——以创建示范校、特色校为抓手，增强职业教育办学活力、服务能力和吸引力。启动实施省级示范性职业院校和特色职业院校建设工程、职业教育品牌专业建设工程，继续实施国家示范性高等职业院校、中等职业教育改革发展示范校、中等职业学校基础能力建设和实训基地建设项目。探索职业教育校企合作新机制，研究制定河南省职业教育校企合作促进办法，明确参与各方的权利、义务和责任，探索建立由政府部门、行业企业、职业院校等广泛参与并符合职业教育规律的新机制。构建河南特色现代职业教育体系，改革专升本、对口升学考试和录取办法，鼓励本、专科院校对口招收职业院校毕业生，探索普通高校学生接受职业教育的制度，进一步疏通渠道，扩大规模，建立中职、高职、应用型本科、应用型专业硕士、博士纵向连接，普通教育与职业教育横向沟通的学历教育体系。深入推进省部共建国家职业教育改革试验区建设。

——以学科专业建设和高校协同创新计划为总抓手，推进高等教育发展上水平。一是启动实施重点学科提升计划。瞄准中原经济区建设需要，进一步凝练学科方向、汇聚学科队伍、构筑学科高地。进一步加大投入，巩固现有国家重点学科的学科优势和学术地位；加大支持力度，培育若干个新的国家重点学科；按照适应经济社会发展、突出区域特色、注重学科关联、坚持继承发展的原则，遴选建设第八批省重点学科，构建布局合理、结构优化、资源共享、相互支撑的学科群。二是启动实施高校专业提升工程。根据经济社会发展和中原经济区建设需要，优化专业结构，重点建设一批特色专业，打造一批特色专业群，提高专业对中原经济区建设需要的吻合度和优化度。三是继续实施高水平大学建设项目。围绕创建全国一流目标，加强郑州大学“211工程”三期建设，深入实施河南大学百年名校振兴计划。实施骨干高校建设计划，争取若干所有特色高校进入中西部高等教育振兴计划。四是继续实施“教学质量与教学改革工程”。建设一批精品开放课程、实验教学示范中心等，表彰一批教学名师，奖励一批优秀教学成果。加强教学质量的宏观监控与评估，做好新建本科高校合格评估工作。五是大力推进和实施河南省高校哲学社会科学繁荣计划。着力加强高校人文社科重点研究基地建设。发挥高校哲学社会科学思想库智囊团的作用，编印好《资政参考》活页刊物。积极参与马克思主义理论研究和建设工程，开展弘扬中原文化研究。六是着力提升高校科技创新能力。启动实施重点实验室培育基地建设计划，加强联合实验室、工程(技术)研究中心建设，强化其与地方、行业、企业的合作，积极鼓励高校实验室或工程中心走进产业集聚区，共建科研平台。加强河南国家大学科技园建设。设立高校国家重点项目培育基金，提升高校承担重大科研任务的能力。全面推进高校科技创新体系建设，加大科技成果孵化和推广力度，提升高校科技创新对地方经济建设和社会发展的支撑度和贡献率。七是深化研究生培养机制改革。确定一批研究生培养机制改革试点，推广研究生培养机制改革经验。深入实施研究生教育创新计划，加强与科研院所、行业和企业合作，建立一批研究生教育创新基地，提升研究生教育质量。八是启动实施高等学校协同创新计划。围绕重点学科、科技平台和团队建设，加强高校与行业部委协同创新，深化与国家有关部委(局)共建成果；加强高校与地方政府协同创新，实现共赢发展；加强高校与企业协同创新，实现校企双赢；加强高校与科研院所、高校之间的协同合作，联合开展高层次人才培养和重大科研项目攻关，实现资源互补共享，相互促进提高。

3.着力深化教育体制机制改革，为教育事业发展注入生机和活力。一是启动我省第一批教育体制改革试点项目。抓好省政府与教育部签订的战略合作协议的项目对接和落实。做好我省承担的推进义务教育均衡发展、职业教育综合改革、地方政府促进高等职业教育发展综合改革等3个国家教育体制改革试点工作。二是以转变政府职能和简政放权为重点，健全权责明确的教育管理体制，进一步向学校特别是高等学校放权，建立和完善学校目标管理和绩效管理机制。三是鼓励支持社会力量依法举办多层次、多类型、多形式的民办教育，研究出台促进民办教育发展的政策措施。设立民办教育发展专项资金，加大扶持力度。四是推进人才培养体制改革，深入实施素质教育，减轻中小学生课业负担，深化职业教育机制创新和高等教育教学改革。五是推进高等教育招生考试制度改革。继续在郑州大学、河南大学部分专业实行自主招生改革试点,继续实行示范性高职院校单独招生试点。六是大力推进国际交流与合作,积极引进国外优质教育资源,做好汉语国际推广工作,提升中原文化影响力。

4.着力加强教师队伍建设,为教育事业发展提供人才支撑。一是深化教育人事制度改革。推进教育系统职称制度改革,扩大中职学校教授级高级讲师职称试点范围,深入推进高校职称评审改革工作。加大教师交流力度。进一步完善县域内教师交流制度,扩大交流比例。二是提升中小学教师队伍整体素质。继续实施"国培计划"和"省培计划",推动全省中小学和幼儿园教师全员培训和素质提升。继续实施"特岗计划"和"农村教育硕士师资培养计划",完善农村教师培养补充机制。实施教师教育课程改革工程。三是加强职业院校"双师型"教师队伍建设。研究出台《河南省职业教育"双师型"教师队伍管理办法》,促进企业的高技能人才、工程技术人员兼任专业课教师或实习指导教师,推进职业院校教师到企业实践,加快建立有利于职业院校"双师型"教师队伍建设的长效机制。四是实施高校"人才强校工程"。继续实施海外高层次人才引进"千人计划"和"百人计划"。实施高层次科技创新人才和团队支持计划。面向海内外引进30名左右省级特聘教授,选拔300名优秀中青年骨干教师重点培养。

5.着力推进教育公平,落实好教育惠民政策。一是健全和完善各级各类学校家庭经济困难学生资助体系,力争不使一名学生因家庭经济困难而失学。二是着力做好高校毕业生就业指导和服务工作,积极探索就业统计方式的多元化,鼓励引入第三方社会机构进行评价。三是深入抓好"规范教育收费、治理教育乱收费"工作,加强对义务教育经费保障机制和中职资助政策等国家优惠政策落实情况的监督检查,推进高中改制学校清理规范工作。四是继续坚持以流入地政府为主、以全日制公办中小学为主的原则,解决进城务工人员随迁子女入学问题,确保"应入尽入"。发挥学校在留守儿童教育中的主阵地作用。启动实施农村义务教育学生营养改善计划,提高学生健康水平。五是全面贯彻落实全省特殊教育工作会议精神,进一步提高特殊教育保障水平。六是深入实施招生阳光工程。

6.着力强化教育保障,不断优化教育改革发展环境。一是多渠道筹措教育经费。积极配合协调财政部门努力达到2012年财政教育支出占公共财政支出17%的目标分解任务,完成国家4%目标的分解任务。力争全省公办高校生均拨款水平2012年底达到12000元。推进财政教育拨款方式改革,充分发挥财政资金的引导、带动作用。制定方案、健全机制,做好高校化债工作。二是科学规划教育事业发展。发布并组织实施《河南省教育事业发展"十二五"规划》和《河南省教育人才发展中长期规划(2011—2020年)》。发布基本建设规划,协调好教育规划纲要确定的重点项目的实施工作,发布"十二五"期间高等学校设置规划。三是要加强教育督查工作。要完善重大事项、重点项目和工程跟踪落实机制,充分发挥教育督导的作用,完善工作制度、创新工作方法,加大督政和督学力度。四是积极主动做好教育宣传工作,做好社会舆论的引导工作,为教育改革发展营造良好的社会环境和氛围。五是加强教育信息化建设。进一步健全基础设施,丰富信息资源,规范技术管理,强化推广应用。

7.加强作风建设,推动务实发展。当前,我国正处在社会转型、改革攻坚、实现科学发展的关键时期,全社会对教育问题的关注度、敏感度、期望值空前提高,办好人民满意的教育任务艰巨,各级教育部门责任重大。我们必须坚持用领导方式转变加快发展方式转变,认真落实"三具两基一抓手",深入推进"两转两提",推动务实发展。要更加注重调查研究、更加注重制度建设、更加注重典型引路、更加注重工作落实、更加注重督导督查。一要牢记责任。教育是育人的事业,我们肩负的责任重大,从事教育工作必须对党负责、对国家负责、对人民负责、对历史负责。我们要时刻牢记责任,做到忠诚履职、爱岗敬业,做到责随职走、心随责走。二要强化服务。各级教育行政部门要围绕服务广大人民群众、服务经济社会发展、服务基层学校,加快职能转变,加快管办分离,积极为学校和师生提供更优服务,切实保障人民群众受教育权益,维护教育公平正义。三要依法治教。严格依照法定权限和程序行使权力、履行职责,规范管理,依法行政,接受监督。四要科学决策。要坚持科学民主决策,注重调查研究。要建立健全重大事项集体决策、专家咨询、社会公示与听证、决策评估制度,提高决策水平。五要求实重干。各级教育行政管理部门要努力建设"创新、为民、务实、清廉、和谐"的五型机关。要在理论学习上下功夫,促进思想解放,观念更新,提高创新能力;在干部队伍建设上下功夫,树立好的用人导向,形成好的用人风气,打造一支"想干事、干对事、干成事、不出事"的干部队伍;在督查督办上下功夫,促进作风转变、勤政为民,提高干部队伍的执行力和行政效能;在党务政务公开上下功夫,促进依法行政,树立清正廉洁的机关形象;在制度建设上下功夫,促进工作规范、团结协作,形成推进工作的强大合力。我们要以优良的党风促政风、带行风、正学风、树新风。大力提倡勤政、廉洁、高效的政风,大力提倡情系人民、竭力为群众排忧解难的行风,大力提倡求真务实、科学严谨、默默耕耘的学风,说实话、办实事、重实绩、求实效,以正确的政绩造福于民,以优良的政风取信于民。学校是教书育人的地方,教育工作者在廉洁自律方面应当有更高要求。应该说,教育系统反腐倡廉建设成效是明显的,但也面临许多新情况新问题,我们必须警钟长鸣、常抓不懈,尤其是领导干部更要讲党性、重品行、作表率,以身作则、率先垂范,不断加强反腐倡廉建设。

总之,做好2012年工作,任务艰巨,责任重大。让我们按照省委、省政府的总体部署和要求,以坚定的信心、奋发有为的精神、锐意进取的勇气,忠诚履职,务实重干,努力开创教育工作新局面,为中原经济区建设、为中原崛起河南振兴做出新的更大的贡献,以全省教育改革发展的新成绩迎接党的十八大的胜利召开!

切实加强厅直属机关党的建设
为全省教育事业科学发展提供坚强保证

——在中共河南省教育厅直属机关第四次代表大会上的报告

李功勋

(2012年6月20日)

各位代表:

我受中共河南省教育厅直属机关第三届委员会的委托,现在向大会作工作报告,请予审议。

这次大会的主要任务是:高举中国特色社会主义伟大旗帜,以邓小平理论和"三个代表"重要思想为指导,深入贯彻落实科学发展观,全面回顾总结厅直属机关第三次党代会以来党的建设情况,选举产生新一届厅直属机关党委、直属机关纪委,研究部署今后一个时期厅直属机关党的工作,在省委省直工委和厅党组的领导下,不断推进厅直属机关的党建工作,进一步提高机关党建工作的科学化水平,为办好人民满意的教育,助力中原经济区建设,实现中原崛起和河南振兴而努力奋斗。

一、过去五年的主要工作

2007年6月,我厅召开了厅直属机关第三次党代会。五年来,全厅各级党组织认真贯彻落实中央、省委和厅党组的决策部署,坚持紧紧围绕全厅工作大局,以加强党的先进性建设为主线,以夯实基层组织建设为重点,服务中心,建设队伍,充分发挥基层党组织的战斗堡垒作用和党员的先锋模范作用,圆满完成了各项工作任务,有力推进了全省教育事业科学发展。

(一)理论学习和主题教育活动取得新成效

2007年以来,全厅各级党组织以学习贯彻党的十七大和十七届历次全会精神为重点,积极组织党员干部深入学习中国特色社会主义理论特别是科学发展观,切实做到党的理论创新每前进一步,理论武装工作就跟进一步。一是把加强思想政治建设作为党组织的首要政治任务,认真抓好理论学习。在学习贯彻党的十七大精神中,直属机关党委组织厅机关和省招办80多名正副处长到省直党校参加轮训,各级党组织对全厅3000多名党员干部进行了全员培训。在学习党的十七届四中全会《关于加强和改进新形势下党的建设若干重大问题的决定》中,各级党组织深刻认识到,《决定》是新时期加强党的建设的纲领性文件,在认真组织广大党员学习贯彻的同时,在领会精神抓落实上下功夫,结合单位实际研究如何进一步加强党的建设,提出目标、明确任务。在学习贯彻十七届五中、六中全会精神中,从加快经济发展方式转变、建设社会主义文化强国的高度,认识教育事业对推进经济建设、文化建设的重要意义,鼓励党员立足本职岗位,努力为教育事业的科学发展作出贡献。二是按照中央和省委部署,五年来先后组织开展了"新解放、新崛起、新跨越"大讨论,学习实践科学发展观,"讲党性修养、树良好作风、促科学发展",创先争优等重大主题教育活动。在学习实践科学发展观活动中,对厅机关和厅直单位232名处级干部分批进行集中脱产轮训,有效提高了大家的理论素养;在"讲、树、促"活动中,组织2000多名党员赴兰考瞻仰焦裕禄纪念园、观看焦裕禄同志事迹展,开展领导干部讲党课、举办电化教育周和读好书活动,进行党性教育,弘扬党的优良作风;在创先争优活动中,厅主要领导、厅直单位党政主要负责人带头承诺、带头践诺,按照"四个重在"的要求,推动教育科学发展,为人民群众办实事、办好事。通过这些主题教育活动,全厅各级党组织和党员的思想理论水平明显提高,工作作风不断改进,服务群众更加主动,推动事业发展成效明显,多次受到省委、省政府及省直工委的表扬。三是扎实推进学习型党组织建设。建设学习型政党,是党中央提出的战略任务,也是我省教育事业科学发展对党员干部的迫切要求。近年来,在厅党组中心组的示范带动下,全厅各级领导班子普遍建立了中心组学习制度,开展了形式多样的读书活动,带动广大党员积极学习、深入学习、学以致用。厅直属机关党委结合实际,把重点放在建立健全并落实学习制度上,印发了《关于开展创建学习型党组织活动的指导意见》,对基层党组织抓好党员干部政治理论学习提出了具体要求。2011年,我厅被评为省直机关"学习型党组织建设工作先进单位"。

(二)基层党组织的"两个作用"得到有效发挥

五年来,按照《中国共产党党和国家机关基层组织工作条例》和省委《关于加强新形势下机关党的建设的意见》的要求,直属机关党委把工作重点放在基层党组织建设上,努力做好抓基层、打基础、固基本的工作,基层党组织的战斗堡垒作用和党员的先锋模范作用得到有效发挥。一是基层党组织的战斗堡垒作用进一步增强。我厅认真落实中央和省委要求,建立健全党建工作责任制,实行党组负总责、党组书记带头抓、分管领导具体抓、机关党委抓落实,一级抓一级、一级带一级的机关党建工作机制。积极推进基层党组织的规范化建设,

2008年,针对部分厅直单位党组织不能按时换届的实际,厅直属机关党委印发了《关于认真做好厅直单位基层党组织换届工作的通知》,大力督导、推进基层党组织换届工作,到2009年,我厅23个应换届的厅直属单位党组织顺利完成了换届选举工作,新任专职书记、纪委书记、党务专干全部参加了培训。实行"一岗双责",以厅机关支部建设为重点,修订完善了厅机关党支部6项工作制度和6项工作职责,处室主要负责人担任党支部书记。加强分类指导,结合机关和直属单位的特点,建立了厅机关、厅直属单位、直属职业院校3个党建工作协作组,定期开展经验交流、工作研讨、干部培训等活动。做好发展党员工作,按照组织发展原则,实行发展新党员培训制、公示制、审查制,五年来,在教职工和学生中新发展党员3584人。开展民主评议,按照党要管党、从严治党的要求,各级党组织定期对党员、党支部进行民主评议。二是党员的先锋模范作用进一步得到发挥。全厅各级党组织积极开展创先争优活动,每年"七一"前夕,结合工作实绩和年度民主评议结果,大张旗鼓宣传、表彰在创先争优活动中涌现出的先进党组织和优秀共产党员。五年来,共表彰先进党组织219个次,优秀党员879人次,优秀党务工作者288人次。其中,受到省委省直工委表彰的先进党组织10个次,优秀党员108人次,优秀党务工作者20人次。从2008年开始,每年开展"厅十佳优秀党员"评选和事迹展示,受到广泛关注。在全省"创先争优"党员之星、红旗单位中,在省直"十佳优秀党员"、"十佳道德模范"中,都有我厅的优秀代表。通过树立、宣传先进典型,增强了党员的荣誉感、责任感、使命感,带动了各级党组织和广大党员立足岗位、创先争优。广大党员在教学教研一线和教育管理服务岗位发挥着骨干作用,在处理突发事件、急难险重任务面前挺身而出、勇挑重担。四川汶川地震发生后,全厅党员干部带头捐款、踊跃交纳特殊党费,我厅300多万元的捐款、近万件捐赠衣物,向灾区人民献上了浓浓爱心。

(三)机关思想作风和反腐倡廉建设不断增强

五年来,各级党组织按照厅党组"一手抓全省教育事业发展,一手抓机关思想作风建设"的要求,结合教育工作实际,坚持不懈地抓好机关思想作风建设,加强反腐倡廉建设,不断强化党员干部的宗旨意识、责任意识和廉洁从政意识,建设为民、务实、清廉的党员干部队伍,努力打造创新、为民、务实、清廉、和谐的"五型"机关。一是大力推进机关思想作风建设。根据厅党组的要求,在全厅持续深入开展以思想作风建设为重点的作风建设考评活动,广泛征求全省教育系统基层单位对我厅作风建设的意见、建议,定期对厅机关作风建设先进处室进行表彰,不断丰富考评内容,增强考评效果,督促党员干部认真履行职责,提高服务水平。近两年来,在厅党组的领导下,组织机关党员干部深入学习"一文九论十八谈"系列文章,深刻领会理解省委省政府用领导方式转变加快发展方式转变、推进中原经济区建设的决心、决策和部署。通过学习不断开阔思路,凝聚共识,统一思想,进一步增强转变思想观念、转变领导方式、转变发展方式、转变工作作风的主动性和自觉性。厅领导和厅机关干部经常深入基层,深入群众,针对工作中的重点、难点、热点问题,提出切实可行的措施和办法。厅党组将2011年第四季度确定为工作调研季,结合工作实际开展深入调研,对今后工作进行充分谋划。认真落实厅党组《关于加强新形势下机关思想作风建设的实施意见》,建立省教育厅思想作风建设联席会议制度,积极探索新形势下机关思想作风建设的特点和规律。制定了《加强机关思想作风建设,着力打造"五型"机关活动方案》,明确了以思想作风建设推动五型机关建设的目标、任务,并对工作任务进行了细化分解,制定措施,落实责任,加大工作力度。二是强化反腐倡廉教育。认真落实党风廉政建设责任制,加强党员的教育、管理和廉政风险防范。坚持以正面教育为主,通过组织党员干部学习胡锦涛总书记在十七届中纪委全会的重要讲话精神、学习《党章》和《廉政准则》、重温入党誓词等活动,深入开展理想信念教育、廉洁从政教育和党的纪律教育,筑牢拒腐防变的思想道德防线。以"廉政文化进机关"活动和校园文化建设为载体,努力营造以廉为荣、以贪为耻的廉政文化氛围。定期开展警示教育,每年组织党员干部参加警示教育大会,参观警示教育展览,观看警示教育专题片等活动,以反面典型的教训提醒广大党员干部自重、自警、自省、自律,做到警钟长鸣、廉洁从政。认真开展"查风险、筑防线"活动,从制度、机制、个人防控措施上从严筑牢防范腐败的防线。

(四)精神文明创建工作取得丰硕成果

全厅各级党组织认真落实厅党组加强精神文明建设的各项决定,把加强机关精神文明建设作为工作中的重中之重,强化工作内容,狠抓工作落实,强力推动我厅精神文明建设迈上新台阶。一是深入开展社会主义核心价值体系宣传教育。五年来,坚持以思想道德建设为核心,通过多种形式组织学习和宣传社会主义核心价值体系的内容和要求,对全厅干部职工和青年学生深入开展思想教育。以弘扬伟大抗震救灾精神、北京奥运精神、载人航天精神、焦裕禄精神和红旗渠精神为重点,在全厅大力弘扬民族精神和时代精神。深化社会主义荣辱观学习实践活动,推进《公民道德建设实施纲要》的贯彻落实。大力加强社会公德、职业道德、家庭美德教育,先后开展学习时代先锋王善洲、郭明义、李文祥,以及学习"三平"精神、学习"道德模范"先进事迹等活动,在机关和直属单位形成崇尚文明、弘扬正气的良好氛围,不断提升干部职工的文明程度和道德水平。2010年,我厅退休老干部扈政卿同志被省直文明委、省委省直工委评为省直"十佳道德模范"。二是扎实开展文明单位创建工作。在机关和直属单位大力开展精神文明创建工作,不断完善文明单位创建工作的领导体制和工作机制。2008年,省教育厅被省委省政府授予"省级文明单位"称号,厅直单位中有"省级文明单位"6个,"省级文明标兵学校"3个,"省级文明学校"11个。在省级文明单位年度复查中,省教育厅精神文明创建工作连续3年在省直机关名列前茅。三是广泛开展群众性文体活动。坚持把开展文体活动作为精神文明建设的一个重要方面来抓,开展多种形式的群众性文体活动,寓教育于活动之中,有效促进了我厅精神文明建设工作。五年来,成功举办了3届职工运动会、庆祝新中国成立60周年歌咏大会、纪念建党90周年文艺会演等大型活动。厅机关和厅直单位每年都组织"春节联欢会"等干部职工喜闻乐见的文体活动。组织参加了省第十一届运动会和省直机关第四届职工运动会，均取得优异成绩。2009年，组队参加全省和省直机关庆祝新中国成立60周年合唱比赛，取得了省直比赛特别金奖和全省比赛第一名的好成绩。2011年，我厅被评为河南省全民健身活动先进单位。

(五)群团组织桥梁纽带作用得到充分发挥

五年来，厅直机关党委切实加强对工、青、妇等群团组织的领导，充分发挥其联系群众的桥梁作用，积极创造条件，支持他们按照章程开展活动。一是厅工会充分履行职能，进一步完善了民主监督制度，认真参与机关、事业单位的民主政治建设，积极开展为困难职工办实事、做好事活动。组织了厅机关和直属单位5千多名党员和工会会员参加重大疾病医疗互助活动，30多名困难职工获得近20万元救助金，有效缓解了我厅干部职工因患大病致困致贫问题，促进了和谐机关建设。厅工会连续4年被评为"省直机关先进工会"。二是厅团委积极发挥后备军作用，紧紧结合青年特点和中心工作，开展了"我与祖国共奋进、中原崛起献青春"、"青春为奥运添彩"、五四运动纪念活动、青年志愿者服务活动和青年岗位能手、青年文明号创建活动。2010年，厅团委被省直团工委授予"五四红旗团委"称号。三是厅妇工委积极开展巾帼建功、文明家庭等创建活动，举办"女性与和谐社会"主题论坛，组织"奉献爱心、关爱儿童"捐献活动，每年三八节都开展适合女职工特点、有益于女职工身心健康的文体活动。教育引导女干部加强道德修养，提升素质，在全省教育改革发展中发挥"半边天"作用。

各位代表，厅直属机关第三次党代会召开以来的五年，是我们深入学习贯彻十七大及历次全会精神，全面加强机关党的建设的五年；是主题教育实践活动集中，成果突出的五年；是夯实组织基础，推动基层党组织建设科学化、规范化的五年；是全厅党组织活力全面增强、广大党员素质不断提升的五年；是精神文明创建深入人心，各项文体活动丰富多彩的五年。这些成绩的取得，是省委省直工委和厅党组正确领导的结果，是全厅广大党员同心同德、艰苦奋斗的结果，也是全厅各级党组织、党务工作者充分发挥作用的结果。在此，我代表厅直属机关党委，向多年来为厅机关和直属单位党的建设付出努力、作出贡献的全体党员、党务工作者表示衷心的感谢和崇高的敬意！

回顾五年来的工作，新时期直属机关党建工作在取得诸多成绩的同时，也积累了一些经验，主要体现在：一是必须把服务中心、建设队伍作为核心任务，发挥好协助和监督作用；二是必须把理论武装作为首要任务，始终保持直属机关党的工作的正确方向；三是必须把改革创新作为不竭动力，不断提高直属机关党建工作科学化水平；四是必须把激发广大党员的积极性作为着力点，增强直属机关党建工作的生机和活力。

在总结成绩和经验的同时，我们也清醒地认识到，本届厅直机关党委的工作与上级党组织的要求和广大党员的期望之间还存在一定差距。主要有：一是对新时期基层党建工作新情况、新问题研究还不够深、不够细，加强党建工作的新办法、新举措还不够多；二是组织学习和活动的方式方法还不够丰富，创新载体工作还有待加强。对于这些问题，我们要高度重视，认真研究，在今后的工作中积极加以解决。

二、今后直属机关党建的主要工作

各位代表，今年是我国发展进程中具有特殊重要意义的一年，党的十八大将要召开，并对党和国家各项事业作出全面部署，党建工作必将进入一个新的历史时期，面临新的形势和任务。我们要充分认识到，加强机关党的建设是推进党的执政能力建设和先进性建设的特殊需要，是深入贯彻落实科学发展观、加快中部和中原崛起的迫切要求，是基层单位和人民群众的殷切期盼。今后一个时期，厅直属机关党的工作总体要求是：以邓小平理论和"三个代表"重要思想为指导，深入贯彻落实科学发展观，积极学习贯彻落实党的十八大精神，适应新形势新任务的要求，以保持党的先进性和纯洁性为目标，按照机关党建工作必须走在前、作表率的要求，牢牢把握服务中心、建设队伍两大核心任务，坚持"四个重在"实践要领，切实加强厅直属机关党的思想、组织、作风、制度和反腐倡廉建设，不断提高党的工作科学化水平，为我省教育事业改革发展提供坚强保证。

(一)认真抓好十八大精神学习贯彻，科学指导教育事业改革发展

党的十八大召开之前，全厅各级党组织要大力营造迎接十八大胜利召开的浓厚氛围，组织开展形式多样的宣传教育活动。大力宣传党的十七大以来，我省坚持科学发展、加快转变经济发展方式、促进社会和谐取得的显著成效，宣传先进党组织和优秀党员干部中的典型事迹，宣传我省教育事业取得的辉煌成就和宝贵经验，认真做好教育系统的维护稳定工作。党的十八大召开后，全厅各级党组织要把学习贯彻党的十八大精神作为首要政治任务抓紧抓好，迅速组织广大党员掀起学习贯彻党的十八大精神的热潮，切实将广大党员干部的思想和行动统一到党的十八大精神上来，把智慧和力量凝聚到实现党的十八大确定的各项任务上来。认清新形势新任务对教育改革发展提出的新要求，结合中原经济区建设和教育工作实际，将十八大精神贯彻落实到教育事业改革发展和各项工作中，办人民满意的教育。

(二)不断深化政治理论学习，扎实推进学习型党组织建设

加强党的思想建设，必须坚持把政治理论学习放在首位，持之以恒，常抓不懈。在今后工作中，厅各级党组织要按照上级党委和厅党组关于加强学习型党组织建设的要求，广泛开展"学习型党组织"创建活动。积极探索推进学习型党组织建设的有效方法，不断拓展学习型党组织建设的途径，高度重视学习型党组织阵地建设。要组织机关干部认真学习中国特色社会主义理论体系，加强党性修养，坚定理想信念；认真学习历史经验，特别是中国近代历史和中国共产党的历史，提高历史文化素养，把握中国社会发展规律；联系我省教育工作实际，认真学习党的教育方针政策、法律法规、业务知识和科技知识，提高服务能力。通过脱产培训、专家辅导、座谈讨论、经验交流等多种形式，不断丰富理论学习内容、创新学习形式，努力增强学习效果。坚持理论联系实际的学风，自觉运用党的理论创新成果解决教育改革、发展和稳定中的实际问题，努力将学习的成果和体会转化为谋划工作的思路、推动工作的措施，创造性地开展工作。

(三)全面加强基层组织建设,进一步增强各级党组织的活力

要认真贯彻落实《中国共产党党和国家机关基层组织工作条例》和省委《关于加强新形势下机关党的建设的意见》精神,注重全面进步、整体提高,不断保持和发展党的先进性,进一步增强活力,力争我厅党建工作再上新台阶。要结合教育工作实际,认真研究和总结"围绕中心抓党建,抓好党建促发展"的工作机制,并在实践中不断创新和完善。以加强基层组织建设为重点,推进厅直属单位做好换届工作;继续开展创先争优活动,努力提高党支部"五个一"建设水平;深入开展民主评议活动,保持党的先进性和纯洁性;加强党员管理、服务工作,建立健全党内激励、关怀、帮扶机制;尊重党员主体地位,保障党员民主权利;认真做好党员培训和发展党员工作;充分运用信息技术改进党员教育管理、拓展党建工作空间、创新党组织活动方式,切实增强基层党组织的创新力、凝聚力和战斗力。

(四)着力建设"五型"机关,切实加强机关思想作风建设和反腐倡廉建设

认真落实厅党组《关于加强新形势下机关思想作风建设的实施意见》,深入开展"五抓五促"活动,努力建设创新、为民、务实、清廉、和谐的"五型"机关。切实加强学习实践,促进思想解放、观念更新,强化创新意识,推动科学发展;严格服务承诺,促进态度转变、勤政为民,强化服务意识,提升服务质量;深入调查研究,促进作风转变、务实高效,提升决策水平,提高行政效能;推行党务政务公开,促进依法行政、阳光透明,强化廉洁意识,提高服务基层、服务群众的水平;加强制度建设和谈心活动,促进工作规范、团结协作,激发机关内在活力,大力营造心齐气顺、昂扬向上、团结和谐的良好氛围。着力推进党风廉政建设,突出抓好廉洁自律教育、廉政风险防控、廉政文化进机关(校园),不断增强廉政从政意识,加强权力监督,规范权力运行,努力从源头上预防和治理腐败。

(五)深入推进精神文明创建活动,努力再创省级文明单位

加强精神文明建设,体现了贯彻落实科学发展观的要求。创建文明单位,体现一个单位的文明程度和对外形象。我厅精神文明创建工作有着良好基础,要把创建文明单位作为一项重要工作,继续扎实推进精神文明建设。在抓好年度精神文明创建工作的基础上,努力再创省级文明单位。各厅直单位也要根据各自实际情况,以创建市级文明单位、省级文明单位为目标,下大力气抓好本单位精神文明建设。全厅各级党组织都要把精神文明建设与机关党的建设结合起来,深化创建内涵,拓展创建外延,不断提升精神文明建设水平。

(六)扎实开展群团工作,积极营造和谐发展的良好氛围

切实加强对工、青、妇组织的领导,支持其按照各自章程和特点深入开展活动,形成凝心聚力的工作局面、和谐发展的良好氛围。工会组织要以建设"职工之家"为抓手,认真履行职能,维护职工合法权益,切实为职工办好事、做实事。共青团组织要按照胡锦涛总书记"四个着力"的要求,引导团员青年立足本职岗位,在实践中提高,在锻炼中成长。妇女组织要结合自身特点,积极开展"巾帼建功"等活动,不断提高女职工服务大局的能力和水平,充分发挥妇女在事业、家庭、社会工作中的作用。

各位代表,做好新形势下机关党的工作,责任重大,意义深远。让我们高举中国特色社会主义伟大旗帜,深入贯彻落实科学发展观,在省委省直工委和厅党组的正确领导下,团结带领全厅广大党员干部职工,以更加振奋的精神、更加开阔的视野、更加务实的作风,全面加强厅直属机关党的建设,积极发挥党的基层组织的战斗堡垒作用和共产党员的先锋模范作用,努力推进全省教育事业的科学发展,以优异成绩迎接党的十八大胜利召开!

河南省教育厅
关于印发《河南省教育人才发展中长期规划(2011—2020年)》的通知

豫教人〔2012〕48号

各省辖市、省直管试点县(市)、重点扩权县(市)教育局,各高等学校,厅机关各处室,厅直各单位(学校):

《河南省教育人才发展中长期规划(2011—2020年)》(豫人才〔2012〕8号)已经省人才工作领导小组研究同意,现印发给你们,请结合本地、本单位实际,认真贯彻执行。

附件:河南省教育人才发展中长期规划

二〇一二年三月十九日

河南省教育人才发展中长期规划

（2011—2020年）

目　录

为深入贯彻实施科教兴豫战略和人才强省战略，推进教育事业科学发展，服务中原经济区建设，根据《国务院关于支持河南省加快建设中原经济区的指导意见》、《河南省中长期人才发展规划纲要（2010—2020年）》、教育部《全国教育人才发展中长期规划（2010—2020年）》，结合我省教育改革发展规划，制定本规划。

序　言

教育人才是培养人才的人才，是教育事业科学发展的第一资源，是人才队伍的重要组成部分，对推进人力资源大省向人才大省转变、建设中原经济区具有十分重要的战略意义。改革开放以来特别是近年来，省委、省政府坚持教育优先发展，高度重视教育人才工作，教育人才队伍规模不断壮大，结构逐步优化，专业能力持续增强，整体素质明显提升，在我省经济社会发展中的作用日益突出。但也必须清醒地看到，我省教育人才发展总体上还不能适应教育改革发展和经济社会发展的要求，人才队伍整体素质亟待提高，学科领军人才、教学名师、优秀教育管理者和教育创新型人才比较匮乏，人才竞争力不够强，人才结构和分布不尽合理，制约人才发展的体制机制障碍依然存在。

中原崛起，教育为基；教育发展，人才为本。加快中原经济区建设、实现中原崛起河南振兴，必须切实增强责任感和紧迫感，把加强教育人才队伍建设作为推动教育事业科学发展的根本举措，进一步加大教育人才开发力度，坚定不移地走人才强教、人才强校之路，不断开创教育人才队伍建设新局面，切实办好人民满意的教育。

一、指导思想、基本原则和战略目标

（一）指导思想

高举中国特色社会主义伟大旗帜，以邓小平理论和“三个代表”重要思想为指导，深入贯彻落实科学发展观，坚持科学人才观，落实教育规划纲要“优先发展、育人为本、改革创新、促进公平、提高质量”工作方针，遵循教育规律和人才成长规律，以教师队伍为主体，以全面提升教育人才素质能力为核心，以重点工程为抓手，以体制机制创新为动力，不断优化人才成长环境，统筹推进各类教育人才队伍建设，为教育事业科学发展奠定坚实人才基础，为实现经济社会全面协调可持续发展和人的全面发展作出积极贡献。

（二）基本原则

1.人才优先。在教育事业改革发展中，优先开发教育人才资源，优先调整教育人才结构，优先保证教育人才投入，优

先创新教育人才制度,以人才优先发展促进教育事业发展。

2.德才兼备。以社会主义核心价值体系引领教育人才发展,加强职业道德建设,不断提升教育人才教书育人、管理育人、服务育人能力,确保教育人才队伍建设的正确方向。

3.以用为本。把充分发挥教育人才作用作为根本任务,促进人岗相适、用当其时、人尽其才、才尽其用,最大限度激发教育人才创新创造活力。

4.高端引领。加强高层次人才队伍建设,充分发挥领军人才、教育名师名家、拔尖创新人才的引领带动作用,提升教育人才队伍整体水平。

5.育引结合。统筹利用国内国际人才智力资源,坚持自主培养开发所需人才,大力引进海内外急需紧缺高层次人才,不断提升教育人才队伍实力。

6.服务发展。紧紧围绕经济社会发展需要,全面推进素质教育,提高教育水平,把培养对社会有贡献的人才作为衡量学校教育水平、检验教育人才发展成效的重要指标。

(三)战略目标

到2020年,培养造就一支师德高尚、业务精湛、数量充足、结构合理、充满活力的高素质、专业化、创新型教育人才队伍。

1.扩大教育人才规模

到2020年,各级各类学校人才总量达169万人,其中,专任教师146万人,管理和教辅人员23万人。

各级各类学校人才发展主要目标　　单位:万人

指　标	2010年	2015年	2020年
各级各类学校人才总量	120.3	144.0	169.0
其中:专任教师数	109.6	128.8	146.0
学前教育			
人才总数	9.2	20.0	33.6
其中:专任教师数	7.2	15.7	22.3
九年义务教育			
人才总数	80.7	82.7	84.9
其中:专任教师数	76.7	77.9	80.0
高中阶段教育*			
人才总数	20.1	25.0	31.1
其中:专任教师数	17.5	22.2	28.0
职业教育			
中等职业学校人才总数	8.8	11.9	13.1
其中:专任教师数	7.0	10.5	11.6
高等职业学校人才总数	3.6	6.7	7.8
其中:专任教师数	2.9	5.9	6.7
高等教育**			
人才总数	10.3	16.3	19.4
其中:专任教师数	8.2	13.0	15.7

注:*含中等职业学校;**含高等职业学校。

2.优化教育人才结构

教育人才分布趋于合理,专业素质和层级结构不断优化,教育人才结构与教育布局更趋协调。到2020年,中小学教师队伍结构符合课程设置要求,短缺学科教师问题得到有效解决,新增农村薄弱学校短缺学科教师3.5万人,教学骨干人才区域、校际布局结构和教师性别比例基本合理。职业学校“双师型”教师占专业课教师的比例达到70%以上,从事专业教学的专兼职教师比例达到1:1。高等学校学科专业教师分布、专业技术职务结构和学缘结构得到优化,新兴学科教师满足学科发展需要。民办教育教师队伍得到加强,教师短缺问题基本解决。

3.提高教育人才素质

教育人才思想政治素质和业务水平大幅提升。进一步增强广大教师事业心责任感,树立热心教书育人、潜心钻研业务、注重为人师表、平凡中追求伟大的优秀品质。加强培养培训,不断提高教育人才能力素质。到2020年,幼儿园教师基本具备专科以上学历,中小学和中等职业学校教师基本具备本科以上学历,普通高中和中等职业学校教师中具有研究生学历的比例大幅提高。高等学校教师基本具有硕士以上学位,本科院校具有博士学位教师比例达到40%以上。

4.改善教育人才发展环境

健全教育人才培养开发、评价使用、管理配置、激励保障等政策机制,深化教育人事管理制度改革。加大人才开发投入力度,不断改善教育人才工作生活条件。形成富有效率、充满活力、更加开放、有利于优秀教育人才脱颖而出的发展环境。

二、主要任务

(一)以推进义务教育均衡发展为重点,着力建设基础教育人才队伍

1.重点建设农村中小学教师队伍

不断完善农村教师补充机制,鼓励引导优秀人才到农村从教。继续实施农村义务教育学校教师特设岗位计划,每年选拔1万名高等学校毕业生到农村中小学任教;开展“三支一扶”活动;实施农村学校教育硕士师资培养计划,培养一批高素质农村中小学教师。加强农村中小学教师继续教育,做好“中小学教师国家级培训计划”河南省农村骨干教师培训项目,实施中小学教师省级培训计划。扩大高中教师队伍规模,着力培育高中教师专业发展能力,满足高中教育发展需要。到2015年,培养农村中小学骨干教师2.5万人,2020年达到3.5万人。

2.加快培养学前教育教师和特殊教育教师

实施河南省学前教育行动计划。加强幼儿师范院校和专业建设,加快幼儿教师培养步伐,对幼儿园园长、教师和保育人员每五年轮训一遍。完善幼儿教师专业技术职务评聘制度。对农村幼儿教师,在专业技术职务评审、岗位聘用、工资待遇等方面实行倾斜。加强特殊教育教师队伍建设,扩大特殊教育教师专业培训规模,在优秀教师表彰中提高特殊教育教师比例。依法落实幼儿教育和特殊教育教师的地位和待遇,切实维护其社会保障等权益。

3.重视中小学班主任队伍建设

充分发挥中小学班主任在青少年学生成长中的重要作

用。认真落实《中小学班主任工作规定》,完善班主任聘任办法,班主任工作量按当地教师标准课时工作量的一半计入教师基本工作量,班主任津贴纳入绩效工资管理,在收入分配中向班主任倾斜。制定并落实班主任培训规划。组织开展中小学优秀班主任评选活动,对长期从事班主任工作或在班主任岗位上作出突出贡献的教师予以表彰奖励。

(二)以培养技能型人才为目标,着力建设职业教育人才队伍

1.重点建设职业学校"双师型"教师队伍

依托职业教育攻坚计划和技能人才振兴工程,加大职业教育教师培养力度,在有条件的高等学校设置职业教育师范专业。加快培养"双师型"教师,支持高等学校和大中型企业共建"双师型"教师培养培训基地,提高"双师型"教师技能操作水平和实践教学能力。拓宽"双师型"教师来源渠道,聘任具有实践经验的专业技术人员、高技能人才及具有特殊技能的能工巧匠担任专兼职教师。到2015年,培育5000名以上职业学校专业带头人和骨干教师,2020年达到1万名以上。

2.加快职业学校实习实训指导教师队伍建设

加强实习实训指导教师培养培训基地建设,创新培养培训模式,扩大培训规模,不断提高实习实训指导教师素质和能力。加强校企联姻,聘请行业、企业优秀人才担任实习实训指导教师,积极推进在企业中配置实习实训指导教师工作。

3.加强职业学校班主任队伍建设

贯彻落实《关于加强中等职业学校班主任工作的意见》,在职业学校每个班级配备一名班主任,根据需要配备助理班主任;学校在收入分配、专业技术职务评审、岗位聘用等方面向班主任倾斜。制定并落实班主任培训规划,表彰奖励优秀班主任。

(三)以提高高等教育质量为核心,着力建设高等教育人才队伍

1.培养集聚学科领军人才

以培养集聚国内外有影响的学科领军人才为重点,造就一支跨学科、跨领域的科研与教学相结合的高水平人才队伍,全面提升我省高等学校科研水平和教育教学质量。依托高层次创新型科技人才队伍建设工程,以重点学科、重点实验室、重大科研项目、国际学术交流合作等为平台,培养集聚一批两院院士、中原学者、科技创新杰出人才。依托马克思主义理论研究和建设工程、"文化名家工程"、"四个一批"人才培养工程等,培养集聚一支政治立场坚定、学术水平高、创新能力强的哲学社会科学专家队伍。依托国家"千人计划"、省"百人计划"等引才引智项目,建立绿色通道,大力引进海外高层次教育人才。到2015年培养、引进700人,2020年达到1200人。

2.培养选拔青年学术英才

制定和完善及早选苗、重点扶持、跟踪培养的特殊措施,鼓励高等学校通过设置特设岗位、提供科研经费支持等方式,培养支持创新思维活跃、创新能力强、发展潜力大的青年学术英才。鼓励支持青年教师在职提升学历学位层次,赴高水平大学和重点科研基地研修学习。建立海外培训基地,每年遴选200名青年学术骨干到国(境)外深造。通过实施国家和省杰出青年科学基金项目、"青年英才开发计划"、"高等学校青年骨干教师培养计划",加大对青年学术英才的培养选拔力度。到2015年培养选拔青年骨干教师3500人,2020年达到5000人。

3.加强辅导员队伍建设

全面贯彻《普通高等学校辅导员队伍建设规定》,按照师生比不低于1:200设置一线专职辅导员岗位,院系的每个年级设置专职辅导员,每个班级配备一名兼职班主任。实行高等学校辅导员岗前培训、定期培训制度,完善普通高等学校辅导员评审专业技术职务办法。

(四)以提升科学管理水平为主线,着力建设教育管理人才队伍

加强教育行政管理人才队伍建设,坚持以领导方式转变推动教育改革发展,创新理念、转变作风、提升素质、强化服务,切实提高教育行政管理者依法行政能力和管理效能。

坚持幼儿园园长、中小学校长持证上岗制度。对幼儿园园长、中小学校长开展全员培训,促进专业发展,全面提升办学治校素养和能力。

以校长队伍为重点,建设一支具有现代职业教育理念的高水平职业教育管理人才队伍。依托高水平大学、国家示范性职业院校和知名企业,大力开展职业学校管理人才培训研修。全面推行职业学校校长任职资格培训,落实校长持证上岗制度。

加强高等学校领导班子建设,加大培养培训力度,在改革发展实践中不断提高政治理论水平和教育管理能力,形成一支遵循高等教育规律,视野开阔、理念先进、管理科学,能够把学校办出水平、办出特色的高素质管理人才队伍。

三、机制创新与政策支持

(一)培养开发

把教育人才资源开发作为教育改革发展的重要任务,优化教师教育院校布局结构,构建以师范院校为主体、综合大学参与、开放灵活的教师教育体系。深化教师教育改革,强化师德修养和教学能力训练,完善教师教育质量保障体系。

以青年教师为重点,大规模开展各级各类教师培训。探索建立中小学教师培训学分(学时)管理制度。创新校企合作培养培训职业学校教师的模式和机制。健全产学研合作培养培训高校教师机制,实行工程学科教师到企业参与工程实践的制度。高度重视民办学校教师素质的提高,将民办学校教师培训纳入各级各类教师培养培训计划。完善教育人才继续教育激励和保障机制,推进教育人才终身学习。

(二)评价使用

建立科学化、社会化的教育人才评价发现机制,尊重人才禀赋和个性,不拘一格发现人才、评价人才、使用人才。完善人才评价标准,改进人才评价方式,坚持在实践中发现人才,以贡献大小评价人才。按照教师职业道德规范要求,将师德表现作为教师考核、聘任(聘用)和评价的首要内容,把教书育人效果作为教师考核的核心指标。鼓励教师在实践中大胆探索,创新教育思想、教育模式和教育方法,形成教学特色。搭建优秀教师成功实践经验交流平台,引导教师及时将教学科研成果转化为优质教育资源。深化中小学教师职称制度改革,建立统一的中小学教师专业技术职务系列,在中小学设置

正高级教师专业技术职务。开展中等职业学校正高级讲师职称评审工作。坚持教育、制度、监督相结合,促进形成良好的学术道德和学术风气。

树立正确的用人导向,建立科学合理的校长选拔任用机制,提高选人用人公信度。积极开展面向社会公开招聘各类学校校长的探索和试点。坚持任职交流制度,加强实践锻炼,完善符合学校特点、体现科学发展观要求的考核评价机制。推进校长职级制。

(三)管理配置

推行教师资格准入和教师公开招聘制度,加强岗位管理,优化人才配置,提高教育人才使用效益。落实幼儿园教师配备标准,逐步配齐幼儿园教职工。实行城乡统一的中小学编制标准,推进教职工编制动态管理,对农村偏远地区、贫困地区、深山区实行政策倾斜。建立健全县(区)域内义务教育学校教师流动机制,均衡配置教师资源。城镇中小学教师在评聘高级专业技术职务时,原则上应有1年以上在农村学校或薄弱学校任教经历。完善高等学校教师分类管理办法,促进教师分类发展。健全教授为低年级学生授课制度。逐步改善教师学缘结构。健全高等学校之间人才流动自律约束机制,保证人才流动的开放性和有序性,促进高等学校人才队伍协调发展。完善民办学校教师聘用和管理制度,落实民办学校教师在人事代理、档案管理、职务晋升等方面的配套政策。完善各类学校教师退出机制。

(四)激励保障

依法保障教师合法权益,提高教师地位和待遇,保证教师平均工资水平不低于或者高于当地公务员平均工资水平,并逐步提高。改革学校内部薪酬分配制度,完善激励机制,坚持向教学一线教师倾斜。完善农村教师工资分配激励机制和津补贴标准,对长期在农村基层工作的教师,在岗位、工资、职务职称、津贴、表彰奖励等方面实行倾斜。推进教师医疗、养老制度改革。制定和完善教师住房优惠政策,建设农村学校教师周转宿舍;有条件的地方可在国家保障性住房建设中,优先解决青年教师住房问题。依法落实民办学校教师与公办学校教师平等地位,民办学校人才平等享受政府在教育人才培养、吸引、评价、使用、激励等方面的各项政策,建立完善民办学校教师社会保险制度。完善教育人才表彰奖励制度。

四、重点项目

(一)名师培育工程

强化梯次培养,促进专业发展,完善省级中小学(含幼儿园)名师遴选机制。到2020年,省级中小学名师达到6000人。继续开展职业教育教学专家评选活动,到2020年,省级职业教育教学专家达到500人。健全高等学校国家、省、校三级教学名师培育体系,发挥教学名师在提高教育教学质量中的示范带动作用。到2020年,国家级教学名师达到50人,省级教学名师达到500人。

(二)中小学名校长培育工程

实施中小学名校长培养计划,支持校长创新办学理念、大胆改革探索、推进素质教育、形成办学特色。每年遴选100名校长到国内外研修培训,开展优秀校长评选表彰活动,造就一批在省内外有较大影响的优秀校长。到2020年,省级优秀校长达到400人。

(三)高等学校特聘教授岗位计划

在高等学校省级以上重点学科、工程(技术)中心、重点实验室和优势明显的新兴学科中设置特聘教授,通过提供配套科研经费、津贴、完善工作环境和生活条件等方式,面向国内外公开招聘高层次拔尖创新人才。到2020年,省级特聘教授达到400人。

(四)高等学校优秀人才支持计划

加大资助力度,支持高等学校具有较高学术水平和发展潜力的优秀人才,开展创新性研究,努力在关键领域取得重大标志性成果。到2020年,培养高等学校创新型学术带头人1500人,其中,哲学社会科学500人。

(五)高等学校科技创新团队、教学团队发展计划

按照"整合资源、支持重点、突出特色、动态发展"的原则,培育造就一批创新型科技团队和优秀教学团队,提高高等学校办学实力。到2020年,省级高等学校科技创新团队和优秀教学团队分别达到300个。

五、组织实施

(一)加强组织领导

在省人才工作领导小组领导下,省教育厅负责本规划的统筹协调和组织实施。建立教育人才工作机构,配强工作力量。建立教育人才资源统计分析制度,推进教育人才工作信息化建设。健全决策、协调和督导机制,加强对规划落实情况的评估和督促检查。各地各单位要把教育人才队伍建设摆在更加突出位置,结合实际,制定实施本规划的具体方案,确保任务落实。坚持一把手抓"第一资源",及时解决教育人才发展中的突出问题。实行人才工作目标责任制。

(二)加大投入力度

健全教育人才发展财政经费保障机制,统筹使用人才开发经费,保证教育人才项目实施。将教师培训经费列入财政预算,并随着财力的增长逐步提高。各级各类学校必须安排一部分公用经费用于教师和校长培训。保障教育人才工作经费,加强审计监督,确保资金使用效益。鼓励和支持企业、社会组织和个人通过多种方式和途径,捐资支持教育人才发展。

(三)加强舆论宣传

大力宣传普及科学人才观和中央、省委人才工作重大决策部署,认真做好本规划的宣传解读工作,突出教育人才在中原经济区建设和教育改革发展中的重要地位和作用,形成全社会关心、支持教育人才,有利于教育人才发展的良好舆论氛围和社会环境。

河南省教育厅

关于印发《河南省高等学校特聘教授岗位制度实施办法》的通知

豫教高〔2012〕51号

各高等学校：

为贯彻落实《河南省中长期教育改革和发展规划纲要（2010—2020年）》和《河南省教育人才发展中长期规划（2011—2020年）》，深入推进人才强校，加强高等学校高层次人才队伍建设，吸引和培养造就一批具有国际国内影响的学科领军人才，全面提高高等教育质量，借鉴教育部《"长江学者奖励计划"实施办法》，省教育厅决定实施新的河南省高等学校特聘教授岗位制度。现将《河南省高等学校特聘教授岗位制度实施办法》印发给你们，请结合学校实际，认真贯彻，全力做好组织实施工作。

附件：河南省高等学校特聘教授岗位制度实施办法

二〇一二年三月二十日

附件：

河南省高等学校特聘教授岗位制度实施办法

为贯彻落实《河南省中长期教育改革和发展规划纲要（2010—2020年）》和《河南省教育人才发展中长期规划（2011—2020年）》，加强高等学校高层次人才队伍建设，吸引和培养造就一批具有国际国内影响的学科领军人才，借鉴教育部《"长江学者奖励计划"实施办法》，省教育厅决定从2012年起，实施新的河南省高等学校特聘教授岗位制度。

第一章 总 则

第一条 河南省高等学校特聘教授岗位制度是河南省中长期教育和人才发展规划的重点项目，与"海外高层次人才引进计划"等人才项目共同构成河南省高层次人才培养支持体系。

第二条 河南省高等学校特聘教授岗位制度实行岗位聘任制。高等学校设置特聘教授、讲座教授岗位，面向海内外公开招聘，经教育厅组织专家评审，择优聘任，签订合同，严格考核，动态管理。

第三条 高等学校特聘教授岗位、讲座教授岗位应在省级以上重点学科、工程（技术）中心、重点实验室和优势明显的新兴学科中设置，应具有硕士以上学位授权点。岗位设置应当明确重点突破的研究方向和研究任务，与实施河南省教育、科技和人才规划结合，与国家和河南省重大科研和工程项目结合，与重点学科、重点实验室和新兴交叉学科建设结合。

第四条 每年聘任特聘教授20名左右，聘期五年；讲座教授10名，聘期三年。特聘教授、讲座教授在聘期内享受岗位津贴。

第二章 岗位设置

第五条 特聘教授岗位、讲座教授岗位一般在二级学科设置。获准设置岗位的学科设一个特聘教授岗位和一个讲座教授岗位。全省高校设置特聘教授岗位200个，讲座教授岗位100个。

第六条 特聘教授岗位、讲座教授岗位属于流动岗位，五年一期。由专家评审委员会根据学科发展和学术梯队建设需要，按规定程序定期评审确认。

第七条 特聘教授岗位职责：

1.讲授本学科核心课程，指导青年教师和研究生。

2.正确把握本学科的发展方向，提出具有战略性、前瞻性、创造性的研究构想，带领本学科赶超或保持国际国内先进水平。

3.面向中原经济区建设战略需求和国际国内科学与技术前沿，主持承担国家级科研项目，开展省级重大科研项目研究，在本学科领域开展原创性研究和关键共性技术研究，力争取得重大标志性成果。

4.领导本学科方向发展和学术梯队建设，根据学科特点和发展需要，组建并带领一支创新团队进行教学科研工作。

第八条 讲座教授岗位职责：

1.开设本学科前沿领域的课程或讲座，指导或协助指导青年教师和研究生。

2.对本学科的方向发展和研究重点提供重要建议,促进本学科进入国际国内学术前沿。

3.面向中原经济区建设战略需求和国际国内科学与技术前沿,积极参与组建具有国际国内先进水平的学术团队。

4.积极推动省内高校与海外高水平大学等学术机构的交流与合作。

第三章 选聘条件

第九条 特聘教授选聘条件:

1.恪守高等学校教师职业道德规范,身体健康。

2.具有博士学位,在教学科研一线工作;海外应聘者应担任高水平大学副教授及以上职位或其他相应职位,国内应聘者应担任教授或其他相应职位。

3.申报当年1月1日,自然科学类、工程技术类人选年龄不超过45周岁,人文社会科学类人选年龄不超过55周岁。

4.胜任核心课程讲授任务;学术造诣高深,在科学研究方面取得国内外同行公认的重要成就;具有创新性、战略性思维,具有带领本学科赶超或保持国际国内先进水平的能力;具有较强的领导和协调能力,能带领学术团队协同攻关。

5.聘期内全职在受聘高校工作。

6.已受聘教育部"长江学者"或其他省(市)特聘教授,聘期内不得再申报河南省高等学校特聘教授。

7.特聘教授候选人如为现职学校校级领导或学校有关职能部门负责人,必须在推荐的同时征得候选人任职单位上级干部主管部门或任职单位党委同意,如其聘任为特聘教授即免去其校级领导职务或职能部门负责人职务。候选人本人写出书面辞职保证书,申报学校在报送材料时对此要予以说明。

8.省内高校之间招聘特聘教授候选人,申报学校需经候选人所在学校同意,有关材料报送教育厅。

第十条 讲座教授选聘条件:

1.在海外教学科研一线工作,一般应担任高水平大学教授及以上职位或其他相应职位。

2.学术造诣高深,在本学科领域具有重大影响,取得国际公认的重大成就。

3.诚实守信、学风严谨、乐于奉献、崇尚科学精神。

4.每年在受聘高校工作2个月以上。

第十一条 高等学校在已获准设置的特聘教授、讲座教授岗位学科中推荐候选人。每个岗位学科推荐候选人不超过两人。学校不得连续两次推荐同一岗位候选人。两次未通过特聘教授评审的人选不再申报。

第四章 聘任程序

第十二条 高等学校根据设置的具体岗位,面向海内外公开招聘,通过新闻媒体、师生传承、学术交流、专家推荐等多种渠道招聘符合条件人选。

第十三条 高等学校组织相关专家或学术委员会对候选人进行遴选,择优确定推荐人选。高等学校应对推荐人选申报材料、实际能力水平和学术道德情况进行严格审核,并将申报材料在校内公示。

第十四条 教育厅对高等学校推荐的候选人申报材料进行初步审查,对符合申报条件的候选人进行评审。根据专家评议意见,教育厅研究确定特聘教授人选并进行公示。经公示无异议后,学校与拟聘任人选签订聘任合同,报教育厅审核。教育厅根据学校与受聘者签订合同情况,审定学校聘任特聘教授。

第十五条 学校与受聘者签订聘任合同,规定聘期及聘任双方的权利和义务。在岗工作期间的科研成果按照国家有关知识产权法律、法规的规定执行。特聘教授聘期为五年,采取分段聘任方法,首次聘期为三年,考核合格的,续聘两年。讲座教授聘期为三年。聘任期满,聘任合同自动解除。

第十六条 已评审通过并经公示无异议的拟聘人选,须在公示结束之日后3个月内办理上岗手续,特殊情况可以顺延3个月。到期不上岗者,视为放弃特聘教授、讲座教授资格。

第五章 支持方式

第十七条 特聘教授岗位津贴为每人每年22万元人民币;讲座教授岗位津贴为每人每年6万元。同时享受学校按照国家有关规定提供的工资、保险、福利等待遇。高等学校可试行对特聘教授、讲座教授实行年薪制,岗位津贴可作为年薪的一部分。

第十八条 特聘教授、讲座教授岗位津贴由省级教育事业专款安排。

第十九条 高等学校应为特聘教授、讲座教授提供必要的科研条件,支持其牵头组建学术团队,推动学科发展和学术梯队建设。聘期内学校应为特聘教授配备助手,并提供良好的工作和生活条件。

第六章 考核管理

第二十条 高等学校对特聘教授、讲座教授实行聘期目标管理。考核工作分为年度考核、中期考核和届满考核。年度考核由学校组织,中期及届满考核由教育厅与学校共同组织完成。考核等次分为优秀、合格、不合格。具体考核办法另行规定。

第二十一条 教育厅对特聘教授、讲座教授履职情况进行检查评估,按年度向高等学校拨付岗位津贴。对于聘期内到岗工作时间不足、不能履行岗位职责的,停发岗位津贴,并视情况撤销其"河南省高等学校特聘教授、讲座教授"称号。

第二十二条 对于违反学术道德规范或法律的特聘教授、讲座教授,教育厅将撤销其"河南省高等学校特聘教授、讲座教授"称号,停发并追回已发放的岗位津贴;聘期尚未结束的,高等学校应解除与其签订的聘任合同。

第二十三条 特聘教授在聘期内不得担任高等学校领导职务或调离受聘岗位,包括校级领导及学校有关职能部门负责人。对因特殊原因担任领导职务或调离受聘岗位的,停发其岗位津贴。

第七章 附 则

第二十四条 本办法自发布之日起实行,原《河南省高等学校设立特聘教授岗位实施办法》(豫教高〔2004号〕238号)和《关于实施河南省高等学校特聘教授岗位制度补充意见》(教高〔2006〕318号)同时废止。

河南省教育厅 省财政厅

关于印发《河南省高等职业院校教师素质提高计划(2011—2015)》的通知

教高〔2012〕247号

各高等职业院校：

为贯彻落实《河南省中长期教育改革和发展规划纲要(2010—2020年)》和《中原经济区建设纲要(试行)》,进一步加强高等职业院校教师队伍建设,根据《教育部 财政部关于实施职业院校教师素质提高计划的意见》(教职成〔2011〕14号),结合河南高等职业教育实际,河南省教育厅、河南省财政厅决定实施2011—2015年高等职业院校教师素质提高计划。现将《河南省高等职业院校教师素质提高计划(2011—2015)》印发给你们,请认真遵照执行。

二〇一二年三月二十三日

河南省高等职业院校教师素质提高计划(2011–2015)

为贯彻落实《河南省中长期教育改革和发展规划纲要(2010—2020年)》和《中原经济区建设纲要(试行)》,进一步加强高等职业院校教师队伍建设,根据《教育部 财政部关于实施职业院校教师素质提高计划的意见》(教职成〔2011〕14号),结合河南高等职业教育实际,河南省教育厅、河南省财政厅决定2011—2015年实施高等职业院校教师素质提高计划。现就计划的实施提出如下意见。

一、指导思想

以邓小平理论和“三个代表”重要思想为指导,深入贯彻落实科学发展观,主动融入中原经济区建设,突出教师队伍建设的基础性先导性战略性地位,系统设计、多策并举、创新机制、突出优势,实施人才驱动战略,以建设高素质专业化的“双师型”教师队伍为目标,以提升教师专业素质、优化教师队伍结构、完善教师培养培训体系为主要内容,以深化校企合作、提高培训质量为着力点,大幅提高高等职业院校教师队伍建设整体水平,促进提升全省高等职业教育质量,为中原经济区建设提供坚强的人才支撑和智力支持。

二、目标任务

2011—2015年,组织28935名高等职业院校专业骨干教师参加培训,提高教师的教育教学水平特别是实践教学和课程设计开发能力。支持高等职业院校设立兼职教师岗位,优化教师队伍人员结构。支持国家师资培训基地和国家示范性高等职业院校重点建设100个职教师资专业点,开发100种职教师资专业的培养标准、培养方案、核心课程和特色教材。加强培训基地的实训条件和内涵建设,完善教师专业化要求的国家、省、校三级高等职业教育教师培养培训体系。

三、计划内容

(一)高等职业学校专业骨干教师国家级培训

2011—2015年,全省高等职业院校组织3185名专业骨干教师参加国家级培训。其中国外培训160名,国内培训1425名,企业顶岗培训1600名。国内培训中143人到省外参加培训。培训对象为全国非示范(骨干)高等职业院校具有中级以上教师职务的专业教师。

国内培训任务原则上由国家职教师资培训基地、国家示范性高等职业院校及其他有条件的高校、单位和大中型企业承担。培训期4周,采取集中培训、企业实践、小组研讨等形式组织,主要学习专业领域新理论、前沿技术和关键技能。

国外培训机构必须具备合法运营资质,享有较好的国际声誉。培训期4周,主要学习职业教育教学理论与方法、先进教育技术和课程开发手段。

企业顶岗培训必须是行业内领军型企业,在技术、规模、产值等方面均处于同行业领先地位。培训期8周,重点熟悉相关行业企业先进技术、生产工艺与流程、管理制度与文化、岗位规范、用人要求等。

中央财政将根据培训任务完成情况,对成绩突出的地方给予适当奖励,奖励资金继续用于师资培训工作。

(二)高等职业学校专业骨干教师省级培训

2011—2015年,根据河南省国民经济和社会发展“十二五”规划,服务中原经济区产业结构调整优化升级需求,全省组织10750名专业骨干教师参加省级培训。其中邀请国外50名专家授课,企业顶岗培训5750名。培训对象为全国非示范(骨干)高等职业院校未参加国家培训具有中级以上教师职务的专业教师。

省内培训任务的承担单位、培训内容和形式参照国家培训的要求进行。省财政将对成绩突出的基地和院校给予适当奖励,奖励资金继续用于师资培训工作。

(三)高等职业学校专业骨干教师校级培训

2011—2015年,根据中原经济区建设和各地市产业结构调整优化升级需求,各高等职业院校启动专业骨干教师校级培训。全省高等职业院校组织15000名左右专业骨干教师参加校级培训。其中校内培训6000名,企业顶岗培训9000名。培训对象为全省高等职业院校具有中级以上职务未参加国家级、省级培训的专业教师。通过五年培训,基本实现全省高等职业院校专业骨干教师轮训一遍的目标。

省内培训任务的承担单位、培训内容和形式参照国家培训的要求进行。省财政将对成绩突出的院校给予适当奖励,奖励资金继续用于师资培训工作。

(四)高等职业院校兼职教师推进项目

2011—2015年,根据河南产业结构调整及优化升级的需要,支持高等职业院校选择有条件的专业,设立一批兼职教师岗位,建立科学合理的工作量考评和薪酬补助机制,逐步优化教师队伍结构,提高高等职业院校教育教学水平。在中央财政支持的基础上,省财政将综合评价各高等职业院校兼职教师聘用工作进展情况,给予适当奖补。

高等职业院校所聘兼职教师应具有中级以上专业技术职务或高级工以上职业资格,或者是在本行业享有较高声誉、具有丰富实践经验和特殊技能的“能工巧匠”,具有5年以上工作经历的企业在职人员优先聘用。兼职教师聘用原则上不少于160学时/岗位·年,每个兼职教师岗位可根据教学需要聘请1位或多位兼职教师。

各高等职业院校要制订兼职教师相关政策和管理办法,完善兼职教师聘用程序、聘用合同、登记注册、使用考核等管理环节,加强兼职教师聘用工作的指导与检查,建立兼职教师资助项目公示制度,及时将聘用工作相关信息向社会公开。

(五)高等职业教育师资培养培训体系建设项目

2011—2014年,采取多种措施完善全省高等职业教育师资培养培训体系。加强和支持河南师范大学、河南科技学院、郑州师范学院、郑州牧业工程高等专科学校、河南财政税务高等专科学校和有关国家示范(骨干)高等职业院校建立省级高等职业教育师资培训基地,加大师资培训投入,改善培训条件。选择符合重点专业需要的优势企业作为高等职业教育师资培养培训基地。支持高等职业教育师资培训基地重点建设100个职教师资培养培训专业点。高等职业教育师资培训基地牵头组织高等职业院校优质职教师资培训资源、行业企业等方面的研究力量,共同开发100个高等职业教育师资专业的培养标准、培养方案、核心课程和特色教材,加强高等职业教育师资培养体系的内涵建设。

四、进度安排

1.国家级培训:每年完成培训637名,其中国内285名,国外32名,企业顶岗320名。共完成培训3185名。

2.省级培训:每年完成培训2150名,其中邀请50名国外专家授课,企业顶岗1150名。共完成培训10750名。

3.校级培训:每年完成培训3000名,其中校内1200名,企业顶岗1800名。共完成培训15000名。

五、保障措施

1.提高认识,加强领导。实施高等职业院校教师素质提高计划是新时期新阶段推动职业教育科学发展的迫切要求,是提高高等职业院校教师队伍整体素质的重要举措。各级教育、财政部门和有关单位要高度重视、科学规划、周密安排、精心组织实施。按照中央、省、校三级组织的方式,中央部门在高等职业院校教师素质提高计划实施中发挥引导和示范作用;省教育、财政等相关部门在教师队伍建设中发挥主体作用,制订高等职业院校教师队伍建设规划,创新体制机制,加大财政投入;培训基地和各高等职业院校具体组织实施,创新工作思路和模式,完善企业参与机制,研究职教师资培养培训规律,提高项目实施质量。

2.财政引导,加大投入。发挥政府在发展高等职业教育中的主导作用,各级财政要加大对高等职业院校教师队伍建设的投入力度,充分调动高等职业院校、培训机构、行业企业和教师个人的积极性,逐步建立健全政府主导、多方参与的工作机制和多渠道筹措经费的投入机制。国家级培训项目,以中央财政投入为主;省级培训项目,由省财政投入为主;校级培训项目,由高等职业院校负担,财政根据投入和绩效给予奖补。兼职教师推进项目由高等职业院校和同级财政负担,主要用于兼职教师课酬补助。师资培养培训体系建设项目由财政支持,各承担培训和开发任务的项目单位、各高等职业院校共同负担,财政根据投入和绩效给予奖补。

3.完善体系,创新机制。各级教育部门、财政部门统筹安排各类职业教育发展专项资金,鼓励和引导具备条件的职业院校加强高等职业教育师资培训基地建设,制定具体管理办法,建立科学有效的管理机制。统筹安排师资培训经费,制定高等职业院校教师素质提高年度培训计划,强化培训过程管理、信息反馈和绩效评价,确保各项工作有序推进。成立专家咨询委员会,为项目顺利实施提供咨询和指导。完善网络管理平台,提高项目管理的信息化水平。高等职业院校要制定实施计划的工作方案,加强统筹协调,完善配套措施,明确责任机制,为计划的顺利实施提供保障。承担项目任务的机构要强化责任意识、服务意识和质量意识,严格落实项目实施的各项要求。教育、财政部门要加强项目建设的指导、监督和绩效评价,项目培训资料和实施情况报省教育厅、省财政厅备案。

4.突出重点,强化激励。加强统筹规划,着力解决教师专业教学能力不强,来自企业的兼职教师比例偏低、教师培养培训体系薄弱等突出问题,特别是要重点支持与中原经济区承接产业转移和产业结构调整、经济发展方式转变、“三化”协调发展紧密相关的专业教师培训。高职院校实施教师素质提高计划的投入和培训效果将作为人才培养工作评估重点考察内容。经过培训并达到培训要求的专业教师,统一发放合格证书,学校应承认其接受继续教育的经历,记入相关档案,并作为教师职务评聘的参考依据。

河南省教育厅　省新闻出版局 省发展和改革委员会　省政府纠风办 关于加强我省中小学教辅材料使用管理工作的实施意见

豫教基二〔2012〕88号

各省辖市、省直管试点县、重点扩权县(市)教育局、文化(广电)新闻出版局、发展改革委、物价局(办)、纠风办：

为切实减轻中小学生过重的课业负担和学生家长的经济负担，规范我省中小学教辅材料的使用，根据《教育部　新闻出版总署　国家发展改革委　国务院纠风办关于加强中小学教辅材料使用管理工作的通知》(教基二〔2012〕1号)精神，现就加强我省中小学教辅材料使用管理工作制定如下实施意见，请认真贯彻执行。

一、充分认识加强教辅材料管理工作的重要意义

中小学教辅材料是辅助学生学习的重要资源，也是教科书的有益补充。中小学生选择和使用优质教辅材料，对加深教材理解、巩固课堂教学效果、加强能力训练、培养自主学习能力、提高教学质量具有重要作用。但是，近年来，中小学教辅材料在满足中小学教学需求的同时，也出现了种类繁杂、质量良莠不齐、选用无序等问题，影响了正常的教育教学秩序。切实加强和规范中小学教辅材料的使用管理，向中小学校推荐优质的中小学教辅材料供学生选用，对于减轻学生过重的课业负担和家长的经济负担，提高教育质量，促进青少年健康发展具有非常重要的意义。各地一定要高度重视，进一步提高规范和加强教辅材料使用管理工作的认识，按照四部委的要求，强化责任意识，加强部门配合，精心组织实施，切实把此项工作抓实抓好。

二、实行评议推荐制度，确保教辅材料质量

我省加强和规范中小学教辅材料使用管理的基本思路和总体要求是：围绕"数量可控，质量提升，规范有序，负担减轻"的要求，按照"省级评议、市级推荐、坚持三限、学生自愿"的原则，强化审查、分类管理、疏堵结合，为学生自愿购买教辅材料提供必要的专业指导和服务，确保进入中小学校的教辅材料质量可靠。

省里将组织成立教辅材料评议委员会，对进入我省中小学教辅材料进行评议，择优选出若干套进行公告(评议推荐办法另行制定)。各省辖市、省直管试点县、重点扩权县(市)中小学教材选用委员会根据当地教育实际和教科书使用情况，按照教科书选用程序，从省教辅材料评议公告中，一个学科每个版本选择1套教辅材料推荐给本地学校，供学生选用。

省教辅材料评议委员会将吸纳中小学教师、校长、教研员和新闻出版等方面相关专家参加，确保其专业性和代表性。教辅材料的评议推荐按照"机会均等、过程透明、程序公正"的原则进行。教辅材料编写人员和被评议的教辅材料出版人员不得参加教辅材料评议推荐工作。

三、明确教辅材料评议推荐范围

我省中小学教辅材料评议推荐实行"限种类、限学科、限数量"。省里评议的种类主要是与我省使用的中小学教科书配套的同步练习册，根据他人享有著作权教科书编写出版的同步练习册应依法取得著作权人的授权。省里评议推荐的与中小学教科书配套的同步练习册的学科和年级是：小学1—2年级不评议推荐任何学科；3—6年级限语文、数学、外语、科学四门学科；初中、高中限语文、数学、外语、物理、化学、生物、政治、历史、地理九门学科。原则上各学段一门学科每个版本省级择优评议出不超过3套进行公告。(今后根据我省中小学教科书使用版本的变化情况和教育教学实际需要，对评议推荐时限、种类、学科和年级等进行调整。)

经评议公告的教辅材料，必须符合国家有关定价政策(具体另文下发)。免费提供教辅材料的地方可自行确定使用教辅材料的种类和范围。

四、做好教辅材料自愿购买和无偿代购服务

学生购买教辅材料必须坚持自愿原则。任何单位和个人不得以任何形式强制或变相强制学校或学生购买任何教辅材料，不得进入学校宣传、推荐和推销任何教辅材料。若学生自愿购买本地区推荐的教辅材料并申请学校代购，学校可以统一代购，做好服务，不得从中牟利。其他类教辅材料由学生和家长自行在市场购买，学校不提供代购服务。

五、严格规范教辅材料编写行为

教辅材料主要编写者必须具有相关学科教学经验和熟悉相关教材；各级行政部门、负责实施考试命题、监测评价的单位不得组织编写学生有偿使用的同步练习册、寒暑假作业、初中和高中毕业年级考试辅导类教辅材料。鼓励有条件的单位和学校组织开发面向中小学教师和学生的教学辅助资源，免费提供使用。

六、切实加强教辅材料使用监督管理

各地教辅材料推荐结果报省教育厅备案。教科书配套的同步练习册的质量将作为我省选用教科书的重要参考。各级新闻出版行政部门要加强对中小学教辅材料质量和非法盗印的监督检查,保证出版质量。各级价格主管部门要加强对教辅材料价格管理。各级纠风部门要对教辅材料的管理和评议推荐工作实行严格监督。各有关部门要建立健全信访举报等有效机制,拓宽监督渠道。

对于违反本通知规定,强制或变相强制学校或学生购买教辅材料、不按规定代购、从代购教辅材料中收取回扣的单位和个人,由上级教育行政部门责令其纠正违规行为,给予通报批评,并追究有关人员的责任。

此前与本实施意见规定不一致的,以本实施意见为准。各地教育行政部门应根据本意见精神,结合当地实际,制定本地教辅材料使用管理的具体意见和推荐办法。

二〇一二年四月二十七日

河南省教育厅转发教育部
关于建立中小学幼儿园家长委员会的指导意见的通知

教基一〔2012〕1174号

各省辖市、省直管试点县、重点扩权县(市)教育局,厅直属实验学校:

现将《教育部关于建立中小学幼儿园家长委员会的指导意见》(教基一〔2012〕2号)转发给你们,并结合我省实际,提出如下意见,请一并认真贯彻执行。

一、进一步提高对建立家长委员会重要意义的认识。在中小学幼儿园普遍建立家长委员会是新形势下深化基础教育改革、建立现代学校制度的必然要求。各级教育行政部门和中小学幼儿园要从办好人民满意教育的高度,把家长委员会作为建设依法办学、自主管理、民主监督、社会参与的现代学校制度的重要内容,作为发挥家长在教育改革发展中积极作用的有效途径,作为构建学校、家庭、社会密切配合的育人体系的重大举措,要以更大的热情,更有效的措施,创造更好的条件,大力推进工作实施。

二、积极推进中小学幼儿园建立家长委员会。各地要认真总结近年来开展家长委员会工作的做法和经验,根据教育部文件精神,结合本地实际,研究制订做好建立家长委员会工作的具体实施意见或办法,指导本地中小学幼儿园建立家长委员会,制定好家长委员会组建方案,按照一定的民主程序,本着公正、公平、公开的原则,在自愿的基础上,选举出能代表在校学生家长意愿的家长委员会,选定好家长委员会的家长牵头人,充分发挥家长委员会的积极作用。已建立家长委员会的中小学校和幼儿园要进一步进行完善。

三、建立健全家长委员会的工作机制。各中小学幼儿园要把建立家长委员会与办好家长学校有机结合起来,积极探索建立健全家长委员会的工作机制。各级教育行政部门要把建立家长委员会作为教育行政干部和中小学校长的培训内容之一。要将家长委员会的组建、作用发挥、实际效果等纳入中小学幼儿园督导评估的重要内容。各地中小学幼儿园要建立学校与家长委员会联席会议制度,完善科学民主的决策机制和评价机制,保障家长委员会依法、规范、有序、有效地开展工作。努力构建和完善学校、家庭、社会有机结合的教育体系,引导家长做好孩子的榜样,全面推进素质教育,促进学生健康成长。

各省辖市、省直管试点县、重点扩权县(市)教育局要深入调查研究,总结和推广中小学幼儿园家长委员会的组建、完善、发展工作的好做法、好经验,及时协调组建过程中出现的困难和问题。请各地将家长委员会工作的具体实施意见或办法以及好做法、好经验及时报我厅基础教育一处。

附件:教育部关于建立中小学幼儿园家长委员会的指导意见

二〇一二年五月十四日

教育部关于建立中小学幼儿园家长委员会的指导意见

教基一〔2012〕2号

各省、自治区、直辖市教育厅(教委),新疆生产建设兵团教育局:

为贯彻落实《国家中长期教育改革和发展规划纲要(2010—2020年)》,推进现代学校制度建设,完善中小学幼儿园管理制度,现就建立中小学幼儿园家长委员会(以下简称家长委员会)工作提出如下意见。

一、充分认识建立家长委员会的重要意义

中小学生和幼儿园儿童健康成长是学校教育和家庭教育的共同目标。建立家长委员会,对于发挥家长作用,促进家校合作,优化育人环境,建设现代学校制度,具有重要意义。近年来,在教育部门的推动和支持下,一些地方的中小学通过家长委员会动员组织家长参与学校的教育教学活动

和管理工作，取得了积极成效。面对教育改革发展的新形势，需要在更大范围推广成功经验，把家长委员会普遍建立起来。

各地教育部门和中小学幼儿园要从办好人民满意教育的高度，充分认识建立家长委员会的重要意义，把家长委员会作为建设依法办学、自主管理、民主监督、社会参与的现代学校制度的重要内容，作为发挥家长在教育改革发展中积极作用的有效途径，作为构建学校、家庭、社会密切配合的育人体系的重大举措，以更大的热情，更有效的措施，创造更好的条件，大力推进建立家长委员会工作。

二、明确家长委员会的基本职责

家长委员会应在学校的指导下履行职责。

参与学校管理。对学校工作计划和重要决策，特别是事关学生和家长切身利益的事项提出意见和建议。对学校教育教学和管理工作予以支持，积极配合。对学校开展的教育教学活动进行监督，帮助学校改进工作。

参与教育工作。发挥家长的专业优势，为学校教育教学活动提供支持。发挥家长的资源优势，为学生开展校外活动提供教育资源和志愿服务。发挥家长自我教育的优势，交流宣传正确的教育理念和科学的教育方法。

沟通学校与家庭。向家长通报学校近期的重要工作和准备采取的重要举措，听取并转达家长对学校工作的意见和建议。向学校及时反映家长的意愿，听取并转达学校对家长的希望和要求，促进学校和家庭的相互理解。

三、积极推进家长委员会组建

建立家长委员会，要发挥学校主导作用，落实学校组织责任，纳入学校日常管理工作；要尊重家长意愿，充分听取家长意见，调动家长的积极性和创造性；要根据学校发展状况和家长实际情况，采取灵活多样的组织方式，确保家长委员会工作取得实效。

有条件的公办和民办中小学和幼儿园都应建立家长委员会。学校组织家长，按照一定的民主程序，本着公正、公平、公开的原则，在自愿的基础上，选举出能代表全体家长意愿的在校学生家长组成家长委员会。特别要选好家长委员会的牵头人。要从实际出发，确定家长委员会的规模、成员分工。

家长委员会成员应具有正确教育观念，掌握科学的教育方法，热心学校教育工作，富有奉献精神，有一定的组织管理和协调能力，善于听取意见、办事公道、责任心强，能赢得广大家长的信赖。

四、发挥好家长委员会支持学校工作的积极作用

家长委员会要针对学校教育和家庭教育的突出问题，重点做好德育、保障学生安全健康、推动减轻中小学生课业负担、化解家校矛盾等工作。

与学校共同做好德育工作。要及时与学校沟通学生思想状况和班集体情况，经常向家长了解学生在家庭的表现和对学校、教师的看法，与学校和教师一起肯定和表扬学生的进步，解决和化解学生遇到的困难和烦恼，做好思想工作。经常通过家长了解学生所在班级的情况，及时发现班集体风气和同学之间关系存在的问题，推动形成积极向上、温暖和谐、互助友爱的班集体。

协助学校开展安全和健康教育。引导家长履行监护人责任，配合学校提高学生安全意识和自护能力，支持学校开展体育运动和社会实践活动。对学校的安全工作进行监督，与学校共同做好保障学生安全工作，避免发生伤害事故。

支持和推动减轻学生课业负担。防止和纠正幼儿园教育“小学化”。引导家长积极支持教育部门和学校采取的减轻中小学生课业负担的各项措施，监督学校的课业负担情况，及时向学校提出意见和改进的建议，与学校共同推进素质教育。

营造良好的家校关系。把学校准备采取和正在实施的教育教学改革措施，向家长做出入情入理的解释和说明，争取家长的理解和支持。及时向学校反映家长对学校工作的疑问，帮助学校了解情况改进工作。多做化解矛盾的工作，把可能出现的问题，解决在萌芽状态。

五、为家长委员会的建设提供有力保障

地方各级教育部门要切实加强对家长委员会组建工作的领导，把建立家长委员会列入工作议事日程，制订发展规划、工作计划和具体的实施意见和办法。要把建设和组织家长委员会作为教育行政干部和中小学校长的培训内容之一。要深入调查研究，及时总结和推广家长委员会组建、完善、发展工作的好经验、好做法，协调解决出现的问题和遇到的困难，促进和保障家长委员会的健康发展。

学校要为家长委员会开展工作提供必要的条件。完善学校科学民主的决策机制，保障家长委员会有效参与学校管理。完善科学的评价机制，保障家长委员会对学校工作实施有效监督。开放教育教学活动，保障家长委员会参与教育工作。建立学校与家长委员联席会议制度定期通报情况，保障沟通渠道畅通，确保家长委员会依法、规范、有序、有效地开展工作。

二〇一二年二月十七日

中共河南省委高校工委　省教育厅
关于进一步做好城镇教师支援农村教育工作的通知

豫教人〔2012〕607号

各省辖市、省直管试点县(市)教育局，各高等学校：

2006年以来，在省委、省政府的正确领导下，各地各单位密切协作，积极开展城乡教育对口支援工作，取得了显著成绩。为进一步贯彻落实《教育部关于大力推进城镇教师支援农村教育工作的意见》(教人〔2006〕2号)和《中共河南省委高校工委河南省教育厅关于进一步加强城镇教师支援农村教育工作的通知》(豫教人〔2006〕53号)等文件精神，切实推进城镇教师支援农村教育工作，统筹城乡教育，促进义务教育均衡发展，现就进一步做好我省城镇教师支援农村教育工作有关要求通知如下：

1.完善支教工作制度

各地各单位要认真总结近年来开展城镇教师到农村支教工作的经验，查找工作中存在的不足和问题，结合新形势、新任务，中小学教师聘用和岗位管理工作，根据本地教师资源配置情况和教师队伍建设规划，完善支援农村教育工作制度，加强对支教工作的统筹管理，落实相关政策，确保支教工作落到实处，取得实效。

2.积极促进城乡教师交流

做好城镇学校支援农村中小学的工作，大力开展区域内的支教工作，凡具有农村教育任务的区县，须按照不低于本地区农村学校数确定每年区域内支教人数，统筹安排城镇教师到农村支教，并形成制度。选派思想政治素质好、业务能力强的优秀中青年教师到农村中小学任教。开展名师定期讲学支教活动，选派中小学特级教师和专家到农村讲学支教。实行城乡教师对口交流、跟岗学习制度。城镇教师到农村支教，农村学校要合理安排，选派相同学科的教师到城镇学校跟岗学习，以推进农村师资水平的提高。对选派到城镇学校跟岗学习的教师，要制订培训计划，指定专人负责，进行过程跟踪记录，确保培训效果。

积极配合有关部门认真实施“高校毕业生到农村服务计划”和“大学生志愿服务贫困县计划”；落实“县以上教育系统(不含高校)新进的高校毕业生，要安排到乡对口单位服务一到两年”的规定，提高其综合素质和实践能力。

3.深入实施“校校牵手”对口帮扶计划

各地要根据实际，因地制宜，切实做好本区域内的对口帮扶工作，指导本地办学水平比较高的城镇中小学校与本行政区域内农村学校建立长期稳定的“校对校”对口支援关系，通过互派人员、资源统筹、理念移植、课堂剖析、专题研讨、专家引领、科研帮扶等手段，促进优质教师资源共享，不断提高受援学校教育教学质量。积极探索多种形式的智力支教，增强内涵发展动力，建立起支援与受援学校教师队伍建设的协作机制，教学研究的一体化培训机制，提高受援学校综合办学水平。

4.着力健全农村教师特岗计划实施机制

按照有关文件要求，加大力度，进一步实施国家特设岗位计划，充实农村中小学师资队伍，改善贫困县农村教师队伍结构，增强农村教师队伍活力。

各地要加强特岗教师跟踪管理与定期统计工作，确保特岗教师从事教育教学工作；采取切实措施加强特岗教师培训，尤其是针对非师范专业毕业生，要做好入职前的师德教育与教学培训工作，帮助特岗教师提高教书育人的能力，尽快成长为工作骨干。要完善保障政策，进一步做好特岗教师管理与服务工作，采取有效措施，落实好特岗教师的工资发放、周转宿舍安排等相关保障工作；要认真做好服务期满特岗教师的工作安排，鼓励服务期满考核合格的特岗教师继续留在当地从教，城市、县镇义务教育阶段学校教师空缺需补充人员时，同等条件下应优先聘用服务期满特岗教师。

5.全面实施师范生顶岗实习支教计划

各师范院校和其他举办教师教育的高校应在保证师范生培养质量和实习支教连续性的前提下，积极探索实习支教的有效途径与长效机制，全面推行师范生顶岗实习支教工作。根据生源情况在农村学校建立实习基地，充分利用学校充足的智力资源优势和丰富的多学科优势，为农村学校提供培训、教研、咨询等多样化支持服务，提高农村中小学教学质量，实现实习和支教一举多得的效果，形成大学与农村学校互相促进、共同发展的良好机制。

6.严格把握教师“入口关”

各地要严把教师“入口关”，对急需补充的教师，应坚持高标准、高起点的原则，严格实行公开招聘制度，优先满足农村中小学的需要。针对当前农村学校教师紧缺的突出矛盾，各地要因地制宜地探索农村学校教师补充退出的新机制，逐步解决农村师资总量不足和结构不合理等问题，提高农村教师队伍的整体素质。

二〇一二年七月四日

河南省教育厅　省财政厅
关于印发河南省高等学校协同创新计划实施方案的通知

教科技〔2012〕712号

各省辖市教育局、财政局，各高等学校：

为落实《河南省教育厅　河南省财政厅关于实施河南省高等学校协同创新计划的通知》(教科技〔2012〕711号)，做好我省高等学校协同创新计划(简称“协同创新计划”)的组织实施，经研究，河南省教育厅、河南省财政厅联合制定了《河南省高等学校协同创新计划实施方案》。现印发给你们，请按照执行。

各地、各高校要认真学习“协同创新计划”和实施方案，加强顶层规划，做好统筹部署，围绕我省中原经济区建设急需的行业产业以及区域的重大需求，结合自身优势与特色，积极组织开展多种形式的协同创新，努力营造协同创新的环境和氛围。抓紧开展前期培育工作，合理选择协同创新方向，积极联合国内外优势创新力量，广泛汇聚创新要素与资源，深入推动机制体制改革，为“协同创新计划”的顺利实施奠定基础。

附件：“河南省高等学校协同创新计划”实施方案

二〇一二年八月六日

附件：

“河南省高等学校协同创新计划”实施方案

根据河南省高等学校协同创新计划（以下简称“协同创新计划”）的总体要求，为做好计划的组织实施，加强指导和规范，特制定本方案。

一、基本要求

1.总体要求

围绕中原经济区建设的重大科技需求，充分发挥高校学科、人才、资源的优势，按照“河南需求、国内一流”的要求，以体制改革和平台构建为重点，以高校人才培养质量和创新服务能力的显著提升为目标，通过政策和资金引导，大力推进高等学校与国际国内创新力量的深度融合，为中原经济区建设提供科技和人才支撑。

2.重点任务

（1）构建河南省协同创新平台与模式。

——面向中原经济区建设行业和战略新兴产业中的重大科技需求，依托高等学校与产业发展结合紧密的优势学科，联合行业、优势企业、科研院所和市县政府开展组织创新，建立多主体合作、多学科融合、多团队协作的协同创新体，形成政产学研融合发展机制，为产业结构调整与技术提升、新型城镇化建设、行业共性关键技术进步提供持续的支撑和引领，成为我省行业科技创新的重要阵地。支持高等学校与重点企业、科研院所共建联合研究院、产业技术研究院、新农村发展研究院等，成为重要的战略新兴产业研发基地。

——面向国计民生和社会发展的重大公益问题，充分发挥高校人口健康、生态环境、公共安全等与社会发展和民生科技密切相关的学科和人才优势，推动与科研院所、行业产业以及国内外高等学校、研究机构等开展协同研究，提升技术的实用性和产业化水平，发挥科技进步在改善民生和促进社会发展中的支撑和引领作用。

——面向学科前沿和战略研究的重大需求，充分发挥我省高等学校学科优势和特色，组织高等学校与国内外高水平大学、科研机构开展实质性合作，吸引和聚集国内外的优秀创新团队与优质资源，营造良好的学术环境和氛围，持续产出重大原始创新成果，加快拔尖创新人才培养，研究分析我省“三化”协调发展中的重大理论问题，显著提升我省基础科学研究在全国的地位，为中原经济区建设提供理论与方法创新，为各级政府科学民主决策提供战略咨询服务。

——面向华夏文明传承创新区建设的迫切需求，充分发挥高校人文社会科学的学科和人才优势，推动与行业产业以及国内外高等学校、研究机构等开展协同研究，继承创新各地独特的中原历史文化优势，构建具有中原特色、中原风格、中原风貌的多学科交叉研究平台，探索建立文化传承创新的新模式，加强中原文化对外表达和传播能力建设，发挥智囊团和思想库作用，为提升中原文化软实力、增强中原文化国际影响、传承创新华夏历史文明做出积极贡献。

（2）建立协同创新机制与体制。

——构建持续创新的组织管理体系。成立由多方参与的管理机构，负责重大事务协商与决策，制订发展规划，明确各方责权和人员、资源、成果、知识产权等归属，充分发挥人才、学科和资源的协同创新优势，在协同创新中不断发现和解决重大问题，实现开放共享、持续发展。

——健全拔尖创新人才培养机制。建立符合国际惯例和以任务为牵引的人员聘用与分配制度，增强对国内外优秀人才的吸引力和凝聚力，造就协同创新的领军人才与团队。以科学研究和实践创新为主导，通过学科交叉与融合、产学研紧密合作等途径，推动人才培养机制改革，以高水平科学研究支撑高质量人才培养。推动高等学校与科研院所、企业之间的人员流动，优化人才队伍结构。

——优化以学科交叉融合为导向的资源配置方式。充分利用和盘活我省高等学校现有创新资源，以优势学科为重点建立协同创新体，集中优质资源重点支持，发挥优势和特色学科的汇聚作用，构建有利于协同创新的基础条件，培育若干国家级、设立若干省级协同创新中心，形成协同创新长效机制。

——形成以创新质量和绩效贡献为导向的评价机制。改变单纯以论文、获奖为主的考核评价方式，注重原始创新和解决中原经济区建设重大科技需求的实效，建立综合评价机制和退出机制，鼓励竞争，动态发展。

——营造有利于协同创新的学术氛围。积极吸引国际国内创新力量和资源，加强我省高等学校与国内一流大学、国际高水平大学、科研机构的实质性合作，加速国际化人才培养，不断提高国际化水平。构建自由开放、鼓励创新、宽容失败的学术氛围，倡导拼搏进取、敬业奉献、求真务实、团结合作的精神风尚。

3.计划类型和数量

河南省“协同创新计划”每周期支持30项左右。设置以下四个类别：面向行业产业和战略新型产业、面向国计民生和社会发展、面向学科前沿，面向文化传承创新。每个类别的具体数额须体现本计划的目标要求和支持重点。

4.实施范围

河南省“协同创新计划”以高校为实施主体,面向全省各类高校开放。同时,积极吸纳行业企业、科研院所、市县政府、产业(科技)联盟以及国际国内创新力量参与。主要支持围绕中原经济区建设发展中的重大科技和文化传承创新。

5.实施年限

自2012年启动实施,每四年为一周期。

二、实施原则

1.全面部署,分层实施

协同创新计划既是一个支持性计划,更是一个引导性计划。通过积极引导和系统部署,形成分层实施的良性机制,逐步实现高校乃至社会积极参与协同创新的良好局面。鼓励有条件高校积极联合行业企业、科研院所、市县政府、产业(科技)联盟以及国际国内创新力量,按照总体要求,统筹规划,先行先试,以校级协同创新计划的实施为基础,在具有优势的领域组织优秀团队开展协同创新,推进机制体制改革,积累协同创新经验;充分发挥行业产业部门的主导作用,从行业产业发展实际出发提出重大需求方向,利用行业产业部门的资源与优势,引导、组织和支持高校与行业院所、大型骨干企业开展协同研究,在关键领域、核心技术等方面取得实质性突破和显著效益。

2.分类建设,择优支持

按照不同协同创新模式,以项目方式组织实施。针对四类协同创新方向的不同要求、目标和任务,突出项目组织、评审、实施的特点与针对性,建立相应的准入条件、评审标准、建设方式以及实施要求等,形成按类组织、分类实施的基本特点。在高校、政府部门、行业等前期充分培育的基础上,坚持“高起点、高水准、高效益、有特色”,通过第三方评审,遴选出符合“河南需求、国内一流”的要求、具有解决重大问题的能力、具备重大机制体制改革基础的项目纳入河南省“协同创新计划”给予支持。

3.广泛聚集,多元投入

发挥协同创新计划的引导和聚集作用,充分利用现有资源和条件,吸纳社会多方面的支持和投入。加强各种创新要素的整合,集成各方面平台、基地、项目、仪器设备、基础设施、运行条件以及经费投入等资源,形成集聚效应。资源汇集能力与实际情况,将作为计划申报的必要条件和评审的重要依据。省根据专家评审意见,将在每个申请计划实际资源聚集的前提下,根据实际需求采取授牌、政策以及引导性和奖励性经费投入等多种方式予以支持。

三、实施方式

河南省“协同创新计划”的组织实施分为前期培育、专家评审、计划实施三个阶段。在充分培育并达到计划要求的基础上,由协同创新体联合提出实施方案。河南省“协同创新计划”每年评审一次,并择优遴选不同类型的协同创新中心,根据实际需求给予相应支持。

1.前期培育

根据实施原则的要求,前期培育主要由高校、市县政府以及主管部门和行业部门负责组织开展。重点任务是确定协同创新方向,选择协同创新模式,组织协同创新体,营造协同创新环境氛围,从而形成协同创新的新机制和新优势,产生一定的协同创新成效。

(1)确定协同创新方向。按照“河南需求、国内一流”的标准和要求,紧密围绕中原经济区建设纲要,结合高校自身人才队伍、学科基础、科研能力等方面的优势与特色,确定协同创新方向。方向选择应避免仅从高校自身发展需求出发选择片面的研究课题,要具有较强的整体性和系统性,具有一定的广度和深度。

(2)选择协同创新模式。依据确定的协同创新方向,按照需求的层次和类型,凝练关键问题和重点任务,结合自身的能力和特色,充分分析省内外优势单位、创新力量的分布,切合实际地选择协同创新模式和计划类型。

(3)组建协同创新体。牵头高校应广泛吸纳省内外有协同意愿的优势力量,建立强强结合的协同创新体。确定协同创新的目标和实际路线,明晰协同创新体各方职责与分工,建立协同创新的新平台,形成协同创新的新优势。

(4)构建协同创新环境。从组织管理协同、人才队伍协同、学生培养协同、科学研究协同、资源成果协同等方面入手,建立协同创新的准入方式与标准、跨单位人员互聘与考核、学生联合培养与学分互认、科研组织与协同研究以及资源整合与成果共享等新机制和新制度,转变高校创新发展方式,切实提升服务中原经济区建设重大需求的能力和水平。

2.专家评审

河南省高等学校协同创新计划实行专家评审制度。各高校应按照“协同创新计划”的精神和要求,加强规划设计,推进机制改革,汇聚现有资源,广泛联合力量,制定运行管理办法,明确预期目标,以高校牵头、其他创新要素参与的方式申请计划。

河南省“协同创新计划”领导小组办公室组织评审,并委托第三方组织专家评审和现场考察,按照一定比例遴选,并提出支持意见与依据、支持方式以及修改完善建议等。评审结果报专家咨询委员会进行综合审议,确定年度支持数量和名单,经报领导小组审定后批准实施。

(1)申报要求

——方向选择符合中原经济区建设纲要和学科发展科技前沿要求,牵头高校在该领域具有较强的优势和组织协同创新的能力。

——协同创新模式选取合理,协同创新体的组建成熟,各方任务明确,职责清晰,形成了良好的协同创新氛围。牵头的单位原则上1个,参与单位数量不限。

——牵头高校在该方向的主体学科须为省级以上(含省级)重点学科或省级以上(含省级)科研平台。

——围绕选取的协同创新方向,已经聚集了一批国内外优秀团队,具备解决重大需求的能力和水平,建立了相应的人才聘用和管理制度,形成了合理的人员流动机制。

——已具有较强的资源汇聚能力,已形成了各类创新要素的有效整合,相关部门、市县政府、企业、科研院所、高校等方面的支撑落实到位。

——前期培育效果明显,成效显著,相关改革工作进展顺利,改革计划全面系统,措施切实可行。

(2)专家评审

——领导小组办公室负责对符合要求的协同创新中心申报材料进行形式审查，重点审查实施方案的完整性、相关材料的齐备性、模式选择的合理性以及前期培育的情况等。

——委托第三方负责组织专家评审。评审按照河南省“协同创新计划”类型分别开展，采取会议评审和现场核查等方式进行。

会议评审由牵头高校代表协同创新体对申请计划进行全面、系统的汇报，评审专家以记名投票方式，按每类计划预期评审数量的1.5倍择优进入现场核查。

现场核查通过座谈、考察等方式，对计划实施基础、协同创新体建设以及前期培育情况等进行核查。最终形成专家组的评审意见与依据、支持方式以及修改完善建议等。

——河南省“协同创新计划”专家咨询委员会负责对第三方评审遴选的计划进行综合审议。在听取各评审组对每个进入综合审议计划全面介绍的基础上，经讨论后，以投票方式确定立项数量和清单，报领导小组审定后批准实施。

(3)评审要求

评审工作将针对不同类型协同创新计划的基本要求和特点，建立相应的评审标准与考核重点。

——面向行业产业科技支撑与战略新兴产业科技引领计划，主要针对中原经济建设现代产业经济发展、基础产业发展、新型城镇化建设、现代服务业发展、公益性行业发展等领域的科技需求，优先支持现代农业，先进制造业，能源、水利、交通和信息等基础产业，中原城市群建设、县域经济发展、新农村建设、城乡统筹发展，生态建设、循环经济、灾害防治、污染防控、资源保障与管理，现代服务业等行业的科技发展，重点加强电子信息、生物、节能环保、新材料、新能源、新能源汽车等新兴战略产业和产业聚集区建设的科技创新，攻克一批产业重大关键核心技术，促进产业转型升级，为建设全国重要的战略新兴产业基地提供技术引领和支撑，在区域内具有较强的示范带动和社会效益。牵头高校须在行业产业内具有明显特色、较强影响力，所依托的主体学科应处于国内领先水平，并已建有相应的省部级以上(含省级)重点学科或重点实验室、工程(技术)研究中心等，与市县政府和企业长期、良好的合作基础。其他协同创新体单位应是行业内领先、影响力强的骨干企业和科研院所等，并具有较好的研发基础和对重大技术创新的需求与接受能力。已经吸引和集聚了一批一流的人才与团队，人才队伍结构合理，分工明确，牵头负责人在国内外学术界应具有较高的声望和影响力。前期已经开展了相应机制体制改革，初步形成产学研用融合发展、协同管理的新模式和人员聘用与流动方式，探索了以技术服务与市场贡献为导向的考评制度以及工程化创新人才培养的新机制，形成了有组织技术创新与成果转移新模式。有效地聚集了多方资源，得到了行业产业的有力支持和企业的实质性投入，承担有国家级或省级重点科研任务，在科研平台、试验设施、中心用房、仪器设备等方面拥有良好的条件和保障。

——面向国计民生和社会发展的重大公益计划，应符合中原经济区建设中民生科技的迫切需求，重点支持临床医疗和转化医学、生殖健康、民族医药、生态治理与恢复、宜居建筑、节能环保、食品安全检测预警、重大自然灾害监测预警、重大生产事故预防等技术的转化应用。牵头高校在该方向应具有较强的优势，所依托的主体学科应处于国内领先水平，并已建有相应的省部级以上(含省级)重点研究基地。协同创新体在该方向上能够代表国内领先水平，已经吸引和集聚了一批一流人才和团队，人才队伍结构合理，规模适度，各方任务明确，分工具体。牵头负责人在该方向有较高威望、开拓意识和较强组织协调能力，作风民主、严谨，一线工作且身体健康。前期培育中，结合民生科技研究的特色，在人员聘用考评、人才培养以及管理运行等方面开展了相应机制体制改革，建立了跨学科、跨高校、跨部门、跨地区的协同研究机制。有较充足的科研任务，承担与申报方向密切相关的在研国家或教育部重大课题攻关项目等，在研究平台、中心用房、配套条件等方面拥有良好的基础和保障。

——面向学科前沿的计划，应符合国际科技发展的趋势，在国内、国际该方向的研究具有一定特色与优势。充分发挥高等学校基础学科优势，重点支持自然科学、人文与社会科学的基础理论研究，加强高校科技基础条件平台建设，努力提升我省基础研究水平和提高服务区域发展的能力。牵头高校在该方向依托的主体学科，原则上应进入ESI学科排名前1%或处于国内前100位，并已建有省级以上(含省级)科研平台(基地)。优先支持已建有国家重点实验室、教育部重点实验室承担该类研究项目。联合牵头单位的方向选择须各有特色、互有侧重，协同创新体在该方向上能够代表国内领先水平，并具备冲击国家协同创新中心的基础和能力。已经吸引和集聚了一批一流人才与团队，人才队伍结构合理，规模适度，牵头负责人在国内外学术界应具有较高的声望和影响力。前期已开展了相关机制体制改革，探索形成了符合国际惯例的知识创新模式和运行管理机制。有较充足的科研任务，承担有在研国家级重大基础研究项目和数量较多的国家自然基金项目，在科研平台、中心用房、仪器设备等方面拥有良好的条件和保障。

——面向文化传承创新的协同创新计划，应符合华夏历史文明传承创新区建设的迫切需求，重点支持人文与社会科学的应用理论研究，且符合中原经济区区域规划建设要求、具有鲜明特色的协同创新项目，充分体现社会主义核心价值体系建设和提升中原文化软实力、增强中原文化国际影响、传承创新华夏历史文明的根本需求，为繁荣中原文化、发展壮大文化产业、建设华夏历史文明传承创新区提供科技支撑。牵头高校在该方向应具有较强的优势，所依托的主体学科应处于国内领先水平，并已建有相应的省部级以上(含省级)重点研究基地。协同创新体在该方向上能够代表省内最高研究水平、国内先进水平，已经吸引和集聚了一批一流人才和团队，人才队伍结构合理，规模适度，各方任务明确，分工具体。牵头负责人在该方向有较高威望、开拓意识和较强组织协调能力，作风民主、严谨，一线工作且身体健康。前期培育中，结合人文社科研究的特色，在人员聘用考评、人才培养以及管理运行等方面开展了相应机制体制改革，建立了跨学科、跨高校、跨部门、跨地区的协同研究机制。有较充足的科研任务，承担与申报方向密切相关的在研国家社科基金重大项目或教育部、河南省哲学社会科学重大课题攻关项目等，在研究平台、中心用房、配套条件等方面拥有良好的基础和保障。

3.计划实施

（1）启动实施。领导小组审议批准后，牵头高校须与领导小组办公室签订承诺书和建设任务合同书，并会同协同创新各方结合每类计划的特色与具体要求，进一步完善管理机构，落实相关条件，整合多方资源，深化机制体制改革，优化相关规章制度和运行管理办法，强化责任意识，明确责任分工，加强过程管理，加快实现预期目标。

（2）中心运行。河南省协同创新中心实行协同管理机制，根据实际情况建立由协同创新体以及其他方面代表组成的中心理事会或管理委员会，负责中心重大事项的决策。同时，建立中心主任负责制，全面负责中心的管理与运行。营造学术为先的环境氛围，设立由中心人员组成的相关委员会，负责中心具体事务和管理。成立中心科学（技术）咨询委员会，负责中心学术把关、发展方向、人员遴选等。

（3）资金管理。为保障计划经费有效使用与资金安全，协同创新计划经费将拨付协同创新中心牵头高等学校集中支付和管理，参与计划其他单位研究工作的开支到牵头高等学校报销。为有效评价参与单位人员对项目的贡献，将根据各参与单位承担的项目任务和经费数额签订项目任务合约，各单位应根据合约内容正确评价其参与人员的贡献。牵头高校应严格按照国家财政经费管理的有关规定，将计划经费纳入本单位财务统一管理，实行专账核算，确保专款专用，自觉接受财政、审计等有关部门的监督、检查。

（4）绩效评估。实行中期检查和期末验收相结合的管理方式。绩效评估由领导小组办公室负责组织，委托第三方开展，重点考察机制体制改革与实施成效。确立为省高校协同创新中心的，在计划实施的第三年初，要对前两年的中心运转情况进行中期检查，重点检查中心进展和阶段性目标完成情况。在计划实施的第四年末，要对中心的整体情况进行考核验收，重点考核目标完成、中心运转、经费使用和质量效益情况。

建立绩效激励和约束机制。中期检查时，凡未按进度开展工作并取得相应成效的要限期整改，对运行畅通、效益显著而又需要加大支持的，后期将加大支持力度。期末验收时，凡未完成目标任务、质量效益较差的，将取消中心牵头依托单位资格，收回支持经费，限制依托单位申报其他协同创新体；对提前达到预期目标者给予奖励，并对仍有必要持续支持的将在后期计划安排中予以倾斜。

四、支持措施

为保障河南省“协同创新计划”的有效实施，针对不同需求和不同类型，建立多元化支持方式。对充分利用各类资源和条件，广泛吸纳社会多方面支持和投入的协同创新中心，省财政予以重点支持。

1.资源汇聚。面向行业产业发展的中心，要发挥行业部门和优势企业的主导作用，汇聚行业、企业、社会等方面的投入与支持；面向战略新型产业发展的中心，要充分发挥市县政府和骨干企业的积极作用，争取其对项目的投入与支持；面向学科前沿、国计民生和社会发展、华夏历史文明传承创新的计划，要发挥高等学校的学科优势和政府部门的主导作用，充分利用已有的各方面资源，广泛吸纳企业、社会等方面的支持。

2.经费支持。省财政安排专项资金，对我省评审确定的“河南省协同创新中心”，给予引导性和奖励性经费支持，鼓励协同创新中心拓展经费来源渠道，鼓励与省内大中型企业合作、承担重大科技项目、开展成果转化以解决研发投入。

3.政策保障。为推动协同创新中心健康发展，保障机制体制改革顺利实施，各高校要充分利用省定政策，在项目、平台、人才、资金等各方面为中心提供优先或倾斜支持，形成有利于协同创新的政策环境。鼓励高等学校深化人事制度改革，制定跨单位的人事管理政策，对承担协同创新计划的人员支持其互聘与流动。在同等条件下，优先确保协同创新中心的博士生、硕士生研究生计划指标，鼓励吸纳优秀本科生，支持开展多种形式的联合培养。提高参与协同创新计划人员的待遇，允许高等学校从实际情况出发，根据作用与贡献自主确定人员待遇。

五、组织管理

1.加强组织领导。河南省高等学校协同创新计划领导小组，负责顶层设计、宏观布局、统筹协调、经费投入等重大事项决策。领导小组办公室，负责规划设计、组织实施、监督管理等工作，办公地点设在省教育厅（科技处）。

2.强化科学决策。由来自省内外有关部门、高校、科研机构、行业企业、社会团体的著名专家组成“协同创新计划”专家咨询委员，为重大政策、总体规划、计划选择、实施管理等提供咨询。

3.开展第三方评价。确定相对独立的第三方机构，负责遴选评审专家、组织评审、开展定期检查和阶段性评估等工作，充分体现公开、公平、公正的要求，避免行政干预。

评审专家选取遵循的基本原则是：在国内具有较大影响、省内具有较高威望的著名战略科学家；长期从事教育、科技、文化、经济以及其他社会事业行政管理的知名专家；具有国际视野、熟悉国内发展状况、有较深学术造诣的省内外专业领域专家；对协同创新有较深认识并积极支持，为人公正，精力充沛。

六、申报计划格式（略）

河南省教育厅 省财政厅

关于进一步加强高等学校重点和特色学科专业建设的意见

教高〔2012〕722号

各高等学校：

为加强我省高等学校重点和特色学科专业建设，发挥驱动带动作用，构建适应中原经济区建设需要的学科专业体系，推动高等教育办出特色、提升水平，更好地为中原崛起、河南振兴提供人才和智力支持，现提出如下意见。

一、指导思想、基本原则和建设目标

1.指导思想。以邓小平理论和"三个代表"重要思想为指导，深入贯彻落实科学发展观，瞄准中原经济区建设需求，以改革创新为动力，以提升人才培养质量为核心，以重大项目实施为带动，不断调整优化学科专业结构，加强学科专业内涵建设，全面提升高等学校学科专业建设水平和服务经济社会发展能力。

2.基本原则。体现适应性，大力发展与中原经济区建设需要相适应的学科专业，适度超前发展相关学科专业。体现特色性，紧密结合区域经济社会发展需求，加强学科专业内涵建设，凸显区域特色和学校特色。体现关联性，统筹高等学校资源和学科专业资源，增强学科专业间的内在联系和相互支撑，交叉互助，资源整合，实现建设效益最大化。

3.建设目标。"十二五"期间，主动适应国家和中原经济区建设需要，加快学科专业结构调整步伐，加强内涵建设，创新人才培养模式，构建一批支撑我省产业发展的重点和特色学科专业群，形成与中原经济区建设相适应、满足广大人民群众接受优质高等教育需求、具有鲜明河南地域特色的学科专业体系。

二、主要措施

4.调整优化结构布局。按照"扶需、扶特、扶优"原则，启动实施"重点和特色学科专业提升计划"。巩固现有国家重点学科的学科优势和学术地位，培育一批新的国家重点学科，建设第八批河南省重点学科。加强专业建设，开展专业综合改革，建立专业动态调整机制。加大学科专业布局调整力度，加强传统学科专业的改造与提升，大力发展适应我省产业结构调整和优化升级所需要的学科专业，积极设置新兴、边缘、交叉学科专业，重点发展应用性学科专业。

5.凝炼学科方向。紧贴国家和中原经济区建设重大需求，立足自身优势，确立学科主攻方向，使学科方向更加集中，特色更加鲜明，优势更加突出，不断增强学科的核心竞争力。国家重点学科要以培养高层次创新人才和提高自主创新能力为目标，追踪学科发展前沿，达到国内领先、国际先进水平；省级重点学科要着力开展我省重大的战略规划发展研究和先进实用技术研究，力争达到国内领先水平。

6.汇聚人才队伍。加大高层次人才培养与引进力度，依托国家"千人计划"、"长江学者奖励计划"、省"百人计划"和"高等学校特聘教授岗位制度"，着力引进学术大师和优秀学科带头人，获批国家"千人计划"、"长江学者奖励计划"的人选，可享受省特聘教授岗位待遇。大力实施"青年骨干教师资助计划"、"科技创新人才支持计划"和"人文社会科学名师名家培育工程"，加强学科专业后备学术骨干的引进与培养，重点培养优秀青年人才，形成结构合理、团结协作、梯次发展的学科专业团队。积极推动专任教师到相关产业领域开展产学研合作，同时聘请相关产业领域的优秀专家、资深人员到学校兼职授课，形成交流培训、合作讲学、兼职任教等形式多样的学科专业人才队伍建设长效机制。

7.构筑学科基地。调整学科布局，整合学科资源，优化学科结构，培育和建设一批多学科融合、多团队合作、产学研用一体化的综合性研发和应用平台、博士(硕士)学位授权点。继续加强重点实验室和重点学科开放实验室建设。与国家和省重大科技计划相衔接，围绕中原经济区建设产业发展共性与关键技术、经济社会发展的重大理论和现实问题开展高水平的科学研究，构建高素质创新人才培养、高水平科学研究、高技术成果转化、高层次决策咨询的重要基地。

8.实施专业综合改革。充分发挥高校的积极性、主动性和创造性，结合办学定位、学科特色和服务面向等，明确专业培养目标和建设重点，优化人才培养方案。启动实施"高等学校专业综合改革试点"，按照准确定位、注重内涵、突出优势、强化特色的原则，通过自主设计建设方案，推进培养模式、教学团队、课程教材、教学方式、教学管理等专业发展重要环节的综合改革，形成一批教育观念先进、改革成效显著、特色更加鲜明的专业点，引领示范本校其他专业或同类型高校相关专业的改革建设，推动人才培养水平的整体提升。

9.创新人才培养模式。积极探索与有关部门、科研院所、行业企业联合培养人才模式，支持不同类型高校分别实施卓越工程师、卓越医生、卓越农林人才、卓越法律人才、卓越教师等教育培养计划。提升高职学校服务产业发展能力，探索高端技能型人才系统培养模式。鼓励因校制宜，探索科学基础、实践能力和人文素养融合发展的人才培养模式。

10.发展学科专业集群。综合考虑学科专业分化与综合、传统学科专业与新兴学科专业等因素,按照关联性原则,在高等学校内部、高等学校之间统筹学科资源,构建重点和特色学科专业群,提高建设效益,形成与中原经济区产业布局紧密结合的学科专业体系,在人才培养、技术研发、文化传承创新上发挥骨干、示范和辐射作用。

11.加强国际合作与交流。推进国际合作协同创新模式,推动学科与国外高水平大学、科研机构开展实质性合作,提高学科建设国际化水平。高等学校要把学科的国际合作与交流作为重点之一纳入学校年度工作计划。选派优秀学科带头人和学术骨干到世界知名大学或科研机构访学和研究,开拓学术视野,追踪和把握学术前沿。

12.构建学科专业动态调整机制。加大学科专业宏观调控力度,建立高校毕业生就业和重点产业人才供需年度报告制度,建立健全学科专业动态调整机制。落实和扩大高等学校办学自主权,除国家布控专业外,建立高等学校自主设置专业机制。健全学科专业反馈、激励、评估机制,对初次就业率连续两年低于全省同类专业平均就业率的专业,逐步调减招生计划。

三、保障机制

13.加强领导。牢固确立学科建设的龙头地位,专业建设的基础地位,把学科专业建设发展列入重要议事日程,从社会经济发展需要和学校发展战略要求、办学定位和实际办学条件出发,制定科学的学科专业建设规划,研究制定加强学科专业建设的有效措施。学校相关职能部门要加强沟通与协调,狠抓落实,为学科专业建设发展创造良好环境,提供优质服务。

14.加大投入。进一步加大重点和特色学科专业建设经费投入,重点支持国家和省级重点学科,培育新的国家重点学科,支持经济社会发展需要的特色专业点和专业综合改革试点建设。高等学校要充分发挥人才、平台和品牌优势,积极争取政府部门、行业、企业等方面的支持,拓宽融资渠道,支持学科专业的发展和创新,支持专业教学基础设施建设、课程建设、教材建设和教学基地建设。

15.加强管理。加强重点和特色学科专业评价信息系统与预测系统建设。完善建设项目激励和淘汰机制,建设期内进行中期绩效评价,建设期满后进行验收评估。对学科和专业建设未能达到预期建设目标、财政资金使用效益不明显的,将减少对学校的专项资金支持力度。高等学校要结合实际,加强学科专业建设管理,选配专职人员,负责学科专业建设的管理、组织与协调工作。要创建激励与约束并存的管理体制,完善绩效管理机制,加强学科专业建设投入产出预期分析,提高建设效益。

二〇一二年八月六日

河南省教育厅
关于印发《河南省教育信息化十年发展规划(2011—2020年)》的通知

豫教科技〔2012〕147号

各省辖市、省直管试点县(市)教育局,各高等学校,厅直有关单位:

现将《河南省教育信息化十年发展规划(2011—2020年)》(以下简称《规划》)印发给你们,各地、各单位要按照《规划》确定的目标、任务和措施要求,结合本地区、本单位实际,进一步健全机制、完善措施、加强领导,抓紧制定具体实施方案,确保《规划》提出的各项任务落到实处。

各地、各高校在落实《规划》过程中出台的重大举措和取得的重要成果,请及时报我厅教育信息化推进办公室。

附件:河南省教育信息化十年发展规划(2011—2020年)

二〇一二年八月二十三日

附件：

河南省教育信息化十年发展规划

（2011—2020年）

目 录

序 言

21世纪，人类已经步入以计算机、多媒体和互联网络为标志的信息时代。信息技术的普遍应用有力地推动着全球经济社会的深层变革，深刻地改变着人们的生活、学习和工作方式，对教育改革和人才培养提出了全新挑战，为教育创新和跨越式发展提供了崭新空间，以信息技术特别是宽带网络和新媒体技术为强大支撑的新一轮学习革命已见端倪。《国家中长期教育改革和发展规划纲要（2010—2020年）》（以下简称《教育规划纲要》）明确指出："信息技术对教育发展具有革命性影响，必须予以高度重视"。

为加快河南省教育信息化进程，促进全省教育信息化建设又好又快发展，根据《国家中长期教育改革和发展规划纲要（2010—2020年）》、教育部《教育信息化十年发展规划（2011—2020年）》及《河南省中长期教育改革和发展规划纲要（2010—2020年）》，结合河南实际，制定本规划。

第一部分 总体战略

第一章 现状与挑战

自2001年全省教育信息化建设加速推进以来，经过"教育科研计算机网升级改造工程"、"数字化校园示范工程"、"农村中小学现代远程教育工程"、"高校文献保障体系建设工程"、"教育城域网建设工程"等一系列重大工程建设和政策推动，全省教育信息化建设取得了很大成就：河南省教育科研计算机网高速主干网连接全省18个省辖市，网络带宽2.5G；各类学校网络接入率不断增加，教育资源不断丰富，信息化在教学和科研中的应用逐步拓展；信息技术教育快速推进，信息技术人才培养体系初步形成；教育管理信息化初见成效，电子政务和电子校务逐步推广；网络远程教育稳步发展。对于促进教育公平、消除数字鸿沟起到了积极作用。

但是，与《国家中长期教育改革和发展规划纲要（2010—2020年）》的战略目标和任务要求相比，我省教育信息化建设还存在较大差距，主要表现在：教育信息化发展的政策环境和体制机制尚未形成；基础教育、职业教育信息化基础设施有待普及，高等教育信息化基础设施有待完善；信息化建设和运维资金不足,缺乏长效投入保障机制;地区间发展不均衡,农村中小学和职业类学校信息化应用水平不高;优质教育资源共建共享机制不完善,高等教育信息化对信息产业支撑作用不足,信息技术对教学创新和变革作用不够。从总体上来看,我省教育信息化建设仍处于初级阶段,推进教育信息化任务十分艰巨。

第二章　指导思想和工作方针

以科学发展观为统领,全面落实国家、省《教育规划纲要》对信息化建设的总体部署。坚持育人为本,以教育理念创新为先导,以信息化学习环境和优质教育资源建设为基础,以教学信息化和管理信息化应用为重点,以推动学习方式和教育模式创新为核心,以体制机制和队伍建设为保障,在构建学习型社会和建设人力资源强省进程中充分发挥教育信息化支撑发展与引领创新的重要作用。

推进教育信息化应该坚持以下方针:

面向未来,育人为本。面向建设人力资源强省的目标要求和创新人才培养需要,以人的发展需求和社会需求为导向,努力为每位学习者提供个性化学习、终身学习的信息化环境和服务,实现人人、时时、处处可学。

统筹规划,分类推进。根据各级各类教育的特点和各地经济社会发展实际,统筹做好教育信息化的整体规划和层级设计,明确发展任务,坚持分类指导,鼓励形成特色。

应用驱动、共建共享。以人才培养、教育改革和发展需求为导向,开发应用优质数字教育资源,构建信息化学习和教学环境,建立政府主导、多方参与、共建共享的开放合作机制。

深度融合,引领创新。实现信息技术与教育、教学的全面深度融合,充分发挥信息化在教育改革和发展中的支撑与引领作用。

第三章　发展目标

到2020年,全面完成国家、省《教育规划纲要》所提出的教育信息化建设任务,形成与教育现代化发展目标相适应的教育信息化体系。实现各级各类学校宽带网络的全面覆盖,建成人人可享有优质教育资源的信息化学习环境,形成学习型社会的信息化支撑服务体系。教育管理信息化水平显著提高,信息技术与教育融合发展的水平显著提升,对教育改革和发展的支撑与引领作用充分显现。

实现宽带网络的全面覆盖。依托公共通信资源,超前部署覆盖各级各类学校和教育机构的教育信息网络,构建遍及城乡所有学校的绿色安全宽带网络体系,实现校校通宽带。

建成人人可享有优质教育资源的信息化学习环境。各级各类资源日趋丰富并得到广泛共享和全面应用,优质教育资源公共服务平台逐步建立,政府引导、多方参与、共建共享的资源建设机制不断完善,人人可享有优质教育资源的信息化环境基本形成。

形成学习型社会的信息化支撑服务体系。充分发挥政府、学校、企业和其他社会力量的作用,面向全社会不同群体的学习需求,建设便捷灵活、个性化的学习环境,为终身学习体系和学习型社会建设提供信息化支撑服务。

教育管理信息化水平显著提高。整合、集成现有教育管理信息系统,积极开发新系统,建成覆盖全省各级各类学校和教育行政部门的教育管理信息体系,提高教育决策与服务水平。

信息技术与教育融合发展的水平显著提升。信息化环境下学生自主学习能力明显增强,教学方式与教育模式创新不断深入,信息化对教育变革的促进作用充分显现。

第二部分　发展任务

第四章　缩小基础教育数字鸿沟,促进优质教育资源共享

以促进义务教育均衡发展为重点,以建设、应用和共享优质数字教育资源为手段,促进每一所学校享有优质数字教育资源,提高教育教学质量;帮助所有适龄儿童和青少年平等、有效、健康地使用信息技术,培养学生自主学习、终身学习能力。

加强教育信息化基础设施和应用环境建设。结合义务教育学校标准化建设,按照够用、适用的原则,提高所有学校在信息化基础设施方面的配置水平。

1.提高基础教育学校网络接入率。到2015年,各地中小学实现宽带接入互联网,接入带宽达到100Mbps以上,贫困地区农村中小学接入带宽达到10Mbps以上;80%中小学实现网络"班班通",60%幼儿园实现"园园通",为各种信息化应用提供可靠的网络支撑。

2.实施中小学校数字校园标准化建设。按照政府引导、示范引领、多方参与、分步实施的原则,通过自购设施、委托服务等多种方式,加强数字校园标准化建设,实现基础设施、教学资源、软件工具等信息化建设与应用能力全面提升。到2015年,全省普通中小学校园网普及率达到80%以上,有条件的地方建成无线校园网。

3.提高教学用终端设施设备配置水平。到2015年,全省小学生机比达到10:1以上,中学生机比达到8:1以上,师机比达到1:1以上,多媒体教室配备率达到60%以上。

推进信息技术与教学融合。建设智能化教学环境,利用信息技术开展启发式、探究式、讨论式、参与式教学,建立教学新模式,倡导网络校际协作学习,提高信息化教学水平。依托河南省基础教育资源中心等企事业单位,加强优质数字教育资源和软件工具开发和推广应用。利用省基础教育资源网网络教研备课平台、远程(视频)培训等平台,逐步普及专家、骨干教师引领的网络教研,开展教师网络培训,提高教师现代教育技术能力和信息化素养。

培养学生信息化环境下的学习能力。继续普及和完善信息技术教育,开展多种方式的信息技术应用活动,创建绿色、安全、文明的应用环境。鼓励学生利用信息手段主动学习、自

主学习、合作学习，培养学生信息化环境下的学习能力，提高学习质量和效率。

专栏一：2020年基础教育信息化发展水平框架
1. 提升学校信息化建设基本配置与应用水平。根据各学校不同情况从以下主要维度确定发展基线和年度规划： □ 各种信息化设施和资源的可获得性； □ 学校教育信息化领导力、教师教育技术运用力、专业人员支持力； □ 师生、家长对信息化应用的满意度。
2. 学校教育教学方式变革取得突破。根据各学校不同情况从以下主要维度确定发展基线和年度规划： □ 教师信息化教学的习惯； □ 知识呈现方式、教学评价方式、组织差异化教学等方面的变化； □ 学生多样化、个性化学习方面的改变。
3. 信息化环境下的学生自主学习能力全面提升，主要维度包括： □ 使用信息技术学习的意愿； □ 运用信息技术发现、分析和解决问题的能力； □ 健康使用信息技术的自律性。

第五章　加快职业教育信息化建设，支撑高素质技能型人才培养

发挥信息技术在提高职业教育教学质量、培养高素质劳动者和技能型人才中的重要作用，提升虚拟仿真实训教学水平和与产业对接能力。

加快建设职业教育信息化发展环境。加强职业院校数字校园建设，提升职业院校信息化水平。到2015年，职业院校配备够用适用的计算机及其配套设备设施；90%的职业院校建成运行流畅、功能齐全的校园网，信息技术能够支撑学校教育、教学、管理、科研等各项应用；85%的职业院校按标准建成数字校园；90%的成人学校及其他职业培训机构实现网络宽带接入；其他学校都能建成卫星数据地面接收站；偏远山区和贫困地区职业学校建成数字化资源播放平台。按照分类建设、协作共享的原则，建设仿真实训基地、数字化技能教室等信息化教学设施，推动优质职业教育资源的开发和共享，逐步形成数字化、开放型、共享型职业教育资源体系。

提高职业教育实践教学水平。开发标准统一、技术成熟、训练内容对接国家和省重点产业的虚拟实训软件系统，形成覆盖全省所有职业教育院校的“技能培训虚拟实践公共环境”。充分发挥信息技术优势，优化教育教学过程，提高实习实训、项目教学、案例分析、职业竞赛和技能鉴定的信息化水平。以信息技术支撑产教结合、工学结合、校企合作、顶岗实习，促进职业院校人才培养与各行各业人才需求的对接。

促进高素质劳动者和技能型人才培养。以关键技术应用为突破口，适应职业教育的多样化需求，以信息技术促进教育与产业、学校与企业、专业与岗位、教材与技术的深度结合。做好人才需求、就业预警和专业调整等方面的信息收集、整合与分析，增强职业教育适应人才市场需要的针对性与支撑产业发展的吻合度。大力发展远程职业教育培训，共享优质数字教育资源，支撑职业教育面向人人、面向社会。

专栏二：2020年职业教育信息化发展水平框架
1. 全面提升职业院校信息化水平，主要维度为： □ 各宽带网络接入、数字化技能教室、仿真实训室等数字化环境、场所覆盖面； □ 职业教育数字资源数量与质量满意度及网络教学平台覆盖面； □ 职业院校工学结合、校企合作等信息化支撑平台的应用情况。
2. 职业教育实践教学水平显著提升，主要维度为： □ 虚拟实训软件数量和应用满意度及专业覆盖面； □ 教师教育技术职业能力考核通过率； □ 虚拟仿真实训教学软件、实训基地与国家重点产业和战略性新兴产业的对接情况。
3. 学生信息技术职业能力提高，主要维度为： □ 学生岗位信息技术职业能力考核通过率和学生满意度； □ 学生应用信息技术提高职业技能情况。
4. 职业教育社会服务能力明显增强，主要维度为： □ 人才预测、就业预警和专业调整信息系统数据的准确度； □ 远程教育资源面向社会开放情况。

第六章　推动信息技术与高等教育深度融合，创新人才培养模式

推动信息技术与高等教育的深度融合，促进教育内容、教学手段和方法的现代化，创新人才培养、科研组织和社会服务模式，推动文化传承创新，促进高等教育质量和科研水平的全面提高。

以信息化促进人才培养质量的提高。以教育教学改革为导向，逐步构建数字化课程环境，探索信息时代教与学的新模式，通过现代信息技术与课程教学整合，逐步形成开放、互动、知识共享和以学生为中心的信息化教学平台。将学校无线网络、数字图书、多媒体视频、计算机网络实验、移动终端、互动虚拟实验等各种资源和技术手段与传统课程资源进行有机结合，加大对课程和专业的数字化改造，推动学科工具和平台的广泛应用，培养学生自主学习、自主管理、自主服务的意识与能力。

应用信息技术促进高校科研水平提升。建设知识开放共享环境，促进高校与科研院所、企业共享科技信息资源，推动高校知识创新。构建数字化科研协作支撑平台，推进大型科研仪器设备共享，支持跨学科、跨领域、跨地区的协同创新。不断提高教师、科研人员利用信息技术开展科研的能

力,推动高校创新科研组织模式和机制,引领信息时代科技创新。

推动教育面向社会服务与文化传承。建设面向社会公众信息服务平台,积极开展学科教育、科普教育和人文教育,提高公众科学素质和人文素质。构建高校网上虚拟社区,广泛进行思想与文化交流。开发国际汉语教学和文化宣传类优质数字教育资源,推动网络孔子学院建设,积极传播优秀民族文化,促进文化的传承创新。

专栏三:2020年高等教育信息化发展水平框架

1. 绿色、安全、文明的数字校园基本建成,主要维度是:
- □ 校园网覆盖范围、带宽、安全及泛在信息平台的普及使用情况;
- □ 数字化教室等信息设备的配置与使用情况,及对教育改革和创新的支撑情况;
- □ 数字教育教学资源库及优秀数字文化资源的建设、共享与使用情况;
- □ 教学、科研、教师、学生、财务等管理信息系统的建设、数据共享与使用情况。

2. 人才培养模式创新普遍开展,主要维度是:
- □ 信息技术与教学深度融合的教学模式、方法、内容创新应用情况;
- □ 信息化环境下教学业务组织与流程创新的情况;
- □ 在信息化条件下,学生自主学习、自主管理、自主服务的情况;
- □ 科研成果转化为数字教学资源及在教学中的应用情况。

3. 科研创新信息化支撑体系基本建成,主要维度是:
- □ 基于网络的协同科研开展情况及针对专业领域的科研网络社区建设与使用情况;
- □ 科研条件与资源的共享情况;
- □ 信息化促进产学研用结合情况。

4. 利用信息化手段服务社会和传承文化,主要维度是:
- □ 信息化支撑科研成果转化情况;
- □ 公共教学与科研资源对校外科普教育、人文教育、学科教育的辐射情况;
- □ 多语言、跨文化的教育资源与学习平台应用情况及在国际文化交流领域的辐射情况。

第七章 构建继续教育公共服务平台,完善终身教育体系

构建继续教育公共服务平台,推进开放大学建设,面向全社会提供服务,为学习者提供方便、灵活、个性化的信息化学习环境,促进终身学习体系和学习型社会建设。

推进继续教育资源建设与共享。建立继续教育数字资源建设规范和网络教育课程认证体系,按照政府引导、多方参与、共建共享的原则,鼓励各类学校和企事业单位建设继续教育优质数字资源库,为全社会各类学习者提供优质数字教育资源。

促进学习型社会的形成。建设远程开放的继续教育公共服务体系,利用信息化支撑开放大学的建设,满足个人多样化的学习和发展需要。开展信息技术支持下的"学分银行"试点,推动继续教育学习成果认证、学分积累与转换制度建立。充分利用包括有线电视网在内的家庭通信网络,整合教育系统优质视频资源,推动教育资源进家庭,为各类学习者提供自主学习服务。

提高继续教育服务水平。开发适合继续教育的教学支持与管理平台,加大数字化课程资源的开发力度,共建共享优质资源。制定网络课程质量评价标准,建立网络课程认证体系。探索企业培训、社区教育等各类教育的信息化教学模式,促进终身学习方式的多样化,促进行业及社区教育快速发展。

专栏四:2020年继续教育信息化发展水平框架

1. 继续教育优质数字资源全面普及,主要维度是:
- □ 学习者可选优质数字教育资源覆盖情况;
- □ 课程资源通过评估与认证的情况;
- □ 家庭可访问数字教育资源的数量及利用率。

2. 继续教育开放灵活的公共服务体系基本建成,主要维度是:
- □ 继续教育学习中心的功能及覆盖率;
- □ 继续教育学习中心的支持服务满意度;
- □ 为开放教育提供信息化支撑情况。

3. 继续教育信息管理与服务平台普遍应用,主要维度是:
- □ 继续教育管理系统应用与数据互联情况;
- □ 办学机构的信息化水平;
- □ 学习者数字化学习成果认定、学分累计与转换情况。

第八章 整合信息资源,提高教育管理信息化水平

大力推进教育管理信息化,支撑教育管理体制改革,促进教育决策科学化、公共服务系统化和学校管理规范化。

提升教育服务与监管能力。依据相关标准,规范数据采集与管理流程,建立以各级各类学校和师生为对象的全省教育管理基础数据库,为教育规划与宏观决策提供准确的数据支持。整合各级各类教育管理信息资源,建立事务处理、业务监管、评估评价等教育管理信息系统,优化教育管理与服务流程;完善信息发布机制,为公众提供丰富、及时的公共教育信息,提高教育行政公开透明度,加强社会监督,保障学生和社会公众的教育权益。

提高教育管理公共服务质量与水平。利用信息技术创新教育管理公共服务模式,建立全省教育管理公共服务平台和配套服务机制,深化招生、就业、学生资助、留学、科研、学历、学位与各种资质查询等信息服务,扩大和延伸公共服务领域。建立覆盖全体学生的电子档案系统,做好学生成长记录与综合素质评价,并根据需要为社会管理和公共服务提供支持。建立和完善学生就业创业综合性信息服务立体化平台,

为毕业生提供方便、快捷的就业信息服务，提高学生与用人单位以及学校间信息交流的效率和有效性。

加快学校管理信息化进程。建立电子校务平台，充分利用信息资源管理加强教学、科研等各个环节的管理，促进学校管理标准化、规范化，提升学校管理效率与决策水平，提高学校服务师生的能力和水平，支撑现代学校制度建设。

提高教育信息化公共安全保障能力。加强基础设施设备和信息系统的分级安全防范措施，不断提高对恶意攻击、非法入侵等的预防和应急响应能力，保证基础设施设备和信息系统稳定可靠运行。采取有效的内容安全防护措施，防止有害信息传播。探索建立绿色安全的信息化环境保障体系和管理机制。

专栏五：2020年教育管理信息化发展水平框架
1. 各级教育行政部门普遍实现教育管理信息化，主要维度是： □ 教育管理基础数据库建设与应用情况及对教育质量常态监控支持情况； □ 管理信息标准化和数据互通情况； □ 信息化对教育管理改革与创新的支撑程度； □ 师生、社会公众对教育信息服务的满意度。 2. 各级各类学校信息化管理与服务广泛应用，主要维度是： □ 学校管理信息系统建设与应用情况； □ 信息化对学校管理决策的支持情况； □ 师生对学校管理与服务信息化的满意度。

第三部分　行动计划

在信息化基础能力、优质资源共享、学校信息化、教育管理信息化和可持续发展能力等五个方面，实施一批重点工程。2012-2015年，以“三通、两平台”建设为重点，逐步解决教育信息化建设中的网络接入、资源共享、教育管理信息系统建设等重大问题，基本形成与国家教育现代化发展目标相适应的教育信息化体系。2016-2020年，根据行动计划建设进展、教育改革发展实际需求和教育信息化自身发展状况，另行确定建设重点与目标任务。

第九章　教育信息化基础能力建设行动

实施宽带网络校校通工程。建设宽带网络是实现教育信息化的基础与前提，到2015年，依托公共通信网络，通过企业承包、单位自筹、政府配套等多种方式，解决各级各类学校宽带接入问题。其中，中小学和中等职业类学校接入带宽达到100Mbps以上，贫困地区农村中小学接入带宽达到10Mbps以上，高等学校网络接入带宽达到1Gbps以上。

实施河南省教育科研计算机网智能光网络建设工程。2015年前，建成覆盖全省各省辖市，可智能化调度及管理的智能光通讯网络系统，使教科网主干带宽达到400G以上，同时组建多个虚拟专网，以满足全省教育用户不断增长的带宽需求。各类院校、各级教育机构和各地教育城域网统一汇接入省教育科研计算机网，实现全省教育用户的互联互通。实施教育类网络系统升级改造,2015年前，70%以上的省级教育宽带网络支持IPv6。

实施教育云服务平台建设工程。采用统一的云操作系统、软件平台、中间件技术和资源索引，聚合现有各级各类学校和教育行政部门的数据中心等基础设施资源，形成统一管理、分布共享、弹性可扩展的省教育云计算服务平台,实现全省计算资源、存储资源、网络带宽资源的协同分配共享。将现有各类教育信息数据统一整合到省教育云平台空间中，省级教育数据管理中心对教育信息资源实行统一编目、统一索引、统一调度，各数据源作为从属节点纳入省教育云服务平台。

开放大学信息化支撑平台工程。建成跨网络、跨平台、跨终端的开放大学信息化支撑平台，实现与各级各类学校和教育机构互联互通，构建以开放大学为主体，各级各类学校和教育机构共同参与的终身教育体系。

第十章　优质教育资源建设与共享行动

按照政府主导、应用驱动、多方参与、共建共享的原则，到2015年，基本建成以网络资源为核心，覆盖各级各类教育，结构合理、内容丰富、形式多样、质量优良的数字教育资源体系。

建设数字教育资源公共服务平台。建设教育云资源平台，围绕全省优质数字教育资源建设需求，建设网上优质教育资源应用交流和教研社区，生成特色鲜明、内容丰富、风格多样的优质资源。平台上与国家教育资源平台相连，下与各单位资源平台相通，共同承担全省教育信息化优质资源共建共享任务。帮助所有学习者方便选择并获取优质资源和服务，实现优质资源共享和持续发展。

开发各级各类优质教育资源。建设并不断更新满足各级各类教育需求的优质数字资源，开发深度融入学科教学的课件素材、制作工具，完善各种资源库，建设优质网络课程和实验系统、虚拟实验室等，推进信息技术与现代教育深度融合。

完善基础教育资源。到2015年，建成面向学前教育、义务教育、高中教育、特殊教育和少数民族教育，覆盖所有学科，适应多种教学、学习方式的教育资源，学科教学资源及教学工具软件。形成基础教育数字化资源体系，完善基础教育资源库。

开发与战略新兴产业对接的职业教育资源。到2015年，形成覆盖200个专业课程、100种岗位的优质紧缺职业教育资源，100个对接我省18个重点产业的虚拟仿真实训软件、200个示范性技能培训课件。

丰富高等教育资源。完善精品课程评估与课程资源开放监测机制，推进精品开放课程建设、重点专业教学资源库建设，开发微型课件资源，探索新型课程组织形式，到2015年，建成统一规范的全省高等教育数字化专业资源库，形成覆盖高等教育各专业和主要课程的教育资源体系。鼓励和支持各高校积极参与“中国大学视频公开课”建设，推进优质课程公开。

开发继续教育资源。依托基础教育、职业教育、高等教育资源库，积极开发适合继续教育教学和研究的网络资源，构建继续教育资源体系。

建立数字教育资源共建共享机制。制定数字教育资源技术标准和审查、评价指标体系，建立政府引导、多方参与、市场调配、择优选用的资源生成机制，鼓励企业和其他社会力量开发优质数字教育资源、提供资源服务，形成人人参与建设、不断推陈出新的优质数字教育资源共建共享局面。建立政府购买公益服务和市场提供个性化服务相结合的服务配套机制，支持使用者按需购买资源与服务，提供公平竞争、规范交易的系统环境，支持校际间网络课程互选及资源共建共享活动。采取多种渠道，帮助贫困地区和薄弱学校享用优质的教育资源服务。

推进优质教育资源的普遍共享与深度应用。一是实施优质教育资源班班通工程。通过同步课堂、名师讲堂、名校网络课堂等多种方式，将优质教育资源推送到每一个班级，并在教学过程中得以普遍使用。二是实施网络学习空间人人通工程。按照教师优先、经济发达地区优先、职业教育优先的原则，使每个教师、高校学生、中学学生和职业类院校学生，都有一个实名的网络学习空间，通过资源推送、网校选课、网校辅导、建立名师工作室等多种方式，加大优质资源的开发、推送与共享，使信息技术与教育的融合落实到每个教师的教学工作和每个学生的学习工作中。

第十一章　学校信息化建设与应用能力提升行动

学校信息化建设与应用是教育信息化的主阵地。加强各级各类学校信息基础设施建设和信息化应用，是教育信息化工作的重要任务。

中小学校和中等职业类学校数字校园标准化建设。制定中小学校和中等职业学校数字校园建设标准，采用政府推动、示范引领、重点支持、分步实施的方式，推动中小学校、幼儿园、中等职业类学校加强网络等基础设施建设，推广学生学习终端，丰富学科教学工具、协作交流工具和知识可视化工具；创新教学模式，实现基础设施、教学资源、软件工具、应用能力等信息化建设与应用水平全面提升。利用网络技术，实现教学资源和智力资源的共享与传播，使每所学校实现教学、科研、管理和服务信息化，促进教育公平，提高教育质量和效益。

高校数字校园建设。大力推进高校数字校园建设，普及建设高速校园网络及数字化教学装备，建设完善的信息发布、网络教学、知识共享、管理服务和校园文化生活等数字化平台，推进系统整合与数据共享，鼓励高校建设私有云。构建高校科研协作与知识共享环境，推动高校科研组织模式和方法创新，促进科研成果转化为优质数字教育资源，实现科研与教学的互动与对接。推进并优化高校精品开放课程建设，促进高校优质教育资源共建共享和学分互认。积极开展基于项目的学习，推动教学内容和教学方法改革，促进人才培养模式创新。

推进教育信息化试点校和区域综合试点建设。以促进教育公平为重点，提高教育质量为核心，选择不同经济社会发展和教育发展水平的区域，不同类型和层次的学校，开展教育信息化建设与应用试点，建设一批教育信息化创新与改革试点校，一批教育信息化创新与改革实验区。通过试点校和实验区的建设，探索思路、积累经验、完善机制。鼓励企业和社会力量参与试点工作，鼓励教育发展水平不同的学校结对参与试点工作。

第十二章　教育管理信息系统建设行动

建设覆盖全面的教育管理信息系统，为各级各类学校和教育行政部门提供教育管理基础数据和管理决策平台，为公众提供公共教育信息和教育管理公共服务平台。

建立全省教育管理基础数据库和信息系统。建设覆盖全省各地和各级各类学校的教育管理基础数据库和教育管理信息系统，建设网络信息安全与运行维护保障体系，实现与国家级系统的有机衔接。建设全省云教育管理服务平台，为全省教育机构和各级各类学校提供管理信息系统等业务的应用服务。

加强省级教育门户网站和各级各类教育类网站群建设，完善和推广电子政务(校务)发布平台，按照“外网受理-内网办理-外网反馈”的工作模式，加强网上协同办公系统建设。整合各类就业信息资源，建立全省就业工作信息化管理与辅助决策体系，实现毕业生就业状况动态管理、监测与预警分析。建立研究生教育质量监控和评估体系。加快教育通讯员、评论员队伍建设，整合全省各级各类教育网络新闻资源，建立网上舆情监控体系，营造良好的教育网络宣传氛围。

推动学校管理信息系统建设与应用。通过分类指导、示范引领，加快学校管理信息化进程，推动基础教育和中等职业教育学校基于云服务的信息化管理。建立高校管理信息系统开源软件库，建立智慧型校园生活服务信息化平台。加强高校网络思想政治教育阵地建设，建设并完善高校党务信息管理系统和干部教育信息化平台。促进学校管理标准化、科学化，提高学校服务师生的能力与管理决策水平。

实现系统整合与数据共享。按照教育管理信息标准与编码规范，建立数据采集、交换共享、管理与应用的技术平台与工作机制，建立教育管理信息安全保障体系，衔接各级各类教育管理信息系统与基础数据库，实现系统互联与数据互通，建设纵向贯通、横向关联的教育管理信息化体系。

第十三章　教育信息化持续发展能力推进行动

可持续发展能力建设是教育信息化科学发展的关键举措。提升教师教育技术能力，推广应用教育信息化标准，建立教育信息化研究和运维体系，促进教育信息化的快速、可持续发展。

实施教育技术能力培训。建立和完善各级各类教师教育技术能力标准，实施培训、考核和认证一体化的教师教育技术能力建设，将教育技术能力评价纳入教师资格认证体系。开发面向各级各类教师的教育技术培训系列教材和在线课程，实行学科教师和技术人员的教育技术培训。建设教育技术能力在线培训平台和网上学习指导交流社区，依托高校或有培训能力的其他企事业单位，建设若干个省级培训基地。2015年，所有中小学和中等职业类学校教师基本完成初级培训，50%的中小学、60%中等职业类学校、80%高等院校教师和80%管理人员完成中级培训。

制定和推广教育信息化标准。按照国家有关规定和河南省实际情况，制定和完善教育信息化资源类、技术类和管理类标准，教育信息化发展水平的评估类指标，信息化环境设备配置标准等系列标准规范。建设教育信息化标准测试与认证机构，加大标准推广应用力度。到2015年，形成初步完备的教育信息化标准规范体系，设立标准咨询培训、测试认证和推广应用服务机构。

建立教育信息化技术支持和战略研究体系。设立教育信息化专门研究机构和专项研究课题，开展信息化推进政策措施、教育资源开发、信息技术在教学中的应用等方面研究，探索信息技术与教育教学深度融合的规律。通过信息化试点校和区域综合试点的集成创新，提供多种类型的系统解决方案，引导全省教育信息化快速、高效、稳步发展。依托河南省教育信息化专家委员会，跟踪、分析国内外教育信息化发展现状与趋势，提出发展战略与政策建议，为教育信息化决策提供咨询与参考。

第四部分　保障措施

第十四章　加强组织领导

健全教育信息化管理与服务体系。在各级教育行政部门和各级各类学校明确信息化发展任务与管理职责，完善技术支持服务体系，建立与教育信息化发展需要相适应的统筹有力、权责明确的教育信息化管理体制和高效实用的运行机制。

加强教育信息化工作的组织领导。推动各级教育行政部门建立健全教育信息化管理职能部门，在各级各类学校设立或明确信息化主管。

提升教育信息化领导力。建立教育行政部门、专业机构和学校管理者的定期培训制度，开展管理人员教育信息化领导力培训，提升信息化规划能力、管理能力和执行能力，逐步建立工作规范和评价标准，将管理者的信息化领导力列入考核内容。

第十五章　完善政策法规

制定和落实教育信息化优先发展政策。推动各级教育行政部门和各级各类学校制定教育信息化优先发展的配套政策措施。协调制定和落实各级各类学校、师生和相关教育机构在网络接入等方面的相关优惠政策。

完善教育信息化相关制度。将教育信息化列为政府教育督导内容，建立考核评估和奖惩机制。将教师教育技术能力纳入教师资格认证与考核体系。完善教育信息化相关部门、机构、中小学校等专业技术人员的岗位设置、编制管理与专业技术职务评聘办法。

建立教育信息化产业发展机制。积极吸引企业参与教育信息化建设，引导产学研用结合；营造开放灵活的合作环境，推动校校之间、校企之间、区域之间广泛合作。

第十六章　做好安全保障和技术服务

完善信息安全保障措施。制定和实施网络与信息安全建设管理规范，建立全方位安全保障体系，不断提高对恶意攻击、非法入侵等的预防和应急响应能力，确保教育教学、管理和服务等信息系统安全。采取有效的内容安全防护措施，提高网络有害行为防范能力，加大不良信息监管力度，防止有害信息传播。

完善教育信息化运行维护与技术支持服务体系。推进各级教育行政部门、教育机构、学校的信息化运行维护和技术服务体系建设。健全各级电教机构，建立各级、各类信息技术专业服务队伍，明确教育信息化专业人员岗位职责，制定相应的评聘办法，逐步提高专业技术人员待遇。健全完善网络设施及终端设备的更新淘汰机制。

第十七章　落实经费投入

建立经费投入保障机制。充分整合现有经费渠道，优化经费支出结构，在教育投入中加大对教育信息化的倾斜，保障教育信息化发展需求。特别要加强对农村和贫困地区教育信息化经费支持。同时，鼓励企业和社会力量投资和参与教育信息化建设和服务，形成多渠道筹集教育信息化资金的投入保障机制。

加强项目与资金管理。统筹安排经费使用，根据各地教育信息化发展阶段特征，及时调整经费支出重点，合理分配在硬件设施、软件系统、资源开发与配置、技术应用、人员培训、运行维护等各环节的资金使用比例。加强项目管理和经费监管，规范项目建设。实施教育信息化经费投入绩效评估，提高资金使用效率和效益。

实　施

本规划是落实《教育规划纲要》的专项规划，涉及面广、时间跨度大、任务重、要求高，必须周密部署、精心组织、认真实施，确保各项任务落到实处。

强化组织领导。本规划由省教育行政部门负责协调组织和督导实施。各地教育行政部门和各高校应以本规划为基础,制定本地、本校教育信息化建设规划和实施方案。

明确任务分工。省、市、县(市、区)教育行政部门及其他教育机构、科研机构和业内企业应明确各自角色分工,从政策落实、项目实施、技术研发、成果推广、应用示范等各方面协同推进。

实行目标考核。按照本规划定义的教育信息化十年发展目标和阶段建设指标施行考核,健全工作督导机制,分阶段落实本规划确定的各项发展任务和建设目标。

发挥示范引领。坚持以点带面、分类指导,充分发挥试点示范引领作用,逐步推动信息化在教育领域的深入应用。

营造支持环境。利用各种媒体、多种渠道,广泛宣传教育信息化的重要性和紧迫性,广泛宣传本规划的重要意义和具体内容,形成全社会关心、支持教育信息化建设的良好氛围,为本规划的落实执行创造支持环境。

河南省教育厅等十五部门转发教育部等十五部门《农村义务教育学生营养改善计划实施细则》等五个配套文件的通知

教体卫艺〔2012〕794号

各省辖市、省直管试点县(市)、重点扩权县(市)教育局、党委宣传部、发展改革委、监察局、财政局、农业局、卫生局、审计局、工商局、质量技术监督局、食品药品监管局、食品安全办、团委、妇联、供销社:

现将教育部等十五部门关于印发《农村义务教育学生营养改善计划实施细则》等五个配套文件转发给你们,请尽快转发给县级各相关部门、学校,并遵照执行。

河南省教育厅 中共河南省委宣传部 河南省发展和改革委员会 河南省监察厅 河南省财政厅 河南省农业厅 河南省卫生厅 河南省审计局 河南省工商行政管理局 河南省质量技术监督局 河南省食品药品监督管理局 河南省人民政府食品安全办公室 共青团河南省委员会 河南省妇女联合会 河南省供销合作总社

二〇一二年八月三十日

教育部等十五部门关于印发《农村义务教育学生营养改善计划实施细则》等五个配套文件的通知

教财〔2012〕2号

各省、自治区、直辖市教育厅(教委)、党委宣传部、发展改革委、监察厅(局)、财政厅(局)、农业厅(局)、卫生厅(局)、审计厅、工商局、质量技术监督局、食品药品监管局、食品安全办、团委、妇联、供销社,新疆生产建设兵团教育局、党委宣传部、发展改革委、监察局、财务局、农业局、卫生局、审计局、工商局、质量技术监督局、食品药品监管局、食品安全办、团委、妇联、供销社:

根据《国务院办公厅关于实施农村义务教育学生营养改善计划的意见》(国办发[2011]54号),为进一步规范对农村义务教育学生营养改善计划实施工作的管理,切实有效地改善农村学生营养健康状况,现将《农村义务教育学生营养改善计划实施细则》等五个配套文件印发给你们,请遵照执行。

附件:1.农村义务教育学生营养改善计划实施细则

2.农村义务教育学生营养改善计划食品安全保障管理暂行办法

3.农村义务教育学校食堂管理暂行办法

4.农村义务教育学生营养改善计划实名制学生信息管理暂行办法

5.农村义务教育学生营养改善计划信息公开公示暂行办法

二〇一二年五月二十三日

附件1：

农村义务教育学生营养改善计划实施细则

第一章　总　则

第一条　为贯彻落实《国务院办公厅关于实施农村义务教育学生营养改善计划的意见》(国办发[2011]54号)，指导各地科学有效地实施农村义务教育学生营养改善计划(以下简称营养改善计划)，切实改善农村学生营养状况，提高农村学生健康水平，依照国家有关法律法规和标准规范，特制定本细则。

第二条　本细则适用于实施营养改善计划的试点地区和学校，其他地区和学校可参照实施。

第二章　管理体制和职责分工

第三条　营养改善计划在国务院统一领导下，实行地方为主，分级负责，各部门、各方面协同推进的管理体制，政府起主导作用。

第四条　成立全国农村义务教育学生营养改善计划工作领导小组，统一领导和部署营养改善计划的实施。成员单位由教育部、中宣部、国家发展改革委、公安部、监察部、财政部、农业部、卫生部、审计署、国家工商总局、国家质检总局、国家食品药品监管局、国务院食品安全委员会办公室、共青团中央、全国妇联、全国供销合作总社等部门组成。领导小组办公室设在教育部，简称全国学生营养办，负责营养改善计划实施的日常工作。

第五条　营养改善计划实施主体为地方各级政府。地方各级政府要加强组织领导，主要负责人负总责，分管负责人分工负责。要建立责权一致的工作机制，层层成立领导小组和工作机构，明确工作职责，确保工作落实到位。

(一)省级政府负责统筹组织。统筹制定本地区实施工作方案和推进计划，统筹规划国家试点和地方试点；统筹制定相关管理制度和规范；统筹安排资金，改善就餐条件；统筹监督检查。督促有关食品安全监管部门，组织制定食品安全宣传教育方案，指导开展食品安全宣传教育；组织制定食品安全事故应急预案；统一发布食品安全信息。

(二)市级政府负责协调指导。督促县级政府和有关部门严格履行职责，认真实施营养改善计划，加强工作指导和监督检查。

(三)县级政府是学生营养改善工作的行动主体和责任主体，负责营养改善计划的具体实施。包括制定实施方案和膳食营养指南或食谱，确定供餐模式和供餐内容，建设、改造学校食堂(伙房)，制定工作管理制度，加强监督检查，对食品安全和资金安全负总责，主要负责人负直接责任。责成有关食品安全监管部门，组织开展食品安全事故应急预案制定及演练和学校食品安全事故调查。

第六条　各有关部门共同参与营养改善计划的组织实施，各司其职，各负其责。

(一)教育部门要把营养改善计划的实施作为贯彻落实教育规划纲要的重要工作，牵头负责营养改善计划的组织实施。会同有关部门做好实施方案，建立健全管理机制和监督机制。会同财政和审计等部门加强资金监管；会同财政、发展改革等部门加强学校食堂建设，改善学校供餐条件。配合有关部门做好食品安全监管，开展食品安全检查；配合卫生部门开展学生营养健康状况监测评估；配合卫生和食品安全等部门开展营养知识与食品安全宣传教育。

(二)财政部门要充分发挥公共财政职能，制定和完善相关政策，切实加大投入，落实专项资金，加强资金监管，提高经费使用效益。

(三)发展改革部门要加大力度支持农村学校改善供餐条件。加强农副产品价格监测、预警和监督检查，推进降低农副产品流通环节税费工作。

(四)农业部门负责对学校定点采购生产基地的食用农产品生产环节质量安全进行监管。鼓励和推动农产品生产企业、农民专业合作经济组织向农村学校供应安全优质食用农产品。从生产技术上指导和支持学校开展农产品种植、养殖等生产实践活动。

(五)工商部门负责供餐企业主体资格的登记和管理，以及食品流通环节的监督管理。

(六)质检部门负责对食品生产加工企业进行监管，查处食品生产加工中的质量问题及违法行为。

(七)卫生部门负责食品安全风险监测与评估、食品安全事故的病人救治、流行病学调查和卫生学处置；对学生营养改善提出指导意见，制定营养知识宣传教育和营养健康状况监测评估方案；在教育部门配合下，开展营养知识宣传教育和营养健康状况监测评估。

(八)食品药品监管部门负责餐饮服务食品安全监管，会同教育、农业、质检、工商等部门制定不同供餐模式的准入办法，与学校、供餐企业和托餐家庭(个人)签订食品安全责任书，安排专人负责，加强对食品原料采购、贮存、加工、餐用具清洗消毒、设施设备维护等环节的业务指导和监督管理。组织开展餐饮服务食品安全监督检查、食品安全知识培训。协助查处餐饮服务环节食品安全事故。

(九)食品安全议事协调机构的办事机构负责食品安全保障工作的综合协调。

(十)监察部门负责对地方各级政府和有关部门及其工作人员在营养改善计划实施过程中履行职责情况进行监督检查，查处违法违规行为。

(十一)审计部门负责对营养改善计划资金使用的真实

性、合法性及其效益进行审计和审计调查,保证资金安全。

(十二)宣传部门负责新闻宣传,引导各级各类新闻媒体,全面、客观地反映营养改善计划实施情况,营造良好舆论氛围。

(十三)供销部门要发挥供销合作社网络优势,在食品供销方面要加强产销衔接,减少流通环节,降低流通成本,提高流通效率;推动大型连锁超市以及农民专业合作社、生产基地、专业大户等直接与学校建立采购关系,形成高效、畅通、安全、有序的食品供给体系。

第七条 学校负责具体组织实施,实行校长负责制。重点做好食堂管理,保证校园食品安全,组织和管理学生就餐。开展对学生及家长的营养与食品安全知识宣传教育。建立由学生代表、家长代表、教师代表等组成的膳食委员会,充分发挥其在确定供餐模式、供餐单位、配餐食谱和日常监督管理等方面的作用。

第八条 鼓励共青团、妇联等人民团体,居民委员会、村民委员会等有关基层组织,以及企业、基金会、慈善机构等,在地方政府统筹下,积极参与学生营养改善工作,在营养与食品安全知识宣传、改善就餐条件、创新供餐方式、加强社会监督等方面发挥积极作用。

第九条 地方各级政府和有关部门要高度重视营养改善计划的宣传工作,做好宣传方案,采取多种形式,向全社会准确、深入宣传有关政策,努力营造全社会共同支持、共同监督和共同推进的良好氛围。

第十条 试点县和学校要在营养食谱、原料供应、供餐模式、食品安全、监管体系、营养宣传教育等方面积极探索、及时总结,为稳步推进营养改善计划积累经验,发挥示范和辐射作用。

第十一条 建立工作机制。

(一)实行主要领导负责制。将营养改善计划实施情况纳入地方各级政府工作绩效评价体系,明确地方各级政府主要领导是营养改善计划实施的第一责任人,对本行政区域营养改善计划实施工作负领导责任;分管营养改善计划的负责人是直接责任人,其他负责人对分管的工作负管理责任。

(二)实行目标责任制。地方各级政府、部门、学校和有关企业(个人)之间层层签订目标责任书,并按照目标责任书的要求进行考核评估。根据考评结果,对未能切实履行责任的,限期纠正,必要时暂停拨付相关专项经费;对工作组织得力、任务完成较好的,予以表彰或给予奖励性补助。

(三)建立工作通报制度。全国学生营养办定期编发工作简(通)报,每月通报工作进展情况,宣传好的经验与做法,反映普遍性问题,加强对营养改善计划实施工作的指导和督办。各省、市、县学生营养办定期以工作简报、工作报告等形式逐级反映和上报本地营养改善计划实施情况。

(四)建立信息公开制度。地方各级政府应明确规定信息公开的内容、方式,保证信息公开的公正、公平、便民和及时、准确;采取多种方式,及时将工作方案、实施进展、运行结果向社会公示;督促供餐单位和个人定期公布配餐食谱、数量和价格,严禁克扣和浪费。

第十二条 试点地区以县为单位制定具体实施方案,经省级政府汇总审核后,报教育部、财政部备案。

第三章 供餐内容与模式

第十三条 试点县和学校根据地方特点,按照安全、营养、卫生的标准,因地制宜确定适合当地学生的供餐内容。

(一)供餐形式。以完整的午餐为主,无法提供午餐的学校可以选择加餐或课间餐。

(二)供餐食品。必须符合有关食品安全标准和营养要求,确保食品新鲜安全。供餐食品特别是加餐应以提供肉、蛋、奶、蔬菜、水果等食物为主,不得以保健品、含乳饮料等替代。有条件的学校可适度开展勤工俭学,补充食品原料供应。

(三)供餐食谱。参照有关营养标准,结合学生营养健康状况、当地饮食习惯和食物实际供应情况,科学制定供餐食谱,做到搭配合理、营养均衡。

第十四条 试点县和学校根据不同情况,确定供餐模式,以学校食堂供餐为主,企业(单位)供餐模式为辅。对一些偏远地区暂时不具备食堂供餐和企业(单位)供餐条件的学校和教学点,可实行家庭(个人)托餐。

(一)学校食堂供餐。由学校食堂为学生提供就餐服务。

(二)企业(单位)供餐。向具备资质的餐饮企业、单位集体食堂购买供餐服务。

(三)家庭(个人)托餐。由学校附近家庭或个人,在严格规范准入的前提下,承担学生就餐服务。

试点地区应加快学校食堂(伙房)建设与改造,在一定过渡期内,逐步以学校食堂供餐替代校外供餐。具体过渡期由省级政府统筹确定。

第十五条 营养改善计划实行供餐准入机制。

(一)学校食堂在取得餐饮服务许可证后方可为学生供餐;供餐企业(单位)必须在取得餐饮服务许可证并经相关部门审核后方可为学生供餐;托餐家庭(个人)必须符合准入要求并经相关部门审核后方可供餐。地方政府应为托餐家庭(个人)改善供餐条件提供必要支持。

供餐企业(单位)、托餐家庭(个人)具体准入办法由省级食品药品监管部门会同教育、质检、工商等部门制定。同时应结合实际,定期进行修订。

(二)县级政府组织招标,确定纳入营养改善计划的供餐企业(单位)、托餐家庭(个人)推荐名单,并向社会公示,供学校选择和社会监督。不具备准入要求的,严禁参与招标。

(三)采取校外供餐的学校要将食品安全作为首要条件,在县级政府确定的推荐名单中进行选择。

第十六条 实行供餐退出机制。

对企业(单位)供餐、家庭(个人)托餐实行退出机制。凡出现下列情况之一者,停止供餐资格。

(一)违反食品安全法律法规,被食品药品监管部门吊销或注销餐饮服务许可证的;违反相关法律法规,被登记机关吊销营业执照的。

(二)发生食品安全事故的,包括已供餐或已纳入营养改善计划推荐名单但未实施供餐的供餐企业(单位)、托餐家庭(个人)。

(三)食品药品监管部门日常监督检查中发现存在采购加工《食品安全法》禁止生产经营的食品、使用非食用物质及滥用食品添加剂、降低食品安全保障条件等食品安全问题，经整改仍达不到要求的。

（四）出现降低供餐质量标准、随意变更供餐食谱、擅自更换履约人等其他违反法律法规或合同（协议）的行为的。

（五）供餐期间存在克扣、减量、延时、拒绝供餐或服务态度恶劣等行为，情节较为严重的。

（六）在学校膳食委员会组织的测评中，两次不合格的。

具体退出办法由省级食品药品监管部门、教育部门会同有关部门制定。

第十七条 科学指导营养供餐。

（一）县级以上政府成立学生营养指导专家组。制定膳食营养指南或食谱，指导试点县、试点学校、供餐企业（单位）、托餐家庭（个人）科学合理供餐。组织开展学生营养状况监测与评估。制定营养宣传教育指南，指导学校及社会进行营养科普宣传。

（二）试点县和学校应结合学生营养状况，根据专家组制定的膳食营养指南或带量食谱，选择肉、蛋、奶和其他营养价值较高的食品作为主要供餐内容，建立定时、定量供给制度，保证学生充足的能量和营养摄入。

第十八条 加强营养知识宣传教育。

（一）充分利用各种宣传教育形式，向学生、家长、教师、学校管理人员和供餐人员普及科学营养知识，提高全社会对学生营养改善工作重要性的认识，培养科学的营养观念，促进科学合理供餐。

（二）严格落实国家教学计划规定的健康教育时间，对学生进行营养知识宣传教育，建立健康的饮食行为模式，引导学生拒绝食用不健康食品，使广大学生能够利用营养知识终身受益。

第十九条 建立学生营养健康状况监测与评估制度。

试点县要按照国家制定的监测评估方案，确定一定数量的学校作为学生营养健康状况监测点，每年至少开展一次学生营养健康状况常规监测与评估。在常规监测的基础上，每年对部分试点地区和学校开展重点监测，及时跟踪了解学生营养改善情况，为学生营养改善工作提供科学依据。

第四章 食堂建设和管理

第二十条 改善学校食堂就餐条件。

（一）各地应结合当地社会经济发展规划和教育事业发展规划，在摸清底数的基础上，统筹制定学校食堂建设规划，分期实施，逐步达标。

（二）各地要统筹安排农村中小学校舍维修改造长效机制资金和中西部农村初中校舍改造工程项目，将学生食堂列为重点建设内容，使其达到餐饮服务许可的标准和要求。

中央财政在农村义务教育薄弱学校改造计划中专门安排食堂建设资金，对中西部地区农村学校改善就餐条件进行补助，并向国家试点地区适当倾斜。

（三）地方政府负责学校食堂建设及饮水、电力设施改造，厨具、餐具、清洗消毒设备配置等基础条件的改善，使其达到餐饮服务许可的标准和要求。

（四）学校食堂建设要本着“节俭、安全、卫生、实用”的原则，严禁超标准建设。规模较小学校，可以根据实际，利用闲置校舍改造食堂（伙房）、配备相关设施设备，为学生就餐提供基本条件。尊重少数民族饮食习惯，有清真餐需求的学校应设立清真灶。

（五）学校食堂（伙房）建设（改造）方案应经食品药品监管部门审核后方可实施，避免建成后不符合餐饮服务许可要求。食品药品监管部门应对学校食堂建设进行餐饮安全指导。

第二十一条 重视学校食堂管理。

（一）地方各级教育部门应会同有关部门，加强对学校食堂工作的指导和监督。在考核学校工作时，将食堂管理作为重要指标。

（二）学校应加强对食堂工作的领导与管理，建立健全覆盖各个环节的规章制度，实行校长负责制，配备专职或兼职食品安全管理员。应充分发挥膳食委员会在配餐食谱、食堂管理和检查评议等方面的作用。

（三）地方政府要根据当地实际为农村学校食堂配备合格工作人员并妥善解决待遇和专业培训等问题。从业人员不足的，应优先从富余教师中转岗，也可以采取购买公益性岗位的方式从社会公开招聘。人员招聘按照“省定标准、县级聘用、学校使用”的原则进行。从业人员必须具备相关条件，每年进行健康检查，定期接受业务技能培训。

（四）学校食堂应以服务师生为宗旨，按照“公益性、非营利性”的原则，合理确定伙食费标准和配餐方案，并报县级教育、卫生、价格管理部门备案。

（五）学校食堂一般应由学校自主经营，统一管理，封闭运营，不得对外承包。已承包的，合同期满，立即收回；合同期未满的，给予一定的过渡期，由学校收回管理。由社会投资建设、管理的学校食堂，经当地政府与投资者充分协商取得一致后，可由政府购买收回，交学校管理。

第二十二条 加强学校食堂财务管理。

（一）学校食堂实行专账核算。要加强收支管理、成本核算和票据管理，加强内控监督，确保资金使用安全、规范和有效。

（二）学校食堂结余款项滚动使用，统一用于改善学生伙食，不得用于学校教职工福利、奖金、津贴等支出或挪作他用。

（三）学校食堂实行财务公开，自觉接受学生、家长和膳食委员会的监督。学校食堂每学期期末应将食堂收支情况全面结算，结果向学校师生和家长公开，同时报送县级学生营养办备案。

第五章 食品质量与安全

第二十三条 试点地区应严格遵循食品安全法律法规，建立完善食品安全保障机制，落实食品安全保障措施。试点县要指定专门机构、落实专门人员负责营养改善计划的食品安全工作。

第二十四条 试点地区应坚持安全第一、稳步推进的原则，组织职能部门，对所辖学校供餐条件进行食品安全风险评估，按照评估情况，安排所辖学校分期分批实施营养改善计划。

凡供餐条件不能满足食品安全要求的学校,暂缓实施营养改善计划。

第二十五条 学校食堂、供餐企业(单位)、托餐家庭(个人)必须依法经营,建立健全食品安全管理制度,规范食品采购、贮存、加工、留样、配送等环节的管理。

(一)食品采购。建立大宗食品及原辅材料招标制度,凡进入营养改善计划的米、面、油、蛋、奶等大宗食品及原辅材料要通过公开招标、集中采购、定点采购的方式确定供货商。建立食品采购索证索票、进货查验和供货商评议制度,不得采购不合格食品。

(二)食品贮存。食品贮存场所要符合卫生安全标准,配备必要的食品储藏保鲜设施;建立健全食品出入库管理制度和库存盘点制度;食品贮存应当分类、分架,安全管理;遵循先进先出的原则,及时清理销毁变质和过期的食品。

(三)食品烹饪。需要熟制烹饪的食品应烧熟煮透,其烹饪时食品中心温度应不低于70℃。严禁使用非食用物质加工制作食品。食品添加剂的使用应符合有关规定,严禁超范围、超剂量使用。

(四)食品留样。每餐次的食品成品必须留样。留样食品应按品种分别盛放于清洗消毒后的密闭专用容器内,并放置于专用冷藏设施中冷藏48小时。

(五)食品配送。供餐企业(单位)必须具备送餐条件和资质。送餐车辆及用具必须清洁卫生。运输过程中食品的中心温度应保持在60℃以上。

第二十六条 实行学校负责人陪餐制度。学校负责人应轮流陪餐(餐费自理),做好陪餐记录,及时发现和解决营养供餐过程中存在的问题和困难,总结和推广好的经验和做法。

第二十七条 食品安全培训。

县级有关部门要定期组织食品安全专家通过现场指导、培训等多种形式,增强学校、供餐企业(单位)、托餐家庭(个人)食品安全意识,强化食品安全管理措施,提高应对食品安全事故的能力。有条件的试点县,可将涉及营养改善计划的食品供货商等一并纳入培训。

第二十八条 完善食品安全事故应急处理机制。

逐级逐校制定详细的应急预案,明确突发情况下的应急措施,细化事故信息报告、人员救治、危害控制、事故调查、善后处理、舆情应对等具体工作方案,并定期组织演练。

第六章 资金使用与管理

第二十九条 资金安排。

(一)国家试点地区营养膳食补助按照国家规定的标准核定,所需资金由中央财政专项资金支持。

(二)鼓励有条件的地方在国家试点地区以外开展营养改善计划地方试点工作(以下简称地方试点)。地方试点应当以贫困地区、民族地区、边疆地区、革命老区等为重点,所需资金由地方财政统筹安排。

对地方试点工作开展较好并取得一定成效的省份,中央财政根据经费投入、组织管理、实施效果等情况给予奖励性补助。

(三)在实施营养改善计划的同时,继续落实好农村义务教育家庭经济困难寄宿生生活费补助(简称"一补")政策,不得用中央专项资金抵减"一补"资金。

(四)鼓励企业、基金会、慈善机构等捐资捐助,在地方政府统筹下,积极开展营养改善工作,并按规定享受税费减免优惠政策。

第三十条 资金拨付。

省级财政部门应于收到中央专项资金预算文件25个工作日内,将预算分解到县。将营养改善计划专项资金纳入国库管理,实行分账核算,按照财政国库管理制度有关规定及时支付。

第三十一条 资金使用。

中央专项资金要全额用于为学生提供营养膳食,补助学生用餐,不得以现金形式直接发放给学生个人和家长。中央专项资金结余滚动用于下一年度学生营养改善计划。

营养改善计划专项资金应专款专用,严禁克扣、截留、挤占和挪用。

第三十二条 资金监管。

(一)财政部门应将专项资金管理使用情况列入重点监督检查范围。教育部门应当将专项资金的使用管理纳入教育督导的重要内容,定期进行督导。

各学校要建立健全内部控制制度,强化内部监管,主动接受审计部门的监督。

(二)各地应结合现有学籍管理平台,建立营养膳食补助实名制学生信息管理系统,对学生人数、补助标准、受益人数等情况进行动态监控,严防套取、冒领资金。

(三)各地要定期公布学生营养改善计划资金总量、学校名单及受益学生人数等信息。试点学校、供餐企业(单位)和托餐家庭(个人)应定期公布经费账目、配餐标准、带量食谱,以及用餐学生名单等信息,接受学生、家长和社会监督。

第七章 监督检查和责任追究

第三十三条 各级政府和有关部门按照职责分工,实行国家重点督查、省市定期巡查、县级经常自查,一级抓一级,层层抓落实,促进营养改善计划实施公开透明、廉洁运作。

地方各级政府要建立问责制度,制定专门的监督检查办法,对营养改善计划的实施进行全过程监督。

第三十四条 监督检查方式。采用日常监督检查与专项监督检查相结合、内部监督检查与外部监督检查相结合等方式,进行全过程、全方位、常态化监督检查。

(一)日常监督。各有关部门和学校对本系统(单位)履行工作职责情况进行监督检查。教育督导部门要把营养改善计划实施情况作为重要工作内容定期督导;审计部门对资金管理使用情况进行审计监督;监察部门对有关职能部门履行工作职责情况进行监督。

(二)专项监督。在各级政府的领导下,由各级学生营养办牵头,组织相关部门对营养改善计划实施情况进行定期或不定期的重点督查及专项检查。

(三)人大政协监督。地方各级政府要主动将营养改善计划实施情况向同级人大、政协报告,接受监督。

(四)社会监督。各地应成立学生、家长、教师代表和社会各界代表共同组成的监督小组,设置举报电话和公众意见箱,广泛接受社会监督。

第三十五条 监督检查重点。

监督检查的重点是食品安全、资金安全和职责履行,主要内容包括:

(一)食品安全。

1.是否建立和实施供餐准入和退出机制。

2.供餐单位是否办理餐饮服务许可证。

3.供餐单位餐饮服务从业人员是否具有健康证明,是否按要求接受相关培训。

4.大宗食品及原辅材料的供货商是否通过公开招标、集中采购、定点采购的方式确定,程序是否合规合法。

5.食品采购、贮存、加工、供应等环节是否符合有关法律法规和标准。

6.学校选定的供餐模式是否科学,食物搭配是否合理,供餐食品是否满足营养需求,是否建立营养监测与评估制度。

7.是否制定食品安全事故应急预案,是否发生食品安全事故,事故发生后是否及时有效处理,相关单位和人员责任是否追究到位。

(二)资金安全。

1.年度预算是否及时下达,资金拨付是否符合财政国库管理有关规定。

2.是否专款专用,是否存在截留、滞留、挤占、挪用、套取、虚报、冒领等问题。

3.是否出现虚列支出、白条抵账、虚假会计凭证和大额现金支付等情况。

4.纳入政府采购范围的项目是否符合程序。

5.结余资金是否按规定使用与管理。

6.食堂聘用人员工资、设备设施购置等费用是否纳入当地财政预算,是否挤占学校公用经费。

7.是否按规定落实有关税费减免优惠政策。

(三)职责履行。

1.政府主导作用是否得到落实。

2.相关职能部门是否严格履行工作职责,监督管理是否规范。

3.是否成立营养改善计划领导小组和工作机构,是否有专门人员负责日常工作,是否有必要的办公条件和工作经费。

4.是否建立健全相关工作机制,领导小组成员单位之间有无推诿扯皮现象。

5.各项规章制度是否健全,是否制定了本地监督管理办法,是否有效执行。

6.对营养改善计划执行情况是否定期进行跟踪督导、检查。

7.营养改善计划实施过程中出现的问题是否及时、有效整改,相关人员的责任是否追究到位。

第三十六条 处理与责任追究。

对地方各级政府和有关部门及其工作人员在实施营养改善计划过程中的违法违纪行为,依照有关规定追究责任;涉嫌犯罪的移交司法机关依法处理。

第八章 附 则

第三十七条 各地可依据本细则制定具体实施办法。在营养改善计划实施过程中涉及的有关困难和问题,由各级学生营养办协调有关部门,依照相关法律法规解决。本级学生营养办无法解决的重大问题,逐级上报。

第三十八条 本细则由教育部、中宣部、国家发展改革委、监察部、财政部、农业部、卫生部、审计署、国家工商总局、国家质检总局、国家食品药品监管局、国务院食品安全委员会办公室、共青团中央、全国妇联、全国供销合作总社负责解释。

第三十九条 本细则自印发之日起施行。

附件2:

农村义务教育学生营养改善计划
食品安全保障管理暂行办法

第一章 总 则

第一条 为贯彻落实《国务院办公厅关于实施农村义务教育学生营养改善计划的意见》(国办发[2011]54号)要求,加强和规范农村义务教育学生营养改善计划(以下简称营养改善计划)实施过程中的食品安全管理,保障学生饮食安全,特制定本办法。

第二条 本办法依据《中华人民共和国食品安全法》及其实施条例、《突发公共卫生事件应急条例》、《国家食品安全事故应急预案》等相关法律法规制定。

第三条 本办法适用于实施营养改善计划的试点地区和学校,其他地区和学校可参照执行。

第二章 组织领导和职责分工

第四条 营养改善计划实施过程中的食品安全管理按照“政府负责、部门协同,分级管理、以县为主”的原则,建立各司其职、各负其责、密切配合、齐抓共管的工作机制。

(一)地方各级政府要加强食品安全工作的组织领导,建立权责一致、全程监管的食品安全保障机制。

省级政府领导和统筹管理本行政区域食品安全工作。制定食品安全保障办法。督促有关食品安全监管部门,组织制定食品安全宣传教育方案,指导开展食品安全宣传教育;组织制定食品安全事故应急预案;统一发布食品安全信息。督促各有关部门依法履行食品安全监管职责,督促试点地区建立并落实食品安全保障制度和措施。统筹制定学校食堂建设规划,改善学生就餐条件。

市级政府负责协调指导食品安全管理工作。加强监督检查,督促县级政府和各有关食品安全监管部门严格履行食品安全监管职责。

县级政府是食品安全工作的行动主体和责任主体。负责制定食品安全保障实施方案。确定不同类型学校的供餐模式,制定企业(单位)供餐、家庭(个人)托餐等校外供餐招投标办法并组织招标工作。指定专门机构、落实专门人员负责食品安全工作。加强监督检查,督促各有关部门依法履行食品安全监管职责。责成有关食品安全监管部门,组织开展食品安全事故应急预案制定及演练和学校食品安全事故调查。

(二)各监管部门要依法履行食品安全监管职责,确保生产、采购、贮存、加工、供应等关键环节安全可控。

1.食品安全议事协调机构的办事机构负责食品安全保障工作的综合协调。

2.农业部门负责对学校定点采购生产基地的食用农产品生产环节质量安全进行监管。

3.工商部门负责供餐企业主体资格的登记和管理,以及食品流通环节的监督管理。

4.质检部门负责对食品生产加工企业进行监管,查处食品生产加工中的质量问题及违法行为。

5.卫生部门负责食品安全风险监测与评估、食品安全事故的病人救治、流行病学调查和卫生学处置。

6.食品药品监管部门负责餐饮服务食品安全监管,会同教育、农业、质检、工商等部门制定不同供餐模式的准入办法,与学校、供餐企业和托餐家庭(个人)签订食品安全责任书,安排专人负责,加强对食品原料采购、贮存、加工、餐用具清洗消毒、设施设备维护等环节的业务指导和监督管理。组织开展餐饮服务食品安全监督检查、食品安全知识培训。协助查处餐饮服务环节食品安全事故。

7.教育部门负责学校食品安全管理。督促学校建立健全食品安全管理制度,落实食品安全保障措施,开展食品安全宣传教育。按照规定开展学校食堂食品安全日常自查。配合食品药品监管等部门与学校、供餐企业(单位)和托餐(家庭)个人签订食品安全责任书,并进行食品安全检查。

8.其他相关部门按照各自职责协助做好食品安全保障工作。

第五条 学校食品安全实行校长负责制。建立健全并落实食品安全管理制度。在食品安全监管部门的指导下,制定食品安全事故应急预案,定期开展演练。不具备食堂供餐条件的学校必须从县级政府纳入营养改善计划的供餐企业(单位)、托餐家庭(个人)推荐名单中选择供餐单位,并签订供餐合同(协议),明确双方的权利和义务。要充分发挥由学生、家长、教师等代表组成的膳食委员会在确定供餐模式、供餐单位、配餐食谱和食品安全监督管理等方面的作用。

第六条 供餐企业(单位)、托餐家庭(个人)必须严格自律,依法经营,建立健全食品安全管理制度,做好食品采购、贮存、加工、供应等环节的安全管理,接受社会监督。

第七条 鼓励社会参与。鼓励共青团、妇联等人民团体,居民委员会、村民委员会等有关基层组织,以及企业、基金会、慈善机构等,在地方政府统筹下,积极参与农村义务教育学生营养改善工作,在食品安全知识宣传、改善就餐条件、加强社会监督等方面发挥积极作用。

第三章 供餐准入及退出管理

第八条 实行供餐准入机制。

(一)学校食堂准入管理。

学校食堂(伙房)必须在办理餐饮服务许可证后方可为学生供餐。学校食堂建设与设施设备配备应当符合《餐饮服务许可管理办法》和《餐饮服务许可审查规范》规定的相关要求。学校食堂准入的基本要求如下:

具有与制作供应的食品品种、数量相适应的食品原料处理和食品烹饪、贮存等场所,保持该场所环境整洁,并与有毒、有害场所以及其他污染源保持规定的距离;

具有与制作供应的食品品种、数量相适应的经营设备或者设施,有相应的消毒、更衣、洗手、采光、照明、通风、冷冻冷藏、防尘、防蝇、防鼠、防虫、洗涤以及处理废水、存放垃圾和废弃物的设备或者设施;

具有合理的布局和加工流程,防止待加工食品与直接入口食品、原料与成品交叉污染,避免食品接触有毒物、不洁物;

具有经食品安全培训、符合相关条件的食品安全管理人员,以及与本单位实际相适应的保证食品安全的规章制度。

(二)供餐企业(单位)准入管理。

1.供餐企业(单位)必须在办理餐饮服务许可证并经相关部门审核后方可为学生供餐。具体准入办法由省级食品药品监管部门会同教育部门等有关职能部门制定。

2.供餐企业(单位)必须具有送餐资质和条件。配送条件应当符合食品操作规范的相关规定。

3.供餐企业(单位)供餐人数不得超出其供餐能力。

(三)托餐家庭(个人)准入管理。

1.托餐家庭(个人)必须符合准入要求并经相关部门审核后方可供餐。具体准入办法由省级食品药品监管部门会同教育部门等有关职能部门制定。

2.托餐家庭(个人)应当具备餐饮安全的基本条件,场所应当清洁卫生,服务人员应当具有健康证明,接受食品安全培训,加工过程应做到生熟分开,严防交叉污染,具备清洗消毒条件。

3.托餐家庭(个人)供餐人数不得超出其供餐能力。

4.托餐家庭(个人)不得提供送餐服务。

5.地方政府应为托餐家庭(个人)改善供餐条件提供相应支持。

(四)县级政府通过招标确定纳入营养改善计划的供餐企业(单位)、托餐家庭(个人)推荐名单,并向社会公示,供学校选择和社会监督。要严格审核供餐企业(单位)、托餐家庭(个人)的资质,不具备相应资质的,严禁从事营养改善计划的供餐、托餐服务。

(五)选择校外供餐服务的学校要将食品安全作为首要条件。不得选择未纳入营养改善计划推荐名单的供餐企业(单位)、托餐家庭(个人)提供供餐服务。

第九条 实行供餐退出机制。

对企业(单位)供餐、家庭(个人)托餐等校外供餐实行退出机制。出现下列情况之一者,由县级政府停止其供餐资格。

1.供餐企业(单位)违反食品安全法律法规被食品药品监管部门吊销或注销餐饮服务许可证。

2.发生食品安全事故者,包括已供餐或已纳入营养改善计划推荐名单但尚未实施供餐的供餐企业(单位)、托餐家庭(个人)。

3.食品药品监管部门在监督检查中发现存在采购加工《食品安全法》禁止生产经营的食品、使用非食用物质及滥用食品添加剂、降低食品安全保障条件等食品安全问题,经整改仍达不到要求的。

4.出现其他违反法律法规及有关规定的行为。

具体退出办法由省级食品药品监管部门、教育部门会同有关部门制定。

第四章 食品安全管理

第十条 制度建设与管理。

(一)学校、供餐企业(单位)、托餐家庭(个人)应当建立健全食品安全管理制度,配备专职或兼职食品安全管理员。食品安全管理制度主要包括:从业人员健康管理和培训制度,从业人员每日晨检制度,加工经营场所及设施设备清洁、消毒和维修保养制度,食品(原料)、食品添加剂、食品相关产品采购索证索票、进货查验和台账记录制度,食品贮存、加工、供应管理制度,食品安全事故应急预案以及食品药品监管部门规定的其他制度。

(二)学校食堂由学校自主经营,统一管理,封闭运营,不得对外承包。已承包的,合同期满,立即收回;合同期未满,给予一定的过渡期,由学校收回管理。由社会投资建设、管理的学校食堂,经当地政府与投资者充分协商取得一致后,可由政府购买收回,交学校管理。

第十一条 从业人员卫生管理要求

(一)餐饮服务从业人员(包括临时工作人员)每年必须进行健康检查,取得有效的健康合格证明后方可从事餐饮服务。凡患有痢疾、伤寒、甲型病毒性肝炎、戊型病毒性肝炎等消化道传染病,以及患有活动性肺结核、化脓性或者渗出性皮肤病等有碍食品安全疾病的,不得从事接触直接入口食品的工作。

(二)从业人员必须定期参加有关部门和单位组织的食品安全培训,增强食品安全意识,提高食品安全操作技能。

(三)实行每日晨检制度。发现有发热、腹泻、皮肤伤口或感染、咽部炎症等有碍食品安全病症的人员,应立即离开工作岗位,待查明原因并将有碍食品安全的病症治愈后,方可重新上岗。

(四)从业人员要有良好的个人卫生习惯。必须做到:工作前、处理食品原料后、便后用肥皂及流动清水洗手;接触直接入口食品之前应洗手消毒;穿戴清洁的工作衣、帽,并把头发置于帽内;不得留长指甲、涂指甲油、戴戒指加工食品;不得在食品加工和销售场所内吸烟。

第十二条 食品采购。

从食品生产单位、批发市场等采购的,严格执行《餐饮服务食品采购索证索票管理规定》,应当查验、索取并留存供货者的相关许可证和产品合格证明等文件;从固定供货商或者供货基地采购的,应当查验、索取并留存供货商或者供货基地的资质证明、每笔供货清单等;从超市、农贸市场、个体工商户等采购的,应当索取并留存采购清单。

第十三条 食品贮存。

食品贮存场所应符合卫生安全标准。食品和非食品库房应分开设置,配置良好的通风、防潮、防鼠等设施,配备必要的食品储藏保鲜设施。

建立健全食品出入库管理制度和收发登记制度。遵循先进先出的原则,及时清理销毁变质和过期的食品。

食品贮存应当分类、分架,安全管理。采购的食品以及待加工的食品应按照食品标签要求进行保存,需要冷藏的要及时进行冷藏贮存;熟制品、半成品与食品原料应分开存放,并明显标识,防止交叉污染;不得接触有毒物、不洁物。

第十四条 食品加工。

加工过程应认真执行《餐饮服务食品安全操作规范》。需要熟制烹饪的食品应烧熟煮透,其烹饪时食品中心温度应不低于70℃。

不得向学生提供腐败变质或者感官性状异常,可能影响学生健康的食物;不得制售冷荤凉菜、四季豆等高风险食品。

严格按照规定使用食品添加剂。严禁超范围、超剂量使用食品添加剂,不得采购、贮存、使用亚硝酸盐。严禁使用非食用物质加工制作食品。

第十五条 食品留样。

每餐次的食品成品必须留样,并按品种分别盛放于清洗消毒后的密闭专用容器内,放置于专用冷藏设施中冷藏48小时。每个品种留样量应满足检验需要,不少于100克,并记录留样食品名称、留样量、留样时间、留样人员、审核人员等。

第十六条 餐用具清洗与消毒。

按照要求对食品容器、餐用具进行清洗消毒,并存放在专用保洁设施内备用。提倡采用热力方法进行消毒。采用化学方法消毒的必须冲洗干净。不得使用未经清洗和消毒的餐用具。

第十七条 食品配送。

送餐车辆及工用具必须保持清洁卫生。每次运输食品前应进行清洗消毒,在运输装卸过程中也应注意保持清洁,运输后进行清洗,防止食品在运输过程中受到污染。

集体用餐配送的食品不得在10℃-60℃的温度条件下贮存和运输,从烧熟至食用的间隔时间(保质期)应符合以下要求:

烧熟后2小时的食品中心温度保持在60℃以上(热藏)的,其保质期为烧熟后4小时。

烧熟后2小时的食品中心温度保持在10℃以下(冷藏)的,保质期为烧熟后24小时,供餐前应加热,加热时食品中心温度不应低于70℃。

第五章 食品安全事故应急处理

第十八条 发生学生食物中毒等食品安全事故后,学校应立即采取下列措施:立即停止供餐活动;协助医疗机构救治病人;立即封存导致或者可能导致食品安全事故的食品及其原料、工用具、设备设施和现场,并按照相关监管部门的要求采取控制措施;积极配合相关部门进行食品安全事故调查处理,按照要求提供相关资料和样品;配合有关部门对共同进餐的学生进行排查;与中毒学生家长联系,通报情况,做好思想工作;根据相关部门要求,采取必要措施,把事态控制在最小范围。

学校应在2小时之内,向当地卫生、教育、食品药品监管等部门报告。不得擅自发布食品安全事故信息。

第十九条 卫生、教育等行政部门接到食品安全事故报告,或查明食品安全事故原因后,应当立即上报同级人民政府和上级主管部门,同时立即通报同级食品药品监督管理部门和其他有关部门。

第二十条 卫生行政部门依法组织对事故进行分析评估,核定事故级别。一般、较大、重大食品安全事故,分别由事故所在地的县、市、省级政府成立相应应急处置指挥机构,统一组织开展本行政区域事故应急处置工作。特别重大食品安全事故,由卫生部会同国务院食品安全办向国务院提出启动I级响应的建议,经国务院批准后,成立国家特别重大食品安全事故应急处置指挥部(以下简称指挥部),统一领导和指挥事故应急处置工作。

第二十一条 卫生行政部门应及时组织医疗机构对中毒(患病)人员进行救治,协助食品安全综合协调部门和有关部门对事故现场进行卫生学处理。卫生行政部门组织疾病预防控制机构开展流行病学调查,相关部门及时组织检验机构开展抽样检验,尽快查找食品安全事故发生的原因。

第二十二条 食品安全监管部门应当依法强制就地或异地封存事故相关食品及原料和被污染的食品工用具等,待有关部门查明导致食品安全事故的原因后,责令食品生产经营者彻底清洗消毒被污染的食品工具及用具,消除污染。

第二十三条 对确认受到有毒有害物质污染的相关食品及原料,农业、质量监督、工商、食品药品监管等部门应当依法责令生产经营者召回、停止经营并销毁。检验后确认未被污染的应当予以解封。

第六章 监督检查

第二十四条 地方各级政府和有关部门要按照职责分工,采用日常监督检查与专项监督检查相结合、内部监督检查与外部监督检查相结合等方式,进行全过程、全方位、常态化监督检查。

第二十五条 有关部门依法开展对学校食堂、供餐企业(单位)、托餐家庭(个人)的食品安全监管和检查。有权采取下列措施:

(一)进入学生餐经营场所实施现场检查;

(二)对学生餐进行抽样检验;

(三)查阅、复制有关合同、票据、账簿以及其他有关资料;

(四)查封、扣押有证据证明不符合食品安全标准的食品、违法使用的食品和原料、食品添加剂、食品相关产品以及用于违法生产经营或者被污染的工具、设备;

(五)查封违法从事食品经营活动的场所。

第二十六条 有关部门应当建立学校食堂、供餐企业(单位)、托餐家庭(个人)食品安全信用档案,记录许可颁发、日常监督检查结果、违法行为查处等情况;根据食品安全信用档案的记录,对有不良信用记录的食品经营者增加监督检查频次。

第二十七条 在监督检查过程中,对发现的违法行为,要求责令改正,并依法进行行政处罚。

第七章 责任追究

第二十八条 建立食品安全责任追究制度。对违反法律法规、玩忽职守、疏于管理,导致发生食品安全事故,或发生食品安全事故后迟报、漏报、瞒报造成严重不良后果的,追究相应责任人责任;构成犯罪的,追究其刑事责任。

(一)县级以上地方政府在食品安全监督管理中未履行职责,本行政区域出现重大食品安全事故、造成严重社会影响的,依法对直接负责的主管人员和其他直接责任人员追究相应责任。

(二)县级以上卫生行政、农业行政、质量监督、工商行政管理、食品药品监督管理部门或者其他有关行政部门不履行食品安全监督管理法定职责、日常监督检查不到位或者滥用职权、玩忽职守、徇私舞弊的,依法对直接负责的主管人员和其他直接责任人员追究相应责任。

(三)学校、供餐企业(单位)和托餐家庭(个人)不履行或不正确履行食品安全职责,造成食品安全事故的,依法对直接负责的主管人员和其他直接责任人员追究相应责任。

第八章 附 则

第二十九条 本办法由教育部、中宣部、国家发展改革委、监察部、财政部、农业部、卫生部、审计署、国家工商总局、国家质检总局、国家食品药品监管局、国务院食品安全委员会办公室、共青团中央、全国妇联、全国供销合作总社负责解释。

第三十条 本办法自印发之日起施行。

附件3：

农村义务教育学校食堂管理暂行办法

第一章　总　则

第一条　为贯彻落实《国务院办公厅关于实施农村义务教育学生营养改善计划的意见》(国办发[2011]54号)，规范农村义务教育学校食堂管理，特制定本办法。

第二条　本办法依据农村义务教育学生营养改善计划(以下简称营养改善计划)的实施细则、专项资金管理办法、食品安全保障管理办法及相关法律法规制定。

第三条　地方各级政府要高度重视农村义务教育学校食堂管理工作，各有关部门要共同参与对学校食堂的管理，各司其职、各负其责。学校要把食品安全和资金安全作为食堂管理的重点，切实承担起具体组织实施和管理责任。

第四条　本办法所称学校食堂，是指为学生(含教职工)提供就餐服务，按要求具有相对独立的原料存放、食品加工操作、食品出售及就餐空间的场所。

第五条　本办法适用于实施营养改善计划的试点地区和学校，其他地区和学校可参照执行。

第二章　基本要求

第六条　学校食堂应以改善学生营养、增强学生身体素质，促进学生健康成长为宗旨，坚持"公益性"、"非营利性"的原则，尊重少数民族饮食习惯，建立健全覆盖各个环节的规章制度。

第七条　审批制。学校开办食堂须提出书面申请，经相关部门审批同意，取得餐饮服务许可证后方可供餐。

第八条　校长负责制。校长是第一责任人，对学校食堂管理工作负总责。建立由校领导、后勤管理部门负责人和食堂管理人员组成的食堂管理工作领导小组，全面负责学校食堂管理。重大开支和重要事项，由集体讨论决定。

第九条　内部控制制度。针对学校食堂管理的各个关键环节，建立健全严密有效的内部控制制度，强化内部控制，提高管理水平。

第十条　岗位责任制。学校应根据学生就餐规模，切实做好定岗、定责、定薪工作，合理配置人员。学校应按照不相容岗位分设的要求，设置采购、加工、保管、会计、出纳、食品安全管理等工作岗位，建立岗位责任制，明确岗位职责。关键岗位应定期进行轮换。规模较小的学校，部分岗位可以由符合任职要求的其他人员兼任。

第十一条　学校负责人陪餐制。学校负责人应轮流陪餐(餐费自理)，做好陪餐记录，及时发现和解决食堂管理中存在的问题和困难。

第十二条　科学营养供餐。各地应参照有关营养标准，结合学生营养健康状况、当地饮食习惯和食物实际供应情况，制定成本合理、营养均衡的食谱。

第十三条　食品安全事故应急处理机制。学校应防止投毒事故，保障饮水安全，建立完善食物中毒等食品安全事故的应急预案，细化事故信息报告、人员救治、危害控制、事故调查、善后处理、舆情应对等具体方案，并定期组织演练。

第十四条　学校食堂应按照《消防法》的规定，提高消防意识，加强消防安全管理，定期组织消防演练，防止发生火灾。

第十五条　建立膳食委员会。学校应成立由学生代表、家长代表、教师代表等组成的膳食委员会，发挥其在配餐食谱、食堂管理和检查评议等方面的作用。

第十六条　学校食堂一般应由学校自主经营，统一管理，不得对外承包。已承包的，合同期满，立即收回；合同期未满的，给予一定的过渡期，由学校收回管理。由社会投资建设、管理的学校食堂，经当地政府与投资者充分协商取得一致后，可由政府购买收回，交学校管理。

第三章　人员管理

第十七条　地方政府应为学校食堂配备数量足够的合格工作人员并妥善落实人员工资及福利，组织专业培训。从业人员不足的，应优先从富余教师中转岗，也可以采取购买公益性岗位的方式从社会公开招聘。人员招聘按照"省定标准、县级聘用、学校使用"的原则进行。

第十八条　食堂从业人员基本要求。

(一)学校应在食品药品监督管理部门和营养专业人员的指导下对食堂从业人员定期组织食品安全知识、营养配餐、消防知识、职业道德和法制教育的培训。

(二)学校食堂从业人员(含临时工作人员)每年必须进行健康检查，取得有效的健康合格证明。

(三)建立食堂从业人员晨检制度。食堂管理人员应在每天早晨各项饭菜烹饪活动开始之前，对每名从业人员的健康状况进行检查，并将检查情况记录在案。发现有发热、腹泻、皮肤伤口或感染、咽部炎症等有碍食品安全病症的，应立即离开工作岗位，待查明原因并将有碍食品安全的病症治愈后，方可重新上岗。从业人员有不良思想倾向及行为、精神异常等现象的，应立即调离工作岗位。

(四)食堂从业人员应具备良好的个人卫生习惯。处理食品及分餐前、处理食品原料及使用卫生间后，必须用肥皂及流动清水洗手消毒；穿戴清洁的工作衣、帽，并把头发置于帽内；不得留长指甲、涂指甲油、戴戒指加工食品；不得在食品加工和供应场所内吸烟。

第十九条　学校食堂应配备专职或兼职食品安全管理员，食品安全管理员原则上每年应接受累计不少于40小时的餐饮服务食品安全培训。

第四章　食品采购

第二十条　建立食品采购索证索票制度。食品采购应严格执行《餐饮服务食品采购索证索票管理规定》。从食品生产单位、批发市场等采购的,应当查验、索取并留存供货者的相关许可证和产品合格证明等文件;从固定供货商或者供货基地采购的,应当查验、索取并留存供货商或者供货基地的资质证明、每笔供货清单等;从超市、农贸市场、个体工商户、农户等采购的,应当索取并留存采购清单等有关凭证,做到源头可控,有据可查。

第二十一条　规范大宗食品采购行为。建立大宗食品及原辅材料招标制度,米、面、油、蛋、奶等大宗食品及原辅材料要通过公开招标、集中采购、定点采购的方式确定供货商。偏远地区学校或教学点可通过比选质量、价格的办法确定供货对象。

第二十二条　积极推进“农校对接”。建立学校蔬菜和农副产品直供基地,在保障产品质量和安全的前提下,减少农副产品采购和流通环节,降低原材料成本。

第二十三条　建立食品查验制度。采购包装食品时应严格查验食品生产日期、保质期,确保食品安全;不得采购质量不合格、超过保质期的食品;不得采购有腐败变质或感官性状异常的食品;不得采购《食品安全法》禁止生产、经营的食品。

第二十四条　建立双人采购和定期轮换制度。学校应实行双人采购,人员不足的可由教职工陪买,每次采购应做详细的采购记录备查。原则上采购人员每学期应轮换一次。

第二十五条　建立供货商评议制度。学校应定期对食品及原辅材料供货商进行综合评议,对评议不合格、违反食品安全法律法规、发生食品安全事故的供货商应列入黑名单,终止供货合同,取消其供货资格。供货商定期与学校进行结算,采购员与供货商之间原则上不得发生现金交易。

第五章　食品贮存

第二十六条　建立出入库管理制度。食堂物品的入库、出库必须由专人负责,签字确认。规模较大的学校,应由两个以上人员签字验收。严格入库、出库检查验收,核对数量,检验质量,杜绝质次、变质、过期食品的入库与出库。出库食品做到先进先出。

第二十七条　建立库存盘点制度。食堂物品入库、验收、保管、出库应手续齐全,物、据、账、表相符,日清月结。盘点后相关人员均须在盘存单上签字。食堂应根据日常消耗确定合理库存。发现变质和过期的食品应按规定及时清理销毁,并办理监销手续。

第二十八条　食品贮存场所应根据贮存条件分别设置,食品和非食品库房应分设,并配置良好的通风、防潮、防鼠等设施。食品贮存应当分类、分架、隔墙、离地存放,遵循先进先出的原则摆放,不同区域应有明显标识。散装食品应盛装于容器内,在贮存位置标明食品的名称、生产日期、保质期、供货商及联系方式等内容。盛装食品的容器应符合安全要求。

第六章　食品加工

第二十九条　食堂加工操作间应当符合下列要求:

(一)最小使用面积不得小于8平方米;

(二)墙壁应有1.5米以上的瓷砖或其他防水、防潮、可清洗的材料制成的墙裙;

(三)地面应由防水、防滑、无毒、易清洗的材料建造,具有一定坡度,易于清洗与排水;

(四)配备有足够的照明、通风、排烟装置和有效的防蝇、防尘、防鼠,污水排放和符合卫生要求的存放废弃物的设施和设备;

(五)配备餐饮服务许可证所规定的其他设施设备。

第三十条　食品加工过程应严格执行《餐饮服务食品安全操作规范》。

第三十一条　必须采用新鲜安全的原料制作食品,不得加工或使用腐败变质和感官性状异常的食品及原料。不得向学生提供腐败变质或者感官性状异常,可能影响学生健康的食物;不得制售冷荤凉菜、四季豆等高风险食品。

第三十二条　需要熟制烹饪的食品应烧熟煮透,其烹饪时食品中心温度应不低于70℃。烹饪后的熟制品、半成品与食品原料应分开存放,防止交叉污染。食品不得接触有毒物、不洁物。

第三十三条　建立食品留样制度。每餐次的食品成品必须留样,并按品种分别盛放于清洗消毒后的密闭专用容器内,放置于专用冷藏设施中冷藏48小时。每个品种留样量应满足检验需要,不少于100g,并记录留样食品名称、留样量、留样时间、留样人员、审核人员等信息。

第三十四条　严格按照规定使用食品添加剂。严禁超范围、超剂量使用食品添加剂,不得采购、贮存、使用亚硝酸盐。严禁使用非食用物质加工制作食品。

第三十五条　加工结束后及时清理加工场所,做到地面无污物、残渣;及时清洗各种设备、容器和用具,做到定期消毒,归位摆放。

第七章　食品供应

第三十六条　学校食堂供餐包括两种方式:一是包餐制,即全体学生统一伙食费标准,由学校食堂提供统一饭菜;二是自购制,即饭菜品种、数量由学生自由选购,学校食堂凭充值卡或饭菜票结算。学校可根据实际情况从中选择。

第三十七条　学校食堂应综合考虑学生的营养需要、当地经济发展水平、物价水平等因素,合理确定伙食标准和配餐方案,并报教育、卫生、价格管理部门备案。

第三十八条　学校应制定每周带量食谱并提前公布。

第三十九条　有清真餐需求的学校应设立清真灶,灶具、炊具使用,原材料采购、贮存、加工等应符合清真饮食的规定。

第四十条　就餐场所管理。学生就餐场所应张贴均衡营养、健康饮食行为等宣传资料;应设置洗手池等设备设施,有明确的洗手、消毒及检查等规定;就餐场所及设备设施应定期维护,保持干净整洁,做好地面防滑。

第四十一条　就餐秩序管理。学生就餐时,应落实校领导带班、班主任值班制度,加强就餐秩序的管理,做到安全、文明就餐,避免浪费。

第四十二条　餐用具清洗与消毒。按照要求对食品容器、餐用具进行清洗消毒，并存放在专用保洁设施内备用。提倡采用热力方法进行消毒。采用化学方法消毒的必须冲洗干净。不得使用未经清洗和消毒的餐用具。

第八章　财务管理

第四十三条　教育、财政部门应加强对学校财务工作的指导。建立健全食堂财会制度，配备专（兼）职财会人员，定期组织业务培训。

第四十四条　学校食堂财务纳入学校财务统一管理，实行专账核算。对营养改善资金收支情况必须设立专门台账，明细核算。

第四十五条　严格区分核算主体，由财政经费保障的人员、设施设备等方面的费用不得在食堂专账中列支。

第四十六条　学校必须确保营养改善专项补助资金足额用于学生伙食，不得以现金形式直接发给学生个人和家长，不得以保健品、含乳饮料等替代。

第四十七条　教职工在食堂就餐应与学生同菜同价，伙食费据实结算，不得挤占营养改善补助资金，不得侵占学生利益。

第四十八条　学校食堂收取伙食费应开具合法票据；支出要取得合法、有效的票据，按规定办理相应报销手续。

第四十九条　食堂收入包括：财政补助收入、伙食收入、其他收入等。不得将学校的店面承包收入、房租收入、其他非食堂经营服务收入转入食堂收入。不得转移食堂收入。严禁挪用食堂资金或设立“小金库”。

第五十条　食堂支出包括原材料成本、人工成本等。不得将应在学校事业经费列支的费用等计入食堂支出。食堂成本核算应以食堂的日常经营服务活动所必须的各项料、工、费为基本内容。

第五十一条　食堂的收支结余实施月度结算，食堂的结余款要专项用于改善学生伙食，严禁用于学校教职工福利、奖金、津补贴以及非食堂经营服务方面的支出。

第五十二条　学校食堂实行财务公开，自觉接受学生、家长、学校膳食委员会的监督。学校应定期（每学期至少一次）将食堂收支情况及时向学校师生和家长公开，同时报送教育部门备案。

第九章　监督检查

第五十三条　教育部门要会同食品药品监管、卫生、物价、审计等部门，采取定期检查和随机抽查等形式，对学校食堂管理的各个环节加强监管。对发现的问题要予以通报并责令整改；情况严重的，要依法依规严肃处理，追究相应的责任。教育部门在考核学校工作时，应将食堂管理作为重要考核指标。

第五十四条　建立公示制度。学校应定期将营养改善计划受益学生名单、人数（次），学校食堂财务收支情况，物资采购情况，带量食谱、饭菜价格等情况予以公示，接受学校师生和家长的监督。

第五十五条　建立信息反馈渠道。设立校长信箱，食堂工作人员、就餐师生，可以对原材料采购、伙食质量等问题进行投诉或举报。学校应定期公布投诉或举报的处理情况。

第五十六条　建立责任追究制度。对违反规定、疏于管理、玩忽职守，导致学生发生食物中毒事故，或发生食品安全事故后迟报、漏报、瞒报造成严重不良后果的，追究相应责任人责任；构成犯罪的，追究其刑事责任。

第五十七条　有下列情形之一的，一经查实，依法依规严肃处理：

（一）在食堂经费中列支教职工伙食、奖金福利和招待费等费用；

（二）虚报、冒领、套取、挤占、挪用营养改善补助资金；

（三）克扣学生伙食、贪污受贿等。

第十章　附　则

第五十八条　本办法由教育部、中宣部、国家发展改革委、监察部、财政部、农业部、卫生部、审计署、国家工商总局、国家质检总局、国家食品药品监管局、国务院食品安全委员会办公室、共青团中央、全国妇联、全国供销合作总社负责解释。

第五十九条　各地应结合实际，制定具体实施办法。

第六十条　本办法自印发之日起施行。

附件4：

农村义务教育学生营养改善计划
实名制学生信息管理暂行办法

第一章　总　则

第一条　为贯彻落实《国务院办公厅关于实施农村义务教育学生营养改善计划的意见》（国办发[2011]54号），实行农村义务教育学生营养改善计划（以下简称营养改善计划）实名制管理，准确掌握学生信息，防止虚报、冒领营养改善补助资金行为，确保资金安全，特制定本办法。

第二条　本办法依据《农村义务教育学生营养改善计划

实施细则》、《中小学学生学籍信息化管理基本信息规范》等相关法规制定。

第三条 本办法所称实名制,是指享受营养改善计划补助的学生需要提供个人有效身份证件或经县级政府指定部门审核的有效证明,以便准确掌握学生信息的管理制度。

第四条 建立和完善实名制学生信息管理系统。该系统是指为有效实施实名制管理建立的信息管理系统。系统建设应利用现有的学籍管理系统,遵循"准确、完整、实用、够用"原则,能够接口开放、充分兼容、数据共享。信息采集应充分利用现有资源,避免重复工作。所有享受营养改善计划补助的学生信息必须进入系统管理。

第五条 本办法适用于实施营养改善计划的试点地区和学校,其他地区和学校可参照执行。

第二章 职责分工

第六条 地方各级教育部门负责做好实名制学生信息管理工作,对学生人数、补助标准、受益人次等情况实施动态监控,严防虚报、冒领、套取营养改善补助资金,确保工作落实到位。

第七条 实名制学生信息管理按照"分级管理、分级负责"的原则,实行中央、省(区、市)、市(地区、州、盟)、县(市、区、旗、团场)、学校五级管理体制。

教育部负责全国实名制学生信息管理的组织领导,构建全国实名制学生信息管理系统,对享受营养补助的学生信息进行存储、统计、维护、监控、分析等。

省级教育部门负责全省实名制学生信息管理的组织领导,依托现有学籍管理系统,建立实名制学生信息管理系统,实现"一人一号,全省联网";负责全省信息的审核、存储、统计、分析、上报、维护、监控等。

市级教育部门负责全市实名制学生信息管理工作的检查、指导、协调;负责全市信息的审核、存储、统计、分析、上报、维护、监控等。

县级教育部门负责全县实名制学生信息管理工作的组织实施。审查试点学校入网资格;对全县信息的审核、存储、统计、分析、上报、维护、监控等负第一监管责任。

学校负责实名制学生信息管理工作的具体实施。建立实名制学生信息纸质档案和电子档案,负责信息采集、审核、录入、统计、上报、维护等,对学生信息的真实性负第一责任。

第八条 实名制学生信息管理实行校长负责制。校长是第一责任人,承担领导责任;分管学生学籍工作的校领导,是主管责任人,承担组织和监管责任;学校学籍管理员是直接责任人,承担具体实施工作。

第三章 基本信息

第九条 实名制学生信息包括学生基本信息、学校基本信息、报表信息等。

第十条 学生基本信息包括学籍号、姓名、曾用名、性别、出生日期、身份证类型、身份证号、民族、户籍所在地,学校名称、年级名称、班级名称、入学年月、入学方式、就学方式,健康状况、身高、体重,是否为留守儿童、外来务工人员子女、享受"一补",现住址、监护人姓名、监护人电话,学生照片等信息。

学生的学籍号分学籍主号和学籍辅号。学籍主号为学生的身份证号,身份证重号应到当地公安部门申请修改,无身份证号码的学生学籍主号可用监护人的身份证号。学籍辅号由各省自行制定统一的编制规则,并报全国学生营养办备案。

第十一条 学校基本信息包括学校代码、学校名称、学校举办者类型、学校驻地城乡类别、学校办学类型,补助标准、供餐模式,学校地址、邮政编码、联系电话、传真、电子邮箱、网站主页地址,校长姓名、固定电话和手机号码。

第十二条 省、市、县、校四级报表包含自定义统计报表和常规统计报表,自定义报表根据需要确定相关统计信息,常规统计报表应含以下信息。

校级常规统计报表含在校学生总数、班级数、受益学生人数、寄宿生人数、享受"一补"人数、留守儿童人数、外来务工人员子女人数、补助标准、补助总额、供餐模式。

县级常规统计报表含受益学校名单、学校办学类型、学校受益学生人数、寄宿生人数、享受"一补"人数、留守儿童人数、外来务工人员子女人数、补助标准、补助总额、不同供餐模式受益学生数及其汇总数据。

市级常规统计报表含受益县名单、学校办学类型、学校受益学生人数、寄宿生人数、享受"一补"人数、留守儿童人数、外来务工人员子女人数、补助标准、补助总额、不同供餐模式受益学生数及其汇总数据。

省级常规统计报表含受益县、市名单、学校办学类型、学校受益学生人数、寄宿生人数、享受"一补"人数、留守儿童人数、外来务工人员子女人数、补助标准、补助总额、不同供餐模式受益学生数及其汇总数据。

第四章 信息管理

第十三条 实名制学生信息实行分级录入、分级审核。学校和学生基本信息由学校负责组织采集和录入,经系统查重和审核,报县级教育部门确认入库,县级教育部门要为学校录入信息提供支持与保障。

在初始使用实名制学生信息管理系统时,学校应及时录入当前所有在校学生的基本信息。在每年9月20日之前,学校应完成新生信息的录入与核对工作。

第十四条 学校应根据学生基本信息变动情况,及时在系统中更新。因学生学籍变更造成受益人数变化时,学校应及时上报,经县级教育部门审批后对系统数据进行相应更改。学生的姓名、性别、出生年月、身份证号等关键信息采用"到期即锁"的方式进行管理,锁定后如需更改,由学生及其监护人提出申请,经学校审核后报县级教育部门批准,方予更改。

第十五条 学生因转学、休学、毕业等原因发生学籍变更离校的,从变更之日起不再在原学校享受营养补助。从其他学校转入试点学校的学生,应享受营养补助。

第十六条 学校于每年9月25日前打印受益学生花名册,经学生监护人签字,学校盖章,报县级教育部门审核后,送县级学生营养办备案。

第十七条 学校于每年9月25日前按照实名制学生信息

管理的要求上报常规报表至县级学生营养办。由县、市审核汇总后报省级学生营养办,各地省级学生营养办于每年10月中旬前将电子数据和书面报表汇总上报教育部、财政部。教育部、财政部复核后,对各地营养改善补助资金进行拨付。

第十八条 地方各级学生营养办要定期对统计数据进行全面分析,并供有关部门共享。数据分析应参考统计、计生等部门的统计信息。

第五章 条件保障

第十九条 地方各级教育部门和试点学校应建立涵盖信息采集、录入、审核、存储、变更、统计等各环节的管理制度,做到有章可循、有据可依,使学生信息管理科学规范。

第二十条 地方各级教育部门和试点学校要加强队伍建设,积极创造条件,强化对相关管理人员的业务指导与技术培训,组织开展经验交流与研讨,提高管理水平。

第二十一条 建立和完善经费保障制度。地方各级政府要将建立与维护营养改善计划实名制学生信息管理系统所需经费列入当地财政预算,确保落实。学校应配置必要设备,以顺利实施建档、采像、变更等日常管理工作。

第六章 信息安全

第二十二条 要建立健全集中统一、分工协作、各司其职的信息安全管理机制,按照“谁主管、谁负责”的原则,坚持预防为主、人防和技防相结合,切实加强信息安全工作。

第二十三条 加强网络安全管理,创设良好基础网络环境;优化系统功能、最大限度减少系统自身安全隐患;规范系统访问权限管理,各用户在业务授权范围内使用系统,严禁越权操作;建立数据备份与恢复、安全应急响应等制度办法,开展经常性的检查,发现问题立即整改,切实消除隐患。

第二十四条 促进信息有效利用与安全管理协调统一。严格禁止学生信息用于商业用途,未经上级教育部门批准,不得公开、提供、泄露、扩散学生相关信息。对擅自公开、提供、泄露、扩散学生相关信息,造成不良后果的,依法依规严肃处理。

第七章 监督检查

第二十五条 建立监督检查制度。采取定期检查与随机抽查相结合的方式,综合运用多种手段,强化对实名制学生信息管理工作的监督。

第二十六条 地方各级教育部门要按照有关规定对本行政区域内试点学校学生基本信息与学籍变更情况进行审核,认真核对电子与纸质档案材料,重点是营养改善补助资金、受益人数、各类供餐模式人数以及“一补”人数。

第二十七条 地方各级教育部门要加大监管和查处力度,凡虚报、冒领、套取专项资金的,将予以收回,并对相关责任人和单位作出严肃处理,情节严重的,依法追究有关人员和单位的法律责任。

第八章 附 则

第二十八条 本办法由教育部、中宣部、国家发展改革委、监察部、财政部、农业部、卫生部、审计署、国家工商总局、国家质检总局、国家食品药品监管局、国务院食品安全委员会办公室、共青团中央、全国妇联、全国供销合作总社负责解释。

第二十九条 各地应结合实际,制定具体实施办法。

第三十条 本办法自印发之日起施行。

附件5:

农村义务教育学生营养改善计划
信息公开公示暂行办法

第一章 总 则

第一条 为贯彻落实《国务院办公厅关于实施农村义务教育学生营养改善计划的意见》(国办发〔2011〕54号)和《农村义务教育学生营养改善计划实施细则》,促进农村义务教育学生营养改善计划(以下简称营养改善计划)实施过程的公开、透明,特制定本办法。

第二条 营养改善计划信息公开应纳入地方各级政府整体信息公开工作范畴,统一管理。信息公开内容依照国家有关规定履行报批程序,未经批准不得发布。信息公开遵循公正、公平、便民的原则。

第三条 省(区、市)、市(地区、州、盟)、县(市、区、旗、团场)级政府为本行政区域信息公开工作的实施主体,负责组织、协调、指导、监督本地信息公开工作。参与营养改善计划实施的各有关部门,依据各自职责和业务范围,在当地政府领导下开展信息公开工作。

第四条 试点学校应在地方政府及有关部门的指导下,按照信息公开有关规定,结合营养改善计划实施情况,建立健全本校的信息公开管理制度,开展学校信息公开日常工作。

第五条 本办法适用于实施营养改善计划的试点地区和学校,其他地区和学校可参照执行。

第二章 公开内容

第六条 地方各级政府应按照国家有关规定,在职责范围内确定主动公开信息的具体内容,并重点公开下列信息:

(一)营养改善计划有关政策、法规、规章、规范性文件。

(二)营养改善计划组织机构和职责;举报电话、信箱或电子邮箱;供餐企业、托餐家庭名单;营养专家组人员名单。

(三)营养改善计划各阶段进展和总体实施情况;营养改善计划统计信息;营养改善计划财政预算、决算报告。

(四)营养改善计划重大建设项目的批准和实施情况;政府采购项目的目录、标准及实施情况。

(五)食品安全等突发事件的应急预案、预警信息及应对情况;突发食品安全事件调查处理情况。

(六)营养改善计划社会捐助等款物的管理、使用和分配情况。

(七)公众关心的热点、难点问题解决情况。

(八)营养改善计划监督检查情况。

(九)实施营养改善计划的先进经验、典型事例。

第七条 学校应主动公开的信息包括:

(一)营养改善计划实施方案;各项配套管理制度;组织机构与职责;举报电话、信箱或电子邮箱。

(二)营养改善计划学期实施进展情况;受助学生人数、姓名、班级等情况。

(三)营养改善补助收支情况和食堂财务管理情况;学校食堂饭菜价格、带量食谱。

(四)学校膳食委员会名单及工作开展情况;学校管理人员陪餐情况。

(五)学生和家长关心的热点、难点问题解决情况。

第八条 供餐企业(单位)、托餐家庭(个人)通过县级政府主动公开的信息包括:

(一)实施营养改善计划的各项配套管理制度;食品安全责任人、供餐方签约人姓名及联系方式;用餐学生名单、次数和时间。

(二)带量食谱、价格、数量、时间;接受补助与资助情况。

(三)食品安全等突发事件的应急预案。

第三章 公开方式

第九条 地方各级政府应定期将主动公开的信息,通过政府公报、新闻发布会、政府网站、报刊、广播、电视等便于公众知晓的方式公开。

第十条 学校应为学生、家长或者其他组织获取信息提供便利。定期通过以下一种或者几种方式公开信息:

(一)学校网站(页)、校园广播、校园信息公告栏,电视、报刊、杂志、相关门户网站,微博、短信、微信等;

(二)学校的公报(告)、年鉴、会议纪要、简报、致家长公开信、专用手册等;

(三)学校家长会、教代会、学代会等;

(四)其他便于公众及时、准确获取信息的方式。

第十一条 供餐企业(单位)、托餐(个人)应根据协议定期将学生营养改善相关信息,以书面报告形式报县级学生营养办和供餐学校,由县级政府统一公布。

第十二条 公民、法人或者其他组织可按相关要求和程序申请获取营养改善计划有关信息。

第十三条 地方各级政府应为公民、法人和其他组织申请公开信息提供方便。对能够当场答复的,当场予以答复;不能当场答复的,自收到申请之日起15个工作日内予以答复;不能答复的,依据实际情况,向申请人及时反馈。

第四章 附 则

第十四条 本办法由教育部、中宣部、国家发展改革委、监察部、财政部、农业部、卫生部、审计署、国家工商总局、国家质检总局、国家食品药品监管局、国务院食品安全委员会办公室、共青团中央、全国妇联、全国供销合作总社负责解释。

第十五条 各地应结合实际,制定具体实施办法。

第十六条 本办法自印发之日起施行。

河南省教育厅

关于河南省高等学校教育类课程试行“双导师制”的意见

教师〔2012〕828号

各省辖市、省直管试点县、重点扩权县(市)教育局,各有关高等学校:

为贯彻落实《国家中长期教育改革和发展规划纲要(2010—2020年)》和教育部《关于大力推进教师教育课程改革的意见》(教师〔2011〕6号),推进教师教育职前培养与职后培训一体化,创新教师培养体系,提高教师培养质量,提升教师队伍整体素质和水平,经研究决定,引导高等学校教育类课程试行“双导师制”。现提出如下意见:

一、指导思想

以党和国家的教育方针政策为指导,以深化教师教育课程改革为动力,以提高教师教育质量为根本,以建设高素质专业化教师队伍为目标,创设有利于教师教育人才培养的制度和环境,推进教师专业化进程,引导师范院校与基础教育的融合,引导师范院校教育类课程教师与中小学幼儿园教师的双向流动。通过政策引导，力争到2020年，师范院校从事教育类课程的教师都有中小学和幼儿园工作经历；中小学和幼儿园教师走向师范院校课堂，任教比例达到20%。

二、教育类课程“双导师制”的内涵

1.“双导师制”主要指大学教师与中小学、幼儿园教师共同指导和培养师范生的机制，也指大学教师与中小学、幼儿园教师共同指导和培养中小学学生和幼儿的机制，蕴含了3种“双导师”制度：对高等院校在校师范专业大学生，授课教师既有大学教师，也有来自基层的中小学教师；对进行教育实习的高年级师范生，既有来自高校的跟踪指导教师，也有来自实习中小学校的辅导教师；对中小学生，既有来自本校的专任教师，也有来自高等院校教育类课程教师进行授课，高校教师与中小学教师合作开展教研教改。“双导师制”的实行，将有力推进教师教育职前培养与职后培训一体化建设。

2.“双导师制”中大学指导教师与中小学、幼儿园指导教师的任务是：大学指导教师既要对高等院校教师教育专业学生的思想道德修养、专业基础知识、教学理论与教学技能、教育实践进行指导，又要对中小学、幼儿园教师的教育教学改革与研究进行指导，还要对中小学幼儿园教师进行在职专业化培训；中小学、幼儿园指导教师既要到高校参与指导师范生从教技能训练，又要指导师范生从教角色转换，还要“临床诊断”师范生课堂教学实践。

3.实现“双导师制”的载体为：高等学校教育类课程教师（含教育学、心理学、教材教法、课程教学论等学科教师）与中小学、幼儿园一线名师和优秀教研员的顶岗置换教学。

三、实施“双导师制”的学科领域

实施“双导师制”，重点涉及基础教育的14个学科（领域）：语文、政治、数学、英语、物理、化学、生物、历史、地理、体育、音乐、美术、信息技术和学前教育。上述14个学科（领域）高等院校教师教育专业的学生，在培养期间以“顶岗置换”的形式，选派到相关市、县中小学幼儿园实习基地进行教育实习，完成教育实习规定的任务。

四、实施“双导师制”试点工作安排

2012年9月-2013年6月，此项工作试点期间，计划安排100名高校教育类课程教师和100名中小学优秀教师参与实施。高等院校和中小学、幼儿园的任务分别是：

（一）高等院校

1.各高等院校原则上安排不少于20%的教育类课程教师作为指导教师，必须随师范生到中小学、幼儿园指导学生的教学实践。学科教学论教师与教育类课程教师，在实习基地跟踪指导的时间每学期不少于5周（80学时）。同时，高等院校原则上聘请不少于本校教育类课程教师20%的中小学、幼儿园教师，为高年级师范生授课。

2.高校指导教师除指导实习生外，还要指导实习生所在中小学、幼儿园在职教师的教学改革及业务提高，并以县为单位集中开展3-5天的教师培训工作。

（二）中小学、幼儿园

1.积极接纳并妥善安置实习生，选派教学经验丰富，责任心强的教师担任指导教师，帮助实习生尽快转换角色。

2.被高校聘为兼职指导教师的中小学、幼儿园教师，必须在师范生实习期间互换到高校顶替学科教学论教师的教学岗位，且在高校工作5周（80学时），为低年级师范生授课不低于20学时的案例教学、班主任工作原理及艺术等课程，以及指导师范生教师技能训练。

五、建设一支高水平的“双导师”师资队伍

高等院校要建设一支数量充足、结构合理的教育类课程教学师资队伍，一方面要采取有效措施，吸引和激励本校高水平教师承担教育类课程教学任务，另一方面要积极聘任地方中小学、幼儿园教学名师为兼职教师。各校在聘任一线中小学幼儿园教师时，要充分发挥“国培计划”专家库和河南省教师教育专家库的作用。与此同时，各级教育行政部门要建立中小学、幼儿园教学名师专家库，供高等院校优选聘任，供本级教师培养培训时优先选用。

导师的遴选与聘任是实施“双导师制”的关键。高等学校指导教师既要有学术性，又要有技能性，了解基础教育，懂得教育教学规律。中小学指导教师应具备丰富的教学经验，较强的责任心，乐意参与对未来教师的培养。具体聘任管理办法由各高等院校依据有关法律法规自行确定。

六、建立稳定的“双导师制”长效机制

长期稳定的实施机制是“双导师制”可持续发展的有效保障。高等院校要以实施“双导师制”为契机，充分利用师范生见习实习基地和教师培训实践教学基地以及教师教育改革创新实验区等平台和载体，主动加强与地方政府和教育行政部门以及中小学幼儿园的联系和沟通，建立稳定的工作协调机制。地方教育行政部门要成为教师教育的主要责任方和主要协调方，并将其作为一项重要的工作内容纳入议事议程，从制度和经费保障上主动促进“双导师制”的实现。高校指导教师和中小学、幼儿园指导教师要建立一种相互信任、密切合作的工作机制，避免短期行为。要建立一种真正意义上的合作型的“双导师制”，使之制度化、长期化，从而形成教师个体与群体专业发展的有效机制，开创教师教育一体化发展的新局面。

七、健全管理制度和评估制度

由各高等学校、市（县）教育（局）、中小学幼儿园校（园）长共同组成“双导师制”工作委员会，加强校地之间的横向联合，共同研究、实施“双导师制”。特别是高等学校，要从课程改革的高度，做好教师教育专业人才培养模式的顶层设计，保证“双导师制”的连续性和可持续发展。要从导师职责、导师选聘、导师培训、导师监督、导师考核与激励等方面，制定具体可行的管理制度和聘用办法，加强对“双导师”的管理。各地教育行政部门和有关高等学校负责对“双导师制”开展日常评估，确保教师培养质量。省教育厅将对“双导师制”开展情况进行督促检查，建立绩效考核和项目成果推广机制。

八、经费保障

省教育厅对省财政直供经费的有关高等学校，按各高等学校每期实际下派及选聘兼职教师上课人数，下拨补助经费，用于指导教师的食宿、交通补助和课时补贴。每位教师每期5周80学时，其中，省教育厅补助40学时（每位教师每期不少于4000元），高等学校配套补助40学时。省教育厅补贴经费必须足额用于指导教师的各项支出，任何单位和个人不得截留、挪用。

九、其他

按照财政管理体制和财政隶属关系,省财政直供经费的有关高等学校要按照上述意见,拟定本校2012—2013学年参与实施教育类课程“双导师制”的高校教师和中小学幼儿园教师人数,及具体实施方案,于9月11日前报省教育厅。请非省财政直供经费的高等学校参照上述意见,争取当地财政支持,加大对教师教育工作和“双导师制”工作的投入,积极推行“双导师制”试点。省教育厅将择机开展督导评估,并视考核结果予以奖励。

省辖市教育局要结合职业教育改革和发展的政策,统筹安排辖区内中等幼儿师范学校“双导师制”工作,不断加大对教师教育的投入。

二〇一二年九月三日

河南省教育厅 关于印发关于进一步加强普通高校研究生管理工作的意见的通知

教学〔2012〕913号

各有关高校、研究生培养单位:

现将《关于进一步加强普通高校研究生管理工作的意见》印发给你们,请结合实际,认真贯彻落实。

二〇一二年九月二十四日

关于进一步加强普通高校研究生管理工作的意见

为适应我国高等教育改革发展的需要,进一步提高研究生管理工作质量和水平,依据《国家中长期教育改革和发展规划纲要(2010—2020年)》、《河南省中长期教育改革和发展规划纲要(2010—2020年)》、《普通高等学校学生管理规定》(教育部第21号令)和《教育部关于进一步加强和改进研究生思想政治教育的若干意见》(教思政〔2010〕11号)等文件精神,结合我省普通高校研究生管理工作实际,特制定本意见。

一、充分认识加强研究生管理工作的重要性和紧迫性

1.研究生教育是高等教育人才培养的最高层次,是我国社会主义现代化建设拔尖创新人才培养的重要渠道。加强研究生管理工作,是深入推进素质教育、全面提升研究生培养质量、深化研究生培养机制改革、推动高等教育改革发展的需要,是维护高等学校和社会稳定、建设和谐校园、构建和谐社会的需要,是深入贯彻落实科学发展观,培养德智体美全面发展的中国特色社会主义事业合格建设者和可靠接班人的需要。

2.随着经济社会发展,研究生管理面临部分高校重视不够,领导体制和工作体制尚不健全,缺乏相应的专职队伍,条件保障还不完全到位。特别是面对研究生规模扩大、培养模式和管理方式发生变化的新情况新要求,还缺乏积极有效的应对办法。学校要结合实际情况,增强解决问题的主动性,及时改变和调整学生管理的工作观念、方法和手段,适应研究生特点和社会需求变化,提高研究生管理工作的针对性和实效性。

二、加强规范化科学化管理,努力提高研究生管理质量

3.完善管理制度。高校要以提高研究生管理工作的规范化、科学化水平为目标,结合学校实际情况按照“合法、科学、规范、可操作性强”的原则,健全和完善研究生日常行为规范、研究生资助、考核奖惩、考核评价、宿舍管理等各项规章制度,使研究生教育管理工作有法可依、有章可循。

4.做好新生入学复查与注册工作。高校要高度重视研究生新生入学资格复查工作,成立新生入学资格复查工作领导小组,认真组织新生入学资格复查工作。在复查中发现的可疑情况或问题,要认真负责地进行调查、核实,凡属弄虚作假、冒名顶替等舞弊行为取得入学资格者,一经查实,取消其入学资格。凡因核查不严,致使不合格新生复查合格的,一经发现,将追究有关人员的责任。对于符合录取条件且复查合格的新生应按有关规定办理学籍注册手续。

5.规范学籍学历及档案管理。高校要认真贯彻落实学籍学历管理有关规定,健全学籍学历管理制度,明确学籍学历管理工作人员的职责、权限、工作流程和信息安全防范措施等,确保学籍学历信息准确可靠。要不断健全和完善研究生档案各项管理及监督制度,加强档案管理的网络建设,逐步实现信息化、科学化、规范化管理。要提高档案管理人员的自身素质,切实树立服务意识,要使学生对个人档案享有“知情权”。

6.加强培养过程管理。高校要通过严格课程考核,加强考试管理,开展诚信教育,营造良好的学风和考风。要加强学术道德教育,规范学术行为。要严格学位论文标准,确保学位授予质量。

7.做好奖励与处分工作。高校根据自身的实际情况制定研究生奖励与处分的相关文件,加强对品学兼优表现突出学生的表彰和奖励;对违反校纪校规的,视情节轻重,给予批评教育或纪律处分。对学生实施处分,要慎重、适度,要保障学生的申诉权。要把纪律处分与思想教育结合起来,使学生在接受处分的过程中感受到真情和关爱。

8.加强安全教育工作。高校要充分认识到加强研究生安全教育工作的重要意义,要结合自身工作实际,不断创新工作方法,开展多种形式的安全教育,切实增强研究生的纪律观念和安全意识。

9.规范请假制度。高校要加强研究生教育管理工作,制定研究生请假外出管理规定,切实保障研究生请假外出期间人身、财产安全。除国家法定节假日外,研究生因出国留学、访学、参加学术会议、实习、调研、求职以及病假和事假等不能按时参加课程学习等相关培养环节,及学校统一组织的其他活动时,必须办理请假手续。学校要及时掌握请假离校研究生的动向。

10.加强心理健康教育工作。高校要根据研究生人群的特点,建立心理健康咨询机构,并配备专业人员,开展研究生心理辅导。要建立健全研究生心理援助机制,对研究生心理问题做到早发现、早预防、早干预、早解决,确保研究生心理健康。

11.加强职业生涯规划指导。高校要建立和完善研究生职业生涯规划教育组织管理体系,建立研究生职业规划信息库,设置研究生职业生涯规划课程等。加强对研究生的就业指导与服务,开展研究生就业技巧和策略的辅导,帮助研究生树立正确的就业观,增加求职经验,提升研究生的就业竞争力。

三、加强队伍建设,为研究生管理工作提供组织保障

12.加强组织领导,建立健全研究生管理的工作机制和工作机构。高校要把加强研究生管理工作列入重要议事日程,切实加强领导,认真组织实施。要制定加强研究生管理工作的具体实施计划,学校领导中要有专人负责研究生教育与管理工作,设立专门的研究生管理工作机构。院(系)主要领导要具体负责本院(系)的研究生管理工作。要明确各部门和管理人员的工作职责,分工负责,形成各级各部门齐抓共管的工作机制。

13.充分发挥导师在研究生管理中的首要责任人作用。高校要积极深化培养机制改革,逐步建立以科研为导向的导师资助制和导师负责制,明确导师的责任与义务,鼓励导师参与到研究生党团和班集体建设及各类活动中。导师要了解掌握研究生的生活和学业状况,帮助他们解决学习和生活中遇到的困难和问题。要在教学和科研实践中培养研究生良好的学风,严格要求学生遵守学术道德规范。要把育人作为遴选研究生导师的必要条件,实施"一票否决"制。要制定导师教书育人工作的考核奖惩办法,定期进行考核检查。

14.建设以专职为主、专兼结合的研究生辅导员队伍。高校要按照《普通高等学校辅导员队伍建设规定》(教育部第24号令)的要求,配备研究生专职辅导员,专门负责研究生日常教育管理工作。有计划地选拔思想素质高、业务能力强的新上岗专业课年轻教师充实到研究生兼职辅导员队伍中。要按照有关规定落实专职辅导员的各项待遇,要加强辅导员培养培训,支持和鼓励辅导员把研究生管理工作作为专业去建设、作为职业去发展、作为事业去追求,成为专门人才。

四、加强工作创新,提高研究生管理工作实效性

15.创新管理工作方法,提高研究生管理工作水平。高校要根据研究生的特点,积极探索新形势下研究生管理工作的方法和途径,学习和运用现代化的手段来改进研究生教育管理工作。加强团学组织建设,充分调动和发挥研究生自我教育的积极性、主动性。要了解研究生的思想心理动态,及时发现问题、解决问题。要积极为研究生开展自我教育创造条件,指导和帮助研究生在完成学业的同时提高自身思想政治素质。针对当前研究生管理方面存在的问题,制定切实可行的解决办法,采取多种形式加强对研究生的教育,提高他们分析问题、明辨是非的能力。

16.创新思想政治教育工作方法。高校要认真贯彻落实《教育部关于进一步加强和改进研究生思想政治教育的若干意见》(教思政〔2010〕11号),注重爱国主义、艰苦奋斗等方面的教育,积极推进研究生思想政治教育工作改革创新,努力探索研究生思想政治教育工作的新模式、新方法、新措施,不断丰富研究生思想政治教育工作的新内涵。

17.创新育人平台和载体。高校要创建网络文化育人平台,将校园网络文化建设作为校园文化建设的重要组成部分,拓展校园文化建设的内涵。要结合研究生思想、学习和生活特点,积极开展网络教育活动,加强网络舆论的引导,加快推进学生网上互动社区建设,充分发挥网络在研究生教育管理中的作用。

18.创新理论研究。高校要重视对研究生管理工作的科学研究,针对研究生管理工作的新形势、新问题、新变化和新特点,要开阔思路,大胆尝试,注重加强研究生管理典型案例的收集、积累、分析,进一步探索做好研究生管理工作的新思路、新机制,不断总结经验,提升育人效果。

五、健全保障机制,确保研究生管理工作落到实处

19.加强工作配合,努力形成工作合力。高校涉及研究生管理工作的部门要各司其职、各负其责,切实承担起在研究生管理工作中的责任。具体主管部门要加强统筹规划,主动与有关部门沟通信息,要注意运用政策法规、资源配置、信息服务和必要的行政手段扎实做好研究生管理工作,其他各有关部门要立足实际,积极配合,做好管理育人、服务育人工作。

20.设立专项资金,落实经费保障。高校要把研究生管理经费列入学校年度经费预算。研究生管理的主管部门要会同财务等相关部门认真编制经费使用规划,加强对研究生管理经费使用情况的监管,确保专款专用。

21.搭建工作平台,加强沟通交流。高校要加强校际沟通和合作,扩大交流,实现全省研究生管理工作资源共享,不断提升我省研究生管理工作水平。

河南省教育厅
关于优化中小学幼儿园布局服务新型农村社区建设的意见

豫教基一〔2012〕176号

各省辖市、省直管试点县、重点扩权县(市)教育局:

根据中原经济区建设的要求,为服务我省新型农村社区建设,使中小学幼儿园布局与新型农村社区建设相协调,提高新型农村社区的公共服务水平,现就我省优化中小学幼儿园布局服务新型农村社区建设提出如下意见。

一、优化中小学幼儿园布局服务新型农村社区建设的重要意义

加快推进新型农村社区建设,是统筹我省城乡经济协调发展、全面构建和谐社会的重大战略举措,是推进中原经济区建设的客观要求。中小学幼儿园规划建设是新型农村社区建设的重要组成部分,搞好中小学幼儿园规划建设,优化中小学幼儿园布局,使教育公共服务体系与新型农村社区建设相协调,对满足人民群众良好教育的需求,推进新型农村社区建设,加快我省城镇化进程具有重要意义。

二、优化中小学幼儿园布局服务新型农村社区建设的指导思想和基本要求

指导思想:优化中小学幼儿园布局服务新型农村社区建设要以省九次党代会精神和《中原经济区建设纲要(试行)》为指导,坚持政府主导、统筹规划,立足当前、着眼长远,因地制宜、分类指导,分步实施、稳步推进。通过优化布局,提高教育资源配置效益,方便社区子女就近入学,促进教育均衡发展,为我省新型农村社区建设提供高质量的教育公共服务。

基本要求:

1.政府主导,加强协调。各级教育行政部门要进一步强化教育服务新型农村社区建设的意识,在当地政府的领导下,主动融入,当好参谋,结合本地实际和教育发展需要,积极协调有关部门,切实把中小学幼儿园建设纳入本地新型农村社区的整体规划与建设之中,做到学校与新型农村社区同步规划、同步建设、同步交付使用。

2.因地制宜,科学规划。各地应根据新型农村社区建设规划,结合中小学布局调整、校舍安全工程、农村义务教育薄弱学校改造、学前教育三年行动计划等相关教育规划,科学制定新型农村社区中小学幼儿园布局规划。制定规划要广泛听取群众的意愿,最大限度地满足社区群众的教育需求。本着合理设置、优化布局,充分利用、提高效能的原则,着眼于现有的或可能利用的教育资源,不简单地硬性规定学校的数量和规模,特别是对位置适中、条件较好的学校要充分利用,避免重复建设。

3.相对集中,规模适度。原则上4000人至1万人的社区设1所6至18班规模的完全小学;1万人以上的社区,每1万人设1所18至24班规模的小学,每2万人设1所18班以上规模的初中;新型农村社区必须配套建设幼儿园,原则上4000人以下的社区建一所6班规模的幼儿园,4000人以上的社区原则上每5000人设1所6班以上规模的幼儿园。

4.坚持标准,保证质量。在新型农村社区建设中,新建中小学幼儿园要严格按照《河南省义务教育学校办学条件基本标准(试行)》(豫教基〔2011〕162号)的要求和幼儿园建设标准进行规划建设,保证中小学幼儿园各种功能设施齐全,做到建设一所达标一所,努力为新型农村社区提供高质量的教育设施。

三、优化中小学幼儿园布局服务新型农村社区建设需要处理好的几个关系

1.做好已有中小学布局调整规划与新型农村社区配套建设教育设施规划的衔接。按照国家和省里要求,各地制定了2011-2015年中小学布局调整规划,这是指导各地调整优化中小学布局的基本依据,要按规划认真组织实施。各地要结合实际,做好已有布局规划与新型农村社区学校建设规划的衔接,原有的规划不适应新型农村社区建设需要的,应予以调整,并按有关要求审批、备案。

2.做好新型农村社区中小学幼儿园建设与原有中小学幼儿园的平稳过渡工作。在新型农村社区建设中,对确需撤并的学校和幼儿园要坚持先建后撤,确保平稳过渡。要严格学校撤并程序。严格履行撤并方案的制定、认证、公示、报批等程序。要统筹考虑学生上下学交通安全、寄宿生学习生活设施等条件保障,并通过举行听证会等多种有效途径,广泛听取学生家长、学校教师、村民自治组织和乡镇人民政府的意见,保障群众充分参与并监督决策过程。坚决制止盲目撤并学校。在学校迁移或撤并之前,要保证学校和幼儿园办学的基本条件,确保教育教学工作的正常开展。

3.新型农村社区中小学幼儿园布局要与义务教育均衡发展、实施学前教育三年行动计划相衔接。各级教育行政部门要把新型农村社区中小学幼儿园布局规划与义务教育均衡发展和实施学前教育三年行动计划紧密结合,统筹考虑,服务好新型农村社区建设,既要保证新建中小学幼儿园达到办学条件标准,又要防止建设超标准豪华学校,避免出现新的不均衡。

四、加强领导，抓好落实

1.高度重视，加强领导。新型农村社区中小学幼儿园规划建设是新型农村社区建设的重要组成部分。各级教育行政部门要在当地政府的领导下，主要负责同志要亲自抓，分管负责人具体抓，明确相关科（室）职责，分工合作，抓好落实。

2.加大投入，整合资源。新型农村社区中小学建设资金应由县级政府予以落实，学校不得负债建设。幼儿园建设资金在以政府投入为主的同时，要积极吸引民间资金，坚持多渠道筹措。教育费附加、地方教育附加和从土地出让收益中计提的教育资金，在规定的使用范围内，要优先用于支持新型农村社区中小学、幼儿园建设。新型农村社区中小学幼儿园建设可参照财政部、国家发改委《关于免收全国中小学校舍安全工程建设有关收费的通知》（财综〔2010〕57号）规定的收费减免政策执行。对新型农村社区规划中3年内需要撤并的学校，原计划安排的校舍安全工程、薄弱学校改造等项目和资金，报经省有关部门审核后，可以集中使用到新型农村社区学校建设中。"十二五"期间省教育厅设立新型农村社区中小学幼儿园建设引导资金，经省、市教育行政部门验收达到义务教育学校标准化建设要求和幼儿园建设标准的，适当予以奖励。

3.加强指导，抓好典型。建立对新型农村社区中小学幼儿园建设的视导制度，对各地工作情况进行检查指导，发现问题，及时研究解决。对新型农村社区中小学幼儿园布局建设中涌现出的好典型、好经验及时总结推广，推动工作扎实开展。

各地要充分利用电台、电视台、报纸、网络等媒体，加大对中小学幼儿园布局服务新型农村社区建设工作的宣传力度，为新型农村社区中小学幼儿园建设营造良好的舆论氛围。

二〇一二年九月二十八日

河南省教育厅
关于引导地方政府加大市属公办本科高校投入的意见

教财〔2012〕984号

各省辖市教育局、市属本科高等学校：

为认真贯彻落实省政府全面提高高等教育质量工作会议精神，促进高等教育区域协调发展，鼓励和引导各地方政府加大对市属公办高校投入，提高市属本科高等教育质量，省教育厅设立市属公办本科高等学校引导奖励专项资金（以下简称专项资金），现提出如下意见：

一、提高认识，引导地方政府加大高等教育投入

（一）各级政府的教育经费投入是高等教育发展的重要支撑

我省是发展中的人口大省，鼓励和引导各地方政府加大对市属公办高校投入，不仅是扩大教育规模，满足人民群众对高等教育需求的必然选择，也是提高高等教育质量、促进地方社会、经济和科技发展的重要手段。各地方政府和教育行政部门要站在加快中原经济区建设、实现中原崛起、河南振兴的高度，进一步解放思想、提高认识、创新机制，培育和提升市属高校服务行业产业、区域创新发展和文化传承创新的能力，促进高校内涵式发展。

（二）加强高校经费保障，完善高校生均定额拨款制度

鼓励和引导各级政府依法保证高校生均定额拨款逐步增长，推动高校建立科学、有效的预算管理机制，统筹财力，发挥资金的杠杆和导向作用。优化经费支出结构，加大教学投入，增加高校经费使用透明度，控制和降低行政运行成本，提高资金使用效益。

二、充分发挥专项资金的引导和杠杆作用

（一）专项资金的分配原则

坚持引导奖励的原则。各市属高校于次年3月10日前将当年财务决算数据上报省教育厅，以财务决算数据为依据：①财政拨款总额必须高于上一年；②生均定额增长情况，省教育厅将根据当年财力，按照增幅比例给予奖补。

（二）市属高校应积极筹措资金，并积极引导社会资金投入

市属高校应积极筹措资金用于相关的配套条件建设，并积极引导社会资金投入，各市级财政部门应加大对本市高校的财政投入，争取更多省级财政专项资金支持，大力提升人才培养水平、增强科学研究能力、服务经济社会发展、推进文化传承创新，全面提高高等教育质量。

三、加强管理，充分发挥专项资金使用效益

专项资金的使用管理和监督。专项资金一经下达，各相关单位应在15日内制定具体用途并上报省教育厅、财政厅备案，专款专用，专项管理。专项资金预算应确保按期完成，如确因特殊情况当年未完成的，可结转下年继续使用，不得挪作他用。在项目实施中，纳入政府采购的项目应按照政府采购的有关规定执行。各市属高校应编写年度专项资金使用管理情况报告，经各地市教育主管部门审核后，报省教育厅、财政厅。

二〇一二年十月二十日

河南省教育厅　省财政厅

关于进一步加强我省家庭经济困难学生资助工作的意见

教资助〔2012〕763号

各省辖市、省直管试点县(市)、重点扩权县(市)教育局、财政局,各高等学校,省属各中等职业学校:

自2007年国家新资助政策出台以来,我省认真贯彻落实国家资助政策,建立起了覆盖学前教育、义务教育、高中阶段教育和高等教育等各个阶段的家庭经济困难学生资助政策体系,基本实现了国家及我省提出的"不让一名学生因家庭经济困难而失学"这一庄严承诺,有力地维护了教育和社会公平。但在工作开展过程中仍存在着一些困难和问题。为全面落实各项资助政策,推动我省资助工作再上新台阶,现就进一步加强我省家庭经济困难学生资助工作提出以下意见:

一、切实加强对学生资助工作的领导

做好家庭经济困难学生资助工作,落实好党和国家的资助政策,是我们党以人为本、执政为民的具体体现,是实现国家长治久安、建设社会主义和谐社会的本质要求,是保障和改善民生的重要举措,是促进教育事业科学发展的迫切需要,对于加快中原经济区建设、建立人力资源强省,促进我省教育公平及改革稳定全局具有十分重要的意义。各级教育、财政部门和各级各类学校要进一步提高认识,切实加强对资助工作的领导,狠抓各项资助政策的落实。各地要把学生资助工作作为教育领域的重点工作来抓,将学校家庭经济困难学生资助工作纳入办学水平评估指标体系,深入排查工作中存在的困难和问题,采取切实可行的措施逐一加以解决;各级各类学校要落实完善资助工作校(院)长负责制,切实加强资助工作各个环节的管理,确保各项资助政策的落实和资助工作的公开、公平、公正。各地和各级各类学校要确保本区域、本学校"不让一名学生因家庭经济困难而失学"。

二、强化机构队伍建设

(一)把学生资助机构和队伍建设作为当前资助工作的首要任务来抓。各地要从资助工作的全局出发,把思想统一到《河南省人民政府关于建立健全普通本科高校高等职业学校和中等职业学校家庭经济困难学生资助政策体系的实施意见》(豫政〔2007〕57号)以及《河南省教育厅河南省财政厅转发教育部财政部关于要求县级教育行政部门成立学生资助管理中心的紧急通知》(教财〔2007〕616号)精神上来,尽快成立市、县级学生资助管理中心,提供相应的办公场所,配备必备的办公设备,统筹落实必要的工作经费,保证学生资助管理中心正常开展工作。

各高等学校要认真落实《河南省人民政府办公厅转发省教育厅等部门关于进一步完善全省国家助学贷款工作实施意见的通知》(豫政办〔2004〕94号)和《河南省教育厅转发教育部关于进一步加强高等学校学生资助工作机构建设的通知》(豫教人〔2006〕433号)精神,进一步加强机构队伍建设,切实加强对学生资助工作的领导。成立由学校主要领导任组长的资助工作领导小组,协调本校资助工作的开展;成立规格为学校独立中层机构的校学生资助管理中心,负责人按中层机构正职规格配备,专职工作人员数量与在校生规模的比例应达到1:2500;院系成立专门工作组,负责国家助学贷款、国家奖助学金及其他资助管理工作。各中等职业学校和各普通中小学、幼儿园要明确具体部门负责学生资助管理工作,按不少于2人的标准配备专职工作人员,保证资助工作的健康开展。

(二)加强市、县两级机构标准化建设。认真落实《河南省教育厅关于实施市、县两级学生资助管理中心标准化建设的通知》(教资助〔2012〕754号)精神,加快实施市、县两级学生资助管理中心标准化建设,使我省市、县两级学生资助工作机构健全、职能明确,资助工作队伍进一步得到加强,资助管理工作进一步科学化、精细化,服务能力进一步提高。

(三)实行学生资助工作归口管理。各地和各有关学校要明确学生资助管理中心的职能,实现学生资助工作统一归口到学生资助管理中心管理,综合利用各项资助政策,统筹做好本区域、本学校学生资助工作。

(四)强化队伍管理。一是实行持证上岗制度。建立学生资助工作专职人员定期培训考核制度,省学生资助管理中心负责全省学生资助工作人员的培训工作,对培训合格的人员发放"河南省学生资助工作培训合格证书",逐步实现持证上岗。各地、各学校资助工作人员参加培训情况纳入全省学生资助工作考核范围。二是规范职称评聘。学生资助工作专职人员是学校管理队伍和教师队伍的重要组成部分,具有教师和管理干部的双重身份,其职称评聘可选择作为教师纳入思想政治教育职称评聘序列,或根据个人所从事的具体工作岗位、知识结构纳入会计、经济、工程等相关职称评聘序列。三是加强资助工作理论研究。设立河南省学生资助工作研究专项资金,鼓励资助工作者开展资助工作研究,进一步提高资助工作人员的理论水平和管理水平。

三、狠抓资助政策落实

(一)全面推动助学贷款工作开展。助学贷款是保障家庭经济困难学生顺利入学并完成学业的重要举措。各高等学校和各市、县要以实现“助学贷款政策全覆盖和应贷尽贷”为目标，建立健全高校国家助学贷款和生源地信用助学贷款两种模式并行的助学贷款工作机制，消除贷款盲点。考往省内高校的家庭经济困难学生在高校申请高校国家助学贷款，考往省外高校的家庭经济困难学生在市、县级学生资助管理中心申请生源地信用助学贷款。一是认真实施生源地信用助学贷款政策。生源地信用助学贷款是完善我省学生资助政策体系、扩大资助范围、实现应贷尽贷、保障考往省外高校的河南籍家庭经济困难学生顺利入学并完成学业的一项重要政治任务。各地要严格按照河南省人民政府办公厅《关于转发全省生源地信用助学贷款工作实施意见的通知》（豫政办〔2012〕165号）等有关文件要求，加快生源地信用助学贷款政策实施。二是巩固扩大高校国家助学贷款试点成果。认真总结高校国家助学贷款“河南模式”试点工作经验，综合利用各项资助政策，建立国家助学贷款与国家奖助学金、勤工助学等各项资助政策的联动管理机制，改变重无偿资助、轻助学贷款的现象，消除学校“惜贷”问题。各民办高校要依据有关政策要求开办国家助学贷款业务，实现国家助学贷款的全覆盖和应贷尽贷。三是建立健全助学贷款激励约束机制。教育部门会同开行、财政部门制定高校及县（市、区）助学贷款奖励资金管理使用办法，确保奖励资金统筹用于国家助学贷款工作的开展，进一步完善高校和市、县内部激励约束机制。四是探索实行助学贷款社会化专业回收工作机制。借鉴金融部门个人贷款业务管理工作经验，本着“统一组织、规范管理、自主选择、稳步推进”的原则，引入社会服务机构，探索助学贷款社会化专业回收工作机制，降低高校和市、县贷后管理工作压力。

（二）进一步加强国家奖助学金评审发放工作。一是完善各个教育阶段的家庭经济困难学生及其他受助学生资格认定办法，规范国家奖助学金评审、发放工作，确保资助过程和资助结果的公开、公平、公正，避免助富漏贫，实现应助尽助。二是落实《河南省财政厅关于省属学校人员工资及国家助学金、奖学金实行财政直接支付的通知》（豫财支付〔2012〕3号）精神，省属学校的奖助学金实行省财政直接支付。三是在完善中等职业学校“预拨经费、省级审批（备案）发放、期末结算”工作模式的基础上，落实“统一办卡、集中发放”的工作制度。四是规范使用资助资金专用银行卡。严格按照《河南省教育厅中国建设银行河南省分行关于办理和规范使用“中职学生资助卡”有关事宜的通知》（教资助〔2010〕1014号）和《河南省教育厅中国建设银行河南省分行关于统一办理“普通高中学生资助联名卡”有关事宜的通知》（教资助〔2011〕99号）精神，规范使用中职学生资助卡和普通高中学生资助联名卡。

（三）认真落实学前教育资助政策。各地要按照《河南省人民政府关于大力发展学前教育的意见》（豫政〔2011〕48号）及《河南省财政厅河南省教育厅关于建立学前教育资助制度的意见通知》（豫财教〔2011〕477号）精神，认真落实资助政策，规范工作流程，使家庭经济困难儿童“入园难”、“入园贵”等人民群众反映强烈、社会各界高度关注的民生问题得到有效缓解。

（四）规范义务教育资助资金管理。完善农村义务教育阶段学生资助工作机制，规范工作流程，强化资金管理，确保义务教育阶段各项资助资金的准确、及时、足额发放。

（五）保障校内资助经费的落实。校内资助经费是保证资助政策体系落实的重要经费来源。各高等学校和中等职业学校要严格按照4%-6%和5%的比例从事业收入中足额提取资助经费，专项用于家庭经济困难学生资助工作。民办高校从事业收入中提取家庭经济困难学生资助经费并足额用于学生资助是安排国家奖助学金的前提条件。

（六）认真落实“绿色通道”制度。各高等学校尤其是民办学校要按国家政策规定开通新生入校“绿色通道”，确保所有提出申请且符合条件的家庭经济困难新生都能通过“绿色通道”顺利入学。

（七）规范社会捐助资金管理。鼓励和引导广大企事业单位、社会团体及个人关注民生、支持教育，研究出台全省社会捐助资金管理使用办法，按照“统一平台，统筹管理，尊重意愿，提高效益”的原则，进一步加强对捐助资金的统筹管理，提高资金使用效率，避免重复资助和过度资助现象发生。

四、强化监督管理

（一）进一步完善考核评价机制和奖惩机制。一是加强对学生资助工作的督导，开展对市、县学生资助工作机构队伍建设情况、资助政策落实情况和资助资金监督管理情况的督导检查。二是建立完善学生资助工作考核制度。完善高校学生资助工作考核指标体系，进一步规范考核工作程序，提高考核工作效果；建立市、县学生资助工作考核制度，重点加强工作条件、日常管理、管理绩效等有关内容的考核。三是建立学生资助工作表彰奖励机制。对资助工作的督导、考核情况及时进行通报，并将其作为安排奖补专项资金、对优秀单位和个人定期予以表彰奖励的重要依据。

（二）加强学生资助工作信息化建设。探索建立覆盖全省学前教育、义务教育、高中阶段教育和高等教育等各个阶段的学生资助工作信息管理平台，通过该平台加强对受助学生个人信息和资助资金发放进度的监督管理。在具体业务操作中，积极引入现代化信息管理技术，全面提升学生资助工作的科学化、信息化和规范化水平。

（三）加强资助资金监督管理。一是组织进行专项检查。省教育厅、省财政厅定期组织资助资金发放情况专项检查和监督，同时配合审计、纪检、金融等有关部门联合进行专项检查和审计审查。各地各学校要结合本地和本校情况定期进行学生资助工作自查自纠，及时解决资助工作中存在的问题。二是完善信访投诉处理制度。通过设立学生资助工作热线电话、咨询邮箱等多种途径，畅通群众反映渠道，接受社会各界监督。三是严肃处理违规违纪行为。对监督检查过程中发现的各类问题，要严格依据有关政策和法律法规从严、从重处理。

五、建立宣传教育长效工作机制

（一）深入持续广泛开展资助工作宣传。一是紧抓宣传时机。以日常教育教学和校园文化活动为平台，在招生、开学、放假、毕业之际，集中开展资助工作宣传。努力做到资助宣传和教学活动相结合、日常宣传和集中宣传相结合。二是拓宽宣传渠道。通过电视、广播、报纸、网络等传媒平台，全面、深入、持续发布学生资助工作信息，实现政务公开和资助公开，使广大人民群众和社会各界了解、支持、关注学生资助工作。三是明确宣传内容。全面宣传国家资助政策体系，解除广大学生和家长的后顾之忧。针对不同的学生群体有重点地进行阶段性宣传教育，增强资助宣传工作的针对性和实效性。四是把握宣传方向。大力加强对资助工作成效和受助学生自强、成才典型事迹的总结、宣传，扩大正面宣传影响，弘扬社会主流价值，营造良好的舆论环境，让广大人民群众深刻体会到党和政府的关怀以及社会主义制度的优越性。五是创新宣传手段。积极探索开展“诚信校园行”等群众喜闻乐见的宣传教育活动，进一步增强资助宣传工作的吸引力和感染力。通过上述措施，确保实现资助政策家喻户晓、资助成效人尽皆知。

(二)探索资助育人途径。一是深入开展诚信教育。以“诚信校园行”系列宣传教育活动为平台，大力宣传和倡导“诚实守信、自立自强”的良好观念，普及金融基础知识教育，使广大学生在参与活动的过程中接受诚信教育，树立感恩观念，展示自我才能，提升综合素质。二是实行资助教育进课堂。将国家资助政策、诚信教育、金融基础知识教育和征信知识教育纳入学校日常教育教学内容。三是深化助学实践。要创造更多的校内勤工助学岗位，合理安排勤工助学补助，使更多的家庭经济困难学生有机会通过服务学校、服务社会得到有效资助；要以学生资助工作为主题，深入开展暑期社会实践活动；要鼓励和支持高校将学生参加勤工助学和社会实践的实际表现与国家奖助学金评选及其他校内奖优评先相结合，充分发挥学生资助工作对学生的正面激励作用，促进家庭经济困难学生的全面发展、成长成才。

二〇一二年十月二十二日

河南省教育厅
转发教育部关于印发《3—6岁儿童学习与发展指南》的通知

教基二〔2012〕1032号

各省辖市、省直管试点县、重点扩权县(市)教育局：

现将教育部《关于印发〈3—6岁儿童学习与发展指南〉的通知》(教基二[2012]4号)转发给你们，并提出以下意见，请一并认真贯彻落实。

一、各地教育行政部门要高度重视，认真抓好《3—6岁儿童学习与发展指南》(以下简称《指南》)的实施工作，要将学习和贯彻《指南》作为当前和今后一个时期的重要任务，纳入工作日程。

二、要认真组织学习培训。省里将适时组织开展相关培训，希望各地采取多种形式组织幼教干部、教研人员、幼儿园园长和骨干教师的培训，区县一级要组织全员培训。要全面理解和深刻把握《指南》的精神实质，并将其落实到实际工作之中。

三、要研究制定相关配套政策，采取有效措施，积极探索幼儿园和小学的双向衔接，切实防止和纠正学前教育“小学化”倾向，为《指南》的全面贯彻落实创造条件。要利用各种渠道、多种形式加大对《指南》的教育理念和保教方法的宣传力度，为《指南》的全面实施营造良好的社会氛围。

四、要认真抓好贯彻落实《指南》的实验和经验推广工作。按照教育部要求，省里将确定一个地(市)级试验区报教育部，各省辖市也要结合本地实际确定1—2个县(区)级实验区，并报我厅基础教育二处。省教育厅将于适当时候检查各地学习贯彻《指南》和试验区开展情况。

二〇一二年十月三十日

教育部关于印发《3—6岁儿童学习与发展指南》的通知

教基二〔2012〕4号

各省、自治区、直辖市教育厅(教委)，新疆生产建设兵团教育局：

为深入贯彻教育规划纲要，落实《国务院关于当前发展学前教育的若干意见》(国发〔2010〕41号)，帮助广大幼儿园教师和家长了解3-6岁幼儿学习与发展的基本规律和特点，全面提高科学保教水平，我部组织专家研究制定了《3—6岁儿童学习与发展指南》(以下简称《指南》)。《指南》广泛征求了各方面的意见，经教育部学前教育专家指导委员会审议通过。现予印发，并就《指南》贯彻落实的有关工作通知如下：

1.开展全员培训。各地要把《指南》作为当前幼儿园教职工、学前教育教研人员和管理干部业务培训的主要内容。省级和地市级教育行政部门要重点做好幼教干部、教研人员和骨干教师培训,区县一级要组织全员培训。要全面理解和准确把握《指南》的精神实质,切实把先进的教育理念和科学的教育方法落实到幼儿园保教工作的各个环节。要创新培训方式,提高培训的针对性和实效性。

2.建设一批实验区。地方各级教育行政部门要认真抓好贯彻落实《指南》的实验和经验推广工作。要结合本地实际确定一批实验区,省一级抓好一个地(市),地市一级抓好1—2个县(区)。要组建专家团队,有效整合资源,针对《指南》实施过程中的困难和问题,为实验区提供专业支持。

3.抓好幼小衔接。地方各级教育行政部门要制定相关配套政策,采取有效措施,严禁幼儿园提前学习小学教育内容,严禁小学举办各种形式的入学选拔考试,严禁小学一年级以任何理由压缩课程或加快课程进度。积极探索幼儿园和小学的双向衔接,为《指南》的全面贯彻落实创造条件。

4.加强社会宣传。要充分发挥学前教育教科研机构和幼儿园的专业优势,发挥各种大众传媒的作用,组织开展形式多样的宣传活动。要以深入浅出的语言,喜闻乐见的形式,广泛宣传《指南》的教育理念和教育方法,提高广大家长的科学育儿能力,实现家园共育。

5.加强组织领导。各地要高度重视《指南》的贯彻落实,切实解决好必要的条件保障。要特别重视《指南》在农村幼儿园的贯彻落实工作,通过专家巡回指导、城乡幼儿园帮扶结对等形式,加大对农村幼儿园的扶持力度。

我部将适时组织开展相关培训、试点经验交流等活动。各地实施《指南》的情况、实施过程中的好做法、好经验以及有关困难、问题请及时报我部基础教育二司。

附件:3—6岁儿童学习与发展指南

2012年10月9日

附件:

3—6岁儿童学习与发展指南

教育部

2012年9月

目 录

说　明

一、为深入贯彻《国家中长期教育改革和发展规划纲要(2010—2020年)》和《国务院关于当前发展学前教育的若干意见》(国发〔2010〕41号),指导幼儿园和家庭实施科学的保育和教育,促进幼儿身心全面和谐发展,制定《3—6岁儿童学习与发展指南》(以下简称《指南》)。

二、《指南》以为幼儿后继学习和终身发展奠定良好素质基础为目标,以促进幼儿体、智、德、美各方面的协调发展为核心,通过提出3—6岁各年龄段儿童学习与发展目标和相应的教育建议,帮助幼儿园教师和家长了解3—6岁幼儿学习与发展的基本规律和特点,建立对幼儿发展的合理期望,实施科学的保育和教育,让幼儿度过快乐而有意义的童年。

三、《指南》从健康、语言、社会、科学、艺术五个领域描述幼儿的学习与发展。每个领域按照幼儿学习与发展最基本、最重要的内容划分为若干方面。每个方面由学习与发展目标和教育建议两部分组成。

目标部分分别对3—4岁、4—5岁、5—6岁三个年龄段末期幼儿应该知道什么、能做什么,大致可以达到什么发展水平提出了合理期望,指明了幼儿学习与发展的具体方向;教育建议部分列举了一些能够有效帮助和促进幼儿学习与发展的教育途径与方法。

四、实施《指南》应把握以下几个方面:

1.关注幼儿学习与发展的整体性。儿童的发展是一个整体,要注重领域之间、目标之间的相互渗透和整合,促进幼儿身心全面协调发展,而不应片面追求某一方面或几方面的发展。

2.尊重幼儿发展的个体差异。幼儿的发展是一个持续、渐进的过程,同时也表现出一定的阶段性特征。每个幼儿在沿着相似进程发展的过程中,各自的发展速度和到达某一水平的时间不完全相同。要充分理解和尊重幼儿发展进程中的个别差异,支持和引导他们从原有水平向更高水平发展,按照自身的速度和方式到达《指南》所呈现的发展"阶梯",切忌用一把"尺子"衡量所有幼儿。

3.理解幼儿的学习方式和特点。幼儿的学习是以直接经验为基础,在游戏和日常生活中进行的。要珍视游戏和生活的独特价值,创设丰富的教育环境,合理安排一日生活,最大限度地支持和满足幼儿通过直接感知、实际操作和亲身体验获取经验的需要,严禁"拔苗助长"式的超前教育和强化训练。

4.重视幼儿的学习品质。幼儿在活动过程中表现出的积极态度和良好行为倾向是终身学习与发展所必需的宝贵品质。要充分尊重和保护幼儿的好奇心和学习兴趣,帮助幼儿逐步养成积极主动、认真专注、不怕困难、敢于探究和尝试、乐于想象和创造等良好学习品质。忽视幼儿学习品质培养,单纯追求知识技能学习的做法是短视而有害的。

一、健　康

健康是指人在身体、心理和社会适应方面的良好状态。幼儿阶段是儿童身体发育和机能发展极为迅速的时期,也是形成安全感和乐观态度的重要阶段。发育良好的身体、愉快的情绪、强健的体质、协调的动作、良好的生活习惯和基本生活能力是幼儿身心健康的重要标志,也是其他领域学习与发展的基础。

为有效促进幼儿身心健康发展,成人应为幼儿提供合理均衡的营养,保证充足的睡眠和适宜的锻炼,满足幼儿生长发育的需要;创设温馨的人际环境,让幼儿充分感受到亲情和关爱,形成积极稳定的情绪情感;帮助幼儿养成良好的生活与卫生习惯,提高自我保护能力,形成使其终身受益的生活能力和文明生活方式。

幼儿身心发育尚未成熟,需要成人的精心呵护和照顾,但不宜过度保护和包办代替,以免剥夺幼儿自主学习的机会,养成过于依赖的不良习惯,影响其主动性、独立性的发展。

(一)身心状况

目标1　具有健康的体态

3—4岁	4—5岁	5—6岁
1.身高和体重适宜。 参考标准: 男孩: 身高:94.9—111.7厘米 体重:12.7—21.2公斤 女孩: 身高:94.1—111.3厘米 体重:12.3—21.5公斤	1.身高和体重适宜。 参考标准: 男孩: 身高:100.7—119.2厘米 体重:14.1—24.2公斤 女孩: 身高:99.9—118.9厘米 体重:13.7—24.9公斤	1.身高和体重适宜。 参考标准: 男孩: 身高:106.1—125.8厘米 体重:15.9—27.1公斤 女孩: 身高:104.9—125.4厘米 体重:15.3—27.8公斤
2.在提醒下能自然坐直、站直。	2.在提醒下能保持正确的站、坐和行走姿势。	2.经常保持正确的站、坐和行走姿势。

注:身高和体重数据来源:《2006年世界卫生组织儿童生长标准》4、5、6周岁儿童身高和体重的参考数据。

教育建议:

1.为幼儿提供营养丰富、健康的饮食。如:

参照《中国孕期、哺乳期妇女和0—6岁儿童膳食指南》,为幼儿提供谷物、蔬菜、水果、肉、奶、蛋、豆制品等多样化的食物，均衡搭配。

烹调方式要科学，尽量少煎炸、烧烤、腌制。

2.保证幼儿每天睡11—12小时，其中午睡一般应达到2小时左右。午睡时间可根据幼儿的年龄、季节的变化和个体差异适当减少。

3.注意幼儿的体态，帮助他们形成正确的姿势。如：

提醒幼儿要保持正确的站、坐、走姿势；发现有八字脚、罗圈腿、驼背等骨骼发育异常的情况，应及时就医矫治。

桌、椅和床要合适。椅子的高度以幼儿写画时双脚能自然着地、大腿基本保持水平状为宜；桌子的高度以写画时身体能坐直，不驼背、不耸肩为宜；床不宜过软。

4.每年为幼儿进行健康检查。

目标2　情绪安定愉快

3—4岁	4—5岁	5—6岁
1.情绪比较稳定，很少因一点小事哭闹不止。 2.有比较强烈的情绪反应时，能在成人的安抚下逐渐平静下来。	1.经常保持愉快的情绪，不高兴时能较快缓解。 2.有比较强烈情绪反应时，能在成人提醒下逐渐平静下来。 3.愿意把自己的情绪告诉亲近的人，一起分享快乐或求得安慰。	1.经常保持愉快的情绪。知道引起自己某种情绪的原因，并努力缓解。 2.表达情绪的方式比较适度，不乱发脾气。 3.能随着活动的需要转换情绪和注意。

教育建议：

1.营造温暖、轻松的心理环境，让幼儿形成安全感和信赖感。如：

- 保持良好的情绪状态，以积极、愉快的情绪影响幼儿。
- 以欣赏的态度对待幼儿。注意发现幼儿的优点，接纳他们的个体差异，不简单与同伴做横向比较。
- 幼儿做错事时要冷静处理，不厉声斥责，更不能打骂。

2.帮助幼儿学会恰当表达和调控情绪。如：

- 成人用恰当的方式表达情绪，为幼儿做出榜样。如生气时不乱发脾气，不迁怒于人。
- 成人和幼儿一起谈论自己高兴或生气的事，鼓励幼儿与人分享自己的情绪。
- 允许幼儿表达自己的情绪，并给予适当的引导。如幼儿发脾气时不硬性压制，等其平静后告诉他什么行为是可以接受的。
- 发现幼儿不高兴时，主动询问情况，帮助他们化解消极情绪。

目标3　具有一定的适应能力

续表

3—4岁	4—5岁	5—6岁
1.能在较热或较冷的户外环境中活动。 2.换新环境时情绪能较快稳定，睡眠、饮食基本正常。 3.在帮助下能较快适应集体生活。	1.能在较热或较冷的户外环境中连续活动半小时左右。 2.换新环境时较少出现身体不适。 3.能较快适应人际环境中发生的变化。如换了新老师能较快适应。	1.能在较热或较冷的户外环境中连续活动半小时以上。 2.天气变化时较少感冒，能适应车、船等交通工具造成的轻微颠簸。 3.能较快融入新的人际关系环境。如换了新的幼儿园或班级能较快适应。

教育建议：

1.保证幼儿的户外活动时间，提高幼儿适应季节变化的能力。

- 幼儿每天的户外活动时间一般不少于两小时，其中体育活动时间不少于1小时，季节交替时要坚持。
- 气温过热或过冷的季节或地区应因地制宜，选择温度适当的时间段开展户外活动，也可根据气温的变化和幼儿的个体差异，适当减少活动的时间。

2.经常与幼儿玩拉手转圈、秋千、转椅等游戏活动，让幼儿适应轻微的摆动、颠簸、旋转，促进其平衡机能的发展。

3.锻炼幼儿适应生活环境变化的能力。如：

- 注意观察幼儿在新环境中的饮食、睡眠、游戏等方面的情况，采取相应的措施帮助他们尽快适应新环境。
- 经常带幼儿接触不同的人际环境，如参加亲戚朋友聚会，多和不熟悉的小朋友玩，使幼儿较快适应新的人际关系。

（二）动作发展

目标1　具有一定的平衡能力，动作协调、灵敏

3—4岁	4—5岁	5—6岁
1.能沿地面直线或在较窄的低矮物体上走一段距离。 2.能双脚灵活交替上下楼梯。 3.能身体平稳地双脚连续向前跳。 4.分散跑时能躲避他人的碰撞。 5.能双手向上抛球。	1.能在较窄的低矮物体上平稳地走一段距离。 2.能以匍匐、膝盖悬空等多种方式钻爬。 3.能助跑跨跳过一定距离，或助跑跨跳过一定高度的物体。 4.能与他人玩追逐、躲闪跑的游戏。 5.能连续自抛自接球。	1.能在斜坡、荡桥和有一定间隔的物体上较平稳地行走。 2.能以手脚并用的方式安全地爬攀登架、网等。 3.能连续跳绳。 4.能躲避他人滚过来的球或扔过来的沙包。 5.能连续拍球。

教育建议：

1.利用多种活动发展身体平衡和协调能力。如：

- 走平衡木，或沿着地面直线、田埂行走。
- 玩跳房子、踢毽子、蒙眼走路、踩小高跷等游戏活动。

2.发展幼儿动作的协调性和灵活性。如：

- 鼓励幼儿进行跑跳、钻爬、攀登、投掷、拍球等活动。

■ 玩跳竹竿、滚铁环等传统体育游戏。

3.对于拍球、跳绳等技能性活动,不要过于要求数量,更不能机械训练。

4.结合活动内容对幼儿进行安全教育,注重在活动中培养幼儿的自我保护能力。

目标2　具有一定的力量和耐力

3—4岁	4—5岁	5—6岁
1.能双手抓杠悬空吊起10秒左右。 2.能单手将沙包向前投掷2米左右。 3.能单脚连续向前跳2米左右。 4.能快跑15米左右。 5.能行走1公里左右(途中可适当停歇)。	1.能双手抓杠悬空吊起15秒左右。 2.能单手将沙包向前投掷4米左右。 3.能单脚连续向前跳5米左右。 4.能快跑20米左右。 5.能连续行走1.5公里左右(途中可适当停歇)。	1.能双手抓杠悬空吊起20秒左右。 2.能单手将沙包向前投掷5米左右。 3.能单脚连续向前跳8米左右。 4.能快跑25米左右。 5.能连续行走1.5公里以上(途中可适当停歇)。

教育建议:

1.开展丰富多样、适合幼儿年龄特点的各种身体活动,如走、跑、跳、攀、爬等,鼓励幼儿坚持下来,不怕累。

2.日常生活中鼓励幼儿多走路、少坐车;自己上下楼梯、自己背包。

目标3　手的动作灵活协调

3—4岁	4—5岁	5—6岁
1.能用笔涂涂画画。 2.能熟练地用勺子吃饭。 3.能用剪刀沿直线剪,边线基本吻合。	1.能沿边线较直地画出简单图形,或能边线基本对齐地折纸。 2.会用筷子吃饭。 3.能沿轮廓线剪出由直线构成的简单图形,边线吻合。	1.能根据需要画出图形,线条基本平滑。 2.能熟练使用筷子。 3.能沿轮廓线剪出由曲线构成的简单图形,边线吻合且平滑。 4.能使用简单的劳动工具或用具。

教育建议:

1.创造条件和机会,促进幼儿手的动作灵活协调。如:

■ 提供画笔、剪刀、纸张、泥团等工具和材料,或充分利用各种自然、废旧材料和常见物品,让幼儿进行画、剪、折、粘等美工活动。

■ 引导幼儿生活自理或参与家务劳动,发展其手的动作。如练习自己用筷子吃饭、扣扣子,帮助家人择菜叶、做面食等。

■ 幼儿园在布置娃娃家、商店等活动区时,多提供原材料和半成品,让幼儿有更多机会参与制作活动。

2.引导幼儿注意活动安全。如:

■ 为幼儿提供的塑料粒、珠子等活动材料要足够大,材质要安全,以免造成异物进入气管、铅中毒等伤害。提供幼儿用安全剪刀。

■ 为幼儿示范拿筷子、握笔的正确姿势以及使用剪刀、锤子等工具的方法。

■ 提醒幼儿不要拿剪刀等锋利工具玩耍,用完后要放回原处。

(三)生活习惯与生活能力

目标1　具有良好的生活与卫生习惯

3—4岁	4—5岁	5—6岁
1.在提醒下,按时睡觉和起床,并能坚持午睡。 2.喜欢参加体育活动。 3.在引导下,不偏食、挑食。喜欢吃瓜果、蔬菜等新鲜食品。 4.愿意饮用白开水,不贪喝饮料。 5.不用脏手揉眼睛,连续看电视等不超过15分钟。 6.在提醒下,每天早晚刷牙、饭前便后洗手。	1.每天按时睡觉和起床,并能坚持午睡。 2.喜欢参加体育活动。 3.不偏食、挑食,不暴饮暴食。喜欢吃瓜果、蔬菜等新鲜食品。 4.常喝白开水,不贪喝饮料。 5.知道保护眼睛,不在光线过强或过暗的地方看书,连续看电视等不超过20分钟。 6.每天早晚刷牙、饭前便后洗手,方法基本正确。	1.养成每天按时睡觉和起床的习惯。 2.能主动参加体育活动。 3.吃东西时细嚼慢咽。 4.主动饮用白开水,不贪喝饮料。 5.主动保护眼睛。不在光线过强或过暗的地方看书,连续看电视等不超过30分钟。 6.每天早晚主动刷牙,饭前便后主动洗手,方法正确。

教育建议:

1.让幼儿保持有规律的生活,养成良好的作息习惯。如:早睡早起、每天午睡、按时进餐、吃好早餐等。

2.帮助幼儿养成良好的饮食习惯。如:

■ 合理安排餐点,帮助幼儿养成定点、定时、定量进餐的习惯。

■ 帮助幼儿了解食物的营养价值,引导他们不偏食不挑食、少吃或不吃不利于健康的食品;多喝白开水,少喝饮料。

■ 吃饭时不过分催促,提醒幼儿细嚼慢咽,不要边吃边玩。

3.帮助幼儿养成良好的个人卫生习惯。如:

■ 早晚刷牙、饭后漱口。

■ 勤为幼儿洗澡、换衣服、剪指甲。

■ 提醒幼儿保护五官,如不乱挖耳朵、鼻孔,看电视时保持3米左右的距离等。

4.激发幼儿参加体育活动的兴趣,养成锻炼的习惯。如:

■ 为幼儿准备多种体育活动材料,鼓励他选择自己喜欢的材料开展活动。

■ 经常和幼儿一起在户外运动和游戏,鼓励幼儿和同伴一起开展体育活动。

■ 和幼儿一起观看体育比赛或有关体育赛事的电视节目,培养他对体育活动的兴趣。

目标2　具有基本的生活自理能力

3—4岁	4—5岁	5—6岁
1.在帮助下能穿脱衣服或鞋袜。 2.能将玩具和图书放回原处。	1.能自己穿脱衣服、鞋袜、扣纽扣。 2.能整理自己的物品。	1.能知道根据冷热增减衣服。 2.会自己系鞋带。 3.能按类别整理好自己的物品。

教育建议：

1.鼓励幼儿做力所能及的事情，对幼儿的尝试与努力给予肯定，不因做不好或做得慢而包办代替。

2.指导幼儿学习和掌握生活自理的基本方法，如穿脱衣服和鞋袜、洗手洗脸、擦鼻涕、擦屁股的正确方法。

3.提供有利于幼儿生活自理的条件。如：

- 提供一些纸箱、盒子，供幼儿收拾和存放自己的玩具、图书或生活用品等。
- 幼儿的衣服、鞋子等要简单实用，便于自己穿脱。

目标3　具备基本的安全知识和自我保护能力

3—4岁	4—5岁	5—6岁
1.不吃陌生人给的东西，不跟陌生人走。 2.在提醒下能注意安全，不做危险的事。 3.在公共场所走失时，能向警察或有关人员说出自己和家长的名字、电话号码等简单信息。	1.知道在公共场合不远离成人的视线单独活动。 2.认识常见的安全标识，能遵守安全规则。 3.运动时能主动躲避危险。 4.知道简单的求助方式。	1.未经大人允许不给陌生人开门。 2.能自觉遵守基本的安全规则和交通规则。 3.运动时能注意安全，不给他人造成危险。 4.知道一些基本的防灾知识。

教育建议：

1.创设安全的生活环境，提供必要的保护措施。如：

- 要把热水瓶、药品、火柴、刀具等物品放到幼儿够不到的地方；阳台或窗台要有安全保护措施；要使用安全的电源插座等。
- 在公共场所要注意照看好幼儿；幼儿乘车、乘电梯时要有成人陪伴；不把幼儿单独留在家里或汽车里等。

2.结合生活实际对幼儿进行安全教育。如：

- 外出时，提醒幼儿要紧跟成人，不远离成人的视线，不跟陌生人走，不吃陌生人给的东西；不在河边和马路边玩耍；要遵守交通规则等。
- 帮助幼儿了解周围环境中不安全的事物，不做危险的事。如不动热水壶，不玩火柴或打火机，不摸电源插座，不攀爬窗户或阳台等。
- 帮助幼儿认识常见的安全标识，如：小心触电、小心有毒、禁止下河游泳、紧急出口等。
- 告诉幼儿不允许别人触摸自己的隐私部位。

3.教给幼儿简单的自救和求救的方法。如：

- 记住自己家庭的住址、电话号码、父母的姓名和单位，一旦走失时知道向成人求助，并能提供必要信息。
- 遇到火灾或其他紧急情况时，知道要拨打110、120、119等求救电话。
- 可利用图书、音像等材料对幼儿进行逃生和求救方面的教育，并运用游戏方式模拟练习。
- 幼儿园应定期进行火灾、地震等自然灾害的逃生演习。

二、语　言

语言是交流和思维的工具。幼儿期是语言发展，特别是口语发展的重要时期。幼儿语言的发展贯穿于各个领域，也对其他领域的学习与发展有着重要的影响：幼儿在运用语言进行交流的同时，也在发展着人际交往能力、理解他人和判断交往情境的能力、组织自己思想的能力。通过语言获取信息，幼儿的学习逐步超越个体的直接感知。

幼儿的语言能力是在交流和运用的过程中发展起来的。应为幼儿创设自由、宽松的语言交往环境，鼓励和支持幼儿与成人、同伴交流，让幼儿想说、敢说、喜欢说并能得到积极回应。为幼儿提供丰富、适宜的低幼读物，经常和幼儿一起看图书、讲故事，丰富其语言表达能力，培养阅读兴趣和良好的阅读习惯，进一步拓展学习经验。

幼儿的语言学习需要相应的社会经验支持，应通过多种活动扩展幼儿的生活经验，丰富语言的内容，增强理解和表达能力。应在生活情境和阅读活动中引导幼儿自然而然地产生对文字的兴趣，用机械记忆和强化训练的方式让幼儿过早识字不符合其学习特点和接受能力。

(一)倾听与表达

目标1　认真听并能听懂常用语言

3—4岁	4—5岁	5—6岁
1.别人对自己说话时能注意听并做出回应。 2.能听懂日常会话。	1.在群体中能有意识地听与自己有关的信息。 2.能结合情境感受到不同语气、语调所表达的不同意思。 3.方言地区和少数民族幼儿能基本听懂普通话。	1.在集体中能注意听老师或其他人讲话。 2.听不懂或有疑问时能主动提问。 3.能结合情境理解一些表示因果、假设等相对复杂的句子。

教育建议：

1.多给幼儿提供倾听和交谈的机会。如:经常和幼儿一起谈论他感兴趣的话题,或一起看图书、讲故事。

2.引导幼儿学会认真倾听。如:

■ 成人要耐心倾听别人(包括幼儿)的讲话,等别人讲完再表达自己的观点。

■ 与幼儿交谈时,要用幼儿能听得懂的语言。

■ 对幼儿提要求和布置任务时要求他注意听,鼓励他主动提问。

3.对幼儿讲话时,注意结合情境使用丰富的语言,以便于幼儿理解。如:

■ 说话时注意语气、语调,让幼儿感受语气、语调的作用。如对幼儿的不合理要求以比较坚定的语气表示不同意;讲故事时,尽量把故事人物高兴、悲伤的心情用不同的语气、语调表现出来。

■ 根据幼儿的理解水平有意识地使用一些反映因果、假设、条件等关系的句子。

目标2　愿意讲话并能清楚地表达

3—4岁	4—5岁	5—6岁
1.愿意在熟悉的人面前说话,能大方地与人打招呼。 2.基本会说本民族或本地区的语言。 3.愿意表达自己的需要和想法,必要时能配以手势动作。 4.能口齿清楚地说儿歌、童谣或复述简短的故事。	1.愿意与他人交谈,喜欢谈论自己感兴趣的话题。 2.会说本民族或本地区的语言,基本会说普通话。少数民族聚居地区幼儿会用普通话进行日常会话。 3.能基本完整地讲述自己的所见所闻和经历的事情。 4.讲述比较连贯。	1.愿意与他人讨论问题,敢在众人面前说话。 2.会说本民族或本地区的语言和普通话,发音正确清晰。少数民族聚居地区幼儿基本会说普通话。 3.能有序、连贯、清楚地讲述一件事情。 4.讲述时能使用常见的形容词、同义词等,语言比较生动。

教育建议:

1.为幼儿创造说话的机会并体验语言交往的乐趣。

■ 每天有足够的时间与幼儿交谈。如谈论他感兴趣的话题,询问和听取他对自己事情的意见等。

■ 尊重和接纳幼儿的说话方式,无论幼儿的表达水平如何,都应认真地倾听并给予积极的回应。

■ 鼓励和支持幼儿与同伴一起玩耍、交谈,相互讲述见闻、趣事或看过的图书、动画片等。

■ 方言和少数民族地区应积极为幼儿创设用普通话交流的语言环境。

2.引导幼儿清楚地表达。如:

■ 和幼儿讲话时,成人自身的语言要清楚、简洁。

■ 当幼儿因为急于表达而说不清楚的时候,提醒他不要着急,慢慢说;同时要耐心倾听,给予必要的补充,帮助他理清思路并清晰地说出来。

目标3　具有文明的语言习惯

3—4岁	4—5岁	5—6岁
1.与别人讲话时知道眼睛要看着对方。 2.说话自然,声音大小适中。 3.能在成人的提醒下使用恰当的礼貌用语。	1.别人对自己讲话时能回应。 2.能根据场合调节自己说话声音的大小。 3.能主动使用礼貌用语,不说脏话、粗话。	1.别人讲话时能积极主动地回应。 2.能根据谈话对象和需要,调整说话的语气。 3.懂得按次序轮流讲话,不随意打断别人。 4.能依据所处情境使用恰当的语言。如在别人难过时会用恰当的语言表示安慰。

教育建议:

1.成人注意语言文明,为幼儿做出表率。如:

■ 与他人交谈时,认真倾听,使用礼貌用语。

■ 在公共场合不大声说话,不说脏话、粗话。

■ 幼儿表达意见时,成人可蹲下来,眼睛平视幼儿,耐心听他把话说完。

2.帮助幼儿养成良好的语言行为习惯。如:

■ 结合情境提醒幼儿一些必要的交流礼节。如对长辈说话要有礼貌,客人来访时要打招呼,得到帮助时要说谢谢等。

■ 提醒幼儿遵守集体生活的语言规则,如轮流发言,不随意打断别人讲话等。

■ 提醒幼儿注意公共场所的语言文明,如不大声喧哗。

(二)阅读与书写准备

目标1　喜欢听故事,看图书

3—4岁	4—5岁	5—6岁
1.主动要求成人讲故事、读图书。 2.喜欢跟读韵律感强的儿歌、童谣。 3.爱护图书,不乱撕、乱扔。	1.反复看自己喜欢的图书。 2.喜欢把听过的故事或看过的图书讲给别人听。 3.对生活中常见的标识、符号感兴趣,知道它们表示一定的意义。	1.专注地阅读图书。 2.喜欢与他人一起谈论图书和故事的有关内容。 3.对图书和生活情境中的文字符号感兴趣,知道文字表示一定的意义。

教育建议:

1.为幼儿提供良好的阅读环境和条件。如:

■ 提供一定数量、符合幼儿年龄特点、富有童趣的图画书。

■ 提供相对安静的地方,尽量减少干扰,保证幼儿自主阅读。

2.激发幼儿的阅读兴趣,培养阅读习惯。如:

■ 经常抽时间与幼儿一起看图书、讲故事。

- 提供童谣、故事和诗歌等不同体裁的儿童文学作品，让幼儿自主选择和阅读。
- 当幼儿遇到感兴趣的事物或问题时，和他一起查阅图书资料，让他感受图书的作用，体会通过阅读获取信息的乐趣。

3.引导幼儿体会标识、文字符号的用途。如：

- 向幼儿介绍医院、公用电话等生活中的常见标识，让他知道标识可以代表具体事物。
- 结合生活实际，帮助幼儿体会文字的用途。如买来新玩具时，把说明书上的文字念给幼儿听，了解玩具的玩法。

目标2　具有初步的阅读理解能力

3—4岁	4—5岁	5—6岁
1.能听懂短小的儿歌或故事。 2.会看画面，能根据画面说出图中有什么，发生了什么事等。 3.能理解图书上的文字是和画面对应的，是用来表达画面意义的。	1.能大体讲出所听故事的主要内容。 2.能根据连续画面提供的信息，大致说出故事的情节。 3.能随着作品的展开产生喜悦、担忧等相应的情绪反应，体会作品所表达的情绪情感。	1.能说出所阅读的幼儿文学作品的主要内容。 2.能根据故事的部分情节或图书画面的线索猜想故事情节的发展，或续编、创编故事。 3.对看过的图书、听过的故事能说出自己的看法。 4.能初步感受文学语言的美。

教育建议：

1.经常和幼儿一起阅读，引导他以自己的经验为基础理解图书的内容。如：

- 引导幼儿仔细观察画面，结合画面讨论故事内容，学习建立画面与故事内容的联系。
- 和幼儿一起讨论或回忆书中的故事情节，引导他有条理地说出故事的大致内容。
- 在给幼儿读书或讲故事时，可先不告诉名字，让幼儿听完后自己命名，并说出这样命名的理由。
- 鼓励幼儿自主阅读，并与他人讨论自己在阅读中的发现、体会和想法。

2.在阅读中发展幼儿的想象和创造能力。如：

- 鼓励幼儿依据画面线索讲述故事，大胆推测、想象故事情节的发展，改编故事部分情节或续编故事结尾。
- 鼓励幼儿用故事表演、绘画等不同的方式表达自己对图书和故事的理解。
- 鼓励和支持幼儿自编故事，并为自编的故事配上图画，制成图画书。

3.引导幼儿感受文学作品的美。如：

- 有意识地引导幼儿欣赏或模仿文学作品的语言节奏和韵律。
- 给幼儿读书时，通过表情、动作和抑扬顿挫的声音传达书中的情绪情感，让幼儿体会作品的感染力和表现力。

目标3　具有书面表达的愿望和初步技能

3—4岁	4—5岁	5—6岁
1.喜欢用涂涂画画表达一定的意思。	1.愿意用图画和符号表达自己的愿望和想法。 2.在成人提醒下，写写画画时姿势正确。	1.愿意用图画和符号表现事物或故事。 2.会正确书写自己的名字。 3.写画时姿势正确。

教育建议：

1.让幼儿在写写画画的过程中体验文字符号的功能，培养书写兴趣。如：

- 准备供幼儿随时取放的纸、笔等材料，也可利用沙地、树枝等自然材料，满足幼儿自由涂画的需要。
- 鼓励幼儿将自己感兴趣的事情或故事画下来并讲给别人听，让幼儿体会写写画画的方式可以表达自己的想法和情感。
- 把幼儿讲过的事情用文字记录下来，并念给他听，使幼儿知道说的话可以用文字记录下来，从中体会文字的用途。

2.在绘画和游戏中做必要的书写准备，如：

- 通过把虚线画出的图形轮廓连成实线等游戏，促进手眼协调，同时帮助幼儿学习由上至下、由左至右的运笔技能。
- 鼓励幼儿学习书写自己的名字。
- 提醒幼儿写画时保持正确姿势。

三、社　会

幼儿社会领域的学习与发展过程是其社会性不断完善并奠定健全人格基础的过程。人际交往和社会适应是幼儿社会学习的主要内容，也是其社会性发展的基本途径。幼儿在与成人和同伴交往的过程中，不仅学习如何与人友好相处，也在学习如何看待自己、对待他人，不断发展适应社会生活的能力。良好的社会性发展对幼儿身心健康和其他各方面的发展都具有重要影响。

家庭、幼儿园和社会应共同努力，为幼儿创设温暖、关爱、平等的家庭和集体生活氛围，建立良好的亲子关系、师生关系和同伴关系，让幼儿在积极健康的人际关系中获得安全感和信任感，发展自信和自尊，在良好的社会环境及文化的熏陶中学会遵守规则，形成基本的认同感和归属感。

幼儿的社会性主要是在日常生活和游戏中通过观察和模仿潜移默化地发展起来的。成人应注重自己言行的榜样作用，避免简单生硬的说教。

(一)人际交往

目标1　愿意与人交往

3—4岁	4—5岁	5—6岁
1.愿意和小朋友一起游戏。 2.愿意与熟悉的长辈一起活动。	1.喜欢和小朋友一起游戏,有经常一起玩的小伙伴。 2.喜欢和长辈交谈,有事愿意告诉长辈。	1.有自己的好朋友,也喜欢结交新朋友。 2.有问题愿意向别人请教。 3.有高兴的或有趣的事愿意与大家分享。

教育建议:

1.主动亲近和关心幼儿,经常和他一起游戏或活动,让幼儿感受到与成人交往的快乐,建立亲密的亲子关系和师生关系。

2.创造交往的机会,让幼儿体会交往的乐趣。如:

- 利用走亲戚、到朋友家做客或有客人来访的时机,鼓励幼儿与他人接触和交谈。
- 鼓励幼儿参加小朋友的游戏,邀请小朋友到家里玩,感受有朋友一起玩的快乐。
- 幼儿园应多为幼儿提供自由交往和游戏的机会,鼓励他们自主选择、自由结伴开展活动。

目标2　能与同伴友好相处

3—4岁	4—5岁	5—6岁
1.想加入同伴的游戏时,能友好地提出请求。 2.在成人指导下,不争抢、不独霸玩具。 3.与同伴发生冲突时,能听从成人的劝解。	1.会运用介绍自己、交换玩具等简单技巧加入同伴游戏。 2.对大家都喜欢的东西能轮流、分享。 3.与同伴发生冲突时,能在他人帮助下和平解决。 4.活动时愿意接受同伴的意见和建议。 5.不欺负弱小。	1.能想办法吸引同伴和自己一起游戏。 2.活动时能与同伴分工合作,遇到困难能一起克服。 3.与同伴发生冲突时能自己协商解决。 4.知道别人的想法有时和自己不一样,能倾听和接受别人的意见,不能接受时会说明理由。 5.不欺负别人,也不允许别人欺负自己。

教育建议:

1.结合具体情境,指导幼儿学习交往的基本规则和技能。如:

- 当幼儿不知怎样加入同伴游戏,或提出请求不被接受时,建议他拿出玩具邀请大家一起玩;或者扮成某个角色加入同伴的游戏。
- 对幼儿与别人分享玩具、图书等行为给予肯定,让他对自己的表现感到高兴和满足。
- 当幼儿与同伴发生矛盾或冲突时,指导他尝试用协商、交换、轮流玩、合作等方式解决冲突。
- 利用相关的图书、故事,结合幼儿的交往经验,和他讨论什么样的行为受大家欢迎,想要得到别人的接纳应该怎样做。
- 幼儿园应多为幼儿提供需要大家齐心协力才能完成的活动,让幼儿在具体活动中体会合作的重要性,学习分工合作。

2.结合具体情境,引导幼儿换位思考,学习理解别人。如:

- 幼儿有争抢玩具等不友好行为时,引导他们想想“假如你是那个小朋友,你有什么感受?”让幼儿学习理解别人的想法和感受。

3.和幼儿一起谈谈他的好朋友,说说喜欢这个朋友的原因,引导他多发现同伴的优点、长处。

目标3　具有自尊、自信、自主的表现

3—4岁	4—5岁	5—6岁
1.能根据自己的兴趣选择游戏或其他活动。 2.为自己的好行为或活动成果感到高兴。 3.自己能做的事情愿意自己做。 4.喜欢承担一些小任务。	1.能按自己的想法进行游戏或其他活动。 2.知道自己的一些优点和长处,并对此感到满意。 3.自己的事情尽量自己做,不愿意依赖别人。 4.敢于尝试有一定难度的活动和任务。	1.能主动发起活动或在活动中出主意、想办法。 2.做了好事或取得了成功后还想做得更好。 3.自己的事情自己做,不会的愿意学。 4.主动承担任务,遇到困难能够坚持而不轻易求助。 5.与别人的看法不同时,敢于坚持自己的意见并说出理由。

教育建议:

1.关注幼儿的感受,保护其自尊心和自信心。如:

- 能以平等的态度对待幼儿,使幼儿切实感受到自己被尊重。
- 对幼儿好的行为表现多给予具体、有针对性的肯定和表扬,让他对自己优点和长处有所认识并感到满足和自豪。
- 不要拿幼儿的不足与其他幼儿的优点作比较。

2.鼓励幼儿自主决定,独立做事,增强其自尊心和自信心。如:

- 与幼儿有关的事情要征求他的意见,即使他的意见与成人不同,也要认真倾听,接受他的合理要求。
- 在保证安全的情况下,支持幼儿按自己的想法做事;或提供必要的条件,帮助他实现自己的想法。
- 幼儿自己的事情尽量放手让他自己做,即使做得不够好,也应鼓励并给予一定的指导,让他在做事中树立自尊和自信。

■ 鼓励幼儿尝试有一定难度的任务，并注意调整难度，让他感受经过努力获得的成就感。

目标4 关心尊重他人

3—4岁	4—5岁	5—6岁
1.长辈讲话时能认真听，并能听从长辈的要求。 2.身边的人生病或不开心时表示同情。 3.在提醒下能做到不打扰别人。	1.会用礼貌的方式向长辈表达自己的要求和想法。 2.能注意到别人的情绪，并有关心、体贴的表现。 3.知道父母的职业，能体会到父母为养育自己所付出的辛劳。	1.能有礼貌地与人交往。 2.能关注别人的情绪和需要，并能给予力所能及的帮助。 3.尊重为大家提供服务的人，珍惜他们的劳动成果。 4.接纳、尊重与自己的生活方式或习惯不同的人。

教育建议：

1.成人以身作则，以尊重、关心的态度对待自己的父母、长辈和其他人。如：
 ■ 经常问候父母，主动做家务。
 ■ 礼貌地对待老年人，如坐车时主动为老人让座。
 ■ 看到别人有困难能主动关心并给予一定的帮助。

2.引导幼儿尊重、关心长辈和身边的人，尊重他人劳动及成果。如：
 ■ 提醒幼儿关心身边的人，如妈妈累了，知道让她安静休息一会儿。
 ■ 借助故事、图书等给幼儿讲讲父母抚育孩子成长的经历，让幼儿理解和体会父爱与母爱。
 ■ 结合实际情境，提醒幼儿注意别人的情绪，了解他们的需要，给予适当的关心和帮助。
 ■ 利用生活机会和角色游戏，帮助幼儿了解与自己关系密切的社会服务机构及其工作，如商场、邮局、医院等，体会这些机构给大家提供的便利和服务，懂得尊重工作人员的劳动，珍惜劳动成果。

3.引导幼儿学习用平等、接纳和尊重的态度对待差异。如：
 ■ 了解每个人都有自己的兴趣、爱好和特长，可以相互学习。
 ■ 利用民间游戏、传统节日等，适当向幼儿介绍我国主要民族和世界其他国家和民族的文化，帮助幼儿感知文化的多样性和差异性，理解人们之间是平等的，应该互相尊重，友好相处。

(二)社会适应

目标1 喜欢并适应群体生活

3—4岁	4—5岁	5—6岁
1.对群体活动有兴趣。 2.对幼儿园的生活好奇，喜欢上幼儿园。	1.愿意并主动参加群体活动。 2.愿意与家长一起参加社区的一些群体活动。	1.在群体活动中积极、快乐。 2.对小学生活有好奇和向往。

教育建议：

1.经常和幼儿一起参加一些群体性的活动，让幼儿体会群体活动的乐趣。如：参加亲戚、朋友和同事间的聚会以及适合幼儿参加的社区活动等，支持幼儿和不同群体的同伴一起游戏，丰富其群体活动的经验。

2.幼儿园组织活动时，可以经常打破班级的界限，让幼儿有更多机会参加不同群体的活动。

3.带领大班幼儿参观小学，讲讲小学有趣的活动，唤起他们对小学生活的好奇和向往，为入学做好心理准备。

目标2 遵守基本的行为规范

3—4岁	4—5岁	5—6岁
1.在提醒下，能遵守游戏和公共场所的规则。 2.知道不经允许不能拿别人的东西，借别人的东西要归还。 3.在成人提醒下，爱护玩具和其他物品。	1.感受规则的意义，并能基本遵守规则。 2.不私自拿不属于自己的东西。 3.知道说谎是不对的。 4.知道接受了的任务要努力完成。 5.在提醒下，能节约粮食、水电等。	1.理解规则的意义，能与同伴协商制定游戏和活动规则。 2.爱惜物品，用别人的东西时也知道爱护。 3.做了错事敢于承认，不说谎。 4.能认真负责地完成自己所接受的任务。 5.爱护身边的环境，注意节约资源。

教育建议：

1.成人要遵守社会行为规则，为幼儿树立良好的榜样。如：答应幼儿的事一定要做到、尊老爱幼、爱护公共环境，节约水电等。

2.结合社会生活实际，帮助幼儿了解基本行为规则或其他游戏规则，体会规则的重要性，学习自觉遵守规则。如：
 ■ 经常和幼儿玩带有规则的游戏，遵守共同约定的游戏规则。
 ■ 利用实际生活情境和图书故事，向幼儿介绍一些必要的社会行为规则，以及为什么要遵守这些规则。
 ■ 在幼儿园的区域活动中，创设情境，让幼儿体会没有规则的不方便，鼓励他们讨论制定规则并自觉遵守。
 ■ 对幼儿表现出的遵守规则的行为要及时肯定，对违规行为给予纠正。如：幼儿主动为老人让座时要表扬；幼儿损害别人的物品或公共物品时要及时制止并主动赔偿。

3.教育幼儿要诚实守信。如：
 ■ 对幼儿诚实守信的行为要及时肯定。
 ■ 允许幼儿犯错误，告诉他改了就好。不要打骂幼儿，以免他因害怕惩罚而说谎。
 ■ 小年龄幼儿经常分不清想象和现实，成人不要误认为他是在说谎。
 ■ 发现幼儿说谎时，要反思是不是因自己对幼儿的要求过高过严造成的。如果是，要及时调整自己的行为，同时要严肃地告诉幼儿说谎是不对的。

■ 经常给幼儿分配一些力所能及的任务，要求他完成并及时给予表扬，培养他的责任感和认真负责的态度。

目标3 具有初步的归属感

3—4岁	4—5岁	5—6岁
1.知道和自己一起生活的家庭成员及与自己的关系，体会到自己是家庭的一员。 2.能感受到家庭生活的温暖，爱父母，亲近与信赖长辈。 3.能说出自己家所在街道、小区(乡镇、村)的名称。 4.认识国旗，知道国歌。	1.喜欢自己所在的幼儿园和班级，积极参加集体活动。 2.能说出自己家所在地的省、市、县(区)名称，知道当地有代表性的物产或景观。 3.知道自己是中国人。 4.奏国歌、升国旗时能自动站好。	1.愿意为集体做事，为集体的成绩感到高兴。 2.能感受到家乡的发展变化并为此感到高兴。 3.知道自己的民族，知道中国是一个多民族的大家庭，各民族之间要互相尊重，团结友爱。 4.知道国家一些重大成就，爱祖国，为自己是中国人感到自豪。

教育建议：

1.亲切地对待幼儿，关心幼儿，让他感到长辈是可亲、可近、可信赖的，家庭和幼儿园是温暖的。如：

■ 多和孩子一起游戏、谈笑，尽量在家庭和班级中营造温馨的氛围。

■ 通过和幼儿一起翻阅照片、讲幼儿成长的故事等，让幼儿感受到家庭和幼儿园的温暖，老师的和蔼可亲，对养育自己的人产生感激之情。

2.吸引和鼓励幼儿参加集体活动，萌发集体意识。如：

■ 幼儿园和班级里的重大事情和计划，请幼儿集体讨论决定。

■ 幼儿园应经常组织多种形式的集体活动，萌发幼儿的集体荣誉感。

3.运用幼儿喜闻乐见和能够理解的方式激发幼儿爱家乡、爱祖国的情感。如：

■ 和幼儿说一说或在地图上找一找自己家所在的省、市、县(区)名称。

■ 和幼儿一起外出游玩，一起看有关的电视节目或画报等；和他们一起收集有关家乡、祖国各地的风景名胜、著名的建筑、独特物产的图片等，在观看和欣赏的过程中激发幼儿的自豪感和热爱之情。

■ 利用电视节目或参加升旗等活动，向幼儿介绍国旗、国歌以及观看升旗、奏国歌的礼仪。

■ 向幼儿介绍反映中国人聪明才智的发明和创造，激发幼儿的民族自豪感。

四、科　学

幼儿的科学学习是在探究具体事物和解决实际问题中，尝试发现事物间的异同和联系的过程。幼儿在对自然事物的探究和运用数学解决实际生活问题的过程中，不仅获得丰富的感性经验，充分发展形象思维，而且初步尝试归类、排序、判断、推理，逐步发展逻辑思维能力，为其他领域的深入学习奠定基础。

幼儿科学学习的核心是激发探究兴趣，体验探究过程，发展初步的探究能力。成人要善于发现和保护幼儿的好奇心，充分利用自然和实际生活机会，引导幼儿通过观察、比较、操作、实验等方法，学习发现问题、分析问题和解决问题；帮助幼儿不断积累经验，并运用于新的学习活动，形成受益终身的学习态度和能力。

幼儿的思维特点是以具体形象思维为主，应注重引导幼儿通过直接感知、亲身体验和实际操作进行科学学习，不应为追求知识和技能的掌握，对幼儿进行灌输和强化训练。

(一)科学探究

目标1 亲近自然，喜欢探究

3—4岁	4—5岁	5—6岁
1.喜欢接触大自然，对周围的很多事物和现象感兴趣。 2.经常问各种问题，或好奇地摆弄物品。	1.喜欢接触新事物，经常问一些与新事物有关的问题。 2.常常动手动脑探索物体和材料，并乐在其中。	1.对自己感兴趣的问题总是刨根问底。 2.能经常动手动脑寻找问题的答案。 3.探索中有所发现时感到兴奋和满足。

教育建议：

1.经常带幼儿接触大自然，激发其好奇心与探究欲望。如：

■ 为幼儿提供一些有趣的探究工具，用自己的好奇心和探究积极性感染和带动幼儿。

■ 和幼儿一起发现并分享周围新奇、有趣的事物或现象，一起寻找问题的答案。

■ 通过拍照和画图等方式保留和积累有趣的探索与发现。

2.真诚地接纳、多方面支持和鼓励幼儿的探索行为。如：

■ 认真对待幼儿的问题，引导他们猜一猜、想一想，有条件时和幼儿一起做一些简易的调查或有趣的小实验。

■ 容忍幼儿因探究而弄脏、弄乱，甚至破坏物品的行为，引导他们活动后做好收拾整理。

- 多为幼儿选择一些能操作、多变化、多功能的玩具材料或废旧材料，在保证安全的前提下，鼓励幼儿拆装或动手自制玩具。

目标2　具有初步的探究能力

3—4岁	4—5岁	5—6岁
1.对感兴趣的事物能仔细观察，发现其明显特征。 2.能用多种感官或动作去探索物体，关注动作所产生的结果。	1.能对事物或现象进行观察比较，发现其相同与不同。 2.能根据观察结果提出问题，并大胆猜测答案。 3.能通过简单的调查收集信息。 4.能用图画或其他符号进行记录。	1.能通过观察、比较与分析，发现并描述不同种类物体的特征或某个事物前后的变化。 2.能用一定的方法验证自己的猜测。 3.在成人的帮助下能制定简单的调查计划并执行。 4.能用数字、图画、图表或其他符号记录。 5.探究中能与他人合作与交流。

教育建议：

1.有意识地引导幼儿观察周围事物，学习观察的基本方法，培养观察与分类能力。如：

- 支持幼儿自发的观察活动，对其发现表示赞赏。
- 通过提问等方式引导幼儿思考并对事物进行比较观察和连续观察。
- 引导幼儿在观察和探索的基础上，尝试进行简单的分类、概括。如：根据运动方式给动物分类，根据生长环境给植物分类，根据外部特征给物体分类等等。

2.支持和鼓励幼儿在探究的过程中积极动手动脑寻找答案或解决问题。如：

- 鼓励幼儿根据观察或发现提出值得继续探究的问题，或成人提出有探究意义且能激发幼儿兴趣的问题。如：皮球、轮胎、竹筒等物体滚动时都走直线吗？怎样让橡皮泥球浮在水面上？
- 支持和鼓励幼儿大胆联想、猜测问题的答案，并设法验证。如：玩风车时，鼓励幼儿猜测风车转动方向及速度快慢的原因和条件，并实际去验证。
- 支持、引导幼儿学习用适宜的方法探究和解决问题，或为自己的想法搜集证据。如：想知道院子里有多少种植物，可以进行实地调查；想知道球在平地上还是在斜坡上滚得快，可以动手试一试；想证明影子的方向与太阳的位置有关，可以做个小实验进行验证等。

3.鼓励和引导幼儿学习做简单的计划和记录，并与他人交流分享。如：

- 和幼儿共同制定调查计划，讨论调查对象、步骤和方法等，也可以和幼儿一起设法用图画、箭头等标识呈现计划。
- 鼓励幼儿用绘画、照相、做标本等办法记录观察和探究的过程与结果，注意要让记录有意义，通过记录帮助幼儿丰富观察经验、建立事物之间的联系和分享发现。
- 支持幼儿与同伴合作探究与分享交流，引导他们在交流中尝试整理、概括自己探究的成果，体验合作探究和发现的乐趣。如一起讨论和分享自己的问题与发现，一起想办法收集资料和验证猜测。

4.帮助幼儿回顾自己探究过程，讨论自己做了什么，怎么做的，结果与计划目标是否一致，分析一下原因以及下一步要怎样做等。

目标3　在探究中认识周围事物和现象

3—4岁	4—5岁	5—6岁
1.认识常见的动植物，能注意并发现周围的动植物是多种多样的。 2.能感知和发现物体和材料的软硬、光滑和粗糙等特性。 3.能感知和体验天气对自己生活和活动的影响。 4.初步了解和体会动植物和人们生活的关系。	1.能感知和发现动植物的生长变化及其基本条件。 2.能感知和发现常见材料的溶解、传热等性质或用途。 3.能感知和发现简单物理现象，如物体形态或位置变化等。 4.能感知和发现不同季节的特点，体验季节对动植物和人的影响。 5.初步感知常用科技产品与自己生活的关系，知道科技产品有利也有弊。	1.能察觉到动植物的外形特征、习性与生存环境的适应关系。 2.能发现常见物体的结构与功能之间的关系。 3.能探索并发现常见的物理现象产生的条件或影响因素，如影子、沉浮等。 4.感知并了解季节变化的周期性，知道变化的顺序。 5.初步了解人们的生活与自然环境的密切关系，知道尊重和珍惜生命，保护环境。

教育建议：

1.支持幼儿在接触自然、生活事物和现象中积累有益的直接经验和感性认识。如：

- 和幼儿一起通过户外活动、参观考察、种植和饲养活动，感知生物的多样性和独特性，以及生长发育、繁殖和死亡的过程。
- 给幼儿提供丰富的材料和适宜的工具，支持幼儿在游戏过程中探索并感知常见物质、材料的特性和物体的结构特点。

2.引导幼儿在探究中思考，尝试进行简单的推理和分析，发现事物之间明显的关联。如：

- 引导5岁以上幼儿关注和思考动植物的外部特征、习性与生活环境对动植物生存的意义。如兔子的长耳朵具有自我保护的作用；植物种子的形状有助于其传播等。
- 引导幼儿根据常见物质、材料的特性和物体的结构特点，推测和证实它们的用途。如：带轮子的物体方便移动；不同用途的车辆有不同的结构等等。

3.引导幼儿关注和了解自然、科技产品与人们生活的密切关

系,逐渐懂得热爱、尊重、保护自然。如:

- 结合幼儿的生活需要,引导他们体会人与自然、动植物的依赖关系。如:动植物、季节变化与人们生活的关系、常见灾害性天气给人们生产和生活带来的影响等。
- 和幼儿一起讨论常见科技产品的用途和弊端,如:汽车等交通工具给生活带来的方便和对环境的污染等。

(二)数学认知

目标1 初步感知生活中数学的有用和有趣

3—4岁	4—5岁	5—6岁
1.感知和发现周围物体的形状是多种多样的,对不同的形状感兴趣。 2.体验和发现生活中很多地方都用到数。	1.在指导下,感知和体会有些事物可以用形状来描述。 2.在指导下,感知和体会有些事物可以用数来描述,对环境中各种数字的含义有进一步探究的兴趣。	1.能发现事物简单的排列规律,并尝试创造新的排列规律。 2.能发现生活中许多问题都可以用数学的方法来解决,体验解决问题的乐趣。

教育建议:

1.引导幼儿注意事物的形状特征,尝试用表示形状的词来描述事物,体会描述的生动形象性和趣味性。如:

- 参观游览后,和幼儿一起谈论所看到的事物的形状,鼓励幼儿产生联想,并用自己的语言进行描述。如:熊猫的身体圆圆的,全身好像是一个个的圆形组成的。
- 和幼儿交谈或读书讲故事时,适当地运用一些有关形状的词汇来描述事物,如看图片时,和幼儿讨论奥运会场馆的形状,体会为什么有的场馆叫"水立方",有的叫"鸟巢"。

2.引导幼儿感知和体会生活中很多地方都用到数,关注周围与自己生活密切相关的数的信息,体会数可以代表不同的意义。如:

- 和幼儿一起寻找发现生活中用数字作标识的事物,如电话号码、时钟、日历和商品的价签等。
- 引导幼儿了解和感受数用在不同的地方,表示的意义是不一样的。如天气预报中表示气温的数代表冷热状况;钟表上的数表明时间的早晚等。
- 鼓励幼儿尝试使用数的信息进行一些简单的推理。如知道今天是星期五,能推断明天是星期六,爸爸妈妈休息。

3.引导幼儿观察发现按照一定规律排列的事物,体会其中的排列特点与规律,并尝试自己创造出新的排列规律。如:

- 和幼儿一起发现和体会按一定顺序排列的队形整齐有序。
- 提供具有重复性旋律和词语的音乐、儿歌和故事,或利用环境中有序排列的图案(如按颜色间隔排列的瓷砖、按形状间隔排列的珠帘等),鼓励幼儿发现和感受其中的规律。
- 鼓励幼儿尝试自己设计有规律的花边图案、创编有一定规律的动作,或者按某种规律进行搭建活动。
- 引导幼儿体会生活中很多事情都是有一定顺序和规律的,如一周七天的顺序是从周一到周日,一年四季按照春夏秋冬轮回等。

4.鼓励和支持幼儿发现、尝试解决日常生活中需要用到数学的问题,体会数学的用处。如:

- 拍球、跳绳、跳远或投沙包时,可通过数数、测量的方法确定名次。
- 讨论春游去哪里玩时,让幼儿商量想去哪里玩?每个想去的地方有多少人?根据统计结果做出决定。
- 滑滑梯时,按照"先来先玩"的规则有序地排队玩。

目标2 感知和理解数、量及数量关系

3—4岁	4—5岁	5—6岁
1.能感知和区分物体的大小、多少、高矮长短等量方面的特点,并能用相应的词表示。 2.能通过一一对应的方法比较两组物体的多少。 3.能手口一致地点数5个以内的物体,并能说出总数。能按数取物。 4.能用数词描述事物或动作。如我有4本图书。	1.能感知和区分物体的粗细、厚薄、轻重等量方面的特点,并能用相应的词语描述。 2.能通过数数比较两组物体的多少。 3.能通过实际操作理解数与数之间的关系,如5比4多1;2和3合在一起是5。 4.会用数词描述事物的排列顺序和位置。	1.初步理解量的相对性。 2.借助实际情境和操作(如合并或拿取)理解"加"和"减"的实际意义。 3.能通过实物操作或其他方法进行10以内的加减运算。 4.能用简单的记录表、统计图等表示简单的数量关系。

教育建议:

1.引导幼儿感知和理解事物"量"的特征。如:

- 感知常见事物的大小、多少、高矮、粗细等量的特征,学习使用相应的词汇描述这些特征。
- 结合具体事物让幼儿通过多次比较逐渐理解"量"是相对的。如小亮比小明高,但比小强矮。
- 收拾物品时,根据情况,鼓励幼儿按照物体量的特征分类整理。如整理图书时按照大小摆放。

2.结合日常生活,指导幼儿学习通过对应或数数的方式比较物体的多少。如:

- 鼓励幼儿在一对一配对的过程中发现两组物体的多少。如,在给桌子上的每个碗配上勺子时,发现碗和勺多少的不同。
- 鼓励幼儿通过数数比较两样东西的多少。如数一数有多少个苹果,多少个梨,判断苹果和梨哪个多,哪个少。

3.利用生活和游戏中的实际情境,引导幼儿理解数概念。如:

- 结合生活需要,和幼儿一起手口一致点数物体,得出物体的总数。
- 通过点数的方式让幼儿体会物体的数量不会因排列形式、空间位置的不同而发生变化。如鼓励幼儿将一定数量的扣子以不同的形式摆放,体会扣子的数量是不变的。
- 结合日常生活,为幼儿提供"按数取物"的机会,如游戏时，请幼儿按要求拿出几个球。

4.通过实物操作引导幼儿理解数与数之间的关系，并用“加”或“减”的办法来解决问题。如：

- 游戏中遇到让4个小动物住进两间房子的问题，或生活中遇到将5块饼干分给两个小朋友的问题时，让幼儿尝试不同的分法。
- 鼓励幼儿尝试自己解决生活中的数学问题。如家里来了5位客人，桌子上只有3个杯子，还需要几个杯子等。
- 购少量物品时，有意识地鼓励幼儿参与计算和付款的过程等。

目标3 感知形状与空间关系

3—4岁	4—5岁	5—6岁
1.能注意物体较明显的形状特征，并能用自己的语言描述。 2.能感知物体基本的空间位置与方位，理解上下、前后、里外等方位词。	1.能感知物体的形体结构特征，画出或拼搭出该物体的造型。 2.能感知和发现常见几何图形的基本特征，并能进行分类。 3.能使用上下、前后、里外、中间、旁边等方位词描述物体的位置和运动方向。	1.能用常见的几何形体有创意地拼搭和画出物体的造型。 2.能按语言指示或根据简单示意图正确取放物品。 3.能辨别自己的左右。

教育建议：

1.用多种方法帮助幼儿在物体与几何形体之间建立联系。如：

- 引导幼儿感受生活中各种物品的形状特征，并尝试识别和描述。如感受和识别盘子、桌子、车轮、地砖等物品的形状特征。
- 鼓励和支持幼儿用积木、纸盒、拼板等各种形状材料进行建构游戏或制作活动。如用长方形的纸盒加两个圆形瓶盖制作“汽车”。
- 收拾整理积木时，引导幼儿体验图形之间的转换。如两个三角形可组合成一个正方形，两个正方形可组合成一个长方形。
- 引导幼儿注意观察生活物品的图形特征，鼓励他们按形状分类整理物品。

2.丰富幼儿空间方位识别的经验，引导幼儿运用空间方位经验解决问题。如：

- 请幼儿取放物体时，使用他们能够理解的方位词，如把桌子下面的东西放到窗台上，把花盆放在大树旁边等。
- 和幼儿一起识别熟悉场所的位置。如超市在家的旁边，邮局在幼儿园的前面。
- 在体育、音乐和舞蹈活动中，引导幼儿感受空间方位和运动方向。
- 和幼儿玩按指令找宝的游戏。对年龄小的幼儿要求他们按语言指令寻找，对年龄大些的幼儿可要求按照简单的示意图寻找。

五、艺 术

艺术是人类感受美、表现美和创造美的重要形式，也是表达自己对周围世界的认识和情绪态度的独特方式。

每个幼儿心里都有一颗美的种子。幼儿艺术领域学习的关键在于充分创造条件和机会，在大自然和社会文化生活中萌发幼儿对美的感受和体验，丰富其想象力和创造力，引导幼儿学会用心灵去感受和发现美，用自己的方式去表现和创造美。

幼儿对事物的感受和理解不同于成人，他们表达自己认识和情感的方式也有别于成人。幼儿独特的笔触、动作和语言往往蕴含着丰富的想象和情感，成人应对幼儿的艺术表现给予充分的理解和尊重，不能用自己的审美标准去评判幼儿，更不能为追求结果的“完美”而对幼儿进行千篇一律的训练，以免扼杀其想象与创造的萌芽。

(一)感受与欣赏

目标1 喜欢自然界与生活中美的事物

3—4岁	4—5岁	5—6岁
1.喜欢观看花草树木、日月星空等大自然中美的事物。 2.容易被自然界中的鸟鸣、风声、雨声等好听的声音所吸引。	1.在欣赏自然界和生活环境中美的事物时，关注其色彩、形态等特征。 2.喜欢倾听各种好听的声音，感知声音的高低、长短、强弱等变化。	1.乐于收集美的物品或向别人介绍所发现的美的事物。 2.乐于模仿自然界和生活环境中有特点的声音，并产生相应的联想。

教育建议：

1.和幼儿一起感受、发现和欣赏自然环境和人文景观中美的事物。如：

- 让幼儿多接触大自然，感受和欣赏美丽的景色和好听的声音。
- 经常带幼儿参观园林、名胜古迹等人文景观，讲讲有关的历史故事、传说，与幼儿一起讨论和交流对美的感受。

2.和幼儿一起发现美的事物的特征，感受和欣赏美。如：

- 让幼儿观察常见动植物以及其他物体，引导幼儿用自己的语言、动作等描述它们美的方面,如颜色、形状、形态等。
- 让幼儿倾听和分辨各种声响,引导幼儿用自己的方式来表达他对音色、强弱、快慢的感受。
- 支持幼儿收集喜欢的物品并和他一起欣赏。

目标2　喜欢欣赏多种多样的艺术形式和作品

3—4岁	4—5岁	5—6岁
1.喜欢听音乐或观看舞蹈、戏剧等表演。 2.乐于观看绘画、泥塑或其他艺术形式的作品。	1.能够专心地观看自己喜欢的文艺演出或艺术品,有模仿和参与的愿望。 2.欣赏艺术作品时会产生相应的联想和情绪反应。	1.艺术欣赏时常常用表情、动作、语言等方式表达自己的理解。 2.愿意和别人分享、交流自己喜爱的艺术作品和美感体验。

教育建议:

1.创造条件让幼儿接触多种艺术形式和作品。如:
- 经常让幼儿接触适宜的、各种形式的音乐作品,丰富幼儿对音乐的感受和体验。
- 和幼儿一起用图画、手工制品等装饰和美化环境。
- 带幼儿观看或共同参与传统民间艺术和地方民俗文化活动,如皮影戏、剪纸和捏面人等。
- 有条件的情况下,带幼儿去剧院、美术馆、博物馆等欣赏文艺表演和艺术作品。

2.尊重幼儿的兴趣和独特感受,理解他们欣赏时的行为。如:
- 理解和尊重幼儿在欣赏艺术作品时的手舞足蹈、即兴模仿等行为。
- 当幼儿主动介绍自己喜爱的舞蹈、戏曲、绘画或工艺品时,要耐心倾听并给予积极回应和鼓励。

(二)表现与创造

目标1　喜欢进行艺术活动并大胆表现

3—4岁	4—5岁	5—6岁
1.经常自哼自唱或模仿有趣的动作、表情和声调。 2.经常涂涂画画、粘粘贴贴并乐在其中。	1.经常唱唱跳跳,愿意参加歌唱、律动、舞蹈、表演等活动。 2.经常用绘画、捏泥、手工制作等多种方式表现自己的所见所想。	1.积极参与艺术活动,有自己比较喜欢的活动形式。 2.能用多种工具、材料或不同的表现手法表达自己的感受和想象。 3.艺术活动中能与他人相互配合,也能独立表现。

教育建议:

1.创造机会和条件,支持幼儿自发的艺术表现和创造。
- 提供丰富的便于幼儿取放的材料、工具或物品,支持幼儿进行自主绘画、手工、歌唱、表演等艺术活动。
- 经常和幼儿一起唱歌、表演、绘画、制作,共同分享艺术活动的乐趣。

2.营造安全的心理氛围,让幼儿敢于并乐于表达表现。如:
- 欣赏和回应幼儿的哼哼唱唱、模仿表演等自发的艺术活动,赞赏他独特的表现方式。
- 在幼儿自主表达创作过程中,不做过多干预或把自己的意愿强加给幼儿,在幼儿需要时再给予具体的帮助。
- 了解并倾听幼儿艺术表现的想法或感受,领会并尊重幼儿的创作意图,不简单用“像不像”、“好不好”等成人标准来评价。
- 展示幼儿的作品,鼓励幼儿用自己的作品或艺术品布置环境。

目标2　具有初步的艺术表现与创造能力

3—4岁	4—5岁	5—6岁
1.能模仿学唱短小歌曲。 2.能跟随熟悉的音乐做身体动作。 3.能用声音、动作、姿态模拟自然界的事物和生活情景。 4.能用简单的线条和色彩大体画出自己想画的人或事物。	1.能用自然的、音量适中的声音基本准确地唱歌。 2.能通过即兴哼唱、即兴表演或给熟悉的歌曲编词来表达自己的心情。 3.能用拍手、踏脚等身体动作或可敲击的物品敲打节拍和基本节奏。 4.能运用绘画、手工制作等表现自己观察到或想象的事物。	1.能用基本准确的节奏和音调唱歌。 2.能用律动或简单的舞蹈动作表现自己的情绪或自然界的情景。 3.能自编自演故事,并为表演选择和搭配简单的服饰、道具或布景。 4.能用自己制作的美术作品布置环境、美化生活。

教育建议:

尊重幼儿自发的表现和创造,并给予适当的指导。如:
- 鼓励幼儿在生活中细心观察、体验,为艺术活动积累经验与素材。如,观察不同树种的形态、色彩等。
- 提供丰富的材料,如图书、照片、绘画或音乐作品等,让幼儿自主选择,用自己喜欢的方式去模仿或创作,成人不做过多要求。
- 根据幼儿的生活经验,与幼儿共同确定艺术表达表现的主题,引导幼儿围绕主题展开想象,进行艺术表现。
- 幼儿绘画时,不宜提供范画,特别不应要求幼儿完全按照范画来画。
- 肯定幼儿作品的优点,用表达自己感受的方式引导其提高。如,“你的画用了这么多红颜色,感觉就像过年一样喜庆”、“你扮演的大灰狼声音真像,要是表情再凶一点就更好了”等。

河南省教育厅　省人力资源和社会保障厅　省财政厅

关于对我省原民办教师发放养老补贴的实施意见

豫教人〔2012〕182号

各省辖市、省直管试点县、重点扩权县(市)教育局、人力资源和社会保障局、财政局:

在教育事业发展的特殊时期,原民办教师为我省农村基础教育的快速发展曾经做出过积极贡献。为了使原民办教师共享发展成果,经省政府同意,现决定对我省原民办教师发放养老补贴,并制定本实施意见。

一、适用对象

凡年满60周岁,1989年12月31日以前,在农村公办中小学民办教师岗位上连续工作满1年的原民办教师,离开教学岗位后未参加职工基本养老保险的农村居民,从到龄次月起享受养老补贴。六十年代初下放的公办教师参照本意见解决其养老补贴问题。本意见执行之日起,已超过60周岁者,其之前的年限不再补发养老补贴。

下列人员不列入适用对象:纳入计划内退养的民办教师;本方案执行前已死亡的原民办教师;因刑事犯罪或违反国家政策、法规被开除或辞退的原民办教师。

二、认定办法

各县(市、区)和乡(镇)两级都要成立原民办教师养老补贴专项工作领导小组,结合本地实际,制定具体认定办法,客观公正、实事求是地一次性完成原民办教师身份和教龄认定工作。

乡(镇)原民办教师养老补贴专项工作领导小组对个人提出的申请及相关原始材料进行初审;初审结果在乡、村、校进行公示,接受社会监督;乡(镇)原民办教师养老补贴专项工作领导小组认定后,报县原民办教师养老补贴专项工作领导小组审核;审核结果在县、乡进行公示无异议后,作为养老补贴发放的依据。

六十年代初下放的公办教师身份可参照以上办法进行认定。

三、补贴标准与资金筹措

1.补贴标准。对符合条件人员按教龄每满1年(不满1年的按1年计算)每月10元的标准发给养老补贴。

六十年代初下放的公办教师补贴标准按照原民办教师15年教龄补贴金额执行。

2.资金筹措。发放原民办教师养老补贴所需资金由各级财政负责筹措。省财政对发放原民办教师养老补贴所需资金按测算基数的30%比例给予补助(对省财政直管县按50%比例补助),按年度包干下达。除省级包干补助外,其余所需资金由省辖市、县(市、区)、乡(镇)负责按要求足额落实,具体分担比例由各省辖市确定并报省财政厅备案。

四、资金发放与计发时间

1.计发时间。原民办教师养老补贴计发的起始时间为本实施意见下发当月。

2.补贴发放。符合条件人员的养老补贴由所在县级城乡居民社会养老保险经办机构按月发放。原任教地与现户籍所在地不属于同一行政区域的,养老补贴由现户籍所在地发放。

五、部门分工

县级教育行政部门负责原民办教师身份和教龄认定工作,并及时将认定结果抄送同级人社、财政部门;省、市两级财政部门要将补贴所需资金列入预算并于年初下达到县级财政,县级财政部门负责将省、市、县(市、区)、乡(镇)补贴资金及时拨付给同级人社部门;县级人社部门负责将符合条件人员纳入城乡居民养老保险发放渠道,按月计发养老补贴。

六、组织领导与工作要求

1.加强组织领导。省成立原民办教师养老补贴专项工作领导小组,办公室设在教育厅。各省辖市、县(市、区)、乡(镇)要有相应机构,具体负责本地原民办教师发放养老补贴的组织实施工作,及时协调解决好工作中出现的问题。

2.严肃工作纪律。此项工作政策性强、时间跨度长、涉及面广,各级政府及相关部门要严格执行本方案,统一政策口径,规范操作,加强监管,好事办好,不留后遗症。

3.确保社会稳定。县(市、区)人民政府是落实对我省原民办教师发放养老补贴工作和确保原民办教师信访稳定的责任主体。按照稳定工作的要求,认真实行“属地管理、分级负责”和“谁主管、谁负责”的原则,切实做好社会和谐稳定工作。

二〇一二年十一月六日

河南省教育厅　省人民政府教育督导团
关于印发《河南省中小学校督导评估办法(试行)》的通知

教督导〔2012〕1108号

各省辖市、省直管试点县、重点扩权县(市)教育局、政府教育督导室,厅直属实验学校:

为贯彻落实国家及我省中长期教育改革和发展规划纲要、《教育督导条例》,进一步加强中小学校督导评估工作,省教育厅、省政府教育督导团在总结各地开展中小学校督导评估工作经验基础上,根据《教育部关于进一步加强中小学校督导评估工作的意见》(教督〔2012〕9号)研究制定了《河南省中小学校督导评估办法(试行)》,现印发给你们,请认真贯彻执行。

各地应结合实际制定具体的实施细则和工作方案,并报省教育厅教育督导团办公室。

二○一二年十一月二十二日

河南省中小学校督导评估办法(试行)

为进一步加强中小学校督导评估工作,认真履行对学校教育教学质量进行督导评估的法律职责,促进学校加强教育教学管理、提高办学水平,根据《教育法》、《义务教育法》、《教育督导条例》、《中共中央国务院关于深化教育改革全面推进素质教育的决定》、国家及我省中长期教育改革和发展规划纲要(2010—2020年)等国家有关教育法律法规方针政策及《教育部关于进一步加强中小学校督导评估工作的意见》(教督〔2012〕9号)的要求,特制定本办法。

一、督导评估的目的

督促学校依法办学,科学管理,推动现代学校制度建设;促进学校深化改革,遵循教育教学规律和学生身心发展规律,为每个学生提供适合的教育;引导社会和家长树立正确的教育质量观,关心和支持教育的改革和发展,为学校营造实施素质教育的良好社会环境。

二、督导评估的对象、内容

督导评估的对象为全省所有公办、民办普通小学、初中、高中。督导评估主要内容为办学方向、学校管理、队伍建设、教育教学、资源管理、办学成效等。重点是健全规章制度,依法规范办学;有效使用资源,提高管理效率;优化教学管理,提高教学质量;学生的健康成长和全面发展。

三、督导评估的原则

(一)坚持依法督导的原则。要从维护法律尊严、落实教育决策的高度,认真履行对中小学校进行督导评估的法律职责。

(二)坚持以人为本原则。坚持以学生发展为本,把教育教学工作是否适应学生发展需要作为评估学校办学水平的主要标准。

(三)坚持促进发展的原则。坚持以学校发展为重,督导评估既要重视学校发展的结果,也要注重学校发展的过程。

(四)坚持规范创新原则。教育督导评估既要规范学校办学行为,又要鼓励学校办出特色。

(五)坚持科学民主原则。督导评估要重视学生、教师和学校的主体作用,使评估过程成为教育督导机构、学校、社会、师生共同参与的过程,做到公开、公平、公正。

四、督导评估的组织实施

(一)科学规划、规范管理。中小学校教育督导评估工作,由各级政府教育督导机构负责。各地根据工作实际科学制定规划,每3-5年对中小学校实施一次综合督导评估;加快推行督学责任区制度,对责任区域的中小学校进行经常性督导;实行归口管理制度,对学校各项评估检查进行统筹安排,严格控制和减少对学校评估检查项目和次数,逐步将相关的评估检查内容纳入综合督导评估范畴。

(二)创新机制、改进方法。各地要根据本地区教育发展水平,确定重点领域和关键环节,积极进行探索和试验。要把推动"硬件"达标和"软件"提升结合起来,促进学校标准化建设和内涵发展;要把综合督导和专项督导、定期督导和经常性督导结合起来,有针对性地开展督导评估工作;要积极采取现代化技术手段,推动学校督导评估信息系统的建立。

(三)分级管理、分级负责。省政府教育督导机构负责统筹管理全省中小学校督导评估工作,对地方中小学校督导评估工作进行监督、检查、指导。

省辖市政府教育督导机构负责本地区中小学校督导评估工作,组织对辖区内直属学校、普通高中的督导评估和对县(市、区)学校督导评估工作进行监督、检查、指导。

县(市、区)政府教育督导机构负责县域内中小学校督导评估工作,组织对辖区内义务教育阶段学校的督导评估,督促辖区内普通高中做好自评并进行经常性检查,指导督导评估后的整改工作。

各中小学校要结合学校实际进行自查自评,并向政府教育督导机构提交自查自评报告。

五、督导评估程序

各级政府教育督导机构要建立规范化的督导评估程序,进行综合或专项督导评估要严格按照督导评估的基本程序进行,以促进督导评估的公平、客观、实效。

(一)制定具体的督导评估方案;

(二)接受并审核学校自评报告;

(三)向学校下达督导评估通知,并向社会公示;

(四)成立督导评估组,并对评估组人员进行培训;

(五)督导评估组采取听、看、查、访、谈等方式,依据指标体系要求全面收集信息,对学校进行评估。要把教师、学生、家长、社会和公众意见作为重要的依据;

(六)督导评估结束时,向学校反馈督导评估意见,并听取学校的说明和申辩;

(七)政府教育督导机构根据督导评估组报告、学校自评报告和社会公众意见进行综合评估,形成督导意见书发送学校;

(八)督促、指导学校按督导意见书进行整改,必要时进行复查;

(九)向本级政府及上一级政府教育督导机构报告督导评估情况,并向社会公布督导评估结果。

六、督导评估结果的运用

(一)建立完善督导问责机制。各地在完成学校督导评估后,要向本级人民政府报告学校督导评估情况,促进有关部门切实履行职责和帮助学校解决问题;向本级教育行政部门通报学校评估结果,提出督导建议,以作为考核问责和奖惩的重要依据;向上级政府教育督导机构报告,提供统计信息和决策依据。

(二)建立督导检查结果通报制度和限期整改制度。省政府教育督导机构每年对省辖市、县(市、区)开展中小学校督导评估工作情况进行督导检查,督导检查结果向全省进行通报,对存在突出问题的单位和学校限期整改。

(三)表彰奖励督导评估工作先进单位和先进学校。省教育厅、省政府教育督导机构在各地中小学校督导评估工作基础上,对督导评估工作先进单位和先进学校进行表彰奖励。

七、加强督导评估工作的领导

各地要加强对中小学校督导评估工作的领导,市、县政府教育督导机构具体负责落实督导评估工作。各级政府教育督导机构要加强督学队伍建设,建立一支相对稳定的中小学校督导评估队伍,开展中小学校督导评估工作应以各级督学为主,吸收教育行政、教育教学管理、教育教学研究等专业人员参加,对参与学校督导评估的人员要进行专门的业务培训。各地要为督导评估工作提供必要的工作条件和专项工作经费,确保督导评估工作的顺利进行。

附件:河南省中小学校督导评估指标体系(试行)

附件:

河南省中小学校督导评估指标体系(试行)

Ⅰ级指标(权重)	Ⅱ级指标(分值)	评估要点	备注
1 办学方向(0.1)	11 全面贯彻教育方针(50分)	树立德育为先,能力为重,全面发展的育人理念;遵循教育教学规律,办学思路清晰,工作目标明确。	
	12 依法规范办学(50分)	严格执行教育法规政策;严格执行《河南省普通中小学管理基本规范(试行)》;严格执行国家收费政策,不违规收费。	
2 学校管理(0.2)	21行政管理(25分)	制定有学校章程和发展规划;实行目标管理和绩效管理;完善学校自评制度和质量评价机制;建立健全校务公开、民主监督、社会参与的现代学校管理制度。	
	22教学管理(60分)	教学管理体系完善,制度健全,措施落实;对常规教学有明确要求;积极开展课程和教学改革;严格入学与学籍管理,班额不超过省定标准。	
	23 安全管理(15分)	健全安全保卫制度和工作机制;定期开展安全教育活动;有切实可行的安全防范措施;安全设施完备;无重大安全事故发生。	
3 队伍建设(0.1)	31 班子建设(15分)	具有较高的理论修养和指导教育教学、推进教育创新和科学规划学校发展的能力;能按照民主参与、科学决策、依法办事的原则管理学校,提高学校管理效能;具有高度的责任心和团结合作的团队精神,有较强的组织管理协调能力,有丰富的实际工作经验;参加岗位培训并取得岗位合格证书;充分发挥党组织的政治核心作用。	
	32 教师队伍(85分)	专任教师合格学历、高学历比例达到有关标准;教师学科结构合理;任职教师达到任职资格要求;师德水平高;教师具有较强的教学能力、教研和科研能力;掌握现代教育技术;认真开展教师教育;建立健全教师绩效考评机制;按照国家规定落实教师待遇。	

续表

4 教育教学 (0.3)	41 德育工作(20分)	健全德育工作队伍;开足思想品德课时,寓德育于各类教学活动之中;学校、家庭、社会紧密结合;聘任法制副校长、校外辅导员;按照有关规定,制定德育工作计划并认真组织实施;学生会、少先队、共青团组织机构健全,并积极开展活动;充分利用社会资源,认真开展劳动教育、社区服务、综合实践活动。	
	42 班主任工作(10分)	开展班主任岗前培训,建立班主任选聘机制;建立科学的班主任工作评价体系和奖惩制度;组织做好学生的综合素质评价工作;落实班主任待遇。	
	43 教学工作(50分)	严格执行国家课程方案和学科课程标准,开足开好规定课程;开展教学改革,促进德育、智育、体育、美育有机结合;改进教学方式,创新教学方法,注重因材施教,增强教学效果;合理安排学生作息和锻炼,切实减轻过重课业负担。	
	44 体卫艺工作(20分)	上好体育课,保证学生每天1小时校园体育活动时间;按规定开齐音乐、美术等课程,定期举行艺术教育艺活动;认真落实《学校卫生工作条例》,效果显著。	
5 资源管理 (0.15)	51 校园校舍管理(30分)	校园文化氛围浓郁;合理使用和科学管理校舍,各项功能室齐全;运动场馆达到规定标准,并得到充分利用;积极与社区合作、利用社会资源。	
	52 设备设施管理(40分)	教育教学仪器、图书、设备达到标准,并得到有效使用;积极装备多媒体、校园网设备,并充分发挥其作用。	
	53 经费使用(30分)	经费管理规范、严格,符合国家政策、法规及有关规定,重大开支实行民主决策;对经费实行预算管理;按照国家和省规定的收费项目和标准收费,并及时公示。	
6 办学成效 (0.15)	61 学校发展(20分)	教育教学质量高;教改实验成果得到县级以上教学研究或教育行政部门肯定或推广;学校各项工作对其他学校起到示范和辐射作用;当地政府及教育行政部门、辖区群众及家长对学校教育满意程度高。	
	62 学生发展(60分)	学生德智体全面发展,在科技制作、文艺演出、体育比赛、书法、绘画等活动中成绩优异;学生自信、自尊、自强、自律、勤奋,积极参加公益活动,具有社会责任感;具有初步的研究能力与创新意识,能综合运用知识解决一些实际问题;各年级学生全科合格率、毕业年级学生毕业率达到规定要求;学生热爱体育运动,身体形态指标、机能和素质指标达到规定的标准。	
	63 特色发展(20分)	在教育、教学、科研、管理等方面形成鲜明的个性和办学风格;在教育教学改革中某方面成绩突出;得到教育行政部门或社会的充分肯定和评价,具有示范性和推广价值。	

注1.每项工作指标的Ⅱ级指标分值和为100; 2.Ⅰ级指标分别授以权重,整个体系满分为100分。

河南省教育厅
转发卫生部关于印发《学校卫生监督工作规范》的通知

教体卫艺〔2012〕1146号

各省辖市、省直管试点县、重点扩权县(市)教育局:

为全面履行学校卫生监督工作职责,指导规范学校卫生监督工作,促进学校卫生安全,卫生部近期印发了《学校卫生监督工作规范》。现转发给你们,请各地和学校认真组织学习,配合各级卫生行政部门和卫生监督机构,做好学校卫生工作,为广大青少年学生学习、生活、健康成长创造良好的环境。

二〇一二年十二月六日

卫生部关于印发《学校卫生监督工作规范》的通知

卫监督发〔2012〕62号

各省、自治区、直辖市卫生厅局，新疆生产建设兵团卫生局，中国疾病预防控制中心、卫生部卫生监督中心：

为全面履行卫生监督工作职责，指导规范学校卫生监督工作，促进学校卫生安全，经商教育部，依据相关法律法规制定了《学校卫生监督工作规范》，现印发给你们，请结合本地实际贯彻执行。

二〇一二年九月二十四日

学校卫生监督工作规范

第一章　总　则

第一条　为规范学校卫生监督工作，保障学生身心健康，依据《中华人民共和国传染病防治法》、《学校卫生工作条例》、《医疗机构管理条例》、《生活饮用水卫生监督管理办法》等法律、法规、规章及卫生监督工作职责，制定本规范。

第二条　学校卫生监督是卫生行政部门及其卫生监督机构依据法律、法规、规章对辖区内学校的卫生工作进行检查指导，督促改进，并对违反相关法律法规规定的单位和个人依法追究其法律责任的卫生行政执法活动。工作经费纳入公共卫生预算管理。本规范所指的学校是指依法批准设立的普通中小学、中等职业学校和普通高等高校。

第三条　县级以上卫生行政部门实施学校卫生监督指导工作，各级卫生监督机构在同级卫生行政部门领导下承担学校卫生监督工作任务，适用本规范。

第二章　卫生监督职责

第四条　学校卫生监督职责：

（一）教学及生活环境的卫生监督；

（二）传染病防控工作的卫生监督；

（三）生活饮用水的卫生监督；

（四）学校内设医疗机构和保健室的卫生监督；

（五）学校内公共场所的卫生监督；

（六）配合相关部门对学校突发公共卫生事件应急处置工作落实情况的卫生监督；

（七）根据教育行政部门或学校申请，开展学校校舍新建、改建、扩建项目选址、设计及竣工验收的预防性卫生监督指导工作；

（八）上级卫生行政部门交办的其他学校卫生监督任务。

行使学校卫生监督工作职责时，应当根据各级各类学校卫生特点，突出中小学校教学环境、传染病防控、饮用水卫生等监督工作重点，依照法律、法规规定，认真落实本规范要求。

第五条　省级卫生行政部门职责：

（一）制定全省（区、市）学校卫生监督工作制度、规划和年度工作计划并组织实施，根据学校卫生监督综合评价情况，突出重点，确定日常监督内容和监督覆盖率、监督频次；

（二）组织实施全省（区、市）学校卫生监督工作及相关培训，对下级卫生行政部门及监督机构学校卫生监督工作进行指导、督查、稽查和年度考核评估；

（三）开展职责范围内的学校卫生日常监督；

（四）负责全省（区、市）学校卫生监督信息管理及数据汇总、核实、分析及上报卫生行政部门，并通报同级教育行政部门；

（五）组织协调、督办本省学校卫生重大违法案件的查处；

（六）根据教育行政部门或学校的申请，开展职责范围内的学校校舍新建、改建、扩建项目选址、设计及竣工验收的预防性卫生审查工作；

（七）组织协调涉及全省（区、市）学校卫生监督相关工作，承担上级卫生行政部门交办的学校卫生监督任务。

第六条　设区的市级、县级卫生行政部门职责：

（一）根据本省（区、市）学校卫生监督工作规划和年度工作计划，结合实际，制定本行政区域内学校卫生监督工作计划，明确重点监督内容并组织落实；组织开展本行政区域内学校卫生监督培训工作；

（二）组织开展本行政区域内学校的教学及生活环境、传染病防控、生活饮用水、内设医疗机构和保健室、公共场所等卫生监督；配合相关部门开展学校突发公共卫生事件应急处置工作落实情况的卫生监督；

（三）建立本行政区域内学校卫生监督档案，掌握辖区内学校的基本情况及学校卫生工作情况；

（四）组织开展本行政区域内学校卫生违法案件的查处；

（五）负责本行政区域内学校卫生工作监督信息的汇总、核实、分析及报上级卫生行政部门，并通报同级教育行政部门；

（六）设区的市对区（县）级学校卫生监督工作进行指导、

督查和年度考核评估；

(七)根据教育行政部门或学校申请，开展本行政区域学校校舍新建、改建、扩建项目选址、设计及竣工验收的预防性卫生审查工作；

(八)承担上级卫生行政部门交办的学校卫生监督任务。

第七条 省级和设区的市级卫生监督机构应当设立学校卫生监督科(处)室，承担学校卫生监督的具体工作；县级卫生监督机构应当指定科室承担学校卫生监督工作，明确专人承担学校卫生监督工作。

第八条 建立健全卫生监督协管服务工作制度，在乡镇卫生院、社区卫生服务中心配备专(兼)职人员负责有关学校卫生监督协管服务工作，协助卫生监督机构定期开展学校卫生巡查，及时发现并报告问题及隐患；指导学校设立宣传栏，协助开展健康教育及相关培训。

第三章　学校卫生监督内容和方法

第九条 教学、生活环境卫生监督内容：

(一)教室人均面积、环境噪声、室内微小气候、采光、照明等环境卫生质量情况；

(二)黑板、课桌椅等教学设施的设置情况；

(三)学生宿舍、厕所等生活设施卫生情况。

第十条 教学、生活环境卫生监督方法：

(一)测量教室人均面积；检查教室受噪声干扰情况，核实噪声符合卫生标准情况；检查教室通风状况，测定教室内温度、二氧化碳浓度等，查阅室内空气质量检测报告，核实教室微小气候符合卫生标准情况；检查教室朝向、采光方向和照明设置，测定教室采光系数、窗地比、后(侧)墙反射比、课桌面平均照度和灯桌距离，核实教室采光、照明符合卫生标准情况；

(二)检查课桌椅配置及符合卫生标准情况；检查黑板表面，测量黑板尺寸、黑板下缘与讲台地面的垂直距离、黑板反射比，核实教室黑板符合卫生标准情况；

(三)检查学生厕所、洗手设施和寄宿制学校洗漱、洗澡等设施条件是否符合卫生要求，了解学生宿舍卫生管理制度落实情况，测量学生宿舍人均居住面积。

第十一条 传染病防控工作的卫生监督内容：

(一)传染病防控制度建立及措施落实情况；

(二)学校依法履行传染病疫情报告职责情况；

(三)发生传染病后防控措施落实情况。

第十二条 传染病防控工作的卫生监督方法：

(一)查阅学校传染病防控制度及应急预案等资料；

(二)查阅传染病疫情信息登记报告制度和记录等资料；

(三)查阅学生晨检记录、因病缺勤登记、病愈返校证明、疑似传染病病例及病因排查登记、学生健康体检和教师常规体检记录、新生入学预防接种证查验及补种记录、校内公共活动区域及物品定期清洗消毒记录等资料；

(四)对发生传染病病例的学校，查阅传染病病例登记及报告记录、被污染场所消毒处理记录、使用的消毒产品卫生许可批件等相关资料，核实学校传染病控制措施落实情况。

第十三条 生活饮用水卫生监督内容：

(一)生活饮用水管理制度建立及措施落实情况；

(二)生活饮用水水质情况；

(三)学校内供水设施卫生许可、管理情况；

(四)供、管水人员持有效“健康合格证明”和“卫生培训合格证明”情况；

(五)学校索取涉水产品有效卫生许可批件情况；

(六)学校内供水水源防护情况。

第十四条 生活饮用水卫生监督方法：

(一)查阅生活饮用水卫生管理制度及水污染应急预案；

(二)查阅水质卫生检测资料，检查学校饮用水供应方式；根据实际情况，开展现场水质检测或采样送检；

(三)查阅供水设施卫生许可证，供、管水人员“健康合格证明”和“卫生培训合格证明”；

(四)查阅供水设施设备清洗消毒记录；

(五)查阅涉水产品的卫生行政许可批件；

(六)检查学校内供水水源防护设施。

第十五条 学校内设医疗机构或保健室卫生监督内容：

(一)医疗机构或保健室设置及学校卫生工作开展情况；

(二)医疗机构持有效执业许可证、医护人员持有效执业资质证书情况；

(三)医疗机构传染病疫情报告、消毒隔离、医疗废物处置情况。

第十六条 学校内设医疗机构或保健室卫生监督方法：

(一)检查医疗机构、保健室设置及功能分区；查阅中小学校卫生专业技术人员配置相关资料及卫生专业技术人员或保健教师接受学校卫生专业知识和急救知识技能培训记录以及相应的培训合格证书；

(二)查阅《医疗机构执业许可证》、医护人员执业资质证书；查阅开展学校卫生工作资料；

(三)查阅传染病疫情报告、疫情控制措施、消毒隔离等制度，检查执行情况，核实疫情报告管理部门和专职疫情报告人员及依法履行疫情报告与管理职责的情况；检查医疗废物的收集、运送、贮存、处置等环节，并查阅相关记录；查阅消毒剂的生产企业卫生许可证及消毒产品卫生许可批件复印件。

第十七条 学校内游泳场所的卫生监督内容：

(一)持有卫生许可证的情况，从业人员健康检查和培训考核情况；

(二)卫生管理制度落实及卫生管理人员配备情况；

(三)游泳场所水质净化、消毒情况；

(四)传染病和健康危害事故应急工作情况。

第十八条 学校内游泳场所卫生监督方法：

(一)查阅公共场所卫生许可证及从业人员“健康合格证明”和“卫生培训合格证明”；

(二)查阅卫生管理制度，核实设立有卫生管理部门或者配备专(兼)职卫生管理人员情况；

(三)查阅水质净化、消毒、检测记录，近期水质检测报告；根据实际情况，开展现场检测或采样送检；

(四)检查清洗、消毒、保洁、盥洗等设施设备和公共卫生间卫生状况，查阅卫生设施设备维护制度和检查记录；

(五)查阅传染病和健康危害事故应急预案或者方案。

第十九条 学校预防性卫生监督内容:

根据教育行政部门或学校申请,对新建、改建、扩建校舍的选址、设计监督指导并参与竣工验收。

第二十条 学校预防性卫生监督方法:

(一)查阅建设单位提交的相关材料,核实材料的真实性、完整性和准确性;

(二)查阅相关检测(评价)报告,核实建设项目符合卫生要求情况;

(三)指定2名以上卫生监督员进行现场审查,核实学校选址;建筑总体布局;教学环境(教室采光、照明、通风、采暖、黑板、课桌椅设置、噪声)、学生宿舍、厕所及校内游泳场所、公共浴室、医疗机构场等符合相关卫生要求情况,以及核查建设单位提交材料与现场实际的吻合情况,并出具相关意见。

第四章 信息管理

第二十一条 各级卫生行政部门应加强学校卫生监督监测信息系统建设,组织分析辖区学校卫生监督监测信息,为制定学校卫生相关政策提供依据。

第二十二条 各级卫生监督机构应当设置专(兼)职人员负责辖区学校卫生监督信息采集、报告任务,通过全国卫生监督信息报告系统及时、准确上报监督检查相关信息,及时更新学校基本信息情况。

各级卫生监督机构应当定期汇总分析学校卫生监督信息,报同级卫生行政部门和上级卫生监督机构,并抄送同级疾病预防控制机构。

第五章 监督情况的处理

第二十三条 县级以上卫生行政部门实施学校卫生监督后,应当及时将检查情况反馈被检查单位,针对问题及时出具卫生监督意见书,必要时通报当地教育行政部门,督促学校落实整改措施;对存在违法行为的,应当按照相关法律、法规和规章的规定,予以查处,并将查处结果通报当地教育部门。

第二十四条 县级以上卫生行政部门应当及时将辖区内学校卫生重大违法案件的查处情况逐级向上级卫生行政部门报告,并通报同级教育行政部门。对涉嫌犯罪的,及时移交当地公安机关或司法机关。

第六章 附 则

第二十五条 本规范所称保健室是指未取得《医疗机构执业许可证》,在卫生专业人员指导下开展学校预防保健、健康教育、常见病和传染病预防与控制、学校卫生日常检查等工作的学校内设卫生机构。

第二十六条 本规范自发布之日起施行。

河南省发展和改革委员会
省教育厅 省财政厅
关于印发《河南省幼儿园收费管理暂行办法实施细则》的通知

豫发改收费〔2012〕2061号

各省辖市及省直管县(市)发展改革委、物价局(办)、教育局、财政局:

为促进学前教育事业科学发展,加强幼儿园收费管理工作,规范幼儿园收费行为,保障受教育者和幼儿园的合法权益,根据国家发展改革委、教育部、财政部《关于印发<幼儿园收费管理暂行办法>的通知》(发改价格〔2011〕3207号)要求,经省政府同意,现将《河南省幼儿园收费管理暂行办法实施细则》印发你们,请认真贯彻执行。

附件:《河南省幼儿园收费管理暂行办法实施细则》

二〇一二年十二月七日

附件:

河南省幼儿园收费管理暂行办法实施细则

第一条 为加强幼儿园收费管理工作,规范幼儿园收费行为,保障受教育者和幼儿园的合法权益,根据《中华人民共和国民办教育促进法》、《中华人民共和国民办教育促进法实施条例》、《幼儿园管理条例》、《国务院关于当前发展学前教育的若干意见》、《河南省政府关于大力发展学前教育的意见》、《幼儿园收费管理暂行办法》等有关法律规章规定,结合我省实际,特制定本实施细则。

第二条 本省行政区域内经教育行政主管部门依法批准

的公办、公建民营和民办全日制、寄宿制、半日制幼儿园及小学附设的学前班、幼儿班(以下简称"幼儿园")收费管理均适用于本实施细则。

第三条 全省幼儿园收费项目实行省级管理,各市、县均不得擅自增加和改变。

第四条 学前教育属于非义务教育,幼儿园可向入园幼儿收取费用。收费项目包括:保育教育费(以下简称"保教费")、住宿费、代收费、服务性收费。

保教费,是指幼儿园为在园幼儿提供保育教育服务,向幼儿家长收取的费用(包括为幼儿提供必备的生活用品、冷暖设备、安全设施等)。

住宿费,是指寄宿制幼儿园为在园幼儿提供住宿条件,向自愿在园住宿的幼儿收取的费用。幼儿园为在园幼儿提供午休所发生的费用在保育费中列支,不得收取住宿费。

服务性收费,是指幼儿园为在园幼儿组织活动和按照幼儿在园学习、生活的实际需要,提供由幼儿家长自愿选择的服务而收取的费用。

代收费,是指幼儿园为方便幼儿在园学习和生活,在幼儿家长自愿的前提下,为提供服务的单位代收代付的费用。

第五条 公办(公建民营)幼儿园的保教费、住宿费收入纳入行政事业性收费管理;民办幼儿园的保教费、住宿费收入纳入经营服务性收费管理。

第六条 公办幼儿园保教费、住宿费实行政府指导价,分级管理。公建民营幼儿园的保教费、住宿费参照公办幼儿园管理。省级价格、教育、财政主管部门负责省管幼儿园收费标准的制定,由省级教育行政部门提出意见,报省级价格主管部门、财政部门审核后,报省人民政府审定。其他公办(公建民营)幼儿园收费按隶属由市、县教育行政部门提出意见,报同级价格、财政主管部门核定后,报同级人民政府审定,并报上一级价格、教育、财政主管部门备案。服务性收费和代收费标准,由当地价格主管部门根据当地实际制定。

第七条 公办(公建民营)幼儿园保教费应统筹考虑政府投入、经济社会发展水平、办园成本和群众承受能力等因素,体现公益性和普惠性。可根据幼儿园等级、类型等适当拉开收费差距;住宿费标准按照实际成本确定,不得以营利为目的。

第八条 提出制定或调整公办幼儿园保教费标准意见时,应提交下列材料:

(一)申请制定或调整收费标准的具体项目;

(二)现行收费标准和申请制定的收费标准或拟调整收费标准的幅度,以及年度收费额和调整后的收费增减额;

(三)申请制定或调整收费标准的依据和理由;

(四)申请制定或调整收费标准对幼儿家长负担及幼儿园收支的影响;

(五)价格主管部门、财政部门要求提供的其他材料。

上述材料应当真实有效。

第九条 公办(公建民营)幼儿园保教费标准根据年生均保育教育成本的一定比例确定。

保育教育成本包括以下项目:教职工工资、津贴、补贴及福利、社会保障支出;公务费、业务费、修缮费、冷暖费;幼儿活动及学习、生活必需用品等正常办园费用支出。不包括灾害损失、事故、经营性费用支出等非正常办园费用支出。

第十条 民办幼儿园保教费、住宿费收费实行市场调节价。由幼儿园按照《民办教育促进法》及其实施条例规定,根据保育教育和住宿成本合理确定,报当地省辖市和县级价格主管部门、教育行政部门备案后执行。

享受政府财政补助(包括政府购买服务、减免租金和税收、以奖代补、派驻公办教师、安排专项奖补资金、优惠划拨土地等)的普惠性民办幼儿园参照公办幼儿园标准收费,也可由当地人民政府有关部门以合同约定等方式确定最高收费标准,由民办幼儿园在最高标准范围内制定具体收费标准,报当地价格、教育、财政部门备案后执行。

第十一条 民办幼儿园代收费、服务性收费可在全省统一制定的收费项目范围内自主选择,收费标准由幼儿园根据实际情况自定,报当地省辖市和县级价格主管部门、教育行政部门备案后执行。

第十二条 民办幼儿园将保教费、住宿费标准报有关部门备案时,应填写《河南省民办幼儿园保教费收费标准备案申报表》(见附表)并提交下列材料:

(一)幼儿园有关情况,包括幼儿园名称、地址、法定代表人、法定登记证书以及教育行政部门颁发的办园许可证;

(二)制定收费标准的具体成本列支项目,包括教职工工资、津贴、补贴及福利、社会保障支出、公务费、业务费、修缮费、固定资产折旧费等正常办园费用支出。不包括灾害损失、事故、经营性经费支出等非正常办园费用支出;

(三)幼儿园教职工人数、在园幼儿人数、生均保育教育成本、固定资产购建情况等;

(四)价格、教育主管部门要求提供的其他材料。

第十三条 民办幼儿园应在每学年秋季开学前完成收费备案。民办幼儿园收费标准报备后,原则上一个学年内不得变动,确需变动的,须在每学期开学前一个月按本实施细则第十二条的规定报当地价格主管部门重新办理备案手续。对幼儿园申报备案标准与同类成本差距过大的,价格主管部门可通过向社会公开办园成本或召开幼儿家长座谈会等方式,引导幼儿园按照合理办园成本和合理利润水平进行备案。

第十四条 寒暑假期幼儿园正常开班,在坚持自愿参加的基础上,保教费可在已核定的同等级标准的基础上适当上浮,上浮幅度不超过30%。

第十五条 幼儿园为在园幼儿教育、生活提供方便而代收代管的费用,应遵循非营利和"家长自愿,据实收取,及时结算,定期发布,多退少补"的原则,收费项目和标准应提前告知和公示,收费必须单独立账,不得与保教费一并收取。

(一)幼儿园服务性收费。

1、延时托管费。全日制幼儿园幼儿每天正常在园保教时间为9小时。幼儿园受家长委托,在周一至周五闭园后(仅限全日制幼儿园)对在园幼儿提供托管服务的,可收取延时托管费。具体标准按照当地人均最低日工资核定。

2、校车费。幼儿园自备或租用校车接送在园幼儿的,可收取校车费。

(二)幼儿园代收费。

1、餐费（含营养餐点）。幼儿园收取的餐费只能用于支付与幼儿膳食有关的食物费用，不得用于支付其他间接费用。幼儿园应于次月　　日前向家长公布餐费收支情况，学期末将结余部分全部退还给幼儿家长。

2、体检费。指幼儿园按照卫生部门规定统一组织在园幼儿定期体检的费用。

3、外出活动费。指幼儿园组织幼儿外出参观游玩所产生的费用。

第十六条　各级各类幼儿园除按规定收取保教费、住宿费，以及经批准由家长自愿交纳的代收费、服务性收费外，不得再向家长收取其他费用。

对于未交纳可自愿选择的代收费、服务性收费的幼儿，不得进行差别对待。

第十七条　幼儿园不得在保教费外以开办实验班、特色班、兴趣班、课后培训班和亲子班等特色教育为名向幼儿家长另行收取费用，不得以任何名义向幼儿家长收取与入园挂钩的赞助费、捐资助学费、建校费、教育成本补偿费等费用。

幼儿园不得收取书本费。

第十八条　社会团体、个人自愿对幼儿园的捐资助学费，按照国家《公益事业捐赠法》和有关社会捐助教育经费的财务管理办法执行。

第十九条　幼儿园对入园幼儿按月或按学期收取保教费，不得跨学期预收。

第二十条　幼儿因故退（转）园的，幼儿园应当根据幼儿实际在园时间，按月计退剩余的保教费、住宿费。不足半个月按半个月退费，超过半个月的，不退费；餐费按剩余天数退费。

第二十一条　各级教育部门应进一步完善保障措施，建立贫困家庭幼儿入园保障机制，确保贫困家庭幼儿享有接受学前教育的机会。各公办幼儿园应对在园贫困家庭幼儿实施收费减免，保障幼儿接受正常的保育教育服务。鼓励民办幼儿园对贫困家庭幼儿减免收费。

第二十二条　幼儿园应通过设立公示栏、公示牌、公示墙等形式，向社会公示收费项目、收费标准等相关内容。

幼儿园招生简章应写明幼儿园性质、办园条件、收费项目和收费标准等内容。

第二十三条　公办幼儿园收取保教费、住宿费，应按管理权限到当地县以上价格主管部门办理收费许可证，按规定进行收费许可证年审，并按照财务隶属关系使用省级财政部门印（监）制的财政票据。民办幼儿园收取保教费、住宿费，要按规定使用税务机关统一印制的税务发票。

第二十四条　幼儿园接受价格、教育、财政部门的收费监督检查时，要如实提供监督检查所必需的账簿、财务报告、会计核算等资料。

第二十五条　幼儿园取得的合法收费收入应主要用于幼儿保育、教育活动和改善办园条件，任何单位和部门不得截留、平调。任何组织和个人不得违反法律、法规规定向幼儿园收取任何费用。

第二十六条　各级价格、教育、财政部门应加强对幼儿园收费的管理和监督检查，督促幼儿园建立健全收费管理制度，自觉执行国家制定的幼儿园教育收费政策。对违反国家教育收费法律、法规、政策和本办法规定的行为，要依据《中华人民共和国价格法》、《价格违法行为行政处罚规定》、《河南省价格监督检查条例》等法律法规以及行政事业性收费管理制度的相关规定严肃查处。

第二十七条　各市、管县价格、教育、财政主管部门应制定本地幼儿园收费具体实施意见。

第二十八条　本实施细则由省发展和改革委员会会同教育厅、财政厅负责解释。

第二十九条　本实施细则自2012年12月20日起执行。

河南省财政厅　省发展和改革委员会
省教育厅　省人力资源和社会保障厅

关于扩大中等职业教育免学费政策范围进一步完善国家助学金制度的意见

豫财教〔2012〕360号

各省辖市、有关县（市）财政局、发展改革委、物价局（办）、教育局、人力资源和社会保障局：

根据《财政部　国家发展改革委　教育部　人力资源社会保障部关于扩大中等职业教育免学费政策范围　进一步完善国家助学金制度的意见》（财教〔2012〕376号），从2012年秋季学期起，对公办中等职业学校全日制正式学籍一、二、三年级在校生中所有农村（含县镇）学生、城市涉农专业学生和家庭经济困难学生免除学费，艺术类相关表演专业学生除外；将中等职业学校国家助学金资助对象由全日制正式学籍一、二年级在校农村（含县镇）学生和城市家庭经济困难学生，分步调整为全日制正式学籍一、二年级在校涉农专业学生和非涉农专业家庭经济困难学生。为结合我省实际，贯彻落实好中等职业教育扩大免学费、完善助学金政策，现将新修订的《河南省中等职业教育免学费政策实施方案》和《河南省中等职业学校国家助学金管理办法》印发你们，请认真贯彻执行，并就有关事项通知如下：

一、密切协作，积极稳妥推进扩大免学费、完善助学金政策平稳过渡

（一）加强组织领导，完善工作机制。扩大免学费政策范围、完善国家助学金制度工作涉及面广，政策性强，各市县要按照要求统筹安排，积极稳妥推进，认真做好各项工作。各市县要加强组织领导，抓紧制定实施方案和办法，明确责任分工，建立健全责任追究制度，切实抓好各项工作的落实。省财政、发展改革、教育和人力资源社会保障等部门要加强督促检查，指导和协调各地认真做好扩大免学费政策范围和完善助学金制度工作，推进中等职业教育办学模式改革。

（二）积极稳妥推进，做好政策衔接工作。一是准确把握政策范围和调整步骤。扩大中等职业学校免学费政策范围，从2012年秋季学期起全面实施。2012年秋季学期至2013年春季学期，助学金政策覆盖一年级涉农专业学生和非涉农专业家庭经济困难学生，以及二年级农村（含县镇）学生和城市家庭经济困难学生；从2013年秋季学期起，将助学金政策覆盖范围调整为一、二年级涉农专业学生和非涉农专业家庭经济困难学生。二是做好2012年秋季学期已收取学费的退还工作。符合免学费条件的公办中等职业学校一、二、三年级学生今年秋季学期入学时已缴纳的学费，按照实际收取的学费收多少退多少。学费退还工作最晚应于2012年12月31日前完成。三是及时拨付免学费补助资金。为保证中等职业学校正常运转，避免因退学费造成学校出现资金缺口，各市县财政部门最晚应于2012年12月20日前将2012年秋季学期免学费补助资金拨付到中等职业学校。

（三）加强学校管理，做好基础工作。各级教育和人力资源社会保障部门要严格执行中等职业学校的审批标准和程序，加强中等职业学校特别是民办学校办学资质的核查，定期公布合格和不合格学校的名单。要按照《教育部办公厅关于印发〈中等职业学校专业设置管理办法（试行）〉的通知》（教职成厅〔2010〕9号）和《人力资源社会保障部关于颁布全国技工院校专业目录（2009年修订）的通知》（人社部函〔2009〕272号），加强对新设专业尤其是涉农专业的论证和审查。严格规范中等职业学校学生学籍管理工作，进一步完善学生信息管理系统，实行电子注册制度，加强对"一牌两校"、"联合招生"、"学籍异动"等情况的监管，坚决杜绝"双重学籍"现象，保证学生基本信息的完整和准确。教育部门要会同有关部门逐步建立完善各教育阶段相通的学生信息管理系统。

（四）加大宣传力度，形成良好氛围。各地要认真学习、准确把握相关政策，通过多种形式开展政策解读和宣传工作，使这项惠民政策家喻户晓，使广大学生及时了解受资助权利，充分理解免学费、助学金政策调整情况，为扩大免学费和完善助学金政策创造良好的社会氛围，确保扩大免学费政策范围、完善国家助学金制度全面落实到位。要做好2012年秋季学期入学新生的思想工作，确保政策平稳衔接。

二、严格部门职责分工，确保扩大免学费、完善助学金政策落到实处

（一）各级财政部门要按照《河南省中等职业教育免学费政策实施方案》和《河南省中等职业学校国家助学金资金管理办法》要求，会同教育、人力资源社会保障和发展改革部门制定本地区实施方案，指导、监督中等职业学校扩大免学费政策范围、完善国家助学金制度工作的实施。要足额安排本级应负担的免学费、助学金补助资金，并根据教育和人力资源社会保障部门提供的资金需求，及时测算下达资金，确保中等职业教育免学费和国家助学金政策顺利实施。要加强对免学费、助学金补助资金使用管理的监督检查，严格按照国库集中支付有关规定审批学校的免学费、助学金补助资金支出，确保财政资金安全、规范使用。

（二）各级教育和人力资源社会保障部门具体指导、监督中等职业学校免学费和助学金政策的实施。严格审核受助对象资格，严肃查处各类套取免学费、助学金补助资金行为，确保免学费和助学金政策公开、公平、公正。要准确统计在校生人数、户籍、专业、受助学生人数等基础信息，及时向上级教育、人力资源社会保障、发展改革和同级财政部门提供免学费、助学金的需求和结算数据。要协调、督促代发银行做好"中职学生资助卡"办理和资金发放工作。要认真贯彻落实《河南省教育厅　河南省财政厅　河南省人力资源社会保障厅　河南省审计厅转发教育部　财政部　人力资源社会保障部　审计署关于严禁虚报学生人数骗取中等职业学校国家助学金　免学费补助资金的通知》（教职成〔2011〕234号）精神，严肃处理虚报冒领、挤占、挪用、滞留免学费、助学金补助资金的部门和学校。

（三）各中等职业学校要认真贯彻执行中等职业教育免学费和国家助学金政策，做好政策宣传和解释工作，按照《河南省中等职业教育免学费政策实施方案》、《河南省中等职业学校国家助学金管理办法》要求和"公开、公平、公正"原则组织开展免学费、助学金对象评审和公示，并负责及时、准确统计上报本校免学费、助学金对象基础信息。要加强学籍管理，对于中途退学、转学学生的学籍，要及时注销、变更。要加强免学费、助学金补助资金的科学化、精细化管理，建立严格的预决算制度，将各项收入全部纳入学校预算，按部门预算管理要求，编制综合预算，并严格按照规定的范围与标准支出。要加强财务管理，建立健全会计账簿，规范会计核算，确保免学费、助学金资金使用的规范和有效。校长要切实履行职责，对学生信息的真实性和补助资金的使用管理负主要责任。

（四）各级发展改革、价格主管部门要会同教育和人力资源社会保障部门加强中等职业学校的收费管理，防止出现公办学校因免学费而提高其他收费标准，或擅自设立收费项目乱收费。要进一步规范民办中等职业学校各项收费的管理，加大对违规收费行为查处力度。

三、统筹兼顾，积极推进扩大免学费、完善助学金政策与中职办学模式改革有机结合

在扩大免学费政策范围、完善国家助学金制度的同时，要大力推进中等职业教育改革创新，以服务为宗旨，以就业为导向，全面提高办学质量，满足经济社会对高素质劳动者和技能型人才的需要。

（一）健全"工学结合、校企合作、顶岗实习"的人才培养模式。坚持理论学习与技能培养、课堂教学与岗位技能培训、校内实训与校外实训相结合的原则，推进顶岗实习制度的落实。推进教产合作、校企一体化办学，促进优势互补、资源共享、合作共赢。创新教学方式和专业设置，加强教材建设，使中等职业教育面向企业、面向农村、面向市场培养技能型人才。

（二）严格执行职业资格证书和就业准入制度。坚持“先培训，后就业”、“先培训，后上岗”的原则，推进职业资格证书制度实施，加快建立适应经济社会发展和劳动力市场需要的职业资格标准体系，严格落实就业准入的法规和政策。

（三）以“双师型”教师为重点加强教师队伍建设。完善相关人事制度，聘用（聘任）具有实践经验的专业技术人员和高技能人才担任专兼职教师，提高持有专业技术资格证书和职业资格证书教师的比例。创新教师教学和综合素质考核制度，探索实行学校、学生、企业等多方参与的评价办法。

（四）建立中等职业教育生均拨款制度。在落实免学费政策的同时，各市县财政、发展改革、教育和人力资源社会保障部门要密切配合，深入进行调查研究，广泛征求相关部门、学校等方面意见，在保障学校基本运转成本的基础上，可参照省属职业院校生均财政拨款预算改革办法，结合本地实际合理确定公办职业院校生均财政拨款标准，建立有效的财政激励机制，进一步加大对职业教育的财政投入力度，积极引导社会资源投入职业教育，促进职业院校快速、健康发展。

附件：1.河南省中等职业教育免学费政策实施方案

2.河南省中等职业学校国家助学金管理办法

二〇一二年十二月十二日

附件1：

河南省中等职业教育免学费政策实施方案

为加快发展中等职业教育，促进教育公平和劳动者素质提高，根据《财政部　国家发展改革委　教育部　人力资源社会保障部关于扩大中等职业教育免学费政策范围　进一步完善国家助学金制度的意见》（财教〔2012〕376号），从2012年秋季学期起，进一步扩大中等职业学校免学费政策范围。现就做好免学费工作提出以下实施方案。

一、免学费范围和对象

（一）学校范围

本方案所称中等职业学校是指政府教育和人力资源社会保障部门根据国家有关规定批准设立并备案，实施全日制中等学历教育的各类职业学校，包括公办和民办的普通中专（含中师）、成人中专、职业高中（含职业中专）、技工学校、普通本专科院校附属的中专部和中等职业学校等。

（二）免学费对象

1.免学费对象包括公办中等职业学校全日制正式学籍一、二、三年级在校生中所有农村（含县镇）学生、城市涉农专业学生和家庭经济困难学生，不含艺术类相关表演专业学生。

（1）中央和省财政按在校城市学生（扣除涉农专业和艺术类相关表演专业学生）10%的比例确定城市家庭经济困难学生。各市县可根据实际情况合理确定本行政区域内城市家庭经济困难学生的具体比例。已享受中等职业教育国家助学金的城市家庭经济困难在校学生，符合免学费政策条件的，可同时申请免学费。

各地在确定享受免学费政策的城市家庭经济困难学生时，要优先考虑享受居民最低生活保障政策家庭学生、孤残学生、烈士子女、计划生育家庭学生、少数民族学生，以及家庭成员长期患重病、遭遇自然灾害或突发变故等导致家庭经济困难的学生。

（2）根据教育部发布的《中等职业学校专业目录（2010年修订）》（教职成〔2010〕4号）及专业设置管理办法等规定，涉农专业范围为：农林牧渔类所有32个专业，以及轻纺食品类的粮油饲料加工技术、粮油储运与检验技术专业和医药卫生类的农村医学专业等3个专业。

（3）“3+2”分段五年制在校生，中专教育阶段按规定享受免学费政策；普通高中毕业生或同等学力一年学制的中等职业学校在校生，参加顶岗实习或工学交替的，原则上参照中等职业学校三年级在校生享受免学费政策。

2.对在政府教育和人力资源社会保障部门依法批准、符合国家标准的民办中等职业学校就读的一、二年级符合免学费政策条件的学生，按照当地同类型同专业公办中等职业学校免学费标准给予补助。

二、免学费标准

免学费标准按照以下文件规定的学费标准执行：

（一）原省教委、原省物价局、省财政厅《关于规范我省普通高级中学和中等职业学校收费项目及标准的通知》（豫教财字〔1998〕96号、豫价费字〔1998〕269号、豫财预外字〔1998〕23号）；

（二）原省教委、原省物价局、省财政厅《关于我省普通中等专业学校(含中师)并轨生学费标准及有关问题的通知》（豫教财字〔1998〕61号、豫价费字〔1998〕51号）；

（三）原省物价局、省财政厅、原省劳动厅《关于规范我省技工学校并轨生学费标准及有关问题的通知》（豫价费〔1998〕278号）。

公办中等职业学校实际收取的学费低于价格主管部门批准的学费标准的，仍按价格主管部门批准的学费标准给予免学费补助。

三、免学费补助及资金负担

（一）对因免学费导致学校收入减少的部分，第一、二学年由财政按照享受免学费政策学生人数和免学费标准补助学校；第三学年原则上由学校通过校企合作和顶岗实习等方式获取的收入予以弥补，不足部分由财政按照不高于三年级享受免学费政策学生人数50%的比例和免学费标准，适当补助学校。

(二)免学费补助资金由中央和地方财政按6:4比例分担。免学费补助资金地方负担部分,根据学校现行管理体制和财政隶属关系,省属中等职业学校全部由省财政负担;省辖市属中等职业学校由省、市财政按3:7比例分担;县(市、区)属中等职业学校由省、市、县财政按3:2:5比例分担;省财政直管县由省、县财政按5:5比例分担。

(三)民办中等职业学校学生免学费补助资金,按照公办学校免学费补助资金分级负担办法和比例由中央、省和市县各级财政共同负担。其中市县分担补助资金,按属地原则,由所在省辖市政府负责统筹落实。

四、免学费对象的确定

(一)免学费对象评审。免学费对象在每学期开学时确定一次。

1.每学期开学时,学校应及时向新生宣传免学费政策,详细告知学生申报时限、申请程序、申报材料及相关要求。

2.享受免学费政策的涉农专业学生,在每学期开学后一个月内,由学校直接将姓名、性别、年级、专业、班级等信息在本校网站上公布,并在校内醒目地方公示5个工作日,接受社会、学生家长和师生监督。

3.申请享受免学费政策的非涉农专业农村(含县镇)学生和城市家庭经济困难学生,在学期开学两周内向就读学校提出申请并如实填写《中等职业学校学生免学费申请表》(附件1-1),并递交相关证明材料。农村(含县镇)学生提供户口本(或加盖发证机关印鉴的复印件);城市家庭经济困难学生提供居民最低生活保障金领取证件(或加盖发证机关印鉴的复印件)或由居住地街道办事处出具的家庭经济困难状况证明材料。学校以专业(或班级)为单位根据学生提交的《中等职业学校学生免学费申请表》和相关证明材料,认真进行评议,评议结果在本校网站上公布,并在校内醒目位置公示5个工作日,接受社会、学生家长和师生监督。

(二)免学费对象审核

公示无异议后,由学校将《20____年____季学期免学费学生汇总表》(附件1-2)统计汇总并加盖学校印章后,报同级教育或人力资源社会保障部门审核批复,并逐级上报省教育厅或省人力资源社会保障厅备案。学校根据同级教育或人力资源社会保障部门审核批复的免学费名单,向免学费学生发放《______学校免学费通知》(附件1-3),作为学生免缴学费依据。学校要将《______学校免学费通知》和《20____年季学期免学费学生汇总表》妥善保存备查,并建立免学费学生信息档案。

春季和秋季学期免学费对象评审、上报和审批工作要分别于5月1日前和11月1日前办理完毕。

五、免学费补助资金拨付

(一)免学费补助资金实行先预拨后结算制度。每年春季学期开学前,省财政厅根据省教育厅、人力资源社会保障厅统计汇总的上一年度学校享受免学费政策人数及免学费结算金额,按一定比例提前下达全年免学费中央和省补助资金。各级财政、教育和人力资源社会保障部门要将上级下达的免学费补助资金,连同本级财政应负担的资金于开学前及时预拨到所属学校,确保学校正常运转。

每年11月底前,省财政厅根据省教育厅、人力资源社会保障厅提供的本年度实际享受免学费政策人数及免学费结算金额,对缺口部分追加下达中央和省补助资金,各市县也要相应足额落实本级财政应负担的资金。

(二)民办中等职业学校每学期开学时可照常收取学生学费。免学费补助资金由同级财政部门按照国库集中支付管理规定,将免学费补助资金预算下达同级学生资助管理机构或人力资源社会保障部门,财政部门根据同级学生资助管理机构和人力资源社会保障部门审核汇总的民办学校免学费学生名单,采取直接支付方式,通过代发银行将免学费补助资金直接打入免学费学生本人的“中职学生资助卡”中。

(三)每学期开学时,公办学校要先进行免学费对象的评选和公示,待免学费名单经同级教育或人力资源社会保障部门审核批复后,方可向没有享受免学费政策的学生收取学费,不得采取先收后返的方式收取免学费对象学费,严禁“一边免费、一边收费”。

六、资金管理

(一)支出范围。免学费补助资金用于弥补学校因免除学生学费而形成的运转经费缺口。学校可用于公用经费、教职工培训、教学实训仪器设备购置、教学及办公用基础设施建设、修缮、改造等事业发展支出,并严格执行政府采购有关规定和基本建设审批程序。免学费补助资金不得用于对外投资、捐赠赞助等。已实行生均财政拨款改革的学校,可使用免学费补助资金弥补人员经费缺口;未实行生均财政拨款改革、仍按事业单位标准核定安排部门预算的学校,不得将免学费补助资金用于人员经费开支。

(二)结余资金管理。每年年底前,各市县财政部门要根据同级教育、人力资源社会保障部门统计汇总的本年度实际享受免学费政策人数和免学费结算金额,确定结余资金额度,并在安排下达下一年度免学费补助资金时相应抵顶各级财政应负担的资金。严禁用上级免学费补助资金结余抵顶本级财政应负担的资金,严禁擅自将免学费补助结余资金挪作他用。

七、其他

(一)2012年秋季学期前已出台中等职业教育免学费政策的市、县,免学费标准高于或实施范围大于本方案要求的,可按照本地的办法继续实施。

(二)《河南省财政厅　河南省发展改革委　河南省教育厅　河南省人力资源社会保障厅关于印发〈河南省中等职业学校农村家庭经济困难学生和涉农专业学生免学费实施方案〉的通知》(豫财教〔2010〕13号)、《河南省财政厅　河南省教育厅　河南省人力资源和社会保障厅关于转发〈中等职业学校免学费补助资金管理暂行办法〉的通知》(豫财教〔2010〕21号)、《河南省财政厅　河南省发展改革委　河南省教育厅　河南省人力资源社会保障厅关于扩大中等职业学校免学费政策覆盖范围的通知》(豫财教〔2010〕350号)同时废止。

附件:1-1.中等职业学校学生免学费申请表(略)

1-2.20____年____季学期免学费学生汇总表(略)

1-3.学校免学费通知(略)

附件2:

河南省中等职业学校国家助学金管理办法

第一条 根据《财政部 国家发展改革委 教育部 人力资源社会保障部关于扩大中等职业教育免学费政策范围进一步完善国家助学金制度的意见》(财教〔2012〕376号)要求,为加强我省中等职业学校国家助学金(以下简称国家助学金)管理,更好地体现教育公平,确保调整后的国家助学金制度顺利实施,研究制定本办法。

第二条 本办法所称中等职业学校是指政府教育和人力资源社会保障部门根据国家有关规定批准设立并备案,实施全日制中等学历教育的各类职业学校,包括公办和民办的普通中专(含中师)、成人中专、职业高中(含职业中专)、技工学校、普通本专科院校附属的中专部和中等职业学校等。

第三条 国家助学金资助对象是具有中等职业学校全日制正式学籍的一、二年级在校涉农专业学生和非涉农专业家庭经济困难学生。已享受中等职业教育免学费政策的在校学生,符合国家助学金政策条件的,可同时申请国家助学金。

第四条 涉农专业范围为教育部发布的《中等职业学校专业目录(2010年修订)》(教职成〔2010〕4号)及专业设置管理办法规定的农林牧渔类所有32个专业,以及轻纺食品类的粮油饲料加工技术、粮油储运与检验技术专业和医药卫生类的农村医学专业等3个专业。

第五条 为切实减轻贫困地区中等职业学校学生家庭经济负担,根据《中国农村扶贫开发纲要(2011—2020)》有关精神,将六盘山区等11个连片特困地区(其中包括我省26个国家连片特困地区重点县)和西藏、四省藏区、新疆南疆三地州中等职业学校一、二年级在校农村学生(不含县城)全部纳入享受助学金范围。

第六条 中央和省财政按一、二年级在校学生(扣除涉农专业学生和连片特困地区农村学生)15%的比例确定家庭经济困难学生。各市县可根据实际情况,合理确定本行政区域内家庭经济困难学生的具体比例。各地在确定享受国家助学金政策的非涉农专业家庭经济困难学生时,要优先考虑享受城乡居民最低生活保障政策家庭学生、孤残学生、烈士子女、计划生育家庭学生、少数民族学生,以及家庭成员长期患重病、遭遇自然灾害或突发变故等导致家庭经济困难的学生。

第七条 国家助学金由中央和地方政府共同出资设立,主要用于资助受助学生的生活费用开支,资助标准每生每年1500元。国家助学金补助资金由中央和地方财政按6:4比例分担。国家助学金补助资金地方负担部分,根据学校现行管理体制和财政隶属关系,省属中等职业学校全部由省财政负担;省辖市属中等职业学校由省、市财政按3:7比例分担;县(市、区)属中等职业学校由省、市、县财政按3:2:5比例分担;省财政直管县由省、县财政按5:5比例分担。

民办中等职业学校学生国家助学金,按照公办学校学生国家助学金分级负担办法和比例由中央、省、市县各级财政共同负担。其中市县分担补助资金,按属地原则,由所在省辖市政府负责统筹落实。

第八条 资助对象评选。国家助学金每学期开学时确定一次。

中等职业学校一、二年级在校涉农专业学生,在每学期开学后一个月内,由学校直接将名单在本校网站上公布,并在校内醒目地方公示5个工作日,接受社会、学生家长和师生监督。

中等职业学校一、二年级在校非涉农专业的家庭经济困难学生,应于学期开学两周内向就读学校提出申请并如实填写《中等职业学校国家助学金申请表》(附件2-1),并递交相关证明材料。证明材料包括:户口本、居民最低生活保障金领取证件(或加盖发证机关印鉴的上述证件复印件)或由居住地乡级政府(或街道办事处)出具的家庭经济困难状况证明材料。学校按照教育、人力资源社会保障部门学生资助管理机构确定的资助比例,以专业(或班级)为单位,根据学生提交的家庭经济困难相关证明材料和《中等职业学校学生国家助学金申请表》,认真进行评议,将评议结果在本校网站上公布,并在校内醒目位置公示5个工作日,接受社会、学生家长和师生监督。

第九条 资助对象的审核确定。公示无异议后,由学校将《中等职业学校国家助学金受助学生汇总表》(附件2-2)报同级教育或人力资源社会保障部门审核批复,教育、人力资源社会保障部门应将资助学生人数审核汇总后认真填写《____市(县)中等职业学校国家助学金统计表》(附件2-3)并逐级上报省教育厅或省人力资源社会保障厅备案。学校要将学生申报材料及批复的助学金名单妥善保存备查。

第十条 国家助学金预算下达。国家助学金实行先预拨后结算制度。每年春季学期开学前,省财政厅根据省教育厅、人力资源社会保障厅提供的上一年度国家助学金实际资助人数及结算金额,按一定比例提前下达全年国家助学金中央和省补助资金预算。各级财政、教育和人力资源社会保障部门根据上级下达的国家助学金预算,足额落实本级应负担资金。

每年11月底前,省财政厅根据省教育厅、人力资源社会保障厅提供的本年度国家助学金实际资助人数及结算金额,对缺口部分追加下达中央和省级补助资金,各市县相应足额落实本级财政应负担的资金。

第十一条 国家助学金拨付。国家助学金采取财政国库集中支付方式发放。各级财政部门将助学金预算下达同级教育和人力资源社会保障部门的学生资助管理机构。开学后每月10日前,各级学生资助管理机构审核汇总同级学校上月助学金发放清单,加盖公章后报同级财政部门并同时报送用款计划或拨款申请。财政部门根据助学金发放清单在3个工作日内向代发银行开具直接支付令,由代发银行在3个工作日内通过银行内部结算户将助学金直接拨付到受助学生的"中职学生资助卡”中。每年7月底和1月底前,各地代发银行向同级教育、人力资源社会保障和财政部门报送本学期国家助学金实际发放情况统计结果,作为国家助学金结算依据。

第十二条　结余资金管理。每年年底前,各市县财政部门要根据同级教育、人力资源社会保障部门统计汇总的本年度实际享受国家助学金学生数和发放助学金金额,确定结余资金额度,并在安排下达下一年度国家助学金时相应抵顶各级财政应负担的资金。严禁用上级国家助学金结余抵顶本级财政应负担的资金,严禁擅自将国家助学金结余资金挪作他用。

第十三条　中等职业学校国家助学金管理工作实行学校法人代表负责制,校长是第一责任人,对学校助学金政策落实负主要责任。中等职业学校要制定本校国家助学金具体实施办法,设立专门机构或配备专职人员具体负责助学工作,为每位受助学生分别办理“中职学生资助卡”。要建立专门档案,将学生申请表、审批结果、资金发放等有关凭证和工作情况分年度建档备查。

代发银行要按照《中国人民银行　财政部　教育部　人力资源社会保障部关于全面推行“中职学生资助卡”加强中职国家助学金发放监管工作的通知》(银发〔2010〕273号)要求,及时为受助学生办理“中职学生资助卡”,并严格执行由学生本人持有效身份证件原件和学生证到发卡银行网点柜台激活后方可使用的规定,不得向学生收取卡费或押金等费用,也不得从学生享受的国家助学金中抵扣。

第十四条　中等职业教育实行以国家助学金为主,以校内奖学金、学生工学结合、顶岗实习、学校减免学费等为辅的资助政策体系。公办和民办学校每年应提取不低于事业收入5%的经费用于家庭经济困难学生的学费减免、校内奖学金、助学金和特殊困难补助等方面的开支。鼓励各地政府、行业企业和社会团体设立中等职业学校助学金、奖学金,鼓励和引导金融机构为接受中等职业教育的学生提供助学贷款。

第十五条　2012年秋季学期至2013年春季学期,中等职业学校一年级在校生国家助学金政策执行本办法,二年级在校生仍执行《河南省中等职业学校国家助学金管理暂行办法》(豫财教〔2007〕115号)。从2013年秋季学期起,本办法全面施行,《河南省中等职业学校国家助学金管理暂行办法》(豫财教〔2007〕115号)和《河南省财政厅　河南省劳动和社会保障厅关于做好技工学校国家助学金发放管理工作的通知》(豫财教〔2007〕116号)同时废止。

第十六条　本办法由省财政厅、省教育厅和省人力资源社会保障厅负责解释。各省辖市、省财政直管县依据本办法制定实施细则,并报省财政厅、省教育厅和省人力资源社会保障厅备案。

附件:2-1.中等职业学校国家助学金申请表(略)

2-2.中等职业学校国家助学金受助学生汇总表(略)

2-3.市(县)中等职业学校国家助学金统计表(略)

河南省财政厅　省教育厅
关于转发财政部　教育部《研究生国家奖学金管理暂行办法》的通知

豫财教〔2012〕378号

有关高校:

为发展中国特色研究生教育,促进研究生培养机制改革,提高研究生培养质量,财政部、教育部制定了《研究生国家奖学金管理暂行办法》(财教〔2012〕342号),现转发给你们,请遵照执行。

附件:财政部、教育部关于印发《研究生国家奖学金管理暂行办法》的通知

二〇一二年十二月十二日

财政部　教育部关于印发《研究生国家奖学金管理暂行办法》的通知

财教〔2012〕342号

党中央有关部门,国务院有关部委、有关直属机构,各省、自治区、直辖市、计划单列市财政厅(局)、教育厅(教委、教育局),新疆生产建设兵团财务局、教育局:

为发展中国特色研究生教育,促进研究生培养机制改革,

提高研究生培养质量，根据《国家中长期教育改革和发展规划纲要(2010-2020年)》有关精神，财政部、教育部制定了《研究生国家奖学金管理暂行办法》。现印发给你们，请遵照执行。

附件：研究生国家奖学金管理暂行办法

2012年9月29日

附件：

研究生国家奖学金管理暂行办法

第一章 总 则

第一条 为发展中国特色研究生教育，促进研究生培养机制改革，提高研究生培养质量，根据《国家中长期教育改革和发展规划纲要(2010—2020年)》，设立研究生国家奖学金。为做好研究生国家奖学金工作，制定本办法。

第二条 研究生国家奖学金由中央财政出资设立，用于奖励普通高等学校(以下简称高等学校)中表现优异的全日制研究生。

第三条 研究生国家奖学金每年奖励4.5万名在读研究生。其中，博士研究生1万名，硕士研究生3，5万名。

第二章 奖励标准与基本条件

第四条 博士研究生国家奖学金奖励标准为每生每年3万元；硕士研究生国家奖学金奖励标准为每生每年2万元。

第五条 研究生国家奖学金基本申请条件：

1.热爱社会主义祖国，拥护中国共产党的领导；

2.遵守宪法和法律，遵守高等学校规章制度；

3.诚实守信，道德品质优良；

4.学习成绩优异，科研能力显著，发展潜力突出。

第三章 名额分配与预算下达

第六条 财政部、教育部根据各高等学校研究生规模、培养质量以及上一年度研究生国家奖学金执行情况，制定研究生国家奖学金年度分配名额和预算。全国学生资助管理中心于每年3月底前，提出研究生国家奖学金名额分配建议方案，报财政部、教育部审定。

第七条 每年4月30日前，财政部、教育部将研究生国家奖学金分配名额和预算下达中央主管部门和省级财政、教育部门。

每年5月31日前，中央主管部门和省级财政，教育部门按程序将研究生国家奖学金分配名额和预算下达相关高校。

第八条 研究生国家奖学金名额向基础学科和国家亟须的学科(专业)倾斜。高等学校要统筹研究生国家奖学金和其他研究生奖学金的名额分配、评审和发放工作，充分发挥各类奖学金的激励作用。

第四章 评审组织

第九条 高等学校应建立健全与研究生规模和现有管理机构设置相适应的研究生国家奖学金评审组织机制。

第十条 高等学校应成立研究生国家奖学金评审领导小组，由主管领导、相关职能部门负责人、研究生导师代表等组成。评审领导小组负责按照本办法有关规定制定本校研究生国家奖学金评审实施细则；制定名额分配方案；统筹领导、协调、监督本校评审工作；裁决学生对评审结果的申诉；指定有关部门统一保存本校国家奖学金评审资料。

第十一条 高等学校下设的基层单位(院、系、所，下同)应成立研究生国家奖学金评审委员会，由基层单位主要领导任主任委员，研究生导师、行政管理人员、学生代表任委员，负责本单位研究生国家奖学金的申请组织、初步评审等工作。

第五章 评审程序

第十二条 研究生国家奖学金每年评审一次，所有符合本办法规定条件的攻读硕士、博士学位的全日制研究生均有资格申请。有意愿申请国家奖学金的研究生，本人应如实填写《研究生国家奖学金申请审批表》(附1)，向所在基层单位评审委员会提出申请。

硕博连读研究生在注册为博士研究生之前，或通过攻读博士学位资格考试前，按照硕士研究生身份申请国家奖学金；注册为博士研究生后，或已经通过攻读博士学位资格考试后，按照博士研究生身份申请国家奖学金。

直博生和招生简章中注明不授予中间学位的本硕博、硕博连读学生，根据当年所修课程的层次阶段确定身份参与国家奖学金的评定。在选修硕士课程阶段按照硕士研究生身份参与评定；进入选修博士研究生课程阶段按照博士研究生身份参与评定。

第十三条 研究生国家奖学金的评审工作，应坚持公开、公平、公正、择优的原则，严格执行国家有关教育法规，杜绝弄虚作假。

第十四条 基层单位评审委员会主任委员负责组织委员会委员对申请国家奖学金的学生进行初步评审，评审过程中应充分尊重本基层单位学术组织、研究生导师的推荐意见。基层单位评审委员会确定本单位获奖学生名单后，应在本基层单位内进行不少于5个工作日的公示。公示无异议后，提交高等学校研究生国家奖学金评审领导小组进行审定，审定结果在高等学校全范围内进行不少于5个工作日的公示。

第十五条 对研究生国家奖学金评审结果有异议的学生，可在基层单位公示阶段向所在基层单位评审委员会提出申诉，评审委员会应及时研究并予以答复。如学生对基层单位作出的答复仍存在异议，可在高校公示阶段向研究生国家奖学金评审领导小组提请裁决。

第十六条 中央高校将评审工作情况和评审结果报中央主管部门,地方高校将评审工作情况和评审结果报至省级财政、教育部门。中央主管部门和省级财政、教育行政部门对所属高校评审情况和结果汇总后,填制《博士研究生国家奖学金获奖学生汇总表》(附2)和《硕士研究生国家奖学金获奖学生汇总表》(附3),每年10月31日前,报财政部、教育部备案。

第六章 资金管理与监督

第十七条 高等学校于每年11月30日前将当年研究生国家奖学金一次性发放给获奖学生。高等学校应将研究生获得国家奖学金情况记入学生学籍档案,并颁发国家统一印制的荣誉证书。

第十八条 各省(自治区、直辖市、计划单列市)、有关中央主管部门和高等学校必须严格执行国家相关财经法规和本办法的规定,对研究生国家奖学金资金加强管理,专款专用,不得截留、挤占、挪用,并接受财政、审计、纪检监察等部门的检查和监督。

第十九条 财政部、教育部委托全国学生资助管理中心加强对研究生国家奖学金的日常管理。

第七章 附 则

第二十条 各省(自治区、直辖市、计划单列市)要根据本办法制定具体管理办法,报财政部、教育部备案。

第二十一条 科研院所研究生国家奖学金管理参照本办法执行。

第二十二条 本办法由财政部、教育部负责解释。

第二十三条 本办法自2012年9月1日起施行。

附1.研究生国家奖学金申请审批表(略)

2.博士研究生国家奖学金获奖学生汇总表(略)

3.硕士研究生国家奖学金获奖学生汇总表(略)

2012年省教育厅部分重要文件存目

发文机关	发文日期	文号	文件名称
省教育厅	1月11日	教办〔2012〕20号	关于印发《加强机关思想作风建设着力打造“五型”机关活动方案》的通知
省教育厅	2月8日	教学〔2012〕61号	关于加强我省高校毕业生就业信息化建设的指导意见
省教育厅	2月12日	教高〔2012〕72号	关于印发《河南省本科高等学校学科专业建设项目管理暂行办法》、《河南省本科高等学校学科专业建设项目专项资金管理暂行办法》的通知
省教育厅	2月14日	教科技〔2012〕74号	关于做好全省高等学校学风建设有关工作的通知
省教育厅	2月16日	教高〔2012〕80号	关于公布推荐“十二五”普通高等教育本科国家级规划教材评审结果的通知
省教育厅	2月16日	教财〔2012〕83号	关于进一步规范和加强省级教育事业专项经费管理的意见
省教育厅	2月23日	教师〔2012〕1号	关于进一步加强县级教师培训机构建设的意见
省教育厅	2月23日	教师〔2012〕101号	关于在全省教育系统开展“教育崛起教师为基”师德主题教育活动的通知
省教育厅	2月27日	教师〔2012〕104号	关于进一步做好《河南省学前教育三年行动计划(2011—2013年)》教师培训工作的通知
省教育厅	2月27日	教体卫艺〔2012〕109号	关于做好农村义务教育学生营养改善计划试点工作的通知
省教育厅	3月8日	教社科〔2012〕154号	关于印发《河南省高等学校人文社会科学重点研究基地建设计划》的通知
省教育厅	3月9日	教人〔2012〕162号	关于认真做好直属事业单位分类改革工作的通知
省教育厅	3月15日	教基二〔2012〕198号	关于印发科学保教防止和纠正幼儿教育小学化现象十不准的通知
省教育厅	3月19日	豫教人〔2012〕48号	关于印发《河南省教育人才发展中长期规划(2011—2020年)》的通知
省教育厅	3月19日	教高〔2012〕213号	关于报送河南省高校青年教师队伍建设情况的报告
省教育厅	3月20日	豫教高〔2012〕51号	关于印发《河南省高等学校特聘教授岗位制度实施办法》的通知
省教育厅 省财政厅	3月23日	教高〔2012〕247号	关于印发《河南省高等职业院校教师素质提高计划(2011—2015)》的通知
省教育厅	3月29日	豫教高〔2012〕56号	关于“十二五”普通高等教育本科国家级规划教材第一次推荐的报告
省委高校工委 省教育厅	3月30日	豫教党〔2012〕15号	关于在全省教育系统深入开展“学习雷锋见行动‘三平’之中做贡献”活动的通知
省教育厅	3月30日	豫教科技〔2012〕61号	关于印发《河南省高等学校学风建设实施细则》的通知
省教育厅	4月1日	豫教人〔2012〕59号	关于印发《河南省教育干部培训“十二五”规划》的通知
省教育厅	4月16日	教学〔2012〕312号	关于印发《河南省2012年高等职业院校单独招生改革试点工作实施意见》的通知
省教育厅	4月20日	教师〔2012〕345号	关于进一步做好“教育崛起，教师为基”师德主题教育活动的通知
省教育厅 省发展和改革委员会 省审计厅	4月23日	豫教基一〔2012〕81号	关于治理义务教育阶段择校乱收费的实施意见

续表

省教育厅 省发展和改革委员会	4月23日	教基二〔2012〕291号	关于普通高中改制学校清理规范工作的意见
省教育厅 省新闻出版局 省发展和改革委员会 省政府纠风办	4月27日	豫教基二〔2012〕88号	关于加强我省中小学教辅材料使用管理工作的实施意见
省教育厅 省财政厅 省人力资源社会保障厅 省编委	5月11日	豫教师〔2012〕92号	关于做好服务期满特岗教师落实工作岗位的通知
省教育厅 省财政厅	5月18日	豫教社科〔2012〕97号	关于印发《河南省高等学校哲学社会科学繁荣计划(2012—2020年)》的通知
省教育厅 省新闻出版局 省发展和改革委员会	5月29日	教基二〔2012〕508号	关于印发河南省中小学教辅材料评议推荐办法的通知
省教育厅	6月6日	豫教发规〔2012〕117号	关于支持焦作市推进教育改革发展服务经济转型示范市建设的意见
省委高校工委 省教育厅	6月6日	教人〔2012〕513号	关于印发《河南省教育人才发展中长期规划(2011—2020年)任务分解》和《河南省教育人才发展中长期规划2012年目标任务推进表》的通知
省教育厅	6月18日	教学〔2012〕540号	关于印发《河南省大学生创业教育示范学校建设指导意见(试行)》的通知
省教育厅	6月18日	教监〔2012〕542号	关于印发《河南省教育系统2012—2013年民主评议政风行风工作实施意见》的通知
省委高校工委 省教育厅	7月4日	豫教人〔2012〕607号	关于进一步做好城镇教师支援农村教育工作的通知
省教育厅 省财政厅	8月6日	教科技〔2012〕712号	关于印发河南省高等学校协同创新计划实施方案的通知
省教育厅 省财政厅	8月6日	教高〔2012〕722号	关于进一步加强高等学校重点和特色学科专业建设的意见
省教育厅	8月23日	豫教科技〔2012〕147号	关于印发《河南省教育信息化十年发展规划(2011—2020年)》的通知
省教育厅	8月24日	教体卫艺〔2012〕777号	关于贯彻落实新修订的义务教育体音美课程标准的通知
省教育厅	9月3日	教师〔2012〕828号	关于河南省高等学校教育类课程试行“双导师制”的意见
省教育厅 省发展和改革委员会	9月14日	豫教发规〔2012〕158号	关于印发《河南省教育事业发展“十二五”规划》通知
省教育厅	9月20日	豫教发规〔2012〕172号	关于加快濮阳教育发展支持濮范台扶贫开发综合试验区建设的意见
省教育厅	9月24日	教学〔2012〕913号	关于印发关于进一步加强普通高校研究生管理工作的意见的通知
省教育厅	9月28日	豫教基一〔2012〕176号	关于优化中小学幼儿园布局服务新型农村社区建设的意见
省教育厅 省财政厅	10月2日	教资助〔2012〕827号	关于印发《河南省市、县级学生资助管理工作考核暂行办法》的通知
省教育厅	10月10日	教政法〔2012〕981号	关于印发《河南省教育厅重大行政决策程序规定》、《河南省教育厅规范性文件制定和管理办法》的通知

续表

省教育厅 省人力资源社会保障厅 省财政厅	10月12日	豫教人〔2012〕182号	关于对我省原民办教师发放养老补贴的实施意见
省教育厅	10月20日	教财〔2012〕984号	关于引导地方政府加大市属公办本科高校投入的意见
省教育厅	10月25日	教技装〔2012〕1010号	关于印发《河南省教育系统"百日安全生产大检查"活动实施方案》的通知
省教育厅 省财政厅	10月20日	教资助〔2012〕763号	关于进一步加强我省家庭经济困难学生资助工作的意见
省委高校工委 省教育厅	10月30日	豫教思政〔2012〕193号	关于分别授予李博亚等2012"感动中原"年度教育人物、094班等教育系统2012"身边榜样"荣誉称号的决定
省教育厅 省政府教育督导团	11月2日	豫教督导〔2012〕199号	关于印发《河南省义务教育发展基本均衡县督导评估实施细则(试行)》的通知
省教育厅 省公安厅等20部门	11月21日	豫教基一〔2012〕198号	关于印发《河南省校车安全管理联席会议制度》和《河南省校车安全管理联席会议成员单位职责》的通知
省教育厅 省政府教育督导团	11月22日	教督导〔2012〕1108号	关于印发《河南省中小学校督导评估办法(试行)》的通知
省委高校工委 省教育厅党组	11月30日	豫教党〔2012〕51号	关于印发学习宣传和贯彻落实党的十八大精神工作方案的通知
省委高校工委	12月4日	豫高发〔2012〕54号	关于全省部分高等学校贯彻落实"三重一大"和"校务公开"制度专项检查情况的通报
省教育厅	12月6日	教体卫艺〔2012〕1146号	转发卫生部关于印发《学校卫生监督工作规范》的通知
省发展和改革委员会 省教育厅 省财政厅	12月7日	豫发改收费〔2012〕2061号	关于印发《河南省幼儿园收费管理暂行办法实施细则》的通知
省财政厅 省发展和改革委员会 省教育厅 省人力资源社会保障厅	12月20日	豫财教〔2012〕360号	关于扩大中等职业教育免费政策范围进一步完善国家助学金制度的意见
省财政厅 省教育厅	12月20日	豫财教〔2012〕378号	关于转发财政部教育部《研究生国家奖学金管理暂行办法》的通知

（省教育厅办公室李芳　供稿）

综合管理

行政管理

办公室主任:李金川
副主任:韩　冰
信访工作处处长:张冰燕
电话:0371-69691980　69691969
调研员:王继东
副调研员:张宝柱
副处长:薛月静

【综合文稿起草】 2012年,厅办公室努力把上级政策精神与省情教情相结合,把文稿创新与保持工作连续性相结合,把领导指示与提炼升华相结合,发挥以文辅政作用,为领导提供优质文稿服务,做到思想"深"、语言"精"、形式"活"、内容"新"。本年,独立和参与起草的综合稿件190余篇,其中教育部部长袁贵仁在豫调研汇报材料、2012年度全省教育工作会议筹备方案及报告、全省职业教育工作会议领导讲话及文件、全省全面提高高等教育质量工作会领导讲话及文件、全省义务教育均衡发展工作推进会领导讲话及文件、十八大宣讲、教育系统支持全省经济社会发展工作方案等重点综合稿件80余篇。同时还协助参加袁贵仁、杜玉波、刘利民、杜占元等教育部领导在豫考察活动,确保了考察活动的圆满成功。

【督查落实中心工作】 2012年,厅办公室严格落实责任,完善工作机制,建立工作台账,抓好上级领导和厅领导的重要批示、重大决策、重要工作部署的落实。一是抓好省委十大项民生工程和省政府重点工作的督查落实。严格落实责任,完善工作机制,对具体目标进行细化量化,建立工作台账,明确责任处室、责任人和完成时限,及时督促落实,随时掌握工作动态,按时上报工作进展情况,确保了任务的圆满完成。二是抓好上级领导和厅领导的重要批示、重大决策、重要工作部署的落实。编发《督查督办通报》3期,办理领导批示425件,向省委、省政府报送反馈报告60余件。三是抓好领导批示群众来信的落实。对厅主要领导批示的182封群众来信,认真登记,及时运转,妥善处置,保证了群众反映的热点、难点问题及时得到解决。四是抓好人民网网民留言办理工作。全年共办理省委督查室转来人民网网民留言60余件,办结率达100%。五是办理人大建议和政协提案171件,办结率、满意率均达到100%,被省人大、省政协分别授予"先进单位"称号,厅长王艳玲代表省教育厅在省政协提案办理经验交流会议上作典型发言。

【严格公文办理】 2012年,办公室认真完善公文处理工作制度,规范公文运转程序,严把政策关、程序关、文字关、格式关,切实做到把上级的方针政策与全省教育工作实际结合起来,把厅党组的指导思想体现在公文的主题主旨之中。公文格式更加科学、规范,公文可操作性、权威性进一步增强。全年发文处理1800多件,收文处理2700多件,均做到办理及时,运转规范。对急件简化程序,即时办理,通过各种途径请示领导,尽快处理落实;对重要或有明确期限的文件实行跟踪催办,确保了政令畅通。

【信息报送】 2012年,办公室紧紧围绕厅机关中心工作及领导关注的重大问题做好信息工作,为领导科学决策提供第一手资料。2012年共编发《河南教育信息》238期,共40余万字;向省委省政府、教育部共上报《教育要情》178期,共20余万字。围绕厅机关中心工作,抓好教育信息重点工作。围绕全省年度教育工作会议和全省职业教育电视电话工作会议,分别组织撰写了"加快教育改革发展专题约稿"和"职业教育改革和发展专题约稿"共19篇,全部被《政府工作快报》采纳刊发。教育信息工作成绩显著,截至11月底,省教育厅在省政府信息调研处获得积分184分(2011年全年积分为57.6分),在全省100多个厅局级单位中排名第八;在教育部办公厅获得积分108分,在全国排名第六。

【新闻宣传】 2012年,省教育厅组建了“职业教育中原行——新闻媒体采访团”,深入基层一线进行深入采访,推出了一批有分量的报道;组建“学习贯彻十八大”大型主题采访团,深入一线集中采访报道学习贯彻党的十八大精神的生动场面,取得了良好的社会效果。4月,制定《职业教育宣传方案》,对全省职业教育发展情况进行集中宣传,为全省职业教育工作会议召开营造良好氛围。7月,邀请中央驻豫及省会29家新闻媒体的30余名记者,召开河南省2012年“特岗计划”启动实施新闻通气会,对河南省“特岗计划”的新政策、新精神进行集中宣传。8月,邀请新华社、《光明日报》等10余家新闻媒体,组织召开“全面提高高等教育质量新闻媒体通气会”,制定了《高等教育宣传方案》,全面宣传各高校学习贯彻省政府全面提高高等教育质量工作会议精神情况。8月中旬,制定《2012年教师节宣传方案》,通过省教育厅网站、信息和要情、新闻媒体等,围绕庆祝第28个教师节开展了一系列宣传活动。

【机关内部会议安排】 组织做好厅党组会、常务会、办公会、厅长碰头会等的统筹安排工作,印发党组会议纪要8件,厅长办公会议纪要12件,加强跟踪督查,有效推动了领导决策和会议精神的贯彻落实。安排党组中心组学习活动12次。

【政府信息公开】 按照“公开是原则,不公开是例外”的精神,厅机关制定的所有不涉密的政策、文件和处室有关办事程序全部上网发布,并确定群众关心、社会关注、与群众利益最密切相关的重要事项作为政务公开的重点内容,提高工作的透明度,方便群众知情、查询,完善依申请公开政府信息受理机制,2012年,省教育厅主动公开政府信息3000余条,门户网站上的信息栏每天都在更新,较好地满足了人民群众的知情权;对政府信息公开申请,全部做到了及时、高质量的回复,全年共受理356人次。对省政府批转的200余件政府信息公开申请,规范办理程序,限时反馈答复,全部做到了及时、有效回复。

【网站建设】 通过召开网站建设座谈会、研讨会等方式,在广泛征求各方面意见和建议的基础上,对照省里的考核条件和标准,制定了《河南省教育厅办公室关于加强省教育厅门户网站建设的实施意见》,从制度上保障了网站的科学运行。同时,安排专人负责网站的信息、文件和新闻等内容的收集和发布工作,确保了网站内容能够及时更新,重要的信息和新闻在第一时间向外发布。据不完全统计,全年共发布工作动态、文件通知、媒体聚焦、高校动态、市县动态等栏目信息1800余条,平均每天5条。

【信访】 畅通信访渠道,规范信访工作程序,扎实做好十八大、“两会”等特殊敏感时段的信访稳定工作,着力解决教育系统信访突出问题,全年共受理群众来信699件,与上年持平;接待群众来访2426人次,较上年上升42%;办理网上信访事项1963件次,较上年上升10.5%;全年立案55件,结案55件,结案率100%。出台了《关于对我省原民办教师发放养老补贴的实施意见》,一定程度上解决了原民办教师群体的信访诉求。

【平安校园建设】 2012年,组织开展了学校及周边治安重点地区和突出治安问题的排查,对管理制度、安保措施不落实,存在严重安全隐患或发生重大案件的学校、幼儿园及周边地区进行了认真排查,并对排查出的问题进行梳理,上报省综治办,向各地通报,限期治理到位。利用省工商局开展中原红盾行动集中整治“五个周边”市场的契机,积极配合做好校园周边市场的整治。开展应急预案体系建设的调查,全面了解全省教育系统应急预案体系建设情况,进一步完善省教育系统应急预案体系。制定出台《关于进一步加强全省高等学校安全保卫工作的意见》,对高校安全保卫机构和队伍建设、安全防范、基础设施建设、安全保卫工作经费等提出明确的要求。研究制定了《河南省高等学校安全稳定工作管理规定》。

【保密和档案】 2012年,办公室进一步完善保密制度,加强保密硬件建设,无失泄密事件发生。完成上级涉密文件办理任务200余件;顺利通过了省委保密委组织的网络安全保密检查。印发《关于进一步做好机关档案归档工作的通知》,规范了归档范围,对2012年全厅档案管理工作提出了新要求。全年收集整理档案2000件,为机关工作查考和向社会提供档案查证100余批次。

【值班】 坚持24小时值班制度和厅领导带班制度,严格执行值班纪律,厅机关值班工作秩序井然。全年值班室累计接听电话3000多个,及时通知省委、省政府及有关厅局的会议400多个,安排各处室值班70多次,上报《值班报告》8期,确保信息渠道畅通。

【会议会务和接待】 认真做好教育部部长袁贵仁、副部长杜玉波来豫考察调研的接待、服务工作和年度教育工作会议和全省教育系统办公室主任会议的筹备、服务等重大会议和接待工作。在时间紧、任务重、方案多次变化的情况下,多方协调,克服重重困难,灵活应对,圆满完成了任务。

【机关财务管理】 坚持“勤俭节约、量入为出”的原则,科学安排经费预算,认真执行财经法规制度,严格财务报销程序,规范经费运作,为厅机关业务工作的顺利开展提供了有力的财务保障。

【机关节能减排】 2012年,制定了节能减排工作方案和具体工作措施,并将任务进行分解,落实到人。根据机关管理的侧重点,落实节能减排措施,形成了节约资源人人有责的舆论氛围。

【机关后勤保障】 2012年,办公室及时配备办公家具和补充、更换办公设备,基本保证了办公的需要。对机关干部职工和直属单位(学校)车辆和人员综合大楼出入证进行更换,共办理车辆出入证400余个。协调大楼管理中心解决了厅值班用房。

【车辆管理】 按照省公车治理办公室的要求,做好厅公车治理工作,协调省公车治理办公室妥善做好对省教育厅车辆的处理,保证了工作需要。同时做好新的车辆编制核定工作,日常工作中注重对司机进行安全和服务意识教育,确保车辆行驶安全。在车辆维修管理上,采取定点定单维修,严格审批,实现了安全、高效、节约、优质服务的行车目标要求。

【作风建设】 2012年,办公室牵头制定了省教育厅关于贯彻落实中央八项规定的意见,切实把加强作风建设摆在更加突出的位置。落实理论学习制度,坚持办公室领导带头学,不断增强学习的自觉性和有效性。深入基层,转变作风,撰写了进一步加强信息宣传工作的调研报告,为科学决策提供了依据。认真落实支部领导班子“一岗双责”的要求,加强办公室党支部的思想、组织、作风和制度建设，严格落实党风廉政建设。

撰稿：张小茜
审稿：李金川

政策法规及民办教育

政法处处长：李 敏 电话：0371-69691656

【开展调查研究】 2012年，围绕努力办好人民满意的教育，进一步强化教育为全省经济社会发展和人民群众需求服务的意识，3月，下发了《河南省教育厅关于深入开展调查研究工作的通知》(教政法〔2012〕217号)，号召各级教育行政部门及高校，以"了解教育民意，破解发展难题，促进教育改革，推动作风转变"为目标，深入基层，深入实际，了解教育工作者和基层群众的意见建议，全省汇集调研报告200多篇，并对优秀调研成果进行了评选表彰。针对全省教育改革发展重点、难点问题，深入实际，调查研究，提出相应的政策建议，为领导决策提供依据和参考，为全省教育事业科学发展服务。

【部署普法工作】 3月，在郑州召开了各省辖市、省直管试点县、重点扩权县(市)教育局法制科长会议，总结交流各地2011年所做的主要工作、取得的成绩及存在的突出问题，部署2012年全省法制宣传教育工作的主要任务并提出具体要求。

【法制教育培训】 4月，省教育厅在开封举办两期依法治校及校园伤害事故预防与处理培训班。认真贯彻落实中共中央宣传部、教育部等印发的《全国教育系统法制宣传教育的第六个五年规划(2012—2015)》精神和要求，提高中小学特别是农村中小学校长依法治校水平，帮助他们更好地处理学校涉法事务，预防和减少学生校园伤害事故的发生，聘请了省内经常帮助学校处理涉法案件与纠纷的几位经验丰富的律师，向校长们讲授如何养成依法办事的习惯、如何按法律程序和要求处理有关事务与纠纷、如何预防和减少校园伤害事故的发生等相关知识，共有1000余名中小学校长参加培训。

【依法治校示范校创建活动】 3月，下发《河南省教育厅关于开展第三批省级依法治校示范校创建活动的通知》(教政法〔2012〕175号)，明确示范校创建的指导思想、方法步骤，确定了省级示范校的基本标准，积极引导学校完善制度，规范管理，依法治校。10月，下发《河南省教育厅关于开展第三批依法治校示范校申报评选工作的通知》(教政法〔2012〕1051号)。在各地各高校申报的基础上，12月抽调相关人员，对各地、各高校依法治校示范校活动开展情况进行检查验收。通过依法治校示范校创建活动的开展，各级各类学校在法制宣传教育、建章立制、规范管理、校务公开、民主决策、师生权益保护等方面做了大量工作，取得了很好的经验和成效。

【法制教育优秀论文评选】 2012年，在全省中小学校开展学科教学与法制教育优秀论文评选活动。全省共报送论文数千篇，经过市、县教育局筛选和教育厅组织专家评审，评出获奖论文756篇，其中一等奖156篇、二等奖470篇、三等奖130篇。

【参与承办全国高校贯彻落实《学校教职工代表大会规定》经验交流会】 11月，由教育部政策法规司和中国科教文卫体工会主办、省教育厅与省总工会承办的全国高校贯彻落实《学校教职工代表大会规定》经验交流会在郑州举行。教育部政法司司长孙霄兵、副司长黄兴胜到会指导并讲话，全国30个省、市、自治区教育工会主席，省教育厅分管领导和政策法规处处长，部属省管高校党政工负责人等140余位代表参加了会议。会议对河南省及其他高校教代会建设取得的成绩和经验进行总结交流，并研究探讨下一步的工作思路和措施。会后，孙霄兵、黄兴胜还分别深入南阳、开封等地及学校检查指导。

【拓宽民间资金投资教育渠道】 9月，省教育厅出台《关于鼓励和引导民间资金发展教育的意见》(教政法〔2012〕765号)。拓宽民间资金投资教育渠道，保护民办学校合法权益，落实民办学校教师待遇，保障民办学校学生权益，完善民办学校税收政策，充分发挥财政资金的引导和杠杆作用，积极鼓励民间资金以多种形式发展教育。

【民办教育培训】 5月和9月，在焦作分别举办了两期民办中小学举办者(董事长或理事长)和校长培训班，以及两期民办幼儿园园长培训班，共有1000余人参加培训。

【规范运作民办教育专项资金】 2012年，厅党组从调动全社会兴办教育积极性，做大做强教育这块蛋糕大局出发，大幅度提高民办教育发展专项资金，由2011年的150万元提高到2012年的2000万元，并确立了"促发展、促提高、促规范"三个使用项目。促发展项目800万元，用于奖励40所近年来投资千万以上的中等及以下民办学校，鼓励吸引社会资本投资教育；促提高项目1000万元，用于支持10所民办高校品牌专业建设，提升民办高校办学水平；促规范项目200万元，对全省评选的优秀民办学校予以教学设备奖励，促进民办教育健康发展。制定《民办教育发展专项资金使用管理办法》，对资金的规范使用提出明确要求和规定，同时还针对每个项目分别制定了具体的实施细则和办法。对每个项目的资金使用方法、使用要求、使用过程、应达到的效果等，分别制定了具体的实施细则和办法，确保每个项目能达到预期效果。在项目评选过程中，坚持公开透明，加强监督。出台《河南省教育厅关于加强民办高等学校品牌专业建设的通知》（教政法〔2012〕650号）和《河南省教育厅关于奖励投资规模较大民办学校的通知》（教政法〔2012〕752号），制定出具体奖励条件和标准，依据各省辖市、省直管试点县、重点扩权县（市）民办教育发展情况，支持民办教育的力度、人口数量等，分配奖励学校的数量。学校的推荐和审查由各地确定和把关，省教育厅重点抽查，发现弄虚作假的，除取消奖励外并扣减下年度的奖励指标。同时邀请发规、基教、职教、高教等处室人员参加，并提前请纪检部门介入。

【民间资金投资教育】 2012年，全省新增民办学校2222所，全省民间资金投资教育达83亿元。在全国经济下滑的形势下，河南省民间资金投资教育的金额比上年增加8亿余元，增长10%。

撰稿：施晓春
审稿：李　敏

人事、编制与教师队伍建设

人事处处长：张　涛
调研员：王双龙　魏金林
电话：0371-69691973
副处长：刘根成　丁建志　冯轩友
副调研员：陈海民　杨学勇

厅机关、直属单位干部队伍建设

【省政府任免调整厅机关领导干部】 5月21日，省政府豫政任〔2012〕15号文件，决定免去李敏河南省教育厅副厅长职务。省政府豫政任〔2012〕18号文件，决定免去訾新建河南广播电视大学校长职务。省政府豫政任〔2012〕32号文件，决定任命张亚伟为河南省教育厅副厅长；任命刁玉华为河南省教育厅副厅长，免去其河南省教育厅副巡视员职务。

8月15日，省政府豫政任〔2012〕85号文件，决定任命任锋为河南省教育厅副厅长。

10月22日，省政府豫政任〔2012〕127号文件，决定任命尹洪斌为河南省教育厅副厅长（试用期一年）。

11月23日，省政府豫政任〔2012〕131号文件，决定任命崔炳建为河南省教育厅巡视员，免去其河南省教育厅副厅长职务。

【厅党组任免调整厅机关处级干部】 1月13日，厅党组豫教党〔2012〕3号通知，决定免去张文义语言文字应用管理处调研员职务。

2月2日，厅党组豫教党〔2012〕4号通知，决定免去罗兆夫基础教育处调研员职务。

2月8日，厅党组豫教党〔2012〕5号通知，决定免去贺庆维护高校稳定工作办公室主任职务。

【厅党组调整厅直单位和学校干部】 4月5日，厅党组豫教党〔2012〕19号通知，决定李明厚任河南省招生办公室普通高等教育招生处调研员，免去其河南省招生办公室普通高等教育招生处副调研员职务；刘锦英任河南省招生办公室成人教育招生处调研员，免去其河南省招生办公室成人教育招生处副调研员职务；蔡春元任河南省招生办公室自学考试处调研员，免去其河南省招生办公室自学考试处副调研员职务；陈举任河南省招生办公室普通中专招生和高中会考处调研员，免去其河南省招生办公室综合处副处长职务；周志勇任河南省招生办公室科技信息处调研员，免去其河南省招生办公室科技信息处副处长职务。

厅党组豫教党〔2012〕20号通知，决定唐泽仓任河南教育报刊社社长，免去其河南教育报刊社党支部书记职务；王源任河南教育报刊社党支部书记，免去其河南教育报刊社总编职务；高培华任河南省教育科学研究所所长；吴雪明任河南省教育厅机关服务中心主任，免去其河南省教育厅机关服务中心党支部书记职务；贾忠鹏任河南教育报刊社总编（试用期一年）；赵彤帆任河南省电化教育馆党支部书记（试用期一年）；魏现州任河南省基础教育教学研究室党支部书记（试用期一年）；郑刚任河南省教育厅机关服务中心党支部书记（试用期一年）；宋正武任河南省成人教育教学研究室党支部书记（试用期一年）；王磊任河南省教育信息中心党支部书记（试用期一年）；王锰任河南省学生资助管理中心党支部书记（试用期一年）；谭玉辉不再担任河南省成人教育教学研究室党支部书记职务。

厅党组豫教党〔2012〕21号通知，决定赵留喜任郑州工业贸易学校校长、党委副书记，免去其郑州工业贸易学校党委书记职务；尹卫东任郑州工业贸易学校党委书记，免去其河南省教育信息中心党支部书记职务;张华任河南省工业学校校长、党委副书记(试用期一年);范吉钰任河南省工业学校党委书记(试用期一年),免去其郑州工业贸易学校副校长职务;孙广杰任全国小学校长培训中心中原分中心主任(正处级,试用期一年)。

厅党组豫教党〔2012〕21号通知,决定免去张安朝河南省工业学校校长、党委副书记职务。

5月6日,厅党组豫教党〔2012〕32号通知,决定免去李明厚河南省招生办公室普通高等教育招生处调研员职务。

6月13日,厅党组豫教党〔2012〕33号通知,决定免去石义海河南省招生办公室普通高等教育招生处副调研员职务;免去刘锦英河南省招生办公室成人教育招生处调研员职务。

7月20日,厅党组豫教党〔2012〕36号通知,决定苏万益任中共河南经贸职业学院党委副书记;李丰乾任中共河南经贸职业学院党委副书记,免去其河南经贸职业学院常务副院长职务;王新庆任中共河南经贸职业学院党委副书记(试用期一年),免去其河南经贸职业学院副院长职务;王志平任河南经贸职业学院副院长(试用期一年);康勇任河南经贸职业学院副院长(试用期一年),免去其中共河南经贸职业学院副书记兼工会主席职务;谢华任河南经贸职业学院副院长(试用期一年);高庆新任河南经贸职业学院副院长(试用期一年),免去其中共河南经贸职业学院副书记兼纪委书记职务;章普贤任中共河南经贸职业学院纪委书记兼工会主席(试用期一年),免去其河南经贸职业学院副院级调研员职务。决定姚勇任中共河南化工职业学院党委副书记;蒋清民任中共河南化工职业学院党委副书记(试用期一年),免去其中共河南省化学工业学校党委副书记职务;赵玉奇任河南化工职业学院副院长(试用期一年),免去其河南省化学工业学校副校长职务;朱东方任河南化工职业学院副院长(试用期一年),免去其河南省化学工业学校副校长职务;陈君丽任河南化工职业学院副院长(试用期一年),免去其河南省化学工业学校纪委书记职务;崔在伟任中共河南化工职业学院纪委书记(试用期一年),免去其河南省化学工业学校调研员职务;蔡娜任河南化工职业学院工会主席(试用期一年),免去其河南省化学工业学校工会主席职务。

8月21日,厅党组豫教党〔2012〕39号通知,决定王献甫任河南省实验中学副校长(试用期一年)。

10月29日,厅党组豫教党〔2012〕46通知,决定免去刘学才中国教育报驻河南记者站站长职务。

12月5日,厅党组豫教党〔2012〕53通知,决定孙永新任河南艺术职业学院党委副书记、副院长(正处级),免去其原河南艺术职业学院院长职务;刘东风任河南艺术职业学院党委副书记、副院长(正处级),免去其郑州广播电视学校党委书记职务;郑书刚任河南艺术职业学院党委副书记(正处级),免去其原河南艺术职业学院党委副书记职务;任子刚任河南艺术职业学院纪委书记(正处级),免去其原河南艺术职业学院纪委书记职务;李永标任河南艺术职业学院副院长(正处级),免去其原河南艺术职业学院副院长职务;谢新芳任河南艺术职业学院工会主席(正处级),免去其原河南艺术职业学院工会主席职务;李悦军任河南艺术职业学院副院长(正处级),免去其原河南艺术职业学院副院长职务;左智成任河南艺术职业学院副院长(副处级),免去其郑州广播电视学校副校长职务;王发清任河南艺术职业学院副院长(副处级),免去其原河南艺术职业学院副院长职务;李明任河南艺术职业学院副院长(副处级),免去其郑州广播电视学校副校长职务;梁周勇任河南艺术职业学院副院长(副处级),免去其郑州广播电视学校副校长职务。

12月28日,厅党组豫教党〔2012〕58通知,决定确认韩耀煌担任洛阳铁路信息工程学校校长、党委副书记(任正县处级时间自2003年4月起);陈云峰担任中共洛阳铁路信息工程学校党委书记(任正县处级时间自2000年3月起);郭建民担任洛阳铁路信息工程学校副校长(任副县处级时间自1995年11月起);王怀钦担任洛阳铁路信息工程学校副校长(任副县处级时间自2002年1月起);杨建光担任洛阳铁路信息工程学校副校长、工会主席(任副县处级时间自2002年5月起);郭青担任洛阳铁路信息工程学校副校长(任副县处级时间自2003年4月起)。

【厅机关、直属单位与学校接收军转干部和退伍军人】 2012年,厅机关和直属单位学校共接收安置军转干部9人,接收退伍军人8人。

【厅机关、直属单位与学校干部年度考核】 2012年,省教育厅认真履行审核把关和报批手续,较好地完成了厅机关、直属单位和厅直大中专学校部分干部任免工作;完成了2012年度厅机关及直属单位的年度考核汇总、上报、批复工作。2012年,共有5673人参加年度考核,其中,厅机关144人(优秀27人、称职117人),直属单位学校5529人(优秀994人、称职4359人、不合格1人、未定等次102人、未参加考核73人)。

【直属单位干部队伍建设】 2012年,省教育厅制定了《省属大中专学校干部管理办法》,强化了学校党委对中层干部的管理权限,进一步简政放权,所有厅直属单位除领导班子成员之外的干部人事档案,全部移交至所在单位人事部门集中保管。根据厅党组统一安排,集中力量对党政正职长期空缺的直属单位、直属学校进行了干部选配,健全厅直属单位的领导班子,为厅直属单位的事业发展提供了组织保障。

【规范机关人事管理】 2012年,省教育厅举办了机关直属单位人事工作业务培训班,提升人事工作人员的业务水平。修订完善《人事处工作制度》、《人事处档案管理规定》、《因私出境管理办法》等,建立人员信息库、档案信息库、文稿信息库3个信息数据库,进一步明确工作职责,规范工作流程,严格工作要求。强化机关公务员的规范管理工作,组织开展公务员网络培训,做好机关直属单位编制台账上报工作,12月,人事处被省人力资源和社会保障厅、省公务员局评为"全省行政机关公务员统计全优报表单位"。

机 构 与 编 制

【分类推进事业单位改革】 根据全省分类推进事业单位改革工作安排，研究制定省教育厅改革实施意见和编制清理规范意见，认真审核厅属事业单位的清理规范意见，完成了厅属事业单位清理核编工作，进一步理顺厅属事业单位管理体制，整合了编制资源。7月29日，省编办豫编办〔2012〕311号通知，省教育厅所属事业单位清理规范后，撤销育苑宾馆事业机构、省轻工业干部学校并入省轻工业学校、核减省教育厅印刷厂编制；保留的事业单位有32个。

劳 动 与 工 资

【省属高校及厅机关、直属单位、直属学校劳动工资管理】 2012年，省教育厅为厅机关干部办理正常晋级、职务晋升工资变动、工资确定、调入调出人员工资转移等130多人次。为省属高校、厅直属单位和学校8万多人办理了晋升薪级工资、职务(职称)变动、人员调动、军转干部工资认定等工资变动审批；完成了年度的工资年报、人力资源年报和离退休人员情况的汇总上报工作。

教师资格管理与教师队伍建设

【教师资格认定】 2012年，全省共认定各类教师资格人员114599人，其中春季面向应届师范毕业生认定79325人，秋季面向社会认定35274人；改进教师资格考试内容，抓好教师思想素质和业务素质考核，进一步健全教育教学技能测试机制。

【中小学编制管理】 2012年，省教育厅按照中央编办、教育部有关要求，对全省中小学教职工编制管理情况、存在的问题以及实行城乡统一的中小学教职工编制标准的意见建议进行抽样调研，对全省幼儿园教职工配备情况进行调研，并形成调研报告，对《幼儿园教师配备标准(草案)》进行征求意见，配合教育部学前教育课题组对全省就学前教育情况进行调研。

【对口支援和城镇教师支援农村教育】 2012年，省教育厅印发了《中共河南省委高校工委、河南省教育厅关于进一步做好城镇教师支援农村教育工作的通知》，切实推进城镇教师支援农村教育工作，进一步促进城乡教师交流，不断促进义务教育得到均衡发展。继续选派城镇学校教师、校长到农村学校支教，开展多种形式的智力支教活动。通过捐款、资助家庭困难学生就学、捐赠图书和教学仪器设备等物资支援，帮助和改善对口支援学校的办学条件，解决实际困难。

教 育 人 事 制 度 改 革

【教育系统职称改革及评审】 2012年，省教育厅配合省人社厅组织开展中等职业学校正高职称评审和中小学职称制度改革试点工作，河南省中小学正高试点获得国家审批，标志着河南省中小学教师将设立正高级职称。完成2012年省属高校、厅属单位职称聘任审批及任职资格证书的办理工作，共聘任专业技术人员4546人，办理初中级职务任职资格证书2768人。在中小学职称评审工作中创新实行分设评审会，分区交叉评审的办法，确保了职称评审质量，提升了评审工作的公信力。

【教育事业单位岗位设置】 2012年，按照全省事业单位岗位设置管理工作的总体部署，认真做好教育事业单位岗位设置管理相关工作。完成省属高校专业技术二级岗申报工作。省属34所高校现聘任正高级专业技术岗位4250个，推荐省属高校高丹盈等322人申报专业技术二级岗位。

【省属高等学校和厅直属大中专学校公开招聘】 2012年，省教育厅积极协调申请招聘计划、审核批准招聘方案、加强对招聘考录等关键环节的监督管理，确保省属大中专学校招聘教师工作的公开公正、平稳有序。全年计划招聘教师3087人，其中省属高校2865人，厅直属大中专学校222人，经过笔试、面试、试讲、体检、公示等环节，省属高校最终聘用1700人，厅直属大中专学校聘用124人。

教育行政管理干部培训

【教育行政管理干部、中小学校长和幼儿园园长培训】 2012年,全省共培训各类教育干部36644人次,其中,教育行政干部3161人,中小学校长与其他干部32294人,幼儿园园长1189人。出台了《河南省"十二五"教育干部培训规划》等系列文件。以农村中小学校长、园长为重点,大规模开展任职资格培训及骨干研修,突出抓好校园安全管理与教育、课程改革、人事制度改革等针对性强的专题培训和远程培训,成功举办了全省首期省辖市教育局长高级研修班。

人才管理与表彰奖励

【人才队伍建设和高级知识分子工作】 研究制定《河南省教育人才发展中长期规划(2012—2020年)任务分解》和《河南省教育人才发展中长期规划2012年目标任务推进表》,建立全省教育人才队伍建设工作联席会议制度,形成做好教育人才工作的整体合力,积极推动教育人才发展中长期规划的贯彻落实;做好2012年度河南省学术技术带头人推荐工作及"国家特支计划"百千万工程领军人才推荐工作。受理审核相关申报材料,组织评选推荐,共评审推荐河南省学术技术带头人54名,申报"国家特支计划"百千万工程领军人才17名。

【教育系统表彰奖励】 2012年,省教育厅共表彰教育系统先进集体100个、河南省优秀教师778名和河南省教育系统先进工作者105名,表彰河南省教育系统优秀教师867名,河南省教育系统优秀工作者135名。

原民办教师信访稳定工作

【原民办教师等信访稳定工作】 10月,经省委省政府同意,省教育厅、省人力资源社会保障厅、省财政厅出台了《关于对我省原民办教师发放养老补贴的实施意见》,成立原民办教师养老补贴发放工作办公室,印发《关于原民办教师身份和教龄认定的指导意见》,人事处、信访处共同做好政策解释和信访接待工作,开展教龄、身份认定工作专项督查,有效指导补贴发放工作的落实。

撰稿:冯轩友　张　哲

审稿:张　涛

高校党的建设

组织干部处处长:高治军　　副处长:宋　辉

调研员:赵玉贤　张云峰　　副调研员:杨宗辉

电话:0371-69691985

【第二十次全省高校党的建设工作会议】 2012年2月13日,第二十次全省高校党的建设工作会议在郑州召开。会议的主要任务是,认真学习贯彻党的十七届六中全会精神、河南省第九次党代会精神和全国第二十次高校党的建设工作会议精神,深入推进社会主义核心价值体系建设和大学文化建设,进一步加强和改进高校党的建设,推进全省高等教育事业科学发展,为推进中原经济区建设、加快中原崛起做出更大的贡献,迎接党的十八大的召开。

省委常委、宣传部部长赵素萍，省委高校工委书记、省教育厅厅长王艳玲，省委组织部副部长安平，省委宣传部副部长李宏伟出席会议。安平主持会议，赵素萍作重要讲话。会议对2008—2010年度高校党建工作先进单位进行了表彰。郑州大学、河南大学、河南农业大学、河南理工大学、河南工业大学、中原工学院、郑州牧业工程高等专科学校等7所高校的负责人作了大会发言。各省辖市市委主管教育工作的领导，组织部、宣传部分管负责人，各高等学校党委书记、普通本科高校校（院）长，各省辖市教育局局长以及省直有关单位负责人参加会议。

【高校系统党的十八大代表选举】 根据省委要求，高校工委成立了党的十八大代表选举工作领导小组，办公室设在组干处。领导小组办公室严格工作程序，以高度的政治责任感和严谨细致的工作作风，先后下发了《关于认真做好高校系统党的十八大代表选举工作的通知》（豫高发〔2012〕9号），印发了相关宣传学习资料，筹备召开两次200人规模的全省高校选举工作会议，进行了两轮大范围推荐，从203名候选人初步人选中，遴选出5名高校系统出席党的十八大代表候选人初步人选。全省高校共有26.4万名党员参加了推荐工作，参与率达98.3%，基层党支部参与率达100%。

6月26日，中国共产党河南省代表会议在郑州召开。根据大会安排，来自全省高校系统的37名代表组成省属院校代表团参加会议，选举了王艳玲、申长雨、雷方为河南省高校系统党的十八大代表。

【创先争优】 河南省教育系统创先争优活动开展以来，领导重视，部署周密，组织有力，体现了载体新、内容实、形式活、效果好的鲜明特征，分别获得“夺旗争星”活动省级优秀组织奖、“为民服务、增辉中原”演讲比赛二等奖，16篇党的先进性建设理论文章获省级奖项；被指定在全省窗口单位和服务行业创先争优活动推进会上进行发言，成为全省各行业中的亮点。郑州大学党委、河南大学党委、河南科技大学党委、河南理工大学党委、中原工学院党委、黄河科技学院党委、郑州牧业工程高等专科学校党委、郑州大学第一附属医院党委、河南农业大学林学院党委、信阳师范学院化学化工学院党总支、河南省实验小学党委获得“2010—2012年全省创先争优先进基层党组织”称号，郑州大学文学院教授王保国、河南大学教育科学学院团委书记薛娟（女）、河南师范大学数学与信息科学学院第三教工党支部书记苗雨、河南工业大学粮油食品学院教授梁少华、河南中医学院第一附属医院大内科主任赵文霞（女）被评为优秀共产党员。

【完善高校干部管理体制】 经省委同意，省委组织部、省委高校工委联合制定印发了《关于进一步发挥省委高校工委协管干部职能作用加强省管高校领导班子建设的若干意见》（豫组通〔2012〕59号），就省管高校领导干部选拔任用工作的基本原则、程序办法、重点环节等进行明确和规范。11月1日，省委组织部会同高校工委召开了贯彻59号文件培训会议，省管本科高校的党委书记、组织部长，11所专科高校的党委书记、组织部长，各省辖市市委组织部主管高校的副部长，有关省直单位、企业主管干部人事工作的领导人参加了会议。省委高校工委书记、省教育厅厅长王艳玲主持会议并讲话，省委组织部副厅级组织员、干部调配处处长郝天宇宣读文件，省委组织部副部长安平出席会议并讲话。

【高校党建评估】 根据中组部、教育部党组有关精神，省委组织部、省委高校工委在全省高校开展了党建工作评估。评审委员会在学校自评、评估组现场督查抽查的基础上，对全部参评高校进行了集中评审，评估工作领导小组又进行了综合审定，对郑州大学等30所高校授予河南省高等学校党建工作先进单位（2008—2010年）称号。

【全省高校组织部长工作会议】 3月16日，省委高校工委在郑州召开2012年度全省高校组织部长工作会议。会议回顾总结了2011年高校组织工作，研究分析了高校组织工作面临的新形势，明确了2012年度的工作重点和任务。省委高校工委副书记张亚伟到会讲话。全省高校组织部长出席会议。

【高校干部培训】 2012年先后举办了第29、30期高校中青年干部培训班，共有229名干部参加了为期三个月的学习培训。向国家教育行政学院选送校级学员13名、处级学员4名；向教育部中南干训中心选送学员40名；向省委党校选送8名高校厅级干部、18名处级干部参加培训学习。加强了对省高校干部培训中心的领导，指导中心科学设置培训课程，严格管理、提升水平，增强培训的针对性和实效性。举办了河南省高校组织工作研讨班。积极开辟新的培训渠道，组织实施了赴德国高职教育改革发展研修班，学习借鉴德国发展职业教育的经验。

【高校基层党组织建设】 根据《中国共产党基层组织选举工作暂行条例》规定，不断优化高校党组织设置，扩大党组织覆盖面。截至2012年年底，全省高校共设基层党组织10540个，其中党委341个、分党委231个、党总支1211个、党支部8988个。认真开展基层组织建设年活动，根据中组部办公厅《关于做好基层党组织分类定级工作的指导意见》（组厅字〔2012〕6号）和教育部《教育系统在创先争优活动中深入开展基层组织建设年活动的实施意见》要求，省委高校工委结合实际，提出意见，及时转发到各高校，要求高度重视、加强领导、务求实效。指导督促全省高校基层党支部分类定级，共评定先进党支部6989个，较好党支部9849个，一般党支部497个，后进党支部32个。还将高校系统的党总支、分党委和学校党委纳入分类定级范围，实行常态管理。

【高校党委换届】 指导安阳师范学院、河南经贸职业学院、河南化工职业学院、郑州澍青医学高等专科学校、郑州电子信息职业技术学院、郑州城市职业学院、郑州信息工程职业学院召开党员代表(党员)大会;调整充实华北水利水电学院、中原工学院、河南科技学院、黄河科技学院、郑州科技学院党委领导班子。

【高校党组织管理】 本年,经省委组织部批准,先后成立了郑州城市职业学院党委、郑州商贸旅游职业学院党委、郑州信息工程职业学院党委、郑州黄河护理职业学院党委、河南艺术职业学院党委、郑州理工职业学院党委、许昌陶瓷职业学院党委。河南经贸职业学院、河南化工职业学院、郑州电力职业技术学院党组织关系划归省委高校工委管理。

【高校党员队伍建设】 在保证质量的前提下,切实加大在高校优秀大学生、优秀青年教师和高学历、高层次人才中的党员发展工作力度,不断壮大高校党员队伍。截至2012年年底,高校党员总数达到28.4万人,其中在岗教职工党员6.7万人,占在岗教职工总数的51.53%;大学生党员20.3万人,占大学生总数的13%。结合实际,加强党员教育和培训,全年培训党员14.39万人次。先后举办了高校基层党组织书记示范性培训班、高校组织部长培训班、高校学习贯彻党的十八大精神示范性培训班,全省高校330余人参加了培训。

【民办高校党建工作座谈会】 3月,召开了全省民办高校党建工作座谈会。省委高校工委副书记、省教育厅副厅长张亚伟出席会议并讲话。会议对民办高校党建工作中带有普遍性、现实性、前瞻性的问题进行了研究和讨论,并就会议反映出来的情况、问题和建议形成报告上报教育部。这次会议对于保证党的教育方针在民办学校得到贯彻落实,保证民办高校和谐稳定与科学发展具有重要意义。

【高校党务信息管理】 召开全省高等学校党务信息和党费管理工作会议,培训高校党务信息管理工作人员,促进了党务信息管理水平的提升。对2011年度高校党务信息报表进行了量化评定,对35所全优单位、54所优秀单位进行通报表彰。党务信息统计工作再次被省委组织部评为全优报表单位,连续四年受到通报表彰。

【高校党建调研】 2012年,先后组织了民办高校党建调研工作、在社会多元化的环境下保持党员信仰的纯洁性和正确性专题调研、高校党员发展情况调研,开展了民办高校党建工作检查。采取书面性的全员调研和深入基层的重点调研相结合的方式,通过座谈、问卷、走访、实地察看、现场研究等多种形式,对党组织设置情况、党员队伍状况、日常党建工作、制度建设、工作机制等进行了普查型了解,对一些比较突出的普遍性问题进行了交流和研讨,并提出了意见和建议。

【全省高校特邀党建组织员工作经验交流会】 根据教育部《关于在高等学校聘请离退休老同志担任特邀党建组织员的意见》(教思政厅〔2010〕2号)精神,6月18日,在河南理工大学召开全省高校特邀党建组织员工作经验交流会。省委高校工委副书记、省教育厅副厅长张亚伟出席会议并讲话。会议总结交流了高校特邀党建组织员工作的经验做法,围绕加强高校党建工作部署今后一个时期的任务。

撰稿:杨宗辉
审稿:高治军

思想政治工作

思想政治工作处处长:何秀敏
电话:0371-69691950 69691951 69691952

【高校宣传思想工作会议】 2012年4月9日,省委高校工委、省教育厅组织召开2012年度全省高校宣传思想工作会议。省委高校工委副书记、省教育厅副厅长张亚伟出席会议并讲话。各高校主管宣传思想工作的党委副书记、党委宣传部部长、学生工作部部长、研究生工作部部长共约350人参加会议。

【教育系统精神文明建设】 4月1日,省委高校工委、省教育厅印发《关于表彰2010—2011年度精神文明建设先进集体和先进个人的决定》,对平顶山工业职业技术学院等203所学校、安阳师范学院等100所学校、河南省工业科技学校2010级财会中专班等300个班级、郑州大学材料科学与工程学院王利国等500名教师、新密市京密联谊学校高三(1)班董二聪等1000名学生予以表彰,并分别授予河南省2010—2011年度文明标兵学校、河南省2010—2011年度文明学校、河南省2010—2011年度文明班级、河南省2010—2011年度文明教师、河南省2010—2011年度文明学生称号。4月17日,省委高校工委、省教育厅印发《关于2012年度教育系统精神文明建设工作的意见》,安排教育系统精神文明建设工作。

【高校宣传工作】 组织全省各地教育行政部门和各级各类学校组织观看电影《钱学森》,深入开展理想信念和爱国主义主题教育活动。8月23—25日,省委高校工委、省教育厅在洛阳举办全省高校宣传部长工作研讨班。研讨班由洛阳理工学院承办。来自全省各高校的党委宣传部部长共约120人参加了研讨,进一步深入贯彻落实中央16号文件精神,切实做好高校宣传思想工作。按照教育部要求,认真做好高校《人民日报》电子阅报栏建设工作。组织“走转改”活动优秀编辑记者进高校开设讲座活动。十八大后,认真组织参加中央宣讲团党的十八精神报告会活动。

【学习雷锋活动】 省委高校工委、省教育厅开展征集、评选“学习雷锋见行动，‘三平’之中做贡献”活动优秀案例，及时发现、总结、推广全省教育系统“学习雷锋见行动，‘三平’之中做贡献”活动中的好方法、好形式、好经验、好成效，并决定在全省教育系统开展“学习雷锋见行动，‘三平’之中做贡献”活动，推动学习雷锋精神，“三平”精神活动常态化。开展了教育系统“雷锋精神在中原、先进典型在身边”暨2012“感动中原”年度教育人物网络推介评选活动、“学习雷锋见行动，‘三平’之中做贡献”主题征文比赛活动等。按照教育部要求，结合实际，精心组织广大师生集中观看文献电视片《永远的雷锋》。

【高校先进典型】 2月3日，省教育厅印发《关于授予张锦文等2011“感动中原”年度教育人物荣誉称号的决定》。5月11日，省委高校工委、省教育厅转发《教育部关于授予王新刚同学“全国见义勇为优秀大学生”荣誉称号的决定的通知》，认真组织开展向王新刚学习的活动。7月17日，省委高校工委、省教育厅印发《关于在全省教育系统开展向河南科技大学见义勇为优秀大学生先进群体学习活动的通知》，要求各地教育行政部门和各级各类学校要认真组织开展向河南科技大学赵兴坤等15名学生学习的活动。10月30日，省委高校工委、省教育厅印发《关于分别授予李博亚等2012“感动中原”年度教育人物、094班等教育系统2012“身边的榜样”荣誉称号的决定》，组织开展学习活动。

【师生思想政治状况滚动调研】 按照教育部关于做好高校师生思想政治状况滚动调研工作的要求，2月27日，召开全省高校师生思想政治状况滚动调查工作培训会议，安排滚动调研各项工作。继续组织全省12所高校参与学生思想政治状况调研、8所高校参与教师思想政治状况调研。撰写的调研报告和采集的相关数据为中央准确把握高校师生思想政治状况提供了有价值的参考，得到了教育部的充分肯定和高度赞扬。

【高校思想政治工作奖】 结合工作实际，省委高校工委修订完善《河南省高等学校思想政治工作奖评审办法》，并予以印发执行，原评审办法自行废止。9月14日，省委高校工委、省教育厅印发《关于开展2012年度全省高校思想政治工作奖评选的通知》。2012年度全省高校思想政治工作奖的评选奖项为河南省高等学校思想政治工作先进单位和河南省高等学校思想政治工作优秀品牌。

【高校思想政治理论课建设】 开展2012年全省高校思想政治理论课教学能手评选工作，落实全面提高高等教育质量工作会议和《中宣部、教育部关于进一步加强高等学校思想政治理论课教师队伍建设的意见》精神，进一步加强高校思想政治理论课教师队伍建设，提高教师的思想政治素质、业务水平和教学能力。共遴选确定35名教师入选2012年全省高校思想政治理论课教学能手，1名教师入选2012年全国高校思想政治理论课教学能手。另有17名教师获得2012年全省高校思想政治理论课教学能手提名奖，6家单位获得2012年全省高校思想政治理论课教学能手优秀组织奖。加强教师培训，依托河南大学举办了全省高校研究生思想政治理论课教师全员培训班、全省高校思想政治理论课教学部主任培训班。加强教育教学工作，在信阳师范学院召开全省本科高校思想政治理论课建设工作暨《思想道德修养与法律基础》课教学工作研讨会，组织做好研究生思想政治理论课教学大纲使用工作。启动了第十届全省高校思想政治理论课奖励基金申报工作，重点奖励在思想政治理论课教学第一线的专职中青年教师。开展高校思想政治理论课管理工作征文活动，探讨交流各高校在思想政治理论课的组织管理、教学管理、队伍管理和学科建设等管理方面的做法和经验，以及各自在思想政治理论课教育教学管理中的心得和体会，进一步提高思想政治理论课教育教学能力和管理工作水平。经过认真评审，共评出5个一等奖、15个二等奖。

【德育工作评估】 10月11日，省委高校工委、省教育厅发出《关于延迟开展德育评估工作的通知》。按照中央16号文件和省委8号文件精神，根据每五年开展一次德育评估工作的要求，结合年初工作安排，原定2012年下半年启动实施全省高校第二轮德育评估工作。鉴于下半年即将召开党的第十八次全国代表大会，为了更好地学习宣传党的十八大精神，同时为了在德育工作评估中更好地体现党的十八大精神，省委高校工委、省教育厅决定，将德育工作评估推迟到2013年上半年进行。各高校据此调整工作安排，并在部署2013年全年工作中统筹考虑。

【心理健康教育】 10月11日，省委高校工委、省教育厅发出《关于开展全省高校心理健康教育宣传周活动的通知》。通知指出，为了进一步加强和改进大学生心理健康教育，提高心理咨询工作水平，切实提高大学生心理健康素质，不断增强心理健康教育的针对性和实效性，结合高校工作实际，省委高校工委、省教育厅研究决定，从2012年起将“河南省高校大学生心理健康教育宣传周”的时间由原来每年4月的第二周调整为每年10月的第三周。2012年全省高校大学生心理健康教育宣传周活动的主题是：让人生更加精彩。活动时间是：2012年10月15—19日。活动内容主要包括新生心理普查、心理能力测试、校内心理咨询、心理剧场(院)、心理知识专题培训、心理健康知识竞赛、专家讲座、校园展板展示等。

【形势与政策教育】 2月20日，省教育厅转发教育部社会科学司关于印发《2012年上半年高校“形势与政策”教育教学要点》的通知，组织各高校认真学习。3月19—21日，省委高校工委、省教育厅在郑州大学举办第19期全省高校形势与政策教育教学骨干教师培训班。安排2012年高校形势与政策教育教学工作，传达教育部《形势与政策》课骨干教师培训班精神，邀请专家作形势报告。各高校形势与政策教育教学负责人共150余人参加培训。

【高校辅导员队伍建设】 省委高校工委、省教育厅组织开展了高校辅导员职业技能竞赛活动，推动全省高校辅导员职业化、专业化发展，提升辅导员的职业技能和工作水平。比赛内容主要有笔试(基础知识测试、微博写作、案例分析)、谈心谈话及主题班会、自我介绍与风采展示等。最终，3名辅导员获得竞赛一等奖，7名辅导员获得二等奖，12名辅导员获得三等奖，60名辅导员获得优秀奖。加强辅导员培训工作，7月8—27日，省委高校工委、省教育厅在河南大学连续举办了3期高校辅导员培训班，培训对象为2010年以来高校新任专职辅导员。培训班邀请了教育部思政司司长冯刚等领导和国内知名专家授课。通过举办培训班,进一步加强了高校辅导员队伍建设,有利于提高辅导员队伍整体素质。开展全省高校辅导员优秀工作案例评选活动,共遴选确定优秀工作案例100篇。其中,一等奖20篇,二等奖30篇,三等奖50篇。

【思想政治工作管理征文】 11月6日,省委高校工委、省教育厅印发《关于开展全省高校思想政治教育管理工作系列征文活动的通知》,征文对象为各高校主管宣传思想工作的党委副书记、党委宣传部部长、党委学工部长(研究生招生单位含研工部部长)。面向各高校主管宣传思想工作的党委副书记的征文内容为本人对于高校宣传思想工作和意识形态工作的认识以及本人在高校思想政治教育管理工作方面的做法和体会。面向各高校党委宣传部、党委学工部、党委研工部部长的征文内容为:围绕管理这一主题,结合各自角色、岗位特点和工作实际,分别谈"如何做好高校党委宣传部部长"、"如何做好高校党委学工部部长"、"如何做好高校党委研工部部长"。

【马克思主义理论学科建设】 印发《关于开展2011年度人文社会科学(马克思主义理论学科)成果奖评选的通知》,以及《关于2012年度人文社会科学(马克思主义理论学科)研究项目申报工作的通知》。经过认真评审,2011年度人文社会科学(马克思主义理论学科)研究成果共有34项获奖。其中,一等奖3项,二等奖14项,三等奖17项。2012年度人文社会科学(马克思主义理论)研究项目共立项135项。其中,重点项目9项,规划项目42项,一般项目51项,辅导员骨干课题项目33项。

【维护高校稳定】 牢固树立稳定压倒一切的思想,切实加强领导,精心部署,周密安排,认真化解影响学校稳定的突出问题,强化安全稳定的督察力度,确保了高校安全稳定发展。按照中央、省委关于维护稳定的一系列部署要求,对维护高校稳定工作进行再部署、再落实。深入排查影响学校安全稳定的矛盾、问题和事故隐患,及时采取措施加以解决,做好各种有针对性的工作预案。严密防范邪教组织到校园进行宗教渗透活动,继续推进反邪教警示教育工作,进一步教育引导学生正确认识和对待宗教问题,确保了重大时间点和重要敏感期的高校稳定,为维护社会稳定做出了重要贡献。

撰稿:徐军保

审稿:何秀敏

高校哲学社会科学工作

社会科学处处长:王亚洲　电话:0371-69691082　69691987

【2012年高校哲学社会科学研究基本情况】 队伍建设:2012年,全省高校人文社会科学活动人员25854人。其中,教授1883人,副教授6142人,讲师11731人,助教4983人。具有博士学位的2164人,硕士学位的11561人。45—49岁的4358人,占16.9%;40—44岁的4064人,占15.7%;35—39岁的4525人,占17.5%;30—34岁的7691人,占29.7%;29岁以下的2349人,占9.1%。科研经费:全省高校社科经费20029.99万元。其中,上年结转2936万元,当年经费收入19094.48万元,政府资金投入10562.04万元,科研活动经费6272.67万元,科研人员工资4286.38万元,企、事业单位委托项目经费2439.37万元,自筹经费3006.90万元,其他经费来源626.17万元。科研项目:全年共承担社科项目12114项,当年投入人数2450.3人,投入经费8838.90万元。其中,基础研究项目7470项,拨入经费5622.95万元;应用研究项目4448项,拨入经费2975.57万元;实验与发展项目196项,拨入经费240.38万元。按项目来源分,国家社科基金项目276项,教育部人文社科研究项目388项,中央其他部门社科专门项目117项,高校古籍整理研究项目32项,企、事业单位委托项目463项,本省社科项目5281项。论文著作:全省高校共出版著作1177部。其中,专著384部,教材780部,工具书、参考书13部。另有古籍整理5部、译著60部。发表学术论文17144篇。其中,国内学术刊物16998篇,国外学术刊物126篇。共有171项成果获得省部级以上奖励。学术交流:全省高校共承办各种学术会议202次。其中,国际学术会议23次,国内学术会议176次,与港、澳、台地区学术交流3次。参加人员5090人次。提交论文4029篇。受聘外出讲学826人次,聘请省外专家讲学1352人次。派出去进修学习、考察2923人次,接受进修学习、考察2269人次。合作研究622人次。

【2011年度人文社会科学研究成果奖评选和2012年度人文社会科学一般项目申报】 2012年5月,下发《关于2012年度人文社会科学研究项目申报工作的通知》(教社科〔2012〕476号),经过高校认真组织,积极筹备,共申报项目1723项。经过评审,共立项课题1156项。其中,人文社科重点研究基地项目33项,重点项目103项,规划项目375项,青年项目637项,自筹经费项目8项。同时下发了《关于开展评选2011年度人文社会科学研究成果奖的通知》(教社科〔2012〕479号),共申报成果481项,有404项成果获奖。其中,特等奖14项(奖金5000元),一等奖118项(奖金3000元),二等奖132项(奖金1000元),三等奖141项。评审工作中严格程序,严格管理,坚持正确导向,确保评审质量。

【打造学术精品，培育高水平社科成果】 2012年设立了哲学社会科学重大课题攻关项目，并于11月下发《关于2012年度哲学社会科学研究重大课题攻关项目招标工作的通知》（教社科〔2012〕1037号），经过评审确定了16项重大课题攻关项目。5月，下发了《关于申报高等学校人文社会科学研究后期资助项目的通知》（教社科〔2012〕477号），经过专家评审，确定17项后期资助项目，并给予资助出版。

【高校科技创新人才支持计划】 2012年，经过遴选共有22名优秀中青年学者列入社科类创新人才支持计划，经费资助110万元。该计划主要目的在于重点支持高校教授、博士、留学归国人员和其他学术带头人等高层次人才（重点是青年学术带头人）的学术研究，加强高校中青年学术带头人队伍建设，提升高校学术水平。

【启动实施人文社会科学创新团队支持计划】 2012年遴选了13个高校社科创新团队。充分发挥团队协作效应和领军人物带动效应，形成一批创新能力强、具有重大攻关能力的高校人文社科创新团队。

【启动实施高校人文社科名师名家培育工程】 设立人文社科优秀学者奖，表彰奖励了30名在高校社科界起引领、示范作用的专家学者，既肯定他们的业绩，也对广大哲学社会科学工作者起到激励作用。进一步宣传推介河南省高校社科名师名家学术风范，组织名师名家开展"理论大讲堂"活动，宣传普及社科理论成果，提高公众特别是学生人文素养。

【继续举办哲学社会科学教学科研骨干研修班】 6月，会同省委组织部、省委宣传部、省委党校等五部门举办2012年度哲学社会科学教学科研骨干研修班，培训骨干人员300余人，取得了良好的研修效果。省委常委、宣传部长、副省长孔玉芳出席开班仪式并讲话。研修内容主要是：邓小平理论和"三个代表"重要思想，科学发展观，党的十七届六中全会文件。研修形式包括学习原著和文件、专题报告、研讨、社会考察等。

【人文社科基地管理】 按照《河南省普通高等学校人文社会科学重点研究基地建设规划及管理办法》，2012年，继续加强对高校人文社科重点研究基地的支持和管理，10月在河南大学召开社科基地成果展示会，按照分层分类管理的原则对重点研究基地进行评估，加强指导和管理，优奖劣汰。同时根据《河南省高校社科重点研究基地建设计划》，通过实地考察和现场答辩等程序，评审设立10个新的社科重点研究基地和10个培育基地，进一步扩大全省高校人文社科重点研究基地的学科和地域范围。

【开展全省高校学报评估工作】 2012年，组织开展了全省高校校报评估工作，通过材料审验和实地考察等环节，评出河南省高校优秀校报25家，对全省高校校报建设工作起到了良好的激励和示范作用。

【加强应用对策研究，提升社会服务能力】 设立了高校人文社科应用对策研究专项课题，引导高校哲学社会科学研究深入实践、关心时政，力争推出一批具有重要决策价值、能够回答当前重大发展问题的优秀咨询类研究成果，服务于经济社会发展和党委、政府决策；汇集专家们的研究成果，编印12期《资政参考》活页刊物，及时将高校社科界的声音传递到省委、省政府和决策部门。

【表彰奖励社科管理先进集体和先进个人】 4月，下发《关于表彰河南省高等学校社科管理先进集体和先进工作者的通知》（教社科〔2012〕298号），经研究决定对郑州大学社科办等26个社科管理先进集体、河南大学杨国安等118名社科管理先进工作者予以表彰。

撰稿：刘禹佳　杨维纳
审稿：王亚洲

发展规划

发展规划处处长：陈垠亭　　副处长：涂兴召
调研员：姜　楠　董玉民　　副调研员：张　莉　胡万欣
电话：0371－69691888　69691886

【河南省教育事业发展"十二五"规划】 2012年年初，完成了《河南省教育事业发展"十二五"规划》（初稿）的编制工作。在此基础上，紧紧围绕中原经济区建设的新形势、新任务和新要求，广泛征求意见，对规划初稿进行修订完善。征求省发展改革委、财政厅、编办等省直部门意见，征集反馈意见50余条；在2月召开的全省教育工作会期间，将规划印发全省教育系统公开征求意见，共征集修改意见建议200余条；同时，通过省教育厅网站等形式发布公告，面向社会广泛征求意见。经多次修改完善，并报经省政府同意，9月14日，省教育厅、省发展改革委印发《关于印发〈河南省教育事业发展"十二五"规划〉的通知》（豫教发规〔2012〕158号），正式向社会发布《河南省教育事业发展"十二五"规划》。规划共分11个部分，全文约2.6万字。包括：发展基础和总体思路、健全基本公共教育服务体系、构建现代职业教育体系、全面提高高等教育质量、深化教育体制改革、建设高素质专业化的教师队伍、促进学生全面发展、提高教育现代化水平、增强教育保障能力、强力推进依法治教和组织实施，全面阐述了“十二五”期间河南省教育事业发展的主要目标和总体思路。

【部省战略合作】 1月13日，教育部和河南省人民政府在郑州举行《加快河南教育发展推进中原经济区建设战略合作协议》签字仪式。教育部部长袁贵仁和河南省省长郭庚茂签署协议并就有关问题进行磋商。该协议成为中原经济区建设上升为国家战略后，中央部委与河南省政府签署的第一个战略合作协议。协议从加快构建基本公共教育服务体系、加快构建现代职业教育体系、提高高等学校办学水平和服务能力、加快发展继续教育等四个方面提出了加强合作的意见。按照协议要求，教育部将加强对河南省教育改革发展的工作指导，鼓励河南省在教育重点领域和关键环节先行先试，协调有关部门加大中央财政对河南省的教育转移支付力度，并在有关政策、项目、资金、人才等方面给予倾斜和支持。确定建立部省磋商机制，每年举行一次部省联席会议，共同研究重大合作事宜，解决有关问题。本年，教育部在政策、项目资金等方面给予河南省以倾斜支持，袁贵仁等7位教育部领导、20位司局负责人先后30次到河南，深入高等学校和农村基层学校进行考察调研、指导工作。经过双方的共同努力，战略合作取得阶段性成果：高等教育结构得到优化，考生入学机会明显增加；高等教育质量得到提升，服务能力明显增强；职业教育改革取得突破，现代职业教育体系建设初见成效；基本公共教育服务体系得到完善，孩子“有学上”的问题基本得到解决。

【厅市战略合作】 4月28日，省教育厅与漯河市人民政府签订《加快教育发展服务漯河建设“三化”协调发展先行区合作框架协议》，省教育厅厅长王艳玲与漯河市委副书记、代理市长曹存正分别代表双方在合作框架协议上签字，漯河市市委书记靳克文出席签字仪式并致辞。一年来，省教育厅还先后印发了《河南省教育厅关于支持焦作市推进教育改革发展服务经济转型示范市建设的意见》(豫教发规〔2012〕117号)、《河南省教育厅关于加快濮阳教育发展支持濮范台扶贫开发综合试验区建设的意见》(豫教发规〔2012〕172号)等文件，为推动教育服务区域经济发展提供指导、帮助和支持。

【教育体制改革】 2012年，全省教育体制改革试点工作持续、稳步推进。国务院批准河南省组织实施的国家教育体制改革试点项目，一是推进义务教育均衡发展；二是职业教育综合改革；三是地方政府促进高等职业教育发展综合改革。为抓好三个国家试点项目的组织实施，省教育厅实行项目管理责任制，分别由分管的副厅长牵头，有关处室负责组织和协调落实。先后出台了《关于进一步推进义务教育均衡发展促进教育公平的意见》、《关于认真做好义务教育均衡发展国家教育体制改革试点工作的通知》、《关于进一步推进中小学布局调整的意见》、《河南省义务教育学校办学条件基本标准》、《河南省义务教育学校办学条件标准化建设规划(2011—2015)》等一系列文件，确保改革试点工作稳定、有序开展，并取得预期效果。按照国家教改办要求，认真履行与国家签订的备忘录、任务书，积极做好督促、检查、评估工作，改革试点工作取得阶段性成果，涌现出了郑州市教育局、濮阳市教育局、信阳市平桥区人民政府、焦作市人民政府、永城职业学院等一批改革试点先进典型。省教育厅研究起草了《关于教育体制改革试点工作的指导意见》(代拟稿)和试点项目指南，提出在全省范围内分区域、有计划、有步骤地组织开展教育体制改革试点工作。

【宣传贯彻落实国家教育规划纲要和“十二五”规划】 2012年，省教育厅采取多种形式，认真组织教育规划纲要的宣传贯彻，着力营造全社会关心、重视、支持教育改革和发展的良好氛围。结合教育实际，以贯彻落实教育规划纲要和教育工作会议精神为主线，以改革创新为动力，以提高质量和促进公平为重点，深入推进教育改革。制定工作方案，细化责任目标，加强督促检查，确保规划的目标措施切实落到实处。《国家教育事业发展“十二五”规划》发布后，印发了《河南省教育厅关于学习宣传贯彻国家教育事业发展第十二个五年规划的通知》(教发规〔2012〕879号)，要求各级教育行政部门和各高等学校要把学习宣传、贯彻实施教育“十二五”规划作为当前和今后一个时期的中心任务切实抓紧抓好，深入领会和准确把握教育“十二五”规划提出的战略思想和科学理念，新时期的工作方针、总体目标、基本思路，教育改革、发展和保障的主要任务和政策举措等，形成学习宣传、贯彻实施教育“十二五”规划的强大声势，营造全社会重视、关心、参与和支持教育改革发展的良好氛围。

【普通高等教育招生计划】 2012年，河南省共争取国家下达河南普通本专科招生计划41.93万人(比上年增加0.884万人，增长2.15%)，其中本科19.7万人(比上年增加0.284万人，增长1.46%)，专科22.23万人(比上年增加0.6万人，增长2.77%)。根据河南实际情况，经省教育厅党组研究并报省政府同意，实际下达普通本专科招生计划60.5万人，比上年增长7%。其中，下达普通本科招生计划23.9万人，比上年增加2万人，增幅9.13%；下达专升本计划2.5万人，与上年持平；下达专科计划34.1万，比上年多2万人，增幅6.23%。在努力扩大所属学校招生的同时，积极争取兄弟省、市和国家部委院校的支持，协调外省所属高校投入河南省协作计划4.45万人(比上年增加0.65万人)，其中本科2.61万人(比上年增加0.46万人)，专科1.84万人(比上年增加0.19万人)；争取中央部门所属高校投放河南省招生计划1.97万人。2012年，全省高等教育总规模稳步增加，毛入学率明显提高，全省高校实际完成招生49.82万人，本、专科招生分别为24.92万人和24.89万人，本、专科之比为5.03∶4.97，普通本科招生规模首次超过专科，同时，本科招生首次超过山东、广东、江苏等招生计划安排大省，成为地方所属普通高校本科招生量最大的省份；在校生155.9万人，本、专科在校生分别为83.71万人和72.19万人，本、专科之比为5.37∶4.63；全省每万人口接受普通高等教育在校生数149人；全省高等教育毛入学率达到27.22%，比上年提高2.59个百分点。

【成人高等教育招生计划】 从2010年开始，教育部逐步试点考生志愿填报和分省招生计划编制方式的改革，经过两年的成功试点，2012年在全国范围内全面实施。河南作为首批成人高等教育编制改革试点省份，应教育部邀请，多次参与全国招生计划编制系统完善、相关配套政策的研讨、软件测试等工作，为在全国范围推广改革奠定了良好的基础。2012年，河南高校生源继续增加，省教育厅充分与教育部进行沟通，争取教育部分两次下达河南成人高等教育招生计划共17.13万人，比上年增加2.63万人，实现了全省成人高招录取率维持在75%左右的目标。

【普通中专类招生计划】 努力完成国家下达的中职招生任务，在普通初中毕业生继续减少的情况下，省教育厅充分发挥普通中专教育在中职教育中的骨干作用，下达招生计划20万人。在安排普通中专招生计划时，省教育厅继续采取宏观管理，要求各地按照《河南省中长期教育改革和发展规划纲要（2010—2020年）》的有关精神，妥善处理好本地区中等职业教育与普通高中教育发展的关系，尽快实现中等职业学校在校生占高中阶段55%以上的目标。同时，根据经济和社会发展的实际需要，努力促进普通中等专业学校专业结构的调整和优化，充分发挥普通中专在中等职业教育发展中的示范和骨干作用。加快中、高职教育的衔接，构建河南现代职业教育体系，共安排五年一贯制和“3+2”招生计划4万人。在分学校招生计划安排时，对上年生源较少、计划完成困难以及降分录取的学校进行限招直至停招。对新申报举办“3+2”的学校，适当放宽了省级及以上重点中专与高职院校联合举办的审批。在办学条件允许的情况下，对急需专业人才的招生，进行了最大限度的倾斜。进一步规范办学行为，强化高职院校对“3+2”分段制高职前三年教育的指导和监督，明确合作协议的签订内容、联办专业的选择等。继续实行网上编报，实现联办学校审核、招生专业审核和招生计划编制的网络化。

【分学校招生计划编制】 4月17日，省教育厅组织召开2012年全省普通高等教育招生计划工作会议，分析河南省高等教育发展面临的形势任务，部署全省普通高等教育招生计划编制工作，下达分学校招生计划。会议提出了今后一段时期“按照《教育规划纲要》要求，在确保实现发展目标、高等教育规模适度增长的基础上，切实把工作重心放在调整结构、提高质量上来，认真研究生源下降带来的新情况、新问题，努力将安排招生计划的工作做实、做好”的工作思路。在安排分学校招生计划时，总体上继续按照“容量+调控”的原则，采取“基数+增长”的核定办法，按照分类管理、分类指导的思想，将本科院校与专科院校、新设高校与办学时间长的高校、规模过大的高校与规模偏小的高校等分别进行考虑，针对不同类别高校，安排不同的增量水平。充分发挥招生计划的调节作用，招生计划的增量按照综合平衡、统筹兼顾的要求，重点向新设置的普通高校倾斜，向办学条件优、办学行为规范、毕业生就业情况好的高质量、有特色的高校倾斜，向为全省经济社会发展培养急需专业人才的高校倾斜；对办学规模超过全省校均规模过多、生均办学条件较差、办学特色不明显或者上年计划完成不理想的高校，重点稳定其招生规模。同时，充分参考省发改委与省教育厅共同核定的高校2020年发展规模，避免高校在规模上的盲目发展；科学调整软件职业学院、中外合作办学项目（机构）等专业人才培养的规模，综合考虑各学校办学质量、办学条件以及社会需求等方面因素，合理确定每所学校软件职业学院和中外合作办学项目（机构）招生所占的比例。科学合理地安排免费医学定向生计划、国家扶贫定向专项计划、支援新疆哈密定向招生计划等。

【探索构建河南现代职业教育体系】 5—7月，省教育厅组成调研组，围绕河南省现代职业教育体系构建过程中的中高职对接、技术型本科人才培养等问题开展调研，先后在新乡、平顶山、郑州等地集中召开了三次座谈会，听取有关学校的情况介绍和相关建议，并实地调研了部分院校的职业教育开展情况。调研所选取的对象覆盖了普通本科、高职高专和普通中职等20余所省内具有代表性的学校。在充分调研的基础上，起草《关于推进现代职业教育体系建设的意见》（征求意见稿）、《关于开展应用型本科人才培养试点工作的通知》（征求意见稿）和《河南省高等教育对口考试招生制度改革方案》（征求意见稿），全面阐述河南省职业教育改革发展思路和具体工作措施，并针对应用型本科人才的培养和对口招生制度改革提出具体措施。

【学校基本建设“十二五”规划】 组织力量开展《河南省学校基本建设“十二五”规划》的编制工作，对全省范围内的各级各类学校基本建设现状进行调查，并对需求情况进行测算，结合国家组织实施的专项工程和河南的实际需要，提出了河南省拟实施的专项工程方案和部分项目库。对起草的规划文本分别在各地市和省教育厅内部征求意见，在进一步修改完善的基础上，与省发改委、省财政厅等部门会商确定各级财政投入资金额度后正式印发。

【城市中小学幼儿园规划建设】 5月，省教育厅专门组成起草小组，着手起草《进一步加强城市中小学幼儿园规划建设工作的意见》。同时，就城市学校规划与建设状况，围绕城市学校建设发展存在的问题、各地出台的有关政策及执行落实情况、城市学校布局调整的体制机制等问题制定调研提纲。分别采取由各省辖市教育局先行组织专家按照调研提纲开展调研工作，各省辖市在调研的基础上，形成调研报告和关于城市学校布局规划和建设的初步意见。抽调高校与省教育厅相关人员组成专题调研组，采取听取汇报、召开座谈会、实地考察等方式开展调研。于6月15日、7月20日，分别在信阳和郑州市组织召开了两次覆盖18个省辖市教育局的调研座谈会，认真听取各地市就相关问题的专题汇报并就一些热点、难点问题进行集中研讨。根据调研情况和有关职能部门、相关地市提供的相关材料形成初稿，组织厅内有关处室对征求意见初稿进行修改完善，11月中旬专门组织省辖市教育局主管局长和发展规划科（计财科）科长座谈会，对征求意见稿再次进行意见征询和修改完善。

【各级学校基本建设投资】 2012年，全省各级学校基本建设完成投资168.99亿元，比上年增加43.58亿元。其中，中央投资26.34亿元，比上年增加10.14亿元；地方投资50.98亿元，比上年增加10.9亿元；自筹资金91.67亿元，比上年增加22.54亿元。建安工程144.87亿元，占整个基建完成投资的85.73%，设备购置6.16亿元，其他投资17.97亿元。全年施工建筑面积1530万平方米，比上年增加275万平方米。其中新开工1033万平方米，比上年增加251万平方米。全年竣工建筑面积868万平方米，比上年增加102万平方米。其中，教学及辅助用房452万平方米，比上年增加7万平方米；行政办公用房45万平方米，比上年增加5万平方米；生活服务用房298万平方米，比上年增加60万平方米。全年新增土地面积612万平方米,增加量比上年多387万平方米。新增固定资产117.82亿元,增加量比上年多11.49亿元。

【重点建设工程项目】 2012年,省教育厅与省政府签订责任目标书的省重点工程项目共15个,总投资112.9亿元,比上年增加30.11亿元;全年计划完成投资24亿元,比上年增加14.44亿元;已完成投资27.23亿元,达全年投资目标的113.46%。在科学、规范做好基建项目日常管理工作的基础上,保证重点建设项目顺利实施,从重点建设项目申报开始,就严格按照学校的总体规划及基本建设审批程序确定重点工程项目,本着量力而行的原则制定年度投资计划,跟踪督察任务完成情况并按月将督察情况报省政府督察办和省政府重点项目建设办公室。同时,为确保重点建设项目提前超额完成年底目标任务,切实加强项目建设管理,省教育厅全面推行了厅级领导分包督导重点项目制度。

【工程建设领域突出问题专项治理】 根据省治工办《关于印发河南省开展清理工程建设中挂靠借用资质投标违规出借资质问题工作方案的通知》(豫治工办〔2012〕1号)的要求,省教育厅认真、扎实、细致地开展清理工作。对18所学校投资额在500万元以上的29个项目开展了自查。针对勘查设计企业、施工企业、监理企业、招标代理机构等四方建设主体,认真做到查企业资质、查工程合同、查资料台账、查现场管理、查资金流向,严格按照《中华人民共和国招标法》,对所有工程建设项目严格核准招标范围、招标方式和招标组织形式,并由工程项目主管业主单位逐项目认真填写《河南省清理工程建设中挂靠借用资质违规出借资质问题项目排查表》。有效预防了违规、违纪、违法现象的发生,保证了工程质量和施工安全。同时,积极搞好建设项目信息公开工作,及时公开相关建设项目信息。

【农村学前教育推进工程】 2012年,全省农村学前教育推进工程总投资4.57亿元,其中中央预算内投资3.6亿元,地方投资0.97亿元。安排项目186个,覆盖34个县,建设规模36万平方米,新建项目61个,改扩建项目14个。当年完成投资3645万元。该项目实施以来,通过中央和地方的共同努力,有计划、分步骤地在农村贫困地区新建和改扩建一批布局合理、安全适用、办园规范、面向区域内适龄儿童的普惠性幼儿园。

【中西部边远艰苦地区农村学校教师周转宿舍建设工程】 2012年,全省继续实施中西部边远艰苦地区农村学校教师周转宿舍建设工程。全年总投资3.8亿元,全部为中央预算内投资。安排项目578个,建设面积25.95万平方米。该项目的实施改善了边远艰苦地区教师的工作和生活条件,吸引优秀人才长期从教、终身从教,促进了义务教育的均衡发展。

【农村初中校舍改造工程】 2012年国家先后下达河南省初改工程两批项目160个,总建筑面积48.9万平方米,总投资5.5亿元。省教育厅与省发改委一起,抽调人员组成联合检查组,对所有项目进行专项检查,对工程进展缓慢的项目进行重点督查。同时,还实施了工程进度月报制(从9月开始,改为双月报),并报送工程进展图片,有力地促进了工程的顺利实施。当年62个项目完成主体建设。

【中等职业教育基础能力建设】 根据国家发改委、教育部、人力资源社会保障部批复的《河南省中等职业教育基础能力建设规划(二期)》,落实2012年补助项目1个,争取到中央补助资金1000万元。核准并申报了2013年度补助项目。经省教育厅党组会研究,成立了河南省职业教育公共实训中心领导小组和指挥部,完成了一期工程可行性研究的审核,并报省发改委。完成了河南省中高等职业院校毕业生就业创业综合服务基地项目的主体工程。河南省医药学校新校区已投入使用,洛阳铁路信息工程学校新校区一期建设项目主体工程封顶。

【教育基建年报统计汇总】 省教育厅周密组织教育基本建设年度统计工作,对上报的统计数据进行认真审核,按照教育部的要求,保质保量完成了2012年度全省各级各类学校基本建设统计年报的审核、汇总工作,并顺利通过教育部计算机汇总。同时,对统计数据进行了系统分析,更加直观地掌握了全省教育系统基本建设情况,为教育行政决策提供有价值的数据信息。

【老校区土地置换】 继续贯彻落实《关于进一步加强我省高校新校区建设管理工作的通知》(教发规〔2007〕284号),坚持政策引导,确保高校健康可持续发展,省教育厅要求各高校依据省定发展规模和宏观形势变化情况,进一步完善各自的基本建设规划,合理把握建设节奏,有效化解建设风险。对新校区已投入使用且还贷压力大的高校,按照《河南省人民政府办公厅转发省教育厅等部门关于切实做好高等学校老校区土地置换工作意见的通知》(豫政办〔2005〕83号)精神,积极督促帮助学校进行老校区土地置换,筹措建设资金。本年,批复安阳师范学院85.5亩、黄河水利职业技术学院74.05亩土地进行置换。指导、协调河南中医学院、洛阳铁路信息工程学校等老校区土地置换步入实质阶段。

【民办学校管理】 2012年,全省各级各类民办学校达到1.05万所,比上年增加19.67%;在校生达到374.02万人,比上年增加17.46%。本年,省教育厅对民办高校的债务问题进行了全面调查,对债务规模较大、资产负债率较高的民办高校及时发出警告。认真做好民办学校年检工作,对各级各类民办学校进行分级审查,重点对民办高等层次非学历教育学校(机构)的办学行为进行全面清理整顿,依法对未达标的4所民办教育机构进行限期整顿。

【教育援疆工作】 2012年,省教育厅共安排教育援疆基础设施建设项目10个(其中哈密地区9个,农十三师1个),计划投资1.01亿元,援建项目当年全部开工建设。全年共安排63名中小学教师到受援方继续进行短期支教(其中哈密地区50名,农十三师13名);接收126名受援方中小学教师来河南跟班培训学习;接收哈密职业学校6名教师到河南理工大学和平顶山工业职业学院进行第二本科和学科建设学习;安排定向就业招生计划110名,比上年增加10名,并多次与哈密地区进行沟通,充分了解其人才需求,将定向计划细化到各个专业,实际录取132名,比上年增加32名。根据新疆建设兵团农十三师的请求,河南省教育厅与农十三师实施了"红星高级中学河南援疆实验班"教学合作项目,由省教育厅选定12位骨干教师(语、数、外三个学科各2人,理、化、生、史、地、政各一人)和农十三师红星高级中学教师组成合作项目团队,其中河南省1位富有管理经验的校领导到红星中学担任副校长并兼任合作项目负责人,3名教师兼任学校中层领导干部,配合红星中学做好日常教育教学管理。全年新接收来河南培养的新疆毕业大学生185名,当年,新疆到河南高校培养的毕业大学生累计达到836名。促进哈密地区双语教育的发展,在不占用新疆试点指标的前提下,河南省教育厅向教育部上报了《关于申报2012年度教育信息化试点项目的报告》,将郑州市教育局和哈密地区教育局联合申报为国家教育信息化区域综合试点,探索跨省、市基础教育优质教育资源共享之路。9月中旬,由河南省电化教育馆无偿援助的哈密地区基础教育资源平台正式安装到位,填补了哈密地区的空白。该平台包含一套服务器和"网络远程教研与备课平台"、"中小学同步课堂资源平台"。以上两套资源平台全部由河南省电化教育馆自主研发,具有自主知识产权。总资源量达400G,总价值达800万元左右。其中,"中小学同步课堂资源平台"涵盖中小学语文、数学、英语三个主要学科,涉及人教、苏教、北师大等多个教材版本,分视频、三分屏两种格式显示。截至目前,这也是河南省援疆规划资金之外最大的无偿援助项目。

【节能减排】 2012年,制定下发了《2012年河南省教育系统节能减排工作要点》和《河南省直属教育公共机构2012年度节能工作考评细则》;承办了省公共机构在郑州大学召开的"河南省管系统公共机构节能工作经验交流暨现场观摩会";开展了2012年省直属教育公共机构"节能宣传月"活动,参加了省公共机构节能办举办的书法绘画摄影作品大奖赛,省教育厅获"优秀组织奖",有72项作品获奖(书法类作品23项、绘画类作品25项、摄影类作品24项),获奖数位居参赛单位之首;积极争取2012年省财政对省属高校和厅直等5个单位节能改造资金支持,共争取资金1246万元。省教育厅被省委、省政府办公厅评为"十一五"时期全省公共机构节能工作优秀单位,陈垠亭被省人民政府节能减排工作领导小组公共机构办公室评为全省公共机构节能工作先进工作者,同时,省教育厅被省公共机构节能办评为2012年节能先进单位,胡万欣被评为2012年节能工作先进个人。

【河南省高等学校设置"十二五"规划】 按照《教育部关于"十二五"期间高等学校设置工作的意见》要求,结合河南实际,省教育厅组织对全省高等学校设置情况进行摸底,并对18个省辖市和12个省直部门申报的59所学校进行形式审查,经研究,委托河南省高等学校设置评议委员会专家对其中初审通过的37所学校进行实地考察、论证、评议。根据专家论证评级情况,结合河南高等教育发展实际,编制完成《河南省高等学校设置"十二五"规划》,并呈请省政府印发。9月13日,省政府正式下发《关于印发河南省高等学校设置"十二五"规划的通知》(豫政〔2012〕85号),明确提出了"十二五"期间,河南省高等学校设置的基本原则、目标任务、保障措施、工作程序等。

【高职(高专)院校设置】 在上年高等学校设置工作的基础上,1月,省教育厅召开河南省高等学校设置评议委员会第三届五次会议,对拟设置的郑州幼儿师范高等专科学校、安阳幼儿师范高等专科学校进行评议并报省政府审批。1月22日,省政府同意批准两所学校并报教育部备案。3月21日,教育部对两所学校和2011年审批的郑州黄河护理职业学院予以备案,并于当年正式招生。

【启动本科院校申报设置工作】 根据工作实际,为避免重复工作,提高工作效率,省教育厅决定将当年普通本专科的申报设置工作与《河南省高等学校设置"十二五"规划》编制工作结合起来,将申报、考察、论证、评议等工作一并进行。根据相关考察评议结果,9月底,省政府常务会议正式研究向教育部申报普通本科的院校情况,决定向教育部报送关于设置中原文化艺术学院等6所本科学校的函。12月8—21日,教育部考察组对河南省申报的中原文化艺术学院、华北水利水电大学、河南牧业经济学院、信阳农林学院4所学校进行了考察。

【高等学校设置评议委员会换届】 本年,启动了高等学校设置评议委员会的换届工作,5月,根据省直有关部门和各高等学校推荐情况,充分考虑学历层次、学科专业、行业特点等,省教育厅共遴选55名专家组成河南省第四届高等学校设置评议委员会,并协助召开了高评委换届及培训会。

【独立学院转设及过渡期】 3月,经教育部同意,河南财经政法大学成功学院转设为郑州成功财经学院,成为一所独立设置的本科院校。至此,河南还有八所独立学院等待教育部验收。本年,按照"边整顿、边过渡、边规范、边发展"的原则,指导独立学院认真做好过渡期的工作,独立学院管理体制逐步理顺,社会认可度逐步提高。

【统计资料编印和数据分析】 2月6日,省教育厅下发《关于印发〈2011年河南省教育事业发展统计公报〉的通知》(豫教发规〔2012〕18号),及时向社会公布2011年河南省教育事业发展的各项数据。在对上年数据进行统计分析的基础上,组织编印了《河南省教育事业统计提要(2011)》和《河南省教育事业统计年鉴(2011)》两本统计资料,全面、翔实地反映2011年河南省各级各类教育事业发展的基本情况,主要包括综合发展数据、高等教育、中等职业教育、基础教育、河南分析资料、河南省经济和社会主要指标等。同时,较为详细地分析了十余年来河南省各级各类学校的校数、学生、教职工等方面的变化情况,为全省教育决策提供了科学依据。

【高等教育事业统计工作评比】 根据教育部教育统计工作要求和《河南省省级部门统计工作考核评比办法》(豫统文〔2010〕107号)规定,省教育厅下发《关于开展全省高等教育事业统计工作总结评比活动的通知》(教发规〔2012〕209号),对"十一五"期间高等学校教育事业统计工作进行总结评比,经认真总结评比,评选出郑州大学等36个河南省教育事业统计工作先进单位;郭文理等60人获河南省高等教育事业统计工作先进个人称号。

【遴选推荐中国教育事业的统计专家库人选】 2012年,教育部下发《关于遴选推荐中国教育事业统计专家库人选的通知》(教发司〔2012〕67号),在全国遴选教育事业统计专家,组建专家库。根据教育部的有关要求,省教育厅及时进行安排,下发了《河南省教育厅转发教育部关于遴选推荐中国教育事业统计专家库人选的通知》(教发规〔2012〕614号),全省各级教育行政部门和高等学校严格执行遴选条件和程序,认真细致地做好相关推荐工作,共向教育部推荐21人入选"中国教育事业统计专家库"。

【从事30年以上教育事业统计人员推荐工作】 国家统计局决定向从事部门统计工作30年及以上人员颁发荣誉证书。根据国家统计局的安排,教育部下发了《关于报送从事教育统计工作30年及以上人员名单的通知》(教发厅函〔2012〕69号)。省教育厅组织市、县教育局统计人员按照"通知"认定条件进行推荐,经过审核、汇总,全省共推荐符合条件人员16人,全部获得国家统计局表彰并颁发荣誉证书。

【国家级统计业务培训】 按照2012年全国教育事业统计工作会议精神和《教育部关于做好2012年教育事业统计培训工作的通知》(教发函〔2012〕132号)要求,依据教育部教育事业统计报表培训工作方案,结合本省教育事业统计工作的实际情况,经与教育部授权的成都信息工程学院沟通,组织省辖市、省直管试点县、重点扩权县(市)教育局和各高等学校的教育事业统计人员共168人赴四川参加国家级教育统计培训基地统计业务培训。

【完成2012年全省教育事业数据统计工作】 8月14—16日和9月21日分别召开了2012年中初等教育事业和高等教育事业统计布置工作会议,对相关工作进行安排,培训了学校代码的梳理原则和代码管理系统的操作应用,并对新统计报表制度、指标解释以及统计信息管理系统使用操作进行培训,确保统计工作的顺利进行。经过三个月的逐级汇总,分别于10月底和11月底完成高等教育和中初等教育统计数据的汇总工作,12月中旬完成全省基础数据的汇总工作,并顺利上报教育部进行全国汇总。

撰稿:杨　冰
审稿:陈垠亭

财经管理、审计

财务处处长:陈　鸣　　副处长:魏春民
电话:0371-69691851　69691856　69691861

【全省教育经费执行基本情况】 2012年,全省地方教育经费总投入为1465.7亿元,比上年增加280亿元,增幅为23.61%。全省地方国家财政性教育经费为1200.9亿元,比上年增加258.4亿元,增幅为28.8%。其中预算内教育经费拨款1134.8亿元,占财政性教育经费的94.5%;各级政府征收用于教育的税费64.6亿元,占5.38%;企业办学中的企业拨款0.9亿元,占0.07%;校办产业和社会服务用于教育的经费0.1亿元,占0.01%;其他属于国家财政性教育经费0.5亿元,占0.04%。

全省地方预算内教育经费拨款1134.8亿元。其中教育事业费拨款984亿元,占预算内教育经费的86.71%;基本建设拨款26.1亿元,占2.3%;科研拨款1.6亿元,占0.14%;其他拨款123.1亿元,占10.85%。

全省教育经费总支出1423.8亿元,比上年增加277.4亿元,增幅为24.2%。其中,事业性支出1397.7亿元,占总支出的98.17%;基本建设支出26.1亿元,占总支出的1.83%。

【落实《教育法》规定的情况】 2012年,全省地方预算内教育经费拨款比上年增长29.16%。全省财政经常性收入比上年增长11.7%;预算内教育经费拨款增长高于财政经常性收入增长17.46个百分点。全省各级教育预算内教育事业费全面增长,顺利实现了《教育法》规定的第二个增长目标。全省各级教育预算内公用经费全面增长,顺利实现了《教育法》规定的第三个增长目标。

全省财政支出5006亿元,同期地方财政预算内教育经费(含教育费附加)为1175.9亿元;财政预算内教育经费占财政支出的比例为23.5%,比上年提高1.9个百分点。全省地方国家财政性教育经费为1200.9亿元,同期全省地区生产总值(GDP)为29810.14亿元(快报数);国家财政性教育经费占地区生产总值的比例为4.03%,比上年提高0.58个百分点,首次达到《教育法》规定的4%目标。

【省本级教育经费执行情况】 2012年,省级部门预算安排教育投入121.4亿元,较上年增加15.33亿元,增长14.5%。其中:一般预算拨款56.1亿元,较上年增加5.71亿元,增长11.3%;部门外重大省本级项目经费42.4亿元,省级配套用于支持教育重大专项经费22.9亿元。省教育厅部门预算中安排用于人员和公用经费的基本支出预算46.3亿元,增长14.3%;省教育厅部门专项经费预算9.8亿元,与上年基本持平。

本年,省教育厅重新整合了现有资源,对专项资金配置进行了重大改革与调整,实现了项目结构和支持力度的进一步优化,主要体现在五个方面:一是突出教育发展战略布局。从整体布局上看,市地教育专款布局资金的比重逐年增加,2012年扩大到26.7%,省本级专项资金比重占到73.3%;从结构调整上看,取消、整合了一批旧项目,新增了高校协同创新计划引导奖励资金、高校哲学社会科学繁荣计划资金、高等师范教育课程改革经费、市属本科高校引导奖励资金、师资培训工作引导资金、职业教育校企合作引导资金等,重点增加民办教育发展引导奖励专项资金等。二是突出专项资金的引导性。2012年预算改革重点主要是建立了7项引导和奖励资金项目,共计金额1.69亿元,占到专项资金总量的17.1%。充分发挥了引导资金"项目带动,引导发展"的作用,引导、扶持和促进各级各类教育投入,争取更多教育资源,引领教育发展。三是突出重点支持高等教育。高等教育是中原经济区建设的高层次人才集聚和培养的重要基地，是科技创新的重要基地，是文化繁荣与传承的重要基地，历来是省教育厅部门专项资金支持的重中之重，2012年省教育厅部门预算安排高等教育专项资金超过5亿元，占专项资金比重达到50.1%，虽然较上年下降1.6%，但多年来占专项资金比重均超过50%以上。四是突出内涵建设。教育内涵建设投入以高校为主，以“培养人才，科技创新，提升质量，服务发展”为重点，2012年内涵建设专项投入2.84亿元，占专项资金比重28.7%，较上年增长7.1%。在高层次人才引进与培养、重点学科与质量工程、科学研究与国际交流等诸多方面的长期持续投入，特别是本年首次在高校协同创新计划和高校学科布局调整等方面的巨额投入，助推了高等教育由规模发展向内涵发展的转变，提升了教育服务地方经济与社会发展的能力。五是突出了加强市地教育布局。2012年预算安排市地教育专款布局项目资金2.64亿元，占专项资金比重26.7%，较上年增长4.4%。市地教育专款主要用于“调整结构，优化资源，强化重点，均衡发展”，推进了地方教育资源优化配置，中小学、职业教育和民办教育的布局调整，支持校安工程等重大项目工程，引导地方教育均衡发展。

【义务教育经费保障机制改革政策落实情况】 2012年，全省预算安排农村义务教育经费保障机制资金124.6亿元，其中中央补助90.7亿元，地方安排33.9亿元。在地方安排资金中，省财政负担22.5亿元，占66.4%；市财政负担6.3亿元，占18.6%；县财政负担5.2亿元，占15%。充分体现了地方资金中省级拿大头的原则。从具体项目情况看：预算安排公用经费补助资金79.7亿元，生均补助标准小学、初中分别为530元和730元；预算安排免费教科书和循环使用科目教材破损更新经费补助17亿元，2012年把《新华字典》纳入国家免费教科书的范畴，提高免费教科书标准，达到每生每年小学104元，初中194元；预算安排农村家庭经济困难寄宿生生活费补助11.1亿元，受助学生93万人，占全部寄宿生的27%，补助标准由原来的小学年生均750元、初中年生均1000元分别提高到1000元和1250元；安排校舍维修改造资金16.9亿元，计划改造校舍面积110万平方米，补助标准由原来的每平方米400元提高到600元；各项新机制资金的及时、足额下达，为农村义务教育阶段学校各项工作的顺利有序开展，提供了强有力的资金支持。

省教育厅采取四项措施确保农村义务教育经费保障机制改革各项政策落到实处：

1.列入“十大民生”工程，逐月督导检查。从2006年开始，省委、省政府连续六年将落实农村义务教育经费保障机制改革政策列入为民办好的“十大民生”工程（十件实事）和对各省辖市年度工作考核责任目标，要求各级财政在年初预算时即严格按规定分担比例足额落实资金，预算执行过程中，加强资金调度，采取预拨和限时拨付等办法，确保资金及时拨付到位，并由省委督察室牵头，逐月督导政策落实情况。在政策落实的关键时期，由省财政厅联合省教育厅带队，深入中小学，采取随机暗访学生和家长、召开师生座谈会、查看学校账簿和资金发放底册等方式，对政策落实情况进行重点检查，及时发现和解决政策执行中存在的问题，确保各项政策落实到位。

2.规范资金拨付，强化动态监控。明确规定：对校舍维修改造资金、免费教科书补助和符合直接支付条件的公用经费，由县财政直接支付到收款单位或供应商；对无法直接支付的公用经费和家庭经济困难的寄宿生生活费补助，拨付到学校核算账户，其中寄宿生生活费补助由学校以现金形式及时足额一次发放给受助学生，并由受助学生或家长在发放花名册上签字后，报县教育、财政部门备案。同时，利用“中央财政特设专户”，加强资金实时监控，即省财政按照指标文件分项目、分资金来源通过特设专户逐笔将农村义务教育经费直接核拨到各县（市、区），并要求市、县财政资金在收到上级下达资金预算后5个工作日内将配套资金拨入特设专户，县财政在收到上级下达资金预算后10个工作日内直接核定下达到各学校，从而有效保证了资金的规范使用和专款专用。

3.注重资金绩效，创新管理机制。一是对校舍维修改造等改善办学条件资金，实行项目管理，采取“先下预算控制数、各市县上报项目、后审核下达资金”或上报备案等办法，确保将资金落实到项目学校。二是严格结余经费使用，要求结余公用经费全部分配到薄弱学校，并与正常公用经费同时下达，不得滞留挪用；结余教科书资金要按规定及时使用，其中购买与国家课程教科书相关辅助学习资源的练习册、图册、外语磁带等在上级经费到达后即购买，避免影响教学使用。三是要求对义务教育经费保障机制实施中的政策信息及时进行公开，自觉接受社会监督。

4.健全预算制度，夯实管理基础。要求以独立设置的中小学校为基本编制单位，实行一个学校一本预算。教学点的预算由其所隶属的学校统一编制。同时，要求中小学校按照勤俭办学的方针和量入为出、统筹兼顾、保证重点、收支平衡的原则，合理编制年度预算，各项收入全部列入预算，不得遗漏，不得编制赤字预算，不得随意变更和调整预算。基本支出预算要按国家统一的“目”级科目进行细化编制，项目支出预算要充分论证，按轻重缓急原则合理排序，提高年初预算到位率，提高预算编制的科学性、准确性和规范性。

【免除城市义务教育学杂费】 2012年，全省预算安排城市义务教育免学杂费补助4.6亿元，受益学生190万人。从资金筹措情况看，中央补助2.3亿元，地方安排2.3亿元；其中省财政1.5亿元，占65%，市财政0.8亿元，占35%。全面免除了河南省城市义务教育阶段学生的学杂费。

【加大进城务工随迁子女义务教育补助力度】 2012年，河南省采取了一系列措施支持解决好农民工随迁子女就学问题。一是以全日制公办中小学为主解决，强化流入地政府责任，清理和取消针对进城务工农民工随迁子女的歧视性规定和不合理限制，畅通入学渠道；二是对接受农民工随迁子女学校在足额拨付公用经费的同时，给予政策倾斜；三是省财政对工作较好的省辖市进行以奖代补；四是农民工随迁子女与城市学生一视同仁，免除学杂费，不收借读费，对家庭经济确有困难的，免费提供教科书和补助生活费。

【中小学校舍安全工程】 一、加强组织领导。充分发挥省级政府统筹职责，2012年重点做了几项工作：一是领导高度重视。校安工程领导小组组长、副省长徐济超三次对校安工程做出批示，要求统筹好、组织好全省校安工程的实施，并听取校安办工作汇报。二是开展了一次调研。5月，在全省范围内进行了一次摸清校安工程实施情况、深刻剖析存在问题的书面调研，调研内容包括：1.三年攻坚任务完成情况及预期。工程进展情况，其中两区工程进展情况：第一阶段所有项目能否确保在2012年暑期前全部开工建设，2012年年底前全部竣工并验收合格。2.工程资金落实情况。第一阶段工程资金落实情况，资金筹措主要渠道，资金缺口及拟采取的措施；资金管理情况；各项优惠政策、费用减免情况。3.工程项目管理情况。基本建设程序执行情况，竣工验收情况，监督检查情况，安全管理情况，开辟的“绿色通道”、政务公开等情况。4.D级危房拆除情况。5.综合防灾建设情况。6.民办学校校安工程推进情况。7.校舍安全工程数据采集、档案建立及档案室的建设情况。8.各县区有特色的做法和经验。9.目前工程推进过程中存在的突出困难和问题。10.下一步建议。通过此次调研，摸清了全省校安工程实施的真实现状。三是组织一次“回头看”。12月，按照全国校安办的部署，组织各地围绕校舍排查鉴定、工程规划编制、分类分步实施加固改造三个主要环节，以及校舍信息系统应用和档案室建设等情况，针对工程实施过程中的薄弱环节和审计发现的问题，开展认真细致的校安工程“回头看”活动，并以“回头看”活动为契机，确保工程实施的各个环节按照国家部署落到实处。四是省校安办充分发挥职能。省校安办根据全国校安办精神及每一阶段工程实施特点，结合调研结果及各地反映情况，全年下发包括《关于继续做好中小学校舍安全工程建设工作的通知》、《关于切实做好校安工程审计整改等有关工作的通知》、《关于进一步加强我省中小学校舍安全工程管理工作的通知》等管理文件20份，充分发挥管理职能，有效推进全省校安工程的实施。

二、资金筹措。一是继续实行资金落实情况月报制度。与省财政厅联合，继续抓好校安工程资金月报制度，及时了解校安工程资金筹措拨付情况，要求各省辖市和有关县(市)财政、教育部门每月要对辖区内工程完成情况、资金筹措、管理和拨付情况进行梳理，结合全国校安工程信息管理系统统计数据，按要求填写《全省校安工程项目及资金进度情况统计表》，于每月结束5日内由财政局、教育局联合签章上报。二是充分发挥省级资金引导作用。2012年，省财政在财力紧张的情况下，安排奖补资金2亿元专项用于校安工程实施，资金分配时，按照省政府关于科学、规范、公平分配资金的要求，依据工程资金支出比例、市县投入比例、工作开展成效、报送材料情况、人均财力等因素，采取因素法分配下达预算，充分发挥资金引导作用，由市、县政府负责落实到项目，增强了市、县工作的积极性、主动性和针对性。三是积极拓宽资金筹措渠道。要求各市、县按照省政府确定的资金安排原则，积极筹措落实工程资金。整合与校舍建设和校舍安全有关的其他资金，统筹安排，并通过社会捐赠、定向援建等渠道筹集资金。采取有力措施，切实防止学校出现新的债务。对于财力较为困难的县(市、区)通过加大转移支付力度等方式予以支持，确保工程实施资金需要。通过上述措施，目前各地基本能够按照工程实施进度拨付资金，保障了工程顺利实施。

三、消除D级危房。一是省政府高度重视D级危房改造工作，将D级危房改造列入校安工程规划实施的第一步。二是认真贯彻全国中小学校舍安全工程领导小组《关于再次明确禁止使用D级危房的通知》精神，再次组织全省对D级危房的排查工作，要求各地排查到每一所学校、每一栋建筑。对发现仍在继续使用的D级危房，必须勒令立即停止使用，采取有力措施，限期整改。经排查，全省不存在使用D级危房情况。三是明确责任，强化各级责任人安全意识。四是以审计署审计整改为契机，全面消除D级危房。

四、项目管理与工程质量。一是充分发挥专业部门作用，加强技术指导。通过成员单位包干、召开技术部门座谈会、地震系统现场会等形式，充分发挥专业部门在技术指导上的主导作用，进一步明确安全节俭的技术标准和技术路线，选择科学合理的加固改造方式。二是落实招标投标制度，选好参建队伍。中小学校舍安全工程建设是政府投资项目，社会关注度高，且点多面广，布局分散，施工组织困难较多，各地在认真落实招投标有关规定的前提下，充分考虑校舍安全工程的特殊性，创新工作方法，探索适合校舍安全工程建设实际的招标方式，保证校舍安全工程又好又快地建设。焦作沁阳市在时间紧、任务重的情况下，为保证项目建设顺利实施，圆满完成三年攻坚目标，采取相邻项目捆绑分标段按费率招标的方式确定施工单位，加快推进校舍安全工程。在不违背国家招标法律法规的前提下，破解工程前期手续过长的难题，完成全部128个项目招标工作仅用了20天时间。获嘉县充分利用“建筑之乡”的优势，积极鼓励本地有资质的建筑企业参加学校建设，利用本地建筑工人就近务工优势，在坚持质量第一的前提下，将利润压到最低程度。每平方米造价与周围县相比平均造价降低100元左右，节约了建筑成本。三是切实加强工程建设管理，严格落实市场准入制度。要求凡参与校舍安全工程的鉴定、检测、勘察、设计、施工图审查、施工、监理等单位以及专业技术人员，都必须具备相应的资质或资格。对于参建各方单位和人员，严把项目建设资格的准入关，不仅在招标投标时严格审查，而且在施工过程中检查人员在岗在位情况，防止一些单位和人员参与投标、不参加施工管理的问题发生。认真执行施工许可制度、工程质量安全监督制度、竣工验收备案制度，严格履行程序。实行项目法人责任制、招标投标制、工程监理制和合同管理制等有关工程建设管理制度，落实工程项目管理制度，切实加强工程建设管理，确保校舍安全工程建设有序进行、管理受控、质量优异、安全文明施工。长垣县严把建筑材料入场关，所有原材料入场前，必须有生产厂家出具的合格证，入场后，施工单位和项目学校共同取样到县建筑材料检测中心进行化验检测，合格后方可使用。伊川县为确保工程质量在对工程的管理中加强“十控制”。即从“人”的控制、材料控制、“方法”控制、机械控制、环境控制、设计阶段控制、招标阶段控制、施工阶段控制、工序控制、竣工阶段控制等十个方面加强工程管理，确保建设质量。四是认真做好工程质量安全监管和工程进度管理。严格执行工程基本建设程序、工程建设法律法规和工程质量技术标准，切实加强技术指导服务，强化监督检查，全面落实质量责任，确保改造加固一所、安全达标一所。在确保工程质量和施工安全的前提下，确保工程推进有力有序。组织包干厅局和专家巡视组不定期地对全省工作进行督导检查，省校安办及时通过工作简报通报各地工程实施情况，对于工作特别不力的地方进行通报，确保工程建筑质量。要求各地、各有关部门严格执行校安工程建设管理要求，科学安排，注重质量，借鉴外地打捆招标等先进管理办法，采取倒排工期、督办催办、现场办公等形式，千方百计加快工程进度，确保全省工程规划如期并保质保量完成。

五、整改审计发现问题。积极配合审计署对河南省2011年校安工程实施情况进行了专项审计，针对审计结果，校安办专门下发整改通知，逐一约谈问题市、县，严令排查整改。对鄢陵县、范县、兰考县仍存在使用有安全隐患校舍、民办学校校安工程进度缓慢等情况提出明确要求，审计报告中存在安全隐患的13217平方米校舍全部拆除，并逐栋确定改造规划，7581名师生得到合理安置，保障了教学秩序的正常运行。对兰考县张君墓小学校安工程项目存在偷工减料的问题作出严肃处理：对监督工作不到位的张君墓小学校长刘远善和张君墓中心校校安工程监督员蔡永顺，给予免除职务的处分（已下文）；责令项目施工企业立即整改，一拆到底，要求按建设标准重新建设；将该项目中标企业河南省华东建设安装工程公司永久性列入黑名单（已下文），现项目正在加紧施工中。同时下发《关于继续做好中小学校舍安全工程建设工作的通知》及《关于进一步加强我省中小学校舍安全工程管理工作的通知》等管理文件，要求其他各市县引以为戒，举一反三，参照有关标准对辖区内校舍进行一次彻底排查，发现问题及时整改，切实维护工程实施的严肃性。

六、监督检查。各地各级政府把校舍安全工程作为本地区工程质量安全监督的重点，加大监督检查力度，督促各方责任主体认真履行职责。制定具体质量安全工作方案，建立有效工作机制，依法加强对本地区校舍新建和加固工程各个环节建筑活动的监督管理。切实加强对校舍新建和加固工程的建设、鉴定、检测、勘察、设计、施工、监理等各方主体执行法律法规和工程建设标准行为的监督管理，严肃查处违法违规行为。省校安工程专家巡视组不定期地对全省工作进行督导检查，省校安办及时通过工作简报通报各地工程实施情况，对于工作特别不力的地方进行通报，确保工程建筑质量。

七、信息系统应用。一是认真落实全国校安办有关精神，将校舍的基本信息、安全状况、规划设计、加固改造、资金投入、责任主体等内容，及时、准确地录入系统中，及时更新有关数据，做到与工程实施同步。二是落实好运行维护经费和技术支持人员，不断提高系统保障水平，认真做好系统运行维护工作。三是积极鼓励各地根据实际情况和需求，推进市县级数据中心建设。四是加大培训力度，充分开发和利用系统功能，真正应用到校舍管理、学校管理和教育决策工作中，提高教育管理科学化水平。目前，该系统除很好地利用于校舍安全管理外，也为薄弱学校改造提供了数据支持和管理平台。

八、新闻宣传。下发《关于深入开展校安工程宣传报道工作的紧急通知》，要求各地高度重视宣传报道工作，提高认识，将此项工作与迎接党的十八大胜利召开紧密结合，抓住有利时机，积极会同新闻宣传主管部门，协调当地新闻媒体，充分利用报刊、电视、广播、网络等多种形式，集中对校安工程实施成效、典型经验、先进人物等进行有计划、有针对性、有深度的宣传报道，要求各校安办主任亲自过问，指派专人负责，将这项工作真正落到实处。省校安办积极协调，在十八大召开之前，在《中国教育报》、《河南日报》、河南电台、大河网、新浪网等10余家主要媒体的关键位置，集中对校安工程进行宣传报道，营造良好的社会舆论氛围。

【校安工程实施进展情况】 三年规划完成情况：规划加固项目6451个、改造校舍面积465万平方米，规划新建重建项目14505个、改造校舍面积1131万平方米。其中两区：规划加固项目3942个、改造校舍面积347万平方米，规划新建重建项目7637个、改造校舍面积716万平方米。截至2012年年底，所有项目都已全部完工。

中央资金项目完成情况：规划学校1964所，项目2104个，改造校舍面积223万平方米（其中：加固面积19万平方米，新建重建面积204万平方米）。截至2012年年底，所有项目都已全部完工。

【化解公办高校债务风险】 3月8日，省化债联席办召开“省属高校化债工作推进会”，进一步明确财政奖补政策，要求高校按照豫政〔2011〕79号文件要求，进一步修改完善化债方案。根据学校重新上报的化债方案，分类财政奖补符合第一类的学校有河南工业大学、河南农业大学、河南中医学院等9所，将按照锁定债务的三分之一进行奖补；符合第二类的学校有郑州大学、河南大学等30所，将按照化债目标的三分之一进行奖补；符合第三类的学校有2所，分别是河南教育学院和河南商业高等专科学校。财政奖补采取先预拨后结算的方式。7月29日，召开河南省省属高校债务化解工作目标责任书暨高校财务管理座谈会，会议由省政府副秘书长朱焕然主持，省化解高校债务风险联席会议成员单位相关负责人、有关省属高校主管部门相关负责人、有关高校负责人和财务部门负责人共计120余人参加了会议。会上，省教育厅、省财政厅分别与省属高校主管部门、省属高校签订了债务化解工作目标责任书，明确了各高校化债目标及年度化债任务。

4月20日，省教育厅与省财政厅联合印发《河南省教育厅、河南省财政厅关于建立省属公办高校银行贷款审批制度的通知》，建立省属高校银行贷款审批制度，旨在规范省属公办高校银行贷款行为，控制贷款规模，防范财务风险，促进全省高等教育健康发展。文件对审批范围、审批原则、审批内容、审批要求、审批程序、申报材料和审批责任一一做了规定。

2012年，省政府按照指定的奖补原则，累计投入奖补资金57亿元，带动全省化解专项用于偿还银行贷款本金，充分发挥资金引导作用，引导高校化解债务136亿元，有力地推进了各高校债务化解工作，完成化债目标。

【家庭经济困难学生资助】 截至2012年年底，分阶段的资助体系已趋完善。全年投入资助经费约38亿元，受助学生470万人次。

1.学前教育：建立了学前教育的资助制度。从2011年起，按照“市县先行，省级奖补，建立机制”的原则建立学前教育资助政策体系，按照在校时间每生每天不低于2元的标准，对经县级以上教育行政部门审批设立的普惠性幼儿园在园家庭经济困难儿童、孤儿和残疾儿童予以资助。

2.义务教育：实现了农村义务免费教育的全覆盖，农村学生免学杂费、免费提供教科书、免住宿费,给家庭经济困难的寄宿生补助生活费,给集中连片特困地区的所有农村义务教育阶段学生按照每人每天3元的标准进行营养补助。城市义务教育实现了免杂费、免住宿费。

3.高中阶段:普通高中阶段建立了国家助学金制度,标准为每生每年1500元,资助比例20%;中等职业教育对农村及涉农专业和家庭经济困难学生的学费全部免除,补助标准为每生每年2000元,同时,进一步调整助学金制度,资助标准每生每年1500元,瞄准贫困孩子。

4.高等教育:在原有"奖、贷、助、补、减"资助政策的基础上,明确了高校资助家庭经济困难学生政策向老区贫困学生倾斜。12月12日,印发《河南省财政厅、河南省教育厅关于转发财政部教育部〈研究生国家奖学金管理暂行办法〉的通知》(豫财教〔2012〕378号),设立研究生国家奖学金,博士研究生国家奖学金奖励标准为每生每年3万元,硕士研究生国家奖学金奖励标准为每生每年2万元。研究生国家奖学金每年评审一次,所有符合规定条件的攻读硕士、博士学位的全日制研究生均有资格申请。

【扩大中等职业教育免学费范围】 12月14日,省财政厅、省发展改革委、省教育厅、省人力资源社会保障厅印发《关于扩大中等职业教育免学费政策范围 进一步完善国家助学金制度的意见》(豫财教〔2012〕360号),明确从2012年秋季学期起,对公办中等职业学校全日制正式学籍一、二、三年级在校生,所有农村(含县、镇)学生,城市涉农专业学生和家庭经济困难学生免除杂费,艺术类相关表演专业学生除外。将中等职业学校国家助学金资助对象由全日制正式学籍一、二年级在校农村(含县、镇)学生和城市家庭经济困难学生,分步调整为全日制正式学籍一、二年级在校涉农专业学生和非涉农专业家庭经济困难学生。同时,对免学费、助学金政策的范围、标准、资金负担、资助对象评定、资金拨付、监督管理等进行细化、明确,并结合往年免学费、助学金政策实施过程中的问题和管理经验对政策做了进一步优化调整,以提高政策的可操作性。一是细化免学费对象范围。明确"3+2"分段五年制在校生,中专教育阶段按规定享受免学费政策;普通高中毕业生或同等学力一年学制的中等职业学校在校生,参加顶岗实习或工学交替的,原则上参照中等职业学校三年级在校生享受免学费政策。二是明确各级财政资金分担比例。免学费补助资金地方负担部分,根据学校现行管理体制和财政隶属关系,省属中等职业学校全部由省财政负担;省辖市属中等职业学校由省、市财政按3:7比例分担;县(市、区)属中等职业学校由省、市、县财政按3:2:5比例分担;省财政直管县由省、县财政按5:5比例分担。三是改革助学金、免学费资金拨付办法。助学金和免学费补助资金实行先预拨后结算制度,采取春季学期前预拨资金、秋季学期年底前根据实际受助人数和结算金额,不足部分追加预算解决,结余部分在安排下达下一年度免学费补助资金时进行抵顶,有效解决了预算下达与实际需求差异较大问题。四是明确民办学校免学费资金拨付办法。要求各级财政部门采取直接支付方式,通过代发银行将免学费补助资金直接打入免学费学生本人的"中职学生资助卡"中,避免民办学校出现虚报学生人数或不按标准免除学生学费问题。五是细化免学费补助资金用途。明确免学费补助资金可用于公用经费、教职工培训、教学实验仪器设备购置、教学及办公用基础设施建设、修缮、改造等事业发展支出,并严格执行政府采购有关规定和基本建设审批程序。严禁将免学费补助资金用于对外投资、捐赠赞助等。

2012年春季学期安排中职学生资助资金4.4亿元,资助223.5万人次。其中:国家助学金3.1亿元,资助207万人次;免学费补助资金1.3亿元,资助16.5万人。2012年下半年资助政策调整后,2012年秋季学期安排中职学生资助资金10.3亿元,资助266万人次。其中:国家助学金2.9亿元,资助192万人次;免学费补助资金7.4亿元,资助74万人。中等职业学校广大家庭经济困难学生得到了有效资助,较好地解决了家庭经济困难学生的后顾之忧。

【收费管理】 一是积极开展全省幼儿园收费管理办法的制定工作。国家发改委、教育部、财政部《关于印发幼儿园收费管理暂行办法》的通知(发改价格〔2012〕3207号)下发后,全省高度重视,按照职责分工,由省级教育部门提出初步意见。结合实际研究制定方案,起草全省幼儿园收费管理暂行办法实施的初步意见,按照国家通知要求,经省发改委、省财政厅会签,按照程序三部门上报省政府进行审批后,现已下发(豫发改收费〔2012〕2061号)。该项收费政策将会进一步规范幼儿园收费行为,加强全省幼儿园收费的管理,保障幼儿园和幼儿正常的教学及学习生活,促进幼儿教育持续健康发展。二是积极促进全省高中阶段中外合作办学有序发展,推动全省高中阶段中外合作办学收费政策的制定。目前,已和省发改委、省财政厅会签完毕,上报省政府,待省政府审定后,即可下发执行,该收费政策的制定,将有利于全省优质的基础教育资源发挥更大的作用。

【高校后勤管理】 一是认真贯彻教育部、国家发改委、财政部等五部委下发的《关于进一步加强高等学校学生食堂工作的意见》(教发〔2011〕7号,以下简称《意见》)精神,该《意见》对设立学生食堂饭菜价格平抑基金、公益性投入及优惠政策等方面提出要求,指导各地行政部门和高校建立保障学生食堂可持续发展的长效运行机制。2012春季学期开学初,对《意见》的落实情况展开专项调研和督促,对不同层次的、有代表性的院校进行剖析,同时委托高校后勤研究会以及高校伙食专业委员会召开专题会议对《意见》落实情况进行分析梳理,有效推进了全省高校食堂工作;二是协助教育部在全省召开全国高校学生食堂工作座谈会。4月,省教育厅积极配合教育部在全省召开全国高校学生食堂工作座谈会,座谈会中,教育部部署下一阶段落实《意见》的工作,重点对建立学生食堂饭菜价格平抑基金、加强"农校对接"等工作进一步提出明确要求。三是积极引导各高校建立学生食堂饭菜价格平抑基金。按照教育部部署的下一阶段落实《意见》的工作,积极筹措专项经费2900万元,引导各高校建立学生食堂饭菜价格平抑基金,同时要求各校要统筹财政拨款、学费及其他收入等资金渠道,根据在校生数,按照不低于年度收取普通全日制学生学费总额2%设立食堂饭菜价格平抑基金,根据物价上涨情况,适时对学生食堂基本大伙进行补贴,以保持饭菜价格质量基本稳定,并将当年所用部分在次年补齐,同时,在调研的基础上下发《河南省高校食堂饭菜价格平抑基金管理办法(试行)》(教财〔2012〕269号),指导和规范高校学生食堂饭菜价格平抑基金的运用与管理,确保全省高校食堂饭菜价格和质量的稳定。四是继续在全省高校开展标准化学生食堂和公寓评估验收工作。继续开展河南省高校标准化食堂、标准化学生公寓评估验收工作,组织专家对全省23所高校申报的49座食堂、18所高校申报的206栋公寓进行了验收,通过此次活动,对高校食堂和宿舍起到"以评促建"的效果,对高校食堂和公寓管理工作起到重要的指导和推动作用。

【教育内部审计】 一、建立健全教育审计制度体系。2012年全省各级教育行政部门和单位累计完善和出台各项规章制度913项;在8月组织的对地市教育审计工作检查调研中,教育内审制度的贯彻落实情况作为一项重要的检查内容,被列入检查组工作手册。

二、进一步加强机构队伍建设。截至2012年年底,全省各级教育行政部门和单位共有各种类型的审计机构317个、专职审计人员535名;全年共举办各种类型的培训43期,培训人员448人次;把做好教育审计后勤物质保障,落实各项人员待遇列入工作的重点,列入评优评先重要指标。

三、积极开展内部审计工作。一是突出建设和修缮项目审计。2012年全省各级教育行政部门和单位共进行各种类型的建设和修缮项目审计479项,审减资金8.4亿元,取得了显著的社会效益。二是完善财务收支审计。按照《河南省教育系统财务收支审计办法》的规定,全省积极开展教育系统财务收支审计,2012年全省各级教育行政部门和单位累计开展各种类型的财务收支审计1031项,有力地促进了教育系统严格执行财经法规和财务会计制度,提高了资金使用效益。三是认真开展经济责任审计。根据《河南省教育系统处级以下领导干部任期经济责任审计实施办法》的规定,2012年全省各级教育行政部门和单位认真开展经济责任审计。其中,河南省教育厅审计处根据厅人事处的委托,先后对厅机关服务中心原主任李明、河南省工业学校原校长张安潮进行的任期经济责任审计,通过审计,理清责任,明确单位今后的发展思路。目前,全省教育系统已经初步形成了人事部门委托、纪检部门参与、审计部门实施、多部门联动的经济责任审计格局。

四、开展教育审计评优评先活动。7月30日,省教育厅印发《河南省教育厅关于推荐和评选全省教育审计工作先进单位和先进工作者的通知》(教财〔2012〕683号),按照教育部的有关精神,结合全省实际制定出科学的考评指标,经过推荐、初选、专家集中会审等程序,在全省教育系统范围内推荐和评选出30个先进集体和120名先进个人。

五、组织全省地市教育审计工作检查调研。11月7日,省教育厅抽调部分专家组成6个检查组,对全省18个省辖市和部分省直管试点县的教育审计工作进行集中检查和调研。检查围绕地市教育审计工作的开展情况、后勤物资保障情况、机构队伍建设情况等内容展开,检查结束后各检查组向省教育厅出具了检查报告,报告的结论作为全省教育审计工作评优评先活动重要参考内容。

六、圆满完成上级和领导交付的任务。根据省教育厅领导要求,参与了审计署驻郑州特派员办事处进行的"郭庚茂省长经济责任审计涉及教育的部分"、"河南省农村中小学布局调整工作专项审计调查",并配合省审计厅顺利完成了"全省职业教育资金专项审计调查"。同时,圆满完成了《徐济超副省长在全省农村中小学布局调整中出现问题的批示件》的反馈与整改工作,牵头处理了监察部驻教育部监察局《关于核查处理河南省部分中职学校违规变更专项资金用途问题》等工作。

撰稿:蔡　青

审稿:陈　鸣

纪 检 监 察

省高校纪工委书记、厅党组成员、驻教育厅纪检组组长:李功勋

省高校纪工委副书记、纪检组副组长:乔国富　王　瑜　熊光慈

省高校纪工委副书记、纪检组副组长、监察室主任:李　森

正处级纪检监察员:应文斌　程　云

电话:0371-69691776　69691777

【党风廉政建设】 2012年,省高校纪工委、驻省教育厅纪检组、监察室认真贯彻落实第十七届中央纪委七次全会、第九届省纪委二次全会和全国教育系统党风廉政建设工作会议精神,以完善惩治和预防腐败体系为重点,加强组织协调,认真履行职责,积极协助厅党组和厅行政领导班子深入推进厅机关和教育系统党风廉政建设和反腐败工作,取得了良好的工作成效。一是加强组织协调,抓好反腐倡廉工作部署。中央纪委七次全会、省纪委二次全会召开后,省高校纪工委、驻厅纪检组及时向厅党组作出专题汇报,通过省委高校工委、省教育厅党组会议和文件形式,把反腐倡廉建设纳入教育改革发展的总体规划,与教育改革发展各项工作同规划、同部署、同落实、同检查。2月13日,省委高校工委、省教育厅党组召开全省教育系统党风廉政建设工作会议,省委高校工委书记、省教育厅厅长王艳玲讲话,省高校纪工委书记、省纪委驻教育厅

纪检组组长李功勋作工作报告,对2012年全省教育系统党风廉政建设和反腐败工作进行全面部署。二是明确责任目标,完善责任体系。省委高校工委、省教育厅党组下发《2012年度全省教育系统党风廉政建设工作要点》和《2012年度党风廉政建设责任目标》,落实党风廉政建设主体责任,明确责任目标,强化责任分解,进一步完善权责明晰、各负其责、层层落实、齐抓共管的反腐倡廉建设责任体系。3月29日,省委高校工委、省教育厅召开"签订2012年度党风廉政建设责任书暨警示教育大会",王艳玲与厅领导班子、厅领导班子成员与分管处室的主要负责人及直属单位党政主要负责人分别签订了2012年度党风廉政建设责任书。李功勋结合河南省教育系统近两年来反腐倡廉工作实际,以案说法,对全体党员干部进行了警示教育。三是强化监督检查,加强责任考核。年初,省高校纪工委、驻厅纪检组配合省委组织部对36所省管高校和26个厅直属单位、厅机关22个处室2011年度反腐倡廉建设和责任制落实情况进行考核,对考核结果进行通报,并向有关高校反馈考核结果,要求其加强整改。加强党风廉政建设责任制工作情况半年督导和年终考核工作,抓好反腐倡廉各项工作任务的落实。下发了2012年党风廉政建设责任制考核办法,组织实施2012年度党风廉政建设责任制和惩防体系考核工作。

【惩防体系建设】 认真落实上级党委、纪委关于惩治和预防腐败一系列方针政策和工作部署,按照省委高校工委、省教育厅党组《建立健全惩治和预防腐败体系2008—2012年工作规划》确定的各项任务,统筹兼顾,整体推进,不断完善具有教育系统特色的惩治和预防腐败体系。一是继续深入开展"查风险,筑防线"活动,全面加强廉政风险防控机制建设。巩固和深化2011年以来"查找廉政风险、构筑拒腐防线"活动成果,继续在厅机关、直属单位、高校组织开展"查风险、筑防线"活动,努力构建具有教育系统特色的惩治和预防腐败体系。督促各单位根据查找出来的廉政风险点,及时建立完善相关制度,消除监督盲区和漏洞,切实做到用制度来巩固活动成果,用制度来落实各项廉政法规,厅机关共新建修订各类制度230多项。按照省纪委要求,省高校纪工委、驻厅纪检组在厅直属单位、各高校开展了反腐倡廉立法调研活动、2012年好制度评选活动,为省纪委反腐倡廉制度建设经验交流会、反腐倡廉制度建设评估工作座谈会分别提供了经验材料和相关资料。5月,省高校纪工委、驻厅纪检组对河南省教育系统2008—2012年惩治和预防腐败体系建设工作进行督导,并形成专题汇报材料报国家教育部和省纪委、省监察厅、省预防腐败局。省教育厅惩防体系工作经验和工作成果在省预防腐败局召开的全省惩治和预防腐败体系工作会议上作了重点发言。为进一步总结创新工作经验,厅纪检组汇总印制了《廉以立身,正道直行》——河南省教育厅"查找廉政风险,构筑拒腐防线"工作资料汇编5卷100多万字,发厅机关、厅直属机构、各高校学习参考,收到了良好的效果。二是加强反腐倡廉宣传教育,促进领导干部廉洁自律。深入开展反腐倡廉宣传教育,强化党员领导干部廉洁从政意识。驻厅纪检组、监察室和机关党委一起组织机关干部观看了《苏联亡党亡国20年祭——俄罗斯人在诉说》电教片,开展警示教育活动。在厅机关、厅直属单位积极开展廉政承诺活动,厅机关和直属单位共232名处级干部按照个人工作岗位廉政风险点,认真填写了岗位廉洁从政承诺。加强对党员干部因公出国(境)管理监督,对出国团的组成人员及时进行廉政提醒,严格落实"十个严禁",对厅机关党员干部出国护照进行统一集中管理。2012年认真执行《廉政准则》等各项规定,严防节日腐败。完善廉政档案制度,对厅机关处以上干部廉洁自律情况及时记入廉政档案。加强对厅机关评奖评审、招生招考、干部选拔、工程建设等活动的监督,规范领导干部权力运行。三是大力推进廉政文化进机关活动,营造崇廉尚俭的文化氛围。省高校纪工委、驻厅纪检组在厅机关、直属单位、各高校积极组织开展反腐倡廉教育活动,通过召开大会、座谈会、开展廉政讲座等多种形式开展警示教育活动。积极参加厅机关"勤政廉政提示语"征集活动,向机关党委提供30多条警示名句,6条作品被选中。积极参与厅机关开展的"读好书、写体会"活动,组织纪检组全体人员认真学习《浴血荣光》、《官德》等书,提升机关廉政文化内涵和干部文化素质。协助机关党委积极开展"五型"机关活动,加强机关思想作风建设。9月16日晚,驻厅纪检组组织郑州师范学院等相关单位,在河南艺术中心喷泉广场举办了"杏坛清风、大道育人"专场"中原清风"文化活动,该活动是全省纪检监察系统"新歌如意湖、喜迎十八大"广场文化系列活动之一,东区高校3000多名师生到现场观看演出。四是扎实推进党务政务公开,让权力在阳光下运行。认真落实《省委高校工委、省教育厅深入推进党务政务公开工作的实施方案》,不断完善领导体制和工作机制。围绕国家和河南省教育规划纲要实施和教育工作方针政策的贯彻落实,积极推进厅机关党务政务公开工作。加大对教育改革发展重大决策部署贯彻落实情况的公开力度,紧紧把握教育事业改革发展的关键工作、关键环节和群众需求,把群众最关心、与群众利益密切相关的热点问题和重要事项及时公开。大力推进电子政务平台建设,以省教育厅门户网站为主要载体,督促有关部门及时更新党政信息公开栏,运用咨询答疑、在线访谈、工作简报、办事指南等多种形式实行政府信息公开。在运用传统媒体的基础上,不断拓展新的政务公开载体。厅纪检组起草印发了《厅电子显示屏使用办法》,厅机关在厅办公楼七楼、八楼电梯口设置了2块电子显示屏,作为厅机关党务政务事务公开的平台和载体,随时接受群众监督,不断深化权力公开透明运行。

【履行监督检查职责】 一是加强对中央和省委、省政府关于教育的重大决策部署和惠民政策实施情况的监督检查。加强对党员领导干部政治纪律执行情况的监督检查,为党的十八大胜利召开营造良好的教育环境,教育引导广大师生把爱国热情转化为推动教育事业科学发展的实际行动;围绕国家和河南省教育规划纲要实施和教育工作方针政策贯彻落实,加强对重大教育项目、重要改革试点项目、重大工作举措实施情况和资金使用情况的监督检查,促进中央和省委、省政府各项重大决策部署的贯彻落实。加强对中央和全省教育惠民政策实施情况的监督检查,协助有关部门对农村义务教育"两免一补"资金、中职助学金、免学费补助资金和学前教育发展资金等各项教育惠民资金拨付和使用情况进行监督检查,对挤占、截留、挪用和骗取教育经费的行为严肃处理。加强对厅机关各项评奖评审等活动的监督检查,2012年共参与厅机关和直属单位招生考试、评奖评审、人员招聘、干部提拔、基建工程等重要监督事项十几项,认真处理群众来信来访,防止各种违规违纪行为。二是继续抓好两项专项治理工作。第一项是推进工程建设领域突出问题专项治理。紧盯项目决策、招标投标、规划管理、建设实施、资金管理等重点环节加强监管。继续加强对中央投资项目和省重点项目的监管,严格审核基建项目,加强对工程建设项目质量安全的监督检查,严肃查处违纪违法案件。认真开展工程建设领域突出问题治理工作,按照规定全面公开工程项目信息,对挂靠借用资质投标违规出借资质问题进行专项清理。建立重大项目监督检查机制,制定重大项目资金使用监督检查办法。建立纪律保障机制,确保中央和省委重大改革措施落实到位。第二项是深化公务用车问题专项治理。落实和完善公务用车编制管理、购置审批、经费预算管理等制度,认真对厅机关公务用车进行登记,对厅直属单位、省管高校上报的公务车辆进行核实甄别,组织4个督导组,对36所省管高校公务用车问题进行专项检查,及时处理违规车辆。加强车辆管理,防止违规违纪行为发生。

【严肃查处违纪违法案件】 加大案件查办工作力度,严肃查处违规违纪行为。2012年,全省各级教育纪检监察机关和部门共受理群众举报1400件,立案847件,结案919件,党政纪处分747人,挽回经济损失577.78万元,有些职务犯罪案件被移送司法机关处理。省高校纪工委、驻厅纪检组共收到各类控告申诉类举报273件,都及时按照案件管理相关规定进行了处理,其中向5名高校领导发出了函询通知,同1名厅直单位负责人和3名高校领导进行了廉政谈话。

【教育专项治理】 省治理教育乱收费办公室(设在驻厅纪检组)将治理义务教育阶段择校乱收费、中小学教辅材料管理、幼儿园收费行为监管、公办中小学有偿补课、中小学改制学校的清理规范等人民群众反映强烈的教育热点、难点问题作为治理重点,规范各级各类学校的服务性收费和代收费行为,坚决纠正越权设立收费项目和违规收费。一是努力解决义务教育阶段择校乱收费问题。认真贯彻落实《教育部国家发改委审计署关于印发〈治理义务教育阶段择校乱收费的八条措施〉的通知》,制定《河南省教育厅治理义务教育阶段择校乱收费的实施意见》,对全省义务教育阶段学校的办学行为和收费行为的规范工作进行全面部署,并开展了专项督导检查。加强对择校乱收费等情况的监督检查,督促有关学校严格执行公办普通高中招收择校生的"三限"政策,各学校招收择校生比例控制在本校计划数的20%以下,严格按省有关部门核定的标准收费。协助有关处室继续加强规范中小学办学行为工作,组织人员多次开展督导检查,及时发现、查处违规办学行为,努力解决群众反映强烈的问题。二是协助做好中小学教辅材料评议、使用管理工作。按照教育部、新闻出版总署、国家发展改革委员会、国务院纠风办《关于加强中小学教辅材料使用管理工作的通知》精神,全省从2012年秋季起实行以"省级评议、市级推荐、坚持三限、学生自愿"为原则的中小学教辅材料评议推荐制度。督促有关单位和学校严格执行省教育厅制定的《关于加强我省中小学教辅材料使用管理工作的实施意见》、《河南省中小学教辅材料评议推荐办法》和《关于加强中小学教辅材料价格监管的通知》等规范性文件,确保全省教辅材料评议工作的公平、公正、公开、透明,7月31日对通过复核的各出版单位共193种教辅材料进行了公告。2012年秋季开学后,全省各地严格按照"一教一辅"的原则,从省教辅材料评议公告中一个学科选择一套教辅材料推荐给本地学校。三是协助完成普通高中改制学校清理规范工作。按照国家清理规范普通高中改制学校的要求,各地在2012年秋季开学前基本完成清理规范工作。全省107所需进一步清理规范的高中改制学校中,有13所停办,有56所规范为公办学校,有38所规范为民办学校,这107所学校秋季均未以改制学校名义招生。四是严肃治理各种教育乱收费行为。2月29日,省教育厅厅长王艳玲在全省教育工作会议上与各省辖市、省直管县(市)、重点扩权县(市)教育局局长签订了规范教育收费、治理教育乱收费工作责任书,对治理教育乱收费10个方面的问题进行具体部署。组织开展全省春季、秋季教育收费检查工作,组织对18个省辖市、10个省直管试点县(市)、2个重点扩权县(市)、38个县(市、区)的109所各级各类学校收费情况进行了检查。加大教育乱收费案件查处力度,2012年以来,省治理办共收到涉及教育收费的案件举报321件。省治理办直接查处案件83件,对30件教育乱收费案件进行了重点督办,转各地治理办查处案件208件。查处各级各类学校乱收费问题涉及金额675万元,清退违规金额596万元,党政纪处理435人,撤销校长职务3人。

【政风行风建设】 继续加强政风行风建设,树立教育系统良好形象。深入开展民主评议学校行风活动,省教育厅转发了省纠风办《2012—2013年全省民主评议学校行风工作实施方案》,继续对学校招生、办学、收费行为,教育教学和学生管理,师德师风建设和为师生服务等开展民主评议。组织开展"对照职能,贴近民生,努力为群众办实事、办好事"主题实践活动和"教育崛起,教师为基"师德主题教育活动。开展重点处(室)评议活动。2010—2011年参评的职业教育与成人教育处、师范教育处被省政府纠风办授予"2010—2011年重点处室和重点岗位评议活动综合管理类先进单位"。组织全省131个县(区)招生考试服务大厅开展民主评议窗口单位活动,不断提高招生考试服务大厅的服务水平和工作效果,10个县(区)招生考试服务大厅被省政府纠风领导小组命名为群众满意的窗口单位。

【加强高校反腐倡廉建设】 一是加强对高校贯彻落实"三重一大"、校务公开制度执行情况的监督检查。加强高校领导班子建设,健全高校领导班子集体决策、科学决策、民主决策机制,规范决策行为,防范决策风险。10月,省高校纪工委组织4个检查组,通过听取汇报、查阅资料、实地走访、问卷调查、个别谈话等形式,对40所高校"三重一大"、校务公开制度执行情况进行专项检查,对检查监督情况进行了通报。二是加强高校纪检监察组织建设。顺应高校干部管理体制改革的要求,切实加强纪检监察组织建设。起草了《关于加强高等学校纪检监察组织建设的意见》,对高校纪检监察组织建设提出具体建议。8月31日至9月13日,组织25名干部到中国纪检监察学院参加为期半个月的"文化教育系统纪检监察干部培训班”。三是加强对高校重点领域和关键环节的监督。督促各高校纪委加强纪检监察工作,严把“七个关口”,加强对高校招生录取、基建项目、物资采购、财务管理、科研经费、校办企业、学术诚信等重点领域、关键环节的监督管理。2012年重点做了四项工作:强化科研经费使用监管、加强学风建设、强化物资采购监管、强化校办企业监管。积极推进高校“阳光工程”建设,在招生就业、学生入党、奖助学金评定等方面实行公开,把反腐倡廉规定和要求与加强业务管理结合起来,将权力运行置于严格的监管之下,规范用权行为,堵塞管理漏洞。四是加强高校招生执法监察工作。继续推行高校招生“阳光工程”,努力实现“平安高考”和“阳光招生”。加强对招生各个环节特别是考生报名、考试、录取等重点环节的管理监督,及时受理和调查核实群众信访举报,对涉及考试舞弊、违反政策招生办学等违规违纪问题进行查处。对8名高考考生不服违纪处理的复核申请,按复核程序进行复查;反映冒名顶替入学4件,对调查属实者已取消学籍;反映研究生考试问题2件,对查清的1名不够格考生取消录取资格;核查1起学校复试题泄密问题;反映违规保送2件、体育特长生证件造假1件。五是开展廉政理论研究。发挥教育系统人才优势,组织郑州大学、河南大学等高校开展《教育系统加强廉政风险防范问题研究》、《关于河南高校学风建设问题的研究》等课题研究。向省纪委和厅领导提交了《关于河南省高校纪检监察组织建设的调研报告》、《高校贯彻“三重一大”、校务公开制度的调研报告》、《加强高考“阳光招生”的措施和经验》、《加强党风政风建设,努力办好人民满意教育》等调研报告。充分发挥高校廉政机构作用,以课题研究为平台,加强反腐倡廉理论研究。目前,郑州大学、河南大学、河南师范大学、郑州师范学院、平顶山学院、河南教育学院、中州大学等高校建立了廉政研究机构,汇集专门人才开展反腐倡廉理论研究,不断深化对反腐倡廉规律的认识。河南省廉政评价研究中心(郑州大学)、河南大学廉政研究中心等承担了中央纪委、教育部和国家、省社科规划项目以及省纪委、省高校纪工委有关课题研究,还受外省委托,开展专项课题调研,近年来共承担省、部级以上课题20多项,不少成果在省内外产生了一定影响。组织全省高校参与了省纪委为迎接党的十八大开展的“与时俱进,开拓创新,进一步提高反腐倡廉建设科学化水平”征文活动,对报送的26篇论文进行了评选。

撰稿:程　云

审稿:李功勋　李　森

督　导

省政府教育督导团办公室主任:王学进
副主任:李　明　潘贤伟
调研员:张青川
电话:0371-69691773

【召开全省教育督导年度工作会议】 2月28日,2012年度全省教育督导工作会议在郑州召开。各省辖市、省直管试点县、重点扩权县教育局分管教育督导的副局长及督导室主任参加会议。会议回顾总结了2011年全省教育督导工作,学习贯彻2012年河南省教育工作会议精神和2012年度省教育厅工作要点,部署2012年全省教育督导工作。郑州市、焦作市、濮阳市、新乡市、夏邑县等5个单位在大会上做典型发言。向2011年全省教育督导工作先进集体和先进个人颁发了奖牌和证书。

【省政府认定表彰河南省教育工作先进县】 2月,省政府办公厅印发《关于开展教育工作先进县认定表彰工作的通知》(豫政办〔2012〕10号),决定在全省认定表彰32个教育工作先进县。

按照有关要求,省教育厅、省政府教育督导团制订了全省教育工作先进县认定表彰工作方案,于3月26日至4月15日组织由省督学、厅有关处室负责人、教育督导骨干参加组成的5个督导检查组,分别对省辖市推荐的新郑市等37个县(市、区)政府近年来的教育工作情况进行督导检查。6月12日,省教育厅召开厅常务会议专题听取督导检查情况汇报,研究拟定了认定意见。按照省委组织部的意见,又分别征求省纪委、省政法委、省信访局、省计生委的意见,均无异议,并面向全省公示5天。12月4日,省政府印发《关于表彰河南省教育工作先进县的决定》(豫政〔2012〕98号),授予新郑市,新密市,荥阳市,开封市金明区、尉氏县,新安县,洛阳市洛龙区,平顶山市卫东区、鲁山县,安阳县,林州市,沁阳市,武陟县,淇县,辉县市,新乡市红旗区,濮阳县,襄城县,漯河市源汇区,灵宝市,西峡县,内乡县,夏邑县,柘城县,永城市,新县,固始县,信阳市平桥区,郸城县,淮阳县,泌阳县,平舆县等32个县(市、区)河南省教育工作先进县称号,并给予每县100万元的经费奖励。

据不完全统计,5年来,通过督导评估县级政府教育工作,全省促使县级政府补拨教育经费10.96亿元,追拨教育费附加1.44亿元,推动县级政府公开招录补充教师5.66万人。

【中小学校督导工作】 按照《教育部关于进一步加强中小学校督导评估工作的意见》(教督〔2012〕9号)要求,经过多次深入基层调查研究,召开部分市、县教育督导室主任、督学、中小学校长、教育教学管理研究等人员座谈会讨论修改,11月22

日，河南省教育厅、河南省人民政府教育督导团印发《河南省中小学校督导评估办法（试行）》（教督导〔2012〕1108号）。《河南省中小学校督导评估办法（试行）》分七部分：督导评估的目的，督导评估的对象、内容，督导评估的原则，督导评估的组织实施，督导评估程序，督导评估结果的运用，加强督导评估工作的领导。

【义务教育发展基本均衡县督导评估】 为保障国家教育规划纲要提出的义务教育均衡发展目标的实现，教育部决定建立县域义务教育均衡发展督导评估制度，开展义务教育发展基本均衡县的评估认定工作。经多次调研、召开有关人员座谈会，与厅基教一处共同制订出河南省县域义务教育均衡发展督导评估实施办法。10月，省政府召开义务教育均衡发展工作推进会后，按照省政府办公厅《关于开展义务教育发展基本均衡县评估认定工作的通知》（豫政办〔2012〕131号）要求，10月24—26日在郑州召开有关人员座谈会，研讨修改河南省的义务教育发展基本均衡县督导评估实施细则，11月2日，印发《河南省义务教育发展基本均衡县督导评估实施细则（试行）》（教督导〔2012〕199号）。11月15日，在登封市召开由各省辖市及2013年申请评估验收的49个县（市、区）的教育局分管督导、基础教育的副局长、督导室主任、基教科长等300余人参加的培训会议，集中培训义务教育发展基本均衡县督导评估的申报标准、工作程序、注意事项及差异系数计算等内容。

【开展校园安全长效机制督导检查】 9月17—21日，省政府教育督导团对全省18个省辖市、35个县（市、区）、220余所中小学幼儿园的安全和《校车管理条例》落实情况进行督导检查，并对省辖市及检查到的县（市、区）进行量化督导评估。根据督导检查结果，9月27日，省教育厅、省政府教育督导团印发《关于对各地落实校园安全长效机制及校车安全督导检查情况的通报》（教督导〔2012〕922号）。通报指出，从督导检查的结果看全省各地常抓不懈，基本建立了校园安全长效机制。主要表现在，一是安全领导职责得到落实；二是安全设施得到进一步充实；三是安全教育趋于常态化和规范化；四是安全管理得到进一步加强；五是综合治理得到加强。同时，全省各地及时部署，校车安全管理初见成效。本年，各省辖市召开了校车安全专题会议，对中小学及幼儿园接送学生、幼儿的车辆进行了全面摸排，对校车的车型、牌照、所有人、驾驶人、服务对象等基本信息进行登记。各地实行了校车标牌管理，严禁无校车标牌的车辆接送学生。绝大多数地区，学校、幼儿园与校车所有人和校车驾驶人签订安全管理责任书，加强对接送学生专用车辆的安全监管，对违规运营或存在安全隐患的校车督促整改，校车管理初步规范。通报也指出了全省仍存在的安全问题和安全隐患：一是学校食堂问题隐患较多，二是县城学校大班额问题严重，三是一些学校学生宿舍拥挤，四是学校消防存在安全隐患，五是学生安全教育需进一步深化，六是校车管理需进一步加强，七是绝大多数校外托管机构疏于管理，八是学校保卫人员和警防器械需进一步充实，九是一些学校周边存在不安全因素。针对存在的问题，通报要求各地：一要进一步加强中小学、幼儿园安全工作的领导，积极做好协调工作，使各职能部门各司其职，通力协作，真正建立起协调统一的联动机制，扎实做好学校及周边的社会治安、道路交通、食品卫生、消防等各项安全管理工作。继续加大经费投入力度，进一步做好学校的人防、物防、技防工作，进一步改善学生的饮食、住宿条件，为学校安全奠定坚实的物质基础。二要进一步加强校车管理。认真贯彻落实河南省教育厅等20厅局转发教育部等20部门关于贯彻落实《校车管理条例》进一步加强校车安全管理工作的通知精神，采取切实有效的措施，保证中小学、幼儿园校车的安全。三要安全管理进一步精细化、规范化、制度化、程序化。四要对通报中存在的突出问题进行认真整改。

【开展职业教育督导评估】 2012年是全省职业教育攻坚计划收尾之年，为掌握各地职业教育攻坚目标完成情况，督导办把握职业教育发展热点，连续印发3个文件，制定全省职业教育督导检查工作方案和指标体系。11月26日至12月5日，省教育厅、省政府教育督导团组织6个督导检查组，对全省职业教育工作进行督导评估。检查组通过听取政府工作汇报、查阅相关账册、考察职业学校和实训基地，全面、深入地对全省职业教育工作进行督导检查，并对照指标体系对各省辖市、省直管试点县的职教工作进行量化评分。通过督导检查发现，全省通过五年职教攻坚，职业教育工作取得了显著成效。一是职教规模迅速扩大，2012年全省中、高职在校生分别为173.87万人、72.19万人，比2007年分别增加17.57万人、27.49万人。二是办学条件明显改善，全省共投入近200亿元，实施职教项目420多个。三是办学水平显著提升，中、高职毕业生就业率连年保持在95%和80%以上，累计向社会输送毕业生320多万人；通过开展各类职业技能培训，促进城乡新增就业450万人，农村劳动力转移就业2455万人，其中省内转移达1360万人，首次呈现省内转移人数超过省外转移的态势，在促进就业、增加收入、改善民生方面都发挥了重要作用。

【加强督学责任区制度建设】 按照《教育部关于加强督学责任区建设的意见》（教督〔2012〕7号）要求，省教育厅转发了教育部关于加强督学责任区建设的意见，并提出具体要求。一是各地要认真学习文件精神，提高对建立和实施督学责任区制度重要意义的认识，把建立督学责任区制度作为落实教育规划纲要、加强教育督导工作的重要任务抓实抓好。二是各级教育督导部门要启动督学责任区工作，并要加强对督学责任区工作的管理，制订督学责任区建设的规划，建立和完善督学责任区工作机制，使督学责任区工作运行规范化、科学化。三是各级教育行政部门和教育督导部门要为督学责任区工作提供必要的保障。重点建设一支高素质、专业化的专、兼职督学队伍，确保督学责任区工作的顺利开展。四是要建立督学责任区工作奖惩机制。各级教育督导部门对督学责任区的工作情况进行年度考核，重点考核责任区督学的随访督导检查情况和责任区范围内中小学规范办学行为的实际效果、责任区督学提出的意见和建议被上级教育主管部门采纳情况、责任区学校对责任区督学的评价情况、学生家长和社会对学校的评价情况等。对高质量完成年度工作任务的督学责任区暨督学进行表扬奖励，对在督导过程中违反纪律、造成不良影响的督学，一经查实将严肃处理，取消其督学资格。

【完成全国“两基”工作先进单位先进个人及先进地区的推荐工作】 根据国务院办公厅2012年6月19日印发的《关于做

好全国“两基”工作先进单位、先进个人及先进地区推荐评选工作的通知》(国办发明电〔2012〕14号)要求和省政府办公厅意见,6月29日,河南省人力资源和社会保障厅、河南省教育厅联合印发《关于做好全国“两基”工作先进单位、先进个人及先进地区推荐评选工作的通知》(豫人社办〔2012〕65号),明确推荐范围和名额、评选推荐条件、推荐评选要求,成立河南省“两基”推荐评选工作领导小组。经各地、各单位认真评选推荐,河南省“两基”推荐评选工作领导小组办公室初审,拟定郑州市教育局等16个单位、薛英等27人、郑州市等4个省辖市(县、市、区)分别为河南省的全国“两基”工作先进单位、先进个人及先进地区推荐对象。国务院于9月5日印发《关于表彰全国“两基”工作先进单位和先进个人的决定》(国发〔2012〕46号)授予河南省郑州市教育局、三门峡市教育局、洛宁县回族镇第一初级中学、焦作市教育局、辉县市教育局、安阳市教育局、濮阳市教育局、开封市教育局、睢县教育体育局、许昌市教育局、舞阳县教育科技体育局、鲁山县教育体育局、淅川县教育体育局、罗山县教育体育局、周口市教育局、驻马店市教育局16个单位全国“两基”工作先进单位称号;授予刘海香(女)、张伟(女)、吴长运、李聪(女)、赵建华(女)、张建松、刘新超、薛英(女)、王海花(女)、赵国政、常荣奎、田洪湖、宋卫红(女)、赵锦、李凤玲(女)、赵福生、王家岭、张根才、张克勤、张洪涛、包红旗、章光普、刘永涛、冯中祥、夏中厚、常冬青、刘辉27人全国“两基”工作先进个人称号。同日国务院印发《关于表扬全国“两基”工作先进地区的通报》(国发〔2012〕47号),对河南省的郑州市、栾川县、孟州市、南阳市卧龙区4个地区予以通报表扬。

【完成2012年国家基础教育质量监测工作】 2012年国家基础教育质量监测中心在全国开展义务教育阶段学生数学、科学学习质量监测活动,此次监测活动共抽样271个县(市、区)、5290所中小学,涉及河南省15个省辖市的19个样本县(市、区)。按照教育部办公厅《关于开展全国义务教育阶段学生数学和科学学习质量监测的通知》(教督厅函〔2012〕2号)要求,河南省教育厅聘任李书武等19人为2012年国家基础教育质量监测省级巡视员;公布了2012年国家基础教育质量监测工作市、县级联络员。于4月25—26日在郑州市召开2012年基础教育质量监测工作培训会议,有关省辖市及样本县教育督导室负责人和省级巡视员参加会议,会议明确了2012年国家基础教育质量监测的目的和意义、安排和要求、程序和规范。5月30日,教育部在全国开展义务教育阶段学生数学和科学学习质量监测(四年级和八年级)。11月12日,教育部基础教育质量监测中心对河南省的登封市等10个县(市、区)予以表彰,并颁发优秀组织奖。同时根据全省情况,12月12日,河南省教育厅、河南省人民政府教育督导团印发《关于通报表扬河南省2012年国家基础教育质量监测工作先进单位的通知》(教督导〔2012〕1171号),对在2012年国家基础教育质量监测工作中出色完成各项任务的郑州市人民政府教育督导室等23个先进单位予以通报表扬并颁发先进单位奖牌。

【监测学前教育发展状况】 按照省政府大力发展学前教育的意见和《教育部关于印发学前教育督导评估暂行办法的通知》(教督〔2012〕5号)要求,省教育厅印发了《关于转发教育部关于印发学前教育督导评估暂行办法的通知》(教督导〔2012〕383号),部署县级教育行政部门按照指标体系认真自查,省辖市教育督导部门对所辖县(市、区)落实情况进行复查。同时为掌握全省学前教育发展动态,督导办对全省学前教育发展状况进行了监测统计。统计内容包括学前教育三年行动计划工程(项目)、三年行动计划之前学前教育的基本状况、三年行动计划施行一年来的落实情况等。

【协助教育部完成义务教育阶段学生课业负担调查工作】 教育部义务教育阶段学生课业负担调查组于7月1—3日对河南省义务教育阶段学生课业负担情况进行调查,督导办积极组织、协调厅机关有关处室、郑州市教育局及有关县(区)教育行政部门、中小学校配合调查组开展义务教育阶段学生课业负担情况调查,确保调查组在河南工作的顺利进行,得到了教育部及有关领导的肯定。

撰稿:庞晓东
审稿:王学进

招 生·考 试

省招生办公室主任、党委书记:杨智磊
副主任:朱玉山 刘 刚
纪委书记:舒卫建
党委委员:朱小萍
地址:郑州市郑东新区熊耳河路1号
邮政编码:450046
电话:0371-68101600

【硕士研究生招生】 2012年,全省28个报名点共报名120727人,比上年增加9306人,增幅8.4%。报考人数再创历史新高。报名人数中,男生56341人,女生64386人;应届本科毕业生79029人,成人本科毕业生355人,其他人员41343人;按考试类别分:全国统考109373人,推荐免试2573人,法律硕士2966人,管理类联考5606人,单独考试9人,农村师资200人。其中,报考本省26个招研单位硕士研究生的考生人数为42062人,比上年增加4353人,增幅为11.5%。全省以省辖市为单位设23个考区,28个考点,3688个考场,监考人员8192人。

【普通高校招生】 本年,全省高考报名80.5万人,比上年减少49626人,减幅5.8%。招生规模仍居全国前列。其中,专升本4.4万人,比上年减少6.4%;对口生3万人,较上年减少22.8%。全省设考点737个,考场27921个,每个考点平均设考场36个。全省录取新生61.1万人,其中普通类55.2万人,对口招生2.7万人,专升本2.5万人,单招7118人(包括保送458人)。9月补录新生0.9万人。

【成人高校招生】 本年,全省各类成人高校招生计划总数为139071人,比上年增加22017人,增幅为18.8%。按学历层次分,专升本57037人,比上年增加5367人,增幅为10.4%;高起本4897人,比上年减少853人,减幅为14.8%;专科77137人,比上年增加17503人,增幅为29.4%。按学习形式分,脱产5286人,比上年增加527人,增幅为11.1%;业余41556人,比上年增加5701人,增幅为15.9%;函授92229人,比上年增加15809人,增幅为20.7%。按管理属性分,省属院校127186人,比上年增加27335人,增幅为27.4%,占总招生计划的91.45%,外省(市)及部属院校11885人,比上年减少5298人,减幅为30.8%,占总招生计划的8.55%。

【高等教育自学考试】 全年组织4月和10月两次自学考试统考,6月和12月两次助学专业考试,5月和11月两次非学历证书考试。自学考试全年共报考296190人,687076科次。其中上半年报考155865人,356186科次;下半年报考143025人,330890科次。非学历证书考试报考29995科次。其中中小学教师教育技术水平考试报考23561科次,中国餐饮业职业经理人等5项资格证书考试报考6434科次。自考助学专业考试有91所高职高专院校参加,全年报考37430人,近10万科次。本年全省自学考试开考专业285个,其中专科90个,本科195个,新开专业25个。全年毕业30458人,上半年毕业15976人,下半年毕业14482人。完成了自学考试全年两次命题、制卷工作,全年共命题1645套,印制试卷1366025份,评卷687076份。全年共办理转考18843科次,其中外省转入本省18501科次,本省转出342科次;免考46066科次;补办毕业证明书等1000多人次。

【普通中专招生】 本年超额完成普通中专招生任务,共录取新生23.8万人,其中春季录取新生1.15万人,秋季录取新生22.65万人。针对中专招生存在学生基本信息不准确的现象,取消了预录取环节,采用先入校报到,由学校准确采集新生基本信息后再办理正式录取手续的办法,保证了所录取新生的基本信息的准确度。严格审查学校上报的新生名册,严防个别学校编造新生名册骗取国家补助,维护中专招生工作的严肃性。继续完善"河南省普通中专招生服务平台",继上年秋季招生使用该平台外,本年通过该平台实现了宣传、信息发布、计划管理、网上报志愿、数据统计、录取管理等功能,使河南省在普通中专招生管理手段现代化方面走在了全国的前列。

【高中学生学业水平考试】 2011级普通高中学生学业水平考试于2012年12月27—29日进行,全省共有57.4万考生参加,其中:政治546673人,语文546873人,数学549414人,外语548590人,物理551679人,化学546733人,生物549275人,历史547156人,地理546990人,共计4933383科人次。全省共设考点480个,近19000个考场。

【非学历教育考试】 认真执行教育部考试中心制定的《全国大学英语四六级考试考务管理工作手册》、《全国计算机等级考试考务管理规则》、《全国英语等级考试考务管理规则》、《全国英语等级考务细则》、《剑桥少儿英语学习系统管理规则》、《剑桥少儿英语考务细则》、《全国中小学教师教育技术水平考试管理规则(试行)》、《全国中小学教师教育技术水平考试考务工作手册(试行)》和《非学历证书考试考务工作规定》等有关规定,积极稳妥地做好社会考试的宣传推广和组织实施,并结合全省实际情况制定相应的规定和要求,不断完善考试管理,在规范管理的基础上加大考试宣传,扩大考试规模。在本年社会考试中,全省共有1358259名考生参加考试,其中大学英语四、六级考试(CET)1079497名、全国计算机等级考试(NCRE)260730名、全国英语等级考试(PETS)8510名、剑桥少儿英语考试(CYLE)3078名、双证书6444名,呈逐年上升的趋势。

【硕士研究生招生考试信息管理】 一是科学合理安排。按照全国硕士研究生考试工作进度表,以日为单位建立研究生业务信息管理倒推日程表。根据日程表安排,对管理流程中的各个环节进行及早计划和准备。二是规范信息确认。对于在研究生考试中信息确认、检查过程的管理,参照普招和成招信息确认管理办法,结合研究生信息管理的特点制定了研究生信息确认存档办法。三是坚持随机编排考场。通过认真研究、分析以往研究生考试的考场编排程序,结合研究生考试业务信息管理实际,召开考场编排集中办公会,现场随机编排考场,考场编排结束随即把所有过程数据和编排结果封存入机要室。四是强化数据检验。针对研究生考试中数据结构复杂的特点,为了保证业务数据的万无一失,在利用教育部统一信息管理平台的数据自查系统的同时,结合工作需要和自身特点,开发了多种数据自查程序,方便报考点和招生院校,确保了数据的准确性。按时保质地完成了报名、考试和录取各个环节的数据上报工作。

【普通高校招生信息管理】 一是完善报名信息网上采集系统,提前准备部署。为了网上报名系统的顺利开通,提前做好准备工作,备份上一年考生数据,部署新服务器,测试网络环境和网报系统。完善网上支付。提供批量支付、对等转账等功能,提高省辖市招办支付速度和生成报名序号的使用率。严格判断密码验证信息。密码验证信息是考生未填写手机号码而又忘记密码时找回密码的重要依据,为了考生信息的安全,系统严格判断,考生姓名中的任何一个字均不能出现在密码验证信息中。增加高中学业水平资格判断。增加对高中学业水平考试身份证号的判断和定时检查是否是高二学生报名的功能。升级考生信息采集的照相模块,兼容更高版本的数码相机。继续利用Live800平台为考生提供在线服务系统,同时在原有论坛以及互联网QQ群的基础上,为招办内部报名技术问题解答增加专网实时交流途径,加强了信息的安全性。二是完善志愿信息网上采集系统。在坚持网上采集志愿信息改革和不改变整体系统架构的原则下,对网上志愿采集的流程进一步改革和完善。完善提前批填报志愿修改次数的提示信息,明确志愿修改次数以及上一次填报的志愿批次。护理类专业单独填报。由于护理类专业生源受限,对少数高校护理类专业单列,实现考生选报该类专业要与选报同一高校的其他专业分别占用不同的高校志愿栏。新增贫困地区专项计划。根据国家政策要求,单独设置专项计划本科批和专科批,专项计划单独划定分数线,并严格判断考生户籍和学籍,确保资格认定。增加管理和统计功能。在系统中为省辖市招办增加贫困地区定向招生批次和自主招生、高水平运动员、特长生批次志愿填报信息打印功能,添加打印模版。三是完成高考报名信息采集及信息核查工作。报名信息汇总后,省招办对全省报名信息汇总后进行统一检查,同时还与相关数据库进行比对校验。在检查校验过程中,共发现警告信息55798条,对所有警告信息会同有关市、县(区)招办逐一进行了核查处理。四是网上志愿填报工作平稳顺利。5月13日,在全省范围内对考生进行了一次网上填报志愿模拟演练,使广大考生熟悉网上填报志愿系统,掌握填报流程,减少操作失误。通过网上志愿填报系统的多次维护,考生和基层招办使用起来流畅方便,均反响良好。

【成人高校招生信息管理】 完善网上支付,为防止因为网上支付而影响考生报名情况的发生,为考生提供了网上支付和现场招办代支的两种模式。同时,为了防止考生多次支付,控制同一支付账号不允许重复支付。手机号码采集实行"一号一人",结合省招办公益短信平台(10639639)的建立,考生报名时必须填写手机号码,短信平台为考生发送激活码短信,考生输入激活码后方能继续报名。考生修改密码和志愿填报时,为考生发送验证或者告知短信。考生填写手机号码实行"一号一人",不允许"一号多人"。继续通过学信网对报考专升本和"二学历"的考生进行了学历认证,在录取前对考生的报考资格进行审查,并通过短信告知考生,提高专网利用效率。

【自学考试信息管理】 通过对自学考试的各项业务流程进行梳理,从考试报名报考数据的下发到各个地市考场数据的编排、考试成绩登分工作、考生转免考的考籍变动、毕业生数据的办理,做到规范工作流程,提高工作效率,确保数据安全准确,更好地服务于业务处室的各项工作。下半年自学考试的试卷纠错和核分工作实行集中处理,为了更加高效地完成此项工作,设计实现了"河南省自学考试成绩核分系统"。并开发"河南省自学考试转免考系统",为更规范、更高效地开展转免考业务,做好技术支撑。

【网上录取信息管理】 一是合理调配网络设备,精心准备录取环境。网上录取期间,登封录取现场使用计算机155台,服务器12台,交换机、路由器、防火墙26台,高速扫描仪1台,高速行打4台,高速打印机1台,数据库审计1台,投影仪1台,MCU1台,视频终端1台,录播服务器1台。省招办使用计算机6台,服务器25台,交换机、路由器、防火墙22台。二是认真做好设备维护,确保网络良好运行。录取期间,对系统及网络维护95次(包括系统调试、病毒处理及软件维护),硬件维护15次(包括设备硬件故障、耗材更换及线路等)。三是仔细开展设备巡检,及时处理异常情况。在登封现场,对网络设备每三小时巡检一次,共巡检264次,记录事件43次(设备故障或报警事件10次,软件及网络事件31次,电力停电事件3次)。对郑州网络设备每两个小时巡检一次,共巡检286次,记录事件5次。四是为院校做好技术服务,确保连接畅通。录取期间,技术支持组通过办公电话耐心指导、传真收发文件、QQ远程协助等途径,积极主动地为院校解决问题。五是做好网站信息维护,确保信息发布及时畅通。高考及录取期间,通过河南省招生办公室网站发布新闻90条,高招在线发布新闻62条,考生服务平台发布新闻60条,只读邮箱发布消息2797176条(1144560人次阅读)。通过外网查询量为40655928人次,比上年(15108393)多25547535人次,通过高招在线查询量为2660205人次。

【网络安全】 实施内外网分离政策,做好整体网络规划,对普通高招网上报名、网上志愿填报服务器在核心交换机上做VLAN的划分,实现重要服务器单处一网段,有效地阻止同网段设备、系统之间的病毒传播,实现重要业务、重要服务器等隔离工作,严密监控内部办公网、专网、评卷现场、网上录取现场的防病毒软件使用和病毒升级情况,做好病毒、木马预防、分析工作。网上评卷工作过程中,督促评卷公司做好每天扫描数据、评卷数据的备份工作。实行24小时值班制,每间隔30分钟巡视一次,并做好巡视过程中的问题记录,每天与各个评卷点联系,做好问题记录,确保网上评卷工作的顺利进行。重新编写全国普通高招网上招生录取工作技术支持手册,同步并更新了往年累计的工作经验,新增加了IPV6环境下各类问题的描述及多种解决办法,提高招生考试的服务质量。在机房服务器、网络设备方面,加强了对硬件、软件的安全监控力度,针对重要服务器、核心网络设备等进行了CPU、硬盘、内存等硬件层的安全监控;对数据库、Web应用、操作系统等软件层也进行了安全监控。并且设置阀值,超出预设范围之后,以短信通知的方式告知相关工作人员。

【标准化考点建设】 根据《教育部关于做好国家教育考试标准化考点建设工作的通知》精神,专门成立了标准化考点建设领导小组和标准化考点建设办公室,制定《河南省国家教育考试标准化考点建设规划及实施方案(2011—2012)》,先后3次召开全省标准化考点工作会议,对项目的规划、建设、管理、监督、验收及资金的筹措,进行全面的协调和指导,确保河南省标准化考点建设工作科学、有序地进行。

【探索本省标准化考点建设模式】 一是坚持"三统一"的原则,即统一规划、统一要求、统一标准。在技术上统一建设标准,统一传输网络,统一视频编码。二是坚持"分步实施、高效务实"的原则,坚持实用性与先进性并重的原则,降低建设成本。急用先行,简易先上,充分发挥考点学校现有信息化资源的作用,采取改建与新建相结合的办法,分步实施、逐步完善。三是坚持"统筹协调、综合使用"的原则,统筹标准化考点在各类教育考试中的综合利用,加大建设力度,推动使用广度。四是坚持"建、管、用相结合"的原则,在抓建设的同时抓好管理与使用,以管促用,以用促建。将传统的考场监考与视频监考相结合,考试中实时监控记录与考后视频回放审查相结合,建立省招办巡查、市招办巡考、考点视频监考三级网上实时监控体系,充分发挥标准化考场建设效益,不断提高应用水平。五是坚持"三不原则",不推荐产品,不指定厂商,不干预各地建设。明确职责,密切配合,干成事,不出事。

【标准化考点运用】 本年,新建363个标准化考点、10724个标准化考场,国家教育考试标准化考点覆盖率达到100%。完成或升级了省、市、县国家教育考试考务指挥平台建设,其中省级平台1个、市级平台23个、县级平台121个。全面实行了与考场监考同步的考点视频监考,完善网上巡查和视频监考系统功能,实现了编码器、交换机、服务器等设备的共享。全面实行4场1人的网上监考配置和考生定位系统,实现了"多双眼睛督考"和"现场直播、当场执法"的功能。针对目前国家教育考试安全面临的形势,在保持使用原有技术措施的基础上,积极探索研究开发考生身份认证系统及考试作弊防控系统科研试点。

【招生考试宣传】 坚持新闻发言人制度和新闻通稿制度,在注重服务和加强协调两方面做了大量工作。安排专人通过飞信、QQ、电话等手段和新闻媒体保持经常性的沟通与协调,采取召开新闻单位座谈会、新闻单位通气会等形式,加大舆论引导力度,改进宣传工作方法,提高宣传工作效率,做到服务周到,响应及时,积极稳妥,应对有方。全年共召开新闻发布会9次,在省级电台、电视台录播节目60余次,省内媒体刊载、播出的稿件、消息超过2000篇(次)。河南招生考试信息网全年共发布各类招考信息及稿件456篇,约316万字;刊登新闻照片60幅;回答考生提问2723个。目前网站累计总访问量达4.15亿次,年访问量超过7000万次,日访问量最高280万人次;访问量在10万次以上的文章8篇,单篇文章最高访问量达280万次;最大在线人数3.8万人。目前,网站的社会影响力越来越大,从河南招生考试信息网获取信息已成为广大考生的首选。全省普通高校录取期间,各主要媒体每天都有关于高招工作的宣传报道,广播电台、电视台在重要时段,报纸、网站在显著版面增加了报道量和篇幅,做到了"电视有画面、广播有声音、报纸有文章、网上有消息",收到了良好的宣传效果。

【招生考试咨询】 通过现场咨询、网上咨询、电话咨询三种形式,在志愿填报期间提供点对点的咨询服务。现场咨询大会安排在河南农业大学和黄河科技学院举行。共有省内外800余所高校参加,接待考生及家长10余万人次。在教育部阳光高考信息平台和河南招生考试信息的网上咨询中,省市招办回答考生及家长提问1035个,河南省100多所高校在网上咨询时解答考生问题8088个。通过招生咨询热线,省市招办共接受考生及考生家长电话咨询34507人次,通话时间达33994分钟。

【网络监测】 根据不同考试类型设置相应的关键字,把重点敏感网站作为搜索重点,实施不间断监控,扎扎实实地做好网络舆情的日常监测和信息收集,为领导及时掌握网络有害舆情提供第一手资料。全年共编辑《招考舆情》30期。利用网站报送平台和全省招生考试网络通讯员QQ群,对网络信息员工作进行督促和考核,实行动态化的日常管理。全年共上报有害信息4535条,提供基层工作动态稿件200篇,网站中采用64篇。

【综合整治高考环境】 各地、各有关部门按照全省统一部署,集中开展"三整治一清理"工作,重点开展打击销售作弊器材、净化涉考网络环境、净化考点周边环境等专项行动,开展教育培训机构的清理工作,确保高考的良好环境。教育、宣传及互联网管理、通信管理、无线电管理、公安、安全、监察、工商、保密、武警部队、城建、环保、电力、卫生和食品药品监管、气象、地震等有关部门,按照职责分工,各抓一方,全力做好高考的保障工作,使全省的高考工作井然有序。

【普通高考考务管理】 一是充分发挥标准化考点作用。2012年,河南省参加高考的考生全部安排在标准化考点考试。在全省统一实行每场考试结束退场前,让考生在考场摄像头前目视镜头2秒钟进行摄像,以便对疑似违规考生进行信息比对取证;在常规监考人员配备之外,各考点按照每4场1人的配置实行网上监考,通过网上视频监考、巡查,实现了"多双眼睛督考",全省替考考生明显减少。二是大力宣传新修订的《国家教育考试违规处理办法》,要求各校引导考生诚信参加考试,组织考生人人签订诚信考试承诺书。三是加强对考试的严格管理。对全省15万监考员及各类考试工作人员进行认真的选聘、培训、考核。考试期间,省教育厅及省招办领导带队分片包干巡视,对考风考纪相对薄弱地区的考点、考场进行重点巡查和监督。严查违纪舞弊,全省查出有抄袭行为的考生31人、替考考生25人、携带通讯工具作弊考生24人。

【普通高考安全保密工作】 全省召开了高考考务工作人员培训会、试卷安全保密培训视频会、省派巡视员及网上巡查员培训会。加强了对试卷安全隐患排查。考前,各市、县(区)组织对涉及高考试卷安全保密的各项制度、各个环节进行了大排查,清除各种安全隐患102个。强化了对试题、试卷安全过程管理。严格执行教育部考试中心规定,统一在试卷包装袋外面加封防伪透明塑料膜;保密室存放试卷期间电视监控和网上巡查系统实行24小时开启;全省各市县保密室实行联网监控、网上巡查,试卷进入保密室后实行监控录像6小时回放制度;建立从考务办公室到考场的"封闭式"专用通道,实现了视频监控全程覆盖和人员无死角盯防,监考员领送试卷全部走专用通道;省招办实行24小时网上巡查、电话抽查,省派巡视员随时对各级试卷保密室(保管室)实地检查,特别对县一级保密室实行了昼夜巡查,保证了试卷安全保密没有出现任何问题。

【评卷管理】 重新修订《评卷细则》,分别向各评卷学校派出两名联络员,由一名副处长带队,加强了对评卷过程的指导。评卷过程中,组织各评卷高校抓好试评,科学制定评分细则,组织培训,保证评分的准确性。严格贯彻"质量高于速度"、"速度服从质量"的要求,评分中严格执行"该给的分给足,不该给的分数坚决不给"的规定,统一标准,使试卷评判出错率降到历年来的最低,总体质量优良。同时,积极应对选考题异常卷问题。通知成绩后接受考生申请查分,其复核结果为零差错。

【完善网上评卷工作】 一是进一步完善从答题卡设计、印制、考务实施到答卷扫描、评阅等环节的管理办法和实施细则。二是进一步完善"集中扫描、远程传输、网上评阅"的网上评卷工作模式。三是进一步完善网上评卷硬件及网络运行环境。四是加强对评卷工作的组织领导,健全评卷组织机构。五是评卷前对全体评卷教师和工作人员集中进行业务和操作培训,明确工作纪律、评卷规定和工作程序。六是制定网上评卷工作应急预案。七是评卷期间严格执行值班制度和报告制度,安排了专人值班,评卷现场实行24小时监控,确保了评卷工作的安全。八是加强对评卷过程的监控,质量检查范围覆盖到每一位评卷教师。在整个评卷过程中做到了"给分有理,

省教育厅党组成员，省招办主任、党委书记杨智磊陪同副省长徐济超，省委高校工委书记、省教育厅党组书记、厅长王艳玲检查高招录取工作

扣分有据，宽严适度，始终如一”，确保了评卷质量。

【改进普通高校招生录取工作】 一是指导考生填报志愿。印发了80万份《招生指南》免费发放给考生。耐心接受考生咨询，对招生政策及时通过网站向社会公布。二是按照“学校负责、招办监督”的要求，严把录取检查关，确保上线合格考生不退档，不录取不合格考生。录取期间，积极与高校沟通争取投放机动计划，本科类扩招11322人。三是改进招生录取工作。加强与南方科技大学、武汉大学的联系，做好自主测试模式的招生工作；根据平行志愿投档需要，完善了在同校、同批次、同科类中，将较高学费专业及护理学类专业单列投档的办法，减少了无效投档问题；艺术类招生实现了在同一大类，按专业考试内容与录取规则属性区分专业组的计划公布与投档办法，优化了投档模式。

【成人高校招生改革】 按照“统筹规划、试点先行、有序推进”的原则，结合全省实际，在巩固往年改革成果的基础上，稳步推进了以下工作。一是在全面实行网上报名的基础上，进一步完善网上报名系统的开发、培训和测试工作，完善了成人高考报名费网上支付办法；二是考生在网上报名信息录入时，实行考生本人姓名、身份证号码和手机号码捆绑录入即“一生一号”，建立了高校与考生本人联系的正常渠道，严厉打击了非法中介通过窃取考生信息，限制考生报考、乱拉生源谋私利的违法行为；三是完善“专升本”、“免试生”和“二学历”考生报名资格学历审查办法；四是成人高考全部安排在标准化考点进行，充分发挥标准化考场的作用；五是开展全覆盖式考务三级培训机制，即省招办负责对市招办业务负责人进行一级培训，市招办对考点业务负责人进行二级培训，考点对监考教师、考务工作人员进行三级培训；六是进一步完善各类突发事件应急处置预案；七是建立健全检查和监督机制，层层分解工作任务，逐级签订考试安全和考风考纪责任书；八是在考试前，会同工商、公安等部门开展打击贩售作弊器材集中行动。

【成人高招考试管理】 一是充分发挥招生委员会作用。各级招办严格按照教育部等10部门《关于进一步加强国家教育统一考试环境综合治理和考试安全工作的通知》(教学〔2012〕4号)要求，积极与当地招委成员单位联系沟通，形成了相关部门各司其职、相互配合、联防联控、齐抓共管的工作局面，严厉打击了团伙舞弊、兜售作弊工具等违法行为，净化了各考点周边网络环境，同时严密监控并及时清理通过网络、手机、校园小广告等传播涉嫌试题泄密和作弊信息。二是加大宣传力度，营造良好的舆论氛围。采取多种形式、多种渠道广泛深入地宣传成人高招工作的政策和规定。对考生进行诚信教育，引导其诚信考试，公平竞争。印发《关于严肃成人高考考风考纪的通告》，加强网上有关招生考试有害信息的监测，营造了从严治考、违纪必究的舆论环境。三是充分发挥标准化考点的作用。成人高考全部安排在标准化考点进行，视频监控系统覆盖所有考场、试卷保密(保管)室、试卷分发(回收)场所和专用通道等重要场所，各考点建立了从考务办公室到考场专用通道，考点启用备用试卷必须在视频监控下拆封，并严格按程序办理交接手续。四是采取有效措施，防范、打击替考和利用无线电设备作弊行为。各市招办积极会同当地工商、工信、公安等部门联动，有力打击了贩卖、制售考试作弊器材等违法行为。所有考点都安装使用了无线电信号屏蔽仪器，覆盖到每个考场。考试期间，各地无委会大力支持，使用电子侦测系统对可疑信号进行监听和巡查，起到了很大的震慑作用。五是加强考试管理，认真落实各项规定。加强以监考员为主体的考试队伍建设，实行监考员交换制度和考前抽签制度，防范和打击有组织的利用现代信息技术手段作弊和大规模群体舞弊等非法行为，特别是考务工作人员参与集体舞弊的行为。六是加强考试期间的网上巡查和督查。考试期间，抽调10人利用省招办网上视频系统对全省标准化考场的考试情况、试卷、答卷以及备用卷的安全保密情况进行实时巡查，不定时抽查。

【成人高招录取】 进一步完善网上录取系统，建立了安全、可靠的网上录取保障体系。一是以省招办网站和河南招生考试信息网站为主要平台，全面、及时、准确发布招生政策、录取规则和录取结果等招生考试信息。二是进一步完善省、市、县三级招办和成人高校招生服务体系。充分利用省、市、县三级招生考试综合服务大厅，安排专职人员解答高校和考生的来信来访。三是对参加录取的工作人员进行业务培训。四是统一印发录取工作通知和录取工作注意事项，向招生院校开通网上录取系统和“河南高招在线”，发布各招生院校分专业生源信息。五是录取期间，现场网络系统运转正常，系统数据处理及时、准确。计划调整、发档、录检、审核、录取手续办理等工作严格程序，操作规范。“河南高招在线”实时地为招生院校和市招办提供了录取情况。六是在集中录取结束后，及时公布剩余招生计划的学校和专业，对征集志愿录取进行宣传，部分未被录取的考生到网上填报了征集志愿，按照征集志愿生源情况对剩余计划院校进行投档录取。

【自学考试助学专业管理】 对参加助学专业工作的高(中)职、高专院校颁发助学许可证。安排主考学校制作助学专业552门课程网络课件，并进行检查和验收，推动助学专业质量提升。制定印发对主考学校和高(中)职高专院校的考评办法和考评体系，制定印发《河南省高等教育自学考试助学专业教学工作网络管理规范》(试行)的通知。对参加助学专业工作的院校进行全方位指导监督。

【自学考试命题和评卷管理】 认真执行自学考试命题教师管理办法，严格按照教材、考试大纲命题，基本做到题量适中，难易适度，科学严谨。对每一科的试题，组织有关专业人员，进行审核验收，按照规定存入题库，使题库中的试题数量满足选题的需要。全年共组织两次评卷工作，各评卷院校重视评卷工作，都成立了自学考试评卷工作领导小组，由主管自学考试的校（院）长担任阅卷工作领导小组组长，加强对阅卷工作的组织领导。评卷期间实行学校联络员工作制度，每个学校都有专人负责。组织机构健全，职责分工明确。评卷封闭管理，全部持证上岗。坚持“宽严适度、给分准确、前后一致、规范评阅”的方针，按照“给分有理，扣分有据”的原则，科学把握评卷进度，保证评卷的公平、公正。

【党风廉政建设】 认真落实党风廉政建设责任制，制定《省招办党风廉政建设责任制实施办法》，层层签订党风廉政责任书，进行勤政廉政承诺。组织党员干部继续深入学习《中国共产党纪律处分条例》、《中国共产党党内监督条例（试行）》、《建立健全教育制度、监督并重的惩治和预防腐败体系实施纲要》。在高校录取工作中，坚持全员参与、全程跟踪，特别是在制度落实、关键环节认真监督。加大案件查办力度， 对信访案件及时了结回复，做到件件有落实，件件有交代。

撰稿：孟留拴　叶素景

审稿：朱玉山

语 言 文 字

语言文字应用管理处处长：闫俊山　　电话：0371-69691758　69691759　69691756　69691757

【王艳玲接受省政府门户网站专访】 2012年8月1日，河南省语言文字工作委员会副主任、省委高校工作委员会书记、省教育厅厅长王艳玲做客大河网，就全省语言文字工作开展情况接受专访并与网友互动交流。在半个小时的专访中，王艳玲系统地解答了目前全省广大语言文字工作者及社会群众和网友们所关心的热点、焦点问题，从如何看待语言文字工作在中原经济区建设中的地位和作用、目前全省城市语言文字评估工作的进展情况、近几年做的具体工作、新形势下河南省语言文字工作面临的问题和挑战、今后在哪些方面取得突破等问题作了详细的阐述。

省语言文字工作委员会副主任、省教育厅厅长王艳玲（左）解答记者提问

【城市语言文字评估工作】 5月29—31日，由省语委副主任介新和省教育厅厅长王艳玲任组长以及25名专家、领导干部及语言文字专业人员为成员的评估组对郑州市的城市语言文字工作进行了为期三天的检查评估。教育部语言文字应用管理司司长姚喜双、副司长张世平等人组成的观察组对评估过程进行监督。评估组认为郑州市的城市语言文字工作基本达到“普通话初步普及、汉字社会应用基本规范”的标准。

6月7日，河南省人民政府下发《关于开展城市语言文字工作评估的意见》（豫政〔2012〕53号），随后省教育厅下发《河南省二类城市语言文字工作评估操作办法》、《河南省二类城市语言文字工作评估标准》及《河南省二类城市语言文字工作评估实施细则》，全省二类城市正积极准备，迎接省语委的验收。

【普通话水平测试工作】 截止到12月17日，全省全年共测试241194人，合格率达到87%。

10月20日，全省首次计算机辅助普通话水平测试在河南科技学院进行，这标志着全省的普通话培训测试正向智能化方向发展。省教育厅语言文字处和有关试点单位的负责人现场观摩了测试全过程。

教育部、国家语委要求在全国范围内陆续实行计算机辅助普通话水平测试。全省确定了商丘市、安阳市、新乡市、濮阳市、许昌市、三门峡市、河南科技学院、郑州师范学院、周口师范学院、信阳师范学院、洛阳师范学院、安阳师范学院为试点单位。河南科技学院率先建起了标准的语音室，并进行了首次普通话水平测试，效果良好。

计算机辅助普通话水平测试与传统的测试手段和管理模式相比，优化了测试手段，规范了测试程序，降低了测试成本，提高了测试效率，统一了测评标准，提高了测试管理信息化水平，体现了国家级考试的客观公正性。

【省级语言文字规范化示范校建设】 根据河南省教育厅《关于开展第三批语言文字规范化示范校创建活动的通知》（教语用〔2012〕142号）精神，各高等学校、省辖市、省直管试点县和重点扩权县按照“河南省大中小学（幼儿园）语言文字规范化示范校评估标准”，进行初评和推荐工作。5—6月，省教育厅组织8个专家组对全省申报的学校和幼儿园进行验收，共有103所学校（幼儿园）达标。

【第15届全国推广普通话宣传周】　省教育厅转发了《教育部等九部门关于开展第15届全国推广普通话宣传周活动的通知》(教语用函〔2012〕1号),制定了《河南省第15届全国推广普通话宣传周活动方案》。

省政府、省语委高度重视推普周宣传活动。河南省副省长、省语委主任徐济超在9月14日的《河南日报》上发表题为"大力推广和规范使用国家通用语言文字"的署名文章,总结十五年来河南省推普工作所取得的成绩,高度强调了推普周的重要性,并对下一步的工作做了具体要求。

省教育厅协商河南电视台在黄金时段播放了推普周视频公益广告,各省辖市、省直管试点县、重点扩权县(市)、高等学校和直属学校都下发了文件,对推普周活动做了研究和安排,结合本地、本单位实际拟定了活动计划,制定了切合实际的推普周方案,组织开展了丰富多彩的推普宣传活动。

在全国推普宣传素材征集活动中,全省有4件作品获奖,省语委获组织奖。

撰稿:李伟民
审稿:闫俊山

机关党群工作

厅直属机关党委专职副书记:仲　彦
厅直属机关党委副书记:　刘林亚
厅直属机关党委调研员:郭雅莉
办公地址:郑州市郑东新区正光路11号
电话:0371-69691073
邮编:450018
网址:jytjgdw@126.com

【综述】　2012年,按照厅党组对机关党的工作"提升认识、找准定位、突出重点、形成合力"的总体要求,以邓小平理论和"三个代表"重要思想为指导,深入学习实践科学发展观,认真学习贯彻党的十八大精神和《中国共产党党和国家机关基层组织工作条例》、省委《关于加强新形势下机关党的建设的意见》精神,紧紧围绕全省教育中心工作,以建设高素质的党员干部队伍和努力打造"五型"机关为目标,以积极开展各种活动为载体,全面提高党组织的凝聚力和战斗力,扎扎实实地开展党的工作,为河南教育事业的改革发展,提供坚强有力的政治保证和组织保证。2012年,省教育厅直属机关党委被省委省直工委授予省直机关先进机关党委,省教育厅直属机关纪委被省委省直工委授予省直机关先进机关纪委,省教育厅机关党委书记李功勋被省委省直工委授予省直机关先进机关党委书记称号(豫直文〔2013〕9号)。

【学习贯彻党的十八大精神】　扎实做好营造良好氛围迎接党的十八大、深入学习贯彻党的十八大精神是2012年机关党的工作贯穿全年的一项重点工作。年初,按照上级统一部署,机关党委对学习宣传贯彻党的十八大精神做出了具体安排:在十八大召开前,注重营造喜迎十八大的良好氛围,组织开展"回顾辉煌历程,喜迎党的十八大"读书竞赛活动,开展了"喜迎党的十八大,歌颂党的丰功伟绩"有奖征文活动等,省教育厅报送省委省直工委的《争创一流业绩　喜迎党的十八大》征文获得一等奖;在十八大召开期间,及时下发通知,要求各级党组织把收听收看十八大精神工作当作一项重要的政治任务进行部署和落实,认真组织收听收看。同时,注意收集党员干部群众的反映和思想动态,及时进行辅导、引导;十八大闭幕后,按照省委书记卢展工对全省党员干部提出的要做到"学明白、想明白、说明白、做明白"和厅长王艳玲要"学习好、结合好、宣传好"的要求,及时下发《省教育厅关于认真学习宣传贯彻党的十八大精神的安排意见》(豫教直党〔2012〕45号)和《省教育厅关于认真学习宣传贯彻党的十八大精神的实施方案》(豫教直党〔2012〕46号),对全厅的学习贯彻工作进行详细安排。为全厅党员干部购买学习材料共计1500余本,及时下发到党员干部手中,同时,积极搜集资料,为党员干部学习提供方便。邀请党的十八大代表、厅党组书记、厅长王艳玲为全厅党员干部作了十八大精神辅导报告、组织厅机关党员干部进行十八大精神学习测试。

【厅直属机关第四次党代会】　6月,省教育厅直属机关第四次党代会在郑州召开。这次党代会,全面总结了省教育厅直属机关第三次党代会以来机关党的工作,分析了当前省教育厅机关党的工作面临的形势,部署了今后一个时期机关党的工作的主要任务,选举产生了第四届直属机关党委和机关纪委。省教育厅党组书记、厅长王艳玲,在大会上作了《围绕中心　服务大局　努力开创机关党的工作新局面》的讲话。

【"五抓五促"活动】　在厅机关开展"五抓五促"活动,认真贯彻落实厅党组《关于进一步加强新形势下机关思想作风建设的实施意见》,把思想作风建设工作落到实处,努力打造"五型"机关。年初,在认真调研的基础上,制定《省教育厅加强机关思想作风建设,着力打造"五型"机关活动方案》以及《省教育厅"五抓五促"活动分解方案》,结合教育厅机关实际,明确目标内容和职责;建立了由厅领导牵头,有关处室参加的厅机关思想作风建设联席会议制度,联席会议多次开展专题研究和专项检查活动，形成了机关思想作风建设的合力；指导机关各处室制定服务承诺书，设置“省教育厅机关服务态度投诉箱”，发放征求意见函广泛征求基层单位意见，主动接受群众监督。按照“五抓五促”活动考评方案，2012年年底，对机关思想作风建设情况进行了量化考评，评选厅机关党委、人事处、纪检监察室、体卫艺处、发规处、学生处、办公室、组干处、基教二处等9个处室为2012年度机关思想作风建设先进处室。

【厅第五届职工运动会和参加省直五运会】 4月，省教育厅举办第五届职工运动会。两年一度的厅职工运动会，是全厅干部职工体育运动的盛会。运动会前后历时一个多月，是省教育厅举办运动会以来，规模最大、参加人数最多的一届运动会。共设11个大项24个小项，有2400多人次参加比赛。8月，在厅第五届厅职工运动会的基础上，组队参加了省直五运会。省教育厅共参加了10个大项目，41个小项目的比赛，在厅领导的大力支持和参赛运动员的奋力拼搏下，获得了7个大项团体一等奖，60人次分别获得一、二、三等奖，并获得优秀组织奖。

省教育厅厅长王艳玲（左一）在厅第五届职工运动会上看望运动员

【精神文明建设】 针对省教育厅精神文明建设工作实际，不断开拓创建新思路、新方法，积极开展文明创建活动，促进省教育厅精神文明建设跃上新台阶。年初根据省直精神文明年度工作会议精神，及时制定省教育厅精神文明工作指导意见和创建活动实施计划；组织厅机关干部参加义务植树活动，由于组织严密，大家参与的积极性高，受到省直工委的表扬；按照省直文明办的要求，坚持把提高干部队伍的思想政治素质作为精神文明建设的首要任务，认真开展社会主义核心价值观的学习教育；开展“读好书写体会”活动；开展雷锋精神宣传月活动；特别是开展廉政文化进机关活动，在全厅征集廉政提示语和组织书画摄影展，精心打造了机关廉政文化长廊。在省直工委组织的文明单位年度复查中，省教育厅复查成绩位居省直机关前列，顺利完成了文明单位年度复查。

【党员教育】 抓好机关党员干部的理论武装是机关党的工作的首要任务。一是年初，根据省委、省直工委的要求，密切联系教育工作实际，制定下发《河南省教育厅县处级以上党委中心组分专题集体学习的安排意见》和《河南省教育厅机关学习的安排意见》，针对党员理论学习，注重丰富学习内容，创新学习方法，着眼于武装头脑、指导实践、推动工作。二是围绕建设中原经济区，加快中原崛起、河南振兴的新形势、新任务，组织学习《国家中长期教育改革和发展规划纲要（2010—2020年）》、《河南省中长期教育改革和发展规划纲要（2010—2020年）》和《人民日报》评论员文章《用领导方式转变加快经济发展方式转变——河南务实发展静悄悄》及何平《再论用领导方式转变加快经济发展方式转变》一至九篇系列文章，提高党员干部服务中原经济区建设、办人民满意的教育的主动性和自觉性。三是建立理论与业务学习考勤、通报讲评制度。2012年，结合“五抓五促”活动，对全厅理论学习情况进行量化考评，有效地规范了学习制度。四是做好学习服务工作。认真做好党报党刊的征订工作，购买各种学习资料，播放学习辅导录像，组织参加《经纬讲坛》学习和专题报告会等活动。2012年，组织人员参加省委、省直工委组织的各种报告会、学习讲坛、专题讲座等20余场次，为党员干部购买学习材料6批，共计3000余册。

【继续深入学习中央《条例》和省委《意见》】 在学习贯彻落实《条例》、省委《意见》中，省教育厅把对两个文件的学习做到经常化、常态化，采取多种形式，认真学习贯彻。厅党组利用中心组集体学习时间，专门就《条例》、《意见》中中央和省委对党组提出的要求进行了学习讨论，提高认识，增强贯彻执行《条例》、《意见》的自觉性、主动性；厅直属机关党委组织厅机关党委委员、直属单位党组织书记召开座谈会，围绕学习、宣传、贯彻中央《条例》和省委《意见》，结合机关党建工作创新等问题进行专题研讨；各级党组织利用党的会议和学习时机，对中央《条例》和省委《意见》进行专题学习和辅导。在学习贯彻落实《条例》、省委《意见》中，省教育厅结合自身实际，做到严格落实，高标准执行，加强机关基层党组织建设。省教育厅党组坚持每年专题听取机关党建工作汇报，认真研究党的思想、组织、作风、制度建设等方面的问题，对机关党的建设提出具体意见。坚持依靠机关党组织推动工作制度，做到了经常通过机关党组织了解干部和职工的思想动态，听取对单位重大决策、改进工作、领导干部廉洁自律等方面的意见和建议。

【党风廉政教育】 2012年，省教育厅坚持求真务实精神，切实做好党风廉政建设和反腐败工作，认真贯彻中央、省委有关党风廉政建设、反腐倡廉的有关文件精神，扎实做好厅党风廉政教育工作。积极开展党风廉政教育活动。组织全体党员干部进行了两次党风廉政专题教育，厅党组成员、机关党委书记李功勋亲自授课，用活生生的事例对全厅党员干部进行教育，收到较好效果；及时下发、转发上级有关廉政方面的情况通报，

党风廉政警示教育大会

让广大党员干部深刻领会上级精神;在党风廉政教育活动中,采取举行辅导讲座、观看录像片,学习专题材料、组织讨论、做学习笔记、写心得文章等一系列行之有效的形式,使全厅广大党员干部进一步提高了对党风廉政建设和反腐倡廉工作重要性的认识,自觉严格要求自己,带头自觉遵守中纪委和省纪委各项廉洁自律规定。强化党内监督意识,充分利用各种学习时机,认真组织党员干部学习《中国共产党党内监督条例》。按照《条例》和《中国共产党和国家机关基层组织工作条例》的规定,加强对党员特别是党员领导干部的监督。

【党组织建设】 2012年,指导厅机关党支部顺利完成了换届选举工作,并采取以会代训的方法,对全厅机关党务干部进行培训。编印机关党支部工作手册,进一步规范机关支部工作。召开厅直属单位党务工作研讨会,研究探讨在新形势下如何进一步做好厅直属单位党建工作。表彰先进,树立典型,2012年度,授予省教育装备中心党总支等12个党组织"五好"基层党组织称号;授予厅办公室党支部等34个总支、支部"五好"总支、党支部称号;授予王军德等10人十佳优秀共产党员称号;授予揣振海等149人优秀共产党员称号;授予张冰燕等48人优秀党务工作者称号,并对以上党组织及个人予以表彰。认真做好组织发展工作,2012年,发展新党员47名,预备党员转正102名,选送432名入党积极分子参加培训。

【重大疾病医疗互助活动】 厅工会继续组织厅机关和直属单位(学校)5051名职工参加了省直机关大病医疗保险工作,筹集互助金30多万元。全年为厅机关和直属单位30名职工申请了大病医疗互助经费,获得救助金10多万元,使患病的职工感受到党和组织的温暖。

【群团工作】 按照上级的有关规定,支持、指导好厅群团组织工会工作,开展各种丰富多彩的活动,提高了全厅干部职工的向心力和凝聚力。一是在服务大局中努力推进工会工作,重视工会组织建设,指导直属单位(学校)工会严格按照《工会法》、《工会章程》等有关法规、文件精神,认真做好换届工作,确保工会组织健全,充分发挥作用;积极开展各种活动,增强机关活力,营造机关和谐氛围。2012年,组织了迎新年"竞走"活动,为处室配发体育器材,开展送健康活动,举办厅机关春节联欢会,组织义务植树、登山比赛等活动。二是落实好"党建带团建"职责。指导厅直属机关团委根据省直团委部署,组织广大青年团员认真学习贯彻十八大精神,不断增强团组织的凝聚力和战斗力;深入开展"五四红旗团委"和"青年文明号"创建活动;积极推动团组织以服务青年为重点,团结带领广大青年团员立足本职,加强学习,为加快教育事业发展贡献青春和智慧。三是主动做好妇女工作,以提高女干部职工素质为重点,扎实推进"巾帼建功"活动,丰富"五好文明家庭"创建活动的内涵,继续推进"家庭文明工程"。开展适合女职工的文体活动,2012年"三八"妇女节,组织厅机关女干部到平顶山舞钢参观明星企业、参观新农村建设新成就。关心广大妇女的身心健康,维护女干部职工的合法权益,充分调动广大妇女在教育事业和机关各项工作中的积极作用。

撰稿:张立众
审稿:仲　彦

离退休干部工作

离退休干部工作处处长:杨　光　　副调研员:赵川梅
电话:0371-69691660　69691661

【概况】 2012年,厅党组高度重视老干部和关工委工作,认真落实党和国家关于离退休干部工作各项政策待遇,多次召开党组会、厅长办公会专题研究老干部和关工委工作,以改进离退休干部服务和管理工作为重点,不断完善工作机制,全厅老干部队伍和谐稳定。

【认真落实老干部"两个待遇"】 2012年,省教育厅采取多种措施,继续落实和提高老干部政治和生活待遇。

坚持和完善老干部政治待遇的各项制度。通过组织好每月两次会议,做到对老干部的"三个关注"(生活状态、身体状态、精神状态),坚持好"四项制度"(通报工作、走访慰问、对口联系,以及重要会议和重大活动邀请老干部参加制度),办好每年两次通报会,使广大老干部能学习和掌握党和国家的有关方针、政策,了解机关工作动向,做到思想政治工作经常化、制度化、亲情化。厅党组对老干部工作非常重视,在年初和年中召开的机关离退休干部通报会上,厅长王艳玲专门向老干部通报全省教育改革发展和厅机关建设情况,认真听取、征求老干部的意见和建议,体现了厅领导对老干部和老干部工作的关心、支持。

进一步落实好老干部各项生活待遇。结合老干部工作的实际,认真完善老干部各项生活待遇,以老干部满意为宗旨,以老干部晚年生活幸福安康为目标,工作上务求实,制度上规范化,强化服务意识,提高服务质量,开展"亲情服务"活动,日常不分节假日,全天候做好服务工作。坚持慰问和家访制度,密切与老干部的沟通联系,掌握需求,关心他们的生活情况,及时为老干部及家属办理乘车证,及时接送老领导和高龄体弱老干部参加学习和就医,方便老干部出行。认真探索落实老干部生活待遇的新办法,积极帮助有特殊困难的老干部排忧解难,强化同医保部门的协调沟通工作,切实为老干部办实事、办好事。老干部住院,厅主管领导和老干部处的人员都及时到医院看望慰问,对病逝老干部认真做好善后事宜工作。凡属老干部的问题,都视为大事专办,及时协调,使老干部感受到组织的温暖和关爱,积极配合和支持离退休干部工作处的工作。

以迎接党的十八大为契机,组织老干部参加中组部老干部局举办的"诗书画影抒情怀、喜迎党的十八大"主题活动,在推荐作品的同时,对省教育厅的参赛报送作品也进行了评选和表彰。组织全厅老干部参加省委老干部局举办的"喜迎党的十八大、展示新风采"优秀老年节目展演活动,其中,省实验幼儿园获得组织奖。在十八大召开后,认真组织老干部专题学习十八大精神,通过支部学习、小组学习和自学等多种形式,把思想和行动统一到十八大精神上来。

【丰富老干部精神文化生活】 继续创新工作思路,积极加强阵地建设,建立"有组织、有阵地、有活动"的长效机制,持续坚持组织适合老年人特点的健身项目,广泛开展形式多样、内容丰富的老年人学习、文化和体育活动,大力支持老干部参加相关部门组织的各项文体活动,丰富老干部的精神文化生活。一是继续加强老干部活动场所建设。以老干部活动室为阵地,完善功能、健全制度、规范管理、强化服务,提升整体水平。目前,厅机关有三个活动场所供小组学习活动,在上年改造整修的基础上,继续加强活动室基础设施建设,更新配备书报杂志、娱乐健身器材和其他物品,为老干部活动学习拓展空间,提供良好保障。二是扎实推进"四就近"服务工作。2012年,省教育厅金水区甲院社区被省委组织部、省委老干部局、省敬老助老总会确认为全省"四就近"工作试点社区(单位),配备了液晶电视、计算机、DVD播放机、图书等设施,离退休干部工作处认真总结经验,加强软件配套,不断完善硬件,调动资源优势,提供关爱服务,充分发挥示范带头作用,积极为离退休干部就近学习、活动、得到关心照顾和发挥作用创造更好的条件。三是持续组织开展多种有益身心健康的活动。坚持组织适合老年人特点的健身项目,根据老干部不同的兴趣爱好,把文体活动分为门球、钓鱼、摄影、书画、乒乓球、飞镖等小组开展活动,充分发挥各活动小组的作用,广泛开展形式多样的老年人文化体育活动。四是组织老干部开展多种参观考察活动。相继组织老干部到小浪底爱国主义教育基地、信阳师范学院、新县鄂豫皖苏区革命纪念馆、井冈山等地参观考察,使他们修养身心,进一步开阔视野,丰富精神文化生活。五是积极开展"敬老月"活动。成立了由厅长王艳玲任组长的"敬老月"活动领导小组,积极开展"敬老月"活动,重阳节期间给老干部印发慰问信,组织厅机关离退休干部趣味运动会,丰富老干部的晚年生活,在河南省2012年"敬老月"活动评选表彰中,省教育厅被评为先进单位,赵川梅被评为先进个人。

【关心下一代工作】 组织开展了"五好"关工委创建活动,促进全省教育系统关工委工作的全面提升。2012年,在全省教育系统关工委开展创建"五好关工委"活动,对县(市、区)教育局关工委、高校关工委和中小学、幼儿园关工委进行评选,在各地申报的基础上,经过深入考察和专家评审,共评出县(市、区)"五好关工委"34个、高校"五好关工委"17个和中小学、幼儿园"五好关工委"246个。通过创建活动的开展,关工委基层组织建设得到加强,完善和强化关工委长效工作机制,工作条件得到了较大的改善,有力地促进了全省教育系统关心下一代工作的全面提升。

加强职业院校关工委组织建设,进一步完善全省教育系统关工委组织网络。2012年厅关工委把加强职业院校关工委组织建设作为全年工作的一个重点。5月,省教育厅下发《关于加强河南省职业院校关心下一代工作委员会建设的意见》,并针对职业院校的具体情况,特别强调要理顺职业院校关工委的领导管理体制,实行分级分部门负责管理、属地教育行政部门负责协调和工作指导的体制。文件下发后,厅关工委又组织召开由部分省属中职学校领导参加的座谈会。目前全省近600所职业院校建立了关工委组织,占职业院校的80%以上,不少职业院校的关工委组织结合职业院校特点,积极开展关心下一代工作,全省已有三所职业院校跨进"五好关工委"行列。

配合省委高校工委召开特邀党建组织员工作经验交流会,进一步发挥老党员在学校党建工作中的作用。河南省高校关心下一代工作"八大员"建设的经验受到了省委和中关委主任顾秀莲的高度赞扬,高校老党员担任特邀党建组织员的工作已成为河南省高校关工委工作的一大亮点。6月18日,厅关工委配合省委高校工委在河南理工大学召开全省高校特邀党建组织员工作经验交流会,省委高校工委副书记、副厅长张亚伟到会讲话,各高校党委副书记和关工委负责人参加了会议。

全省家庭教育工作再上新台阶。家庭教育是河南省教育系统关工委精心打造的一个工作品牌,目前全省已建立各类家长学校近3万所(约占中小学、幼儿园总数的70%),其中先进家长学校、示范家长学校也已接近2000所,已拥有近3000名经国家有关部门认定的家教指导师和心理咨询师,网上家长学校、手机家长学校也已陆续开通,家庭教育现代化的探索已开始起步。为保持这个良好的发展态势,年初厅关工委确立了家庭教育工作"巩固、提高、发展"的指导原则,2月下发《关于进一步办好我省教育系统家长学校的意见》,要求教育系统各级关工委要加强对家长学校的建设和管理,把家长学校作为关工委工作的品牌工程抓实抓好。11月,在信阳市平桥区召开了全省家庭教育现场会,促进家教工作再上新台阶。

坚持"树德育人"的主旨,开展学雷锋主题教育活动。2012全省教育系统各级关工委积极行动,在全省各级各类学校开展主题教育活动和读书征文活动。厅关工委专门下文进行部署,并成立指导小组进行协调指导,河南省组织的五好小公民"文明美德伴我成长"读书征文活动,仍然走在全国前列,取得了很好的成效。据统计,全省参加读书征文活动的中小学生达43万人,获一大批奖项。

配合省关心下一代基金会,为青少年办实事。厅关工委积极配合省关心下一代基金会,联系省教育厅有关处室,为贫困地区和贫困家庭学生办好事、办实事,援建了2所幼儿园,资助河南农业大学、河南理工大学各100名涉农、涉矿专业家庭贫困大学生完成学业,出资100万元为两个贫困县的农村学校食堂购置厨具,为贫困地区家长学校免费发放教材10000册,并为他们免费培训了一批家教指导师。

在全省教育系统"五老"(老干部、老战士、老专家、老教师、老模范)中评选双"十佳关心下一代工作者"。7月20日,省关工委、省教育厅关工委决定联合在全省教育系统"五老"中评选双"十佳关心下一代工作者",同时将他们的动人事迹结集印发,广泛宣传,以进一步弘扬"五老"精神,激励广大老干部为关心下一代事业做出更大的贡献。

撰稿:张科伟

审稿:杨　光

业 务 管 理

义务教育、中小学德育与安全教育

基础教育一处处长:吴长运
调研员:罗兆夫
中小学远程教育办公室主任:张怀君
电话:0371-69691896　69691897

【全省义务教育均衡发展推进会召开】 2012年10月,省政府在郑州召开全省义务教育均衡发展推进会。会前省政府印发了《关于开展义务教育基本均衡县评估认定工作的通知》(豫政办[2012]132号)等文件。各省辖市、省直管试点县、重点扩权县(市)政府分管教育的负责人和教育局、发改委、财政局的主要负责人、省直有关部门的负责人及列入2013年接受义务教育基本均衡评估验收的县(市、区)主要负责人参加会议。会议在总结近年来义务教育均衡发展工作经验的基础上,重点对今后一个时期的义务教育均衡发展工作进行部署。副省长徐济超出席会议并讲话,省教育厅厅长王艳玲及省发改委、省财政厅的负责人对今后的工作也进行了安排。这次会议的召开,标志着河南省义务教育均衡发展工作进入了一个新时期。

【农村义务教育学校布局调整】 根据国务院有关文件精神,河南省人民政府办公厅印发《关于进一步做好农村义务教育学校布局调整工作的意见》(豫政办〔2012〕132号),明确了河南省中小学布局调整工作的新要求,明确提出:农村义务教育学校布局调整,要与中原经济区建设、新型城镇化和新型农村社区建设的要求相适应,统筹考虑城乡人口流动、学龄人口变化趋势,以及当地农村地理环境、交通状况、教育条件保障能力、学生家庭经济负担等因素,充分考虑学生的年龄特点和成长规律,处理好提高教育质量和方便学生就近入学的关系。要求各地在注重方便学生就近入学,保证入学率、普及率的前提下,积极稳妥地推进农村中小学布局调整,优化资源配置,坚决杜绝因过急、过快、过度撤点并校造成学生失学、辍学和上学难等现象发生。各地根据省政府的部署,进一步修订、完善农村义务教育学校布局规划,严格规范农村义务教育学校撤并行为,切实办好村小学和教学点,加强新型农村社区学校建设,着力解决农村义务教育学校撤并带来的突出问题。同时,省教育厅印发《关于优化中小学幼儿园布局服务新型农村社区建设的意见》(豫教基一〔2012〕176号),明确优化中小学幼儿园布局服务新型农村社区建设的指导思想和基本要求。

【义务教育学校标准化建设】 2012年,全省争取中央财政资金近10亿元,加上省、市、县配套资金,共投入近20亿元用于农村义务教育薄弱学校改造计划。所做的主要工作有:一是制定薄弱学校改造规划。在调查摸底的基础上,完成了农村义务教育薄弱学校改造2011年至2015年总体规划和分年度实施计划的制定工作。二是按照政府采购法的有关规定,完成了教学实验仪器设备、体音美器材、多媒体远程教学设备的省级资格预审和图书目录的审定工作。三是召开会议,加快推进。6月初,召开全省农村义务教育薄弱学校改造计划项目推进会议,总结前一阶段工作的进展情况,对下一阶段工作进行安排。四是健全制度,加强督促。8月,省教育厅、省财政厅联合下发《关于报送农村义务教育薄弱学校改造计划和学前教育发展相关工程项目工作进展情况的通知》(教办〔2012〕739号)、《关于进一步做好农村义务教育薄弱学校改造计划有关工作的通知》(豫财教〔2012〕227号)、《关于开展农村义务教育薄弱学校改造计划专项检查的通知》(豫财教〔2012〕229号),确立了农村义务教育薄弱学校改造计划项目进展情况实行季报制度,要求各地采取有效措施加快工程进度,充分发挥资金使用效益。10月,省教育厅联合省财政厅以省辖市为单位组织了一次项目进展情况全面检查。

【义务教育均衡发展国家教育体制改革试点】 组建了试点工作指导组,加强对试点工作的指导。召开了义务教育均衡发展国家教育体制改革试点工作指导组会议,加快推进改革试点工作,初步形成了一批改革成果。在均衡配置教师资源方面,郑州市金水区对区域内的骨干教师、名师、学科带头人以及其他符合交流条件的教师每年按照15%左右的比例在学区内、跨学区或城乡之间进行交流。焦作市中站区规定每年城乡之间、学校之间骨干教师交流的比例及优质学校校长、中层管理人员到农村或薄弱学校交流任职的比例均不低于15%,并在评优表先、职称评定、绩效工资等方面对参与交流的教师予以优先。在积极推动城乡教育一体化方面,鹤壁市建立城乡学校托管制度,让城市学校托管农村学校,实行统一领导班子、统一教育管理、统一财务制度、统一教师培训、统一工作考核的“五统一”管理模式,提高了农村学校的管理水平和教育质量。南阳市卧龙区、新野县构建城乡学校发展共同体,以城区优质学校带动农村学校。共同体内在教育教学、学校管理、教师调配、教学研究等方面实行一体化管理。在创新义务教育管理体制方面,郑州市把主城区84所中学分成13个学区实行教学计划、教学管理、校本教研、教育科研、质量分析、质量考核六统一,促进学区内教育质量基本均衡。洛阳市涧西区实行“学区长制”管理模式。把辖区内35所学校划分为强、中、弱相互搭配的10个学区。指定具有先进的教育理念、学校声誉好、管理学校水平较高的校长为学区长,学区内实行资源共享、优势互补、统一教学、整体提高。

【第三批义务教育均衡发展先进县(市、区)创建和评选活动】 11月5日,省教育厅、省人力资源和社会保障厅、省财政厅印发《关于开展第三批全省义务教育均衡发展先进县(市、区)评选活动的通知》(豫教基一〔2012〕197号),在前两批先进县评选的基础上,开展了2012年第三批义务教育均衡发展先进县创建和评选活动。经过专家组实地考察、现场演讲答辩等环节,郑州市二七区、尉氏县、洛阳市涧西区、洛阳市西工区、平顶山市湛河区、安阳县、鹤壁市鹤山区、新乡市卫滨区、新乡市红旗区、武陟县、博爱县、范县、许昌市魏都区、三门峡市湖滨区、南阳市宛城区、淅川县、虞城县、信阳市平桥区、泌阳县、永城市等20个县(市、区)被省政府授予义务教育均衡发展先进县(市、区)称号。

【启动义务教育发展基本均衡县(市、区)创建工作】 教育部决定从2012年开始启动义务教育发展基本均衡县(市、区)的评估认定工作。在深入调研、广泛征求意见的基础上,起草《河南省县域义务教育均衡发展督导评估实施办法(试行)》并于10月以省政府办公厅名义印发,文件明确了评估认定的对象、范围、内容和标准。11月下旬至12月上旬,抽取专家组织6个督查组,采取实地查看,听取汇报,查阅有关文件、资料和档案,召开座谈会等形式,对计划列入首批2013年接受义务教育基本均衡县评估验收的49个县(市、区)进行了督查。首批接受义务教育基本均衡县评估验收的49个县(市、区)已全部进行了自查自评。

【进城务工人员随迁子女义务教育】 2012年,全省各地继续坚持“以流入地政府为主、以全日制公办学校为主”的原则,认真落实政府责任并明确各部门职责,密切配合,齐抓共管,确保随迁子女在流入地平等接受义务教育。本年,全省义务教育阶段适龄随迁子女38.2万人,安排入学38.1万人,入学率达到99.92%,其中在公办学校就读比例为85.84%。

【社会主义核心价值观教育】 以中央颁布《社会主义核心价值体系建设实施纲要》为契机,做好《社会主义核心价值体系青少年学习读本》在中小学校的宣传教育工作,指导中小学校把社会主义核心价值体系教育融入课堂学习、社会实践、校园文化和学校管理之中。加强中小学时事教育、爱国主义为核心的民族精神教育、理想信念教育和文明行为习惯养成教育,引导青少年学生学习理解并践行社会主义核心价值体系。

【中小学德育】 2012年,省教育厅开展了全省德育先进集体和先进个人评选活动,共评选出德育先进集体200个、先进个人500名。组织开展了第九个“中小学弘扬和培育民族精神月”活动。在全省首次组织了德育精品课程和精彩瞬间征集评选活动。会同省文明办在全省未成年人中广泛开展“践行雷锋精神、争当美德少年”活动;会同省环保厅、省邮政公司开展“节约纸张、保护环境、寄语未来”绿色环保主题教育活动;会同省科协组织“科学饮食,健康生活”的主题调查体验活动和全国第十一届中小学生机器人大赛;会同省广电局做好中小学影视教育工作;会同省禁毒委进一步加强中小学校禁毒教育工作。

【新增4个国家级示范性综合实践基地】 2012年,三门峡、驻马店、濮阳、鹤壁4个省辖市的示范性综合实践基地项目获得中央专项彩票公益金支持。每个项目中央专项彩票公益金支持3000万元。

【校车安全管理】 11月22日,经省政府批准,建立了由省教育厅、省公安厅等20个部门组成的河南省校车安全管理联席会议,省教育厅厅长任联席会议召集人。联席会议成立之后,通过召开会议、下发文件、组织远程培训等方式,充分发挥联席会议的协调机制,切实加强校车安全管理的各项工作。8月28日,省教育厅又专门召开中小学幼儿园开学前电视电话会议,对包括校车安全管理在内的中小学幼儿园安全工作进行全面部署。12月17日,省政府办公厅印发了《关于加强校车安全管理工作的通知》(豫政办〔2012〕173号)。下半年,省教育厅、省公安厅等部门多次对校车安全管理工作进行督导检查。各地也因地制宜做了大量工作,建立协调机制,制定服务方案,开展安全排查,取得了明显成效。

【预防中小学生溺水教育】 2012年,省教育厅通过召开会议、下发文件、开展督查、利用各种媒体进行宣传等多种途径,大力开展预防中小学生溺水安全教育工作。省教育厅要求各级教育行政部门和中小学校在放暑假之前做到"五个一",即召开一次专题会议、集中开展一次预防溺水安全教育、召开一次家长会、致家长一封信、进行一次安全教育检查和安全隐患排查。暑假期间,省教育厅组织9个督查组,对全省18个省辖市预防学生溺水工作进行全面督查。7月9—16日,在河南电台新闻频道《政府在线》、信息频道(台)、教育频道(广播)以及大河网,以"预防中小学生溺水"为主题做了四期访谈或互动节目,并通过《河南日报》、河南电视台、《河南商报》、《大河报》、《东方今报》等十几家媒体进行宣传,向广大师生、家长及全社会通报了省教育厅所做的工作和对各级教育部门、广大师生以及家长的要求,宣传了预防学生溺水的重要性、有关知识和技能,对于有效地预防学生溺水起到了重要作用。

【举办全省首届中小学生安全知识网络竞赛活动】 3月26日暨全国中小学生安全教育日当天,省教育厅联合中国习网启动了全省首届中小学生安全知识网络竞赛活动。竞赛活动采用网络多媒体模式,通过学习、练习、竞赛相互结合、衔接的方式,向广大师生宣传普及安全知识和技能,得到了全省各地的积极响应、踊跃参赛。截至活动结束,全省累计有近90万人次参与竞赛,参赛人数、比例均位居全国第一,产生了良好的宣传教育效果和社会反响。

【全省首届中小学安全教育优质课和优秀教学论文评比】 2012年"全省中小学幼儿园安全月"期间,省教育厅在全省开展了首届中小学安全教育优质课和优秀教学论文评比活动。经过严格评审,共评出中小学安全教育优质课一等奖25名,二等奖66名,三等奖87名。中小学安全教育优秀教学论文一等奖51篇,二等奖100篇,三等奖98篇。

【中小学应急疏散演练】 2012年,省政府办公厅转发省教育厅、省公安厅、省地震局《关于加强全省中小学幼儿园应急疏散演练工作意见》(豫政办〔2012〕120号),提出了明确的指导性意见和部署。2012年9月第八个"全省中小学幼儿园安全月"期间,省教育厅首次组织开展了全省中小学应急疏散演练比赛。经各地初评、省厅集中评审,共评选出一等奖25个,二等奖32个,三等奖56个,省辖市组织奖6个。

撰稿:李志刚

审稿:吴长运

高中教育、幼儿教育和特殊教育

基础教育二处处长:尹洪斌　　电话:0371-69691881　69691083

【承办国家学前教育项目工作会议】 2012年2月23日,教育部、财政部在郑州市联合召开国家学前教育项目工作会议,对实施国家四大类学前教育项目做出进一步部署;河南省副省长徐济超致辞,教育部副部长刘利民到会讲话。会上,教育部、财政部有关负责人结合各自工作职能,就如何实施学前教育项目作了发言。河南、陕西等省(市)介绍了学前教育项目实施的经验、做法和下一步工作措施。

【学前教育三年行动计划现场推进会】 12月6日,省政府在平顶山召开全省学前教育三年行动计划现场推进会,副省长徐济超出席会议并讲话。会议考察了平顶山的学前教育发展情况,交流了经验,总结了全省学前教育三年行动计划实施一年多来的成绩和问题,并对下一步工作进行部署。各省辖市、省直管试点县(市)政府分管教育工作的副市(县)长,教育局局长、分管学前教育工作的副局长,发展改革委主任,财政局局长和省直有关单位负责人参加会议。

【学前教育三年行动计划推进情况专项检查】 3月20—30日,按照省学前教育三年行动计划推进工作领导小组安排,省教育厅会同省政府督察室,协调10个省直相关厅局,抽调30余名人员在全省集中开展学前教育三年行动计划推进落实情况专项检查,督促各地深入推进实施学前教育有关工程项目。

【推进实施学前教育重大项目】 2012年,省教育厅联合省财政厅修改完善扩大学前教育资源规划,制定2012年学前教育各类项目实施计划,争取到2012年度中央学前教育"校舍改建类"和"综合奖补类"资金共计10.7亿元。

【评估认定第十二批河南省示范幼儿园】 3月中旬,根据省学前教育专家对办园条件、管理工作、卫生保健、教育工作、教育成效、家长工作等方面全面评估的结果,河南省教育厅下发《关于公布河南省第十二批示范幼儿园的通知》(教基二〔2012〕202号),公布郑州煤矿机械集团股份有限公司幼儿园等48所幼儿园为"河南省示范幼儿园"。

【2012年学前教育宣传月活动】 5月24日，河南省暨省会郑州学前教育宣传月启动仪式在郑州绿城广场隆重举行。副省长徐济超出席并宣布宣传月活动开始。2012年河南省学前教育宣传月的主题为“科学保教、健康成长”。在宣传月期间，采取丰富的文艺演出、专家咨询、设置展板、发放宣传单等多种形式，让群众对国家学前教育政策、科学保教、规范办园等有详细了解，营造全社会高度关心、重视学前教育的浓厚氛围。

【省领导参加六一儿童节慰问活动】 5月31日，省委副书记、组织部部长邓凯和省人大常委会副主任蒋笃运、副省长徐济超、省政协副主席靳绥东分别到郑州市部分小学和幼儿园，向孩子们赠送慰问品，并代表省委、省人大、省政府、省政协向孩子们表示节日祝贺，向辛勤工作的教师们表示崇高敬意，向关注、关心、关爱少年儿童事业的社会各界人士表示衷心感谢。

【加强学前教育规范管理】 2012年下半年，省教育厅相继制定出台了《河南省幼儿园管理暂行办法(试行)》、《河南省幼儿园办园基本标准(试行)》和《河南省幼儿园收费管理暂行办法实施细则》，严格幼儿园准入制，规范幼儿园收费行为，切实加强对幼儿园的规范管理，建立学前教育长效发展机制。

【建立学前教育管理信息系统】 10月9—10日，在郑州师范学院召开全省学前教育管理信息系统部署培训会，省教育厅副厅长尹洪斌到会讲话，对做好学前教育管理信息系统建设和一期数据采集工作进行部署，提出明确要求。省教育厅基础教育二处、发规处等相关处室负责人，各市、县学前教育管理部门负责人、信息中心负责人、幼教专干、技术人员共120人参加了会议。会后各地迅速开始精心组织系统一期数据采集工作。

【普通高中改制学校清理规范】 4月23日，按照国家清理规范普通高中改制学校的要求，省教育厅会同省发改委制发《关于普通高中改制学校清理规范工作的意见》(教基二〔2012〕291号)，对河南省符合国家清理规范条件的107所普通高中改制学校进行清理规范，于2012年秋季开学前基本完成了清理规范工作。

【启动实施普通高中改造项目】 6月26日，联合省发改委、省财政厅制发《关于实施普通高中改造项目的通知》(教基二〔2012〕583号)，启动实施河南省普通高中改造项目。计划用3—5年时间，每个县(市)改造1—2所普通高中，全省完成200所的改造任务。活动开展以来，各地制定了详尽的改造项目总体规划和分年度、分学校工作方案。同时积极协调筹措项目改造资金，有效推动了当地普通高中改造项目的开展实施。

【组织实施普通高中招生与学业水平考试】 分别于6月25—26日和12月27—29日组织实施了2012年中招考试和2011级普通高中学业水平考试。在2012年中招工作中，开发使用了“河南省中招管理服务平台”系统，顺利完成了中招考生的信息采集、填报志愿、成绩发布、录取以及学籍申报工作，实现了中招管理工作的科学化、规范化、网络化，建立了更加公开透明的中招招生运行体系。

【评选表彰普通高中省级三好学生、优秀学生干部、优秀学生】 2012年，按照公平、公正、公开的原则，以德、智、体、美全面发展为评选标准，省教育厅在全省开展了普通高中三好学生和优秀学生干部的评选工作；并在此基础上，评选出85名2010级河南省普通高中优秀学生。

【推进普通高中多样化发展】 3月，省教育厅组织召开了全省普通高中课程改革座谈会，认真总结课改经验；完成普通高中课程改革课题结项，评选出了一批既具有理论指导性又具有现实针对性的优秀研究成果。

【特殊教育保障措施落实】 2012年，省教育厅积极协调财政、民政、残联等部门，加强沟通，密切配合，不断完善保障政策落实机制，出台了《关于残疾人就业保障金用于特殊教育学校开展职业教育与培训有关事宜的通知》等一系列保障政策落实的配套性文件。积极争取中央补助资金和省残疾人就业保障金，对教育教学工作突出的学校给予了表彰奖励。

【研究实施特殊教育提升计划】 2012年下半年，省教育厅组织特殊教育专家，对河南省特殊教育发展整体情况进行全面调研，根据特殊教育学校发展实际，研究起草了《河南省特殊教育学校标准化建设标准》、《河南省特殊教育示范校创建活动实施意见》以及《河南省示范性特殊教育学校评估标准细则》，进一步明确全省特殊教育学校发展建设目标，有力保障了特殊教育质量全面提升。

【全省幼儿教师基本功大赛和玩教具比赛活动】 7月9—13日，省教育厅举办河南省第四届幼儿教师基本功大赛，副厅长刁玉华出席开幕式并讲话，比赛共评出城市组一等奖22名、二等奖41名、三等奖60名；农村组一等奖11名、二等奖20名、三等奖30名；评出活动组织奖9个。9月，省教育厅举办幼儿教师自制玩教具比赛，共评出城市组一等奖25名、二等奖45名、三等奖60名；农村组一等奖10名、二等奖20名、三等奖25名。

【全省特殊教育教师技能大赛系列活动】 10月，省教育厅组织开展全省特殊教育教师视频优质课、优秀论文评比，举办了河南省2012年特殊教育教师技能大赛等活动，共评出手语组一等奖15名、二等奖20名、三等奖33名；盲文组一等奖2名、二等奖3名、三等奖3名，以赛促学，以赛促教，切实推动特殊教育教师专业成长，提高特殊教育教学质量。

【加强教辅材料使用管理】 2012年，根据教育部、国务院纠风办等四部委关于开展中小学教辅材料评议推荐工作，规范教辅材料使用管理要求，省教育厅会同省新闻出版局、省发改委、省政府纠风办等部门，联合成立了河南省中小学教辅材料评议委员会，省教育厅印发《关于加强我省中小学教辅材料使用管理工作的实施意见》、《河南省中小学教辅材料评议推荐办法》和《关于加强中小学教辅材料价格监管的通知》等一系列规范性文件，组织专家集中对教辅材料进行封闭评议，发布了《河南省2012年秋季学期中小学教辅材料评议结果公告》。评议推荐工作平稳推进，受到教育部以及社会各界认可。

撰稿：李松原

审稿：尹洪斌

职 业 与 成 人 教 育

职业教育与成人教育处处长:董学胜　　副处长:王明忠
调研员:杨德亮　魏世奎　　电话:0371-69691877　69691878　69691879

【省政府召开2012年河南省职业教育工作电视电话会议】 5月8日下午,河南省人民政府在郑州市召开2012年全省职业教育工作电视电话会议。省委副书记、省长郭庚茂,副省长刘满仓、赵建才、王铁、张广智出席会议,副省长徐济超主持会议,郭庚茂在会上作重要讲话。主会场有240余人参加会议,分会场共有1500余人参加会议。会上表彰了河南省2011年职业教育攻坚工作先进单位;印发了《河南省人民政府关于创新体制机制进一步加快职业教育发展的若干意见》和《河南省人民政府关于印发河南省职业教育校企合作促进办法(试行)的通知》;鹤壁市政府、省供销社、中国平煤神马集团、黄河水利职业学院和济源机电工程学校5个单位在会上作了交流发言。

5月8日,河南省召开2012年全省职业教育工作电视电话会议

【省政府出台强力文件推进职业教育工作】 5月4日,省政府同时印发《河南省人民政府关于印发河南省职业教育校企合作促进办法(试行)》(豫教〔2012〕48号)和《河南省人民政府关于创新体制机制进一步加快职业教育发展的若干意见》(豫教〔2012〕49号),这两个文件是在省政府有关领导、省教育厅、省人力资源和社会保障厅等省政府有关部门做了大量调查研究,力求总结全省职教发展经验,探索符合省情的职教发展道路的基础上出台的两个重要文件。《河南省人民政府关于创新体制机制进一步加快职业教育发展的若干意见》明确提出了全省今后一段时期加快职业教育改革创新的重大举措。《河南省人民政府关于印发河南省职业教育校企合作促进办法(试行)》明确了政府、行业、企业、职业院校在校企合作中的权力和义务,强调政府在校企合作中的重要作用,突出了行业在校企合作中的指导作用。

【职业教育校企合作】 一是《河南省职业教育校企合作促进办法(试行)》出台。这是全国省级政府出台的第一个关于校企合作工作的制度性文件。二是表彰全省职业教育校企合作工作先进单位。9月20日,省教育厅印发《关于表彰河南省职业教育校企合作工作先进单位的通知》(教职成〔2012〕945号),对职业教育校企合作工作取得显著成效的60所职业学校,58家企业、行业、协会(学会)等单位予以表彰。这是全国省级职业教育表彰活动中,第一次对校企合作中的"企业"进行表彰奖励,《中国教育报》专发消息《河南:2000万元重奖鼓励职业教育开展校企合作》。三是成立河南省职业教育校企合作促进委员会。12月13日,《河南省人民政府办公厅关于成立河南省职业教育校企合作促进委员会的通知》(豫政办文〔2012〕90号)正式印发,在全国职业教育校企合作制度顶层设计的组织构架方面取得重大突破。

【职业教育体制机制改革】 一是改革单一的政府投资模式,积极建立多元投资办学机制。在继续支持已有的88所职业院校开展多元投入机制改革的基础上,2012年积极推广职业教育多元投入机制改革的经验,加大对各市、县职业教育体制机制改革指导的工作力度,涌现出一批多元化办学的新典型。如洛阳市大力推动公办职业学校改革,公办职业学校分别制定了改革方案,积极引进合作伙伴。驻马店市进一步加大引资办学力度,建立多元投资办学机制,对民办学校简化审批手续,实行一个窗口受理、一站式审批、一条龙服务、一次性办结的"绿色通道",提出了引资办学享受引资办企和发展民营经济的同等优惠政策。焦作市积极开展多元化办学,鼓励支持民办职业学校发展,民办性质的焦作工贸职业学院投入上亿元,办学条件明显改善;焦作护理学校顺利开展股份制改造,焕发新的办学活力。信阳市各县、区也积极开展体制机制改革,淮滨县继平桥区之后,也将各部门培训资金整合,向广大群众发放职业教育代金券;罗山县开展"公办民助"办学试点,息县开展了"民办公助"的办学试点,淮滨县开展了"股份制"办学试点,都取得了明显成效。获嘉县积极推进"民办公助"的办学模式改革,将新乡测绘中等职业学校整合到县职教中心,为其提供办学场地、教学设施、师资、资金等方面的支持,加快了该县民办职业教育健康快速发展。固始县建立多元化投入机制,充分调动民间资本和社会资金大力发展职业教育,目前该县民办中等职业教育已经达到了与公办职业教育平分秋色的局面。

二是开展职业院校管理体制和机制改革的探索。通过重大项目评审等措施在职业院校中引入竞争机制，实行优胜劣汰。对服务能力强、校企合作成效突出、办学规模大、质量高的职业院校，在项目、资金等方面予以倾斜；对招生困难、规模偏小且办学特色不明显、质量不高、吸引力不强的公办职业院校，鼓励其进行整合。指导职业院校遵循职业教育规律，探索建立符合职业教育特点的内部管理体制和机制。

三是改革生均经费拨款办法。《河南省财政厅　河南省教育厅　河南省人力资源和社会保障厅关于实施公办职业院校生均财政拨款改革的意见》（豫财教〔2012〕328号），这是继2011年省财政厅启动实施省属公办中等职业学校财政拨款预算改革后又一次改革措施。在足额保障教职工基本工资、工资附加、基础性绩效工资、离退休经费和养老保险等基本运转支出的基础上，将奖励性绩效工资、公用经费、职工福利费、工会经费和项目支出纳入生均财政拨款范围，根据学校在校生人数并结合毕业生就业率等因素核定安排生均财政拨款预算，有效促进了学校专业设置与社会需求的紧密结合，激发了学校提高教学质量的紧迫感和积极性。

【中等职业学校基础能力建设】　一是评审确定河南省首批职业教育品牌示范院校和特色院校，对今后三年品牌示范院校和特色院校建设进行统筹规划。按照《河南省人民政府关于转发河南省职业教育品牌示范院校和特色院校建设管理办法的通知》（豫政〔2012〕70号）要求，经与省财政厅、省人力资源和社会保障厅、省发展和改革委员会协商，省教育厅下发《关于申报2012年度河南省职业教育品牌示范院校和特色院校建设计划项目的通知》（教职成〔2012〕743号），组织专家评审确定了2012年河南省职业教育品牌示范学校39所和特色学校34所，省级奖补资金均已下达至各项目学校。12月7日，河南省教育厅、河南省人力资源和社会保障厅、河南省财政厅、河南省发展和改革委员会下发《关于编制2012—2015年河南省职业教育品牌示范院校和特色院校建设项目规划的通知》（教职成〔2012〕1153号），各市、县和省属中职学校已按照要求上报了建设规划。

二是协助开展国家职业教育改革发展示范学校评审工作。认真贯彻落实《关于实施国家中等职业教育改革发展示范学校建设计划的意见》（教职成〔2010〕9号）和《教育部　人力资源社会保障部　财政部关于印发〈国家中等职业教育改革发展示范学校建设计划项目管理暂行办法〉的通知》（教职成〔2011〕7号）文件精神，协助教育部加大对项目学校建设任务情况的督促和检查，组织第一批、第二批国家改革发展示范校项目学校开展质量监测数据填报工作。组织评审、推荐了20所学校被确定为第三批国家改革示范校。同时，协力完成国家中等职业教育改革发展示范学校建设任务，强力推进河南省中等职业教育示范学校和特色学校建设，组织62所国家改革发展示范学校成立了河南省示范校校长联席会议，5月召开"河南省中等职业教育改革发展示范学校校长联席会议"成立大会暨首次联席会议。

"国家中等职业教育改革发展示范学校建设计划"
河南省第三批立项学校名单

河南机电学校	镇平县职业教育中心
安阳市职业教育中心	平顶山市财经学校
河南省医药学校	延津县职业中等专业学校
河南信息工程学校	巩义市第一中等专业学校
孔祖中等专业学校	郑州机电工程学校
禹州市职业中等专业学校	郑州财经高级技工学校
淇县职业中等专业学校	河南省医药高级技工学校
郑州测绘学校	泌阳县中等职业技术学校
嵩县中等专业学校	滑县裳华职业技术中专
河南省洛阳经济学校	驻马店高级技工学校

【构建现代职业教育体系】　省教育厅着手构建适应经济发展方式转变和产业结构调整，体现终身教育理念、职业教育特点，中等和高等职业教育协调发展，外部开放、横向融通、纵向贯通的现代职业教育体系。外部开放，即现代职业教育体系与产业体系吻合，与终身教育体系衔接，加强人才需求预测，深化校企合作，提升职业教育服务经济发展，保障民生，促进就业能力；横向融通，即职业院校毕业生在取得学历证书的同时取得职业资格证书，加强职业教育与普通教育的渗透融通，构建人才成长"立交桥"，满足个人多样化发展需求；纵向贯通，即以课程体系为纽带，以"知识+技能"的考试制度改革为支撑，实现中职、高职、本科和研究生等各层次职业教育的内部贯通，提高学生可持续发展能力。省教育厅组织召开多次座谈会，根据教育部《现代职业教育体系建设规划（2012—2020年）》，起草构建河南省现代职业教育体系的相关意见，配合省招办研究制定以"知识+技能"为支撑的新的招生考试制度。

【中等职业教育招生】　省教育厅及早行动，积极想办法，分别印发了《河南省教育厅关于下达2012年高中阶段教育招生任务的通知》（教职成〔2012〕276号）和《河南省教育厅关于做好2012年中等职业教育招生工作的通知》（教职成〔2012〕360号），做出了九个方面的安排，并参照2011年中职招生完成数、普通高中招生完成数、职普比，2012年应届初中毕业生数、普通高中招生数，分别下达了2012年各省辖市、扩权县市本地户籍学生接受中等职业教育人数和中职招生任务数，确保2012年招生任务完成。同时，对2012年中职招生工作实行目标管理，并加强招生工作督查力度。2012年中等职业学校招生63.3万人，在校生达到173.87万人。

【中等职业教育技能竞赛】　在2012年的全省中等职业教育技能大赛工作中，提出了"关注每一个学生一生的成长"。在工作中，创造性地举办河南省首届中等职业学校学生素质能力大赛，《中国教育报》为此专发消息《河南举办中职学生素质能力大赛》。

一是举办河南省2012年中等职业学校学生素质能力大赛。根据《河南省教育厅关于建立河南省中等职业教育技能大赛制度的若干意见》（豫教职成〔2009〕52号）的要求，组织举办了全省中等职业学校基础类等5类20个项目的学生素质能力大赛活动。这次素质能力大赛，共有来自全省18个省辖市、10个省直管县（市）和重点扩权县（市）、39所省属中等职业学校的3264名选手参赛，通过选手激烈角逐，经过专家客观、公正的评

选 共有2347名选手获奖,有1512名教师获优秀辅导教师奖。

二是组织河南省参加2012年全国技能大赛的选拔比赛。根据教育部有关要求和河南省教育厅办公室《关于举办2012年全国职业院校技能大赛中职组河南选拔比赛的通知》(教职成〔2012〕372号)精神,省教育厅于5月中旬组织开展了全国中等职业教育技能大赛选拔比赛。选拔比赛共举办了10个专业35个项目的学生技能竞赛,共有800多名选手参赛。经过选手的激烈角逐,共遴选出164名选手参加全国大赛。

三是参加2012年全国职业院校技能大赛。2012年,河南共派出58所中、高等职业学校363名选手参赛,有230名选手共夺得大赛奖项138个,其中一等奖19个、二等奖50个、三等奖76个,河南省教育厅获得大赛组织奖。其中,河南省中等职业学校派出164名选手参赛,共获得一等奖6个、二等奖25个、三等奖49个。

四是表彰参加2012年全国职业院校技能大赛获奖选手、先进单位和先进工作者。9月,河南省教育厅印发《关于表彰我省参加2012年全国职业院校技能大赛获奖选手、先进单位和先进工作者的决定》(豫教职成〔2012〕894号),决定对河南省在2012年全国职业院校技能大赛中取得优异成绩的选手、做出突出贡献的单位和个人予以表彰:一是授予在全国职业院校技能大赛中获得一等奖的樊奥飞等39名学生为“河南省参加2012年全国职业院校技能大赛选手标兵”称号,每项奖励选手1万元;上述学生所在院校奖励10万元。同时,按照《河南省教育厅关于建立河南省中的等职业教育技能大赛制度的若干意见》(豫教职成〔2009〕52号)中的有关规定,经过学校全面考察,获得一等奖的中等职业学校选手,可在2013年度河南省优秀学生评选工作中推荐为“河南省优秀学生”。二是授予获得二等奖的刘方方等103名学生河南省参加2012年全国职业院校技能大赛优秀选手称号,每项奖励选手5000元;上述学生所在院校奖励5万元。三是授予获得三等奖的陈玲玲等112名学生河南省参加2012年全国职业院校技能大赛优秀选手称号,每项奖励选手3000元;上述学生所在院校奖励3万元。四是省教育厅对在大赛期间做出突出贡献的河南省职业技术教育教学教研室等单位授予河南省参加2012年全国职业院校技能大赛先进单位称号;授予徐慧等教师河南省参加2012年全国职业院校技能大赛优秀辅导教师称号;授予李守刚等河南省参加2012年全国职业院校技能大赛先进工作者称号。

【职业教育教学改革研究】 一是开展职业教育教学改革项目结项工作。根据《河南省教育厅关于加强职业教育教学改革项目管理的意见》(教职成〔2006〕446号)和《河南省教育厅关于开展2012年职业教育教学改革项目结项工作的通知》(教职成〔2012〕128号)有关要求,省教育厅组织专家对2012年申请结项的职业教育教学改革立项项目进行了认真的评审。经过专家分组审阅和集中表决,鉴定为合格的项目268项,其中优秀项目14个。二是开展职业教育教学改革项目的立项工作。根据《河南省教育厅关于开展2012年河南省职业教育教学改革项目立项工作的通知》(教职成〔2011〕993号)精神,在各省辖市和有关职业学校推荐申报的基础上,省教育厅组织专家对申报的332个项目进行认真评审,确定212项职业教育教学改革项目立项,其中,重点项目92项。

【中等职业学校实训基地建设】 评审推荐2012年度中央职业教育实训基地项目。根据《教育部、财政部关于印发〈中央财政支持的职业教育实训基地建设项目支持奖励评审试行标准〉的通知》(教财〔2005〕12号)和《教育部办公厅 财政部办公厅关于申报2012年中央财政支持的职业教育实训基地项目有关事项的通知》(教财厅函〔2012〕4号)的要求,结合河南实际,省教育厅部署、安排并认真组织2012年度中央财政支持的职业教育实训基地建设备选项目的推荐和评审工作。经过省职业教育实训基地建设项目评审委员会的认真评审,5月向教育部、财政部推荐上报备选项目39个,其中中职学校27个,高职学校12个。教育部、财政部共批复河南省项目33个,其中中职学校25个,高职学校8个。

【中等职业学校专业建设】 依据《教育部关于制定中等职业学校教学计划的原则意见》(教职成〔2009〕2号)和教育部印发的《中等职业学校专业目录(2010年修订)》,结合河南实际,省教育厅制定了《河南省中等职业学校现代农艺技术等22个专业教学标准》(教职成〔2012〕51号)。

【中等职业学校教学质量评估】 省教育厅下发《河南省教育厅关于继续开展中等职业学校教学质量评估工作的通知》(教职研〔2012〕524号),拟于下半年继续开展中等职业学校教学质量评估工作。10月,省教育厅组织了复评工作,共有5所学校评为优秀,8所学校评为不合格学校。

【实施中德合作职业教育教学模式项目】 本年,省教育厅下发《关于实施中德合作职业教育教学模式(机电一体化)项目的通知》(教职成〔2012〕68号),决定在全省中等职业学校选取部分学校实施中德合作职业教育教学模式(机电一体化)工作。经学校申报,省辖市、省直管试点县(市)、重点扩权县(市)教育局审核推荐,省教育厅组织专家组对申报学校进行了评审,确定了2012年首批8所项目学校名单,并遴选出43所学校建立了项目库,作为第二期及以后项目实施的备选学校。下半年,省教育厅又组织实施了第二批项目学校。

【职业教育强县创建】 根据《河南省教育厅等六部门关于印发〈河南省职业教育强县(市)创建活动实施方案〉的通知》和《河南省教育厅关于印发〈河南省2009—2012年职业教育强县(市)创建规划〉的通知》文件要求和部署,通过县(市)自评、省辖市复评、省教育厅等六部门组织专家组实地考察和专家评审委员会集中评审等层层筛选,共确定汝州市、清丰县、修武县、平舆县、邓州市、桐柏县、淮阳县、息县、浚县、原阳县、南乐县、温县、鄢陵县、义马市、范县等15个县(市)为河南省第七批职业教育强县(市),南召县、沈丘县、封丘县等3个县确定为职业教育强县(市)先进县。2009年第二批确定的12个职业教育强县(市)顺利通过复评,继续保留了职业教育强县称号。

【中等职业学校教师队伍建设】 一是积极推进青年教师企业实践项目。5月31日,省教育厅会同省财政厅共同印发《关于实施中等职业学校青年教师企业实践项目的通知》(教职成〔2012〕489号),成立中职教师企业实践项目领导小组,制定“河南省中职教师企业实践项目实施办法”。制定实践企业基地遴选办法,在全省职教集团合作企业中遴选青年教师企业实践基地，随后又组织中职370名青年教师到24个实践基地进行为期半年的企业实践工作。

二是组织中等职业学校教师国家级培训和出国培训工作。2012年组织实施了中职学校专业骨干教师国家级培训和出国培训，共争取中央财政投入专项资金1476万元，推荐上报了820人参加中等职业学校骨干教师国家级培训、29人参加国家级出国培训。

三是组织专业骨干教师省级培训。2012年，安排专项资金1053万元，组织2000余名专业骨干教师参加省级培训，圆满完成2012年培训任务。其中，中等职业学校专业骨干教师省级培训2379人，首次开展了中职班主任能力培训200人，争取省财政中等职业学校紧缺专业特聘兼职教师资助经费182万元，对全省29所学校聘任兼职教师进行资助。2012年，全省中等职业学校专任教师中双师型达1.13万人，占专业课教师总数的比例达到19.76%，比上年提高1.41个百分点。

四是启动《河南省中等职业学校双师型教师队伍建设若干意见》的文件起草工作。《河南省人民政府关于创新体制机制进一步加快职业教育发展的若干意见》要求大力加强双师型教师队伍建设；7月5日，省教育厅印发《关于印发河南省人民政府关于创新体制机制进一步加快职业教育发展的若干意见2012年度教育厅处室工作任务分解方案的通知》，明确进一步加快双师型教师队伍建设的途径，决定启动《河南省中等职业学校双师型教师队伍建设若干意见》的文件起草工作；10—11月，省教育厅组织了由省人力资源和社会保障厅、省财政厅、省职教专家和中职校长组成的省内和省外两个调研组开展"双师型"教师队伍建设调研，省内专家组分别考察了全省18个省辖市的36所中等职业学校，通过座谈、查阅资料和实地考察的方式掌握了第一手资料，认真分析总结了全省双师型教师队伍的现状、存在的问题，为起草文件打下了坚实的基础，省外调研组赴云南、广西考察了"双师型"教师队伍建设经验，为河南省出台相关政策提供宝贵的经验；11—12月，对《河南省中等职业学校双师型教师队伍建设若干意见》做了进一步修改。

【职业教育技能培训】 指导各省辖市、县（区）和职业学校积极承担"阳光工程"、"雨露计划"、"蓝领工程"和新型农民培训等培训任务，为培育有文化、懂技术、会经营的新型农民提供有力支持。争取省财政专项资金，继续实施省级示范性乡（镇）成人学校建设计划，加强农村职业培训网络建设。据统计，截至2012年年底，全省各类职业培训学校达1.3万所，开展技能培训385.47万人次，其中各类成人学校4797所，全年开展培训人数69.99万人次。

【中等职业学校德育】 举办全省第七届中职学校"文明风采"竞赛活动。加强了"河南省中等职业学校文明风采竞赛网"建设，强化了"文明风采"竞赛培训工作，建立了"文明风采"竞赛表彰制度。继续开展中职学校省级优秀学生、三好学生、优秀学生干部及先进班集体评选活动。继续实施以"弘扬优秀职业学校毕业生事迹"为主题的"三个一"工程，出版了第三册《全省优秀中职生创业事迹选》及先进事迹报告会光盘。

【职业教育攻坚督导】 10月26日，省教育厅、省政府教育督导团办公室印发《关于对全省中等职业教育工作专项督导检查的通知》，决定对全省贯彻落实省职业教育工作电视电话会议精神、落实省政府《河南省人民政府关于创新体制机制进一步加快职业教育发展的若干意见》和《河南省职业教育校企合作促进办法（试行）》情况、各省辖市和县职业教育攻坚工作目标完成情况以及财政有关职业教育经费投入情况进行专项督导检查，这是继2009年、2010年省政府开展的第三次针对省辖市、县政府的专项督导工作。通知印发后，11月20日至12月5日，配合省教育督导团组织有关专家、省直部门的有关人员对18个省辖市和12个省直管试点县、重点扩权县（市）开展职教攻坚工作情况进行专项督导检查，共抽查48个县（市），实地考察50多所中等职业学校。督导检查组通过查阅档案、核查经费、实地考察、召开座谈会等形式，深入了解各地2012年职教攻坚工作情况。

【职业教育"一法一办法"执法检查】 6月8日，河南省人大常委会印发通知决定对全省贯彻实施《中华人民共和国职业教育法》及《河南省实施〈中华人民共和国职业教育法〉办法》的情况进行检查，省教育厅抽调工作人员配合省人大办公厅做好检查方案制定、文件印发和协调检查工作。通过督导检查和执法检查，总结五年来全省职业教育攻坚工作的成绩和经验，查找问题和不足，提出了整改意见和建议，为掌握职教攻坚工作成效、部署下一阶段职业教育工作做好准备。

【职业教育宣传】 一是组织《光明日报》、《河南日报》、河南电台等10余家新闻媒体组成"职业教育中原行——新闻媒体采访团"分赴省辖市进行职业教育采访。二是撰写10余篇总结职教攻坚经验的稿件发表于《政府工作快报》，对全省职业教育工作进行全面反映，供领导参阅。三是印制《河南省职业教育工作会议材料汇编》，对全省18个省辖市的职业教育攻坚工作进行全面总结；印制《河南省职业教育体制机制创新——典型案例选编》，对各地、各学校职教攻坚工作中的体制机制创新的典型做法予以总结。两本书均已下发至全省省辖市和县市区及800余所中职学校。四是6—9月，在河南省电台音乐频道和农村广播播出职业教育招生及就业公益宣传活动，在河南电视台新农村频道（9套）播出河南省职业教育公益招生宣传片。五是印制《河南省初中毕业生职业生涯规划读本——职业生涯设计》和《河南省中等职业学校招生名录》，5月底前发放至全省每个初中毕业班，引导广大初中毕业生客观地认识自己，全面了解职业、职业教育及职业生涯，掌握职业生涯设计的基本原理与方法，以指导初中毕业生第一次职业生涯的选择。六是在"河南省职业教育与成人教育网"设置专栏，对河南省中等职业学校进行统一宣传。通过该专栏，可以查询到全省每所中等职业学校的基本简介、招生专业、招生联系人、咨询电话、校址、网址等相关信息，为考生选报职业学校提供方便。

撰稿：任　远

核稿：董学胜

高 等 教 育

高等教育处处长：韩小爱
高等教育教学评估办公室主任：唐多毅
电话：0371-69691869　69691868
调研员：张大策　李培俊
副主任：秦剑臣

【召开全面提高高等教育质量工作会议】 8月8日，省政府召开全面提高高等教育质量工作会议。会议颁布了《河南省人民政府关于全面提高高等教育质量的若干意见》，同时印发《河南省教育厅　河南省财政厅　关于进一步加强高等学校重点和特色学科专业建设的意见》和《河南省教育厅　河南省财政厅关于实施河南省高等学校协同创新计划的通知》两个配套文件。会议明确了"十二五"期间高等教育发展的指导思想，重点解决转变发展方式、办学定位同质化、与经济社会结合不紧密等问题，确立四个明晰：一是明晰学校的发展定位。河南大多数高校应明确确立以发展应用型地方高等教育为主的指导思想，构建适应中原经济区建设的特色鲜明、协调发展的高等教育格局。二是明晰工作方针。加强分类指导，全省高校分为5个层次类型：郑州大学和河南大学、骨干特色高校、新建本科高校、高职院校和民办高校，对每类高校都提出了具体的发展目标。三是明晰工作重点。实施"重点和特色学科专业提升计划"。坚持"扶需、扶特、扶优"原则，构建布局合理、结构优化、资源共享、相互支撑的学科专业群。四是明晰质量评价机制。建立既满足国家标准又符合省情的质量标准体系，把对中原经济区建设的支撑度、对人力资源强省建设的贡献度、社会和人民群众的满意度作为衡量高等教育质量的重要标准。会议是继2004年全省高等教育工作会议后，八年来首次召开的提高高等教育质量专题会议，是全国第三个以省政府名义召开的会议，对推进高等教育内涵式发展具有重要意义。

【中西部高等教育振兴计划实现重大突破】 11月24日，郑州大学入选"中西部高校综合实力提升工程"。河南大学、河南农业大学、河南理工大学、河南师范大学、河南工业大学、华北水利水电学院、河南中医学院等7所院校进入"中西部高校基础能力建设工程"。这是继"211工程"和"省部共建"后，河南省高水平大学建设方面实现的又一重大突破。

【长江学者奖励计划实现零的突破】 7月30日，2011年度长江学者特聘教授、讲座教授人选名单予以公示。河南大学生态学学科万师强和河南农业大学农业经济管理学科马恒运入选长江学者特聘教授。实现河南在"长江学者奖励计划"零的突破。

【高水平大学建设】 郑州大学"211工程"三期建设通过国家组织的专家验收、抽查验收和网络验收。河南大学百年名校振兴计划顺利推进。11月5日，省政府与国家林业局签署协议共建河南农业大学。河南理工大学等其他5所共建高校不断加强与行业部委合作力度，深化共建成果。

【评选建设第八批河南省重点学科】 9月21日，按照国家新颁布的学位授予和人才培养学科目录，省教育厅公布第八批郑州大学应用经济学等一级学科重点学科259个，河南大学建筑历史与理论等二级学科重点学科92个，全省新建本科院校基本布点了省级重点学科，为各类高校的可持续发展奠定了基础。同时，重点培育8个学科，明确突破方向，冲击国家重点学科。

【专业建设】 5月26日，同意郑州大学等45所高等学校增设"工程结构分析"等140个本科专业；河南机电高等专科学校等84所高等学校增设"楼宇智能化工程技术"等297个高职专业；河南中医学院增设"应用心理学"为第二学士学位专业；河南工业大学等7所高等学校的"数字媒体艺术"等8个非艺术类专业可按艺术类专业招生办法招生；同意河南科技学院撤销草业科学专业。推进专业综合改革，河南理工大学"安全工程"等29个专业点获得国家级综合改革试点，确定郑州大学的临床医学等149个专业点为省级"专业综合改革试点"项目。探索与有关部门、行业企业联合培养人才的新机制，批准郑州大学、河南大学、河南科技大学等28所院校开展省级"卓越工程师、卓越医生、卓越法律"教育培养计划，郑州大学等14所高校入选教育部卓越计划项目。加强专业质量监控，10—11月，首次对全省95所高等学校的568个艺术类专业点进行了专项检查，514个专业点检查合格，29个专业点限期整改，23个专业点大幅压缩招生规模，2个专业点停止招生。

【人才强校工程】 3月12日，修订完善特聘教授岗位实施办法，增设讲座教授岗位，提高特聘教授津贴标准。改革考核管理方式，三年中期和五年届满考核由学校的分散考核改为全省集中考核。8月和12月，分两批对河南中医学院中医基础理论学科司富春等26名特聘教授进行考核，其中3名教授解聘。河南大学偏微分方程与数学物理学科杨亦松、郑州轻工业学院生物工程学科许春平、中原工学院非线性控制学科邓明聪等3位省"百人计划"人选签订合同上岗工作。12月，新遴选确定郑州大学基础数学学科原晋江等17位省级特聘教授。8月，重点选拔培养郑州大学贾全利等300名青年骨干教师。3月23日，省教育厅、省财政厅联合印发《河南省高等职业院校教师素质提高计划(2011—2015)》，实施高职院校教师素质提高计划，确定河南师范大学、河南科技学院、郑州师范学院、郑州牧业工程高等专科学校、河南财政税务高等专科学校和有关国家示范(骨干)高等职业院校为省级高等职业教育师资培训基地,7—8月,完成省校级培训3410人。至此,全省专职院士达5人,国家“千人计划”2人,省“百人计划”11人,省特聘教授160人,优秀中青年骨干教师2200人。

【教学质量工程】 2012年,全省高校立项建设245个省级质量工程项目,其中,批准郑州大学的过程装备与控制工程等81个特色专业,郑州大学《化工原理》等75门精品资源共享课程,河南大学中国古代文学教学团队等36个教学团队,河南大学《旅游学概论》等20门双语教学示范课,河南农业大学《化学实验教学中心》等33个实验教学示范中心,国家、省、校三级教学质量工程建设体系进一步完善。评选表彰郑州大学王金凤等22名“河南省高等学校教学名师奖”获奖教师,立项建设郑州大学《基础物理教育的内容与教材的现代化建设》等402项省级教学改革研究项目。

【教学评估】 4月23—26日、5月7—10日、10月29—31日,配合教育部先后完成河南城建学院、许昌学院、平顶山学院3所新建本科高校合格评估。5月和11月,组织完成黄河水利职业技术学院、平顶山工业职业技术学院、开封大学、信阳职业技术学院、周口职业技术学院、漯河医学高等专科学校、平顶山教育学院等7所高职院校人才培养工作评估。

【提升继续教育教学质量】 12月6日,成立国家开放大学河南分部。3月23日至4月1日,组织对现代远程教育校外学习中心和函授站检查评估,北京大学现代远程教育郑州铁路职业技术学院学习中心等95个校外学习中心通过年检继续招生;哈尔滨工业大学现代远程教育许昌广播电视大学学习中心等11个校外学习中心未通过年检,予以撤销。审批成人高等教育新增专业311个。其中,专科层次专业201个,高起本专业47个,专升本专业63个。

【成立行业职业教育指导委员会】 11月12日,改变封闭办学模式,推进校企合作,选取交通、农业、财经、测绘安全4个行业作为试点,成立由政府部门、行业协会、企业、职业院校参加的行业职业教育指导委员会。河南省高等学校高职财经类教学指导委员会开展了财经类青年教师教学技能竞赛,提高青年教师教学水平。

【大学生竞赛】 5月26—27日,全省开展29项高职院校技能大赛,近万名学生参加了比赛,在全国大赛中获一、二、三等奖65个,比上年增加333%,创造了参赛以来最好成绩。6月22—26日,河南工业职业技术学院圆满完成承办的全国高职组测量测绘比赛,获教育部优秀组织奖。在全国职业院校信息化教学大赛中,高职院校获得一等奖2个、二等奖3个、三等奖5个。全国大学生数学建模竞赛中,省内高校获得一等奖14个、二等奖84个。

【示范(骨干)高职院校建设】 推进国家和省示范(骨干)高职院校项目建设,11月,省教育厅联合省财政厅、省发改委、省人社厅联合组织专家评审论证,编制2012—2015年河南省职业教育品牌示范院校和特色院校建设项目规划。协助教育部做好黄河水利职业技术学院、平顶山工业职业技术学院国家示范性高等职业院校建设计划专项资金管理使用情况专项检查。

【高职实训基地建设】 7月6日,获批三门峡职业技术学院的机电一体化技术等10个国家实训基地。12月12日,认定郑州电力高等专科学校推荐的大唐洛阳首阳山发电有限责任公司等50个省级示范性综合实训基地。

【职业教育集团化办学】 促进高等职业院校与行业协会、合作企业、科研机构进一步深度融合,积极探索人才共育、过程共管、成果共享、责任共担的办学体制。全省13个高职教育集团吸纳职业院校、行业协会、企业、科研机构等成员单位1200余家,校企合作开发课程800余门,订单培养3万余人,企业接收顶岗实习学生30万人次,接收就业学生2万余人。

撰稿:闫治国
审稿:韩小爱

师 范 教 育

师范教育处处长:朱自锋
副处长:杨永盛
副调研员:田少辉
电话:0371-69691799

【师德建设】 2012年,省教育厅在师德建设方面,一是组织开展以“教育崛起,教师为基”为主题的师德教育活动。通过遴选主题、树立典型和组织师德汇报会等多种形式,对广大教师开展师德师风教育,弘扬新时期人民教师的高尚师德,展示新时期人民教师的精神风貌,增强广大教师职业责任感、使命感和光荣感,教师节前夕,在省人民会堂举行师德主题报告会,赵素萍、蒋笃运、徐济超等省领导出席报告会并讲话。二是开展师德演讲比赛和征文评比活动。此项活动得到各级教育部门、各级各类学校的高度重视,广大中小学教师踊跃参加。经过各地、各校的认真宣传发动,周密安排,全省共计209名中小学教师在演讲比赛省级决赛中获奖,其中一等奖20名、二等奖82名、三等奖107名。共有1288篇论文获奖,其中一等奖345篇、二等奖421篇、三等奖522篇。河南师范大学、郑州市教育局等20个单位获得优秀组织奖。三是在全省中小学校开展师德师风先进校创建活动,评估认定105所中小学校为省级师德师风先进校,引导广大中小学校高度重视师德师风建设,倡导"学为人师,行为世范"的高尚精神,全面提高教师师德素养,激励广大教师爱岗敬业,教书育人。

【教师教育课程改革】 2012年,省教育厅启动实施了教师教育课程改革工程,深入贯彻教育部《关于大力推进教师教育课程改革的意见》,全面提高中小学教师培养质量。一是教师教育改革创新试验区试点。首批启动建设河南大学、河南师范大学等11个教师教育课程改革创新实验区试点,并对每所批准认定的"教师教育改革创新试验区"给予一定专项引导经费支持。二是教育类课程"双导师制"试点。"双导师制"主要指大学教师与中小学、幼儿园教师共同指导和培养师范生的机制,也指大学教师与中小学、幼儿园教师共同指导和培养中小学学生和幼儿的机制,全年共安排110名高校教育类课程教师和110名中小学优秀教师参与试点工作。三是教师教育课程改革研究项目。通过项目资助、引导的形式,按照培育组建、团队申报、评审认定、开展研究、绩效评价、结项奖励的程序,2012年立项建设重点课题55项、一般课题120项,并对上述课题给予一定经费资助。四是教育类课程教师培训计划。按照《教师教育课程标准(试行)》要求,省教育厅列出专项经费,2012—2015年,分期分批对高等学校教育类课程教师和课程管理人员进行全员短期集中培训,2012年,省教育厅在华东师范大学对来自高校的120名一线教育类课程教师和课程管理人员进行了15天的短期集中培训。

9月17日,教师教育课程改革项目评审会议现场

【农村义务教育阶段学校教师特设岗位计划】 2012年,省教育厅经过组织动员、网上报名、资格审查、笔试、面试、体检、岗前培训等环节,全省农村义务教育阶段学校特设岗位教师招聘工作顺利实施。在"特岗计划"实施过程中,特别是招聘工作的环节中,全省各地、各部门坚持"公开、公正、公平、竞争、择优"的原则,严格执行政策,严格招聘程序,严肃招聘纪律,整个招聘工作平稳、有序。全省共招聘10809名优秀大学毕业生到农村中小学上岗任教,其中,国家计划特岗教师5810名,地方计划特岗教师4999名。这部分人员赴农村学校上岗任教,对加强全省农村教育工作,提高农村教师队伍整体素质,解决农村师资总量不足和结构不合理的问题,推进义务教育均衡发展都具有重要作用。

【教育部直属师范大学免费师范毕业生就业工作】 2012年,全省共有教育部直属师范大学免费师范毕业生588人,生源分布在18个省辖市,130多个县(市、区),涵盖中文、数学、英语、物理、化学等25个专业门类。为确保这部分毕业生顺利就业,2月18日,省教育厅在华北水利水电学院举办了2012届免费师范毕业生就业双向选择招聘会,各省辖市也采取多种形式为免费师范毕业生搭建就业平台,截至5月30日,就业率达到100%,圆满完成了教育部直属师范大学2012届免费师范生就业工作。

【实施"国培计划"】 "国培计划"是教育部、财政部根据党的十七大关于"加强教师队伍建设,重点提高农村教师素质"的要求和《国家中长期教育改革和发展规划纲要(2010—2020)》精神,进一步加强教师队伍建设,全面提高教师队伍素质而实施的一项重要工作计划。省教育厅、省财政厅高度重视"国培计划"的实施工作。2012年,河南省共争取"国培计划"专项资金1.22亿元,用于全省农村中小学、幼儿园教师培训工作。其中,中小学教师培训资金7800万元,实施的类别共三项:一是农村中小学教师置换脱产研修项目;二是农村中小学教师短期集中培训项目;三是农村中小学教师远程培训项目,共计培训农村中小学教师近10.36万人,为农村学校培养了一大批领头人才和骨干教师;幼儿园教师培训资金4400万元,共计培训幼儿园教师9050多人,实施了三个类别的培训项目:一是农村幼儿教师置换脱产研修项目,二是农村幼儿教师短期集中培训项目,三是农村幼儿教师"转岗教师"培训项目。

【实施"省培计划"】 按照《河南省教育厅　河南省财政厅关于实施"河南省中小学教师省级培训计划"的通知》(教师〔2011〕796号)要求,启动实施了河南省中小学教师省级培训计划(以下简称"省培计划")。"省培计划"主要包括两大类项目:一是中小学教师省级示范性培训项目,该项目由省教育厅、省财政厅直接组织实施,主要包括中小学优秀教师境外培育研修和中小学名师培育项目,2012年共遴选18名优秀骨干教师赴美国进行研修,培育认定了省级中学名师126名,小学名师120名,幼儿园名师63名,省级中学骨干教师487名,省级小学骨干教师452名,省级幼儿园骨干教师474名;二是中小学教师地方培训项目,该项目在省教育厅、省财政厅统筹规划和指导下,由各地具体组织实施,主要通过置换脱产研修、短期集中培训、网络远程培训和"送教下乡"等形式来开展,共计培训学员98949人。

【启动实施河南省中小学幼儿园生命及安全教育教师培训工程】 2012年,省教育厅印发《河南省中小学幼儿园生命及安全教育教师培训工程实施方案》,计划通过四年努力,到2015年建立一支师德高尚、业务精湛、充满活力和创新精神的高素质中小学幼儿园生命及安全教育教师队伍,提高广大教师生命与安全教育意识与素养,确保中小学幼儿园学生的人身安全。本年,省教育厅采取集中培训的方式,首批培训200名中小学幼儿园生命及安全教育骨干教师。

【其他教师培训工作】 2012年,各项教师培训工作有序开展,全面提高了广大教师特别是农村教师的业务素质和师德水平。认真实施三项引导发展计划:一是高中骨干教师培育引导发展计划。本年,省教育厅完成630名农村高中省级骨干教师培训对象培育任务，引导各地完成1300名市级、2600名县级高中骨干教师培育任务。二是高中教师全员培训引导发展计划。全年共完成2万余名高中教师远程培训任务，促进了各地分步骤、分阶段地开展高中教师培训工作。三是县级教师培训机构建设引导发展计划。从2012年起，依据教育部新颁发的《示范性县级教师培训机构评估标准》启动实施新一轮标准化和示范性评估认定工作，以评促建，设立国家示范性、省级示范性和省级标准化三个层次。2012年推荐上报3所"国家级示范性县级教师培训机构"，评估认定10所"省级示范性县级教师培训机构"。

【竞赛活动】 一是第四届幼儿师范学校毕业生教学技能大赛。省教育厅于9月25—27日在郑州幼儿师范高等专科学校举办全省第四届幼儿师范学校毕业生教学技能大赛，来自全省11所幼师学校的225名学生参加了省级决赛，并分获一、二、三等奖。二是2012年全省幼儿师范学校教师优质课比赛。经各学校推荐，省教育厅组织专家评审，评选出省级优质课62名，其中一等奖27名、二等奖35名。三是第四届县级教师培训机构优质课大赛暨2012年度优秀论文评选活动。通过初、复、决赛，最后确定河南省第四届县级教师培训机构优质课比赛课程理论优质课一等奖23名、二等奖26名、三等奖61名；数学优质课一等奖22名、二等奖24名、三等奖43名；优秀论文一等奖23名、二等奖30名、三等奖44名；河南省第四届县级教师培训机构优质课比赛组织优胜单位28个。四是高等院校师范教育专业毕业生教学技能大赛。在商丘师范学院举行第十届高等学校师范教育专业毕业生教学技能大赛，来自全省22所高等院校的200多名师范教育专业毕业生参加了大赛。

【吸引社会资源开展培训】 一是北师大振豫教育基金农村教师培训项目。根据省教育厅和北京师范大学共同签署的《振豫河南农村小学教师培训项目》合作备忘录，依托北京师范大学优质教育资源，在周口市举办振豫教育基金农村小学语文培训班。对河南省5个国家级贫困县的1000名农村小学语文教师开展农村小学包班、复式班教师专项培训。二是举办中小学英语教师暑期培训班。由美国英语学会派送外籍教师，在河南教育学院对各地选派的100名英语教师进行为期一个月的全英语授课，对参训教师主要在英语口语、听力、中西方文化及教学法等方面进行训练，进一步提高全省中小学英语教师的教育教学水平。三是举办英特尔未来教育项目优秀教学成果展示活动。英特尔未来教育项目在河南省实施以来，累计培训人数达4万余人，对中小学教师的信息技术培训和课程改革起到了极大的促进作用。此次展示活动，在创新和应用方面评选出优秀获奖作品203件，进一步提高参训教师在教学实践中运用信息技术的能力和水平。四是开展教育部—乐高"区域性技术教育教师培训基地建设项目"。乐高集团为河南工业大学、河南师范大学配备一批教育技术设备，按照教育部要求，河南省拿出配套资金，利用乐高项目援建的实验室，开展科学、通用技术、综合实践活动等学科教师的培训，2012年首批培训一线教师200名。

撰稿：夏　青
审稿：朱自锋

高校科研与教育信息化

科学技术处处长：孔繁士　　副处长：张水潮
电话：0371-69691659　69691766　69691767

科 研 管 理

【高校自然科学研究概况】 （一）人员和机构。2012年，全省高校共有教学与科研人员36512人，其中教师27845人，其他技术职务系列8667人。按学科类别分，自然科学类9149人，工程与技术类16862人，医药科学类8392人，农业科学类1827人，其他类282人。按学历层次分，博士研究生5366人，硕士研究生12439人，研究生占教学与科研人员总数的48.8%。按技术等级分，科学家和工程师35783人，占教学与科研人员总数的98%，技术员和辅助人员729人，占2%。按专业技术职务分，教师系列人员中，教授3046人，副教授7308人，讲师11261人，其他6230人；其他技术职务系列人员中，高级2253人，中级3452人，初级2233人。高校设立各类研究与发展机构140个，固定资产原值151330.4万元，其中仪器设备104486.2万元，机构从业人员2598人，培养研究生2839人，承担各类研究课题1390项。

(二)科研经费。全年高校科技活动经费投入总额188492.7万元,其中研究与发展经费投入147117.1万元。按来源渠道分别为:科研事业费6463.1万元,主管部门专项费23472.3万元,省级专项费25744.2万元,企、事业单位委托经费55786.2万元,国家发改委、科技部专项费17127.9万元,国家自然科学基金项目费24758.1万元,国务院其他部门专项费9343.4万元,学校科技活动经费22761.2万元,国外资金247.2万元,其他经费2789.1万元。

(三)科技项目。全年共承担科技项目9402项,投入经费178040万元。按研究性质分,基础研究2628项,投入经费61955.1万元;应用研究3460项,投入经费47675.6万元;试验与发展1641项,投入经费29854.1万元;R&D成果应用926项,投入经费22954.6万元;其他科技服务747项,投入经费15590.6万元。按学科性质分,自然科学类2507项,投入经费53297万元;工程与技术类4458项,投入经费89405.5万元;医药科学类1538项,投入经费15210.1万元;农业科学类899项,投入经费20127.4万元。按科研项目来源分,"973"计划23项,投入经费8691.9万元;国家科技支撑计划39项,投入经费5396.5万元;"863"计划20项,投入经费987.5万元;科技部重大专项16项,投入经费2872.4万元;国家自然科学基金项目1356项、投入经费33021万元,主管部门科技项目1291项,投入经费20771万元;国家部委其他科技项目251项,投入经费9504.3万元;省级科技项目2518项,投入经费23137.5万元;企事业单位委托科技项目2441项,投入经费55609.6万元;国际合作项目16项,投入经费277.2万元;自选课题项目1118项,投入经费9662.4万元;其他课题项目313项,投入经费3108.7万元。科技项目对人才培养的作用日益增大,参与项目的研究生达到9882人,其中博士生1596人,硕士生8286人。

(四)科技成果与专利。高校共出版科技专著145部,24200.7万字;大专院校教科书955部,11852万字;编著318部,43422.3万字。发表学术论文34126篇,其中在国外学术刊物上发表5526篇。被SCI、EI、ISTP三大检索收录论文8555篇。全省高校通过专家鉴定的科技成果1512项,其中具有国际水平的55项,国内首创的427项,国内先进水平的890项。申请专利2418项,其中发明专利1354项,实用新型专利982项,外观设计专利82项。获得授权的专利1689项,其中发明专利651项,实用新型专利888项,外观设计专利150项。专利拥有数达到3478项,其中发明专利1724项,实用新型专利1536项,外观设计专利818项。

(五)技术转让。全省高校年内共签订技术转让合同221项,合同金额12088.9万元,当年实际收入5856.3万元。其中,专利出售45项,合同金额2043万元;转让给国有企业46项,合同金额2301.9万元;转让给民营企业152项,合同金额8708.4万元。

(六)国际科技交流。全年参加国(境)内举办的国际学术会议3818人次,交流学术论文2660篇,特邀报告373篇;出国(境)参加国际学术会议487人次,提交论文650篇,特邀报告60篇。开展合作研究,派遣国(境)内751人次,派遣国(境)外299人次;接受国(境)内618人,接受国(境)外140人。全年主办国际学术会议38次。

(七)科技成果奖励。全年高校共获科技成果奖励177项。其中,国家科技进步奖二等奖6项,省部级科技进步奖一等奖7项、二等奖97项,其他奖励69项。

【高校协同创新工作】 高等学校协同创新计划("2011计划")是继"211"、"985"之后,中国在高教领域的又一重大战略。教育部关于实施高等学校创新能力提升计划的意见下发后,省教育厅将该计划作为一项重点工作来抓,及时向省政府做专题汇报,与有关部门进行积极沟通,并结合贯彻落实全国科技创新大会和国家全面提高高等教育质量会议精神,采取一系列措施推进此项工作:一是深入学习,领会精神。及时传达国家有关文件精神,邀请部领导为全省高校进行协同创新专题辅导,深刻理解计划的内涵、特征、目标和步骤。联合省财政厅,组织召开10多次高校主要领导及有关部门负责人参加的座谈会,听取高校准备情况和实施河南省计划的意见,两厅主要领导参加会议并提出进一步贯彻落实的要求。二是科学谋

5月7日,教育部视频会议河南分会场

划,制订方案。按照国家的总体要求,结合全省实际,在广泛调研、深入讨论的基础上,将落实高校协同创新计划写入《河南省人民政府关于全面提高高等教育质量的若干意见》;会同省财政厅联合印发《河南省关于实施高等学校协同创新计划的通知》及实施方案,拟定在四年内建设30—40个省级协同创新中心。三是积极部署,扎实推动。8月8日,省政府召开全面提高高等教育质量工作会议,对全省实施高校协同创新进行总动员和再部署。同时,省教育厅积极探索高校协同创新计划的实现路径,组织部分高校,紧紧围绕中原经济区建设着力推动的十八大产业,按照高校协同创新计划的要求,寻求协同创新的体制和形式。协同省发改委,启动高等学校面向产业集聚区构建创新平台工程,引导高校科技创新力量面向产业集聚区和支柱产业、大型企业,共同构建省级工程研发创新平台,与全省的协同创新计划相互支撑。四是精心组织,科学评审。8月27日,省教育厅、省财政厅启动首批河南省协同创新计划遴选建设工作。全省25所高校共申报了29个协同创新中心。9月中旬,省教育厅、省财政厅联合组织专家和综合业务部门,经过专家审阅材料、中心现场汇报、质疑讨论和无记名打分表决等规定程序,对2012年度河南省协同创新中心进行了评审,郑州大学"中原经济区先进材料及加工协同创新中心"等9所高校13个中心获准立项。五是主动汇报,争取支持。10月下旬,副省长徐济超亲自率领省教育厅及部分高

校主要负责人到教育部做专题汇报。教育部领导对河南贯彻落实国家“2011计划”、启动河南省协同创新计划工作充分肯定，并表示在下一阶段工作中，积极支持河南工作，力争将河南推荐的中心纳入首批国家“2011协同创新中心”建设。六是强化责任，加大培育。12月21日，在郑州举行首批河南省协同创新中心集中授牌仪式，徐济超出席会议并讲话，省委高校工委书记、省教育厅厅长王艳玲做工作汇报，省发改委、省财政厅、省科技厅、省工信厅、省人社厅、省农业厅等部门相关负责人出席会议，并向中心牵头单位集中授牌，省教育厅、省财政厅分别与中心牵头高校签订目标责任承诺书。河南农业大学、新乡市人民政府、清华大学水沙科学和水利水电工程国家重点实验室、郑州机械研究所、平煤神马集团、河南大学分别作为牵头高校、参与政府、国内知名高校、科研院所、大中型企业、社会科学方向代表发言。会议公布了《河南省协同创新中心运行管理办法》(征求意见稿)，对河南省协同创新中心运行工作做出规范。首批13个省级协同创新中心，汇聚了17所高校、20家科研机构、25家大中型企业和6个省辖市政府等方面的资源，涵盖面向科学前沿、面向行业产业、面向国计民生和面向文化传承4个领域，牵头高校都具有博士或硕士学位授予权，代表了全省高等教育的较高水平。为支持协同创新中心建设，河南省对3个文化传承类协同创新中心每个拨付专项资金500万元，对10个自然科学领域协同创新中心每个拨付专项资金800万元，总计9500万元。按照责任目标要求，在建设期内，首批协同创新中心各牵头高校制定的体制改革文件要达90余项；各中心承担的省部级以上重大项目要达到620项；可以申请到科技经费数额力争达到8亿元；引进的高层次人才近200名，建设团队达到78个；构筑国家级科技创新平台20个左右，省部级科技创新平台将近50个；建设国家级学科平台15个左右，省部级学科平台近50个；培养博士生数量达到600名，硕士生数量达到5300名，本科生数量达到17900名；研发技术成果力争突破1000项，努力转化科技成果600项，实现产业化产值700多亿元；申请国家专利385项，获授权专利266项，转让专利162项，实现转让费2.5亿元；获国家奖励30项，省部级奖励200项；服务企事业720家，选派到企业科技服务人员要达到2320名；解决企业难题700个左右，增加企业产值260亿元，增强企业利润22亿元，扩大企业就业人员55500余名。

积极申报国家“2011协同创新中心”。对照教育部的申报条件，本着服务中原经济区“两不三新、三化协调”建设目标的宗旨，由河南农业大学牵头，联合省农业厅、省农科院、河南工业大学、河南科技大学、河南科技学院和3家农业产业化龙头企业，组建了中原经济区小麦—玉米两熟高产高效协同创新中心，获省教育厅、省财政厅批准立项建设，成为首批河南省协同创新中心，并获引导性专项建设经费800万元。中心自2012年5月组建以来，成为中原经济区小麦玉米生产发展的智囊团和高产高效的引领阵地，并代表河南省申报参评面向区域发展类的国家级协同创新中心。

【科技创新平台建设】 2012年，河南高校新增省重点实验室2个(河南师范大学绿色化学介质与反应重点实验室和河南理工大学矿山空间信息技术重点实验室)、河南省工程技术研究中心2个(郑州大学第一附属医院河南省数字医疗工程技术研究中心和郑州航空管理学院河南省路面改性沥青材料工程技术研究中心)和河南省工程实验室31个。2012年省教育厅主动联合省发改委，建立高校面向产业集聚区、联合优势企

2012年度河南省协同创新中心名单

中心名称	负责人	牵头单位	参与单位
先进材料及加工河南省协同创新中心	申长雨	郑州大学	河南大学、河南科技大学、河南工业大学、郑州轻工业学院、郑州机械研究所、郑州磨料磨具磨削研究所、中钢集团洛阳耐火材料研究院、河南煤业化工集团、中国平煤神马能源化工集团
中原经济区小麦—玉米两熟高产高效协同创新中心	郭天财	河南农业大学	河南工业大学、河南省农业厅、河南省农业科学院、河南科技大学、河南科技学院、北京奥瑞金种业股份有限公司、河南永优种业科技有限公司、河南平安种业有限公司
动力电源及关键材料河南省协同创新中心	杨书廷	河南师范大学	新乡市人民政府(电池研究院)、郑州轻工业学院、河南大学、新乡市中科科技有限公司、河南环宇电源股份有限公司、河南科隆集团、新乡市新能电动汽车有限公司
机械装备先进制造河南省协同创新中心	邓效忠	河南科技大学	中信重工机械股份有限公司、中国一拖集团有限公司、郑州机械研究所、洛阳轴研科技股份有限公司、中铁隧道集团有限公司、河南理工大学、郑州轻工业学院、洛阳市涧西区人民政府
煤炭安全生产河南省协同创新中心	邹友峰	河南理工大学	河南省工业和信息化厅、河南煤业化工集团有限公司、中国平煤神马集团有限公司、郑州煤业集团有限责任公司、煤炭工业郑州设计研究院、河南省煤炭科学研究院、河南工程学院
水利与交通基础设施安全防护河南省协同创新中心	王复明	郑州大学	清华大学水沙科学与水利水电工程国家重点实验室、黄河水利委员会黄河水利科学研究院、河南省水利厅、河南省水利勘测设计研究有限公司、郑州优特基础工程维修有限公司

续表

中心名称	负责人	牵头单位	参与单位
癌症化学预防河南省协同创新中心	董子明	郑州大学	美国明尼苏达大学hormel癌症研究所、华东理工大学、中国科学院生物物理研究所、伦敦大学玛丽女王学院、河南省肿瘤研究院、辅仁药业集团有限公司
纺织服装产业河南省协同创新中心	崔世忠	中原工学院	河南省纺织行业协会、河南工程学院、恒天重工股份有限公司、新乡白鹭化纤集团有限责任公司、郑州领秀服饰有限公司
作物逆境生物学河南省协同创新中心	宋纯鹏	河南大学	西北农林科技大学、中国科学院上海生命科学研究院、中国农业科学院棉花研究所
粮食储藏安全河南省协同创新中心	张 元	河南工业大学	南京财经大学、国家粮食局科学研究院、中粮营养健康研究院、河南省粮食储运公司、国家粮食储备局郑州粮食科学研究设计院、河南科技大学、河南省农业科学院、河南省粮食局
黄河文明传承与现代文明建设河南省协同创新中心	关爱和	河南大学	河南省文化厅、河南省社会科学院、信阳师范学院、洛阳师范学院、安阳师范学院、南阳师范学院、河南科技大学、河南博物院、许昌学院
社会管理河南省协同创新中心	郑永扣	郑州大学	河南财经政法大学、河南理工大学、郑州轻工业学院、中共河南省委组织部、中共河南省委宣传部、河南省民政厅、河南省人力资源和社会保障厅、河南省发展和改革委员会
中原经济区“三化”协调发展河南省协同创新中心	李小建	河南财经政法大学	河南大学、河南农业大学、河南工业大学、河南师范大学、郑州航空工业管理学院、河南省人民政府发展研究中心、中国人民银行郑州中心支行、河南省社会科学院、河南省住房和城乡建设厅、河南省工业和信息化厅、中共河南省委农村工作办公室、河南省人民政府金融服务办公室

业共建工程研发创新平台工作新机制，为创新产学研合作模式，打造产业集聚区技术创新公共服务平台，更好地服务于中原经济区建设开辟了新的途径。6月，省教育厅、省发展改革委员会在郑州联合召开高校科技创新平台服务产业集聚区建设工作会议。要求高校作为科学技术生产力和人才第一资源的重要结合点，主动走进产业集聚区，瞄准主导产业集群，联合优势企业共同开展产业集聚区产学研共建工程研发创新平台建设。9月，经省发改委组织遴选，依托郑州大学等16所高校建设的31家产学研共建工程研发创新平台获准立项，纳入河南省工程实验室建设。同时，完成2012年度河南省高校重点实验室培育基地遴选工作，43个项目获批立项建设。完成2007—2009年度立项建设的高校工程技术研究中心总结验收与绩效考核工作。经过工程中心自我评价，依托单位审核，省教育厅组织专家评审，44家工程中心完成了组建任务，其中“制药工程河南省高校工程技术研究中心”等19家工程中心绩效考核为优秀。河南省国家大学科技园建设扎实推进。截至2012年年底，园区共有在孵企业142家，累计毕业企业85家。园区建有国家级研发中心2个，省级研发中心12个，市级研发中心12个。从业人数6400人。全年共实现技工贸总收入25亿元，工业总产值27亿元，税收1.1亿元，利润0.7亿元。

【国家重大科技计划】 2012年，全省高校创新机制，注重协同，强化原创，踊跃申请国家重大科技计划，高校承担国家科研任务的水平再次迈上新台阶。国家自然科学基金项目，全省共获资助项目697项，经费首次突破3亿元，其中33所高校获资助653项，经费2.86亿元，占全省93.9%，比上年增加30%多，充分显示了高校在全省基础研究方面的主力军地位。国家重大科学研究计划实现突破，填补河南省空白。河南大学教授、长江

2012年河南省高校新增省级重点实验室名单

序号	依托单位	名称
1	河南师范大学	河南省绿色化学介质与反应重点实验室
2	河南理工大学	河南省矿山空间信息技术重点实验室

2012年河南省高校新增省级工程技术研究中心名单

序号	依托单位	名称
1	郑州大学第一附属医院	河南省数字医疗工程技术研究中心
2	郑州航空管理学院	河南省路面改性沥青材料工程技术研究中心

2012年河南省高校新增省级工程实验室名单

序号	依托单位	名称
1	河南科技大学	装备制造智能控制河南省工程实验室
2	河南科技大学	齿轮制造及装备河南省工程实验室
3	郑州大学	换热设备河南省工程实验室
4	郑州大学	抗疲劳制造技术河南省工程实验室
5	河南工业职业技术学院	柔性制造河南省工程实验室
6	中原工学院	分布式能源接入与微电网系统河南省工程实验室
7	河南理工大学	矿山电气自动化河南省工程实验室
8	河南理工大学	精密与特种加工技术与装备河南省工程实验室
9	南阳理工学院	移动终端自适应处理技术河南省工程实验室
10	河南中医学院	道地药材深加工河南省工程实验室
11	河南师范大学	化学制药及生物医用材料河南省工程实验室
12	河南工业大学	工业微生物菌种保藏与选育河南省工程实验室
13	河南大学	抗体药物河南省工程实验室
14	河南农业大学	水稻河南省工程实验室
15	河南科技大学	高温难熔金属材料河南省工程实验室
16	洛阳师范学院	绿色无机保温材料河南省工程实验室
17	河南工业大学	高温耐磨材料河南省工程实验室
18	郑州航空工业管理学院、华北水利水电学院	高透水性路面材料河南省工程实验室
19	郑州航空工业管理学院	陶瓷材料界面河南省工程实验室
20	新乡学院	纳米碳修饰膜技术河南省工程实验室
21	河南工业大学	超硬研磨复合材料河南省工程实验室
22	郑州大学	生物质炼制技术与装备河南省工程实验室
23	河南理工大学	煤炭节能减排材料与技术河南省工程实验室
24	中原工学院	空调制冷节能河南省工程实验室
25	洛阳理工学院	固体废弃物开发利用河南省工程实验室
26	河南农业大学	速冻面米及调制食品河南省工程实验室
27	河南农业大学	饲料营养河南省工程实验室
28	河南科技学院	畜禽智能化清洁生产河南省工程实验室
29	郑州大学	绿色化工催化与分离技术河南省工程实验室
30	郑州航空工业管理学院	航空物流河南省工程实验室
31	中原工学院	计算机信息系统安全评估河南省工程实验室

2012年河南省高校重点实验室培育基地建设名单

序号	层次	依托单位	项目名称
1	国家	郑州大学	材料物理
2	国家	河南大学	特种功能材料
3	国家	河南师范大学	绿色化学介质与反应
4	教育部	河南大学	光电材料与器件
5	教育部	郑州大学	肿瘤化学预防
6	教育部	河南中医学院	中药药效评价与中药深加工
7	教育部	河南工业大学	生物资源化工
8	教育部	河南科技大学	材料摩擦学
9	教育部	河南理工大学	矿产资源安全高效开采

续表

序号	层次	依托单位	项目名称
10	教育部	郑州轻工业学院	食品加工与安全控制
11	教育部	河南科技学院	农产品质量安全系统控制
12	省级	河南科技学院	棉花生态多样性与种质创新
13	省级	河南中医学院	中医方证信号传导
14	省级	华北水利水电学院	水利水运及治河
15	省级	河南理工大学	工矿自动化
16	省级	南阳师范学院	自然灾害遥感监测
17	省级	洛阳师范学院	光谱技术
18	省级	河南师范大学	资源微生物与功能分子
19	省级	河南师范大学	红外光电子科学与技术
20	省级	河南大学	污染控制与废弃物资源化
21	省级	郑州大学	抗疲劳制造技术
22	省级	新乡医学院	生理心理学
23	省级	河南科技大学	电力电子装置与系统
24	省级	信阳师范学院	低维材料制备与应用
25	省级	河南农业大学	国际合作人兽共患病病原生物学
26	省级	河南大学	智能技术与系统
27	省级	许昌学院	机械系统振动与控制
28	省级	郑州轻工业学院	物联网感知与智能信息处理
29	省级	河南农业大学	速冻面米及调制食品
30	省级	河南大学	药物物质基础
31	省级	河南科技大学	农业装备制造技术
32	省级	河南工业大学	农产品产后微生物检测与防控
33	省级	郑州大学	生物多样性保护与利用
34	省级	安阳师范学院	中美智能信息处理联合实验室
35	省级	河南工程学院	轻化工程
36	省级	河南科技大学	草食动物工程
37	省级	郑州大学	光子学与光电子技术
38	省级	商丘师范学院	植物与微生物互作
39	省级	新乡医学院	脑研究
40	省级	华北水利水电学院	车用能源利用清洁化与工程车辆
41	省级	周口师范学院	稀土功能材料及应用
42	省级	河南理工大学	环境友好型无机材料
43	省级	郑州航空工业管理学院	航空材料与工程技术

河南省高校工程技术研究中心2012年度考核结果

立项年度	依托单位	中心名称	考核结果
2007	郑州大学	制药工程河南省高校工程技术研究中心	优秀
2009	郑州大学	高分子材料河南省高校工程技术研究中心	优秀
2007	河南大学	环境与健康河南省高校工程技术研究中心	优秀
2007	河南理工大学	煤与煤层气安全高效开采河南省高校工程技术研究中心	优秀
2009	河南农业大学	肉品加工与质量安全控制河南省高校工程技术研究中心	优秀
2007	河南师范大学	新能源河南省高校工程技术研究中心	优秀
2008	河南科技大学	轴承河南省高校工程技术研究中心	优秀
2008	河南工业大学	粮食信息与检测技术河南省高校工程技术研究中心	优秀

续表

立项年度	依托单位	中心名称	考核结果
2007	河南中医学院	中药材开发河南省高校工程技术研究中心	优秀
2009	河南中医学院	中药质量控制与评价河南省高校工程技术研究中心	优秀
2009	河南科技学院	作物遗传改良河南省高校工程技术研究中心	优秀
2009	信阳师范学院	矿物节能材料河南省高校工程技术研究中心	优秀
2008	郑州航空工业管理学院	高性能土木工程材料与环境河南省高校工程技术研究中心	优秀
2007	郑州轻工业学院	烟草加工河南省高校工程技术研究中心	优秀
2007	中原工学院	空调节能河南省高校工程技术研究中心	优秀
2009	河南工程学院	棉型纺织新产品河南省高校工程技术研究中心	优秀
2007	郑州牧业工程高等专科学校	动物营养与饲料河南省高校工程技术研究中心	优秀
2009	黄淮学院	道桥安全评价河南省高校工程技术研究中心	优秀
2009	开封大学	绿色功能材料河南省高校工程技术研究中心	优秀
2007	郑州大学	机械设备诊断河南省高校工程技术研究中心	合格
2008	郑州大学	生态化工河南省高校工程技术研究中心	合格
2009	郑州大学	煤矿生产物流河南省高校工程技术研究中心	合格
2008	河南大学	作物抗逆改良河南省高校工程技术研究中心	合格
2009	河南大学	无机离子交换树脂河南省高校工程技术研究中心	合格
2008	河南理工大学	矿物加工与矿用材料河南省高校工程技术研究中心	合格
2009	河南理工大学	矿山信息化河南省高校工程技术研究中心	合格
2008	河南农业大学	农业资源与环境河南省高校工程技术研究中心	合格
2008	河南师范大学	道地中药材保育及利用河南省高校工程技术研究中心	合格
2009	河南师范大学	教育信息河南省高校工程技术研究中心	合格
2007	河南工业大学	超硬材料及制品河南省高校工程技术研究中心	合格
2009	河南工业大学	制造业自动化河南省高校工程技术研究中心	合格
2009	河南科技大学	拖拉机与农机装备河南省高校工程技术研究中心	合格
2008	河南科技学院	动物疫病和残留物防控河南省高校工程技术研究中心	合格
2009	郑州轻工业学院	轻工装备河南省高校工程技术研究中心	合格
2009	中原工学院	精密制造河南省高校工程技术研究中心	合格
2009	郑州航空工业管理学院	航空制造及装备河南省高校工程技术研究中心	合格
2009	南阳师范学院	农业生物质资源化河南省高校工程技术研究中心	合格
2009	安阳师范学院	新能源光伏并网发电河南省高校工程技术研究中心	合格
2008	商丘师范学院	生物质降解与气化河南省高校工程技术研究中心	合格
2009	河南工业职业技术学院	柔性制造河南省高校工程技术研究中心	合格
2009	郑州铁路职业技术学院	医药生物信息河南省高校工程技术研究中心	合格
2008	信阳农业高等专科学校	信阳毛尖茶产业河南省高校工程技术研究中心	合格
2009	三门峡职业技术学院	节能照明技术河南省高校工程技术研究中心	合格
2008	焦作大学	怀药提取分离河南省高校工程技术研究中心	合格

学者万师强牵头申报的2012年度国家重大科学研究计划项目“全球变化对中国典型草地生态系统过程的影响及生态环境效应”获批，资助金额2600万元，万师强被科技部聘为“国家重点基础研究发展计划”项目首席科学家。该项目面向国家中长期科学发展战略目标，汇集了国内草地生态学的优秀专家，依托多个国家级科研基地和平台，研究全球变化情景下中国典型草地关键要素响应全球变化的过程、时空格局以及生态环境效应，项目的开展为增加陆地碳汇、缓解中国温室气体减排和限排压力提供技术支持，对于保障国家生态安全、维护边疆地区经济可持续发展和社会稳定具有重大意义。

【高层次科技成果奖励】 2012年，全省高校获得的科技成果奖无论数量还是层次，均实现历史性跨越。高校获得2012年度国家科技进步项目6项（河南获奖20项）。其中，河南中医学院教授李建生主持完成的《老年社区获得性肺炎诊治规律与疗效评价研究及应用》获得国家科技进步二等奖，填补全省医学领域国家奖励空白；河南大学教授宋纯鹏主持完成的《植物应答干旱胁迫的气孔调节机制》科技成果获得国家自然科学二等奖(国家一等奖空缺),实现了全省作为主持单位获得国家自然科学奖零的历史性突破。2012年度河南省科学技术奖共授奖339项,高校获奖165项,占48.7%。其中,一等奖11项,高校3项(第一单位1项);二等奖176项,高校102项(第一单位86项);三等奖152项,高校60项(第一单位54项)。

【科技创新人才队伍建设】 2012年,教育部"创新团队发展计划",河南省获准立项3个创新团队(全国省均入选1.5个)和10名新世纪优秀人才(全国省均入选6.4人),数量位居全国前列,连续三年在全国保持领先地位。河南大学万师强、河南农业大学范国强、河南科技大学张永振等3位教授获2012年度"中原学者"称号(全省共4名),高校共有21个科研团队获得2012年度河南省"创新型科技团队"支持(全省48个),19名教授获得2012年度"河南省科技创新人才计划"杰出人才支持(全省共25名),18名教授获得2012年度"河南省科技创新人才计划"杰出青年支持(全省共25名)。

【高校科技管理构建新平台】 率先在国内启动高校科技管理云服务平台建设工程,并已投入使用。平台建成完善后,将实现各个高校科研管理系统与河南省教育厅科研管理系统的无缝对接,实现科研项目、科技成果的远程在线评审,全面提高河南省高校科研管理工作的现代化水平。河南省高校科技管理云服务平台建设工程列入首批教育部信息化工作试点。

2012年度教育部新世纪优秀人才支持计划人员名单(河南省)

编号	姓名	单位	领域	资助金额(万元)
NCET-12-0691	李金铠	河南财经政法大学	可持续发展管理与战略,宏观经济管理与战略	20
NCET-12-0692	刘　扬	河南工业大学	分布式计算	50
NCET-12-0693	易现峰	河南科技大学	森林生态学	50
NCET-12-0694	莫海珍	河南科技学院	食品质量与安全	50
NCET-12-0695	宋安东	河南农业大学	能源生物技术	50
NCET-12-0696	杨保成	黄河科技学院	功能材料	50
NCET-12-0697	曹玉涛	洛阳师范学院	政治哲学	20
NCET-12-0698	王茹敏	信阳师范学院	高能物理	50
NCET-12-0699	陆彦辉	郑州大学	宽带无线通信理论与技术	50
NCET-12-0700	孙玉周	中原工学院	微纳米力学	50

2012年度教育部"创新团队发展计划"名单(河南省)

序号	带头人	单位	研究方向	资助金额(万元)
IRT1234	魏世忠	河南科技大学	先进耐磨材料	300
IRT1235	高建良	河南理工大学	煤岩瓦斯复合动力灾害防控	300
IRT1236	康相涛	河南农业大学	地方鸡种质资源保护与利用	300

2012年度"中原学者"名单(高校)

序号	姓 名	单 位
1	万师强	河南大学
2	范国强	河南农业大学
3	张永振	河南科技大学

2012年度河南省"创新型科技团队"名单(高校)

序号	团 队 名 称	带头人	单 位
1	河南省抗感染抗肿瘤药物研发创新团队	戴桂馥	郑州大学
2	河南省植物分子育种创新团队	田保明	郑州大学
3	河南省功能有机分子选控性构筑及应用创新团队	宋毛平	郑州大学
4	河南省低碳及环境材料研究创新团队	邵国胜	郑州大学
5	河南省生殖医学技术创新团队	孙莹璞	郑州大学
6	河南省脑血管病发病机制及防治创新团队	许予明	郑州大学
7	河南省肿瘤生物治疗创新团队	张　毅	郑州大学
8	河南省动力电源与关键材料研究创新团队	杨书廷	河南师范大学
9	河南省煤矿采动损害与保护技术创新团队	郭文兵	河南理工大学

续表

序号	团 队 名 称	带头人	单 位
10	河南省信息化制造技术创新团队	施进发	郑州航空工业管理学院
11	河南省农业水资源高效利用创新团队	徐建新	华北水利水电学院
12	河南省功能性纺织材料与纺织品研发创新团队	崔世忠	中原工学院
13	河南省工业机器人技术及应用创新团队	王新杰	郑州轻工业学院
14	河南省精神疾病分子病理与临床研究创新团队	吕路线	新乡医学院
15	河南省肿瘤发生和转移机制创新团队	杨万才	新乡医学院
16	河南省大别山动植物遗传资源与种质研究创新团队	袁红雨	信阳师范学院
17	河南省微纳米结构与应用创新团队	郑　直	许昌学院
18	河南省生物分子识别与传感创新团队	徐茂田	商丘师范学院
19	河南省植物遗传与分子育种创新团队	李成伟	周口师范学院
20	河南省物联网底层无线传感网络应用技术创新团队	柴远波	黄河科技学院
21	河南省结构功能一体化复合材料研究创新团队	赵　辉	开封大学

2012年度省科技创新人才计划获得者名单(高校)

一、科技创新杰出人才

序号	获得者	项目名称	单 位
1	孙莹璞	应用SNP芯片进行胚胎植入前遗传学诊断及胚胎自我修复的研究	郑州大学
2	李玉玲	两个玉米籽粒发育相关基因的功能研究及优异种质资源挖掘	河南农业大学
3	张伟风	硅-二氧化钛锂离子电池纳米复合负极材料的结构设计与优化	河南大学
4	张　展	IL6-Stat3信号通路在子痫前期发病中的作用	郑州大学
5	张　毅	丙肝相关肝癌T细胞受体基因治疗的研究	郑州大学
6	王幼平	盐敏感性高血压过程中TRPV1受体调控单核/巨噬细胞功能的机理研究	河南中医学院
7	张　锐	碳化硅基复合材料的界面科学与界面效应研究	郑州航空工业管理学院
8	王利亚	超轻、低导热、高强无机墙体保温板技术的研究与开发	洛阳师范学院
9	季少平	PTEN介导的ERK5信号对PC12细胞分化的调节作用	河南大学
10	刘民英	耐高温半芳香尼龙12T高效制备技术的开发研究	郑州大学
11	陆启玉	食品油炸过程主要危害因子的形成机理及其控制	河南工业大学
12	刘玉芳	若干香豆素氢键团簇的结构、分子间相互作用及光物理性质研究	河南师范大学
13	卓克垒	仿生离子液体的设计、合成及其在生物传感器中的应用	河南师范大学
14	杜　淼	功能分子基晶体材料的设计制备与结构性能调控	郑州轻工业学院
15	师　黎	人工视觉假体及其关键技术研究	郑州大学
16	崔光照	基于DNA计算的密码理论及应用研究	郑州轻工业学院
17	王尧河	新型、高校溶肿瘤腺病毒免疫基因治疗制剂临床转化研究	郑州大学
18	吕路线	精神分裂症高发家系全基因组外显子测序	新乡医学院
19	张　蓓	隧道施工安全超前预报关键技术研究	郑州大学

二、科技创新杰出青年

序号	获得者	项目名称	单 位
1	姜利英	用于检测三磷酸腺苷的识体传感器研究	郑州轻工业学院
2	王燕霜	弹流润滑下高速轴承润滑脂摩擦特性的研究	河南科技大学
3	赵同谦	小浪底水库建设对黄河下游滨河湿地的影响及生态对策研究	河南理工大学
4	高书燕	环境友好方法构筑等离子体纳米材料及其应用探究	河南师范大学
5	何丽君	功能化离子液体对食品基质中有机污染物的微萃取性能研究	河南工业大学
6	吴庆涛	云存储系统自律安全关键技术研究	河南科技大学
7	代丽萍	miRNA相关单核苷酸多态性位点与食管癌遗传易感性	郑州大学

续表

序号	获得者	项目名称	单 位
8	王永霞	交泰丸抗心律失常电生理机制研究	河南中医学院
9	余祖江	重症肝炎中免疫偏离的基因定位及其与肝细胞“无能”形成机制研究	郑州大学
10	殷冬梅	花生FAD2基因在油脂代谢中的功能及表达分析	河南农业大学
11	程 纲	一维氧化物半导体表界面的气体吸附行为及气敏特性研究	河南大学
12	苗 雨	统计模型中大偏差的研究	河南师范大学
13	宋晓炜	多视点立体视频网络传输可分级技术研究	中原工学院
14	孔祥会	鱼类组蛋白H_2B衍生抗菌肽基因变异对抗菌影响及高活性抗菌肽筛选	河南师范大学
15	刘新红	新型节能金属复合低碳滑板材料的开发与应用	郑州大学
16	王定标	新型自支撑凸胞板式换热器的研究与开发	郑州大学
17	李成伟	番茄抗病基因克隆及广谱抗性品种培育	周口师范学院
18	薛玉君	高性能纳米复合镀层制造技术及应用基础研究	河南科技大学

教育信息化

【教育信息化的规划与组织】 一是制定下发《河南省教育信息化十年发展规划》(2011—2020年)。提出了2020年教育信息化建设目标和2015年之前具体行动计划；细化制定了“三通、两平台”建设方案。二是健全省、市、县、校四级教育信息化组织领导机构，各地、各高校均成立了专门教育信息化推进工作组织领导机构，为教育信息化建设和发展提供了组织保障。三是按照国家“政府政策引导、企业参与建设、学校购买服务”的原则要求，先后与移动、联通、电信等大型电信运营企业沟通协商，争取在宽带网络接入、平台建设方面的优惠政策，为信息化长远发展提供良好的支撑环境。

【项目推动教育信息化发展】 一是启动实施河南省教科网智能光网络建设项目。通过该项目实施，将使网络带宽总量提高至400G以上，建成国内领先的大容量智能光网络系统，满足未来5—10年全省教育系统用户的网络带宽需求；构建多个相对独立的虚拟专网，以满足基础教育、职业教育、高等教育、继续教育等不同类型用户的网络需求。利用充裕的带宽资源及丰富的质量保证手段，支持多种新兴业务。借助线路复用和链路冗余技术，提高整个网络的可靠性。通过系统建设，培养一大批在智能光网络建设、应用、管理、运维等方面的工程技术人才。2012年度重点完成了项目任务下达、方案论证及14个主节点经费筹措。

二是启动实施并完成河南省高校科技管理云服务平台一期工程建设项目。涵盖高校科研管理工作日常办公、科研资源、科研项目、科研经费、科研成果、成果获奖、论文收引、学术交流、科研情况、科研考评、上报数据、系统管理等主要环节，实现了各高校科研管理系统与省教育厅科研管理系统的无缝对接，包括全省科研资源的无缝对接、“校—厅”科研统计数据上报的无缝对接、省教育厅各类科研项目、成果奖励申报的无缝对接等。为全省高校各级科研人员及科技管理人员提供一个随需、可扩展、稳定、安全的云服务平台。

三是启动实施“教学点数字教育资源全覆盖”项目。该项目旨在为农村义务教育学校布局调整中确需保留和恢复的教学点配置数字教育资源接收和播放设备，配送优质数字教育资源，并以县域为单位，组织教学点应用资源开展教学，以改善教学点办学条件，促进义务教育均衡发展。2012年，按照教育部有关要求，在充分调研、反复论证基础上，制定了以宽带网络推送为主、卫星接收为辅的教学点数字资源传输方案和相应的设备配置模式和资源应用模式。

四是启动实施教育信息化试点工作。为探索信息技术与教育教学深度融合的体制机制，摸索适合全省实际的教育信息化发展道路，2月，河南省与教育部同步启动试点工作。其中2所高校、7所职业类学校、16所中小学、1个区域综合、1个专项、1个教育资源平台规模化应用区域被列入教育部试点。

(一)区域综合试点1个

序号	单位名称	试点工作重点内容
1	河南省电教馆、郑州市教育局、郑州大学、焦作市教育局	优质教育资源共建共享机制及对口支援偏远地区基础教育发展模式探索

(二)本科类学校试点2个

序号	单位名称	试点工作重点内容
1	郑州大学	基于云计算技术的资源应用模式探索
2	河南大学	基于云计算技术的数字校园建设模式探索

(三)职业类学校试点7个

序号	单位名称	试点工作重点内容
1	郑州铁路职业技术学院	信息化环境下教学模式创新探索
2	河南财政税务高等专科学校	数字化校园建设机制与应用模式探索
3	三门峡职业技术学院	数字化校园建设机制与应用模式探索
4	河南商业高等专科学校	网络条件下教学模式创新探索
5	河南工业职业技术学院	优质教育资源共建共享机制探索
6	郑州工业贸易学校	信息化环境下教学模式创新探索
7	河南信息工程学校	数字化校园建设机制与应用模式探索

(四)中小学校试点16个

序号	单位名称	试点工作重点内容
1	河南省实验小学	基于信息化协作平台小学生人文素养教育模式探索
2	郑州市第三十四中学	信息技术环境下的双课堂教学模式探索
3	郑州市第四十七中学	优质教学资源建设与应用模式探索
4	焦作市第一中学	信息化环境下的教师业务能力培养模式探索
5	濮阳市实验小学	信息化环境下提升小学生语文素养模式探索
6	三门峡市实验高中	信息化环境下分层会诊式教学探索
7	商丘市第一中学	信息化提高学生综合素质应用模式探索
8	南阳市第五中学校	信息化环境下课堂教学新模式探索
9	许昌实验小学	基于电子白板环境小学多学科“主体多元合作探究教学模式”探索

续表

序号	单位名称	试点工作重点内容
10	濮阳外国语学校	实名制网络学习空间环境下高中美术选修课教学模式探索
11	郑州中学附属小学	信息化环境下小学德育模式探索
12	洛阳市第五十五中学	中小学智能机器人数字化教学模式探索
13	郑州市第九中学	基于组播技术的名师直播课堂的建设与应用模式探索
14	郑州市第二中学	平板电脑在中学教育教学中的应用模式探索
15	郑州市第一零二中学	网络环境下的自主课堂模式探索
16	鹤壁市淇滨小学	数字化环境下探究型教学模式“三勤四环节教学法”探索

(五)信息化专项试点1个

序号	单位名称	试点工作重点内容
1	河南省教育厅	高校科技管理公共服务平台建设与应用探索

(六)国家数字教育资源公共服务平台规模化应用

序号	试点地区	单位名称
1	河南省洛阳市	河南省洛阳市教育局

五是启动实施优质网络课程征集活动。面向基础教育、职业教育和继续教育领域的网络课程及其配套资源,包括网络课程、名师课堂、多媒体素材资源、虚拟仿真系统等。

六是启动实施网络学习空间建设工作。安排河南师范大学、郑州轻工业学院、河南广播电视大学等高校作为首批空间建设试点单位,开展了网络学习空间的先行先试。

七是开展教育信息化调研活动。遴选20个县(市、区),围绕学校类型、教师情况、学生情况、网络学习环境建设情况、学校联网情况、资源应用情况、教育管理基础数据库应用情况等开展了问卷调查。

撰稿:麦世奎　魏　涛　杨媛媛

审稿:张水潮

国际合作与交流、汉语国际推广、港澳台交流

国际合作与交流处处长:荣西海
河南省教育与汉语国际推广办公室主任:徐恒振
电话:0371-69691765 69691768 69691769

【中外合作办学】 2012年,河南省新增本科层次中外合作办学项目14个。省教育厅申报的郑州大学与白俄罗斯国立音乐学院合作举办音乐表演专业本科教育项目等14个项目获得教育部批准。其中2011年下半年上报的项目获批8个,2012年上半年上报的项目获批6个,两次获批量均占全国总数的十分之一。新增专科层次中外合作办学机构1个,项目14个。河南工业大学与英国阿伯瑞斯特维斯大学合作举办的河南工业大学中英国际学院获省政府批准正式设立。河南工程学院与澳大利亚堪培拉大学合作举办的环境监测与治理技术专业高等专科教育项目等14个项目获得批准并招生。

进一步加强对中外合作办学等涉外办学活动的管理,按照教育部文件通知要求,在全省范围启动了涉外办学活动的专项清理整顿,组织召开了高中层次中外合作办学座谈会。根据教育部要求,认真组织中外合作办学本科专业的整理工作。

【汉语国际推广】 2012年,省教育厅强力推进全省汉语国际推广工作,加快中原文化"走出去"步伐。新建孔子学院1所。郑州航空工业管理学院与坦桑尼亚多多马大学合作建立孔子学院获得国家汉办批准,河南省在外举办孔子学院(课堂)数量增至6个。新增国家级汉语国际推广基地1个。安阳师范学院承办的国家汉语国际推广汉字文化体验与研究基地顺利通过国家汉办组织的专家组验收。河南成为全国唯一拥有2个国家汉语国际推广(武术和汉字)基地的省份。

选派汉语教师志愿者148人,推荐孔子学院/课堂教师27人、国家公派教师23人。积极争取并组织协调国家汉办孔子学院奖学金项目在豫招生工作,郑州大学、河南大学预录取44人。承办国家汉办2012年孔子学院大春晚活动,成功组织了"武林汉韵"武术,民乐赴意大利、瑞典巡演工作,受到了中外媒体高度关注。成功接待2012"汉语桥-美国中学生夏令营"(100人)、"汉语桥-尼泊尔中小学校长团"(16人)和"汉语桥-美国中小学校长访华之旅"代表团(42人)等访问活动,组织了2012年"汉语桥-美国中小学校长访华之旅"中美教育郑州论坛,为河南省中小学搭建了师生交流和汉语推广的桥梁,取得良好成效。

【国家留学基金委河南省地方合作项目】 2012年,全省共受理国家留学基金委国家项目和地方合作项目申报387人,录取118人,全省共计258人获得国家留学基金资助。办理地方合作项目人员派出手续80人。积极争取,拓宽渠道,先后促成河南大学、河南理工大学、郑州轻工业学院和河南农业大学等院校与国家留学基金委合作青年骨干教师项目。教育部正式批准郑州大学试点成立教育部出国留学培训与研究中心。

【国际交流与合作】 2012年,省教育厅制定《河南省教育厅机关及直属单位人员因公临时出国(境)政审备案管理规定》和《河南省教育厅临时因公出国(境)计划管理规定》。全年组织、审核、审批和顺利派出教育系统因公出国(境)团组172个,计839人次(含高等院校148批次,675人次,厅机关24批次,164人次),其中包括5个大型培训团组82人次,赴美国等22个国家和地区进行教育交流考察、培训并洽谈合作事宜,与加拿大BC省、牙买加教育部、澳大利亚莫纳什大学签署一批教育合作交流协议。选派13名大学校长参加教育部组织的"千名中西部大学校长海外培训项目",分5个批次赴美、德、英、澳等4个国家进行培训。审核、审批并协助举办了在河南省高校举办的7次国际会议。

全年组织或参与接待来自美国、墨西哥、芬兰等国外来访团组15个,200余人次,在豫外籍教师达到1100人,来华留学生规模增至3000人。切实做好"钓鱼岛"等重大敏感事件涉外稳定工作,确保了外籍教师和留学生的安全。指导河南工业大学与商务部合作办好"发展中国家粮食安全研修班"、"发展中国家粮食储藏研修班"、"发展中国家粮油食品加工技术培训班"和"发展中国家中国少林武术培训班"等4个援外培训项目,先后为38个国家和地区培训专业技术人员102人。

【外籍教师聘请和留学生招生】 全省具备聘请外籍教师资格的单位增至253家。外籍专家聘请数量和层次不断提高,在河南长期工作的外籍教师和文教专家增至1100人。来华留学生教育不断发展,招生规模不断扩大,培养层次与水平不断提高。截至2012年年底,全省共有招收来华留学生资格单位50家,各类来华留学生规模3000人。留学人员类别不断增加,2012年共争取中国政府奖学金220人,孔子学院奖学金50人。组织在豫留学生参加中央电视台、国家汉办/孔子学院总部主办的第五届"汉语桥"在华留学生汉语大赛,郑州大学选送的韩国留学生崔钟旻晋级全国决赛20强,越南留学生裴氏菊晋级前40强。

【港澳台教育交流】 继续做好明德小学捐建项目。在全国明德小学捐建工作停止的情况下,2012年,河南省争取到台塑集

团援建的13所明德小学新项目，捐赠款585万元人民币。指导郑州师院举办了首期明德小学品牌工程——校长研修项目，首期培训明德小学校长50人。全年审核并办理了56所明德小学的硬件建设拨款1225万元。组织评审了全省300所小学的2657份作文和绘画作品。在教育部、国台办和台塑集团支持下，12月14–16日，在郑州组织召开2013年全国“明德小学”项目年会。台塑集团副总裁王瑞华、教育部、国台办领导，以及来自全国29个省（自治区、直辖市）教育厅（委）、台办的领导和代表140余人参会。省政府办公厅副秘书长胡向阳到会祝贺并致辞。

积极推动与港台地区的教育交流，成功举办了第二届大学生台湾夏令营、第三届中学生台湾夏令营活动，全省部分高校和中学300多名师生赴台湾开展教育交流及联谊活动；积极与香港言爱基金合作开展15所思源实验学校的援建工作，目前已开工建设7所。

做好赴港澳台地区团组的组织、审核、审批和办理工作。全年审核并办理教育系统因公赴台团组85批次，共计1133人次。

撰稿：陈兆武　马强和

审稿：荣西海　徐恒振

学　生　工　作

学生工作处处长：吕　冰
调研员：焦元庆　杨占军
电话：0371–69691792　65798516

【高等学校招生】　一是经过半年的调查研究，2012年12月下发了河南省进城务工人员随迁子女升学考试方案，为省内外进城务工人员家庭进入城镇就业、升学免除了后顾之忧，为新型城镇化发展、促进教育公平提供了有力支撑。二是全面贯彻“知识+技能”的人才选拔模式，加大高职院校单招试点工作力度，2012年上半年黄河水利职业技术学院等7所试点院校录取考生3963人，下半年试点范围扩大到省级示范性高职院校。三是经积极协调，教育部批准郑州大学自上年起面向全省开展自主招生工作，结束了河南省没有自主招生高校的历史。四是在普通高招的本科一批和专科一批中，向贫困地区定向招生，设立专项招生计划1000人，增加贫困地区学生接受优质高等教育的机会。五是细化和完善河南省普通高考加分项目与政策，并在“河南省招生考试信息网”上进行公布，维护高考公平。六是在调研论证的基础上，稳步实施专升本、对口升学改革，扩大招生对象范围。七是进一步强化院校主体责任，明确学校法人对招生章程（广告）的审核备案工作负总责，专人负责，逐级审核签字确认，确保内容真实、准确。全年共审核备案学历、非学历招生章程（广告）167期。

【研究生管理】　一是做好研究生学生学籍管理工作。针对研究生学生的特点，加强休、转、复、退、学籍信息修改等学籍异动工作的管理。二是针对研究生管理面临部分高校重视不够，领导体制和工作体制尚不健全，缺乏相应的专职队伍，条件保障还不完全到位，特别是面对研究生规模扩大、培养模式和管理方式发生变化的新情况、新要求，还缺乏积极有效的应对办法的现实情况，研究制定了《河南省教育厅关于进一步加强研究生学生管理工作的意见》（教学〔2012〕913号）。通过文件的贯彻落实，将进一步增强高校解决问题的主动性，及时改变和调整学生管理的工作观念、方法和手段，适应研究生特点和社会需求变化，提高研究生管理工作的针对性和实效性。

【普通高等教育】　一是强化学生日常管理。有针对性地制定并出台相关的制度和措施，推进学生管理工作制度化、规范化、程序化、科学化。进一步完善学生管理办法，细化管理措施，规范管理程序，使学生管理工作步入科学化管理轨道。强化制度执行环节，注重程序和细节，做到有规可依、有规必依、违规必究、执规必严，杜绝有章不循的现象。二是组织召开全省高校学生工作会议。4月底，2012年全省高校学生工作会议在开封召开，中共河南省委高校工委副书记、省教育厅副厅长訾新建出席会议并讲话，教育部全国高等学校学生信息咨询服务中心处长方伟到会祝贺，全省100余所高校分管学生工作的校领导、学生处处长，部分高校研究生处处长、教务处长、招生处处长、就业处处长、武装部长、团委书记和成教学院院长等300余人参加会议。会议总结了2011年全省高校学生工作，表彰了学生工作先进集体和先进个人，分析研究当前高校学生工作面临的新形势和新任务，交流了工作经验，全面部署2012年全省高校学生工作。三是召开普通高校本专科学生工作调研座谈会。3月上旬，组织省内部分高校，分别召开本科、专科、民办高校和独立学院学生工作调研座谈会。四是组织召开全省“依法依规开展普通高校学生管理工作培训研讨会”。10月下旬，在安阳师范学院组织召开“依法依规开展普通高校学生管理工作培训研讨会”。中共河南省委高校工委专职委员贾修国到会讲话，教育部高校学生司学籍学历管理处处长解汉林、华北水利水电学院党委副书记石品等专家分别在会议上对学生管理工作中的相关问题进行了专题讲解。来自全省120余所高等院校的学生工作部(处)长参加了会议。与会代表围绕高校学生工作的统筹管理、队伍建设、学生意外伤亡事故处置、违纪处理、一体化服务、提高学生工作效率和假期大学生管理等方面进行研讨交流。五是做好2012年普通高校毕业生学历证书发放和即时注册工作。2012年,在严格审核资格的基础上,共为478562名普通高等学校毕业生办理了学历证书。其中研究生9660人,占2.0%,本科生170195人,占35.6%,专科生298707人,占62.4%。学历证书发放后,按照教育部实施高等教育学历证书在线即时电子注册的要求,督促指导高校通过中国高等教育学生信息网学籍学历信息管理平台,上传本校毕业生学历数据进行即时注册,使毕业生在获得证书的同时,本人和用人单位即可在中国高等教育学生信息网上查询学历证书电子注册信息。六是做好新生入学资格复查和学籍注册工作。各高校在新生报到入学时,按照高招录取电子照片、准考证、录取通知书、身份证、电子档案照片和考生本人"六对照"的要求,对新入学的学生进行认真复查。通过复查,及时清退弄虚作假骗取报名资格的考生、在考试和体检中作弊的考生、冒名顶替入学等舞弊的考生,并配合有关部门追究相关人员的责任。新生入学资格复查结束后,各高校通过教育部学籍学历信息管理平台,做好新生学籍电子数据的录入、初审和报送工作,经省教育厅审核并报教育部备案后,对526361名新生(其中研究生11426名、本专科465171名、专升本21968名、五年一贯制10549名、三二分段制17247名)的学籍进行了注册。七是做好在校生学年电子注册工作。按照教育部的有关通知精神,依据规定的注册内容、注册方法、操作方式和时间要求,对1139769名本专科在校生和19638名研究生在校生学籍进行电子标注,对在校学生新学年学习资格进行认定。八是按照国家、省有关政策规定,做好学籍异动工作,维护了学校正常的教育教学秩序。九是妥善处理学历注册遗留问题。按照教育部办公厅《关于加强高等教育学历证书电子注册管理做好学历认证服务工作的通知》(教育厅函〔2011〕12号)精神,要求各高校和研究生培养单位加强组织领导,建立以校级领导牵头,学校相关部门参与的学历管理工作领导协调机构,依据教育部有关要求,规范完善各项具体工作制度,明确责任人,对1991年以来各类学历数据开展一次全面、彻底的清查,经省教育厅审核后,报教育部注册。据统计,全省共审核上报遗漏学历信息24356人,其中普通本专科1196人,成人23160人。十是积极开展"争先创优"活动。2012年,全省共表彰普通高等学校三好学生4550名、优秀学生干部1524名、先进班集体1514个。

【成人高等教育】 一是做好成人高等教育新生入学复查工作。制定并下发了《河南省教育厅办公室关于做好2012级成人高等教育新生入学有关工作的通知》(教办学〔2012〕10号)文件,对全省新生入学工作开展全面复查,对专升本新生专科资格重点核查,对学籍电子注册等工作进行全面部署。2012年春季,报到入学新生164049人,放弃入学资格874人,保留入学资格69人,取消入学资格11人,待报到1317人。通过新生入学资格复查工作的开展,有效地杜绝了冒名顶替、弄虚作假行为的发生,保障入学新生的权益。二是做好2012年秋季成人高等教育毕业证书发放和电子注册工作。成人高等教育毕业生资格审查是以教育部学籍学历信息管理平台在校生学籍注册数据为依据最终复核其学籍身份,从而确定其是否可颁发成人高等教育学历证书的一项重要复审工作,是毕业生基本权益得到保障的重要举措。2012年先后两次集中人员对全省高校成人高等教育毕业生资格进行集中审查,共审查高校96所,审查通过毕业生128186名,并按照教育部学历信息即时注册的有关要求顺利完成了学历电子信息网上注册工作。

【毕业生就业】 截至2012年9月1日,全省48.5万高校毕业生实现就业39.1万人,就业率达80.67%,高于全国平均水平和上年同期水平,为维护高校和社会安全稳定做出了积极贡献。省委书记卢展工、副省长徐济超作出批示,对此给予充分肯定,省政府《工作快报》和教育部《大学生就业动态》多次介绍河南省毕业生就业工作。主要采取了以下措施:一是组织领导不断加强。早安排、早部署,自2011年11月起就启动了2012年全省毕业生就业工作。建立"毕业生就业工作联系点制度",加强与各地、各高校毕业生就业主管部门的工作衔接。开展毕业生就业工作和入伍预征工作先进评选表彰,激发高校积极性和主动性。二是政策体系更加完善。协调有关部门出台专门文件50余个,比如以立法形式出台《河南省各级各类学校征兵工作实施办法》,不断优化了就业政策环境。三是基层就业稳步推进。会同有关部门招募毕业生近2万人参加各类基层就业项目,在基层项目的引领带动下,70%以上高校毕业生选择在基层单位就业。中原经济区规划中的30个市2个县所吸纳的毕业生总数较上年增长10个百分点,达到全省当年已就业毕业生人数的88.96%。四是信息服务扎实有效。联合全省高校举办120余场大型双选会,8000余场专场招聘会,提供有效岗位80余万个,帮助近80%的毕业生离校前实现就业。五是预征工作全国领先。2012年预征报名7.5万人,较上年增加3.4万人,确定预征对象4.9万人,连续四年全国第一,为国防现代化做出了积极贡献。六是创业教育广泛开展。坚持以构建创业服务体系为抓手,对创业教育示范学校、创业基础课教学作出明确规定。全年共核发《高校毕业生自主创业证》2946份,凭证可为创业毕业生减免税费近2400万元。七是就业指导逐步深入。组织专家编写就业创业指导教材3本,确定立项课题448项和结项课题188项,评选

5月16日,河南省高校残疾毕业生就业专场双选会活动现场

优秀论文205篇。特别是开展了就业指导专业职称评审，评选出就业指导职称序列教授3名、副教授20名，此项工作一直走在全国前列。此外，组织选手参加教育部举办的全国大学生职业生涯规划大赛，获一等奖2个、二等奖3个。省教育厅获优秀组织奖并在会上作典型发言。八是就业帮扶工作深入开展。协调各方，向省财政申请毕业生就业困难群体帮扶资金260万元作为引导性帮扶资金，探索建立了覆盖全省的就业困难毕业生帮扶工作体制。九是就业状况评价反馈机制逐步健全。引入第三方社会机构麦可思做好“毕业生毕业半年后社会需求与培养质量跟踪评估”，形成了分析报告，对高校专业设置和调整、创新人才培养模式将发挥积极的导向作用。十是就业宣传成效明显。与媒体保持密切联系，通过做客《政府在线》、刊发厅长署名文章，举办就业、征兵宣传周等方式积极宣传毕业生就业工作，全社会关心支持毕业生就业的氛围更加浓厚。

【家庭经济困难学生资助】 认真总结工作经验，查找存在的问题和不足，结合实际，健全措施，狠抓各项资助政策工作落实。采取多种措施，加强家庭经济困难学生的思想教育工作，鼓励他们自信、自立、自强。继续会同省工会组织开展2012年“金秋助学”活动，活动累计筹集资金7958.6万元，资助高校家庭经济困难新生38209名，帮助2371名困难大学毕业生实现就业。会同学生资助中心，组织开展了全省大学生“诚信校园行”学生资助政策及相关知识大赛。

【校园文化建设和社会实践活动】 一是参加全国校园文化建设优秀成果表彰大会。3月12日，教育部在北京召开2011年高校校园文化建设优秀成果表彰暨专题工作研讨会。会议总结了近年高校校园文化建设成绩，对获评2011年高校校园文化建设优秀成果的高校进行颁奖表彰，并部署今后一段时期校园文化建设重点工作。郑州大学、河南警察学院获得一等奖，铁道警官高等专科学校获得二等奖，河南大学、许昌学院、黄河科技学院、安阳师范学院获得三等奖。二是指导高校组织开展以“弘扬雷锋精神、开展志愿服务”为主题的校园文化建设和社会实践活动。利用节假日组织大学生开展助老扶幼、帮困解难、便民利民、科技医疗、法律援助等形式多样、内容丰富的学雷锋志愿活动。三是配合团省委，组织开展河南省第十三届大学生科技文化艺术节和第十届“挑战杯”河南省大学生创业计划竞赛。本届大学生科技文化艺术节以“高举团旗跟党走，建功中原经济区”为主题，吸引了全省90余所高校、1万余名大学生、5000余件作品、1000余个文艺节目参赛。在“挑战杯”河南省大学生创业计划竞赛中，经过选拔，38所高校的123件作品入围终审决赛。通过书面评审、秘密答辩和公开答辩等形式，最终决出特等奖24件、金奖56件、银奖78件、铜奖146件。

【调研活动】 根据厅党组认真开展集中调研活动、积极谋划2012年工作的要求，结合《国家中长期教育改革与发展规划纲要(2010—2020年)》和《河南省中长期教育改革与发展规划纲要(2010—2020年)》，按照近期国务院发布的《关于支持河南省加快建设中原经济区的指导意见》的要求，高度重视，明确重点，认真制定调研方案。11月上旬，对省内部分高校的学生管理、资助等方面的工作进行调研。通过调研，总结工作经验，发现工作中存在的问题，分析学生工作面临的形势，提出了下一步工作意见和建议。

【河南省高等学校学生工作研究会和高校毕业生就业促进会】 2012年上半年，召开了全省学生工作研究会，安排“2012年河南省校园文化建设优秀成果”和学生工作优秀论文评选活动，进一步推动校园文化建设的开展。同时，参加了全国师范院校学生工作研究会常务理事会会议，指导召开了学生工作研究会片区工作会议。在片区工作会议上，各参会高校介绍本校学生工作方面的好做法、好经验，并围绕当前学生教育管理工作中存在的共性问题提出了许多好的意见和建议。高校毕业生就业促进会加强与各高校就业处的联系，推进联络片区开展相应工作。3月，积极做好农林类双选会服务工作。6月，配合做好“总裁高校三人行”活动。7月，分别组织了2012年长三角地区校企会、2013年珠三角地区(深圳)校企交流会。9月，组织了“2012年促进会工作会议”。全年举行了五场周末常设市场暨毕业生双向选择洽谈会。下发了关于筹备成立专家委员会和推荐全省高校毕业生就业创业典型人物的通知，面向全省高校征集学生工作、就业创业工作专家及典型经验案例，以服务和推动全省高校学生工作、就业工作。

【高校学生安全稳定】 与有关处室密切配合，建立安全稳定的工作制度，健全责任制，完善工作预案，加大对影响安全稳定因素的排查力度，切实做好维护高校安全和稳定工作。对工作中影响安全稳定的矛盾和问题，采取有效措施，积极予以化解，稳妥进行处置，维护学生、教师和学校的利益，维护教育系统的安全和稳定。

【党风廉政和机关作风建设】 秉承“一切为了学生，为了学生一切”的服务理念，从思想上、行动上高度重视处室思想作风建设，按照建设“五型”机关的要求，把思想作风建设摆在重要日程，纳入学生处年度、月度工作整体规划之中，收到明显成效。一是坚持政治理论和业务知识学习，不断提高为民服务本领。组织全处和就业中心人员认真学习党的十八大精神和省九次党代会精神，重视业务知识学习和新进人员培训，提高为人民服务的本领。二是发挥党支部的战斗堡垒作用。坚持政治学习和民主生活会制度，开展支部书记谈心和到基层学习慰问等活动，及时了解队伍思想状况，主动帮助解决实际困难，全处工作凝聚力明显增强。三是加强制度建设，坚持按制度办事。建立和完善了各项规章制度几十项，汇编后人手一册。四是严格按照程序办事。制作各项业务办理程序及流程图，特别规定时间节点。能办的当即办理，不能当时办的限时办理。五是加强督查督办工作。明确专人负责，月末、月初检查各项工作完成情况，检查结果作为年终考核和评先评优的主要依据。六是加强处室廉政建设。处里月度工作安排和每次开会必讲廉洁问题，做到警钟长鸣，关键岗位设置多道关口层层把关，减少廉政风险。各类重大事项集体研究，收效明显。

撰稿：吴建中　舒卫方　赵世矿　李　莹

审稿：吕　冰

学校体育、卫生、艺术教育、国防教育

体育卫生艺术教育处处长:郭蔚蔚　　副处长:刘志明
电话:0371-69691750　69691070

【召开中小学生每天一小时校园体育活动经验交流现场会】 2012年5月10日,省教育厅在郑州市金水区组织召开切实保证中小学生每天一小时校园体育活动经验交流现场会。会上,郑州市、洛阳市、济源市、郑州市金水区、焦作沁阳市等单位从不同侧面介绍了落实教育部颁发的《切实保证中小学生每天一小时校园体育活动的规定》的经验,尤其是金水区建立每天两个大课间体育活动制度,深入实施"3233"工作法,有效落实每天一小时校园体育活动的做法,为各地提供了很好的可供借鉴的经验。会后,省教育厅下发通知,要求全省各级教育行政部门和各级各类学校,认真学习金水区的成功经验,突出本地特色和工作重点,以县(区、市)域为单位整体推进规定的实施。

【组队参加全国第九届大学生运动会】 9月8—18日,组队参加由教育部、国家体育总局和共青团中央联合举办的全国第九届大学生运动会。由270人组成的河南省大学生体育代表团,参加了田径、游泳、篮球、排球、足球、乒乓球、毽球、武术、健美操、桥牌、跆拳道等11个比赛项目,共获得3枚金牌、3枚银牌、8枚铜牌,以269.5分的成绩获得团体总分第十二名。在同时举行的大运会科学论文报告会上,全省共有79篇论文获奖,其中2篇一等奖、23篇二等奖、54篇三等奖,团体总分获得全国第三名,取得了历史性突破。河南省获体育道德风尚奖和优秀组织奖,在大运会"校长杯"评选中,郑州大学以33.62分的成绩排列第19位、河南大学以28.47分的成绩列第30位,双双获得全国第九届大学生运动会"校长杯"。

【阳光体育运动】 河南省阳光体育运动以全体学生参与体育锻炼、提高健康素质为工作目标,小学生以"曙光"活动、中学生以"晨光"活动、大学生以"华光"活动为抓手,丰富活动内容、创新活动形式,推动了各级各类学校阳光体育运动的广泛开展。2012年,一是成功举办第十三届中学生晨光体育夏令营。在各省辖市分别举办市级活动的基础上,全省18个省辖市和省直管试点县的1100名营员、指导教师和工作人员,于7月19—23日在焦作沁阳市第一中学参加了活动。本年的晨光夏令营设置了女子三人制篮球、男子五人制足球和乒乓球、跳绳等项目的比赛。"晨光"体育夏令营已经成为全省中学生的体育节日和有影响的品牌。二是10月7—12日在洛阳东方高中成功举办全省第二十四届中学生田径运动会,来自全省55所省级示范性高中的近900名学生运动员参加了比赛。三是举办全省普通高中篮球比赛。11月7—12日,来自全省27支普通高中代表队的近500名中学生运动员(其中男队16支、女队11支)在郑州一中参加了全省普通高中篮球比赛。四是举办大学生系列赛事。5—10月,分别在郑州大学、河南城建学院、河南师范大学、郑州大学西亚斯国际学院、开封大学等单位举办大学生网球、乒乓球、足球、篮球、桥牌、跆拳道、健美操、啦啦操等系列单项比赛,共有5000余名大学生参赛,推动了全省高校学校体育工作的进一步发展。五是举办河南省第十七届大学生田径运动会。6月8—14日,全省86所高校1671名领队、教练员、运动员参加了在河南工程学院举办的河南省第十七届大学生田径运动会。本次大运会共有7人8次打破5项河南省大学生田径比赛最高纪录,2人2次打破2项省大学生田径运动会赛会纪录。六是组织参加全国中小学阳光体育运动优秀案例评选活动。全省共收到各省辖市报送案例160余份,经专家评审后,选出25份报全国阳光办。郑州市金水区有3份案例获全国中小学阳光体育运动优秀案例,郑州市、洛阳市、三门峡市各1份案例获入围案例。

【体育名师送教工程】 本年,河南省启动了"体育名师送教工程"。该工程在内容设计上强调"面向农村、贴近教师、讲求实效",采取体育名师上课,专家评课,专题报告,专家、名师与教师互动交流、答疑等形式,取得了显著效果。截至年底,省级中小学体育教育专家已经深入6个地市(洛阳、新乡、三门峡、驻马店、周口、南阳)10余个县区(洛宁、宜阳、延津、封丘、义马、渑池、西平、上蔡、项城、桐柏),面对面培训基层体育教师3000余名。

【提高体育成绩在中考成绩中的分值】 省教育厅下发文件,决定从2013年开始,中招体育考试分值由30分增加到50分。此项举措,将更好地发挥体育考试的杠杆作用,进一步调动中学生参与体育锻炼的积极性,促进青少年学生全面发展、健康成长。

【第五届全国中小学体育教学观摩展示活动】 10月13—14日,由教育部体卫艺司、全国中小学体育教学指导委员会、中国教育学会体育与卫生分会主办,郑州市金水区教育体育局承办的第五届全国中小学体育教学观摩展示活动在金水区成功举办。来自全国31个省市教育行政部门的领导,教科院(所)、师范高校专家,中小学体育骨干教师,近4000人齐聚郑州金水区,展开教学研讨,展示全国各地体育教育的最新成果。本届展示观摩活动在全国31个省市539节体育课的基础上,优中选优,共评出19节完整展示课参与现场展示,河南省小学、初中、高中各1节展示课入选，是历届活动成绩最好的一次。

【开展全省中小学体育骨干教师专项培训】 6月下旬至7月上旬，省教育厅分别在郑州大学、信阳师范学院、洛阳市举办了全省体育骨干教师跳绳、毽球、校园定向、健美操等专项培训班，来自全省各省辖市、直管县、重点扩权县近400名中小学体育骨干教师参加了培训。以实际行动贯彻落实2007年中央7号文件和省委30号文件精神，丰富中小学生体育活动内容。

【"切实保证中小学生每天一小时校园体育活动的规定"专项督导检查】 11月下旬至12月上旬，省教育厅组织3个专家组，对全省9个省辖市进行专项督导检查。全面掌握教育部"规定"颁布一年来全省各地工作开展情况，进一步推动"规定"的贯彻落实。

【"校长杯"系列赛事】 5月25—27日，在漯河医学高等专科学校举办河南省高校"校长杯"第八届乒乓球比赛。共有51所高校316名领队、教练员和校级运动员报名参赛。省教育厅副厅长崔炳建出席了开幕仪式。6月15—17日，在安阳师范学院举办河南省高校"校长杯"第七届网球比赛。共有28个单位178名校级运动员报名参赛。8月24—26日，组队参加了由中国大学生体育协会主办，内蒙古自治区教育厅协办，中国大学生体育协会乒乓球分会和内蒙古师范大学承办的第八届全国高校"校长杯"乒乓球赛。本届比赛共有来自教育部及全国各省、自治区、直辖市和香港特别行政区27个代表团的375名领队、教练员、运动员参加，参赛运动员均为高校在职校级领导干部(副厅级以上)和教育厅(教委)在职副厅(局)级以上领导干部，是历届规模最大的一次赛事。经过两天的激烈角逐，河南省代表团顽强拼搏，最终以不败战绩第三次蝉联全国"校长杯"桂冠。

【组织实施河南省农村义务教育学生营养改善计划】 2011年，国务院印发《关于实施农村义务教育学生营养改善计划的意见》(国办发〔2011〕54号)，决定在集中连片特殊困难地区开展学生营养改善试点工作。河南省26个县属于集中连片特殊困难地区，全部列入国家试点，覆盖260余万农村中小学生。为做好此项工作，省教育厅代省政府起草并印发了《河南省农村义务教育学生营养改善计划试点工作实施方案》，成立由省教育厅等14个部门组成的"河南省农村义务教育学生营养改善计划领导小组"，召开全省学生营养改善计划主任办公会议，明确各成员单位的职责，全面展开具体工作。截至2012年秋季开学，中央财政共拨付河南省学生营养改善专项资金3批共19.3亿元，均已按时划拨到26个试点县，秋季新学期开始，26个国家试点县已经全部实施供餐。

河南省建立了五项基本工作制度，保证学生营养改善计划工作规范实施。一是营养办主任办公会制度。由各级教育行政部门牵头统筹协调试点工作运行期间所遇到的种种困难。二是简(快)报制度。根据全国学生营养办的要求，每学期不少于两期。三是信息公示制度。各试点县建立营养改善计划微博，定期向公众公布相关信息，接受群众监督。四是设立监督举报电话和电子信箱。五是月报及实名制学生信息管理系统。截至目前，月报系统已经成为试点县营养办常态化工作之一。同时，实施供餐工作主要领导负责制和目标责任制。各级政府、各有关部门、学校和有关企业(个人)之间，层层签订目标责任书，将营养改善计划实施情况纳入年度绩效考核。

3—11月，先后四次派出试点工作督导组对各试点县营养改善计划工作情况进行专项调研和督导检查。6月5日，接受了以国家质量监督检验检疫总局食品生产监管司副司长嵇超为组长的国家学生营养办的督导检查，检查组对河南省农村义务教育学生营养改善计划实施情况表示认可。中央财政划拨河南省农村义务教育薄弱学校校舍改造计划食堂专项改造资金9亿元，专项用于农村义务教育薄弱学校食堂新建、改建工作。

【河南省中小学校一级食堂等级量化第二轮评定】 3月22日至4月1日，组织7个专家组对各地申报"河南省中小学校一级食堂"的157所学校进行评定，其中有142所达到一级食堂标准。同时，省教育厅安排经费500万元，用于奖励100所(第一轮71所、第二轮29所)获得一级食堂称号的学校。

【学校食堂管理、营养改善专家巡讲活动】 河南省学生营养办于11月23日启动了针对试点县学生营养办人员、学校主管领导、炊管人员的专家巡讲活动。以由省教育厅选派专家，各项目县安排场地，组织人员参训的形式进行。主要内容包括：常见食品的营养及加工烹调的影响，膳食平衡、食物合理搭配及食谱设计，学生营养需求特点及特殊营养需求，学生常见营养不良及防治，学生食堂常见食物污染及其预防，学校食品安全及食物中毒预防，学校突发公共卫生事件的应急处理。专家巡讲活动平均每县培训人员400人。

【河南省学生体质健康监测工作】 9月4日，省教育厅印发《关于开展2012年学生体质健康监测工作的通知》，利用"河南省学生体质健康监测网络"，对全省7—22岁青少年学生体质健康组织实施监测工作。此次监测是"河南省学生体质健康监测网络"建成以来，又一次大规模的监测，共涉及152所大、中、小学校7000多名学生。郑州、周口监测站按照教育部《2012年学生体质健康监测暨影响因素调研方案》要求进行检测、上报。组织专家撰写、出版了《2010年河南省学生体质健康调研报告》。

【举办河南省中小学健康教育骨干教师培训班】 6月12—15日，在郑州大学公共卫生学院举办"河南省中小学健康教育骨干教师培训班"，共有18个省辖市116人参加培训。培训内容包括《中小学健康教育指导纲要》的相关要求及主要内容，儿童青少年健康行为与生活方式、心理健康、生长发育与青春期保健，学校传染病防控、常见疾病预防、良好饮食卫生习惯、食物中毒预防与食品安全、安全应急与避险，以及如何上好学校健康教育课等。

【举办河南省学校卫生学会2012年年会暨河南省高校医院院长培训班】 11月1日，在郑州大学举办了"河南省学校卫生学会2012年年会暨河南省高校医院院长培训班"。培训班由河南省学校卫生学会承办、郑州大学医院协办。河南省各高校医院负责人近80人出席了会议。

【组织三项调研活动】 "中小学校食堂托管模式研究"已经完成研究报告，并编印成册纳入河南省中小学校食堂管理工作的有关文献资料中,发放到全省教育系统的有关部门和学校,作为全省教育系统制订有关学校食堂管理政策的依据之一;“中小学生近视防控有效措施研究”已经完成现场和资料录入工作;“中小学校食堂等级量化评定中期结果分析研究”正在进行。

【举办河南省第四届中小学生艺术展演活动并参加全国活动】 2011年11月至2012年10月举办了全省第四届中小学生艺术展演活动。活动由省教育厅主办,学校艺术教育协会协办,鹤壁市教育局承办。本届展演活动是教育部统一组织开展的面向全体中小学生的第四次大型艺术教育活动。活动围绕“阳光下成长”这一主题,立足于促进学生全面发展,展示中小学校艺术教育的丰硕成果。展演共设艺术表演、艺术作品、艺术教育科研论文、校长论坛等几项内容。在各省辖市开展活动的基础上,9—10月,省活动组委会分别对报送作品进行了评审,来自全省18个省辖市的64个节目、183幅作品和50篇艺术教育论文作者于10月20—22日在鹤壁市艺术中心进行了展演、展览和交流。本届活动共收到学生艺术作品622件,艺术表演类节目281个,艺术教育科研论文401篇(其中音乐类213篇,美术类188篇)。经过展演和评选,225个艺术表演类节目、345幅学生艺术作品、272篇艺术教育论文分获一、二、三等奖。经过展评,共选出26个艺术表演节目、72幅学生艺术作品、25篇艺术教育论文上报教育部参加全国比赛。

【继续组织高雅艺术进校园活动】 由河南省教育厅、河南省文化厅、河南省财政厅联合举办的高雅艺术进校园活动继续开展。4—11月在全省36所高校举办了36场音乐会,演出内容涉及交响乐、民乐、京剧、豫剧、话剧、歌剧等。4月11日晚,活动在河南大学正式启动。“高雅艺术进校园”活动品牌在全省师生中形成了广泛的影响力,对普及高雅艺术产生了重要的作用。

【举办中小学艺术教育骨干教师专项培训】 6—7月分别在河南大学、洛阳师范学院举办省级艺术骨干教师的舞蹈创编、合唱指挥专项培训,共培训骨干教师160名,为各地培养了一批专业素质高、综合能力强的骨干力量。

【举办河南省第六届中小学音乐、美术教师基本功比赛并参加全国比赛】 7月11—13日,在安阳师范学院举办了全省第六届中小学音乐、美术教师基本功比赛。来自全省各地中小学的200余名在职音乐、美术专、兼职教师参加比赛。音乐教师比赛内容为音乐理论常识、声乐、键盘、自弹自唱与合唱指挥、器乐、舞蹈,美术教师的比赛内容为美术理论常识、设计制作、色彩画命题创作、国画人物写生、网页制作等。共评出获奖选手136名,单项技能优秀奖22个,优秀组织奖15个。11月9—15日,选派5名音乐教师参加在湖北省宜昌市举办的“长江钢琴”第六届全国中小学音乐教师基本功比赛,获中学组全能一等奖1名、二等奖2名、单项一等奖2个;小学组全能二等奖2名。

【参加教育部儿童歌舞剧试点工作】 教育部从2010年起在部分城市小学开展了儿童歌舞剧音乐教育试点工作,推进中小学音乐教育教学改革,推动儿童歌舞剧音乐教育的普及。本年,河南省有河南省实验小学等9所学校纳入试点学校名单,从9月秋季学期开始将儿童歌舞剧纳入音乐课堂教学中。

【参加“珠江·恺撒堡钢琴”全国普通高等学校音乐学(师范类)专业本科学生基本功比赛活动】 活动于11月23—30日在杭州师范大学举办,河南省选派河南大学参加比赛。比赛活动分专业基础理论综合测试、钢琴演奏、自弹自唱、中外乐器演奏、歌唱与钢琴伴奏、合唱指挥等项目,经过激烈拼搏,河南大学获团体总分二等奖第二名,3名参赛选手分别获得歌唱与伴奏、自弹自唱等4个单项奖。

【组织河南省教师合唱团参赛】 6—8月,组织河南省教师合唱团分别参加了由中国音乐家协会、福州市人民政府共同主办的“第五届海峡两岸合唱节”和由中国合唱协会、嘉兴市人民政府联合主办的“第二届全国教师合唱节”。均获得银奖。

【学生军训】 4月中旬,省教育厅与省军区联合下发了《河南省教育厅、河南省军区司令部关于做好2012年大学生军训工作的通知》(教体卫艺〔2012〕310号)及《河南省教育厅、河南省军区司令部关于加强高中阶段学生军训工作的通知》(教体卫艺〔2012〕311号)。积极与省军区学生军训办公室联络,报请济南军区作训部批准,为河南省60余所高校争取了部队帮训教官,保证了学校学生军训工作全面、有序、顺利开展。

【举办中学人民防空教育师资培训班】 依据《中华人民共和国人民防空法》和《中共中央国务院中央军委关于加强人民防空工作的决定》(中发〔2001〕9号)要求,河南省教育厅与河南省人民防空办公室、河南省军区司令部联合下发《关于进一步加强初级中学人民防空教育工作的意见》(豫防办〔2012〕13号)。近年来经过各级人防、教育部门以及广大师生的共同努力,全省初级中学人防教育工作取得了显著成绩。5月下旬,省教育厅与省人防办联合下发《关于开展全省中学人防教育先进学校、先进教师和先进工作者评选活动的通知》(豫防办〔2012〕113号)。8月,省教育厅与省人防办在洛阳市举办了全省首期中学人民防空教育师资培训班。省教育厅、省人防办对全省人防教育先进学校、先进教师和先进工作者进行表彰,为全省人防教育工作顺利开展打下了坚实基础。

撰稿:李宗英
审稿:郭蔚蔚

学位与研究生教育

学位管理与研究生教育处处长、省学位委员会办公室主任：贾正国
学位管理与研究生教育处副处长：张　华
电话：0371-69691783
网址：http://xwb.haedu.gov.cn

【博士、硕士学位授予单位立项建设验收工作】 2012年11月12日，国务院学位委员会办公室下发《关于做好立项建设博士、硕士学位授予单位验收工作的通知》（学位办〔2012〕55号），通知规定立项建设博士、硕士学位授予单位的验收分立项建设授权学科评审和建设工作整体验收两部分进行。立项建设博士学位授予单位的拟授权学科的评审由国务院学位委员会办公室组织进行；建设工作的整体验收由省级学位委员会组织进行。立项建设硕士学位授予单位的拟授权学科评审和建设工作整体验收均由省级学位委员会组织进行。根据国务院学位办的文件要求，省学位办启动了河南省立项建设博士、硕士学位授予单位验收工作。立项建设博士学位授予单位华北水利水电学院、河南科技大学和河南中医学院的《立项建设博士学位授权一级学科点简况表》和立项建设硕士学位授予单位郑州航空工业管理学院的《立项建设硕士学位授权一级学科点简况表》经审查后，自12月17日至12月26日在省学位办网站上进行公示，并于12月28日上报教育部学位与研究生发展中心。2012年12月26日至2013年1月4日，省学位委员会组织省内外21位专家对郑州航空工业管理学院拟授予硕士学位的管理科学与工程学科、工商管理学科和图书情报与档案管理学科进行同行专家通讯评议，上述三个拟授权一级学科全部通过专家评审。

【河南工业大学获批实施服务国家特殊需求博士人才培养项目】 10月22日，国务院学位委员会下发《关于批准服务国家特殊需求博士人才培养项目的通知》（学位〔2011〕55号），批准河南工业大学实施服务国家特殊需求博士人才培养项目"国家粮食安全（产后）人才培养项目"（授予学位学科名称：食品科学与工程），河南省新增一所博士研究生培养高校。

【实现"全国优秀博士学位论文"零的突破】 全国优秀博士学位论文是国内学位论文评选领域中最高的荣誉，已经成为衡量各研究生培养单位博士研究生培养质量的重要指标，备受高校和学术界关注。郑州大学教授耿献国指导的博士研究生薛波的博士学位论文《具有N-Peakon的新可积模型与孤子方程的代数几何解》和河南师范大学教授杨亚东指导的博士研究生常钦的博士学位论文《b→s无粲衰变唯象研究及新物理探索》入选2012年全国优秀博士学位论文，这是郑州大学和河南师范大学分别获得的首篇全国优秀博士学位论文，也是本省省属高校首次获得全国优秀博士学位论文，实现了省属高校全国优秀博士学位论文零的突破。11月2日，省学位委员会、省教育厅下发《关于对郑州大学和河南师范大学获得全国优秀博士学位论文进行表彰和奖励的决定》（豫教研〔2012〕195号），对郑州大学和河南师范大学给予表彰，并各奖励30万元人民币。

【超额完成研究生招生计划，博士研究生招生计划增幅全国最高】 经努力争取，2012年教育部下达河南省省属高校博士研究生招生计划390人，比上年增加60人，增长18.18%（全国平均增幅为2%），增幅全国最高；硕士研究生招生计划11083人（其中学术型研究生7098人，专业学位研究生3985人），比上年增加678人，增长6.5%（全国平均增幅为5%）。博士研究生实际招收392人，硕士研究生实际招收11229人。

【遴选河南省研究生教育创新培养基地】 10月30日，省教育厅印发《河南省研究生教育创新培养基地建设实施办法》。11月2日，省教育厅组织全省研究生培养高校围绕中原经济区建设急需的行业、产业以及区域的重大需求，结合自身优势与特色，开展申报工作。11月22日，"河南省研究生教育创新培养基地评审工作会议"在开封召开，省教育厅副厅长訾新建在评审会上强调了加强研究生教育创新培养基地建设的重要意义，并明确提出基地建设的目标和要求。经学校申报、专家评审和现场答辩，郑州大学等13所高校被批准为2012年河南省研究生教育创新培养基地建设单位，基地建设合作单位包括白象食品股份有限公司、河南省洛阳正骨医院、黄河水利委员会黄河水利科学研究院等国内知名的大型企事业单位和科研机构。参与基地建设的学科专业涉及理学、工学、农学和医学等学科门类。

【完成新增学士学位授予单位、学科（专业）审核工作】 按照《中华人民共和国学位条例》和河南省学位委员会办公室《关于做好新增学士学位授予单位、学科（专业）审核工作的通知》（豫学位办〔2010〕4号）规定，省学位办组织专家对郑州科技学院和郑州华信学院申请增列为学士学位授权单位进行实地考察和评审，并对2012年华北水利水电学院等21所学校申请学士学位授予权的67个学科（专业）进行审核。经审核，上述单位和申报专业的条件均符合有关文件规定，同意新增为学士学位授予单位，申报专业获得学士学位授予权。

【5所独立学院获学士学位授予权】 根据《独立学院设置与管理办法》(教育部令第26号)和国务院学位委员会办公室《关于审批独立学院为学士学位授予单位工作的通知》(学位办〔2008〕17号)要求,省学位办于3—4月组织专家对中原工学院信息商务学院、河南大学民生学院、河南理工大学万方科技学院、河南科技学院新科学院和河南师范大学新联学院申请增列为学士学位授予单位进行实地考察和评审,5所独立学院在办学指导思想、专业建设、师资队伍、教学条件与利用及人才培养等方面符合学士学位授予单位条件,同意五所学校增列为学士学位授权单位。

【河南师范大学、河南科技大学部分专业招收本硕连读生】 省学位委员会、省教育厅批准2012年河南师范大学物理学、化学、生物科学、环境科学、环境工程专业(总计划70人),河南科技大学机械设计制造及其自动化、材料成型及控制工程、自动化、临床医学专业(总计划40人)招收本硕连读生,招生人数均占该校当年硕士研究生推免生计划。

【4所学校11个专业开展双学位教育试点工作】 省学位委员会依据《河南省高等学校双学位教育管理暂行办法》,批准2012年华北水利水电学院、河南科技学院、商丘师范学院、新乡学院的11个专业开展双学位试点工作,以培养具有全面知识结构和社会适应能力的高素质复合型人才,提高大学生的就业创业能力。

【围绕研究生创新能力培养开展专题调研】 11月,省教育厅研究生处(省学位办)联合全省15所研究生培养高校共同围绕研究生创新能力培养进行深入调研和思考,重点调研全省研究生培养高校的研究生招生制度改革、导师队伍建设、培养模式创新、管理机制改革、创新培养基地改革的情况及目前存在的主要问题,于12月撰写完成了1.2万字的调研报告《我省研究生创新能力培养的实践与思考》。通过专题调研,较为全面地总结了全省研究生创新能力培养的实践效果,认清找准了目前存在的问题和原因,明确了下一步努力的目标和方向。

【修订完善学位管理与研究生教育工作规章制度和工作规范】 7月,修订完善了学位管理与研究生教育工作相关的规章制度和工作规范,将《学习制度》等8项规章制度和《河南省高等学校双学位教育管理暂行办法》等23项工作规范汇编成册,切实规范工作程序,强化内外监督,严格业务管理,推进公开透明,加强廉政风险防控。

【开展科学道德和学风建设宣讲教育活动】 省教育厅与省科协于9月26日在河南农业大学共同举办“2012年河南省科学道德和学风建设宣讲教育报告会”,中国科学院院士吴常信、侯洵和张改平教授为省会高校1000余名研究生作了宣讲报告。引导研究生遵守学术规范,坚守学术诚信,完善学术人格,维护学术尊严,摒弃学术不端行为,努力成为优良学术道德的践行者和良好学术风气的维护者,推进科学道德和学风建设水平进一步提升,

【河南省优秀博士、硕士学位论文评选】 本年,省学位办组织开展了2012年河南省优秀博士、硕士学位论文评选工作。郑州大学等7个博士研究生培养单位(含2所军队院校)共推荐25篇博士学位论文,华北水利水电学院等21个硕士研究生培养单位(含3所军队院校、3个科研院所)共推荐193篇硕士学位论文。通过委托外省专家评审,并经省学位办网站公示,《我国局部地区隐孢子虫分子流行病学研究》等16篇博士学位论文被评为“2012年河南省优秀博士学位论文”;《3GPP LTE-Advanced系统级仿真关键技术研究》等150篇硕士学位论文被评为“2012年河南省优秀硕士学位论文”。

【硕士学位论文抽检】 11月2日,省学位办对2011年9月1日至2012年8月31日间申请授予硕士学位的12479篇硕士学位论文(其中全日制硕士研究生学位论文9689篇、同等学力人员申请硕士学位论文1297篇、在职人员攻读硕士学位论文1493篇),采取随机抽查的方式,从中抽检了626篇(占授予学位论文总数的5%)。省学位办委托省内外专家对抽中的硕士学位论文进行盲审,并组织专家对抽检结果进行分析,撰写分析报告。通过开展硕士学位论文质量抽检工作,能够全面客观地评价我省全日制硕士研究生和在职攻读硕士学位人员的整体培养质量,也能从中发现各学位授予单位在论文评审中的问题,从而有针对性地采取切实可行的措施,加强对硕士研究生培养质量的管理,鼓励研究生刻苦学习,不断创新,提高研究生培养质量。

【举办河南省硕士研究生(非英语专业)英语演讲比赛】 2012年河南省硕士研究生(非英语专业)英语演讲比赛于5月9—10日在洛阳师范学院举行,来自全省17所高校的硕士研究生参赛。比赛主题为“养成思考的习惯”,经过两天紧张激烈的角逐,由专家评审出一等奖5名、二等奖10名、三等奖20名、优秀奖26名,优秀指导教师3名。洛阳师范学院获优秀组织奖。

【同等学力人员申请硕士学位全国统一考试】 5月27日,河南考区同等学力人员申请硕士学位全国统一考试在河南省实验中学进行。本次报名考试6660人次(其中4172人次报名参加外国语水平考试,2488人次报名参加学科综合水平考试),比上年增加1055人次,增长18.8%;查处各类违纪作弊考生155人,比上年减少57人,下降近30%。成立了由省教育厅副厅长訾新建任组长,省国家保密局、考点学校的主要领导任副组长的“非全日制攻读硕士学位全国统一考试保密工作领导小组”和“非全日制攻读硕士学位全国统一考试突发事件应急处置领导小组”,制定了《河南考区非全日制攻读硕士学位全国统一考试安全工作方案》。严格选聘和培训考务人员,加大技术防范力度。全面落实责任制、责任追究制和安全保密责任制,省教育厅与考点学校、监考学校签订《目标责任书》;包括监考员、巡视员、试卷保密员在内的所有考务工作人员都签订了《安全保密责任书》,真正做到分工明确,责任到人。在考试组织过程中,除继续使用金属探测器、通信信号屏蔽器和无线隐形耳机探测器外,还采取了三项新的技术措施:一是实行指纹验证入场。一方面组织30名技术人员进行技术培训,认真系统地学习《指纹验证入场系统培训教程》和《指纹系统使用说明书》,并参照教育部学位中心制作的《指纹验证入场工作示范视频》进行反复演练,确保每个人都熟练掌握验证流程中的各个环节;另一方面采购指纹验证系统所需的各种设备,包括20台指纹识别仪、10台条码扫描器等。考生入场前排队有序进行指纹验证,基本实现全部考生通过指纹验证后入场考试,此举有效震慑了替考考生入场。二是利用标准化考场

组织考试。充分发挥标准化考场的作用,实现标准化考场全面覆盖,营造诚信、公平的考试环境。三是协调省工信厅,派出一辆移动信号监测车到考点提供技术支持。省教育厅加强与有关厅局的协调、沟通与合作,共同防范舞弊行为,尤其是集团化、专业化和高科技化的舞弊行为。省工信厅在考试当天派出一辆移动信号监测车对考点周边的信号频段进行实时监测。借助监测车及时监测到了考场周边的可疑信号,在考点学校保安人员的配合下,采取及时果断措施,捣毁了一个利用无线电设备实施舞弊行为的团伙。考试期间,訾新建亲临考场,认真细致地巡视检查工作,省教育厅监察室有关负责人全天参与巡视。

【在职人员攻读硕士学位全国联考】 10月28日,河南考区在职人员攻读硕士学位全国联考在郑州大学(01考点)和河南工业大学(02考点)进行。全省有8005名考生报考法律硕士、教育硕士、工程硕士等15个专业学位类别,与上年相比增加217人,增长2.8%;查处各类违纪作弊考生49人,比上年减少63人,下降56.25%。加强考试的组织工作,一是成立“非全日制攻读硕士学位全国统一考试保密工作领导小组”和“非全日制攻读硕士学位全国统一考试突发事件应急处置领导小组”;二是制定《河南考区非全日制攻读硕士学位全国统一考试安全工作方案》;三是全面落实责任制、责任追究制和安全保密责任制。除了严格执行“第二代居民身份证验证入场考试”的规定,利用第二代居民身份证鉴别仪对每个考生的第二代居民身份证进行验证外,还采取了以下措施:一是升级改造试卷保密室。郑州大学严格按照保密室建设要求,投入近4万元对试卷保密室进行升级改造,升级改造后的试卷保密室完全实现全天候视频监控“无盲区,无盲点”,确保试卷存放万无一失。二是利用部分标准化考场组织考试。在具备标准化考场条件的考点启用标准化考场,切实让违规违纪、失职失责的人望而却步。三是协调省工信厅,为两个考点派出3辆移动信号监测车。省工信厅在考试当天为郑州大学考点和河南工业大学考点派出3辆移动信号监测车对考点周边的信号频段进行实时监测,发现异常信号及时进行屏蔽干扰。考试期间,訾新建亲临考场,认真细致地巡视检查工作,省教育厅监察室有关负责人全天参与巡视。在多方的通力协作下,顺利完成了考试的组织工作。省学位办被教育部学位与研究生教育发展中心评为“2012年度非全日制攻读硕士学位全国考试考务工作先进单位”,郑州大学研究生院保密室被评为“优秀保密室”,并在全国考务工作会议上做了经验交流发言。

【成人高等教育本科生申请学士学位外国语水平全省统一考试】 11月11日,2012年成人高等教育本科生申请学士学位外国语水平全省统一考试在全省34个考点举行,共有43452名考生报名参加考试,比上年增加8083人,增长23%。省学位办要求各考点学校一要加强领导,提高考务管理水平,严格按照《河南省成人高等教育本科生申请学士学位外国语水平统一考试规则手册》的规定组织考试。二要严肃考风考纪,认真落实考试安全责任。各考点学校须建立健全考试安全责任制,明确责任分工,逐级签订安全责任书,并制订和完善本考点应急处置预案及实施细则。三要依法治考,严肃查处各类违法违纪行为,切实维护考试的公平公正。四要提高防范考试作弊的能力,确保考试安全有序进行,各考点学校须自行配置金属探测仪和手机信号屏蔽仪,保证每个考场配备一个金属探测仪或手机信号屏蔽仪。五要深入学习贯彻落实考试有关规定,加强考试工作队伍建设,对考试工作人员进行职业道德、警示案例及法制教育,强化考试业务及操作规程培训,提高考务工作管理水平和安全保障能力。经过大家的通力协作和共同努力,顺利完成了各项考试组织工作。本次考试通过17000余人。

【研究生课程进修班备案管理】 5月24日,根据国务院学位委员会《关于委托省级学位与研究生教育主管部门对举办研究生课程进修班进行登记备案工作的通知》(学位办〔1997〕2号)精神,同意华北水利水电学院等省内13所高校的应用数学等337个专业2012年举办研究生课程进修班。

【三级学位证书征订、审核与发放】 严格按照国家和省有关规定,完成了全省198383份博士、硕士、学士三级新版学位证书核准与发放工作;共认证4000余个各类学位证书。

【完成2011/2012学年度第一、二学期全省学位授予信息审核上报工作】 根据国务院学位办及教育部学位中心文件要求,省学位办认真部署学位授予信息年报工作,按时、保质完成全省学位授予信息年报工作。2011/2012学年度第一学期全省共有33个学位授予单位提交上报了4664条学位授予信息;第二学期全省共有45个学位授予单位提交上报了187149条学位授予信息。

【设立“河南省学位与研究生教育发展中心”】 11月2日,省教育厅同意在河南大学设立“河南省学位与研究生教育发展中心”,其主要任务是开展学位管理与研究生教育理论研究、政策咨询、学科评估与社会服务等工作。

撰稿:张　华

审稿:贯正国

其他各项事业

教育科学研究

省教育科学研究所所长、书记:高培华　副所长:高尚刚　周宝荣
地址:郑州市纬五路12号　邮编:450003
电话:0371-65838001　传真:0371-65838002

【党风廉政建设】 2012年,省教科所坚持以邓小平理论、"三个代表"重要思想和科学发展观为指导,认真学习贯彻党的十八大精神,以及省教育厅党组、纪检组有关文件精神,把党风廉政建设与教育科研工作紧密结合起来。认真抓好学习《廉政准则》、《党章》和省教育厅下发的一系列文件,使党员干部从思想上引起重视,筑牢思想防线,做到防微杜渐。强化党风党纪教育,坚持把开展党风廉政教育与党章学习教育结合起来,与全面落实各项工作部署结合起来,全面提高党员干部的廉政意识。把党风廉政教育同各项工作相结合,坚持自觉执行《党员领导干部廉洁自律"十不准"规定》和《廉政准则》,认真落实领导干部重大事项报告制度,做到定期回头望,小结成绩,寻找不足,改进办法。本年,省教科所对各项制度进行全面的清理、修订和完善,做到了工作程序规范、目标责任明确,民主监督有力,用制度约束人,用制度管理人,按制度办事。使党风廉政建设工作纳入了规范化、制度化轨道。

【筹备第一届河南省教育科研工作会议】 2012年,省教科所筹备召开第一届河南省教育科研工作会议。在省教育厅巡视员张健带领下,召开了各种类型的座谈会,所领导带队深入市、县及各级各类学校调研,组织精干人员成立写作班子,完成《关于河南省"十一五"教育科研现状和发展对策的调研报告》,起草《河南省教育厅关于加强和改进教育科学研究工作的意见》、《省教育厅厅长在第一届河南省教育科研工作会议上的讲话》和《河南省教育厅关于开展第一届河南省教育科学研究优秀成果评选奖励活动的通知》等上报厅领导。

【课题立项、结项以及优秀科研成果评审】 2012年,经过严格的会议评审,1200多项课题申报材料立项610项;从900多项教育科研优秀成果申评材料中评出583项优秀成果。在申评过程中,从文件内容到评审程序、评审具体操作、证书发放、经费拨付等方面更加规范化、科学化。全年共收到申请结项课题297项,其中上半年264项,下半年33项。经过认真细致的工作,圆满完成了2012年的课题鉴定结项。2012年申报的国家教科规划办课题,河南省获准国家立项课题10多项,获资助经费50余万元。11月,河南省教育史志编辑室申报的河南省教育厅哲学社会科学研究重大课题攻关项目《河南高校人文社科名师名家集成》获准立项。

【承担联合国教科文组织委托项目】 2012年,省教科所完成了联合国教科文组织委托的项目《实施教育规划纲要河南省监测报告2012》的研究工作,《报告》以中英文文本,提交中国联合国教科文组织全委会正式出版。3月,参加联合国教科文全委会秘书处在杭州召开的"省级教育规划监测实验项目能力建设研讨会";5月,参加在北京召开的"第七届全民教育国家论坛";7月,在云南腾冲召开的项目总结会上,与会专家领导对河南提交的报告给予了充分肯定,并安排了出版事宜。

【协助教育部教育发展研究中心调研】 9月,省教科所协助教育部教育发展研究中心完成了河南省"学习型社会建设"郑州市、三门峡市、平顶山市的调研工作。

【教育科研信息】 2012年,省级年度课题立项查新1217项,教育科学研究优秀成果查新738项,年度课题结项查新298项。完成了河南教育科学研究所科技查新工作站建站工作,

为全省教育系统提供教育科研信息服务，为教育科研管理的科学化、信息化，奠定了必要的基础。对已取得资质的查新人员进行再培训，查新员和审核员取得了实战经验，为以后的查新做好了准备。

【教育科研培训】 1月下旬，省教育厅巡视员张健带领省教科所有关人员，参加在北京召开的"首届中国未来教育家成长论坛"。8月，完成河南省2012届教育部直属师范大学免费师范生岗前培训工作。10月，完成了全省课题主持人培训。这两次培训活动精心组织，质量高，反响好，受到各省辖市和有关高校同行们的一致好评。

【教育学会】 2012年，省教育学会指导3个分支机构改选换届；成立了河南省教育学会初中教育专业委员会。12月，参加了中国教育学会第28次学术年会，组织河南省相关学校参与中国教育学会"家庭教育知识传播激励计划"。

【教育课题研究】 2012年，省教科所研究人员申报省部级、厅级课题多项，完成一批具有较高质量的成果。出版著作《卜子夏考论》、《幼儿园多元智力开发与培养实验课程》教师用书等。发表学术论文20多篇，有多篇被《新华文摘》、《社会科学文摘》、《人大报刊复印资料》等权威媒体转载或摘要转载。

【教育论坛】 2012年，经省新闻出版局同意，《教育论坛》主办单位由省教育学会、省教科所变更为省教育学会、省陶行知研究会。完成省教育学会、省陶行知研究会会刊《教育论坛》6期约60万字的编印工作，成立了《教育论坛》编委会，并通过了2012年省新闻出版局的年检。2012年《教育论坛》文章继续在维普资讯网上全文登载。

【召开《河南教育年鉴》年度工作会议】 3月27—28日，2012年《河南教育年鉴》工作会议在郑州召开。各省辖市、高等院校及省直中专100余名撰稿人参加会议。会议总结上年度工作，部署2012卷年鉴编纂工作。

【2012卷《河南教育年鉴》出版】 11月，2012卷《河南教育年鉴》由大象出版社出版发行。全书184万字，采用照片200余幅，图文并茂，全面、准确、深入地记述了2011年全省教育事业的改革和发展进程。

【开展全省教育史志优秀成果评奖活动】 10月17日，省教育厅下发《关于开展全省教育史志优秀成果评奖活动的通知》（教教科〔2012〕974号），决定评选奖励全省教育系统第二届修志工作开展（2000年）以来各级教育部门及各级各类学校编纂出版的教育史志优秀成果，激励全省教育史志机构和修志工作者多出精品，促进教育史志事业持续健康发展。这项工作由河南省教育史志年鉴编纂委员会领导，具体的申报、汇总、初审等工作由河南省史志编辑室负责、组织完成。

【指导市、县学校编修教育志和校志（史）】 2012年，继续指导部分省辖市和学校编修教育志、校志（史）工作。指导的《新蔡县教育体育志》、《新蔡县教育人物志》由出版社出版发行。

【获奖情况】 11月，在河南省地方史志编纂委员会组织的全省史志优秀成果评奖活动中，《河南教育的历史跨越》（1978—2008）获一等奖，2011卷《河南教育年鉴》获二等奖。

撰稿：陈新乾　王惠娟

审稿：高培华

基础教育教学研究

省基础教育教学研究室主任：邵水潮
副主任：曲忠厚　李海龙
电话：0371-62005257
党总支书记：魏现州
办公地址：郑州经济技术开发区经南三路12号
邮编：450016

【理论学习】 2012年，按照省委、省政府和省教育厅的部署，省基础教育教学研究室认真开展学习宣传贯彻党的十八大精神、"创先争优"、"查找廉政风险，构筑拒腐防线"等活动。一是学习宣传贯彻党的十八大精神。按照省教育厅党组和机关党委的统一部署，结合工作实际和全室职工的思想实际，认真制订学习宣传和贯彻落实工作方案，高度重视、精心组织、周密部署，原原本本地学，深入细致地学，切实做好党的十八大精神的学习宣传贯彻工作。坚持学以致用、用以促学，将学习的成果转化为推动工作的动力。通过抽出骨干教研员举办十八大专题系列讲座、制作展板、办好通讯等多种形式，结合基础教研工作实际，对全室职工进行宣讲。组织开展学习宣传贯彻党的十八大精神征文活动。在高中学业水平考试命题期间，室部分人员因工作需要被集中封闭，无法参加室统一开展的活动。室总支认为，确保命题保密安全、进一步提高命题质量，正是学习宣传贯彻党的十八大精神的具体表现。为此，在命题人员中成立临时党支部，继续按要求开展学习宣传贯彻党的十八大精神工作。在临时党支部的组织安排下，封闭点各项学习活动开展顺利、效果良好。二是继续深入开展"创先争优"活动，发挥好基层党组织的战斗堡垒作用和共产党员先锋模范作用。根据省教育厅机关党委的安排部署，相继开展党员干部"下基层大走访"、党员公开承诺等系列活动。在开展活动中，用工作丰富活动，用活动促进工作，把开展活动与推进室中心工作结合起来,做到两不误、两促进;着重把开展活动与反腐倡廉工作结合起来,对室2012年党风廉政建设责任目标逐级进行任务分解,认真总结在思想作风、工作作风和党风廉政建设等方面存在的突出问题,切实加以改进。三是继续推进学习型党组织建设,提升党员素质。积极探索推进学习型党组织建设的有效方法,大力拓展学习型党组织建设的途径,采取建立工作联系点、实地调查、帮扶活动、"送教下乡"以及案例式学习和研究式学习等多种方式,着力提高推动基础教研事业发展、做好基础教研工作的能力水平。根据《中共河南省委高校工委 中共河南省教育厅党组关于深入开展"查找廉政风险,构筑拒腐防线"活动的通知》要求,及时对室规章制度进行全面清理和认真评估,明确工作职责、评估范围、评估重点。评估重点为涉及室重大问题决策、人事调动、职工职务和职称晋升及职务调整、职工评先评优、对外投资、对外合作和合同签订、基建项目管理、房屋及设备维修、房屋出租、"三优"活动评比及收费、课题管理、中招和高中学业水平命题、办公用品采购、财务收支管理、车辆购买和维护、稿费和津贴发放等方面的制度措施。通过制订和修订一系列规章制度,进一步堵塞了漏洞、明晰了程序。通过评估,各项规章制度均符合评估要求。四是认真开展党组织分类定级工作,实事求是地自我认定。分类定级工作是开展基层组织建设的重要基础,也是加强基层组织建设的有力抓手。省基础教育教学研究室高度重视,认真组织,确保党员全员参与、所属党组织全面覆盖。通过分类定级,整改提高,进一步增强室党总支、党支部的向心力、凝聚力和带动力。

【教学研究】 省基础教育教学研究室针对教育实际和发展需求,深入思考和研究,并不断提高研究质量。一是做好修订后的义务教育课程标准的学习、研究和解读。把学习、研究新课标作为2012年的重要任务进行部署,认真研究课程标准的修改内容、特点、意义及课标修订后教材的变化,研究教师在课堂教学中如何更好地适应新课标的要求,完成新课标规定的教学目标,并对教师进行解读和宣讲,指导一线教师全面、准确理解和把握新课标。各学科分别邀请全国课标组组长或成员解读新课标,召开研讨会或培训会。二是深入开展课题研究。坚持"问题课题化,工作科研化,结果成果化"的工作思路,努力做到学科科科有项目、教研员人人有课题。积极申报和承担国家级、省级课题,不断提升研究水平。如,申报立项了河南省教育科学规划课题的重大课题——"以省级校本教研实验校建设推进基础教育课程改革的研究"。11月,在郑州中学召开了校本教研推进会暨开题会,推进了课题研究工作。英语学科承担的人民教育出版社课题《网络教材的实验与研究》通过了专家鉴定。小学语文学科承担的教育部"新时期小学语文教师专业素养研究·小学语文教师教学能力的研究"课题按计划推进,召开课题后期结题总结会,基本整理完成了结题材料。加强对课题研究工作的管理与指导,在严格评审与核查的基础上,2012年,在全省申报的1605项课题中有583项课题获准立项。在全省报送的506项结题成果材料中有492项经审查合格准予结题并获优秀教研成果奖;其中,一等奖140项、二等奖253项、三等奖99项。三是针对教学改革中出现的普遍性、突出性问题进行专题研究,重点突破,指导教学改革实践。四是组织专家对270项河南省普通高中课程改革研究项目进行结项和成果评审。由省基础教育教学研究室承担的26项研究项目均结项,其中有16项获一等奖。此外,室教研员还在国家和省级专业期刊上发表多篇高水平的研究论文。

【教学指导】 省基础教育教学研究室按照低重心研究、近距离指导、跟进式服务的工作思路,创新工作方式,立足于课堂,植根于教学实际,给教师以切实的帮助和指导,促进教师的专业发展。一是推进校本教研,实施合作式的行动研究。2012年,在先期申报、考察和遴选的基础上,全省确定并公布了61所"河南省校本教研实验学校",选定各校的重点培育学科,实现了实验学校与省教研员的直接对接。并分别在5月和11月召开河南省校本教研实验学校工作会议。同时出台《河南省基础教育教学研究室校本教研实验学校建设管理办法》,明确实验学校和学科教研共同体的权利和义务。10月,省基础教育教学研究室组织各学科教研员到对口学校开展专题调研和指导。二是继续开展送教下乡活动。省基础教育教学研究室先后3次以教研室和特级教师协会名义统一组织教研员和优秀教师送教登封、汝州、济源、洛宁、沁阳、武陟、南阳、三门峡等市县,以听课、评课、座谈、专题报告等形式与当地教师进行交流,传播课改理念,指导课堂教学,努力提高农村教师的业务水平和教研能力。各学科教研员抽出大量时间开展学科送教下乡活动,2012年省基础教育教学研究室在全面组织送教下乡活动的基础上,在省教育厅的安排支持下,实施河南省中小学"体育名师送教工程",送教10个县区,培训基层体育教师3000余名。三是在深入教学一线调研指导的基础上,及时发现、总结、交流先进的教学改革典型经验,涌现出了郑州市"道德课堂"、鹤壁市"生命大课堂"、西峡高中"三疑三探"等一批教学改革先进经验。四是发挥网络教研功能,搭建资源共享平台。对室网站、网络系统及网站栏目、资源进行改进和完善,加强办公网络化、自动化建设;进一步重视网络教研,加强网络教研队伍建设,开展形式多样的网上教研活动,积极构建先进的网络教研平台,实现优质教育教学资源的交流与共享,为教研活动提供务实而生动的平台,为教育行政决策和课程改革提供优质高效服务。

【"三优"评比】 2012年,省基础教育教学研究室先后开展了中学思想政治、中学数学、中学英语、物理、化学、生物、中小学音乐、小学信息技术、综合实践、小学语文、小学数学、小学英语、小学思想品德、小学科学、绿色证书、中小学安全教育、特殊教育17个学科的优质课评选活动。在评选过程中,各学科评选委员会认真贯彻课程改革的理念和要求,充分体现"三级"教学目标,严格按照规定的评选标准、程序进行评选,借鉴一些市、县好的做法,进一步完善优质课评比的方式方法,克服"众人谋一课"的倾向,使评选结果能够反映参赛教师的真实教学水平,增强评比的有效性,发挥对教师的激励作用。共评出一等奖590名,二等奖1197名,三等奖2137名。同时,大部分学科开展了优秀论文、优秀课件等评比活动。2012年,组织优秀教师参加全国各项教学评比活动成绩优异,共有200多人次在全国获奖,获奖人数和奖次在全国处于领先地位。

【中招命题】 2012年的中招命题工作继续狠抓中招试题质量

和安全保密这两个关键环节，明确、细化命题的指导思想、组织领导、基本要求、工作纪律、保密办法等并严格贯彻落实。一是进一步提升试题质量。命题工作继续体现加强对学生创新精神、实践能力和全面素质的考查，按照相关文件要求，结合全省教育教学实际，做好试题命制的统筹安排。在坚持经验命题的同时，更加注重按照现代教育测量学的技术和方法进行命题，提高试题的信度、效度和科学性，使试题更加契合新课标的要求。同时，进行中招人才库人员更新，精心挑选命题和审题人员，大胆培养和使用新生力量，一线教师数量增加。二是进一步做好安全保密工作。层层分解责任，一级抓一级，做到严谨科学、全员覆盖、全程监督、全面落实、百密而无一疏。三是强化管理，把各项制度落到实处。抓好《河南省初中学业水平暨高级中等学校招生考试命题工作管理办法》、《河南省普通高中招生考试命题、审题规范》等一系列规章制度的落实和执行，提高制度的执行力，形成用制度管人、按制度办事、违反制度追究的机制。考试过后，及时组织各学科教师到部分省辖市进行评卷调研、质量分析。从考试结果来看，教师和学生对试题反映良好，总体评价高，试题发挥了正确的导向作用。

【高中学业水平考试命题】 12月，省基础教育教学研究室组织的学业水平考试命题工作在命题思想、命题质量方面坚持准确定位、稳中求新、稳中求变，依据学业水平考试的性质和功能、依据课程标准和教情学情，体现课改理念、难度适中的指导思想和原则，严密组织、严格要求，高标准、高质量地圆满完成了命题任务。命题人员在考试结束后分别深入到各地开展试卷、考试成绩分析和模型分析，撰写出质量分析报告。

【高中信息技术学业水平考试】 高中信息技术学业水平考试是由省基础教育教学研究室承担的省级考试任务，工作任务重、要求高、责任大。作为信息技术考试的组织者，省基础教育教学研究室充分认识实施学业水平考试的重要意义，根据学科发展和以往考试中存在的问题，认真研究改进考试管理系统，制定考试方案，组织专家命题，测试考试系统，优化考务管理，较好地完成了2010级学生信息技术学科学业水平考试工作。

【普通高中毕业班教学质量评估调研考试】 在组织过程中，本着求真、求高、求细、求严的原则安排各项事宜，确保河南省普通高中毕业班教学质量评估调研考试的顺利完成。一是高中教学研究中心认真组织开展试卷研制，采取少数人命题多数人审题的模式，突出新课程理念，预测新课程高考方向，提高命题的针对性，命题质量进一步提升；二是考试范围进一步扩大，参考学生30余万人；三是进一步明确考务管理办法，考务组织管理进一步加强；四是进一步明确成绩统计、分析办法，加强了对考试成绩的汇总、统计、分析与反馈，分数线预测准确，贴近高考实际。调研考试反映良好，考试使学生更加熟悉高考流程、把握高考题型及难易度，为指导高中毕业班复习教学发挥了积极作用。

【教师培训】 省基础教育教学研究室充分发挥人才和资源优势，全面参与"国培"、"省培"工作，组织不同类型的培训活动，取得良好效果。一是承担省教育厅"农村高中教师素质提升工程"。有关部门和学科反复论证、制定方案、多方协调联系，共选出319名农村普通高中教师和教研员参加在华东师大举办的高级研修班，涉及语文、生物、物理、音乐等4个学科。二是开展对新修订义务教育课程标准和教材的学习和培训。组织人员参加由教育部基础教育课程教材发展中心组织的全国地市级和县级教研部门负责人义务教育课程标准(2011年版)专题研修班。与中原大地传媒股份有限公司教材出版中心合作，组织初中人教版9个学科的跟进培训，参训教师近7000人。联合北师大出版社，充分利用省基础教育教学研究室与北京师范大学出版社合作建立的"河南省北师大版教材教学示范基地管理委员会"和"北师大版教材教学示范基地学校"，开展北师大版小学数学、初中数学、物理、生物起始年级教材培训活动。三是联合湖南出版投资控股集团教材中心，开展小学音乐和美术、初中历史和地理等学科起始年级教师"湘版教材"的跟进培训。四是组织沪科版初中物理等学科教材的跟进培训。在培训过程中，充分发挥省基础教育教学研究室熟悉课标、熟悉教材、熟悉教学的优势，帮助教研员和教师深入领会和准确把握修订后课程标准的精神实质和主要变化，进一步加强对《义务教育课程标准(2011年版)》及相关教材的理解与掌握。五是继续开展高中新课程教师跟进培训。组织语文、数学、历史、政治等学科的跟进培训。在培训过程中，采取专题研讨、示范引领、案例剖析、结对帮扶等多种形式，帮助教师深入理解课标，准确把握教材，使培训的过程成为教师专业成长和发展的过程，收到了较好的培训效果，达到了受训教师、出版部门、教育行政部门三满意。六是积极承担"国培计划"、"省培计划"的相关工作。选派中学语文、英语、美术等学科教研员参加国家组织的培训。政治、历史、物理、体育、幼教等学科教研员应邀到培训班授课或任网培辅导员。与"新思考网"联合投标参与河南省网上远程培训项目。

【教学资源开发】 完成了《河南省普通高中学业水平考试范围与标准》、《河南省初中毕业生学业考试说明与检测》、初中《基础训练》及高中《学习指导》的修订工作；由政治、小学品德、幼教等学科组织力量编写了《教师职业道德规范与专业标准解读》，作为省教育厅教师资格考试的推荐复习用书；完成了科技社、音像社小学信息技术教材配套光盘制作工作；完成了人教版《小学语文学习与巩固》、《假期作业》的修订；完成了科技版《科学探究与巩固》的编写及海燕版《科学学习与巩固》的修订工作；幼教学科启动了《生活整合课程》教材的编写工作；政治学科主持编写出版的《时代精神永放光芒》一书，在由中共中央组织部牵头(新闻出版总署、国家图书馆参与)的"全国党员教育培训教材展示交流活动"中被评为精品教材。

【完成国家教育部、省教育厅交办的专项工作】 一是配合省教育厅相关部门认真做好河南省第六届农村中小学青年教师(物理、化学、历史)技能竞赛活动。在组织会务和评审过程中，做到工作精细、准备充分、安排到位，整个过程规范有序。二是配合省教育厅师范处做好"河南省第十届高等学校师范教育专业毕业生教学技能大赛"评审工作。三是首次承担省教育厅教师资格考试命题工作。省基础教育教学研究室对这项工作高度重视、精心准备、周密安排、严格管理，在保持往年试题连续性的同时又注重内容的创新和教师专业能力的考察。此外，还参与了河南省特岗教师考试命题工作。四是协助省教育厅相关部门做好河南省“高中综合信息管理系统”的日常运行和维护工作,建立中招信息管理系统。五是配合省教育厅基教二处完成了河南省普通高中课程改革研究项目结题评审和春、秋两季随堂教辅的评选工作。六是配合省教育厅基教一处完成了特殊教育教师技能竞赛、优秀论文、课件评选和中小学安全教育优质课的评选工作。七是参加由教育部部署、省教育厅组织的中小学“学科德育精品课程”和“育人精彩瞬间”的征集评选及申报工作。八是配合教育部高中学科课标修订调研组在河南省的调研工作。另外,化学学科参加了中国教育学会化学教学专业委员会组织的“化学教育西部行”义务讲学支边活动;生物学科联合主办了中国教育学会生物学教学专业委员会第七届全体代表大会暨第十四届学术年会;小学语文学科承办了全国第八次阅读教学研讨会;体育学科指导了郑州市金水区承办全国第五届中小学体育教学观摩展示活动。

撰稿:赵　阳

审稿:邵水潮

成人教育教学研究

省成人教育教学研究室主任:谭玉辉
副主任:戴胜利　魏　群
电话:0371-65900085
党支部书记:宋正武
地址:郑州市农业路2号
邮编:450002

【成人教育教学优秀论文评选】 2012年,成人教研室继续做好每年一度的河南省成人教育教学优秀论文评选活动。鼓励和引导广大成人教育工作者围绕农村成人教育,农业新技术培训,农村成人教育师资队伍建设,建设新农村和构建和谐社会等主要课题进行深入研究,产生了一批较高水平的研究成果。全省报送参评论文510篇,共评出河南省教育厅成人教育教学优秀论文一等奖49篇、二等奖94篇、三等奖137篇,获奖比例达59.2%,6个单位获先进组织奖。

【河南省第七届中职学校“文明风采”竞赛评选】 本届竞赛共有5大类13个竞赛项目。有18个省辖市、5个重点扩权县(市)和37所省属职业学校组织开展了竞赛活动,242所学校(含省属学校)的作品参加省级竞赛。省竞赛组委会共收到参评材料4718份,其中征文类作品2342篇、设计类作品481份、摄影类作品1129份、动漫类作品272份、展演类作品494份。7月中旬,省竞赛组委会召开“文明风采”竞赛作品评审会议,在评审专家组提出的初评意见基础上,研究确定了省级竞赛结果:一等奖476个、二等奖948个、三等奖1326个。郑州市教育局、郑州工业贸易学校等11个单位获优秀组织奖,安阳市教育局、河南省化学工业学校等13个单位获组织奖。推荐1382件作品参加第九届全国中等职业学校“文明风采”竞赛活动。

【在全省职业学校推行职业资格证书制度】 2012年,因发证部门内部整顿和财政专户冻结造成办证困难,但职业技能鉴定工作仍在努力进行。鉴定所积极与各省辖市推行职业资格证书工作领导小组联系、沟通,及时了解各市开展职业技能鉴定工作的情况。以服务为宗旨,认真组织安排技能鉴定教务工作,使各省辖市职业技能鉴定继续进行。4月、11月分别在开封医药学校、郑州旅游学校鉴定596人。为周口、鹤壁等省辖市补办证书1600余本。

【编辑发行《河南教育》下旬刊】 自2010年改版后的《河南教育》职成教版,内容分为五大版块:动态版块、理论版块、教学版块、就业版块、综合版块。设置了每月一评、热点追踪、特色学校、校长论坛等重点栏目,每期都有亮点和热点,增强刊物的可读性,满足读者的多样化需求。及时发布全国及全省各项职业成人教育工作会议精神。深入办学基层,挖掘典型,推广经验。展示了职成教工作者和管理者的成功风貌,为一线工作者提供了可靠的交流平台。以准确的定位、灵活的办刊、精美的印刷,赢得了广大读者的赞誉。

【成人教育学校教材建设与供应】 根据省教育厅关于做好成人职业培训工作的具体要求,配合实施农村劳动力转移培训工作,省成人教研室积极投入力量,努力做好《农村实用技术》和《进城务工指南》两本培训教材的征订发行工作。在具体组织中等职业学校教材征订工作中,在教材选用原则和程序上,加强国家规划教材的管理力度。首先,要求各市在国家规划教材的征订过程中,严格实行教材准入制度,依靠教育部目录选出,严防盗版教材流入课堂。其次,深入调查研究,认真摸清学校各专业所需教材的版本和品种,严格按照教育部和省教育厅的有关要求,并结合成人中专学校的实际情况,认真编制好省编目录,配合教育部的目录以备学校选书所用。同时,在具体的操作过程中,及时同各市及学校加强沟通和联系,建立良好的运营机制,针对特殊需求的专业教材做好备选的准备,及时同各出版社保持沟通和联系,努力做到及时报单,及时送书,保证学校用书。

【就业指导服务】 继续贯彻落实《河南省教育厅关于加强中等职业学校就业指导服务工作的意见》,维护更新河南省职业教育与成人教育就业指导服务网站(携手必得网),该网站是目前全国唯一针对中职学生就业指导服务的网站。出版发行《中职生就业指导读本》,学生反映良好。

【成人教育培训】 2012年,省教育厅给成人教研室下达了两项重要培训工作任务:一是全省中职学校青年教师企业实践项目,二是全省中职学校班主任培训。这两项工作都是新任务,缺乏可供借鉴的经验,而且时间紧、任务重,辐射面宽。中等职业学校青年教师企业实践项目是教育部、财政部在"十二五"期间实施职业院校教师素质提高计划的重要工程,省成人教研室从研究方案、实地考察、起草文件、宣传动员到三方协调、收集资料、数据录入、跟踪服务等,做了大量细致繁重的准备工作,邀请企业代表、学校代表、教师代表、省职教专家反复论证,出台了《河南省青年教师企业实践项目实施办法(试行)》。2012年已经顺利组织了第一批、第二批的青年教师近370人到企业去实践,与22家企业实践基地及各基地教师代表保持联系,随时掌握教师实践、生活等各方面的情况,并把教师在企业实践过程中发现的典型事例定期制作简报。7月初在郑州、新乡两地同期进行了为期一周的200人中职班主任培训,取得了良好的效果。

撰稿:王会江

审稿:谭玉辉

职 业 教 育 教 学 研 究

省职业技术教育教学研究室主任:黄才华　党支部书记:郭国俠
副主任:宋安国　康　坤
地址:郑州市农业路2号　邮编:450002
电话:0371-65900983　传真:0371-65900983
网址:http://www.vae.ha.cn/

【组织开展中职学校师生技能大赛活动】 一是组织参加2012年全国职业院校技能大赛再夺佳绩。河南省组织了由36所中职学校164名选手组成的代表团,参加全国57个项目的比赛活动,有106名选手共夺得大赛奖项80个,其中一等奖6个、二等奖25个、三等奖49个。省教育厅获优秀组织奖。二是组织参加2012年全国职业院校教师信息化教学大赛。共派出15名中职学校教师选手参赛,有12名教师获奖,其中二等奖5名、三等奖7名。省教育厅获最佳组织奖。三是成功举办了河南省首届中职学校学生素质能力大赛。11月下旬,在全省范围内举办了首届中职学校学生素质能力大赛。在中职学校、省辖市两级竞赛的基础上,举办省级大赛活动。省级大赛共设置5大类20个比赛项目,全省3264名选手参加了比赛,有2347名选手获奖,其中一等奖540名、二等奖859名、三等奖948名。四是开展首届中职学校教师信息化教学大赛。大赛设置了多媒体教学软件、信息化教学设计、信息化实训教学等三个项目的比赛活动,共有48个作品60名选手参赛,有37个作品获奖,其中8个作品获一等奖、15个作品获二等奖、14个作品获三等奖。五是组织开展中职学校"创新杯"教师教学设计和说课比赛。全省共有96所中职学校的304名教师报名参赛,共有233名教师获奖,其中一等奖47名、二等奖83名、三等奖103名。同时,择优推荐79名选手参加全国19个专业(学科)的比赛,共有13名选手获一等奖、31名选手获二等奖、35名选手获三等奖,获奖率100%。省职业技术教育教学研究室获优秀组织奖。

【继续组织开展中等职业学校教学质量评估工作】 一是制发省教育厅《关于公布2011年度全省中等职业学校教学质量评估结果的通知》,公布了524所参评学校的评审结果,对参评的省辖市、扩权县和省属学校,分别反馈了书面意见。二是组织力量对申请缓评的学校进行教学质量评估。6月,制发省教育厅《关于继续开展中等职业学校教学质量评估工作的通知》,确定符合条件的43所中职学校参加本年的教学质量评估。经过学校自评、省辖市复评、省教育厅抽查验收三个阶段的工作,最终评定为优秀等级的学校5所、合格等级的学校31所、不合格等级的学校7所,初步达到了"以评促建、以评促改、以评促管、评建结合、重在建设"的评估目的,有效地促进了教育教学质量的提高。三是组织《河南省中等职业学校教学质量评估指标体系》修订工作,促进中职学校教学质量评估工作更加科学、规范。

2012年河南省中职学校素质能力大赛健美操比赛现场

【组织承办全省中职学校校长和国家级、省级骨干教师培训工作】 一是成功举办七期全省中职学校校长专题培训班。8月15日至10月22日,先后承办了七期全省中职学校校长专题培训班,累计培训中职学校校长222名、教学副校长178名、招生就业副校长150名,同时还培训各级职教教研管理人员50余名,使全省中职学校校长的管理水平和业务素质得到整体提升。二是组织中职学校专业骨干教师国家级培训工作。积极协助省教育厅制发培训文件,分配培训指标,组织网上报名,严格审核把关,协调33个培训基地共完成783名中职学校专业骨干教师的国家级培训任务。三是开展中等职业学校骨干教师省级培训工作。完成了21个专业共2379名中职学校专业骨干教师的省级培训任务。同时,将前三年研发的31个专业骨干教师省级培训标准结集公开出版。

【组织承办河南省第三届"职教专家论坛"活动】 7月下旬,以"怎样推进职业教育校企合作"为主题,承办了河南省第三届"职教专家论坛"活动。省教育厅副厅长崔炳建到会讲话。全省有60余位职教专家和行业、企业代表参加了论坛活动,他们结合各自的实践经验和研究成果,进行充分的研讨和认真的交流,分析校企合作的现状和问题,理清了进一步推进校企合作的思路和途径。从2007年以来连续举办的三届职教专家论坛,已成为全省职教专家探索职教创新思维的讲台,研讨交流办学经验的平台,展示职教专家风采的舞台,成为职教发展"河南模式"的重要内涵之一。

【认真开展中职学校"中德班"项目试点工作】 根据省教育厅《关于实施中德合作职业教育教学模式(机电一体化)项目的通知》等文件的要求,由省职业技术教育教学研究室承办中职学校"中德班"项目试点工作。一是协助省教育厅先后制发《关于进一步推进中德合作职业教育教学模式项目工作的通知》、《关于对中德合作职业教育教学模式项目工作进行专项检查的通知》等文件,确定9所"中德班"试点学校,明确了支持政策和相关要求。二是召开"中德班"试点工作会议,研究、解决试点工作中的困难和问题。三是协调、推动试点工作深入进行。先后组织72名专业课和车间英语教师进行国内外培训,动员9所试点学校完成了308名"中德班"学生的招生工作,督促试点学校按照标准化"中德班"的要求配备相关教学设施,审核了试点学校"中德班"的教学方案。开展"中德班"试点,是将德国"双元制"模式进行本土化试验的一项创新性工作,将对河南省职教改革发展产生重大的推动和影响。

【参与全省推进职教攻坚的相关工作】 一是参与筹备全省职教攻坚工作重要会议。参与筹备教育部在河南召开的全国职业教育体制改革暨职业教育集团化办学经验交流现场会、全省职业教育工作电视电话会议、河南省职业教育校企合作促进会成立大会等,负责起草省长郭庚茂、副省长徐济超的讲话稿和省教育厅厅长王艳玲的发言稿。二是牵头起草一系列重要职教文件。如《河南省人民政府关于创新体制机制进一步加快职业教育发展的若干意见》、《河南省人民政府关于印发河南省职业教育校企合作促进办法(试行)的通知》、《河南省教育厅关于申报2012年度河南省职业教育品牌示范院校和特色院校建设计划项目的通知》等。三是参加一系列职教重大活动。参加了教育部组织的国家中职示范校评审及省教育厅组织的国家中职示范校检查活动,教育部重大课题《职教集团化办学的理论与政策研究》,省教育厅、省发改委等部门组织的"职教强县(市)"考察暨评审,省级中职改革创新示范校评审,省品牌示范校和特色校评审等活动。

【开展形式多样的职教教研活动】 一是召开2012年度全省职教教研工作会议。在认真总结2011年度全省职教教研工作的基础上,部署2012年度全省职教教研工作,总结、交流各地开展职教教研工作的先进经验,表彰2011年度全省职教教研工作先进单位和先进个人。二是制发22个骨干专业的教学标准。按照教育部新的《中等职业学校专业目录》要求,协助省教育厅在全国率先研究、制订了现代农艺技术等22个专业教学标准,这对全省中职学校的专业建设和教学工作发挥了重要的指导作用。三是认真做好对口升学工作。对口升学是构建现代职教体系的重要环节。按照教育部颁布的最新教学大纲,根据省教育厅印发的教学指导方案和教学用书目录,组织拟订对口升学考纲,参加了2012年对口升学命题工作。同时,积极配合厅有关单位调研,拟定"知识+技能"考试方案和文件。

【加强中等职业教育教材管理和建设】 一是加大新一轮国家和省规划教材、精品教材的推广和使用力度。协助省教育厅及时制发《2012—2013年河南省中等职业教育教学用书目录》,召开中等职业学校教材工作会议,确保中职学校选用教材的规范性和严肃性。二是参加国家中等职业教育改革创新示范教材评审工作。河南省申报的《农作物生产技术》、《现代农艺基础》2本省规划教材,被教育部评定为国家首批中等职业教育改革创新示范教材。三是组织开发符合全省实际的地方特色教材。

【加强河南省职成教网建设和电子学籍管理】 一是利用河南省职成教网服务全省职教工作。先后开发了"河南省职业学校教师信息管理系统"、"河南省中等职业教育改革发展示范学校建设工作专题网站"、"河南省中等职业学校文明风采大赛网站",有效地提高了各项工作的信息化管理水平和效率。同时,利用河南省职成教网加强河南职教的新闻报道、招生和政策宣传工作。二是加强中等职业学校电子学籍管理。举办河南省中等职业学校学生学籍管理系统管理员培训班,培训141名学籍管理员。圆满完成了春、秋两季43万余名中等职业学校学生的电子学籍注册工作,清理了60万人的冗余学籍信息,协助省教育厅完成了40万毕业生的信息审验,对电子学籍数据进行两地双线接入、双向备份,确保了363万余名中职学生电子学籍数据的安全。同时,完成了与省招办的中职学生学籍信息入口审核数据对接工作。

【各类职教培训】 一是举办全省中职学校文化课、公共素质课、农畜类专业课教师培训活动,累计培训教师1041人,其中文化课教师766人、公共素质课教师206人、农畜类专业课教师69人。二是举办全省对口升学工作研讨会。先后召开语文、数学、英语等3门文化基础课和种植、养殖、计算机应用基础等10类专业课的对口升学研讨会,与会人数达1110人。

【职业教育教学成果评优】 一是完成2012年度河南省中职学校优质课教学评选工作。5月,组织专家组对全省中职学校申报的1150节候选优质课进行了逐人听课、量化打分,共评出省级一等奖181名、二等奖301名、三等奖356名和优秀辅导教师442名。二是完成2012年度省职业教育教学成果、优秀教学论文和优秀教学课件的评选工作。7月，组织专家组，对全省职业院校申报的412项职业教育教学成果、1005篇论文、513个教学课件进行客观、公平、公正的评选，共评出优秀教学成果315项，其中一等奖74项、二等奖109项、三等奖132项；优秀教学论文709篇，其中一等奖160篇、二等奖249篇、三等奖300篇；优秀教学课件360个，其中一等奖78个、二等奖128个、三等奖154个。

【加强职教理论和实践研究】 一是组织研发职业学校校长培训创新教材。二是动员全体人员投身职教教研工作。针对河南省职教的重点、热点和难点问题开展研究，努力为厅领导的科学决策提供依据。

撰稿：樊　丽

审稿：黄才华

学生资助及高校后勤

省学生资助管理中心(省高校后勤管理中心)主任：宋　振

副主任：喻　剑

党支部书记：王　锰

地址：郑州市农业路东段28号(报业大厦22楼)

邮编：450008

电话：0371-65798528

传真：0371-65798731 65798522 65798508

网址：河南省学生资助网http://www.haedu.net.cn

【资助资金落实】 2012年，中心以改革创新为动力，以强化管理为核心，深入贯彻党的十八大会议精神，全面落实各类家庭经济困难学生资助资金，累计安排高等教育、高中阶段教育和学前教育资助经费51.2亿元，按可比口径较上年增加17000万元，资助家庭经济困难学生722.6万人次，较上年增加200万人次，基本实现了应助尽助。一是安排高等学校资助资金28.9亿元，资助146.5万人次。其中：国家奖助学金12.1亿元，资助68.2万人次；国家助学贷款4.8亿元，财政安排贴息、风险补偿金1.6亿元，资助10.1万人；应征入伍服义务兵役学生学费补偿、贷款代偿资金6866.8万元，资助5684人；毕业生服务基层国家助学贷款代偿资金413.4万元，资助513人；通过“绿色通道”顺利入学的家庭经济困难学生约5万人。二是安排中职学生资助资金14.7亿元，资助489.5万人次。其中：国家助学金6亿元，资助399万人次；免学费补助资金8.7亿元，资助90.5万人。三是安排普通高中学生资助资金6.3亿元，资助80.2万人次。其中：国家助学金5.66亿元，资助75.6万人；中央专项彩票公益金“滋惠计划”资助资金4400万元，资助2.2万人；普通高校家庭经济困难学生新生入学资助项目资金1562万元，资助2.4万人次。四是落实学前教育资助资金5025万元，资助家庭经济困难幼儿5.7万人次。五是落实中央专项彩票公益金“励耕计划”资助资金7600万元，资助中小学(含中职)家庭经济特别困难教师7600人。上述各项资助资金的全面落实，使广大家庭经济困难师生得到了有效资助，基本实现了“不让一名学生因家庭经济困难而失学”的工作目标。

【高校国家助学贷款】 2012年，全省以“应贷尽贷”为目标，发放国家助学贷款总额42.6亿元，资助学生突破90万人次，实现了应贷尽贷。同时，国家助学贷款回收势头良好。目前，全省累计贷款学生61.3万人次，毕业生贷款金额28.6亿元，至2012年年底，毕业生自付利息欠息率为5.63%，提前还款比例超过80%。2012年是河南省国家助学贷款本金到期的第二年，全年累计到期本金5亿元，涉及10.9万人次。截至12月底，到期贷款违约率为4.53%，较上年同期下降2个百分点，远低于规定的14%的风险补偿金的比例。2012年，全省落实国家助学贷款奖励资金1521万元，制订了奖励资金使用办法，完善了激励约束机制，正式宣告河南省国家助学贷款试点工作获得圆满成功、“河南模式”实现良性运行(贷款情况详见附表)。

【高校国家奖助学金】 2012年，进一步加强高校国家奖助学金评审管理，会同省财政厅成立全省高校国家奖助学金领导小组，抽调部分专家组成评审工作组，对国家奖学金和国家励志奖学金申报材料进行审核。11月，出于对河南省学生资助工作的肯定，教育部全国学生资助管理中心把全国国家奖学金评审工作会议放在河南召开，会上河南省的材料报送工作获得一致好评。

【高校毕业生服务基层助学贷款代偿、服兵役学生学费补偿助学贷款代偿和退役士兵教育资助】 本年，为516名下基层的大学生村官代偿国家助学贷款419万元；为5684名高校毕业生发放应征入伍学费补偿和贷款代偿款6866.8万元；对退役一年以上、考入全日制普通高校的自主就业退役士兵实施学费减免，经济上有困难的，纳入高校学生资助政策范围。

【诚信宣传教育】 一是督导全省高校在校园内广泛展开学生诚信自强教育。二是在全省高校开展第二届“学生资助政策及相关知识大赛”，活动自2011年9月开始至2012年5月结

附表:

2012年河南省高校国家助学贷款基本情况表

序号	项　目	当年累计发生额(万元)	历年累计发生额(万元)
1	申请贷款学生人次(合同数)	100520	906705
2	申请贷款金额	47957.79	425955.15
3	经办银行已审批贷款人次(合同数)	100520	906705
4	经办银行已审批贷款合同金额	47957.79	425955.15
5	实际发放贷款人次(合同数)	100520	906705
6	实际发放贷款金额	47957.79	425955.15
7	财政安排贴息经费	8553	53937
8	已支付贴息金额	8553	53937
9	已归还贷款本金金额	64732	244426

注:此表统计日期截至2012年12月31日。

束,分为“校内初赛、赛区复赛和全省总决赛”三个阶段,活动期间,共有108所高校近1.2万名师生直接参与比赛,近30.4万名学生到场观看比赛,活动的举办较好地实现了宣传政策、普及知识、倡导诚信的工作目标。三是在全省范围内开展“国家资助　助我成才”主题征文比赛活动,累计收集来自66所高校的127篇征文,组织了省内集中评选,选送10篇优秀文章报教育部参加全国评选。

5月16—18日,第八届河南省大学生“诚信校园行”系列宣传教育活动——学生资助政策及相关知识大赛决赛在新乡医学院举行

【生源地信用助学贷款】　2012年,生源地信用助学贷款工作宣布启动。按照“走出去、请进来”的工作思路,组织三批市县资助工作人员赴外省进行学习、培训;邀请国家开发银行工作人员对郑州、周口、驻马店、安阳四个市,郑州、长垣、汤阴、西华、遂平、郑州市二七区、正阳7个县区的30余名工作人员进行了专题培训。同时,在积累大量资料的基础上,研究出台《全省生源地信用助学贷款工作实施意见》、《关于实施市县两级学生资助管理中心标准化建设的通知》、《河南省生源地信用助学贷款管理暂行办法》等一系列生源地信用助学贷款相关文件,为2013年生源地信用助学贷款的顺利实施,提供制度上的保障。

【中职学生资助】　一是落实中职资助范围扩大相关政策。2012年国家对中职资助政策进行重大改革,扩大了中等职业教育免学费政策范围并进一步完善国家助学金制度。根据国家的新政策,结合全省实际,研究出台《河南省财政厅　河南省发展改革委　河南省教育厅　河南省人力资源社会保障厅关于扩大中等职业教育免学费政策范围进一步完善国家助学金制度的意见》,同文下发了《河南省中等职业教育免学费政策实施方案》和《河南省中等职业学校国家助学金管理办法》。11月3日和12月21日,组织各地市、省属中职学校分别对国家政策和河南省的实施方案进行传达学习和工作部署,以保证新政策得到切实的贯彻落实。二是有针对性地出台中职资助工作专项管理措施。针对中职资助工作琐碎复杂、监管难度大的特点,8月1日,下发《河南省教育厅关于进一步加强中等职业学校学生资助管理工作的通知》,对以往工作中出现的一些问题作了统一的解决并对日常工作的监督管理进行安排。三是全面推行中职学生资助资金“统一办卡、集中发放、信息共享”的工作模式,强化中职资助工作管理。截至年底,全省累计发放中职资助卡24万张,多数省辖市属学校和县区基本实现了统一发放。四是加强监督检查。重点清查商丘、开封2个省辖市的资助资金管理情况,配合教育部全国学生资助管理中心对河南省财经学校及其内黄县教学点进行了核查。针对检查中发现的突出问题,逐一落实与高校重复学籍的信息,增加与本市高中学籍信息的交叉比对,明确要求市、县学生资助管理部门进一步加大实地入校监督检查力度,增加临时突击检查次数,坚决取缔办学不规范的联办班和教学点,并加强与办卡银行的联系。同时,坚持完善资助资金发放情况月报制度和期末报告制度,常年设立举报投诉电话和邮箱,接受社会各界和广大学生家长的咨询投诉,对发现的问题及时进行查处。

【普通高中学生资助】　全年累计安排普通高中学生资助资金6.25亿元,资助80.2万人次。其中:发放普通高中国家助学金5.66亿元(平均资助标准为每生每年1500元),资助75.6万人次,资助面约占全省普通高中在校生总数的20%;中央专项彩票公益金“滋惠计划”奖励品学兼优的普通高中家庭经济困难学生4400万元(资助标准为每人每学年2000元),资助2.2万人;中国教育基金会对普通高校家庭经济困难新生入学资助项目1562万元(资助标准为省内新生每人500元,省外新生每人1000元),资助2.36万人次。

【学前教育资助】　7月3日,下发《河南省教育厅河南省财政厅关于加快落实学前教育资助政策的通知》,对学前教育工作全面展开做了进一步强调,并对学前教育资助信息管理制定了详细的报表和工作制度。文件下发后取得了良好成效,截至年底全省共有16个市、县制定了学前教育资助工作实施方案,2012年累计资助学生5.7万人次,资助资金达5025万元,平均资助标准为每生每学期200元。

【研究生教育资助】　根据财政部、教育部的通知精神,2012年,出台了研究生资助政策具体实施办法,对普通高校中表现优异的研究生进行奖励，奖励标准为博士研究生每生每年3万元，硕士研究生每生每年2万元。全年共安排研究生奖学金1688万元，资助学生819人。

【高校后勤管理和教育投融资机制改革】 认真完成了2012年春运工作，针对学生数量大，时间相对集中，购票难等特点，协调有关单位采取错峰放假、铁路部门上门售票、公交部门增加公交线路、班次等措施，方便学生出行，保障学生出行安全，获得了“年度春运工作先进单位”称号。配合省纤维检验局等有关部门加强对高校学生床上用品质量的监督检查，有力杜绝了“黑心棉”流入校园。会同省质检局等有关部门，加强对高校食堂食用油采购情况的统计筛查，促进了食堂管理长效机制的建立，防止“地沟油”流入校园。会同国家开发银行河南分行对高校基础建设项目贷款使用情况进行了检查。会同国家开发银行河南分行对下一步有可能贷款的高校进行了财务调研，为下一步达成贷款合作意向奠定了良好基础。积极帮助有贷款需求的学校与国家开发银行、光大银行和浦发银行等商业银行进行协商，推动高校投融资平台建设。

【基础工作建设】 一是推动市、县学生资助管理中心建设。下发《关于进一步加强我省家庭经济困难学生资助工作的意见》和《河南省市、县级学生资助管理工作考核暂行办法》，将机构队伍建设作为重点考核内容；印发《关于实施市县两级学生资助管理中心标准化建设的通知》，启动了市、县两级资助中心标准化建设及达标验收工作，力争在2013年各市、县基本建立经编制部门批准的学生资助管理中心，业务基本归口管理，人员基本满足工作要求，办公环境得到较大改善，工作经费得到保障。二是开展资助工作人员培训。累计选派60余名省内资助工作者参加“全国中等职业学校学生信息管理系统升级培训会暨中职资助工作座谈会”和“全国县级学生资助工作管理人员业务培训班”；多次召开全省中职和普通高中学生资助工作业务培训会议，培训人员400余人次；邀请国家开发银行业务骨干对全省4个省辖市和7个县区的30余名资助工作人员进行了生源地信用助学贷款业务培训。三是开展资助工作理论研究。编印了《河南国家助学贷款研究》、《河南国家助学贷款新闻集》、《河南省学生资助手册》等系列文集。四是组织业务骨干外出调研学习。组织考核成绩优秀的高校工作人员分两路赴四川和吉林两省进行学习和交流，组织部分省辖市资助工作人员赴陕西、湖南和广西三省(自治区)就生源地信用助学贷款工作的启动实施进行考察，组织市县学生资助管理人员赴陕西省及其下属灞桥区学生资助管理中心进行了现场培训和实地演练。四是加强教育信息宣传及制度建设。充分利用宣传册、网络、报刊、电台、电视媒体、公文简报等多种渠道，全面宣传国家资助政策。全年累计面向高校发放《高等学校学生资助政策简介》40万册；在省教育厅和省资助中心官方网站发布各类资助政策信息140余条；同时，多次接受《河南日报》、河南人民广播电台、河南教育广播电台等有关媒体的专题采访。

撰稿：宋　斌
审稿：宋　振

教育报刊

河南教育报刊社社长：唐泽仓
总编辑：贾忠鹏
中国教育报河南记者站站长：刘学才
河南教育报刊社工会主席：张保健
党总支书记：王　源
党总支副书记：赵和平
副站长：陈　强

地址：郑州市顺河路11号
电话：0371-66340770
邮编：450004
网址：www.shuren100.com

【教育宣传】 2012年4月6日，2012年年度全省教育宣传工作会议在郑州召开，各省辖市、县(市、区)有关领导和通讯站站长与会。省委高校工委副书记、省教育厅副厅长訾新建出席大会并讲话，厅办公室主任李金川宣读了《河南省教育厅关于全省教育宣传优秀成果和先进事迹的通报》，河南教育报刊社社长唐泽仓作主题报告，党总支书记王源主持大会，总编辑贾忠鹏作总结讲话。9月19日，河南教育报刊社召开秋季教育宣传工作会议，唐泽仓总结通报了2012年以来的教育宣传工作，对今后的宣传、发行工作作出部署。同日，《教育时报》召开年度工作会议，周口记者站等10个先进记者站、张运昌等12名优秀记者受到表彰。

2012年，《中国教育报》河南记者站、全社报刊、树人网开展“走、转、改”活动，进行了形式多样、效果良好的宣传报道。记者站全年发稿280多篇，在全国记者站中位居前列，按照省长郭庚茂和省教育厅厅长王艳玲的要求，积极参与策划“职业教育中原行”活动，采写的长篇报道《政府统筹协调，部门通力协作，校企深度融合——河南职教服务经济发展能力增强》，在《中国教育报》一版头条刊发。《教育时报》配合省教育厅以及人事处、思政处、师范处、基教一处等推出一系列宣传活动，成功举办了全省教师节师德报告会，策划推出的“教育十八谈”大型系列政论文章,由河南人民出版社出版。

【迎接党的十八大召开　贯彻落实十八大精神】 2012年6月开始,《教育时报》、《河南教育》(基教版、高校版)、树人网等主流教育媒体充分发挥作用,开辟专栏,大力展示河南教育发展成果,加强舆论引导,统一思想,为迎接十八大召开营造良好氛围;十八大召开期间,社党总支组织全社党员干部集中观看了开幕式、闭幕式等,及时了解会议进程,《河南教育》(基教版)及时整理出省教育厅厅长王艳玲的署名文章——《服务中原经济区,努力办好人民满意的教育》,同时刊发了《社会主义核心价值体系如何更好地融入中小学教育》、《党的理论创新与中国特色社会主义理论教育》等一系列理论文章,有力地配合了十八大宣传在全省的展开;党的十八大胜利闭幕后,社务会、社总支举办扩大会议,及时发出《关于认真学习贯彻党的十八大精神的通知》,并为党员干部发放《十八大报告学习辅导百问》、《十八大党章修正案学习问答》等学习资料,掀起了学习贯彻十八大精神的热潮。同时,全社坚持联系实际,努力做好宣传工作,确保各部门、各项任务圆满完成,以实际行动和良好的业绩来贯彻落实党的十八大精神。

【报刊质量】 2月23日,河南省新闻出版局公布2010—2011年度全省期刊编校质量抽查评比结果,对差错率低于万分之一的期刊予以通报表彰。《中学生阅读》(高中版)、《小学教学》、《中学生阅读》(初中版)分别位居社科类期刊第二、四、七名,《中学生数理化》(高中版)、《中学生数理化》(初中版)分别位居自然科学类期刊第一、五名。

5月14日,经国家新闻出版总署批准,河南教育报刊社申报的“河南教育传媒数字化出版基地”项目入选2012年度全国新闻出版改革发展项目库。

5月25日,全国教辅类报纸2011年度出版质量综合评估结果揭晓,《小学生学习报》、《中学生时事政治报》(初、高中版)、《学生英语报》全部跻身一级报纸,分获第二、四、五名。本次评选,全国67种教辅报纸共评出13种一级报纸。

10月30日,第四届全国少儿报刊评选揭晓,《小学生学习报》蝉联金奖,《中学生时事政治报》(初、高中版)、《中学生数理化》(初中版)获得优秀奖。

【发行经营】 2012年上半年报刊期发行总量达691万份,较上年同比增长16万份;下半年报刊期发行总量为478.9万份,较上年同比增长43.1万份。社属公司中河南文达印刷公司实现收入6282万元,河南教育读物发总社有限公司实现收入3180万元,河南蓝焰广告文化发展有限公司实现收入530.22万元。

【图工委工作】 由图工委办公室牵头的“河南省农村义务教育薄弱学校改造计划”图书项目工作稳步推进。根据国家和河南省四部委要求,图工委积极参与教辅图书的编写和评议工作,送评的同步教辅,以及与有关合作单位共同研发编写的教辅图书达163册,引进4套国家课程教材,取得了7套教材及同步教辅的推广营销权,并在一些省辖市、县(市、区)取得突破,初步推广使用。

【党建工作】 3月2日,印发《河南教育报刊社2012年度党务工作要点》。4月12日,社总支承办了省教育厅厅直单位总支书记座谈会。社领导班子调整后,明确提出党的建设的“两个要求”和工作中的“五个坚持”:即带头遵守上级部门关于党风廉政建设的要求,带头落实报刊社反腐倡廉建设和党风廉政建设责任制;坚持科学发展不动摇,坚持团结不折腾,坚持发行责任制不放松,坚持质量立社不犹豫,坚持改善民生不懈怠。一年来,通过开展创先争优活动,党的思想建设、组织建设、作风建设、制度建设和反腐倡廉建设进一步得到加强,涌现出一批先进个人和先进支部。深入学习实践科学发展观活动、查找个人岗位风险点工作、创建学习型党组织工作、民主评议党组织和党员工作、发展新党员工作、工青妇工作等都进展顺利。在省教育厅“七一”总结表彰中,王源、刘学才、朱小琳、张智勇、侯岩、侯军锋、陈锋、荆西海、贺今伟被评为优秀共产党员,史道祥被评为“十佳”优秀共产党员,张剑光被评为优秀党务工作者,机关报刊党支部被评为“五好”党支部;社党总支被省教育厅推荐为省级创先争优先进单位,受到省直工委的表彰。

【人事变动】 4月5日,社召开干部大会,省委高校工委副书记、省教育厅副厅长訾新建出席并讲话。省教育厅人事处处长张涛宣布了省教育厅党组关于河南教育报刊社主要领导职务变动的通知:唐泽仓由书记转任社长,王源由总编辑转任书记,贾忠鹏由副总编提任总编辑。17日,社新一届领导班子召开第一次社务会,确定今后的发展思路,对有关工作进行部署。

10月29日,中共河南省教育厅党组下发通知,刘学才因到退休年龄,免去《中国教育报》河南记者站站长职务。

撰稿:史道祥

审稿:唐泽仓

电化教育

省电化教育馆馆长：李晋涛　　党支部书记：赵彤帆
省基础教育资源中心主任：李海章
地址：郑州市金水区顺河路11号　　邮编：450004
网址：http://www.hner.cn　　电话：0371-66322652

【教育信息化】 2012年，河南省电化教育馆作为省教育厅教育信息化推进办公室主任单位，协助省教育厅信推办召开全省试点申报、专业培训、专家评审等工作会议。各地电教部门承担了区域试点和中小学校试点的申报工作。经过层层申报，严格评审，最终确定了全省国家级教育信息化试点29个，省级教育信息化试点86个。其中，省电教馆及郑州市、焦作市共同承担了区域综合试点任务，洛阳市承担了国家数字教育资源公共服务平台规模化应用专项试点任务。组织起草了《河南省中小学校数字校园建设标准》，同时组织申报了"百所数字校园示范校建设项目"，河南省实验小学等6所学校被确定为全国数字校园建设示范校。省教育厅信推办把教学点数字资源全覆盖项目的落实任务交给了全省电教系统。省电教馆协助省教育厅信推办召开座谈会，派人到三门峡灵宝部分教学点进行现场调研，摸清教学点现有情况及需求，代省教育厅、省财政厅拟定了河南省"教学点数字教育资源全覆盖"项目实施方案。

【电教教材建设】 电教教材建设平稳发展，管理更加规范。2012年增加了引进产品的数量。通过网络和系统优势扩大宣传，吸引百余家拥有自主版权的公司和出版单位来河南发行电教教材，丰富更新电教教材品种，保证每学期电教教材目录的产品更新率在30%以上。加大合作开发教材的力度。2012年组织开发了"中国通史"和"影视课堂"系列光盘教材500多个学时；组织开发了"河南历史文化博览"文物篇。以全省电教系统为依托，充分利用全省200多个教材研发基地的人才、技术和资源优势，组织开发了"名师同步课堂"和"新说课"等多个系列、1500多个学时的教材，基本上做到了多媒体教材学科全覆盖、学段全覆盖。

【基础教育资源建设】 省基础教育资源网在同类网站排名位居全国前列、省内第一。目前，百度搜索"基础教育资源"排名第六；搜索"教研备课"排名第一；搜索"河南基础教育"、"河南教育资源"均排名第一。2012年底，网站注册用户突破百万，达105万人，比2010年初的3万多人增长30余倍。网站访问量再上新台阶。2012年网站累计浏览量约871万次，比2010年增加20余倍。其中，7月点击量最高，约为282万次，均创历史新高。2012年圆满完成第三届基础教育信息资源应用优秀教学成果评选活动。本届活动参与教师2万余人，获奖教师1000余人。参评作品和参评人数均较上届翻了一番。开封、平顶山、濮阳、许昌、新乡等9个省辖市受到省教育厅的表彰。与此同时，完成了农远资源平台联通机房的部署工作，定期进行农远卫星资源的接收和服务器数据更新1.2T。完成了4574节的《同步课堂》三分屏格式和纯视频格式的资源转化、上网和200集《河南历史文化博览》节目的转化、录入上网工作。

【电教教研】 2012年全省共有7个教育信息技术课题获得全国教育信息技术研究课题成果奖。"中小学动漫教育理论研究"课题稳步推进，在全省设立10个"动漫教育实验基地"和272所"动漫教育实验学校"，同时申报了《中小学动漫教育理论研究》及《开发动漫校本课程，培养小学生创新思维的校本研究》2个全国课题。2012年第六届教育系统教学技能竞赛评出特等奖2名、一等奖57名、二等奖90名、三等奖53名。第十三届中小学电脑作品制作活动取得好成绩。共有51件作品获得全国奖励。机器人竞赛取得优异成绩，1支队伍获得全国第四名(二等奖)、3支队伍获得了三等奖(5—8名)，有33名学生分别获得全国普通高校保送生资格，在获奖数量及获奖等级上均取得了历史最好成绩，河南省教育厅获得省级最佳组织奖。教育软件大赛再次获得全国最佳组织奖。同时，向中央电化教育馆推荐62件作品参加全国评审。第三届"中国移动校讯通杯"全国中小学教师论文大赛，全省共征集论文6928篇，位居全国总量第一；推荐了50篇优秀论文参加全国大赛终审，最终获得7个全国一等奖，15个二等奖，10个三等奖，2个优秀奖，创造了三年来最好成绩。省电教馆获得了全国"省级最佳组织奖"。2012年，来自郑州、漯河、新乡等地的500余名优秀学生参加了"模拟联合国"项目，公开选拔推荐50名优秀学生代表，参加了一年一度的国际峰会。这项活动是培养青少年国际意识，促进国际交流与合作的重要渠道，深受学校师生和家长的追捧，已经成为河南省电教活动的新亮点。

【教师培训】 2012年多媒体课件制作培训9497人，为全省中小学教师教学能力的提高奠定了坚实的基础。开展多媒体环境下的教学设计与资源应用培训工作，全年共培训教师3.7万人。贯彻落实《教育信息化十年发展规划(2011—2012年)》精神，及时组织农村中小学(含乡镇中心校)校长教育信息化领导力培训活动，采用专家授课、现场观摩的形式，分别在焦作、驻马店举办6期培训班，共培训校长800多人，对校长转变观念、开阔眼界、提高对教育信息化的认识，起到了较好的作用。承担了英特尔未来项目的培训任务,培训教师5900人;承担了微软携手助学网上培训项目,2012年已在汝州、通许、陕县启动实施,有4000余名教师接受创新教师的培训。

【教育电视管理】 2012年全省优秀教育电视节目评比活动,共评出优秀教育电视节目一等奖70个、二等奖94个、三等奖119个;优秀论文一等奖6个、二等奖6个、三等奖7个;评出优秀组织奖6个。根据国家新闻出版总署的要求,在党的十八大召开前夕,下发《关于省辖市教育电视播出的通知》,对全省教育电视台进行了警示教育活动,对提高节目制作质量、保证播出效果起到了良好的促进作用。全省的校园电视发展迅速,数量逐年增多,层次涵盖广泛,活动丰富多彩,品位不断提高,在全国已颇具影响。对硬件条件达标,开展活动常态,工作成效显著的中小学校校园电视台,经审核后授予"河南省优秀校园电视台"称号并挂牌。通过活动力争把河南省大、中、小学校园电视台蓬勃发展的良好势头继续保持下去。围绕省厅和各地的中心工作,教育电视台创造性地做好新闻宣传和报道工作。通过搭建FTP服务器对省教育厅的重大活动、重要会议、重要事件做到了及时上传下达、及时宣传报道。2012年,为中国教育电视台上传本站及部分市级教育台采编的新闻、专题、消息、特写等140多条,向各市级台下传省教育厅重大活动新闻、省招办招生信息160多条。全程跟踪拍摄厅重大会议、活动等30多次,拍摄制作的教育电视专题片多部。如"河南省第四届中小学生艺术展演"、"十八大代表风采录"、"河南职业教育"、"地市教育局长访谈录"等,并及时上传省教育厅网站,受到厅领导和各处室及地市教育局好评。

撰稿:李　燕

审稿:李普涛　雷　琨

教育技术装备和勤工俭学

省教育技术装备管理中心主任:景泽强　　党总支书记:王德如
副主任:姜　燕　　副书记:乔　英
地址:郑州市顺河路17号　　电话:0371-66310607
邮编:450004

【概况】 2012年,全省中小学教学仪器设备累计投入金额27.57亿元。其中,实验仪器金额9.83亿元,实验室设备金额4.91亿元,功能室器材设备金额12.82亿元。中小学实验及功能教室82070个,从事实验教学的人员55350人。中小学馆藏图书2.56亿册,总金额18.31亿元。全省中初等学校勤工俭学完成销售收入及营业额8.17亿元,总收益2.07亿元,其中补助教育经费1.60亿元。开展勤工俭学的学校有17354所,建成各级各类学生实践教育基地24277个,接纳学生参加各种形式的实践活动1009万人次。

【农村义务教育薄弱学校改造计划教学装备类项目】 本年,在全面调查项目学校情况的基础上,按照项目实施目标和要求,编制完成农村义务教育薄弱学校改造计划教学装备类项目2010—2013年四年规划。成立项目资格预审工作领导小组,组织专家研究制订项目配备标准,分别委托河南省机电设备国际招标有限公司、河南招标采购服务有限公司为省内外403个厂家及其样品分两批进行项目资格预审:4月17日,进行教学实验仪器设备项目资格预审,包括实验室设备、仪器、美术、体育、卫生、音乐器材设备等六大类;5月4日,进行多媒体远程教学设备项目资格预审。项目资格预审工作严格执行国家招投标法的相关规定,程序严谨,运作规范,省教育厅纪检监察部门、政府采购监督人员对产品资格预审工作全过程进行跟踪监督。5月15日,省教育厅下发《关于公布农村义务教育薄弱学校改造计划教学仪器设备资格预审合格供应商的通知》(教基〔2012〕446号),公布入围企业及其产品。先后召开两次省辖市装备中心主任会议,部署项目招标采购、进度监测、质量监督等工作。同时,根据省政府办公厅《关于转发河南省义务教育学校办学条件标准化建设规划(2011—2015年)的通知》(豫政办〔2011〕133号)精神,制定《河南省中小学实验室标准化建设评估标准》,明确中小学实验室建设应达到的用房与实验环境设计、实验室设施、仪器设备、管理和教学等方面的基本标准,指导推进全省中小学实验室标准化建设。

【其他教育技术装备项目】 本年,根据国家发改委下达的中西部地区特殊教育学校建设项目2010年、2011年中央预算内投资计划,受省教育厅委托,分两批招标完成了2010年度项目,共计投入资金6080万元,为荥阳、禹州等地76所特殊教育学校配备教学、医疗康复仪器设备,第一批采购的设备已于2012年9月全部投入使用,第二批采购的设备正进行供货、安装。9月11日,举办河南省特殊教育学校教学康复训练仪器设备应用培训班,对来自全省各地22所特教学校的50余名教师进行语言训练等业务技能培训。2011年度的特殊教育装备项目,投入资金2080万元,安排26所特教项目学校。12月28日,组织召开项目计划申报会,为招标采购工作做准备。根据省发改委和省财政厅有关文件精神，2011年，全省安排农村学前教育推进工程试点项目75个，2012年161个，其中用于学前教育玩教具、室外活动器材和卫生保健、床具、主要厨具等生活必备的资金总计1644万元。项目的招标采购，省教育厅委托省教育技术装备管理中心具体负责实施，申报项目学校和编制采购计划正在进行。

【中招实验操作考试和实验教学】 本年，根据省教育厅《关于印发河南省中招理、化、生实验操作考试实施细则(试行)的通知》(教技装〔2008〕217号)精神，在总结上年命题工作的基础上，组织专家命制2012年的试题和评分标准，并下发文件部署全省中招实验操作考试工作。各地按照全省统一部署，成立领导小组，制定实施方案，精心设置考点，认真改进考务，4月1—30日，陆续开展并完成考试工作，有力地促进学校实验教学，社会反响良好。6月，推荐20件教师和学生作品参加第八届全国优秀自制教具评选活动，获得一等奖2件、二等奖5件、三等奖12件，河南省获组织奖。8月，组织参加第二届“科普杯”全国中小学阅读指导课课件评比活动，选送的课件获得一等奖1件、二等奖6件、三等奖18件，并获组织奖。组织开展第十三届全省优秀自制教具暨全省中小学生科技创新、小制作、小发明展评活动。各地按照省教育厅文件要求，积极宣传动员，逐级评选推荐。据统计，全省参与各层次评选的作品2000余件，省辖市推荐参加省评的教师作品440件，学生作品165件。11月中旬，组织专家分6个评审组对参评作品进行集中展评。评出教师作品一等奖27件、二等奖56件、三等奖87件；学生作品一等奖7件、二等奖19件、三等奖41件。郑州等10个省辖市获得组织奖。

【教学仪器设备产品质量监督检验和行业协会工作】 本年，完成教学仪器设备产品委托检验千余种，有6家企业的100多种新产品进入中国教学仪器设备行业展会产品目录。9月，省质检中心顺利通过省质检局的复查认证，原河南省教学仪器设备质量监督检验站更名为河南省教学仪器设备质量监督检验中心。省质检中心添置新的检测设备，建立200多人的质检专家库，配合做好“河南省农村薄弱学校改造计划”教学装备类项目产品质量检验工作。按照省教育厅、省财政厅文件要求，组织人员深入基层和学校，对配送货物进行质量监督检验，先后完成41个批次产品的委托检验，维护了学校的权益。省教育装备行业协会工作也有新的进展。8月2日，组织召开河南省教育装备行业协会第五届会员大会，完成协会换届，选举产生新一届协会理事会，景泽强任理事长，王德如、姜燕、乔英等任副理事长。协会会员单位发展到168个，其中国家行业协会会员单位65个。5月、11月，先后组团参加第63届中国教学仪器设备展示会、第七届国际发明博览会暨2012年国际教学新仪器新设备展览会，河南省共有47家企业参会，参展产品2000余种，有4家企业的4个产品获第七届国际发明博览会“金奖”。同时，组织会员参加年度中国教育装备行业协会推荐产品工作，郑州利生科教设备有限公司等4家企业的39种产品获得“中国教育装备行业协会推荐产品”称号。

【中小学勤工俭学】 本年，全省中小学勤工俭学又有新进展。驻马店在全市中小学开展校园环境文化建设，信阳市在农村学校开展以“小养殖、小种植、小基地”为中心的勤工俭学活动，周口、漯河开展农村学校校园经济建设，濮阳、济源等地开展创建花园式学校活动，平顶山、焦作等地开展学生统一着装试点工作等，都取得了良好效果。5月，组织参加在成都举行的中国教育装备行业协会学校后勤装备管理分会成立大会，郑州、焦作等9个省辖市勤工俭学管理部门被选为理事单位。6—7月，省中心分别在济源、驻马店组织召开全省勤工俭学工作座谈会，研究讨论新时期勤工俭学发展方向、学生实践教育基地建设、校方责任保险等工作。还组织参加全国教育科学“十二五”规划教育部重点课题研究工作，11月，河南省申报的“校园环境文化建设”课题正式立项。11月，派人参加全国学生装专业委员会第十七次理事会，起草《关于开展全省中小学生统一着装工作的意见》。

【中小学生实践教育基地建设】 本年，根据省教育厅有关实践教育基地评估文件精神，组织各地开展实践教育基地的自查、自评和申报工作。8月，在郑州市中小学生实践教育基地举办全省第三届中小学实践教育优质课评比观摩活动。12个省辖市的40名教师现场观摩、授课，评出优质课16节。10月，组织人员对申报评估的鄢陵县中小学实践教育基地进行评估验收。对所有已验收合格的实践教育基地，要求进一步加大管理力度，按照综合实践活动课程的要求，有计划地组织开展实践教育活动。配合省教育厅完成中央专项彩票公益金支持示范性综合实践基地项目的申报工作，经教育部审核，三门峡、驻马店、濮阳、鹤壁4个省辖市获准建设综合性实践基地。

【青少年校外活动场所建设】 7—8月，组织人员对新乡牧野区等12个新建成项目进行检查验收；对栾川、台前等32个已经建成使用的青少年活动中心进行现场督导。根据督查情况和省财政厅下达的设备更新资金计划，对遂平、陕县等18个青少年活动中心进行设备更新。截至年底，全省青少年校外活动中心共有155个(国家级项目115个，省级项目40个)，其中已建成112个，正在筹建31个，未建12个，配设备106个项目单位，更新设备42个项目单位。

【校园安全和校方责任保险工作】 本年，根据省安委会和省教育厅有关安全工作的部署，印发全省教育系统“安全生产年”活动实施方案、“百日安全生产大检查”活动实施方案、“安全生产月”实施意见等一系列文件，对郑州、焦作、济源等6市70多所中小学和幼儿园进行安全检查，组织河南省第三届“安全河南杯”安全生产知识竞赛活动，编纂全省教育系统安全工作年鉴，并坚持做好全省教育系统安全情况月报制度。要求各地严格按照国家有关法律、法规和文件规定，开展校方责任保险工作，在全省开展对承保服务机构服务质量测评工作，结合测评意见，进行检查、整改，提高服务质量。组织召开全省中等职业学校学生实习生责任保险工作会议，推动全省中等职业学校学生实习责任保险工作。本年，共计为全省1000余万中小学生提供了安全风险保障。

撰稿：王俊柯　焦金熠　董　红

审稿：景泽强

电子政务

省教育信息中心主任:曲　兵
党支部书记:王　磊
副主任:史先进
省教育厅网址:http://www.hadoe.gov.cn/
河南教育网网址:http://www.haedu.cn/
邮箱:xxzx@hadoe.edu.cn
办公地点:郑州市农业东路41号投资大厦621室
郑州市农业路2号综合楼南2、3楼
邮政编码:450008

【厅电子政务工作】 一是加大厅门户网站内容保障力度。在厅办公室的支持下,完成省教育厅《关于加强厅门户网站建设的意见》(征求意见稿)的起草工作,厅网站内容保障工作纳入处室作风建设考核范围;科学设置厅门户网站页面,规范信息公开栏目,完成了厅门户网站的再次改版;明确各处室信息采编员,初步形成教育信息采编、审核和厅网站第一发布的工作机制;以公开为原则、不公开为例外,全面发布省教育厅的各类公文信息,进一步优化行政审批、办事指南、网民咨询等互动栏目,拓展了教育政务公开的广度和深度。二是支持机关处室加强业务信息系统建设。根据相关处室的要求,完成了学术技术带头人评选、社科类项目在线评审、教育信息报送、特岗教师招聘、选调生网上报名、省属大中专院校教师招聘、高校党务信息年度统计等技术性服务工作;开通基教一处、二处,机关党委等3个子网站;开设教育工作会、教师节、迎接党的十八大等12个教育专题。根据教育部和省教育厅部署,完成了学前教育管理信息系统的全省培训、数据采集与审核报送任务。三是承担厅机关LED电子显示屏的管理工作。配合机关服务中心完成LED电子显示屏选型、招标、安装及验收工作,起草了《厅机关电子显示屏管理暂行规定》,开发了《省教育厅电子显示屏信息报送系统》,实现了常态化、自动化、协作化管理。四是加强教育信息网络监控。继续加强高校网站、教育类网站和社会网站的教育信息监控,及时做好技术处理工作。全年编发《河南教育电子周刊》48期,上报网络舆情150多条。五是认真做好电子公文交换工作。加强对教育部、省委、省政府和全省教育系统公文交换系统的运行维护,确保文件传输安全、及时、准确。全年共接收公文904件,发出公文2387件。

【厅网络建设】 一是对厅办公网络实施全面升级改造。在联通、教科网线路的基础上增加了电信、移动互联网出口线路,进一步优化厅网络出口设置,大大提高了办公网络的运行速度。同时做好网络流量数据监控和分析工作,为优化服务器配置提供数据参考。二是加强信息系统安全管理。按照公安部、教育部等部门的要求,初步对重要的信息系统进行安全定级,按规定采取了安全等级保护措施。认真落实网络安全管理制度,定期开展信息系统安全自查,及时对网络防护设备进行升级,做好重要数据及程序文件备份工作,确保了厅网络安全运行。三是保障教育部视频会议顺利召开。做好视频会议系统的经常性维护保养,加强会前调试,确保了系统稳定运行。全年共保障14次教育部视频会议顺利召开。同时完成了河南教育视频会议系统建设方案设计。四是严格使用正版软件。认真落实国家有关要求,积极协助有关部门做好正版软件检查工作。目前厅机关每台计算机的操作系统、杀毒软件和办公软件均为正版授权。五是做好厅机关日常计算机、网络维护、维修工作。全年共计维护、维修计算机及网络2200多人次,保证了机关正常办公。在高考期间流量大的情况下,厅网络没有出现死机现象。

【河南省信息技术教育优秀成果奖评选】 首次采取网上申报、地市(高校)集中申报的方式收集成果,经专家评审、成果公示,审核批准2012年度河南省信息技术教育优秀成果奖2394项,其中一等奖557项、二等奖791项、三等奖1046项,无论是参评数量,还是参评的学术水平、应用水平都较往年有所提高。此外,还首开"河南省信息技术教育研究项目立项"工作,评出重点项目51项、规划项目78项、一般项目85项,提升了信息技术教育项目研究的层次和水平。

【第七届全国信息技术应用水平技能大赛】 在2012年第七届全国信息技术应用水平技能大赛中,河南赛区参赛人员9800多名,获得全国特等奖3人、一等奖15名、二等奖32人。

【筹备成立河南省教育信息协会】 10月31日,河南省教育信息协会成立大会暨第一次会员代表大会在郑州召开。协会吸纳单位会员160多个、个人会员440余名,100余名代表出席了成立大会。会上,省民政厅民间组织管理局副局长王明远宣读了《河南省民政厅关于同意河南省教育信息协会筹备的批复》。会议听取和审议通过了协会筹备组所作的《河南省教育信息协会筹备工作报告》、《河南省教育信息协会章程》、《河南省教育信息协会理事、常务理事、理事长、副理事长、秘书长选举办法》,选举曲兵为协会理事长,韩冰、邵水潮、周怀军、高金

10月31日，河南省教育信息协会成立大会暨第一次会员代表大会在郑州召开　　连惠杰供稿

峰、汪国安、史先进为协会副理事长，连惠杰为协会秘书长。河南省教育厅巡视员张健、中国移动河南分公司副总经理蔡志强到会祝贺。协会的宗旨是：坚持“面向现代化、面向世界、面向未来”方针，团结和调动全省广大教育信息工作者，为繁荣教育信息科学，促进教育决策的科学化、现代化，推动教育科学研究和教育信息产业的发展，推进全省教育信息化、网络化进程做出积极的贡献。协会主要业务范围是：研究教育信息工作的规律和教育信息产业发展的规律；加强教育信息工作的经验交流和业务协作；提高教育信息工作人员的理论与业务水平；为会员提供教育现代化理论、信息科学知识、信息开发技能等方面的专项服务；组织开展教育信息科学研究与评比；接受政府委托组织开展各项活动。

【授牌成立全国信息技术应用培训教育工程河南管理中心】 4月18日，经教育部教育管理信息中心同意，全国信息技术应用培训教育工程河南管理中心在郑州授牌成立。该中心主要负责全国信息技术应用水平培训工程等级考试、发证工作，以及全国信息技术应用水平技能大赛河南范围内的有关组织和实施工作。

撰稿：石余新

审稿：曲　兵

市县教育

郑州市

市政府分管教育副市长:刘　东　　市教育局党委书记、局长:毛　杰
市教育局地址:郑州市桐柏南路220号　　邮编:450007
电话:0371-66965157　66961519(传真)

综合管理

【概况】 2012年郑州市(含中牟、巩义)中初等教育统计年报结果显示:全市有各级各类中初等教育学校1520所,在校生140.38万人。其中,普通高(完)中101所,在校生169429人;普通初中267所,在校生283526人;中等职业学校130所,在校生276743人(其中全日制在校生264536人);小学1010所,在校生672962人;特殊教育学校11所,在校生1029人;工读学校1所,在校生151人。全市各级各类中初等教育学校有教职工90255人,其中专任教师77426人。另有幼儿园1197所,在园幼儿310121人,教职工32010人,其中专任教师17421人。

【经费投入】 2012年,全市教育经费总投入为1531460万元,其中国家财政性教育经费1304831万元(预算内教育经费1166567万元、各级政府征收用于教育的税费137526万元、企业办学中的企业拨款736万元)、民办学校中举办者投入13061万元、社会捐赠经费1479万元、事业收入200868万元、其他收入11222万元。

全市教育经费总投入1531460万元,比上年增长29.60%;国家财政性教育经费1304831万元,比上年增长29.60%,其中预算内教育经费1166567万元,比上年增长34.93%;各级政府征收用于教育的税费137526万元,比上年增长20.55%。

全市教育部门预算内教育经费842867万元,比上年增长36.41%;全市经常性财政收入3996592万元,比上年增长10.55%;预算内教育经费增长比经常性财政收入增长高25.86个百分点。

全市教育部门生均预算内教育事业费7146.86元,比上年增长26.72%。全市教育部门生均预算内公用经费3530.60元,比上年增长49.35%。

全市财政性教育经费支出(全口径)1304831万元,占GDP5547亿元的比例为2.35%,比上年财政性教育经费支出所占GDP比例增长0.47个百分点。

2012年,全市教育部门预算内教育经费支出1140112万元,占全市财政支出7007000万元的比例为16.27%。比上年预算内教育经费支出占财政支出的比例增加1.63个百分点。

【教育系统党建工作】 组织工作方面:一是严把入口关,壮大党员队伍,提升党员素质。在局党委的领导下,局属各学校(单位)党组织认真制定本年发展党员工作计划,明确发展党员工作目标任务和工作措施,使发展对象年龄和文化结构更趋合理,入党积极分子培养教育措施更加深入,保证了发展党员工作的平稳健康发展。2012年,局党委共确定入党积极分

子3362人,发展对象969人,发展新党员946名。分别在旅游学院、职业技术学院、郑州外语学校举办了党员发展对象培训班,邀请赵琳、周文顺等知名教授授课,局党委书记、局长毛杰在培训班上作了“让理想照进现实”的专题党课。依据《党章》和有关文件精神,针对党员队伍常规管理问题,征得局党委同意,结合学校工作实际,制定了《在高中生中发展党员工作的意见》、《进一步加强党员管理工作意见》、《郑州市教育局党员基本台账》,发至局直各单位党组织。同时对离退休党员的管理、预备党员的管理、学生党员的管理、出国境党员的管理、流动党员的管理、党籍的管理、党费的管理都做了明确规范要求。二是建立健全基层党组织建设,抓好组织换届,夯实党组织战斗堡垒作用。局党委对局属各单位的党组织建设进行了全面调查摸底,并根据实际情况作了调整充实。本年新建党支部5个、撤销党支部1个、合并党组织1个。目前,党委所属基层党组织共71个,其中党委18个,总支部32个,支部21个,党组织覆盖到所有单位,分布科学,结构合理,为充分发挥桥梁纽带作用奠定了基础。2012年在按要求抓好“三会一课”的基础上,重点开展了创先争优活动、民主评议党员活动和庆祝建党91周年系列主题活动。全年共表彰6个创先争优先进基层党组织、12名优秀党务工作者、187名优秀共产党员;处理“三不”党员10人,开除党籍1人。加强了业余党校建设,各单位党组织建立业余党校50余个,每学年不少于20个学时。三是聘请兼职组织员,大力开展协作区活动,提升党务干部业务能力。从下半年起分批对党务书记和党务干部进行应知应会业务培训。编写了《基层党组织书记工作问答》作为教材,第一期对由20名党务协作区党组织负责人进行了为期1天的培训,第二期对312名党组织负责人和党务干部分协作区进行了轮训,12月集中400多名支部书记和党务干部进行应知应会业务考试。

干部工作方面:2012年为学校干部换届年,下发了《关于局直中学领导班子换届工作的意见》、《郑州市教育局竞争上岗选拔正校级干部实施方案》、《郑州市教育局竞争上岗选拔副校级干部实施方案》、《关于局属单位中层干部换届工作的意见》、《关于做好副校级后备干部民主推荐工作的通知》等文件,完成了局属学校(单位)的领导班子换届、中层干部换届及副校级后备干部推荐工作。67名校长、48名书记述职,聘请楚江亭等8名教授和5名督学对述职干部打分评议,汇总整理了30万余字的评语报告和100余名校长书记的述职报告。2012年局属学校(单位)共63人报名竞争上岗正校级干部,有134人报名参加竞争上岗副校级干部,通过竞争上岗、干部考察公示、局党委研究票决等程序,共提拔使用7名正校级干部和18名副校级干部,并对120名副校级干部(含新提拔干部,不含学区、倍增、二级机构等干部)进行了双向选择。进行局属学校(单位)工会换届工作,共有43名新提拔的工会主席走上领导岗位。完成了局属学校(单位)中层换届,共有514名中层干部完成竞争上岗、局党委审批备案工作。市教育局对换届后的局直单位领导干部加强了培训力度。利用暑假休息时间,组织四期培训班,分别对校长、书记、副校长等270余名校级领导在清华、华中师大等高校进行集中强化专题培训。2012年郑州市教育局接受省教育厅、市委组织部、市委统战部等上级领导部门下达的培训名额101人,实际参加培训110人。教育局干部培训中心面向全市教育系统共举办各类培训6期,培训学员750名。

【网格化管理】 2012年,印发了郑州市教育局网格化管理工作方案,以已经建立的督导责任区为框架建立三级网格管理模块和三级网格架构,建立了网格化管理工作小组;各县市区和局直学校均按要求成立“坚持依靠群众、推进工作落实”长效机制领导小组和建立推进网格化管理工作小组,并制定了网格化管理工作方案。下发郑州市教育系统网格化管理一览表,督促各县(市、区)教体局进一步修订市教育系统网格化管理一览表,完善本区域内网格化管理模块和基层学校三级网格。向各县(市、区)教育局、局属各学校和机关各处室发放《郑州市教育系统网格化管理一览表》、《郑州市教育系统网格化管理办公室工作通讯录》960余套。按照市委办公厅要求,对2012年上半年媒体网络事项工作暨社会公共管理信息平台运行情况进行了自查。根据市长效机制领导小组办公室关于印发《全市开展安全生产信访稳定网吧市场各专项集中整治实施方案》,制定专项实施方案并上报。按照市长效机制领导小组办公室《市委领导交办事项通知单》要求,调查核实四十二中8年级收校服款事情,并将调查和处理结果书面上报。及时上报网格化管理工作动态信息。根据《郑州市人民政府办公厅关于报送网格化管理工作事项的通知》要求和市教育局网格化管理工作方案,认真梳理界定各处室工作事项共计44项。及时接收市社会公共管理信息平台社情信息流转、台账信息流转,认真回复办理并归档。同时做好关于市社会公共管理办公室编辑出版《郑州市网格化管理的探索与实践》的撰写、编辑上报材料工作。

【创先争优】 本年,共计上报创先争优活动简报21份,月报、报表共30份。按照市委组织部安排,开展基层组织建设年活动,对局党委所属党组织进行科学的分类定级,指导局属各单位党组织对所属基层党组织分类定级,并把局系统党组织分类定级情况上报给市委组织部。组织局属学校(单位)党组织开展迎“七一”十大系列活动、对两年来全局创先活动进行认真总结。推荐职业技术学院、外国语学校2个党组织和于建辉等5名党员参加全市创先争优活动的评先。郑州外国语学校党委被市委组织部推荐参加河南省的评先。上报并完善2500名党员志愿者的档案信息。整理汇总局属单位报送的《党员教育在郑州》相关材料9份并上报市委宣传部。

【“三讲三提升”主题教育活动】 按照市委组织部的部署,组织全局党务工作者开展“三讲三提升”主题教育活动,举办以“三讲三提升”为主题的征文活动并进行评奖;指导局属单位党组织按照活动安排及时转段;做好活动相关材料上报工作。收集整理局属各学校(单位)上报“三讲三提升”活动成果,准备“三讲三提升”活动成果材料,参加市委组织部的成果展。共收集摄影作品81幅,书法作品36幅,绘画作品4幅,剪纸作品2幅。

【党风廉政建设】 制订《2012年郑州市教育局党风廉政建设责任制工作意见》,把目标和工作任务分解到班子各成员及各处室,纳入党政领导班子、领导干部目标管理。在重大节日前,对教育系统领导干部廉洁自律工作进行部署,特别提出要封存公务用车,并组成检查组深入学校进行检查。深入贯彻《关于加强高等学校反腐倡廉建设的意见》,各学校党委、纪委结合实际,制定具体的实施意见。根据市纪委精神,两次召开专题会议,研究制定《郑州市教育局2012年全面推进廉政风险防控规范权力运行机制建设实施方案》,成立了教育局风险防控领导小组。编制《郑州市教育局风险岗位职权目录》、《郑州市教育局日常工作流程目录》,明确了职权名称、内容、行使主体和政策法律依据。编制《郑州市教育局风险岗位职权流程图》,明确了办理主体、依据、程序、期限和监督渠道以及办理事项所需提交的全部材料等;编制《郑州市教育局日常工作流程图》,对行使岗位、责任主体、权限、程序和办理时限等进行了规范。根据《郑州市2012年党务政务公开工作要点》和《郑州市2012年党务政务公开工作任务分解》文件精神,成立了党务政务公开工作领导小组。制定印发《郑州市教育局基层组织党务公开实施细则》和《郑州市教育局关于进一步开展政务公开工作的通知》,对市教育局机关和局直属各单位开展党务政务公开的指导思想、工作重点、工作要求和组织领导等方面做出明确规定。

【督导与评估】 2012年,对全市12个县(市、区)政府和郑东新区、郑州高新区、郑州经济开发区管委会教育工作进行了督导评估。下发《郑州市局属学校三年发展规划实施情况督导评估方案》,将局属学校三年发展规划进行汇编。对全市20%以上的中小学(共237所)进行了教育现代化督导评估。对全市285所申报上等级的幼儿园进行了评估,其中评估一级园、二级园和合格园277所,省级示范园8所。制定出台《郑州市督学聘任管理办法》,从局属学校中选出121名校级干部、省市级名师为郑州市责任区督学。聘请郭振有、陈玉琨等31名教育专家担任第四届郑州市人民政府兼职督学。

【法制建设】 调整了教育行政执法工作领导小组,启动了全市未成年人法制教育宣传活动,组织开展依法治校示范校创建、青少年维权岗、一校一法官活动和法制论文评选工作,法制论文获得省一等奖10篇、二等奖30篇、三等奖10篇。编制《郑州市教育局行政执法职责》,明确市教育局的行政执法事项内容和法律法规依据,法定职责中共有行政许可事项2项,行政处罚事项32项,行政确认事项1项,行政登记、备案等其他具体行政行为事项10项。建立行政执法投诉、过错追究等制度,认真落实行政执法案卷评查制度,加强行政审批事项的监督和管理。编制《行政执法案卷评查制度》,完善行政事项受理、调查、研究、决定、送达等各个环节的有关资料,及时整理、装订成册,全年办理行政许可2450项。建立并完善了规范性文件法制审核、备案、公示、定期清理、异议审查制度和合同法制审核等管理制度。审核文件138个,其中规范性文件18个。认真开展规范性文件清理工作,86件规范性文件中,继续有效的79件,需修订重新下发的1件,废止的6件。制发《郑州市教育局合同管理办法》,审核市教育局合同7件,未出现争议、诉讼等现象。

【纪检监察】 制定《郑州市教育局开展"四会一课"廉政教育成果转化年活动的实施意见》。组织全市教育系统专兼职纪检监察干部16人,参加中国监察学会教育工作委员会、中国教育纪检监察培训中心举办的2012年教育纪检监察业务学习班。组织市教育局机关党员干部、二级机构和局直属学校党员领导干部30人参加市纪委的反腐倡廉建设廉政知识测试。制定《2012年中招工作组织纪律和廉政建设的若干规定》,严把重要关口,对考生资格审查、学生考试、评卷登分、建档、招生录取、新生入校复查等环节进行执法监察;对市区高中录取工作和落实"八公开"的办事制度进行监督;对郑州外语学校保送生资格考试进行全程监督。建立《市教育局2012年反腐倡廉建设工作考核评价台账》,下发《关于开展反腐倡廉建设工作检查考核的通知》,成立了"清理纠正党政机关、事业单位党员干部私自从事营利性活动领导小组"。市教育局112人、市高招办23人,都认真填写了事业单位党员干部私自从事营利性活动情况登记表。经过严格的自查自纠,均未发现有私自从事营利性活动等违规违纪现象。下发《郑州市教育系统开展清理工程建设中挂靠借用资质投标违规出借资质问题工作方案》,成立局清理工程建设中挂靠借用资质投标违规出借资质问题工作领导小组,深入工程项目单位逐个进行排查。制发《2012年郑州市廉政文化进学校工作实施方案》,确定郑州回中、郑州五十二中作为郑州市廉政文化进学校示范点。对学校进行廉政公益广告征集,并择优上报两篇由三中和十二中制作的廉政公益广告。严肃查处各类违纪案件。2012年初,公布举报电话、举报信箱和电子邮箱,并设专人处理,做到了件件有着落,事事有回音。全年共受理群众来信20件、咨询电话约990个、投诉电话18个、来访1人次,其中上级转办件6件。上述转办及来信来电来访记录中,有实质举报内容的举报线索共39件,调查核实39件,办结率达100%。通过核查,共查处违规乱收费案件3件,查处清退违规乱收费5.67万元。

【离退休干部工作】 开展了"葆本色、喜迎十八大"主题活动,组织老干部学习党史、党章、中国特色社会主义理论体系。组织参与全市老干部"诗书画影颂党恩"等系列活动。配合"七一"表彰,对在为学校发展做贡献、为下一代成长多奉献工作中起到榜样、表率作用的离退休党员予以表彰。举办老年继续教育学习班,以郑州美术辅导中心和郑州和园艺术培训中心为依托,在全市东、西、南、北、中均开办了学习点,开设中国书法、绘画、形体、瑜伽、交谊舞等课程。共开班20个,招生近500人。组织老干部工作业务培训班,邀请市委老干部局、市人社局及市关工委等部门对局属各单位分管老干部工作的领导及具体工作人员进行培训。组织局属单位离退休党组织负责人、优秀离退休党员和关工委负责人培训班,邀国内资深人力资源专家、领导授课。举办第二届老干部文艺风采展示节。举办第二十五届"园丁杯"门球赛,共有局属单位27支队伍参赛。参与"黄河杯"全国老年门球赛、市直机关老年运动会、全市老年运动会等老年体育健身比赛。定期看望慰问所联系的局属单位和市直高校40名老干部,共集中看望3批238人次。为32名生活不能自理的离退休人员进行了相应医务鉴定并获通过,使他们及时享受标准为每月300元的护理费。为576名退休独生子女父母办理了每人每年享受1000元政府补贴的相关手续。

【校园安全工作】 实行局长、校长"一把手"负责制。与各县(市)、区教育局(教体局)局长及市属各学校、幼儿园负责人签订《郑州市教育系统平安建设目标责任书》等各种安全工作目标责任书。制定《郑州市教育局学校安全标准化考核实施办法》,并附详细的《考核细则》,将学校安全工作详细分解为3大项82小项。规定每所学校每年疏散逃生演练不少于4次,市直学校开展各种演练达180次以上。投入400余万元,规划建设郑州四十二中、郑州四十七中2个市级应急避难场所。投入安全资金600万元,支持市属各学校监控系统与公安局报警系统联网工作。同时,提供资金616万元,支持新郑市的校园视频监控及报警系统建设。市综治办为全市100所中小学增添了200套红外智能球形摄像机,1200套红外枪型摄像机,100套监控和影像存储器。开展"一打击两整治"专项行动,共排查出各类安全问题数量1667个,其中无证摊点724个,交通安全隐患524个,校内安全隐患346个;目前已解决各类安全问题1486个。11月9日,联合市消防支队在郑州市经济贸易学校开展了"119"校园消防疏散演习活动暨消防安全教育示范学校命名仪式。全市各级各类学校代表1500余人参与了命名仪式。35所学校被评为市级消防安全示范学校。下发《关于配合做好学生上下学交通安全有关工作的通知》、《关于进一步加强道路交通安全管理工作的意见的通知》等文件,保证师生对交通安全常识的知晓率达到100%。

【治理教育乱收费】 重新建立由市政府副秘书长牵头,市教育局、纠风办、监察局、物价局、财政局、审计局、新闻出版局等部门负责人参加的郑州市治理教育乱收费工作联席会议。制定了《2012年全市规范教育收费治理教育乱收费工作实施意见》。年初分别与郑州市所辖15个县(市、区)教育局长和60个局属学校校长分别签订了规范教育收费治理教育乱收费工作目标责任书,把规范教育收费治理乱收费工作列入年终考核内容,与业务工作一起考核、一起评比。市纠风办、市教育局牵头,市物价局、市财政局、市审计局等部门参与,组成联合检查组,自10月30日至11月9日,通过发放问卷、师生调查询问、随机访问、实地查看、查阅资料和账目等方法,对11所大中专院校、中小学幼儿园2012年秋季收费情况,以及郑东新区财政局等涉教收费情况进行了抽查。

【对外交流与合作】 2012年全市实有中外合作办学机构和项目21个(14所学校),在册学生2215人。具有聘请外籍教师资质的中等以下学校55个(不含培训机构),2所学校在申请、审批过程中,在郑外教92名。中学阶段具有招收外籍留学生资质单位5个,4所学校在申请、审批过程中,在郑外籍留学生137名,通过省厅项目外派汉语教师14名。全年共安排接待国(境)内外来宾5批60余人次。组团赴新加坡参加了第六届"中新校长圆桌会议",承办了"汉语桥—美国中小学校长访华之旅"中美教育郑州论坛。

【校外教育】 新辟中小学校外教育基地郑州市自然博物馆。共建立了36个校外教育基地,涵盖科技、地质、生产、气象、自然、农业、工厂等各个领域。举办了河南省博物院第六届暑期少儿活动节,开展首批历史文化课堂试点单位建设,联合奥斯卡电影院开展优秀电影进学校活动。开展中小学文明交通宣传教育活动,以"关爱生命,文明出行"为主题,利用1个月的时间组织开展交通安全宣传教育活动。联合公安交警部门,在市区学校开展交通安全知识宣传巡展活动、"小手拉大手"校园交通安全宣传工程和"争当文明小乘客"活动;开展"文明交通志愿者"活动、交警体验日和小交警志愿者活动,鼓励学校争当文明交通示范学校。组织各级各类中小学校开展环境教育教案评比活动和中小学环保绘画大赛,开展100名环保小卫士的评比表彰工作,推进8所省市级绿色学校的评审创建工作。

基础教育

【学前教育】 2012年,全市共有独立设置的幼儿园1197所,比上年增加192所。离园(班)幼儿88356人,比上年增加20455人;入园(班)幼儿136081人,比上年增加21876人;在园(班)幼儿310121人,比上年增加45287人。

【义务教育】 全市共有小学1010所,比上年减少6所;毕业生97415人,比上年增加2998人,增长3.18%;招生129202人,比上年增加7817人,增长6.44%;在校生672962人,比上年增加31293人,增长4.88%;小学平均规模666.3人,平均班额46.52人;小学学龄人口入学率100%,毛入学率103.73%,辍学率0.07%,五年保留率97.9%,应届毕业班学生毕业率100.42%。全市共有普通初中267所,比上年增加6所;毕业生86139人,比上年减少2181人,下降2.47%;招生99938人,比上年增加4000人,增长4.17%;在校生283526人,比上年增加9713人,增长3.55%;普通初中平均规模1061.9人,平均班额53.36人;初中学龄人口入学率100%,毛入学率115.85%,辍学率1.52%,三年保留率95.31%,应届毕业班学生毕业率101.24%。

【普通高中教育】 全市共有普通高(完)中101所,比上年减少3所;毕业生56642人,比上年减少1669人,下降2.86%;招生58780人,比上年增加2455人,增长4.36%;在校生169429人,比上年增加2551人,增加1.53%;普通高中平均规模1677.51人,平均班额59.81人。

【特殊教育和工读学校】 全市共有特殊教育学校11所,招生190人,在校生1029人;工读学校1所,在校生151人。

【中小学德育工作】 3月,召开全市德育建设工作会,推广班级建设先进经验,组织优秀班主任代表经验交流,印制下发《关于进一步加强中小学班主任建设的意见》。明确班主任任职条件、工作职责,建立健全了班主任成长服务机制,为加强普通中小学班主任队伍建设提供了依据。下发《郑州市普通中小学名班主任工作室建设与管理实施意见(试行)》,各单位按照分配的名额,申报了40个、从中遴选出30个名班主任工作室进行立项建设,对余下的10个名班主任工作室进行重点培育。在2012年教师节期间,对300名优秀班主任进行了表彰。根据河南省教育厅要求,选拔推荐的12个河南省中小学德育工作先进单位和31个德育工作先进个人,获全省表彰。评选了3602名市级三好学生、1229名市级优秀学生干部,选拔推荐了105名省级三好学生和51名省级优秀学生干部。

【学前教育三年行动计划】 分别委托郑州幼专、郑州师院和郑州旅游职业学院,对幼教专干、转岗教师、保育员、保健医生、炊事员、幼儿园园长、保教主任、幼教专干等7支队伍进行专项技能提升培训,共培训3600人,其中民办幼儿园师资2400人。组织开展幼儿教师基本功大赛、幼儿教师自制玩教具比赛、炊事员技能大赛、幼儿教师教学观摩等四项活动,为教师发展提高提供舞台。委托专业机构,根据教育部信息标准的要求,研发启动郑州市学前教育信息管理系统,实现了学前教育管理的信息化、规范化。

【义务教育优质均衡】 组织实施第三批全省义务教育均衡发展先进县的评先推荐工作,进一步强化政府责任,增加对义务教育的投入,改善农村和城镇薄弱学校的办学条件,均衡配置教育资源,加快缩小区域之间、城乡之间、学校之间的教育差距。开展义务教育发展基本均衡县的创建工作,落实有关政策,定期研究协调推进义务教育均衡发展基本县的相关工作;实施推进计划,推动学校标准化建设,合理配置教育资源,推动优质教育资源共享,缩小校际差距。

【进城务工人员同住子女教育】 坚持以流入地政府为主、以公办学校为主的原则,把进城务工人员同住子女按照相对就近原则分配到附近学校。在教学过程中,与城市学生统一管理、统一编班、统一教学、统一安排活动。在评优奖励、入队入团、课外活动等方面,一视同仁。目前,在郑州市市区公办学校就读的进城务工人员同住子女占在校生总数的35%;在郑州市公办学校就读的进城务工人员同住子女20.5万人,其中2012年接收义务教育就读的进城务工人员同住子女近5万人。

【考试和评价制度改革】 继续探索建立学业质量绿色指标评价体系。依托教育部课程中心,继续实施"中小学生学业质量分析、反馈与指导"项目,结合郑州市教育发展情况,通过对影响学生学业质量的要素分析,围绕学习成就、身心健康、学业负担、教学方式等主要方面,构建以关注学生健康成长、促进学生全面发展为核心价值追求的学业质量绿色指标评价体系。开展普通高中"学业水平增值评价"实验。与大连现代学习科学研究院合作,对市区高一年级新生进行增值评价实验,调动不同生源、不同层次学校的办学积极性,帮助学校诊断与改进教学。为市区63所学校配备网上阅卷设备,实施学业质量测试网上阅卷,实现了考试阅卷工作的标准化、科学化、信息化。

【体育教育】 2012年,郑州市中招体育考试全市初中毕业生人数为33600人,其中病免考生289人,占全部毕业生的0.8%;残免考生111人,占全部毕业生的0.3%;参加考试的考生为33200人,占全部毕业生的98.9%。全市共分郑州五中、郑州九中、郑州二中3个考点。顺利完成中招、小升初体育特长生的测试录取工作,全市318名小学应届毕业生被25所初中体育传统项目学校、449名初中应届毕业生被21所高中体育传统项目学校录取为体育特长生。本年,举办了田径、毽球、足球、排球、篮球、乒乓球、跳绳、轮滑、少林拳展示、幼儿体操、校园青春健身操等中小学生比赛。开展阳光体育校园足球活动,全市30所小学、16所中学在历时8个月的时间里展开主客场双循环近500场比赛。8月,市教育局、市体育局联合组队参加在山东潍坊举办的全国校园足球夏令营,获得小学男子乙组第一名、小学男子甲组第二名、初中女子组第二名。男子12人,女子2人入选"足球希望之星"。协助省教育厅、金水区共同承办了第五届全国中小学体育教学观摩展示活动并取得圆满成功。完成了普通高中体育与健康学业水平考试。增加第二批15所郑州市中小学校体育场馆对外开放试点学校。下发了《郑州市教育局关于启动郑州市中小学校体育设施向社会开放试点工作的通知》,召开首批开放试点学校工作会议,正式启动了学校体育活动场地对外开放试点工作。首批8所试点学校从2011年10月15日起实施校园体育活动场地对外开放试点工作。接待团体预约285次,进校锻炼者达12000余人次。

【艺术教育】 举办以"阳光下成长"为主题的郑州市第五届教育艺术节。5月,为期6天的郑州市第五届教育艺术节艺术表演类比赛在郑州市黄河科技学院音乐厅举行,来自全市5县9区和各直属学校的352支代表队8000余名中小学生参加了市级现场比赛。9月,组织艺术节汇报展演,展示了从比赛中评选出的180余件优秀作品和20个优秀节目,确定参加全省中小学生艺术展演的20个节目、28件作品和25篇艺术论文。10月,河南省第四届中小学生艺术展演活动在鹤壁举行。郑州市14个节目将代表河南省参加全国教育艺术展演活动的评选。组织了郑州市第二届中小学暑期艺术展示活动。此次艺术展示活动作为在全市开展的"欢乐中原·魅力郑州"广场文化活动的一部分,以"阳光校园"为主题。11天的专场演出,参演节目100余个,参演学生2000余人。组织教师参加全省及全国音乐、美术教师基本功比赛,分别获得一等奖4个、二等奖3个、三等奖1个。11月,郑州四十四中的李丹与苗圃小学的马慧代表河南省参加在宜昌举办的全国音乐老师基本功比赛,分获一、二等奖。顺利完成中招、小升初艺术特长生的测试录取工作,288名小学应届毕业生、647名初中应届毕业生被艺术特色学校(班)录取为音乐、美术特长生。

职业与成人教育

【中等职业教育】 2012年,全市共有中等职业学校130所,比上年增加2所;毕业生98514人,比上年减少4379人,下降4.26%;招生104748人,比上年减少7417人,下降6.61%;在校生276743人,比上年减少19846人,下降6.69%。

本年,出台了《郑州市人民政府关于创新体制机制进一步加快职业教育发展的若干意见》。制定了《关于加强和改进中等职业学校德育工作的通知》、《郑州市职业教育攻坚工作考核指标体系》、《郑州市中等职业学校校企合作工作评估细则》、《郑州市职业教育工作五年发展规划》和《职业与成人教育处三年工作规划》;起草了《郑州市人民政府关于大力发展社区教育、加快推进学习型城市建设的意见》;配合市委办公厅进行全市职业教育调研,共同撰写了《郑州市职业教育发展状况调研报告》。郑州机电工程学校和郑州市财经学校成功创建为国家中等职业教育改革发展示范学校。重点支持建设10个县区中职学校实习实训基地,市政府把此项工作列入2012年市政府农村重点工作,市财政给予每个项目100万元的建设资金,共计投入1000万元支持县区职业学校进行基地建设。郑州市电子信息工程学校和郑州市科技工业学校被省教育厅命名为河南省职业教育校企合作先进单位,分别奖励资金40万元和25万元。遴选出富士康、格力电器、宇通客车、三全食品等8家企业,将由市政府命名为首批郑州市职业教育校外实习实训基地。

【成人教育和社区教育】 重点加强了成人社区教育工作,对全市成人社区教育学校进行基本情况统计调研,并组织社区教育考察团到南京、杭州等社区教育先进地区进行学习考察,对全市社区教育工作进行具体规划,起草了《郑州市人民政府关于大力发展社区教育加快推进学习型城市建设的意见》(意见稿)。继续开展规范性乡镇成人学校和示范性办事处社区学校评选工作,评选20所郑州市规范性成人学校示范性办事处社区学校。截至目前,已经命名90所规范性成人学校和示范性社区学校,使乡镇成人学校、办事处社区学校成为构建终身教育体系和建设学习型城市的主阵地。

【服务经济建设】 省、市政府十分重视协助富士康进行人力资源招募工作,多次开会积极推进。本年,市教育局承担了向富士康输送4000名实习学生的任务,局党委高度重视,把这项工作作为重点工作和中心工作来抓,制定工作方案,多次开会部署,认真组织安排,落实分解任务。各职业学校采取得力措施,克服种种困难,进行全面动员,积极开展富士康社会实践活动。共有24所职业学校动员报名实习学生4408名,参加面试4382人,实际完成输送3806人,有力地支持了富士康人资招募工作。

高 等 教 育

【地方高等教育规模】 郑州地方学历高校有本科4所,专科13所,加上市广播电视大学,共计18所。2012年郑州地方高校学历教育招生43677人,教职工9947人。高等学历教育在校生达144333人;教学科研仪器设备值74995.16万元,较上年增长5.2%;一般图书1085.37万册,较上年增长11.7%。

【大学生思想政治教育】 继续在地方高校中开展学生管理示范性建设活动,促进地方高校学生管理工作不断迈上新台阶。同时,还组织学校加大对学生的救助,通过捐款、补助等方式资助学习、生活上有困难的学生。切实维护校园稳定和落实社会综合治理工作,加强检查督导,督促各地方高校全面履行综治职责,做好秋季安全大检查工作,重点做好"9.18"期间和十八大召开期间高校安全稳定工作。做好郑州地方高校宗教、反邪教工作和统战、宗教、公安、安全、外侨办等六部门宗教协调机制办公室工作。完善各项工作制度、做好协调沟通组织工作,会同统战、宗教、公安、安全、外侨办等相关部门负责人,深入中牟、金水等县(市)区,对政府开展的宗教工作进行全面细致的检查、调研。协助市反邪教协会组织全省反邪教工作经验交流郑州现场会。会上推广了郑州地方高校反邪教协会工作的成功经验和做法,郑州市工作成绩得到了国家反邪教协会和省反邪教协会的充分肯定和高度赞扬。

【教育教学质量建设】 一是开展好市级重点(示范)专业、重点实验室评审工作。聘请专家组对各院校申报的市级示范专业、市级重点专业、市级重点实验室进行实地评审,按照"公平、公正、择优"的原则,遴选出立项建设的市级示范专业5个、重点专业10个、重点实验室5个。同时,遴选出培育建设的市级示范专业3个、重点专业3个、重点实验室8个。二是开展好市级精品课程建设项目。启动了郑州地方高校精品课程(市级)建设工作,成立省属驻郑高校专家组,通过网上评课、书面评审、现场答辩等环节,在各院校申报的基础上,9月成功评选出10门市级精品课程、4门市级培育精品课程。三是顺利完成郑州地方高校第四批特聘高层次人才届满考核工作和第五批特聘高层次人才评聘工作。各高校根据设定的岗位申请特聘高层次人才候选人共计36人,评出郑州师范学院朱艳玲等22名专职特聘高层次人才,甘勇等4名兼职特聘高层次人才。四是完成第二届郑州地方高校优秀中青年骨干教师培养对象的考核工作和第三届培养对象的认定工作。五是组织召开了郑州地方高校教育教学工作会和研讨会。六是做好驻郑高校的服务工作。走访了郑州商专等省管高校,征求对郑州市政府的建议和意见。同时,还联系郑州大学等高校,询求各省驻郑高校需要郑州市政府帮助解决的问题。七是大力支持高职高专院校实施校企合作办学和申办本科院校。多措并举,大力支持中州大学、郑州澍青医学高等专科学校、郑州交通职业学院、郑州电子信息职业技术学院、嵩山少林武术职业学院5所高职院校的升本工作。八是做好函授站评估工作。组成专家组,并集中讨论学习评估指标体系,再开展现场评估,最终顺利完成了省外高校郑州函授站和省内高校郑州函授站的全面评估工作。

民办教育

【高中分校清理规范】 依据《河南省教育厅 河南省发展和改革委员会关于普通高中改制学校清理规范工作的意见》(教基二〔2012〕291号)精神,按照有关规定,对18所高中阶段改制学校进行清理规范。先后召开座谈会、论证会12次,到每所学校进行调研论证。10次对方案进行修改,并先后5次向市政府请示,最终以政府文件的形式下发改制意见,完成了高中分校的清理规范工作。

【学校发展】 2012年,出台了《郑州市民办教育发展专项资金使用办法》。郑州市人民政府设立了民办教育专项资金5000万元,出台《郑州市民办教育发展专项资金使用办法》,加强对该项资金使用的管理。2012年郑州市出资26.5万元,为59所民办学历学校52986名学生购买了校方责任险;出资8万元,为83所民办学历教育学校80000名学生进行健康体检;出资577.3万元,解决了10477名市管义务教育阶段民办学校学生的学杂费和生均公用经费。在"树典型、促发展"方面,坚持以奖代补的形式竭尽全力扶持民办学校发展。出资200万元,奖励20所民办中职学校实验室建设;出资731万元,为12所民办中小学安装了492套班班通;出资575万元,奖励40个民办教育"十佳单位"、30位民办教育杰出人物和100名民办教育优秀教师。先后向省教育厅推荐3所投资规模较大的民办学校(幼儿园)、3所省级优秀民办学校、2个省级民办教育行政单位和8名省级民办教育先进个人。二七区以强化法制宣传促进民办教育规范的做法和新密市民办学校星级达标评估的经验在全市进行了推广。

【培训】 本年,市教育局出资114.8万元,组织300名民办学校校长和360名民办幼儿园园长进行提高培训,出资188万元组织118名民办学校校长和150名民办幼儿园园长分别赴上海和西安研修培训。组织20名民办中小学校长,按时参加省教育厅安排的校长培训。对416名民办学校财务人员进行了专题培训,邀请2位法学专家对289名民办学校校长(举办者)进行了以《民办教育促进法》和《劳动合同法》以及民办学校如何处理劳动纠纷为主要内容的法制培训,邀请市档案局专职人员对372名民办学校档案人员进行了业务培训。

【名优民校建设】 印发《郑州市优质教育资源名优民校工程2012年工作方案》。按照《郑州市优质教育资源名优民校工程2012年工作方案》,开展了争创郑州市优质教育资源名优民校活动,实现民办中小学办学质量的跃升。

【民办学校制度创新】 下发《规范我市民办学校审批工作的通知》,在审批对象、审批权限、审批程序等方面做了新的规定。重新规范年检制度,成立了年检工作领导小组,规范了年检工作的范围、原则和方法及时间、内容安排。出台《民办学校财务管理办法》、《民办学校会计基础工作规则》、《民办学校会计档案管理办法》和《民办学校会计核算办法》等4个系列性文件。建立民办学校党建指导员制度,首次向市管36所民办学校派驻党建指导员。建立了"例会与紧急会议相结合"的会议制度。每年春季召开一次民办教育工作会议,总结过去一年的工作,安排部署新的一年工作,表彰奖励先进单位(个人);每年秋季开学召开一次民办学校校长会议,注重部署新学期以"四查四看"为主题的开学检查。建立民办学校投诉、信访台账制度,及时通报受理情况和受理结果。

办学条件

【校舍建筑面积】 全市中初等教育校舍建筑面积1638.97万平方米。其中:普通中学校舍建筑面积660.94万平方米,中等职业学校校舍建筑面积365.21万平方米,小学校舍建筑面积421.97万平方米,幼儿教育校舍建筑面积186.4万平方米,特殊教育学校校舍建筑面积4.45万平方米。生均校舍建筑面积:普通高中20.81平方米,普通初中10.97平方米,中等职业学校13.2平方米,小学6.27平方米,幼儿园6.01平方米,特殊教育学校43.25平方米。

【图书资料】 全市中初等学校藏书3277.91万册,其中,普通高中473.61万册,生均28.17册;普通初中690.61万册,生均24.36册;中等职业学校848.72万册,生均30.67册;普通小学1264.97万册,生均18.8册。

【学校校园规划】 5月,开始正式收集资料、确定学校发展定位,起草实施方案;9月,通过公开招标,确定河南黄河园林绿化工程有限公司、河南省城乡建筑设计院有限公司、河南省国防工业设计研究院有限公司、河南省建筑科学研究院有限公司、西安华宇建筑设计有限公司、浙江华州国际设计有限公司、郑州大学城市规划设计研究院、郑州市建筑设计院等8家为设计单位，并开始分学校编制。通过本次校园规划初步完成了直属学校整体规划，使学校功能区域划分更加合理，交通流向更加清晰，满足了教育教学需求，更利于学生疏散和校园安全。

【学校基本建设】 市区30所中小学校开工建设的任务已全部完成；全市84所幼儿园建设任务已有96所幼儿园开工建设，超额完成建设任务；县（市）城区10所中小学建设任务已有5所中小学校开工建设。市区新建、改扩建30所中小学校，总投资8.7亿元，项目全部建成后，将增加751个班、35295个学位，其中小学增加541个班、20295个学位，初中增加300个班、15000个学位。全市新建、改扩建96所幼儿园，总投资3.8亿元，项目全部建成后，将增加848个班、25440个学位。六县（市）城区新建、改扩建10所中小学校总投资3.4亿元，项目全部建成后将增加272个班、12750个学位，其中小学增加170个班、7650个学位；初中增加102个班、5100个学位。

中央及省投资项目方面。一是校舍安全工程：2012年，中央及省政府下拨郑州市农村中小学校舍维修改造资金3000万元。其中中央资金1406万元，省级资金853.6万元，县级配套资金401.4万元，农村税费改革转移支付4%资金339万元。共安排校安工程项目25个，新建、改造校舍面积33533平方米。二是利用闲置校舍改扩建幼儿园：共下达中央资金2469万元，利用农村中小学闲置校舍改建幼儿园30所，改建面积65696平方米，改建完成后，可容纳5540个幼儿入园。三是义务教育薄弱学校改造计划：食堂专项资金1342.8万元，改造农村学校食堂50个。四是农村义务教育薄弱学校改造计划：校舍改造类项目63个，资金总额6698万元（其中中央资金1733万元、省级资金1713万元，县（市）区配套资金3252万元），新建和改造校舍面积63662平方米（其中新建41821平方米，改造21841平方米）。

师资队伍建设

【教职工队伍规模】 全市各类中初等教育学校教职工总数90255人，其中专任教师77426人。（1）普通中学教职工37729人，普通高中专任教师10781人，普通初中专任教师20165人；（2）小学教职工36341人，专任教师34933人；（3）中等职业学校教职工15783人，专任教师11207人；（4）特殊教育学校教职工370人，专任教师320人；（5）工读学校教职工32人，专任教师20人；另有幼儿教育教职工32010人，专任教师17421人。

【专任教师学历达标情况】 普通高中99.04%，普通初中99.70%，小学100%，幼儿园（含学前班）97.22%，中等职业学校89.15%。普通初中专任教师本科以上的比率为78.9%，小学专任教师专科以上比率为92.76%。

【人事制度改革】 2012年，启动了市直非义务教育学校绩效工资改革，本次绩效工资涉及38个教育事业单位。其中，有高中学校8个，职业学校8个，幼儿园2个，二级机构11个，高校6个，自收自支单位3个。在职人员5271人，退休人员1874人。继续做好义务教育学校绩效工资工作。按照每月10日上报上月绩效考核结果的原则，加强对市直39所义务教育学校5259人的过程考核，学期结束后将核算奖励性绩效工资上报市人社局、市财政局后由郑州银行发放到教师工资卡上。稳步推进市直单位岗位聘用工作，审核了70个市直教育事业单位（不含高校）2012—2013年8206名教职工的岗位聘用工作。其中，专业技术岗位7822人，管理岗位89人，工勤岗位295人，市人社局11月全部兑现岗位工资。规范代课教师聘用程序，完成郑州生源免费师范生就业任务。下发《郑州市教育局关于加强局属学校教师队伍管理规范代课教师聘用程序的通知》，明确了今后学校补充代课教师的要求、程序、管理及考核办法。规定学校确需补充代课教师，要在市教育局监督指导下实行公开招聘，严格准入制，实行备案制。2012年全市免费师范生51名，组织局属中小学及县（市、区）教育行政部门参加由省教育厅组织的河南省免费师范毕业生就业双向选择会，完成了郑州生源免费师范生就业任务。

【师德师风建设】 一是组织教师参加省教育厅开展的“教师为基、教育崛起”师德主题征文活动和师德演讲活动。经过省市两级专家评审，师德演讲比赛共有32人获得了市级奖项，其中一等奖14人、二等奖18人；共有10人获得了省级奖项，其中一等奖2名、二等奖3名、三等奖5名。师德主题教育征文活动共有179篇征文获得市级奖项，其中一等奖75篇、二等奖104篇；共有32篇征文获得省级奖项，其中一等奖8篇、二等奖12篇、三等奖12篇。二是开展2012年师德先进个人评选活动。全年共评选出256名郑州市师德先进个人。三是出台《郑州市教育局关于开展2012年师德师风先进校评选活动的通知》，对本年的师德师风先进校评选活动进行安排。四是面向全体中小学教师开展“铸师魂、进万家”家访活动。从2012年秋季开始，每学期，各中小学要针对不同年龄阶段学生特点，以年级为单位，制定活动主题，统一组织本校全部任课教师、班主任开展入户家访活动。每位教师每学期须完成10—15个学生家庭的入户家访工作任务。继续组织家长、学生对全市中小学教师进行师德评价，学校依据评价结果对教师进行了师德年度考核。全年共处理师德投诉近20起；针对当前较为突出的公办教师有偿补课、办班的现象，出台《严禁公办教师进行有偿补课的通知》，并组织人员进行暗访，对违规现象进行查处。

【梯级名师培养工程】 相继开展了市级骨干教师培训对象培训（153名），市级农村骨干教师培养对象培训（529名），名师工作室主持人培训(50名),郑州市中小学、幼儿园首席教师(400名),幼儿园骨干教师和业务管理人员系列专项培训(共计610名,其中农村幼儿园骨干教师培训110名、学科幼儿教师高层次培训100名、幼儿园骨干班主任培训200名、幼儿教师专项技能培训200名)。确定86名中小学、幼儿园骨干教师培养对象参加省级培训和省级名师的选定工作,共计28名教师被评为省级名师。经过个人申请、单位推荐、专家评审、公示等程序最终40人被确认为河南省中小学、幼儿园教师教育专家。

【教师培训】 开展了高中教师第三周期岗位培训(3000名)、初中教师第三周期岗位培训(6000名)、小学教师第四周期岗位培训(11000名)、幼儿园教师第三周期岗位培训(300名)、中小学班主任培训(6000名)、中小学新任教师培训(1300名)、教师教育技术能力初级培训(13000名)、计算机等级应用培训(3500名)。开展了双语教师培训(110名)、暑期英语教师培训(126名)、英语教师赴英培训(50名)、心理健康教师培训(100名)、首届音乐教师专项技能培训(63名)、高中英语学科骨干教师高级研修班(72名)、郑州市优质教育资源促进计划专项培训(共计696名,其中班主任培训87名、英语教师培训28名、班班通培训252名、新任教师培训229名、2011年新增教师高层次培训100名,国培6444名、省培3200名)。

郑州市属县(市、区)教育行政简况

单位名称	局 长	办公地址	邮 编	电 话
巩义市教体局	常成军	巩义市嵩山路	451250	0371-64572666
新密市教体局	李 霞	新密市北密新路	452370	0371-69822828
登封市教育局	李成林	登封市崇高路中段	452470	0371-62887599
中牟县教体局	田金锁	中牟县青年路中段	451450	0371-62181525
新郑市教体局	陈文彬	新郑市人民路体育广场东侧	451150	0371-62690621
荥阳市教体局	张双利	荥阳市康太路与唐王路交叉口西南角	450100	0371-64811777
中原区教体局	张云峰	郑州市桐柏路与棉纺路交叉口	450007	0371-67692299
二七区教体局	刘子科	郑州市西中和路前街67号	450052	0371-66942333
管城区教体局	卢新建	郑州市城东路	450000	0371-66335553
金水区教体局	王 珂	郑州市文化路	450003	0371-60116699
惠济区教体局	青华山	郑州市开元路8号	450052	0371-63639718
上街区教体局	刘玉贞	上街区新建街	450041	0371-68923262
经济技术开发区教文体局	唐保华	航海东路与朝凤路交叉口向南300米路西管委会西办区	450047	0371-66786568
高新区管委会教育局	徐 兵	高新区火炬大厦四楼	450001	0371-67986603
航空港区管委会社会事业局	周宏建	航空港区航海路	451162	0371-86199216
郑东新区管委会教育局	田国安	郑东新区商务外环路	450008	0371-67179991

撰稿:孙 耿
审稿:毛 杰

开 封 市

市政府分管教育领导:朱丽萍(正市长级干部)
市教育局局长:郑西乾　　市教育局党委书记:常跃进
市教育局地址:开封市黄河大街北段5号　　邮编:475000
电话:0371-23886555　　传真:0371-23886536

综 合 管 理

【概况】 2012年,开封市有各级各类学校3088所,教育人口131.9万人。其中,幼儿园690所(含5所少数民族幼儿园),在园幼儿(含学前班)158664人,教职工9477人;特殊教育学校9所,在校生769人,教职工200人;小学1406所,在校生529316人,专任教师23424人,小学学龄儿童入学率100%,小学校均规模376人,平均班额42人;初中232所,在校生202292人,专任教师12661人,初中校均规模872人,平均班额57人;普通高中46所,在校生93793人,专任教师5260人;中等职业教育学校49所(其中包括普通中等专业学校9所、职业高中19所、成人中等专业学校7所和技工学校14所),在校生80950人,专任教师4717人;研究生培养单位1个;普通高等学校5所,其中本科院校2所(含独立学院1所)、专科学校3所,高等教育在校生总规模达113514人,每万人口中在校大学生(含在学研究生、普通本专科生、成人本专科生)达243人,专任教师5286人;成人高校2所,民办其他高校1所,成人中小学141所;成人技术培训学校506所,结业人数69141人次。

本年,市教育局先后获得了全国"两基"工作先进单位、省安全生产先进单位、省保密工作先进单位、省全民科学素质工作先进集体、全省教育信息统计工作先进单位、全省学生资助工作先进市、市目标管理先进单位、市防震减灾先进单位、市防邪教工作先进单位、市节能减排先进单位、市安全生产先进单位、市消防工作先进单位、市平安建设先进单位、市信访工作先进单位、市长专线工作先进单位、市信息工作先进单位、市计划生育工作先进单位、市法制宣传教育和依法治理工作先进集体、市宣传思想文化工作先进单位、市直机关先进基层党组织等称号。

【市教育局领导班子成员名单】 局长、党委副书记郑西乾,党委书记、副局长常跃进,党委委员、副局长曹鑫伟,党委委员、副局长金秋玲,党委委员、副局长卢玉强,党委委员、纪委书记陈富安,党委委员、副调研员杜复平,党委委员、副调研员、招办主任孔祥宏。

【创先争优】 市教育局继续在全市教育系统深入开展"创先争优"工作,进一步形成了崇尚先进、学习先进、争当先进的良好氛围。中共十八大召开前夕,市教育局党委对2010年5月以来教育系统开展的"创先争优"活动的总体情况进行总结回顾,金明幼儿园党支部等5个基层党组织被评为"创先争优"先进基层党组织,寇东明等10人被评为"创先争优"优秀共产党员。市教育局被中共开封市委评为"创先争优"工作先进单位。

【开展"学整树"活动】 6月3日,全市教育系统召开开展"学整树(学习焦裕禄精神,整顿干部作风,树正气、树典型)"活动动员大会。会议印发了《开封市教育系统开展"学整树"活动实施方案》,转发了《开封市"打好五大攻坚战实现五个翻番促进开封快速崛起"效能问责办法》。6月28日,下发《开封市教育局效能问责暂行办法》,着力整治"庸懒散软"等问题,推动"学整树"活动深入开展,在全系统树立了正气,树立了典型。"学整树"活动到12月结束。

【召开全市教育系统学习中共十八大精神工作会议】 11月20日,全市教育系统学习中共十八大精神及近期工作布置会议在市教育局召开。会议由局党委书记常跃进主持。副局长曹鑫伟宣读了市委组织部关于学习十八大精神的重要通知,十八大代表、金明幼儿园园长赵慧传达了十八大会议精神,市教育局局长郑西乾到会讲话。

【干部竞争上岗】 3月,市教育局对局属单位部分正、副校级领导职位实行竞争上岗,设置7个正职岗位、3个副职岗位进行公开选拔。通过面试、组织考察和民主测评等程序,结合近3年来的考核结果,经过公示,阮世萍等10名干部走上新的工作岗位。

【教师节表彰】 9月6日,开封市庆祝2012年教师节暨表彰大会在东京艺术中心举行。市领导祁金立、吉炳伟、蒋益民、朱丽萍、谢玉安、李留心、于吉良、陈传智与来自驻汴大中专院校负责人、市教育局直属学校、五县五区学校、成人教育机构及民办学校的优秀教师、优秀教育工作者、"三十佳"代表欢聚一堂,庆祝第28个教师节。正市长级干部朱丽萍主持会议,市委副书记、市长吉炳伟到会讲话。

【开展“学雷锋见行动,‘三平’之中做贡献”活动】 本年,市教育局组织全市教育系统深入开展“学雷锋见行动,‘三平’之中做贡献”活动。通过多层次、多渠道、多形式的宣传教育,在全市教育系统营造出了学习践行雷锋精神、“三平”精神的良好氛围,涌现出了一大批爱岗敬业、无私奉献的先进典型。樊春丽等5名教师作为典型上报市委宣传部,充分展现了全市教育系统的“三平”精神和优秀形象。

【基层党组织建设】 本年,市教育局党委在全市教育系统广泛开展了以“创建先进基层党组织,争当优秀共产党员”为主题、以“结合教学抓党建,抓好党建促发展”为目标的基层党组织建设年活动。全市教育系统基层党组织结合本单位工作实际,认真组织党员干部深入学习理论知识,提高思想水平,在教育教学工作中切实发挥先锋模范作用,充分体现了基层党组织的战斗堡垒作用。

【完成中国(开封)2012年清明文化节和中国开封第30届菊花文化节开幕式等活动的承办任务】 一是组织参加“全国青少年写清明主题创作大赛”活动。二是积极协调清明文化节开幕式活动中部分演员的选定和排练工作。三是在落实好市清明文化节整体活动方案的同时,积极发挥清明文化节的教育意义,在教育系统内开展了丰富多彩的清明文化活动。四是大力配合、积极参与中国开封第30届菊花文化节开幕式《菊香开封》“银基之夜”大型文艺晚会演出活动。五是认真组织学生参加全市“宋词文化日”活动。通过这些活动,锻炼了学生的表演能力,提高了学生的传统文化素养,得到了市委宣传部的高度评价。

【精神文明建设】 本年,市教育局开展机关内部文明科室、卫生先进科室、效能科室、学习型科室评选活动。组织机关全体人员为孤残儿童、农村留守儿童、市特殊教育学校和市妇联进行捐赠。组织参加“学雷锋服务月”活动、植树活动、“创三城(创建‘省级文明城市、国家卫生城市、国家园林城市’)”活动、交通志愿者服务活动、消防安全宣传活动、庆祝“三八”节保护妇女儿童权益宣传活动等。市教育局创建省级文明单位,通过复验。截至年底,全市教育系统有14个单位被评为省级精神文明单位,11个单位被评为市级精神文明单位。

【鼓楼区教文体局认真学习贯彻中共十八大精神】 中共十八大闭幕后,鼓楼区教文体局把组织好、学习好、领会好、贯彻好十八大精神作为一项重要任务,迅速掀起学习贯彻十八大精神的热潮。局机关每一位党员干部都写出心得体会,纷纷表示要牢牢把握正确导向,不断创新方式方法,紧密联系工作实际,用十八大精神武装头脑,求真务实地干好工作。12月5日,局机关党员干部到内顺城路开展“清洁家园志愿服务”活动,这是贯彻落实十八大会议精神的具体体现。 (夏 婷)

【禹王台区教文体局开展“管理培训提升年”活动】 禹王台区教育系统将2012年定为“管理培训提升年”。一是创新校(园)长会形式。开展以会代训工作,把校(园)长会开成研讨会、交流会。采用局机关安排与各校申请相结合的方式,把校(园)长会开到学校去,为学校建设建言献策。二是提升校(园)长办学理念。区教文体局集中组织5批次110余人,分别到郑州、北京、上海参加学习培训。邀请教育专家开展讲座活动,对局、校两级班子和骨干教师进行授课培训,增强大家的忧患意识、责任意识和发展意识。 (宋 爽)

【市教育局率先参加“转变作风,提高效能”主题热线活动】 7月17日,市教育局党委书记常跃进等到开封日报社市民呼叫中心,率先参加“转变作风,提高效能”主题热线活动,对30余名市民提出的教育热、难点问题进行解答,为市教育局了解人民群众的教育需求提供了良好的平台,提高了教育关注度,优化了教育发展环境。

【党风政风行风建设】 一是开辟党务政务公开栏、办事指南公开栏、“三公消费”公示栏、电子屏幕、网站专栏等多种公开渠道加强党务政务公开工作。二是认真开展教育系统内部审计工作。三是做好民主评议学校行风和万人评议机关工作。市教育局在参评的40余个市直单位中名列第八,名次比上年又有提升。

【依法治教】 本年,市教育局全面落实《全国教育系统开展法制宣传教育的第六个五年规划(2011—2015)》,积极贯彻实施《开封市教育系统开展法制宣传教育的第六个五年规划》。根据《河南省教育厅关于开展第三批省级依法治校示范校创建活动的通知》精神,积极开展评选“开封市依法治校示范校”活动。市教育局对全市教育系统乱办班、乱补课、乱收费等违纪违规案件进行严厉查处,受理各类举报线索50余起,查处、清退违规收费金额35.86万元。

【校园安全】 市教育局完善学校人防、物防和技防安全体系建设,加强安全教育和法制教育,普遍开展消防、突发公共事件等应急演练,及时排查安全隐患,加强校车管理,抓好学校传染病、食物中毒的防控工作,确保教育系统无重大安全事故发生。

【省民委、省教育厅联合督导组莅临顺河回族区调研民族团结教育工作】 11月7日,省民委、省教育厅联合督导组莅临顺河回族区调研民族团结教育情况。省督导组在听取汇报和实地查看后,对顺河区认真贯彻落实民族教育政策,高度重视和支持民族教育事业发展给予充分肯定。 (王 恒)

【信访稳定】 本年,市教育局高度重视教育系统的信访稳定工作,深入推进领导干部接访、领导包案、机关干部下访和矛盾纠纷排查等工作。对排查出的各种不稳定因素及时做出处理和解决,着重解决了群众反映强烈的热点和难点问题,减少了到市、赴省、进京上访数量。尤其是在中共十八大召开期间,市教育局认真部署稳控工作安排,做到每个环节不出问题,确保无一人进京上访,出色完成了上级交给的各项任务,保证了教育系统稳定发展的大好局面。

【教育督导】 本年,市教育局积极开展职业教育、义务教育、学前教育工作过程督导。10月10日至11月2日,在市政府、市人大、市政协等领导带领下,市教育局、市财政局、市住建局督学及专家对四县五区政府职业教育、义务教育、学前教育工作进行督导检查。督导113所学校及幼儿园,针对发现的问题提出了整改要求。深入推进义务教育达标校建设,全市有826所学校基本达到省定办学标准。

【举办首届开封市教育书法研究会会员书法展】 10月11日,由开封市教育局主办、开封市教育书法研究会承办的首届开封市教育书法研究会会员书法展在中国翰园碑林拉开帷幕。

市四大班子领导和市教育局局长郑西乾、党委书记常跃进等参观了书法作品展。

【信息宣传】 本年，市教育局继续发挥新闻舆论的导向作用，提升教育系统网络化建设水平，加大网络建设与管理工作的力度，加大对教育工作和先进典型的宣传报道力度，共向市委信息科、市政府信息科、市信息中心、省教育厅信息中心等部门报送信息125条。以开封教育网、开封教育电视台为平台，大力加强教育信息宣传工作。开封教育网年访问量达66万人次，处理网站新闻稿1万余篇，发布各级各类信息9000余篇。开封教育台播出新闻稿件500余条、专题40篇。向中国教育电视台选送新闻12条。

3月，在全省教育宣传工作会议上，开封市被评为河南省教育宣传先进省辖市，尉氏县、杞县被评为河南省教育宣传特优县，开封县、通许县被评为河南省教育宣传先进县。

【老干部工作】 本年，市教育局认真落实老干部的政治待遇和生活待遇。广泛开展送温暖活动和适应老干部特点的文体活动，先后举办了门球、象棋、乒乓球等比赛和老年人健步走活动，组织了团拜会、三八节座谈会、喜迎十八大文艺汇演等活动，丰富了老干部的精神生活。

【金明区教育文化体育局更名】 2月，原开封市金明区教育文化体育局更名为开封新区教育体育局。

【开封新区青少年活动中心建成】 5月29日，开封新区青少年活动中心举行揭牌仪式。该中心投入500万元，是集教育培训、群众文化和娱乐活动为一体的花园式青少年校外文化教育活动场所。

（李志强）

基础教育

【德育】 本年，市教育局坚持以载体促建设、以规范促养成、以制度促提高，不断创新和改进德育工作模式。一是以德育活动为载体，推动德育常规化建设。组织好“三市一区”德育研讨会、“我的暑期有意义”以及校园文化建设等活动。二是以规范日常行为为重点，培养良好的道德习惯。三是建章立制，促进德育工作全面提高。全市有23名班干部被评为省优秀学生干部，64名学生被评为省三好学生，开封市教育局等9个单位被评为省德育工作先进单位，7人被评为省德育工作先进工作者。

【全市学前教育三年行动计划现场推进会在开封县召开】 6月12日，全市实施学前教育三年行动计划现场推进会在开封县召开。会上市政府出资440万元对各县区2011年幼儿园建设进行了奖补，对开封市2011年市级示范性幼儿园进行了授牌表彰。

【全市学前教育三年行动计划年度目标任务完成】 本年，开封市完成新建、改扩建幼儿园150所，圆满完成了学前教育三年行动计划年度目标任务。开封市新街口幼儿园、河大幼儿园顺利通过省评估组的评估验收，被评为省示范幼儿园。

【全市义务教育均衡发展推进会召开】 11月15日，全市义务教育均衡发展推进会在市政府会议室召开。正市长级干部朱丽萍到会讲话，市教育局局长郑西乾、市发改委副主任牛晓亮、市财政局副局长高晓燕及各县（区）和市直学校相关负责人参加会议。会议传达贯彻了全国“两基”工作会议及河南省义务教育均衡发展推进会精神，总结了开封市义务教育均衡发展工作经验，并对今后的工作进行了部署。

【城区义务教育均衡发展】 本年，全市城市义务教育阶段学校生均公用经费标准达到了小学450元、初中650元。县街小学扩建项目完工并投入使用。市十二中与金明中学、市二十一中与市十四中实现了实质性合并。集英街中学已完成选址、征地、规划、设计等工作。

【开封新区获得河南省教育先进区称号】 4月10日，开封新区迎接河南省教育先进县区验收。本次验收是在开封新区（金明区）近几年大力发展基础教育事业，获得河南省教育均衡发展先进县区的基础上，由市里推荐参加省教育厅、省政府组织的教育先进县区认定验收，并于11月获得了河南省教育先进县区称号。

（李志强）

【加大农村义务教育经费投入】 市教育局坚持新增教育经费主要用于农村教育，率先从农村开始实施“两免一补”政策。本年安排农村（含兰考县）义务教育公用经费3.8亿元、免费教科书资金0.6亿元，补助家庭经济困难寄宿生生活费0.4亿元。争取中央和省专项资金12026.19万元扶持开封市教育，其中落实了开封县、杞县初中改造中央资金2060万元，杞县第二批学前教育试点项目980万元，农村义务教育薄弱学校改造工程资金5530万元，校安工程奖励资金923.4万元，农民工进城务工人员子女就学奖励经费645万元。

【召开全面提高教学质量工作会】 4月10日，市教育局召开2012年全面提高教学质量工作会。各县区主管局长、教育股长、教研室主任、省级示范性高中校长以及局属各中学校长、业务副校长、教务主任、毕业年级段长160余人参加。会上，市教育局局长郑西乾要求全市教育系统广大干部、教职员工积极行动起来，迅速进入备考状态，以敢想、敢闯、敢拼的精神，全力以赴抓好毕业班复习备考工作，奋力促进全市教育教学质量的整体提升。

【规范办学行为】 市教育局加大规范办学宣传力度，保证社会各界理解支持。坚持利用媒体、校园网、致家长的一封信、校信通等多种形式进行宣传，努力形成规范办学行为、实施素质教育的良好氛围。加大督查力度，确保“减负”持续常态。加大问责力度，及时处理违规事件，对市区普通高中寒假补课的学校进行了通报批评，对违规单位和责任人视情节轻重予以处罚，全市规范办学行为工作有明显改善。

【完善招生政策】 本年，市教育局结合开封实际，在认真调研的基础上，先后下发了《开封市幼儿园招生实施意见》、《开封市小学招生实施意见》、《开封市小学升初中实施意见》、《开封市普通高中招生实施意见》。继续实行中小学生网上报名和《开封市普通高中招收分配生实施办法》。通过开封网,及时解答群众关心的招生问题,宣传招生政策,化解群众的招生疑虑,确保招生工作顺利完成。

【举办开封市第十一届学校艺术节】 10月16—18日,市教育局举办开封市第十一届学校艺术节。参展的美术、书法、摄影作品近1000件,参观人数多达1.5万余人次。这届艺术节从中国画、素描、色彩到摄影、书法等,主题鲜明,内涵丰富,体现了创作者扎实的艺术功底和良好的艺术素养,展现了开封市素质教育成果。

【开展读书日活动】 4月23日是第17个世界读书日,由开封市教师读书协会主办,市基础教育教研室、市教科所、市语委办协办的开封市第六届教育读书活动在各中小学校拉开帷幕,每所学校分别开展了丰富多彩的读书活动。

【成立开封教育艺术团】 6月,市教育局成立开封教育艺术团,为提升开封市教师的艺术水平搭建了一个良好的平台。市校外活动中心积极配合艺术团工作,为艺术团活动提供排练场地,提供有关活动资金,促进艺术团健康发展。

【校舍安全工程】 本年,全市校安工程在完成三年攻坚任务后,其五年规划任务施工进度及信息录入进度在全省名列前茅,受到省校安办的通报表彰,得到了市长吉炳伟的批示表扬。

【校本课程】 本年,市教育局着力在关注新课改、关注课堂、关注问题、关注效果、关注文化上下功夫。通过业务学习、教研活动和宣传建设,使每所中小学、幼儿园建设具有本校(园)特色的高品位校(园)本课程;每位教师要形成自己比较系统的教育教学思想和教学风格特色,并开设一门校本课程;促进每位学生至少熟练掌握一项终身发展所需的爱好特长,以此推进校本教研工作深入开展。

【尉氏县城区初步解决大班额问题】 本年,尉氏县政府投资1500万元新建的县第二初中项目工程完成并投入使用。原城关二中改建县第二实验小学项目完成并投入使用。投资1亿元在县城南部新建要庄小学、幼儿园,在县城北部新建三贤初中、三贤小学项目工程动工实施。 (赵民轩)

【体育】 本年,市教育局以落实每天一小时校园体育活动为核心,全面提高学校体育工作。举办开封市切实保证中小学生每天一小时校园体育活动经验交流现场会,得到了省市领导的充分肯定。开展小学生"曙光"和中学生"晨光"体育活动。7月,开封市代表队参加河南省"晨光"体育夏令营活动,获得了运动成绩二等奖,并授予"精神文明代表队"称号。

【卫生】 2月,按照卫生部、教育部举行争创全国无烟学校示范试点单位的要求,开封高中等4所学校被列为首批争创全国无烟学校示范试点单位。市教育局高度重视学校卫生安全工作,要求各单位做好预防春季流行病工作;组织开展"爱国卫生宣传月"活动(时间3、4月)。严格按照《中华人民共和国食品安全法》及《关于进一步加强学校食堂食品安全工作的意见》(国食药监食〔2010〕160号)的要求,依法制饮,确保学校食品卫生安全。

【清理规范普通高中改制学校】 本年,根据上级文件精神,开封市对普通高中改制学校进行清理规范。市区4所高中分校除市七中分校被取消外,开封高中分校、河南大学附中分校和市二十五中分校与原学校分离,规范为民办学校。各县高中所办分校由各县政府按照"因地制宜、因校制宜、宜公则公、宜民则民"的原则进行规范。开封高中西校区建设进展顺利。

【高考】 本年,全市高考报名考试人数32309人,专科一批以上上线25185人,上线率为77.95%。市区专科一批以上上线率为88.5%,较上年提高了4.13个百分点;一本上线率较上年提高了31.4个百分点。

【国防教育】 根据国家有关文件精神,结合开封实际,各初中以上的学校都能按照有关要求,利用请进来、走出去等多种形式进行国防教育,取得了较好效果。省教育厅组织的检查督导组对开封市学校国防教育工作给予了较高评价。

职业和成人教育

【召开全市职业与成人教育工作会】 3月1日,市教育局召开全市职业与成人教育工作会。市属五县教育局主管局长、职成教股股长及市属职业学校校长参加会议。会上,市教育局副局长乔利春总结了上年职成教工作,部署了本年工作并下达了本年中职招生指导计划。

【职教园区建设】 本年,市职教园区完成资金投入3亿元,累计投入资金8.9亿元,已开工建设的学校6所,完成建筑面积和在建面积达40万平方米。开封市文化旅游学校、河南省医药学校、河南省医药技校、河南省化工技校等4所学校的一期工程已经完成,并开始正常运转,约有1万名师生入住园区。

【职业院校技能大赛】 4月,全市职业学校"技能竞赛月"活动正常开展。本届技能大赛活动范围及层次比往年有较大提升;一职专师生及往届毕业生在大众剧院举办汇报表演,充分展示了职业教育取得的成果。11月,举办开封市2012年中等职业学校学生素质能力大赛,比赛分为5大类20个项目,参赛学生近150人,成绩优秀的学生被推荐参加省级比赛。

【职业教育教学改革】 本年,全市中职学校获得河南省优秀教育教学成果5项,河南省优秀教学论文48篇,河南省优秀教学课件8个,河南省职业教育教学改革项目6项,其中1项为重点项目;2011年的4个项目顺利结项。市教育局组织部分中职学校开展教育教学质量评估,并配合省教育厅专家组对开封市中职学校省级优质课进行了评审。

【通许县扎实推进职业教育发展】 本年,通许县中等职业学校多元化办学,提升实力。该校与郑州一中联合开办"卫星班”，与中央美院、天津美院联办“美术特长班”，与企业签订长期用人协议，实行校企联合办学，强化学生实践技能的训练，让学生在就业之前积累工作经验，并在郑州、广东、浙江等地设立实习就业基地，与20余家大型企业建立长期的用人关系，学生对口就业率达97%。争取到1000万元实训项目1个、800万元实训基地项目1个，并多次代表开封市迎接省级检查验收。2月，通许县被河南省政府授予职业教育攻坚先进县称号。 （于吉生 许红超）

【民办学校办学年审】 年初，市教育局开展了民办学校年审工作。市教育局直接管理的141所学校全部参加了年审。通过审查，确定23所学校为优秀学校，101所学校为合格学校，7所学校为暂不合格学校，3所学校为不合格学校，同意7所学校自动停办。

师资队伍建设

【评选首届“十佳教师、十佳校(园)长、十佳尊师重教人物”】 本年，市教育局开展了首届“十佳教师、十佳校(园)长和十佳尊师重教人物”评选活动。市总工会、市教育局、市文明办、市工商联、开封日报社相关专家共同组成专家评审委员会，依照自下而上、逐级评选推荐的方式，对参评候选人进行审核，最终确定王勇、王瑞青、吕建保、朱会清、张艳丽、张菲菲、李洪涛、祝国萍、胡娣、赵辉为开封市首届十佳教师，乔幼轩、吴明君、张谦、张爱玲、李智慧、李新春、杨世栋、罗继锋、赵慧、韩冠宇为开封市首届十佳校(园)长，王佩英慈善基金会、开封市公安局车辆管理所、中国人民解放军95985部队、刘永安、李恒德、杨国胜、杨振中、赵春兴、高正标、董留生为开封市首届十佳尊师重教人物。

【召开深化人事制度改革推进会】 5月26日，市教育局召开全市教育系统深化人事制度改革推进会，实现人事管理由固定用人向合同用人转变、由身份管理向岗位管理转变，为加快开封市教育事业发展提供动力和保证。

【教师招聘】 本年，市教育局根据《事业单位公开招聘人员暂行规定》要求，经过笔试、面试、体检和考核政审等程序，为部分局属学校公开招聘教师220人。完成农村特岗教师招聘420人。

【教师培训】 本年，市教育局以“国培计划”、“省培计划”、“特岗计划”、“免费师范生就业计划”为抓手，开展各种培训13项，培训人数42577人。完成高学历提升1304人，完成26名免费生就业签约任务。推荐省级教育专家19名、国家级教育专家4名，增加了71名省级骨干教师。796人通过河南大学2012届非师范类试点毕业生教师资格认定面试，2203人通过应届师范类毕业生申请高中、中专教师资格考试资格认定，1742人通过师范类毕业生申请初中、小学及幼儿园教师资格考试。

【举办校(园)长论坛】 从11月起，市教育局在全市中小学、幼儿园开展以“为学生终身发展奠基，全面提高教育质量，办人民满意的教育”为主题的校长论坛活动。通过校长论坛，搭建平台，引领校(园)长相互学习、相互交流、相互合作，努力造就一支懂教育、善管理、具有较高政治理论素养、作风优良的高素质、专业化的教育管理干部队伍。

【后备干部培训班】 暑期，市教育局对58名来自各个基层单位的后备干部进行集中培训，进一步提升参训学员的政策领悟力、执行能力和实践能力。

【教师拓展培训】 10月下旬，市教育局组织开展了以文学艺术欣赏、书法艺术欣赏、师德教育、投资理财、语言艺术、养生与健康、音乐艺术欣赏为主题的教师拓展培训，形式灵活、内容新颖，备受广大教师欢迎。

【教学技能竞赛】 本年，市教育系统教学技能竞赛设16个项目，有266名教师参加。各学校以竞赛为契机，组织广大教师掀起了学理念、练技能、强素质、提水平的热潮，达到了预期目的。5月14日，完成了全市教育系统教学技能竞赛活动评审工作，推荐72名优秀人选参加省级教学技能竞赛。

【师德师风建设】 本年，市教育局以“教育崛起，教师为基”为主题，组织开展师德演讲比赛和师德征文比赛，有1000余人参赛。在全省演讲比赛中，开封市有5人分获一、二等奖，有13人分获征文比赛一、二等奖，开封市教育局获得优秀组织奖。

【送教下乡】 本年，市教育局采取名师引领、名课示范、教研员引导等形式，对农村教师尤其是偏远、薄弱学校教师进行培训，促进教育均衡发展。发挥优质教育资源和名师的带领作用，采取“按需施训”，通过讲座、听课评课、研讨交流等形式，解决农村教师的教学疑问。

【开封县教体局全面推进校长队伍建设】 本年，开封县教体局出台《关于加强全县中小学校长队伍建设的实施方案》，规定每年暑假期间开展暑期大讲堂，邀请教育名家为校长作报告，解疑难，提高校长队伍整体素质。9月，开封县实验中学校长被评为全市十佳校长、省教育专家。 （张玉平 高振营）

【龙亭区教文体局组织优秀班主任先进事迹评选交流活动】 10月，龙亭区教文体局组织优秀班主任先进事迹评选交流活动，召开以“习惯养成，持之以恒”为主题的市级优秀班主任“培养学生良好习惯经验交流会”，印发了外地市学校习惯培养推荐学习材料，供各校借鉴学习。 （王俊红）

教育科研

【教科研概况】 本年,市教育局进一步加大教科研工作力度,围绕重点、难点工作展开调研,撰写调研报告3篇,制定了2012年课题指南。承担国家级课题1项、市科技局课题2项,积极为学校和教师提供各种交流教育教学改革经验与成果平台。组织专家评选开封市教育科学"十二五"规划课题312项,8项课题被确定为河南省教育科学"十二五"规划课题;完成课题结项鉴定省级8项、市级246项,评选省市教育科学研究优秀成果497项,评选2012年开封市课题示范课298节。举办全市小学和幼儿园教育科研优秀成果转化培训推广会2场,举办各种类型科研讲座10余场,有千余名教师参加了培训。

【开展全市中小学教师教育科研状况调研】 本年,市教科所选取河大附中等8所学校为调查对象,发放调查问卷1000余份,对全市中小学教师教育科研状况进行调研和分析总结,并为省重点课题"中小学教师教育科研存在的问题及其改进路向研究"、市规划课题"中小学教育科研对教师专业化发展影响的研究"提供了依据。

【成果推介转化】 本年,市教育局组织了课题示范课展示活动,收到示范课材料298份,组织点评观摩课及课题教学跟踪课40余节;2节课参加了在成都举行的全国第四届小学语文论坛活动,在现场比赛中均获得一等奖;11月24日与12月1日在开封大学大礼堂、开封市实验幼儿园分别举办开封市小学和幼儿园教育科研优秀成果转化培训推广会,有800余名教师参加了培训。

【编印《开封教育科研》和《教育动态》】 本年,市教育局着力打造《开封教育科研》杂志,完成了6期杂志的编印工作,并在全国25个地市进行交流。精心挑选有价值的实事动态和教育前沿文章,完成了12期《教育动态》的编辑工作,并及时向市政府相关决策部门报送。

【顺河回族区教文体局举办校领导听课评课评比活动】 1月13日,顺河回族区教文体局举办了第21届校领导听课评课评比活动。全区28所中小学的65位校长、书记、业务副校长(主任)参加了活动。校领导听课评课评比活动促使学校领导深入课堂一线,关注新理念下教师教学行为和学生学习方式,帮助教师改进教学方法,提高教学水平,从而有效地促进了全区教学质量的提高。　　(刘鸿繁)

【杞县教文体局开展教育教学视导活动】 12月15—20日,杞县教文体局开展教学视导工作。活动选派40名教研员,组成3个视导组,听取了270节优质课。检查组对部分中小学的教育管理、教案设计和书写、作业批改、教学计划等情况进行了督导。　　(石发平)

开封市属区、县教育行政简况

单位名称	局　长	办公地址	邮　编	电　话
开封新区教育体育局	张克勤	市黄河大街北段嘉泰新城开封新区区直机关综合楼9楼	475004	0371-22941909
禹王台区教育文化体育局	许艳军	开封市金梁里机场北路67号	475003	0371-23386975
顺河回族区教育文化体育局	杨红珊	开封市大黄家胡同5号	475000	0371-23388781
龙亭区教育文化体育局	唐慧敏	开封市西门大街283号	475000	0371-25697881
鼓楼区教育文化体育局	李　芳	市复兴北街22号	475000	0371-25995932
开封县教育体育局	刘小兵	县府南街36号	475100	0371-26665350
杞县教育体育局	栗克难	杞县建设路东段	475200	0371—28961628
尉氏县教育体育局	孙席珍	尉氏县文化路西关69号	475000	0371-27961762
通许县教育体育局	王太广	通许县行政路16号	475400	0371-24976643

撰稿:王存喜
审稿:曹鑫伟　可凌超

洛 阳 市

市政府分管教育副市长：杨　萍
市教育局党组书记、局长：侯超英
市教育局地址：洛阳市凯旋东路51号　　邮编：471009
电话：0379-63253276　63257248(传真)　　网址：http://www.lyenet.org/

综 合 管 理

【概况】 2012年，洛阳市有各级各类学校5000所，毕业生709123人，招生428105人，在校生1665679人，教职工89505人，其中专任教师76339人。其中，幼儿园576所，毕业生60610人，招生91311人，在园幼儿162256人，教职工10942人，其中专任教师6623人；小学2068所，毕业生103507人，招生111348人，在校生615855人，教职工29272人，其中专任教师28181人；初中学校383所，毕业生92170人，招生96138人，在校生274446人，教职工21116人，其中专任教师19453人；高完中73所，毕业生43040人，招生44296人，在校生126704人，教职工10585人，其中专任教师9206人；高等学校9所，毕业生33835人，招生41124人，在校生118298人，教职工7832人，其中专任教师5325人；特殊教育学校14所，毕业生148人，招生271人，在校生1070人，教职工346人，其中专任教师306人；中等职业教育学校75所，毕业生38079人，招生31111人，在校生90451人，教职工5715人，其中专任教师4380人；成人技术培训学校1193所，毕业生305973人，在校生224515人，教职工1421人，其中专任教师849人；成人中小学校585所，毕业生19899人，在校生19979人，教职工687人，其中专任教师634人；技工学校23所，毕业生11853人，招生12498人，在校生32043人，教职工1559人，其中专任教师1356人；工读学校1所，毕业生9人，招生8人，在校生62人，教职工30人，其中专任教师26人。

全市小学毕业率101.05%，初中毕业率98.79%。小学教师学历达标率99.98%，初中98.28%，高中95.50%。各类学校校舍面积3072.37万平方米，其中基础教育2541.17万平方米，中职教育169.68万平方米（不含技校类），高等教育361.52万平方米。

2012年，省财政厅、省教育厅共下达洛阳市农村中小学校舍维修改造资金4322万元，其中中央专款2146万元，省级财政资金1390万元，县级财政资金347.4万元，农村税费改革转移支付4%的资金439万元。计划对全市九县（市）六区118所农村中小学校的校舍进行改造，建设面积48244.63平方米。

【获奖情况】 本年，市教育局被评为国家基础教育质量监测工作先进单位、全国职业教育技能大赛先进单位、创建全国“双拥模范城”六连冠先进单位、全省中等专业学校招生工作先进单位、河南省普通高中课程改革先进单位、河南省德育工作先进单位、河南省人防教育先进单位、市委创先争优活动先进集体、人大建议办理工作先进单位、政协提案办理工作先进单位、公文处理工作先进单位、信息工作先进单位、实施妇女儿童规划先进集体，获得了全国第19届爱国主义读书活动优秀组织奖、市政府创建全国文明城市二等功、洛阳市“6+1”攻坚战民生项目建设工作二等奖和三等功。

【市教育局领导班子成员名单】 市教育局党组书记、局长侯超英，党组成员、副局长刘雪娟、尤永政、王庆真、韩经权，党组成员、纪检组长张建伟，调研员刘玉峰（—7月），副调研员郑志敏、吴占京、宋彦、池登学、李振龙（2月—）。

【岗位管理】 对局直77个事业单位实行岗位管理。在全市推行校长、副校长公开竞选制度和聘任制，为市直学校聘任副校级以上干部18名，实施绩效考核和绩效工资制度。

【“两基”工作】 9月6日，栾川县被国务院授予全国“两基”工作先进地区；9月10日，市政府对孟津县、西工区教育事业先进县区分别给予30万元和20万元的奖励；12月，新安县和洛龙区被授予河南省教育工作先进单位，并分别给予100万元奖励。

【惩防机制】 2012年，将教育系统惩防体系牵头及配合落实的责任目标纳入市教育局党组党风廉政建设责任目标任务中。强化监督管理，加强对“6+1”攻坚战（一是打好项目建设攻坚战，二是打好经济转型攻坚战，三是打好机制转换攻坚战，四是打好城建提升攻坚战，五是打好民生改善攻坚战，六是打好环境创优攻坚战，外加一个“国际文化旅游名城建设攻坚战”）中涉及教育“五大实事”（城市区新建中小学和幼儿园33所、城市区改扩建中小学校23所、县（市）新建中小学和幼儿园230所、教育信息化班班通工程、城市区学校取暖降温工程)推进工作的全程监督;加强对校长任期经济责任审计、局直属学校校长公开竞争上岗、校长聘任副校长上岗和试行校长选举制工作的监督。

【专项治理】 本年,市教育局把涉及教育领域6大类56个重点突出问题纳入常规工作进行集中整改。一是成立全市治理教育乱收费联席会议领导小组和办公室,二是建立联席会议制度和异地交叉联合执法机制,三是对中小学教辅材料推荐选用工作进行规范。全年共查处各类不规范收费和违规收费案件11起,清退违规收费金额116.43万元,上缴县、市财政80.20万元;对19名相关责任人给予政纪处分或处理,其中清理辞退1人(代课教师)、行政记过处分2人(含副校长1人)、行政警告处分8人(含校长1人、副校长1人)、诫勉谈话8人(含校长7人);对6所学校进行通报批评。

【法制教育】 开展洛阳市第一届法制安全环保创意大赛、洛阳市"学科教育与法制教育"论文评选活动、第三批依法治校示范校评选活动、法制教育主题班会优质课评选活动,增加法制副校长备案管理工作,征集学校突发事件典型案例集结成册。

【廉政文化进校园】 2012年,市教育局印发《洛阳市教育局2012年廉政文化进学校工作实施意见》,成立由局党组书记、局长侯超英任组长的廉政文化进学校工作领导小组。组织开展青少年廉洁教育、"小手拉大手,共倡廉洁风"和廉政文化进学校"敬廉崇洁"主题论文征集比赛等活动,充分利用教育城域网积极开展网络廉政教育,全面培养青少年和学生的廉洁意识。形成"以廉为荣,以贪为耻"的校园廉政文化环境,校园廉政文化建设已渗透到学校教育、教学、管理等方面,并融入教育系统政风行风建设的全过程。

【党务政务公开】 设立党务政务公开工作领导小组办公室。在推行党务政务公开过程中抓关键,按照"公开、真实、可信"要求,坚持"服务发展、依法依纪,真实公正、注重实效和积极稳妥"五个原则,做到静态公开与动态公开相结合、热点问题与重大事项相结合和党务公开与政务公开相结合,不仅将重大事项、办事程序、相关制度等相对固定的内容通过公示栏定期公开,而且将重大事项进展的最新动态通过教育城域网、大屏幕动态栏及时公开,让公众了解每项重大决策、决定的全过程。如对人事任免、职称评定、工程招标及采购、评先评优、资金拨付、教师招聘等焦点、热点问题及时进行公开、公示。同时,印制发放1000本《洛阳市教育局政务公开手册》,使公开内容更加全面、具体,不但扩大群众的知情权,而且利于党内外监督。

【信访】 2012年,办理网络问政、110联动、百姓呼声、连线政府等百姓诉求共计4387件,满意率达98%以上;接待群众来访209起399人(次);省、市立案交办信访案件34件全部办结,办结率100%。

【党建】 开展"创先争优"、"基层组织建设年"和"学习型党组织"创建活动,提高机关党员的思想认识,坚持以党建促进教育教学中心工作。以市直学校党建联络组为单位,对各基层党组织进行逐项对照检查、分类定级。完成机关党委换届和直属学校支部换届工作。开展创建精神文明建设工作,确保全国文明城市复检工作的顺利开展。

【德育】 以养成教育、感恩教育、生命教育为重点开展德育工作。年初,下发《洛阳市教育局关于加强中小学养成教育的意见》,并开展系列主题教育活动,引导教育学生养成良好的行为习惯、生活习惯和学习习惯。5月,开展以"热爱海洋"为主题的全国第19届爱国主义读书活动和以"学校文化建设"为主题的校长讲校活动;开展"学习雷锋,争当五星美德少年"、"万名志愿者助交通"等活动;在全市未成年人中开展以"学道德模范,诵中华经典,做有德之人"为主题的教育实践活动和"日行一善,洒扫应对"等道德实践活动。本年,先后开展省、市级三好学生、优秀学生干部和市级优秀班集体、班主任评比活动,评出84名省级三好学生、42名省级优秀学生干部、5名省级优秀学生、12个省级德育先进单位、9名省级德育先进工作者、12名省级优秀班主任、9名省级优秀德育课老师;580个市级先进班集体、524名市级优秀班主任、2488名市级三好学生、298名市级优秀学生干部。

【安全教育】 2012年,市教育局制定下发《洛阳市教育系统安全应急预案》(洛教办〔2012〕261号)文件,指导各学校根据各个阶段的安全工作重点开展各类安全教育活动,确保中小学每学年至少开展2次、幼儿园每年至少开展1次应急疏散演练。6月20日,市教育局在市实验小学开展市教育系统安全应急演练观摩活动,市教育局、安监局、消防支队领导亲临指导,提高师生应对紧急事件的反应和处理能力。9月,组织开展中小学安全教育优质课和优秀教学论文评比活动,加强中小学生安全教育工作。

【安全隐患排查整治】 健全完善安全隐患排查制度,每天收集教育系统安全情况,及时上报市安委会,每周、每月将隐患排查情况整理上报市安委会;建立健全日常自查整改制度,加强对消防安全、宿舍管理、食堂卫生等容易导致群死群伤事故隐患和管理薄弱环节的排查;对日常自查发现的安全隐患能立即整改的立即整改,不能立即整改的限期彻底整改,形成安全隐患早发现、早解决的良好局面。

【安全工作督察】 5月9日,市教育局下发《洛阳市教育系统打非治违专项行动实施方案》(洛教办〔2012〕119号),组织开展"打非治违"专项行动;联合市水务局召开专题会议,5月22日下发《预防中小学生溺水安全工作实施方案》(洛教办〔2012〕172号),开展"预防中小学生溺水安全"专项行动;6月,开展"安全生产月"、"应急预案演练周"活动;9月6日,制定下发《洛阳市教育系统安全生产集中整治行动方案》(洛教办〔2012〕300号),组织开展安全生产集中整治行动;11月1日,制定下发《洛阳市教育系统百日安全生产大检查活动实施方案》(洛教办〔2012〕356号),组织开展"百日安全生产大检查"专项行动。

【教育系统住房改革】 10月16日,市长李柳身主持召开会议,专题研究解决教师住房改革问题,原则同意按住房现状进行房改,市政府成立房改工作领导小组,由市教育局会同市住房保障和房产管理局按照有关政策,制定售房方案,解决教师住房问题。

【洛阳教育投资有限公司挂牌】 经洛阳市人民政府2011年第97次常务会议研究,同意成立洛阳教育投资有限公司。协调市财政、市工商等部门办理投资公司注册登记有关手续,拟定洛阳教育投资有限公司章程。7月4日，召开投资公司董事、监事大会，研究有关人员聘任和教育投资事项。7月31日，举行投资公司挂牌仪式，同时和新安县教育局签订投资合作项目。

【学校综合防雷工程】 根据洛阳市人民政府防雷减灾工作领导小组办公室《关于加快全市中小学防雷隐患整改工作进度的紧急通知》，市教育局联合市气象局对未完成防雷隐患整改的市直学校进行摸底排查，根据摸底情况，制订防雷设计与施工方案，由市政府采购中心公开招标，最终两家中标单位为市直学校安装防雷设施。

【高校新生入学资助】 2012年暑期，全市有1443名家庭贫困高校新生享受入学资助，其中1006名考入省内高校的贫困学生每人受资助500元路费；437名考入省外高校的贫困学生每人受资助1000元路费，共资助高校新生路费94万元。另有14名品学兼优、家庭贫困的高校新生享受到宋河国学基金项目的资助，每人1万元，共计14万元。

【学前教育】 落实《学前教育发展三年行动计划》。全年共新建幼儿园236所，其中城市新建21所，9县（市、区）新建215所。建立收费公示制度，严格按照物价审批部门批准的收费项目和收费标准收费。实施《洛阳市星级幼儿园评估条例》，严格准入标准，防止和纠正"小学化"倾向的办园行为，建立完善的学前教育水平提高机制。11月，在嵩县召开全市学前教育现场会，推广县（区）的先进经验，对学前教育发展提出要求和部署。

基础教育

【教育"三化"】 年初，副市长杨萍在全市教育工作会上提出教育"三化"工作目标，市教育局立即启动教育"三化"的规划工作，先后下发《关于提升洛阳教育国际化水平的通知》、《关于学校特色化发展的意见》，并分别于4月21日、5月23日在洛一高和市51中举办"洛阳国际化教育发展报告会"和"洛阳市教育特色化发展现场会"。学校特色化中的经典诵读活动已在全市全面展开。

【小学星级学校创建】 小学星级创建工作全面展开。11月，在西工区召开全市小学管理现场会，下发《关于在全市小学开展星级创建工作的通知》。

【中招新变化】 建立中招信息平台，实行网上报告、网上填报志愿、网上阅卷、网上录取，实现中招工作的信息化。5月15日召开全市中招工作会议。5月25—26日分别在牡丹广场、王城广场进行两次大型中招工作集中宣传，25所高（完）中参加宣传，咨询学生家长达5万余人。本年中招政策的变化:一是对现役军人子女的照顾分值提高，最高降10%录取；二是首次对理工附中和东方高中划定录取分数线，并参与分配生录取，其招生工作完全按公办高中机制运行；三是加大分配生比例，分配生比例达到学校统招计划的50%，理工附中、东方高中、八中首次参与分配生招生，市区5所省级示范性高中面向70余所学校招收分配生共1998人。本年，全市普通高中录取新生4.3万人，其中市直学校录取12250人，圆满完成省下达的招生计划。

【高中教育】 5月，启动普通高中星级评估工作。6月，抽调57名专家组成8个小组，对全市63所普通高（完）中进行星级评估，评出6所特色学校和26个优秀管理单位。9月17日，在伊川县召开全市普通高中工作会议，会议对6个特色学校、26个高中管理优秀单位进行表彰，同时表彰高考先进单位和16所输送优秀生源的市直初中学校。

【高考成绩】 本年普通高考本科上线率达50.9%，其中一本上线3865人，比上年增加591人，增长率为18.1%；二本上线12455人，比上年增加1209人，增长率为10.8%；三本上线24553人，比上年增加2911人，增长率为13.5%，超过省招生计划同步增长幅度。

【规范小升初招生行为】 2012年，在治理择校问题上取得较大突破，彻底杜绝超大班额。市直初（完）中共录取新生1.6万人，进城务工人员子女做到应入尽入，城市区大班额比例小学较上年下降65.3%，初中下降47.3%，整个义务教育阶段下降58.2%，完成下降50%的目标任务。

【创新学校管理体制】 2012年，对东升二中和市21中，市实验中学和市42中进行实质性融合，增加2000余个优质学位，扩大优质教育资源。

【组织开展"校长讲校"活动】 5月23日，在洛一高举办以"学校文化建设"为主题的校长讲校活动，市直学校共有47名校长参加。

【教育现代化】 2012年，共投入1.315亿元用于市直学校高压用电增容、内部空调线路改造、标准计算机教室采购、教学仪器配备、"班班通"工程等项目。中小学信息化"班班通"工程全市已完成总量的33%，终端设备安装已完成57%。市直48所义务教育阶段学校取暖降温工程已全部投入使用，各城市区取暖降温工程已完成30%。安排200万元专项资金用于购买课桌凳，共采购课桌凳14285套；安排1150万元专项资金，采购50个标准计算机教室，装配40余所学校，优先解决薄弱学校。安排农村义务教育薄弱学校改造专项资金5628万元（含中央和省级资金）、市级补助资金611.2万元，改善学校办学条件。

【学校规范化】 创新学校评价机制，改革评价标准，从办学质量、办学特色、德育工作、体卫艺工作、学校管理、教学管理等方面分设13大项、53个子项制定量化考核标准，坚持"以评促建、以评促改、以评促管、评管结合、重在建设"的方针促进教育教学管理规范化、办学优质化、发展特色化。

【学校移交】 根据《洛阳市人民政府市长办公会议纪要》（〔2011〕57号）的要求，按属地管理原则，将洛阳市第47中学小学部、第49中学小学部分别成建制移交洛龙区人民政府和涧西区人民政府管理,完成2所学校人员、资产的移交工作。

【两免一补】 继续对全市义务教育阶段农村中小学免除学杂费和免费提供教科书,为农村家庭经济困难寄宿生补助生活费。共安排2012年农村义务教育经费保障机制改革资金5.54亿元,其中免费教科书资金7200.1万元、公用经费40757.8万元、农村义务教育阶段家庭经济困难寄宿生生活费补助资金3732.3万元,资助人数40445人。同时,将农村义务教育阶段家庭经济困难学生生活费标准每生每天提高1元,达到每生每天小学4元,初中5元,年生均补助标准达到小学1000元,初中1250元。继续为城市义务教育阶段中小学生免除学杂费,为城市义务教育贫困家庭学生免费提供教科书。安排2012年城市义务教育阶段学生免学杂费资金3616.2万元。

【普通高中家庭困难学生的资助】 2012年,春季学期全市22793名家庭贫困高中生受到国家助学金资助,实际发放金额1709.41万元。其中,市属33所高中学校7817名家庭经济贫困学生享受到国家助学金政策,实际发放金额为586.34万元。秋季学期,22909名家庭贫困的高中生受到国家助学金资助,资助金额1718.18万元。其中,市属32个普通高中学校的7885名贫困家庭的高中生受到国家助学金的资助,资助金额为591.38万元。

【滋惠计划】 根据省教育厅"滋惠计划"的要求,市教育局在享受国家助学金的普通高中学生群体中筛选出1230名品学兼优、家庭贫困的学生给予每人2000元的资助,资助金额达346万元。其中,市属高中360名学生受到"滋惠计划"资助。

【中小学生科技创新大赛活动】 完成"小小实验家"选拔、集训工作,推荐87名优秀选手参加2013年全国比赛。

【基础教育监测】 2012年,教育部在全国范围内开展基础教育监测工作,嵩县、伊川县共38所中小学校被随机抽取参加监测,5月30日完成国家测试任务。

职业教育

【信息产业培训联盟】 成立"洛阳信息产业培训联盟"综合性校企合作平台,分别于5月底、6月底和12月中旬,组织3次校企合作供需见面会,校企双方围绕校企合作的具体问题进行交流,为企业用人和学生就业搭建平台。8月,举办1期信息产业培训讲座,36家成员单位参加。

【职业教育培训】 经省教育厅批准,在洛阳市第四职业高中建立省"客户信息服务专业"省级骨干教师师资培训基地,从2012年开始承担该专业省级骨干教师培训任务,首期培训班于7月中旬开班,培训骨干教师106人。8—9月,市教育局先后2次组织职业学校重点专业的42名骨干教师到东北师大和成都进行学习、培训。11月,组织职业学校优秀班主任和学校管理人员分两批赴福州大学进行培训。另外,建立"洛阳服务外包培训中心"。

【重点专业实训平台建设】 2012年,投入3000万元建立8个重点支持专业实训平台,并出台《洛阳市教育局 洛阳市财政局关于2013年职业教育服务战略新兴产业引导性资金支持项目指南的通知》(洛教职成高〔2012〕313号),为重点支持的公共实训平台和特色专业建设项目资金使用提出要求,规范资金使用,充分发挥资金的引导性作用,促进职业教育更好地服务洛阳产业转型和经济结构调整。

【提升职业教育办学档次】 一是扶持洛阳林业职业学院和洛阳市职工科学技术学院升格。二是申报新安职高、嵩县职专、机车工厂技校为2012年省品牌示范校建设计划项目。三是嵩县已通过省教育厅职教强县验收,嵩县中等职业学校申报国家改革发展校经省教育厅上报国家教育部,并通过初审。

【全国中职院校职业教育技能大赛】 在6月举行的全国中职院校职业教育技能大赛上,洛阳市铁路中等职业学校、洛阳市第一职业高中、洛阳市第一职业中专、洛阳旅游学校、洛阳市工科中等专业学校(民办)、新安县职业高中6所学校的21名选手参加了冷拼、热菜、种子质量检测、果蔬雕刻、光伏发电设备安装与调试、客房中式铺床、企业网搭建与应用、车工、数控车工、数控铣工、焊接技术、机械装配技术等13个专业的比赛,共夺得1枚金牌、8枚银牌和10枚铜牌。市教育局被省教育厅评为先进单位,李守刚、付小平、程红旗等被评为先进工作者。

【"创新杯"教师技能比赛】 组织洛阳市中等职业学校"创新杯"教师教学设计、教学课件、说课等教学技能比赛。洛阳市第一职业中专的付思哲等58名教师分别获一、二等奖,其中一等奖25名、二等奖33名。同时,择优推荐32名选手参加省级比赛,19名选手获奖,其中1等奖5名、二等奖8名、三等奖6名,其中11名被推荐参加全国比赛。

【参加河南省第七届"文明风采"竞赛活动】 开展以"职业生涯"为主题、学生就业为主体的中职生"文明风采"、"职业生涯设计"等成果展示活动,展现德育与文化专业课的渗透,拓宽德育与生涯教育途径,调动学生积极性,提高德育实效,推动德育课程改革与教材建设向纵深发展。推荐参加河南省第七届"文明风采"竞赛,学生作品五类13项共321篇,获一等奖28篇、二等奖61篇、三等奖95篇。市教育局被省教育厅授予优秀组织奖。

【优质课评比】 4月,进行市级优质课评比,评选出市级优质课162节,其中成教优质课一等奖25节、二等奖28节。职教优质课一等奖49节、二等奖60节,优秀辅导教师109名,并从职教优质课中选出一批以现代教育理念为指导,在教学设计、教学方法、多媒体制作与使用等方面皆有创新的典型,推荐80节参加省职教优质课评比,15节获一等奖、25节获二等奖、28节获三等奖。

【优秀论文、优秀教学课件评比】 9月,举办市级优秀论文评选活动,共评选出优秀教学论文250篇,其中成教论文53篇,一等奖25篇、二等奖28篇；推荐参加省评38篇，获省一等奖6篇、二等奖7篇、三等奖9篇。市职成教育研究室获优秀组织奖。职业学校优秀论文197篇，其中一等奖85篇、二等奖112篇。参加省优秀论文评比，获一等奖11篇、二等奖17篇、三等奖31篇。省级优秀教学课件一等奖5个、二等奖15个、三等奖20个。

【省级教改立项】 2012年，获得省职业教育教学改革项目立项11项，其中重点课题3项，一般课题8项。全市9项省级职业教育教学改革项目结项，10人获省职业教育教学成果奖，其中一等奖2项、二等奖2项、三等奖6项。

【职业学校教师培训】 一是组织市属和县（区）各中等职业学校的校长和副校长分3期共120人参加省教育厅组织的校长班第一期（8月16—19日）、教学副校长班第一期（9月6—9日）、招生就业副校长班第三期（10月18—21日）的培训。二是组织全市中等职业学校的非"双师型"专业教师107名，参加河南省中等职业学校专业骨干教师培训。三是聘请省级专家，就中职学校教师如何开展教学研究进行专题讲座。聘请国家级技能大赛评委、专家对全市技能大赛参赛项目进行点评和指导。四是8月举办洛阳市职业院校"客户信息服务"专业第三期师资培训班。

【全市职成教研工作会议】 12月9—10日，在新安县召开全市职成教研工作会，会议在认真总结2011年度全市职成教教研工作的基础上，部署2012年度全市职成教研工作，总结、交流各县（市、区）开展职成教研工作的先进经验，表彰2011年度全市职成教研工作先进单位和先进个人。

【对口升学】 市教育局为家长和学生提供对口升学信息，分析对口升学考试方向，加强和完善全市对口升学考试复习工作的规范管理，组织3次对口升学模拟考试，实现技能教学和对口升学双丰收。

【教材选用与完善】 一是根据《2012年河南省中等职业学校教学用书目录》及《2012年河南省成人中初等学校教学用书目录》，召开全市中等职业学校、成人中初等学校教材工作会议，指导各县（市、区）中等职业学校和成人中初等学校严格按照省教育厅的要求选用教材。二是组织各学校语文教研员，在充分论证的基础上，集中人员完成中等职业学校规划教材《语文诵读》读本编著、出版。三是编写《洛阳职教》技能竞赛专刊，展示技能大赛成果；编写《洛阳职教》杂志季刊，刊登职教工作者文章200余篇。

民办教育

【民办教育工作会】 3月26日，在宜阳县召开全省民办教育工作会议，对洛阳市民办教育发展给予充分肯定。荣华中专被授予省优秀民办学校称号。

【洛阳市民办学校扶持奖励申请办法】 4月，《洛阳市民办学校扶持奖励申请办法》出台。

【民办教育调研】 5月，市教育局组织人员到湖南省的长沙、常德、株洲进行民办教育发展调研，学习借鉴他们在民办教育发展方面的经验。撰写调研报告，涉及民办学校的定性、民办学校教师待遇、民办学校的税收政策、普惠性幼儿园的奖补等民办教育发展面临的突出问题，报告得到市委书记毛万春等主要领导的肯定，副市长吴中阳多次组织召开协调会对报告中涉及的问题进行讨论，使一些阻碍民办教育发展的问题得到有效解决。

【民办学校资金监管】 7月，开展全市民办学校资金监管工作，召开民办学校代表座谈会讨论资金监管情况，确定洛阳银行为制定监管账户开设银行，要求各民办学校按照要求开设监控账户并存入相应金额的监控资金。

【教师节表彰】 9月，参加全省民办教育系统第28个教师节表彰活动，洛阳市是唯一一个获民办教育发展先进市称号的地级市。

【招校引资】 2012年，引进各类社会力量办学86所，引入资金13.2亿元。河南枫叶国际学校、洛阳国际学校、洛阳华洋国际学校、欧亚国际双语学校和华夏外国语学校等一批优质民办学校于9月投入使用，共招生2000余名。

师资队伍建设

【名师命名大会】 2月，召开由市委组织部、市财政局、市教育局组织的"洛阳市名师命名大会"，会上命名50名特级名师、100名优秀名师和200名名师。

【教师节表彰大会】 9月10日，召开全市教师节表彰大会，表彰全市444名优秀教师，32名优秀教育工作者。受省教育厅表彰的有41名优秀教师，5名优秀教育工作者。受省教育厅和省人力资源社会保障厅联合表彰的有39名优秀教师，2名教育先进工作者。

【教师招聘】 按照"公开、公正、择优、竞争"的原则，市直学校从"211"工程师范类院校直接招录185名优秀本科生和研究生，面向社会公开招聘教师91名。

【特岗教师】 2012年，全市招聘特岗教师941人。首届特岗教师三年服务期满的972名转聘967人，巩固率为99.49%，首批特岗教师三年在位率93.4%，三年流失率6.6%。特岗教师招聘和管理的做法先后被《中国青年报》、《中国教育报》、《教育时报》、《大河报》、《东方今报》等近十家媒体报道，先后被全国各高校网、政府人才网等200余家网站转载。

【免费师范生安置】 2012年,安置接收免费师范生54名(本地区35名、外地区19名)。

【教师培训】 通过"国培计划"、"省培计划"和市本级培训,分别对农村初中紧缺学科教师、全市中学教师及市直学校新招聘教师共计1.3万人进行培训。组织全市中小学特级名师、优秀名师共125人到北京师范大学接受10天的集中培训。9月,选派40名中学校长,分集中理论学习、分组学校挂职、重点参观考察三个阶段,到上海进行1个月的挂职培训。分批组织中小学校长和幼儿园园长参加任职资格和提高培训,农村中小学校长参加远程培训和省内外中小学校长培训。

【师德师风建设年】 在全市中小学开展"师德师风建设年"活动,树立"拄着拐杖书写人生"的汝阳县山村教师孙克会、偃师市杏园小学"26个电话救活一家人"的美女教师张培培、扎根山区教育37年的孟津县"十佳"师德标兵高彦学等典型模范人物。在教师节期间,组织师德师风演讲团进行巡回演讲,在《洛阳商报》开辟"立师德、树新风"和"教师日记"板块,对32名教师的事迹进行宣传。中央电视台一套《身边的感动》栏目、《中国教育报》、《大河报》、《教育时报》、《洛阳日报》、《洛阳晚报》等媒体相继报道本市师德师风建设的显著成效和师德模范人物的感人事迹。市教育局获河南省"教育崛起、教师为基"师德主题教育活动优秀组织奖。

【教师资助】 2012年下半年,根据省教育厅实施励耕资助计划的要求,市教育局筛选出全市304名爱岗敬业、家庭贫困的教师,每人享受1万元的励耕计划资助,资助金额304万元。其中,市属学校有35名教师得到励耕计划的资助。

【农村中小学青年教师技能大赛】 在河南省第六届农村中小学青年教师技能大赛中本市24名参赛教师22人获得省一等奖,其中高中化学、初中化学均获得全省一等奖第一名。

洛阳市属县(市、区)教育行政简况

单位名称	局长	办公地址	邮编	电话
偃师市教育局	张宏伟	偃师市兴隆街39号	471900	0379-67712892
孟津县教育局	陆乡灵	孟津县城文昌路13号	471100	0379-67921285
新安县教育局	贾长河	新安县新城上海路北段	471800	0379-67261335
宜阳县教育局	买作温	宜阳县北城区	471600	0379-68822133
伊川县教育局	王瑞卿	伊川县人民中路161号	471300	0379-68333481
汝阳县教育局	翟灿文	汝阳县城凤山北路468号	471200	0379-68212103
嵩县教育局	王雪萍	县城行政路18号	471400	0379-66311262
栾川县教育局	刘国杰	栾川县城兴华西路	471500	0379-66822258
洛宁县教育局	张红武	洛宁县兴宁中路	471700	0379-66231155
涧西区教育局	沈润民	嵩山路29号	471003	0379-65166890
西工区教育局	冯建文	行署路3号院	471009	0379-63892685
瀍河区教育局	焦绍敏	瀍河回族区九都东路18号	471002	0379-63511118
老城区教育局	涂敬东	环城西路36号	471002	0379-63964563
吉利区教育局	权双全	吉利区河阳路西段	471012	0379-66918321
洛龙区教育局	吉崇慧	洛龙区行政中心4楼	471023	0379-63252406

撰　稿:杨佳佳

审　稿:侯超英　杜建芳

平顶山市

市政府分管教育副市长：郑茂杰
市教育局党委书记、局长：邱红标
市教育局地址：平顶山市新城区和谐路中段　邮编：467036
办公电话：0375-2629911　传真：0375-2629922

综合管理

【概况】 2012年，平顶山市有各级各类学校1993所（不含技工学校和小学教学点），在校生82.9万人，专任教师4.7万人。其中，高等院校5所，在校生8万人，专任教师3454人；中等职业学校18所，在校生4.1万人，专任教师1894人；普通高中28所，在校生6.7万人，专任教师4231人；初中165所，在校生13.2万人，专任教师1.1万人；小学1105所，在校生37.3万人，专任教师1.9万人；特殊教育学校7所，在校生441人，专任教师168人；幼儿园665所，在园幼儿13.5万人，专任教师6453人。全市学前儿童三年毛入园率为71%，学前一年毛入园率为86%；小学、初中阶段适龄人口入学率均为100%。

全市专任教师学历达标率分别为：普通高中98.43%、普通初中99.28%、小学99.995%、幼儿园（含学前班）93.24%、中等职业学校95.25%。普通初中专任教师中本科以上的比例为57.7%，小学专任教师中专科以上的比例为82.52%。

全市中初等教育校舍面积为570.52万平方米。其中，普通高中校舍建筑面积为119.73万平方米、普通初中校舍建筑面积为141.94万平方米、中等职业学校校舍建筑面积为59.15万平方米、小学校舍建筑面积为193.04万平方米、幼儿校舍建筑面积为54.55万平方米、特殊教育学校校舍建筑面积为2.11万平方米。生均校舍建筑面积分别为：普通高中17.81平方米、普通初中10.73平方米、中等职业学校14.45平方米、小学5.18平方米、幼儿园4.03平方米、特殊教育学校47.91平方米。

全市（含汝州）教育经费总投入为597935万元，较上年增长30.04%。其中，国家财政性教育经费拨款530087万元，较上年增长35.44%。全市国拨教育事业费407287万元，较上年增长35.03%。年生均国拨教育事业费分别为：中职学校5221.11元，较上年增长30.3%；普通高中5915.75元，较上年增长28.32%；普通初中6092.65元，较上年增长27.18%；小学4024.42元，较上年增长35.26%；高等院校9239.42元，较上年增长41.65%。年生均公用经费分别为：中职学校2028.67元，较上年增长56.26%；普通高中2732.67元，较上年增长29.67%；普通初中2932.23元，较上年增长56.36%；小学2067.88元，较上年增长90.33%；高等院校4240.49元，较上年增长14.79%。

市教育局机关内设16个科室，分别是办公室、组干科、宣传科、发展规划科、财务科、基础教育一科、基础教育二科、职成教科、师训科、体卫艺科、行政审批科（政策法规科）、高校协调管理办公室、安全信访科、机关党总支、监察室、离退休干部工作科。

【市教育局领导班子成员名单】 党委书记、局长邱红标，党委委员、纪委书记陈庄运，党委委员、副局长王留国，党委委员、副局长鲁文新，党委委员、副局长苏红英，党委委员、副局长张国顺，党委委员、市招生办主任胡彦军，副调研员赵合清、翟瑞安。

【落实教育惠民政策】 2012年，全市深入推进义务教育经费保障机制改革，落实农村义务教育学校公用经费（免杂费）补助资金2.19亿元，免费教科书资金3792.4万元，城市义务教育阶段学生免杂费资金2437.1万元。落实资金3487.9万元，对农村义务教育阶段家庭经济困难寄宿生进行生活费补助。落实资金1700万元，资助2.3万余名家庭经济困难普通高中在校生。落实资金1190万元，资助1.6万余名中职在校生，落实资金1460万元，免除近1.6万名家庭经济困难中职生学费。落实中央彩票专项公益金940万元，支持校外活动场所建设，为近20万人次参加校外活动提供保障。坚持“两为主”原则，接收进城务工人员随迁子女入学11105人，入学率保持在100%。加强农村寄宿制学校建设，改善农村学生特别是留守儿童寄宿条件。完善残疾学生随班就读制度，提高残疾儿童入学率。

【招生考试】 市教育局严格执行政策规定，稳步实施招生工作阳光工程，实现了考试工作无差错，录取工作无投诉，切实维护了招生考试的公平公正。积极推进招生考试综合服务大厅建设和标准化考点建设，投入资金113.9万元，开工建设标准化考场74个，全市标准化考场已达1512个。本年，全市高考报考总人数30616人,专科一批上线人数21723人,上线率74.37%。

【安全稳定】 本年,市教育局分别举办全市学校安全管理干部培训班、校园伤害事故预防及处理培训班及校车安全管理国家级远程专题培训班,有600余名安全管理干部参加培训。组织5次学校安全工作大检查,派出检查组63个、检查人员252人,排查整改学校安全隐患1352处。制定《教育系统加强校车安全管理工作方案》,联合公安、安监部门开展3次校车安全专项整治活动,查处非法接送学生车辆438台次。开展第17个全国中小学生安全教育日、第4个全国防灾减灾日、第8个全省安全月活动系列宣传教育活动,组织全市中小学幼儿园开展应急疏散演练。继续开展校方责任保险工作,全市有1700余所学校参加校方责任保险,为近70万名师生提供了安全风险保障。全面落实安全和维稳工作责任制,实行安全稳定信息日报告制度,确保教育系统安全稳定。

【高等教育】 2012年,全市高等学校学科建设不断加强,新增3个本科专业、3个专科专业。平顶山学院被批准为河南省博士后研发基地。河南城建学院跻身于全国"就业50强"高校。认真调查研究,主动沟通协调,推动全市"十二五"高等教育规划顺利实施。

【民办教育】 本年,市教育局进一步明确民办教育机构的审批、管理权限,按照"属地管理"原则,完成2所民办初中、1所民办幼儿园、23所民办教育培训机构的移交工作。坚持按《中华人民共和国民办教育促进法》和《中华人民共和国民办教育促进法实施条例》要求和审批程序开展工作,严格依法审批。依法加强对民办学校办学条件、教学质量、校车等方面的检查评估。组织开展民办教育机构清理整顿专项行动。对全市82所民办教育培训机构进行清理整顿,依法取缔2所违规培训机构,对11所存在问题的培训机构提出了限期整改意见。组织开展评先评优工作,对近3年来民办教育工作成绩突出的5个县(市、区)教体局、32所民办学校、66名先进个人进行了表彰。认真做好民办学校"两免一补"、"生均公用经费"政策的落实和享受财政补贴的民办普惠性幼儿园的摸底排查工作,保证民办学校及受教育者享受到与公办学校同等的权益。按照"积极鼓励、大力支持、正确引导、依法管理"的指导方针,积极引导扶持,吸纳外来资金和民间资本投资办学。截至年底,全市有民办教育机构764个,在校生18.81万人,固定资产19.22亿元。

基础教育

【推进学前教育三年行动计划】 2012年,市教育局成立督查小组,对各县(市、区)学前教育三年行动计划完成情况进行定期督查,促其按期开工,确保分期目标按时完成。联合《平顶山日报》在《教育周刊》开设专栏,聚焦三年行动计划,对工程实施情况定期进行通报,接受市民监督。筹措各类资金1.01亿元,新建、改扩建幼儿园89所,其中新建幼儿园60所、改扩建29所。湖光幼儿园等6所幼儿园被评为省级示范性幼儿园,叶县幼儿园等5所幼儿园被评为市级示范性幼儿园,至此全市省级示范性幼儿园达11所,市级示范性幼儿园达22所,优质学前教育资源进一步扩大。

市教育局按照"以疏为主,疏堵结合"的原则,积极协调卫生、工商、公安、综合治理等部门,加大清理整治无证办园的工作力度,取缔幼儿园203所,提升223所,合格幼儿园达到736所,无证办园现象得到了有效遏制。

【承办河南省学前教育三年行动计划现场推进会】 12月6日,河南省学前教育三年行动计划现场推进会在平顶山市召开。副省长徐济超到会讲话,省教育厅厅长王艳玲、省发展改革委副巡视员支安宇、省财政厅副厅长张中亮等分别就各自分管领域工作讲话。会议总结了全省学前教育三年行动计划实施一年多来的成绩和问题,并对下一步工作进行部署。会议指出,要认真贯彻党的十八大报告提出的"办好学前教育"的要求,进一步落实《国务院关于当前大力发展学前教育的若干意见》和《河南省人民政府关于大力发展学前教育的意见》,加快推进全省学前教育三年行动计划的深入实施。郑州市、济源市、宝丰县、长垣县分别就本地区学前教育发展情况作经验交流发言。与会代表还参观考察了平顶山市新城区、宝丰县、郏县的学前教育发展情况。

【中小学校建设】 本年,平顶山市按照"数量充足、布局合理、规模适当、建设规范"的原则,加快中小学规划建设步伐。市城区新建成小学5所,改扩建成7所。新开工建设小学8所,改扩建3所,有效缓解了城镇中小学"大班额"问题。实行周报表制度、政府简报制度,汇总进展情况。联合有关部门组成专项督察组,跟踪督查市区新建小学建设情况,协调解决工作中存在的问题,并在《平顶山日报》、市教育电视台、市教育城域网开设专栏,定期宣传全市中小学幼儿园建设工程项目实施情况。督促2012年教育目标责任书中各县(市)承诺新建、改扩建中小学幼儿园建设项目开工并保证建设进度。本年,鲁山县被评为全国"两基"工作先进单位,湛河区和石龙区分别被评为省义务教育均衡发展先进区和省义务教育均衡发展显著单位,卫东区被评为省教育工作先进县(市、区)。

【改革办学模式】 本年,市教育局实施市实验中学、市育才中学联合办学,逐步解决区域内义务教育阶段"择校"问题,推动市城区公办初中均衡发展。探索高中、初中协作办学模式,协作办学的高中学校对初中学校的分配生比例以每年30%的比例逐年递增。市一中与市四十四中、市一高与市四十中实行协作办学。认真贯彻执行《中华人民共和国义务教育法》,坚持"就近、划片、免试入学"的招生原则,均衡初中学校生源,遏制初中"择校热"。严格执行公办普通高中招收择校生"三限"政策,择校生的比例严格控制在统招生人数的20%以下。继续实施普通高中招生分配生制度,本年达到55%,并切实加大分配生指标向薄弱初中倾斜力度。

【艺术与体育】 本年,市教育局对往年实施《学生体质健康标准》体育测试工作进行总结,制定出具体复测方案和办法。组织对全市高中应届毕业生进行体育合格标准复测,合格率为96%。完成了全市初中毕业生升学体育考试工作。继续开展平顶山市"百万学生阳光体育运动",掀起了学校群众性体育锻炼的热潮。举办全市第十二届中学生"晨光"体育活动,有26支代表队、700余名队员参加比赛。举办平顶山市第五届中小学田径运动会,有46个代表队、580名运动员参加比赛。举办全市第四届中小学艺术节,开展艺术论文评比活动。组织参加省第十三届中学生"晨光"体育活动,获得团体二等奖和精神文明奖。组织参加省第二十四届中学生田径运动会,取得优异成绩。开展全市第四届中小学生艺术展演活动,评选出10个节目、20件作品参加省级艺术展演活动。

【改善中小学办学条件】 本年,全市落实资金2086万元,完成校舍安全工程13个项目的校舍加固或重建任务。争取中央资金3145万元,完成中西部农村初中校舍改造项目13个。落实资金2186万元,完成周转宿舍项目33个。落实资金3420万元,完成学前教育项目15个。争取中央资金2287万元,完成农村义务教育薄弱学校校舍类改造项目40个。争取中央、省、市资金2708.8万元,完成农村义务教育薄弱学校改造计划装备类和图书类的招标采购工作,改善了247所学校的教学条件。下达专项资金50万元,用于配备农村小学所需的体育器材。

职业教育

【基础能力建设】 2012年,全市中等职业学校积极引厂到校,共建实训基地或在企业设立对口实习工厂。市财经学校、市外国语学校和平顶山机械电子科技学校被省教育厅评为校企合作先进学校。叶县职业教育培训中心的汽车驾驶与维修专业实训基地申报的"2012年中央财政支持的职业教育实训基地建设项目"获批,市财经学校申报的"2012年度国家中等职业教育改革发展示范学校建设计划项目"获批,全市中等职业学校基础能力建设得到进一步加强。11月,省职教攻坚工作考核团来市考核,对全市职教攻坚工作给予了充分肯定。

【教育教学改革】 本年,市教育局推动公办职业学校办学体制创新,探索"公办民助"、"民办公助"、股份制等多元化办学模式,支持公办职业学校吸收社会资金和民间资本合作办学,全市职业学校吸收社会资金991万元。完善技能竞赛制度,坚持以赛促学、以赛促教,举办第三届全市中等职业教育技能大赛。组织参加第五届全国职业院校技能大赛,2人获一等奖,1人获二等奖。组织参加省中等职业学校素质能力大赛,获得一等奖18个,居全省金牌数量第一,总分全省第二。做好中职学校毕业生就业工作,毕业生就业率持续保持在95%以上。

【举办全市首届中职生职业生涯规划大赛】 4月27日,平顶山市首届中职生职业生涯规划大赛在市文化旅游学校凌云校区举行。比赛主题为"规划未来,成就梦想"。比赛分为职业生涯规划书评比、职业生涯规划现场展示、回答评委提问、才艺展示等四个环节,经认真评审,16名选手获得一等奖,13名选手获得二等奖,12名选手获得三等奖。

【社区教育】 本年,全市各县(市、区)均成立了社区教育工作指导委员会,挂牌成立社区教育学院,社区教育四级网络体系进一步完善。截至年底,全市已成立21所社区学院、52个社区教育中心、189所社区教育学校、240余个居民家庭学习点,培训居民90余万人次。启动全国社区教育实验区申报工作,推荐湛河区、新华区、卫东区和舞钢市为全国社区教育实验区备选单位。

师资队伍建设

【师德师风建设】 2012年,市教育局广泛开展以"教育崛起,教师为基"为主题的师德征文、教师演讲比赛活动,征集论文364篇,其中31篇获得省级奖。28名教师参加演讲比赛,其中8名选手获省级奖,市教育局获得省级比赛优秀组织单位称号。开展了"课外访万家"活动。建立教师宣誓制度,不断提升教师思想道德水平,形成"潜心育人,静心教学"的良好风尚。

【教师培训】 本年,市教育局认真实施"国培计划"和"省培计划",全市有6180名教师参加了"国培计划"不同项目的培训,2000名教师参加了"省培计划"——"农村中小学教师远程培训项目"培训。组织开展全市中小学教师教育技术能力培训和考试认证工作,2362名教师参加了中小学教师教育技术能力培训和考试认证。做好名师培育工程骨干教师推荐评选工作,推荐省级骨干教师40名;19名教师获得省级名师称号。培训市级骨干教师250名。建立首批10个"名师工作室"。组织245名校长和名师到华南师大和青岛参观培训学习。对近5年来新进的1270名教师进行为期一周的岗前培训和提高培训。对全市620名优秀班主任进行专项培训。组织开展第六届农村中小学青年教师技能竞赛活动,有12人取得省级一等奖,市教育局获得优秀组织单位称号。

组织开展全市第四届县级教师培训机构优质课比赛;有10名选手获得省级奖励,其中省级一等奖4名,市教育局获得优秀组织单位称号。开展首届"成长中的教育家"校长论坛、教科研活动月活动。组织100名教师到农村学校支教,推进城镇教师支援农村教育工作。

【招录教师】 2012年,全市市直学校招录教师150人、免费师范生16人,招聘农村特岗教师428人,教师队伍结构进一步优化,教师队伍的活力明显增强。

【教师资格认定】 根据《中华人民共和国教师法》、《教师资格条例》、《〈教师资格条例〉实施办法》等法律法规,全面推行教师资格制度,优化教师队伍结构,加强教师队伍管理,吸引优秀人才从教,在做好认定各项服务工作的基础上,积极为申请认定教师资格的人员创造条件。通过体检、普通话培训测试、教育理论考试和教育教学技能测试等工作,本年有4904人获得教师资格,其中应届师范教育类毕业生3822人、面向社会认定1082人。

依法治教

【教育督导】 2012年,市教育局建立健全自查自评、督导评估、整改、总结、备案、奖惩、通报等各项制度。完善学校综合评估、初中和高中教学质量评估方案,强化教育教学质量的跟踪监测和督导考评。制定《平顶山市县级政府教育督导评估体系》,将督导评估情况纳入对县级政府的考核体系,对教育经费投入、教育费附加和地方教育费附加的征收管理以及学校安全等方面实行一票否决制。通过实施过程性督导和综合督导评估,重点督促县级政府履行教育工作职责,全面落实教育优先发展地位,依法保障教育投入。强化督导结果运用,将督导结果作为县级政府教育工作考核的主要依据,对年终考评中成绩突出的进行表彰和奖励,并将督导结果作为干部提拔使用的重要条件报各级组织部门备案。会同市人大、市政府、市政协组成督导组,对各县(市、区)政府教育工作进行综合督导评估。制定《县级政府义务教育发展基本均衡县督导评估认定工作暂行办法》,对全市省市级示范性高中综合办学水平进行督导评估。

【队伍建设】 市教育局强化组织纪律观念和责任意识,建立完善推动工作落实的激励机制和保障制度,引导广大干部职工自觉服从大局、认真履行职责,全面形成政令畅通、干事创业的工作氛围。不断提高服务质量和服务水平,把为师生服务、为群众服务作为工作的出发点和落脚点,积极为师生、群众办实事、办好事。逐步完善加强管理的各项制度,注重考核测评,把考核结果作为干部职工业绩评定、奖励惩处、选拔任用的重要依据。

【依法办学】 市教育局认真贯彻落实教育部《关于治理义务教育阶段择校乱收费的八条措施》,把推进义务教育均衡发展与治理教育乱收费工作结合起来,从源头上解决群众反映强烈的"择校热"、"大班额"、"上好学校难"等问题。实施阳光政务,推进校务公开,充分利用市政府"数字平顶山"教育平台,加大信息公开工作力度,保障公众对教育的知情权、参与权和监督权。聘请市人大代表、政协委员、政府督学为监督员,接受社会、学生、家长对规范办学行为的监督,共同促进规范办学行为工作深入开展。继续深入开展"六五"普法工作,努力提升教育系统教育法制和普法工作水平。

党风廉政和精神文明建设

【创先争优】 2012年,市教育局紧密结合"向十八大献礼"活动,不断创新思路,丰富形式,设置党员先锋岗,扎实开展好"岗位比奉献"活动。开展群众对党组织和党员进行评议活动,满意率达到95%以上。积极推进基层组织建设年活动,认真做好各级党组织调查摸底与分类定级。对全市教育系统339个党组织进行调查摸底与分类定级,其中先进109个、较好206个。开展"为民服务,增辉中原"、"正气实干讲奉献,创先争优促发展"演讲比赛,"迎'七一',党员义务在行动"主题实践活动,各基层党组织以"党员奉献日"、"党员示范岗"、"党员义务创卫员"等方式,多渠道、多途径为辖区内党员群众办好事、办实事,推动创先争优工作深入开展。充分利用市教育局网站和市教育电视台宣传典型事迹、报道活动新闻、总结经验材料,共编发活动简报54期,其中被市委活动办和省教育厅活动办采用11期。

【政风行风建设】 市教育局积极推进党务、政务公开,积极开展科长论坛活动。继续抓好民主评议学校行风工作,开展创建"人民满意学校"活动。严格实行"一岗双责",切实抓好"三重一大"决策制度的落实。深入开展中小学有偿补课专项治理,严查在岗教师违规有偿补课等行业不正之风。深化改制学校清理规范工作,完成普通高中改制学校清理规范工作。继续实施教辅资料审定准入制度,严格按照"一科一辅"和自愿购买的原则推荐教辅材料。积极实施校服审定准入制度。制定治理择校乱收费细化实施方案,对"占坑班"、跨区域招生等问题,坚决予以查处。继续开展"阳光作业"实验,切实减轻中小学生课业负担。

【党风廉政建设】 市教育局建立健全廉政风险防控机制,制定《平顶山市教育局廉政风险防控工作实施方案》，编制《职权目录表》和《权力运行流程图》，细化落实"三重一大"事项集体决策制度，从源头上减少不廉洁行为和腐败现象发生，教育系统党员领导干部廉洁从政自觉性持续增强。继续落实"三费"公示和"三费"单独结报制度，继续开展"节日病"专项治理活动。深入开展公务用车专项治理，加强公务用车配备使用管理。深化校园廉政文化建设，市十四中被评为市级"廉政文化进校园示范点"。

【精神文明建设】 市教育局围绕学习宣传"三平"精神典型、"学习雷锋见行动，'三平'之中做贡献"教育实践活动，制定《关于开展学习宣传"三平"精神典型活动实施方案》，推出各类先进典型78人，向省教育厅上报优秀案例10篇。收到"续写雷锋日记"征文430余篇、主题征文3200余篇。做好"寻找最美乡村教师"活动，组织专业人员挖掘工作在农村教学一线的最美教师，进行深入采访报道。采访报道27个教师群体和个人典型，评选出谷国营、贺红莲、李巧玲、丁继亮、霍建芳、王二艳、王继民、张瑜、何亚娟、张万春等10名教师为"最美乡村教师"。开展第七届校园文化月活动，努力打造学习型校园，营造浓厚的校园文化氛围。与市委宣传部、团市委、市文广新局等部门联合举办第十四届"美丽家园彩绘鹰城"少儿现场书画大赛。

平顶山市属县（市、区）教育行政简况

单位名称	局长	办公地址	邮编	电话
舞钢市教育局	喜进功	舞钢市垭口中心路5号院	462500	0375－8122673
宝丰县教体局	黄国民	宝丰县人民路东段	467400	0375－6596169
郏县教体局	刘学增	郏县北环路	467100	0375－5161135
鲁山县教体局	赵东亮	鲁山县人民路78号	467300	0375－5051132
叶县教体局	娄彦平	叶县县城北街	467200	0375－8052746
新华区文教体局	张文兰	市启蒙路中段	467000	0375－4945519
卫东区文教体局	李建军	市新华路中段	467000	0375－3933672
湛河区文教体局	刘健光	市启蒙路8号	467000	0375－4938203
石龙区文教体局	张立有	市石龙区南顾庄	467045	0375－2526606
新城区教体局	王三普	市新城区管委会	467000	0375－2667962

撰稿：薛耀炜　赵哨锋

审稿：邱红标　苏红英　尹卫东

安　阳　市

市政府分管教育副市长：刘国辉

市教育局党委书记、局长：乔建平

电话：0372—5926063

市教育局地址：安阳市朝霞路北段

邮编：455000

综 合 管 理

【概况】 2012年，安阳市有各级各类学校2707所，在校生1132893人。其中，高等学校6所，在校学生68319人；普通中专2所，在校学生1830人；职业高中9所，在校学生38296人；技工学校6所，在校学生2851人；普通高中37所，在校学生81425人；普通初中260所，在校学生202704人；小学1401所，在校学生549955人；特殊教育学校8所，在校学生720人；独立设置的幼儿园910所,在园幼儿172321人;各级各类成人中初等教育学校68所,在校学生6420人。

全市各级各类学校教职工总数为70262人,专任教师58782人。其中,普通高中教职工6685人,专任教师5671人,学历达标率为99.20%;普通初中教职工17347人,专任教师14941人,学历达标率为99.30%;小学教职工25650人,专任教师24427人,学历达标率为100%;职业高中教职工2424人,专任教师2054人,学历达标率为93.33%;幼儿园教职工12254人,专任教师7115人,学历达标率为95.87%。

全市教育经费总收入534549万元,较上年增加21900万元,增长4.27%。其中,国家财政性预算内教育经费拨款464966万元,比上年增加17948万元,增长4.02%;全市国拨教育事业费369179万元,较上年增长10.63%。年生均国拨教育事业费分别为:职业高中13742.43元,较上年增长35.57%;普通高中3801.54元,较上年增加17.22%;普通初中5068.98元,较上年增长9.48%;小学3235.51元,较上年增长5.07%。

9月,安阳市教育局被国务院授予全国"两基"工作先进单位称号。

【市教育局领导班子成员名单】 市教育局党委书记、局长乔建平,党委委员、副局长黄锋一,党委副书记、纪工委书记江新生,党委委员、副局长朱中林,党委委员、副局长孔繁河,调研员睢正民、董得春(—10月)、沈贵辰、王银水、路丽荣、李根宝。

【行风廉政建设】 2012年,市教育局开展"提升干部素质,着力为民服务"和"机关建设月"主题活动,加强机关作风建设。下发《安阳市2012—2013民主评议学校行风工作实施方案》,继续在全市开展民主评议学校工作。出台《2012年评创群众满意基层站所暨评定星级站所工作实施意见》,在全市开展评创群众满意基层站所暨星级站所工作。继续开展"对照职能,贴近民生,努力为群众办实事办好事"为主题实践活动和"向社会承诺,让人民满意"主题活动。从贯彻党的教育方针、加强作风建设、规范教育收费、强化师德师风和廉政建设、推行"公开、公正、公平"等9个方面向社会承诺,接受社会各界监督。下发《安阳市教育系统廉政风险防控规范权力运行机制建设工作实施方案》,在教育系统开展廉政风险防控规范权力运行机制建设工作,确定了包括行政许可、行政处罚、重大决策事项、其他行政权、内部管理权共计5类53条职权;编制了《安阳市教育局职权目录明细表》和权力运行外部和内部流程图;查找每个岗位存在或潜在的128个廉政风险点,并针对查找出的廉政风险点制定了防控措施。

市教育局通过发放廉政提醒信、撰写廉政承诺书、学唱廉政歌曲、组织廉政知识测试、参观预防职务犯罪展览和观看廉政教育片等方式,开展廉政集中教育活动。组织市直学校领导干部就作风建设、思想建设、廉政建设、法制建设、制度建设、组织建设等方面的内容进行为期一周的封闭培训。对局机关公务用车进行核编整改,清理整顿局属事业单位公车。对市教育局机关、二级机构和局直各学校副科级领导干部的出国(境)证件进行了收缴、登记备案。对市教育局2010年以来以市政府或市政府办公室名义发布的或者正在起草的规范性文件的廉洁性、合法性、科学性认真进行了廉洁性评估。

【未成年人思想道德建设】 本年,市教育局以学雷锋系列活动为抓手,开展了丰富多彩的未成年人思想道德建设活动。一是立足校园,服务学校。各学校都以青年党员为主成立了校园文明志愿者服务队,开展校园清洁卫生维护、校园文明习惯监督、校园就餐秩序维持、校园设施维护、校园安全治安巡查,学生的日常行为规范有明显改善,推进了学校学风、校风建设。二是积极开展"三理"(伦理、生理、心理)教育进社区服务。市教育系统各单位共组织2818名优秀青年教师,带着志愿活动项目进驻2294个社区(村、镇),组织开展了"走出升学考试后的阴暗心理"、"今天我们如何进行家教"等系列"三理"教育讲座,开展心理咨询、发放宣传单、组织尊老敬老送歌声文艺演出、义务劳动等活动,拓展了教育系统思想道德建设志愿服务活动的范围。三是学雷锋见行动,积极开展社会公益活动。组织青年教工志愿者、学生团员志愿者举行形式多样的以"学雷锋,树新风"及"学雷锋,建设和谐社会"为主题的青年志愿者宣传咨询服务日活动,增强公民道德建设的针对性和实效性。四是积极组织开展"扶贫帮困"活动。教育系统志愿者服务队利用节假日走进社区,为社区居民开展助老、助残等扶贫帮困志愿服务。

【县级政府教育工作督导评估】 5月,市教育局教育督导团办公室组织市督学分城区组和县市组对各县(市、区)政府教育工作进行督导评估。这次督导评估把学校安全工作和学前教育工作作为重点督导内容。督导组认真听取当地政府汇报,随机抽查2个乡镇和普高、职高、初中、小学、幼儿园等10余所学校。通过查阅档案材料、核查账目资料、实地察看学校、和师生交流谈话等方式了解当地教育发展状况。在每个县(市、区)督导结束后,对县(市、区)教育工作的成绩和亮点、问题和建议进行认真反馈。12月,市政府对获得2011年教育工作先进县(市、区)的安阳县、林州市、殷都区、北关区进行了表彰。

【改善办学条件】 本年,安阳市着力改善办学条件,筹措资金3055万元,对安阳师院附中、市三十二中教学楼和实验楼进行重建,对市钢二路小学东教学楼进行拆除翻建;筹措资金1842万元,改造农村薄弱学校27所,建筑面积13815平方米;投资2707万元,实施25个校安工程项目,建筑面积27480平方米;实施特殊教育学校改造工程,改造3所特殊教育学校。在第三批河南省义务教育均衡发展先进县市区评比活动中,安阳县被授予河南省义务教育均衡发展先进县(市、区)称号。

【职业教育和高等教育】 2月17日,安阳幼儿师范学校经省政府批准升格更名为安阳幼儿师范高等专科学校。积极做好河南省制药中专申办河南药学高等专科学校工作;经省高校设置评议委员会评议,河南药学高等专科学校被省政府纳入河南省高等学校设置"十二五"规划。

稳步推进市区"职教园区"建设。安阳幼儿师范高等专科学校实现了整体搬迁,秋季3000余名师生开始在新校区学习、生活。稳步推进安阳职业技术学院、安阳师范学院人文管理学院、河南护理职业学院、安阳师范学院软件职业技术学院建设工作。五县(市)职教攻坚"33211工程"(林州市3所、安阳县3所、滑县2所、内黄县和汤阴各1所,简称"33211工程")建设项目于2012年年底全面完成并实现招生。2012年,全市职教攻坚和"三本三专"工程项目完成新建建筑面积80.93万平方米，投入各级各类资金8亿元。

【校园安全建设】 市教育局积极推进“平安校园”创建工作，大力开展集中整治行动，进一步建立健全长效管理机制，与各级学校层层签订《创建平安校园目标责任书》、《消防安全目标责任书》和《交通安全目标责任书》。按照“打非治违”工作要求，采取措施，取缔非法民办幼儿园、民办教育机构。市教育局将安全工作检查和督查工作制度化，通过安全综合大检查和消防、防震减灾、食品卫生等多项检查，加大安全隐患排查和整改力度。对五县五区进行了校园及周边平安建设工作专项督导评估。

做好校园安全预案修订和应对工作，防范各类校园安全责任事故发生。全市各级各类学校完善了人防、物防、技防相结合的安保长效机制，配备必要的防护装备，加强校门保卫、校内巡逻和安全检查。本年，市区中小学幼儿园添置安防器材800余件，配备专职保安344人，市区学校在校门口以及教学楼、图书馆、实验室、师生宿舍等重要场所统一安装了视频监控系统等技术防范设施，市区学校专业保安员已全部到位。利用全国中小学安全教育日、防灾减灾日，开展多种形式的安全教育和宣传活动；在全市范围内开展应急演练活动，强化学生的安全意识，培养学生良好的行为习惯。

【安阳县、林州市获得首批河南省教育工作先进县称号】 3月26—29日，河南省教育工作先进县督导评估小组对安阳市申报教育工作先进县的安阳县、林州市进行督导评估，听取了县（市）政府的汇报，深入财政、教育等部门核查经费账目，检查教育投入情况，实地察看了10余所学校。11月，河南省人民政府下发《关于表彰教育工作先进县的决定》（豫政〔2012〕98号），安阳县、林州市被授予河南省教育工作先进县称号，2个县（市）各获得了100万元的奖励资金。

基 础 教 育

【市中心城区基础教育设施规划和农村中小学布局调整】 9月，市政府根据安阳市城建三年计划和教育现状，编制印发了《安阳中心城区基础教育设施规划》（安政办〔2012〕107号）。

根据《国务院办公厅关于规范农村义务教育学校布局调整的意见》和《河南省人民政府办公厅关于进一步做好农村义务教育学校布局调整工作的意见》精神，安阳市结合实际，进一步修改完善《2011—2015年安阳市农村义务教育学校布局调整的专项规划》，确定县域内教学点、村小学、中心小学、初中学校布局以及寄宿制学校或非寄宿制学校的比例；明确学校布局调整的保障措施，切实做到学校布局与村镇建设和学龄人口居住分布相适应，与新型城镇化建设规划、新型农村社区建设规划、土地利用总体规划以及土地整治规划相衔接。

【规范办学行为】 本年，市教育局继续狠抓规范中小学办学行为，引导广大教师把全部精力投入到课堂教学中。在初中新生的录取通知书和局直学校寒假放假通知书上选登了规范办学行为的相关内容，公布了举报电话，接受社会监督。市教育局与每位校长签订了规范办学行为责任书；校长与每位教师签订了目标责任书，规范每位教师、教育工作者的行为。9月，下发《关于进一步减轻学生过重课业负担促进学生全面发展的实施意见》（安教基〔2012〕310号），要求规范办学行为，严格执行课程计划，科学安排作息时间，严格控制作业数量，坚持健康第一，切实提高学生体质健康水平。要求学校加强对学生的安全教育和心理教育。市教育局充分重视和运用群众来信、来电提供的线索，查处违规办学的单位和公办学校在岗教师从事有偿补课等多起违规事件。

【保障进城务工人员子女入学】 根据2011年7月21日市教育局下发《关于开展“关爱进城务工子女志愿服务行动”的通知》（安教发〔2011〕268号）要求，本年认真落实有关部门“四项关爱”的要求，组织动员全市教育系统广大干部师生，弘扬“奉献、友爱、互助、进步”的志愿服务精神，关爱进城务工人员子女的学习和生活。在招生过程中，在对进城农民工子女严格鉴定的基础上，努力保证进城务工人员子女的合法权益。本年，全市共安排11825名进城务工子女入学，其中小学7219人、初中4606人；局直学校安排2200名进城务工人员子女，确保了社会的稳定。

【教育教学质量评估】 10月，市教育局组织开展对全市普通中小学包括民办学校2011—2012学年度教育教学质量检查评估。各县、区负责评估本县、区普通中小学教育教学质量并上报，市教育局对局直初中和普通高中学校进行检查评估。检查评估采取学校自查和校际互查相结合的办法进行。市教育局调整了《安阳市普通中小学教育教学质量评估方案》，加大了学生心理健康教育、规范办学行为、师德师风建设的分值。对2010—2011学年安阳市一中等203个普通中小学教育教学工作先进单位进行表彰，充分发挥了教育质量评估的导向和激励作用。

2月23日，教育部副部长刘利民（左二）在安阳市人民大道小学调研

【特殊教育】 4月13日,安阳市人民政府办公室转发《市教育局等部门关于进一步加快特殊教育事业发展实施意见的通知》(安政办〔2012〕59号),对安阳市特殊教育事业的发展进行统一规划。组织特殊教育学校教师参加河南省2012年特殊教育教师技能比赛。经过激烈角逐,安阳市特殊教育学校梁琰获得手语组一等奖,未海霞获得手语组二等奖,刘瑞芳获得盲文组三等奖。

【民办教育管理】 年初,市教育局召开民办教育工作会议,安排年度民办教育工作,对安阳市2011年10所优秀民办学校、6个民办教育先进集体、5名先进个人进行表彰。6月,市教育局下发《关于加强民办学校(机构)管理的紧急通知》(安教基〔2012〕214号),就民办学校乱招生、乱发广告、非法办学、违规办学,特别是个别学校存在严重的安全隐患等问题作出规定;要求各县区立即对辖区内的民办幼儿园、民办学校(机构)进行彻底清查。各县(市、区)教育部门,在公安等部门的支持下,清查了非法办学、违规办学学校,对违规办学行为进行了惩处,净化了安阳市民办教育市场。7月,正式撤销了安阳市相州中学的办学资格。

9月,省教育厅、省财政厅下发《关于下达2012年民办教育发展引导奖励专项经费的通知》(豫财教〔2012〕239号),安阳市昼锦中学、文峰区中安爱华幼儿园分别获得20万元的发展奖励专项资金。12月,省教育厅下发《关于表彰2012年度河南省优秀民办学校民办教育先进单位和先进个人的决定》(豫教政法〔2012〕227号)文件,其中安阳县教体局、殷都区教体局获民办教育先进集体称号,安阳市文源高中、文峰区安居幼稚园获得优秀民办学校称号,殷都区教体局田文霞等8名民办教育工作者获得先进个人称号。

【德育】 2月,市教育局下发《关于表彰我市2011年度中小学先进班集体、优秀学生干部及三好学生的决定》(安教基〔2012〕47号),对336个先进班集体、419名优秀学生干部和4169名三好学生予以表彰。11月,河南省教育厅在郑州召开全省中小学德育工作经验交流会,下发《关于通报表扬河南省中小学德育工作先进单位和先进个人的通知》(豫教基一〔2012〕201号),其中安阳市殷都区教育体育局等8个单位获得德育工作先进单位称号,安阳市实验中学邢新春等6人获德育先进工作者称号,内黄县第一中学李素红等8人获得优秀班主任称号,安阳市第三实验中学王忠付等6人获得优秀德育课教师称号。

【中招】 2012年,安阳市对中招政策进行适当调整。一是根据省教育厅教基二〔2012〕82号文件要求,初中毕业生学业水平考试和高中阶段招生考试实行网上报名。二是市区4所省级示范性高中(市一中、市二中、市实验中学和市第三实验中学)将不低于招生计划的50%划为"分配生"招生计划,推动义务教育均衡发展。在分配生录取时,按照中招考试成绩从高到低录取,不含任何照顾分数。这一届学生中在2010年2月20日之后出现的择校和转学的学生不享受分配生政策(限市区)。三是市区考生可选报2批志愿。第一批次志愿可在普通高中、职业学校、普通中专中任选一类;第二批次志愿可在职业学校、普通中专中任选一类。第一批次中的普通高中设3个志愿,分别为提前志愿、第一志愿、第二志愿。提前志愿为分配生志愿,第一志愿为省级示范性高中志愿,第二志愿为非省级示范性高中志愿。四是根据政策规定,对符合照顾条件的军人子女、烈士子女,中招时可凭军人所在团级以上单位政治机关或县级以上人民政府部门出具的证明,经当地人民政府教育行政部门审核批准,分别降低分数优先录取。五是各级教育行政部门要统一管理所辖普通高中(含民办普通高中)的招生计划和录取工作,规范学校招生行为,严禁普通高中学校录取无中招成绩的考生和已经注册高中阶段学籍的学生。

【高考】 本年,安阳市一中、林州市一中、内黄县一中获2013年北京大学"中学校长实名推荐制"资格;安阳市一中、林州市一中入围2013年清华大学"新百年领军计划"推荐学校名单。全市普通高考本科上线16322人,上线率为51.61%,较上年提高3.59个百分点;专科一批以上上线23828人,上线率为75.35%,较上年提高3.56个百分点。林州市一中学生于成亮以673分的成绩夺得普通高考全省文科第一名。

【清理规范普通高中改制学校】 2012年,根据教育部、国家发展和改革委员会《关于进一步做好普通高中改制学校清理规范工作的通知》(教基二〔2011〕7号)和河南省教育厅、河南省发展和改革委员会《关于普通高中改制学校清理规范工作的意见》(教基二〔2012〕291号)文件精神,安阳市对辖区内的普通高中改制学校进行了清理规范。安阳县第二中学分校、汤阴县第一中学分校、内黄县第一中学分校转为公办,按公办学校收费;安阳市一中分校和林州一中分校转为民办。8月31日,副市长刘国辉主持召开会议,专题研究安阳市第一中学分校改制为民办学校有关问题,原则同意了市教育局关于市一中分校改制为民办学校的实施方案。

【幼儿教育】 本年,安阳市扎实推进学前教育三年行动计划,筹资9874.73万元新建、改扩建幼儿园174所(不含滑县)。争取上级学前教育奖补资金5116万元(中央4656万元、省级460万元)拨付县(市、区)用于幼儿园建设和发展(不包括滑县)。积极推进幼儿园分级分类工作。新增市一级一类幼儿园5所、市示范幼儿园5所、省示范幼儿园1所,示范幼儿园队伍进一步扩大。全市有265所幼儿园达到分级分类验收标准。组织开展幼儿园园长任职资格培训和幼儿教师培训,133名园长取得河南省幼儿园园长任职资格培训合格证,2900名幼儿教师接受了岗位培训。开展保育员职业资格培训,500人取得了保育员职业资格,使保育员整体素质得到提升。

职业与成人教育

【中等职业学校招生】 2012年,省教育厅下达安阳市中职招生任务1.9万人。安阳市加大宣传力度,坚持采用灵活的招生政策，全市各类中等职业学校共招生14730人（含滑县1300人、技工学校666人、卫生学校1400人）。

【重点职业学校、专业建设】 安阳市在大力发展职业教育的同时，突出重点职业学校发展，争取建设一批省级、国家级重点学校、示范性中等职业学校和重点专业。3月，安阳市中等职业技术学校被省教育厅确定为中德合作职业教育教学模式（机电一体化）项目。10月，安阳市中等职业技术学校和汤阴职业教育中心等被省教育厅表彰为河南省职业教育校企合作工作先进单位，安阳县通过省职业教育强县评审组复评验收。

【中等职业学校教师培训】 本年，安阳市全面实施"中等职业学校教师素质提高计划"，加强中等职业学校教师培养力度，大力开展中等职业学校国家级、省级骨干教师培训工作。全市中等职业学校参加全国中等职业学校校长现代职业教育体系专题研究班4人，参加省级职业学校校长培训班32人，参加省级班主任培训10人，参加国家级专业骨干教师培训22人，省级专业骨干教师培训43人及出国进修2人，青年教师到企业实践12人。

【三好学生评选】 2012年，市教育局在全市中等职业学校继续开展省、市级优秀学生、三好学生、优秀学生干部及省级先进班集体评选表彰工作，经层层选拔推荐，严格审查，评选表彰中等职业学校市级三好学生488名、优秀学生干部68名、优秀班集体52个，在此基础上推荐省级优秀学生1名、省级三好学生32名、省级优秀学生干部10名及省级先进班集体3个，受到省教育厅表彰。

【中等职业学校学生资助信息采集管理】 从2012年秋季学期起，国家资助政策有了新的调整，将中等职业教育免学费范围由涉农专业学生和家庭经济困难学生，扩大到所有农村（含县镇）学生、城市涉农专业学生和家庭经济困难学生。将中等职业学校国家助学金资助范围由一、二年级农村（含县镇）学生和城市家庭经济困难学生，分步调整为一、二年级涉农专业学生和非涉农专业家庭经济困难学生。本年，全市完成了中等职业学校资助信息的采集工作，享受国家助学金学生人数为13514人，享受免学费学生人数为14703人，并完成上报了18名大学生村干部贷款代偿工作。

【职教攻坚评先表彰】 2月，市政府对在2011年全市职教攻坚工作中做出突出贡献的先进县（市）、最佳支持单位和项目推进先进单位进行表彰。滑县、内黄县、林州市被评为"职教攻坚先进县（市）"；汤阴县人民政府、文峰区人民政府、市高新区管委会、汤阴县白营乡人民政府、文峰区宝莲寺镇人民政府、安阳县崔家桥镇人民政府、市高新区商颂街道办事处、林州市桂园街道办事处被评为职教攻坚最佳支持单位；市幼儿师范学校、滑县裳华职业技术学校、内黄县职教中心、林州市职教中心、安阳县职业中专、汤阴县职教中心、安阳职业技术学院医药卫生学院、市射击馆等单位被评为职教攻坚项目推进先进单位；表彰了一批在职教攻坚工作中做出突出贡献的标兵、先进工作者和优秀共产党员。

【普通高校成人高等教育函授教育辅导站检查评估】 12月，按照《河南省普通高校成人高等教育函授站评估指标体系》，市教育局组织专家对申报的沈阳药科大学安阳函授站等6所成人高校函授站进行检查评估，这6所函授站均为合格。对未申报、未参加评估的函授站视为不合格函授站，取消设站资格。

师资队伍建设

【提升干部教师队伍素质】 2012年，全市大力实施"名校长名师工程"，评选首批名校长30人、骨干校长100人，认定骨干教师6459人。市教育局开展了普通话水平测试工作，截至5月底，共测试教师、大中专院校学生及社会人员近6000人；对63个局委1214名公务员进行测试，提高了全市公务员、教师和学生的普通话水平。经过报名、笔试、面试、体检、聘任等程序，招聘市教育局直属学校教师112名，全部分配到岗。

【骨干教师培训】 2012年，安阳市选派5957名中小学教师参加各级骨干教师培训。其中，参加教育部、财政部联合实施的"国培计划"培训5046人；参加河南省中小学名师培育工程选拔培训61人，其中有60人被认定为省级骨干教师，28人被认定为省级中小学幼儿园名师；市教育局组织350名初中数学、物理，小学语文、数学，幼儿园各学科学段骨干教师参加培训。各县（市、区）对500名小学教师进行了县（区）级骨干教师培训。通过培训，骨干教师队伍素质进一步提升。

【教师岗位培训】 本年，根据安阳市新一轮中小学教师继续教育总体规划，市教育局全面开展了中小学教师岗位培训。其中，2万名初中、小学教师参加了以心理健康教育、班级管理、学科技能为主要内容的岗位培训，200名小学英语教师参加了轮训，1000名高中教师参加了远程岗位培训，400名中小学教师参加了英特尔未来教育项目培训。根据省教育厅部署，利用省培经费，组织安排6700名农村中小学教师参加由全国中小学教师继续教育网承担的"省培计划"地方培训任务。

7月21—28日，香港天邻基金会、安阳市教育局和林州市教体局在林州市共同举办安阳市农村中小学英语骨干教师技能竞赛培训班。以林州市教师为主的100名初中英语骨干教师参加了培训。本次培训，香港天邻基金会出资4万元用于参训教师的食宿补助。

7月15—17日，市教育局举办了市区高中英语教师高端培训班，聘请北京外国语大学教师、英国剑桥新高度教育研究院语言中心专家Micky女士为主讲教师。局直高中学校152名英语教师参加培训。集中培训结束后，还安排为期17天的学习计划，复习巩固、测试检验，进一步消化巩固学习内容。

【提升中小学教师学历层次】 本年，安阳市教育局采取与东北师大联合举办网络研究生课程进修班、对局直考取在职教育硕士的教师给与补助等措施,鼓励支持教师参加高学历进修培训,提升中小学教师学历层次。截至年底,全市小学教师中具有专科及以上学历者达到85.75%,初中教师中达到本科及以上学历者达到71.81%,高中教师中具有研究生学历者达到3.89%。

【师德主题教育活动】 本年,市教育局开展了以"教育崛起,教师为基"为主题的师德主题教育活动。举办了师德主题教育征文和演讲比赛,收到征文732篇,其中346篇分获市级优秀征文一、二、三等奖,48篇分获省级优秀征文一、二、三等奖。在师德演讲比赛中,179人分获市级一、二、三等奖,9人分获省级一、二、三等奖;市教育局获得河南省师德主题教育活动最佳组织奖。

【创建师德师风先进校】 本年,市教育局在全市各级各类学校中开展了师德师风先进校创建活动,并授予内黄县一中等29所中小学幼儿园"安阳市中小学师德师风先进校"称号。安阳市幸福中学、安阳县安丰乡一中、内黄县一实小、林州市八中4所学校接受了河南省中小学师德师风先进校创建活动评估验收。

【教师培训机构建设】 按照省教育厅部署,安阳市继续开展标准化示范性县级教师培训机构评估认定活动,滑县教师进修学校被认定为河南省示范性县级教师培训机构。举办安阳市县级教师培训机构教师优质课比赛,并组织参加河南省第四届教师培训机构优质课大赛和论文评比活动,有10名教师分获优质课大赛一、二、三等奖,有8篇论文分获论文评比一、二、三等奖。有19名中小学幼儿园教师被认定为河南省中小学幼儿园教师教育专家。

【举办安阳市第六届中小学青年教师技能竞赛】 6月29—30日,市教育局举办了安阳市第六届中小学青年教师技能竞赛活动,竞赛学科包括小学语文,中学物理、化学、历史。经过初赛、复赛与决赛,有479人分获市技能竞赛一、二、三等奖。在此基础上推荐教师参加河南省第六届农村中小学青年教师技能竞赛,有79人分获竞赛一、二、三等奖,安阳市教育局获竞赛组织优胜单位奖。

【实施农村特岗教师计划】 本年,安阳市继续实施"农村义务教育阶段学校教师特设岗位计划"。经过笔试、面试、体检、培训等程序,招聘特岗教师420名,其中滑县130名,林州市100名,安阳县70名,汤阴县、内黄县各60名。2009年招聘的390名特岗教师中有349名留在当地任教,入了编制成为当地公办教师。进一步加强在职特岗教师管理,改善农村教师队伍结构,教师队伍整体素质得到了提高。

【送课下乡】 2012年,安阳市接受"国培计划"远程培训送课下乡活动,其中包括承担"国培计划"项目的北京大学、华东师大、西南大学和奥鹏网等单位的送课,涉及义务教育阶段学校各个学科。安阳市中小学名师工作室组织实施了名师、学科带头人送课下乡,全年送课下乡达194人次,活动涉及全市各个县(市、区),听课教师达1万余人,受到基层学校、教师的欢迎和好评。

安阳市属县(市、区)教育行政简况

单位名称	局长	办公地址	邮编	电话
林州市教体局	杨培森	林州市兴林路中段	456500	0372-6811690
安阳县教体局	王家岭	安阳市东风路115号	455000	0372-5926459
汤阴县教体局	张海涛	汤阴县文化街15号	456150	0372-6213670
滑县教体局	马修乾	滑县道口镇滑州路	456400	0372-8668000
内黄县教体局	高　峰	内黄县建设路中段	456300	0372-7729166
文峰区教体局	付秋生	安阳市大胡同4号	455000	0372-5114920
北关区教体局	李志刚	安阳市爱民路南段	455000	0372-5923337
殷都区教体局	李志宇	安阳市梅东路	455000	0372-3996010
龙安区教体局	赵腾彪	安阳市太行路金华街	455000	0372-3189009

撰稿:杜学恭　郭凤林
审稿:江新生

鹤 壁 市

市政府分管教育副市长：张　然
市教育局党委书记、局长：王朝庄
市教育局地址：鹤壁市淇滨区黄河路177号　　邮编：458030
电话：0392-3319560　　传真：0392-3319560

综 合 管 理

【概况】 2012年，鹤壁市有各级各类学校568所（不含幼儿园），其中普通高校2所、中等职业学校12所、普通高中12所、普通初中77所、普通小学417所、特殊教育学校1所、成人技术培训学校44所、成人中学3所。另有幼儿园352所。教育人口42.1万人，占全市总人口的26.6%，其中在校生39.8万人、教职工2.3万人（专任教师1.95万人）。全市小学生净入学率达100%，普通初中生净入学率达99.92%。

全市小学有教职工8642人，比上年增加77人；专任教师7990人，比上年增加117人。专任教师中具有专科及以上学历者占总数的86.25%，比上年提高0.06个百分点。生师比为23:1，低于上年的24:1。全市小学占地341.8万平方米，校舍建筑面积为98.57万平方米，生均图书13册，生均教学仪器设备值238元。普通初中有教职工5617人，比上年减少278人；专任教师4953人，比上年减少158人。专任教师中具有本科及以上学历者占总数的58.55%，比上年提高3.41个百分点。生师比为17:1，高于上年的15.6:1。普通高中有教职工1616人，专任教师1253人。生师比为22:1，与上年持平。专任教师中具有研究生学历者占总数的3.75%，比上年提高1.47个百分点。普通高中占地107.52万平方米，校舍建筑面积40.45万平方米，图书藏量38.57万册。特殊教育学校有教职工44人，专任教师38人。专任教师中受特教培训者26人，占总数的68.42%。中等职业学校有教职工1120人，专任教师904人（其中双师型专任教师155人），学历合格率为93.36%，具有研究生及以上学历者占总数的2.43%。中等职业学校占地81.93万平方米，校舍建筑面积为31.6万平方米，图书藏量40.1万册，教学仪器设备值5941.86万元。高等学校有教职工903人，比上年增加82人，其中专任教师691人，比上年增加93人。全日制普通专科生师比为15:1。专任教师中研究生及以上学历者149人（其中博士学历4人），占总数的21.6%。专任教师中具有副高及以上职称者239人（其中正高级42人），占总数的34.6%。另有聘请校外教师143人。

全市教育经费总收入26.48亿元，其中国家财政性教育经费22.27亿元。各级政府预算内教育经费18.19亿元。教育经费总支出23.74亿元。全市普通小学生均预算内事业费支出3321元，普通初中生均预算内事业费支出7733元，普通高中生均预算内事业费支出5552元，职业高中生均预算内事业费支出2602元，中等职业学校生均预算内事业费支出4237元。市教育局招商引资项目到位市外资金7000万元，完成目标任务（4200万元）的166.7%。

本年，鹤壁市被教育部评为河南省唯一的首批全国中小学心理健康教育示范区；在教育部组织开展的全国中小学德育工作优秀案例评选活动中，鹤壁市教育局报送的德育工作案例被评为全国中小学德育工作优秀案例；鹤壁市教育局被省教育厅评为全省中小学德育工作先进单位。

【市教育局领导班子成员名单】 党委书记、局长王朝庄，党委副书记、副局长王荔，正县级干部陶国胜，党委委员、副局长张振华，党委委员、副局长张彦成，副局长霍军，党委委员、副局长裴中喜，党委委员、纪委书记牛万斌，党委委员、市招生办公室主任李志强，党委委员、副调研员、工会主席石峥，党委委员、副调研员翟春城。

【省学前教育三年行动计划专项检查小组莅鹤督导检查】 3月26日，以省民政厅社会事务处副处长赵昌彦为组长的省学前教育三年行动计划专项检查小组到鹤壁市督导检查工作。省检查组先后听取情况汇报、查阅档案资料、实地察看、座谈等，对鹤壁学前教育三年行动计划的推进工作给予了好评。

【省高校设置评委会专家组到鹤壁考察】 7月18—19日，以洛阳理工学院院长、教授杨小林为组长的省高等学校设置评议委员会专家组，考察鹤壁能源化工职业学院筹建情况，提出了建设性意见。鹤壁市委书记丁巍和市长魏小东，市委常委、宣传部长李军，副市长张然，市教育局党委书记、局长王朝庄等出席有关会议或陪同考察。

【全市教育工作会议】 3月6日，鹤壁市政府召开全市教育工作会议，贯彻落实全省教育工作会议精神，总结上年教育工作，部署本年工作任务。副市长张然到会讲话。会议针对人民群众关心关注的教育热点、难点问题进行梳理,明确了教育系统“十个持续”重点工作。十个持续是:持续推进教育教学改革,努力构建学生健康成长教育体系;持续推进学前教育发展,努力完成三年行动计划目标任务;持续推进义务教育均衡发展,努力实现标准化建设和创建目标;持续推进普通高中教育内涵式发展,努力提升普及程度和教育质量;持续推进职业教育攻坚,努力实现特色品牌发展;持续推进教育项目建设,努力实现办学条件明显改善;持续推进安全稳定工作,努力实现教书育人环境更加优化;持续推进队伍建设,努力实现数量结构更加合理;持续推进办学行为规范,努力实现教育形象大提升;持续推进作风建设,努力实现“五型机关”建设新突破。

【作风建设】 7月9日,市教育局启动政风行风民主大评议活动。此次评议对象为:各级教育行政部门、各级各类学校、县(区)招生考试综合服务大厅。全市教育系统政风行风评议、学校政风行风专项评议的周期为2年,招生考试综合服务大厅评议的周期为1年。市教育局负责组织协调全市教育系统的评议工作,会同市政府纠风办做好对教育系统评议工作的监督检查。各县区教育行政部门负责组织协调本辖区教育系统政风、行风的评议工作,积极开展当地政府纠风部门组织的专项评议活动。本年,市教育局在全市教育系统还先后开展了“创先争优”、“共享阅读快乐,共建美好鹤壁”职工读书等活动,切实加强对干部职工政治思想和业务知识教育,提高了干部职工素质,规范了机关办事程序,提高了依法治教能力、团队效能和服务质量,人民群众对教育的满意度、认可度进一步提升。市教育局顺利通过省级文明单位、省级卫生单位复验。

【开展“九比一争”活动】 1月29日,市教育局召开教育系统干部职工大会,决定在全市教育系统开展“九比一争”活动。活动按市教育局机关、市直学校、县区教育部门三个层面开展,到2013年12月结束。在市教育局机关层面,“九比”即比工作思路和工作计划、规范管理和精细管理、服务态度和服务质量、遵章守纪和廉洁自律、团结协作和大局意识、求真务实和真抓实干、加强学习和能力提升、改革创新和工作特色、工作业绩和责任目标完成情况;“一争”即争创“务实创新持续提升优秀科室”。在市直学校层面,“九比”即比学校领导班子与党风廉政建设、办学理念和科学规划、办学条件提升与完善程度、教学改革和科研成效、队伍建设和师资培训、办学行为规范和安全稳定、工作特色和亮点、教育质量和人才培养水平、工作业绩和责任目标完成情况;“一争”即争创“学生健康成长与全面发展教育先进学校”。在县区教育行政部门层面,“九比”即比科学规划和规范管理、领导重视和财政投入、学前教育三年行动计划推进情况、义务教育均衡发展和中小学标准化建设情况、职业教育持续发展情况、队伍建设和教改与科研成效、规范办学行为和安全稳定、教育质量和人才培养水平、工作业绩和责任目标完成情况;“一争”即争创“教育科学发展示范县区”。市教育局专门成立活动领导小组,定期对活动开展情况进行督查,确保“九比一争”活动取得实效。

【安全稳定】 2012年,市教育局先后下发《关于进一步加强中小学安全教育工作的通知》、《关于印发〈鹤壁市教育系统加强当前及十八大召开期间校园安全稳定工作方案〉的通知》等文件,认真落实安全包校工作制度,深入开展安全教育、安全隐患排查和校车集中治理活动,加大校园周边环境治理力度,坚决杜绝学校安全责任事故发生;切实加大督查力度,及时排查安全隐患,确保全市教育系统安全稳定。

基础教育

【学前教育】 本年,市教育局扎实推进学前教育三年行动计划。按照市政府《关于大力发展学前教育意见》和《学前教育师资培训三年计划》,对全市幼儿园园长和骨干教师进行全员培训,提高办园水平。新建、改扩建的37所幼儿园建设工程进展顺利,已有12所投入使用。2所幼儿园被评为省级示范园,6所被评为市级示范园。

4月13日,市教育局制定《鹤壁市幼儿园办园基本条件(试行)》,对幼儿园的规划布局、建设标准、办园规模、设施配备以及教职工配备作了明确规定。6月,在全市范围内开展学前教育宣传月活动。按照“启动、实施、总结”三个阶段进行。宣传月活动主题是“快乐生活,健康成长”,宣传重点是“宣传学前教育发展政策,增强社会共识”。具体内容为:宣传学前教育政策措施和管理制度,重点宣传《幼儿园工作规程》、《幼儿园收费管理暂行办法》、《幼儿园教育指导纲要》等学前教育规章制度及地方相关政策措施;宣传学前教育重大项目建设情况;推广科学育儿理念,帮助家长树立正确的育儿观;规范幼儿园办学行为,防止和纠正学前教育“小学化”倾向。9月,市财政局、市教育局出台《鹤壁市学前教育资助实施方案》,建立学前教育资助制度,对经县级以上教育行政部门审批设立的普惠性公办、民办幼儿园在园家庭经济困难儿童、孤儿和残疾儿童予以资助。资助标准是按照在园时间每人每天不低于2元(一年按200天计算)。学前教育资助资金由属地财政部门负责,其中市属幼儿园特困幼儿资助资金由市财政负责,县(区)属幼儿园由县(区)财政负责。幼儿园应从事业收入中提取3%—5%的资金,用于对特困幼儿减免收费、提供特困补助等。

【学校项目建设】 2012年,市财政投入资金3838万元,扎实推进教育品质提升工程。市二中和市鹤翔小学新增教学楼建成投入使用。启动实施了13个市直中小学基础设施建设项目,分别是:市淇滨中学综合培训楼、市湘江小学综合办公楼、市实验幼儿园六班教学楼、市实验学校教育综合楼、市特殊教育学校综合楼等校舍建设项目,鹤壁高中与市兰苑中学资源整合项目和市淇滨中学综合楼等规划建设项目,市实验学校、市兰苑中学、市鹿鸣小学、市福田小学、市鹤翔小学、市桃源小学等6所学校塑胶运动场建设项目。淇滨区明达小学项目开工建设,明达中学项目选址确定。

【举办现代教育技术观摩周活动】 4月23—25日,2012年全市现代教育技术小学阶段观摩活动在鹿鸣小学举行。本次观摩由市教育局电化教育馆主办,市鹿鸣小学承办。来自全市的19名小学优秀教师,按照“同课异构,共建生命课堂,信息技术,助推教育均衡”主题,采用“班班通”基础下构建的交互式电子白板多媒体教学模式,向全市两县三区的教师们展示了19节精彩的语文、数学现代教育技术示范课。

【举办市中小学生田径运动会】 4月26—28日,2012年鹤壁市中小学生田径运动会在鹤壁高中体育场举行。运动会设20余个比赛项目,有来自43所中小学的447名运动员参加。

【生命课堂实验基地命名】 5月4日,市教育局命名市外国语中学等76所学校为“生命课堂实验基地”。此次获命名的学校中市直16所、浚县17所、淇县12所、山城区17所、淇滨区10所、鹤山区4所。

【普通高考】 本年,全市本科上线5293人,比上年增加294人,增幅为5.8%。其中,本科一批上线883人,比上年增加10人,增幅为1.15%;本科二批上线1720人,比上年增加69人,增幅为4.2%;本科三批上线2364人,比上年增加185人,增幅为8.5%;专升本及对口升学上线329人,比上年增加30人,增幅为10%。

5月14日,市教育局决定,将2011年建成的5个标准化考点命名为鹤壁市第二批国家教育考试标准化考点,分别是:市淇滨中学考点、市实验学校考点、市淇滨小学考点、市鹤翔小学考点、浚县一中分校考点。2012年全市高招设3个考区、9个考点、347个考场,所有考点均为标准化考点,全部实现远程监控。

【中小学团队干部培训】 8月9日,由市教育局、团市委和市少工委联合举办的全市学校团队干部培训班在市委党校开班。来自全市各中小学的60余名团组织负责人和少先队辅导员参加培训。本次培训为期5天,采取专题讲座、研讨会、经验介绍、分组讨论、联谊活动等形式进行,主要培训内容是少先队的根本任务、少先队的组织特征、少先队的教育特点、如何做一名优秀的少先队辅导员、中小学生的心理特点及成长规律、如何更好地帮助中小学生正确处理学习生活中遇到的各种心理问题等。通过培训,全面提升了中小学共青团干部和少先队辅导员的业务水平,促进了广大中小学生全面健康发展。

【全市教学教研工作会议】 9月27日,市教育局召开全市教学教研工作会议,要求全市进一步深入开展“教改大课堂”活动、抓好名师工作室建设,在全市范围内全面推进网络教研,加快构建中小学生健康成长教育体系;全市基础教育工作者及教师要站在育人为本的高度,站在促进学生健康成长、全面发展的高度,围绕构建中小学生健康成长教育体系,抓好落实学校主要领导教育教学质量责任制和学校基层教育质量管理责任制,加强教学教研规范管理、教研队伍建设、校本教研等工作,突出基础、突出质量、突出常规、突出实效,为全市教学教研工作再上新台阶做出更大贡献。

【竞赛获奖】 3月30日至4月1日,在河南省基础教研室举办的河南省首届实验创新大赛上,鹤壁市高中教师岳心敬获高中组一等奖、市实验学校教师牛海涛获得初中组第二名。

8月22日,在省教育厅、省教育工会组织的全省教育系统教学技能竞赛上,鹤壁市参赛教师获得2个特等奖(全省共9个)、8个一等奖、12个二等奖和3个三等奖。其中,鹤壁高中教师刘青云和市湘江小学教师李莉获特等奖,被省人力资源和社会保障厅授予河南省技术能手称号;权记红等8名教师获一等奖,被省教育厅、省教育工会授予河南省教学标兵称号;方丽丽等12名教师获二等奖;葛万涛等3名教师获三等奖。

【出台《关于推进普通高中特色化建设的指导意见》】 10月17日,市教育局印发《关于推进普通高中特色化建设的指导意见》(鹤教文〔2012〕210号)。全市普通高中特色化建设以促进内涵发展为导向,以提高学生综合素质为目标,以改革普通高中人才培养模式为重点,以办学体制机制创新为途径,坚持“整体规划,因校制宜,以人为本,课程支撑”的原则,逐步实现以下目标:一是全面深化普通高中课程改革,构建符合校本和学生发展特点的特色课程体系。二是加快提升教师专业化发展水平,培养建立一支适应素质教育要求的教师队伍。三是进一步优化教育教学方式,创新人才培养模式,促进学生全面、有个性地发展,努力提高学生的创新和实践能力。四是探索、遵循学校发展规律,积累、提炼办学经验,打造一批优质特色普通高中学校。这项工作自2012年11月至2015年12月,分制定规划、组织实施和总结表彰三个阶段进行。

【成立首批“名师工作室”】 11月20日,市教育局举办“名师工作室”工作推进会暨首届名师论坛,为首批18位“首席名师”颁发聘用证书,正式成立“名师工作室”。“名师工作室”在2015年前,完成5项目标任务:一是结合本学科教学实际开展课题研究,研究解决学科教学中集中存在的共性问题,并形成有实践意义的成果。二是开展学科教学质量调研测试和命题研究,切实加强教学指导。三是承担省、市课程改革培训、教育教学业务指导和教师“传、帮、带”任务,做好本学科中青年教师的培养工作。四是开发、整合教育教学优质资源,建立学科教育教学资源库,实现学科优质教育教学资源的有效共享。五是定期组织开展教学研究和学术交流活动,积极主动地到农村边远地区支教,做好教学、教研成果推广应用工作。

【普通高中改造工程】 市教育局、市财政局、市发改委决定自2012年起启动实施普通高中改造工程,计划筹资1.73亿元,通过3至5年的努力,使全市普通高中教学、实验和学生生活设施基本达到国家颁布的普通高中学校校舍建设标准,从根本上解决“薄弱学校太弱、优质高中太挤”的问题。全市普通高中改造工程惠及2县3区7所学校。其中,市直学校改造项目为鹤壁高中和市培红高中,计划投资5705万元,改扩建校舍面积2.85万平方米,增添仪器设备120套;浚县改造项目为浚县第一高级中学和浚县第二高级中学,计划投资5470万元,改扩建校舍3.45万平方米,增添仪器设备5000套;淇县改造项目为淇县第一高级中学,计划投资4131万元,改扩建校舍2.42万平方米,增添仪器设备1304套;鹤山区改造项目为鹤山区高级中学,计划投资1122万元,改扩建校舍面积1.53万平方米,增添仪器设备250套;山城区改造项目为山城区综合高中,计划投资875万元,改扩建校舍5054平方米,增添仪器设备45套。

【改善农村中小学办学条件】 12月,鹤壁市投入6762万元专项资金改善农村中小学办学条件,全面促进义务教育均衡发展。此次专项资金主要用于农村中小学实验室、"班班通"、图书室、音体美器材等方面建设。其中,中央、省下达农村义务教育薄弱学校改造资金3381万元,市、县财政投入资金3381万元。

职 业 与 成 人 教 育

【获得省职教攻坚工作先进市称号】 5月8日,在河南省职业教育工作电视电话会上,鹤壁市被表彰为2011年河南省职业教育攻坚工作先进单位。市长魏小东在鹤壁分会场作典型发言,副市长张然在郑州主会场领奖。

【全市职业教育工作会议召开】 11月6日,鹤壁市召开职业教育工作会议,贯彻落实全省职业教育工作电视电话会议精神,回顾总结鹤壁市职业教育工作,分析研究当前职业教育发展面临的新情况、新问题,安排部署下一步工作。市长魏小东到会讲话。市委常委、宣传部部长李军,副市长张然出席会议。会上印发了《鹤壁市人民政府关于进一步推进职业教育改革与发展的实施意见》(鹤政〔2012〕34号)。2008年以来,鹤壁市坚持把发展职业教育摆在经济社会发展的全局性、战略性位置来抓,积极探索投资多元、灵活多样、充满活力的办学体制机制,科学规划、高标准、高质量地推进职教园区建设,坚持特色发展,深化教育教学改革,全市职业教育发展布局趋于合理、规模质量持续提升、体制机制更加灵活、支撑作用明显增强,职教攻坚工作取得显著成效,服务全市经济社会发展的效应正在显现。鹤壁市当前和今后一个时期加快职业教育发展的总体思路是:以科学发展观为指导,深入贯彻落实中央、省里的各项决策部署,继续以职业教育改革试点为基础平台,以体制机制创新为中心任务,改革封闭式办学模式,改革单一的政府投资模式,改革职业院校的管理体制和机制,抓好职业教育项目规划与建设,探索构建现代职业教育体系,不断巩固职教攻坚成果,不断提高职业教育的办学活力、吸引力和服务能力,为鹤壁市在中原经济区建设中先行先试走在前面提供坚强智力支撑和人才保证。

【《光明日报》等10余家媒体采访报道鹤壁市职教园区建设经验】 4月18日,省教育厅组织《光明日报》、《中国教育报》、《河南日报》、《大河报》、《教育时报》、中国教育电视台、河南电视台、河南人民广播电台、大河网等10余家新闻媒体的15名记者组成"职业教育中原行——新闻媒体采访团"来到鹤壁,集中采访报道鹤壁市职教园区规划和建设方面的先进做法和经验。采访团认真听取了鹤壁市关于职业教育在项目建设、资源整合、创新人才培养模式和深化教育教学改革等方面所取得的成就和进展情况的汇报;实地参观了鹤壁市职教园区建设情况,并详细了解了园区的规划进展情况,对职教园区的规划布局、运行模式和办学体制等均给予了高度评价。

【举办"天海杯"鹤壁市中等职业教育技能大赛】 5月25—27日,市教育局举办"天海杯"鹤壁市中等职业教育技能大赛。此次大赛设置13类39项技能竞赛项目,有1026名选手参加。通过选手激烈角逐,专家客观、公正的评选,有750名选手获奖。其中鹤壁机电信息工程学校常会珍等169名选手获得一等奖,淇县职业中等专业学校闫万山等264名选手获得二等奖,鹤壁工业中等专业学校张玉海等317名选手获得三等奖,浚县职业中等专业学校姜光明等335名选手获得优秀辅导教师奖,机电信息工程学校、淇县职业中等专业学校、鹤壁职业技术学院中专部获得优秀组织奖。

【出台《中等职业学校专业设置管理实施办法》】 6月10日,市教育局出台《中等职业学校专业设置管理实施办法》,对鹤壁市中等职业学校专业设置条件、设置程序、管理与指导、规范与检查等方面作出明确规定。

【评选鹤壁中职品牌专业、特色专业】 9月,全市中等职业学校品牌专业、特色专业评选结果揭晓,有13个中等职业学校专业上榜。6个市级品牌专业分别是:市机电信息工程学校数控技术应用专业、模具制造技术专业,鹤壁汽车工程职业学院汽车运用与维修专业,浚县职业中专电子技术应用专业,鹤壁工业中专数控技术应用专业,淇县职业中专服装设计与工艺专业。7个市级特色专业分别是:市机电信息工程学校会计电算化专业、学前教育专业,鹤壁职业技术学院中专部建筑工程施工专业,鹤壁汽车工程职业学院电子技术应用专业,淇县职业中专现代农艺技术专业,鹤壁工业中专工艺美术专业,鹤壁煤业技师学院矿井通风与安全专业。

【6个单位获得省职教校企合作工作先进单位称号】 10月,在省教育厅组织的河南省职业教育校企合作工作先进单位的评审中,鹤壁市有3所职业学校和3家企业获得此项殊荣,并获95万元奖励资金。获得先进单位的中等职业学校是:鹤壁市机电信息工程学校(奖励25万元)、鹤壁工业中专(奖励25万元)、淇县职业中等专业学校(奖励15万元);获得先进单位的企业是:河南三阳光电有限公司(奖励10万元)、鹤壁市恒通电器有限公司(奖励10万元)、河南新亚服装有限公司(奖励10万元)。

【创建职教"优秀双师教学团队"】 本年,市教育局决定在全市范围内开展职业教育"优秀双师教学团队"创建活动,旨在加强职业学校内涵建设,促进职业学校专业发展,全面打造高水平、高素质、高技能的职业学校"双师型"教师队伍,首批计划评出4个。"优秀双师教学团队"以学校品牌专业、特色专业教师队伍为单位申报,每所学校申报数量为1—2个,每个团队包括1名专业带头人、4—6名专业骨干教师和2—3名兼职教师。团队带头人长期在教学一线工作,有企业技术服务或技术研发经历,且在本行业技术领域有较大影响力;骨干教师具有较强的理论和实践教学能力,有企业实践经历,能积极参与专业建设与教学改革;兼职教师为企业一线业务骨干或行业专家，能切实承担起实训指导工作，并与专任教师共同开发课程、共同进行技术服务与合作。

【省政府教育督导团督察鹤壁市职业教育工作】 11月29—30日，以省教育厅成人教育教研室书记宋正武为组长的省政府教育督导团莅临鹤壁，就职业教育工作进行专项督导检查。督导团通过查阅档案资料、听取汇报、实地察看等方式对鹤壁市职业教育工作进行全面细致的检查，高度评价了鹤壁市在职业教育工作方面取得的成绩，认为鹤壁市能深入落实优先发展职业教育战略，促进职业教育快速发展；不断加大职业教育投入，办学条件得到大幅度提升。希望鹤壁继续加大工作力度，不断深化内涵建设，结合地域需求设置专业，提升办学层次，培养有用人才，切实办好人民满意的职业教育。

【87名学生在省级大赛上获奖】 在2012年全省中等职业学校学生素质能力大赛上，鹤壁市87名参赛选手全部获奖，其中一等奖4名、二等奖39名、三等奖44名。其中淇县职业中等专业学校徐素艳、鹤壁机电信息工程学校陈丽娜、浚县职业中等专业学校张晓楠、浚县农业高级中学何晓芳等4名选手获一等奖。鹤壁市教育局获得优秀组织奖。

师资队伍建设

【开展“教改大课堂”暨“生命课堂”展评活动】 本年，市教育局在全市范围内开展“教改大课堂”暨“生命课堂”展评活动。活动分两个阶段。上半年为第一阶段，即“教改大课堂”活动阶段，以县区和学校为单位，内容包括举办专题讲座、专家报告、名师讲坛、教改论坛等。下半年为第二阶段，即全市“生命课堂”展评阶段，各县区、学校在本单位开展“教改大课堂”活动的基础上，选拔推荐相应名额的优秀教师参加全市展评。10月22—26日，全市各中小学的96名教师分别在市淇滨小学、市福田小学、市兰苑中学和市外国语中学作展评课，参加观摩的共计6000余人次。本次活动推动了“生命课堂”的教学研究，促进了全市教育教学水平的提升。

【举办名校长、名师论坛】 4月13日，鹤壁市教育局举办首期名校长、名师论坛，170余名校长和教育工作者参加。市教育局党委书记、局长王朝庄作了《关于教育教学改革的系统思考》的主题报告。名校长、名师论坛自当天启动后，定期举办。主讲人除邀请外地专家学者、校长外，主要以本市校长为主。每期有2名市直学校校长和1名县区学校校长作报告。

【师资培训】 本年，市教育局组织3000余名教师参加各级各类培训。选派151名校长分赴华中师范大学、河南师范大学、北京师范大学进行研修培训。举办各类培训班，对班主任、英语教师、团队干部、心理健康教育教师、体音美等教师进行专业培训。培养各级各类名师、骨干教师2300余名。全市小学专任教师学历合格率达到99.97%，初中达到99.33%，普通高中达到95.3%，中职学校达到96%。

3月13日，市教育局在淇县庙口乡举行2012年优秀教师“送教下乡”启动仪式暨教学观摩活动。该项活动贯穿全年，通过深入农村偏远山区基层学校、以信息技术与学科整合观摩课、多媒体课堂教学设计讲座、教学资源制作和应用培训等多种形式，提高广大农村教师的教育理论素养、教育教学技能，促进城乡教育共同发展。市教育局还先后承办了河南省中学英语、中学数学优质课观摩活动和全省中小学生艺术展演活动，全省有6000余名师生到鹤壁市观摩学习。

【全省中等职业学校青年教师企业实践基地活动启动仪式在鹤壁举行】 7月5日，鹤壁市承办的河南省2011年中等职业学校青年教师企业实践基地活动启动仪式在(鹤壁)天海集团隆重举行。市教育局、天海集团、鹤壁汽车工程职业学院的有关领导及来自全省各中职学校的20余名企业实践活动青年教师等参加了启动仪式。本期教师企业实践项目为期6个月，脱产进行，实行“师带徒”模式。主要采取了生产一线现场观摩、技能培训、上岗操作和演练、专题讲座、小组研讨、参与产品开发和技术改造等形式进行实践活动。教师重点了解产业发展趋势、企业生产组织方式、工艺流程等基本情况，熟悉企业相关岗位(工种)职责、操作规范、用人标准、管理制度及企业文化等具体内容。

【举办全市中职学校省级专业骨干教师培训班】 7月23日，全市2012年中等职业学校省级专业骨干教师培训班开班仪式在市机电信息工程学校举行。市教育局、市机电信息工程学校负责人及40名培训学员参加了仪式。7月24日，市教育局党委书记、局长王朝庄亲临培训班，现场讲授《关于职业教育教学改革的系统思考》并与学员交流互动。

鹤壁市属县(区)教育行政简况

单位名称	局长	办公地址	邮编	电话
浚县教体局	陈宗全	浚县县城	456250	0392-6871000
淇县教体局	孙保国	淇县县城	456750	0392-7260829
淇滨区文教体局	徐延平	市淇滨区湘江路	458030	0392-3378896
山城区教育局	吕　珂	市山城区春雷路	458000	0392-2667103
鹤山区文教体局	李鸿斌	市鹤山区中山路	458020	0392-2315563

撰稿：董民全
审稿：王朝庄　骆朝宏

新 乡 市

市政府分管教育副市长:杨书廷
市教育局党委书记、局长:李修国
市教育局地址:新乡市南环路与丰华街交叉口南50米路东
邮编:453003
电话:0373-3519009
传真:0373-3519008

综合管理

【概况】 截至2012年底,全市共有各级各类学校2043所,在校生124万人,教职工6.8万人,其中专任教师5.9万人。其中小学1604所,在校生66.2万人,教职工2.5万人(其中专任教师2.4万人);初中333所,在校生24.5万人,教职工1.9万人(其中专任教师1.7万人);普通高中55所,在校生11万人,教职工9828人(其中专任教师7954人);中等职业学校34所,在校生8万人,教职工3875人(其中专任教师3054人);普通高校10所,在校生14.1万人,教职工1万人(其中专任教师7147人);特殊教育学校7所,在校生917人,教职工195人(其中专任教师160人)。此外,全市共有幼儿园(所)2023所,在园幼儿25.6万人,教职工1.7万人(其中专任教师1.1万人)。

【市教育局领导班子成员名单】 党委书记、局长张红彦(—8月)、李修国(11月—),党委副书记、副局长田发银,党委委员、政府教育督导室主任张迎菊(—3月),党委委员、副局长张林,党委委员、纪委书记唐晓根(—6月)、王平平(6月—),党委委员、副局长段新和(—8月)、冯树正(8月—),职业教育局局长于建新,副调研员谷明进(—3月)、葛建国(—3月)、宋卫红(8月—)、巴福杰(8月—),市招生办主任高洪喜(6月—)。

【教育工作会议】 3月9日,2012年新乡市教育工作会议在新区行政办公大楼召开,市人大常委会副主任田庆忠、市政府副市长杨书廷、市政协党组成员宗怀川出席会议。会议传达国家和省教育工作会议精神,表彰2011年度义务教育均衡发展、职业教育攻坚、校安工程建设的先进县(市、区),对2011年全市教育工作进行总结回顾,对2012年的工作重点进行安排和部署。杨书廷在讲话中,强调"四个抓好",即抓好规划、抓好建设、抓好考评、抓好队伍;市教育局党委书记、局长张红彦作主题报告。各县(市、区)政府分管副县(市、区)长、教育局长,市公安局、市发改委、市财政局、市人力资源和社会保障局、市城乡规划局、市地税局、市国土资源局、市住建委分管领导和教育战线干部职工代表400余人参加会议。

【党建工作】 一是加强党员干部思想建设。开展"学习型党组织"创建活动。各基层党组织以"党员学习日"活动为载体,采取集中辅导与分散自主学习相结合、参观学习和业务竞技活动相结合。如市七中开展"微型党课"活动,利用教师集会向全体教职工宣讲,不断提高广大教职工的思想素养。在教育系统广大党员干部中广泛开展"向李林森、郭明义同志学习"活动,向基层党组织发放《李林森的故事》学习读本,组织教育系统党员干部观看电影《郭明义》、《杨善洲》等。开展学习宣传贯彻十八大精神的活动。组织党员干部收听收看胡锦涛所作的十八大报告;下发《中共新乡市教育局委员会关于在全市教育系统开展学习宣传贯彻十八大精神的通知》,指导各基层党组织制定实施方案。二是开展基层组织建设年活动。3月,按照中央、省、市关于基层党建工作各项要求和开展基层组织建设年的部署,围绕"强组织、增活力,创先争优迎十八大"的主题,按照"抓落实、全覆盖、求实效、受欢迎"的工作要求,市教育局党委下发《新乡市教育系统在创先争优活动中深入开展基层组织建设年活动的实施方案》,组织全市教育系统开展基层组织建设年活动,指导基层党组织对本单位的党建工作进行总结、查找问题、分析原因和制定整改措施,在各单位自评基础上,对基层党组织党建工作进行综合评估和分类定级,对工作相对薄弱的基层党组织进行重点检查和督导,促其尽快晋位升级。三是做好党员培养教育发展工作。11月,举办教育系统第十九期入党积极分子培训班,对49名入党积极分子进行党的十八大有关知识和十八大精神学习培训、党的基本理论知识学习培训、党章学习培训、《李林森的故事》学习培训等。2012年,共发展党员39人,预备党员转正37人。四是开展帮扶活动。牵头做好2012年帮助新农村社区建设工作,由市教育局党委委员、副局长冯树正带队组成驻村帮建队,开展帮建工作。在学校教师党员中开展帮助学困生的"阳光活动",即每个教师党员选择1名以上学困生,对其在学习、心理疏导、良好行为习惯养成等方面进行帮扶,使学困生也能够快乐的学习与成长;党组织、党员与群众结对帮扶,在学习、工作、入学、就业和生活上进行帮扶,党员与群众、与学生携手共进步,市一中、市七中、市十中、河师大实验中学、市三十二中等学校的党员结对帮扶工作突出,成效显著。五是推行"阳光党务"建设,采取设置党务公开栏、公文网、电子屏幕、媒体报道等形式公开党务工作，特别是对党内重大决策、重要干部任免、涉及党员和群众切身利益的问题等党内事务及时公开；充分发挥基层民主监督作用，局党委先后于3月、11月两次召开民主生活会，广泛征求基层单位和广大党员干部对教育局在职责履行、目标完成、工作作风、思想作风、纪律规范、服务基层等方面存在的问题和意见建议，并积极整改。指导市二中和市育才小学两个试点单位，并将其好经验加以推广，加强对局属学校党务公开工作进行检查和督导。六是“创先争优”工作。以“三讲、三说、三述”活动为载体，引领基层党组织开展“双百夺旗争星”、党组织和党员目标承诺、党员志愿者服务、党员结对帮扶等系列活动。2012年度，新乡市教育局和新乡市一中获得新乡市“创先争优”活动流动奖，市二十二中、市育才小学、市铁路高级中学、市教育局机关被评为2010—2012年新乡市“创先争优”活动先进基层党组织，市一中和市教育局被评为2010—2012年新乡市“创先争优”活动先进单位，2人获2010—2012年新乡市“创先争优”活动优秀共产党员称号。“七一”前夕，对“创先争优”活动中的43个先进基层党组织和230名优秀共产党员进行表彰。

【资金争取和教育重点项目建设】 一是2012年争取省以上教育资金7.5亿元，均属无偿资金，高于省平均水平。二是做好中小学校舍安全工程“三年攻坚”收尾工作。全市“三年攻坚”规划改造面积122万平方米（其中重建面积104万平方米，加固面积18万平方米），已开工改造校舍面积123.7万平方米，其中竣工106.7万平方米。三是做好D级危房拆除和封存工作。至2012年年底，全市拆除危房571895平方米，封存危房100566平方米。四是继续做好校安工程档案建设和校舍管理系统数据管理工作。全市1917所学校、10057栋校舍的基本信息和规划信息全部录入。五是制定并上报新乡市《农村初中校舍改造二期工程规划》，共争取6个学校项目、资金2488万元，计划总建筑面积21775平方米，资金已经到位。六是新乡市外国语学校新校区启用。新乡市一中新区教学部已开工建设，占地74亩，总计划投资1.37亿元，拟建面积37000平方米。七是新乡市幼儿师范学校新校区建设项目。成立新乡市幼儿师范学校迁建升专工作领导小组，新校区规划用地约336亩，计划总投资1.962亿元，总建筑面积83100平方米，正在办理土地手续和图纸设计招标。八是长垣县、新乡县、获嘉县新建3所特殊教育学校项目主体均已完工，建筑面积共计12188平方米，总投资1400万元。九是做好《新乡市教育发展总体规划》制定工作，完成图则和总图，每所学校的控规定位基本完成。

【招生考试】 一是完成各类考试组织工作。市招生办公室共组织完成普通高招、研究生招生、中招、成人高招、高等教育自学考试、大学英语四六级考试、全国计算机等级考试及各类非学历考试等19次，考生总计27.72万余人；评阅试卷7.4万余份；集中录取4次，录取各类新生4.51万余人；办理自学考试毕业手续573份。二是在全国首先使用虹膜识别技术。新乡市首先在全国研究生入学考试中和2012年封丘县普通高考中使用虹膜识别技术对考生进行身份验证试点工作，这在全国的国家教育考试中尚属首次，受到教育部和省招办充分肯定。三是标准化考点建设工作。2012年，全市共计投资1215.56万元，对33个标准化考点的1861个考场进行升级改造，新建成标准化考点2个，全面建成市、县考务指挥平台，考场覆盖率达到100%，完成全市标准化考场建设，实现国家教育考试网上巡查、实时监控、视频会议、远程指挥、省部联通等功能。

【学生资助】 成立“新乡市学生资助管理中心”，使义务教育学校、学前教育学校、中等职业学校、普通高中学校的学生资助实现统一归口管理。一是农村义务教育经费保障机制改革工作。按上级要求，及时足额落实各项新机制资金，进一步提高农村义务教育学校生均公用经费基本标准，并按新标准（小学530元/生·年，初中730元/生·年）及时拨付到位。2012年，全市补助农村中小学公用经费28703.1万元，农村免费教科书资金共计5016.7万元，农村义务教育阶段家庭经济困难寄宿生生活费补助资金共计2455.7万元。二是城市义务教育阶段学生学杂费和城市低保家庭学生“两免一补”工作。在全面实施农村义务教育经费保障机制改革的基础上，按照“一费制”标准免除城市义务教育阶段学生学杂费。2012年，全市拨付城市义务教育阶段免杂费资金2125.6万元，补助公用经费1944.54万元，为城市低保家庭学生免除教科书费20.35万元，发放寄宿生补助1.57万元。三是普通高中学生资助工作。2012年，全市共拨付普通高中国家助学金2161.8万元，受惠人次2万余人。开展中央彩票专项公益金教育助学项目，具体内容为：滋惠计划——奖励新乡市普通高中家庭困难、品学兼优的在校生2000元/生·年，奖励名额755名，奖励金额151万元；励耕计划——资助新乡市家庭经济特别困难的教师250名，一次性发放资助金1万元，共计250万元。

【电化教育】 一是“班班通”工程建设。年初，在顺利完成市属中小学“班班通”一期工程建设的同时，及时组织指导各学校培训、学习、应用优质信息化资源进行教育教学，市属学校60%班级、农村学校33%班级的中小学师生享受到信息化教育的便利、高效。二是以赛促用，提升电教教科研水平。先后组织申报立项省级教育信息化相关课题十余项，组织开展全市师生参加第十三届全国中小学电脑制作、第十六届全国教师多媒体教育软件大奖赛、第三届全省教育信息化资源应用成果评选、农村远教应用成果评选、教师信息技术与学科整合技能大赛等5项活动，600余名师生的700余项成果获省一、二、三等奖，在第十三届全国中小学电脑制作等4项活动中，新乡市均获省优秀组织单位。三是强化培训，培养信息化师资队伍。组织开展教师多媒体教学设计及资源应用培训、农村中小学现代远程教育工程技术骨干教师培训、多媒体课件制作培训等培训活动，培训信息化师资2300余人，被省电教馆评为教育技术培训先进基地。四是规范管理，深化信息化资源应用。一年召开两次全市电教教材建设工作会，对工作进行全面部署和安排，并定期或不定期组织人员对各县（市）区进行专项检查、督导。承担省版教材研发任务，2012年，完成36节省经典说课教材研发任务并正式出版发行。五是做好教育电视工作，不断提升教育电视栏目质量与收视率。一方面，走进中小学和高等职业院校，策划推出大型特色创新教育活动；另一方面，全面整合栏目资源，创新开办特色栏目，力求在教育特色上做足文章：重点推出中国传统文化教育、学习型组织创建等栏目；《招生·考试·就业》栏目，围绕观众关心的高招、中招相关政策，广泛报道，使栏目更加贴近教育、贴近师生;少儿部配合广告部开展"星耀全城小童星"活动,得到社会、学校和家长普遍欢迎。新乡市电化教育馆获河南省教育技术培训先进基地称号。新乡市获河南省教育厅第十六届多媒体教育软件大奖赛先进组织单位、第十三届中小学生电脑作品制作评比优秀组织单位奖、第三届教育信息化基础教育资源应用成果先进组织单位等。

【安全稳定】 一是开展形式多样的安全知识宣传、教育、竞赛及安全逃生技能演练等,提高学生的安全意识和自救能力。11月6—9日,举办全市教育系统安全管理培训会,399名中小学校长参加。二是健全校园安全管理网络,建立各科(室)分县包校责任制和一把手负责制,实行目标责任制。加强人防、物防、技防建设,为局属各学校安装部分监控设施,采购警用器材有球机18个、枪机229个、网络摄像头46个、强光手电68个、催泪剂73个、警棍89个。对市二中等10个学校的大门和围墙进行维修,消除安全隐患。同时,对全市校车摸底统计,全市共有正规校车57辆。联合相关部门正在制定全市校车管理办法,规范校车管理,确保校车安全。三是对学校周边环境进行治理。按照省、市关于开展"一打击两整治"有关部署和要求,对全市60所学校及周边突出治安问题逐个进行督查,对存在问题整改到位。四是加强校园卫生工作。加强健康知识教育,学生健康知识知晓率和健康行为形成率均达80%以上;在校适龄学生麻疹疫苗接种率达95%以上;加强对学校食堂食品安全的专项督查、整治,下发整改通知书52份,消除存在的隐患21起;全面启动中小学校食堂改造工程,新乡市13所学校食堂被评为河南省中小学校一级食堂;手足口病防治工作被市政府授予手足口病防控先进单位称号。五是开展中小学校方责任保险工作,为学校安全化解和转移风险提供保障。2011—2012学年,全市参保学生446256人,教职工参保15304人。至年底,本年度共协调保险公司理赔近82万元。六是做好应急、信访和维稳工作。进一步加强行政值班应急值守工作,建立健全突发公共事件信息报告工作机制。至年底,共接收网上信访案例总数96例,处理案例80例,不再受理15例,1例还在受理审核中;接待群众来信来访96例,赴省接访6次,复核信访案例2例。完善维稳应急机制,坚持"周报告"、每半月维稳形势研判等制度,及时收集、掌握、上报影响社会稳定的情况信息,狠抓矛盾排查稳定工作,瞄准重点矛盾、突出问题下功夫,化解一批长期未能解决的遗留问题。关注政治敏感问题。特别是在十八大、"九一八"、钓鱼岛问题等敏感节点,采取切实有效的措施做好教职工及学生的教育及稳定工作。至年底,教育系统未发生群体性事件、突发性事件、重大刑事治安事件及非法宗教活动,教育系统大局持续安全稳定。

【高校联络工作】 一是加强校地对接,支持高等教育发展。市委、市政府拨付320万元专项资金,支持河南师范大学生物工程制药基地项目建设;支持三全学院、新科学院新校区建设,工程建设进展顺利;新联学院小店新校区即将投入使用。二是协助做好驻新高校高层次人才到重点企业挂职工作。5月,第二批驻新高校高层次人才(25人)到重点企业挂职工作结束,第三批挂职工作正在推进中。三是与市人社局联合组织民营企业招聘周活动,2000余名大学毕业生参加招聘活动,近千名大学生与企业签订就业协议。同时,协助军分区做好新乡市高校大学生预征工作,全市近2000名大学生完成预征登记。四是启动"河南师范大学——高新技术企业协作共同体建设"工作,以河师大为牵头单位与全国100家企业建立协作共同体(其中新乡市企业25家)。五是加强与国内外大学合作。与华北水利水电学院联系,筹划建立新乡市与该校的战略合作关系。10月9日,在市政府常委会议室,参与组织"新乡市人民政府与华北水利水电学院战略合作框架协议签约仪式"。同时,做好抵御境外利用宗教对高校进行渗透和防范校园传教工作。

【党风廉政建设】 一是开展"廉政文化发展年"活动,扎实推进廉政文化建设。在新乡一中建成教育系统廉政教育基地。组织开展教育系统廉政书法、绘画、诗文、对联和公益广告作品等征集评选活动,参赛作品2000余件,部分优秀作品在廉政教育基地展览。举办全市教育系统庆"七一"廉政文化进校园文艺汇演,并在新乡教育电视台播出。市三中和铁一小被命名为第二批市级"廉政文化进校园"示范点。二是严格规范学校办学行为,坚决治理教育乱收费问题。在市治理教育乱收费领导小组的领导下,与市纠风办及其他成员单位联合组织春、秋两次全市性的中小学收费情况检查。2012年,共查办案件56件,清退违规资金82.63万元。三是履行监督检查职责,加强和规范对重大事项决策、重要干部工作、重点项目安排和大额度资金使用事项的监督,进一步增强监督的针对性和实效性,有效预防腐败问题和不正之风的发生。

【语言文字】 一是以推普宣传周为重点,采取形式多样的方式推广普通话。开展以"书写经典,传承文明"为主题的书法大赛,共收到900余件参赛作品。经书法专家评审,最终评选出个人一等奖67名、二等奖138名、三等奖211名。选送53件作品参加全省比赛,其中50件分获全省一、二、三等奖。二是优化服务,切实为各行业人员做好普通话培训测试的服务工作,圆满完成普通话水平测试工作的任务。上半年利用周六、周日共测试中等学校在校学生2500余名。全市社会及教育系统报名人数共2900余人,7月中旬集中进行测试。推进计算机辅助普通话水平测试工作,该项工作在全省走在前列。三是国家二类城市语言文字达标评估验收准备工作。开展市直机关和四个区公务员的普通话培训测试。对市直50余家单位全部进行普通话培训和测试,测试3000余人,完成对四个区的公务员进行普通话培训。四是语言文字规范化示范校创建工作。新区小学、市二十二中等7所学校顺利通过省检查组验收并被认定为省级语言文字示范校;市第一实验学校等17所学校被评为市级语言文字规范化示范学校。

【双拥工作】 2012年,新乡市区共审批通过42名军人子女享受中招考试的奖励与照顾政策。全市军人子女照顾入学人数为小学生870人、幼儿园103人。安排军嫂到教育系统工作6人,安排退伍兵到教育系统工作3人。派到部队文体艺辅导教师186人次。

【反邪教渗透工作】 一是与34个基层组织签订包保目标责任书,实行目标管理,严格落实责任制和责任追究制。二是健全情报信息工作机制,及时发现邪教活动苗头、及时上报邪教活动信息。三是要求局属各单位定期或不定期向市教育局汇报工作,并广泛深入基层,督促检查包保责任工作开展，确保包保责任制落到实处，对发生的邪教问题能够及时有效整治，确保教育系统无邪教人员、无邪教活动。四是在教育系统继续开展"创建无邪教校园"活动和普法教育，局属34所学校69000名学生参加"创建无邪教校园"活动和普法教育演讲比赛、书法比赛、知识竞赛，从意识形态领域占领主阵地。五是针对境内艺术人员出境演出，及时做好调查统计，做好协调配合，坚决、有效、稳妥地阻止有关人员出境。六是加强宣传教育，提高防腐拒变的能力，促进师生员工树立正确的世界观、人生观和价值观，增强对邪教危害性的认识，营造良好的育人环境。

基础教育

【学前教育】 一是规范学前教育管理。对审批的幼儿园进行检查，对全市非法幼儿园清理整治工作情况进行摸底，对全市学前早教机构现状进行调研，开展全市幼儿园达标升级活动；加强幼儿园卫生保健工作，确保幼儿在园安全；开展好以"快乐生活，健康成长"为主题的学前教育宣传月活动，营造全社会关心重视和支持学前教育的浓厚氛围。二是督促各县（市）、区做好公办幼儿园建设工作。至目前，全市新建公办幼儿园有19所完工，15所在建；改扩建的有13所完工，3所在建。三是加强幼儿教师队伍建设。组织开展全市幼儿教师基本功、第九届幼儿教师技能技巧比赛和玩教具制作比赛活动，选拔出19名优秀选手参加省厅比赛，18名选手获奖，市教育局获组织奖；从延津县选派2名优秀园长，分别到育才幼儿园和市直二幼进行为期一个月的挂职锻炼。组织选拔250名幼儿园骨干教师参加"国培计划（2012）"示范性远程培训项目，354名农村幼儿骨干教师参加"国培计划（2012）"农村幼儿园骨干教师培训。四是积极争取中央、省扶持学前教育项目资金。利用各种机会积极向上级部门汇报新乡市的幼教工作和发展现状，邀请有关领导来新实地调研，经过努力，2012年，全市共争取学前教育奖补资金7248万元（不包括长垣、封丘），其中中央奖补资金6329万元，省级奖补资金919万元。年内，资金已经分县（市）、区拨付到位。五是幼儿入园率取得较大提高。2012年全市学前3年毛入园率为79.1%、学前一年毛入园率为95.9%，远远高于全省3年毛入园率为58%、学前一年毛入园率为83%的水平。

【义务教育均衡发展】 一是继续推进义务教育均衡发展。2012年11月2日，召开全市义务教育均衡发展推进会，对全市义务教育发展基本均衡县的评估验收工作进行动员和安排部署。会议成立新乡市义务教育均衡发展及评估验收工作领导小组，印发《新乡市人民政府关于加快推进义务教育均衡发展的意见》，转发省厅有关文件。辉县市教育局被评为全国"两基"先进集体。二是加快推进义务教育学校标准化建设。制定全市农村义务教育薄弱学校改造总体规划及分年度实施计划，确定教学装备类项目学校1143所、校舍建设类项目学校157所，落实2010、2011年度市县地方配套资金4452万元（不含长垣县、封丘县）。三是组织好市人大领导对全市义务教育发展工作的调研。12月6日，市人大常委会领导到红旗区实验小学、向阳小学、小店镇初级中学等3所学校进行调研，了解全市义务教育均衡发展的现状和存在的问题，并提出意见建议。四是开展义务教育均衡发展先进县（市、区）创建活动。2012年，新乡市红旗区、卫滨区成功创建为河南省第三批义务教育均衡发展先进县（市、区），截至年底，新乡已有4个县（市、区）被评为河南省义务教育均衡发展先进县（市、区）、5个县（市、区）被评为新乡市义务教育均衡发展先进县（市、区），创建比例全省领先。

【进城务工人员随迁子女入学】 2012年，确定市区21所公办初中和25所公办小学为接收进城务工人员随迁子女学校，简化入学手续，畅通入学渠道，并发放《新乡市2012年进城务工人员随迁子女入学政策问答》3000份。2012年全市共接收随迁子女12004人（小学6031人，初中5973人），做到应入尽入、同城同待遇。2012年，放宽市区户籍限制，取消进城务工人员随迁子女报考省级示范性普通高中志愿的限制，随迁子女可以参加市区各类各批次招生，和本市初中学生享有一样的权利和义务。

【中招】 一是加大招生政策宣传。印制《2012年新乡市区普通高中招生指南》1万余册，免费发放给市区每一位考生，解读中招政策，宣传学校办学特色，指导学生填报志愿。2012年，中招首次实现网上报名、网上填报志愿、网上录取和网上注册学籍。二是组织完成中招艺术加试和首次体育特长生测试工作。

【课改与教研】 一是课程改革扎实推进。围绕课程改革开展《义务教育课程标准（2011版）》培训、普通高中新课程跟进培训、全市"2012年中考有效复习研讨会"、"基于标准命题和学业评价"培训会等各类教学活动。围绕"实施有效教学，打造高效课堂"的主题，积极开展课堂教学改革活动，涌现出"目标导学"、"两案六环节"、"五步导学法"等一大批优秀课改成果。市一中等8个单位获河南省普通高中课程改革先进单位，11人获河南省普通高中课程改革先进个人。二是教学研究工作深入开展。坚持教研员联系学校制度，教研员全年听课计386余次。坚持"送教下乡"、送课到农村活动，全年送教、送课20次。坚持开展以"漫步书香世界　塑造教研人生"为主题的"读书沙龙"和"教研论坛"活动，搭建交流平台，创设学习环境。创办《新乡教研》，充分利用基础教研网及时发布信息、动态，介绍课改动向，指导教学，为广大教师提供学习交流平台。组织教师参加国家、省各类比赛，全年有2位教师获全国特等奖，23位教师获全国一等奖，83位教师获河南省一等奖。三是教学质量稳步提升。强化对高中教学质量的过程监控。与许昌、平顶山两市联合举行三次高三调研测试，5月底，增加理综文综考前测试，并赴八县（市）高中学校进行高中教学和高三备考专项指导。2012年全市高考成绩稳步提高，各批次上线率均实现正增长。本科一批上线率6.51%，比上年提高0.57个百分点;本科二批上线率19.64%,比上年提高1.32个百分点;本科三批上线率47.92%,比上年提高1.9个百分点;高职高专一批以上上线率达到75.38%,高于全省平均上线率。

【德育】 一是完善德育目标管理体系,推进社会主义核心价值体系融入中小学教育的各个环节,实现全方位育人,被省教育厅评为河南省中小学德育工作先进单位。二是组织开展各项德育实践活动,上好全国“开学第一课”,组织“中小学弘扬和培育民族精神月”活动、“走向海洋”读书系列活动、科技活动周等。三是开展评选工作。做好省、市级普通中小学德育先进集体、德育先进个人、模范班主任评选表彰工作和2011—2012学年度省、市级三好学生和优秀学生干部评选表彰工作。四是组织参加全省中小学德育活动评选工作,新乡市获“学科德育精品课”一等奖5节、二等奖2节,“德育精彩瞬间”视频、照片、短文,全部获优秀奖,作品获奖率名列全省首位。

【特殊教育】 一是注重特教教师的培养,举办全市特教教师技能大赛,推荐3名优秀选手参加“河南省2012年特殊教育教师技能竞赛”,全部获得一等奖,其中全省第一名、第二名均为新乡市推荐选手,获得一等奖的比例位居全省第一。二是在市盲聋哑学校增设高中部,满足残疾学生接受高中教育的需求,填补新乡市特教学校没有高中阶段教育的空白。三是举办新乡市第十届特殊教育学生田径运动会,丰富残疾学生的体育生活。

【素质教育】 一是开展未成年人思想道德建设。先后组织时事教育活动、“节约纸张、保护环境、寄语未来”绿色环保主题教育等活动,收到较好效果。二是以活动为载体,加强学校体育艺术工作。先后组织“晨光”、“曙光”体育活动、中小学生篮球、足球、乒乓球等活动;举办第四届中小学生艺术展演展示活动,新乡市第六届音乐、美术教师基本功比赛等;举办全市中小学生田径运动会,2人打破2项中学生田径运动会最高纪录,45人次达到国家二级运动员标准。三是推进中小学实践教育基地建设,开展综合实践活动。辉县市中小学素质教育综合实践活动基地建成并投入使用,共有近6000名中小学生入驻开展综合实践活动。

【教育督导】 一是创新督政工作模式,检查重点突出教育投入和教育行政管理。开展对县级政府2011年教育工作的督导检查。2012年,共检查乡镇12个、学校56所,反馈意见35条,提出建议60余条,督促整改拨付教育经费7000万元。二是加大督学力度,创新学校督导评估,促进学校依法治校、自主发展。严格督学要求,规范督学程序,强化听课与评课环节,促进教育教学经验的交流。对各县(市、区)督学工作开展情况进行评比并将督学结果进行通报,强化督学结果的运用。三是开展省教育工作先进县认定工作,指导红旗区和辉县市先进县创建工作并顺利通过河南省教育工作先进县验收。总结2007年以来开展县级政府教育工作督导评估的工作经验及成效,总结推广县级政府教育工作先进经验,完善对县级政府教育工作的督导评估制度,强化县级政府履行教育职责。2012年,新乡市人民政府教育督导室被评为河南省教育督导工作先进集体和国家教育督导工作先进集体。四是开展专项督导。重点开展迎省政府教育督导团的职教攻坚和落实校园安全督导检查长效机制检查工作,并取得良好效果。

【规范办学】 在各县(市、区)、局直属学校加强学习规范,广泛宣传政策,强化常规管理。下发《关于严禁组织中小学生参加各类庆典活动的通知》、《新乡市教育局关于治理义务教育阶段择校乱收费的实施意见》等文件。秋季开学前完成全市普通高中改制学校清理规范工作。

【教育技术装备】 一是农村义务教育薄弱学校改造计划实施工作。上半年,要求各县(市、区)对本地区中小学装备情况进行认真细致的摸底调查并要求各地把教学装备与义务教育均衡发展推进计划、中小学布局调整、学校标准化建设结合起来,制定薄弱学校改造总体规划和年度计划。上级安排资金6120万元(实验教学仪器类),共可装备中学121所,小学217所。年内完成全市采购计划统计工作并上报省装备中心。二是中小学实验室标准化建设与管理。市教育局安排40万元对外国语中学实验室进行装备,年内完成项目招标工作并开始安装。三是中招实验加试和实验教学工作。2012年4月7—13日,全市有48000余名考生参加实验操作考试,其中,市区11000余名学生参加。开展全市实验教学优质课、优秀论文评选活动,评出实验教学优质课127节,辅导课22节,优秀论文83篇,优秀组织奖7个。组织参加全国、省教师自制教具评选,获得全国一等奖一件(河南省唯一)。参加全省自制教具评选,12件作品全部获奖。市教育技术装备管理中心获省教育厅优秀组织奖。

【体育和艺术】 一是体育工作。举办全市中小学生田径运动会,全市共有56个单位74个代表队近800名运动员参加运动会,其中2人打破两项中学生田径运动会最高纪录,45人次达到国家二级运动员标准;继续组织开展中学生“晨光”、小学生“曙光”体育活动;组队参加河南省中学生“晨光”体育夏令营和第四届中学“校长杯”乒乓球比赛,分获团体总分一等奖;组队参加河南省示范性高中田径运动会,全市共派出4个学校参加本届比赛,其中河师大附中取得男子组总分第二名、团体总分第四名,其他三个学校均取得参加本项比赛以来的最好成绩;举办新乡市“园丁杯”篮球和乒乓球比赛;组队参加新乡市第十届运动会,获市直组团体总分第二名,金牌数第二名,奖牌数第三名,并获新乡市体育道德风尚奖。组织中招体育加试和中小学体育(与健康)、音乐、美术优质课及论文评选活动工作。组织实施2012年度中小学学生体质健康标准测试工作。二是艺术工作。举办新乡市第四届中小学生艺术展演暨迎“七一”文艺演出。全市共有96个艺术节目和110余幅艺术作品参加市级展演展评,选评21个节目参加“新乡市第四届中小学生艺术展演暨新乡市中小学生迎‘七一’文艺演出”,推荐18个节目和20余幅作品参加“河南省第四届中小学生艺术展演”活动,并有2个节目参加在鹤壁举行的现场展演,受到专家的一致好评;组织“童心向党”歌咏比赛,推荐6个节目参加省里比赛。举办新乡市中小学音乐、美术教师基本功大赛,推荐8名优秀选手参加河南省音乐、美术教师基本功大赛,其中1名选手获第一名,2名选手获二等奖,新乡市教育局获优秀组织奖。

【卫生保健】 一是开展传染病防控工作。召开全市学校卫生工作会议,印发《新乡市教育局关于加强学校传染病防控工作的通知》,督查38家托幼机构,27所小学,被市政府授予"手足口传染病防控先进单位"。发放麻疹传染病预防知识手册2500多份,结合疾病预防控制中心,开展在校适龄学生疫苗接种工作,全市接种在校适龄学生近12万人次,接种率95%以上。二是关注学生饮食安全。印发《2012年学校食品安全工作计划》、《关于加强新学期学校食品安全工作的通知》等文件,加强对食品采购、贮存、加工、消费、学生饮用水卫生等重点环节督查,下发整改通知书82份,消除隐患41起。贯彻落实市政府食品安全委员会第三次全体(扩大)会议暨餐饮服务食品安全大整治工作动员会议精神,开展学校、幼儿园食品卫生安全大整治工作。三是开展中小学校食堂改造工程。印发《新乡市中小学校食堂改造工程实施方案》,签订改造工程目标责任书,全面启动改造计划。2012年全市有13所学校食堂被评为"河南省中小学校一级食堂",12所学校食堂被评为"河南省中小学校二级食堂"。其中,新乡市一中学校食堂第一个被省教育厅树为学校食堂标杆(全省目前只有两所学校食堂标杆)。另外,组织开展中小学校健康教育骨干教师培训和健康教育优质课、论文评选活动,完成高招体检工作、国家卫生城市届满复审迎检有关工作,开展"爱国卫生月"活动,对全市中小学校健康教育开展情况进行全面考核,使学生健康教育知识知晓率和健康行为形成率均达96%以上。

【教育科研】 一是"特色学校创建"工作,历时4年多,取得明显成效,被全国著名教育专家天津教科院基础教育研究所所长王敏勤教授高度评价为"很具有推广价值",他提议与新乡市进行合作,继续搞好此项目研究。二是"特色班级文化"创建工作,参与研究的学校,在班级管理、班风建设、班级特色文化的形成、班级良好学习氛围创设以及学生良好习惯养成等方面成效明显,成为学校文化创建的重要载体,取得明显社会效益。三是"经典诵读与未成年人伦理道德研究与实验"工作进一步深化,产生较大社会反响。四是"教学、科研一体化"工作,4—5月,深入基层学校指导课题研究、听课200余节。通过现场听课、座谈交流、专题讲座等形式,提高课题研究的实用性和课堂教学效益,达到"高质量、轻负担"的目的。五是对400余项市级以上科研课题进行结题鉴定并表彰。六是完成2012年度新乡市教育科研课题的立项课题的论证工作,400余项课题被确定为"2012年新乡市教育科研规划课题"。七是完成2012年河南省教育科研课题的推荐工作,15项课题被确定为省级科研课题。八是举办2次大型教育科研知识培训和优秀教育科研成果的推广活动,参加教师达1000余人次。

【勤工俭学管理工作】 一是推进和加强中小学生产实践教育基地的建设。辉县市中小学素质教育综合实践活动基地,一期工程建成并投入使用,6500余名中小学生入住开展综合实践活动,二期工程项目正在筹建中。卫滨区、封丘县、获嘉县、长垣县中小学生产实践教育基地已列入规划,以争取国家教育部和省教育厅建设项目资金支持。二是中小学校方责任保险工作。2011—2012学年,全市参保学生446256人,教职工参保15304人。截至2012年年底,2012—2013学年参保学生达39.5万人。2012年,全市共接报学生伤害案件600余起,重大伤害案件8起,共协调保险公司已决案件理赔金额近92万元。三是开展教育教学研究活动。在2012年7月全省举办的综合实践活动基地教师优质课比赛活动中,新乡市2名教师分别获优质课一、二等奖,勤工俭学管理中心获优秀组织奖。

职业与成人教育

【全市职业教育工作会议】 10月,召开全市职业教育工作会议。新乡市市长王战营出席会议并讲话,副市长杨书廷主持会议,会议出台《新乡市人民政府关于深化职业教育体制机制改革进一步加快职业教育事业发展的实施意见》。

【中职招生】 一是加强职业教育宣传工作。组织编印2500册《新乡职业技术教育》和6.5万份《新乡市中等职业学校招生简介》等资料,及时发放到初中学校和毕业生手中,宣传职业教育优质资源、职教成果和全市各中职学校简介及招生计划等。新乡市职业教育改革发展经验和白鹭中专经验在全省职业教育工作会上交流。《河南经济报》、《河南教育》、《新乡日报》、新乡电视台、新乡教育电视台等多个媒体刊发宣传职业教育文章多篇。二是加强普职沟通,促进中职招生。安排部署年度招生工作,分解年度招生任务。召开普通教育和职业教育2012年新乡市中职学校招生工作会议。县(市)、区主管职业教育局长、科(股)长,新乡市区中等职业学校校长、招办主任及市区初中学校校长共同参加会议。会上,初中学校和职业学校校长共同了解中等职业教育招生存在的困难,初中学校和职业学校要密切配合,为学生早日成才创造条件和环境。三是中等职业学校学生资助工作。2012年春季发放国家助学金1052.13万元,资助学生67442人次,发放免学费资金495.29万元,享受免学费学生8560名;2012年秋季,因资助政策调整,年内,组织教育部门与财政、审计、监察、人社等部门组成联合检查组,对中职学校资助政策落实情况组织定期和不定期的专项监督检查,基本做到应助尽助。2012年,中等职业学校招生2.4万人,完成省教育厅下达的招生任务。

【职业教育培训】 开展职业教育培训工作。全市劳动、教育、农业等部门积极配合,开展农村劳动力转移培训、就业和再就业等培训工作,完成各级各类职业培训任务,使未升学的初中、高中毕业生接受中等职业教育和培训的比例达到95%以上。

【职教攻坚项目及资金争取】 实施职教攻坚以来,新乡市获得中央、省级财政支持的职业教育攻坚项目14个,获得资金支持4885.7万元(不含各级获得先进的奖励资金和国家助学金、免学费资金)。其中,中央资金支持建设项目3个,资金

2360万元;省级资金支持项目11个,资金2525.7万元。

【职教资源整合】 新乡市职业教育资源整合获得奖励资金360万元,在全省省辖市中排名第一位。全市中职学校布局调整工作走在全省前列。资源整合后市区打造的四个人才培训基地健康发展,规模效益凸显。全市有国家级、省级重点中等职业学校各7所,市区的5所公办职业学校全部是省级以上重点学校,每个县(市)至少拥有省级重点职业学校一所。

【示范校创建】 一是开展国家中等职业学校改革发展示范校创建活动。推荐延津县职业中等专业学校、新乡市高级技工学校、获嘉县职业中等专业学校和卫辉市职业中等专业学校为国家级中等职业学校改革发展示范校教育部备案入库项目。延津县职业中等专业学校通过省教育厅和教育部审核,截至年底,有3所国家中等职业教育改革发展示范校。二是推进省职业教育品牌示范院校和特色院校建设。制订全市省职业教育品牌示范院校和特色院校建设规划。组织开展省职业教育品牌示范院校和特色院校建设计划项目的申报工作,向省教育厅推荐示范校新乡幼儿师范学校、新乡市高级技工学校、新乡卫生学校3所,推荐特色校新乡市职业教育中心、封丘县职业中专2所。

【实训基地建设】 争取各级职教攻坚奖励资金。新乡职业技术学院(新乡市高级技工学校)购置设备项目、辉县市职业中专实训楼项目、新乡幼儿师范学校教学楼项目进入国家发展和改革委员会、教育部、人力资源和社会保障部中等职业教育基础能力建设二期规划,新乡市职教中心实训楼为待选项目。

【职业教育体制机制改革】 一是职业教育局推进职业教育机制体制改革。探索以服务统筹全市职业教育,加强服务意识,提高服务能力。在招生、评优评先、职业教育攻坚项目申报、专业建设等全市性职业教育活动中,实现招生统一部署、学籍统一管理、业务服务统一受理。二是召开职业教育体制机制改革创新工作座谈会。5月11日,市职业教育局召集部分县(市)、区教育局,市属各类行业职业学校、市属职业学校、省属驻新职业学校共10个单位代表,召开职业教育体制机制改革创新工作座谈会。会议研究并讨论职业教育体制机制改革重点工作。

【职业教育体制机制改革试验点】 获嘉县进行跨行业职业教育集团化试验。以建设县职业教育中心为契机,遵循"自愿互利、优势互补、资源共享"的原则,组建以职业学校为主,校企一体、行业参与的获嘉县职业教育集团。牧野区成立职业教育中心,设在新乡市牧野海运中等专业学校。将全区党校培训、阳光工程、下岗职工培训、农村剩余劳动力培训、农机驾驶员等培训统一集中在该中心进行,并引导和鼓励企业到中心进行职工培训。

【校企合作】 一是开展推介活动。7月12日,举办为期三天的新乡市职业教育成果展暨新乡市校企合作推介会活动。活动由市教育局、市工商业联合会主办,由市职业教育中心、新乡市牧野区非公有制企业发展促进会承办,首次引入企业参加,有30家大型企业、全市30所职业学校、市民政局退役军人培训中心等单位参加。市区45所初中学校的初三毕业生共计有3200人参加,210名学生现场报名;职业学校共接待咨询一万余人次,职业学校和企业签订合作意向19个,订单培养100人;中职学校学生220人参加活动,16名学生签订就业协议。二是于7月12日举办新乡市职业教育校企合作论坛。论坛邀请新乡市教育局和新乡市工商联有关领导参加,新乡市各县(市)、区教育局主管职业教育局的局长及科(股)长、参加新乡市职业教育成果展暨新乡市校企合作推介会的所有职业院校和企业代表,职业教育教学研究室和成人教育教学研究室人员参加论坛。4所职业院校、3家企业和1家商会的代表分别阐述校企合作的经验和观点。

【中职教师队伍建设】 加强中等职业学校师资队伍建设,组织教师参加各级各类培训。88名教师参加省级中等职业学校专业骨干教师培训;8名教师参加省级中等职业学校班主任培训;19名教师参加中等职业学校专业骨干教师国家级培训;4名校长参加职业院校校长现代职业教育体系专题研究班;10名教师参加中等职业学校青年教师企业实践。25人参加全国班主任专业化成长德育经验交流大会。1人参加河南省中等职业学校校长出国培训班。全市省级以上重点职业学校"双师型"教师的比例达到专业课教师的60%。

【职业教育教学改革】 开展职业学校优质课、论文和教育教学科研成果评比工作。职业教研室和成人教研室在职业学校中开展多种形式的优质课评比,省级优质课30节;进行教育教学论文评选,获省级优秀论文44篇;获省级优秀教学成果10个。另有成人教育优秀论文5篇获省级二、三等奖。组织新乡市中等职业学校教师参加全国中等职业学校"创新杯"教学设计和说课比赛,5名教师参赛,其中3名教师获得省二等奖,2名教师获省一等奖,并代表河南省参加全国大赛,获全国二、三等奖各一个。

【技能大赛和文明风采活动】 一是技能大赛工作。6月9—10日,在市职业教育中心和辉县市职业中专两个赛场举行2012年全市中等职业教育技能大赛活动。大赛设8个专业类别20个项目,22所中等职业学校近300名选手参赛,178名参赛选手获奖,99名教师获优秀辅导教师奖。新乡市职业教育中心等5个单位获团体奖,新乡市职业教育教研室等7个单位获优秀组织奖。长垣烹饪职业技术学院的2名选手代表河南省参加全国大赛中职组烹饪专业中餐面点项目比赛,分获优秀奖。11月,在河南省中等职业学校学生素质能力大赛中,新乡获奖选手32人,其中一等奖3人、二等奖12人、三等奖17人。二是做好"文明风采"竞赛工作。成人教研室继续举办中等职业学校学生"文明风采"竞赛活动。经过校、县(市、区)逐级选拔,共征集中等职业学校学生的职业生涯规划、"生命·安全·和谐"动漫制作、"职业和生活中的美"摄影、"创业之星"主题征文、"心绣未来"演讲等作品101件,其中4件获省一等奖并由省评委会向国家推荐,70件分获省二、三等奖。

【专业建设】 加强中等职业学校专业建设,针对部分学校专业建设存在的历史遗留问题受理新设专业点申请,年初开展审核工作,有6个新增专业点审核通过。下发《2012年新乡市具有中等职业学历教育招生资格的学校及专业设置》文件,并在新乡市教育局网站发布。年终,继续开展审核工作。全市有省级重点专业点17个。

【顶岗实习】 8月,按照市政府会议精神,教育系统开展协助富士康招募顶岗实习工作。教育局领导两次专程赴富士康视察看望师生。完成近千人的招聘任务。

【"携手必得"挂网工作】"携手必得"网站是省教育厅与北京一家公司联合开办的职业学校和成人学校毕业生就业指导网站,根据省教育厅的有关文件和会议要求,年初成人教研室就组织召开全市职业学校和成人学校毕业生就业指导工作会议,会上转发河南省教育厅有关文件,传达有关会议精神,提出新乡市工作意见,部署全市挂网工作。本年,全市中职学校挂网情况良好。

【职教强县创建】继续开展职业教育强县(市)创建活动。原阳县和封丘县申报第七批职业教育强县(市),长垣县参加复评。在市教育局组织下,成立以教育、发改、财政、人事、农业等相关部门为成员的职业教育强县创建工作领导小组,多次召开创建职教强县专题工作会议,并深入原阳县和封丘县督促指导创建工作。同时,将创强任务纳入市政府目标管理,指导各县(市)与有关部门和乡(镇)政府签订目标管理责任书,建立监督机制,切实做到领导重视、目标明确、责任到人。原阳县已经通过第七批职业教育强县(市)验收,长垣县通过复评。全市8个县(市)中有7个成为省级职教强县,实现80%的创建目标。

【民办教育】原阳县阳光中学、封丘建勋学校、新乡建业小哈佛金龙幼儿园3所民办学校评为2011年度河南省优秀民办学校。加强对民办学校办学过程中的监督、管理和服务工作。做好民办学校和民办教育机构年审工作,并对年审后的民办教育机构、先进单位和个人进行表彰。依法按程序受理新乡市河南师大附中双语国际学校、河南师范大学附属中学金龙学校开设高中部、新乡立人文化学校、英才学校申请高中部等申请,并按规定程序办理。

干部队伍建设

【人事管理】一是做好全市城镇教师到农村支教工作。局属学校派出65名优秀教师进行支教,全市共派出449名教师到农村支教,超额完成目标。二是完成2012年度教师招聘工作,招聘教师63人,接收安置免费师范生7人。三是及时制订2012年度教育局机关公务员的培训和教育计划,并按照培训计划及时组织机关公务员进行培训学习。四是表彰优秀教师、优秀教育工作者300人,形成创先争优的良好氛围。五是配合市编制部门对市教育局系统进行人员编制全面核查,共实地核查教育系统46个单位,教职员工4643人。六是根据省、市有关文件精神,推进局属非义务教育事业单位的工资制度改革,指导局属学校、局直属机构完成奖励性绩效工资发放工作。七是及时引导和支持师范教育类高校毕业生面向基层就业,为毕业生提供优质服务,耐心给予政策咨询解释,分别为400余名毕业生及时办理就业报到手续。八是根据市委办、市政府办关于开展市直机关科室(机构)季评奖惩工作的意见,顺利完成市教育局的季评工作,并将参加季评科室的排序进行公示。

【职称评审】2012年,全市教育系统共有1680名教师参评。其中向省职称评审领导小组报送高级材料360份,接收高校中级材料110份,中专中级材料35份,中学一级材料619份,小学高级材料556份。与以往相比,职评工作程序更加公开、安排更加紧凑、组织更加严密、标准更加科学、纪律更加严明。

【师德教育】2012年,新乡市以"教育崛起教师为基"为主题开展师德集中教育活动,同时在中小学校中开展师德师风先进校创建活动。先后组织师德演讲、师德报告会、师德征文等形式多样的教育活动,有效促进全市教师师德素养的进一步提高。年底,市教育局下发《关于进一步加强师德建设的意见》,并于12月25—27日分别在市区、辉县市、原阳县召开三场"博爱——托起今天的太阳"师德报告会。获河南省"教育崛起教师为基"师德主题教育活动优秀组织奖,河南省第六届农村青年教师技能竞赛组织优胜奖。

【教师培训】2012年,完成中小学和幼儿园教师岗位培训、骨干教师培训等各项培训任务2.5万人次以上。全市不断完善教师培训制度,统筹城乡教师培训任务,创新培训模式,切实增强培训的针对性与实效性。通过采取全员岗位培训、骨干教师培训、学科专项培训、境外高级研修、送教下乡等多种形式,共完成各级各类培训项目2.5万余人次。其中完成国培计划培训项目5851人次;争取省培资金80万元,完成省培地方项目培训2710人次;完成市级培训项目7328人次;督促各县完成县级培训项目逾万人次。另外,选拔推荐21名青年教师参加全省第六届农村青年教师技能竞赛,20人获一等奖、1人获二等奖,总成绩居全省前列,连续六年被省教育厅授予组织优胜奖。

【特岗教师招聘】2012年,新乡7县(市)(含长垣县,新乡县未招)计划招聘特岗教师722人,报名考生4273人,设考场143个,省教育厅副厅长刁玉华、师范处处长朱自锋等领导莅新巡考,并高度评价新乡考务安排和考风考纪。考生中具有研究生学历的143人,本科学历的3167人,专科学历的963人。本科以上学历占总报名人数77%以上,录取比例为6:1,部分岗位录取比例超过14:1。8月,经过资格复审、面试、体检、岗前培训等完成特岗教师招聘工作,招聘特岗教师720名。年内,分配到乡下各相关学校。

【教师资格认定】一是召开全省现场会。3月,省教育厅在新乡召开2012年全省教师资格认定工作座谈会暨网络系统管理人员培训现场会,会议对2011年度全省教师资格认定情况进行总结交流,研讨2012年度全省教师资格认定中"网上申报"、应届师范生认定审核及面向社会认定的相关问题,开展教师资格认定"网络版管理信息系统(升级版)"管理员业务培训。二是继续采用网上申报、现场确认相结合的报名方式。4月,组织有关县(市)、区和高校召开新乡市面向应届师范生教师资格认定工作会议,及时开展面向应届师范生教师资格认定工作。按照程序,认定8679名2012应届师范毕业生具备高级中学、中等职业学校教师资格。另外,组织2540名驻新高校2012年应届非师范毕业生教师资格认定教育教学技能测试工作。三是面向社会教师资格认定工作。下发《新乡市教育局关于2012年面向社会开展教师资格认定工作的通知》,要求各认定机构确保各项认定程序做到公开、公平、公正,按时完成面向社会教师资格认定工作。全市共有8806人参加11月17日进行的教师资格教育理论考试。

【干部培训】 一是国家级省级培训。选送1名地市级教育局局长参加国家教育行政学院学习培训,4名校长参加国家教育行政学院基础教育改革动态学习培训(河南省4个名额),4名局(科)长参加全国第二期教育行政学院学前教育管理学习培训(河南省7个名额),1名高中校长(农村)到华东师大参加全国高中校长培训(河南省2个名额),6名幼儿园园长参加省级任职资格培训,7名高中校长参加省级任职资格培训,7名中小学校长到天津、福建、郑州等地知名学校参加省教育厅组织的影子(跟岗)校长培训(河南省50个名额),组织150名农村校长参加"中国移动杯"远程培训。二是市级培训。组织40名农村骨干校长到市属名优学校跟岗学习。举办新乡市中小学校长任职资格培训班2期,培训校长168名。举办新乡市中小学校长提高培训班1期,培训校长101名。三是邀请专家作专题讲座。组织教育局科级以上干部和教育系统近260名中小学校长聆听中国社会科学院研究生院特约教授、光明日报社顾问、广东省人民政府教育顾问、广州英豪教育研究所所长陈忠联教授《将成功传给下一代》专题讲座。

【同课异构】 坚持组织开展名师、骨干教师和特岗教师"同课异构"活动。该项活动分三个环节:首先由名师与特岗教师先结对研究,探讨农村教师在工作中遇到的问题,并有针对性地选择同一节课,两人分头准备后再分别上课。课后组织名师、骨干教师、特岗教师开展说课,一起互评、互议、查找不同和差距。其次是由名师根据事先确定的主题,为特岗教师开展专题讲座。再次是互动环节,特岗教师可以根据自己在教学中遇到的困惑或针对名师所上的课和专题讲座提出问题,由名师解答。

【县级教师培训机构建设】 经过市级初评、推荐,各省辖市之间的推磨复评和省教育厅组织专家组实地考察等程序,卫辉市教师进修学校凭借其较强的软硬件建设和专业的功能发挥被省教育厅授予河南省级示范性县级教师培训机构,并被省教育厅推荐申报国家级示范性县级教师培训机构。

新乡市属县(市、区)教育行政简况

单位名称	局长	办公地址	邮编	电话
卫辉市教育局	王华阳	卫辉市太公路	453100	0373－4472678
辉县市教育局	崔满园	城后东街40号	453600	0373－6209068
新乡县教体局	张庆学	市引黄路53号	453003	0373－5086582
获嘉县教体局	王灿业	县城东环路南端	453800	0373－4587518
原阳县教体局	江普方	县衙前街17号	453500	0373－7299155
延津县教体局	张运民	县后北大街56号	453200	0373－7695887
封丘县教体局	何金龙	县振兴路东段	453300	0373－7095000
长垣县教体局	吴民献	县向阳路北端	453400	0373－8867358
卫滨区教文体局	王　静	市化工路70号	453000	0373－2628058
红旗区教文体局	陈学勇	市平原路251号	453000	0373－5291801
牧野区教文体局	王玉芳	市和平路83号	453002	0373－3376768
凤泉区教文体局	王金旺	市北站区区府路	453011	0373－3918029

撰稿:郝伟杰

审稿:李修国　毋静中　刘建学

焦　作　市

市政府分管教育副市长：迟　军
市教育局党组书记、局长：马秀泉
电话：0391-2992800
市教育局地址：焦作市丰收路中段2369号
邮编：454100

综合管理

【概况】 2012年，全市有各级各类学校（机构）867所（不含幼儿园），教育人口93.64万人，其中在校生88.32万人，教职工5.32万人，教育人口占总人数的26.6%。

全市幼儿园537所，比上年增加19所，入园幼儿45714人，比上年增加5739人；在园幼儿102286人，比上年增加11265人；离园幼儿28421人，比上年增加3726人。幼儿园教职工8747人，比上年增加589人，其中园长695人，比上年增加42人；专任教师5124人，比上年增加201人，专任教师中学前教育专业毕业2670人，占总人数的52.11%，比上年降低5.9个百分点。全市学前一年毛入园率为90%，学前三年毛入园率为74%。

全市义务教育阶段学校800所，在校生442054人，九年义务教育巩固率为92.88%。教职工27728人，其中专任教师25297人。小学613所，比上年减少18所；教学点134个，比上年减少12个；招生45821人，比上年增加3235人；在校生288452人，比上年减少10209人；毕业生55226人，比上年增加2148人。小学平均每校点386人，小学五年巩固率为99.05%，毕业生升学率为93.72%。大班958个，占总班数的13.43%；超大班429个，占6.01%。教职工14756人，比上年减少332人，其中专任教师13795人，比上年减少324人。专任教师学历合格率为100%，比上年提高0.05%；专任教师中具有专科及以上学历比例为90.33%，比上年提高1.06个百分点，生师比为18.79:1。小学代课教师137人，兼任教师21人。普通初中187所，比上年减少5所；招生51758人，比上年减少643人；在校生153602人，比上年减少2367人；毕业生51137人，比上年减少1821人。校均规模821人，平均班额53人。普通初中净入学率为100%，初中三年巩固率为93.16%，毕业生升入高中阶段学校比例为78.11%（不含技工学校数据）。大班720个，占总班数的24.64%；超大班255个，占8.73%。教职工12972人，比上年减少21人，其中专任教师11502人，比上年增加76人。专任教师学历合格率为99.61%，比去年降低0.07%；专任教师中具有本科及以上学历比例为64.95%，比上年提高5.28个百分点，生师比为14.52:1。普通中学代课教师261人，兼任教师34人。

全市高中阶段教育学校58所，比上年减少1所。招生48068人，比上年增加867人；在校生127019人，比上年增加1775人。其中普通高中33所，比上年减少4所；招生25157人，比上年增加867人；在校生71133人，比上年增加1775人。大班394个，占总班数的36.01%；超大班315个，占28.79%。教职工5440人，其中专任教师4676人，生师比为17.59:1。专任教师学历合格率为96.86%，比上年提高0.86个百分点；专任教师中具有研究生学历所占比例为4.48%，比上年提高0.58个百分点。学校占地4132.27亩，校舍建筑面积1129795平方米，图书藏量142万册。职业高中12所，毕业生9704人，招生10067人，在校生24810人，较上年增加1343人。职业高中教职工1364人，专任教师1147人。职业高中占地1110.37亩，校舍建筑面积240888平方米，图书58万册。普通中等专业学校7所，毕业生12142人，招生10084人，在校生28316人，较上年减少1997人。普通中专教职工1563人，专任教师997人。普通中专占地1486.6亩，校舍建筑面积486792平方米，图书74万册。成人中专6所，毕业生1975人，在校生2760人。教职工204人，专任教师182人。

全市特殊教育学校9所，其中盲聋哑学校7所，弱智学校2所。2012年毕业54人，招生57人，在校生742人，教学班66个。学校教职工230人，其中专任教师174人，专任教师中接受特教培训的127人，占总数的72.99%。

全市小学和普通初中学校占地分别为8530.82亩和6421.24亩，校舍建筑面积分别为1705377平方米和1431001平方米，生均图书分别为20册和28册，生均教学仪器设备值分别为313元和625元。

全市义务教育阶段农民工随迁子女在校生9443人，比上年增加2469人，其中小学阶段6820人，初中阶段2623人，农民工随迁子女占义务教育阶段在校生总数的2.14%。义务教育阶段农村留守儿童在校生11026人，比上年增加1062人，其中小学阶段8136人，初中阶段2890人，农村留守儿童占义务教育阶段在校生总数的2.49%。

【市教育局领导班子成员名单】 局长、党组书记马秀泉,党组成员、副局长郭宪武、牛俊虎、白战海、方向、吴童玲。

【王艳玲考察焦作教育】 5月21日,省教育厅厅长王艳玲到焦作调研。市委书记路国贤,市委副书记、市长孙立坤,市委副书记王明德,市委常委、副市长迟军,市人大副主任宫素清,市政协副主席和金贵等陪同调研。王艳玲先后到武陟一中、武陟兴华幼儿园、市教育局、职业技能大赛现场、焦作大学进行调研,并与焦作市县(市、区)教育局长、高校和市直学校负责人进行座谈。

5月21日,省教育厅厅长王艳玲(中)、焦作市市委书记路国贤(左)、市长孙立坤(右)到焦作大学调研

【省教育厅出台对焦作教育的扶持意见】 6月,省教育厅印发《关于支持焦作推进教育改革发展服务经济转型示范市建设的意见》,在学前三年行动计划、义务教育综合改革、普及高中阶段教育、推进职业教育攻坚、提高高校办学水平等方面给予支持、倾斜和鼓励,加快焦作教育改革和发展步伐。

【焦作市被确定为全省教师职称改革试点市】 8月,省人力资源社会保障厅和省教育厅联合下发《关于印发河南省深化中小学教师职称制度改革试点工作实施方案和河南省深化中小学教师职称制度改革试点人员过渡办法的通知》,明确焦作市为2012年省定三个试点市之一。试点范围包括:普通中小学、职业中学、幼儿园、特殊教育学校、工读学校;省、省辖市、县(市、区)教研室和少年宫等校外教育机构。

【创先争优活动】 围绕"推动教育发展,促进校园和谐,服务师生员工,加强基层组织"这一总体目标,继续在教育系统基层党组织和党员中开展"创先争优"活动。一是组织系统党员开展学习十七届六中全会、省九次党代会、市十次党代会精神活动,全面提高党员理论素养。二是制订焦作市教育系统2012年"创先争优"活动计划,明确教育系统创先争优活动的具体目标和任务,安排2012年度公开承诺、领导点评和群众评议工作,严格审核党员公开承诺内容,确保承诺事项切实可行。三是组织开展基层组织建设年活动。制定印发《焦作市教育系统基层组织建设年实施意见》,全面启动教育系统基层组织建设年活动,并完成基层党组织的评分定级工作。四是组织开展教育系统党员志愿者服务活动。以全员参与、经常规范、长期坚持、注重实效为原则成立党员志愿者服务队,制定志愿服务工作长效机制,通过弘扬雷锋精神、结对帮扶、送教下乡、文艺义演等形式开展服务活动。2012年,全市教育系统共组建党员志愿者服务队215支,6000余名党员教师参加,服务项目3549个,为群众办好事2143件。五是开展"创先争优"活动总结表彰工作,共评选出全市教育系统先进基层党组织4个,优秀共产党员14名,优秀党务工作者10名。

【"六五"普法顺利启动】 一是征订河南省青少年法制教育读本2万册,教师法制读本1.6万册,保证中小学法制教育课用书,做到每周一节法制课,确保学校法制课开课率达到80%以上,基本上做到法制教育"计划、教材、教师、课时"四落实。二是从全市政法系统中,先后聘请2批1260余名文化水平较高、精通法律、熟悉教育的干部担任学校法制副校长,具体负责学校法制教育工作的组织实施和落实。三是开展"法在校园"法制教育宣传周活动,全市各级各类学校更新法制板报1650期,书写法制宣传标语2600余条,墙报1900余期,印发法制宣传单1.5万余份。四是全市组织6万余名学生到"青少年法制教育基地"开展活动,确保农村中小学生每学期都能够接受一次法制教育。

【开展学校周边治安环境整治行动】 一是向各县(市、区)教育局和市直各学校下发《学校安全隐患排查表》,采取重点排查与分散排查相结合的方法,对校园及周边存在问题进行全面摸排,并建立详细台账,为整治工作提供第一手资料。二是认真贯彻落实《中华人民共和国道路交通安全法》,配合公安交警部门,扎实开展"交通法规进校园"活动;同时多方争取,大力加强交通设施建设,增设市区主干道与学校交汇点的交通警示牌,刷新学校门口人行横道线。三是对全市所有"三厅一吧"进行全面清查,全年清理规范经营网吧48家,取缔黑网吧17个、台球厅15家、歌舞厅2家,收缴非法出版物1.6万余册。取缔小商小贩摊点168个,规范学校治安室406家,增设交通标志和交通安全设施278处,画人行横道线67处,设置人行横道信号灯68处,设置临时停泊位4102个,开展消防安全检查6次。

【贯彻《校车安全管理条例》】 2012年,全市开展4次大规模校车安全专项治理行动,共排查校车239辆,停运122辆;排查校车驾驶员269人,对排查的校车及驾驶员建立台账,逐校、逐车、逐人登记造册,对乘坐校车的学生人数进行详细登记,从源头上消除校车安全隐患。

【加强学校食品安全管理】 一是召开全市校园食品安全工作会议,对学校食品安全工作中的硬件建设、制度完善、责任落实和责任追究提出要求,市教育局与各单位签订食品安全目标责任书。二是学校食堂实行食品定点采购制度。选择"实力强、信誉好、质量高、有保障"的生产企业,直接为学校提供所需食品和原料。三是开展全市中小学及幼儿园食品卫生整顿工作,完善食品安全监管制度,构建学校食品安全监管长效机制。四是加强学校食堂建设和管理,防止食物中毒和其他食源性疾患事故的发生。2012年,武陟一中等6所学校被授予第二批"河南省中小学校一级食堂"称号。

【党风廉政建设】 一是印发《中共焦作市教育局党组2012年党风廉政建设责任目标分解方案》,明确局班子成员在党风廉政建设和反腐败工作中的目标责任,切实履行"一岗双责",做好分管范围内的党风廉政建设和反腐败工作,确保党风廉政建设和反腐败各项任务真正落到实处。二是认真贯彻中央关于《建立健全惩治和预防腐败体系2008—2012工作规划》、省委《实施办法》和市委《实施意见》，充分发挥制度在预防腐败中的积极作用。严格执行"三重一大"集体决策制度，深入开展教育系统党务、政务、校务公开工作，加强对大宗物品采购、招生考试、教育收费等容易发生腐败的重点环节和重点部位的监督力度。三是加强廉政教育，进一步做好领导干部廉洁自律工作。组织党员领导干部观看宣传片《光辉的榜样》和警示教育片《忏悔录》，向教育系统党员领导干部发出156封廉政公开信，发送廉政提醒短信2538条，对节日期间的廉洁自律工作提出要求。四是继续深化岗位权力风险防控机制建设工作。全面排查岗位权力风险点，并根据风险点制定"一对一"的防控措施。在局机关开展清权确权、编制职权目录和绘制权力运行流程图工作，全局共清理行政许可权5项，非行政许可权3项，行政处罚权14项。

【规范教育收费行为】　2012年，办理省教育厅转办案件7件，办理市纪委转办案件9件，答复"行风效能热线"转来咨询、投诉件42件，办理群众来电、来信投诉举报89件，并逐一进行调查和落实，及时将处理结果回复群众。全年诫勉谈话2人，通报批评2人，查处违规资金1.2万元，纠正和规范收费资金39.03万元。

基础教育

【"两基"工作】　9月，在国务院召开的全国教师工作暨"两基"工作总结表彰大会上，焦作市教育局获全国"两基"工作先进单位称号。

【焦作市被确定为义务教育均衡发展综合改革试点市】　2012年，省教育厅下发《关于印发〈河南省义务教育均衡发展国家教育体制改革试点项目工作指导方案〉的通知》，确定焦作市为义务教育均衡发展综合改革试点市之一。沁阳市、孟州市被确定为综合改革试点县市，其他县(市、区)还分别承担1个单项试点项目。

【区域教育信息化试点单位】　11月15日，教育部公布第一批教育信息化试点单位，市教育局被列为区域信息化试点单位，重点工作内容为优质教育资源共建共享机制建立。焦作一中被列为中小学信息化试点单位，重点工作内容为信息化环境下的教师业务能力培养模式探索。

【路国贤看望慰问全市教职员工】　9月6日，在第28个教师节到来之际，市委书记路国贤带领市教育局、发改委、财政局、规划局、人力资源和社会保障局、编办等部门负责人，先后到焦作一中、市龙源湖等学校看望慰问教职员工。他强调：关心教育就是关心未来，重视教育就是重视发展，提升教育就是提升民生。希望教育部门和各学校进一步强管理、重安全、提质量，希望各级党委、政府进一步重视教育事业，希望全社会都来关心支持教育事业，使焦作教育为国家培养和输送更多的优秀人才。市领导郭国明、迟军、和金贵陪同慰问。

【张亚伟督导检查焦作高考】　6月7日，省委高校工委副书记、教育厅副厅长张亚伟带领省教育厅高考督察组对焦作高考工作进行督导检查。市委常委、副市长迟军陪同检查。张亚伟一行先后到武陟一中、焦作武陟县招生考试办公室、焦作一中、焦作市人民中学进行督导检查，详细了解考务工作情况，并通过视频监控察看考场情况和试卷保密情况。

【迟军调研城区学校】　11月27日至12月5日，市委常委、副市长迟军先后到城区14所义务教育阶段学校进行调研。迟军着重对学校的办学条件改善、师资队伍建设、教育教学管理、学校未来发展等进行调研。12月5日，市政府召开城区义务教育阶段学校座谈会，解放区、山阳区、马村区、中站区和焦作新区相关负责人汇报推进义务教育均衡发展的做法，12所中小学校长分别介绍各自学校的办学经验和办学特色，并就推进义务教育均衡发展等方面提出意见和建议。迟军要求：各级政府要强化公共职能，增加教育投入，优化教育布局，推进教育信息化建设，办好人民满意的教育；各学校要强化教育目标管理、教学质量管理、办学特色管理等管理职能，建设人民满意的学校；要在培养学习型、专业型、创新型教师上下功夫，强化教师的育人职能，打造人民满意的教师队伍，真正办好每一所学校，促进每一个学生健康成长，实现义务教育均衡发展的总体目标。

6月7日，张亚伟(中排右三)巡视焦作高考

【召开庆祝教师节暨教育质量奖表彰大会】　9月10日，焦作市庆祝教师节暨2011年度教育质量奖表彰大会召开。市委书记路国贤，市委副书记、市长孙立坤等领导参加表彰大会，焦作市拿出1010万元奖励优秀学校和优秀教师，其中沁阳市等6个县(市、区)获"县市区发展综合奖"，焦作一中等15所学校获"普通高中教育质量奖"，沁阳市实验中学等70所学校获"初中教育质量奖"，市实验小学等80所学校获"小学教育质量奖"，沁阳市职业中等专业学校等6所学校获"中等职业教育质量奖"，张红霞等300名教师获"教育突出贡献奖"。

【德育】　一是在全市普通中小学校继续开展评选、表彰市级三好学生和优秀学生干部活动。二是与市科协、科技局等部门联合，对26届青少年科技创新大赛征集的作品进行评选。三是与市环保局、市邮政局联合在全市中小学校开展"节约纸张　保护环境　寄语未来"绿色环保主题教育活动。四是开展“弘扬雷锋精神,共建和谐校园”学雷锋志愿服务活动,推动全市中小学校学雷锋活动和青年志愿者行动全面深入地开展。五是安排城区部分学校认真做好清明节到烈士陵园扫墓活动。全市有20余所学校3000名学生参与清明节扫墓活动。六是开展第四届“焦作市美德少年”评选活动和第三届“知荣明耻好少年”评选活动。

【推进中小学布局调整】 2012年,组织各县(市、区)做好“十二五”期间布局调整规划(2011—2015)。各县(市、区)紧紧围绕新型城镇化建设需要和城乡人口变化趋势,以推进中小学布局调整为载体,结合新型城镇化带来的人口流动变化,实现城乡教育资源的进一步优化调整。山阳一中等6所薄弱高中已停止招生,全市撤并初中2所、小学23所。

【中小学校舍安全工程】 累计完成投资12.1亿元,改造校舍234.6万平方米,其中加固校舍152万平方米,重建校舍82.6万平方米。

【继续实施“两免一补”】 2012年,下达农村义务教育学校公用经费资金2.3亿元、免费教科书资金0.4亿元、“一补”资金0.1亿元,全面落实农村义务教育经费保障政策。其中,春季学期全面免除所有农村义务教育阶段33.6万名学生杂费,秋季学期免除31.7万名学生杂费;春季学期向农村33.6万名义务教育学生提供免费教科书,秋季学期向31.7万名学生提供免费教科书;春季学期落实家庭经济困难寄宿生生活费补助1.4万人,秋季学期发放家庭经济困难寄宿生生活费补助1.4万人。同时,配合市财政下达城市免杂费补助资金约0.2亿元。其中,春季学期免除城市所有义务教育学校8.2万名学生杂费,秋季学期免除8.5万名学生杂费。

【普通高中改制学校清理规范】 全市6所普通高中改制学校经当地政府同意,确定清理规范后改制学校的性质。其中,孟州五中分校改为公办学校,焦作一中分校、修武一中分校、沁阳一中分校、武陟一中分校和温县一中分校确定改为民办学校。

【普通高招】 2012年,全市高考成绩本科一批上线1317人,上线率为5.17%,较2011年提高0.03%;本科二批以上上线5072人,上线率为19.93%,较2011年提高0.93%;本科三批以上上线11397人,上线率为44.80%,较2011年提高3.7%。全市普通高招共录取23668人,向海军航空兵输送飞行学员8名,比2011年增加3人。沁阳第一高级中学学生陈浩以全市理科第一名的成绩被北京大学录取,沁阳第一中学学生田慧慧以全市文科第一名的成绩被中国人民大学录取。

【开展实验教学活动】 一是开展教具学具、小制作、小发明评选活动,全市共有1000余件(节)作品和实验课参加比赛。二是开展实验教学论文评选活动,全市共有320篇论文参加比赛。三是开展语文阅读指导课课件比赛活动,全市共有169个课件参加比赛。四是开展“科学实验、体验科学活动月”活动,组织中小学校师生积极开展科技小制作、科普知识讲座、综合素质展示、手抄报、小论文、观察日记、“矿石、动物、植物标本制作”、车模、航模、海模、机器人等别具特色的科学实验体验活动。五是举办第二届焦作市中小学生科学实验创新大赛暨创新成果展示现场会活动。布置展览室3个、创新作品1000余件、宣传板面28块、1000余人次到现场观看创新成果和创新比赛,115件创新作品参加了市级决赛。

【开展学校健康教育】 一是督促指导学校规范开设健康教育课,完善健康教育档案。二是发挥社会职能,利用“碘缺乏日”、“爱眼日”、“世界艾滋病日”等卫生纪念日,组织开展宣传活动,制作版面并发放宣传资料5000份。三是组织开展艾滋病健康教育教案和健康教育优质课评选活动。

【继续实施“引桥工程”】 2012年是焦作市“引桥工程”实验的第二阶段,目标是扩大实验面,让更多的学校参与进来。分别围绕“离校课程”和“入校课程”开展工作,各校以衔接课程、主题班会、报告等为主要形式,为学生顺利适应新学段的学习生活铺路搭桥。10月,市教育局在沁阳永威学校举行“引桥工程”经验交流暨现场观摩会,对各县(市、区)教育局和市直学校推荐的49节观摩课和40场报告进行表彰并颁发证书。“入校课程”和“离校课程”作为学校的校本课程,已逐步纳入到正常的教育教学常规管理中。其中,孟州市、修武县、中站区、马村区等县(市、区)众多优秀经验分别在《教育时报》、《焦作日报》上刊登。

【新教育工作】 在2012年全国新教育年会上,焦作市3名新教育教师获奖。马村区工人村小学教师赵素香被授予新教育“完美教室缔造者”称号,修武县第二实验中学教师薛海波及所带班级“竹节轩”被授予新教育“十佳完美教室”称号,环南一小教师常瑞霞及所带班级“毛虫班”获得新教育“十佳完美教室”提名奖。7月,中央电视台科教频道《读书》栏目在焦作新教育实验区进行全国“读书达人”海选活动,本活动在全国寻找30名最会读书的孩子,全市5名少年做客央视《读书》节目。

职 业 教 育

【全市职业教育工作会】 5月22日,全市职业教育工作会议召开,会上对开展职业教育综合改革实验区工作进行安排部署。省委高校工委书记、省教育厅厅长王艳玲、市委书记路国贤出席会议并作重要讲话,市委副书记、市长孙立坤主持会议。会上印发《焦作市人民政府关于加快职业教育改革与发展的若干意见》和《焦作市人民政府关于印发焦作市职业教育校企合作促进办法(试行)的通知》,同时表彰全市职业教育攻坚工作先进单位和先进个人。

【被省政府授予“职教攻坚先进地市”称号】 5月,焦作市被省政府再次授予“职教攻坚先进地市”称号。

【推动职业教育校企合作】 2012年,出台焦作市人民政府关于印发《焦作市职业教育校企合作促进办法(试行)的通知》,

制定一系列鼓励职业教育校企合作的政策措施。在孟州市组织全市中职学校校企合作洽谈会，16家校企签订合作协议。全市各职业学校分别与两家以上企业开展合作，校企合作的学校与企业达38家。市职教中心学校、孟州职专、中原内配、焦作迎宾馆4家单位受到省教育厅表彰，共获奖金65万元。

【创建职教强县】 10月，修武县、温县顺利通过省教育厅组织的职教强县评估验收，博爱县通过职教强县复检。焦作市所辖6县(市)实现职教强县全覆盖。

【加强中等职业学校专业建设】 2012年，组织开展中等职业学校专业设置调整工作，对现有的65个专业进行重新评估，对新上报的15个专业进行评估认定。进一步加强中职教师队伍建设，组织256名中职教师参加各类教师培训，派出15名教师到企业参加实践活动。

【推进职教园区建设】 职教园区建设工作有序推进，作为一期工程建设的焦作市职业教育中心学校占地565亩，建筑面积18万平方米，总投资6.6亿元。2012年完成各项投入3.3亿元，完成建筑面积18万平方米。

【职业教育技能大赛】 11月21日至12月2日，全市共选派8所学校40个代表队108名学生参加全省5大类20项比赛。获得奖项52个，其中一等奖14个、二等奖19个、三等奖19个。

【职业教育与成人教育教科研活动】 一是组织参加省级优质课评选活动。其中一等奖6人、二等奖11人、三等奖14人，并获省级优秀组织奖。二是参加省成人教育优秀论文评比活动。共44人获奖，其中一等奖4人、二等奖11人、三等奖29人。三是参加省级优秀教学论文、教学成果评比活动，其中职业教育论文获省级一等奖11项、二等奖16项、三等奖28项。焦作市报送的2项课题“焦作市职业学校教育教学水平质量监测的探讨”和“2012年焦作市中等职业学校学业水平测试细则”获河南省优秀教学成果二等奖。四是“创新杯”教师教学设计和说课比赛成效突出。全市28名教师参赛，23人获奖，其中获国家级一等奖1个、二等奖3个，省级一等奖5个、二等奖7个、三等奖11个。

【中职学生资助】 完成中等职业学校家庭经济困难学生国家资助，其中春季学期发放国家助学金757.2万元，资助学生10096名；秋季学期413.625万元，涉及学生5515人。完成中等职业学校免学费资助工作，其中春季学期发放免学费资金169.74万元，免除中等职业学校1886名学生学费；秋季学期851.49万元，涉及学生9461人。完成普通高中家庭经济困难学生国家助学金资助，年内共发放普通高中国家助学金350.25万元，资助学生4670名。完成中等职业学校免学费扩面工作，年内新增扩面资金1333.44万元，免学费扩增学生14816名。完成宋河老子国学教育基金资助项目，发放资金200万元，资助学生10名。完成家庭经济困难大学新生入学资助工作，其中省内资助412人、省外194人，资助总金额40万元。完成中央专项彩票公益金国家资助项目，争取普通高中学生资助金148万元，家庭经济困难教师资助金157万元。完成大学生村干部学费补偿工作，累计补偿3人，发放补偿金1.33万元。

师资队伍建设

【加强校长队伍建设】 一是对直属学校校长评价细则进行修订完善。二是组织召开直属学校校长教育教学工作汇报会，并将汇报结果评分纳入校长评价总分。三是开展中小学校长培训工作。2012年，举办中小学校长任职资格培训班、提高培训班各1期，培训中小学校长150余名；选派17名中学校长赴江苏邗江中学进行跟岗培训；选派28名中小学校长参加省教育厅组织的实践培训。

【教师招聘】 2012年，继续实施面向社会公开选拔教师制度。一是完成2011年教师招聘后续工作。组织人员对市直学校2011年拟聘用的44名考生进行政审考核，并与市编办、市人社局进行协调，为新招聘的教师办理相关聘任手续。二是开展本年市直学校教师招聘工作。9月，面向社会公开招聘教师工作开始，计划招聘教师(含优秀在职教师)40名，共有1026名考生报名。通过理论考试，最终进入面试资格复审152人。

【中小学教师职称制度改革】 一是按照《焦作市中小学教师中高级专业技术职务(岗位)竞聘实施意见(试行)》，完成2011年市直学校高、中级空岗聘任工作。共聘任高级教师14人，中级教师23人。二是全面开展全市中小学教师职称制度改革工作。2012年，焦作市被省教育厅、省人社厅确定为河南省首批三家“全国中小学教师职称改革试点市”之一。在与市人社局充分协调沟通后，联合制定并下发《焦作市深化中小学教师职称制度改革试点工作实施方案》和《焦作市深化中小学教师职称制度改革试点人员过渡办法》。认真做好中小学职称改革过渡工作，市直15所学校及3家二级事业单位1573人办理过渡手续，其中高级教师366人，一级教师670人，二、三级教师537人。同时，认真做好市直学校高、中级未聘教师摸底统计工作，其中高级153人，中级83人，为2012年中、高级评聘工作做好准备。

【教师业务水平考试】 7月14日，全市2012年教师业务水平考试工作举行。考试对象为全市小学阶段在职在岗教师，考试由市教育局统一组织命题、制卷、阅卷，按照属地管理的原则组织考试。全市11300余人报名参加考试，涉及小学阶段的11个学科，共设考点12个、考场387个。

【直属学校教师竞聘上岗交流】 暑期，组织直属学校开展教职工竞聘上岗工作，共有1100余名教职工参加校内竞聘，其中4名落聘人员培训合格后重新安排竞聘。同时，在学校竞聘上岗的基础上，组织教职工校际交流，缓解学校教师队伍存在的突出问题，使教育资源配置更加合理。

【支教工作】 认真落实《焦作市城镇教师支援农村教育工作

暂行办法》,继续开展支教工作。8月,安排8名教师参加支教,通过支教工作带动学校教学水平的提升。

【教师资格认定】 按照省教育厅统一部署,全面实施教师资格认定制度,本年为2455名应届师范类毕业生认定教师资格。同时,做好面向社会教师资格认定的报名、建档、理论考试、体检等各项工作,组织1490余人参加教师资格认定理论考试,183人参加高中、中职学段教育教学技能测试。

【评选表彰优秀班主任和年度"十佳"班主任】 通过基层推荐、复查、公示,全市共评选出885名市级优秀班主任,杨勇等10名班主任被评为2012年度"十佳"班主任。12月25日,在市实验小学召开全市优秀班主任表彰大会。近600名市级优秀班主任代表参加会议,3名"十佳"班主任进行教学工作展示。

【首届免费师范生就业】 2012年,协调市人力资源和社会保障局、市编办和市财政局等部门,争取编制224个。组织用人学校赴高校实地招聘、参加全省"招聘双选会"、主动和毕业生联系谈心等方式引进优秀人才,签约免费师范生24名。

【农村中小学特岗教师招聘】 2012年,焦作市共招聘特岗教师320名,其中初中127人、小学193人。修武县30人,博爱县20人,武陟县90人,沁阳市50人,孟州市20人,温县110人,惠及全市177所农村中小学校,为农村教育事业发展注入新鲜力量。特岗计划实施4年来,全市共招聘特岗教师1260名,争取省级特岗教师工资支出4000余万元。

【举办全市农村青年教师技能竞赛】 5月,第六届农村中小学青年教师技能大赛在焦作师专举行,来自各县(市、区)的138名农村中小学青年教师参加比赛。8月,经过县级初赛、市级复赛最终评选出11名青年教师代表本市参加全省第六届农村青年教师技能竞赛,并全部取得省一等奖,市教育局获技能竞赛组织优胜单位称号。

【落实教师培训"国培计划"、"省培计划"】 2012年,全市共安排5032名中小学、幼儿园教师参加"国培计划",争取国培培训经费603万余元。示范性项目390人参加,其中58名教师参加短期集中培训、332名教师参加远程培训;中西部骨干教师培训项目4642人参加,其中145名教师参加置换脱产研修、787名教师参加短期集中培训、3710名教师参加远程培训。

2012年,全市"省培计划"共投入112万元,培训教师4900余人。一是采用网络远程培训方式,共培训农村特岗教师及市区新任教师1270名。二是依托北京教育学院,组织90名小学骨干班主任开展集中培训。三是以农村幼儿教师为主体,组织全市100名幼儿教师到焦作师专进行集中培训。四是先后邀请郑州、安阳等地名师,到焦作开展异地名师教学交流活动,全市3000余名教师参加培训。

【师德教育】 2012年,市教育局通过师德演讲、征文,在全市广大教师中深入开展"教育崛起,教师为基"师德主题教育活动和创建师德师风先进校活动,进一步增强广大教师的职业使命感和责任感。9月10日,《焦作日报》以"师说——寻找身边最美教师"为主题,开展教师节特别报道活动,分别对5名优秀教师的典型事迹进行采访报道,进一步营造全社会尊师重教氛围,取得良好的社会效果。

【教师培训】 2012年,全市投入500余万元,其中市财政投入150余万元,启动实施"百千万教师培训工程",即邀请百名名师莅焦讲学、选送千名优秀教师外出培训和实施万名教师素质提升工程。截至年底,全市邀请150余名名师莅焦讲学,选派1300余名优秀教师外出培训,1.2万余名教师在暑期培训中受益,超额完成年初培训任务。9月25日,《焦作日报》在头版二条以《锻造高素质专业化教师队伍——我市实施"百千万教师培训工程"》为题对活动进行报道。

民办教育

【概况】 全市有各级各类民办学校542所,比上年减少2所,在校生总数为151089人,比上年增加13358人,增长9.7%。其中,民办幼儿园473所,在园幼儿78349人;民办普通小学24所,在校生37623人;民办普通初中31所,在校生22260人;民办普通高中9所,在校生11170人;民办中等职业学校4所,在校生1156人。民办高校1所为焦作工贸职业学院,在校生531人。

全市以农民技术培训、其他培训为主的成人技术培训学校782所,全年培训农民、社会各类人员102840人。教职工1299人,其中专任教师1037人。

【民办教育办学条件得到改善】 2012年,全市民办教育投入1.6亿元用来改善办学条件、扩大办学规模。其中,永威学校投入8600余万元,建设公共实训基地、室内游泳池。焦作工贸职业学院投资1700万元建设2号公寓楼和体育馆。修武红阳素质教育培训基地投入3000万元,云台山国际武校新校区建设投入1100万元征地费用。马村区明天学校投资1100万元建成一所标准化民办小学。

【全省民办中小学举办者和校长培训会在永威学校举办】 5月8—11日,全省民办中小学举办者和校长培训在沁阳市永威学校举办,来自全省各地600余位民办学校举办者和校长参加培训。

【宽高教育集团与焦作合作办学】 6月,焦作市宏瑞教育投资有限公司与北京宽高前程教育科技有限公司签订合作协议,依托焦作一中分校合作办学。这是焦作市继成功引进北大附中、河北衡水中学等国内知名教育资源后,引进的又一优质高中教育资源。市委常委、副市长迟军出席签约仪式。宽高教育作为全国十大品牌教育机构,多年来致力于先进教育理念和方法的推广。迟军要求:教育部门要对双方的合作给予大力支持,认真作好服务,营造良好环境,按照"办一流学校、育一流人才、创一流品牌"的目标,把焦作一中分校打造成中原名校和在全国具有一定影响力的民办学校。

其他教育事业

【推进特殊教育健康发展】 一是全省首家特批焦作市儿童福利院成立特殊教育学校。目前,儿童福利院有80余名聋哑盲、弱智学生在园就读,学校的设立,将使一些重度残疾儿童少年也享受到义务教育。二是通过组织全市特殊教育教师技能竞赛,选拔4名优秀选手于11月4—6日参加全省特殊教育教师技能竞赛活动。三是联合残联出台《关于基本普及残疾儿童免费学前一年教育的通知》,决定从2013年秋季开始,对全市5周岁以上的残疾儿童普及免费接受学前一年教育。

【招生考试】 2012年,市教育局组织15次国家教育统一考试报名工作,其中研究生招生考试、普通高考艺术类专业统考、普通高考、中招考试、成人高考、普通高中学业水平考试、河南省政法干警招录考试各1次。大学英语四六级考试、全国英语等级考试、高等教育自学考试、计算机等级考试各2次。其中,高考报名29497人,中招报名42948人;自学考试全年报名11356人,成人高招报名8523人;普通高中学业水平考试报名197821人/科次。

【推动焦作大学升本工作】 9月,省政府印发《河南省高等学校设置"十二五"规划》,将"以焦作大学为基础,申办焦作工程学院"正式列入河南省本科层次学校设置规划,焦作市申报设置焦作工程学院取得重大阶段性成果。

【学前教育宣传活动】 一是制定并下发《焦作市学前教育宣传月活动实施方案》,举行由市五大领导班子参加的学前教育宣传月启动仪式,按照宣传月实施方案进行宣传,组织部分省、市示范幼儿园上街宣传学前教育理念和相关知识,发放3000余份宣传册,并在《焦作日报》上开辟专栏进行学前教育宣传。二是组织全市14名幼儿教师参加全省幼儿教师基本功比赛。三是组织100名农村骨干教师参加培训,基本完成学前三年行动计划教师培训阶段任务。

【完成学前教育三年行动计划年度建设任务】 围绕《学前教育三年行动计划》,市政府建立部门任务落实台账,规定时间表和路线图。市教育局将学前教育行动计划作为联系基层的重点工作,实行定期下县督查,定期汇报推进情况。2012年全市新建、改扩建幼儿园98所(新建公办园14所、改扩建公办园55所,新建民办园15所、改扩建民办园14所),超额完成与省政府签订的2012年目标任务。

【开展省、市示范性幼儿园的创建活动】 4月,市教育局对2011年评估的17所市级示范性幼儿园进行认定,全市市级示范幼儿园达43所,其中4所幼儿园通过省级示范园认定,全市省级示范园数量增至15所。10月,省教育厅对申报的3所省级示范园进行正式验收。本年,对被评为2011年、2012年省市级示范幼儿园分别给予10万元和5万元的奖补资金,共计107.5万元。

【推进校外活动场所建设】 一是加快武陟县、山阳区活动场所项目建设进度,向省教育厅申请仪器设备配备。二是配合市文明办,推动乡村少年宫的创建工作。全市确定的6所乡村少年宫已获省财政厅资金支持。三是与市财政局共同对全市8所青少年校外活动场所基本情况、管理情况及2011年专项彩票公益金支持未成年人校外教育事业项目执行情况进行调查。四是制定青少年校外活动中心评估办法,组织人员对各县(市、区)活动中心进行检查评估。

【规范全市校方责任保险工作】 一是召开全市中小学校责任保险工作会议,印发校方责任保险工作文件。二是推动全市中等职业学校学生实习责任保险工作。全市职业学校学生实习责任保险投保学校6所,参保人数1338人,保费金额56340元。2012年,全市参保学校867所,参保学生464200名,参保教师26944名。各县(市、区)中小学生实现应保尽保,投保率达100%,教职工参保率达80.3%。

焦作市属县(市、区)教育行政简况

单位名称	局长	办公地址	邮编	电话
沁阳市教育局	史曙光	沁阳市太行路北段	454550	0391-5281069
孟州市教育局	梁永祥	孟州市河雍路	454750	0391-8150118
修武县教育局	刘忠宝	修武县环城西路	454350	0391-7118678
武陟县教育局	瞿满全	武陟县木城镇兴华路	454950	0391-7292062
博爱县教育局	杨国庆	博爱县中光中路	454450	0391-8683201
温县教育局	卫　星	温县黄河路中段	454850	0391-6192219
解放区教育局	李泅江	焦作市烈士街	454000	0391-2903927
山阳区教育局	楚永红	焦作市建设东路	454000	0391-3917501
马村区教育局	赵秀丽	焦作市马村区行政路	454000	0391-3948426
中站区教育局	吕秋枝	焦作市中站区紫荆路	454000	0391-2952025
焦作新区社会事业局	武　燕	焦作新区神州路	454000	0391-3566656

撰稿:张超峰　褚志刚

审稿:郭宪武　刘复兴

濮阳市

市政府分管教育副市长:邹东波　　市教育局党组书记、局长:朱世泽
市教育局地址:濮阳市振兴路南段12号
电话:0393-8991701　　邮编:457001
传真:0393-8991699　　网址:http://www.pxx.cn/

综合管理

【概况】 2012年,全市共有各级各类学校3011所,在校生101.27万人,教职工5.44万人。其中高等教育学校1所,在校生1.9万人,教职工863人;普通高中33所,在校生6.69万人,教职工6203人;中等职业学校29所,在校生6.65万人,教职工2588人;职业技术培训机构659所,在校生1.12万人,教职工613人;成人基础教育学校545所,在校生1.3万人,教职工576人;普通初中174所,在校生21.88万人,教职工1.5万人;小学1191所,在校生49.6万人,教职工2.08万人;特殊教育学校4所,在校生457人,教职工207人;幼儿园375所,在校生12.08万人,教职工7505人。小学、初中适龄儿童少年入学率分别为100%、99.6%,小学、初中巩固率分别为97.68%、98.35%。全市高中、初中、小学专任教师学历合格率分别为96.69%、98.85%、100%。

全市教育经费总投入454888.1万元,比上年增加87211万元,增长23.72%。其中国家财政性教育经费403612.2万元,比上年增加78301.4万元,增长24.07%;事业收入45591.6万元;民办学校举办者投入经费3367.2万元;其他收入2307.1万元。

全市教育及其他部门教育经费总支出454282.8万元,比上年增加87704.5万元,增长23.93%。其中个人支出233131.7万元,比上年增加43806.2万元,增长23.14%;共用部分支出207779.3万元,比上年增加44007.9万元,增长26.87%;基本建设支出13371.8万元。

全市各级各类学校共有校舍5698752平方米。其中普通高中897925平方米,初中1519752平方米,职业高中536986平方米,小学、幼儿园和特殊教育学校2237151平方米。

市教育局2012年获得全国"两基"工作先进单位、第15届全国青少年"五好小公民"主题教育活动先进集体、河南省关心支持国防建设十佳单位、河南省普通高中课程改革先进单位、河南省教育宣传先进省辖市、河南省第三届基础教育信息资源应用优秀教学成果评选活动组织工作先进单位、河南省第十三届中小学电脑制作活动最佳组织单位、河南省教育崛起教师为基师德主题教育活动优秀组织奖、河南省2012年度教育督导工作先进单位、河南省中小学安全知识网络竞赛获奖单位、濮阳市市直部门(单位)重点工作综合考评一等奖、濮阳市平安建设先进集体等荣誉。

【市教育局领导班子成员名单】 党组书记、局长朱世泽,党组副书记周庆怀,党组成员、副局长杜士英,党组成员、总督学李殿峰,党组成员佀洪泽,党组成员、副局长王石英,党组成员、纪检组长乔明福,党组成员、副局长段宏林,调研员张秋郎,正县级干部黄新杰、杨学俭,副调研员魏胜先、程景顺,副县级干部郭世甫,副调研员邵中超。

【王艳玲莅濮阳调研】 5月16日,省教育厅厅长王艳玲一行莅临濮阳,对濮阳市教育事业发展情况进行调研。市委书记段喜中,市领导陈凤喜、阮金泉、申延平、邹东波陪同。王艳玲一行先后到开发区第三中学、市第二实验幼儿园、市第二实验小学、市第三中学,深入学校多功能厅、教室、会议室,听有关情况介绍,与学校负责人交谈,问学生冷暖、聊招生就业、谈办学质量,详细了解中小学及幼儿园发展情况,对濮阳市教育工作提出了明确要求。随后濮阳市召开教育工作座谈会,市委常委、常务副市长申延平主持会议,副市长邹东波作教育工作

5月16日,省教育厅厅长王艳玲(前右四)调研濮阳市教育工作

汇报。座谈会上，王艳玲及一同莅濮调研的省教育厅处室负责人在发言中指出，濮阳市委、市政府高度重视教育工作，濮阳的基础教育、职业教育办学条件低于全省平均水平，但教育质量却远远高于全省平均水平，尤其是"网络班班通"工程等多项工作在全省创造了先进经验，濮阳教育事业发展呈现良好局面。就濮阳市提出的标准化学校建设、学生劳动教育实践基地建设和市卫校、市杂技学校升专等问题，省教育厅领导均给予明确答复。

【省教育厅出台《关于加快濮阳教育发展支持濮范台扶贫开发综合试验区建设的意见》】 9月20日，河南省教育厅出台《关于加快濮阳教育发展支持濮范台扶贫开发综合试验区建设的意见》(豫教发规〔2012〕172号)，明确了加快濮阳教育改革发展的政策和措施：一是提高以基础教育为主体的基本公共教育服务水平。支持濮阳市实施学前三年行动计划、义务教育学校标准化建设工程、高中综合提升工程等，建设示范性综合实践基地、校外活动场所和乡村少年宫建设，大力发展特殊教育，强化职业教育服务拉动作用，提升高等教育发展水平。二是促进以濮范台综合试验区为重点的区域教育均衡发展。支持濮阳地区中小学特别是濮范台滩区中小学校布局调整，集中项目和资金，改善滩区学校办学条件，缩小城乡教育发展水平差距，促进区域内教育均衡发展。深化网络班班通工程，将濮阳列入教育信息化区域综合试点，支持濮阳市在全省率先完成网络班班通建设任务。加强师资培养培训，巩固农村教师"特岗计划"成果，逐步扩大特岗教师覆盖范围。加快农村教师周转宿舍建设步伐，支持濮阳实施农村寄宿制学校取暖工程，改善农村寄宿制学校取暖条件。三是大力推进教育改革。支持濮阳市开展省级教育体制改革试点项目，走出一条经济欠发达地区教育发展的新路子，为全省教育体制改革积累经验。支持濮阳市在教育教学领域做深入研究，鼓励其在教育内涵发展方面进行深入探索，打造濮阳基础教育亮点。支持濮阳市在师资队伍建设方面进行改革创新，在濮阳建立农村教师培训创新试点。支持濮阳市"优秀校长、名校长、杰出校长"培养选拔工程，建设专业化中小学校长队伍。开展职业学校"双师型"教师培养模式改革，提高中职学校专业课教师素质。四是成立支持濮阳教育发展的工作机构，建立省市联席会议制度，在重大项目实施上进行深入对接，完善工作措施机制，探索多样化支持方式。

【市委为加快教育发展办十项实事】 9月5日晚，市委书记段喜中主持召开市委常委扩大会议，专题研究确定加快教育发展的十件实事：一是加大教育硬件建设力度，"十二五"末解决全市中小学校基础设施建设落后问题。二是在濮北新区教育园区高标准建设新一高。三是创办濮阳中原石油化工职业学院。四是建设市特校杂技训练厅。五是实施农村教师安居工程，建设农村教师周转房。六是成立教育发展基金会和教育投融资公司，多渠道筹措教育基础设施建设资金。七是建立学科带头人和名师奖励机制。八是建立一线教师业务培训机制。九是出台提高农村教师待遇的政策。十是解决幼儿教育发展滞后问题。

【濮阳市召开庆祝第28个教师节暨表彰大会】 9月8日，市委、市政府在中原文化宫召开全市庆祝第28个教师节暨表彰大会，在濮市级领导、市教育工作领导小组成员单位领导、全市教育系统教职工代表共计1600余人参加会议。市长盛国民主持大会。副市长邹东波宣读表彰尊师重教先进县区、先进乡镇、先进村和先进企业，教育系统先进集体、优秀教师和优秀教育工作者的决定。市委常委、副市长申延平宣读捐资助学优秀企业名单。在随后举行的捐资助学仪式上，汇丰置业、亿丰置业、远通控股、中厦集团、三冠实业、恒润石化、广厦建安、龙创地产、如意置业、建业住宅、濮耐集团、惠成电子等企业为濮阳教育事业捐资1370万元。会上，尊师重教先进县区代表、开发区管委会主任高尚功，尊师重教先进企业代表、濮阳建业住宅建设有限公司总经理杨明耀，教育系统先进工作者代表、濮阳市油田第三高级中学校长国洪伦，优秀教师代表、濮阳市实验小学教师刘君宏先后发言。最后，市委书记段喜中在讲话中要求，全市上下牢固树立抓教育就是抓发展、抓未来的意识，更新观念，加大投入，多方协同，密切配合，形成全社会共同推动教育事业发展的强大合力，打一场教育事业发展翻身仗。

9月8日，濮阳市召开该市建市以来最高规格、最大规模的教师节表彰大会

【段喜中调研校安工程】 8月28日，市委书记段喜中到开发区、市直和油田部分学校调研校舍安全工程，副市长邹东波，市委办、市政府办、市委市政府督查局、市教育局、市油田教育中心等单位负责人陪同调研。段喜中一行先后到开发区一中、二中、三中和濮水新型农村社区幼儿园、王助镇花园屯小学、市实验小学、市二实小、市一中、市七中和市油田十七中、市油田十八中等处调研。段喜中强调，实现濮阳教育事业科学发展、协调发展，不能单单靠解决升学率的问题。要切实转变对学校基础设施建设重视不够的思想观念，在抓好学校日常教育、教学管理的基础上，把更多的精力放在学校基础设施建设上，下决心、下功夫，加大工作力度，狠抓学校基础设施建设，彻底解决濮阳各类学校基础设施差的问题，确保濮阳各类学校基础设施建设在"十二五"期间取得实质性突破。各级党委、政府和社会各界都要重视教育，加大对教育的投入力度，为教育事业发展提供支持，营造良好的氛围。

【市领导慰问濮阳市残疾学生】 5月18日是第22个全国助残日，市委副书记王海鹰、市人大常委会副主任何广博、市政协副主席张建国带领有关部门负责人到市特殊教育学校看望慰问残疾学生。王海鹰代表市领导向市特殊教育学校捐赠1万元慰问金，并号召全社会共同关注支持特殊教育事业发展。

随后市领导参观残疾学生艺术教育成果展,观看残疾学生杂技节目表演。

【邹东波检查民办幼儿园安全工作】 6月21日,副市长邹东波在市教育局局长朱世泽陪同下检查清丰县、华龙区民办幼儿园安全工作。邹东波先后到清丰县高堡乡金太阳艺术幼儿园、智多星双语幼儿园、北乜城小学和华龙区孟轲乡黄城幼儿园、岳村乡濮东幼儿园实地检查。邹东波要求,各县区教育局、乡镇中心校要切实加强民办幼儿园的监管,确保按国家标准规范办学,维护幼儿园安全稳定;要深入开展校园安全隐患大排查,坚决关停存在重大安全隐患的幼儿园;要充分利用农村小学布局调整后闲置校舍,开办农村幼儿园,让每一名适龄儿童都能就近入园。

【濮阳市赴省教育厅对接教育项目】 3月13日,副市长邹东波、沈运田,市教育局局长朱世泽、副局长杜士英、杨学俭、王石芙,市卫生局局长张来顺,市卫校校长宋富勤一行8人赴省教育厅对接教育项目。省教育厅厅长王艳玲主持召开专题会议,听取濮阳工作汇报,常务副厅长李敏以及办公室、发展规划处、基教一处、基教二处、财务处、师范处等处室领导参加会议。会上,市教育局局长朱世泽向省教育厅领导汇报了近年来濮阳市教育事业发展情况以及需要省厅协调解决的8个方面的问题。副市长邹东波、沈运田分别就教育事业发展和市卫校升专向厅领导作了简要汇报。听取汇报后,与会省教育厅领导对近年来濮阳市教育事业发展成绩给予充分肯定,明确表态要对濮阳加大支持力度,并对濮阳教育事业下一步发展提出了建议。

【县级政府教育工作督导评估】 6月18—29日,市政府教育督导团办公室组织专家对各县区政府教育工作实施督导评估。此次督导评估采取听取县区政府汇报、查阅资料数据、深入学校实地查看、召开师生座谈会、组织问卷调查等方式,共抽查14个乡镇、60所学校,较全面地掌握了情况。9月18日,市政府召开专题会议向各县区通报本次督导发现的问题,并发放《意见反馈书》责令限期整改。11月15—20日,市政府教育督导团办公室组织专家对各县区政府教育工作存在问题整改情况进行跟踪督导,并在《濮阳日报》、《政府要闻》刊发《濮阳市人民政府教育督导团关于全市2011年度县级政府教育工作督导评估通报》。通过开展县级政府教育工作督导评估,全市共计追拨各类教育经费2168万元,补充教师1241人。

【《中国教育报》落实教育规划纲要神州行采访组莅濮采访】 6月27日,濮阳市作为河南省唯一一个接受了《中国教育报》落实教育规划纲要神州行采访组采访的。9月14日,《中国教育报》以《"孩子在这儿读书,我们放心"——河南濮阳市推进义务教育均衡发展纪实》为题报道了濮阳市通过实施"网络班班通"工程和标准化学校建设工程、加强教师队伍建设等措施促进义务教育均衡发展的经验。

【普通话水平测试】 2012年,濮阳市报名4145人,测试对象涉及教师、公务员、社会公共服务人员及职业学校在校学生等。测试工作分别于4月22日、7月17—20日在濮阳市职业中专进行,其中第一次参加测试877人,第二次参加测试3268人,合格率为87%。

【濮阳市举行濮阳军分区团级以上干部捐资助学仪式】 12月4日,濮阳军分区团以上领导干部结对捐资助学仪式在濮阳市第一高级中学举行,濮阳军分区、团市委、华龙区人武部、濮阳县人武部等部门负责人出席。濮阳军分区政治部主任曹效训代表濮阳军分区进行现场捐赠,市一高受助学生代表吕芳芳发言。濮阳军分区此次捐资10.5万元,连续三年资助35名市一高家庭贫困的学生,帮助他们完成高中学业。

基础教育

【获全国"两基"工作先进单位称号】 9月7日,在全国教师工作暨"两基"(基本普及九年义务教育、基本扫除青壮年文盲)工作总结表彰大会上,濮阳市教育局被国务院评为全国"两基"工作先进单位。

【濮阳市在全省义务教育均衡发展会上作典型发言】 10月15日,河南省政府召开全省义务教育均衡发展推进会,会议全面回顾近年来我省义务教育发展成绩,明确当前和今后一个时期推进义务教育均衡发展的目标和措施,副省长徐济超出席会议并讲话。濮阳市与郑州市、长葛市作为推进义务教育均衡发展先进典型作经验交流,濮阳市政府副市长重点介绍了濮阳市实施义务教育标准化学校建设工程的经验做法。

【义务教育经费保障机制】 2012年,筹措农村义务教育经费保障机制改革资金4.8亿元,其中,公用经费资金34861万元、免教科书资金6159.2万元、一补资金3614.8万元,近58万名农村学生受益;筹措城市义务教育阶段免杂费专项资金2548.32万元,免除10.6万名城市义务教育阶段学生学杂费;筹措36.38万元,对2951名享受城市居民最低生活保障政策家庭学生免费提供教科书,对300名家庭经济困难的寄宿学生补助生活费。

【"网络班班通"工程如期完成】 2010年,濮阳市自加压力,在全市农村中小学启动实施"网络班班通"工程。三年来,全市多渠道筹资1.8亿元,以千兆主干、百兆桌面的技术标准将网络连通到810所农村学校的10026个教学班。同时,坚持一手抓建设,一手抓应用,举办"网络班班通"工程培训班150期,培训工程管理人员、技术骨干和教师1.2万人;自主研发网络备课平台,全市312所学校实现网络备课和网络教研,注册教研组1703个、教师111026人;上传教案19723篇、教学反思5947篇、教学研讨5410篇、课件6200件、精品课程1500节,为推进优质教育资源共享、提高农村课堂教学质量发挥了积极作用。

【承办全省教育信息技术及培训工作会议】 2月23日,全省教育信息技术及培训工作会议在濮阳市召开。会上,濮阳市教育信息中心被表彰为河南省教育技术培训先进基地，濮阳市教育局局长朱世泽介绍濮阳市教育信息技术工作经验，河南省教育厅基础教育资源中心主任李海章对濮阳市以教育信息化带动教育现代化，实施"网络班班通"工程，促进教育均衡发展的做法给予充分肯定。

【濮阳市政府召开标准化学校建设工作推进会】 4月19日，濮阳市政府召开全市标准化学校建设工作推进会议，副市长邹东波作主题报告，市长盛国民出席会议并讲话。会议印发了《濮阳市人民政府关于推进标准化学校建设的意见》((濮政〔2012〕23号)，明确要进一步完善学校布局调整规划，力争到2015年全市义务教育阶段学校总数保持在870所左右，全市所有学校全部达到标准化学校基本办学标准，全市学校基础设施建设赶上全省平均水平；市政府从2012年开始到2015年，每年设立专项资金，采取以奖代补的方式，支持县区教育事业发展；在全市开展义务教育均衡发展先进县(区)、标准化学校建设先进乡(镇)和标准化学校创建活动。市长盛国民指出，各级、各部门要以对濮阳发展高度负责的态度，深刻认识做好标准化学校建设的重要性和必要性，加大对教育事业的支持力度。要调整财政支出结构，整合各方面财力物力，进一步加大教育投入，加快推进标准化学校建设进程。要统筹考虑城乡教育不同特点和发展重点，在市城区加快新建学校建设，在农村要按照"三集中"原则，规划引导小学向中心村、新型农村社区集中，初中向城镇集中，高中向县城集中，推动学校合理布局。全市上下要迅速行动，集中力量，加快标准化学校建设步伐，确保"十二五"末濮阳市学校基础设施建设达到全省平均水平。

【濮阳市政府召开全市学前教育推进暨学校安全工作会议】 12月28日，濮阳市政府召开全市学前教育三年行动计划推进暨学校安全工作会议，各县(区)主管教育副县(区)长，市委、市政府督察局和市、县两级综治、发改、财政、国土、安监、公安等部门负责人，各县(区)教育局局长、主管副局长、相关股室负责人参加。会议印发了《濮阳市幼儿园审批与管理联席会议制度》和《濮阳市校车安全管理联席会议制度》。副市长邹东波出席会议并讲话。邹东波指出，要不断完善学前教育多元投资机制，加大投入，加快学前教育建设，努力扩大规模，全力推进学前教育工作；要严格按照校车安全管理联席会议制度和《校车安全管理条例》，依法有序开展校车许可工作；要加强校园治安、消防、食品、恶劣天气等安全管理，努力做到警钟长鸣，常抓不懈，全力以赴做好学校安全工作。

【濮阳市出台《关于进一步加快特殊教育事业发展的实施意见》】 3月5日，濮阳市政府转发市教育局、市发改委、市民政局、市财政局、市人力资源和社会保障局、市卫生局、市编办和市残联制定的《关于进一步加快特殊教育事业发展的实施意见》(濮政办〔2012〕15号)。《意见》明确，要完善残疾人教育体系，完善特殊教育经费保障机制，提高特殊教育保障水平；要加强特殊教育学校建设，做好中等教育和高等教育阶段残疾学生资助工作；要加强特殊教育教师队伍建设，切实提高教师专业化水平；要深化特殊教育教学改革，加强职业技术教育，促进残疾人就业；要强化政府发展特殊教育的责任，明确各有关部门发展特殊教育的职责，努力形成全社会共同关心支持特殊教育事业发展的良好局面。

【承办河南省中小学安全教育与管理工作培训会议】 3月12日，河南省中小学安全教育与管理工作培训会议在濮阳市召开，各省辖市、省直管试点县、重点扩权县教育局分管安全工作负责人、承担中国教育学会"十二五"规划课题《学校安全教育与校园安全防范的应用性研究》的学校校长及各地中小学校长代表以及濮阳市各县区、市直学校相关负责人共500余人参加会议。会上，原国家督学、教育部基础教育司副司长郑增仪作中小学安全工作报告，河南大学教授王定功作《学校安全教育与校园安全防范的应用性研究》课题开题及课题指导，河南省实验中学、濮阳市第六中学、濮阳市昆吾小学、新乡市实验小学就学校安全教育与管理工作进行经验交流。与会人员还观摩了濮阳市第六中学教师效向丽的《珍爱生命安全出行》安全教育示范课，参观了该校安全教育活动室等。

【贯彻落实《校车安全管理条例》】 一是组织学习《校车安全管理条例》活动。印发《濮阳教育局关于进一步加强学生交通安全管理工作的通知》，组织全市校车安全负责人赴孟州市学习校车管理经验，组织全市安全管理人员参加全国校车安全管理条例远程培训、全国学校安全工作年会暨校车安全管理培训会。二是建立濮阳市校车安全管理联席会议制度。明确濮阳市校车安全管理联席会议成员单位及其职责，确定校车使用和监督管理实行联审联批、联合检查。三是加强学生交通安全教育与管理。全市各级各类学校专人负责交通安全教育工作，做到有教学计划、有教案、有记录，师生受教育面达到100%。各级教育部门、学校、教职工层层签订交通安全管理责任书，学生及家长向学校递交了交通安全承诺书。

【中招实验操作考试】 从4月10日开始至4月14日结束，中招实验操作考试历时5天。全市考生29452人，共设8个考区、27个考点。其中市油田4600人、1个考点，濮阳县5300人、7个考点，清丰县3211人、2个考点，南乐县3147人、4个考点，范县3600人、10个考点，台前县2868人、1个考点，华龙区1721人、1个考点，市直5005人(含高新区538人)、1个考点。全市共安排12个考务组，选聘监考员450余人，考试2482场次。全市考生平均成绩12.8分、及格率91.9%、优秀率73.1%、满分率29.5%。

【普通高招体检工作】 2012年普通高招体检工作自3月26日开始，5月8日结束。濮阳市中心体检站在市直、油田、华龙区体检学生15679人，完全合格3292人，不合格26人，专业受限12365人，近视12271人。视力依然是影响学生报考理想大学的一大因素。

【濮阳市首批知识产权教育试点校】 10月15日，市教育局、市知识产权局联合举行濮阳市首批中小学知识产权教育试点学校授牌仪式，市昆吾小学、市实验小学、市七中、市油田六中、濮阳县职业技术学校5所学校被确定为首批试点校。仪式上，签订试点协议书，向试点学校赠送《知识产权教育读本》、《中小学发明创造与知识产权》、《知识产权法律知识读本》和知识产权宣传画。试点校试点期限为2年，试点期满经考核合格，将被确定为示范学校。

职业教育

【濮阳市政府召开全市职业教育工作会议】 7月12日,全市职业教育工作会议召开,各县(区)政府县(区)长、分管教育副县(区)长,市、县(区)教育、发改、人社、财政、工信、民政、科技、编办、国土、住房、农业、卫生、国资委、扶贫、地税部门主要负责人以及职业学校校长等共计200余人参加会议,市长盛国民出席会议并讲话,副市长邹东波主持会议。会议表彰了职业教育攻坚工作先进单位和个人,印发了《濮阳市人民政府关于创新体制机制进一步加快职业教育发展的若干意见》,濮阳县政府和市职业中专作了典型发言。盛国民指出,实施职业教育攻坚计划以来,濮阳市累计投入3.9亿元,职业教育规模不断扩大,教育资源得到充分整合,基础能力建设进一步加强,办学水平和质量明显提升。他要求,要坚持"以服务为宗旨,以就业为导向"的方针,巩固职业教育攻坚成果,深化职业教育办学模式改革,扩大办学规模,理顺职业院校管理体制和机制,着力构建现代职业教育体系,为建设富裕和谐美丽新濮阳提供坚强人力资源保障。

【申报职业教育攻坚建设项目】 2012年,市教育局与市财政局联合推荐清丰县职业技术学校和市技工学校申报2012年中央财政支持的职业教育实训基地建设项目,与市财政局、人社局联合推荐南乐县职业中专申报2012年国家中等职业教育改革发展示范学校建设项目。推荐濮阳市职业中等专业学校、濮阳县职业技术学校申报河南省职业教育品牌示范学校,推荐濮阳市卫生学校申报河南省职业教育特色学校。市职业中专、濮阳县职业技术学校、中原石油勘探局被表彰为全省校企合作先进单位,分别获省财政奖励资金40万元、15万元和10万元。推荐濮阳第二职业中专和范县希望中学进行申报较大民办学校,两校各获得省民办教育发展奖励资金20万元。

【职教强县创建】 12月10日,清丰县、南乐县、范县成功创建河南省职业教育强县,分别获省政府100万元奖励资金。

【制定中等职业学校学生专业技能考核方案】 2012年,依据河南省职业学校10个专业教学技能训练标准,濮阳市出台了数控技术、汽车应用与维修、电工电子、计算机应用技术、护理、农林等6个专业技能考核方案和训练实施细则,引导职业学校学生加强专业技能训练提升综合素质。

【组织中等职业学校"文明风采"竞赛】 5月,组织开展全市中等职业学校"文明风采"预赛,共收到学生职业生涯设计类作品200余篇、摄影作品100余件、征文稿件1000余件、动漫作品15件、展示作品5件。从中选出244件作品参加省级"文明风采"竞赛活动,其中获得一等奖20项、二等奖39项、三等奖185项,濮阳市的获奖总数位居全省第三名,市教育局获优秀组织奖。

【举办中等职业教育技能大赛】 4月21日,濮阳市举办中等职业学校第四届技能大赛,数控技术、汽车应用与维修、电工电子、计算机应用技术、护理、农林等10个专业的745名学生参加比赛,共评出一等奖125个、优秀辅导教师奖99个,二等奖206个、优秀辅导教师奖206个,三等奖246个。推荐65人13个项目参加全省中等职业学校技能大赛,获得一等奖单项4人,二等奖单项8个、小组5个,获得三等奖单项9个、小组5个,获奖率85%。濮阳市教育局获优秀组织奖。

【开展中等职业学校教学质量评估】 9月10—17日,组织12名职教专家按照河南省中等职业学校教学质量评估细则,先后对5所中等职业学校进行评估。经省评审组复评验收,评出2所合格学校,3所不合格学校。

师资队伍建设

【河南省教师队伍建设工作座谈会在濮阳市召开】 11月1日,河南省教师队伍建设工作座谈会在濮阳市召开,安阳市、鹤壁市、新乡市、焦作市、济源市、濮阳市、滑县、长垣县等市县教育局主管人事和教师培训的副局长、人事科长及师训科长参加座谈会。省教育厅副厅长刁玉华主持座谈会并讲话。与会代表分别介绍本地加强教师队伍建设工作的经验,分析教师队伍建设工作中的困难和问题,就下一步加强教师队伍建设提出建设性意见。

【举办市直教育系统如何"当好一把手"论坛】 5月19日,濮阳市教育局举办市直教育系统"如何当好一把手"论坛。8名市直学校校长和6名局机关科室长分别围绕"如何当好校长"、"如何当好科室长"等主题,结合自身工作实际,进行了精彩演讲。市派第四督导组、市教育局领导班子成员、机关全体干部、市直学校科级以上干部共240余人在现场聆听演讲。演讲结束后,市派第四督导组组长张玉田进行点评,市教育局局长朱世泽作总结讲话。朱世泽指出,作为基层的"一把手"必须具备四个方面的素质:一是人品好,要发挥表率作用。二是有学问,要坚持不断学习。三是想在前,要用心做事。四是干在前,要率先垂范。

【实施校长任期目标责任制】 3月16日,濮阳市教育局举行市直学校校长任期目标责任书签字仪式,标志着市直学校领导干部职务任期制进入实质性实施阶段。市委组织部副部长张海洲、副县级组织员王天陆、市教育局局长朱世泽、市直学校领导班子和局机关科室长等100余人参加仪式。市教育局局长朱世泽阐述了实施校长任期目标责任制的意义和目的,提出了具体要求,并与市直23所学校校长签订了校长任期目标责任书,校长代表市一中校长李志民作表态发言。

【评选濮阳市十大师德标兵】 2012年,濮阳市在全市开展"濮阳市十大师德标兵"评选活动,树立师德典型,宣传师德模范先进事迹。通过基层推荐、县区遴选、实地考察、专家评审、社会投票、师德演讲等环节,评选出王格现、潘自力、王彩琴、赵瑛、张传华、白秀娟、李玉萍、姚俊松、康艳红、霍翠霞为濮阳市十大师德标兵,丁万会、李焕云、杨承荣获十大师德标兵提名奖。9月10日,在濮阳市庆祝第28个教师节暨表彰大会上,濮阳市委、市政府对十大师德标兵进行了表彰,在全市教育系统和社会各界产生积极影响。

【王格现当选首届"感动中原"年度教育人物】 2月3日,省教育厅印发《关于授予张锦文等2011"感动中原"年度教育人物荣誉称号的决定》,濮阳市范县城关镇西李庄校长王格现当选首届"感动中原"年度教育人物。

【师德师风建设现场会】 3月30日,全市师德师风建设现场会在南乐县召开,五县二区分管师德师风建设工作的副局长、师训股长、各县区部分学校校长及市直学校的校长参加会议。与会人员集中观看了元村镇中心校、千口乡中心校创建师德先进校纪录片。南乐县教育局副局长王玉臣、濮阳县渠村乡一中校长郑杰明、濮阳市第二实验小学焦丽娟作了典型发言。

【特岗教师管理服务现场会】 4月12日,全市特岗教师管理服务现场会在台前县清水河乡召开,各设岗县教育局分管师训工作副局长、师训股长、部分学校校长及台前县各乡镇中心学校、中学校长,部分特岗教师代表共70余人参加会议。会议对三年来全市特岗教师管理服务工作进行回顾总结,安排部署了2012年全市特岗教师管理服务工作。台前县教育局、濮阳县教育局、清丰县教育局以及台前县特岗教师代表作典型发言。

【举办首届名师论坛】 10月28日,濮阳市举办首届中小学名师论坛,濮阳市省、市级名师、首批名师工作室学员及有关学校负责人,河南省教育厅师范处、河南师范大学、河南教育学院有关领导和专家等共计260余人参加。论坛以"教师专业发展暨名师工作室建设"为主题,市三中路桂荣、市五中丁桃红、市实验小学何凤彩、市油田教育中心教研室户利平、市一高房学纯、开发区实验学校王金明、市油田十三中史丽平、范县第一初中白秀娟8位教师从不同角度畅谈了"教师专业发展暨名师工作室建设"的实践和经验。

【组织中学英语教师赴英国培训】 2012年7—8月,组织14名中学英语教师赴英国南安普顿大学进行培训。培训课程以语言培训、教学手段、教学思想为主,同时安排经济、文化和教育等方面的大学讲座,参观英国教学机构,体验英国课堂教学法。所有班级均以小班授课,让每位参训教师都与国外教授、专家交流、对话,全面提高参训教师听、说、读、写、译以及英语口语运用能力。

【职业教育"双师型"教师培养】 2012年,濮阳市推荐29名专业骨干教师参加国家级培训、33名专业骨干教师参加省级培训,遴选15名青年教师到企业一线参与生产实践。

【全市中学教师业务考试】 2012年,全市中学阶段教师业务考试报名14575人,其中高中3652人、中等职业学校681人、初中10242人,涉及40个科目。9月23日上午,在全市9个考区、18个考点、677个考场进行了考试。本次考试采取全市统一命题、统一考试时间,以县区为单位统一组织考试、自行评卷、成绩报市备案的方式,方法更加灵活,组织平稳有序,考风考纪良好。考试成绩实行等级制,分为优秀、良好、合格、不合格四个等次,有效期为2年。考试成绩由各单位掌握使用,纳入教师绩效考核,作为岗位聘任、职称评聘、评先评模、绩效工资发放等的重要依据。

【教师资格认定】 本年,濮阳市认定各类教师资格2172名。一是面向应届师范类毕业生认定各类教师资格1209人,其中初中教师资格955人、小学教师资格207人、幼儿园教师资格47人。二是面向社会认定各类教师资格963名,其中中等专业学校64名、中职实习指导2名、高级中学259名、初级中学365名、小学250名、幼儿园23名。

【教师职称评审】 2012年,濮阳市评审通过高级讲师9人,高级教师313人,中专讲师27人,中学一级教师615人,小学高级教师349人。

【濮阳市教师获全国第九届青年教师阅读教学观摩比赛一等奖】 11月14—16日,全国第九届青年教师阅读教学观摩比赛活动在福建厦门举行,濮阳市实验小学教师窦明琦作为河南省唯一选手参加。他执教的"'精彩极了'和'糟糕透了'"在比赛中赢得评委一致好评,获一等奖。此次活动由中国教育学会小学语文教学研究会举办,全国6000余名语文教师、教研员参加观摩活动。

教育教学

【濮阳市推进教育内涵发展工作会议】 9月16日,市教育局召开推进教育内涵发展工作会议,会议采取视频的形式,设立市教育局一个主会场,市油田教育中心和各县区8个分会场,共计1000余人同步参会。南乐县、濮阳县、范县教育局,市一高、高新区实验学校、市油田第一小学等6个单位作典型发言。会议明确,当前和今后一个时期要着力实施教师专业化成长工程、校长专业化成长工程、班主任专业化成长工程、教育管理干部素质提高工程、中小学德育创新和网络班班通提升工程"六大工程",建立健全市县乡校四级联动的教科研机制、全方位的教育教学竞赛机制、教育质量科学评价机制、学生评老师家长评学校民主评议机制"四项机制",形成当前和今后一个时期濮阳市推进教育内涵发展总体布局。

【300个中小学数字图书馆建成投用】 2012年,市教育局与武汉大学数字图书馆研究中心联合建成濮阳市首批300个中小学数字图书馆。6月28日,全市首批数字图书馆安装应用培训在市第三小学举行,全市300个中小学数字图书馆的管理员参加培训。武汉工业大学图书馆馆长刘学举阐述了中小学数字图书馆的管理理念、措施及发展前景。武汉大学数字图书馆研究中心副研究员朱明介绍数字图书馆的功能和安装使用方法。每个数字图书馆包括10000册电子图书及管理平台,可以利用计算机单机、计算机教室和校园网进行检索、阅读、下载等操作,支持500人同时在线阅读。

【开展"文明美德伴我成长"主题教育读书征文活动】 濮阳市有4万名中小学生参与,参评征文经过层层筛选,最后上报市级参评1500余篇,经评审,小学527篇、中学404篇上报国家、省评委会参评。其中,获全国征文特等奖的学生4名、一等奖94名、二等奖120名、三等奖180名、优秀奖210名;获省级优秀奖327名。

【"学习雷锋　争当美德少年"德育活动启动】 5月28日,濮阳市"学习雷锋　争当美德少年"德育活动启动仪式在市实验小学举行。市委宣传部、市文明办、市教育局、市妇联、团市委等部门负责人、市直学校校长参加,市委宣传部副部长、市文明办主任张玉民讲话。启动仪式上,美德少年代表张海若发言,学生代表朱越宣读"学习雷锋　争当美德少年"倡议书,市实验小学3000名学生代表全市学生宣誓。张玉民要求,开展此项活动要叫响定位,教育广大中小学生心向党、爱劳动、有礼貌;要强化道德养成,开展"日行一善"、争当"美德少年"等活动,推动学雷锋活动常态化。

【举行濮阳市中小学生武术健身操比赛】 5月13日,濮阳市中小学生武术健身操比赛在市实验小学举行。比赛分中学组和小学组,共有14支代表队参加。市九中、市三中、市四中分别获得中学组前三名;市第三小学、市八中、市七中分别获得小学组前三名。

【参加河南省千万学生阳光体育运动第十三届中学生"晨光"体育夏令营】 7月18—24日,濮阳市学生代表团参加河南省千万学生阳光体育运动第十三届中学生"晨光"体育夏令营活动,获得团体总分一等奖和体育道德风尚奖,同时获得团体文化总分第一名、初中男子乒乓球第二名、初中男女跳绳第六名、高中女子篮球第六名、高中男子足球第六名。

【全市普通高招再创佳绩】 2012年,全市普通高招各项数据均创历史新高:一是本科上线率在报名人数比上年减少1821人的情况下,本科上线19189人,上线率达59.5%。二是普通高招录取率,全国各普通高校共录取濮阳市考生25159人,录取率达78%。三是重点名牌大学录取覆盖面广。清华大学、北京大学、中国人民大学、复旦大学等全国38所"985"工程大学录取濮阳市考生378人,录取覆盖面达100%;全国117所"211"工程大学录取濮阳市考生1199人,录取覆盖面在98%以上。四是本科录取比例提高,本科院校录取濮阳市考生12664人,本科录取比例达53%。五是体育、艺术专业录取率,全国普通高校体育、艺术类专业录取濮阳市考生4037人,录取率达48.6%。

濮阳市属县(区)教育行政简况

单位名称	局　长(主任)	办公地址	邮　编	联系电话
濮阳县教育局	王学锋	濮阳县解放路南段	457100	0393-3226719
清丰县教育局	田道珍	清丰县政通大道中段	457300	0393-7266678
南乐县教育局	赵军辉	南乐县北环路	457400	0393-6211555
范县教育局	黄守月	范县新区	457500	0393-5286069
台前县教育局	张廷国	台前县金水南路	457600	0393-2219026
华龙区教体局	刘惠玲	市区黄河路东段	457000	0393-8979000
高新区教育局	史永生	市区中原路西段	457000	0393-6681068
市油田教育中心	周庆怀	市区五一路中段	457001	0393-4733899

撰稿:于党伟　铁　流

审稿:杜士英

许 昌 市

市委分管教育副书记：许廷敏
市政府分管教育副市长：秦春梅
市教育局党委书记：闫全迎
市教育局局长：高建国
市教育局地址：许昌市六一路13号
邮编：461000
电话：0374-2789800
网址：www.xcsjyw.com
传真：0374-2789819

综合管理

【概况】 2012年，许昌市有各级各类学校2268所，在校生965641人，教职工65394人，其中专任教师54042人。其中普通高校4所，在校生34483人，教职工2514人，专任教师2028人；中等职业学校30所，在校生71148人，教职工3438人，专任教师2422人；普通高中30所，在校生81121人，专任教师4733人；普通初中209所，在校生170400人，专任教师13281人；小学1017所，在校生429283人，教职工23734人，专任教师23535人；特殊教育学校3所，在校生313人，教职工78人，专任教师67人；幼儿园968所，在校幼儿166515名，教职工13270人，专任教师7589人；成人高等学校2所，在校生10163人，教职工57人，专任教师30人；技工学校5所，在校生2215人，教职工425人，专任教师357人。

全市小学适龄儿童入学率为100%，初中适龄少年的入学率为100%。高中、初中、小学教师的学历达标率分别为96.56%、98.19%、99.98%。全市幼儿园建筑面积79.56万平方米，小学建筑面积203.24万平方米，中学（含初中、高中）建筑面积299.35万平方米，中等职业学校建筑面积78.71万平方米（其中学校产权房74.73万平方米，非学校产权房3.98万平方米）。

2012年普通高招，全市共录取新生23303人，录取率74%。其中提前批录取2797人；本科一批录取1694人，本科二批录取4416人，本科三批录取2986人；专科一批录取5713人，专科二批录取4771人；专升本录取440人；对口生录取354人；单招录取132人。普通中专招生考试，全市共录取新生9333人，其中五年制专科实验班和“3+2”分段制高等职业教育录取1402人，普通中专录取6762人，大中专录取1169人。成人高招，全市共录取新生7267人。其中专升本3398人，高起本172人，专科3697人。高等教育自学考试，全市共报考10510人、25223科次；其中上半年报考5635人、13003科次，下半年报考4875人、12220科次；上半年毕业523人，下半年毕业721人。

【市教育局领导班子成员名单】 市教育局局长高建国，党委书记闫全迎；党委副书记宋平，副局长马京克、代廷安，党委委员、调研员宋兰兰，党委委员、招生办主任陈晖，纪委书记张文敏，副局长杨春香、赵建鹏。

【年度重大奖项】 本年度，许昌市教育局获国务院授予的全国“两基”工作先进单位称号，被教育部表彰为全国青少年“五好小公民”主题教育活动先进集体，被省教育厅等单位表彰为河南省“教育崛起教师为基”师德主题教育活动优秀组织单位、全省普通大中专毕业生就业工作先进单位、河南省教育宣传工作先进单位、河南省教育信息工作先进单位、河南省第十六届软件大赛先进单位、河南省第十三届中小学生电脑制作大赛先进单位、河南省第三届基础教育优秀资源比赛先进单位、2012年国家基础教育质量检测工作先进单位，获河南省明德小学儿童智能竞赛优秀组织奖、许昌市“两化管创”优秀项目品牌奖；获许昌市学习型党组织先进单位、许昌市政风行风建设先进单位、许昌市安全生产先进单位、许昌市消防安全先进单位、许昌市信访工作先进单位、许昌市纪检监察工作目标管理先进单位、许昌市防范处理邪教工作先进集体、许昌市老干部工作先进集体等称号。襄城县被省政府表彰为河南省教育先进县，魏都区获河南省义务教育均衡发展先进县（市、区）称号。

【王艳玲莅许慰问考察】 1月16日，省教育厅厅长王艳玲带领慰问组来到许昌，看望慰问教育工作者，将慰问金、慰问品送到了教育基层。王艳玲先后走访慰问了省教育厅移民迁安包县工作驻许昌县工作队，许昌县蒋李集镇一中、蒋李集镇明德（移民）小学、许昌科技学校部分困难教师，并向蒋李集镇明德小学捐赠了教学设备。在随后召开的座谈会上，王艳玲在听取了许昌市教育局高建国局长的工作汇报后，对许昌教育工作给予高度评价。她说，许昌各级党委政府对教育工作高度重视、优先发展，教育部门思路清晰、措施得力，选对了“人民满意学校”创建等工作抓手，取得了显著成效，为全省教育事业积累了经验、做出了贡献,在全省起到了引领作用。

【民盟烛光小学落成并揭牌】 4月13日,禹州市神垕民盟烛光小学落成典礼暨揭牌仪式在禹州市神垕镇举行。河南省人大常委会副主任、民盟河南省委主委储亚平,河南省交通运输厅副厅长、民盟河南省委副主委霍金花,民盟河南省委秘书长柳锋波,许昌市市委书记李亚、人大常委会主任石克生、副市长秦春梅以及禹州市主要领导出席揭牌仪式。民盟河南省委副主委霍金花代表民盟河南省委讲话,储亚平和李亚共同为学校揭牌。揭牌仪式后,储亚平一行参观了学校教室,并与学校教师、学生代表亲切座谈。储亚平表示,民盟将充分利用智力资源密集的优势,通过开展"烛光行动",以多种方式来帮助提高学校教师的业务素质和教学水平。

【李亚关注学前教育】 5月30日,市委书记李亚前往市政府幼儿园兴业路分园看望慰问孩子们,并向全市少年儿童表示节日祝贺,向广大幼教工作者致以亲切的问候。李亚充分肯定了市政府幼儿园分园的建园模式,要求继续实施好学前教育三年行动计划,加强硬件建设,不断提升和改善幼儿园环境;要加强师资力量培训,提高幼教人员素质和责任感;要创新幼儿园办学方式,动员更多社会力量关注学前教育,多渠道、多形式发展学前教育,让更多孩子享有更好的教育。

【市领导看望慰问少年儿童】 5月29日,市委常委、宣传部部长王登喜,副市长秦春梅,市政协副主席魏琦前往许昌市部分学校、幼儿园看望慰问少年儿童,为他们送去了节日的祝福和慰问品,并向辛勤培育孩子们的教师和广大少儿工作者致以亲切的问候。王登喜对全市学前教育工作提出四点希望:一要高度重视学前教育,二要切实建好幼儿园,三要切实管好幼儿园,四要切实重视儿童工作。

【四大班子领导出席教师节表彰活动】 9月7日,许昌市举行"庆祝第28个教师节暨人民满意学校创建工作表彰大会"。市委副书记许廷敏、市人大常委会副主任李荣华、副市长秦春梅、市政协副主席朱德甫出席。全市共表彰许昌市优秀教师262名、许昌市优秀教育工作者26名,许昌市教育系统优秀教师263名、许昌市教育系统优秀工作者29名。全市共推选河南省教育系统先进集体3个,河南省优秀教师31人,河南省教育系统先进工作者2人、优秀工作者4人。表彰大会结束后,许昌市又举行了"创建人民满意学校,争当教书育人楷模"先进事迹报告会。许昌市名校长、市南关村小学校长王三军,许昌市名教师、长葛一高教师孙翔等6人的先进事迹报告不时博得与会人员的阵阵掌声。

【市有关领导调研教育】 6月上旬,许昌建安中小学迎来了建校15周年校庆。市委常委、市委秘书长申武装前往该校调研,并向学校表示祝贺。8月26日,市委常委、市政法委书记蒋克勤一行到市教育局就安全信访稳定工作进行调研。12月17日,副市长秦春梅带领市教育局有关负责人深入东城区学府街小学、学府街幼儿园、文化街幼儿园、开发区罗庄小学、许昌市第一外国语实验小学、许昌县实验小学等6所小学、幼儿园,现场督查校园安全工作。每到一处,秦春梅都仔细查看校园安保设施、视频监控设备等的配备使用情况,详细询问学校(幼儿园)保安人员配置及上岗执勤情况,并了解公安部门上下学期间治安巡逻警力到位情况。针对个别学校门卫年龄偏大、红外报警设施灵敏度较低等问题,秦春梅提出了具体明确的整改要求。

【全市教育工作会议召开】 3月7日,2012年度全市教育工作会议召开,副市长秦春梅、副秘书长孙明慧、市教育局局长高建国、党委书记闫全迎等出席会议。秦春梅在会上强调了三点,一是开拓创新,砥砺奋进,"十二五"教育工作开局良好。二是突出重点,狠抓落实,奋力推进许昌市教育科学发展。三是转变作风,强化服务,为教育事业科学发展提供保障。高建国指出,一要肯定成绩,正视问题,坚定发展信心和决心。二要突出重点,把握关键,全力做好2013年各项工作。三是转变作风,狠抓落实,力推许昌教育再上新台阶。

【庆"七一"党建工作现场会】 6月28日,许昌市直教育系统庆"七一"党建工作现场会在许昌实验小学召开。市教育局党委书记闫全迎、局长高建国出席会议并讲话。市教育局全体班子成员出席会议,局机关全体干部、二级机构班子成员,市直学校校长、书记、党办主任等共160余人参加了会议。与会人员首先观看了市直学校党建工作成果展示。许昌实验小学、许昌高中、许昌卫生学校、许昌市毓秀路小学、许昌七中、许昌市十二中等6所学校,结合各自在党建工作中的经验和做法,作了典型发言。

【全市教育系统党风廉政建设工作会议】 3月7日,市教育局组织召开2012年全市教育系统党风廉政建设工作会议。市教育局党委书记闫全迎对全市教育系统党风廉政建设和反腐败工作提出明确要求:一是统一思想,提高认识,切实增强搞好教育系统党风廉政建设的责任感和紧迫感。二是突出重点,切实把保持党的纯洁性贯彻到教育系统反腐倡廉工作中。三是强化措施,完善机制,把反腐倡廉各项任务落到实处。市教育局纪委书记张文敏作工作报告。局长高建国主持会议,并就会议精神的贯彻落实提出要求。

【全市教育系统全国文明城市总结表彰暨工作推进会】 2月22日,市教育局召开全市教育系统创建全国文明城市总结表彰暨工作推进大会,总结2011年度教育系统创建全国文明城市及未成年人思想道德建设工作,并对先进集体、先进个人进行表彰,全面部署2012年创建工作,动员全市教育系统干部教职工发扬连续作战精神,坚定不移、持之以恒地推进文明城市创建工作,为把许昌建设成为文明之城、幸福之城而努力。会上,市教育局下发了《许昌市教育系统2012年创建全国文明城市暨未成年人思想道德建设工作实施意见》。局长高建国结合教育系统工作实际,就如何推进全国文明城市创建、提升创建水平、取得创建实效讲话。

【学习贯彻党的十八大精神】 11月26日,市教育局党委召开扩大会议,专题学习传达党的十八大和省、市委全委(扩大)会议精神,结合教育工作实际对贯彻落实党的十八大精神进行部署。局机关全体成员、直属单位负责人、市直学校班子成员参加了会议。会议要求,全市教育系统要把认真学习、深刻领会、坚决贯彻党的十八大精神作为当前和今后一个时期的首要政治任务,自觉把思想和行动统一到党的十八大精神上来,把智慧和力量凝聚到落实党的十八大提出的任务上来,全面深入地用党的十八大精神武装师生员工头脑,指导教育改革实践,推动许昌教育科学发展。

【"教育十八谈"许昌篇引热议】 1月6日，《教育时报》刊发了"教育十八谈"系列文章之许昌篇，标题为《文化立教，强教兴市》。该文从时代高度和教育改革发展的现实角度出发，客观总结了许昌改革发展取得的历史性成就，深刻剖析了面临的困难和忧患，确立了文化立教、项目引领、名校带动、均衡发展、职教强市、幼教提升六大发展战略。该文刊发后，在全市教育系统尤其是广大教育工作者中引起了广泛热议。

【民办教育发展】 4月20日，许昌市民办教育协会二届二次会员代表大会暨民办教育论坛在长葛市召开。市教育局副局长赵建鹏出席会议并讲话。会上，对2011年度市民办教育先进单位进行了表彰。与会人员聆听了开封求实中学校长张建平和《中国教师报民办教育周刊》主编褚清源的专家讲座，参观考察了长葛市特色鲜明的5所民办学校，召开了民办教育论坛，长葛市天隆学校校长王天义等4位代表进行大会交流发言。

【发挥教育督导职能】 本年度，切实发挥教育督导"监督、检查、评估、指导"的职能，先后组织开展县级政府履行教育职责情况、规范学校办学行为、全省教育工作先进县考评推荐、国家基础教育质量监测、校安工程、非义务阶段学校绩效工资发放、校园安全长效机制建设、职教攻坚等专项督导活动，提高了教育督导的权威性和针对性，开创了教育督导工作新局面。

【启动实施勤工俭学工作"321"工程】 4月13日，市教育局在许昌市中学生综合实践教育基地召开勤工俭学工作会，市教育局副局长马京克在讲话中，用"三个一"概括了2011年全市勤工俭学工作所取得的成绩。"一个突破"：2011年市直高中学生开始进入基地参加实践活动，实现了服务对象的新突破。"一个创新"：基地建设模式的创新。"一个覆盖"：全市各级各类学校投保校方责任保险占在校中小学生总数的90%以上。他指出，要紧紧围绕全市教育工作重点，坚持面向学校、贴近教学、服务师生的原则，重点抓好"321"工程，即许昌县、襄城县、禹州市3个县市要分别建成学生实践基地；着力抓好农村学校劳动实践场所评估和学生统一着装规范管理两项工作；加大校方责任保险推广力度，实现对全市中小学生的全覆盖。

【校园安全稳定】 全年以校舍、食品卫生、校车、消防安全及校园周边综合治理为重点，严格落实安全工作四级责任体系，编织校园安全教育、管理、防控、监督、应急一体化工作网络，强化人防、物防、技防措施，时刻筑牢校园安全防线。以重点对象稳控为重点，排查各类不稳定因素，及时化解各种矛盾纠纷。重视网络舆情应对，成立网络信息管理中心，对各类突发事件的应急处置能力明显增强，保证了教育系统和谐稳定。

【学校食堂管理人员专业培训】 7月中旬，市教育局专门组织全市8个县（市、区）的211名主管食品卫生安全的副校长、后勤主任（服务中心主任）进行了专业培训。市教育局专门聘请了市食品药品监督管理局相关负责人及有关专家授课，市教育局体卫艺科相关人员还就学校食堂量化评定的细节进行了专题解读。理论培训结束后，参培人员又实地参观考察了许昌市两所省定一级学校食堂，切实提高了培训质量。

人民满意学校创建

【第三届人民满意学校创建活动】 3月，市教育局出台《关于进一步推进人民满意学校创建活动的通知》，对创建活动提出了一系列新任务、新要求，力促创建工作目标更明、措施更硬、效果更佳。通过审阅资料、实地察看、推门听课、调查问卷、群众走访、满意度测评等考评方式，进一步增强了创建工作的科学性、系统性和导向性，真正实现了对各级各类教育的全覆盖。2012年，表彰了第三届人民满意学校7所（许昌市二中、许昌新区实验学校、许昌市南关村小学、长葛市淑君中学、襄城县实验高级中学、许昌市第七中学、许昌技术经济学校）、素质教育示范学校28所、办学管理规范学校60所，名校长12名（王三军、宋耀民、田建伟、赵会芹、邓付申、张博、马鸿钧、姜宏业、孟小伟、郑春红、何军卿、武建民）、名教师39名，许昌市技术经济学校、市七中分别作为职业学校和民办学校的代表，首次进入名校行列。6位名校长、名教师和师德标兵代表在表彰会后作先进事迹报告。

【名校带动战略】 2012年，市区中小学"名校带动，强弱联合"模式进一步推广，二中与九中、一中与十五中、南关村小学与裴山庙小学、文化街小学与回族小学、古槐街小学与大同街小学、健康路小学与七里店明德小学联合办学成效显著。同时，发挥名校的管理、师资等优势，以许昌实验小学、许昌实验幼儿园、许昌市一中三大教育集团为依托，建立优秀校（园）长、骨干教师培训基地，全年共有350名教师接受了跟岗培训。

【人民满意学校创建工作专题调研】 4月中旬，市教育局人民满意学校创建工作领导小组到各县（市、区）进行专题调研。调研中发现各县（市、区）对人民满意学校创建工作高度重视，创建的氛围浓厚、措施得力。调研组针对创建工作中存在的县域、校际间学校发展不均衡，个别学校基础设施还比较落后、师资力量相对薄弱，对评估细则吃得不透、把握不准，学校特色不明显等问题，提出了五条建议：一是学校发展要明确方向；二是要明确创建目标和重点；三是要围绕内涵发展抓创建；四是要突出特色建设促创建；五是要合理调配资金，着力解决突出问题。

【媒体聚焦人民满意学校创建活动】 8月10日、14日，《教育时报》分别以《让"人民满意学校"创建有抓手、有方向》、《人民满意学校，不能仅仅是评选》为题，深入报道许昌市人民满意学校创建活动。9月10日，《许昌日报》在头版头条位置刊登了深度报道《让每一朵鲜花都美丽绽放》，全面反映了创建活动的基本历程和主要成效，广大教师和教育工作者深受启发和鼓舞。

【县（市、区）创建工作动态】 襄城县一是启动特色项目学校建设计划。遵循"整体规划,突出重点,分步实施,追求品位"的总体思路,按照"特色项目——学校特色——特色学校"的步骤,努力建设特色学校。二是扎实开展"人民满意学校"创建活动。2月,确定县级创建学校,确定并上报2012年市级创建学校。3月底到4月初对2011年度"管理水平提升学校"提升情况进行验收,同时组织部分薄弱学校和2011年度提升不达标的学校继续开展管理水平提升工作。三是提升中小学校长管理理念,提高校长科学管理的能力。8月,举办第六届校长论坛,通过论坛交流自己管理学校的成败得失、感悟体会,使校长们在交流中获得启迪和智慧,以破解管理难题、寻求同伴互助、实现共同提升,为全县中小学管理提供有益启示,开阔校长视野、提高管理效能。禹州市教体局采取三项措施推进人民满意学校创建工作,一是表彰先进,宣树典型。对获禹州市"2011年度教育教学质量评估先进单位"、"教育教学质量评估先进教育党总支"及许昌市先进学校进行了表彰,并采取以奖代补方式,分别给予3—5万元奖励。二是明确目标,狠抓落实。禹州市教体局年度创建工作目标是:力争1所学校进入许昌名校行列,保证2所学校创建成为许昌市素质教育示范校,10所左右的学校成为许昌办学管理规范化学校。各校结合实际制定创建方案,明确创建目标,对照创建标准,查摆不足,狠抓落实,解决实际问题,不断加大创建工作力度。三是强化督导,加强管理。市教体局加强检查指导,指导帮助各学校做好各项创建工作,努力创建人民满意的学校、办好人民满意的教育。长葛市召开人民满意学校创建工作现场会,认真总结创建成果和存在的不足,后河镇淑君中学、董村镇口王小学介绍了人民满意学校创建活动的典型经验。长葛市教体局对下一阶段创建工作提出三点具体要求:一是各学校要认真对照《人民满意学校评估指标体系》,对创建过程中存在的问题和不足查漏补缺,及时整改。二是认真督查。8月份对申报人民满意学校的单位进行第二次督导评估,要求各中心学校积极组织辖区内学校开展观摩交流活动,制定创建工作台账,举行模拟验收演练,切实做到"跟踪、监控、整改"三到位。三是严格奖惩。对创建活动中行动迟缓、工作不力的单位要给予全市通报批评,行动积极、成效显著的单位要在资金和政策上予以倾斜,并作为重要依据纳入教育质量市长奖评选体系。

基础教育

【"两基"工作跨入全国第一方阵】 9月,国务院下发《关于表彰全国"两基"工作先进单位和先进个人的决定》(国发〔2012〕46号),授予300个单位"全国'两基'工作先进单位"称号,许昌市教育局名列其中,标志着许昌教育事业发展实现了历史性跨越。

【秦春梅调研公办幼儿园建设情况】 6月28—29日,副市长秦春梅深入长葛市、鄢陵县、襄城县调研学前教育三年行动计划2012年公办幼儿园建设情况。市政府副秘书长孙明慧,市教育局局长高建国、副局长赵建鹏等陪同。秦春梅要求各县(市)政府及项目责任主体要强化责任意识,充分认识公办幼儿园建设的紧迫性,抓紧施工,确保年底前竣工。市教育局要协调国土、规划、住建等部门,尽快制定出台幼儿园建设标准,确保在幼儿园规划布点、用地面积、建筑面积、建筑设计规范等方面,符合幼儿身心健康成长的规律和要求,要确保建设一所,合格一所,避免幼儿园建筑、设施成人化现象。2011年已建成的项目,要尽快按照幼儿园配备标准配备保教设施和保教人员,建立幼儿园管理机制,探索实施多种形式的办园体制,确保秋季开园招生。

【召开全市公办幼儿园建设工作推进现场会】 8月2日,市政府召开全市公办幼儿园建设工作现场推进会。副市长秦春梅带领与会人员实地观摩了鄢陵县明义社区、黄龙社区和新区幼儿园建设项目,并听取了各县(市、区)学前教育三年行动计划推进情况汇报。秦春梅强调,要区分重点、分类指导,分解任务、卡死节点,提高标准、严格规范,全力推进公办幼儿园建设,并着力抓好"划片招生,就近入园"试点工作,从而推动学前教育健康发展。

【召开全市基础教育工作会议】 3月8日,市教育局召开全市基础教育工作会议。市教育局副局长代廷安就2012年的基础教育工作,提出三点要求:一是理清思路。按照学前教育、义务教育、高中教育分类梳理,明确全年奋斗目标和主要措施。二是突出重点。学前教育抓普及,重点抓好划片招生试点工作、幼儿园规划、建设和规范化管理,使三年行动计划规划建设的公办幼儿园成为全市的骨干幼儿园;义务教育促均衡,在市区启动小学建设项目的同时,着力推进县(市、区)薄弱学校改造工作,并按照既定推进计划督导各县市区推进义务教育均衡发展先进县创建工作;高中教育提内涵,要制定相关政策,改善普通高中办学条件,加强内部管理,提升办学水平。三是当好表率。市直学校要在办学规范、学校管理、教学质量、校园文化、高效课堂等五个方面为全市中小学校带好头、树好榜样。

【教育民生工程全面落实】 严格落实农村义务教育"两免一补"和城市免学费政策,2012年度共拨付义务教育经费保障机制资金3.7亿元,惠及全市义务教育阶段所有学生;扎实推进农村中小学校舍安全工程,投入资金1.27亿元,对138个项目进行改造。截至年底,所有项目全部竣工,竣工校舍面积12.47万平方米。坚持"两为主、四统一、应入尽入"原则,妥善安置34020名农民工子女接受义务教育。落实家庭经济困难学生资助政策,2012年春、秋两季分别资助普通高中和中等职业学校家庭经济困难学生28713人次和20747人次,资助金额达3709.5万元,中职免学费人数为18288人次,总金额1486.265万元。申请中央彩票公益金152万元实施滋惠计划,资助品学兼优的贫困高中生760人。

【启动市区小学重点项目建设工程】 市政府出台《关于加快推进市区小学重点项目建设的意见》（许政〔2012〕7号），计划用三年时间，投入资金约44742万元，新建改扩建市区16所小学，着力解决新型城镇化推进过程中出现的市区小学入学压力过大问题。文件出台后，市、县区政府和教育局对市区小学建设高度重视，副市长秦春梅多次主持召开会议，深入"三区一县"进行调研，督查工程进度。2012年的8个建设项目均顺利推进。

【强力推进"1559"教育信息化工程】 市政府正式出台了《关于加快教育信息化建设的意见》，市教育局成立了由局长高建国任组长的教育信息化建设领导小组，全面负责全市教育信息化的统筹规划、整体推进工作。根据《意见》要求，市教育局在反复论证的基础上，确定并实施了"1559"教育信息化工程，即用3—5年时间，建成1个市本级教育城域网、5个县级数据交换中心、50个数字化校园和900个校园网。

【主动服务"三化"协调和新型农村社区建设】 编制《关于"三化"协调科学发展试验区2012年教育事业建设规划》，主动服务"三化"协调发展。全年投入1.31亿元，实施新型农村社区中小学、幼儿园建设项目28个，竣工21个。

【开展办学条件标准化专项督察】 按照《许昌市人民政府办公室转发市教育局关于推进许昌市义务教育学校办学条件标准化建设意见的通知》（许政办〔2012〕36号）要求，市教育局资基科组织部分中小学管理专家，于11月22—23日、27—28日，分别对长葛市和襄城县进行了全省验收前的督导检查。根据市级验收情况，结合专家组评估意见，确定长葛市、襄城县基本达到义务教育学校办学条件标准化。2012年，许昌市办学条件标准化建设工作得到社会各界广泛关注。11月26日，《许昌日报》和《许昌晨报》对全市义务教育学校标准化建设工作情况进行报道；11月29日至12月5日，许昌电视台新闻综合频道对该项工作进行连续报道；11月29日至12月8日，河南电视台河南新闻频道连续三次进行报道。

【举办许昌市第十六届中小学生田径运动会】 10月17—19日，由市教育局和市体育局联合主办的许昌市第十六届中小学生田径运动会在许昌市体育场举行。赛事部分共分高中组、初中组和小学组3个组别，设64个比赛项目，共有来自全市22个代表团、37支代表队、约600名运动员参加比赛。襄城县、长葛市、鄢陵县分获大团体前三名，许昌实验中学包揽高中组、初中组第一名，襄城县颍阳镇新杨庄中心小学获小学组第一名。

【学校艺术教育】 4月中旬，由市教育局、市文学艺术界联合会主办的许昌市第四届中小学生艺术展，第二届"成长杯"中小学生绘画书法摄影大赛颁奖典礼，许昌市教育界美术家、书法家协会成立大会举行。市教育局局长高建国在讲话中，对全市学校艺术教育提出四点希望：一是高度重视艺术教育。二是扎实推进艺术教育。三是致力培育艺术特色。四是切实强化组织领导。

【许昌市未成年人心理健康辅导中心迁址揭牌】 11月13日，许昌市未成年人心理健康辅导中心迁址揭牌仪式在许昌市二高西校区举行。市委常委、宣传部部长王登喜，副市长秦春梅出席仪式并为中心揭牌。揭牌仪式结束后，王登喜、秦春梅一行参观了该中心的个体咨询室、情绪调节室、沙盘游戏室、音乐放松室等功能室，对心理健康辅导中心成立以来取得的成绩给予了充分肯定。该中心2012年被省文明办命名为"省级示范性未成年人心理健康辅导中心"。

【率先实现计算机辅助普通话水平测试】 11月10日，许昌市在全省率先使用计算机辅助普通话水平测试，共100人参加了测试。市教育局副局长代廷安、有关受测单位负责人，现场观摩了测试全过程。计算机辅助普通话水平测试限时13分钟，受测人员通过电脑录音，电脑自动识别打分获取成绩。与传统测试手段相比，优化了管理模式，规范了测试程序，提高了测试效率，统一了测评标准，体现了国家级考试的客观公正性。2012年，许昌市被确定为全省6个试点单位之一，第一个开展计算机辅助普通话水平测试。

【联合国儿基会、中央电教馆在许昌市召开课题工作会议】 12月13—14日，由河南省电教馆、许昌市教育局承办的联合国儿童基金会项目《区域教育信息化发展指数研究》启动会议和全国教育技术研究"十二五"规划重大课题《区域教育信息化与教育公平研究》选题会议在许昌举行。中央电教馆副馆长丁新、中央电教馆学术委员会主任陈庆贵、北京大学教育学院副院长尚俊杰、河南省电教馆副馆长王平等领导出席会议，来自江苏、内蒙古、重庆、辽宁、河南等六省（市、自治区）的电教部门负责人及一线教师、科研人员共80余人参加会议。2012年以来，许昌市先后被省教育厅确定为"教育信息化区域综合试点市"，被"区域教育信息化与教育公平研究"总课题组确定为中部地区唯一试点城市。

【教育技术装备工作】 做好全市农村义务教育薄弱学校改造项目工程（教学装备类）的实施工作，精心制定符合县（市、区）实际的中小学图书、教学仪器设备和多媒体远程教学设备分年度配置方案，确保项目的稳步实施和项目资金的投资效益；开展实验教学示范课、优质课和优秀论文评选活动，评出教学示范课36节、优质课168节、优秀教学论文121篇；举办市直学校教师交互式电子白板教学应用技能大赛，采取在市直学校任课教师中随机抽取的办法，共抽取了103名教师参加比赛，促进了电子白板在日常教学中的应用和研究；组织开展第二届许昌市优秀自制教具暨中小学生科技创新、小制作、小发明展评活动，评出优秀自制教具项目作品66件，中小学生科技创新、小制作、小发明项目作品124件。

【首届中华经典诵读擂台赛】 5月28日，许昌市首届中华经典诵读擂台赛启动仪式在许昌实验小学举行。市委常委、宣传部部长王登喜出席启动仪式。举办许昌市首届中华经典诵读擂台赛，旨在搭建一个鼓励全市中小学生、教师和家长阅读经典、感悟经典、享受经典的平台，通过比赛引导中小学生在学习祖国优秀传统文化的过程中，感受中华经典的独特魅力，领悟中华文化的深邃智慧，践行中华民族的核心价值，弘扬中华优秀传统文化，建设中华民族共有的精神家园。

【"学雷锋精神，做美德少年"网上寄语签名活动】 5月29日，许昌市"学雷锋精神，做美德少年"网上寄语签名活动启动仪式在毓秀路小学举行。市委宣传部常务副部长、文明办主任郭云，市教育局副局长赵建鹏，各县市区文明办、妇联、共青团等相关组织的领导以及市直各学校的代表和毓秀路小学部分师生参加了启动仪式。

职 业 与 成 人 教 育

【省政府教育督导团莅许督导职业教育】 11月29日至12月1日,省政府教育督导团职业教育专项督导检查组一行6人,在省教育厅督导办主任王学进的带领下对许昌市职业教育攻坚工作进行全面验收检查。29日下午,市政府组织职业教育攻坚工作联席单位召开专题汇报会,市政府副秘书长曹迪主持会议,市教育局局长高建国向检查组汇报了许昌市职业教育攻坚工作情况。听取汇报后,检查组对照检查标准查看了相关账目、文件等档案资料。11月30日,检查组分成两组分别奔赴禹州市、长葛市开展检查活动,在听取当地职业教育发展情况汇报后,分别到禹州市职业中等专业学校和许昌技术经济学校进行了实地考察,详细了解职业学校在校企合作、投入机制等方面的发展特色。12月1日,检查组进行了情况反馈,对许昌市职业教育攻坚工作取得的成绩深表振奋,对市职业教育工作的后续发展寄予厚望。

【杨献波对全市职业教育提出要求】 5月8日,在集中收听收看了全省职业教育工作电视电话会议后,许昌市召开相关会议进行部署。市委常委、常务副市长杨献波,市教育局局长高建国出席会议。就如何做好许昌市职业教育工作,杨献波提出三点要求。一要领会精神,提高认识,进一步增强发展职业教育的责任感和紧迫感。二要提升内涵,奋力攻坚,切实抓好重点项目建设,扎实推进机制创新,深化教育教学改革,着力培育许昌职业教育名校,培养技能型产业工人,为全市经济建设提供强大的人才支撑。三要加强领导,务求实效,努力开创许昌市职业教育发展的新局面。

【秦春梅调研长葛职业教育】 11月26日,副市长秦春梅到长葛市调研职业教育落实"三改一抓一构建"情况。秦春梅一行在河南易和电器有限公司实地察看了校企合作开展情况,听取了有关情况汇报,黄河旋风、易和电器、众品实业、森源电器等企业的代表分别介绍了校企合作的情况。在充分肯定长葛市职业教育改革成绩的同时,秦春梅对今后工作提出了四点要求:一是要勇于探索,敢于创新,努力把职业教育办成服务地方经济发展的现代职业教育。二是要加强部门合作,齐心协力,齐抓共管,增强职业教育服务地方经济建设的能力。三是要充分发挥职教集团的职能,进一步深化校企合作。四是要改变观念,增强办学活力,促进职业教育整体水平提高。

【迎接"职业教育中原行"新闻媒体采访团】 4月中旬,省教育厅"职业教育中原行",新闻媒体采访团深入采访许昌市职业教育改革发展情况。采访团由来自《光明日报》、《中国教育报》、《河南日报》、《大河报》、《教育时报》、中国教育电视台、河南人民广播电台、河南电视台等9家新闻媒体的14名记者组成,目的是充分挖掘并宣传推介许昌市职教攻坚计划实施以来,特别是创新体制机制、多元投资兴办职业教育的典型经验。座谈会上,市教育局副局长杨春香简要介绍了许昌市职业教育改革发展,尤其是职教攻坚计划的推进落实情况。禹州市教体局、许昌技术经济学校、河南易和电器有限公司等单位的代表,向采访团一行汇报了创新投融资体制、实施多元化办学及加强校企合作等方面的主要做法。随后,采访团又深入到许昌电气职业学院、许昌护理学校、许昌技术经济学校、许昌陶瓷职业学院和禹州市职业中专等职业院校,进行了实地采访。

【五年职教攻坚圆满完成】 本年度,鄢陵县顺利通过省政府职教强县验收,许昌在全省率先实现了职教强县全覆盖,全市职业院校办学规模、能力与水平显著提升,先后有3所中职学校被教育部命名为国家级改革发展示范校,4所学校成为中央财政支持的实训基地,8所学校纳入省级职业教育品牌示范校和特色校建设规划。

【持续扩大中职招生规模】 5月,组织开展职教招生宣传月活动,全市组建6个"许昌市职业教育招生联盟宣讲团",深入全市每个乡镇、每所初中巡回宣讲;以校企合作对话为主题,开展系列专题报道,在职业院校、行业企业中产生了一定影响;开展中职创业之星评选、报道活动,展示了中职毕业生风采;在《许昌日报》、《许昌晨报》刊发通版,开展集中宣传活动,发放各类职业教育宣传资料10余万份。加强对高中阶段招生工作的统筹领导,把高中阶段教育的增量部分全部用于扩大中等职业学校招生规模。同时,规范招生行为,防止违规招生现象发生。拓展职业学校生源范围,把返乡农民工、高中毕业生、退伍军人和社会青年接受中等职业教育纳入中职招生工作之中。2012年,全市共完成中职招生24650人。

【开展技能竞赛和"文明风采"大赛活动】 通过层层选拔,全市共有527名学生参加了9个专业25个项目的比赛,并分获一、二、三等奖。经选拔筛选,共向省教育厅选送设计、展示、摄影、动漫等五类13项的134件作品。

【启动中职新课堂教学改革】 印发《许昌市中等职业学校新课堂教学改革指导意见(试行)》,提出了"落实'以人为本'的教育理念和价值取向,实现自主、合作、探究学习,帮助学生获得自主学习、自我管理、自我完善的能力"的教学改革方向,计划从2013年开始,经过三年的实践探索,初步建立起有效的新课堂教学改革管理、实施、评价体系。

【许昌工商管理学校成功申报国家中等职业教育改革发展示范校建设项目】 3月上旬,许昌工商管理学校申报的国家中等职业教育改革发展示范学校建设项目,顺利通过国家教育部、人力资源与社会保障部和财政部的验收。该项目的实施,将使学校获得国家财政专项资金880万元的资助。

【许昌电大促招生谋发展】 5月下旬,许昌电大召开2012年春季表先暨秋季招生工作动员会,就秋季招生工作提出了"三新""四变"促招生、多策并举谋发展的新思路。"三新",应对新挑战,开拓新征程,再谱新篇章。"四变",招生工作变封闭为开放,变被动为主动,变漠视为热情,变盲目为规范。"多策并举谋发展",一是宣传,要用好载体,加大宣传,树立形象,唱响品牌。二是合作,要合作办学,拓展市场,务实重干,挖掘生源。

三是建设,要注意系统建设,发挥系统优势,为系统招生创造良好的环境。四是服务,要凝聚智慧,用心做事,热情服务,和谐发展。五是争先,要创先争优,奖惩兑现,砥砺奋进,再创辉煌。

师资队伍建设

【开展"教师发展年"活动】 市教育局将2012年确定为"教师发展年",并以此为契机实施了师德建设、师能提升、名师培养、教师管理、关爱教师五个行动计划。开展"教育崛起,教师为基"师德主题教育活动,启动"寻找许昌最美乡村教师"活动,组织师德师风先进事迹报告团在全市作巡回报告5场;精心实施国培、省培计划,相继启动骨干教师、名师培养工程,组织开展中小学班主任、教师教育技术能力远程培训和继续教育网络培训,参培人数达1.55万人;公开招录特岗教师190名,全部充实到农村基层学校任教。引进33名部属重点高校免费师范生,缓解了高中教师严重不足问题;推进关爱教师行动,各地各学校认真落实教师工资、医疗等待遇,千方百计帮助教师排忧解难,关注教师身心健康,增强了广大教师的职业幸福感。2012年,全市219名教师每人获得"励耕计划"资助金1万元,近千名困难教师得到了专项补贴。鄢陵县投入698万元兴建了教师周转房,开发区推出了男女教师教龄满30年和25年享受百分之百退休工资的优惠政策,市直大多数学校设立了教师健身房、活动室等。

【组团出席第五、六届中国卓越局长校长峰会】 3月30日至4月1日,市教育局局长高建国亲自带领部分县(市、区)教育局长、人民满意学校及素质教育示范校校长共20人,赴北京出席了《中国教育报》主办的第五届中国卓越校长局长峰会。本次峰会主题为"文化立魂,创新育人",与会代表聆听了朱永新、田慧生、刘彭芝、于丹等12位知名专家学者的报告,还分别参加了局长和中学、小学校长论坛,围绕"如何推进区域教育均衡优质发展"、"新课改背景下人才培养的思路和多元升学的出路"、"文化建设和特色发展"等主题,进行了深刻剖析和研讨交流。10月16—22日,市教育局副局长代廷安带领部分教育行政干部和普通高中校长共37人,赴河北衡水中学参加了主题为"建设高效课堂,提高教育质量,打造卓越名校"的第六届中国卓越校长峰会,听取了王金战、刘京海、杨银付、张文茂、朱永新等教育名家的专题报告,观摩了名师执教的"同课异构"高效课堂,并参观了衡水二中、冀州中学和郸城高中。

【教育干部培训工作全省领先】 4月20日,全省教育干部培训工作会议在郑州召开。作为重点发言的三个地市,许昌市教育干部培训工作的典型经验备受关注,得到了与会领导和同人的广泛好评。许昌市教育干部培训工作的四点经验是:领导重视,组织保障;贴近需求,创新机制;加强调研,精心组织;严格管理,强化效果。省教育厅领导充分肯定这四点经验,并强调尽快在全省加以推广。

【职业学校教师队伍建设】 一是在全市中职学校遴选64名教师参加国家和省级骨干教师培训,遴选11名教师参加企业实践活动,遴选6名骨干班主任参加省级培训。组织全市各县(市、区)的90名教师参加市级骨干教师培训。二是做好职业学校教育教学改革课题立项和结项申报,共申报完成7个省级立项课题和7个省级结项课题。三是组织5名中职学校校长参加教育部组织的现代职教体系高级研修班。

【中小学教师心理健康教育培训】 7月25日,由市未成年人心理健康辅导中心举办的全市中小学教师心理健康教育与咨询技巧培训班开课。全市各中小学的心理健康教育教师,人民满意学校、素质教育示范校校长及主管副校长等共400人参加培训。北师大心理学院博士生导师郑日昌教授、教育部中小学心理健康教育国培计划授课专家史彩娥教授、国家二级心理咨询师张环建等,从学生常见的心理障碍、塑造学生良好行为、自己与他人的关系等多个角度,实施了培训。

【寻找许昌"最美乡村教师"】 9月中旬,为进一步深化"教师发展年"活动,市教育局联合《许昌日报》在全市范围内开展"寻找许昌最美乡村教师"活动,倡导全社会关注农村教育,更多优秀教师扎根农村学校,为农村教育事业发展贡献力量。来自全市8个县(市、区)的17名教师入围"许昌最美乡村教师"候选人,《许昌日报》对17位教师的先进事迹进行了全面报道。

县域教育

【许昌县为校车建立"身份档案"】 1月,许昌县教体局按照"不漏一校一园,不漏一车一人"的原则,组织人员逐校、逐车对全县14个乡镇和县直学校、幼儿园接送学生车辆使用和管理情况进行了集中摸底排查,比较详细地掌握了各学校、幼儿园接送学生车辆基本情况,并建立了校车档案,做到了"一车一档"。校车档案内容包括车型牌号、车辆状况和司机姓名、驾驶证号、驾驶证有效期、驾驶员驾龄以及接送学生幼儿名单、行车路线等。许昌县共有校车297辆,其中自购220辆(幼儿园自购202辆,公民办学校自购18辆),租用77辆(幼儿园租用59辆,公民办学校租用18辆)。按照有关要求,撤换驾龄不足3年的驾驶员28名。该县教体局积极协调有关部门,加强校车规范安全管理和日常运营。

【禹州市教体局狠抓落实惠民生】 一是强力推进"十五园七十四校"建设。加强配合,强化督导,确保年底前完成15所公办幼儿园建设任务,有效推进74所标准化中小学建设。二是加强教师队伍建设。圆满完成2012年特岗、职教、高中和幼教招教任务,共为教师队伍输送新生力量200人。同时组织好对新招聘人员的岗前培训工作,秋季开学后全部按计划分配到了缺编乡镇办。三是强化作风建设。切实转变工作作风,争做遵守纪律的表率、转变工作作风的表率、务实工作的表率,钻研业务,提升素质素养,多为促进全市教育事业大发展谋思路,想办法。四是突出抓好校园平安建设。健全学校安全管理体系,落实安全防范措施;加强校车和学校食堂管理,提高学生安全意识;及时排查化解各类不稳定因素,切实做好信访稳定工作;深化学校制度建设,努力推行校务公开,做好教师队伍思想稳定工作。五是做好教师表彰工作。在全市进一步营造尊师重教的浓郁氛围,激发全市广大教师教书育人、为人师表的责任心和自豪感。六是搞好"回头看"。以"干部下基层、工作在一线、为民解难题"等活动为契机,突出抓好人民满意学校创建工作。

【长葛市教体局关注留守儿童健康成长】 长葛市教育体育局通过建立政府、学校、家庭、社会多维互动教育网络,形成合力,促使留守儿童健康成长。首先,注重发挥学校教育作用。以"师生、生生"结对帮扶为基本形式,以多样的文体活动为载体,开展心理疏导教育,丰富其生活内容,让留守儿童快乐成长。其次,注重发挥家庭教育影响。指导学校建立了家校联系制度,通过家访、生活访谈等途径,积极沟通、合理解决孩子成长中遇到的难题。最后,注重发挥社会环境教育作用。与相关部门积极沟通,免费开放未成年人活动场所,并聘请司法、交通等部门领导定期到学校进行法律、安全知识讲座,让留守儿童健康成长。

【襄城县教科局多策并举提升薄弱学校管理水平】 一是加强领导班子建设。通过举办校长论坛、校长沙龙、校长专业培训班等措施,促进中小学校长的快速成长。进一步完善班子成员岗位责任制、岗位双向竞聘制、工作质量承诺制、绩效工资浮动制等多项制度和规定,打造坚强有力的领导班子。二是打造过硬教师队伍。实施全县学科带头人、学术带头人、教学能手、课改先进个人对薄弱学校教师的传、帮、带分包责任制,全面提高教师综合素质,努力造就一支让人民满意的教师队伍。三是大幅提升教育教学质量。建立教师教学管理和绩效考核制度,完善教学质量监控体系,探索实施新课程的有效途径和方法,改革教学质量评估模式和评价方式,大幅度提高了教育教学质量。四是坚持走"科研兴校"之路。紧扣课堂教学的基本环节,开展教研活动,促进广大教师教学方法的全面出新。实施课题研究带动策略,基本做到一人一个小课题,都会课题研究,都有成功案例的目标。五是努力改善办学条件。累计投入资金800余万元,用于学校硬件建设、绿化美化等工作,帮助学校建成了标准化的实验室、仪器室,优化教育教学环境,缩小校际办学差距,促进了全县教育资源共享和学校的均衡发展。

【魏都区推进义务教育均衡发展又有新举措】 8月中旬,魏都区6所学校联合办学揭牌仪式分别在回族小学(文化街小学南校区)、大同街小学(古槐街小学南校区)、七里店明德小学(健康路小学西校区)同时举行。2012年,该区推出了三种办学模式。其中文化街小学、回族小学按照"两个校区、统一管理,优化资源、协调发展"的模式联合办学,把文化街小学优秀校园文化植入回族小学,两校设施设备、人力资源实行统一管理调配,统筹安排使用,提升回族小学的办学水平和知名度,实现教育均衡发展。健康路小学、七里店明德小学实行城郊学校"共同体发展"模式,按照"管理一体、研训一体、资源一体"的工作制度,建立学校之间积极、开放、灵活的交流机制,逐步提升七里店明德小学办学理念和校园文化氛围,提高教育教学质量和管理水平,逐步缩小城郊办学水平的差距。古槐街小学、大同街小学实行"学区制"办学模式。打破学校之间相互封闭、保守的现状,建立学校之间积极、开放、灵活的交流机制,进一步发挥学区内学校各自特色的示范带动作用,使两校互助互补,共同发展,创新路子,提升品牌,实现跨越式发展,满足人民群众对优质教育资源的需求。

【鄢陵县顺利通过河南省"职教强县"验收】 10月18日,河南省职业教育强县评估验收组一行6人在省职教教研室主任黄才华的带领下莅临鄢陵县,对该县创建河南省职业教育强县工作开展了为期两天的检查指导和评估验收。专家组认真听取了鄢陵县人民政府的工作汇报,并分三个小组对学校建设、档案资料、经费投入等情况进行了全面考察评估,对鄢陵县职业教育工作取得的成绩给予了高度评价。

【开发区中心小学中心幼儿园奠基】 5月30日,开发区中心小学中心幼儿园项目奠基仪式举行。市政府副市长秦春梅、副秘书长孙明慧,市教育局局长高建国等领导参加奠基仪式并培土奠基。该项目占地65.6亩,总投资3920万元,建校规模小学36班、幼儿园24班,总建筑面积约21000平方米,可容纳小学生、幼儿2670人。

【东城区突出内涵式发展提升教育管理水平】 一是提升硬件设施。制定《加快义务教育重点项目建设意见》、"三化"协调实验区学校规划、薄弱学校改造规划及推进教育信息化实施意见,建立了项目推进台账,明确责任领导、责任部门和具体责任人,加快新东街小学、洪河北街小学和邓庄中学项目实施进度,完成了马庄小学明德楼和市十五中学新教学楼项目建设,重点扶持薄弱学校发展,争取上级薄弱学校奖补资金184万元。二是提升教师素质。制定关于开展"教师发展年"活动实施意见和"东城区中小学教师职业道德考核测评标准",突出抓好师德教育和教师职业道德考核测评,开展45岁以下教师集中赛课和中小学教师课堂教学观摩活动,进一步提高了中青年教师的综合素质和教学技能。三是提升校园文化。组织开展了"学雷锋,见行动"和"读经典书籍,做文明学生"等主题活动,着力营造积极、健康、向上的校园文化,增强了学生的文明意识,培养了学生的文明行为习惯。

许昌市属县(市、区)教育行政简况

单位名称	局　长	办公地址	邮编	联系电话
许昌县教体局	王松峰	许昌新区聚贤路	461100	0374-5136226
鄢陵县教体局	张献林	鄢陵县人民路西段	461200	0374-7107001
襄城县教科局	杨水钊	襄城县中心路东段	461700	0374-3569696
长葛市教体局	魏喜河	长葛市八七路96号	461500	0374-6110286
禹州市教体局	赵宏钧	禹州市禹王大道东段北侧	461670	0374-8880007
魏都区教体局	刘建涛	许昌市健康路12号	461000	0374-8329500
开发区社会事业局	吕继业	许昌市双龙湖广场北侧	461000	0374－8581653
东城区教育局	张明慧	许昌市新兴路东段(管委会)	461000	0374－2959937

撰稿:吴　良

审稿:高建国　闫全迎

漯　河　市

市政府分管教育副市长(正厅级):孙运锋(—5月)

市委常委、统战部长、市政府分管教育的党组成员:吕　岩(5月—)

市教育局党委书记、局长:章光普

市教育局地址:漯河市辽河路305号　邮编:462008

电话:0395-3132656　传真:0395-3133115

网址:http://www.lhjy.net　电子邮件:lhjyxx@126.com

综 合 管 理

【概况】 2012年,漯河市有各级各类学校974所,在校生504198人,专任教师27086人。其中,高校3所,在校生28293人,专任教师1735人;中等职业教育学校21所,在校生32032人,专任教师1510人;普通高中17所,在校生46969人,专任教师2719人;普通初中92所,在校生100864人,专任教师6711人;小学525所,在校生223826人,专任教师11559人;特殊教育学校5所,在校生413人,专任教师81人;幼儿教育学校(幼儿园)311所,在校(园)幼儿71801人,专任教师2771人。

全市教育经费总投入281995.9万元,比上年增加48890.5万元,增长20.97%,其中国家财政性教育经费投入234101.6万元,比上年增加48282.8万元,增长25.98%。全市财政预算内教育经费拨款213673万元,比上年增加42172.2万元,增长24.59%。

【市教育局领导班子成员名单】 市教育局党委书记、局长章光普,党委副书记张义军,副局长蒋中显,招生办主任刘跃进,副局长时恒才,纪检书记郭淑琴,副局长傅晓凯、吕登峰,党委委员李跃广。

【曹刚川在京约见、勉励漯河学子】 7月1日,原中共中央政治局委员、原中央军委副主席曹刚川在北京银轮宾馆与从漯河高中走出来的在北大、清华求学的校友代表相见。在北大、清华求学的12名原漯河高中学生在河南省副省长王铁、省政协副主席张亚忠,漯河市委书记靳克文、市长曹存正等带领下,和曹刚川欢聚在一起。曹刚川送给学子们3句话共6个字:铸人、铸剑、铸形,并向在京求学的其他校友以及从漯河高中走出来的所有校友表达问候和期望。3年前,曹刚川回到母校——漯河高中时,特意走到学生中间,和大家约定,希望大家好好学习,将来在北京相见。

【刁玉华到漯河调研学前教育和教师培训工作】 6月8日,省教育厅副厅长刁玉华在漯河市委常委、统战部长、市政府党组成员吕岩,市教育局党委书记、局长章光普等陪同下,深入源汇区阴阳赵乡许慎实验幼儿园、漯河市宋庆龄基金会幼儿园调研学前教育,并到源汇区教师进修学校调研教师培训工作。刁玉华希望漯河市继续加大学前教育工程建设力度,抢抓机遇,新建、改扩建一批高质量的幼儿园;要科学规划,统筹安排,协调发展,加强幼儿教师队伍建设,打造一流幼教队伍。

【全市教育工作会议】 3月30日,市政府召开全市教育工作会议,贯彻落实全国、全省教育工作会议精神,部署全市教育改革发展的各项任务。市委副书记、代市长曹存正到会讲话,副市长孙运锋作工作报告,市政府副秘书长徐长来主持会议。会上,相关县区向市政府递交了2012年学校建设工程目标责任书。曹存正在会议上强调,教育承载着漯河发展的希望,肩负着全市人民的期盼,各级、各有关部门特别是广大教育工作者,要切实认清责任使命,进一步统一思想,坚定信心,全力以赴推动全市教育工作健康快速发展,向全市人民交上一份满意的答卷。

【获第二届全国未成年人思想道德建设工作先进单位称号】 2月8日,在全国全省未成年人思想道德建设工作电视电话会议上,漯河市教育局获得第二届全国未成年人思想道德建设工作先进单位称号。漯河市广泛开展的中华经典诵读活动富有成效,在全省未成年人思想道德建设工作测评中成绩优异,受到了各级领导的一致好评。

【漯河职业教育攻坚工作获省政府表彰】 2月9日,河南省人民政府印发《关于表彰2011年河南省职业教育攻坚工作先进单位和先进个人的决定》。漯河市人民政府、舞阳县人民政府被河南省人民政府授予2011年河南省职业教育攻坚工作先进单位称号,徐洪波等3人被授予2011年河南省职业教育攻坚工作先进个人称号。

【教师节表彰】 9月10日,漯河市举行庆祝2012年教师节暨表彰大会。市长曹存正,市委副书记、纪委书记李智民,市委常委、统战部长、市政府党组成员吕岩,市人大常委会副主任田爱华,市政协副主席邓武昌,市政府办公室纪检书记杨智勇,市教育局党委书记、局长章光普,市人力资源和社会保障局党组副书记杨灵杰等出席。会议由吕岩主持。会上,对一批为全市教育事业发展做出突出贡献的优秀教师、教育工作者进行了表彰。

【举办庆祝第28个教师节文艺晚会】 9月7日晚,漯河市庆祝第28个教师节文艺晚会在漯河大剧院举行。晚会由市教育局主办。节目由全市教育系统师生自编自导自演,节目形式多样,有大合唱、舞蹈、音乐情景剧、歌伴舞等。整台晚会欢快热烈、精彩纷呈,融观赏性、艺术性于一体,赢得了观众阵阵热烈掌声。市委副书记、纪委书记李智民,市政协主席张社魁,市长级干部黄国英,市委常委、常务副市长杨国志,市委常委、军分区政委余丰立,市委常委、统战部长吕岩,市人大常委会副主任邵成山、宗万志,市人大常委会副主任、市总工会主席田爱华,副市长栗社臣,市政协副主席刘桂梅、邓武昌,市人民检察院检察长赵顺宗,漯河职业技术学院院长顾文明,漯河医学高等专科学校校长宋国华及市教育局党委书记、局长章光普等与市直有关部门、教育系统离退休老教师、老教育工作者代表一起观看了演出。

【政治思想建设】 本年,市教育局通过中心组学习、专家报告、主题党课、书记例会、机关干部学习会、专题座谈等方式,强化理论学习,切实加强和改进思想作风建设。相继开展"迎双节,讲文明,树新风"主题教育活动、"向党的十八大献礼"活动和"崇尚科学,拒绝邪教进校园"活动。积极参与"清洁环境,建设生态文明城市"义务治脏活动。广泛开展争当"十佳市民"和"两争两创"活动。扎实开展文明单位帮扶、驻村共建、走访慰问送温暖等活动。驻村共建工作成效显著,受到上级领导和共建村群众的一致称赞。

【党的建设】 本年,市教育局深入贯彻落实民主集中制,重大事项召开党委会集体研究决定,实施基层党务政务公开。组织开展"基层组织建设年"、"三讲三提升"、"群众满意度提升年"、"知家乡,爱漯河"等特色党建活动。深入推进基层党建工作项目化管理,申报全面推进学习型党组织建设、开展党员志愿服务等基层党建项目16个。深入开展党组织和党员评议工作,扎实开展争创"五好党支部"和"优秀党员"活动,涌现出省优秀共产党员1名,市"十佳"党组织书记1名、优秀共产党员2名、优秀党务工作者1名。

【信访】 市教育局认真落实上级信访稳定工作部署,健全、完善维稳工作责任制,及时排查、化解矛盾与纠纷,维护教育系统和谐稳定大局。本年受理省教育厅信访件45件、市长热线交办件11件,市立件11件,自办件7件,结案率100%。市教育局被市委、市政府表彰为中共十八大期间信访稳定工作先进单位。

【义务教育学校标准化建设】 本年,全市累计投入资金8000余万元,实施中小学校舍安全工程、农村初中校舍改造工程、农村薄弱学校改造工程和特殊教育学校建设工程,农村中小学生活配套设施进一步完善。投资700万元为市直义务教育学校300余个教学班安装多媒体教学设备,市直12所初中、小学全部实现"班班通"。

【教育资助】 本年,漯河市进一步提高农村中小学公用经费标准,小学提高到每生每年530元,初中提高到每生每年730元。累计投资2亿余元,用于义务教育阶段学生免杂费、免课本费及发放生活补助;对近2万名普通高中和中等职业学校家庭经济困难学生进行资助。秋季学期全市义务教育阶段学校接收进城务工人员随迁子女4283人,做到了"应入尽入"。积极实施"留守儿童关爱工程",做好留守儿童教育管理工作,保障教育公平。

【办理人大代表建议及政协提案】 本年,市教育局共承办人大代表建议21件,其中主办17件、协办4件;承办政协提案37件,其中主办36件、协办1件。建议、提案主要涉及推动学前教育快速规范发展、优化配置教育资源、加大农村教育投入、减轻学生课业负担、加快职业教育园区建设、规范教育培训市场、增加教师编制等内容。承办的建议、提案做到了件件有落实、件件有回声,按时办结率达到100%,答复率达到100%,与代表、委员沟通率达到100%,代表、委员对答复件的满意和基本满意率达到100%。办理的《关于整合农村中小学教育资源的人大代表重点建议》,在提交市人大常委会评议时获全票通过,满意率为100%。

【全市教育宣传工作会议】 4月19日、11月16日,市教育局两次召开全市教育宣传工作会议,总结部署教育宣传工作,对舞阳县教体局等21个先进单位和程国友等39名先进个人进行通报表彰。审核编发《漯河教育信息》25期,向市委、市政府和省教育厅报送教育信息160余条,被采用120余条,有力服务了领导决策。在《中国教育报》、《教育时报》、《漯河日报》及网络媒体上发稿210余篇，积极配合漯河日报社、漯河电视台、漯河有线电视台、漯河广播电台等新闻媒体开展"漯河教育10年发展"和"双整双促双承诺"活动专题采访活动，全方位地展示了漯河教育系统的良好形象。市教育局先后获得了全省教育宣传工作先进单位、全省教育信息工作先进单位、全市政务信息工作先进单位等称号。

【厉行勤俭节约】 本年，市教育局认真落实上级关于厉行勤俭节约、反对铺张浪费的有关规定，改进机关财务、后勤、车辆、卫生、值班等常规工作管理，大力创建节约型机关。按照市委办公室、市政府办公室的相关要求，进一步精简文件和简报，切实改进机关文风、提高工作效率。积极开展国家卫生城市创建工作，配合全市城市管理综合提升行动，组织近万名师生在市区主要交通道路开展义务治脏、创卫宣传活动，有力提升了教育系统创卫工作水平。

贯彻落实《规划纲要》

【省教育厅与漯河市政府签署合作框架协议】 4月28日，省教育厅与漯河市政府关于加快教育发展，服务漯河建设"三化"协调发展先行区合作框架协议签字仪式在市科教文化艺术中心举行。省委高校工委书记、省教育厅厅长王艳玲，漯河市领导靳克文、曹存正、李智民，漯河市教育局党委书记、局长章光普等出席签字仪式。王艳玲表示，协议签署后，省教育厅将认真履行协议，与漯河市政府建立定期会商制度，明确责任分工，切实做好合作事宜，共同推进漯河教育大发展。省教育厅将在有关政策、项目、资金、人才培养和交流等方面给予漯河更多的倾斜和支持。

【继续实施市区"百校建设工程"】 本年，漯河市启动建设2所小学、2所初中(源汇区、西城区各1所小学，召陵区、郾城区各1所初中)。市政府与各项目区政府签订了目标责任书，市教育局采取4名党组成员每人分包一个区的办法，积极做好督促、协调工作。召陵区实验中学占地75亩，建筑面积2万平方米，54班规模，规划在校生2500名，已建成并投入使用。源汇区许慎小学建于湘江路南，占地面积约40亩，总建筑面积2.7万平方米，主体工程已基本完工。郾城区第三实验中学建设项目占地102亩，将于2013年9月建成。西城区建设项目为一所集幼儿园、小学、初中和高中为一体的北大附中漯河分校，占地273亩，计划于2013年秋季部分投入使用。

【制定《漯河市中心城区中小学布局规划》】 本年，市教育局依据《漯河市教育事业发展"十二五"规划》，对市区中小学布局现状、容量、生源、出行方式等情况进行调研，会同市规划局专家对全市中小学布局现状及未来发展方向进行分析研究，并委托同济大学建筑与城市规划学院、漯河勘测规划设计院制定了《漯河市中心城区中小学布局规划》，这是漯河市区基础教育发展的一个规范性文件。

基 础 教 育

【素质教育】 市教育局以六大教育(即民族精神教育、养成教育、诚信教育、法制教育、三理教育、安全教育)为依托，以经典诵读活动为载体，切实加强和改进学校德育工作。4月25日，举行全市第十四届中小学生晨光体育活动暨第三届中小学生排球联赛。比赛项目包括排球、足球、篮球和乒乓球，来自全市教育系统近千名运动员参赛。5月21日，举行"唱革命歌曲，诵中华经典"中小学歌唱诵读比赛，有15所学校的代表队参赛。比赛中，每所学校把红色歌曲和经典文化诵读结合起来，既唱响了耳熟能详的红色革命歌曲，又传承演绎了中华经典文化。5月23日，举行全市第二十五届中学生田径运动会暨全民健身启动仪式，比赛为期3天，分为高中组和初中组，有短跑、长跑、400米栏、跳高、跳远等项目，展现了全市素质教育和阳光体育活动取得的丰硕成果。9月23日，举行全市第四届中小学生艺术展演活动。活动主题为"阳光下成长"，分声乐、器乐、舞蹈和情景剧四类，25个节目，这是对全市艺术教育成果的一次大检阅。

【义务教育均衡发展】 市教育局坚持"政府主导、以县为主、统筹城乡、逐步实施"的原则，以推进县域内义务教育均衡发展为重点，以创建义务教育均衡发展先进县区为抓手，通过深化农村义务教育经费保障机制改革、加强薄弱学校建设、均衡配置教育资源等措施，合理优化教育资源配置，逐步缩小区域内校际差距，义务教育均衡发展取得了明显成效。舞阳县被评为全国"两基"工作先进县，源汇区被评为全省教育工作先进区。

【普通高中课程改革】 市教育局以深入开展高中课程改革为抓手，确立了"行政推动、培训先行、教研支持、师生参与"的工作思路，大力推进学校内涵式发展。坚持用教育新理念、教学新方法引导教师创新模式，实施有效教学，构建高效课堂，持续提升教育教学质量。组织各学科教研员深入各高中调研，累计听课700余节，听课后和教师交流、研讨，有效提升了教学水平。

【普通高考】 2012年，全市普通高考考生2.1万人，同比减少3000人，除艺术、体育外，普通类考生本科上线人数达到1.03万人，上线率48.85%，同比增长5个百分点，高分段人数持续增加。高位走强的普通高中教育，为众多有志学生铺就了广阔的成才之路，成为漯河的一张"城市名片"。

【学校安全】 市教育局制定校园安全责任目标考核办法，严格落实安全工作责任制。把新学期第一个月作为中小学“安全教育月”,组织开展一系列安全教育活动,有效提高师生的防范意识和自我保护能力。3月26日,全国中小学安全教育日期间,在全市中小学开展消防紧急疏散演练。5月12日,开展以地震紧急避险、逃生、救援为主要内容的防灾减灾应急演练,参加演练学生达40余万人。市教育局多次组织安全督查组深入县(区)及市直学校检查指导安全工作,让学校成为家长最放心、师生最安全的地方。临颍县在全县所有学校安装电子监控设备,并配备必要的防卫器材;建立镇、村两级治安联防制度,学校所在村庄和乡镇分别为辖区中小学配备1名专职保安,做到“一校两保安”。

【农村中小学远程教育】 本年,市教育局组织开展全市农村中小学现代远程教育教学应用优秀成果评选活动;向省教育厅报送132节课例、149件课件、149篇论文,获省级一等奖12个、二等奖16个、三等奖10个。组织参加第五届全国中小学交互式电子白板学科教学大赛暨新媒体新技术教学应用研讨会,观摩全国中小学交互式电子白板学科教学大赛优秀课例30节。组织7所学校申报“十二五”国家级教育信息技术课题,并通过河南省和国家教育信息技术专家组评审。组织参加省2012年教育信息技术课题开题会,课题研究方案在会上作专题交流。

【教育信息化】 组织参加全国第十六届多媒体教育软件大奖赛,获省级一等奖18件、二等奖16件、三等奖7件,市电教馆连续5次获河南省多媒体教育软件大奖赛活动组织先进单位称号。参加2012年全省教育系统教学技能“信息技术与学科整合教学”项目竞赛活动,上报的7节课例全部获奖。参加河南省2012年信息技术优秀成果评选活动,有12件作品分获一、二、三等奖。参加河南省第三届基础教育信息资源教学应用优秀成果评选活动,获得一等奖8项、二等奖13项、三等奖13项。组织教师参加全国中小学教育信息技术论文大赛,获国家级一等奖1篇,省级一等奖3篇、二等奖7篇、三等奖11篇。组织参加第十三届全国中小学电脑制作活动,报送作品40件,有14件作品获省级奖励,1件作品获国家级奖励。利用网络举办全市小学生科普知识电视风采大奖赛。组织3000余人参加多媒体环境下教学设计和资源应用培训,组织800余人参加“班班通”交互式电子白板教学应用方面的培训。市二中、市第二实验小学被省教育厅认定为首批河南省教育信息化试点学校。

【幼儿与特殊教育】 市教育局以实施学前教育三年行动计划为契机,大力发展公办幼儿园,积极扶持民办幼儿园,着力解决适龄儿童入园难问题。全市新建幼儿园75所、改扩建43所。培训园长365名,培训幼儿教师、保教人员800余名。学前一年毛入园率达到88%,三年毛入园率达到60%,幼儿园保教质量明显提升。完善特殊教育保障机制,关注农村留守儿童,保障女童和残疾儿童受教育的权利。

【教育督导】 认真组织开展省级教育工作先进县推荐工作,组织专家对申报县进行实地考查,根据考查结果,择优推荐源汇区为省级教育工作先进县。对县区2012年教育工作情况进行督导检查,全面推进各类教育协调、科学发展。6月上旬,对全市各级各类学校建立校园安全长效机制情况进行督导检查。6月中旬,组织人员对各县区和市直中小学校规范办学行为工作进行督导检查。9月24—28日,会同市发改委、市财政局、市人社局和市农业局等相关部门,抽调专家组成督导评估组,对各县区人民政府中等职业教育工作进行前期督导评估。

【规范中小学办学行为】 市教育局按照“标本兼治、多管齐下”的原则,以规范办学行为、减轻学生课业负担作为实施素质教育的突破口。严格执行课程计划,按照教学大纲要求开齐课程、开足课时;充分利用学校各种教学资源挖掘学生发展潜能;严格落实中小学“每天一小时校园体育活动”的规定,让学生在校园阳光体育运动中健康成长。规范基础教育各学段的招生秩序,保证小学、初中免试划片相对就近入学;普通高中实施网上录取,坚持招生政策公开、招生计划公开、录取分数公开、录取结果公开等信息公开制度,全市普通高中录取工作规范有序。

职业教育

【基础能力建设】 市教育局遴选出基础优势好、发展潜力大、办学独具特色的职业学校,加强扶持,改善其办学条件,使其逐步建设成为资源能够共享,信息化功能完善,集教学、培训、职业技能鉴定和技术服务为一体的职业教育实训基地。向省里推荐申报职业教育基础能力建设项目9个,推荐漯河市第一中专、漯河市高级技工学校、漯河市食品工业中等专业学校申报省示范性品牌学校,临颍县职教中心申报省示范性特色学校。

【推行校企合作培养模式】 市教育局大力实施“订单培养”,推行“校企合作,工学结合”培养模式。学校按照企业的需求,定向培养毕业生;企业为学校提供实训基地,选派专业技术人员到学校做兼职教师,参与指导学校教育教学改革。学生不仅仅是学校的学生,也是企业的学徒,实现了学生直通企业。漯河技师学院、漯河食品职业学院等职业院校先后为双汇、银鸽等企业定向培训4000余名农民技工。

【创新办学体制】 积极探索“公办民助”、“民办公助”等多元化办学模式,实施“三引一通”,即引进企业资金、引进企业设备、引进企业师傅,畅通学校和企业之间通道。漯河市第一中专与河南协鑫光伏科技有限公司等多家企业进行合作,引进资金和设备总值200余万元,形成企业设备跟学校走、企业师傅跟设备走、学校学生跟企业走的局面。

【师资队伍建设】 组织专业教师参加国家级、省级骨干教师培训和高技能“双师型”骨干教师培训。全市有23名骨干教师参加国家级培训,16名骨干教师参加教育部组织的青年教师企业实践项目培训,近100名骨干教师参加省级培训。

【技能大赛获奖情况】 本年,在河南省中等职业学校“创新杯”

教师教学设计和说课比赛活动中，漯河市3名参赛教师全部获省一等奖。在教育部、中国职业技术教育学会联合举办的全国中等职业学校“创新杯”教师教学设计和说课比赛活动中，漯河市5名选手代表河南省教育厅参赛，获得一等奖1项、二等奖1项、三等奖3项。这是本市多年来获得全国技能大赛奖项最多的一次。

师资队伍建设

【师德建设】 5月18日，市教育局举行第八届十佳师德标兵和师德先进个人表彰会，调动教师教书育人、为人师表的积极性。组织开展师德先进学校创建活动和师德主题教育活动，把教师的师德表现纳入教师晋职晋级、表彰等考核体系。

【教师培训】 本年，市教育局组织1000名市级骨干教师参加“省培计划”培训，组织2300名教师参加“国培计划”培训，对2万余名教师进行新课程培训，近3000名教师参加本、专科学历进修。与英国伯明翰城市大学合作，利用暑假举办第五期英语骨干教师培训班，邀请国外英语教育专家对全市120名英语教师进行集中培训。

2月27日，漯河市教育局长章光普(右)与英国伯明翰城市大学专家安东尼·克里斯(左)就联合培训英语教师签订协议

【中小学校长培训】 自10月12日起，利用3个月时间，组织全市新任职的46名校长、书记、副校长参加“十二五”期间第二期校长任职资格培训。自10月22日起，利用3个月时间，采取自学、集中面授、研讨与开展教育管理实践活动相结合的形式，组织全市54名业务校长参加“十二五”期间第一期校长提高培训。完成省教育厅调训高中校长、幼儿园园长8个班、22人的任务，2名小学校长参加全国基础教育改革动态研修班。

【评选表彰首届漯河市“十佳校长”和“十佳教师”】 教师节前，漯河市经过逐级推荐、资格审查、评委会初评、网上投票、评委会终评等程序，评选表彰了赵建钊、万国栋、高伟玲、巩海生、苏全岭、吴红生、陶灿功、赵文清、冀红涛、李吉祥等10名校长为漯河市首届“十佳校长”，赵新勇、郭爱红、狄晓娟、夏晓静、史玉玲、梁冰、陈伟华、王晓涛、张景、陈笑琦等10名教师为漯河市首届“十佳教师”，为全市校长和教师树立了先进典型。

【城镇教师支教】 8月24日，市教育局召开2012年支教工作会议，对2011—2012学年支教工作进行总结，表彰先进，交流经验，部署新学年支教工作。制定2012—2013学年支教工作方案，组织90名市直教育系统优秀教师和22名免费师范生秋季开学到农村学校支教。认真落实城市中小学教师晋升高级职称同支教工作挂钩制度，促进了支教工作的深入开展。

【教师招聘】 本年，舞阳县、郾城区、源汇区、召陵区、经济技术开发区等县(区)招聘、安排320名教师充实到农村小学教学岗位，为农村教育工作注入了活力。按照德才兼备和“公开、公平、公正、择优”的原则，为市直中小学、幼儿园招聘教师59名，市直教育系统教师队伍得到进一步加强和优化。

漯河市属县(区)教育行政简况

单位名称	局长	办公地址	邮编	电话
舞阳县教体局	张宏锋	舞阳县南京路北段	462400	0395-7136595
临颍县教体局	陈保森(—12月) 黄宾礼(12月—)	临颍县人民路中段	462600	0395-5851389
源汇区教科体局	张宏佑	漯河市双龙文景路1号	462000	0395-2388901
郾城区教科体局	王建芳	郾城县海河路266号	462300	0395-3325198
召陵区教科体局	娄东海	漯河市召陵区汾河路31号	462000	0395-3383996
经济开发区社会事业局	雷伟民(—8月) 孔祥卫(8月—)	漯河市湘江路东段	462000	0395-2698765

撰稿：朱军华

审稿：章光普　时恒才

三 门 峡 市

市政府分管教育的政府党组成员:李庆红
市教育局党委书记:李庆红 市教育局局长、党委副书记:武少峰
市教育局地址:三门峡市崤山中路31号 邮编:47200
电话:0398-2816611 2816606(传真)

综 合 管 理

【概况】 2012年,全市有各级各类学校912所(含民办教育学校,不含成人教育学校),在校生426365人;教职工32209人,其中专任教师27355人;占地总面积8957656平方米,校舍建筑总面积4023060平方米,固定资产278458.05万元。

基础教育学校888所,其中普通高中21所、普通初中109所、小学438所(另有教学点292个)、幼儿园316所,特殊教育学校4所,基础教育学校数占全市学校数的97.37%;在校生368257人,其中普通高中44788人、普通初中86873人、小学168398人、幼儿园67852人、特殊教育学校346人,基础教育阶段在校生占全市各级各类学校在校生数的86.37%;教职工29003人,其中专任教师24965人。

职业教育学校24所,其中高等职业学校1所、普通中等专业学校7所、成人中等专业学校6所、职业高中10所;在校生58108人,教职工3206人,其中专任教师2390人。

成人技术培训学校(机构)755所,其中县级20所、乡(镇)级48所、村级668所、职工成人技术培训1所,其他培训机构18所。教职工579人,其中专任教师227人。农村成人技术培训学校基本上均附设在农村中小学。

民办教育学校244所,其中普通中学4所、中等职业学校4所、小学4所、幼儿园232所,在校生54949人,教职工4460人,其中专任教师2955人。

【教育经费】 2012年,全市教育部门财政预算内教育经费拨款257639.5万元,比上年增长9.47%,其中县(市、区)财政拨款210617.5万元,比上年增长10.83%,市本级财政拨款47022.0万元,比上年增长3.79%。全年共收到教育费附加18310.8万元,比上年实际收到数减少1311.7万元,减少6.68%。多渠道投入20147.4万元,其中学杂费收入15572.5万元,社会和群众捐资助学53.7万元,其他投入1823.9万元。全市教育经费总支出337384万元,增长19.99%。

【市教育局领导班子成员名单】 党委书记、局长(—6月)李庆红,党委副书记、局长武少峰(6月—),党委副书记、副局长聂红超(11月—),党委委员、副局长白爱学,党委委员、副局长金锐,党委委员、副局长杨伟建,党委委员、副局长许彦卿,党委委员、副局长张红谱(—11月),党委委员、副局长段晋中(11月—),党委委员、调研员李海全(11月—),党委委员、副调研员常黎明(11月—),调研员赵帮厚(3月—),副调研员王普进(11月—)。

【年度工作目标任务完成情况】 重点目标:(1)完成省政府下达的职教攻坚任务。职业教育经费计划投资3亿元,截至12月底,已累计投入资金5.54亿元,市职教园区和县级职教中心建设如期推进,中职教育专业结构设置进一步优化;义马市成功创建省级职教强县,灵宝市顺利通过省级职教强县三年后复评验收,陕县、卢氏县职教强县成果得以巩固。(2)市实验中学教学楼、市三中改建工程已按计划完成主体工程,市实验小学已开工建设。(3)大力发展民办教育,完成民办教育机构在校生43288人任务,占全年目标的333%。

一般目标16项:(1)市职教园区建设项目完成计划投资5314.8万元,比目标任务提高6.3个百分点。(2)加大成人教育技术培训力度,完成34.1万人次培训,比目标任务提高13.7个百分点。(3)大力发展职业教育,中职学校完成招生18294人,超过目标任务40.7个百分点。(4)小学阶段学龄人口入学率达101%,超过目标任务2个百分点。(5)初中阶段学龄人口入学率达102%,超过目标任务4个百分点。(6)初中教师学历实际合格率达99.2%,超过目标任务1.2个百分点;高中教师学历实际合格率达96.9%,超过目标任务4.2个百分点。(7)圆满完成市直单位养老、失业、医疗保险金统筹额1115.6万元任务。质量立市、卫生城市创建、宜居城市、依法行政、安全生产、城镇化、公共机构节能、消防、应急管理等9项全部完成任务。市委、市政府下达的党风廉政建设责任制、信访稳定、社会治安综合治理、防范和处理法轮功等邪教问题、依法治市、统一战线、人口与计划生育、双拥工作、督查、信息、保密机要等共同性工作均完成工作任务。

【市政府召开全市教育工作会】 3月14日,全市教育工作会议在市教育局召开。市政府市长助理张万斌、副秘书长王松安,局领导李庆红、白爱学、金锐、赵邦厚、杨伟建、许彦卿、张红谱和党委委员常黎明出席会议。各县(市、区)教体局局长、

主管基础教育工作和职成教工作的副局长，办公室主任、督导室主任；市教育局副科级以上干部；市直学校书记、校长参加会议。王松安主持会议，张万斌、李庆红分别作了讲话。会议回顾总结2011年全市教育工作，部署2012年工作。会上，各县(市、区)教体局递交2012年教育工作目标责任书，对2011年度目标完成优秀单位进行表彰。

【"督廉、述廉、评廉"活动】 4月1日至7月31日，按照市委的统一部署，在市纪委、市监察局巡查指导下，在市直教育系统召开"督廉、述廉、评廉"活动。动员会上，市教育局向巡查督廉组简要汇报2011年以来教育系统反腐倡廉工作情况，对市直教育系统的"三廉"活动作动员部署。述廉评议会上，18位副县级以上领导干部按照"一岗双责"的要求进行述廉；参会的干部职工、社会人士对述廉对象进行评议；巡查督廉组分别与局班子成员代表、机关科室负责人代表、学校校长、书记代表以及退休干部代表16人进行座谈，了解反腐倡廉建设情况，并围绕"三公"经费支出等内容，查阅市教育局2011年以来财务收支账目和固定资产账目。

【"三个满意"活动】 5月8日，市教育局召开市直教育系统深入开展"当人民满意教师，办人民满意学校，做人民满意公务员""三个满意"主题教育活动动员大会，局领导金锐、赵邦厚、杨伟建、李海全、张红谱和党委委员常黎明出席会议，直属学校校长、书记、政教主任，机关副科级以上干部90余人参加会议。《三门峡日报》、三门峡电视台、《三门峡广播电视报》、三门峡电台等新闻媒体应邀参加会议。会议由市教育局副局长、招生办公室主任赵邦厚主持。在市直教育系统深入开展"三个满意"活动，主要任务就是传达贯彻市委集中治理"庸、懒、散、软，加强政风行风建设"动员大会精神，进一步深化教育系统敬业爱岗主题教育活动，解决机关全体干部在宗旨意识、作风纪律等方面存在的问题和市直教育系统师德建设中的突出问题，实现干部转作风、教师强师德、学校正校风、全面提质量的目的。主题教育活动分为"向人民承诺——听你怎么说"、"向人民承诺——看你怎么做"、"向人民汇报——评你怎么样"三个阶段。

【市四大班子领导"六一"前夕走访慰问少年儿童】 5月30日，市委副书记郭绍伟，市政协主席郭秀荣，市人大常委会副主任孙宗会，市政府党组成员、市教育局党委书记、局长李庆红以及团市委书记杨绍华，市妇联主席张晓燕，市教育局副局长张红谱等，到市实验幼儿园和市阳光小学看望慰问，向孩子们赠送节日礼物，并和他们一起载歌载舞共庆佳节。当天，在市文明办的倡导下，市检察院、市环保局、市地税局、市供电公司4个国家级文明单位分别到市实验幼儿园、市阳光小学、市四小和市外国语小学慰问小朋友，并给孩子们赠送约2万元的节日礼物。

【庆祝建党91周年暨创先争优表彰大会】 6月29日，市教育局庆祝建党91周年暨创先争优表彰大会在三门峡国际文博城召开。市政府党组成员、市教育局党委书记李庆红，市教育局党委副书记、局长武少峰和班子成员白爱学、金锐、赵邦厚、杨伟建、李海全、许彦卿、张红谱、常黎明等出席。机关副科级以上干部，市直学校班子成员，2012年新发展的39名预备党员，受到表彰的先进党组织负责人、优秀共产党员和优秀党务工作者代表共200余人参加庆祝大会。会议由市教育局党委副书记、局长武少峰主持。会议对8个创先争优先进党组织、73名创先争优优秀共产党员、8名创先争优党务工作者进行表彰。会上，39名新党员举行入党宣誓。

【王艳玲到三门峡市考察】 8月17日，省教育厅厅长王艳玲到三门峡市考察，对该市经济社会发展、城市和生态环境建设尤其是教育事业发展给予高度评价和充分肯定。市委书记杨树平，市委副书记、市长赵海燕，市委常委、秘书长姜继鼎，市政府党组成员李庆红以及市教育局局长武少峰，副局长白爱学、许彦卿等陪同考察。王艳玲一行先后实地察看三门峡社会管理职业学院选址和三门峡职业技术学院、市外国语高中校貌，详细了解各校校情，并察看三门峡国际文博城、天鹅湖国家城市湿地公园等处。

8月17日，省教育厅厅长王艳玲(前右二)到三门峡市考察

【庆祝第28个教师节暨表彰大会】 9月6日，市委、市政府召开全市庆祝第28个教师节暨表彰大会。市委书记杨树平出席会议并讲话，市委副书记、市长赵海燕主持大会。市委副书记郭绍伟，市政协主席郭秀荣，市委常委、组织部部长赵予辉，市委常委、秘书长姜继鼎，市政府党组成员李庆红，三门峡军分区参谋长张洪标和市政府秘书长刘廷福出席大会。会上宣读了《三门峡市人民政府关于对全市教育系统的嘉奖令》、《三门峡市人民政府关于表彰有突出贡献的优秀教师和先进教育工作者的决定》和《关于表彰2011—2012学年度优秀教师的通知》。市直有关部门主要负责人，各县(市)、区政府县(市)、区长，主管副县(市)、区长，教体局局长，以及受表彰的教师代表和市直学校教职工代表参加大会。

【石迎军、李庆红调研市区教育工作】 10月12日，三门峡市委常委、副市长石迎军，市政府党组成员李庆红调研市区教育工作。湖滨区政府，市发改委、市财政局、市住建局、市规划局、市土地局部门领导，市教育局局长武少峰、副局长金锐、张红谱等陪同调研。石迎军一行先后到市一高、市实验中学、市实验小学(虢国路新校址)等地，对市区中小学规划布局进行实地考察，并听取市教育局关于市区中小学规划建议、关于市区幼儿园规划建设建议、市直属学校工程建设情况等汇报。

【"献礼十八大，青春颂中华"主题演讲比赛】 10月26日，市教育局党委按照市委、市直工委的要求，举办"献礼十八大，青春颂中华"主题演讲比赛。市政府党组成员、市教育局党委书记李庆红，局纪委书记李海全，党委委员常黎明等领导出席演讲比赛。来自市直教育系统的干部职工80余人观看比赛。来自市直教育系统的20位选手结合自身的思想、工作、生活实际，用真挚的感情、生动的语言、感人的故事，回顾党的光辉历程,歌颂党的丰功伟绩,讴歌教师的先进事迹,抒发全体党员教职工对中国共产党的无限忠诚和深情厚谊,展示了党员教职工昂扬向上的精神风貌。市政府党组成员、市教育局党委书记李庆红,局纪委书记李海全等领导分别为获奖选手颁发奖状及奖品。

【资助贫困师生】 1月10日,省教育厅副巡视员赵国河和学生处处长吕冰到卢氏县走访和慰问20名贫困教师,发放慰问金1万余元。8月21日下午,市政府在三门峡市一高举行2012年贫困大学新生资助仪式。市人大副主任李宝洲,市政协党组成员王铁创,市政府党组成员、市教育局党委书记李庆红,市教育局局长武少峰,市财政局副局长康平森出席资助仪式。市区和陕县受资助的贫困大学新生、家长和学校教师代表以及三门峡市一高"宏志班"的学生代表参加资助仪式。会上宣读2012年全市受资助的50名贫困大学新生名单,并为市区和陕县受资助的27名贫困大学新生发放助学资金。2002年以来,全市共资助684名贫困大学新生,资助金额达245万元。2012年,全市共落实农村义务教育"两免一补"资金14272.5万元,补助家庭经济困难学生18303人,补助资金1852万元。落实城市义务教育免杂费人数达66514人,共免杂费资金1509.5万元;市直中小学"一免一补"共有768人享受免教科书费政策,42人享受寄宿生生活费补助,共落实"一免一补"资金19.4万元。

【对外开放工作】 成立"三门峡市教育国际交流中心",同英国贝德福特大学相互交流、考察,并签订教师培训、学生留学、校际交流等合作项目。灵宝职专成功开设机电一体化中德班,引入德国职业教育学生加学徒的"双元制"模式教学。多渠道选派23名教师到海外培训。有5所学校已具备聘请外教资质,并聘请3位外教到校短期讲学。成功组织中小学生赴韩国交流演出,接待韩国东豆川市青少年协会访问团对学校的访问交流,并建立了友好学校的联系纽带。

【教育督导追回2483万元】 5月,市政府教育督导团对各县(市、区)普通高中、职业学校、教师进修学校和部分乡镇幼儿园、中小学校,就教育经费投入与使用、义务教育均衡发展、职业教育攻坚、学前教育三年行动计划和校园安全长效机制建设等三项工作进行督查。9月中下旬,市政府教育督导团会同市委组织部抽调部分市政府督学和有关专业人员组成评估组,对县级政府及开发区管委会2011年度教育工作存在问题整改情况进行回督检查,主要涉及依法增加教育投入等工作情况。督导发现多数县(市、区)教育费附加存在欠征、欠拨现象。其中多者欠征752.24万元,少者欠征4.38万元。为此,经与有关部门协商,决定从2012年下半年起,国税部门在为小规模纳税人代开增值税专用发票时一并征收教育费附加,切实从源头加强教育费附加控管,从而最大限度地杜绝漏征、欠征现象发生。通过督导共追回2483万元,分别用于购置中小学图书、仪器、实验、体音美器材、"班班通"工程和补拨生均公用经费等。

【2012年度教育新闻人物评选揭晓】 市教育局评选出本年度三门峡教育年度新闻人物,依次是灵宝市教体局局长马稳庚,三门峡市第四小学原校长、现湖滨区教体局人事股股长李俊东,灵宝市实验三小校长樊国方,灵宝市实验高中教师董世君,陕县实验中学教师赵慧莲,卢氏县教体局师训股股长李文锋,灵宝市第二小学校长高卫波,三门峡市阳光小学校长张随学。

【4所学校接受河南省语言文字规范化示范学校评估】 6月17—19日,三门峡职业技术学院、三门峡市第三实验小学、陕县第五小学、灵宝市实验小学等4所学校接受河南省语言文字规范化示范学校专家评估组评估验收。4所学校的语言文字工作得到领导和专家的充分肯定,尤其对各方面条件相对薄弱的农村学校,在语言文字工作方面做出的成绩予以高度赞扬。

【安全维稳】 加强安全法制教育。全市各中小学、幼儿园根据实际情况,模拟火灾、地震、自然灾害和其他突发事件等不同情况,开展应急疏散演练600余场次,举行主题班会6000余次,升旗讲话、安全主题讲座500余场,举办法制讲座750余场次。加强三门峡市校园及周边治安秩序整治工作。按照省统一部署,开展"一打击两整治"专项行动。全市教育系统组织检查185次,出动检查人员750人次,排查出安全隐患341项,完成整改336项;投入整改资金73.15万元,整改率为98.5%。做好政策宣传和说服教育工作,组织召开矛盾化解协调会议11次,化解原民办教师等群体性事件3起,原民办教师、绩效工资教师等群体稳定工作取得良好效果。排查出不稳定因素26起,共受理群众来信92件,接待群众来访276人次,信访立案12件,结案12件,协助政府复查复核信访案件4起,顺利完成"全国两会""市两会"的信访稳定值班工作。

【考试管理】 全年顺利组织硕士研究生、普通高(中)招统考、计算机等级、全国公共英语等级、大学英语四六级考试、剑桥少儿英语、中小学教师信息技术考试和中招体育考试、自学考试、成人高招等23项考试,实现"平安考试"的工作目标。市、县两级财政投入300.5万元,建成县级国家教育考试考务指挥平台,进一步完善已建成标准化考点功能;市直考区运送考卷车辆安装GPS视频、对讲定位跟踪系统,提高管理服务水平。

基础教育

【省学前教育三年行动计划专项检查组莅临检查】 3月22—23日,省学前教育三年行动计划专项检查组莅临三门峡市,对学前教育三年行动计划推进情况进行专项检查。检查期间,省专项检查组对该市学前教育三年行动计划推进工作给予肯定,并对进一步实施好学前教育三年行动计划提出意见和建议。市长助理张万斌、市政府副秘书长王松安、市教育局局长李庆红出席汇报会。

【《灵宝市教育志》出版发行】 本年,《灵宝市教育志》第三卷由中州古籍出版社出版,面向社会公开发行。全书共分14编63章143节,计60万字,内容主要涉及教育管理、基础教育、职业教育、成人教育、教师队伍建设、教学改革、教学研究、教育人物等,图文并茂地记录了2004年10月以来该市教育教学方面发生的巨大变化和取得的重要成就。《灵宝市教育志》第一卷、第二卷分别于1995年和2005年出版。

【三门峡市实验高中揭牌】 3月30日，三门峡市一中更名为实验高中，在该校运动场上举行揭牌仪式。三门峡市市长助理张万斌，市教育局党委书记、局长李庆红，三门峡职业技术学院院长吴勇军，团市委书记杨少华等领导出席揭牌仪式。市教育局班子成员，市发改委、市财政局、市直各中小学等单位领导，实验高中各校友会代表、老干部代表及全体师生参加揭牌仪式。市长助理张万斌代表市政府致辞；市长助理张万斌、市教育局局长李庆红为三门峡市实验高中揭牌。揭牌仪式结束后，市领导和来宾参观了实验高中特长教学成果展示。

【全市基础教育工作会议召开】 3月31日，2012年度全市基础教育工作会首次采用电视电话会议的形式召开。市教育局副局长金锐、市教育局相关科室负责人、市直学校校长等在三门峡主会场参加会议，各县(市、区)教体局主管副局长以及基础教育、政教、教研、电教、体卫艺等相关科室负责人在当地分会场参加会议。市教育局副局长金锐部署2012年度基础教育重点工作。

【全市高中第二届精英对抗赛颁奖仪式举行】 3月4日，全市高中第二届精英对抗赛颁奖仪式在三门峡市一高举行。全市高三30名文科生、60名理科生参加比赛。有2名学生获得一等奖，6名学生获得二等奖，12名学生获得三等奖。市教育局局长李庆红和副局长金锐、赵邦厚出席颁奖仪式，并为获奖选手颁发奖金。

【三门峡"天盛·天鹅堡"杯首届少儿钢琴大赛】 8月13日晚，三门峡市"天盛·天鹅堡"杯首届少儿钢琴大赛颁奖晚会在文博城大剧院举行。市政府党组成员、市教育局党委书记李庆红，市教育局局长武少峰，市直机关事务管理局局长王志超，副局长李竹园，三门峡市妇联副主席李珣，市教育局党委委员常黎明出席晚会并为获奖选手颁奖。本次钢琴大赛由三门峡市教育局、三门峡市机关事务管理局联合主办，三门峡市国际文博城管理处、三门峡市艺术教育学会、三门峡市文博艺术学校和三门峡市文博城文化传播公司承办，由"天盛·天鹅堡"冠名支持。全市共有340名少儿报名参赛，其中少年组140人，儿童组200人。邀请西安音乐学院钢琴系的知名教授担任评委。

【全市中小学生首届学生阳光体育运动会】 9月26日，三门峡市首届学生阳光体育运动会在三门峡国际文博城中心体育场举行。市委书记杨树平，市委副书记、市长赵海燕，市政协主席郭秀荣，市人大常委会副主任孙宗会，市政协副主席张景林、李俊江，市政府党组成员、市教育局党委书记李庆红，市政府秘书长刘廷福等出席开幕式。开幕式由李庆红主持。来自各县(市)、区，市直各学校的2万余名中小学生参加开幕式。本届运动会共有1600余名运动员参加，比赛项目有田径、篮球、乒乓球、跳绳共四大项44小项，29日闭幕。11月13日，市教育局召开市直教育系统首届学生阳光体育运动会总结表彰大会，为市直学校运动成绩团体一等奖、先进工作者代表、优秀教练员代表、优秀辅导教师代表颁奖。市政府党组成员、市教育局党委书记李庆红和市教育局领导武少峰、聂红超、白爱学、金锐、杨伟建、李海全、许彦卿、段晋中、赵邦厚出席大会。

【市政府召开全市义务教育均衡发展工作推进会】 11月14日，全市义务教育均衡发展工作推进会在市政府召开。各县(市、区)分管教育副县(市、区)长、教体局局长、发改委主任、财政局局长以及市义务教育均衡发展推进工作领导小组成员单位负责人、市直义务教育学校校长、书记等参加会议。市政府党组成员、市教育局党委书记李庆红出席会议并讲话。市教育局局长武少峰和市财政局、灵宝市政府作发言，各县(市、区)政府在会上向市政府递交推进义务教育均衡发展目标责任书。

【"学先进、促管理、提质量、创辉煌"活动】 4月11日，市教育局在市外国语高中召开第二次"学、促、提、创"直属学校研讨会。直属中学的书记、校长、业务副校长、政教主任、教务主任、三年级主任，直属小学、幼儿园的书记、校长，及市教育局机关相关科室负责人等100余人参加会议。市政府党组成员、市教育局局长李庆红，局领导白爱学、李海全、许彦卿、张红谱，党委委员、党办主任常黎明出席研讨会。5月15日，第三次"学、促、提、创"局属小学研讨会在市外国语小学召开。市教育局副局长金锐出席会议，基础教育科、政教科、教研室、电教馆、体卫站等相关科室，市直属小学校长、主管副校长、政教主任、教务主任、教科室主任等60余人参加研讨会。

【全市义务教育均衡发展工作推进会】 5月14日，全市义务教育均衡发展工作推进会召开。市教育局副局长金锐、杨伟建出席会议，各县(市、区)教体局主管副局长、基础教育科长、督导室主任，市直初中、小学副校长，市教育局相关科室负责人等参加会议。会上，金锐对做好迎验工作进行具体安排，并提出明确要求；市教育局督导室负责人详细解读教育部《县域义务教育均衡发展督导评估暂行办法》和《河南省县域义务教育均衡发展评估标准(试行)》。

【举行庆祝第22个"全国助残日"暨全市特殊教育学校构建高效课堂暨教育教学经验交流现场会】 5月17日，市教育局在陕县特殊教育学校举行庆祝第22个"全国助残日"暨全市特殊教育学校构建高效课堂暨教育教学经验交流现场会。各县(市、区)教体局主管特殊教育的副局长、基础教育科科长，各特殊教育学校校长、主管教学副校长、教务处主任、参赛教师和学生等230余人参加活动。市教育局副局长金锐到会讲话。庆祝仪式上，市教育局、陕县教体局分别向陕县特殊教育学校赠送体育用品；三门峡海马汽车粤泰4S店、峡威化工股份有限公司等向陕县特殊教育学校捐赠价值万元的体育用品、生活用品和图书。学生展演教学成果。庆祝仪式结束后，分别举行全市特殊教育学校教师教学技能比赛和特殊教育工作推进情况汇报及学校管理经验交流会。来自全市特殊教育学校的8位教师，通过说课、讲课等形式进行教学技能比赛。

【三门峡市艺术教育学会成立】 5月22日，毛泽东《在延安文艺座谈会上的讲话》发表七十周年纪念日前夕，三门峡市艺术教育学会正式成立。市政府党组成员、市教育局局长李庆红，市政协副主席、市体育局局长张景林，河南大学艺术学院副院长陈家海，郑州大学美术学院副院长魏小杰，三门峡职业技术学院副院长李久昌等出席成立大会。共青团三门峡市委、市文联、市文化局、市妇联及市书法家协会、音乐家协会、美术家协会群团负责人等应邀前来祝贺。各县(市、区)教体局局长、体卫艺科科长,市直各学校校长、书记,局机关科室负责人和直属学校部分师生代表参加大会。三门峡市政府党组成员、教育局局长李庆红致辞。会后,举办了三门峡市第五届中小学生艺术展演合唱比赛。

【高考】 2012年,全市普通类(文、理)报考14797人,在比上年减少2673人的情况下,本科上线8246人,比上年增加671人,二线率55.73%,比上年提高12.37个百分点。其中,本科一批上线987人,比上年增加62人,上线率6.67%,比上年提高1.38个百分点;本科二批以上3611人,比上年增加221人,上线率24.4%,比上年提高5个百分点。

【学前教育宣传月活动】 5月24日,三门峡市暨湖滨区学前教育宣传月活动在湖滨广场举行启动仪式。市直及湖滨区各幼儿园在现场进行集中宣传活动,市教育局副局长金锐、湖滨区教体局局长崔雪峰等有关领导到现场检查指导工作。本年,全市学前教育宣传月活动主题为"快乐生活、健康成长"。宣传月期间,全市组织悬挂宣传标语,摆放宣传版面,发放宣传资料,现场解答市民问题,形式多样,营造全社会关心、重视学前教育的浓厚氛围。各幼儿园大力开展"幼儿不背小书包"活动,并在宣传月组织一次教学开放日活动,突出规范办园、科学保教,防止学前教育"小学化"倾向。宣传月期间,市教育局对各县(市、区)教体局和幼儿园宣传活动开展情况,规范办园和科学保教情况,尤其对"幼儿不背小书包"活动开展情况进行检查,取得良好的社会效果。

【全市普通高中教学工作会议】 8月21日,市教育局召开全市普通高中教学工作会议。市政府党组成员、市教育局党委书记李庆红,市教育局局长武少峰,副局长金锐,调研员赵邦厚出席会议。各县(市、区)教体局局长、基础教育科科长、基础教研室主任,各普通高中校长、主管教学副校长,市教育局相关科室负责人共90余人参加会议。会议由市教育局局长武少峰主持。会上总结上一学年度全市普通高中教学工作取得的成绩和存在问题,对新学年的教学工作提出明确要求;对灵宝市教育体育局等4个普通高中教学管理优秀(先进)单位、渑池县高级中学等42个普通中学教学优秀(先进、特色)单位和考上清华大学学生赵利渊、赵天理培养团队进行表彰和资金奖励;灵宝市教体局、卢氏县教体局、渑池高中、三门峡市一高进行经验交流。

【高效课堂先进经验交流推广会】 11月7日,三门峡市初中高效课堂先进经验交流推广会在卢氏县城关镇中学召开。全市7个县市区的教体局主管领导、教研室教研员,24所实验学校的领导以及全县乡镇中心校、中学校长、部分教师,共计400余人参加会议。市教育局副局长金锐,北京师范大学校长培训学院培训部主任孙灵君,卢氏县副县长曲红波,卢氏县县政府党组成员、教体局局长翟新朝出席会议。会上,观摩了卢氏县"自主学习、合作探究"为核心理念的"五环一探构"课堂基本教学模式的操作应用,城关镇中学的阳光大课间活动,卢氏县城关镇中学、三门峡市外国语中学、渑池县西村中学、灵宝市教研室、卢氏县教研室作典型发言,并为卢氏县育才中学、城关镇中学、三门峡市外国语中学等12家先进实验学校颁发奖牌。

【教育信息化建设】 全市投入资金2300余万元,新增多媒体教室836个,学生用计算机配备达20:1,教师用计算机配备达3:1,中小学信息化终端环境多媒体"班班通"覆盖面达70%。灵宝市被省教育厅确定为教育信息化区域综合试点县(市),三门峡市外国语高中、市实验高中、灵宝市实验中学被确定为河南省首批教育信息化试点学校,三门峡市实验高中被国家教育部确定为全国信息化试点学校,灵宝市实验中学被中央电教馆确定为全国百所数字校园建设示范校。组织召开灵宝市实验中学现场观摩信息化数字校园建设会,开展多媒体环境下教学设计与资源应用培训,举办"班班通"课堂应用暨多媒体教学优质课观摩周活动,广泛组织中小学开展三门峡市多媒体教育软件大赛及远程教育应用优秀成果评比活动、全市首届中小学电脑制作大赛活动。组织召开全市中小学动漫教育推进会、动漫教育实验工作教学研讨会。三门峡市被确定为首批河南省中小学动漫教育实验基地(全省5个),21所学校被命名为河南省首批中小学动漫教育实验学校。

【青少年示范性综合实践基地项目落户三门峡市】 2012年,三门峡市申报的青少年示范性综合实践基地项目通过国家教育部、财政部审核,获中央财政支持3000万元建设资金。该项目进入选址规划阶段。

【举行"春苗营养计划"第700所厨房落成暨2014—2016年战略合作协议签约仪式】 9月4日上午,中国关工委和安利公益基金会联合举办的"春苗营养计划"第700所厨房落成暨2014—2016年战略合作协议签约仪式在陕县第三实验学校举行。十届全国人大常委会副委员长、中国关工委主任顾秀莲,中国关工委常务副主任武韬,安利公益基金会主席郑李锦芬,以及河南省、三门峡市、陕县、义煤集团等各级领导出席落成签约仪式,中央电视台、北京电视台以及省市县等25家媒体记者参加活动。

【义马市开展"师德教育月暨中小学生日常行为规范教育月"活动】 11月,义马市启动"师德教育月暨中小学生日常行为规范教育月"活动。活动以"力行师德规范,文明健康成长"为主题,内容分为师德教育和中小学生日常行为规范教育两个方面。师德教育活动主要开展师德师风专题学习、师德八查八看、优秀教师先进事迹宣讲、师德主题征文和师德建设大讨论等几项活动;中小学生日常行为规范教育主要从日常行为规范养成教育、普法教育、"两操"管理和校园规范教育等方面进行。同时下发师德主题征文活动方案和优秀教师先进事迹宣讲活动方案,通过对各学校活动情况的评比和表彰,引导教育月活动的深入开展。

【陕县深入实施教育质量提升年活动】 陕县教体局将2012年确定为"教育质量提升年",出台优秀校长奖励、优秀班主任奖励、教师发展性评价、优秀高中教师低职高补、增加深山区教师补贴、返聘优秀退休教师、对优秀学生进行奖励等七项考核激励措施,调动起教师队伍的积极性,凝聚正能量。陕县县委、县政府高度重视,并斥资350万元倾力支持这一系列激励措施。

【渑池县农村义务教育薄弱学校改造圆满完成】 2012年,渑池县投入170.74万元为渑池县南村乡、仰韶镇、县直中学、张村镇、城关镇等56所学校配备、增补教学仪器、体育器材;投资950.3万元为27所项目学校412个教学班配备多媒体一体机，为27个“班班通”项目学校安装校园网；投入609.7万元为天池镇笃忠中学等24所农村中小学校进行校舍维修和食堂改造专项工程，圆满完成农村义务教育薄弱学校改造工作。

师资队伍建设

【市教育局干部职工到故县“西子湖”进行拓展训练】 3月8—10日，市教育局干部职工到故县“西子湖”进行拓展训练，党委书记、局长李庆红，副局长金锐、杨伟建，纪委书记李海全，副局长张红谱及党委委员常黎明和机关干部职工参加训练。本次拓展训练共分全员军训、分组竞赛和综合项目三个部分。军训后，全体学员分六组建队，局领导分别加入，完成高空项目、沙盘项目、地面项目、竞技比拼等分组竞赛和卓越圈、激情传递等综合项目。

【举办全市幼儿骨干教师暑期培训班】 市教育局利用暑期对全市幼儿骨干教师进行培训。来自全市幼儿园（包含民办幼儿园）的120名骨干教师参加培训。本次培训，市教育局整合各类优质教学资源，充分发挥名师、专家的示范引领作用，聘请河南省实验幼儿园保教主任徐菁和从市实验幼儿园、第二实验幼儿园、陕县实验幼儿园、灵宝金蕾幼儿园等省级示范幼儿园中选拔的园长、保教主任和优秀教师6人主讲，结合本园办园特色介绍、推广各自的经验。

【举办三门峡市教育科研骨干高级研修班】 4月15—21日，三门峡市教育科研骨干高级研修班在北京举办。来自全市的100名中小学业务副校长、教科室主任，通过聆听专家讲座、参与互动研讨、参观考察交流等方式，有效提高教育科研能力。本次培训是根据教育规划纲要和《教育部关于大力加强中小学教师培训工作的意见》（教育厅〔2011〕1号）和“河南省中小学教师省级培训计划”的要求，由市教育局委托中国教师研修网开展实施的河南“省培计划（2011）”——三门峡市教育科研骨干高级研修班培训项目。课程设置充分考虑到教科研的实际情况，考虑到参训对象的知识需求，按照“骨干提高，带动辐射”的定位来确定。

【校长培训】 5月21日，三门峡市“十二五”第二期初中校长任职资格培训班开班典礼在三门峡职业技术学院举行。市教育局副局长杨伟建，三门峡职业技术学院党委委员、工会主席宋六锁出席会议；市教育局和职业技术学院有关部门领导以及来自市直、灵宝、陕县、义马、卢氏等地的40余名学员参加开班典礼。本次培训课程有学校管理理论、教育政策法规、现代教育理论等知识。教学形式灵活多样，有理论学习、专题报告、课堂观摩、实践考察，并开设“校长论坛”，集中展示参训校长在培训期间形成的科研论文、考察报告或学校发展规划方案。11月6日，三门峡市“十二五”第二期中小学校长提高培训班在三门峡职业技术学院开班。市教育局副局长杨伟建、三门峡职业技术学院党委委员工会主席宋六锁等出席开班典礼。来自市直、湖滨区、灵宝市、义马市、渑池县、陕县、卢氏县的130余位中小学校长参加培训。

【全市幼儿教师基本功大赛】 6月15—17日，全市幼儿教师基本功大赛，在市实验幼儿园落下帷幕，共有64名选手参赛，来自全市各幼儿园的150余名教师进行现场观摩。比赛采取“层层选拔”和“随机抽取”的机制确定各县（市、区）参赛教师，经过各县（市、区）和各级幼儿园层层比赛选拔的33位推荐选手和市教育局抽取的31位随机选手参加本次比赛。“随机抽取”的比赛机制，有效推动了全市各级各类幼儿园在教师专业培训上“重视起来、训练起来、专业起来”，加快提升全市幼儿教师的专业化水平。

【举办市级初中理化生骨干教师培训班】 7月7—9日，来自全市初中物理、化学、生物三个学科的219名骨干教师参加初中部分学科骨干教师培训班。市教育局教研员、全市范围内聘请的12位学科带头人和骨干教师洛阳市教学一线的9位教育教学名师分别为学员作新课标解读、新旧教材对比分析和新课程教材教法的分析与指导。

【农村义务教育阶段特岗教师工作】 8月8日，河南省2012年农村义务教育阶段特岗教师招考笔试工作顺利进行。本次特岗教师招聘报考三门峡市的共1353人，其中通过资格审查的1254人。考生除本省本市外，还有山东、山西等地大学毕业生报名参考。考试共设一个考点、42个考场。按照省教育厅、省财政厅、省人力资源和社会保障厅、省机构编制委员会办公室联合下发的文件精神，2009年为农村义务教育阶段学校招聘的356名特岗教师，已有310余名特岗教师通过现任职学校和设岗县（市）相关部门的考核和审批，转为正式教师。

【举办全市“中小学班主任班级管理创新专题培训会”】 10月20—21日，市教育局联合中国管理科学研究院基础教育研究所、中国教育学会等单位在市外国语高中举办“一线教育家讲坛·中小学班主任班级管理创新高级研修生培训会”。全市共有500余名中小学德育校长、政教主任、班主任参加培训会。培训会突出班主任班级管理能力素质的提升，以提升班主任的整体素质和班级管理创新能力为目标，以帮助班主任解决班级管理中的实际问题为重点，紧扣班主任日常管理与育人工作，通过真实成功的班级管理和自我成长案例，使广大班主任对新时期班主任管理创新工作有全新的认识。

【卢氏县组织中小学教师学科基本功考核活动】 10月，卢氏县教体局分别组织全县小学英语、初中语文、历史、政治等4个学科的教师技能达标大赛。12月中旬开展各学科高效课堂第二轮学科理论测试达标活动，对参加第一轮理论考试成绩和技能已经过关的教师进行考评，根据理论成绩、技能考试、教学成绩总分，每学科40%教师颁发县级优质课证书。

【湖滨区举办“校长讲校”活动】 5月17日，湖滨区教体局举办“校长讲校”活动，区直各中小学、幼儿园共9位分管政教工作的副校长，分别就学校管理工作中的亮点、特色，以及学生管理上的所思所想所感所获进行交流。

职 业 教 育

【市中等职业学校顺利通过省教育厅教学质量评估】 2月11日,省教育厅公布2011年度全省中等职业学校教学质量评估结果,三门峡财校、三门峡中专、三门峡卫校、灵宝中专被评为优秀,渑池中等职业学校、湖滨区中等职业学校、陕县中等职业学校、灵宝华苑高中、黄河电脑科技学校被评为合格。

【三门峡市中职学校师生技能大赛】 5月22—23日,市教育局、市人力资源和社会保障局、市总工会联合主办三门峡市中职学校师生技能大赛。三门峡市政府党组成员、市教育局局长李庆红,市人力资源和社会保障局局长任振廷,市教育局副局长许彦卿,市人力资源和社会保障局党组成员、劳动就业培训中心主任孙建堃,市总工会党组成员、副主席路敏茹等出席开幕式。本次大赛共有数控技术、机械加工、电子电工技术、计算机应用技术、财经、护理等13个大类36个项目,来自三门峡市各职业学校的517名选手参加比赛。与以往不同的是,在中职生职业技能大赛的同时,70名中职教师还参加中职教师技能大赛。大赛邀请汇思集团等企业的代表实地观摩大赛,同时举办校企合作论坛。各职业学校和与会企业代表在专业设置、课程开发、人员交流、实验实训基地共建、学生顶岗实习、就业信息共享、订单培养等方面广泛交流,在校企合作模式、机制、内涵等方面取得显著成果。

【三门峡社会管理职业学院建设】 7月17日,以信阳师范学院院长卢克平为组长的省高校设置评审委员会专家组莅临三门峡市,考察指导三门峡社会管理职业学院的筹设工作。市委副书记、市长赵海燕出席汇报会并致辞,市委副书记郭绍伟主持汇报会,市人大常委会副主任肖群兰、市政协副主席马仰峡、市政府党组成员李庆红,市政府秘书长刘廷福、市委副秘书长赵冶均、市政府副秘书长王松安,市教育局局长武少峰及副局长白爱学、张红谱等出席汇报会。专家组实地察看三门峡社会管理职业学院选址后,对三门峡筹设三门峡社会管理职业学院的必要性、可行性和办学定位等发展规划给予充分的肯定。9月13日,三门峡社会管理职业学院正式列入省高等学校设置"十二五"规划。10月13日,三门峡社会管理职业学院专业设置研讨论证会暨学院建设与发展专家顾问聘任会在三门峡市召开。郭绍伟致辞并为专家颁发聘书。会上,各位专家对学院的发展定位、专业和课程设置等进行专题研讨论证,为学院的筹建出谋划策。三门峡社会管理职业学院基本设施建设已全面开展。

【全省职业教育工作督导检查组莅临检查指导】 12月2—4日,以省政府督学、省化工职业学院正校级调研员苏华龙为组长的省职业教育工作督导检查组莅临检查指导工作。先后听取三门峡市政府、义马市政府、陕县政府的汇报,通过查看资料、实地抽查义煤技校和陕县职专等,对该市职业教育工作进行全面、深入、细致的评估。市政府党组成员、市政府教育督导团总督学李庆红,市政府办公室副主任张红谱,市教育局局长武少峰,市教育局副局长杨伟建、许彦卿陪同。反馈会上,督导检查组对该市职业教育工作给予充分肯定,并希望继续发挥政府职能作用,出台政策,加强管理,保证省政府制定的职普比大体相当的目标;继续加大资金投入,积极改善办学条件。

三门峡市属县(市、区)教育行政简况

单位名称	局长(处长)	办公地址	邮编	电话
卢氏县教体局	翟新朝	卢氏县迎宾路南	472200	0398-7872688
陕县教体局	朱锋军	陕县城区高阳路中段	472100	0398-3834108
灵宝市教体局	马稳庚	灵宝市新华西路	472500	0398-8663664
义马市教体局	张洪波	义马市千秋路10号楼	472300	0398-2535600
渑池县教体局	刘彦民	渑池县仰韶大街224号	472400	0398-4812288
湖滨区教体局	崔学峰	三门峡市黄河路西段八街坊	472000	0398-2822137
开发区教育处	王　飞	三门峡市崤山路西段43号	472000	0398-2183466

撰稿:何雪峰

审稿:王普进　武少峰

南阳市

市委联系教育工作秘书长：张振强
市政府分管教育工作副市长：刘树华
市教育局局长、党委副书记：柳克珍
市教育局党委书记、副局长：李英世
市教育局地址：南阳市七一路409号
电话：0377-63150224 63181286(传真)

综合管理

【概况】 2012年，南阳市共有各级各类学校7264所，在校学生(学员)333万人。其中，普通高校5所，在校生6.72万人；普通中专14所，在校生7.97万人；普通高中71所，在校生15.26万人；职业高中59所，在校生4.25万人；普通初中433所，在校生43.88万人；普通小学3716所，在校生126.33万人；特殊教育学校10所，在校生932人；独立设置的幼儿园1062所，在园儿童39.47万人；成人高校1所，注册学员1.35万人；成人中专14所，在校生2042人；职业技术培训学校1879所，注册学员49.41万人。另有成人中小学1492所，注册学员38.24人次。全市共有教职工11.97万人，其中专任教师10.66万人。

【教育投入】 本年，全市国家财政性教育经费投入93.27亿元，比上年增长25.2%；预算内教育经费拨款89.8亿元，比上年增长25.4%。普通高中生均预算内教育事业费5804.41元，生均公用经费3263.31元，分别比上年增长27.07%和47.59%；普通初中生均预算内教育事业费5092.87元，生均公用经费2315.74元，分别比上年增长19.2%和45.1%；普通小学生均预算内教育事业费3241.86元，生均公用经费1579.94元，分别比上年增长26.9%和72.57%。全市征收用于教育的税费3.37亿元。全市多渠道筹措教育经费13.3亿元，增长16.8%。全市各级各类学校校舍总面积达1571.3万平方米。全市中小学图书、仪器和体育卫生艺术设施有新的增加。

【市教育局领导班子成员名单】 市教育局局长、党委副书记柳克珍，党委书记、副局长李英世，党委副书记、副局长杨振江，党委委员、调研员李宗阳，党委委员、副局长李元章，党委委员、副局长杨扩，党委委员、副局长张士君，党委委员、副局长龙云飞，党委委员、纪委书记汤建兴，党委委员、调研员徐照民，调研员周道平，副调研员李金平。

【全市教育工作受到市委市政府通令嘉奖】 本年，市教育局先后获得国家基础教育质量监测先进单位等36项省级以上表彰，市委、市政府通令嘉奖等29项市级表彰。县市区和局直学校共获得省级以上表彰126项，市委、市政府表彰87项，全市教育工作被市委、市政府通令嘉奖。

【项目建设】 本年，共争取各级各类教育项目建设资金9.5亿元，其中，争取国家级事业性投入资金1.7亿元，占全市社会事业争取资金总额4.24亿元的40%。

【教育装备】 本年，为全市农村学校投入6282万元，新建多媒体教室1535个；为市教育局局属学校投入1000万元，装备了一批多媒体教室、实验室、塑胶跑道和课桌凳，办学条件和现代化教学水平明显提高。

【学校建设】 市中心城区投入5000余万元，改扩建和资源整合了一批学校，新增学位4500个，城市教育资源得到扩大；全市县城累计投入11.8亿元，新建改扩建学校72所，新增学位4.2万个。

【惠民政策落实】 全年共发放“两免一补”资金8.96亿元，惠及学生210万人次。学生营养餐计划投入1.8亿元，使30万学生受益。

【教育工作专题调研】 2月8—13日，市教育局组成12个调研组，分赴15个县市区(中心)、62个乡镇及局直学校共182所中小学(幼儿园)开展专题调研。各调研组通过听取汇报、推门听课、实地查看、开座谈会、情况反馈会等，收集合理化意见和建议100多条。重点对提升教育教学质量采取的新举措、学前教育三年行动计划的落实、义务教育均衡发展的推进、新课程改革的实施、师资队伍建设、缓解城区“大班额”、校园安全及开学情况进行调研，掌握了较为翔实、全面的第一手材料。这是南阳教育史上规模最大、内容最丰富、分析最透彻的一次调研活动，在社会上产生了强烈反响，为推动全市教育事业持续健康发展奠定了坚实基础。

【年度教育工作会议召开】 3月6日，全市年度教育工作会议在方城县召开。市委常委、副市长张振强，市人大常委会副主任秦俊，市政协副主席贺国勤出席会议。市直有关部门负责人，市教育局班子全体成员，各县市区主管教育工作的副县市区长(主任)、教体局局长，南阳电大、市属中等职业学校负责人，省级示范性高中校长，市教育局各科室、局属各单位、各学校负责人参加了会议。会议由市政府副秘书长张伟主持，副市长张振强讲话，市教育局局长柳克珍作了题为《促进公平，提高质量，推进我市教育事业发展再上新台阶》的工作报告。

市教育局党委书记李英世宣读了南阳市人民政府表彰决定，对西峡等6个义务教育均衡发展先进县区、方城等3个职教攻坚工作先进县、新野等3个教育质量进步县、社旗等3个教师补进工作先进县、桐柏等2个中小学安全工作先进县，市发改委等19个支持服务教育工作先进单位进行了表彰。

全市教育工作会议会场(尹永德/摄)

【党风廉政建设】 3月15日，召开全市教育系统党风廉政建设工作会议。各县市区教体局局长、教育纪工委书记、纪检监察室主任，局机关各科室负责人、局直各二级单位负责人、各学校校长、党支部书记参加了会议。市纪委常委谢先莹应邀出席会议。会议由教育局局长柳克珍主持，党委书记李英世出席并讲话，教育纪工委书记张士君作主题报告。会议明确了本年全市教育系统党风廉政建设工作的重点任务。会上，市教育局与局属各学校、各中等职业学校、各县市区教体局签订了《规范经营收费治理教育乱收费工作目标责任书》。对5个全市教育系统纪检监察工作先进单位、29名全市教育系统纪检监察工作先进个人、11个规范教育收费治理教育乱收费工作先进单位、41所廉洁文化进校园示范学校进行表彰。4月24日，全市教育系统反腐倡廉建设创新经验交流会议召开，总结推广全市教育系统反腐倡廉建设创新成果和经验。各县市区教体局(教育局)纪工委书记、纪检监察室主任，市属各中等职业学校、局机关各科室、局直各学校负责人参加了会议。5月25日，局直教育系统召开加强廉政风险防控规范权力运行工作动员会，局长柳克珍、局党委书记李英世出席会议并讲话，局纪委书记张士君在会上宣读了《南阳市教育局加强廉政风险防控规范权力运行机制建设实施方案》。会议还下发了《关于在局直教育系统进一步深化"转方式、正风气、提效能"活动实施方案》及《关于成立南阳市教育局加强廉政风险防控规范权力运行工作领导小组的通知》。

【全市中小学安全工作紧急会议】 3月16日，市教育局组织召开全市中小学安全工作紧急会议，认真传达贯彻市委常委、副市长张振强关于学校安全工作的重要指示精神。各县区教体(育)局主管学校安全工作的副局长、安全科科长和局直学校校长50余人参加了会议。市教育局局长柳克珍、副局长龙云飞出席会议并讲话。

【中心城区中小学建设】 4月27日，南阳市中心城区中小学校建设工作会议召开。南阳新区、卧龙区、宛城区、高新区区长(管委会主任)，市发改、教育、国土、规划、财政、建设、公安、编制等部门负责人参加会议。市委常委、副市长张振强出席会议并讲话。南阳新区、卧龙区、宛城区、高新区以及市教育局与市政府签订了目标责任书。市政府印发《2012—2013年市中心城区中小学建设工作实施方案》，明确本年市中心城区中小学建设工作任务和工作重点。新建学校4所，4所新建学校总投资5405万元，新增学位11550个(其中幼儿园学位1050个)。改扩建学校5所，5所改扩建学校总投资3250万元，增加建筑面积2.95万平方米，新增学位2750个。

【聘任市直中小学校法制副校长、法制联络员】 5月8日，市直中小学校法制副校长、联络员聘任仪式在市检察院举行，受聘任的法制副校长、联络员，市直中小学校长、政教主任参加仪式。市教育局局长柳克珍、副局长龙云飞，市检察院副检察长尤德炳等出席聘任仪式。市教育局副局长龙云飞宣读了《南阳市教育局2012年局属学校聘任法制副校长、联络员的审核意见》。市检察院副检察长尤德炳对受聘的法制副校长、联络员提出了具体工作要求。市教育局督导室法制负责人对受聘的法制副校长、联络员进行培训。

【校园及周边治安秩序专项整治行动】 5月9日，市综治办印发《南阳市校园及周边治安秩序专项整治专业组工作方案》，市教育局于5月11日召开各县区教体局和局属各学校有关负责人参加的专题会议，就全市教育系统的专项整治行动进行具体安排，这标志着全市校园及周边治安秩序专项整治行动已经正式启动。

【市领导慰问移民小学师生】 5月29日，市委书记李文慧深入到卧龙区蒲山镇刘家梗移民新村小学，看望慰问广大师生，市领导原永胜、秦俊、冯晓仙、赵金文等随同慰问。

【中学生"晨光"体育夏令营比赛获得佳绩】 7月18—24日，由37人组成的南阳市中学生"晨光"体育代表团在河南省第十三届中学生"晨光"体育夏令营活动中获得佳绩。取得乒乓球团体季军、单打亚军，并获得了团体总分二等奖和体育道德风尚奖。

【宛运集团捐资助学大型公益活动】 8月21日，由南阳市工商联、南阳宛运集团、南阳电视台、南阳市教育局共同组织的2012年"让爱圆梦"捐资助学大型公益活动仪式在南阳电视台演播大厅成功举办。市领导穆为民、杨其昌、李天岑、原永胜、刘朝瑞、姚进忠、秦俊、吴冬焕出席仪式，宛运集团董事长胡逸云代表宛运集团向贫困大学生代表发放了助学资金。

【刘树华到局属学校调研】 10月29日，副市长刘树华深入市教育局12所局属学校调研并召开座谈会，就如何破解局属学校当前存在的问题和困难，提出具体指导性意见。市发改、财政、规划、国土、教育等部门负责人，市教育局各科室、局属各单位、各学校负责人参加调研座谈。

【"全国区域教育均衡发展论坛暨教育模式创新专题峰会"在西峡召开】 10月28—31日，由北京师范大学区域教育均衡发展研究中心组织承办的"全国区域均衡发展论坛暨教育模式创新专题峰会"在西峡县成功举办。国际著名建模专家、中央教科所兼职研究员、教授、博导、美国哈佛大学教育研究院高级访问学者查有梁作了《教育建模与课堂教学改革》专题报告；北京语言大学客座教授、北京国际汉字研究会培训中心秘书长、中国教育部"十五"重点课题组组长、婵娟体式语用模型发明人叶东生作了《"三疑三探"》专题报告。峰会期间，与会人员深入西峡县城区一小、五里桥中学、西峡一高自由听课并进行学科对口交流，听取"三疑三探"课堂教学模式创始人、西峡一高校长杨文普关于"三疑三探"课堂教学四种课型的讲座，并进行了集中答疑。

【普通高中管理观摩活动】 11月18—25日，市教育局组织三个观摩组开展全市省级示范性普通高中管理观摩活动。局长柳克珍、党委书记李英世、副局长张士君各带领一组，深入全市15所省级和4所市级示范性高中观摩调研。

【举办全市高中教师新课程改革专家报告会】 11月24—25日，全市高中教师新课程改革报告会分别在西峡县、南阳市五中举办。各县市区教育局局长、分管教育教学工作副局长、教研室主任、基础教育科科长参加了报告会，全市省市级示范性高中高三年级各学科任课教师、一二年级备课组组长，市教育局局直各初中、小学校领导班子成员聆听了报告。同时，本市9800名高中教师参加了观摩实战和新课改报告会。

报告会上，河南省新课程改革专家、省基础教研室党委书记魏现州，"三疑三探"课堂教学模式创始人、西峡县一高中校长杨文普分别作了题为《新课程教学改革与新课程改革》、《"三疑三探"——为中国的"诺奖"得主奠基》的学术报告。

【全市教育系统书画摄影展】 11月28日，全市教育系统首届书法绘画摄影作品展在南阳师院美术馆正式开展。市领导郭庆之、秦俊、贺国勤，南阳师院党委副书记黄荣杰、副院长李文安和书画界名家出席开幕仪式。各县市区教体局主管局长、体卫艺科科长和局直学校全体美术教师以及南阳师院美术学院部分师生共300余人参加开幕式。这次书画摄影展共展出近年来评选出的优秀作品234幅。

基础教育

【学前教育】 2012年，争取国家学前教育项目资金1.1亿元，吸纳社会资金1679万元，各县区财政投入6245万元，新建、改扩建532所幼儿园，113所投入使用。3月20日，第十二批河南省示范幼儿园评选揭晓，宛城区实验幼儿园、方城县直机关第二幼儿园、内乡县直幼儿园榜上有名。全市已有18所幼儿园获得河南省示范幼儿园称号。

【义务教育】 2012年，全市薄弱学校改造累计投入1.5亿元，改扩建学校260所，校安工程累计投入资金1.2亿元，加固和重建校舍项目学校207所，寄宿制学校改扩建投入9300万元，78个校舍项目投入使用。卧龙区政府、淅川县教体局分别获得全国"两基"工作先进地区和先进单位称号，西峡、内乡获得全省首批教育工作先进县称号，淅川、宛城获得河南省义务教育均衡发展先进县称号。南阳市第十三中学学生王诗卉、郑舒赛被西安交通大学录取为2012年少年班大学生，本硕连读。这是继2009年市十三中学学生宋维幸被西安交大少年班录取为本硕连读生之后，该校再次为西安交大输送的两名优秀学子。市十五小学获得全国首批中小学中华优秀文化艺术传承学校称号，这是本市唯一一所获此殊荣的学校。

【普通高中教育】 2012年，南阳市初中毕业生升入高中阶段比率比上年提升1.6个百分点，高中阶段毛入学率比上年提高3.6个百分点。

本年，南阳市（不含邓州市）共有45100人参加普通高招考试，占全省报名人数725422人的6.22%。在报名人数比上年减少3745人的情况下，本科一批上线人数达4212人，比上年增加318人，上线率达9.34%，同比提高1.37个百分点，高出全省平均比例1.17个百分点；本科二批上线12229人，较上年增加522人，上线率27.12%，同比提高3.15个百分点，高出全省平均比例2.4个百分点，超出南阳市历史最高比例1.9个百分点；本科三批上线23660人，较上年增加817人，上线率52.46%，同比提高5.69个百分点，高出全省平均比例2.49个百分点。19名学生被清华、北大2所高校录取，创历史最高水平。

【启动第十九届青少年爱国主义读书教育活动】 3月19日，南阳市第十九届青少年爱国主义读书教育活动启动。活动主题为"走向海洋"，以唤起全社会认识海洋、了解海洋的意识。活动设立特等奖，一、二、三等奖，优秀奖，教师辅导奖及组织奖等奖项。

【河南省县域义务教育均衡发展评估验收标准研讨会在宛召开】 4月12—13日，河南省县域义务教育均衡发展评估验收标准研讨会在南阳召开。省教育厅基础教育一处处长吴长运、河南大学教授杜岸政等出席会议，平顶山、驻马店、漯河、信阳、三门峡、南阳等6地市教育局领导，罗山县、灵宝市、宛城区、卧龙区、内乡县、平舆县等部分县市区教体局负责人参加会议。与会人员学习了教育部《县域义务教育均衡发展督导评估暂行办法》和河南省《县域义务教育均衡发展评估表》填报说明。会议明确了义务教育校际间状况的评估重点，解读了小学、初中差异系数的计算方法，提出了当前和今后义务教育均衡发展工作的具体任务。

【开展义务教育学校管理观摩活动】 4月16—19日，市教育局组织全市义务教育阶段学校管理观摩活动。观摩活动以《河南省普通中小学管理基本规范（试行）》为主要内容，重点观摩各地各学校在提高教育教学质量、加强教育教学管理、加快标准化学校建设、深化义务教育课程改革等方面采取的新举措和取得的新成效。观摩活动采取听取汇报、实地查看和综合评议相结合的方式进行。每个县区观摩城区初中、小学各1所，观摩3个乡镇，每个乡镇观摩初中、中心小学、村级小学各1所；高新区和油田观摩初中、小学各1所；局属初中、小学全部参加。观摩组依据考评细则对所观摩的学校进行现场打分。每观摩一个县区，观摩组及时召开县区反馈会，既肯定成绩，又指出存在的问题和不足，并代表市教育局提出意见和建议。

【"三疑三探"课堂教学模式获得南阳知名品牌】 5月6日，西峡县"三疑三探"课堂教学模式被授予南阳知名教学方法称号，这是100个"南阳知名品牌"中唯一一个教育教学工作知名品牌。"三疑三探"课堂教学模式由"设疑自探"、"解疑合探"、"质疑再探"、"运用拓展"四个环节组成,以培养学生的创新精神和实践能力为基本理念,充分体现"自主学习、主动参与、善于合作、乐于探究、师生互动"的课改精神。该教学模式自区域推广以来成效显著,西峡教育教学质量连年攀升,大幅度提高,稳居全市前列。

【举办市中心城区中小学生田径运动会】 5月26日,南阳市第三届"博健文体杯"市中心城区中小学生迎农运田径运动会开幕。市领导秦俊、贺国勤、方显中出席开幕式。来自市中心城区44所中小学校的4000余名师生参加了开幕式。本届运动会持续3天,分为中学组和小学组,共有54个项目,540余名学生参赛。

【社旗县开展民办学校管理观摩活动】 5月27日,社旗县教体局组织开展民办学校管理观摩活动,各民办学校董事长、部分中心校业务专干及局机关基教股、督导室、安全办、装备站、教研室、民管办负责人参加了观摩活动。观摩组查看了各民办学校的校容校貌、教育教学设施、学生食堂、宿舍,详细了解教师上课、教案撰写、作业批改、学校安全管理情况,师生权益保障、特色办学等情况。观摩结束后又及时召开总结会,听取学校主要负责人关于学校工作措施、办学成效及今后工作设想等方面的情况汇报。中心校业务专干、各股室负责人结合民办学校的实际状况,认真总结成绩,深刻剖析问题,指出努力方向。

【宛城区开展青少年网络健康行活动】 5月28日,团市委、团宛城区委及宛城区教体局在南阳市第十九中学联合举办"坚定信念跟党走——不信谣、不传谣、青少年网络健康行"启动仪式。号召广大青少年网友,一要树立法律意识,严格遵守互联网法律法规,自觉做到文明上网,自觉远离网络谣言。二要增强社会责任感,强化道德正义感,站稳立场、明辨是非,切实做到不信谣、不传谣。三要加强自我学习,学会自我约束,增强辨别谣言、抵制谣言的能力。四要主动参与到抵制网络谣言的行动中去,积极揭露和举报网络谣言,坚决做网络健康环境的维护者。

【举行庆"六一"暨表彰联欢会】 5月30日,本市举行庆"六一"暨表彰联欢会。市领导杨其昌、秦俊、贺国营、刘荣阁出席会议。副市长贺国营宣读了《关于表彰南阳市实施"春蕾计划"、"代理妈妈"活动先进集体、先进个人和"优秀春蕾"的决定》。卧龙区审计局等30个单位被授予"春蕾计划"、"代理妈妈"活动先进集体称号,杜新景等50人被授予"春蕾计划"、"代理妈妈"活动先进个人称号,王一博等30名学生被授予"优秀春蕾"称号。表彰会后,与会领导和嘉宾共同观看了"迎农运庆六一"少儿联欢节目。

【举行学前教育宣传月启动仪式】 5月29日,南阳市2012年学前教育宣传月启动仪式在南阳市第一实验幼儿园举行。市人大常委会副主任秦俊,市政府党组成员方显中,市政协副主席仝运科,市政府副秘书长张伟,市教育局领导柳克珍、李英世、李宗阳、李元章、龙云飞、李金平等出席启动仪式。各县区教体局分管基础教育工作的副局长、基础教育科长、市直及县直各幼儿园园长参加了启动仪式。启动仪式由市教育局局长柳克珍主持。市人大副主任秦俊宣布南阳市2012年学前教育宣传月活动开始,市政府党组成员方显中在启动仪式上致辞。园长和幼儿家长代表分别向全市园长和家长发出倡议,为幼儿的"快乐生活、健康成长"营造良好的校园、社会和家庭环境。

【淅川县政府投资200万元为高考助力加油】 6月1日,淅川县拨款200万元,用于该县高三师生生活补贴,其中100万元用于学生生活补贴,要求学校改善伙食,饭菜增加肉类、蛋类等,给学生补充营养,增加能量;100万元用于高三教师生活补贴,补充教师营养,增加教师体能。通过改善师生生活状况,全力备战高考,力争取得高考好成绩。

【幼儿教师基本功大赛】 6月16—17日,南阳市2012年幼儿教师基本功大赛在市政府机关幼儿园成功举办,来自全市各级各类幼儿园的53名幼儿教师参加了大赛。大赛设舞蹈、歌唱、说课、案例分析、绘画、幼教理论等八个环节,分城市组和农村组进行,聘请专业教师现场打分。城市组共评出一等奖7名、二等奖7名、三等奖19名,农村组共评出一等奖3名、二等奖4名、三等奖14名。评选出组织奖6名。

【社旗县教体局举办离退休干部"诗书画影"展】 7月12日,社旗县教体局组织开展以"诗书画影抒情怀,喜迎党的十八大"为主题的离退休干部"诗书画影"展。此次"诗书画影"展共收到各类作品180余件,展出48件,作品题材广泛、形式多样、主题鲜明、格调高雅,带给人以思考、启迪或激励。

【张佳宁获得全国见义勇为模范称号】 7月19日,中宣部、公安部和中华见义勇为基金会等在北京联合召开第十一届全国见义勇为英雄模范表彰大会,来自南阳市十一中(张衡高中)的高中生张佳宁获得全国见义勇为模范称号。2010年5月20日下午,当时就读于市二十八中的张佳宁,上学途中看到一个学生被3名歹徒挟持至某公司家属院区间道内勒索钱财时,立刻冲上前进行制止。歹徒见张佳宁只身一人,便对其进行谩骂、恐吓。其中一名歹徒气急败坏地拿出刀子,张佳宁临危不惧,奋力搏斗。就在张佳宁拉起被打倒在地的学生奔跑时,歹徒用刀刺中他的右背,鲜血直流,伤及肺部,后在医院抢救6个多小时才脱离生命危险。张佳宁的事迹被媒体报道后,南阳市委政法委授予他南阳市见义勇为先进分子称号。

【为唐河重病学子献爱心】 9月6日,建行南阳分行副行长李慧敏、工会副主席赵海燕等来到唐河县第四小学,为该校患重病的学生张宏送来了41750元救助金。张宏为县第四小学五年级学生,2010年9月被诊断为左腿骨肉瘤,2011年3月手术截肢。病情稳定下来的张宏接下来要面对的是安装假肢的高昂费用。已花费10余万元为孩子治病的张宏父母再也无力凑齐这些费用。建设银行南阳分行领导在得知其不幸遭遇后,发动员工为张宏捐款,仅三天时间就募得现金4万余元。

【新野县采取五项举措大力发展民办教育】 新野县出台了《新野县人民政府关于印发新野县发展民办教育若干意见的通知》(新政〔2012〕28号),《若干意见》提出了促进民办教育大力发展的五项政策措施:一是鼓励社会资本以各种形式发展教育。二是落实民办学校用地、建设、税收等方面的优惠政策。三是支持民办学校做大做强。四是保障民办学校教师、学生的合法权益。五是积极营造良好的社会氛围。

【召开义务教育均衡发展推进会议】 11月7日,本市召开义务教育均衡发展推进会议。副市长刘树华出席会议并讲话,市政府副秘书长张伟主持会议。会上，市教育局局长柳克珍对推进义务教育均衡发展工作进行部署，进一步明确工作思路、目标任务和工作举措，提出了具体要求。

【乡村少年宫试点学校花落西峡】 11月29日，南阳市首家“乡村少年宫试点学校”花落西峡县丁河一小。乡村学校少年宫是依托农村中小学现有的场地、教师和设施，进行修缮并配备必要的器材，依靠教师和志愿者进行管理，利用课余时间和节假日组织课外公益活动的场所。坚持“公益性原则、普及性原则、资源整合原则”，具有“覆盖广，花钱少，抓得住”的特点，是农村未成年人健康成长的摇篮。

【中小学生艺术展演活动】 全国第四届中小学生艺术展演活动省级展演及河南省第六届中小学音乐、美术教师基本功比赛评奖揭晓，本市有8幅优秀学生书画作品展出，3位教师的艺术论文在全省艺术教育科研论文报告会上交流，其中南阳市特殊教育学校美术教师燕丽丽撰写的论文《让异想天开变成创造的种子》被选送教育部参加全国展演；南阳市第十五小学的小合唱《祖国在我心窝里》和舞蹈《我想有双明亮的眼睛》2个节目，以悠扬的歌声和优美的舞姿，获艺术表演类一等奖，并选送教育部参加全国中小学生艺术展演活动。在河南省第六届中小学音乐、美术教师基本功比赛中，本市共获得4个二等奖，2个三等奖。

河南油田一中学生合唱团在中小学学生艺术展演活动中演出（尹永德/摄）

职业与成人教育

【职教工作】 2012年，桐柏县被评为全省职教强县，全市职教强县达到9个，超额完成了省定8个县进入职教强县创建目标。争取中职项目资金1780万元，加强了基础能力建设。职教园区二期748亩用地计划得到落实，总体规划全面启动。南阳农业职业技术学院筹建获省批准，张仲景医学院设置已纳入省“十二五”升本计划。全年完成招生4.6万人，超出计划1.2万人。

【召开职业教育工作电视电话会议】 5月8日，市政府召开全市职业教育工作电视电话会议。市长穆为民，副厅级领导干部、市政府党组成员方显中出席会议。穆为民强调要抓好五个方面的工作：一是强力推进职教园区建设。二是加快职业学校资源整合步伐。三是深入开展职教强县创建活动。推进南召、桐柏职业教育强县创建活动，确保进入河南省职业教育强县行列。四是加强职业教育基础能力建设。五是稳定中职招生和在校生规模。采取得力措施，层层分解任务，努力完成3.4万人中职招生任务，使中职在校生规模稳定在12万人左右。

【宛城区结合实际培养技能型人才】 宛城区为服务农村新农合需要，培养了100多名懂医懂微机的乡村医保员；根据用人单位对财务人员要求的提高，开办了中级会计师班，培养了250名从事会计工作的专业人员；为配合该区工业的快速发展，培养了400名电工、电子电器、数控机床等工作的专业人才。同时，利用下乡讲课、播放多媒体等形式培养种植、养殖等农村实用技术人才上万人次。

【省高校设置评委会专家组莅临考察】 7月19日，以河南工业大学原校长董企铭为组长的省高校设置评委会专家组莅临南阳，对申报设置张仲景医学院工作进行考察并反馈考察意见。市委书记李文慧出席汇报会并致辞，市政协主席贾崇兰汇报申报设置张仲景医学院工作情况并在反馈会上作表态发言。市委常委、副市长张振强，南阳医专党委书记刘湘玉陪同考察。7月20日，以郑州航空工业学院院长施进发教授为组长的省高校设置评委会专家组莅临，对南阳农业职业学院设置工作进行考察指导，并反馈考察意见。市政协主席、市学校升格工作领导小组组长贾崇兰主持上午召开的汇报会，市委常委、副市长、市学校升格工作领导小组副组长张振强汇报了设置南阳农业职业学院工作情况，并在反馈会上作表态发言。

【省政府教育督导团督导职业教育工作】 11月26—27日，以省政府督学、省化工职业学院院长苏华龙为组长的省政府教育督导团莅临本市，就职业教育工作进行专项督导检查。副市长刘树华出席汇报会。督导团通过采取查阅档案资料、听取汇报、实地察看等方式进行督导检查。

师资队伍建设

【教师补进】 2012年，全市上年度中小学教师自然减员2552人，实际补充3756人，超比例达到47.2%。

【教师培训】 全年共组织8.4万名教师参加国培、省培和校本研修等不同层次的培训。其中，中小学各学科1万余名教师到北京师范大学、华东师范大学、南京师范大学等12所高等院校或通过远程网络参加“国培计划”项目学习研修。134名教师参加省级名师培育工程培训,25名教师参加省级华东师大骨干教师培训;全市高中二、三年级教师共5200人参加远程高中新课程跟进培训。7600人参加初中教师专家引领性培训,为期两年的初中教师"专家引领性培训"任务全面完成;依托华东师大举办高中语文骨干教师高级研修班4期,培训教师390人;6800名教师参加初中学科综合素质培训、师德强化培训、特岗教师素养提升培训;1000名教师参加义务教育阶段部分学科新教材培训;5000名高中教师和市直学校教师参加远程教师岗位培训;500名教师参加东北师大研究生课程班远程培训;100名希望学校小学教师赴上海参加团中央青年基金中心组织的为期15天的高层次培训;2000名班主任参加全国知名专家上门培训;2000名英语教师参加英链教学法推广培训;360名特岗教师参加英特尔未来教育项目培训,500名幼儿园教师参加岗位培训。各县区完成中小学教师教育技术能力、学科综合素质、班主任等模块教师培训5.2万人次。

【杨文普当选首届"感动中原"年度教育人物】 3月16日,河南省首届"感动中原"年度教育人物评选结果揭晓,西峡县一高中校长杨文普榜上有名。2005年春,时任西峡县教研室主任的杨文普带领他的教科研团队,紧紧围绕新课程培养学生创新精神和实践能力这个核心理念,经过不懈探索,创生了"三疑三探"教学法。该教学法先后获得省教科研成果一等奖、省科学技术成果奖、省人民政府科技创新进步奖。

【南阳市成立"名师工作室"】 南阳市教育局、各县区教体局分别成立了"名师工作室"和"名师工作室分室",依托名师工作室这一平台,有效整合名优教师资源,培育名师团队,通过开展活动,充分发挥名优教师的示范引领作用。市直各中小学幼儿园的名师,按照属地管理的原则,分别由宛城、卧龙两区的名师工作室分室管理。

【"全国教育名家论坛"班主任素质与技能专题研讨暨班会展示会在南阳举办】 4月14—15日,由德育报社主办,南阳市教育局、全国教育名家论坛组委会联合举办的"班主任素质与技能专题研讨暨班会展示会"在南阳举行。郑州、洛阳、驻马店等市部分教育局局长、校长,南阳各县市区教育局局长,各级各类学校校长、班主任及一线骨干教师共800余人参加论坛并聆听了报告。论坛的主题是"育人为本,健康发展——班级文化与学校发展"。北京市班主任研究会副会长、全国优秀班主任、特级教师丁榕,全国模范教师、全国优秀班主任、特级教师桂贤娣,全国优秀班主任、全国优秀教师、教育部中小学班主任培训骨干专家王文英,全国著名教育专家、优秀班主任高金英,全国模范教师、全国优秀班主任郑丹娜应邀出席论坛。

【唐河县举办"唐河形象歌曲大家唱"教育系统合唱比赛】 6月21日,唐河县举行庆祝建党91周年"我可爱的家乡"主题活动"唐河形象歌曲大家唱"教育系统合唱比赛。市委宣传部副部长景文栓,市教育局党委副书记、副局长杨振江,唐河县委书记和学民,唐河县委副书记、县长刘明杰等四大班子领导,各乡镇(办事处)、产业集聚区,县直各单位相关负责人和县教体局全体领导班子成员、各中心学校校长,部分城区中小学师生代表观看了比赛。经评委现场打分,县一小、实验高中、县一初中获得一等奖,县四小、县三小、县五小、英才学校获得二等奖,县直幼儿园获得优秀表演奖。

【第28个教师节暨表彰大会】 9月5日,召开南阳市庆祝教师节表彰大会。市长穆为民向受到表彰的先进集体和先进个人颁奖。市委副书记杨其昌讲话。市领导原永胜、张振强、秦俊、刘树华、贺国勤等出席大会。市政府对2011—2012年度高考工作作出突出贡献的先进集体和先进个人进行通令嘉奖,并拿出500万元重奖在教育教学质量中涌现出来的先进集体。会上,市教育局局长柳克珍、方城县县长褚清黎、西峡县一高中校长杨文普分别做了典型发言。

2012年教师节表彰大会会场(尹永德/摄)

【西峡县采取多种措施加快教育发展】 8月30日,西峡县召开教育工作表彰大会,南阳市人大常委会副主任秦俊、副市长刘树华、市政协副主席贺国勤、市教育局局长柳克珍、西峡县四大班子领导出席会议。会议对2011—2012学年教育教学、爱心助学工作先进个人和先进集体进行了记功、嘉奖;下发了中共西峡县委、西峡县人民政府《关于进一步加快教育发展的若干意见》,对2012学年高考做出突出贡献的西峡教体局、西峡一高记集体三等功一次,对西峡县二高、一高分校、教研室通令嘉奖;给予董联军、陶成、杨文普、胡云锁及培优班主任刘瑞风、恒冰、闫奎福记个人三等功一次,对孙辉义、李延超通令嘉奖。记功、嘉奖人员分别奖励10000元、5000元。奖励西峡一高100万元,奖励二高50万元,奖励一高分校20万元,共计颁发奖金178万元。该县教体局牢固树立质量为本的理念,紧缩其他开支,挤出资金,设立教育质量奖励基金。8月25日,召开2012—3013学年开学工作会议,对新学年教育教学工作及早科学谋划,对2011—2012学年144个教学工作先进集体、297名先进个人表彰奖励,颁发奖金20.88万元;该县在拿出专项资金,对成绩突出的单位(学校)、个人进行表彰和奖励的同时,从2012年9月1日起,对西峡一高在编在岗教职员工,依照本人当年工资标准,每人工资上调一级;对全县高三在校学生每人每天给予1元生活费补助(一年需要大约100万元)。按照市政府《关于建立和完善中小学教师补充长效机制的意见》精神,继续开展公开招聘、择优录用教师工作,2012年争取省特岗教师110名,县内招录义务教育阶段教师150名,高中教师34名,共计补进教师294名,比2011年增加90名。

【举办第二届教师普通话大赛】 10月10日,南阳市语言文字工作委员会、南阳市教育局、南阳人民广播电台联合主办"建行杯"南阳市第二届教师普通话大赛。本次大赛历时4个月,分初选、网络展播、复赛、决赛四个阶段进行。全市共有8万余名教师参与到此次活动中来。经过层层选拔,大赛共评出一等奖5名,二等奖7名,三等奖10名,优秀组织奖14名。

南阳市属县(市、区)教育行政简况

单位名称	教体局局长	办公地址	邮编	电话
卧龙区教体局	王连照	南阳市工业路135号	473059	0377-63132843
宛城区教体局	白建强	南阳市建设中路	473001	0377-63223302
新野县教体局	于进红(—5月) 刘习见(5月—)	新野县城解放北路	473500	0377-66218369
邓州市教育局	柳玉朝	邓州市新华中路	474150	0377-62168697
淅川县教体局	杨丰亭	淅川县人民街	474450	0377-69232992
西峡县教体局	董联军	西峡县城白羽路北路	474500	0377-64663655
内乡县教体局	唐新庆	内乡县城南关	474350	0377-66022860
镇平县教体局	王久昌	镇平县城府前街	474200	0377-65922152
南召县教育局	赵　龙	南召县城人民路220号	474650	0377-66913250
方城县教体局	史锁乾	方城县城建设街164号	472300	0377-67215123
社旗县教体局	何聚德	社旗县城红旗西路	473300	0377-67933896
唐河县教体局	王福志(—3月) 曾鑫(4月—)	唐河县城文化路	473400	0377-68922676 68922973
桐柏县教育局	王宏芙	桐柏县城大禹路中段	474750	0377-68216900

撰稿:王丙双
审稿:柳克珍

商　丘　市

市政府分管教育副市长:岳爱云(5月—)
市教育局党组书记、局长:许家林(11月—)
市教育局地址:商丘市神火大道中段
邮编:476100
传真:0370-3220937
电话:0370-3220929

综 合 管 理

【概况】 2012年,商丘市有各级各类学校3556所,在校学生2031200人,教职工113423人(其中专任教师99483人);普通高中35所,在校生192870人,教职工10045人(其中专任教师7347人);普通初中398所,在校生426370人,教职工28988人(其中专任教师25803人);普通小学2469所(其中教学点387个),在校生974043人,教职工52409人(其中专任教师50765人);中等职业学校41所,在校生119370人,教职工3915人(其中专任教师3024人);特殊教育学校10所,在校生1191人,教职工322人(其中专任教师300人);幼儿园597所,在园儿童240554人,教职工11808人(其中专任教师7808人);普通高等学校6所,在校生76802人,教职工5936人(其中专任教师4436人)。

2012年,全市农村中小学生均公用经费初中730元,小学530元,已全部按标准落实。市直中小学生均公用经费分别为:初中310元、小学295元。全市下达农村义务教育保障机制("两免一补")资金(含夏邑)96380.6万元,受益人数1098187人。下达城市义务教育学校免学费资金2224.6万元,受益学生87889人。

全市下达危房改造资金(含夏邑)8632万元。新建99所农村中小学,建筑面积72037平方米;改扩建45所农村学校,改扩建危房面积23133平方米。下达省级奖补资金782.8万元。

全市下达农村义务教育薄弱学校改造资金10175万元,农村义务教育阶段学生营养餐计划资金8490.9万元,改善农村高中办学条件资金4162万元,学前教育奖补资金6397万元。

2012年,商丘市预算内教育经费拨款800582.4万元,比上年增长18.96%。其中,教育事业费721354.2万元,比上年增长19.65%。

【市教育局领导班子成员名单】 市教育局党组书记、局长许家林,党组副书记、副局长郭亚平,党组成员、副局长赵宏斌,党组成员、副局长蒋家军,党组成员、调研员兼市招生办主任谢信军,市教育局督学石翠英,市教育局督学林允芳,副调研员刘勤。

【教育发展规划】 2012年,市教育局根据已制定下发的《商丘市中长期教育改革和发展规划(2010—2020年)》任务分解方案,按《规划分解方案》中各项目标任务负责的有关科室,进行了定期检查,年终进行总考评,督促规划目标任务的如期落实。起草商丘市城区学校建设规划以及商东新区建设规划。抽调10余人,历时一个多月,对城区学校进行逐一调研、论证。编制了城市学校建设规划图和新型农村社区学校建设规划。商丘市新型农村社区共规划建设中小学幼儿园620所,总规划面积5955741平方米,计划投入资金834008万元。

【工作作风建设年活动】 按照省教育厅统一部署,自2012年4月底开始,在全市教育系统组织开展加强作风建设年活动。从查摆出的问题入手,认真梳理机关作风建设中存在的各种突出问题,集中力量进行整改。制定市教育局机关规章制度并装订成册,做到人手一册,对机关干部的工作情况进行随时抽查,发现违纪行为及时纠正处理。开展"示范科室"、"文明个人"创建活动,全面推行和落实首问责任制、限时办结制、责任追究制,强化了干部作风和机关效能建设。

【党风廉政建设】 市教育局制定了《2012年党风廉政建设责任制工作意见和责任目标》、《2012年党风廉政建设工作重点》和《2012年党风廉政建设和反腐败工作任务分工表》,对具体工作任务、要求及责任进行细化分解。强化责任考核,认真落实廉政问责制,组织局机关各科室、二级机构负责人及市直学校与局党组分别签订《2012年党风廉政建设目标责任书》,把对责任制的检查同干部考核工作紧密结合起来,在年度考核中实行廉政建设一票否决制。严格执行财务管理规定,抵制铺张浪费、公款吃喝、公款旅游等歪风。成立局治理"小金库"专项整治领导小组,并与局属各单位负责人签订了治理"小金库"责任书。

【政风行风建设】 2012年,市教育局制定下发《2011年全市教育系统政风行风建设工作实施方案》,成立政风行风建设领导小组,由"一把手"负总责,局纪检组具体分工抓,局党组其他成员协助抓,明确各基层学校负责人为第一责任人,系统内各县(区)教育局、市直各学校相互监督,层层抓落实,形成自上而下的政风行风建设网络。6月下旬组织聘请24名教育政风行风特邀监督员,对全市107所中小学的整体工作及行风建设工作进行评估检查。

【治理"三乱"】 2012年暑假伊始,市教育局在本学期《期末及暑假工作安排意见》中对全市在职教师禁止在假期乱补课提出明确要求。7月20日,下发市教育局《关于暑假期间开展在职教师有偿补课专项整治工作的紧急通知》。7月28日,召开暑假期间开展在职教师有偿补课专项整治工作会议,推行学校领导包教师责任制;学校与教师签订责任状。从8月3日开始,市教育局监察室、基教科、职成教科等科室相关人员组成暑假治理乱补课检查组,对商洪堂假日学校等10所民办机构(补课点)进行检查,对各居民小区采取守点、跟踪等形式进行不定期的抽查。8月9日,市教育局会同市纠风办组成检查组,对民办学校进行了联合检查。

【教育信访】 全年共处理信访件128起,其中立案6起,省交办件71起,直接接受群众咨询150多次,电话咨询160多次。立案案件结案率100%。

【学校安全管理】 2012年,市教育局结合全市教育系统实际制定下发了《"一票否决"实施办法》,根据季节特点及时下发各种预警指示,指导各单位、学校做好安全防范工作,全年共下发各种预警指示20余份。开通了全市学校安全网络信息平台,通过网上平台下发各种安全提示70多条,制作安全信息简报20期。3月、5月、9月分别开展了以校车、消防、食品卫生、防溺水、用电安全等为重点的校园安全综合大检查,全市共检查各类学校、幼儿园330余所,下达整改通知110余份,提出建议80余条。加强校车的安全使用管理,对全市中小学校车和驾驶人员进行登记备案,严格规定不合格的车辆不得作为校车使用,不合格的人员不得驾驶校车。6月,市教育局联合市交警队进行道路交通安全整治,查处违规校车55台,不合格校车100余台,拘留校车司机6人,罚款4万元。

【校园周边环境治理】 9月,根据市委、市政府的部署,市综治委牵头,组织教育、工商、公安等有关部门,在全市范围内组织了安全大检查,对全市所有学校进行拉网式排查,排查出各类安全隐患500余处,在"一打击两整治"专项行动中,共清理整顿校园周边地区违法经营的网吧、电子游戏厅1500余家,清除违章占道经营、不符合卫生要求的流动饮食摊点4400余个,交通安全隐患230余处。

【依法治校示范校创建】 制定下发了《商丘市教育局关于在全市开展依法治校示范校创建活动的通知》,6月4—8日,抽调各县(区)督导室主任及市直学校主管法制教育工作的副校长,组成两个验收组,采取"听、看、谈、查、问"等方式,从依法治校重视情况、学校章程和规章制度制定情况、基本办学行为、安全管理、法制教育、科学民主管理、师生权益保护、学校权益保护、依法治校成效等9个方面,对各县(区)申报的市级依法治校示范校进行验收,共评选出32所学校为2012年度市级依法治校示范校。择优向省教育厅推荐6所学校参加省级依法治校示范校的评选,全部通过了省教育厅检查验收。

【教育督导】 9月11—14日,组织机关54人分成9个检查组,分别对各县(市、区)校园及周边安全、学校建设、学校收费,新型农村社区学校建设规划和规范办学行为、提高教育质量等五项重点工作进行督导检查。此次督导检查共抽查了19个乡(镇)、107所中小学校和89个乡(镇)幼儿园建设情况,下发了14份整改通知书。11月,抽调市督学、机关有关科室人员、市教研室教研员和部分学校校长组成督导评估组,对市属中小学校和各县(市、区)普通高中、实验中学、实验小学办学水平进行督导评估。制定了《商丘市义务教育阶段学校实施素质教育督导评估细则》和《商丘市普通高中实施素质教育督导评估细则》。

【资助资金】 2012年,全市下达普通高中助学金3993万元,资助学生26620名；下达中职助学金2133.33万元，资助140000人次；下达中职免学费1992.09万元，资助人数14461人；下达大学新生入学资助资金139.75万元，资助大学新生2172名；下达“滋惠计划”资金357万元，资助普通高中特困生1785名；下达“宋河老子国学基金会”资金9万元，资助特困大学新生9名；下达“励耕计划”资金674万元，资助特困教师674名。

【列入市政府年度“十件实事”的教育项目】 商丘市一中危房改造项目，建筑面积16000平方米；商丘市行知学校危房改造项目，建筑面积4500平方米；新建商丘中等专业学校数控技术实训楼6000平方米；启动商丘幼儿师范新校区建设；市职教中心操场建设；商丘市特殊教育学校建设操场等有关项目；商丘医专新校区项目工程；市一高项目工程。

【其他教育建设项目】 2012年，全市学前教育工程项目7个，投入资金1360万元，建设面积12800平方米。全市新建99所农村中小学，建筑面积72037平方米；改扩建45所农村学校，改扩建危房面积23133平方米。全市初中校舍改造项目7个，计划面积15757平方米，计划投入资金2200万元。全市特教学校项目6个，投入资金2197.56万元，建设面积19962平方米。全市教师周转宿舍项目14个，投入资金1392万元，建设面积11949平方米。

【教育工作先进县推荐】 2012年，市教育局组织有关人员对全市各县（市、区）政府的教育工作进行认真检查、评选，向省政府教育督导团推荐了夏邑县、柘城县、永城市为省级教育工作先进县（市）候选县（市）。三个县（市）顺利通过省政府教育督导团的检查验收，被评为全省教育工作先进县（市），分别获得100万元的奖励资金。

【部分获奖情况】 商丘市教育局2012年度获奖统计：第15届全国青少年“五好小公民”主题教育活动先进集体；1997—2012全国青少年“五好小公民”主题教育活动先进集体；河南省第六届中小学音乐、美术教师基本功比赛优秀组织奖；全省普通高中课程改革先进单位；河南省千万学生阳光体育运动第十三届中学生“晨光”体育夏令营体育道德风尚奖；市级文明单位；商丘市公共机构节能工作优秀单位；商丘市儿童工作先进单位；12月，被市委、市政府命名为市级文明标兵单位。

基础教育

【学前教育】 根据《商丘市发展学前教育三年行动计划》，围绕年度工作目标，每季度组织开展一次督导检查，并将各县（区）进展情况以书面形式上报市政府督察室，促使各县（区）严格按照2012年度的目标任务目标积极实施学前教育的各项工作。6月、8月分别组织举办了全市幼儿教师基本功和玩教具制作大赛，全市各级各类幼儿园的优秀教师86人参与，为幼儿教师展示技艺、交流学习搭建平台。7月、9月分别组队参加全省幼儿教师两项大赛。在全省幼儿教师基本功大赛中，获一等奖1人、二等奖2人、三等奖3人；在全省幼儿教师玩教具制作比赛中，获一等奖4人、二等奖3人、三等奖1人。

【义务教育均衡发展】 制定下发《商丘市义务教育学校办学条件标准化建设规划（2011—2015年）》、《农村义务教育薄弱学校改造总体规划（2010—2015年）》和《分年度实施计划》，积极筹备义务教育薄弱学校改造计划项目的组织实施和招投标。2012年基本完成了省下达的义务教育薄弱学校的改造任务。推动实施城镇义务教育学校扩容改造工程，扩大城镇义务教育资源，城市学校大班额问题有所缓解。进一步巩固睢县、夏邑义务教育均衡发展先进县优秀成果，组织人员对睢县、夏邑、虞城三县义务教育均衡发展进行了过程督导。筹备承办了河南省义务教育均衡发展睢县现场会。

【普通高中管理】 2012年积极稳妥地推进全市普通高中改制学校清理规范工作，全市共有13所普通高中分校规范为普通高中学校。制定并上报了普通高中改造项目总体规划，全市共有14所县（区）普通高中参与。出台了《关于进一步加强普通高中教育教学管理的意见》，推进普通高中教育教学管理。

【义务教育课程改革】 从2012年秋季开始，义务教育学段的所有起始年级都使用了新修订的教材。8月26日，分别在商丘市一中、梁园区民二小学和商丘兴华学校对使用人教版新课标教材的学科教师进行培训，全市3200余名教师参加了培训。组织教师参加省教研室举行的使用北师大小学语文、数学、生物，京教版中学英语，湘教版中学地理、音乐、美术，西师大版小学数学等学科5000余名教师的跟进培训。10月26日，举办了北师大版小学数学一年级新教材培训会，1000余名小学数学教师、教研员参加了培训。

【高中新课程改革】 3月4日，举办商丘市新课程高中历史复习教学研讨会，全市160余名高三历史教师参加了研讨。10月10日，承办了河南省高中教学研讨会，全省各地市教研室主任、省示范性高中领导、教师约700人参加研讨。

【课题研究】 本年，全市申请省级立项170项，批准立项40项；申请省级结题59项，其中一等奖2项、二等奖3项、三等奖12项。北师大课题立项18项。市级申请立项148项，批准立项112项；申请市级结题114项，其中一等奖59项、二等奖40项、三等奖12项。

【优质课评选】 2012年对全市高中语文、数学、英语，中学思想政治、物理、化学、生物，小学数学、科学、劳动与技术、英语和中小学音乐、美术共13个学科的优质课进行了评选，共评出市级优质课一等奖404人，二等奖607人。在2012年河南省优质课大赛中商丘市有15位教师获一等奖。

【学科竞赛】 本年，在全省和全国高中、初中数学、物理、化学、生物联赛中，商丘市中学生获国家级一等奖28人；省级一等奖933人，二等奖1293人，并有一大批教师获优秀辅导教师奖。

【德育】 2012年，在全市中小学开设了时事教育课，充分发挥时事教育对促进中小学生健康成长的重要作用。在全市中小学开展了以“学雷锋精神，做美德少年”为主题的学雷锋活动。组织全市中小学师生认真收看由教育部和中央电视台合作录制的"开学第一课"。组织实施了《社会主义核心价值体系融入中小学教育全过程指导纲要》,指导中小学校把社会主义核心价值体系,融入课堂教学、社会实践、校园文化、班主任工作和学校管理等各个环节。组织开展了中小学"弘扬和培育民族精神月"活动。在全市中小学校先后组织开展省级德育工作先进单位和先进个人评选、"两创两争"、普通高中三好学生评选及优秀学生干部评选等系列活动,共评出省级德育工作先进单位9个,德育工作先进工作者8名,德育工作优秀班主任10名,优秀德育课教师8名;市级文明学校30所,文明班级80个,文明教师120名,文明学生193名;省级三好学生115名,省级优秀学生干部58名;市级三好学生230名,市级优秀学生干部116名。

【语言文字规范化示范校创建】 2012年,商丘市梁园区解放村小学、梁园区民主路第二小学、商丘市实验幼儿园被教育部、国家语委认定为国家级语言文字规范化示范校;商丘市第二实验小学等7所学校,被评为河南省语言文字规范化示范校。截至2012年年底,全市已创建语言文字规范化示范校市级100所,省级31所,国家级3所。同时商丘市梁园区解放村小学被评为国家级规范汉字书写教育特色学校。

【规范办学行为】 4月,制定下发了《商丘市教育局、发改委、审计局关于治理义务教育阶段择校乱收费的意见》和《商丘市教育局关于进一步规范普通高中招生行为的通知》,进一步明确全市义务教育阶段学校招生政策和有关规定;统一寒暑假放假时间;抽调专门人员分别到各县(区)明察暗访,发现问题及时纠正,违规办学行为得到了初步遏制。

【进城务工人员子女入学】 认真落实进城务工人员随迁子女接受义务教育的优惠政策,2012年全市符合条件的进城务工人员义务教育阶段适龄随迁子女应入学8788人,全部进入了义务教育阶段学校就读,入学率100%.

【特殊教育】 完善特殊教育随班就读支持保障体系,是全市2012年特殊教育工作的重点。加大特教招生力度,使三类残疾儿童基本上都能入学随班就读。深化特教教学改革,使残疾学生学到一技之长。开展了特殊教育优质课和优秀论文评选活动,评选出优质课一等奖20名,二等奖27名;优秀论文一等奖17名,二等奖18名。

体育、卫生与艺术教育

【学校体育工作】 2012年,认真落实《商丘市教育局保证中小学生每天一小时校园体育活动实施方案》,强力推进了大课间活动。在全市各级学校开展大课间活动先进县(区)、先进学校、先进校长、先进教师评比,140余所学校被评为市级先进单位。4月,组织全市初中毕业生升学体育考试,加强对各县(区)体育考试的管理,确保了体育考试的公平、公正。坚持定期组织体育学科的教学教研活动,开展了体育学科优质课和优秀论文评选活动。

【体育比赛活动】 4月,市教育局组队参加商丘市第四届运动会,获得优秀组织奖。5月,举办全市中学生"晨光"和田径运动会,870余名中学生参加比赛活动。10月,举办了全市学校体育骨干教师"跳绳、毽球、武术操"专项培训班,70余人参加。组团分别参加了全省第十三届中学生"晨光"体育夏令营和河南省第二十四届中学生田径运动会。获高中女篮第四名、男乒团体第四名、女子跳绳个人第六名,获团体总分一等奖;获省田径运动会精神文明奖。

【国防知识教育】 2012年秋季开学后,全市高一新生均参加了为期一周的军事训练;市教育局与市人防办配合,在全市城区30所初中开展了"三防"知识教育,联合表彰了一批"三防"教育先进单位和个人。

【安全法制教育】 全年发放各种安全教育材料5500余份,在3月26日第十七个全国中小学安全教育日期间,组织各学校开展了中小学生应急疏散演练比赛活动。9月,组织开展了中小学安全教育优质课和优秀教学论文评选。制定下发《商丘市教育系统法制宣传教育工作第六个五年规划》。在全市中小学开展法制手抄报、学科教学与法制教育优秀论文和法制教育优质课评选活动。共评选出476篇优秀法制手抄报、478篇优秀学科教学与法制教育论文和50节法制教育优质课。

【实践活动】 3月,市教育局与市环保局、市邮政局组织开展了"节约纸张 保护环境 寄语未来"主题教育活动;10月,市教育局与科技局组织开展了中小学生科技制作、小发明活动。

【艺术活动】 6月,举办商丘市第四届中小学生艺术展演活动,46所学校分别参加了市级展演,12个节目24幅美术作品被推荐到省级参评。夏邑县实验中学创编的舞蹈《水》代表商丘市参加省级现场展演,获一等奖,其他学校分获二、三等奖,市教育局获优秀组织奖。8月,举办了中小学音乐骨干教师合唱指挥培训班。在全市中小学开展了校园优秀歌曲传唱活动。10月,各县(区)、市直学校选派13个代表队参加市级比赛。

【中华诵·经典诵读行动】 2012年在全市中小学开展了"中华诵·经典诵读行动",全市各级各类学校大力开展"经典诵读"教育,与课堂教学、语文教学、校园文化等有机结合,将经典的学习和理解延伸到校园的每个角落,融入到每个学生的学习和生活中。全年各级各类学校共举办不同形式的诵读活动600余场次。

【校园文化活动】 参与教育部"世纪金榜杯"全国校园文化系列活动之书信大赛,有10万余名中小学生参加,市教育局受到了全国大赛组委会的表彰。在第十五届全国推广普通话宣传周,先后组织开展了语言文字基础知识测试、诗歌朗诵、演讲比赛、红色经典诵读、书法比赛、获奖作品展等活动360余场次。

【学校卫生工作】 开展全市学校食品卫生安全春秋季大检

查。对部分学校在食品卫生安全方面存有重大安全隐患的情况进行了通报，发出安全预警通告，责令其限期整改，确保了全年无重大集体食物中毒事件的发生。对市直学校食堂从业人员进行了相关知识培训。

【学校食堂评估】 积极开展学校食堂等级量化工作，接受省检查组对商丘市申报2011年度省一级学校食堂的评估验收，睢县高中、柘城二高、宁陵高中、夏邑高中学校食堂分别获得省一级学校食堂称号。市一高等6所省示范性高中“省一级学校食堂”达标活动顺利进行，申报工作已完成。

【健康教育】 3月，印发《关于加强学校健康教育的实施方案》，督促各级学校认真开展健康教育。开展中小学健康教育优质课评选活动，35名健康教育教师获得优质课一等奖。积极开展中小学生健康体检工作，市直学校、各县(区)都进行了每年一度的学生健康体检。

【疾病预防】 认真落实《关于加强学校和托幼机构传染性疾病防控工作的通知》，要求全市各级教育行政部门和学校高度重视，把传染病防控工作当作教育系统的一项重点工作来抓，确保了各种传染性疾病本年未在全市各级学校爆发和流行。

【实施学生营养改善计划】 2012年，在市政府及民权、宁陵、柘城三个试点县政府高度重视下，教育及相关部门积极配合，在全省较早实施了学生营养改善计划。多次接受国家学生营养办、教育部和省教育厅领导的检查指导。省教育厅于4月30日在民权召开了全省学生营养计划实施现场会。

职业与民办教育

【财政支持项目】 6月，夏邑县孔祖中等专业学校申报的国家中等职业教育改革发展示范学校建设项目获批，项目总资金1000万元，12月，前期项目资金510万元已经到位；孔祖中等专业学校还成功申请了2012年度中央财政支持的职业教育实训基地建设项目，中央财政支持160万元，项目设备已安装投入使用；11月，中央财政支持的商丘中专基础能力建设项目进展顺利，总资金1460万元(市财政配套460万元)学校餐厅和宿舍楼建设已经动工；总投资300万元的睢县职业教育培训中心汽车实训基地项目建成并投入使用。12月，睢县职业教育培训中心获河南省特色校项目建设资金150万元；民权职教中心的河南省全民技能振兴工程农村劳动力转移就业技能培训示范基地建设工程项目申报成功，12月，该项目的150万元资金已经到位。9月，市财政拨款450万元为商丘市职教中心建设了新餐厅和运动场地。

【实训基地建设】 10月，睢县职业教育培训中心投资800万元，建成了数控实训室、空调制冷实验室、服装工艺实训室；11月，夏邑县孔祖中专投资300万元，建成了实训楼，投资163万元，建成了机电实训室；商丘市职教中心筹资200万元，建成了汽车维修实训基地。

【基础能力建设】 2012年，全市在不断完善职教基础设施建设的同时，突出强化了职教品牌示范校创建和特色专业项目建设。11月，全市推荐商丘高级技工学校、商丘幼儿师范学校、孔祖中等专业学校等3所中等职业学校申报省品牌示范学校建设计划项目；睢县职业技术教育培训中心、商丘市第二职业中等专业学校等2所中等职业学校申报省特色学校建设计划项目。8月，组织有关人员对商丘中等专业学校计算机应用与软件技术专业实训基地项目、商丘高级技工学校数控技术实训基地项目、柘城县职教中心汽车维修实训基地项目进行了检查核实，项目已全部投入使用。

【职教强县创建活动】 10月，柘城县顺利通过了省专家组对2009年职教强县的复评。

【专业建设】 本年，商丘市新增2个省级重点专业，分别是孔祖中专和睢县职教中心机电一体化专业。市级重点专业新增7个。

【中等职业学校招生】 通过采取扩大招生范围、创新办学模式、一年多次招生等措施，在初中毕业生生源数量下降的情况下，全年共完成招生近3万人。由于招生工作和布局调整工作成绩突出，获省教育厅奖励资金280万元。

【全市中等职业教育技能大赛】 4月28—29日，商丘市第四届中等职业教育技能大赛在商丘商都广场、商丘技师学院、商丘卫生中等专业学校、睢县职教中心4个分赛场举行，有14所职业学校的近600名学生分别参赛了计算机应用技术、数控技术等9类23个项目，共有127名选手获一等奖，157名选手获二等奖，170名选手获三等奖，153名教师获得优秀辅导教师奖，9个单位获得优秀组织奖，13人获得先进个人，8个单位获得团体奖。11月，商丘市职业学校组织代表队，派出95名学生参加了省职业教育素质教育能力大赛活动。

【职教师资培训】 2012年，选派了127名教师参加省级骨干教师培训，20名教师参加国家级骨干教师培训，8人参加省级骨干班主任培训，15名青年教师赴企业开展为期6个月的实践学习，提高了职业学校教师专业水平，加快了全市职业学校“双师型”教师培养步伐。

【中职教学及课题研究】 本年，全市共有50节省市级优质课，57篇省市级优秀论文，33个课件获省市级奖励。1所学校在全省中职教学质量评估中被评为省级优秀学校，睢县职教中心马国峰为主持人的“全民技能培训现代农艺教材的开发与研究”等6个项目课题被省教育厅专家组批准立项。商丘工学院项目“新时期中等职业学校学生思想品德现状调查与对策研究”如期完成并被批准结项。

【规范民办教育】 12月，开展了全市民办教育机构2012年年度审查；指导各县(区)对辖区范围内的各类培训、辅导机构进行了全面清理整顿。全市共有841所民办学校(机构)获得2013年度继续办学资格。

【优秀民办学校评选】 2012年在全市民办学校开展了河南省优秀民办学校的推荐评选工作，经过自评、推荐、评审等程序，虞城县春来小学和民权县九九初中被评为河南省优秀民办学校。商东外国语学校和民权县东区实验幼儿园由于一次性投资规模较大,分别获省教育厅奖励资金20万元。

【联系高校工作】　在全市6所高校开展了抵御境外利用宗教和防范校园传教工作。成立了商丘市抵御防范校园传教工作专门协调机制领导组和办公室,办公室设在市教育局,副调研员刘勤为办公室主任,职业教育与成人教育科科长彭文斌为副主任,建立健全了会议协商、文件运转、联系协调机制等各项制度,明确了各有关单位的工作职责,深入学校,召开了座谈会,组织开展了形式多样的防范校园传教活动。

师资队伍建设

【师德师风建设】　2012年,商丘市开展了一系列师德教育活动,以"教育崛起,教师为基"为主题,在全市各学校开展了教育征文活动和师德演讲比赛,并从90篇师德论文中选报42篇优秀师德论文参加省级评选;选派2名优秀教师参加省级演讲比赛,分别获得一、二等奖;开展了省师德师风先进校创建工作;在全市中小学校举行了师德师风巡回报告会,全年共举办30场次,有近2万名教师受益。

【教师技能竞赛】　根据2012年省教育厅《关于举办河南省第六届农村中小学青年教师技能竞赛的通知》要求,组织各县(区)做好初赛和市级复赛工作,全市有7000多名教师参与,有25人参加了高中、初中两个学段的物理、化学、历史专业技能的省级决赛,其中22人获得省一等奖,在全省地市中排名领先,商丘市再次获得省组织优胜奖。

【教师优质课比赛】　根据2012年省教育厅《关于举办第四届教师培训机构优质课比赛的通知》精神,下发了《转发河南省教育厅〈关于举办第四届县级教师培训机构优质课比赛的通知〉的通知》,各县(区)依据活动方案的各项规定程序,认真组织实施初赛,通过推荐、说课、技能比赛等形式,进行严格的遴选,完成了初赛任务。全市推荐上报参加市级复赛11人,其中课程论5人,数学学科6人。7月5日在商丘实验小学分校举行了市级复赛,最终梁园区教师进修学校李丹梅等5位教师代表商丘市参加省级决赛,3人获得一等奖。开展了全市普通话教学优质课评比,全市共评出市级普通话教学优质课230节。

【普通话测试】　2012年共进行普通话测试2万余人次,其中师范类学生8000余人次。

【师资培训】　2012年,全市共组织中小学校长培训1096人。其中,组织了30余名名校长赴台湾右昌国小、弘道中学进行文化交流及考察学习;组织第五届中小学校长高研班,培训全市中小学校长20名。组织小学教师岗位培训10840人,初中教师岗位培训2024人。商丘市中小学教师培训中心根据学科特点,分层次多角度,进行了系统化、多元化、全方位的培训。先后邀请40余位国内知名专家、教授来商讲学,举办了16次大型集中培训活动,培训教师2万余人次。

【特岗教师招聘】　在市教育局、市人社局、市财政厅、市编办及各设岗县有关部门共同努力下,经过2个多月的组织报名、资格审查、笔试、面试、体检、岗前培训等程序,按照"公开、公正、公平、竞争、择优"的原则,2012年农村义务教育阶段学校特设岗位教师共招聘优秀大学毕业生556名,其中,农村小学教师65名,初中教师491名。

【农村教师素质提高工程】　根据河南省教育厅《关于印发实施新一轮农村教师素质提高工程意见的通知》要求,2012年市级骨干教师培训1125人,并推荐省级农村骨干教师选拔262名。

【教师学历提高工程】　2012年全市积极鼓励教师通过成人高招、自学考试、电大培训等形式参加提高学历培训,全市共有6000人参加,其中专科3300人,本科2700人。

【国培计划】　2012年农村中小学骨干教师国家级培训计划项目包括"农村中小学教师短期集中培训"、"农村中小学教师置换脱产研修"和"农村中小学教师远程教育培训"三部分。全市有8787名农村中小学骨干教师接受了"国培"培训,有763名教师参加了农村教师短期集中培训,有296名农村教师参加了中小学教师置换脱产研修学习,有7728名教师参加了农村教师远程培训项目。

【安全管理培训】　3月,组织50人参加了省依法治校及校园伤害事故预防与处理培训班。9月,聘请北京教育学院安全工作专家到各县(区)进行集中授课,共授课约30个小时,培训安全管理人员5000余人。10月,组织全市各县(区)校车负责人(32人)参加2012年教育部校车安全管理远程培训。2012年,通过集中培训和以学代训等多种形式,共培训安全管理人员6000余人。

【支教工作】　制定下发《商丘市教育局直属学校名师送课下乡活动实施方案》,组织了97位名师、126名优秀教师,分赴梁园区、睢阳区、开发区农村学校进行支教。组织开展"送教下乡"活动。3月25日、31日,市教研员带领市(区)县10位省市级优质课教师赴夏邑县、睢县开展幼教"送教下乡",两县800余名幼儿教师参加活动。10月23日,市教研员与2位省市级优质课教师赴睢县开展小学英语"送教下乡",该县600名教师参加活动。4月16日,市教研员与2位优质课教师赴虞城县开展初中英语"送教下乡",近200名教师参加。10月23日,市教研员与2位中学英语和2位小学英语省级优质课教师赴睢县开展"送教下乡",近300名教师参加。11月15日,市教研员与2位小学语文省级优质课教师赴睢县开展"送教下乡",近400名教师参加。据统计,2012年全市在各个学段共开展了6次"送教农村"活动,受益教师达3000余人。

【教师职务评审和资格认定】　2012年,全市共向省推荐中学高级教师职务638人,直接组织评审中学一级教师职务1609人,小学高级教师职务1218人。2012年上半年面向应届毕业生认定教师资格5704人,下半年面向社会人员认定教师资格2038人。

【先进集体、优秀教育工作者和优秀教师评选】 按照省人社厅、省教育厅部署，2012年度全市评选推荐省教育系统先进集体3个；省优秀教师候选人52人，省教育系统先进工作者候选人6人。市教育局联合市人社局评选出市级优秀教师和优秀教育工作者353人；评选出市级优秀班主任399名，并在2012年教师节予以表彰。

招生考试

【研究生招生考试】 2012年研究生考试全市共报考3865人，设商丘工学院、市一高总校2个考点，129个考场。

【普通高校招生考试】 2012普通高校招生考试全市共报名70637人，与上年相比减少1447人，减幅为2%。其中普通类报名65467人，对口升学报名2469人，专升本类报名2423人。另有体育单招报名270人，聋哑生单招报名8人。全市共设置9个考区，42个考点，71个考务办，2395个考场。共有52251人被全国各类高校录取，占报名总人数的74.71%，录取总人数比上年增加3508人，再创历史新高。

【成人高校招生】 2012年成人高校招生考试全市共有10506名考生报名。其中：专升本考生4860人，高起本考生368人，高起专考生5278人。

【高等教育自学考试】 2012年高等教育自学考试全市上半年共报考9050人、21528科次，设置了5个考点，安排283个考场、976场次。下半年共报考8197人、19322科次，设置了4个考点，安排245个考场、890场次。

【普通中专招生】 2012年普通中专考试全市共录取新生11540人。其中五年一贯制实验班和"3+2"分段高职班录取1054人，小中专录取8467人，大中专录取2019人。

【普通高中招生】 2012年普通高中招生考试全市共报名62752人，比上年增加6342人。全市共设置8个考区，39个考点、2096个考场。8月16日录取结束，全市共录取高一新生48800人。

【普通高中学业水平考试】 2011级普通高中学生学业水平考试于12月27—29日举行，全市共有43648人参加考试，共设27个考点、1401个考场。

【其他考试】 2012年上半年全国大学英语四、六级考试全市报名17524人，其中英语四级13366人，英语六级4153人，日语四级5人；下半年全国大学英语四、六级考试全市报名21913人，其中英语四级18104人，英语六级3809人。计算机等级考试全年共报考5587人，其中上半年报考2725人，下半年报考2862人。

商丘市县（区）教育行政简况

单位名称	局　长	办公地点	邮　编	电　话
夏邑县教育局	隋永法	夏邑县栗园路	476400	0370-6212009
虞城县教育局	张洪涛	虞城县教育局	476300	0370-3120299
睢阳区教育局	刘秀印	睢阳区北海路路东段	476100	0370-3150766
梁园区教育局	窦玉东	梁园区民主西路路南	476000	0370-2512953
柘城县教育局	余方林	柘城县环城东路	476200	0370-6020777
宁陵县教育局	李　勇	宁陵县城西关	476700	0370-7811032
睢县教育局	张书成	睢县府前路	476900	0370-8186339
民权县教育局	杨毅民	民权县公园北路	476800	0370-8568578
开发区社会发展局	张玉领	商丘市北海路东段	476100	0370-3168982

撰稿：蔡圣英

审稿：谢信军　李永恒

信 阳 市

市政府分管教育副市长:曹新生
市教育局党组书记、局长:夏忠厚
电话:0376-6221658
传真:0376-6266283
市教育局地址:信阳市新华西路45号
邮编:464000
网址:http://www.xyjyw.cn

综 合 管 理

【概况】 2012年,全市有各级各类学校3959所(不含成人中小学),在校生2192449人,教职工104960人,其中专任教师93038人。其中,普通高校5所,在校生55669人,教职工4270人,专任教师3301人;成人高校1所,在校生15103人,教职工54人,专任教师34人;普通高中75所,在校生185441人,教职工12866人,专任教师10307人;普通初中305所,在校生413065人,教职工27262人,专任教师25556人;普通小学2321所,在校生893699人,教职工44338人,专任教师43008人;幼儿园497所,在园幼儿202462人,教职工6152人,专任教师4136人;特殊教育学校9所,在校学生983人,教职工257人,专任教师204人;中等职业教育学校45所,在校学生113609人,教职工6457人,专任教师4532人;成人技术培训学校701所,在校生283282人,教职工1952人,专任教师1048人;成人中学109所,在校生7973人,教职工562人,专任教师227人;成人小学校1107所,在校生21163人,教职工790人,专任教师685人。

【市教育局领导班子成员名单】 市教育党组书记、局长夏忠厚,党组副书记、副局长邱萍,党组成员、副局长赵朝阳、郑祖胜,党组成员、纪检组长郑成杰,党组成员、电大校长韩勇建,党组成员、教具中心主任高君行,党组成员、招办主任陈昕,调研员刘怀明(—2月)、李培模、王书钦,副调研员姚晓梅、冯国防、郑承华、潘中华。

【上级表彰】 市教育局全年获得市以上表彰31次,其中国家级表彰1次,省级表彰11次。省以上表彰有:全国青少年"五好小公民"主题教育活动先进集体、第15届全国青少年"五好小公民"主题教育活动先进集体、全省教育审计工作先进单位、河南省教育宣传先进省辖市、国家基础教育质量监测工作先进单位、农村中小学现代远程教育教学应用优秀成果评选工作优秀组织单位、全省教育系统"学习雷锋见行动,'三平'之中做贡献"主题征文活动优秀组织奖、全国青少年"学党史、颂党恩、跟党走"主题教育活动优秀组织奖、河南省千万学生阳光体育运动第十三届中学生"晨光"体育夏令营三等奖、河南省千万学生阳光体育运动第十三届中学生"晨光"体育夏令营体育道德风尚奖、教育工会信息工作先进单位、全省首届青少年素质教育论文与学生作文竞赛活动优秀组织奖、《教育时报》先进记者站等。

【教育经费"三个增长"】 2012年,全市教育经费总收入85.3亿元,比上年增加18.5亿元,增长27.7%,其中国家财政性教育经费76.7亿元,比上年增加17.7亿元,增长30%。各级政府预算内拨款75.7亿元,比上年增加17.8亿元,增长131%,其中全市预算内教育事业费拨款74.4亿元,比上年增加18亿元,增长32%。预算内教育事业费拨款增长高于同期经常性财政收入的增长幅度。

全市国内生产总值1400亿元,财政性教育经费投入76.7亿元,占国内生产总值比例的5.48%,较上年增加0.86个百分点;全市财政支出277亿元,预算内教育经费拨款占财政支出比例的27.56%,比上年增长1.21个百分点。

本年各级政府教育财政拨款的增长高于财政经常性收入的增长,其中小学预算内生均事业费支出3916.19元,比上年增加1001.5元,增长34.36%;初中预算内生均事业费支出5293.45元,比上年增加1169.43元,增长28.36%;普通高中预算内生均事业费支出5489.33元,比上年增加1666.78元,增长43.6%;职业中学预算内生均事业费支出4256.01元,比上年增加566.77元,增长15.36%。按在校学生人数平均的教育费用逐步增长,其中小学预算内生均公用经费支出1682.3元,比上年增加553.28元,增长49.01%;初中预算内生均公用经费支出2406.21元,比上年增加699.38元,增长40.98%;普通高中预算内生均公用经费支出2584.62元,比上年增加1445.59元,增长126.91%;职业中学预算内生均公用经费支出2297.61元,比上年增加371.75元,增长19.3%。

【贫困生资助】 2012年,普通高中家庭经济困难学生资助面达20%,平均资助标准为每生每年1500元,累计资助金额3618.66万元。对考入省内和省外大学的家庭经济困难的新生分别资助路费500元和1000元,共资助1903人,金额119.3

万元。秘密救助高中阶段就读的艾滋病家庭学生31名。

【中央专项彩票公益金教育助学项目】 对品学兼优、家庭困难的普通高中学生实行"滋惠计划",奖励资金305万元,惠及学生1525人。对因遭受自然灾害、突发事故或因重大疾病等原因造成家庭经济困难的中小学一线教师实施"励耕计划",救济资金630万元,资助教师630人。

【完成校园安全工程"三年攻坚"目标】 2012年,累计投入资金50897.17万元,竣工验收并交付使用的项目学校821所,涉及项目1111个、建筑面积65.2万平方米,其中本年度投入资金6637.9万元。

【明德项目管理】 争取明德项目2个,资金共计90万元,分别为平桥区龙井乡中心小学和鸡公山管理区李家寨镇谢桥小学实施援建工作。5所明德小学校长赴郑州师范学院参加项目培训,罗山县子路明德小学校长代表信阳参加教育部召开的明德小学项目年会,并在大会上发言。

【教师周转房建设】 实施罗山县2011年项目41个,总投资1200万元,建设规模10010平方米。实施2012年项目182个,罗山县、光山县、新县、商城县纳入范围,总投资10091万元,建筑规模73005平方米。

【农村初中校舍改造工程】 本年,落实项目4个,投入资金900万元,新建校舍面积7206平方米。

【开展国有资产清理】 2012年,查清市直教育系统行政事业单位的现有资产存量,资产来源、去向和管理情况,对存在的问题及时进行纠正。

【落实津贴补贴和实行绩效工资】 从10月起,对市直教育系统工作人员进行新增津贴补贴。市直单位公务员月增300元,年均达19200元;市直义务教育学校月增300元,年均达20916元;其他事业单位月增800元,年均达15960元;离、退休人员分别按照在职人员的90%和70%落实。

【党风廉政建设】 细化党风廉政建设各项责任,做到任务具体、责任明确、领导挂帅、科室包干。实行公务接待费限额管理,规范机关公务用车管理,严禁公费旅游和支付各种形式的娱乐活动。2012年,局机关和直属单位干部查找廉政风险点35个,制定防范措施35条,修订和完善各类规章制度10余项。开展治理庸、懒、散、软等"上班病"活动。紧紧围绕"一个目标,两类问题,三个评议,四项活动,五项机制",推进教育政风行风建设。健全党务政务公开相关制度,市教育局被市纪委命名为党务公开首批试点单位。

【规范中小学收费行为】 层层签订治理教育乱收费工作目标责任书,实行市局领导包科室、科室领导包县区、县区局领导包乡镇、县区局股室领导包学校、学校领导包班级的"五包"责任制。理顺投入渠道,建立健全规范教育收费、治理乱收费工作的政府责任保障机制,全年办理教育收费类案件18起,处理责任人25名,向学生退还违规收费资金26万元。督促财政部门将420.3万元教育经费落实到位。

【信访】 加入市政府市长热线受理平台,开通《信阳教育信息网》网上受理投诉举报业务,实行局领导周三信访接待日制度。建立"对口管理、专人负责"制度和"信访事项复查"制度,确保信访问题得到真实、合理、有效处理。全年受理各类举报135起,所有信访件均办结。全年未发生赴京到省集体上访,无因工作处置不当而引发重大不稳定的案件。

【规范教育行政审批】 实行一周办结制、联审联办制、全程代理服务制、收费公示制、首问负责制、岗位无缺位制等制度。全年共受理行政审批事项1877件,即办件1877件,当场办结率和承诺期内兑现率达100%。

【加强中小学安全管理】 2012年,市教育局为2721所中小学校、376所幼儿园配备专职保安人员,772所中小学校和217所幼儿园安装视频监控系统和报警设施,270所中小学校和138所幼儿园的监控系统纳入当地公安系统的监控平台。300所学校设立咨询室,指定专门教师负责学生心理健康咨询工作。加强对在校生日常行为教育、预防毒品知识教育、食品安全卫生教育、交通安全教育。开展中小学师生法制安全教育论文和手抄报大赛活动。全市中小学校举办法制安全报告会7800余场次。全市85%的中小学校开展安全应急疏散演练,提高广大师生的应急反应能力。

【开展"一打击两整治"专项行动】 围绕广大师生的饮食卫生安全、交通安全、校舍安全、消防安全和教育教学安全等,排查安全隐患2675个(处)。其中,非法设立的"三厅一室"(游戏厅、舞厅、歌厅、桌球室)199个、违规经营的音像书刊点180个、违章建筑147处、无证摊点950个、交通安全隐患443个、违规接送学生车辆54辆、校内安全隐患585个、其他问题和安全隐患117个,由当地党委、政府和综治部门专项打击,共整治2634个(处)。

【教育督导】 开展对县级政府教育工作督导评估、2010年校安工程项目、2011年校舍维修长效机制项目、普通高中助学金发放情况和建立校园安全长效机制情况的综合督导检查。以"两创两争"活动为载体,加强教育系统精神文明建设。启动义务教育发展基本均衡县评估认定工作。做好基础教育质量监测工作,息县、淮滨县作为信阳市的样本县参加全国义务教育阶段学生数学、科学学习质量监测,受到教育部和省教育厅表彰。

【建议和提案办理】 全年办理人大代表建议12件,政协提案46件,针对代表、委员提出的建议,及时改进工作,反馈情况,受到好评。市教育局被评为人大建议和政协提案办理先进单位。

【信息宣传】 全年编发《信阳教育信息》49期,及时向市委、市政府、省教育厅、市委宣传部、市政府网站报送信息。市教育局被省教育厅评为全省教育宣传先进市,被市委、市政府两办评为信息报送先进单位。

【督办查办工作】 全年收到领导批示件51件,其中要结果件18件,一般件33件,及时向联系科室分办,限期答复,所有督查件均已办结。

【新华路改造牵头任务】 开展新华路环境综合整治,清除卫生死角3处,清除乱贴乱画小广告近500处,清理占道经营、出店经营50余处,规范建筑施工工地2处,临街废品收购点1处,督促商户维修和更换门店招牌7块,修复亮化设施9处。抓好教育系统内部的创建工作,收集、整理近三年的创卫档案资料,分装成册。对局属二级机构、中心城区市直学校进行2轮督查,对浉河区、平桥区和各管理区按30%的比例进行抽查,针对督查过程中发现的问题,下发整改意见书43份。

基础教育

【义务教育经费保障机制】 继续对农村义务教育学生实行免费教育。落实免教科书资金10999.1万元,落实生均公用经费60872.5万元。落实贫困寄宿生生活补助资金6122.6万元,资助贫困寄宿生12.6万人次。落实免除城市义务教育阶段学杂费资金1363.5万元。

【“两基”全面巩固提高】 义务教育阶段学校招生实行免试划片就近入学制度,向适龄儿童发放入学通知书及司法公证制度。全市小学入学率100%,辍学率0.78%;初中入学率99.7%,辍学率1.7%。

【农民工子女教育】 2012年,为进城务工人员子女合理划分学区,在入队(团)、分班、评优等各方面与城市孩子享受同等待遇。对农村留守子女推行“代管家长制”,开展“留守子女我能行”活动、城乡学生手拉手和对贫困生救助活动,全市10余万名儿童得到救助,累计救助金额230余万元。

【薄弱学校改造工程】 实施农村中小学校、城区薄弱学校和寄宿制小学建设和改造工程。充实农村学校的图书、仪器、电教设施、体音美器材。

【创建义务教育均衡发展先进县】 新县、光山县被确定为全省义务教育均衡发展成效显著单位。平桥区被省政府评为义务教育均衡发展先进县(市、区)。

【普通高中新课程改革】 2012年,组织高中校长、教师到外地考察学习,并总结推广经验。推进通用技术实验室建设,市四高、光山二高、新县高中被列为全省第二批通用技术实验室建设重点学校。

【学前教育推进工程】 本年,光山县、新县、商城县和淮滨县共实施学前项目工程22个,总投资4100万元。

【强化幼儿教育管理】 4月,召开信阳市学前教育管理委员会年会,开展在岗幼儿教师全员培训。联合公安、卫生等部门对幼儿园的安全工作进行专项检查,落实整改。组织全市幼儿园教师基本功大赛、优质课大赛、玩教具大赛。积极开展幼儿园达标升级活动,向省教育厅申报3所省级示范性幼儿园,市教育局审批5所市一级幼儿园。

【特殊教育】 各县区加大扶持力度,从本级财政至少拨付10万元专款用于特殊教育。开展特殊教育教学与观摩活动、教师美文诵读比赛、特校师生文艺表演等活动。

【青少年思想道德建设】 开展“弘扬和培育民族精神月”活动。以“庆祝中华人民共和国成立63周年”为主题,围绕“幸福生活,健康成长”主题开展团队和班会活动。以“老区的革命传统教育”、“信阳人民生活新变化”、“社会新气象”、“农村新面貌”、“科技新发展”、“国际新形象”、“未来新蓝图”等为内容,举行不同形式的主题升旗仪式。各学校组织学生上街打扫卫生、清除污渍小广告等,鼓励学生争当“六城联创”小卫士、建设美好家乡的主力军。开展中小学生日常行为准则养成教育、“八荣八耻”教育、“三理”教育、新童谣创编活动。

【体育】 2012年,全面实施《国家学生体质健康标准》。举办全市第二届青少年体育锦标赛、第三届小学生“曙光”体育活动、第五届百万学生阳光体育冬季长跑活动、第十四届中学生“晨光”体育活动。7月,组团参加全省千万学生阳光体育运动、第十三届中学生“晨光”体育活动,信阳市代表团获团体三等奖,被大会评为“体育道德风尚奖”。参加全省第二十四届中学生田径运动会,信阳高中被评为精神文明代表队。

【艺术教育】 开展全市中小学校艺术教育专项督导,各县区结合重大节日举办集中展演活动,各中小学校开展丰富多彩的文艺活动。举办以“阳光下成长”为主题的师生书画作品展,其中20幅作品参加全省第四届中小学生艺术展演活动并获奖,9幅作品入编河南省第四届中小学生艺术展演活动书画作品集。举办全市第六届中小学音乐、美术教师基本功比赛。开展全市第五届中小学艺术教育科研论文评选活动,其中3名教师应邀参加河南省第四届中小学艺术教育科研论文报告会并作报告。息县实验小学的《校园交响曲》参加河南省第四届中小学生艺术展演活动现场比赛,获一等奖。

【卫生】 推动各县、区农村中小学食堂改造工程,狠抓食堂硬件设施建设和软件管理。组织全市中小学校食堂等级量化评定工作,5所学校的食堂被评定为省中小学校一级食堂,6所学校的食堂被评定为省中小学校二级食堂。开展学校环境卫生与个人卫生教育优质课评选活动。联合广州宝洁、高露洁公司在全市中小学校开展青春期健康教育活动和口腔健康教育活动。

【农村义务教育学生营养改善计划】 成立农村义务教育学生营养改善计划工作领导小组,光山县、商城县、淮滨县、潢川县、新县为五个试点县,本年全面供餐。主要供餐模式为食堂供餐与企业配餐(企业配餐均为“奶+X”模式)。全市试点学校1398所,其中小学1266所,中学132所;385220名学生(不含县城)受益,其中小学阶段277945人,初中阶段107275人。

【共青团】 举办中学团干培训班。5月,评选表彰一批中学共青团工作先进单位和先进个人。组织青年团员参加义务植树、五四青年节、文明标兵、帮扶留守子女等主题活动,使广大青年的能力得到锻炼。

【规范中小学办学行为】 规定各中小学严格执行课程计划、严格规范考试管理、严禁下达考试升学目标、严格执行学生在校作息时间、严格控制家庭作业总量、严格规范招生管理,切实减轻学生的课业负担。严令禁止公办普通高中举办复读班,对高中举办复读班和休息日补课情况进行专项督察,全市公办高中未发生违规办复读班现象。

职业教育

【中等职业学校招生】 张贴国家助学金和免费政策宣传海报，在市、县、区电视台滚动播放中职招生政策信息，利用新闻媒体专题报道信阳市职业教育工作和职业学校情况，组织中职学校老师进村入班宣讲国内国际就业形势和中职招生政策。6月，在息县召开全市中职招生工作现场会，推广该县中职招生的经验。本年，中职招生3.84万人，完成省教育厅下达的招生任务。

【职业院校基础能力建设】 继续实施“511”建设工程，市财政设立职教专项经费，建成5所市级示范性中等职业学校、10个市级重点专业、10个市级骨干实训基地。全市基础能力建设投入经费1.5亿元，其中争取上级项目资金4040万元。2012年，国家中等职业学校改革示范校发展到3所，新申报省级示范性职业院校3所。

【中等职业学校技能竞赛】 10月，举办全市第十六届中等职业学校技能竞赛，设16个专业、37个项目，13个代表队、449人次参赛。信阳市二职高学生参加全国职业院校技能大赛，中职组手工制茶，获个人三等奖。

【提高中等职业教育质量】 组织2次中等职业学校毕业生模拟考试，开展市级中职学校优质课和论文评选。组织教师参加省级职业教育教学改革项目结项4项，省职业教育教学改革项目立项7项。9篇优秀教学论文、55个优秀教学课件、1项教学成果在省职业教育评比中获奖。参加省文明风采竞赛活动，获一等奖13个。

【职业教育办学模式改革】 探索“学校＋合作社＋农户”、“学校＋公司＋农户”、“学校＋基地＋农户”办学模式。开展“公办民助”、“民办公助”、“股份制”、“建管分离”多元化办学的试点工作。

【提高中职学生就业率】 通过对口升学、推荐就业和自谋职业等方式，全市中等职业学校毕业生就业率均达98%以上，部分学校达100%。

师资队伍建设

【开展第28个教师节庆祝活动】 9月，全市44名优秀教师和优秀教育工作者受到省人力资源社会保障厅和省教育厅联合表彰，46名优秀教师和优秀教育工作者受到省教育厅表彰，1010名优秀教师和优秀教育工作者受到市人力资源社会保障局和市教育局的联合表彰。

【教育干训和中小学校长培训】 2012年，实施“十二五”干训计划，124名初中校长、516名小学校长、204名教育行政干部参加培训。

【师范类毕业生就业】 2012年，接转师范类大中专毕业生2406人。各县区通过公开招教考试，招录应、往届师范类毕业生989人，其中研究生46人，缓解信阳市农村学校及部分高中师资紧缺的压力。

【职称申报】 11月，联合市人社局完成中专、中小学的高级职称申报工作，中学一级教师参评1387人，小学高级参评859人。

【教师资格认定】 全市4390人报名参加教师资格理论考试，400余人参加高中、中专教师资格教学技能测试，为符合条件的400人办理高中、中专教师资格证。

【农村义务教育阶段学校教师特岗计划】 2012年，招收特岗教师1450名，其中本科及以上1113人，占76.8%。2009年服务期满的首批1070名特岗教师，全部入编成为正式教师，在岗率92.67%，转聘率99.63%。从1月起，执行特岗教师工资新标准，从原来的每年20540提高到24000元。开展“信阳的特岗故事”征文比赛和“优秀特岗教师”评选。

【加强师德建设】 开展“教育崛起，教师为基”师德论文和演讲比赛、师德先进个人和优秀班主任评比、中小学师德师风先进校创建活动。

【中小学教师培训】 4552名中小学教师参加教育技术能力建设培训，合格率为82%。实施“国培计划”，启动“省培计划”，培训教师6869人，参加远程网络培训5000人。开展第三周期中小学教师继续教育岗位全员培训，参加远程网络继续教育岗位培训1277名，县级培训基地集中培训4154名。做好农村教育硕士师资培训计划和免费师范生的签约工作，招聘农村硕士师资29名。

【围绕提高教师素质开展各项活动】 继续实施“名师工程”，选拔推荐省级名师6名、省级骨干教师92名。启动新一轮农村教师素质提高工程，选拔推荐省级农村骨干教师116名。开展第六届农村中小学青年教师技能竞赛活动和市级学科带头人、骨干教师示范课论文评比活动。开展全市创建示范性和标准化培训机构活动。开展中小学和幼儿园教师队伍现状调研、学前教育和特殊教育师资状况调研。

其他教育事业

【招生考试】 一是普通高招。全市报名57494人,其中普通高考报名53710人,对口招生报名2374人,专升本报名1410人。全市44130名考生被录取,其中普通高招录取41087人,录取率为76.63%;对口升学录取2249人,录取率为94.73%;专升本录取794人,录取率为56.38%。全市一本上线5833人,较上年增加780人;三本以上上线37125人,较上年增加4868人。其中,北京大学录取20人,清华大学录取21人,空军航空大学录取飞行学员16人。二是普通中招。全市报名61419人,比上年增加1656人。中专学校实际录取考生10390人。三是成人高招。全市7116名考生报名。录取考生5532人,录取率为77.7%,其中专科起点本科2663人,高中起点本科175人,高中起点专科2694人。四是高等教育自学考试。2012年,全市高等教育自学考试共开考107个专业,报名总人数13637人,33674科次。上半年科次合格率61.27%,下半年科次合格率为59.88%。共办理高等教育自学考试毕业手续1747人。五是普通高中学生学业水平考试。全市报考41254人,9个科次共368872科,设9个考区、32个考点、1403个考场。六是研究生考试。报名6197人,比上年增加1913人。七是非学历证书考试。全国计算机等级考试报名10224人,CET(大学英语四六级)考试报考38778人,全国公共英语等级考试报考474人。

【强化民办学校管理】 2012年,中等层次民办学校审批权限下放到县区。县区加强对民办学校的审批和管理,属地管理原则得到落实。

【教具中心】 充分利用原有市场,扩大经营范围。与浙江同乐园游乐设备制造有限公司联合经营,生产销售玩具。对产品的设计、制作、检验及出厂使用、信息反馈进行全程追踪,加强各环节的监控。对实验工厂、教育木器厂闲置的厂房、设备对外租赁,最大限度发挥其经济效益。对中小学幼儿园进行教具应用调研,修改学具6项,增添部件3项,整理编排一套教具、学具和幼教玩具目录。

【基础教研】 由省教研室中语室牵头、信阳市教研员参与的省"十一五"规划重点课题"提高中学语文教师素质的途径与方法研究"获河南省教育科学成果一等奖。有13项省级规划课题获省教育厅优秀教科研成果奖,其中一、二等奖9项。省"十二五"规划立项重点课题3项、一般课题8项,结题17项。省教研室立项课题23项,结题16项。市级立项课题30项,结题21项。深化校本教研,推进网上教研,实行常规性视导、阶段性视导、问诊性视导三结合,做好教学指导。召开新课程跟进培训会、毕业班学科教师培训会、协作区教师研讨会,开拓教师培训工作新思路。以罗山县、光山县为试点,建设课例库,丰富教学资源。开展"三优评比"活动和"三课"系列教研活动,做好教学服务。

【勤工俭学】 2012年,全市2285所中小学参与实施"七五六"工程,勤工俭学和营业额14498万元,利润额2918万元。从勤工俭学利润总额中拿出2816万元用于补充教育经费。校外劳动实践场所发展到1666个,接纳近141万人次中小学生参加劳动实践。学校和学生参保校方责任险比例100%,教职工参保率30%,中职生实习险参保率20%。开展勤工俭学实践教育优质课和教育论文评选活动。

【技术装备】 完成中招理化生实验操作考试工作。开展实验教学优质课评选、教育技术装备优秀论文评选和教育技术装备优秀自制教具评选活动。承办河南省地市教育技术装备系统经验交流暨豫南装备联谊会。推进农村义务教育薄弱学校改造工作,完成6212万元的装备招标,占中央下达资金总额的35%;进入招标程序项目9762万元,占中央下达资金的55%。

【信息技术教育】 本年,落实薄弱学校改造资金1370万元,装备多媒体设备,覆盖农村116所中小学校的685个班级。组织农村远程教育应用现场会29场、教学观摩活动87次,近万名教师参加活动。做好农村远程教育设备设施的维护保养工作,维修电视机138部、电脑593台、光盘播放设备60余台。加强教育城域网的管理,构建包括市网络中心、县(区)分中心、597个校园网、531座网络教室的网络系统。开展信息技术培训,组织50名校长参加省教育信息化领导能力研修班,组织40名骨干教师和电教人员参加全省现代教育技术论坛,组织电教业务人员参加全球华人探究学习创新应用大会,市级5期培训信息技术应用师资247人,县(区)举办多媒体应用教学观摩活动近百场,培训师资2348人次。参加首届全国中小学信息技术教学应用观展活动、第十三届全国中小学电脑制作活动、全省第十六届多媒体教育软件大奖赛活动、教师教学技能竞赛活动、农村中小学现代远程教育教学优秀资源评选活动,有52人次教师获奖。加大教育信息资源开发和电教教研工作力度,拍摄教学课510节,形成一批具有本地特色、经济实用的教材资源。

【教育电视台】 全年完成《信阳教育新闻》256期,播出新闻1728条。开辟《走基层》、《安全校园行》、《红烛颂》、《师生情》、《践行十八大精神》等子栏目,累计新闻播出时长2600余分钟。播出法制类节目52期,《新世纪大讲堂》292期,推出的《今日农业》、《高考热线》和《小天鹅大舞台》等栏目深受观众喜爱。拍摄各类教育专题17部,制作公益宣传片9部,拍摄校园风采展12个,教育教学类节目比例达50%以上。全年安全播出6750小时,没有发生重大政治事故和责任事故,无违法、违规、侵权、盗版和胡播乱放行为,无出租频率、频道、播出时段的行为,无违规播放境外节目。

【关心下一代工作】 推进社区教育,有乡镇社区教育委员会140个,成员1957人,111所城区中小学建立关工委组织,322所乡镇直属中小学中263所建立关工委组织。开展"五好小公民"主题教育活动,7月,平桥区、罗山县、潢川县、浉河区、光山县教体局和市教育局被教育部关工委评为优秀组织奖,526名学生受到全国表彰,535名学生受到省级表彰。10月,在平桥区召开全省家庭教育现场会。本年全市家长学校发展到1017所,学员179829人。实施"青蓝工程",1222名老教师与

2900青年教师"实名结对"。

【教育工会】 组建教育工会588个,建会率100%。以教工之家为平台推进民主管理。规范教代会建设,印发《信阳市学校教职工代表大会规定》。开展"面对面、心贴心、实打实服务职工在基层"活动,教育工会干部深入基层调研,开座谈会600余人次,和职工谈心、释疑、办实事200余人次。深入开展"为职工办实事年"活动,建立困难教职工档案3000余份,形成对困难教职工生病住院、红白喜事、有困难、有矛盾及重大节日的"五必访"制度。"金秋助学"筹措资金200万元,资助1500名贫困大学生。慰问特困教师2000余人,送去慰问金60余万元。联合市总工会,在全市教育系统开展第七届教学技能竞赛活动,对特等奖授予市"五一"劳动奖章。

信阳市属县(区)教育行政简况

单位名称	局长(主任)	办公地址	邮编	电话
浉河区教体局	殷世明	浉河区新华西路50号	464000	0376-6618120
平桥区教体局	郭卫东	平桥区平西路中段	464100	0376-3800239
罗山县教体局	徐继成	罗山县城关北隅街5号	464200	0376-2178090
光山县教体局	吴良树	光山县司马光中路	465400	0397-8872073
固始县教体局	孟　明	固始县城关红苏路中段	465200	0397-4606000
息县教体局	何　枫	息县城关西街	464300	0397-5858197
新县教体局	胡光志	新县城关中生路2号	465500	0397-2987078
潢川县教育局	阙群中	潢川县城关跃进东路	465100	0397-3931101
商城县教体局	李东翃	商城县城关西岗子	465300	0397-7921400
淮滨县教体局	李宏达	淮滨县城关南大街200号	464400	0397-7765502
羊山新区教育办	徐　晓	羊山招商大厦1111室	464000	0376-6651167
南湾管理区教育办	郑海峰	南湾茶园路	464031	0376-6398099
鸡公山管理区教育办	沈中豪	鸡公山管理区办公楼	464131	
工业城教育局	张彦伟	信阳工业城	464100	0376-3706170
上天梯教育局	张保杰	上天梯管理区	464117	0376-3886786

撰稿:陈骁勇
审稿:齐　城　胡玉琨

周　口　市

市政府分管教育副市长:李绍彬(—5月)
市政府分管教育副市长:张广东(5月—)
市教育局党组书记、局长:张继林(—6月)
市教育局党组书记、局长:张学成(6月—)
市教育局地址:周口市太昊路东段
电话:0394-8319000
邮编:466000

综 合 管 理

【概况】 2012年,全市有各级各类学校5393所,比上年增加59所,其中中等职业学校66所,普通高中67所,普通初中541所,小学3928所,幼儿园782所,特殊教育学校9所。在校学生255.53万人,比上年减少10.15万人,其中中等职业学校88966人,普通高中224338人,普通初中617589人,小学1344380人,幼儿园278654人,特殊教育学校1380人。教职工

102484人,其中中等职业学校4842人,普通高中9267人,普通初中28357人,小学54810人,幼儿园4925人,特殊教育学校283人。专任教师95761人,其中中等职业学校3671人,普通高中8268人,普通初中26953人,小学53336人,幼儿园3293人,特殊教育学校240人。师生总计265.11万人。

【教育投入】 2012年,教育经费达108.82亿元,国家财政性教育经费94.87亿元,财政预算内教育经费93.44亿元,预算内教育事业费83.84亿元,分别比上年增长31.2%、37.8%、37.6%、36.7%。预算内教育经费(包括城市教育费附加)占财政总支出的比例为28.75%,比上年提高12.26个百分点。

【市教育局领导班子成员名单】 党组书记、局长张继林(—6月)、张学成(6月—),党组成员、副局长陈绍海、高玉民,党组成员、纪检组长凌德功,党组成员、招生办公室主任郭劳动,党组成员、督学余卫国,副处级调研员邵在铭、王凤英。

【惠民工程】 2012年,贫困家庭学生资助体系覆盖面进一步扩大,惠及学前教育、城乡义务教育、职业教育、高中教育各个阶段。全市农村义务教育阶段投入资金77.2亿元,413.3万人次学生享受到生均公用经费,并免费提供教科书;投入1.27亿元,22万人次家庭贫困寄宿生得到生活补助,资助比例占寄宿生总数的32%。城市义务教育阶段免杂费共投入资金1290万元,受资助学生8.9万人次。资助中职学生10071人次,发放金额755余万元。资助普通高中家庭经济困难学生4400人次,每生每季补助750元,落实助学资金6500余万元。启动实施农村义务教育学生营养改善计划。对沈丘县、淮阳县、商水县、郸城县、太康县等试点县2800余所农村义务教育学校中的100余万名学生实行"蛋奶工程",为每生每天提供价值3元的鸡蛋和饮用奶。

【获奖情况】 市教育局被国务院评为全国"两基"工作先进单位,被省委、省政府复评为省级文明单位,被市委、市政府评为人民满意的公务员集体,被省教育厅评为教育督导工作先进单位,被市委宣传部评为全市宣传工作先进单位,被市纪委评为惩防体系建设先进单位。

【全市教育工作会议】 2月22日,全市教育工作会议召开。会议总结回顾上年全市教育工作,对本年全市教育事业改革发展进行安排部署,努力推进全市教育事业又好又快发展。市人大常委会副主任张宁萍、副市长李绍彬、市政协副主席李海龙等出席会议。

【普通高招考务工作会议】 6月1日,全市普通高招考务工作会议召开。副市长张广东以及市教育局领导张继林、郭劳动等出席会议。张广东强调指出:要加强领导,落实责任,确保招生考试任务圆满完成。一要加强组织领导。二要层层落实责任。三要搞好舆论引导。四要严防利用高科技手段作弊。各县(市、区、场)招生考试委员会主任和市招生考试委员会成员单位负责人、教体局局长和市直各考点主考分别向市政府、市教育局递交高考目标管理责任书。

【教育重点工作推进会】 12月26日,全市义务教育、学前教育三年行动计划和职业教育工作会议召开。副市长张广东、市教育局局长张学成以及市人力资源和社会保障局、财政局、发展和改革委员会、农业局、规划局等部门负责人出席会议。张广东指出,要充分认识义务教育均衡发展的重要意义,积极稳妥地推进中小学布局调整,大力推进义务教育学校标准化建设,提升信息化水平;要把握关键、破解难题,稳步推进学前教育三年行动计划;要积极探索校企合作的新途径,建立多元投资办学机制,加快职业教育项目建设。

【教师节慰问】 9月7日,市委书记徐光,市委常委、秘书长史根治,副市长张广东一行到郸城县第一高级中学看望慰问教师代表,并通过他们向全市奋斗在教育战线上、为周口教育事业发展付出辛勤努力的广大教职员工表示衷心的感谢和良好的祝愿。徐光参观郸城一高教师风采展,详细了解学校的办学情况,并与一线教师代表亲切交谈,询问他们的工作和生活情况。

【市政协委员调研中心城区基础教育情况】 8月24日,市政协副主席张文平带领全市部分省、市政协委员深入经济开发区、川汇区、市直学校就中心城区基础教育情况进行专题调研。张文平一行先后实地察看周口九中、一高、三高、二中、四中、七一路二小等学校,对中心城市学校师资力量、教师队伍建设及中心城区学校布局调整情况、基础教育的薄弱环节和存在问题进行详尽的了解,掌握本市中心城区基础教育的现状和存在的问题,形成一份有价值、有分量的调研报告,为中心城区教育发展建言献策。

【标准化学校建设】 3月2日,副市长李绍彬到扶沟县调研学前教育和标准化学校建设工作。李绍彬先后来到扶沟县直幼儿园、县实验小学、城关镇二中等地,就学校办学规模、师资力量、办学理念、学前收费等情况和师生广泛交谈,深入调研,对该县教育所取得的成绩给予充分肯定。

【张广东视察危改工程】 11月15日,副市长张广东、市政府副秘书长丁建清、共青团周口市委书记李全林等视察市校舍危改工程建设情况。张广东一行先后来到丁集三中、工业路小学危改工地实地查看危改项目建设情况。并指出:校舍危房改造工程是一项民生工程,希望各级、各部门高度重视,抓好管理,严把工程质量关,确保工程能够按时竣工,让学生早日享受到这一民生工程。

【庆祝教师节文艺汇演】 9月1日,市教育局庆祝第28个教师节专场文艺演出在五一文化广场隆重举办。市人大副主任时兴功、副市长张广东等与千余名师生一起观看演出。晚会以"美丽心灵"为主题,全市各县(市、区)16个单位百余名师生以大合唱、舞蹈、音乐剧、歌伴舞、武术等形式表演《节日欢歌》、《生命的红烛》、《师生情》、《阳光路上》等节目。

【红领巾主题队会】 10月12日,共青团河南省委、省少工委"红领巾心向党——感受你的爱"全省示范性主题队会在淮阳县外国语实验小学举行。团省委书记侯红、副书记孙巍峰、少年部部长王鑫、市委副书记吕彩霞等出席队会。3000余名师生参加队会,该活动由"出队旗"、"唱队歌"、"讲故事"、"谈感受"、"定计划"、"领导评"等环节组成。

【第三高级中学揭牌仪式】 10月17日,市第三高级中学揭牌仪式隆重举行。副市长张广东、市政府副秘书长丁建清、市教育局局长张学成等出席揭牌仪式。三高校长张钧介绍学校情况,教师和学生代表分别作了发言。市财政局文教卫科、川汇区教育局及市教育局相关科室负责人,市直各高中、初中和川汇区部分学校校长及第三高级中学全体师生参加揭牌仪式。

基础教育

【学前教育】 一是三年行动计划取得新进展。2012年,全市计划新建和改扩建幼儿园273所(其中新建62所,改扩建211所),基本完成本年度幼儿园建设任务,有效改善办学条件,为幼儿提供更多的入园机会。二是学前教育机构等级评估验收顺利进行。本年在全市范围内开展幼儿园等级评估验收工作。郸城县蓝都艺术幼儿园、扶沟县大风车幼儿园、川汇区第三幼儿园被命名为周口市示范幼儿园,鹿邑县直幼儿园等7所幼儿园被命名为周口市一级幼儿园。三是幼儿教师专业素养得到极大提高。6月和8月分别开展全市幼儿教师基本功和自制玩教具比赛活动,通过说课、弹唱、舞蹈、绘画及手工制作比赛,使广大幼儿教师基本知识、基本技能得到普遍提高。在全省幼儿教师基本功和自制玩教具比赛中,扶沟县直幼儿园教师施卫勇获省基本功一等奖,市直幼儿园杨阳等10名教师获基本功二等奖;推荐的13件作品参加省自制玩教具比赛,其中5件作品获一等奖,7件作品获二等奖。

【义务教育】 一是积极开展义务教育均衡发展改革项目试点工作。全市围绕义务教育管理体制创新、健全教师交流机制、探索城乡教育一体化发展的有效途径、深化招生考试评价制度改革、提升中小学信息化水平等项目,积极开展试点工作。扶沟县申报河南省第一批实现县域内义务教育基本均衡发展县。二是重点做好中小学布局调整工作。根据国务院和河南省人民政府下发的《关于规范农村义务教育学校布局调整的意见》,按照省教育厅要求,重新对全市2011—2015年的布局调整规划进行第四次完善和修订。根据新的调整意见,对本市不足百人的880所中小学,不足50人的276所中小学进行有效整合。三是大力实施中小学课程改革。4月,市基础教育科联合市基础教研室组成5个小组深入各县(市、区)中小学校,采取推门听课和典型听课相结合的方式,通过现场打分,量化评比,评出首批课改89个先进集体和455个先进个人。8月,聘请名师现场作课,通过面对面的交流互动,现场答疑解惑,将全市中小学课程改革推向更深层次。

【中小学课程改革经验交流会】 4月19日,全市中小学课程改革经验交流暨表彰大会在市教育局召开。会议总结回顾2010年实施课程改革以来的工作,肯定全市实施课改所取得的成绩。一是课改理念深入人心。二是教学方式发生根本转变。三是教科研积极性得到极大提高。四是课改模式得以初步形成。五是教学质量得到明显提高。并对2012年课改工作进行安排部署。市教育局党组成员、招办主任郭劳动出席会议。

【基础教育郸城经验推广会】 8月22日,全市基础教育郸城经验总结推广会在郸城县人民会堂召开。会议全面总结郸城县基础教育方面取得的成绩和经验,尤其是郸城一高精细严实的管理制度,并对全市基础教育工作进行安排部署。副市长张广东、政府副秘书长丁建清、市政协科教文卫委副主任陈建国、市教育局局长张学成、郸城县县长刘广明等出席会议。

【高中教育】 全市高中学校进一步强化教学管理、深化课程改革、提升教师素质,本年高考再创佳绩。全市普通高招考生报名88333人(不含专升本和对口生考生),比上年减少12人;上专科线以上考生68502人,比上年增加11730人,上线率77.5%,比上年增长3个百分点,高出全省平均水平4个百分点。其中,本科一批上线8201人,比上年增加1861人,上线率9.3%;本科二批上线24148人,比上年增加4030人,上线率27.3%;本科三批上线47331人,比上年增加6826人,上线率53.6%,本科三批线以上考生上线率比上年增长8个百分点。一本、二本、三本上线率分别高出全省平均水平1.2、2.6、3.6个百分点。郸城一高学生陈威以716的高分摘取全省理科考生桂冠,淮阳一高学生张乐乐666分,列全省文科考生第三名。53名学生被北大、清华录取,占全省考生的17.7%。

职业教育

【概况】 2012年,全市具有学历教育资质的职业学校68所,其中高等职业院校2所(周口职业技术学院,周口科技职业学院),中等职业学校66所(其中省级重点学校14所、国家级重点学校5所)。基本形成高、中职教育相衔接、学历教育与技能培养相结合、职前教育和职后教育相贯通的职业教育体系。

【职业教育攻坚】 一是加快市职教园区建设。截至2012年年底,已入住6所院校,占地3001亩,拟投入总资金10.88亿元。据统计,园区已经完成投入建设资金4.77亿元(不含供地价额差),开工建筑面积23.68万平方米,周口科技职业学院、周口卫校和周口幼儿师范学校等相继建成并投入使用,在校生达1.45万人。二是持续推进县级职教中心建设。各县(市)挖掘潜力,加大投入,加快速度,做大做强职教中心。如扶沟县依托产业集聚区,多渠道筹措资金1.36亿元,高标准建设县职教中心。同时,整合各类教育资源集中办学,把市教育局、人社局、扶贫办等部门的职业培训机构纳入职教中心。根据产业集聚区产业发展和用工需求,实行校企合作,产生良好的经济和社会效益。河南省政府办公厅以《周口市扶沟县"产业集聚区十职业教育"模式实现职业教育与经济发展双赢》为题,在《政务要闻》(重要情况专报1045)刊发,副省长徐济超、张大卫分别给予支持和批示。该县获河南省职业教育攻坚工作先进县。项城中专加入首批国家级中职教育改革发展示范校行列。西华县整合资源,争取上级项目资金,在县产业集聚区兴建占地200亩、建筑面积8万平方米、规模6000人以上的县级职教中心。

民办教育

【概况】 全市有各级各类民办学校453所(不含项城市、鹿邑县和幼儿园)。其中,民办高中21所,民办初中93所,民办小学287所,民办中等职业学校43所,民办高等学校1所,其他培训学校8所。民办学校在校生344056人,其中民办高中55460人,初中89351人,小学175135人,职业学校16682人,高等学校5628人,其他培训学校1800人。教职工17932人,其中专任教师16399人。占地面积11177亩,建筑面积333.97万平方米。仪器设备61656万元。图书1289.6万册。固定资产289428万元。民办学校在校生占全市在校生总数的比例为13.46%。

【规范管理】 2012年,市教育局行政审批服务科组织民办学校年度工作组,在1个月的时间内,对全市民办学校进行年度审查,采取查、看、听、座谈、总结等方式,逐县、逐校、逐次进行审查落实,注重实效,真正找出问题,解决问题,从而促进全市民办教育的健康发展。同时,成立以分管副局长高玉民为组长的教育培训机构清理整顿专项行动领导小组,领导组成员有行政审批、纪检、基础教育、职业教育、招生办公室、计财、局办公室等科室的主要负责人,对全市教育培训机构进行清理整顿,共查处有证教育培训机构32个,其中8个限期整改。清理取缔无证教育培训机构78个。

师资队伍建设

【校长队伍建设】 一是抓好培训。实行省、市、县三级培训。2012年选送20名高中校长、幼儿园园长参加省教育厅组织的任职培训,选送10名校长到省培训基地进行跟岗学习;全市360名初中正、副校长参加市级培训,467名小学校长参加县级培训。二是充实队伍。为进一步优化校长队伍,通过量化比选,充分体现民主集中原则,优中选优,选拔出一批年轻优秀教师充实到校长队伍,全市调整提拔51名校长,其中市直学校7名。三是表彰奖励。教师节期间,省、市、县三级人社、教育部门对学校行政人员进行联合表彰。其中,全省教育系统先进单位3个,省级优秀教育工作者6名,市级优秀教育工作者50名。

【教师队伍建设】 一是开展评选活动。市教育局配合市人社局,开展周口市学术技术带头人评选工作,全市教育系统共评出30名学术技术带头人。配合市组织部,开展周口市第七批拔尖人才评选,市直学校评出10名拔尖人才。结合教师节表彰活动,评选出省级优秀教师60名,市级优秀教师682名。二是提高待遇。进一步完善教师职称聘任工作,及时落实聘用工资,保障教师待遇。教师节、春节期间为家庭困难教师送温暖,进行走访慰问;落实事业单位实施绩效工资政策,配合人事与财政部门,本着实事求是的原则,反复审核市直高中、幼儿园及局事业科室人员的绩效工资标准,并且在充分征求意见的基础上制定局属事业科室奖励性绩效工资分配方案,保证绩效工资的及时发放;顺利完成事业单位岗位设置聘用工作,并与市人社局沟通,争取政策,打破指标限制,于6月30日前完成岗位首聘工作。三是组织支教活动。本年,4名市直学校教师前往淮阳、商水等县开展支教活动。全市99名城镇教师赴农村学校支教。四是补充新教师。全市2012年公开招聘教师1996人,其中市直学校155名。教师数量不足、结构不优等问题在一定程度上得到缓解,教师队伍的活力进一步增强。五是强化培训。落实国培、省培、市培计划,请进来讲、走出去学,充分利用网络资源,对教师进行立体化、系统性、多层次培训,共培训校长、教师8000余人次。全市高级教师达4000人,省级以上骨干教师和学科带头人达900人,1000余名教师受到市级以上政府表彰奖励,其中30名教师被评为全国优秀教师。

周口市属县(市、区)教育行政简况

单位名称	局长(主任)	办公地址	邮编	电话
川汇区教育局	薛　周	周口市文体路1号	466000	0394-8101258
项城市教体局	马忠平	项城市文化路北段22号	466299	0394-4301528
商水县教体局	李　忠	商水县行政路东段5号	466100	0394-5449368
淮阳县教育局	王　力	淮阳县内醒众街76号	466700	0394-2661535
太康县教体局	宋文中	太康县东大街5号	461400	0394-6816559
沈丘县教体局	张　涛	沈丘县兆丰大道北段	466300	0394-5105608
郸城县教体局	于秀邦	郸城县世纪大道中段	477150	0394-3298680
鹿邑县教育局	魏凤山	鹿邑县真源大道21号	477200	0394-7693456
扶沟县教体局	田民生	扶沟县城关镇杜街2号	461300	0394-6236998
西华县教体局	马家斌	西华县长平路中段	466600	0394-2551702
开发区教育文化局	谷　静	周口市莲花大道中段	466002	0394-8581766
泛区农场教育局	王淮欣	泛区中心路场办公大楼	466632	0394-2579943

撰稿:丁　玺　李　斌
审稿:凌德功　卓国平

驻马店市

市政府分管教育副市长:冯玉梅
市教育局地址:驻马店市乐山路436号
电话:0396-2914771　3651900　3651909　2901996
传真:0396-2915509
市教育局党委书记、局长:李　华
邮编:463000
网址:http://www.zmdedu.net

综合管理

【概况】 2012年,全市有各级各类学校(机构)3729所,在校生225.17万人。其中幼儿园573所(另有附设幼儿班2042个),比上年增加47所。在园幼儿23.94万人(含附设幼儿班幼儿11.65万人),比上年增加0.94万人。小学1740所(另有教学点1173个、附设小学班15所),比上年增加26所;招生15.62万人,比上年减少2.27万人;在校生96.58万人,比上年减少4.19万人。校均规模555人,平均每班44.44人,每个专任教师负担学生23.11人,每万人中拥有小学生1088人。小学学龄人口净入学率100%,小学五年巩固率97.91%,毕业生升学率94.35%。初中297所(另有附设初中班4个),比上年增加2所;招生15.15万人,比上年减少0.43万人;在校生43.00万人,比上年减少1.00万人。校均规模1448人,平均每班66.10人,每个专任教师负担学生19.01人,每万人中拥有初中生485人。初中学龄人口净入学率100%,初中三年巩固率93.09%,毕业生升学率62.22%。普通高中38所,比上年减少3所;招生5.49万人,比上年增加0.07万人;在校生15.69万人,比上年减少0.03万人。校均规模4128人,平均每班72.35人,每个专任教师负担学生20.21人,每万人中拥有高中生177人。特殊教育学校10所,招生132人,比上年减少29人;在校生1034人,比上年减少72人。中等职业教育学校35所(含教

9月9日,驻马店市举行寻找"最美乡村教师"颁奖典礼

师进修学校10所),招生3.51万人,在校生10.16万人。其中普通中专(含中师1所)6所,招生0.67万人,在校生2.67万人;成人中专(含教师进修学校)12所,招生0.22万人,在校生0.37万人;职业高中、职业中专17所,招生2.62万人,在校生7.11万人。中等职业学校招生数、在校生数分别占高中阶段招生、在校生总数的比例为38.98%、39.30%。高等学校4所,招生1.35万人,比上年增加0.05万人;在校生3.44万人,比上年增加0.06万人。成人技术培训学校1032所,注册32.27万人,结业30.68万人。

全市各级各类学校(机构)共有在职教职工96992人(其中专任教师85881人)。其中高等学校教职工1994人,普通中专教职工926人,成人中专教职工518人,职业高中、职业中专教职工3206人,普通中小学教职工78035人,幼儿园教职工8547人,特殊教育学校教职工324人,成人技术培训学校教职工3442人。中小学专任教师达标率:普通高中、初中和小学专任教师学历达标率分别为98.20%、98.81%、100%。

高等学校占地面积202.22万平方米,建筑面积99.22万平方米,拥有图书154.10万册,固定资产72997.44万元,仪器设备总值13654万元。普通中专占地面积81.82万平方米,建筑面积41.58万平方米,拥有图书67.63万册,固定资产14064.68万元,仪器设备总值2446万元;成人中专占地面积17.36万平方米,建筑面积7.21万平方米,拥有图书24.87万册,固定资产4645万元,仪器设备总值853万元;职业高中(含职业中专)占地面积171.19万平方米,建筑面积51.88万平方米,拥有图书105.90万册,固定资产53139万元,仪器设备总值9644万元。普通中小学、幼儿园(含特殊教育学校)占地面积3383.50万平方米,建筑面积937.26万平方米,拥有图书2396.46万册,固定资产574888.74万元,仪器设备总值39344.06万元。普通中小学生均建筑面积分别为:普通高中10.07平方米,普通初中6.69平方米,小学4.56平方米。普通中小学生均图书分别为:普通高中12.25册,普通初中17.41册,小学13.97册。

【市教育局领导班子成员名单】 市教育局党委书记、局长李华,党委副书记(正处级)陈文启(2012年10月任职),副局长苗炳启,党委委员、副局长彭蒸,党委委员、副局长魏继河,党委委员、纪工委书记王春生,党委委员、招生办主任齐宏玉(2012年11月任职),调研员王国宾,副调研员付丽、侯保义、刘群柱、鲁春、王修成。

【教育人事制度】 严格教师资格准入制度,严把教师入口关。全市认定教师资格4366人,招聘教师2361人,其中特岗教师994人、幼儿教师130人。全市教育系统所属事业单位岗位设置工作全面完成,非义务教育阶段教职工按时兑现绩效工资。通过实施国家、省、市、县四级培训计划,培训教师2.7万人次,培训中小学校(园)长1336人次。全市普通高中、初中、小学专任教师达标率分别为91%、99%、100%。

【贫困生资助】 2012年,全市139万名农村中小学生免费领取教科书、免交学杂费,7.6万名家庭经济困难寄宿生享受生活费补助;1.5万名中职贫困生享受国家助学金,2.4万名享受免学费政策。全市落实资金近4000万元,资助贫困高中生2.5万人,占全市普通高中在校生总数的20.4%。利用中央专项彩票公益金890万元,组织实施"励耕计划"和"滋惠计划",对570名困难教师和1600名家庭困难、品学兼优的学生分别给予10000元和2000元的资助。

【农民工子女入学】 各地坚持"以输入地政府为主、以全日制公办学校为主",安排3.3万名进城务工农民子女顺利入学,做到了应入尽入。

【规范行政行为】 坚持为基层服务、为学校服务、为教师服务、为学生服务,建立健全了廉洁从政、文明办公制度措施,落实首问责任制、限时办结制和责任追究制,提高了行政效能和服务质量。

【规范办学行为】 完善学校议事决策制度、人事制度、财务制度、建设工程管理制度、采购制度和监督制度,规范权力运行。抓好"规范学校招生、规范学生作业、规范作息时间、规范高中复读"等方面的工作,切实减轻中小学生过重的课业负担。加强了民办学校年审工作,对全市民办幼儿园实行分类定级管理。

【规范收费行为】 推行"阳光收费",规范学前教育、义务教育和高中阶段收费,规范服务性代收费。制定了《普通中小学校暨在职教师有偿办班补课处理办法》,加强制度约束。全年全市教育系统共查处乱收费案件25起,党政纪处分10人,清退资金159.21万元。

【规范教师行为】 始终把加强教师职业道德教育作为行风建设的重要内容,严查普通中小学校及在职教师有偿办班补课行为。发挥案件的警示教育功能,在全市深入开展了教师职业道德教育和作风整顿活动,从源头上遏制了教师不规范行为的发生。

【规范招生行为】 落实义务教育阶段"划片、免试、就近入学"政策,严禁义务教育阶段招收择校生、收取择校费和借读费;严格执行高中阶段招生分配生制度和择校生"三限"政策。推进标准化考点建设。在各类招生考试中实行"阳光操作",全市招生考试工作连续6年实现零上访、零举报。

【教育督导】 2012年,全市督导工作围绕"督政保投入,督学促质量"的目标,加强对义务教育均衡发展和基础教育质量监测的督导评估。平舆县、泌阳县获河南省教育工作先进县称号,市教育局获全国"两基"工作先进集体称号。

【反腐倡廉建设】 局党委把贯彻落实党风廉政建设责任制作为重要抓手,坚持教育、制度、监督并重,促进反腐倡廉工作的开展。坚持"一岗双责",贯彻落实党风廉政建设责任制。局党委多次召开会议专题研究部署党风廉政建设工作。召开

2012年全市教育系统党风廉政建设工作会议，提出了党风廉政建设各项目标任务和具体要求。市教育局与各县区、直属单位签订目标管理责任书，严格实行责任追究。坚持教育、制度、监督并重，做好领导干部廉洁自律工作。通过开展贯彻《廉政准则》知识竞赛、廉洁从政法规制度知识竞赛、举办反腐倡廉专题辅导讲座、观看警示教育录像等活动，强化对干部的廉洁从政教育。以提高行政效能和服务质量、促进领导干部廉洁从政为抓手，贯彻落实领导干部述职述学述廉制度、民主评议制度、廉政承诺制度以及重大事项报告制度，初步形成了以制度规范行为，靠制度办事，用制度管权的长效机制。加强对节日期间党风廉政建设的监督检查。加强监管，开展“小金库”专项治理和厉行节约专项治理活动。重点加强对机关和直属教育系统公务用车的配备、购置、使用和管理，对基础设施建设、大宗物资采购、公务接待支出等实行严格审批。特别加强对机关用水、用电和用油的管理，制定控制指标，严格落实控制措施。

【领导班子建设】 一是坚持民主决策。各级教育行政部门建立并落实了党委会、局长办公会议制度，坚持重大问题集体研究、集体决定，做到了按程序决策、按规则议事，决策前充分酝酿，决策时充分讨论，决策后认真执行。坚持重大情况及时通报制度，切实提高了决策水平和执行水平。二是加强班子团结。主要领导与班子成员之间，班子成员相互之间，班子成员与分管科室、部门之间广泛开展谈心活动，营造了相互尊重、相互沟通、相互支持、相互配合的良好风气，增强了各级领导班子的凝聚力、向心力和战斗力。三是行政服务能力。各级教育行政部门从转变作风入手，建立了局领导班子成员分包联系学校制度，在“教师队伍建设、学校基本建设、教育教学、安全稳定”等方面，实行目标管理，寓服务于管理之中。

【教育平安建设】按照“属地管理、分级负责、一岗双责”的要求，加强中小学安全教育，加大学校食堂监管力度。建立和完善了中小学安全管理的长效机制。驻马店实验小学、驻马店市第二初级中学等6所中小学校分别获得河南省中小学安全疏散演练一、二、三等奖；驻马店市获2012年河南省中小学生安全知识网络竞赛优秀组织奖，驿城区、上蔡县、西平县获先进县（区）。校园人防、物防、技防建设明显加强，突发事件应急演练次数明显增加，师生安全感明显提高。校园周边综合治理工作位于全省前列。

基础教育

【学前教育】 2012年，安排学前教育“以奖代补”中央、省级资金1.03亿元，通过利用农村闲置校舍改扩建幼儿园、农村公办小学增设附属幼儿园、大力发展民办幼儿园等措施，完成新建幼儿园90所，改扩建幼儿园117所，有效缓解了区域内“入园难”的问题。

【义务教育】 坚持城乡统筹两手抓，着力改善农村办学条件。全市安排农村中小学校舍维修改造、初中校舍改造、薄弱学校改造、教师周转宿舍建设资金1.86亿元，规划改造农村中小学199所，建设教师周转宿舍1013双人套。稳妥实施农村学校布局调整，2012年，共调整农村义务教育阶段学校97所（其中新建11所），撤销学校及教学点80个，迁移6所。加强城区学校建设，市中心城区开工新建、改扩建中小学6所，各县城区开工新建中小学校7所。市财政安排专项资金3229万元，为城区6所中小学校修建了塑胶体育场，为市直10所中小学校装备实验室、多媒体教室181个，为5所市直学校化解债务和改善办学条件。开展结对帮扶和教师交流，30所学校结对帮扶，475名教师参加对口支教和轮岗支教。继续开展了“义务教育均衡发展县区”创建活动，泌阳县被省政府表彰为全省义务教育均衡发展先进县。

【普通高中教育】 2012年，全市实施普通高中改造和普通高中债务化解工作，普通高中的办学条件明显改善。全市有省级示范性高中12所。各普通高中充分发挥示范、引领、辐射作用，狠抓内涵建设，突出特色办学，强化教学研究的“有效性、针对性、实效性”。2012年，驻马店市高考成绩再上新台阶，一本上线4629人，较上年净增646人。

【义务教育经费】 进一步巩固“以县为主”的管理体制，推动教育经费的“三个增长”的落实。2012年，全市共安排农村（含县城）义务教育阶段学校公用经费、免费教科书资金、家庭经济困难寄宿生生活费补助资金81162.3万元，安排城市义务教育阶段学生免学杂费资金1578.9万元。义务教育教师绩效工资按时发放，城市教育费附加足额征收并用于教育事业，确保了义务教育正常运转。

【教育教学改革】 在全市整体推动区域课堂教学改革，转变教师的教学方式和学生的学习方式。开展语言文字工作，全市9所学校被评为全省语言文字规范化示范学校，70所学校被评为全市语言文字规范化示范学校。西平县第一实验小学获国家级规范汉字书写教育特色学校称号。学校德育工作得到加强和改进。关心下一代工作不断加强，西平县、遂平县等5县和驻马店市第二初级中学等24所中小学、幼儿园被省教育厅授予“五好关工委”称号。13所学校获省级先进（示范）家长学校称号，600名教师被认定为省级家庭教育和心理咨询师。“市示范性综合实践基地”项目获教育部、财政部批复，争取专项资金3000万元。学校体育、卫生、艺术教育、国防教育工作进一步加强。

职业教育

【职业教育项目】 2012年,驻马店高级技工学校、泌阳县职业教育中心成功申报国家改革发展示范校建设项目,分别获资金支持1000万元;汝南县职业教育中心申请中央财政支持的实训基地建设项目资金200万元。高级技工学校成功申报省示范校建设项目,获省奖励资金250万元;汝南幼儿师范学校成功申报省特色学校建设项目,获省奖励资金150万元。技工学校和农业学校获批省全民技能振兴工程项目学校,分别获省资金支持300万元。正阳县职业中专申报"中德合作职业教育教学模式"项目。平舆县申报第七批省"职业教育强县"获批,将获100万元奖励,全市实现80%以上的县区成为"职教强县"的创建目标。

【职教园区建设】 市职教园区一期用地600亩获批,二期用地通过省国土厅评审,报省政府待批准,三批用地组卷上报。首批入园的6所学校中,驻马店高级技工学校一期工程竣工,汝南幼儿师范学校(合并驻马店四高申报幼儿师范专科学校)新校区于12月12日开工,驻马店农业学校(合并汝南园林学校)新校区、驻马店市卫生学校新校区于12月31日开工奠基,职业技术学院新校区即将开工。

【职教队伍建设】 2012年,组织23名教师参加国家级骨干教师培训,79名教师参加省级骨干教师培训,100名教师参加市级特色专业、紧缺专业教师培训,取得了较好的培训效果。鼓励职业学校从企事业单位选调优秀技能型人才担任教师,同时加强与市人社局的合作,为职业教师获取专业资格证书提供平台,不断提高"双师型"教师的比例。

【职教校企合作】 推行"工学结合、校企合作、顶岗实习"的人才培养模式,实施订单培养和定向培养,促进职业教育教学与生产实践、技术推广、社会服务紧密结合,全市"校企合作"初见

10月19日,驻马店市中职学生技能竞赛厨艺比赛现场

成效,平舆、汝南、西平、正阳等学校的校企合作经验在全市推广。以职业教育技能大赛为载体,以赛促教,以赛促学,全面提升广大师生的动手能力、实践能力和创新能力。2012年,全市职业教育技能大赛顺利举行,取得了较好成绩。在省技能大赛活动中,全市获一等奖8个、二等奖13个、三等奖16个,获奖率为66%。在全国技能竞赛活动中,获二等奖1名、三等奖1名,实现了驻马店市在国家级技能竞赛中获奖零的突破。

【职业教育招生与就业】 2012年,全市中等职业学校招生35074人,在校生98557人。毕业生就业率为98%。

【职业教育培训】 累计完成各类劳动力技能培训7.53万人,其中农村劳动力转移就业培训3.8万人,"雨露计划"培训1.8万人,阳光工程培训1.93万人。

高等教育

【服务高等教育发展】 在主动支持协调黄淮学院、驻马店职业技术学院发展的同时,以汝南幼师为基础筹设驻马店幼儿师专,列入全省"十二五"高等教育发展规划。驻马店幼儿师专筹设工作取得了实质性进展。5月18日,省教育厅高等学校设置评议委员会专家组实地考察驻马店幼儿师专筹建工作。

5月18日,省教育厅专家组实地考察驻马店幼儿师专筹建工作

民办教育

【落实民办教育发展政策】 以开展“民办教育管理年”活动为契机,推动民办教育在发展中规范,在规范中提高。2012年,协办了全省民办高中教育管理现场会,全省百位民办高中校长实地考察驻马店市7所民办高中并给予了高度评价。全市民办教育融资近3亿元,新建民办幼儿园116所,改扩建129所,缓解学前教育供需矛盾。出台了《驻马店市普惠幼儿园收费管理办法》。全市有5所民办幼儿园被省教育厅认定为省级示范幼儿园。驻马店市被省教育厅评为全省民办教育服务与管理先进单位。全市各级各类民办学校发展到745所,在校生28万人,教职工1.7万人。

驻马店市属县(区)教育行政简况

单位名称	局　长	办公地址	邮编	电话
驿城区教体局	陈　明	市文化路二巷与文化路交叉口	463000	0396-3651100
确山县教体局	崔建华	确山县城解放路中段	463200	0396-7039516
泌阳县教体局	徐继平	泌阳县城行政路中段	463700	0396-7915096
遂平县教体局	魏富良	遂平县城玉带路	463100	0396-4922663
西平县教育局	张西民	西平县城柏城大道中段	463900	0396-6222864
上蔡县教体局	彭秀民	上蔡县城文化路大西巷	463800	0396-6922632
汝南县教体局	赵银中	汝南县城行政路中段	463300	0396-8087799
平舆县教育局	李国富	平舆县城清河大道与健康路交叉口	463400	0396-5022168
新蔡县教体局	赵学峰	新蔡县城东关	463500	0396-5922202
正阳县教体局	王树林	正阳县城建设路	463600	0396-8922320
开发区教体局	刘长运	市洪河大道西段实验中学院内	463000	0396-3698835

撰稿:王新洪　翟军广

审稿:彭　燕

济　源　市

市教育局局长:杜战儒　　党组书记:刘善祥

市教育局地址:济源市黄河路2号　　电话:0391-6613189

邮编:459000　　网址:http://www.jyedu.org

综合管理

【概况】 2012年,全市有各级各类学校(含幼儿园)318所,在编教职工6620人,在校(园)学生123683人。全市学前三年入园率为85%,九年义务教育巩固率为98%,高中阶段毛入学率为95%,高等教育毛入学率为35%。

【市教育局领导班子成员名单】 局长、党组副书记杜战儒,党组书记、副局长刘善祥,党组成员、纪检组长刘合祥,党组成员、副局长原涛、田刚柱,党组成员、机关党委书记胡银枝,党组成员、督导室主任赵忠红,党组成员、副局长李伯勇。

【荣誉】 市教育局被评为中国教育改革创新示范城市、河南省职业教育攻坚工作先进省辖市、河南省义务教育课程改革先进单位、河南省特殊教育先进单位、河南省宣传工作先进省辖市等。

【学习贯彻落实十八大会议精神】 一是营造学习氛围。充分利用电子屏、阅报栏、学习园地、宣传版面等载体,营造浓厚的学习氛围。二是创新学习形式。通过测试、"教育百家讲台"等形式,加强对十八大精神的宣传。三是深入学习研究。结合十八大会议精神,对项目建设、学校安全、政风行风等问题进行调研。班子成员提交高质量的调研报告10余篇,撰写心得体会30余篇,撰写理论文章20余篇,理论学习笔记平均超过200页。并先后在省级以上媒体发表《品质提升是教育健康发展的支点》、《教育发展关键在做》等8篇理论文章,出版教育宣传资料汇编《春华秋实》和《济源教育画册》。

【贯彻落实国务院《校车安全管理条例》】 一是要求各单位认真组织学习和宣传《条例》,并研究制定切实可行的校车安全管理实施方案,进一步加强校车安全管理和交通安全教育。二是要求各单位按照《济源市教育局关于进一步加强校车安全管理的紧急通知》的要求,加强校车使用安全管理。三是开展学生上下学交通安全和交通安全隐患排查整治工作。四是按照《河南省教育厅办公室转发教育部办公厅关于数起超载车辆运送学生情况的通报》的精神,要求各单位要认真学习,高度重视,强化管理,抓好落实。五是协调市公安局车管所、交通局运管处等部门,做好全市校车使用单位办理校车驾驶资格和校车使用许可的有关工作。

【党风廉政建设】 一是创新工作方法,加强惩防体系建设。制定《2012年教育系统党风廉政建设和反腐败工作要点》和《2012年党风廉政建设工作目标分解方案》;及时贯彻中纪委、省纪委和市纪委全会精神,落实《中央政治局关于改进工作作风密切联系群众的八项规定》;深入开展"廉政文化进学校示范点"创建活动。4月,济源一中在河南省第二批省级廉政文化示范点评比活动中被省纪委、省宣传部、省文化厅联合命名为"河南省廉政文化进学校示范点"。举行全市首届中小学廉洁教育优质课评选活动,组织党员干部参观市廉政教育警示基地。二是关注民生热点,树立教育惠民形象。认真落实中小学生"两免一补"、中职学生免学费、学前教育和贫困生资助等惠民政策,全力做好高考中考、成人高考等服务工作;全面启动"励耕计划",2012年,济源市有31名教师享受资助(资助标准为每人1万元);在全省规范教育收费暨政风行风建设会议上,市教育局做经验介绍。三是强化行风建设,推动教育和谐发展。全面推行党务政务公开,把"三重一大"(即重大问题决策、重要干部任免、重大项目投资决策和大额资金使用)事项、招生考试等内容,通过各类局属媒体、政务微博、党务政务网络公开栏等方式进行公开,接受社会监督,全年累计公开1000余条信息;严格落实《关于加强机关财务支出管理的补充规定》,并制定《关于进一步严格公务用车管理的规定》和《推行"公务灶"制度规范机关公务接待工作实施办法》,交通费、接待费比2011年同比下降31.8%和17%;扎实做好"清风民生网"建设工作;开展"五带头"设岗评星、关爱弱势群体等系列志愿服务活动。6月,在全市"共产党员先锋岗"表彰会上,教育系统12个"共产党员集体先锋岗"和12个"共产党员先锋岗"受到表彰。四是深入开展"一创双优"集中整治、政风行风建设专项活动。在全市干部作风评议中,市教育局上半年获综合类第四名,全年综合排名第九;在全市"一创双优"活动综合评价中,市教育局位居第四名。

【项目建设】 截至2012年年底,市教育局累计完成固定资产投资63717万元,占年度投资计划的151%。在7月召开的上半年全市经济运行会上,教育局因项目建设成效显著做典型发言。全年累计完成招商引资任务20100万元,占年度任务的100.5%。在11月召开的全市深入推进招商工作会议上,教育局招商引资任务完成情况居同类部门第一位。

【教育强镇创建】 2012年,镇级政府累计教育投入6409万元,占镇级一般预算收入的6.13%。其中,承留、五龙口、沁园、大峪等镇(街道)教育财政投入均超过或达到5%的目标。

【社会捐助】 全年社会各界捐资404.3万元用于教育,其中市慈善总会捐资助学147.5万元,市总工会、金马焦化分别捐资80万元,全市30余个文明单位结对帮扶乡村省少年宫建设,累计投入资金100余万元。

【教育宣传】 2012年,在各级各类媒体发稿近5000篇,其中省级以上主流媒体发表近50篇。《中国教育报》、《中国教师报》、《教育时报》先后对济源市校外托管、教师成长、职业教育、学前教育、高中教育、教育内涵提升等方面进行10余次报道,被省教育厅评为教育宣传先进省辖市。《河南政务快报》、《中国教育报》对济源教育规范管理校外托管机构的典型做法在全省、全国推广,受到副省长徐济超、市委书记何雄的关注与批示。《河南教育信息》对"济源四大工程提升教育内涵发展水平"进行专题报道。

【组织工作】 一是制定《济源市中小学领导干部选拔任用暂行办法》和《教育系统后备干部管理暂行办法》,推行非义务教育学校校长绩效考核工作。二是建立科学决策机制,实行班子例会制度,重大事项坚持班子会议集体研究。三是建立健全局班子成员周工作日志、班子成员AB角[为提高工作效能而实行的一种工作措施,AB角实行工作互补机制,如A(B)角出差、请假、休假或其他原因不在岗,由B(A)角替补其分管工作]、"131"汇报(每周例会班子成员1分钟汇报上周工作,3分钟汇报工作推进中存在的问题,1分钟汇报下周工作打算)、班子例会点评(班子成员每周记录工作日志,周末局长对工作日志进行点评)和周行事历(行事历总结上周工作,安排下周工作)等机制,提升工作效能。四是建立监督管理机制,建立重点工作、局领导工作台账、班子会议决策事项台账、重点工作及重大项目督办制度,践行领导班子公开承诺制度。同时确定17所市直属学校和6个局二级机构的正科级规格。

【统战工作】 一是市教育局党组组织系统内广大统一战线成员深入学习最新的方针政策。二是通过召开会议、张贴标语、开办专栏、发放宣传资料等形式,广泛宣传党的统一战线理论政策和统战工作基本知识。三是建立统战工作学习制度、领导联系制度、信息报送制度、信访制度、统战干部岗位责任制等制度,确保统战工作顺利开展和各项任务顺利完成。

【学前教育】 2012年,全市学前教育一年入园率达90%,学前教育三年入园率达85%。率先在全省实施"学前教育三年行动计划”,出台《济源市关于支持学前教育发展的意见》。定期召开学前教育联席会议,开展携手结对、星级评定等活动。5月,在文化城组织开展学前教育宣传月活动。12月,在全省学前教育三年行动计划现场推进会上,本市做典型发言,《教育时报》、《河南教育信息》刊发专题报道济源市发展学前教育的典型做法。

基础教育

【高考成绩】 2012年,全市考生上线人数与上线率均有较大增长,本科上线率达70.57%,高出全省20.6个百分点,其中8名学生被清华、北大录取,创历史最好成绩,市政府奖励100万元。

【体育、艺术教育】 7月,在河南省第十三届“晨光”体育夏令营比赛活动中,市代表队获团体总分一等奖和精神文明奖。10月,在河南省第四届中小学生艺术展演活动中,本市3个艺术表演类节目和11幅美术书法作品分获一、二等奖,并连续四届代表全省参加全国展演。

【中小学德育】 开展“环保卫士”杯中小学生书信文化比赛、“节约纸张、保护环境、寄语未来”绿色环保主题教育和征集“优秀童谣”评选活动,共收到参赛作品2.7万余篇。利用乡村少年宫,切实加强未成年人思想道德建设。借助“愚公家乡好少年”评选活动,12月在市文化城大剧院举行第二届“愚公家乡好少年”颁奖盛典,在全市青少年中进行宣传教育。2012年,市教育局被评为河南省“学习雷锋见行动,‘三平’之中做贡献”先进单位。

【中小学安全】 编印《济源市学校安全管理手册》,落实学校安全管理办法,建立校车安全管理联席会议制度,出台校车管理实施意见,建立校园安全长效机制。扎实推进“安全和谐型学校(幼儿园)”创建工作,截至12月,全市100所创建学校已全部通过检查验收。济源一中、黄河路小学、北海路小学被命名为省级防震减灾科普示范学校。

师资队伍建设

【教师招聘】 一是选聘免费师范生27名,招聘中小学、幼儿园教师85名,招聘义务教育特岗教师80名。同时,在新教师工作分配中,尝试“成绩优先、自主选择”的分配机制。二是选派120余名优秀教师参与轮岗交流,深入基层送课、听课千余节,举行各类讲座20场。

【教师培训】 一是继续实施国培、省培、市培计划,举办暑期校长和中小学校长任职资格培训班、校长论坛、园长论坛。5月,先后选派2批140名教育行政干部、中小学校长赴北京师范大学进修。二是出台《济源市名师工程实施方案》,选派60名名师培养对象到华东师范大学集中培训,并启动名师书房阅读提高计划。推荐孔冬青等4名教师为河南省学术技术带头人。2012年,全市4名教师被评为全省教育专家、9名教师被评为全省第五批名师、16名教师被评为省级骨干教师、9名教师被评为省级农村中小学骨干教师。邵原花园小学教师曹小战被授予全省教育系统2012“身边的榜样”荣誉称号,济源一中教师赵功成被评为“感动中原”河南教育人物,并被提名为2012年度全国教书育人楷模。济源市名师培养工程受到省教育厅通报表扬。

【教育科研】 2012年,市教育局课题《区域推进基础教育学校内涵发展行动研究》被中国教育学会确定为“十二五”规划重点课题。在河南省第十三届中小学电脑制作活动中,2件作品获国家级奖励,20件作品获省级奖励,市教育局被评为省辖市教育行政部门最佳组织奖。

职业教育

【贯彻落实全省职业教育工作电视电话会议精神】 5月9日,市教育局召开专题座谈会,对全市的职业教育发展提出新任务和新要求,同时制定《济源市人民政府关于加强职业教育校企合作的意见》,下发《关于明确豫政〔2012〕49号文件重点工作责任单位工作台账的通知》,进一步明确责任单位和责任人,有效推进各项工作的落实。

【职教攻坚】 2012年,国家中职改革示范校项目资金总量为1040万元,截至12月底已到账520万元。8月,上报省级品牌示范校项目1所(市职教中心),特色学校项目2所(市机械高级技工学校、市卫生学校),申报资金近6000万元。

【项目建设】 投资5亿元兴建职教园区,指挥部采取“白加黑”、“五加二”工作制,截至2012年年底,教学楼、学生餐厅、宿舍楼等有序施工,现已累计完成投资3亿元。

【校企合作】 本年,市职业教育中心抢抓与富士康、瑞兴汽车服务有限公司等企业合作的机遇,提升职业教育服务经济社会发展的能力。依托职业学校开展阳光工程培训、雨露工程培训、全民技能振兴工程培训等,年培训达2万人次,提高受训者的就业能力。市职业教育中心与济源市瑞兴汽车服务有限公司签订校企合作协议,共建汽车工程系实习基地;济源职业技术学院与富士康集团签署校企合作协议,富士康科技集团将向学院提供价值4000万元设备以及产品和订单,并促成富士康企业落户济源,预计新增就业人员3.7万人。

【中职招生】 4月,进行10天中职招生大型宣传活动,举办30余场“中职学校优秀毕业生先进创业事迹报告会”,与初三学生、家长零距离、面对面接触,就全市中职学校的办学优势及国家有关中职优惠政策举办说明会,本年共完成中职招生3799人。

【中职学校师资培训】 2012年,组织60名中职学校的班主任参加北师大继续教育学院在焦作、洛阳、安阳举办的“全国中小学(含中职)德育创新与班主任管理高级研修班培训”。组织骨干教师7人参加国家级培训,14人参加省级培训,5人参加企业实践,4人参加省级班主任培训。组织职业学校校长参加在江苏张家港、宁夏银川举办的“全国中职学校东西部联合招生洽谈会”。

【教育质量管理】 4—7月,在河南省第七届中职学校“文明风采”竞赛活动中,全市近百件作品分获一、二等奖,市教育局获优秀组织奖。10月,市职业教育中心被评为全省校企合作先进单位,并获奖金15万元。

其他教育事业

【建立校外托管机构联席会议制度】 2012年,全市134家托管机构取得工商营业执照,对优先取得工商营业执照的22家合格托管机构奖励资金共计3.9万元。4月23日,《中国教育报》以“济源九部门联手管好校外托管班”为题推介经验。湖北鄂州以及鹤壁、南阳等20余家省内外单位先后到济源市参观学习。

【民办教育】 一是争取省教育厅资金及优惠政策,2012年,共争取省民办教育发展资金20万元。二是协调市财政部门,进一步落实民办义务教育学校“两免一补”及生均公用经费的有关政策;三是成立民办教育领导小组,进一步明确各单位各部门的工作职责,切实保障民办教育健康发展。

【老干部活动】 11月25日,教育系统老干部艺术团精心编排的节目《老年大学喜事多》代表河南省参加全国五部委举办的“红叶风采”文艺晚会,受到国务院副总理、全国老龄工作委员会主任回良玉等亲切接见,并荣获特等奖。

撰稿:刘栋军　贺欣欣
审稿:原　涛

巩 义 市

市政府分管教育副市长:贺传伟
市教育体育局局长:常成军
市教育体育局地址:巩义市东区嵩山路114号
电话:0371-64353032
市教体局党委书记:李光宗
邮编:451200
传真:0371-64352000

综 合 管 理

【概况】 2012年,全市有各级各类中小学校122所,在校学生131218人。其中,小学80所,在校学生50576人,教职工3338人;初中30所(民办1所),在校学生22788人,教职工2396人;普通高中7所,在校生13430人,教职工1142人;职业学校4所(民办1所),在校生4392人,教职工359人;特殊教育学校1所,在校学生68人,教职工22人。小学适龄儿童入学率为100%,初中适龄少年入学率为99.5%,三类残疾儿童少年入学率为100%。小学辍学率为0%,初中辍学率为0.41%。全市小学毕业率为100%。全市小学专任教师学历合格率为100%,专科以上学历率为93.6%;初中专任教师学历合格率为100%,本科学历率为72.1%;高中专任教师学历合格率为98.41%,研究生学历率为13.7%。

2012年教育经费(含民办学校及民办幼儿园)达89484.2万元,国家财政性教育经费82844.2万元,财政预算内教育经费76442万元,分别比上年增长22.3%、19.8%、23.05%。预算内教育经费(包括城市教育费附加)占财政总支出的比例为20.98%,比上年提高0.8个百分点。

【市教体局领导班子成员名单】 局长常成军,党委书记李光宗,副局长许保中、贺新向、董玉勤、张武龙、吴元道,纪检书记徐现争。

【召开高效课堂推进会】 4月17日,市教体局组织全市中小学校在子美外国语小学召开高效课堂推进会,各中小学校校长和教学负责人、各教研中心主任、学科教研员近300人参加会议。会议回顾总结了巩义市高效课堂的开展情况。市教体局对全市42所学校进行了高效课堂建设督导交流活动,对全市33所初中、9所高中的高效课堂工作督导评价,通过校长汇报、答辩、课堂观察、查阅档案、座谈、问卷调查的形式,先后听课1000多节,达到了学校间检查督导、交流借鉴、互相学习的预期目的。会议对涌现出的米河一中、孝义一中、二中附中、三初中、二中、二中东校区等13个高效课堂建设先进典型提出了表扬。

【举行阳光体育活动】 5月4日,巩义市教体局组织全市各教研中心主任、各中小学校校长、各校体育学科组长在二中附中召开校园阳光体育活动现场会。经过2个多月的紧张训练,二中附中的学生们让与会人员耳目一新。在学校仪仗队展示后,各班级方阵步调一致,整齐划一,团体武术操、跳绳、篮球基本功表演依次进行,篮球基本功表演穿插队形变换,数百人同时表演,整个场面紧张、有序。特长班为大家展示了健美操、花样跳绳、花样篮球、毽球。会议要求各校在开全开足体育课的同时,确保学生每天一小时的活动时间,利用中招体育考试的导向性,广泛开展丰富多彩的体育活动,成立多种兴趣小组,真正让每个学生都动起来、跳起来,让校园更加充满活力。

【教育质量】 2012年高招,全市一本上线597人,二本上线1679人,三本上线3077人。其中应届生一本上线401人,比上年增加178人,增长80%;二本上线1033人,增加315人,增长44%;三本上线2107人,增加451人,增长28%。巩义市第二高中学生王晓琦、张艳艳被北京大学录取,沈小飞、曹士坦、李新基、杨玉基被清华大学录取。

【推进网格化管理工作】 巩义市教育系统内着力构建"横向到边、纵向到底、条块融合、无缝对接"和各级力量集中下沉的网格化管理工作格局。建立8个教育督导责任区和三级网格架构体系,在全市20个镇(办)和324个行政村推进教育管理的精细化。市教体局在全市开展以"关爱孩子,携手育人"为主题的教师进万家"大家访、大调研"活动。全市6000余名教师深入到千家万户,了解学生的家庭状况、成长环境、在家表现、学习习惯和生活习惯等,向家长反馈学生的学习情况及在校表现,指导家长转变教育观念,用科学的方法教育孩子。掌握特殊家庭学生(贫困生、单亲生、农民工子女、留守子女等)和行为偏差生(学困生、有不良行为习惯的学生)情况,有针对性地采取帮教措施。讲解有关学生安全教育知识,督促家长教育学生增强安全防范意识。在整个活动中,切实做到工作有计划、过程有检查、任务有落实、情况有总结。

【学前教育】 2011年新建、改扩建的14所公办幼儿园,截至

2012年底,8所已经投入使用。2012年计划开工建设的11所公办幼儿园,新增143个教学班,预计总投资6244万元。截至年底,实际开工的幼儿园7所。扶持8所民办园通过郑州市一级幼儿园验收,2所民办园通过郑州市二级园验收,推进了学前教育整体实力。

【改善办学条件】 8月,巩义市政府出台《关于印发巩义市2010年至2015年义务教育薄弱学校改造计划实施方案的通知》,对全市26所薄弱中小学投入2373.51万元,用于学校的实验设备、多媒体设备、校舍改造等,并明确2012年完成全部教学装备类配置任务,校舍建设类争取2012年全部启动,2013年完成,使26所薄弱学校达到省定一类标准。9月,市政府又出台了《关于巩义市义务教育学校办学条件标准化建设规划的实施意见》,对全市义务教育阶段的所有非薄弱学校计划总投入5502.4万元,用于购置仪器设备271177件、功能器材18058件、图书722116册、多媒体计算机教室及教师备课室电脑2785台,新建、改扩建教学楼、综合楼、宿舍楼17532平方米,使全市义务教育学校全部达到或超过省定一类标准。

【教师队伍建设】 鼓励教师参加各类进修和继续教育,完成了高中教师新课程培训、中小学现代教育技术能力培训、继续教育培训、班主任培训等培训工作,全年共培训教师5871人次。建立了名师、学科带头人辐射帮扶制度,先后组织60位名师分学段到农村高中、初中、小学和幼儿园开展名师上课、名师点评、结对帮扶系列活动,观摩学习教师达2300余人次。94名教师参加了河南省、郑州市各学段名师、骨干教师培训。完善教师补充机制,坚持公开、公平、公正原则,招聘中小学教师175名,其中119名大专毕业生,全部充实到农村中小学校,进一步改善农村教师队伍结构,新聘56名研究生,提升高中教师整体素质。

【教育保障】 在教育经费保障方面,财政教育投入实现了逐年增长,农村中小学义务教育学校生均公用经费标准也分别由2010年的630元(初中)和430元(小学)提高到本年的730元和530元。在教育救助方面,涵盖义务教育、职业教育、普通高中教育、考取高校的贫困家庭子女等各个阶段,以政府为主导的贫困家庭就学救助体系已经初步形成。2012年春季按照上级有关政策,小学贫困寄宿生补助由2011年的每生每天3元,提高到本年的每生每天4元,每期500元;初中贫困寄宿生补助由2011年的每生每天4元,提高到本年的每生每天5元,每期625元。职业教育方面,积极落实中等职业学校国家助学金、免学费政策,凡在巩义市中等职业学校就读的具有郑州市户籍的学生,也可享受郑州市免学费政策。2012年全市发放助学金309.45万元(春季发放186.405万元,秋季发放123.045万元),免学费金额481.788万元,其中国家免学费215.808万元(春季免费41.508万元,秋季免费174.3万元);郑州市免学费265.98万元(春季免费196.26万元,秋季免费69.72万元)。普通高中教育阶段,全市已建立普通高中家庭经济困难学生国家资助制度,资助面占普通高中在校生总数的25.8%,低保家庭学生每生每年3000元,其他贫困家庭学生资助标准可由学校结合实际情况在1000元—1500元范围内确定。2012年共资助贫困生3463人,资助金额519.4万元。

【尊师重教】 米河镇张全利、田长林、李松山、郜其凯、王书先、田韶辉、马新立、张文明、张林池捐资165万元成立"米河镇教育发展基金",回郭镇李建波出资20万元设立"名师奖",马相国出资20万元设立"学子奖",王小伟、徐顺卿、马廷义各出资10万元,用于教师津贴。另外,张仲鲁先生的后人在巩义三中设立的张仲鲁奖学金发放至第十届,每届发放奖金20万元,对全市高考成绩突出的学生进行奖励。

【安全防控】 围绕全面排查治理校园安全隐患,进一步完善规章制度、制定各类应急预案,严格落实校园安全工作责任制和责任追究制。5月18日,分14个小组对200余所中小学、幼儿园的消防安全、治安安全、饮食安全、交通安全教育、隐患排查整治等工作进行全面检查。各学校安全责任落实及应急预案建设、周边治安防范、校园内部管理、消防安全、校舍安全、食品安全等各项工作都得到落实和督促。全年排查整改各种安全隐患89项,开展安全知识讲座128场,开展火灾、震灾逃生安全演练156场次,参演师生达8万人次。对全市200余所中小学校(幼儿园),146台接送学生车辆进行了排查,存在安全隐患的立即停用和维修。出动检查人员54人,派出检查组22个,检查校车超载现象,责令超载车辆到交警队接受处罚,使用单位停园整顿。

【学校体育艺术工作】 3月29日,在体育馆举办了"紫荆杯"书画现场赛,参加教师130余人,分为书法、绘画两组,分别评出一等奖5名、二等奖10名、三等奖25名。3—5月,组织了中学生"晨光"体育活动,竞赛项目包括跳绳、三人篮球、乒乓球等项目;5月8日,从3—4月各项目阶段赛中分别选出5个代表队(分男女队)共30个队伍进行全市决赛,参加比赛学生600人以上。组织全市中小学音乐教师参加河南省优质课、课件评比活动,共获得一等奖3名、三等奖3名。11月,举办了第二届"辉煌俱乐部"杯少儿乒乓球比赛。参加河南省晨光体育活动,获得团体二等奖;参加河南省校长杯乒乓球比赛,获得第五名;参加河南省交互绳比赛,获得第三名。

【群众体育工作】 5月16日,市教体局组织"全民健身活动月启动仪式暨巩义市天马周末篮球公开赛",共有10支队伍、200余名队员参加比赛,活动持续了一个多月,最终巩义蓝天队、天马篮协、巩义兄弟队,获得了前三甲。太极拳协会响应全民健身月活动,在市体育馆广场举办了2012年太极拳、太极剑比赛,比赛共设42拳、42剑、太极扇、太极刀、太极柔力球5个项目,市区和乡镇共计19个站点、256人参加比赛。7月27日,市教体局联合中国台球协会、北京星伟体育用品有限公司、巩义市聚龙台球俱乐部等多家单位,组织2012年CBSA"聚龙·星牌杯"全国中式台球排名赛资格赛,参赛队员100余人,裁判20余人。

职业与成人教育

【概况】 巩义市现有职业学校4所,其中3个中等专业学校为政府办学,巩义美术专业学校为民办学校。巩义市第一中等专业学校为国家级重点职业学校,巩义市第二职业中等专业学校、巩义市第三中等专业学校为省级重点职业学校。全市职业学校在校生4392人,教职工359人。市镇村成人教育学校共计287所,其中高等教育学校1所(市广播电视大学),镇成人学校16所,村级成人教育学校270所。2012年共完成农村劳动力培训57873人次,其中转移前培训34891人次,转移后培训13710人次,应届初高中毕业生职业技能培训12755人次。

【校企合作】 市一中专与南京喜星电子、芜湖美的、苏州华硕电脑、南京仕达利恩等公司签订校企合作协议,实现校企顶岗实习零距离对接。二中专在继续深化与北大青鸟的合作基础上,4月又与河南省跃龙门教育科技有限公司签订了《综合布线人才培训暨市场化动作双边协议》,与郑州竹林松大电子科技有限公司签订了《弱电项目基地建设及技术人才培训合作协议书》。三中专与焦作艾可森文化传播有限公司签订校企合作协议,选派艺术专业学生赴杭州参加由张艺谋执导的“印象·西湖”实景演出,10月通过河南省校企合作先进单位检查验收,被评为河南省校企合作先进单位。

【职业学校学生就业】 2012年,各职业学校继续落实升学与就业并重的“两条腿走路”就业模式,在各校就业指导机构的共同努力下,实现了机构、人员、经费、设备的“四落实”,使学校的毕业生就业率稳定在98%以上。本年,巩义市各职业学校对口升学成绩也有新突破,共参加考试367人,专科上线率97%,上二本线70人。

【职业教育工作通过验收】 12月,顺利通过了河南省职教攻坚工作督导评估,得到好评。本年,市教体局还顺利通过了2012年郑州市县级政府教育工作督导评估检查。

【重点工程建设】 2012年,市一中专省级示范性职业学校建设项目和三中专薄弱学校建设项目顺利完工并验收合格。同年,市一中专成功申报国家级中等职业教育改革发展示范学校,国家对该校内涵建设支持资金970万元,争取郑州市实习实训基地建设项目资金100万元,成功申报河南省职业教育品牌示范院校建设项目,争取资金500万元。12月,市三中专、二中专分别入选河南省中等职业教育品牌特色学校建设项目库2013年、2014年建设计划。

【职业教育技能大赛】 4月,市教体局组队参加郑州市第十八届中等职业教育技能大赛,团体项目获奖15项,其中一等奖1项、二等奖8项、三等奖6项;个人项目获奖59人,其中一等奖6人、二等奖19人、三等奖34人。12月,组队参加河南省中等职业学校学生素质能力大赛,中硬笔书法、普通话演讲、word应用文写作、街舞4个项目8人获得一等奖,7个项目14人获得二等奖,9个项目20人获得三等奖。

撰稿:李红军

审稿:李光宗

郑 州 市

市委分管教育领导,市委常委、宣传部长:陈　达

市政府分管教育副市长:王彩霞

市教体局局长:柳玉朝

党组书记:袁建亚

市教体局地址:郑州市新华中路170号

电话:0377－62168632

邮编:474150

综合管理

【概况】 2012年,郑州市有中小学校、幼儿园1223所,在校(园)学生及幼儿26.1万人。其中,普通高中8所,职教中心1所,初中52所,体育学校1所,聋哑学校1所,小学581所,幼儿园579所。在职教职工1.26万余人。

【市教体局领导班子成员名单】 局长、党组副书记柳玉朝,党组书记袁建亚,党组副书记、副局长孙保勤,党组成员、副局长

石桂丽、翁雪雁、程传玺,党组成员、纪检组长李坤林,党组成员刘奇。

【成绩与荣誉】 2012年,邓州市教体局56项工作受到国家、省、市表彰和奖励,先后获全国青少年爱国主义读书活动优秀组织奖,全国教师教育工作先进单位,河南省学前教育工作先进单位,河南省基础教育教研工作先进单位,河南省民办教育先进单位,河南省课程改革先进单位,河南省教育督导工作先进单位,河南省教育宣传特优市,河南省教育审计工作先进单位,河南省教育资助工作先进单位,河南省职业教育教学教研先进单位,河南省学校卫生工作先进单位,河南省电教教材建设先进单位,河南省教育系统关工委工作先进集体,河南省招生考试宣传工作先进单位,邓州市纪检监察工作先进单位,邓州市创先争优先进单位,邓州市平安建设先进单位等。

2012年,邓州市中招考试成绩稳中有升,普通高中学生学业水平考试一次性合格率达96.8%,全市高考一本、二本、三本及专科一批以上进线率均超过省进线率,受到了南阳市政府通令嘉奖。职教工作成功实现了省职教强县(市)创建目标。涌现出了一批品牌学校,城区一小荣膺"全国特色学校"称号,城区三小跻身全省名片学校行列,穰东镇一初中"心灵之约"工作室受到省、市有关部门好评。《中国教育报》、《中国青年报》、中央人民广播电台、人民网、中国教育新闻网、《河南日报》、《教育时报》、河南电视台等多家新闻媒体对邓州市教育工作经验进行了多角度、全方位报道。

【学校管理】 深入开展"百佳管理规范化学校"创建活动,各乡、校积极树立典型,精心培育,既搞好硬件建设,又实施精细化管理,既抓好常规工作,又打造特色品牌,12月,教体局组织验收评审,三年共评出100所邓州市"百佳管理规范化学校",提升了学校管理水平。6月,完善了城区义务教育阶段学校招生制度,进一步规范办学行为,扎实做好城区中小学招生工作,9月,城区中小学校起始年级学生总量比上年有所减少,城区学生数量激增的势头得到控制。完善了控辍机制,对各初中各年级的学生动态实施全程监控、全员监控,确保了生源稳中有升。依托省学籍管理系统规范高中招生管理工作,认真落实普通高中招生"三限"政策,高中招生行为进一步得到规范。

【德育及家校共育】 2012年,在全市中小学校开展《弟子规》、《三字经》等经典诵读活动,中小学生基本达到人人诵读、人人会背的要求,培养了学生孝老尊亲、诚信待人的传统美德。开展"三理"教育,把"三理"教育渗透到学校教育全过程。开展关爱留守儿童活动,各乡、校都建立了留守儿童、孤儿学生、单亲学生档案,孩子们的学习、生活、身体、心理健康以及他们的心声和诉求,得到了保障。开展"雷锋歌曲大家唱"、"学雷锋见行动"主题征文系列活动,举办学雷锋报告会60余场,全系统涌现出学雷锋活动先进集体20个、先进典型150余个。开展"庆五四、迎七一"红色经典歌曲传唱活动、"红领巾心向党主题队日活动",展示新时期青少年昂扬向上的风貌。开展"巾帼建功"、"三八红旗集体"争创活动和"代理妈妈"联亲结对活动,展现了广大女教工的时代风采。开展了第十届青少年爱国主义读书教育活动,在层层选拔的基础上,举行全市演讲比赛,共评出一等奖10名,二等奖20名,三等奖27名。继续巩固"千名教师访万家,万名家长进课堂"活动成果,全市中小学教师累计走访家庭20余万人(次),家校共育机制进一步健全。教体局关工委工作扎实开展,组织家教讲师团到基层宣讲家教知识60余场,家长听众达1.3万余人次,产生了广泛的社会效应。

【党风廉政建设】 坚持制度、教育、监督并重,不断完善机关各项规章制度,组织对机关工作人员上下班及执行"十禁止"情况进行多轮检查,转变了作风,弘扬了正气。认真贯彻上级党委、纪委反腐败和廉洁自律的各项规定,坚持标本兼治,注意从源头上解决和预防腐败问题。修订完善机关会议、财务支出、工作人员请销假及车辆使用等管理制度,进一步严明了纪律,规范了行为;执行了党风廉政建设制度和岗位责任制度,使整个教育系统事事处处有制度管理、约束。坚持召开民主生活会,全面提高领导干部廉洁自律意识。推行政务公开、校务公开制度,全面接受社会监督。

【中小学安全管理】 在全市中小学开展"平安学校"创建活动,对上年评选的50所"平安学校"实行动态管理。各乡、校开展"中小学安全教育日"、"学校安全月"等活动,对学生进行防火、防盗、防溺水、防拥挤踩踏、防食物中毒、防交通事故、防不法侵害安全教育,有效提高了广大青少年学生自我防护意识和自救、互救能力。坚持实行"四查一整改"制度,对全市各中小学校、幼儿园的校舍及附属设施、电力线路、学生食堂、学生宿舍等进行了全面督查,对查出的问题进行现场整改或限时整改。组织学校安保、食堂、宿舍等管理人员岗位培训1680人次。争取补助资金200余万元,共拆除D级危房10余万平方米,基本消除了校舍安全隐患。先后三次联合交警部门对民办学校校车进行全面排查整治,签订目标责任书,建立校车档案,对违规车辆进行清理整顿,查出报废车2辆,暂扣证件6份,拘留无证驾驶员1人。校园安全应急预案体系进一步健全,安全演练活动扎实开展,各类防范措施逐步完善,教育安全管理工作再上台阶。

【教育稳定】 对一些群众关心的职称评定、教师补进等热点问题,做到公开、公正、公平;对一些苗头性的问题,能做到早排查、早发现、早解决,力争把矛盾解决在萌芽状态。妥善解决群众信访、人访问题,对上级信访部门交办、批转的事(案)件,全部按时予以办理、办结。全年组织6类8次3万余人参加的国家和省级教育考试,受到省招办的充分肯定和表彰。进城务工子女上学应入尽入。义务教育阶段全面推行教师绩效工资。尊师重教形成浓厚氛围,教师节期间,市"四大家"领导深入学校慰问教师,各乡镇政府共筹资200余万元全力表彰教师,社会各界捐资助教蔚然成风。教体局为部分基层教师及机关人员进行了体检,在全系统教师中推广太极拳等健身运动,提高教师的幸福指数。

师资队伍建设

【教师队伍补进】 2012年，市教育局不断加大教师补进力度，到师范类大学签约61人，直接招录研究生11人，面向社会公开招聘330人，落实特岗计划106人，全年邓州市共补进教师508人。

【教师培训】 本年，先后组织教研员、校长、骨干教师2600余人次赴北京、上海、山东等地参加培训会，吸取省内外先进教学经验。邀请全国知名教师教育专家安贵增、魏现州等作报告，为广大教师传经送宝。组织参与国培、省培计划教师1550人。据全国继教网数据平台统计，全市"国培计划(2012)继续教育"项目工程实施以来，邓州市小学数学，中学体、音、美学科教师按时登录或报到学习，邓州市学员登录率一直为100%，位居全省第一。以市教师进修学校为基地，开展各类教师培训百余期，培训教师6522人次。各乡、校结合本校实际，开展了各具特色的校本培训，实现了校本培训全员参与的目标。

【行风及师德师风建设】 开展"转作风、抓落实、提质量"主题教育活动，出台了实施方案，组织机关中层以上干部深入学校调研百余次，听课400余节。开展"查摆问题，建言献策"活动，征集意见、建议500余条。探索实行了"三制"改革，部分乡镇竞争聘出了中小学校长，反响良好。重点开展了"三查三规范"活动，通报批评有偿办班2起，辞退在编不在岗教师17人，行风建设取得明显成效。制定了师德师风建设评估办法和考核标准，形成了比较完备的考核监督体系。组织参加省"教育崛起，教师为基"师德主题教育征文和演讲比赛活动，31篇论文分获省级一、二、三等奖，演讲比赛2人获省级二等奖、1人获三等奖；全市共评出市级论文100篇，60人获市级演讲比赛一、二、三等奖。开展了师德师风先进校创建、师德师风标兵评选等活动。制定了《邓州市中小学师德师风"十不准"》，并制成永久性版面，摆放在学校醒目位置。从全市中小学(幼儿园)教师中遴选出7名优秀教师，到各乡、校作师德师风巡回报告。

【名师、名班主任、名校长培育工程】 继续实施"名师、名班主任、名校长"培育工程。相继完善了"名师"、"名班主任"、"名校长"工程实施方案。围绕方案，各乡、校认真组织了培育、初选、推荐工作，市教体局严格程序开展了考核考评，共评出了30位名师、30位名班主任、15位名校长。同时，根据省名师遴选方案，邓州市严格评审把关报送省名师候选人14人，经省教育厅考试考核综评，有8名教师获2012年省级名师称号。

基础教育

【教育教学管理】 2012年，教体局组织对所有高中、初中进行了多轮视导，对全市小学视导近二分之一，组织不同范围、不同层次、不同形式的教学督查活动20余次。各乡、校围绕局教学工作部署，加强了对教学工作的检查和指导。教体局党组成员、机关中层干部多次深入分包乡、校调研指导教学工作。各级领导特别是一把手经常带领相关人员，深入学校、深入课堂，督导备、教、批、辅、考等教学环节，确保了常规管理工作落到实处。

【新课程改革】 开展"课改推进年"活动，出台了实施方案和奖励制度，完善了中小学评价体制，从有效课堂抓起，以打造高效课堂为目标，坚定不移地推进课程改革。各乡、校结合实际，开展大规模的课改交流会、课改推进会，大胆探索课改的新方法、新措施。采取"走出去、请进来"的办法，引领教师感受课改魅力，积极融入课改大潮。10月22—26日举行了为期一周的全市初中和各乡镇中心小学课改推进活动，11月20日迎接了南阳市对省级示范性高中的观摩，推动全市课改工作逐步走向规范化轨道。2012年全市共组织教研员、业务专干、中小学校长及骨干教师1000余人次赴山东、重庆、成都、郑州、开封等地参加教学研讨，并邀请教育专家举办讲座6场次。实施了全市中小学教师新课改理念知识检测。融合省内外先进教学经验，形成了一批以"问题导学法"教学模式为主体的具有邓州特色的教学新模式。小学段实施了六年级质量检测，初中段加强了控辍工作，高中段实施了"名牌战略班"、教研员蹲点指导、名师工作室等措施，小学、初中、高中三级教学齐抓共管机制形成。教学教研活动有序，说课、赛课、骨干引领、名师示范课为教师成长搭建了平台。全市上报并确立省级课题72项、南阳市级课题11项，论文获奖省级336篇、南阳市级近700篇。

【素质教育】 坚持诸育并举原则，开齐、上足、教好所有应开课程，促进学生素质全面发展。成功举办了全市2012年中学生田径运动会、校园体育活动现场会，开展了"中华诵·经典诵读"展演活动，积极参加全国、全省各项赛事，700余名学生分获各项奖励，市教体局多次获省级优秀组织奖。在省十三届中学生晨光体育夏令营活动中，邓州市获团体总分二等奖。举办了"姚雪垠作文奖"、"彭玮数学奖"、"关工委知识奖"三项传统赛事，全市20余万名学生参加了比赛，1269名学生获市级奖励。此外，举办了小学生"小歌手"比赛、全市初中数学联赛、小学生英语短剧表演赛、小学生诗歌朗诵比赛、小学生钢笔书法比赛等活动,展示了素质教育的丰硕成果。

【教育惠民政策落实】 继续推进国家和省实施的“中小学校舍安全工程”、“农村初中食堂改造工程”、“农村学前教育推进项目工程”、“农村中小学远程教育工程”等,争取国家政策性项目资金近7872.3万元,新建校舍10万平方米,改造农村初中学校食堂1.3万平方米。投资1159万元,为全市农村中小学校添置教学实验仪器520套(件)、体音美教学器材269套(件)、课桌凳2.2万套。认真落实各级各类学校贫困生资助政策,落实义务教育阶段“两免一补”资金共计1.7亿元,全市20余万名中小学生享受到政策的阳光雨露;春秋两季共资助贫困学生14850人次。全面做好贫困大学新生资助工作,通过“贾宗哲教育奖励基金”、“魏兴斌奖学金”、“百名学子成才工程”、“周宁助学金”等先后协调、筹集资金200余万元,用于大学新生资助。

【教育均衡发展】 扎实推进学校布局调整,3月,教体局组织基教科、计财科、仪电站、体卫艺科等相关科室根据布局调整规划,重点对52所初中、126所中心小学和城区15所完全小学的校舍、师资、生源、装备及学校服务人口、服务范围等情况逐校进行调查登记,绘制了学校现状平面图和学校发展规划图。同时,对照河南省义务教育学校办学基本标准,对上述学校建设情况进行了预算,上报市政府,为实现区域内义务教育基本均衡奠定基础。投资3000余万元,完成了城区十一小等4所学校的扩建工程,增加学位1200个,城区五初中、城区二初中改扩建工程顺利实施。全面做好进城务工人员子女受教育工作,全年共接收安置进城务工人员子女入学3760人。继续开展“送教下乡”和“农村支教”活动,为乡镇学校送课260节,举办业务讲座百余次。切实关注留守儿童受教育问题,各学校均配备了专兼职心理教师,对留守儿童心理问题进行引导,部分学校为留守儿童设立亲情电话,方便留守儿童与家长沟通。

【幼儿教育】 学前教育三年行动计划全面启动,争取项目资金1300余万元、奖补资金1925万元,改造农村幼儿园100所。自筹资金近200万元,启动实施了市幼儿园晋档升级工程。6月19日,在市直幼儿园举办了全市幼儿教师玩教具制作比赛,在此基础上,推荐4名幼儿教师参加省级幼儿教师基本功比赛,有3名选手获奖,其中一名获农村组一等奖第一名,教体局获优秀组织奖。10月,市直幼儿园顺利通过省示范性幼儿园验收。

【民办教育】 把招商引资与民办教育发展紧密结合,鼓励和引导民间资金投入教育,使民办教育蓬勃发展起来。致远实验学校二期工程已交付使用,增加9个教学班。引资8000万元的春风学校一期工程已完工。引资1000万元的湍河育才幼儿园建设用地已批,围墙已圈,引资1亿元的翰林学校已进入实质性建设阶段。加强对民办中小学幼儿园的日常管理,对校舍及附属设施进行了多轮拉网式排查;组织民办学校进行观摩交流,提高了办学水平。

职业与成人教育

【职业教育】 职教改革不断深入,职业学校继续深化课程和教学改革,不断完善教学管理机制,大力开展校企合作、农民培训和订单培训。2012年,“一乡一业、一村一品”培训农民3.5万人;与浙江人本集团、上海志创集团等10多家知名企业,签订用工合同,相继输出6批700余名毕业生;在上级政府的安排部署下,向富士康集团输送280余名学员。扎实做好职业教育惠民政策的落实,有2915名职业学校学生享受到每年1500元的生活补助金,有3632名学生享受免学费政策,促进了职业教育的健康和谐发展。在职教招生工作中,强化责任,分解任务,广泛宣传,大力引导,在招生形势十分严峻的情况下,圆满完成了省教育厅下达的任务。2012年,争取资金1200万元,立项建设职教中心实验大楼。更新办学思路,加快推进“职业技术学院”筹建工作。全力做好职教强县创建工作,受到省政府督导团的高度评价,顺利通过验收,荣膺“河南省职业教育强县(市)”称号。

【成人教育】 强化成人学校阵地建设,使28所成人学校都达到了省定的一、二类标准。继续实施协作区制度,全市6个协作区,采取资源共享、优势互补的运行机制,定期开展教研和培训活动。加强师资队伍建设,定期邀请农业专家、科技人员对乡、村两级成教专师进行业务指导和全员培训,努力培养“双师型”人才。狠抓农民文化实用技术培训工作,2012年,全市共举办各级各类实用技术培训班600余期、科技讲座150多次,累计完成农民文化技术培训7万余人次。实施“成教兴农”工程,全市各乡镇成人学校共创办实验示范项目260余个,涉及种植、养殖、加工各个方面,其中科技含量较高的项目有30余项;与市科委、科协、农业局、种子公司联系推广品种20个,创办科技示范项目60余个。

撰稿:张中锋

审稿:柳玉朝

永 城 市

市政府分管教育副市长：王琴芝(1月—)　　市教体局局长、党委书记：黄传印
市教体局地址：永城市东城区中原路78号　　邮编：476600
电话(传真)：0370-5118645

综合管理

【概况】 2012年，全市共有各级各类学校581所，在校生331221人，教职工15937人，专任教师13978人。其中幼儿园125所，在园幼儿60417人，学前三年毛入园率为65.5%，学前一年毛入园率为94.5%，教职工2814人，其中专任教师1849人，学历达标率99.57%；小学392所，在校生178210人，学龄儿童入学率100%，辍学率0.63%，教职工8087人，其中专任教师7555人，学历合格率100%；初中58所，在校生70790人，适龄人口入学率98.7%，辍学率2.53%，教职工3669人，其中专任教师3312人，学历合格率100%；高中5所，在校生21713人，高中阶段毛入学率89.2%，教职工1054人，其中专任教师979人，学历合格率90.82%。

2012年，全市教育经费继续保持"三个增长"，财政教育支出占公共财政支出的比例达到32.75%，高出全省平均值10.45个百分点。全市基础教育重点民生工程落实资金1.9亿元。占应落实资金的100%。其中农村义务教育"两免一补"落实资金17040万元，农村义务教育特岗教师工资性支出630万元，城市义务教育免学杂费380万元，普通高中计划资助学生9994人次，发放助学金750万元。国家助学金资助中职学生落实资金120万元(其中中央、省资金87万元，市配套33万元)，中职生免学费政策共计资助700人，落实资金41万元(其中中央、省资金30万元，市配套11万元)。

全市幼儿园占地面积35.4公顷，其中绿化面积41614平方米，活动场地面积84797平方米。全市小学占地面积392.2公顷，其中绿化面积354409平方米，活动场地面积639942平方米。全市初中占地面积184公顷，其中绿化面积145500平方米，活动场地面积284175平方米。全市高中占地面积61.3公顷，其中绿化面积69910平方米，活动场地面积71916平方米。

2012年，永城市获省政府授予的"河南省教育工作先进县"(豫政〔2012〕98号)、"河南省义务教育均衡发展先进县(市、区)"(豫政〔2012〕105号)称号。

【市教体局领导班子成员名单】 局领导班子成员12人。党委书记、局长黄传印；党委副书记、副局长吕武乾，党委委员、纪检书记刘振亮，党委委员、督导室主任孙宗礼，党委委员田永峰，党委委员、招办主任苏永彦，党委委员赵海涛；副主任科员赵先立、杜省峰、朱传信、夏冰、李杰。

基础教育

【星级学校创建】 2012年，全市新评选五星级以上示范学校32所，复验合格38所。至此，全市五星级以上学校总数达168所。

【教育均衡发展】 农村学前教育快速发展。乡镇中心幼儿园建设纳入学前三年行动计划，落实一期投资2065.2万元，在全市57所农村小学增设了附属幼儿园，把16所农村闲置校舍改造为幼儿园，使全市公办幼儿园增加到82所，在园幼儿新增7697人。暑假，为农村73所幼儿园配置了桌椅床铺、户外大型玩具、教玩具、电视机、图书、各种柜架等，确保秋季开学招生。

重点项目建设逐项落实。中小学校舍维修改造工程、校园绿化美化净化工程共计投入1.5亿元，新建改建各类学校50所，建筑面积12.3万平方米，修建跑道、田径场23个(其中塑胶操场5个)；绿化美化净化农村小学89所。36个校安工程项目全部完工，五中建成并投入使用，旭阳中学顺利并入实验中学，市直幼儿园二园、西城区一高教学楼、市直幼儿园教学楼开工在建。东城区教师进修学校建设前期工作有序进行。东城区特殊教育学校竣工。

开展城乡师资对口支援活动。选派9所局直小学共计65

名主任以上管理干部对口支援全市29个乡镇的65所农村小学，实施帮扶战略，促进农村学校管理再上新台阶。同时，根据《教育部关于大力推进城镇支援农村教育工作意见》，结合永城市实际情况，制定支援下乡的各项规章制度和管理措施，选派11个单位69名优秀骨干教师下乡支教，促进优质教师资源共享。

加大远程教育、图书仪器投入。远程教育共计投入2784.4万元。至年底，全市远程教育网工程已安装3659个班级。投资785万元，为全市义务教育阶段中小学配置图书62万册。农村薄弱学校仪器设备落实投入2800万元。体育器材投资1300万元，按照一类标准，配发262所中小学。

【创先争优活动】 全市涌现市级文明学校31所、文明班集体156个、文明教师144名、文明学生76名。市高级中学被省教育厅评为河南省文明标兵学校；市实验高中被评为河南省德育工作先进学校；市实验中学获商丘市职业道德建设"十佳单位"称号；市三中被评为河南省园林单位；市一小被评为全国校园文化系列活动优秀示范单位、国家级规范汉字书写教育特色学校、河南省德育工作先进学校、河南省廉政文化进学校示范点、河南省第三批语言文字规范化示范学校、河南省文明标兵学校；市二小被评为全国未成年人思想道德建设先进单位、全国诗教先进单位、商丘市文明单位标兵；市三小被评为河南省德育工作先进学校，并获全省教育系统"学习雷锋见行动，三平之中做贡献"活动优秀案例三等奖；市四小被评为河南省文明学校；市七小被教育部基础教育一司命名为河南省第五届和谐校园先进学校，并获河南省教育先进集体称号。

【教育质量评估】 坚持以质量评估为切入点，全面实施素质教育。加大对全市初中的抽测力度，凡国家规定必开科目全部列入抽测范围。对全市初中的抽测人数共达9000余人。按照各校总平均分的高低分成六个等级进行公示，并将评估结果作为对各乡镇中心校校长、初中校长和局直学校校长量化考核的内容之一。

【以教科研促教改】 一是举办课题研究讲座。帮助广大教师掌握研究方法，拓宽研究思路，增强研究欲望，提高研究水平。2012年，在河南省和商丘市教育研究成果评选中，永城市分别获得省级课题成果奖16项、商丘市级成果奖24项，新立项省级课题18项、商丘市级课题52项。二是分片、分科、分期举行了教学观摩活动。以城区学校为阵地，选拔教改能手和教改新秀112人。分科、分期、分片举办"四环节循环教学模式"观摩研讨会46次，使全市10000余名教师平均都有1—2次的观摩学习机会。4月16—17日，市教研室组织举办了全市小学语文、数学"四环节循环教学模式"展示会，各科教研员对每位教师的课堂教学进行了精彩分析和点评。三是指导全市中小学广泛开展校本研修活动，围绕《如何上好一堂好课》、《上好课：问题与对策》和《有效教学》三个专题，全市高中、初中、小学共计8325名专任教师参与了研修活动，促进了广大教师对课堂教学的再反思、再认识、再提高。四是把传统的优质课评选改为"四环节循环教学模式"课堂教学大赛，通过广泛发动，全面开展，人人参与，逐级选拔，共有368名教师在商丘市和永城市教学大赛中获奖，12名教师获省优质课大赛一等奖，另有2名教师在全国优质课大赛中获二等奖。年内，市教研室被评为全省义务教育课程改革先进单位，市教体局被评为全省高中课改先进单位。

【特色活动提升学生综合素质】 一是举办全市中小学生"爱我中华、报效祖国"经典诗文背诵比赛活动。按高中、初中、小学三个组进行，全市有92个代表队、1500余名学生参赛，42个代表队、430名学生获得奖励。二是举办中小学生经典诵读比赛活动，全市共90个代表队参赛，参赛学生2100人。三是开展中学生英语课本剧展评和英语综合技能比赛活动。通过层层开展，逐级选拔，共有39个代表队参加了市级中学英语课本剧展评，600余名中学生参加了市级英语综合技能比赛。四是组团参加了河南省中小学生运动会，获团体二等奖。五是举办全市第四届中小学生艺术节，参加人数1650人，艺术表演类节目326个，绘画作品372幅。通过一系列活动的开展，少年儿童体艺和社会实践活动的参与面不断扩大，综合素质进一步提升。

【普通高招】 2012年普通高招，全市报名10150人(其中理科6794人、文科3356人)，本科上线6393人，较上年增加455人。永城高中考生汪梦军以688分的成绩位列河南省理科第四名。

【打造平安和谐校园】 一是突出抓好校车安全管理。市教体局配合公安交警部门，对全市的民办中小学、幼儿园接送学生车辆进行摸底排查，根据《国务院校车安全管理条例》，共清退、查封不合格校车159辆。各民办学校先后投资1300万元，新购83辆标准校车。年末，全市200辆标准校车全部安装了GPS定位系统；市教体局、公安局分别安装了校车监控平台，确保校车运行安全。二是推广食堂托管模式。组织开展对全市101所中学、幼儿园食堂管理的专项检查，实行了等级量化，同时，按照省教育厅部署，全市农村初中食堂实行大公司托管模式，托管率达95%。通过托管，降低了学生伙食价格，提高了饭菜质量，保证了学生营养。三是切实加强校园及周边环境综合治理。配合公安、卫生、住建、文化、综治等部门，先后在新老城区学校周边开展了专项执法，净化了育人环境。

职业与成人教育

【深化职教攻坚】 在成功创建河南省职教强市的基础上，永城市进一步巩固职业教育规模，加强职业教育基础能力建设。建成职教中心实训楼、四职高实训楼、一职高餐厅。职业教育服务永城经济社会的能力进一步增强，永城也因此获河南省民办教育先进市称号。市职教中心顺利通过河南省中职学校教育教学质量评估验收。完成了省教育厅下达的5500

人的职业教育招生任务。

【吸引民间资本】 永城市职业教育中心与义乌大鹏制衣有限公司共建服装专业，学校提供场地、学员、管理和服务，吸引建设资金130万元。永城市职业教育中心与商丘市乘龙机电有限公司共建机电专业，学校提供场地、学员、管理和服务，吸引建设资金50万元。

【围绕市场办学】 坚持做到围绕市场办学校、依托行业开专业、根据岗位设课程，在计算机、服装、数控、学前教育成为河南省示范性专业的基础上，合理调整专业结构，加强对汽修、计算机动漫、动植物工程、医科等专业的建设，引进德国"双元制"培训模式，加强数控实训基地建设。

【创新教学模式】 年初，永城市职教中心组织学生分别前往昆山、苏州、上海等地区进行为期3个月的实习训练，学生得到了社会实践的锻炼，同时获得了学生和家长的好评。永城市一职高实施双师型教师队伍建设方案，安排2名教师参加国家级技能培训、12名教师参加双师型教师培训，并取得相应的技能等级证书；4名教师下企业挂职。市一职高不断创新教学模式，提高教学效果。该校以拓宽学生就业途径为导向，深化课程改革，合理调整专业设置，以"宽基础＋专门化"作为课程设置的基本原则，以"主修＋辅修"为基本教学模式，培养适应经济社会发展需要的应用型人才。2012年，172人参加高考全部上线，本科上线83人，上线率达48.30%。市场营销专业的赵款款以高考总成绩675分夺得全省第二名，陈琳以667分位居全省第五名。

师资队伍建设

【师德师风建设年】 在2月24日召开的全市教育工作会议上，市教体局下发了《关于开展师德师风建设年活动的通知》和《关于向杨素云同志学习的决定》。之后，市实验中学组成"杨素云老师先进事迹报告团"赴全市各地巡回报告，先后举办大型报告24场，听众达8800余人。此外，遵照省教育厅"学习雷锋见行动'三平'之中做贡献"主题教育活动精神，市教体局广泛组织开展了师德主题演讲比赛、征文、先进校创建等活动，引发了全市师德师风建设年活动的热潮，"学三平精神、做三平教师"成为广大教师的自觉追求，一大批杨素云式的师德标兵不断涌现。城厢张大庄小学教师张向文眼睛残疾，一眼失明，另一眼重度青光且散光。为完成教学任务，他每天使用放大镜备课、批改作业，教学成绩一直名列全乡前茅。酂城袁庄小学校长夏正印，身患严重腰椎间盘突出，有时疼得满头大汗仍坚持在教学第一线，为便于学校管理，其家虽距学校不足一里远，仍吃住在校，以校为家。市六中教师刘丽，爱人因车祸住进重症监护室，但是，她没有向学校请一天假，更没有耽误过学生一节课；白天坚守在课堂，晚上，再去照顾大小便都不能自理的爱人。新桥初中教师侯月忠，患有严重的心血管狭窄，曾多次犯病趴在讲台上，他把责任留在了教室，把感动留在了校园，把担心留给了家人，把病魔的威胁留给了自己。市五小教师胡玉芹，拾到14000元现金及时归还失主，被誉为"当代雷锋"。市六小教师曾永，股骨头坏死仍带病坚持给学生上课。蒋口镇刘孟楼小学教师母慧芳、李猛多次捐助贫困学生。蒋口镇洪楼小学教师乔云，对孤儿赵龙祥像儿子一样照顾。蒋口镇乔楼小学教师张登，腿部有伤拄双拐坚持为学生上课。市六中、市七小获河南省师德师风建设先进校称号。

【工资待遇】 全面落实国家工资政策和工资标准，教师工资水平进一步提高，人均月增绩效工资300元以上。

【教师招聘】 招聘"特岗"教师140人。在本地招教215人，招聘研究生、免费师范生15人。

【师资培训】 扎实开展多层次、多类型、多渠道、多形式的师资培训，全年共计完成教育技术能力培训、远程培训、短弱学科培训等各级各类培训5683人次。

【党风政风行风建设】 一是加强考风考纪建设。研究生考试、招教考试引进指纹识别系统，强化了考试工作的安全性，增强了可信度。招教考试，组织严密，措施得当，招考工作平稳顺畅，得到政府领导、社会各界、考生及考生家长的高度认可。二是做好学校"政风行风评议"工作，加强考评等日常管理，塑造风清气正的教育行业形象。完成局机关干部和10所参评学校"政风行风评议"工作。为每位干部建立作风考评档案。并且得到永城市政府纠风办、商丘市教育局等上级有关部门的好评。三是开展"廉洁文化进校园"活动，加强监察和审计。重点整治在学校收费、招生录取、职称评定、财务支出、基建后勤等领域内的违法违纪行为。共计审计单位12个，审计金额9701万元，审计发现违规资金1574万元。其中财务审计11个，干部离任审计1个。清退不合理收费2万余元。市一小被评为河南省廉政文化进学校示范点。四是严查教师脱岗、顶岗、超生等违纪行为。处分教师39人，解除聘任合同2人。

撰稿：陈　伟

审稿：黄传印　苏永彦　郭传振

中 牟 县

县政府分管教育副县长:王洪波
县教体局局长:田金锁
党委书记:陈赞枝
电话:0371-62181686
地址:中牟县城青年路西段
传真:0371-62191033
邮编:451450

综合管理

【概况】 2012年,全县有普通高中3所,在校生13922人;普通初中27所(含外国语学校),在校生23779人,其中县城初中6所,在校生人数11263人,乡镇初中21所,在校生人数12516人;小学156所,其中乡镇147所,在校生人数49594人,县城9所,在校生人数19630人;特殊教育学校1所,在校学生86人;幼儿园98所(含学前班),在园幼儿34935人。全县有公办在职教师7622人。2012年,县财政对全县教育的总投入为10.19亿元。2012年公用、办公经费为8.46亿元,与2011年相比,增加3.45163亿元。

【县教体局领导班子成员名单】 中牟县教体局局长田金锁,党委书记陈赞枝,党委副书记王爱萍,党委委员、副局长李国昌,党委委员、一高校长张百顺,党委副书记、副局长李其瑞,党委委员、副局长、中牟县教育督导室主任张青梅,党委委员、纪委书记朱秀菱,党委委员、副局长郝新岭,党委委员、副局长张辉,党委委员、工会主席闫书杰,正科级协理员孟发祥。

【行风建设】 一是开展廉政文化进校园活动。5—12月,县教体局认真贯彻落实中共中牟县纪委关于印发《中牟县廉政文化“六进”活动实施意见》(牟纪〔2010〕15号)精神,组织开展廉政文化进校园活动,为学校廉政建设营造了良好的氛围,使中小学生从小接受廉政文化熏陶,中牟县新圃街小学被郑州市纪委评为“廉政文化进校园”先进单位。二是规范各级学校收费行为。县教体局继续实行专项目标责任制度,签订治理教育乱收费目标责任书,严格执行收费政策,并继续坚持收支两条线的管理办法,严肃查处违规收费案件。10月,县物价局、县教育局组成联合工作组,集中10天时间,对全县3所高中、5所初中、6所小学、3所县城幼儿园、5个乡镇中心校,以及中心中小学和幼儿园等收费情况进行了检查。检查结果显示,全县各级学校收费比较规范,基本上无乱收、多收现象。三是坚持党务政务校务公开。教体局按照县委、县政府有关文件精神,下发了《中牟县教育体育局党务政务公开工作实施意见》(牟教体字〔2010〕122号)文件,并制作了4块公开栏,增加了教育体育局党务政务的透明度。全县各学校也制作了党务政务校务公开栏,着力解决学校内部管理和校务公开等方面存在的突出问题。四是认真开展权力运行风险排查评估工作。按照县纪委和县防控办要求,县教体局出台了《中牟县教育体育局关于开展廉政风险防控工作实施方案》(牟教体字〔2010〕156号),教体局班子成员、各科室长,以及二级机构党政负责人,根据自己分管的工作排查廉政风险点,最后,局党委对每个人的廉政风险点逐一评估,确定风险等级并进行公示,接受单位和社会的监督。五是开展市民评议行风。7月,全县公办学校开展了民主评议学校行风活动,要求所在区域党代表、人大代表、政协委员、企业领导、学生家长参与,进行评议和监督。六是认真查办案件。教体局认真开展招生、招教、职称评审等事项执法执纪监察,全年共受理各类举报案件106起,其中上级交办转办10起,立案3起,全部结案,对当事人、责任人实行了责任追究,其中,受纪律处分3人。

【党风廉政建设】 县教体局认真贯彻上级纪委全会精神,结合教育系统实际情况,出台并完善了党风廉政建设与反腐败工作的一系列文件,把目标任务分解到各位领导班子成员及相关科室,并将完成工作目标情况作为年底考核的主要内容之一,形成了一把手负总责、主管领导亲自抓、纪委组织协调、相关科室分工协作的良好局面。2012年,中牟教育系统内部没有严重违法违纪案件。县教体局被县委、县政府评为纪检监察先进集体、查办案件先进集体。

【校舍维修改造】 2012年,中牟县校舍维修改造长效机制专项资金投入812万元,共涉及官渡、九龙、刘集、万滩、姚家五镇5个新建项目,新建面积7209.5平方米。县级财政投入资金1150万元,用于“校安工程”建设,共涉及八岗、黄店、官渡、三官、韩寺、刁家等乡镇10个新建项目,新建面积为10124.5平方米。中牟县利用农村义务教育薄弱学校改造规划食堂建设中央专项资金488.5万元,新建官渡镇等5所农村寄宿制中小学校餐厅,新建、改扩建面积为4209.95平方米。县政府投入资金720万元,新建中牟县一职高教学楼1幢,面积为5577.55平方米;投入资金1200万元,新建中牟县第四高级中学综合楼1幢,面积为9247.77平方米。2012年,中牟县利用薄弱学校改造资金320万元,新建城东路小学教学楼、白沙镇康庄小学教学楼各1幢,新建面积共2693.55平方米。

【高招】 2012年,中牟县严格执行各项招生考试政策,继续深入实施"阳光工程",强化招生考试环境整治,狠抓考风考纪建设,确保招生工作公平公正,圆满完成了各项任务。全县高招报名7176人,其中,普通类报名6450人,对口生报名726人。普通高考本科一批、二批、三批上线人数分别为687人、2215人、4106人,专科一批上线人数5409人。本科一批上线人数连续8年位居郑州市属五县(市)第二名,二本上线人数连续2年位居郑州市属五县(市)第一名,三本连续4年位居郑州市属五县(市)第一名,专科一批上线人数连续7年位居郑州市属五县(市)第一名。

6月7日,副县长王洪波(前排右二)检查高招情况

【教育信息网】 2012年,县体局结合普通中小学及特殊学校实施的班班通工程,与相关单位协作,认真做好全县班班通设备的维护、保养、报修工作,并认真组织班班通管理员进行业务培训,提高业务水平,提高班班通设备的使用效率。同时,教体局还利用中央和省远程教育薄弱学校专项资金180万元,为全县农村初中配备教师电子备课教室24个,并投资240万元为薄弱学校等配置160套多媒体设备。教体局利用教育信息网,组织参加本年度河南省信息技术教育优秀成果评选活动,获得省级一等奖5项、二等奖6项、三等奖8项。组织参加本年度农村中小学现代远程教育教学应用优秀成果评选工作,获得省级一等奖2项、二等奖10项、三等奖4项,市级一等奖3项、二等奖5项、三等奖2项。组织参加第十六届全国多媒体教育软件大奖赛,获得省级一等奖6人、二等奖4人、三等奖4人,市级一等奖5人、二等奖2人、三等奖6人。

【教育宣传】 2012年,全县教育新闻宣传,紧紧围绕教育系统中心工作,加强队伍培训,充分发挥各级各类新闻媒体和教育信息网的作用,多角度、多层次的开展内外宣传。据统计,全县在《中国教育报》、《郑州日报》、《青年导报》、《河南经济报》、《郑州教育》、《魅力中国》及河南电视台、郑州电视台、河南人民广播电台、郑州人民广播电台等多家新闻媒体上发稿200余篇。

【文明创建活动】 在学校和师生中开展了创建文明学校、文明班级,争当文明教师、文明学生的"两争两创"活动。文明路小学等8所学校被评为郑州市文明学校,41个班级被评为郑州市文明班级,18名教师被评为郑州市文明教师,97名学生被评为郑州市文明学生。同时,教体局机关也开展了"说文明话、办文明事、做文明人"活动,切实转变工作作风,树立机关良好形象。教体局顺利通过了河南省"省级文明单位"复验。

【学校团队】 2012年,教体局在全县中小学生中开展争当"文明四好少年"活动,引导他们锻炼身体、磨砺意志、体验快乐、自主协作、健康成长。10月中旬,全县各校在共青团员中,开展"捐一分钱,献一份爱"活动,共捐款8.837万元,为身患重病的学生刘帅送去了浓浓的爱心。11月1—3日,郑州市第六次少代会隆重召开,经过层层推荐,中牟有12名优秀少先队员和3名优秀辅导教师参加了本次大会,城东路小学获郑州市学雷锋先进集体称号,并受到市委市政府主要领导的亲切接见。

基础教育

【德育】 2012年,全县坚持"以人为本,德育为先,常抓不懈,注重实效"的总体思路,认真开展各项德育活动,切实加强爱国主义、集体主义教育,中华民族优秀传统和革命传统教育,民主法制教育,心理健康教育等。以遵守"中小学生守则"和"中小学生日常行为规范"为重点,大力加强文明行为习惯养成教育,不断提高中小学生的道德素养。县教体局、第一高中、第四高中等分别被评为河南省德育工作先进单位;孙呈丰、张艳茹被评为河南省德育先进工作者;杜福明、王素玲、孙田飞、朱合清被评为河南省优秀班主任;程锋利、肖杰被评为河南省优秀德育课教师。全县15个学校被评为郑州市德育工作先进单位,30位教师被评为郑州市德育工作先进个人。同时,加大德育考核力度,突出德育工作绩效在办学水平评估、校长业绩考核中的权重。

【教育均衡发展】 按照《中牟县教育改革与发展规划》,制定相关政策,成立了以县长为组长的工作领导小组,统筹协调教育均衡发展工作。建立健全了领导干部联系薄弱学校制度和结对帮扶制度,充分发挥"捆绑发展"的优势作用,加强了对薄弱学校建设的调研和指导,对学校之间办学的差距进行检测和分析,及时提出整改意见,提升义务教育均衡发展水平。全面落实"以县为主"的义务教育管理体制,明确了政府各相关职能部门的职责,将教育工作纳入全县年度目标管理考评体系,为教育发展提供强有力的措施保障。制定义务教育质量监测体系和各学科教学指导意见,加强对中小学教育教学过程的规范管理,保证中小学严格按照义务教育阶段课程计划和课程标准，高质量地完成义务教育任务，确保课堂教学的实效性，使每一位学生都能按要求完成学习任务，获得学业上的成功。建立公共财政长效保障机制，确保教育经费投入稳步增长。科学调整学校布局，实施标准化学校建设工程，推进学校办学条件均衡化。县城义务教育阶段学校的招生工作全部由教体局教育科负责，学校一律不准私自接纳一名学生。2012年，三所普通高中计划内招生指标的60%均衡分配到全县各个初中，杜绝了学校招收择校生现象，从而有效地调动了农村初中的办学热情，促进了城乡教育均衡发展。关注弱势群体，做好农民工子女、农村留守儿童和残童的入学问题，建立农民工子女入学"绿色通道"，实施特殊教育对象接纳"零"拒绝，并享受与城市学生同等权利、同样待遇。

【控辍保学】 2012年，县教体局采取七项措施，严控学生流失：一是深入贯彻宣传《义务教育法》、《未成年人保护法》等法律法规，形成全社会共同关心"控辍保学"的良好氛围。二是实行乡镇中心校、中小学校长、教师分片包班责任制度，层层签订《义务教育责任书》，把"控辍保学"责任落实到人。三是严格学籍管理制度，下发《中牟县中小学学籍管理规程》、《中小学学籍管理补充规定》等文件，坚持辍学月报制度，完善学籍档案管理。四是认真落实国家"两免一补"政策。五是加强师德教育，严禁歧视体罚或变相体罚学生。六是加大"控辍保学"工作的考评力度，把制止学生辍学作为考核学校、校长和教师的重要指标。七是"减负增效"，规范办学。

【卫生与健康教育】 认真贯彻落实《学校卫生工作条例》和《传染病防治法》，做好学校常见病、传染病、地方病的防控工作。加强学校食品安全监管工作。学校食堂所需的大米、面粉、食用油、食盐等大宗商品，实行定点采购制度，把好进货源头质量关，杜绝"三无"食品进入校园。严禁学校食堂出售剩饭菜、凉拌菜，严禁出售腐烂变质的食品，严禁学校食堂使用四季豆、鲜黄花菜等违禁食品，严禁使用各种食品添加剂。同时，严格奖惩制度，凡出现一次违规行为，责令校长写出检查并对其进行通报批评。连续出现违规行为，对学校校长进行免职处理。教体局对全县41所学校食堂进行了等级量化评定。广泛开展健康教育。各学校将健康教育列入教学计划，每学期安排9课时，上课率达100%。同时充分利用广播、校园网、宣传栏、黑板报、升旗仪式、主题班会等各种形式，积极开展健康知识宣传，不断增强师生的健康意识、卫生意识和文明意识。

【环保教育】 5月，全县中小学开展了环境保护宣传教育活动，组织全县中小学生参加以环保教育为主题的绘画和手抄报比赛，从中评选出100幅绘画作品和100张手抄报参加郑州市的比赛，47幅优秀绘画、74张手抄报获市级奖励。官渡路小学梁卓爽的环保作品《只有一个地球》获得一等奖。本月还组织全县小学教师参加了郑州市环境保护优质课评选活动。全县各级各类学校还通过废物利用科技制作作品大赛，让广大中小学生更加关注日常生活对环境的影响，培养他们保护环境的良好生活方式。中牟一高等4所学校被评为省级绿色学校，白沙中心中学等13所学校被评为市级绿色学校。

【幼儿教育】 中牟县在实施"学前教育三年行动计划"的基础上，启动了"百所幼儿园建设工程"。全县农村共规划建设幼儿园109所，新增913个教学班，新建校舍面积168211平方米，规划总投资25818万元。2012年，开工建设27所，5.19万平方米，投资3500万元；到年底，建成幼儿园1所，建筑面积200平方米，投入60万元。2012年，全县有注册幼儿园98所，在园幼儿23468人，其中公办园33所，占总数的33.7%，在园幼儿8324人；民办园65所，占总数的66.3%；在园幼儿15144人。学前三年毛入园率达71.5%，一年毛入园率达90.1%。

体育与艺术教育

【学校体育】 2012年，县教体局按照学校体育教学大纲和工作计划，重点抓好新课标的落实，以及体育教师教学技能的提高。4—5月，全县中小学体育教师教学技能比赛在新圃街小学举行，43所学校、49名中小学体育教师参加了比赛。最终推选出6名教师参加郑州市中小学体育教师教学技能比赛，并获得了优异的成绩。教体局认真组织全县中小学体育教师参加省、市体育骨干教师培训工作，不断提高体育教师的教学水平和业务能力。认真落实学生在校每天活动一小时有关规定，确保组织人员、时间、场地、器材的落实。规范学校大课间体育活动，融艺术教育于其中，建立检查、督导、评比制度，确保大课间活动的质量。

2012年县直学校"少林拳"展示赛现场

【体育竞技】 2012年，全县学校共举办各类运动会200余次，参赛人员达11万余人次。4月，教体局组织参加郑州市武术锦标赛获12个冠军；5月，组织参加郑州市中小学生田径运动会，获团体二等奖；7月，组织参加河南省青少年田径锦标赛获团体第二名；同时还参加河南省武术锦标赛，李放获冠军。11月，组织参加郑州市体育苗子选拔赛，获团体冠军。全县上报体育苗子35人，25人被郑州市体育局选中。

【体育达标】 2012年，教体局根据有关文件精神，本着服务师生，公开、公平、公正的原则，采用智能化测试方法，统一安排部署，积极组织实施，圆满完成了全县初三体育中考和高三体育达标任务。

【群众体育】 2012年，县教体局、体育总会、篮球协会、羽毛球协会等成功举办了"联发杯"三人篮球、羽毛球、校长杯乒乓球、太极拳、健身秧歌、大众广播体操等比赛，推动了群众体育活动的蓬勃开展。5月，中牟县举行第二届羽毛球公开赛，120名运动员参加了团体、双打、单打7个项目的比赛。同时，全县"校长杯"乒乓球比赛在青少年活动中心隆重开幕，共有42个代表队、420名运动员参加了比赛，直接参与活动人数达1000余人。7月29日至8月5日，中牟县"联发杯"三人篮球赛举行，比赛分女子组、学生组、成年组、老年组四个大组，队员200多人，参与人数达3000余人。县教体局、体育总会还承办了"中牟县全民健身月健美操、秧歌比赛"，12个来自社会各界的代表队参加了决赛。全民健身月活动期间，县城各单位、各乡镇都积极行动起来，全民参与，共举办不同类型的健身运动竞赛30余次，共参与11万余人。

【艺术教育】 2012年，教体局认真贯彻落实《学校艺术教育工作规程》、《关于加强学校艺术教育工作的意见》，推进学校艺术教育规范化、制度化建设；弘扬民族文化，普及高雅艺术，提升艺术教育的质量与内涵。根据省教育厅《关于举办河南省第六届中小学音乐、美术教师基本功比赛的通知》（教体卫艺〔2012〕346号），各单位对中小学音乐、美术教师进行了初选。6月11—13日，全县中小学音乐、美术教师基本功比赛在县青少年活动中心和进修学校，进行了决赛，共评出音乐、美术综合一、二等奖30名。10月，中牟县一初中的朗诵《我们追逐的青春》、二初中的合唱《闲聊波尔卡》代表郑州市参加省第五届艺术节展演，分获省一等奖、二等奖、优秀组织奖、道德风尚奖等多项荣誉。

4月19日，中牟县第五届教育艺术节现场图片

师资队伍建设

【教师队伍】 2012年，全县在职教师7789人，其中，公办在职教师7590人，县聘民师199人。公办在职教师包括：普通高中教师1093人，职业高中教师350人，县直初中教师774人，农村初中教师1568人，县直小学教师675人，农村小学教师2600人，幼儿园教师354人，特殊教育教师26人，其他教育机构170人；具有研究生学历11人，本科学历3896人，专科学历2933人，中专以下学历750人。中牟县公办教师与县聘民办教师，全部由财政供给；全县共有离退休教师1769人，其中，离休22人，退休1747人，另外还有退养民办教师50人。

【师德建设】 2012年，县教体局把师德建设放在教师队伍建设的首要位置。一是深入开展"教育崛起、教师为基"的主题教育活动。活动期间，教体局精心组织安排，大力宣传教育系统师德标兵的先进事迹，组织师德教育宣讲团巡回作报告，以及开展师德演讲、征文比赛。此次活动上交师德征文800多篇，获省、市级奖励45篇，县级奖励200篇；3名教师在省、市级演讲比赛中，获省一、二等奖和市一等奖。二是开展师德师风先进校评选活动。活动分学习动员、分析评议、整改落实、总结评比四个阶段。全县各级各类学校联系教育教学改革实际，把师德建设与规范办学行为有效结合起来，做到以学促改、以学促建。此次活动评选出16所师德师风先进校，其中3所被评为郑州市师德师风先进校，1所被评为河南省师德师风先进校。三是开展师德标兵、师德先进个人评选活动。5月，全县启动师德标兵、师德先进个人评选活动，共评选出10名师德标兵、100名师德先进个人，在教师节表彰大会上予以表彰。四是开展"铸师魂、进万家"家访活动。9月，全县教育系统全面开展"铸师魂、进万家"的家访活动。为搞好这次活动，教体局专门成立家访活动小组，对全县各个学校的家访活动进行监督，不定时抽查学校的家访记录，并制定出家访考评办法，对各单位开展家访活动进行考核。年终对家访活动表现突出的单位和个人进行表彰。

【教师培训】 年初，教体局下发《关于做好2012年教师继续教育学分登记审核工作的通知》，要求各校完成年内教师继续教育学分的登记、审核工作，并与评聘教师专业技术职务、年度考核挂钩，促进教师培训活动的持续发展。2012年，全县教师参训培训934人；全县第四周期中学教师继续教育报名及网上注册800多人；办理高中教师继续教育结业210人，初中教师继续教育970人。8月，教体局对全县新招考的273名新教师进行培训，引导新教师将所学知识与教育教学实践相结合，教好书、育好人，在实践中摸索、积累，不断提高专业水平。年内，教体局举办了三期班主任培训班，429名中小学班主任参加培训；组织30名民办幼儿园园长，参加任职资格证培训。举办了中牟县第六届农村青年教师技能竞赛，并选拔选手参加河南省第六届农村青年教师技能竞赛；组织200名教师参加教育技术能力中级培训；组织392名教师在郑州师院参加班班通培训；推选5名优秀教师参加郑州市组织的"TFU"课程教师培训；推选79名教师参加市级农村骨干教师培训；组织50名校长赴上海华东师大参加高级研修培训；推选25名教师参加河南省骨干教师培训。

【职称评定】 2012年,根据豫人社职称〔2012〕16号和郑人社职称〔2012〕80号文件精神,中牟县教体局紧紧围绕《河南省中小学教师中、高级专业技术职务任职资格申报、评审条件》,结合实际情况,下发了牟教体字〔2012〕302号文件,规范申报程序,严格评审纪律,圆满完成了职称评审工作。全县在职教师申报初级职称275人,通过275人;申报中级职称635人,通过167人;申报高级职称178人,通过72人;申报直接认定10人,通过10人。

【工资与福利】 2012年,中牟教师工资有公务员工资、事业管理人员工资、事业专业技术人员工资三种。7月,机关事业单位调整生活补贴,人均增加了300元,其中副教授级增加315元,讲师级增加290元,助理级增加256元,技术员级增加232元,定级无职务增加70元。生活补贴作为绩效工资,绩效工资由基础性绩效工资(占总绩效工资的70%)和奖励性绩效工资(占总绩效工资的30%)组成。基础性绩效工资随工资按月发放,奖励性绩效工资每半年发放一次。1月,增发部分公务员级别工资、职务岗位晋升调资;教龄晋档1320人,增发工资3025元;增发全县教师的薪级工资,人均30元。2月,初级职务岗位晋升增发工资191元;4月,中级职务岗位晋升增发工资322元;6月,高级职务岗位晋升增发工资495元;9月,增发见习期267人工资,其中,本科增1303元,专科增1207元;9月,大中专毕业生179人转正定级工资,人均增资495元。同时,对工人技术等级考核合格的26人增发工资;办理135人的退休工资,根据有关文件,其中70人,还办理了奖励工资;办理了退休人员增发生活补贴及离休人员增发护理费;办理了计划内退养民师增发的生活补助费,并及时审批了二次定级人员增资。

【教师表彰】 2012年,县政府加大表彰力度,表彰优秀教师305人,优秀教育工作者17人,首席教师30人,名师20人,突出贡献奖60人,教学标兵40人;享受政府津贴人员60人;表彰5个教育教学先进单位,13个尊师重教先进单位,10个强乡镇优秀单位,9个强乡镇先进单位,18个尊师重教先进村。同时,还有28人被评为市级优秀教师,2人被评为省级优秀教师,3人被省教育厅评为优秀教师。

职业、成人与民办教育

【职业教育】 2012年,全县共有各级各类职业学校9所,其中,高等职业学校2所,中等职业学校7所;在校生12283人,教职工711人。9所职业学校中有国家级重点学校2所。本年,中牟县职业学校招生4286人,其中,2所公办职业学校招生2206人。5月25日,县教体局组织召开了2012年职业学校招生工作会议,下发了《关于做好2012年职业学校招生工作的通知》(牟教体字〔2012〕98号),制定政策措施,实行领导包乡制度,责任到人,奖优罚劣,全力推进职业学校招生工作,并对上年招生工作完成好的单位进行了表彰。县财政投资600多万元为中牟一职高建综合教学楼1幢;投资300多万元为中牟职专购置实训设备,郑州市财政投资100万元用于中牟职专实训基地建设。2012年,中牟县获河南省文明风采优秀组织奖、郑州市职业教育教研工作先进单位称号。

【成人教育】 2012年,全县共有乡镇成人学校16所,其中,省级示范性乡镇成人学校4所,市级示范性学校12所,村级成人学校419所,新创办郑州市乡镇示范性成人学校2所。成人学校有专职教师986人,校园建筑面积11万平方米,图书34万册,农村成人教育阵地基本稳固。县教体局坚持以服务"三农"为宗旨,大力开展多种形式的实用技术培训。全县成人学校年培训班达2156期,共培训农村劳动力113259人,其中,农村实用技术培训70868人,下岗再就业培训1883人,城镇职工培训10459人,农村劳动力转移培训30049人。成人技术培训,推广了种植、养殖等农业新技术,促进了农村经济多元化发展。

【民办教育】 2012年,中牟县有民办学校、幼儿园等85所,在校生36387人,其中,大专以上院校2所,在校生10548人;中专学校5所,在校生1523人;初中1所,在校生1457人;小学4所,在校生5362人;幼儿园65所,在校生13582人;其他培训机构8所,培训2678人。年底,根据上级有关文件精神,教体局对全县民办学校等进行了年审。

撰稿:王金杞
审稿:陈赞枝　李国昌

兰 考 县

县委分管教育的正县长级干部：高秋玲
县政府分管教育的副县长：闻 捷
县教体局局长：陈志凌
县教体局党委书记：王保东
县教体局地址：兰考县城建设路71号
邮编：475300
电话：0371-26996133
传真：0371-26992615

综合管理

【概况】 2012年，兰考县有各级各类学校397所，在校生134450人，专任教师5661人。义务教育阶段全日制公办学校286所，其中公办小学247所（含教学点），在校生74455人，教职工3418人；公办初中39所，在校生21981人，教职工1845人。高中3所，教职工681人，在校学生13930人。职业中专1所。公办幼儿园8所，特殊教育学校1所，教师进修学校1所。民办中小学20所，民办幼儿园77所。

【县教体局领导班子成员名单】 县教体局局长陈志凌，党委书记王保东，副局长雷国振、李少伟、郭树勤、杨相军，工会主席张照县，主任科员张书连，副主任科员杨森、张洪涛、李同卫，党委委员谢松源、郑卫萍、齐凯。

【全县教育工作会议】 3月1日，兰考县2012年教育工作会议召开。县领导郭怀德、杨岩、赵爱国、满八斤、邵长桥、庞洪波及县教育工作领导小组成员单位负责人，各乡（镇）分管教育工作副乡（镇）长、中心校全体成员、初中校长，高中、进修学校校长和县教体局机关工作人员参加了会议。会议总结了上年教育体育工作，部署了本年度工作；对2011年涌现出来的教育督导、义务教育均衡发展、校园文化、安全管理等先进单位进行了表彰。

【中小学校舍安全工程】 2012年，县教体局本着公开、公正、透明的原则，严格项目学校工程招投标，采取“四个一”措施，即选好一名监督员、建立一套台账、出一份鉴定报告、完善一套程序的措施，强化质量监管，形成上下监管网络，确保校安工程质量。投资720万元，完成9所校安工程项目，改造面积7410平方米。

【“教育·人生”大课堂】 本年，县教体局落实“三具两基一抓手”（这是2010年6月2日河南省委书记卢展工在接受《人民日报》记者采访时首次提出的。“三具”：就是做任何事情一具体就突破、一具体就深入、一具体就落实；“两基”：就是切实抓好基层、打好基础，这项工作很重要，是最难的，也是最需要持续、最需要韧劲的；“一抓手”：就是把实施项目带动作为抓手，围绕项目建设形成加快经济发展方式转变的合力）的工作方法，举办了18期“教育·人生”大课堂，进一步贯彻中共十八大精神，立足自身工作实际，做好人，干好事，为全县教育事业健康发展做出应有贡献。

【实施“滋惠计划”和“励耕计划”】 本年，全县实施“滋惠计划”，发放资助金900余万元，受益普通高中家庭经济困难、品学兼优学生达1.2万人次；实施中央专项彩票公益金教育资助项目“励耕计划”，发放65万元，资助困难教师65人。

【学雷锋活动】 3月5日，县教体局在县城建设路和中山街交叉路口摆设便民服务台，开展学习雷锋教育宣传活动。在活动中，工作人员精诚合作，务实高效，向过往行人发放《完善自己，服务他人，奉献社会》学习雷锋倡议书，解答群众教育政策咨询，为执勤交警和群众送开水，受到群众的一致好评，取得了良好的宣传效果。

【召开教育系统信息宣传培训会】 3月31日，县教体局召开全县教育系统信息宣传培训会。16个乡镇中心学校及局属各学校的信息员参加。会议宣读了有关文件，回顾了上年教育信息宣传工作所取得的成绩，部署了本年工作任务。并邀请《开封日报》、《汴梁晚报》驻兰考站站长鲁杰、县委信息科科长王开、县政府秘书科科长蔡治业先后就新闻写作、党政信息及公文写作等作专题培训。

【市关工委领导调研家长学校】 4月24日，开封市教育局关工委副主任刘忠亮、副主任兼秘书长汪伯英一行3人莅临兰考检查指导工作。刘忠亮一行听取了县教体局关心下一代工作汇报，先后到星河中学、城关镇北街小学、西街小学和城关乡第一初中等学校实地检查指导关心下一代工作的进展情况。

【爱心包裹捐赠活动】 6月30日，县教体局局长陈志凌、副局长李少伟带领14名中小学校校长，来到兰考县邮政局开展爱心包裹捐赠活动，通过邮局爱心包裹捐赠站向中国扶贫基金会捐赠30个爱心包裹。每一个爱心包裹价值100元。捐购一个学生型美术包，一对一圆一名贫困地区小学生的美术梦想。

【“全民健身日”节目展示】 8月8日，兰考县2012年“全民健身日”启动仪式暨健身项目展示活动在南湖公园举行。县政府副县级干部孔德慈、县教体局局长陈志凌、县教体局党委书记王保东、县教体局党委委员杨森等参加了开幕式。鹏弘跆拳道俱乐部、领秀舞蹈工作室、中音艺术学校等8个代表队、200余名队员参加节目展示。此次展演活动,展示了全县全民健身活动的成果,掀起了全县全民健身的新高潮。

【省政府教育督导检查组到兰考检查指导工作】 9月19日,以濮阳市政府教育督导团总督学李殿峰为组长的省人民政府教育督导团联合检查组一行3人莅临兰考督导检查落实校园安全长效机制建设情况。开封市教育局党委书记常跃进、兰考县教体局局长陈志凌、副局长杨相军等陪同检查。督导检查组认真听取了兰考县建立校园安全长效机制情况工作汇报;深入到爪营乡凡寨小学、城关乡第一初中、城关镇北街小学和东街小学等4所学校实地察看学校的教室、食堂、学生宿舍、消防、用电等安全防护设施是否齐全,学校安全管理是否落实到位等情况。

【召开“十八大”维稳工作会议】 10月31日,县教体局召开教育系统“十八大”维稳工作会议。县教体局领导班子全体成员,局属学校、各乡镇中心校负责人及信访专干等参加会议。县教体局副局长郭树勤传达了省、市、县有关“十八大”期间信访维稳工作会议精神,宣读了有关文件,回顾了上阶段信访工作,肯定了成绩,指出了存在的问题;对下一阶段信访稳定工作进行部署。局长陈志凌要求全县教职员工扎实工作,上下齐心,通力合作,圆满完成全县教育系统“十八大”期间信访维稳工作目标任务,以优异的成绩迎接党的十八大胜利召开。

【召开学习贯彻党的十八大精神座谈会】 12月3日,县教体局召开全县教育系统学习贯彻党的十八大精神座谈会。局领导班子全体成员、各乡镇中心学校校长、局属各学校负责人、局机关各股室负责人等70余人参加。座谈会上,各单位负责人结合学习贯彻党的十八大精神,紧紧围绕中心工作简要回顾了2012年的工作,实事求是地分析了存在的问题,重点阐述了2013年工作思路和举措;县教体局局长陈志凌要求全县教育系统要把党的十八大精神与实际工作结合起来,做到学明白、想明白、说明白、做明白。

学前教育

【学前教育】 2012年,全县建成乡镇公办中心幼儿园7所,改扩建幼儿园38所,新建民办幼儿园27所。实行幼儿园园长、教师资格准入制,严格执行持证上岗制度。规范办园行为,有效防止和纠正“小学化”现象。

【省检查组督导兰考学前教育三年行动计划推进落实情况】 3月26日,由省发改委社会处副处长张伟任组长的省学前教育检查组一行4人对兰考县开展学前教育三年行动计划推进落实情况进行专项检查。兰考县副县长闻捷,县政府办副主任庞洪波,县教体局局长陈志凌及发改、财政、人事等部门负责人陪同检查。检查组听取了副县长闻捷的工作汇报,查阅全县学前教育三年行动计划有关文件、资料和档案,并深入到南彰镇中心幼儿园、孟寨乡何二庄幼儿园查看建设情况,对兰考县学前教育三年行动计划推进情况给予了肯定,并提出了具体建议。

【县政协领导调研学前教育工作】 10月23日,县政协副主席满八斤组织部分县政协委员在县教体局局长陈志凌等陪同下先后来到县直、实验等幼儿园调研学前教育工作。调研中,满八斤一行视察了各幼儿园情况,通过亲临课堂听课、走访教师、听取工作汇报、召开座谈会等形式,深入了解学前教育工作存在的问题与不足;并对全县学前教育健康协调发展提出了建议。

基础教育

【王艳玲到兰考调研基础教育工作】 5月17日,省教育厅厅长王艳玲等莅临兰考实地调研基础教育工作。开封市、兰考县领导朱丽萍、魏治功、孟庆龙、高秋玲、魏随安、闻捷、孔德慈及市县教育部门相关负责人陪同调研。王艳玲一行先后到裕禄小学、曙光幼儿园调研。在裕禄小学,王艳玲一行听取了该校有关负责人就校园规划设计及发展情况的汇报,详细查看了该校整体规划效果图、建设教学楼的场地等,安排专人对教学楼的主题进行规划设计,并要求有关负责人积极做好配合,确保早施工、早建成,为孩子们营造一个舒适的学习环境。在曙光幼儿园,王艳玲一行实地参观了该园设施及教学环境,并认真询问了幼儿园招生报名及兰考县学前教育工作发展情

5月17日,省教育厅厅长王艳玲(前右五)、副厅长尹洪斌(前左三)到兰考曙光幼儿园调研学前教育工作

况。最后,王艳玲对兰考县教育工作取得的成绩表示肯定,并要求教育部门切实做好基础教育工作,注重孩子们的德智体全面发展,为社会培养优秀人才奠定良好基础。

【义务教育均衡发展】 本年,县教体局创新管理模式,划分4个学区,局领导班子成员分包学区,对所辖区域中心校、学前教育和义务教育学校实行统一管理。创新校园文化建设举措,寓校园文化于教学之中,寓校园文化于育人之中,提升自我管理水平,提高校园文化品位。推进城乡教师交流,实行“师资互派、资源共享、统一教学、捆绑考核”,做到联校教师双向交流、联片教师多方互动,实现学区间教育均衡发展。在本乡镇内部支教交流制度基础上,实行强校带弱校,推进学校共同发展。

【实施农村义务教育阶段营养改善计划】 4月24日,兰考县作为全国实施农村义务教育学生营养改善计划的680个试点县之一,正式实施农村义务教育学生营养改善计划。采用企业供餐、学生加餐模式,按照学生每天3元的标准提供营养膳食补助,每生每天1盒牛奶、1个鸡蛋,中间加送蛋糕。这项计划使全县15个乡镇(城关镇除外)农村义务教育阶段293所小学99359名学生受益。

【开封市政府教育督导团到兰考督导检查工作】 3月20日,以开封市政府调研员孟庆龙为组长的市政府教育团督导检查组一行8人对兰考县学前教育、义务教育均衡发展及财政投入情况进行督导检查。督导检查组深入到仪封乡第一初中、葡萄架乡第一初中、张君墓镇万土山小学和县直幼儿园等9所学校,通过查阅资料、座谈、走访师生和社会群众等方式实地察看学校工作情况。察看结束后督导检查组召开座谈会,听取了兰考县2011年教育工作汇报,并将检查情况进行反馈。

【高招】 本年,全县5123名普通高招考生被分别安排在县一高、县一高分校、县三高等5个考点的194个考场参加考试。尉氏、开封两县的400名教师轮换考场监考;3个标准化考点、150个标准化考场实现了网上实时督查。全县普通高考本科上线率达72.98%,位居开封市第二。兰考一高在开封市5县省级示范性高中中高考上线率排名第二,兰考二高在5县市级示范性高中中高考上线率排名第一,兰考三高在5县普通高中中本科上线率排名第一。

【校园安全】 春秋两季新学期开学前,县教体局要求全县各中小学校、高中及幼儿园进行安全大自查,认真排查校园安全隐患,尤其是校舍及校园附属建筑、用电安全、道路交通及校车安全等方面存在的隐患,及时排查整治,确保新学期全县校园安全形势持续稳定。

【中小学生春季田径运动会】 4月14日,兰考县“人寿杯”中小学生春季田径运动会在县一高体育场举行。来自全县中小学校的20支代表队、720余名运动员在76个项目中角逐名次。

【5项措施做好暑假安全工作】 本年,县教体局结合县域实际,采取5项措施确保全县中小学生过一个平安、快乐、和谐的暑期。一是强化暑期安全教育和管理,进一步增强家校安全意识。下发了《关于2012年学校暑假工作的意见》,印制《暑假致家长的一封信》10万余份。二是精心组织教师培训,进一步提升教师业务素质。邀请丁榕、高金英、桂贤娣、王士祥、黄解放等5位全国教育专家到兰考作报告。他们分别从业务、理论和师德等方面对全县1200余名中小学班主任进行培训,塑师魂,强素质,为教师综合素质的提升及教师专业化发展铺路搭桥。三是严查乱办班行为,进一步营造轻松愉快的假期氛围。设立举报电话,组织督察组,严禁各中小学校和在职教师以任何名义办班。各乡镇中心学校本着属地管理的原则,在放假前对本辖区内乱办班乱办学行为进行清查清理,并确保假期内不出现乱办班乱办学行为。四是科学指导假期生活,进一步开展丰富多彩的暑期活动。组织开展“我的暑假有意义”活动,教育和引导中小学生暑期文明上网;利用县文化馆、县图书馆和三义寨乡南马庄村等实践活动基地,积极引导中小学生开展体验劳动、公益活动、社区服务和志愿者活动等多种形式的社会实践活动。五是加强暑假值班和信访工作,进一步构建和谐平安假期。落实好值班人员,实行领导在岗带班和值班制度,认真落实安全责任追究制度,保持通信联络畅通,发现问题及时报告;做好假期学校安全管理、信访稳定和党风廉政建设工作,确保假期秩序和谐平安、文明祥和。

【“9·18”防空警报试鸣暨防空防灾疏散救援演练】 9月18日,兰考县“9·18”防空警报试鸣暨2012年防空防灾疏散救援演练活动在城关镇第一中学举行。县领导高秋玲、路天顺、耿红梅、李晓滨、闻捷、宋德闯、汪天顺、孔德慈及县民防局、县教体局、县消防大队等有关单位负责人参加了活动。

【平安希望小学校长轮值计划启动仪式在兰考县举行】 10月12日,由中国青少年发展基金会与中国平安财险股份有限公司联合主办的中国平安希望小学校长轮值计划在兰考县鲁屯平安希望小学启动。中国青少年发展基金会副秘书长姚文,团省委副书记、青少年发展基金会理事长郭鹏,开封市委常委、兰考县委书记王新军,兰考县委副书记、县长周辰良,共青团开封市委书记柳波,兰考县委常委、县委办公室主任魏随安,中国平安财险股份有限公司董事长兼CEO孙建平,兰考县教体局局长陈志凌、副局长李少伟和团县委及城关乡相关负责人等出席仪式。中国平安财险股份有限公司为学校捐赠20台电脑并组织了5万元爱心善款为学校添置300套桌椅,赠送了文具、课外读物和《平安希望小学校长战略规划白皮书》。著名演员邬君梅、陈赫被授予了“希望工程爱心大使”称号。

10月12日,中国平安希望小学校长轮值计划启动仪式在兰考县鲁屯平安希望小学举行

【郑州大学第二附属医院希望小学揭牌】 5月6日,郑州大学

第二附属医院希望小学揭牌仪式在兰考县城关镇第一小学举行。全国政协常委、河南省政协副主席、河南省人口和计划生育委员会主任高体健,河南省慈善总会会长、第十届河南省人大常委会副主任、原河南省人民政府副省长李志斌,河南省妇女联合会主席陈砚秋等领导出席了揭牌仪式。揭牌仪式由县政协主席左宪安主持。揭牌仪式上,郑州大学第二附属医院党委书记法宪恩向受捐助希望小学捐助资金20万元;该院代表和受捐助希望小学学生代表还进行了爱心结对子。揭牌仪式结束后,全体代表拜谒了焦裕禄烈士陵园,参观了焦裕禄纪念馆。

职业与成人教育

【省政府教育督导团到兰考督导检查职教攻坚工作】 11月29日,省政府教育督导团办公室副主任潘贤伟一行莅临兰考县督导检查职教攻坚工作。兰考县政府党组成员、副县级干部孔德慈,县政府办公室副主任庞洪波,以及相关部门负责人陪同检查。督导组听取了兰考县职业教育攻坚工作的汇报,查阅了档案资料,实地察看了兰考县第一职业中专;对兰考县职业教育攻坚工作所取得的成绩给予了充分肯定,并对今后兰考县职业教育发展提出了切实可行的建议和要求。

【县第一职业中专通过河南省中等职业学校教学质量评估】 10月31日,以省职业教研室副主任康坤为组长的河南省中等职业学校教学质量评估抽查验收专家组到兰考县检查指导工作。评估组听取了兰考县教体局局长陈志凌关于全县职业教育发展和县第一职业中专创办、进展等情况的工作汇报,听取了县第一职业中专业务校长窦玉清关于县第一职业中专教学能力工作报告;深入实训教室等处了解学校实训建设情况;通过查阅资料、随堂听课、师生座谈、观察教研活动等多种方式,对教学工作的各个环节进行了详细检查。专家评估组认定该校办学理念先进,指导思想正确,队伍素质高,管理科学,学校基础条件较好,实验设备利用率高,质量效益明显,有改革创新精神,发展前景广阔,一致通过县第一职业中专达到中等职业学校办学标准,并对学校今后的发展提出了合理化建议。

【合作办学】 4月26日,兰考县第一职业中专与开封现代科技中等职业技术学校合作办学揭牌仪式举行,这标志着全县职业教育走出了发展的低谷。开封市教育局领导和兰考县政府副县长闻捷为两校合作揭牌。

师资队伍建设

【举办王威先进事迹报告会】 3月3日,全县教育系统王威先进事迹首场报告会在县教体局三楼会议室举行。县教体局党委书记王保东、工会主席张照县、主任科员张书连出席会议。会上传达了《中共兰考县教育体育局委员会关于开展向王威学习活动的通知》和《兰考县教育系统深入开展学习雷锋活动实施方案》;冰河救人先进人物——兰考县小宋乡第三初级中学教师王威作了题为《爱的奉献》的主题报告,他用朴实的语言讲述了在别人遇到困难时伸出友爱之手来帮助别人的事迹。

10月18日,全省教育系统"身边的榜样"暨2012"感动中原"年度教育人物评选结果揭晓,兰考县教师王威榜上有名。

【师德教育】 本年,县教体局以师德师风建设年为载体,深入开展形式多样的"教育崛起,教师为基"师德主题教育活动。5月19日,县教体局精心组织,优中选优,组建20人的师德报告团,分成4个组,赴城关镇、葡萄架乡、爪营乡、南彰镇等4个学区举行师德巡回报告会。各学区所属乡(镇)中心学校校长、中小学校长和部分教师代表1500余人聆听了报告。城关乡第三初中被评为河南省第三批师德师风建设先进校。组织参加"学雷锋见行动'三平'之中做贡献"和"我的特岗生活"征文比赛活动,段利等46人分别获得省、市一、二、三等奖。

【评选"感动兰考魅力教师"】 4月,在全县范围内开展了"感动兰考魅力教师"评选活动,对层层推选出来的李甫花等20位优秀教师进行了表彰,树立了全县广大教师学习的榜样和标杆,增强全县教师教书育人的光荣感、责任感和使命感。

【特岗教师招聘】 8月20日,兰考县2012年"农村义务教育阶段学校教师特设岗位计划"教师招聘面试工作在城关镇北街小学举行。参加这次面试入围人员共224人,按1:1.2的比例录取180名特岗教师。12月14日,举行特岗教师岗位培训会。新招考的180名特岗教师全部参加。特邀王益民教授作了《做幸福教师,享智慧人生》的报告和《统帅新课标课堂解读》的专题讲座。

【教师节表彰】 9月7日,兰考县召开庆祝2012年教师节暨表彰大会。开封市和兰考县领导魏治功、周辰良、高秋玲、赵爱国、闻捷、满八斤、孔德慈出席会议。会议由县委正县长级干部高秋玲主持。会上,副县长闻捷总结回顾了上学年的教育教学工作,部署了下学年的教育工作。县人大副主任赵爱国、县政府副县级干部孔德慈分别宣读了相关表彰决定。与会领导为受表彰的先进个人颁发了荣誉证书。优秀教师代表和"十佳校长"代表分别作了典型发言。县中心医院为全县受表彰的优秀教师捐赠了价值5万元的免费体检卡。

【特岗教师庆"七一"文艺汇演】 6月29日，由县委组织部、县教体局联合主办的兰考县大学生村官、特岗教师庆祝建党91周年文艺汇演在县礼堂举行。县领导高秋玲、赵爱国、王社省、孔德慈等领导及县委组织部、县教体局有关负责人出席。大学生村官和特岗教师演出了歌曲、小品、相声、舞蹈等形式多样的节目，讴歌了大学生村官扎根基层、奉献青春的美好形象，歌颂了人民教师爱岗敬业、献身教育的良好品质，充分展现了青年一代立足基层、无私奉献、昂扬向上、奋发有为的青春风采。

撰稿：张洪涛　赵永胜

审稿：郭树勤

汝　州　市

市政府分管教育副市长：郭　杰

市教体局局长、党委书记：孙振龙(—2月)　宋二虎(2月—)

市教体局地址：汝州市营房街26号　邮编：467500

电话：0375-6863013　传真：0375-6035639

网址：http://219.150.204.137/

综合管理

【概况】 2012年，汝州市有各级各类学校774所，其中教育部门办学421所(幼儿园2所、小学356所、初中53所、普通高中5所、特殊教育学校1所、中职学校4所)，其他部门办学2所，民办学校351所(幼儿园324所、小学21所、初中4所、高中1所、中职学校1所)。教育人口212813人，其中在校生201398人、教职工11415人。教育人口占全市总人口的22.88%。其中，幼儿园326所，在园幼儿48438人，教职工2484人，专任教师1578人；义务教育小学377所，在校生104502人，教职工4873人，专任教师4660人；普通初中58所，在校生31408人，教职工2748人，专任教师2520人；普通高中6所，在校生10978人，教职工824人，专任教师732人；中等职业教育学校6所，在校生6046人，教职工468人，专任教师345人；特殊教育学校1所，在校生26人，教职工18人，专任教师18人。

市教体局机关有干部职工42人，二级机构55人。下设办公室、人事股、计财股、普教股、幼教股、职业和成人教育股、安全管理办公室、信访股、师训股、招生办10个股(室)和普通教育教研室、职业教育教研室、教学仪器装备站3个二级机构。市政府教育督导室在市教体局办公。

【行风建设】 本年，市教体局严格执行普通高中招生"三限"政策，中小学招生按照划片、面试、就近的原则招生，城区热点学校生源平均下降20%左右。将学前教育纳入资助范围，建立和完善涵盖各级各类学校困难学生的资助体系。对困难教师进行资助，实施"励耕计划"，资助67名困难教师67万元。加强机关作风和工作效能建设，强调做字第一，实行脸谱签到制，做到周公布、月汇总、年考核。全面贯彻落实党风廉政建设责任制，认真做好信访稳定工作。召开民主生活大讨论，归纳意见和建议54条，并逐条进行整改和落实。

【教育宣传】 对教育系统通讯员进行全员培训。优化宣传平台，依托汝州教育网，设置名师工作站、教育风采摄影、创先争优等专栏，及时发布各类教育信息。在市广电总台开播"教育新视点"和"名师展播"栏目，播出教育专题13期，名师展播20余期。6月，在汝州剧院广场举办教育系统"文化下乡消夏晚会"专场演出。深入开展"学雷锋、倡'三平'"主题教育活动，举办2次学雷锋集中活动。开展"续写雷锋日记"和"新华杯"爱国主义征文活动。在全市"我身边的典型"评选活动中，教育系统有3人入选(全市共26人)。

【教育风采摄影大赛】 5月，与河南创星实业有限公司及市摄影家协会联合举办教育风采摄影大赛。9月，展出优秀摄影作品80幅，各校制作教育宣传板面93块，举办庆祝第28届教师节暨教育风采摄影颁奖晚会。12月，将优秀教育风采摄影作品汇集印刷成册。

【教育质量管理】 本年，市教体局实施教育质量提高工程、教育质量目标责任制和领导包乡包校制度。市政府投入资金400万元，设立汝州教育基金，对做出突出贡献的师生进行奖励。研究制定《关于加强教育科研工作和教育教学质量检测评价的实施意见》，确定39个学科教科研基地。组织召开全市中小学管理经验现场交流会,开展教学视导和送课下乡,做到乡乡到、校校到。编写《汝州教育工作规范》,下发到各个学校。

【教育督导】 6月,市政府第二届督学会议召开,建立督学责任区制度,实现学校督导工作的全覆盖。9月,通过省政府校园安全专项督导检查。

【体育】 本年,市教体局先后举办了全市中小学第二届"新华杯"春季田径运动会、秋季阳光体育运动会和系统教职工篮球赛。广泛开展和推广师生校园"大课间"活动。

【安全】 开展经常性的安全演练和师生安全教育活动。"安全月"、"安全日"活动期间,发放安全宣传图书1万余册,制作宣传板面710块。3月,市政府召开校车治理专项会议,落实《国务院校车安全条例》,开展为期3个月的校车专项治理。自6月1日起,所有不符合规定的车辆一律不准接送幼儿及中小学生。

【普通高招、中招】 本年,全市普通高招本科上线1820人,较上年增长13.47%,其中本科一批上线145人,较上年增长18.85%。中招报名6571人,普通高中招生3504人。

学前教育

【整顿民办幼儿园】 本年,对全市429所民办幼儿园进行规范整顿,通过提升改造,有证园由整顿前的79所增加到341所,限期整改46所,取缔42所。

【落实学前教育三年行动计划】 本年,落实学前教育三年行动计划资金4029.87万元(其中中央和省级补助资金1325万元),新建乡镇公办幼儿园8所,改扩建19所,增设农村小学附属幼儿园21所,扶持有证幼儿园77所。

【学前教育达标升级】 本年,启动学前教育达标升级活动,投入资金44万元。10月,市实验幼儿园被省教育厅命名为河南省示范性幼儿园。注重宣传引导,提高保教质量,防止和纠正幼儿教学小学化倾向。

基础教育

【义务教育经费保障】 本年,全市拨付义务教育阶段生均公用经费6236.9万元、贫困寄宿生补助927.6万元、免费教科书资金1080.8万元。

【基础设施建设】 本年,全市投入资金6221.7万元,实施35所中小学防雷工程、2所农村初中改造工程、市聋哑学校迁建工程、85所学校修缮工程、5所薄弱学校建设工程、校安工程以及D级危房改造项目。在城区新建向阳路小学项目已开始招标,计划投资1000万元。投入资金2412万元,实施农村义务教育薄弱学校改造计划教育装备类项目,计划装备学校226所。

【对口支教】 本年,市教体局选派城区中小学教师100人到农村中小学支教,选拔城区副校长12人到乡镇中小学挂职锻炼,选拔农村中小学校长12人到城区中小学跟岗培训。

【普通高中建设】 本年,拨付普通高中生均公用经费385万元。夯实普通高中质量发展基础,开展控流保优,全市中招成绩前100名学生保持率由上年的20%提高至本年的80%。实施"滋惠计划",拨付资金26万元,按照每人2000元的标准,资助品学兼优、家庭困难普高学生130人。实施大学新生入学资助项目,按照省内每人500元、省外每人1000元的标准,拨付资金8万元,资助省内学生76人、省外42人。

职业与成人教育

【职教攻坚】 10月,全市职业教育工作通过省政府第一阶段验收,11月通过省政府第二阶段验收,成功创建为河南省职教强市。

【成人教育】 本年,全市成人高招报名1406人,其中专升本720人、高起本10人、高起专676人。自学考试报名34人,其中上半年25人、下半年9人。

师资队伍建设

【培训资金投入】 本年,投入教师培训资金530万元,超过"十一五"以来投入的总和。以"国培计划"和"省培计划"为重点,实施教师全员培训工程,全面启动汝州市名师、名校长和优秀班主任人才库建设,将培育专家型校长和教师作为教师培训工作的一项重要工作来抓。

投入资金100余万元加强市教师进修学校建设,该校被评为省级示范性县级培训机构,并获省奖补资金8万元。

【师德建设】 开展"教育崛起,师德为基"主题教育活动,300余人在技能竞赛、演讲比赛、论文征集和师德先进评选活动中获奖,其中45人获省级奖。

【培训】 本年,举办汝州市首届中小学校长论坛,邀请魏书生等多名教育专家莅汝讲学。组织中小学校长、骨干教师364人分别到北京、省内名校和高校开展提高培训、课改培训、置换研修培训、短期培训和挂职锻炼等。对2009年以来新招聘的教师和全市中小学4480名教师进行全员培训。注重人文关怀,合理解决教师培训过程中的资料费、差旅费、生活费等,教师参与培训的积极性空前提高。

举办教育行政干部培训班19期,113人赴外研修,75人参加了全省第九届教育名家论坛。举办首届汝州市初中校长任职资格培训班,75名初中校长取得任职资格。争取14个教育部分配到河南省的43个国家及省级跟岗培训名额(国家级6名、省级8名)。启动汝州市首届农村中小学校长跟岗影子培训。全市遴选推荐省级骨干教师和教育专家24人。

组织全体教研员参加全省学科专题会议和教材培训会议,并赴京参加全国教研员专业提升高级研修班。

【教师招聘】 本年,全市招录特岗教师135名。计划招录本市小学、幼儿园教师及工作人员530人(小学教师100人、幼儿园教师329人、保育员97人、保健员4人),实际招录329人。

【规范教师管理】 本年,市教体局根据《汝州市教师流动管理办法(暂行)》,规范教师借调行为,厘清教师队伍底子,教师无序流动现象得到控制。

撰稿:吕月明

审稿:郭长伟

长 垣 县

县委分管教育领导,县委常委、宣传部长:关媛媛
县教体局党委书记、局长:吴民献
县教体局地址:长垣县向阳路北段东115号
邮编:453400
电话:0373-8893467
传真:0373-8844943

综 合 管 理

【概况】 2012年,长垣县共有各级各类学校304所。其中小学248所,初中45所,普通高中3所,职业类院校3所,九年一贯制学校3所,十二年一贯制学校1所,特殊教育学校1所。另有幼儿园119所。在校生169549人,其中小学94931人,初中36522人,普通高中24052人,职业类院校14003人,特殊教育学校41人,在园幼儿27607人。长垣县小学、初中适龄儿童(少年)入学率分别为99.7%、98.4%,辍学率分别为0.75%、1.66%。专任教师7016人,其中小学3855人,初中2209人,普通高中952人。小学、初中、高中专任教师学历合格率分别达到100%、100%、98.11%。

2012年,长垣县通过职教强县复评,被评为河南省职教攻坚先进县。长垣县教育体育局获省普通高中课程改革先进单位、省教育信息工作先进单位、第六届农村中小学青年教师技能竞赛组织优胜单位、省教育审计工作先进单位等39项称号。

【县教体局领导班子成员名单】 党委书记、局长吴民献;党委委员、县政府教育督导室主任史珂;党委委员、副局长张军廷,党委委员牛顺兴,副局长段德世,党委委员、副局长李信,党委委员、副局长王华,党委委员、纪检书记张芳,党委委员、县政府教育督导室副主任于瑞敏,党委委员刘达、刘鹏、薛正强。

【项目资金】 2012年,实施校舍安全工程项目学校56所,新建校舍面积81448平方米。投资1.3亿元、建筑面积6万平方米的县一中初中部和投资2500万元、建筑面积7000平方米的

特殊教育学校校门

县第二实验小学建成并投入使用。投资1.2亿元的职业教育中心主体基本完工。

【召开全县教育工作会议】 2月22日,全县教育工作会议在县综合楼第三会议室召开。县领导赵丙元、关媛媛、孙胜臣出席会议,各乡镇长、街道办事处主任及主管教育副职,县直有关单位相关负责人,中小学校校长代表及各中心学校教育督导专干,县教体局和各高中学校中层以上人员等260余人参加会议。党委书记、局长吴民献作报告,县委常委、宣传部长关媛媛就如何做好今后的教育工作提出明确要求。

【庆祝第28个教师节】 9月8日,长垣县庆祝第28个教师节表彰大会在县综合楼第三会议室举行,县领导武胜军、夏治中、李明俊、关媛媛、牛金平、宋广民出席会议。333位优秀教师、47位优秀教育工作者、20位优秀离退休教师受到县委、县政府表彰。中共长垣县委书记薄学斌和长垣县人民政府县长武胜军在长垣县电视台、长垣视点等新闻媒体联名发表了致全县广大教师的一封信,向辛勤耕耘在教育战线上的广大教师、教育工作者和离退休教师致以节日的祝贺,并对广大教师和教育工作者提出了新的希望。

【成立人民武装部】 7月26日,县教体局人民武装部成立暨揭牌仪式举行,县委副书记夏治中,县委常委、县人民武装部政委孙兴伟,副县长高国瑞,县人民武装部部长耿凌松,县教体局党委书记、局长吴民献出席仪式。人武部的成立,标志着全县教育系统国防教育和国防后备力量建设纳入正规管理渠道。

【安全稳定】 一是召开教育系统安全稳定工作会议,组织各个学校层层签订安全管理目标责任书,强化学校安全稳定目标和责任制。二是通过新闻媒体、报纸、宣传栏等形式开展丰富多样的安全教育活动,在"全国中小学生安全教育日"期间,举行安全教育宣传一条街活动,共布置展板35块、发放宣传资料6000余份。扎实开展演练活动,提高广大师生的安全意识和应对突发事件的能力,全县中小学校开展安全演练达800余校次。三是加大校园及周边环境的整治力度,共整改安全隐患105处,清理校内外小卖部、流动摊点40个。四是加强校车安全管理,联合执法部门加大校车排查力度。严格落实道路交通安全管理责任制,签订学生乘车安全协议书17万份。五是落实维稳工作责任,认真排查教育系统矛盾纠纷,梳理突出问题,采取有效措施,切实做好信访稳定工作。

【教育督导与评估】 一是做好督政、督学和专项督导工作,与各乡(镇)政府、街道办事处签订了目标责任书,完成了迎接市政府教育督导团对长垣县2011年教育工作的督导评估。二是对全县各乡(镇、街道)申报类别的33所幼儿园进行综合督导评估,评出县级一类幼儿园6所。三是组织部分督学对全县各乡(镇、街道)申报类别的29所中小学校进行办学水平综合督导评估,评出县级示范性学校7所、县级一类学校14所。四是3所市级示范学校和5所市级一类学校顺利通过复评验收。

【党建工作】 成立中共长垣县教育体育局委员会,同时撤销中共长垣县教育体育局党组。"七一"期间,举行了全县教育系统庆祝建党91周年暨创先争优表彰大会,对教育系统涌现出的79名优秀共产党员进行表彰,充分展现了新时期教育系统共产党人的良好形象和精神风貌。

【党风廉政建设】 一是召开教育系统党风廉政建设工作会议,严格落实"一岗双责",层层签订《党风廉政建设责任书》。二是加强廉政教育,学习贯彻《廉政准则》,邀请长垣县纪委领导针对反腐倡廉等内容给全县中小学校长授课,以反面案例进行警示教育,进一步增强党员干部的廉洁自律意识。三是进行廉政风险防控和规范权力运行机制建设,局机关领导干部对照本职工作查找风险点,确定了风险等级并制定防控措施。

【政风行风建设】 一是贯彻落实《中共长垣县委关于加强干部作风建设"十不准"的规定》,开展"贴近民生、履行职能、努力为群众办实事办好事"主题教育活动,促进教育系统政风行风建设。二是配合县纠风等部门对局机关重点科室基层站所进行评议,并制定了评议工作方案,将违规招生、收费等作为重点,进一步规范招生、收费行为。三是严格执行国家教育收费政策,规范学校办学和收费行为,坚决查处违纪违法收费案件。8月14日,《教育时报》以《坚持三个并重、规范教育收费》为题,对长垣县坚持并完善教育、制度、监督并重的工作机制,积极探索政风行风建设和规范教育收费工作新途径的经验做法进行了报道。四是切实做好教育审计工作,加强对教育经费投入和使用的监督检查,提高资金使用效率。

【老干部工作】 落实豫财社〔2012〕14号文件《关于提高离休干部护理费标准的通知》文件,为38名离休干部办理了护理费增加手续。7月,组织全县离休教师到县医院体检,做到对他们"政治上关心,生活上从优"。

贯彻落实《规划纲要》

【成立幼教集团】 3月,以县直实验幼儿园为中心园,新建19所公办幼儿园为附属园的幼教集团成立并开始运转。在12月6日召开的"河南省学前教育三年行动计划现场推进会"上,长垣县作为4个典型市县之一作了典型发言。学前教育的集团化运作模式受到河南省副省长徐济超的充分肯定,称"学前教育集团化运作,是创新学前教育管理的有益尝试,是破解学前教育用人机制问题的有效探索,值得借鉴和学习"。

【推进义务教育均衡发展】 一是印发《关于着力解决城区小学大班额问题的通知》和《关于加强初中招生管理严格规范招生秩序的通知》,加强学籍管理,规范招生秩序,着力解决城区学校大班额问题,小学和初中起始年级班额分别控制在60人和55人以下。二是大力实施农村义务教育阶段薄弱学校改造计划,为183所学校配备图书57万册、班级多媒体425套、标准实验室232个。三是继续实行"分配生"制度，在普通高中统招计划中划出60%的指标分配到全县各初中。五是继续实施"义务教育均衡发展结对帮扶"行动计划，促进薄弱学校管理水平的提高，不断推进城乡教育均衡发展。

【职业教育基础能力建设】 投资1.2亿元，将县劳动就业训练中心与县职业中等专业学校新校区合并建设，组建县职业教育中心；投资900余万元建设县职业中等专业学校综合实训楼；人社部门投资100万元与长垣烹饪职业技术学院共建烹饪工艺与营养实训室并投入使用。

【提高教师待遇】 全县教师地方性补贴平均每人每月增加300元，农村教师岗位补贴从每月20元和40元分别提高到每月50元和100元，非义务教育阶段教师实行绩效工资。

基础教育

【学前教育】 一是对全县幼儿教学小学化等现象进行了综合治理，克服幼儿教育小学化倾向。二是省检查组对全县学前教育三年行动计划进展情况进行了验收。三是县直实验幼儿园通过省级示范幼儿园验收。

【初中教育教学质量会议】 11月11日，全面提高初中教育教学质量会议召开，全县各初中学校校长、负责教学工作的副校长、教导主任140余人参加会议。会议进一步完善了《长垣县初中教育教学质量监测考评方案》和《长垣县初中教育教学质量监测考评细则》，为全县初中教育指明了方向，有效地推进了长垣初中教育教学质量再上新台阶。

【普通高中教育跟踪评估促提升】 起草《长垣县普通高中教学质量跟踪评估方案》，通过跟踪评估学生成绩，强化对教学过程的监督与管理，向严格管理要质量，抓好学生的能力提升和培优转差，探索普通高中教育教学质量提升有效途径。

【高考】 2012年，全县参加普通类高考考生5570人，一本、二本、三本上线人数、上线率均居新乡市八县(市)第一位。其中文理科一本上线685人，比上年增加92人，上线率12.30%；二本线以上1612人，比上年增加85人，上线率28.94%；三本线以上2912人，比上年增加10人，上线率52.28%。河南宏力学校考生师晨、孙珂分别以642分、640分的优异成绩获新乡市文科第一、二名，并被北京大学录取。长垣一中考生陈创录以660分的成绩获得全县理科第一名，并被中国科技大学录取。职业学校对口升学考生611人，本科上线14人，上线率2.29%；专科线以上611人，上线率100%，职业类高考本科、专科上线人数连续15年稳居新乡市八县(市)第一位。

【强化教科研意识】 一是实行课题带动战略。要求每所学校、每个教研组及每位教师都要深入学习，积极承担研究课题，增强教师学习的积极性，提高广大教师的业务能力。二是组织教学论文评比，引领教师总结与反思。在全县广大教师中倡导撰写教学论文活动，坚决消灭空白乡、校，极大地提高了教师学习、研究教科研理论的兴趣。三是开展教科研活动，促进教师专业化成长，推进教育均衡发展。推进校本教研，提高课堂教学效果。继续实施教研员包乡、包校制度。开展多种形式的教学大比武活动，以赛带训，不断提升教师队伍素质。四是加强学习研究，提升常规教研水平，拓展教研服务领域。加大学习培训力度，举办报告会、研讨会，组织教研员、中小学校校长、各学科骨干教师赴课改先进学校、县区学习考察。

【名师送教下乡】 县教体局多次组织长垣县首届名师、教研员分别到孟岗镇驼人小学、方里乡中心学校、武邱乡武邱小学、丁栾中心学校、苗寨中心学校等乡(镇)开展名师送教下乡活动，充分发挥名师在教育教学中的辐射、引领、带动作用，全面提升农村学校教师队伍的整体素质。

【体卫艺】 一是贯彻落实《学校体育工作条例》，开展阳光体育运动，保证学生每天锻炼一小时。举行中小学生田径运动会和中小学生广播体操比赛，组织参加新乡市中学生"晨光"体育活动，不断提高学生体质健康水平。二是加强对学生的卫生知识普及教育，做好常见病和传染病预防工作，开展各类健康教育活动。以"建设清洁校园，保护学生健康"为主题，在全县中小学校开展"卫生健康教育宣传月"活动。三是通过举办"职专杯"全县中小学生歌咏、书画比赛，首届小学师生硬笔书法大赛，第八届"重工杯"爱我长垣书画大展赛等丰富多彩的文艺活动，提高学生的人文艺术水平。

【校外教育】 一是举行迎"五一"国际劳动节、庆"五四"青年节长垣县"长城中学杯"诗歌朗诵大赛，55名学生和8个单位获奖。二是参加由新乡市教育局、市科协组织的第二届"智力七巧板"竞赛活动，长垣赛区310名学生参加。三是举行长垣县"凯杰杯"庆"六一"少儿艺术展演活动，有44个节目、8个优秀组织单位获奖。四是开展长垣县"富美杯"少儿现场绘画大赛，有47名学生分别获一、二、三等奖和优秀奖。五是组织参加县总工会举办的长垣县庆"十一""四特杯"乒乓球比赛。六是举办长垣县中小学生庆祝"十八大"命题作文比赛，79名学生获奖。

职业、成人和民办教育

【召开全县职业教育座谈会】 2月14日，长垣县推进职业教育发展工作座谈会召开，县长武胜军，县委常委、宣传部长关媛媛出席会议。会议通报了全县职业教育现状，并就职业教育发展方向、专业设置、招生对象、就业导向等方面进行了讨论和交流。

【中等职业教育招生】 3月，召开全县中等职业教育招生宣传动员会，出台《关于做好2012年中等职业教育招生工作的通知》(长教体〔2012〕41号)，将招生任务合理分配下达给各中心学校和中等职业学校，并将招生工作的完成情况纳入目标管理和初中教育教学质量检测考评体系。同时，加大职教招生宣传力度，各中等职业学校通过发放职教招生宣传材料、组建职业教育宣讲团到初中学校宣讲等方式，为扩大招生创造良好的舆论环境。

【中职技能大赛】 6月10—11日，各职业院校学生参加了新乡市教育局举办的中等职业教育技能大赛，获团体奖和优秀组织奖。在全省中职学生技能大赛上，长垣县获得3个一等奖。长垣烹饪职业技术学院学生黄洁、徐茜茜被选入“2012年参加全国职业院校技能大赛河南省代表团”，代表河南省参加全国大赛。

【成人教育】 2012年，全县900余人参加成人高考，330人参加全国高等教育自学考试，接受在岗培训。全县18所乡镇成人文化技术学校，有2所达二类标准，其余均为三类，年培训能力1万人。

【民办教育】 全县共有民办学校和培训机构25所，其中普通中小学校12所、职业院校1所、培训机构12所，民办教育投入近9亿元，占地面积124公顷，建筑面积43.5万平方米，图书28.8万册，专任教师894人，在校生12803名。

师 资 队 伍 建 设

【教师资格认定】 2012年，全县有86人获得教师资格证，其中初级中学50名、小学36名。

【教师招聘】 继续实施“农村义务教育阶段学校教师特设岗位计划”，招聘特岗教师120名；配合县有关部门面向社会公开招聘音乐、美术和职教专业教师30人，招聘小学语文、数学教师34人。

【教师队伍管理】 一是实行了教师流动公开考试选调制，为县第二实验小学、蒲西中学、蒲东实验小学和蒲北中心小学公开考试选调教师86人。二是出台《关于进一步加强教育干部和教师队伍管理的意见》，制定《长垣县教育系统所属单位领导班子和领导干部学年度考核暂行办法》，对教育系统领导干部进行了学年度考核，为合理调整部分班子成员提供依据，为探索干部人事制度改革积累经验。三是制定《中小学教师中、高级专业技术职务任职资格申报推荐工作指导意见》，落实了不教课不能申报高一级职称的规定，打造阳光职称。四是开展了名师名校长评选活动和“青蓝工程”以师带徒活动，培养造就了一批师德高尚、业务精湛的名师，带动全县教育事业科学发展。

【加强师德建设】 贯彻落实《中小学教师职业道德规范》、《长垣县师德师风建设考核评估办法》，完善师德考核制度，规范教学行为。实行师德一票否决制，将师德考核结果作为评先评优、职称评聘、绩效工资分配的首要依据。组织开展“教育崛起、教师为基”和践行雷锋精神、“三平”精神为主题的师德征文、演讲比赛活动。举办“博爱——托起今天的太阳”师德报告会，特邀吉林省十大感动人物、长春市特等劳动模范，全国著名民营企业家、慈善家、教育家王竑锜主讲，全县教育系统的教育行政干部、班主任及一线教师550人聆听了报告。

【教师培训】 2012年，县教体局组织1394名中小学教师和168名幼儿教师参加了“国培”计划——河南省农村中小学、幼儿教师培训；330名教师参加“省培”地方项目——长垣县初中骨干教师培训；188名小学英语教师、200名中小学校骨干班主任、120名特岗教师参加暑期师资培训项目培训；1078名小学教师分批进行岗位培训。

【干部队伍建设】 一是组织3名高中校级领导干部和1名幼儿园园长参加任职资格培训，1名幼儿园园长参加全国幼儿园园长高级研修培训，6名初中校长参加了任职培训。二是邀请河南教育学院任民教授到长垣县授课，对全县中小学校长进行了专题培训。三是利用暑假举办长垣县2012年小学校长培训班，对170名小学校长进行集中培训。四是组织全县18个乡(镇、街道)中心学校校长，部分局属学校校长赴信阳市商城县调研考察学习。五是在省教育干部培训中心举办了局机关干部素质提升培训班，进一步提高干部理论水平和业务能力。

【教师经验交流会】 5月1日和5月4日，分别召开长垣县教育系统庆“五一”模范教师教学经验交流会和庆“五四”青年教师教学经验交流会。来自各乡(镇、街道)中心学校、局属学校和机关各科室的200人参加会议。17位模范教师代表、18位青年教师代表分别做了发言,发言内容丰富,事例生动,与会人员受益匪浅。

【农村青年教师技能竞赛】 经过初赛、复赛,8月8—11日,6名教师代表长垣县参加河南省第六届农村中小学青年教师技能竞赛,取得了5个一等奖,长垣县南蒲二中庞玉杰取得河南省初中化学第六名。县教体局获河南省第六届农村中小学青年教师技能竞赛组织优胜单位称号。

撰稿:李永超　韩建利

审稿:吴民献

鹿　邑　县

县政府分管教育副县长:宋　涛
县教体局局长、党组书记:魏凤山
县教体局地址:鹿邑县真源大道21号
邮编:477200
电话:0394－7223172　7223917(传真)
E-mail:lyxjtj@163.com

综 合 管 理

【概况】 2012年,全县有各级各类学校632所,教职工11356人,其中专任教师10510人,校舍总面积1160382平方米。公办教育:全县有各级各类公办学校502所。其中,普通高中2所、初中46所、小学442所、幼儿园7所、中等职业学校3所、特殊教育学校1所、教师进修学校1所。公办学校在校生198707人。民办教育:全县共有各类民办学校135所。其中,普通高中3所、初中17所、小学58所、幼儿园54所、中等职业学校3所、民办学校在校生95798人。

全县高中在校生22736人,初中在校生82700人,小学在校生154939人。全县小学适龄入学率达到100%,初中适龄人口入学率达到99.78%,中小学在校生辍学率分别控制在2%和0.8%以下。义务教育巩固率达到94.6%,高中阶段教育毛入学率达到88.2%,学前一年毛入园率达到85.4%,学前三年毛入园率达到60.8%。高中、初中、小学教师学历达标率分别达到97%、99%、100%。中学生均图书26.3册,小学生均图书18.2册。

【获奖情况】 2012年,县教体局先后被评为全国第二批"学雷锋树新风"系列活动先进集体、河南省普通高中课程改革先进单位、河南省教育宣传先进县、河南省晨光体育运动会二等奖、周口市安全生产工作先进单位、周口市老干部工作先进集体和周口市优质窗口服务单位。

【县教体局领导班子成员名单】 县教体局党组书记、局长:魏凤山,党组副书记、副局长:张玉杰、孙国杰,副局长:杜锐敏、刘润秋,纪检组长:张雁斌,党组成员:肖文生。

【教育行风建设】 本年,县教体局开展"作风转变暨环境创优"活动,成立活动领导小组,制订活动方案,印发实施意见,着力整治工作中出现的"庸、懒、散、浮、软、滑"等不良风气,进一步提升教育系统创先争优的活力。以"讲学习、讲法纪、讲正气"为主题,通过专题教育、自查、评议、整改,增强干部职工的服务意识、法纪意识和奉献意识,全县教育系统行风、校风、教风、班风明显好转。

【治理教育乱收费】 一是明确工作责任,层层签订治理乱收费工作目标责任书,严格执行各项收费管理政策。二是充分发挥督导、纪检、审计等职能作用,加强检查监督,建立"惩防并举、注重预防"的治乱工作体系和治理教育乱收费工作长效机制。三是边查边纠,严肃查处教育乱收费案件,公布举报电话,并设专人处理群众来电来信来访,对于反映出来的问题,及时调查核实,妥善处理。

【义务教育均衡发展】 一是强化措施,稳步推进。制定出台《鹿邑县人民政府关于大力推进义务教育均衡发展的实施意见》和《鹿邑县教育体育局关于推进义务教育均衡发展的实施方案》,并加强贯彻落实,按步骤推进。二是加快实施学校布局调整。坚持"政府主导、分级负责、科学设施、统一规划、分步实施、逐步到位"的原则,以撤点并校为基础,以加快城区学校和寄宿制学校为突破口,整合利用教育资金,合理配置教育资源,采取"撤、并、改、建"等措施,分期、分批逐步实施,科学、合理、积极、稳妥地进行布局调整工作。三是加大城区学校建设力度。本年完成占地1000亩的教育园区规划,计划总投资2.49亿元、占地266亩的新区中学一期工程正式开工建设,完成老君台中学宿舍楼、餐厅和西城中学、真源一小教学楼项目建设。四是加强农村学校建设。启动10所寄宿制学校建设项目;投资934万元,对59所学校的基础设施进行修缮和完善;实施校安工程改造项目学校23所,改造面积21570平方米;新建15所中学食堂,对27所中小学校食堂进行升级改造。五是提升学校装备水平。实施乡镇学校图书更新工程,为160所学校补充图书150余万册,并为学校配备图书柜、架和桌椅;落实教育技术装备资金280万元,建设高标准多媒体教室105套。

【教育目标管理和督察】 2012年,县教体局将各项工作进行简化、量化,突出重点,科学分解,出台详细的目标管理量化考评细则和奖惩办法。层层签订目标责任书,对中心学校、局直学校和局机关各股室全面实行目标管理,一月一排名一通报,一季度一评析,学期一初评,学年一总评,考评结果确保公开、公平、公正,与评先评优、干部选任、考核奖励相结合,提高学校和教师的工作积极性和主动性。同时为确保各项工作落到实处,县教体局还对目标运行和实施情况以及教育专项工作和重点工作进行全方位、全过程、全覆盖的督查,对存在的问题及时梳理、反馈,进行整改,并对整改结果进行跟踪问效,促进对全县中小学校常规管理的督导与监控。

【安全稳定】 一是实行安全责任制。层层签订目标责任书,组织专人对学校进行安全隐患排查,逐条逐项建立台账,跟踪问效,抓整改、抓落实。二是安全教育实现全覆盖。开展安全教育‘十个一’活动,即:每天一次安全提示、每周一节安全教育课、每月一个主题活动、每季一次安全排查、每期一次安全演练、每年一次工作总结、每人一份安全责任书、每生一张家校联系卡、每班一期安全板报、每校一本安全台账。三是建立长效工作机制,加强对重点时段和重点环节的安全督查。2012年,对非法接送学生车辆和学校食品安全进行专项检查和治理,校园及周边环境进一步净化,各部门分工协作、齐抓共管的长效工作机制初步形成。四是加强人防、物防、技防工作。全县建立护校队和巡逻队562支,配备专兼职门卫值班人员1382人,154所学校建立高标准警务室,562所中小学、幼儿园配足配齐安全器械近万件,345所中小学安装电子监控系统和报警预警系统。五是稳控和化解不安定因素。认真落实信访工作责任制,层层签订信访稳定工作承诺书,坚持群众来访领导接待制度,按照“分级负责、归口办理”的原则,及时签批交办,及时处理,信访件做到事事有调查、件件有回音,信访件报结率达100%。

【体育、艺术、卫生】 本年,全县举办大中小型运动会及各种活动64次,参加人数7.8万余人,举办老子庙会、全民健身日文体活动和全县中学生田径运动会。在2012年河南省“晨光”运动会中,获全省团体总分二等奖,在周口市二运会比赛中,获金牌12块、银牌18块、铜牌28块。参加周末文化广场文艺演出活动,组织城区各高中和乡镇中心学校举办学生艺术节、体育节和中小学艺术展演活动。开展学校食堂整治专项活动,联合各职能部门对学校食堂食品卫生安全工作进行明察暗访,发现问题,限期整改到位,一周一通报,并在全县学校开展学校食品安全年活动,加强对学生的食品安全教育。对全县义务教育阶段学生进行免费健康体检。建立健全“一生一卡”学生健康档案,对学生健康状况进行汇总、统计和分析,全面掌握了解全县中小学生健康状况。启动农村体育健身工程,投入资金150余万元,在全县安装健身器材180余件,硬化健身路径5600平方米。

【普及学前三年教育】 大力实施学前教育三年行动计划,加强乡镇中心幼儿园和闲置校舍改建幼儿园及小学附设幼儿园建设,投资2000余万元,先后新建10所乡镇公办中心幼儿园、28所村办幼儿园,对15所民办幼儿园给予资金扶持。

【学生资助】 2012年,继续为全县中小学生免除学杂费和免费提供教科书。为农村家庭经济困难寄宿生补助生活费1929.8万元。为4242名普通高中家庭经济困难学生提供资助助学金636.3万元。落实中职国家助学金资助政策,全年免学费及发放贫困学生助学金共计210.16万元。利用中央彩票公益金实施“励耕计划”,资助家庭经济特别困难的公办教师66人,发放资助金66万元;实施“滋惠计划”资助普通高中品学兼优、家庭经济困难学生220人,发放资助金44万元。

【学雷锋画展】 贾滩镇后堂小学教师孙永清利用业余时间绘制《雷锋画展》,41年坚持不懈在全县各乡镇中小学校巡回展出,弘扬雷锋精神,2012年当选十大“感动中原”教育人物。县关工委、文明办、教体局和团县委联合举办学雷锋巡回画展,为全县各学校发放“雷锋事迹光盘”,画展历时半年,巡展275所学校,受教育学生8840人。县教体局、县真源办事处第四小学被全国学雷锋树新风领导小组授予全国“学雷锋树新风”先进集体称号。

基础教育

【德育】 2012年,县教体局坚持把德育放在学校各项工作的首位来抓,加强领导,健全组织,不断创新德育载体,采取多种形式深入开展爱国主义教育、理想信念教育、公民道德教育、民主法制教育、心理健康教育和行为习惯养成教育,有力推进中小学德育工作的深入开展。3月,开展学雷锋月和美德少年评选活动,同时在全县中小学开展“三理”教育,与县文明办共同开展“三理”教育知识讲座进学校、进社区活动。老子庙会期间(农历二月十五至三月十五)在全县中小学开展“颂千古美文，扬中华传统”读书活动和《道德经》诵读活动。5月，组织开展青少年科技创新活动，会同县科协、科技局举办青少年科技创新优秀作品比赛。

【特殊教育】 2012年，县教体局开展随班就读支持保障体系建设，使三类（即盲、聋哑和弱智）残疾儿童少年入学率、7—15周岁残疾儿童少年入学率均达到90.1%。切实保障适龄残疾儿童少年接受教育的权利。

【高中教育】 狠抓高中教学管理，积极实施高中新课程改革，组织校长、教师参加省、市级新课程培训。在校内积极开展新课程实验和校本研修，及时召开高三备考会、教学研讨会。为规范招生宣传行为，下发《关于进一步规范教育招生宣传行为的意见》，加大高中招生管理力度，增加高中招生人数，高中招生规模进一步扩大。2012年，全县高中一年级招收新生8369人，高中在校生达22736人。

【新课程改革】 本年，在借鉴外地成功经验的基础上，探索实践自主、合作、探究的课堂教学模式。把推行新课改明确为“一把手”工程，纳入目标考核，确定101所课改实验学校，并及时总结课改经验，创建一批课改示范校，涌现一批课改带头人。

【教学教研】 建立健全县、乡、校三级教研网络，开展教学常规检查和视导。一是通过专项视导、集体备课、主题讲座、校本教研等形式，加强课题研究与指导，强化课程改革。二是通过上观摩课、推优质课等手段，开展送教下乡活动，加强城乡教学交流。三是推荐评选出市级课改先进学校3所、县级先进乡校6所、先进学校15所、模范班级60个、先进个人112人。四是开展教学常规检查，深入学校听课、评课，检查教师备课、上课、批改作业、辅导学生等情况。五是开展优质课评选活动和青年教师教学技能大赛，2012年，共评出县级优质课教师420名，推荐省、市优质课教师180名。六是组织优秀教学论文评选，评出县级优秀论文150篇，推荐市级80篇。七是全年申报课题73个，通过省级立项8个，市级立项17个。

【第28届李耳奖学金颁奖】 8月20日，由鹿邑县美籍华人秦维聪先生出资设立的第28届“李耳纪念奖学金”颁奖大会在县一高举行。仪式上，对2012年全县普通高招中成绩优秀的10名学生颁发荣誉证书和奖学金，同时为10名优秀任课教师颁发荣誉证书。

【汉字工程】 本年，县教体局针对中小学生汉字书写能力不断下降问题，在全县学校全面实施“汉字工程”，促使学生养成良好的书写习惯。抓好学生双姿及良好的书写习惯训练，抓好学校每节、每周的写字强化训练课。定期举办书法比赛，提高学生练字积极性和兴趣。通过召开现场会等形式，推典型、树标兵，以点带面推动“汉字工程”向纵深开展。

【招生考试】 2012年，县招生考试工作坚持以法治考，加强考试安全保密工作，严肃考风考纪，提高服务质量，采取多项措施使招生考试各项工作顺利进行。一是严格招生考试管理。严把资格审查关，杜绝报名和报考环节中的各种不正之风。二是实行招生考试逐级负责制，层层签订责任书。三是进一步健全考试监察制度，加强对招生考试全过程的监察；坚持考务公开，强化社会监督，设立举报电话，坚决依法惩处作弊行为，有效维护招生考试的严肃性和公正性。2012年，高考本科三批以上上线3392人，本科上线率增幅和本科三批以上上线人数增长均居全市第二位。中招成绩500分以上2257人，优秀生人数居全市第三位。县教体局被市教育局评为高招工作进步县，高、中招工作受到县政府嘉奖。

职业、成人与民办教育

【概况】 全县有职业学校7所，占地18万平方米，建筑面积5.6万平方米，固定资产总值6000万元，专任教师289人，本科以上学历210人，其中中级职务以上172人，双师型教师104人。职业教育开设专业有：计算机应用、农学、市场营销、国际商务、电子电器、音乐幼师、运动训练、服装设计、电焊等十余个长短专业，在校生达3880人。

【招生与就业】 以优化职教管理体制和办学体制为主线，不断深化职业教育改革，大力实施职业教育攻坚计划，职业教育取得较快发展，逐步建立“政府为主导，行业、企业和社会力量积极参与”的多元办学格局，积极推广城乡联合招生、合作办学和“工学交替”的办学模式；不断优化职业教育结构，大力推进职业学校的布局调整，努力扩大中职在校生规模，为社会培养一大批高素质实用型人才。2012年，全县共招收学历教育人数3131人，完成初中后1年培训任务8020人次，长、短班学员安置就业近4000人，对口升学报考60人，上线率100%，单独招生录取19人。

【民办教育健康发展】 认真贯彻落实《教育法》和《社会力量办学条例》，按照“积极鼓励、大力支持、正确引导、加强管理”的方针，加强政策宣传和监督管理，规范民办学校的招生行为和办学行为，坚决取缔非法办学，净化民办教育发展环境，不断推进全县民办教育事业健康、有序发展。截至2012年年底，全县已取得办学许可证的民办教育学校148所，在校学生107223人。

【成人教育及培训】 本年，成人教育工作围绕农村经济建设，按照“实际、实用、实效”的原则，继续完善成人学校建设，指导成人学校因地制宜，开展农村实用技术培训和农民文化技术培训，全年培训人数4.5万人次。

师资队伍建设

【师德教育】 县教体局全面推进以"师德规范"教育为核心的师德师风建设,弘扬高尚师德主旋律,营造良好的师德教育氛围,组织广大教师深入学习和贯彻新的《中小学教师职业道德规范》。7月,开展"我为祖国站讲台"为主题的师德教育活动,53名教师被评为师德模范,推荐市级师德论文12篇。

【教师培训】 一是认真开展中小学教师岗位培训,加强和更新教师专业技术知识,全面提高教师队伍的整体素质,组织4565名小学教师,3074名初中教师,1000名中小学校长、主任进行(2011)版新课程标准和解读培训。二是组织全县280名高中教师参加"新课程、新课标"培训。三是开展"名师"评选活动,2名教师被评为省级名师。四是对全县2056名教师进行岗位知识培训。五是组织1210名中小学教师分别参加国培短期集中和远程网络培训。六是组织全县392名初中语文、数学、英语教师参加省级短期集中培训。

【治理教师无序流动】 2012年,对乡与乡之间无序流动教师进行规范和理顺,主动配合监察部门开展教师清理清查工作,维护教师队伍的稳定,加大对违纪教师的查处力度,对58名脱岗人员给予行政警告处分。

【教师资格认定】 严把教师入口关,做好教师资格认定工作。按照公平、公正、公开的原则,对全县申请认定教师资格的人员,经过严把资格、严格考核、规范操作,对符合条件的595名教师给予教师资格认定,其中幼儿教师22人、小学教师119人、初中教师338人、高中教师103人、中等职业学校教师13人。

【特岗教师招聘】 为逐步解决农村师资总量不足和结构不合理等问题,提高农村教师队伍的整体素质,国家实施农村义务教育阶段学校特设岗位计划,为确保公开、公平、公正性原则,县教体局成立特岗教师面试工作领导组,设立办公室,组成资格审查、后勤服务、安全保卫、考务工作和纪检监督5个工作组,县监察局、财政局、人事局、编办等有关单位的负责人全程参与。面试考点采取全封闭管理,全程录像,聘请71名外地教学专家组成9个面试小组,采取说课和答辩相结合的方式,各小组评委现场打分,当场公布。最终招录120名优秀大学毕业生充实到乡镇教学第一线。

【表彰优秀教师】 教师节前夕,全县评选出省级优秀教师18名,市优秀教师53名、优秀教育工作者5名,优秀中、小学校长5名。评出出席县优秀教师和优秀教育工作者500名,并向他们颁发荣誉证书和奖品。

【职称评审】 按照省、市关于教师职称评审工作政策,认真做好高、中、初级职称申报、推荐、评定工作,做到"政策公开、指标公开、评审结果公开"。各单位实行"公开、展示、考核、评议、监督"的办法进行推荐。2012年,全县共推荐上报中学高级教师85人,中小学教师中级职称、小学高级教师1070人,上报材料规范,评审通过率较高。

【提高中小学教师学历层次】 组织教师参加学历培训,并制定优惠政策,鼓励教师主动参加培训。2012年,参加学历培训的教师达312人,截至年底,全县普通高中、初中、小学教师学历达标率分别为95.7%、98.1%、99.57%,高层次学历分别为14%、46.18%、74.87%。

撰稿:冯 伟 杨文哲 任成全
核稿:孙国杰
审稿:魏凤山

高等院校

郑州大学

党委书记：郑永扣
创办时间：1928年
电　　话：0371-67783111
传　　真：0371-67783222
校　　长：申长雨（—8月）
校本部地址：郑州市高新区科学大道100号
邮　　编：450001
网　　址：http://www.zzu.edu.cn/

【概况】 2012年，学校有新校区、南校区、工学院、医学院4个校区，总占地面积433公顷。其中位于郑州高新技术开发区的新校区占地面积323公顷，建筑面积165万平方米。校本部有全日制普通本科生4.9万余人、各类研究生1.5万余人、外国留学生1100余人。在岗教职工6000余人，其中专任教师3700余人；专任教师中，有专职院士5人、双聘院士24人、教授670余人、副教授1600余人，具有博士学位的教师1700余人。

学校设46个院（系）、9个附属医院、104个本科专业，55个一级学科硕士点、237个二级学科硕士点、21个一级学科博士点、124个二级学科博士点；有1个专业博士学位点、19个专业硕士学位点、23个博士后科研流动站。有国家级精品课程14门、国家级特色专业14个、国家级实验教学示范中心2个、国家级工程实践教育中心7个、国家级人才培养模式创新实验区2个、教育部卓越工程师教育培养计划专业3个、国家级大学生创新创业训练计划项目210项、国家级教学团队4个、国家级教学名师4人、国家级双语教学示范课程2门。有1个国家理科基础科学研究和教学人才培养基地、1个国家大学生文化素质教育基地、1个教育部高校辅导员培训和研修基地、6个国家级重点（培育）学科、16个国家临床重点专科、214个省级重点学科。各级各类科研机构270余个，省部级以上重点科研机构85个，其中1个国家工程研究中心、1个国家技术研究推广中心、1个国家化工安全工程技术中心、1个国家药物安全性评价研究中心、2个国家药品临床研究基地、3个教育部重点实验室、1个教育部工程研究中心；1个省部共建高校人文社科重点研究基地；1个国家体育总局体育文化发展研究中心体育文化研究基地；4个河南省协同创新中心；省级重点实验室、工程技术研究中心、人文社会科学重点研究基地，省高校重点学科开放实验室、工程技术研究中心、人文社会科学重点研究基地、国家重点实验室培育基地等共73个。

学校图书馆建筑面积8.4万平方米，馆藏图书778.3万余册。有1个出版社，公开出版发行学术期刊13种。学校还合作兴办有西亚斯国际学院和体育学院。

学校先后与北京大学、清华大学、中国科学院等20余家国内高校、科研院所建立了合作关系，与美国、英国、法国、日本、俄罗斯、加拿大、澳大利亚、韩国、哈萨克斯坦、白俄罗斯、芬兰、乌克兰等国家和香港、台湾等地区的160余所知名高校建立了校际合作关系。

【领导班子成员名单】 党委书记郑永扣，校长、党委副书记申长雨（—8月），党委常务副书记陈一峰，常务副校长徐振鲁（—5月），党委副书记李兴成兼任工会主席，党委副书记、纪委书记吴宏亮，副校长高丹盈、宋毛平、常俊标、王宗敏、别荣海、张倩红，副校长、一附院院长阚全程。

【学校主要领导调整】 8月28日，中共中央组织部有关部门负责人在大连理工大学宣布中共中央、国务院的任免决定，申长雨担任大连理工大学校长（副部长级）。

【吴邦国莅校考察】 4月14日，中共中央政治局常委、全国人大常委会委员长吴邦国到郑州大学考察。全国人大常委会副委员长、秘书长李建国,河南省委书记、省人大常委会主任卢展工,省委副书记、省长郭庚茂,省政协主席叶冬松,省委常委、秘书长刘春良,省人大常委会副主任曹维新等陪同视察。吴邦国委员长一行在学校领导的陪同下视察了郑州大学智能机器人实验室、材料国家级实验教学示范中心和图书馆,现场了解学校教学科研工作和师生生活情况,并与大学生亲切交流。

吴邦国委员长听取了郑州大学党委书记郑永扣,中科院院士、校长申长雨的工作汇报,充分肯定了郑州大学近年来的快速发展进步。他指出,郑州大学是全国知名重点高校,学校的科研能够结合国家发展的需要,很有特色。建设世界强国的关键在青年,青年学子要充分利用学校优良的学习条件,学好专业知识,做好知识储备,还要积极参加课余文化活动,确保全面发展,打牢成长基础。勉励大学生好好学习,努力读书,切实为实现祖国宏伟发展蓝图做出贡献。

【袁贵仁到校考察】 1月14日,教育部党组书记、部长袁贵仁到郑州大学视察指导工作。教育部办公厅主任陈舜,发展规划司司长谢焕忠,民族教育司司长阿布都,河南省政府副省长徐济超,省政府副秘书长介新,省教育厅厅长王艳玲、副厅长訾新建,省委高校工委副书记张亚伟等陪同考察。袁贵仁部长在学校领导陪同下亲切看望教师代表,深入院(系)、学生宿舍、食堂视察,与师生畅谈高校科学发展。袁贵仁部长听取了郑州大学党委书记郑永扣、校长申长雨的工作汇报和意见建议,高度评价学校近年来快速发展取得的成绩。他指出,郑州大学是省属院校的排头兵,是部省共建的典范,希望郑州大学走在新时期、新阶段高等教育发展前列,为中国高等教育改革创新做出更多探索,为河南及全国的经济社会发展做出更大贡献。

【陈竺到校考察】 3月1日,卫生部部长陈竺到郑州大学第一附属医院视察信息化工作。河南省政府办公厅副主任王梦飞,省卫生厅厅长刘学周、副厅长曲杰等陪同视察。陈竺部长视察了河南省公共卫生临床救治指挥中心、PACS会诊中心,并与正在接受远程教学培训的信阳市平桥区培训基地的乡村医生通话,了解基本医疗、乡村医生待遇、培训等情况。陈竺部长通过远程医学会诊系统,与滑县人民医院的医生进行亲切交谈。他指出,县医院是县、乡、村三级医疗卫生网络的龙头,是公立医院改革的重点突破口。他希望郑州大学通过远程会诊对口支援,将优质医疗资源辐射到更多县级医院,帮助其提升医疗服务水平,使广大基层群众受益。

【白春礼为师生作报告】 4月25日,中国科学院院长、党组书记、著名科学家白春礼院士为郑州大学师生作了题为《物质科学研究的新突破》的学术报告。报告会由申长雨院士主持。报告会前,白春礼院长与冯守华院士、赵玉芬院士,河南省科学院院长郭新和等一行7人与学校党政领导和师生代表进行了座谈。

【中原经济区建设与河南高校改革发展座谈会】 4月18日,中原经济区建设与河南高校改革发展座谈会在郑州大学举行。中国工程院院长、党组书记周济院士,常务副院长潘云鹤院士等39位中国工程院教育委员会的院士和专家,河南省副省长徐济超,省政府副秘书长介新,省教育厅副厅长訾新建,中科院院士、郑州大学校长申长雨以及河南部分高校领导出席座谈会。介新副秘书长主持座谈会。周济院长指出,河南高等教育的改革发展情况令人振奋,取得了历史性的跨越式发展。高等教育是人才、科技、教育最集中的集合点,建设中原经济区,必须把高等教育放在正确的位置,让高等学校活跃在科技创新、新型工业化和农业化的第一线,在服务经济社会发展的过程中,赢得更大的发展空间,取得更加辉煌的成就。座谈会上,韦钰院士、徐德龙院士,教育部原副部长吴启迪等与会院士、委员和部分河南高校代表围绕"中原经济区建设与河南高校改革发展"的主题分别发言,并结合实际提出建设性建议。

【杜玉波到校调研】 7月6日,教育部党组副书记、副部长杜玉波到校视察指导,河南省政府副秘书长介新,省委高校工委书记、省教育厅厅长王艳玲,省委高校工委副书记、省教育厅副厅长訾新建等陪同视察。杜玉波听取了申长雨院士的工作汇报,对学校近年来取得的成绩给予高度评价。他对郑州大学未来改革发展提出三点希望:一要抓住国家全面提高高等教育质量、启动实施"2011计划"、文化大发展大繁荣和中原经济区建设的机遇,做好统筹协调,加快发展。二要更加注重在内涵上提质量、上水平,切实把人才培养作为学校的中心任务。三要积极尝试,大胆探索,有改革的主体意识和责任意识,做高等教育改革的排头兵。

【杜占元到校考察指导】 4月12日,教育部副部长杜占元到校视察,就研究生培养机制改革、科研工作和教育信息化建设等进行调研。河南省政府副省长徐济超,教育部学位管理与研究生教育司司长郭新立、科技司副司长雷朝滋,省教育厅厅长王艳玲、副厅长訾新建等陪同考察。杜占元一行听取学校工作汇报,视察学生实验室、科研成果展厅、图书馆,对学校近年来取得的成绩给予高度评价,并对学校今后的发展提出指导性意见。杜占元充分肯定郑州大学近年来的发展成就和在全国范围内的积极影响,并就高等教育、研究生培养、高校科研等工作提出三点意见。一要把提高质量作为高等教育当前和今后一段时期重大的战略任务。二要大力推进研究生培养机制改革。三要深入推进高校科技体制改革,加大机制创新力度。他希望郑州大学按照国家、教育部和河南省委省政府的要求,在提高质量、机制创新、改革发展方面有更大的力度、更新的举措和更好的成效。

【陈小娅到校考察指导】 4月26日,科技部党组成员、副部长

科技部党组成员、副部长陈小娅(左二)参观学校新校区沙盘

陈小娅到校考察指导工作。科技部基础司副巡视员崔拓，河南省科技厅厅长贾跃等陪同视察。陈小娅在听取学校工作汇报后指出，只有高水平的科学研究，才能带动高质量的科学教育。一所大学在硬件设施基本到位的情况下，应将科学研究放在更加重要的位置，办出水平和特色，形成自己的优势和高地。她希望郑州大学在教育方面，要全面提高教育质量和水平，办出郑大的风格和水平；在科研方面，要继续抓好基础研究，重点培育优势学科，要努力服务好中原经济区建设，认真找好着力点和连接点，为中原经济区建设提供科技和人才支撑。

【国侨办华文教育基地揭牌】 5月17日，国侨办郑州大学华文教育基地正式揭牌成立，这是国侨办在河南省设立的首家华文教育基地。国务院侨办副主任赵阳，河南省政府副省长徐济超，省政府外事侨务办公室主任朱清孟、副巡视员王自杰及学校党政领导出席揭牌仪式。赵阳在听取学校工作汇报后，充分肯定学校的办学条件、师资力量、汉语专业人才培养、国际交流合作等方面工作。他希望省侨办和学校以此为契机，发挥自身特色和优势，实现党中央提出的文化“走出去”战略。

【国家知识产权培训（河南）基地揭牌】 5月23日，国家知识产权培训（河南）基地揭牌仪式暨知识产权战略报告会在郑州大学举行。国家知识产权局副局长甘绍宁为国家知识产权培训（河南）基地揭牌。国家知识产权局人事司司长徐治江、河南省知识产权局局长郭民生、河南省委政策研究室副厅级巡视员白廷斌以及有关兄弟院校嘉宾出席揭牌仪式。徐治江宣读国家知识产权培训（河南）基地的批复文件。甘绍宁充分肯定郑州大学在知识产权工作方面做出的成绩，并结合国内外知识产权保护形势，介绍知识产权保护对国家经济发展和提高国际竞争力的重要性。揭牌仪式后，甘绍宁为师生作了题为《关于知识产权的几个重要问题》的主题讲座。

【尹晋华到校考察】 5月3日，省委常委、省纪委书记尹晋华到校考察工作。省纪委常委、秘书长侯玉林，省委高校工委书记、省教育厅厅长王艳玲，省高校纪工委书记、驻教育厅纪检组组长李功勋，省纪委研究室主任郭佑安，省委高校工委、省教育厅相关处室负责人陪同考察。尹晋华一行参观了大学生创新训练中心、材料国家级实验教学示范中心、图书馆文献阅览室、药学院中药标本陈列室和学校“查找廉政风险，构筑拒腐防线”活动成果展，并到食堂与大学生共进午餐。尹晋华听取了党委书记郑永扣、校长申长雨的工作汇报，充分肯定了近年来学校快速发展所取得的成绩和反腐倡廉工作对高水平大学建设所发挥的重要保障作用。他希望郑州大学，一要教书育人，着力思想引领，加强和改进大学生思想政治教育工作。二要科研创新，提升承担大项目、产出大成果的能力，为国家和河南经济社会发展做出更大贡献。三要科学管理，按照大学工作的特点，遵照大学发展规律，不断完善管理体制、机制，提高管理水平。

【周和平来校作十八大精神学习辅导报告】 11月27日，省委常委、省军区政委、党的十八大代表周和平少将在省军区政治部副主任黄为忠大校的陪同下，到校为师生作十八大精神学习辅导报告。校党委中心学习组成员、校部机关部分处级干部，全体国防生等参加报告会。周和平对十八大的新思想、新观点、新要求进行深入分析和详细解读，就国防生如何学习贯彻十八大精神，提出“坚定信念、高举旗帜，履行使命、忠诚旗帜，铸牢军魂、捍卫旗帜，模范践行、增辉旗帜”四个方面的要求和希望。报告会前，周和平到宿舍看望国防生，并受聘郑州大学兼职教授。

【南振中为师生作报告】 6月12日，全国人大常委会委员、外事委副主任委员、原新华社总编辑、校友南振中教授来校为师生作了题为《学习点亮人生》的报告，分享学习经验、传授新闻技巧、提出殷切希望。省人大常委会副主任蒋笃运，学校党政领导出席报告会。党委书记郑永扣主持报告会。报告会后，南振中参观了文学院、新闻与传播学院，并与师生亲切交流。

【宣讲十八大精神】 12月11—21日，学校组织学习贯彻党的十八大精神宣讲团，深入到教学、科研、医疗、管理、服务第一线展开宣讲，共举办46场宣讲报告会，各基层单位领导班子成员、广大师生员工8000余人聆听报告，在全校掀起了学习贯彻党的十八大精神的新热潮。

【入选“中西部高校提升综合实力”计划】 2012年，学校正式成为河南省唯一一所入选“中西部高校综合实力提升工程”的高校，跨入国家建设“有特色、高水平”大学的新平台，迎来加快发展步伐、提升综合实力的新机遇。学校根据教育部、财政部文件精神，按照内涵发展、提高质量的要求，结合中原经济区建设需要和学校实际情况，研究制定《郑州大学提升综合实力建设规划（2012—2015年）》以及《人才培养和教学改革规划》、《科研创新规划》、《学科建设规划》、《师资队伍建设规划》、《社会服务规划》、《大学文化建设规划》等6个专项规划，进一步明确建设“有特色、高水平”大学的目标定位、指导思想、发展任务、保障措施及工作推进方案，力争使学校的人才培养体系更加完善，学科专业结构更加合理，办学特色更加鲜明，综合实力显著增强，成为中部地区高层次人才的培养和集聚高地、科研创新基地和交流合作中心，为国家特别是河南省经济社会发展提供更加有力的支撑。

【实现“全国百篇优博论文”零的突破】 10月，教育部和国务院学位委员会公布2012年全国百篇优秀博士论文评选结果，郑州大学数学系耿献国教授指导的基础数学专业博士研究生薛波的论文《具有N-Peakon的新可积模型与孤子方程的代数几何解》，以数学学科通讯评审分数第一名的成绩，获“全国百篇优秀博士学位论文”奖。实现学校“全国百篇优秀博士学位论文”零的突破，也是河南省零的突破，这是继学校2010年、2011年连续两年获得“全国百篇优秀博士学位论文提名奖”之后取得的又一标志性成果。

【博士生导师制度改革】 本年，学校进一步推进博士生导师制度改革，推行博士生导师招生资格认定和动态上岗制度。学校先后出台《郑州大学博士研究生指导教师招生资格认定办法》和《郑州大学申请全额资助博士研究生招生资格管理办法》，进一步淡化博士生导师的头衔和身份观念，增强博士生导师的岗位职责意识，扩大全额资助博士生导师岗位，赋予博士生导师更多权利。这项改革在国务院学位办、教育部学位管理与研究生教育司主办的《学位与研究生教育工作简报》头条进行报道，中央政治局委员、国务委员刘延东专门批示：“郑州大学试行全额资助博士生制度，对于择优遴选博士生、推进博士生培养制度改革有导向意义,请有关部门跟踪了解,不断完善并适时推广。”

【获批4个省级协同创新中心】 12月,省教育厅、省财政厅召开会议向2012年首批省级协同创新中心牵头单位集中授牌,学校“先进材料及加工河南省协同创新中心”、“水利与交通基础设施安全防护河南省协同创新中心”、“癌症化学预防河南省协同创新中心”和“社会管理河南省协同创新中心”4个中心获得批准,涵盖面向产业企业、面向区域发展和面向文化传承3个领域,建设期内共获资助2900万元。党委书记郑永扣代表学校签署目标责任书。

【50个学科获第八批河南省重点学科立项建设】 10月,河南省教育厅下发《关于公布第八批河南省重点学科名单的通知》,学校50个学科获得立项建设,其中一级学科重点学科46个,二级学科重点学科4个,立项数位居河南高校首位。学校现有的55个一级学科硕士点中,成为河南省一级重点学科的比例达到83.6%,与第七批重点学科立项相比,一级重点学科由第七批的21个增加至46个,增幅达119%。

【“211工程”三期建设通过验收】 3月26日,以中国科学院院士、国家自然科学基金委员会工程与材料科学部主任、清华大学教授王光谦为组长,中国工程院院士、河南平煤集团总工程师张铁岗,中国工程院院士、河南省农科院副院长张改平,中南大学副校长李桂源,中国社会科学院学部委员、考古研究所学术委员会主任刘庆柱,河南科技大学校长王键吉和中原工学院院长崔世忠为成员的验收专家组,对学校“211工程”三期建设项目进行校内验收。验收专家组通过听取汇报、查阅资料、质疑答辩等环节,形成学校“211工程”三期建设项目验收专家组意见,一致认为学校“211工程”三期圆满完成各项建设任务,达到预期建设目标。3月28日,省教育厅、省发改委和省财政厅组织召开郑州大学“211工程”三期建设总结汇报会,听取学校“211工程”三期建设总结汇报。河南省委高校工委副书记、省教育厅党组成员、副厅长訾新建,省发改委党组成员、副主任陈永石,省财政厅党组成员、副厅长梁太祥,省教育厅、省发改委和省财政厅有关处室负责人出席会议。与会领导在听取学校总结汇报后,对学校“211工程”三期建设成效给予高度肯定,并对“211工程”四期建设提出指导意见。

2012年,学校“211工程”三期建设总体任务和10个学科建设项目圆满完成预定目标,取得一批标志性成果,顺利通过国家验收各项工作。学校“211工程”四期建设内容谋划和预研方案编制工作全面展开。

【与中国科学院合作共建“卢嘉锡化学菁英班”】 12月18日,郑州大学——中国科学院合作共建“卢嘉锡化学菁英班”签约揭牌仪式在学校举行。“卢嘉锡化学菁英班”由中科院化学研究所牵头,协同大连化学物理研究所、长春应用化学研究所、理化技术研究所、成都有机化学研究所,与学校联合共建。共建单位将共同参与“卢嘉锡化学菁英班”的学生管理、课程设置、科研实践等全部培养过程,优秀学生将优先保送到中国科学院攻读研究生。

【教育部全国高校辅导员培训基地建设取得新成效】 11月26—30日,第42期全国高校辅导员骨干培训班在学校举办,这是学校第一次承办全国性的高校辅导员示范培训项目。自2007年成为全国首批21所“教育部高校辅导员培训和研修基地”建设高校以来,学校培训基地共完成各类培训任务21期,培训辅导员3450余名;招收4届思政专业研究生,培养硕士辅导员106人、博士辅导员11人。

【李雪英勇夺伦敦奥运会金牌】 在2012年伦敦奥运会女子举重58公斤级比赛中,郑州大学体育学院2009届本科毕业生李雪英发挥出色,最终以246公斤的总成绩打破奥运会纪录,为中国代表团夺得伦敦奥运会第8枚金牌,也是河南选手在伦敦奥运会上夺得的首枚金牌。这是郑大学子夺得的第3枚奥运会金牌。此前,在2004年雅典奥运会上,贾占波、孙甜甜分别获男子步枪50米3×40项目、网球女子双打项目冠军。

【党建和思想政治工作】 学校深入学习宣传贯彻党的十八大精神,不断加强思想建设。把学习宣传贯彻党的十八大精神,作为首要政治任务。校党委专门召开二届四次全委扩大会议,就深入学习宣传贯彻十八大精神作出精心部署。采取邀请上级领导和专家学者举办党委中心组(扩大)学习报告会、十八大精神学习辅导报告会、专题培训班以及研讨交流、撰写理论文章等形式,丰富党员干部理论学习的形式和内容,推动全校师生员工政治理论学习活动深入开展。学校被评为河南省高等学校思想政治工作先进单位;在全省学习型党组织建设理论研讨会上,学校作为全省10个单位之一作大会典型发言;在第二十一次全国高校党建工作会议上,学校提交的经验材料《以理论建设为重点 提高思想政治教育工作科学化水平》入选大会经验交流材料汇编。

扎实开展创先争优活动,不断增强基层党组织的凝聚力和党员队伍的活力。校党委认真落实中央关于“基层组织建设年”的有关要求,下发《关于在创先争优活动中深入开展基层组织建设年活动的实施意见》,全面加强基层党组织建设。继续推进基层党组织党建工作创新活动,做好新形势下党员发展工作,切实加强对业余党校的指导,全年共培养入党积极分子13000余人,发展党员6500余人,全校党员总数达27338人。选树和宣传学校创先争优先进典型,推荐1人为全国优秀共产党员候选人,1人被评为全省创先争优优秀共产党员。继学校被评为全国先进基层党组织、全省创先争优先进基层党组织之后,在2012年全国创先争优表彰大会上,郑州大学第一附属医院党委被中组部授予2010—2012年全国创先争优先进基层党组织称号。学校党委组织部被授予全国组织系统“讲党性、重品行、作表率”先进集体。

创新选人用人机制,切实加强干部队伍建设。根据上级部署,推荐产生学校出席党的十八大代表候选人初步人选,学校2名干部当选十八大代表。选拔任命7名长期在学生工作一线的同志担任副处级辅导员,推荐1人为省管本科高校副校级领导干部人选。

坚持标本兼治,全面加强反腐倡廉建设。校级党政领导班子积极承担反腐倡廉建设主体责任,把反腐倡廉纳入学校发展整体规划,与学校中心工作同部署、同落实。制定学校《2012年度党风廉政建设责任目标》,细化分解廉政建设工作任务,并与各单位党政主要责任人共同签订《党风廉政建设责任书》。严格贯彻执行“三重一大”制度,凡属重大事项决策、重要项目安排、重要干部任免和大额度资金使用,都坚持由校党政领导班子集体讨论决定。10月中旬，省委高校工委专项检查组来校检查指导工作，对学校“三重一大”执行情况给予充分肯定。12月13日，《光明日报》刊发文章《“三重一大”的郑大实践调查》，介绍学校“三重一大”工作取得的经验。开展“查找廉政风险、构筑拒腐防线”活动，组织副处级以上干部填写《郑州大学廉洁从政承诺书》，建立处级干部党风廉政建设电子档案。切实加强对领导干部的经济责任审计，进一步增强领导干部的经济责任意识。对全校处级干部因私护照、港澳台通行证实行集中保管，进一步完善干部出国境审批制度。制定《关于进一步加强行风建设的意见》和《行风建设“十不准”规定》，推进校务公开，严格规范各种办学行为。

创新方式方法，进一步加强和改进大学生思想政治教育。开展“学习雷锋见行动、‘三平’之中做贡献”活动，促进社会主义核心价值体系融入学校教育全过程。加强思想政治理论课教材、教法和教师队伍建设，发挥思想政治理论课的主渠道作用，5位教师被评为全国或全省思想政治理论课教学能手。2012年6月，教育部思想政治理论课建设标准督查组来校督查，对学校思想政治理论课建设工作给予高度评价。出台《关于加强和改进研究生思想政治教育工作的实施意见》，推动学生教育和管理活动的开展。学校在对家庭经济困难学生采取奖、贷、助、勤、补、减等传统资助形式的基础上，拓宽资助渠道，创新资助手段，扩大受助学生的覆盖面，2012年，学校获河南省学生资助工作先进集体称号。做好心理疏导和思想引导，学校“研究生心理工作坊”等3个特色品牌活动，获河南省高校思想政治工作优秀成果奖，学生首次获中国大学生自强之星称号。研究生、本科生就业率保持在90%以上。2012年，学校被评为全省普通高等教育本专科学生管理工作先进集体。

【教学和人才培养】 2012年，学校深入实施本科教学质量工程，加大优质教育资源培育力度。1门课程入选国家2012年度精品视频公开课第一批建设选题名单，是全省唯一入选的课程；化学工程与工艺专业顺利通过全国工程教育专业认证，土木工程专业连续第4次通过住房和城乡建设部高等教育土木工程专业评估；首批进入国家卓越法律人才教育培养基地行列；教育部卓越医生试点项目“五年制人才培养模式改革”成功立项；44个国家级大学生创新性实验计划项目获得立项并顺利实施；2个国家级实验教学示范中心顺利通过检查验收，其中化学实验教学示范中心被推荐为优秀等次上报教育部；7大类23个项目获得省级“本科教学工程”立项。注重基础学科拔尖人才的培养，化学国家级人才培养基地班90%以上的毕业生考取重点大学和重要科研院所的研究生，生物工程系近80%的毕业生被“985工程”高校、中科院系统录取为硕士研究生或出国攻读研究生学位。根据教育部要求，编制《本科教学质量报告》，展示学校本科教育各方面的工作情况，接受社会监督。实施研究生教育创新计划，打造“研究生名师名家讲坛”等品牌，不断提高研究生培养质量。抓好国家公派研究生出国留学项目，在教育部国家留学基金委组织的2012年国家建设高水平大学公派研究生项目的选拔中，学校共有76名研究生被录取，录取人数在全国地方“211工程”高校中位居第一名。学校拔尖创新人才培养取得显著成效，在2012年国际大学生物联网创新创业大赛上，郑州大学代表队从来自美国、德国等20多个国家和地区的上千支队伍中脱颖而出，摘得总决赛最高奖一等奖。

【师资队伍建设】 学校加大高层次人才引进力度，围绕学术领军人物、学术骨干和优秀博士三个层面，面向海内外公开选聘高层次人才，申报获批河南省“百人计划”专家人选1人，学校国家“千人计划”和省“百人计划”专家达到8人。吴养洁院士获科技部2012年全国优秀科技工作者称号；弗朗斯瓦·马蒂教授继当选中国科学院外籍院士后，又获2012年度“黄河友谊奖”，学校获该奖项的外籍专家达到6人。新增6个博士后科研流动站，学校博士后科研流动站总数达到23个，设站学科更加齐全。32位博士后获中国博士后科学基金特别资助、面上资助和河南省博士后科研启动项目资助。抓好教师公派出国选拔工作，4人获国家留学基金全额资助，18人获河南省地方项目资助，22人获青年骨干教师出国研修项目资助，7位留学回国人员获人事部“留学人员择优资助经费”资助。

【科学研究】 在自然科学方面，2012年新立国家级科技计划项目37项，国家自然科学基金项目159项，教育部、农业部等部级项目12项，省科技厅、教育厅、卫生厅等厅级项目334项；以共同通讯著作单位在国际知名学术期刊《Science》上发表论文1篇，1篇论文入选2011年度“中国百篇最具影响国际学术论文”；2730篇论文被中国科技论文与引文数据库收录，在全国高等院校排名第16名。军工科研工作取得新的进展，首次承担国防973项目，承担的国家军工863“十二五”计划项目顺利进入二期，承担的国家军工预先研究项目通过专家现场验收。在人文社会科学方面，实施哲学社会科学繁荣计划，2012年度新立国家社科基金重大项目1项、国家社科基金其他类别项目26项、国家软科学研究计划出版项目1项、教育部人文社科研究项目13项，新立省社科规划项目、省软科学研究计划项目等省部级哲学社会科学研究项目128项；在国内顶级社科刊物《中国社会科学》上发表学术论文1篇；获批2012年度《河南社会科学文库》资助出版项目4项，居全省首位；获教育部第六届高校科研优秀成果奖(人文社科)2项、省社会科学优秀成果奖和省政府发展研究奖22项。

【学科建设】 全面启动重点学科振兴行动计划，制定了学科团队汇聚工程、重大成果培育工程、国际合作拓展工程、创新人才培养工程、外引内联开放工程等5大工程的实施细则及相关管理办法，为规划目标的完成提供了制度保障。组织学校第七批省重点学科参加省级验收，39个学科全部顺利通过验收。新增6个国家临床重点专科，学校国家临床重点专科达到16个。

【管理体制机制改革】 抓好院(系)教授委员会建设，发挥教授在院(系)教学、科研和管理工作中的重要作用，推进教授治学、民主管理，有30个院(系)成立教授委员会，并且运行良好。不断深化人事分配制度改革，完成全校科级岗位设置及聘任工作，完成专业技术二级岗位的选拔推荐。修订完善财务管理体制改革方案，制定院(系)财务绩效评价办法，不断提高资金使用效益。做好化解债务工作，完成16亿元的全部化债任务。加强国有资产管理，优化公用房资源配置，加强对大型仪器设备购置、使用环节的管理，做好对废旧、闲置资产的分类整理和校内调剂,节约办学资源。加强审计监督,注重审计监督关口前移,把审计监督延伸到大宗物资采购和基建工程全过程,推行审计公告和审计结果公示制度,不断增加工作透明度。抓好校办产业规范化管理,直属企业改制工作基本完成,创意产业园开发工作稳步推进。深化后勤改革,强化后勤服务契约化管理,实现全成本核算。探索实行水、电、气、暖、公用房有偿使用,完善院(系)费用分担机制,构建以院(系)为中心的经济责任体系。推进节约型校园建设,建成涵盖各项用能指标的监管平台,实现能耗数据化、管理动态化、节能指标化,学校获得全国高校节能管理先进院校、全国高校节能成果示范单位、省级节水型单位等称号,连续三年取得全省高校节能管理工作第一名。

【对外交流合作】 继续加大对外交流合作的力度,不断提升交流合作的质量和层次。与6所国(境)外大学和科研机构签署或续签友好合作协议,国际交往渠道进一步拓宽。成功申办护理学、广播电视新闻学、化学、音乐表演等4个中外合作办学本科项目,中外合作办学在校生达9890人。进一步加大与国内科研企事业单位的合作力度,推动产学研结合。与7家大型企业联合申报国家级工程实践教育中心,被批准为首批国家级工程实践教育中心建设单位;成功获批“中国知识产权培训(河南)基地”,成为国家知识产权局设立的15个培训基地之一;与中科院、中国电子科技集团公司第27研究所、中国建筑第七工程局有限公司、河南联通、郑州市、新乡市、漯河市、鹤壁市等签订战略合作协议,在学科建设、人才培养、科学研究、文化传承创新等方面开展合作,进一步拓展合作的深度和广度。

撰稿:马　睿
核稿:程相喜
审稿:郑永扣

河 南 大 学

党委书记:关爱和　　校　　长:娄源功
创办时间:1912年9月　　校　　址:开封市明伦街85号
电　　话:0378-2866063　　邮　　编:475001
传　　真:0378-2868822　　网　　址:http://www.henu.edu.cn

【概况】 2012年,学校拥有12大学科门类、34个学院(部)、87个本科专业、12个博士学位授权一级学科、42个硕士学位授权一级学科、18种专业硕士学位授权类型、15个博士后科研流动站;1个国家重点实验室、1个教育部人文社会科学重点研究基地、1个教育部工程研究中心、3个省部共建教育部重点实验室、1个教育部体育艺术师资培养培训基地、1个国家体育总局研究基地、1个“国家大学生文化素质教育基地”;6个省人文社会科学重点研究基地、1个省工程研究中心、5个省教育厅工程研究中心、5个河南省重点实验室、9个河南省重点学科开放实验室、1个河南省重点社会科学研究基地、1个河南省高等学校人文重点学科开放研究中心;14个校级科研实验室、51个校级重点科研机构。

2012年,学校毕业各类学生17041人,其中研究生2187人、普招生9104人、成教生5750人;招收新生21859人,其中博士生79人、硕士生2112人、普招生10355人、成教生9313人。截至2012年底,各类在校生总计64642人,其中博士生206人、硕士生5550人,普招生38558人,留学生98人,成人教育学生20230人。全校在职教职工4219人(不含附属淮河医院、附属东京医院以及附属中学),专任教师2743人,其中双聘院士12人,正高级专业技术职务412人,副高级专业技术职务871人,研究生导师1499人。国家有突出贡献中青年专家2人,享受政府特殊津贴专家36人,长江学者特聘教授1人,国家杰出青年基金获得者2人,省优秀专家37人,省优秀中青年骨干教师43人。入选国家“百千万人才工程”1人、教育部“新世纪优秀人才支持计划”7人、省“创新人才培养工程”32人、省高校青年骨干教师资助计划146人。河南省中原学者2人、教育部科技创新团队2个、省教育厅科技创新团队4个。有博士和在读博士1208人;45岁以下的教授、40岁以下的副教授414人。

【领导班子成员名单】 党委书记关爱和,校长娄源功;党委常务副书记梁晓夏,常务副校长赵国祥,党委副书记王凌,副校长宋纯鹏、关学增、邢勇、刘志军;纪委书记雷霆;工会主席朱恒宽。

【国家“973计划”项目正式启动】 1月7日,以宋纯鹏教授为首席科学家的国家“973计划”项目“作物水分高效利用机理与调控的基础研究”启动会召开。本项目咨询专家组成员,科技部、省科技厅及学校相关部门负责人出席会议。课题组负责人分别阐述了各课题五年目标、任务、计划,介绍各课题目前进展情况,针对各课题第一阶段具体任务和目标向大会进行了报告。

【科技创新团队与创新人才建设获重要进展】 特种功能材料重点实验室杜祖亮教授领衔的"特种高能效能源材料"科研团队获得教育部"长江学者和创新团队发展计划"立项资助，这是河南大学获得的第2个教育部创新团队。天然药物与免疫重点实验室江智勇教授、经济学院李恒教授两位青年学者入选教育部"新世纪优秀人才支持计划"。河南大学已有10位教师入选"新世纪优秀人才支持计划"、2个创新团体入选"长江学者和创新团队发展计划"。河南省从2011年开始推荐人文社科类教师申报"新世纪优秀人才支持计划"，河南大学连续两年都有专家获得推荐并顺利入选，在省内居于首位。

【河南大学、河南省科学院签署全面战略合作协议】 6月11日上午，河南大学、河南省科学院在河南省科学院七楼会议室签署了全面战略合作协议。省政府副秘书长介新，省委高校工委副书记、省教育厅副厅长张亚伟，省科技厅副厅长马世民，省科学院院长郭新和、书记董金友，河南大学领导关爱和、娄源功、宋纯鹏及省科学院和河南大学各职能部门、相关研究所及学院的负责人出席了签约仪式。河南大学与河南省科学院签署全面战略合作协议，是继河南大学与中国科学院、中国社会科学院签署战略合作协议之后，围绕协同创新和中原经济区建设推出的又一重大举措。

【河南大学国际学院校区举行奠基仪式】 6月17日，河南大学国际学院校区奠基仪式在郑州龙子湖畔举行，全国政协科教文卫体委员会副主任、河南省政协原主席王全书，河南省人民政府副省长赵建才、秘书长郭洪昌，河南省政协秘书长张秉义，河南省人民政府副秘书长介新等领导和嘉宾出席仪式。河南大学国际学院校区位于郑东新区龙子湖高校园区的东北部。学院将分二期建设，规划总建筑面积约50万平方米，其中一期建筑面积约20万平方米，投资约8.6亿元。河大国际学院拟采取三种办学模式，一是创造条件，申报中外合作办学机构，争取与英美等国家世界一流大学合作办学，全方位引进世界一流大学的优质教育资源。二是在办好国际教育学院、欧亚国际学院现有合作项目的基础上，向教育部申报新的中外合作办学项目，提高中外合作办学项目层次，扩大专业合作领域。三是扩大与国外友好学校的交流合作，采取教师互派、学生交流、学分互认、学位互授等措施，建立与世界知名大学的人才联合培养体系。

6月17日，举行国际学院校区奠基典礼

【举行中国留美经济学会2012年国际学术研讨会】 6月23日，由中国留美经济学会（The Chinese Economists Society，简称CES）与河南大学共同主办的中国留美经济学会2012年国际学术研讨会开幕式在开封举行。此次研讨会中，美国芝加哥大学赫克曼教授（诺贝尔奖获得者）、美国西北大学莫滕森教授、日本京都产业大学益川敏英教授等近20位国际知名学者受聘河南大学客座教授、名誉教授。

7月16日，教育部副部长杜玉波（前中）一行莅校考察

【杜玉波莅校考察】 7月6日，教育部党组副书记、副部长杜玉波一行莅校考察工作。省政府副秘书长介新，省委高校工委书记、教育厅厅长王艳玲，省委高校工委副书记、教育厅副厅长訾新建，开封市市长级干部朱丽萍，全体在校校领导等陪同视察。校离退休领导、学校主要职能部门负责人、各学院党委书记、院长，知名专家代表以及学生代表与会。会议由校党委书记关爱和主持。校长娄源功代表学校向杜玉波一行汇报了河南大学人才培养、学科建设、科学研究、社会服务等方面的基本情况，并提出将河南大学列入中央财政支持的高校、支持河南大学申报"2011计划"等建议。杜玉波对河南大学给予了高度评价和充分肯定，并表示教育部将一如既往地支持和关注河南大学的建设与发展。希望河大师生认清形势，抓住机遇，乘势而上，提高质量，加快改革，为中国高等教育的振兴、为区域经济社会发展做出新的更大的贡献。他代表教育部祝愿河南大学在新的百年取得新的成绩，再创新的辉煌。

【河南大学本科一批投档线创历史新高】 7月20日，河南省本科一批开始投档录取。2012年，河南大学在河南省本科一批招生计划总数是3703人，其中文科计划1276人，理科计划2427人，计划总数较2011年增加了1500余人。河南大学本科一批生源充足，形势喜人，文、理科最低投档线分别高出省定一本线4分、14分，在往年的基础上继续攀升，创历史新高。通信工程、土木工程、建筑学、临床医学、材料化学等专业第一志愿上线率都在200%以上，英语、经济学、金融学、自动化等专业第一志愿上线率都在500%以上。

【万师强获批国家重大科学研究计划项目】 由河南大学牵头申报的2012年度国家重大科学研究计划项目"全球变化对中国典型草地生态系统过程的影响及生态环境效应"获批，资助金额2600万元，万师强教授被科技部聘为"国家重点基础研究发展计划"项目首席科学家。这是河南省首次获得国家重大科学研究计划资助。该项目由河南大学作为首席单位，依托河南大学棉花生物学国家重点实验室和逆境生物学教育部重点实验室，联合北京大学、南京大学、中科院植物所、中科院生态环境中心、中科院地理科学与资源研究所等国内知名高校和科研院所。该项目面向国家中长期科学发展战略目标，汇集了国内草地生态学的优秀专家,依托多个国家级科研基地和平台,研究全球变化背景下中国典型草地关键要素响应全球变化的过程、时空格局以及生态环境效应。

【万师强入选“长江学者特聘教授”】 万师强教授获批教育部“长江学者奖励计划”特聘教授。“长江学者奖励计划”被称为中国最有影响的人才计划。万师强的入选实现了河南省长江学者特聘教授零的突破(详见“人物”栏目)。

【IAUP暨AUAP高等教育国际化论坛举行】 9月24日上午,作为河南大学建校100周年系列活动的一部分,由世界大学校长联合会(IAUP)与亚太大学联合会(AUAP)联合主办、河南大学承办的“IAUP暨AUAP高等教育国际化论坛”在开封举行。来自17个国家和地区的40余所知名大学校长、专家学者等70人出席论坛。河南省人民政府副省长徐济超、IAUP主席Neal King、AUAP主席Prasart Suebka、河南大学校长娄源功、国家外专局教科文卫专家司司长夏兵、IAUP候任主席Toyoshi Satow、AUAP秘书长 Ruben C.Umaly、国家外专局科教文卫司副司长雷风云、河南大学副校长宋纯鹏在主席台就座。徐济超代表河南省人民政府对各位来宾表示欢迎,并简要介绍了河南省的发展现状和河南大学的历史。娄源功校长、格鲁吉亚高加索大学校长Kakha Shengelia、马来西亚卡班萨安大学副校长Datuk Noor Azlan、澳洲维多利亚大学校董会主席George Pappas、美国国际大学孟加拉大学分校校长Garmen Lamagna、AUAP前主席Wibisono Hardjopranoto、苏州大学党委书记王卓君、墨西哥CETYS大学联盟校长Fernando León García、美国加利福尼亚长滩州立大学校长F.King Alexander、国家外专局教科文卫专家司副司长雷风云围绕大会主题,分别就协同合作、人才培养、学校建设等大家共同关心的问题作了大会发言,引起广泛共鸣。

【举办建校100周年庆祝大会】 9月25日上午10时,庆祝河南大学建校100周年大会在河南大学大礼堂举行。中共中央政治局常委、国务院总理温家宝为河南大学亲笔题词:“办好河南大学、振兴中原教育。”中共中央政治局常委、全国政协主席贾庆林,中共中央政治局常委李长春,中共中央政治局常委、国务院副总理李克强,中共中央政治局委员刘云山,中共中央政治局委员、国务委员刘延东,中央军委委员、国务委员兼国防部长梁光烈上将,以及路甬祥、韩启德、陈奎元、厉无畏、陈宗兴等国家领导人给学校发来题词和贺信,中国科学院、中国社科院、清华大学、南京大学、浙江大学、复旦大学、中国科技大学、国防科技大学等70余个国内友好单位和兄弟高校也发来了贺信,向全体师生员工和海内外校友表示热烈祝贺。

大会由校党委书记关爱和主持。中共河南省委常委、省委秘书长刘春良宣读温家宝、贾庆林、李长春、李克强的题词和贺信。河南省人民政府副省长徐济超宣读刘云山、刘延东、梁光烈的贺信和题词。校长娄源功发表致辞。武汉大学校长李晓红、世界大学校长联合会主席尼尔金博士、美国加利福尼亚州立大学校长金亚历山大、澳大利亚维多利亚大学董事会主席乔治帕帕斯先后致辞;河南大学澳大利亚校友会会长刘钰军、台湾校友代表管守严、《人民日报》驻联合国分社社长席来旺先后代表校友致辞;文学院教授、《百家讲坛》著名主讲人王立群,校学生会主席王振分别代表师生发言,共同祝愿百年校庆活动圆满成功。教育部副部长顾海良代表教育部讲话,对中华人民共和国成立以来特别是改革开放以来河南大学的成就给予了高度评价。郭庚茂代表中共河南省委、省人民政府向河南大学师生员工和海内外校友表示热烈的祝贺。全国人大常委会副委员长、民盟中央主席蒋树声在讲话中指出,百年华诞是河南大学发展的里程碑,也是未来发展的新起点,希望河南大学一定要以提升人才培养水平为核心,以增强科学研究能力为关键,以服务经济社会发展为导向,以实现文化传承创新为己任,坚持走内涵式发展道路,实现由“大”到“强”的历史跨越。

【召开第六届校友代表大会暨2012年地方校友会工作会议】 9月25日下午,河南大学第六届校友代表大会暨2012年地方校友工作会议在明伦校区小礼堂举行。校领导、校友总会、各地方校友会代表,党政办、校友办相关负责人与会。会议由校党委常务副书记梁晓夏主持。会议审议并通过了《河南大学校友总会章程》,新一届校友总会理事会成员名单以及常务理事名单,会长、副会长、秘书长、常务副秘书长、副秘书长等名单。经过表决,校党委书记关爱和当选为新一届校友总会会长,校领导娄源功、梁晓夏、赵国祥当选为副会长。

【39个一级学科获批为省重点学科】 根据《河南省教育厅关于公布第八批河南省重点学科名单的通知》(教高〔2012〕186号),河南大学共有哲学等39个一级学科入选第八批河南省重点学科,其中人文社会科学学科20个,理工医19个;图书情报与档案管理、建筑学、口腔医学3个二级学科入选第八批河南省重点学科。省教育厅又从评审确定的第八批河南省重点学科中,遴选出50个重点资助学科,河南大学除生物学、地理学两个省重点建设学科外,应用经济学、统计学、教育学、中国语言文学、外国语言文学、考古学、中国史、世界史、化学、生态学、马克思主义理论、体育学、数学13个一级学科全部通过专家审议,成为省重点资助学科。

【新增5个博士后科研流动站】 在2012年第八批设立博士后科研流动站申报工作中,河南大学获批新增设立生态学、统计学、世界史、考古学和体育学等5个一级学科博士后科研流动站。至此,河南大学博士后科研流动站总数达到15个,分别是:地理学、中国语言文学、外国语言文学、生物学、中国史、物理学、化学、应用经济学、教育学、理论经济学、生态学、统计学、世界史、考古学、体育学等博士后科研流动站。

【2012年度国家自然科学基金项目获得重大突破】 河南大学2012年度共获得国家自然科学基金项目67项,获资助金额2827万元,资助率为16%。资助项目类型有:面上项目获资助21项,青年科学基金项目获资助26项,“国际(地区)合作与交流项目”2项,NSFC-河南人才培养联合基金项目获资助18项。

【2012年度国家社科基金项目跻身全国高校十强】 2012年度国家社科基金项目评审结果揭晓,河南大学共有33项课题获得立项资助,较2011年增加16项,增幅达到94.1%。其中重点项目1项、一般项目20项、青年项目12项,立项数量再创历史新高,位居全省高校首位,首次跻身全国高校十强行列。

【韩济生院士受聘河南大学】 12月10日,中国科学院院士韩济生受聘为河南大学特聘教授。常务副校长赵国祥出席聘任仪式并颁发聘书。科研处、人事处、研究生院、财务处、总务处、实验室与设备管理处等职能部门主要负责人,淮河临床学院党政领导班子及部分教师代表参加了聘任仪式。

【"三化"协调发展与中原经济区建设协同创新研究中心成立】 12月12日,"三化"协调发展与中原经济区建设协同创新研究中心揭牌仪式在郑州举行。副省长张大卫为中心揭牌。该协同创新中心是在全省深入推进中原经济区建设、实施教育部"高等学校创新能力提升计划"的大背景下成立的。中心以河南大学为牵头单位,以中国社科院工业经济研究所、省政府研究室、省发改委等为参加单位共同组建。协同创新中心以中原经济区建设中急需解决的现实问题为导向,以经济发展理论及制度变迁理论的创新为主线,以学术研究创新机制与研究型大学建设为目标,旨在建立解决重大现实问题、服务地方经济发展的协同创新平台。

【获批教育部第一批教育信息化试点单位】 河南大学申报的《基于云计算的数字校园建设方案》项目被评为第一批河南省教育信息化建设试点项目,河南大学被确定作为河南省本科院校试点单位上报教育部。教育部开展教育信息化试点工作,旨在探索教育信息化环境建设、优质教育资源共建共享与应用、教育管理信息化等方面的发展路径和方法,逐步形成教育信息化在促进教育公平、提高教育质量,建设学习型社会,推动教育教学改革等方面的有效模式和体制机制,总结和推广成功经验,全面提升教育信息化发展水平。

【获批首批国家卓越法律人才教育培养基地】 根据教育部《关于申报2012年卓越法律人才教育培养基地的通知》(教高司函〔2012〕82号)要求,河南大学组织专家进行科学论证,积极申报,经省教育厅推荐申报,教育部、中央政法委组织专家通讯评审和会议评审,并经网上公示,河南大学获批首批国家卓越法律人才教育培养基地。首批国家卓越法律人才教育培养基地共有92家,其中北京大学、清华大学、中国人民大学、河南大学等58所高校为应用型、复合型法律职业人才教育培养基地,中国政法大学、复旦大学、山东大学、武汉大学等22所高校为涉外法律人才教育培养基地,内蒙古大学、西南民族大学、甘肃政法学院、新疆大学等12所高校为西部基层法律人才教育培养基地。

【党的建设】 继续坚持和完善党委中心组学习制度,立足于提高思想政治水平、提升办学治校能力,围绕如何进一步解放思想、深化改革,如何抓住历史机遇、谋划发展战略等问题,通过专题辅导讲座、会议学习交流、暑期集中培训等多种形式,对党的十八大精神、全国"两会"精神、中央经济工作会议精神、国务院《关于支持河南省加快建设中原经济区的指导意见》、胡锦涛在两院院士大会上的重要讲话精神等,进行了专题学习和深入研讨。学习和研讨时,始终坚持紧密结合国家和全省的发展战略,紧密结合高等教育发展规律,紧密结合学校的办学实际,紧密结合党政领导班子自身建设,切实做到学用结合、学以致用。通过学习和讨论,党政领导班子运用科学理论指导学校发展、推动国内一流大学建设的能力和水平进一步提高。学校获河南省学习型党组织建设工作先进单位。

副省长张大卫(前右)为三化协调发展与中原经济区建设协同创新研究中心揭牌

掀起学习宣传贯彻落实十八大精神的热潮,在全校营造了奋发有为、干事创业的浓厚氛围。同时不断探索党建工作新思路、新方法,以开展基层组织建设年活动、深化党建创新立项、优化党建工作机制为载体,全面加强党的思想建设、组织建设、作风建设、制度建设,统战工作、群团工作、离退休工作等也都开展了大量工作,取得了显著成效。

按照民主集中制原则,严格执行并进一步完善了党委领导下的校长负责制。日常工作中,学校党委与行政、班子成员与成员之间紧密配合,相互支持,重视沟通,强化交流,继续保持了团结和谐的良好工作关系。严格执行《河南大学工作规则》,制定实施《河南大学党务公开实施细则》,贯彻实施《河南大学校务公开实施办法》,认真贯彻"三重一大"制度,全面推进党务公开、校务公开,进一步完善管理机制,理顺工作关系,提高了管理效能和工作效率。河南大学按照中央和省委要求,进一步改进工作作风,继续坚持和完善了学校领导联系基层单位、联系离退休老干部、联系党外代表人士、联系高层次人才等制度,广泛联系全校各方面、各层次代表,听取基层单位意见,深入了解师生员工需求。学校还通过参加学习讨论、召开座谈会、节假日登门拜访、接待师生员工来访等多种途径和方式,帮助基层单位解决实际困难,妥善处理涉及师生员工切身利益的实际问题,切实把广大师生员工关注的问题、关心的事情解决好、办理好。

学校党委在干部选拔任用工作中,按照省委"五重五不简单"要求,围绕推动学校事业科学发展选干部、配班子、建队伍、聚人才,一批政治坚定、实绩突出、作风过硬、群众信任的优秀干部走上领导岗位。2012年,共调整处级干部61人,其中提拔任职22人。在深入调研、充分酝酿、集体研究的基础上,学校党委对部分处级机构设置进行了调整。根据软件学院与公共计算机教研部教学职能交叉的实际情况,将软件学院、公共计算机教研部合并组建成新的软件学院;为适应艺术学成为新的学科门类的新形势,对艺术学院内部管理体制进行改革,成立新的艺术学院,下设5个教学、科研机构。

【人才培养】 全年共招收本专科生10907人、研究生2523人,生源质量进一步提高。继续深化教学改革,切实抓好质量工程建设,本科教学工程获国家级项目5项、省级项目58项,入选国家级规划教材8部。39个学科参加了教育部学位与研究生教育中心第三轮学科评估,其中8个学科进入全国前20名。启动专业学位研究生综合改革试点工作,不断提高全日制专业学位研究生培养质量。继续深化与"两院"合作,共邀请71名"两院"专家到河南大学参加研究生招生、培养工作,研究生培养质量进一步提高。加大毕业生就业指导、服务工作力度,毕业生就业形势较上年有明显好转。开展学风建设、素质教育,112个学生集体、17642名学生个人获得省、校级奖励。

【科学研究】 获得国家重大专项等6项、国家社科基金项目34项、国家自然科学基金项目73项,获批教育部人文社科研究项目、河南省社科规划项目等省部级项目131项,承担厅级项目383项。其中国家社科基金项目立项数量首次跻身全国高校十强行列。获省部级以上成果奖50项,发表学术论文3070余篇。有1项成果获国家自然科学二等奖,实现了河南大学国家级科研奖项和河南省国家自然科学奖零的突破。获取竞争性科研经费总量达到1.8亿元,比2011年增长28%,获取科研资源的能力显著提高。加强科研创新平台建设,获批省部级以上重点实验室、高校工程中心5个,获批省部级以上重点实验室培育基地5个,新增博士后科研流动站5个。

【师资队伍建设】 加强高层次人才队伍建设,引进中科院院士1名,获批河南省"百人计划"特聘专家1名,受聘上岗省特聘教授6名、黄河学者8名、校特聘教授5名,获批省教育厅学术技术带头人8名、省高校青年骨干教师资助对象17名,1名学者获批为"长江学者奖励计划"特聘教授。新接收重点高等学校、科研院所毕业以及海外留学归国博士109名、定向(委托)培养回校博士52名,博士在专任教师中的比例稳步提高。聘任高级专业技术人员205人,推荐具备高级专业技术职务任职资格195人;聘请长期外籍教师21名、短期外籍教师33名。

【合作办学】 坚持开放办学,先后与11所国外高校签署校际友好合作协议,友好合作院校超过100所。推进中外合作办学,妥善解决国际学院建设用地指标和地价问题,洽谈资金和项目合作,并举办国际学院奠基仪式,正式奠定了河南大学郑汴两地办学、一体发展的百年基业。全年共派出近500人次赴美国、日本、中国台湾等37个国家和地区参加学术会议、洽商合作办学、开展教育访问、进行研修培训等,美国、日本、中国台湾等20个国家和地区到校访问、参加会议的校际团组、专家学者共600余人次。切实落实"教师国际交流与合作计划",国家留学基金委资助出国研修人员23人,单位公派出国研修人员19人。以3名诺贝尔奖获得者为代表的近20位国际知名学者受聘河南大学客座教授、名誉教授。

【条件完善】 坚持开源节流,增强自身"造血"功能,全年综合收入超过13亿元。多渠道自筹资金3.9亿元,顺利完成化债任务,减少债务7个亿,从2013年起每年将减少利息5000万元,学校财务步入良性循环状态。继续强化对关键领域和重点环节的审计,规范、有序组织各项招标工作,节约预算资金14807万元。加强安全教育和管理,完善校园治安防控体系,并利用百年校庆之机,争取开封市政府支持,加强校园周边环境改造和综合治理,为学校事业发展和师生学习工作营造了良好氛围和美好环境。

争取近3亿元省财政拨款,按照省直驻郑事业单位标准,全面兑现了工资、津贴等人员经费,自筹3600万元资金安排国家级精神文明奖,切实提高了教职工待遇。扎实做好家庭经济困难学生的资助和帮扶,发放奖助学金3377万元,办理助学贷款2513万元。金明校区21#家属院具备入住条件。完成了研究生组团5#—6#改造工程、体育馆、人行环道、广场灯池、"校训走廊"、"三观园"、"双百林"等10余个维修改造建设项目。加大投入,完善数字化校园平台体系,成功获批为河南省和教育部第一批教育信息化试点高校。

撰稿:侯　佳
核稿:吴建伟　顾兴良
审稿:赵国祥

河南农业大学

党委书记:程传兴
校长:张　琼
创办时间:1902年
校址:郑州市农业路63号
电　　话:0371-63558999
邮编:450002
传　　真:0371-63558998
网址:http://www.henau.edu.cn

【概况】 学校源自创办于1902年的河南大学堂,1903年改为河南高等学堂,1912年改为河南高等学校;1912年11月,经民国教育部批准,改办为河南公立农业专门学校,河南农业高等教育自此发轫;1927年与中州大学、河南公立法政专门学校合并,成立国立第五中山大学,改为中山大学农科;1930年中山大学更名为河南大学,农科改为农学院;1952年全国院系调整时重新独立建制,改为河南农学院,1957年从开封迁至郑州;1984年12月更名为河南农业大学。2009年、2012年分别成为国家农业部、林业局与河南省人民政府共建高校。

2012年,学校共有各类学生32000人,其中博士研究生

133人、硕士研究生1673人、全日制本专科生25399人、各层次成人学历教育学生4795人。全年招生10903人,其中博士研究生45人、硕士研究生590人、本科生6950人、专科生1166人、成人教育学生2152人(本科生950人,专科生1202人)。全年毕业学生7338人,其中博士研究生22人、硕士研究生545人,本科生4492人、专科生527人、成人教育学生1752人(本科762人,专科990人)。

全校教职工1891人,其中专任教师1428人,占教职工总数的75.52%,45岁以下的中青年教师占专任教师总数的87.32%。专任教师中有教授162人、副教授385人、讲师547人,其中博士研究生导师76人,硕士研究生导师448人。从学历、学位结构来看,有博士386人,硕士668人,分别占专任教师总数的27.03%和46.78%。长期聘用美、英、澳、荷兰等外籍专家、教师9人。

学校现有农、工、理、经、管、法、文、医、教、艺10大学科门类,下设20个学院。拥有6个博士后科研流动站、5个博士学位授权一级学科、25个博士学位授权点、80个硕士学位点、8个专业学位硕士点、84个本科专业。

学校拥有1个一级学科国家级重点学科、16个一级学科省部级重点学科、4个二级学科省级重点学科。建有国家小麦工程技术研究中心、郑州国家玉米改良分中心、省部共建粮食作物生理生态与遗传改良国家重点实验室培育基地、教育部作物生长发育调控重点实验室、农业部农村可再生能源重点开放实验室、农业部动物生长发育调控重点开放实验室、农业部黄淮海玉米技术区域创新中心、国家烟草栽培生理生化研究基地等32个国家级、省部级研究中心、重点实验室和研究基地。

学校建有文化路校区、龙子湖校区、许昌校区三个校区,占地面积334公顷,其中教学试验用地296公顷,建筑面积86.03万平方米。国有资产总值69264.6万元,其中教学、科研仪器设备资产24820.4万元。建有两地三校区互联、全方位覆盖的信息网络环境,以及数字化校园综合应用信息共享平台。图书馆藏书231.1万册,公开出版《河南农业大学学报》等期刊。

【领导班子成员名单】 党委书记程传兴,党委副书记、校长张琼;党委常务副书记(正校级)李少兰,常务副校长(正校级)孙天华,党委副书记、纪委书记杨德东,党委副书记王文亮,副校长柳娜、李少军、谭金芳、李成吾、张全国,工会主席褚金海。

【领导重视与支持】 百年校庆之际,国务院总理温家宝等多位党和国家领导人向学校发来题词贺信,全国政协副主席厉无畏、教育部副部长杜玉波、农业部副部长陈晓华出席庆典并作重要讲话,省委书记卢展工等省四大班子领导共同出席。厉无畏出席学校举办的中外农业大学校长高层论坛,并作主题报告。

省领导邓凯、刘满仓、赵素萍、徐济超、王铁、李英杰等先后来校视察。省委常委、副省长刘满仓三次来校视察指导工作,并分别考察了学校产学研合作基地河南普爱饲料股份有限公司和教学科研实习基地辉县市利民食用菌专业合作社。副省长徐济超出席河南农业大学牵头的中原经济区小麦玉米两熟高产高效协同创新中心揭牌仪式,并亲自揭牌。刘满仓、徐济超共同出席国家林业局与河南省人民政府合作共建河南农业大学协议签字仪式。

【百年校庆】 2012年7月6日,在河南省人民会堂举办的"河南农业大学兴办高等农业教育100年庆祝大会",全球直播,隆重热烈,圆满成功。温家宝总理题词"扎根沃土、厚生丰民,中国要有最好的农业大学"。贾庆林、李长春、李克强、回良玉、刘延东等党和国家领导人发来题词贺信,全国政协副主席厉无畏、教育部副部长杜玉波、农业部副部长陈晓华到会并讲话,省委书记卢展工等省四大班子领导共同出席,32所中外农业大学校长莅临大会,返校校友超过万人,共收到校友及各界捐款2000余万元、捐赠物资121批次。

河南农业大学百年校庆筹备工作历时一年,厘清了校史渊源,宣传了办学成就,联络了广大校友,扩大了社会影响。百年校庆的规格之高在河南高校和全国同类高校中都是空前的,显示了党和国家、省委省政府对高等农业教育的重视和支持,对河南农业大学的关心和厚爱,对全体师生校友的勉励和鞭策。百年校庆成为学校发展史上的里程碑、新百年新征程的新起点。

【平台建设成效显著】 2012年6月,河南农业大学成为国家首批"中西部高校基础能力建设工程"入选高校,获得国家和河南省首批建设资金6700万元。在"十二五"后续3年的建设工程周期内,还将得到2.6亿元的支持资金。

11月5日,河南省人民政府与国家林业局合作共建河南农业大学签字仪式在北京举行。粮食作物生理生态与遗传改良国家重点实验室培育基地在全国105个培育基地评选中名列第3名,被科技部评为优秀培育基地。河南农业大学牵头的中原经济区小麦玉米两熟高产高效协同创新中心晋升为省级中心,并代表河南省申报国家级中心。河南农业大学成为科技部、中组部、工信部联合启动的国家农村信息化示范省建设项目依托单位,牵头建设中原农村信息港和粮食作物精确生产信息服务系统。

【人才团队与学科建设】 高层次人才培养工作取得新成效。马恒运教授成功入选教育部"长江学者"特聘教授,实现了河南农业大学"长江学者"零的突破。新增1名中原学者、2名省特聘教授。新增1项教育部创新团队发展计划、1项教育部"新世纪优秀人才支持计划",1个农业部杰出人才及其创新团队,1名科技部中青年领军人才,1名"十二五"国家863计划现代农业技术领域主题专家组成员。在第七批省重点学科验收中,河南农业大学省重点学科全部顺利通过验收。在第八批省级重点学科申报中,新增7个一级、4个二级省重点学科。

【教育教学改革】 2012年是河南农业大学核心课程建设年。各学院和相关部门执行《核心课程建设年活动实施方案》,对84个专业(方向)的全部核心课程进行了梳理,修订教学大纲,优化课程体系,突出能力培养,凸显专业目标。

新增7个本科专业。农学、动物医学、农业建筑环境与能源工程3个专业成为国家级专业改革综合试点。在农学院和生命学院顺利启动了作物学和生物科学两个"绍骙实验班"的试点工作。推进"卓越500计划"。动物科学实验教学中心顺利通过建设单位验收,被正式认定为国家级实验教学示范中心。

【招生与就业】 2012年,全日制本专科招生计划达到8650人,与2008年的4600人相比,增幅近一倍,录取分数及报到率再创新高。与2008年相比,2009年到2012年共增加全日制本专科招生计划11000人,在校生规模扩大了65%,在全省高校的排名进入前6名。

毕业生就业率达到95.78%,其中考研率达到23%,部分学院考研率超过50%。大学生创新创业教育继续走在全省前列。成功申报河南省研究生教育创新培养基地。在"挑战杯"全国大学生创业计划竞赛中取得一金两铜,实现了该赛事的历史性突破,农学院研究生王灵光团队获"评委推荐特色奖"和"创业达人团队"2个单项大奖。王灵光还被评为2011中国大学生十大年度人物。在全国大学生第二届动物医学专业技能大赛中,牧医工程学院本科生团队获特等奖。在第六届中国大学生物联网创新创业大赛中,机电工程学院本科生团队获总决赛一等奖。

【科研水平与成果转化】 继3年连获4项国家科技大奖之后,王泽霖教授主持完成的"禽病高效浓缩联苗的研制与应用"项目又获国家科技进步二等奖。7个玉米新品种和2个小麦新品种成功转让,5项科技成果转让费在100万元以上,总转让费超过1150万元。

国家自然科学基金资助立项总数60项,经费总额2815万元,分别比上年增长81.8%和145.2%,并实现了重点项目零的突破,项目总数在全国农林院校和全省高校的排名分别由上年的第13名、第6名上升到第8名和第3名。SCI论文影响因子达到4.0以上的18篇,比上年增长260%。

到账科研经费总额1.42亿元,比上年增长21%。新增1项国家863计划,获准入库2项"十二五"国家科技支撑计划,获得4项国家农业科技成果转化项目和1项国家星火计划项目,启动2项农业部公益性行业科研专项。

【社会服务】 2012年,学校参与河南省"万名科技人员包万村行动计划",开展"百名教授、千名学生粮食生产科教服务行动",为河南省粮食产量实现9连增、连续7年超千亿斤做出应有贡献,获得省政府粮食丰产奖金1500万元。4年来,累计获得粮食丰产奖金达到4200万元。郭天财教授被评为2012年度全国十大三农人物,获得中华农业英才奖。汤继华、王晨阳获全国粮食生产突出贡献农业科技人员称号。河南农业大学被评为全国农业科技促进年活动先进单位,获此殊荣的农业教学科研单位全国只有20所、河南省只有1所。

与56家科研机构、地方政府、企业签订合作协议。校友韩庚辰捐赠1000万元支持学校建设"吴绍骙玉米研究院",4月18日,省委常委、副省长刘满仓出席研究院揭牌仪式。

开展各级各类技术推广、技术服务和技术培训,培训人数达15万余人次。在教育部、农业部认定的首批100个农科教合作人才培养基地名单里,河南农业大学有4个基地名列其中。

【国际合作与交流】 与澳大利亚新英格兰大学合作举办的动物科学、环境科学本科教育项目顺利通过教育部审批,获批招生计划总数400人,居全省获批项目首位。与意大利热那亚大学、西班牙纳瓦拉公立大学、韩国安养大学等6所大学签署了合作备忘录。

与欧中农业基金会合作举办第5期农林专业学生赴欧实习项目,与中国对外友好合作服务中心合作举办第4期暑期赴美社会实践项目。自主招收博士、硕士、本科生、语言留学生等各类留学生共计87人,分别来自美国、巴西、韩国、哈萨克斯坦、意大利等17个国家。

【民生与和谐校园建设】 数字化校园建设进一步完善。文化路校区实现无线网络全覆盖,结束了学生宿舍长期无网络的局面。至此,三校区全部实现学生宿舍网络畅通。

2012年,为4103名贫困生发放助学贷款2020万元,是迄今为止发放额度最多的一年;实现首批助学贷款本金到期零违约,被评为全省助学贷款工作先进单位,并代表河南高校在全国资助工作会议上作典型发言。

2012年,按照国家新颁布的标准100%地为教职工发放了绩效工资,河南农业大学自筹的岗位津贴(奖励性绩效工资)和省级文明单位奖全额发放。全年发放在职人员岗位津贴(奖励性绩效工资)、前三年平均超工作量奖励、教学科研突出业绩奖励、省级文明单位奖共计5292万元,比2011年增加527万元,增幅13%;比2008年增加2739万元,增幅107%。学校还自筹资金,解决了许昌教学实验场退休职工工资、生活补贴、省级文明奖以及社会服务中心企业编制人员社会统筹等多年遗留问题。

【党建与思想政治工作】 校党委坚持"围绕中心抓党建,抓好党建促发展"的工作思路,坚持"四个重在"的实践要领,加快领导方式转变,提升党建科学化水平。学校被评为全省高校党建工作先进单位。以打造"五型班子"和提高"四种能力"为目标,加强领导班子和干部队伍建设;以巩固创先争优活动成果为抓手,加强基层党组织和党员队伍建设;以探索创新学习方式方法为动力,推进学习型党组织建设;以转变作风为重点,推进服务型党组织建设;以党建工作项目化为着力点,推进创新型党组织建设。

9月11日,许昌校区启用仪式暨2012级新生开学典礼举行

坚持用中国特色社会主义理论体系武装师生员工,培育和践行社会主义核心价值观,构建多元化的思想政治教育工作渠道。推进外宣工作,2012年,人民网、《光明日报》、《中国教育报》、《香港商报》、《河南日报》等各类媒体报道学校的新闻稿件500余篇。

深入开展反腐倡廉宣传教育,强化廉政意识;建立健全廉政制度体系,强化约束机制;加大反腐倡廉的监督力度,强化源头治理;加强考核,落实党风廉政建设责任制;严格执行领导干部廉洁自律各项规定,强化自律意识。着力改善民生,切实关心关爱师生员工;民主治校和依法治校水平进一步提高,校园环境平安有序、和谐稳定。

【办学条件】 2012年9月,28000平方米的D5学生宿舍楼投入使用,龙子湖校区入驻师生总人数超过9000人。图书馆、行政中心、公共教学组团、公共实验楼和二期学生宿舍、餐厅正在紧张施工中。9月11日,许昌校区启用仪式暨2012级新生开学典礼举行,千名师生入住。许昌教学试验场职工周转房招标工作完成。

撰稿:张朝阳
审稿:陈书章

河南师范大学

党委书记:周铁项
创办时间:1923年11月23日
电　话:0371-3325865
传　真:0371-3326507
校长:焦留成
校址:新乡市建设东路46号
邮编:453007
网址:http://www.htu.cn

【概况】 河南师范大学是一所学科门类较为齐全的综合性师范大学,占地面积148万平方米,建筑面积80余万平方米,教学科研仪器设备总值2.6亿元,馆藏图书330万册。2012年,学校有23个学院、24个省级重点学科、65个本科专业;有4个博士后科研流动站、2个博士学位授权一级学科、15个博士学位授权二级学科、25个硕士学位授权一级学科、7个专业硕士学位授权点;设有省部共建细胞分化调控国家重点实验室,黄淮水环境与污染防治、绿色化学介质与反应2个教育部重点实验室,生物工程、环境污染控制、光伏材料、绿色化学介质与反应4个河南省重点实验室,河南省动力电源及关键材料协同创新中心,河南省生物工程研究应用中心,河南省动力电源及关键材料工程技术研究中心,生物工程药物、化学制药及生物医用材料、动力电源及关键材料3个河南省工程实验室,河南省中国特色社会主义理论体系研究中心,公共政策与社会管理创新研究中心,科技与社会研究所,青少年问题研究中心等39个省、厅、市级重点科研基地;设有生命科学和化学2个国家级实验教学示范中心,8个省级实验教学示范中心。学校为国家大学生创新性实验计划实施单位、教育部教育硕士专业学位试点单位、"国培计划——中小学教师示范性项目"国家级培训单位、河南省文化改革发展人才培养基地和河南省教师教育综合改革试验基地;河南省高校师资培训中心和河南省高中校长培训基地挂牌学校,拥有河南省规模最大、种类最多的生物标本馆。拥有国家级科研创新团队1个、国家级教学团队2个,建设有6个国家级特色专业,7门国家级精品课程、双语课程。截至2012年10月,全校教职工2239人,专任教师1595人,其中双聘院士5人,设有省级特聘教授岗位12个;有国家突出贡献的中青年专家、享受国务院政府特殊津贴专家、中原学者、河南省优秀专家等80人。2012年共招收普通本、专科,博、硕士研究生等各类学生14575人,各类毕业生9833人,各类在校学生40875人。

【领导班子成员名单】 党委书记周铁项,党委副书记、校长焦留成;党委副书记、校工会主席王海旺,副校长王桂兰、徐存拴、王新生、杨林、黑建敏、孙先科;校长助理朱华北,校长助理(兼研究生学院院长)吴益民。

【万钢莅校指导工作】 3月1日,全国政协副主席、国家科技部部长万钢莅临学校考察,河南省副省长徐济超、省政协副主席靳绥东,科技部、省政府、省政协、省科技厅、新乡市有关领导及校党政领导周铁项、焦留成、杨林,河南省动力电池及关键材料工程技术研究中心(以下简称"中心")主任杨书廷等陪同考察。

万钢听取了杨书廷关于"中心"在科技研发、产业化和能源储备等方面的情况汇报,参观了"中心"的发展历程和成就展览,对"中心"20多年来在电池材料研究方面取得的成就表示肯定,对"中心"开发的超晶格结构正极材料出色性能大加赞赏,鼓励"中心"继续加大新型材料的研究工作,并结合新乡市电池产业特色,做好"政产学研"合作,更好地为企业服务。万钢部长还察看了河南省新能源汽车及关键零部件展览,鼓励企业和政府做好电池的规范化工作,并对部分企业的关键技术提出合理化建议。

【曹健林莅校考察】 11月13日,国家科技部副部长曹健林一行莅临学校考察指导工作。河南省副省长张广智,科技部、省政府、省科技厅、新乡市有关领导及校党政领导周铁项、焦留成、杨林,河南省动力电池及关键材料工程技术研究中心主任杨书廷等陪同考察。

曹健林对"中心"所取得的研发成果给予了高度评价,鼓励工程中心要抢抓新能源行业中的发展机遇,继续加快新型电池材料的研发创新,积极加强国际学术交流,不断深化政产学研合作,促使更多先进技术成果转化为现实生产力,为国家

11月13日,国家科技部副部长曹健林(后排左三)到校考察

和地方电池及电动车产业发展做出更大贡献。

【刘满仓关心远缘分子杂交育种】 11月7日,河南省委常委、副省长刘满仓带领河南省农业厅、财政厅领导到学校水稻远

11月7日,副省长刘满仓(左一)到水稻远缘杂交分子育种科研基地指导工作

缘杂交分子育种科研基地——新乡市远缘分子育种工程技术中心和新乡市农业科学院,详细了解由学校生命科学学院姬生栋带领的团队利用分子育种技术开展水稻远缘杂交分子育种研究的情况,并对获得的丰富水稻种质资源和培育出的高产优质的水稻新品种给予了充分肯定。

【学习宣传贯彻党的十八大精神】 通过党委中心组学习、党委全委扩大会议等形式,解读十八大报告文本,传达中央和省委学习贯彻情况。邀请二月河等知名专家学者、张春兰等十八大代表进行专题辅导。举办喜庆十八大河南省集邮巡展新乡邮展、喜迎十八大文艺演出、书法绘画等60余场次活动;开通"党建微频道"、"学习十八大,微博晒幸福"等微话题,网上网下互动,在学校掀起学习宣传贯彻十八大热潮。河南省"学习贯彻十八大"大型主题采访团对学校进行了集中采访报道。

结合学校实际,贯彻十八大精神重点做好三个方面的工作。一在总结调整的基础上,全面推进学校"十二五"事业发展。二在明确思路的基础上,扎实做好学科建设和科研平台建设。三在保证教育教学质量的基础上,不断改善学校办学条件。

【精神文明建设】 以精神文化、环境文化和形象文化建设为重点,启动文化建设二期工程。通过"两创四争"活动,引导广大师生践行文明风尚,形成巩固文明创建成果的共识。开展"学雷锋"和向道德模范学习活动,承办全国道德模范报告会高校巡讲活动,聘请6位全国道德模范为兼职辅导员,发挥道德模范榜样引领作用,推进社会主义核心价值体系教育。

【入选中西部高等教育振兴计划支持高校】 学校抢抓机遇,成功入选国家中西部高等教育振兴计划支持高校。根据上级要求,结合学校实际,组织制定了《河南师范大学中西部高校基础能力建设工程建设规划》。受"计划"支持的校东区教学楼、教学实验楼组团项目均在积极推进。

【资源整合与结构调整】 遵循学科专业发展规律,整合相关专业和师资力量,合理调整学科专业布局,新增环境学院、旅游学院、水产学院等3个学院,规范了部分学院名称,初步构建起较为科学的专业结构体系。实施后勤体制改革,后勤管理处、后勤服务集团合并,实行一体两牌。通过改革后勤管理体制、运行机制、监管机制,逐步建立起符合学校实际的后勤保障模式,后勤管理和服务保障水平进一步提高。

【教育教学】 本科教学改革进一步深化,"3+1"人才培养模式改革稳步推进,"以人为本、因材施教、分类培养"的改革目标初步实现。新增3个本科专业,本科专业总数达到65个。新增国家级、省级教学质量工程34项。生物、化学两个国家级实验教学示范中心通过教育部检查验收。获准建设首批国家级大学生实践教学基地和首批河南省教师教育改革创新实验区。全年立项大学生创新创业训练计划项目376项,其中国家级项目96项,校内重点项目56项。2项大学生创新成果入围第五届全国大学生创新年会;8项大学生专利获得国家知识产权授权。16名参赛学生在河南省第十届教学技能大赛中全部获一等奖。获中国舞蹈艺术最高奖——"荷花奖",是国内唯一囊括音乐、戏剧、舞蹈三大最高奖的学校。开展研究生创新教育,获批一个河南省重点建设的研究生教育创新培养基地;一篇博士学位论文入选全国百篇优博论文,实现了学校和河南省零的突破。年底,本、专科生就业率均达到90%以上,考研录取率达28.93%。被省教育厅评为河南省学生资助工作先进集体、河南省普通大中专毕业生就业工作先进集体。完成了新疆哈密培训班学生的教育与管理工作。

【学科和科研平台建设】 启动新一届校级重点学科培育建设工作,确定化学、物理学为国家重点学科培育学科。24个学科被确定为省重点学科,增量居全省高校首位。"动力电池及关键材料工程技术研究中心"的内涵建设力度不断加大,作为理事长单位,牵头组建了河南省新型电池技术创新战略联盟;作为主持单位,组建了动力电源关键材料河南省协同创新中心。新增厅级以上科研平台12个,全校厅级以上科研平台达到39个,获河南省社科重点研究基地工作先进单位称号。

【科学研究】 新增国家级科研项目68项,较上年增长26%,包括主持863计划项目、重大科技支撑计划项目、973前期专项等国家重点和重大项目。主持国家自然科学基金项目51项、国家社科基金项目13项;科研经费总量增长51%。基础理论研究实力显著增强,全年共发表学术论文

1968篇，其中CSSCI源期刊287篇，被SCI、EI收录478篇，高层次论文数量增长明显。服务地方经济建设能力明显提高，与地方政府、企事业单位签订合作协议30余项，到账横向经费较上年度增长一倍，获得河南省首次设立的产学研合作奖补资金项目3项，居全省高校首位。一个协同创新中心被批准为河南省首批建设单位。获得各级各类科研奖励179项，其中省社科优秀成果一等奖2项、二等奖10项，科技进步二等奖3项；获得专利授权38项，较上年度增长4.2倍。学术交流活跃，举办国际及全国学术会议7次，邀请国内外知名专家讲学200余次；学报文理两版蝉联中文核心期刊。

【人才队伍建设】 进一步贯彻落实校院系三级联动的人才工作机制，用人单位人才工作积极性和自觉性显著提高，人才工作的责任意识和全员意识深入人心。签约1名国家杰出青年基金获得者，引进各类专业技术人才88人，其中校特聘教授3人，具有博士学位人员59人。聘任校特聘教授4人，续聘省特聘教授2人；遴选出36名省、厅级各类优秀人才进行重点培养。1名青年教师获得国家优秀青年科学基金资助。全年共有19名委培、定向博士毕业回校工作，33名教师考取各高校、科研院所博士，7名青年骨干教师被推荐到国内著名学府访学。招收8名博士后研究人员，在站博士后累计达22名。

【改善办学条件】 投入3600余万元完成第一个三年实验室建设规划，启动第二个三年规划，实践教学条件明显改善。图书馆文献资源进一步丰富，服务层次稳步提升；"书香校园"建设全面推进，被授予河南省全民阅读先进单位称号。新增20套微格教学系统，36套电子考场、网络升级改造工程正在推进，信息化建设保持河南省高校领先水平。校东区塑胶运动场投入使用；完成新联学院小店校区一期建设并入住学生。

【举办植物·文化·环境国际论坛】 9月20—23日，由学校承办的植物·文化·环境国际论坛在新乡举办。校党委书记周铁项、英国皇家学会Dianne院士出席开幕式并讲话。来自印度、英国、美国、法国、意大利等5个国家的16位专家以及国内96所高校和科研院所的176名代表参加了大会。

与会代表围绕"植物演化与环境变化的关系、植物与人类在长期选择与被选择过程中形成的共生关系和文化现象"进行了交流和探讨。来自国内外的10位知名学者作了大会报告，约50名专家分别在大会确定的"植物演化"、"植物文化"、"木文化"、"药用植物"、"园林植物"、"资源保护"等6个主题下作了分会报告。学校高明乾教授作了题为《简述中国的植物资源利用与植物文化的积淀》的主题报告。

【河南省高校图书馆馆长会议在学校召开】 4月20—21日，由河南省高等学校图书情报工作委员会主办、学校承办的河南省高校图书馆2012年馆长会议暨河南省高校第一批古籍重点保护单位授牌仪式在本校举行，全省100余所高校的图书馆领导及国内出版界专家围绕图书情报工作展开交流和研讨。

河南省高等学校图书情报工作委员会主任崔慕岳、省文化厅副厅长崔为工、副校长杨林等出席会议，为第一批河南省古籍重点保护单位的5所大学图书馆授牌，并为全省高校从事图书馆工作30年以上工作者颁发荣誉证书。崔慕岳主任、吉林大学毕强教授、北京邮电大学代根兴教授等分别作报告。

【车用动力电池发展研讨会在学校举行】 6月19—20日，由科技部高新司主办，河南省科技厅协办，河南师范大学和新乡市人民政府承办的车用动力电池发展研讨会在学校举行，来自全国从事动力电池、电池材料研发的专家和企业总经理50余人参加了研讨会。科技部高新司副司长陈家昌、科技厅副厅长马世民、新乡市有关领导、学校校长焦留成出席研讨会。来自河南省动力电池技术创新联盟和中航锂电、北京盟固利、深圳贝瑞特等企业，北京大学、武汉大学、厦门大学等高校的领导、专家，河南省动力电源及关键材料工程技术研究中心主任杨书廷分别结合企业发展和个人研究进行了专题发言。会议期间还举行了动力技术发展趋势座谈会，参观了河南省动力电源及关键材料工程技术研究中心、新乡电池研究院、新乡电动汽车充换电站和新乡市电池、电动汽车产品技术展览。

【举办全国现代物理学与区域经济发展博士后学术论坛】 10月13—14日，由全国博士后管委会办公室、中国博士后科学基金会、河南省人力资源和社会保障厅主办，河南师范大学承办的全国现代物理学与区域经济发展博士后学术论坛在本校举行，人力资源与社会保障部专家与留学人员服务中心副主任、中国博士后科学基金会副秘书长邱春雷，河南省博士后工作协会名誉会长侯福兴，河南省人力资源和社会保障厅外国专家局局长郭成全，中科院理论物理研究所张肇西院士，中国电波传播研究所张明高院士，新乡市人民政府副市长杨书廷，校领导焦留成、王桂兰出席论坛开幕式。来自全国高校、科研院所和企业的100余名代表参加了论坛。论坛设四个分会场，与会代表围绕基础物理的最新进展、材料科学与战略新兴产业发展、信息科学与技术、产学研科技创新和区域经济发展四个方面进行专题报告和交流。

【举办首届全国文化论坛】 12月22日，中原文化生态研究中心首届全国文化论坛在学校举行。省文化厅副厅长郭书城，原全国哲学社会科学规划办公室主任张国祚教授，武汉大学人文社科研究院常务副院长沈壮海教授，中国社科院马克思主义研究院马克思主义中国化研究部副主任金民卿教授，中国社会科学院《马克思主义研究》编辑部主任翟胜明研究员，河南省社科院首席研究员卫绍生，学校党政领导周铁项、王桂兰、孙先科出席了论坛。张国祚、沈壮海、金民卿、翟胜明、卫绍生、王桂兰等分别作报告。

中原文化生态研究中心是为适应中原经济区建设的现实需要，以学校现有的省重点社科研究基地——河南省中国特色社会主义理论体系研究中心为主体，优化组合本校部分省厅级和校级科研机构而成立的跨学科综合性研究平台。

【河南省社会工作教育协会第三届年会暨中原地区社会建设与社会工作人才队伍建设学术研讨会在学校召开】 12月22日，由河南省社会工作教育协会主办，学校社会事业学院承办的河南省社会工作教育协会第三届年会暨中原地区社会建设与社会工作人才队伍建设学术研讨会在学校召开。中国社会工作教育协会秘书长史柏年,河南省民政厅副厅长李长训,河南省社会工作教育协会会长林世选,副会长张明锁、纪德尚、王海旺等领导出席会议,来自省内20余所高等院校和单位的专家参加了本次会议。史柏年教授作了题为《社会管理创新与社会工作发展》的报告。会议期间还召开了会长秘书长会议,举行了中原地区社会建设与社会工作人才队伍建设学术研讨会。

【量子物理前沿与未来量子技术基础高级研讨会在学校举行】 4月27—30日,河南师范大学和中国科学院理论物理研究所联合发起的量子物理前沿与未来量子技术基础高级研讨会在学校召开。中科院理论物理所孙昌璞院士、易俗研究员,浙江大学王晓光教授,清华大学刘玉玺教授、大连理工大学衣学喜教授、北京计算物理与应用数学所傅立斌研究员、中国人民大学张芃教授等14位国内量子物理领域知名专家与杰出青年莅会并作学术报告。学校景辉教授简要介绍了冷分子与量子超化学研究团队的最新研究进展。

【中原历史文献与文化国际学术研讨会暨中国历史文献研究会第33届年会在学校召开】 10月26—28日,由中国历史文献研究会、河南师范大学主办的中原历史文献与文化国际学术研讨会暨中国历史文献研究会第33届年会在学校召开。来自国内20余个省市近百所高校和科研单位共100余位专家学者参加了会议。副校长杨林致欢迎辞,中国历史文献研究会会长周少川教授讲话。会议期间,参会人员围绕中州文献、中州学人、中原文化、历史文献学理论等一系列问题展开研讨。会议同时还举行了改革开放新时期的古籍整理与相关理论高端研讨会。

撰稿:孙昌松

审稿:焦留成

河 南 理 工 大 学

党委书记:王少安
创办时间:1909年3月
电　　话:0391-3987001
传　　真:0391-3987001

校长:邹友峰
校址:焦作市高新区世纪路2001号
邮编:454000
网址:http://www.hpu.edu.cn

【概况】 2012年,校本部毕业日校学生9221人,其中博士14人、硕士643人、本科生6531人、专科生2033人。学校招收全日制学生10507人,其中博士研究生29人、硕士研究生667人,本科生7808人、中外合作办学本科生208人,专科生1735人、中外合作办学专科生42人,留学生18人。全日制在校生规模34574人。学校共有教职工2635人,其中专任教师1886人。学校有南北两个校区,占地面积4000亩,建筑面积120万平方米;固定资产总值达15.89亿元,其中教学、科研仪器设备总值3.83亿元。图书馆藏书234万册,另有电子图书273万余册,各种电子书库和数据库50余种。

学校设20个教学学院和软件职业技术学院、应用技术学院、高等职业学院、成人教育学院、安全技术培训学院、后备军官学院、万方科技学院(独立学院),设有矿业工程等4个博士后科研流动站、4个一级学科博士点、26个二级学科博士授权点(含自主设置);18个一级学科硕士点、81个二级学科硕士点(含自主设置)、1个工商管理硕士(MBA)专业学位授权点,具有以毕业研究生同等学力申请硕士学位授予权,并在17个工程领域招收培养工程硕士;建有21个一级省级重点学科;72个本科专业,覆盖工、理、管、文、法、经、教、艺术8大学科门类;设有国家一级安全生产培训中心,年培训规模5200人次,是服务国家煤炭工业和地方经济社会发展重要的人才培养培训基地。

学校加强本科教学工程建设,建有3个国家级实验教学示范中心,10个国家级特色专业,4个国家级教学团队,6门国家级精品课程,3门国家级双语教学示范课程,1部国家级精品教材,4个教育部卓越工程师教育培养计划试点专业,3个国家级工程实践教育中心。

学校着力提升科技创新能力,建有1个国家级重点实验室培育基地,1个国家地方联合工程实验室,1个省部共建教育部重点实验室,1个国家安监总局安全生产重点实验室,1个国家测绘局重点实验室,1个教育部工程研究中心,1个教育部重点实验室培育基地,1个国家安监总局煤矿安全技术研究中心,1个国家体育总局体育文化研究基地,3个省级重点实验室,7个省级重点学科开放实验室,1个省级协同创新中心,1个河南省国家重点实验室培育基地,3个河南省重点实验室培育基地,1个河南省重点社会科学研究基地,1个河南省普通高等学校人文社会科学重点研究基地,4个河南省工程实验室,1个河南省高校工程技术中心,1个河南省创新方法培训基地;2个院士工作站,2个教育部创新团队,4个省级创新团队;现有安全技术工程、直线电机理论及应用、精密工程等19个校级研究所,是国家能源工业和河南省重要科技创新基地。

2012年,学校在省教育厅组织的"三重一大"与校务公开检查中获得好评,在省教育厅组织的依法治校检查评比中,被授予"河南省依法治校示范校"称号。

【校领导班子成员名单】 党委书记王少安,校长邹友峰;党委副书记兼纪委书记张国臣,党委副书记周志远,副校长周英、卫中玲、张战营、张锟、景国勋、王裕清(–11月),工会主席杨建堂。校长助理丁安民(–11月)。

【领导莅校视察】 3月15日,济南军区政治部干部部副部长邹铁平等一行5人在省军区政治部副主任刘春辉的陪同下,莅校考评省军区驻校选培办并调研学校国防生培养工作。校长邹友峰、副校长景国勋出席汇报会。邹铁平充分肯定学校国防生培养工作取得的成绩,对学校国防生整体素质给予高度赞扬。3月22日,省高校纪工委书记、厅党组成员、纪检组长李功勋一行莅校考察,校党委副书记兼纪委书记张国臣向李功勋一行作学校党风廉政建设和反腐倡廉工作专题汇报。

6月28日,国家安全生产监督管理总局规划科技司副司长施卫祖(前右一)一行3人考察"瓦斯地质与瓦斯治理"国家重点实验室培育基地　　摄影:李为群

4月9日,河南煤矿安全监察局巡视员薛纯运一行莅校考察安全培训工作,学校安培学院院长李德海向薛纯运一行作专题汇报。5月9日,原地质矿产部部长、学校名誉校长朱训莅校参加学校"朱训教育奖励基金"颁奖仪式,并为获奖师生颁奖。仪式结束后,朱训向学校捐赠图书并为学校师生作题为《关于中国矿业城市的几个问题》的学术报告。5月24日,省测绘局局长贾志伟一行莅校考察学校测绘学院及其矿山空间信息技术国家测绘地理信息局重点实验室建设情况,并听取学校测绘学院党委书记王晓梅的现场汇报。5月27日,解放军报社原副总编陶克少将一行莅校考察,并受聘学校兼职教授。陶克少将在校考察期间为学校国防生作题为《雷锋,永远在我们心中》的主题报告。5月30日,原国家土地管理局副局长马克伟、国家土地管理局地籍管理司原司长向洪宜、国土资源部土地利用规划司原司长贾中骥一行莅校考察并现场听取学校工作汇报。6月18日,省委高校工委副书记、教育厅副厅长张亚伟,省关工委副主任、教育厅关工委主任王日新,省教育厅关工委副主任杨善,省委高校工委、教育厅组织干部处处长高治军莅校出席全省高校特邀党建组织员工作经验交流会。校党委书记王少安致欢迎辞,杨善传达上级有关文件精神,张亚伟、王日新分别发表讲话,校党委副书记兼纪委书记张国臣代表学校作典型发言。11月15日,省关工委常务副主任、省关心下一代基金会理事长李中央一行莅校出席河南省关心下一代基金会助学金发放仪式,并为获奖学生颁奖。12月4日,省委常委、省军区政委、十八大代表周和平少将莅校为师生作党的十八大精神学习辅导报告。校领导邹友峰、张国臣、周志远、张战营、张锟、杨建堂出席报告会。

【学习贯彻十八大精神】 根据省委高校工委、省教育厅的统一部署,学校印发了《中共河南理工大学委员会关于认真学习宣传贯彻党的十八大精神的通知》(校党发〔2012〕2号),充分利用校报、校园新闻网、校园广播、教育电视台、宣传橱窗开设专栏、专版学习宣传党的十八大精神;组织召开座谈会、学习会、研讨会、报告会和开展"科学发展、辉煌成就"主题教育活动等多种形式宣传贯彻党的十八大精神,在全校掀起一股学习宣传贯彻十八大精神热潮。通过开展学习宣传活动,进一步深化了全校师生对十八大历史地位、重大意义和宏伟蓝图的认识,明确了对高等教育的新任务、新要求,凝聚了以提高质量为中心的内涵式发展的思想共识,激发了广大师生办人民满意大学的政治热情。

【省委第七巡视组莅校巡视】 5月8日,以省委巡视组正厅级巡视专员马蕊为组长的省委第七巡视组莅校开展巡视工作。学校召开巡视工作动员大会,马蕊讲话;校党委书记王少安代表学校党委领导班子,从贯彻执行党的路线方针政策、民主集中制原则、党风廉政建设责任制、干部任用条例与干部选任程序、开展作风建设与维护师生员工切身利益情况、学校发展中存在的困难和问题等六个方面向巡视组作了工作汇报。11月19日,省委第七巡视组正式进驻学校开展巡视工作。期间,通过问卷调查,听取10个处级单位专题汇报,与97名校处级干部谈话,召开离退休教职工、专任教师、在校学生3个座谈会,到"瓦斯地质与瓦斯治理"国家重点实验室培育基地、图书馆和万方科技学院等单位进行实地考察等形式,就学校重大工作、改革发展、人才培养、科学研究、社会服务等方面问题进行巡视、座谈,全校师生改革创新、奋发有为的精神状态受到巡视组好评。

【入选"中西部高校基础能力建设工程"】 6月29日,省教育厅和省发展改革委召开"安排7所高校中西部基础能力建设工程项目"专题会议,明确了河南大学、河南农业大学、河南师范大学、河南理工大学、河南工业大学、华北水利水电学院、河南中医学院等7所高校为"中西部高校基础能力建设工程"院校。根据省教育厅和省发展改革委专题会议精神,学校制定的《河南理工大学中西部高校基础能力建设工程建设规划》通过省教育厅和省发展改革委评审,上报国家发展改革委和教育部审批。

【获批"煤炭安全生产"省级协同创新中心】 10月22日,省教育厅、省财政厅联合下发《关于公布2012年度河南省协同创新中心名单的通知》(豫教科技〔2012〕190号)文件,公布了全省首批13个省级协同创新中心,以河南理工大学为第一申报单位,省工业和信息化厅、河南煤业化工集团有限公司、中国平煤神马集团有限公司、河南工程学院等单位参与申报的“煤炭安全生产”省级协同创新中心名列其中。“煤炭安全生产”省级协同创新中心以河南煤炭企业安全生产中亟须解决的共性关键技术问题为导向,汇聚全省煤炭行业专业技术人才,共同开展煤矿灾害防治与煤炭开采中共性关键技术的攻关与开发,切实解决河南省煤炭工业发展中的共性、关键技术问题,实现各成员单位之间的成果共享和风险共担。

【举行大学科技园奠基开工仪式】 6月29日,河南理工大学科技园奠基开工仪式在焦作市新区举行。焦作市副市长乔学达,焦作新区管委会主任杜宇,焦作新区党工委书记部小方,省国家大学科技园总经理刘华,校党委书记王少安,党委副书记周志远,副校长张战营、王裕清、张锟,校长助理兼河南理工大学泰科资产经营有限责任公司董事长丁安民,省教育厅、省科技厅、焦作新区管委会领导班子成员、河南省国家大学科技园等单位领导出席奠基仪式。奠基仪式由焦作新区管委会常务副主任刘会生主持。校党委副书记周志远代表学校致欢迎辞。

【举行万方科技学院建院十周年庆典暨素质教育汇报会】 10月30日,河南理工大学万方科技学院建院十周年庆典暨素质教育汇报会在学校北校区体育场举行。全国人大常委、全国人大教科文卫委员会副主任委员、民进中央副主席、中国民办教育协会会长王佐书,全国人大农业与农村委员会委员、万方科技学院名誉院长王明义,省人大常委会副主任蒋笃运,省政协副主席靳绥东,省民办教育协会会长贾连朝,中国高等教育学会副会长张晋峰,省长助理卢大伟,中共焦作市委书记路国贤,省人大副秘书长、办公厅主任夏林,省教育厅党组成员、正厅级巡视员张健,焦作市人大常委会主任郭国明,焦作市委常委、副市长迟军,中国民办教育协会监事会主席、河南省民办教育协会执行会长、黄河科技学院校长胡大白,省教育厅有关处室领导,地方党委、政府有关领导,地市招办领导、省内外兄弟院校领导和专家、河南理工大学党政领导王少安、张国臣、周志远、卫中玲、张战营、张锟、景国勋、杨建堂、丁安民和各学院、各部门领导,万方科技学院董事单位领导、实习实训企业领导等出席会议。王佐书、王明义为学院题词,上百个兄弟院校等单位和个人为大会发来贺电。庆典大会由河南理工大学党委副书记兼纪委书记、学院董事会董事张国臣主持。河南理工大学万方科技学院董事长李光宇代表学院致欢迎辞。王佐书、贾连朝、张健、迟军分别讲话;河南理工大学副校长、万方科技学院院长王裕清作题为《深入推进素质教育,全面提高育人质量,为创办国内一流的独立学院而努力奋斗》的主题报告。

【党建】 以基层组织建设年活动为载体,扎实开展承诺践诺等创先争优主题活动,进一步健全基层党组织工作机制,完成各党委(党总支)换届和分类定级工作,探索党支部参与教学科研工作的有效模式,基层党组织的活力进一步增强。按照“适度规模、提高质量、发挥作用”的工作思路,做好在优秀大学生和教师中发展党员工作,确保发展党员质量,全年发展党员2838名,学生党员占在校生的比例为25.7%(不含河南理工大学万方科技学院),青年马克思主义队伍建设取得新成效。学校党委被授予全省创先争优先进基层党组织、河南省高等学校党建工作先进单位称号。

【党风廉政建设】 学习贯彻十七届中央纪委七次全会精神,按照《党风廉政建设责任书》的要求,加强检查、监督和考核,促进党风廉政建设。以“党风党纪教育月”活动为载体,广泛开展廉洁从政、廉洁从教、廉洁修身教育,营造了浓厚的廉洁文化氛围。开展“查找廉政风险构筑拒腐防线”活动、廉洁性评估、行风评议与整改等工作,加强党务校务公开和对重点环节的管理监督,营造了风清气正的校园环境。

【思想政治教育突出实效】 围绕立德树人根本任务,坚持实施领导干部与学生座谈、专业首席指导教师、早操早读、思想状况调查等行之有效的工作制度,全体本、专科和研究生早操早读平均出勤率达95%以上,领导干部与学生座谈857场次;在全体学生中深入开展理想信念、人生志向、专业道路和生活态度主题教育活动177场,引起广大大学生对人生规划、生活习惯与意志力养成的深刻思考,思想政治工作的针对性和实效性进一步增强,全员育人氛围进一步浓厚。建立在一年级学生中开展歌咏、创意拉拉舞大赛制度,首次歌咏大赛参赛学生6000余人,超过学生总人数的70%,成为活跃学生生活、提高学生艺术修养和综合素质的新平台。开展以“五创两争”为载体的群众性精神文明创建活动,组织开展师德师风和校风学风主题教育、机关作风评议等活动,校园风气和文明程度进一步提升。

【精神文明建设】 开展以“创建文明部(处)、文明院(系)、文明班级、文明宿舍、文明家庭,争当文明教师、文明学生”为载体的“五创两争”活动,组织开展校风学风建设主题教育、师德师风建设征文、机关作风评议、学生最喜爱的教师和十佳班主任、辅导员评选等活动,校园风气进一步改善。扎实推进校园文化建设工程,坚持举办健康高雅的校园文化艺术活动,建成北校区校史馆,推进文化产品开发和学校精神文化成果进公共楼宇工作,以大爱精神为导向的学校核心价值理念深入人心,校园文化品格和育人功能进一步提升。

【干部队伍选拔培养】 完成处级领导班子换届工作,调整干部岗位50人,新选任处级干部21人。举办井冈山革命传统教育专题培训班,90名参训校处级干部和思想政治理论课教师深受教益;选派18名校处级干部赴美国明尼苏达大学培训学习。同时,选派28名校处级干部到国内著名高校、培训机构脱产学习或挂职锻炼;校处级干部在线学习制度得到落实,暑假校处级领导干部培训效果明显;开展“三讲三提升”活动,完善处级干部年度考核办法,强化干部日常管理监督和激励约束,加快领导方式转变,提升干部办学治校能力。

【师资队伍建设】 坚持“人才强校”战略,全年新增省级特聘教授1人、省级特聘讲座教授1人;引进黄河学者1人,柔性引进中国工程院院士1人、长江学者特聘教授1人、海外人才3人;签约博士107人。学校专任教师达1886人,其中有院士9人、长江学者1人;国家级高等学校教学名师1人;省特聘教授5人;具有博士学位教师672人、硕士学位教师1038人,硕士学位以上人员占专任教师总数的90.76%。全年选派61名教师外出攻读博士学位，8名教师进博士后流动（工作）站，19人赴国内高水平大学进修；新增二级教授15人、三级教授69人，评审通过正高级专业技术职务21人、副高级专业技术职务74人，全校有正高级专业技术职务教师224人，副高级专业技术职务教师499人。推进博士后流动站建设，承办2012全国矿业工程博士后学术论坛。全年招收博士后科研人员22人，流动站自主招收18人，校企联合培养4人；2名博士后获“河南省优秀博士后”称号。

【学科与平台建设】 全年投入3000万元用于重点学科和科研平台建设，学校9个第七批省级一级重点学科顺利通过验收，21个学科被确定为第八批省级一级重点学科，在全国学科评估中“安全科学与工程”等4个学科进入全国前十位；“煤矿灾害防治”省部共建教育部重点实验室和“煤与煤层气安全高效开采”等3个省工程技术研究中心顺利通过验收。全年新增1个教育部创新团队、1个院士工作站、2个博士后科研流动站、1个河南省重点实验室、3个河南省工程实验室、1个河南省普通高校人文社会科学重点研究基地、1个教育部重点实验室培育基地、2个河南省重点实验室培育基地和3个省级创新团队，学校服务煤炭安全生产与地方经济社会发展的能力明显提高。

【本科教学】 分类修订2012级本科专业人才培养方案，初步建立了校院两级本科教学评估体系与本科教学质量年度报告制度，本科教学工作更加规范。加强本科教学工程项目建设管理，电工电子等3个国家级实验教学示范中心顺利通过验收；新增国家级本科教学工程项目3个，省级项目7个，国家级、省级本科教学工程项目分别达到30项和61项。着力强化专业建设，学校成为全国第二批卓越工程师培养计划试点学校，并有4个专业获批为试点专业；安全工程专业通过教育部全国工程教育专业认证专家组现场评估。加强教育教学研究，获省级教学成果奖11项，其中特等奖1项、一等奖4项、二等奖6项。推进本科教学基本条件建设，全年投入1200万元用于教学设备购置，800万元用于图书文献资源建设，384万元用于校园信息化建设与改造。开展师德师风教育，改进教学督导和评教工作，教师教书育人能力与水平明显提高，1名教师获省级教学名师奖，5名教师被评为省优秀教师，15名教师在省教学技能竞赛中获奖。组织开展“学生最喜爱的教师”评选活动，有10名教师被评为“学生最喜爱的教师”。成立河南理工大学医学院，2012级护理学本科专业开始招生；新申报的药学和医学检验2个本科专业已接受省卫生厅现场考察。

推进素质教育，人才培养质量稳步提高，2010级学生英语四、六级通过率达65%；学校以团体总分第一的成绩首夺大学生创业计划竞赛省级赛区“挑战杯”；在国际数学建模竞赛、全国大学生英语竞赛等重大赛事中，获特等奖2项、一等奖28项、二等奖78项、三等120项。学校体育代表队获得省部级以上竞赛奖励71项，学校被评为河南省跆拳道示范学校。

【研究生教育】 全年招收博士研究生29人、全日制硕士研究生667人，在校研究生规模达2610人。深化研究生人才培养改革，修订完善了博士、硕士、工程硕士研究生培养方案，制定《河南理工大学硕士研究生指导教师考核办法（试行）》等制度，进一步规范研究生教育工作。新建3个研究生教育创新基地和1个省级研究生教育创新实践基地，研究生培养质量不断提高，获省优秀博士论文1篇、优秀硕士论文5篇，研究生发表论文722篇，其中核心期刊192篇，SCI、EI收录146篇。2012届硕士毕业生就业率达95.19%。

【科研】 全校科研立项1070项，立项经费总额22444万元，其中纵向经费4982万元、横向经费14786万元、科技开发经费2676万元。纵向科研快速发展，全年获国家级项目73项，同比增长15.1%。51项科研项目通过省（部）级鉴定和结题验收；成果获奖195项，其中自然科学获奖144项，国家科技进步二等奖1项，省部级一等奖2项、二等奖7项；人文社会科学获奖51项，其中省部级奖励10项，比2011年增长一倍。获得50项发明专利、35项实用新型专利授权；三大检索（SCI、EI和ISTP）收录论文864篇。学校科技处被人力资源与社会保障部和中国煤炭工业协会评为全国煤炭工业先进集体。不断深化校企合作，先后与大同煤业等企业签订战略合作协议5项。《河南理工大学学报》办刊质量稳步提高，自然科学版学报在全国综合性科学技术期刊中排名快速上升，由2011年的第195名上升到2012年的第122名。加强学术交流，先后主办或承办“2012年电气、信息与机电一体化国际学术研讨会”等多个国际会议。

【再获国家科学技术进步二等奖】 1月18日，由学校特聘教授刘先林院士主持，邹友峰教授、郭增长教授等共同完成的“大面阵数字航空影像获取关键技术及装备”成果获2012年国家科学技术进步二等奖。“大面阵数字航空影像获取关

图为获奖证书

键技术及装备”研究成果改变了中国中小比例尺地形图测绘作业方式，解决了无人区、极其困难地区地形图测绘难题，性能指标优于国外同类产品水平，高程精度国际领先，打破了数字航摄装备国外垄断局面，填补了国内空白，保障了国家测绘地理信息安全。该装备在全国28个省、市区完成了70万平方千米的航空影像获取任务，产生经济效益约40.4亿元。

【学生工作】 开展学生班级建设年活动，加强班风、学风、考风和班级文化建设，学校获河南省普通高等教育本专科学生管理工作先进集体称号。做好新疆小城镇建设培训班41名学员的教学与管理工作，为新疆的和谐稳定发展做出了贡献。加强贫困学生资助工作，学校连续7年被省教育厅评为国家助学贷款工作考核优秀单位。抓好早操和下午锻炼，确保学生每天有1个小时的锻炼时间，学校学生体质健康标准

测试达标率为97.17%,优良率为86.62%。

【共青团工作】 着力加强共青团自身建设,学校团委被授予全国煤炭行业五四红旗团委、河南省先进基层团组织、全省驻外团工委建设先进单位称号。学校团委被评为河南省大中专学生暑期"三下乡"社会实践先进单位。以党的十八大召开、建团90周年等重大节庆日(活动)为契机,扎实推进团员青年理想信念教育,举办"百年理工讲堂"、"知行讲坛"、学术科技作品竞赛、创业计划竞赛、基础课公开赛以及文艺晚会、文化广场、周末舞会等系列活动,增强基层团组织的凝聚力和战斗力。

【招生就业】 加大招生宣传力度,省内理科录取最低分高出省控线40分;省内文科录取最低分高出省控线27分,生源质量进一步提高。录取本专科生9793人、成教学生5578人,日校在校生达35000人,成教在校生达18000余人。做好毕业生就业工作,本科生就业率为94.72%、考研录取率为23.1%,硕士毕业生就业率为95.19%。2012届硕士、本科毕业生就业率均居河南高校前列,学校被评为2012年度河南最具就业竞争力示范院校和河南省普通大中专毕业生就业工作先进集体。

【国际交流与合作】 成立国际教育学院,与美国北卡农工州立大学合作举办的"机械设计制造及其自动化"、"电气工程及其自动化"2个本科专业,首届招生210人。加强与国外高校交流合作,3月23—30日和5月20—29日,校党委书记王少安分别率团对台湾大学、铭传大学、静宜大学、修平科技大学和英国朴次茅斯大学、爱尔兰利莫瑞克大学进行友好访问,并与铭传大学和爱尔兰利莫瑞克大学签署合作办学协议。全年新增友好学校4所,友好学校总数达到50所。学校通过独立组团或以随团方式派出因公出国(境)团组11个,出访人数达61人。加强外专外教与留学生管理,学校被河南省公安厅授予"境外人员管理服务5A级单位"称号。

【基建】 加强施工管理,中华翰苑2号住宅楼竣工验收,材料学院回转窑实验室、南校区网球场、文昌路以及中华翰苑小区室外供热管网和热交换站等建设工程按期完工;体育馆、中华翰苑1号住宅楼施工进展顺利;国家重点实验室大楼项目的立项审批、单体设计和勘察招标工作完成,学校被评为河南省高校基建工作先进单位。

【财务与资产管理】 开源节流,多渠道筹措办学经费,全年获得各类专项资金3.9亿元,学校财务总收入达12.5亿元,同比增长38.9%,资金保障能力显著提高。加强内部审计工作,学校被评为教育审计工作先进单位。加强资产的招投标管理,为学校节约经费173.16万元。

【后勤保障】 强化内部管理与监督考核,后勤集团获全国高校学生公寓管理服务工作先进单位称号。推进农产品生产、流通企业与学校食堂对接项目建设,确保食品安全,稳定了学生食堂饭菜价格,学校获全国高校农校对接与学生食堂采购工作先进院校称号。加强后勤设施的维护和改造,投入1011万元对南校区的采暖锅炉、供暖管网以及北校区的水电暖线路进行了维修改造,提高了供水、供电、供暖质量。校园绿化与管护工作扎实有效,校园环境更加宜人。

【安全保卫】 扎实开展平安校园创建活动,组织校领导与各单位签订综合治理目标责任书和消防安全目标责任书。开展法制宣传教育和安全知识培训工作,提高广大师生安全防范意识和防范技能。加强门卫和校园周边环境综合治理工作,采取多种办法查办案件,全年发案率较2011年下降3%,破案率比2011年上升1%。健全完善消防检查制度,及时消除各种不安全因素,学校连续14年被焦作市评为消防安全工作先进单位。切实做好维稳工作,学校被授予河南省国家安全人民防线建设先进集体称号。制定学校技防、人防建设方案,投入400万元分三期加强校园人防、技防建设,校园安全保障能力进一步加强。

【安全培训】 全年举办各类安全技术培训班46期,培训人员5200人次。深化安全培训工作内涵建设,制定《安全培训项目运行规定》等管理制度,启动人才建设"4462"工程。做好"煤矿安全培训示范基地"申报工作,安全培训中心被授予全国煤矿安全培训示范基地称号,学校成为全国高校和河南省唯一获此殊荣的高校。

【万方科技学院工作】 万方科技学院焦作校区毕业日校生2918人,招收日校生2000人。其中本科生1293人、专升本707人,在校生规模6522人。学院新增为学士学位授权单位,"机械制造及其自动化"学科获批为省二级重点学科,学院成为全省首个拥有省级重点学科的独立学院。新增3个本科专业、1个专科专业,学院本、专科专业数达到54个。1名学生获"2011中国大学生年度人物"入围奖。

【后备军官学院工作】 学校全年招收国防生120人,并顺利成为济南军区培养工程硕士人才指定院校。加强国防生军营文化建设,推进学风建设,严抓军事技能训练,实施综合素质培训,2012届82名毕业国防生全部通过济南军区组织的军事技能考核。

【高等职业教育】 应用技术学院紧缺人才班毕业学生212人,招生录取学生91人,在院学生规模647人。

【成人教育】 毕业学生3300人,招收学生7718人,在校生规模达17900余人。组织召开2012年成人教育暨函授站工作会议,健全完善各项规章制度,成人教育办学行为进一步规范。开展期中教学检查工作,狠抓考风、学风、教风建设和学生日常管理,教育教学质量稳步提升,报考学生及录取人数保持较高水平。

撰稿:孟战福　赵观石

审稿:邹友峰

河南科技大学

党委书记:严全治
创办时间:1952年
电　话:0379-64222856
传　真:0379-64231128
校长:王键吉
校址:洛阳市洛龙区开元大道263号
邮编:471023
网址:http://www.haust.edu.cn

【概况】 河南科技大学1952年始建于北京。1956年为配合国家重工业基地建设迁至洛阳,更名为洛阳工学院。1998年由机械工业部划转河南省。2002年,河南省委、省政府为了优化省内高等教育结构布局,将洛阳工学院等三所高校合并,组建了以工为主的综合性大学——河南科技大学。

2012年,学校设有26个学院、83个本科专业、28个一级学科硕士学位授权点、143个二级学科硕士学位授权点,涵盖理学、工学、农学、医学、经济学、管理学、文学、法学、历史学、艺术、教育学等11大学科门类,具有工商管理硕士、工程硕士、农业推广硕士、临床医学硕士、兽医硕士、翻译硕士6个类别共40个专业学位授权领域,是教育部授权的联合招收、培养博士研究生单位。学校面向全国28个省、市、自治区招生,2012年,录取全日制本、专科新生10095人,研究生556人;毕业本、专科生14393人,研究生510人;有全日制本、专科生、研究生等38464人。建校迄今,为国家培养了近20万名高级专门人才。

学校有教职工3511人,其中专任教师2225人。专任教师中具有高级专业技术职务的教师1102人;具有博士学位的教师710人、硕士学位的教师1156人。学校有共享院士7人,中原学者2人,河南省"百人计划"特聘教授1人,省级特聘教授11人,博士生导师51人;拥有国家有突出贡献中青年专家、"百千万人才工程"国家级专家、享受国务院特殊津贴专家、省部级优秀专家、河南省学术技术带头人、河南省教学名师等高级人才230人;有国家级教学团队2个,省级教学团队3个,省级科技创新团队6个,河南省"协同创新计划"团队1个。

学校有152个省级重点学科,12个省级特聘教授设岗学科;有矿山重型装备国家重点实验室、摩擦学与材料防护教育部工程研究中心。4个河南省重点实验室:河南省机械设计及传动系统重点实验室、河南省有色金属材料科学与加工技术重点实验室、河南省汽车节能与新能源重点实验室、河南省材料摩擦学重点实验室。2个河南省国际联合实验室:河南省汽车节能与新能源国际联合实验室、河南省有色金属材料国际联合实验室。7个河南省重点学科开放实验室:河南省高等学校先进制造技术重点学科开放实验室、河南省高等学校材料损伤与摩擦学重点学科开放实验室、河南省高等学校车辆工程与装备重点学科开放实验室、河南省高等学校智能技术与系统重点学科开放实验室、河南省高等学校大型铸锻件成型制造技术重点学科开放实验室、河南省高等学校环境与畜产品安全重点学科开放实验室、河南省高等学校农产品深加工技术重点学科开放实验室。6个河南省高校重点实验室培育基地:大型装备制造技术重点实验室(教育部重点实验室培育基地)、齿轮制造及其装备重点实验室(省重点实验室培育基地)、材料摩擦学教育部重点实验室培育基地、草食动物工程河南省重点实验室培育基地、农业装备制造技术河南省重点实验室培育基地、电力电子装置与系统河南省重点实验室培育基地。有河南省耐磨材料工程技术研究中心。3个河南省高校工程技术研究中心:轴承工程技术河南省高校工程技术研究中心、拖拉机与农机装备河南省高校工程技术研究中心,牡丹培育与深加工河南省高校工程技术研究中心。3个河南省工程实验室:装备制造智能控制河南省工程实验室、齿轮制造及装备河南省工程实验室、高温难熔金属材料河南省工程实验室。1个河南省高校人文社科重点研究基地:高等教育与区域经济发展研究中心。有9个河南省院士工作站。有中国齿轮教育培训中心、中国轴承陈列馆、河南省显微外科研究所、河南省机械工业CAD培训中心、河南省制造业信息化技术服务中心等国家及省级教学培训基地;有6个国家级特色专业建设点、9个省级特色专业建设点,2门国家级精品课程、20门省级精品课程,1门国家级双语教学示范课程、3门省级双语教学示范课程,3门省级精品资源共享课程,3个省级专业综合改革试点,4个国家级卓越工程师教育培养计划、3个省级卓越工程师教育培养计划,1项国家级卓越医生教育培养计划项目,7个省级实验教学示范中心,1个省级卓越律师人才培养基地。《河南科技大学学报》自然科学、社会科学、医学三种版本面向国内外公开发行,均为河南省一级期刊。其中自然科学版两次入选全国中文核心期刊,获教育部全国高校优秀科技期刊一等奖;社会科学版被评为全国优秀社科学报。

学校有西苑、景华、周山、开元四个校区,占地面积325.67公顷,校舍建筑面积158余万平方米,固定资产总值14.04亿元,教学科研仪器设备总值3.53亿元。图书馆建筑面积9.47万平方米,馆藏文献343.38万册,中外文期刊近2250种。学校是河南省首批数字化校园示范单位,获中国教育信息化建设优秀奖、河南省教育科研计算机网建设与管理工作先进单位称号。学校门户网站获2010年度河南省高等学校优秀门户网站,并入选首届河南省高等学校“十佳”网站。校园网出口带宽3.6G,数据存储容量200TB,校园网用户49870户。体育场馆面积17万平方米。

学校有5所附属医院,其中第一附属医院是省级综合性教学医院、三级甲等医院、全国百佳医院;医院有床位2500张,固定资产总值8.79亿元;有5个省级重点学科,1个一级临床医学硕士学位授权点(含二级临床医学硕士学位授权点17个),1个临床医学专业硕士学位授权点,设有1个博士后科研工作站;医院的综合竞争实力和社会影响力均居河南省综合性医院前列。

学校秉承“明德博学,日新笃行”的校训,践行“勤学慎思,尊师诚信”的学风,构建了独具特色的校园文化。自2008年以来,先后被评为河南公众最满意的十佳本科院校、河南最具影响力的十大教育品牌、河南考生心目中最理想的高校、河南高校综合实力20强、河南最具就业竞争力示范院校。在历年的公开推荐和评选中,学校综合排名连续五年位居河南高校前三。

【领导班子成员名单】 2012年9月,河南省委组织部对校级领导班子进行了调整。学校新一届领导班子组成:党委书记严全治;党委副书记、校长王键吉;党委副书记苟义伦、闫纪建,党委副书记、纪委书记杜遂渊,副校长周志立、宋书中、谢敬佩、李友军、雷方;工会主席李漪。副校级调研员郑斌。原副校长段广才调新乡医学院任院长,李念群任正校级调研员并退休。

【中国工程院院士考察团来访】 4月19日,以中国工程院常务副院长潘云鹤院士为团长的中国工程院院士考察团一行16人,莅临学校考察指导工作。河南省人民政府副秘书长介新、河南省科技厅厅长贾跃、河南省高校工委专职委员贾修国等陪同考察。院士们听取了王键吉校长关于学校情况的汇报,对学校的发展和取得的成绩表示肯定和赞赏。潘云鹤院士对学校今后的发展,提出了“加强科学研究、引领区域经济发展、实施超常规的人才引进计划”三点建议。中国工程院主席团成员、信息部主任韦钰院士对学校与区域经济发展紧密结合取得的成效给予高度评价,并希望学校尤其要重视对年轻人的培养,为未来发展储备人才,培养领军人物。

【河南科技大学建校60周年暨合并组建10周年纪念大会】 10月9日上午,河南科技大学建校60周年暨合并组建10周年纪念大会在开元校区举行。校党委书记严全治,校长王键吉,中国科学院院士、河南科技大学共享院士、河南科技大学电子信息工程学院名誉院长张钹,原洛阳工学院院长王汝耀,原洛阳工学院党委书记王墨林等三校原任校级领导、学校现任的其他校领导、现任政府和大型企事业单位负责人的校友代表、各地校友会负责人代表、捐赠单位和个人代表出席大会。校庆纪念活动得到了教育部部长袁贵仁、河南省委书记卢展工和省长郭庚茂的高度重视和亲切关怀,教育部,河南省委、河南省人民政府发来了贺信,兄弟院校和友好单位也发来了贺信、贺电。校长王键吉致辞,回顾学校走过的60年光辉历程。校友代表、教师代表、在校学生代表分别发言。

【学习宣传贯彻党的十八大精神大会】 11月29日,学校在开元校区学术报告厅召开学习宣传贯彻党的十八大精神大会。党的十八大代表、副校长雷方传达了党的十八大精神。校领导严全治、苟义伦、闫纪建、杜遂渊、李友军、李漪,学校处级干部、民主党派负责人、省部级重点学科带头人、省级重点实验室和工程技术研究中心主任和部分学生代表参加了会议。

【十八大代表雷方接受多家媒体采访】 11月8日,中国共产党第十八次全国代表大会在北京开幕。期间,十八大代表、副校长雷方教授接受了中央电视台、河南电视台、人民网、新华网、中国经济网、南方报业网、《中国教育报》、《东方今报》、《经济日报》等多家媒体采访。12月3日,由《河南日报》、《党的生活》、河南人民广播电台、河南电视台、《大河报》、《东方今报》、《河南商报》、大河网、《河南科技报》、《青年导报》、《河南工人日报》、《河南经济报》、《经济视点报》、《教育时报》等14家省直新闻单位记者组成的河南省“学习贯彻十八大”大型主题采访团来校对雷方进行了专题采访。

十八大代表、副校长雷方(左)接受媒体采访

【迎接博士学位授予单位立项建设终期验收】 2012年,为迎接国务院学位办和河南省学位委员会对学校博士学位授予单位立项建设的验收,主要做了以下几个方面工作:制定了《进一步加强博士学位授予单位立项建设工作方案》和《博士学位授予单位立项建设验收工作计划》,成立了立项建设验收工作领导小组,为立项建设及验收工作按计划有序进行提供了制度和组织保障;邀请并组织相关学科专家来校作学术报告,并对新增博士点授权建设学科建言献策,为博士点立项建设、学科建设及验收材料准备提供了积极有效的建议和帮助;对照检查博士授权单位立项建设规划和博士点授权学科指标,撰写有关材料,经多次修改、完善,三个博士点立项建设学科简表按期完成并上报国务院学位办;完成了《河南科技大学新增博士学位授予单位立项建设整体验收自评报告》、《河南科技大学新增博士学位授予单位立项建设整体验收校长报告》、《河南科技大学新增博士学位授予单位立项建设整体验收校长汇报-PPT》,为专家组终期验收做好各项准备工作。学校整体验收,三个博士学科通过评审。

【硕士学位授权点达143个】 2012年,学校有一级学科硕士学位授权点28个,二级学科硕士学位授权点143个,涵盖理、工、农、医、经、管、文、法、史、艺术、教育等11大学科门类,学科布局更趋合理。

【学科基地建设】 2012年,学校学科建设工作取得重要进展。一级省重点学科由6个增加到28个,3个二级学科被确定为河南省重点学科,二级学科总数由45个增加到152个,省重点学科数量位居河南省高校第三位。新增1个省重点实验室:河南省材料摩擦学重点实验室;3个省工程实验室:装备制造智能控制河南省工程实验室、齿轮制造及装备河南省工程实验室、高温难熔金属材料河南省工程实验室;1个省国际联合实验室:河南省有色金属材料国际联合实验室;4个河南省高校重点实验室培育基地:材料摩擦学教育部重点实验室培育基地、草食动物工程河南省重点实验室培育基地、农业装备制造技术河南省重点实验室培育基地、电力电子装置与系统河南省重点实验室培育基地;3个河南省院士工作站:河南省动物疫病防控与公共安全院士工作站、河南省法医学研究与应用院士工作站、河南省光电功能材料研发院士工作站;1个河南省高校工程技术研究中心:牡丹培育与深加工河南省高校工程技术研究中心;1个河南省高校人文社科重点研究基地:高等教育与区域经济发展研究中心。

【首次招收本硕连读新生】 5月,经河南省学位委员会、省教育厅批准,学校2012年机械设计制造及其自动化、材料成型及控制工程、自动化、临床医学等4个专业获准招收本硕连读学生。这是自郑大、河大之后,第三所招收本硕连读学生的省内高校。

【成为河南省高校首个获得国家研究生层次卓越工程师教育培养计划单位】 2月14日,学校申报的机械工程、材料工程、车辆工程3个研究生层次专业领域入选第二批卓越工程师教育培养计划的高校试点学科专业,成为河南省高校首个获得研究生层次培养卓越工程师教育计划的单位。

【摩擦学与材料防护教育部工程研究中心通过教育部专家组验收】 2月28日,教育部科技司董维国处长一行8人组成的教育部专家组莅临学校,检查验收"摩擦学与材料防护教育部工程研究中心"建设工作。专家组听取了工程研究中心负责人张永振教授所作的详尽汇报。经现场考察、质询和认真讨论,专家组一致认为:项目建设单位超额完成了立项建设任务,达到了教育部工程研究中心的建设要求,同意通过验收。"摩擦学与材料防护教育部工程研究中心"是由河南科技大学联合中国一拖集团有限公司、洛阳矿山机械工程设计研究院,在河南省耐磨材料工程技术研究中心的基础上组建而成。

【河南科技大学司法鉴定中心通过国家认可监督评审】 3月3—4日,国家认可委(CNAS)监督评审专家组一行4人莅临学校,对学校司法鉴定中心进行监督评审。河南省司法厅副厅长杨骁讲话,向与会专家介绍了河南省司法鉴定工作的开展情况及河南科技大学司法鉴定中心取得的成果——2010年成为省内首家全部四个类别均通过国家级资质认定和实验室认可的综合类鉴定机构。司法鉴定中心质量负责人赵贵森向专家组做了认证认可工作汇报。经过详细而严谨的现场评审,专家组一致认为:河南科技大学司法鉴定中心的体系运行情况很好,管理规范,达到了国家认证认可的建设要求,同意顺利通过评审。

【卫生部脑卒中筛查与防治基地在学校第一附属医院挂牌】 10月,卫生部脑卒中筛查与防治基地在河南科技大学第一附属医院挂牌。该基地以河科大一附院为中心,下设天津路社区卫生服务站和宜阳县柳泉镇卫生院两个筛查点,将在一年内完成卫生部指定的6000例脑卒中筛查任务。对于筛查出的高危人群,将由一附院对其进行进一步的干预治疗。

【专业建设和课程建设】 本年,机械设计制造及其自动化、材料成型及控制工程、金属材料工程、车辆工程4个专业获批为国家级卓越工程师教育培养计划;定向免费医学教育人才培养模式获批为国家级卓越医生教育培养计划项目;法医学、动物医学专业获批为河南省高等学校特色专业建设点;机械设计制造及其自动化、材料成型及控制工程、车辆工程3个专业获批成为河南省专业综合改革试点;《高等数学》、《高分子化学》、《机械设计》被选为河南省精品资源共享课程;《复合材料科学与工程》、《机械制造技术基础》被评选为省级双语教学示范课程;机械电子工程、无机非金属材料工程、自动化3个专业获批为河南省卓越工程师教育培养计划;应用型、复合型法律职业人才教育培养基地获批为河南省卓越律师人才培养基地。

【师资队伍建设】 2012年,新增高级专业技术人员96人,1人获"全国优秀科技工作者"称号,1人获"中原学者"称号,1人入选国家教育部"新世纪优秀人才支持计划",1人获"河南省五一劳动奖章",1人获"河南优秀医师奖",2人获"河南省医院优秀院长"称号,1人被评为"河南省科技创新人才",1人被评为"河南省科技创新杰出青年",10人入选河南省高校青年骨干教师资助计划,16人被国家留学基金项目录取。

【张永振获得河南省"中原学者"称号】 10月31日,经河南省创新型科技人才队伍建设工程领导小组、河南省院士工作办公室组织专家评审,张永振教授当选"中原学者",这是学校第二位入选"中原学者"的专家。

【2人获得河南省科技创新人才计划资助】 10月10日,河南省科技厅公布了2013年度河南省科技创新人才计划资助名单,学校材料科学与工程学院教授宋克兴博士以《基于载流摩擦副损伤机制的高性能铜基材料设计与开发》项目入选杰出人才计划;电子信息工程学院副教授张志勇博士以《云媒体社交网络下的数字版权保护技术研究与开发》入选杰出青年计划。本年度全省共49人获得省科技创新人才计划资助,其中杰出人才29人、杰出青年20人。

【科学研究】 2012年,学校申报成功各级各类科研项目532项。其中国家级项目58项、省部级项目122项。除纵向项目外,签订横向委托合同128项。学校获得各级各类科研奖励84项,其中获省部级以上科技进步和科研成果奖22项;通过各级科研成果鉴定和结项319项,出版学术著作68部、教材41部,发表学术论文1806篇,被"三大检索系统"收录842篇;申报专利784项,获授权专利599项,其中发明专利109项。学校鼓励科研人员到国家重点实验室开展科研工作,获得了国家重点实验室项目4项及部委项目等其他各类项目22项;承担国家林业局948项目1项;支持学科交叉开展科研工作，跨学科专业、跨学院、跨学校(单位)进行项目联合申报，与其他单位联合承担国家科技部"十一五"支撑计划及专项等项目6项，联合申报国家自然基金项目获资助项目4项。

【获得国家自然科学基金项目47个】 2012年，学校获得国家自然科学基金资助项目47个，其中面上项目6项，青年基金25项，NSFC-河南人才培养联合基金13项，主任基金1项，数学天元基金和物理专项各1项。分布于国家自然科学基金委员会8个科学部：数理科学部4项，化学科学部1项，生命科学部16项，地球科学部1项，工程与材料科学部12项，信息科学部4项，管理科学部2项，医学科学部5项。资助经费1420万元。与上年同期资助情况相比，项目数增长21%，经费增长11%。

【招生与就业】 2012年，学校招生总计划为9653人，其中普通本科计划招生8800人，位居河南高校第三，专升本计划243人，专科计划610人，生源覆盖全国28个省(区、市)。

录取工作呈现出生源充足、质量高的局面：2012年首次在机械设计制造及其自动化、材料成型及控制工程、自动化、临床医学4个专业各招收10名(共40名)本硕连读学生。录取最低分超出省定一本分数线14分，其中机械设计制造及其自动化专业录取最低分超出省定一本分数线21分。在河南的免费医学定向招生就业计划为45人，录取最低分超出省定二本理科分数线19分；体育教育专业文、理科录取最低文化分分别超出省定分数线48分和86分；美术学和艺术设计专业第一志愿平均报考率为234.4%；音乐学专业为首次招生，第一志愿报考率为172.5%。新增工业工程、信息工程、农业电气化与自动化、食品科学与工程、市场营销、工商管理6个专业在本科一批招生，使本科一批招生专业总数增至27个，学校近三分之一本科专业进入了本科一批招生序列。本科一批招生形势持续向好。在河南省，本科一批5个文科专业最低投档分超过一本线2分；27个理科专业投档最低分超过一本线4分；在福建省，本科一批文、理科最低投档分分别超过福建省定一本线10分、8分。新增了音乐学、商务英语、软件工程3个本科专业。在河南省本科二批招生中，理科投档最低分高出省定二本线40分；文科投档最低分高出省定二本线25分。医学类投档最低分高出省定二本线31分。在省外多个省份录取最低分高出当地省定线20—80分不等。软件工程专业2012年在河南本科三批招生。

2012年，学校专业学位招生的专业领域增至50个，全日制专业学位招生185名，非全日制专业学位招生271名。2010—2012三年内，专业领域增加31个，全日制专业学位招生数净增302.2%，非全日制专业学位招生数净增194.6%，专业学位研究生招生人数连续三年持续增长。

2012年，本科毕业生和研究生就业率均逾95%。学校被确定为全省首批三所河南省大学生创业教育示范高校之一，2010至今连续两年获全国青年创业教育年度先进集体称号，是河南考生心目中最理想的高校、河南最具就业竞争力示范院校，济南军区授予的唯一一所"空军飞行学员优质生源学校"。

【大学生创新教育】 2012年，大学生研究训练计划新立项276项；完成上年度项目结题258项，受项目资助的学生在CN刊物上发表学术论文86篇。学生创新能力不断增强，获得国家级学科竞赛奖励6项、省级以上学科竞赛奖励114项。在第三届"永冠杯"中国大学生铸造工艺设计大赛上，获一等奖1项、三等奖1项、优秀奖4项；夺得"华大杯"河南省第一届大学生机器人大赛冠军2个、亚军1个；在河南省第五届大学生程序设计大赛上，获4项三等奖；在第三届"蓝桥杯"全国软件专业人才设计与创业大赛上，获得"C/C++程序设计"本科组总决赛二等奖；获2012年全国大学生英语竞赛河南省决赛特等奖1项、一等奖1项；获第六届中国制冷空调行业大学生科技竞赛(华中赛区)一等奖和"实践操作技能"单项竞赛第一名；获第七届全国大学生"飞思卡尔"杯智能汽车竞赛(西部赛区)二等奖3项、三等奖1项；获第五届全国大学生节能减排社会实践与科技竞赛决赛二等奖1项、三等奖3项；获第五届"高教杯"全国大学生先进成图技术与产品信息建模创新大赛团体一等奖1项、个人全能一等奖8项、个人全能二等奖1项；在2012年全国大学生英语竞赛全国总决赛中，获辩论赛三等奖1项，演讲比赛优秀奖1项；获第五届全国计算机仿真大奖赛三等奖；获河南省第十六届多媒体教育软件大奖赛一等奖1项、二等奖2项、三等奖1项；获第四届海峡两岸口译大赛华中地区总决赛三等奖3项。

【学术交流】 2012年，学校举办高水平学术讲座"科大讲坛"91次，邀请91位两院院士和国内外知名学者、教授来校讲学。同时，有多位学校教师应邀参加国际学术会议。2月23日，美国耶鲁大学医学院丁钟昆教授应邀来校讲学，并被聘任为河南科技大学医学院、临床医学院名誉教授。10月22—23日，拥有110多年历史，在轴承、动力传动和特种合金钢的研发和生产方面位于技术创新和高效节能前沿的铁姆肯公司，派出中国区总工程师康明珂博士、服务工程部经理王世刚先生和应用工程部经理于宏伟先生分别为学校轴承专业师生进行了系列讲座。4月11—14日，系统科学与工程研究所杨宗霄教授带领国家自然基金项目及省科技攻关项目组成员参加了第九届IEEE网络、感知和控制国际学术会议，并担任学术委员会成员、最佳论文终审委员会成员和分会主席。6月24—28日，数学与统计学院院长尚有林教授等9名教师参加了第五届计算科学与优化国际大会，分别作了大会主要报告和分组报告。9月，2012年先端机电融合系统国际学术会议在日本东京农工大学举行，系统科学与工程研究所杨宗霄教授、机电工程学院李阁强博士、数学与统计学院贾小尧博士和阮春蕾博士等参加了会议。共提交8篇学术论文参加了大会交流，成为本届会议提交论文最多的大学之一。

【对外交流】 3月7日，爱尔兰斯莱戈理工学院国际部主任Patrick Lynch先生来校访问，双方签订学术合作与交流协议以及谅解备忘录，确立友好合作关系，并商讨师生交流实施方案。4月8—13日，学校第一附属医院院长冯笑山一行4人应邀赴日本访问交流，与东邦大学护理学院续签了合作协议。4月10日，日本橿原市市长森下豊一行5人到学校第一附属医院参观交流，探讨橿原市与一附院建立友好合作关系，并将派专业人员前来学习交流。同日，日本冈山县高粱市吉备国际大学校长松本皓先生一行2人来校访问。4月13日、17日、23日，英国东伦敦大学副校长John J.Shaw教授一行2人，英国考文垂大学副校长David Pilsbury先生一行2人，台湾育达商业科技大学代表团一行2人先后来校访问。5月16日，日本NTN集团公司高层一行12人来校访问，双方就科研合作、为轴承专业建立实验基地等事项进行磋商，达成了共识。10月31日，美国国际经济文化交流协会（World American Cultural Exchanges 简称WACE）国际交流委员会主席托马斯·博伊博士、美国罗克福特学院校长罗伯特·海德博士等一行4人来校访问，双方签订了相关合作协议。12月6日，全球最大轴承企业瑞典SKF集团皮尔轴承有限公司在学校举行奖、助学金协议续签仪式。

【王键吉出席第三届中部高等教育发展高端研讨会】 4月26日，第三届中部高等教育发展高端研讨会在郑州举行。校长王键吉出席大会，作了题为“加强产学研合作提升学生就业竞争力”的主题演讲，介绍了河南科技大学近年来注重在产学研合作中提升学校的综合办学实力和品牌影响力、在产学研合作中增强学生的实践能力和创新能力，有效提升学生就业竞争力的经验和做法，得到参会领导、兄弟院校和嘉宾的一致赞同。全省近百所本科院校、独立学院、高职高专院校、中等职业学校和部分中部外省高校参加了研讨会。会上，学校获得2012年度“河南最具就业竞争力示范院校”称号。

【承办2012豫津冀药理学会第一届学术年会暨河南省药理学会第十三届学术会议】 4月25—28日，由河南省药理学学会、天津市药理学会、河北省药理学会主办，河南科技大学医学院承办的2012豫津冀药理学会第一届学术年会暨河南省药理学会第十三届学术会议在学校召开。中国工程院刘昌孝院士，来自两省一市的药理学专家、学者260余人出席会议，会议收到学术论文140余篇。

【承办IEEE自动化与物流国际学术会议】 8月15—17日，由IEEE机器人与自动化学会主办，河南科技大学承办的IEEE2012自动化与物流国际学术会议在郑州举行。来自中国、美国、加拿大、日本、英国、印度、新加坡、韩国、台湾、澳门、香港等11个国家和地区的专家学者130余人参加了会议。本届大会设3个分会场，大会组委会评选出125篇论文参加会议交流。

【开元校区建设】 2012年，学校推进开元校区工程建设，按期实现文科组团、工科组团和图书信息中心工程、方城中心广场及道路工程、北大门及道路和广场工程、方城环路基础设施及亮化完善工程、图书信息中心室外广场工程、工科二区基础设施工程、校区热力交换站工程、双电源开闭所工程等11项工程交付使用，完成建筑面积24万平方米，启用了开元校区北大门，保证了14个学院整建制搬迁开元校区的办公、教学，改善了学校教学、科研及办公环境，促进了学校的快速发展。

【《中国科学报》、《河南日报》、《中国教育报》等宣传报道】 2011年10月，国务院出台了《关于支持河南加快建设中原经济区的指导意见》，河南省委提出发展“郑洛三工业走廊”、加快推进中原经济区建设的战略构想。学校高度重视，人文社科相关学院组织多名教授、博士组建了郑洛三工业走廊发展问题研究课题组，确立了三大研究方向，一是“郑洛三工业走廊”的区域界定和发展规划的建议研究。二是“郑洛三工业走廊”产业、资源、工业业态的研究。三是“郑洛三工业走廊”管理问题研究。2012年3月24日，《中国科学报》在显著位置大篇幅刊发记者谭永江署名文章，题为《“郑洛三工业走廊”支撑中原崛起》，文章阐述了建设“郑洛三工业走廊”对于加快中原经济区建设的重要意义，并从工业示范、智力支撑、区域协同三个方面详细介绍了“郑洛三工业走廊”建设发展的定位和方向。3月28日，《河南日报》刊发了记者李树华的文章，题为《河南科技大学主动服务中原经济区建设》，文章介绍了建设“郑洛三工业走廊”的背景、意义以及河南科技大学有关研究情况。

9月18日，《河南日报》一版以《致力打造服务高地 助推中原经济区建设——河南科技大学深化产学研合作纪实》为题，从产学研合作的坚实基础、产学研合作优势突出、产学研合作成效显著、中原经济区建设的“助推器”四个方面深入全面报道了学校产学研合作办学特色。10月8日，《中国教育报》6版“高教周刊·改革前沿”刊发了河南科技大学党委副书记、纪委书记杜遂渊的署名文章《内涵建设加速度 科学发展新篇章——写在河南科技大学合并组建10周年之际》，报道了学校合并组建10年改革发展之路。

【获得荣誉】 2月，学校获2008—2010年河南省高等学校党建工作先进单位、全省老干部工作先进集体称号。3月，获2008—2011年全国学生定向运动先进单位、2011年度河南省单位内部治安保卫工作先进集体称号。4月，获2009—2011年河南省普通高等学校毕业生预征工作先进集体和河南最具就业竞争力示范院校称号。5月，获2011年河南省“阳光高考”信息平台工作先进单位称号。7月，获河南省教育事业统计工作先进单位称号。9月，获河南省学生资助工作先进集体、河南省高校科技管理工作先进集体称号。11月，河南科技大学第一附属医院获河南省2011年度惠民医院称号。同月，学校获全国高校学生公寓管理服务工作先进单位称号。12月，先后获2012年全国高校后勤系统信息宣传先进单位、河南省教育审计工作先进单位、2012年度河南省档案学会先进单位、境外人员管理服务五A级单位等称号。同月，河南科技大学官方门户网站（http://www.haust.edu.cn）入选首届河南省高等学校“十佳”网站。

【学生获得美国大学生数学建模竞赛二等奖】 4月，2012年美国大学生数学建模竞赛（MCM/ICM）成绩揭晓，电子信息工程学院自动化2009级丁宏辉、樊利娜、张海利3位学生在数学与统计学院教师常志勇的指导下，首次参赛并获得二等奖。

【在全国第三届大学生短剧小品大赛中首获佳绩】 6月13—15日，“花样年华”全国大学生第三届短剧小品大赛决赛在沈阳大学举行，学校选送的作品《善变的咖啡》首次入围决赛，获优秀表演奖和优秀创作奖。

【河洛风赛车队受邀参加“2012中原国际汽车博览会”】 6月15—18日，作为河南省内唯一一支受邀大学生车队，河南科技大学河洛风赛车队参加了在郑州国际会展中心举办的“2012中原国际汽车博览会”，现场展示河洛风一、二代方程式赛车。河洛文化元素和现代赛车巧妙地结合,使“河洛风”赛车显得雍容典雅,且充满历史感和自豪感,引来众多车迷驻足观望。河南电视台《车道》栏目组进行了现场节目素材采集,酷车中国网、大豫网等多家媒体也进行了相应的专题报道。

【入选“中国青年志愿者公益圆梦行动”项目】 12月12日,“中国青年志愿者公益圆梦行动”圆梦基金颁发仪式在北京举行。学校经济学院学生组织的“梦想之翼”青年志愿者团队申请的“农民工子女语言和心理帮扶”项目入选行动项目,成为河南省高校唯一入选的项目,得到1.7万元梦想公益基金支持。此项活动由共青团中央、《中国青年报》等联合举办,全国仅有27个公益项目入选。

【河南科技大学学生勇救落水青年】 5月14日,学校食品与生物工程学院生物工程2009级4班15个学生在洛河边合力施救落水青年。救人视频在互联网上形成传播热潮,感动了亿万网友,并被《中国教育报》、《光明日报》、《人民日报》、《大河报》、《洛阳晚报》、《洛阳日报》,中央电视台、河南电视台、河北电视台、江西电视台、上海东方卫视、洛阳电视台,人民网、新华网、腾讯网、新浪网等几十家媒体和网站先后报道或转载。7月14日,中央电视台一套新闻联播对此事进行了报道。10月,此事成功入选中国年度“十大凡人善举”。中共河南省委高校工委、河南省教育厅授予河南科技大学食品与生物工程学院生物工程094班2012“感动中原”年度教育人物和教育系统2012“身边的榜样”两项称号。

【三亦非当选中国(河南)高校传媒联盟执行主席】 4月14日,中国(河南)高校传媒联盟年会在团省委召开。通过换届竞选,大会产生了新一届主席团,学校大学生记者团团长王亦非当选中国(河南)高校传媒联盟第四届主席团执行主席。

【尚亚博参加“首届高校国际交流社团负责人和骨干培训班”】 7月4—6日,学校外国语学院英语101班尚亚博经选拔参加了由中华全国青年联合会、中国青年报社和中国高校传媒联盟在北京举办的“首届高校国际交流社团负责人和骨干培训班”。团中央书记处书记、全国青联副主席卢雍政出席开班仪式。这是青年外事领域首次针对大学生国际交流举办培训班,旨在提高大学生的战略眼光、国际视野和国际交往能力。

【支梓鉴获“中国大学生自强之星”提名奖】 4月,食品与生物工程学院的支梓鉴获2011年度“中国大学生自强之星”提名奖,并获得“新东方自强奖学金”2000元。

【体育竞赛取得优异成绩】 5月19—23日,在河南省大学生“华光”体育活动第八届乒乓球锦标赛中,学校乒乓球队夺得本科甲组男子团体冠军、女子团体亚军、本科乙组团体第4名;甘亚楠、刘怡文夺得本科甲组女子双打第2名,焦岩、柳培夺得本科甲组男子双打第3名,韩晴、杨慧夺得本科乙组女子双打第3名;韩晴夺得本科乙组女子单打亚军;焦岩夺得本科甲组男子单打第4名。杨洪获优秀教练员称号,焦岩、柳培、刘怡文、胡亦真获优秀运动员称号。6月8—14日,在河南省大学生“华光”体育活动第十七届田径运动会上,学校代表队夺得本科女子甲组200米第2名、400米第3名、3000米第2名,本科女子甲组跳高第3名、本科女子乙组跳高第2名;夺得本科男子乙组铅球第3名、铁饼第3名,本科男子甲组800米第3名。刘亚伟、张唯冰获优秀教练员称号,安鹏飞、武蕊、汲冬冬、于亚杰获优秀运动员称号。

撰稿:张光莉

审稿:谢敬佩

河南工业大学

党委书记:戚世钧

校长:张　元

创办时间:1956年3月

校址:郑州市高新技术产业开发区莲花街

电　　话:0371-67756888

网址:www.haut.edu.cn

传　　真:0371-67756667

邮编:450001

【概况】 2012年,学校总占地面积1884000平方米,建筑面积890000余平方米。有教职工2176人,其中专任教师1517人,具有硕士、博士学位者1316人,具有高级专业技术职务者778人,省级特聘教授、享受国务院政府特殊津贴专家、全国优秀教师、教学名师、优秀专家、学术骨干、创新人才、学科带头人、学术技术带头人245人,14人受聘担任国内重点大学的博士生导师。学校现有教学单位20个,本科专业58个(9个专业按一本招生),有“食品科学与工程”等国家级特色专业5个,河南省一级重点学科18个,河南省二级重点学科99个,硕士一级学科点18个(含硕士二级学科点108个),工程硕士、MBA、农业推广等专业硕士学位授权点3个,工程硕士领域9个,具有同等学力申请硕士学位授予权。拥有各级各类学科平台34个，其中省部级以上科研平台25个，拥有“粮食储运”及“小麦和玉米深加工”国家工程实验室2个。仪器设备总价值近3亿元，图书馆藏书362万册，拥有中外文期刊11000余种。

2012年，学校共毕业学生9233人，其中硕士研究生358人，本科生5114人，专科生1205人，成人教育学生2566人；2012年招生计划总数9573人，其中硕士研究生招生413人，本科招生7000人（含一本专业招生1550人、中英合作办学专业1000人），专科招生2160人（含中英合作办学800人、软件学院400人、与防空兵指挥学院合作办学600人）。截至2012年底，全校共有在校生34866余人，其中全日制本专科生25071人，硕士研究生1145人，另有成人教育学生8650人。

【省委对学校校级领导成员作个别调整】 2012年8月，中共河南省委组织部印发干部任免通知（豫组干〔2012〕222号和豫组干〔2012〕226号），原郑州铁路职业技术学院副院长李学雷调任河南工业大学工会主席，学校原工会主席苏东民调任郑州铁路职业技术学院院长，两人原任职务同时免去。

【领导班子成员名单】 党委书记戚世钧，校长张元，常务副书记王玉斌，常务副校长赵豫林，党委副书记程振凯，党委副书记兼纪委书记毛彦琴，副校长卞科、屈凌波、赵榴明、陈复生，工会主席苏东民（—7月）、李学雷（8月—），调研员（正校级）葛运法。

【杜占元莅临学校调研】 4月12日，教育部副部长杜占元、学位管理与研究生教育司司长郭新立、科技司副司长雷朝滋等一行5人莅临学校专题调研研究生培养、科技创新和教育信息化建设工作。河南省副省长徐济超，省委高校工委书记、省教育厅厅长王艳玲，省委高校工委副书记、省教育厅副厅长訾新建等陪同调研。学校在莲花街校区土木建筑学院学术报告厅举行专题汇报会，党委书记戚世钧、校长张元等学校领导出席汇报会。会后，杜占元考察了学校部分专业实验室、发展成果展和新校区建设情况。杜占元指出：河南工业大学在研究生培养、科技创新、教育信息化建设等方面做了扎实有效的工作，要继续坚持把提高质量作为全部工作的重中之重；大力推进研究生培养模式改革；积极推动高校科技创新，尤其是机制创新，在创新中激发活力；高度重视教育信息化建设，重点推进教学科研信息化技术开发，更好地服务于高水平大学建设和经济社会发展。

4月12日，教育部副部长杜占元（中）等在学校调研

【刘贵芹莅临学校作专题报告】 10月17日，教育部高教司副司长刘贵芹到校作《提高高等教育质量》专题辅导报告。全体在校校领导、处级干部以及教务处、人事处、各学院教学办公室工作人员参加报告会。刘贵芹从七个方面对“高教30条”进行了解读。报告对学校探索创新人才培养模式、教师教书育人及行政事务管理等方面工作具有很强的针对性和启发性。

【国际粮食行业组织官员及专家来访】 3月23日，联合国粮食及农业组织、联合国世界粮食计划署、美国小麦协会、加拿大小麦局驻华代表一行8人，在国家粮食局外事司司长刘韧的陪同下访问学校。学校常务副校长赵豫林、副校长屈凌波会见了代表团一行。代表团还参观了学校信息工程学院实验室，并与科技处、国际交流与合作处、土木建筑学院、信息科学与工程学院、粮食储运国家重点工程实验室、粮食深加工国家重点工程实验室、粮食信息处理与控制教育部重点实验室等有关人员座谈交流，对学校在粮食领域取得的成绩和贡献给予了高度评价。

【质量建设年主题实践活动】 2012年，校党委根据高等教育发展形势和学校发展实际，在全校范围内开展了“质量建设年”主题实践教育活动，活动主题是“狠抓内涵建设，全面提高发展质量”。重点是抓好人才培养质量、学科建设质量、科技创新质量、管理服务质量和党建工作质量。学校各单位积极响应，通过多种途径和形式深入开展“质量建设年”主题实践教育活动。全校上下团结一心，在学科建设、人才培养、科技创新、人才队伍建设、基础能力建设等方面取得了突破。

【获批“服务国家特殊需求博士人才培养项目”】 10月22日，国务院学位委员会正式下文（学位〔2012〕40号），批准学校申报的“服务国家特殊需求博士人才培养项目”正式立项建设，2013年即可开始招收博士研究生。学校为之奋斗多年、历尽艰难曲折的博士培养权申报建设工作最终实现了历史性突破。

【本科一批录取专业增至9个】 6月，电子信息工程、计算机科学与技术、应用化学、金融学4个专业在河南和部分外省按本科一批录取获上级主管部门批准，加之以前获批的食品科学与工程、粮食工程、机械设计制造及其自动化、土木工程、电子商务5个一本专业，学校本科一批录取专业总数达到9个。9个一本专业在河南和安徽、河北、甘肃等部分省份共计录取新生855人，其中文科录取90人，理科录取765人。机械设计制造及其自动化、土木工程、金融学、电子商务等专业成为河南省参加本批次录取高校中为数不多的不需二次征集志愿即完成招生计划的高校之一。

【获全国毕业生就业典型经验高校称号】 4月9日，以江西财经大学党委书记廖进球为组长的全国高校毕业生就业总结宣传工作专家组一行4人莅临学校实地考察学校“2011—2012年度全国就业工作典型经验高校”申报建设情况，河南省教育厅大中专学生就业服务中心处长杨占军陪同考察。党委常务副书记王玉斌作了题为《全力推进“六个一”工程努力开创就业工作新局面》的工作报告，专家组通过查阅档案材料，核实就业经费和人员到位情况，召开师生座谈会等形式对学校就业工作情况进行了全面检查。专家组对学校就业工作的做法和取得的成绩给予了高度评价，认为学校高度重视毕业生就业工作，就业工作"人员、经费、场地"等专项投入到位，教育教学改革成效明显，人才培养质量不断提高；学校通过开展独具特色的职业发展教育与就业指导，提升了学生综合素质和能力，促进了毕业生就业工作；大学生科技创新成绩突出，创业教育富有新意。5月14日，教育部2011—2012年度全国毕业生就业典型经验高校经验交流会在北京召开，会上表彰了2011—2012年度全国就业典型经验高校50所(简称就业高校50强)，学校被授予"全国毕业生就业典型经验高校"称号。

3月23日，国际粮食行业组织官员及专家来学校访问

【获河南省第三批依法治校示范校称号】 12月18日，由中原工学院副院长董丞明等3人组成的省教育厅"依法治校示范校"专项检查组，就学校创建"河南省依法治校示范校"工作情况进行检查验收，学校党政领导班子成员、校依法治校工作领导小组成员及相关职能部门主要负责人参加了汇报会，汇报会由党委副书记程振凯主持，常务副校长赵豫林作了汇报。汇报会后，检查组通过查阅资料、个别谈话、实地走访等方式对学校创建工作情况进行全面检查，对学校长期以来依法办学、民主决策、规范管理的做法以及取得的显著成绩给予了充分肯定和高度评价，并对学校今后的依法治校工作提出了意见和建议。12月31日，河南省教育厅授予学校"河南省第三批依法治校示范校"称号，李焕锋被授予"河南省第三批依法治校示范校先进个人"称号。

【入围首批"河南省协同创新计划"建设规划】 学校抓住国家实施"2011计划"的机遇，组织申报河南省协同创新中心项目。最终，学校作为牵头单位申报的"粮食储藏安全河南省协同创新中心"和作为合作建设单位申报的"中原经济区'三化'协调发展河南省协同创新中心"、"小麦—玉米两熟高产高效河南省协同创新中心"等4个协同创新中心项目顺利入围首批"河南省协同创新计划"建设规划。

【入围"中西部高校基础能力建设工程"项目】 "中西部高校基础能力建设工程"是国家发改委、国家教育部组织实施的中西部高等教育振兴计划的重要组成部分，该项目重点支持建设中西部24个省、自治区、直辖市的100所地方高校。学校经过精心组织，论证申报，"基础实验实训中心"项目入围"中西部高校基础能力建设工程"名单，学校将获得国家1.7亿元的专项建设资金投入。学校正在进行建设设计、方案论证完善等前期筹备工作，确保年内开工建设。

【化债工作取得突破性进展】 2012年，河南省化解公办高校债务风险的工作全面启动，学校分析政策，结合学校债务、财力和资源等情况，明确化债任务，制定融资方案和应急预案，全力推进此项工作。截至2012年底，学校先后自筹资金6.5亿元，争取到河南省化解公办高校债务专项奖补资金3.2亿元，成功化解2009年底锁定的9.7亿元的全部债务，完成学校化债任务，使学校总债务从12亿降到8亿。

【学科建设】 坚持以加强学科内涵建设为重点，围绕博士授权单位建设，加大投入，突出重点，分层建设，取得了突出成就。第七批省级重点学科通过省教育厅验收，并在第八批省级重点学科申报中获批食品科学与工程、计算机科学与技术等18个一级重点学科、地图制图学与地理信息工程等3个二级重点学科，其中食品科学与工程、信息与通信工程为重点资助学科，省级重点一级学科的数量比原来增加13个。启动了河南工业大学"国家重点学科培训工程"，制(修)定《河南工业大学省级重点学科管理暂行办法》和《河南工业大学国家重点学科培养项目实施方案》。加强小麦和玉米深加工国家工程实验室、小麦储运国家工程实验室的建设，完成河南省教育厅组织的超硬材料与制品、粮情信息与检测、制造业自动化3个工程技术研究中心的项目验收考核工作。获批高温耐磨材料、工业微生物菌种保藏与选育工程实验室、超硬研磨复合材料3个河南省工程实验室，获批生物资源化工重点实验室(教育部重点实验室培育基地)和农产品产后微生物检测与防控重点实验室(省重点实验室培育基地)2个培育基地；获批粮油食品装备、小麦深加工与质量控制及环境友好涂料3个郑州市重点实验室。使学校学科平台达到34个，其中省部级以上25个。

【人才培养】 以贯彻落实"高教30条"为主线，继续实施"质量工程"，推进教育教学改革，规范教学管理，健全完善教学质量监控和保障体系建设。经河南省评审通过，向教育部推荐综合改革试点专业3个、精品资源共享课1门、国家级大学生校外实践教学基地1个，评出5个校级"优培工程"专业、7门校级"优培工程"课程。合理设置教学实验平台和科研实验平台，分析测试中心申报成第五批"国家粮食质量监测机构"，土木建筑实验教学中心获批省级实验教学示范中心。召开第二次教学工作会议和研究生教育工作会议。深入实施教学改革与质量工程，完成本科人才培养方案修订工作，获批国家级"十二五"规划教材3部，获得河南省高等教育教学成果奖11项、省级高教课题12项、省级质量工程项目13个，一本专业增至9个，获批"河南省卓越法律人才教育培养基地"1个，被评为河南省高等教育教学工作先进集体；制定《研究生教育质量工程实施方案》，强化管理与导师队伍建设，推进研究生培养创新工程，共申报研究生教育创新计划138项，资助86项，结项43项，建立研究生创新实践基地19个，获批"河南省研究生教育创新培养基地"1个，被授予河南省普通高等教育研究生工作先进集体称号；学生英语四级通过率和升研率分别提高5.9个和2个百分点，在全国各类创新技能竞赛、文体比赛中先后获国家级奖40项、省部级奖128项，被授予2012河南省最具就业竞争力示范院校和河南省高等教育学生工作先进集体称号。

【科学研究】 11月13日，学校召开科技工作会议，修订《河南工业大学科技管理办法》，出台《河南工业大学学术道德规范实施细则（试行）》等四项制度。主持申报的“粮食储藏与安全”省级协同创新中心获批立项建设，参与获批了3个省级协同创新中心，建立了“郑州超硬材料协同创新中心”等4个校级协同创新中心。全年获批纵向科研项目共计451项，其中国家级项目62项（含国家自然科学基金42项、国家社科基金2项），省部级科研项目138项，科研合同经费到款1.02亿元；获得省部级奖励26项、厅级奖励79项；发表论文2951篇、被“四大检索”系统收录534篇，北图核心期刊论文848篇；出版著作46部；授权专利96件；鉴定（结项）项目科技成果317项，其中自然科学项目鉴定87项、结项14项、验收37项；人文社科结项168项；开展各类学术活动125场次。“粮食经济研究中心”获批河南省高校人文社会科学重点研究基地；学报自然科学版获“第4届全国高校优秀科技期刊”称号。

【师资队伍建设】 学校坚持科学的人才观，以构建一流的师资队伍为核心，不断优化师资队伍结构，加强学科梯队建设，做好高水平的人才引进和师资队伍建设工作。学校推荐的“千人计划”人选美国堪萨斯州立大学杰出终身教授孙秀芝博士，分别通过河南省委组织部、教育部组织的评审；推荐的“外专千人计划”人选罗马大学Frisanco Thomas博士，分别通过河南省外专局、国家外专局的评审。文成林、汤宝平、殷丽君、秦庆华4位教授获批省级特聘教授，控制理论与控制工程学科被特批为省级特聘教授岗位。聘请校级特聘教授2人，推荐“国家百千万人才特支计划”专家1人、国务院特殊津贴专家1人，获批河南省学术技术带头人2人、河南省教育厅学术技术带头人4人、省高等学校青年骨干教师资助对象10人。新引进博士64人，75%以上来自985高校和海外著名高校。65位新教师参加了新进教师岗前培训班，12人先后考取国内985重点大学博士，16人赴海外著名大学进修。2012年，经过评审，共有教授17人、教授级高级工程师1人、副教授62人（其中校内评审通过29人）、高级实验师1人，高级工程师1人、高级会计师1人、讲师16人、实验师2人取得专业技术职务资格。

【开放办学】 2012年，学校继续推进“开放办学”战略，不断拓展渠道，搭建平台，深化合作。全年共举办国家援外人力资源培训班4期，培训33个国家官员103名，获评“河南省对外投资合作业务先进单位”，同4所国外大学签订了交换生协议书，新增学生国际交流平台5个，聘请外文专家32人次。办理国际交流和出国留学学生122人次，申报设立了中英国际学院。承办了国家粮食局、中国储备粮管理总公司和部分省粮食系统的高规格教育培训项目，累计培训515人。与中粮集团签订了战略合作协议。组织首批18名处级以上干部赴美培训学习。

【召开学科建设、科技创新和研究生教育工作大会】 11月13—16日，学校召开河南工业大学学科建设、科技创新、研究生教育工作大会。会议对学校三年来在学科建设、科技创新、研究生教育方面的工作进行总结回顾，对今后一个时期工作进行安排部署。党委书记戚世钧在开幕式上讲话。副校长屈凌波以《抢抓机遇　开拓创新　努力提升学校的核心竞争力》为题作学科建设、科技创新工作报告，副校长陈复生以《强化创新能力提升培养质量　努力推动我校研究生教育实现新跨越》为题作研究生教育工作报告。

【学校第一届教职工代表大会第四次会议召开】 3月16日，河南工业大学第一届教职工代表大会第四次会议召开。学校全体领导及120余名正式代表和特邀代表参加了会议。会议由校工会主席苏东民主持。校长张元作了题为《强化内涵狠抓质量提升水平推进发展加速向高水平大学奋斗目标迈进》的工作报告。会议听取了副校长卞科作的《学校2011年财务决算和2012年财务预算报告》和校工会主席苏东民作的《关于学习贯彻教育部〈学校教职工代表大会规定〉的说明》。会议审议并表决通过了《河南工业大学第一届教职工代表大会第四次会议公报》（草案）。

【校友刘会军获新疆“‘6·29’反劫机勇士”称号】 7月2日，新疆自治区党委、人民政府召开表彰大会，表彰成功处置“6·29”劫机事件的有功人员，授予挺身而出的新疆自治区粮食局副局长刘会军等10位同志“‘6·29’反劫机勇士”称号，记个人一等功，每人奖励10万元，并号召全区干部群众向他们学习。对成功制伏暴徒起了关键作用的英雄刘会军，1985—1987年在学校（原郑州粮食学院）企业管理专业学习，先后担任系学生会主席和校学生会主席。

【荣誉】 2012年，学校先后获教育部互联网应用创新开放平台示范基地、科技部科技会展先进单位、全国高校节能监管平台建设示范单位、全国高校学生公寓管理服务先进单位、全国高校后勤系统信息宣传工作先进单位、全国全民健身活动先进单位、全国五一巾帼标兵岗、国内安全保卫工作先进集体，河南省事业单位岗位设置管理工作先进单位、省研究生工作先进集体、省学生管理工作先进集体、省学籍学历管理工作先进集体、省成人高等教育学生工作先进集体、全省老干部工作先进集体、省保密工作先进单位、省节能减排工作先进单位、2011年河南省对外投资合作业务先进单位、省文明标兵学校、2009—2011年河南省普通高等学校毕业生预征工作先进集体、2012河南最具就业竞争力示范院校、2011年度河南省档案学会先进单位、省学生资助工作先进集体、省教育审计工作先进单位、省五好基层党组织、全省学校行风建设先进单位、省对外经济合作先进单位、省职业道德建设十佳单位、河南高校“教工小家”建设示范单位等称号。

撰稿：李国仓

审稿：戚世钧　张　元

华北水利水电学院

党委书记:朱海风
创办时间:1951年
电　　话:0371-65790037
传　　真:0371-6572964
网　　址:http://www.ncwu.edu.cn
校长:严大考
校址:郑州市北环路36号(花园校区)
郑州市郑东新区龙子湖高校园区1号(龙子湖校区)
邮编:450011(花园校区)　450046(龙子湖校区)

【概况】 学校拥有花园校区和龙子湖校区两个校区,总占地面积2330亩。学校设有水利学院、资源与环境学院、土木与交通学院、机械学院、电力学院、环境与市政工程学院、建筑学院、管理与经济学院、数学与信息科学学院、信息工程学院、外国语学院、法学院、思想政治教育学院、软件学院、体育部等20个教学单位,有60个本科专业、58个硕士学位授予点、8个学术型学位授权点、14个专业硕士学位授权领域,是博士学位授予单位立项建设单位,是国务院首批确定具有硕士学位授予权的高校之一,是国务院学位委员会授权的、河南省唯一具有单独命题考试资格招收优秀在职人员攻读硕士学位(双证齐全)的地方院校,是河南省唯一具有"少数民族高层次骨干人才计划"招收攻读硕士研究生资格的院校,具有同等学力研究生授予硕士学位和培养工程硕士资格,并与兄弟院校合作培养博士研究生。学校有13个省级一级重点学科,3个省级二级重点学科;5个省部级重点实验室;5个院士工作站,1个省级工程中心,6个省级特聘教授岗位。水利部、建设部在学校设立了监理工程师培训中心,学校是全国高校第一家水利部监理工程师定点培训基地和建设部建设监理定点培训单位,学校工程监理中心具有甲级建设监理资质。截至2012年12月,学校全日制普通本专科学生20792人。有教职工1628人,其中专任教师1271人,双聘院士5人,具有副高级以上专业技术职务549人、博士学位363人、硕士学位694人。

华北水利水电学院自然版学报和社科版学报双双获评河南省一级期刊。自然版学报获河南省高校学报综合质量评估优秀自然科学期刊称号,社科版学报被评为河南省高校学报综合质量评估特色期刊、全国理工农医社会科学优秀学报。学报自然版入选RCCSE中国核心学术期刊。

【领导班子成员名单】 党委书记朱海风,党委副书记、校长严大考,党委副书记、工会主席许琰,党委副书记石品,副校长刘汉东、徐建新、尚宝平、王天泽、解伟,纪委书记马英。

【更名为华北水利水电大学】 7月16日上午,以河南工业大学原校长董企铭教授为组长的河南省高校设置评议委员会专家组一行6人莅临学校,对学校更名工作进行考察指导。12月17日,全国高等学校设置评议委员会专家组考察学校更名工作。2013年1月8日,在全国高等学校设置评议委员会六届二次会议上,评议专家投票通过华北水利水电学院更名为华北水利水电大学。

7月16日,全国高等学校设置评议委员会专家组莅校考察学校更名工作

【党组织建设】 2012年,校党政领导班子继续按照集中与分散相结合、学习与调研相结合、校领导与中层干部结合、学用结合的"四个结合"组织模式开展学习,提高党委中心组学习的效果,以党委中心组学习带动干部群众政治学习活动开展。校党政领导班子重点学习教育部、河南省政府以及副省长徐济超关于全面提高高等教育质量的文件和讲话精神、"两会"和党的十八大精神,中央和省委关于精神文明建设、党风廉政建设以及中原经济区建设的有关文件精神等。利用"河南省干部自主选学党建党务培训班"在学校举办的机会,组织干部师生参加学习。邀请有关领导专家为中层干部和骨干教师作了8场专题报告,干部和教师听课人数累计达1300人次。同时,采取专题讲座、形势报告、网络教育、电化教学、远程教育、领导荐书、华水论坛、华水苇渡微博广场等多种方式,进一步拓宽干部教师提升理论素养、领导能力和业务水平的渠道和途径。

以科学发展观为指导,遵循高等教育发展规律和科学治校、民主治校、依法治校原则,不断完善内部管理机制及结构,科学制定了《党政群机关、教辅部门工作职责》。坚持定期召开二级党委、党总支(直属党支部)书记联席会议,加强工作交流,提升党建工作水平。推动党内民主制度化建设,制定《学生党员组织工作规程》，在党员发展上，严把入口，强化入党积极分子的选拔和培养。重视学习，强化党员的日常教育和管理。组织调整了部分二级党委、党总支和机构的组建，完成22个二级党委、党总支和直属党支部的届满换届工作。完成了科级岗位设置和科级干部任命。进一步完善了相对全面、突出实绩、注重量化、分类明确的处级单位和处级干部考核办法。完成了对56个处级单位、176名处级干部的换届工作。

开发干部管理信息系统，实现对各类干部的信息化、动态化管理。2012年，学校被评为河南省高校党建工作先进单位和河南省党内统计工作先进单位。

【博士点建设】 学校立项建设博士学位授权一级学科（水利工程、地质资源与地质工程、管理科学与工程）全部通过国务院学位委员会的最终验收。

【中西部高校基础能力建设工程】 2012年，教育部、财政部组织实施了“中西部高校基础能力建设工程”，学校入选了该工程，图书信息中心、现代水利工程综合实验实训中心和配套项目的建设将得到国家和河南省财政资金的有力支持。

【视察、评估、检查】 5月22日，以江苏建工集团教授级高工朱华强为组长的建设部高等教育工程管理专业评估组一行莅临学校，对学校工程管理专业进行为期三天的评估视察。5月30日，以同济大学李国强教授为组长的住建部专家组莅临学校，对学校土木工程专业进行为期两天的评估视察。7月25日，国家发改委社会发展司副司长王凤玲一行莅临学校龙子湖校区视察指导工作。8月3日，河南省政协副主席龚立群一行来校视察毕业生就业工作。9月4日，全国高校设置评议委员会顾问、省人大常委会原副主任贾连朝莅临学校视察指导工作。9月20日下午，以郑州大学党委宣传部副部长何进喜为组长、河南财经政法大学党委宣传部副部长徐郑生为副组长的省级文明单位复查专家组莅临学校，对学校2012年精神文明创建工作进行年度复查验收。10月23日下午，由省档案局、省教育厅等相关部门组成的2012年省属高等院校文件归档工作评估检查组一行，对学校的文件归档工作进行了评估检查。10月23日，省高校纪工委“三重一大”和“校务公开”执行情况专项检查组来校检查工作。11月10日，河南省委高校工委副书记、教育厅副厅长张亚伟，厅思政处处长何秀敏等莅临学校调研指导工作。11月23—24日，以河南财经政法大学副校长司林胜教授为组长的省教育厅艺术类专业办学情况专家组，对学校艺术设计专业办学情况进行检查评估。11月26日，河南省高校基建管理工作和校舍建设工程质量检查组在河南理工大学副校长张锟带领下，到龙子湖校区检查、指导学校基本建设工作。11月27日，省科技厅副厅长童孟进、政基处处长王占波等一行4人来校进行工作调研。12月11日，受河南省委高校工委、省教育厅委托，以商丘师范学院党委副书记许圣道为组长的河南省高校校报评估专家组一行来校评估校报工作。

【教学工作】 新增网络工程、软件工程2个本科专业，新增艺术设计专业方向。工程管理专业通过高等教育工程管理专业评估委员会的评估。工程管理专业和土木工程专业分别通过住房与城乡建设部的评估和复评。获得国家级卓越工程师教育培养计划专业2个，工程实践教育中心1个；获得省级综合改革试点3个，教育人才培养模式改革试点4个，特色专业建设点2个，教学团队1个，实验教学示范中心1个，精品课程2个；校级特色专业建设点5个，实验教学示范中心2个，双语课程2个。6个项目获得河南省高等教育教学成果奖。

修订出台了教师教学工作规范、本科教学管理、学士学位授予规定等文件，建立健全了教学管理规章制度。对非英语专业的《英语读写译》和工科类的《高等数学A》实行分级分层次教学，“自主—交流—互动”课堂教学模式全面推广，4门思想政治类课程全部实行开卷考试。学校被评为大学英语四六级考试河南省优秀考点。

落实《关于进一步加强高校实践育人工作的若干意见》，22项大学生创新性试验计划项目获准立项，3项结项，19项待答辩。以社团文化建设和宿舍文化建设为基础，以社会实践、科技文化节为载体，以“磐石杯”基础学科竞赛、“创新杯”数学建模竞赛、“挑战杯”综合科技竞赛活动、“蓝桥杯”全国软件创业与设计大赛等活动为重点，实施素质拓展计划，推进创新创业教育，提高学生综合素质和创新实践能力。获河南省大学生创业计划竞赛优秀组织奖。

【承办全国农业节水技术交流报告会】 4月21日，来自全国各地的200余名代表参加了由学校承办的全国农业节水技术交流报告会暨第二届农业节水科技颁奖大会。学校教师主持完成的《北方半干旱地区农业节水系统理论与综合技术研究与应用》获得一等奖。

【科技产业】 学校主动采取融入战略，“以服务求支持，以共赢求合作，以贡献求发展”，深挖省部共建平台优势，与地方政府、水利系统和企事业单位开展战略合作、工程项目设计监理、共建教育实习基地、挂职锻炼、服务地方建设等多种形式的共建合作活动。实施“高等学校创新能力提升计划”，与河南省水利勘测设计研究院有限公司联合成功申报了国家级工程实践教育中心。进一步完善科研津贴计分办法和高层次科研成果奖励办法等激励政策，鼓励支持高水平科研成果的产生。出台《发明专利基金管理办法》。

2012年，学校共获得科研项目立项291项。其中国家“863”项目、国家科技支撑计划项目等重大项目13项，国家自然科学基金立项20项，国家社会科学基金立项2项，发表高水平论文308篇。获得省科技进步奖12项，大禹水利科技奖3项，省部级科研成果数量在河南省高校中获奖排名第四位。哲学社会科学研究取得突破，获得河南省社会科学优秀成果奖6项，河南省发展研究奖6项。产学研结合取得成效，签订科研生产项目50余项，合同额1.1亿元，完成产值近8000万元，获得发明专利15项，申请实用新型专利20项，行业培训1500余人次。

【学科建设和研究生教育】 以博士学位授予权立项单位建设为契机，加强学科建设。2012年，水利工程和土木工程等2个省级一级重点学科，应用数学、机械设计及理论等8个省级二级重点学科通过河南省第七批省级重点学科的验收，水利工程等13个一级学科、马克思主义基本原理二级学科获批河南省第八批省级重点学科。加强实验、设备平台建设，新增省、市、厅级重点实验室和工程中心6个，建成大型仪器设备信息库，实现了大型仪器设备校内资源共享，获批中央与地方共建高校特色优势学科实验室项目建设经费1200万元。

2012年，录取研究生446人，较上年增长了16.8%。推进研究生校院二级管理改革，修订、制定培养方案，规范研究生的培养模式。进一步完善学位授予、学籍管理、学制调整、学术规范等研究生培养规章制度，研究生培养质量不断提高。持续注重研究生学术道德建设和创新能力的培养，出台了《华北水利水电学院研究生学位论文盲审规定》。申报了水利工程学科河南省研究生教育创新培养基地。

【师资队伍建设】 2012年，引进教授4人，博士48人，紧缺专业硕士30人。晋升正高级专业技术职务18人，副高级专业技术职务49人，中级专业技术职务38人。2人获河南省级优秀教师称号，8人入选2012年度河南省高等学校青年骨干教师资助计划，3人获2011–2012年度河南省教育厅学术技术带头人称号，2人获厅级优秀教师称号。

在第三届全国水利学科专业青年教师讲课竞赛中，参加比赛的四位青年教师全部获奖，其中王鹏涛获得港口航道与海岸工程专业一等奖，和吉获得水文与水资源工程专业二等奖，王静获得农业水利工程专业二等奖，孟美丽获得水利水电工程专业二等奖。由河南省教育厅、省教育工会联合举办的河南省教育系统2012年度教学技能竞赛的评选活动结果揭晓，在高校英语组，学校外国语学院田歌获特等奖，李燕、王会凯获一等奖；在高校数学组，戴明清获一等奖；在高校德育组，苏森获一等奖。获得特等奖和一等奖的教师被授予河南省教学标兵称号。

继续推进中青年教师发展计划，加大选派青年教师参加工程实践锻炼的力度，拓宽国内外进修和交流渠道，激发中青年教师自我发展的内在动力，全面提高教师素质，在职攻读博士(硕士)学位16人，在职博士后进站4人，派往黔西南州水利局9人，南水北调建管局10人。

【招生与就业】 2012年，学校水利水电工程、地质工程等6个专业首次在河南省一本招生，投档线高出省控线12分，位居河南第三。本科二批理科最低投档线高出二本线50分；文科最低投档线高出省控线36分。理科文科投档线均创历史新高。本科三批录取形势好转，满额录取后，还适量扩招。

2012年，召开就业工作专题会议7次，举办2012年河南省——教育部直属师范大学第二届免费师范毕业生就业专场双选会、河南省毕业生就业市场水利电力类分市场双向选择洽谈会等专场招聘会220余场，发布招聘信息的单位600余家，提供就业岗位约6500个。2012届本科毕业生就业率超过95.5%，专科毕业生就业率超过91.2%，继续保持较高的就业率和较好的就业质量。获得河南省最具就业竞争力示范院校和河南省普通大中专毕业生就业工作先进集体等称号。

【继续教育】 成人教育和成人学历教育招生人数继续增加，录取新生5026名，在册人数达1.8万余人。河南省高等教育自学考试本科专业助学项目6项开考。新增函授教学点3个，函授辅导站点达27个。继续加强电大办教学点的管理和建设工作，2012年共招生7631人。

【合作办学】 合作办学规模不断扩大。2012年，对外合作办学招生253人，在校生达到624人；与其他学校合作办学招生1144人，在校生达到1990人。调整了与澳大利亚斯威本科技大学合作办学的模式，双方达成新的合作框架。与英国提赛德大学合作举办地质工程和机械两个本科层次项目获教育部正式批准。与美国中央阿肯色大学、美国威斯康星欧克莱尔分校、澳大利亚皇家理工学院、台湾朝阳大学等4所高校分别签署了合作交流框架协议。

【对外交流】 2012年，共20余名学生参加与台湾静宜大学之间的学生交流项目、“1+2+1”中美人才培养计划项目、暑期赴美带薪实习项目。学校承办“豫见历史”2012两岸青年文化研习营开营仪式，组织国际学术报告会1次，参与组织国际学术会议1次。7月4日，台湾朝阳科技大学校长钟任琴、生化科技研究所所长张清安及两岸合作处学术交流组组长陈宏益一行来校参观访问。9月26日，台湾静宜大学国际交流处处长林昌荣先生、大陆事务组组长吕富美女士来校进行访问。

7月4日，华北水利水电学院与台湾朝阳科技大学签署《建立长期学术合作关系协议书》

【团学工作】 学习贯彻党的十八大精神，加强学校共青团干部队伍建设。校团委召开了2012年度共青团工作理论研讨会。《校地基层团组织服务青年农民工社会融合实践研究》课题，首次中标共青团中央2012—2013年度青少年和青少年工作研究课题。“华水同舟，微博共济”发起人、网络“海叔”海兮风兮——校党委书记朱海风教授做客求知微讲堂，以《我和华水的这些事儿》为主题，与学生博友面对面畅谈。华北水利水电学院门户网站获河南省首届高校“十佳”网站。大学生“爱之翼”团队“爱心擦皮鞋”活动获优秀项目奖，并获2012年度河南共青团工作先进单位称号。“大学生志愿服务活动”、“华水苇渡”校园微博获河南省高等学校思想政治工作优秀品牌，学校获得河南省志愿服务事业突出贡献奖。团中央、教育部正式将学校列为中国青年志愿者研究生支教团项目单位。学校团委继2009年后再获河南省“五四红旗团委”称号。

在全国第三届大学生艺术展演中，学校学生参赛的8个节目全部获奖，其中全国一等奖1项，学校获优秀组织奖，刷新了学校在艺术展演国家级比赛中的历史纪录。学校男子篮球队获省大学生篮球联赛甲组亚军。

【学生资助】 2012年,共发放各类奖学金2002人次498.49万元;各类助学金5820人次873万元;为5126名家庭经济困难学生提供勤工助学岗位,发放酬金111.64万元,为1323名学生发放助学贷款624.6万元,为130名学生发放各类社会资助、奖助学金31.04万元,并发放衣物等。学校被评为河南省学生资助工作先进集体和学生助学贷款工作考核优秀单位。

【六届三次教代会召开】 10月11日,学校第六届第四次教职工代表大会召开,大会审议通过《教职工代表大会实施办法》以及校工会委员会委员、经费审查委员会委员调整方案。

撰稿:陈庆玲

审稿:严大考

郑州轻工业学院

党委书记:剧义文

创办时间:1977年6月

电　话:0371-63556001

传　真:0371-63932669

网　址:http://www.zzuli.edu.cn

院长:剧义文

校址:郑州市东风路5号(东风校区)

郑州市科学大道166号(科学校区)

邮编:450002(东风校区)

450001(科学校区)

【概况】 2012年,学校有东风校区、科学校区两个校区,占地面积1056031平方米。图书馆藏书162.89万册。现有15个二级学院,6个系、部、中心,53个本科专业,4个国家级特色专业建设点,13个省级特色专业建设点,1门国家级精品课程,20门省级精品课程,2门精品资源共享课程,2门省级精品双语课程,5名省级教学名师,5个省级教学团队,7个省级实验教学示范中心。有10个一级学科硕士学位授权点,9个二级学科硕士学位授权点。有13个省级一级学科重点学科,3个二级学科重点学科。有4个省部级重点实验室,有轻工装备和烟草加工2个河南省高校工程技术中心以及河南省高校生产力促进中心等20余个科研机构。是河南省人民政府和国家烟草专卖局共建高校、河南省博士学位授予单位立项建设高校、国家"卓越工程师教育培养计划"试点高校,设有河南省唯一的雅思考点。被评为"河南考生心目中最理想的高校"、"2012年度河南最具就业竞争力示范院校"。毕业各类学生6253人,其中硕士研究生174人、本科生5310人、高职高专生769人。截至12月,在校全日制普通高等教育学生27331人,其中硕士生628人、本科生24808人、高职高专生1895人。出版《郑州轻工业学院学报》自然科学版和社会科学版等两种期刊。

【学校主要领导调整及成员名单】 4月28日,省委组织部副部长安平来校宣布省委关于学校党委主要领导职务调整的决定,剧义文任郑州轻工业学院党委书记、院长,林世选不再担任郑州轻工业学院党委书记职务。

党委书记林世选(—4月)、剧义文(4月—),院长剧义文;党委副书记、纪委书记张胜利,党委副书记窦效民,副院长龚毅、陈江风、吕彦力、赵继红、安士伟;工会主席李世瑛。

【各级领导莅临考察】 2月28日,省委巡视办、省委第五巡视组到校反馈巡视工作意见,省委巡视办主任杨国功,省委第五巡视组组长、正厅级巡视专员万里光,巡视组副组长、副厅级巡视专员樊峰云以及巡视组其他成员和学校党政领导班子成员出席反馈会,樊峰云代表巡视组对巡视学校情况进行了意见反馈;杨国功对落实巡视反馈意见提出了具体要求,他强调,要统一思想,提高认识,切实增强做好巡视整改工作的责任感,要加强党的纯洁性建设,扎实做好整改落实工作,要着眼长远,运用成果,着力推动工作。10月31日,省委第五巡视组来校听取校党委关于落实巡视反馈意见整改情况的工作汇报,万里光代表巡视组对学校整改工作给予充分肯定和高度评价。

3月2日,河南省政协副主席靳绥东一行在省政协教科文卫体委员会等相关部门人员陪同下,到易斯顿美术学院考察指导工作。5月24日,河南省文化厅厅长杨丽萍、副巡视员王天虹来校,考察学校艺术设计专业工作室建设并给予充分肯定。

3月2日,河南省政协副主席靳绥东(前中)到学校考察指导工作

6月5日,教育部"卓越工程师教育培养计划"专家组组长陈启元教授莅临学校指导工作,并为广大师生作题为《高等学校实施卓越工程师教育培养计划实践与思考》的辅导报告。6月8日,学校优秀校友、河南省政协副主席邓永俭参加学校35周年校庆大会,并考察指导学校工作。6月15日,河南省人民检察院常务副检察长张国臣莅临指导学校工作,为广大师生作题为《坚持科学发展 构建和谐社会》的专题辅导报告。10月25日,河南省委高校工委副书记、省教育厅副厅长张亚伟,省教育厅厅长助理、国际合作与交流处处长荣西海,省教育厅发展规划处处长陈垠亭一行莅临易斯顿美术学院检查指导工作。

【学习贯彻党的十八大精神】 党的十八大召开以后,学校迅速掀起学习贯彻党的十八大精神的热潮。学校高度重视,加强组织领导,制定学习方案,提出明确要求,做出具体部署,通过召开中心组学习扩大会议、举办辅导讲座、组织校内宣讲团、邀请校外专家作报告等形式,深入研读原文、进行专题研讨,进一步增强了广大党员干部和师生员工对中国特色社会主义的道路自信、理论自信和制度自信,推动了学校各项事业持续健康快速发展。高度重视校园网络、校报等宣传平台建设,校报被省委高校工委、河南省教育厅评为河南省优秀校报。坚持团结稳定,宣传党的方针政策,树立良好发展形象,在人民网、光明网、《河南日报》等新闻媒体刊发关于学校改革发展成就的新闻、报道等300余篇次,起到了凝聚人心、鼓舞干劲的作用。开展群众性精神文明创建活动和师德师风教育活动,组织开展学习"三平精神"等主题教育活动,完成省直文明单位的年度复查工作。加强法制宣传教育,把知法、懂法、守法、用法作为思想政治教育的重要内容,开展师德师风教育活动,着力营造立德树人的良好氛围。按照十八大要求,组织党员领导干部深入学习党的十八大关于反腐倡廉的要求,进一步提高党员干部拒腐防变的能力和意识。抓好维护校园安全稳定工作。定期召开稳定工作会议,落实上级有关稳定工作精神,开展"不稳定因素排查化解月"活动,做好敏感时期和敏感事件的校园稳定工作。加强平安校园建设,确保校园的安全稳定。

【省委巡视组反馈意见整改工作】 2011年省委第五巡视组对学校进行了卓有成效的巡视。2012年2月28日,省委巡视组反馈巡视学校工作意见。根据反馈意见,按照省委《巡视工作暂行规定》的精神和省委巡视组的要求,学校把整改工作纳入整体工作部署之中,把整改工作贯穿于建设发展的全过程,把整改工作与推动各项日常工作有机结合,研究制定整改方案,明确整改任务,分解整改事项,落实整改责任,取得了明显效果,整改成果受到省委第五巡视组的充分肯定和广大师生的广泛认同。

【组织工作】 本年,学校党委注重加强基层党组织建设和党员队伍建设,重视入党积极分子培训、党员发展和党员教育管理工作,着力扩大基层党组织的覆盖面,及时调整组织设置,不断健全组织功能。设置处级机构和科级机构各1个,调整处级干部3人,提拔科级干部50人,调整交流科级干部9人。制定干部教育培训计划,举办培训班、专题讲座、辅导报告等,切实提高干部的素质和能力。做好处级干部外派培训工作,选派12名处级干部到延安干部学院、井冈山干部学院、省委党校等单位学习培训。加强全省干部自主选学党建党务和经济管理两个专题培训班的课程建设和师资队伍建设,为进一步提高培训质量打下良好基础。继续深入开展"创先争优"活动,围绕"党性教育"等主题,开展基层组织建设年活动、党的先进性和纯洁性调研活动、党员发展专题调研活动等形式多样的争创活动,完成了中央和省委规定的任务和环节,多次受到全省创先争优活动领导小组和省教育系统创先争优活动领导小组的表扬。充分发挥基层党组织的战斗堡垒作用和政治核心作用,不断健全组织功能。进一步加强和改进研究生党建工作,针对研究生工作实际,成立了党委研究生工作部,调整完善了研究生管理体制和机制。重视入党积极分子培训、党员发展和党员教育管理,实行发展党员年度计划制和公示制,严格程序、注重质量,做到有计划、有措施、有总结。全年培训入党积极分子5364人,发展党员2876人。

【调研】 下半年,在全校教学单位和部分教辅单位开展了为期两个多月的调研活动,先后调研了23个单位,先后有7名校领导、12个职能部门参与调研。通过调研,促进了院系部和相关教辅单位深入总结和思考工作,促进了学校职能部门与院系部之间的交流,促进了全校上下齐心协力、共谋发展良好氛围的形成。

【35周年校庆】 本年,学校组织了建校35周年系列庆祝活动。本着"简朴、务实、热烈"的原则,不搞大型庆典,不邀请上级领导和兄弟单位出席庆祝活动,重在通过办学成就展、学术报告、座谈会等形式,总结办学经验,谋划学校发展。校庆活动取得良好效果。

【五届八次教职工暨工会会员代表大会】 7月16日,学校召开五届八次教职工暨工会会员代表大会。学校领导以及来自全校各单位的正式代表、列席代表和特邀代表300余人参加会议。副院长龚毅、安士伟分别就科学校区建设有关事项进行了报告;党委书记、校长剧义文在闭幕式上发表总结讲话,他号召全体教职员工站在学校发展的战略高度,树立大局意识、责任意识、纪律意识,把思想和行动统一到党委和行政的决策部署上来,同心同德,齐心协力,把科学校区建设这一事关全局、事关发展、事关广大教职员工切身利益的大事办好,推进学校持续健康发展。

【省局共建工作扎实推进】 3月7日,河南省人民政府、国家烟草专卖局共建郑州轻工业学院建设方案论证会在郑州召开。省政府副秘书长介新、省发改委副主任陈永石、省教育厅副厅长訾新建、省科技厅党组书记黄布毅、省财政厅副厅长梁太祥、省烟草专卖局副局长王志富、国家烟草专卖局郑州烟草研究院院长闫亚明、省中烟工业有限责任公司副总经理杨志忠和学校领导出席会议,与会领导和专家对共建方案进行了认真研讨,为推进省局共建各项建设工作提供了指导。获批国家烟草专卖局为"烟草行业重点实验室",学校省部级重点实验室发展到4个;烟草学科社会认可度持续提升,学校被纳入河南省实施烟草可持续发展战略框架;河南省烟用香精香料工程技术研究中心获批为2012年度河南省工程技术研究中心,实现了学校省级工程技术研究中心建设零的突破;融入烟草人才培养和科研体系,与河南中烟公司联合申报的工程实践教育中心,入选首批国家级工程实践教育中心,在河南率先实现了国家级工程实践教育平台的突破;深度开展与烟草系统的战略合作,与贵州中烟公司签订了战略合作协议;获批一系列烟草行业重大项目；建立了向国家烟草局汇报和联系机制。12月，国家烟草专卖局局长姜成康、副局长杨培森对学校省局共建工作的扎实推进给予充分肯定。

【两校区整体办学格局确立】 本年，根据“整体规划、分步实施”的原则，学校克服政策环境、建设环境和建设资金等各种困难，持续谋划推进科学校区建设，二期工程全面竣工并投入使用，学校建筑面积倍增；8个院（系、部）整体搬迁到科学校区，两校区办学规模基本持平，两校区办学格局确立，为学校内涵发展、质量提升创造了有利条件。

【博士点立项与学科建设】 本年，学校持续推进博士授权单位省级立项建设工作，加强与企业和兄弟院校的科研合作，进一步培育特色、强化特色，为国家级博士单位立项创造条件。在第八批省级重点学科评审中，学校获得13个省级一级重点学科、3个省级二级重点学科，覆盖了工学、理学、管理学、艺术学、法学等学科门类，特色明显的重点学科群初步形成。开展河南省研究生教育创新培养基地建设工作，联合河南省科学院成功申报河南省研究生教育创新培养基地，实现了学校高层次研究生教育创新培养基地建设的新突破。

【教育教学】 稳步推进“卓越工程师教育培养计划”。召开卓越计划专题工作会议，制定《“卓越工程师教育培养计划”实施方案》，新增3个“省级卓越计划”试点专业。推进“本科教学工程”建设。4个专业获批为省级“专业综合改革试点”专业，1个专业被推荐参加国家“专业综合改革试点”专业的评选；1门课程被评为教育部精品资源共享课程，2门课程被评为省级精品资源共享课程，1门课程被评为双语教学示范课程，国家级、省级精品课程、双语课程达到24门；2个实习基地被评为省级大学生校外实践教育基地；1个专业获批为省级特色专业，学校国家级、省级特色专业达到17个；新增1个省级教学团队，学校省级教学团队达到5个；获批1个省级实验教学示范中心，学校省级实验教学示范中心达到7个。附属学校坚持稳定规模、规范办学、优化结构、提升质量，获郑州市2012年教育科研先进单位称号

【竞赛获奖】 学科竞赛成绩突出。在中国汽车设计大赛中，学院学生获分项第一名及最佳年度学生设计奖；在第五届全国大学生机械创新设计大赛中，获全国一等奖；在国际顶级设计大赛——IF国际设计大赛中，获得全球第4名，创造了河南省、中国境内大学生在该项大赛中的最好名次。在省十七届大学生运动会上获本科甲组女子团体第一名、男女团体第三名。举办学校第十届“五月的歌声”艺术歌曲演唱比赛。

【科学研究】 本年，获得国家自然科学基金项目、社会科学基金项目25项。获得国家重大水专项、“十二五”科技支撑计划、“863”等重大科研项目共9项。全年获得其他纵向项目386项，纵、横向科研经费大幅增长；获得各级各类科研奖励近百项；申请发明专利7项，实用新型专利1项。发表论文1000余篇，其中核心期刊400余篇，被三大索引收录论文170余篇。学报质量不断提高，受到河南省新闻出版局通报表彰。按照国家和河南省关于开展创新能力提升计划的政策精神，制定《郑州轻工业学院协同创新计划实施方案》及相关政策，加强与企业和科研单位的协同，推进协同创新工作。

【“人才强校”战略】 本年，坚持“人才强校”战略，抓好人才引进和培养工作。坚持公开招聘制度，引进博士20人。1人入选河南省第二批“百人计划”，聘任3名省级特聘教授，1名校级特聘教授，7名客座教授；新增省级青年骨干教师5名、省级学术技术带头人1名、厅级学术技术带头人5名、省级青年骨干教师7名；新晋升正高级专业技术职务人员12人，副高级专业技术职务人员43人。关注教职工事业发展，设立100万元青年骨干教师出国研修专项基金，并纳入国家留学基金委管理项目，为广大青年骨干教师搭建了事业发展的更高平台。

【人事制度改革】 稳妥推进绩效工资改革。结合学校实际，制定《郑州轻工业学院绩效工资实施方案》等5个文件，绩效工资改革方案较好地做到了“两个对接”，即与校内岗位津贴分配制度的对接、与岗位设置管理与聘用方案的对接。更新规范人员编制数据库，持续优化各类人员结构，规范编外聘用人员的管理，切实做好人员编制和岗位管理工作，调动教职工干事创业的积极性。

【学生工作】 坚持德育首位，完善实施德育学分制，开展学生工作创新奖评审，增强学生工作的针对性和实效性。不断完善“奖、贷、助、补、减”和“新生绿色通道”六位一体的资助工作机制，全年发放助学金2300余万元，发放贷款900余万元。在河南省2012年国家助学贷款考核中，学校学生贷款本金违约率为1.2%，远低于河南省平均水平，考核为优秀。广泛开展了形式多样的主题教育活动，举办了学校第19届大学生科技文化艺术节，参加河南省第13届大学生科技文化艺术节，获得14项一等奖，学校获优秀组织奖。组织59支暑期社会实践示范小分队，在实践中检验所学、认识社会、提升素质，达到了“受教育、长才干、做贡献”的目的，获得河南省大学生社会实践先进单位称号。完成新疆少数民族民政班的培养工作。10月，新疆哈密地区党政代表团调研座谈会在学校举行，民政班培养工作受到省委高校工委、省政府有关厅局和新疆哈密地区领导的充分肯定。高度重视并千方百计做好毕业生就业工作，获2012年度河南最具就业竞争力示范院校和河南省普通大中专毕业生就业工作先进集体称号。2012届本科毕业生总体就业率96.38%，继续位居河南高校前列。

【首届“轻院学子·榜样力量”先进事迹报告会】 本年，开展了首届“轻院学子·榜样力量”宣讲活动，评选出在学术科研、社会活动、公益爱心、团队合作、文艺活动、自立自强等方面有突出事迹、取得优异成绩、堪称楷模榜样的优秀学生（团队）组成报告团，通过宣讲的形式宣传他们积极进取、拼搏奋进的感人事迹，为青年学生树立身边榜样，激励大学生向榜样学习，与榜样共同成长进步。报告团在东风校区、科学校区开展7场报告会，有效传递了校园正能量。

【拓展办学空间】 不断提高国际合作交流层次，开展与英国、美国、韩国、瑞典等友好大学的合作与交流，与英国爱丁堡龙比亚大学续签了合作办学协议，与美国佐治亚西南州立大学在本科及研究生交流、教师交流、科研合作、共同举办学术会议、共享学术成果及科研信息等方面开展全面合作。在扩大国外合作院校交换生规模的基础上，推进招收留学生工作。继续教育工作，获批为全国重点建设职业教育师资培养培训基地；合作办学深入推进，管理水平和办学质量持续提升。

4月26日,学校与英国爱丁堡龙比亚大学续约,双方校长签字

【财务管理】 学校贯彻"处理好两个关系、实现四个确保"的财务工作指导思想,坚持开源节流,盘活资金,加大财务管理力度,准确把握资金的投向投量,为学校发展提供有力支持。按照上级规定持续规范各种收费,切实做好收缴工作,同时争取财政拨款、信贷资金和专项资金,主动争取社会资金,获得财政部专项资金2000万元;争取"特色优势学科建设培育和急需紧缺专业建设"奖励专项资金3000万元。学校建设项目获得社会资金支持取得重大进展,在校园网建设方面,获得河南移动郑州分公司投资1200万元;在实验室建设方面,美国通用电气公司GE智能平台、西门子公司投入将达3000万元;邵氏基金会捐赠逸夫图书馆经费到账240万元。

【改善办学条件】 本年,图书馆工程进入精装修阶段;教职工公寓建设全面展开,工程质量优良;科学校区核心景观绿化工程进展顺利,科学校区南大门与科学大道实现连通;开始实施科学校区三期工程规划工作。解决了科学校区天然气供应问题。实验室建设水平、教学科研仪器设备的使用效益和管理水平不断提高。加大教学科研仪器设备投入力度,学校仪器设备总值达到2.9亿元。校园"一卡通"建设工作稳步推进。图书馆馆藏总量不断增加,馆藏结构不断优化,档案资源管理和服务工作不断加强。

撰稿:韩 超 王 伟
审稿:剧义文

河南财经政法大学

党委书记:杨健燕
创办时间:2010年3月
电 话:0371-63518889
传 真:0371-63518890
邮 编:450002
校长:李小建
校址:郑州市文化路80号(文北校区)
郑州市文化路90号(文南校区)
郑州市郑东新区金水东路(龙子湖校区)
网址:www.huel.edu.cn

【概况】 河南财经政法大学由原河南财经学院和原河南省政法管理干部学院于2010年3月合并组建而成,是一所以经济学、管理学、法学为主干,兼有文学、理学、工学等六大学科门类的普通高等学校。学校有文北校区、文南校区和龙子湖新校区三个校区,占地面积2128亩,总建筑面积52万平方米。

学校有全日制在校学生25242人,其中硕士研究生800人、本科生21260人、专科生3171人、留学生11人。全校专任教师1292人,具有博士学位教师289人、硕士学位教师593人。国家有突出贡献专家1人;享受国务院政府特殊津贴专家2人,国家"百千万人才工程"第一层次1人;全国优秀教师、优秀教育工作者、师德先进个人5人;省管优秀专家9人;河南省555人才工程省级人选11人,河南省创新人才、骨干教师、学术技术带头人66人,河南省优秀教师、先进工作者、师德先进个人、教育系统劳动模范19人。拥有45个本科专业,涵盖经济学、管理学、法学、文学、理学、工学等六大学科门类。有8个一级学科硕士学位授权点、54个二级学科硕士学位授权点、6个自主设置硕士学位授权点。有金融学、会计学、工商管理、国际经济贸易4个国家级特色专业建设点。有理论经济学、应用经济学、管理科学与工程、工商管理、农林经济管理5个省级重点建设一级学科,25个省级重点建设二级学科。还建设有河南经济研究中心、河南经济伦理研究中心、应用经济学开放研究中心、诉讼法研究中心4个省级重点实验室(重点研究基地)。

【领导班子成员名单】 党委书记杨健燕,校长、党委副书记李小建;党委副书记赵大韡、李焕云、李随生,副校长卫世文、郭爱民、李文占、司林胜、张宝锋、臧振春、华小鹏;纪委书记杨振华;调研员(正校级)仉建涛、傅鹏、杜福磊。

【思想政治工作】 继续抓好校院两级中心组学习和师生日常政治学习;组织开展十八大精神专题宣讲,举办处级干部专题学习班,结合实际开展专题研讨,学以致用推动各项工作开展。改进大学生形势与政策教育,加强大学生心理健康教育,创新教学形式,提高教学质量。加强思想政治教育品牌建设,举办2013年思想政治工作研讨会,提高思想政治工作科学化水平。做好迎接高校德育评估准备工作。

【党建】 进一步完善基层组织设置,改进基层组织工作方法,增强基层组织的战斗力；扩大党内民主，全面实施党务公开，完善党员评议基层党组织领导班子制度，提高党组织服务党员、党员服务群众的能力；逐步建立基层党建考评体系，健全党员管理措施，落实党员激励、关怀、帮扶制度；不断加强和改进党员发展、教育和管理工作，提高发展党员质量，优化党员队伍结构；构建党员质量保障体系，健全党员队伍先进性长效机制。

【学科建设】 一是推进学科建设的制度化管理工作。起草了《重点学科建设和管理办法》、《特色学科建设和管理办法》和《学科经费使用和管理办法》。二是完成重点学科验收工作。学校各第七批河南省重点学科严格对照《河南省2008—2010年重点学科建设目标任务书》要求，结合本学科建设情况进行总结、自评，完成自评报告。本次省级验收采取学校自评与省教育厅抽查验收相结合的方式进行，设置了5%的淘汰率。经上级考核评审，学校理论经济学、应用经济学、管理科学与工程、工商管理、农林经济管理等5个一级河南省重点学科，伦理学、民商法学等2个二级河南省重点学科全部通过了省级验收。

【本科教学】 一是加大教学改革力度。推进本科教学工程项目建设，启动课程教学范式改革项目和网络视频公开课建设。加大实践教学改革，继续资助实践教学类质量工程专项，组织实施2011年校级本科教学工程专题研究项目立项工作及2010级校级本科教学工程专题研究项目结项工作。同时对2009级实践教学进行重点检查。二是推进实践教学改革。根据人才培养目标要求，构建了与理论教学相衔接的实践教学体系，增加了实践教学的比重。根据实验室建设总体规划方案，推进新校区实验室建设工作；成立校实验室建设与管理委员会，对实验室的建设和管理进行统一规划、审议，把实验室的建设与管理纳入了制度化的轨道。三是完善教学服务体系。教学督导有序进行，为加强教学管理、提高教学质量提供重要的决策依据；关注教学活动中存在的问题，重点改善文北校区学习环境和学习条件；加强教学服务，为学生创造良好的自习等学习条件。

【研究生教育】 启动“研究生学术论坛”，举办“研究生学术大讲堂”讲座，开展“研究生学术文化节”，邀请兄弟院校的研究生代表学习交流，推动校际间研究生学术交流活动的开展。在引导研究生开展学科基础理论和专业知识应用研究的同时，支持研究生适应地方经济社会发展需求，参与各级科研课题活动。以学校开展“学风建设年”为契机，制定研究生学术道德规范，加强研究生学术规范与学术道德教育，组建学校学术道德和学风建设教育宣讲团。修订完善了《河南财经政法大学硕士学位论文撰写规范》，狠抓研究生学位论文质量，通过强化学术道德与学术规范，严格学位论文的外审与答辩程序，切实提高硕士学位论文的水平。完成现有学术型研究生导师队伍的调整与充实，同时为专业硕士研究生建立一种“双师型”导师队伍，吸纳一批高学历高水平的教师进入导师队伍。

【人才队伍建设】 完成了全校1794人岗位首聘的报批及2011年录用人员和职称晋升人员的岗位认定工作；根据不同层次、不同岗位的人员制定出不同的招聘考核办法，严格按照程序遴选22名博士、33名硕士到校工作。组织2名省特聘教师、10名二级教授、4名省教育厅学术技术带头人候选人、8名省青年骨干教师候选人、2名省级优秀教师和2名教育系统优秀教师候选人的选拔推荐工作。完善职称评审工作，在与省教育厅充分沟通协调的基础上，抓住机遇，申请了学校经济、管理和法学等学科的副教授任职资格评审权，得到教育部审批。修订职称评审政策，启动并基本完成了《教师系列职称评审工作业绩量化计分暂行办法》的修订工作。2012年推荐评审的13名教授、35名副教授职称全部通过省高评会评审。

【学术科研】 根据2012年度国家社会科学基金项目、国家自然科学基金项目、国家软科学项目评审公布结果，学校共有22个项目获得立项资助，其中国家社科学基金项目13项，国家自然科学基金项目9项，国家软科学项目1项，一般青年科学基金1项。2012年，学校获教育部人文社科规划项目9项，其中人文社科一般项目6项、青年项目2项、专项任务项目1项。立项数量覆盖面广，涉及经济、管理、法律、哲学、教育学等多个学科。学校获省级课题立项130项，其中省科技厅课题(包括科技攻关、基础与前沿技术研究以及软科学研究)立项64项，省政府决策招标课题53项，省哲学社科规划项目12项。

【招生就业】 持续扩大本科一批专业和特色优势专业的招生规模，在此基础上探索按专业类或按院系招生新模式，效果良好，得到考生的认同。科学制订2012年招生计划，共争取安排招生计划8702人，实录近9000人。生源质量进一步提高，一本和二本录取分数线均在省内居于前列。根据武书连首次发布的2012年全国705所大学本科毕业生质量分省排行榜，学校在2012河南省大学本科毕业生质量排行榜中位居第四。2012年，学校被省教育厅授予河南省普通大中专毕业生就业工作先进集体称号。

【对外合作交流】 与爱尔兰考克大学和卡罗理工学院的合作项目深入推进。对贝加尔学院的招生专业进行修订，增加招生专业，与贝加尔合作办学人数共达217人。本年度与俄罗斯合作办学的招生人数达174人。与爱尔兰合作专科项目的招生人数达328人，在校生人数达1103人。学校接待了东芬兰省的来访，与芬兰米凯利大学签署了联盟合作意向书，逐步在学生和教师交流、科研合作等领域寻求实质性合作。访问了斯坦福大学、加州大学柏克利分校、加州大学河滨分校、加州大学尔湾校区、加州州立大学洛杉矶分校、雷德兰兹大学等多所著名大学，并就学校发展、学科建设、人才引进、学生交流等事项达成合作意向。

4月10日，河南财经政法大学与芬兰著名高校举行合作签约仪式

【学术交流】 与河南大学一道承办了中国地理学会2012年学

术年会。其中"人文地理学"、"经济地理学"、"区域可持续发展"等主题研讨会在学校顺利进行。来自国内外的500余名专家学者围绕"'三化'协调发展与中原经济区建设"等12个专题进行了学术交流。2012年,中原华侨华人研究中心成立暨揭牌仪式在学校举行。国务院侨办、省外办等领导共同为中心揭牌。

【新校区建设】 总计18栋楼、2000余套、建筑面积约34万平方米的教职工周转房,经过近3年的施工,按照既定目标,如期交工。水电气暖4项市政公用设施也全部完成。五大责任主体综合验收反馈意见显示,教职工周转房工程质量符合设计要求,质量等级评定合格,顺利通过竣工验收,郑州市人民政府重点项目建设管理办公室对验收过程进行了全过程监督。

按计划完成了建筑面积为3万余平方米的教学科研楼、5000余平方米的校医院和6000余平方米的综合办公楼建设任务。行政办公楼、图书馆、标准田径运动场、篮排球场、室内训练馆、引进人才公寓2号楼等其他12项二期在建工程也在推进之中。结合学校实际情况,经过和上海同济大学设计院多次充分沟通,对总体规划进行了调整。三期先期规划了3栋11层的学生宿舍楼、地下车库等约计10万平方米的工程。

【团学工作】 重新编印《学生手册》,完善学生管理与服务制度,不断促进学生工作的规范。开展学生文明创建活动,构建和谐文明校园。邀请专家学者和优秀校友进行专业知识讲座,开阔学生的理论视野,引导学生积极钻研,形成浓厚的学术氛围。支持各类竞赛如全国"挑战杯"竞赛、全国英语演讲比赛、职业规划大赛、数学建模大赛等。继续坚持"名师讲坛"计划、"读书计划"、"爱我专业"主题教育活动、征文活动、"诚信考试 杜绝作弊"宣传签名活动、新老生学习经验交流会、考研经验交流会等活动,加强学风建设,塑造良好学风。加强学生诚信教育,特别针对英语四六级考试和期末考试、平时分散考试的考风考纪问题,召开考风建设专题会议,严格考风考纪,较彻底地解决了大型考试考风考纪存在的问题。

4月8日,学校学子获2012年郑开国际马拉松半程男子组冠军

4月8日,在2012郑开国际马拉松比赛中,学校选手夺得半程男子组冠军。在河南省第十七届大学生田径运动会上,学校学生勇夺金牌9枚、银牌11枚、铜牌6枚,在全省参赛的87所高校中,获得本科丙组男子团体总分第一名、女子团体第四名、混合团体第三名。

撰稿:谢朝坤
审稿:李小建

中原工学院

党委书记:谢振山
党委副书记、院长:崔世忠
创办时间:1955年
校　址:郑州市新郑双湖经济技术开发区淮河路1号
电　话:0371-62506888
邮　编:451191
传　真:0371-62506095
网　址:http://www.zzti.edu.cn

【概况】 2012年,学校共有各类在校生30000余人;教职工1546人,其中专任教师1019人,具有高级专业技术职务的教师474人,具有博士学位的教师226人。校园占地1460亩,分南区、北区和西区三个校区。建筑面积57.2万平方米,教学科研仪器设备总值1.82亿元。设有20个教学部门、49个本科专业、8个一级学科硕士学位授权点,33个学术型二级学科硕士学位授权点,5个硕士专业学位授权点,具有全国高校教师在职攻读硕士学位授权单位资格。有河南省重点学科一级学科8个、二级学科33个,形成了以工为主,以纺织服装为特色,工、管、文、理、经、法协调发展的学科框架。有纺织服装产业河南省协同创新中心、河南省功能性纺织材料重点实验室、高档超硬材料工具河南省工程实验室、河南省智能化专业虚拟仪器仪表工程技术研究中心、河南省高等学校功能性纺织面料重点学科开放实验室、河南省高校空调节能工程技术研究中心、河南省高校精密制造工程技术研究中心、河南省静电检验测试中心、河南省纺织服装CAD研究开发中心、河南省普通高校人文社会科学重点研究基地系统与工业工程技术研究中心、郑州市纺织工程技术中心、郑州市计算机网络安全评估重点实验室、河南省高校纤维成型及改性重点实验室培育基地等省市级研究机构。图书馆有各类藏书303余万册,有35

个中外文数据库。

本年，校党委被中共河南省委评为2010—2012年度全省创先争优活动先进基层党组织；在全省第20次高校党建工作会上，被省委高校工委评为全省高校党建工作先进单位；学校获得省政府授牌的首批“河南省纺织服装产业协同创新中心”；再次被省文明办评为省级精神文明单位，被省委高校工委、省教育厅评为河南省文明标兵学校。

【领导班子成员名单】 党委书记谢振山，党委副书记、院长崔世忠，正院级调研员薛志强；党委副书记郭正让、刘志刚；副院长谷景立、杜建慧、李勇(—5月)、曹健、范晓伟、董丞明、黄乾；纪委书记李俊杰，工会主席黄健。

【贯彻落实十八大精神】 十八大召开前，学校以“喜迎十八大召开，向十八大献礼”为主题，开展活动，促进工作。十八大闭幕后，学校迅速贯彻中央和省委关于学习贯彻十八大会议精神的要求，召开党委扩大会议，以“深入学习、联系实际、指导工作、推动发展”的基本思路，扎扎实实开展学习贯彻宣传十八大精神。一是结合学校实际，制定下发了《中原工学院关于认真学习贯彻党的十八大精神的通知》，于2012年11月23日召开全校动员大会，做出统一安排。二是校领导带头学习，带头谈学习体会。校党委中心组连续组织专题学习；校领导班子成员分别到所联系学院宣讲十八大精神，交流学习体会。三是组织宣讲团，在全校宣讲十八大精神。四是以十八大精神指导工作，把着力点切实转移到以提高教育质量为核心的内涵建设上来。

【实施学校“十二五”规划，推动十大项目工程建设】 年初，校党政班子根据学校“十二五”规划确定的奋斗目标，围绕提高人才培养质量、学科建设、科研强校、人才强校、校园文化建设等重点工作深入院(部)调查研究，多次召开专题会议进行研讨，统一思想，结合“十二五”规划的工作思路和年度工作重点，先后明确了十个方面的工程项目，分别是：人才培养模式改革；重大教学成果奖培育；纺织科学与工程学科力争进入国家级重点(培育)学科行列；供热、供燃气、通风及空调工程1个学科按照国内先进水平学科进行建设，加强省级重点学科建设，培育新的进入国内先进的学科；科技园区建设；高水平科研项目培育计划；校史馆建设；视觉标识系统和校园文化景观建设；校、处级干部办学兴校能力建设；教职工生活区建设。通过协调指导、条件扶持、督促检查，各个项目顺利推进，带动了学校核心竞争力的快速提升。

【被评为2010—2012年度全省创先争优活动先进基层党组织】 2012年，创先争优活动进入全面深化和总结表彰阶段，以争创先进基层党组织为抓手，在全体科、处级干部中开展“三讲三提升”活动；实施机关职能部门联系院(部)制度，深入推进“基层组织建设年”活动；创新基层党组织书记培训形式，举办总支书记、教工支部书记培训班，将创先争优汇报会作为各级党组织书记学习交流的重要环节；完善并执行新的党建三级量化考核标准，全面提升党建工作科学化、规范化、制度化水平；召开建党91周年纪念大会暨2010—2012年创先争优表彰大会，对“立足本职、创先争优、追求卓越”的10个先进基层党总支、10个先进教工党支部、10个先进学生党支部、70名教工优秀共产党员、14名优秀党务工作者进行表彰。2月13日，在全省第20次高校党建工作会议上，学校被省委高校工委、省教育厅授予高校党建工作先进单位称号；6月26日，校党委被中共河南省委授予2010—2012年全省创先争优先进基层党组织称号。

【贯彻落实省政府《关于全面提高高等教育质量的若干意见》】 8月，省政府召开河南省全面提高高等教育质量工作会议，并下发《河南省人民政府关于全面提高高等教育质量的若干意见》(豫政〔2012〕92号，以下简称92号文件)。学校党政班子高度重视会议和文件精神的贯彻落实，坚持做到学习文件，结合实际，抢抓机遇，对接项目，促进发展。一是将92号文件立即转发所有处级以上干部学习，党委中心组进行专题学习和讨论。二是组织召开座谈会，各部门联系实际，交流贯彻92号文件的具体举措。三是紧紧围绕强化学科建设，彰显办学特色，深化人才培养模式改革，重大科研项目培育，科技园区建设等方面扎实推进。四是召开学习贯彻92号文件工作推进会，5位校领导分别就本科教学、学科建设、科技创新、学生工作和处级干部队伍建设等工作进一步安排部署，贯彻工作初见成效。

【教学】 2012年，学校以教育部“本科教学工程”为指导，扎实推进专业建设改革与发展。以河南省“卓越工程师教育培养计划”实施方案为指导，开展卓越工程师培养计划，确定6个校级卓越工程师试点专业，其中3个获批河南省本科工程教育人才培养模式改革试点专业。继续做好教改研究，围绕人才培养模式的改革，做好研究和指导工作。加强实验教学示范中心建设，推进实验教学改革，加大设备投入，改善办学条件。2012年，学校新增国家级专业综合改革试点1个(机械设计制造及其自动化)，省级专业综合改革试点2个(纺织工程、自动化)，省普通高等学校本科工程教育人才培养模式改革试点专业3个(电气工程及其自动化、服装设计与工程、纺织工程)；省级特色专业2个(工业设计、市场营销)；省级精品资源共享课1门(空调用制冷技术)、省级双语教学示范课1门(工程力学)；省高校实验教学示范中心1个(纺织实验中心)；国家级大学生校外实习基地1个(服装学院工程实践教育基地)。学校被评为河南省高等教育教学工作先进集体、全国高等教育学籍学历管理工作先进集体。学科竞赛成绩突出，在2012年全国大学生英语竞赛中，学校学生获国家级一等奖7名、二等奖17名、三等奖33名；在第五届全国大学生机械创新设计大赛中，获国家级二等奖一项；在2012年国际大学生程序设计大赛ACM/ICPC中国河南区域程序竞赛暨河南省第五届大学生程序设计竞赛中，获两金、一银、一铜。

【学科建设和研究生教育】 制定出台“十二五”各主要一级学科建设规划。组织第七批省级重点学科评估验收，对3个河南省重点学科一级学科、4个河南省重点学科二级学科进行建设期满校内自评。在河南省第八批重点学科评审中，8个学科被评为一级重点学科，科技哲学、凝聚态物理等2个学科被评为二级重点学科。供热、供燃气、通风及空调工程被确定为进入国内先进学科建设。开展研究生学风建设活动，举办研究生创新教育专题讲座，硕士点所在学院建设的研究生创新工作站18个。在第九届“华为杯”全国研究生数学建模竞赛中，学校代表队获三等奖；在2012年河南省硕士研究生英语演讲比赛中,3人取得优异名次,5名2012届研究生被评为省级优秀毕业生。

【科研】 党政领导班子抓住协同创新、高水平平台建设和加强高水平哲学社会科学研究"三个重点",完善协同创新机制、哲学社会科学科研工作管理机制"两个机制"。获批省级协同创新中心1个,承担各类纵向科研项目126项,其中主持国家自然基金项目11项、国家社科基金项目1项、省部级项目87项;承担横向科研项目62项;获批3个河南省工程实验室;获批河南省高校高速实时信号采集与处理工程技术研究中心、河南省高校人文社会科学重点研究培育基地和河南省知识产权培训基地;获批河南省科技创新团队1项、省院合作项目1项、高校科技创新团队1项、杰出青年基金1项。实现入校科研经费2200万元。高水平成果培育工作取得进展,"精梳机成套设备与技术"项目经中国纺织工业联合会、河南省科技厅联合鉴定,居于国际领先水平。"金刚石工具有序置砂关键设备和技术开发及应用"项目与郑州三磨超硬材料有限公司、郑州华晶金刚石股份有限公司三方已签署协同创新合作协议。"可再生能源热泵和纯电动汽车空调新技术"项目与中科院理化研究所、中国一汽、杭州三花签订协同创新合作协议。获省部级科研奖10项,其中河南省社会科学优秀成果奖4项,212篇论文被SCI、EI、ISTP收录,出版著作61部,获授权专利35件。

【获批省级协同创新中心】 10月22日,由院长崔世忠为负责人,中原工学院为牵头单位,河南省纺织行业协会、河南工程学院、恒天重工股份有限公司、新乡白鹭化纤集团有限责任公司、郑州领秀服饰有限公司共同参与的纺织服装产业河南省协同创新中心被河南省教育厅、省财政厅正式批准为2012年度15个河南省协同创新中心之一。

【师资队伍】 新增教授14人,引进博士21人,在职攻读学位教师125人,外派访问学者11人,聘任校级特聘教授2人,获批河南省"百人计划"人选1人,获批享受国务院特殊津贴专家1人,获纺织之光教师奖2人,入选河南省教育厅学术技术带头人3人;被评为省级教学名师1人,被确定为省级青年骨干教师6人;获批河南省高校科技创新人才(人文社科类)1项。学校具有高级专业技术职务的教师占专任教师的比例达到41.61%,具有硕士以上学位的教师占专任教师的81.65%。实施师资队伍综合素质提升工程,在2012年度河南省教育系统教学技能竞赛中,4名教师获一等奖,6名教师获二等奖,2名教师获三等奖。

【学生工作】 开展"喜迎十八大"主题教育活动和学习贯彻十八大精神系列活动,实施"启航工程",学风建设成效显著。为2654名家庭经济困难学生发放国家助学贷款1580.6万元,被省教育厅评为国家助学贷款考核优秀单位、河南省学生资助工作先进集体。鼓励学生参与科技创新和社会实践活动,在2012年赛扶世界杯中国站创新公益大赛华北区域赛上,学校代表队获优秀赛扶团队称号;在全国第八届"挑战杯"大学生创业计划竞赛中获铜奖;在河南省第十届"挑战杯"大学生创业计划竞赛中,获"优胜杯"和特等奖1项、一等奖3项。2012年4月,学校爱心社获得了中国青年艾滋病网络和"艾博公益"的联合项目资助,是河南省唯一获此殊荣的高校。在第七届全国大学生"飞思卡尔"智能汽车比赛中,获二等奖、三等奖及优胜奖;在2012年中国包装创意设计大赛中,获一等奖3项、二等奖7项、三等奖7项;在全国第三届大学生艺术展演活动中获优秀组织奖;承办河南省第十三届大学生科技文化艺术节校园主持人大赛,被大赛组委会授予优秀组织奖;在河南省高等校园文化建设成果评比中,获一等奖,并上报教育部参加全国评审;在河南省第十三届大学生科技文化艺术节上,学校获一等奖18项,为全省高校第4名。

【招生与就业】 实施"阳光工程",不断建立更加科学合理、公开、公平的招生工作机制与体系。2012年,省内普通文理类本科录取分数线再创新高。研究生生源质量不断提高,第一志愿上线率达到77.3%,比2010年增长9.7%。成人高等教育招生人数大幅度增加,共招收学生5100人,其中专升本1600人,专科3500人,招生规模位于省内工科类院校前列。切实加强就业指导教育,新开辟就业实习基地8个。举行河南省毕业生就业市场郑州龙湖高校园区就业分市场暨中原工学院2012年毕业生春季及冬季就业双向选择洽谈会,被省教育厅评为河南省普通大中专毕业生就业工作先进集体。

【被国家教育部批准为全国重点建设职业教育师资培养培训基地】 6月,学校被国家教育部批准为全国重点建设职业教育师资培养培训基地,标志着学校职教师资培养培训工作在师资水平和硬件设施等方面达到了国家要求水平。

【对外合作与交流】 坚持开放办学,提高服务国家战略、行业人才培养和科技进步、区域经济社会发展的能力。首次招收外籍学历生入班学习。推进与俄罗斯东西伯利亚经济法律学院联合培养俄罗斯大学生合作项目。与英国曼彻斯特大学、曼彻斯特城市大学合作举办的中外合作办学项目成绩突出。与曼大合作培养博士、硕士项目进展顺利,合作开展科研工作开局良好。与新西兰UNITEC理工学院的合作办学项目进一步巩固。与美国佐治亚西南州立大学开展了交流合作。坚持引进海外人才,引进26名外籍专业教师和语言教师到校授课。接待来访的国外团组13个。组织参加"我与外教"征文比赛,学校获优秀组织单位奖,1名外教和2名学生投递的文章分别获全国三等奖和优秀奖,受到了国家外国专家局和省外国专家局的表彰。

【基础条件建设】 文化体育活动中心竣工并投入使用;107国道西侧的科技园区钢构厂房完工;数字化校园网雏形初现,校园"一卡通"全面应用,实现了"一卡在手,走遍校园";数字化校园平台全面实施,集成了教育管理系统、办公自动化系统、电子邮件系统、校园"一卡通"系统、财务系统等。在河南省国土绿化工作中,被河南省绿化委员会评为绿化模范单位。南区生活区建设用地成功摘牌,完成了建设用地文物勘探、地质勘探、环境影响评价和总体规划设计方案。

撰稿:田华泉　张　凯　尚君君

审稿:崔世忠　孙新卿

河 南 中 医 学 院

党委书记:孙建中　　院　　长:郑玉玲
创办时间:1958年9月　　校　　址:郑州市龙子湖高校园区
电　　话:0371－65945879　　邮　　编:450000
传　　真:0371－65944307　　网　　址:http://www.hactcm.edu.cn/

【概况】 学校位于省会郑州,现有3个校区,占地面积1580亩,是河南省省属、省部共建的高等院校。学校校本部教职工1293人,其中专任教师897人。专任教师中,高级专业技术职务人员551人,其中教授174人;具有研究生学历者613人,其中博士学位人员287人。硕士研究生导师396人,博士研究生导师24人。2012年,学院设有36个本科专业(方向)、7个硕士学位授权一级学科(涵盖55个硕士学位授权学科、专业)、3个联合招收博士研究生专业。在校生18385人,其中普通本、专科生17085人,硕士研究生1238人,海外留学生62人;继续教育学生4164人。图书馆藏书113.9万册,国内外期刊1515种。

【领导班子成员名单】 党委书记孙建中,院长郑玉玲;副书记徐玉芳、段荣章、郭海波、张丽霞,副院长李建生、刘文第、郭德欣、许二平、付强。

【博士单位建设】 2012年,学校完成了博士学位授权单位建设任务,中期检查取得了优异成绩。中医学、中药学两个一级博士授权学科材料已报河南省和国务院学位办,准备迎接最终验收。

图为学校博士学位授权单位建设任务中期检查现场

【化债工作】 2012年,学校抓住省政府鼓励高校化债的难得机遇,争取到省政府化债补贴1.58亿元,同时有效整合资源,创造性地化解债务,整合出资金3.6亿元,将2009年以前5.18亿元的债务还清。学校的化债模式也被省财政厅作为创新典型加以推广。同时,全校教师高度关注的金水路老校区96.78亩土地已经收回。在确保学校资产没有流失的情况下,财务实现了良性运转。

【入选国家中西部高等教育振兴计划】 经过艰苦努力,学校被列入国家中西部高等教育振兴计划,新校区图书馆和综合实训中心建设项目得到了国家和省政府1.7亿元的资金支持。全国仅有两所高等中医药院校获此殊荣。

【更名大学工作】 7月,省高校设置评议委员会专家组莅临学校,进行考察评议,充分肯定了近年来学校发展建设成绩,认为学校更名指标数据齐全,具备更名大学条件。10月,省政府下达正式文件,将河南中医学院更名大学工作列入河南省高等学校设置"十二五"规划。

【教育教学】 继续推进中医传承人才、应用人才和医药相关人才三类人才培养模式的改革。开办首届"中药传承班",以解决当前医药市场上对中药鉴定人才和传统炮制人才的急需。同时,教育部批准学校新增康复治疗学、中药资源与开发和对外汉语等3个本科专业。学校获国家级专业综合改革试点1个、省级专业综合改革试点3个、工程教育人才培养模式改革试点1个、省级特色专业建设点1个、省级实验教学示范中心1个、省级精品资源共享课程3门。教学实验室第一期工程建设完成,人体生命科学馆、临床技能实训中心、大化学实验平台、数码互动实验室等成为新亮点;出版教材100部。

【学科建设及研究生教育】 新增"十二五"国家中医药管理局中医药重点学科15个、河南省重点学科10个;在省级重点学科检查中取得优异成绩;11月,国家中医药管理局对学校9个局级"十一五"中医药重点学科进行中期检查,获得6个"优秀"等次,3个"良好"等次,得到了国家中医药管理局和全国中医药院校的高度关注和认可。2012年,学校被列为河南省首批"研究生培养创新基地",新增研究生440人。

11月,国家中医药管理局对学校"十一五"中医药重点学科进行中期检查

【人才队伍】 新引进博士、硕士研究生共91名。举办六期"博士沙龙"。62名教师晋升高级专业技术职务。遴选第二批青年骨干教师19人,获省教学名师1人。

【科学研究及推广】 学校各级各类科研项目立项176项,其中国家级18项、省部级47项。到账科研经费1914.2万元。获奖89项,其中国家科技进步二等奖1项、省部级26项。获授权专利62件,获专利奖1项。获批1个产学研共建工程研发创新平台、1个教育部重点实验室培育基地、1个河南省重点实验室培育基地、1个河南省高校工程技术研究中心。《中医学报》被评为中国高校特色科技期刊、中国中医药优秀期刊;与《河南中医》一起,再次跻身"中国科技核心期刊"行列。

【学生工作】 2012年,录取新生4253人,其中本科文科高出省定控档线23分,理科高出26分;校本部毕业2893人,就业2139人,就业率达94.3%,比2011年高出3个百分点,超出全省平均就业率,获全省高校毕业生就业工作先进集体。在全国第八届"挑战杯"大学生创业计划竞赛中,学校获得银奖1项。在河南省第十届"挑战杯"大学生创业计划竞赛中获特等奖1项、金奖1项、银奖3项,在河南省第十三届大学生科技文化艺术节竞赛中获奖36项。举办学校第三届大学生仲景文化节。

【医疗工作】 2012年,一附院门诊量139万人次,收治病人4.1万人次;总收入8.4亿元,同比增长16.67%;国家中医临床研究基地建设扎实推进。二附院门诊量95万人次,收治病人3.3万人次;总收入6.1亿元,同比增长33.77%。三附院门诊量32万人次,收治病人4300人次;总收入1.22亿元,同比增长22%;新病房楼改造竣工。邵氏针法学术流派工作室获国家中医药管理局立项资助。

【党建、思政和精神文明建设】 学校开展系列活动学习宣传贯彻党的十八大精神。承办全省干部自主选学两个专题培训16个班次,培训处级以上干部1300余人。精神文明、校园文化建设成效显著。纪录片《河南中医1958》后期制作即将完成。学校获全国教科文卫系统"模范职工之家"称号。

【国医大师李振华教授90寿诞庆典暨从医从教70周年学术思想研讨会举行】 10月27日,由河南省卫生厅、河南省中医药管理局以及学校联合主办、学校第一附属医院承办的国医大师李振华教授九十寿诞庆典暨从医从教七十年学术思想研讨会,在河南省人民会堂举行。国医大师李振华是我国著名中医专家,全国著名的30位"国医大师"之一,不仅是国家的重要财富,而且是全省卫生系统的宝贵财富,是我省中医药界的杰出代表。著名化学家、中科院院士、郑州大学吴养洁教授,国医大师、陕西中医学院名誉院长张学文教授,河南省人大常委会原副主任贾连朝,河南省委第七巡视组组长、正厅级巡视专员马蕊,河南省卫生厅厅长刘学周、省卫生厅正厅级巡视员夏祖昌,河南省保健局局长李玲,河南省卫生厅副厅长、河南省中医药管理局局长张重刚、副局长韩新峰,名老中医、原河南省卫生厅副厅长张磊等领导及学校党政领导出席了庆典仪式。李振华教授家乡的领导代表,学校各部门、各单位负责人,李振华教授的学生代表、亲友、患者代表,学术思想研讨会代表等1000余人参加了庆典仪式。在庆典仪式上,张重刚宣读了国家中医药管理局、中共西藏自治区委员会书记陈全国,国家工商总局常务副局长刘玉亭、国土资源部副部长汪民、河南省人民政府副省长王铁等发来的贺信。此外,全国不少国医大师、中医药高等院校、中医医院等也发来了贺信、贺电。郑玉玲、刘学周、贾连朝等先后发表讲话。刘学周充分肯定了举办庆典暨学术交流会对于传承我国优秀民族文化、提升中医药发展水平、造福广大人民群众,保障人民健康,服务经济社会发展的重要意义,并代表河南省卫生厅、省中医药管理局,代表全省医务工作者,对李振华九十寿诞庆典和从医从教七十年学术思想研讨会的开幕表示诚挚的祝贺。他高度赞扬了李振华教授所具备的高尚品德和崇高精神,在李老九十寿辰之际送上最真挚的祝福,真诚感谢他为河南中医药事业做出的突出贡献,希望全省广大医务工作者要以李振华大师为楷模,认真学习他对技术精益求精、严谨求实的治学态度,对工作极端负责、开拓创新的奉献精神,对病人全心全意、爱岗敬业的高尚品德,对党无限忠诚、鞠躬尽瘁的崇高境界,刻苦钻研,努力工作,为加快中原经济区建设作出新的更大的贡献。庆典仪式结束后,举行了祝寿午宴;下午,来自海内外的中医药专家汇聚一堂,学习交流国医大师李振华教授的学术思想和研究成果。

10月27日,国医大师李振华教授九十寿诞庆典暨从医从教七十年学术思想研讨会在河南省人民大会堂召开

【新校区建设】 教学实验大楼竣工验收,完成两个标准运动场建设。重新设计建造了4个大门,仲景文化广场工程投入使用。图书馆工程破土动工。校园面貌焕然一新,建成绿色、环保、现代化的大学校园。

【周转公寓分配】 基本完成了新校区职工周转公寓的分配工作,1000余名职工分到了新房;配套设施建设基本完工,极大地改善了教职工的居住条件。

【校区搬迁】 2012年2月20日,校区搬迁工作正式启动,分三批搬迁,暑假前全部搬迁完毕。将东明路校区部分建筑交付三附院使用,扩大了三附院的办院空间。

撰稿:王秋安

审稿:许东升

新乡医学院

党委书记：邢　莹　　院长、党委副书记：段广才（7月31日－）
创办时间：1922年　　校址：新乡市金穗大道601号
电　　话：0373-3029008　　邮编：453003
传　　真：0373-3041119　　网址：http://www.xxmu.edu.cn

【概况】 学校拥有医学、理学、工学、文学、法学、管理学、教育学等7个学科门类，设有16个教学院（系、部），21个本科专业，拥有基础医学、临床医学、药学、生物学、心理学、生物医学工程等6个一级学科硕士学位授权点、50个二级学科硕士学位授权点和1个硕士专业学位授予点（临床医学），具有硕士、学士两级学位授予权，具备研究生、本专科、留学生、成人学历教育等较为完整的医学教育体系。拥有4个国家级特色专业，9个省级特色专业，16门省级精品课程，5个省级实验教学示范中心，2个省级优秀教学团队；建有1个博士后研发基地，2个博士后科研工作站，2个院士工作站，2个省重点实验室，3个省高校重点学科开放实验室，3个省高校重点实验室培育基地，1个省高校工程技术研究中心；拥有5个省级一级重点学科、1个省级二级学科，10个省医学重点学科。创办有《新乡医学院学报》、《眼科新进展》、《中华实用儿科临床杂志》、《临床心身疾病杂志》、《中华脑科疾病与康复杂志（电子版）》等5种国内外公开发行的刊物。馆藏纸质图书报刊87万册，电子图书2390GB。学校占地面积1731亩，建筑面积76万平方米，教学行政用房面积18万平方米，教学、科研仪器设备总值近1.5亿元。学校现有教职工5044人（含附院），其中专业技术人员4018人（正高级专业技术职务人员260人、副高级人员616人）。拥有全国优秀教师4人、全国模范教师1人、全国师德先进个人1人，政府特殊津贴享受者9人，省管优秀专家10人，省优秀中青年骨干教师53人，省学术技术带头人11人，省教学名师4人；拥有省特聘教授3人。有各类在校生25405人，其中研究生508人、普通本科学生11143人、普通专科学生223人、成人学历教育学生13531人。学校建有3所附属医院，开设病床3866张。拥有12所非直属附属医院、120余个教学医院和实习基地，与北京、上海、广州、武汉、济南等地的多家大型医院建立有良好的合作关系。

【领导班子成员名单】 党委书记邢莹，院长邢莹（—7月31日），院长、党委副书记段广才（7月31日—）；党委副书记、纪委书记郑怀庆，副院长毛兰芝，陈兴华（—7月29日），党委副书记、工会主席陈兴华（7月29日—），党委副书记刘荣增（7月29日—），副院长刘东亮、郭志坤、原志庆、张红彦（7月29日—）、张新中（7月29日—）。

【教学和人才培养】 2012年，在全国28个省（直辖市）共录取新生3333名。招收免费医学定向生200名，全部为第一志愿录取，录取分数线超出省控线33分。继续开设公共事业管理、生物技术、应用心理学专业双学位的教学工作，106名学生达到修读双学位教育专业资格。制定学校“十二五”专业建设规划，申报增设9个新专业，其中3个专业通过省级评审。参编“十一五”国家级规划教材4部。加强实践教学基地建设，新增1所非直属附属医院、2所全过程临床教学医院。省级临床技能综合培训中心通过初评。参加第三届全国高等医学院校大学生临床技能竞赛，获得华中赛区一等奖、全国三等奖。组织教师参加省教学技能竞赛，获得教学技能竞赛一等奖3名、二等奖6名、三等奖3名。学校被评为省高等教育教学工作先进集体。

4月14日，获第三届全国大学生临床技能竞赛华中赛区一等奖

本科教学“质量工程”建设再创佳绩。获得国家级和省级建设项目12项，其中教育部本科教学改革专业综合改革试点1个，教育部、卫生部首批卓越医生教育培养计划项目试点1个，省级专业综合改革试点2个，省级卓越医生培养计划改革试点2个，省级工程教育人才培养模式改革试点1个，省级精品资源共享课程1门，省级双语教学示范课程1门，省级特色专业1个，省级教学团队1个，省级实验教学示范中心1个。获得项目经费1230万元。

加快硕士学位一级学科建设，制定《硕士学位授权一级学科建设目标与任务（2011-2015）》。临床医学硕士专业学位研究生培养模式成为省级卓越医生培养计划改革试点。完成招生190人，同比增长14.5%。加大研究生科研创新支持计划资助力度,10个项目获得校级资助。4篇硕士学位论文被评为省优秀硕士学位论文。学校成为2012年河南省研究生教育创新培养基地建设单位,被评为河南省学位与研究生教育先进集体。

成人教育招生录取5313人,开展了对18个地市联合教学点的招生宣传巡视和教学检查工作。学校被评为教育部全国高等教育学籍学历管理工作先进集体。启动开展国际本科通识教育课程项目,3个专业开展试点工作,完成招生195人。完成了中外合作办学护理本科项目自评工作。

【师资队伍建设】 全年新增博士26人、硕士37人,引进海外高层次人才3人,聘任校特聘教授4人、兼职教授4人。获得基础医学、临床医学和生物学3个学科的副教授评审权。加大师资培训力度,派出教师国内进修学习100余人次,国外访学15人次。组织推荐各类学术人才,1位教师被评为省学术技术带头人,3位教师被评为省教育厅学术技术带头人,5位教师被评为省高校青年骨干教师资助对象,1位教师被评为省高校哲学社会科学优秀学者,3位教师被评为省教学标兵,2名专家分别获得省人民政府颁发的黄河友谊奖和新乡市人民政府颁发的牧野友谊奖。学校被评为省大中专学校人事工作先进集体、省涉外单位信誉等级评定外国人管理服务4A级单位。

【学科建设】 获批6个省重点学科,其中一级学科5个、二级学科1个,新建校级重点学科4个。获批建立河南省干细胞与

9月15日,省政协副主席、工商联主席、总商会会长梁静(中)参观新乡医学院干细胞与生物治疗技术研究中心

再生医学研究院士工作站。脑研究实验室和生理心理学实验室成为省高校重点实验室培育基地。医用组织再生重点实验室获批省级重点实验室。新增校级重点实验室5个。

【科研】 首次遴选校级科技创新团队5个,获批省级创新型科技团队2个。全年申报各级各类科研课题397项。获批厅(局)级以上课题立项161项,其中国家自然科学基金项目20项。争取各级各类科研经费2097.7万元,到账科研经费1929.3万元,同比增长88.9%。全年发表论文828篇,其中SCI收录158篇,同比增长53.4%。获得省级以上科技进步奖6项。申请国家发明专利27项,获批16项。

【教育研究】 6项省教育科学规划课题通过鉴定。获得2011年度省高等教育教学成果奖5项,其中特等奖1项;2012年省教育科学研究优秀成果奖6项,其中特等奖1项。获批2012年省级教育教学改革研究立项课题7项,其中重点项目1项;获批省教育科学"十一五"规划立项课题8项。完成院系办学投入和产出绩效年度评价。

【教研型院系建设】 制定教研型院系建设方案,启动首批教研型院系建设单位遴选建设工作,基础医学院、药学院、生命科学技术学院3个学院成为学校首批教研型院系建设单位。将生命科学技术系、公共卫生学系更名为生命科学技术学院、公共卫生学院。

【对外学术交流】 全年开展各种学术交流活动100余次,举办博士论坛、教授论坛、国家自然科学基金获得者论坛等活动,承办第二届中原干细胞与转化医学高峰论坛、全国高等医学院校医学检验专业首届临床病原生物学检验校际会等高水平学术活动。

【学生资助与就业】 全年共发放各种奖学金、助学金、生活补贴1649.9万元,受奖受助学生4540人次。为317名新生开辟了绿色通道,缓缴学费130余万元。为1786名贫困学生申请贷款1016.68万元。承办全省"诚信校园行"高校学生资助政策及相关知识大赛总决赛。5人被评为省级先进工作者,学校被评为省高校学生资助工作先进单位,获得河南省普通高等教育本专科学生管理工作先进集体称号。

编写学校2012年就业工作白皮书,组织开展月末招聘会、毕业前专场招聘会和河南省医学卫生类毕业生就业洽谈会,吸引846家招聘单位参加,提供就业岗位信息20321个。代表河南省参加全国大学生第二届职业规划大赛,获二等奖。毕业生初次就业率87.65%,年底就业率97.27%。学校被评为河南最具就业竞争力示范院校,并连续三年被评为河南省毕业生就业工作先进单位。

【图书期刊和教育信息化建设】 2012年,馆藏各类纸质图书资料76.8万册,中外文报刊9.5万册,另有电子图书2390GB。拥有15个中文数据库、11个外文数据库和5个自建数据库。开通国家图书文献中心6项免费资源等,争取到13个免费使用数据库。全年接待读者573581人次,纸质文献借阅量33.88万册。验收新书1.1万册,共计54.95万元;接收捐赠图书51册。加强科技查新工作站管理,全年完成查新报告213件,同比增长81%。加强电子资源管理,完成数据库续订和试用数据库引进工作。

《新乡医学院学报》被评为中国科技论文在线优秀期刊、第四届中国高校优秀科技期刊、第二届中国精品科技期刊。《实用儿科临床杂志》更名为《中华实用儿科临床杂志》,被评为2012年度中国科协精品科技期刊,与《眼科新进展》共同入选《中文核心期刊要目总览》。《临床心身疾病杂志》、《中华脑科疾病与康复杂志》成功被美国《乌利希期刊指南》国际数据库收录。汇编完成《SCI生物医学期刊投稿资讯》和《SSCI期刊投稿资讯》。

推进数字化校园一期工程,整合校内现有数字管理系统,初步实现信息资源共享。网上办公自动化系统(OA)投入使用,移动办公系统(MOA)开始建设。加强网络管理,更新网站群系统,启动互联网安全审计。组织参加第12届全国多媒体课件大赛等比赛活动,获得奖励2项。

【基础建设】 总建筑面积10708.47平方米的学生公寓和5119平方米的学生餐厅项目主体部分完工,建筑面积9910.29平方米的口腔医学教学楼顺利开工,博士公寓项目启动,建筑面积

6385平方米的卫辉校区教学实验楼项目第一期工程完工并投入使用。

【财务和后勤保障】 切实做好财务和后勤保障。召开学校财务工作会议,财政国库集中支付工作有序开展,科研及公用基本支出与专项经费足额到位,财政经费100%及时结算。成立后勤服务工作协调小组,推进学生食堂和公寓标准化建设,师生综合服务满意率达85%以上,加强校园绿化、美化,被评为河南省园林单位。

【审计和国有资产管理】 全年完成财务审计3项,基建、维修、教学科研仪器设备481项。审签合同31项。学校被评为省教育审计工作先进单位。规范开展招标采购工作,全年完成招标项目13项,签订合同33个。2012年新增资产1115台件,核销资产380台件。学校被评为省行政事业资产管理先进单位。

【党建和民主管理】 全年发展党员1528人,其中学生党员1473人,职工党员55人。全校共有党员5687人,其中在岗职工党员2280人,占职工总数的45.2%;学生党员3407人,占学生总数的13.58%。

调整5个处级机构,调整处级干部13名。完成部分科级干部调整,提拔科级干部69人,轮岗交换22人。加强干部队伍教育培训,强化处级干部在线学习,选派2名校级领导、14名处级干部参加各种培训班、研讨班,选派1名处级干部外出挂职锻炼。切实加强干部管理和监督,组织处级以上干部报告个人有关事项,完成副处、副高以上人员"出国(境)信息审核"报备工作。组织参加了省副厅级和卫生厅副处级干部公选,1名干部被选调为卫生厅副处级干部。

加强教代会制度建设,制定《新乡医学院教职工代表大会实施办法》。顺利召开第四届教职工代表大会暨第四次工会会员大会。

【附属医院】 学校建有3所直属附属医院,开设病床3866张。拥有新乡市中心医院、焦作市人民医院等12所非直属附属医院、120余所教学医院和实习基地,与北京、上海、广州、武汉、济南等地的多家大型医院建立有良好的合作关系。

第一附属医院继续创新改革,寻求突破,获全国医药卫生系统创先争优活动先进集体、河南省卫生科技工作先进集体等称号。全年门、急诊37万余人次,同比增长7.2%;出院病人67006人次,同比增长14.5%;手术台次15550例,同比增长16.2%;病床使用率110.5%,全院平均住院日12.7天,综合病区11.5天。全年收入9.91亿元,其中医院本部业务收入7.9亿元,同比增长31.16%。神经病学博士后科研工作站被评为省优秀博士后科研工作站,康复科成为国家中医药管理局"十二五"重点专科建设项目,内分泌科被评为省优质护理服务示范病房,肿瘤内科成为第一批省癌痛规范化治疗示范病房。医院获得国家临床肿瘤、感染(肝病)、结核病药物临床试验机构资格认定证书。继续开展博济爱心基金救助活动,累计为614名贫困患者返还医疗资助金268万元。

第二附属医院坚持科学发展,创新管理理念,社会美誉度不断上升,获得"健康中原先锋岗"、全省"十大指标"目标管理先进单位、全省卫生系统对外院际合作工作先进单位、群众满意的医疗机构等荣誉。全年门、急诊15万人次,住院病人8716人次,平均床位使用率103.1%。全年总收入1.9亿元,其中业务收入1.4亿元,同比增长34.78%。成为卫生部精神科评审标准制定单位、河南省三级综合医院精神科评审标准制定单位。新门诊综合病房楼项目开工,总建筑面积2.4万平方米。加强平安医院建设,开展"三好一满意"、优质护理服务、"医疗质量万里行"等活动。医院被评为全省优质护理服务先进单位、全省卫生系统安全生产先进单位,成为建设中原经济区100张名片之一。

第三附属医院提高服务质量和服务能力,继续保持良好发展态势。医院被纳入全省"十二五"三级医院设置规划,获得河南省创新医院称号。全年完成总诊疗21万余人次,同比增长25.12%,其中门诊16.75万人次,同比增长9.07%,急诊6804人次,同比增长14.49%,住院病人1.4万人次,同比增长14.14%,其他接诊共计2万余人次。全年收入1.7亿元,同比增长24.37%;其中业务收入1.54亿元,同比增长22.15%。新门诊楼投入使用,建筑面积0.94万平方米;新病房楼主体完工,面积3万平方米;口腔专业教学楼开工,建筑面积0.99万平方米;第二病房楼进行了规划设计,建筑面积6.2万平方米。开展宁养服务,通过了全国宁养基金TUV星级评核认证。承办了第一届豫北心脏病大会。麻醉科被卫生部授予舒适化医疗研究基地。医院被评为全国百姓放心示范医院。

【三全学院】 2012年,有在校生13488人,其中本科生11955人、专科生1533人;专任教师338人,其中副高级以上专任教师达到13.6%,研究生以上学历专任教师达到53.3%。全年发放各级各类奖助学金813.62万元,提供勤工助学岗位2140个。完成3000平方米高层综合办公楼、500平方米同学楼报告厅、1500平方米综合楼北侧广场、停车场等装修、建设,以及"懿德苑"花园广场的绿化工作,增加绿化面积13500平方米,被新乡市评为"园林单位"。

撰稿:郜　佩

审稿:段广才

郑州航空工业管理学院

党委书记:张力奎 院 长:施进发
创办时间:1949年10月 校 址:郑州市大学中路2号(南校区)
郑东新区龙子湖高校园区(东校区)
电 话:0371-60632000
传 真:0371-60632600 邮 编:450015(南校区)
网 址:www.zzia.edu.cn 450046(东校区)

【概况】 学校现有两个校区,南校区位于郑州市大学路,包括教学区、家属区和现代工业实训中心,东校区位于郑东新区龙子湖高校园区。学校总占地面积1900亩,校舍建筑面积9.7万平方米。固定资产总值9.76亿元,其中教学仪器设备总值0.9亿元。学校设有20个教学院(系、部),开设普通本专科专业68个,设科研机构20个,实验室(实验中心)25个,图书馆藏纸质图书170万册,电子图书3万GB。截至2012年底,共有教职工1436人,其中专任教师1069人。全日制在校生27608人(本科生23863人,专科生3745人);预科生229人;函授生2157人(函授本科生1184人,函授专科生973人)。2012年招生8303人,毕业6870人。

【领导班子成员名单】 党委书记张力奎,党委副书记、院长施进发;党委副书记郭秀华、程天宝;副院长李现宗、贺金社、张锐、郝红军、王霞、申金山;纪委书记石培哲,工会主席高海水。

【党建和思想政治工作】 加强基层党组织和党员队伍建设。落实基层组织建设年活动有关要求,指导基层党组织开展换届选举工作,规范和完善组织生活制度。举办基层党组织书记培训班,138人参加培训。推进学习型党组织建设,下拨党员教育培训专项经费10万元,用于开展形式多样的党员活动。开展创先争优活动。坚持领导干部联系点制度,进一步完善公开承诺机制,确保承诺事项落到实处。召开庆祝建党91周年纪念大会,对10个先进基层党组织、35名教职工优秀共产党员、26名学生优秀共产党员、17名优秀党务工作者进行表彰。组织开展迎接党的十八大召开的一系列活动。做好在大学生和青年教师中发展党员工作。本年共举办2期、30个班次的党校培训班,培训入党积极分子3384名。至年底,全校共有党员5259名,其中在职教工党员918名,离退休党员404名,学生党员3937名,占全校学生的15.59%,形成了一支稳定的大学生党员队伍。

加强领导班子建设。校领导班子以树立对师生员工负责、推动工作、清正廉洁"三种形象"为重点,着力加强党性和作风教育。落实党委领导下的校长负责制,坚持民主生活会制度,深化联系基层工作。开展科级干部换届及选拔任用工作,严格执行干部述职述廉、诫勉谈话、个人有关事项报告等制度。开展干部教育培训工作。举办处级干部暑期培训班,130名处级干部参加了培训;举办处级干部第一期井冈山党性教育培训班,40名处级以上干部参加了培训;举办科级干部培训班,123名科级干部参加培训。选派干部参加上级各类培训和挂职锻炼、博士服务团、驻村任职、定点扶贫等。加强作风建设,开展"三讲三提升"活动。开展一系列主题教育系列活动,充分发挥大学生党员在校风建设中的先锋模范作用。开展查找廉政风险、构筑拒腐防线工作,及时排查廉政风险,制定防控措施。实行校纪委委员联系基层工作制度,由校纪委委员联系部分单位和部门,协助联系单位做好党风廉政建设和反腐败工作。加强干部日常教育、管理和监督,坚持执行领导干部收入申报、个人有关事项报告、述职述廉等制度。

【学科建设和科研工作】 制定硕士单位与学科建设工作要点,将验收工作任务详细分解,各责任单位全力以赴做好迎接验收的准备工作。召开一系列迎接验收的专项会议,开通硕士单位立项建设工作平台,启动校内预验收工作,对学科点和相关职能部门各项准备工作查漏补缺。编制《郑州航院学位与研究生教育工作制度汇编》,颁发《郑州航院研究生教育管理暂行办法》、《郑州航院硕士研究生指导教师遴选暂行办法》等规章,修订《郑州航院学位授予工作细则(试行)》,筹建研究生处,成立学位评定委员会,遴选出37位硕士生导师,初步搭建了研究生培养工作体系。在广泛征求教职工意见和建议的基础上,编制《郑州航空工业管理学院学科建设发展规划》。完成第七批省级重点学科验收和第八批重点学科申报工作。3个省级重点学科通过验收,7个学科被确定为第八批河南省重点学科,其中包括3个一级学科、4个二级学科。取得省财政专项学科建设经费255万元。陶瓷材料界面、航空物流、高透水性路面材料3个实验室列入河南省工程实验室立项建设,结束了学校没有省级重点实验室的历史,具有里程碑的意义。航空材料与工程技术实验室获省高校重点实验室培育基地立项建设。会计与财务研究中心获省高校人文社科重点研究培育基地立项建设。实施"高等学校创新能力提升计划"(以下简称"2011计划"),成立了实施"2011计划"领导小组,制定实施方案,成立并培育"航空经济发展协同创新中心"和"航空材料技术协同创新中心"两个校级协同创新合作平台,与省发改委、省工信厅、省民航办、省机场管理集团、省民航投资公司和中国城市临空经济研究中心等单位组建了协同创新联盟体,签署了协同创新战略合作框架协议,在校内组成近20

个创新团队，围绕郑州航空港经济综合实验区建设中的重大问题，参与了省发改委、省民航办有关郑州航空港经济综合实验区若干重大项目的规划编制工作。根据学校科研工作发展的需要，制订、修改、完善学术期刊分类标准、分类目录、科研工作计量标准、科研奖励办法、科研经费配套办法、科研工作考核办法等一系列科研管理制度。重点抓好国家级项目申报与立项、省部级科研成果奖励申报。本年共获批国家级项目8项，其中国家自然科学基金7项、国家社科基金项目1项。获得省部级项目165项，其中教育部人文社科规划项目4项、航空科学基金10项。开展一系列学术交流与申报国家基金培训论证会议，鼓励教师参加高水平的学术会议，成功举办中国伦理学会德育专业委员会二届七次会议、中国会计学会会计教育专业委员会2012年年会暨第五届会计学院院长（系主任）论坛等重要学术会议。

【教学改革与质量工程建设】 成立郑州航院“本科教学工程”领导小组及其办公室，继续加强教学质量工程建设。5个特色专业、4个教学团队、3门精品资源共享课程、2个实验教学示范中心、5个专业综合改革试点，共计19个项目获得校级立项，2个专业获得省级特色专业立项。参加全省高校“专业综合改革试点”项目申报，3个专业获批为2012年度项目。2个专业获批为2012年度省高校本科工程教育人才培养模式改革试点专业，1个教学团队入选2012年度省级教学团队。3个新专业和2新专业个方向通过学校评审。编制“十二五”专业建设与发展规划。实施卓越人才培养计划，出台“卓越人才培养计划”建设管理办法和专项资金管理细则。学校获批为2012年度河南省建设应用型、复合型卓越法律职业人才教育培养基地。加强市场开拓力度，主动增强服务意识，积极灵活、全方位地开展继续教育工作。在成教生源日趋紧张的情况下，实现成人学历招生2026人，创十年来成人招生首次突破2000人大关的记录，实现当年自考本科招生273人。修订44个专科、30个专升本专业教学计划，强化教学管理，使函授站教学管理水平和教学质量有了明显改善。开拓校内外实训中心、实习基地建设。抢抓机遇，推进国际合作办学，率先在全省开设了“国际本科学术互认课程”，开设了河南高校在非洲第一家孔子学院。开展教学研究与教学改革，获得7项河南省十六届多媒体教育软件比赛大奖、6项河南省高等教育教学改革研究省级立项项目，其中重点课题1项、一般课题5项。继续做好新疆哈密地区“少数民族普通高校毕业生第二批赴河南培养计划”基层人力资源和社会保障管理类学员培养工作。

【基础设施和校园信息化建设】 申报中央支持地方高校建设专项资金项目4项，获中央财政资助1200万元。东校区05专业教学楼、23、24号等学生公寓建成并投入使用。东校区图书馆完成主体施工。调试、完善了东校区专家公寓各类配套设施，及时修缮工程质量缺陷，进行绿化美化工作。加快校园信息化建设步伐。成立“一卡通”结算中心、制卡中心。着手规划建设“一卡通”二期工程13个项目，进一步整合现有的各类数字资源，初步实现管理工作的信息化。做好新建的05专业教学楼和23、24号学生公寓楼、东校区专家公寓的网络接入工作。改造南校区中心机房，保证校园网的正常运行。学校严格落实“三重一大”制度，基础设施和重大项目建设中的所有重要工程都由学校领导集体研究决定，公开招标，科学论证建设项目，精心设计、严格管理，确保学校基础设施和重大项目建设质量经得起历史的检验。

【师资队伍建设】 落实人才强校战略，坚持抓好数量与质量并重、引进与培养并重、激励与考核并重、教学与科研并重，统筹学校中心工作与师资队伍建设工作的关系。根据学科建设和硕士单位建设工作需要，主动做好高层次人才引进、培养、稳定工作，进一步规范人才引进与录用的程序，严格控制年度进人计划。全年共引进博士14人，其中海外留学博士1人。引进教授1人。学校博士达175人。坚持引进人才与引进智力相结合，鼓励各院（系、部）积极联系两院院士以及知名学者、专家为学校学科建设、教学、科研做实质性工作，全年共聘请兼职教授17人。强化师资培训，资助28名教师参加国家留学基金委国际本科学术互认课程师资岗前培训。参加国家留学基金委河南省地方合作项目，2名教师入选。选派3名青年教师参加教育部骨干教师培训计划，其中2人为学校全额资助。3位教师参加河南省会计领军人才培训项目。在校内开设教育部网络师资培训分会场，200余人次参加培训。2月，学校获全国高校教师网络培训工作先进集体称号。注重制度建设，规范日常管理，进一步完善和落实青年教师导师制，不断提高师资队伍整体水平。做好高层次人才的跟踪服务，切实稳定、用好高层次人才，为其创造良好的外部环境，促使其多出成果。张锐教授获得2012年度省科技创新杰出人才计划资助。2位教师入选省教育厅学术技术带头人。7位教师入选省高校青年骨干教师资助计划。

【加强管理，提高办学效益】 按照提高预算管理水平、优化支出结构、提高资金使用效益的原则，稳步推进预算管理。经过多次征求意见、反复修改，印发了《郑州航院教育经费支出预算管理暂行办法》。成立预算管理委员会及其办公室。召开年度经费预算管理工作会议，通报年度预算编制情况，建立全过程控制、全方位执行与考核、系统化的预算管理模式。继续深化两级管理，推行校内绩效工资二级管理，制订校内绩效工资二级管理办法，各教学单位制定了本单位的绩效工资分配制度，进一步调动了教学院（系、部）的工作积极性。继续加强对工程建设和基建修缮项目的全过程规范管理。加强学校房产、实验设备、水、电、气等资源的管理利用。加强公车管理。启用“郑航后勤110”信息服务平台，开通官方微博，接受师生投诉、报修并及时处置，提高了维修保障的时效。做好节能减排工作，连续三年获“省直教育公共机构节能工作先进单位”称号。加强图书馆文献资源体系建设，根据教学院（系、部）的需要，优化文献资源体系建设方案，确保各类文献资源的质量，切实发挥图书文献资源在学校教学、科研中的基础性作用。

【学生工作】 做好学生思想政治教育工作。增强针对性，提高实效性，进一步学习贯彻中央、省关于加强和改进大学生思想政治教育精神，把握学生思想动态，做好学生稳定工作。坚持预防为主，开展大学生心理健康教育工作。加强学风和校风建设，通过开展一系列活动，督促学生养成良好的学习习惯。广泛开展“两争两创”活动，充分发挥学生党员的引领示范作用，开展学生党员“树形象、展风采”主题教育活动，收到良好效果。"辅导员工作沙龙"被评为省高校思想政治工作特色品牌类优秀成果。学生资助工作获河南省学生资助工作先进集体、国家助学贷款工作优秀单位称号。学校组织学生参加各类学科、科研、体育竞赛,学生在中国国际包装印刷创意大赛、全国创新公益大赛总决赛、第三届全国高校斯维尔杯BIM系列软件建筑信息模型大赛总决赛、省第十七届大学生田径运动会、省大学生网球赛、2012年科研类全国航空航天模型锦标赛等众多赛事中屡获佳绩,为学校争得了荣誉、扩大了影响。进一步做好招生就业工作,学校被评为2012年度河南最具就业竞争力示范院校、河南省大中专毕业生就业工作先进单位。

【学习宣传贯彻党的十八大精神】 校党委把学习宣传和贯彻落实党的十八大精神作为首要政治任务,高度重视,加强领导,周密部署,抓好落实。各党总支、党支部结合实际,制订学习计划、加强学习指导、提出具体要求、加强督促检查,确保学习成效。利用校内报刊、网络、广播、板报等各种媒介,营造浓厚的学习氛围。一是突出学习重点。原原本本学习党的十八大报告、中纪委工作报告、《中国共产党章程》、习近平总书记署名文章《认真学习党章　严格遵守党章》、习近平总书记在十八届一中全会上的重要讲话和在十八届中共中央政治局第一次集体学习时的重要讲话以及省委书记卢展工在中共河南省委全委扩大会议上的讲话。二是丰富学习形式。通过举办培训班、开展宣讲辅导、组织中心组理论学习、召开专题组织生活会、党组织书记带头讲党课、召开专题座谈会、自学、开展知识竞赛、撰写心得体会、交流研讨等形式,坚持集中学习与个人自学相结合、通读文件与专题研讨相结合、学习理论与研究工作相结合,做到全面学、系统学、深入学。举办党员培训班,组织专题辅导报告;要求每个支部每周至少集中学习一次,每个党员都要撰写学习十八大精神心得体会,总结学习收获。

【张大卫莅临学校调研】 10月9日,河南省副省长张大卫莅校视察工作,就郑州航空港经济综合实验区智力支撑情况进行调研。省政府副秘书长胡五岳、省发改委副主任靳磊、省教育厅副厅长訾新建、省民航办副主任康省桢,特邀专家、河南大学经济学院院长耿明斋教授等人陪同调研。校领导张力奎、贺金社、张锐、王霞、高海水,相关部门负责人及相关专业教授、博士等陪同参观考察。张大卫指出:建设郑州航空港经济综合实验区是省政府认真落实中原经济区建设规划的重大战略举措,是切实加快中原崛起的重要抓手,是构筑新型工业特色经济高地的重要标志;郑州航院在发展航空经济方面有基础、有渠道、有信息、有潜力;要抓住机遇,加强优势学科培育,突出航空特色,优化办学结构,要将服务航空经济作为人才培育的方向,把服务、保障、引领河南社会经济发展作为学校办学的重要理念。

10月9日,副省长张大卫(前排右一)带领省政府办公厅、省发改委、省教育厅、省民航办等单位的领导和专家就郑州航空经济综合实验区智力支撑情况来校调研

【对外合作办学】 经过国家汉办批准,与多多马大学共建坦桑尼亚首家孔子学院,成为河南省继河南大学、郑州大学之后第三家在海外建立孔子学院的高校。学校选定了坦桑尼亚多多马大学孔子学院中方院长人选和中方教师人选,完成了坦桑尼亚多多马大学孔子学院汉语教师志愿者选拔工作。接待澳洲会计师公会、日本亚洲综合研究机构、内布拉斯加卡尼州立大学等的来访。出访坦桑尼亚、韩国多所高校。经省教育厅批准,会计学、工业工程、土木工程3个专业开展"国际本科学术互认课程"改革,并将上述3个专业的国际课程班列入2012年招生计划。学校在教学改革和教育国际化方面又迈上一个新台阶。

【为郑州航空港经济综合实验区建设提供智力支撑】 响应省委、省政府"中原崛起,民航优先"的战略号召,大力推动协同创新。学校立足航空特色,结合自身办学特色和学科优势,开展针对郑州航空港经济综合实验区的专题研究,主动参加郑州航空港经济综合实验区建设。7月,副院长张锐带领学校相关人员参加由河南省人民政府举办的郑州国际航空物流与中原经济区建设高层论坛会,与参会专家学者就如何把郑州建设成为国际航空物流港、打造郑州航空大都市的目标、前景、环境、政策、基础、措施等各方面进行深入的互动交流和研讨。同时,学校向省政府提交"关于航空经济协同创新中心申报支持的请示"。省领导十分重视,省长郭庚茂、副省长张大为均作出批示,认为该课题十分重要,带有很强的创新,要求相关部门大力支持。省教育厅也全力支持学校为郑州航空港经济综合实验区开展的综合研究工作,要求学校就成立"河南航空经济研究中心"提出报告。11月,国务院批复同意规划建设郑州航空港经济综合实验区,学校在成立航空经济研究中心的基础上,积极为郑州航空港经济综合实验区建设提供智力支撑,贡献力量。

撰稿:赵　耀

审稿:施进发

河南科技学院

党委书记：牛书成　　院长：王清连
创办时间：1949年12月　　校址：新乡市华兰大道
电　话：0373-3040395　　邮编：453003
传　真：0373-3040666　　网址：www.hist.edu.cn

【概况】 2012年，学校设18个二级学院、1个教学部，58个本科专业，其中3个专业为国家级特色专业、12个专业为河南省特色专业建设点、2个专业为河南省名牌专业。有河南省重点学科一级学科4个、二级学科3个，河南省重点学科后备学科2个，硕士学位授权一级学科4个、硕士学位授权二级学科21个。拥有作物分子育种、动物病毒病防控与药残分析、作物栽培生理3个河南省高校重点学科开放实验室，农产品质量安全系统控制教育部重点实验室培育基地，农产品精深加工与品质控制、棉花生态多样性与种质创新2个河南省高等学校重点实验室培育基地；河南省杂交小麦工程技术研究中心，畜禽智能化清洁生产河南省工程实验室及动物疫病和残留物防控、作物遗传改良工程、农业数字媒体创意与设计3个河南省高等学校工程技术研究中心；生物学、食品科学、动物医学、园艺学、植物保护学、园林学6个河南省高等学校实验教学示范中心；棉花育种与分子生物学、动物病毒病防控2个河南省创新型科技团队；作物遗传育种、动物疫病防控、农产品加工及贮藏工程、机械制造及其自动化4个河南省教学团队。设有"职业技术教育与经济社会发展研究中心"省教育厅人文社科重点研究基地，13个研究所，1个国家职业技能鉴定所。建有全国职教师资培训重点建设基地和全国高职高专教育师资培训基地。2012年，毕业各类学生6890人，其中全日制本科生3603人、专科生750人，硕士研究生47人，成人教育学历学生2490人。招收新生12557人，其中全日制本科生4756人，专科生962人，硕士研究生66人，成人教育学历学生6773人。各类在校学生达到36310人，其中全日制本科生18799人，专科生2630人，成人教育学历学生14733人，硕士研究生148人。全院教职工1552人，其中专任教师1148人。专任教师中，有教授122人、副教授及其他高级专业技术职务423人，博士、硕士903人；博士、硕士生导师170余名；国家有突出贡献中青年科技管理专家1人，享受国务院政府特殊津贴专家12人，河南省优秀专家5人。学校有新乡、百泉两个校区，占地面积97.67公顷，建筑面积62万平方米。图书文献资源总量192万册，教学仪器设备总值17966.51万元，固定资产总值80281.18万元。办有一个独立学院——新科学院，设32个专业；2012年，招收全日制本科生2770人，在校生9688人，毕业生1816人。

【领导班子成员与调整】 8月，经河南省委研究决定，苗双虎调入任副院长；刘荣增调出，不再担任副院长职务。调整后的领导成员是：党委书记牛书成，院长、党委副书记王清连；党委副书记、工会主席张玉珍，副院长王文鹏、刘兴友、窦玉玺、冯启高、王舜书、苗双虎，纪委书记宋亚伟。

【回良玉考察学校"吉—中农牧业科技示范中心"】 9月10—11日，在吉尔吉斯斯坦共和国进行国事访问的中共中央政治局委员、国务院副总理回良玉，在国家商务部副部长钟山、农业部副部长牛盾和河南省人民政府副省长刘满仓等的陪同下，视察了学校和吉尔吉斯民族农业大学共建的"吉—中农牧业科技示范中心"。校长王清连向回良玉副总理专题汇报了关于"吉—中农牧业科技示范中心"建设、农牧业示范推广情况以及学校在农业科技创新方面的特色和优势。回良玉对学校与吉尔吉斯斯坦共建"吉—中农牧业科技示范中心"以及在吉尔吉斯斯坦的农牧业科技示范工作给予了充分肯定和高度赞扬。他希望学校再接再厉，进一步做好国家农牧业先进技术在吉尔吉斯斯坦的推广工作，并表示国家将进一步支持学校建好"吉—中农牧业科技示范中心"。

9月10日，国务院副总理回良玉(前中)在学校"吉—中农牧业科技示范中心"调研

【刘满仓等莅校指导工作】 11月7日下午，河南省委常委、副省长刘满仓，在省财政厅副厅长张中亮，省农业厅副厅长薛豫宛，新乡市委副书记杨崇林、副市长王晓然等领导的陪同下莅临学校考察指导工作。刘满仓视察了学校小麦育种基地及其他教学科研平台，听取了校党委书记牛书成关于学校在科技创新、科技人才培养、农业科技服务等方面的工作汇报，充分

11月7日,省委常委、副省长刘满仓(前排左一)到学校调研

肯定了学校科技工作所取得的成就,并对学校小麦育种研究工作提出了希望和要求。5月31日,省科技厅厅长贾跃一行考察学校杂交小麦省研究基地。

5月31日,省科技厅厅长贾跃(前左二)一行考察学校杂交小麦研究基地

【党建】 2012年,学校开展学习型党组织建设活动,通过加强校院两级领导班子中心组学习、政治理论宣讲、改革发展专项课题研究等活动载体,学习党的十八大精神、中国特色社会主义理论体系和高等教育管理等理论知识,开展"创先争优"活动,推进基层党建工作。全年对43个先进党组织、137名优秀共产党员和党务工作者进行表彰。设立基层党组织工作专项经费,新成立一批教工和学生党支部,全校党支部总数达到361个。全年发展党员3490人,其中学生党员3460人、教工党员30人;全校党员总数为6984人。任免科级干部28名。加强对干部的教育培训、监督管理。对全校负有经济责任的73名中层领导干部进行了任期经济责任审计,选派1名厅级干部、13名处级干部分别到井冈山干部学院、省委党校等地学习培训,选派1名教师到暨南大学挂职锻炼。召开人才工作会议,确立了今后一个时期的人才队伍建设的指导思想、目标任务和措施。

【思想宣传和精神文明建设】 2012年,学校不断加强思想政治工作,利用重大节庆日,举行各种文化活动;发挥"德育论坛"作用,开展社会主义核心价值体系教育;拓展"青马工作坊"、"党员联点助成长"等思想政治教育品牌。学校门户网站被评为首届"河南省高等学校十佳网站",学校被评为全省思想政治工作先进单位。开展精神文明创建活动,开展"厚德端行,文明修身"、"学雷锋践行动、'三平'之中做贡献"等主题教育活动和志愿服务活动。在《人民日报》、《中国教育报》、中央电视台等校外新闻媒体发表稿件120余篇,其中中央级媒体发表稿件60余篇。

【体制机制改革】 学校推进校院两级管理和目标管理,颁布实施《本科教学工作考核办法(试行)》和《本科毕业生就业考核办法(试行)》,目标管理体系进一步完善;修订出台教学、科研、学生管理、研究生教育等各类管理文件20余项,加快实施校院(部)两级管理。继续深化收入分配制度改革,修订完善了教学、科研量化积分办法、重大科技贡献奖励等办法,实施了岗位绩效工资制度,建立了科学的绩效考核分配机制。出台《后勤改革意见》,加快后勤改革步伐。

【教学基本建设】 2012年,学校获"全国重点建设职教师资培养培训基地专业点"2个、国家级《师资本科专业培养标准、培养方案、核心课程和特色教材开发项目》立项3项;新增食品质量与安全省级特色专业1个;获批省级经济社会发展急需专业综合改革试点专业、产业集聚区发展急需的特色专业点、卓越工程师人才培养计划专业点13个,获得经费资助1860万元。肉品工艺学被评为省级双语教学示范课程,机械制造及其自动化教学团队被评为省级教学团队,园林学实验教学示范中心被评为省级实验教学示范中心。组织编写国家级"十二五"规划教材和实验指导书100余部。新建、认定和审批校外教学实习基地、大学生校外实践教育基地28个。河南省教育厅委托学校成功建设了河南省第一个计算机辅助普通话水平测试站,并向全省示范推广。

【教育教学改革】 2012年,学校成立了学科专业建设项目工作领导小组,出台《学科专业建设项目管理暂行办法》。扩大英语、数学等基础课程分级教学,分级教学单位达到12个。全年确定校级教育教学改革研究项目46项,组织申报省级教学项目和信息技术教育项目立项7项。职教师范专业学制由五年改为四年,全面修订了"对口本科专业"人才培养方案,完善校院(部)两级督导机制,教学质量监控体系进一步健全。

【重点学科建设】 学校召开第二次重点学科建设工作会议,出台校《"重点学科跨越工程"实施意见》。作物学一级学科、预防兽医学二级学科等第七批河南省重点学科通过验收。作物学、兽医学、园艺学、食品科学与工程等被评为第八批河南省重点一级学科;农业昆虫与害虫防治、植物学、高等教育学等被评为第八批河南省重点二级学科;机械制造及其自动化、应用化学列入第八批河南省重点学科后备学科。遴选出第三批校级重点一级学科22个、校级重点二级学科8个。

【研究生教育】 召开研究生教育工作会议,出台《河南科技学院研究生教育协同创新联盟章程》。遴选出第三批52名硕士生导师。作物学与中国农科院棉花研究所共建并获批河南省研究生教育创新培养基地。2012年,录取全日制硕士研究生35人、"职业学校教师"在职攻读硕士学位研究生31人,在校研究生数量达到148人。实施研究生教育质量工程,确立研究生教育教学改革、精品课程建设等各类项目21项。与15家科研单位和企业联合建立了研究生教育协同创新联盟。

【国家级培训基地】 2012年,学校以培训基地为依托,举办全国中等职业学校骨干教师培训、全省高职院校骨干教师培训、全省中等职业学校骨干教师培训、全省中等职业学校骨干教师班主任培训、全省普通话测试员培训、全省农民工创业培训、全省农技推广人员培训等各类培训共15期，培训学员1800余人，取得良好效果。

【新疆少数民族高校毕业生培养工作】 2012年，学校继续承担两批共74名新疆哈密高校毕业生的学习培训任务。6月，第一批31名学员的培训学习和实习任务结束，并返回哈密；第二批43名学员的学习培训工作有序开展。

【自主创新体系建设】 2012年，学校"河南省杂交小麦工程技术研究中心"、"畜禽智能化清洁生产河南省工程实验室"、"农产品质量安全系统控制教育部重点实验室培育基地"等10个科技创新平台获批建设，实现了省级科研平台突破。河南省博士后研发基地及"动物病毒病防控与免疫检测"和"棉花遗传改良与害虫防治"2个河南省院士工作站获批建设。首次获得教育部新世纪优秀人才支持计划。"教育与区域经济"团队评为首届河南省高校哲学社会科学科研创新团队，实现了学校社科研究创新团队突破。职业技术教育与经济社会发展研究中心通过省教育厅基地评估专家组评估验收。

【科技创新】 2012年，学校主持和承担各类立项项目508项。其中国际合作项目1项、国家级项目17项、省部级项目118项，比上年增加21%。签订横向合作协议33项。杂交小麦研究取得新进展，第三次被列入河南省科技重大专项，学校成为全省唯一连续三次获得省科技重大专项支持的单位。争取各级各类经费3459.35万元。全年出版著作113部，发表论文2110篇，其中被SCI、EI、ISTP收录论文116篇，获成果196项，科技成果数量稳步增长。

【科技成果转化】 2012年，学校建成河南百农科技生产力促进中心，推进科技成果推广转化工作，其中"百农矮抗58"推广面积持续增长，2012年全国夏收面积4200余万亩，秋播面积4300余万亩，连续5年为河南及黄淮麦区第一大小麦品种，创造了巨大的经济和社会效益。全年承担科普项目33项，数量稳居河南省高校首位。获得小麦、玉米等品种转化费449.55万元。申请专利24项，授权专利13项，其中发明专利5项。

【协同创新工作】 学校开展协同创新工作，先后与河南农业大学、中国农科院棉花研究所、新疆德佳科技种业有限公司等科研单位签订了协同创新战略合作协议，确立23家单位为学校协同创新科研基地，其中与河南农业大学联合成立的"中原经济区小麦玉米协同创新中心"成为河南省首批高等院校协同创新中心。

【师资队伍建设】 学校继续实施"人才强校"战略，聘任"双聘院士"2人，引进博士30余人，新增教授、副教授等高级专业技术职务人员47人。27人考取定向培养博士。4人获教育部新世纪优秀人才支持计划、河南省杰出青年基金和河南省高校科技创新人才支持计划资助，7人获河南省中青年骨干教师资助计划资助，3人被评为河南省教育厅学术技术带头人，3人获得省优秀教师、省教育系统优秀教师称号。2名博士被确定为省第十批博士服务团成员。

【学生工作】 加强学生教育管理制度化规范化建设，出台《关于进一步加强辅导员队伍建设的实施意见》。不断完善学生资助和服务体系，全校全年各种资助受惠学生9980人，资助金额达3000余万元。强化心理健康教育。加强学风建设。全年共有20个先进班级、211名先进个人受到省级表彰。5890名学生获得国家奖、助学金，730名学生获得国家励志奖学金。学校获河南省普通高等教育本专科学生管理工作先进集体称号。

【招生就业】 2012年，学校录取全日制本、专科新生6349人。本科录取率达99.5%，90%的专业实现了100%的第一志愿录取率，生源质量进一步提高。扎实推进就业创业工作，举办大小型专场招聘会80余场，提供就业岗位1万余个。学校2012届毕业生一次就业率为95.21%，其中本科毕业生就业率为97.29%。学校被评为河南省普通大中专毕业生就业工作先进集体。

【牛书成出席第三届(中部)高等教育发展高端研讨会】 4月，河南科技学院党委书记牛书成教授应邀出席第三届(中部)高等教育发展高端研讨会，并作《发挥优势 主动融入 为中原经济区建设担当大任》的主题演讲。大会公布了"2012年河南省最具竞争力教育品牌大型调查评选活动"结果，学校获得河南省最具就业竞争力示范院校称号。

【合作办学与对外交流】 2012年，新科学院办学质量和人才培养水平不断提升，通过了省教育厅学士学位授予单位评估和艺术类专业办学专项检查，2012届毕业生就业率达85.48%，其中考取硕士研究生259人，录取率达到33.81%，再创新高。与辉县市人民政府合作共建高职学院步伐加快，稳步推进新置换试验地和建设用地转换工作。探索国际合作与交流，与美国东卡罗来纳州立大学、吉尔吉斯民族农业大学、新西兰坎特伯雷大学、加拿大荷兰学院、波兰罗兹技术大学等国外高校签订或达成新合作协议。"农产品质量安全控制"赴美培训项目顺利实施，此次共培训15人。

【全国大赛获奖】 2012年，学校在国际和全国大学生数学建模竞赛、全国电子专业人才设计与技能大赛、全国信息技术应用培训教育工程(ITAT)就业技能大赛、全国服装设计大赛等各级各类大赛中，获国际奖17项、国家奖46项、省级奖250余项。

【王海亮获"中国大学生自强之星"称号】 4月，在共青团中央、全国学联举办的2011年度寻访"中国大学生自强之星"活动中，学校机电学院应教101班学生王海亮获2011年度"中国大学生自强之星"称号，河南省仅3人获此称号。

【校园基本建设】 学校加快基本建设步伐，总建筑面积为25000平方米的高职学院综合楼工程的主体框架结构基本建成，南区科研楼工程的立项报建和施工方案设计工作完成。加快东区征地步伐，新区征地进入实质供地阶段。进行校园网五期工程(学生宿舍)建设方案的专家论证工作与合作谈判工作。

【后勤保障】 学校严格执行"收支两条线"管理制度，争取财政专项资金，全年经费总收入比上年增26%。实施了集中供暖，更换改造西区1栋住宅楼和1号学生宿舍楼供水管道，对805间学生宿舍进行维修、粉刷改造，更换防盗门。投入专项资金49万元，用于补贴学生食堂，保证饭菜的价格和质量。投入580万元，改善学生就餐环境和就餐条件。创建后勤集团便民服务中心。幼儿园被评为新乡市示范幼儿园和河南省示范幼儿园。加强医疗条件建设，启动了医院管理系统。

撰稿：孙震寰

审稿：王清连

河南广播电视大学

党委书记:温海昌
创办时间:1979年3月
电　　话:0371-65954188
传　　真:0371-65936344
校长:苗相甫
校址:郑州市黄河路124号
邮编:450008
网址:http://www.open.ha.cn
电子信箱:hndddzb@126.com

【概况】 2012年,全省电大系统共有市级电大22所,省校直管县级电大5所,县级电大100所。开放教育开设法学、会计学、金融学等21个本科专业,水利水电工程与管理、护理学、小学教育等49个专科专业(含"一村一名大学生"专科招生的12个专业);成人教育开设本科专业3个、专科专业21个。全省电大开放教育本专科在校生为134462人(其中本科33336人、专科101126人);成人教育在校生1810人(其中本科20人、专科1790人),网络教育在校生32682人,高职教育在校生8341人,中等专业学历教育在校生14198人;全省电大非学历教育岗位培训、职业资格培训考核45869人次。

全省电大共有教职工3046人,专任教师1895人,具有副高以上专业技术职务628人。占地面积约200.2万平方米,校舍建筑面积约187万平方米,固定资产约9.2亿元,教学科研仪器设备总值约2.6亿元。

【领导班子成员名单】 党委书记温海昌,校长、党委副书记苗相甫;党委副书记闻金宝,党委副书记、工会主席高自双,党委副书记、纪委书记张莉蓉,副校长丁胡诚、陈宗彬、马东斌、周海兴。

【开放大学建设】 一是12月6—7日,召开全省市级电大党委书记、校长会暨开放大学能力建设研讨会。河南省人民政府副省长徐济超和省委高校工委副书记、省教育厅副厅长訾新建亲临会议为"国家开放大学(河南)"、"河南远程教育中心"和"国家数字化学习资源中心河南中心"成立揭牌并讲话,对做好电大向开放大学转型工作提出了指导性的意见和要求。二是营造筹建开放大学的良好氛围。组织开展"开放论坛"系列讲座,并在河南电大学报上开辟"开放大学干部队伍素质建设研究"和"开放大学与中原经济区建设研究"两个特色专栏,为开放大学建设的研究与宣传工作提供了阵地和平台。全年,《河南日报》、《郑州日报》、《大河报》等多家媒体报道学校有关新闻近20次。三是根据开放大学建设需要,对现有教学机构进行改革,撤销教学指导中心、电视师范学院,设立文法、理工、经管、教育学院和特殊教育学院(筹备),并完成干部配备工作。四是完成了河南省教育信息化专项试点申报和河南远程教育中心信息化规划方案调研论证,其中"河南远程教育资源库"与"河南远程教育公共服务云平台"项目被确立为河南省第一批教育信息化专项试点(全省共4家),同时被河南省推荐申报教育部教育信息化试点,"河南远程教育中心"信息化规划设计方案基本完成,并获得相关专家的高度认同。五是与联通公司签订战略合作协议,开展"掌上开放大学移动应用平台"探索,省市电大网站、办公系统、电话查询、电大在线、作业考核平台作为学校信息化平台的首批移动移植项目投入使用。

12月6—7日,副省长徐济超(前左)和省委高校工委副书记、省教育厅副厅长訾新建(前右)为"国家开放大学(河南)"、"河南远程教育中心"和"国家数字化学习资源中心河南中心"成立揭牌

【高职院校建设情况】 围绕骨干高职院校建设,全面推进教育教学改革,取得显著成效,全年获国家级奖项4项,省级奖项20余项。完成了郑州信息科技职业学院院级质量工程立项建设工作,共立项建设6个院级重点专业、3个教学团队和9门精品课程,其中计算机应用技术专业获批省级专业改革综合试点项目。以深化校企合作为着力点,不断加强和拓宽与企业合作的深度与广度,在专业建设、学生培训、实习就业、科学研究、产品研发等方面开展广泛而深入的合作,取得良好效果。共建有103个校外实训基地,其中校企紧密合作型实习实训基地23个。

【召开第二届第二次"双代会"】 3月23日,召开了第二届第二次教职工代表大会暨工会会员代表大会。经过审议,大会通过了校长訾新建作的题为《克难攻坚　稳步推进　为实现河南电大跨越式发展而奋斗》的工作报告;通过了《河南广播电视大学财务工作报告》和《河南广播电视大学工会工作报告》。会议还印发了《三个教代会专门委员会工作报告》、《关于对第二届双代会提案的回复报告》和《河南电大第二届第二次双代会提案报告》。大会代表对校级领导进行了民主评议。

【承办全国广播电视大学考试工作会议】 2012年全国广播电视大学考试工作会议于6月11—13日在郑州举行。会议由中央电大主办、学校承办。中央广播电视大学校长杨志坚、党委书记阮智勇、副校长李林曙，河南省委高校工委专职委员贾修国，河南广播电视大学党委书记温海昌、校长苗相甫，河南省教育厅高教处处长韩小爱和来自全国各省级广播电视大学的150余名代表出席了会议。贾修国在致辞中对学校在中原经济区建设中为河南提供人才支持方面所做的工作给予了充分肯定。苗相甫校长简要介绍了学校近年来在各方面所取得的成就，同时，对中央电大和全国各省级电大对学校的支持和帮助表示感谢。会议期间，杨志坚校长和阮智勇书记还到学校考察了引领式教学模式改革和实践、学习支持服务工作、信息化建设等方面的工作情况，并对学校在开放教育方面所做的工作给予肯定和赞赏。

【队伍建设】 完成学校第七轮聘任干部试用期满考核工作，共考核正处级干部15人、副处级干部26人、正科级干部20人、副科级干部49人。按照上级安排，派出2名校级干部、5名处级干部参加调训学习。以"加强基层组织建设、当好党组织书记"为主题，对全校41名党支部书记进行了培训。同时，组织24名教师参加省教育厅组织的暑期师资培训；开展院级师资培训工作，采取与行业企业合作，请进来、走出去等多种手段，对50名教师进行了双师素质培训。

【基层组织建设】 开展基层组织建设年活动，完成了5项工作任务，实现了"五个提升"的工作目标。"七一"前夕，组织先进基层党组织、优秀党员和优秀党务工作者的评选表彰活动，其中学校表彰先进基层党组织10个、优秀共产党员34人、优秀党务工作者11人，推荐并受到上级表彰的教育系统先进党组织1个、优秀共产党员1人。

【推进"教学质量和教学改革工程"项目】 完成第四批质量工程项目立项建设11项。对第二批质量工程项目进行结项评审，其中两个项目顺利结项。

【第二轮市级电大教学工作绩效考核】 在总结前期市、县级电大教学工作绩效考核经验的基础上，召开专题研讨会，优化考核方案，严格考核程序，提高工作实效。

【教学团队建设】 以组建专业和课程教学团队的方式，通过多种形式的教学、教研活动，整合全省电大系统优秀教师资源。2012年初，制定《河南广播电视大学远程开放教育教学团队建设与管理办法(试行)》，批准成立会计电算化课程教学团队和行政管理专业教学团队，并拨出专门经费用于教学团队建设。制定《河南广播电视大学教学团队工作规范》(草案)，修订《河南广播电视大学教学工作奖励办法》，开展多项评优表先和教学技能竞赛活动。

【教学资源建设】 制定《河南广播电视大学多种媒体教学资源建设规范》(试行)、《河南广播电视大学关于多种媒体教学资源引进管理办法》(试行)等系列规章制度，进一步明确教学资源建设的标准和要求。完成了2011年度教学资源建设项目立项26项，资助金额人民币42.03万元。完成国家数字化资源中心河南中心课程资源编目和27门课程资源的上传工作。学校申报的《公差配合与测量技术》和《世界华文文学》两门课程获2012年度全国广播电视大学精品课程。

【科研】 制定《河南广播电视大学科研发展规划(2011—2015)》，完善《河南广播电视大学科研工作奖励办法》、《河南广播电视大学学术专著资助办法》、《河南广播电视大学科研资助办法》等重要的科研管理制度。2012年，共获得批准立项省级课题8项、厅级课题45项、校际合作课题1项，共计有18项课题获得校外经费资助，资助总金额达30万元。

【校企合作】 9月14日，学校与中国联通河南省分公司举行战略合作签约仪式。党委书记温海昌、校长苗相甫等学校领导与省联通公司党委书记、总经理赵玉军，副总经理王宜科等出席了仪式，全省22家市级电大的领导和18家地市联通公司的领导参加了签字仪式。

9月14日，学校与中国联通河南省分公司举行战略合作签字仪式，图为签字仪式现场

【图书馆建设】 全年共采购纸质图书4411种、13559册。为满足学生借阅需求，将借阅数量由3本增加到4本。同时保证了图书借阅开放时间，其中东校区借阅处每周开放51小时，西校区开放35小时，电子阅览室也由原来的每周开放时间40小时增加到76小时，受到学生好评。

【帮扶助困与群众性文体活动】 开展"面对面、心贴心、实打实"走基层活动；开展针对困难教职工的帮扶助困及送温暖活动，共帮扶33名困难职工，帮扶资金3万余元；开展庆祝"三八"妇女节系列活动、2012年教师节联欢活动、教职工乒乓球比赛、首届经典诵读比赛等活动；组织参加了河南省高校党政工联谊暨庆"五一"运动会和省教科文体工会组织的工会专职干部"创先争优、喜迎十八大"摄影比赛等多项丰富多彩的教职工业余文体活动，营造健康、和谐、向上的校园文化。

撰稿：裴延锋

审稿：周海兴　王海天

河南教育学院

党委书记:白威凉
院长:刘金海
创办时间:1978年
校址:郑州市郑东新区龙子湖高校园区文苑路北段
电　　话:0371-69303678
邮编:450046
传　　真:0371-69303679
网址:http://www.haie.edu.cn

【概况】 2012年,河南教育学院设有15个系、5个二级学院、3个研究所、2个教研部和18个科研机构。开设成招、普招本专科专业54个,涵盖人文、社会、理学、管理学四大学科。拥有纬五路和龙子湖两个校区,共占地1014亩,建筑面积24.79万平方米,固定资产2.71亿元、教学仪器设备总值5219万元,馆藏纸质图书89.11万册。

学院有教职工592人,其中专任教师399人,其中正高级专业技术职务教师49人,副高级专业技术职务教师110人,硕士学位以上教师241人,兼职博士生、硕士生导师17人;国家级模范教师、国家优秀教师5人,享受省管专家津贴3人,省教育厅学术技术带头人26人。本学年各类生员65000余人,其中全日制在校生11971人,函授、自考助学本科学员8800余人,师训、干训学员2200人,暑期英语教师72人,中小学教师继续教育远程培训学员42000余人。毕业各级各类人才4923人,其中普招生2391人、成招生365人、函授生2167人。在第三届(中部)高等教育发展高端研讨会上,学院被评为2012年度河南最具就业竞争力示范院校。

【学院领导班子成员名单】 10月前,党委书记白威凉,院长刘金海;纪委书记田俊廷,副院长李金铭、王北生、李树桦、王建生,工会主席郭富华。10月,工会主席郭富华任学院党委副书记、工会主席,李国辉调入学院任纪委书记。田俊廷任党委副书记。其他领导职务不变。

【全省"十二五"首期教育局长高级研修班】 5月10—11日,学院承办全省"十二五"首期教育局长高级研修班。来自全省各省辖市、省直管试点县、重点扩权县(市)教育局的30位正职局长,以及河南大学、河南师范大学等院校分管教育干部培训工作的校、院长,参加了研修班学习。省委高校工委书记、省教育厅党组书记、厅长王艳玲,教育部基础教育二司副司长申继亮等领导出席培训班开班典礼。

【"三重一大"和校务公开】 院党委严格执行党政领导班子议事规则和决策程序,凡涉及学院改革发展中的重大事项和关系全院师生员工切身利益的重大问题,均属于重大事项决策的范围,都坚持通过党委会或院长办公会集体研究决定。改制工作、第二批周转房建设方案、学院"十二五"发展规划制定、6—7号学生宿舍楼建设、CD楼与系办公楼及实验楼的供配电工程等重大事项,都广泛听取教职工的意见和建议,在反复论证的基础上,经党委会研究或教代会审议通过,从而保证了决策的科学、民主和公正。有机整合党务公开和校务公开,制定《河南教育学院党务校务公开实施办法》,做到党务公开与校务公开有机结合,实行"两个公开、一套班子"的运行机制,更加有利于发挥党政工团等方面的力量,形成合力,进一步规范办学行为,推进决策民主化和科学化。在公开渠道上,采取多种形式进行公开,除了通过文件、公示栏、网络等方式,还通过教代会、院领导接待日等方式进行公开。10月,省委高校工委检查组对学院贯彻执行"三重一大"和党务校务公开情况进行了全面检查,学院许多好的做法得到检查组的高度评价。

【组织建设与干部队伍建设】 成立学前教育学院、旅游管理学院、生命科学系、社会人口学系4个党总支,配齐配强了总支、支部委员,进一步加强基层党组织建设。加大对入党积极分子培养教育力度。全年共培训入党积极分子2468人。注重发展党员质量,全年共发展新党员1104人。严格党员管理,落实党费收缴、管理、使用制度。制定、完善《河南教育学院党员领导干部廉政教育登记制度》、《河南教育学院处级领导干部选拔任用工作暂行规定》等制度,进一步规范了干部管理。举办科级、处级干部培训班,加强干部教育培训和实践锻炼,提高了干部队伍规范管理、依法治校、推动发展的能力。完成干部调训任务,全年派出2名厅级干部、8名处级干部参加了上级调训和培训;派出1名处级干部参加省委组织的驻村工作,担任村党支部第一书记;派出2名博士参加博士服务团工作、1名处级干部借调到省委驻村办工作。做好省委组织部组织的全省干部自主选学工作,承办现代领导艺术专题培训班,培训学员95名,培训效果良好,受到省委组织部和学员的一致好评。

【六届二次教代会暨四次工代会】 4月13日,学院召开六届二次教代会暨四次工代会。会议听取并审议了《院长工作报告》、《院工会工作报告》、《学院财务工作报告》、《六届一次教代会提案落实情况的报告》和《河南教育学院"十二五"发展规划》,通过了《关于院长工作报告的决议》、《关于第三届工会委员会工作报告的决议》、《关于〈河南教育学院"十二五"发展规划〉的决议》。

【学院发展规划】 深入调查研究,理清发展思路,明确目标任务，做好规划编制，2012年4月，“十二五”发展规划（草案）经学院六届二次教代会审议通过，正式印发。学科专业建设、师资队伍建设和校园建设等子规划相继出台。学院加强对规划贯彻落实工作的领导，加强对各子规划和分规划实施的跟踪、检查和评估，有效地推动了规划的落实。

【改制工作】 把改制为普通本科院校放在学院工作的重中之重，义无反顾，强力推进。一是调整改制迎评工作领导小组和专项工作组成员及职责，精心部署改制工作任务，统一思想，落实责任，保证了改制工作紧张有序开展。二是加大省内工作力度，争取上级主管部门更多的理解和支持；强力推进校友会工作，创造了有利于学院改制的外部环境。三是根据普通高校设置的标准要求，切实加强各项硬件、软件建设；做好相关评估材料、改制展览馆建设和展示、专家组入校考察接待等工作。7月，省高校设置专家组对学院进行了评估考察，专家们充分肯定了学院在软硬件建设上取得的成绩，对学院的人才培养工作给予了高度评价。虽然由于种种原因学院未能进入到教育部高校设置指标内，但通过改制工作的扎实推进，学院的办学条件进一步改善，教育教学质量进一步提高，核心竞争力进一步提升。四是探求改制突破点。改制受挫时，学院认真总结研究，积极探寻合作改制发展的新路径，主动与省教育厅及有关院校领导多次进行沟通，力求改制有新的进展。

【龙子湖校区建设】 一是克服重重困难，引进建筑公司，建设6、7号学生宿舍楼，主体建筑封顶；做好启智楼、启慧楼、知行楼、知理楼的供配电工程和外围区域绿化美化；完成了知行楼电梯安装及调试和2、3号学生宿舍过道改造工作；修建龙子湖校区东大门。全年基建投入1519万元。二是教师周转房建设扎实推进。做好第一期教师周转房竣工验收工作，2012年7月经省质检站验收合格。做好了配套设施建设工作，启动了第一期周转房周边绿化工程。迅速启动第二期教师周转房建设工程，完成第二期教师周转房平面设计，拆迁及地探工作正在推进之中。三是学院幼儿园建设启动。为满足龙子湖校区教职工子女入园需求，学院深入调研，决定引进社会资金，合作举办幼儿园，并迅速启动项目建设。

【教学管理与改革】 制定并实施《河南教育学院“十二五”学科专业规划》等文件，更好地指导学院教学发展。加大合作办学力度，推进了与美国约翰逊大学、韩国大邱加图立大学、韩国草堂大学、美国加州浸会大学、法国佩皮尼昂大学的国际合作；加强了与郑州大学联合培养研究生工作，提升了学院办学层次。强化教学督查指导，加强教学质量监控管理，开展教学检查、听课月、教学评价指导等活动，促进了教风、学风建设。举办学院第十二届师范生教学技能比赛，有效提高学生的教学能力。在河南省第十届师范生教学技能大赛中，学院6位选手获得一等奖。以实践教学改革为抓手，建立8个实习基地，试点开展实习支教工作与顶岗实习置换研修工作，强化了学生实践能力和创新精神。加强考试管理，建设了160个标准化考场，首次承接了全国硕士学位研究生考试。做好函授、助学自考、师训、干训教学管理工作，进一步凸显了学院教师教育特色。加强学科、专业、课程建设，评选8门院级精品课程；确定5个院级特色专业建设点；初等教育专业被评为省级特色专业。狠抓教学团队建设，确定中国古代文学课程等3个团队为首批优秀教学团队，遴选学前教育等4个团队为第三批院级教学团队。加强图书建设，投入150万元，购置图书21.5万册。馆藏纸质图书89.11万册，电子图书41.9万余册。开通中国知网期刊、博硕学位论文等10个数据库资源。加强数字化校园建设。对学院网络带宽进行动态扩容，有效提高了校园网络出口速度。进一步修订了教学计划和教学大纲；继续深化教学内容、教学方法、教学手段和教学技能改革，举办“河南教育学院第五届青年教师教学技能比赛”；组织好各种教研活动，提高教学水平，学院13项教师教育课程改革研究项目获省教育厅立项。切实加强公共外语和计算机教学；加强体育教学工作，举办了学院第25届田径运动会。

【科研、学报工作】 制定《河南教育学院学风建设实施细则》、《河南教育学院学术道德规范》等规章制度。开展学术交流活动，举办学术报告30次。申报各类科研项目，全年获得各级立项课题103项，其中国家级课题2项、省部级课题35项、厅级课题66项；公开出版论文、著作及鉴定科研成果501篇（部、项），作为第一完成单位获奖83项；获得科研经费123万元。学院被评为河南省高校社科管理先进集体。学报创新办刊特色，提高办刊质量，综合排名大幅度提升，哲社版再次进入全国高校社科百强、“全国中文核心期刊”扩展区，再次被评为河南省高校优秀社会科学期刊；自科版在河南22家综合类自科期刊中列第12名。

【人才队伍建设】 贯彻院党委制定的人才引进计划，2012年，学院硕士学位以上教师269人，占教师总数的52%；做好第五批中青年骨干教师培养工作，做好教师进修提高和校本培训工作。公开、公平、公正地做好职称评聘工作，共有17人通过省高评委评审获得高级专业技术职务任职资格，其中正高6人、副高11人；12人通过学院中评委评审获得中级职务任职资格。继续深化人事制度改革，完成学院岗位设置改革的首聘后续工作；继续完善竞岗条件，深化兑现了专业技术人员工资待遇工作；做好临时聘用人员的聘用和管理工作，较好地解决了临时聘用人员的工资待遇和社会保障问题。

【学生管理与就业】 制定和完善《河南教育学院辅导员管理和考核办法》等规章制度，进一步规范了学生管理。加强心理健康教育，举办各类心理咨询活动12场，危机干预学生208人。完善学生助学体系，做好贫困生工作，全年有112名家庭经济困难学生通过“绿色通道”顺利入学；1814名学生享受到国家奖助学金、“双汇助学金”，总计599.1万元；为663名学生申请到317.41万元助学贷款，有效缓解了贫困学生的经济困难。进一步健全毕业生就业工作机制，完善就业服务体系，为毕业生提供便捷的就业服务。加强对学生就业的指导，有效转变学生的就业、创业观念。加强毕业生就业网站建设；举办大型就业洽谈会和专场招聘会96场，共为毕业生提供就业岗位30500余个；免费为毕业生提供招教考试和特岗教师考试培训，培训“招教考试”学生889名，205名毕业生考取特岗教师。本科毕业生就业率为95.61%，专科生就业率95.11%，与省内同类高校相比，毕业生总体就业质量较高。

【综合行政工作】 优化内部机构设置，撤销人口与生命科学系，成立生命科学系、社会人口学系等机构。加强制度建设，建立健全规章制度30余项。以创建服务型机关活动为载体，以公开服务承诺为平台,强化机关作风建设。强化综合协调和督查督办工作,确保学院重大决策的贯彻落实。扎实推进纬五路校区综合利用,寻求对外合作办学开发,全年可为学院创收1170.9万元。推行办公自动化,严格规范公务接待,推进节约型校园建设。开展依法治校示范校创建活动,全面推行校务公开,落实教代会制度,推进民主管理。加强财务管理,做好增值计收工作,做好各项费用的收缴工作;克服困难,完成贷款周转1.1亿元,归还贷款本金5100万元,归还融资租赁款1251万元,支付贷款利息2400余万元,维护学院资金正常运行,确保学院信誉不受影响;开拓筹资渠道,全年新增贷款2000万元,新增融资租赁资金4400万元;扎实做好招标工作,项目立项价值3800余万元。加强审计工作,完成基建工程项目结算审计5项,送审金额5614.88万元,审减金额602万元,审减率为11%;做好合同审签工作,全年审签基建维修工程项目、大型物资采购等经济合同32项,有效维护了学院利益。全面推进后勤社会化,加大对经营公司的监管力度,采取有力措施保证了饭菜质量和卫生状况;做好了校园和家属院的维修改造工作;投入资金50余万元,解决了教职工的午餐补贴;积极运作,下大力气解决了冬季供暖问题。关注广大师生实际困难,积极为他们排忧解难。落实老干部的"两个待遇",改善老干部活动中心条件,举行离退休职工运动会等活动,丰富了老干部文化生活。强化安全保卫,开展"校警、校村共建"活动,有效杜绝各类安全事故,为广大师生员工创造了安全稳定的教学、生活环境。

【反腐倡廉建设】 坚持"五力合聚、六方共治、树立两个形象、落实一个保障"的工作思路,推进党风廉政建设。实行由党委书记负总责,班子成员根据工作分工,党政齐抓共管,纪委组织协调,部门各负其责,依靠群众支持和参与的领导体制和工作机制;抓好"责任分解、责任考核、责任追究"三个关键环节,加强组织协调和督促检查,制定并实施《河南教育学院落实党风廉政建设情况考核评价暂行办法》,确保责任落实到位。加强廉政风险防控体系建设,突出重点、分步实施、试点先行、培训跟进,建立风险防控管理、责任体系和工作程序,重点抓好重要领域和重要环节及关键岗位的廉政风险防范。做好公务用车专项治理,严格执行相关规定,通过自查,学院领导干部无超标、违规用车现象,无以权谋私、公车私用等问题。抓住"人民满意"这个关键,开展行风评议工作,采取围绕作风转变抓行评、解决师生关注问题抓行评、规范日常管理行为抓行评等多项措施,促进了行风建设工作制度化、经常化,年度行风评议位居全省高校第九位。进一步健全"网络公开"、"专栏公开"、"办事公开"的"三公开"机制;制定和完善规章制度10项,形成用制度管权管事的管理机制。年内院级领导班子成员及副科级以上干部无一人受到上级部门的通报批评,没有发生一起违纪违法、严重损害群众利益的案件,没有出现瞒案不报、压案不查的问题。经过多方努力,学院初步形成了良好的反腐倡廉环境,为学院的健康发展起到了保驾护航作用。

【群团工作】 加强工会自身建设,强化维护和民主参与职能。举办工会干部培训班,进一步提高工会干部的政治素质和业务水平。推行二级教代会制度,促进学院民主管理和民主监督。重视"教工之家"建设,举办丰富多彩的职工文化活动,为广大师生排忧解难,有效解决他们的后顾之忧。院工会获河南省高校综合工作先进单位、河南省高校教代会工作先进单位、河南省高校工会财务工作先进单位、全国模范职工之家等称号。加强共青团的思想和组织建设,充分发挥共青团的后备军作用,强化广大团员青年的政治学习,切实提高了团员青年的思想政治素质。开展丰富多彩的校园文化活动,全面活跃团的生活。强化实践育人功能,促进学生成长、成才。《教育时报》、中国大学生网、郑州电视台等多家媒体报道了学院团学工作经验。

【精神文明建设】 按照党委统一部署,健全领导体制和运行机制,增强了各部门精神文明创建功能。以党建评估为契机,以"创先争优"等活动为平台,实施理论武装工程,有效提高领导干部和师生员工的政治理论水平和思想素质。加强思想政治理论课、思想政治教育网、校史馆等阵地建设,构建思想政治工作的有效载体。加强师德建设,举办多种师德主题活动,增强教职工队伍的政治素质和业务能力。狠抓作风建设,开展"四争竞赛"和行风评议,推动学院校风、教风、学风和机关作风建设。加强校园文化建设,打造"三节三会"校园文化品牌,营造健康向上的校园文化氛围。

撰稿:单成宗

审稿:刘金海　胡鸿泉

信 阳 师 范 学 院

党委书记：孙宏典 院长：卢克平
创办时间：1975年7月 校址：信阳市南湖路237号
校办电话：0376-6391171 邮编：464000
传 真：0376-6392259 网址：http://www.xytc.edu.cn

【概况】 2012年，学校设20个二级学院、1个独立学院、3个教学部，有60个本科专业、67个硕士点（9个硕士学位授权一级学科、5个二级学科）、3个专业学位点。有国家级特色专业3个，国家级专业综合改革试点专业1个，省级特色专业12个，省级专业综合改革试点专业2个，省级工程教育人才培养模式改革试点专业1个，省级精品课程14门，省级精品资源课程1门，省级双语教学示范课程1门，省级思想政治理论课优秀课程4门，省级教学团队5个，省级实验教学示范中心6个，省级科技创新团队3个，省哲学社会科学创新团队1个，省高校科技创新团队2个。毕业各类学生9131人，其中硕士研究生121人、全日制普通本科生5310人、继续教育学生3700人。招收新生16372人，其中硕士研究生175人、全日制本专科生5895人、独立学院学生2843人、继续教育学生7459人。各类在校生36891人，其中硕士研究生487人、全日制普通本专科生27157人、继续教育学生9247人。全校有教职工1562人，其中专任教师1261人、正高级专业技术职务143人、副高级专业技术职务429人。

学校占地面积98.3公顷，校舍建筑面积60余万平方米。图书馆藏书近177万册，中外文期刊7000余种。2012年，学校获全国高校学生公寓工作先进单位、全国高校“农校对接”与学生食堂采购工作先进院校、全国“全民阅读先进单位”、2010—2012年度创先争优活动先进党组织、河南省普通大中专毕业生就业工作先进集体、河南省高等学校繁荣发展哲学社会科学先进单位、河南省高等教育教学工作先进集体等称号。

【领导班子成员名单】 党委书记孙宏典，党委副书记、院长卢克平，党委副书记高建社，党委副书记、工会主席余作斌，党委副书记、纪委书记李绍文，副院长李俊、李义凡、张力、部火星、王文臣、刘彦明，党委委员、党办主任王锐强，院长助理舒刚、陈登报。

【学习宣传贯彻党的十八大精神】 以迎接党的十八大为主题，开展形式多样的宣传教育活动，深入宣传过去五年和党的十六大以来中国经济社会发展取得的成就和经验，引导师生坚定走中国特色社会主义道路的信心和决心。组织党员干部和师生收听收看党的十八大盛况，学校党委印发了认真学习宣传贯彻党的十八大精神的通知，把它作为当前和今后一个时期的首要政治任务。各党总支、直属党支部迅速行动、精心组织，通过报告会、座谈会、征文等多形式、多渠道抓好学习，掀起学习贯彻十八大精神的热潮，把党的十八大精神与学校改革发展实际结合起来，与落实省委巡视组反馈意见结合起来，与开展师德主题教育活动结合起来，与完成学校年度工作部署结合起来，引导广大党员干部和师生员工积极投身到全面建成小康社会和把学校建设成为教学研究型大学的实践之中。

【教学工作】 学校高度重视对国家、省和学校《中长期教育改革和发展规划纲要》的贯彻落实，多次召开党政联席会、院长办公会、处级干部大会等，学习领会纲要精神，在学校党委工作要点和行政工作安排中把贯彻《规划纲要》作为重点来统领其他各项工作。2012年，学校本科教学工程建设扎实推进，获批省级教改项目25项，省级教学成果奖9项，《构建德育“五个一”工程：地方高校思想政治理论课实践教学模式探索》获2011年河南省高等教育教学成果特等奖，并被推荐为国家级教学成果奖候选项目；获批首批河南省教师教育改革创新实验区；数学与应用数学、文化产业管理专业被批准为省级综合改革试点专业，应用化学专业获批为省级特色专业，化学工程与工艺专业被批准为省级工程教育人才培养模式改革试点专业；《数学分析》课程被评为省高等学校精品资源课程，《人文地理学》被评为省高等学校双语教学示范课程；获批第6个省级实验教学示范中心。17名教师在全省教育教学技能竞赛中获奖，4名教师被评为河南省教学标兵，焦素娥教授被评为河南省教学名师，数学与信息科学学院教师王娟在首届全国高校青年教师教学竞赛中获理科类一等奖。

5月29日，学院举办2012年度青年教师教学大奖赛

【科研】 协同创新工作不断提升，根据中原经济区建设和地方经济社会发展实际需要，探索建立校校、校所、校地、校企协同创新模式，加强科研创新能力建设，推选矿物节能材料协同

创新中心、新中原华夏祖根文化保护传承协同创新中心、先进材料与清洁能源协同创新中心、河南省农村综合改革协同创新中心等4个校级协同创新中心进行重点建设。获批河南省高校低维材料制备与应用重点实验室、省高校"大别山农业生物保护与利用工程技术研究中心"、省"种群生态模拟与控制院士工作站"、省高校"大别山区经济社会发展研究中心"、省"大别山动植物遗传资源研究与种质创新团队"、省高校"社会主义和谐社会理论与实践创新团队"。2012年度共获批省级以上科研项目82项,其中国家级项目15项、部级项目13项、省级项目54项;学报自然科学版再次入选中文核心期刊。

【学科建设】 坚持把学科建设摆在内涵建设的突出位置,成立学科建设办公室,着力加强省校两级重点学科的建设与管理。8个省第七批重点学科全部通过验收,理论经济学、马克思主义理论等7个一级学科和发展与教育心理学、英语语言文学等3个二级学科被确定为第八批河南省重点学科,成功获批河南省生态资源与环境研究生教育创新培养基地,遴选第六批22个校级重点学科。1月9日,学校被省教育厅表彰为河南省普通高等教育研究生工作先进集体。

【人才队伍建设】 加大人才引进工作力度,全年新增博士(后)21人,引进海外高层次人才1人,聘请18名兼职教授。切实抓好人才工程建设,有9名教授被确定为河南省事业单位首次专业技术二级岗位人员,选拔了新一届校青年骨干教师资助对象,有3名教师获省教育厅学术技术带头人称号,6名教师被确定为省高校青年骨干教师资助计划资助对象。新增正高级专业技术职务9人,副高级专业技术职务28人。开展师德主题教育活动,进一步完善师德建设制度体系。

【毕业生就业】 进一步加强就业指导,强化创业实践,完善服务体系,广搭就业平台。举办毕业生双选会3场,精心组织"三支一扶"、"特岗教师"、"应征入伍"、"西部计划"等政策性就业项目,承办教育部职业测评与大学生职业发展教育暑期研讨会,年终本专科毕业生就业率为95.27%,就业率和就业工作处于全省高校前列,被评为河南最具就业竞争力示范院校、河南省普通高等学校毕业生入伍预征工作先进集体、河南省普通大中专毕业生就业工作先进集体。

【开放办学】 学校把对外开放作为解决发展难题、拓宽办学渠道的重要途径,深化对外交流合作,拓展合作办学领域,增强办学活力。加强与国外高水平大学的沟通联系,与韩国汉阳大学合作举办的土木工程专业本科教育项目获得批准,实现了对外合作办学项目本科层次的突破。参与国际文化推广工作,培养汉语言文化国际传播人才,选派教师到国外从事对外汉语教学工作。组织学生参加河南省第二届大学生台湾夏令营活动;获批国家留学基金委项目4项。继续教育招生规模再创历史新高,办学效益进一步提升。切实加强学术交流活动,国内外知名专家来校开展学术活动106人次,成功组织一批学者赴美国、日本等开展国际间学术交流,承办中国科学院院士严陆光、褚君浩学术报告会,2012年两岸青年中原文化研习营寻迹分营、全国心理学期刊主编工作会议、河南省本科高校思想政治理论课建设工作研讨会、河南省高校体育协会体育专业年会和河南省第五届本科英语专业建设与发展研讨会等学术活动。

【办学条件】 坚持发扬勤俭建校优良传统,多方筹措资金,开源节流,增收节支,着力改善教学科研和师生的学习生活条件。28号学生宿舍楼如期竣工,综合实验楼建设进展顺利,改造了第二运动场,完成了校内新建补水泵站、煤改气三期等多项工程,特别是补水泵站的投入使用,彻底解决了因校外管道水压低造成的学校停水问题。切实做好河南省高校标准化学生公寓、标准化学生食堂评估创建工作,先后被评为全国高校"农校对接"与学生食堂采购工作先进院校、全国高校学生公寓管理服务工作先进单位。成立教职工住房建设协调小组,协调教职工团购住房。

【团学工作】 学校坚持"三贴近"、"三到位"(一是贴近学生,人到位。二是贴近实际,事到位。三是贴近生活,心到位),加强大学生的日常教育、管理和服务工作,为广大学生办实事解难事,引导广大学生发奋学习、立志成才;对学校德育"五个一"工程进行总结,"德育讲师团"项目获河南省高等学校思想政治工作优秀成果奖;组织召开第二十届学生工作研讨会和第五届辅导员论坛;开设《大学生心理健康教育》课程,进一步提高学生的心理品质和心理适应能力。主动占领网络思想政治教育新阵地,形成相互交叉、多重覆盖的思想政治教育网络平台;重视做好新疆籍少数民族学生的教育管理服务工作;围绕学生的健康成长,广泛开展文化科技、文明修身和志愿服务等活动,引导广大学生在参与中受锻炼、长才干。评选出10名"大学生自强之星",引导学生学先进、争优秀,向身边榜样学习。顺利完成5643名2012级新生的军训工作。

2012年,共为2861名学生办理并发放国家助学贷款1179.07万元,贷款比例为13.02%,为262名学生办理生源地贷款152.98万元,学校被省教育厅评为河南省学生资助工作先进集体。评选出学校奖学金和国家奖助学金共10973人,占在校生总人数的49.98%;评选出省级优秀应届毕业生153人、省级三好学生67人、优秀学生干部22人,先进班集体22个;校级优秀应届毕业生367人、三好学生653人、模范干部491人,先进班集体39个。2012年,面向全国共招聘专职辅导员5名。开办"青校"六期,培训入党积极分子和理论骨干3000余人。《中国教育报》、《河南日报》等多家新闻媒体对学校大学生暑期文化科技卫生"三下乡"社会实践活动进行报道,学校再次被评为河南省大学生暑期"三下乡"社会实践活动先进单位。

【党建和思想政治工作】 以学习宣传贯彻党的十八大精神为重点,切实加强理论武装工作,推进学习型党组织建设。坚持抓基层、打基础,扎实开展"基层组织建设年"活动。"七一"前夕,对在创先争优活动中涌现出来的先进基层党组织、优秀共产党员进行表彰,学院被省委评为2010—2012年度创先争优活动先进党组织。落实党风廉政建设责任制,扎实推进党风廉政建设和反腐败工作,加强廉政文化建设,健全监督机制,强化审计工作,营造风清气正的发展环境。坚持以立德树人为根本,把思想政治教育摆在人才培养的首要位置,适应信息化时代要求和大学生健康成长需要,不断完善工作机制,改进方式方法,拓展内容载体,促进思想政治教育工作不断创新。

【完成处级领导班子和领导干部换届聘任工作】 执行《党政领导干部选拔任用工作条例》,创新选拔方式,规范工作程序,扩大基层民主,充分尊重民意,依照分步实施、拓宽入口、逐项遴选的办法,新提拔20名正处级干部和37名副处级干部,对38名处级干部进行了轮岗交流,优化了干部队伍结构,调动了广大干部、干事创业的积极性。

撰稿:李 辉 韩志宏

审稿:卢克平

洛阳师范学院

党委书记:孙金锋
院长:时明德
创办时间:1916年8月
校址:洛阳市龙门大道71号
电 话:0379-65515009
邮编:471022
传 真:0379-65526116
网址:http://www.lynu.edu.cn

【概况】 2012年,洛阳师范学院有全日制在校生23919人,其中研究生18人、本科生22036人、专科生1668人、预科生197人;另有各类成人教育学生4187人。拥有9大学科门类、21个院系(部)、54个本科专业。有国家级特色专业2个,省级特色专业5个,省级精品课程14门,省级实验教学示范中心2个,省级教学团队4个。在岗教职工1332人,专任教师1100余人,其中教授103人、副教授317人,教师队伍中高级专业技术职务的比例达到37.3%;博士60人,硕士661人,硕士以上教师学位的比例达到72.4%。教师中有享受国务院政府特殊津贴2人,新世纪百千万工程国家级人选1人,教育部新世纪优秀人才1人,省优秀专家、省学术技术带头人17人,市、厅级学术技术带头人、优秀专家、市创新英雄等各类专家人才200余人,30余名教授被多所大学聘为兼职博士、硕士研究生导师。学校有省级重点学科4个,省高校人文社科重点研究基地2个,省工程实验室1个,洛阳市重点实验室5个,洛阳市工程中心1个。学校占地面积177.7公顷,校舍建筑面积68.3万平方米,在建项目面积21.4万平方米,固定资产总值约8.3亿元。图书馆藏书近200万册,中外文期刊4741种,电子图书30万余册。

【领导班子成员名单】 党委书记孙金锋,党委副书记、院长时明德,党委副书记张宝明,纪委书记、工会主席任碧波,副院长项清焕、张建森、宋文献、潘留占。

【学校领导班子调整】 4月28日,学校召开校级领导干部调整任职宣布大会,宣布了省委组织部关于张宝明等5位同志任免的决定:副院长张宝明改任党委副书记,任碧波任纪委书记兼工会主席,张建森、宋文献、潘留占任副院长,并就副院长王利亚就任南阳师范学院院长的情况进行了通报。

【领导考察指导工作】 4月6日,河南省委高校工委副书记张亚伟考察学校新校区建设。4月25日,教育部语言文字应用管理司张世平、调研员郝阿庆等领导和专家来学校调研。6月22日,全国教育专业学位教育指导委员会专家组——华中师范大学教科院院长涂艳国教授、上海师范大学卢家楣教授、首都师范大学石鸥教授、苏州大学陶洪教授、南京师范大学张伊娜教授一行5人莅临学校,对教育硕士专业学位研究生培养和管理工作进行调研指导。7月7日,洛阳市委副书记、市长李柳身到校调研。7月19日,河南省财政厅副厅长梁太祥一行到校就“财政投入使用情况”进行专题调研。10月11日,河南省高校工委专职委员贾修国等到学校新校区建设工地视察指导工作。

4月6日,省委高校工委副书记张亚伟(前排右二)考察学校新校区建设

【学习贯彻十八大精神】 举办“喜迎党的十八大,洛阳师范学院五年办学成就展”,总结、宣传学校五年来的成就;组织师生收听、收看十八大开幕式直播实况,并通过宣传橱窗、展板、理论聚焦专题网站等形式宣传党的十八大,营造良好的学习氛围;下发《关于认真学习贯彻党的十八大精神的通知》,成立十八大精神宣讲团,校领导作为宣讲团主讲人,为全校各院(系、部)、职能部门作十八大精神宣讲专题报告4场;召开党外代表人士学习十八大精神座谈会,并邀请省委宣讲团成员、郑州大学党委副书记吴宏亮教授到校宣讲十八大精神,在全校范围内掀起学习贯彻十八大精神的热潮。

【贯彻落实“十二五”规划】 学校以科学发展观为指导,围绕

“十二五”规划确定的奋斗目标,切实加强对新校区建设的组织领导,狠抓制度建设和领导班子思想作风建设,开展“建新校、办新学”大讨论,实施更加细化的目标管理责任制,提高规范管理和依法治校的水平。推进人才培养模式改革和协同创新计划的实施,加强学科建设和师资队伍建设,改革创新团学工作,推进国际合作办学与学校基础设施建设,各项事业进展顺利,呈现出良好的发展态势。

【新校区建设】 本年,新校区建设克服时间紧、任务重、人手少、施工难度大等诸多问题,加强协调监管,确保建设质量,各项工程建设项目按计划有序进行。一期第一批6.3万平方米的工程建设工作完成,一期第二批21.4万平方米的建筑和室外道路管网及运动场地工程于9月陆续开工建设。

【“建新校、办新学”大讨论活动】 本年,学校以“建新校、办新学”为主题,以管理体制机制改革为核心,以构建现代大学制度为目标,在全校范围内深入开展“建新校、办新学”大讨论活动(以下简称大讨论活动)。大讨论活动从2012年6月开始,到2013年5月结束,分为宣传动员、学习讨论、总结交流和深化提升四个阶段。为开阔视野、学习兄弟院校的先进经验和好的做法,学校领导干部分四批于10月30日至11月11日外出考察了13所兄弟院校,并于11月22—23日召开大讨论活动学习考察交流会,副院长宋文献、项清焕,党委副书记张宝明、副院长潘留占先后以PPT形式向与会人员展示了各组考察情况。同时,各考察组成员在学习交流和校内校外考察调研的基础上,深刻分析,查找不足,撰写调研报告55篇、建议238条,为学校改革发展和领导决策提供依据和参考。截至2012年年底,大讨论活动前三阶段工作完成。

【教育硕士专业学位研究生首次招生】 招录中文、数学、英语、音乐4个专业共18名教育硕士专业学位研究生,遴选出校内研究生指导教师20人,校外兼职教师40人,办学层次实现实质性突破。

【与意大利都灵理工大学签署双学位培养项目协议】 7月中旬,洛阳市组织以院长时明德为团长的代表团,赴意大利都灵理工大学访问,旨在通过学生、学者及专业人员交换等一系列举措加强在教育方面合作的可能性。7月18日,在深入讨论和反复论证的基础上,院长时明德和都灵理工大学校长马可·嘉里在“中国洛阳师范学院和意大利都灵理工大学双学位培养项目协议”上签字,双方合作实现实质性进展。

【合作开发新型无机保温板材】 作为全国首个泡沫混凝土研发基地,学校历时6年,利用物理发泡方法开发出全国首创超轻、低导热、高强度、环保实用的无机墙体保温板新型材料,填补了中国无机墙体保温板材技术领域的空白。2月17日,学校举行新型无机保温板材合作开发签约仪式,与洛阳水泥工程设计研究院、洛阳大豫实业有限公司就新型无机保温板材(LY-1型)合作开发达成共识,标志着新型墙体保温材料进入批量生产和大规模推广阶段。同时,“绿色无机保温材料工程实验室”被批准为省工程实验室建设项目,是学校获得的首个省级科技研发平台。

2月17日,学校举行新型无机保温板材(LY-1型)合作开发签约仪式

【获得全国第三届大学生艺术展演声乐专场合唱金奖】 2月7—13日,由教育部和浙江省人民政府主办的全国第三届大学生艺术展演活动在杭州举行,学校合唱队作为河南省唯一参加本届艺术展演的合唱队伍,与来自北京大学等高校的25支合唱队角逐,获金奖。

【获得“中华诵·2011经典诵读大赛”全国决赛高校学生组一等奖】 3月中旬,学校文学与传媒学院2009级播音与主持艺术专业学生王方获得“中华诵·2011经典诵读大赛”全国决赛高校学生组一等奖,是河南省唯一一名获此殊荣的参赛选手。

【党建】 坚持和完善领导班子中心组学习制度、民主生活会制度,贯彻党的民主集中制原则,强化领导班子思想政治建设;落实各项规章制度,抓好党员领导干部的廉洁自律教育和各项监督监察,开展“查找廉政风险,构筑拒腐防线”活动、民主行风评议及党务政务公开工作,为学校发展营造风清气正的良好氛围。实行目标管理,签订处级领导班子任期目标责任书,并对各单位尤其是教学院系党政联席会议制度执行情况进行检查。进一步加强基层党建工作,全校23个党总支都严格按照规定程序和办法召开了党员大会,并完成换届工作;开展基层组织建设年活动,对全校144个党支部进行分类定级;以项目化运作模式资助基层党组织开展“创先争优”活动,共批准立项39项;进一步规范党员发展和教育管理工作,全年共发展党员2600名,培训支部委员275人、预备党员1310名、入党积极分子3310名,评选出8个先进党总支、57个先进党支部、396名优秀共产党员和7名优秀党务工作者。学校获得河南省高等学校党建工作先进单位、全省组织系统“讲党性　重品行　作表率”先进集体称号。

【教育教学】 强化人才培养的质量意识,推进人才培养模式改革,本科教学工程建设取得成效。学校获批河南省首批教师教育综合改革实验区;获批河南省首批省级专业建设综合改革试点3个,首批省级本科工程教育人才培养模式改革试点专业1个,省级特色专业建设点1个,省级精品资源共享课程2门,省高等教育教学改革研究项目立项7项,其中省级重点项目1项;获得省级教学成果奖一等奖1项、二等奖3项;物理与电子信息学院——洛阳巨龙通信设备集团工程实践教育中心被推荐为国家级校外工程实践教育基地。鼓励学生参与各项专业及实践创新竞赛,在河南省第十届高等学校师范教育专业毕业生师范技能大赛中,获得一等奖9个、二等奖5个和团体一等奖;在第二届“华文杯”全国师范院校教学技能大赛中,获得特等奖4项、一等奖2项;在全国大学生数学建模竞赛中,获得国家一等奖3项、二等奖6项,河南省一等奖10项、二等奖9项、三等奖1项。2012年,学生共获国家级奖励90余项，省级奖励300余项，奖项数量和质量都较往年有很大提升。新疆支教和顶岗实习支教规模扩大到近300人，取得良好效果；完成"国培计划"750人、"省培计划"200人、洛阳市特岗教师205人及新疆哈密地区特岗教师39人的培训任务。

【科研】 获批国家级项目21项，其中社科基金项目2项、自科基金项目19项，省部级项目77项。国家自科基金项目获得的经费数量(765万元)和立项数量分别位居全国45所师范院校的第一、第二位，科研项目总经费达到1226.6万元，首次突破千万元大关；发表学术论文1550篇，被SCI、EI、SSCI、ISTP等收录333篇，中文核心以上期刊发表529篇；出版学术著作95部，申报专利22项，获得各级各类成果奖励43项；在2012年度全国705所大学教师平均学术水平分省排行榜上，学校教师平均学术水平在榜上位列全国第200多位，全省第7位。遴选校级协同创新中心6个，新增省级重点学科2个，省级工程实验室1个，省普通高校人文社会科学重点研究基地1个，市工程中心1个，市重点实验室2个；首次获得省科技创新杰出人才计划资助1项，省高校工程技术研究中心建设项目1项。

【招生就业】 学校招生录取7875人，普通本科文科类录取分数线高出省定二本线16分，理科高出7分，商学院、美术学院、文学与传媒学院等院系不少专业第一志愿上线率远远超过100%。学校2012届毕业生共计5991人，毕业生年终就业率达到96.2%。其中考取研究生649人，专升本191人，选拔为士官或应征入伍47人，考取特岗教师628人，市县(区)教师直招43人。毕业生社会认可度、就业质量持续提高，被省教育厅评为河南省普通高校毕业生就业工作先进单位。

【学生工作】 优化工作机制，创新工作方法，推动学生工作实现"三个转变"(由重管理向重服务转变，由重形式向重实效转变，学工队伍由经验型、事务型向专业化、职业化转变)。创建大学生事务咨询服务大厅，为学生搭建"一站式"诉求平台，举办咨询服务活动55场，咨询、办结各类问题、事项660余件次；成立大学生先进事迹报告团和大学生"励志、成长、成才"宣讲团，共举办先进事迹报告会7场、各类理论宣讲17场，参加学生达万余人。通过奖、困、助、补、贷、社会资助等形式，为10038名家庭经济困难学生提供资助2611.41万元，获得河南省学生资助工作先进集体称号。

【师资队伍建设】 培养引进博士21人，硕士43人；专业技术职务评审通过正高级专业技术职务9人、副高级专业技术职务38人。以提升能力和素质为核心，加大教师培养培训力度。一是有重点的选择12名教师外出攻读博士学位，4名博士进站从事博士后研究，2名教师外出进修，1名教师作为2012年高等学校青年骨干教师国内访问学者，4名教师到国内知名大学访学；二是加大青年教师培训力度，组织《信息化环境下的教学设计》专题培训和2012年青年教师培训。完成二级岗位申报工作，5名教师获批省二级教授岗位，在同类院校中位居第一。

【思想宣传与精神文明建设】 学校以翔梧班为品牌，构建内涵丰富、科学系统的青年马克思主义者培养体系，不断创新思想政治教育载体。大学生思想政治教育专题网站"河洛星辰"连续第五次被教育部评为全国百佳大学生网站，是河南省唯一获此殊荣的高校网站。在全校师生中深入开展精神文明创建活动、师德建设活动、科技文化艺术活动等，营造文明和谐、健康高雅的校园文化氛围，被评为河南省维稳工作先进集体、洛阳市宣传思想文化工作先进集体。重视培养学生的创新精神和实践能力，扶持大学生科技创新工作，在第七届"飞思卡尔杯"智能汽车竞赛西部赛区竞赛中，获得3个三等奖，1个优胜奖；在2012年中国机器人大赛暨RoboCup公开赛中，获得一等奖2项、二等奖4项、三等奖3项，取得了学校在国家级智能机器人重大比赛上的新突破。本年，在市级以上报刊、网站发表新闻稿件800余篇，其中国家级媒体发稿91篇、省级以上媒体288篇，进一步提高了学校的知名度和美誉度。

【对外交流与合作】 加大引进国外优质教育资源力度，提升中外合作办学层次。选拔30名学生组成的第一批赴意大利都灵理工大学攻读双学位实验班开班；硕士研究生学生互换项目正式启动，选拔8名学生赴韩国培材大学参加3+1+2联合硕士研究生培养；国际通识课程(本科)合作办学项目获国家教育部留学基金委批准，2013年计划招收4个本科专业；圆满完成意大利都灵理工大学、日本东京三立学院、韩国培材大学等15个团组的外事接待和谈判工作；选派2名教师赴日本访学，6名教师赴爱尔兰卡罗理工学院进修，对外合作交流空间不断拓展。

撰稿：高　莹

审稿：时明德

安阳师范学院

党委书记:郑邦山
党委副书记、院长:赵卫东
创办时间:1908年
校　　址:安阳市弦歌大道436号
电　　话:0372-2900100
邮　　编:455000
网　　址:http://www.aynu.edu.cn
传　　真:0372-2984560

【概况】 学校总占地面积1909亩,校舍建筑面积81.8万平方米,教学科研仪器设备总值1.4亿元,馆藏纸质图书177万册。设18个学院、2个教学部、1个继续教育学院、1个软件职业技术学院和1所独立学院。建有河南省重点社科研究基地(中原文化研究中心)、河南省首批非物质文化遗产研究基地、河南省汉语国际推广基地、河南省高校人文社科重点研究基地(甲骨学与殷商文化研究中心)和2个河南省高校重点实验室培育基地(甲骨文信息处理、中美智能信息处理),设有河南省硅材料·光伏产业院士专家工作站、河南省高校工程技术研究中心(新能源光伏并网发电)、安阳市医药化工工程技术研究中心、安阳市数字化甲骨文工程研究中心等研究机构。有国家级特色专业2个、省级重点学科4个、省级特色专业7个、省级精品课程8门、省级精品资源共享课程5门、省级教学团队3个、省级实验教学示范中心5个、省级教学名师1人。现有本科专业59个,涵盖文学、历史学、理学、工学、教育学、法学、经济学、管理学、艺术学等9大学科门类。有在职教职工1335人,其中,具有高级专业技术职务教师433人,具有硕士、博士学位教师824人。有普通全日制在校生25000余人(其中文明大道校区4612人),各类成人教育学生11000余人。

【领导班子成员名单】 党委书记郑邦山,党委副书记、院长赵卫东,党委副书记鲁俊生,党委副书记、纪委书记纪多辙,副院长刘宏飞、朱登潮、杨新新、姚远峰,工会主席魏光峰。

【配合省委巡视工作】 根据省委巡视工作安排和部署,9月,省委第二巡视组进驻学校开展巡视工作,召开了巡视工作动员会,组织了问卷调查、谈话、座谈等活动,听取学校工作全面汇报和纪检、组织、人事、财务、科研、招生、图书、基建、后勤、国有资产等10个专项工作汇报。校党委站在深入贯彻落实科学发展观、推动学校事业科学发展的战略高度,切实把思想和行动统一到省委部署和巡视组要求上来,把支持配合巡视工作作为一项重要的政治任务,自觉接受巡视组的监督和指导,切实把巡视过程变成查找差距、解决问题、谋划发展的过程,推动学校各项事业规范有序推进、健康稳定发展,得到巡视组领导的充分肯定和高度评价。

【召开学校第三次党代会】 12月28—29日,中国共产党安阳师范学院第三次代表大会在学校音乐厅召开,党委书记郑邦山代表中共安阳师范学院第二届委员会向大会作了题为“在新起点上推进学校科学发展全面提升,为加快实现‘一个目标、两大跨越’战略任务而奋斗”的报告。会议总结二次党代会以来学校发展所取得的成绩和经验,客观剖析发展中存在的问题和原因,深刻分析学校所处的历史方位和面临的机遇挑战,科学谋划学校未来的发展蓝图,进一步明确了奋斗目标、发展思路、发展举措。大会选举朱登潮、刘宏飞、纪多辙、杨新新、郑邦山、赵卫东、姚远峰、鲁俊生、魏光峰(以姓氏笔画为序)为中国共产党安阳师范学院第三届委员会委员,马广先、王新全、冯曙光、纪多辙、郑俊丽、郭彦荣、蔡林河(以姓氏笔画为序)为中国共产党安阳师范学院纪律检查委员会委员。

【召开学校第三届“双代会”】 12月30—31日,学校召开第三届第一次教职工暨第三次工会会员代表大会,院长赵卫东向大会作了题为《坚持走以质量提升为核心的内涵式发展道路,为实现“一个目标、两大跨越”战略任务而努力奋斗》的报告,工会主席魏光峰作了题为《围绕中心聚力量,服务大局促发展》的报告。大会审议了院长工作报告,审议通过了工会工作报告、提案工作报告,讨论通过了《安阳师范学院教职工代表大会工作规程》,选举产生了第三届教职工代表大会各专门工作委员会,选举产生了新一届工会委员会和经费审查委员会。

【召开第三次战略研讨会】 2月14—16日,学校召开第三次发展战略研讨会。参加人员为全体校领导、全校处级干部和教授。邀请教育部高等教育教学评估中心院校评估处处长刘振天研究员,国务院学位办处长唐继卫,郑州大学党委副书记、纪委书记吴宏亮博士作专题报告。通过专家辅导、学习讨论、大会交流,及时了解全面提高高等教育质量、专业硕士学位教育等方面的最新政策,进一步找准学校发展战略着力点,收到预期效果。

【深化管理改革】 5月7日,召开学校管理工作会。全面回顾和总结升本以来管理工作取得的成绩和经验,客观分析现阶段管理工作中存在的差距和问题。完善目标管理办法,健全考核评价机制,推动新一轮目标管理。推进财务管理改革,修订财务审批办法、教学院部经费划拨与管理办法,扩大院系经费管理自主权。细化预算控制,对院系经费、学科建设经费、学生工作专项经费、后勤工作专项经费等实行二级预算管理。修订机关教辅单位工作职责。进一步深化管理改革,以管理方式转变推动发展方式转变,加快推进学校事业科学发展、全面提升。

【上级领导莅临学校检查指导工作】 6月1日，省委组织部副厅级组织员、科教企业干部处处长修振环，副处长王剑，副处级调研员余长坤一行到学校调研。6月15日，省委高校工委书记、省教育厅厅长王艳玲，副厅长崔炳建、刁玉华到学校指导工作，并看望参加河南省第七届"校长杯"网球赛的运动员。7月5日，省财政厅副厅长梁太祥带领财政厅教科文处负责人一行4人到学校调研。7月19日，省检察院党组副书记、常务副检察长张国臣一行，在安阳市人民检察院检察长高进学的陪同下到学校指导工作。9月27日，以省委正厅级巡视专员高颖照为组长的省委第二巡视组一行4人进驻学校开展巡视工作。10月25日，以河南科技大学纪委书记杜遂渊为组长的省高校纪工委"三重一大"和"校务公开"工作专项检查组到学校检查指导工作。

【党建】 全面加强学习型党组织建设，坚持"走出去，请进来"的方式，开阔办学眼界和视野，选派37名干部外出学习、挂职锻炼，组织8个考察团到32所高校考察学习，组织召开党建与学校发展若干重大问题调研成果交流会。增设研究生处，2名正处级干部岗位调整。贯彻落实《中国共产党普通高等学校基层组织工作条例》，开展基层组织建设年活动。落实领导班子抓基层党建工作责任制，制定实施《党员领导干部联系基层党支部制度》。开展"科学发展先锋行"创先争优活动，召开庆祝建党91周年表彰大会。加强党建工作项目化运作。严格党员标准，提高党员发展质量，发展新党员1857人。

【思想政治工作和团学活动】 深入学习贯彻党的十八精神，组织广大干部师生通过电视、报纸、广播、网络等媒介，主题党团日、知识竞赛、诗歌朗诵、文艺晚会、座谈研讨等形式，在全校上下掀起学习贯彻党的十八大精神的热潮。推进思想政治理论课的改革创新，在河南省教育系统德育学科教学技能大赛中，3名教师获得一等奖。牵头组织河南省高校教师思想政治状况滚动调查。开展理论报告宣讲34场。3项成果被评为"河南省高等学校思想政治工作优秀品牌"。加强辅导员队伍建设，出台并实施班主任制度。按照"高起点建设、高水平管理、高效率运转、高质量服务"标准，推进"一站式"服务平台建设和"十项服务承诺制"。在学生宿舍区设置4个学生事务服务咨询室、20个辅导员(值班)工作室，畅通师生沟通交流渠道。继续深化学生品牌工程创建活动。媒体沟通会形成机制，《光明日报》、《中国教育报》、《河南日报》等省级以上新闻媒体报道学校200余篇次。10月11日，《光明日报》以《校园里续写西部梦》为题，头版头条大篇幅报道了学校志愿者30年接力服务西部的事迹。在河南省高校新闻奖评选中获得3个一等奖，《安阳师院报》在河南省高校校报评估中被评为河南省优秀校报。制定《"十二五"校园文化发展规划》和《"文化安师"行动计划》。校园文化活动丰富多彩，在省第十三届科技文化艺术节中获得45个奖项，其中一等奖19个。《"相约西部"志愿者寻访》获2012年全国高校校园文化建设优秀成果一等奖。

【学科建设和科研工作】 新增2个省级重点学科，学校省级重点学科达到4个。与郑州大学、河南大学、河南师范大学等高校开展联合培养研究生工作。获批国家基金项目19项、省部级项目54项，其中5个教学研究型院系承担的国家级项目占总数的90%以上。获省部级科研成果奖励4项、地厅级奖励448项。外拨科研经费648.7万元。发表核心期刊论文497篇，被SCI、EI、CSSCI等收录141篇。出版著作21部。获批国家发明专利10项。加快推进中美智能信息处理联合实验室建设。新能源光伏并网发电工程技术中心通过省教育厅高校工程技术研究中心验收。汉字文化体验与研究基地通过国家汉办验收，在《河南省人民政府关于全面提高高等教育质量的若干意见》中被确定为重点建设基地。甲骨学与殷商文化研究中心在省教育厅评估验收中获优秀等次。汉字文化研究中心获批省高校人文社科重点研究培育基地。4月，学校与教育部社科司就"殷商文化研究"名栏建设正式签约，《殷都学刊》获国家社会科学基金学术期刊项目资助，为期三年共计120万元。

【教育教学】 召开全面提高教学质量工作会，出台《关于深化教育教学改革全面提高人才培养质量的若干意见》等文件。扎实推进学分制改革。开展专业建设论证工作。加强本科教学工程建设，获批1项国家级、7项省级本科教学工程。加强教育教学研究，获5项省级教学成果奖。推进教师教育改革，获批1个省级教师教育改革创新实验区、17项教师教育改革省级项目。注重学生综合实践能力培养，学生在各类学科专业竞赛中获国家级奖34项、省级奖60项。

【师资队伍建设】 继续推进"37211工程"建设。新聘任殷都学者2名、校特聘教授1名。10名教师获教授任职资格，29名教师获副教授任职资格。1名教师入选教育部"新世纪优秀人才支持计划"。获批河南省高校创新团队1个。2位教师获河南省教育厅学术技术带头人称号，6名教师被授予河南省教学标兵称号。加大师资培训力度，投入150万元支持国内访问学者24人、单科进修18人、出国进修22人，支持攻读博士学位教师11人，出国攻读硕士学位教师1人。加强高层次人才管理，对高层次人才履职情况进行考核。

【合作办学与对外交流】 4月，作为全国唯一受邀高校参加第三届"联合国中文日"活动。6月，承办河南省高校第七届"校长杯"网球锦标赛。8月，作为代表团团长单位，参加河南省大学生赴台湾夏令营活动。8月，与北京师范大学等单位共同成立汉字文化研究与海外传播协同创新中心。9月，承办第25次全国部分高师院校党建工作研讨会。年内，与美国南方理工州立大学、贝尔蒙特大学、俄罗斯国立师范大学达成合作意向，选派22名教师赴海外进修。5名教师获国家留学基金委地方合作项目支持。选派29名汉语教师志愿者赴美国、泰国、尼泊尔等地从事汉语国际推广工作。

【资助贫困学生】 通过国家助学贷款资助2748名学生1393.45万元，发放国家奖助学金11910人次共2071万元，发放学校奖助学金、救助物品5016人次共339.93万元，引入社会资助100余万元。

【招生就业】 二本学生首次实现全部第一志愿录取，文科高出省控线10分，理科高出省控线3分。首届17名专业硕士学位研究生顺利入学。人文管理学院招生工作顺利完成，办学水平和人才培养质量稳步提高。2012年校本部招收普通全日制学生5797人,毕业普通全日制学生5045人,其中本科生4320人、专科生725人。人文管理学院毕业普通全日制本科生2265人。开展"毕业生就业优质服务年"活动,营造毕业生就业的有利环境,毕业生年终就业率91.33%,其中,2012届毕业生考取硕士研究生686人,特岗教师471人(其中应届生247人),西部计划志愿者16人,预征入伍542人。

【继续教育】 成人招生规模继续扩大,2012年录取4765人。完成国培、省培、骨干教师培训等各类教育培训3713人次。7月,承办河南省成人高等教育研究会2012年年会。

【改善办学条件】 8月,3.4万平方米的南校区建设一期工程竣工并投入使用。9月,文博楼开工建设。新建科学计算、核磁共振、3D导游模拟、中美联合视觉感知信息处理及可视化等4个实验室,扩建8个实验室。购置图书资料2.2万种5.7万册,新开通《中数图外文电子图书》等10种电子资源,殷商文化及甲骨文特色数据库建成并投入使用。完成教学、办公区域无线网络覆盖工程。完成文明大道校区教学楼、学生宿舍楼、供暖管网更新改造等工程。建成文明大道校区校园安防电视监控系统。

【学校荣誉】 学校获2012年全国高校学生公寓管理服务先进单位、全国KAB创业教育基地、河南省文明学校、河南省园林单位、河南省内部审计工作先进单位、河南省教育审计工作先进单位、河南省工会工作先进单位、河南省暑期社会实践先进单位、河南省教育事业统计工作先进单位、河南省普通大中专毕业生就业工作先进单位、河南省高校预征工作先进集体、河南省高校基本建设管理先进单位、河南省公共教育机构节能工作先进单位、河南省高校社科管理先进集体、河南省高校繁荣发展哲学社会科学先进单位、河南省高校科技管理先进集体等称号。

撰稿:姚亚辉
核稿:刘志庆
审稿:赵卫东

南阳师范学院

党委书记:苗相甫(—5月)
　　　　　石恒真(5—)
党委副书记、院长:石恒真(—5月)
　　　　　王利亚(5月—)
创办时间:1907年
校　址:南阳市卧龙路1638号
电　话:0377-63513732
网　址:http:www.nynu.edu.cn
传　真:0377-63512517
邮　编:473061

【概况】 学校占地1857亩,建筑面积78.47万平方米,仪器设备价值1.5亿元,图书馆藏书160万册,电子图书40余万册;在职教职工1333人,专职教师1114人,其中正高级专业技术职务114人,副高级专业技术职务340人,博士、硕士研究生737人;有本科专业56个,硕士专业1个;全日制本、专科在校生22400余人,硕士研究生14人,成人教育在籍生13000余人。《南都学坛》和《南阳师范学院学报》进入中国人民大学《"复印报刊资料"重要转载来源期刊(2012版)》名录。

【领导班子调整】 5月4日,学校召开正处级干部、正高级专业技术职务人员会议,省委组织部副厅级组织员、科教企业干部处处长修振环,省委组织部科教企业干部处副处长王剑,南阳市委副书记、组织部部长杨其昌参加会议。王剑宣读了省委关于学校领导干部职务任免的决定。石恒真任南阳师院党委书记,王利亚任南阳师院院长、党委副书记,苗相甫不再担任南阳师院党委书记职务。

【领导班子成员名单】 党委书记苗相甫(2007.8—2012.5)、石恒真(2012.5—),院长兼党委副书记石恒真(2007.8—2012.5)、王利亚(2012.5—),党委副书记兼纪委书记黄荣杰,党委副书记马瑞平,副院长宋争辉、刘国章、卢志文、刘明阁、李文安,工会主席丁全。

【党的建设】 1月13日,学校获2008—2010年河南省高等学校党建工作先进单位称号。3月15日,学校召开党建工作会议,部署学校党建工作。9月13日,学校党委中心组专题学习胡锦涛在省部级主要领导干部专题研讨班开班式上的重要讲话精神。反腐倡廉建设工作成效显著,在全省高校"三重一大"和"校务公开"制度执行情况专项检查中,受到省委高校工委的通报表扬。理想信念报告团被评为2012年度河南省高等学校思想政治工作优秀品牌。

6月22日至7月16日,学校完成处、科级干部换届工作。7月30日,学校暑期高级知识分子上海市科教党校培训班开班。8月3日,学校暑期处级干部井冈山培训班在江西红色教育基地三湾开班。

【学习贯彻党的十八大精神】 11月8日,全体校领导和部分职能部门负责人集中收看了党的十八大开幕式实况转播。21日,召开党委扩大会议,专题学习贯彻十八大精神;27日,又召开学习贯彻党的十八大精神动员大会。12月10日,召开贯彻党的十八大精神、加强工作作风建设专题会议。

【领导考察】 5月15日,省人大常委会副主任蒋笃运来校视察工作。6月1日,省委第七巡视组组长马蕊、副组长张光明一行5人莅校巡视指导工作。9月21日,中华人民共和国第七届农民运动会乒乓球比赛颁奖仪式在学校体育馆举行。河南省体育局党组书记、局长彭德胜,南阳市委书记李文慧,南阳市委常委、市委秘书长张振强,第七届全国农运会乒乓球项目仲裁委员会主任李玉环,第七届全国农运会乒乓球项目裁判长蔡继玲等出席颁奖仪式。9月24日,南阳市政协主席贾崇兰率领市政协委员调研团来校进行专题调研。

【教代会与工代会】 2月22日,学校召开二届四次教职工代表大会,审议通过了学校工作报告、工会工作报告。重视教代会提案的落实工作。4月11日,学校召开了二届四次教代会代表提案工作会。4月18日,举办第五期工会干部培训班。5月,校工会在全校工会系统开展"面对面、心贴心、实打实服务教职工在基层"活动。10月18日,学校二届五次教代会专题会议召开,大会审议通过了《南阳师范学院教职工代表大会实施办法》。推进二级教代会建设,全校24个分会召开了二级教代会。

【学科专业建设】 4月14日,学校举行学科专业建设专家咨询会。中国科学院院士、国家"973计划"项目首席科学家、郑州大学校长申长雨,中原工学院院长崔世忠,周口师范学院党委书记、院长俞海洛,河南农业大学常务副校长孙天华,郑州铁路职业技术学院党委书记王清义,河南工业大学党委常务副书记王玉斌,郑州大学体育学院党委副书记、纪委书记、工会主席何祖新等专家莅会。学校生物化学与分子生物学、中国古代史两个省级重点学科顺利通过验收,无机化学、人文地理学获批为河南省第八批重点学科。生物工程、法学2个本科专业成为首批省级专业综合改革试点专业。生物工程专业获得省级本科工程教育人才培养模式改革立项试点专业。思想政治教育专业获批为省级特色专业,生物科学专业核心课程教学团队获省级教学团队,理论物理获批省级精品资源共享课程,中学数学教学设计、中学物理教学技能与教学设计、中学生心理辅导等课程获批为省级教师教育资源共享课程。电视节目编辑与制作实验中心成为省级实验教学示范中心。生物工程专业硕士研究生首届招生工作顺利完成。

【教育教学】 加强实践教学,完善大学生专业课程体系与就业岗位技能对接培训,举办大学生专业技能岗位对接培训班。先后启动"雏鹰工程师教育培养计划"试点专业建设工作、大学生实践教学活动创新项目立项工作以及校级大学生创新基地建设项目立项工作。开展了全校青年教师教学优秀奖、教学新秀奖评选活动。在河南省教学技能竞赛中,学校有11位教师获奖,其中6名教师获得一等奖,并被授予河南省教学标兵称号。有3名教师分别被评为河南省优秀教师、省高校教学名师。学校学生在"第三届国家大学科技园杯"科技创新大赛、全国大学生数学建模竞赛、全国大学生节能减排大赛、全国大学生英语竞赛等国家、省、市举办的各种竞赛中都取得了优异成绩。学校有600余名毕业生考取研究生。

【科研】 全面落实科研强校战略,改革制定科研奖惩制度,加大科研奖励力度。2012年,学校获立各类科研项目192项,其中省部级以上科研项目46项,包括6项国家自然科学基金和4项国家社科基金,1项河南省教育厅哲学社会科学研究重大课题攻关项目,项目资助总额500余万元。获得各级各类奖励96项,其中河南省科技进步奖二等奖1项,南阳市科技进步奖一等奖2项,河南省社会科学优秀成果奖二等奖1项、三等奖1项。发表论文856篇,其中核心期刊230篇,被SCI、EI等收录86篇。自然灾害遥感监测实验室获批为2012年度河南省高校重点实验室培育基地,农业生物质资源化河南省高校工程技术研究中心通过验收并挂牌。中原曲艺研究基地获批为2012年河南省普通高校人文社科重点研究培育基地。独山玉研究实验室获立为南阳市重点实验室。

【招生就业与学生工作】 录取全日制本专科学生7088人,全日制硕士研究生15人。普通本科第一志愿报考率81.46%,录取分数线均高出省定二本分数线,生源质量显著提高。高度重视就业工作,实施"一把手"工程,通过加大就业宣传、举办大型招聘会、加强实习就业基地建设等措施,把就业工作做到实处。学校获2012年度河南最具就业竞争力示范院校称号。探索新形势下学生管理工作新举措,进一步加强学生安全教育和管理。加强大学生国防教育,高度重视大学生应征入伍工作,学校获得2009—2011年河南省普通高等学校毕业生预征工作先进集体、河南省学生资助工作先进集体、河南省暑期"三下乡"大学生社会实践活动先进单位等称号。

【对外交流合作】 坚持对外开放和合作办学,先后接待美国、日本、比利时等国的专家学者来访。与境外大学保持良好的沟通和联络,选派考察团组到境外洽谈合作办学。2012年有10余名学生赴韩、日等国留学,新聘8名外籍教师到校任教。圆满完成国家汉办下达的各项任务,派出1名教师赴突尼斯从事汉语国际推广教学工作。开展学术交流,先后承办了中国第九届灾害史年会、"悦读青春"专题研讨会暨中国图书馆学会2012年工作会议等学术会议,邀请数十名国内外知名专家学者来校进行学术交流。

【师资建设和人才引进】 强力实施"卧龙人才"工程,完成了第三、第四批"卧龙学者"的评选工作。2012年,引进博士研究生16人,通过高级专业技术职务评审教师37人。具有正高级专业技术职务教师达到114人。结合学科建设和专业建设,充分论证,学校出台了关于进一步加强师资队伍建设的意见,为正高级专业技术职务人员、博士增设津贴。

【服务保障】 完成2000余万元的教学、科研仪器设备采购工作。采购图书共3万余册。校园网的稳定性与安全性进一步提高,数字化校园建设成效初显。启动学校博士公寓建设、中区学校新大门的改建和道路扩建以及东区田径场的改建等项目前期工作。西区学生浴池项目完成施工,10号学生公寓获省发改委立项。经过多方努力,白河驾校从校园搬离,检测线搬迁工作也取得重要进展。校园环境进一步美化。

【校园文化建设】 先后举办第十届大学生辩论赛、第七届社团文化艺术节、第十一届卧龙文化艺术节,通过开展校园歌手大赛、主持人大赛、舞蹈大赛、曲艺大赛、健美操街舞大赛等赛事,着力发现和培养在歌唱、舞蹈、节目主持、表演等方面具有明显特长的人才。先后组织学校运动会开幕式的大型文艺演出、第九届女生文化节、525心理健康周、第五届体育文化月、校园英语角精品文化艺术活动等系列精品文化艺术活动。组织开展"青春唱响63年"品读红色经典、传唱红色歌曲、抒发爱国情感活动,举办“向祖国致敬”大学生形势政策报告会,开展“国旗下的青春”英模人物学习活动,“我和我的祖国”主题团日活动,“祖国在我心中”知识竞赛,“我与祖国共奋进”演讲朗诵比赛,“我爱我的祖国”优秀国产电影、图片展映等丰富多彩的活动,引导广大青年回顾中华人民共和国成立以来的巨大变化和光辉成就,激发青年大学生热爱祖国、热爱社会主义的高尚情操。

【第七届全国农运会工作】 按照“一切围绕农运会、一切服从农运会、一切服务农运会”的总要求,全校从领导到师生近4000人直接组织和参与了农运会工作。承担着比赛场馆建设等近20项大型任务的组织、实施和保障任务。软件学院师生制作的以赛会吉祥物“牛牛”为主题的三维动画作品被正式确定为第七届全国农运会唯一动漫宣传片。1100名学生在农运会开幕式上表演的《我家的河流进北京城》、《中原担当》两个节目赢得现场观众和农运会组委会的高度评价。9月17—22日,第七届全国农运会乒乓球比赛在南阳师院举行。学校以组织严密、服务周到、设施优良、工作主动、活动丰富,赢得了运动员、教练员、裁判员和来宾的高度评价和广泛赞誉,得到了南阳市委、市政府和农运会组委会的充分肯定,获第七届全国农运会优秀组织奖。

撰稿:王春阳
核稿:周 旗
审稿:王利亚

商丘师范学院

党委书记:刘纯献　　院长:曹 奎
创办时间:1981年7月　　校址:商丘市平原中路55号
电　话:0370-2586878　　邮编:476000
传　真:0370-2587900　　网址:www.sqnc.edu.cn

【概况】 商丘师范学院占地2000余亩,教学实验行政用房建筑面积55.9万余平方米,馆藏纸质图书170万册,教学仪器设备总价值约13980万元。在职教职工1655人,专任教师1124人,专任教师中教授97人,副教授273人,其中博士160人,硕士545人。设有文学院、历史与社会学院、外语学院、法学院、教育科学学院、经济与管理学院、新闻传播学院、数学与信息科学学院、物理与电气工程学院、化学化工学院、生命科学学院、计算机与信息科学学院、环境与规划学院、体育学院、音乐学院、美术学院、现代艺术学院、土木工程与建筑学院、国际教育学院等20个教学学院,2个教学部和1个成人教育学院;本科招生专业63个,专科招生专业26个。涵盖文学、历史学、理学、工学、教育学、法学、经济学、管理学、农学等九大学科门类。2012年,本专科招生6931人,毕业5945人。截至年底,普通全日制在校生22876人,其中本科生20201人,专科生2675人。学校拥有国家级特色专业建设点2个,省级特色专业建设点6个,有省级重点学科4个,省高校人文社会科学重点研究基地1个,省级非物质文化遗产研究基地1个,省高校重点实验室培育基地2个,省教育厅高校工程技术研究中心2个,省高校实验教学示范中心4个,省级创新型科技团队1个,省级高校创新团队1个,省高校哲学社会科学创新团队1个,省级教学团队4个,省级精品课程11门,省级精品资源共享课程1门。

2012年,学校获河南最具就业竞争力示范院校、河南省境外人员管理服务五A级单位、河南省普通大中专毕业生就业工作先进单位、河南省高校思想政治工作先进单位、河南省教育统计先进单位、河南省高等学校社科管理先进集体、河南省高等学校科技管理先进单位、河南省大学生暑期社会实践活动先进单位、河南省教育工会“模范教工之家”、高校基本建设管理先进单位、高校医疗保健机构学校卫生工作先进单位等称号。

【领导班子成员名单】 党委书记刘纯献,院长、党委副书记曹奎,党委副书记、纪委书记冯跃,党委副书记许圣道,副院长程印学、蒋志民、蒋剑锋、陈中亚、杨保银、陈向炜,工会主席李中华,副校级调研员王瑞平(5月—),院长助理丁在周(—6月)、丁益潮(6月—)。

【学习宣传十八大精神】 11月8日,中国共产党第十八次全国代表大会在人民大会堂开幕。学校采取多种形式,组织广大党员干部和师生员工收听收看了十八大开幕式盛况。并结合自身实际,及时印发《商丘师范学院学习宣传贯彻党的十八大精神工作方案》,工作方案从统一思想、领会实质、联系实际、加强组织等几个方面对学习宣传十八大精神作出了明确要求。

【党建与思想政治工作】 “三重一大”和“校务公开”工作,在全省高校专项检查中受到了省委高校工委的通报表扬。19人当选省、市、区级人大代表、政协委员,其中9人为市、区人大、政协常委,实现了在人员层次和数量上的重大突破。党委书记刘纯献代表学校在第21次全省高校党的建设工作会议上以《加强领导班子团结,促进学校科学发展》为题作典型发言。

【核心竞争力持续增强】 在2013年中国校友会中国大学排行榜上,学校排名由2011年的第528位跃升到2013年的第399位,三年提升129个位次,进入全国高校400强,位居河南省同类高校前列。

【承办省第十届师范毕业生教学技能大赛】 11月16—18日,由省教育厅主办的河南省第十届高等学校师范教育专业毕业生教学技能大赛在学校举行。全省23所高校参加大赛。88名选手获得省级一等奖,106名选手获得省级二等奖,191名选手获得省级三等奖。大赛进行期间,副厅长刁玉华参观考察了省纳米生物分析化学重点实验室、省高校生物质降解与气化工程技术研究中心、教师教育教学研究中心、汉梁文化研究中心、动漫创意研发中心,并慰问了正在上课的"国培计划"的学员们。

【启动人才分类培养新体系】 制定并印发《商丘师范学院本科生教育综合改革方案》,以"师资型、应用型、学术型"为主要培养方向,着力探索"优秀师资、高素质应用型人才、高质量研究型后备人才"的分类培养新体系。

【实施"博雅名师"工程】 制定《商丘师范学院教师教育改革方案——"博雅名师"工程》,通过建立"一中心、一体系、一平台"的教师教育培养模式,提升教师教育质量。教师教育教学研究中心组建完成并开展工作,教师职业技能实训平台建成并投入使用。"豫东地区基础教育'博雅名师'教育改革创新实验区"被确定为首批立项的"河南省教师教育改革创新实验区"项目。

【探索应用型人才培养新模式】 成立产学研合作教育领导组,制定出台《商丘师范学院关于产学研合作教育试点工作的意见》,在新闻传播学院、物理与电气信息学院、化学化工学院、生命科学学院、计算机与信息技术学院、环境与规划学院、现代艺术学院等7个学院开展了应用型人才培养试点工作,探索产学研合作教育新模式,逐步打造高素质应用型人才特色与品牌。

【拓展学术型人才培养新途径】 制定《商丘师范学院学术型人才培养改革方案》,通过开展大学生学术竞赛、大学生实验创新项目评审立项、参与教师科研工作等活动,培养大学生科研兴趣,探索学术型人才培养新途径;推进本科生"考研工程",着力提高本科生考研率。2012年届毕业生考研上线率达22.78%,7个学院的上线率均超过30%,其中两个学院超过50%。

【本科教学工程】 2012年,学校共获省级以上"本科教学工程"项目9项。汉语言文学、物理学、化学工程与工艺等3个专业被批准为河南省高等学校"专业综合改革试点"专业;化学工程与工艺专业被批准为2012年度普通高等学校本科工程教育人才培养模式改革试点专业;地理科学专业被评为2012年度河南省高等学校特色专业建设点;基础化学教学团队被评为2012年度河南省高等学校教学团队;基础生物学实验教学示范中心被评为第七批河南省高等学校实验教学示范中心;外国文学史被评为2012年度河南省高等学校精品资源共享课程;"商丘师范学院——河南航天金穗电子有限公司校企联合大学生工程实践基地"被批准为国家级大学生校外实践教育基地。

【学科专业建设】 第七批省重点学科理论物理、分析化学顺利通过省级验收,被直接认定为第八批省重点学科。学校新申报的人文地理、中国现当代文学两个学科成功获批第八批河南省重点学科。2012年,新增学前教育、电子商务两个本科专业并开始招生。音乐学、美术学等15个本专科专业顺利通过省教育厅艺术专业评估验收。

【研究生联合培养工作】 制定出台了《专业硕士授权点培育单位建设管理办法》,扶持化学工程、电子通信工程和教育学3个为学校专业硕士授权点培育单位。与郑州大学、河南农业大学、苏州科技学院等省内外高校联合培养研究生工作全面启动,联合招收研究生10名。

【完善职称推荐评审办法】 制定出台《商丘师范学院关于专业技术职务任职资格推荐评审办法的调整意见》,在坚持上级文件精神和学校量化积分的基础上,本着有利于人才成长、有利于提高教育教学质量和科研水平、有利于多学科协调发展的原则进行了调整,对不同层级的专业技术人员采用了不同的推荐评审办法,提高了职称推荐评审工作的客观性、公平性和可信度,发挥正确的导向作用。

【人才强校工程】 制定出台《商丘师范学院关于实施应天学者计划的意见》和《关于设置特聘教授岗位的意见》,注重高层次人才的引进、培养与使用,高层次人才队伍建设体系初步形成。"生物分子识别与传感团队"入选河南省创新型科技团队,"中国古代史团队"入选首批河南省高校哲学社会科学创新团队;"基础化学教学团队"入选省级教学团队。

【高层次科研项目的突破与带动】 2012年,学校获得国家社会科学基金项目6项,其中1项为国家重点项目,在全省所有高校中居第五位;获得自然科学基金项目11项,继续保持领先地位。此外,部级科研项目获批2项;省社科规划项目获批8项,位居省同类学校首位。

【三级科研平台体系建设】 汉梁文化研究中心获批省高校人文社科重点研究基地,植物与微生物互作实验室获批省高校重点实验室培育基地,功能材料合成工程中心获批河南省高校工程技术研究中心。学校建成省厅级以上科研平台6个,动漫创意研发中心等校级科研平台11个,动物营养代谢与遗传改良研究所等院部级科研平台14个。

【产学研合作与社会服务工作】 学校与多家企业开展产学研合作,建设了一批产学研合作基地。化学化工学院生物分子识别与传感重点实验室与上海曼克尔瑞生物医药技术有限公司合作,建立了豫东地区技术最为先进的肿瘤检测中心;生命科学学院与商丘市梁园区政府开展"草莓新技术研发推广及人才合作",培育的草莓脱毒新产品已经形成规模化生产。开展校地校企合作工作,通过优势互补、资源共享,切实提高了学校应用型人才培养的针对性和实效性,提高了人才培养质量,初步形成了合作"双赢"的良好局面。

【学术交流】 2012年,学校承办国家自然科学基金河南地区联络网2012年度管理工作会议和第十届全国分析力学学术会议等大型学术交流会议;学校邀请美国旧金山州立大学吴彦伯、华东师范大学杨国荣、上海师范大学虞云国、南京师范大学冯建军、杭州科技大学文成林等一批知名专家学者来学校讲学。

【对外交流与开放式办学】 优化专科合作办学项目,成功获批国际通识教育本科项目,经济学、学前教育、艺术设计、广播电视新闻学(网络传播方向)等4个国际通识教育课程本科专业开始招生。与韩国大邱科学大学的学生交流项目顺利启动。实现了与美国卡普兰大学、旧金山州立大学、英国伍斯特大学等合作院校的互访。

【成人教育】 2012年,成人类本专科招生4335人,毕业2669人,在校学生7896人;完成"国培计划"河南省农村幼儿及中小学教师置换脱产研修和短期集中培训共计8个项目、800人的培训任务;完成"省培计划"商丘市农村中小学教师培训共计2个项目、100人的培训任务。

【基础支撑能力增强】 2012年,按照省政府文件精神和省财政厅核准的贷款规模和偿还机制,推进并认真落实化债措施,化解债务16080.8万元,圆满完成省政府下达的化债任务。2012年,建成学生宿舍1.2万平方米;开工建设2.96万平方米,其中学生宿舍1.86万平方米,学生食堂1.1万平方米。投资1000余万元,建成科研实验室近20个。

【德贷项目设备招标工作】 成立德国贷款项目设备验收工作领导小组,加强德贷项目设备招标工作。9月,德贷第一批设备招标在北京开标;11月,德国复兴信贷银行对德贷第一批中标结果确认后,进入设备价格市场调查准备阶段,12月24日,开始进行德贷第一批设备商务谈判。配合远东公司进行德贷项目土建工招标工作,中德友谊大厦的招标文件完成,德国方面批复后即可进行招标。

【民生工程】 推进教职工住房团购工作,形成几个可供选择的方案,进入预报名认购阶段;与市政府协调,宜兴路威海路至平原路段建设工程顺利开通;加强家属区管理,制定并实施了家属院综合治理方案,秩序明显好转。

撰稿:王红立
审稿:曹　奎

周口师范学院

党委书记:俞海洛
院长:俞海洛
创办时间:1973年5月
校址:周口市川汇区文昌大道东段
电　　话:0394-8178000
邮编:466001
传　　真:0394-8178099
网址:http://www.zknu.edu.cn

【概况】 学院占地面积共1511亩,建筑面积515403万平方米,固定资产价值50742万元,其中教学仪器设备总资产12188万元,图书馆藏书137.97万册。2012年,新采购图书20余万册、电子图书7万种,新增阅览座位1000个。2012年,录取普通本专科5776人、各类成人学生4750人。截至年底,有在校普通本专科生21172人。学校设有14个教学(院)系45个专业;有教育实习基地105个,专业实习基地85个。教职工1322人,其中专任教师1062人,教授60人,副教授260人,讲师503人;其他系列高级专业技术职务20人,中级专业技术职务44人;聘请外籍教师6人。

2012年,学校先后被评为河南省教育信息工作先进单位、河南省高校党务信息统计全优报表单位、河南省高校基本建设管理先进单位、全省事业单位岗位设置管理工作先进单位、河南省教育系统统计工作先进单位、全国学生公寓管理服务工作先进单位。学校团委被评为省高等教育校园文化建设和社会实践活动先进集体,学校人事处被评为2011年度省属大中专学校人事工作先进集体,学校教务处与物理与电子工程系被评为河南省高等教育教学工作先进集体,数学与信息科学系被评为河南省教育系统先进集体,学校科研处本年度先后被评为河南省高校科技管理工作先进集体、河南省哲学社会科学管理先进集体、河南省高等学校社科管理先进集体。

【领导班子成员名单】 党委书记、院长俞海洛,党委副书记李军法,副院长赵子忠(—5月)(5月起任副书记),副院长王云彪(—5月)(5月起任副书记、纪委书记);副院长董丰产、马金岭、李成伟、苏宇(5月—)、毛健民(5月—)。

【学习贯彻十八大精神】 2012年,学校党委以深入贯彻落实十八大精神为主题,以深化教育教学改革为主线,研究学校改革发展中的实际问题。十八大召开前,开通了"喜迎十八大,创造新辉煌"专题网站;组织举办"迎接党的十八大,我为党旗添光彩"主题征文等系列活动。十八大闭幕后,党委中心组及时召开了十八大精神专题学习会,下发了《关于认真学习贯彻党的十八大精神的通知》和《关于举办学习贯彻党的十八大精神专题培训班的通知》,对全校十八大精神学习贯彻活动进行安排部署。学校各部门共开展各种形式的学习交流、座谈、研讨等近百场。组织思想政治理论课教师集体备课,以形势与政策课为依托,发挥课堂教学的主导作用,及时让广大学生领会十八大精神。

【党建工作】 扎实开展创先争优活动,开展"我为校园添光彩”党员主题活动，试点开展了支部共建活动；召开创先争优活动总结表彰大会，对创先争优活动进行全面总结梳理，形成保障和促进基层党组织、党员永葆先进性的理论成果、实践成果和制度成果。

构建长效机制，健全完善党委中心组学习制度，学校党委理论中心组成员分别在《中国教育报》、《河南日报》、《教育发展研究》、《中国青年研究》、《高教发展与评估》、《学校党建与思想教育》和《河南教育》等报纸期刊发表学习体会文章10余篇。抓好干部的学习培训工作，举办六期处级干部论坛，邀请多名党政领导、校内外专家教授，围绕贯彻落实十八大精神、河南高等教育改革发展、评建工作等开展专题讲座。进行处级干部换届和科级干部充实调整，交流调整处级干部114名，其中，新提拔处级干部70名，交流44名。另对131名科级干部进行了调整交流，其中教学系部85名，管理和教辅部门46名。落实处级领导班子和干部收入申报和重大事项汇报等制度，完善处级领导班子和领导干部年度考核评价体系，做好2012年度处级干部年终考核工作。拓宽培训渠道，加大干部教育管理力度，组织了赴德国高校行政管理培训团。选派干部参加省委党校培训班、河南高校中青年干部培训班学习或外出挂职锻炼。成立“三讲三提升”建设工作领导小组。对党总支和直属党支部进行换届调整，完成基层党组织的调整工作。继续开展基层党建创新立项活动，评审通过“特色党建活动”项目15个，“创新组织生活”项目30个。召开发展党员工作座谈会，举办第34、35期入党积极分子培训班，培训入党积极分子3395人，发展学生党员2008名。

【工会】 召开教职工代表会议，听取了全校正处级干部任期述职，并对其进行了民主测评。召开首届七次“双代会”，出台了《关于工会组织建设工作有关规定》、《周口师范学院教职工代表大会实施细则》等规章制度。开展“扶贫济困一日捐”活动，被评为周口市“扶贫济困”先进单位。举办女职工健美操比赛、教职工歌咏比赛、教授联谊等丰富多彩的活动。做好2012年全省教育系统教学技能竞赛工作。女工委工作得到加强，被评为周口市计划生育先进单位。

【共青团】 举办首次团总支书记培训班及团学干部培训班。组织6期杏坛博士讲堂。开展校园之星评选、校园歌手大赛、大学生科技文化艺术节、“挑战杯”大学生创业计划竞赛等校园文化活动。开展“我为团旗增光辉”主题团日活动和形式多样的青年志愿者服务活动。召开庆祝共青团成立90周年暨2012年“五四”表彰大会。做好西部计划志愿者和省贫困县志愿者的招募和推荐、2012年暑期社会实践活动等工作。制定《社团活动安全管理》、《优秀学生社团评比细则》等制度，规范社团活动，引导学生社团规范发展。

【教学】 突出工作主线，开展评建工作，成立评建办公室，制定评建工作方案，召开动员大会，完成了本年度教学基本状态数据采集；做好顶层设计，明晰办学理念，明确了“应用型”人才培养的目标定位和“师范性、地方性、应用型”的办学特色定位，开展了学校五大发展规划修订工作，修订、完成了2012版人才培养方案，启动了规章制度清理、汇编和修订工作，用制度的形式将学校教育教学观念转变的成果、学校最新的办学理念等固定下来，贯穿到教育教学的全过程；加大教学质量监控与管理，强化和完善教学质量保障体系，成立教学质量管理办公室；召开教学工作会议，对2012年教学工作进行总结，制定《周口师范学院教学质量保障体系纲要》、《周口师范学院本科教学质量自我评价与监控改进管理规范》等制度；提升育人能力，深化教改研究。5个教育教学改革项目获得省级教学成果奖，其中《形势与政策教育教学方法论》项目获特等奖。联合周口市教育局申报的“周口市教师教育改革创新实验区”获批为河南省首批立项建设的“教师教育改革创新实验区”，获得资助经费50万元。17项教师教育课程改革项目获省级立项，获得资助经费22.2万元。在全省教师教育工作专项推进会上，学校作了典型发言。强化实践教学，提升学生综合技能。新建实习基地80余个。“周口师范学院——河南宋河酒业股份有限公司工程实践教育中心”国家级大学生校外实践教育基地项目顺利通过省教育厅审定，已报教育部审批。

【专业与学科建设】 加大专业课程建设力度。新增社会工作专业，遴选申报财务管理新专业。开展专业整理工作。制定《周口师范学院专业带头人选拔及培养管理规定》，选拔出44名专业带头人，在专业建设中发挥其核心和引领、组织作用。生物科学和思想政治教育专业获批为河南省高校“专业综合改革试点”，汉语言文学专业被批准为2012年省级特色专业建设点，《常微分方程》获批省级精品课程，《植物生理学》被批准为省级精品资源共享课程。加强学科建设，不断提高办学层次。植物学、分析化学2个省级重点学科顺利通过河南省第七批省级重点学科评估与验收。思想政治教育、应用化学、植物学、分析化学4个学科被确定为河南省第八批省级重点学科；学校顺利通过2012年度河南省艺术类专业检查。

【科研】 搭建科研平台，提高科学研究能力。获批省级以上科研项目54项，其中国家自然科学基金项目3项、部级项目5项，批准项目经费总额达319.5万元，获批项目数量及经费总额均创新高。科研平台与科研团队建设取得新突破，豫东南文化传承与发展研究中心获批为河南省普通高等学校人文社科重点研究基地培育基地，稀土功能材料及应用重点实验室获批为2012年度河南省高校重点实验室培育基地项目，植物遗传与分子育种重点实验室获批为河南省创新型科技团队。学校被授予河南省高校科技管理工作先进集体称号。

【学生管理】 增强服务意识，做好学生管理服务。根据不同阶段学生实际和需求，实施大学生“引航”工程、“阳光”工程、“修身”工程。“学生教育、管理工作创特色创品牌”活动成果丰硕。学生资助工作获省教育厅表彰，奖励资金35万元。对辅导员进行工作考核和培训，建立了有效的管理和竞争机制，进一步规范了辅导员队伍管理。出台《周口师范学院学风建设规划》，开展了“教风学风、考风考纪教育活动月”活动，促进了良好学风的形成。

【学生科研与竞赛】 2012年，学校学生参与教师科研项目80余项，公开发表论文44篇；学生参加学科竞赛，获国家级奖励49项，省级奖励97项；在各种创新活动、技能竞赛中获国家级奖励21项，省级奖励1项；在文艺、体育竞赛中获省级以上奖励36项。在第八届“挑战杯”中国大学生创业计划竞赛“网络虚拟运营”专项竞赛中，学校代表队摘取一等奖，是此项比赛中唯一获得一等奖的河南高校。在河南省第十届师范生教学技能大赛中,学校12名学生参赛,其中7名获得大赛一等奖,并获团体一等奖。

【招生就业】 优化生源结构,推进招生就业工作。2012年,面向全国录取新生6637人,招生省(区)达23个,为近三年最高水平。本科层次省外生源比例由上年的26.24%增加到30.60%;本科层次艺术类生源比例由上年的28.67%下降为26.54%。生源质量稳中有升,分布更加合理,专业结构更趋优化,实现了招生规模和办学效益同步增长。2012年,录取成教新生6582人。

着力推进就业指导服务工作。完善修订教学计划,开展专兼职教师岗前培训,就业指导课的针对性明显增强,教学效果显著提高。开展创业创新教育活动,举办第三届大学生创业规划大赛;在第三届中国大学生创意创业大赛中,4项作品获团体一等奖,1项作品获团体二等奖,4项作品获团体三等奖。开展2013届非教师教育类毕业生教师资格认证工作,1032名学生顺利通过笔试,拓宽了非教师教育类毕业生就业渠道。新增5个实习就业基地,推进毕业生实习就业一体化建设。举办2013届毕业生校园招聘会,为毕业生就业搭建了求职平台。

【师资队伍建设】 2012年,引进博士16名,硕士71名,有5人通过正高级专业技术职务评审,22人通过副高级专业技术职务评审。组织进行了实验员招聘。内部挖掘,鼓励行管、教辅部门具有教师系列专业技术职务的人员承担教学任务,用足用好现有人才。合理确定了外聘教师数量,加强外聘教师管理。招聘11名专职辅导员,聘任51名兼职辅导员。

突出示范引领,加强师德师风建设。开展"师德先进个人"、"优秀辅导员"、"优秀教师"评选活动,评选表彰了校级优秀教师及优秀教育工作者65名,评选推荐市级以上优秀教师、优秀教育工作者、学术技术带头人8名。针对青年教师数量大的特点,采取学校集中培训、教学院系(部)日常培训、导师制等方式加强对青年教师的培训和管理。开展青年教师暑期岗前培训;实行导师制,为新进人员配备指导教师,对青年教师的职业道德、教学活动、业务学习等进行培训和指导。学校教师在全省教育系统教学技能竞赛中,获一等奖3名、二等奖8名,在河南省第十六届多媒体教育软件大赛中,获得1个一等奖、3个二等奖。做好"国培计划"等培训工作,培训国家骨干教师1000人、省级骨干教师和市级骨干教师400人。

2012年9月14日,爱国华侨仲保家先生(前左一)捐赠的孔子铜像落成暨揭幕仪式在学校举行

【联合培养研究生】 与常州大学签订了联合培养硕士研究生协议,这是继郑州大学之后的第二所联合培养硕士研究生合作高校。编制2013年联合培养硕士研究生招生专业目录,开展联合培养硕士研究生的招生宣传工作。制定《周口师范学院联合培养研究生管理暂行办法》,并采取多种措施确保生源的质量和数量。圆满完成2012年联合培养研究生10人的招生计划。学校成为18所联合培养单位中招生录取工作完成最好的单位。

【财务工作】 2012年,学校总收入40539.61万元,完成年度预算的144.78%,比2011年增加10241.31万元,增长33.8%。争取各项财政专项资金20252.96万元,比2011年增加9493.71万元,增长88.24%,充足的资金为学校发展和评建工作提供了有力支持。

【实验室、网络工作】 修订《周口师范学院实验室管理规程》等制度,开展实验室工作考核评比,加强了实验技术人员队伍建设。化学实验教学示范中心获批为省级实验教学示范中心。完成数字化校园一期工程建设,开通校园一卡通系统。加强网络安全和网络运行管理,实现了教室有线网络覆盖和图书馆、办公楼无线网络覆盖。

【承办重要会议】 相继承办了2012年河南省高等教育基本建设学会学术交流会,河南省第六届高校生命科学教学与教材建设研讨会,河南省高校离退休工作协会豫东片2012年年会,河南省高校数字化校园建设高端论坛,第十一届河南省高校数学院(系)院长(主任)、书记工作会议等,提高了学校的知名度和对外影响力。

【国际合作办学与交流】 对日本、韩国、美国和加拿大等国外友好高校进行访问;美国、台湾地区等友好高校负责人先后回访学校。做好了赴美国、台湾地区等高校交换师生的选拔工作,选派数量再创新高。

【校友联谊】 分别邀请优秀校友和教育系统校友返校,展示学校发展成就,架起校友和母校沟通、交流的桥梁,密切校友和母校之间的联系。举办周口市校友代表2013年新春茶话会。

撰稿:何　通
审稿:俞海洛

黄淮学院

党委书记:景照辉　院长:介晓磊
创办时间:1973年1月　校址:驻马店市开源大道
电　话:0396-2853503　邮编:463000
传　真:0396-2853115　网址:http//:www.huanghuai.edu.cn

【概况】 黄淮学院是2004年5月经国家教育部批准,在原驻马店师范高等专科学校、中原职业技术学院和驻马店市林业科学研究所基础上合并升格的一所省管公办全日制综合性普通本科高校。学校占地面积2460亩,建筑面积81.2万平方米,全日制普通在校生1.8万人;现有专任教师835人,教授、副教授280人,具有博士、硕士学位人员630人,兼职教师180名;馆藏图书246万册,中外文期刊1000余种。设有15个教学院系,49个本科专业,22个专科专业。现有国家级特色专业1个,河南省特色专业4个,河南综合改革试点专业5个,国家级大学生校外实践教育基地1个,省级重点学科3个,校级重点学科15个,市厅级研究平台25个,省级特色专业2个,省级实验教学示范中心5个,省级教学团队1个,校级教学团队3个,省级精品课程3个。

2012年,学校获中原经济区建设最佳服务高校、河南省创业教育示范校、河南省普通大中专毕业生就业工作先进集体、全省高校党建工作先进单位等称号。

【领导班子成员名单】 党委书记景照辉,党委副书记、院长介晓磊,党委副书记、纪委书记张前中,党委副书记路琳,副院长王冰、李联群、张新艳、王瑞丽、谭贞、杨耀华,工会主席牛耀堂。

【启动"迎评促建"工作】 一是成立"评建工作领导小组"、评建办公室和五个项目组,做到评建工作有领导、有组织、有部署、有落实。二是利用暑期干部培训,邀请教育部和兄弟院校评估专家来校指导,传授经验,并派出两批人员参加教育部组织的评估培训,到已经参评的兄弟院校实地考察,提升评建工作的针对性和实效性。三是制定评建工作方案,明确目标任务和工作要求,并加强专项督查,确保评建工作有序推进,为顺利通过合格评估打下坚实的基础。

【推进教学改革】 一是召开教学工作会议,围绕"加强过程管理、完善教学质量保障体系"主题,进一步明确教学管理的新思路、新方向、新任务,教学中心地位更加牢固。二是优化完善课程体系,对61个本、专科专业人才培养方案与课程教学大纲进行了修订,更加注重就业导向性,应用型人才培养模式改革不断推进。三是组织开展教学大赛,评选表彰了100名获奖教师,在全省教育系统教学技能竞赛中,学校9名教师分获一、二、三等奖。四是推进本科教学工程项目建设,学科与专业建设取得新成果,新增2个省级重点学科、3个省级综合改革试点专业、3个卓越工程师教育培养计划专业、1个省级特色专业、2个省级实验教学示范中心,获批6项省级教育教学改革项目,3项教改课题获省级教学成果二等奖。

【师资队伍建设】 一是引进高职称、高学历人员35人,资助培养30名专业带头人、25名校级骨干教师,3人被评为省级中青年骨干教师,43人通过高级专业技术职务评审。二是从行业企业聘用兼职教授39人,全过程参与人才培养,实现"行业专家走进课堂,校企携手推进应用"。三是选派154名教师到企事业单位进行实践锻炼,向境外知名高校学习借鉴,接受创新创意种子培训,提升教师的创新创意和实践能力。

【科研】 一是全年发表学术论文650篇,获批各级各类科研项目207项,获得各级各类科研成果奖60项,申请国家发明专利15项,获得授权专利10项。二是建立了1个省级工程技术研究中心、1个省级人文社科重点研究基地、3个市级工程技术研究中心;承办3个全国性的学术会议,举办"黄淮大讲堂"、"百科讲堂"等讲座40余场次。三是充分利用学校智力优势,融入地方经济社会发展,12人被选为省、市级科技特派员,教师全年深入企业参与指导生产、管理和研发工作200余次,参与横向课题36项。

【创新创业园投入使用】 学校投入5000万元、建筑面积2.3万平方米的大学生创新创业园投入使用,按照"开放式引进、企业化经营、差异化管理、应用化培养"的运作模式,引进企业42家、创新团队12个,入驻项目72个,提供培训座位300余个、工位1000余个。按照"专业行业企业职业四位一体"的总体布局,创新创业园开展创新、创意、创业、创造教育,打造大学生创新创业与实践平台,助推学校战略转型;学校合作发展联盟单位由113家发展到165家,共建实习实训基地123个,1个基地被评为国家级校外实习实训基地。

【洛桑灵智多杰莅校视察】 5月31日,全国人大常委会委员、中国藏学研究中心副总干事洛桑灵智多杰,驻马店市委常委、统战部部长赵文峰等一行莅校视察。党委书记景照辉、校长介晓磊、副校长谭贞等校领导陪同参观考察。洛桑灵智多杰一行参观了国际学院易团队工作室、创新创意工作室、苹果机房等,观看了学生制作的动漫作品。洛桑灵智多杰对国际学院近年来所取得的成绩表示赞叹,对国际学院中外合作办学的质量、规模、办学理念、办学成果给予了高度的评价。

5月31日,全国人大常委会委员,藏学研究中心副总干事洛桑灵智多杰(左一)参观大学生创新创意工作室

【学生管理】 开展"每月一星"评选、"大学生年度人物"评选、"思想政治工作优秀品牌"评选等活动,增强思政教育的实效性;加强团学工作队伍建设,新进6名专职辅导员,启动学工队伍素质能力"攀登工程",团学队伍整体素质得到明显提升;进一步完善学生资助工作机制,发放国家各类奖助学金、助学贷款2100万元;加强学生心理健康教育,通过举办心理健康普查、心理健康知识讲座、心理情景剧大赛等活动,不断提高学生心理健康教育的水平和效果;学校学生在2012年各类比赛中获得省级以上奖项500余项,有2人获"中国大学生自强之星"提名奖,1人获"中国大学生年度人物"提名奖,358人考取硕士研究生,学校应用型人才培养特色逐步彰显。

【服务地方文化建设】 学校通过组织召开"《风俗通义》与中原民俗文化学术研讨会",与西平县人民政府、驻马店市炎黄文化研究会三方共建"嫘祖文化研究中心"等举措,推动天中文化的研究、开发与传承。8月22日,黄淮学院、西平县人民政府、驻马店市炎黄文化研究会在黄淮学院举行合作共建"嫘祖文化研究中心"签约仪式。西平县县委书记张金泉,副书记、代县长聂晓光,市政协副主席苗炳启,黄淮学院院长介晓磊,副院长张新艳,市炎黄文化研究会会长陈文云等出席仪式。介晓磊、陈文云、聂晓光在仪式上签约。介晓磊、张金泉为"嫘祖文化研究中心"揭牌。

8月22日,嫘祖文化研究中心签约仪式现场

【对外交流】 新增5所国际合作办学高校,安排7个团组出国出境考察、交流和学习,3名教师赴国外孔子学院进行汉语教学工作,近百名毕业生被国外大学录取,11名学生以交换生身份赴台湾3所大学学习。

【招生就业】 全日制普通教育共报到新生5627人,继续教育录取新生8158人,学生规模和生源质量稳步提高,软件工程专业获批本科招生培养资格。开展学生创业就业教育,举办毕业生就业洽谈会,实施"学生创新创业项目孵化计划"等,支持学生创业孵化项目11个,以创业促进学生就业,截至年底,2012届毕业生实现就业5902人,就业率达到96.1%。

【学校安全稳定】落实安全保卫工作目标责任制,强化人防、物防、技防措施,排查和处理安全隐患,及时堵塞安全漏洞;争取公安部门支持,设立警务室,增加了警力,治安联防能力明显提升;着力抓好重点时段、重点领域和重点人群的安全稳定工作,特别是在南海黄岩岛事件、日本非法购岛事件发生之后,学校按照中央和省委的决策部署,积极应对,引导师生理性、合法、有序地表达爱国热情,确保了学校大局和谐稳定。

【宣传】 开设了本科评建、教育思想观念大讨论、党建网等专题网站,策划了大篇幅、高质量的系列报道活动,全年在各类新闻媒体发布报道160余篇,营造学校转型发展的舆论氛围。省内外50余家媒体对学校的应用型办学进行了报道;学校的办学经验和成果也引起省内外兄弟院校的高度关注,先后有南京工程学院、台湾中华大学等30余所高校到学校学习交流应用型办学和人才培养经验。

【改善办学条件】 加大对实验室及实验设备的投入力度,新建、改建、扩建实验室42个,新增教学实验仪器设备2100万元;加强图书资料建设,新增图书35万册;加快推进基础设施建设,建筑面积2.3万平方米的大学生创新创业园、3万平方米的综合楼竣工并投入使用,完成了北院道路管网改造、南院球场扩建、3栋教学楼的改造装修;实现学府花园顺利供暖,教职工生活条件得到改善。大学生科技产业园、科技一条街、教职工高层住宅,以及占地45亩、建筑面积7万平方米的学术交流中心和占地400亩、建筑面积10万平方米的体育中心正在建设之中。

【干部队伍管理】 修订出台了《党政领导干部选拔任用和管理工作暂行规定》、《中层领导班子及处级干部考核办法》、《加强中层班子思想政治建设的意见》、《党政联席会议制度》等文件,建立健全干部任期制、竞争上岗制、试用期制、聘任制、退出制等,严格执行"一报告两评议"制度;对试用期满的219名处科级干部进行了考核,考察任命了35名科级干部。

【党的建设】 针对教工党员、学生党员的不同特点和情况,分别将支部建在教研室、班级,确保组织工作全覆盖;做好组织发展工作,修订完善《黄淮学院党员发展细则》,制定《学生党员发展公示办法》等制度,在组织发展中严格标准和程序,严把"入口关",保证发展党员的质量,本年度发展党员1085名;强化对党员干部的教育和培训,加强"干部在线学习"管理,定期公布检查结果,促进干部自主学习;举办处科级干部培训班和专家学者报告会,进一步提高干部的管理能力和工作水平。评选、资助10项基层党建项目创新立项、开通党务手机报、党建微博等特色活动,激发基层党组织和广大党员的积极性、主动性和创造性。在2月13日召开的第二十次全省高校党的建设工作会议上,学校被中共河南省委组织部、省委高校工委授予2008—2010年河南省高校党建工作先进单位称号,并作典型发言。2012年,学校关工委通过省教育厅关工委的全面量化考核,被授予河南省教育系统五好关工委称号,河南省有18所高校获此称号。

撰稿:段永建
审核:介晓磊

平顶山学院

党委书记:许青云
院长:文祯中
创办时间:1977年8月
校址:平顶山市新城区未来大道中段
电　　话:0375-2657619　2657618
邮编:467000
传　　真:0375-2657619
网址:http://www.pdsu.edu.cn

【概况】 学院占地面积131.37公顷(1970亩),校舍建筑面积47.18万平方米。固定资产总值6.51亿元,馆藏纸质图书130.5万册,电子图书6600GB。设有17个教学院(系),4个教学部(中心),39个本科专业,9个专科专业,涵盖文学、理学、工学、法学、教育学、历史学、管理学、艺术学、经济学、医学等10个学科门类。全校教职工1020人,其中专任教师845人,享受国务院特殊津贴1人,副高级以上专业技术职务教师294人,硕士以上学位教师635人。全日制普通在校生16812人,继续教育在籍生7216人。招收普通新生5454人。教学科研仪器设备资产总值6068.22万元。

【领导班子成员名单】 党委书记许青云,党委副书记、院长文祯中,党委副书记张清廉、张清林,副院长罗士喜、闫天德、杨风岭、袁桂娥、苏晓红,纪委书记田建伟,工会主席张久铭,副院级调研员何照伟。

【学习贯彻党的十八大精神】 党的十八大召开后,学院党委及时召开扩大会议,学习传达省委扩大会议精神,安排部署深入学习贯彻十八大精神工作,印发《关于认真学习贯彻落实党的十八大精神的通知》和《学习和贯彻落实党的十八大精神工作方案》。12月13—16日,学院举办教职工、党员学习贯彻党的十八大精神培训班,学院党委成员分别作辅导报告。

【召开二届二次教代会暨工代会】 2月18日,学院召开二届二次教代会暨工代会。学院领导班子和正式代表、特邀代表及列席代表150余人参加会议。校长文祯中作了题为《强化内涵建设　全面提高质量　确保本科教学工作合格评估务实通过》的行政工作报告,会议审议了《校行政工作报告》、《工会工作报告》、《财务工作报告》、《提案工作报告》、《工会经费审查报告》、《福利费使用情况的报告》、《关于适时调整停运学校通勤车的方案》和《关于清理西校区教师公寓违规住房的方案》。党委书记许青云作了题为《凝心聚力　持续求进　在服务中原经济区建设进程中实现担当》的讲话。

【教育部专家组考察评估学院本科教学工作】 10月29日至11月1日,教育部普通高等学校本科教学工作合格评估专家组对学院本科教学工作进行实地考察评估。在审核“自评报告”和“教学基本状态数据分析报告”的基础上,专家组通过深度访谈、现场听课、座谈走访、查阅材料、考察校园和实习实训基地等,全面考察了学院本科教学工作,肯定了本科教学工作取得的成绩,指出了存在的不足,并提出学院今后发展的意见、建议。学院根据教育部有关评估整改工作的要求和评估

11月1日,教育部专家组对学院本科教学工作实地考察评估后与学校领导合影留念

专家的反馈意见及自评报告,制定了《平顶山学院本科教学工作合格评估整改方案》,并于12月6日召开本科教学工作合格评估总结表彰暨整改工作动员大会,对评估整改工作进行动员部署。

【师资队伍建设】 引进教授1人、博士13人,44人晋升高级专业技术职务(其中正高级9人);聘任兼职教授、客座教授29人;生物学森林培育学家、中国工程院院士尹伟伦受聘学院“新农村发展研究院”名誉院长和首席专家。选评6名教师为学院首届教学名师,遴选25名中青年骨干教师培养对象,36名教师脱产攻读博士学位和外出进修访学。1名教师入选河南省教学名师,2名教师成为2012年度河南省中青年骨干教师资助计划资助对象。2名教师获得河南省高校教学技能竞赛一等奖并获得河南省教学标兵称号,5名教师获得二等奖。“资源环境与城乡规划管理专业主干课程教学团队”被评为2012年度省级教学团队。

【专业课程建设】 软件工程、化学工程与工艺2个专业被批准为2012年省级特色专业建设点;小学教育、软件工程、播音与主持艺术等3个专业被批准为省级专业综合改革试点项目;电气工程及其自动化专业被批准为河南省高等学校本科工程教育人才培养模式改革试点专业。广播电视实验教学中心成功入选第七批河南省高等学校实验教学示范中心;新闻

传播学类实践教育基地被省教育厅作为国家级校外实践教学基地推荐上报。

【学科建设和科研工作】 省级重点学科生态学通过验收,新增环境科学和中国古典文献学2个省级重点学科,伏牛山文化圈研究中心被确定为河南省普通高等学校人文社科重点研究基地,高压智能开关工程技术研究中心被批准为河南省高校工程技术研究中心建设项目。雅乐团完成创编《应龙风云》、《应世雍雍》等展示古应国宫廷雅乐文化的曲目并成功演出。陶瓷展览馆建成开馆。学院被批准为河南省博士后研发基地。

立项省(部)级科研项目17项。结项省(部)级科研项目20余项,市(厅)级项目280余项。获得市(厅)级一等奖以上奖励12项。在全国中文核心期刊发表论文110篇,被SCI、EI、ISTP收录30篇。

【教育教学】 全年教学改革研究项目立项15项,其中4个项目获准河南省教育厅高等教育教学改革研究立项建设,9个项目获准河南省教师教育课程改革研究立项建设,2个项目获准河南省信息技术教育研究立项建设。在全国大学生数学建模竞赛、全国大学生英语竞赛等活动中,有39名学生获得一、二、三等奖或金、银、铜奖。在第七届全国信息技术应用水平大赛总决赛中,1名学生获Java语言程序设计本科及以上组全国二等奖。在"IDAA2011第四届国际设计·美术大奖赛"中,1名学生的作品《创意环保服装设计》在服装组别中获得金奖。学院被省教育厅命名为语言文字规范化学校。

【办学条件改善】 化学实验楼竣工投入使用,建成9个标准篮球场和1个简易田径运动场,新增教学行政用房12000余平方米。建成计算机网络与软件校内实训基地及物联网实训中心、供配电实训实验室、分析测试中心、土壤生态环境及组织培养实验室等;新增大型教学仪器设备42件(套)。

【学生资助】 开通"绿色通道",为650名家庭经济困难新生办理入学手续;帮助1714名学生办理国家助学贷款940.6万元;发放国家奖学金、励志奖学金、助学金及社会各类奖助学金共计1503.12万元,学院再次获得河南省学生资助工作先进集体称号。

【毕业生就业】 注重就业教育指导,举办职业生涯规划、就业、创业类讲座126场。加强就业市场和信息网络建设,先后发布就业信息314条,组织招聘会89场,提供就业岗位4100余个。开设了创业教育实验班,举办专题辅导讲座56场次。新建教育实习基地22个、见习基地4个,见习基地达30个。鼓励支持毕业生报考士官和应征入伍,27人分别被招为士官和入伍。截至12月底,毕业生就业率为90.20%。

【大学生思想政治教育工作】 推进社会主义核心价值体系教育,开展"学风建设促进年"活动、第一届"我最喜爱的教师"评选活动和"践行校训,优化校风,争做文明大学生"主题活动;举办辅导员培训班,对学工干部队伍特别是辅导员队伍进行培训。开展宿舍文化艺术节活动并获2012年河南省高校校园文化建设成果二等奖。坚持开展青年志愿者活动和暑期"三下乡"社会实践活动,获得2012年河南省大中专学生志愿者暑期'三下乡'社会实践活动先进单位称号。

【"国培计划"培训】 完成了"国培计划(2012)"中西部项目——河南省农村幼儿园骨干教师培训班和"国培计划(2012)"中西部项目——河南省农村幼儿园转岗教师培训。

【对外交流与合作办学】 先后邀请25名院士、知名专家学者到校举办学术讲座30余场,举办博士论坛学术讲座15场次、校内学术报告50余场次。与有关方面联合主办了第二届《歧路灯》海峡两岸学术研讨会并成立《歧路灯》研究会;协办第四届国际墨子学术研讨会。加强留学生招生工作,获得海外留学生招生资格。与德国海德堡大学、韩国光州大学等4所高校初步达成合作意向;与中国建筑卫生陶瓷协会签订战略合作协议。举办"2012两岸青年中原文化研习营"交流研讨会。与平高集团合作共建了高压智能开关工程技术研究中心、与蓝峰科技实业有限公司合作建设了光伏新能源工程技术研究中心。

【省市领导莅校视察】 省政协副主席高体健,省委高校工委书记、省教育厅厅长王艳玲,省委组织部副部长安平,省监察厅厅长王流章,省财政厅副厅长梁太祥,平顶山市委书记赵顷霖等领导先后莅临学院考察指导工作。

4月19日,省委高校工委书记、省教育厅厅长王艳玲(二排左三)到学院调研

【中层领导班子和中层干部换届工作】 3月初,完成了中层领导班子和中层干部换届。

【省高校校报评估专家组检查指导学院校报工作】 12月12日,河南省高校校报评估专家莅临学院对校报工作进行评估,专家组通过"听、查、看、访、评"等形式,对办报方针、质量与效益、办报条件、管理工作等方面进行全面评估,对学院校报工作给予充分肯定并提出建议。

【党的建设和党风廉政建设】 完成了23个党总支、直属党支部换届选举。按照中央、省委部署继续开展了创先争优活动,使创先争优活动常态化、长效化。全年培训入党积极分子2700余人,在青年教师和优秀大学生中发展党员1400余人。

加强反腐倡廉工作,以继续推进"查找廉政风险,构筑拒腐防线"活动为载体,开展党风廉政建设示范岗、反腐倡廉教育月等系列反腐倡廉活动。开展民主评议学校行风工作,重点解决在办学、招生、收费、师德师风等方面存在的问题。坚持校务、党务公开,突出基建项目、招投标、财务支出、大宗物品采购、招生收费、评先评优、干部选拔任用等工作的公开透明。

【许青云、文祯中等校领导分别出席报告会】 6月7—8日,校党委书记许青云、纪委书记田建伟出席由国家教育行政学院主办、重庆工商大学承办的全国第四届高校管理者论坛,根据大会议程安排,许青云主持了张楚廷教授专题报告会。7月21—24日,校长文祯中教授应邀参加黄河流域人口资源环境与可持续发展学术研讨会并主持专场学术报告会。

【和谐校园建设】 坚持以人为本,关注师生利益,落实年初承诺为师生办好的五件实事。坚持校领导班子成员联系老干部、联系院(系)制度。推进精神文明建设,坚持开展文明单位、文明个人等创建活动,6个校级文明单位、46名文明教职工、169名文明学生和28个文明班级受到表彰;顺利通过省级文明单位年度复查。

撰稿:黄升华 梁 波

审稿:许青云 文祯中

许昌学院

党委书记:仉建涛(—8月)
王清义(8月—)
院长:陈建国
创办时间:1942年
校址:许昌市八一路
电 话:0374-2968866 2968806
邮编:461000
传 真:0374-2968808
网址:http://www.xcu.edu.cn

【概况】 2012年,学校占地面积94.44公顷,建筑面积57.1万平方米,教学仪器设备总值1.38亿元,图书馆藏书148万册。教职工1169人,其中专任教师912人,专任教师中有正高级专业技术职务60人,副高级专业技术职务195人,硕士以上学位711人。有49个本科专业、16个专科专业。有省级重点学科4个,省级重点实验室1个,河南省高校重点实验室培育基地1个,国家级和省级特色专业7个,河南省科技创新团队1个,省高校教学团队3个,省高校实验教学示范中心2个。2012年,录取普通本专科学生5965人,其中本科5062人、专科903人;毕业学生5155人,其中本科3765人、专科1390人。有全日制在校生19886人,其中本科17568人、专科1915人、预科生86人、五年制中职阶段在校生317人;招收继续教育学生3859人,继续教育在读生6059人。

【领导班子成员名单】 党委书记仉建涛(—8月)、王清义(8月—)。党委副书记、院长陈建国。党委副书记汪庆华(—8月,8月—11月任正校级调研员)、黄桂贞(—8月)、王洪彬、马超(8月—),副院长张建军、马超(—8月)、赵正风、郑直、崔斌(8月—)、黄怡俐(8月—)。纪委书记崔斌(—8月)、杨德岭(8月—)。工会主席杨德岭(—8月)、孙海(8月—)。

【党的建设】 通过党委中心组集中学习、中层干部集中学习和自学、学习研讨、理论宣讲等方式,学习贯彻党的十八大精神,推进学习型党组织建设。完成学校领导班子换届工作,选拔任用处级干部7名,调整提拔任用科级干部30名。重视干部培训教育,选派15名处、科级干部外出学习培训、挂职锻炼、驻村帮扶。举办3期党员发展对象培训班,培训学员1660人次,发展学生党员1200名。开展创先争优活动,3个党总支获省高校系统先进基层党组织,3人获省高校系统优秀共产党员称号,3人获省高校系统优秀党务工作者称号。落实党风廉政建设责任制,逐级签订《党风廉政建设责任书》,建立权责明晰、逐级负责、层层落实的反腐倡廉建设责任体系。

【教学工作】 调整优化专业布局,新增风景园林、食品质量与安全、人才资源管理等3个本科专业。新增2个省级特色专业(数学与应用数学、电子商务),1个省级实验教学示范中心(基础化学化工实验教学中心),1个"河南省工程教育人才培养模式"试点专业(土木工程),2个河南省"专业综合改革试点"专业(电气工程及其自动化专业、旅游管理)。评选第三批校级重点建设教学团队,新增1个河南省教学团队(应用数学教学团队)。开展专业带头人队伍建设,遴选26名专业带头人。"许昌市卓越教师专业发展学校"获批河南省首批教师教育改革创新实验区建设项目。建设大学生创新创业园。

【接受教育部本科教学工作合格评估】 围绕评建指标加强教学建设,并开展教学质量保障体系建设、专业建设、课程建设、实验教学、师资队伍建设等专项评估,加强自评自建和内部整改提高工作。5月7—10日接受以天津职业技术师范大学校长孟庆国教授为组长的教育部评估专家组进校现场考察,并通过专家评审组评估。利用暑假举办教学工作研讨会,制定出台《关于进一步加强本科教学工作的实施意见》。围绕评估专家反馈意见,制定《本科教学工作合格评估整改方案》,整改工作有序推进。

【人才队伍建设】 继续推进"双百工程",引进教师46人,其中博士20人,硕士26人;26人晋升正高和副高级专业技术职务,1人入选河南省科技创新杰出人才支持计划,2人入选河南省高校科技创新人才支持计划,1人获河南省教学名师称号,微纳米结构与应用研究团队入选河南省科技创新团队。评选表彰第四届"十佳青年教师标兵"。

【科研工作】 新增电力电子与电力传动、产业经济学等两个省级重点学科，获批河南省微纳米能量储存与转换材料重点实验室、河南省微纳米能源材料院士工作站、机械系统振动与控制河南省高校重点实验室培育基地、电力通信数字信号处理河南省高校工程技术研究中心、魏晋文化河南省高校人文社科重点研究基地培育基地。完成科研成果2732项，获批各类项目632项，刘柳教授申报的国家社科基金项目，填补了河南省高校舞蹈类国家级项目的空白。成立“许昌中国钧瓷研究院”。主办第八届中国农村发展论坛、国际魏晋文化学术研讨会等高层次学术会议。

【德育和校园文化建设】 推进立德树人系统工程，坚持开展社会主义核心价值体系教育，深化理想信念教育、国情教育、革命传统教育和改革开放教育。通过思想政治理论课、形势政策报告会、政治理论宣讲会等形式，开展思想政治教育“三进”工作。继续开展学生基础文明养成教育，评选表彰“文明标兵”和“文明学生”。承办许昌第六届三国文化周大学生电视辩论赛，举办“挑战杯”大学生创业计划大赛、“高雅艺术进校园”河南民族乐团专场音乐会等活动。开展素质拓展活动、社会实践活动和青年志愿者服务活动。许昌学院团委获全国五四红旗团委称号，是河南省2012年度获此殊荣的唯一高校。校园文化建设成果获省高校2012年校园文化建设优秀成果二等奖。1人入围全国高校辅导员年度人物。

【成功创建省级文明单位】 推进精神文明建设工作，组织参与许昌市全国文明城市创建活动，成功创建省级文明单位。

【国际交流与合作】 与俄罗斯南乌拉尔国立大学签订了合作办学意向书。获批国家留学基金委“国际本科学术互认课程项目”(全国仅4所高校获批这一项目)，3个本科三批专业开始招生。与加拿大荷兰学院合办的酒店管理专科专业开始招生。

【举办建校70周年暨升本10周年庆典】 11月28-29日，许昌学院举行建校70周年暨升本10周年庆典，举办了校史发行、校友捐赠、学术讲座、校庆文艺晚会、焰火晚会、校庆大会等一系列活动。

【中原农耕文化博物馆开馆】 由许昌学院投资建设的中原农耕文化博物馆于12月30日正式开馆。该馆建筑面积1500余平方米，共设18个展厅，分为22个部分。中原农耕文化博物馆立足于“中”、“近”、“深”、“全”、“真”，通过两千余件展品，较为详细地展现了中原农耕的源流、农耕器具、粮食加工、存储、纺织、家具生活、炊事饮食、食品制作、传统习俗、休闲娱乐、乡村工匠、农副生产、交通运输等中原农耕文化的全景图。

12月30日，中原农耕文化博物馆开馆

【主办第八届中国农村发展论坛】 11月24-25日，由许昌学院中原农村发展研究中心与南方报业传媒集团、华中师范大学中国农村研究院、中国社会科学院农村发展研究所联合主办的第八届中国农村发展论坛在许昌学院举行。本届论坛的主题是“农村城镇化与农村产权制度变革”，与会专家围绕这一主题进行了深入研讨并达成共识。论坛还评选出了第八届“中国三农研究创新奖”和“2012·中国农村发展论坛年度人物”。

11月24—25日，学院主办第八届中国农村发展论坛

【校园建设及资产管理】 琴房楼、中原农耕文化博物馆建成投入使用，校园道路进行了整修，专家公寓楼动工建设。新建扩建25个实验室，完善部分实习实训场所。新购图书8万余册，接受各类捐赠文献6000册。利用“中央财政支持地方高校发展专项资金”，升级改造了校园网络，开发了虚拟校史馆系统和网络办公自动化系统，学校网站被评为首届“河南省高等学校十佳网站”。西校区置换工作基本完成。多方组织收入，化解债务，全年收入首次突破4亿元，完成了阶段化债目标。开展了科研经费管理使用情况专项审计调查，获全省教育审计工作先进单位称号。

撰稿：高　凯

审稿：李新生

新 乡 学 院

党委书记:陈兴民
创办时间:2007年3月19日
电　　话:0373-3683015　3682100
传　　真:0373-3683344
院长:杨宏志
校址:新乡市金穗大道东段191号
邮编:453003
网址:http://www.xxu.edu.cn

【概况】 2012年,学校设有18个院系、2个教学部、3个教学中心、1个继续教育学院和1个基础教育培训中心,31个本科专业、49个专科专业。招收普通本、专科学生8237人,毕业普通本、专科学生7526人,在校普通本、专科生23583人;招收成人本、专科生7081人,毕业成人本、专科生697人,在校成人本、专科生3378人。在职教职工1378人,其中专任教师1100人,专任教师中享有国务院特殊津贴者3人、省级学科带头人4人、省级青年骨干教师2人、外籍教师4人,具有正高级技术职务教师76人、副高级技术职务教师334人、中级技术职务教师597人,具有博士、硕士学位教师725人。学校占地面积127万平方米,建筑面积77.1万平方米。馆藏纸质图书160余万册,教学仪器设备总值1.2亿元,固定资产总值8亿元。

【学院领导班子成员名单】 党委书记陈兴民,院长杨宏志,副书记马国良,副书记陈贞忠,副院长韩先喜、吴中、阎宏斌、郭爱先、刘翔、王选年,纪委书记张少华,工会主席部家顺;副院级调研员陈五海。

【启动迎接教育部本科教学工作合格评估工作】 5月9日,学校党委会研究通过了《新乡学院迎接教育部本科教学工作合格评估总体方案》,组建评建工作组织机构,建立了党政统一领导、校领导按项目分工负责和联系院(系、部)工作制度,成立各项目建设工作组,形成了师生员工全员参与的工作运行机制。5月12日,召开迎接教育部本科教学工作合格评估动员大会,对学校的评建工作进行了全面部署。7月6日,召开迎接教育部本科教学工作合格评估任务分解会议,印发《新乡学院本科教学工作合格评估任务分解书》,明确了建设任务和责任单位。会议提出了"重在建设、重在提升、重在规范、重在过程"的评建工作要领。9月19—21日,院长杨宏志带队,各位副院长和相关职能部门负责人到开设了本科专业的17个院系开展评建工作调研活动。10月19日,召开评建工作第二次转段会议,评建工作进入整改与建设阶段。12月底,完成了2012年度教学基本状态数据采集工作。

【党风廉政建设】 从3月到10月,在全校中层干部中开展"三讲三提升"专项活动,对于打造素质过硬的中层干部队伍,提升干部形象起到了积极作用,也为学校工作的顺利开展提供了坚强的组织保障。3月20日,召开党风廉政建设和反腐败专题工作会议,总结了2011年党风廉政建设工作,对2012年党风廉政建设各项工作任务进行了安排部署。制定下发《新乡学院2012年党风廉政建设责任目标》和《新乡学院2012年党风廉政建设责任分解》。9月24日,召开了党风廉政建设责任制暨行风建设工作会议,进行了党风廉政建设责任制年中考核工作。12月20日,学校以院党字〔2012〕34号文件向省高校纪工委上报了学校2012年党风廉政建设和反腐败工作的整改情况。

【制定"十二五"建设发展规划】 从年初到年底,历时一年,制定了《新乡学院"十二五"建设发展规划》(草案)(以下简称《规划》)。《规划》是学校今后三年事业发展的纲领性文件,为使《规划》制定得科学合理,学校通过多种形式广泛征求全校师生关于《规划》制定的意见和建议,并集中召开了七次征求意见会议,凝聚了全校师生的智慧。

【实施"十二五"科技振兴规划】 11月22日,召开科技振兴工作部署会议,启动实施《新乡学院"十二五"科技振兴计划》,明确了"十二五"时期的科研工作总体思路、总体目标、建设任务及保障措施,全面规划了学校"十二五"时期的科研工作。会议重点就学科建设与发展的问题提出了明确的要求和工作思路,提出了构建基于人才培养的学科体系的建设目标。

【学科建设】 2012年,学校投入学科建设资金近2500万元。微生物学被评为河南省重点学科。纳米碳修饰膜技术工程实验室被列入河南省产业集聚区产学研攻坚工程研发创新项目计划;建成新乡市多肽生物技术重点实验室、新乡市建筑节能工程技术研究中心;新设立6个校级研究所;中央财政资助800万元,用于建设新型导电复合材料教学实验中心、土木工程教学实验中心、现代传媒教学实验中心三个项目。各级各类科研项目共立项223项,其中省部级58项。学校王选年教授主持的科研项目被批准为国家自然科学基金项目,在国家级科研项目上取得突破。取得地厅级成果奖62项、专利9项。学校物理与电子工程系与新乡市太行佳信电气技术有限公司为"蛟龙号"深海探测器联合研制开发了动力保障电源检测系统,为"蛟龙号"顺利完成7000米级海试任务发挥了重要作用。6月8—12日,学校承办了全国新闻学青年学者优秀学术成果评审暨新闻学高峰论坛,来自中国人民大学、复旦大学、中国传媒大学等知名学府的6位著名教授举行了9场高水平专题学术讲座,增强了学校的学术氛围。

【专业建设】 2012年,学校新增电子信息科学与技术、动画、美术学、车辆工程、建筑环境与设备工程、交通工程、园林等7个本科专业,本科专业达到31个。生物技术专业、会计学专业成为"河南省特色专业建设点"专业;化学工程与工艺、汉语言文学专业成为"河南省高等学校专业综合改革试点"专业;现代汉语课程被评为"河南省高等学校本科精品课程";化工实验教学中心成为"河南省高等学校实验教学示范中心";机械设计制造及其自动化教学团队获"河南省高等学校教学团队"称号。获得省教育教学成果二等奖2项、省级教改立项项目3项;顺利通过省教育厅对艺术类专业办学情况的检查验收。学校应届本科毕业生考取硕士研究生人数达到211人,其中考取"211工程"及"985工程"高校75人,平均考研录取率达到了14.5%。

【大赛获奖】 2月13日,全国第三届大学生艺术展演活动在浙江省杭州市举行,学校音乐剧《让理想飞翔》从全国2000余所高校中经层层遴选而出,作为河南省高校的优秀节目代表参加了此次展演,并在展演中获表演类一等奖及优秀创作奖。获全国大学生数学建模竞赛一等奖1项、二等奖3项。学校学生创作的纪录片《盆窑工》,获2012年中国大学生电视节"行走·记录"主题竞赛单元二等奖,获2012年国际大学生微电影盛典最高纪实奖。5月,学生获第三届"蓝桥杯"全国软件专业人才设计与创业大赛一等奖1项。

【队伍建设】 2012年,共引进博士、硕士研究生27人。继续实施"硕士化工程",专任教师硕士化率达到61%,40岁以下青年教师硕士化率近80%。继续实施"干部培训工程",派出32名管理干部参加了省内外的各种干部培训班;推进"师资培训工程",派出169名教师到全国各高等院校、科研院所参加进修、访学等各类培训学习。扩充专职辅导员队伍,考核、遴选了15名优秀研究生担任学生专职辅导员;加强对辅导员的培训,完成对全校专职辅导员的年度考核,评选出14名优秀辅导员。加强对实验、图书管理、设备维护、网络管理等教辅人员的管理和岗位技能培训。

【实验室建设】 继续增加实验室建设投入,2012年,完成了19项政府采购项目,采购仪器设备总值999万元;完成9项校内招标项目,采购仪器设备总值194万元。建设了电子设计实验室、艺术设计实验室、膜技术实验室、数字逻辑与计算机组成原理实验室、计算机微机原理实验室、网络综合布线工程技术实训室、功能材料与制品研究中心、先进制造技术研究中心等8个实验室和实验中心,进一步改善提升了实验科研条件。

【培育实践育人特色】 开发实践育人管理系统,实施实践育人项目学分认定工作和实践育人"十个一"工程,生均参加实践育人项目6.19项。组织2012级新生军训及2010级、2011级补录学生的补训工作以及2010级本科生二次军训工作。组织15个院系173个班级的学生完成了劳动实践课程,于12月召开了劳动实践课表彰暨工作交流座谈会。举办第四届大学生创新创业大赛,有18个院系的310件作品参赛,设立创业孵化基金18万元,30个创业项目入驻创业孵化基地。组建458支实践团队、5700余名学生集中参加了暑期社会实践。举办"暑期社会实践成果报告会"、"实践归来话成果,青春喜庆十八大"暑期社会实践成果图片展,编印了《新乡学院2012年暑期社会实践百篇优秀成果汇编》,其中4篇文章被团省委选入2012年河南省大中专学生暑期"三下乡"社会实践成果汇编(38篇)。开展了第二届大学生"自强之星"评选活动,评选出了10名大学生"自强之星"。举办第三届"挑战杯"大学生课外学术科技作品竞赛。

【学生工作】 坚持"以学生为本"的学生工作理念,关心学生、爱护学生、服务学生,提高学生管理质量。开展特色学生工作(活动)评选,评选出7项特色学生工作(活动)。开辟绿色通道,通过绿色通道入学的2012级学生人数为609人,为1918名学生办理国家助学贷款775.93万元,为177名学生办理生源地国家助学贷款6.38万元,为90名应征入伍学生办理补偿贷款106.58万元。采取多种措施催促毕业生偿还国家助学贷款,大大降低了贷款毕业生违约率,受到省教育厅和省财政厅的表彰,并获得奖励资金56万元。做好奖助学金评审发放工作,共审核发放各类奖助学金1723.75万元,5231名学生受到资助。

【招生就业】 2012年,全校录取新生8237名,其中录取本科生4369人,录取专科生3616人,录取"3+2"转段备案生252人,第一次实现了升本以来录取本科人数大于录取专科人数。实际报到人数为8062名,报到率为97.8%,创历史新高。举办"新乡学院2012年开放办学——校企合作高峰论坛",与奥康集团共同举办"奥康订单培养班"。组织多种形式的校内招聘活动,为毕业生建立了一个多层次的校内招聘市场,各种招聘活动共提供就业岗位18000余个,当年就业率达到了96.02%,其中约有75%的毕业生在新乡市就业。

【数字校园建设】 制定《新乡学院数字化校园建设方案》、《新乡学院校园一卡通建设方案》,推进数字化校园建设。加强校园网建设,与新乡联通共建的校园网通过验收。调整学校主页信息发布策略,实现了动态化管理静态化发布,确保学校主页安全运转;启动学校网站群建设工作。

【学报学刊建设】 《新乡学院学报》(自然科学版、社会科学版)和《管理学刊》的办刊质量稳步提高,学术影响不断扩大。2012年,学报社科版共发表文章404篇,其中校内稿件占23.1%,基金项目稿件占6.2%;学报自科版共发表文章211篇,其中教授、博士稿件36篇,占17.1%,校内稿件占30.8%。《管理学刊》共发表文章117篇,其中教授、研究员、博导稿件47篇,占40%;基金、课题项目文章54篇,占46%,整体层次较高。从《管理学刊》作者的分布来看,校外作者所发文章为106篇,占90.5%;校内作者所发文章为11篇,占9.5%,结构比较合理,体现了促进学术交流的办刊宗旨。在全省期刊编校质量抽查评比中,学校"两学报一学刊"成绩优良。其中在全省134种社会科学类期刊中,《新乡学院学报》(社科版)居第29位;《管理学刊》居第46位;在全省104种自然科学类期刊中,《新乡学院学报》(自然科学版)居第46位。

【校园文化建设】 邀请国内外知名专家、学者来校举办学术讲座,开展教授、博士论坛等校内学术报告,共举办学术讲座和报告132场,增强了广大师生的科研、创新意识,进一步培育了"自由、严谨、求实、创新"的学术文化。11月15日至12月底,开展了校训、校徽、校歌的征集活动。举办第二届大学生科技文化艺术节，全校19个院系的近万名师生参加了62项活动，取得了一大批优秀成果。4月19—21日，举办新乡学院第五届运动会。10月17日，出色完成了新乡市第十届运动会开幕式大型团体操表演任务，充分展示了学校师生优秀的综合素质和实践育人取得的重大成果，受到省、市领导和全市人民的广泛好评。

【国际教育与交流】 德国克劳斯塔大学材料工程研究所所长、材料学专家Wagner教授到校访学考察。与加拿大北方应用理工学院签订合作办学协议。与法国巴黎高等教育集团下属的法国高等职业培训中心就本科学生学历培养、教师互访支教、教师培训等合作办学项目达成了共识，达成在2013年派首批教师到法国接受培训的意向。与西班牙新科技培训学院签订《中国新乡学院与西班牙新科技培训学院合作意向书》。

【继续教育与教育培训】 11月24日，承办晋冀鲁豫普通高校成人教育研究会2012年年会。举办两期中小学校长培训班，培训中小学校长173人。采用“送教下乡”和集中培训的模式，对全市中小学教师进行培训，培训学员2576人。承办新乡市市级中学骨干教师培训班，培训350名中学骨干教师。

【离退休人员工作】 5月30日至6月1日，主办了豫北片区高校离退休工作管理研讨会，加强了和兄弟院校之间的工作交流。完善老干部工作保障机制，落实老干部各项待遇。加强和老干部的沟通、交流，虚心听取他们对学校工作的意见和建议，使他们老有所为；经常组织老干部参加各项娱乐健身活动，组织离退休人员到林州、淮阳、新安等地参观考察，使他们老有所乐。

【图书资料建设】 5月19日，召开新乡学院图书情报工作委员会2012年年会。加大电子资源建设，开通学术资源统一检索系统，SCI和EI两个外文数据库投入使用。加强馆藏资源的宣传和使用培训，规划提升图书资源的服务水平、服务质量和资源利用效率。

【财务审计】 加快财务办公自动化建设，实现工资、薪酬、学费、项目经费和部门经费的网上自查、网上报账。落实市财政工作会议精神，推行公务卡制度。抓住国家加大对高校资金投入的好政策，争取到中央财政专项经费800万元，生均经费足额到位。抓住高校化债政策机遇，积极化解债务，多方筹措资金，偿还银行贷款本金14216.31万元。本年共审计基建、维修、装饰工程项目33项，其中内审30项、外审3项，审计金额4400余万元，审减总金额156万元。

【校园建设】 对西家属区道路进行拓宽，扩建停车位，提升校园生活便利性。新装运动场护栏，修建赵定排围墙，配合市政府完成了赵定排学校校园段景观提升改造工程，改善了校园环境。推进教职工住房建设，青年公寓1号、2号、3号楼全部交付使用。采购苗木，布置景观石，绿化、美化了校园环境。

撰稿：孙德春
核稿：杨　钧
审稿：杨宏志

郑州师范学院

党委书记：于向英
院长：赵　健
创办时间：2002年3月
校址：郑州市英才街6号
电　　话：0371-65501002
邮编：450044
网址：http://www.zztc.com.cn

【概况】 郑州师范学院的前身郑州师专始建于1952年，曾两度中断。2002年3月，经国家教育部批准，在原郑州教育学院（郑州第二师范学校先期并入）与原郑州师范学校合并的基础上再次恢复建立郑州师范高等专科学校。2010年3月，经教育部批准，在郑州师范高等专科学校的基础上建立郑州师范学院，是目前省会郑州唯一一所全日制普通高等师范本科院校。学院占地面积1060亩，建筑总面积32万平方米。建有各类实验实训室132个，教学仪器设备总价值近亿元。拥有集藏、借、阅功能为一体的图书馆，纸质图书110余万册、电子图书30万册、报刊2033种、电子资源数据库8个，并建有千兆光纤接入、万兆双核心校园网。有校外实习实训基地141个，附属中、小学6所。共有在校生13718人，其中本科生4652人，专科生9066人。全校教职工914人，其中专任教师693人，教授87人，副教授231人，具有博士学位教师70人，硕士学位教师470人。

学院设置教学机构18个（文学院、数学与统计学院，外国语学院、音乐学院、美术学院、信息科学与技术学院、初等教育学院、经济与管理学院、教育科学学院、特殊教育学院、政治与公开管理系、物理与电子科学系、化学系、生命科学系、地理与旅游管理系、历史文化系、体育科学系、思想理论教学研究部)，教辅机构9个(继续教育学院、成人教育学院、国际教育学院、学报编辑部、网络管理中心、图书馆、自然博物馆、档案馆、实习实训基地)、研究所6个(中原文化研究所、教育科学研究所、生物工程研究所、3S研究所、软件科学研究所、戏曲研究所)。开设本科专业17个，专科专业52个，涉及文、理、工、管等学科门类。

学院是河南省和郑州市教师培养培训的重要基地，是教育部"国培计划"、民建中央"园丁培训计划"等国家级培训项目的承担者，是目前全国具有教育部示范性集中培训项目资质的三所本科院校之一。学院先后与美、英、加、俄、印等9个国家的13所院校建立了校际合作关系。

学院先后获得国家级语言文字规范化示范校、河南省精神文明建设先进集体、教育教学先进集体、普通高等教育本专科学籍学历管理工作先进集体、最具就业竞争力示范院校、大中专学生志愿者暑期"三下乡"和"四个一"社会实践教育活动先进单位、郑州市维稳工作先进集体、统战工作先进单位、为职工办实事先进集体、"平安校园"建设先进单位等荣誉称号。

【领导班子成员名单】 党委书记于向英，党委副书记、院长赵健；党委副书记、工会主席弓民，党委副书记、纪委书记翟幸福，党委副书记张进峰，副院长王北生、蒋丽珠、张建航、孔青、贾敏仁、赵玉岭。

【吴天君莅校调研】 9月6日，在第28个教师节即将到来之际，河南省委常委、郑州市委书记吴天君来校调研，市委常委、市委秘书长孙金献，市委常委、宣传部部长王哲等市领导以及市直有关部门领导陪同调研。吴天君到公共教学楼看望一线教师并和教师代表合影留念。吴天君与教师们交谈时指出，

9月6日，河南省委常委、郑州市委书记吴天君(前中)莅校慰问教师

在地方教育发展中，大学是"龙头"，要办好大学，不能只会教书，还要做好科学研究，郑州师范学院一定要坚持教学与科研并重，创造性地做好各项工作。吴天君在公共教学楼天光教室询问学生的学习、生活情况，并对天光教室环保节能的设计理念表示赞赏。随后，吴天君视察了学院自然博物馆。

【王文超莅校调研】 12月28日，省人大常委会副主任王文超到校调研基础设施建设和教学工作。院领导于向英、张进峰、赵玉岭陪同调研。王文超一行先后来到文学院、音乐学院、图书馆，详细询问了专业设置、师资队伍建设及毕业生就业等情况，察看了教研室、研究生工作室建设情况，并观看了音乐学院舞蹈专业教学成果展示。调研中，王文超对学院在教学管理、

12月28日，省人大常委会副主任王文超(左一)莅校调研

人才培养、基础设施建设等方面取得的成绩给予充分肯定。

【召开第一次党代会】 12月18日，学院召开了郑州师范学院第一次党代会。河南省委高校工委专职委员贾修国，省委组织部科教企业干部处副处长王剑，郑州市纪委副书记、市监察局局长姚芸来，郑州市委组织部副部长秦晓辉，郑州市教育局党委书记、局长毛杰等省市领导，河南师范大学等部分兄弟院校领导，各界人士代表等出席了开幕式。党委书记于向英作了题为《凝心聚力，内涵发展，向建设特色鲜明的高水平本科院校目标阔步前进》的报告，院党委副书记、纪委书记翟幸福代表学校纪委向大会作了题为《加强党风建设、构筑防控体系，为学院改革发展做好服务保障》的报告。大会审议并通过了中国共产党郑州师范学院委员会工作报告和纪律检查委员会工作报告，选举产生了中国共产党郑州师范学院第一届党委会和第一届纪律检查委员会。会议确定了三步走的发展战略，明确了将学院建成省内一流、全国知名、特色鲜明的高水平本科院校的奋斗目标。

【制定"十二五"事业发展规划】 加强宏观思考和发展战略研究，修订完成了学院"十二五"事业发展规划，并于8月27日经郑州市人民政府第87次常务会议审议通过。规划提出了"瞄准一个目标，实现三大突破，采取五大战略，实施七大工程"的总体思路。同时，修订完成了三个专项规划及各院(系)发展规划。

8月27日，郑州市人民政府召开第87次常务会议审议学校"十二五"事业发展规划

【制度建设】 按照高等教育办学规律，明确学院机构的科学分类，完成校内机构设置工作。设立党群机构8个、行政机构15个、教学机构19个、教辅机构8个、直属单位9个。确定了管理机构职能，规范了工作程序和办事流程。成立了学术委员会和教学工作委员会，建立教授治学的管理体制。出台党

政管理工作制度113项，完善民主管理和监督机制，启动《郑州师范学院章程》建设，逐步构建“党委领导、校长负责、民主管理、依法治校”的现代大学制度。

【党建和思想政治工作】 扎实推进创先争优活动。在全校开展先进党总支、先进党支部、优秀共产党员、优秀党务工作者等的评选，评出5个先进党总支、22个先进党支部、38名先进个人。4个党总支获得郑州市创先争优流动红旗先进基层党组织，1个党总支被评为郑州市创先争优活动先进基层党总支，初步建立了创争机制，促进了学校发展。

完善党委中心组学习和民主生活会制度，贯彻执行党委领导下的校长负责制，坚持民主集中制，促进校、院（系、部）两级领导班子科学决策、民主决策、依法决策。合理调整基层党组织设置，完成中层干部全员竞聘工作。开展“讲责任、讲作为、讲正气，提升素质、提升水平、提升形象”活动。做好党员发展、干部培训、挂职锻炼、驻村帮扶等工作，学院被省委组织部确定为干部自主选学教学单位。

坚持教职工政治理论学习制度，开展十八大专家讲座和专题讨论活动。召开思想政治教育工作研讨会，深化思想政治教学模式改革，重视发挥思想政治理论课教学的主渠道、主阵地作用。加强阳光网建设，育人效果进一步增强。校领导带头为大学生作十八大精神辅导报告，提高了大学生思想政治工作的实效性。

重视发挥高校文化传承与创新职能，着力打造高雅校园文化。开展绿色人文系列活动，邀请美国艺术家协会合唱团等到校义演，组织“为母校喝彩”郑州师院60华诞校友歌会等活动，丰富师生业余文化生活，提升校园文化品位。把提高师生文明素质与文明创建工作紧密相连，师生文明创建自觉意识、参与意识不断增强，学院再次成为省级文明单位。

推进反腐倡廉制度建设，完善权力运行监控。开展廉政风险排查防范和行风建设自查自纠等活动，进一步筑牢广大党员干部拒腐防变思想防线。开展纠风治乱、源头防腐、治理商业贿赂等工作。贯彻信访条例，加强监察审计。

【召开教学工作大会】 5月11日，学院召开第一届教学工作大会暨本科办学理念研讨会，校长赵健作了题为《解放思想，更新理念，全面提高人才培养质量》的教学工作报告，副校长王北生作了题为《关于“十二五”期间加强“本科教学工程”建设的实施意见》的报告。会上，赵健为文学院等单位授牌，并宣布成立教学工作委员会和学术委员会，公布了《郑州师范学院关于提升师资队伍素质的实施意见》、《郑州师范学院科研成果奖励办法》等12个文件，审议了《郑州师范学院“十二五”事业发展规划》及学科专业建设、师资队伍建设、校园建设3个分项规划征求意见稿。期间，学院邀请南开大学原教务处处长、现任高教研究所所长沈亚平教授，原河南大学校长王文金教授，安阳师范学院党委书记郑邦山教授分别作《关于深化本科人才培养模式改革的思考》、《谈关于学科、专业建设问题》、《新建本科院校科学发展的思考》报告。

【教育教学】 2012年，新增设计算机科学与技术、对外汉语、特殊教育等6个本科专业。同时对2013年拟增设的本科专业进行遴选和论证，确定广播电视学、统计学、俄语、应用心理学、视觉传达设计、电子信息科学与技术等11个本科专业，均上报待批。教育学原理学科被确定为省级重点学科；小学教育专业被确定为省级专业综合改革试点；学院主持的“郑州教师教育改革创新试验区”被确定为省级教师教育改革创新试验区；中国古代文学教学团队被确定为省级教学团队；计算机与教育技术实验教学中心被确定为省级实验教学示范中心。

继续推行学分制改革试点，制定教育类课程“双导师制”实施方案，组织开展教师教育类课程改革专项培训。13个教师教育课程改革项目获得省级立项，其中重点项目5项。组织青年教师暑期培训，开展导师传帮带和业务考核活动，对新进博士进行随机听课，开展大范围的教师课堂教学技能大赛，推动课堂教学改革，提升教师教学业务水平。

坚持育人为本理念，强化学风、教风、师风建设，着力培养学生的学习能力、创新能力、实践能力，稳步提升教育教学质量。学生考研录取率、专升本录取率、英语四六级考试过关率等均保持了较高水平，2012届毕业生就业率达90%以上。学院选手获得全国信息技术应用水平大赛国家级一等奖、河南省高校师范类毕业生教学技能大赛团体一等奖、河南省大学生机器人大赛一等奖等100余项奖项。

【突出特殊教育办学特色】 学院从1986年开始了培养特殊教育师资工作，培养的特殊教育教师遍布河南省各所特殊教育学校，学院成为支撑河南省特殊教育事业发展的中坚力量，是全国为数不多的较早从事高等特殊教育的普通本科院校，是全国特殊艺术人才培养基地和河南省唯一的特殊教育师资培养培训基地。2012年，学院三个特殊教育本科专业经教育部批准面向全国单独招生，《特殊儿童发展与学习》成为国家级精品资源共享课程。中央财政专项投资的特殊教育教学实验楼落成投入使用，并获得教育部“国培计划”示范性集中培训项目（特殊教育专业）培训机构资质，承担着全国一半以上的培训任务。

【科学研究】 理论刊物《郑州师范教育》成功创刊，兰花工程技术研究中心、分子生物学实验室、历史灾害数据研究室、郑州市生物物种资源研究重点实验室等一批研究型实验室相继建成，名家讲堂、教授讲坛、博士论坛全面启动，科研奖励制度陆续出台，优秀人才的团队效应逐步显现。《基于复杂网络的历史自然灾害链式规律与演化机理研究》获得2012年度国家自然科学基金项目立项，标志着学院承担国家自然科学基金项目实现了零的突破。2012年学院承担国家基金项目3项，获批省部级课题72项、地厅级课题37项，获各级科研成果奖励58项。

【师资队伍建设】 通过外引内培等措施，加强高层次人才队伍建设。通过试讲、面试等环节招录紧缺专业博士9人，教授1人。选派国内名校单科进修、访学9人，攻读博士学位31人、硕士学位23人；国外研修、访学、学术研讨12人。获得博士学位3人、硕士学位18人；新晋升教授7人、副教授13人。推荐郑州市地方高校优秀中青年骨干教师22人、河南省青年骨干教师资助对象2人。

【干部队伍建设】 在市委组织部的领导下，学院完成干部配备工作。选聘副科级以上干部394名，面向国内外公开选聘二级学院院长3名。

【教师培训】 承担教育部“国培计划”示范性项目等一批新的培训项目，圆满完成河南省名师送教下乡等33个培训项目

2.85万人次的培训任务。教育部在学院拍摄国培专题片作为十八大献礼系列报道在中央电视台播出。

【对外合作交流】 加大合作办学力度,完成了与印度夏尔达大学合作举办体育教育专业(瑜伽艺术方向)的申报工作。先后在加拿大皇家学院、白俄罗斯国立文化艺术大学、印度夏尔达大学等地成立了汉语言文化交流中心,加快海外孔子学院建设步伐。向国家汉办选送2位教师赴国外工作,接待国外高校或团体来访163人次,举办外籍专家或教授学术讲座4次,派出教授、专家、学者赴国外参加国际学术会议及学习交流等60余人次。

【学生管理服务】 以学生工作队伍建设为抓手,健全制度,加强教育、培训和考核,提高学生工作的科学化、规范化、制度化水平。鼓励辅导员开展课题研究,提高辅导员的专业技能。实施大学生素质拓展证书认证,组织广大团员青年开展各类社会实践活动,加强学生生理健康教育和心理咨询,提高大学生综合素质。做好奖贷助补工作,完善政策,规范管理,切实维护学生利益。加强学生安全与法制教育,维护了校园安全稳定局面。

【基础设施建设】 新购置纸质图书10万余册,完成中央财政支持地方高校专项建设项目——图书馆视听中心的建设任务。郑州自然博物馆新购珍稀动、植物标本60余件,被确定为全国科普教育基地、河南省科普教育基地、郑州市生物物种资源研究重点实验室。成立学院档案馆并完成新址搬迁,在河南省高校文件材料归档工作检查评估中获优秀等次。

对兰花工程实验室进行升级改造,分子生物学实验室揭牌成立,建成高效能计算实验室,并对文学院、外国语学院等实验室进行搬迁和布局优化。实习实训基地建设顺利推进,水、电、路、网等基础设施建设基本完成,保证了实践教学的需要。

数字化校园一期工程、电子校务平台项目顺利推进,完成办公自动化、网站群等系统的部署整合、校园网出口带宽扩容、数字化校园数据中心及无线校园网覆盖工程建设等工作。学院成为河南省教育科研网北大学城节点单位。

国培楼建成投入使用,8、9号学生宿舍楼结顶,多功能现代化综合训练馆开工建设,科研信息楼和大礼堂奠基。学院被评为河南省高校基本建设管理先进单位。

撰稿:王志军

审稿:张进峰

南阳理工学院

党委书记:刘　建　　校长、党委副书记:姚锡远

创办时间:1986年11月　　校　　址:南阳市长江路80号

邮　　编:473004　　电　　话:0371-63121620

传　　真:0371-63121404　　网　　址:http://www.nyist.edu.cn

【概况】 2012年,学院设有17个院:机械与汽车工程学院、计算机与信息工程学院、电子与电气工程学院、土木工程学院、建筑与城市规划学院、艺术设计学院、经济与管理学院、外国语学院、数理学院、音乐学院、文法学院、生物与化学工程学院、张仲景国医学院、软件学院、国际教育学院、教育学院、成人教育学院,2个部:体育教学部、政治理论教学部。43个本科专业。现有教职员工1300余人。有普通本专科生和留学生18577人,其中本科生17374人,来自全国30个省、市、自治区。学校占地面积1760亩,建筑面积59万平方米。

【领导班子成员名单】 党委书记刘建,校长、党委副书记姚锡远;党委副书记郭建生,党委副书记、纪委书记李宏,副校长刘荣英、王万鹏、张伟、肖泽昌、陈世云、张钢,工会主席周礼春。

【本科教学工作合格评估评建工作】 成立评建工作领导小组和评建办公室,全面启动评建工作;贯彻"以评促建、以评促改、以评促管、评建结合、重在建设"20字方针,学习评估方案和指标体系,落实学校建设发展顶层设计;编制支撑材料目录,分解评建任务;组织开展毕业论文、试卷、实践教学材料及实验室环境、教师教学档案等四个专项检查;编印师生评估培训手册,采集上报教学基本状态数据。各评建专项组扎实工作,成效显著。全校形成了"人人关心评建,人人参与评建,人人融入评建"的良好氛围。通过评建工作,教学过程管理得到强化,教学工作规范化水平有所提高,教学管理制度进一步健全,教学质量保障体系进一步完善。

【教学工作】 召开第二次教学工作会议,明确今后一个时期学校教学工作的指导思想、基本思路和主要任务;召开首次教学质量监控及教学督导大会,明晰了提高教学质量的思路。开展质量工程建设,结构工程、机械设计制造及其自动化、中医内科学等3个学科分别入选第七批、第八批河南省重点学科,计算机科学与技术专业获批河南省高等

学校特色专业建设点，土木工程、机械设计制造及其自动化入选河南省高校首批“专业综合改革试点项目”，土木工程、自动化、计算机科学与技术3个专业获批河南省高校本科工程教育人才培养模式改革试点专业，模具设计与制造获批河南省高校首批精品资源共享课程，机械设计课程群教学团队获批河南省高校教学团队。卓越工程师试点工作稳步推进，深入探索、实践校企联合培养卓越工程技术人才新模式。组织开展了教学优秀奖评选、优秀教案评选、教学技能竞赛、教改项目立项、优秀教改论文竞赛、优秀教材评选等系列活动；在全省教育系统2012年度教学技能竞赛中喜获佳绩，5人次获一等奖，并被授予河南省教学标兵。

【科研】 坚持教学科研并举，以教学带动科研，以科研服务教学。2个课题通过国家自然科学基金项目立项，1个项目通过文化部立项；获各类科研成果奖励72项，通过各级鉴定或结项科研成果85项；发表学术论文800余篇，其中核心期刊240余篇，三大索引收录145篇；出版各类著作69部，申请专利11项。全年到账科研经费180万元。与长城计算机深圳公司共建国内高校首家云计算实验室，与美国甲骨文软件有限公司共建教育中心，与美国微软公司建立深层次合作关系，开办微软“windows phone”开发训练营，与南阳联通共建数字化校园。主动融入、积极服务地方经济社会发展，获“中原经济区建设最佳服务高校”；获批“移动终端自适应处理技术”河南省工程实验室，列入河南省产业集聚区产学研共建工程研发创新平台项目计划；与管庄工区、社旗县签订战略合作框架协议。“电机振动与噪声工程中心”获批省级高校工程技术研究中心；“生物工程技术实验中心”和“智能自动化系统实验中心”列入省级实验教学示范中心建设项目。筹建博士后研发基地，承办省高校学报七届二次年会等学术会议，举办淯阳大讲堂揭牌仪式。

7月30日，南阳理工学院与长城计算机深圳股份有限公司举行国内高校第一个校企合作共建“云计算实验室”签约仪式。校长姚锡远(前排右一)与长城计算机深圳股份有限公司总裁周庚申(前排左一)代表双方签约

【学生教育与管理】 召开首次学生工作大会，提出“三重在、四结合”的学生工作指导思想，学生教育与管理向服务、教育和管理转型。336名2012届毕业生考取硕士研究生。学生心理健康教育产生良好效果。成立大学生科技创新指导委员会，加强对全校大学生科技创新工作的指导和支持。连续代表河南省参加ACM国际大学生程序设计竞赛亚洲区比赛，获两个铜奖；获第七届全国信息技术应用水平大赛1个特等奖、4个一等奖、3个二等奖，排名全国本科组并列第一；获全国大学英语竞赛一等奖2项、二等奖6项、三等奖12项。国家司法考试通过率达33.33%，名列全省同类高校前列。在全国软件专业人才设计与创业大赛、全国大学生先进成图技术与产品大赛等其他技能竞赛中也取得了优异成绩。全年发放学生奖励和资助2576万元，其中国家助学贷款人数1595人，发放金额826.6万元；国家和学校奖、助学金奖励资助学生6118人次，金额1566.5万元；应征入伍学费补偿代偿金额156.4万元。此外，发放勤工助学工资20.5万元，新生越冬物资购置5.97万元。

【师资队伍建设】 召开人事与师资队伍建设工作会议，出台新的人事管理制度。坚持“高起点、分步走、双师型、可持续”的指导思想，培养和引进相结合，全年引进硕士研究生以上学历人员48人，资助19人外出攻读博士学位，青年教师基本实现硕士化，博士学位人员接近百人；推荐52人参加高级职称评审，通过率达100%，其中正高17人，副高35人，学校正高职称人员突破百人。利用暑假，组织30余名教学一线教师赴外地考察学习；积极协调，解决了170名未上编人员的养老保险。连年调高校内岗位津贴标准和住房公积金缴纳比例，教师待遇稳步提升。

【国际交流与合作】 坚持“从内到外、由外到内、双向交流、互利互赢”指导思想，与新西兰惠灵顿维多利亚大学合作举办应用化学专业本科教育项目和与英国北安普顿大学合作举办机械制造与自动化专业专科教育项目先后获批，并实现当年招生；与美国天普大学、东斯特劳斯堡大学签订合作协议。启动实施与台湾静宜大学交流生项目。全年聘请来自美、英、加、澳、日等国28名外籍教师来校任教。2012年，学校获省“境外人员管理服务5A级单位”称号。

【招生】 严格实施招生阳光工程，科学调整专业招生结构，完成年度招生任务。生源质量进一步提高，本科二批理科、文科投档分分别超出省定分数线21分和13分，本科三批中外合作办学类理科、文科和软件类理科投档分分别超出省定分数线32分、26分和33分，位居全省同类院校前列；新生平均报到率达91.98%，其中本科二批报到率达95.06%。成教生报考、上线和录取数均创历史新高。

【就业】 落实就业工作“一把手”工程，构建“全员参与、全程服务”的工作体系，毕业生年终就业率达97.13%。获2009—2011年河南省普通高等学校毕业生预征工作先进集体和河南省大中专毕业生就业工作先进单位称号；被团中央、联合国国际劳工组织确定为“大学生KAB创业教育基地”；《基于B/S的高校毕业生就业信息管理系统的设计与实现》和《大学生职业发展与就业指导课程立体化教材建设研究与实践》2个项目入选2012全国高校毕业生就业指导工作成果展。

【财务、基建、后勤】 全年实现财政收入3.4亿元，其中学费收入1.6亿元，上级拨款1.8亿元；顺利通过校长任期经济责任审计，受到省审计厅好评。采购8万册图书；数字化校园建设步伐加快，全年投入300万元。专家公寓、体育馆、运动员公寓

4月23日,学校举行汇森研发中心工程开工奠基典礼

先后交付使用,图书馆、汇森实验楼主体完工,毕业大厅改造、学生超市修建、梦溪湖改建、老校区田径运动场改造、溧河故道整治、校区主干道路沥青铺设等项目顺利完成,新征土地进展顺利。立项教学科研仪器设备项目30个,教学科研仪器设备固定资产增加5361.56万元,增幅为历年之最。全年一般固定资产投入约900万元,总值达4832万元。伙食价格基本稳定,后勤管理和服务水平进一步提升;校医院基本设施和服务功能进一步完善,获河南省高校医疗保健机构优秀单位称号。

【党政、群团等工作】 在全校掀起学习宣传贯彻党的十八大精神热潮;顺利完成处、科级干部调整,党员发展工作有声有色,学校再获河南省高校党建工作先进单位称号;扎实开展舆论宣传,推进精神文明创建活动,被授予河南省文明标兵学校称号。"校风建设活动"深入推进。两办督察督办,协调各方,信访维稳、车辆管理、公务接待等工作成效显著,获南阳市保密工作先进集体称号;设置"校务之窗"专栏,推进教学科研等信息公开;纪检、监察发挥职能,全年未发生严重违法乱纪事件;审计部门获河南省教育审计工作先进单位称号;校工会在民主管理和监督、文体活动、大特病救助和困难帮扶等方面发挥成效;编外大学生雷锋营获河南省优秀志愿者服务组织;学校获南阳市统战工作先进单位称号。举办"第三届经典诗文诵读大赛",全年完成4000余名师生的普通话培训和测试。有效引导和处置网络舆情;校园安全稳定,未发生重大安全事故。师生积极进取,形成人心"思齐、思贤、思和、思稳、思进"的浓厚氛围。完成第七届全国农运会男篮比赛的组织、接待和服务等工作,得到社会各界普遍好评。

【召开第七届教代会暨第五届工代会第一次会议】 3月9—10日,学校召开第七届教代会暨第五届工代会第一次会议。校长姚锡远作题为《稳中求进 持续提升 推进质量追求卓越,努力开创南阳理工学院事业科学发展新局面》的工作报告,校工会主席周礼春作工会工作报告。校工会副主席刘德春作提案工作报告。会议审议通过了财务工作报告和经费审查报告,表决通过了第五届工会委员会和经费审查委员会选举办法,选举产生了新一届工会委员会和经费委员会,表彰了2011年度学校先进分工会、巾帼文明示范岗及优秀工会干部、巾帼标兵。

【召开第二次教学工作会议】 6月28—29日,学校召开第二次教学工作会议。校长姚锡远作题为《提升教育理念,创新人才培养模式,推进教学质量,为圆满完成"十二五"规划而奋斗》的主题报告,总结2005年第一次教学工作会议以来学校教学工作取得的成绩,明确今后五年学校教学工作的指导思想、基本思路和主要任务;副校长刘荣英作《把握关键,加强建设,全面提升本科教育教学水平和人才培养质量》报告;会议对"卓越工程师教育培养计划"试点项目、省级质量工程建设项目、省高等教育教学改革研究项目、省教育系统年度教学技能竞赛获奖教师、省优秀教学成果奖、省精品课程项目组进行了表彰和奖励。

【承办第七届全国农民运动会男子篮球赛事】 9月11—18日,学校承办第七届全国农民运动会男子篮球赛事。9月10日,组织召开了男篮项目大会组委会会议和男篮项目裁判长、领队、教练员联席会议,中国农民体协业务部部长、第七届全国农民运动会男篮竞赛委员会副主任赵颖,原湖北省农民体协秘书长、中国农民体协王觉非,南阳市人民政府副市长、第七届全国农民运动会南阳市组委会副主任张生起,南阳市体育局局长、第七届全国农民运动会南阳市组委会副秘书长苏定堃,第七届全国农民运动会男篮仲裁委员会主任,男篮技术代表,裁判长、副裁判长,第七届全国农民运动会男篮竞赛委员会主任、南阳理工学院校长姚锡远,常务副主任、学院党政领导郭建生、李宏、王万鹏、张伟、肖泽昌,第七届全国农民运动会男篮比赛冠名赞助商、河南赊店老酒股份有限公司董事长单森林,和来自全国15个省、直辖市、自治区的各代表队领

9月18日,第七届全国农运会男子篮球比赛在学院篮球馆落下帷幕。东道主河南队以6场全胜战绩获得一等奖,是河南男篮在全国农运会上取得的最好成绩

队、教练员等出席。会议明确了农运会男篮赛事比赛要求、竞赛规程、赛风、赛事编排、竞赛日程安排、裁判工作、申诉程序和办法等技术性问题。比赛分两个阶段,第一阶段,9月11—13日进行分组循环赛,第二阶段,9月15—18日进行淘汰赛。其中9月14日组织了定点三分球投篮赛和运球过障碍投篮接力赛等2项男篮特定项目比赛。河南、北京、江苏代表队最终分获冠、亚、季军,陕西、四川、河南、福建代表队获男篮比赛体育道德风尚奖。

撰稿:冯传亭

审稿:张 伟

河南城建学院

党委书记：李德平　　院长：孔留安
创办时间：1983年11月　　校址：平顶山市新城区明月路
电　话：0375-2089060　　邮编：467036
传　真：0375-2089061　　网址：http://www.hncj.edu.cn

【概况】 2012年，学校占地面积115.33万平方米，校舍总建筑面积63.23万平方米，固定资产总值88100万元，其中教学仪器设备总值13345.9万元，图书馆藏书142.8万册。开设本科专业45个，专科专业11个；教职工1133人，其中专任教师856人，正高级专业技术职务74人，副高级专业技术职务238人，中级专业技术职务483人。普通类本、专科在校生18767人，其中本科生17376人；招收本科生4989人、专科生484人；本科毕业生3937人、专科毕业生1016人，当年毕业生一次就业率93.36%。成人在校生4800人。

【领导班子成员名单】 党委书记李德平，院长、党委副书记孔留安，党委副书记史战芳、王召东，党委副书记、纪委书记李建生，副院长陈丙义、杨留栓、张坤书、王春阳、赵金安，工会主席许朝民。

【领导视察指导】 4月12日、19日，教育部评估中心主任季平，河南省委高校工委书记、省教育厅厅长王艳玲分别在相关领导的陪同下，实地调研指导学校本科教学迎评促建工作。8月20日，河南省财政厅副厅长梁太祥带领调研组莅临学校，就财政投入使用情况进行专题调研。9月6日，平顶山市委副书记、市长陈建生在市委常委、宣传部长唐飞及市政协副主席潘民中等领导陪同下来校慰问，与学校教师共庆第28个教师节。

【党的建设】 坚持和完善党委中心组学习制度，扎实开展全校政治理论学习活动，学习党的十八大精神等内容，推进学习型党组织建设。深入开展创先争优活动和基层组织建设年活动，筑牢科学发展的组织保障。做好党员发展工作，培训入党积极分子3164名，发展党员1451名，转正预备党员1173名。建设干部教育远程培训系统，开展干部培训活动，选派25名干部参加外出培训、挂职锻炼、学习考察。调整中层干部75人。探索出了以思想政治理论课课堂为核心，全方位、立体式的思想政治教育体系，形成党政工团齐抓共管的思想政治教育工作局面。加强党风廉政建设工作，全年未发生违法违纪案件，在省"三重一大"和校务公开检查中位列全省高校第六。加强对外宣传报道力度，全年校外媒体报道学校300余条次，《中国教育报》、《河南日报》刊出学校专版。做好对内宣传，加强校园广播、校报建设，顺利通过河南省高校校报评估组评估。加强文明创建工作，以优异成绩通过省级文明单位复查验收。

【教学】 作为河南省第一家接受第二轮本科教学评估的高校，坚持"以评促建、以评促改、以评促管、评建结合、重在建设"的20字方针，扎实开展评建工作，进一步强化教学管理，改善教学条件，使本科教学的中心地位更加巩固，教育教学质量得到有效保证和提高，评建工作和教学工作得到教育部评估中心领导、省教育厅领导及评估专家组的充分肯定和高度评价，也受到省内外兄弟院校的赞誉，实现了十年来建设合格本科院校的阶段目标。获省"十二五"规划课题6项，其中省级重点项目1项；获省级教学改革研究7项、省级优秀教学成果27项；新增1个国家级大学生校外实践教学基地(河南城建学院——平煤神马建工集团有限公司工程实践教育中心)、1门省级精品共享资源课程(建筑材料)。2012届本科生英语四、六级累计通过率达69.9%，毕业生考研录取率达23.68%，其中"985"、"211"院校录取率达55.6%。

【学科专业建设】 推动工业固体废弃物综合利用、分析测试、煤盐化工、燃气工程等4个研究中心的论证及建设，两个第七批省重点学科顺利通过验收，新增化学工程、市政工程两个第八批省重点学科。新增3个本科专业、2个省级特色专业(测绘工程专业、工程造价专业)、1个省级实验教学示范中心(交通工程实验教学中心)、3个省级高等学校专业综合改革试点(土木工程专业、给水排水工程专业、建筑环境与设备工程专业)、2个省级普通高校本科工程教育人才培养模式改革试点专业(建筑学专业、交通工程专业)、2个省级人文社科类专业综合改革试点。在4个学科方向实现了联合研究生培养并招生。

【科研】 获各级各类项目、课题138项，鉴定成果105项。发表学术论文687篇，其中一级期刊28篇，核心期刊278篇，收录213篇。发放科研成果奖励190余万元。获河南省高校科技管理工作先进集体称号。

【学生工作】 加强学生工作队伍建设，丰富学生活动载体，努力构建大学生综合素质和创新精神培育体系，不断提高学生教育、管理和服务水平。发放各类奖、助学金1710.6余万元，为困难学生办理692.31万元的国家助学贷款，减免住宿费5.28万元。学生在各级各类竞赛中获得34项团体和个人奖，其中在第二届全国普通高等学校大学生测绘技能大赛中获得国家一等奖3项、团体一等奖1项,河南省一等奖3项、团体一等奖1项和优秀组织奖;在全国大学生数学建模竞赛中获得国家二等奖1项,河南省一等奖6项、二等奖10项、三等奖1项;在第五届全国商科院校市场调查分析技能大赛总决赛暨2012海峡两岸大学生市场调查分析大赛中获团体三等奖。

【招生就业】 生源质量明显提升。理工类本科生录取线高出河南省定控制线11分,3个专业高出30多分,文史类本科录取线高出河南省定控制线4分。学校因就业工作出色被评选为2011—2012年度全国毕业生就业典型经验高校,是河南新建本科院校中得此殊荣的第一家,还被评为2012年度河南最具就业竞争力示范院校。

【成人教育】 成人函授生录取3146人,比上年增加700余人。开展二级建造师继续教育培训共27期,培训学员3700余人,取得了良好的经济效益和社会效益。

【师资队伍建设】 通过外引内培,新增博士19名、硕士35名,具有博士、硕士学位的教师占专任教师的比例增至74.2%。晋升教授7人,副高级专业技术职务28人。新增河南省学术技术带头人1名,省教育厅学术技术拔尖人才、创新人才6名。

【国际合作交流】 与英国高地与群岛大学合作举办的电气工程及自动化专业本科教育项目得到河南省教育厅批准。

【财务与物资设备】 争取到各种财政拨款1.9亿余元,较上年增长27.34%。圆满完成化债目标任务,争取到最高额度化债奖励,财务运行和安全状况良好。严格资金管理,资金使用效益明显提高。顺利通过了校长任期经济责任审计。通过政府采购、委托政府采购、校内公开招标等方式,完成1000余万元的物资设备招标采购、供货验收工作。

【基本建设】 总投资约3825万元的结构实验室、体育馆、东西校区地下通道相继建成投入使用。预计投资960万元的文管学区高架桥项目完成主体施工任务。校区绿化6900平方米。

【节能减排工作】 学校"节约型校园建筑节能监管平台建设项目"被列入国家2012年公共建筑节能监管体系建设资金支持项目,获得270万元建设资金。还获得中央财政安排的北方采暖地区既有居住建筑供热计量及节能改造的奖励资金180万元。学校污水处理和中水利用项目获得省水利厅节水技改资金60万元。

【图书学报】 新增外文数据库3个,图书21408种71772册。图书馆先后获清华大学出版社、科学出版社、人民邮电出版社等多家出版社优秀馆藏图书馆荣誉。编辑出版学报6期,基金项目论文占刊登论文数的35.5%。

【校园信息化、文化建设】 更新校园网络设备,加强校园网络基础建设,升级办公自动化系统,推行无纸化办公,实现了网上公文流转。构建校园理念文化系统和校园视觉识别系统,承办河南省首届建设类院校书记论坛、河南省高等教育基本建设学会2012年年会。

【统战工作】 落实党的统战工作政策,新成立民盟河南城建学院总支委员会、九三学社河南城建学院支社2个民主党派组织。汇集各方力量,注重发挥各民主党派组织和人员及退休老干部在民主管理和建设和谐校园中的积极作用。

【工会、共青团工作】 召开一届四次"双代会",以教代会提案、建议为抓手,切实发挥工会组织的桥梁和纽带作用,促进学校民主管理。加强工会自身建设,提前实现河南省模范教工之家的创建目标。教职工在各级各类竞赛中获奖15人次。5名教职工被授予河南省教学标兵或市五一劳动奖章。共青团工作全年获得各级各类奖项18项,再次获得河南省大学生志愿者暑期"三下乡"社会实践活动先进单位称号。

【援疆培训】 按照省委的安排部署,承担新疆哈密地区小城镇建设培训班和哈密地区住建系统干部培训班任务。

撰稿:王　哲　李军伟　徐娜娜

审稿:张守义

河南工程学院

党委书记:周太良

创办时间:2007年3月　　校址:郑州市新郑龙湖镇文昌路1号

电　　话:0371-62508001　　邮编:451191

传　　真:0371-62508801　　网址:http://www.haue.edu.cn

【概况】 学校是2007年3月经国家教育部和河南省人民政府批准,由原郑州经济管理干部学院和河南纺织高等专科学校合并组建而成的一所普通本科高校。学校地处郑州龙湖宜居教育园区,在郑州市区内设有桐柏路校区和南阳路校区。校园总占地面积2668亩,校舍建筑面积60余万平方米。教学仪器设备总值1亿余元,图书馆馆藏纸质图书154.2万册,电子图书1900GB;共有128个校内实验室,164个校外实习实训基地。学校有在校生23000余人,共开设30个本科专业、58个专科专业,形成了以工学为主、多学科协调发展的办学格局。学校有专任教师1100人,其中正、副教授361人,具有博士、硕士学位729人。

【领导班子成员名单】 党委书记周太良，党委副书记齐毅，党委副书记、纪委书记李春英，党委副书记耿广智，副校长董浩平、周蓬、许瑞超、卢奎、李晓春，工会主席李东风；副校级调研员周福义、齐健康。

【学习贯彻党的十八大精神】 11月8日，中国共产党第十八次代表大会在北京开幕。学校组织师生集中收听收看了十八大开幕式盛况，聆听了胡锦涛代表中国共产党第十七届中央委员会所作的工作报告。学校党委印发《关于认真学习宣传贯彻党的十八大精神的通知》，党委书记周太良就如何学习贯彻好十八大精神，向全校师生提出了明确要求。党委成立了由政治理论课教师、处级干部、辅导员组成的学习宣传贯彻党的十八大精神宣讲团。12月19日，学习十八大精神宣讲团宣传活动全面启动。宣讲团成员分别深入基层、走近师生，集中解读党的十八大报告，帮助师生深刻领会十八大精神的思想精髓和精神内涵，受到了广大师生的热烈欢迎。校团委通过召开学生干部学习十八大精神座谈会、开展文明修身活动、举行升国旗仪式、举行长跑比赛、纪念一二·九运动图片展览及签名仪式等丰富多彩的学习实践活动，在全校学生中掀起了学习党的十八大精神的热潮。

【召开党建工作会议】 2月29日，学校召开2012年党建工作会议，传达第二十次全省高校党建工作会议精神，安排部署学校2012年党建工作。校领导周太良、胡卫民、齐毅、耿广智、李东风出席会议，党群部门全体人员和各党总支书记、专职副书记，直属支部书记参加了会议。

【党风廉政建设】 3月9日，学校召开2012年党风廉政建设工作会议。党委副书记齐毅作了题为《扎实推进党风廉政建设为学校改革发展提供坚强保证》的工作报告，回顾总结了2011年学校党风廉政建设和反腐败工作，全面安排部署了2012年的工作任务。10月26日，省委高校工委专项检查组莅临学校，就学校“三重一大”、“校务公开”制度执行情况进行督导检查。12月17日，校党委副书记、纪委书记李春英主持召开学校纪检工作专题会议，宣布了校纪委关于2013年元旦、春节期间廉洁自律和厉行节约工作的五项规定，安排部署了学校行风评议工作和反腐倡廉年终考核有关工作。

【省委第六巡视组到学校开展巡视工作】 2月28日，省委第六巡视组巡视学校情况通报会在学校召开。省委第六巡视组组长李中和代表省委巡视组通报了对学校的巡视情况，省委巡视办副主任王伟平就如何做好整改工作提出了具体要求；校党委书记周太良在会上作了表态讲话。8月7日，省委第六巡视组一行5人莅临学校开展了巡视回访工作。

【崔炳建莅校视察省大学生田径运动会筹备工作】 6月5日，河南省第十七届大学生田径运动会组委会副主任、省教育厅副厅长崔炳建，大运会组委会秘书长、省教育厅体卫艺处处长郭蔚蔚，大运会组委会副秘书长、省教育厅体卫艺处副调研员高翔一行3人莅临学校，视察河南省第十七届大学生田径运动会筹备情况。

【省第十七届大学生田径运动会在学校开幕】 6月10日上午，河南省第十七届大学生田径运动会在学校龙湖校区南区田径运动场开幕。省政府副秘书长介新，大运会组委会主任、省委高校工委书记、省教育厅厅长王艳玲，省体育局局长彭德胜，大运会组委会副主任、省教育厅副厅长崔炳建及省教育厅、省体育局有关处室的负责人，省煤炭协会、纺织协会，郑州市、新郑市有关领导，省学生体育总会、高校体协分会、田径协会等有关负责人出席开幕式，来自全省各高校的领导、代表团团长，全省87所高校的1671名运动员、裁判员、教练员以及学校万余名师生参加了开幕式。开幕式由崔炳建主持。本届运动会由河南省教育厅主办，河南工程学院承办，河南省学生体育总会、高校体协分会及田径协会协办。

【教育质量工程建设】 电气工程及其自动化专业被评为省高等学校特色专业建设点；采矿工程专业、市场营销专业被评为省级综合改革试点专业。纺织化学教学团队被评为省级教学团队。纺织材料实验中心被评为省级实验教学示范中心。纺织工程等3个专业、市场营销等4个团队，分别通过校级特色专业、教学团队验收。开展了校级教学名师、精品课程、教学团队、特色专业、综合改革试点专业评审工作。

【学科建设】 2月14日，学校召开“2011—2015”教育事业发展规划编制和学科建设工作会议。年内，遴选出校级重点学科4个、重点扶持学科5个、重点实验室4个，遴选出23位学科带头人，优化了学科专业结构和布局。轻化工程化学化工实验室被评为省高校重点实验室培育基地建设项目，纺织工程学科被批准为省第八批重点建设学科。

【研究生教育】 开展研究生招生宣传，并配合郑州大学进行2012年研究生招生，编制了2013年研究生招生简章。与河南理工大学签署了联合培养研究生协议，遴选了研究生指导教师。

【科研】 2012年获国家级课题立项2项，省部级课题立项64项，市厅级课题90余项，省高校科技创新人才支持计划1项。共申报鉴定结项成果108项，其中省部级项目鉴定结项68项。申报各级科技成果奖励88项，在已评出的奖项中，获省级奖6项。申请专利16项，其中国家知识产权局受理10项，授权4项。与国投煤炭郑州能源开发有限公司等单位开展了产学研合作，签订横向科研项目12项，横向到位经费250万元，产学研合作领域不断扩大。10月，学校召开科研工作会议，总结2008—2010年度科研工作，安排部署了“十二五”期间的科研工作，与各院(部)签订了“十二五”期间科研目标任务责任书。

【召开教学工作会议】 12月，学校召开教学工作会议。会议出台了《关于加强教学工作，提高教学质量的若干意见》等文件，修订了《教学改革成果奖励办法》等制度；表彰了本科教学质量与教学改革工作先进集体、考研工作先进集体、学科竞赛先进集体和最受学生欢迎教师、学科竞赛优秀指导教师，部分学院进行了经验交流。

【干部论坛与高层次人才培训研讨班】 5月22日，学校举办第二期处级干部论坛，主要围绕党委确定的“学习考察月”活动进行交流汇报。7月2日，学校在龙湖校区举行暑期高层次人才培训研讨班开班典礼；8月21—23日，培训班组织学员到安阳殷墟、林州红旗渠、中鹤集团、鹤壁新区学习参观；9月7日，召开高层次人才培训研讨班总结大会。会上，研讨班各小组代表先后发言，畅谈学习体会和收获，并结合自身实际，围

5月22日,学校举办2012年暑期高层次人才培训研讨班开班典礼

绕学校思想政治教育、干部队伍建设、学科专业建设、人才培养、科学研究等方面的工作,提出了许多好的思路和建议。党委书记周太良、党委副书记齐毅充分肯定了研讨班在自学、小组讨论、外出考察三个阶段所取得的成效,对各组代表的典型发言给予了高度评价。

【对外合作办学】 与撒克逊应用科技大学合作举办的纺织工程专业本科教育项目获教育部批准。环境监测与治理技术专科教育项目获省教育厅批准。成立了国际教育学院,强化合作办学管理工作。先后组团访问了澳大利亚堪培拉大学等8所国外大学,接待了爱尔兰斯莱格理工学院等4个代表团的来访。

【开展学生思想、心理教育】 以学习宣传贯彻党的十八大精神为主线,用社会主义核心价值观引领学生思想政治教育,在学生中深入进行爱国主义、集体主义、社会主义教育,增强了学生的民族精神和时代精神。采取主题班会、报告会、讲座等形式对学生进行理想信念、形势政策、文明礼仪和诚信守法教育,引导学生树立正确的世界观、人生观、价值观,坚定走中国特色社会主义道路。进一步完善三级心理健康服务网络,对学校2012级7899名新生进行了心理健康普查,普查率达到99.8%。建立了新生心理档案269份,并及时通过访谈、约谈、书信、辅导等方式对危机人群进行干预。开展了"恋爱心理解读"、'阳光心态塑造"、"方向与人生"等专题讲座,参加学生2000余人,及时有效解决了一些学生的心理困惑。

【开展校园文化活动和社会实践服务活动】 组织"学雷锋"、"第四届社团文化节"、"文明修身工程"等教育活动,参加省第十三届科技文化艺术节、第十届"挑战杯"省大学生创业计划竞赛。开展大学生社会实践活动、志愿服务活动,打造暑期社会实践品牌亮点,进一步培养大学生的社会责任感和实践才能。做好大学生服务西部计划、志愿服务贫困县的人员选拔工作,不断增强学生的志愿服务意识。

5月13日,学生孙艳(右三)、郭冰(右二)分别在2012亚太世界小姐大赛华中赛区总决赛中获冠、亚军

【奖助贷工作】 发放助学贷款209.22万元、国家奖学金36万元、国家励志奖学金344.5万元、国家助学金718.5万元、校内奖学金224.37万元、双汇助学金16.5万元。安排勤工助学岗位800余个,累计上岗5868人次。引导毕业生提前还贷,截至年底,还贷率达到91%。

【就业】 开展就业工作"落实年"活动,就业指导服务水平不断提升。发布就业信息,举办招聘活动,拓展了就业渠道。截至2012年12月24日,学校本科、专科生最终就业率分别为95.88%、95.34%,远高于全省普通高校的平均就业率,学校再次被评为省普通大中专毕业生就业工作先进单位,这是学校成立以来第三次获得这一荣誉。此外,学校举办64场专场招聘会和1场大型双选会,为2013届毕业生提供就业岗位8000余个。

【基本建设】 完成科研综合楼实验室水电改造及周边广场、黄河路桥涵工程、南区田径运动场、南区下沉式篮球场、东区大门等工程建设任务。完成了周转住房区大门、教工活动中心方案及施工图设计工作。服装艺术博物馆开工建设。艺术教学楼设计任务书的修改与完善以及周转住房建设工程竣工验收的各项准备工作正在进行。启动周转住房后续建设工程。

【后勤服务保障】 节能减排持续推进,争取到213万元供暖改造财政资金,获郑州市节约用水先进单位称号。实施南阳路校区整体开发,每年为学校增收500余万元。南苑宾馆对外经营。围绕科研楼搬迁、省十七届大运会等,做好后勤服务保障工作。扎实完成家具类固定资产的清查工作,基本实现了固定资产管理的信息化。开展医疗卫生和食品安全工作,不断完善量化考核指标体系,并以"管理服务质量月"活动为抓手,提升后勤服务质量。接受了第二批省级"标准化学生食堂、标准化学生宿舍"创建工作评估验收,获专家好评。

【承办有关会议和赛事活动】 年内,承办全国高校第三届和谐德育论坛、2012年河南省化学学会常务理事会议、中国纺织职工思想政治工作研究会(院校学组)2012年年会、省属大中专学校人事工作会议、全省高校卫生工作研讨会、省高校党政工联谊活动暨庆"五一"运动会、郑州市第五届残疾人运动会等会议和赛事,提升了学校形象。

【被授予河南省文明标兵学校称号】 4月9日,在郑州召开的河南省2012年高校宣传思想工作会议上,学校被省委高校工委、省教育厅授予河南省文明标兵学校称号。

撰稿:张松顷　韦　超

审稿:马保国

洛阳理工学院

党委书记：段治乾
创办时间：1956年
电　　话：0379-65928000
邮　　编：471023
传　　真：0379-65928888
院长：杨小林
校址：洛阳市洛龙区王城大道90号（王城校区）
洛阳市洛龙区学子街8号（开元校区）
洛阳市九都西路（九都校区）
网址：http://www.lit.edu.cn

【概况】 2012年，学院设17个教学系（部）和国际教育学院、继续教育学院、软件职业技术学院、天瑞干部学院、中迈干部学院。共有29个本科专业和63个专科专业。学院共有各类毕业生8529人，其中本科2097人，大专6211人，成人教育221人；招收新生9005人，其中本科生5308人，专科生2995人，成人教育本科生202人、专科生500人。各类在校生26023人，其中本科生15342人，专科生9236人，成人教育学生1445人。学院有教职员工1848人，其中专任教师1250人，正高级专业技术职务89人，副高级专业技术职务378人，博士和硕士838人，院办工厂224人。

学院有王城、开元、九都3个校区，总占地面积155.67公顷，建筑面积86.8万平方米，图书馆藏书181万册，各种电子书库和数据库20余种。学院固定资产16.3亿元，其中教学仪器设备总值1.6亿元。

2012年，学院获河南省文明标兵学校、2011年度行风建设先进单位、河南省教育系统先进集体、河南省高等教育学生工作先进集体、河南省高校科技管理先进集体、河南省学生资助工作先进集体、全省普通大中专毕业生就业工作先进单位、省级卫生先进单位、河南省资产管理先进单位、河南省高等学校十佳网站、省六好基层工会、河南省暑期社会实践先进单位等称号。

【领导班子成员名单】 党委书记段治乾，党委副书记、院长杨小林，党委副书记陈岩、袁静波，副院长董延寿、葛玻、邱天河、韩振英、戴志梅，纪委书记曹国杰，工会主席陈富贵。

【宣传贯彻十八大精神】 及时组织师生收听、收看十八大开幕式盛况，作出两级中心组学习党的十八大精神的安排，向各基层党支部下发了十八大修订的《中国共产党章程》，组织开展学习贯彻党的十八大精神专题宣讲活动30余场次。在各级党组织和全体共产党员中开展创先争优活动，建立健全创先争优长效机制。开展"下基层大走访"活动，在活动中，作出公开承诺的基层党组织148个、共产党员1103人，党组织和党员与群众结成帮扶对子174个，为群众办实事289件，参加志愿服务活动的党员596人次，组织党员开展志愿服务1023人次，组织干部下基层542人次。

【乔龙德莅校考察】 11月17日，中国建材联合会会长乔龙德一行5人莅临学院考察，中国建材联合会常务副会长、党委书记孙向远，中国建材联合会综合部长周清浩以及河南省建材协会常务副会长兼秘书长王爱贞、常务副秘书长王庆荣等陪同。段治乾介绍了学院的历史沿革、学科建设等基本情况。乔龙德一行先后参观考察了材料科学与工程系、李进学艺术馆、李准纪念馆等，对学院在服务建材行业所取得的成绩给予充分肯定，对学院为建材行业的发展而培养造就了一大批人才表示感谢，并结合建材行业特点对学院搭建行业培训平台工作提出了要求和建议。

11月18日，参加全国建材行业职业培训工作会议的代表到学院参观考察

【张亚伟莅校考察】 8月23日下午，中共河南省委高校工委副书记、省教育厅副厅长张亚伟莅临学院考察。党委书记段治乾介绍了学院自2007年组建以来的发展思路和战略发展目标。张亚伟对学院发展所取得的成绩给予充分肯定，并强调了高校校园文化建设的重要意义。张亚伟一行先后到王城校区、开元校区考察了校园建设情况和校园文化建设情况，参观了学院李进学艺术馆、李准纪念馆和精品墓志陈列馆。

【召开第一次人才工作会】 10月28日，召开第一次人才工作会议。全体院领导、中层干部、教研室主任、教授、博士参加了会议。党委副书记袁静波作了题为《深入实施"人才强校"战略，推动学院事业科学发展》的报告。副院长韩振英作了关于人才政策文件起草情况的说明，重点介绍了《"1135"人才工程实施办法》、《"青年教师提升工程"的指导意见》的主要内容。材料科学与工程系主任王晓峰教授、机械工程系李彬博士分别作了大会发言，介绍了人才工作的做法、经验和体会。党委书记段治乾讲话要求全院要从事业发展的战略高度，把政策制定好,把政策落实好,把各类人才的聪明才智集聚到学院改革发展的各项事业中来。会后,学院相继出台了《"1135"人才工程实施办法》、《"青年教师提升工程"的指导意见》、《关于建立人才保障机制的实施意见》、《高层次人才医疗保障暂行办法》等政策措施。

【协办全国建材行业职业培训工作会议】 11月17日,由学院协办的全国建材行业职业培训工作会议在洛阳召开,中国建筑材料联合会会长乔龙德、教育部职教与成教司产学合作处处长林宇、中国建材联合会党委书记兼常务副会长孙向远、河南省建材协会常务副会长王爱贞、河南省教育厅高等教育处调研员张大策、洛阳市人大常委会副主任李柳生及学院领导段治乾等出席会议并讲话。来自建材行业各专业协会、各省市建材协会、建材行业职业技能鉴定站、建材培训机构、相关院校和学院相关系部负责人160余人参加会议。孙向远作了建材行业职业培训工作报告。会议对建材行业技能人才培育突出贡献单位和个人进行颁奖。

【一届四次教职工暨工会会员代表大会】 3月17日,学院召开一届四次教职工暨工会会员代表大会。134名正式代表、14名列席代表参加会议。大会听取并审议通过了院长杨小林所作行政工作报告。审议通过了学院工会主席陈富贵所作工会工作报告以及财务工作报告、提案征集情况报告。院长杨小林对教职工工资实行绩效工资发放办法作了说明。民主评议了学院中层正职以上领导干部。

【本科评建】启动本科教学合格评估工作,做好本科教学基本建设工作。组织制定、实施《洛阳理工学院本科教学评估工作实施方案》。8月底,召开全院本科评估动员大会,按照《实施方案》全面启动教学评估迎评工作。工作方案分为动员学习、对照检查、重点建设、自评、完善提升、迎评和整改7个阶段。成立了评建办和7个专项工作组。

【教学】 开展卓越工程师人才培养,在学院开展了4个专业(2012级四个试点班)卓越工程师教育培养计划的试点,无机非金属材料工程等3个专业获得河南省首批卓越工程师教育培养计划试点批准,实现了学院省级卓越工程师教育培养计划试点零的突破。

2012年,新增设5个本科专业。无机非金属材料工程、机械设计制造及其自动化专业被评为河南省综合改革试点专业,这是学院首批省级专业综合改革试点专业;工商管理专业被评为省级特色专业建设点;计算机控制系列课程教学团队被评为省级教学团队;工程训练中心被评为省级实验教学示范中心;《数据结构》被评为省级首批精品资源共享课。开展设计性、创新性、综合性实验的开设,首次进行了校内三性实验和开放实验室申报和认定工作。建设了83个校外实习基地。在全院重点进行本科主干课程建设,开展第一批本科主干课程达标工作;推动学院课程建设的网络化教学,完成首批网络课程的验收工作,实施第二批网络课程中期检查工作,完成第三批网络课程遴选工作。

推进与天瑞集团、中迈集团的订单式人才培养工作。2012年,天瑞干部学院共毕业学生118名,已全部上岗;又继续与天瑞合作招收了财务管理专业53名学生。

【学科建设】 材料学学科成功获批第八批河南省重点学科。河南省隧道与地下工程院士工作站平台顺利通过省科技厅的评审。校企合作,探索硕士专业学位研究生教育模式和机制。

【科研】 国家级科研课题的数量和资助额度有重大突破,新增国家自然科学基金立项6项,参与国家科技支撑计划项目2项。申报获准列入教育部人文社科研究项目、河南省社科规划项目、省教育厅自然科学研究项目、河南省政府招标课题、省科技厅自然科学研究项目450项。其中国家级课题9项、省部级课题87项。组织鉴定168项,其中省部级89项;申报奖励138项,获奖75项,其中省部级科研奖励4项。与中国洛阳浮法玻璃集团有限责任公司等签订战略合作框架协议,科研总经费合计达1050万元。取得专利授权书13项。新建河南省水泥与混凝土制品生产力促进中心和固体废弃物开发利用河南省工程实验室两个省级科研平台;河南古都文化研究中心被确定为全省高校人文社科重点研究基地培育基地。

【学生管理】 对全体辅导员进行岗位工作培训和专项学生工作培训,38名辅导员参加了职业心理咨询师培训班,21人通过了全国三级职业心理咨询师认证考试并获得三级职业心理咨询师证书。组织辅导员参加了野外素质拓展培训和理论学习与工作研讨。完善大学生资助体系。为672名家庭经济困难学生开设绿色通道。各类奖学金、助学金发放金额2626万元;为1618名学生申请办理国家助学贷款809万元。2012年,获河南省学生资助工作先进集体称号。

举办3期共86块宣传心理健康大型板报,开办13场心理健康专题讲座,举办第六届"心理健康宣传月"活动,编写《心理健康知识手册》,为新生8306人开展心理普测,建立心理健康档案。对新生班级心理委员进行团体训练活动,参加培训192人。

完善学生管理制度,坚持学生考勤、学生宿舍查寝和学生基本情况周报、月报、学期报的零报告制度,排查学生安全隐患,加强学生安全教育,强化学生日常管理和安全管理。坚持辅导员和学生工作系统干部住学生公寓值班制度。开展反邪教和反非法宗教活动向校园渗透工作,抵制传销组织向校园的渗透。开展学生日常防火、防盗、防诈骗的安全教育,定期进行学生安全检查,预防学生安全事故发生。

加强基层团组织建设,组织实施团支部书记培训,举办了大学生骨干培养学校"河洛英才班",组织学生参加河南省第十二届大学生科技文化艺术节活动,开展20余期"智者之声"周末讲坛,组织学生参加河南省第十届"挑战杯"创业计划竞赛并获"优胜杯"。在全国大学生智能汽车竞赛、大学生数学建模竞赛、机器人大赛、传感器应用大赛等学科竞赛中,共获得全国赛事三等奖以上55项奖励,河南省赛事三等奖以上31项奖励。

【招生就业】 学院有58个本、专科专业面向全国30个省、市、自治区招生。共计录取新生8562人,其中本科5455人,专科3107人。省内本科二批录取中,理科录取最低分高出二本线25分;文科录取最低分高出省控线13分。省外录取半数以上省份超过当地省控线20分以上。专科一批录取中,理科录取分数线继续排名全省第一名,超过三本线27分,超过省控专科线118分,是省内专科批次学校中唯一一家录取分数线超400分的高校。获得省教育厅2012年河南省阳光高考先进单位称号。

2012届毕业生共计77个专业8308人,就业率92.21%。其中本科毕业生就业率91.66%,专科毕业生就业率92.39%。选派7名优秀毕业生志愿服务西部计划等;农村教师特岗计划录用10人。推进院、系两级考评实施办法,调动各系对就业工作的积极性;落实国家就业总方针,鼓励毕业生面向基层、面向发展中的中小企业积极就业和充分就业;组织专职教师开展"一对一"咨询活动;宣传和组织开展"高校毕业生自主创业证"审核发放有关工作,为符合条件的毕业生发放自主创业证21个。2012年,学校被省人力资源和社会保障厅、省教育厅联合授予全省普通大中专毕业生就业工作先进单位称号。

【国际合作与交流】 接待来自欧洲、大洋洲、亚洲等国外友好学校、国内友好单位的宾客共14批74人次。10名教师赴英国进行为期10周的学习,完成了韩国公州映像大学汉语教师派出的宣传和选拔工作。与新西兰教育学院、日本三立学院、德国北黑森应用技术大学等高校就进一步合作达成了共识。选派9名学生分别赴俄罗斯、日本留学,接受8名来自俄罗斯、韩国的留学生。

【承办河南省高校宣传部长工作研讨班】 8月23日,河南省高校宣传部长工作研讨班在学院报告厅举行。中共河南省委高校工委副书记、省教育厅副厅长张亚伟,省教育厅思想政治工作处处长何秀敏,院党委书记段治乾、院长杨小林、党委副书记陈岩出席。郑州大学、河南大学等103所高校党委宣传部部长参加。8所高校党委宣传部部长汇报交流了各自院校的工作经验体会。

【人事】 制定专业技术人员、党政管理人员、工勤人员上岗条件及考核办法,下发《洛阳理工学院教职工岗位聘任任期考核办法》,全院1551人签订了聘用合同。实施绩效工资制度改革,出台《洛阳理工学院绩效工资实施暂行办法》。出台《教师攻读博士研究生若干问题的规定》,选派40余名专任骨干教师到国内外著名大学进行访学进修。2012年,8人通过正高级、30人通过副高级、50人通过中级专业技术职务评审。

【校园文化】 学院被授予河南省文明标兵学校称号。举办学院"教育崛起 教师为基"师德主题教育活动,进行全院演讲比赛、全省征文活动和校内"十大师德"评选活动主题演讲比赛、师德宣讲等专项活动。完善和重点推进王城校区以科技文化为主体的文化园区,开元校区以人文特色为主体的文化园区,九都校区以艺术文化为主体的文化园区。以系(部、院)楼宇为单位,建立反映学科专业特色、教学科研特色、人才培养特色的系(部、院)楼宇文化示范区。结合学院实际和办学特色,挖掘凝练富有洛阳理工学院特色的校训、校歌、校风、教风、学风,丰富校园文化内涵。加强校情、校史教育,推进大学文化建设。

【学生社会实践】 组织学生参加洛阳牡丹花会、河洛旅游文化节、上海旅游文化节等大型活动开幕式演出和青年志愿者服务活动。组织大学生志愿者参加了洛阳市"六加一攻坚战"环境创优民意测评的志愿服务工作,有600余名志愿者先后参与2012年度的调查与统计工作,学院以全市第一名的成绩被评为洛阳市十佳志愿服务群体。安排部署暑期"三下乡"社会实践工作,建立13个大学生社会实践基地,省、市新闻媒体发布新闻稿件100篇。被共青团河南省委授予暑期"三下乡"社会实践先进单位称号。

【财务】 积极筹措资金,完成化解高校债务风险任务,通过省财政厅的考核验收。同洛阳农业银行合作,引进专项资金800余万元,进行校园一卡通服务网络建设。9月,校园一卡通项目投入使用。

【基建】 制定和完善各项规章制度和管理办法21项,出台《基建工程招投标管理办法》、《基建材料设备招投标管理办法》、《基建工程变更签证管理办法》等相关文件规定,建立工程款支付多支笔制度、招标公告和招标文件会签制度、合同会签制度等规定。图书信息中心项目框架主体封顶,风雨操场设计完成。完成王城校区中水处理回用项目施工,实现学生公寓污水处理回用。对开元校区图书馆消防系统进行了改造。2012年,学院被省教育厅评为河南省高校基本建设管理先进单位。

撰稿:王进平

审稿:段治乾 杨小林

安阳工学院

党委书记:马跃进
校长:任中普
创办时间:1983年
校址:安阳市开发区黄河大道
电 话:0372—2909969
邮编:455000
传 真:0372—2909969
网址:www.ayit.edu.cn

【概况】 安阳工学院是一所公办全日制普通本科院校,其前身安阳大学始建于1983年。2012年学校全日制普通本、专科在校生17576人,教职工1060人,其中专任教师893人,高级专业技术职务303人。学校总占地面积96公顷,总建筑面积56.25万平方米。仪器设备总值8953.7万元,图书馆藏书133万册,电子图书22万种,中外文期刊1800余种,加入了4个文献期刊数据库检索系统,建有局域网和电子阅览室。设有机械工程学院、电子信息与电气工程学院、计算机科学与信息工程学院、土木与建筑工程学院、化学与环境工程学院、生物与食品工程学院、经济管理学院、文法学院、外国语学院、艺术设计学院、数理学院、国际教育学院、软件学院、飞行学院、继续教育学院、体育教学部、思想政治理论课教学部、公共艺术教育教学部、北校区、工程训练中心等20个教学单位,开设41个本科专业,涉及理学、工学、农学、经济学、管理学、文学、法学、艺术等8个学科门类。有省级重点学科3个、省级特色专业5个、省级专业综合改革试点专业2个、省级本科工程教育人才培养模式改革试点专业2个、省级实验教学示范中心2个,省级工程技术研究中心2个。

【任中普担任学校新一任院长】 5月3日,召开领导干部大会,传达《中共河南省委关于任中普同志职务任免的通知》,省委决定任中普任安阳工学院党委副书记、院长。

【校级领导班子调整补充】 11月7日,召开干部大会,宣布新一届校级党政领导班子。校党委书记马跃进宣布了省委对学校党委成员进行调整补充和组建新一届校级行政领导班子的研究决定:刘新田任安阳工学院党委副书记,免去其安阳工学院副院长职务;杨培任安阳工学院党委副书记、工会主席;任中普任安阳工学院院长;孙保平、黄宗广、崔利军、李学志、万鹏杰、张玲任安阳工学院副院长。

【领导班子成员名单】 党委书记马跃进,党委副书记、院长任中普;党委副书记、纪委书记单有方(1—11月),党委副书记刘新田(11月—),党委副书记、工会主席杨培(11月—);党委委员、副院长刘新田(—11月)、孙保平、黄宗广、崔利军、李学志(11月—)、万鹏杰(11月—)、张玲(11月—),党委委员、思想政治理论课教学部书记、主任张小娟;校长助理、组织部长万鹏杰(—11月)。

【学习宣传贯彻党的十八大精神】 11月8日,组织师生集中收看十八大开幕盛况。11月22日,召开党委扩大会议,学习省委书记卢展工在省委全委扩大会议上的讲话,并对学习宣传贯彻十八大精神进行安排部署;11月28日,召开学习贯彻党的十八大精神宣讲会。12月12日,学校召开民主人士学习十八大精神座谈会,民建、民盟、民革、农工、九三学社、无党派人士及留学归国代表参加了座谈会。

【教职工代表大会】 2月27日,召开教职工代表大会,听取、审议并通过《安阳工学院2011年行政工作报告》、《安阳工学院2011年财务预算执行情况和2012年财务预算的报告》。6月29日,召开教职工代表大会,专题讨论并审议通过《安阳工学院岗位设置与聘用实施方案的决议(草案)》。

【成立飞行学院】 3月,获教育部、国家民航总局批准,学院获得飞行学员招生资格,设置飞行技术专业。5月8日,成立飞行学院,增设中共安阳工学院飞行学院总支部委员会,成为中国第9所设置飞行技术专业、正式招收飞行学员的本科院校,是河南省唯一设置飞行技术专业的本科院校。

学校首届飞行学员在航校上课　　摄影:赵峰

【召开教学及迎评工作会议】 11月21日,召开第三次教学工作会议暨迎接教育部本科教学工作合格评估动员会。党委书记马跃进作题为《转变观念、明确目标,为全面提高教育教学质量、创建高水平本科院校而努力奋斗》的讲话,校长任中普作题为《坚持内涵发展,提高教学质量,为打造特色鲜明的本科院校而努力》的报告。校党委副书记刘新田宣读《安阳工学院关于成立迎接教育部"本科教学工作合格评估"组织机构的决定》,副校长孙保平宣读《安阳工学院迎接教育部"普通高等学校本科教学工作合格评估"工作方案》;副校长黄宗广宣读表彰文件,对第二届校级教学名师和第六届校级中青年教师优质课大赛获奖教师进行了表彰。

11月21日,召开第三次教学工作会议暨迎评动员大会
摄影:赵峰

【教学工作】 立项建设校级教研项目159项,获得省级教育教学改革项目4项,其中1项列入重点建设项目。化学化工基础实验教学中心被评为省级实验教学示范中心。学校飞行学院完成了机构组建和首届招生工作,录取报到新生18名,录取平均分数高出二本线14分,成为学校打造办学特色的新支撑。2012年,学校本科毕业生中有393名考取了华中科技大学、西安交通大学、英国诺丁汉大学等院校的硕士研究生。学校学生在全国大学生数学建模竞赛中获得河南赛区一等奖1项、三等奖8项。学校非英语专业学生参加全国大学生英语竞赛,11人获得国家一等奖,1人获得省级特等奖。顺利通过省教育厅组织的艺术专业评估、思想政治理论课教学工作评估。

【学科专业建设】 进一步优化调整专业布局,修订完善重点学科建设规划、规章制度,完成了2012年新增本科专业人才培养方案的制定实施和2013年拟新增本科专业的论证申报工作。10月19日,机械制造及其自动化、遗传学、应用化学3个二级学科获批第八批河南省重点学科。10月24日,土木工程专业获批省级高等学校特色专业。自动化、机械设计制造及其自动化两个专业被确定为河南省高校专业综合改革试点专业和河南省普通高等学校本科工程教育人才培养模式改革试点专业。

【科研】 申报国家、省部、市厅级各类纵向科研项目和争取横向科研项目共386项,比2011年增加33项;获得国家、省部、市厅级各类纵向科研项目立项和争取横向科研项目共189项,比2011年增加8项,其中省部级以上纵向项目立项23项;获得各级各类科研成果奖励194项,比2011年增加11项;完成省级科技成果鉴定49项,比2011年增加10项;获得纵、横向科研经费243.9万元,比2011年增加27.65万元。学校对科研管理规章制度进行了修订和完善,科研处被省教育厅评为全省高校科技管理先进集体。

【师资队伍建设】 共引进25名高层次人才,30余名教师参加课程进修和实践岗位锻炼,完成了优秀青年骨干教师教研项目的评审资助工作。通过优质课大赛、教学督导传帮带、职称评审政策倾斜等措施,促进、鼓励青年教师提高教学技能,提升教学水平。加强师德师风建设,评选第二届校级教学名师,表彰42名优秀教师和15名优秀教育工作者。学校有36人通过高级专业技术职务评审,其中正高9人、副高27人。

【招生就业、学生工作】 录取全日制本专科学生5890人,报到率94.86%。录取成人高等教育学生1316人。成立就业创业教研室,加强就业工作。注重实效,切实加强和改进大学生思想政治教育工作。畅通绿色通道,构筑贫困生全方位资助体系。进一步加强学生日常管理,科学、细致、周到做好学生宿舍管理和服务工作。2012年,学校获得河南省普通高等教育本专科学生管理工作先进集体,河南省普通高等教育本专科学籍、学历管理工作先进集体,河南省学生资助工作先进集体等称号。学校学生获得河南省大学生"诚信校园行"学生资助政策及相关知识大赛总决赛金奖。引导青年学生开展课外学术和实践活动,成果丰硕。学校学生获得第七届全国信息技术应用水平大赛特等奖1项、一等奖1项,学校被教育部教育管理信息中心授予"伯乐奖";学生获全国三维数字化创新设计大赛全国三等奖2项,河南省赛区一等奖1项、二等奖6项;第三届全国软件大赛河南赛区三等奖4项、优秀奖3项;河南省大学生程序设计竞赛(ACM)三等奖2项。在河南省第13届大学生科技文化艺术节比赛中,学校获一等奖2项,其他奖项13项。学校2012年获河南省大中专学生志愿者暑期三下乡社会实践活动先进单位称号。

【对外交流合作】 与美国欧道明大学、英国德蒙福特大学、台湾昆山科技大学、韩国梨花女子大学签订合作备忘录,达成师生交流合作意向。本科对外合作办学项目进展顺利,赴外雅思考试培训工作开局良好,外教管理、涉外接待等各项外事工作成效显著,学校被评为河南省四星级涉外工作单位。

【财务、后勤和基建工作】 全年获得安阳市财政学费收入返还资金、市财政拨款资金、中央和省财政专项资金共计2.5亿元,化解各类债务共计8911.4万元。健全完善、严格执行各项财务制度,科学合理制订年度收支预算,加强资金调度,提高资金使用效率,确保学校各项工作的顺利开展。加强制度建设,推进后勤管理精细化发展,加强固定资产管理工作,切实有效地落实节能减排和节约型校园建设,推进医疗改革,加强学生医保规范,强化服务意识,提高后勤服务的透明度和社会化水平。学校完成了2号标准塑胶田径场的建设工作;室内体育馆、青年公寓等基本建设项目进展顺利,校园布局更加合理、功能日趋完善。学校2012年实现节约水电预算资金19.19万元,获河南省节能减排先进单位、河南省卫生先进单位称号。

【平安和谐校园建设】 解决与师生切身利益相关问题,进一步完善人防、物防、技防措施,维护了学校的安全稳定。开展"查找廉政风险、筑牢拒腐防线"等廉政建设活动,推动廉政关口前移。坚持依法治校、民主治校和校务公开,顺利通过省委高校工委组织的"三重一大"和校务公开工作检查评估。完成了岗位设置、聘任和全校职工的绩效工资套改工作,加强离退休干部职工管理和服务工作,加大投入、关注民生,建设和谐校园,学校风正气顺,干事创业氛围浓郁。

撰稿:刘志坚　马鹏飞

审稿:牛晓玉

黄河科技学院

董 事 长:胡大白
院长:杨雪梅
创办时间:1984年
校址:郑州市航海中路94号(北校区);
郑州市紫荆山南路666号(南校区)
电　　话:0371-68782596
邮编:450006　450063
传　　真:0371-68784554
网址:http://www.hhstu.edu.cn/

【概况】 2012年,学院占地2138亩,有南、北两个校区,校舍建筑面积80余万平方米。学院有工学院、信息工程学院、音乐学院等13个二级学院;设有工学、理学、文学、医学、管理学等9大学科门类;开设电子信息工程、临床医学、工商管理等51个本科专业,数控技术、护理等29个专科专业;其中区域经济学、通信与信息系统、机械制造及其自动化3个学科为河南省重点学科;护理学专业为河南省特色专业;通信工程专业为河南省民办教育品牌专业;建有纳米功能材料研究所、民办教育研究所等8个研究所。有全日制在校生25000余人,专任教师1235人,兼职教师559人;教学科研仪器设备价值1.6亿元;

馆藏图书289.7万册。学院先后获全国民办高校先进单位、全国诚信自律先进单位、黄炎培优秀学校、全国三八红旗集体、全国五四红旗团委、全国优秀高等教育研究机构、省级文明单位、全省创先争优先进基层党组织、河南省高校毕业生就业工作优秀单位、河南省高等学校党建工作先进单位、河南省优秀民办学校、河南省普通大中专毕业生就业工作先进集体等称号。

【学院主要领导调整】 11月,依照《中华人民共和国民办教育促进法》第23条之规定,经学院董事会研究,报经河南省教育厅初审、国家教育部核准同意,杨雪梅任黄河科技学院院长,胡大白董事长不再兼任院长职务。

【学院领导班子成员名单】 董事长、党委副书记胡大白,院长杨雪梅,党委书记丁松林;副院长、纪委书记陈勇民,副院长冯长安,党委副书记赵会利,副院长杨保成,工会主席罗煜。

【学习贯彻党的十八大精神】 11月8日,全校师生利用电视、网络收看中央电视台及人民网、新华网上的视频和文字直播的党的十八会议;20日,校领导班子中心组(扩大)举行集中学习十八大精神专题会。12月6日,中共黄河科技学院委员会印发关于校、院两级中心组和基层党组织及广大党员学习党的十八大精神的安排意见的文件。12月10日、20日、27日,十八大精神省委宣讲团成员、省讲师团副教授胜栋,河南省社会科学院院长、首席研究员喻新安和郑州大学学报主编、教授辛世俊博士分别为学校400余名师生解读十八大精神。

【党建】 2月13日,在郑州召开的第二十次全省高校党的建设工作会议上,省委组织部、省委高校工委表彰30个高校党建工作先进单位,黄河科技学院是唯一一所受到表彰的民办高校。6月19日,校党委收到中央组织部党员教育中心的函件,正式告知黄河科技学院被确定为《共产党员手机报》和《党员教育通讯》的信息联系点(党建信息联系点全国共298个,其中河南省9个)。7月19日,学校选送的《推进"一二三四五"工程,夯实民办高校党建基础》一文,获首届全国民办高校党的建设和思想政治工作优秀成果一等奖。7月19—20日,在上海召开的全国民办高校党的建设工作座谈会上,校党委书记丁松林作为河南民办高校的代表参加会议,并提交了《着力打造民办高校党建工作品牌》的交流材料。10月25日,由省委高校工委、省教育厅组干处处长高治军任组长、郑州大学组织部部长李慧军为成员的省委高校工委党建工作检查组一行3人到学校检查指导党建工作。

【河南省民办高校党建工作座谈会在学校举行】 3月27日,河南省民办高校党建工作座谈会在学校举行。省委高校工委副书记、省教育厅党组成员、副厅长张亚伟,省委组织部科教企业处副处长余长坤,省教育厅纪检组副组长熊光慈以及省教育厅政法处的相关人员出席座谈会,校领导丁松林、杨雪梅及全省23所民办高校负责人参加会议。

【文明创建】 2月29日,学院举行2011年度精神文明建设工作总结表彰大会。省文明办专职副主任郭守占,郑州市文明办副主任邓智柏、创建处处长陈春民出席。邓智柏宣读了《中共河南省委、河南省人民政府关于命名2011年度省级文明单位的决定》,授予黄河科技学院等736个单位为2011年度省级文明单位。9月14日,以郑州大学党委宣传部副部长何进喜为组长的省级文明单位复查组一行4人莅校,考核精神文明建设工作。11月16日,学院文明办收到省直文明办印发的《关于2012年度文明单位复查情况的通报》,学校作为省级文明单位被评定为"优秀"等级。

【党务工作队伍和学生管理队伍建设】 学院重视加强思想政治教育工作,建立健全党团组织,配备有辅导员、班主任在内的专职党务工作队伍和思想政治工作队伍。严格按照国家规定配备学生辅导员,共配备辅导员138人,其中专职132人,兼职6人,专职辅导员与学生比例为1:192。2月,学校被教育部评为全国高等教育学籍学历管理工作先进集体,霍秋珍被评为全国学籍学历管理先进个人。全省共有包括郑州大学在内的11所高校获此殊荣,学校是河南省唯一受到教育部表彰的民办高校。

【教育教学改革】 深化教育教学改革,探索和形成了"本科学历教育与职业技能培养相结合"的人才培养模式。本科学历教育,重视大学精神、大学文化的滋养,重视基础理论、基本知识、基本技能的教学,保证学生理论基础扎实、实践能力强,有创造精神,有长期发展潜力。职业技能培养,则坚持开放办学,吸纳企业行业联合培养人才,在教学内容中贯彻行业标准,重视学生基本技能、职业能力、职业精神的培养,缩短学生就业适应期,增强其职业适应性。

【科研】 2012年,学校建成河南省创新型科技团队1个、郑州市科技创新型团队1个、重点实验室3个,申报博士后研发基地1个、河南省高校科技创新团队1个,顺利通过军工保密资格认证。获准各类纵向项目399项,省部级以上项目37项,其中国家自然科学基金项目和国家社科基金项目各1项;获得各级各类科研成果奖励486项,其中河南省科学技术进步奖1项,郑州市科学技术进步奖1项,河南省社科优秀成果奖3项;组织结项鉴定292项,其中国家社科基金1项,省部级结项鉴定33项;发表学术论文835篇,其中中文核心期刊181篇,检索收录67篇;出版参编著作69部;获得授权专利12项。年度课题经费达823.4万元,其中纵向科研经费341.7万元;校级匹配经费481.7万元。

【学科与专业建设】 2012年,学院获批市级以上16类29个项目,国家级教学质量工程项目1个(大学生校外实践教育基地);省级教学质量工程项目8个,其中重点学科3个、特色专业1个、品牌专业1个、工程教育人才培养模式改革试点专业1个、专业综合改革1个、实验教学示范中心1个;市级教学质量工程11个,其中民办职业院校实验室建设先进单位1个,示范专业1个、重点专业2个、重点实验室1个、示范专业培育项目1个、重点专业培育项目1个、重点实验室培育项目1个,精品课程1门、精品课程培育项目2门。校级教育教学改革项目立项工作,全校共申报91项,39项获准立项。本年度成功设置3个本科专业、2个专科专业,申报新增5个本科专业和2个专科专业,完成53个本科专业新目录的整理。

【教材建设】 学院制定《教材建设管理办法》、《教材选用管理办法》等规章制度。教材选用以教学大纲为依据、以优秀适用为基本标准。优先选用"十一五"规划教材、面向21世纪课程教材、省部级统编教材、全国教学指导委员会推荐教材。学院鼓励和支持教师编写反映学院课程体系和教学内容特色的内容新、水平高、实用性强的教材。2012年，全校出版自编教材49部，使用校内实验教材（实验指导书）16种。

【招生就业】 2012年，省教育厅下达学校普通类计划为7879人，其中本科5350人（含预科班和协作计划）、专升本计划869人、专科计划1660人。普招外招生计划2410人，其中成人高招计划400人、五年制400人、三年制小中专410人、附中400人、民族学院700人。学校总任务数为10189人，实际完成数为10824人，超出任务数635人，完成率为106.23%。其中普通本科实际超录1013人。11月21日，河南省普通大中专毕业生就业工作表彰大会暨2013年毕业生就业工作启动仪式在郑州举行，学校获河南省普通大中专毕业生就业工作先进集体称号。2012年，学院就业率达到96.35%。

【人才培养】 8月17日，在第五届全国大学生先进成图技术与产品信息建模创新大赛上，学校代表队获一等奖3项、二等奖4项。9月11日，工学院建筑系单会霞在全国25个省市推荐的参评学生中脱颖而出，获2012年度中国力学学会全国徐芝纶力学优秀学生奖。9月16日，在全国第九届大学生运动会跆拳道决赛中，体育学院学生陈飞获得男子84公斤以上级金牌。这是河南省体育代表团在此次跆拳道比赛中收获的唯一一枚金牌。11月6日，河南省教育厅、省体育局、共青团河南省委对河南省参加第九届全国大学生运动会暨科学论文报告会获奖单位和个人进行通令嘉奖，黄河科技学院被评为突出贡献奖单位。10月10日，音乐学院选送的《卡林卡》获全国第三届大学生艺术展演活动艺术表演类甲组二等奖。10月20日，在郑州市民办学校举办的"宣传民办教育，迎接十八大召开"为主题的文艺汇演比赛中，音乐学院选送的舞蹈节目《八女投江》获一等奖并获4万元奖金，学校被评为郑州市民办学校文艺汇演优秀组织奖。10月27日，在浙江桐乡举办的2012中国·国际毛针织服装博览会"中国桐乡毛针织服装创意设计颁奖典礼"上，艺术设计学院学生耿玉杰的作品《夕余声》获银奖。12月6日，第八届全国大学生朗诵大赛决赛在中国传媒大学举行，学校选送的作品《一块常香的玉》获得三等奖。11月26日，在第四届全国普通高校信息技术创新与实践活动（NOC）决赛上，学校共获得32个奖项，其中一等奖3项、二等奖13项、三等奖16项，同时学校获"组织工作突出贡献奖"。

【教学科研仪器设备】 学院建有9大学科类的实验室84个，实验分室240个，校内实训基地3个，校外实习基地208个，实验室总面积达到2.48万平方米；多媒体教室座位19290个，语音室座位946个，教学用计算机6152台，设备总值达1.66亿元。实验室配备完善，配套率100%；教学科研仪器设备满足了教学、实训及科学研究的需要，公共实验室利用率达90%以上，专业实验室实验开出率100%。建成省级实验教学示范中心2个，郑州市重点实验室3个，郑州市教育局重点实验室1个，校级重点实验室4个。2012年7月，学院被评为郑州市民办职业院校实验室建设先进单位。

【图书馆建设】 学院有第一图书馆、第二图书馆和北区分馆，总建筑面积3.7万平方米。设有书库、阅览室15个，阅览座位4000余个，开放时间达每周80.5小时。图书馆有各类图书资料289.7万册，其中纸质图书189.4万册、电子图书100.3万种；中外文报刊2555种；中外文数据库11个。

【人才引进】 截至11月底，学院共引进高层次人才38人，其中博士19人（副教授以上专业技术职务的10人），其中商贸学院引进博士6人，信息工程学院引进博士5人。共引进有副教授以上专业技术职务的专职教师29人，硕士92人。

【师资队伍建设】 扩大"双师型"教师队伍，使教学与实践相结合。教师队伍稳定，职称、学历、年龄结构合理，整体素质优良，满足人才培养需要，发展态势良好。学院还加强师德教育，开展多种形式的主题教育活动，实施"师资队伍建设工程"、"'三风'建设工程"等。

【交流合作】 5月4日，执行院长杨雪梅作为河南省的英模代表，参加了在北京人民大会堂举行的纪念中国共产主义青年团成立90周年大会，受到了中央领导接见并与胡锦涛总书记等中央领导合影留念。5月6—12日，杨雪梅作为中华全国青年联合会大陆杰出青年代表受邀随团赴台进行为期一周的参观访问。5月18日，由郑州大学国际教育学院院长王甲林担任组长的省教育厅中外合作办学评审专家组一行5人莅校评审指导。7月19—24日，校体育学院青年教师宋晶晶受邀到英国格拉斯哥参加2012年奥林匹克科学大会，她的论文"How to Master and Control the Rhythm of 400m Hurdles"在苏格兰展览会议中心进行墙报交流。5月17日，美国Breanu（布伦奈）大学教务长Nancy Krippel女士、信息商贸学院院长Bill Lightfoot先生一行对学校进行友好访问；6月30日，台湾幼狮管乐团应邀来校进行专业管乐交流活动；11月2日，台湾育达商业科技大学董事长王育文一行5人莅校参观访问，双方就学术合作与交流方面签订相关协议。

撰稿：王琳玮

核稿：王军胜

审稿：杨雪梅

郑州升达经贸管理学院

创 办 人:王广亚 董 事 长:王淑芳
院 长:崔慕岳 党委常务副书记:戎庭银
创办时间:1993年3月6日 校 址:新郑市双湖开发区中山南路一号
电 话:0371-62566808 邮 编:451191
传 真:0371-62577766 网 址:http://www.shengda.edu.cn

【概况】 学院位于郑州市南10公里处的新郑龙湖,共分五个功能区:行政区(行政大楼、图书馆),运动区(体育馆、体育场、篮球场、排球场、网球场等),教学区(教学1—4号楼、外语大楼、資讯大楼、商管大楼、综合教学大楼、艺术大楼、道镕大楼、时金大楼等),生活区(学生宿舍楼、教工宿舍楼、招待所、外籍专家楼、学生餐厅、学生活动中心、生活馆等),商业区(超市、邮局、银行、书店等)。学院设8个系、3个教学部,5处、5室、1馆、两个中心;设44个本科专业(含方向)、11个专科专业;有金融控制实验室、沙盘模拟实验室、同声传译实验室、3D仿真实训中心、语音教室、电脑教室等特种教室百余个。图书馆各类藏书近200万册(种)。

【贯彻党的十八大精神】 学院党委把学习贯彻党的十八大精神作为首要的政治任务,制定十八大精神学习计划,通过十八大精神专题宣讲会、形势与政策报告会、征文活动、十八大知识竞赛等形式多样的学习活动,深刻领会、准确把握党的十八大的精神实质,使党的十八大精神深入基层、深入民心。12月21日上午,学院邀请郑州大学十八大精神宣讲团成员、硕士研究生导师郭文荣教授莅校作专题宣讲,进一步加强师生对十八大精神的理解。

【落实《纲要》、《规划》见成效】 认真学习贯彻《国家中长期教育改革和发展规划纲要(2010—2020年)》(以下简称《纲要》)、《国家教育事业发展第十二个五年规划》(以下简称《规划》),联系学院实际,牢固树立科学教育发展观,始终把人才培养作为学院的中心工作,实施教学改革,加强教学质量工程建设,加强实践教学、特色教学,走以质量提升为核心的内涵式发展道路。学院充分发挥台胞捐资办学的优势,推动两岸教育文化交流,组织学生赴台研修,首开河南省高校整建制学生赴台研习"3.5+0.5"人才培养教育模式之先河,成效显著,得到了海协会会长陈云林、海基会时任董事长江丙坤等海峡两岸人士的肯定和好评,被誉为"豫台交流的典范"。学院特别注重弘扬中华民族的优秀传统文化,把对学生的养成教育细化到日常的管理服务之中,把学生的思想、文化等综合素质培养教育融入专业教育和生活教育中,贯穿于人才培养全过程。2012年,学院创新招生宣传思路,优化宣传方案,先后接待20所高中的460余位领导及教师莅校参访。2012年9月,在河南省民办教育四届四次会议上,学院被授予河南省民办教育办学先进集体。2012年10月25日,《中国教育报》第八版教育展台栏目以《唱响"规划"谋发展 不拘一格育人才》为题撰文报道学院学习贯彻《纲要》和《规划》取得的成绩。

【思想政治教育】 院党委始终全面贯彻党的十八大精神,以创先争优活动为抓手,以基层组织建设年活动为动力,深入推进党的建设、思想政治工作和安全稳定工作,着力构建和谐校园,成效显著。坚持政治学习制度,把学习贯彻十八大精神作为首要政治任务,组织师生通过网络、电视、广播、报纸等渠道,利用政治学习、支部活动、座谈会、征文比赛等方式,把十八大精神贯穿到了和谐校园建设的全过程,形成了学习十八大精神的浓郁氛围。举办思想政治理论课培训班和"思政课"活动周,推进十八大精神进教材、进课堂、进学生头脑。牢固树立"育人为本,德育为先"的观念,加强德育工作力度,提高师生综合素质。学院先后开展三个教育:形势政策教育、弘扬和培养民族精神教育、理想信念教育。两项建设:思想道德建设和校园文化建设。加强和改进师生思想政治教育,探索思想政治教育第二课堂,拓展新形势下思想政治教育的有效途径。10月11日下午,学院邀请河南省社会科学院副院长、河南经济学会副会长刘道兴研究员莅校作形势政策报告。

9月,学院被评为河南省民办教育办学先进集体,图为董事长王淑芳(前左一)受领荣誉证书

【党建工作】 加强党建工作,在各系设立党总支,继续由郑州大学选派干部担任党总支书记,并考察任命了党总支副书记。健全完善各级党组织的工作体制和机制,长期坚持党总支书记例会制度和书记周二住校制度。定期组织生活会,发挥党组织的政治核心和政治监督作用。并在工作中坚持以党

建带团建，发挥好团组织在和谐校园建设和大学生健康成长过程中的重要作用。2012年，院团委精心组织了青年马克思主义者培养工程、社会实践活动、青年志愿者活动、“喜迎十八大”等系列活动，继续开展好党团知识竞赛、团支部活力工程、共青团系统创先争优以及文化、体育等系列活动，在活动中获国家级奖项3项，省、市级团体奖项2项，省、市级个人奖项50余项。

【承办河南省民办高校会计专业课教师培训班】 2012年，受河南省教育厅委托，学院承办海峡两岸会计学专业建设学术研讨会暨河南省民办高校会计专业课教师培训班。省教育厅党组成员、民办教育领导小组组长张健巡视员及政策法规处、高教处、省财政厅会计处等有关领导出席了开幕式。台湾政治大学、育达商业科技大学、财政部财政科学研究所、对外经济贸易大学、郑州大学、河南财经政法大学等高校(机构)的知名专家学者及全省17所民办院校的系主任、骨干教师等100余人全程参加了研讨培训。

【教学管理】 学院高度重视教学管理，成立教学督导组，推行教学管理人员听课制度、教师评学、学生评教等制度，不断完善教学质量监控体系；坚持每学期进行期初、期中、期末教学检查，举办“数学、外语、计算机”教学“三大竞赛”；每年组织举办“中青年教师课堂教学比赛”；坚持开展教育思想大讨论、师德教风建设、“教学质量月”等系列活动。每学期进行优秀教学资料展览，将优秀讲稿、教案、教学小结、学生作业、特色资料等予以展示，组织教师交流学习；每学期举行期中教学检查总结表彰会，表彰先进、鞭策后进，形成了从院领导到各系教学管理人员，人人关心教学的良好氛围，教学过程的各项控制和反馈措施得到了有效落实，教学质量稳步提高。2012年，学院金融学被批准为第八批省级重点学科和省级专业综合改革试点，会计学被批准为省级品牌专业建设点，市场营销学被批准为省级特色专业建设点。学院加强质量工程建设的成效和经验，受到《中国青年报》、《中国教育报》、《河南日报》等媒体的报道和推广。

【管理特色】 学院注重特色办学，坚持把思想教育落实到专业教育和生活教育中。坚持开展爱国主义教育，每天早上举行升国旗仪式；开展三种劳动教育：一是一年级学生每天参加半小时的校园卫生劳动。二是二年级以上家境贫寒学生参加的工读劳动。三是集体公益劳动。坚持开展养成教育，把三大竞赛(文明宿舍、教室卫生、礼仪秩序)制度化，量化考核，每天检查，每周公布，每学期都开展礼貌整洁月、好学月活动等。坚持开展晨练、晨读活动。通过上述活动，使学院的各项管理制度落实到学生的一言一行中，落实到班风中，为学生创造好学、重学的氛围，逐渐形成优良的升达校风。

【科研】 学院设立创办人科研基金，由最初的5万元提高到50万元。每学年组织教师申报创办人科研基金项目；并先后成立经济研究所、管理科学研究所、会计与财务系列丛书编审委员会等科研机构。2012年，学院全年在研项目110余项，结项70余项；科研成果获奖16项；教师发表论文近260篇；主编教材近20部；编印学报4期；举办各类学术报告约80场次。

【课程建设】 学院结合培养高级应用型人才的目标，不断优化教学计划，突出专业特色及应用性课程的地位。学院严格按照教师梯队、教材、教学大纲、题库、课件、作业指导书和教学方法指导书等指标进行精品课程建设，建成省级重点学科1个，校级重点学科3个，省级特色专业1个，校级特色专业3个，省级精品课程1门，校级精品课程14门。

【图书馆】 图书馆内设有小剧场、视听室、音乐欣赏区、休闲区、电子阅览室、讨论室、自修室等，为读者提供丰富的信息资源和充分的活动空间；其人性化、个性化、数字化的管理和藏借阅一体化的服务模式，赢得省内外同行的好评。2012年，被评为河南省全民阅读活动先进单位。

【人文关怀】 学院重视家庭经济困难学生资助工作，成立学生资助管理中心，设立奖优助困奖学金，每学期设置勤工助学岗位1000余个，有效地解决了贫困生的日常生活困难。2012年，学院为503名学生办理国家助学贷款共301.8万元；有2633名学生获得国家奖学金、国家励志奖学金、国家助学金，合计金额849.4万元。学院组织学生开展丰富多彩的校园文化活动，举办2012年相声小品短剧大赛、校园歌手大赛、女生风采大赛等活动，营造健康向上的校园文化氛围。2012年，学院获得第十届中国大学生广告艺术节金奖、第四届全国电子专业人才设计与技能大赛总决赛二等奖、河南省第十三届大学生科技文化艺术节一等奖、郑州人民广播电台第十二届校园歌手大赛冠军等。

【招生就业】 2012年，学院普通本科三批，文科最低录取分数线高出省定线35分、理科高出51分，录取分数线、第一志愿上线率、报到注册学生人数创历史新高。学院成立就业工作领导小组，将就业指导课列为毕业班学生的必修课，并举办了2013届毕业生供需见面会。就业处及各系举行专场招聘会110场，发布岗位需求信息或提供就业岗位近2万个，生均就业岗位4.5个。学院发挥校友会作用，成立升达校友总会，多次由校友会组织招聘团来校招聘。同时，学院出资在上海、北京、广州等地设立毕业生就业接待站，为在当地就业的学生提供帮助。学院注重拓宽毕业生就业渠道和实习基地建设，新增就业实习基地80余个；在福建、上海等地建立就业实习基地近300家。毕业生深受用人单位欢迎，2012届毕业生总体就业率超过95%。学院被授予河南省最具就业竞争力示范院校称号。

【荣誉】 2012年，学院被授予国家助学贷款工作优秀单位、河南省民办教育系统先进集体、河南省民办教育办学先进集体、河南省高等教育教学工作先进集体、河南省全民阅读活动先进集体、河南省诚信民办高校、河南省消防宣传先进单位、河南省国防知识竞赛先进单位、河南省学校卫生工作先进单位、郑州市全国大学英语四六级考试优秀考点、郑州市全国计算机等级考试优秀考点、郑州市人事代理先进单位、郑州市涉外工作先进单位等称号。

撰稿：朱永恒
审稿：崔慕岳

郑州大学西亚斯国际学院

理事长、创办人:陈肖纯
党委书记:费鹤祥　　院长:李海俊
创办时间:1998年5月　　校址:新郑市人民路东168号
电　　话:0371-62601234　　邮编:451150
传　　真:0371-62600851　　网址:www.sias.edu.cn

【概况】 郑州大学西亚斯国际学院是由美国西亚斯集团公司投资、与郑州大学合作、美国堪萨斯州富特海斯州立大学(Fort Hays State University,英文缩写FHSU)协办的中外合作办学机构,是河南省首家被国务院学位委员会批准可以实施境外学士学位教育合作项目的全日制本科院校,也是首批被中国教育部中外合作办学评估合格的高校。

郑州大学西亚斯国际学院高尔夫球练习场

学校占地面积2000余亩,建有60万平方米的风格各异的教学馆舍。学校秉持中西合璧办学理念,实施国际化全人教育,培养复合型实用人才。现有13个学院,1个基础教学部,1个研究所,69个本科专业及专业方向(含5个中外合作交流专业),14个专科专业,涵盖了文、理、工、经、管、医、法、教育和艺术九大学科门类。2008年起,在国民经济学、企业管理、英语语言文学、外国语言学及应用语言学、信号与信息处理、英语笔译(专业学位硕士)六个专业实施培养硕士研究生教育项目。有在校生24000余人,专业教师939人,其中外籍教师128人,外教与学生数量之比居全国之冠。学校坚持走国际化合作办学道路,先后与美国、日本、泰国、印度尼西亚等20个国家52所学校开展友好交流合作。学校的汉学院,招收来自美国、日本、韩国、俄罗斯等20个国家的留学生。学校学生连年名列河南省高校毕业生就业率前三名。毕业生以英语口语好、思想观念新、业务基础牢、实践能力和沟通能力强的优势深受用人单位的好评。

【党政领导成员名单】 理事长、创办人陈肖纯;党委书记费鹤祥,院长李海俊;副院长吴铁军、董企铭,副书记张海涛;监事肖云龙、张新民。

【专项检查评估】 2012年,在省教育厅对全省高校艺术类专业办学情况检查评估中,学校参评的6个专业全部通过评估;通过郑州市教育局对学校艺术中专的年度检查。在全省高校校报评估中,省教育厅对学校办报方向、办报条件、创新精神、社会效益等方面给予了充分肯定。

【科研】 学校从完善科研管理制度入手,通过加强与省市科技厅(局)、省教育厅、省社科联等部门、高校之间的沟通与协作,进一步增加申报数量,提高申报质量,促进科研水平的提高。2012年,获批厅局级以上科研项目93项,其中省部级项目19项,校级项目立项65项;组织办理各级各类科研项目结项49项,其中省部级项目结项9项;组织申报校外厅级以上科研成果奖63项,获各类科研成果奖24项,其中省社会科学优秀成果二等奖1项;横向合作研究经费取得零的突破。

【办学特色】 2012年,增设双语示范课程,推进全英教学工作,新增《西方管理理论》、《管理信息系统》、《财务管理学》和《微积分》4门双语示范课程。实施"卓越人才培养计划",制定商学院会计学专业(CPA特色班)、金融学专业(全英班)和护理学院护理学专业(特色班)教学计划,实施三学期制教学改革。继续强化"英语精"品牌,将认知心理学和管理学应用于班级管理和学习力培训,将学习力理念和方法向课堂教学环节渗透,各院(部)将提高学生英语能力列入考核目标,全校英语四级一次性通过率达40.49%,累计通过率达67.29%,是建校以来的最好成绩,考研上线率比上年有所提升。根据学校定位,制定研究生培养计划,与郑州大学合作,完成2012年学校研究生招生工作。完成和立项新建实验室项目14个,新建校外实习基地28个,全校实习基地达158个。本学年学校组织学生参加校外大学生学科竞赛20余次,获奖59项,其中获国家级奖项1项,省级奖项58项。

【师资队伍建设】 学校实施"骨干人才支持计划"、"骨干人才派出计划"。本学年,商学院博士王菲获批河南省教育厅学术带头人,是全省非公立院校唯一人选;申报河南省青年骨干教师资助和教育部国内访问学者资助人选,并选派多名教师到国内外高校进修和攻读学位。拓宽招聘渠道,吸引优秀人才到校工作。通过有效组织,学校2012年职称推荐考核,有91名教职员工获得相应专业技术职务资格,其中副教授9人,高校讲师79人,图书资料系列中级馆员3人。

【留学生教育】 2012年,学校开展与教育机构、国内外招生中介、友好院校的日常联系,先后与香港IES Global国际文化交流有限公司和院校洽谈并开拓了新的合作方向。在校学习留学生人数达110人,招生规模同比上学年增长了35.10%,留学生生源分别来自美国、加拿大等16个国家。

【招生就业】 2012年,学校面向生源市场和就业市场,合理安排各个专业的招生计划,招生保持较好的势头,共招收学生8249人。其中普通本科河南省计划为3707人,第一志愿上线考生为7444人。省外7个省录取602人,完成了招生计划。

优化就业服务工作,去行政机关、事业单位和国际五百强企业的毕业生数量较往年呈上升趋势。学校先后与风神轮胎集团(上市公司)、南阳防爆集团(100强)、河南淅川铝业(100强)、宇通重工(500强)等省内大型企业建立校企合作关系。举办60场专场招聘会,承办"河南省毕业生就业市场龙湖高校园区分市场"2012年工作联席会议,截至8月30日,学校第一次就业率达90.1%,位居河南省大中专毕业生就业率的前列。

【扩宽国际交流渠道】 学校先后访问韩国和蒙古等国家的高校、吉尔吉斯斯坦国立医学大学。参加亚太大学联合会,接待世界大学校长联合会秘书长及美国哥伦布技术学院、柬埔寨智慧大学等多所学校代表团,并与11所学校签署合作协议。先后与日本樱美林大学、泰国基督教大学、美国匹茨堡大学、墨西哥CETYS大学、韩国东西大学签订合作意向书。向韩国韩世大学、印尼泗水大学、台湾静宜大学、印尼穆罕穆提亚大学派出交换生6名,向友好院校派出交流教师7名。与学校签约的合作院校增加到52所。

郑州大学西亚斯国际学院"莫斯科红场"

【举办、承办大型活动】 2012年,学校举办国际文化节、女性国际论坛、访校日、毕业典礼等传统大型活动及其他活动120余项,其中承办的中国民办中小学学校发展论坛、第六届黄帝文化国际论坛、中央综治委领导调研组3次莅校检查等活动,规格高、影响大,学校的周密计划、组织受到举办方和与会人员高度赞扬。学校获河南省黄帝故里文化研究会颁发的"第六届黄帝文化国际论坛先进单位"称号和中国民办教育协会中小学专业委员会颁发的"中国民办中小学学校发展论坛"活动优秀组织奖。本学年,学校共接待上级政府机关、教育行政主管部门、地方党政机关来校检查指导工作及参观访问的来宾来访67次、4200余人。

【校园文化建设】 通过国际文化节等传统活动和军乐团等社团活动,打造一批体现"中西合璧"特色的校园文化品牌。在河南省第13届科技文化艺术节上,学校获优秀组织奖,总成绩在全省高校中名列第五。学生在2012年全国高等院校健身气功比赛、2012年河南省第十七届大学生田径运动会等赛事上均取得好成绩。

【党建和思想政治工作】 以学习宣传贯彻党的十八大精神为主线,深入开展各项学习教育活动。校党委下发《关于认真学习宣传贯彻党的十八大精神的通知》, 校报还开辟了学习贯彻党的十八大精神专栏,邀请省社科院副院长等专家为全校中层以上干部作专题辅导报告;各基层党组织开展主题党日、报告、座谈、研讨、参观等多种形式的学习活动,确保党的十八大精神落到实处。加强基层党组织和党员队伍建设。以健全组织和严格制度为基础,继续深入开展创先争优活动和组织建设年活动。做好入党积极分子培训和组织发展,共举办业余党校培训班11期,全校学生党员比例达14.8%。在发挥好思想政治理论课的主渠道和主阵地作用的同时,注重发挥爱国主义教育基地的育人作用,多次组织党员和入党积极分子实地参观学习、接受教育。切实加强国防教育,组织大学生参加军政训练。

加大宣传工作力度。2012年编辑、发布学校网络中文视频新闻30余条,在学校官网发布图片文字新闻680余篇。推进对外宣传工作,先后在中国网络电视台、中国新闻网、新华网及《河南日报》等媒体上播(刊)发学院新闻,扩大学校的知名度和影响力。2012年,学校被新浪网评为2012十大品牌影响力中外合作院校。

【校园安全稳定工作】 发挥党组织优势,把学校的热点、难点和群众关心的问题作为党组织发挥作用的重点,防止和杜绝群体性事件发生,维护校园稳定。2012年,修订《突发事件应急预案》,下发《关于成立安全稳定工作领导小组的通知》、《建立健全三级安全稳定管理组织若干规定》等文件,建立长效工作机制;与二级单位负责人签订安全稳定责任书,实行安全稳定工作一票否决制,全校形成了"稳定工作无小事,稳定责任人人担"的共识。

撰稿:张　杰

审稿:贵鹤祥

郑州科技学院

董事长:刘文魁
院长:秦小刚
创办时间:1988年
电话:0371-67860115
党委书记:岳修峰
校址:郑州市二七区马寨工业园区学院路1号
邮编:450064
网址:www.zzist.net

【概况】 郑州科技学院是一所以工科为主,涵盖管理学、文学和艺术学四大学科门类的民办本科普通高校。学院占地1200亩,建筑面积37.6万平方米,固定资产逾10亿元。其中教学仪器设备总值8238.32万元,图书馆藏书120.5万册。设机械工程学院、电气工程学院、信息工程学院、土木建筑工程学院、工商管理学院、经济贸易学院、艺术学院、国际教育学院、继续教育学院以及外语系、体育系、基础部、思政部共9院、2系、2部。开设本科专业22个,专科专业30个,对外合作办学专业3个。学校各类在校生15000余人(本专科统招生12408人),其中本科人数约占总人数的60%,专科人数约占40%。专任教师663人。2012年,共毕业学生3378人,其中普通专科2929人,普通本科449人。有省级重点学科1个,省级品牌专业1个,省级特色专业1个,省高校工程研究中心1个,省级实验教学示范中心1个,省级示范性实训基地1个;市级示范专业2个,厅级重点专业5个,市级重点实验室3个,市级优秀教学团队1个,市级精品课程4门。

【充实领导班子】 根据《普通高等学校基层组织工作条例》,学院向省委高校工委申请增补党委副书记。12月,省委高校工委批复秦小刚、刘欣任党委副书记,薛金耀任纪委书记。

【领导班子成员名单】 董事长刘文魁,副董事长可淑文,党委书记岳修峰,党委副书记、院长秦小刚,常务副院长刘赛赛,副院长兼工会主席程金城,副院长周文玉、李利民,党委副书记、副院长刘欣,纪委书记薛金耀。

【党的建设和思政工作】 2012年,在争优创先活动中,党委继续在全院开展了公开承诺工作机制,按照科学定诺、公开示诺、扎实践诺的程序,全院各基层党组织和党员个人作出承诺,公开接受群众监督。书记岳修峰以郑州科技学院为例的3篇报告论文,分别被中央创先争优活动领导小组、省教育厅评为优秀成果。

学院党委围绕"高举一面旗帜、坚持一条道路、学好一个理论体系"开展中心组理论学习,推进学习型党组织建设。2012年,中心组学习共安排11次,从领导层面上进一步认清了高等教育和民办教育的发展形势,保证了社会主义办学方向。按照党委关于教职工思想政治学习安排意见,各支部自行制定支部学习计划并组织学习,思政部制定了《思想政治理论课改革及实践教学方案》,以提高思政课教学实效为目的,探索出一条适合学院的思想政治理论课教学模式。

3月8日,省委组织部对学院党委书记岳修峰任职情况进行年度考核。学院党委、行政领导及中层正职干部共40人参加会议。10月30日,省委高校工委民办高校党建工作检查组对学院党建工作进行了检查。纪委书记薛金耀作了党建工作报告。2012年度组织入党积极分子培训班2期,接收入党积极分子857人,发展党员660人,转正预备党员470人。

按照党委精神文明建设工作意见,学生处、团委从3月开始相继开展"创文明新风,建和谐校园"为主题的文明礼貌教育活动、第12届校园科技文化艺术节、第9届学生社团文化艺术节等活动。各系部相继组织开展了"喜迎十八大"、"纪念一二·九运动"等活动。在2012年度河南省大中专学生志愿者暑期"三下乡"社会实践活动中,8名教师和17名学生获社会实践先进个人称号,2个学生组织获社会实践先进团队。

【学习贯彻党的十八大精神】 党的十八大召开前,各部门、各支部以不同的形式举办庆祝活动和学习活动。十八大期间,院党委组织各支部党员现场收看会议实况。学院在网站主页开辟了学习贯彻十八大专栏,及时宣传报道各支部、各部门学习和贯彻情况。11月28日,院党委印发了《关于认真学习贯彻党的十八大精神的通知》(郑科院党〔2012〕21号),12月7日,印发了《关于学习宣传和贯彻落实党的十八大精神工作方案的通知》(郑科院党〔2012〕21号),全院掀起了学习贯彻十八大热潮。

【徐济超、王艳玲等领导视察学校】 5月4日,由郑州科技学院承办的河南省民办教育发展大会暨四届四次会员代表大会在学院图书馆召开。河南省副省长徐济超,省人大常委会原副主任贾连朝,全国人大常委会委员、全国人大常委会教科文卫副主任、中国民办教育协会会长王佐书,省教育厅党组书

5月4日,省教育厅厅长王艳玲(前中)莅临学院指导工作

记、厅长王艳玲,郑州市副市长刘东及全省各市县教育局的相关负责人和来自260所民办学院的董事长、院长共460余人出席会议。会议规模创历届之最。徐济超、王佐书、贾连朝、王艳玲、刘东等省、市领导在院领导陪同下视察了学校。

【管理体制改革】 进一步深化校内管理体制改革,创新学校管理机制,促进教育教学建设与改革,提高人才培养质量,优化教育资源配置,提升办学水平和办学效益,充分激发和调动教学单位办学的主动性和积极性,逐步建立重心下移、权责明确、运转协调、精干高效的管理体系,更好地实现校、院两级管理模式。3月27日,学院8个二级学院成立暨揭牌仪式举行。工商管理学院、经济贸易学院、信息工程学院、电气工程学院、机械工程学院、建筑工程学院、艺术学院挂牌成立。

【学科建设】 2月,河南省教育厅批准学院数控加工工程技术研究中心为河南省高校工程技术研究中心;11月,学院现代制造技术工程实践中心被省教育厅评为高校实验教学示范中心。10月,省教育厅批准学院计算机科学与技术专业为河南省特色专业建设点。机械设计制造及其自动化专业获批河南省品牌建设专业,河南省重点二级学科,并获得民办教育发展奖励专项经费100万元。11月,赵秀英、刘军、郑安平教授被评为郑州市地方高校第五批特聘高层人才。食品工艺学、模拟电子技术和管理学3门课程被评为郑州市精品课程,机械制造与自动化专业被评为市级示范专业,食品科学与工程、旅游管理两个专业被评为市级重点专业。建筑工程技术教学团队被评为郑州市优秀教学团队,实现了学院市级优秀教学团队零的突破。

【成为学士学位授予权单位】 4月12日,由河南科技大学副院长周志立教授任组长的学士学位评审专家组莅临学院,对学院申请的学士学位授予单位及授权专业资格进行评审,对学院升本以来办学水平和人才培养质量进行一次全面检阅,同时也是对学院专业教学质量的一次全面检查和促进。24日,省学位委员会发出《关于郑州科技学院新增为学士学位授予单位批复》,同意郑州科技学院成为学士学位授予权单位,首批4个本科专业机械设计制造及其自动化、计算机科学与技术、电子科学与技术、旅游管理获得学士学位授予权。同时,学位委员会还批复了学院成立学位评定委员会。5月14日,首届本科毕业生毕业典礼暨学士学位授予仪式举行,为符合条件的421名本科毕业生授予了学士学位。

【九三学社换届】 5月9日,九三学社郑州大学委员会郑州科技学院支社换届会议在学院召开。九三学社郑州大学委员会主任委员李清富,院领导刘文魁、秦小刚、刘赛赛、刘欣、薛金耀出席会议,换届采取了不记名等额选举,全票通过秦小刚为主委,刘赛赛、宋国华为副主委。

【全国赛事成绩优异】 4月,全国高职高专英语写作大赛河南赛区决赛中,经贸学院学生倪婷婷获得公共英语组特等奖、宋亚鸾获一等奖,工商管理学院肖甜获专业英语组一等奖;7月,在2012年全国大学生英语竞赛决赛中,经贸学院2010级商英班学生吴亚宁获总决赛特等奖,创造了学院国家级学科竞赛之最;经贸学院2009级国贸本科班的王瑞华、荆亚洁,工商学院2010级旅馆本科班靳路漫、财经本科班王楠楠获一等奖;经贸学院2010级国贸本科班王雪娇获二等奖;2010级市场营销班汤会芳和2011级电会班韩薪薪获三等奖。12月,在教育部主办的“中国航信杯”第七届全国信息技术应用水平大赛全国总决赛中,信息工程学院学生张君严、华亚辉、魏孝勇夺得全国二等奖。

【承办河南省民办高校毕业生招聘会】 12月12日,由河南省教育厅主办,河南省大中专毕业生就业服务中心和郑州科技学院承办的河南省民办高校2013年毕业生双向选择洽谈会在学院召开。省教育厅巡视员张健出席开幕式。格力电器郑州有限公司、少林客车等全国600余家企业参加,提供就业岗位15000余个。这是连续7年以来,由学院承办的第7场河南省民办类大中专毕业生双向洽谈会。《大河报》报道:《民办大学毕业生抢手》;《郑州晚报》第二天报道:以前民办高校毕业生在求职时经常遭遇冷眼,但在昨天的招聘会上,很多企业的用人观都发生了很大的变化。不问“出身”,只看能力,“民”字牌毕业生走俏校园招聘会。

【获得荣誉】 5月26日,《河南日报》报业集团举办“2012河南最具竞争力教育品牌”调查评选活动,经公开征询意见、专家审核及民主评议,学院被评为“2012河南最具就业竞争力示范院校”。12月6日,连续举办五届的新浪教育“2012教育盛典”评选活动落幕,学院被评为“2012十大品牌民办高校”。12月20日,2012网易教育年度大选出炉,学院以全国第四的得票率(72438票)荣登“2012十大民办高校”。以上活动的评选结果均是通过网上投票产生。2012年,学院被河南省民办教育研究会评为全省民办教育系统先进集体,被河南省民办教育协会评为全省民办教育先进单位,被郑州市教育局评为中等职业学校学生资助工作先进集体、郑州地方高校学生管理示范性建设工作先进单位,院工会被河南省教育工会委员会评为优秀基层工会组织,被省教育厅评为河南省高等教育教学工作先进集体、河南省依法治校示范校,被省教育厅和人社厅评为全省普通大中专毕业生就业工作先进单位。

撰稿:宋国华

审稿:秦小刚

郑州华信学院

校　　长:赵国运
党委书记:吴廷伟
创办时间:1997年
校　　址:郑州市新郑新城区中华北路
电　　话:0371-62621274　62621358
邮　　编:451100
传　　真:0371-62622336
网　　址:http://www.zzhxxy.com

【概况】 2012年,学院占地面积145.67公顷,校舍总建筑面积59.44万平方米;图书馆总建筑面积45470平方米,馆藏纸质图书183万册,电子图书22万册,中外文期刊3058种,CNKI资源数据库专辑6个,建有校内实验实训室132个,校内实习工厂5个,稳定的校外实习基地171个,校内教学仪器设备总值达1.08亿元。有专兼职教师1027人,其中具有副教授以上专业技术职务的教师349人,占教师总数的33.9%,具有硕士研究生以上学历的教师403人,占教师总数的39.24%。

学校南大门

【领导班子成员名单】 郑州华信学院实行理事会领导下的校长负责制。校长赵国运,党委书记吴廷伟;常务副校长冯建业,副校长、党委副书记张清华,校长助理、纪委书记徐朝阳,副校长王梅。

【党建工作】 6月,开展创先争优活动总结表彰,表彰4个先进基层党组织,17名优秀党务工作者和33名优秀共产党员。10月,开展基层党组织换届选举工作,经过民主选举产生基层党组织领导班子成员,有10个党总支,6个直属党支部,其下设党支部33个,包括教工党支部22个和学生党支部11个。全年发展党员1048人。

图书馆

【东校区建设】 2012年,东校区建设进入攻坚阶段,三期工程按期完工,形成了"一校两区"的管理格局,以东校区为主,有10个院系(部)入驻,师生达到16000余人。5月,行政管理中心落成并投入使用,所有行政办公全部搬迁东校区。篮球馆、游泳馆建成。

【成为学士学位授予权单位】 3月,河南省学位办领导、专家对学校学士学位授予权单位及专业学位授予权资格进行了全面的评审。4月,接《关于郑州华信学院新增为学士学位授予单位批复》和《关于郑州华信学院成立学位评定委员会的批复》两个文件。学校成为学士学位授予单位,同时获得了首批5个本科专业学士学位授予权。随即学校召开获得学士学位授予权单位总结会。6月,举行2012届毕业典礼暨学士学位授予仪式,首届532名本科生毕业并获得学士学位。

【上级领导莅临检查指导】 3月,教育部调研组专家一行5人莅校,在组长、重庆大学副校长张威教授的带领下对学校示范性餐厅建设展开调研。8月,省教育厅品牌专业建设评审专家组莅校,对学校申报的河南省民办高校品牌专业建设点进行评审。10月,以河南工业大学党委副书记葛运发为检查组组长的省委高校工委组织的民办高校党建工作专家组一行3人莅校,对学校党建工作情况进行检查指导。11月,以周口师范学院副院长马金岭教授为组长的省教育厅专家组一行4人莅临学校,对艺术类专业办学进行评估检查。12月,省教育厅组织高校校报评估专家组莅临学校检查指导工作。12月,省教育厅组织专家组对学校申报的省级示范性学生公寓进行检查评估。

【教育教学】 学校贯彻《国家中长期教育改革和发展规划纲要(2010—2020年)》精神,全面落实提高高等教育质量工作会议精神,进一步加强应用型人才培养。2012年,修订完善人才培养教学大纲和计划,以"让教师动起来,学生忙起来"为突破口,成立领导小组,全面加强教风学风建设,出台12个相关文件或措施,下发教学督导简报21期,共开展教学巡查4823班次,公布21次听课率和到课率,召开教学研讨会22次,专业建设论证会6次。按照学校教师招聘计划,组织3次招聘会,共招聘123名新教师。张清华等4人被授予郑州地方高校优秀中青年骨干教师称号,徐春华等5人被确定为郑州地方高校优秀中青年骨干教师培养对象。

学校共开设实践课程495门，占所有开设课程（1038门）的47.7%，其中综合性实训课程429门，综合性实验课程开出率达86.7%。2012年，新增校外实习基地27个，实习基地的稳定率达95%。新增3个教研室，新任命11名教师担任相关教研室负责人。同时，根据河南省教育厅要求，建筑工程学院和管理学院分别以新郑正弘房地产开发公司、北京天坛大酒店为依托申报了2个国家级大学生校外实践教育基地，并且顺利通过答辩。

2012年，学校土木工程专业获批河南省特色专业建设点、护理专业获批河南省民办学校品牌专业建设点，酒店管理教学团队获批郑州市优秀教学团队建设立项。

【科研】 2012年，市级以上科研课题立项254项，其中省部级课题立项24项、厅级课题立项187项、市级重点课题立项43项。获得市级以上科研成果奖97项，其中省级科研成果奖4项、厅级科研成果奖73项、市级科研成果奖13项。公开发表省级以上论文413篇，其中核心期刊162篇，编写出版教材、专著21部。开展各类学术活动62次，受益师生达15000人次。

【思想政治工作和校园精神文明建设】 学校不断加强思想政治理论修养教育，着实提高团员青年的思想道德及科学文化素质。年初，学校制定并下发了教职工理论学习计划，对课堂教学增加“三观”教育进行了安排。各院系团总支定期组织青年团员开展团员生活会，加强热点问题的讨论和交流，同时利用宣传栏、橱窗、黑板报、广播站等宣传阵地，营造良好的舆论氛围。本年度共开办团会10期、宣传栏6期、黑板报6期、橱窗报6期。心理咨询室全年累计接待来访学生数120余人次，咨询总时间超过310小时。11月，开展第三届“双十标兵”评选活动，共评选10名“十佳学习标兵”和10名“十佳道德标兵”。在对大学生思想政治教育工作中提出“四个一”工作要求，即辅导员每月至少找本班一定数量的学生谈一次心，至少进行一次学生思想形势分析，至少召开一次有针对性教育的主题班会，至少对本班学生德育积分进行一次讲评。推行了“两进三查”工作方法，即辅导员进课堂、进宿舍，查上课、查卫生、查住宿情况。5月，机电工程学院学生苏彦坤不幸患白血病，在机电工程学院党总支的倡导下，先向院系大学生党员、入党积极分子、学生干部发出了为苏彦坤捐款的号召；校党政领导得知情况后，在全校举行捐款活动，3天内捐款达12.6万余元。

加强团学干部队伍建设，结合学校实际情况，3月中旬至4月中旬，组织“青年马克思主义培养工程”和大学生骨干培训班，共开展理论培训4期，素质拓展训练2期，培训近1000人次，其中300人次参加户外素质拓展训练活动。全年共组织15支“三下乡”重点服务团队，分别奔赴河南省5个县市、10个乡镇、30余个村庄，进行28个服务项目的社会实践活动。全年共评选出先进团总支2个，优秀学生会2个，先进团支部24个，优秀团干部90名，优秀学生干部330名，优秀共青团员928名。

学校先后举办第九届社团巡礼节、第十二届大专辩论赛、迎新文艺晚会、第八届“四十字好习惯之歌”暨革命歌曲大合唱比赛、第十三届“我与四十字好习惯同行”演讲比赛、第十二届校园歌手大赛等，丰富了校园文化生活，使学校精神文明建设和校园文化建设呈现新的面貌。

【就业工作】 2012年，学校毕业生人数为6975人，较2011年增加860人。毕业生就业率达95.33%，其中大学生志愿服务西部、服务贫困县、“三支一扶”35人，专升本158人，应征入伍40人。有30余名毕业生申请到《高校毕业生自主创业证》，共计为毕业生节省创业资金20余万元。6月，举办“感恩于心，回报于行”毕业学子风采展。10月，走访多个省市和用人单位，洽谈合作事宜，邀请260余家用人单位到校园开办招聘会。共发放毕业生质量跟踪调查问卷5600份，回收5400余份。12月，举办第二届职业生涯规划大赛和“挑战杯”第一届大学生创业设计大赛，取得很好的效果。

【对外交流和合作】 2012年，学校派出相关人员先后到江西、湖南、山东、吉林等地民办高校参观考察，交流办学经验，学习实验实训建设。同时与企业加强交流和合作，与25家企业签订了用人协议，与8家企业加强科研合作，中央电视台数字频道在学校艺术与传媒学院建立选拔基地，与郑州裕达国贸酒店签订订单培养协议。6月，美国密苏里州前州长、美国中西部中美友好协会主席鲍勃·霍尔顿博士到学校参观访问。9月，澳大利亚新英格兰大学派代表到学校考察，双方达成合作办学意向。10月，学校校长赵国运博士应美国圣路易斯大学邀请，到美国考察合作办学事宜。学校与澳大利亚新英格兰大学的3个合作办学项目在校生有110人。另外，出国的学生累计达到了22人，有7名学生参加全额奖学金+补助并赴日就业项目；有8名学生参加赴美带薪实习项目。

【荣誉】 2012年，学校师生参加校外科技竞赛活动22项，取得国家级奖项6项、省级16项，获奖317人次，获奖层次和获奖数量为历年来最高。12月，学校专门召开表彰大会，对2012年度在科技竞赛活动中表现突出的4个先进单位、133名先进个人和19名优秀指导教师进行了表彰，拿出近200万元奖励优秀新生和各类竞赛获奖师生。

学校学生社团兰亭书法协会获得第四届全国优秀社团——书画美术类社团特别奖；大学生就业与创业协会获得第四届全国优秀社团——创业营销类社团特别奖；华蕾艺术团被评为第四届全国高校优秀社团；交际英语协会被评为第四届全国优秀社团。在河南省第十三届大学生科技文化艺术节比赛中获一等奖7项、二等奖16项、三等奖16项、优秀奖9项；在郑州市教育局举办的民办学校文艺汇演中获三等奖；在郑州市文明办、郑州市教育局组织举办的首届郑州地方高校大学生礼仪风采大赛中获优秀组织奖。学校学生参加河南省首届大学生机器人大赛，在机器人游中国项目中获得轻量级冠军，同时获得微软机器人仿真亚军。学校学生参加河南省卫生职业教育护理技能竞赛获团体一等奖，同时被评为优秀组织奖。

2012年度，学校被评为郑州市民办职业院校实验室先进单位、郑州地方高校教育工作先进单位、河南省“三下乡”活动社会实践优秀服务团队、河南省科研管理先进集体、河南省高等教育教学管理工作先进集体、河南省高等教育校园文化和社会实践活动先进集体、河南省民办教育系统优秀基层工会组织、河南省民办教育先进集体、河南省大中专毕业生就业工作先进集体。

撰稿：郭敬源

核稿：胥宗献

审稿：部少龙

中原工学院信息商务学院

董事长、法人代表:陈余国
创办时间:2003年4月
电　　话:0376-62499997
传　　真:0376-62576888
院长、党委书记:黄　乾
校　　址:郑州市新郑龙湖科技教育产业园区双湖大道2号
邮　　编:451191
网　　址:http://www.zcib.edu.cn

【概况】 中原工学院信息商务学院成立于2003年4月,是首批经国家教育部批准的具有全日制普通本科学历教育办学资格的独立学院。学院由中原工学院和嘉宏控股集团合作举办,实行董事会领导下的院长负责制,具有独立法人资格。学院秉持"以质量求生存,以特色创品牌,以管理促效益,以就业谋发展"的办学理念,秉承"厚德博学,求是创新"的校训,发扬"勤奋,严谨,进取,文明"的校风,以建设"国内知名,省内领先,特色鲜明的高水平独立学院"为目标,服务经济和社会发展。

学院设有学院办公室、教务科技处、组织人事处、学生工作处、财务资产处、后勤保障处6个职能部门,督导室、图书馆、信息中心3个直属单位,有经济管理系、政法与传媒系、外语系、计算机科学系、艺术设计系、机械工程系、信息工程系、建筑工程系、基础学科部9个教学单位。学院拥有管理学、艺术学、工学、经济学、文学、法学等6大学科门类,设有会计学、机械设计及其自动化、艺术设计、英语、法学、计算机科学与技术等28个本科专业和旅游外语、会计等6个专科专业。截至2012年12月,学院有全日制在校生1.4万人。有主校区和北校区,占地面积近1000亩,两区建成校舍建筑面积共计30万平方米,其中教学行政用房建筑面积14万平方米。教学仪器设备值5007.05万元,纸质图书134.31万册,电子图书85.1万册。

【领导班子成员名单】 董事长、法人代表陈余国,院长、党委书记黄乾,党委副书记张文勇,副院长李建华、刘登义、赵晓金。

【办学条件改善】 2012年,学院继续加大资金投入力度,推动实验室建设和基础设施建设,以迎接教育部对独立学院的考察验收。启动29个实验室建设项目,投资总额达1305.67万元。其中优先建设13个,共518.678万元;重点建设16个,共787万元。学院加快主校区二期工程建设。年度完成了二期工程380余亩教育用地及地面建筑的报批手续;新建二栋学生宿舍投入使用;其他10栋教学行政用房开工建设.新增纸质图书8万余册;中文报刊订阅量达400种;引进了"百链云图书馆"和"超星视频"两个数据库,启用国外著名的"Emerald全文期刊回溯库(管理学、工程学)"外文数据库。

【师资队伍建设】 加大人才引进力度,同时重点扶持、培养骨干中青年教师晋升高级专业技术职务和在职攻读博士学位,鼓励、支持青年教师利用寒暑假外出进修提高。赵志泉博士获河南省优秀教师称号并被评为2011—2012年度河南省学术技术带头人、乔松珊获河南省教育系统优秀教师称号。持续开展"三育人"、"教学名师"评选和"青年教师讲课比赛"等活动,激励教师提升教学水平,加强师德师风建设。乔松珊等7位教师在河南省教育厅组织的"教育崛起　教师为基"师德主题教育征文比赛活动中分别获得一、二、三等奖。有3人被评为学院第三届教学名师;3个单位被评为学院"三育人"先进集体、7人被评为先进个人。

【干部队伍建设】 组建建筑工程系,在职能部门、直属单位和教学单位内设置职能科室,在教学单位建立健全团总支。在董事会和中原工学院党委决策与支持下,学院党委为建筑工程系配备了党政负责人,为绝大多数教学单位选配主管教学工作的副主任或主任助理,为各主要职能部门、直属单位和教学单位配备职能科级干部,为教学单位选配团总支书记(副书记)。

【教学改革】 2012年,出台《中原工学院信息商务学院人才创新模式实验区试行办法》、《特色专业建设方案》及指标体系、《教学团队建设方案》、《专业综合改革试点实施办法》等一系列文件,启动"高等学校本科教学质量

12月22日,全国高校素质教育教材编审中心在学院揭牌

与教学改革工程"项目,开展院级特色专业、精品课程、教学团队立项建设。6月,2个特色专业、3个教学团队、2个人才培养模式创新实验区、2个专业综合改革试点获

准院级立项。

【科研】 2012年，启动科研登记和纵向项目经费配套工作。获准立项项目有：河南省政府2012决策研究项目6项、省教育厅科学技术研究重点项目2项、省社科联项目4项、省教育厅专业综合改革试点项目3项、郑州市科技计划项目1项及其他课题4项。组织申报的项目有：河南省哲学社会科学规划项目4项、省教育科学“十二五”规划课题1项。获得河南省教学成果二等奖2项；2人获得省教育厅科研管理先进个人称号。完成2011年度教研教改项目的中期检查工作。年度教研教改、教材及科研立项38项；建成优秀课程8门；结题教改项目16项。遴选15门院级优秀课程、5门课程作为院级精品课程立项建设。

【党建工作】 通过开展“创先争优”、“牢记入党誓言坚定共产主义信念”、“建党91周年红歌会”及“我把青春献给党”等主题教育活动，提高全院教职员工的党性觉悟和综合素质，增强工作的主动性和创造性，较好地发挥党员在教学、科研、管理与服务工作中的带头作用。完成两期入党积极分子培训工作，培训学员3253人；新发展党员1252人；预备党员转正511人。在本年度的“创先争优”活动中，共评选出46名优秀学生党员、11名教工优秀党员、2名优秀党务工作者和5个优秀党支部。

【学士学位授予权申报工作】 学院按照《河南省普通高等学校新增学士学位授权单位评审指标体系》和《河南省普通高等学校新增学士学位授权学科（专业）评审指标体系》的要求，统筹安排，精心准备，扎实工作，顺利通过河南省学位办组织的学士学位授权单位的评估。2012年3月，省学位办发文新增学院为学士学位授权单位。

3月6日，举行学院学士学位授权评审工作反馈会

【就业】 继续把就业工作摆到突出位置，加强组织领导，落实就业工作“一把手”工程，不断完善院、系两级就业工作管理机制，发挥“就业指导中心——各系副书记（书记）——辅导员——学生就业队伍——班级就业创业信息员”一体化的就业服务体系功能，强化职业规划理念的教育与普及，优化校园就业创业环境，扩大校内校外就业市场，推进三种教育（职业规划理念教育、面向基层就业和应征入伍教育、创新创业教育），加强四项建设（校内外就业市场建设、就业指导课程体系建设、学生就业队伍建设、就业信息工作建设），开展五创活动（创新、创意、创作、创富、创业），多措并举，促进毕业生就业工作。2012届毕业生共3003人，就业2738人（包含灵活就业和升学），一次性就业率达到91.18%。

【成才教育】 继续坚持“三好（好学、好问、好做）”、“三守（守时、守纪、守信）”、“三求（求真、求美、求新）”学风建设目标，坚持“以安全稳定为根本，以学风建设为中心，以特色创新为突破，以成就学生为目标”的工作思路，加强职业规划教育，鼓励学生创新创业及深造，促进学生成长成才。央视《讲述》栏目对赵小康、余征等动手能力强的优秀学生给予关注。

2011年，学院学生在全国大学生电子设计大赛中获国家二等奖1项，省级一等奖6项、二等奖20项、三等奖5项，在全省本科院校中名列第五；在2011年第四届“高教杯”全国大学生先进成图技术与产品信息建模创新大赛中获二等奖7项；在2011年第四届“高教杯”全国大学生创新大赛中获二等奖6项，在全国参赛独立学院中排名第三，在河南省18所高校中排名第七，在河南省参赛独立学院中排名第一；在2011年全国大学生数学建模竞赛中获国家二等奖1项，省级一等奖2项、二等奖4项、三等奖12项，在河南省独立学院中名列第一。

【荣誉】 2012年，学院获得河南最具就业竞争力示范院校、河南省民办教育办学先进集体、2012年河南最具综合实力民办高校、河南省高等教育教学工作先进集体等称号。

撰稿：刘　永

审稿：刘登义

新乡医学院三全学院

董 事 长:陈逸飞
党委书记:王志凯 院长:杨 捷
创办时间:2003年 校址:新乡市向阳路东段
电 话:0373-3029973 邮编:453003
传 真:0373-3029973 网址:http://www.sqmc.edu.cn

【概况】 新乡医学院三全学院成立于2003年,河南省教育厅发文批准举办。同年12月,教育部教发函〔2003〕539号文件确认学院为独立学院,是河南省唯一的医学类独立学院。2009年2月,新乡医学院与中美集团(北京)签订合作办学协议,分两期共投资6.8亿元共同建设新乡医学院三全学院。校园规划总面积达93.3公顷。

学院秉承"全面适应社会需求,全面实施素质教育,全面培育医学英才"的办学指导思想,突出办学特色。2012年,设有基础医学院、护理学院、医学技术学院、管理学院、临床学院、药学院、生命科学技术学院、外国语言学系等8个院、系,有全日制本科(专升本)、专科2个办学层次。设有临床医学、护理学、医学检验技术、医学影像技术、药学、药物制剂、生物医学工程、生物技术、英语、公共事业管理等16个本科专业及方向,护理、医学检验技术、口腔医学技术等9个专科专业,涵盖文、管、理、工、医等多个学科领域。现有在校生13488人,其中本科生11955人。

【学院领导班子成员名单】 党委书记王志凯,院长杨捷;党委副书记王金文,副院长秦国亮、王维勋、王彦杰、沈雁霞。

【党的建设】 开展党的十八大精神集中学习月活动,引导广大师生深入学习贯彻十八大精神;贯彻执行党委中心组学习制度、全院政治理论学习计划,强化科学理论武装,切实提高干部职工的综合素质和理论水平。制定《学院院(系、部)党建工作整体方案》,探索二级管理机构党建工作运行机制;设置机关党总支、基础医学院党总支等9个党总支,思想政治理论课教学部直属党支部、体育部直属党支部等两个直属党支部。召开党员大会,选举产生党总支、党支部委员会。编印《学院党建工作手册》,开展创优争先活动,举办入党积极分子培训班,培训学员747名。严格党员发展程序,全年发展党员645名,转正525名。

【民主评议行风工作】 成立纪检监察审计部,全面加强惩治和预防腐败体系建设,健全监督制约机制。贯彻上级党组织党风廉政建设的有关规定,以民主评议为手段,以问题整改为抓手,扎实做好民主行风评议工作,通过院领导与学生代表座谈会、学生监督员座谈会、调查问卷等形式,广泛征集意见。成立学院反腐倡廉教育及廉政文化建设工作领导小组,制定《学院2012年度反腐倡廉教育及廉政文化建设工作实施方案》,开展廉政文化主题教育活动,增强党员干部的廉洁意识和拒腐防变能力。开展师德主题教育活动,培养广大教职工忠诚教育事业,学为人师,行为世范的师德风范。开展廉政警示教育活动,通过反面典型展示,增强正面教育实效。

【第三届教职工代表大会暨工会会员代表大会】 8月21日,学院召开第三届教职工代表大会暨工会会员代表大会。学院领导以及各单位代表140余人参加会议。院长杨捷代表学院作题为《抓历史机遇 扬三全精神 为学院顺利通过评估实现跨越式发展凝心聚力》的工作报告;副院长沈雁霞作题为《以评促建谋发展 同心协力创辉煌》的工会工作报告。大会总结了学院两年来的办学成绩和办学经验,科学分析了学院面临的机遇与挑战,确定了今后一个时期的工作任务和主要举措。

【现代大学制度建设】 继续推进"机制活校"工程,完善现代大学管理体制,提升管理效能。加大力度筹建战略发展咨询委员会,增聘赵玉芬院士为委员。强化民主管理与监督,组织召开院务监督委员会首次会议,更新院务监督委员会第二届委员225名,选聘常务委员50名,充分发挥院务监督委员会职能。处理院长信箱来函339件,处理率98%;评选表彰"2011年度十佳人物"、"最佳创新奖"。适应学院发展,增设发展战略与考核部、纪检监察审计部、基建部、校园网络管理中心和工会办公室5个职能部门。完成学院领导分工调整和新校区基本建设工作领导小组等10个议事协调机构调整。

【迎评促建】 构建评建战略决策组织——评建工作专家指导委员会,聘请7名教育教学管理专家成为委员,增强学院评建工作宏观指引力。走访江浙先进独立学院和民办高校,汇集先进理念和办学经验。出台《迎评建设阶段工作实施方案》,明确重点与难点,清晰权责与要求,保障评建进程与质量。制定《迎评建设阶段评建工作考核办法》,以各评建工作组为重心,加大考核比重,强化领导问责制。详细制定《项目评建工作组评建工作任务分解书》、《院(系、部)及教研室档案目录及参考内容》,细化分工,落实到个人。召开迎评建设阶段工作会议,实现工作重心由科学准备阶段向战略建设阶段转移。

【教育教学】 学院新增人力资源管理、市场营销、制药工程3个本科专业，老年服务与管理、药学、医学影像技术3个专科专业。制定《二级教学管理体制改革与建设工作方案》，成功拉开二级教学管理体制框架，成立基础医学院、护理学院、医学技术学院、管理学院、临床学院、药学院、生命科学技术学院、外国语言学系、思想政治理论课教学部、体育部等10个教学院（系、部）；制定并实施《学院过渡期教学院（系、部）建设暨师资队伍建设规划》和《教学院（系、部）建设师资遴选及待遇管理办法》，聘任10名教学管理的专家教授担任院（系、部）负责人，选聘33名专家教授担任教研室（实验室）主任，配齐教学秘书、行政秘书，初步实现学院宏观调控、院（系、部）自主负责的教学管理运行机制，学院办学模式的战略转型基本完成。

强化应用型人才培养目标，加强实验室建设，注重学生专业技能的培养与提高，制定实验室建设规划，投入约1400万元，完成人体解剖学实验室、形态学实验室、分析测试实验室、机能学实验室、诊断学实验室、外科学总论实验室、影像学实验室、护理学实验室、眼视光实验室、产科学实验室等10类58间专业实验室建设，全部投入使用。

新增京东中美医院、焦作市人民医院、焦作市第二人民医院为学院全过程临床教学医院，有效缓解后期教学瓶颈；制定《学院见习教学管理改革方案》；完善实习分类管理制度，加强实践教学质量监控；完成眼视光技术专业和助产专业的3所实践教学基地——宝岛眼镜、新乡市妇幼保健院、郑州大学第三附属医院建设。

成立人文素质教育中心，改革人文素质教育课程，制定《人文素质教育中心主讲教师管理办法》，获得卫生部中国医师人文医学执业技能培训基地资格。

全面深化教育教学改革，开展持续近半年的教育思想及教学工作大讨论活动，召开动员大会，建立专题网站，邀请50余位专家参与大小讨论近百场，形成科研论文专集，进一步更新思想，凝聚共识，更新人才培养目标，形成改革发展新思路；出台《关于修订培养方案指导性意见》，启动学院现有专业人才培养方案修订工作。

【竞赛获奖】 开展第二届中青年教师教学竞赛和2011—2012年度“双优”评选，切实发挥示范激励作用；参加河南省护理技能大赛和全国护理技能大赛河南赛区选拔赛，分获团体三等奖和优秀组织奖；参加第十届“日进杯”全国口腔职业教育论坛，获团体优秀奖。举办第三届多媒体教育软件大赛，选拔优秀作品参加河南省第十六届多媒体教育软件大奖赛，11件作品获奖，学院获组织先进单位称号。参加全国第十六届多媒体教育软件大奖赛，两件作品获得三等奖；参加全国第十二届多媒体课件大赛，获一等奖1个、三等奖2个。

【人才队伍建设】 继续推进“人才强校”工程，制定完善《学院2012—2015年度师资队伍建设规划》，论证出台《学院2013—2015年师资队伍配置规划暨2013年度招聘计划编报及论证方案》。通过专家预约、院校招聘会、留校生选拔、人才预约等多种形式拓展人才引进渠道。加强新员工培训，制定并实施《2012年度新进教职员工培训工作方案》，增强团队意识和协作精神。落实《学院继续教育管理规定》，支持15人参加学历教育培训。组织完成2012年度21人次职称外语申报，通过率100%，中级专业技术职务评审申报32人次，通过率90%。制定《学院2012年度教师资格认定及管理办法》，完成135人的教师资格申报，并组织培训，理论考试通过率高出全省30%。加强对青年教师成长的指导，制定了《学院青年教师职业规划管理办法》和《学院青年教师系统化培训实施方案》，组织青年教师制定培训规划任务书。

【科研外事】 全年申报各级各类课题66项，立项39项，结项22项，其中获得厅级一等奖4个、二等奖1个、三等奖2个。全年发表论文132篇，其中SCI2篇，中文核心11篇，科技核心19篇。继续开展高水平学术交流活动，先后邀请中科院院士赵玉芬、中国社会科学院哲学研究所高级研究员邱仁宗等10余位国内外知名专家来院讲学。制定《学院国（境）外校际交换学生管理规定》，召开赴台宣讲，赴澳、赴日说明会，1名学生赴台学习、7名学生赴澳大利亚莫纳什大学短期研修；与日本板桥集团协商联合培养事宜基本完成。

【招生就业】 2012年，学院招生规模4380人，理科录取线443分、文科录取线为479分。联系并组织大型校园双选会2场，小型招聘会40余场，发布招聘信息684条，累计提供就业岗位2万余个。校企合作实现重大突破，与驼人集团签订“订单培养”协议，与珠海义齿、宝岛眼镜达成校企合作初步共识。截至年底，毕业生就业率达93.01%。学院被评为河南省普通大中专毕业生就业工作先进单位。

【学生管理】 学院持续加强大学工体系建设，强化学生管理，提高综合素质。探索院系成立后学生工作机制，调整学院学生工作领导小组，加强学院学生工作资源整合，建立工作协调机制，进一步凝聚“大学工”合力。出台《专职辅导员职级管理办法》，完成学院首次辅导员职级评定，实现辅导员队伍等级化管理。注重辅导员业务能力与专业素质提升，全年选派辅导员外出培训学习共计21人次，开展辅导员专项培训，选派辅导员参加全省高校辅导员优秀工作案例评选活动，并获二等奖。制定《学院学生思想动态反馈制度》，规范思想动态调查及反馈机制，及时发现学生群体中存在的问题并化解各种矛盾，切实保障学生思想稳定。开展爱国爱校、感恩关爱等各类主题教育活动，提升学生政治道德素养。开展“安全警示书签”、“居安思危，防火于未然”等安全知识讲座、征文、辩论赛活动，强化学生安全意识。制定《学院进一步加强学风建设的若干意见》、《学院进一步加强学风建设的实施方案》和《学院学生奖励条例》，进一步完善示范、教育、管理三位一体的学风建设体系，营造了和谐、奋进的校园学习氛围。

注重心理健康工作队伍建设，选工作人员参加心理咨询师认证培训，编写《伴你成长　大学生心理咨询案例集》，邀请省内外心理学专家来校讲学，切实提升专职工作队伍业务能力与素养。为在校大学生配发《我的大学我快乐》、《改变自己　大学生心理调适》等书籍，增强学生自我心理调适能力;完善学生心理信息管理,建立在校生电子心理档案,实现咨询记录流程电子化;建立特殊学生和弱势群体心理咨询档案,加强心理疏导和监控;编制《毕业生心理调适手册》,增强毕业生择业过程中的心理调适能力;开展"心理健康节"、"新生心理关爱系列活动"、"心灵氧吧"、第四届"5·25"大学生心理健康教育活动月,营造良好的心理健康教育氛围。

【学生资助】 构建"阳光资助育人体系",全年共有3576人获得国家奖学金、国家励志奖学金、国家助学金、学院综合奖学金共计813.62万元。申请发放助学贷款88.8万元。提供勤工助学岗位2140个,发放工资41.04万元。

【校园文化活动】 持续加强校园文化建设,营造科学民主、和谐向上人文环境。以活动促教育,培养高尚情操,开展"与信仰对话·与青春同在·与理想同行"学习十八大精神主题系列活动,启动"向雷锋同志学习,我们在行动"主题活动月,组织"高举精神火炬,培养医德情操"、"情牵母爱 遥报春晖"等感恩系列活动;以活动展风采,提高综合素质,举办第三届大学生科技文化艺术节、第六届社团文化节、第十三届"春华秋实杯"大学生辩论赛决赛;邀请医疗一线的医护工作者孟玲玲、武汉大学博士暴元等文化名人,作客牧野大讲坛;邀请全国优秀音乐剧《中国蝴蝶》剧组走进校园。

【大学生科技创新工作】 成立大学生科研工作专家指导委员会,出台管理办法,组织专题讲座;开展首届"挑战杯"创业计划大赛,选送作品参加省级竞赛,获得1银4铜和省级优秀组织奖。

【网络建设】 引进现代化可移动录播系统,实现高清移动录播教学。获得国家教育部颁发的全国信息技术应用教育工程培训点奖牌和授权书,成为2012年河南省首批培训点,组织全院教职员工参加ITAT培训2次。实现新乡校区公共区域无线网络全覆盖,免费为师生提供公共区域上网服务。

【后勤保障】 本年,学院完善水、电、气、暖保障体系,实施"定额管理、超额自负"的节约型校园建设项目。餐厅实现"学院监督管理、餐饮公司自主经营"管理模式。丰富餐饮种类,强化食品卫生,师生满意度提高,被新乡市评为食品卫生"AAAA"先进单位。建立网络质量服务监督反馈专栏,公示质量简报26期。开展宿舍文化节,提高宿舍管理的水平和品位,建立学生公寓各层层长协助制度,推进学生自治管理工作。制定安全生产月活动方案,成立消防安全工作领导小组,建立消防安全审批通报制度,组织消防知识讲座和演练,力避消防安全隐患。

【校园建设】 2012年,完成3000平方米高层综合办公楼、500平方米问学楼报告厅、1500平方米综合楼北侧广场、停车场等装修、建设及"懿德苑"花园广场的绿化工作,增加绿化面积1.35万平方米,优化校园环境,被新乡市建委评为"园林单位"。平原校区建设全面启动,成立新校区基本建设工作领导小组,完成两次地表清理、3000米围墙建设、380平方米所有建筑与道路的测绘定位,完成高层公寓楼、男生公寓、第一教学楼的基础施工。

撰稿:申大鹏
审稿:杨 捷

郑州成功财经学院

创 办 人:王广亚	
校 长:张 鑫	党委书记:徐金安
创办时间:2004年4月	校 址:巩义市紫荆路136号
电 话:0371-64561271	邮 编:451200
传 真:0371-64561998	网 址:http://www.chenggong.edu.cn/

【概况】 郑州成功财经学院是由豫籍台湾著名教育家王广亚博士于2004年创办的一所民办普通本科高校。学院位于郑州巩义市,校园占地面积92.67公顷,建筑面积30余万平方米,在校生1.2万人。图书馆馆藏适用图书120万册,电子图书47万册,中外文报刊千余种,建有多功能电子阅览室、图书馆E化区和校园网络系统;学院专任教师680人,其中具有研究生学历的占43.9%,具有副高级以上专业技术职务的占31.6%;有管理学、经济学、文学、工学、艺术学五大学科门类,34个本、专科专业。学院先后获全国民办教育十佳特色学校、全国教育改革创新示范院校、河南省优秀民办学校先进单位、河南省民办教育办学先进单位、河南省依法治校示范校等多项省级以上荣誉称号,是河南省民办教育协会常务理事单位。

【郑州成功财经学院揭牌庆典】 2012年3月29日,教育部下

5月15日，学院举行挂牌仪式

文《关于同意河南财经政法大学成功学院转设为郑州成功财经学院的通知》(教发函〔2012〕32号)，正式批准学院转设为民办普通本科高校。5月15日，学院举行揭牌庆典和挂牌仪式。中国国民党荣誉主席连战和台湾海峡交流基金会董事长江丙坤为学院揭牌题词，国家教育部原常务副部长张保庆发专电表示祝贺，河南省人民政府副秘书长介新，省人大、省政协、省教育厅、市政府领导，省内外兄弟高校代表，台湾贵宾，中央电视台等新闻媒体及学院师生代表1000余人参加了庆典。介新、刘湘平、王文金、李小建、王广亚、王育华为学院揭牌；贾连朝、王广亚、赵大蕺、张春阳、王育华、张鑫为学院新校牌剪彩。

【编制学院"十二五"期间发展规划】 依据《国家中长期教育改革和发展规划纲要(2010—2020年)》等国家、河南省相关规划精神，立足学院实际，在充分考察、论证基础上，编制《郑州成功财经学院"十二五"期间发展规划》，规划深入分析学院现状，本着科学性、前瞻性、协调性、可行性的原则，明确学院发展的一个指导思想、六大战略工程、四项发展原则、六项保证措施，即"一六四六"发展规划，为学院下阶段发展制定了明确的发展纲领和蓝图。

【党建和思想政治工作】 学院坚持党的教育方针和社会主义办学方向，充分发挥党委在民办院校中的政治核心作用。加强党的组织建设，建立健全各项规章制度。做好入党积极分子培养及党员发展工作。在思想政治工作中，宣传贯彻党的十八大精神，围绕党和国家大政方针、教育改革发展创新和师德教育等内容，组织思想政治工作经验交流会、加强民办高校党建理论研究与实践活动等。在人民网、中国共产党新闻网主办的"喜迎党的十八大党代会知识有奖竞答"活动中获得优秀组织奖；在省教育厅组织的"教育崛起，教师为基"师德主题征文比赛中获得优秀组织奖，是全省唯一获得优秀组织奖的民办高校。另外，学院在河南省高校校园文化成果评选中获得二等奖，所申报的德育主题教育活动获得2012年度河南省高等学校思想政治工作优秀品牌。

【教学管理】 学院以落实教学五项指标(就业率、考研率、英语四六级通过率、计算机二级通过率、专业中级资格考试通过率)为抓手，加强师资队伍和精品课程等教学基础建设，不断深化教学改革，着力提高教学质量，完善教学质量监控制度，采取学生评教、教师评学等措施，严格执行期初、期中、期末教学检查。每年举办中青年教师讲课大赛，开展教育思想大讨论、师德师风建设等。2012年，学院以提高教学质量为核心，开展"教学质量年"活动，突出教学工作中心地位，强化教学管理，规范教学行为，弘扬"三严"传统，保证全院教学秩序稳定运行良好，稳步提高教学质量。学院被省教育厅评为河南省高等教育教学工作先进集体。

【学科专业建设】 学院工商管理专业(ERP方向)被河南省教育厅评为2012年度河南省高等学校特色专业建设点。经广泛调研、反复论证、积极申报，新获批4个本科专业，使学院本、专科专业达到34个。

【教学改革与拔尖应用人才培养】 学院以创新人才培养模式为目标，以课堂教学为重点，根据培养应用型人才的定位，推动本、专科教学改革和考试制度改革，制定落实2012级专科数学、英语分层教学实施方案和专科教学改革指导意见。举办"商界论道"活动，引导学生将学到的理论知识用于社会实践，开启紧密结合社会实际、学生主动参与的专业学习新模式；与用友公司、河南君兰影视动画公司等企业达成联合举办"特色班"建立实训基地等，积累开放办学经验。

在2012年全国商务英语翻译资格认证考试(ETTBL)中，5人报考高级笔译考试全部通过，37人通过中级笔译考试，3人通过中级口译考试，成绩在全省名列前茅；在2012年全国大学生英语竞赛河南赛区口语决赛中，获2项一等奖、1项特等奖；在首届全国"ETTBL杯"商务英语翻译大赛河南省决赛中，获1项特等奖；在第十六届"外研社·亚马逊杯"全国大学生英语辩论赛华中赛区的比赛中，2人获二等奖，学院获"最佳新校奖"。在第四届中华会计网校杯财会知识大赛中部赛区比赛中，学院代表队取得中部地区第4名；在第四届全国大学生创业大赛中，获得全国一等奖；在第八届全国大学生沙盘模拟经营大赛全国总决赛中，获得全国三等奖和优秀组织奖；在第六届"用友杯"全国大学生会计信息化技能大赛总决赛中，获三等奖，1人获得个人优秀奖。在2012年全国国际商务单证员考试中，商学系有47名学生通过考试取得证书，超过全国平均通过率15个百分点。在第四届全国大学生广告艺术大赛中，艺术系获得二等奖2项、三等奖2项、优秀奖1项；艺术系获得"数字创意设计联盟D&CD认证考试中国区测评中心"资格，有19名学生取得了"平面视觉设计师"证书；在河南省"中原杯"动漫大赛中，艺术系获长篇故事漫画组二等奖、三等奖各1项。在河南省大学生华光体育活动比赛中，学院代表队获得第二届桥牌锦标赛男子团体第1名、女子团体第2名，有4名选手获得首届跆拳道锦标赛男子奖牌。

【科研】 学院加强科研团队建设，完善科研项目管理、优秀科研成果奖励等科研管理制度，设立100万元教学改革与科研基金。学院重视学术氛围营造，每周均举办高层次专场学术报告会。利用巩义地域、历史文化资源培养学院特色，成立了杜甫研究所，聘请中国杜甫研究会副会长韩成武教授担任所长，取得了一系列成果。上年，学院共获各级科研立项268项，其中国家级课题4项，发表论文500余篇。

【学生管理】 以落实学生管理五项指标为内涵,实行育人为本、制度管理、目标管理、量化管理。坚持把思想教育落实到专业教育和生活教育中,如开展爱国主义教育,每天早晨举行升国旗仪式;坚持养成教育,开展三种劳动教育(普通劳动、工读劳动、义务劳动)、三大文明竞赛(文明宿舍、教室卫生、礼仪秩序)和晨读、晨练活动,增强学生劳动观念、学习意识与竞争意识。每学年举办礼貌整洁主题教育活动、德育主题教育活动和好学主题教育活动等,为学生创造良好的学习氛围,逐渐形成优良的学风、校风。学院创新工作方式,举办辅导员观摩班会和辅导员心理健康培训,实施学生宿舍楼区长制度,组织以"爱岗·责任"为主题的楼管员工培训学习月活动,制定"文明宿舍楼竞选办法",每月评选文明宿舍楼等,激励工作积极性。发挥社团第二课堂育人作用,举办"迎新生·庆国庆"文艺晚会、校园歌手大赛、社团文化节、"青苹果"知识问答大赛、礼仪风采秀、"红歌嘹亮"红歌合唱比赛等,丰富校园文化生活。组织参加河南省大学生科技文化艺术节,获得一等奖6项、二等奖8项、三等奖8项。学院被评为河南省校园文化建设成果二等奖、河南省高等教育校园文化建设和社会实践活动先进集体等。

【师资队伍建设】 制定《青年教师导师制试行办法》、《特聘专业建设顾问管理试行办法》、《师资队伍建设发展规划(2012—2015)》、《青年教师培养计划》、《教职员国内高校访学进修暂行办法》和《"双师型"教师培养与管理办法》,修订《教职工考勤管理规定》、《辅导员职级升等暂行办法》;从郑州大学、河南大学、河南财经政法大学等高校聘请一批专业建设顾问,引进了包括英国爱丁堡市首席同声译员贺育滨教授、河北大学博士生导师韩成武教授、河南大学会计研究所所长刘建中教授、邵杰博士等高级专业技术职务人员10余人,委培博士5人。学院再度被评为郑州市2012年度人事代理工作先进单位。

【招生与就业】 2012年,学院生源数量和质量进一步提高,第一志愿基本完成招生计划。学院特别推出了赴台研习、校企合作实践教学、专本套读、留学直通车等不同办学模式,尽可能满足不同学生的发展需求,本着为学生负责的态度,深化改革,畅通就业渠道,吸引学生报考。

学院毕业生就业面向河南、广东、江苏、上海、北京等地,多分布在地方企、事业单位等多种行业。学院于2009年建立大学生创业园,并设立大学生创业基金。学院建有相应的学科专业教学实践、实习和实训基地90余个。学院举办毕业生就业双选洽谈会,职业生涯规划大赛和就业指导教师教学大赛,与郑州市教师资格指导中心联合举办"非师范类毕业生教师资格证试点班",开设了"大学生KAB创业基础"课程。学院2012届毕业生就业率达95%,学院被省教育厅评为河南省大学生创业教育示范学校、河南省普通高校毕业生就业工作优秀单位。

【国际交流】 学院充分利用创办人王广亚在台湾的教育资源,定期选拔优秀师生赴台研习,把该项目打造成学院办学特色和优势。2012年,组织两批近百名师生赴台湾

4月16日,学院与西班牙阿尔卡拉大学举行合作签约仪式

苗栗育达商业科技大学研习,师生们开阔了眼界,丰富了知识结构,感受了台湾文化的熏陶,培养了新的思维方式。学院与西班牙阿尔卡拉大学签订校际合作框架协议,就学生留学、教师交流及合作模式等问题进行了交流与合作,符合条件的本、专科学生可免费赴西研读研究生。

撰稿:程文质

审稿:李　凯

商丘工学院

董事长：丁　华
党委书记：郑炳钦
创办时间：1994年9月
电　　话：0370-5072106
传　　真：0370-5072168
校长：李纪轩（2011年8月—）
校址：商丘市睢阳大道中段236号
邮编：476000
网址：http://www.sstvc.com.

【概况】 商丘工学院成立于1994年，历经商丘科技专修学院、商丘科技职业学院的发展阶段，2011年4月，经教育部批准成为一所普通民办本科院校。学校占地57.5公顷，校舍建筑面积近28万平方米，拥有包括标准400米8跑道田径场、篮球场和其他体育活动场所5.334万平方米；现有教学仪器设备总值5300余万元，校内实验室、实训基地、实习车间89个，稳定的校外实习实训基地121个；图书馆馆藏纸质图书85万余册，中外文期刊769种，另有电子图书3602GB，各种电子书库和数据库6种。

学校有教职工725人，专职教师539人，具有副高级以上专业技术职务的177人，具有研究生学历的172人；全日制在校生9658人（其中本科生1902人）。设信息与电子工程学院、传媒与现代艺术学院、管理学院、机械工程学院、土木工程学院、体育教学部、社会科学教学部、基础教学部和继续教育学院等9个教学院（部）；开设建筑工程、土木工程、机械设计及其自动化、艺术设计、新闻采编与制作、图影图像制作、动漫设计与制作、计算机应用、物流管理等42个专业，其中本科专业11个。覆盖工学、文学、经济学、管理学、教育学、医学、艺术学等7大学科门类。

截至12月31日，全日制在校生9658人，其中全日制本科在校生1902人，高职在校生7355人，中职在校生401人。2012年毕业学生3935人，招收全日制本科生1327人，专科生2458人。

【领导班子成员名单】 董事长、学校法人代表丁华，政府督导专员、党委书记、常务副校长郑炳钦（2007年8月任政府督导专员），校长、党委副书记李纪轩（2011年8月14日聘任），党委副书记、纪检书记、副校长史国永（2010年9月聘任），副校长王峰（2005年9月聘任）、张煜星（2012年6月聘任），工会主席史国永（兼）（2011年11月23日当选），校长助理丁艳红；后勤服务公司总经理王永辉（2011年8月14日聘任）；董事会办公室主任苏进行（2011年8月14日聘任）。

【商丘市“三治三提”专项活动检查组莅校检查验收】 1月5日，商丘市委“三治（治庸、治懒、治散）三提（提质、提速、提效）”专项活动检查组赵涛组长一行3人莅校检查验收“三治三提”专项活动建章立制阶段工作。

【教职工大会】 2月8日，学校2011—2012学年第二学期第一次全体教职工大会召开。校长李纪轩回顾了2011年的主要工作，结合教育部、省教育厅在教育方面的新政策、新举措，联系学校实际，对2012年学校工作作了全面周密部署。他强调，2012年是学校的“教育管理年”，要通过管理全面提高商丘工学院的办学水平，建立学习型高校，统筹兼顾本专科教学管理，抓重点专业和精品课程建设，实施“科教兴校、人才强校”战略，继续强化“七项技能”培养，彰显办学特色。

【召开董事会三届二次会议】 10月11日，校董事会举行三届二次会议。会议审议通过了董事会章程、2011—2012学年工作情况、2012—2013学年工作计划、2010—2011学年学校财务决算和2012—2013学年财务预算报告等，并就办学特色、专业建设、环境建设等有关学校建设和发展的问题进行了讨论。

【李肇星到校作报告】 10月31日，外交部前部长、全国人大外事委员会主任委员、名誉校长李肇星来到学校，就大学生们关注的国际形势、热点话题与青年学子对话，畅谈国事家事天下事。师生1000余人参加。

【专业与学科建设】 2月14日，教育部《关于公布2011年度高等学校本科专业设置备案或审批结果的通知》（教高〔2012〕2号），学校2012年新增艺术设计、材料成型及控制工程、通信工程、信息管理与信息系统、工程管理、市场营销6个本科专业。至此，加上2011年设置本科时批复土木工程、机械设计制造及其自动化、电子信息工程、计算机科学与技术、会计学5个专业，学校本科专业达到11个。9月21日，河南省财政厅和河南省教育厅以豫财教〔2012〕239号联合下文，批准学校建筑工程专业为品牌专业，并给予100万元的教育发展引导奖励专项。学校首次获得国家专项资助，实现品牌专业零的突破。10月12日，省教育厅下发了《关于公布第八批河南省重点学科名单的通知》（豫教高〔2012〕186号），学校机械制造及其自动化专业（学科代码80201）成为二级学科河南省重点学科，实现了在重点学科建设方面零的突破。

【首届管理干部理论研讨班】 3月7日至4月25日，学校举办一期管理干部理论研讨班，学校全体管理人员、硕士研究生教师、高职称教师参加了本届研讨班。共邀请6位校内外专家担任主讲，最后举行结业测试。提高了学校各级管理干部的理论水平、领导能力和服务质量。

【首届辅导员职业技能大赛】 3月8—29日，举办首届辅导员职业技能大赛，以提高全体辅导员的技能水平。共有28名选手参赛，22个奖项。比赛项目包括理论知识大赛、班情熟知大赛、情景案例大赛、论文大赛四个环节。大赛评出优秀组织奖1名，个人综合奖一等奖1名、二等奖2名、三等奖3名，单项奖一等奖4名、二等奖4名、三等奖8名。此次比赛形式新颖，奖品丰厚，包括液晶彩电、洗衣机、微波炉等。王利梅获综合类一等奖。

【青年教师"1358"工程启动】 4月24日，学校青年教师"1358"工程启动。"1358"工程的目标是指青年教师1年入门、3年合格、5年成为教学能手、8年成为本专业骨干教师，实现"建设一支职业道德高尚、理论知识扎实、操作技能过硬、教育教学技术全面、科研能力突出、富有活力、勇于创新、适应学校发展需要的青年教师队伍"的发展目标。"1358"工程的培养内涵：1."入门"是指青年教师用1年的时间具备常规课堂教学、作业批改、辅导与考核的基本能力，掌握教育教学的法律法规及学校的规章制度；2."合格"是指青年教师用3年的时间熟练掌握教学各个环节、初步具备教学研究的能力、树立以学生为主体的教学观念和职业教育理念、熟练开展班级学生管理和思想政治教育工作；3."教学能手"是指青年教师用5年的时间高质量完成教学各个环节、具备较高的教学研究能力、树立以学生为主体的课程改革教学观念、熟悉高校教育特点和规律、适应教学改革要求、能运用先进技术和手段开展教学活动；4."骨干教师"是指青年教师用8年的时间达到有明确的专业研究方向，成为教学水平较高、科研水平较高、能承担专业课程建设或技能竞赛指导工作、在本专业具有一定影响力与凝聚力的骨干教师。

【科研】 4月19日，省教育厅《关于公布2012年度河南省高等教育教学改革研究省级立项项目的通知》(教高〔2012〕336号)下发；学校申报的《高等学校特色专业建设的研究与实践》(项目主持人：张煜星；项目组成员：张洪涛、崔浩、藏智超、刘彦甲、薛艳霞、王金献)项目，被批准为省级教学改革研究项目予以立项建设，是学校首次获河南省高等教育教学改革研究省级立项项目。4月28日，学校副校长、计算机系主任兼科研外事处处长邵杰博士主持的两个科研成果《狭隘环境下基于学习分类器的多机器人强化学习研究》、《狭隘环境下基于学习分类器的多机器人路径规划收敛性研究》通过省科技厅组织的专家鉴定，是学校首次通过省级鉴定的科研成果。9月14日，学校12项信息技术教育成果获得2012年度河南省信息技术教育优秀成果奖，其中二等奖1项、三等奖11项。

5月16日，学校召开科研工作大会。全校教职工代表参加了会议。会上公布了《商丘工学院关于科研工作先进单位和先进个人的表彰决定》，信息工程学院、管理学院、传媒与现代艺术学院获2009—2011年度科研工作先进单位奖，孙文力等20位教师获2009—2011年度科研工作先进个人奖。校领导为获奖单位和个人分别颁发了荣誉证书和奖金。

【举行教学工作会议】 11月28日至12月4日，商丘工学院2012年教学工作会议举行。会议的主题是以教育质量工程建设为契机，全面提高本科教学质量，迎接学士学位评估。董事长丁华，校领导李纪轩、史国永、张煜星、王永辉、丁艳红出席大会。各学院、各处室负责人及教师代表等300余人参加了会议。

【毕业生就业】 11月1日，学校组织召开了2013届毕业生就业形势分析会。本年毕业生总数3429人，总量与历年持平。11月24日，举行2013届毕业生就业双选会。参加双选会的有60家企业，分别来自山东、西安、河北、上海、江苏、郑州、商丘等地，涉及电子、酒店管理、传媒、教育等专业。最终有600名学生签约。

【预备党员入党宣誓大会】 5月24日、12月21日，学校先后举行第20期、21期预备党员入党宣誓大会。共计614名预备党员向党旗庄严宣誓。

【开展"2011感动工学院年度人物"评选活动】 5月8日至6月7日，学校开展"2011感动工学院年度人物"评选活动。经过宣传动员、申报推荐、初选、候选人公示、校评审委员会评审等工作阶段，校长办公会议研究决定：对社会科学教学部薛居英副教授，机电工程学院王利梅辅导员(初级)，机电工程学院晋会杰教师(助教)，东区保卫办主任(科级)崔文莲，校党办、组织部干部蒋丽科长等5名教职工和信息工程学院2011级计应一班张贵，土木工程学院2011级建筑四班杨豫省，土木工程学院2011级监理二班刘婷婷，传媒与现代艺术学院2011级新闻班冀盼阳，机电工程学院2010级汽修四班安世浩等5名学生及校园委礼仪部，信息工程学院2011级计应一班等2个学生团体分别授予"2011感动工学院年度人物"称号。

【校际合作】 6月20日，学校与商丘市道路运输从业人员职业培训学校合作开展道路运输从业人员继续教育举办签字仪式。是首次与外校合作培养商丘技能型人才。

【参赛获奖】 4月24日，由中共河南省委高校工委、河南省教育厅主办的河南省高校辅导员职业技能竞赛决赛在郑州大学举行。全省79所高校选派的82名选手参赛，学校本科学院辅导员冯晓艳在笔试、谈心谈话竞赛、主题班会视频及策划书评审、自我介绍与风采展示四个环节的比赛中表现优秀，获得三等奖，为全省民办高校唯一获奖的选手。10月29日，学院教师参加由教育部主办、教育部教育管理信息中心承办的第十二届(2012年)全国多媒体课件大赛，包括北大、清华在内的400余所高校的1600余个媒体课件参加了决赛。学校信息与电子学院贾延明、徐好芹、张永涛、邱秀荣、蒙皓冰共同制作完成的《使用C#语言实现冒泡排序》获大赛高教工科组三等奖，管理学院刘抗等的《布局模式设计网页》获大赛高教工科组优秀奖。12月18日，学校在第七届全国信息技术应用水平大赛上获组织奖，信息与电子工程学院2010软件班徐君衡获全国二等奖，贾延明获最佳指导老师称号，刘彦甲和徐好芹两位教师分别被评为先进个人。

【首届商丘市五大高校书画联展在学校举行】 4月13日，由校团委主办、大学生社团联合会承办、海韵艺术协会和商丘师范学院书画协会、商丘学院书画协会、商丘职业技术学院雅墨书画社、商丘医学高等专科学校书画协会共同协办的"首届商丘市五大高校书画联展"在学校展出，共展出来自商丘市五大高校艺术协会会员书画作品100余幅。校领导及商丘市其他四大高校的师生代表和书画爱好者一起观看了展出作品。

【学生在河南省第十七届大运会上首获佳绩】 6月8—14日,学校首次派出11名运动员参加在郑州举行的河南省第十七届大学生运动会,本届大运会共有来自全省87所高校的1671名运动员。经过奋力拼搏,学院学生共取得1银、1铜、6个第四名、3个第五名、2个第七名和4个第八名,并获体育道德风尚奖等3座奖杯。孙鲁豫、何福玲和刘英豪3位学生获得优秀运动员称号,体育教学部的教师王永兴、王晓云获得优秀教练员称号。孙鲁豫的成绩达到国家二级运动员标准。

【举办"移动杯"第十七届春季运动会】 4月20—21日,学校举办"移动杯"第十七届春季运动会。本届运动会学生组竞赛项目11项,教工组竞赛项目6项。本次运动会共有670名运动员参加了34个比赛项目,共有10人打破学校田径运动会纪录5项,有2个代表队打破学校田径运动会纪录1项。

撰稿:胡　健

审稿:李纪轩

商　丘　学　院

董 事 长:侯春来　　副董事长:侯俊宇
党委书记:李军成　　院　　长:王锡仲
创办时间:2002年　　校　　址:商丘市北海东路66号
电　　话:0370-3555888　　邮　　编:476000
传　　真:0370-3555566　　网　　址:www.hnhyedu.net

【概况】 商丘学院成立于2002年,学院占地面积2017亩。教学仪器设备总值7200余万元;图书馆藏书142万册,另有电子图书30万种,博、硕士论文20万篇、中外文纸质、电子期刊11000种。

2012年,学院有全日制在校生1.6万人,总资产9.2亿元,建筑面积42万平方米。有"九院一部"即传媒与艺术学院、外国语学院、文学院、工商管理学院、商学院、计算机科学与技术学院、电子信息工程学院、风景园林学院、体育学院和思想政治理论教学部。设有33个本科专业(方向),18个专科专业,学科发展思路是以工、管、农为主,文、经、理等多学科协调发展。2012年3月,经河南省教育厅评审,商丘学院被评为2011年度河南省优秀民办学校。

【领导班子成员名单】 8月22日,商丘市副市长岳爱云到商丘学院宣布了《中共河南省委组织部关于李军成同志任命的通知》,经中共河南省委研究决定,任命李军成同志为学院党委书记。

学院领导班子成员:董事长侯春来,副董事长侯俊宇;党委书记李军成,院长王锡仲;常务副院长、党委副书记卢亚东,副院长侯春玲,党委常务副书记窦凤岭,党委副书记、纪委书记卢银课,副院长侯运华、张成立;工会主席李靖萍。

【在河南省民办教育年会上受表彰】 5月4日,河南省民办教育发展大会暨省民办教育协会四届四次会员代表大会在郑州科技学院召开。河南省民办教育协会副会长、商丘学院董事长侯春来带队参加会议。商丘学院作为2011年度办学先进集体,董事长侯春来、院长王锡仲、常务副院长卢亚东、副院长侯春玲作为教育工作先进个人在会上受到了表彰。

【园林专业获评为省高等学校特色专业建设点】 根据《河南省教育厅关于公布2012年度河南省高等学校特色专业建设点的通知》(教高〔2012〕639号),商丘学院风景园林学院的园林专业获评为省高等学校特色专业建设点。该专业还被评为河南省高等学校品牌专业建设点,并获得100万元的专项建设资金。

【学院新增3个本科专业】 2月14日,经教育部学科发展与专业设置专家委员会评议,学院申请设置的会计学、新闻学、动画三个本科专业,被批准为2012年本科新专业。

【获准组建中级专业技术职务评审委员会】 8月,经河南省人力资源和社会保障厅批复,学院获准组建高校教师(实验员)中级专业技术职务任职资格评审委员会,承担学院高校教师任职资格的评审工作。评审范围为德育、中国语言文学(含新闻传播学)、政治学、外国语言文学、体育学、艺术学、经济学、管理学、机械工程、电气、电子、农学、林学、生物学、数学、计算机科学与技术、物理学等17个学科讲师任职资格。

【科研】 2012年,商丘学院参研商丘市社科联项目共38项,其中立项项目16项,结项项目22项,在22项结项项目中获一等奖2项、二等奖3项、三等奖5项。商丘学院工商管理学院教师阮家港主持的《民办高校教育信息化水平评价体系构建和测度研究》通过河南省教育科学"十二五"规划2012年度课题立项,他主持的《河南省民办高校核心竞争力评价体系构建与测度研究》通过省教育厅2012年度人文社会科学研究项目立项。

【人才培养】 2012届毕业生2991人,其中专科学生1130人,本科学生1861人。有129人考取硕士研究生,230人报名参加专升本考试,90名学生被评为省级优秀毕业生,305名学生被评为校级优秀毕业生。

学院重视学生考研工作,2012届考研学生中,共有191名学生达到国家划定分数线,其中有129名学生被国内高校录取,3名学生被英国利物浦大学等国外知名高校录取。学院为考取的学生每位颁发5000元的考研奖学金。

【党建】 学院党委继续贯彻十七届五中、六中全会精神和党的十八大精神,学院在各基层党组织开展了争创“五好党支部”和争做优秀共产党员活动。学院成立了领导组,建立了公开承诺机制,层层搞好公开承诺,扎实践诺,定期点评,有效地提高了党的建设科学化水平。学院共有基层党总支9个,直属党支部2个,基层党支部83个。

【贯彻落实党的十八大精神】 12月5日,院党委召开党委扩大会议,学习贯彻党的十八大精神。院领导李军成、王锡仲、卢亚东、侯春玲、窦凤岭、卢银课等出席会议。会上,党委书记李军成传达了市委扩大会议精神和市委书记陶明伦的讲话,并根据市委扩大会议精神联系学校实际就如何深入学习贯彻十八大精神进行部署。会后,各分院、各个基层党支部利用各种形式,在全院范围内掀起学习贯彻十八大精神的热潮,要把全体师生员工的思想统一到党的十八大精神上来,把智慧和力量凝聚到落实党的十八大提出的各项任务上来。

【中层领导干部参加素质拓展训练】 3月29—31日,学院组织全体中层领导干部举行为期三天的素质拓展训练,23名参训人员通过集训提升自我素质。

【侯春来被选任商丘市第四届人大代表】 4月18日,市委组织部、市直工委考察组一行三人来学校座谈,就侯春来董事长是否具备市第四届人大代表资格进行考察。学院领导王锡仲、卢亚东、窦凤岭及分院、行政处室负责人参加座谈会。经过一系列程序性考察,侯春来董事长被成功选任商丘市第四届人大代表。

【艺术类专业办学通过评估】 11月27日,以洛阳师范学院副院长宋文献为组长的艺术类专业办学情况检查组一行4人莅临学院,对艺术类专业办学情况进行检查评估。通过对办学指导思想、艺术类专业设置、师资队伍建设、教学条件等方面的实地考察,专家组对学院艺术类专业办学情况给予了高度评价,并提出了建议和意见。

【校企合作】 5月14日,商丘学院与蓝天食用菌有限公司产学研合作协议书签字暨实习基地揭牌仪式举行。风景园林学院院长石洪礼与董事长张艳军签订产学研合作协议书。高明灿与县长肖献启共同为实习基地揭牌。

【获河南省高校“校长杯”第八届乒乓球比赛冠军】 5月27日,河南省高校“校长杯”第八届乒乓球比赛在漯河市体育中心体育馆结束。经过两天紧张、激烈的比赛,商丘学院代表队在院长王锡仲的带领下,最终从全省53所高校中脱颖而出,获得冠军。

【2012届毕业生典礼】 5月29日,商丘学院2012届毕业典礼暨学位授予仪式在体育场举行。毕业典礼上,学院院长、学

5月29日,学院举行2012届毕业生典礼暨学位授予仪式

位委员会主席王锡仲教授为考取硕士研究生的学生代表每人颁发了5000元的考研奖学金,为本科毕业生代表发放学位证书并扶正流苏。

【全体教职工大会和开学典礼】 8月25日,学院2012—2013学年第一学期全体教职工大会召开,会上表彰了“三育人”先进集体和个人。9月25日,商丘学院2012—2013学年开学典礼暨表彰大会举行。

【200辆校园公共自行车投入使用】 10月8日,商丘学院校园内200辆公共自行车投入使用,以方便路程较远的学生学习。此事在社会各界引起强烈反响,河南电视台、商丘电视台等省内外各大媒体对此事持续关注。

【在2012第二届国际景观规划设计大赛中获铜奖】 2012年3月至10月,国际园林景观规划设计行业协会(ILIA)联合世界屋顶绿化协会(WGRC)在中国举办“2012第二届国际景观规划设计大赛暨原创作品展”活动。本次设计大赛以“治理PM2.5·景观规划设计·和谐生活”为主题,旨在推动景观规划生态设计的发展,促进景观规划设计新技术、新材料、新能源的应用,是以面向国内外大专院校的专科生、本科生、研究生,景观设计专业或相关科系的在校大学生的学生竞赛活动。商丘学院风景园林学院根据要求积极参赛。10月,由教师时钟瑜指导,风景园林学院学生张龙潇、赵鹏宇设计的作品《精确扰动——河南省郑州市综合治理PM2.5概念设计》夺得铜奖。

【通过年审】 12月9日,受河南省教育厅的委托,商丘市教育局检查组一行4人来学院进行2012年度审核工作。院长王锡仲作了汇报。2012年,学院根据市教育局的通知精神全面展开自查自评工作,秉承求真、务实、严谨的办学方针,针对社会需求,培养对社会有用的人才。检查组听取了学院的自评结果,对学院办学情况、办学条件、发展情况等指标予以审核,并对学院取得的成绩给予充分肯定。

撰稿:于　聪
审稿:王　杰

河南机电高等专科学校

党委书记:王修书(—11月)　赵茂臣(11月—)
创办时间:1975年7月19日

电　　话:0373-3691000
传　　真:0373-3691001

校长:任中普(—5月)　李　勇(5月—)
校址:新乡市宏力大道(东)11号(老区)
新乡市平原路(东)699号(新区)
邮编:453002
网址:http://www.hneeu.edu.cn

【概况】 2012年,学校设16个教学系(部),1个本科专业,47个专科专业。毕业学生4258人,其中普招生4103人,成教生155人;招收新生4843人,其中普招生4368人,成教生475人;在校生15207人,其中普招生13582人,成教生1625人。全校教职员工832人,专任教师683人,其中教授33人,副教授172人,讲师224人。学校占地面积1514亩,建筑面积41.98万平方米,固定资产5.15亿元,教学仪器设备总值7866.82万元,馆藏图书87.1万余册。

【校领导班子成员名单】 党委书记王修书(—5月)、赵茂臣(11—),校长、党委副书记李勇(5月—);党委副书记兼纪委书记刘云兵,党委副书记、工会主席贾国强,党委委员、副校长李贵敏,党委委员、副校长郭京普,副校长戚新波(5月—)、贾积身(5月—)、张国臣(5月—)。

【校级领导班子充实调整到位】 2月,省编办批复了学校《关于增加校级领导干部职数的请示》,校级领导干部职数由7名增加到9名。5月,省委组织部下发《关于李勇等5名同志职务任免的通知》,李勇接任校长、党委副书记,原校长任中普调任安阳工学院院长、党委副书记,戚新波、贾积身、张国臣等3人提任副校长。11月,省委组织部印发《关于赵茂臣、王修书同志职务任免的通知》,赵茂臣由范县县委书记接任本校党委书记,原校党委书记王修书解决本科院校调研员(正校级)待遇并退休。

11月6日,省委组织部副部级组织员兼科教企业处处长修振环(前排左六),省委组织部科教企业处副处长杨建国(前排左五),新乡市委常委、组织部部长邢亚平(前排右五)等与学校新、老书记、校长合影

【开展思想观念大讨论】 7月4—6日,学校召开全校科级以上干部会议,开展思想观念大讨论活动。通过主题报告、学习研讨和专家讲座,对学校办学与发展定位、人才培养定位、今后一个时期的办学思路和发展举措等影响学校长期生存和发展的重大问题进行了研讨,使全校干部职工进一步解放了思想,更新了理念,明确了方向,坚定了信心,为推动学校的又好又快发展指明了方向。

【开展创先争优活动】 按照上级党委的统一部署,以学习贯彻党的十八大精神、专升本为主题,开展"基层组织建设年"活动、"与文明同行,与幸福相伴"系列学雷锋活动,举办"忆昔日党之艰辛　共今朝吾之奋斗"——庆十八大胜利召开知识图片展、"永远跟党走,青春献祖国"喜迎十八大主题歌会,全校各级基层党组织的战斗堡垒作用、党员领导干部的骨干带头作用和党员的先锋模范作用得到了很好的发挥。将学习贯彻党的十八大精神作为首要的政治任务,制定工作方案,在全校党员、干部和师生员工中深入学习贯彻党的十八大精神。做好干部培训工作,全年选派7名校、处级干部外出学习培训和挂职锻炼。严格标准和程序,对部分中层干部进行调整和补充,8名优秀年轻干部走上中层领导岗位,对13名中层干部进行了岗位调整。评选表彰了4个先进基层党组织、48名优秀共产党员和5名优秀党务工作者。强化教育和培养,做好党员教育、发展工作,全年培训入党积极分子681人,发展党员899人,预备党员按期转正491人。2月,学校被省教育厅评为河南省高等学校党建工作先进单位。

【3次蝉联省级文明单位称号】 在省级文明单位指标少、申报单位多、竞争十分激烈的情况下,全校各有关部门严格按照省级文明单位指标体系要求,扎实做好材料准备、环境整治、迎接检查、文明知识测试、帮扶建设乡村少年宫等各项工作。8月14日,新乡市创建省级文明单位考评组一行4人莅临学校实地考察指导,对学校的创建工作给予了高度评价。12月,学校连续3次被省委、省政府命名为省级文明单位。

【被授予省依法治校示范校】 推进民主管理,组织召开校二届五次、六次教代会。推进党务、校务公开,广开言路,广泛听取师生员工对学校改革发展的意见和建议,及时研究解决师生员工遇到的困难和问题。本着"以评促建、以评促改、评建结合、促进建设"的方针,严格按照省第三批依法治校示范校评选指标体系要求,创造性地做好依法治校示范校创建工作。12月,学校被授予河南省依法治校示范校称号。

12月21日,学校创建河南省依法治校示范校汇报会

【升本工作】 专升本是本年全校的一项核心任务。在校党委的统一领导和校"升本办"的统筹协调下,全校各有关部门以高度负责的精神,严格按照普通本科学校设置指标体系要求,兢兢业业工作,无私忘我奉献,高标准做好申报材料、佐证材料、请示汇报、迎接考察、会务接待等各项准备工作。7月19—20日,省高校设置评议委员会专家组第三考察组一行6人,对学校申报设置河南工学院情况进行考察评议,对学校的办学条件、办学质量和办学特色给予了充分肯定和高度评价,并被省政府作为升本考察对象报到教育部。虽然最终未能如愿,但通过十多年矢志不移的升本工作,进一步明确了办学方向,充实了办学条件,增强了办学实力,锻炼了教师和干部队伍,培养了大批社会急需人才,为地方经济社会发展做出了贡献。

【专业和课程建设】 申报通过3项省级教学质量工程项目。其中电气自动化技术专业被评为河南省高校特色专业建设点,同时被确定为河南省高校专业综合改革试点专业;软件技术核心课程教学团队被确定为河南省高等学校教学团队;《企业中小型数据库系统开发》课程被评为河南省高等学校精品资源共享课程;新增楼宇智能化工程技术、嵌入式技术与应用、财务管理、连锁经营管理等4个新专业。"模具设计与制造专业国家级教学资源库《模具导论》课程的教学资源"再获中央财政10万元建设经费。获省级教学成果特等奖1项、二等奖3项;新批准立项省级教改项目4项,其中重点项目1项。产学合作取得新发展,与26家企业签订了产学合作协议,新增13家联合办学董事单位。

【学生技能竞赛再创佳绩】 以技能竞赛为抓手的学生创新能力培养成效明显,在全国大学生数学建模竞赛中,获得河南省一等奖5个、二等奖6个;在全国职业院校技能大赛河南选拔赛中,获得一等奖2个、二等奖3个、三等奖2个、优秀奖2个;在全国大学生英语竞赛中,获得全国特等奖1个、一等奖2个、二等奖6个、三等奖11个;在全国大学生英语写作大赛和口语大赛中,获河南赛区总决赛一等奖3个、二等奖2个;在全国大学生企业经营管理模拟大赛中,获得全国总决赛一等奖;在第五届全国高校市场营销大赛中,获得全国三等奖1个,河南赛区一等奖3个;在省第十届"挑战杯"大学生创业计划竞赛中,获银奖1个、铜奖4个。全校全年共有3271名学生参加了各种职业技能培训和鉴定,获证率达到90%以上。

【实验实训基地和图书资料建设】 全年共投入资金620万余元,新建、扩建实验室25个,新建多媒体教室7个。旅游管理专业的万仙山实训基地、起重机械专业的豫飞重工实训基地,被确定为河南省首批高等职业教育示范性综合实训基地建设项目;成功争取到全民振兴职业院校师资培训示范基地项目,获得400万元建设经费;物流实训基地以奖代补高职项目顺利通过检查、验收,获得奖励资金106万元;特色校建设项目被列入河南省规划。特色图书资源建设取得新进展,图书馆的教育和信息服务功能得到较好发挥。完成3万余册纸质图书采购分编上架任务,馆藏图书总量达到87.1万余册。

【师资队伍建设】 坚持引进与培养并重,严把质量关。全年共引进硕士以上教师32名,全校硕士以上人员的比例达到58.3%;职称评审通过正高级专业技术职务3人、副高级专业技术职务13人、中级专业技术职务34人,全校副高级专业技术职务以上人员达到161人。选派教师外出学习培训和在职攻读学历学位,全年共安排62名教师参加各类业务培训进修,21人取得硕士学位,1人被确定为省教育厅学术技术带头人,3人被确定为省高校中青年骨干教师,1人被评为省优秀教师,1人被评为省思想政治理论课教学能手。

【科研工作】 加强与省、市科技部门的联系,发挥学校资源优势,多渠道争取科研项目,科研项目的数量、层次、到账科研经费创历年来最好成绩。全年立项省、厅级科研项目60项,签订横向课题合同8项,通过省级鉴定项目24项;获得市厅级以上成果奖102项,获得专利7项;科研到账经费120万元;新增2个市工程技术研究中心、1个市重点实验室;主编教材74部,发表论文465篇,被各大检索系统收录55篇。9月,学校被省教育厅评为河南省高校科技管理工作先进集体。

【招生与就业】 在全国和河南省考生生源大幅减少的情况下,学校的招生工作继续保持了良好发展势头。全校47个专科专业和1个本科专业,共面向全国18个省、自治区招生4843人,学生报到率首次突破90%。成人教育招生共录取新生475人,实现了学校成人教育函授专升本零的突破。12月,学校自考助学工作通过省招办专家组评审,为在校学生提供了更多的提升和拓展机会。

坚持"请进来,走出去",开拓就业市场,为毕业生搭建就业平台。举办春、秋两季校园招聘会。截至9月1日,2012届毕业生一次就业率达到98.86%,继续位居全省高校前列。在保持高就业率的同时,狠抓毕业生就业质量的提高,取得明显成效。4月,学校被省教育厅、省军区司令部联合表彰为河南省普通高等学校毕业生预征工作先进集体,获河南最具就业竞争力示范院校称号。

【学生管理和校园文化建设】 坚持以促进学生成才和全面发展为主线,牢固树立以学生为本的理念,加强诚信教育、安全教育,狠抓学风建设、学生日常管理和辅导员队伍建设,评选表彰了"十大学习标兵"和"十大道德标兵",学生教育、管理、服务工作进一步加强。做好家庭经济困难学生资助工作和应届毕业生服义务兵役学费补偿、贷款代偿的申报与发放工作。全年累计发放国家奖学金、国家励志奖学金、国家助学金、双汇奖学金1010.5万元,发放校综合奖学金100.35万元,卫华奖扶金、辉县汽配奖学金等其他奖、助学金8万元,获奖学生达到3433人次。为656名学生办理了国家助学贷款,总金额292.5万元。做好大学生志愿服务西部计划,选派3名学生到西部建功立业,累计选派学生达到59名。1月,学校被省教育厅评为河南省普通高等教育本专科学生管理工作先进集体。4月,在河南省大学生"诚信校园行"活动学生资助政策及相关知识大赛中,学校代表队获F组一等奖,并在5月进行的全省决赛中获铜奖。

全校各级党团组织以加强和改进大学生思想道德建设和思想政治教育为主线,以服务大学生成才就业为出发点和落脚点,以科技文化艺术节、社团文化节、宿舍文化节、女生节等为载体,组织开展了一系列健康向上、丰富多彩的校园文化活动,较好地发挥了校园文化的育人功能。在省第三届艺术展演活动中,学校师生艺术作品获一等奖2项、二等奖2项、三等奖3项。学校再次获河南省大学生暑期社会实践先进单位称号。

【内部管理机制创新】 合并校后勤管理处和后勤服务公司,实现了后勤管理和后勤服务工作的一体化,促进了后勤服务质量的明显提升。数字化校园建设取得新进展,建成并正式启用校园协同办公系统,办公自动化水平大大提高;以校园网主页设计比赛和二级网站评比为载体,健全了二级网站,建立了宣传学校、展示学校形象的重要窗口;对校园一卡通系统进行扩容改造,实现了新、老校区一卡通系统的共享;加入并正式启用河南省高校科技管理云服务平台,提高了工作效率。开通了后勤服务网上报修系统,报修程序更加简便,维修效率进一步提高。制定《合同制人员聘用与管理暂行办法》,激活用人机制,实现编制外用人管理的制度化、规范化。推进绩效工资改革,稳步提高教职工待遇,让全校教职工共享学校改革发展的成果。2012年全校教职工人均年收入较2011年有较大幅度提升。

【新校区二期建设】 新校区二期工程建设各项前期准备工作稳步推进。6月,签订征地补偿协议;7月签订补充协议,开始圈建围墙;10月24日,举行新校区二期工程开工奠基仪式。成立新校区二期预留地征地建设工作领导小组,正式启动新校区二期77.62亩预留地的征地工作。完成了老校区置换收尾工作和新校区一期工程财务竣工决算。

10月21日,新乡市委书记李庆贵(右八)、市人大常委会主任周海深(右七)等市委市政府领导出席学校新校区二期工程开工奠基仪式

【后勤保障与安全稳定】 筹集资金,化解债务,全年争取省财政专项资金4848.95万元,完成1.6亿元的化债任务,共获得化债财务奖补资金5333.33万元,保证了学校建设和发展的资金需求。推进后勤社会化工作,后勤服务质量不断提高。投入1000万余元,完成新校区双电源建设,从根本上解决了整个新校区教学园区和教职工住宅园区的安全用电问题。为学生宿舍安装了智能限电器和卫生间定时冲水系统,从技术上解除了学生宿舍的用电安全隐患,节省了水电费开支。对卫生、绿化责任区实施分片包干管理,对教学楼和实字1号、2号楼的公共区域的卫生保洁面向社会公开招标,卫生、绿化效果和师生学习、工作环境明显改善。对老校区浴池、新校区开水房等实行市场化运作,改善了条件,节省了开支。妥善处置闲置房产,完成老校区实习楼的对外租赁。强化监督、管理,确保了学生食堂饭菜价格的基本稳定。落实安全稳定工作责任制,全年处理事件38起。校医院被省学校卫生学会评为学校卫生工作先进单位。

撰稿:席卫南
核稿:黄永正　任经辉
审稿:赵茂臣　李　勇

信阳农业高等专科学校

党委书记:刘世华　校长:郭长华
创办时间:1910年　校址:信阳市羊山新区科教园区
电　话:0376-6695109　邮编:464000
传　真:0376-6695109　网址:http://www.xyac.edu.cn

【概况】 2012年,学校有3个校区(羊山校区、浉河校区、南湾校区),占地95万余平方米,建筑面积41万余平方米。教学实验仪器设备总值6700万余元,馆藏图书92万余册。教职工820余人,其中专任教师620余人,具有高级专业技术职务教师210余人,具有博士、硕士学位教师360余人。有国家教学名师1人,河南省教学名师1人,省管专家、学术技术带头人、省级骨干教师、教学名师等高层次人才30余人,省级优秀教学团队2个;设有18个教学单位,有66个专科专业和专业方向,3个联合办学本科专业;全日制在校生10827人。

【学校领导班子换届】 5月,完成学校领导班子换届,纪委书记、工会主席张玲任学校党委副书记,免去其工会主席职务;选拔组织部长黄遵东、校长助理侯贵文进入校级领导班子。换届后,学校新一届领导班子成员为:党委书记刘世华,党委副书记、校长郭长华;党委副书记刘晓娜,党委副书记、纪委书记张玲,副校长扶庆、胡虹文、杨士斌、侯贵文,工会主席黄遵东。

【刘满仓莅校考察】 10月12日,省委常委、副省长刘满仓带领省政府副秘书长胡向阳,省水利厅厅长王树山、副厅长王建武,省农业厅副厅长魏蒙关一行莅临学校考察指导工作。信阳市委书记郭瑞民,市长乔新江,市委常委、常务副市长冯鸣,市委常委、市委秘书长李水,副市长郑志强等陪同考察。

10月12日,副省长刘满仓(左一)考察实验室

在校领导刘晓娜、张玲、胡虹文、侯贵文和黄遵东的陪同下,刘满仓一行先后视察水产科学系、动物科学系、农业科学系、园艺系、茶学系等系实验室,了解实验室及实验实训开展情况,有关专业设置和发展情况,还与部分师生亲切交谈,了解学生学习、生活与就业情况。

刘满仓十分关心学校建设及升本情况,向副校长胡虹文仔细询问师资队伍、专业建设、招生就业、教学科研、图书信息资料和实训基地建设等状况,对学校具备本科办学实力表示欣慰,对学校立足豫南、面向"三农"办学给予充分肯定,对学校的教学科研等成绩表示赞许。他指出,学校教学科研工作要面向社会、面向市场,将优势学科和专业做好做强,做成精品做成品牌,促进学校又好又快发展,为中原经济区和魅力信阳建设多做贡献。

【张亚伟莅校调研】 6月15日,省委高校工委副书记、教育厅副厅长张亚伟,省教育厅发展规划处处长陈垠亭,在信阳市委常委、秘书长李水,市教育局局长夏忠厚陪同下来学校调研指导工作。张亚伟一行先参观羊山校区校园、实验室等,随后在茶艺实验室召开座谈会。座谈会由党委书记刘世华主持,李水代表市委、市政府致欢迎辞。在听取校长郭长华汇报后,张亚伟对信阳市委、市政府对教育事业的关心和支持表示感谢,对学校欣欣向荣的发展势头,内涵质量的提升,办学特色的凝练及教学、科研品质的展现给予充分肯定。最后,他希望学校进一步提升办学质量和水平,努力办出特色和品牌。

【乔新江在学校召开现场办公会】 10月29日,为推动学校升本筹备暨二期工程建设工作,市长乔新江带领市政府有关领导及市直24家相关部门负责人来校召开专题现场办公会。在乔新江带领下,参会人员先考察羊山校区建设情况,然后在副市长曹新生的主持下,听取党委书记刘世华关于升本筹备及发展问题的情况汇报,接着与会单位负责人就需本部门解决、办理的事项作了表态发言;市委常委、常务副市长冯鸣、市人大常委会副主任高曙霞、副市长张富治分别就分管工作作了安排部署,最后市长乔新江对升本工作取得的阶段性成果及羊山校区二期建设成绩给予充分肯定,明确表示要举全市之力支持学校升本,要求与会单位对关涉升本工作及学校羊山校区二期工程后续建设给予高度重视,全力支持,要明确责任,加强监督,保证落实。会后,本次会议形成市长办公会议纪要,由市政府印发执行。

【思想政治与党建工作】 坚持校、系两级中心组学习、党员活动日和周二教职工集体学习制度,采取"学、用"合一方式,达到真学、真懂、真用目的。党的十八大召开前,组织开展"立足岗位做贡献,创先争优喜迎十八大"系列活动。十八大召开后,及时组织全校党员干部收听收看十八大盛况,在全校安排部署十八大精神宣传学习工作,采取集体学、个人学、报告会、座谈会、研讨会等多种形式学习宣传十八大精神,把学习贯彻十八大精神引向深入。继续开展创先争优活动,开展老党员与青年教师"结对子、心连心"活动,在党员干部中开展学党史、讲党史、用党史活动以及"学习杨善洲,做模范党员"系列活动,使广大党员在思想上有新提高,在工作上有新改进,在党性修养上有新加强。通过实行责任制目标管理,开展反腐倡廉建设;以"专项治理"为重点,推进学校行风建设。按照"八个坚持、八个反对",着力加强党员干部思想作风和工作作风建设。加大创建力度,开展精神文明创建活动。本年,学校第三次获得省级文明单位称号,还获得河南省高等学校党建工作先进单位、省级五四红旗团委创建单位、省级社会实践先进单位等称号。

【升本工作】 本年初,启动学校第四轮升本筹备工作。信阳市以信阳农业高等专科学校为基础申报设置信阳农林学院,为此市委、市政府成立筹建信阳农林学院领导小组,统一领导申报设置工作。学校成立由书记、校长任组长的升本工作领导小组,下设办公室和工作小组,副校长杨士斌任

市委书记郭瑞民(前中)在申报设置信阳农林学院汇报会上与省专家组专家交流

升本办公室主任，按照“内强基础、外树形象，突出特色、强化优势”的思路，对照本科院校设置标准，制定并印发学校升本筹备实施方案，进行工作动员及筹备工作部署，有计划地开展筹备工作。

5月29日，市政府正式向省政府提交申报设置信阳农林学院文件。7月17—18日，省高校设置评议委员会专家组来信阳对申报设置信阳农林学院进行考察。17日下午，在市政府多媒体会议室举行信阳市人民政府申报设置信阳农林学院汇报会。汇报会上，市委书记郭瑞民致欢迎辞，专家组组长王录民主持会议并代表专家组讲话，市长乔新江代表市委、市政府向专家组汇报设置信阳农林学院的必要性，校长郭长华汇报了设置信阳农林学院的可行性和学院发展设想。市四大班子领导及信阳农林学院筹建领导小组成员、学校领导班子成员和教职工代表参加了汇报会。专家组查阅资料、实地考察后，于18日上午召开情况反馈会，对申报准备工作及设置信阳农林学院的必要性、可行性给予了充分肯定。7月22日，经河南省高校设置评议委员会专家投票，学校获专家推荐票数名列第四。

12月16—17日，全国高校设置评议委员会专家组在信阳考察期间召开反馈会

9月13日，省政府印发《河南省高等学校设置“十二五”规划》(豫政〔2012〕85号)，将学校列为河南省“十二五”升本的目标任务之一。9月18日，省政府致函教育部(豫政函〔2012〕115号)，将河南省本年拟申报设置本科学校排序情况上报教育部。11月30日，教育部确定给河南4个高校设置考察指标，学校被教育部列为升本考察对象。

12月16-17日，全国高校设置评议委员会专家组来信阳评估考察信阳农林学院设置工作。16日上午，在市政府多媒体会议室举行信阳市人民政府申报设置信阳农林学院汇报会。汇报会上，信阳市委副书记、市长乔新江致欢迎辞，专家组组长、陕西省教育厅原厅长胡致本主持汇报会。在播放专题片后，由市委副书记张春香汇报设置信阳农林学院的必要性，校长郭长华汇报设置信阳农林学院的可行性，专家就有关问题进行咨询。省委高校工委副书记、教育厅副厅长张亚伟，市人大常委会主任宋效忠、市政协主席王道云等领导及信阳农林学院筹建领导小组成员、学校领导班子成员和教职工代表参加汇报会。经过核查办学条件、实地考察之后，专家组于17日上午在市政府举行申报设置信阳农林学院反馈会。各位专家经评估后认定学校办学条件完全达到部颁本科院校设置标准，以信阳农专为基础设置信阳农林学院完全可行。省委高校工委书记、省教育厅厅长王艳玲，省委高校工委副书记、副厅长张亚伟，省教育厅发展规划处处长陈垠亭以及信阳市长乔新江、市委副书记张春香、市人大常委会主任宋效忠、市政协主席王道云等市领导及学校领导班子全体成员、部分教职工代表参加反馈会。

【新校区建设与校区资源整合】 采取交叉施工等强力措施，推进羊山校区二期建设，如期建成8—10号学生公寓楼、2号食堂、2号教学楼组团、办公楼，图书馆主体施工接近封顶。按计划陆续完成浉河校区26个部门、6个系的人员及相关设施设备、部分实验室、图书资料等搬迁至羊山新校区的任务。投资800余万元同步完成新校区校园绿化建设，新增绿化面积10万平方米，绿化覆盖率达80%以上，一个“校在林中，路在树中，人在景中”的山水园林校园初步成型。

【改善办学条件】 加大投入，开通中国知网数据库4个子库，新增图书4万册。新购仪器设备583台(套)，仪器设备总值增至6766万元；调整设置实验实训室70个，增加校内实训基地18个，校外实习实训基地45个。1个校外实习实训基地被认定为首批省高等职业教育示范性综合实训基地，2个国家级和4个省级示范性实训基地后续建设得到强化。

【人才强校战略】 重视教学名师和骨干教师培养，有1人获河南省教学名师称号，3人被确定为省高校青年骨干教师资助计划资助对象，18人通过高级专业技术职务评审。派出15名骨干教师参加省级以上培训，通过校企人才互聘培养教师“双师”素质。2012年，共引进硕、博士研究生18人。

【教学与质量工程】 加强专业与课程建设，探索人才培养模式改革，首批启动4个专业教学资源库建设。推进学业成绩考核改革，构建“知识考试、技能考查、素质考评”考核体系。狠抓教学质量工程，食品加工技术专业被评为省高等学校专业综合改革试点项目，茶文化专业被评为2012年度省特色专业建设点项目，《食品加工技术》课程被评为2012年度省级精品资源共享课程。坚持人才培养中心地位，强化教学过程管理，实施教学质量量化考核和优质课评定，全学年评出、奖励优质课程188门。通过省高校艺术类专业办学情况检查评估，完成2011—2012学年人才培养工作状态数据采集上报工作。学校获高等教育教学工作、专科学籍学历管理工作省级先进集体称号，3名教职工获省级先进荣誉，5名教师获得省级教学技能竞赛一、二、三等奖，21名学生在省级英语口语、职业技能竞赛中获特等奖、一等奖等，2人次分获河南省第17届大学生田径运动会男子、女子1500米冠军，2人次分获男子、女子3000米亚军。

【科研】 全年立项省级教研项目5项、省级科研项目18项，获实用新型专利4项、计算机软件著作权1项，取得地厅级成果一等奖9项，通过省级科技成果鉴定7项，教师出版专著及教材40部，发表学术论文321篇，争取科研经费120余万元，举办学术交流活动12场次。学报办刊质量稳中有升。学校获厅级科技管理先进单位及市级社科申报组织工作先进单位、社科成果奖评奖组织工作先进单位等称号。

【服务地方经济】 搭建学校与企业、政府科技合作平台，获批设立市级工程技术研究中心1个，实施完成13项“科普及适用技术传播工程”项目，组织专业教师赴各县区开展现代农业技术培训活动10余次。为全市8县2区培训基层农技推广人员665名，完成了阳光工程农民创业培训任务。学校获2012年省科技特派员工作先进集体称号，3位教师被评为省级优秀科技特派员。

【招生就业】 做好招生计划调整、分配和申报、争取工作，加大招生宣传、外联及咨询服务工作力度。全面贯彻高招“阳光工程”，2012年，面向全国13个省、市录取新生3629人。成人教育录取346人，超额完成招生计划。强化毕业生就业教育、指导和服务。全年开设就业指导课1700余学时，邀请专家作就业指导专场报告20场，发布网上就业信息100余次，举办系级小型专业性招聘会160余场次，举办夏季就业招聘周和冬季就业双选会，共有790余家用人单位为两届毕业生提供各类就业岗位17700余个，2012届毕业生就业率达到97%以上。

【学生工作】 狠抓学生思想政治与文明素养教育、学生身心健康与安全稳定、学风建设和学生资助帮扶工作，从学生入学到毕业离校，全程服务于学生成长成才。全年开展各类主题教育活动60次，帮助220名贫困生通过“绿色通道”入学，申办国家助学贷款276万余元，评选发放各类奖助学金969万余元，发放特殊困难补助24万余元。加强学生工作队伍建设，进一步提升辅导员思想素质和业务能力，1名辅导员在全省高校辅导员优秀工作案例评选活动中获一等奖。创新学生工作机制与管理模式，强化对系级学生工作的督导，不断助推学生管理工作上台阶。

撰稿：李俊章　李华清
审稿：杨士斌　张　婷

郑州牧业工程高等专科学校

党委书记：李明中
校长：曾照烨
创办时间：1957年9月
校址：郑州市金水区北林路16号
郑东新区龙子湖内环路与明理路交汇处
电　话：0371-65765227
邮编：450011
传　真：0371-65765555
网址：http://www.zzcah.edu.cn

【概况】 2012年，学校占地面积1466.96亩，总建筑面积655066平方米，固定资产35538万元，其中教学仪器设备资产值8206万元，馆藏图书81.9万册。设畜牧工程系、动物医学系、食品工程系、经济管理系、生物工程系、信息工程系、人文与社会科学系、外语系、药物工程系、质量检测与管理系、包装印刷系、旅游管理系、体育教学部、思想政治理论课教学部等14个教学单位，共有56个专业和专业方向。全日制在校生12113人，毕业生3839人。全校在职教职工747人，其中专任教师706人，正高级专业技术职务40人，副高级专业技术职务196人，中级专业技术职务346人；博士36人，具有硕士以上学位或研究生学历人员374人；享受国务院津贴专家2人，国家级教学名师2人，省级教学名师4人。

【学校领导班子成员及调整】 校党委书记李明中，校长、党委副书记曾照烨，副校长张晓根、曹天杰，党委副书记陈艳，党委副书记、工会主席田留栓，纪委书记高金星(4月—)，副校长王建昌(5月—)、杨宝进(5月—)。

省委组织部干部考察组于4月5—8日，对学校党政领导班子进行换届考察。4月20日，省委组织部下文任命高金星为学校纪委书记，5月21日，省政府下文任命王建昌、杨宝进为副校长。

【刘满仓莅校调研】 10月15日，省委常委、副省长刘满仓来校调研农业职业教育和农民职业培训工作。省政府副秘书长胡向阳、省委农办常务副主任张文深、省农业厅厅长朱孟洲、省扶贫开发办公室副主任胡玉成、省教育厅副厅长訾新建等陪同调研。

【召开六届四次教代会暨七届四次工代会】 2月18日，学校召开第六届四次教职工代表大会暨第七届四次工会会员代表大会。校党委书记李明中讲话，校长曾照烨作题为《乘势攻坚，内涵取胜，凝心聚力推动学校教育事业科学发展》工作报告，会议听取学校财务预决算情况的报告及关于事业单位人事制度改革的说明，书面听取校工会工作报告。与会人员分组深入讨论，收到各类提案建议31条。

【党建与思想政治工作】 持续开展创先争优活动，完善创先争优长效机制，被省委组织部评为2010—2012年全省创先争优先进基层党组织；本着“持续推进，不断深化，总结提升，推动工作”基本思路，深化学习型校园建设；组织宣讲团深入系(部)宣讲学校“十二五”发展规划和党的十八大精神，开设《道德讲堂》，构建校、系、理论学习型社团三层次“青马工程”培养体系，扩大学习型党组织创建成果。推进“干部系统化管理工程”建设。提拔交流中层干部37人，科级干部30

人；学校共有中层干部131名，其中正职67名，副职64名；科级干部71人。以开展“基层组织建设年”活动为契机，持续推进基层党组织、党员队伍“凝聚力工程”建设。调整设置机关党总支部委员会及15个相应的党支部，实现党支部建在机关处室的工作目标，有效拓展了党组织的覆盖面；完成全校16个党总支4个直属党支部的基层组织换届工作；举办入党积极分子培训班2期，培训学员2544人，发展学生党员1471人，教工党员6人。

【专升本工作】 学校与河南商专联合升本，组建河南牧业经济学院。经过精心组织，认真筹备，7月19—20日通过河南省高等学校设置委员会专家组现场考察，12月14—15日通过全国高等学校设置评议委员会专家组现场考察，专升本工作取得重要进展。

【龙子湖校区建设】 本年完成投资1.3亿元，建设面积6.5万平方米。完成光电建筑应用示范项目，申领国家财政补助资金1680万元，并网发电提供电能120万千瓦时。启动大学生活动中心组团项目和图书信息中心项目建设。校园配套设施不断完善，基本实现校园建设网络化、现代化。完成畜牧工程系、动物医学系、药物工程系、图书馆和部分行政部门办公室和实验室的搬迁，搬迁学生4000余人。投入1400余万元用于教学基本建设，动物医学系、畜牧工程系和药物工程系完成8个标本室建设。学校12个教学系有10个入住，完成办学重心向龙子湖校区平稳过渡。

【获河南省文明单位称号】 围绕省级文明单位创建工作，制定《郑州牧专2012年创建省级文明单位实施方案》，全面开展校园文化建设工作，学校于10月20日顺利通过省级文明单位考评组检查考评，获河南省文明单位称号。

【师资队伍建设】 制定《郑州牧专专业技术岗位竞聘上岗实施方案》、《郑州牧专岗位设置管理聘期考核办法》，规范学校三支队伍岗位聘用和管理工作。立项建设省级教学团队1个，获国家教育系统享受政府特殊津贴1人、河南省高等学校教学名师奖1人、省优秀教师1人、省教育系统优秀教师1人、省学术技术带头人1人。公开招聘博士研究生1人、硕士研究生23人。通过高级专业技术职务任职资格评审15人，通过学校教师中级专业技术职务任职资格评审20人。以“立德树人”为主题开展“海润杯”师德竞赛活动，全校500余名专兼职教师广泛参与，并组织获奖优秀教师分校区巡讲，产生较大反响。教师参加省教学技能竞赛获奖8项，参加省多媒体软件大赛获奖9项。获“2011全国高校辅导员年度人物”入围奖1人，全国高职高专“发明杯”大学生创新创业大赛优秀指导教师奖2人，全国高职高专英语写作大赛总决赛优秀指导教师奖2人。

【专业群建设】 以“做精生命科学类专业、做强工科类专业、做大管理服务类专业、做活信息技术类专业”为目标，积极优化专业结构，以优势特色专业群建设为抓手扎实强化内涵建设的各项基础性工作，建立专业体系动态管理机制。新增专业（方向）6个，立项省级特色专业建设点1个、省级专业综合改革试点2个、省级精品资源共享课1门、中央财政支持的职业教育实训基地建设项目1个、省级高等职业教育示范性综合实训基地2个。完成6门国家级精品资源共享课的建设工作，申报的景区开发与管理、食品药品监督管理、旅游英语被省教育厅批准为2013年新招生专业，完成年度人才培养工作状态数据采集平台建设及数据采集工作。

【科学研究】 2项国家级项目通过验收，15项省级课题完成鉴定，45项通过省教育厅、省社科联结项，31项获省厅级奖励（其中“牛羊蛋白质营养新体系应用技术研究”获省科技进步二等奖）。获授权国家发明专利8项，实用新型专利4项，申请国家发明专利10项。学校潘春梅博士申报的《畜禽粪便厌氧发酵连续产氢产甲烷过程中微生物群落特征及其调控机理研究》获得国家自然科学基金地方联合基金资助。立项课题90项，其中河南省重大科技专项“畜禽生产过程信息化关键技术集成与应用”落户学校，是学校首次主持河南省重大科技专项。承办河南省教育厅高校工程技术研究中心验收评估会议，学校动物营养与饲料工程技术研究中心通过验收，获得优秀等级。

【教学研究】 立项建设河南省高等教育教学改革研究项目7项，其中省级重点项目1项；立项河南省教育科学“十二五”规划2012年度课题7项，其中重点立项课题1项；8项成果获2011年河南省高等教育教学成果奖，其中省级一等奖6项、省级二等奖2项；获河南省教育科学研究优秀成果奖10项，其中一等奖5项、二等奖5项。

【学术交流】 3月5日，清华大学博士生导师、石文星教授应邀来校作《人工环境产业的挑战与对策》学术报告。4月下旬，学校承办2012年国家畜牧兽医专业教学资源库项目建设第一次培训会议。10月26日，中国工程院院士陈焕春应邀来校动物医学系考察。10月26日，由国家人力资源和社会保障部主办、省人力资源和社会保障厅与学校承办的“全国畜产品安全生产综合配套新技术集成及推广高级研修班”在河南饭店多功能报告厅开班。

【继续教育】 承担河南省教育厅、省人力资源和社会保障厅、省农业厅、省畜牧局等部门五大培训项目，共计培训各类人员1791人。其中，畜牧兽医国家级、空调运行与维修、食品加工专业省级高职学校骨干教师85人，全国畜产品安全生产综合配套新技术集成及推广高级研修学员51人，河南省基层水产技术推广人员221人，河南省农村劳动力转移培训阳光工程农业创业培训400人，河南省基层畜牧业技术推广人员1034人。获河南省阳光工程农业创业“优秀培训基地”称号。自考助学专业扩大到14个，在籍学生1487名。12月，在全省高等教育自学考试助学专业工作评估中，获得自学助学先进单位。招收函授专科生256人、函授本科生55人、博士7人。通过中国农业大学函授站检查评估，被评为中国农业大学成人教育优秀教学站。全年继续教育各类经费收入1127.529万元。

【校企合作】 学校依托合作平台，推进产教融合发展，形成了雏鹰模式、“场中校”（校中厂）模式、订单班三种行之有效的合作模式。雏鹰学院组建畜牧兽医、猪病防治和食品加工三个订单培养班共210名学生，共同开展产品研发和技术攻关；畜牧工程系与焦作多尔克司示范乳业有限公司合作进行了“场中校”有益探索，取得初步成效；制定《郑州牧专订单培养工作规范管理指导意见》，开设订单培养班11个，校企共同对7门课程的教学内容进行改革，编写实训教材5部。校企共建校内实训基地4个、研究所和工作室各1个、旅游超市1个。两个校外实训基地被确定为河南省高等职业教育示范性综合实训基地。

【学生竞赛成绩】 在第十届"挑战杯"河南省大学生创业计划竞赛中获银奖1项、铜奖2项,学校获优秀组织奖,获奖比例居全省同类参赛院校前列;在第七届全国高职高专"发明杯"大学生创新创业大赛中获一等奖12项、二等奖36项、三等奖54项;在2011年度全国数学建模竞赛中,获省级一等奖6人、二等奖5人、三等奖3人;在全国第六届信息技术应用水平大赛中,获三等奖1人、优秀奖3人;在第三届全国高职高专英语写作大赛中获专业组二等奖1人、公共英语组三等奖1人;5月初,在第四届全国旅游院校服务技能(导游服务)大赛中学校获团体一等奖和个人(旅游管理系学生李芳芳)一等奖;7月,学校女篮在省大学生第二十届篮球锦标赛中获专科甲组冠军。

【大学生二、三课堂素质教育活动】 《三分钟大学生思想政治教育打造校园文化精品》项目获2012年河南省高等学校校园文化建设成果二等奖;参加河南省第十三届大学生科技文化艺术节活动,获得一等奖1项、二等奖11项、三等奖10项,学校再次获省科技文化艺术节优秀组织奖。12月,在团省委举行的河南省第三届优秀志愿服务集体和个人评选活动中,学生社团——质量学社被评为河南省志愿服务工作先进集体,学校"科技110"服务队队长被评为河南省志愿服务工作先进个人。年度共评选校级优秀班集体53个、优秀班主任80人、三好学生1403人、优秀学生干部747人、国家奖学金30名、国家励志奖学金440名、雏鹰奖学金92名。暑假,学校组织开展大学生社会实践活动,参加学生9491名,举办大型文艺演出8次、科技讲座40次、各种宣传活动230余场等,受到光明网、《中国日报》、《青年导报》等媒体关注,学校连续20年获河南省大中学生暑期"三下乡"社会实践活动先进单位称号。

【招生与就业】 报到新生5403人,毕业生就业率达97.47%。举办冬、夏两季河南省畜牧兽医类高校毕业生双选会暨郑州牧专2012届毕业生供需见面洽谈会。吸引来自11个省、市涉及10余个行业领域近千家用人单位参会,人民网、《河南日报》等多家媒体报道学校双选会盛况。

【民生工程】 652套教工周转公寓和270套商住楼房改房顺利交付职工。学生资助工作健康推进,发放学生贷款112.15万元,惠及246名学生;发放国家奖助学金总额1056万元,近4000名学生获得不同层次的资助;完成雏鹰奖学金和双汇奖学金的评比发放工作。走访慰问生病住院、生活困难、生育子女教职工40余人次,补助特困户20余户,协助办理教工及家属喜事、丧事20余场,组织全校920名教职工参加体检。

【荣誉】 学校先后获得河南省文明单位,2008—2010年河南省高等学校党建工作先进单位,2011年度学校行风建设先进单位,河南最具就业竞争力示范院校,河南省高校科技管理工作先进集体,河南省普通高等教育本专科学生管理工作先进单位,全省单位内部治安保卫工作先进集体,河南省消协2012年度消防宣传教育先进单位,河南省教育审计工作先进单位,全省资助工作先进单位,河南省基建统计工作先进单位,省辖市和省直主管部门所属资产管理先进单位,省直机关文件交换工作先进单位称号,被省教科文卫体工会和省教育工会评为"综合工作一等奖"、"困难职工帮扶工作创新奖"、"工会财务工作先进单位"等。

撰稿:李明丽
审稿:杨宝进　张松刚

河南商业高等专科学校

党委书记:王保国
校长:丁庭选
创办时间:1960年
校址:郑州市惠济区英才街2号
电　　话:0371-63515868
邮编:450045
传　　真:0371-63511153
网址:http://www.habc.edu.cn

【概况】 学校占地面积1052亩,各类建筑面积38万余平方米,教学仪器设备总值5000余万元,馆藏图书110余万册。2012年,全日制在校学生11319人,在职教职工847人,其中高级专业技术职务教师259人,硕士学位教师313人,博士学位教师20人。设有15个教学系、3个教学部和1个软件职业技术学院、1个继续教育学院和1个国际教育学院,共有50个专业。

【学院领导班子成员名单】 党委书记王保国,校长丁庭选,党委副书记、工会主席董升,副校长张平安、荆其增、张伟,党委副书记、纪委书记程慎,副校长仝方存、宿金勇。

【党建工作】 本年,学校有12个基层党组织依照规定召开了全体党员大会,进行总支委员的选举和增补工作。学校24个党总支、直属党支部机构全部健全。全年共有2842名入党积极分子系统学习了党的基本知识,共发展党员1684名,其中发展学生党员1679名。

【升本工作】 本年,学校与郑州牧业工程高等专科学校确定了联合升本的战略目标,两校共同制定了《联合创建本科院校工作方案》,成立升本办公室和9个专项工作组,明确责任，细化分工，各负其责，确保升本各项工作按部就班完成。学校先后接受了省内专家组和教育部专家组考察。两次考察期间，学校全面细致地做好迎检工作，集中展示了办学水平和办学面貌，得到了专家组的高度评价。

【课程建设】 本年，《企业财务管理实务》被评为省级精品资源共享课程，立项建设《成本会计》等8门校级精品课程，批准《营销策划》等30项校级课程改革项目，推动了教学方法、教学手段、教学模式和评价机制的改革与完善。

【专业建设】 本年，学校成功申报了网络营销与服务、物联网应用技术等4个新专业，专业数量增加到50个。烹饪工艺与营养专业被批准为省级特色专业，立项建设了电子商务等3个校级特色专业，特色专业服务地方区域经济社会的能力不断提升。

【教材建设】 学校探索专业与产业、课程内容与职业标准、教学过程与生产过程相对接的人才培养新方案，不断强化基于工作过程和任务驱动的系列教材建设，开发高职高专“十二五”财经类专业系列规划教材，正式出版了市场营销类的18本系列教材。

【师资队伍建设】 2012年，根据学校教育教学工作的需要，选聘22名硕士研究生充实教育教学一线。经过省高评委评审通过教授3人、副教授10人，通过率100%。1人晋升二级教授岗位。组织60余名教师参加国家级、省级暑期教师业务培训、企业顶岗实习培训和到重点大学参加课程业务进修。有8名教师分别被评为河南省教学名师、河南省学术技术带头人、河南省中青年骨干教师和河南省高等教育教学工作先进个人。

【实训基地建设】 2012年，根据省教育厅统一部署，论证申报了中央财政支持的旅游酒店管理实训基地，推进中央财政支持的物流管理、食品加工、汽车营销实训基地建设。组织申报了省级高等职业教育示范性综合实训基地，旅游管理系与河南大河锦江饭店、工商管理系与河南迪信通电子公司共建的两个实训基地被确定为首批省级高等职业教育示范性综合实训基地。学校已建成校内外实训基地150余个，有效改善了学生的实习实训条件，为推行产学研一体化教学奠定了坚实基础。

【档案管理】 学校研究制定了《河南商业高等专科学校档案管理办法》和《河南商业高等专科学校档案实体分类方案》等10项档案管理规章制度，组织建立了完备的兼职档案员队伍，并专门召开了兼职档案员工作会议，对档案管理的规章制度和业务知识进行培训。按照上级主管部门的标准、规范，对各类档案进行规范管理。

【招生与就业】 2012年，学校共录取新生6752人，生源覆盖18个省，生源质量稳步提高。面对严峻的就业压力，学校采取切实有效的措施，为2013届毕业生组织开展各类招聘会40余场，发布就业信息5000余条，累计提供岗位15000余个。2012届毕业生就业率达到93.74%。

【中外合作办学】 2012年，学校与加拿大红河学院、马来西亚南方大学、韩国济州大学、英国格林威治大学等进行了接触和探索，成功申报物流管理、金融与证券、商务英语等3个新专业，使学校中外合作办学专业达到10个，中外合作办学报到率达80%，在全省同类型中外合作办学中位居前列。

【科研】 2012年，学校立项各类课题303项，其中省级课题42项，厅级课题261项；结项课题283项，其中包括教育部人文社科项目1项、河南省政府决策招标项目11项，争取到外来课题资助经费和奖励48万元，科研层次和学术水平均取得大幅提升。学校全年举办100余场“名师讲坛”活动，先后邀请葛剑雄、黄卫平、耿明斋、辛世俊等专家和教授来校讲学。

【后勤管理】 2012年是学校的后勤目标管理年，学校坚持以深化精细化管理为抓手，强化质量管理，保证后勤水、电、气、暖等设施的安全运行，通过目标管理和量化考核，全年共增收310余万元。

撰稿：韩启昊　任佳佳

审稿：丁庭选　赵启斌

郑州电力高等专科学校

党委书记：魏兆龙　　校长：梁海江

创办时间：1933年　　校址：郑州市商城路2号

电　话：0371-66322622　　邮编：450004

传　真：0371-66326770　　网址：hhttp://www.zepc.edu.cn

【概况】 郑州电力高等专科学校前身是创建于1933年的郑县工业职业学校（后更名为郑州高级工业职业学校），1953年由中南五省六所高级工业学校的电机科合并，成立了郑州电力工业学校。其后，历经河南电力学院、郑州电力学院、郑州电力学校等发展阶段，于1994年建立郑州电力高等专科学校。学校以电力技术类专业为主，兼有制造、电子信息、财经类等专业，是培养电力建设、生产和管理人才的摇篮和基地。学校老校区位于郑州市管城回族区商城路东段，与商城遗址和郑州城隍庙毗邻，占地面积10余万平方米；新校区位于郑州新区中牟产业带白沙职教园，占地近40万平方米，正在建设中。

2012年，学校设有26个专科专业；有教职工399人，其中专任教师230人，教授24人，副教授、高级工程师104人，具有硕士学位的教师118人，"双师"素质教师91人，建立了以河南省电力技术院159名技术专家、79名技能专家为主体的稳定的校外外聘兼职教师专家库，构成一支数量充足、素质优良、专业配套、结构合理、专兼结合、奋发向上的教师队伍。学校拥有72个校内实训实验室和40余个校外实习基地。教学区内，有教学楼、实验楼、实训楼、办公楼和英语培训中心等，变电和调度运行仿真专业实训基地、变电检修专业实训基地、营业用电专业实训基地、电力系统微机保护实训室、电站仿真培训中心、清洁煤燃烧技术研究中心、电力营销模拟实训室、数控加工实训中心、机电综合实训室、计算机网络实训室、实时录播教室、外语学习电台、CAI、CAD等独具特色的现代化教学设施。

学校以严谨的治学态度，严格的管理规范，在电力系统和职教领域中树立了优质品牌形象，近年来先后被评为河南省高等职业教育先进单位和河南省普通高校毕业生就业工作优秀单位，被国家电网公司、华中电网集团公司、河南省电力公司授予"文明单位"称号，多次被河南省电力公司党组评为党风廉政建设先进单位，多次在河南省高校行风评议考核中获得"行风建设先进单位"称号。

【校领导班子成员名单】 党委书记魏兆龙，校长、党委副书记梁海江；党委副书记、副校长杨建华，副校长原东亮、胡起宙、方舒燕，纪委书记刘广凯，工会主席孙丽君。

【教育教学】 组织完成省级特色专业建设点申报1项，河南省专业综合改革试点项目1项，中央财政支持职业教育实训基地建设项目1项，申报河南省2012年度全民技能振兴工程建设项目1项。认定河南省首批高等职业教育示范性综合实训基地1个；验收确定职业教育实训基地建设项目通过检查验收1项。公开出版教材29本。获河南省高等学校教育教学成果二等奖1项，获省级教育科学研究优秀成果奖6项，其中一等奖2项、二等奖4项，厅局级教学研究类成果奖26项，获河南省素质教育征文奖21篇。

【科技科研成果】 申报纵向自然科学及人文社科项目87项、横向项目4项，立项校内科研项目17项、厅局级科研项目22项、省级科研项目3项。完成科研项目结项23项，通过省公司科技项目鉴定1项。获省社科联科技成果奖7项，其中一等奖2项；获省教育厅科技进步二等奖1项，省科技厅科技进步奖1项，河南省电力公司科技进步二等奖1项。公开发表论文55篇，其中核心期刊17篇、EI收录2篇，入编省电机工程学会2012年年会优秀论文7篇。

【教师队伍建设】 完成新一届教学名师、学科带头人、科技带头人、骨干教师、双师素质教师等评审工作，评审教学名师1名、学科带头人6名、科技带头人2名、骨干教师34名、优秀青年教师20名、实验（实训）骨干教师3名、双师素质教师18名。经教代会职工代表民主推荐、党委会研究，确定副处级后备干部7人、科级后备干部10人。开展全员培训工作，通过中央财政支持高等职业学校提升专业服务产业发展能力项目，组织完成赴德国教育培训团1批；选派教师2名赴澳大利亚进行专业教师四级培训，选派教师80余名参加教育部骨干教师双师素质、省教育厅骨干教师培训；组织辅导员、校长联络员、职工代表、工会专兼职干部培训等专题培训，全员培训率达99.6%。

【招生就业】 完成招生录取2004人，招生专业25个，其中新增专业1个。实际报到新生1745人，报到率87.25%，同比上升5.65%，在校生人数达4589人。建立用人单位档案库，举办专场招聘会57场、提供岗位808个，举办大型就业双选会1场、提供岗位1800余个。截至年底，2012届毕业生1239人，就业人数1178人，就业率95.08%，同比上升1.98%；2013届毕业生1201人，已签约和达成就业意向的学生496人，占41.30%。学校连续获得"毕业生就业工作先进集体"称号，被省教育厅、省军区授予"毕业生预征工作先进集体"称号。

【保持校园安全稳定】 牢固树立"安全无小事"思想，层层落实安全稳定责任。实施学校"安全年"活动方案，有针对性地开展人身财产安全、消防安全、交通安全、饮食卫生安全等安全知识教育。梳理完善突发事件系列应急预案和现场处置方案，排查治理安全隐患12起，处置突发事件7起。组织不稳定因素排查化解月活动，化解各类不稳定因素和问题20余项。强化"两会"、十八大、涉日事件、毕业生离校等敏感时期维稳工作，严格执行24小时行政值班制度，高度关注，落实责任，提前预警，切实做好思想政治工作，维护了学校安全稳定大局，营造了和谐的教书育人环境。

【新区建设】 各项手续办理齐备，招标采购公开透明，管理机制不断完善，施工环境得到改善。在省公司领导多次亲临现场指导下，新区建设项目得到了各级地方政府的表扬，并被作为标杆，多次接待上级检查及兄弟单位观摩，打造了优质的建设品牌，取得了新区建设的阶段性成果。

【培训服务提升】 完成公司各类培训和会议保障任务81期次，累计培训和接待人员4588人次，培训计划完成率100%。相继承办了省公司人才招聘3批次、网球俱乐部第三届网球比赛，完成国家电网公司职称计算机、职称英语考试，完成河南省电力行业特有工种职业技能鉴定工作。在2012年国网公司财务调考中河南省电力公司获得"组织工作突出单位"称号。

【行政管理】 编制了《管理提升细化工作方案》，系统梳理管理问题与薄弱环节7个方面、20项，明确工作目标4类、12项，制定措施7个方面、29项，提高管理精益水平。修订完善《教职工考勤管理办法》，制定《职工福利保障管理办法》、《教职工绩效量化考核管理办法》及《新区建设施工现场工作人员补助实施办法》，规范补贴发放，完善福利发放制度。调整公务用车管理规范和调度流程，完成了车辆管理集约化改革。完成行政高清会议系统安装、调试和协同办公系统值班模块上线。

【校园文化建设】 全面启动80周年校庆筹备工作，弘扬办学传统，彰显校风学风，展示校园文化和办学成就。坚持企业文化标准，组织开展"五统一"优秀企业文化宣传。组织摄影、征文、演讲、讲座等文明创建活动。在2012年度省直文明单位复查中，学校获得优秀等级。举办十八大精神专题讲座3场；组织教师赴河南省电监办作形势政策专题讲座2场。组建排球、篮球、足球、网球、羽毛球、音乐爱好者等6个教职工文体俱乐部。学校文化体育事业取得突破性成绩:打破保持十年的女子800米校运会纪录1项;获得全省乒乓球锦标赛男子单打第七名;获得全省大学生运动会男子三级跳远第三名、男子1500米第六名;首次组队参加河南省第十三届大学生科技文化艺术节健身健美操大赛获一等奖;获得2012年河南省高等学校校园文化建设优秀成果三等奖1项。

撰稿:孙　欣

审稿:梁海江

焦作师范高等专科学校

党委书记:刘文锴　　校长:张丙辰
创办时间:2002年3月　　校址:焦作市山阳路998号
电　　话:0391-3586667　　邮编:454002
传　　真:0391-2986969　　网址:www.jzsz.cn

【概况】 焦作师范高等专科学校是一所以教师教育为主的全日制普通高等专科学校,前身为1907年(清光绪三十三年)创办的"怀庆府师范学堂",至今有百余年办学历史。学校始终高扬师范教育旗帜,秉承"育人为本、德育为先、学术唯真、教学至上"的办学理念,发扬"艰苦奋斗、严谨治学、自强不息、开拓创新"的办学传统,薪火相传,弘文励教,累计为社会输送10万余名毕业生,其中,既有王国权、王梦奎等知名校友,又有大批供职于焦作、济源乃至全省各级机关、事业单位的骨干中坚。据统计,焦作、济源地区82%以上的中小学骨干教师和优秀教师均毕业于焦作师专。

2012年,学校占地面积544122平方米,校舍建筑总面积296832平方米,其中教学科研行政用房157649平方米;教学科研仪器设备总值5198.55万元,馆藏图书120.13万册,存有《四库全书》等珍贵文献。学校有11个学院,拥有人文、社会、工、理、管5大学科门类40个专业,招生范围覆盖全国25个省(市)、自治区。有教职工758人,其中高级专业技术职务人员232人,具有硕士以上学历人员近300人,有包含国务院特殊津贴获得者在内的省(厅)级以上学术技术带头人20余名,除拥有教师资格外的其他"双师型"教师200余名。

2012年,学校先后被河南省委、省政府授予"省级文明单位"称号;被中共河南省委组织部、省委高校工委表彰为2008—2010年河南省高等学校党建工作先进单位;被河南省人力资源和社会保障厅、省教育厅联合表彰为河南省教育系统先进集体;被省教育厅授予河南省高等教育教学工作先进集体称号;被省教育厅表彰为河南省普通高等教育本专科学生管理工作先进集体、河南省普通大中专毕业生就业工作先进集体、河南省学生资助工作先进集体,被省公安厅出入境管理局授予境外人员管理服务五A级单位称号;被中共焦作市委表彰为焦作市思想政治工作先进单位、2010—2012年全市创先争优先进基层组织;被中共焦作市委宣传部表彰为2011年度党委(党组)中心组理论学习先进单位。

【领导班子成员名单】 党委书记刘文锴,党委副书记、校长张丙辰,党委副书记、纪委书记周吉国,党委委员、副校长、工会主席张新海,副校长贾长虹,党委委员、副校长高闰青、靳贤胜。

【贯彻《纲要》见成效】 2012年,是学校实施"十二五"规划承上启下的关键一年。学校以转变谋发展,以创新求突破,以改革添动力,把教学优先作为促进发展的助推器,把内涵建设作为提升质量的支撑点,把提升质量作为人才培养的生命线,把专业建设作为教学改革的主抓手,始终扭住教学中心不放松,突出科学发展主题不动摇,坚持服务中原经济区建设大局不懈怠,各项事业取得长足发展,保持良好态势。应用电子技术专业被河南省教育厅确定为省级特色专业建设点;《太极拳》课程被河南省教育厅确定为首批省级精品资源共享课程,《学前教育原理》获得教师教育省级精品资源课程立项;商务英语专业被河南省教育厅认定为专业综合改革试点项目。在河南省第十届师范教育专业毕业生教学技能大赛中,学校获6个一等奖;在全国数学建模竞赛中,学校获1个一等奖、1个二等奖;在河南省第十七届大学生田径运动会中,学校获46枚奖牌,其中金牌29枚,并获所有参赛组别的奖杯及乙组团体总分第一名、乙组女子团体总分第一名、乙组男子团体总分第一名。

【教学机构和专业设置改革】 学校对40个专业和部分教学机构进行调整和归并,由原16个学院调整为12个学院,增设3个教研室。

【工程中心建设】 学校车载电子研究工程中心先后被焦作市和河南省教育厅认定为焦作市工程技术研究中心和智能化汽车电子河南省高校工程技术研究中心,并首次获焦作市政府30万元的科研经费支持。成立功能高分子材料工程技术研究中心和胶胎瓷研发中心。

【科学研究】 立项课题123项,其中省部级课题22项,厅级课题101项;结项课题183项,其中省部级课题21项,厅级课题162项;出版著作、教材28部;在各类刊物上发表论文303篇,其中核心期刊论文112篇,被SCI、EI、ISTP、CSSCI等收录65篇;在各类权威数据库源刊上发表论文35篇。学校与中国科学院、焦作市科技局、济源元丰科技网络有限公司开展各类横向课题研究,争取各类外来横向科研经费92万元。

【师资队伍建设】 2012年,学校有1名教授获二级教授岗位,13名教授获三级教授岗位,1名教师获正高级专业技术职务,3名教师获副高级专业技术职务;有44名教师被认定为“双师型”教师;新引进10名教师。聘请外籍教师22人次来校任教;2名教师获河南省教育系统教学技能竞赛一等奖,并被授予“河南省教学标兵”荣誉称号。有1名教师被授予国务院特殊津贴专家、1名教师入选教育部“国培计划”专家库、1名教师被评为省级青年社科专家、3名教师被评为市级社科专家。

【服务地方社会】 学校“国培计划”项目人数为1050人,培训人数位列全省35所实施“国培计划”单位第四,培训人数较上年增长62%,实现培训人数三连增,是实施“国培计划”以来人数最多的一年;完成焦作市1500名公务员道德和普通话培训项目,开展2000余名高中教师的教育培训,承担共计1300余名的新教材培训、教师资格证考前辅导和中小学校长培训等培训任务。学校参与焦作经济文化建设工作,推进《覃怀文化研究丛书》的编纂工作,完成《文化修武》、《修武碑刻辑录》的编纂;1名教师接受河南卫视《大型时评节目“十八谈”映像版——焦作篇》的电视访谈。

【学生教育】 学校开展首届“形象师专”优秀学子评选活动、“纪念建团九十周年”主题教育、“喜迎十八大　我为师专荣”、法制宣传教育进班级课堂等十余项活动;开展“放飞心灵之翼,塑造健康自我”为主题的系列心理健康教育活动和新生心理健康普测工作。学校104名学生被评为河南省优秀毕业生、8人被评为河南省优秀学生干部、25人被评为河南省三好学生、8个班级被评为河南省先进班集体。涌现出“中国大学生年度人物”前200强孙振夏等典型人物。

2012年,学校认定家庭经济困难学生3007名,为1480名学生申请国家助学贷款,贷款总金额达628.81万元,贷款发放率达100%。

【招生就业】 2012年,学校招生计划数、录取数和新生报到人数创历史新高,分别为4825人、5172人和4315人;招收4名分别来自哈萨克斯坦、俄罗斯、美国的留学生。举办“校园就业创业教育大讲堂”活动;新增焦作新区管委会、解放区民政局、广东嘉福集团3个实习实训基地。

举办2012年毕业生双向选择洽谈会,4700余名毕业生与用人单位达成就业意向;400名英语专业和化工专业学生到苏州、上海、东莞等实习基地顶岗实习,实习学生签约率达100%;828名毕业生被录用到专升本、特岗计划、西部计划、“三支一扶”、志愿服务贫困县计划和预征入伍,占毕业生总数的23%。

【鄂晋冀鲁豫五省十三市服务焦作建设中原经济区转型示范市人才交流大会暨高端人才与产业集聚区技术项目对接启动仪式】 5月25日,学校举行“鄂晋冀鲁豫五省十三市服务焦作建设中原经济区转型示范市人才交流大会暨高端人才

图为启动仪式现场

与产业集聚区技术项目对接启动仪式”。河南省人力资源与社会保障厅副厅长刘延光,焦作市市委常委、组织部部长王长松,焦作市人民政府副市长贾书君,焦作市人力资源和社会保障局局长韩明华出席开幕式。

【党的建设】 学校领导班子注重加强政治理论学习,重点学习贯彻十八大精神,不断加强作风建设,落实民主管理,改善职工民生。持续深入开展“查找廉政风险,构筑拒腐防线”活动,查找风险点721项。加强基层党组织建设,将原有的50个基层党支部调整为45个,撤销6个基层党总支,新设2个基层党总支。对72名科级干部职务进行调整,安排14人参加省高校工委和市委组织部组织的脱产培训,组织副县级以上干部参加十八大精神轮训,全年发展党员988人。学校重点做好党的十八大精神的学习贯彻活动;完成对外宣传新闻稿件100余篇,其中省级以上媒体30余篇。

图为杰出校友论坛现场

【教学经费保障和基本建设】 上年,学校争取化债资金1950万元、上级奖励资金942.5万元。投入400余万元,购置一批教学仪器设备,新增7809种图书,共计37375册。

【首次召开发展战略研讨会】 6月4日,学校召开发展战略研讨会。领导班子成员、党委委员、校长助理、各职能部门负责人、各学院党政负责人参加会议。会议取得一致共识:坚持升本信心不动摇;突出重点,适当收缩办学战线;部分师范专业要缩并;增加社会需求量大的高职专业;加大内涵建设力度。

【学校举行组建10周年暨办学105周年杰出校友论坛】 10月

27日，学校举行组建10周年暨办学105周年杰出校友论坛。焦作市人大常委会主任郭国明，河南省纪律检查委员会优化办主任陈敬如，焦作市人大常委会副主任宫素清，焦作市市长助理、党组成员韩平安出席论坛。韩平安代表市政府讲话，校党委书记刘文锴致欢迎词，校长张丙辰作主题报告。

撰稿：余国志
审稿：张丙辰

郑州幼儿师范高等专科学校

党委书记：宋庆军
创办时间：1954年
电　　话：0371-66229835
传　　真：0371-66229835
校长：卢新予
校址：郑州市金水区市民新村北街9号
邮编：450000
网址：http://www.zzys.ha.cn

【概况】 学校是经河南省人民政府批准、国家教育部备案的全日制公办师范学校，是中华人民共和国成立后河南省第一所、全国第一批独立设置的七所幼儿师范学校之一，是第一批通过河南省教育厅办学水平综合评估且达到优秀等级的师范学校，是中国和联合国儿童基金会第三周期合作加强幼儿师资培训项目学校，是河南省幼儿教师培养、培训中心，学前教育科研、信息资料中心。中国学前教育研究会常务理事单位、河南省幼教研究会设在郑州幼儿师范高等专科学校，并创办有《河南幼教》杂志及"河南学前教育网"网站。

学校办学理念先进，基础设施齐全，校园环境优雅。所有教室都配备有多媒体教学设备。2012年，有钢琴271台，数码钢琴441台，手风琴341部，纸质图书28万册，视听资料5599盘，校内实训室213个，校外实践基地46个，附属幼儿园3所。有专任教师184人，其中高级讲师71人、硕士研究生学位78人；有全国模范教师1人、河南省特级教师3人、省骨干教师2人、省学术技术带头人8人、省优秀教师5人、省文明教师4人。开设有学前教育、音乐教育等专业，全日制在校生3000余人。

2004年以来，学校先后有66名教师获得全省幼师学校优质课大赛一等奖；2009—2011年，在河南省幼儿师范学校毕业生教学技能大赛上，学校连续三届所有参赛学生均夺得大赛一等奖，同时获得团体总分第一名及优秀组织奖。2010—2012年，学校毕业生就业率分别为98.7%、98%、98%；2006、2008、2012年，在两年一次的河南省普通大中专毕业生就业工作先进单位评比中，学校三次被评为河南省普通大中专毕业生就业工作先进集体。建校58年来，先后为社会培养各类幼儿教师近20000名。承担国家及省、市幼儿园园长和在职幼儿教师的培训项目，先后共培训各级各类在职幼儿教师10万人次。郑州市90%以上的幼儿教师、95%以上的园长都是郑州幼师的毕业生。

学校先后获得全国师范教育先进单位、全国教育系统巾帼建功先进单位、全国语言文字规范化示范学校、河南省文明单位、河南省文明标兵学校、河南省教育工作先进单位、河南省学校管理先进单位等荣誉称号，并连续13年被评为郑州市教育系统目标管理先进单位，连续多年被评为郑州市教育工作先进单位。

【领导班子成员名单】 党委书记宋庆军，校长卢新予，党委副书记郭旭娟，副校长郑国香，纪委书记兼工会主席刘薿。

【升专转型】 2月，河南省人民政府正式下文《关于建立郑州幼儿师范高等专科学校的批复》(豫政文〔2012〕27号)，批准

2011年12月28日，郑州幼儿师范学校升专工作汇报会现场

建立郑州幼儿师范高等专科学校；3月，教育部下文批准学校专科备案。至此，学校升专工作成功，实现了学校发展的历史性转折。学校确定了"高校标准，合理配置；大学理念，科学定位"总体思路，全方位布局学校转型发展的各方面工作。

【创先争优活动】 学校将理论学习贯彻落实到全年的创先争优活动中，组织全体党员参加了弘扬焦裕禄精神学习周活动，学习了十七届五中、六中全会精神、胡锦涛建党91周年讲话精神、十八大报告精神等内容。2012年，全体党员共撰写读书笔记748篇、36万余字，心得体会425篇、20余万字。结合纪念建党91周年，表彰学校先进集体13个，师德

标兵、优秀党员等先进个人278人次,其中部分先进个人在学校宣传栏进行公示,创设学习先进典型的氛围。组织党员干部观看《党员干部钱学森》、《焦裕禄》系列学习影片,参观了华蓥山、红岩村、渣滓洞等革命传统教育基地,组织党员宣誓大会。十八大召开以后,组织全体党员和教职工进行十八大精神系列学习活动,加强理想信念教育和革命传统教育。及时更新学校网站,加强媒体宣传力度,让广大师生及时了解学习和活动的进展,营造学习氛围。学校活动报纸报道9次,电视台报道20余次,郑州市教育信息网报道29次,校园网60余次。

【干部队伍和党的建设】 贯彻落实《郑州幼师2012年党员领导干部中心组学习指导安排》等文件,严格执行党委中心组个人自学、集体研讨、学习交流等制度,坚持每周五党委例会学习制度和行政会前中层干部领学制度,组织参加民主生活会,在工作中实践科学发展观重要思想。对学校的中层干部实行考核制度,经常开展中层干部座谈会,定期召开中层干部工作研讨会、科室工作现场研讨会和年度述职报告会。2012年是基层组织建设年,各支部根据学校的整体安排和支部特点,组织了一系列活动,如组织支委进行党的应知应会知识培训和测试,组织党员到重庆、郭亮村、珏山等地参观学习;组织党员开展助学捐款活动,共捐款31120元;在职党员共资助学生物品50余件,帮扶问题学生210人。重视在一线骨干教师和优秀学生中发展党员,培养入党积极分子152人。10月,确定2013年党员发展对象41人,其中教师10人、学生31人;培养对象143人,其中教师4人、学生139人。上半年和下半年,学校分别举行了党员发展对象和培养对象的培训和测试。组织集中教育培训课程7次,组织考察入党积极分子情况的工作会20余次。2012年,学生参与党校培训2000人次,团组织共推荐183名优秀团员作为党组织发展、培养对象,31名学生被党组织接收为预备党员,11名学生预备党员转正。截至2012年年底,学校共有党员232人,其中在职教师131人、离退休教师74人、学生党员27人,共有651名学生递交了入党申请。

【党风廉政建设】 严格执行党风廉政建设的各项规定,自觉把党风廉政建设责任制工作落在实处。根据领导班子成员和各科室的职责分工,严格执行《2012年度郑州幼师党风廉政建设工作任务分解表》和《郑州幼师各科室党风廉政建设目标责任制》,学习《郑州市教育局关于节假日党风廉政建设有关通知》等文件,填写《郑州幼师廉政建设廉政报告表》和《领导干部个人事项报告表》,做到目标明确,责任到人,落实到位。

【新校区建设】 年初,学校把实现一期工程完工、推动岗李村拆迁、推进二期工程开工建设作为首要任务。截至2012年年底,新校区一期工程基本完工,1、2号教学楼进入竣工验收阶段,学术交流中心、礼堂、体育馆正在进行内外装修,道路管网基本铺设完毕,学校大门和围墙及文化广场进入后期施工阶段。1号学生宿舍楼进入清障和图纸设计阶段,图书行政大楼进入施工准备工作。

【机构和制度建设】 升专后,学校正式纳入高校序列,办学体制与机制都发生了重大变化。学校把"积极构建具有幼教特色的高校管理体制与机制建设"作为重点论证的课题之一,召开"学校发展规划研讨会",依据高校管理模式,充分调研,就学校内部管理体制、机构建制、人员配置进行研讨,本着"合理、优化、高效"的原则对学校现有机构进行整合调整。2012年5月,学校将内部机构设置、各机构职责和编制方案上报上级编制部门,获郑州市政府审核通过。

学校各部门参照高校相关管理制度,清理原有制度,先后修订完善了学校职称评定办法、教科研奖励管理办法、在职教师进修博士管理办法、引进高层次人才管理办法、学校绩效工资考核发放办法、干部廉政建设和权力运行监督管理办法、临时工聘用和工资发放办法、学校财务管理制度、学校公务车辆和司机管理办法等规章制度。

【民主建设】 坚持"民主管理"体制。干部聘用、教师聘用、党员发展、职称评定、评优评先、工程招标、大宗设备采购等关系学校建设发展的重大事项都让教职工(或代表)参与进来,广泛听取各方面意见,保证学校各项工作的顺利开展。10月,学校召开全校工会会员大会,以"深化民主管理,促进学校和谐发展"为主题,对大会的《学校工作报告》、《工会工作报告》、《学校及工会财务工作报告》进行广泛评议。鼓励全校职工积极参与学校事务管理,为学校发展献计献策,收到良好成效。此外,学校丰富了民主公开载体,完善了党务校务公示栏、校园网党务校务公开板块,加大了宣传力度,提升广大党员群众的知情权、参与权、监督权。全年共发布重要公示信息150余条。

【专业建设】 学校升专后,对拟开设专业进行多方调研和上下多次反复论证,本着"保基本、创品牌"的设置思路,确定了2012年首批开设学前教育和音乐教育两个专科专业。在省教育厅的协调下,争取到中央财政支持高等职业学校专业建设项目,并获得国家财政330万元专项资金支持。

【课程和教学建设】 学校按照专业岗位对学生知识能力的要求科学设置课程体系,整合课程资源,优化课程结构,体现核心课程、选修课程和专业课程的有机整合。建立系统的实践教学体系,利用模拟教学、实验实训、实习见习、顶岗实训、置换实习、项目教学等多种新型开放式实践平台,培养学生各方面能力,实现学校与幼儿园"无缝对接",满足学生向幼儿教师的"零过渡"。

【师资建设】 加大对教师的培养力度。采取"走出去请进来"的方式,先后组织多批共100余名教师赴西安、成都、泉州、鄂尔多斯、上海等地参观学习;聘请幼教专家、名师来校为教师授课、讲座,开阔教师视野,更新教育理念。出台《中青年教师攻读博士学位管理办法》,鼓励教师努力提高学历层次和业务水平,提升科研素质。2012年,有10名教师报考硕士研究生,5名教师获得硕士学位,2名教师被评为教授级高级讲师,8名教师转评为副教授,6名教师评为高校讲师,100余名教师取得高校教师资格。学校出台《人才引进办法》,6月底,通过公开招聘,聘用20余名全日制硕士研究生。

【科研】 2012年,学校科研投入经费共计15.31万元。教师发表论文140余篇,其中核心期刊21篇,专业核心期刊13篇;立项课题15项(其中省部级课题9项)。论文获厅级一等奖

11篇、二等奖3篇；课件及作品获省级一等奖1项、厅级一等奖3项、厅级二等奖4项；成果获厅级一等奖1项；课题结项为省级课题2项、厅级课题1项。

【学生管理】 学校以"人文关怀、道德修养和自主意识"三大主旨为目标，探索建构符合大学学生管理规律、学生身心发展规律和生活规律的新型管理体制，努力探索一条具有幼儿师范高等教育特色的现代化学生管理体系。一是依据大学学生管理特点，经过充分论证，逐步建立具有大学特色的学校管理体系与学生管理体系。二是依据高校学生管理与服务体制，逐步整合、优化学生管理人员配置，顺利完成班级管理向年级管理的过渡、班主任管理向辅导员机制的过渡。加大班主任、辅导员的聘用、培养力度，通过班主任、辅导员经验交流、拜师活动、外出参观学习等措施，探索培养一支专业化的辅导员队伍。6月，学校面向社会公开选拔聘用了5位硕士研究生担任专职辅导员。三是不断探索新路径，强化"活动育人"的德育特色。先后开展了"弘扬雷锋精神，做有道德的人"系列活动、读书节系列活动、志愿者服务队进聋儿康复中心慰问活动、大学生艺术节文艺活动、校园十佳歌手大赛、服饰大赛、学生社团才艺汇报、主题班会观摩、优秀顶岗实习生表彰、幼师之星评选和表彰、班级百分竞赛、五星级文明宿舍评比、业余党校培训、推优入党等活动，通过活动使学生知荣明耻、懂得感恩、学会做人。四是关爱贫困学生，严格执行对贫困生的资助政策。坚持按时足额发放奖学金、助学金。同时，想尽办法，筹措资金，采取提供助学岗位、特困生补助等方法，帮助家庭困难学生。坚持党员干部与困难学生"一对一"的结对帮扶活动。每年冬季，学校为贫困生购置御寒棉衣；在慈善日前夕，发动全校党员干部、动员相关企业，举行捐助活动，共收到捐款4万余元，建立了学校资助贫困生基金。

【招生就业】 2012年，学校与省教育厅协调，顺利实现扩招1200名招生计划（三年制大专700名、五年制大专500名）。三年制大专实际报到654人，五年制大专实际报到540人。

9月20日，2013届毕业生素质教育成果汇报展演

录取分数线和报到率远高于同类院校。在学校举办的2012年毕业生供需洽谈会上，应届毕业生供不应求，毕业582人，196个用人单位提供2000余个岗位，毕业生与岗位比达到1:3.4，毕业生一次签约率为92%。9月20日，学校2013届毕业生素质教育成果汇报展演拉开帷幕。省教育厅副厅长刁玉华，郑州市教育局副局长曾昭传等省、市教育主管部门和省内外兄弟学校以及近200家用人单位和部分学生家长在学校广场和礼堂观看了此次素质教育成果汇报展演。本次汇报展演在"开门办学、开放办学"的理念指导下，紧紧围绕"双标"对幼儿园教师的要求，以"双导师制实验区"为契机，在大型团体节目、综合创编专场展示、实训室、说课等原有板块的基础上新增了"幼儿园环境创设"和"幼儿园教学实践活动"板块。在整个展演中，幼专学生通过饱含激情的表演和构思新颖的设计，向与会领导和用人单位展现了他们的知识和技能，获得一致好评。

【培训工作】 2012年，在众多高校参与的国培计划竞标中，学校再次夺得国家培训计划1100名，争取到国培资金340万元。全年完成继续教育培训200人次，省、市各类园长、骨干教师培训1632人次，各类考级培训3103人次，职业资格培训2066人次，学历培训1365人次。5月8日、24日分别举行了郑州市幼儿教师培训座谈会和国培项目验收评估，学校的培训方案得到评估专家及幼儿园园长、教师的一致认可，取得小组第一名。

【奖励暨荣誉】 2012年，学校先后获得河南省第四届幼师学校应届毕业生教学技能大赛团体一等奖、河南省大中专毕业生就业先进集体、郑州市创建全国文明城市先进集体、郑州市思想道德建设先进集体、郑州市先进基层工会、郑州市教育系统平安校园建设先进单位等荣誉称号。王彩凤、娄沂、郑国香、王新兴4人分别被评为2012年河南省优秀教师、河南省教育系统优秀教师、河南省普通大中专毕业生就业先进工作者、河南省2010—2011年度职业教育教学专家，邵金琳获河南省2011年度教育系统教学技能竞赛一等奖。

【承办河南省暨省会郑州学前教育宣传月】 5月24日，郑州幼儿师范高等专科学校承办的河南省暨省会郑州学前教育

5月24日，学前教育宣传月启动仪式现场

宣传月启动仪式在郑州绿城广场举行。河南省副省长徐济超，河南省教育厅厅长王艳玲、副厅长刁玉华，郑州市市长马懿、副市长刘东，郑州市教育局局长毛杰，学校校长卢新予、书记宋庆军及省市相关领导出席启动仪式。此次学前教育宣传月启动仪式由河南省教育厅和郑州市人民政府主办，郑州市教育局和郑州幼儿师范高等专科学校协办。学前教育宣传月期间，郑州幼儿师范高等专科学校围绕河南省学前教育宣传月的主题"科学保教、健康成长"开展文艺演出、专家咨询、设置展板、发放宣传单等多种形式的活动，让郑州市民详细地了解国家学前教育政策、科学保教等，为营造全社会高度关心、重视学前教育的浓厚氛围，形成有利于幼儿健康

成长的良好社会环境,不断促进河南省学前教育事业科学发展做出应有的贡献。

【承办河南省第四届幼师毕业生教学技能大赛】 9月25—27日,河南省第四届幼儿师范学校毕业生教学技能大赛在郑州幼儿师范高等专科学校举办。全省10所幼儿师范学校的150名优秀毕业生参加,采取随机分组,阶段循环的方式进行。比赛中,每名选手都要进行讲故事、儿歌弹唱、舞蹈、美术(包括折纸、简笔画)四个环节的比赛。最后,郑州幼儿师范高等专科学校吴瑶等62名选手获得一等奖,商丘幼儿师范学校王梦雅等90名选手获得二等奖,平顶山教育学院张孟琦等96名选手获得三等奖。同时,郑州幼儿师范高等专科学校、南阳幼儿师范学校等8所学校分别获得团体一、二、三等奖,戴航等62名教师获得优秀辅导奖。郑州幼儿师范高等专科学校已是连续第4次承办该项赛事,丰富的办赛经验确保了本次大赛的成功举办,受到了上级领导部门和各参赛学校教师与选手的一致好评。

撰稿:刘一席
核稿:刘永亢
审稿:卢新予

中州大学

党委书记:习　谏
校长:司福亭
创办时间:1980年
校址:郑州市惠济区英才街6号
电　　话:0371-68229802
邮编:450044
传　　真:0371-68229802
网址:http://www.zhzhu.edu.cn

【概况】 中州大学建校于1980年,是由郑州市人民政府主办的一所普通高等专科学校。学校设有15个教学机构,开设专业59个,涵盖工、经、文、管、法、教育、艺术7个学科门类,其中国家级教学改革试点专业1个,教育部、财政部"支持高等学校提升专业服务产业发展能力"项目建设专业2个,省级教学改革示范专业3个,省级教学改革试点专业3个,省级特色专业建设点5个,河南省高等学校专业综合改革试点项目建设专业2个。学校有192个校内实验室、实训场所,231个学生顶岗实习基地。教学仪器设备总值达1.04亿元。学校面向全国30个省、直辖市、自治区招生,2012年毕业生年终就业率在92%以上。

【学校领导班子成员名单】 党委书记习谏,党委副书记、校长司福亭;党委副书记、副校长杨俊良,党委副书记、工会主席苏炜,党委委员、副校长李绍环、薛培军,党委委员、纪委书记周长根,党委委员、副校长刘省贵;党委委员、党办、校办主任李欣;校长助理王文武、陈冠玉。

【吴天君莅校考察】 9月6日,中共河南省委常委、郑州市委书记吴天君莅临学校视察、指导工作,向学校教职工致以教师节的祝贺和亲切的问候。市委常委、秘书长孙金献,市委常委、宣传部部长王哲一同视察。吴天君一行考察了学校网络安全实训室、啤酒生产实训室、金工实训中心以及中州大学上海大众汽车实训中心等,对学校创办32年来坚持培养高素质应用型专门人才、服务郑州经济社会建设给予充分肯定。随后的座谈会上,吴天君针对郑州高等教育发展作出指示。他指出,教育与科技创新是一个城市和地区的核心竞争力,是可持续发展的重要因素。高等教育承担着研发与技术创新的重任,承担着培养高素质人才的重任。郑州市要大力推进郑州市属高校与驻郑高校合作发展,进一步加强高校内涵建设,着力提高人才培养能力和科学研究水平,努力在科技研发和成果转化上取得更大突破,带动郑州市产业转型和科技创新,为中原经济区郑州都市区建设做出更大贡献。

【精神文明创建活动】 2012年,学校制定《中州大学2012年精神文明建设工作要点》,明确了创建"省级文明单位"的具体工作内容,对《中州大学文明学院、文明处室考评实施办法》、《中州大学文明教师考评实施办法》、《中州大学文明学生考评实施办法》等一系列与精神文明创建工作相关的实施办法进行修订,切实开展丰富多彩的创建工作,激发教职工和学生的创建积极性。4月,学校在"河南省文明学校"基础上,再创佳绩,被省教育厅命名为"河南省文明标兵学校"。10月,顺利通过河南省精神文明建设工作考察,成为郑州市2012年拟推荐省级文明单位。2013年1月6日,省委、省政府下文正式授予学校"省级文明单位"称号。

【教学工作会议】 12月8日,中州大学第四次教学工作会议在学校学术交流中心报告厅召开,郑州市教育局副局长葛飞、高教处处长吴振兴出席会议,学校领导、各部门负责人、学校教师代表、特聘教授、学生代表等参会。葛飞在致辞中对学校教育教学取得的成就表示充分肯定,并希望学校继续深化改革,加强内涵建设,切实提高人才培养质量,为中原经济区建设、区域经济转型和郑州市经济社会发展做出新的更大的贡献。副校长薛培军作了《加强学校内涵建设,提升人才培养质量》的大会主题报告。校长司福亭提出四点建议：一要抓好“质量工程”建设，深化教育教学改革。二要进一步加强教学管理，切实保障教学质量的提高。三要进一步加强师资队伍建设，提升教师综合素质。四要进一步加大教学投入，确保教学工作中心地位。

【招生就业】 2012年，共录取新生5943名，河南省内生源情况总体良好，第一志愿文科上线率达到186%，理科上线率达到207%。录取分数远高于河南省划定的专科一批录取分数线。其中理科高出58分、文科高出62分。新增旅游工艺品设计与制作专业，招生专业达到59个。聋人学生单招工作完成，招生专业由过去的3个增加到9个，共录取191人。2012年，学校毕业生5667人，截至12月底，年终就业率达92.16%，完成了年初确定的目标任务。从5月开始，学校开拓就业市场，往东以上海为中心、往南以广州深圳为中心、往北以北京天津为中心开拓毕业生就业市场，奔赴浙江、福建、广东、厦门、宁波等地深入了解各省、市就业政策及就业需求状况，推进就业实习基地建设，共与7家企业签订了就业基地协议；主动联系到校招聘企业百余家，组织专场招聘会60余场，提供就业岗位8000余个，签订有效就业协议2000余份。

【学生省级以上获奖情况】 2月，在全国第三届大学生艺术展演活动中，学校共获国家级奖项11项，其中艺术表演类节目奖4项、二等奖1个、三等奖1个、优秀奖2个，学校获优秀组织奖。学校自2005年全国首届大学生艺术展演活动之始，连续三届获教育部颁发的全国大学生艺术展演活动优秀组织奖。2月，在河南省第三届大学生艺术展演活动中，学校共获省级奖项83项。其中学生艺术作品奖15项、二等奖8个、三等奖7个，艺术表演节目奖9项、一等奖5个、二等奖2个，首届合唱节、戏剧节二等奖2个，优秀创作奖4项；学校获精神风貌奖。3月25日，第14届CBDF国际标准舞“院校杯”公开赛，中州大学作为河南省唯一参赛的普通高校，创编的拉丁艺术表演群舞《擦擦擦恰恰恰》获得表演舞铜奖，同时，学生李钦、郑理获得普通高校组摩登舞比赛第二名。5月6—8日，在2012年“神州视景杯”第四届全国旅游院校服务技能（导游技能）大赛中，学校代表队获高职普通话组团体一等奖，学生李娜、尚玉璟获普通话组一等奖，赵倩茹、王丹丹获英语组二等奖。5月16—20日，河南省大学生“华光”体育活动第四届网球锦标赛开赛，学校取得了专科乙组团体冠军，宋威、陈小成获得了乙组男子双打冠军，黄永尚、刘良辰获得优秀运动员称号。5月26—27日，河南省第四届“高教杯”大学生先进成图技术与创新大赛在黄河科技学院举办，学校代表队在机械类比赛中获团体一等奖。6月2日，学校经济贸易学院选派的物流沙盘和电子商务沙盘两支代表队在2012年“全国大学生企业经营管理沙盘模拟大赛”河南省赛中获一等奖和二等奖。6月2日，2012年全国高职高专大学生企业管理沙盘模拟大赛河南省赛举办，学校代表队获得一等奖。7月9日，2012年全国大学生企业经营管理沙盘模拟大赛总决赛在广东省中山市举行，学校物流代表队获物流沙盘模拟大赛总决赛二等奖和团队优秀组织奖。7月18—25日举办的2012年全国拉拉操联赛（郑州站）暨全国全民健身操系列推广大赛（河南分站）中，学校代表队获了“大学组规定技巧二级”第一名、“大学组规定技巧花球二级”第五名和“大学组自选动作”第五名，同时获全国拉拉操联赛（郑州站）体育道德风尚奖，全国全民健身操系列推广大赛（河南分站）精神文明奖。8月15—17日，在第五届全国大学生先进成图技术与产品信息建模创新大赛上，中州大学工程技术学院机电一体化技术专业马银财获机械类建模二等奖，杨宏飞、谢栋等获得机械类尺规绘图二等奖。10月10—12日，第二届河南省导游大赛中，代表郑州市参赛的中州大学旅游专业的学生，以优异成绩包揽中文导游员组、英文导游员组和中文讲解员比赛所有组别的第一名，李星凤获中文讲解员组第一名，并在参赛的73名选手中以总分第一名的成绩获最佳素质奖。李娜、赵倩茹、李星凤还获得河南省“五一劳动奖章”。中州大学6名参赛学生全部获得了由河南省旅游局授予的“河南省旅游行业技术能手”称号。11月23—25日，“舞蹈莲花奖”第26届CBDF国际标准舞锦标赛暨首届CBDF艺术表演舞锦标赛上，学校参赛队获1个一等奖、2个三等奖。12月14—16日，第六届河南省高职院校技能大赛暨2013年全国职业院校技能大赛高职组河南选拔赛（中餐主题宴会设计项目）落幕。中州大学参赛选手在24所参赛院校的72名选手中以娴熟的技艺、有文化有特色的中餐宴会主题设计，获得了团体一等奖、2个个人一等奖、1个个人二等奖。12月14—15日，第六届河南省高职院校技能大赛暨2013年全国职业院校技能大赛（高职组）河南选拔赛工业分析检验赛项举行，中州大学代表队取得团体一等奖，并且将代表河南省参加2013年全国职业院校工业分析检验赛项技能大赛。12月15日，第六届河南省高职院校技能大赛暨2013年全国职业院校英语口语大赛河南选拔赛在开封大学举行，学校参赛队获大赛英语专业组二等奖和非英语专业组优秀奖。12月15—16日，全国职业院校技能大赛河南选拔赛计算机应用赛项在中州大学举行，学校代表队获得总分第一名，同时也将代表河南省参加全国的决赛。

12月16日，中州大学代表队获得2013全国职业院校技能大赛河南选拔赛计算机项目冠军

【中州大学“宇通客车班”开班】 12月3日，中州大学“2012宇通客车班”开班仪式在中州大学学术报告厅举行。宇通集团总裁助理、人力资源总监张廷文，培训中心主任王锋，学校党委副书记苏炜、副校长薛培军、刘省贵出席开班仪式，相关负责人和2012宇通客车班学生参加活动。张廷文向中州大学工程技术学院院长李九宏授予“2012宇通班”匾牌。王锋以《行业发展、企业振兴、个人成长》为主题为宇通班上了第一堂

课。"2012宇通客车班"以就业为导向，通过整合校企双方资源，实施工学结合的人才培养模式，使教师和学生直接感受宇通公司卓越的企业文化，直接学习宇通公司精湛先进的技术和先进的企业管理模式，实现教学与工作岗位实际要求零距离对接，为宇通公司培养和输送具有较高服务技能和专长的技术人才，达到企业、学校、社会共赢的目的。进一步拓宽了中州大学与知名企业校企合作的范围，加大了校企合作的力度，对中州大学的教育教学改革起到促进作用。

【特殊教育】 3月8日，河南省手语培训推广中心首期社会培训班在中州大学特殊教育学院开班。参加此次培训的学员有聋人家长，在校大学生，有准备留学进行硕博连读学习特殊教育专业的学生，还有即将踏上特殊服务岗位的应届大学毕业生。本次培训为进一步宣传和推广中国手语，增强社会各界对聋人群体的关注与理解，更好地为聋人朋友服务起到积极的作用。5月16日，由河南省教育厅、河南省人力资源和社会保障厅、河南省工业和信息化厅、河南省国有资产监督管理委员会、河南省广播电影电视局、河南省残疾人联合会、河南日报报业集团共同主办的"2012年河南省高校残疾毕业生就业专场双选会暨河南省残疾人艺术团成立大会"在中州大学举行。河南省人民政府副省长徐济超，省委高校工委书记、省教育厅厅长王艳玲，省残联理事长李玉德，省委高校工委副书记、省教育厅副厅长訾新建，省人社厅副厅长王金法，省残联副理事长董予德，省国资委巡视员杜泽生，省工信厅副巡视员陈富刚，郑州市副市长刘东，郑州市残联理事长杨慧春等领导出席会议。5月16日，"2012年河南省高校残疾毕业生就业专场双选会"在中州大学举办，有80余家企业参会，为残疾毕业生提供软件开发、文秘、会计、销售、食品加工、工业设计、按摩等1300余个就业岗位。吸引了来自河南省中医学院、南阳医学高等专科学校等全省高校的500余名残疾毕业生参加。11月5日，由省教育厅主办的河南省特殊教育学校教师技能大赛开幕式在中州大学学生活动中心举行。参加开幕式的有河南省教育厅副厅长尹洪斌、河南省残疾人联合会教育就业部部长韩春辉等，各地市教育局带队领导以及80余名参赛教师。尹洪斌在讲话中提出三点建议，一是希望参赛选手满腔热情地投入到比赛当中，赛出水平，赛出风格。二是希望评委公平、公正地进行评判。三是希望工作人员认真做好服务工作，保证大赛顺利进行。11月30日，河南省庆祝第21个国际残疾人日暨中州大学聋艺圆梦慈善基金启动仪式在中州大学学生活动中心体育馆举行。本次活动由河南省残疾人联合会、郑州市残疾人联合会、郑州市慈善总会共同主办，中州大学承办。河南省人民政府残疾人工作委员会副主任、河南省残疾人联合会理事长、河南省残疾人福利基金会会长李玉德，河南省教育厅副厅长尹洪斌、河南省残疾人联合会教育就业部部长韩春辉、郑州市慈善总会会长武国瑞、郑州市残疾人联合会理事长杨惠春、中州大学领导出席了庆祝活动。郑州市慈善总会、郑州众兴置业有限公司、郑州祝福房地产开发有限公司、啟福置业股份有限公司、河南金马工贸有限公司、郑州日产汽车有限公司等企业现场为中州大学聋艺圆梦慈善基金捐助资金70万元。本次活动受到了新华社河南分社、人民网、河南电视台、《河南日报》、《大河报》等多家媒体的报道。

7月13日，中州大学特殊教育学院聋人大学生组成的河南省残疾人艺术团再度受邀赴中央电视台演出，参加2012年《我要上春晚》栏目第一季"人气王回归"比赛

撰稿：王俞晓

审稿：李　欣

开封大学

党委书记：莫华林(—4月)张新梅(4月—)

校长、党委副书记：拜五四

创办时间：1980年

校　　址：开封市大梁路

电　　话：0378-3810013

邮　　编：475004

传　　真：0378-3857112

网　　址：http://www.kfu.edu.cn

【概况】 2012年，学校占地面积795329平方米，建筑面积344474平方米。固定资产总值3.79亿元，教学科研仪器设备总值7674.14万元。设有15个院部、5个公共教研部，48个专业，其中中央财政支持提升专业服务产业发展能力重点建设专业2个、省级高等学校特色专业建设点5个、省级教学改革试点专业5个、河南省高职高专示范专业5个、省级高等学校

名牌专业建设点1个、河南省专业综合改革试点专业2个、省级精品课程6门。教职工828人，其中专任教师630人，正高级专业技术职务17人，副高级专业技术职务158人，中级专业技术职务266人。聘有外籍教师11名。图书馆馆藏纸质图书82万余册，电子图书3288GB。毕业各类学生4488人，其中成人教育学生413人；招收新生5928人，其中成人教育学生996人；各类在校学生达到14808人，其中成人教育学生1959人。建有开封大学建筑设计室、开封大学工程监理公司、开封大学土地研究所、开封大学功能材料研究中心、省非物质文化遗产研究基地、朱仙镇年画研究所、宋代陶模研究所，市文学学会、市宋代文化研究所设在学校。公开出版《开封大学学报》。学校获国家级语言文字规范化示范学校、河南专科院校综合实力20强、省级文明单位、省级文明学校、省级园林单位、河南省教育管理先进单位、河南省最具就业竞争力示范院校、河南省单位内部治安保卫工作先进集体、市社科工作先进单位、市共青团工作最佳支持单位等称号。

【领导班子成员名单】 党委书记莫华林（—4月）、张新梅（女）（4月—）；校长、党委副书记拜五四；党委副书记储建新；副校长万是明、赵辉（女）、何世玲（女）、李新春、耿广利，纪委书记范金梅（女），工会主席成芳（女）。

【张天保莅校考察指导工作】 10月17日，国家总督学顾问、教育部原副部长、中国职业技术教育学会会长张天保，教育部原总工程师于淑媛，呼和浩特市副市长贾伟东，北京城建建设工程有限公司党委书记、董事长罗金财一行莅临学校东京大道校区考察，校领导拜五四、储建新、耿广利、崔林陪同考察。张天保肯定了学校发展和东京大道校区建设取得成果。拜五四代表学校聘请于淑媛为开封大学东京大道校区建设工程总顾问。于淑媛总工程师建议学校从每一个环节严把质量关，对施工加强管理和过程审计，落实各项管理制度，确保工程建设质量。

10月17日，教育部原副部长张天保（前右二）在校长拜五四（前右一）等陪同下莅校考察指导工作

【吉炳伟等到东京大道校区考察】 9月4日，开封市市长吉炳伟、正市长级干部朱丽萍一行到学校东京大道校区进行考察。校领导拜五四、储建新、万是明、赵辉、范金梅、耿广利、成芳以及相关院部负责人陪同考察。随后，吉炳伟一行参观考察了学校土木建筑工程学院中央财政支持实验实训基地。

【升本工作稳步推进】 4月，省教育厅下发文件“凡达到本科学校设置要求的学校，均可申报本科院校”。市委、市政府决定，在开封大学基础上申报开封学院。市委书记祁金立、市长吉炳伟、正市长级干部朱丽萍等市领导高度重视，多次听取学校专题汇报、召开协调会解决问题，在经费拨付、人才引进、图书、岗位设置等方面给予大力支持，全力支持学校升本工作。在河南省人民政府2012年9月印发的《河南省高等学校设置“十二五”规划》中指出：“以开封大学为基础，申办开封学院”，进一步明确了学校的奋斗目标和努力方向。学校初步拟定升本工作规划，对照本科院校设置标准，盘清家底，查找差距，明确目标，细化任务，责任到人，确保在2014年底使各项办学指标达到本科院校设置标准。

【学校通过人才培养工作评估】 12月，在继续做好省级示范性高职院校建设的基础上，学校接受了省教育厅高等职业院校人才培养工作评估。按照评估要求，学校制定了迎接评估工作方案，成立迎评工作领导小组和迎评办，细化分解各项目标任务，逐项督查落实。全体教职员工精诚团结，密切配合，全力以赴，真抓实干，充分做好了迎接评估的各项准备工作。专家组到校后，听取学校汇报、查阅档案资料、实地考察办学条件、进行专业剖析，抽取教师进行说课、说专业、座谈。经过认真、细致、深入的评估，专家组对学校的办学特色、办学内涵和办学成就给予了高度赞扬。省教育厅发文确定了开封大学人才培养工作评估获得通过。

【东京大道校区建设】 8月，学校与北京城建建设工程有限公司签订了以BT模式建设的协议。行政办公楼、图书信息大楼、机电学院实训楼、国教、继续教育学院教学与办公楼等总计7.5万平方米在建项目正加紧施工。主教学楼、财经学院综合楼、艺术大楼、实训中心、4栋学生宿舍、师生食堂等总计11万平方米建设项目计划开工建设。新征300亩土地手续基本完成。经充分征求广大教职工意见，教职工周转房规划总体方案和套型方案基本确定。

【第三届教代会专题会议】 10月18日，学校第三届教代会专题会议在报告厅举行。103名教职工代表参加了会议，大会审议通过了《开封大学教职工代表大会实施办法（草案）》。学校工会协调解决了教工子女入托、上学问题，完善了困难教工档案，对教师周转房套型选择进行统计。开办网上教工之家，组织“喜迎十八大　歌声献给党”歌手大赛、喜庆十八大教职工书画摄影作品展、教职工春冬季运动会，丰富了教职工的业余文化生活。学校工会被评为开封市模范职工之家、工会经费收缴工作先进单位、先进女职工委员会。学校有1人获开封市五一劳动奖章，3人分别被评为河南省妇女创先争优先进个人、市“三八”红旗手、市总工会财务工作先进个人。学校代表队获开封市文教卫工会系统篮球比赛特等奖。

【党建工作】 2012年，学校贯彻落实党中央、省委、省委高校工委关于在创先争优活动中深入开展基层组织建设年活动的有关要求，结合学校实际，深入开展基层组织建设年活动，加强大学生入党积极分子的培养工作，有73%的学生递交了入党申请书，63%的学生成为入党积极分子，2062名学生入党积极分子接受了培训；全年发展学生党员1057人。12月17日，召开开封大学学生党建工作创新研讨会，收到论文18

篇,评出一等奖3篇、二等奖3篇、三等奖4篇、优秀奖3篇。学校被评为开封市宣传思想文化工作先进集体,学校党校被评为全省先进基层党校。

【创先争优】 2012年,紧紧围绕党中央确定的“强组织、增活力,创先争优迎十八大”主题,将基层组织建设年活动与创先争优活动各项工作有机衔接,促进创先争优活动的深入开展。全校56个基层党组织精心组织、周密安排,1143名党员积极主动、身体力行,共产党员的先锋模范作用得到进一步发挥。评选出校级先进基层党组织4个,市、校级优秀共产党员、优秀党务工作者65名,校级“优秀党员之星”12名,校级“先进基层党组织”流动红旗单位6个。

【校企合作】 一是原有合作企业合作不断深化,学校被烟台富士康、上海德邦物流等企业评为“优秀合作单位”。二是学校抢抓中原经济区建设的机遇,围绕开封市十大产业集群建设和“五大攻坚战”的战略部署,经过深入调研、酝酿和论证,将管理科学学院更名为旅游学院,工艺美术学院更名为艺术设计学院,机电工程学院调整为电子电气工程学院和机械与汽车工程学院,以更好地服务开封经济社会发展。成立开封大学职业技能鉴定所,扩大职业技能鉴定范围。开展企业员工培训、职业技能培训、执业资格考前培训、公务员考试考前培训4023人次,农民工培训6个工种618人次,全市中小学教师教育技术培训5167人次;服务开封国际旅游文化名城建设,对包公祠等旅游景点的导游人员和梅园酒店的服务人员进行专项培训。学校被评为全国国际商务英语考试和职场英语考试优秀考试点。深入产业集聚区开展校企深度合作,与郑州富士康、奇瑞重工开办了订单专班;点面结合,与尉氏县政府携手,一次与6家企业同时签署校企合作协议,实现政、校、企三方共赢。三是增强与各地校友会的密切联系,拓宽了校友支持学校发展的途径。

【教学与科研】 2012年,学校围绕示范性高职院校建设,加大教学科研投入,1项成果获河南省高等教育教学优秀成果奖、9项成果获省教育厅信息技术优秀成果奖、5项成果获河南省教育厅科技成果奖、2项成果获河南省教育科学“十一五”规划成果奖、2项成果获河南省教育厅人文社会科学优秀成果奖、3项成果获河南省档案局科技进步奖、4项成果获河南省社科联优秀调研课题奖,2项成果获河南省人力资源社会保障优秀科研成果奖、4项成果获开封市第八届自然科学优秀学术成果奖、24项成果获开封市社科联优秀调研课题奖。2项成果通过河南省政府决策招标课题审查结项、7项成果通过河南省科技厅成果鉴定、3项成果通过河南省教育厅自然科学研究计划项目审查结项、7项成果通过河南省教育厅人文社会科学计划项目审查结项、6项成果通过河南省教科规划课题鉴定、3项成果通过河南省档案局计划项目审查结项、25项成果通过开封市科技计划审查结项;1项全国“十一五”教育规划课题上报全国教育科学规划办公室审查结项;8项课题获河南省政府决策招标课题立项、2项课题获河南省科技计划项目立项、7项课题获河南省档案局课题立项、3项课题获河南省教科规划课题立项、4项课题获河南省教育厅人文社科项目立项、7项课题获河南省教育厅自然科学项目立项、27项课题获河南省社科联立项、27项课题获开封市社科联立项。出版专著、教材21部;教师共发表学术论文203篇,其中全国中文核心期刊发表学术论文68篇、被CSCD/CSSCI收录4篇、被SCI收录3篇、被EI收录16篇。学校邀请校内外专家、学者举办全校性各类学术讲座20场。河南省重点实验室——先进碳化硅材料重点实验室成立;河南省高校工程技术研究中心——电气自动化实验室成立;河南省高校工程技术研究中心——绿色高分子材料实验室验收为优秀等级。学校被评为河南省高校科技管理先进集体、开封市社科系统优秀单位、开封市自然科学成果评选优秀组织单位。

2012年,学校以高等职业院校人才培养工作评估为契机,强化校企合作,完善工学结合人才培养模式,对全校48个专业的人才培养方案进行了重新修订;专业建设得到了进一步加强,服装设计专业被确定为省特色专业建设点,旅游管理专业和生物化工工艺专业被确定为河南省专业综合改革试点专业;组织申报了3个(休闲服务与管理、食品营养与检测、动漫设计与制作)新专业。同时,评选出3个校级特色专业和9门校级精品课程立项建设项目,并进行了教学单项奖评选,有51人获得优质课奖、优秀教学成果奖、青年教师技能大赛——多媒体课件大赛奖、教学管理先进个人奖等。学生在全国大学生企业经营管理沙盘模拟大赛中获河南赛区二等奖2项;在第二届全国高职高专英语写作大赛中获全国三等奖1项,河南赛区一、二等奖各1项;参加全国大学生英语竞赛获全国一、二、三等奖各1项;参加全国高师学生英语教师技能竞赛获全国一等奖2项,第三届“金蝶杯”全国大学生创业大赛获河南赛区一等奖、二等奖各1项,河南旅游院校第一届服务技能(导游服务)大赛上获优秀选手奖,全国模拟设计网络大赛上获个人和团体三等奖,在第三届“高教杯”河南省大学生成图技术与创新大赛上获团体二等奖,在全国大学生数学建模竞赛中共有21名学生分获二、三等奖,在“中华诵·2011经典诵读大赛”上获河南赛区三等奖。

【师资队伍建设】 2012年,学校开展了“说专业”大赛,12名教师获奖。引进高学历教师33名,认定双师素质教师39名,63名教师申报了高一级专业技术职务评审,127名教师参加实践锻炼和业务培训。1名教师被评为河南省教育厅学术技术带头人,1名教师被评为河南省高校青年骨干教师资助计划资助对象,2名教师分别被评为河南省优秀教师、河南省教育系统优秀教师,2名教师被评为河南省高等教育教学工作先进个人,2名教师获河南省教育系统教学技能竞赛二等奖。开封大学管理科学学院被评为河南省教育系统先进集体、财政经济学院被评为河南省高等教育教学工作先进集体。

【校园文化建设和德育】 本年度,团委加强团员思想政治教育工作,发挥团组织作为党的助手、党组织的后备军的作用。按照团中央、团省委关于加强大学生分类思想引导工作的相关要求,通过团会、座谈会等途径结合当前团员青年的思想特点开展了卓有成效的各类教育活动。组织全校团员青年学习了胡锦涛在纪念建团90周年大会上的讲话,在党的十八大召开前后组织学生观看了系列纪录片《伟业之魂》、《十八谈讲座》。将在学习和各类活动中表现突出、素质过硬的1703名团员推荐给党组织作为发展对象。团委组织开展了女生节、周末文化广场系列活动、第九届校园辩论赛、五四文艺汇演、毕业生二手商品交易市场、欢送毕业生晚会、迎新晚会、第六届社团文化艺术节、“红歌嘹亮　唱响开大”第十五届校园十佳歌手大赛、金话筒大赛等深受师生喜爱的文化娱乐活动。为纪念建团90周年举办了“高举团旗跟党走　激情献礼十八大”党团知识竞赛。配合开封市建设国际文化旅游名城工作，开展了旅游志愿服务活动。在第30届菊花文化节和第22届厨师节活动中，学校青年志愿者高质量、高效率地完成了上级交办的各项志愿服务活动，受到了社会各界的一致好评。此外，还组织开展了“雷锋在身边　精神永传承”志愿服务月、清洁家园志愿服务、关爱留守儿童、进社区义务帮扶等青年志愿者活动。开展“践行三平精神　建功开封复兴”为主题的大学生社会实践活动，活动内容涵盖服务开封地方经济建设、国际旅游名城建设志愿者培训、义务支教、关爱留守儿童、服务社区、农民工普法宣传和科技知识普及、招生宣传以及专业技能实践等。在2012年西部计划志愿者招募工作中，经过广泛动员、层层选拔，共有5名学生被录取。在2012中国大学生跆拳道联赛总决赛中获得6金2银2铜、4个第5名；参加河南省第十三届大学生科技文化艺术节，获得一等奖2个、二等奖5个、三等奖8个，河南省第三届大学生艺术展演活动获得二等奖3个、三等奖2个，第十届“挑战杯”河南省大学生创业计划竞赛获得银奖作品1个、铜奖作品3个。校团委被评为2012年开封市“五四红旗团委”、2012年暑期社会实践先进集体，河南省志愿服务示范站（点），1项课题获2012年度河南省青少年和青少年工作研究优秀课题一等奖。学校顺利通过省级精神文明单位复查验收。

【学生资助】 2012年，有453名新生通过“绿色通道”获得210.02万元的临时贷学金入学；全年共为1027名学生办理贷款金额444.45万元；6209名学生分别获得国家奖学金、国家励志奖学金、国家助学金、双汇助学金、开封大学奖学金、金松奖学金、上虞奖助学金，共计932.9万元；设立校内勤工助学岗位80个，建立临时困难生救助基金共计2.4万元。9月，学校被省教育厅评为河南省学生资助工作先进集体。

【招生就业】 2012年，学校各类招生共录取5000余人，完成了招生计划。普通专科第一志愿上线报考率为126.9%，文科录取最低分比普通高职高专一批录取控制分数线高出34分，理科高出17分。学校制定了《关于做好2012年毕业生就业工作的意见》，对毕业生就业工作进行了全面的部署。本年，有宇通汽车、郑州富士康、奇瑞汽车河南有限公司等多家企业到校招聘，举办专场招聘会198场，供需见面洽谈会1场，远程招聘19场，到校招聘的用人单位共有518家，累计提供就业岗位7000余个。截至年底，2012届毕业生就业率为95.58%。

11月24日，开封大学2013届毕业生供需见面洽谈会在学校体育馆举行

【国际交流与合作】 2012年，与英国格林威治大学合作开设的国际金融专业获批，并开始招生。与加拿大麦瑞·维多伦学院、圣力嘉应用文理学院，日本京都信息大学、美国ASA大学及纽约ACS职业培训学校等办学单位就合作办学模式等相关事宜进行洽谈。学校接待了英国格林威治大学、新西兰纳尔逊理工学院、加拿大麦瑞·维多伦学院、加拿大圣力嘉应用文理学院及美国威奇托市等代表团来校访问。组织教师、学生赴国外合作办学院校进修、游学，创新工作思路，提高教育国际化水平。学校有265名毕业生分别取得了加拿大麦瑞·维多伦学院、新西兰纳尔逊理工学院的毕业证书，其中出国学生5名。中外合作办学专业录取新生50名，在校生380名。

撰稿：谢周义

审稿：张新梅　拜五四　石　磊

焦 作 大 学

党委书记：郭维杰
校长：林效廷
创办时间：1981年7月
校址：焦作市人民大道东段
电　　话：0391-2985000　2989002
邮编：454003
传　　真：0391-2989508
网址：http://www.jzu.edu.cn

【概况】 2012年，学校占地面积1392亩，建筑面积48万平方米；教学仪器设备总值9113万元，图书馆藏书127万册。公开发行《焦作大学学报》和《焦作大学报》。学校设有机电工程学院、信息工程学院、土木建筑工程学院、化工与环境工程学院、人文学院、艺术学院、经济管理学院、外国语学院、法律与政治教育学院、太极武术学院等15个院系，开设有太极拳、计算机网络技术、装饰艺术设计、旅游管理、酒店管理、汉语言文学、旅游英语、电脑美术设计、舞蹈表演等54个专业。有教职工1000余人，专任教师中具有副高级以上专业技术职务的266人，具有硕士以上研究生学历的466人。全日制在校生13000余人。

【学校领导班子成员名单】 党委书记郭维杰，党委副书记、校长林效廷，党委副书记焦金雷，党委委员、副校长马韵新，党委委员、工会主席杨中汉，党委委员、副校长申文波，党委委员、纪委书记张浦，副校长霍晓丽。

【各级领导莅校调研】 10月19日，国家原发展研究中心主任、著名经济学家、中国发展基金会理事长王梦奎在市委常委、副市长迟军的陪同下，莅校就学科建设工作进行调研。王梦奎实地察看了设在学校的河南省"四大怀药"院士工作站和焦作大学图书馆，并通过座谈会听取了工作汇报。王梦奎说，近年来，焦作大学的发展步伐不断加快，学科特色明显、教师队伍优秀，培养了许多应用型人才，为本地的经济发展做出了贡献。5月21日，省委高校工委书记、省教育厅厅长王艳玲莅校调研，市委书记路国贤、市长孙立坤及市委常委、副市长迟军陪同调研。6月7日，省委高校工委副书记、省教育厅副厅长张亚伟在市委常委、副市长迟军陪同下莅校调研。

10月19日，国家原发展研究中心主任王梦奎(前左三)莅校调研

【学习贯彻十八大精神】 全校动员，通过党委中心组学习、党校培训、支部学习、收听收看大会实况、领导宣讲等形式，学习宣传贯彻十八大精神，教育广大师生明白党将举什么旗、走什么路、以什么样的精神状态、朝着什么样的目标继续前进，把思想统一到十八大精神上来，把力量凝聚到中央的决策部署上来，树立实干兴校意识，投身学校发展事业。

【学校申本工作被列入《河南省高等学校设置"十二五"规划》】 在焦作市委、市政府的正确领导和市直有关部门的支持配合下，学校对照本科院校设置标准和评估要求，扎实完善条件，彰显办学特色。7月18—19日，接受了河南省高等学校设置评议委员会专家组的考察。9月，省政府颁布《河南省高等学校设置"十二五"规划》(豫政〔2012〕85号)，"以焦作大学为基础，申办焦作工程学院"正式列入规划，学校申本工作取得重大阶段性成果。

【教育教学】 实施高等教育教学工程，推进课程改革，《三维动画》被评为首批河南省精品资源共享课程。应用化工技术专业被评为省级综合教学改革试点专业，建筑工程技术专业被评为省级特色专业建设点。旅游管理和建筑工程技术专业获得财政部、教育部专业服务行业发展能力项目建设经费400万元。艺术类专业建设顺利通过省艺术类专业办学情况检查。培育教学成果，获得省级教学成果奖2项。开展职业技能鉴定，获得全国电子专业人才设计与技能大赛三等奖。新增教学仪器设备1100余万元，西班牙政府贷款进口仪器设备的安装调试工作正式启动。推进顶岗实习，和昆山富士康联合开设"富士康自动化班"，成为富士康人才培养基地。校企合作模式经验在焦作市职业教育工作会议上交流，被评为焦作市职业教育先进单位。

【学生工作】 2012年，普通专科招生4712人，向社会输送4799名合格毕业生，其中440人被评为省、校级优秀毕业生，740人参加专升本选拔，917人入党，就业率达90.75%。做好大学生征兵工作，全年共有35人通过政审，其中19人参军入伍。就业工作连续10年5次获省人力资源和社会保障厅、省教育厅表彰的河南省大中专毕业生就业工作先进单位称号。加强创业指导，开展大学生创业大赛等活动，通过省大学生创业教育示范校评估。坚持立德树人，召开学生工作及辅导员队伍建设工作会议，开展经验交流和岗位培训，加强学生政工队伍建设，完善班主任(德育导师)工作体系。关爱学生，全年为6000余人次学生发放各级各类奖、助学金1083.5万元，为338名困难学生办理助学贷款139.55万元，为250名学生办理"雨露计划"手续，开辟绿色通道，帮助学生完成学业。

【科研】 举办科技周、学术月等活动，邀请中科院院士谢毓元等专家学者来校讲学50余场。完成科研课题结项、立项和成果获奖共计97项，申报课题、成果88项。图书馆采购、接受捐赠书刊60万册。完成"王梦奎教授捐赠图书藏馆"的搬迁、改造工作，新接收王梦奎捐赠图书近2000册。提高学报、校报质量，顺利通过省教育厅组织的学报和校报评估。

【师资队伍建设】 稳步推进人事制度改革，完成岗位设置首次聘任工作。开展职称评审工作，本年9人获得副高级以上专业技术职务任职资格。举办教师教学技能竞赛和专业技能竞赛活动，涌现出省级教学名师、省级优秀教师、省教育厅学术技术带头人等6人，评选表彰100名校级优秀教师和优秀教育工作者。

【国际交流合作】 新西兰国际太平洋学院等3所国外高校来访，并签订合作协议。加强对外汉语培训，接收40名外籍留学生。

【党建】 本年，切实开展"基层组织建设年"活动，对全校39个党支部进行了集中换届改选。开展创先争优活动，先后组织开展"三讲三提升"、"四帮四促"、党员信仰纯洁性专项调查等活动，持续抓好党员践诺承诺活动，2个党组织被评为市创先争优先进基层党组织。实施基层组织工作百分量化考核制，继续深化基层党组织"创五好"活动，2人被评为市级优秀共产党员。新发展党员801名，407名预备党员按期转正。

【精神文明建设】 精神文明建设工作顺利通过上级验收，第三次获省级文明单位称号。加强对外宣传，全年接受中央电视台、《东方今报》等新闻媒体采访20余次。遴选65名党员领导干部参加国家教育行政学院培训等各级各类调研培训。落实老干部待遇，设立老干部阅文室，学校被评为焦作市老科协工作先进集体。12月18日，成立焦作市党外知识分子联谊会焦作大学分会，支持民主党派开展活动。学校被评为焦作市思想道德建设先进单位、市党委中心组理论学习先进单位、市统战工作先进单位。

【党风廉政建设】 组织学习《领导干部廉洁从政教育读本》，观看《苏联亡党亡国20周年祭》警示教育片等，对重点部门负责人开展岗位风险警示教育。开展廉政文化建设，出台《焦作大学廉政教育登记制度》，营造“以廉为荣、以贪为耻”的校园文化氛围。加强监督，落实“三重一大”决策制度，规范决策行为，提高决策水平，防范决策风险。全面提升党务校务公开质量，开展行风评议工作。认真处理群众的来信来访，及时处理师生关心的热点问题。

【团的建设】 坚持党建带团建，做好学生和青年工作。共青团、学生会和社团组织在院系支持下广泛开展周末文化广场等多种形式的校园文化活动，在省大学生科技文化艺术节上获20个奖项。开展建团90周年系列团日活动、“五四红旗团支部”创建活动，组织志愿服务等社会实践活动，600余名志愿者赴云台山风景区开展志愿服务。青年志愿者协会获焦作市志愿服务市长奖“十佳志愿服务组织”。红丝带志愿者协会被中国高校社团网、全国高校社团评选组委会授予全国高校十大影响力社团称号。校团委被评为焦作市五四红旗团委、市共青团工作先进单位、市大中学生暑期社会实践活动先进单位。

【平安校园建设】 贯彻落实“平安河南”建设纲要，做好涉日维稳等敏感时期的政治稳定工作。提高保卫人员待遇，增加物防、技防设备，加强值班带班和巡逻巡查。开展政治风险评估，组织消防安全讲座、校园防火警示教育，进行安全检查30次，整治安全隐患8处。防止和有效处置突发事件，调解矛盾纠纷18起。开展“六五”普法教育，增强师生法治意识。

【关注民生】 坚持办实事做好事，实施“送温暖工程”，帮助教职工解决实际困难。开展基层工会百分制考核，加强“教职工之家”建设。10月11日，召开两次教代会，审议通过年度财务预算和新修订的《焦作大学教职工代表大会实施办法》。

【行政管理】 加强制度建设，修订、完善《焦作大学“三重一大”议事规则》等20余项规章制度。召开信息档案工作会议，开展业务培训，强化信息报送制度，规范档案管理，顺利通过市保密工作检查。推进校务公开工作，开展督导检查，完善校务公开管理体系。加强固定资产日常管理，全年登记入册3102件固定资产。完善集中招标采购工作，组织66次招标采购活动，节约预算资金528万元。化解债务风险，争取省化债资金1150万元，筹划土地置换工作。推进信息化工程建设，完善数字信息资源管理系统，完成校园一卡通的数据导入和对接工作。开展节约型校园建设，12月，被市水资源管理办公室评为焦作市水资源管理和节约用水先进单位。加强食堂管理，引进100余万元对南校区餐厅进行装修改造。加强宿舍文明建设和安全管理，安装电子监控设备和门禁系统。

【基础设施建设】 完成新办公楼、运动场后续工程建设，对36个实验室进行改造，完成教室及校园整修工作，改善了教学、办公环境。做好校园绿化、美化工作，植树1800棵。做好教授、外教公寓楼后续工程建设，物业中心基本完工。

【服务地方建设】 进一步开发四大怀药产品，河南省四大怀药院士工作站正式揭牌，河南省高校怀药工程技术研究中心顺利通过省教育厅验收，学校成为焦作市怀药协会副会长单位和焦作市怀药产业及生物医药产业技术创新战略联盟理事长单位。与市旅游局联合成立旅游研究中心，整合完成怀

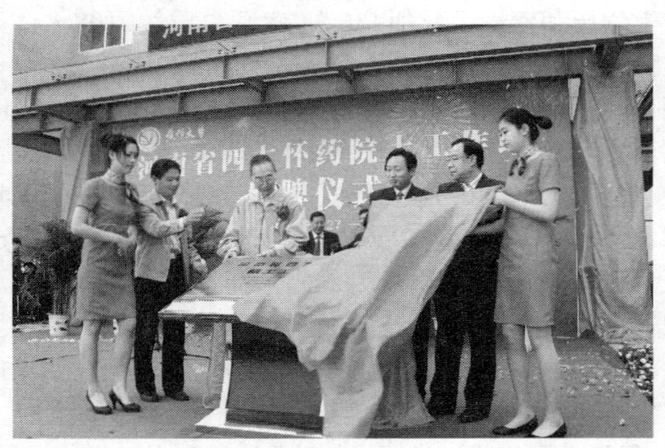

4月27日，中科院院士谢毓元（左三）为河南省四大怀药院士工作站揭牌

川文化研究所等15个科研机构的挂牌和办公设备的配备工作。与国家果蔬研究中心开展合作，加大产品研发力度。怀药酒技术向社会推广，签订了120万元的技术转让协议。科苑公司顺利通过食品质量安全证书（QS）的验收。

撰稿：廉永生

审稿：焦金雷　吴玉伦

开封文化艺术职业学院

院　　长:焦会学
创办时间:2010年3月　　校址:开封市东京大道
电　　话:0378-2115671　　邮编:475004

【概况】 开封文化艺术职业学院是由开封市人民政府举办的一所普通高等职业院校。

2012年,校园占地336亩、建筑面积16万平方米;建有办公楼、教学楼、艺术楼、实训楼、学生宿舍楼、食堂综合楼、田径运动场等。建设了校园网、语音室、微机房、舞蹈排练厅、钢琴房、工艺美术制作室、心理咨询实验室等现代化实验室和专用教室。

学院设有13个行政处室、12个教学系(部),教职工534人,专任教师386人,其中教授、副教授123人,具有硕士学位及以上学历和双学历教师136人,双师素质教师98人。开设有文秘、旅游英语、表演艺术、装潢艺术设计、旅游工艺品设计与制作、心理咨询、动漫设计与制作、酒店管理、主持与播音、文化市场经营与管理、市场营销、服装设计、出版与发行、语文教育、数学教育、英语教育、学前教育、计算机教育、视觉传达艺术设计、音乐表演等各层次专业30个,全日制在校生6000余人。建立有开封歌舞剧院、开封市博物馆、清明上河园、大乘旅行社、开封脉搏文化传媒公司、开封汴绣厂、朱仙镇木版年画社、开封市心理咨询中心、郑州国际会展中心、武汉广兴船务公司等校外实习实训基地68个。

【领导班子成员名单】 党委副书记、院长焦会学;党委副书记王凯,党委委员、副院长田进军,党委委员、副院长马嘉友,纪检书记王新,党委委员、副院长张西安。

【首届教代会第二次会议召开】 6月25日,第一届学院教职工代表大会第二次会议在行政楼会议室举行,本次教代会正式代表83人,260名教职工代表参加了会议。大会由学院党委副书记王凯主持,院长焦会学代表学院党委班子作了《振奋精神　抢抓机遇　改革创新　务实求效　为实现学院五年规划第二阶段目标任务而努力奋斗》的工作报告。会议讨论通过《学院工作报告》、《教职工津贴奖金发放办法修改意见》和《财务收支预决算报告》。

【专业建设】 专业建设坚持面向市场、链接行业、结合就业、服务地方的原则,7月聘请校外及行业专家,历时20天进行充分的市场调研和行业论证,调整专业设置,保留市场需求大、发展前景好的专业,砍掉市场萎缩、招生困难的专业等,确定了旅游英语、表演艺术、装潢艺术设计、旅游工艺品设计与制作、心理咨询、动漫设计与制作、酒店管理、主持与播音等专业为重点发展专业。

【课程建设】 课程建设突出职业性和实践性。上半年,根据人才培养目标要求,学院邀请校内外专家对文艺学院15个专业650门课程进行逐一研究论证,调整不适应职业教育的课程,突出对职业能力、职业素质的培养。评定学院精品课程15门,建立了符合高职教育要求和学院文化艺术办学特色的课程体系。

【项目建设】 加强各类项目申报、建设工作。学院心理咨询专业被省教育厅评为专业综合改革试点项目;表演艺术专业被批准为省级特色专业建设点;省级高职教育特色学校建设项目获审批;旅游工艺品设计与制作专业获得的中央财政支持项目资金400万元,全部到位。

【党建和思想政治工作】 坚持党委中心理论组、党员党日活动、教职工政治理论学习三个层面的理论学习制度,重点组织学习十七届六中全会精神、十八大精神、省九次党代会精神、市十次党代会精神。在全院党员干部和教职工中开展党员创先争优、"三个围绕三个狠抓"大讨论、"高职教育思想"大讨论、"学习雷锋见行动,'三平'之中做贡献"等教育活动。构建党团校——思想政治课——班团会"三位一体"的政治思想教育体系,发挥党校的教育培训职能。本年,党校培训入党积极分子1000余人,235名优秀教师和学生加入中国共产党组织。

【党风廉政建设】 学院党委落实党风廉政建设责任制,严格执行领导班子党风廉政建设"一岗双责"制度;发挥纪委的职能作用,全院全年共查处廉政风险点305个次,接待信访8人次;开展"提升素质、规范执纪、端正作风、树立形象"专题教育活动,党员干部廉政承诺暨警示教育活动,"我看校园廉政文化"主题征文比赛,廉政书画、摄影、篆刻大赛和"廉政歌曲大家唱"等活动;编印"党员廉政教育读本"4册,累计印发4000余本。

【师资队伍建设】 学院共有6人参加国家级骨干教师培训、8人参加省级骨干教师培训,5人顺利完成省职业院校教师企业实践任务。学院先后组织系部专业负责人、教学骨干72人次赴北京、上海、陕西、山东等地高校和知名企业学习考察,接受综合管理、专业建设、文化产业发展等方面的培训。2012年,学院面向社会公开招聘具有研究生学历的教师20名及本科学历的辅导员10名。

【教学督导】 学院选派专人参加省第九届高校教学督导工作研讨会。全年听评课1080个课时,抽查《教师日志》526本,整理《教室日志》1万余份,发放评教表2600余份,涉及全院学生总数的50%以上,学生满意率达90%。

【学生教育管理】 建立健全学生工作的各项规章制度。重新修订《学生手册》,加大对《学生行为准则》、《学生管理规定》、《学生文明行为规范》、《学生操行评定办法》、《学生考勤管理规定》等规章制度的落实力度。开展丰富多彩的集体活动。举办“5·25”大学生心理健康宣传教育活动,“文明修身”主题教育活动;组织参加开封市清明文化节巡游活动,郑开马拉松服务活动,慰问敬老院及聋哑儿童活动;组织开展学院首届大学生文化艺术节等校园文化活动百余场次,参与师生近万人次。关爱家庭困难学生,资助大学生3350名,累计金额达460余万元。

【共青团建设】 全年共推荐185名优秀团员作为党的发展对象。截至年底,学院青年志愿者人数达2200人。组织团员参加各类社会实践活动30余次,参与人数3200余人次。2012年,3个五四红旗团总支、5个五四红旗单项工作团总支、43个五四红旗团支部、30个“十佳团日活动”团支部、231名优秀团学干部、650名优秀共青团员和196名青年志愿者先进个人受到了上级的表彰。

【科研、外事】 学院教职工全年共发表学术论文150篇,其中32篇发表于中文核心期刊;出版著作近30部,各级各类课题立项52项,各级各类课题结项共56项,科研成果获奖35项。学院被评为开封市社科系统先进单位和教育科研先进单位。合作办学进展顺利。与马来西亚南方学院、新加坡东亚管理学院建立良好的合作关系。

【招生就业】 走切合学院招生实际的工作之路,确保招生工作稳步推进。调整招生专业结构、生源地结构,科学、合理地编制招生来源计划。2012年,共招收各类新生3121人,其中各类全日制学生1711人,联办中专招生1410人。

开展毕业生就业指导和就业观念教育,引导学生合理就业。本年度共有73名学生参加了无锡全汉电子有限公司社会实践活动,13人参加了“三支一扶”活动,9名应届毕业生应征入伍,67人通过了特岗教师招聘。举办两场毕业生就业供需双向洽谈会,350余家企业和单位来院洽谈招聘事宜,提供用人岗位3200余个,签订就业意向2499份。

【实习实训基地建设】 学院实训基地清明上河园被确定为省级高职教育示范性综合实训基地;成功建立全国大学生英语四六级考点、计算机等级证书考点、省级普通话水平测试点、市中小学心理咨询中心和开封文化艺术职业学院培训中心;建立校内外实习实训基地68个。

【继续教育】 2012年,招生2836人,其中函授教育722人,是上年招生人数的1.7倍;开放教育春秋两季共招生1618人,是上年的1.2倍;远程教育在实现学院独立招生的情况下,春秋两季共完成招生496人,超额完成年度400人的计划目标。

【培训工作】 8位骨干教师参加了全市的职业技能鉴定中级考评员培训工作,完成142人的高级育婴师的培训和考证。承办开封市教育局主办的2012年“十二五”第一期中小学校长任职资格培训,完成100名中小学校长培训工作。建成“国家开放大学会计从业资格考前培训项目推广中心”。

【新校区建设】 根据整体规划部署,学院校区在建成7.4万平方米的基础上,又完成8.6万(宿舍楼3万,食堂1万,艺术楼2万,培训楼2.6万)平方米。校园占地面积达到336亩,校舍建筑面积达16万平方米。学院景观灯、园林景观、浮雕墙、音乐走廊等亮化绿化美化工程基本完工,完成办公楼、艺术楼青石板广场和花岗岩广场硬化工程,完成两个排球场、一个200米跑道、1.3万平方米沥青混凝土路面、三个职工停车场等建设任务。

【工会工作】 发挥工会的桥梁纽带作用。组织开展教工趣味运动会、教工跳绳比赛、教工双升比赛等文体活动,建立教工之家。

【老干部工作】 贯彻党的老干部政策,落实老干部的各项政治生活待遇;成立老教协、老科协、关工委等工作组织,发挥老干部党支部的战斗堡垒作用;组建老干部合唱团、舞蹈队、门球队、书画协会、摄影协会等,推进老干部“三五”工程;组织老干部外出参观学习;走访慰问和来访接待老干部达550余人次,20余位老干部在各类文体活动和比赛中获得省、市的表彰和奖励,学院用于老干部工作自筹资金累计178万元。

【精神文明建设】 本年学院开展文明单位、文明个人创建活动,深化文明细胞建设,顺利通过市精神文明单位年度检查、验收工作,被评为市文明单位标兵。

【学院获奖】 学院获河南省第三届大学生艺术展演优秀组织奖和合唱一等奖、舞蹈二等奖,全国高职高专英文写作大赛河南赛区特等奖、全国优秀奖,中国高校美术作品学年展团体三等奖,第三届全国商务秘书职业技能大赛团体三等奖,全国高校廉政文化书法、绘画、摄影大赛个人三等奖,河南省第十三届大学生科技文化艺术节优秀组织奖,河南省第三届艺术展演一等奖和最佳创作奖,河南省高等学校师范类毕业生技能大赛二、三等奖,全国青少年“写清明”主题创作大赛一等奖,河南省“教育崛起,教师为基”师德征文一等奖,河南省“学习雷锋见行动,‘三平’之中做贡献”征文优秀组织奖。

撰稿:杨 力

审稿:王建民

郑州澍青医学高等专科学校

董 事 长:王左生
创办时间:1984年
电话:0371-67592757
网 址:http://www.shuqing.org/
校长:左铁锷
校址:郑州市二七区马寨工业园区东方路23号
邮编:450064

【概况】 2012年,学校占地面积585亩,建筑面积22万平方米。教学科研、设备总值5324万元,图书馆藏书80万册。学校设有一委一部五系(公共科学教育委员会、基础医学部、临床医学系、护理系、相关医学系、药检系、中医系),共有临床医学、中医学、护理、医疗美容技术、口腔医学技术、康复治疗技术、药学、医学检验技术、医学影像技术、助产、计算机应用(医学方向)11个专业。校内有实验实训基地20个,实验实训室186个,科研实验中心4个。附属医院6所(其中隶属附属医院1所),教学实习医院58所。全日制在校专科生5961人。

【校领导班子成员名单】 学校实行董事会领导下的校长负责制。董事长、党委书记王左生,校长、党委副书记左铁锷;常务副校长王晨,党委副书记、纪委书记、工会主席赵玉荣,副校长王左育、全宏勋;校长助理江开春。

【第二次党代会召开】 6月30日,学校召开中国共产党郑州澍青医学高等专科学校第二次代表大会。共有115名代表参会,省委高校工委、市教育局及13个兄弟院校的领导莅临会议。大会通过了党委工作报告和纪委工作报告,选举产生了新一届党委、纪委领导班子,并安排部署了今后五年的工作。党代会之后,学校对全校基层党组织设置进行了进一步优化调整,形成学校现有7个党总支、2个直属党支部、30个基层党支部的党组织设置格局。

【新校门剪彩仪式】 6月30日,举行了学校新校门启用剪彩仪式,这是学校2012年的重点工程,标志着学校总体规划和主要建筑的完成,学校以崭新的面貌走向新的历程。

【学生比赛创佳绩】 6月,学校护理系师生在2012年河南省卫生厅举办的河南省卫生职业教育护理技能竞赛中获得一等奖、二等奖、优秀奖、优秀组织奖、团体二等奖、优秀指导教师奖等10项荣誉,受到了与会领导和评委教师的一致好评。学校2010级护理2班学生侯倩玉等学生先后获国家级奖项1项、省级奖项12项、市级奖项1项。

【新增品牌专业、重点专业】 2012年,学校药学专业和中医学专业先后获得河南省品牌专业建设点和郑州市重点专业称号,同时获得河南省教育厅拨付的100万元品牌建设经费。至此,学校5个准备晋本专业全部成为省市的品牌专业、重点专业。学校基础医学部《药理学》被评为郑州市精品课程。

【承办河南省首届康复技能大赛】 10月15—16日,承办了河南省首届康复技能大赛。全省共有包括郑州大学第一附属医院、河南省人民医院等46家医疗单位的131名选手参赛。首创民办学校承办省级技能竞赛的历史。

【举办第二期青年干部培训班】 11月,学校举办第二期青年干部培训班,本期培训对象主要为新提任科、处级青年行政干部,共30人参加。培训班为期四周,采用了专题讲座、分组讨论、撰写论文和交流总结等形式。通过培训,进一步加强了青年干部队伍建设,提高了青年干部队伍的综合素质和组织管理能力,更好地发挥其在学校发展进程中的重要作用。

【全国高职高专康复治疗技术专业教材(人卫版)编写筹委会在学校召开】 11月18日,全国高职高专康复治疗技术专业教材(人卫版)编写筹委会在学校召开。会议就教材编写指导思想、编写原则和思路、教材定性、教材书目、教学内容、主编和编者的遴选、制定编写大纲以及下阶段工作的开展等方面达成了共识。本次会议奠定了郑州澍青医专在编写人卫康复二版教材中的地位。

【数字化校园】 2012年,学校按照规划建成了录播教室系统、视频监控系统、校园广播系统,采购了中国知网相关文库和医学教学素材库,完成了19个录播教室建设,全部达到国内顶尖水平,并完成了录播系统和卫星电视系统、视频监控系统的对接,为下一步师生的数字校园生活做好了技术准备。

【召开第四届二次职工代表大会】 12月22日,学校召开第四届二次职工代表大会。85名职工代表和13名特邀代表参加了会议。董事长王左生和工会主席赵玉荣分别作了《学校行政工作报告》和《四届一次职代会提案落实情况报告》,代表们审议并通过了两个报告和教职工工资调整及休假制度等4个文件,增强了教职工代表参政议政的能力,激发了教职工的主人翁意识。

【"独臂村医"、"最美乡村医生"马云飞】学校2001届优秀毕业生马云飞获中央电视台评选的"最美乡村医生·最受关注乡村医生"称号。15岁那年,马云飞因一场意外失去了右臂,伤愈后他渐渐迷上了医学。1998年他来到郑州澍青医专求学,凭着坚强的意志刻苦学习,毕业后便在陕县宫前乡黑山沟村卫生所做了一名普通的乡村医生,成为陕县唯一一名具备执业医师资格的乡村医生。2008年12月以来又在陕县宫前乡韩川村卫生所工作。12年来,在伏牛山群山环绕的大山沟里,他奔走在崎岖山路上,为村民看病,也使他清楚地看到了农村医疗卫生现状,真正感受到了基层农民对于医生的渴望,坚定了他扎根基层、为基层医疗卫生事业奋斗终生的信念。2010年他获得陕县"十大杰出青年"称号，同年被评为河南优秀乡村医生，2012年7月，获得"中原健康好卫士"称号。2012年获中国"最美乡村医生"候选人。2013年1月，被中央电视台评为"最美乡村医生·最受关注乡村医生"。1月5日，马云飞在中南海受到中共中央政治局常委、国务院总理李克强的接见。

【荣誉】 2012年，学校获得河南省教育厅授予的2012年度优秀民办学校、河南省教育系统先进集体、河南省高等教育教学工作先进集体、2012年度河南省优秀民办学校民办教育先进单位、河南省高等教育教学工作先进集体称号；获得郑州市教育局授予的2012年度郑州市民办职业教育学校十佳单位、2012年度郑州地方高校教育工作先进单位、民办职业院校实验室建设先进单位、郑州市地方高校学生管理示范性建设工作先进单位称号；获得郑州市总工会授予的郑州市先进基层工会和民进河南省委、河南省教育工会委员会授予的优秀基层工会组织等称号。

撰稿：王苏娅

审稿：王左生

漯河医学高等专科学校

党委书记：王孔献　　校长：宋国华

创办时间：1924年　　校址：漯河市大学路148号

电　话：0395-2924215　　邮编：462002

传　真：0395-2127842　　网址：http://www.lhmc.edu.cn

【概况】 漯河医学高等专科学校是一所全日制公办普通高等专科学校，前身是始建于1924年的"（美国）安息日教会善济医院护士学校"。1957年更名为漯河市卫生学校，2004年经教育部批准正式设立漯河医学高等专科学校。学校始终坚持"面向基层、面向行业"的办学定位，以提高人才培养质量为核心，以改革创新为动力，不断深化教育教学改革，推行"校院一体、医教结合"的办学模式，成为一所以医学学科为主、工学学科及专业协调发展的医学高等专科院校。

2012年，学校共有教职工2878人（含附属医院），专业技术人员2592人，任课教师798人，高级专业技术职务教师375人，具有博士、硕士学位人员372人，省级学术技术带头人、教学名师及青年骨干教师26人，享受政府特殊津贴专家12人，省高校科技创新人才支持计划教师1人，漯河市专业技术拔尖人才23人。在校生17412名。2012届专科毕业生就业率96.05%。建有两个校区，占地1539亩，校舍建筑面积39万平方米，教学科研仪器设备总值7109.4万元，图书馆藏书110万册（含电子图书29.4万册），纸质中外期刊1100余种，电子期刊3000余种。

学校以三年制专科教育为主体，设置以医学学科为主体的两个学科门类，设有10个教学系部、10个专业。现有教学质量工程建设项目国家级4项、省级20项，在全省同类学校中名列前茅，其中建有中央财政支持的重点专业建设项目2个，中央财政支持实训基地2个，省级示范性专业实训基地4个，省级特色专业5个，省级教学团队3个，省级精品课程5门，临床医学专业为河南省高等学校专业综合改革试点；外科学为省级精品资源共享课；一附院实训基地为河南省高等职业教育校外综合实训基地。

学校实行开放性、多元化办学，是教育部、卫生部首批、河南省唯一的"3+2"三年制专科临床医学教育人才培养模式改革试点（卓越医生教育培养计划）、卫生部职业技能鉴定指导中心、省全科医生培训基地、省乡村医生培训基地、省农村卫生人员培训中心教学基地。中国解剖学会临床解剖培训中心设在学校。推行集团化办学模式，建有豫健医药卫生高等职业教育集团和集教学、科研、职业资格鉴定、社会培训于一体的豫健集团模拟医院。集团成员单位由2009年的68家发展至171家。建有集教学、科研、科普教育于一体的生命科学馆和漯河市医学生物工程重点实验室、漯河市病理检验研究中心。

学校拥有三所附属医院，其中一附院为三级甲等综合医院。三所附属医院总床位2570张。解放军总医院、河南省人民医院、郑大一附院等70余家城市"三甲"或"二甲"医院为学校实习就业培养基地，双汇集团、天方药业集团、吉鲁药业集团等20余家企业为学校实训实习基地。

【领导班子成员任免】 根据3月6日中共漯河市委组织部漯组干〔2012〕15号文件，陈军不再担任学校常务副校长。根据6月2日中共漯河市委组织部漯组干〔2012〕53号文件，张高峰任学校党委副书记；董伟群任副校长，不再任学校纪委书记；岳春洲任副校长，不再任工会主席；边晓峰任市纪委派驻学校纪委书记，不再任校长助理；贾晓云任学校党委委员；王福青任学校党委委员、副校长，第一年为试聘期；崔明辰任学校党委委员，第一年为试聘期，提名为学校工会主席人选。根据12月11日中共漯河市委组织部漯组干〔2012〕82号文件，贾晓云不再担任学校党委委员。

【领导班子成员名单】 党委书记王孔献,党委副书记、校长宋国华;党委副书记张高峰,党委委员、副校长刘畅,党委委员、副校长董伟群,党委委员、副校长岳春洲,党委委员、纪委书记边晓峰,党委委员、副校长王福青,党委委员、工会主席崔明辰;校长助理王建国。

【领导关怀】 3月23日,市委常委、常务副市长杨国志视察学校新校区,并召开现场办公会专题研究学校升本及新校区建设事宜。7月3日,省人大常委会原副主任贾连朝到校调研,市委副书记、市长曹存正,市委常委、组织部长王惠,市委常委、统战部长吕岩陪同。

【领导班子建设】 坚持中心组学习制度,强化党的十八大精神等的专题学习。领导班子成员带队先后赴中原工学院、信阳农专等6所本专科院校学习党建工作。完善情况通报制度和重大决策征求意见制度,凡涉及"三重一大"事项和重大问题,都召开党委会议或校长办公会议集体讨论决定。坚持领导班子联系师生、民主人士、老干部制度,经常深入一线了解情况,解决实际困难。

【干部队伍建设】 落实党员干部教育培训计划,通过专题调研、外出培训考察、在岗学习等方式提高干部队伍的整体素质。全年外派脱产培训干部14人次,挂职锻炼干部1人,组织领导干部进行自主选学培训3期,培训干部37人次。健全完善干部综合考核评价办法,将部门目标管理与干部考核有机结合起来,对中层干部的德、能、勤、绩、学及全年履行岗位职责情况实施科学考核。

【基层党组织建设】 以"基层党组织建设年"活动为契机,发挥基层党组织推动发展、服务师生、凝聚人心、促进和谐的作用。发挥党校教育阵地作用,举办两期党校培训班,培训党员干部及入党积极分子1600人,在中青年骨干教师、优秀学生团员中发展新党员263名。落实党员知情权、参与权、选举权、监督权,按照程序完成了漯河市5名人大代表、14名政协委员和3名"十八大"党代表初步人选的推荐工作。获省、市创先争优先进基层党组织2个、市优秀"基层党校建设项目"1项。

【精神文明创建】 开展以德育教育为主题的教育实践活动,承办全市道德模范事迹高校宣讲暨道德模范故事汇,营造良好的育人氛围。实施文化兴校工程,完成600余平方米校史馆建设和40万字《校史》撰写。学校被评为河南省文明学校,连续3届被省委、省政府命名为省级文明单位。

【申本工作】 7月18日,学校申本工作接受了省高校设置评议委员会专家组检查验收。专家组认为"学校关于设置漯河医学院的论证充分,说服有力,所规划的'申本'发展思路清晰,目标明确,措施有力。办学条件达到了本科高校设置标准,形成了或正在形成自己的办学特色。"2012年9月,省政府根据河南省医学院校亟须设置情况、高校区域布局和漯河实际,将学校"申本"工作纳入省十二五高校设置规划。

7月18日,学院举行申本迎评汇报会

【人才评估验收】 教育部人才培养工作评估是对学校5年来办学质量的全面检验。5月21日,评估专家组对学校进行了人才培养工作评估。专家组一致认为,"学校办学定位准确,办学实力提升,师资队伍建设成效显著,教育教学改革成绩突出,人才培养工作取得令人瞩目的成就"。学校24项综合评估指标全部一次通过且优于评估标准。

5月21日,学院举行人才培养工作评估汇报会

【新校区建设】 作为省、市重点工程,建筑总面积5.8万平方米的新校区图书馆、体育馆、体育场建设工程于2012年4月开工,预计投入2.2亿元,已完成投入6000余万元,主体工程顺利完工。投入4500万元完成新校区南部征地382亩。投入2000万元完成新校区景观绿化、中心湖景区建设等配套工程。在中国建设银行、国家开发银行及中信银行贷款共计约1.6亿元建设新校区;争取科威特政府贷款3000万美元建设新校区项目被国家发改委、财政部列入2012年外国政府贷款备选项目。

【专业、课程建设】 调整和优化专业结构,新增设置助产、食品药品管理专业。临床医学专业被评为省高校专业综合改革试点,医学影像技术专业被评为省级特色专业。开展说评课活动,组织专家对每一位教师的说课录像进行评审,引导教师钻研教材、教法,改革教学方法与手段,提升教师授课质量。共获市厅级以上优秀教学成果奖31项,其中省部级3项。《外科学》被评为省级精品资源共享课程。获批教育部、卫生部首批、河南省唯一的"3+2"三年制专科临床医学教育人才培养模式改革试点(卓越医生教育培养计划)。

【实训基地建设】 形成校院(企)合作共管的实践教学管理体制,根据行业任职要求,整合实验(训)内容,构建了相对独立的实践技能训练与考评体系。建成并投入使用2.7万平方米豫健集团模拟医院。投入700余万元建成解剖数码互动实验室,机能、形态虚拟实验室,药物制剂仿真车间和模拟中药房等;与三附院共同改造建设8000余平方米康复实训中心。临床医学实训基地被评为国家级实训基地,获得180万元中央财政支持。一附院实训基地被评为首批省级高等职业教育示范性综合实训基地。

【校院(企)合作】 发挥豫健医药卫生高等职业教育集团的育

人职能，深化“校院结合、优势互补、资源共享、互惠互利、双赢共进”的集团化办学格局。校院共同开展就业培养，2012年集团成员单位接收学校毕业生564名。校院联合开展社会培训，先后开展了全科医生转岗培训、社区护理、住院医师规范化培训等项目。学校重点实验室等科研平台与集团医院资源共享，校院共同开展科技合作40项。校院紧密合作实现了学校办学水平和集团医院办院水平“双提高”。

【教学资源库建设】 搭建教学资源库建设平台，实现优质教学资源共建共享。临床等5个专业的资源库平台及相关专业基础课、核心课程平台开通运行，建设总资源数量达到4600个，为后续共建共享型专业教学资源库的建设奠定了基础。

【学生管理】 一是加强理想信念教育。围绕纪念建党91周年、新中国成立63周年等重大节日、纪念日开展宣传纪念活动，对广大师生进行爱国主义、集体主义教育。二是加强辅导员队伍建设。对辅导员开展系统的专业化、职业化知识培训。通过辅导员文化节、好声音比赛等活动载体，激发学工队伍活力、创造力、凝聚力。三是搭建丰富多彩的育人平台。举办第四届大学生科技文化艺术节、第七届社团文化节，持续开展好人文大讲堂、月末文化广场等文体、科技、学术活动，在省第十三届大学生科技文化艺术节上获奖19项。四是开展大学生社会实践活动。开展大学生暑期三下乡实践、四进社区等社会实践活动，鼓励大学生走出校园，引导他们在社会实践增长知识，锻炼才干，促进了学生综合素质的提高。五是广泛开展“情暖学子”工程。建成“一站式”服务的“大学生事务中心”，开展日常心理咨询和心理健康教育活动。开展冬季送温暖、资助贫困生返乡等关爱活动，全年共发放奖、助、贷等资金872万元，受益学生达5983人次，获省助学贷款工作优秀单位、省学生资助工作先进集体等称号。

【师资队伍建设】 强化教师专业化发展，开展教师分层次培养，优化师资队伍。引进博士生、硕士生52名；晋升转评教授、副教授29名。加大师资队伍培养力度，全年共投入120余万元用于教师进修培训、学历提高、学术交流等，培训教师367人次。建设教科研梯队，年投入60万元资助、培养校级专业带头人、学术技术带头人、教学名师、青年骨干教师32名。突出博士、教授群体地位，年投入40万元实施博士、教授特殊津贴，提供科研平台，使高层次人才愿留、想干、出成果、出成效。5人成为省教育厅学术技术带头人、青年骨干教师资助对象。海归人员中1人获得年度省高校科技创新人才支持计划项目，2人获省留学归国专家人员经费资助。学校坚持按岗聘用、合同管理、以岗定薪的人员聘用制度和收入分配制度，岗位考核与教学、科研、管理、服务任务完成情况挂钩，切实发挥绩效考核的作用。

【科研】 投入500万元用于重点实验室建设和科研项目启动、支持和奖励基金等，完成厅级以上科技计划项目立项33项，其中省级4项。获得市厅级以上成果107项，其中省级科技进步奖1项，市科技鉴定成果53项。发表论文380余篇，其中核心期刊论文140篇、SCI论文3篇，主、参编著作、教材40余部。获发明专利4项。

【招生就业】 加强对招生、录取工作的科学化、规范化管理，确保新生招录工作公正、公平、公开、合理，录取新生6971人，报到6467人，报到率达92.77%。完成各类成人教育招生1532人。深化“学制三年、辅导员管理四年(津贴发放四年)、跟踪岗位五年”的就业工作体制，多渠道、多举措做好就业工作。8月，首次就业率88.02%,年底，就业率96.05%。

【合作办学与对外交流】 做好国际合作交流和学生订单培训工作，与英国爱丁堡龙比亚大学、科特布里奇学院正式签订合作办学协议，25名学生取得沙特阿拉伯护士资格证。不断拓宽海外就业渠道，25名学生赴英国、新加坡、澳大利亚和沙特阿拉伯学习工作。2012年，先后有新疆石河子大学、甘肃平凉医专、新疆石河子卫校、新疆伊宁卫校、山西医科大学汾阳学院、焦作师专、商丘医专、贵州黔南医专、新疆喀什卫校、鹤壁职业技术学院、中原工学院、南阳医专、内蒙古乌兰察布医专等10余所兄弟院校前来学习交流。

【豫健集团第三届工作会议召开】 3月31日，学校召开豫健医药卫生高等职业教育集团第三届工作会议，共有来自河南省各地区的100余家行业医院(企业)217名代表参会。集团成员单位增至171家。省教育厅高教处、省卫生厅教育处有关负责人等出席会议。

【承办教育部高职高专医学类专业教指委立项课题评审会】 4月23日，教育部高职高专医学类专业教指委立项课题评审会在学校召开。会议对2012年度高职高专医学类专业教学研究课题进行了结题评审，并依据课题研究结果评选出本教指委优秀课题。校长宋国华教授所申报的立项课题《三年制临床医学专业人才培养模式研究与实践》获一等奖。

【承办河南省高校“校长杯”第八届乒乓球比赛】 5月26—27日，由河南省教育厅、漯河市人民政府主办，河南省学生体育总会乒乓球协会、漯河医学高等专科学校承办，漯河市体育局协办的河南省高校“校长杯”第八届乒乓球比赛在学校举办。比赛共有全省48所高校的189名校长、副校长参赛。比赛层次高、规模大、影响广，赛事组织工作得到了省教育厅和各参赛高校的一致好评。

【承办河南省生理科学会第六届代表大会】 10月27日，河南省生理科学会第六届代表大会暨理事会换届选举大会在学校举行。来自郑州大学、河南大学、河南中医学院、新乡医学院、河南省人民医院等21所高校和单位的100余名代表莅临参会。

【中国解剖学会临床解剖学培训中心首届培训班开班】 11月24日，中国解剖学会临床解剖学培训中心首届颈椎临床解剖与经前后路手术技巧高级培训班开班，来自全省各医院100余名临床医生参加培训。这是该中心在学校成立以来开展的首届培训班。中国临床解剖学会会长、南方医科大学临床解剖研究所所长徐达传教授，温州医学院第二附属医院骨外科主任池永龙教授，上海市长征医院骨科专家卢旭华教授，省人民医院脊柱外科主任高延征教授到校授课。

【社会服务】 2012年，面向行业积极开展在岗人员技能培训和执业资格培训，全年完成各类培训约1.2万人。完成800余名省卫生厅全科医师转岗培训任务。

【附属医院】 各附属医院把临床教学、带教实习作为重点工作，严把临床教师质量关，确保了临床带教质量。附属医院加强业务管理和医德医风建设，医疗服务水平不断提升，服务漯河地区及辐射周边能力显著增强。一、二、三附属医院门急诊病人量分别为51.4万人次、20万人次、5.6万人次,同比增加15.3%、5.0%、30%;收入分别为3.1亿元、1.67亿元、1250万元,同比增长分别为23.96%、19.88%、35%。各附属医院根据业务需要拓展建设项目,一附院西城区分院、市精神病专科医院、全科医师临床培训基地项目开工奠基;二附属医院顺利通过全国百姓放心示范医院第三周期的验收;三附院成立康复中心。

【校务公开和依法治校】 推进党务、校务公开,确保"三重一大"程序公开,管理透明。发挥职(教)代会在学校改革发展和民主管理中的作用。凡学校重大决策及与教职工利益相关的问题都提交职(教)代会讨论审议。发挥民主党派参政议政的作用和离退休老干部主动发挥余热、促进学校发展的作用。丰富职工活动,职工在市第十七届市直机关运动会和省广播体操比赛中分别获得团体总分第一名和二等奖。学校被授予市五一劳动奖称号。

【安全稳定工作】 加大安全教育力度,提高师生安全意识和安全防范能力,定期开展安全排查,及时消除安全隐患。畅通申诉渠道,定期排查化解不稳定因素。获市维稳先进单位、省治安内保先进单位称号。加强节能技术改造和创新,被评为市级节能减排先进单位。全面启动"创卫"工作,创建平安、和谐、美丽校园。

【荣誉】 2012年,学校再次被评为省级文明单位、省高校党建工作评估先进单位、河南省文明学校,获省高等学校教育教学工作先进集体、省普通高等教育学生管理工作先进集体、省高校毕业生就业工作先进集体、省全科医生转岗培训工作先进单位等多项称号。

撰稿:张　蕃　雷胜学
审稿:宋国华

南阳医学高等专科学校

党委书记:刘湘玉
校长、党委副书记:方家选
创办时间:1951年
校址:南阳市卧龙路1439号
电　　话:0377-63526369
邮编:473061
传　　真:0377-63526288
网址:http://www.nymc.cn
电子信箱:bgs6369@126.com

【概况】 学校占地1316.2亩,校舍建筑面积44.2万平方米,教学科研行政用房31.9万平方米。固定资产8.3亿元,教学仪器及医疗设备总价值2.6亿元。建有实验平台及专业实训基地10个,电子资源数据库13个,图书馆藏书135.5万余册,中外文期刊1553种,创办的《国医论坛》杂志面向国内外公开发行。开设16个专业,全日制在校专科生1万余人。教职员工2000余人(含3所直属附属医院),专任教师641人,具有高级专业技术职务200人,硕士以上学位261人;双师素质教师313人,聘请外教3人。拥有直属附属医院3所,床位2300余张。

【党政领导班子成员名单】 党委书记刘湘玉,党委副书记、校长方家选,党委副书记张金虎,党委委员、副校长梁新武、逵应坤、张须学、徐持华,纪委书记、工会主席张国良,党委委员、一附院党委书记付建邦,校长助理郭万周。

【领导考察】 6月16日,中华中医药学会副会长李俊德,河南省卫生厅副厅长、省中医药管理局局长夏祖昌在学校党委书记刘湘玉的陪同下考察学校。7月18日,市政协主席贾崇兰,市委常委、副市长张振强等莅校检查指导学校升本工作准备情况。7月19日,省高校设置评议委员会专家组在南阳市委书记李文慧的陪同下考察学校。12月19日,全国高校设置评委会专家组在省教育厅领导的陪同下莅临学校指导工作。

7月19日,省高校设置评议委员会专家组在南阳市委书记李文慧(前中)的陪同下考察学校

【党建工作】 坚持党委领导下的校长负责制、坚持校系两级中心组学习制度、以马克思主义中国化最新理论成果武装头脑,指导实践,推动工作。5月,根据《中国共产党基层组织选举工作暂行条例》和《中国共产党普通高校基层组织工作条例》等相关规定,对全校原有的26个基层党组织进行换届选

举，并新增3个基层党组织，使学校直属党组织达到29个，二级党组织增加为38个。在全校范围内开展建设“学习型校园”、“学习型党组织”、“创先争优”以及“转方式、正风气、提效能”和“迎农运、讲文明、树新风”等活动，在全校各基层党组织中开展以“一个班子一面旗帜、一个支部一个堡垒、一名党员一个先锋”为主要内容的“三个一”主题教育实践活动，举办以“做科学发展先锋队，当医专崛起排头兵”为主题的征文比赛，学校有4人获得省级“优秀党员”称号，2人获得省级“优秀党务工作者”称号，10个基层党组织获得“南阳市创先争优流动红旗”，10人获得“南阳市创先争优党员之星”称号。全年共发展党员610人，其中学生党员581名、教工党员29名。预备党员转正514名，其中学生党员486名、教工党员28名。评选出五好基层党组织25个、优秀共产党员302名、优秀党务工作者63名。

【干部队伍建设】 学校党委严格执行党政领导干部选拔任用工作条例和干部选拔四项监督制度，严格按照民主、公开、竞争、择优的原则，先后对学校中层副职、三附院领导班子和副科级干部进行竞聘、选拔，顺利完成校本部123名正、副科级干部的选聘工作。10月，省委高校工委以《党务信息》的形式刊发了学校干部竞聘工作的经验材料。

【师资队伍建设】 加大对高层次人才的培养与引进力度，新引进博士、硕士53名，全部充实到教学、医疗第一线；先后选派5名专业人员分赴菲律宾伊密里欧学院、新加坡南洋理工学院进行短期培训。继续加强对“双师”教师的培养，支持、组织教师和临床专业技术人员参加相关的执业资格考试和职称转评，全年共对267人进行专业技术职务聘任。各系（部）举办优秀课教师课堂教学示范课观摩、专业知识技能竞赛，在全省第十六届多媒体教育软件大奖赛中获得高等教育组多媒体课件一等奖4项。

【升本工作】 学校坚持“以升促建、重在建设”的方针，增加投入，加快建设。先后购置一批教学实验设备和图书资料，对临床、护理、中医、药学专业实验室进行调整、充实和建设，建立了张仲景医籍文献数据库；引进一批高学历专业人才；对校园环境进行美化绿化，构建人文、自然、和谐的校园文化氛围。7月19日，省高校设置评委会专家组对学校进行实地考察后认为，学校设置张仲景医学院的主要办学条件达到了教育部规定的医学本科高校设置标准，已纳入河南省高等学校设置“十二五”规划。12月19日，全国高校设置评委会专家组在省教育厅领导的陪同下，对学校进行检查指导，专家组对学校的办学实力、办学水平给予充分肯定，对办学特色、附院建设和优势学科给予高度评价。

【承担农运会工作】 按照全国第七届农运会筹委会的安排，学校承担本次农运会毽球、花毽比赛项目和270名运动员、1700名安保人员、800名开、闭幕式群众演员及1000名赛事志愿者食宿接待等工作。暑假期间，有关部门人员组织培训班对志愿者、群众演员和服务人员进行培训；对运动员驻地、赛场及周边安保系统进行检修维护；对赛事工作进行反复演练。9月16—22日赛事期间，学校受到了与会的国家、省、市领导高度赞扬，筹委会授予学校“优秀组织奖”，奖励现金100万元。学校志愿者卧龙服务站被评为优秀服务站，学生崔征被《南阳日报》评为“志愿者之星”。

9月16—22日，全国第七届农运会赛场

【教学工作】 学校以提高人才培养质量为核心，制（修）订了本、专科人才培养方案和课程标准，更新14个专业、3个对外合作办学专业的人才培养方案和教学大纲；继续开展系（部）教学评估活动和网上学生评教活动，评选出优秀课教师157名。学校被评为河南省高等教育教学工作先进集体。中央财政补助化债资金1944万元和护理、中医专业建设专项资金400万元均已到位。获得省级特色专业、教学团队、精品课程、示范性实训基地、示范性学校等6个项目，教学质量工程项目实现满贯审批、没有漏项的佳绩。取得省级教学改革项目3项、国家中医药管理局教改项目3项、省卫生厅教改项目18项，获省卫生厅教学成果一等奖2项。启动人才培养工作评估。

【科研工作】 围绕升本工程，整合实验实训资源，建设科研实验中心，组织开展学术报告活动，为教师开展科研提供平台。加大科研奖励力度，调动专业技术人员申报科研课题和成果的积极性。获得市级以上立项75项，其中省教育厅自然科学重点研究项目11项、省级项目8项、社科研究项目5项、国家中医药管理局中医古籍整理项目1项；获省教育厅科技成果一等奖6项。在SCI、EI期刊上发表论文3篇；获国家授权专利2项。

【对外交流与合作】 3月，美国卡姆登学院校长一行对学校进行考察，就口腔医学、医学检验技术、眼视光技术等专业签订了合作协议；7月和9月，美国皮马医学院和美国芬德雷大学先后来校访问，双方就有关专业的合作模式、课程设置等具体问题进行深入讨论，并与学校签署了项目性合作办学谅解备忘录。8月，3位护理专业人员赴新加坡南洋理工学院进行为期3周的培训。

【学生管理】 学校党委坚持以生为本的教育、管理和服务理念，研究和探索新形势下学生工作的新途径、新办法。以庆祝建党91周年为契机，组织开展“迎七一、做贡献”大学生励志成才报告会和大学生“基础文明教育月”等形式多样的思想教育活动。注重学生心理健康教育，举办第六届心理健康月活动。为2012级新生3916人建立心理档案。组织开展新生入学心理健康普查和心理健康知识宣传，举办大型心理专题系列讲座、心理情景剧大赛、心理征文大赛、制作心理健康知识手抄报、组织学生观赏心理健康教育影片等活动，并将新兴的心理治疗手段“心理工作坊”运用于心理健康教育实践中。配合第五届“阅读活动月”,邀请著名作家二月河先生来校举办专题讲座。继续实行奖学金、助学金和助学贷款资助制度,完成2012年度国家奖学金12人共9.6万元、国家励志奖学金410人共205万元、国家助学金2765人共829.5万元的评选发放工作。开展学生评优评先工作,共评选省级优秀毕业生200人、校级优秀毕业生202人。在省大学生“诚信校园行”知识大赛中获C组赛区(复赛)一等奖;全国全民健身操系列推广大赛中获河南分区赛大学组第三名。学校获2012年度河南普通高等教育本专科学生管理工作先进集体称号。

【招生就业】 学校利用国家招生政策,扩大宣传,加强联系,普通专科计划达到3480人,圆满完成招生计划。举办2012年毕业生招聘会,提供工作岗位8300余个,现场签约700人,3200余名毕业生与用人单位达成初步就业意向。组织专场招聘会17场,提供就业岗位近千个,安排800余名毕业生就业。1700人参加毕业生到基层就业报名工作,854人参加毕业生预征入伍报名工作,超额完成上级主管部门下达的任务。2012年学校毕业生一次性就业率为87.89%。

【基建】 根据校党委“五年基建任务集中两年完成”的要求,在基建上加大投入,加快步伐。投资近百万元建立了双回路电力供应系统,保证教学、科研等工作用电。3号教学楼和南大门竣工并投入使用。主校区东区教学楼、实验楼、学生公寓和餐厅等一期工程开工在建,配套工程正在同步实施中。

【后勤服务】 学校聘请专业人士对校区进行整体规划,先后投入200余万元,对校园分期进行绿化、美化,共平整土地46000平方米,整修道路11000平方米,设置大型奇石8座,栽种树木2700余棵、药用植物10万余株。

【“两争一迎”】 根据南阳市“两争一迎”整体工作部署,学校主动与“两争一迎”路长单位市物价局密切配合,先后投资20万元,对北大门外东西两侧以及东校区西邻道路进行绿化、美化,组织人员清洁校内及沿街墙体、门窗护栏等,纠正乱贴乱画、乱搭乱建、乱停乱放等不文明行为,保证校园及周边沿街环境的清洁卫生,提升入市口的形象。学校获南阳市“两争一迎”先进单位称号。

【精神文明建设】 以庆祝建党91周年活动为契机、以“迎农运、讲文明、树新风”文明礼仪学习实践、争做文明市民和学习雷锋志愿服务活动为主题,开展党建知识竞赛、“迎农运,学雷锋,促环保”青年志愿者活动和文明处室、文明班级、文明楼院、文明家庭创建活动;举办“解读十八大精神专题报告会”、播放全国优秀共产党员电视系列片《人民的好儿女》、组织“南阳市道德模范高校报告会”、开展“在社会多元化的环境下保持党员信仰的纯洁性和正确性”专题调研和“迎农运,强素质,促发展,做贡献”、“文明礼仪从心出发”、“投身两争一迎,尽展文明风采”等演讲比赛;举办全市第九届情缘联谊会、职工书画、摄影作品展等一系列活动。在全市“庆五一、迎农运‘移动杯’健排舞大赛”中,学校健排舞代表队获一等奖。学校继续保持省级文明单位称号,蝉联河南省学校行风建设先进单位。本年学校出台新的津贴发放调整方案,教职工津贴人均增加20%以上。

【综合治理】 以创建平安校园为目标,加强网上舆情监控和引导,及时排查解决隐患和矛盾纠纷,预防各类案事件发生,确保校园安全稳定。全年办理各类案、事件56起,实现了“六个零指标”,学校被评为全省单位内部治安保卫先进集体。

【附属医院建设】 三所附院落实“人才兴院、科技强院、特色名院”的发展战略。一附院坚持以“十大指标”、“三好一满意”为准则,重点从专科建设、重症医学建设、临床路径管理、信息化建设、优质护理服务等方面入手,制定《重症医学科管理办法》,顺利完成医院HIS系统与“省卫生厅三级医院平台”的对接,推进医院信息化建设。全年住院39056人次,同比增加22.77%;完成大中手术7290例(其中心外手术628例),同比增加10.41%;实现业务收入3.2亿元,同比增加24%。二附院坚持以中医为特色,中西医并重的原则,投资300余万元对全院进行改造,新建3个新病区,全院实际开放床位达到330张。白河南新院一期工程正在施工中。全年住院病人6287人次,同比增加20%;业务收入4900余万元,同比增长32%。三附院床位编制由原来的120张增加到300张,全年业务收入达到2069万元,比上年同期增长34.8%。

撰稿:田　琳

审稿:逵应坤

商丘医学高等专科学校

党委书记：陈群英　　校长：郭祥谋
创办时间：2004年5月　　校址：商丘市北海西路486号
电　　话：0370-3251880　　邮编：476100
传　　真：0370-3251880　　网址：www.sqyx.edu.cn

【概况】 2012年，学校占地面积1300亩，建筑面积约32万平方米，全日制在校生11000余人，开办临床医学、护理学、口腔医学、医学检验技术等10个专业及专业方向。共有教职工830人，专兼职教师647人(含附属医院)，博士研究生4人，硕士研究生137人，学校有河南省优秀教师、文明教师4人，省教育厅学术技术带头人7人，省级学科研究会主任和副主任委员5人，商丘市专业技术拔尖人才4人，商丘市学术技术带头人13人。

【学校领导班子成员名单】 党委书记陈群英，校长郭祥谋；党委副书记张松峰，副校长何红玲、贾梅、毛峰、朱新义，纪委书记田华，工会主席黄绍重。

【领导班子建设】 学校党委充分发挥核心领导作用，注重班子成员自身建设，学习党的十七届六中全会精神和省九次党代会及市委四次党代会精神，学习宣传贯彻党的十八大精神，邀请校内外有关领导、专家为干部作专题辅导报告，不断提高干部的政治理论素养和管理能力，把学校领导班子建设成为善于领导学校科学发展的坚强领导集体。

【学习宣传贯彻十八大精神】 校党委邀请中共河南省委十八大宣讲团成员、省委党校校委委员胡隆辉教授来校作题为《全面建成小康社会的行动纲领——学习党的十八大精神体会》的专题报告会。根据市委宣传部统一安排，市委党的十八大精神宣讲团成员、市委党校公共管理与法律法规教研室副主任周毓副教授为师生作题为《全面推进中国特色社会主义的行动纲领》的报告。社会科学部骨干教师以形势政策课的形式为全体学生宣讲十八大精神，切实做好十八大精神"三进"工作。党委组宣部、学工部、校团委组织了十八大精神征文活动、演讲活动和座谈会，营造了浓厚的学习贯彻十八大精神的氛围，掀起学习宣传贯彻党的十八大精神的热潮。

【开展基层组织建设年活动】 紧紧围绕"强组织、增活力，创先争优迎十八大"主题，按照"抓落实、全覆盖、求实效、受欢迎"的要求，开展基层党组织分类定级工作，指导监督各党总支、直属支部开展调研，对各党支部情况进行调查摸底，研究存在问题，基层党组织建设进一步加强。学校被授予全市组织工作先进集体称号。

【干部队伍建设】 根据《商丘医学高等专科学校正科级干部选聘工作实施方案》和《商丘医学高等专科学校科室负责人选聘工作方案》精神，组织了科级干部选聘工作，坚持德才兼备，以德为先的用人标准，选拔了一批政治坚定、实绩突出、作风过硬、群众信任的干部。

【创先争优活动】 做好学校创先争优活动的全面总结，系统整理、归纳、总结创先争优活动开展以来的实践、理论、制度和文化成果及转化运用，探索建立创先争优长效机制，实现创先争优常态化、长效化。6月，校党委被商丘市委授予2010—2012年全市创先争优先进基层党组织称号。

【党员队伍建设】 修订入党积极分子、预备党员、新生党员、毕业生党员等培训大纲。进一步加大在青年骨干教师中发展党员的力度，增强工作的主动性，改进和优化培养考察环节，开展2012年下半年入党积极分子培训班及党课考试工作，培养入党积极分子200人，校党校被授予全省先进基层党校称号。

【大学生思想政治教育】 坚持把"两课"教育作为主阵地、主渠道，推进"三进"工作，初步构建了一个融"两课"教育、行为规范教育、心理健康教育、诚信教育、法制教育、安全教育、国防教育、就业教育等内容于一体的学生思想政治教育体系，被中共河南省委评为思想政治工作先进单位。

【党风廉政建设】 开展"查找廉政风险、构筑拒腐防线"活动和廉政文化进校园专题系列活动，贯彻落实党风廉政建设责任制，建立健全教育、制度、监督并重的预防和惩治腐败体系。学习中央的"八项规定"和习近平关于改进领导作风的重要批示及省委、省高校工委的《实施意见》，贯彻以人为本，执政为民的理念，厉行勤俭节约，反对铺张浪费，改善领导作风、会风和文风。校、系(处)领导经常深入师生员工中间开展调查研究，坚持问政于民、问需于民、问计于民，解决重点难点问题，带头落实勤俭办学的要求。

【二届二次工会会员暨教职工代表大会召开】 4月，召开二届二次工会会员暨教职工代表大会，通过了校长工作报告、工会工作报告、财务工作报告，明确了今后发展的工作思路。

【精品课程建设和专业建设】 《全口义齿工艺技术》课程被评为2012年度河南省高等学校精品资源共享课程；临床医学专业被评为省级特色专业；医学检验技术专业被立项为河南省高等学校首批专业综合改革试点项目；新增药学专业通过省卫生厅专家的审查验收并首批招生。

【示范性实训基地建设】 临床医学实训中心通过省示范性实训基地检查验收；第一附属医院和第二附属医院入选河南省

首批高等职业教育示范性综合实训基地。

【师资队伍建设】 开展"教育崛起、教师为基"师德主题教育学习活动;完成了2012年教学名师、青年骨干教师遴选和双师素质教师认定,遴选认定出教学名师31名、青年骨干教师66名和"双师素质"教师124名;组建33个课程教学团队,评选出20个校级优秀课程教学团队。

【教学改革成果】 以创新人才培养模式和提高教学质量为目标,进一步完善了以学分制改革和强化实践性教学为特点的各专业人才培养方案,以医学检验技术专业为试点开展的医学技术类专业人才培养模式的创新与实践也进入专家鉴定和结项阶段。

获得河南省高等教育教学成果一等奖1项、二等奖1项,实现了省级教学成果获奖等级和数量的突破;省级教学改革研究项目立项重点研究项目1项,一般研究项目2项。在河南省省级优质课教学大赛中,学校有1人获得一等奖、2人获得二等奖、6人获得三等奖;在河南省第十六届多媒体教育软件大赛中,学校有6件作品获奖。学校教务处被省教育厅授予河南省高等教育教学工作先进集体称号。

【科研】 2012年,全校教师共发表学术论文256篇,其中5篇被SCI、EI收录;参编卫生部、教育部规划教材等99部,市厅级以上科技、社科科研项目立项55项,其中省政府决策研究招标课题1项,省科技厅计划项目1项,省教育厅科学技术研究重点项目指导计划7项,市科技局2012年科技发展计划项目17项,河南省社科联、经团联调研项目5项。2012年,市哲学社会规划研究项目19项,省教育厅人文社科项目5项;校级自然科学研究项目立项36项,结项61项,通过省级鉴定5项。获市厅级成果奖34项、商丘市自然科学优秀论文奖21项,获国家级专利2项。

【学生工作】 修订和完善学生管理制度,推动管理规范化;继续推行先进班级、先进辅导员、先进系部"三奖联动"激励机制,学风建设成效明显。拓宽资助渠道,加强各类奖助学金管理,发放各类奖助学金近1162.4万元,为困难学生完成学业提供保障。开展了以大学生基层医疗卫生服务、关爱留守儿童、文化宣传服务、卫生知识宣讲、送温暖志愿捐赠等为内容的"三下乡"社会实践活动。师生倾心服务2012中国·商丘国际华商节,被华商节组委会授予优秀组织奖。

【招生就业】 2012年,学校各类招生人数共计5684人,生源来自13个省、自治区。通过逐步组建专业化的就业指导队伍,指导学生就业,建立用人单位库和毕业生联系库,搭建用人单位与毕业生见面、学校与用人单位沟通、学校与毕业生就业信息联系的平台,提高学生就业率。

【校园文化建设】 举办学习贯彻十八大系列活动、"纪念雷锋50周年"主题教育实践活动、纪念五四运动93周年暨建团90周年文艺汇演、第六届大学生心理健康月开幕式暨首届校园心理剧大赛、第三届阳光心理运动会、"校园礼仪之星"大赛、"12·4全国法制宣传日"普法宣传活动、第二届大学生才艺大赛、2012年师生田径运动会、第二届公寓文化艺术节、公寓安全教育系列活动、大学生专题研讨会、"爱校、护校、荣校"主题教育活动、大学生文明离校系列教育活动、2012温暖冬天希望工程捐赠仪式等,丰富了大学生思想政治教育的内涵,促进学生综合素质的提高。在河南省大学生第八届乒乓球比赛中获得女子团体亚军、女子双打亚军、女子双打第六名、女子单打第五名。学校被授予河南省文明学校、河南省高等教育校园文化建设和社会实践活动先进集体称号。

【河南省卫生职业教育外科教学研究会第十七届学术会议在学校召开】 5月19—20日,河南省卫生职业教育外科教学研究会第十七届学术会议在学校召开。河南省卫生厅领导及来自省卫生职业院校的22名教师参加会议。会议就研究会成员单位集体申报教育教学成果、尽快促进年轻教师成长、中高职课程体系的衔接、教学手段教学方法研讨等问题进行了充分的交流。

【技能大赛】 5月29日,在高职组"2012年全国职业院校技能大赛"河南赛区鹤壁选拔赛中,学校4名学生获全省第4名。8月15日,在省卫生厅举办的高职组"2012年全省卫生职业教育护理技能竞赛"中,学校代表队获得团体二等奖、优秀组织奖,4名学生分别获个人全能二等奖、二等奖、三等奖和优秀奖。

【全科医生转岗培训】 开展第二批600名全科医生转岗培训工作,完成了培训任务,被河南省卫生厅授予2012年度全科医生转岗培训工作先进单位。

【新校区建设】 学校新校区建设项目的立项、审批、规划、选址等手续工作均已完成,开工建设在即。

【老干部、工会工作】 老干部政治和生活待遇得到较好落实,作用得到较好发挥,获全市老干部工作先进单位称号。围绕学校中心工作,校工会发挥职能,关心教职工生活,被授予河南省"六好"基层工会称号。

【财务管理】 规范完善了财务管理制度,通过优化支出结构,持续增加教学投入,实现收支平衡,有效保障了各项工作的正常运转;"小金库"专项治理工作和决算编报工作受到市政府表彰。

【校园安全稳定】 落实安全工作目标责任制,抓好敏感时期和重大事件的安全稳定工作;加强对学校周边环境的治理,提高应急处理能力,保证学校正常的教学秩序。学校被授予商丘市平安建设先进单位称号。

【附属医院成绩显著】 第二附属医院(商丘市中心医院)业务总收入9250万元,年门诊量15万人次,出院病人1万余人次,在市政府纠风办、市卫生局组织的"2011年度群众满意医院"民主评议活动中获第一名,被授予"2011年度群众满意医院"称号;附属柘城医院业务总收入2.43亿元(全省同类医院第二),门诊量49.6万人次、住院病人5.2万人次(全省同类医院第一),被授予河南省服务能力先进单位、河南省创先争优先进基层党组织称号,神经内科被卫生部确定为药品实验基地。

撰稿:徐慧琳

审稿:郭祥谋　陈瑞领

黄河水利职业技术学院

党委书记：张惠贞　院长：刘国际
创办时间：1929年3月　校址：开封市东京大道西段
电　话：0378-3658000　邮编：475004
传　真：0378-3658016　E-mail:hhsydzb@126.com

【概况】 2012年，学院毕业学生5676人，其中普通专科生5489人，成人教育学生187人；招收新生5894人，其中普通专科生5691人，成人教育学生203人。

截至2012年底，学院设有水利系、水资源工程系、环境与化学工程系、交通工程系、土木工程系、测绘工程系、财经系、管理系、信息工程系、机电工程系、自动化工程系、外语系、旅游系、艺术系、基础部、思想政治理论教学部、体育部等17个教学系（部）和继续教育学院，有专科专业68个（含专业方向），涵盖工、经、文、管、艺5个学科。在校学生17131人，其中普通专科生16667人，各类成人教育生464人。在职教职工920人，其中专任教师680人。有教授32人，副高级专业技术职务142人，中级专业技术职务340人。有博士15人，硕士396人。学院占地面积94.738公顷，建筑面积51.7105万平方米，固定资产总值5.6237亿元（教学、科研仪器设备资产1.5736亿元）。建设具有真实职业氛围融专业教学、职业培训、技能鉴定、技术服务为一体的各类校内实验、实训场馆187个；建设610个校外实习基地，满足学生顶岗实习实训的需要。图书馆藏书105.14万余册。公开发行刊物1种。

【院领导班子成员名单】 党委书记张惠贞，党委副书记、院长刘国际，副院长茹正波，党委副书记、副院长王卫东，党委副书记刘卫锋，副院长刘紫婷、杨士恒、王俊，纪委书记、工会主席张豫东。

【继续贯彻落实《规划纲要》】 9月10日，学院党委中心组专题把学习胡锦涛总书记“7·23”重要讲话精神与贯彻落实《国家中长期教育改革和发展规划纲要（2010—2020年）》、《教育部关于推进高职教育改革发展的若干意见》、《国家高等职业教育发展规划（2011—2015年）》、《河南省中长期教育改革和发展规划纲要（2010—2020年）》和《黄河水利职业技术学院2011—2015年发展规划》等文件精神结合起来，与推动学院迎接人才培养水平评估工作、示范建设成果的深化推广应用、人才培养创新等各项工作结合起来，进一步理清工作思路，突出重点，完善机制，高起点、严要求地做好学院各项工作，推动学院的科学发展、跨越发展、和谐发展。全院各部门积极行动，结合工作实际，通过集体研讨、课堂式学习、专题自学等形式对文件精神进行讨论，在全院掀起学习胡锦涛总书记“7·23”讲话精神热潮。

【党建与思想政治工作】 4月，院级领导班子进行换届调整。新一届院领导班子注重加强理论学习和业务学习，工作上既分工明确又密切合作，生活上互相关心互相帮助，成为精诚团结、务实重干、开拓进取的强有力的领导集体。

贯彻干部队伍建设“四化”方针，坚持干部选拔任用六项原则，充分发扬民主，加大竞争力度，力争做到公平、公正、公开。在广泛调研基础上，于5月出台机构和干部调整方案，6月完成机构调整及中层干部换届工作。利用集中培训、以会代训、在线学习等多种方式对189名干部进行培训。

组织开展“三讲三提升”教育活动、创先争优活动。5月，院党委根据省委组织部《关于在全省组织系统开展“讲责任、讲作为、讲正气，提升素质、提升水平、提升形象”活动的实施方案》要求，组织党务干部参加河南省组织系统“三讲三提升”业务知识竞答活动。学院王爱琴获得一等奖，周建郑、王忠伟获得二等奖，叶建海、曲新峰、李少春、杜广平获得三等奖。

9月21日，召开“推行承诺制度，改进工作作风”专题会议。传达《关于推行部门服务承诺制的通知》精神，对机关职能部门、教辅及后勤服务部门推行服务承诺制工作进行安排部署。加强基层党组织和党员队伍建设。实行《黄河水利职业技术学院系、部党政联席会议制度（暂行）》，系、部党政共同负责、相互配合、协调运转的工作机制执行良好。创新学生党组织的设置形式，探索学生党组织进学生会、进社团、进网络、进实习基地的工作模式，发挥基层党组织的战斗堡垒作用和党员的先锋模范作用。党校举办两期入党积极分子培训班，对3380名申请入党的师生进行集中培训。全年共发展党员1379人，使学生党员的比例达11.5%，高于全省高职高专院校平均水平。

7月30日，学院顺利通过2012年度省级文明单位的复查，在全院形成争做文明教师、文明学生，人人参与文明校园建设的浓厚氛围。

【党风廉政建设】 9月12日，召开2012年行风建设工作与贯彻落实“三重一大”和“校务公开”制度建设专题会议，在《黄河水利职业技术学院落实“三重一大”制度实施办法》的基础上，制定实施《关于执行“三重一大”事项的监督规定》、《关于“三重一大”事项决策失当或失误的追责规定》等制度，提出4点要求：一是要提高认识，明确责任。二是要突出重点，解决实际问题。三是健全制度,形成长效机制。四是要加强督察,确保取得优异成绩。明确由党委书记、院长为反腐倡廉建设第一责任人,形成党委统一领导、党政齐抓共管、纪委组织协调、部门各负其责、依靠职工参与的反腐倡廉领导体制和工作机制。

制定《黄河水利职业技术学院2012—2013年民主评议行风工作实施方案》,明确"保先争优、再接再厉,努力创办人民群众满意的学校"的奋斗目标,着重"师德师风、教育收费、教学管理、后勤服务、学生管理、阳光招生、就业服务、学生发展、依法办学、专升本"等十个方面的行风建设。

12月,纪检监察部门和有关部门组成若干工作组对党风廉政建设责任制落实情况进行年终检查,严格责任追究,对落实不力或违反党风廉政建设责任制的部门和个人在评优评先上实行一票否决。河南省教育厅下发文件《关于表彰全省教育审计工作先进单位和先进工作者的决定》(教审〔2012〕1180号),学院获河南省教育审计工作先进单位称号。同时,学院教师杨明太被评为河南省教育审计工作先进工作者。

【后示范建设】 8月21日,学院召开后示范建设项目验收及评估工作检查专家组汇报会,对后示范建设项目及人才培养工作自评检查情况进行分析,针对性地指出在课程网站、课程内涵建设、专业佐证材料、专业的核心技能标准和认证考核系统标准、人才培养方案调研论证、特色亮点表述等方面存在的问题,全面深入细致地提出评价意见和建议。各专业根据社会需求,进一步梳理专业及专业方向,逐步建立专业动态调整新机制。按照省教育厅要求,起草《河南省兼职教师管理办法》、《关于首批省级高等职业教育示范性综合实训基地认定办法》、《河南省教育厅关于加强与改进教育科学研究工作的意见(征求意见稿)》等有关文件。开展369个后示范建设项目的验收工作。组织开展河南省品牌示范院校申报工作。举办专业带头人"说专业"、系主任"说专业建设规划"活动,把专业建设的理念、目标定位、计划方案、实施举措落实给每一个教师,推进各专业可持续发展。4月20日,学院获第一批河南省教育信息化试点高校立项建设单位,是第一批立项的6所高职高专院校之一。同时,学院被省教育厅推荐到教育部,作为教育部第一批教育信息化建设立项备选单位。

进一步建立与完善教学质量标准、监控与评价等70余项教学管理制度。实施院、系两级督导,院、系、教研室三级监控,形成全方位的校内教学质量监控体系。引入行业协会、用人单位、研究机构等利益相关方共同参与的第三方人才培养质量评价机制,将毕业生就业率、就业质量、企业满意度、创业成效等作为衡量专业人才培养质量的重要指标,完善人才培养质量年度报告发布制度。

【人才培养评估】 12月11—13日,河南省评估专家组对学院人才培养工作进行评估。通过资料查阅、听课、专业剖析、深入访谈和现场考察,评估专家组对学院人才培养工作取得的成绩给予高度评价,也为学院的发展和建设提出极具针对性、指导性的意见和建议。学院顺利通过省教育厅人才培养工作评估。评估结束后,学院认真分析专家组反馈意见,积极与主管部门沟通,制定切实可行的整改计划及落实措施,按照巩固、深化、提高、发展的要求,组织全院师生学习、领会,进一步明确整改目标和努力方向,不断完善人才培养工作体系,力争把在迎评促建工作中积累起来的经验和成果转化为人才培养工作的长效机制。

【专业和课程建设】 10月31日,学院组织召开国家级精品资源共享课建设会议,通报2012年度精品资源共享课程申报内容、技术格式要求及时间节点,并对下一步精品资源共享课程建设申报工作作具体安排,各课程负责人分别交流汇报课程建设准备情况、建设计划及存在问题等。

【科研】 学院制定《科研秘书岗位职责》、《科技项目申报流程》和《黄河水利职业技术学院研究中心建设与管理办法》,制定学术报告讲座备案制度。组织开展河南省高等教育教学改革研究项目的申报与推荐工作,7个项目获批省级立项。组织参加全国职业院校信息化教学大赛,获得一等奖1项、三等奖1项。4项课题获批河南省十二五规划教育科学研究课题。4项成果获河南省教育科学研究优秀成果奖,13项成果获河南省信息技术教育优秀成果奖。共开展科研技术服务24项,收入175.5万元。169个项目获省部、厅局级立项,获资助经费65.5万元。获得省厅级成果奖202项,其中获省科技厅科技成果进步二等奖1项,实现学院零的突破。88个厅局级项目结项,7项成果通过省科技厅鉴定,达到国内领先水平。启动2012年度院内科研基金项目计划工作,立项37个,院内资助经费24.2万元。

【人事管理与师资队伍建设】 8月27日,学院赴新加坡骨干教师双师素质培训团圆满完成各项培训任务。按照学院专业教学团队建设规划,完成对66个教学团队的年度考核和92名"双师素质教师"的认定工作。组织进行河南省教学名师、教学团队的申报与推荐工作,1名教师获评省级教学名师,环境监测与治理技术教学团队获评省级教学团队。

本年度职称评审正高级专业技术职务通过4人,副高级专业技术职务通过18人,中级专业技术职务通过23人。组织安排专业教师下企业锻炼26人次,参加各类培训177人次,其中赴新加坡培训18人,赴香港培训28人,国内其他培训43人。5名教师被列入2012年度河南省青年骨干教师资助计划。

【社会服务能力】 利用学院的人才优势、技术优势、资源优势,组织完成凤阳县农村宅基地调查,凤阳县红心镇、总铺镇土地整理测量,邓州市新农村建设第四批规划设计、汽车差速器加工等生产项目、车辆零部件建模与性能分析计算和国家教学资源库建设《工程测量》子项目等,为社会经济发展提供技术服务。技术服务到账款175.5万元。

【招生就业】 2012年,根据《黄河水利职业技术学院招生计划分配办法》,安排招生计划6390人,比2011年增加90人,录取报到率达到90.80%(比上年增加0.07个百分点),招生专业(方向)达到73个。单招试点涉及水利工程施工、数控技术等10个专业,招生计划660人。成立单独招生领导小组,制定单独招生章程、实施方案和单独招生考试纪律及违纪处理办法,按照"积极探索、稳步推进"思想,探索高职招生选拔方式。考生录取660人,新生报到率96.7%。

完善顶岗实习管理章程,继续推行顶岗实习动态管理系统。先后到中核第二四建设公司海阳核电项目部、中国水利水电第三工程局、中国水利水电第十五工程局、新疆兵团水利工程局、兵团六建等单位实地检查学生顶岗实习情况，指导学生顶岗实习，进行顶岗实习现场毕业答辩，受到企业领导和实习学生的欢迎。2012届毕业生顶岗实习率达到100%。

就业工作通过创新工作模式，改变以往每年一次的大型"双选会"为每周一次的周末"双选会"，全年共举办9场双向选择洽谈会，专场招聘会48场，参会企业295家，提供就业岗位13650个，签约学生2663人，达成就业意向369人。12月8日，筹划并举办2013届毕业生就业第八场双选会暨女生专场双选会，邀请奇瑞汽车、郑州富士康等50家企业参会，提供一线管理、技术、财会、教育培训等1458个就业岗位，其中招聘女生岗位679个，女生现场签约及达成就业意向308人，及时解决女生就业困难的实际问题。

【召开2012年社会需求与培养质量年度报告解读会】 12月27日，学院邀请麦可思公司副总裁张景岫为全院师生作2012年社会需求与培养质量年度报告解读。报告会上，张景岫通过大量科学严谨的统计数据，从横向、纵向两个方面进行对比，就2011届各专业就业竞争力、各专业就业率、行业就业竞争分析、各专业相关度分析、核心课程有效性评价、大学期间的价值观提升、生源质量分析、专业课程有效性分析、招生及新生适应性调查等9个方面进行详细说明与解读。报告表明，学院毕业生的培养质量、社会需求、企业评价、毕业生满意度等各方面都得到全面提升。

【债务化解】 开源节流，多渠道筹措资金，争取中央及河南省各类专项资金达1500余万元。合理整合现有资源，统筹安排预算内外资金，完成2012年度的化债任务，获得财政奖补金3690余万元。

【基建工程】 11月24日，中国高等教育学会后勤管理分会学生公寓管理专业部2012年年会暨全国高校学生公寓工作先进单位、先进个人表彰大会在贵阳召开，学院在会上获全国高校学生公寓管理服务工作先进单位称号。2012年，完成建筑面积为14448平方米的1号、2号学生公寓的建设。做好培训用房的施工与装修，确保2012级新生及对外培训人员顺利入住。2012年，成功将东校区进行置换。

【学生技能竞赛】 5月13—15日，学院学生参加在甘肃白银矿冶职业技术学院举行的第三届全国有色金属行业职业院校学生职业技能竞赛决赛，囊括导线测量、水准测量全部单项第一名，取得工程测量项目团体第一名，刘云彤、陈旭、何宽等教师获得大赛优秀指导教师称号。5月22—25日，在安徽工业职业技术学院举行的第二届有色金属行业职业院校学生技能竞赛中，学院获得高职组工程测量工团体第二名、四等水准测量单项第二名。6月15—17日，参加在武汉举行的首届全国高等职业院校土建施工类专业"鲁班杯"建筑工程识图技能竞赛，学院获得团体赛特等奖（总分第二名），个人赛特等奖1人（第一名）、一等奖2人。8月17日，参加在东华大学举办的第五届"高教杯"全国大学生先进成图技术与产品信息建模创新大赛，学院获得水利类（连续4次）、道桥类团体一等奖和建筑类团体二等奖，大赛组委会为学院颁发水利类特别奖。12月18日，在北京参加第七届全国信息技术应用水平大赛，学院获国家特等奖1项、国家一等奖2项和国家二等奖6项，大赛组织奖和伯乐奖，卫宗超、张圣敏2位教师获先进组织个人奖，张圣敏、曾令宜、王娟玲3位教师获最佳指导老师奖，教师吴丰获优秀指导教师奖。

6月15—17日，"鲁班杯"建工识图竞赛，学校获团体赛特等奖，个人赛特等奖1人、一等奖2人

11月27日，"足迹"校园文化主题景观工程顺利落成

【校园文化建设】 10月底，完成承载学院历史、反映学院文化内涵的"足迹"人文景观项目。该项目自2010年起开始设计建造，集中展示学院自1929年创建起80余年的辉煌发展历程，反映学院一脉相承的优良办学传统、鲜明的职业教育办学特色和科学的办学理念，是学院人文环境建设的重要成果。

【学生工作】 9月27日，学院召开学生工作会议。加强学生工作队伍建设，不断提高辅导员的政治待遇和生活待遇，保持辅导员队伍稳定。完善学生资助的"奖、贷、助、补、免"工作体系，落实学生资助政策。构建"院、系、班"三级预警、心理危机干预机制。学院获首届河南省高校学生工作先进集体称号。2012届毕业生贷款1836笔，提前还款1542笔。全年有843名新生通过"绿色通道"入学。对困难学生的资助达11523人，资助总金额约3382万元，设立勤工助学岗1144个，资助金额达237055元。

【共青团工作】 4月27日，举行黄河水利职业技术学院2011—2012年度"五四红旗分团委"评选现场展示活动。14个系的分团委书记分别从"青年学生思想引领、基层组织建设、校园文化、社会实践、科技创新与创业、学生会和社团工作"等6个方面，对上一学年工作进行全面总结，就如何更好开展团内工作，提出建设性的意见和建议。5月30日，学院团委被开封市人民政府授予开封市防震减灾先进集体称号。

【国际交流】 新建国际友好学校4个。接待国外来访5批次15人次，分别来自澳大利亚沃东加、布里斯本TAFE学院、英国等;出访、培训7批次56人次。新聘美籍外教1位。10月9日,通过由省教育厅、省外办等组成的专家组对学院留学生招生条件工作的检查验收,10月15日,取得省教育厅关于黄河水院招收来华留学生的备案批复。中外合作办学项目持续开展,经省教育厅国际处许可,招收来自赤道几内亚的第一批留学生22名,填补学院留学生教育空白。

9月16日,副院长王俊带队参加第五届中国—东盟教育交流(贵州);21日,他带领科研外事处、机电系参展团队参加2012中国—东盟职业教育联展暨论坛(南宁),演示参展作品,回答教育部副部长鲁昕等提出的有关学生制作作品过程、性能、企业行业应用、获取专利等情况,展示河南省和学院职业教育风采,赢得鲁昕等领导的称赞和肯定。

撰稿:张品品　李冠华　李良玉　刘素军
核稿:张天宝
审稿:刘国际　刘紫婷

河南司法警官职业学院

党委书记:李金华(—8月)　党委副书记、院长:董世平
创办时间:1984年7月　校　址:郑州市文劳路3号
电　话:0371-63739058　邮　编:450011
传　真:0371-63739348　网　址:http://www.hnsfjy.net

【概况】 2012年,学院占地面积40.33公顷,建筑面积13.23万平方米。设有三年制高职、五年制专科、在职干警培训、监所管理自考辅导、成人大专学历教育5个教学层次,15个专业。全日制在校生4832人。教职工312人,专兼职教师212人,副高级以上专业技术职务的教师43人,讲师89人,硕士以上学位的教师76人。在《河南日报》报业集团开展的2012年河南最具竞争力教育品牌大型调查评选活动中,学院被评选为中原经济区建设最佳服务高校。

【领导班子成员名单】 党委书记李金华(—8月),党委副书记、院长董世平;党委副书记刘帮胜、李杉(女),副院长张峰、李玉成,纪委书记李俊德(—11月)、贾江(11月—),组织部长李春青(女)。

【党建和思想政治工作】 组织学习党的十八大精神,开展政法干警核心价值观教育、带头创先争优做人民满意的公务员教育实践活动。开展基层组织建设年活动,全院24个党(总)支部进行自评、考评、调查摸底及群众评议;对15个党支部进行换届选举;分批组织党支部书记和部分党员代表50余人赴井冈山,缅怀革命先烈,重温入党誓词;全年培训入党积极分子768人,有5名教工、288名学生加入中国共产党。信息系党总支和组织部党支部被评为2010—2012年度厅直机关创先争优先进基层党组织。

【党风廉政建设】 狠抓党风廉政建设责任制落实,注重廉政教育和文化建设,开展"党风廉政教育活动月"活动,组织开展廉政文化进校园、进家庭活动,强化党员干部廉洁意识。强化监督制约,坚持民主集中制,严格党内监督;重大事项和涉及教职工利益的问题充分发扬民主,倾听群众意见,落实群众监督;纪检监察部门参与招生录取、物资采购、工程招标、市场考察等活动28项次,工程招标涉及金额1.8亿元;监督审核各类合同、协议10余份;开展年度内部财务审计,涉及金额4430万元;处理群众来信来访12人次,查收投诉举报电话、短信16人次;组织开展作风纪律、商业贿赂、奢侈浪费、公务用车、"节日病"等专项治理活动。开展警风行风建设,拨付40万元专款补贴学生食堂;结算退还应届毕业生教材费13.89万元,切实维护广大学生的切身利益和合法权益。

【教学】 完成了三年制高职、五年制专科、在职干警培训、监所管理自考辅导、成人大专学历教育等五个层次44383学时的授课任务,其中微机实验课6218学时,51万人次。在2012年全国职业院校技能大赛高职组"信息安全管理与评估"项目河南选拔赛中名列全省第11名,获得团体三等奖;66名计算机专业毕业生通过了国家职业资格技能鉴定,获得高级调试员证书;在第七届全国信息技术应用水平大赛河南赛区比赛中获二等奖1项、三等奖2项;在省教育厅学生体质健康标准测试中获优秀组织奖。

【成人教育】 组织监所管理专业自学考试本科报名1700人,9630科次。完成辅导96学时,评卷8662份,全年毕业382人,为监所自考本科毕业生116人办理了学士学位证书。成人大专函授学员毕业142人,录取93人。

【干警培训】 举办干警培训班8期,培训学员639人,其中警察资格培训班3期,督晋督培训班2期,处级干部培训班1期,党务软件培训班2期。

【科研】 本年学院各项课题立项17项、结项16项、获奖26项,在CN级以上刊物发表论文92篇,其中在核心期刊杂志上发表16篇,出版专著、教材6部。学院监狱学分会被省监狱学

会评为“优秀分会”。教师孙宏艳、郭军丽撰写的论文获得了省司法厅警务督察委员会组织的首届警务督察工作征文活动的一等奖。

【《学报》】 本年，学院《学报》出版4期，发表论文116篇。在2012年全国高等学校文科学报研究会第七次会员代表大会上，当选为全国高等学校文科学报研究会第七届理事会理事单位，是河南省8家理事单位中唯一的高职高专学报。

【司法鉴定】 2012年，不断开拓业务领域，共为全省各级司法机关和律师事务所、公民、法人、企事业单位委托的各类诉讼、仲裁、调解等司法活动出具《司法鉴定意见书》364份。

【招生与就业】 2012年，学院录取新生1663人，毕业学生2428人，就业率为90.49%。开展就业指导与服务，举办座谈会3次、就业指导讲座5次、优秀毕业生就业创业报告会2场次，利用“毕业生就业信息网”、举办专场招聘会，分别签订就业意向书420份、283份；5名毕业生入选“大学生志愿服务西部计划”和“志愿服务贫困县计划”；对2006年以来接受学院毕业生的200余家单位开展毕业生质量跟踪调查，为教学和管理工作提供了依据。

【新校区建设】 2012年，学院新校区完成投资1.28亿元；教学楼、办公实验楼完成二次结构施工；餐厅、浴池和配电维修房等配套工程正在进行二次结构施工；学生宿舍完成主体验收，正在装饰施工；图书馆、警体馆(含射击馆和游泳馆)顶楼主体正在施工中。

【精神文明建设】 在全院开展文明单位、文明教工、文明学生、文明寝室、文明家庭评选活动；创办了道德讲堂；开展学雷锋、树新风志愿服务活动；参加“爱国歌曲大家唱”激情广场文化活动，受到市、区文明办好评；完善装订近年来精神文明单位档案资料，通过省级文明单位年度复查验收。

【校园文化建设】 大力宣传中国文明网中国好人榜“助人为乐好人”——2010级法律系学生朱琼到贫困山区义务支教的事迹，并在全院开展了募捐活动；开展春季运动会、大学生心理健康教育周、学习雷锋精神、大学生文化艺术节、校园文化电影展播以及纪念建团90周年系列主题教育等活动；组建了5支青年志愿者服务队，开展暑期社会实践服务。在河南省大学生“诚信校园行”国家助学贷款政策及相关知识大赛总决赛中获银奖。院团委获“河南省五四红旗团委”称号。

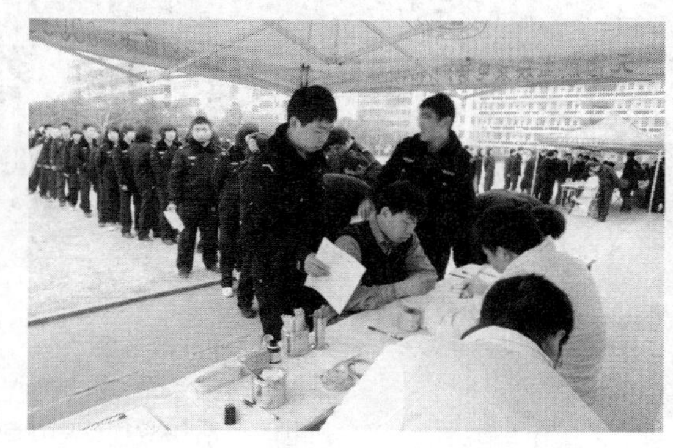

3月15日，学院师生踊跃无偿献血

【河南省新乡司法干部学校并入学院】 7月，河南省机构编制委员会办公室出台对省司法厅所属单位清理规范意见，同意撤销河南省新乡司法干部学校，人员编制整体划入河南司法警官职业学院。

【法律系发起“微量爱”志愿者团队】 河南司法警官职业学院法律系2010级学生朱琼(事迹见“青衿英姿”人物栏目)所在的法律系发起了“微量爱”志愿者团队，在“传播微量爱，你我在行动”的号召下，秉承奉献、无私、爱心、公益的信念，以体验式慈善、心灵式慈善的独特方式，在省会高校和社会中倡导用微量的爱关心帮助山区儿童，注重用力所能及的微小善举在大学生和年轻人心中种下爱的种子。12月，“微量爱”系列慈善活动启动仪式在河南司法警官职业学院正式启动。“微量爱”志愿者团队成立以来，先后在郑州牧专、中原文化艺术学院、郑州文理专修学院等高校进行巡回推广，开展了义演义卖、捐款捐物、爱心涂鸦、爱心体验、手抄图书馆等丰富多彩的慈善活动，在大学校园内掀起了一股爱的潮流。“微量爱”团队成员已经发展到了100余名志愿者。

学院开展“爱心接力传递”活动，师生们共为朱琼支教的宁夏泾源县兴盛乡上下黄小学捐助现金6000余元，文具7700余件，生活用品近3000件及书籍数百册。

撰稿：高玉芳

核稿：白　静

审稿：刘帮胜

河南检察职业学院(国家检察官学院河南分院)

党委书记:张永健　院长:万忠宪
创办时间:2003年　校址:郑州市新郑龙湖双湖大道1号
电　话:0371-69970059　邮编:451191
网　址:www1.hnjc.edu.cn

【概况】 河南检察职业学院前身是河南检察干部学校,1985年筹建,开展检察干警培训;1991年经高检院批准,成立中国高级检察官培训中心河南分部;1994年5月,面向全省统招,开展全日制中专学历教育;2000年8月,经高检院批准,成立国家检察官学院河南分院,承担全省检察干警的培训任务;2003年4月,经河南省政府批准并报国家教育部备案同意,设置河南检察职业学院,成为我国检察系统唯一面向全国招生的普通高等职业学院,与国家检察官学院河南分院一个机构两块牌子。学院主要承担法律专科学历教育和检察官培训教育双重任务。学院隶属于河南省检察院,接受河南省教育厅和国家检察官学院的业务指导。学院坚持社会主义办学方向,严格按照高职院校标准建校,坚持"立足检察、面向政法、服务社会"的办学宗旨,培养适应检察机关和其他法律工作第一线需要的德、智、体、美等方面的应用性人才。2006年9月,学校迁入新校区。新校区占地1050亩,规划建筑面积25万平方米,投资2.56亿元,完成建筑面积15万平方米。现有教学仪器设备价值1655万元。校园资产总值约8.5亿元。建有痕检、文检、侦查、教研4个实验室和模拟法庭、法律援助中心、检苑鉴定中心、汽车驾驶培训、艺术活动中心、警体障碍训练、体能训练及警务区等实训教学场地。

学院有28个工作部门,其中教学和教辅机构15个,党委和行政机构13个。设立4系(法律系、检察系、司法管理系、侦查系)、4部(基础部、警体部、成教部、社科部)和艺术教育中心。在校生6000人。学院有教职工282名,其中教授、副教授40名,比例为27%;讲师76名,比例为51.4%;具有硕士、博士以上学位的教师111名,比例为75%。学院先后获得全国检察教育培训先进单位、省级文明单位和河南省最具影响力的十佳职业学院、省高校党务信息统计全优报表单位、2011年度全省高校行风建设先进单位等称号。

【领导班子成员名单】 党委书记张永健,院长万忠宪,副院长吴令起、田凯、刘秋香、孔祥广,政治处主任殷宏,院长助理邵军锋。

【检察培训工作】 2012年,共举办各类培训班30期,培训检察干警5682人,培训人数再创历史新高。其中轮训基层院干警4831人,社会管理创新研讨班培训168人,中国瑞典"检察官与人权保障"师资培训项目培训623人,基层院轮训师资培训班培训60人,参训学员测评满意度达到95%以上。围绕实施修订后刑诉法、核心价值观教育实践活动等检察中心工作,先后选派5名教师到9个基层检察院和山西检察官学院授课。在培训规模稳中有升、培训数量位居全国前列的基础上,实现了培训质量和培训管理的新进步。

【教学与科研】 2012年,学院完成本科、大专两个层次、11个专业、158门课程共55340学时的教学任务,98名学生被安排到19个实习基地实习。注重提高授课质量和水平,突出抓好教风、考风和学风的建设。学院新任主要领导到任后,修订完善《学院听课制度》,领导班子成员深入教学课堂听课,全面掌握教师课堂授课情况,树立尊师重教的良好风尚。学院以2013年学院以迎接省人才培养评估为载体,及早着手,制定迎评方案,召开迎评动员大会,把专业建设作为提升学院整体水平的重要抓手,建立学院领导班子成员参与专业建设工作制度,修订各专业人才培养方案,多次召开专业建设指导委员会会议,成功申报了司法会计专业。《法律逻辑》等7门课程通过院级精品课程验收,《民事诉讼法》等8门课程通过院级精品课程立项评审。围绕加强专业建设和课程建设,启动9个实训和实验室建设工作。学院教职工全年发表论文57篇,其中核心期刊5篇、国家级期刊1篇;省级课题立项3项,厅级13项;结项各类课题17项,其中省部级课题5项;科研成果获得省部级和地厅级奖励12项。组织龙湖法治讲坛3期,邀请专家和本校青年博士等开办讲座,听众达800人。组织3名教职工参加全省检察机关修改后刑诉法知识竞赛,获笔试第一名、决赛三等奖。参与组织召开省诉讼法学研究会2012年年会,开阔了教职工的科研视野。维护好学院门户网站,保障学院网络和信息安全,网络管理进一步规范,无纸化办公进一步推广。全年出版学报6期,刊登文章近300篇,学报保持检察特色,质量稳步上升,获得社会好评。

【招生与就业】 在高职院校学生招生普遍下滑情况下,学院积极宣传、开拓生源,2012年,录取大专生1680人、本科生150人,实际报到1579人,较好完成了招生任务。搭建就业平台,利用多种渠道帮助学生就业,举办学院2012年冬季毕业生供需见面洽谈会,截至年底,毕业生2407人,就业率为83%。

【学生管理】 遵循依法治校的原则,从严管理,健全和完善学生管理制度,规范管理行为;将管理与加强教育相结合,不断提高管理水平。完成2012级迎新、军训及新生学前教育工作,举办遵章守纪、学生资助、安全防范等内容的教育活动,把好入学教育关。严格落实辅导员考核制度,细化辅导员考核工作,提高辅导员队伍的整体水平。注重学生干部队伍建设,充分发挥学生自我管理、自我教育、自我服务的作用。完善学生助学工程,落实学生奖惩制度。做好国家励志奖学金、国家助学金、大学生入伍学费补偿、助学贷款等项目的评选和发放工作,有1261名学生获得475.55万元的奖励、补偿和资助。开展评优评先工作,共评选出省级先进班集体5个,国家奖学金获得者、省级三好学生、优秀学生干部、优秀毕业生101名。评定学院先进班集体14个,学院奖学金获得者、三好学生、优秀学生干部、优秀毕业生1847人次。在学管工作中,学管部门和4个系做了大量艰苦细致的工作,辅导员体现了敬业奉献精神。各级团组织围绕提高人才质量开展团的活动,建设校园文化,陶冶学生情操,全年共发展新团员40名,评出红旗团支部、优秀学生社团等28个,优秀团员、模范团干、优秀青年志愿者、五四青年奖章获得者等580人次。在组织参加河南省第十三届大学生科技文化节中,学院学生在书法等项目上共获得14个奖项。在2012年"三下乡"和"四个一"社会实践教育活动中,学院社会实践服务团队和11名个人受到团省委表彰,21人受到省直团工委表彰。

【保障机制】 学院党委和各部门着眼提高工作效率,不断强化管理,在教学培训、队伍建设、后勤保障等方面制定和完善各项规章制度。注重进一步明确各级各类职责,协调方方面面的工作关系,促使全院各项工作有章可循,有序开展。办公室等机关有关职能部门按照"服务教学培训、服务领导决策、服务教职工"的"三服务"原则,服务意识不断增强,办文办会办事能力逐步提高,内部管理、综合协调、参谋助手作用日益发挥,在以文辅政、协调沟通等方面做了大量工作。多渠道筹措建设发展资金,全力保障学院建设资金需求。协商解决了学院6500万元贷款展期,2012年下半年偿还2100万元银行贷款,争取省财政化债资金1000万元,争取省财政厅拨付200万元消防及监控设施建设专款,争取工行贷款3000万元。经过积极争取,改变学院财政拨款模式,2013年,按生均经费拨款模式核算拨款后,较2012年拨款有所增加,学院财务收入状况进一步好转。指导后勤中心在后勤维修、设备保养、水电气供给、食堂管理以及医疗保健等方面的工作,保证学院正常的教学、培训和生活秩序。完善维修承包制和报修制度,建立奖惩机制,增强维修及时性,提高了维修质量。更换充卡式电表,实行先买后用的模式,有效避免了电费流失。加强学生、教职工餐厅食用主材定点采购管理,从源头上杜绝地沟油等劣质食品原料流入食堂。

【队伍建设】 学院坚持通过加强教育、严格管理、积极引导和多种培训等途径,不断提高教师队伍的理论素养、思想觉悟和业务素质。学院党委组织学习贯彻党的十八大精神活动,开展政法干警核心价值观教育实践等主题教育活动,提高了广大教职员工的理论素养和思想水平,确保了教职工政治上清醒,思想上稳定。学院利用两个月的时间开展"学院建设与发展"大讨论活动,通过动员教育、理论学习、调研讨论、制定措施、认真整改等环节,统一了思想,理清了思路,凝聚了智慧,明确了目标,促进了工作。落实"三会一课"制度,组织指导争先创优工作,做好基层党支部建设和分类定级评分工作。抓好组织建设,开展十期党课培训,发展教职工党员4名、学生党员355名,党员转正204人。继续开展"查找廉政风险,构筑拒腐防线"活动,落实党风廉政建设责任制,抓好党员干部廉洁自律。不断加强行风建设,组织学院新进人员、新建处室排查风险点、制定防控措施。组织80余名党员干部到豫中监狱接受警示教育,强化党员干部拒腐防变、廉洁自律的意识。在全省高校党建评估中,学院被评为优秀等次。在全省分校行风评议中,学院被评为先进单位。学院有18人被评为省院和学院优秀党员。完善培训计划申报制度,10余名教职工参加高校哲学社会科学教学科研骨干研修、国家检察官学院刑诉法等各类培训。有2人通过副高级专业技术职务评审,8人补聘为助教,9人获得教师资格认证。加大对外聘教师的管理力度,严格执行外聘教师聘前试讲制度和聘后管理制度。2012年,学院共有3人获得省级、厅级表彰,11人被评为优秀教师、4人被评为优秀辅导员、9人被评为"三育人"先进个人。

【全国模范检察官王道云主讲龙湖法治讲坛】 3月23日,科研信息中心和法律系联合主办的第十期龙湖法治讲坛在学校举行。邀请到全国模范检察官、河南省检察院正处级检察员王道云,为500余名师生作了题为《我的检察情节》的讲座。他从从检近30年的经历谈起,结合自身办案感受,用一个个生动鲜活的案例和对法治的感悟给大家呈现了精彩的一课。他坚定的眼神、朴素的话语给师生留下深刻的印象,赢得了师生的多次掌声。

【协办中瑞检察官与人权保障研修班】 4月11日,"中瑞检察官与人权保障"研修班在省检察院会议中心开班,河南省人民检察院副检察长贾世民、副检察长贺恒扬和最高人民检察院法律政策研究室主任陈国庆出席了开班仪式并授课。学院培训处和办公室圆满完成了中瑞合作的"检察官与人权保障"培训班的各项筹备、辅助工作。

【蔡宁到学院调研】 11月15日,河南省检察院检察长蔡宁在省院副检察长贾世民、政治部主任王广军和反贪局长杨建生陪同下到学院调研。蔡宁视察了省院反贪局、学院联合创建的廉政教育培训基地,看望了学院教职员工,听取了院党委书记张永键所作的工作汇报,并从明确发展方向、提升管理水平、加强师资队伍建设等方面作了重要指示。座谈会由院长万忠宪主持。

【新疆生产建设兵团农十三师检察分院考察团来院考察】 11月22日,新疆生产建设兵团农十三师检察分院检察长任德军一行来学院考察交流。学院党委书记张永健主持召开座谈会并致辞,双方就建立合作事宜进行了交流。部分院领导及中层负责人参加了座谈会。

【团省委党的十八大精神宣讲团来学院开展宣讲活动】 11月28日,团省委副书记王艺一行5人组成的团省委十八大精神宣讲团专程来到学院,就党的十八大精神进行宣讲,学院领导班子全体成员、各支部书记、各部门负责人、教职工代表及学生代表250余人参加了宣讲活动。

撰稿:张魁中

审稿:万忠宪

河南质量工程职业学院

党委书记:程智韬　　院长:白君堂
创办时间:2003年6月　　校址:平顶山市姚电大道中段
电　　话:0375-3397006　　邮编:467000
传　　真:0375-3397002　　网址:http://www.zlxy.cn

【概况】 学院是国内唯一一所以培养质量专业人才为主要特色的高等职业院校。学院占地62.5万平方米,建筑面积31.5万平方米。学院设有6系4部29个专业,拥有高、中级专业技术职务和“双师型”教师435人,教授、副教授190人,硕士研究生及以上学历的教师225人。有普通类在校生9971人,成人开放教育和远程教育在校生7280人。学院建有食品微生物、电器安全等65个专业实验室和基础实验室,拥有3个中央财政支持项目、4个省级特色专业、3个省级示范性实训基地、2门省级精品课程。建有较完备的校园网、卫星地面接收系统、电子阅览室等电子信息交流平台。

【领导班子成员名单】 党委书记程智韬,党委副书记、院长白君堂,党委委员、常务副院长徐宗华,党委委员、副院长葛长龙、张晓东,党委委员、纪委书记刘明山,党委副书记姜葆亮。

【学习宣传贯彻党的十八大精神】 党的十八大召开后,学院把学习宣传贯彻党的十八大精神作为首要政治任务,制定实施方案,建立专题网站,举办培训班,进行知识竞赛等,迅速掀起学习高潮。全院党员干部、师生员工紧密联系工作实际,把思想统一到十八大精神上来,把力量凝聚到学院的具体工作上来。

【学院被批准列入2012—2015年河南省职业教育品牌示范院校和特色院校建设项目规划】 学院积极进行河南省职业教育品牌示范院校和特色院校建设项目的申报工作。经过专家组的评审认定,学院被省教育厅批准列入2012年—2015年河南省职业教育品牌示范院校和特色院校建设项目规划。

【学院“省骨干高职院校建设项目”建设方案及建设任务书通过专家论证】 2月24日,平顶山市政府在蕴海建国饭店组织召开专题论证会,对学院“省骨干高职院校建设项目”建设方案及建设任务书进行专家论证。副市长郑茂杰到会并讲话。会议由院党委书记程智韬主持,院长白君堂作专题汇报。专家组详细论证了建设目标、内容、经费预算与可监测指标等问题,最后,一致同意学院启动“省骨干高职院校建设项目”建设方案及建设任务书。

【参与国家标准《品牌价值多周期超额利润测算法》起草工作】 7月25日,党委书记程智韬参加了在北京召开的国家标准《品牌价值多周期超额利润测算法》起草工作组会议。通过与会专家的研究讨论,大会制定了该国家标准的征求意见稿。学院还受邀参加了《卓越绩效管理》国家标准和实施方案制定工作。

【学院“专业教师实践基地”在河南省计量科学研究院揭牌】 8月6日,学院专业教师实践基地在河南省计量科学研究院揭牌。河南省质量技术监督局党组成员、副局长冯长宇,河南省计量科学研究院党委书记陈传岭、院长宋崇民,郑州大学研究生院副院长朱诚身,学院党委书记程智韬、副院长张晓东等领导及省计量院有关专家和学院骨干教师近百人出席揭牌仪式。

【师资队伍建设】 2012年,学院有25名教师通过了副高级专业技术职务以上任职资格评审,68名教师晋升为高校讲师,近200人分别参加了校内外不同层次的学习培训,20余名教师到省质监局质量处、省计量科学研究院等单位挂职锻炼或参与科研工作。

【科研】 全年共发表论文297篇,其中核心期刊发表论文85篇,被SCI、EI收录论文6篇;主编或参编论著、教材29部;主持、参与地、厅级以上科研项目完成课题62项,其中4项课题通过省科技厅鉴定;获准立项的地、厅级以上项目46项。

【质量专业实验室、研发机构建设】 完成省骨干校建设项目中各专业1700余万元的教学仪器设备招标采购工作,设备陆续到位。与市农业局合作共建的“平顶山市农产品检测中心”通过省级认证;家电产品检测和建筑装饰建设检测中心初具规模。省示范性实训基地建设项目《建筑装饰材料检测专业实训基地》完成验收。

【校企合作】 2012年,进一步完善了职教集团理事会、秘书处、3个工作部及6个校企合作委员会相关制度。制定《校企合作管理办法》、《产业实体建设管理办法》,建立了职教集团和校企合作网站。职教集团理事会成员平顶山煤矿机械有限责任公司被省教育厅确定为河南省首批高等职业教育示范性综合实训基地。与平顶山市房产局合作成立了平顶山市物业管理人才培训基地。与相关企业签订合作项目21项。

【定岗定编和绩效工资补发】 学院成立了院岗位设置管理工作领导小组、岗位设置与聘用委员会、岗位设置与聘用监督委员会等机构,在广泛征求教职工意见的基础上出台了学院定岗定编工作方案和绩效工资实施方案,完成了定岗定编工作和三年绩效工资的补发工作。

【征兵】 在2012年度征兵工作中,全院共有24名符合条件的在校大学生应征入伍,其中9名自愿赴西藏戍边。

【招生就业】 学院根据招生形势,及时调整招生政策和招生队伍,加大宣传力度,加强组织领导,共录取普通大专新生2936人。电大开放教育本专科招生2898人,又一次被省电大授予"招生先进单位"称号。学院开设就业指导课,举办多场毕业生招聘会,切实做好毕业生就业工作。2012届毕业生3335人,就业率达到94.8%。

【第五届教学技能竞赛】 11月19日至12月4日,学院举办第五届教学技能竞赛,加强专业教师实践能力培养,营造"重视教学技能提升,深化实践教学改革"的良好氛围。经过系、部(中心)初赛选拔、全院决赛和专家评委组严格评审,李华取得公共基础课、经济管理法律类说课组第一名,刘东旭取得专业技能实操组第一名。其他26名教师分获二、三名和优秀奖。

【学生职业技能大赛】 5月3日至6月4日,学院举办第一届学生职业技能大赛计算机技能大赛(乙组)——PPT设计大赛,评出一、二、三等奖各1名,优秀奖6名。12月,举办了第二届学生职业技能大赛。选拔优秀学生参加省级技能大赛,有7个项目在省级大赛中获奖。

【第一届教师多媒体教育软件大赛】 6月,学院组织进行了第一届教师多媒体教育软件大赛,并遴选出优秀作品参加了全国和河南省第十六届多媒体教育软件大赛,其中刘彦钊的作品获得国赛教育教学工具类软件系统(单机版)三等奖,牛军涛、董丹丹的作品获省赛一等奖,常英丽、马振兴、徐书奇、刘教东的作品获省赛二等奖,纪浩哲的作品获省赛三等奖。

【学院第五届大学生职业规划大赛】 5月,学院举办以"规划职场自我,演绎精彩人生"为主题的第五届大学生职业规划大赛,引导大学生自觉树立正确的择业观和就业观,提高大学生就业、创业技能与实践能力。经过初赛、决赛,共评出一等奖3名、二等奖7名、三等奖9名,优秀辅导奖3名及优秀组织奖1名。

【学院第一届学生QC小组成果发布会】 5月22日,学院召开第一届学生QC小组成果发布会。机电系、食化系、建工系、经管系、信息系、法政系各有一个优秀QC小组进行成果发布。经过激烈角逐,建工系QC小组获得一等奖,机电系和经管系QC小组获得二等奖,食化系、信息系和法政系QC小组获得三等奖。

【校园文化建设】 2012年,学院广泛开展系列主题教育活动。学生开展青年志愿者行动、暑期"三下乡"活动等多种类型的社会实践,以学生公寓文化节为代表的十佳歌手比赛、迎新生文艺汇演、"爱我中华"演讲比赛、法制宣传周等有序开展,活跃了校园文化生活,促进了精神文明建设。

【安全教育系列活动】 坚持"安全第一、预防为主"的工作方针,做好安全稳定工作。调整治安综合治理等8个领导小组,建立安全员制度,进一步完善安全稳定工作体系。加强与有关部门合作进行校园周边环境综合治理。5月,学院邀请市公安局国保支队、交巡警大队等单位的专家来校给师生开展反邪教知识、交通安全等知识培训。11月,学院邀请专业人士来校举行消防安全知识培训。

【获得荣誉】 2012年,学院获河南省普通大中专毕业生就业工作先进单位、2012年度河南最具就业竞争力示范院校、河南省第三批依法治校示范院校、河南省普通高等教育本专科学籍学历管理工作先进集体、河南省学生资助工作先进集体、2011年度无传销高校、平顶山市科技特派员工作先进派出单位等多项荣誉称号。

撰稿:余君彦
审稿:白君堂

河南工业贸易职业学院

党委书记:孙柏梁
创办时间:1950年
电　　话:0371-60987888
传　　真:0371-60987888
院长:李春迎
校址:郑州市新郑龙湖祥云路
邮编:451191
网址:http://www.hngm.cn

【概况】 河南工业贸易职业学院是一所省属公办高等职业学院,前身是1950年创建于开封的河南省财政厅粮食干部培训班,1953年迁址于郑州。1965年成立了河南省粮食学校,1997年易名为河南省经济贸易学校,2004年经河南省人民政府批准,成立河南工业贸易职业学院。

学院分南、北两个校区,占地面积35万平方米,总建筑面积21万平方米。现有8个教学系部,31个专业(方向),全日制普通专科在校生8758人。有教职工405人,其中具有中、高级专业技术职务195人。拥有校内实验实训中心(室)52个,其中国家级实训基地1个,省级示范性实训基地4个;校外实习基地54个。是全国营销员资格考试、全国物流师资格考试、全国计算机等级考试等8个能力考点及培训点,设有全国粮食行业特有工种技能培训中心和国家职业技能鉴定所。学院固定资产总值20009.2万元,教学仪器设备总值4130万元;图书馆馆藏图书50余万册。学院被国家人力资源和社会保障部授予国家技能人才培育突出贡献奖,被国家粮食局授予粮食行业技能人才培育突出贡献奖、全国粮食系统四五普法先进单位称号,被教育部评为全国职业技术学校职业指导工作先进学校,被中国教育学会授予全国职业教育管理创新学校称号;被社会公众评为河南省最具影响力的十佳职业院校。2008年,在全国高职高专人才培养水平评估中,学院被评为优秀等级。被中共河南省委、河南省人民政府命名为省级文明单位。学院在河南、山西、陕西、甘肃、新疆、河北、山东等省招收大中专学生。

【领导班子成员名单】 党委书记孙柏梁,院长李春迎;副院长于学军、李杰虎、刘炜、刘国成、李振伟、刘卫红。

【领导班子建设】 学院党委重视民主集中制建设,党委集体决定的事项,每个党委成员都坚决服从、认真落实,形成了互相理解、互相支持、团结一致、共谋学院发展大业的良好局面。党委始终重视制度建设,建立和完善了党委会议制度,注重决策的民主化、科学化,充分听取广大干部职工的意见。建立和完善了工作报告、党内情况通报、情况反映、重大决策征求意见等各项制度,进一步扩大党内民主,形成了按制度办事、靠制度管人的长效机制。2012年,学院被省教育厅评为依法治校示范校。

【党风廉政建设】 深入开展创先争优活动,达到了推动科学发展、促进校园和谐、服务广大师生、加强基层组织建设的目标。党委统一领导、党政分工合作的工作机制运行良好,工作合力明显增强,办学治校能力进一步提高。重视党员干部的培训和新党员的发展,举办业余党校培训班,培训入党积极分子1000余人,新发展党员169人,转正党员95人。落实党风廉政建设责任制和"一岗双责"的要求,签订责任目标,分解工作任务,加强监督检查,营造清廉、和谐、健康的发展环境。

【贯彻落实《规划纲要》】 贯彻落实国家及河南省教育发展《规划纲要》,开展教学质量攻坚工程建设,通过三年的努力,取得显著成绩,达到预期目标。一是粮食工程专业列入省重点建设项目,实现了学院省级特色专业建设零的突破,并获得国家财政资金专项支持。二是维修电工技能实训课程列入重点建设项目,实现了学院省级精品课程建设零的突破,并被列入省级精品资源共享课程。三是深化教育教学改革,创新人才培养模式,"情景教学"、"案例教学"、"项目教学"等各种有利于提高学生实际操作能力的教学方法逐步推广运用。四是加强教师队伍建设,学院省级职业教育教学专家、省级学科技术带头人、省级骨干教师达20余人。五是争取中央和省级财政资金支持,建成国家级实训基地1个、省级示范实训基地4个,中央财政支持提升专业服务能力项目1个,实习实训条件日趋完善。六是深化校企合作,开展订单教育。2012年与中粮集团、阳光集团等签订协议,定向培养学生300余人。七是毕业生"双证书"获取率达到95%以上,就业率达到95%以上。八是组织学生参加各级各类职业技能比赛,获得国家级奖项4个,省级奖项15个。2012年,学院被省教育厅评为省高等教育教学先进集体。

【科研】 228位教职工参与科研,公开发表学术论文88篇,公开出版专著、教材、教辅读物30部。立项省(部)级课题3个,厅级课题22个。结项省(部)级课题5个、厅级课题11个、院级课题11个。厅级以上获奖项目13个。科研管理云平台建成。评选出10个科研工作先进单位、15个科研工作先进个人,发放奖励资金35万元。

【招生就业】 2012年,学院招收各类新生4998人,比上年增加957人。其中普通专科生3285人、"3+2"升段专科生334人、"五年一贯制"专科生45人、中专生242人,继续教育学生1092人。超额完成省粮食局下达的招生3000人的年度目标任务。2012年,学院毕业生总人数3051人,年终就业率98.72%,略高于上年。超额完成省粮食局下达的就业率95%以上的年度目标任务。

【学生服务管理】 开通"绿色通道",落实国家"奖、贷、助、减、免"政策,526名家庭经济困难新生通过"绿色通道"入学,为626名学生申请助学贷款350万元,为36名中职学生免除学费6万元,为236名中职学生发放助学金17万元,为27名入伍学生发放学费补偿25万元。评选出国家奖学金7名,国家励志奖学金260名,国家助学金1720名,双汇助学金21名。为学生提供固定勤工助学岗位202个,提供不固定勤工助学岗位400余个,资助经费23万元。

11月7日,学院组织学生进行消防演练

【服务社会】 组织了省粮食行业粮油保管员、粮油食品检验员、制粉工三个工种,中、高2个级别共计460余人的理论和实际操作鉴定,完成新郑市食品质量技术监督部门90人次的食品检验工(初级工)培训鉴定;完成了省人力资源社会保障厅计算机操作员、维修电工、装饰美工、汽车维修工等工种1000余人的职业资格鉴定工作。开展"三下乡"社会实践活动,院团委被评为社会实践活动先进集体,5名教师被评为社会实践活动先进工作者,15名学生被评为社会实践活动先进个人。

撰稿:焦艳娜

审稿:刘 炜

河南建筑职业技术学院

党委书记:李烈阳　　院长:李宏魁
创办时间:1958年　　校址:郑州市中原路199号
郑州市二七区马寨工业园区工业路中段
电　　话:0371-67875006　　邮编:450064
传　　真:0371-67875007　　网址:http://www.hnjs.com.cn

【概况】 河南建筑职业技术学院隶属于河南省住房和城乡建设厅。学院总占地628.9亩,校舍建筑面积29.75万平方米。教学仪器设备总值3461万元,图书馆藏书50余万册(电子图书1614GB),新增中国知网数据库。设有7个教学部门、29个专业和5个专业方向。教职工628人,专任教师514人,具有副高级专业技术职务以上教师104人,具有硕士以上学历教师138人,省级职业教育教学专家3人,省级学术技术带头人8人,住建部专业指导委员会委员6人,具有国家注册建筑师、建造师、造价师等资格教师及"双师"教师180余人。在校生15000余人。有50余个校内实验实训场所,拥有院属建筑规划设计室、建筑工程质量检测站、国家职业技能鉴定站、物业公司等科研生产机构、社会服务机构及60余个稳定的校外实习实训基地。

【学院领导班子成员名单】 党委书记李烈阳,党委副书记、院长李宏魁,党委副书记李瑞芝,副院长吴承霞、杨明喜、胡朝志,纪委书记刘存龙,工会主席毛润山。

【学习贯彻十八大精神】 11月8日,院党委安排部署了全院教工收听收看十八大实况转播。大会闭幕后,学校发放了《中国共产党第十八次全国代表大会文件汇编》、《党的十八大报告学习辅导百问》、《党的十八大报告》等资料,邀请省直机关党校常务副校长张山旺教授来院作十八大精神宣讲。学院把学习贯彻十八大精神作为首要的政治任务,每周三下午安排专题学习。学习十八大精神关键在做,要求教工结合十八大报告对职业教育发展的指导方针和目标任务,在狠抓落实上下功夫,在推动工作上见成效,不断完善工作思路,创新工作举措,以十八大精神为动力,投身学院改革发展的实践。

【党建与党风廉政建设】 2012年是党的"基层组织建设年",学院获得中共河南省委省直机关工委"五好党委"和"五一劳动奖状单位"等荣誉称号。学院通过开展一系列活动,推动党建工作,加强党的基层组织建设。继续深入开展"创先争优"活动,发挥榜样的辐射带动作用。根据省直工委《关于做好省直机关基层党组织分类定级工作的实施意见》,共向党员、群众(含学生)发放分类定级情况评定表2368份,对学院21个党支部进行分类定级。组织支部委员的学习培训,针对党的十七届五中、六中全会精神和党支部工作实务等内容,组织60名支委进行交流、培训,提高支委的工作能力和水平。重视入党积极分子培养、教育和组织发展工作,全年业余党校培训入党积极分子2204名,发展党员505名(其中教工党员11名)。推荐10人代表学院参加了省住房建设厅第五次党代会,推荐20人为"党员示范岗"优秀党员。继续落实党风廉政建设责任制,组织26个部门负责人与主管院领导签订党风廉政建设责任书。坚持"标本兼治、综合治理、惩防并举、注重预防"的方针,在党员干部中深入开展理想信念和党风党纪教育。全院编制了职权目录、绘制了权力运行流程图,加强了廉政教育。通过院长接待日、投诉举报箱等形式,听取师生员工及家长、社会的意见和建议,进一步规范了学院在办学、管理等方面的行为,切实提高了工作效率和管理水平,推进了民主管理。对学院设备采购、教师招聘等事项,纪检、工会等部门全程监督。组织有关部门及专业教师对5项基建工程项目进行了内审,审计审签各类协议72件、报销单据200余份,促进了依法治校。2012年,学院被评为河南省第三批依法治校示范校。

【承办河南省国家中职示范校校长联席会议】 5月4日,由省教育厅主办、学校承办的河南省中职示范校校长联席会议成立大会在郑州举行。省教育厅副厅长崔炳建、职成教处处长董学胜等出席。全省50余所中职学校校长出席了会议。学校作为常设秘书处,先后组织召开了秘书长会议、数字化校园观摩活动等,促进了联席会议成员校之间分享示范校建设经验。

【"校企合作年"活动】 学院把2012年定为"校企合作年",制定了"学院指导,政策支持,系部推进,专业带动,全院参与"的工作原则。5月,省政府下发了《河南省人民政府关于创新体制机制进一步加快职业教育发展的若干意见》(豫政〔2012〕49号)和《河南省人民政府关于印发河南省职业教育校企合作促进办法(试行)的通知》(豫政〔2012〕48号)文件,为学院校企合作工作指明了方向。学院通过订单培养、合作办学等多种形式实现了与企业的深度融合与互惠双赢,促进了人才培养质量的提高。学院被省教育厅授予校企合作工作先进学校称号,获40万元奖励;参与学院校企合作的企业河南省精华科技有限公司和泰宏集团一同被授予校企合作工作先进企业称号,分获15万元和10万元奖励。

【教科研成果】 参与省教育厅职教改革课题结项9项，新立项7项；参与省教育厅科学规划领导小组结项课题5项；申报2013年省教育厅重点科技项目5项，省科技厅计划项目立项3项，省政府招标决策项目立项1项（该项目是学院首次主持省政府决策招标课题）。全年获省教育厅教育教学成果奖5项、教育科学成果奖4项；获中国建设教育协会优秀论文奖5项。教工发表论文340余篇次，115人次主、参编教材40余本。

【招生与就业】 2012年，学院高职招生3928人，中职招生1598人，共招新生5526人。普通大专毕业生共3435人，毕业生年终就业率达到91.3%。普通中专毕业生1336人，毕业生年终就业率达到97.54%。学院将大学生就业指导课程作为必修课列入教学计划，成立了职业指导教研室。学校获河南省普通大中专毕业生就业工作先进单位称号。

【中层干部队伍建设】 2012年，学院科学推进岗位设置改革和干部队伍建设。组织人员历经多次调研、几易其稿，编制出了为设党政管理机构框架。9月中下旬，按照厅党组批复和学院为设党政管理机构中层正职竞聘工作实施方案要求，经过宣传动员、组织报名、民主推荐、组织考察等环节开展了竞聘工作。竞聘过程坚持党管干部、群众公认、注重实绩、公开平等、竞争择优、民主集中制原则，通过严肃认真的竞聘工作，唐静州等14人被聘为学院党政管理机构中层正职。

【师生获奖】 年内，参加第三届全国高等院校工程项目管理沙盘大赛全国总决赛，获项目管理和综合管理两项一等奖；参加全国高职院校土建施工类专业学生“鲁班杯”建筑工程识图技能竞赛获一等奖；参加全国职业院校技能大赛建筑CAD等三个项目均获三等奖；参加第五届广联达软件算量大赛全国总决赛获团体三等奖；在“神州数码杯”全国职业院校信息化教学大赛中，学校参加中职组信息化教学设计比赛和多媒体教学软件比赛两个项目，分获二等奖和三等奖；组织参加大学生“诚信校园行”活动大赛、全国高职高专英语写作大赛、大学生英语竞赛均获一等奖；参加河南省第八届、九届中职学生文明风采竞赛、河南省中职学生素质能力大赛等，均取得较好成绩。

【毕业生及社会服务】 利用学院资源，加强对毕业生及社会人员的培训。一是推进“双证书”教育，全年共组织中高职3000余名毕业生参加施工员等七大员上岗资格培训。二是抓好专升本教育；组织成专考生400余人、函授本科100余人参加成人高考。三是网络教育全年招生405人。四是开展了143人的春、秋两季建筑技术培训。五是开办了1076人的造价员培训，并组织2552名考生造价员资格的考试。六是全年组织23期二级建造师培训，通过2033人。七是重启技能鉴定，开展了280人的技能鉴定。

撰稿：张志成
审稿：李瑞芝　甘　泉

河南交通职业技术学院

党委书记：徐　强　　院长：李亚杰
创办时间：1953年　　校址：郑州新区职教园区（中牟县刘集乡）龙阳路
电　　话：0371-60868888　　邮编：451460

【概况】 河南交通职业技术学院是经河南省政府批准、教育部备案的河南省唯一一所公办交通类全日制普通高等专科学校，隶属于河南省交通运输厅，承办河南省交通运输管理干部学院。学院占地面积883亩，校舍建筑面积34万平方米，实验、实习设备价值5500余万元，图书馆藏书48万余册，各类实验、实习场馆齐全，设备完善。2013年，全日制普通学历教育在校生12000余人，成人学历教育专、本科及研究生在校生2700余人。有专兼职教师669人，副高级以上专业技术职务144人，博士、硕士学位或研究生学历教师170人，“双师素质”教师189人；有省级优秀教学团队2个、院级优秀教学团队7个，骨干专业均有2—3名部、省级专业带头人。近年来，学院先后有30余项科研项目获得省部级、地厅级科研成果奖和科学技术进步奖，教师在公开刊物上发表论文千余篇，出版学术专著百余部。

学院是河南省示范性高等职业院校建设单位、交通运输部“1+32”干部教育培训平台建设单位、河南交通运输职业教育集团牵头单位、全国交通教育委员会职教分会副理事长单位。

【学院领导班子成员名单】 党委书记徐强，院长李亚杰，副院长夏连学、孙建立、贺绍华、华志坚；院长助理解福泉、张瑞春。

【新校区一期工程建成并投入使用】 学院新校区位于郑州新区中牟产业园职教园区，一期工程于2011年2月28日举行桩基工程开钻仪式，标志着新校区建设项目的实质性开工。新校区总占地面积582亩，一期工程建筑面积14.8万平方米，包括公共教学楼、公路学院教学实训楼、交通信息工程系教学实训楼、建筑工程系教学实训楼、学生食堂、学生宿舍、体育场、公共浴室、图文中心大楼及后勤附属用房等。新校区开工建设以来，学院不断根据建设需要调配资金，充实力量，加大协调力度，加强组织领导、人员调度，确保项目进展顺利，工程质量合格规范。新校区建设指挥部人员坚持在工程建设一线办公，各施工单位克服了施工协调困难、地质条件施工难度大、天气状况不好等不利因素，顺利完成了工程招投标、施工队伍进场、开工建设、内部装修、管线铺设、校园绿化等一系列工作，新校区于2012年8月落成并具备入住条件。学院制定科学的搬迁方案，克服多重困难，在短短半月内运输各类教学办公设施设备500余车次，航海路校区和桃源路校区15个管理机构、7个教学单位和6个教辅部门顺利搬迁，完成了9月5000名学生顺利入住的既定目标。

【教学质量工程建设】 2012年，学院持续开展教学质量工程建设，不断探索教学改革新模式。通过活动的深入开展，创新发展理念深入人心、质量工程意识显著增强，涌现出了一批课改先进个人、优秀教学团队和教改先进集体。同时，学院组织开展首届教学竞赛活动，探索出以教学竞赛贯穿课程建设、质量工程建设、教学资源库建设、师资队伍建设和教学管理建设为核心的教学改革、发展新模式，实现了课程建设、教学质量工程项目库建设、专业教学资源库建设三个新突破。高等级公路维护与管理专业被评为河南省高等学校特色专业；《工程机械发动机构造与维修》课程成为河南省高等学校首批精品资源共享课；物流管理教学团队获批河南省高等学校教学团队；建成了院级优秀教学团队7个，特色专业10个，精品课程33门。汽车学院、物流学院获河南省高等教育教学工作先进集体荣誉称号；汽车运用技术专业学生夺得全国职业院校技能大赛团体一等奖，为全国交通类高职院校和河南职业教育赢得了荣誉。学院召开年度教学质量工程总结表彰大会，对为学院教学质量工程工作做出突出贡献的集体和个人给予奖励和表彰。

【河南交通运输管理干部学院揭牌仪式】 7月4日，河南交通运输管理干部学院揭牌仪式在省交通运输厅举行，管理干部学院是省交通运输厅为进一步提高行业干部教育培训水平，通过整合河南交通职业技术学院与河南省交通运输厅培训中心的培训资源，依托河南交通职业技术学院建立的，承担全省交通运输干部的培训任务。管理干部学院的成立标志着行业干部教育培训主基地的建立，以此为平台，学院的教育培训和社会服务能力进一步增强，不仅开办了全省公路局长培训班，同时与大连海事大学共同开办公共管理硕士班。2012年，学院依托自身丰富的教育教学资源，服务行业发展，完成了行业管理干部、职工培训和职业鉴定21000余人次，其中行业管理干部培训1800余人次，职业技能培训12000余人次；开展汽车维修、施工检测等行业工种职业技能鉴定8000余人次。

【校企合作办学】 2012年，宝马（中国）教育项目落户学院，学院校企合作规模扩大，广度拓展，深度延伸，力度增强。学院与宝马（中国）共同建设河南省唯一的员工培训基地，引入德国双元制教学模式，开展宝马汽车售后英才教育项目（简称“BEST”项目），实现学生成长为高端英才、教师成长为专业培训师的“双成才”目标；与红橙假日酒店共同在校内建设酒店管理专业校内生产性实训基地；与一汽大众合作建成了校内生产性实训基地一汽大众明德4S店，实现了前厂后校、校企一体的校企合作办学新模式。同时，保时捷、三一重工、潍柴动力等知名企业与学院开展多种交流、接洽活动，彼此合作进入实质性实施阶段；与订单企业共建校内教学实训基地达25个，与裕达国贸酒店、建国饭店、鸿泰物流园区、金路集团等知名企业共建校外教学实训基地，校外实训基地达110家。

【招生就业】 2012年，学院录取、报到人数创历史新高。第一志愿报考率200%以上、骨干专业报考率300%以上，在省内高职院校位居前列。同时，就业工作进展顺利。3000余名实习生全部落实了实习单位，98%的毕业生落实了就业岗位，应届毕业生首次就业率达到90%。面对全省高考生源持续下滑，高招竞争日趋激烈的严峻形势，学院及早谋划，主动出击，及时成立招生工作领导小组，进一步修订优化招生管理办法，充分运用网络媒体渠道和现代信息技术，加大招生宣传力度，加强交通运输事业跨越式发展对技能型人才需求的分析介绍，加强招生专业办学实力、就业前景的宣传推介；加强对考生、家长的网上答疑、咨询服务；加强对边远山区、交通不便考生的登门录取服务。在就业方面，学院坚持“以学生为中心”、“从出口往回找”、“创新课程、改革教学、培养能力”等办学和育人理念，把毕业生就业工作贯穿于订单培养、顶岗实习、就业指导、企业交流、毕业生推介的每个环节，发挥行业办学强大优势；依托校企合作平台和河南省高校毕业生“交通类分市场”，实施毕业生就业3436工程；把学生就业始终作为各个教学单位的重点工作，强化督导，确保学生就业的顺利推进。

【专业建设】 2012年，学院新开设了航海技术、轮机工程技术、安全技术、旅游英语4个专业。其中航海技术、轮机工程技术专业填补了河南省高等院校航海类专业的空白。同时，还成功申报了空乘服务、汽车制造与装配、工程机械控制技术、市政工程技术和轨道交通控制等5个新专业。近年来，学院紧紧围绕中原经济区建设、综合交通运输体系构建对技能型人才的需求，进一步调整优化专业结构，加快紧缺人才专业开发建设。各院系部进行社会调研，调整教学设置，完善专业结构，专业建设成果显著。学院现有44个专业，基本涵盖了综合交通运输的各个领域，初步构建起了对接公路、水运、航空、轨道交通等多种交通运输方式的专业集群，形成了专业设置合理、交通特色明显、综合实力雄厚的学科和专业体系。

【参加全国职业院校技能大赛获佳绩】 6月18—20日，2012

6月20日，师生在全国职业院校技能大赛（高职组）上获奖后合影

年全国职业院校技能大赛(高职组)汽车类赛项在汽车之城长春落幕,河南交通职业技术学院代表队在比赛中沉着应战、发挥良好,获得多个全国大奖。其中汽车检测与维修夺得团体一等奖,汽车电器系统检测单项获得全国二等奖,自动变速器拆装单项获得全国三等奖,获奖级别和数量创河南省和学院参加此类大赛的新高。

【科学管理】 2012年,学院继续完善和落实各类管理制度和职责,进一步确立了依法办学、自主管理、民主监督、社会参与的现代高校管理制度。学院先后召开党风廉政建设工作会议、第一届教职工暨工会会员代表大会、2012年党建工作座谈会、教师与辅导员座谈会;进一步加强学院基层工会建设,选举产生了8个分工会;制定《河南交通职业技术学院突发公共事件总体应急预案》,确立"1369"的安全维稳工作思路,构筑全方位的安全维稳屏障,全年未发生安全责任事故和影响校园稳定的重大事件;初步实施院、系两级管理,明确了两级管理权限,划分管理责任。

【干部及师资队伍建设】 2012年,学院经过组织程序,任命了一批正、副科级干部。通过公开选拔招聘,引进优秀博士、硕士毕业生19名。5名教师晋升为教授、9名教师晋升为副教授。送出教师培训49期、148人次,组织各类校内培训37期、1737人次。

学院按照公平、公正、公开的原则开展干部选拔、考核工作,经过民主推荐、组织考察、任前公示、专题培训等程序,新任命干部上岗履新。同时,学院有计划地安排专任教师"下工地、上船舶、进园区、入车间",实施选派百名教师、深入百家企业、培养百名骨干、建好百门课程的"四百行动计划",培养一批既有扎实理论基础、又有丰富实践经验的双师教师;聘请一批行业企业一线技术人员担任学院的实践指导教师。通过干部及师资队伍建设,学院形成了一支结构合理、作风优良、素质过硬的行政管理及教育教学人才队伍,教师在教学设计、课程开发、信息技术应用、实操技能等方面的能力得到显著提高,"亦工亦教、亦教亦工"的专兼结合的双师结构教师队伍得到切实加强。

【党风廉政建设】 2012年,随着新校区的建成并投入使用,实现了"确保廉洁工程"的目标。学院党委把反腐倡廉建设纳入学院发展和党的建设的全局,寓于学院各项工作中。按照学院《关于加强惩治和预防腐败体系建设工作的实施意见》,形成党委统一领导、党政齐抓共管、纪委组织协调、部门各负其责、依靠群众支持和参与的领导体制和工作机制;通过探索创新、开展制度性评估、建章立制,清理制度25项,修订完善10项,有效防止问题文件的出台;通过宣传、学习、教育和监督等措施相辅相成,进一步强化了党员领导干部的廉洁自律意识;加强阳光管理,对干部提拔、职称评定、大额支出等敏感工作,全程公开、公示;结合创先争优、教学竞赛、师德师风建设、"三育人"先进个人评选等活动,把行风政风专项整顿融入到学院的各项工作中;通过完善纪检部门机构设置,并选派优秀人员充实纪检队伍,组织纪检监察干部加强政治理论学习和业务知识学习,不断提高纪检监察干部廉政法规理论水平。学院在驻交通厅纪检组组织的2012年全省交通运输系统纪检监察理论调研活动中获1个二等奖、1个三等奖。

【学习型党组织建设】 2012年,学院党委始终坚持以建设学习型党组织为目标,以学习党的十八大精神为主要内容,深刻理解把握科学发展观的内涵,坚持理论联系实际,扎实有效地开展了各种学习活动。根据年初制定的学习计划,党委中心组坚持每周集中学习,各总支和支部每月组织党员学习1—2次,并健全了党委中心组学习制度,总支、支部党员学习制度和教职工学习制度;坚持集中学习与自学相结合、专家报告与深入调研相结合、理论学习与其他业务学习相结合,利用集中学习、座谈讨论、专题讲座、实地参观、报告会、研讨会等多种形式,对班子成员、党员干部和教职工进行学习教育,实现了党员干部学习的常态化;加强形势政策教育,围绕中原经济区建设和十八大精神,引导干部职工准确把握学院工作部署和安排,进一步明确主攻方向、找准薄弱环节,强化了学习效果。

【精神文明建设】 2012年,学院被评为河南省学校行风建设先进单位,实现行风建设三连冠;20余名教职工党员受到省委高校工委、省教育厅、省直工委、省直团委、交通运输厅党组、交通运输厅工会等单位和组织的表彰;学院足球队在2012年河南省大学生"华光"体育活动第十二届足球比赛中获得亚军。学院结合精神文明创建活动,利用网络、校报、大学生记者团等宣传文化阵地,通过报告会、党史知识竞赛、征文比赛等方式,组织全院师生员工深入学习宣传贯彻邓小平理论和"三个代表"重要思想,把科学发展观、党的十八大精神传达给每一个党员;主办各种各类先进表彰大会,对学院的优秀辅导员、先进班集体、三好学生、优秀学生干部以及获得全国技能竞赛奖的学生给予通报表彰及奖励;团学组织以各类文化艺术节为载体,开展丰富多彩的校园文化活动。

撰稿:轩照振　赵学峰

审稿:孙建立

郑州铁路职业技术学院

党委书记：穆瑞杰（8月—）
校长：苏东民（8月—）
创办时间：1951年4月
校址：郑州市幸福路2号
郑州新区职教园区前程路9号（新校区）
电　话：0371-68324019
传　真：0371-66901231
邮编：450052　451460（新校区）
网　址：http://www.zzrvtc.edu.cn

【概况】 2012年，学院占地面积73.33公顷，建筑面积32.57万平方米。固定资产总值26129.72万元，其中教学仪器设备总值11731万元。图书馆藏书74万册。设16个院、系、部，57个专业。有6个中央行政支持的国家骨干高职院校重点建设专业，3个省级教学改革试点专业，8个河南省示范专业、名牌专业和特色专业；6门省级精品课程、1门国家级精品课程。有3个中央财政支持的实训基地。教职工874人，专任教师446人，其中教授、副教授等高级技术职务教师167人，教师中具有博士、硕士学位的284人，双师型教师239人；河南省高校教学名师2人。毕业学生4860人，招收新生4177人，在校生14077余人。《郑州铁路职业技术学院学报》公开出版发行。

【领导班子成员名单】 党委书记王清义（—8月），党委副书记、校长穆瑞杰（—8月）；党委书记穆瑞杰（8月—），党委副书记、校长苏东民（8月—），党委副书记、纪委书记谢乾，副校长付莉、李卫国、李学雷，正院级调研员吴新云（8月—），工会主席吴新云（—8月）。

【荣誉】 本年，先后获得河南省红十字会志愿服务工作先进单位，省高等学校党建工作先进单位，省普通高等教育本专科学生管理工作先进集体；河南省促进农村青年创业就业工作先进集体；河南省红十字会系统先进集体；河南省五四红旗团委；河南省学校卫生工作先进单位；河南省普通大中专毕业生就业工作先进单位；2012年度河南最具就业竞争力专科示范院校；河南省参加2012年全国职业院校技能大赛先进单位等称号。

【新校区一期顺利入住】 8月31日，艺术系、旅游商贸系、软件学院（信息工程系）、建筑工程系等4个院系3000余名师生顺利入住新校区。

【国家骨干高职院校建设】 7月16日，学校申报的国家骨干高职院校项目建设方案和任务书正式通过教育部、财政部批复。

【1门课程被评为2011年度河南省高等学校省级精品课程】 3月28日，韩增盛教授主持的《城轨交通车辆构造》课程被评为2011年度河南省高等学校省级精品课程。

【1个省级高校工程技术研究中心落户学校】 2月23日，河南省教育厅下发《关于公布2012年度河南省工程技术研究中心建设项目的通知》（教科技〔2012〕78号），批准学校申报的"轨道牵引工程技术研究中心"为2012年度河南省高校工程技术研究中心。这是学院首次获批轨道相关专业类省级高校工程技术研究中心。

【2项专业建设获批中央财政支持】 2月26日，学校呼吸治疗技术和工程机械控制技术专业获批中央财政支持的"高等职业学校提升专业服务产业发展能力"项目。该项目由教育部、财政部启动，重点支持高等职业学校专业建设、提升高等职业教育服务经济社会能力。项目建设期2年。

【1项培训入选国家级培训项目】 3月1日，学校申报的护理专业培训入选第一批高等职业学校骨干教师国家级培训项目，是河南省唯一一个入选的由中央财政重点支持的培训项目。7月16日，全国高职护理骨干教师国家级培训班顺利开班。

【新增5个专业】 6月14日，根据河南省教育厅《关于公布2012年度高等学校新增专业名单的通知》（教高〔2012〕444号），学校申报的食品药品监督管理、工程造价、图形图像制作、通信技术、旅游管理等5个新专业获准招生。

【教科研】 3月28日，学校有8项课题获得河南省科技厅立项，其中科技攻关重点课题2项，基础与前沿技术研究课题1项，软科学研究课题5项；2月13日，张铁竹主持的项目《高职高专轨道交通类专业"弹性订单式"人才培养教学改革的研究与实践》获河南省高等教育教学成果一等奖；4月29日，学校2项教改课题获省教育厅省级立项。

【出席中国高等职业教育质量报告发布会】 7月12日，校长穆瑞杰作为全国五所受邀院校代表之一，应邀出席2012中国高等职业教育质量报告发布会，学校的《人才培养质量年度报告》在本次发布会上受到全国高职高专校长联席会的重点推荐。

【参加国家示范性高职院校建设成果展示会】 11月2日，高等职业教育服务青年成长发展暨第五届国家示范性高职院校建设成果展示会在山东潍坊举办，学校党委宣传部组织上报的"我的社团"（关于学院无线电协会的案例）、"我爱读书"（关于学生赴俄罗斯专升本的案例)及"我爱高职毕业生"(关于毕业生迅速成长为行业企业中坚的案例)三个案例在展示会上进行展示。学院无线电协会获最佳展示社团奖。

【入选教育部第一批教育信息化试点单位】 12月3日,根据河南省教育厅《关于公布我省入选教育部第一批教育信息化试点单位名单的通知》(科教技〔2012〕1121号)文件,学校以河南省7所职业类学校试点单位第一名入选教育部第一批教育信息化试点单位。

【牵头制定高等职业学校呼吸治疗技术专业教学标准(试行)】 12月28日,《关于印发部分〈高等职业学校专业教学标准(试行)〉目录的通知》教职成司函〔2012〕217号,学校牵头制定的教育部《高等职业学校呼吸治疗技术专业教学标准(试行)》正式发布实施。

【首次与台湾中国医药大学合作实施交换生项目】 4月18日,首次与台湾中国医药大学合作实施交换生项目,从2012年开始,双方每年选派呼吸治疗学生作为交换生送往对方学校研修。

【对外交流、合作】 1月10日,学校与美国通用(GE)公司智能平台大学计划战略合作框架协议签字仪式举行。河南省教育厅高教处处长张大策、省财政厅企业处副处长臧希昌、学校校长穆瑞杰,美国通用(GE)公司智能平台北方区经理黄凤伟、GE南京南戈特控制设备有限公司董事长黄乐凡出席签字仪式。根据协议,双方将合作投资3000余万元共建GE智能平台自动化系统实验室。3月16日,学院与辉煌科技举行校企共建实训培训基地签字仪式。实训基地建成后,还将与学校已建成的高铁列控实训系统和计算机连锁站集成,建设成一个具有高速铁路"一中心、五站、三区间"的综合实训基地。3月17日,与新疆铁路高级技术学校举行合作交流签字仪式。4月20日,学校与河南君兰影视动画有限公司签订战略合作协议;4月23日,学校与中兴通讯签署共建轨道通信学院协议书;6月19日,学校与郑州市第三人民医院举行联合培养签字仪式。

【入选2012年全国高职高专校长联席会议成员单位】 4月25日,根据全国高职高专校长联席会议第十次全体会议精神,校长联席会议对申请入会的院校单位进行了审批,学校入选为校长联席会议成员单位。

【参加全国职业院校技能大赛获佳绩】 6月29日,2012年全国职业院校技能大赛在天津闭幕。此次全国职业技能大赛中,学校共获得全国一等奖2个、二等奖4个、三等奖1个,5个项目参赛队伍全部获奖。6月28日,2012年全国职业院校技能大赛首届高职护理技能赛项中,庞颖颖获全国一等奖,是河南省唯一一个一等奖;6月16日,在2012年全国职业院校技能大赛"机器人技术应用"赛项中,学校机器人项目参赛队获本次大赛最高奖——全国一等奖。

【学生竞赛获26项奖】 本年,学生共获得国家和省级竞赛荣誉26项,其中国家级竞赛一等奖2项、二等奖4项、三等奖1项、优秀奖1项,团体一等奖1项、团体三等奖1项;省级竞赛一等奖4项、二等奖8项、三等奖2项,团体二等奖2项。

【师资队伍建设】 2012年,副校长李学雷被评为全国行业职业教育教学铁道机车专业指导委员会主任;3月21日,学校34名专任教师获得国家职业技能鉴定考评员资格;5月13日,张丽莉获得教育部授予的全国优秀教师称号;5月28日,副教授李学武被评为河南省教育厅学术技术带头人;9月20日,董黎生获得河南省优秀教师称号;张中央获得2012年度河南省高等学校教学名师奖;张勤获河南省教育系统优秀教师称号。7月至8月间,学校选派多名骨干教师分别赴新加坡南洋理工学院、澳大利亚霍尔姆斯学院、德国维尔道工程应用技术大学和代根多夫应用科技大学进行骨干教师培训。

【社会服务】 2012年,学校举办的培训班有:4月13日,铁道部2012年红十字救护员第一期培训班;5月15日,铁道部高铁供电维护人员补强培训班;6月4日,铁道部机车司机、高铁接触网人才培训班;7月9日,省级电子信息类、动画专业高职高专院校骨干教师培训班;7月26日,信息安全专业高职院校骨干教师省级培训班;8月2日,郑州轨道公司2012年新员工入职培训班;9月6日,铁道部电气化铁道供电高技能人才骨干培训班;10月8日,铁道部机车司机、铁道供电高技能人才培训班;10月29日,铁道部2012年下半年红十字救护员培训班;11月6日,河南省标准研究院编码技术培训班;11月19日,铁道部铁路货车站修质检培训班。

撰稿:李　旸

审稿:穆瑞杰

河南工业职业技术学院

党委书记：唐伯武　院长：李生平
创办时间：2001年　校址：南阳市孔明路666号
电　话：0377－63276990　邮编：473009
传　真：0377－63270216　网址：http://www.hnpi.cn

【概况】 河南工业职业技术学院创建于1973年，时名五三一机械工业学校，1978年更名为中原机械工业学校，2001年经河南省政府批准升格为独立设置的全日制高等学校，2010年被省政府确定为“重点支持建设的示范性高职院校”，被教育部、财政部确定为“国家骨干高职院校立项建设单位”，被人力资源和社会保障部授予“国家技能人才培育突出贡献奖”。学院先后隶属于第五机械工业部、兵器工业部、机械工业委员会、机械电子工业部、兵器工业总公司和河南省人民政府。

学院占地658亩，建筑面积41.4万平方米，固定资产总值4.34亿元，全日制在校生13000余人。现有机械工程系、机电工程系、汽车工程系、电气工程系、电子工程系、计算机工程系、建筑工程系、建筑环境设备工程系、化学工程系、经济管理系、外语系、光电工程系、基础科学教学部、社会科学教学部、体育教学部、艺术教育中心16个教学系部和软件职业技术学院、继续教育学院、星光机电学院、中光学光电学院、前进化工学院等二级学院。开设有40个高职专业，其中4个军工特色专业，5个省级特色专业，3个省级教改试点专业。学院有教职工810人。专任教师中，博士、硕士学历教师260人，教授、副教授、高级工程师153人，享受国务院政府特殊津贴专家3人，省管优秀专家、省学术技术带头人12人，河南省教学名师3人，国家级教学团队1个，省级教学团队2个，专业课教师中“双师素质”占75.4%。同时，学院从企业聘请专业技术人员260余人担任兼职教师，聘请中国科学院院士杨叔子，工程院院士张勇传、潘垣，“中华技能大奖”获得者、“中国十大高技能人才楷模”鲁宏勋等人为客座教授或兼职教师。近年来，教师主、参编教材168部，发表论文1500余篇，获得国家精品教材2部，获得地(厅)级以上科研奖励570余项。

学院坚持教学中心地位，与行业企业共同制定专业人才培养方案，参照职业岗位任职要求，以职业能力和职业素质培养为核心进行课程设计与开发，探索实施“项目导向”、“任务驱动”、“实践先导”、“工作室培养”、“导师制培养”等教学模式，有《建筑装饰设计》、《建筑工程计量与计价》、《建筑装饰材料与实务》、《单片机技术应用》4门国家级精品课程，《机械制造基础》、《建筑设计》、《计算机应用基础》、《现代供配电技术》、《数控机床故障诊断与维修》、《商务英语函电》、《机械设计与应用》7门省级精品课程，11项河南省高等教育教学成果奖。

学院重视学生职业能力培养，建有集教学、培训、技能鉴定和技术服务等功能为一体的机械类、电气类、电子类、光电类、建筑类、计算机类、管理类实验室、实训室150余个。同时，与军工和地方大型企业合作建立了280余个校外实训基地，满足了实践教学和学生顶岗实习需要。学院是教育部、财政部确定的中央财政支持建设的数控技术实训基地和计算机应用与软件技术实训基地，是全国首批15家国防科技工业职业教育实训基地之一。

学院有国家职业技能鉴定所，是河南省高技能人才培训基地和剑桥商务英语(BEC)考点、再就业培训定点学校。可以开展车工、钳工、铣工、焊工、车辆运行与维修、建工类施工员、维修电工、计算机系统操作工、火炸药药理分析工等40余个工种的职业技能鉴定与培训工作，毕业生双证率达100%。

近年来，学院获得国家技能人才培育突出贡献奖、全国军工文化教育基地、国家国防科技工业军工文化教育基地、全国群众体育先进单位、河南省文明单位、河南省职业教育先进单位、河南省职业教育攻坚先进单位、教育部高职高专院校人才培养工作水平评估优秀院校、河南省普通高等学校德育工作评估优秀单位、河南省文明学校、河南省高等学校先进基层党组织、河南省大中专志愿者暑期“三下乡”社会实践活动先进单位、河南省普通大中专毕业生就业工作先进集体、河南省职业道德建设先进单位、河南省依法治校示范校、河南省学校行风建设先进单位、河南省最具特色的十佳职业院校、河南省军工系统党建和思想政治工作先进单位等多项奖励和称号。

2012年，学院被国务院授予全国就业先进工作单位，获河南最具就业竞争力示范院校、全国职业院校技能大赛高职组河南省选拔赛优秀组织奖、全国读书育人特色学校、中国商科教育学科竞赛综合竞争力50强职业院校、中华人民共和国第七届农民运动会优秀组织奖、河南省高校科技管理工作先进单位、全省国防科技工业系统创先争优先进基层党组织、目标管理先进单位、河南省大中专暑期社会实践优秀服务团队、河南省高校学籍管理工作先进单位等荣誉或称号。

【领导班子成员名单】 党委书记唐伯武，院长李生平；党委副书记、常务副院长翟福生，党委副书记、副院长王伟，纪委书记张旭东，副院长李金波、杜建根、王仁伟，工会主席刘纪山。

6月23日,教育部职业教育与成人教育司司长葛道凯宣布大赛开幕

【承办2012年全国职业院校"科力达杯"测绘测量技能大赛】 6月23日,由学院承办的2012年全国职业院校技能大赛高职组"科力达"杯测绘测量赛项在学院体育馆开幕,来自全国27个省(自治区、直辖市)53支代表队参加技能比赛。教育部职业教育与成人教育司司长葛道凯,中国工程院院士、原武汉测绘科技大学校长宁津生,南阳市委副书记、市长穆为民,河南省国防科工局局长刘宛康,省教育厅副厅长訾新建,南阳市委常委、副市长张振强,河南省国防科工局副局长闫恒等领导和河南工业职业技术学院党委书记唐伯武、院长李生平等出席开幕式。学院代表队在比赛中,取得了团体一等奖、二等水准测量一等奖、数字测图一等奖。学院的组织工作受到教育部组委会表彰,为河南职教工作争得了荣誉。同时,组织学生参加第五届"广联达杯"全国高等院校工程算量大赛软件操作技能竞赛,获图形算量一等奖和团体一等奖。

【第七届全国农运会筹办工作】 学院顾全大局,勇于担当,克服困难,自筹资金,圆满完成了全国第七届农运会中国式摔跤比赛场馆建设任务,总投资4000余万元。2012年2月4日,河南省副省长刘满仓带领省直有关部门负责人,莅临学院察看农运会场馆建设。在农运会期间,学院完成了中国式摔跤和博克比赛竞赛任务和400余名运动员、教练员及3400名塔沟武术学校演员的食宿接待工作,学院3000余名学生志愿者、1000余名学生群众演员成为农运会上亮丽的风景。在迎农运第一个"百日会战"大会上,学院作了经验介绍,并获得100万元奖励。在闭幕式上,学院获中华人民共和国第七届农民运动会"优秀组织奖"。

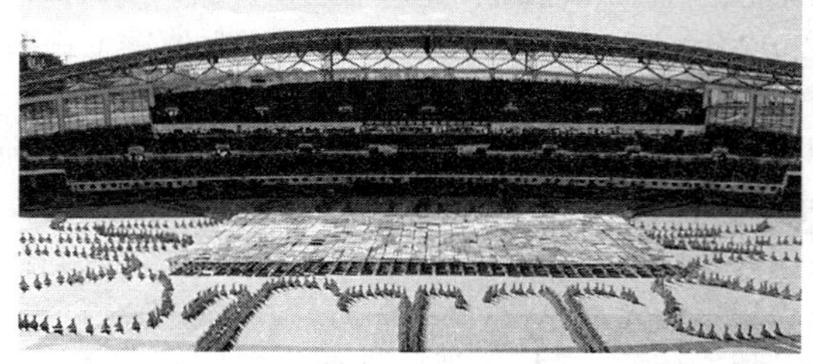

9月16日,学院学生群众演员在农运会开幕式上表演翻板节目《南水北调欢歌来》

【国家骨干高职院校建设】 2012年,是国家骨干院校建设的最后一年。学院严格按照时间节点和建设要求,精心组织,攻坚克难,基本完成了主要建设任务,学院在人才培养模式改革、课程建设、社会培训、管理水平、服务区域经济和社会发展等方面的骨干引领作用得到了初步发挥,为迎接省和国家最后验收打下了良好的基础。

【国家级培训项目】 暑假期间,学院首次承担了2012年度河南省高职院校教师素质提高计划建筑设计类与艺术设计类骨干教师、国家级培训班培训工作,共有20余所兄弟院校的教师来学院参加培训,学院科学安排、精心组织,取得了良好的培训效果。

【党建工作】 加强领导班子自身建设,不断提高领导水平和执政能力。做好干部选拔任用工作,配合省委组织部、省科工局考察选拔了正院级和副院级干部各1名,先后调整了5名副处级干部,选拔12名副处级干部,调整7名正科级、7名副科级干部岗位;调整学院部分内设机构。加强"五好"党支部的创建和基层支部的建设工作,开展"争先创优"活动,1个基层党组织、1名共产党员被南阳市委评为创先争优先进基层党组织、优秀共产党员;学院党委被授予河南省国防科技工业先进基层党组织,1名共产党员被评为河南省军工系统优秀共产党员。发展教工党员13人,学生党员1152人。

【党风廉政建设】 开展多种形式的党风廉政教育,增强党员干部廉洁自律意识;落实"一岗双责",强化领导责任;加强对重点环节和重要工作的监督,促进党员干部廉洁从政;推进院务公开工作,凡属应公开的基建维修、物资采购、财务预算、干部选任、人员聘用、职称评审、工资调整、招生收费等事项都采取下发文件、张贴公示、网上公布等形式向全校公开;开展民主评建行风工作,组织学生填写行风评议问卷,征求广大学生对学院在管理、服务等方面的意见建议,进一步提高管理和服务水平。

【宣传暨精神文明建设】 围绕"十八大"开设一批专栏、专题,举办"庆祝十八大共绘青春美好生活"书画图片比赛和展览、"大学生学党史知党情跟党走"知识竞赛等系列活动。充分利用学院网站、校报、广播站、宣传橱窗等主要宣传舆论阵地,做好宣传工作。出版校报18期,办好学报。全年被《中国教育报》、《中国青年报》、《河南日报》等市级以上媒体报道60余篇(次),在《河南教育信息》、《河南军工信息》、《省国防邮电工会工作简报》刊发48条,宣传了学院建设发展的新成绩。学院再次成功申报为省级文明单位。

【人才培养模式及教学改革】 申报河南省高等职业教育品牌示范学校,全面完成省示范院校建设总结。全面修订所有专业的人才培养方案,8个骨干建设专业及专业群进一步完善了工学结合人才培养模式。将素质拓展教育纳入人才培养方案,实施素质教育课程化管理。加强教学日常管理和质量监控,召开了教学、科技、学生工作会议。2012年,学院4项教学研究项目获河南省高等教育教学成果奖,其中特等奖1项、一等奖2项、二等奖1项。5项教育教学改革研究项目获准立项,其中《校企"双主体"育人模式的研究与实践》获准为省级重点研究项目。("双主体"育人模式是学院在人才培养实践中,借鉴德国"双元制"职业培训模式,结合我国职业教育实际,而建立的一种以校企合作招生、合作培养、合作就业为特点的育人模式,其目的是实现校企优势资源共享共用,为企业提供更优质的高端技能型人才,实现校企双方共赢共进。)

【专业、课程及教材建设】 根据国防科技工业和区域经济转型升级的需求,共申报批准嵌入式技术与应用等5个新专业。计算机网络技术专业被评为省级特色专业,机电一体化技术、汽车检测与维修技术、商务英语3个专业获2012年度河南省高等学校专业综合改革试点项目。完成3门国家精品资源共享课程的申报工作,计算机应用基础被评为省级精品资源共享课程。做好教材建设,共102项教材项目获得立项,公开出版教材12部,自编校内实训教材43部。

【师资队伍建设】 学院新增15名高级专业技术职务人员,其中教授3人、副教授12人;落实2012年进人计划,试行引进博士研究生等优秀人才奖励制度。选拔4名青年骨干教师作为省高等学校青年骨干教师资助计划资助对象,组织两批共21人赴德国、澳大利亚参加培训,1名教师赴北京师范大学做访问学者,90名教师赴国内重点高校、各类培训机构培训学习,共派出102名教学一线教师到企业参加顶岗实践。继续组织实施"以老带新"活动,全面提升教书育人水平。1名教师获得河南省五一劳动奖章、1名教师获河南省技术能手奖章,1人被评为河南省教育厅学术技术带头人,3名教师被评为河南省优秀教师,15名教师被评为河南省军工系统优秀教师或优秀教育工作者,6位教师指导学生参加国家级技能竞赛获省级以上奖项,电子信息技术专业被评为省级教学团队。教师节期间,学院拿出30万元奖励为学院建设发展做出突出贡献的教师。

【招生就业】 2012年,共报到高职新生4499人,较好地完成了招生任务。同时,学院与36家企业通过"双主体"合作招生的方式完成了单独招生试点工作,共录取185人。截至年底,2012届毕业生就业率达到98.58%。开展职业生涯规划,加强就业创业工作理论研究,全年共完成5个全省毕业生就业创业研究专项课题结项、7个课题立项和1本教材编写。7月17日,在国务院召开的全国就业创业工作表彰大会上,学院作为全国唯一一所高职院校被表彰为全国就业先进工作单位;11月21日,在教育部组织召开的2013年全国普通高校毕业生就业工作网络视频会议上,学校党委书记唐伯武作了题为《推进校企深度合作,千方百计促进毕业生就业》的典型交流发言,同时学院还被省教育厅、省人社厅表彰为河南省大中专毕业生就业工作先进单位。

11月21日,教育部党组副书记、副部长杜玉波(前中)接见学院党委书记唐伯武(前右)

【实验实训条件及内涵建设】 申报"柔性制造河南省工程实验室",成为河南省唯一一所拥有省级工程中心的专科院校。智能控制河南省高校工程技术研究中心顺利立项,中央财政支持的数控实训基地和计算机实训基地建设项目、省高等职业教育示范性实训基地建设项目通过验收;电工电子及自动化省级示范性实训基地建设通过中期验收。GE实验室依托现有技术,开发了南阳市污水处理控制系统,获得GE智能平台竞赛三等奖。新建和改扩建校内实验实训室20个,新增校外实习基地52个。

【学生职业技能鉴定】 完成3300余人/次的职业技能鉴定工作。学生职业资格证书考试、英语应用能力考试、计算机等级考试获证率逐年提升,毕业生双证获取率达99.17%;学院CET考点被评为河南省优秀考点。2012年,学院有22名学生参加8个国家级赛项获一等奖5个、二等奖2个、三等奖1个;92名学生参加43个省级赛项获一等奖2个、二等奖27个、三等奖14个。

【校企合作】 军工职教集团新增4家军工和民口配套生产企业;组织开展了河南军工职业教育先进单位和个人评选表彰。举办了河南军工系统职工钳工、光学磨工技能竞赛、南阳市职工维修电工技能大赛,组织召开了军工职教集团专场招聘会和"双主体"合作育人专题报告会,组织"军工文化巡回展"。三个二级学院建设取得新成绩。组建13个系级校企合作委员会,健全并完善42个专业建设指导委员会,形成了校系专业三级校企合作管理组织机构。与德国德马吉(DMG)公司签订了数控专业领域教育合作项目。获GE公司首次颁发的大学计划"特殊贡献奖"。与富士康合作的SMT"校中厂"实验室、2条配套生产线建设顺利完成。"双主体"育人工作取得新进展,共有300余名新生报名参加"双主体"合作育人培养。

【科研及对外交流】 共获批纵向项目130项,其中22项省级项目;与企业合作横向项目6项。全年通过省级项目鉴定23项,3项研究成果获得国家知识产权局专利授权。学院被评为河南省高校科技管理工作先进集体。为社会提供技术服务,学院研发的液压榨油机、地下管道挤孔机、4L–0.3型联合收割机等项目获得省、市级科技成果鉴定,"建筑施工脚手架升降及吊杆防坠装置"获得住房和城乡建设部的安全认证并通过科研鉴定。加强国际教育合作交流,同加拿大尼亚加拉学院签订合作办学协议,与澳大利亚TAFE学院签署了合作备忘录。

【学生及共青团工作】 继续开展"四个文明"创建活动,开展各种思想政治教育活动100余场次。做好大学生预征入伍工作。开辟新生入学"绿色通道",缓缴学费32.93万元,发放各类奖助学金4497人共829.9万元。举办第九届大学生科技文化艺术节等活动;在省第十三届大学生科技文化艺术节和省第十届"挑战杯"大学生创业计划竞赛中,共获4项三等奖。开展社会实践,5人获省社会实践先进工作者称号,2人获省社会实践优秀指导教师称号,15名学生获省社会实践先进个人称号,1个服务团队获省社会实践优秀服务团队称号。加强辅导员队伍建设,提高学生管理队伍水平。

【继续教育】 继续教育共招收各类专、本科学生2016人,招生规模进一步扩大,在籍学生总计4880人。面向军工和地方企业职工开展维修电工、数控车工等十多个工种培训活动,全年共开展培训20100人/次。

【信息化建设】 推进"数字化校园示范工程"项目建设,做好专业教学资源库建设管理工作,开展信息员培训工作,申报河南省信息化试点建设单位,被教育部批准为第一批教育信息化试点立项建设单位。新增60万册纸质图书和20万电子资源。编辑出版学报4期,增加了"双主体育人"专栏;研究并筹备建立合作企业信息管理系统,编辑出版《高职教研动态》四期。

【基建及后勤保障】 筹措资金4000余万元,完成了农运会"四新建、两改建"项目,即:新建运动员公寓、运动员餐厅、运动员公寓周转楼、摔跤馆扩建;摔跤馆内部改造和运动员公寓改造6项工程建设。做好新校区二期征地和老校区置换工作。完善专家楼室外功能,工院培训中心运转良好,建设节约校园,开展河南省高校标准化学生食堂、学生公寓创建工作,并通过达标验收,学生食堂被评为河南省示范性食堂。

【财务与管理】 加强对国有资产、财务预算和专项资金的管理,增收节支,充分发挥财务监督监管作用,以项目为载体,最大程度争取中央财政和省财政专项拨款,获得各类专项资金2485.8万元,完成省财政下达化解债务5600万元,学费收缴率达97%。做好校内监察与审计工作。继续深入开展"服务型机关"创建活动、中层干部教育管理创新活动和绩效考核工作。学院办公室获河南省国防科技工业系统先进办公室称号。

【治安综合管理】 开展"平安校园"建设活动,召开综合治理工作会议,全面落实工作责任制,实行"党政同责、一岗双责、一并同责"。加强消防档案和消防设施的维护和管理。落实24小时值班工作,继续坚持校园每日治安交通巡查10轮次。完成新、老校区及家属院各种交通标识、安全警示及提示的设施建设,加强交通秩序管理,完成新校区视频监控系统建设,建立学生信息员网络队伍,及时掌握学生最新动态,将人防、物防和技防有效结合起来。

撰稿:陈凯侠　赵　征
核稿:李荣胜
审稿:刘纪山

平顶山工业职业技术学院

党委书记:蔡志刚
院长:任文杰
创办时间:2001年5月25日
校址:平顶山市水库路3号院
电　　话:0375-2066473
邮编:467001
传　　真:0375-2066473
网址:www.pzxy.edu.cn

【概况】 2012年,学院有各类在校生23986人。其中普通高职生15449人,中技生6698人,成人大专生1839人;开设高职专业49个。现有教职工911人,其中专任教师676人,副高级专业技术职务以上教师187人,双师素质教师306人,硕士以上学位教师395人。学院占地1454亩,建筑面积41.27万平方米,固定资产总值4.09亿元,其中教学仪器设备总值1.53亿元,图书馆藏书100.52万册。

【领导班子成员名单】 党委书记蔡志刚,院长任文杰,党委副书记、纪委书记郑运廷,副院长李幸福、李树伟、王任远、李新玉,工会主席张立方,总会计师徐国强;后勤总公司经理方万钧,后勤总公司书记张立新;学院领导刘翱翔。

【教育教学改革】 2012年,学院继续坚持建设国内知名、国际有影响高职院校的目标,牢固确立以普通高职教育为主、继续教育和中职教育为辅的"一本两翼"主体架构。修订完善《人才培养方案》,制定《命题与考试标准》、《教材选用与管理规定》及《精品开放课程建设的实施意见》。在参加省级大学生14项技能大赛中,获个人特等奖1项、一等奖2项、二等奖6项、三等奖12项;团体一等奖1项、二等奖5项。煤矿开采技术、矿山机电、电气自动化技术3个专业被批准为省专业综合改革试点项目;根据企业和市场发展需要,新建物联网技术、电子信息工程技术、酒店管理等专业。全面启动中央财政支持的矿山测量、煤炭深加工与利用2个专业建设工作。《矿井提升设备应用技术》被批准为省级精品资源共享课程,《矿井瓦斯防治技术》、《单片机原理及应用》、《采掘机械使用与维护》、《矿山供电》被省教育厅推荐参选国家级精品资源共享课程。30本工学结合教材和设备故障维修技术通过结项、验收。

【师资队伍建设】 2012年,学院2名教师晋升教授,12名教师晋升副教授,57名教师晋级中级专业技术职务,25人取得硕士学位。利用暑期组织127名教师下现场锻炼,7名教师下现场挂职锻炼,共下井117人次,搜集技术资料379份;选派34名教师参加省、国家级培训;安排132名教师在校内进行培训、试讲、说课活动,共举行专题讲座12次,组织说课32次,完成教学改革项目8项。在全国煤炭行业职工教育培训多媒体课件大赛中,获一等奖1件、二等奖3件、三等奖2件;在中国平煤神马集团青年教师创新创优成果评比中,获一等奖4项、二等奖4项、三等奖2项。

【办学条件】 2012年,学院新增教学设备投入资金共计770万元,完成了地面供电实训室等10个实训室的升级改造工作。完成了机械制造实训工厂搬迁改造、综采综掘实训楼设计、学生安全地下通道、体育场所改建、校园绿化等工程项目，使学院总体办学条件和校园环境得到进一步改善。

【招生就业】 2012年，学院普通高职招生5264人，其中专科一批新生3820人，三本线以上新生332人，创建院以来历史新高。就业市场西部地区得到开拓，毕业生就业空间进一步扩大，央企、国企就业人数不断增加。有5047名毕业生顺利实现了就业，就业率达95.13%，获河南省大中专毕业生就业工作先进单位称号。

【学生工作】 2012年，学院充分发挥“大学生论坛”、主题班会等思想教育平台作用，开展爱国主义、集体主义、理想信念教育和重大事件、敏感时期学生的思想教育工作，确保校园安全稳定的良好局面。修订完善《关于进一步加强辅导员队伍建设的实施意见》，进一步强化辅导员队伍建设，设置专职辅导员，建立起一支专兼结合的辅导员队伍。进一步细化学生管理工作，实施分类管理，取得明显成效。关注学生的学习生活，注重对学生网络言论的分析、引导和掌控，加强网络管理，及时关注网络动态，做好“双解”工作。全年，16个班级获省级优秀班集体，16名学生获省级优秀学生干部，47名学生获省级三好学生称号。

【服务企业】 2012年，成人教育完成招生2106人，完成岗位及各类取证鉴定培训10843人次；经河南省教育厅批准，获得专升本助学教育院校资格，并与河南理工大学签订了在高职在校生中招收本科生的协议。安全培训中心完成安全资格取证、复审、换证培训2727人次，转岗培训184人；国家一级安全生产培训机构、三级（煤矿）安全生产培训机构申报工作全面启动，进展顺利。技工学校招生398人。网络教育招收中技学历教育生3170人，涉及24个生产单位和31个教学点，实现了网络教育零的突破。新建了皮带机托辊生产线、矿山用刮板机生产线、服装实训工厂。

【教科研工作】 2012年，煤化工高技能人才培养示范基地、首批高职教育示范性综合实训基地等建设项目被批准立项建设。27项教科研项目被有关厅局批准立项。《掘进工作面煤与瓦斯突出光纤传感监测技术研究》项目被中国平煤神马集团确定为年度重大科技攻关项目。25项科研成果获地市级奖励。

【对外交流】 2012年，学院完成了对印度SCCL公司8名中层干部为期18天的煤炭采掘技术培训工作。16名2009级学生到加拿大皇桥教育集团下设的国际幼儿园实习就业。中国移动通信平顶山分公司、农业银行平顶山分行协议投资2000余万元建设学院智能化校园。成功举办煤矿开采技术专业国家级骨干教师培训班，来自7个省、市、自治区的34名煤炭院校教师在学院接受培训。

【校园文化】 2012年，学院以第十二届科技文化艺术节、第七届社团文化节为主线，以“学海英姿”杯校园歌手大赛、金话筒主持人大赛、“风帆杯”百科知识竞赛等品牌活动为龙头，带动了各项活动开展，为学生展示才华提供了舞台。进一步拓展活动及学生组织范围，由文体方面向技能学习方面引导，继续办好第二届“青春才艺展示月”活动，举办机械制图比赛、电工制作大赛、工业品设计大赛、网页设计大赛等20余项活动，以赛促学、以赛促训，取得了较好效果。2012年，学院有10名学生在全国各类比赛中获奖，76名学生在全省各类比赛中获奖。开展青年志愿服务活动。组织开展敬老爱老慰问、校园巧手缝补、关爱幼子服务、知识传递图书交换、英语广场、环保我先行等活动。组织开展大学生志愿服务西部计划活动，以及暑期社会实践活动。2012年青年志愿者协会、国旗护卫队获得省级优秀社团称号。至此，学院有7个学生社团获得省级优秀学生社团的称号。

撰稿：李登科
审稿：李幸福

三门峡职业技术学院

党委书记：郑建英
院长：吴勇军
创办时间：1999年7月
校址：三门峡市崤山西路42号
电　　话：0398-2183609
邮编：472000
传　　真：0398-2183533
网址：www.smxpt.cn

【概况】 2012年，毕业学生5881人，其中普通专科生5560人，成人教育学生956人；招收全日制学生5283人，成人教育学生2041人。截至2012年底，在校学生19840人，其中普通专科生15740人，各类成人教育学生4100人。在职教职工916人，其中教授、副教授215人，博士、硕士246人。

学院占地93.3公顷，建筑面积38万平方米。设有11个教学系（部）、54个招生专业，涵盖农林、生化、制造、土建、财经、旅游、材料能源、电子信息、文化教育、艺术设计和医学护理等多个专业门类,形成了以工科为主,理、经、文、管、教育、艺术、医学等协调发展的专业体系。其中中央支持的提升专业服务产业发展能力立项建设专业2个(旅游管理、汽车检测与维修),省级教学改革试点专业3个(供用电技术、室内设计技术、建筑工程技术),省级专业综合改革试点2个(物流管理、动漫设计与制作),省级特色专业建设点5个(供用电技术、旅游管理、机电一体化、生物技术及应用、建筑工程管理);省级教学团队2个(机电一体化技术、旅游管理),省级精品课程3门(单片机实践与仿真技术、机械零部件测绘与CAD、发酵技术)。学院校内有各类专业实验、实训室109个,其中中央财政支持的职业教育实训基地2个(建筑技术、机电一体化实训基地),省级示范性实训基地6个(电工电子技术、生物技术、机电技术、商务技术、软件技术、自动控制技术),与企业共建校外实习实训基地121个,其中河南省首批高等职业教育示范性综合实训基地1个(河南环发工程有限公司校外实训基地),高校工程技术研究中心建设项目2个(酶制剂研究中心、节能照明工程技术研究中心)。图书馆藏图书100万册,《三门峡职业技术学院学报》为公开发行刊物,每年发行4期,入选全国高职高专核心期刊。

【领导班子成员名单】 党委书记郑建英,党委副书记、院长吴勇军;党委委员、常务副院长李久昌,党委副书记、纪委书记刘彦斌,工会主席宋六锁,副院长李勤,党委委员袁文山、马旭东。11月2日,根据工作需要,刘彦斌调出工作,谢东方任党委副书记、副院长;马旭东任副院长。11月8日,张雪冰增补为党委委员。

【被省委、省政府确定为省级文明单位】 学院通过加强领导,创新载体,丰富内容,明确任务、落实责任,完善"三室一校一办"(荣誉室、活动室、图书室,公民文明学校,文明办)等软硬件设施,通过开展"文明大讲堂"、提炼"学院精神"、"学、唱、做"、"文明细胞创建"等活动,使创建工作和校园文化建设均取得新的成效,以优异的成绩通过省市文明委的检查验收,12月被省委、省政府确定为省级文明单位。

【实施干部执行力提升工程】 制定干部执行力提升工程实施方案,举办2期院领导主讲的干部执行力工程专题辅导报告,组织开展"大调研大讨论"调研文章评比活动,加大干部轮岗交流,推动干部教育培训。分别选派3名县处级干部参加省市领导干部培训班,44名干部参加市"四大一高"培训学习,依托国家教育行政学院中国教育干部培训网"高等教育管理干部培训"平台对副科级以上干部分党务班和行政班进行远程教育培训。加强干部队伍建设,坚持德才兼备原则,新提拔8名处级干部,3人成为市政协委员。

【开展创先争优活动】 根据统一部署,学院完善承诺践诺机制,扩大承诺公开范围;实行领导干部联系基层党组织工作制度,广泛开展"走访下基层、服务为师生"活动、首届"十大"模范人物评选、创先争优征文比赛、党员及巾帼志愿服务等特色鲜明的主题活动,营造了人人创先争优的良好氛围。被省委组织部、省高工委授予"全省高校党建工作先进单位"称号,学院党委被河南省委授予"2010—2012全省创先争优先进基层党组织"称号。

【廉政建设】 学院扎实开展"评廉、述廉、督廉"活动,着力构建廉政风险预警防控体系;配合省审计厅做好院长任期内经济责任审计工作,并按照要求做好整改,规范了财务管理制度,省审计厅对学院以制度规范、管理严格和资产增长快给予充分肯定;开展治理乱收费和私设小金库工作,共治理乱收费和"小金库"现象3次,发放调查问卷6次,处理来信来访20余件;严格基建工程招投标管理和大宗物品采购制度,实行全方位、全过程的阳光操作和监督。完善公车管理、公务接待和公务出差制度,加强资产和后勤工作管理,搞好节能降耗工作,提高学院管理服务效益。做好重点岗位和领导干部的廉洁自律工作,营造风清气正的校园环境,学院被评为市级党风廉政建设先进单位。

【王艳玲莅临学院指导工作】 8月17日,河南省委高校工委书记、省教育厅厅长王艳玲一行在三门峡市委书记杨树平,市政协主席郭秀荣,市委常委、市委秘书长姜继鼎,市政府党组成员、市委党校常务副校长、市教育局党委书记李庆红,市教育局局长武少峰等领导的陪同下,到学院考察指导工作。学院党委书记郑建英、院长吴勇军分别向王艳玲等领导介绍了学院的发展情况,并陪同省市领导参观了校园。王艳玲对学院的办学理念、管理水平、实训条件、校企合作、校园环境和教师的精神面貌等方面给予了充分肯定,高度评价了近年来学院所取得的显著成绩。

8月17日,省委高校工委书记、教育厅厅长王艳玲(前右二),三门峡市委书记杨树平(左二)到学院调研

【骨干院校建设】 自学院被确定为"河南省骨干高职院校建设项目立项单位"以来,学院以骨干院校建设为抓手,启动教学质量提升工程,从专业建设、课程开发、实践教学、师资队伍等方面,全方位进行改革,全面完成了项目建设的年度阶段性任务,并被省教育厅授予"河南省高等教育教学工作先进集体"称号。

【专业建设】 以市场和考生、家长三方面的需求为导向,学院按照"砍掉一批、调整一批、增加一批、提升一批、储备一批"的思路,进行专业调整,全年新增护理等8个专业(方向),暂停了7个专业(方向)招生,申报的机械制造与自动化、网络营销、药品经营与管理3个专业获批,学院专业总数达到54个,形成了与区域发展紧密对接的专业体系。

【项目建设】 学院汽车检测与维修、旅游管理两个专业被确定为中央财政支持建设的专业;机电一体化专业实训基地被确定为国家级实训基地;建筑工程管理专业被确定为省级特色专业建设点;《机械零部件测绘与CAD》被评为河南省共享型精品课程；动漫设计与制作、物流管理两个专业被确定为省级综合改革专业试点；共争取配套资金600余万元。

9月14日，河南省教育厅下发文件《关于公布2012年度河南省高等学校“专业综合改革试点”项目的通知》(教高〔2012〕859号)文件，学院动漫设计与制作、物流管理两个专业获得河南省教育厅“专业综合改革试点”项目立项。11月6日，河南省教育厅下发《关于公布2012年度河南省高等学校特色专业建设点的通知》(教高〔2012〕979号)文件，学院建筑工程管理专业被批准为河南省省级特色专业建设点。

【科研】 学院与市产业聚集区深化战略合作关系，共建研究中心、技术孵化中心和学生创意创业中心，实现了“产教融合、协同创新”。依托学院成立了河南省高校酶制剂工程研究中心、国家动漫产业发展河南基地研发中心，加上已有的省高校节能照明工程技术研究中心，学院已有3个省级研发中心。同时，还成为三门峡市生物产业技术创新战略联盟成员单位、三门峡市机械工程学会秘书处单位等。参与三门峡市职教园区发展规划的制订工作，为中原经济区建设和三门峡实施“四大一高”战略的实施建言献策，并被评为全市政研工作先进单位。学院全年获得各类科研成果583项，科研项目44项，发表学术论文419篇，专著类成果69项，科研项目和论文专著的数量和质量均呈稳步上升态势。学报突出办刊特色，服务教学科研和地方发展，全年有45篇论文被人大书报资料中心“复印报刊资料”目录索引，占到全年发文量的1/3。

【师资队伍建设】 学院通过内培外引、顶岗锻炼、技能竞赛和传帮带等措施，提高教师综合素质和教学水平。制定引进和培养博士研究生实施办法，用优惠政策引进和培养博士、研究生，改善师资的学历结构。全年学院通过社会公开招聘引进24名硕士研究生，有58名教师攻读硕士、博士学位，新晋升正高级专业技术职务1人、副高级专业技术职务17人、中级专业技术职务32人。聘请本地区专家、技术骨干、能工巧匠任教，使兼职教师达到196人。完善教师企业顶岗锻炼管理办法，假期安排教师125人到企业顶岗锻炼；7个系部的60名教师分别参加了国家级、省级和院级骨干教师培训。完成728人的绩效工资核算报批工作。评选推荐出享受国务院特殊津贴专家1人，河南省教育厅学术技术带头人1人、河南省优秀教师1人，河南省教育系统优秀教师1人，市级优秀教师5人、市级有突出贡献优秀教师3人、市级有突出贡献先进教育工作者2人。

【构建“三育人”体系】 学院通过国旗下讲话、开卷大讲堂、通识课教育、举办科技文化艺术节、演讲赛、运动会等活动和美化校园环境等方式，提高学生综合素质，形成“全员育人、环境育人、文化育人”的“三育人”体系，促使学生真正做到学会做人、学会做事、学会学习、学会创新。全年涌现出大批优秀学生和学生干部，其中省级优秀毕业生166人，省级三好学生44人，省级优秀学生干部16人，省级优秀班集体15个。三门峡职业技术学院“科技文化艺术节”被评为2012年河南省高校校园文化建设成果三等奖，同时被河南省高等学校学生工作研究会作为典型成果向教育部推荐。

【学生资助】 学院为740名学生办理国家助学贷款287.71万元，累计发放国家助学贷款2414.81万元，受资助学生达到5960人次；发放奖励和资助各类资金1136.9万元，奖励和资助学生3450人，为五年制学生发放36.67万元的国家助学金和5.69万元的免学费资金，400名新生通过“绿色通道”入学；通过勤工助学途径解决助学资金80余万元，参加校方责任险和医保学生达100%。

【招生就业】 学院全年招收全日制新生5283人，电大和成人学历教育招生2041人。首次将29个专业进行专科一批招生，占学院所有招生专业的54%；专科一批录取3019人。有457名学生升入本科院校深造，12名学生应征士官入伍，71名学生应征义务兵入伍，59名学生通过特岗教师考试已到岗工作。毕业生就业率为96.51%，学院被评为河南省普通大中专毕业生就业工作先进集体，被河南省教育厅、省军区司令部评为2009—2011年河南省普通高等学校毕业生预征工作先进集体。

【入选第一批教育部信息化试点单位】 11月28日，河南省教育厅下发《关于公布我省入选教育部第一批教育部信息化试点单位的通知》(教科技〔2012〕78号)文件，学院以《数字化校园建设机制以应用模式探索》为工作目标，入选第一批教育部信息化试点学校。近年来，学院全面贯彻落实国家、省《中长期教育改革和发展规划纲要》精神，将信息化建设作为大力发展职业教育的基础性工程，推进应用系统、信息资源的有效配置和统一共享，实现人才培养环境的信息化、网络化、数字化、虚拟化，打造全方位高水平的“智能化三职院”。同时学院进一步加强区域性的对接与联合，着力构建一流的数字化信息技术平台，为推进豫西地区教育信息化的整体水平发挥积极作用。

【被确定为河南省酶制剂工程技术研究中心建设单位】 2月26日，河南省教育厅下发《关于公布2012年度河南省高校工程技术研究中心建设项目的通知》(教科技〔2012〕78号)文件，学院被确定为河南省酶制剂工程技术研究中心建设单位。

【高校节能照明工程技术研究中心通过验收】 6月3日，省教育厅下发《河南省教育厅关于公布河南省高校工程技术研究中心验收与绩效考核结果的通知》文件，学院高校节能照明工程技术研究中心经省教育厅专家组的绩效考核，通过验收，正式批准挂牌成立。

【成立河南首家中德诺浩汽车学院】 4月20日，学院与德国F+U萨克森职业学院合作申报的中德诺浩汽车学院项目获得省教育厅批准，并纳入2012年河南省普通高招招生计划。中德诺浩汽车学院合作项目采用德国“双元制”培训模式，主干课程全面引进德国F+U萨克森职业学院“汽车机电服务技师”职业资格证书的教材、课件与软件，配备与学院同等水平的师资和同等标准的实训设备。

5月30日，学院举行中德诺浩汽车学院成立揭牌仪式，德国萨克森学院董事长美茵霍德，中国汽车文化促进会会长沈崇明，市委常委、统战部部长张建锋，省教育厅调研员杨占军，中德教育投资有限公司总经理许婕等，省级媒体、部分汽车行业企业代表、学院师生参加揭牌仪式。三门峡市委常委、统战部部长张建锋和德国F+U萨克森学院董事长美茵霍德共同为“三门峡职业技术学院中德诺浩汽车学院”揭牌。

**【动漫设计与制作专业校外实训基地在国家动漫产业发展基

地(河南基地)挂牌成立】 3月7日,学院动漫设计与制作专业校外实训基地在国家动漫产业发展基地(河南基地)挂牌成立。院长吴勇军、郑州高新区管理委员会软件园管理办公室副主任刘剡、河南西吉文化传播有限公司总经理郭金平出席挂牌仪式。吴勇军和刘剡共同为学院在国家动漫产业发展基地(河南基地)的校外实训基地揭牌。

【与俄罗斯科斯特罗马国立工艺大学合作签订联合办学协议】 5月14日,学院与俄罗斯科斯特罗马国立工艺大学合作签约仪式在大鹏国际酒店举行,两校签署了合作办学协议、联合开办孔子学院合作协议。学院和科斯特罗马国立工艺大学就合作举办大学本科层次教育达成协议。根据合作办学协议,双方同意在机械制造、自动化、信息工程、经济管理、旅游和酒店管理、首饰加工专业进行"3+2"模式合作,即学院毕业生在三门峡完成3年学业后,可以到科斯特罗马国立工艺大学先进行1年的俄语语言学习,再进行1年的专业课学习,完成学业要求后,获得由科斯特罗马国立工艺大学颁发的学士学位证书。

【邀请著名学者到学院讲学】 12月8—11日,应学院邀请,中国著名历史学家、江南市镇研究的积极开拓者、台湾中央研究院专任研究员刘石吉先生,中国著名历史地理学家、中国古都学的重要开创者、中国古都学会名誉会长朱士光先生到学院讲学。三门峡市有关学术界人士和学院师生聆听了学术报告。报告会上,刘石吉先生作题为《从传统城市发展来观察近代通商口岸的兴起》、《城市史研究——课题·方法·检讨与展望》的学术报告;朱士光先生作题为《城市历史文化研究的意义、内容与理论问题》的学术报告,朱士光、刘石吉先生还针对三门峡历史文化研究及其城市文化建设问题,与三门峡学术界朋友和学院师生进行交流。学术报告会结束后,原三门峡市市级领导昝武建代表三门峡市分别向朱士光、刘石吉两位先生颁发了学院兼职教授聘书。

【承办三门峡市第五届科技文化艺术节】 三门峡职业技术学院"科技文化艺术节"升格为三门峡市科技文化艺术节。5月17—20日,学院承办的第18届中国(三门峡)国际黄河旅游节重要内容之一——"黄河之歌"沿黄九省(区)大型邮展·黄河旅游节邮票发行式暨三门峡市第五届科技文化艺术节在学院运动场开幕。河南省邮政总公司经理杨海福,河南省政府参事、教育厅巡视员孙洪臣,市委书记杨树平,市委副书记、市长赵海燕,市人大常委会主任王建勋,市政协主席郭秀荣等四大班子领导及市直各单位负责人出席开幕式。第五届科技文化艺术节内容包括"黄河之歌"沿黄九省(区)集邮展览、教育教学成果展、科技制作发明展、书画摄影作品展、运动会、艺术展演、人才招聘会、大专辩论赛、校园T台模特大赛、青年教师课堂教学技能大赛、英语口语大赛等活动。《星光大道》的众多明星为观众呈现了一场精彩的文艺演出。

【承办两个会议】 12月4—6日,河南省高等学校学生工作研究会豫西片区第四次学生工作研讨会在学院举行。河南省教育厅学生处副处长舒卫方,省高校学生工作研究会秘书长、中原工学院党委副书记刘志刚,河南省高校学生工作研究会豫西片区组长单位河南理工大学党委副书记周志远及豫西片区19所高校主管学生工作的院(校)领导和学生处处长等共计

5月17日,三门峡职业技术学院承办的三门峡市第五届科技文化艺术节举行开幕式

50余人参加会议。会议期间,各学校分别就学生事务一体化服务平台建设、依法依规开展学生工作、校园文化建设与校园文化育人功能、心理健康教育与学生健康人格培养、学生助学贷款管理等有关问题进行了交流和探讨。3月9日,三门峡生物产业技术战略联盟(以下简称联盟)第一次年会在学院召开。三门峡市科技局局长卢群召,学院院长吴勇军,联盟理事会会长刘仲敏及各联盟理事单位代表出席会议。

【举行中国人民解放军给养应急保障动员单位挂牌仪式】 12月20日,举行中国人民解放军给养应急保障动员单位挂牌仪式。河南省国民经济动员办公室主任黄亚军、三门峡军分区副司令曹树仁,学院党委书记郑建英、院长吴勇军,三门峡市政府秘书长刘廷福、三门峡市发改委党委书记于太升等领导参加了挂牌仪式。

【举办三门峡市地域文化展】 10月10日,举办三门峡市地域文化展。此次文化展向大众展示了三门峡市"六个一"特色地域文化,即:一条河——黄河;一个村——仰韶村(是黄河中游地区重要的新石器时代文化);一本书——《道德经》(又称《道德真经》、《老子》、《五千言》,是中国古代首部完整的哲学著作);一条路——崤函古道(是开辟于夏、商、周时期的交通要道,是我国古代丝绸之路上一处极其珍贵的文化遗存);一群鸟——白天鹅(成为了三门峡的城市名片);一把剑——玉柄铜芯铁剑(被誉为"中华第一剑")。全方位、多角度地展示和宣传了三门峡地域文化的内涵与魅力。

【李勤参加全国人民代表大会】 3月,学院副院长李勤教授作为全国人大代表参加了全国人大五次会议。会议上,李勤教授就推动和促进地方政府积极办高职教育,向国家教育部和财政部建言献策,并在讨论会上就对地方高职院校在政府应加大投入、教育部、财政部制定相关政策及中西部地区的具有影响力的高职院校在实训基地建设、师资培训等方面给予奖励性政策等问题作了专题发言。

【图书馆建设】 学院投资70余万元购置新图书,实现图书馆早8时至晚9时不间断对外免费开放;配合"书香三门峡"主题文化活动,开展"读好书,好读书,读书好"的读书月活动;与市博物馆联合举办三门峡地域文化展览;全面普查登记全市古籍情况,建立三门峡崤函数据库"古籍子库"。图书馆被省文化厅表彰为河南省先进图书馆、被省图书馆学会表彰为全民阅读活动先进单位和图书馆服务宣传周活动先进单位。

【基础建设】 完成砚池周边环境治理,改造图书馆、3号学生餐厅、锅炉房、招生就业服务大厅、荣誉室;完成三栋教师周转

住房建设；学院新东大门及门前广场工程、东大门周边绿化工程、网球场、穿209国道的人行通道工程的前期准备工作，通过省教育厅组织的普通高校基建管理工作和校舍建设工程质量检查工作。

【师生获奖】 学院软件技术专业学生马路获得第三届“蓝桥杯”全国软件专业人才设计与创业大赛JAVA软件开发河南赛区高职高专组一等奖、全国总决赛高职高专组三等奖，张曼丽、王爽获得河南赛区高职高专组二等奖；常浩远、祝长庆获得C语言程序设计高职高专组三等奖，教师刘小强获得“全国软件专业人才设计与开发大赛全国总决赛优秀指导教师”称号。太极拳代表队获得三门峡市第五届健身节“武协杯”武术比赛集体项目第一名、6个单项第一名、8个单项第二名和6个单项第三名，被市组委会授予优秀组织奖。在2012年全国职业院校技能大赛高职组河南赛区比赛中，学生代表队获得1个一等奖、1个二等奖、5个三等奖、5个优秀奖，并获得优秀组织奖。信息工程系2010级北大青鸟软件工程师特色班学生孔丹丹、蔡萌萌和蔡桂云，在学院教师张映东的指导下开发设计的软件作品《丽湾商务酒店管理系统》获得“青鸟杯”软件设计大赛全国总决赛二等奖，获得河南赛区一等奖。生化工程系2011级应用化工技术专业学生张亚楠和刘思雅、城市园林专业2011级学生陈华伟和薛继宗参加了高职组“工业分析检验组”、“植物组织培养”项目的比赛，分别获团体三等奖。

撰稿：王　燕

审核：袁文山　雷旭锋

鹤壁职业技术学院

党委书记：张艾青　院长：谷朝众

创办时间：2001年4月　校址：鹤壁市淇滨区朝歌大道中段

电　　话：0392-3350230　邮编：458030

传　　真：0392-3330101　网址：www.hbzy.edu.cn

【概况】 2012年，学院占地面积1260亩，建筑面积37.2万平方米。拥有集教学、科研、培训、考证等功能于一体的校内实验实训中心(基地)29个，校外实习实训基地199个。其中中央财政支持的实训基地2个(电工电子、数控技术)，省级示范性实训基地4个(护理、模具设计与制造、建筑工程技术、医学技术)。建有“千鹤之舞”体育馆、温泉游泳馆、图书馆。固定资产总值5.3亿元，教学科研仪器设备总值7525.6万元，馆藏图书86.98万余册，电子图书1330G，各类期刊1196种。有教职工779人，其中副高级以上专业技术职务254人，教授40人，具有硕士学位和研究生学历教师272人，“双师型”教师217人。拥有国家综合改革试点专业2个，省级特色专业5个，省级精品课程13门，省级教学团队3个，全国优秀教师6人，河南省学术技术带头人18人。设医学院、护理学院、机电工程学院、人文教育学院、电子信息工程学院、经济管理学院、建筑设计与工程学院、化工与材料工程学院、食品工程学院、继续教育学院(鹤壁广播电视大学)、中专部、思想政治教育研究部、公共体育教研部、公共基础教研部等14个院部，开设高职专业46个。

学院先后获河南省教育教学工作先进集体、河南省大中专毕业生就业工作先进单位、河南省高校学籍管理先进单位、共青团河南省委先进团支部等省级以上荣誉称号40余个。学院100余人次获得市级以上荣誉表彰。

【学院领导班子成员名单】 党委书记张艾青，院长谷朝众；党委副书记苏众，副院长赵勇、蔡太生，纪检书记甄其云(2012年7月—)，工会主席吴名英；院长助理杨用成、谷岩。

【人才培养】 新增工程监理、学前教育、汽车技术服务与营销3个专业，顺利通过省教育厅艺术类专业办学评估，打造了护理、电子信息技术、模具设计与制造等5个重点专业和专业群。全年新增中央财政支持重点建设专业2个，新创建省级示范性实训基地、综合教学改革试点专业、特色专业、精品课程等项目5个。在2012年全国高等职业院校技能大赛中，获国家级一等奖2个(数控机床装调、维修与升级改造和机器人技术应用项目分获第一名和第二名)、二等奖1个、三等奖6个；承办2012年度、2013年度全省高等职业院校技能大赛，获一等奖7个、二等奖7个、三等奖5个。

【招生就业】 全年完成各类招生5523人，2012年被学院确定为“就业质量提升年”，进一步强化毕业生就业工作，毕业生就业率达到93.71%，就业岗位、就业薪酬、就业结构得到了优化，学院被评为河南省大中专毕业生就业工作先进单位。

【师资队伍】 新晋升教授8人、副教授19人。先后选派357人次到顺德、广东轻工职业技术学院以及企事业单位进行在职培训和实践调研，邀请省内外知名专家学者举行学术讲座30场次，新增3名教师获得省骨干青年教师资助计划

3月18日，学院新校区一期工程竣工暨搬迁仪式

项目资助。

【教育科研】 市厅级以上科研项目立项54项，全年共出版教材、论著50余部，公开发表论文300余篇。出台并实施《学院协同创新计划实施方案》，组建协同创新中心，打造协同创新平台，“鹤壁市食品产业路线图计划”和“鹤壁市镁产业路线图计划”两个科研项目顺利通过中检。

【新校区建设】 占地1200余亩的新校区总体规划由华南理工大学建筑设计研究院编制设计完成，一期工程全部完工并正式启用，机电工程学院、电子信息工程学院、经济管理学院、建筑设计与工程学院、化工与材料工程学院、食品工程学院6个二级学院搬迁入住新校区。水源热泵供热制冷系统的投入使用，使学院成为省内率先在学生学习、生活场所安装使用中央空调系统的高校。老校区置换工作进展顺利，分两次成功挂牌出让。新校区二期工程各项征地手续办理完毕，设计方案招标工作结束。

【社会服务】 与民盟河南省委的“盟院合作”关系、与顺德职业技术学院、广东轻工职业技术学院的校际合作关系继续增强；与上海中锐教育投资集团、威海假日酒店集团开展合作办学；与韩国大邱保健大学签订了合作意向书。2012年，为鹤壁产业聚集区、招商引资企业输送高素质技能型人才3341人，为企业提供各类技能和实用人才培训1万余人次。

撰稿：高忠波
审稿：谷　岩

许昌职业技术学院

党委书记：袁海涛
院长：晁召行
创办时间：2001年4月
校址：许昌市新兴东路4336号
电　话：0374－2276999　2276888
邮编：461000
传　真：0374-2270896
网址：www.xcitc.edu.cn

【概况】 2012年，许昌职业技术学院建筑面积45万平方米。有专兼职教师950人，其中专任教师849人，具有研究生或硕士学位的教师180人，教授、副教授等高级以上专业技术人员210人；河南省学术技术带头人1名，河南省教育厅学术技术带头人12名，省级教学名师1名，河南省职业教育教学专家1名；许昌市学术技术带头人9名，许昌市拔尖人才10名，院级专业带头人46名，骨干教师174名；设有8系3部1院56个专业，其中省级教改试点专业2个，全日制在校高职生1.6万余人。12月，经过申报，学院成功进入河南省职业教育品牌示范院校行列。

2月，学院被授予“2011年度学校行风建设先进单位”称号；被河南省人民政府授予“2011年河南省职业教育攻坚工作先进单位”称号。

【学院领导班子成员名单】 党委书记袁海涛，院长晁召行，党委副书记张德山，副院长杨星钊、亓正申、王捷、郭长庚，纪委书记张耀平，工会主席闫长有，调研员张世春、王海升。

【党的建设】 学院党委组织学习习近平总书记在十八届一中全会上的讲话，省、市委全委扩大会上省委书记卢展工、市委书记李亚的讲话，结合实际立足于学、立足于做、立足于效，切实抓好十八大精神的学习贯彻落实。组织党员干部学习《何平新九论》、《十八谈》等文章，按照国家和省教育《规划纲要》要求，深入调查研究，科学完善“十二五”规划，确立了以就业为导向、以能力培养为中心、深化校企合作、走产学结合发展道路的办学思路。召开“以人为本执政为民、密切联系群众”的主题民主生活会；配合省委组织部、市委组织部完成了对院领导班子、省管干部、市管干部的年度考核工作。组织学院考核组对院各系部领导班子和全院科级以上干部进行年度考核；按照《党政领导干部选拔任用工作条例》规定，组织后勤服务中心9个干部岗位的竞争上岗工作；按照省委组织部、省委高校工委、许昌市委的要求，选派10名干部参加上级部门组织的培训；严格按照“基层党组织自评、党员群众测评、上级党组织评定”的程序，对全院47个基层党组织开展分类定级工作，全院54个基层党组织中，53个定级为先进，1个定级为较好；全年举办两期党员发展对象培训班，培训发展对象560余名。全年共发展党员523人,其中大学生512人,青年教职工11人;开展表彰先进基层党组织和优秀共产党员、参观革命传统教育基地等一系列庆祝建党91周年活动;加强干部队伍建设,举办暑期干部理论培训班和学习研讨班,提高广大干部的理论水平和工作能力。引导党员干部争先创优,制定考核办法,结合目标管理和年终考核,对基层领导班子的理论武装、管理能力和领导水平、民主集中制建设、作风建设等进行考评,引导干部转变领导方式,创新发展。

【教育教学改革】 继续推进内涵建设,开展教育教学改革,3项教学成果获河南省高等教育教学成果二等奖。按照"工学结合、校企合作、顶岗实习"的人才培养模式修订完善了2012级各专业人才培养方案。本年度新申报机械制造与自动化、物业管理等两个专业,获省教育厅批准备案。精心组织省级特色专业、省级教学团队、省级精品课程和示范性实训基地等质量工程项目的建设与申报工作。园艺技术专业被评为省级特色专业建设点,机电一体化技术专业教学团队获省级教学团队,《网站设计与制作》课程被评为省级精品课程,现代工业技术及信息化实训基地被确定为省高等职业教育示范性实训基地。截至2012年12月,学院累计有国家级精品课程1门,省级精品课程4门,教育部教指委精品课程4门,校级精品课程72门(含在建);省级教学团队3个,校级教学团队18个(含在建);省级特色专业建设点3个,校级特色专业建设点3个;中央财政支持的职业教育实训基地2个,省级示范性实训基地2个,校级示范性实训基地3个。《质量工程》项目建设成效显著,在全省市属同类院校中名列前茅。8月,在2012年全国商科教育学科竞赛工作会议上,学院被评为"2011年度中国商科教育学科竞赛综合竞争力50强职业院校",位列全国第24位。

【科研】 4月,学院机电工程汽车系团队承担的《智能型自走式烟草移栽机研制》和《烟苗智能剪叶机》两个科研项目被列为2012年度河南省科技攻关重点项目。3项课题获得高等职业教育教学改革研究省级立项,其中《工学结合背景下的高职院校教学质量监控体系的优化和实践》首次作为省级重点研究项目获准立项。由学院机电应用工程技术研究中心和河南省烟草公司许昌市公司、许昌市同兴现代农业科技有限公司合作完成的"2YZS-1型多功能烟草移栽机"、"3ZJY-45B型智能烟草剪叶机"两个科研项目通过成果鉴定。

学院财贸经济系教师宋沛军编著的《电子商务概论(第二版)》及申纲领教授编著的《物流运输管理》双双获得2010—2011年度河南省经济学优秀成果三等奖。

【师资队伍建设】 实施教师职业教育教学能力提升工程,完成第一、二批学院教师职教能力测试工作;提高教师的动手能力,安排163名教师参加企业顶岗实践;对任期期满的"双师"素质教师进行再次认定,提升专业教师"双师"素质;学院对全院400余名教职工开展了关于高校意识、高职教育理念、职业道德方面的集中培训。安排高等职业教育教师教学能力培训280人。安排29名教师到国培计划和省培计划中的培训机构参加短期进修培训。全年累计聘请150名专业技术人员和能工巧匠来院讲课和实训指导。在首届河南省高等职业院校青年教师财经类专业教学技能竞赛决赛中,学院财贸经济系教师董俊芳、宋明明分别获得一等奖和二等奖。9月,学院财贸经济系获"河南省教育系统先进集体"称号,信息工程系副教授王永乐、财贸经济系副教授李娜分获"河南省优秀教师和河南省教育系统优秀教师"称号。

【学生管理和辅导员工作】 围绕院党委提出的"狠抓内涵建设、全面提高教育教学质量"这一主题,始终把坚持坚定正确的政治方向放在各项管理工作的首位。以开展"文明修身爱我校园"主题活动、"做人、做事、做学问"系列讲座、2012年"感动校园"大学生评选等活动为载体,不断强化学生的思想道德教育工作;落实贫困大学生减、免、助、俭、贷政策,2012年,有2980人获得国家助学金,37人获得双汇助学金,14人获得移动助学金,10人获得慕振奎助学金;658名家庭经济困难学生办理了助学贷款,110人得到减交学费、贫困生生活补助和勤工俭学的资助,57人获得国家大学生入伍学费代偿,155名特困生领取了越冬棉被;严格奖助学金发放体制机制,有13人获国家奖学金,440人获国家励志奖学金;以评先评优活动带动优良校风建设,评选出省级先进班集体16个、院级先进班集体31个,省级三好学生49人、院级三好学生1453人,省级优秀学生干部16人、院级优秀学生干部285人,省级优秀毕业生182人、院级优秀毕业生351人,共有1138人获得了院级综合和单项奖学金;加强辅导员队伍建设,举办第七期辅导员培训班。同时,在学生干部队伍建设、日常管理、心理健康教育、就业指导与教育等方面做了新的探索,实现了学生工作的创新发展。

【招生就业】 2012年,高职招生共安排计划5600人(含23%调节计划),实际报到学生5200人,五年制大专计划260人,实际报到351人。学院有毕业生6102人,年底就业人数达到5968人。做好就业指导与服务工作,先后与300余家企业单位进行沟通和联系,组织30余场专场招聘会;举办第二期大学生科学就业创业素质能力训练营和第五届大学生创新创业大赛,第六届大学生职业生涯规划大赛,提高学生就业创业能力;开展第二届就业指导教师教学大赛,提高专职就业指导教师就业指导服务能力。颁布施行院领导联系企业制度,深入全市100余家企业推介优秀毕业生,有效促进学生对口就业。

【成人教育与教育干部培训】 成人招生工作实现新跨越。专科录取892人,在全省同类院校中排名前5,在地级市同类职业院校中排名第一。同时,本科录取156人、远程教育录取122人。加强管理,提高质量,寒暑假两次组织成人专、本科学员面授1100余人次。2012年,学院被确定为许昌市退役士兵学历教育基地。受许昌市委组织部委托,举办许昌市第四期大学生村干部培训班,来自许昌市各基层乡村的90名大学生村干部顺利结业;受许昌市教育局委托,举办"十二五"期间中小学校长第四期任职资格培训班和第二期民办校长任职资格培训班,来自全市5县和市直的30余位民办学校校长参加了培训。

【领导考察】 10月19日,市委副书记许廷敏,市人大常委会主任石克生,市政协副主席朱德甫一行6人到学院校内实训基地调研;10月24日,市人大常委会主任石克生,副主任刘海川、李荣华,秘书长马法友一行4人来院调研;11月25日,以安阳工学院副院长孙保平教授为组长的省教育厅专家组一行4人莅院,实地检查艺术类专业办学情况;12月12日,河南省高校校报评估专家组组长、周口师范学院党委副书记李军法等一行4人莅院,就校报办报情况进行检查评估。

10月19日,许昌市人大常委会主任石克生(前中)在阅览室调研

【知名专家讲学】 7月9日,河南大学教授王德木、中国社会科学院教授俞飞、齐齐哈尔工程学院院长曹勇安受邀先后为师生作了《科学发展观与和谐社会建设》、《领导者领导力》及《高职院校办学模式从"跨界"到"无界"》的专题报告;10月30日,郑州大学图书馆馆长崔波教授在杏坛《百家讲堂》为广大师生作了《〈周易〉文化的智慧》的学术讲座;10月30日,河南大学教育科学学院学前教育系主任岳亚平教授应邀来院作《中国幼儿教育的未来走向》主题学术报告;11月20日,鹤壁职业技术学院刘厚钧教授受邀为财贸经济系师生作题为《大学生综合职业能力的自我培养》的讲座;洛阳理工学院副院长邱天河教授、漯河食品职业学院副院长程晋国教授也先后受邀来院讲学。

【校企合作】 不断创新人才培养模式,与富士康、奇瑞、人本等企业深度合作,开展顶岗实习、工学交替。2月28日,富士康科技集团副总经理赵善平先生率该集团SMT技委会经理傅景堂先生,专理徐雷先生一行来院考察人才培养、专班运行、校企合作等工作。3月31日,学院与中国联通许昌分公司战略合作协议签订;7月12日,与富士康(郑州园区)科技集团正式校企合作签约。截至年底,学院入驻企业11家,并与169个企业合作建立校外实习基地。

【友好交流】 3月23日,韩国中部大学国际交流副总长都银洙,中韩交流院院长崔永模等一行莅临进行友好访问,就两校合作办学事宜进行洽谈。4月24日,学院信息工程系特邀加拿大达内外企IT培训集团院校合作部总监王建民举办题为《培养成熟就业心态、树立科学择业观》的职业生涯规划讲座,信息系师生近200人聆听了讲座。6月11日,10月23日,11月2日、29日,先后接待了河南农业大学党委副书记杨德东,副校长柳娜、张全国等一行10人,许昌学院党委书记王清义一行8人,漯河职业技术学院教务处处长王变奇等一行10人,周口职业技术学院党委书记杨箴红一行等到学院考察交流活动。

7月12日,学院与富士康科技集团(郑州园区)举行校企合作签约仪式现场

【赛事获奖】 在2012年全国职业院校技能大赛高职组河南选拔赛中,学院获2项一等奖、1项二等奖。7月,在2012年全国职业院校技能大赛(高职组)决赛上,学院的两支代表队分别获得信息安全管理与评估和电子产品检测与维修(芯片级)赛项的二等奖。电子产品检测与维修(芯片级)、信息安全管理与评估、风光互补发电系统安装与调试获省级一等奖;计算机网络应用、汽车营销、汽车维修等获得省级二等奖;会计技能获得省级三等奖;电子产品设计与制作(基于FPGA技术)、现代物流储存与配送作业优化设计和实施、楼宇自动化系统安装与调试获省优秀奖。在第六届河南省高职院校技能大赛暨2013年全国职业院校技能大赛高职组河南选拔赛中,学院电子产品检测与维修(芯片级)、风光互补发电系统安装与调试、农机具维修三支代表队包揽了此三项赛事的3个第一名。学生张莹、高景行在第六届河南省高职院校技能大赛暨2013年全国职业院校技能大赛英语口语大赛中分别获一、二等奖。在第七届全国信息技术应用水平大赛中,学院信息工程系学生陈成彬以高职生身份与本科院校的选手同台竞技,并获移动互联网个人赛全国二等奖。5月,学院机电系教师张芝雨、蒋万翔带队的2010级电气化班孙颖等3名学生组成的参赛代表队在"华大杯"河南省第一届大学生机器人大赛机器人灭火大赛中获二等奖。6月,在国家教育部高职高专工商管理类专业教指委主办的2012年全国高职高专大学生企业经营管理、物流管理和电子商务沙盘模拟大赛河南赛区比赛中,院电子商务代表队获得大赛一等奖,企业经营管理、物流管理代表队则分获三等奖。10月,在2012年"娃哈哈"杯全国高校市场营销大赛河南赛区选拔赛中,学院"激情飞扬"团队、"甲壳虫"团队、"清新组合"团队和快乐启明星代表队分别获选拔赛的特等奖、两个一等奖和一个二等奖;在第五届"娃哈哈"杯全国高校市场营销大赛总决赛中,学院获三等奖,同时,获本次大赛"特殊贡献奖",全国180余所院校仅4家获此殊荣。

【共青团与社团工作】 以"加强内涵建设、构建特色文化"为重点,围绕学院中心工作,优化学生干部队伍。以实施"青年马克思主义者培养工程"为抓手,实现学生自我教育、自我服务、自我管理。以校园活动为载体,实施大学生素质拓展计划。组织艺术节、合唱、辩论赛等丰富的校园文化活动,继续开展"三下乡"、"西部计划"及青年志愿者活动。2012年,院团委获得"许昌市优秀青年志愿服务集体、许昌市共青团工作先进单位、许昌市五四红旗团委"称号。学院组织的艺术系支教服务队被评为2012年河南省大中专学生志愿者暑期"三下乡"社会实践活动优秀服务团队。

【安全保卫】 完善学院消防管理,提高师生消防安全意识。3月1日,接待了由许昌市消防支队防火处工程师郝延红带领的检查组一行2人来学院检查消防安全"四个能力"建设工作;加强校园内部治安和校园交通管理,搞好六五普法,做好学院及周边综合治理,创建安全文明的校园环境。

【后勤服务】 加强节约型校园创建，通过技术改造升级及协调，为学院节约水电费80余万元；完成学生宿舍、教学楼、电缆管网沟的改造等拆装、更新和维修工作；围绕文明城市迎检和卫生城市复查等活动，开展环境整治与修缮，美化、亮化了校园环境；对餐厅的环境卫生进行全面的整顿清理，营造出良好的就餐环境；开展经常性的爱国卫生运动，定期对学生进行健康教育，确保学生身心健康；发挥图书文献资料的作用，实行藏、借、阅一体化服务，每周七天全天开放，为读者服务。学院图书馆获2011年度河南省"全民阅读活动先进单位"称号。

【"国家教育部书画等级认证"许昌考试中心揭牌仪式】 9月28日，"国家教育部书画等级认证"许昌考试中心揭牌仪式在学院举行，河南省书画考试办公室主任裴守喜和学院院长晁召行共同为"教育部书画等级考试许昌职业技术学院考试中心"揭牌。河南省书画考试办公室副主任徐文章，许昌市文联主席刘平，许昌市书法协会副主席兼秘书长陈桂春，学院副院长郭长庚，人文系全体班子成员、教师代表和学生代表共同参加揭牌仪式。学院成为许昌市唯一承办教育部书画等级认证考试的机构。

【社会服务】 发挥资源优势，服务许昌经济。在许昌电视台演播厅举行的"喜迎十八大·欢乐度中秋"中华经典诵读优秀节目展演中，学院选送的大型配乐诗朗诵《我爱你，中国》作为全场的首演节目，赢得了观众的阵阵掌声和组委会的一致好评；学院作为全市消防安全重点单位参加了由许昌市公安消防支队在市区春秋广场举行的以"人人参与消防、共创平安和谐"为主题的"119"消防宣传月活动启动仪式。学校体育馆承办大型演出及体育赛事7场，使市民的文化生活品位、"幸福指数"得到大幅提升，较好地服务了城市文化建设。

撰稿：李　娜

审稿：徐　枫

濮阳职业技术学院

党委书记：崔士民
党委副书记、院长：张双田
创办时间：2001年4月
校　　址：濮阳市黄河路西段
电　　话：0393-4677111
邮　　编：457000
传　　真：0393-4677111
网　　址：http://www.pyvtc.com.cn

【概况】 2012年，学院占地77.5公顷，建筑面积31.1万平方米。在岗在编教职工720人，其中教授45人、副教授198人，具有博士学位教师13人、硕士学位教师216人，双师型教师300余人。在校学生18922人，其中成人教育、开放教育本专科生7345人。办学收入1.74亿元、较上年同期增长26%，固定资产8.35亿元，馆藏图书142.6万册；建有国家级示范性实训基地1个、省级示范性实训基地5个、市级重点实验室3个，校内外实验实训室和实习实训基地233个。设有人文科学系、教育科学系、外语系、体育系、数学与信息工程系、艺术系、石油化工系、机电工程系、生物工程系、工商管理系、建筑工程系等11个教学系42个专业。

【领导班子成员名单】 党委书记崔士民，党委副书记、院长张双田，党委副书记刘东波，党委委员、副院长郭庆杰，党委委员、电大工作部主任何朝功，党委委员、副院长仝瑞，党委委员、纪委书记侯秀安，党委委员、工会主席丁翠玲，党委委员、副院长郑兆顺，党委委员董进义，副院级调研员许广州、王庆华、梁建人、连建华、寿纪伦，正县级干部李靖民。

【专业建设】 依据市场发展需求，实施特色专业建设工程，加快重点专业建设步伐，争取教育部和中央财政支持重点专业建设资金400万元，用于石油工程技术、建筑工程技术两个国家级重点专业建设；会计电算化专业被评为省级特色专业建设点，省级特色专业建设点达到6个；机电一体化技术、应用化工技术专业被评为省综合改革试点专业，省教改试点专业增加到3个；制定推行《专业评估实施办法》，对20个专业进行了评估；新增市场急需、就业前景好的材料工程技术、机械设计与制造、食品加工及管理、计算机教育等4个新专业。

【课程建设】 加强现有11门省级精品课程建设，遴选培育12门院级精品课程，充实完善了精品课程网上资源。将职业资格证书考核内容引入课程，实行以证代考，构建了课证融合的新型课程体系。实施基于工作过程、项目驱动的课程开发和教学模式，实现了岗位技能标准与教学内容的有机融合。开发工学结合校本教材，优先使用部颁教材，进一步推动课程体系改革。

【师资队伍建设】 继续实施人才兴校工程，完善职称评审办法，健全人才评价机制，促进教师素质提升，晋升教授9人、副教授8人，引进和培养博士4人；又有1人被评为河南省高等学校教学名师，1人获第三届全国黄炎培职业教育奖杰出教师奖；评选出院级优秀教学团队7个、十佳青年教师13名；制定实施《教师赴企业实践锻炼管理办法》，选派135名专业教师赴企业进行实践锻炼，26名教师参加省级培训和顶岗挂职，强化了教师实践教学技能；修订完善《兼职教师管理办法》，将

300余名企业一线技术能手和能工巧匠纳入兼职教师资源库，择优聘请65人担任实践课教学，进一步优化了“双师”队伍结构。

【教科研成果】 2012年，公开发表学术论文267篇，其中中文核心期刊75篇，CSSCI来源期刊17篇，SCI、EI检索论文8篇；编撰教材专著26部；省级以上课题立项32项、结项29项、获奖9项，其中国家自然科学基金项目立项1项、国家发明专利9项、省级教学成果一等奖1项、省自然科学一等奖1项，多项协同创新科研成果成功实现生产转化；《学报》打造栏目品牌，吸收高端论文，注重稿件质量，办刊水平进一步提升，再次被评为全省社会科学类一级期刊。

【品牌特色项目建设】 2012年，在建设省骨干高职院校的基础上，又被评为河南省高等职业教育品牌示范院校和全民技能振兴工程高技能人才培养示范基地，获得省财政支持资金800万元，市财政配套支持资金500万元，有力地支持了学院品牌特色项目建设。

【职业技能训练】 继续推行“教、学、做”一体化教学模式改革，狠抓学生职业技能培养，推行“双证书”制度，学生职业技能鉴定的获证率达88%，有效提高了学生的专业素养。组织学生参加全国职业院校技能大赛，获特等奖1项、一等奖2项、二等奖2项、三等奖5项，学院被评为2012年度河南省高职院校学生专业技能大赛先进集体。

【教学管理督导】 健全完善教学管理制度，细化教学环节质量标准，全面加强常规教学管理，强化了教学质量监控。调整充实教学督导员队伍，充分发挥教学督导作用，加强了对课堂、实训等环节的教学督导。完善教学质量评估办法，实行教考分离，教学评价体系更加完善。

【改善办学条件】 制定出台《实验实训评估办法》，对175个实验实训室进行了评估。启用实验实训管理软件，对新建设的42个实验实训室、总价值748万元的教学仪器设备逐一统计，初步实现实验实训网络化、规范化、标准化管理。争取上级支持建设资金400万元、自筹300万元，对石油工程技术、建筑工程技术等重点专业的8个实验室、5个综合实训室进行了配套建设。体育馆建成投入使用。校外实训基地濮耐集团被评为全省首批高等职业教育示范性综合实训基地。

【校企合作】 成立校企合作工作领导小组，设立校企合作办公室，制定《校企合作管理办法》、《校企合作理事会章程》。通过细化工作台账、深入企业走访洽谈、建立企业人才资源库等有效措施，先后走访调研了中原油田、中原乙烯、天能集团、濮耐股份、贝英数控、山东恒邦冶炼、郑州智领科技等大中型企业，与市工信局、市工商联及部分行业协会进行了合作洽谈，与行业企业洽谈合作项目69个、启动22个，联合开展订单培养单位16家，在校企合作专业数量、合作项目、合作规模、合作深度等方面都取得了新突破。

【招生就业】 科学制定招生工作方案，合理编制招生计划，有效推行了分区包干办法。语文教育、英语教育、数学教育、营销与策划、计算机应用技术、汽车检测与维修技术6个专业纳入了高职高专一批录取。录取学生4114人，报到新生3485人，报到率达85%，位居全省同类院校前列。加强就业指导，拓宽就业渠道，成功举办毕业生双向选择洽谈会和30余场专场招聘会，组织开展“雏鹰起飞创业引领计划”活动，毕业生初次就业率达89%，年终就业率达96.32%，获“2012年度全市促进就业工作先进单位”称号。

【成人、远程、中职教育】 发展成人教育，承办濮阳市教师培训，完成中小学教师网络培训、高新区教师集中培训及社会短期培训2721人次；组织全国中小学教师教育技术水平考试929人次；扩大联合办学范围，本科助学招生规模达1300余人。加强远程开放教育招生工作，继续扩大办学规模，年度招生2100人，注册学生总数达7345人，实现办学收入512万元，获“全省电大系统招生工作先进单位和优秀网站”称号。附属中学顺利转轨，中专和五年制大专招生895人。

【大学生思想政治教育工作】 注重强化思想引领，充分发挥“两课”主渠道作用，深入开展社会主义核心价值体系教育。拓宽教育渠道，开辟第二课堂，利用重大节日和纪念日，采取征文、演讲、竞赛、座谈等形式，举办文明教育、诚信教育等专题活动，丰富校园文体活动。利用寒暑假，组织引导学生参加“三下乡”、“四进社区”等志愿服务活动，为学生搭建了增长才智、拓展素质的平台，充分发挥实践育人功能。依托心理健康教育中心，进一步健全“教育、咨询、预防、救治”四位一体心理健康教育模式，把解决大学生思想问题与解决实际困难有机结合起来，有效解决了学生在成长、成才、就业等方面遇到的困难和问题，被评为全市首批“党史宣传教育示范点”。

【学生常规管理】 实施《学生综合素质测评条例》，实行“政策指导、制度规范、奖惩调控、典型引路”，加强学风建设和校园文化建设，丰富大学生文化生活，提高了大学生的文化和生活品位。完善辅导员考核制度，重视学生干部选拔任用，坚持和完善周学生工作例会、月辅导员例会和宿管站例会制度，严格三级量化考核，规范学生日常行为，学生管理工作制度化、规范化、科学化水平不断提高。119名优秀毕业生、36名三好学生、12名优秀学生干部、9个先进班集体受到省级表彰；1193名优秀毕业生、751名三好学生、197名优秀学生干部、23个先进班集体受到学院表彰，被省教育厅、省军区联合表彰为河南省普通高等学校毕业生预征工作先进集体。

【学生资助】 落实“奖、贷、助、补、减”政策，完善学生资助体系，加大资困育人工作力度，确保家庭经济困难学生顺利完成学业。2012年度累计发放各类奖助学金920.1万元，惠及学生2734名；完成助学贷款230.2万元，帮助620名家庭经济困难学生顺利完成学业；争取各级财政困难补贴16.5万元，设立勤工助学岗位127个。加强学生诚信教育，毕业生提前还贷率位居全省同类院校前列。

【后勤服务保障】 科学编制财务预算，合理安排收支计划，加大内审工作力度，有效提高了资金使用效益。严格执行财务制度，切实加强财务管理，顺利通过市审计部门审计。争取市财政拨付资金9426万元、国家和省级项目建设资金900万元、国家和省化债奖补资金1401万元，学院事业费收入5610万元。另外多方筹措融资3843万元，优化了债务结构，降低了资金成本，为学院事业发展提供了财力保障。严格落实保险体系，获濮阳市2012年度社会保险工作先进单位；加强学生食堂管理，保证饭菜价格稳定，杜绝了传染病和食物中毒现象发生，顺利通过省食品安全领导小组和市安委会的检查考核；

加大节能减排力度，强化节约型校园建设，完成了节能减排目标任务；加强环境卫生和绿化工作，巩固了省级卫生先进单位创建成果；教师公寓一期工程如期交付使用，二期工程顺利开工建设，部分教职工乔迁新居；加强校舍管理，投入130余万元对教学场馆与设施进行了维护维修，为省级文明单位创建和教育教学工作的顺利开展提供了有力保障。落实防控措施，加强信息监控，集中进行重点部位与关键环节安全排查，严格执行行政、公寓管理、辅导员、宿管、安保五套体系协调联动值班，确保校园和谐稳定。

【学习宣传贯彻落实党的十八大精神】 制定《学习宣传和贯彻落实党的十八大精神工作意见》，组织干部职工集中收听收看党的十八大开幕式，召开党的十八大精神座谈会，邀请市委十八大精神宣讲团成员来院作学习辅导报告，结合学院工作实际，召开学院中层以上干部学习研讨会，采取多种形式把学习引向深入。

【开展“一创双优”活动】 按照“创新思想观念、优化校风建设、优化育人环境”活动主题要求，持续深入开展“一创双优”活动，利用暑假，围绕年度重点工作，集中开展“百日攻坚行动”，通过学习讨论、查摆剖析、整改提高，着力解决突出问题，不断提升工作标准，如期实现“三个确保”，即确保省骨干高职院校建设、校企合作、招生就业、文明创建、安全稳定等五项重点工作目标顺利实现，确保年度工作任务圆满完成，确保高标准谋划2013年各项工作，营造了“创先争优、共谋发展”的良好氛围。开展创先争优活动，着力加强校风建设，以“尽职责、强效能、优作风，做师生满意的领导干部”为主题，进一步优化干部作风；以“重师德、强师能、优教风，做学生满意的教师”为主题，进一步优化教师教风；以“树理想、强素质、优学风，做新时期优秀大学生”为主题，进一步优化学生学风，增强了教职工和学生创先争优的积极性。学院获2012年度“全市‘一创双优’活动先进单位”称号。

【党建】 落实党委中心组和教职工理论学习制度，党委中心组集中学习至少每月进行1次、教职工每两周进行1次，严格执行考勤制度，做到学习活动有安排、集中研讨有记录、学习情况有通报；党委书记、院长带头上党课，作专题辅导报告；处级以上领导干部40余人次分别参与思想观念、校风建设、育人环境三大论坛，邀请省内外知名专家作学术报告10余场，选派21人参加各级各类干部培训，组织干部职工分7批60余人次考察学习先进院校10余所；做到了读书学习有笔记、学习体会有交流，有力促进了党员干部队伍整体素质的提高，确保了学习效果。按照《党政领导干部选拔任用工作条例》、《党政机关竞争上岗工作暂行规定》和市委《关于进一步树立正确用人导向的意见》，坚持“五重五不简单”的干部选拔要求，对14名副科级以上干部进行了职务调整，选拔5名正科级干部走上了副县级领导岗位；通过公开竞争上岗，选拔正科级干部25名，副科级干部25名；严格按照团组织推优、发展对象公示、支部大会票决等程序，新发展学生党员949人，教职工党员14人。落实党建目标责任制，促进基层党组织工作的规范化、制度化建设；实行党务院务公开，完善依法治校、民主管理和集体决策机制，坚持“三重一大”制度，两次召开教职工代表暨工会会员代表大会，选举产生了新一届工会委员会和经费审查委员会，在学院章程制定、教职工津贴发放等重大事项上广泛征求教职工意见和建议，进行职代会表决，促进了民主政治建设和工会基层组织建设，扩大了教职工的知情权、参与权、监督权，调动了教职工的工作积极性，被评为河南省依法治校示范校和濮阳市2012年度法制宣传教育和依法治市工作先进集体。推进基层组织工作创新，以“围绕中心、搭建平台、量力而为、发挥专长”为主题，探索改任非领导职务干部发挥作用的新途径，组织吸纳非领导职务干部参与教育教学管理工作，并聘任为教学督导员、党建组织员、课外辅导员、就业指导员、心理疏导员；创新党组织设置形式，探索在专业组、课题组、教学团队、学生公寓、学生社团建立党小组，增强了党组织的感召力、凝聚力和战斗力；扎实开展基层组织建设年集中教育月活动，圆满完成了动员部署、学习提高、查摆评议、划类定级、目标承诺各阶段工作任务，10个基层党组织和59名教职工分别受到市委组工部门和学院党委表彰。坚持和完善党委成员联系教学系制度、院领导接待日制度、党员联系学生制度，全面了解教情和学情，及时掌握教学动态，帮助学生解决学习和生活中的困难和问题。深入开展文明创建活动，注重加强公民道德建设，学习借鉴常州模式，院系两级举办“道德讲堂”12期，开展志愿服务活动，参与清华园社区“文明巡防”学雷锋志愿服务600余人次，前往清丰县马庄桥镇店上村开展科技服务下乡文明帮扶活动，与濮耐集团结对开展双联双创活动，再次成功创建省级文明单位。

【反腐倡廉建设】 坚持党委中心组廉政学习制度，深入学习《廉政准则》，党委书记和院长带头上廉政党课，召开专题民主生活会，有效提高了全院党员干部的廉政意识；组织收看廉政电视电教节目，参观濮阳市警示教育基地，开展全员警示教育；组织开展廉政教育月等主题活动，充分利用校园媒体，营造“崇廉、奉廉、赞廉”的浓郁氛围。针对重点部位和关键环节，健全内部管理运行机制，党委领导班子成员带头严格遵守中纪委“四大纪律八项要求”、“五不许”和教育部“六不准”等有关规定，严格执行“三重一大”制度、党务院务公开等制度，依法实行廉政承诺，逐级签订廉政承诺书，接受全院师生监督，防止了违规违纪现象发生；开展廉政风险防控。编制了《岗位职责目录》和《职权运行目录》，绘制了《权力运行流程图》，排查认定风险点135个，完善防控措施145项，统一制作了廉政警示牌，确定了风险类别和等级，完善了以岗位为点、以程序为线、以制度为面的廉政风险防控机制。坚持“注重源头，积极参与，突出重点，加强监督”，在教师公寓、体育馆建设、图书和实验实训仪器设备等大宗物品购置、经费使用、干部提拔、人才招聘等热点、难点工作中，做到了公开内容全面准确，公开形式灵活有效，公开程序严密规范；严格招生程序，实行“阳光”招生；按照公务用车问题专项治理要求，做好了公务用车清理工作。学院党委将反腐倡廉建设工作纳入整体工作，一同部署落实、一同检查考核。年初召开党风廉政建设工作会议，逐级签订目标责任书；半年开展党风廉政建设工作专项检查；年终实施党风廉政建设目标考核，激励先进，督促落后，形成了“党委统一领导、党政齐抓共管、纪委组织协调、部门各负其责、教职工共同参与”的工作机制，保证了各项工作的健康开展。

撰稿：李乃岭

审稿：刘东波

商丘职业技术学院

党委书记:刘树红 院长:刘合行
创办时间:2001年4月 校址:商丘市神火大道南段566号
电　话:0370-3182005 邮编:476000
传　真:0370-3182121 网址:www.sqzy.com.cn

【概况】 学院占地1743亩,建筑面积57万平方米,固定资产总值6.67亿元,图书馆藏书143万册,中外文纸质、电子期刊7787种。学院有11个教学系(院、部),1个成人教育学院(电大),开设有66个专业(含专业方向),其中作物生产技术、园艺技术、畜牧兽医、食品加工技术、汽车检测与维修技术、机电一体化为国家重点建设专业(群);电子商务、机械制造与自动化、计算机应用技术、软件技术等为学院重点建设专业(群);省级特色专业3个、省级示范专业3个、省级教改试点专业2个。现有全日制在校生16869人,各类成人教育学生4000余人。有教职工1245人,其中专任教师781人。副高级以上专业技术职务教师376人(教授48人,副教授、高级会计师、高级经济师、高级实验员、高级工程师等328人),博士、硕士研究生(含在读)285人,"双师素质"教师506人,全国劳动模范2人,硕士研究生导师1人,享受国务院特殊津贴、省管专家、省教学名师、省学术技术带头人34人,市专业技术拔尖人才、"十佳"优秀中青年科技专家、学术技术带头人、首批科技特派员等37人。

校园景色

【党政领导班子成员名单】 党委书记刘树红,党委副书记、院长刘合行;副院长庞进生、张慎举、陈哲、董克林、蒋晓雷、刘永建,纪委书记岳学友,工会主席张瑞玲。

【党建和思想政治工作】 以院党委理论中心组学习为中心,坚持周一上午的党委例会和周二下午的政治理论学习制度。结合学院实际,按照干部管理权限,3月,对学院部分副科级干部岗位进行选聘,9月,对学院部分副处级干部岗位进行选聘。通过个人报名、资格审查、民主推荐、笔试、面试、考察、公示等环节,共有74名副科级干部、18名副处级干部走上领导岗位,建立起一支素质优良、结构合理、精干高效、团结进取的干部队伍。在学习、宣传、贯彻十八大精神期间,学院召开2012年党建暨思想政治工作会议,举办科学发展论坛,开展了一系列学习活动,被评为河南省高等学校思想政治工作优秀品牌单位。

适应高等职业教育新形势和学院发展实际需要,学院聘请校内外专家为副科级以上干部进行培训,通过培训,提高了干部的理论水平和管理能力,激发了大家干事创业的热情。学院选派3人参加了河南省青年干部培训班、商丘市县处级干部培训班、商丘市直科长培训班。初步建立了以党校集中培训、上级调训,在职自学、学历提升等多维化的培训格局,提高了干部教育培训的针对性和实效性,助推了干部素质提高。

【教学立校、科研强校】 3月,学院召开教学科研大会,实施"教学立校、科研强校"工程。学院对所有专兼职教师、必修课程开展了教师教学质量评估工作。通过评估,提高学院教学管理和教学质量监控水平,达到了深化教育教学改革,提升广大教师教学科研能力,提高教学质量的目的,科学评价了教师教学工作的绩效,并评选出院"教学名师"5名、"教学技术能手"5名、"教坛新秀"5名。

通过实施"教学立校、科研强校"工程,学院教学科研管理体制得到进一步完善,教学科研能力和水平得到进一步提高,特色专业建设取得了显著成效。通过开展此项工作,一是使教职工树立科学的工作理念,明确教学工作的中心地位。二是提高认识,统一思想,凝聚人心。三是总结经验,明确方向。四是振奋精神,形成人人议教学科研、人人关心教学科研的良好氛围。五是进一步解放思想,明确科学管理和内涵发展对学院发展的重大意义。

【开展"质量年"活动】 在巩固和扩大2011"管理年"活动成果的基础上,2012年在全院开展"质量年"活动。学院以狠抓质量提升为着力点,紧紧围绕质量建设,提升学院的核心竞争力。集中开展了质量问题的深入调研,找准质量建设中的突出问题,明确质量建设的思路,探索质量建设的新途径,不断开创质量建设的新局面。学院实现了办学理念向高职教育的成功转型、办学层次向国家示范院校的转身、发展平台向国家教育改革综合试点项目建设主体院校的关键转换,真正实现科学发展、和谐发展、持续发展,走在了全省高职院校的前列,赢得了兄弟院校的认可和尊重,也得到了上级领导部门的充分肯定。

【专业与课程建设】 2012年专业数增加到66个专业(含方向),建成国家重点专业(群)4个、院级重点专业(群)5个;省级示范专业3个、省级特色专业3个、省级教改试点专业2个;初步形成了对接地方经济社会发展的专业格局。课程建设取得突破,构建了基于工作过程的课程体系。截至2012年年底,学院有国家级精品课程5门,省级精品课程22门,院级精品课程76门,工学结合优质核心课程68门。汽车检测与维修专业被评为省级特色专业,物流教学团队评为省级优秀教学团队。2012年,汽车检测与维修技术专业和机电一体化专业,被确定为中央财政专项资金重点支持建设的两个专业。

【"双师型"队伍建设】 学院开展校企深度合作,聘任一批企业高管、行业精英、知名专家、能工巧匠等340人为兼职教师,担任职业导师,形成一支素质优良、结构合理、专兼结合的"双师型"教师队伍。

【教学改革工作】 2012年,落实完善2011年学院新修订的教学管理制度10余个,完善院级精品课建设、数据采集平台建设等制度,使学院的教学管理工作更加科学规范。推进人才培养模式改革,以工学结合的人才培养模式为切入点,把实验、实训基地作为教学的主课堂,开展边讲边练、学做合一、理实一体的教育教学改革。建立和完善了"阶段式模块化"、"双线式2-3-1"等具有学院特色的人才培养模式,形成"模块三段式四季教学法"、"案例教学法"等教学方法。使学院人才培养过程的职业性、开放性、实践性更加凸显。全面加强政校合作、校企合作,为教学改革提供政策与硬件支持。坚持"以服务求支持,以双赢求稳定"的原则,建成了市、院共用的数字化图书馆和市直机关书库。与市畜牧局合作,把商丘市畜产品质量监测检验中心和商丘市动物疫病预防控制中心整体引进校园。与商丘市人事和社会劳动保障局合作,商丘市人才交流服务大厅落户学院实训中心,为学生的就业搭建了一条捷径。学院加大经费投入更新教学设备,增加模拟和仿真实训条件。组织教师课件大赛,评出优秀教学课件21件,参加省教育厅组织的教师课件大赛,获得省教育厅奖项11件。11月,顺利通过河南省高等学校艺术类专业办学情况检查。学院的艺术教育各种资料科学、规范,展厅布置美观大方,校园环境等各方面获得专家的认可。12月22日,国家高水平体育后备人才基地认定专家组对学院的体育办学条件、人才质量、人才效益进行全面考察。

【科学研究】 通过加大科研投入,改善科研条件,规范科研管理,出台《科研项目资助和科研成果奖励办法》等文件,加大奖励和支持力度。学院作物生产技术专业小麦超高产科技攻关团队主持承担的"工学结合"小麦新品种"郑麦7698"15亩超高产攻关田,经省科技厅组织有关专家现场核实测产,亩产高达666.5公斤。2012年,学院兑现奖励论文124篇、专著1部、成果10项;资助49项目(课题)项、专利14项,科研资助和奖励共43.42万元。教师主持或组织申报被批准立项的市厅级以上的科研项目(课题)178项,市厅级以上的科研项目(课题)获奖115项,发表论文815篇,其中中文核心期刊146篇,出版教材和专著122部,获各项论文奖98项,获得发明专利和实用新型专利共29项。

【学生教育管理】 坚持育人为本,重视学生思想教育和职业能力培养,逐步完善思想政治教育、职业素养教育、人文素养教育、心理健康教育、安全法制教育"五位一体"的素质教育体系,培养高素质、高技能人才。创新和完善学生工作管理体制,修订完善《学生管理制度汇编》。加强专职管理干部队伍建设,实行院领导联系系(院、部)、中层领导联系班级工作制度,辅导员入住学生宿舍值班、学生助理辅导员制度,创新了学生管理新模式,发挥学生自我管理的作用。加强学生社团建设,丰富校园文化。有60%以上的学生加入了社团,100%的学生参加过社团组织的活动。年轻人文学社被团省委、省教育厅、省学生联合会授予"优秀学生社团"称号。

【招生与就业】 2012年秋季,新生报到5400人,完成招生计划,并在单独招生和外省招生方面取得新的突破。加大3+2中专类招生宣传,与南阳农校、商丘中专、通许职专签订联合办学协议书。与开封教育学院联合开办学前教育专业,完成初中起点的招生任务。单独招生计划由2010年的200人增至2012年的560人。

毕业生就业工作纳入学院工作的"一把手"工程。进一步建立健全了学院就业指导与服务工作体系,形成了院长主抓、分管院领导具体负责,就业指导中心统筹、系(院、部)为主,全员参与的就业指导与服务工作格局,逐步做到了机构、人员、经费、场地"四到位"。把就业教育提前列入学生入学阶段,实行全程就业指导;建立健全就业基地,拓宽就业渠道;充分发挥学院的主体作用,召开大中小型供需见面会10余次;及时掌握学生的就业情况,进行跟踪管理和服务;发挥远程招聘室的作用,增强毕业生和用人单位的信息链接,节约了就业成本。2012年毕业生就业率达98.86%,获得"河南省毕业生就业工作先进单位"称号。

【社会服务能力增强】 学院利用师资、技术和教学资源优势,加强校企合作,广泛开展为企事业、农村、社区等基层的社会服务。参与阳光培训工程,举办了两期农民创业培训及大学生村官创业培训,两期共培训学员300名,完成了培训任务;在商丘市睢阳区临河店乡夏桥村开展了"雨露计划"培训班,参训人员50余人;河南省园林专业中职骨干教师培训;贯彻人才强市战略,学院张慎举教授等4名教师被聘任为商丘市科技特派员行动计划第一批市级科技特派员;皇甫自起等10名教师参与实施了商丘市千名科技人员包千村行动计划,为确保商丘粮食丰收做出了贡献;商丘市信息化培训中心落户学院,为企事业单位培训了大量信息专业技术人才;完成农村实用技术人员、农村基层村干部、农村外出务工人员、城市职工岗位及再就业培训等多种形式的培训。

撰稿:李五坡

审稿:刘合行

济源职业技术学院

党委书记:普　锋　　院长:赵学通
创办时间:1993年6月　　校址:济源市济源大道中段88号
电　　话:0391-6621000　　邮编:459000
传　　真:0391-6621014　　网址:http://www.jyvtc.edu.cn

【概况】 学院占地面积800040平方米,建筑面积516546平方米,图书馆馆藏图书80万册,教学科研仪器设备8500万元。教职工746人,其中专任教师610人,中高级专业技术职务教师446人,博士、硕士210人。设有16个系(部、院),39个普通专科专业,6个五年制高职专业。2012年学院共毕业学生3693人,其中普通专科生3539人,成人教育154人。招收新生4737人,其中普通专科生(含五年制)3519人,成人教育1218人。学院各类在校生达12094人。

【学院领导班子成员名单】 党委书记普锋,院长、副书记赵学通;副书记、副院长吕振杰,党委委员、副院长徐智深、郝小会、王向军,党委委员、纪委书记、工会主席黎明,副院级调研员菅国坤。

【郭庚茂等多位省领导莅临学院考察指导工作】 6月1日,河南省委副书记、省长郭庚茂莅临学院考察指导工作。济源市

6月1日,河南省委副书记、省长郭庚茂(前左四)在学院党委书记普锋(左三)、院长赵学通(右二)陪同下到学院考察

领导何雄、王宇燕、薛兴国、宋万轩和学院党委书记普锋、院长赵学通等陪同考察。郭庚茂一行深入生产性实训车间、冶金化工类实训室及与富士康联办的机器人人才培养基地,实地察看了校企合作、实践基地建设等情况,详细了解了学院学生实习、就业情况。他指出学院与苏州凯斯美公司、富士康科技集团的合作模式,以及人才培养模式改革真正体现了职业教育的特色,“这才是真正的职业教育,真正的职业教育就是这样的”。郭良茂与学校领导班子成员合影,并嘱托:“职业教育事业大有可为。发展职业教育既是民生,又是提高区域竞争力的重要举措,是一项具有根本性、长远性、基础性的工作,一定要抓紧抓好。把这项工作做好了,就是对中原经济区建设的最大贡献,就是对中原崛起、河南振兴的最大贡献。”

3月6日,河南省委副书记、组织部部长邓凯(右三)到学院考察指导工作。

3月6日,5月11日,5月25日,6月7日,河南省委副书记、组织部部长邓凯,省委高校工委书记、省教育厅厅长王艳玲,副省长赵建才,副省长王铁先后到学院视察。

【职教园区建设】 职教园区是2012年度河南省重点项目和济源市政府确定的“双十”项目之一。6月开工建设,2012年共完成投资20500万元,在建工程建筑面积11.6万平方米。4栋教学楼、4栋宿舍楼和师生服务中心大楼主体建设完成;校企合作共建生产性实习工厂主体封顶,校园道路管网和中心教学楼设计工作全面启动。

【专业课程建设】 成功申报康复治疗技术、汽车检测与维修技术、工程测量与监理、物流管理4个高职专业和会计、法学、冶金工程3个成人教育脱产本科专业。模具设计与制造专业被评为省级特色专业;机电一体化技术、冶金技术2个专业被确定为省级专业综合改革试点项目。加快推进中央财政支持的护理和建筑工程技术专业建设。顺利通过河南省高校艺术类专业办学情况检查。建成6门优质核心课程,制定43个专业人才培养方案和800余门课程标准,《无机及分析化学》被评为河南省精品资源共享课程。

【师资队伍建设】 2012年,学院引进研究生13人。在职教师中1人取得博士学位、20人取得硕士学位。2人晋升为教授、12人晋升为副教授。培养“双师素质”教师47人,外聘兼职教师102人。选派189名教师外出培训和下厂锻炼。2名专家被

推选为全国行业职业教育教学指导委员会委员；2名教师获“河南省优秀教师和教育系统优秀教师”称号，2名教师被评为河南省高等教育教学工作先进工作者，1名教师被评为河南省教学标兵。

【学生管理】 进一步明确学生管理工作总体思路，建立了院系二级管理体制下学生工作考核、评价体系，逐步完善院系结合、重心下移、分级负责的工作新机制。利用新生军训、志愿服务、社会实践、文体活动和主题教育等载体和平台，探索实践育人工作，着力加强职业素质、职业精神和人文素质教育。加强学风建设，开展争先创优和校园自强之星评选活动，营造良好学风校风。构建多层次、多渠道、多形式的辅导员培训体系，举办首届辅导员职业技能大赛。召开第九次学代会，强化学生自我管理、自我服务、自我教育。加强学生心理健康教育。扎实做好学生资助工作。加强校园文化建设，邀请国家级剧团到学院开展高雅艺术进校园活动，坚持举办周末小舞台，举办学院第十一届科技文化艺术节，在河南省科技文化艺术节上获得一等奖7项、二等奖11项、三等奖21项。

【科研】 制定《科研成果奖励办法》、《科研创新团队建设管理办法(试行)》，立项建设3个院级科研创新团队。矿用电气与自动化技术实验室被评为济源市重点实验室，获得资助20万元。全年完成各级各类课题142项，立项各级各类课题145项，发表学术论文386篇，出版专著教材70部，获各级科技成果奖106项，争取上级科研资助经费48.2万元，完成技能鉴定、社会培训、技能服务等创收175万元。完成学报出版发行工作，国内外用户达4050个。

【校企合作】 与富士康集团签订校办工厂协议，企业提供价值4000万元的设备、产品和订单等，学院提供1.8万平方米的厂房，共建生产性实习工厂和富士康干部人才培训基地。承办了全国有色金属行业河南省职业教育工作调研座谈会。与济源市旅游局签署战略合作协议，共建济源市旅游培训中心。与河南同举基础工程公司合作，成立建筑工程应用技术研究中心。与安徽美芝公司签约，成立芜湖美芝订单培养班。与多家医院和建筑行业企业签署合作协议，成立医护类和建筑类专业校企合作理事会。中国建筑科学研究院为学院捐赠了价值100万元的教学软件。组建成立紧密型济源职业教育集团。探索形成引企入校(校中厂)、进企办学(厂中校)、订单培养(订单式)等校企合作模式和运行机制。

校企合作签约仪式现场

【基础设施】 投资近500万元，完成机械制造国家级实训基地和中央财政支持重点项目设备购置。投资390余万元，新建机器人操作、物联网、专业机房等12个实训室，新增校外实习基地35个。与富士康集团共建了机器人人才培养基地和模具人才培养基地；顺利通过电子信息类综合性实训基地省级示范项目审核验收，以及省基建管理工作和校舍建设工程质量检查，被评为河南省高校基本建设管理先进单位。

【人才培养】 2012年，学生共获得省级以上技能大赛奖励70余项，其中在全国职业技能大赛、全国有色行业技能竞赛、全国大学生英语竞赛、全国市场营销技能大赛、全国旅游院校服务技能(导游技能)大赛、全国三维数字化创新设计大赛、全国电子设计大赛、全国信息技术大赛、全国鲁班杯建筑工程识图大赛、全国蓝桥杯软件大赛、全国高职高专实用英语口语大赛、全国大学生数学建模竞赛中，获特等奖1项、一等奖9项、二等奖19项、三等奖11项。在河南省职业技能大赛等省级比赛中，获特等奖1项、一等奖1项、二等奖11项、三等奖6项。获奖层次和数量均创历史新高。

【思想和作风建设】 深入学习贯彻党的十八大精神，通过收听收看十八大会议盛况，召开大会，下发文件，邀请省委宣讲团作专题辅导报告，组织参加各类培训班、研讨班，召开党外人士代表座谈会，在全院迅速掀起了学习十八大精神的热潮。围绕校企合作、人才培养和办学特色，在《中国教育报》、《河南日报》、《济源日报》等党报党刊和主流媒体发表宣传学院工作的文章80余篇。《河南日报》专版刊发了《改革创新求进求效　校企合作熔铸特色》的纪实报道，《济源日报》刊发了《求进先行济职在行动》等多篇深度宣传文章，扩大了影响，提升了声誉。举办学院第八届大学生文艺晚会、“迎新生　庆国庆”文艺晚会、“喜迎十八大　颂歌献给党”专题诗会等，校园文化日益丰富。组织召开年度思想政治工作研究会年会，做好“两个评估、一个品牌”申报工作，周末小舞台被确定为河南省高等学校思想政治工作优秀品牌。以学雷锋志愿服务为主题开展系列活动，精神文明建设工作取得新成效。扎实开展以“持续提升质量”为主题的“一创双优”集中活动和以“教育崛起，教师为基”为主题的师德教育活动以及基层大走访活动，组织领导干部进行学习调研，工作作风持续转变。

【党的建设】 全面落实党建工作“联述联评联考”制度，签订党风廉政建设责任目标书，扎实开展基层组织建设年活动，开展党组织分类定级工作，调研建立11个系级党总支。开展“查找廉政风险，构筑拒腐防线”和“廉政教育月”活动；组织中层以上领导干部参观济源市反腐倡廉警示教育基地，对2个部门进行内部审计。继续加强部门领导班子和干部队伍建设，开展了系部党政联席会议制度督查工作，加强党员队伍建设，全年共发展党员413名。扎实开展党务校务公开，开通校务公开网站，保障广大教职工的知情权、参与权、监督权，促进学院各项工作健康有序运转。

【为地方经济社会建设做贡献】 2012年，学院参与实施全民技能振兴工程、阳光工程、511培训工程等,全年为社会输送优秀毕业生3539人,培训社会各类人员4419人,组织技能鉴定6847人次,完成各类创收776万元,申请成立了有色职业技能鉴定站,考核鉴定职业(工种)范围达35个。成功申报了会计从业资格考试和培训定点院校、职业技能鉴定定点鉴定所。成教中心(电大)被命名为全国示范性基层电大,获"省电大系统招生工作、学生管理和学籍管理先进单位"称号。实训中心被评为市优秀职业技能鉴定所。图书馆建成馆外服务点5个,购置图书2.7万册,报刊1500种,接待读者70余万人次,新注册读者3000余人;打造了济图讲堂品牌,全年举办讲座22期、大型展览7次;组织世界读书日、图书服务宣传周等活动,取得良好效果。在办好人民满意高职教育的同时,学院主动融入中原经济区建设,服务济源"三化"协调发展先行区建设。2012年,学院充分利用校企合作机会,发挥牵线搭桥作用,准确把握富士康集团投资意向,为济源市成功引进富士康产业项目发挥了积极的作用。济源富士康项目总投资超过60亿元,2012年实现销售收入30亿元,吸纳就业2.8万人,为济源市扩大开放、产业转型、促进就业、拉动经济增长发挥了重要作用。学院受到济源市政府的通令嘉奖。

【荣誉】 学院先后获2012年度中原经济区建设最佳服务高校、河南省高等学校党建工作先进单位、河南省高等教育教学工作先进集体、河南省高校学生工作先进单位、河南省高校基本建设管理先进单位、河南省大中专院校暑期"三下乡"社会实践先进单位、河南省第三批语言文字规范化示范学校、河南省学生资助工作先进单位、河南省科技文化艺术节优秀组织单位、河南省消防安全科普知识宣传示范单位、河南省全民阅读先进单位、河南省图书馆服务宣传周活动先进单位、河南省先进图书馆、河南省卫生先进单位、河南省工会政研工作先进单位、济源市2010—2012年创先争优先进基层党组织、济源市首批基层组织建设示范单位、济源市文化工作先进单位等称号。

撰稿:姜小军　李树陈

审稿:吕振杰

信阳职业技术学院

党委书记:师　勇　　院长:梁其贵

创办时间:1903年10月　　校址:信阳市大庆路中段

电　　话:0376-6280939　　邮编:464000

传　　真:0376-6280946　　网址:http://www.xyvtc.edu.cn

【概况】 学院老校区位于信阳市中心,占地458亩;学院新校区位于信阳新区,占地2025.43亩。有固定资产7.1亿余元,建筑面积50.9万余平方米,馆藏图书达106.9万册。建有各类专业实验实训室130余个,校外实习实训基地150余个;有附属医院、附属小学各1所,附属中专3所。学院有教职工977人,专职教师736人,其中教授、主任医师28人,副教授197,"双师型"教师247人,具有博士、硕士学位教师169人,享受国务院特殊津贴专家、省管优秀专家1人,市厅级以上学术技术带头人、专业技术拔尖人才、青年科技专家40余人。设有汽车与机电工程学院、建筑工程学院、艺术设计学院、学前教育学院、应用化学与环境工程学院、计算机与信息工程学院、医学院、药学院、检验技术学院、护理学院、语言与传媒学院、应用外国语学院、经济管理学院、会计学院、成人教育学院、国际教育学院等二级学院和体育部、思想政治教研部等19个二级院部;有汽车检测与维修技术、建筑工程技术、应用化工技术、计算机应用技术、旅游管理、药学、医学检验技术、护理、临床医学、电脑艺术设计、航空服务、数控技术等近50个专业,并设立有国家职业技能鉴定所。全日制在校学生19000余人。

【学院领导班子成员名单】 党委书记师勇,党委副书记、院长梁其贵。党委副书记杨万甫,党委副书记、副院长杨明星,党委委员、副院长曹伟,副院长李华,党委委员、纪委书记于志业,党委委员、副院长雷云,副院长王豪、李泽华,党委委员、工会主席王列富。

【党建】 本年,学院开展了创先争优和基层组织建设年活动。8月,在平桥职教园区举办副科以上干部培训班。十八大召开前后,学院党委以基层党组织为活动主体,在全院广泛开展"四个一"庆祝活动,即:一次党员志愿服务活动,一次党课教育活动,一次走访慰问活动,一次新党员入党宣誓活动。同时,学院通过召开座谈会、报告会、征文比赛等各种形式,组织各基层党组织和党员干部认真学习宣传和贯彻落实十八大会议精神,全院上下形成了学习贯彻十八大精神的浓厚氛围。

【新校区建设】 在市委、市政府正确领导和相关职能部门的支持下,学院不断创新工作方法,科学安排,抢天夺时,二期工程建设取得重大进展,建筑面积约24.43万平方米的25栋单体工程先后开工建设。新校区建设获得多项综合性奖励:7月,经贸学院楼工程被省住建厅授予河南结构中州杯工程;8

月,学院被市政府表彰为2011年双十工程建设先进单位。11月,省教育厅高校基建工作专家组莅临学院进行专项检查,一致认为学院新校区建设风格独特,规划建设规格高,工程质量好,工程建设与管理工作机构健全,制度完善,手续齐全,操作规程规范,管理到位,尤其是"招、建、审、付"四权分离的运行机制,既确保了学院新校区工程建设的健康、高效运行,又体现了学院党委对新校区建设管理干部的关心和爱护。

【项目建设】 本年,中央财政支持的计算机实习实训基地建设项目顺利完成,中央财政支持的建筑工程实习实训基地项目建设接近尾声,所有设备购置到位。2月,学院电脑艺术设计专业和护理专业被教育部批准为"中央财政支持高等职业学校提升专业服务能力"项目,分别获得中央财政200万元专项资金支持;3月,医学院申报河南省高校工程技术研究中心建设项目"高校医药生物工程技术应用研究中心"获得省卫生厅批准;3—4月,学前教育专业和软件技术专业被省教育厅批准为河南省专业综合改革试点项目;4—5月,医学院申报的教育部、卫生部实施的"卓越医生教育培养计划"、"3+2"三年制专科临床医学教育人才培养模式改革试点项目评审通过;11月,学院申报并通过河南省全民振兴工程"高技能人才培养示范基地"建设项目,获省财政500万元项目资金支持;12月,学院组织申报的"河南省高等职业教育品牌示范院校"建设项目,获省财政500万元项目资金支持。

【招生就业】 学院上下紧密协作,精心谋划。招生工作加大宣传力度,不断创新招生形式,扩大合作办学,成功引进湖北银河学院计算机应用移动互联网全新的课程体系和湖北银河学院全新的体验式招生模式,并充分利用信阳技工学校中央财政支持数控技术实训基地的优质资源,与信阳技工学校合作举办数控技术和电气自动化两个专业,实现了当年申报专业当年列入招生的新突破。全年,学院普通专科共录取4827人,比上年增加了469人,总录取率为91.1%。截至2012年12月,学院实际招收各类新生总数为5873人,比上年增加792人。就业工作开拓创新,真抓实干,不断拓宽毕业生就业渠道,毕业生就业率保持较高水平。通过校园双选会、专场招聘会、网上招聘活动,3000余名学生与用人单位达成就业意向,其中新疆生产建设兵团招收学院医学卫生类毕业生140余人。本年,学院一次就业率88.23%,年底就业率达95.59%。

【校企合作】 学院贯彻落实《河南省职业教育校企合作促进办法(试行)》、《河南省人民政府关于创新体制机制进一步加快职业教育发展的若干意见》文件精神,校企合作工作取得新进展。4月,信阳职业技术学院驾驶员培训学校暨汽车与机电工程学院实训基地落成、揭牌,该实训基地引进社会力量投资300万元;5月,学院与信阳康通华晨汽贸有限公司签署校企合作协议书,共建汽车专业教学实训基地,根据协议约定,在学院新校区建设集汽车专业教学和实习实训、继续教育培训、汽车营销与售后服务为一体的汽车专业建设教学实训基地,总投资额近亿元;6月,学院与兰亭数字印刷签订合作协议,"互惠互利、合作双赢",共建艺术设计专业实训基地;7月,学院与中国联通河南省分公司签订战略合作框架协议,双方在专业人才培养、职业发展,通信新成果、新技术研发与转化、校园信息化建设方面达成共识;9月,学院与国家级高新科技企业星天空数码有限公司签订"星天空商学院"合作办学协议,双方实现合作共赢。

【示范院校建设】 河南省示范性高职院校项目建设顺利完成,学院教学基础设施建设大大加强,形成了重点建设专业带动全院其他专业发展大好局面。学院各专业教学、实训条件得到很大改善,职业技能鉴定合格率、学生"双证书"获取率显著提升,职业技能大赛成绩优异,质量工程建设再上新台阶。2012年,新闻采编与制作专业被评为河南省高校特色专业建设点,学院省级特色专业达到5个;应用外国语学院的《护理英语口语》课程被评为河南省"精品资源共享课程";病理学教学团队被评为河南省高校专业教学团队建设项目,学院省级教学团队达到2个。

【第二轮人才培养工作评估】 12月,河南省高职院校人才培养工作评估专家组莅临学院,实地考察了校园环境设施、学生生活区、语言与传媒学院实训基地、计算机实训中心、临床医学实验实训基地、医学检验和药学实验实训基地、应用化学与环境工程学院实训基地,对学院教育教学、人才培养工作进行全面评估。专家组认为学院教师爱岗敬业,教育教学水平比较高,学生奋发学习,综合素质良好;对学院在教师队伍建设、行业办学优势、特色办学、社会咨询和岗位培训、教育教学改革、精品课程建设、校园环境建设、学生素质教育、国际交流与合作等诸方面给予了充分肯定;学院顺利通过第二轮人才培养工作评估。

【科研工作】 学院坚持"以研促教、以教促学",经费项目创历史新高。全年,共取得省部级立项项目10项,省级教改项目立项2项,市厅级立项项目63项,其中经费项目4项;省部级结项13项,市厅级科研结项课题共有53项;获得省部级优秀成果2项,市厅级优秀成果64项,其中一等奖31项、二等奖22项。学院先后被评为市科协系统先进单位、河南省高等学校社科管理先进集体、市委宣传部暨市社科成果组织工作先进单位、全国德育先进实验学校。10月,院长梁其贵被中国德育专业委员会授予"全国百名德育科研专家"称号。

撰稿:朱道喜

审稿:梁其贵

永城职业学院

董事长、党委书记:曹志安(2012年8月—)　　院长:杨在林(2011年10月—)
创办时间:2004年5月26日　　校址:永城市东城区学府路002号
电　　话:0370-5172856　　邮编:476600
传　　真:0370-5175668　　网址:www.yczyxy.com

【概况】 2012年,学院占地2122亩(老校区510亩,新校区1612亩)。现有建筑面积20.67万平方米,其中教学、实验、行政用房面积13.87万平方米;图书馆藏书55万册;教学仪器设备总值4462万余元;教职工602人,其中专任教师325人,具有副高级以上专业技术职务的教师118人,"双师素质"教师215人。有校内教学实验、实训场所110余个,建有中央财政支持的煤矿安全实训基地、建筑技术实训基地,河南省高等职业教育示范性实训基地"粮食加工及储检实训基地"。学院实训基地——河南龙宇能源有限公司陈四楼煤矿被评为河南省首批高等职业教育示范性综合实训基地。学院设有矿业工程系、机电工程系等10个系部,开设有煤矿开采技术、矿山机电、矿井通风与安全、冶金技术、机电一体化技术、数控技术等34个专业,其中矿山机电、冶金技术专业是河南省特色专业建设点,矿山机电、煤矿开采技术两个专业被列为中央财政支持的高等职业学校提升专业服务产业发展能力建设项目。12月18日,学院实训基地——河南龙宇能源有限公司陈四楼煤矿被评为河南省首批高等职业教育示范性综合实训基地。

【领导班子成员名单】 董事长、党委书记曹志安,院长杨在林,副院长王百木、李海深、朱新光、丁超,纪委书记王立厚,工会主席聂守丰,财务总监王天忠。

【班子建设】 8月15日,学校召开全体领导干部大会。商丘市委常委、组织部部长曾昭宝,河南煤化集团党委常务副书记杨延华,商丘市委常委、永城市委书记吴孟铎,河南煤化集团组织部部长刘慧发,学院领导班子全体成员和商丘市委组织部副处级调研员孟铁长、河南煤化集团代表李海深、王天忠及院中层以上领导干部参加会议。刘慧发宣布了中共河南省委组织部关于学院领导班子任职的通知,曹志安任学院党委书记、杨在林任院长。10月26日,院第一届董事会成立大会在商丘市华驰粤海会议室举行。会上宣布了河南煤业化工集团《关于杨延华等9人任职的函》、《关于推荐曹志安任职的函》和商丘市人民政府《关于委派岳爱云、杨在林、李洪仁3人担任董事、推荐岳爱云担任副董事长的函》,河南省委组织部《关于曹志安、杨在林同志任职的通知》。至此,学院第一届董事会正式成立。曹志安、岳爱云、杨延华、李宪伟、申顺更、刘慧发、张永星、杨在林、李洪仁为董事会成员,其中曹志安担任董事长,岳爱云担任副董事长。

【十八大专题】 11月8日,学院在大礼堂组织500余名师生党员观看了十八大开幕式盛况,听取了胡锦涛总书记重要讲话。十八大召开前,学院在主教学楼和校园主干道悬挂宣传条幅,营造良好的校园文化氛围。同时还利用校园网、校园广播、宣传栏、LED显示屏回顾展示国家、学院近年来取得的可喜变化。11月27日,院党委中心组全体成员召开十八大精神专题学习会议;11月30日,召开学习贯彻十八大精神专题工作会议。会议由纪委书记王立厚主持,学院各党支部书记、各单位负责人参加会议。王立厚传达了《中共永城职业学院委员会关于认真学习贯彻党的十八大精神的通知》,并对学习宣传贯彻十八大精神提出了要求。12月5日,院各行政党支部组织支部党员干部学习十八大报告和相关解读资料。12月6日,省委宣讲团走进河南煤化集团宣讲党的十八大精神,由河南农业大学党委书记程传兴主讲。全体院领导赴河南煤化集团永煤公司,与永煤公司领导一道观看了十八大视频宣讲。根据《永城市妇联关于评选表彰先进个人(集体)的通知》(永妇字〔2012〕13号)文件精神,学院妇联会于12月6—18日在全院女教职工中开展了评选永城市级三八红旗手和五好文明家庭候选人活动。12月19日,商丘市委宣讲团成员、商丘市委党校副教授曹志刚专程来院作党的十八大精神专题辅导报告,院领导王百木、朱新光、丁超、王立厚、聂守丰,各党支部书记、教师党员和学生党员代表听取了专题报告。

【领导督察】 1月5日,商丘市"三治三提"推进作风建设专项活动督导组组长孙建华一行3人莅院对"三治三提"建章立制阶段和整体工作开展情况进行综合考评。检查组一行仔细查阅了学院"三治三提"专项活动资料,到各部门实地走访工作人员办公环境和工作情况等,对学院给予了充分肯定,对作风建设成果给予高度评价。3月1日,由商丘市委市直工委副书记黄文杰、组织部部长杨东采等4人组成的调研组莅临学院,考察、调研党建工作开展情况。11月28日,由洛阳师范学院副院长宋文献教授任组长的河南省教育厅艺术类专业办学情况专家组一行4人,对学院艺术类办学工作情况进行了检查评估。在召开艺术类专业办学情况汇报会后,专家组分别召开了教师和学生座谈会,实地考察了艺术设计实验室、微机室和画室，与各个专业的负责人进行了沟通交流，核对了艺术办学基本数据，查看了艺术专业教学的基本建设情况，对相关资料进行深入检查。专家组组长宋文献对集体意见进行反馈，他指出：永城职业学院艺术类专业办学指导思想明确，办学思路清晰，办学定位准确，办学成就显著。12月7日，河南省高校校报评估专家组莅院检查指导校报工作。

【新校区奠基】 11月1日，河南煤化集团、商丘市政府联合投资建设的永城职业学院新校区项目开工奠基仪式举行，河南省副省长陈雪枫宣布"永城职业学院新校区建设工程开工"。省政协常委、省人口资源环境委员会副主任赵德山，省高校工委副书记、教育厅副厅长訾新建，省人民政府国资委副主任赵连生，河南煤化集团董事长、党委书记陈祥恩，煤化集团副总经理申顺更出席奠基仪式。商丘市委书记陶明伦，市委副书记、市长余学友，市委常委、秘书长贾宏伟，市委常委、永城市委书记吴孟铎，市委常委、统战部部长、副市长马刚，市人大常委会副主任、市政府办党组书记王琦，副市长岳爱云，市政协副主席、神火集团董事长李崇，商丘、永城市委市政府有关职能部门负责人，河南煤化集团、神火集团负责人和学院

11月1日，副省长陈雪枫(前左二)等领导到校调研

领导班子全体成员也出席了奠基仪式。奠基仪式前，河南省副省长陈雪枫，河南煤化集团董事长、党委书记陈祥恩，商丘市委书记陶明伦，市委副书记、市长余学友，省高校工委副书记、教育厅副厅长訾新建等考察了学院老校区校园环境、实习实训场所、学生宿舍和食堂等。

【校企合作】 4月28日，学院与永城市芒砀山汉文化旅游景区校企合作揭牌仪式在芒砀山风景区举行。5月31日，河南煤业化工集团有限责任公司(以下简称"河南煤化集团")按照《河南煤业化工集团、商丘市人民政府、永城市人民政府联合办学协议》，以增资扩股的方式为学院注入资金5.1亿元人民币。11月4日，在学院礼堂举办河南煤化集团2013届毕业生专场招聘会。院董事长、党委书记曹志安，院长杨在林，副院长李海深、丁超，纪委书记王立厚和河南煤化集团人力资源部副部长、社保中心主任任雷，集团团委书记、永煤控股公司人力资源部部长孟振亚，集团人力资源部招聘主管程英豪出席招聘会。集团下属企业的20余位招聘主管和学院千余名大学生参加了招聘会。本次招聘会有河南煤化集团旗下的焦煤公司、鹤煤公司、银鸽集团和永煤公司永贵分公司等单位为学院机电一体化、矿井通风与安全、矿山机电和煤矿开采技术等专业的毕业生提供了大量的就业岗位。12月11—28日，邀请河南煤化集团企业专家和高层次技术人员来校开设9个场次的专题讲座。12月14日，举行校企合作专家座谈会。河南煤化集团永煤公司陈树涛、王家红、秦焕波、万先远、郝永科、刘学功、孟凡平等专家领导和河南理工大学成教学院相关领导及院教务处、实训中心、矿业工程系等系部负责人参加了座谈会。河南理工大学成教学院针对永城职业学院的实际情况开设了采矿工程和机电设备与管理两个专业供在校生报考。12月28日，学院与永煤集团召开了互派优秀管理、技术人员挂职锻炼动员会。本次校企双方互派人员挂职锻炼自2013年元旦起至2013年7月31日结束。挂职期间，挂职人员将根据挂职单位工作需要，参与管理、生产、教学、科研、企业文化等工作，探索理论与实践紧密结合的良好合作机制，在工作一线提升自身的业务水平和实践能力。

【校际交流】 2月14、15日，周口职业技术学院纪检书记李森一行5人、商丘工学院董事长丁华一行7人分别来院考察交流。11月13日，院领导和宣传部、人事处、教务处、财务处、总务处等相关部门负责人一行13人赴商丘学院考察学习；18日，召开考察学习汇报会。12月4日，永城市与美国明尼苏达州曼卡多市、学院与明尼苏达州立大学建立友好合作备忘录签约仪式在院多功能报告厅举行。马富国市长与艾瑞克·安德森市长共同签署建立友好合作意向共识备忘录；曹志安书记与理查德·戴文波特博士共同签署合作备忘录。

【校园文化】 3月20日，学院学生处大学生心理健康教育中心举办"信任之旅"团体心理训练活动；4月2日前后，院语委办和学工部共同组织以"学会感恩"为主题的书信比赛，共收到纸质稿件2500余份，电子稿件300余份。4月4日晚，由院团委、语委办主办，文化艺术系承办的第三届"清明怀想"团学干部诗文朗诵比赛在学院礼堂举行。本次比赛经过预赛、复赛，来自全院各级团学组织的16名选手参加了决赛，经济贸易系的苗峰获得一等奖。4月6—22日，举办学院第六届社团文化节，以"缤纷社团　和谐校园"为主题，举办征文比赛、作品展、专场演出、礼仪之星风采大赛、经验交流会等38项丰富多彩的活动。4月27—28日，学院举行2012年春季田径运动会。5月8日，第三届女子排球比赛开赛。9月20日，以"走近大师，感受经典，陶冶情操，提高修养"为主题的2012年高雅艺术进校园系列活动河南省豫剧二团专场演出在学校举行。12月12日，由院团委、艺术教育中心承办的学院第八届科技文化艺术节开幕式暨校园歌手大赛在学院礼堂举行，以"追求卓越，成就梦想"为主题，融科技、文化、艺术于一体；其间举办歌手大赛、技能竞赛、元旦晚会等25项活动。

【志愿者服务】 3月12日，院团委联合共青团永城市委、永城市园林绿化局等单位组织青年志愿者在上河城风景区举行了以"学习雷锋　青年先行"为主题的植绿护绿志愿服务活动。5月30日，学院2012年大学生暑期社会实践活动动员会召开，学院副院长丁超出席会议并讲话，党委组宣部、学工部、学生处、团委、招生就业处负责人以及各系党支部书记、暑期社会实践活动队员600余人参加了动员会；7月12日，举行2012年大学生暑期"三下乡"社会实践活动启动仪式。学校以服务地方经济社会发展、服务青年学生成长成才为主

线,紧紧围绕“高举团旗跟党走,建功中原经济区”这一主题,广泛开展追忆红色足迹、形势政策宣讲、教育帮扶、科技支农、社会热点问题调研、生态保护、志愿服务、基层医疗卫生服务等活动。

【帮扶助困】 2012年春节前夕,院常务副院长王百木、纪委书记王立厚,学院驻裴桥镇崔庄村帮扶干部常领、路玉明一行,带着慰问金和面、油等慰问品,走访慰问了该村12家贫困户,为他们送去了温暖。崔庄村胡沟涯组村民刘西俊因妻子、儿子均患病,导致家庭十分贫困,驻村工作队获悉这一信息后积极为其协调低保,并筹措资金7000元。

【专题活动】 3月5日,学院举行2012年学雷锋主题教育实践活动启动仪式。在为期一个月的时间里,各级团学组织通过开展重温雷锋事迹教育活动、文明风尚志愿服务活动、倡导绿色环保志愿服务、扶弱助困志愿服务、向“2011感动中国年度人物”学习等系列学习实践活动,引导广大团员青年认真学习践行新时期雷锋精神,从自身做起,从点滴做起,提高学习成绩,热心助人,服务社会,努力使自己成长为社会主义的合格建设者和可靠接班人。3月16日,学院举行青年马克思主义者培养学校成立大会暨首期骨干培训班开班仪式。首期培训班为期半年,分为集中理论学习、自学与实践锻炼、总结交流与结业三个阶段,其间通过理论学习、实践锻炼、志愿服务、内外交流、课题研究等形式对学员进行系统培养和锻炼,造就一批坚定的马克思主义者。6月15日,由永城市委宣传部、市文明办、市教体局、共青团市委共同主办,学院承办的永城市道德模范基层巡讲启动仪式暨首场报告会在学校举行。报告会上,“敬业奉献”型道德模范,全国、全省“优秀党员干警”,省第九次党代会代表,睢县人民检察院副检察长袁广业,“助人为乐”型道德模范、河南省优秀调解员、夏邑县蔡文建民调工作室主任蔡文建,“见义勇为”型道德模范、第三届全国道德模范提名奖获得者、商丘市水上义务救援队队长黄伟分别作了报告,朴实的语言、平凡的事迹,在全院师生中产生了强烈共鸣。

【荣誉奖项】 3月10日,河南省教育厅公布了河南省参加全国第三届大学生艺术展演活动获奖结果,学院副院长朱新光的书法作品《春江花月夜》获校长风采奖。4月21日,河南省诚信校园行知识竞赛D赛区比赛在黄河科技学院落下帷幕。学院代表队在本次大赛中获得二等奖。永城市政协于2011年11月30日在全市范围内开展政协基本知识和党的统一战线知识有奖竞赛,学院陈琼获一等奖,学院获优秀组织奖。5月26—27日,河南省教育厅在郑州组织了全国职业院校技能大赛河南省选拔赛,学院邵文庆带队(指导老师:邵文庆、邓子伦、张秋霞;参赛选手:马杰超、刘洋洋、刘坤)参加了数控机床装调、维修与升级改造项目,并获得河南省第6名。6月2日,永城市纪念“六·五”世界环境日暨“倡导绿色消费践行环境保护”宣传活动在市人民广场举行,学院建筑工程系500余名师生参加了活动。副市长骆本京将“六·五”世界环境日宣传优秀组织单位奖牌颁发给建筑工程系,以表彰该系在环境保护宣传工作中做出的突出贡献。该系连续两年获得此项殊荣。《青年导报》5月24日第五版对学院“扶弱培强”工作开展情况给予整版报道。6月11日,在永城市创建省级餐饮服务食品安全示范县的评估和验收工作中学院被授予“永城市餐饮服务食品安全示范单位”称号。河南省第十七届大学生运动会于6月14日闭幕,由基础部党支部书记、主任李庆东任领队、李友山为总教练、14名大学生运动员组成的代表团,参加跳远、铅球、铁饼、100m、200m、3000m等15个项目的比赛,在甲组74个代表队中以154分的高分获得团体总分第一和甲组女子团体总分第一,其中金牌8块(含集体3块)、银牌4块、铜牌3块,奖牌总数位列甲组代表团奖牌榜第二。

撰稿:程　辉　秦立红
审稿:杨在林

新乡职业技术学院

党委书记:朱性福　　院长:张　林
创办时间:2009年　　校址:新乡市新乡工业园区(新长北线)经三路6号
电　　话:0373-3720000　　邮编:453006
传　　真:0373-3721111　　网址:http://www.xxvtc.com

【概况】 学院有12个教学院(系),开设43个中、高职专业,是一所以培养中、高级技能型人才为主,集职业技术教育基地、职业技能培训基地、职业技能鉴定基地和职业技能竞赛基地为一体的高、中职兼备的职业院校。学院占地120公顷,建筑面积37.94万平方米,拥有大型校内实习基地8座、实验楼1座,建有先进实验室、实训中心20个,其中车床等各类大型机床设备360余台，数车、数铣、加工中心等100余台，电脑1400余台，仪器设备总值8500余万元；图书馆藏书近49.6万册。2012年招收各级各类学生5614人，其中高职学生2105人（含五年一贯制专科），中职学生3172人，成人本、专科及自考学生407人；完成各类社会培训2700人。至2012年12月，在校学生共21943人，教职工1096人，其中专任教师645名（具有中、高级专业技术职务437人），专任教师中具有副高级以上专业技术职务的179人，占专任教师总数的27.8%；具有研究生学历的102名，占专任教师总数的19.5%。享受国务院特殊津贴专家1人，享受省政府津贴教育教学专家2人，河南省教育厅学术与技术带头人6人。作为指定的全国数控、电工、钳工等专业竞赛基地，学院多次承办全国、全省各级各类技能大赛，并多次在比赛中取得优异成绩。与全国200余家知名企业联合，建立长期稳定的校外实习就业基地。依托河南省自动化技术职教集团、新乡职教集团、豫北高职教育集团和新乡人力资源经理联谊会等平台，开展校企合作，提供就业服务。学校获得“河南省技工院校招生工作先进集体和新乡市职业教育攻坚工作先进单位”等称号。

【学院领导班子成员名单】 党委书记朱性福，党委副书记、院长张林；副书记、副院长杨剑虹，副院长王建平、许毅明、赵金周，纪检书记、工会主席刘君利。

【学习贯彻十八大精神】 2012年，学院党委组织广大干部师生学习贯彻党的十八大精神，通过召开研讨会、座谈会和送教宣讲等多种形式，全面解读党的十八大精神的实质与内涵，确保十八大精神进校园、进课堂、进头脑。把认真学习、深刻领会、坚决贯彻党的十八大精神作为当前和今后一个时期的首要政治任务，在全院形成学习宣传贯彻十八大精神的良好局面。

【召开党建工作会议】 3月9日，学院召开党建工作会议，传达第二十次河南省高校党的建设工作会议暨全国、省、市宣传思想文化工作会议的有关精神和院党委2012年组织工作、宣传工作要点，宣读《中共新乡职业技术学院委员会关于表彰“转作风、强纪律、讲团结、鼓干劲”主题教育活动中的先进集体和个人的决定》，总结2011年党建工作，并对2012年党建工作提出具体要求，确定了2012年党建工作的指导思想和奋斗目标。

【组织建设】 2012年，通过深入开展创先争优活动，狠抓基层党组织建设，学院党委分别被中共新乡市委授予“年度先进基层党组织”称号和年度创先争优活动流动奖，并被市委组织部评为全市年度党内统计年报优秀报表单位。培养和塑造先进典型，评选学院先进基层党组织8个、星级共产党员160名、文明教师和文明教育工作者155人。发挥基层党组织战斗堡垒作用和共产党员先锋模范作用，规范基层党组织建设和党员发展程序，做好党员发展、教育和管理工作，重点做好年轻骨干教师和青年学生党员的发展工作，吸引大批青年学生向党组织靠拢。2012年，共有284名师生成为入党积极分子，新发展学生党员123名、教工党员20名。

【国家发改委领导莅院调研】 12月14日，国家发改委规划司地方处处长吴萨等一行5人在省、市发改委及市人大、市政府有关领导陪同下到新乡职业技术学院调研。调研组重点察看了1号、4号实训基地，通过现场查看、交谈询问等形式了解学院办学情况。院长张林陪同调研并向调研组汇报了学院实训基地建设及运行情况，同时就当前困扰职业院校办学的一些问题与调研组领导进行了交流。调研组对学院办学成就和在新乡经济建设中的作用给予了高度评价和充分肯定，并表示对职业院校办学中遇到的问题进行深入研究，为国家完善包括职业教育服务在内的城镇化基本公共服务体系建设提出积极的意见和建议。

【金森莅校考察】 2月26日，中国东盟农资商会副会长、缅甸中华商会会长金森先生一行到校考察，并就合作办学进行了洽谈。学院党委书记朱性福、副院长赵金周，原河南省外经贸厅副厅长赵万林、中国东盟农资商会秘书长胡伯继、中国农资商会常务副秘书长赵相举等陪同考察。

【师资队伍建设】 2012年，学院扎实推进人才强校战略和师资队伍建设工程，全年引进9名学历层次较高、技能操作能力较强的专业课教师和10名高技能人才，12名教师通过培训深造，取得相关专业的技能证书，转到紧缺的专业担任教师。有计划地选派24名青年骨干教师赴外地进修学习。定期组织学科带头人选拔和教学优秀奖评选、优质课程评选、青年教师讲课竞赛等活动，建立健全了教师教学激励机制，提高了对优秀人才的吸引力和凝聚力。

【专业建设】 新增航海技术、轮机工程技术、营销与策划、烹饪工艺与营养、体育服务与管理5个专科专业，专科专业累计达到22个。学院成立专业建设指导委员会，指导专业建设，审定培养方案，修订并完善了高职各专业课程标准，完成了10余种校本教材的编写工作。扎实做好院级教学改革项目评选工作，遴选出院级教学改革重点课题12项、一般课题17项以及7个院级精品资源共享课程。焊接技术及自动化专业成功申报为省级特色专业。机电维修、模具制造、数控加工、建筑施工、汽车运用与维修等5个专业被确定为国家级高技能人才培训基地项目建设专业。

【学生管理】 加强校风、学风建设，深化学生管理工作。组织开展优良学风班级评比和校园十大文明行为评选活动，树立学生诚实守信、健康向上的良好社会形象。强化班主任、辅导员工作，把调动工作积极性与激发责任心、传授工作方法相结合，明确学生工作方向，推进工作有效开展。强化学生常规管理和学生日常行为规范管理。深化师生基础文明素质养成教育，学生面貌焕然一新。开展校园文化和学生社团活动，提高学生文明素质。

【就业指导与服务】 继续推进就业指导与服务工作，依托多年来形成的校企合作平台和集团化职教平台，加强毕业生就业推荐和就业指导，为毕业生提供众多专业对口或相近的工作岗位。首届742名高职毕业生受到市内外大中型企业的青睐，就业率达到90.57%。

【校企合作】 2012年，学院先后与中国联通公司河南分公司、中德诺浩、郑州宇通、海马、鸿淮模具等18家知名企业开展“订单式”培养，订单班学生1500余人，提供就业岗位7000余个。发挥高校人才优势，全年与企业联合举办“双主体班”165人。对企业员工开展岗位培训，提高企业“造血功能”，受到企业和社会的欢迎。与国家级芜湖经济技术开发区、中国联通河南分公司、湘鄂情餐饮集团、豫飞重工集团及北京天工印刷有限公司等签署战略合作协议，进一步扩大合作范围。与新乡海运学院开展联合办学，首次将轮机工程技术专业、航海技术专业纳入2012年高职招生计划，成为河南省唯一开设远洋高职海员培训的职业院校。

【科研】 全年教师共发表各类学术论文352篇，其中核心期刊33篇；出版论著及校本教材80部，其中校本教材3部；申报各类课题146项，较上年增加97%，其中国家级课题1项、省（部）级课题29项、市级课题61项、校级课题55项，获市级以上奖励40项；申请专利55项，其中发明专利11项、实用新型专利43项、外观设计专利1项。成功申报工程技术中心2个。

【实习实训】 学院规范实训教学管理，制定《关于加强校内实践教学管理的若干意见》、《新乡职业技术学院实训教学质量考核办法》及《师生技能竞赛管理办法》等多项规章制度，完成了约20万字的《实践教学规章制度汇编》和《专业实训教学计划汇编》的编写工作。全年组织5178名中高职学生进行初、中、高、技师四个级别的技能等级鉴定，其中主体专业技能鉴定合格率达98%，非主体专业技能鉴定合格率平均达95%以上。

【校园文明建设】 重视校园文明建设和综合治理工作，开展丰富多彩的校园文化、体育活动，举办技能文化节、社团文化艺术节、体育节及迎新生、迎新春文艺演出活动，营造浓郁的校园文化氛围。加强校园及周边环境综合治理，做好防范和抵御境外宗教势力对高校的渗透工作，净化办学环境。

【后勤保障】 学院做好新校区一期工程建设扫尾工作，完成综合楼报告厅和5号实训基地的改造，保证航海技术学院的顺利入住。依靠市政府的大力支持，在2011年底完成供暖工程的基础上，2012年又完成燃气工程。继续加快校园绿化工程建设，新增校园绿地1万平方米，新栽植各类树木1.2万余株。

【对外合作办学】 4月24日，德国乌珀塔尔市第一市长席尔瓦·考特女士率领代表团成员一行9人到学院考察。学院党委书记朱性福、院长张林向德国客人介绍了学院发展建设过程。乌珀塔尔市科教文化局局长马提亚斯诺克和维特桥职业学院院长马提亚斯·弗洛托托教授介绍了乌珀塔尔市及维特桥职业学院有关情况。德国代表团一行重点考察了学院实习、实训基地。通过沟通交流，双方在教师培训、专业教育等方面达成共识，签署了新乡职业技术学院与德国乌珀塔尔市维特桥职业学院合作办学意向书，两所学校正式结为友好学校。

【承办第五届全国数控技能大赛暨第四届全国技工院校技能大赛河南赛区选拔赛】 10月26—28日，新乡职业技术学院承办第五届全国数控技能大赛暨第四届全国技工院校技能大赛河南赛区选拔赛，来自全省各地、市23所学校的145名选手分别参加了数控大赛的高级技校组、中职技校组两个组别以及技工院校技能大赛的数控维修、车工、无线电调试3个专业的全部比赛。经过激烈角逐，新乡职业技术学院师生在第五届数控大赛河南赛区选拔赛中，3人获得第一名、2人获得第二名、5人获得第三名，并获得优秀组织奖；在全国技工院校技能大赛河南赛区选拔赛中，6人获一等奖、3人获二等奖、2人获三等奖。

【举办2012年技能文化节】 4月11日至5月25日，学院举办了历时44天的技能文化节，活动包括20项学生技能竞赛、76项技能表演、42项新开课题展示、182件技能成果作品展示、11场优秀毕业生报告会以及校企技能交流等，吸引了万余名学生参加，并选拔出347名学生参加了决赛。河南省人力资源和社会保障厅副厅长夏继水、新乡市政府常务副市长王治通，省人力资源和社会保障厅技能开发处副处长胡岩涛，市人力资源和社会保障局局长崔卫新、副局长刘文艺等领导以及部分名优企业负责人出席技能文化节闭幕式，闭幕式上对获奖师生进行了表彰。

【举办职业教育服务产业发展高峰论坛暨2012年办学方向咨询年会】 4月26日，学院举办职业教育服务产业发展高峰论坛暨2012年办学方向咨询年会，市政协副主席、工商联主席朱云卿，省职业技术教育研究中心主任申家龙，市人力资源及社会保障局副局长刘文艺，郑州国家级经济开发区、南京江宁国家级经济开发区、芜湖国家级经济开发区等23个开发区及产业集聚区代表及部分名优企业代表出席活动。会议针对校企合作、学生培养、农村剩余劳动力转移、政府在校企合作中的作用等问题进行了深入的探讨。

【举办2012届毕业生供需见面会】 4月26日，学院2012届毕业生供需见面会在学院综合楼一楼大厅举行，来自全国各地的150家用人单位参加了招聘会，岗位涉及机械、汽修、数控、自动化、计算机、市场营销、会计等多个专业，现场签约率85%。

【各类技能竞赛获奖情况】 2012年，学院承办了第五届全国数控技能大赛暨第四届全国技工院校技能大赛河南赛区选拔赛、新乡市“金玲杯”烹饪技能竞赛和河南省技工院校车工钳工首届学生学习技能竞赛，学院学生分别夺得第四届全国技工院校数控大赛第七名、第五届全国数控技能大赛河南省选拔赛中3个第一名，第四届全国技工院校技能大赛河南选拔赛2个第一名，河南省2012年“雨露计划”技能大赛团体一等奖、数控车工一等奖和数控铣工二等奖，全国大学生企业经营管理沙盘模拟大赛河南竞赛二等奖等。

【吕会会获得2012年伦敦奥运会女子标枪第五名】 8月10日，新乡职业技术学院选送的学生吕会会获得在伦敦举行的第30届国际奥运会女子标枪第五名，这是中国女子标枪选手在近三届奥运会中取得的最好成绩，也是河南田径体育的新突破。学院学生还获得全国田径锦标赛一金一银及大运会一金。

【霍增魁获“中国烹饪大师”称号】 2012年，新乡职业技术学院教师霍增魁获得由中国烹饪协会授予的“中国烹饪大师”称号，成为新乡市第一位获此荣誉的烹饪大师。

撰稿：张效利　路新华

审稿：张　林

漯河职业技术学院

党委书记:王为民　院长:顾文明
创办时间:1999年3月　校址:漯河市大学路123号
电　话:0395-2152652　邮编:462002
传　真:0395-2127800　网址:http://www.lhvtc.edu.cn

【概况】　漯河职业技术学院是1999年经国家教育部批准建立的一所综合性高等职业技术学校,河南省漯河艺术师范学校、河南省乡镇企业中专相继并入学院。实行由河南省教育厅、漯河市政府领导管理,省市共建、以市为主的办学管理体制。融高等职业教育、中等职业教育、成人教育、社会培训为一体,形成了以高等职业教育为龙头,中等职业教育和社会培训为补充的办学格局。

学院占地27.41公顷,建筑面积410868平方米,各类固定资产总值4亿元。全日制在校生14600余人,有教职工800余人,副教授以上专业教师213人,"双师型"教师217人。学院有14个教学系部:食品工程系、机电工程系、电器电子工程系、信息工程系、经济贸易与管理系、建筑工程系、外语系、工商管理系、艺术设计系、音乐舞蹈系、旅游与酒店管理系、轻工系、基础部、成人教育部。建有漯河市食品科学研究所、漯河市塑料模具工程技术研究中心等科研所。

学院开设有机电一体化技术、制冷与冷藏技术、电气自动化技术、数控技术、电子信息技术、模具设计与制造等49个专业。涵盖经济学、文学、管理学、工学、艺术、法学6大学科门类。成人教育类本、专科(含开放教育、电大注册视听生)现开设专业数十个。其中,本科层次有:会计学、法学、金融、工商行政管理、计算机应用等。专科层次有:法律、会计电算化、小教师资、人口管理、工商行政管理、高级护理、金融、汉语言文学、计算机应用等。

学院图书馆藏书124.6万册,电子期刊5500种,电子图书21.4万字节。建有千兆校园网,与国际互联网互联互接。学院拥有教学仪器设备3912台/件,投资3100万元、建筑总面积为20827.39平方米的综合实训大楼2栋,投资千万元、建筑总面积2000平方米的校内数控技术、生物技术等实训基地;建有现代化综合计算机中心、国家级食品产业发展服务平台等大型实训基地及各类专业实验室80余个。

2012年,学院先后被评为全国企业招聘首选十佳高职院校、全省"教师培训年"活动先进单位,被市委、市政府命名为创建国家森林城市工作先进单位、漯河市社会科学工作先进组织单位等20余项荣誉称号。

【领导班子成员名单】　党委书记王为民,党委副书记、院长顾文明,正院级调研员鲁庚林;副院长张胜、吴玉堂,纪委书记薛存心,工会主席朱晓红。

【开展创先争优活动】　学院结合实际,组织广大党员干部、全体师生,通过集中学习、外出考察、举办专题辅导讲座、开设版面宣传等形式,全面学习贯彻党的"十八大"精神和省、市党代会精神,领会"十八大"关于高职教育发展的新理论和新成果,为学院各项事业发展提供科学的理论和方法指导。

开展"创先争优"和"双整双促双承诺"活动。持续开展创先争优活动,紧紧围绕学院中心工作,在基层党组织、党员中开展"争创五好党支部"、"争创优秀共产党员"活动,活动坚持"与建设一流院校、确立职教理念、教书育人能力、打造双师队伍、探索新形势下大学生思政工作新途径新理念和新方法、提升管理水平强化服务意识相结合"的五个结合,突出实效性,增强广大党员工作的积极性、主动性。

11月24日,学院召开二届一次工会会员暨教职工代表大会　摄影:盛平

把"双整双促双承诺"活动与教育教学工作相结合,与学院的思想政治工作相结合,通过制作"工作人员去向牌"、设立意见箱、开展问卷调查、进行工作纪律检查、到基层调研等形式,征集对学院行政部门作风转变意见和建议50余条,编发活动简报20余期,通报了违反学院纪律的现象。教职员工精神面貌焕然一新,学院发展环境得到优化。

【教育教学改革】　学院省示范性高职院校项目经过3年建设,2012年各项目标任务完成,迎接省教育厅的验收。学校以示范性高职院校建设为平台,深化教育教学改革,提升教育教学质量。把工学结合作为高职教育人才培养模式改革的重要切入点,探索教育教学改革、校企合作和服务地方经济社会发展三位一体的人才培养模式改革。全院各系部以先进的课程理念为指导,推行"项目导向、任务驱动、理实一体、学做合一"教学模式的课程教学,重构专业课程体系,整合课程内容,以专业核心课程开发与实施,带动全院课程改革进程。

新申报汽车检测与维修、工程造价、包装技术与设计3个新专业,在教育部成功申报备案学前教育专业。建筑工程技术、物流管理专业成为省级综合改革试点专业,顺利通过省教育厅艺术教育专业评估。论证专业整合和系部调整方案,优化专业结构和资源配置,突出学校专业特色。

在校内,成立实验实训中心,加强全院实验实训基地管理,优化资源配置,加大资金投入,购置、更新必需的教学仪器设备,配合学院课程改革,改造、新建了各专业理实一体化教室。同时,加强各专业实验实训师资队伍建设,鼓励专业教师向实验实训活动延伸;在校外,充分利用现有合作企业的场地、设备、技术和成熟的生产管理模式,扩大顶岗实习范围,加强与企业深度合作,不断完善校外实习实训基地建设和管理。

【职业竞赛获奖】 高度重视学生实践能力和职业技能的培养,2012届毕业生获得职业技能资格证书的学生3305人次,并在全国、全省职业技能比赛中取得可喜成绩。2012年,全院师生获得教育部组织的全国高职高专技能大赛团体一等奖2项;个人特等奖1项、一等奖2项、二等奖4项、三等奖9项;省级技能竞赛特等奖1项、一等奖7项、二等奖18项、三等奖5项、优秀奖30项,其中建工系学生在高职土建类教指委举办的全国首届"鲁班杯"建筑工程识图大赛中获得团体一等奖,并获得个人特等奖1个、一等奖1个。社管系学生在2012年全国大学生物流企业经营管理沙盘模拟大赛全国总决赛中获得一等奖。食品工程系学生在"盼盼食品杯"首届全国职业院校在校生创意西点技术大赛中获得铜牌。食品工程系和经管系还被河南省教育厅授予"河南省高等教育教学工作先进集体"称号。

【校企合作】 学院坚持以服务地方经济和社会发展为宗旨,走产学结合之路,始终按照以就业为导向的思路,大胆创新人才培养模式,突出技能培养。学院与富士康科技集团、中共中央直属机关事务管理局、国务院机关事务管理局、阿里巴巴集团、北大青鸟、格力电器、美的集团、申洲国际集团、北京物美商业集团、国家肉类检测中心、东易日盛集团、韩国株式会社studio291动漫公司、上海闵原集团有限公司、杭州蓝山贸易公司、奥克集团等120余家企业集团建立了订单培养或校企合作战略伙伴关系,校企双方共同教学、共同管理,毕业生由企业直接安排。

2012年,学院进一步明确"不等不靠、在干中学,在学中干,在发展中完善"的工作思路,主动与政府职能部门和行业、企业沟通对接,寻找有效结合点,在合作中实现共赢和发展。与市旅游局合作,通过学生顶岗实习解决企业旺季用工困难,帮助企业进行高层次人才培训;与城建局合作,提供项目测绘等服务;与全民创业办公室合作,进行会计电算化、营销管理、电子商务培训,跟踪服务漯河市微小企业,提升企业管理层次;与阿里巴巴合作,开办订单班,成立"中小企业网络教育平台",把阿里巴巴先进教育理念和模式引入到漯河市企业;与市文化局合作,共同开发漯河市文化资源,打造漯河文化艺术品牌。漯河"美图"广告公司入驻学院美术系。学院社管系与中通速递有限公司联合成立校园服务站。食品工程系与佳源乳业在学院建立校中厂。学院还与河南永利食品有限公司共建"产研合作体",探索产研合作新模式。

【服务地方经济社会发展】 2012年,学院成立服务地方经济社会发展工作领导小组,出台多项加强服务地方经济社会发展的措施,通过与政府职能部门、企业、行业在技术研发、生产、加工、管理等方面的合作与交流,提供各类技术服务。与市工商联合作,服务全市民营企业发展。与舞阳县人民政府、市经济技术开发区进行职业教育、人员培训、项目开发等合作。学院初步搭建了服务地方经济社会发展及校企合作的体系和平台,建立了信息互通、技术孵化、资源共享、协同创新的机制,新签订合作协议20份。学院还通过利用富裕教育资源及教学优势力量开展社会培训、技能鉴定、资质认证、学历教育、社会考试等工作。全院各部门组织完成职业技能鉴定3500人次,完成各类培训4000余人次,组织各类考试上万人次。

【师资建设】 学院重视加强教师业务培训和职业教育新理论、新观念学习。2012年,选派83名各专业骨干教师到国家高职高专教师培训基地进行培训,利用暑假聘请宁波职业技术学院专家团队到学院面向全体教师进行业务培训,邀请国内知名职业教育专家、学院名誉院长王宪成教授等到学院进行职业教育专题讲座。全年有5人获得省、市级优秀教师称号,新增硕士学位以上研究生15人、教授4人、副高级专业技术职务11人。同时,加强"双师"教师队伍建设,聘请25名企业行业专家、技术能手为兼职教师,扩大专兼职相结合的实训教学团队,发挥双师型教师在教学活动中应有的作用。

11月24日,学院举行聘任仪式,漯河市副市长刘瑞红(左)为王宪成教授(右一)颁发名誉院长聘书　　摄影:盛平

【科研】 坚持"自主创新、重点跨越、支撑发展、引领未来"的指导方针,围绕学院工作重点,扩大科研规模,提高科研质量。全年全院各类科研项目立项87项,其中省部级项目6项。获国家专利3项,获得地厅级以上奖励207项,其中河南省自然科学科技攻关项目鉴定8项、软科学计划结项5项、政府招标课题结项4项,获省教育教学成果一等奖1项、省科技进步二等奖1项、省政府发展奖三等奖1项。《高等职业教育开放型教学资源库平台》通过立项,并获市财政支持经费10

万元。全院教师公开发表论文229篇，被SCI等国际权威检索刊物收录22篇，主编、参编学术专著及教材81部。学院连续获“河南省社科联科研工作先进单位和漯河市科研工作先进单位、科协系统先进单位”称号。

【基础设施建设】 校内主干道、教学楼、餐厅、校内超市和寝室改造完工，完成了部分实验室、实训基地以及水电设施的改造。同时，对校园环境进行治理和整顿，学院获得“2012年度市绿化先进单位和生态建设先进单位”称号。

【学生管理】 以大学生思想政治教育为统领，实施《大学生思想政治教育和全面素质教育建设具体实施方案》，推行大学生思想政治教育三年培育规划，精简优化政治辅导员队伍，创新学生管理新理念、新途径、新方法，不断完善院、系、班三级学生管理和育人体系。做好大学生心理健康工作，提高心理健康教育的有效性。进一步完善各系（部）心理咨询室，举办首届“十佳心理委员”、“首届心理健康形象大使”评选、大学生心理健康教育宣传周、心理健康教育讲座、心理咨询等活动，加大学生心理排查、教育力度，做好心理健康普查和疏导工作。学院“阳光心理、成功人生”思想政治教育工作获得2012年度河南省高等学校思想政治工作优秀品牌。

开展学风、校风建设，营造良好校园文化氛围。组织开展学风建设月、安全教育月、宿舍文化节、诚信校园行以及文明班级评选、文明寝室创建等活动，培养良好的学风、校风。开展社团文化节、第四届大学生文化节、青年志愿者服务、演讲比赛、文艺晚会、运动会等文化艺术体育活动，丰富了大学生的业余文化生活。

贯彻落实贫困生资助政策，加大贫困生资助工作力度。完善“奖、贷、助、免”等家庭经济困难学生资助政策体系。全年累计评审、发放各类资助经费2258.83万元，受益学生6618人次。其中发放国家奖助学金1007.3万元，受益学生3076人次；发放学院奖助学金106.45万元，受益学生1320人次；发放国家助学贷款1123.58万元，受益学生2179人；另有双汇助学金21.5万元，受益学生43人。中职学生免学费430.35万元、国家助学金157.68万元，确保了每一位家庭困难学生都能安心学习，顺利毕业。学院获河南省“诚信校园行”比赛铜奖和优秀组织奖。

【招生就业】 结合学院实际，分析生源状况，及时调整招生政策，将部分专业申请为专科一批。同时，根据社会需求和各专业发展实际，合理安排分专业招生计划。在录取工作中，面对全省生源减少，省内大部分高职院校没有完成招生计划的不利形势，千方百计遏制学院生源的下滑。2012年，共招收普通大中专生4200人，其中专科生近3000人。就业方面，举办大型校园招聘会和专场招聘会149场，招聘单位316家，提供就业岗位9000余个，初步达成就业意向毕业生3000余人。举办第三届大学生职业生涯规划大赛。同时，为毕业生提供就业推荐、信息发布、手续办理、就业质量回访等服务。截至年底，2012届毕业生就业率达97.67%。

撰稿：盛　平
审稿：吕爱华

郑州职业技术学院

党委书记：张桂兰
院　　长：崔振兴
创办时间：1976年3月
校　　址：郑州市郑上路西二十里铺
电　　话：0371-64960088
邮　　编：450121
传　　真：0371-64960088
网　　址：http://www.zzyedu.cn/

【概况】 郑州职业技术学院是河南省人民政府批准的、经国家教育部备案的一所全日制专科层次的普通高等职业院校。学院位于郑州市郑上路西二十里铺经济开发区，占地面积1004亩，建筑面积33万余平方米，专业实验室114个，教学仪器设备总值5451.75万元，图书馆藏书110万册。学院设有机械工程系、电气电子工程系等12个教学系（部），开设机电一体化、焊接技术及自动化、汽车运用技术、数控技术、生物技术及应用等41个专业，设有80个校外实习实训基地。学院有教职工816人，其中专任教师483人，“双师型”教师248人，副高级以上专业技术职务131人，博士13人，硕士268人，全日制在校生10796人。

【贯彻落实《规划纲要》】 2012年，学院被批准为河南省高等职业教育品牌特色学校建设项目单位。焊接技术及自动化专业教学团队被确定为郑州市地方高校优秀教学团队；生物制药技术专业教学团队被评为河南省高等学校优秀教学团队。新建7门院级精品课程，《模拟电子技术》课程被确定为郑州市地方高校精品课程建设项目。与宇通集团合作建立“宇通班”，与四维机电设备公司合作建立“四维班”。应用电子技术专业被确定为河南省高等学校特色专业；模具设计与制造专业被确定为郑州市重点专业。现代管理系、软件工程系等分别在全国大学生技能竞赛中获奖。

【领导班子成员名单】 学院党委书记张桂兰，党委副书记、院长崔振兴，党委副书记、副院长王建庄，副院长蔡同庆、肖世才、马振华。

【改善办学条件】 2012年，学院新老两个校区建设同步推进。老校区建设上，完成建设实习实训大楼，建筑面积1.88万平方米，招标设备4000万元；投资3415万元新建两栋宿舍楼，进入招标审批程序。推进新校区的建设，郑州市政府批准学院在宜居健康城建设新校区，拟征用土地1060亩。

【校园文化建设】 4月17日，举办郑州市道德讲堂；5月12日 承办首届郑州地方高校大学生礼仪风采大赛；6月15日，与郑州市政协联合举办了郑州市政协委员"走基层送文化进校园"活动暨学院第七届科技文化艺术节颁奖典礼；邀请全国青年创业教育导师、中国青年先进事迹演讲团首席演讲人兼团长张金海作雷锋事迹报告；邀请河南民族乐团进行高雅艺术进校园专场演出。组织建团90周年暨"五四"运动93周年合唱比赛等30余项活动，参加省科技文化艺术节全部13项赛事，获河南省第13届大学生科技文化艺术节优秀奖。

6月15日，政协委员"走基层进校园送文化"及科技文化艺术节颁奖典礼现场

【顾秀莲莅临学院视察】 11月23日，第十届全国人大常委会副委员长、全国关工委主任顾秀莲在全国关工委副秘书长朱萍，省人大常委会副主任蒋笃运，原省人大常委会副主任、关工委常务副主任张德广，原省人大常委会副主任、关工委副主任吴全智，省人大常委会办公厅副主任张学勤的陪同下莅临学院视察指导关心下一代工作。学院党委书记张桂兰简要汇报了学院的基本概况和办学理念。顾秀莲主任对学院育人和关工委工作取得的成绩给予充分肯定，并希望学院认真学习宣传贯彻十八大精神，全面贯彻党的教育方针，充分发挥关工委工作职能，忠诚敬业、关爱后代、扎实创新、无私奉献，建设好学习型、创新型关工委。

【贯彻学习党的十八大精神】 组织党员干部和师生集体观看党的十八大开幕式，进行党的十八大报告专题学习活动，邀请全国政协委员、原吉林省委副书记、中国教育学会副会长林炎志到学院宣讲十八大报告精神，提高干部职工政治理论素养和工作能力。

【通过郑州市文明单位验收】 4月，学院正式申报郑州市文明单位。院党委认真谋划、精心部署、强化责任，全院师生共同努力，相关部门精心准备，全力做好申报工作。11月29日，郑州市文明办检查组对学院的创建情况进行现场检查，认为学院党委对文明创建工作高度重视，文明创建工作内容丰富、基础扎实、措施得力，取得了很大的成绩。学院顺利通过郑州市文明办的考评和考试，获得"郑州市文明单位"称号。

【建立健全基层党组织】 贯彻落实《中国共产党章程》、《中国共产党普通高等学校基层组织工作条例》的有关规定，建立健全学院基层党组织，完善组织机构，壮大组织队伍。坚持和完善党委领导下的院长负责制，发挥党委的领导核心作用，加强对学院全局工作的领导，重视健全党务工作机构和队伍。不断完善发展党员工作机制。2012年，共发展党员320人，预备党员转正151人。有4000余名学生申请加入党组织。院党委确定987名学生为党员培养对象、423名学生为党员发展对象。

【教学工作】 2012年，新设置城市轨道交通系，增设城市轨道交通控制、城市轨道交通运营、电气化铁道技术、药品经营与管理4个专业。应用电子技术专业被确定为河南省高等学校特色专业；模具设计与制造专业被确定为郑州市重点专业。制定了构建学院、省市、国家三级精品课程体系的规划，建设了精品课程平台和精品课程录播室。新建7门院级精品课程，《模拟电子技术》课程被确定为郑州市地方高校精品课程建设项目。焊接技术及自动化专业教学团队被确定为郑州市地方高校优秀教学团队；生物制药技术专业教学团队被评为河南省高等学校教学团队。加强实训基地建设，实施校企合作和工学结合的人才培养模式。与富士康科技集团、河南邮电印刷厂等多家企业签署了校企合作协议，安排学生到企业进行实训。开展职业技能竞赛，组织院级汽车知识竞赛、数控车床加工技能比赛等40个项目大赛；支持学生参加国家、省市、各专业协会组织的职业技能竞赛。7月9日，获得2012年全国大学生企业经营管理沙盘模拟大赛全国总决赛三等奖；12月18日，参加教育部教育管理信息中心主办的"中国航信杯"第七届全国信息技术应用水平大赛获组织奖，印刷图文信息处理专业2011级1班牛艳琪获全国二等奖，黄照、乔敬华分别获"最佳指导老师、优秀指导教师"称号。

【师资队伍建设】 引进和培养高素质人才，继续实施"百名博士教授"工程。公开招聘硕士研究生30名，派出1名教师外出攻读博士学位。推进学院骨干教师和拔尖人才的培养工作，加强学院特聘高层次人才建设，做好优秀中青年骨干教师选拔与培养。加强教师的培训培养，建立了培训、下乡、到企业顶岗实践的制度。组织了97名教师到广州、天津、大连、杭州等地方的高校或企业及河南师范大学、河南职业技术学院等省内高校进行专业培训。

【科研】 2012年，申报被批准立项各级各类课题或项目105项，其中省级课题或项目61项。完成各级各类立项课题或项目结项103项，其中省级课题或项目35项。获得科研成果83项，其中获国家"实用新型专利"3项，通过河南省科学技术成果鉴定1项，河南省教育科学优秀成果奖3项，河南省信息技术教育优秀成果奖24项等。教职工出版专著(教材)35部；CN刊物发表学术论文209篇，其中中文核心期刊发表73篇，EI源刊3篇，ISTP1篇。

【招生就业】 2012年，学院共有8个专业列入专科一批，3个专业列入艺术类招生，26个专业列入专科二批，省教育厅下达学院招生计划4050名，其中省内大专3870名，省外180名，为历年最高；首次实现了艺术类招生。共录取新生4190人，超额完成招生计划；第一志愿上线率均达到110%，整体录取分数比专科二批控制分数线高出170余分。加强学生就业创业教育，建立以就业创业指导课为载体，以社会实践活动、创业市场、顶岗实习等环节为重点的就业创业指导教育体系，提升了学生的就业创业能力。建立了就业信息网网站，组织了省内外130余家企业到学院举行双选招聘会和专场招聘会，为毕业生提供了3000个就业岗位。2012年总体就业率为94.53%。

【学生工作】 加强学生思想政治工作，打造思想宣传教育的主阵地，构建青年学生的精神家园，塑造青年学生蓬勃向上、务实进取的良好品格。加强辅导员队伍建设，组织辅导员进行经验交流和素质拓展训练活动，提高辅导员的思想政治素质、业务素质。做好学生评优工作，开展多种活动，创建良好的学风校风。组建10支"三下乡"社会实践服务团队，开展了以知识宣讲、特色调研、爱心帮扶、宣传学校、红色教育为主题的暑期"三下乡"社会实践活动，服务群众3万余人次，服务足迹涉及郑州市、商丘市、信阳市等10个县市，在服务地受到普遍的欢迎和好评。学院获得"河南省社会实践先进单位"称号。2012年，学院为313名困难学生提供国家助学贷款，在图书馆、学生宿舍楼等共设置了260余个勤工助学岗位，500余人参与勤工助学工作，在勤工助学方面投入100余万元。

【干部队伍建设】 8月，任命了新的副院级领导，完成了学院中层正职干部竞争上岗工作。11月27日，郑州市委组织部副部长秦晓辉，副县组织员、科教处处长王宏伟莅临学院宣布市委组织部对学院新任领导干部的任免决定，一批干部走上了新的领导岗位。

撰稿：马会宾

审稿：崔振兴

郑州交通职业学院

院务委员会主任、院长：李顺兴
党委书记：潘洪亮
创办时间：1995年3月
校　　址：郑州市嵩山南路南段黄郭路
电　　话：0371-68837676
邮　　编：450062
传　　真：0371-68187111
网　　址：http://www.zjtu.edu.cn

【概况】 2012年，学院设有8个系、4个部、3个中心、1个国家职业技能鉴定所，38个专业。拥有80个校内实验实训室，95个校外实习实训基地，94个多媒体教室，2000余台教学用计算机，30000余平方米的汽车驾驶训练场，3200平方米的体育馆和69704平方米的体育场，图书馆纸质图书73.57万册，电子图书5070.20GB，教学仪器设备总值达7000.48万元。

学院实施校企合作办学模式，推行工学结合人才培养模式。开设有奇瑞班、美的班、平安班（车险定损）、东风标致班、长通班、顺丰班、省焊接中心班等"订单式"培养班。运用顶岗实习、工学交替、"教、学、做"一体化等多种理论与实践相结合的教学模式，全面培养学生的社会能力和职业能力。

【学院领导班子成员名单】 院务委员会主任、院长李顺兴，党委书记潘洪亮，决策委员会主任陈志红，监察委员会主任余天水，副院长张昶琳、王全升、杨威，院长助理李洪涛。

【贯彻落实《国家中长期教育改革和发展规划纲要（2011—2020）》】 本年，学院多次召开会议，学习领会纲要精神。依据学院发展规划，先后制定并公布实施《郑州交通职业学院师资队伍建设"十二五"规划》、《郑州交通职业学院校园基本建设"十二五"规划》和《郑州交通职业学院特色专业建设"十二五"规划》。

召开"优质服务年"活动动员大会，以"规范工作行为，转变工作作风，增强服务意识，提升服务质量"为主题，结合部门和岗位工作实际，围绕师生需求，增强服务意识，端正服务态度，改进工作作风，创新服务方式，优化服务程序，拓展服务内容，提高服务质量，促进学院全面实现2012年发展目标。

【党建】 本年，学院把作风建设列入重要议事日程。5月，公布实施《关于进一步加强作风建设的实施意见》，贯彻执行"三重一大"和"校务公开"制度，持续深入开展"查找廉政风险，构筑拒腐防线"活动，全面加强廉政风险防控机制建设。

采用集中和分散相结合的方式组织全院师生收看和学习党的十八大报告，组织开展学习十八大宣传教育活动，通过知识竞赛、诗歌朗诵、专题讲座、研讨会、辩论会、演讲会、晚会等形式营造良好学习氛围。举办第十七期和第十八期党校培训班，培训学员1723人，发展预备党员963人。共有党员1534人，其中教职工党员430人。

【教育教学】 本年，学院组织申报并立项14个院级特色专业。其中汽车检测与维修技术被河南省教育厅评为专业综合改革试点项目，被郑州市教育局评为市级示范专业；机电一体化技术被郑州市教育局评为市级重点专业；电子信息工程技术被评为市级重点专业培育建设项目，划拨专项建设经费6万元；汽车电子技术教学团队通过市教育局专家组评审验收，正式确立为市级教学团队，获得三年15万元的专项建设经费;立项建设12门院级精品课程,《汽车传动系统的诊断与检修》通过市级精品课程审批,《汽车维修基础》为市级精品课程培育建设项目;汽车综合检修实验室被评为市级重点实验室,获得专项建设资金5万元;机电一体化综合实验室为重点培育建设项目。6月,学院获"郑州市民办院校实验室建设先进单位"称号,获得奖励资金10万元。

新建会计实验室、机电一体化实训室等10个实验实训室,总投资近600万元。第二批规划建设项目建筑工程专业和轨道交通工程专业实训室已确定建设方案。各系部成立专业技能特长班,有11个技能特长班参加省、市14项比赛,其中经济管理系物流沙盘比赛获河南省二等奖,中餐宴会主题设计获省三等奖,中专部汽车涂装比赛获郑州市三等奖。

【科研】 本年,学院与焦作大学、内蒙古建筑职业技术学院等53所兄弟院校开展学报交流活动。获得市(厅)级以上课题立项73项;市(厅)级以上课题结项29项、院级20项;教职工发表论文150篇,其中核心期刊10篇;出版《郑州交通职业学院学报》4期,收录全院教师论文105篇。获得市(厅)级以上奖励18项,其中特等奖1项、一等奖4项、二等奖6项、三等奖6项、优秀奖1项。

【学生管理】 本年,辅导员队伍建设初步实现事务型向学习型转变。推进"教+辅"工作模式,加强辅导员与思想政治课教师'立交桥"建设,思想政治理论教学与日常思想政治工作有机结合,增强学生思想政治教育的针对性、有效性。开展辅导员专题培训2次,举办辅导员经验交流2次,外派3名优秀辅导员参加河南省高校辅导员培训班1次,举办第三届辅导员技能大赛,建设"双优双强"学生干部队伍。

【招生就业】 本年,中专和五年一贯制新生报到532人,统招大专新生报到2632人,一年制大中专新生报到222人,普招合计3386人。成教自考助学各专业本科招生391人,函授专科及本科招生110人,合计招生501人。

学院有毕业生5110人,截至12月13日,就业率达93.81%。举办2013届毕业生大型双选会2场,其他类型专场招聘会50场,累计参会单位363家,提供就业岗位将近6000个。全年开发就业实习基地20余个。

【师资队伍建设】 学院组织7次师资培训学习活动。选派中层干部参加高校中青干部培训班和挂职锻炼学习,选派70余名教师参加定岗实习、专业课程培训和提高素质培训学习,对新进教师进行为期10天的岗前培训,组织校际、企业交流学习10余次。25人通过初级专业技术职务评审、20人通过中级专业技术职务评审、1人通过副教授评审。引进副高级专业技术职务教师2人,录用34名硕士研究生、本科生。

【校园文化建设】 学院新成立学生社团3个,院系社团总数33个,社团覆盖率30%,社团活动覆盖率100%。先后获得省级奖励8项。建立四级心理健康教育组织机构,举办心理健康知识讲座10余次。举办以"关爱自我,健康心灵"为主题的第五届心理健康漫画大赛,持续办好广播站《心灵之窗》专栏和校报《心灵之约》专栏。通过开展摄影大赛、篮球联赛、棋牌对抗赛、趣味运动会、厨艺大赛等文体活动,展现了教职工的特长和风采,丰富了教职工的文化生活。组织完成全省教育工会教学技能竞赛选手选拔、推荐工作,获一等奖1个、二等奖3个、三等奖5个。

【奖助学金】 学院有11名贫困学生通过部分学费减免入学,9名家庭经济困难学生获得贷款3.6万元,1680名学生申请获得助学金504万元,200名学生获得国家励志奖学金100万元,2名学生获得国家奖学金1.6万元。为10738名学生续交医保费用43.8万元;资助贫困学生20万元。为近百名贫困学子提供固定或临时勤工助学岗位。

【奖励暨荣誉】 本年,学院先后获郑州市民办教育"十佳单位"、市人事代理工作先进单位、市中等职业学校学生资助工作先进集体、社会保险工作先进单位、平安校园建设先进单位、民办职业院校实验室建设先进单位、武装工作先进单位,河南省民办教育办学先进集体、河南省普通高等学校毕业生预征工作先进集体、河南省高校先进教职工之家等10余项荣誉称号。

撰稿:刘　莹　刘志超

审稿:周向东　李　鹏

驻马店职业技术学院

党委书记:安春明　　院长:杜志傲

创办时间:2009年　　校址:驻马店市淮河大道

电　　话:0396-2869991　　邮编:463000

传　　真:0396-2869986　　网址:http://www.zmdvtc.cn

【概况】 驻马店职业技术学院是2009年经河南省人民政府批准、教育部备案成立的一所公办全日制高等职业技术学院。学院占地33公顷,建筑面积15万平方米。建有实验室30个,实验分室57个,校外实习实训基地18个;馆藏图书17万册,订阅各类期刊530种。现有教职工425人,其中专职教师396人,教授、副教授81人。学院高职教育现设有7个系,即信息工程系、机电与建筑工程系、人文科学系、财经系、工艺美术系、音乐艺术系、外语系，开设机电一体化、会计电算化、音乐表演、商务英语、文秘、计算机应用技术、建筑工程管理、应用电子技术、建筑工程技术、汽车检测与维修技术、数控设备应用与维护、市场开发与营销、计算机多媒体技术、旅游管理、物流管理、广告设计与制作、楼宇智能化工程技术、电气自动化技术、应用英语、装潢艺术设计、舞蹈表演共21个专业。在校生6800人，其中全日制在校生3600人。

2012年，学院先后被评为计划生育工作先进单位、档案工作先进单位、市级规范化管理认证先进单位、市级社会科学界综合先进单位。

【领导班子成员名单】 党委书记安春明，院长杜志傲，副书记刘贵文，副院长李凤霞、朱传霖、刘道广，工会主席曹剑，副处级干部景玲。

【冯玉梅莅校检查指导工作】 7月25日，驻马店市副市长冯玉梅带领市政府和市教育局相关负责人到学院检查指导工作。在院党委书记安春明、院长杜志傲的陪同下，冯玉梅实地察看了学院的建设和新校区的规划设计情况。在听取了杜志傲和安春明的工作汇报后，冯玉梅对学院的发展给予了充分肯定。

【武国定莅校调研】 8月27日，市委常委、市政府常务副市长武国定，市财政局党组书记、局长何晞一行对学院发展进行调查研究。在院党委书记安春明，院长杜志傲等的陪同下，察看了学院实验实训室、综合大楼、体育场、校园环境、图书馆等基础设施。随后，党委书记安春明、院长杜志傲就学院组织建设、招生就业、教育教学、学科建设、学院发展等方面工作进行了汇报。武国定对学院发展建设取得的成绩给予了肯定，对学院发展中遇到的问题提出了科学合理的解决办法。

【教学科研】 始终坚持以教学带科研，以科研促教学，建立健全各项教学管理制度，开展学生评教工作，抓好各学科教学工作的备课、上课、实验、实习实训、作业布置与批改、辅导、考核七个环节。召开学生学习座谈会，了解教师和学生的教学和学习情况，查找问题改进教学。开展教学工作检查，建立课堂教学巡检制度和教学信息员制度，完善听课制度，加强诚信教育，促进学风考风进一步好转。2012年，学院在原有16个专业基础上，增设5个专业，使专业总数达到21个。学院教师共发表论文98篇，其中核心期刊36篇；申报和完成科研项目25项，获科研成果奖26项，出版著作9部。

【招生就业】 按照“全员抓招生，全年抓招生”的工作思路，制定科学的招生工作意见，确保完成招生计划。2012年，招收各类学生1728人。加强就业指导教师队伍建设，坚持走校企合作、工学结合之路，拓展“订单培养”、“冠名培养”的范围与渠道，建立牢固的校企合作机制。巩固和加强与华必信会计集团、奇瑞公司、美的集团和部分本地大中型企业友好合作，由传统单一的学生实习，转为校企联合办学、企业资助办学、毕业生定点就业等多种形式。积极与其他用人单位联系，开拓新的就业市场，不断提高就业比例和质量，实现招生——教学——就业的良性循环，确保“出口”畅通。2012年毕业的903名学生中97%落实就业。

【师资队伍建设】 举办中青年教师岗位培训，选派教师参加高校学习与进修，聘用技术专家担任校内外兼职教师，实现了师资队伍和能力结构的双优化；年内，24名教师通过了专业技术职务评定，其中11人晋升正、副高级专业技术职务，13人被评为中级专业技术职务。

【学生管理】 坚持“以人为本”的管理理念，以“学生利益无小事”为宗旨，以学风建设为主线，开展演讲比赛、青年志愿者服务活动、校园文化艺术节、暑假大学生社会实践、青年志愿者、庆祝建党91周年大合唱、升旗仪式、历史文化讲座、新老生联谊会、辩论赛、求职简历大赛、球类比赛、春季冬季运动会等文体活动；本着公正、公平、公开的原则，做好104名学生专升本考试工作，上线率达到80%；完成2011—2012学年评优评先工作，2名学生获得国家奖学金，70名学生获得国家励志奖学金，485名学生获得助学金。

【学生实验实训技能培训】 学院从省厅争取200万元、自筹50万元资金用于采购机床、机电实验实训设施。组织专业职业技能鉴定，2012年，500余名学生通过技能鉴定，获得专业资格证书，专业资格证书考取率达参加考试学生的50%以上。

【师生观看十八大开幕式直播】 11月8日，中国共产党第十八次全国代表大会在北京召开。学院党委书记安春明、院长杜志傲以及其他班子成员和学院全体中层干部、教师代表、学生代表200余人一起收看十八大开幕盛况，聆听胡锦涛总书记的工作报告。

【举行学习贯彻党的十八大会议精神专题报告会】 12月19日，学院举行学习贯彻党的十八大精神专题报告会。市委宣讲团成员、学院党委委员、工会主席、副教授曹剑为师生作了学习贯彻党的十八大精神专题报告会。学院领导班子成员、中层干部、全体党员及学生代表200余人参加了报告会。报告受到了与会人员的高度评价。

【学院团委举办喜迎“十八大”系列活动】 学院团委举办“激扬青春，我与祖国同行”系列爱国主义教育活动，宣传理性爱国思想，提高学生综合素质。活动时间从11月初开始为期一个半月。开展了校园歌手大赛、辩论赛、舞蹈表演、瑜伽表演、太极演示、摄影与画展、爱国主义宣传、英语音标授课等内容丰富、形式多样的系列活动。

【举办艾滋病防治宣传进校园书画笔会】 4月24日，“拥抱健康，共享阳光”——驻马店市艾滋病防治宣传进校园书画笔会在学院图书馆举行。院长杜志傲、副院长朱传霖、刘道广和学院办公室、学生处等部门负责人出席开幕式。人文科学系师生和省内外部分知名书法家、画家参加了笔会。这次活动的主题是：唤起社会责任，呼吁人人参与，共同遏制艾滋；以书画笔会的形式，体现相互关爱、共享生命。这次活动将宣传、笔会融于一体，宣传艾滋病防治知识，收效良好。

【校际交流与合作】 3月14日，开封文化艺术职业学院院长焦会学一行8人莅临学院参观考察。5月16日，学院与乌克兰卡拉辛哈尔科夫国立大学举行合作办学签约仪式。学院院长杜志傲，卡拉辛哈尔科夫国立大学校长弗拉基米尔·阿列克桑德拉维奇双方代表在合作协议书上签字。两校本着“优势互补、互利互惠、真诚合作、共同发展”的原则，在学科建设、科技开发、师资交流、人才培养等方面，签署了合作框架协议。

【音乐艺术系学生获国际钢琴比赛河南赛区金奖】 6月2日，学院音乐艺术系11级音乐表演专业学生唐颖在郑州举行的第三届香港国际钢琴公开赛——"塞乐尔杯"河南赛区选拔赛中，获少年C组金奖。

【征兵工作】 学院组织符合条件的学生报名参军。经过层层筛选，有8名学生参军，圆满完成冬季征兵工作。

【改善办学条件】 2012年，根据学院实际情况，适当调整校园整体规划，加强现校区建设。投资1000余万元新建塑胶篮球场、实习工厂、体育场、学生洗浴中心；投资150万元完善学生餐厅，实行公司化管理，规模化经营；投资30万元用于校园绿化硬化美化工作，实现了校园四季有花四季常绿。加快办理新校区建设的各种手续，做好项目的总体规划和设计，提前做好建设资金筹措，为新校区开工建设工作做筹备。

【对口帮扶】 上蔡县黄埠镇小王庄村是学院的对口帮扶村。2012年，学院为扶贫村制定三年帮扶发展规划；为村小学赠送课桌凳100套，村委椭圆形会议桌(椅)一套，总价值约2万余元；派两名教授为56位村民进行养殖技术和市场营销知识的培训；为帮扶村争取到省专项(体彩)扶贫项目资金150万元；春节前夕，学院组织教职工为帮扶村捐款8300元，奉献爱心。帮扶工作受到村民的好评。

撰稿：王留喜　王志刚

审稿：杜志傲

洛阳职业技术学院

创办时间：2011年4月
电　　话：0379-64913225　62233851　63189386
传　　真：0379-64913225　62233851
网址：http://www.lyvtc.net/
校址：洛阳市高新区丰华路
　　　洛阳市西工区机场路6号
邮编：471001

【概况】 洛阳职业技术学院是由洛阳市职工科技学院、洛阳市卫生学校、洛阳高级技工学院合并组建的公办综合性全日制普通高等职业技术学院，涵盖医科类、工科类等高等职业教育，于2011年4月，经河南省人民政府批准，国家教育部备案成立。

2012年，录取普通全日制专科生891人，中专生1766人，现有在校生9000余人。学校开设有机电一体化、数控技术、会计电算化、经济管理、电子商务、机械设计与制造、计算机应用与维修、汽车检测维修、护理、助产、医学检验、药学、医学影像技术、医学营养、美容技术、农村医学、口腔修复工艺等20余个专业。学院占地面积646.26亩，职教园区规划土地1000亩。教学及行政用房等建筑面积21.96万平方米。拥有实训楼1幢，实验楼7幢，各类实习、实验室67个，拥有一所集医疗、教学、科研于一体的综合性三级附属医院。院外建有实习、实训基地46个。有计算机750台，各类实验仪器1600余台(套)，万元以上的仪器设备价值1573万元，全部总值2007.65万元。学院有纸质图书27万册，各类期刊400余种；有电子阅览室4个，电子图书26万余册。

学院有教职工420人，专任教师261人，研究生学历教师82人；副高级及以上专业技术职务教师98人，中级专业技术职务教师91人，"双师型"教师80人。学院有河南省优秀教师3人、河南省教育系统优秀教师1人、河南省技术能手1人、河南省职业教育教学专家1名、河南省教育厅学术技术带头人3名，洛阳市优秀专家2名、洛阳市优秀青年科技专家1名。有25名教师担任省级学术团体副主任委员以上职务。

【贯彻落实《规划纲要》】 学院以教育《规划纲要》为指导，在深入调研、全面论证的基础上，制定《洛阳职业技术学院2011—2015年发展规划》，确立"以人才培养为中心，以专业建设和师资队伍建设为重点，深化教育教学改革，全面推进素质教育，培养具有良好职业道德、职业能力、创新意识和创新能力的高素质技能型人才"的办学指导思想，提出"把学院建设成以工、医学科为主，兼有管理学、人文等多学科协调发展，集高等职业学历教育、职业培训、技能鉴定和技术服务为一体，特色鲜明，服务企业与社会，培养适应经济建设、社会发展需要的高等技术应用型人才，在省内、外具有一定影响力和竞争力的综合性高等职业院校"的发展目标。《洛阳职业技术学院发展规划》从办学规模、专业建设、师资队伍建设、教学管理与改革、实验室与实习基地建设、教科研工作、校园基础设施建设、保障措施等方面提出了具体的思路与措施，明确了学院在未来一段时期内的发展方向。

【党建和思想政治工作】 2012年，学院开展"创先争优"、创建"五好"党支部、争当"五个模范"共产党员为主要内容的活动，促进党支部和党员"两个作用"的有效发挥；在全校共产党员中开展"读好书"活动并举行读书报告会，落实"三会一课"制度和民主生活会制度；开展庆祝建党91周年系列活动，举办第28期业余党校，举行"我为党旗添光彩"演讲比赛，评选表彰先进党支部和优秀共产党；吸纳6名学生加入党组织。

坚持"党委统一领导、党政齐抓共管、业务部门各负其责、纪检监察组织协调、师生积极参与”的党风廉政建设与反腐败工作领导体制和工作机制；贯彻执行“三重一大”和“院务公开”制度，建立健全学院惩治和预防腐败体系长效机制，查找廉政风险，构筑拒腐防线；及时接待师生来访，处理师生来信，防患于未然，为学院建设发展营造了清风正气的环境。

【创建、宣传工作】 学院把握宣传工作方向，及时做好学院各种活动的宣传报道，宣传新人、新事、新风尚。编印《洛阳卫生职业教育》报4期。持续开展争创“文明科室”活动；参加市文明办和西工区文明办组织的“三关爱”签名活动；开展助交通岗活动20余次，参与活动达200余人次；开展文明大讲堂活动；顺利通过省级文明单位复检。

【共青团工作】 学院结合青年学生特点，利用政治学习、团日活动等教育阵地，发挥爱国主义教育基地、电视、广播、黑板报、宣传栏等宣传阵地的育人功能，对团员、青年进行思想政治教育。开展爱国主义教育和社会公德教育，引导学生树立正确的世界观、人生观、价值观。建立青年志愿者服务基地，开展青年志愿者活动，全年参加志愿服务达4300余人次。社团建设进一步规范，有学生社团22个，社团活动蓬勃开展。2012年，共有4个团支部被评为市级五好团支部，5人被评为市级优秀团员。

【师资队伍建设】 学院加强教师进修和培训，提高学历层次和知识结构。2名教师取得在职研究生学位，30名教师报考或在读在职研究生，6名教师考取医师或护师资格证，选送11名青年教师进修学习，13名教师参加国家级骨干教师培训。在全校范围举行说课竞赛活动，促进了教师学习交流，提升了教师的教学设计水平。继续发挥附属医院和实习教学医院在专业课教学中的优势，聘请医院20余名专家到校任课，优化专业课教师结构，促进专业课教学水平的提高。

【学生竞赛成绩】 2012年，学院参加省、市大赛，充分利用学院现有资源，开放实验室，指派辅导老师，强化学生技能训练。5月，在省卫生厅举行的2012年河南省中等卫生职业教育技能大赛中，学院参赛3名选手获得2个二等奖、1个三等奖。10月，在2012年洛阳市中等职业教育技能大赛中，共获得5个一等奖、4个二等奖、2个三等奖，学院获得团体奖和优秀组织奖。在洛阳市“腾扬杯”技能大赛中，6人进入前10名，包揽前三名。院内举行了人体解剖学、化学、免疫和病理学等知识和技能竞赛。

【专业和课程建设】 学院根据“必须、够用、实用”的原则以及教学内容与岗位需要和执业资格考试相接轨的总体要求，对现有护理、助产、医学检验技术3个专业人才的培养方案进行修订。制订教学计划，调配师资，论证实验项目，配置实验室，新建6665平方米的综合实验楼投入使用，保证了新开设的药学、医学影像技术、医学营养3个专业的教学工作顺利进行。

教学改革稳步推进。引导中职护理专业学生自主学习、以能力为本位的高职护理专业实践教学体系改革、基于护理岗位需求整合医学基础课教学等一系列教学改革的实施，以及问题探究、任务驱动、情景模拟、活动体验等多种教学方法、教学模式的研究及应用，提高了学生学习的主动性、积极性，强化了基本技能，增强了教学内容与护理岗位的对接，收到了良好的效果。其中，模拟情景教学法在临床护理教学中的应用研究、中等卫生职业学院学生学习能力培养有效途径的研究分获河南省卫生职业教育教学一、二等奖，“以能力为本位的高职护理专业实践教学模式研究”课题，被批准为高等学校省级教学改革研究项目。启动护理技术、内科护理、妇产科护理三门校级精品课程建设。推荐教师参加国家级、省级教材编写，2012年，共有28位教师参加了26部河南省高等卫生职业教育“十二五”规划教材的编写工作；加大校本教材建设，组织护理专业教师编写临床护理实训教材。

【教科研】 学院形成“以教学带科研、以科研促教学”的良好局面。邀请院内外专家举办教科研选题、立项、实施、结题与成果申报系列讲座；以老带新组建20余个教科研课题组，围绕护理、检验等专业开展专业建设、学科建设等方面的研讨；向河南省教育厅等8个机构申报教科研项目24项，16项被批准立项，其中省级项目1项、省“十二五”规划重点项目1项、实验项目1项。获全国技工学院教研成果二等奖2项、省级优秀教育成果奖5项，有3项课题顺利通过省卫生厅专家组的鉴定、结项，5项课题分获河南省卫生职业教育教学改革优秀成果一、二、三等奖。在国家公开发行的学术期刊上发表论文59篇，其中中文核心期刊6篇。7位教师获洛阳市优质课、优秀论文、优秀课件一、二等奖，11位教师获省优质课、优秀论文、优秀课件一、二、三等奖。

【成人学历教育】 继续与新乡医学院、北大网络教育学院、郑州大学联合办学并取得新发展。新增医学信息管理、生物工程技术、应用心理学3个专业，开设专业达11个，各类成教学员2039人。扎实开展非学历教育，完成乡镇卫生院药剂人员共154人的培训任务，得到省卫生厅和市卫生局的好评。对口升学，有60余名学生达到录取分数线，为学院历届上线人数最多的一届。

【学生管理】 实施全员育人、全过程育人、全方位育人的教育策略，学生管理工作顺利开展。2012年，获得河南省大学生“诚信校园行”学生资助政策大赛团体二等奖。1个班级被河南省委高校工委、省教育厅授予“省级文明班级”称号，1个班级被评为省级先进班集体，5人被评为省级三好学生，2人被评为省级优秀学生干部，34人被评为省级优秀毕业生，7人被评为市级三好学生，2名教师被评为市级优秀班主任。

学校获河南省大学生“诚信校园行”学生资助政策大赛团体二等奖

【德育工作】 学院开展以“爱党爱国爱校”、“助人为乐情常在、雷锋精神心永存”、“法制安全”、“文明礼貌”、“校风校纪”、

“班级学风建设”、“建设节约型校园”等为主题的教育活动以及体育月活动、社会实践活动、大学生心理健康日活动、青年志愿者活动等,为学生养成良好的道德情操、树立社会主义核心价值观发挥了积极作用。

【国家资助】 2012年,学院按政策为5602人次中专学生申请国家助学金,获资助金额384.1万元;为5267名学生申请国家免学费资助,获免学费416.5万元。为135名享受国家助学金的大专生办理资助手续,总金额40.5万元。学院为3061名学生购买了校方责任险,2292名学生参加了城镇居民基本医疗保险。

【招生就业】 2012年,学院普通大专生报到748人,较上年增长20%;中专报到811人。实现了普通专科在外省的招生,首次报到153人。把就业指导课列入教学计划,定期举行就业指导讲座,引导学生树立“先就业、再择业”的就业观。积极与用人单位联系,为学生与就业单位搭建平台,通过网络及其他途径,及时向学生发布就业信息。开展就业研究,一项课题被省教育厅立项。5月12日,举办2012年毕业生就业洽谈会,来自上海、北京、广州等多个省、市的70余家用人单位携带1300个就业岗位参会,1100余名应、往届毕业生参加了会议,有900余人次达成了就业意向。

【行政管理】 2012年,洛阳职业技术学院落实责任目标管理,坚持工作计划与总结制度,周周有计划、月月有总结,加大考核力度,任务明确,责任清楚,将各项工作落到实处。按照上级政策,制定绩效工资分配办法,建立健全考核机构,强化科室管理职责。为教职工兑现绩效工资,并补发了相关部分,按时提高了工资标准。按照公开、公正、公平的原则,完成职称评审及岗位设置工作,及时为教职工办理聘任、续聘、调资、退休等手续。推荐2名教师晋升高级专业技术职务,5名教师晋升中级专业技术职务。推进图书馆规范化服务进程,坚持开展“好书推荐活动”。筹措资金,缓解资金压力。严格执行财经政策和财务制度,履行财务会计监督职能。执行物价政策。继续实行切块经费管理使用,严格控制各项支出。统筹兼顾,开源节流,保证职工福利及各项工作的正常运转。加强文印和档案管理,规范、高效运转。严格接待工作,控制接待费用。加强车辆管理,保证安全行驶。进一步规范招标采购工作,按照“两严格”、“两比较”、“三做到”、“五参与”的原则,确保了2012年各项招标采购。

撰稿:张晓亮
审稿:杨少宗

安阳职业技术学院

党委书记:师华山
院长:路爱国
创办时间:2009年4月2日
校址:安阳市平原路461号
电　　话:0372-2102210
邮编:455008
传　　真:0372-2102226
网址:http://www.ayzy.cn

【概况】 学院前身是创办于1975年的安钢职工大学,有38年的办学历史。2009年4月经国家教育部备案、省政府批准,成为一所全日制公办高职院校。2010年以来,市政府先后将安阳广播电视大学、市中医药学校并入学院,将安阳文化艺术学校、市第一职业中专、市电子信息学校、市旅游学校、市职业技术教育中心、市交通中专等6所中职学校合并成立安阳市中等职业技术学校(安阳市职业教育中心)移交学院管理,使学院成为集高等职业教育、成人教育、中等职业教育、职业培训等多种办学功能为一体的综合院校。学院占地1100余亩,教职工1118人,在校生近万人,其中高职生4325人,中职生4058人,成人教育生6000余人;高职、中职共设置专业89个,图书馆藏书50万余册,实习实训基地130个,职业技能鉴定所4个。

【领导班子成员名单】 党委书记师华山,党委副书记、院长路爱国;党委副书记、市中等职业技术学校校长李铜;副院长李国庆,工会主席朱希鸣,副院长李莹,纪检书记张志红,副院长王保安;院长助理张红涛。

【党组织建设】 以争创“红旗渠精神奖”竞赛活动为载体,继续开展各项工作。学院党委获创先争优先进基层党组织称号。切实提高学院领导干部的理论水平,全面推进学院各项工作的开展,全年共安排中心小组12次学习,采取以个人自学为主、集中学习研讨交流为辅的学习形式,学习十八大精神、卢展工等领导对《关于高校关心下一代工作的调研报告》所作的重要批示、赵素萍在第二十次全省高校党的建设工作会议上的讲话、《人民日报》评论员文章《集中精力把两会精神贯彻好》、《牢牢把握稳中求进的总基调》、《满怀信心迎接党的十八大》、《转变作风开创新局面》等,有效推进学习型党组织建设,进一步加强党的基层组织建设。共发展教师党员8名、学生党员242名。开展丰富的文化活动,举办学院首届汽车模特大赛、“教育崛起　教师为基”师德师风演讲比赛,师生篮球、乒乓球、歌咏比赛,营造浓厚文化氛围。在安阳县六中和学院青年教师中开展两次“张菊平同学事迹报告会”。加强正面舆论引导,有力保障各类活动的完成。

【2012年度“十件大事”】 学院开展争创“红旗渠精神奖”竞赛活动;学院领导班子配备完善、安阳市中等职业技术学校领导班子组建到位;市中等职业技术学校成为全国第三批“国家中等职业教育改革发展示范学校建设计划”立项建设学校;市中等职业技术学校建设取得突破进展;学院首届学生毕业;第一届教工、会员代表大会召开;航空专业建设迈出重大步伐;专业建设指导委员会正式成立;举办第二届田径运动会;学生张菊平获“感动中原”和“感动安阳”人物称号。

【教学工作】 制定并下发《安阳职业技术学院关于实施教学质量与教学改革工程的意见》、《安阳职业技术学院院级精品资源共享课程建设实施方案》、《安阳职业技术学院教学督导工作条例(试行)》和《安阳职业技术学院教学督导工作实施细则(试行)》等规章制度,使教学工作做到有据可依、有章可循,为规范教学管理提供制度保障。开展多种形式的讲座活动,加强师资队伍建设,创新人才培养模式,强化实践育人环节。以项目带动教学发展为战略,启动院级教育教学改革项目立项工作。成立学院首届专业建设指导委员会,印发《安阳职业技术学院专业建设指导委员会章程》等文件,完成2013年度新增专业申报工作(飞行技术、民航商务、航空服务、助产、焊接技术及自动化等5个专业),招生专业达到26个(含7个医药卫生类专业);做好中央财政支持的机电一体化技术和汽车维修技术2个专业建设工作,完成航空机电设备维修和旅游管理2个专业参加省级专业改革试点建设项目申报工作。成立学院第一届学术委员会,印发《安阳职业技术学院学术委员会章程》,起草拟定《安阳职业技术学院科研工作管理办法》和《安阳职业技术学院学风建设实施细则》,配套拟定科研项目管理、经费管理、学术报告管理、学术论文论著登记、专利管理等制度,初步构建科研管理的制度体系。专任教师厅级以上立项课题58个,其中获奖7项,结项17项,在研课题34项;参与编写专著9部,发表论文50余篇。先后与俄罗斯、白俄罗斯、美国、韩国、阿根廷、菲律宾、新加坡、奥地利等8个国家的相关院校进行沟通与联系,并与韩国安养科学大学签署友好交流意向。与美国田纳西州Carson-Newman大学保持了密切的交流沟通,在会计、护理等专业达成初步合作意向,各项交流逐步深化。先后与北京圣明瑞农业科技有限公司、广东白云通用航空有限公司进行合作项目洽谈,建设植保动力伞飞行员、通用航空飞行员和紧急救援专项人才等3个校内培训基地。制定《安阳职业技术学院校企合作项目管理办法》。利用中央财政支持项目资金,开展资助项目的校企合作工作,拟新建6个深度校企合作项目,促进重点专业的建设。同时,开展已有校企合作项目的登记工作,进一步加强校企合作项目管理。

【招生就业】 招生形势异常严峻,学院统一部署,认真组织,召开招生工作动员和部署大会,从招生思路、招生机制、市场预测、专业设置、目标确定、宣传工作的落实等多个方面进行了分析探讨。依靠网络平台、知名报考刊物等多渠道、全方位地宣传,扩大宣传范围,涵盖全省112个县、300余所高中、招生联系人600余人。学院首届毕业生548名,按照《河南省普通高等学校毕业生就业工作评估指标体系(试行)》的具体要求,制定就业工作人员岗位职责(包含负责人、就业服务、就业指导等岗位职责)、毕业生就业工作制度、毕业生就业推荐表、协议书及派遣证管理和发放办法等,明确具体的目标任务和工作措施。举办首届校园双选会,学院首届毕业生年终就业率达91.26%。搭建实习就业平台,到天津市滨海新区、首农集团香山会务中心、中石油会务中心、太申祥和疗养院、天津百饺园等企业考察洽谈,并与商鲲教育集团达成合作协议。

【师资队伍建设】 学院公开招聘有工作经历人员9人(含正高级译审1人、高级工程师2人、副教授1人,中级职称人员5人),到有关学校招聘应届毕业生7人。共有90名教师参加高校教师资格认定,经过网上报名、资格确认、培训、理论测试、技能测试等环节,共有73名教师取得高校教师资格,通过率为81%;27名教师参加省级骨干教师培训活动。学院组织6次培训,共208名专任教师参加并通过培训,涵盖所有职称参评人员,不仅更新教师教育理念,还提高教师的教学实践能力。按要求申报专业技术人员继续教育基地;出台非高校系列职称3年转评计划。

【学生工作】 建立以“院系两级管理,以系为主”的学生管理模式。形成以系团总支、学生工作专干、辅导员、系学生会、班委会为主的学生管理体系,并加强大学生干部队伍建设,使学生干部参与到学生管理工作中,发挥学生自我管理、自我教育、自我服务的作用。定期召开系部(院)学生工作会议,对系部(院)在学生工作中取得的成绩和存在的问题进行探讨与总结;先后制定《关于应急处理学生突发事件的意见》、《关于学生中途退学退费的有关规定》、《国家奖学金助学金评选实施办法》等制度,学生管理工作逐步得到规范;定期开展心理健康教育讲座。完善心理咨询室,设有专门的心理咨询教师解决学生的心理问题,先后组织开展“我的命运我做主”、“高职学生学习特点分析与策略选择”等几十个心理讲座,同时对学生进行个别心理咨询和指导100人次左右,有效缓解学生压力,避免心理问题蔓延。以丰富多彩的校园活动为载体,加强学生思想政治教育。先后开展“我和青春有个约会”周末小舞台,“青春风采”校园歌手大赛,“拥抱青春 放飞梦想”航模、风筝展演活动,“永远的雷锋”主题活动(观看文献电视片、征文、辩论赛)等20余次活动。加大对贫困学生的资助力度,共有889名学生获得奖励资助,奖金共计292.4万元。

【校园建设】 加强校园管理,成立校园管理科、宿舍管理科,加强校园安全、学生宿舍管理,引进中天物业公司,彻底改变校园脏、乱、差的局面;进一步完善食堂管理制度,制定食堂卫生工作标准和监督管理办法;完成食堂一楼售饭窗口工程的招标、施工、安装;10号、11号楼学生课桌凳及教师办公桌椅的采购与安装顺利结束;中所屯两栋新宿舍楼投入使用;逐步完善医务室建设,申办《医疗机构执业许可证》;建立健全安全防范机制。完善安全保卫、消防等规章制度,落实岗位职责,有效做好重要岗位的安全保障;落实消防制度,各系部、处室逐级签署消防责任书,消防设施进行定时检查、维护、保养和更换;开展校园及消防安全工作的宣传教育,营造安全绿色的良好校园氛围。

【成人教育】 与安阳市邮政局达成预备役员工和在职员工的

培训协议，全年为市邮政局培训员工600余人；成立国家职业技能鉴定所，开展职业技能培训和技能鉴定工作，完成543人次在校生的职业技能培训和鉴定工作。开展“阳光工程”培训450人次，其中兽医服务250人、农业专项技术培训100人、禽畜养殖技术员100人，取得良好的社会效益和经济效益。省教育厅函授站评估专家组完成在学院设立的北京科技大学函授站、辽宁科技大学函授站和郑州轻工业学院函授站的评估工作；继续开展在校生自考助学工作，使自考助学在册人数达到123人。

【中职整合取得重大进展】 学院按照市委、市政府的要求，对市文化艺术学校等6所中职学校合并，成立安阳市中等职业技术学校，正县级独立法人单位，隶属于学院管理。9月，电子信息学校整体搬迁至学院。安阳广播电视大学和市中医药学校整体并入学院，开创中高职一体化发展的新模式。组建后的中等职业技术学校成功申报国家级改革示范校，取得1000余万元的国家财政专项资金支持。

【规划建设】 学院一期工程完成90%，A1号、A2号学生宿舍楼主体封顶，完成填充块砌墙工程；体育场塑胶跑道、草坪铺设、围栏及看台坐凳粉刷完工，北区景观道路铺装完成70%，大小湖底防水铺设及电缆完工。教学楼群5大学院、总建筑面积4.2万平方米，全部竣工并投入使用；市中等职业技术学校新校园建设取得实质性的进展，顺利完成项目立项、规划、设计、征地等工作，教学组团楼、实训组团楼实现主体封顶。

撰稿：祁永华　侯安衡

审稿：王保安

南阳职业学院

董事长：樊　琳

院长：卓立宏

创办时间：2011年4月1日

校址：西峡县白羽北路52号

电　　话：0377—60553333

邮编：474500

传　　真：0377—69690803

网址：www.nyzyxy.com

【概况】 2012年，南阳职业学院占地面积869.5亩，建筑面积6.1万平方米。馆藏图书9.06万册，教学仪器设备总值757.66万元，各类实验室38个，校内外实习实训基地28个。教职工96人，专任教师76人，具有高级专业技术职务教师35人，研究生以上学历15人。学院设院长办公室、教务处、学生处、后勤保卫处和招生就业处5个职能处室，信息工程系、化学工程系、经济与管理系、艺术设计系、机械工程系、土木工程系和公共课教学部等7个教学系部，开设软件技术、应用化工技术、旅游管理、会计与审计、艺术设计、机械设计与制造、数控技术、应用电子技术、建筑工程技术、建筑工程管理等10个专业和冶金辅料、路桥施工技术、光电技术、游戏动漫、高尔夫球场管理、配饰艺术设计等6个专业方向。招生层次包括普通专科、对口专科、五年一贯制高职和成人专科学历教育。

【领导班子成员名单】 董事长樊琳，院长卓立宏，副院长李金玲、樊伟、齐跃进、景群、冯丽锋。

【迎接省艺术类办学情况检查】 11月27—28日，河南省教育厅艺术类专业办学情况检查专家组一行4人莅临学院，对艺术设计专业的办学情况进行检查指导。专家组通过听取汇报、实地考察、查看资料和开展座谈等环节，深入了解学院的艺术设计专业办学情况，肯定了成绩，也提出了合理化建议。

【出台学生资助文件】 4月28日，学院出台《关于资助南水北调库区移民和贫困家庭子女完成学业的意见》，决定对符合条件的新生实行学费减免，帮助其完成学业。

【开展实践教学活动】 根据实践教学计划安排，所有在校学生从5月1日至6月30日在专业指导教师的带领下，分别到专业实习（实训）基地进行两个月的实践教学活动。活动结束后，举办了实践教学成果展览。

【开展专业建设与人才需求专题调研】 5月17—18日，由学院教务处牵头，7个教学系（部）主任组成的“西峡县域人才需求状况与专业建设调研组”对河南养生殿酒业（西峡）有限公司、河南龙成集团公司、河南宛西制药股份有限公司、中原第一漂旅游集团、西峡众德汽车配件有限公司、西峡县五建公司等单位开展专题调研，调研西峡县域经济发展情况和企业对人才的需求状况，探索校企合作培育技能型适用人才的育人模式，服务区域经济社会发展。

【在岗培训】 从9月22日到11月30日，学院开展历时两个月的全员在岗培训工作。全体教职员工按教务教学、学生管理、行政管理与服务人员分组开展了“高职教学管理和教学业务培训”、“高职学生管理培训”和“高职事务管理培训”。在树立现代高职教育理念的基础上，实行科学定岗和定责定员工作。

【南阳职业学院杯篮球赛】 7月13日，由南阳市教育局主办，南阳市中小学体育协会承办，南阳职业学院赞助的“南阳职业学院杯”南阳市高中阶段学生篮球联赛开赛，历时一周。

撰稿：苏红庆

审稿：樊　琳

嵩山少林武术职业学院

院　　长:高松山
创办时间:2004年5月
电　　话:0371-62809603
传　　真:0371-62809603
校址:郑州市登封大禹路西段
邮编:452470
网址:http://www.shaolinkungfu.edu.cn

【概况】 2012年,学院分老校区和新校区,占地89公顷,校舍建筑面积15.25万平方米。学院教学科研仪器设备总值1360万元,万元以上教学科研仪器设备71台(套)。

学院图书馆馆藏图书32.5万册,中外文期刊396种。学院在校学生5016人,专任教师265人,具有副高以上专业技术职务的78人(其中教授17人),具有研究生学历的教师76人。学院有6个系部、13个本科专业和29个专科专业,涵盖文、管、工、经、艺、医等学科门类。

【领导班子成员名单】 院长高松山;副院长刘麦学、赵水森、乔占营、杨彦海,党委副书记李光。

【制定学院"十二五"建设与发展规划】 2012年4月,学院以《国家中长期教育改革和发展规划纲要》、第四次全国教育工作会议及河南省教育工作会议精神为指导,把握学院发展的新形势、新任务、新机遇,广开言路,反复讨论,集思广益,制定了《嵩山少林武术职业学院"十二五"建设与发展规划》,明确学院的办学指导思想、办学定位与发展目标,确定了发展的战略重点和主要任务,提出了学院建设与发展的保障措施。

【干部竞聘和全员聘任】 学院实施处级领导竞聘上岗和全员聘任制。经过报名、笔试、面试答辩和问卷考查,于7月初聘任了28名中层干部;各处室、系部也按要求聘任了工作人员和任课教师。8月17—20日,举办中层干部培训班,编印《中层干部培训学习材料》,邀请河南科技大学党委书记严全治教授、洛阳师院院长时明德教授以及塔沟教育集团领导作报告。

【申本工作】 省政府发布《河南省高等学校设置"十二五"规划》(豫政〔2012〕85号),把"以嵩山少林武术职业学院为基础,申办本科院校嵩山学院"列入发展规划。学院于年初成立了由塔沟教育集团董事长刘宝山任总指挥、院长高松山任组长的申本工作领导小组,成立申本办公室,对申本工作进行整体规划和全面部署。登封市成立了以市长乔耸为组长的登封市申本工作领导小组。聘请有关专家、学者对申本工作进行有效指导。申本材料基本完成,各项准备工作有序进行。

【教学】 新建电子信息工程技术、广告设计与制作、食品药品监督管理、社区康复和医药营销等5个专业。完善人才培养方案,修订完善专科2011级执行版专业教学课程大纲。体育系武术专业成功申报"河南省民办高校品牌专业",获得专项建设经费100万元;体育系武术专业优秀教学团队建设,顺利通过郑州市教育局中期检查验收;文化传播系完成了汉语(国际文化交流)——河南省特色专业建设点立项申报工作;体育系《武术》课程申报郑州市精品课程。学院制定教学管理文件,重视过程管理,实行领导和教师听课制度,完善院系两级教学督导制度,实行教学信息员制度,对教学工作实行有效的检查与监督,保证教学有序和教学质量的提高。3月,学院就业协会"W——执行力"团队获共青团河南省委、省学生联合会2011年举办的首届"益体网"河南省大学生就业创业见习大赛的最佳营销推广奖。6月上旬,组织首届说课大赛,促进学习交流,提升教学水平。在2012年全国大学生英语竞赛(NECCS)中,张亚平、胡潇等4名学生分别获得一、二、三等奖。

【教学工作会议】 11月24—25日,学院召开教学工作会议。学院领导和系部、处室负责人出席。院长高松山致开幕词,副院长刘麦学作了《加强和改进教育教学工作,全面提高人才培养质量》的主题报告。会议的三大议题为教学改革、质量工程和申本工作。会议总结近几年教学工作,进一步明确"质量立校,特色亮校,人才强校"的思路,更新教育教学理念,研究教育教学改革措施,规范办学行为,推动学院实现跨越式发展。

【师资队伍建设】 2012年5月,河南省人社厅批准学院成立中级职称评审委员会。11月,召开学院第一次中级职称评审会议,25名教师顺利通过中级专业技术职务评审,晋升中级专业技术职务。8名教师通过了高等学校教师资格证认

11月24—25日,学院召开教学工作会议

定。新引进一批教授和10名硕士研究生。

【特色亮校工程】 学院是国家汉语国际推广少林武术基地、河南省文化改革发展人才培养基地，肩负承办国际学生夏令营、培养培训各国中华武术师资、承担全球孔子学院和汉语教学机构的武术教学巡演任务。7月15—25日，承办“2012汉语桥—美国高中生夏令营”河南之旅活动，接待了来自美国托列多大学孔子学院、阿拉斯加大学孔子学院及圣地亚哥州立大学孔子学院的30余名师生。10月21日，国家汉办书记周福成、河南省汉办主任徐恒振等莅校，检查国家汉语国际推广少林武术基地建设情况。10月29日、11月11日，分别接待了来自尼泊尔的15名校长、美国的43名中小学校长，并建立合作意向。2012年，学院先后组织20余名师生参加了国家汉办组织的志愿者培训和选拔，15名教师赴尼泊尔任教，5名教师赴泰国任教。学院参与组织了尼泊尔、泰国归国志愿者的交流座谈会，收集整理志愿者经验，为海外教学提供借鉴。2012年7月，应美国亚利桑那大学孔子学院邀请，武术教师赵君明作为国家公派教师赴美教授武术。尼泊尔大使馆对学院选派的教师范东方、雷培荣的工作给予高度评价，对学院为增进中尼人民之间的友谊付出的努力表示感谢。学院是中国人民解放军总参兵源征集基地，2012年11月，7名学生顺利入伍南海舰队海军陆战队，成为学院第三批入伍海军陆战队的学员。中央电视台《新闻联播》节目播发了嵩山少林武术职业学院学生响应国家号召、积极应征入伍的视频新闻。12月19日，中国新闻网播发《30名少林武术高手入伍海军陆战队包括世界冠军》一文，人民网、新华网、搜狐、新浪、中国日报网、大河网等全国主流媒体广为转发。

【实习基地建设】 2012年，12个专业472人在外实习。以传媒技术系的校企合作模式为榜样，以集中顶岗实习(实训)为主，实习(实训)形式多样，效果良好。学院开展实习实训工作中期检查，不断与企业沟通和交流，保证实习实训工作顺利进行。通过检查、总结、研讨、交流，丰富完善了学院实习实训经验和管理制度。

【招生就业】 2012年，录取新生2978人。组织3次大型毕业生招聘会，举行11次“就业创业宣讲会”，就业办公室协同系部定期召开“双选会”，应届毕业生856人，截至12月20日，就业人数816人，其中专升本12人、参军7人、自主创业2人(已领取《创业证书》)，初次就业率90.32%，年终就业率95.44%。

【科研】 省政府招标课题《中原功夫文化研究》获准立项，申报省教育厅调查研究课题3项，申报2012年度河南省教育厅人文社会科学(马克思主义理论学科)研究项目4项，申报河南省教育科学“十二五”规划课题(2012年度)获批2项，申报郑州市社科联课题获批3项，申报河南省教育厅科学技术研究重点项目3项。省教育厅调查研究课题、郑州市社科联课题和省教育厅人文社会科学课题等结题7项。12月，申报郑州地方高等教育教学成果3项，获一等奖1项、二等奖2项。2012年，教师在CN期刊发表论文36篇。

【继续教育和联合办学】 2012年，成人教育报考总人数198人(含洛阳师院试点招生8人)。助学自考工作，11月通过河南省助学自考工作考察评估验收，开设4个专业，助学自考学生174人。组织5次统考课程、4次助学课程、5次实践课程和2次学位英语考试。学院与华北水利水电学院、河南中医学院联办本科全日制教育。2012年，经省教育厅批准，与郑州大学联合举办以汉语国际推广为特色的本科项目，首批4个专业。

【党建工作】 以创先争优活动为载体，开展形势政策教育、理想信念教育、民族精神教育。院党委举办党支部委员培训班，提高党务工作者的责任意识和业务能力。6月17日，组织培训班学员及优秀党员代表参观八路军驻洛阳办事处纪念馆，面向党旗，重温入党誓词。根据中央和省委的统一部署，举办学习十八大精神报告会，组织党员和教职工学习十八大精神。做好校报编印，关注学院发展动态，宣传师生优秀典型，10月底，通过河南省高校工委的党建工作评估和校报评估。学院党校举办了第十五、十六、十七三期入党积极分子培训班，培训入党积极分子260名，发展党员61人，确定积极分子144人。

【团学工作】 以学生为本，思想政治教育走进学生生活，贴近学生思想，符合学生特点，融教育、管理于校园文化活动中，鼓励学生展示特长，全面发展。4月8日，院团委、学生会与院图书馆联合举办“让校园溢满书香，让心灵徜徉书海”大学生读书月活动。4月23日，院团委、学生处组织开展了“传承志愿精神，奉献和谐校园”青年志愿者服务月系列活动。5月30日，举办第四届武术文化节开幕式“青春不停步　豪迈嵩少情”大型文艺晚会。6月，举办两期“学党史、知党情、跟党走”业余党校；举办“永远跟党走”为主题的朗诵比赛。9月27日，学生处、团委主办，院学生会承办“月映嵩山”2012年迎新暨中秋文艺晚会。18个学生社团举办了各具特色的文娱、体育、摄影、书画、知识技能竞赛与社会服务活动，丰富了校园文化生活。学生处、团委组织参加了河南省民办教育发展大会暨第四届民办教育协会四次代表大会文艺演出，第九届中国郑州国际少林武术节大型表演，省教育厅职工运动会、华北水利水电学院运动会、河南中医学院运动会开幕式表演等一系列大型活动。

【学术交流】 4月18日、12月10日，先后邀请原洛阳师范学院院长叶鹏教授、原河南大学校长王文金教授分别为学院师生作了题为《教师的魅力》、《关于大学的办学理念内涵》的报告。9月1日，郑州大学、华北水利水电学院、河南中医学院部分领导出席新生军训阅兵式及开学典礼。

【新校区建设】 新校区占地1000亩，由清华大学建筑设计院设计，既具有丰富的人文内涵，又具有现代文化气息。2012年，一期工程(学生公寓楼6栋，教学楼、实训楼、办公楼、餐厅楼各1栋)全部竣工，10月初，部分学生搬迁新校区。

【荣誉】 2012年2月，在河南省委高校工委对高校2011年度党务信息统计报表评比中，学院被评为优秀报表单位；4月，学院获“河南省最具就业竞争力示范院校”称号；6月，被评为郑州市民办职业院校实验室建设先进单位；8月，学院体育系被评为河南省高校教育教学先进集体；9月，获宣传民办教育迎接十八大召开民办高校文艺汇演二等奖；同月，被评为全省民办教育系统先进集体；10月，学院学生处组织申报的题为《武术强化素质，文化塑造人格》的素质教育成果获得河南省高等学校校园文化建设优秀成果三等奖；11月，在河南省武术段位制比赛洛阳师范学院赛区中获优秀组织奖；12月，在全省教育系统“学习雷锋见行动，三平之中做贡献”主题征文活动中获优秀组织奖；12月，被评为河南省第三批依法治校示范校；同月，被省教育厅评为2012年度河南省优秀民办学校。

撰稿：王占强　黄保欣
审稿：刘麦学　张吉祥

周口职业技术学院

党委书记：杨箴红
院长：张卫宪
创办时间：2001年4月
校址：周口市开元大道西段（南校区）
周口市农业路北段（北校区）
电　话：0394-8693029
传　真：0394-8693286
网　址：www.zkvtc.edu.cn
邮编：466001

【概况】 周口职业技术学院成立于2001年4月，由周口农校、沈丘师范学校、周口广播电视大学和周口艺术学校四校合并而成。2005年，又并入了西华师范学校。

学校有一校两区，总占地面积1325亩，其中南校区占地519亩，北校区占地806亩。建筑面积24.7万平方米，固定资产总值3.16亿元，馆藏图书107万册。教学仪器设备总值6858万元。校内实验实训场所94个，校外实习实训基地121个，其中2个国家级实训基地、1个省级实训基地；宽带接入速度达到了每秒1万兆；多媒体教室和语音室座位3024个，教学用计算机1186台。

学校有专任教师429人，建有省级优秀教学团队1个；副高以上专业技术职务91人，高级技师14人，双师素质教师485人，硕士以上学位教师150人。设有动物科学系、生物工程系、信息工程系、机电工程系、财经系、人文科学系、外语系、体艺系、基础部、公共艺术部、公共体育部等11个全日制教学部门，开设专业44个，形成了以农科专业为龙头、工科专业为主体、人文管理专业为支撑的专业布局；拥有2个中央财政支持的重点专业和4个省级特色专业。近年来，学院教师获市（厅）级科研成果奖162项，省部级科研成果20项，主编出版著作、教材87部，承担编写21世纪高职高专教材27部，在CN学术刊物发表学术论文1311篇。学院面向中西部11个省份招生，现有高职在校生7903人。学校与财鑫集团、双汇集团、安博集团等60余家省内外著名企业建立了合作关系。2004年以来，毕业生当年就业率连续9年超过95%。学院先后获“河南省省级文明单位、河南省园林单位”等称号；被河南省教育厅批准为河南省职业教育品牌示范校，获河南省示范性高职院校建设单位、河南省首批语言文字规范化示范学校、河南省高等职业教育示范性实习实训基地、河南省依法治校示范学校等50余项荣誉称号。

【领导班子成员名单】 党委书记杨箴红，副书记、院长张卫宪；副书记杜纪格，党委委员、副院长赵振然、李庶泉、宋晓东，党委委员、院长助理刘勇军，党委委员、纪委书记李森，党委委员、工会主席许永安。

【党建工作】 一是以开展创建学习型党组织活动为抓手，切实加强政治学习。院党委年度集中学习12次，举办辅导报告6次，主要学习党的十八大精神、中纪委十七届七次全会精神、胡锦涛总书记“七一”讲话、省纪委九届二次全会、第二十次全省高校党的建设工作会议和教育系统党风廉政建设工作会议精神。继续深入学习贯彻省委九次党代会精神、市三次党代会精神。通过学习，班子成员在思想观念上有新变化，在素质上有新提高，在工作上有新动力，在领导方式上有新转变。二是以专项教育活动为载体，进一步加强党的先进性建设和执政能力建设。开展“作风转变暨环境创优”、“讲党性、重品行、作表率、谋发展”和“下基层听民声解难题办实事”等专项教育活动和工作。组织中层领导分赴省内10个职业院校学习考察活动。开展庆祝建党91周年系列活动，组织学院优秀共产党员、优秀党务工作者赴延安革命圣地参观学习。班子成员自觉深入基层，调查研究，广泛征求师生意见，作出公开承诺，着力解决了学院建设中的一些难题，促进了校园和谐，加强了基层组织的凝聚力。三是加强基层党组织建设和党员队伍建设。学习贯彻落实《普通高等学校基层组织工作条例》，规范基层组织建设。严格执行院（系）党政联席会制度，坚持和完善“三会一课”制度，不断推进基层党组织工作创新。进一步加强党校建设和入党积极分子培训工作，切实加强党员队伍建设，全年共发展党员286名，121名预备党员转正。

【人才培养工作评估】 2012年，学院迎来河南省高职院校第二轮人才培养工作评估。学院坚持“以评促管，以评促改，以评促建，评建结合，重在建设”的基本方针，全院动员，全员参与，加强教学基本建设，推进教学质量工程，凝练办学特色，获得了省教育厅评估专家组的肯定和好评，顺利通过专家组的评估。此外，学院的艺术教育、校报和信访工作都顺利通过上级的评估与检查，学院第二轮迎评工作圆满结束。

【教学质量工程】 一是“河南省示范性高职院校建设项目”建成并投入使用，迎接验收挂牌工作全部就绪。学院2007年成功申报该项目，2008年开始建设，2011年底基本建成，总投资4816万元。该项目同时也是河南省职教攻坚计划项目。以此为平台，2012年12月，学院成功申报了“河南省职业教育品牌示范校”建设项目(全省仅有7所职业技术学院申报成功)，同时获得发展资金500万元。二是中央财政支持的职业教育实训基地项目(现代农业技术综合实训基地)顺利竣工。学院现代农业技术综合实训基地2010年经教育部批准立项建设，并获中央财政专项资金支持。该项目是学院首个国家级建设项目，也是学院“河南省职教攻坚计划项目”之一。截至2012年年底，该项目共完成投资300万元，占计划投资的100%，各项建设任务顺利完成，迎接验收工作就绪。该项目的建成，使学院服务区域农业现代化的能力显著增强，每年可培训农村实用人才6000人，现代农业技术高技能人才500人。三是成功申报一批国家级和省级建设项目。4月，应用电子技术和畜牧兽医专业被教育部正式确定为“高等职业院校提升专业服务产业发展能力”建设项目，取得了国家级专业零的突破。5月，学院建筑设计技术实训基地成功申报“2012年中央财政支持的职业教育实训基地建设项目”，使学院的国家级实训基地项目达到了2个。9月，学院应用电子技术专业和计算机应用技术专业被确定为河南省2012年综合改革试点专业建设点。

【化解银行债务工作】 在周口市政府的大力支持下，2012年，学院共化解银行债务5390万元，完成年度化债计划的100%，学院银行债务余额下降到3600万元，发展的负担明显减轻。2012年，学院通过申报各种项目，共获得省级以上专项资金1400万元，市教育附加项目600万元，总计2000万元。

【招生就业】 2012年，普通专科招生1249人，完成计划的34.7%，同比下降48.2%。中专招生4100人(其中全日制800人，校际联合办学招生3300人)，完成计划的146%，同比增长198%。11月，学院举办2012届毕业生双选会，共邀请200余家企业到会，2012届应届毕业生共4055人，当年就业率达到96%。

【教学管理和专业建设】 制定出台了《周口职业技术学院实训教学经费管理办法》、《周口职业技术学院教师专业实践锻炼管理办法》、《周口职业技术学院关于进一步加强内涵建设提高教学质量的实施意见》等制度文件，进一步完善了教学管理制度体系。2月，学院被河南省教育厅授予“河南省普通高等教育本专科学籍学历管理工作先进集体”称号，武金娟、刘冬霞两人被授予“河南省高等教育学生工作先进工作者”称号。2012年新增兽药生产与营销、食品加工技术、学前教育、英语教育4个专业，专业总数达到44个。举行学院第一届说课大赛。课程改革受到学生的普遍好评，取得了阶段性成果。

【师资队伍建设】 2012年，学院有1名教师被评为省级学术技术带头人，2人被评为省级优秀教师，11人被确定为周口市第七批专业技术拔尖人才，4人被评为第十届周口市青年科技专家，2人被评为周口市第二届优秀青年社科专家，4人被评为市级优秀教师。根据《周口市中高级专业技术职务任职资格申报推荐量化赋分办法》，结合学院实际，2012年，评出8名副教授、12名讲师、3名助教；7人获得技师资格，2人获得高级工资格，完成15人高校教师资格认定推荐工作。全年面向社会招聘11名硕士研究生，共聘用企事业单位高层次人才194人担任兼职教师。9月，学院被评为周口市引进高层次人才工作先进单位。学院教师在各种比赛和社会评比中为学院赢得荣誉：在周口市第二届运动会上，获二等奖1项、三等奖2项。4月，学院教师穆向阳、李香荣获周口市“公益文化特别贡献奖”，刘建新、高飞被授予“周口市十佳文化志愿者”称号。5月，学院教师李勇被团市委授予“新长征突击手”称号。7月，在河南省首届高校辅导员职业技能竞赛决赛中，学院教师陈鹏获优秀奖。8月，由中国侨联主办，中国科学院、中国科协和国家知识产权局协办的第四届“中国侨界贡献奖”颁奖仪式在北京人民大会堂举行，学院院长张卫宪教授获“中国侨界(创新人才)贡献奖”，河南省仅有三人获此殊荣，张卫宪名列首位。

【学生素质教育】 2012年，学院学生在各种比赛中取得一系列好成绩：在“2012年中国大学生计算机设计大赛(河南赛区)暨首届河南省大学生计算机设计大赛”中，学院获三等奖1项。在河南省第十七届大学生田径运动会上，学院代表团共获银牌3枚、铜牌3枚，取得了男子团体总分第五名、女子团体总分第九名。在河南省教育厅组织的第十六届河南省多媒体教育软件大奖赛中，学院获二等奖2项、三等奖1项。在教育部高职高专工商管理类专业教学指导委员会主办的“2012全国高职高专大学生企业经营管理沙盘模拟大赛”河南省赛区决赛中，学院代表队获企管组第一名。

【精神文明建设】 学院通过在全院开展部门二级创建活动，坚持创建活动与校园文化艺术体育活动的有机统一，精神文明建设得到了全面推进：举办第六届校园文化艺术节和第七届大学生春季运动会；全年，以各系为单位，举办了演讲大赛、主持人大赛、歌唱比赛、专业技能大赛、各种体育比赛等，校园文化科技体育活动精彩纷呈；“学院奉献小组”、“志愿服务队”随处可见，师生整体精神面貌健康向上，学院环境安定有序、平安祥和，连续两年被评为周口市综合治理先进单位。11月，学院南校区被市政府授予“花园式单位”称号，同时在省级文明单位创建中被确定为推荐单位。4月，河南省“高雅艺术进校园活动”应邀走进学院，为师生献上了一场精彩的交响音乐会；5月，由学院音乐表演专业教师举办的专场音乐会上演，进一步营造了浓郁的校园文化艺术氛围。在周口市第二届运动会上，由学院600名学生组成的团体操表演方队成为一道亮丽的风景，良好的精神风貌赢得社会好评。学院教师在河南省首届法治书画摄影作品展活动中，获三等奖1项、优秀奖1

项;在周口市首届法治书画摄影作品展活动中,获一等奖2项、二等奖1项、三等奖1项,学院被评为"周口市法治书画摄影作品展优秀组织单位";在卫生部、中国红十字会总会和中国人民解放军总后勤部联合组织的2012年全国无偿献血奉献奖评比中,学院教师李可凡获铜奖。

【干部人事工作】 2012年,学院为113名人事代理人员办理了医疗保险手续,安置2名退伍军人,为18名人员办理了调出和退休手续。根据公开、公正、透明的原则,选拔了9名正科级干部。根据上级政策,结合院"四制工作法",调整了《2012年度绩效工资分配方案》。按豫财办社〔2011〕119号文件精神,落实了8位离休干部、13位副处级以上退休干部的生活待遇,工资足额及时发放,报刊费、医药费、电话费按政策及时报销。建设老干部活动室,举行多场老年文化体育活动,使老干部身心愉悦。2012年中秋节,学院成立了以党委书记杨箴红为组长的慰问小组,分赴周口各县市,对离退休干部进行慰问。学院获"全市老干部工作先进集体"称号。

【科学研究】 全年教学科研共完成省级课题结项11项,3项获一等奖;市级课题结项15项,7项获一等奖,8项获二等奖。2012年,学院新立项省教育厅教育教学改革项目2项,省社科联项目27项,省教育厅人文社会科学马克思主义研究项目1项,市社科联项目30项。在周口市第十一届自然科学优秀学术成果奖中,学院共有31项成果获奖,其中一等奖10项、二等奖20项、三等奖1项。

【信息工作】 在河南省教育厅发布的2012年上半年全省高校教育信息采用情况的通报中,学院居高职院校第二名。学院在推进周口信息化战略中的影响力日益扩大:在周口市计算机学会四届一次会员代表大会上,学院当选副理事长单位,1人当选副理事长、1人当选常务理事,6人当选理事。在周口市互联网协会成立暨一届一次会员代表大会上,学院当选副理事长单位,1人当选副理事长、1人当选理事。2012年,学院有6项成果获河南省信息技术教育优秀成果奖。

【作风建设】 学院制定《关于加强凝聚力创新力执行力建设推进学院跨越式发展的意见》和《推行"四制工作法"实施办法》,要求全院教职工把落实"四制工作法"和"作风转变暨环境创优"活动结合起来,全面贯彻"四制工作法",实行工作目标制、目标项目制、项目责任制、责任考评制。学院党政主要领导与各部门负责人签订了目标责任书。

撰稿:赵发义

审稿:宋晓东

河南化工职业学院

党委书记:郭改英　　院长:姚　勇
创办时间:1983年　　校址:郑州市建设西路548号
电　　话:0371-86638366　　邮编:450042
传　　真:0371-86638366　　网址:www.havct.edu.cn

【概况】 河南化工职业学院是经省政府批准、教育部备案的一所公办全日制普通高等职业院校,也是河南省唯一一所独立设置的化工类高职院校。其前身是1956年成立的河南省化学工业学校,1983年成立河南省化工职工大学,2010年4月改制为河南化工职业学院。学院位于河南省郑州市,占地面积203亩,建筑面积12万平方米,在校生9000余人。现开设有应用化工技术、工业分析与检验、生产过程自动化、机电一体化技术、机械设计与制造、电子商务、会计电算化、计算机网络技术、动漫设计与制作、广告设计与制作等31个专业,拥有流体输送、化工管路拆装、生产过程自动化、化工生产过程仿真、化工分析、机械加工、焊接、会计、电子商务等各类专业实训室91个,拥有多媒体教室、语言室、计算机房47个;建有千兆校园网,百兆连接到桌面;图书馆有各类藏书36万余册,建有设备功能齐全的电子阅览室,并与超星数字图书馆、维普期刊网络连接。

学院有教职员工347人,其中专任教师295人,80%具有中、高级专业技术职务;其中省级教育教学专家2名,省级优秀教师7人,教授2名,副教授70名,河南省学术技术带头人27名,院级教学名师8名,双师素质教师65名,并聘请有外籍教师承担授课任务。

学院严守"厚德　精技　励志　笃行"的校训,近年来,先后被评为全国职业教育先进单位、河南省最具影响力的十佳职业院校、河南最具就业竞争力示范院校、河南省行风建设先进单位、河南省文明单位、河南省大中专就业工作先进集体、关心国防建设先进单位。

【学院领导班子成员名单】 学院领导班子共有8人组成。学院党委书记郭改英,党委副书记、院长姚勇;党委副书记蒋清民,副院长赵玉奇,朱东方,陈君丽,纪委书记崔在伟,工会主席蔡娜。

【师资队伍建设】 学院坚持"人才强校"战略,按照"引进与培养并重、数量与质量协调、适用与提高衔接”原则，实施“充电工程”、“青蓝工程”、“名师工程”和“双师工程”建设。一是强化教师培训，职业技能明显提升。2012年，学院先后投入50余万元，选派74名教师参加了企业实践、课程开发、专业技能、项目化教学等专题培训。通过新教师岗前培训制、青年教师上岗试讲制、青年导师制等着重加强对青年教师的培养，提高青年教师的政治素养和业务素质、实践能力和教学水平。学院教师参加各项技能竞赛，取得国家级一等奖2项，省级一等奖4项、二等奖5项。二是科研水平显著提升。出台《科研课题成果奖励办法》、《科研课题经费管理办法》等一系列制度，鼓励教师深入开展教育教学研究。学院教师在CN级以上刊物上发表学术论文117篇，其中被SCI、EI、ISTP三大国际检索收录的论文13篇，核心期刊29篇，编写公开发行教材16部，教科研课题34项，取得厅级以上教科研成果64项。

【教育教学改革】 2012年，学院以促进内涵发展为重点，提高教育教学质量。一是完善规章制度，全面启动校内教学工程。制定《河南化工职业学院特色专业建设管理办法》、《河南化工职业学院优秀教学团队评选与管理办法》、《河南化工职业学院精品资源共享课建设管理办法》等一系列教学工程建设管理办法。二是推动院级精品资源共享课、特色专业、优秀教学团队申报评审工作。经过校外专家组评审、领导班子研究，最终评出院级精品资源共享课10门、特色专业6个，教学团队7个。三是申报获批省级特色专业1个、专业综合改革试点2个、省级示范性实训基地2个，争取财政资金1000余万元。

【专业建设】 一是强化特色专业建设。根据“人无我有、人有我优、人优我强”的原则，强化品牌意识、特色意识，打造特色专业。学院应用化工技术专业成功获批为省级特色专业，应用化工技术专业和机电一体化专业被评为省级专业综合改革试点。二是开发新专业。增加了药物制剂技术、工程造价、建筑工程技术、机械设计与制造、广告设计与制作、中药制药技术等6个专业，使学院由原有的25个专业增至31个。三是迎接艺术类专业评估。2012年，河南省教育厅对95所高校的568个艺术类专业点进行了评估，学院的装潢与艺术设计专业在此次评估中顺利通过专家评估并得到了一致好评和充分肯定。四是建立专业与产业对接机制。学院以河南化工职业教育集团为平台，充分发挥集团内专业指导委员会的作用，对化工生产技术、工业分析与检验、化工设备维修技术、机电一体化、会计电算化、动漫设计与制作6个校内重点专业进行研讨，共同制定人才培养方案，有效地促进了专业与产业、课程与岗位标准有效对接。

【实训基地建设】 2012年，学院以建设“省级示范性实训基地”为引导，完善校内和校外实训基地。共投资400万元(其中省财政80万、校内320万)建设“现代数字模拟省级示范性实训基地”，并经专家评审，顺利通过验收；成功申报了“工业分析与检验”省级示范性实训基地、学院与河南心连心化肥有限公司共建“省级示范性综合实训基地”。学院拥有校内实训室91个，校外实训基地64个。

【技能竞赛】 学院重视学生的技能培训工作，始终将技能大赛作为树品牌、促发展的重要抓手抓紧抓好。2012年，学院组织学生参加了瑞萨超级MCU模型车大赛、化工设备维修、化工生产技术、工业分析与检验、化工仪表自动化等15项国家级、省级各类职业技能大赛，共获得全国团体一等奖6项、二等奖4项、三等奖4项，优秀组织奖1项、伯乐奖4项；省级团体一等奖3项、二等奖1项、三等奖2项、特等奖1项。

【学生资助】 学院重视家庭经济困难学生的成长，进一步完善“奖、贷、助、补、减”五位一体的助学政策体系，加大贫困生资助工作的落实力度。本年度为116名家庭经济困难的学生办理助学贷款总计48.03万元；发放国家奖学金2.4万元，双汇助学金4.5万元，国家励志奖学金50万元，助学金307.5万元，信汇奖学金、院奖学金42.9万元，勤工俭学津贴、班费23.3万元；减免学费87.4万元。全年共计完成学生奖、助、贷486.63万元。

【河南化工职教集团2012年工作会议】 11月24日，河南省化工职业教育集团2012年工作会议在学院召开，110余家省内外知名企业参会。会上签订了《河南省化工职业教育集团校企成员单位合作协议》，审议并通过了《河南省化工职业教育集团章程》，选举产生了集团新一届理事长、名誉理事长、常务副理事长、副理事长，学院党委副书记、院长姚勇当选为集团新一届理事长；审议并通过了河南省化工职业教育集团“两委”委员名单，学院副院长赵玉奇、陈君丽分别担任教学指导委员会、招生就业指导委员会主任委员。校企双方还就人才培养目标、重点专业人才培养方案和联合招生就业渠道开拓等内容进行了重点研讨，达成多项共识，取得良好成果。

11月24日，河南省化工职业教育集团2012年工作会议现场

【校企合作】 2012年，学院以河南省化工职业教育集团为平台，不断深化校企合作内涵，筹备召开了河南省化工职业教育集团工作会议，建立和完善了驻企工作站，为学生顶岗实习、教师实践能力提高提供了有效平台。学院与河南省心连心化肥有限股份公司签订校企合作协议，在心连心公司建立驻企工作站，推进订单培养。先后为河南煤业化工集团、义煤集团等企业定向培养学生269人。学院被河南省教育厅评为河南省职业教育校企合作工作先进单位。

【招生就业】 学院加大招生宣传力度，在发挥招生就业指导中心主渠道作用的基础上，调动中层干部和教职员工的积极性。2012年,学院高职专科计划招生2500人,录取2580人,录取率为103.29%,超额完成招生计划。本年度,学院共完成各类招生3053人,位列全省同类院校前列。

按照"抓就业、促发展、创品牌"的工作思想,构建"领导主抓、中心统筹、部门配合、全员参与"的四级联动工作机制。邀请80余家企业到校举行专场招聘宣讲会;举办大型综合招聘会1场,提供就业岗位8000余个,共有2647名毕业生落实到了就业岗位,占毕业生人数的95.8%;中专就业率达100%;专升本升学率为94.4%;22名应届毕业生应征入伍。2012年,学院被河南省人力资源与社会保障厅、省教育厅评为河南省大中专就业工作先进集体,被《河南日报》报业集团评为河南最具就业竞争力示范院校,被中原区委、区政府、区人民武装部评为关心国防建设先进单位。

【连续三届获评省级精神文明单位】 10月25日,省级文明单位验收组对学院的精神文明单位创建工作进行检评,专家们通过听取汇报、查阅资料、实地查看、群众评议等环节,对创建工作进行全面检查,给予了高度评价。学院顺利通过检评工作,连续三届被中共河南省委、河南省人民政府评为省级文明单位。

【校园文化建设】 2012年,学院重视校园文化建设,培育具有学院特点的化院精神,确定了学院的发展目标:行业一流、省内先进、国内知名;办学理念:以质量立校、以人才强校、以特色兴校;办学模式:职业化教育、企业化教学、素质化培养;校训:厚德、精技、励志、笃行;校风:教师乐教、学生乐学、人人思进、个个争先;教风:敬业爱生、言传身教;学风:勤学善思、知行合一;学院精神:心系化院、自强不息、务实创新、敢为人先;工作作风:工作标准化、执行效率化、落实结果化。制定了廉政措施:教育警示、制度约束、过程监督、违纪必究。学院先后举办高雅文化进校园、大学生辩论赛、五四歌咏比赛、校园歌手大赛、元旦晚会等一系列丰富多彩的校园文化活动,为广大学生提供展示才华、拓展视野、陶冶情操的舞台,丰富学生的课余文化生活,全面提高学生的综合素质。

【群团组织】 学院工会以提高职工生活质量为目标,为职工办好事、办实事;为职工排忧解难做到"四到场"(职工结婚、生子、住院、慰问);开展文体活动,学院代表队在河南省教育厅第五届职工运动会上获得团体总分第一名,实现了三连冠;以教代会民主管理形式为手段,实现职工的知情权、参与权、表达权和监督权。同时学院党委坚持以党建工作带动共青团队伍建设,形成了党委领导、团委主抓、系部配合的"大团建"格局;老干部处以落实离退休人员政治、生活待遇为重点,开展各项活动,受到了离退休人员的一致好评。2012年,学院关工委被河南省教育厅评为五好关工委。

【平安校园建设】 学院以强化安全责任意识为关键点,构建平安和谐校园。制定学院安全稳定工作方案,成立安全稳定工作领导小组;签订《安全创建目标责任书》,明确各部门安全稳定工作职责;制定安全稳定工作预案和相关制度、措施和办法,建立安全稳定防控体系;开展"不稳定因素排查月"活动;投资26万元完善校园视频监控设施,更新校园消防和安全保障设施,提高学院安全稳定防控能力;强化安全管理,坚持执行夜间值班巡查、食堂食品安全卫生检查、消防检查及宿舍安全隐患排查工作,并形成工作常态化,全年无重大事故发生。

撰稿:刘　钊

审稿:肖玉霞

河南推拿职业学院

校　　长:王志林　　党委书记:许洪方
创办时间:1959年3月　　校　　址:洛阳市学府街10号
电　　话:0379-65232088　　邮　　编:471023
传　　真:0379-65232088　　网　　址:http://www.hnzjschool.com

【概况】 河南推拿职业学院是2011年省政府批准、教育部备案的公办全日制高等职业院校,前身是始建于1959年的河南省针灸推拿学校。2012年,学院占地376亩,建筑面积10余万平方米,教学仪器设备总值1000余万元,开展高职、中职学历教育和短期职业技能培训,设有针灸推拿、康复治疗技术、护理、社区康复、老年服务与管理、中医康复保健等6个专业,现全日制在校生规模3000余人。馆藏图书10余万册,其中盲文图书2000余册。实验实训室42个,校外实习医院和实习基地100余个。教职工298人,其中专任教师140人,高、中级专业技术人员98人,省级学科带头人、骨干教师、优秀教师、行业协会知名专家30余人。设1个国家职业技能鉴定所。

2012年，学院教务处被省教育厅评为河南省高等教育教学工作先进集体，财务处被省民政厅评为全省民政系统财务工作先进集体；2名教师分获"河南省优秀教师、河南省教育系统优秀教师"称号，1名教师"获洛阳市优秀教师"称号。

【领导班子成员名单】 校长王志林，党委书记许洪方；副校长马跃，纪委书记滑丽芬，副校长王轶群、胡南，工会主席李中良。

【学院揭牌仪式】 2011年9月19日，河南推拿职业学院举行揭牌仪式，民政部党组副书记、常务副部长罗平飞，省委常委、洛阳市委书记毛万春，副省长徐济超，省民政厅厅长杨云共同为学院揭牌。省教育厅副厅长訾新建宣读了《河南省人民政府关于设置河南推拿职业学院的批复》，民政厅厅长杨云、洛阳市副市长杨萍讲话，校长王志林致词；仪式由党委书记许洪方主持。省民政厅、省中医药管理局、洛阳市和省内外兄弟院校的有关领导和学院4000余名师生员工参加了揭牌仪式。

【徐济超、王艳玲来校调研】 2011年12月15日，河南省副省长徐济超，省委高校工委书记、省教育厅厅长王艳玲，副厅长崔炳建，省财政厅副巡视员董和生，洛阳市委副书记、代市长李柳身，副市长杨萍等一行来校开展职业教育调研工作。校长王志林代表领导班子向徐济超等领导作了专题汇报。徐济超对学校在职业教育和特殊教育方面取得的成绩给予了充分肯定，对学校今后的发展提出了新的要求。

2011年12月15日，副省长徐济超（前左二），省委高校工委书记、省教育厅厅长王艳玲（前左三）莅校调研

【马昕来校视察】 2012年10月11日，省民政厅党组书记、厅长冯昕来学院调研，并慰问全体教师。学校领导班子全体成员陪同调研。

【教学】 完成本年度各专业教学计划。护理、社区康复两个专业进入第2个教学年度；制作《推拿学基础》配套手法实训教学光盘，运用到教学中；992名学生顶岗实习，776名学生参加职业技能考试，通过率98%以上。1012名学生参加高校AB级英语考试。成立学院学术委员会，制定学术委员会章程，报省教育厅批准备案，并开展相关工作。

【学科建设与科研】 新申报的老年服务与管理专业获省教育厅批准并报教育部备案，2013年开始招生；完成洛阳市针灸推拿专业公共实训平台建设项目，落实项目建设资金150万元；完成教育部批准的为期两年的"提升针灸推拿专业服务能力"建设项目的本年工作计划，中央财政支持的第一批资金200万元落实到项目中。《视障学生自信心现状调查分析》等3项省职业教育教学改革课题结项并获省职业教育教学成果三等奖；《推拿疗法对痰湿体质干预的实验研究》课题获省教育厅科学技术重点研究项目立项；《多媒体环境下针灸推拿基本技能实训教学的实验研究》等课题获省信息技术教育一般课题立项；《推拿疗法对痰湿体质干预的实验研究》和《河洛推拿法激发感传配合心理疗法治疗更年期综合征的临床研究》两项课题申报了2013年河南省科技攻关项目。

【教育管理服务】 坚持班主任24小时值班制度；修订《学生手册》；开展学生心理健康教育和服务，建立学生心理健康档案；关爱盲残学生，开展盲生定向行走培训、盲人电子阅览等服务；投入16万元为300余名残疾学生发放生活补贴和学习生活用品；为6000余人次学生发放奖助学金和报销医保费用近400万元。

【招生就业】 2012年，招收新生856名，高职474名、中职382名，其中残疾学生138名，为建校以来最多的一年；投放河北、安徽、甘肃、青海、山西等省外招生计划95名。1127名学生毕业，96名学生升入本科院校，6名学生应征入伍。举办2012年毕业生就业"双选会"，120余家用人单位为毕业生提供3500余个就业岗位，供需比为1:3。

【医疗服务与技能培训】 学院附属医院被确定为市级新农合定点医院。附属医院和"八一"路门诊部全年门诊治疗病人9万余人次，收治住院病人1000余人次；继续承担省市残联小儿脑瘫康复治疗项目，收治脑瘫患儿22名；应邀选派10名推拿医务人员分批次赴京，为参加在伦敦举办的第十四届残疾人奥林匹克运动会的中国运动员进行医疗保健等服务，受到高度赞誉，中国残疾人体育运动管理中心专门致函对学校表示感谢；与郑州中医骨伤病医院建立合作关系，30余名医务人员赴该院学习交流。12月中旬，为配合洛阳城市建设，附属医院搬迁至原洛阳市涧西区人民医院过渡。短期培训承担省、市4批次残联盲人保健按摩师培训任务，培训学员509人，其中残疾人学员200余人；接待法国、瑞士、中国香港等国家和地区40余名学员到校培训交流。

【师资队伍建设】 做好中职教师向高校教师专业技术职务转评工作，9名高级讲师转评为副教授，14名讲师转评为高校讲师，19名教师获高校教师资格。共有131名教师获得高校教师资格。利用教育部项目建设资金，选派近40名教师参加教育部组织的高职高专师资培训。

【基础设施建设】 投资1100万元新建学生食堂，2013年竣工；完成政府采购300余万元教学仪器设备及生活服务设施；完成6000平方米运动场建设。获国家发改委、教育部支持的特殊学校建设二期项目盲残人教学综合楼、盲残人学生公寓2个项目立项，总建筑面积23500平方米，投资估算7719万元。

【校园安全】 重视抓好校园安全和食品卫生安全工作，开展"食品卫生安全月"活动，严格落实食品安全责任制；开展"百日安全大检查"活动，及时排查整改存在的安全隐患；开展传染病预防，做好传染病防治工作。全年未发生食品卫生、人身及财产安全责任事故。

【党建和校园文化建设】 完善学院"三重一大"实施办法和校

务公开实施办法;开展"创先争优"、"学雷锋见行动'三平'之中做贡献"、"三讲三提升"等活动;学习党的十八大精神,加强党的组织建设,全年发展新党员61名。开展党风廉政建设和反腐败工作,组织中层以上干部赴豫西监狱接受警示教育,邀请洛阳市检察院专家作专题讲座,坚持学校领导上廉政党课,开展了"清风中原·廉洁节日"廉政教育活动;开展廉政风险防控机制建设活动,查找廉政风险点,制定防控措施;以"树立优良作风,构建和谐校园"为主题,继续开展2012—2013年民主评议行风活动。广泛开展"红歌伴我成长"、"诚信校园行"、"学雷锋树新风"等教育活动,成立了助老志愿服务队、和谐校园服务队,开展青年志愿者服务;学院团委获洛阳市优秀志愿服务集体称号。做好团员发展和评优评先工作,2012年,共发展团员113名,表彰优秀团支部6个,优秀团干36名,优秀团员112名。

撰稿:聂先平　郭　伟

审稿:王志林　王轶群

河南护理职业学院

党委书记:花　明

院长:郭茂华

创办时间:1951年

校址:安阳市盘庚街67号(老校区)

安阳市开发区职教园区(新校区)

电话:0372-5365800　2924084

邮编:455001

传真:0372-2924084

网址:http://www.hncedu.cn

【概况】　河南护理职业学院创办于1951年,其前身是河南省卫生学校。2011年4月,经河南省人民政府批准、国家教育部备案,升格成为一所专科层次的普通高等职业学校。学院是河南省唯一一所专科层次的以护理职业教育为主,同时兼顾医学技术类和药学类教育的医学院校,主要面向河南省培养适应医疗卫生事业发展的高等技能型人才,同时继续承担中等卫生职业教育的任务。

学校有教职工265人,其中具有高级专业技术职务的教师58人,享受国务院特殊津贴专家、省市优秀专家和省市学科、学术技术带头人26人,博士、硕士研究生78人,双师型教师83人。学院拟筹备设立护理系、药学系、医学检验技术系、口腔医学技术系、医学影像技术系和基础医学部、人文社科部、思政部等"五系三部",开设有护理、助产、医学检验技术、药学、口腔医学技术、农村医学、口腔修复工艺、药剂等15个专业,在校生6800余人。学院占地面积25万余平方米,图书馆藏书20万册,拥有8个实训中心,68个实验实训室。学院是河南省唯一一所经教育厅批准面向西部招生的卫生类示范学校和护理人才培训基地、省级卫生类中等职业学校教师教育技术培训基地、省级中等职业学校护理专业教师培训基地和中央财政支持的国家级护理专业实训基地,是河南省示范性职业院校、河南省职教攻坚重点建设行业示范学校、河南省职业教育先进单位、河南省大中专毕业生就业先进单位、河南省文明学校、河南省医学教育先进单位,被教育部授予全国教育系统先进集体称号。

【领导班子成员名单】　党委书记、副院长花明,党委副书记、院长郭茂华,党委副书记、名誉院长于晓谟;党委副书记、纪检书记胡景团,副院长潘登善、钟会亮、张淑爱、王家桥,工会主席张官印。

【内涵建设】　彰显特色,注重提升教学科研质量。全年完成11个专业、104个教学班5.9万学时的教学任务。同时,探索教学模式的转变,突出技能培养,抓实"教、练、考、赛",以考促学,以赛促练,毕业生理论统考名列全省第一,获全省护理竞赛一等奖,保持全省护理技能竞赛四连冠。制定护理、口腔工艺技术等4个专业的建设方案,开设了生活礼仪等10门选修课,提高学生综合素质,学院被评为2012年度卫生职业教育工作先进单位、省级卫生先进单位。

【招生就业】　生源拓展到甘肃、宁夏等6个省份;秋季招生报到总数达2857人,创历史新高;其中大专生报到1242人,报到率88.7%,比2011年上升了7个百分点,学校在校生达6819人。举办学院第二届毕业生就业供需见面会和5场部分用工单位专场招聘会,提供就业岗位1000余个,毕业生就业率保持在95%以上。

【人才培养】　引进硕士人才21名,招聘中高级职称紧缺专业教师3名;选派2名护理骨干教师赴新加坡学习,24名骨干教师参加国家级和省级培训,选派护理、口腔专业课教师参加临床实践;实施"蓝青工程",举行青年教师课件制作大赛、教案展评、实践技能专项训练,举办学院首届说课比赛。

【学生管理】　转变学生管理模式,加强学生自我管理。建立了中专、大专专职辅导员制度。全年推荐省级文明班级1个、文明学生1名,省级优秀毕业生44名、三好学生4名、优秀学生干部2名、先进班集体1个;市级三好学生84名、优秀学生干部8名、先进班集体1个。按时完成了2011级学生中职卡办理和发放工作,及时检查联合助学管理情况。

【科研工作】 全年接收科研立项、成果申报通知共21项。出台《院级课题管理办法》,共有10位教师申报的课题获准立项;院外科研课题立项9项,结项9项,获得市厅级成果18项;全年在公开出版杂志发表论文149篇;出版专著教材19部。

【新校区建设】 新校区建设一期工程中的教学楼,1、2号实验楼,3、4号学生公寓楼,校医院,学生食堂等共计9.67万平方米的建设项目,主体工程均完工,进入内外粉刷和装修阶段;浴室及锅炉房的基础工程部分完工;完成了学院大门、5号学生公寓楼、图书科研行政综合楼、操场的施工图纸设计。经过艰苦努力,向省工商银行申请总额1.9亿元的信誉贷款已签署借贷协议,资金筹措工作取得重大突破;此外,经多方协调,争取到5150万元新校区建设专项资金,缓解了建设资金紧张难题。

【安全管理】 按照"安全第一、预防为主"的工作原则,围绕抓安全促教育、抓稳定促发展的工作思路,开展各项安保工作。进行各种经常性校园安全隐患普查,编印《维稳安全工作手册》,有效确保了学院职工和学生的安全,实现了"三无"目标。学院被授予"全省卫生系统安全生产先进单位"称号。

11月12日,省卫生厅厅长刘学周(前右二)考察新校区

撰稿:刘春光
审稿:王家桥

信阳涉外职业技术学院

党委书记:李太福
院长:戴启润
创办时间:2011年
校址:信阳市新县新城区叶林大道
电　话:0376-2795318
邮编:465550
传　真:0376-2989810
网址:http://www.xyswxy.com
电子信箱:xyswrs168@163.com

【概况】 信阳涉外职业技术学院成立于2011年5月,是经河南省人民政府批准、教育部备案,河南吉星对外劳务合作有限公司投建的全国首所全日制涉外高等专科职业院校,主要面向日本、韩国、新加坡等国家及国内的外资企业培养高等应用型技术人才;其前身是新县涉外培训中心。学院位于河南省新县,校区总占地442亩,总建筑面积67000平方米。2012年,开设商务管理、建筑工程管理、设施农业技术、焊接技术和服装工艺等11个专科专业,同时还开设日语、韩语、电子技术等20余个短期培训专业,年培训各类技术工3000人以上。学校有教职工128人,具有高级专业技术职务38人,其中教授8人、副教授19人,具备双师资格的教师7人。在校学生1280人。

自1984年开始开展职业技能培训,到2012年,学院累计培训各类技能人才3.6万余人,先后向日本、韩国、新加坡、香港等20多个国家和地区派出1.8万人次,年派出规模稳定在1600人以上,常年在外务工学员达6000人左右,年创外汇7100余万美元,为地方经济发展和人口素质提升做出了贡献。2012年5月10日,河南省政府授予信阳涉外职业技术学院"河南省涉外劳务培训示范基地"。

【领导班子成员名单】 党委书记李太福,院长戴启润,党委副书记吴之法,副院长晏祎,纪检委书记潘明龙,工会主席曹江红。

【领导视察】 2009年以来,中共中央政治局常委、全国政协主席贾庆林,中央纪委书记贺国强,全国政协副主席黄孟复、钱运录、张怀西,国家发展改革委社会发展司副司长王凤玲及河南省委书记卢展工、省长郭庚茂等先后到学校视察并给予高度评价。2012年9月17日,国务院扶贫办主任范小建来学院调研,他详细询问了培训、派遣流程以及学员在国外的工作环境、维权等问题,并深入教室、宿舍与学员们亲切交谈。

【党建工作】 学院党委会深入贯彻落实科学发展观和党的十八精神,始终把组织建设放在首位,按照抓组织、带队伍、促发展的要求,开展创先争优活动,以领导班子公开承诺、党员先锋岗,干部职工讲学习、比效率、争先进等活动

2009年4月19日，中共中央政治局常委、全国政协主席贾庆林来信阳涉外职业技术学院调研时，对学院独特的人才培养模式与办学理念给予了充分肯定

为抓手，全面加强基层组织建设，形成了同心同德、共谋发展的领导集体，涌现出了一大批爱岗敬业、无私奉献的群体，提升了党支部的凝聚力和战斗力。2012年，学院党委支部被中组部授予全国先进基层党组织的称号。

【干部队伍建设】 学院董事会严格执行党政领导干部选拔任用工作条例和干部选拔四项监督制度，严格按照民主、公开、竞争、择优的原则，先后对学校中层副职、各系部干部进行了竞聘、选拔，顺利完成学院各处室、各系部干部的选聘工作。

【师资队伍建设】 加大对高层次人才的培养与引进力度，新引进教师34名，全部充实到教学、学生管理第一线。继续加强对“双师型”教师的培养，支持、组织教师和专业技术人员参加相关的执业资格考试和职称转评，全年共对79位一线教师进行了专业技术职务聘任。各系（部）举办优秀课教师课堂教学示范课观摩、专业知识技能竞赛，参与多项项目教学。

【升本工作】 学院分别与河南工业大学、河南财经政法大学、信阳师范学院等省内知名院校的数个热门专业联合办学，并通过自学考试考点的资格评审。院领导抽调骨干力量对参加自学考试的学生全程进行辅导，指导学生做好学习备考工作，开放自考学生专用计算机室。在2012年6月的全国自学考试中，学院参加考试的学生全部成绩合格，考试通过率100%。

【教学工作】 一是加强教师教学理论、法制学习，提高教职工师德水平。在为期一个月的暑期教师培训中，组织全院教师学习《教育学》、《教育心理学》、《教育法规》等与教育教学相关的法律知识、教学技能、教学方法，开展师德师风、教书育人、为人师表的教育，使教职工树立正确的人生观、职业观。二是学院每周举行一次院级公开课，听课教师和汇报课教师能够相互吸收对方的优点，进行对照，发现自身不足，取长补短。学院教务人员还可以随时进入课堂，督促教学，使学院教师的教学水平得到有效提升。三是贯彻落实学院涉外文化教育，做好语言教育和补差工作。2012年，学院在原有语言教师基础上，新聘8位日语教师和5位韩语教师，全方位做好语言教育，打造涉外教育品牌。外语教师还对日本和韩国的习俗、经济、地理进行教学，特别是结合学院的涉外工作经验，教会学生如何融入当地文化，在国外有更好的发展。四是由具有丰富实践和教学经验的一线教师组成学习方法研究小组，与学生互动举办各种学习方法讲座，如经管系的“规律弄懂，一通百通”、外语系的“外国风·中国情——激情学外语，快乐求发展”、机械系的“干中学，学中干”。通过举办各种学习方法讲座，让学生掌握更好的学习方法，灵活运用专业知识、创业知识，学习效率大大提高，学生们对课堂知识和内容的把握更加全面，达到了学院要求的“能理解、能记忆、能运用”的要求。教务处在平时的教学活动抽查中，要求各位教师对本班的待提高学生进行重点辅导，督促学习，教务处派专人进行跟踪，取得了很好的教学效果。

【科研】 学院围绕“思想教育、项目教学、实践教育、创业教育”四大办学特色整合实验实训资源，建设科研实验中心、国家级示范孵化基地。开展各种学术报告，为教师开展科研提供平台。加大科研奖励力度，调动专业技术人员申报科研课题和成果积极性。2012年，教师在国内期刊上发表论文105篇，其中副院长晏祎《企业管理营销模式创新研究》在中文核心期刊上发表，教师柯曙光《汉墓乐悬及其礼乐文化研究》获得国家音乐史奖“徐小平奖”一等奖。获市级以上立项60项，其中省教育厅重点研究项目2项，省级项目8项，省社科研究项目5项。

【对外交流与合作】 10月19日，学院与韩国加耶大学签订了联合办学协议。根据联合办学相关协议，学院大三学生如

10月19日，学院与韩国加耶大学举行联合办学签字仪式

果通过相关韩语测试，毕业后，可直接到韩国加耶大学留学；也可在修满四个学期以后，作为交流学生到韩国加耶大学韩国语学院进修两个学期的韩国语，学院承认他们在加耶大学进修期间的学分，待进修结束后颁发大专毕业证，毕业后可直接升入加耶大学本科部学习。毕业生到加耶大学就读四个学期（两年），即可获取学士学位，不论是何种专业毕业，都可以选加耶大学任一专业攻读本科学历。学生毕业后，韩语达到四级水平、学业成绩优秀，愿意留在韩国工作的，加耶大学负责推荐就业。同时，双方还签订教师互助协议，每年可互派一定数量的专业教师到对方学院进修深造，实现双方优势互补、资源共享、互惠双赢的合作办学目标。

【学生管理】 学院坚持以“学生为本”的理念，以创优争先和各项评估为契机，坚持“以评促改、以评促建、以评促管”的原则，加强学生行为习惯养成教育、文明礼貌教育、培养

学生良好素质,充分发挥学生管理工作在学院稳定中的积极作用。

学院成立了以院党委书记为组长的思想教育工作领导小组,制订详细的工作计划,提炼出《成就自我的必备素质》、《素质体现细节,细节决定成败》、《赢在团队》、《机会留给有准备的人》等十几个思想教育专题。通过学院独有的"听"、"写"、"谈"、"行"(听讲座、写感想、开座谈会、看行动)四步骤和"与客户要求相对照,与《行为规范歌》对照,行动与目标对照"的三对照要求,引导大学生正确认识当今世界错综复杂的形势、正确认识国情和社会主义建设的客观规律,帮助大学生树立正确的世界观、价值观、人生观,加强学生的责任感和使命感、理想信念、爱国主义信念。通过对学院独创的待提高(学习、纪律、性格、创业、实践、体能方面)学生进行谈话教育、行为习惯训练、民主测评帮助他人等方法,使待提高学生转化成高素质、会学习、爱好实践、心怀创业梦想的优秀学生。

学生趣味运动会

学院制定《学生违纪处分办法》、《寝室管理制度》,主要内容包括思想道德教育制度和行为规范(学习行为、生活行为和社会行为)。学生处立足实际,从为学校特色发展打好基础、为学生发展创造条件出发,制定学生社团的章程、学生兴趣小组管理办法,明确宗旨、任务、参加人员的条件、基本的活动方式和运转的条件保证等,实现建设规范化。对校外的社会实践活动,也实现活动管理规范化。

【招生就业】 自2011年以来,学院招生办从学院发展战略大局出发,围绕学院的特色思想教育和优良的就业前景,推进和完善招生的各项工作,切实做到领导高度重视、全员积极参与、思想认识到位、组织严谨周密、措施扎实有效。招生办制定出《咨询电话接听要求》、《考生关心的问题汇总》、《推介会演讲稿》、《招生实施方案和日志》、《电视宣传片材料》等,组织招生人员学习,并及时检查。对于新入职的员工,除进行相关的业务培训外,更加重视培养其吃苦耐劳、顾全大局的工作品质,建设一支反应灵活、业务素养高的招生队伍。

对2012年学生的寒假社会实践,学院的原则是鼓励参与但不强求。在学院的指导下,学生的实习点选在武汉、苏州、常州、浙江、杭州及自己的家乡等地点,除电子厂外,还有超市、商场、种苗公司、啤酒厂、日化厂、酒店、服装厂、汽修厂、建材超市等各行业,学生实习率达到98%。

【基建】 根据院董事会的要求,2012年,在原有校区的基础上,在新集镇红龙新征土地350亩,完成土地平整和建设规划设计,计划总投资3亿元人民币,拟建设总建筑面积221911平方米。新县新校区分两期建设,一期建设教学实训楼2栋、生产车间1栋、食堂与图书馆各1栋、师生公寓楼4栋,建筑总面积为52000平方米。建设周期为两年,征地工作完成,建设手续齐备,计划2013年6月完成一期工程主体建设,2013年7月至2014年6月完成全部装修和设备安装,8月竣工投入使用。一期工程预算总耗资5207万元。二期工程计划于2014年9月开工,计划建设教学楼、交流中心、实训中心、体育馆和师生宿舍楼等,建筑面积169911平方米,计划建设周期为3年。

【后勤服务】 2012年,后勤处完成新增教师办公设备、多媒体教学设备的购买、安装、调试工作,为迎接新生,及时购买教学材料、学生教材;圆满完成客户接待、物品采购等工作。

【综合治理】 以创建平安校园为目标,加强网上舆情监控和引导,及时排查解决隐患和矛盾纠纷,预防各类案、事件发生,确保校园安全稳定。院团委加大宣传保卫工作,通过职能介绍、工作通告、工作动态、服务指南、处长信箱等版块全面介绍院保卫处的职能作用和安全知识,制作大量安全警示语如"宁可千日慎重,不可一时大意"、"幸福是棵树,安全是沃土"等张贴于学院醒目位置,提高广大师生员工参与创建平安和谐校园的覆盖率,营造安全保卫工作人人参与、平安校园人人创建的良好氛围。

撰稿:胡贤亮
审稿:刘　诚

郑州城市职业学院

理 事 长:孟凡镰
院　　长:朱柏生
创办时间:2009年2月28日
电　　话:0371-69213333
传　　真:0371-69210108
党委负责人:曹赵灵
校　　址:郑州市新密开发区溱水路西段618号
邮　　编:452370
网　　址:www.zcu.edu.cn
电子邮箱:zzcsxy@126.com

【概况】 郑州城市职业学院是经河南省人民政府批准,教育部备案于2009年2月成立的普通高等职业学院,学院前身为郑州布瑞达理工职业学院,2011年4月1日更为现名。学院建校时举办者为西亚斯教育集团,2012年10月亚圣集团成为学院新的举办方,并规划在2013—2017年期间为学院再投资7.5亿元。学院现占地439.4亩,规划用地2500亩,扩建的660亩土地手续正在办理中。

学院坚持"以服务为宗旨,以就业为导向,走产学研结合的发展道路"的办学指导思想,坚持"校企合作、工学结合,培养适应生产、建设、管理、服务第一线需要的高素质技能型专门人才"的办学理念,贯彻"诚学、尚志、精业、拓新"的校训精神,在投资体制、运行机制和管理模式上大胆创新,逐步把学院建设成为集人才培养、技术创新、产品开发为一体的产学研相结合的独具特色的高等职业院校。

2012年,学院设有八系三部一院共34个专业与方向,其中建筑工程、汽车检测与维修等专业正向特色专业方向推进。学院在校生3000人;教职员工251人,其中高级专业技术职务教师达到25.6%,研究生学历教师达到56.3%,具有副高级专业技术职务以上专任教师占学院专任教师总数的18%。

学院建筑面积20.7万平方米,实验室75个,43个专业实验室实验设备齐全;学院建有完备的教学视听、语音实验室、多媒体教室、舞蹈教室、学术报告厅等。图书馆建筑面积8524平方米,馆藏图书16万余册,运用先进的深圳数图ILASIII软件建成图书馆计算机管理局域网系统,实现了图书馆采、编、典、流、检自动化、网络化管理。

【领导班子成员名单】 学院实行理事会领导下的院长负责制。理事长孟凡镰;院长朱柏生,党委负责人曹赵灵;副院长张耀先、陈中良。

【院党委成立】 2012年1月29日,中共河南省委组织部批准成立中共郑州城市职业学院委员会,隶属中共河南省委高校工委领导。5月2日,学院组织召开第一次党的代表大会,选举产生了第一届党委领导班子和纪律检查委员会。曹赵灵任党委书记,牛学锋、石本立、海克岭、朱红强、张耀先、于西阁任委员;海克岭任纪委书记,王山青、石本立任纪委委员。

【贯彻落实河南省教育发展规划纲要】 学院贯彻落实河南省教育发展《规划纲要》"增强社会服务能力,优化结构办出特色"的精神,适应河南省及郑州市经济发展需求,配合河南省委、省政府及郑州市委、市政府关于建设"中原经济区"的战略部署和"中原城市群"发展规划的实施,注重优化学科专业结构,突出城市专业特色,使学院成为一所致力于培养现代化城市发展与管理人才的特色高校。

【管理工作】 学院逐步规范管理,坚持理事会决策,形成院行政具体管理负责、党委提供保障、教授治学、师生监督的办学管理模式。学院根据理事会"专人管专事"的要求,按照"按需设岗、择优聘用、以岗定薪、合同管理"的原则,建立人事管理制度。在工作实践中形成"合同+目标+执行力"的管理模式,做到"事有专人,人有专责,工作有目标,考核有依据"。

【教育教学改革】 学院利用亚圣集团企业点多面广,实力雄厚的优势,着力加强学生实践能力的培养。实践课时占教学计划总学时的52%,实训课开出率占97%。学院严格遵循"工学结合,教、学、做一体化"的教学指导方针,改革课程体系和教学手段及教学方法,加强学生实践能力、就业能力和创业能力的培养,推行双证书制度以提高学生的就业竞争力,不断致力于拓展学生更大的发展空间,坚持服务面向的区域性、办学类型的应用性、发展模式的互动性、质量立校的导向性,逐步走出了一条教学管理科学、规

11月6日,亚圣集团向郑州城市职业学院捐赠图书

育,教学质量监控体系完善的特色发展道路。

【校企结合、工学结合】 坚持"校企结合"的办学模式和"工学结合"的教学模式,人才培养特色日趋凸显。学院广泛建立校外实训和就业基地。以工学结合为切入点,以就业为导向,走产、学、研相结合的发展道路。针对专业特点,鼓励全员参与,发挥全院教职员工的积极性,利用各方面的资源和社会关系,建立学生实习和就业基地,寻找就业市场,并与郑州新区人才服务中心合作建立"郑州新区高技能人才培养基地"。与数家企业单位签订长期合作协议,与多家知名企业达成就业输送意向,建立就业实习基地56个。

【就业】 学院重视毕业生就业工作,建立健全了"领导主抓、中心统筹、院部为主、全员参与"的校内联动机制和就业服务体系。学院帮助学生制定个人职业生涯规划,进行就业知识和就业能力的教育、指导和培训,提高学生的就业竞争力。同时为学生联系就业单位,提供就业信息,开展"订单式"对口培养。2012年11月10日,举办2013届毕业生校园招聘会,来自全国各地的1000余家企业参与招聘。第一届毕业生的一次就业率达到95%以上。

【访问、检查与评估】 3月8日、5月29日、10月9日,美国哥伦布技术学院代表团、柬埔寨智慧大学校长一行、马来西亚南方学院院长一行先后来学院参观考察。4月22日,河南省委组织部科教处领导来学院调研指导党建工作;9月27日,原省人大常委会副主任贾连朝莅临学院指导工作;10月30日,中共河南省委高校工委、党建工作检查小组莅临学院检查党建工作。11月26日,河南省高校艺术类专业办学情况检查组莅临学院评估艺术类专业办学情况。

【干部队伍建设】 通过公开竞争、择优任用,把政治意识强、思想作风好、工作成效大、群众威信高的同志选拔到中层领导岗位。14名优秀青年教职工被选拔到处级、副处级岗位。

【安全维稳工作】 结合当地和学院实际情况,定期巡视校园,关注邪教等涉及社会和学校安全的不安定因素,确保校园安全与稳定。学院以科学发展观为指导,强化学生的思想道德教育;辅导员关注学生思想动态,通过动之以情、晓之以理的思想教育方法,正确引导学生的思想,化解学生之间的矛盾,通过自身能力影响学生的思想和言行,帮助学生树立正确的世界观、人生观和价值观。

撰稿:王山青　王彦苏
审稿:朱柏生　张耀先

郑州电力职业技术学院

校　　长:李玉振　　党委书记:肖彦君
创办时间:1996年　　校　　址:郑州市中牟县新城区商都大街
电　　话:0371-62111112　　邮　　编:451450
传　　真:0371-62111111　　网　　址:zzdlxy@163.com

【概况】 郑州电力职业技术学院是经河南省人民政府批准、国家教育部备案的一所全日制普通高职院校。学校现有教职工314(含工勤和行政人员)人,其中研究生学历占全体教师总数7%,本科占69%;副高级专业技术职务以上占5%,中级占7.3%。学校占地528亩,建筑面积167167平方米,馆藏图书30万册。学校设有电力工程系、信息工程系、机电工程系、经济管理系、中专部、基础部6个系部。开设有发电厂及电力系统、供用电技术、计算机网络技术、电子商务、数控技术、汽车电子技术等25个专业。有实验实习室45个,校外实习基地10个;新建金加工中心1个、建筑面积1840平方米,实训中心2个,建筑面积728平方米。微机中心有微机室18个(不含电子阅览室),微机736台;多媒体教室和语音室11个。

2007年学校开始进行成人学历教育,学习年限为两年制(脱产)、三年制(业余)。

【领导机构成员】 学院董事会由9人组成,董事长肖彦君;副董事长肖宏敏;董事:李玉振、张礼兰、肖华、杨松林、陈立、宋青松、边保家。党委会由8人组成,党委书记肖彦君;党委副书记:李玉振、张礼兰;党委委员:杨松林、陈立、张云鹤、肖彦梅、连银岭。院委会由8人组成,院长李玉振;常务副院长孟庆琦;副院长:顾长江、杨松林、陈立、肖宏敏;委员:张云鹤、周涛。

【党组织和党风廉政建设】 院党委作出关于进一步加强作风建设的若干规定,在全体教职工中开展了为期一个月以"德、勤、严"为主要内容的作风整顿活动。2012年6月,院党委被中共郑州市委命名为"五好"基层党组织。根据学院的具体情况,调整基层党组织,推行党建工作目标责任制和学生入党积极分子共青团推优制。年底,党委下设10个党总支、支部。

【招生就业】 2012年,学院录取统招专科生1701人,招生计划范围涉及河南、山西、河北、陕西、甘肃、内蒙古等省份。各层次在校生共计5017人。11月,学院在招生就业处的职能基础上,进一步加强毕业生就业指导服务中心工作,实行"一把手"工程,做好毕业生就业工作。

【教学科研】 市优质课评选中,1人获一等奖、2人获二等奖;组织参加河南省教育厅举办的全国多媒体教育软件大奖赛,多媒体课件2人获二等奖、2人获三等奖,教学设计方案1人获一等奖、3人获三等奖;在市级技能竞赛中,1人获一等奖、2人获二等奖、2人获三等奖。教师发表论文8篇,主编、参编论著、教材5部,省级课题立项2项。

【职业技术培训】 组织职业技能资格考试。2012年累计培训人员4000人次。组织9人参加郑州市青年教师培训,组织8人参加郑州市教育技术培训,组织2人参加职业技能鉴定测试员培训。2012年,学校被评为郑州市职业技能鉴定先进单位。

【学生管理】 年初,召开德育暨学生工作会议,部署全年的学生及德育工作,以"促和谐、讲文明、树正气"为契机,开展学生思想政治教育。全年共有18人获省级三好学生,5人被评为省优秀学生干部,1562名学生被评为省优秀毕业生,2个班集体获省级先进班集体。在2012年"中国大学生自强之星"的评选工作中,经网上投票,学院有1名学生进入全省前50名,获得河南省"自强之星"提名奖,奖金2000元。调整充实辅导员队伍,选聘30余名本科生担任政治辅导员,使全校专职辅导员与学生的比例达到了1:120。学校"党委统一领导,党政齐抓共管,职能部门组织协调,教学系具体负责,学团组织密切配合"的学生工作体制进一步理顺。共举办校园科技文化艺术节、社团风采展演、球类联赛、秋季田径运动会等各类文体活动60余次。5月,参加了河南省大学生科技文化艺术节。鼓励、支持学生组建合法社团,全校有学生社团17个。2012年,学校的双节棍协会被评为河南省优秀大学生社团。

【教师管理】 加大师德师风建设,组织全体党员和部分教职工学习党的十八大会议精神。贯彻执行国家教育人事制度改革,制定符合法律规定的工资体系,由基本工资、级别工资、校龄工资组成。鼓励教职工进行专业技术职务评聘,提高职称结构。2012年通过初级专业技术职务193人,中级23人。

【教育管理】 成立院、系、学生三级教学质量监控体系,建立教学考试督导和通报制度,出版《教学督导》内部刊8期,处理教学事故19人次,出版教学通报和教学检查通报10期。出台《校内教学事故认定及处理办法》、《教师考核条件和打分标准》等一系列规章制度。制定考务管理工作规程,成立了考务领导小组与考务办公室,确保考风严谨。

撰稿:孙秀丽
审稿:杨松林

郑州电子信息职业技术学院

董 事 长:陈 卿
院长:陈 卿
创办时间:1987年9月
校址:郑州东区中牟大学路1号
电 话:0371-62177666 62179660
邮编:451450

【概况】 学院占地600余亩,30余栋教学科研大楼,近亿元的各种教学设施,配有85个门类齐全的现代化实验室,图书馆藏书100万册,其中电子图书30万册;电子数据库8种,中外文期刊100余种;建有设备齐全的电子阅览室和视听系统。有包括5个校内工厂的实验室,校外包括郑州宇通汽车、海马汽车、郑州日产汽车等实习基地120余个。学院设6系3部36个专业,分别是电子工程系(4个专业)、机电工程系(8个专业)、汽车工程系(6个专业)、工商管理系(8个专业)、信息工程系(9个专业)、畜牧兽医专业(与农大、牧专联办)、大专基础部、实训部、成教部。2012年新增3个定向班。

【领导班子成员名单】 董事长、院长陈卿,党委书记陈国云,副院长武耀春、秦军平、单水章,纪委书记武耀春。

【院党委换届选举】 11月20日,中共郑州电子信息职业技术学院委员会召开第二届党员代表大会,会上选出了中共郑州电子信息职业技术学院第二届委员会和纪律检查委员会。选举的结果是:党委会书记陈国云,委员武耀春、秦军平、马宏建(宣传委员)、王美荣、沈宏学;纪律检查委员会书记武耀春,委员张青洁、邵春利。

【王志珍莅院考察】 10月18日,全国政协副主席、九三学社中央副主席、中国科学院生物物理研究所研究员、中国科学院院士王志珍在市领导的陪同下莅院考察。在院长陈卿的陪同下,参观了数控实验室、汽车实训中心、信息中心、中央空调实验室等实验、实训设备,察看学生进行动手操作场景。王志珍对学院历年来取得的成绩给予高度评价,对院长将学院建成公益型大学的精神给予充分

10月18日,全国政协副主席王志珍(前中)莅校考察

肯定和赞扬。在回答省电视台记者"对河南民办教育的真实想法"时,王志珍说:"职业技术教育是现在社会发展非常重要的组成部分,现在非常需要像郑州电子信息职业技术学院这样的职业学校,学院实行校企合作、厂门校门对接、工学结合、订单培养的办学思路和办学模式很有创造性,是一个很有效的培养方式,我们应该重视和支持民办教育的发展。"最后,王志珍挥笔题词:"民办教育,前途无量!"

【党建】 学院党委组织党员、入党积极分子及骨干教师观看大型专题片《复兴之路》,组织开展历时4个多月的"新解放、新跨越、新崛起"大讨论活动。11月,成立学院"科学发展观研讨会",开展定期的学习和研究。

加强组织建设,对党员和入党积极分子每年举办两期预备党员培训、两期发展对象培训和四期党课培训。2012年组织他们到新郑参观学习3次达600余人次。坚持每周五下午第二节课的党团活动时间。2012年共培训入党积极分子1300余人,发展新党员320名。学院机电工程系党支部、信息工程系党支部被省委高校工委表彰为先进党支部,有25名党员被学院党委评为优秀党员。

【师资队伍】 学院实施四个一百工程。即学院每年拿出一百万元,采取送出去引进来的方式培养、培训教师;培养一百名本科生和一百名研究生;诚聘一百名专家教授和高级以上职称的专业工程技术人员。对师德欠佳者以及学历不达标者坚决辞退和解聘。2012年,教师研究生毕业16人,行政人员培训27人,教师培训328人,教师参加进修博士、硕士研究生学习的56人,辅导员资格培训的17人。学院520名专兼职教师中,教授、副教授、高级讲师、高级工程师等高中级专业技术职务的教师占60%以上。学校与周边高校或科研院所实行"校—校(院所)"联合,师资互补,教师交流使用。年末,学院评出省级优秀教师武耀春、省级先进工作者陈国云;40名教师被评为2012年校模范教师,11名被评为省高校优秀教师。

【学生培养】 学院探索校企合作、产教结合的培养模式,实施订单培养和委托培养。学院尝试创办了专门为用人单位培养人才的创维班、日产班、宇通班、TCL班、海尔班等,实施零距离就业模式,让用人单位介入学院的整个人才培养过程。不少学生毕业前就被厂家点名"预订"。学院还为学生构建了另一条继续深造的通道。学院与全国多所重点大学联合办学,开设网络本科、成人本科、自考本科学历教育;统招生可以参加专升本考试,每年升入大学本科上线率都在85%以上。学院承担国家技师工程师培养任务,学制二年,高中、职高、中专、技校毕业生免试入学任选专业,学生毕业考试合格,并通过国家职业技能鉴定后,学院发给教育部电子注册的国家承认的大学专科毕业证书,工作报到证书和国家高级技术等级证书(助理工程师证书)。另外,在校生还可在校报名参军。

【学生资助】 经过宣传发动、个人申请、班级评定、系(部)评审、院党委审核、公布征求意见等六个阶段,每年有3000名学生参加评选,最后评出1名国家奖学金获得者、奖金8000元,80名国家励志奖学金,171名国家一等助学金、318名二等助学金、171名三等助学金获得者。学院每年还拿出一定资金,设立学院奖学金、助学金,并提供勤工助学岗位。12月,学院对在校大学生中家庭特别困难的496名学生发放棉被500条、棉衣60件。

【教学管理】 围绕学校提出的"多渠道、多形式加强课堂教学管理"的要求,教务处组织校级、处室、系部教师听课,参与教师管理和加强指导;每周检查任课教师教案,及时表优批差。本年组织数控操作技能比赛、汽车发动机检测、低压电器实际操作比赛、电子竞技大赛、第二届艺术大赛、书法比赛、合唱比赛等活动。有40名教师被评为省高校专业课拔尖人才;各系专业课教师论文有80篇获校级奖,21篇获省级论文奖;316名学生书面设计作业获校级奖,35名学生作品获校级一、二、三等奖,9名学生的设计软件及其他作品获省级一、二等奖。学校组织2012年全国职业技术高级考试,中等职业技能鉴定、秘书职业技能鉴定、市场营销职业技能鉴定、物流管理职业技能鉴定,英语AB级考试,全国计算机等级考试等各类考试。下发郑电院教〔2012〕4号文件,对考风、学风、校风进行严肃整顿,加强考试的科学化和规范化管理。

【学生管理】 院党委亲自抓学生管理,学工部、学生处、保卫处、团委分工合作,合署办公。一是规范辅导员队伍建设。学院专职辅导员10名,一线专职辅导员35名,兼职辅导员5名。2012年,参加省教育厅组织的辅导员培训共八期106人,选派6名在职辅导员参加河南大学举办的辅导员培训班学习。从11月5日起对辅导员和班主任进行每周3个学时的业务培训。制订《辅导员专、兼职工作条例(试行)》、《辅导员职责及考核办法(2009年修订)》、《辅导员的主要工作职责》等。定期召开学生管理层领导干部会议、辅导员班主任工作会议,各班定期召开班委会、班务会。二是班级管理出新招,给每个班级发7个记录本,分别记录纪律、考勤、好人好事、评优评先、助学金、卫生、财产各项费用收支情况等,随时掌控学生情况,为学院评优评先、奖助学金评定提供第一手资料。三是加强安全教育。开展安全知识竞赛、消防知识演习,提高学生自防自救意识。10月20日,集中清查学生寝室中大功率电器。召开两次安全防火会议,使消防安全教育进课堂,增强学生防火意识,消除安全隐患,确保学生生命及财产安全。四是抓好新生入学教育,对新入学的2800名学生进行明礼、遵纪守法教育,严格军事训练;对1000余名写入党申请书的新生上党课,开展入党培训。五是学习模范人物，树立先进典型。在全院范围内开展学习雷锋、争当自强不息的优秀大学生；落实胡锦涛总书记提出的四个新一代（理想远大，信念坚定的新一代；品德高尚，意志顽强的新一代；视野开阔，知识丰富的新一代；开拓创新，艰苦创业的新一代）与践行社会主义荣辱观相结合，充分发挥先进典型的示范、引导作用。通过学习模范人物活动评选出十佳学习标兵、十佳优秀党员、十佳班长、十佳团支部、十佳创业之星，对五个“十佳”获奖的单位和个人，通过广播、报纸、宣传栏进行公布表扬，召开师生大会进行颁奖表彰。六是在全院范围内开展了以歌颂学院、热爱校长为主题的征文活动。活动共分为四个阶段，征集6331篇稿件；12月15日，各系部对稿件进行评审，共推出优秀稿件115篇。经学院专家组最终评选出35篇，分别评出一、二、三等奖。2012年，有125名学生获省级表彰，236名学生获市级表彰。本学年有630人次获三好学生、240人次获优秀学生干部、70人次获优秀团干部、120人次获得优秀团员等称号。

【招生就业】 2012年，圆满完成省下达的2800名招生计划。在校生达8680人。学院实行院系两级就业指导管理，严格实施“一把手”工程，制定《关于切实加强毕业生充分就业的原则意见》、《就业工作量化考核与奖励实施办法》。年初，学院先后派15人到外地调查，听取专家讲座、专题报告，对辅导员加强就业辅导培训，提高就业指导队伍整体业务水平。对2012届毕业生全面开展就业指导，对学院系、部开展就业服务竞赛，提高服务质量。学院建立跟踪回访调查制度，确保就业学生工作稳定。2012年，毕业生2861人，截至9月，就业2784人，就业率为95%。

【校园文化建设】 学院东西两个教学区组建了“百米文化长廊”。举办以科技节、文化节、体育节和艺术节等为代表的各项知识竞赛活动。2012年，学院成立了由20人组成的下乡支教服务社团，50余人参加的鼓乐队，近300名学生组成校园迎新仪仗队。青年志愿者协会开展迎新生活动、义务清扫校园、到敬老院进行慰问和服务、暑期文化科技卫生“三下乡”社会实践活动等。学院组建各类学生社团，扶植学术性、科技型、知识性社团。学校评选出50名优秀学生会成员、18名优秀社团干部。

【规范收费行为】 严格“一费制”政策，严格执行“收费通知单”制度，自觉接受学生家长和社会监督。学院设立了“院长信箱”、“学院邮箱”及监督电话，成立了家长委员会。定期召开学生代表会、学生家长会，诚恳征求家长对学院各项工作的意见和建议。

撰稿：李国法

审稿：陈　卿

鹤壁汽车工程职业学院

党委书记、院长：李　敏
创办时间：2011年4月
电　　话：0392-3221011
传　　真：0392-3221011
校址：鹤壁市职业教育园区
邮编：458030
网址：www.hbqcxy.com

【概况】 鹤壁汽车工程职业学院是2011年经河南省人民政府批准、国家教育部备案的一所汽车工程类普通高等职业院校，由中国汽车工程学会主办、鹤壁市政府公助、天海集团承办（投资），位于省级示范性职教园区——鹤壁市职业教育园区。学院规划占地面积1000亩，总投资约3亿元，其中一期购地484亩，投资约1.2亿元。

校园景色

2012年，学院设有4个系、1个思政部、1个培训中心、1个国家职业技能鉴定所，开设有汽车检测与维修技术、汽车检测与维修技术(电动汽车方向)、汽车制造与装配技术、汽车技术服务与营销、汽车电子技术、汽车电子技术（线束设计方向）、模具设计与制造、机械制造与自动化、材料工程技术、电子信息工程技术、电机与电器、物流管理、会计电算化、计算机辅助设计与制造、计算机网络技术、建筑工程技术、航空服务等17个专业（方向），拥有15个校内实验实训室，22个校外实习实训基地，10个多媒体教室，500台教学用计算机，图书馆纸质图书17万册，教学仪器设备总值达2840万元。学院各类在校生2300余人。

学院实施校企一体办学模式，推行工学结合人才培养模式。开设有“宇通班”等“订单式”培养班。运用顶岗实习、工学交替、“教、学、做”一体化等多种理论与实践相结合的教学模式，全面培养学生的社会能力和职业能力。2012年12月，学院获得市级“文明单位”称号。

【学院领导班子成员名单】 党委书记、院长李敏，党委副书记、纪委书记、常务副院长程贵生，党委委员、副院长、工会主席牛陆风，党委委员、副院长、中专部校长齐建民，副院长赵平堂、刘哲、侯守明，院长助理李红旗。

【宣传贯彻十八大精神】 十八大召开后，学院党委及时发出《关于认真学习宣传贯彻党的十八大精神的通知》，要求各党总支、党支部把学习十八大文件、领会十八大精神、落实十八大部署，作为当前和今后一个时期全院党员干部和师生员工一项首要政治任务，在全院迅速掀起学习宣传贯彻十八大精神的热潮。各级党组织和广大师生员工在学习贯彻十八大精神中，坚持“四个紧密结合”：把学习十八大精神同学院党的建设紧密结合起来、同学院科学发展紧密结合起来、同落实学院“十二五规划”和年度工作计划紧密结合起来、同履行岗位职责紧密结合起来。

【郭庚茂莅校考察】 2010年11月23日，学院在筹建时期，省委书记郭庚茂在鹤壁市职教园区调研时，考察了学院建设情况。郭庚茂强调，发展职业教育，提高劳动者素质是当前一个重要任务，无论对于增加就业、提高收入、促进产业转型升级、增强企业竞争力都有非常重要的意义，解决好这个问题十分紧迫。在学院建设中，要注意抓住专业设置、师资培养、实训基地建设等关键环节，努力培养出一批适应经济发展需要的高技能劳动者。

【徐济超、王艳玲莅校考察】 2011年11月17日，副省长徐济超，省委高校工委书记、省教育厅厅长王艳玲莅临鹤壁汽车工程职业学院，就职业教育工作进行深入考察。鹤壁市委书记魏小东，原鹤壁市委书记丁巍，省教育厅副厅长崔炳建，鹤壁市委常委、秘书长钱伟，副市长张然，学院董事会董事长王来生，学院党委书记、院长李敏以及省政府办公厅、省教育厅、省财政厅、省人社厅等有关部门领导陪同考察。徐济超刚走进学院就笑着说，走进民办院校的大门感受就是不同。在学院展板前，李敏介绍了学院的基本建设、办学特色、招生情况、专业设置以及学院民办公助、校企一体、汽车专业、开放带动、服务地方等特色情况后，徐济超对学院的民办公助特色给予赞扬，对“一体三合四双”的办学特色、围绕汽车产业的发展设置专业等情况给予肯定，他说：“我省正在大力推进先进装备制造业，你们的专业方向设置得好，正好为全省汽车产业提供大量专业人才。”他鼓励学院要发挥民办公助优势，积极与国内外知名汽车企业加强校企合作。

【召开学院第一届党员大会】 2012年4月16日，中共鹤壁汽车工程职业学院第一届党员大会召开。大会由党委副书记、纪委书记、常务副院长程贵生主持，党委书记、院长李敏代表党委向大会作了题为《扎实工作、开拓创新、为创建特色高职院校而努力奋斗》的工作报告。报告总结了学院筹建、申报、顺利启动办学以来的主要工作，并提出了今后一个时期的奋斗目标和主要任务。

【召开学院工会成立大会】 2012年10月23日下午，鹤壁汽车工程职业学院工会成立大会召开。党委书记、院长李敏，市总工会组织部部长秦跃进，学院党委副书记、常务副院长程贵生，党委委员、副院长牛陆风、齐建民在主席台就座。牛陆风主持大会。学院100名工会代表参加了大会。大会经差额选举，产生了第一届工会委员会委员、经费审查委员会委员、女工委员会委员。三委委员会第一次会议选举产生了第一届工会主席、经费审查委员会主任和女工委员会主任。

【校企一体】 2011年11月13日，天海集团鹤壁汽车工程职业学院校企一体化委员会成立。学院发挥企业办学的独特优势，大胆改革，在校企一体化基础上实行校企资源整合、工学结合、产教融合，形成“一体三合”和“四双”特色，实现校企资源共享、优势互补、共同发展。“一体”即校企一体化，院校的承办者和企业的兴办者是同一个主体——天海集团。“三合”即资源整合、工学结合和产教融合。“产教融合”特色主要体现为“四双”：第一是学生“双身份”，即部分学生实施订单培养，学生进校后，既是学院的学生，也是企业的学徒工。第二是教师“双师型”，即教师既是学校教师，也是企业技术人员。第三是教学“双任务”，即既完成教学任务，又完成生产任务。第四是基地“双功能”，即企业部分车间和学校实习基地都具有教学和生产功能。

2011年11月13日，天海集团鹤壁汽车工程职业学院校企一体化委员会成立，校企一体化委员会成员合影

【党建】 加强领导班子建设，优化领导分工；探索和改革干部人事制度，完成了干部选拔任用工作。加强党的基层组织建设，初步建立了3个党总支和6个党支部，开展一系列丰富多彩的党性教育活动。重视党员发展工作，注重党员发展质量。举办青年党校学习班，开展第一、第二届学生青年党校培训班，培训入党积极分子96人。

【教育教学】 学院以创建特色高职院校为切入点，推进人事制度改革，完善、规范人才引进、聘任、培养、晋升机制，不断推进“双师型”教师队伍建设工程，打造了一批专兼结合的教学团队，形成用制度管理人、用规范约束人、用机制激励人的良好局面。制定创业型人才培养方案，建立了“三个三”的教学质量监控运行机制，即教学督导团、教务处和教研室三个教学监控层次，期初、期中和期末三次重点教学检查，教师评教、学生干部评教、学生代表评教三个教学评教层次。

学院建立全国职工教育培训示范点、华中数控技术中原推广中心、深圳航盛电子股份有限公司人才培养基地等10余个国家、省、市实验实训和培训基地，建成电机电器实验室、汽车实验室、汽车电子实验室、汽车发动机实验室、电动汽车驱动及控制系统实验室等10余个实验室。2012年，学院汽车检测与维修专业和电子技术应用专业分别被授予品牌专业和特色专业；新增建筑工程技术专业，计算机网络技术、航空服务和计算机辅助设计与制造等4个专业。

2012年，学院教育教学及教改取得了多项成绩。学院党委书记、院长李敏教授在郑州参加河南省汽车专业人才培养模式改革专题研讨会，并作了《校企一体锻造汽车人才，先行先试服务经济发展》的报告，介绍了学院的校企一体、集团化办学、产业化办学、创业型人才培养等探索和实践的办学特色，受到与会人员的一致好评；学院《视质量如生命、全力提升办学水平》教育教学经验在省政府召开的河南省全面提高高等教育质量工作会议上作为典型经验材料进行交流；学院申报的《高职院校汽车类专业“一体三合四双”人才培养模式研究与实践》项目被批准为省级教学改革研究项目予以立项建设；汽车电子技术专业获得2012年度河南省专业综合改革试点项目立项；在第六届河南省高职院校技能大赛暨2013年全国职业院校技能大赛高职组河南选拔赛中，学院代表队在汽车检测与维修、汽车营销专业中获奖。

【师资队伍】 学院利用市政府给予的政策支持，多渠道全方位招聘教师，并聘请天海集团等企业70余名高水平的工程技术人员担任专业教研室主任和“双师型”教师，打造了“专兼结合”以及“教师+技师”和“工程师+教师”的“双师型”教学团队。同时学院聘请了中国工程院院士、中国汽车行业著名专家郭孔辉，中国汽车工程学会副理事长兼秘书长付于武，中国职业教育专家王宪成等为学院名誉院长，聘请众多全国一流的专家、教授、企业精英为学院顾问或客座教授，专家队伍达30余人；引进了2名博士、1名博士后作为副院长来学院工作。

【思政教改】 学院思政部采用大班讲座辅导、小班活动研讨和学生自主教育相结合的方法进行教学，实施理论教学、实训教学和社会实践相结合，并聘请社会名人、创业成功者和劳动模范授课，提高吸引力和感染力，使思政课与养成良好行为习惯相结合，学生的表现行为作为重要考核内容。学院不仅探索教育教学规律，改革课程教学内容与方法，还积极倡导教育教学科学研究。根据自身特点编辑出版了《大学生职业生涯发展》、《大学生思想政治教育教学简明图谱》，协助天海集团出版了《天海文化概论》。

【招生与培训】 学院实行招生与培训多措并举。2012年招生，统招大专、中专合计786人，成教自考127人。

面向鹤壁市贫困家庭青少年，实施“鹤壁市千家万户大学生(与技能)培养培训行动”计划，由鹤壁市10余个单位参与，联合在全市实施千家万户大学生与实用技能型人才培养培训行动。完成“雨露计划”批复工作，争取资金30万元；为服务鹤壁市经济建设和招商引资工作，完成各种培训1000余人。围绕天海集团等企业员工素质提高和学历提升，学院与企业联合制定三年培训计划；同时开展各种短期培训班，培训企业万名员工。

【学生管理】 围绕“促进学生成长、成才、成人，确保校园安全稳定”的中心，以学生党建为龙头，以学风建设为主线，以人为本，发挥好教育、管理、服务、安全、稳定等五项职能。组建学院国旗班，规范升降国旗制度，激发学生的爱国热情，强化学生的爱国意识和集体主义观念。成立心理咨询室，在学生中及时开展心理咨询与危机干预，定期举办心理健康教育知识讲座和心理健康教育知识图片展览活动，引导大学生健康成长。定期召开主题班会、法制教育报告会、纪律教育大会，并与大、中专学生签订安全责任书，提高学生的安全防范意识和遵纪守法意识，切实维护校园安全稳定。

遵循“培养高素质技能型人才”的原则，借鉴人才培养的成功经验，成立精英实验班，培养一批德才兼备的企业精英。坚持辅导员首责制，加强辅导员队伍建设。

【对外合作交流】 2012年4月12日，学院成立战略发展研究小组和项目引资办公室。与富士康科技集团签署了机器人专业校企合作协议；与深圳航盛电子、上海金亭、郑州宇通客车、华晨汽车等企业签订合作协议。

学院与浙江大学现代制造工程研究所签订合作协议书，共同建立“先进制造技术实训中心”。与武汉华中数控股份有限公司签订合作协议书，在学院设立华中数控技术中原展示推广中心；与辽宁丰田金杯技师学院签订协议书，设立辽宁丰田金杯技师学院鹤壁分院；与河南理工大学、河南科技大学、台湾岭东科技大学等高校达成合作意向；争取职教园区公共实训中心建设项目，基建资金600万元；汽车拆解与再制造中心、广告艺术设计中心、线束生产实训中心、华中数控中原展示推广中心、华中数控技术改造研究所、电子电器服务部等相继成立，并进入运行状态。鹤壁汽车工程职教集团成立了汽车工程职教集团分专业委员会，建立了集团“双师型”人才资源库。截至年底，学院上报10个创新项目，有6个获国家专利证书。

【承办河南省高校高职财经类专业教指委会议】 2012年11月24日，河南省高等学校高职高专财经类专业教学指导委员会2012年工作会议暨河南省财经类院(校)长/系主任联席会议在鹤壁汽车工程职业学院召开。来自河南省29所高职高专院校的院长、系主任、专业骨干教师共100余人参加大会。

【校园文化】 学院坚持把企业文化融入校园文化，把天海集团等企业文化注入思政人文素质教育教学中，使校园逐步充满浓厚的企业和汽车文化。学院成立文学、汽车等10余个社团，社团覆盖率60%，社团活动覆盖率100%。组织开展了“汽车杯”拔河比赛、乒乓球比赛、羽毛球比赛、篮球比赛、棋牌对抗赛等一系列内容丰富、主题鲜明、形式多样的校园文化活动。

【后勤保障】 学院日月湖、鹤鸣山、文化广场等工程顺利施工完毕。本着少花钱、多办事、办好事的原则制定采购制度。狠抓食堂安全管理，严格执行食品卫生制度，确保食品安全卫生。严格财务管理，筹措资金，自加压力，确保学院建设和发展。创新安保机制，加强安保力量，提升安保水平，建设安全校园。2012年学院未出现任何安全事故。

撰稿：张　华　申　圣

审稿：牛陆风

中专中小学选介

河南省医药学校

校　　长:左淑芬　　党委书记:张西山
创办时间:1981年2月　　校　　址:开封市新区职业教育园区东京大道与第十大街交叉口
电话(传真):0378-2218518
网　　址:www.hnsyx.cn　　邮　　编:475004

【概况】 河南省医药学校是河南省人民政府批准建立的省内唯一的医药类全日制普通中等专业学校,位于开封市,占地面积294亩,成立于1981年2月,隶属于河南省教育厅,主要为医药行业、医疗单位和药监系统培养医药类生产、经营和管理方面的技术技能型人才。学校是国家级重点中等专业学校。拥有综合办公楼、教学楼、实验实训楼、学生宿舍楼、餐厅、室内运动场等。专业实习场所81个;建有校园网、电子借阅系统等,图书馆图书藏量12万余册。学校有在职教职工212人,专任教师170人,其中教授级高级讲师1名,高级专业技术职务人员44名、中级62名,研究生23名;河南省职业教育专家1名,省教育厅学术技术带头人18名、省级优秀教师10名、市级优秀教师20名、省教育厅学科带头人3名、省教育厅骨干教师6名、执业药师40名、"双师型"人才99名,教师学历达标率100%。

2012年,学校被批准为"国家中等职业教育改革发展示范校建设"项目建设学校,获省级文明单位、省级文明学校、省职教攻坚先进单位、省校企合作先进单位、省级卫生先进单位、市先进基层党组织、区计划生育先进单位、全国职业教育和资格认证优秀工作站等称号。

【校领导班子成员名单】 校长左淑芬,党委书记张西山;副校长三建新、徐锐、罗昭先,纪委书记刘效平,工会主席李恒。

【思想政治教育和党风廉政建设】 学校落实"三会一课"制度,通过集中学习讨论、自学、看录像、听讲座等形式,学习贯彻落实党的十七届六中全会和党的十八大会议精神;开办道德模范讲堂,提高党员干部和广大教职工的思想道德素质;完成各支部的换届选举工作,并开展"党组织建设年"活动,发展新党员14名,转正4名预备党员。通过上廉政党课等形式,深入进行反腐倡廉和警示教育;加强监督,保证岗位风险防控措施落到实处。

【专业建设】 学校开设有药物制剂、化学制药、药物分析检验、中草药销售与管理、中药制药、药品营销、生物制药、护理等21个适应医药行业人才需求的专业。其中中药制药、药物制剂、药品营销是河南省中等职业学校重点专业。

【教师队伍建设】 继续以师德教育为核心,通过组织观看师德教育录像、开展师德主题征文等活动,强化教师的"三育人"观念和服务意识。组织教师相互听课、加强督导,检查督促教师落实"做中学、做中教"的教育理念;通过开展观摩教学活动、选派专业课教师到宛西制药厂和桐柏药材基地进行中药资源调查、到洛阳德尔康药业进行教学实践,选派1名教师到德国学习职业教育教学经验、3名教师参加国家级和省级教学实践培训等手段,提高教师的业务水平和实践教学能力,进而提高学校教育教学质量。本年度,教师共发表CN级论文45篇,其中核心期刊9篇;获各级各类教学竞赛奖励42项。2名教师被评为省级优秀教师,2名教师被评为省教育厅优秀教师,3名教师被评为市级优秀教师;1名教师被评为开封市模范团干部;2名教师被评为开封市暑期社会实践先进工作者。

【学生管理与资助】 学校坚持以人为本,尊重学生多方面发展的管理理念,不断探索新的学生管理模式。通过开展“五四”表彰、纪念“一·二九”、喜迎十八大等活动,加强学生的思想道德教育和爱国主义教育;召开学校共青团第八次代表大会;举办业余党校和业余团校,发展新团员116名,推荐学生党员培养对象30名。2名学生被评为开封市优秀团员。学校重视学生的心理健康教育,利用心理健康主题报告会、开展心理咨询等活动,帮助学生健康成长。国家资助金能够及时、准确、公开、公正和足额发放;按照国家政策,减免了1980名家庭经济困难生的学费。

2012年,学生获国家级技能竞赛奖4项、省级竞赛奖27项;3名学生被评为市暑期社会实践先进个人。

【招生与就业】 学校加大招生宣传力度,采取多种形式进行招生宣传,开展校校合作,与开封大学联合办学,开设有机化工生产技术专业专科班;推进校企合作,与省内7家企业签订联合办学协议。全校2012年审批录取新生1624人,超额完成招生计划624人。举办2012年毕业生供需洽谈会,参会企业78家,提供岗位3000个,学校毕业生一次性就业率达100%,就业质量显著提高。学校加强对学生实习管理和检查,确保实习生的安全和稳定。

【成人教育首开省外班】 探索新的成教办学模式,首次成功在上海顺源开设省外班,并组织网上考试;完成各种成人教学和考务工作,通过省教育厅对学校函授站的评估。

【培训】 完成625名学生的中级工鉴定、351名学生的计算机鉴定和220名学生的普通话水平测试工作;对111名学员进行了执业药师考前培训。

【校区搬迁】 位于开封市新区职业教育园区的新校区一期工程竣工。2月,学校专门成立校园搬迁工作领导小组,下设办公室具体负责搬迁的组织和协调工作。搬迁工作领导小组根据各科室情况作了科学安排、周密部署。5月16日,搬迁工作正式启动,首批桌凳顺利搬迁至新校区教学楼。5月19日,在校29个班的学生将行李全部搬至各自的教室。9月23日,学校全部科室开始搬迁,各科室人员齐心协力、相互配合,搬迁工作安全、有序进行,在规定时间内完成了搬迁任务,在最大限度减低了资产损坏和流失的同时,把搬迁费用降到了最低。

撰稿:杨卫兵
审稿:左淑芬

河南机电职业学院(河南机电学校)

校　　长:张　震
创办时间:1953年
电　　话:0371-85901035
传　　真:0371-85901035
网　　址:http://www.hnjd.edu.cn/
党委书记:张茂盛
校　　址:郑州市农业路2号(老区)
新郑市龙湖镇宜居教育园区(新区)
邮　　编:450002(老区)
451191(新区)

【概况】 河南机电职业学院(河南机电学校),是河南省教育厅直属的公办国家级重点中等职业学校。有老、新区两个校区,共占地面积55.15公顷。建筑面积19.23万平方米(含老校区1.23万平方米),总规划建筑面积30万平方米;教学仪器设备总值4506万元;校内建有实训实验室65个、实训基地14个、实习工厂4个,校企共建稳定实习基地60个,形成集教学、培训、技能鉴定和技术服务为一体,省内中职院校中规模最大的、具有工业化环境的高水平机电类实训基地之一。图书馆藏书22.5万册(纸质),电子图书8万册,中外文期刊500余种,电子阅览室4个。建有多媒体教室90个、计算机教训室26个,建有千兆光纤接口的网络化、数字化校园网,终端计算机1500台,语音教室8个。学院建有400米标准跑道的田径场1个,篮、排、网球场35个,学生体能健康测试中心1个。建有省内目前唯一一家的机床博物馆。

学院有专任教师259人,其中副高以上专业技术职务教师77人,具有研究生学位(学历)教师85人,“双师型”教师81人,厅级学术技术带头人14人,厅级骨干教师36人,校级学术技术带头人16人,校级骨干教师36人。同时,学院外聘行业专家、能工巧匠129人作为学院兼职教师。学院在校生人数5000余人,2012年招生2300余人。设有9系2部1室,即机械工程系、电子工程系、机电工程系、汽车工程系、信息工程系、管理工程系、测量工程系、艺术设计系、社会科学系、基础部、体育部、教育研究督导室。学院建有国家级数控实训基地和国家级汽车实训基地,拥有数控技术应用、机电一体化、电气自动化技术、汽车运用与维修和计算机应用技术等5个省重点专业点,是省内唯一一所建有两大国家级实训基地和5个省级重点专业点的中等职业学院。学院曾获首批国家级重点中等职业学院、河南省重点中等职业学院、河南省机电职教集团理事长单位、全国机械教育协会高职高专和中专分会副理事长单位、河南省中等专业学院机械类教研中心主任学院、教育部"半工半读试点学院"、教育部德育工作实验基地、河南省教学工作先进单位、河南省招生就业先进单位等项荣誉称号。

【学院领导班子成员名单】 校长张震,党委书记张茂盛,正校级副校长张玉臣,党委副书记、纪委书记朱德民,副校长鲁俊民、王本亮,工会主席魏新华。

【贯彻《规划纲要》与十八大精神】 学院将贯彻国家和省中长期教育《规划纲要》落实到学院每项工作中去,狠抓内涵建设和师资队伍素质提升工作,评选12名师德标兵,选拔10名教学能手,出台6项配套文件,签订青年教师素质提升任务书。十八大召开以来,学院组织全体师生观看十八大实时转播,组织读书会、研讨会学习十八大精神,做到说明白、学明白、想明白、做明白,将十八大精神贯彻到学院的每项工作中去。

【被评为国家级示范校】 5月,学院组织申报国家中等职业教育示范校,经过初评和最终复评,学院以河南省总分第一名被评为国家级示范校。

【职业教育中原行媒体采访团到学院采访】 4月23日,由《光明日报》、《中国教育报》、中国教育电视台、《河南日报》、河南电视台、《大河报》等9家媒体15名记者组成的"职业教育中原行——新闻媒体采访团"莅临学院采访,采访团依次参观了学院的数控实训车间、模具实训车间、机加实训车间、非晶变压器项目和龙瑞汽车生产线,对学院的校企合作、工学结合经验给予认可。

【多家媒体对学院进行报道】 1月,《河南教育》以《张震——河南职业教育改革创新的领跑者》为题报道学院的职业教育改革;4月23日,大河网(《大河报》)以《河南机电职业学院探索职教模式 发展6家校合企业》为题报道学院校企合作;5月8日,《河南日报》以《职业教育中原行之九:校企合作提升职教服务社会能力》为题报道学院校企合作;5月13日,光明网(《光明日报》)以《播洒职教阳光和雨露》为题报道学院"三式一型"河南机电模式;5月15日,《教育时报》以《河南机电模式解读》为题,报道学院"三式一型"机电模式;5月23日的《中国教育报》、7月的《机械职业教育》先后全面报道学院办学经验。

【国家职业教育体制改革试点工作暨职业教育集团化办学现场交流会代表莅临学院参观交流】 12月19日,教育部职成教司司长葛道凯、河南省教育厅副厅长崔炳建、省教育厅副厅长尹洪斌及国家职业教育体制改革试点工作暨职业教育集团化办学现场交流会代表近200人来到学院,依次参观了大连机床河南技术服务中心、国家级数控实训基地、模具实训基地、机械加工实训基地、河南龙瑞新能源汽车有限公司、郑州协创股份有限公司和河南龙翔电气有限责任公司。葛道凯一行重点了解学院"建工厂式学院、办产业式专业、开发技术式课程(教材)、培养应用型人才"的"三式一型"的培养模式推进情况,鼓励学院继续沿着校企合作的道路不断探索,争取更大的进步。

【三大跨越课题专项课题结项】 12月,学院《从千人规模到万人规模、从高职到示范性高职、从专科到应用型本科》专项课题结项。该专项课题共分50项子课题,82人参与,历时1年零3个月,形成研究报告50份,专著两本,发表相关文章13篇。

【内涵建设】 10月,学院启动内涵建设。张震、张茂盛、张玉臣、张卫星分别就内涵建设进行专题讲座。12月,学院出台《关于加快推进内涵建设的若干意见》,从强化教学中心地位、适度扩大办学规模、加强思想政治教育、优化专业结构布局、深化校企合作办学、改革创新办学模式、加强教学团队建设、完善评价监督机制、强化内涵建设保障等9个方面全面推进学院办学质量提高。

【青年教师素质提升工程】 6月,学院出台《关于加强青年教师队伍建设的意见》,明确了"弘扬师德,规范从教行为;培养师能,提升教学水平;培植典型,壮大骨干队伍;优化结构,形成合理梯队"4项工作目标,实施了青年教师师德师风提升、课堂教学提升、实践教学能力提升、科学研究能力提升、学历层次提升5大计划,建立了青年教师成长档案。4月至8月,学院4名教师在河南省教育厅、省教育工会组织的全省教育系统教学技能竞赛中取得优异成绩。万玉环获得大学德育(大学生心理健康教育)一等奖并被授予"河南省教学标兵"称号,张永三获得大学数学一等奖并被授予"河南省教学标兵"称号,张圆圆获得高中语文二等奖,王志博获得大学英语三等奖。下半年,学院2名教师被评为中专正高级讲师,9名教师转聘为副教授,1名教师被评为讲师。

【学院与加拿大罗耶斯特学院联合办学】 7月,学院与加拿大罗耶斯特学院签订合作办学协议,首批电气自动化技术、机电一体化技术、汽车技术服务与营销3个专业于2013年招生。

【学院对口支援新疆农十三师职业技术学校】 9月,学院与新疆农十三师职业技术学校签订对口支援协议;11月,农十三师职业技术学校3名学生1名教师到学院学习数控技术与机械加工技术,12月25日,学习结束。

【校企合作】 7月,学院与大连机床厂联合建立大连机床区域(河南)服务中心,大连机床厂在厂本部对学院3名教师进行技术指导,11月,该中心正式挂牌;11月,学院与北京现代签订成立汽车服务中心,集汽车生产、培训和维修服务为一体,全面提升学院汽车专业建设水平。

【技能大赛】 6月,学院参加在天津举办的全国职业院校技能大赛,5位选手全部获奖。樊奥飞获得数控车一等奖,张晓梅、李英明和谭恺阳获数控车/加工中心组合二等奖,张刘洋获数控铣三等奖,徐慧获"全国大赛优秀辅导教师"称号。

【荣誉称号】 3月,河南省委高校工委、省教育厅授予学院"河南省文明标兵学校"称号,省教育厅直属机关党委先后授予学院2011年度党内统计工作先进单位、"五好基层党组织"称号;11月,省教育厅和省财政厅授予学院"河南省学生资助工作先进集体"称号。

撰稿:杜根长

审稿:鲁俊民

中牟县官渡镇中学

校　　长：蔡春成　　支部书记：宋永靖
地　　址：中牟县官渡镇　　电　　话：0371-62232230
邮　　编：451451

【概况】 官渡镇中学位于中牟县官渡镇，学校创办于1958年，占地44454平方米，建筑面积16665平方米，分东西2个校区。官渡中学现有教职工125人，其中高级教师5人，中级教师36人，省市级骨干教师42人，专任教师90人，学历达标率100%。2012年在校生1641人，28个教学班。学生公寓、运动场、多媒体教室、理化生实验室、图书室等设施齐全。学校遵循"使学生成才、让社会满意"的办学理念，针对不同层次的学生因材施教，并坚持面向全体学生，以人为本，全面发展，重视培养学生的创新精神、实践能力。

【德育】 官渡镇中学始终把德育放在首位，把德育融入到日常各科教学中。一是根据学生的不同特点，制定了不同的德育计划，如对七年级学生进行规范教育，对八年级学生进行养成教育，对九年级学生进行理想教育，使每一阶段的德育都有突出的重点。二是依据《中小学生日常行为规范》，以行为习惯教育为突破口，坚持"一日三会"制度，以"国旗下演讲"和班会课为载体，把学生的养成教育落到实处。三是重新改扩建学校大门时，赋予它新的人文含义，即：象征官渡镇中学正乘风破浪，扬帆远航，驶向成功的彼岸；学校的传达室设计为钢琴样式，寓意是官渡镇中学正以自己的方式弹奏着一曲教书育人的新乐章；在学校广场前矗立一块偌大的"爱心石"，正面刻有"善教如水"4个字，时刻提醒全体教师，一方面要学习水那种虽经千回百转却心向大海"百折不挠、勇往直前"的精神，一方面要像水那样以"润物细无声"的方式，潜移默化地教育学生。四是结合重大节日、纪念日，开展各种教育活动，如诗歌朗诵比赛、感恩报告会、春季远足活动、元旦会演等等，内容丰富多彩，形式多种多样。

【教学】 备好课是提高课堂教学质量的前提。学校要求教师认真参加集体备课活动，按学校要求步骤形成教案、学案，力求课堂上解决学生不懂、不会的问题。教师要做到备课标、备教材、备学生、备教法，只有这样课堂才能做到有的放矢，使习题设置更具有针对性，课堂提问更具有层次性，内容安排更具有合理性，延伸训练更具有科学性，才能对学生进行因材施教，使不同层次的学生都有所收获和提高。课后做好验收，采用小组长分组验收，努力使班级小组形成"兵教兵、兵练兵、兵强兵"的学科学习氛围，既可解决学困生的问题，又能解决备课时间不足的问题；通过对练习题的全员批改进行验收，再根据学生对知识的掌握情况，有针对性的辅导；分层次抽查验收，全方位、多方面地了解学生，更好地进行个别辅导，做好培优补差。

图为中牟县官渡镇中学

【教学管理】 在教学常规管理中，采取了教导处、年级组长两级管理模式。教导处负责全校总的教学活动的监控调度，主要抓下属的各年级组，各年级组长负责组内日常管理。这样的"分层管理"做到了职责明确，各司其职，有效地保证了具体的教学目标及各项教学任务的完成。

【教学教研】 学校每周定时开展学科教研活动，集体备课，共同解决教学中的难点，及时发现并处理好课堂教学过程中遇到的棘手问题，不断提高每位教师的教学及管理水平。教师积极申报课题、撰写教育教学论文，不断提高教学水平。学校专门制订了校本课程开发计划，坚持每学年评选一次，鼓励全体教师积极参与校本教材的开发与使用。学校每个年级，每周都组织开展道德课堂示范性观摩课，提高教师的教学能力，营造学生积极学习的氛围，形成了学生自主、合作、探究的学习态度，提高了学生的学习能力、实践能力、创新能力。

【学校成绩】 2012年3月，学校被评为郑州市文明学校、市级德育先进单位、郑州市中学生社会主义核心价值体系成长教育活动先进单位、市级文明学校、郑州市德育工作先进单位。10月，学校被评为郑州市教育科研工作先进单位、中牟县教育教学先进单位。12月，学校被评为中牟县食品安全诚信经营企业先进单位。

撰稿：赵书申
审稿：蔡春成

新蔡县明英中学

校　　长:何建国
创办时间:2008年　　校　　址:新蔡县城西洪河大道
电　　话:0396-5998282　　邮　　编:463500

【概况】 新蔡明英中学是由山西飞龙腾达煤业有限公司投资兴办的一所全日制封闭式标准化学校,创建于2008年4月,总投资达6300余万元。学校坐落于新蔡县城西,南靠驻新公路,北临洪河大道,西与干宝公园相邻;占地90余亩,建筑面积4万平方米,校园绿化面积1万余平方米。教学楼、餐厅、学生公寓楼均采用防震框架式结构建成,拥有400米的标准跑道、足球场、篮球场和一座300平方米的洗浴中心,办公室、教室、学生寝室分别安装有校园直接饮用水设备。

学校开设40个教学班,2600余名学生,教职工135人,其中省市级学科带头人、骨干教师36名,中、高级专业技术职务教师72人,市级优秀班主任17人,教师本科学历达到98%。

【办学思想】 明英中学倡导"快乐和谐、勤奋奉献、用心做事、拼搏进取"的明英团队精神,形成了"没有学不好的学生,只有不会学的学生"的办学理念。培养学生知学习、爱学习、会学习,养成终身学习的良好习惯,从教育学生知道读书抓起,实现从学会读书到热爱读书的层次转变,树立"决不服输,永争第一"的思想,办学目标明确,思路清晰。

【学校领导班子成员名单】 校长何建国,副校长李翠兰、吴文忠、熊世杰,办公室主任王友民,政教处主任梅志林,教务处主任李世猛,团委书记王素玲。

【教学探索】 一是重视学生的读、写、背、悟。在校生多为留守儿童,基础差、底子薄,不知道学习、不会学习。很多孩子抱着在学校里混三年、然后外出打工的思想。教师先从教他们读书做起,教给学生读书的方法,多读书,让学生慢慢体会读书的乐趣,沉醉在读书的氛围中,感受读书带给自己的精神享受。通过读书积累知识,开拓思维,启迪智慧,为他们养成良好的终身学习习惯奠定扎实的基础。二是上好写字课。教育学生认认真真写字,堂堂正正做人。每天中午的静校时间有30分钟作为写字时间。每个学期举办写字比赛。写字课取得了比较明显的成效。三是不放弃任何一个学生。针对成绩差的潜质生,成立了潜质生转化培训提高班,由教学经验丰富且有耐心的教师做班主任,从思想上教育他们、感情上走进他们、生活上关心他们,尊重他们的人格尊严,让他们觉得自己身上也有闪光点,点燃其自信的火种,调动其学习的积极性,从而体会到学习的乐趣,增强学习的信心,逐步提高学业成绩。

【教师队伍建设】 一是建立一支高效的班主任队伍。"一双眼睛盯不住几十个孩子,一颗心可以拴着孩子"。许多班主任有较高的思想境界,不把教书育人仅仅当作一份工作,而是当成一种追求、一种事业,用严谨的工作作风影响学生,以高尚的人格熏陶学生。要求学生做明英人、说明英话、办明英事、弘明英志。加强对学生良好行为及优秀品格的教育,培养教育孩子"有学识、知荣辱、明是非、懂真善、分美丑",使之成为对家庭对社会的有用之才。明英中学的班主任交流材料的校本教材编撰成书出版。二是促进青年教师的快速成长。在全校教师中开展示范课、优质课、公开课等多种形式的教科研活动,采取走出去、请进来学习先进教学思想,以及以老带新、以强带弱、结对子等多种方式来不断提升青年教师的综合素质。三是举办"我的成长之路"座谈会。请老教师讲述他们的专业成长经历,青年教师谈自己的从教经历,还聘请外校德高望重的名师从教育教学理念上、思想观念上等对青年教师进行培训,给他们搭台子、扶梯子,尔后压担子,通过多种形式提高青年教师的综合素质。

【办学业绩】 自2009年始,明英中学连续4年获新蔡县中招考试成绩一等奖、县教学质量综合评估一等奖。升入重点高中率达90%,为省级示范性高中输送了大批的优秀人才,在社会上赢得了赞誉。学校先后获得新蔡县素质测试综合评比第一名,驻马店市先进办学单位、全市综合办学水平督导评估优秀学校、河南省民办教育特色学校、省民办教育办学先进集体等称号。

撰稿:王友民
审稿:何建国

河南省实验小学

校　　长：孙广杰　　书　　记：姜荣蓉
创办时间：1960年2月　　校　　址：郑州市经二路6号
电　　话：0371－65963157　　邮　　编：450003

【概况】 2012年，学校领导班子坚持以邓小平理论和"三个代表"重要思想为指导，全面贯彻落实科学发展观，本着"扩大规模，为社会提供更多更好的优质教育资源；完善校园教育功能，为学生综合素质发展提供服务；加强教育科研，丰富学校内涵"3个维度，不断深化教育教学改革，以研究构建生态教学体系为依托，深入开展课堂教学研究，学校品质和内涵全面提升。学校先后获得河南省中小学德育工作先进单位、河南省优秀青少年维权岗、河南省文明标兵学校、全国创先争优先进基层党组织等称号。

【创新体制】 一是以河南省启智文化教育发展中心为平台，初步完成对鑫苑外国语小学、大拇指体育俱乐部、郑东小学、英杰艺术中心、大峡谷实践教育基地的整合与备案，学校集团化发展的格局基本构建。二是教育部小学校长培训中心中原分中心依托本校正式登记成立。10月26—31日，中原分中心和中原出版传媒集团联合，成功举办了河南省人教版教材首期小学校长培训班。培训效果得到了参训学员的一致认可，得到了教育部、省教育厅、传媒集团、人民教育出版社领导和专家的赞扬。三是认真完成英才街小学、林州校区的筹建和相关准备工作，为2013年9月顺利开学奠定基础。四是就开展国际IB学校教育项目、国外教育交流基地建设等可行性，进行更广泛深入的考察、研讨和论证，向"走向世界"的目标又迈出了坚实的一步。

【完善功能】 根据教育部相关文件要求，本着"行为美、基础牢、能力强、有特长"的学生培养目标，学校及时调整课程设置，在保留原有武术、形体、天文、篮球等特色课程的基础上，增设了书法课。本着追求实效的宗旨，抓实"阳光体育锻炼"，体育锻炼卡做到有记录、有检查、有评比；开展丰富多彩的学生校外实践活动，围绕人文教育课题，分年级组织学生春游秋游，分批次组织学生赴大峡谷基地学习、实践、劳动；结合学校和季节特点，开展春季趣味运动会、秋季田径运动会、冬季阳光体育长跑和冬季跳绳踢毽子比赛等活动。英杰艺术中心在确保绘画、舞蹈、管乐、民乐等传统特长培训项目顺利开展的基础上，增设科学探索班和机器人班。2012年，共有近3000人次的学生参加了培训学习。12月28日，英杰中心首次举办面向学生和家长的新年音乐会，受到了家长的好评。体育俱乐部扎实做好各项训练，在毽球、航模、定向越野、围棋等各类比赛中均取得优异成绩。大峡谷实践教育基地新增种植养殖活动课，丰富学生校外综合实践活动课内容，使学生能够在直接参与生产劳动中磨炼意志，增强劳动观念。

【家校携手】 2012年，本着"家校携手，共同进步"的工作理念，完善充实校关工委和家长委员会，成立了家长学校和社会教育工作委员会。学校联合河南省家教中心，共投入54万余元，举办"高级家庭教育指导师培训班"专场培训，3校共有446名教工和学生家长完成了学习培训和资格考试；家长学校开课，校长孙广杰为一年级500余名新生家长作了专题讲座《家有孩子初上学》；开设家长专家大讲堂，邀请多位城市规划、预防未成年人犯罪等方面的家长专家走进学校，为1000余名师生开办专题讲座；《利用社会教育资源优化学校教育的策略研究》课题，被列为省重点课题；创建"诚信超市"和"爱心超市"，成立学生诚信志愿者服务团队，班主任积极开展"诚信"主题班队会，六年级师生为金水区44名家庭困难儿童捐赠了300余件衣物、书包和600余本少儿图书，在社会上引起了强烈的反响。学校的"诚信超市"，先后被新华社、中国新闻社、《中国少年报》、《河南日报》、河南卫视、北京卫视等国家级和省级媒体报道，被国内外100多家网站转载。

【丰富内涵】 总校教学部门讲程序求规范，改进教育教学质量过程监控，着力推进常规课堂教学改革；研究与实践并重，推进校本实验主课题成果转化。一是修订完善教学常规管理要求，规范组织各项检测比赛活动，开设写字课。期末的全校学生写字比赛，共评出一等奖54人、二等奖81人、三等奖135人，优胜班级16个，优秀辅导教师16人。二是深入教研组督导主备课人制度的实施，落实分层作业，认真做好作业和教案检查，加强对新上岗教师的监控与培训。三是分学科分主题深入开展校本教研，选派教师赴太原、厦门、焦作学习培训。本学期共推出19节教研课，有6位教师通过了达标课考核。四是进一步深化与发展思品课的"体验活动模式"，推进了《小学生人文素养教育读本》的整理编辑工作。

外国语小学围绕双语教学和人文阅读课题研究，积极探索30分钟短课教学模式，扎实开展专题教研，取得了较好成绩。一是完成自主编写的"双语数学、双语科学"教材并正式投入使用，与移动公司合作探索开发"同步课堂"实验项目，解决了英语听、读、写等家庭作业的反馈检查问题，家长反响强烈。二是启动"让生命绽放"主题阅读活动，开展"经典照亮人生"主题诵读比赛及知识竞赛，通过校讯通博客、年级展板、溪流报等平台，让学生多方面展示自己。2012年，学校被省教育厅命名为河南省第三批语言文字规范化示范学校。三是围绕“如何上好30分钟短课”、“课外阅读的课内指导课”等主题开展“话题式”教研，并尝试上二次教研课，及时对教研成果进行实践及检验，教师们收获很大。四是认真组织“优秀网络课程及资源征集活动”。共征集课件和课堂录像31份，有6份被省电教馆选中，报送教育部。

郑东小学以自主教育为主线，以“自主课堂”教学模式的研究为切入点，教育教学特色彰显，成绩斐然。一是围绕“自主课堂”教学模式的再实践，结合各学科各课型的“自主课堂”教学模式，扎实开展专题培训研讨教研。2012年，共组织教研课、优质课评比53节，评选出校优秀教研课7节，校优质课9节，其中魏忠莉赴厦门参加教学交流，王珂获省第九届语文优质课评比一等奖，高志恒获焦作年会观摩课一等奖。教师论文获奖125篇，发表文章60篇，教学技能竞赛获奖49项。二是自主教育研究阶段性成果《从自主课堂出发》丛书顺利出版。目前，正在进行的国家级和省级课题还有5项。靳攀主持的省级课题《小学生在思品活动实践课中的自主学习研究》通过验收，形成了独特的品德活动实践课的自主课堂模式，并汇编成册《教师优秀品德活动实践课教案论文集》和《学生优秀作品集》。三是以生为本，召开“学生自主发展论坛”，搭建学生展示平台，开展“唱响校园”“学会感恩”“活用数学”等学科综合实践活动展示。本年，学生在各类比赛中单项获奖385项，发表文章55篇，其中教师辅导获奖200项。四是名师力量不断壮大，办学影响力显著增强。2012年，郑东小学先后获得郑州市青少年外语大赛优秀学校组织奖、中国软式垒球实验学校、河南省一级食堂、河南省语言文字规范化示范学校等称号。校报《溪流》获第六届全国中小学校内报刊评选特等奖，《林中路》、《赶海人》获一等奖。

撰稿：李保健
审稿：孙广杰

中牟县人民路幼儿园

园　　长：吴慧玲　　支部书记：肖秀玲
地　　址：中牟县城人民路3号　　邮　　编：451450
电　　话：0371-62157308

【概况】　中牟县人民路幼儿园始建于2001年，是由中牟县人民政府投资兴办的一所花园式公办幼儿园，是中牟县第一所省级示范性幼儿园。全园占地面积9500平方米，建设面积6300平方米，绿化面积达32%以上，户外活动场地面积5500平方米。幼儿园主要有整体彩绘教学楼2栋、综合游戏楼及厨房楼各1栋。园内设有50米跑道、沙池、种植园地、养殖园地、以及水深不到0.3米的戏水池。园内有滑梯、秋千、攀岩、钻山洞、平衡木等设施，适合不同年龄的孩子运动和游戏。教学区园舍严格按照河南省示范性幼儿园标准设计、建造，设有200多平方米的多功能厅，幼儿科学发现室，幼儿图书室，幼儿游戏厅，多功能厅内配备有大型音箱和多媒体投影及钢琴等，并根据幼儿的不同年龄特点，设有活动室、寝室、卫生间、储藏间，配有符合幼儿年龄特点和卫生要求的桌椅。有开放式的玩具架，图书架，自然角，漱洗室等。幼儿园有教师68名，18个教学班，其中小班6个、中班6个、大班6个，在园幼儿650名。2010年，人民路幼儿园通过了市级示范性幼儿园的评估验收。2012年，人民路幼儿园又顺利通过了省级示范性幼儿园的评估验收。

4月，幼儿园开展的春季趣味亲子运动会现场

【办园宗旨】　人民路幼儿园办园理念是“全面加特长”，办园目标是“办园设施现代化，园内管理科学化，教育教学规范化，教师队伍专业化，育人环境儿童化”；坚持“以人为本，和谐发展，质量取胜，铸造品牌”的办园思路；坚持一切为了孩子、尊重孩子、爱护孩子，把最美好的童年留给孩子；培养幼儿“好奇、好问、好学、好动”的习性，以及快乐探索，会说、会做、会想象，聪慧、热情、善交往的优良品质。

【办园特色】　注重提高幼儿的综合素质、全面发展。幼儿园除了开设五大领域课程外，还增设了情景阅读、趣味手工等活动，并逐步形成了独具魅力的手工及户外活动办园特色。户外活动,充分利用场地宽阔的资源,坚持"人人参与,快乐共享"的指导思想,开展形式多样的户外活动,如趣味亲子运动会、家园同乐元旦游艺会、幼儿综合素质汇报、幼儿团体操大比拼等。这些活动除了给孩子一个自由成长、展示的空间外,也让家长积极参与到了幼儿园的各项活动中,增进了亲子感情,促进了家园联系,达到了家园共育的理想效果。幼儿园在环境创设上,注重多元化体现幼儿园美工特色,从屋顶到地面,从活动室到走廊,每一处都有孩子们的作品,每一处都体现教师的独特匠心。教师们也充分利用每个节日,积极开展幼儿画展、手工展及美术作品展,让幼儿充分参与到活动中,从而提高了幼儿的乐趣,增长了知识,促进了幼儿身心健康成长。

【教学科研】 人民路幼儿园重视科研兴园,认真做到"以科研促教研,以科研促教学",倡导个性教学,形成自己的教学风格和教学特色,鼓励教师围绕课堂教学做深层次探讨,逐渐成为研究型教师。教师树立正确的课程观,不盲目选择课程模式,从基础着手,探索能为幼儿终身发展奠定基础的课程。教师在教育实践过程中,以先进的理念为指导,重视保教结合,面向全体,通过多种形式实施素质教育,促进每个幼儿全面、健康、富有个性的发展。

【幼儿园荣誉】 2012年2月,幼儿园被郑州市教育局评为郑州市教育系统示范家长学校。3月,被郑州市教育局评为郑州市珠心算教育工作先进集体。7月,被评为第12届郑州市青少年科技创新大赛优秀组织单位。8月,在郑州市第四届珠心算数学比赛中获团体二等奖。8月,被郑州市财政局、珠心算协会评为海峡两岸珠心算比赛工作一等奖。9月,被郑州市教育局评为巾帼文明岗。10月,被评为河南省示范性幼儿园。11月,被郑州市教育局评为郑州市师德先进学校。

撰稿:梁书敏
审稿:吴慧玲

邓州市直幼儿园

园　　长:索兰芝　　支部书记:索兰芝
创办时间:1956年　　地　　址:邓州市新华中路
邮　　编:474150　　电　　话:0377-62128802

【概况】 邓州市直幼儿园是邓州市委、市政府所办的一所规模较大的全日制公办幼儿园,省级示范幼儿园。幼儿园占地面积20余亩,现有27个教学班,在园幼儿813名,在职教师126人。其中,省级名师3人,省学术技术带头人2人,省特级教师2人。教师学历合格率达100%,具有大专以上学历者占全体教师的93%。邓州市直幼儿园全体教职工与时俱进,开拓创新,不断改善办园条件,优化育人环境,创办特色教育,提升保教质量。坚持以教科研为龙头,确立了以科研促教研,以教研促教学的发展思路,被邓州市教体局确定为全市幼儿教育科研基地,承担数十项国家、省、南阳市级教育科研课题。该园先后被评为全国巾帼文明岗、河南省师德师风先进校、河南省文明学校、河南省安全管理学校、河南省示范性家长学校、河南省卫生先进单位、南阳市家教工作先进单位,是全国教育科学规划课题重点实验学校,连年被邓州市教体局评为目标管理先进单位。2012年,幼儿园共接待30余所乡镇幼儿园、百余名幼教工作者的观摩学习,并根据他们的实际情况,为他们提供制度、管理等全方位的帮助和交流,做好示范引导。

幼儿园鸟瞰图

【优化育人环境】 突出"五项教育",即主题教育、品德教育、整合教育、亲子教育、美工教育。如:结合安全教育月和学雷锋月,各班布置了"安全教育主题墙"和"我是小雷锋"主题墙;根据季节的变化及时更换室内环境,使环境体现季节的明显特征;树立"环境育人"的理念,将环境创设融入课程实施的过程中,要求教师在主题活动的计划、实施过程中,对主题墙、游戏区环境的创设随着教育目标的变化而不断调整,充分考虑幼儿的需求、重视幼儿的主动性、参与性,让幼儿真正在与周围环境的互动中主动发展。

【科研兴园】 围绕国家级已结课题《城镇幼儿园家园共育的途径方法研究》,进一步开创家长工作的新局面。做法主要有:一是通过班家长会、园家长代表座谈会、家长开放日等活动,提高家长对家园共育活动的认识,征集家长对幼儿园科学保教的意见和建议;二是成立家长学校,聘请专家给家长做家庭教育知识、家教经验专题报告;三是通过各种渠道,如家园联系册、家长问卷、家园园地以及家访和预约谈话、电话联系等形式互通情况、交流经验,共商科学育儿措施;四是扎实开展"千访万进"活动。每学期对班上的孩子全部家访一遍,并请家长参加开放日、运动会、给孩子们上课等,探究科学保教家校共育课题。

【教育教学】 坚持立足一日活动,以开发幼儿智力为根本出发点和最终落脚点,以培养幼儿创新精神和实践动手能力为核心,结合"四小"(小巧手、小魔术师、小发明家、小建筑师)活动的开展,进一步启发幼儿思维发展,增强幼儿动手操作的兴趣,给每个幼儿提供充分动手动脑的机会,孩子们在参与的过程中,主动地去思考、去实践,切实提高幼儿的多种能力。坚持开展形式多样的活动,丰富孩子的生活,让孩子真正融入社会,走进自然。

【师德建设】 定期在教师间开展争创"师德标兵"、师德演讲、师德征文等活动,每月进行一次师德考评,就教师的"六心"(喜欢孩子要真心、孩子生活要关心、观察孩子要细心、引导孩子要耐心、教育孩子要精心、服务家长要热心)和工作责任感等内容进行量化。实行师德考评一票否决制,并通过公布监督电话、设监督信箱、发放《家长问卷》等形式,让家长参与监督,家长满意率达99%以上。

【师资培训】 狠抓校本培训,促进教师专业成长。经常开展"新教师达标课""骨干教师示范课"活动,传帮结合,以研促教,共同提高。坚持自主菜单式培训,巩固教师强项,扭转成长弱项。幼儿园设立了课改奖励基金,鼓励教师积极投入新课程改革,探索课程新模式。建立名师——骨干教师——优秀教师培养制度,为教师的发展创造良好的制度环境。以走出去请进来的形式,通过自学、教研、实践、反思来提高教师的教育教学实践能力,不断实现自我跨越。

【品德教育】 以评"每周之星"为载体,每周在班上开展一个主题德育内容,周五下午以班为单位评出3—5名每周之星,贴在"家园园地"里,园里每周出一期每周之星的橱窗,并让每周之星代表在国旗下讲话,国旗下讲话之后表扬上周的好人好事,班上的德育气氛日益浓厚,取得了较好的德育效果。

【安保工作】 严格做到五个"抓好":一是抓好幼儿安全教育环节,增强幼儿自救自护的主体意识,一月一次安全演练。二是制定《幼儿园安全管理一日规范》,做好"人防"、"物防"、"技防",抓好幼儿园安全管理环节,完善重大安全事故应急处理预案。三是抓好与家长的联系环节,实行接送卡和离园签字双保险制度,并与家长签订安全责任书,动员家长主动配合幼儿园共同做好幼儿的安全工作。四是抓好与综治、公安、文化、卫生等有关部门的合作环节,密切配合,抓好幼儿园周边的交通秩序和社会治安秩序等。五是抓好领导值班,领导提前到大门口挂牌持械值班,协助保安查卡、看孩子,帮助保安处理突发事件。

【卫生保健】 认真做好传染病的预防工作,严格把好新生入园关和幼儿体格检查关。把好晨检、午检及晚检三大关。制订合理的食品卫生安全制度,严格按消毒常规做好消毒工作,科学安排幼儿膳食,坚持饭前半小时尝饭及48小时留样制度。

撰稿:孟英芳

审稿:张中锋　刘起雷

教育人物

中共河南省委高校工委、河南省教育厅领导成员名表

省委高校工委书记、省教育厅党组书记、厅长：王艳玲

省委高校工委常务副书记、省教育厅党组副书记、副厅长：李　敏（　—5月）

省委高校工委副书记、省教育厅党组成员、副厅长：訾新建

省委高校工委副书记、省教育厅党组成员、副厅长：张亚伟

省教育厅党组成员、巡视员：崔炳建

省委高校纪工委书记、省教育厅党组成员、纪检组长：李功勋

省教育厅党组成员、巡视员：张　健

省教育厅党组成员、招办主任：杨智磊

省教育厅党组成员、副厅长：刁玉华

省教育厅党组成员、副厅长：任　锋

省教育厅党组成员、副厅长：尹洪斌

省教育厅副巡视员：刘湘平

省委高校工委专职委员：贾修国

省教育厅副巡视员：赵国河

省委高校工委专职委员：刘昭阳

（省教育厅人事处供稿）

·特别转载·

本文转自2012年5月2日《光明日报》

施一公:为了中华民族的伟大复兴

编者按:作者施一公初中和高中就读于河南省实验中学,1984年参加全国高中数学竞赛并获得全国一等奖和河南赛区的第一名,1985年被保送到清华大学生物科学与技术系。施一公曾是美国普林斯顿大学分子生物学系建系以来最年轻的终身教授和讲席教授。2008年他辞职回到祖国,现为清华大学生命科学学院院长、清华大学医学院常务副院长、"千人计划"专家联谊会会长。

回国前,我在普林斯顿大学拥有优厚的个人物质待遇和丰厚的科研经费。在大家眼里,我的"美国梦"已经完美无缺了。

2008年2月起,我回到清华大学开始全职工作,同年辞去普林斯顿大学的教职。2009年,妻子卖掉了在美国的房产,带着5岁的双胞胎儿女举家回到中国与我团聚。

很多朋友和同事对我全职回国不理解,甚至觉得不可思议。我的全职回国也在世界范围内的学术界引起一定的震动。2010年初,《纽约时报》在头版对我的回国进行了专门报道,探求原因。其实,我回国的动机再简单不过了:游子归乡、报效生我养我的祖国,报答血脉相连的父老乡亲!我希望能在自己年富力强的时候回来至少为祖国健康工作30年。

中央"千人计划"的实施使我的归国之路更为顺畅,我很荣幸地入选首批"千人计划"国家特聘专家。为此,我感谢党和国家的信任,感谢清华大学为我回国提供了难得的机遇和良好的工作条件,使我回国终于梦想成真!

一转眼,我全职回国工作已经整整4年,一种踏实的归属感使我每天都很充实,总感到有使不完的劲儿。

我在清华的实验室也迅速发展壮大,组建了一支强大的、具有相当国际影响力的研究团队,培养出一批杰出的青年创新人才。仅2009年以来,我带领着博士研究生在国际前沿基础研究领域做出了一系列的重大研究成果,在世界顶尖学术期刊《科学》、《自然》和《细胞》(俗称CNS)上发表了10篇论文,在与世界上一流的生物物理和结构生物学研究团队的竞争中脱颖而出。我领导下的清华大学结构生物学中心培养产生出一批以柴继杰、颜宁、王宏伟、王新泉等为代表的世界级的青年科学家,已经成为世界上最优秀的生物物理和结构生物学研究中心之一。该中心过去3年在CNS上发表了近20篇论文,多于世界上任何一个结构生物学系或中心。

这些学术成果固然让我骄傲,更令我欣慰的是见证一大批杰出的青年拔尖创新人才的成长——他们将会成为中国未来科技发展的中流砥柱!我回国的一个重要目的就是育人,为中国培养年轻的科技人才,心里感觉踏实!

从2007年开始,我开始全面负责清华大学生命科学发展的规划设计及人才招聘。在清华校方和生命科学学院、医学院同事的大力支持和努力下,过去4年半,我主持或参与面试了大约150位优秀的海外科学家,并将其中最杰出的近60名人才引进到清华大学全职工作,独立实验室数目从2007年的43个增长到2012年的105个,翻了一番还多!这些年轻教授担当重任、从事着生命医学最前沿的领域,包括干细胞与再生医学、神经科学、分子免疫学等等,他们的引进从根本上改变了清华生命科学人才的布局和质量,为清华大学在生命科学全方位创建世界一流奠定了稳固基础,也为我们改变拔尖创新人才的培养模式做好了充足准备。清华大学的生命科学从1984年的恢复重建到2008年的25年间,一共在CNS发表了两篇论文;但在2009年开始的三年内,已经在CNS上发表了20多篇论文!

在人才引进的同时,在清华校方和同事的大力支持下,我倡导并在2010年完成了在整个生命科学学院内的人事制度改革,推行与国际接轨的、以具有流动性的tenure—track系列为主体、以"国际化、竞争性、高效率"为原则的人事制度。改革后的人事制度从根本上改变了现行体制造成的教职工队伍活力不足、竞争力弱、只进不出的僵化局面,为我们进行教学改革奠定了坚实的基础。2012年初,我又倡导并开始了清华大学医学院的人事制度改革。我们预计,通过3至5年左右的调整与过渡,清华大学生命科学与基础医学领域的师资队伍规模和整体学术水平将在亚洲领先并达到世界一流大学的水平。

在积极推动生命学院和医学院人事制度改革以及行政和科研管理制度改革的同时,我和另一位千人计划入选者、北京大学的饶毅教授一起倡议并主导了清华、北大两校生命科学联合中心的建立与发展。该联合中心以推动科教体制改革为核心,在人事制度、行政管理、科研机制、人才培养等各方面实行了国际化的改革新举措,成立后短短的一年已经开始展示出强大的人才培养效力和美好的发展前景。

总之,回国后的每一天都是充实和兴奋交加,每一天都有新的进展。每一年,我在清华给学生讲授七十多学时的理论课;参加全国各地二十多次博士生论坛并作专题报告或励志讲座;通过座谈、访谈和博客宣讲科技和教育体制改革的必要性。我希望通过推动对科技和高等教育的体制改革来带动整个科技和教育体系的变革,在中国涌现出世界一流的科研成果、产生出培养大师的肥沃土壤。

天行健,君子以自强不息。中国正处在一个民族复兴的伟大时刻,我们理应去私心,敢担当,有作为,把个人奋斗与国家的发展紧密联系起来,实现自己民族振兴的梦想。

名 师 风 采

国家科技进步二等奖获得者 王泽霖

王泽霖，1942年出生，汉族，江苏苏州人，研究生学历，河南农业大学牧医工程学院教授、禽病研究所名誉所长，河南省人民政府参事，中国著名禽病专家。

王泽霖带领科研团队经25年联合攻关，在浓缩灭活联苗研制及产业化等方面取得重大突破，获9项灭活联苗和1项浓缩抗原国家新兽药证书，填补多项国内外空白；研发3个国家重点新产品，获得2项专利、1项国标；先后获省部级科技成果一等奖3项、二等奖1项、三等奖2项。

王泽霖创立了免疫监测国家标准和“定监双免”防控措施，实现疫苗评价标准化，推动灭活疫苗的研发与应用创制新城疫浓缩抗原，获国家新兽药证书；创建微量HI试验，制定鸡群临床保护、抗感染、野毒污染的“4—9—11”判定标准；新城疫免疫监测技术被纳入国家标准，实现疫苗质量评价标准化；率先制定“定期免疫监测”、“活苗+灭活苗双重免疫”的“定监双免”防控措施，有效指导全国新城疫防制工作，推动了我国灭活疫苗的研制与应用。创建重大禽病病毒种质资源库，为联苗研制奠定基础，创新灭活联苗研发系列技术与装备，获多项专利，引领了行业科技进步。探索了产学研结合新模式，经济社会效益显著。

自20世纪80年代以来，王泽霖凭着多年的工作经验、渊博的学识和丰厚的人生阅历，以服务“三农”为己任，兢兢业业，积极参与产学研合作，不但与保定瑞普生物药业公司等8家企业密切合作、联合攻关、研发出一系列新产品，而且深入全国各地养禽场调研禽病流行动态、指导临床免疫、进行技术培训、讲课推广、解决生产中的实际问题，为广大农民和养禽业服务，得到全国同行的高度认可及广大农民朋友的欢迎，享誉国内。1993年获全国教育系统劳动模范，被授予人民教师勋章；中国禽病学会授予其“新中国畜牧业功臣”称号。2012年，王泽霖团队的科研成果《禽病高效浓缩联苗的研制与应用》获得国家科技进步二等奖。

（河南农业大学供稿）

“长江学者” 万师强

万师强，1967年8月生，汉族，河南信阳人，民盟盟员，博士，河南大学“攀登计划”第一层次特聘教授。1989年和1992年先后在河南师范大学和河南农业大学获得理学学士和硕士学位，1998年和2002年分别在中国科学院植物研究所和美国俄克拉荷马大学获得理学博士学位。2003—2004年在美国橡树岭国家实验室从事博士后研究工作，2005—2009年任中国科学院植物研究所研究员，2010年迄今在河南大学从事科研与教学工作。2012年被评为教育部“长江学者”特聘教授、中原学者、科技部重大科学研究计划首席科学家和科技部中青年科技创新领军人才等。

万师强任国家自然科学基金委第14届生命科学部专家评审组专家、“陆地生态系统响应大气层和气候变化整合研究网络”科学委员会国际咨询委员和中国生态学会副秘书长。现担任SCI刊物Journal of Plant Ecology主编，Journal of Applied Ecology副主编，Global Change Biology和《科学通报》编委。先后主持国家自然科学基金重点项目和面上项目各2项、国际交流项目1项、中国科学院重要方向性项目1项、科技部重大科学研究计划项目和国家重点基础研究发展计划项目课题各1项和河南省科技厅创新人才项目1项。

（河南大学供稿）

享受国务院特殊津贴专家 耿献国

耿献国，1957年3月出生，汉族，河南内黄人，中共党员，博士，教授，博士生导师，现任郑州大学数学与统计学院院长，中国数学会理事，中国工业与应用数学学会理事，河南省数学会理事长，享受国务院特殊津贴专家，河南省优秀专家，河南省优秀中青年骨干教师，河南省学术技术带头人。美国《数学评论》(Mathematical Reviews)评论员，德国《数学文摘》(Zentralblatt Math)评论员；上海交通大学兼职教授，西北农林科技大学客座教授。此外，任International Journal of Mathematics and Mathematical Sciences等多个数学学术期刊的编委。

耿献国主要研究领域是可积系统及其应用。先后在Advances in Mathematics, Journal of Nonlinear Science, Nonlinearity, Physica D等SCI学术刊物上发表研究论文80余篇。曾主持完成5项国家自然科学基金项目，承担完成国家重点基础性研究发展规划（“973规划”）子项目，并主持完成河南省杰出青年科学基金项目、河南省杰出人才计划项目和博士点基金联合资助课题。现主持国家自然科学基金项目“三角曲线与孤子方程的代数几何解”；获河南省青年科技奖、河南省自然科学优秀论文一等奖等奖励6项。耿献国指导的博士学位论文还获2010年度河南省优秀博士学位论文和2011年度河南省优秀博士学位论文。他指导的博士研究生薛波的论文《具有N—Peakon的新可积模型与孤子方程的代数几何解》入选2012年全国百篇优秀博士学位论文，实现了郑州大学全国优秀博士学位论文零的突破，也是河南省高校首次获此殊荣。

（郑州大学供稿）

享受国务院特殊津贴专家 法宪恩

法宪恩（右一）

法宪恩，1962年8月生，回族，中共党员，医学博士，博士生导师，二级教授，现任郑州大学第二附属医院党委书记，主持医院全面工作，享受国务院特殊津贴专家，中国优秀医师，全国卫生系统创先争优先进个人，河南省优秀专家，兼任中华医学会胸心血管外科学分会全国委员、中南六省分会副主任委员，河南省胸心血管外科学会主任委员，担任国内多家杂志编委、副主编。

2012年，法宪恩获得中国医师行业最高奖——中国医师奖。作为第一完成人获得河南省科技进步二等奖3项、三等奖3项。任2012—2015年国家科技支撑计划“心血管疾病及其危险因素监测、预防和治疗关键技术研究”专项子课题负责人，2012—2014年国家“十二五”支撑计划“冠心病医疗结果评价研究和临床转化研究”专项子课题负责人，国家自然科学基金“Nanoceria调控Nrf2/ARE转导通路在心脏缺血再灌注损伤中的保护作用”负责人等。先后获得河南省跨世纪学术技术带头人、河南省中青年骨干教师、河南省青年科技专家、河南优秀医师奖、郑州市科技领军人才、河南省科技创新人才团队负责人、河南省卫生科技创新型人才工程科技领军人才等多项荣誉。

（郑州大学供稿）

享受国务院特殊津贴专家 佟培基

佟培基，1944年3月生，满族，河南开封人，中共党员，自学成才。现任河南大学古籍整理研究所所长、教授、博士生导师，国家重点规划项目《全唐五代诗》主编、河南省政府决策咨询专家。1987年中央新闻电影纪录制片厂为其拍专题片《从司机到教授》在全国放映。2002年，被定为河南大学中国古典文献学申报博士学位点第一学术带头人，获国务院学位办批准。现为河南大学中国古典文献学博士生导师，享受国务院特殊津贴。2011年在中国共产党成立90周年大会上被中共中央表彰为全国优秀党务工作者。

佟培基的主要著作有《全唐诗重出误收考》、《孟浩然诗集笺注》、《辛弃疾选集》等。《全唐诗重出误收考》获河南省社科优秀成果二等奖，《孟浩然诗集笺注》获第三届全国古籍整理图书奖二等奖。他对《全唐诗》重出误收诗篇的考证辨伪有突出成绩，在唐诗研究领域取得了开拓性的突破。现任中国唐代文学学会理事、中国孟浩然研究会副会长、中华诗词学会河南分会理事。

佟培基擅长篆隶，作品雄浑圆润，凝重古朴，曾多次入选国际、全国及河南省书法展，获国际现代书画名家教授国际金奖、香港中国百年风云人物金奖等。他被收入《中国当代书法家辞典》、《世界当代书画篆刻家大辞典》。

（河南大学供稿）

享受国务院特殊津贴专家 张治军

张治军，1958年10月29日生，汉族，籍贯河南省济源，无党派人士。理学博士、教授、博士生导师，河南省特聘教授，中原学者。1982年7月毕业于河南大学化学系，获学士学位。1996年11月毕业于中国科学院兰州化物所物理化学专业，获博士学位。1982年迄今任教于河南大学。1996—2002年任河南大学化学化工学院院长，2002—2012年任河南省特种功能材料教育部重点实验室常务副主任、河南

省纳米材料工程技术研究中心主任。曾获全国优秀科技工作者、河南省优秀专家、享受国务院特殊津贴专家、河南省劳动模范、河南省跨世纪学术技术带头人等称号。兼任中国化学学会理事、河南省化学学会副理事长,中国机械工程学会摩擦学分会理事,《化学研究》杂志编委会主任、《摩擦学学报》编委,河南省人大常委会委员。

张治军主要从事纳米材料的制备及性能研究,在国际上首先将纳米材料用于摩擦学领域。1997—1998年,他负责组建了河南省高校重点学科润滑与功能材料开放实验室。2004年,该实验室成为河南省特种功能材料重点实验室,现已成为教育部重点实验室、河南省高校国家重点实验室培育基地。2003年,张治军负责筹建河南省纳米材料工程技术研究中心,该中心现已成为河南省纳米材料的产业化实验基地和成果转化技术平台。

(河南大学供稿)

享受国务院特殊津贴专家 刘文轩

刘文轩,1964年生于河南省巩义市,博士,河南农业大学生命科学学院教授,硕士生导师。1999年国家"百千万人才工程计划"一、二层次人才和1998年河南省跨世纪学术和技术带头人培养对象,河南省遗传学会理事。2012年成为享受国务院特殊津贴专家。

1984—2000年,在河南省农科院工作,曾任河南省植物脱毒研究开发中心主任,从事小麦遗传转化、分子标记及细胞工程育种以及甘薯、马铃薯、大蒜脱毒快繁及产业化研究。2000—2003年在上海大学生命科学学院任研究员,细胞及分子生物学实验室植物方向负责人,担任《遗传学》、《基因工程原理》、《现代生物技术导论》及《植物分子生物学专题》课程教学工作,从事分子标记及辅助选择、品质相关基因及特异启动子克隆与遗传转化等研究。2003—2008年在美国密西西比州立大学从事高粱分子细胞遗传图谱和水杉细菌人工染色体DNA文库构建与基因组研究。2008—2010年在美国堪萨斯州立大学小麦遗传与基因组资源研究中心,从事小麦亲缘种属抗病基因发掘与利用研究。分别从小麦野生亲缘种属Ae.searsii,Ae.geniculata,Th.intermedium鉴定并向小麦转移了抗杆锈新基因Sr51,Sr53和Sr44,以及一个小麦条纹花叶病毒抗性基因Wsm3。先后参加了美国自然基金委(NSF)、美国能源部JGI和美国农业部(USDA)资助的多个研究项目。

刘文轩先后主持了国家"863"、国家生物技术育种攻关、河南省重大科技攻关、河南省自然科学基金以及上海市教委等10余项科研项目,发表研究论文40余篇,获国家农业部及河南省科技进步奖4项,培养硕士研究生7人。

(河南农业大学供稿)

享受国务院特殊津贴专家 张文生

张文生,1968年生,中国民主同盟会盟员,焦作师专理工学院副院长、教授,理学博士。2011年当选河南省"555人才工程"省级学术技术带头人、河南省高校科技创新人才、焦作市"优秀青年榜样"。2012年获"享受国务院特殊津贴专家"称号。主要从事有机化学的教学工作,并承担有机合成和金属有机化学方面的基础理论和应用研究工作。

近年来先后发表科研、教研论文22篇,其中在SCI收录期刊上发表论文14篇,在中文核心期刊上发表6篇。有2篇论文获得河南省首届自然科学学术奖论文二等奖。参与应用型科研项目《系列核苷生产新工艺》的研究工作,取得较大的社会和经济效益,该项目于2005年获得河南省科技进步一等奖,2007年获得国家科技进步二等奖;作为第一至三发明人申请中国发明专利10余项,获得国家知识产权局授权专利4项(其中第一发明人1项、第二发明人2项、第三发明人1项)。

(焦作师专供稿)

省特聘教授 刘小军

刘小军,1964年出生,汉族。1985年山西农业大学本科毕业,获农学学士学位,毕业后留校工作;1994年山西农业大学研究生毕业,获动物产生产学硕士学位;1996年晋升副教授;1998年中国农业大学农业生物技术国家重点实验室博士毕业,获动物遗传育种与繁殖学博士学位;1998年11月至2001年7月在英国爱丁堡大学细胞、动物和群体生物学研究所(现为生物进化研究所)从事博士后研究;2001年8月至2003年7月在英国罗斯林研究所从事博士后研究;2003年8月至2008年12月在英国爱丁堡大学医学院、皇后医学研究所、心血管研究中心、分子生理学实验室任研究员(ResearchFellow);2009年1月至2010年6月在英国爱国爱丁堡大学医学院、皇后医学研究所、炎症研究中心任资深研究员(Senior Research fellow);2010年7月至今,在英国爱丁堡大学医学院、罗斯林研究所任资深研究员(Senior Research Fellow)。2012年任河南农业大学动物遗传育种与繁殖学科河南省特聘教授。

刘小军长期从事动物基因组学和遗传育种学方面的研究,利用微卫星和SNP分子标记,准确定位了对链球菌抗性/易感染性的位点。利用免疫分析技术,确定了巨噬细胞在由链球菌诱导的程序化坏死中的重要作用。利用体内、体外实验,结合基因芯片技术,筛选出了相关的候选基因,为理解由链球菌诱导的程序化坏死的分子机制奠定了基础。

他建立了新的人类血管硬化症的双基因敲除小鼠模型及斑马鱼模型。应用细胞生物学、分子生物学、免疫学等研究手段并结合分子影像学的方法,发现了有关血管硬化发生发展的新的机理。

他用独特的可诱导型转基因大鼠模型模拟人类心血管疾病,用现代功能基因组的研究技术和方法,如基因芯片技术、基因定位技术及蛋白组学技术、结合生物信息学和分子生理、病理学的手段,对影响人类心血管疾病,特别是高血压引起的血管和肾脏病变的因子进行了分子解剖,定位并克隆了对高血压引发的组织器官损伤调控的修饰基因,从而进一步揭示了恶性高血压有关发病机理、病变过程及愈后表现的本质。

应用比较基因组学和蛋白质相互作用等技术,结合分子生物学的其他手段,《影响鸡身体组成和繁殖性能的候选基因的研究》课题取得了重大进展。发现了多个重要受体蛋白的不同形式,并对它们的表达、分布以及调控等特性进行了研究,为进一步了解有关功能基因对鸟类体重、身体组成和繁殖性能等的调控机理奠定了基础。

(河南农业大学供稿)

河南省“百人计划”人选　唐贵良

唐贵良,1963年出生,安徽贵池人,现任河南农业大学教授、河南省百人计划人选。2000年10月在以色列魏斯曼科学院获植物生物化学博士学位;2000年11月至2005年7月在美国麻省大学医学院从事植物生物化学博士后研究。在美学习和工作11年,获“美国肯塔基大学终身教授、植物基因沉默技术领头人”称号,是国际著名的植物科学杂志副主编和基因沉默杂志编委。

唐贵良长期致力于动植物基因沉默和小核糖核酸、作物遗传育种、分子遗传和基因工程研究,发表SCI研究论文43篇。获美国前100名专利1项(个人专利年收入接近2万美元)。科研成果发表在《植物细胞》、《植物生理学》、《植物学报》等国际一流刊物上,被国内外同行引用达1600余次。现主持美国国家自然科学基金、美国农业部、美国肯塔基州政府、美国宝洁公司以及肯塔基烟草研究和发展中心重大科研专项基金资助的课题数项,获得课题资助超过百万美元。

唐贵良近几年在植物基因遗传工程、植物基因沉默和小核糖核酸生物技术研究方面做出了突出成绩,取得丰硕成果,为该领域的国际知名学者。

(河南农业大学供稿)

河南省优秀教师　焦素娥

焦素娥,女,1962年11月生,河南西平人。1983年6月毕业于郑州大学中文系,获文学学士学位。1989年3月至1990年8月,在武汉大学写作助教班学习。1993年9月至1994年7月,在南京大学中文系做访问学者。现为信阳师范学院传媒学院院长,教授,硕士生导师,戏剧与影视学重点学科带头人,河南省写作学会副会长,中国高校影视学会会员。

焦素娥一直工作在教学第一线,从事写作学、新闻学、影视艺术学等课程的教学与研究工作。在教学过程中,她善于吸收国内外最新研究成果,注重理论联系实际,大胆进行教学内容与教学方法的改革。根据所承担课程的特点与需要,对教学资源进行富有创造性的设计与开发,制作内容丰富、特点鲜明的教学课件,并通过课程网站建设,为学生提供开放式的自主学习环境,实现课堂教学与课外学习的真正链接。教学理念先进,教学方法灵活,重视学思结合、知行统一,有独特的教学个性和教学风格,深受学生喜爱。同时,他经常深入到学生中间,通过各种渠道与学生交流,并针对学生在生活上、心理上和思想上存在的具体问题,采用灵活多样的方式加以解决。被学生们亲切地称作“最可爱的人”、“最博大无私的人”、“最善良仁慈的人”、“最值得信赖的人”。

焦素娥长期从事艺术理论及媒体文化研究,在学术研究上能够正确把握本学科的发展方向,选择具有原创性和前沿性的重大理论问题进行深入系统的研究和思考,发表了有一定创新意义和学术价值的论文与著作,在影像文化研究和当代艺术批评方面已形成系列成果,产生了较好的社会反响。先后主持完成了“中国电影观念和理论的演变与发展”、“20世纪中国电影思潮”、“全球语境下的中国影像文化研究”、“高等院校公共艺术课程教学与教材建设研究”、“大众传媒背景下高校审美教育有效模式研究”、“中日动画艺术类型与风格比较研究”以及“主流媒介范式变迁与国家形象的文化建构”等国家级、省部级科研项目10项,在《中国电视》、《电影文学》等专业权威杂志上发表学术论文40余篇,出版学术著作4部。其中,《影像审美:理论与实践》2005年获河南省教学成果一等奖,《光影图景——影视艺术论稿》2009年获河南省教学成果二等奖。

近年来,焦素娥先后获得河南省文明教师、河南省高等院校十佳师德标兵、河南省教育系统“三育人”先进个人、河南省优秀教师、河南省教学名师等称号。

(信阳师院供稿)

河南省优秀教师　魏秉国

魏秉国,1963年9月生,河南省濮阳县人,汉族,中共党员,濮阳职业技术学院教务处长,物理学教授。1985年毕业于河南大学物理系,获学士学位,1990年北京师范大学无线电电子学研究生班结业。兼任中国电子学会高级会员、中国物理学会会员、中国家电维修学会会员;先后被评为河南省高等学校教学名师、河南省优秀教师、河南省中青年骨干教师。研究方向为电工电子技术,主讲《模拟电子技术》、《数字电路》、《移动通信终端原理与维修》等多门课程,在《通信技术》、《现代电子技术》等核心期刊上发表学术论文15篇,出版教材专著12部,获得省部级以上科研课题立项和成果奖励21项,先后主持省高等院校特色专业机电一体化技术、省示范性电工电子实训基地、市工业自动化技术重点实验室等重点建设项目和教育部电子信息教学指导委员会优秀精品课程。

撰稿:李乃岭

审稿:刘东波

河南省劳动模范 陈 卿

陈卿，1954年1月出生，郑州市中牟县人，汉族，1972年参加工作，现任郑州电子信息职业技术学院董事长。先后在北京大学、清华大学、华东师范大学、北京师范大学、河南大学博士研究生班进修，被评为教授、高级工程师、河南省教育专家、河南省科技实业家、中国高校杰出校长、全国杰出民办教育家、河南省劳动模范、中华人民共和国有突出贡献专家；现任郑州市政协委员，河南九三学社教育委员会副主任，九三学社郑州电子信息职业技术学院主任委员，西安交大、河南大学（研究生）中牟教学部主任，河南电子学会常务理事，河南民办教育协会常务理事，国家高级考评员，国家教育部开发大西部教育顾问。

陈卿创办的郑州电子信息职业技术学院在校生1万余人，固定资产6亿元，连续20年学生就业率达到100%。是国家100余家大中型企业授牌、授证书确定的人才培养输送基地。陈卿先进事迹先后被《人民日报》、中央电视台等100余家新闻媒体报道。学院被誉为"中原职教明珠，技师工程师摇篮"。被国家教育部、国家经贸委、国家劳动和社会保障部等部门分别授予：全国先进职业院校、全国重点学校、全国职业指导先进院校、全国学生就业率最佳院校、全国先进民办学校、全国社会满意十佳民办学校、全国守诚信重服务品牌院校、中国十大著名院校。

20年来，在国家没投入一分钱的情况下，学院共为国家培养大中专毕业生10万余人，使10万个家庭脱贫致富，如果按国拨教育经费计算等于为国家节约教育经费50亿元。学生缴费消费等于累计为中牟县引进流动资金60亿元，10万余名在全国各地工作的毕业生，按每月寄回家乡500元计算，已累计为家乡赚回100亿元，10万名毕业生为祖国创造的经济效益在数百亿元以上，为农村劳动力转移、农民脱贫致富、科教兴国做出了巨大贡献。

创办人陈卿主动向省政府、教育部申报，将学院（固定资产6亿元）献给国家，不要任何回报。决心把学院建成公益性大学。陈卿有着一颗赤诚的爱国爱民之心。每年出资100余万元，为来自农村的贫困学生减免学费。10年中6次捐款共达50余万元帮助乡、村修路。当四川汶川发生地震时，他以身作则率先个人捐款1万元，并以最快的速度组织全院师生捐款3.3万余元。

陈卿担任华中电器化研究所所长，攻克多项科研项目。分别担任主编、副主编或编委出版了《电工基础》、《机电一体化概论》、《家用录像机》、《家庭影院》、《公关礼仪》、《毕业生就业指导》、《IC在家用电器中的控制作用》、《实用录音机检修技术》、《VCD视盘机检修》等科技著作30余本。

（郑州电子信息职业技术学院供稿）

河南省名中医 庞景三

庞景三，1957年9月出生，河南省内乡县人，中共党员，南阳医专中医系主任、教授，河南中医学院硕士研究生导师，南阳医专第二附属医院中医内科主任医师，南阳市名中医，河南省首届名中医，国家级优秀中医临床人才，南阳市医学会、中医学会、仲景研究会理事，张仲景传统医药研究会副会长，河南省中医内科专业委员会委员，中国唯象中医研究会理事，南阳市跨世纪学术技术带头人，南阳市科技带头人，南阳市科技拔尖人才。

庞景三幼承家学，早年随父在家乡行医，后考入河南中医学院学习，毕业后一直从事中医工作，坚持祖传经验与现代研究相结合，理论与实践相结合，教学与临床科研相结合，熟练应用中医的理法方药，用中医的思维方法处理常见病、多发病和疑难杂症。如用《伤寒论》相反相成组方法治疗胃下垂、胃及十二指肠溃疡，多种胃炎、结肠炎、胆囊炎、郁证、汗证等均取得了较好的疗效；用仲景的炙甘草汤及瓜蒌薤白半夏汤系列方加减辨证治疗心肌炎、冠心病、心衰等也取得较好疗效；用《金匮要略》的温经汤、胶艾汤加减辨证治疗妇科的痛经、月经不调、崩漏等疗效显著。结合著名中医学家朱良春用动物药治痹证的经验，参考李可老中医大量用附子、细辛等有毒药物的体会，加上李连达院士活血化瘀的研究成果，辨证组方治疗类风湿、肾病及心脑血管病均取得理想疗效，深受患者的信任和同道的好评。

近年来，庞景三出版了《美眼看中医》等学术专著5部、《临床常见急症处理》等全国统编教材5部；在CN刊物上发表及国家级以上学术会议上交流学术论文60余篇；取得南阳市科技成果一等奖1项、二等奖4项，河南省科技成果二等奖、三等奖各1项；正在主持研究的省、市级课题各1项。

撰稿：田 琳
审稿：逵应坤

河南省高等学校教学名师 付子顺

付子顺，1963年9月生，河南滑县人，中共党员，本科学历，教授，经济师，电子商务师，濮阳职业技术学院工商管理系主任，河南省高等学校教学名师，第三届黄炎培职业教育奖（杰出教师奖）获得者，教育部工商管理类专业教指委委员，河南省高等学校财经行指委委员、营销分委副主任，河南省文明教师。研究方向为高等职业教育、区域经济，主讲《现代企业管理》、《营销策划技术》、《商务策划文案》等课程，在核心期刊上发表学术论文6篇，出版教材专著多部，先后主持省部级以上科研课题10余项，是省级精品课程、河南省高等学校优秀教学团队等质量工程项目主持人，曾获河南省高等教育教学成果一、二等奖。

撰稿：李乃岭
审稿：刘东波

河南省高等学校教学名师 汤长青

汤长青，1965年1月出生，河南省济源市人，中共党员，河南省第五届高等学校教学名师。现任济源职业技术学院冶金化工系主任、教授，是济源市劳动模范，济源市首届学术技术带头人，济源市第十批专业技术拔尖人才，河南省教育厅学术技术带头人。

汤长青是河南省示范性高职院校重点建设专业、河南省示范性实训基地、河南省教学团队和河南省特色专业建设(应用化工技术)主持人。他主持建设的《无机及分析化学》课程2006年被评为河南省高等学校精品课程;主持的《高职应用化工技术特色专业建设的研究与实践》2012年获河南省高等教育教学成果奖二等奖。

汤长青注重校企合作,积极开展社会服务和科学研究。主持、参与完成教育科研课题20余项,主研"胆红素直接萃取新工艺"获河南省科学技术进步三等奖,主研《双1,6—亚乙基三胺五亚甲基膦酸的研制》获济源市科学技术进步一等奖。与企业合作获国家发明专利1项,参与制定国家标准1项,为企业创造可观的经济效益;撰写科研论文《低含量砷羟基亚乙基二膦酸的制备》等20余篇,分别发表在《食品研究与开发》等刊物上,其中在中文核心期刊上发表论文14篇。主编、参编教材8部。2009年被聘为河南省安全生产监督管理局专家,2010年被聘为河南省豫北高等职业教育集团材料化工专业建设指导委员会主任委员。

(济源职业技术学院供稿)

2012"感动中原"年度教育人物
秦随方

秦随方(左一)

秦随方,58岁,安阳县马家乡垴后教学点教师。他右腿残疾,妻子弱智,但他却凭着执着与奉献一人在教学点进行了40年的复式教学;他房无一间,地无一垅,却用两袖清风在三尺讲台上培养了30余名研究生及大学本、专科生;他身单体弱,行动不便,却用一己绵薄之力,促进了山乡村野的巨变,用心血点燃了山村孩子的光明人生!

40年来,垴后教学点只有他一人。他日复一日地站在讲台上传道授业,年复一年地跋行在山村的沟沟壑壑。垴后村40岁以下的人都是他的学生。20余年来,30余名大学毕业生相继走上了不同的工作岗位,而秦随方依然在坚守着自己心中的教育梦想,依然在担负着一、二年级复式教学班的教学工作,从未让九年义务教育阶段出现一个失学儿童,垴后教学点的教学质量每年都位居全乡前列。

2011年,秦随方被推选为"感动安阳市"年度人物。2012年1月至5月,《大河报》、《河南日报》对秦随方的事迹先后进行了报道。2012年10月获"感动中原"年度教育人物称号。

2012"感动中原"年度教育人物
杨帆

杨帆(右)

杨帆,女,46岁,南阳市特教中等职业学校校长。1988年,杨帆创办了河南省最早的特教学校,并且坚持了整整24年不动摇。24年的坚持,她的特教学校先后培养出来自13个县市区的各类残疾人1万余人次。这些学生毕业后都能够上岗工作、自食其力。其中60%以上的学生自强创业,靠学到的一技之长当上了老板,有了较高的经济收入,建立了幸福的家庭,从而改变了命运,人生有了重大转折,使社会的包袱变成了财富,减轻了政府、社会和家庭的负担。

2001年至今,南阳市特教中等职业学校先后被教育部、中残联评为全国特殊艺术人才培养基地,被中华职教社评为全国温暖工程基地。杨帆先后被评为全国扶残助残先进个人、中国身边好人、河南省残疾人康复工作先进个人、2011年度感动南阳"十大教育新闻人物"等称号。2012年10月获"感动中原"年度教育人物称号。

她扶残助残的事迹先后被中央广播电台等多家媒体报道。2003年,杨帆作为全国扶残助残先进个人在北京受到中共中央总书记胡锦涛、国务院总理温家宝的亲切接见。

2012"感动中原"年度教育人物
魏秀芝

魏秀芝,女,46岁,平顶山工业职业技术学院宿管员。作为一名宿管员,她熟知每个房间的学生,并了解他们的性格、爱好甚至家庭情况。学生心情不好、情绪不高或感冒生病的时候,她总能及时出现在这些学生身边,耐心开导心情不好的学生,使他们能够正确面对生活。她还及时给感冒生病的学生送上家庭式的温暖:买饭、送药、送水。她因此被学生们亲切地称为"雷锋阿姨"。

魏秀芝担任主校区2号公寓楼管理员后,卫生保持得好,违纪违规现象少之又少。她把公寓楼当成了家,把学生当成

自己的孩子。每年新生入校的那一天,魏秀芝会在当天走访完每个新生宿舍,向新生介绍公寓管理规定、校内生活服务设施以及学校周边环境,了解学生生活上对管理员有哪些特殊的要求。2012年10月获"感动中原"年度教育人物称号。

2012"感动中原"年度教育人物 孙永清

孙永清(中)

孙永清,59岁,周口市鹿邑县贾滩镇后堂小学教师。1971年1月,走上讲台的孙永清,根据少年儿童爱看图、爱听故事、可塑性强等特点,利用业余时间自费绘制雷锋宣传画,自办雷锋画展教育青少年,一干就是41年。

41年来,孙永清画了八九百幅雷锋宣传画,更换了4个画集,坚持义务举办雷锋画展,足迹踏遍贾滩镇及周边数十所学校,共在城乡中小学校和城市街头巡回展讲千余场次,受教育青少年学生及群众有百万人次。

孙永清的义举得到了社会认可。1993年4月,他的"雷锋故事流动画展"在全国德育工作现场会上展出,受到与会专家学者的一致好评。近年来,他绘制的图画被鹿邑县电视台录制成"学习雷锋宣传材料",在每年"学雷锋活动宣传月"播出;鹿邑县教体局把他绘制的"雷锋画展"录制成光盘,发放到全县各中小学校。2010年秋,在河南省第十二届"利生杯"教具大赛中,孙永清的画展被评为科研成果一等奖。

孙永清的感人事迹被《解放军报》、《中国青年报》、《中国教育报》、《教育时报》等多家媒体报道。2012年10月获"感动中原"年度教育人物称号。

2012"感动中原"年度教育人物 李 冰

李冰(右一)

李冰,女,49岁,河南艺术职业学院副教授。1994年从教开始,李冰每天早晨7:30就到校,晚上9:30查完寝室后才离校,十几年如一日,无怨无悔。无论学生有什么事儿,李冰总能在第一时间赶到学生身边,像妈妈一样给予学生无微不至的关怀,为学生排忧解难。

李冰关心身边的每一位学生,不论班里哪一位学生有困难她都尽心尽力地帮助他们。无论是课堂教学还是带领学生在外实习,她都能够尽职尽责,与学生建立了良好的师生关系。多年来,李冰还热衷社会公益事业。2001年,李冰为新县贫困学生捐款2400元。这在当时对于一名普通教师来说,是一笔不小的开支,但是李冰依然毫不犹豫地捐钱给贫困山区的孩子们。她捐助了7名贫困地区学生,使孩子们顺利地完成学业。她连续4年获得"河南省广播电视大学年度优秀教师、优秀班主任"称号,2009年获得河南省民盟授予的"爱心大使"称号。2012年10月获"感动中原"年度教育人物称号。

(省教育厅思想政治工作处供稿)

·特别转载·

河南省小麦抗病虫育种首席专家 茹振钢

茹振钢是河南科技学院小麦研究中心主任、河南省小麦抗病虫育种首席专家。寒来暑往,他育出的"百农矮抗58"成为"黄淮麦区第一麦",累计推广面积1.8亿多亩,增产小麦100多亿公斤。

在河南省焦作市沁阳一中读高中时,物理老师、班主任高树义给了茹振钢一套科学家传记,他被数学家、物理学家的故事深深吸引,学习劲头十足,数理化成绩成了他的骄傲。

19岁高中毕业那年,高老师出乎意料地鼓励他学农:世界大难题是什么?是沙漠化、是水资源短缺。沙漠变绿洲,了不起!能种上庄稼、长出粮食更了不起!

高老师的大视野和诗意化表达,打动了年轻的茹振钢,更何况,吃不饱肚子的日子里,只有过节过年才能吃上白面馍,他有着天天能吃白面的不尽憧憬。就这样,茹振钢踏进农学门,他不但成绩好,还是班长、团支部书记,有望到省城郑州工作。

这时，著名小麦育种专家黄光正教授到学校选择助手，茹振钢能吃苦，动手能力强，自然成了选择对象。1981年秋天，23岁的茹振钢来到河南科技学院的前身百泉农专，正式入黄光正教授门下，投身育种事业。

那时候，育种条件比较差，实验室仪器设备坏了，他就自己修；图书资料不全，他边学边整理，还为新书编号、入库、上架，成了义务资料员。凭着年轻人的冲劲，茹振钢把不成系统的资料几乎翻了个遍，想尽快理出研究方向。

“育种是人与植物的对话，小麦也是有感情的”，这是黄光正教授的口头禅，他要求他的助手多到育种田观察小麦，记清生长特点各不相同的几千个小麦品种，与小麦建立起情感沟通。与小麦对话？茹振钢反而茫然起来。

在学校学习时，涉及国内外的资料没少看，总觉得自己很有能耐，一参加工作，反倒抓不住工作要点，人也好像悬空了，怎么也找不到与小麦对话的诀窍！

难以抑制的茫然，让茹振钢渐渐动摇了：搞小麦育种能成吗？能有出息吗？

一天下班后，一向严厉的黄光正教授乐呵呵地请茹振钢到自己家吃饭，亲自下厨炒了四个菜，拿出了一瓶收藏已久的白酒。

这在当时，是少有的家庭最高规格接待。就在茹振钢有些拘谨时，黄光正教授开口了：“当了助手，还没接待过你呢。”这句话，让茹振钢感动得眼圈都湿润了。“你不怕吃苦，人也聪明。但是，光凭着聪明劲，不愿吃苦，一辈子也育不出个品种来，搞科研，总要有股傻子精神，再苦再难也要干到底。”黄教授从搞科研到做人的每一句知心话，沁人肺腑，化作一股股激发茹振钢努力拼搏的精神力量。

从思想上入了师门后，茹振钢视野更开阔了，脚步更踏实了。发现自己专业知识上的不足，他就旁听生物统计、生理生化多门课程。遇到田间试验技术问题，他就虚心向专家、教授请教……

在黄光正教授的引领下，茹振钢进入了小麦育种这一交叉学科的新天地，于1985年在《百泉农专学报》发表了《小麦生态育种刍议》，引起关注。

1996年9月5日，河南科技学院出现了从未有过的一幕：在延津县小店镇农技站、封丘县农科所、长垣县孟岗乡种子站的牵头下，一辆凝结着干部群众深深感激之情的桑塔纳2000轿车驶进了学校，这辆新车是专门奖励茹振钢的。面对价值20多万元的轿车，茹振钢平平静静地表达了自己的心愿：这部车转赠给学校，以方便更多的同志搞科研。这是继豫麦32(百农62)推广到黄河南北、江淮大地，新培育的豫麦54(百农64)成为河南省第八次小麦更新换代首选品种，给农民群众带来了巨大的经济效益后，农民群众自发给他的奖励，这也开创了河南省由社会出资重奖科技工作者先河。

本世纪初，河南提出了“小麦经济”。国务院总理李克强时任河南省省长，他的解释是，河南是粮食大省，小麦大省，小麦播种面积占全国的四分之一，产量占全国的三分之一。在WTO背景下，河南小麦只有走优化品质、加工增值、增加综合效益的路子，才能化挑战为机遇。

提高品质，培育高产、优质小麦，成为事关我国粮食安全和经济社会可持续发展的战略选择。茹振钢从农民的难题中率先破解。

“农民朋友最有想象力，他们敢想、敢问、敢说，没有他们提出的一个又一个问题，就没有我们高水平的科研成果。”茹振钢说。不用给小麦打药治病多好，只浇一次水、施一次肥就能丰收多好，他把这些农民提出的问题当成了“宝贝”。

这些“苛刻”的难题启发着、激励着茹振钢一步步探索。就这样，兼有抗寒、抗病、抗倒、高产、稳产等优势的小麦新品种“百农矮抗58”诞生了。

2003年，在临颍县王孟乡化庄村一种，便表现优异，受到老百姓欢迎。

2005年，通过国家审定，在5省14个试点生产试验时产量居参试品种第一位。

2008年，河南省人民政府投入500万元，启动实施这一小麦新品种产业化研究与开发重大科技专项。

大自然好像有意考验这个新品种。从麦播到麦收，在主要小麦产区的河南、安徽等地先后出现了低温、特大干旱、干热风等极其不利于小麦生产的异常天气，“百农矮抗58”经受住了冬春之交历史罕见的旱、寒自然灾害和冬春大范围长时间干旱的严峻考验，万亩高产示范基地仍实现平均亩产619.8公斤到694.5公斤的好收成。

从试种到重点推广，再到大面积播种，直至成为黄淮麦区第一品种。茹振钢实现了他的梦想：

将材料力学应用到农作物育种，小麦茎秆下部钢性强，上部弹性足，承压能力和抗扭曲能力足以支持700公斤以上的亩产量，实际生产中，亩产量650公斤在8级大风中也安然无恙。

苗期能耐零下16摄氏度极端低温，适种区域广；播种期弹性大，早晚播均能高产；高抗条锈、秆锈和白粉病，中抗纹枯病，是个理想的环保型小麦。同时，栽培简化，适于大面积机械收割……

如此优异性状，已让“百农矮抗58”累计推广1.8亿多亩，增产小麦100多亿公斤。

谈到“百农矮抗58”这个新品种的科技内涵，茹振钢说新品种具备以下自身调节功能：当温度适宜时，它的叶片呈浅绿色，能充分利用太阳光，愉快地生长；当遇到低温时，它的叶片会变成深绿色，以便尽可能多吸收阳光；气温更低时，它的叶片会变成紫红色，其吸收光温的能力会更强；假如气候更为严寒，它还会自动将一部分叶片变白，损伤一部分细胞，变成一层保护层，保证剩下的叶子待气候适宜时能够恢复生长……

冬去春来，乍暖还寒。茹振钢带领团队进入新一轮忙碌期，攀登新的小麦育种高峰。他们已经发现、培育的BNS低温敏感型小麦雄性不育系，是迄今为止杂交小麦研究中最易广泛应用的独创品种，成为我国杂交小麦研究利用的热点，得到国家“973”、“863”项目的支持。目前，BNS已进入全国联合攻关，这将推动我国小麦生产出现一次新的飞跃。

茹振钢主持的科研成果多次获得河南省科技进步一等奖、二等奖。因其科研成就突出，2009年获得庄巧生小麦研究贡献奖，2011年获得全国粮食生产突出贡献农业科技人员称号，受到国务院表彰。2012年10月获“感动中原”年度教育人物称号。

（何志鉴节选于2013年4月11日《光明日报》并作适当精简）

勇斗“气老虎”的河南理工大学瓦斯地质科研团队

52年前，年过半百的杨力生迈出了瓦斯地质研究的第一步。

时间回溯到1960年5月。随着一阵惊天巨响，山西大同老白洞煤矿井口浓烟滚滚，火光冲天。

瓦斯爆炸。684条生命被瞬间吞噬，年产150万吨的大型矿井彻底报废。

时任煤炭部高级工程师的安全专家杨力生从北京直奔事故现场。看着一具具焦黑的尸体，他的心生疼。一个问题死死“缠”着他：老白洞煤矿是个瓦斯浓度较低的矿井，为什么会爆炸，且如此剧烈？

目睹了太多生命凋零的惨痛，杨力生越来越无法置身事外。这一次，他下了决心：找出瓦斯肆虐的规律，不信这只“猛虎”套不上笼头！

经过大量推演分析，杨力生发现：事发点几乎都有地质断层。看来，瓦斯突然喷涌一定与地质构造有关。1965年，他住进焦作焦西矿专心试验，一个多月后得出结论：在地质断层附近，瓦斯涌出呈“驼峰现象”，明显高涨。他就地召开现场会，请同行们来探讨这一尚不成形的理论。

就在这次会上，焦作矿业学院（河南理工大学前身）年轻教师彭立世觉得“这个方向好，能救人”，跃跃欲试。

可惜，没过多久，一场浩劫席卷全国。杨力生受到不公平的对待，研究停滞。

这一耽搁便是十年。

十年酷寒中，彭立世却悄悄延续着杨力生的梦想。

不能大张旗鼓搞学术，他就想尽办法找资料揣摩。1974年，利用与湖南白沙矿务局合办“七二一大学”的机会，他给学生讲瓦斯地质，上午讲课，下午下井，掌握了可贵的一手资料。有人骂他是“白专分子”、“自取灭亡”，他不顾，咬牙坚持着。

1977年初，中国大地春来回暖。彭立世片刻不能等，他和同事袁崇孚一头扎到湖南红卫、马田、立新三个煤矿，展开调研。几个月后，一份名为《红卫、马田、立新矿区瓦斯突出与地质构造关系》的调查报告出炉；随即，他们又承接了“湘、赣、豫煤和瓦斯突出带地质构造特征研究”课题，组织200多名师生奔赴湖南、河南、江西三省，考察了12个矿区的61对矿井，提出了全新的“瓦斯地质区划论”。

这一切引起了业界重视。受煤炭部委托，1978年11月，全国首次瓦斯地质学术研讨会在焦作矿业学院召开。47个单位，150多位代表，30篇学术论文，堪称当时瓦斯地质研究的最高盛会。

彭立世特意邀请了刚获自由不久的杨力生。两双手再次握在一起，竟隔了十余年本该最好的光阴，二人百感交集。

“肩起威胁煤矿的黑暗的闸门，撑起国家能源的安全伞，是我无比神圣的使命。”杨力生想起了自己常说的这句话。十年浩劫之后，煤炭业发展即将迎来紧要关头，自己该做些什么呢？

1980年5月，舍弃北京的舒适生活，杨力生回来了。他加盟母校焦作矿业学院，成为瓦斯研究的领军人。

杨力生归来的第一件大事，是带领团队编制新中国第一张“全国煤层瓦斯地质图”。有了它，才能准确定位那些“易怒”的高瓦斯矿井。

首先，如此浩大的一项工程，必须得到全国各省、各个矿区的配合。几度争取，在煤炭部支持下，各省都拉起了编图队伍。杨力生必须在最短时间内跑遍全国25个省、区矿务局，培训人员、商定方案。

青年教师张子敏成了杨力生的助手。两人转战南北，常常是前脚下车、后脚开会，一结束立即再启程。

只有在贵州，他们停住了，一住就是八个月——十几个省谈下来，编图人员普遍反映“心里没谱”，杨力生决定自己动手，先编制出贵州这个煤炭大省的图，给大家开条路。

72岁的杨力生和37岁的张子敏开始了连天夹夜的奋战。在小招待所简陋的房间里，从各个矿收集来的通风记录、地质资料堆得小山一般高，他们埋头其间，统计、分析、总结、选点。

完全是摸着石头过河。遇到“拦路虎”，他们便反复商量：图例怎么定，断层、瓦斯赋存如何表达……没有电脑、绘图仪，他们便用三角尺反复测量，手工绘图。

张子敏每天只睡三四个小时，杨力生也常通宵达旦，熬不住时躺下休息，还反复叮嘱张子敏“一定叫醒我”。他常在晚饭时留半个馒头，作为熬夜时的“弹药”。心脏病随时可能找麻烦，他便告诉张子敏药放在哪个口袋里，“万一发作了，赶紧给我塞一颗”。那年的中秋节，两人就在招待所度过。杨力生破例买了一小壶酒，对酌庆祝，之后，又钻进屋子，分头忙碌。

终于，贵州省煤矿瓦斯地质图出炉了。他们还拟定了“编图细则”，各地有了比照，编图效率大大提高。1985年年初，在全国3000余名工程技术人员的努力下，新编制的500余个矿井、125个矿区、25个省区的瓦斯地质图初次汇总，由杨力生和团队成员们画出了全国总图的第一稿。

又用了五年时间，评审、修改，再评审、再修改。1990年年初，我国首幅《1:200万中国煤层瓦斯地质图》通过终审，被鉴定为“国内首创、国际领先”、“中国煤炭安全技术研究的里程碑”。

张玉贵“投奔”瓦斯地质学，正是在编图完成的那个年头。在他记忆里，杨力生曾是个令人哭笑不得的“倔老头儿”。那是1988年的一天，刚来河南理工大学执教的他路遇杨力生。

“小伙子，搞什么方向的？”

“煤田地质。”

“那有啥意义，来搞瓦斯吧！”

张玉贵不乐意了：“我们的项目还获过奖呢。”

杨力生有些尴尬，改口：“对，哪有科研没有意义的。”不等张玉贵高兴，下句来了：“不过，还是搞瓦斯地质最有意义。”

张玉贵被“呛”住了，颇为不服。

但现在,他只剩下佩服:这些开拓者们身上,就是有那么一股子痴迷劲儿,“除了瓦斯地质,再没有其他爱好。”

其实,张玉贵自己又何尝不是如此。

初次见面,你会觉得他的站姿有些特别:笔挺,僵硬,对身侧的人笑,得整个儿转过身来。但是,如果你知道这是位强直性脊椎炎重症患者,曾被病魔摁倒在床上四年,至今仍靠止痛药维持,你定会大吃一惊——怎么可能!他不是刚从煤矿调研回来么?

在他身上,不可能变成了可能。

1992年,张玉贵开始背痛,忙碌的他并没留意。2000年,病魔疾扑而来,隐痛变成了剧痛,脊柱也随之不断下弯,佝偻得像对虾。

他躺倒了。2002年,两次大手术后,他体内植入钛合金支架,自己又硬是腰上绑着宽竹片每天躺6小时,生生把腰板“拉直”了。

就在病床上,他完成了“构造煤演化与力化学”的课题,首次在瓦斯地质研究中提出新概念“力化学”,并拿到了博士学位。

2004年,张玉贵出院,迫不及待地回归团队。每天清晨,他推着一辆自行车支撑身体,走到办公室,晚上,再披星戴月地走回来。

就这样,他几年间获省部级奖励13项,发表论文80余篇,写出5部专著。

和张玉贵的坚强一样,孙玉宁的“迷糊”也是出了名的。由于太专注思考,这位瓦斯抽采专家整天“神游”,笑话不断——

住筒子楼时,饭后洗碗,端着锅径直走过水房,走进厕所;

看见自家的饺子锅,把实验锚杆扔进去就煮,只为看看能否增加其韧性;

去幼儿园接孩子,却直接骑车回了家。待反应过来匆匆赶去,一对双胞胎已相互搂抱着哭成了小花猫……正是凭着这种“疯魔”劲儿,他发明了新型瓦斯抽采封孔技术,使我国瓦斯抽采纯度从原先的10%左右提高到30%—40%。

孙玉宁最喜欢的一本书,是《红军长征史》。他常拿它教育学生:“做学问,就得有点儿长征精神。”作为团队里仍健在的最年长者,彭立世就进行着这样的“长征”,79岁了,仍喜欢往矿井下钻,挑战瓦斯难题。

爱岗敬业、勇于创新,对“瓦斯”的迷恋内化到了细胞,这正是整个团队的写照。

魏建平至今记得平顶山5矿那个“忽冷忽热”的上午。那水,真暖;那风,真寒。

1996年一个寻常冬日。一大早,他照例换上工装,下井勘测瓦斯通风数据。

两个项目在这里进行着,他驻守在矿上个把月了,每天下井八九个小时。

今天测的是总回风巷道,已有两年多没进人了。顶着矿灯,他深一脚浅一脚地走着。突然,面前一片反光——呵,好深的一巷道水,快齐脖子根了!

怎么办?没有其他路,数据还得按时测。

趟吧!他“哗”地直撞进去。好在,四季如春的井下,水像太阳光那么暖,温柔地浸着他,拉扯着他。

趟过来,再趟回去,他简直成了水人。赶紧升井换衣服!没承想,一上井,漫天大雪;班车,不见踪影!

生活区离井口好几公里。只有等。身上很快冻了层冰壳,上下牙直打架。实在耐不住了,只好冲到就近的公交车站,“蹭车”到矿区,拔腿就往澡堂跑……

好在年轻,这样一次次折腾,竟也过来了,只是落下腰腿痛、腰椎间盘突出的病根。

他觉得没什么可抱怨的,尤其是在中国工程院院士、安全技术专家张铁岗加盟团队之后,他见识了一个院士的“拼劲儿”。

常年在井下,张铁岗曾三次涉险。最险的那次,他正在现场观测,工人们打钻太莽撞,诱发采面局部冒顶,成吨的煤顺着孔洞往外喷涌,竟把他整个儿埋了起来。

赶紧抢救!整整两个多小时,工人们疯也似地刨着、扒着。等救出他,人已昏迷。

在医院抢救室里,妻子流泪了:“咱不干这了,行不?”张铁岗强笑着安慰她:“我不疼,真的!咱就是干这个的,不干好,咋行呢?”伤好后,他又直奔矿井而去……

在这个团队里,很难挑出一个没遇过险的人。

瓦斯防治技术及装备研究所所长王兆丰,顶着雷阵雨下井监测瓦斯。变电所被雷击穿,井下通风、电力全断,雨水直灌进来,瓦斯浓度、水面不断上升。6个小时,他们蜷在一块模板上,又冷又饿,甚至想到了写遗书。

防火专家余明高,冒着井下煤壁上发生蜂窝状明火、可能诱发瓦斯爆炸的危险,冷静指挥封闭救险,待险情稍有缓解,便只身进入封闭区域,贴近着火点察看、制定对策,连续奋战20多天,成功消除了险情……

“矿井是我们最大的实验室。井下哪里最危险,我们去哪里。这样才有把握除险。”安全科学与工程学院院长高建良说。

他把自己和同事们比作医生。不同的是,医生一次诊断可能关系一条命,他们一出手,却关系到一座矿,一队工人。所以,要练“医术”就得勤下井,宁愿豁出自个儿,也不能“当庸医误人性命”。

张子敏知道,这是对已故的杨力生等开拓者们最大的告慰。

他铺展开两张瓦斯地质图。

一张是1990年编制的《1:200万中国煤层瓦斯地质图》,另一张,则是刚编制完成、正待评审的《1:250万中国煤矿瓦斯地质图》。两张图之间,跨越了22年。

他想告诉杨力生,第二张图的编制受到了国家高度重视。在图上,他总结出了中国煤矿瓦斯赋存地质构造的10种控制类型,将全国煤矿瓦斯赋存划分为29个区,一目了然。

这是一种进步,而更大的进步则在图外。

老一辈开创的瓦斯地质理论,他们没有丢,且不断完善、深化,应用于实践——

凭借地质构造逐级控制理论,他们为全国大量矿井“量身定做”了瓦斯地质图,有效保障了生产安全;利用构造煤与瓦斯突出之间的关系,他们一次次考察事故现场,为“病矿”写出

"诊断书";水力挤出快速掘进法、突出煤层扒孔降温钻具及其钻进方法等数十项新技术、新装备被开发推广,成为瓦斯预测、治理、抽采利用的有力"武器"。

瓦斯地质学科建设与人才培养也在扎实推进。最初,团队只有不到十人,没有明确学科;现在,已获博士学位授予权,建成国家重点实验室培育基地,培育出研究生600余名。

翻开张铁岗院士珍藏的笔记本,"永远前进"四个大字跃然眼前。这是2005年的第一天,温家宝总理对他的亲笔勉励。今天,他已经把这个勉励送给了并肩作战的队友们。为民谋福祉,不辱使命。沿着降服瓦斯的道路,向着国家能源安全的共同理想,他们携手并肩,永远前进!

(何志鉴节选于2013年4月11日《光明日报》并作适当精简)

一位离休老人的家国情怀

《河南日报》记者:高 勇 通讯员:杨晓申 杨小岩

核心提示:战争年代,他驰骋疆场,出生入死,英勇杀敌,先后参加过抗日战争、解放战争、抗美援朝,功勋卓著,荣获各种奖章16枚,至今身体里仍残留着6块弹片;和平岁月,他辗转城乡,教书育人,无私奉献,多次被评为模范教师和优秀教育工作者;离休时日,他平淡生活,默默无闻,以残疾之躯继续担当学校义务辅导员,为社会尽心尽力。这,就是一位84岁离休老人的传奇人生。

今年84岁的曾福先早已离休,可他的身影依然出现在镇平县雪枫街道办事处南张庄村小学。他给孩子们讲故事,辅导功课,有时还护送一些离家远的孩子回家。

在南张庄一所简陋的农家小院里,面对记者的采访,曾福先老人,除了戴着助听器、听觉感到有点吃力以外,其他宛如常人一般精神矍铄。

谈起战争年代,老人如数家珍,感慨万千;说起和平岁月,老人十分平静,认为做了自己该做的事情;论及离休生活,老人十分平淡,一再说"能再做点力所能及的事情就行了"。

战争年代,他出生入死,功勋卓著

1944年,受进步思想影响,年仅16岁的曾福先弃学北上,寻找共产党的队伍。经过两个多月的艰苦跋涉,他在河北磁县找到了八路军,成为晋冀鲁豫根据地六纵十七旅的一名小战士。连里看他年龄小,又读过书,就安排他当通讯员、文书,都被他用一句话坚决拒绝:"我当兵是上战场杀敌的。"入伍不久,他就参加了攻打武安县桥头镇皇协军的战斗。

1946年,曾福先随部队转战鲁西南及豫东北一带,先后参加了解放兰封(今兰考)、通许等六座县城及大杨湖的战役。其中,最惨烈的当属大杨湖战役。许多老战士后来回忆说,这次战斗是"东方凡尔登绞肉机"。曾福先和战友们坚守夺下来的阵地,激战两天两夜,国民党部队未能前进一步。曾福先在此次战役中荣立二等功一次,并被提升为班长。

1947年2月,在汤阴战斗中,曾福先险些牺牲。当时,战斗进行到第三天,曾福先所在的十七旅接到任务,要尽快消灭国民党第二快速纵队。曾福先和战友们奉命伏击敌人,当敌军进入伏击圈时,我军同时由东西两侧猛攻,激战近三个小时,全歼国民党第二快速纵队,国民党新编第四路军总指挥孙殿英及其所部全被擒获。在这次激战中,一股气浪把曾福先冲倒,他醒来时,身边全是牺牲的战士,他也被炸得血肉模糊,听力严重受损。后从他体内取出弹片27块,还有6块取不出,永远残留在了他的体内。纵是到了今天,一遇阴雨天,他的浑身就如蚁噬般地痛痒难忍。也就是在这一年,他光荣加入了中国共产党。

随后,他跟随大军千里跃进大别山,又北上叶县、西平、遂平、确山,此后转战泌阳、新野、方城,再到唐河、邓州和襄樊。在襄樊战役中,曾福先伤病复发,高烧不退,但无论首长和战友们怎样劝说,他都不下火线,上级只好又给他所在的二排多配了两挺轻机枪。战斗结束后,十七旅荣立集体一等功。曾福先带病坚持战斗直至胜利,此后七八天茶水不进。

在接下来的淮海战役、渡江战役和解放大西南战斗中,曾福先都出生入死,多次荣立战功。新中国成立后,1951年又参加了抗美援朝,曾福先在金城反击战等战役中浴血奋战,荣立三等功一次,荣获朝鲜民主主义人民共和国银质奖章一枚。

和平岁月,他甘做园丁,无私奉献

1954年,曾福先从朝鲜回国。时任营部供给员兼文书的他,本来可以转业到大城市,但他心系桑梓,魂牵故土,主动要求回乡。用他自己的话说,"战时为国尽忠,如今战争结束了,也该回乡为父母尽孝了"。1956年,根据组织安排,他转业到家乡镇平县榆盘乡担任乡团委书记。但干了几个月后,他发现,农村学校特别是山区学校缺少教师,就产生了当教师的想法。接受采访时,老人笑着说:"那时候想,当干部不如教书。把娃子们都教出来了,咱国家才不会落后。娃子们可是国家的希望啊!"

从此,三尺讲台,辛勤耕耘。曾福先最先到镇平县最偏远的山区乡镇二龙乡凉水坪村任教师。凉水坪小学位于二龙山深处,距县城三四十公里,那时候还不通班车,每个星期天,他都要拖着伤残的身体,用一根扁担,一头挑着粮食和衣物,一头挑着孩子们的文具和书本,在蜿蜒崎岖的山路上往返。这一去,就是8年。8年中,他步行了近3万公里,为山里孩子送去了知识,送去了温暖,送去了理想和希望;8年中,他白天给娃们上课、做饭,晚上和学生一块打地铺睡觉,他用微薄的工资资助山乡的孩子们。在山区的那些年,曾福先最开心的是听着孩子们的读书声,最欣慰的是看到学生们升入高一级学校时那如花的笑容。

后来,组织上经多次动员,曾福先才离开山区,调回到家乡附近的八里桥、七里庄等学校担任老师和校长,这一干又是30多年。曾福先当校长后,更是以校为家。那些年,学校办学条件很落后,他又拿出工资,为孩子们修了水泥面儿的课桌,用砖铺平了教室的地面。孩子们都说,学校比自己家里都"美"。

离休时日,他尽心尽力,默默无闻

上个世纪80年代初期,曾福先离休了,本该享享清福了,但他仍闲不下来。无论刮风下雨,他每晚都会拿着手电筒到村小学检查一番,看看教室的窗户关紧了没有,推推教室的门锁好了没有。一到农忙季节,他总是到学校让晚上值班的老师回家忙地里活,他替人家值班。遇到重大节日,他还要义务去给孩子们讲革命传统故事。他讲的都是战友们的英雄事迹,很少谈及他自己。每当问起这些,他总是哽咽着说:“他们(战友们)年纪轻轻的就没了,我能够活下来,已经是非常幸运的事了,哪能想着争功呢。”

曾福先的爱人张德兰,当姑娘时就特别敬仰英雄,18岁时入了党,有一手好缝纫手艺。村里人找她做衣服,她总是来者不拒,有时忙得忘记做饭,甚至搭上针线钱。当问及她嫁给曾福先后悔不后悔时,今年已79岁的张德兰忍不住笑了起来。她说:“村里人都盖起了小洋楼,而我们还住在1965年盖的土坯房子里,但我们心里踏实。房子漏雨,政府说补给我们点钱,让我们把房子收拾一下。但老曾说净给政府找麻烦,他说了,房子漏雨,用石棉瓦挡一下就行了。”

曾福先膝下四子一女,长子入伍,后转业务农。有人劝他动动老脸,给孩子安排个事干干。他十分平静地说:到部队是让他接受锻炼,不是给组织上找麻烦的。曾福先常常这样教育子女,是金子在哪儿都能发光。就这样,除了二儿子“接班”当了教师以外,其他孩子都在家务农或干个体经营。

问及曾福先有什么愿望,老人笑着说:孩子们该上班的上班,该种地的种地,该做生意的做生意,日子都过得挺滋润的。我们老两口儿年岁大了,喂喂鸡,养养鸭,没事了到学校转转,给孩子们讲讲革命故事,让他们别忘了这幸福生活是怎样得来的,我就心满意足了。

夕阳西下,曾福先和他的老伴,这对有着60多年党龄的老两口站在余晖里,和记者依依惜别。记者看着两位慈祥的老人,切实感受到了冬日的别样温馨。

(本文转自2012年1月20日《河南日报》)

教坛新秀

全国五一劳动奖章获得者　杨雪梅

杨雪梅,女,1970年生,河南滑县人,管理学博士,硕士研究生导师,黄河科技学院院长,第十二届全国人大代表,全国青联委员,河南省青联副主席,河南省政协常委,中国民主建国会河南省常委,中华职教社河南分社副主任,中国民办教育协会高等教育专业委员会副理事长,河南省民办教育协会常务副会长兼秘书长;先后获得全国青年五四奖章、全国五一巾帼奖章、全国五一劳动奖章、全国“三八”红旗手、全国女职工建功立业标兵、全国企业优秀人才培养杰出贡献奖、河南省十大科技领军人物、河南省教育系统先进工作者等称号。

主要从事民办高校管理与品牌建设、民办高等教育理论与发展战略等领域的研究。近年来出版专著10余部,在国内外重要学术期刊上发表论文40余篇。主持参与教育部、河南省政府、河南社科规划办等课题20余项。2011年9月,专著《民办高校品牌战略研究》获得2010年度河南省社会科学优秀成果二等奖。2012年9月,课题报告《论“务实河南”》,获2011年度河南省社会科学优秀成果一等奖。杨雪梅的研究成果《河南省民办高等教育布局结构优化研究》、《河南省民办高校转型发展与管理创新研究》、《河南省民办高校品牌战略研究》等均被河南省民办教育协会应用并推广,为河南省政府制定高等教育发展战略与民办高校的健康发展提供了理论参考,产生了广泛的社会影响。

撰稿:王琳玮
核稿:王军胜

科技部中青年科技创新领军人才　汤继华

汤继华,1969年出生,汉族,中共党员。现任河南农业大学农学院教授、博士生导师、河南省特聘教授。1994年毕业于河南农业大学作物遗传育种专业,获硕士学位;1994—1998年

在河南农业大学农学院工作；1998—2001年在华中农业大学作物遗传育种专业学习，获博士学位；2001—2002年在河南农业大学从事玉米遗传育种研究工作；2003—2005年在中国农业大学博士后流动站工作；2005至今，在河南农业大学农学院工作。是享受国务院特殊津贴专家，先后被授予新世纪百千万人才工程国家级人选、科技部中青年科技创新领军人才、教育部新世纪学术技术带头人、河南省杰出人才、河南省学术技术带头人等称号。

他长期从事玉米遗传育种与分子生物学研究，在玉米雄性不育基础理论研究与应用、杂种优势遗传机理、重要农艺和产量性状的遗传机理以及新品种选育等方面开展了大量研究工作，曾获国家科技进步二等奖1项，河南省科技进步一等奖2项、二等奖1项，发明专利2项，植物新品种权3项，发表有关学术论文95篇，其中SCI论文29篇，选育玉米新品种4个。

他在玉米C型胞质雄性不育恢复机理研究方面，证明了玉米C型胞质雄性不育的恢复由两对重叠基因Rf4和Rf5控制，发现Rf5存在一个显性抑制基因Rf—I，该基因对Rf4不具有抑制作用，对恢复基因Rf4和Rf5进行了克隆；鉴定出育性稳定、易恢复的Es不育胞质，为玉米C型胞质雄性不育的利用提供了依据，实现了豫玉22号、浚单29等优良玉米杂交种的三系配套，促进了玉米不育化制种技术在我国的推广应用。

他在玉米杂种优势形成的分子机理研究方面，定位了玉米产量及其构成因子的13个杂种优势位点，发现加显（AD）互作可能是玉米产量及其相关性状杂种优势形成的重要遗传机制，而双亲优良纯合位点互作的不断累加可能是玉米自交系产量不断提高的分子基础；发现超显性效应是种子萌发过程中杂种优势形成的遗传机制；利用自交系lx9801背景的昌7—2单片段代换系，鉴定出控制玉米穗粗、生育期、穗位高等重要性状的染色体杂种优势片段，为揭示杂种优势形成的遗传机理奠定了材料基础。

他证实了地上节间数是玉米株高形成的主要构成因子，提出以穗上节间数作为穗位高的选择指标，克服育种过程中穗位高易受环境条件影响的制约。对不同成熟度、不同老化时期的玉米种子活力相关性状进行了QTL分析，提出了父母本在玉米杂交种制种过程中应具备的生物学特性，为玉米杂交种子生产提供了理论基础。对玉米低氮高效利用的相关性状进行了QTL分析，提出了玉米氮高效利用的次级选择指标，构建了氮素高效利用相关性状主效QTL的近等基因系和单片段代换系。利用蛋白质组学、miRNA调控和QTL定位等方法对玉米籽粒灌浆过程的遗传机制进行了分析，同时对玉米弱势灌浆和胚乳细胞数目突变的候选基因进行了克隆。

他主持和参与选育出豫玉22号、豫单101、豫单811、豫单802等优良玉米杂交种，其中豫玉22号分别通过国家和河南、吉林、陕西等省审定，累积推广面积超过1.5亿亩，创社会性经济效益5亿元以上。

（河南农业大学供稿）

河南省职业教育攻坚工作先进个人
轩中伟

轩中伟，1972年12月生，中共党员，1996年7月信阳师范学院中文系毕业，同年8月到漯河市第一中专工作至今。

参加工作以来，一直在招生、就业、教学一线，曾连续八年担任班主任工作，并多次被评为学校及漯河市优秀班主任。1999年8月起先后任学生科副科长、办公室副主任。2005年4月起任学校招生安置办主任。2009年8月被漯河市教育局党委聘为副校长，主管学校招生、就业及培训工作。曾先后2次被评为漯河市教育系统优秀党员，3次被评为县级优秀教师，2007年获漯河市政府嘉奖，2008年被评为漯河市优秀教师，2009年获漯河市示范课一等奖和河南省优质课一等奖，并被表彰为漯河市职业教育先进个人，2012年被河南省人民政府评为2011年度河南省职业教育攻坚工作先进个人。

2005年轩中伟接任学校招生就业办主任后，按照学校提出的“以招生拉动发展，以质量拉动就业，以就业拉动招生”的办学思想，深入一线调研分析，制定合理的招生政策，组建强有力的招生队伍，在招生环境日益艰难，生源大面积减少，普通高中、高职院校的强势竞争等多种压力下，学校招生规模逆势上扬，连续八年均超额完成招生任务，为学校的快速发展奠定了坚实基础。

同时，轩中伟带领就业安置办人员收集信息，考察企业，使学校就业实习工作逐步形成一套完整体系，学生信息收集整理、就业推荐培训、护送入厂回访、就业跟踪服务等有条不紊，规范有序。学生就业率与就业质量逐年提高。

工作中他严格遵守《中华人民共和国教育法》、《中华人民共和国教师法》、《中华人民共和国职业教育法》等国家法律法规，热爱职业教育，乐于奉献，求真务实，锐意改革，开拓创新，全身心投入到职教攻坚工作中，模范履行职责，为职业教育的发展做出了应有贡献。

（漯河市教育局供稿）

2012年省教育厅十佳优秀共产党员

郑州测绘学校　王军德

王军德，1971年10月出生，汉族，1994年11月加入中国共产党，郑州测绘学校大地工测教学部主任。王军德长期工作在教学一线，是“双师型”教师。他所带的工程测量专业是学校骨干专业、省级重点专业，深受用人单位欢迎，学生多，就业率高。他积极探索职业教育教学规律，善于把大量测绘新仪器、新方法引入教学，在课程体系、实习实训模式、校企合作、教学评价体系等多个方面进行了深入研究，取得了丰硕成果，在《测绘科学》等核心刊物上发表多篇论文。主持了《中等职业学校教学质量评价体系研究》厅级课题，建成了校内GPS连续运行参考站系统，承担全国测绘地理信息行业职业技能竞赛工程测量竞赛理论命题工作，参与制定河南省“中等职业学校工程测量专业教学标准”。他所带领的教学部连续四年获“校先进集体”称号。他多次被评为省直和省教育厅优秀共产党员。

河南省实验中学　冯　艳

冯艳，女，1977年10出生，汉族，1998年3月加入中国共产党，省实验中学校团委书记。冯艳热爱党的教育事业和共青团工作，关心爱护学生，被学生称为“知心大姐姐”。她团结带领校团委积极开展工作，不断完善“党建带团建”工作机制。积极办好业余党校，精心备课授课，年培训入党积极分子数百人。按照团内推优制度，积极向党组织推荐优秀团员。在学生工作中，她善于引导学生自我管理、自我教育、自我创新，鼓励学生在各项活动中承担组织、策划工作，加强锻炼。她真情关注每一位学生的成长进步，主动和学生谈心，在与学生倾心交流中化解思想问题。认真做好团员发展和培养、推荐入党积极分子工作。校团委分别获省教育厅、省直、省“五四红旗团委”等称号。她被评为河南省实施党建带团建基础工程十佳团委书记、省直团工委优秀团干部、省直和省教育厅优秀共产党员。

河南教育报刊社　史道祥

史道祥，1965年4月出生，汉族，2000年5月加入中国共产党，河南教育报刊社《河南教育》主编。史道祥坚持以高度的责任感办刊，主编的《河南教育》连续两届获河南省社会科学“二十佳”期刊称号，被评为一级期刊。找准服务教育中心工作定位，以“理念提升、重心下移”的办刊思路，推出“基础教育改革前沿”、“服务中原经济区，河南职业教育在行动”、《教育振兴，我们在行动——河南省实施〈纲要〉一周年回顾》等热点专题，反映基层实情，做好政策宣传。主持策划了“建党90周年中国基础教育的回顾与展望”、喜迎党的十八大“抓中心、造舆论、成氛围”等宣传主题，大力弘扬时代主旋律。开办“校园普法”栏目，对涉及教育、教师、学校的法律关系方面知识等一一解读，促进依法治教。关注媒体变革趋势，为教育传媒数字化建设出谋划策。他被评为省教育厅优秀共产党员。

河南省装备管理中心　许小国

许小国，1967年4月出生，汉族，2002年12月加入中国共产党，河南省装备管理中心国育公司总经理。许小国注重政治理论学习，加强自身素养。工作中，他以科学发展观为指导，积极探索市场经济规律，坚持以人为本、统筹兼顾、严谨求实的工作理念，强化内部管理，建章立制，开展员工培训，提高整体素质。他勤奋工作，克服困难，团结带领员工在竞争激烈的IT行业勇创佳绩，公司业务规模连创新高，2011年，全年营业额超4亿，成为河南IT行业颇具影响力的公司。公司连续四年超额完成经营任务，为中心的发展做出了突出贡献。他优异的工作成绩，得到广大干部群众的普遍好评，被评为中心先进工作者和省教育厅优秀共产党员。

河南机电学校　佟满河

佟满河，1963年9月出生，汉族，1987年7月加入中国共产党，高级实训指导教师，河南机电学校实训中心主任。佟满河立足岗位、改革创新，在职教实训基地建设上大胆探索，按照"适用设备规模化、特种装备多样化"原则，配置实训设备，建设数控生产基地和机械加工基地，实现教学、生产一体化，提高学生职业技能，并使学生在实习、实践中获得部分报酬，减轻学生的经济负担。在他的努力下，学校实训中心与企业开展校企合作，成立"非晶合金变压器事业部"，引进生产国家重点推广的节能产品，参与自主创新课题研发。开展工作周和实习周活动，为学生提供优质的学习和实习平台，提高了学生的实践动手能力。在2011中国职业教育成果展上，河南机电学校送展的校企合作产品"非晶合金变压器"获全国一等奖。他多次被评为省教育厅优秀共产党员。

河南省实验幼儿园　张秋萍

张秋萍，女，1963年11月出生，汉族，1985年11月加入中国共产党，河南省实验幼儿园园长，省特级教师、省教育专家。张秋萍长期从事幼教工作，提出了以儿童教育为本的"童本教育"新理念，不断引领幼儿教师通过独具特色的课程来实现孩子的"自然、自由、自主，好奇、好问、好做，会想、会思、会悟"健康和谐发展。她注重教师队伍的建设，制定名师工程实施方案，设立"名师工作坊"，她捐出自己省特级教师补助设立"教育资助基金"，奖励优秀教师。完善园内建设，严把婴幼儿食品安全关，扎实做好疾病防控，创建平安校园。组织实施"一加一"城乡儿童互助行动计划，利用寒暑假期，带领精干教师赴偏远薄弱地区幼儿园开展"送教下乡"活动。省实验幼儿园被教育部确定为国际基金项目培训团队，开展全国幼儿骨干教师培训工作。她获全国巾帼建功标兵称号，享受省政府特殊津贴。

河南省第二实验中学　陈志宇

陈志宇，1970年11月出生，汉族，1992年5月加入中国共产党，河南省第二实验中学高级教师。陈志宇作为体育教师，针对校园小，没有操场跑道的情况，制定个性化、科学化的体育教学方案，充分利用有限教学场地，创新教学方式和内容，开展多种形式的体育运动项目，举办"趣味运动会"、"体育艺术周"，让学生们享受到体育带来的欢乐，强化训练效果。他所带班级的体育成绩，及格率达100%，毕业班中招体育考试成绩多次获郑州市第一名，他个人被评为省教育厅学术技术带头人，多次获"郑州市《国家体育合格标准》优秀辅导教师"称号。作为党支部书记，不断加强组织建设，所在党支部被评为省教育厅"五好"党支部。作为学生处主任，落实全员育人。他的改革成果入选全国中小学德育工作优秀案例。他被评为省直、省教育厅优秀共产党员、优秀党务工作者和郑州市德育先进工作者。

省教育厅发展规划处　陈垠亭

陈垠亭，1963年11月出生，汉族，1983年12月加入中国共产党，省教育厅发展规划处处长。在工作中，陈垠亭以身作则，团结带领全处干部认真履行岗位职责，积极推进教育体制改革创新，组织实施教育发展纲要，扎实做好中原经济区建设教育政策研究与衔接工作，圆满完成了省政府与教育部签订战略合作协议的磋商、衔接等基础工作，积极推进民生工程。主持完成了教育事业"十二五"发展规划、高校设置和学校基本建设规划编制工作。加强基本建设管理，积极争取普通本专科招生计划。抓好对口援疆、援川、节能减排等专项工作。坚持"一岗双责"，在推进业务工作的同时，十分重视发展规划处思想作风建设，积极组织落实"查找廉政风险，构筑拒腐防线"工作，制定了14项规章制度。2011年，发展规划处被评为省教育厅完成责任目标和作风建设"双优"处室。他多次被评为省直和省教育厅优秀共产党员。

郑州工业贸易学校　赵留喜

赵留喜，1962年1月出生，汉族，1986年12月加入中国共产党，郑州工业贸易学校校长。赵留喜注重加强理论学习和党性修养。带领学校领导班子团结奋进、开拓进取，以学校建设发展的实绩，赢得职工的信任。完成了新校区划边定界工作，形成了新校区建设"BT"模式，稳步推进老校区置换工作，奠定学校发展基础。重点解决职工关心的热点难点问题，学校在教学、管理等各方面都取得了显著成绩。推进行风建设，使学校行风评议排名由

倒数进入优秀行列，2011年学校获河南省行风建设先进单位称号。大力开展师德教育活动，健全教代会制度，加强精神文明建设，调动教职工的积极性。2012年学校获河南省文明标兵学校称号。他在职业教育教学及专业学术领域研究方面也取得了丰硕成果，被评为省教育厅学术技术带头人、省职业教育教学专家。

河南省职业技术教育教学研究室 崔柏林

崔柏林，1969年7月出生，汉族，1994年10月加入中国共产党，中学高级教师，省职教教研室网站管理办公室主任。崔柏林勤于钻研专业、扎实做好职成教网站建设工作，在河南省职成教网宣传建设方面成绩突出。提供的信息化教学资源，有效推进了中职学校信息化教学。他爱岗敬业，负责500万余名中职学生的学籍管理系统，优化工作编程，升级网络硬件，强化系统安全措施，为广大职业学校学籍注册提供优良服务，确保数据安全。他撰写的《河南省中职学生学籍电子化管理及其应用》在中文核心期刊《中国职业技术教育》上发表。他主持的省教育厅重点课题"河南省省级专业骨干教师集成管理平台研究"获河南省职业教育教学成果一等奖。他先后被评为河南省优秀教师、省教育厅学术技术带头人、省直优秀共产党员。

（省教育厅机关党委供稿）

青 衿 英 姿

2012"感动中原"年度教育人物　李博亚

李博亚(左一)

李博亚，20岁，铁道警官高等专科学校2011级公安技术系信息网络安全监察专业学生。

2012年7月9日下午5时40分，铁道警官高等专科学校学生李博亚在天津铁路公安处所辖昌黎火车站派出所协助维持秩序时，发现一名旅客突然跑入道心。危急时刻，尚未年满20周岁的李博亚为了救人，奋不顾身冲向滚滚车轮，失去了自己的双腿。李博亚是平顶山市鲁山县人，是家中的独生子。李博亚在校期间表现优秀，经同学民主选举当选区队团支部书记和副区队长，同时也是入党积极分子。

7月15日，北京铁路公安局做出决定，在北京铁路公安局开展"向李博亚学习，尽职尽责，服务人民，做忠诚卫士"活动。7月16日，中共河南省委高校工委、河南省教育厅授予李博亚"河南省模范大学生"称号。7月17日，公安部授予李博亚"全国公安系统二级英雄模范"称号，并号召全国公安院校的10万余名学警和全国200万公安民警向李博亚学习。8月14日，教育部授予李博亚"全国见义勇为优秀大学生"称号。2012年10月获"感动中原"年度教育人物称号。

2012"感动中原"年度教育人物 2009级4班15名大学生

15名大学生勇救落水者现场

2012年5月14日17时30分左右，洛阳市洛河边2名青年不慎落水。途经此地的河南科技大学食品与生物工程学院生物工程专业2009级4班的15名大学生毫不犹豫地下水救人。在他们的共同努力下,终于将一名落水者救上岸。但是,另外一名落水者却慢慢被河水吞噬。

15名大学生联手筑起生命之墙、串起生命之链,勇救落水青年的事迹,集中体现了当代大学生的精神风貌,诠释了当代大学生的价值取向,体现了当代大学生高度的社会责任感和敢于担当的精神。人们不会忘记这些无私无畏、心地纯正的好青年——赵兴坤、方锋锋、闫振南、魏敬晨、徐振海、沙坤伦、刘少华、张玉坤、姜家平、高立斌、郭业青、王志祥、王德保、王展、张亚萌。

15名大学生勇救落水者的事迹发生后,不仅在洛阳市各大网站、论坛引起强烈关注,也引起了全国各媒体的关注。《中国青年报》、《中国教育报》、《教育时报》、《大河报》等多家报纸媒体先后进行了报道。2012年10月获"感动中原"年度教育人物称号。

·特别转载·

境界,在感恩中升华

——空军工程大学学员李乾坤在"两好"教育中的成长启示

从步行两小时节省5毛钱为哥哥积攒学费,到一次捐给灾区200元钱,对自己400倍的吝啬,对他人400倍的慷慨,是什么让他——空军工程大学学员李乾坤,在"学好优良传统,当好合格传人"教育中实现了三次跨越呢?

从感恩家庭到感恩社会

李乾坤出生在河南商丘的一个普通农家,父亲因病长期卧床,兄妹4人都在上学,全家6口人,全靠母亲一人种地供养。

2007年,李乾坤父亲旧病再次复发,又多了数万元外债。这一年,哥哥考上大学,需要万元学费,两个妹妹选择了辍学打工。

2008年,李乾坤考入空工大,蜕变也由此开始。

几年前,空工大调查发现,一些新学员感恩意识淡薄,心理品质脆弱,缺乏勤俭节约、自强自立精神。

青年学员毕业后,都将成为我军的初级军官,是未来我军建军治军的骨干和中坚,院校核心价值观培育必须围绕这一目标,针对弱项和短板做工作,必须下功夫解决好做合格军人这个基本问题。

为此,该校开始开展了"学好优良传统,当好合格传人"教育,教授立身做人的基本道理,培养同情心、感恩心、友爱心、责任心,帮助青年学员确定人生准则和行为规范,形成健全的人格。

感恩教育使李乾坤坚定了一个主意:一定要让妹妹重回校园。

暑假,他去南方的化工厂打工。李乾坤每天都要连续工作15个小时,小妹因此可以重新拿起书本。

在李乾坤的资助下,小妹考上了大学。这样一个贫困的家庭,走出了3名大学生,在当地传为佳话。

从生活上到精神上帮扶同学

李乾坤是一个细心人。

战友李志竟踢球时,脚趾骨裂,去教室的路上,战友们常常看到李乾坤背着李志竟的身影,爬楼梯进教室。

士兵学员李尚,论军事素质,没有人不竖大拇指,可是几门功课都亮起了"红灯"。四年来,每天晚上李乾坤都和他一起加班补课,2011年被大学评为优秀共产党员……

生活上帮,学习上带,思想上扶。李乾坤对同学的帮扶更体现在思想上,这与空工大开展的"两好"教育分不开。

教育中,校党委感到,青年学员正处于世界观、人生观、价值观成长的"渴望期"、形成的"可塑期"、发育的"成型期",处在世界观人生观形成最为紧要的时期,必须紧紧抓住、充分用好军校生活这个培育当代革命军人核心价值观最为宝贵的时机。

"两好"教育掀起了学党史军史和优良传统活动,李乾坤带着同学们召开"理论党小组会"、开设"微型党课",参加"课间五分钟演讲",不断加深对优良传统的认知和理解。现在,李乾坤已是颇有名气的"小理论家",还被驻地几所中小学聘为课外辅导员。"学党史、知党史、跟党走"主题党课比赛中,李乾坤冲入决赛。

从个人感恩到带动大家感恩

李乾坤爱捐助。

钱、衣服、书本……只要能捐的,他都捐。

那年,青海玉树发生地震,大家都捐款捐物,不巧的是,前不久,李乾坤刚把节省的钱捐给贫困学生,情急之下,他一狠心,把初中时家里卖掉唯一的一只老母鸡,为他买的那本英语字典捐了出去。

去年6月,队里组织"春羽爱心助学"行动,想起妹妹之前辍学的事,李乾坤内心不禁又一阵酸楚,眼泪刷地流了下来。一路跑回宿舍,翻出了自己的所有积蓄,1角、5角、1元、5元,加起来整整60元,一把塞进了捐款箱。

李乾坤感恩别人,也生活在被关心关爱中。

"同学黄伟不厌其烦一步一步地给我做队列示范;李宝清教导员转业时,给我留下了价值不菲的衣服,让我带给父亲穿;同学周末请假上街,往往只是为了给我家里买药寄钱;宿友怕营养不够,每次从食堂吃完饭,都要给我带水果。"事迹报告会上,李乾坤对大家的帮助关爱十分感动。

李乾坤乐于助人的精神,也在影响着身边的同学。

刘汉帝是李乾坤的同班好友,几年来,李乾坤自强自立、助人为乐的精神深深打动了他。"李乾坤能做到的我也要做到!"

2011年,刘汉帝在报纸上看到"欢迎志愿者到青海支教"的倡议信,图片中低矮的教室、破旧的课桌、求知的眼神,深深地震撼了他。

得到批准后,暑假,刘汉帝和其他支教大学生们来到海拔3000多米的沙连堡乡科才昂村小学。这里交通十分不便,四周是连绵群山,所谓的小学只是几间破房子。

这是全乡唯一的学校。全乡500多名孩子中只有不足60人上得起学,他们的支教无异于雪中送炭。

开学后,他的事迹很快传遍了校园。学员们发起了"让贫困孩子多读一本书"的募捐活动,很快,千余元学习用品送到了孩子们手中。

(本文转自2012年7月16日《光明日报》)

逝 世 人 物

郑州大学离休干部　段黎明

2012年4月12日，老红军、中国共产党优秀党员、原郑州大学厅局级离休干部(享受副省级医疗待遇)、原郑州大学政治理论教学部政治经济学教研室主任、副教授段黎明因病去世，享年90岁。

段黎明，1922年4月29日出生，汉族，河南省偃师县人。1936年11月加入中国共产党。从1938年起，先后在陕北公学34分队、延安抗日军政大学总校第一大队第一中队、延安八路军总政治部锄奸部干训队学习；1940年1月起分别在延安留守兵团锄奸部三科、兵团军法处、联防军军法处任科员、审判员、看守所所长；1946年1月在北方大学工作，先后任教导员、文工团副团长；1946年7月从事地下工作。1949年11月，任河南省青年委员会团校教员；1950年5月，任河南省工农中学教导主任；1950年10月任河南大学秘书、土改工作队队长；1951年9月在中国人民大学攻读政治经济学专业研究生；此后，先后在中国人民大学、洛阳医学院、河南医学院等单位工作；1962年11月，段黎明调任郑州大学政治系任教；1974年至1985年，在郑州大学马列主义教研室、政治理论教学部任教，担任政治经济学教研室主任；1985年4月离休。

洛阳工学院原党委书记　程耀吾

洛阳市享受副省级医疗待遇的离休干部、原洛阳工学院党委书记程耀吾，因病医治无效，于2012年4月10日在郑州逝世，享年98岁。

程耀吾是河南省济源人。1937年11月加入中国共产党并参加革命工作。历任连队指导员、武西县区委书记，武安、安阳县县长，太行五专区副专员，安阳专区专员、副书记，河南医学院副院长、党委副书记兼中国医学科学院河南分院院长，洛阳棉纺厂革委会副主任、党委副书记，洛阳工学院党委书记、顾问等职。1983年5月离职休养。2009年9月经中组部批准享受副省级医疗待遇。

程耀吾在70余年的革命生涯中，发扬革命传统，保持革命本色，坚决贯彻执行党的方针政策，在政治上、思想上与党中央保持一致；他襟怀坦荡，光明磊落，作风正派，平易近人；他坚持原则，不谋私利；他干一行、专一行、爱一行，在每个工作岗位上都为党和人民做出了积极贡献。

(何志鉴摘自2012年9月2日《河南日报》)

郑州大学原副校长　董其伍

2012年1月31日，中国共产党优秀党员、原郑州工业大学校长、新郑州大学副校长董其伍因病去世，享年71岁。

董其伍，1941年6月出生，汉族，浙江鄞县人。1964年8月华东理工大学毕业后到郑州工学院工作，先后担任化工系副主任、主任，郑州工学院副院长、院长等职。1993年被国务院批准享受政府特殊津贴，1994年被评为全国化工科技先进工作者，1995年至2000年任郑州工业大学校长，1996年被评为对国家有突出贡献的中青年专家，1999年被授予河南省劳动模范称号。2000年至2003年，担任合并后的郑州大学副校长，兼任郑州大学北校区管理委员会主任、工学院院长等职。是河南省政协第九届委员会委员，曾任国家科技进步奖学科评审组专家，全国压力容器学会理事，全国化工科技图书编审委员会委员，高效化学工程学报等杂志编委，FM、HMSME等国际会议学术委员会委员，河南省高校设置委员会副主任委员；全国过程装备与控制工程专业教学指导委员会委员，全国过程装备与控制工程专业教材编写委员会委员，核心课程教材主编，河南省压力容器学会副理事长，河南省化工学会副理事长等职。2009年2月退休。

郑州大学第一附属医院主任医师　吴言钧

2012年8月21日，中国共产党优秀党员、原河南省威慑技术高级职称评审委员会、卫生厅学术委员会委员，原郑州大学第一附属医院麻醉科主任医师吴言钧因病去世，享年95岁。

吴言钧，1917年出生，汉族，安徽省安庆市人。1943年就读于国立贵阳医学院；1946年转入开封国立河南大学医学院；1949年5月参加中国人民解放军；1951年1月毕业于河南大学医学院，并留校在外科教研组任教，附属医院外科住院医师；1954年赴上海医学院中山医院进修；1955年调任河南医科大学第一附属医院麻醉科担任主任；1979年至1981年，分别任中华医学会麻醉学会委员、中华医学会麻醉学会河南分会主任委员，第四届、第五届中华医学会河南分会理事，《中华麻醉学杂志》、《中华医刊》、《河南医药》编委；1983年担任硕士研究生导师；1986年任河南省威慑技术高级职称评审委员会、河南省职称改革办公室、卫生厅学术委员会委员；1994年离休。

(郑州大学供稿)

河南大学教授　姚瀛艇

2012年5月8日0时，中国民主同盟盟员、河南大学历史文化学院离休干部、教授姚瀛艇因病去世，享年90岁。

姚瀛艇，1923年出生，河南省襄城县人，1947年6月毕业于河南大学文史系，毕业后留校在历史系任教，从事中国古代史的教学与科研工作。1982年3月加入中国民主同盟，历任原河南大学历史系宋史研究室副主任、副教授、教授。

姚瀛艇长期致力于宋代思想文化史的研究，是当代著名的宋史专家。他先后发表学术论文30余篇，编著学术著作3部，研究领域涉及宋代文化、哲学、史学、经学、人物等多个方面，对宋代儒学、史学、文献学的研究有重要贡献。此外，姚瀛艇还发表专文研究明清之际的思想学术与人物。姚瀛艇主笔的《宋代文化史》是中华人民共和国成立以来宋代文化研究的第一部专著，该书获得1990—1992年度河南省社会科学优秀成果二等奖。姚瀛艇还参与编撰《北宋哲学史》、《中国宋代哲学》等，并先后获得河南省优秀图书奖与河南省社会科学优秀成果一等奖。除了从事学术研究外，姚瀛艇在教学、人才培养、学科建设等方面也做出了突出贡献。

（河南大学供稿）

河南农业大学教授　郭长润

2012年8月8日，河南农业大学教授郭长润因病去世，享年78岁。

1935年12月24日，郭长润出生于河南省社旗县城郊乡。1957年9月考入郑州体育学院学习，1959年9月毕业留校任教；1962年9月调入河南大学体育系田径教研室任教，1972年任教研室主任；1976年3月调入河南农业大学体育教研室任教，1996年2月退休。1983年7月，郭长润加入九三学社，曾任九三学社河南省委秘书长、河南农业大学支社副主委；曾任河南省政协第六届常委、医药卫生体育工作委员会委员，河南省体育科学学会理事、学术委员会委员，中国大学生田径协会裁判委员会副主任，河南省田径协会委员、裁判委员会主任，河南省职工体协常委，田径国家级裁判员。

郭长润任教期间主要承担了公共体育课教学和田径运动队训练工作，他不断进行教学改革探索，教学深入浅出、理论联系实际，教学效果优良。同时做到了为人师表，教书育人，爱生如子，深受学生爱戴，哺育了一代又一代的学子，桃李满天下。

郭长润主编和参编了多部教材和学术著作，主持和参与多项国家、省级科研课题。多次获得国家与河南省体育教育先进个人等称号。

郭长润先后担任第十一届亚运会田径项目委员会裁判组主裁判和国际竞走比赛裁判长等职务，获得了第十一届亚运会组委会先进工作者称号。

郭长润退休后，仍然心系他钟爱的学校体育教育事业。他长期担任河南省学生体育总会顾问，亲自指导、参与河南省大、中学生体育竞赛的编排和竞赛工作。在河南省组队参加历届全国大、中学生运动会过程中，他主动谋划、积极协调、现场指挥，呕心沥血，为河南省在历届全国大、中学生运动会上取得好成绩做出了突出贡献，得到了省教育厅领导的高度评价。

河南农业大学教授　申　立

2012年9月20日，河南农业大学原基础部主任、教授、享受国务院特殊津贴专家申立因病逝世，享年86岁。

申立，1926年12月生，河南省上蔡县人，中共党员。1944年10月从上蔡县高中毕业后曾任小学校长；1946年10月至1951年8月在北京辅仁大学西方语言文学系英语专业学习；毕业后在外交部世界知识出版社任国际问题编辑，从事中央内部参考资料的翻译和公开出版物的编辑翻译工作；在《人民日报》、《光明日报》和《世界知识》等杂志发表国际问题研究的论文数篇。1961年5月调入原河南农学院工作，历任基础部副主任、主任，1979年12月晋升为副教授，1985年5月加入中国共产党，1986年11月晋升为教授，1993年1月退休。

在担任河南农业大学英语组组长和基础部主任期间，申立为抓好学科建设、师资队伍建设和提高教育教学质量呕心沥血，培养了一大批外语教学的优秀教师和青年人才。1979年，参与了农业部组织的《农科综合英语》第一、二、三册统编教材的编写工作，为当时急缺教材的高校英语教育雪中送炭；1980年申立被任命为农业部高校教材编审委员会委员兼外语学科组组长，主编《研究生英语泛读教程》、《研究生英语写作教程》和《研究生英语听力教程》等系列教材，并在《研究生英语教学》杂志上发表《论研究生英语教育的改革》、《现代英语的发展》等多篇有影响的学术论文。2010年至2012年主编出版了外语教学与研究出版社的重点图书《英美文化读物》和《英语语法精华》。20世纪90年代以来，共出版17部著作和译著。

申立始终高标准、严要求，努力把外语专业建设成重点专业和品牌专业。他始终坚持教书育人，为人师表，严谨治学，无私奉献，率先垂范，甘为人梯，“片片丹心为学子，一心一意育英才”，悉心关怀与呵护着青年学生的健康成长与成才，精心指导青年教师提升业务技能，一直深受师生和外语界同仁的爱戴与敬重。

申立曾长期担任河南省高校外语教学委员会会长和名誉会长，1988年获得河南省研究生优秀导师称号，1992年成为享受国务院政府特殊津贴专家，1998年获得河南省文明教师称号。

河南农业大学教授　卢中华

2012年12月22日，河南农业大学牧医工程学院教授卢中华因病逝世，享年74岁。

1939年12月11日，卢中华出生于河南省淮阳县的一个农民家庭。1961年毕业于淮阳中学，同年7月考入河南农学院畜牧兽医系学习；1965年7月毕业留校，一直从事兽医微生物学及免疫学的教学与科研工作，同年加入中国共产党；1994年晋升为教授；1997年担任河南省重点学科预防兽医学学科第一学术带头人，河南农业大学牧医工程学院动物医学系主任；

2003年被评为校级教学名师,多次被聘为河南省高等学校教师高级职务任职资格评审委员会学科评议组成员、河南省科技进步奖评委、郑州市拔尖人才工作专家评委、河南农业大学学术委员会委员等;2004年12月退休。

卢中华曾历任中国微生物学会理事、河南省微生物学会副理事长,中华医学会河南省微生态学分会副主任委员,世界禽病学会会员,中国畜牧兽医学会微生态学分会常务理事,河南省畜牧兽医学会畜禽疫病防治研究会理事。

卢中华是河南省预防兽医学界的知名专家,为河南农业大学预防兽医学学科的发展贡献了自己的毕生精力,也为河南省畜牧业的发展做出了重要贡献。

卢中华先后主讲了《兽医微生物学及免疫学》等课程。他长期工作在教学第一线,不断用学科的新进展、新技术、新经验充实教学内容,使教学常教常新。他经常带领师生深入到畜牧生产第一线服务"三农",为河南畜牧业发展无私奉献。卢中华对青年教师具有炽热的爱心,深受大家的爱戴。

卢中华先后主持、参与国家、省部级科研课题30余项,获得省部级科技进步奖17项。在国内外刊物上发表论文102篇,其中多篇被国外权威杂志引用。1997年应邀出席在匈牙利布达佩斯举行的第11届世界禽病大会。正式出版教材、专著7部。作为预防兽医学专业硕士生导师,指导硕士生10人。

卢中华退休以后,仍然心系他钟爱的教育和畜牧事业,无数次参与教材、专著、成果的审定和鉴定工作;他关心学科建设和发展,经常对学科发展和科研方向给予指导和建议;他一如既往地关心青年教师,指导他们的成长和进步。

(河南农业大学供稿)

教育教学论坛

论文转载

·特别转载·

本文转自2012年第22期《新华文摘》,原载于2012年第4期《民主与科学》

钱学森解读“钱学森之问”

——读《钱学森年谱》偶记

顾孟潮

近日读霍有光先生150万字的著作《钱学森年谱(初编)》(西安交通大学出版社2011年12月出版),此书是一部全景式的钱学森一生翔实的史料文集,读后使人颇有感想,遂写出“偶记”多篇,愿与有同好的朋友分享“读书养心”的快乐。

“为什么我们的高校总是培养不出杰出人才?”近两年来,这个被称作“钱学森之问”的问题,引起了社会各界广泛的讨论,众说纷纭,有各种各样的说法和答案,但总让人觉得讨论中对此问的钱学森背景追寻探讨不足。

笔者觉得“解铃还须系铃人”。正如有的参与讨论的人所说,对于这一问题,钱学森先生是思考多年,并且有自己的想法和答案的。因此,本文试从钱老自己的生长经历以及他的言论中寻找对“钱学森之问”的解读,以便进一步思考和解决这个问题。

2009年11月3日,温家宝总理在中科院建院60周年讲话,缅怀科学家钱学森时讲道:“我做总理以后这几年去看望钱老,他谈的更多的不是科技问题,几乎每次都是教育问题。他反复提到,创新型人才不足是现行教育体制的严重弊端,也是制约科技发展的瓶颈,他提出要更加关注教育改革和发展,注重培养有创新能力的人才。他说,中国现在没有发展起来,一个重要原因是没有按照科技发明创造人才的方式办学,没有自己独特创新的东西,培养不出杰出人才。”据钱老几位秘书透露:“钱学森最后一次系统谈话:大学要有创新精神。”(《人民日报》2011年9月14日)

吴非文章说:“钱学森究竟说了些什么?……如果中国的钱学森只能问一句‘为什么我们的高校总是培养不出杰出人才’,而没有相应的思考和基本判断,不合常理常情。”是这样的:早在30多年前的1979年11月12日,钱学森在上海延安饭店接受上海人民广播电台记者徐慰依的采访时,实际已经回答了后来的所谓钱学森之问。

钱学森说:“我们中国人是很聪明才智的,中国人民又肯刻苦用功的,我们完全能够多出人才,早出人才。”“正如邓小平同志所说的,我们的科学工作者只要他们合乎研究员、教授的标准,哪怕他只有30岁,也要把他们提拔到研究员和教授的岗位上来。当然,要做到这一点,还得解决许多具体问题。”

钱学森说着起身从写字台抽屉里拿出一张当年10月26日《北京科技报》题为《中青年科技人员在学习工作中的苦恼》的文章,其中有三个小标题:一、信任和重视了吗?二、任人唯贤了吗?三、待遇平等了吗?钱学森说:“我可以肯定,只要很好地解决这些问题,只有为人才的培养创造良好的客观条件,那么我们的高等学校、科研机构就会出现前所未有的人才辈出的局面,就会涌现更多的杰出人才。”

30多年过去了,这里三个小标题的问题解决得如何呢?可能仍然是差强人意。而且,这里的三问还涵盖不了“为人才的培养创造良好的客观条件”的全部。如钱学森所倡导“大成智慧学”,简要而通俗地说,就是教育引导人们如何陶冶高尚的品德和情愫,尽快获得聪明才智与创新能力的学问。所以,还要考虑用什么样的教材,有什么样的教学内容等问题。

钱老晚年曾回忆说,在他一生的道路上有两个高潮,第一个高潮就是在北京师大附中。六年师大附中的学习生活对他的影响很深。当时数学老师傅钟孙特别提倡创新。第二个高潮是,他到美国师从冯·卡门教授多年、合作多年的美好时光。他与冯·卡门教授彼此相互吸引、成为良师益友的佳境,大大加速了钱学森成为杰出人才的速度。冯·卡门教授教给钱学森从工程实践提取理论研究对象的原则,也教给他如何把理论应用到工程实践中去,以及主持开研究讨论会、学术讨论会的锻炼创造性思维的做法等,使钱学森受益一生,这大概也是钱学森晚年形成“大成智慧学”思考的起点之一。钱学森无论遇到什么难题,很快就能迸发出Good idea(好点子)。著名科学家李政道称此为钱学森受到的“一对一”的精英教育。

名师教育对于钱学森成为杰出人才的重要性体现在钱学森一生。他9岁入北京实验小学时便受到启发式教育,14岁就借阅科普读物《相对论》。钱学森晚年回忆一生中影响他最大的人有17位,除了博士生导师冯·卡门之外,列入17位的有:小学老师1位,大学老师3位,中学老师7位。足见中学教育给予钱学森的深刻影响。

叶企孙教授是钱学森的伯乐,起了十分关键的作用。1934年,钱学森考留美公费生的成绩很不理想,不知为何数学成绩不及格,其他成绩也不理想,但“航空工程”却得了87分的高分,叶教授看出钱学森有志于“航空工程”的学习,于是破格录取了钱学森,而且为钱学森聘请了以清华大学王士倬教授为首的指导小组,对钱学森加以指导,补习一年后赴美。

钱学森把必须有一个科学的人生观、宇宙观,必须掌握研究科学的科学方法视为培养杰出人才的首要条件。记得钱学森1955年10月8日回国后不久,便发出这样的感慨:这次回国感到受益最大和令我高兴的是,在国外多年探索出来的方法,在精神上是和《实践论》、《矛盾论》的原则相符合的。

1956年3月2日,《中国新闻》记者洛翼问钱学森:“您认为对于一个有作为的科学家来说,什么是最重要的呢?”钱学森略微沉思了一下说:“对于一个有作为的科学家来说,最重要的是要有一个正确的方向。这就是说,一个科学家,他必须有一个科学的人生观、宇宙观,必须掌握研究科学的科学方法。这样,他才能在任何时候都不迷失道路;这样,他在科学研究上的一切辛勤劳动才不会白费,才能真正对人类、对自己的祖国做出有益的贡献。”钱学森先生的一生就是这样做的。而且,他经常谆谆强调,要用马克思主义哲学和辩证唯物主义指导自己的人生和事业。

不久前,有人总结分析外籍华裔科学家获得诺贝尔奖的主观缘由(见《西安交通大学学报》2010年第4期)得出六条经验:1.中青年时代出成果;2.师从名家、国外名牌大学;3.打破常规敢于向传统挑战;4.孜孜不倦热衷科学实验;5.思维敏捷、方法得当;6.家庭环境和长者教诲的影响。我认为,这些方面的作用在钱学森成长历程中均有所体现。因此,研究、借鉴钱学森的成长经验有益而且必要。这一研究似应列为“钱学森学”研究的重要课题,如此方能更全面准确地回答“钱学森之问”。

(作者单位:中国建设文化艺术协会)

本文转自2012年第2期《教育史研究》

《卜子夏考论》序言

中国社会科学院党组副书记、副院长　李慎明

卜子夏,春秋时期晋国温邑人,就是现在的河南省温县人。他是孔子高徒,魏文侯、李悝、吴起的老师,《论语》主编之一。他的一些言论,如“四海之内皆兄弟也”,“仕而优则学,学而优则仕”,“博学而笃志,切问而近思,仁在其中矣”等,学界可谓耳熟能详。对于头一句,人们的解读当然会有不同,但此句影响不小,已成为悬挂于联合国会议大厅的巨幅标语;亦有文章考述:《共产党宣言》中译本中,几个早期译本都以此语作为最后一句,后来改为“全世界无产者联合起来”。

记得我在温县一中读书期间,曾和同学们去参观县城南门附近的文庙与卜子祠遗址,这些古迹已毁于日寇占领时期,只能凭着一些断壁残垣、古砖旧瓦,去揣测其往日的规模和格局。而关于子夏的文献多已淹没在历史长河中,除了《论语》中的一些,其他传世文献中零散的资料本来就不多,却还有一些互相抵牾真伪莫辨,可能连“断壁残垣”也称不上了,充其量也就是一些真伪杂陈的“古砖旧瓦”。高培华同志在前人的基础上“爬罗剔抉,刮垢磨光”,继续搜集钻研这些“古砖旧瓦”,真可谓“焚膏油以继晷,恒兀兀而穷年”,用十年工夫完成了这部《卜子夏考论》,建成一座以思想文字为材料的“卜子祠”。我怀着浓厚的兴趣,读完这部20多万字的书稿,感到此书有以下几个特点:

一是利用姓氏学和卜氏家谱资料,并尝试从《论语》、《左传》、《孔子家语》等典籍找到证据,探讨子夏的家庭出身和卜氏家学渊源。这从一个侧面试图解析子夏成为孔门“文学”高徒的一个重要原因,对于认识《子夏易传》的作者、认识子夏作为孔门易学的重要传人、认识儒学与易学的关系,可能都有直接的助益。

二是详考子夏籍贯与温邑地望,论述了《礼记·檀弓上》所

谓“退老西河”、《尚书大传》记子夏自谓“退居河济之间”、汉代郑玄所云“温国卜商”、唐代孔颖达“魏人”说，与现代学界之“晋人”说的统一性；通过仔细考察温邑的历史变迁及卫国的三次东迁和国运衰变，试图否定自西汉以来就流行的“卫人”说。

三是研究子夏生平，对传世文献中零散记述特别是同一事件各有歧异的记述，做了较为认真系统的梳理、考订和辨伪工作，以图弄清子夏的生平事迹。其对子夏孔门求学时期的主要考述有：1.考证子夏15岁拜师入孔门，这与钱穆等论者关于子夏是孔子自卫返鲁以后所收弟子不同。2.考证孔子对子夏富于针对性的入学教育，结合卜氏家世对“君子儒”、“小人儒”做出新的解释。3.考证子夏为“从游陈蔡”弟子，在艰难困苦磨砺中成长，深得孔子器重并委之以先行赴楚联络的重任。4.考证子夏随孔子自楚返卫以后出任卫国行人，并有挫败赵简子威胁甚至劫持卫君的图谋等英勇表现。《韩诗外传》卷六记子夏任行人的事迹基本可信，其中把卫出公误作“灵公”有可能只是一字之误，因一字之误而将某一帝王误作其前辈或后辈的例子在古籍中并不鲜见。5.考证孔子不借子夏车盖，在其任卫国行人期间。子夏贫而车“有盖”是“小行人”迎宾送客公务之需，孔子不让门人去借是担心影响其公务，并非因为子夏“甚吝于财”。6.考证子夏文才出众、武艺超群的素质，在孔门颇有代表性。孔门“六艺”教育本是文武兼备的。自汉代以来，学界日渐把儒生与文弱书生画等号，这可能并不符合春秋末年孔门教育的实际情况。7.考证子夏“丧亲”在哀公九年，其返乡服丧“使民未有闻焉”是担心引来赵简子报复迫害，居丧期间他还抓紧时间研读了《尚书》。8.考证《礼记·檀弓上》记子夏“既除丧”而见孔子，孔子“予之琴。和之而不和，弹之而不成声”是在哀公十一年秋，地点是卫都帝丘。这与《说苑》和《孔子家语》对此事记述有所不同。9.考证“子夏为莒父宰”始于哀公十二年春，莒父属“鲁下邑”，位于“鲁之西鄙”，其军事要务是“备晋”。当赵简子正为晋国执政之际，鲁国选任曾经挫败赵简子图谋的子夏为莒父宰，仍然有“备晋”的意图。10.考证子夏“为莒父宰”约两年，为协助孔子“作《春秋》”而离职，其受孔子所使赴洛邑“求周《史记》”途经卫国遇“读史记者”，纠正“亥豕之讹”是在哀公十四年春“西狩获麟”以后。11.考证孔子晚年所讲“丘死之后，商也日益，赐也日损”，论证儒家“慎交”是值得借鉴的教育思想。认为孔子所谓“贤己者”、“不如己者”，只是就“德”、“才”而言，是让受教育者见贤思齐、崇尚贤能，力避不良影响；并没有世俗所看重的官位高低、财富多寡等思想。总之，书稿对传世文献所记子夏事迹，大都设专题考证，探以往所未探、发前人所未发。

四是对子夏弟子即第一代“子夏氏之儒”作分类研究，考证其门下政事之儒、德行之儒、传经（文学）之儒与“孔门四科”之同类弟子并无明显不同；而“思孟学派”特别是“孟氏之儒”，却与孔子及其弟子有明显区别。在论述“法源于儒”历史必然性的同时，论证子夏弟子无愧为孔门再传弟子，子夏西河教授无愧为孔门正传。这对于自中唐韩愈以来的儒家“道统”论，特别是宋儒确认唯曾参、思、孟一系为正宗“纯儒”的观点；对于郭沫若《十批判书·前期法家的批判》提出“子夏氏之儒在战国时代确已别立门户，而不为儒家本宗所重视了”等说法；对于学界把《韩非子》所谓“儒家八派”视为战国儒学发展的主流等一系列颇为流行的观点，提出了自己不同的看法，这可能为读者的思考提供了新的视角。

五是提出并且系统研究了《论语》编纂动因、起始时间、大致过程、基本原则等新问题，形成了以下观点：《论语》诞生于孔门弟子授徒的需要，是仲弓、子游、子夏、有若、曾参、子张等孔门弟子集体主持编纂的教学辅导书，是全面总结孔子教育思想而以教弟子怎样做人为主要内容的教育专著，历经三个阶段完成于以有若、曾参门人为主的鲁国再传弟子。子夏通过参与主编《论语》，全面总结和继承孔子教育思想，并结合他自己的教育实践和时代要求，在教育目的论、教学过程论、教学评价论、教师论等方面有所发展。

六是通过研究“子夏传经”和《论语》编纂，发现孔子思想的文本化，是一个逐步完善、深化和系统化的历史过程。七十子中如仲弓、子夏、曾参、子游、有若等孔门正传弟子，是孔子思想文本化的重要主持者和主要奠基人。后世所看到的孔子思想学说，其实是孔门集体智慧的结晶，包含着孔门高徒和再传弟子的思想创造。

还需要特别强调的是，本书对于孔子和孔门教育的研究，从春秋末年政教合一的体制刚开始分化，当时的官制文武不分职，还没有常备军等历史状况出发，论证孔子不仅有卓越的军事才能，孔门之礼、乐、射、御、书、数六艺教育文武兼备，七十子也是文武兼备，孔门高徒大都有出色的军事才能。而近现代学界巨擘对于孔子和孔门教育并不这么认为：如胡适《中国哲学史大纲》说“孔子的‘学’只是读书，只是文字上传受来的学问”；冯友兰《原儒墨》说“儒为文专家”，“为知识礼乐之专家”；郭沫若《十批判书》说孔子“是文士，关于军事也没有学过”；张岱年《孔子与中国文化》一文中说：“孔子宣扬德治，对于军事重视不够……在儒家影响之下，中国养成了一种重文轻武的传统，这也是一个严重的不足之处。”白寿彝总主编的《中国通史》第3卷中说：“孔子好学。他的学，是‘好古敏以求之’。学的内容是《诗》《书》礼乐。其他如生产和军事等都是不学的。”本书作者以文献资料为依据，从多方面试图论证孔门的军事教育，这对于学界探讨树立新的孔子观和孔门教育观，可能会有裨益。

毋庸讳言，本书的一些新观点还有可商榷之处。由于作者知识视野的制约，有一些错误恐亦在所难免；还有研究视角的局限，对作为思想家和文学家的子夏，显然缺乏比较深入的研究。本书稿是在其博士论文《子夏教育思想考论》的基础上修改而成，其重点是研究作为一个学者、一个大教育家的子夏。尤其需要指出的是，由于孔孟之间史料的极度匮乏，书稿所考证的一些问题难免得出推测性结论；作者对于以往论者的观点或赞同，或部分采纳，或加以驳议另出新见，能够做到论据更充实一些、观点更具合理性一些也就不错了，很难说已经成为定案。历史研究向来要求有几分史料说几分话，有些问题在没有新材料发现之际，见仁见智亦属难免。此书中的主要观点，不管各位方家赞不赞同，但可能会有助于学术界对子夏乃至对孔子之深入研究。

因鄙人是子夏同乡，且故里相距仅有五六里之遥，乡近乡情总关切。所以，写了如上之序。不一定妥帖，敬请各位大家指正。

2011年10月上旬写于寓所

本文转自2012年5月31日《光明日报》

思想、文化、道德的凝结

——嵩阳书院的地位与作用

郑州大学党委书记　郑永扣

嵩阳书院位于登封市区北部，嵩山之阳，是我国创建较早、影响较大的书院之一，与湖南岳麓书院、江西白鹿洞书院、河南睢阳(应天府)书院并称为中国古代四大书院。宋代书院讲学以义理修养为核心，教育与学术研究相结合，成为学者传道授业的新领地。作为中国新儒学“洛学”的发祥地之一和古代书院的典型，嵩阳书院具有很高的历史地位，在中国思想史、文化史和教育史上发挥了重要作用。

一、嵩阳书院的历史演变

嵩阳书院前身是北魏孝文帝时期创建的嵩阳寺，为佛教活动场所。隋炀帝大业年间，更名为嵩阳观，成为道教活动场所。唐弘道元年(683年)，高宗李治与武则天以嵩阳观为行宫，更名为奉天宫。后唐时期部分士人在嵩阳观聚徒讲学，其为嵩阳书院讲学之始。后周显德二年(955年)，改名为“太乙书院”。

北宋至道元年(995年)，太宗赵光义向太乙书院颁赐印本九经书疏，后又御赐“太室书院”匾额，遂将“太乙书院”改为“太室书院”，设置校官。大中祥符三年(1010年)，真宗向太室书院赐九经诸书。仁宗时期赐名“嵩阳书院”，并赐良田。神宗熙宁、元丰时期，嵩阳书院名声日隆，生众达数百人。当时，“洛学”创始人程颢、程颐来到嵩阳书院、崇福宫讲学，主要用“洛学”观点宣讲《论语》、《孟子》、《大学》、《中庸》等书，各地学者慕名而来，如“群饮于河，各充其量”，嵩阳书院因此声名大震。司马光、范仲淹等名流都曾在书院讲学，一时间，四方前来求学者甚众。南宋吕祖谦《白鹿洞书院记》云：“国初海内向平，文风四起，儒生往往依山林即闲旷以讲授，大率多至数十百人，嵩阳、岳麓、睢阳及是洞为尤著，天下所谓四书院者也。”宋人把嵩阳书院列为四大书院之首，以此作为新儒学——“洛学”的发祥地之一。

金、元至明代，嵩阳书院由盛转衰，明末毁于兵火。现存建筑多为康熙年间登封知县叶封重修。乾隆后期至清末，书院活动几乎陷于停顿。解放后嵩阳书院获得新生，不但整修了藏书楼、崇儒祠等建筑，也保护了大批珍贵文物，治理、美化了环境。2010年7月31日，经联合国教科文组织批准，包括嵩阳书院在内的中国登封“天地之中”历史建筑群，正式列入《世界遗产名录》。

二、嵩阳书院是理学先导“洛学”思想传播的重地

宋代理学，是儒学发展的新阶段，引领了当时学术发展的新方向。孔子开创的儒家学说，是中国封建社会教育思想的主流学说，也是嵩阳书院教育的重心。嵩阳书院在学术思想上对后世影响最大、最深远的是二程“洛学”，具有高度的创新性。二程受教于理学开山鼻祖周敦颐，后来长期在嵩阳书院讲学，程颢还为嵩阳书院制定规制(包括教学目标、学规等)、课程等规条，吸引了众多学子(《二程遗书·明道先生行状》)。程颐“平生诲人不倦，故学者出其门最多，渊源所渐，皆为名士”(《宋史·道学传》)。经过二程的改造，融儒、佛、道思想于一体，围绕社会、人生、自然深入探讨的儒学新学派——“洛学”诞生了，并与周敦颐的“濂学”、张载的“关学”和朱熹的“闽学”共称宋代理学四大学派。二程弟子在各地讲授传播“洛学”，从而形成一些地域性学派，如“事功学派”、“湖湘学派”等。金军南下时，二程弟子谢良佐流落到江南，将洛学传给胡安国，胡安国传给其子胡宏。后张栻拜胡宏为师，得洛学真传，熔家学与胡宏之湖湘学于一炉，集大成为“湖湘学派”。作为理学先导的“洛学”，首创于二程，经其弟子杨时传罗从彦，再传李侗，三传至南宋朱熹，由朱熹集大成而为“闽学”，共同构成了“程朱理学”体系。后来又发展为“宋明理学”，长期被奉为官方哲学，影响元明清社会达六七百年之久。

二程的学术观点及其实践的传播，多在嵩阳书院。其基本思想是：“理”(或“天理”)是自然界、人类社会的最高准则，“万物皆有理”；由“格物”即穷人类社会之理而达到“致知”，“致知”分闻见之知和德性之知；“性即理”，由于“气禀”不同，人有善恶之分，改变气质需“明天理，灭人欲”。“仁者与天地万物为一体”，主张“以诚敬存之”。可见，二程汲取佛、道思想进行儒学创新，将本体论、认识论、人性论有机联系起来，创立了理本论的思想体系。冯友兰先生曾指出：程颢是以后心学之先驱，而程颐是以后理学之先驱。

三、嵩阳书院是创新文化传播的重要平台

嵩阳书院藏书楼拥有大量藏书，以配合教学，同时还自行刊刻图书。清初时，书院藏书已达1万余册，分别为皇帝赐予、私人捐赠、书院购置或刊刻而来，并制定了严格的收藏、借阅制度。康熙二十三年(1684年)，河南巡抚王日藻捐银重修了藏书楼，各地又送来不少书籍资料。

嵩阳书院先后云集了大批学者，在扩大儒学影响、发展书院教育、继承文化遗产等方面都发挥了重要作用。据《嵩阳书院志》、《登封县志》等记载，自五代到清朝，庞式、范仲淹、司马光、程颢、程颐、杨时、王守仁、湛若水、耿介、窦克勤、李来章等一时名流，都曾在此讲学。其中，清初名儒耿介在嵩阳书院讲学30年，窦克勤五至嵩阳书院论学切磋，李来章著述达40余种。嵩阳书院亦因众多硕儒而声名鹊起。

在传播儒家学说、促进思想发展的同时，嵩阳书院也是针砭时弊、弘扬正气、砥砺品性甚至开展社会监督的重要阵地。如程颐“议论褒贬，无所顾忌”(朱熹《晦庵集》)，耿介提倡“常存戒慎恐惧之意”(《嵩阳书院志》)等等，书院学人发扬古代知识分子的优良传统，投身现实政治实践，关心国家兴亡与民众疾苦的做法，历来为世人所称道。

历史上，前来嵩阳书院求学者众多，著名的如福建的杨时、罗从彦，浙江的周行己、许景衡，湖北的刘立之等，他们学有所成后回去传播儒学思想，客观上对普及教育、改善社会风气等产生了深远影响。二程倡导“希学希圣”，不少门生在科场高中进士(参见刘卫东、高尚刚:《河南书院教育史》)。自五代后唐至清末近千年间，嵩阳书院培养出诸多人才，产生了深远的社会影响。

四、嵩阳书院是“以德育人”的精舍典范

“以德育人”是儒家一贯倡导的教育理念。孔子提出“仁者，人也”，儒家把道德品性看做人的本质。嵩阳书院传承了孔孟的道统，到清代，耿介总结出“立志、存养、穷理、力行、虚心、有恒”等六项讲学原则(《嵩阳书院志》)。讲学内容重经学、理义，大旨以《孝经》、《小学》、《四书》、《五经》、《性理大全》及《通鉴纲目》等书为纲。

清代嵩阳书院山长耿介，把道德教育看成是比科举应试更重要的大事。他认为，理学是根本，科举是枝叶，前者是“体”，后者是“用”。他在教学与学术研究实践中，注重讲明义理，躬行实践，提倡个人自学、集中讲解和质疑问难相结合，建立“讲会”制度。嵩阳书院既重视道德教育，也实施道德实践。根据《嵩阳书院志》记载，为纪念孔子、二程、朱熹等前代圣贤，分别修建了先圣祠和先贤祠，还修建了纪念宋代儒家名臣司马光、杨时、李纲等人的诸贤祠，以及纪念对嵩阳书院兴复和讲学做出贡献的儒学大师的崇儒祠。按照《祀典》规定，每年于仲春仲秋季节，由书院山长率领全体师生举行祭祀，激发学生对先师圣贤的爱慕敬仰之情，以便在实践中效仿，形成一种有效的道德实践教学模式。

总之，嵩阳书院作为古代书院的典范，被列为中国四大书院之一，是早在南宋时期已经形成的定论和共识，这是基于嵩阳书院作为二程学说传播地在中国儒学发展史上特殊地位的定位，也是基于其在我国思想、文化、道德、教育发展史上所起巨大作用的综合考量。

本文转自2012年1月22日《河南日报》

精心打造四个高地　服务中原经济区建设

河南大学党委书记:关爱和　河南大学校长:娄源功

省委书记卢展工在我省高校调研时强调:高校是育人的高地、集聚的高地、创新的高地、服务的高地。四个高地的思想把我省高等教育的作用和地位提升到一个新的境界，必将为我省高等教育事业发展产生深远的影响。

今年9月25日，河南大学将迎来建校一百周年盛典。百年来，学校先后培养了40余万名各类人才，为推动社会发展、科技进步、经济建设和教育振兴做出了卓越贡献。特别是近年来，学校在提高办学层次、教育质量、学术水平和扩大办学规模、办学空间、对外开放等方面实现了跨越式发展，进入省部共建高校行列。2011年，学校在标志一流大学办学水平的重要指标上取得了历史性突破，成为中原地区具有重要影响的育人高地、集聚高地、创新高地和服务高地。

2011年5月，省政府颁布实施《百年名校河南大学振兴计划(2011—2020年)》，确立了河南大学重点建设、优先发展的战略地位;9月，《国务院关于支持河南省加快中原经济区建设的指导意见》，明确提出“支持河南大学创建国内一流大学”，将河南大学的建设和发展提到前所未有的高度。在新的起点上，加快创建国内一流大学，全力服务中原经济区建设，是河南大学义不容辞的责任，也是实现百年名校振兴的必由之路。我们必须坚持融入国家战略、融入中原发展、融入行业进步，瞄准一流大学的建设目标，精心打造四个高地，为中原经济区建设提供坚强有力的人才、技术和智力支持。

一、精心打造育人高地，充分发挥“人才库”作用，为中原经济区建设培养高素质人才。要把人才培养作为服务中原经济区建设的根本任务，成为河南创新型、应用型、复合型人才培养基地。一是加快学科布局和专业结构调整。根据河南经济结构调整和构建现代产业体系的需要，构建布局合理、结构优化、特色鲜明的人才培养体系。二是大力培养拔尖创新人才。把拔尖创新人才培养放到更加突出的位置，促使拔尖创新人才脱颖而出。三是重视培养应用型人才。加强与行业、企业、科研单位的合作，实现人才培养和社会需求的有效链接。四是突出国际化人才培养。高起点谋划河南大学国际学院建设，积极引进国外优质教育资源，大力培养具有国际视野、通晓国际规则的复合型人才。

二、精心打造集聚高地，充分发挥“引擎器”作用，为中原经济区建设集聚优质资源和创新要素。要坚持把人才、学科、项目作为重要载体，促进优质资源和创新要素向服务中原经济区建设集聚。一是人才集聚。加快实施师资队伍建设攀登计划，延揽和造就以院士、长江学者为代表的高层次领军人才，以省(校)特聘教授、黄河学者为代表的拔尖创新人才，建设一批国家级、省部级创新团队，储备规模适当的优秀教师后备梯队，大幅度提升教师队伍的国际化水平，为高层次人才干事创业搭建舞台。二是学科集聚。改变学科建设资源配置方式，将有限的资源向学科建设最需要、最关键的地方集中。三是项目集聚。瞄准与中原经济区建设密切相关的战略性新兴产业，承担一批能够加快推进经济发展方式转变的科研项目，实现重大项目的集聚发展。

三、精心打造创新高地，充分发挥“动力源”作用，为中原经济区建设提供先进技术支撑。要大力提升科学研究的原始创新、集成创新和引进消化再创新能力，努力为建设创新型河南做出贡献。一是积极参与中原创新体系建设。凝练学科方向，汇聚人才队伍，规划组建一批科技创新平台，力争经过五至十年的努力,成为中原科技创新体系的重要组成部分。二是着力推进科技资源共享。引导学校科技资源向优势主导产业和战略性新兴产业集聚,促进“中原制造”水平不断提高。三是大力提高自主创新能力。瞄准学科发展前沿和区域战略需要,积极开展基础研究、应用基础研究和高技术研发。四是加快科技成果转化应用。鼓励教师积极开展高新技术研发、转让和咨询服务等活动,加大推广转化力度,采取多种方式提供科技服务。

四、精心打造服务高地,充分发挥“思想库”作用,为中原经济区建设提供决策咨询和文化引领。要充分发挥人文社会学科的优势,大力构建哲学社会科学社会服务体系,提升社会服务水平。一是服务党委政府重大决策。重点围绕“三化”协调发展等重大问题,产生一批能够反映时代要求和河南实际的本土优秀研究成果。二是参与各类规划科学编制。整合学校规划、设计等方面的学科和人才资源,在推进城乡统筹、城乡结合、产业集聚和文化传承等方面发挥积极作用。三是推动中原文化传承创新。加强宋文化研究,力争使宋文化成为又一文化品牌。扩大中原文化在海外的影响。积极推进文化科技创新,促进文化与旅游、体育、信息等产业相融合。

本文转自2012年10月30日《光明日报》

要把健康教育放在更加突出的位置

河南理工大学党委书记　王少安

大学生健康意识的培养是关系到学生个人身体素质、大学教育根本目的和中华民族未来的大问题。我们的教育方针是使学生德智体美全面发展,其中的“体”居于基础性地位。胡锦涛总书记在清华大学建校100周年庆祝大会上指出:高等教育的根本任务是人才培养,要全面提高高等教育质量,必须大力提升人才培养水平;要坚持把促进学生健康成长作为学校一切工作的出发点和落脚点,全面贯彻党的教育方针,努力培养德智体美全面发展的社会主义建设者和接班人;要注重更新教育观念,把促进人的全面发展和适应社会需要作为衡量人才培养水平的根本标准。从这些论述中可以看出,提高大学生的身体健康水平是全面提高高等教育质量的应有之义,培养大学生的健康意识、养成大学生的健康习惯是高等教育应尽的职责。然而,在现实中,大学教育中对“体”的教育目的的追求,较对其他教育目的的追求在总体上还有差距。

《中共中央国务院关于加强青少年体育增强青少年体质的意见》和《国家学生体质健康标准》都对大学生身体素质提出明确要求,并作出“每天锻炼一小时”的规定,这无疑给出了教育方针中“体”的基本质量标准及其实施的政策措施。对此,绝大多数高等学校都在贯彻并力求落实,应该说也是有效果的。但平心而论,高等学校和学生个人能否真正落实,情况不容乐观。究其原因,有措施、环境、条件等诸多方面,但最根本的当属思想认识问题。由于我们没有深入研究并向学生讲清楚运动与健康、健康与事业(学业)、事业与生活质量之间的必然联系,更没有下功夫思考并告诉学生健康、运动、习惯三者各自的功能张力与内在统一,导致大量学生被动对待运动与锻炼,进而增大学校推动的难度,形成校方不好管、学生不运动或很少运动、学生体质普遍下降的局面,人才培养目标中十分重要的“体质”大打折扣。为此,大学教育当务之急要围绕提升学生身体与生命质量着重解决以下三个方面的认识问题。

健康是生命之本。从广义上讲,健康应该包括完整健全的肢体、健康强壮的体魄和积极乐观的心态。在人的生命历程中,健康是一切社会活动的基础,没有健康,一切将无从谈起。毛泽东同志曾说,“身体是革命的本钱”。要成就卓越快乐的人生,从根本上讲有赖于身体健康的水平与状态。健康是生命质量的标志,健康作为人生的根基、生命的根本,对于顺利完成学业、成就事业,进而实现人生抱负、享受美好生活都具有极其重要的意义和价值。在人生的竞技场上,只有拥有健康的人,才会拥有直面困难的勇气、百折不挠的信心、锲而不舍的毅力和足够强大的能量,才有搏击人生的资本,才有可能攀上人生的巅峰,才有机会抵达胜利的终点。而那些忽视健康、蔑视生命质量的人,即使面对坦途,也难会有快乐的人生。因此,让大学生拥有健康,应该成为每所大学和大学生个体的共同理想与追求。

运动是健康之基。研究表明,健康的主要支撑条件包括合理饮食、适量运动、情绪稳定和科学休息,其中适量运动起着基础性、关键性作用。有关运动的重要性,古今中外的名家名人都曾有过诸多精辟的论断。达·芬奇曾说“运动是一切生命的源泉”;伏尔泰也说“生命在于运动”;《吕氏春秋·尽数》中记载“流水不腐,户枢不蠹,动也”。这些都从不同侧面充分表达了运动对于人这样一个生命体的产生、运转、保养、维护具有不可替代的作用。人的身体就像铁一样,只有经过千锤百炼才能成钢。这里所说的“千锤百炼”指的就是运动。运动是生命的滋润剂,是青春的美容师,是心灵的慰藉者,是人生旅程中力量与意志的重要来源。人在运动的过程中,一定会处于快乐、朝气、酣畅的美妙状态;热爱并坚持运动的人,收获的不仅仅是身体的舒展与强健、精神的愉悦与乐观、头脑的清醒与高效,更有青春延年、洒脱自信的神奇功效。2010年,温家宝总理在人民大会堂回答记者提问时说:“虽然我是一个基本没有节假日的人,但我还是喜欢锻炼的,无论是散步还是游泳,都使自己的身心能够放松,以保持旺盛的精力来对付繁重的工作。”这既是生活中的范例,也一再揭示运动与健康的内在关系。

习惯是运动之魂。运动的要义,在于持续持久,养成习惯;科学的运动习惯体现着运动主体的生活方式、运动观念和体育精神,彰显运动文化的灵魂。关于习惯,美国心理学巨匠威廉·詹姆斯有过经典注释:"种下一种行为,收获一种习惯;种下一种习惯,收获一种性格;种下一种性格,收获一种命运。"可见,从深层次的意义上讲,习惯不仅反映一个人的思维方式、生活态度,在一定程度上还可以决定人的身体健康状态和人生的成败。实践证明,良好的习惯必然是在有意识的训练中固化,不可能在无意识中自发形成。习惯一旦养成,就会成为支配人生的一种巨大力量。因此,对想要获得强健身体的人来讲,必须在有目的、有计划的训练中培养对运动的爱好,形成良好的运动习惯。当然,习惯养成的过程并非轻而易举、一蹴而就,而是需要明确的意识支配和坚强的意志力量。唯有养成良好的运动习惯,才能从源头上确保运动时间和运动强度,才能将持续有效的运动融入到生活之中,才能使运动真正对人体产生系统的作用。大学生十分有必要把"每天活动一小时,健康工作五十年,幸福生活一辈子"的理念变成习惯,变成自觉运动的内在动力和生活中的自然,从而成为生命健康、生活快乐的源泉。

健康、运动、习惯三者之间是一个有机的整体,共同构成成功人生的重要基石。高等学校要把健康教育放在更加突出的位置,进一步重视和加强健康意识培养和体育设施建设,积极营造健身氛围,促进广大学生重视健康并把运动习惯作为生活方式,落到实处、持之以恒,努力做到生命不止、运动不息,让运动成为一种生活享受,让人生因健康而"价值"倍增,让德智体美全面发展的教育方针和全面提高高等教育质量的时代使命真正变为现实。

本文转自2012年第1期《教育研究》

协调区域高等教育发展的路径

严全治

摘　要:目前,我国不同区域居民接受高等教育的机会和质量差距显著,区域高等教育发展差距对教育公平形成严峻挑战。收益的外溢性表明区域高等教育只有协调发展才能稳健发展,统筹区域发展必然需要统筹区域高等教育发展。一个区域的高等教育既要与全国其他区域的高等教育发展水平"大体相当",又要与本区域经济社会发展"搭配得当",政府应成为协调区域高等教育发展的主体。协调区域高等教育发展理论上有三个方向:调整高校区域布局、调整高校招生计划、调整高校区域布局的同时调整高校招生计划。其具体可行的路径是:坚持不懈地调整高校的区域布局,建立对欠发达区域的高等教育补偿机制,制定地方高校生均教育经费最低标准。

关键词:高等教育;区域差距;协调发展

作者简介:严全治,河南科技学院职业技术教育与经济社会发展研究中心主任、教授、博士,清华大学教育研究院博士生合作导师(河南新乡　453003)

党的十六届三中全会提出"统筹区域发展"目标,而高等教育的发展水平是区域发展水平的主要指标,也是区域经济社会发展的主要支撑。因此,区域高等教育协调发展是统筹区域发展无法回避的主题。本文基于1999—2009年的数据,分析我国区域高等教育差距状况,探讨区域高等教育协调发展的可能路径,以期为决策提供参考。

一、协调区域高等教育发展势在必行

(一)区域高等教育发展差距对教育公平形成严峻挑战

在我国,高等教育是政府提供的一般公共服务,属于准公共产品,它具有较高的社会收益率和个人收益率,影响个人职业选择和社会地位升迁,并具有代际传递作用。因此,高等教育机会以及优质高等教育资源在区域之间和居民之间分配的均等性一直备受社会关注。

考察区域高等教育发展差距主要有相对规模和质量差距两个维度。高等教育相对规模一般用毛入学率或每万人口在校大学生人数描述,反映的是区域内居民接受高等教育的机会;教育质量则反映区域内居民所接受高等教育的优良程度。由于教育质量难以量化测定,同时生均教育经费与教育质量成较强的正相关性,因此可以通过生均教育经费反映区域内居民所接受的高等教育的优良程度,也可以通过生均财政性经费或生均预算内经费反映政府高等教育经费投入状况。

受区域高等教育布局历史的影响,加之区域之间认识差异、经济差距,以及存在的体制缺陷和政策缺失,1999年扩招以来,我国区域高等教育规模差距愈加凸显。从东、中、西三大区域看,1999—2009年,东、西部地区每万人口在校大学生人数的差距由37人增加到88人,东、中部地区每万人口在校大学生人数的差距由28人增加到46人。[①]从省区之间差距看,1999—2009年,各省区每万人口普通高等教育在校生人数的极差由172人增加到301人。区域高等教育生均经费支出差距也在扩大。从东、中、西部地区看,1999—2009年,东、西部地区的普通高校生均教育经费支出差距由4980元增加到6586元,东、中部地区的差距由4148元增加到7916元。从省区看,普通高等教育生均教育经费支出的差距由19406元增加到31939元。[②]由此造成不同区域居民享有教育机会和教育质量的巨大差距。

教育公平是社会公平的基础,也是社会公平的底线。区域之间高等教育发展差距过大,不同区域居民接受高等教育的机会和质量差距凸显,已经不仅是一个教育问题,而是一个社会问题。从历史上看,在高等教育发展过程中,效率和公平在一定发展阶段存在着矛盾,不同的利益主体往往基于自身的价值判断、自己的利益得失做不同的选择。因此,协调区域高等教育发展已经是一个难以回避的问题。

(二)收益的外溢性表明区域高等教育只有协调发展才能稳健发展

收益的外溢性是高等教育的特点之一,高等教育投入制度的设计必须充分考虑这一特点,从而使制度的设计能够满足"投资者受益"要求。目前在我国现有的财政、户籍、招生制度下,区域高等教育并非"投资者受益",或者说受益者并不都是投资者。我国1985年开始推行财政分权改革,1993年12月确立分税制财政管理体制。与财政分权体制相适应,1994年国务院《关于〈中国教育改革和发展纲要〉的实施意见》中明确规定:"高等教育逐步实行中央和省、自治区、直辖市两级管理,以省级管理为主的体制。"至此,省区高等教育的投资责任明确地下放给省级政府。从个人投资高等教育方面看,我国1997年全面完成普通高校招生并轨改革,1998年颁布的《中华人民共和国高等教育法》规定"高等学校的学生应当按照国家规定缴纳学费",这从法律上明确了学生及其家长分担高等教育成本的责任。据此,区域高等教育的投资者包括省级政府、学生及其家庭、社会组织或个人、高校,其分别以财政性经费、学费、捐赠、事业收入的形式投资高等教育。但是,这些组织和个人并不是区域高等教育的全部受益者。在我国,高校毕业生可以跨区域就业,就业后他们运用在大学里获得的知识技能提高劳动生产率,创造出更多的物质财富,为工作单位所在区域的经济社会发展做贡献。同时,高素质人才个人收入较高,还会以个人所得税形式为所在地的财政收入做贡献。因此,区域高等教育的受益者除了学生本人及其家庭之外,高校毕业生流入的所有区域都会从中受益。由于经济发达区域能够为毕业生提供较为理想的工作环境,同时使他们获得较高的收入,经济欠发达区域的高校毕业生总是向经济发达区域流动。这种流动虽然有利于破除区域劳动力市场分割,促进高校毕业生就业,但是也使经济欠发达区域用有限的高等教育资源为经济发达区域培养人才,因此降低了经济欠发达区域和经济发达区域政府投资高等教育的积极性。所以,在目前我国高等教育财政投资体制下,只有中央政府出面协调区域间高等教育投资,才能使投资者和受益者对应起来,调动各方的投资积极性,从而促进全国的高等教育健康发展。

(三)统筹区域发展必然要统筹区域高等教育发展

统筹区域发展已经成为中央的战略选择。改革开放初期,中央采用梯度发展的战略,对一些具有区位优势的地区制定了特殊政策和采取优惠措施,为我国经济发展注入了空前的活力,实现了经济持续高速增长。但是随着这一战略的推进,不同区域间的经济社会发展水平差距显现,发展中不平衡、不协调、不可持续的问题暴露出来。如何解决这一问题?无论是区域经济增长理论还是新经济增长理论,都认为市场力作用倾向于劳动力、资本、技术流向发达地区,从而扩大区域差距而不是缩小区域差距。[1]而且,一旦差距形成,发达区域就会获得累积的竞争优势,从而遏制欠发达区域的经济发展,使欠发达区域不利于经济发展的因素越积越多。不存在政府干预的竞争性均衡是一种社会次优,均衡增长率低于社会最优增长率。所以,要缩小区域差距,必须加强政府干预,加强对欠发达区域的援助和扶持。面对新的发展形势,中央审时度势,在党的十六届三中全会上提出了"坚持以人为本,树立全面、协调、可持续的发展观,促进经济社会和人的全面发展",以及"五个统筹"的要求。党的十七大又提出了"缩小区域发展差距,必须注重实现基本公共服务均等化,引导生产要素跨区域合理流动"的要求,把统筹协调区域经济社会发展作为新的战略选择。

统筹区域发展必然要统筹区域高等教育发展。一方面,区域经济社会发展为区域高等教育发展提供了良好的文化氛围、资金支持和发育成熟的人才市场;另一方面,区域高等教育人才培养、科技创新和社会服务,对于区域产业结构优化升级、转变经济发展方式、提升经济运行质量和效益发挥着基础性、先导性的作用。此外,区域高等教育还具有引领本区文化、向本区居民渗透发展理念、促进本区居民形成良好行为习惯、示范良好行为方式的巨大作用。高等教育与区域经济社会发展之间这种相互制约、相互促进的紧密关系,决定了统筹区域发展必须优先实现区域高等教育协调发展。同时,《教育规划纲要》也明确指出:"中央政府统一领导和管理国家教育事业,制定发展规划、方针政策和基本标准,优化学科专业、类型、层次结构和区域布局。整体部署教育改革试验,统筹区域协调发展。"这为实现区域高等教育协调发展提供了政策依据。

二、协调区域高等教育发展的理论指向

(一)什么是协调

从语义上讲,"协调"中的"协"和"调"同义,都具有和谐、统筹、均衡等富有理想色彩的哲学含义,"协调"即"配合得当"。[2]那么,"协调"一是指事物间关系的理想状态,是一种静态,这里可以理解为"搭配得当";二是指实现这种理想状态的行动与过程,可以理解为一系列行为促进事物间关系逐步趋向理想状态的过程。

在经济学中,"协调"既可以视为在各种经济力共同作用下,经济系统的均衡状态,也可以视为经济系统在各种经济力的共同作用下,趋向均衡的过程。在管理学中,"协调"主要指实现管理目标的手段和过程,强调的是行动、措施。在系统科学中,"协调"是为实现系统总体演进的目标,两种或两种以上相互关联的系统或系统要素之间相互协作、配合得当、互为促进的一种良性循环态势及其控制过程。在我国经济社会发展过程中,明确提出"协调"概念是在20世纪70年代末80年代初。第七届全国人大第四次会议的政府工作报告将"协调(发展)"定义为"按比例(发展)",党的十六大则把"协调"作为"科学发展观"的内核,强调"五个统筹"。可见,尽管不同学科"协调"的含义不同,但基本都是具有目标和行为过程两层含义。

(二)与谁协调

既然"协调"的第一层含义是指事物间关系的理想状态,那么区域高等教育的发展需要与哪些方面保持理想的关系,或者说区域高等教育的发展需要与哪些要素"搭配得当"呢?

教育的本质是促进个体发展,并在此基础上满足社会发展需要。据此,高等教育具有两个基本功能:满足个体身心发展需要和满足社会发展需要。前者是高等教育功能的核心部分,后者是高等教育外在的工具价值。从高等教育满足个体发展需要角度说,个体无论出生在哪个区域、户籍在哪里,都

应该有同等机会接受高等教育。而且,具有同等学习能力(基础)的人,无论出生在哪个区域、户籍在哪里,都应该享有同等质量的高等教育。如此在公民中分配高等教育资源才是公平的。一个国家要实现这样的高等教育公平,有三个途径:其一,不考虑高校的区域分布,只考虑高校招生计划在各区域的均衡分配;其二,不考虑高校的区域分布,而是实行全国高校统一考试、统一录取;其三,考虑高校的区域分布,使各区域高等教育相对规模、层次大体相当。可见,只有途径三存在"协调"问题,即不同区域之间高等教育发展水平需要保持"协调"状态。从高等教育满足社会发展需要角度说,区域高等教育的发展水平要与本区域的经济社会发展水平保持"协调",即区域高等教育的规模、质量、专业结构要与本区域的经济总量、结构"搭配得当"。

(三)怎样算"协调"

一个区域的高等教育既要与全国其他区域的高等教育发展水平保持"协调",又要与本区域经济社会发展"搭配得当",如何成为可能呢?

从上文阐述的"协调"内涵看,"协调"不是相等,而是"搭配得当"。从高等教育满足个体发展需要角度说,各区域高等教育相对规模、层次越接近,对区域居民越公平,越是"搭配得当",即"相等"是理想的均衡点。但是,我们仍然不能仅把"相等"这一点定义为"协调",因为这只是一种绝对理想状态,现实中这种绝对理想状态可能并不存在。退而求其次,可以把各区域高等教育相对规模、层次之间"大体相当"作为一种比较理想的状态。"大体相当"中的"大体"表明"协调"状态有一个范围,这个范围的大小是问题的关键。

从高等教育满足个体发展需要角度说,区域高等教育的差距在多大范围内算是"协调"状态?这是一种价值判断,基于不同价值观、不同利益诉求的个人或团体,可以接受的区域居民之间的高等教育入学机会、受教育质量差距范围各不相同。关于这一点,目前还没有公认的标准。但是我们可以尝试着用洛伦兹曲线(Lorenz curve)来进行区域高等教育协调程度的初步测量,以基尼系数做初步的判断。

从高等教育满足社会发展需要角度说,如果单纯就高等教育与经济发展关系而论,"需求决定供给",即根据区域经济社会发展目标预测人才需求,确定区域高等教育的规模、结构、速度,实现区域高等教育规模与经济总量、区域高等教育结构与经济结构之间大体上"搭配得当"。

从全国而言,考虑到经济欠发达区域高校毕业生向经济发达区域流动的事实,经济欠发达区域的高等教育发展一定要超前于其经济社会的发展,保持在经济欠发达区域与发达区域高等教育需求之间。而且在这个需求区间内,高等教育超前其经济社会发展的程度越大,带动欠发达区域经济社会发展的效果越明显,区域居民获得高等教育公平的程度越高。当经济欠发达区域高等教育超前其经济社会发展达到一种程度:使经济欠发达区域与发达区域的高等教育差距能够让经济欠发达区域社会成员接受,认为我国高等教育是公平的,这才算是高等教育发展达到"协调"状态。

(四)由谁"协调"

放下"协调"的静态内涵,如果"协调"是动词,那么,行为的主体是谁?

高等教育属于准公共产品,它具有效用的不可分割性和收益的外溢性,所以一般认为应该由政府提供。那么,应该由哪一级政府提供,就涉及区域高等教育的受益范围问题。这种受益范围既可能受地理空间的影响,也可能是人为制度因素隔离的结果,据此把高等教育的受益范围局限在某一特定区域内。在我国现有的户籍制度和招生制度下,从高等教育的入口考察,省区高等教育的主要受益范围是本省区,虽然存在跨省招生的情况,但是主要是采取"对等招生",即为了提高高校生源的异质性、实现异质文化交流,在获得省级招生主管部门批准后,不同省区之间的同类高校可以相互合作,彼此在对方所在省区招收等量的生源。因此,从高等教育的入口论,省区高等教育只满足本省区居民高等教育需要,其受益范围具有明显的地域性,属于比较典型的地方公共产品,应该由省级政府投资。但是,从高等教育的出口看,由于我国高校毕业生可以(没有另设制度隔离)跨区域流动就业,他们把自己在大学里学到的知识技能贡献给流入的区域,从而提高其流入区域的经济社会效益。从这个角度论,区域高等教育的受益范围是全国,它属于全国性的公共产品,那些经济发达区域成为主要的受益者,因此,中央政府就有责任突破省级政府财力局限,出面"协调"区域高等教育发展。

按照这样的逻辑,省内不同地市之间高等教育的发展应该由省级政府"协调"。其原因是,从入学机会看,地市所属高校面向全省招生,不给学校所在地市单列招生计划,因此不存在学校所在地市居民独享的就学机会利益;从毕业生就业地点看,地市所属高校毕业生面向全社会双向选择自主就业,不存在本地市独享的社会经济利益。既然这些利益外溢向全省全社会,省级政府就有责任保持省内高等教育的协调发展。

(五)如何"协调"

从理论上讲,协调区域高等教育发展就是使高等教育与本区经济社会发展"搭配得当",又保持区域间高等教育发展水平"大体相当"。

从高等教育与本区域经济社会发展"搭配得当"角度讲应该有两种情况:一是不允许跨区域流动就业情况下的区域高等教育与经济总量、经济结构的比例关系;二是允许跨区域流动就业情况下的区域高等教育与经济总量、经济结构的比例关系。

从区域间高等教育发展水平"大体相当"角度讲,"协调"是要通过制度创新使各个区域的高校数量、质量"大体相当",或者使各个区域居民就读不同层次高校的人数"大体相当"。前者需要改变区域高等教育布局,后者需要统一制订全国高校对各个省区的招生计划。因而,"协调"区域高等教育发展有三个方向:其一,调整高校布局,使各个区域具有大致相同的高等学校数量和质量;其二,不论高校设置在何地,其不同层次高校在各个省区的招生计划大致按照每万人比例分配;其三,在调整高校布局的同时调整高校招生计划。

三、协调区域高等教育发展的路径选择

(一)坚持不懈地调整高校区域布局

调整高校区域布局的思路,好处在于能使各个省区内的高校数量和质量"大体相当",这一目标的实现不仅能带来区

域居民就学机会的大体相当,实现高等教育公平,而且可以通过高校特别是优质高校落地中、西部地区引领中、西部社会文化的进步,带动当地经济社会的发展。这是最理想的“协调”方案。但是其关键问题在于,新建或扩建中、西部高校的经费来源困难,依靠本省区地方政府出资显然缺乏现实性,主要依靠中央政府投资,一是短期内中央财政拿出巨额资金存在财力困难,二是与目前我国的财政分权体制不符。而且,在中、西部地区办高水平大学还存在高水平师资缺乏问题。那么,是不是说明调整高校布局的思路就行不通?事实上,这只是说明调整高校布局是一项艰苦的工作,需要一个比较长的过程,尤其需要中央下决心。新中国成立初期,全国共有205所高校,位于北京、上海、江苏和广东的高校就有78所,而西北广大地区仅有9所高校。在学科结构上,院系设置重复,偏重文、法而轻理、工,工科、师范、医药、农林等系科的数量和质量难以满足国家实施“第一个五年计划”对人才的需求。1951年,中央政府开始对全国高校进行全面的院系调整。调整分为两个阶段,1951—1953年的重点是高校院系结构的调整,1955—1957年则偏重于高校地区分布的战略性调整。经过这次调整,至1957年底,沿海地区与内陆地区的高校数量基本持平,高校布局过分集中在少数大城市的状况得到了明显改善。

与1951—1957年那次高校布局结构调整相比,目前我国财政体制发生了巨大变化。现阶段调整高校地区布局应该考虑由中央和地方政府共同出资,由中央政府资助一批中、西部发展比较好的高校,使其快速成长为国内高水平大学,提升中、西部地区高等教育的优质性,缓解中、西部地区优质高等教育资源缺乏矛盾;鼓励中、西部地区地方政府新建扩建一批高校,扩大中、西部地区高等教育规模,增加本地居民接受高等教育的机会。当然,这一路径在短期内不可能从根本上解决区域高等教育发展不“协调”的问题,这就需要中央政府的长期坚持,制定中长期规划,使问题逐步得到缓解,在每一个阶段有所进步。

(二)建立对经济欠发达区域的高等教育补偿机制

由于高校毕业生的跨区域就业,经济发达区域从经济欠发达区域的高等教育投资中受益。因此,经济发达区域对经济欠发达区域的高等教育负有一定投资责任。这种责任由于准确划分的难度大,一般说应该由中央政府通过财政专项转移支付来平衡。在中央政府财力有限情况下,也可以考虑由经济发达区域政府部分承担。其路径是:中央政府要求经济发达省区所属高校增加对经济欠发达省区的招生计划。确定招生计划增加的数量和幅度的原则是,根据全国各省区经济规模、结构对应的高素质劳动力数量和结构,使各省区高等教育投资与其经济社会发展水平相匹配。实施这一方案可能会挤占经济发达省区原有居民的高等教育入学机会,因此,实施过程中中央政府必须要求并帮助经济发达省区政府在本区域内规划新建扩建高校,由省区政府独立投资。这种思路的优势在于容易落实新建扩建高校的教育经费,并具有可持续性。同时,还可以一并解决外来务工人员子女的就学问题。事实上,为经济发达省区政府财政做贡献的纳税人是常住人口,常住人口一般指在本地居住半年以上的人口,包括绝大部分的户籍人口(也有少数户籍人口不在户籍所在地居住),也包括外来务工居住半年以上的人口。而政府提供的高等教育等公共服务却只有户籍人口才能享有,并且一些发达城市户籍人口与常住人口差距很大。因而,发达地区政府应该也有能力对经济欠发达地区实行高等教育补偿。

但是,通过补偿协调区域高等教育发展的路径缺点在于,经过一个时期的发展,高校更向东部地区集中,中、西部地区可能出现经济社会发展水平与发达地区的差距继续扩大的形势。

(三)制定地方高校生均教育经费最低标准

1999年扩招以来,经济欠发达省区政府对高等教育快速发展的财政支持能力不足,主要依靠高校贷款、融资等筹措发展性经费,使高校形成巨额负债。现在,为了化解债务风险,一些省区采取每年从高校学费中拿出一定比例的资金偿还银行贷款的办法,致使经济欠发达省区的高校面临着办学经费短缺和偿还银行本息的双重压力,严重影响教育质量的稳步提高和区域高等教育的可持续发展。要缩小各省区生均教育经费支出差距,促进区域高等教育协调发展,中央政府应该在核准各级各类高校培养成本的基础上,制定统一的地方高校生均教育经费最低标准,建立伴随科技进步教育商品和劳务价格上涨的生均经费调整机制,并采取有效措施给予保障。至于化解高校的债务风险,应该在核准高校发展性经费实际应该发生的债务总额基础上,建立政府为主高校为辅的偿债机制。在确保最低生均经费支出和清偿债务过程中,需要建立考评监测省级政府履行高等教育财政责任状况的制度体系,在此基础上加大中央财政对经济欠发达省区高等教育的财政支持力度。

[本文系全国教育科学“十一五”规划2009年度教育部重点课题“省级政府在高等教育大众化进程中的财政责任研究”(课题批准号:DIA090229)的阶段性成果。]

注释

①由2000—2010年《中国统计年鉴》中各地区高等学校普通本、专科在校学生数除以当年年末总人口数再乘1万,得到东、西部地区当年每万人口在校大学生人数,再求二者之差得到。本文中地区间、省市间高校在校生人数差距或极差(最大差距)均通过此方法得到。

②由2000—2010年《中国教育经费统计年鉴》中的分地区普通高等学校生均教育经费支出计算得到东、中、西部地区普通高校生均教育经费支出的差距,以及各省市之间的极差。

参考文献:

[1]李胜会.经济聚集与区域经济增长:理论探讨和实证研究[D].暨南大学,2008;白会平,张磊.谈经济增长理论的演化[J].经济研究导刊,2010,(14);费洪平.区域经济增长理论的再评述[J].改革与战略,1994,(1).

[2]熊德平.农村金融与农村经济协调发展研究[M].北京:社会科学文献出版社,2009.81—86.

本文原载2012年第5期《高等教育研究》,2012年第18期《新华文摘》全文转载
先后获得河南省教育史志论文一等奖、河南省哲学社会科学一等奖

中国优质高等教育资源区域分布非均衡化的历史演变与现实思考

南阳师范学院,河南南阳 473061 宋争辉①

摘 要:自近代以来,中国高等教育体系中优质资源的区域分布经历了"东强西弱,呈阶梯状分布"到"东西强,中部弱"的演变过程。这种演变过程既与我国经济、文化发展变迁的影响直接相关,也与政府的政策导向密切相连。整合和优化我国高等教育资源,促使优质高等教育资源在区域布局上均衡发展,是当前我们面临的一项重要理论和实践课题。

关键词:中国优质高等教育资源;区域分布;非均衡化

作者简介:宋争辉(1966—),男,河南淇县人,南阳师范学院副院长,副教授,管理学博士,从事高等教育管理研究。

一定意义上,优质高等教育资源是一个相对、动态的概念。1949年以前,一批公私立综合性大学和独立学院堪称中国优质高等教育资源的代表。1949年以后相当长一段时间内,教育部直属重点高校是社会各界公认的中国优质高等教育资源。当前,"985工程"院校和"211工程"院校无疑是我国高等教育体系中的优质资源。优质高等教育资源既是促进中国经济社会持续发展的重要动力,对所在区域经济社会发展也有深刻的影响。自近代以来,中国优质高等教育资源的区域分布一直处于非均衡化状态,而且处在不断发展和变化过程中。本文拟以中国优质高等教育资源在东部、中部和西部地区①的发展演变为主线,对中国优质高等教育资源区域分布的历史演变及现实影响作一考察和分析。

一、民国时期中国优质高等教育资源区域分布状况

中国具有现代意义的大学以清末新政时期京师大学堂等教育机构的创办为起点,在民国时期得以发展,到抗日战争全面爆发之前已初步形成一个相对完整的体系。当时中国的大部分高等院校分布在东部地区,中部地区数量较少,西部地区的很多省份几乎没有一所高等院校。可以说,在抗战全面爆发以前,中国高等教育体系是以"东强西弱,呈阶梯状分布"存在的。以抗日战争为分界线,中国近代高等教育体系由抗战前"东强西弱,呈阶梯状分布"的格局转化为抗战后"东西强,中部弱"的格局。

1.抗战以前:东强西弱,呈阶梯状分布

北洋军阀统治时期,高校的创建在相当大的程度上是以自发状态进行的。正如时人所言:"大学方面,多顺其自然之发展,缺少整个之计划,故多集中于少数都市。"[1]从1912年至1928年的17年间,内阁变更了47次[2],中央权威式微,在政权统治上分崩离析,中央不能控制地方,法律不能控制派系。[3]地方军阀的坐大和中央政权的频繁更迭导致中央权威的严重丧失,对于当时事关国家直接安危的政治、经济、军事等事项中央政府尚不能做到"上令下达",对于高等教育的发展则更是无暇顾及了。在这种状况下,高等院校密集分布在东部现代工商业发达的地区。正如加拿大学者许美德所指出的:"早在1911年前后,中国高等教育的发展重点就已经偏向于沿海地区,后来随着大学向北京、上海等地的集中,这种不平衡更加突出了。"[4]

南京国民政府成立以后,截至1937年抗战全面爆发前的十年间,由于中国实现了形式上的统一,中央权威在一定程度上得到加强,从而使政府有更多的精力来关注教育的发展,高等教育的区域分布状况也得到了社会各界的重视。1931—1932年,应国民政府的邀请,国际联盟派教育专家考察团来华调查中国教育发展情况。1932年,考察团的中文版本报告公开发表,其中提到的中国高等教育集中分布在东部地区而造成的区域布局不均衡问题,成为了当时社会各界关注的一个焦点。[5]

针对高等教育区域分布不均衡问题,当时主要有两种相左的意见。一种意见主张从宏观上考虑,通盘策划,重新改组和合并设置大学,以保持高等教育区域分布上的均衡性,认为高等院校集中于一些大城市,不利于全国学术文化均衡发展,而重复设置的专业和课程,则浪费了有限的财力和师资。[6]另一种意见则认为没有必要对高等院校区域分布进行重新组合。后者认为,高等教育区域布局不合理的状况和中国经济、文化发展的不平衡相一致,高等教育机构的存在依赖于一定的物质和文化条件,离开了一定的物质和文化基础,凭空想象高等院校应该如何合理设置是行不通的。[7]面对各种不同的声音,国民政府教育部更倾向于在地域分布上合理设置高校,重新合并大学。

1932年,国民政府教育部提出:"除改订大学组织法外,对于骈设院系,力争取缔裁并,尤拟修改大学规程,设法规定,以示限制。"[8]同时,国民政府出于增强边疆国防建设的目的,在"开发西北"的大潮中,试图改变中国高等教育的分布格局,积极发展西部高等教育。但是,由于经费的严重掣肘,除了运用原国立劳动大学的校产和办学经费在陕西省武功县设立过西北农林专科学校外,国民政府没有更大的动作。

据国民政府1934年对中国高等教育区域分布状况所进行的统计,当时全国本科以上院校共76所,东部最多,中部次之,西部最少。东部地区共计59所,其中,北京12所,上海18所,河北8所,广东6所,江苏5所②,广西1所,福建3所,浙江2所,山东2所,辽宁2所。中部地区共计11所,其中,山西3所,吉林1所,河南2所,湖南2所,湖北2所,安徽1所。西部地区

共计6所,其中,四川3所,云南、新疆、甘肃各1所。另外,江西、陕西、贵州、绥远、宁夏、察哈尔、热河、黑龙江、西康、青海、西藏以及内蒙古等12个省份没有设立本科以上院校。而在40所拥有三个学院以上的公私立综合性大学中,东部31所,中部6所,西部3所。[9]从这些数据上看,中国近代高等教育体系在其初步形成之时,在地域分布上即呈现出"东强西弱,呈阶梯状分布"的特点,尽管当时的中央政府试图努力改变这种状况,但由于干戈扰攘,一直到抗战全面爆发以前,这种格局一直存在着。

2.抗战之后:"东西强,中部弱"格局的萌芽

1937年卢沟桥事变后,随着华北、华东地区的相继沦陷,集中在这些地区的大批高校向西部地区迁移。当时,中国精英阶层对于高等教育是否按照抗战前的既往思路发展又开始出现了争论。有人对抗战以前的教育发展持完全否定态度,主张在战时要彻底对教育进行改革,取消原来的学制系统,认为原来的教育是错误的,"正好因划时期的战时教育把它打得粉碎"[10],强调"教育课程抗战化、教育教材具体化、教育方法群众化"[11]。持这种观点的人甚至认为:"高中以上学校除个别与战事有关者外,为配合作战,均应予以改组和停办。"[12]如果采纳这种建议,势必导致正规教育的混乱。具体到高等教育,已迁入西部地区的高等院校就不可能进行正常的教育教学活动,抗战爆发前业已形成的高等教育体系的根基势必遭到削弱,而以高等院校内迁为契机来促进西部高等教育发展则更是一种奢望。针对这种情况,1939年3月4日,在重庆召开的第三次全国教育会议上,国民政府决策层提出了"战时须做平时看"的教育方针,强调"我们教育上的着眼点,不仅在战时,还应当看到战后。……我们要建设我们的国家,成为一个现代的国家。我们在各部门中需要若干万专门的学者,几十万乃至几百万的技工和技师,更需要几百万的教师和民众训练干部,这些都要由我们教育界来供给的,这些问题都要由我们教育界来解决的"。[13]客观地说,当时"战时须做平时看"的教育方针,不仅有助于保证迁入西部的高等院校在战时从事正常的教育教学活动,也有利于西部地区高等教育的建立和发展。

抗战胜利以后,随着大批高校的复员返迁,为了保证高等院校在地域分布上相对均衡的发展,国民政府采取了一系列的积极措施。如,"奖励迁至后方8省的专科以上学校的教师继续留在后方8省任教。凡由战区来后方的教员在川、康、滇、黔、桂、陕、甘、新8省工作,如教员有家属在学校所在地者,由学校按照人口免费供给住房及必要的家具设备;凡单身教师,每年由学校补助回家旅费一次;如携带眷属回家者,每三年补助其全部旅费一次;教师的待遇按聘约加一成至二成支薪",等等。[14]当时国民政府决策层的意见,推动了抗战胜利后一批高校在广大西部地区的生根和发展。到1947年,全国本科以上院校共计130所,其中,东部地区83所,中部地区18所,西部地区29所。而中部地区本科以上院校主要集中在长江沿岸的湖北和湖南,在中部省份的18所本科以上院校中,这两个省份共计11所,其中湖北6所,湖南5所,其他中部省份则寥若晨星,如河南、山西、安徽和江西等4省份共计7所。[15]从整体布局上看,抗战胜利后,东部和西部高等教育都强于中部地区的状况已初露端倪。

抗战胜利后国民政府对高等院校地域分布的调整,对于当时中国高等院校区域分布的均衡发展具有一定的积极作用。然而,当时调整的重点在于巩固抗战时期在西部地区建立起来的高等教育,以促进东部和西部地区高等教育区域分布的均衡发展,而对中部地区关注较少,从而给其后中国优质高等教育资源的区域分布带来了两面性。一方面,加强了西部广大地区高等教育的实力,使广大西部地区的高等教育在相当程度上得到了长足的发展;另一方面,由于对中部地区关注较少,较抗战前相比,除战前的高校复员回迁以及一些大学升格为国立大学外,中部地区在高等教育发展上并没有发生太大的变化。在全国高等教育路线图上,东部和中部地区的高等教育状况几乎又回到了战前的原点,西部地区的高等教育则不仅得到了长足的发展,而且超过了中部地区。

可以说,抗战以后高等教育区域分布的调整,在部分程度上实现了发展西部地区高等教育的同时,也在一定程度上形成了东部和西部高等院校相对集中,中部除长江沿岸省份以外高等院校依然稀少的格局。中国高等院校的区域分布虽然比抗战前有所改观,但仍然处于不均衡的状态,只是不均衡的格局发生了位移,由原来的西部地区最弱而转移到了中部地区,而且,"东西强,中部弱"这种布局一直延续至今。

二、1949年以来中国优质高等教育资源区域发展状况

1949年至今,我国高等院校经历了五次大规模的调整,即1952—1953年针对高等院校院系所进行的初步调整,1955—1957年高等院校区域分布上的大洗牌,1966开始在"文革"期间对高等院校的错误调整,1978—1984年基于拨乱反正角度对高等院校的调整,以及2000年开始至今的高校合并与升本浪潮。其中,1952—1953年的院系调整和1955—1957年高等院校的区域调整,与此后中国高等教育区域分布有着密切的关系,而且也在很大程度上决定了当今中国高等教育体系中优质高等教育资源的区域分布。

1.1952—1953年的调整:新中国高等教育体系"东西强,中部弱"格局的初始化

1952—1953年,中央人民政府教育部根据"以培养工业建设人才和师资为重点,发展专门学院,整顿和加强综合性大学"的方针,在全国范围内进行了高等院校的院系调整工作。这次调整的目的,一方面在于加强和发展高等工业院校的力量,改变过去高等院校院系庞杂的状况,另一方面也是出于把旧中国遗留下来的部分高校改造为社会主义公立大学的考虑。这次调整被称为"新中国教育史上一件具有革命意义的大事"。[16]虽然这次调整只是针对高等院校中的院系进行的,但也涉及高等院校的区域分布。这次调整是在特定的社会条件下,党和政府从国家发展大局出发所进行的一次必要调整,为了配合国家高等教育事业的统筹发展,中部地区的高等院校作出了必要的牺牲。

就东部地区而言,在这次调整中撤销了一些原有的教会大学,如震旦大学、金陵大学、齐鲁大学、圣约翰大学、沪江大学、岭南大学等,并将这些院校的相关系科并入本地区的其他院校。在此基础上,又进一步在东部地区和西部地区新建了一批高校,使这些地区高等教育的力量得到了进一步的加强。如在北京郊区新建了北京矿业学院、北京石油学院、北京地质学院、北京钢铁学院、北京农业机械化学院、北京医学院、北京航空工业学院、北京林学院等著名的“八大学院”;在华东地区新建了华东工业学院、华东水利学院、华东航空工业学院以及华东体育学院等院校;在西部地区新建了重庆土木建筑学院、重庆化工学院以及八一农学院等。同时,把中部地区一些大学的院系从原来的院校中剥离出来,成立独立的学院,或者把其中一些重要的院系调整到外省的其他院校。从现在的眼光看,当时在顾及全国高校发展“一盘棋”这一宏观决策的过程中,中部地区的优质高等教育资源已经开始落后于东西部地区了。两个典型的例子就是中部地区的河南大学和山西大学。一定程度上,河南大学和山西大学在调整中被拆分的历史,也是新中国成立后高等院校在区域分布上“东西强,中部弱”格局初步形成的历史。

抗战全面爆发以前,全国拥有三个以上学院的公私立综合性大学共计40所,而拥有五个学院以上的只有7所,即北平大学、中央大学、中山大学、交通大学、河南大学、厦门大学和大夏大学。[17]抗战以后到新中国成立之前,全国共有76所本科以上的高等院校,其中拥有六个以上学院的公私立综合性大学有10所,河南大学即在这10所院校之列。[18]

在1952—1953年的院系调整中,河南大学从一所综合性大学被调整为师范性院校。首先是自1952年9月起,把河南大学农学院剥离出来独立设置为河南农学院,把医学院从中剥离出来独立设置为河南医学院。而后,在1953年,河南大学水利系被并入武汉大学水利系,财经系被并入武汉中原大学财经学院,畜牧兽医系被调往江西农学院,植物病虫系被调往武汉华中农学院,行政学院单独设校,改名为河南行政学院。[19]河南大学校名取消,改名为河南师范学院。[20]随着平原省行政建制的撤销,河南师范学院的一部分院系又被调往新乡组建成河南师范学院二院(即现在的河南师范大学)。被拆分的河南大学由一所综合性大学降格为单一的师范学院。

山西大学是中国现代意义的大学中历史最为悠久的院校之一。山西大学诞生于1902年,是民国初年和北京大学、北洋大学一起并存的仅有的三所大学之一。到新中国成立时,山西大学已经发展成为一所拥有文、法、工、医等学科,学科门类相对齐全的综合性大学。在1952—1953年的院系调整中,“山西大学校名取消,其工学院及师范学院分别独立为太原工学院及山西师范学院,其财经学院并入中国人民大学”。[21]

经过1952—1953年的院系调整,到1953年底,全国高等院校数由201所减少到182所,其中教育部直属综合性大学为14所。在这14所综合性大学中,东部地区有9所,包括中国人民大学、北京大学、南开大学、东北人民大学、复旦大学、南京大学、山东大学、厦门大学、中山大学;中部地区有武汉大学1所;西部地区有四川大学、云南大学、西北大学、兰州大学4所。可以看出,新中国高等教育体系中“东西强,中部弱”的格局已经初步形成。[22]

2.1955—1957年的调整:新中国高等教育体系“东西强,中部弱”格局的形成

1955—1957年高等院校布局调整的目的,主要在于克服高等院校过分集中在沿海大中城市这种区域分布不合理的状况,促使高等教育在东西部地区分布上达到相对均衡。

1955年,东部的北京、上海、青岛、天津、大连、唐山、杭州、扬州、厦门、广州、南京、济南、苏州、沈阳等城市共拥有高校97所,占全国高校总数的51%以上;副教授以上的高校教师占全国高校总数的61%,学生人数占全国高校学生总数的61.9%。当时的高等院校在人力和物力方面主要集中在东部地区,从社会主义建设长远发展和国防建设的角度出发,中共中央决定对高等院校的区域分布进行调整。[23]一定程度上,1955—1957年的高等院校布局调整是对1952—1953年高等院校院系调整的进一步修正。1952—1953年对高等教育的调整,主要是为了解决高等院校内部课程和专业设置重复庞杂等问题,侧重于在高等院校内部进行调整,而对于“高等学校设置分布的不合理状况,尤其过于集中在少数沿海大中城市的状况,考虑不够,未予以很好解决”。[24]因此,1955—1957年的调整方案中提出,将沿海地区一些高等学校的同类专业、系迁至内地组建成新校或加强内地原有高校,并将一些学校的全部或部分迁至内地建校,扩大内地现有学校规模,增设新专业。经国务院批准,在武汉、兰州、西安、成都等内地城市建设一批高等学校,并决定从1956年暑期开始将上海交通大学迁往西安。[25]

1955—1957年高校调整的基本精神,主要表现在三个方面:其一,除造船学院、海运学院、水产学院等由于学科专业的特殊性,必须留在沿海城市,今后仍须适当发展外,沿海城市其余高等院校应充分利用现有的校舍和设备,一般不再进行扩建。接近沿海的南京、镇江、扬州、合肥、苏州、北京、天津、唐山、沈阳等9个城市的既有高等院校,应当缩小原来计划的最大发展规模,以后按照干部培养需要适当发展。其二,加强长春、哈尔滨、呼和浩特、太原、开封、郑州、西安、兰州、武汉、长沙、重庆、成都等内地城市现有的高等院校,适当扩大和提前实现各校原定的最大发展规模。其三,适当调整过去过于分散的专业设置。[26]

最具代表性的是在1956年和1957年对上海交通大学等5所院校的调整和建设。在1956年进行的调整和建设中,新建的院校主要有4所,其中3所位于西部:将东北工学院、浙江大学、青岛工学院、西北工学院以及苏南工业专科学校等院校的建筑专业调出成立西安建筑工程学院,校址在西安;将华东工学院、交通大学、南京工学院的电讯专业调出成立成都电讯工程学院,校址在成都;将四川大学农学院调出独立建校,校址在成都。中部则建立了太原医学院。[27]1957年6月4日,周恩来总理在交通大学和各有关部门、上海、西安两地有关高等学校负责人参加的交通大学西迁会议上,提出“总的原则是求得合理安排,支援西北的方针不变”。其后,把上海交通大学的大部分专业和师生迁往西安。随后,在1959年8月17日,将交通大学西安和上海两个部分分别独立成为两个学校,西安部分改称西安交通大学,上海部分改称上海交通大学。[28]通过这次调整,西部地区高等教育的发展水平进一步得到了加强。但这次调整没有过多考虑中部地区与其他地区高等教育均衡发展这一问题,从而使中部地区除长江沿岸以外的其他省份在高等教育发展上落后于东部地区的同时,也进一步落后于西部地区。

1955—1957年的高等院校调整基本上奠定了中国高等院校区域分布的格局。[29]这次调整,也奠定了我国以后高等院校区域布局"东西强,中部弱"的地理版图。根据1963年教育部在"文革"前公布的最后一次重点高校名单,全国共有教育部直属重点高校66所,其中,位于东部地区的有54所,位于中部地区的有5所,位于西部地区的有7所。③从数字上看,中部和西部地区的优质高等教育资源分布似乎不分轩轾。但如果仔细比较,就可以发现,中部地区的武汉大学、华中工学院、合肥工业大学、武汉水利电力学院以及中南矿冶学院等5所重点高校均分布在长江沿岸的湖北、湖南等省份,而河南、山西、江西等人口大省则连一所重点高校都没有。中国高等教育区域分布"东西强,中部弱"的不均衡格局在实质上又一次通过政策的手段得到了强化并影响至今。

"文革"过后对高等院校的调整旨在恢复高等教育的正常教学秩序,对高等教育区域发展状况没有过多地关注。自本世纪初开始的高等院校调整,则是在高等教育大众化的背景下,提升一批专科院校的办学层次和促进一批既存本科院校向综合性大学发展以适应高等教育大众化的需要,在高等教育的区域发展上,依然没有跳出1955—1957年高等院校区域调整后形成的"东西强,中部弱"格局。

目前,在堪称中国当今最优质高等教育资源的44所"985工程"院校中,位于东部地区的有31所,位于中部地区的有6所,位于西部地区的有7所。在122所"211工程"院校中,位于东部地区的有76所,位于中部地区的有17所,位于西部地区的有29所。④从总体上看,东部地区的优质高等教育资源最为集中,西部地区次之,而中部地区的优质高等教育资源最少。就数量而言,中部地区的优质高等教育资源明显落后于东部地区,和西部地区相比也存在一定的差距。

三、中国优质高等教育资源区域分布不均衡现状的思考

高等教育是社会大系统中的重要子系统。中国优质高等教育资源区域分布现状的形成,既与中国近代以来经济、文化发展变迁影响下高等院校的自发生成直接相关,又与国家通过制定相关政策进行自觉引导密切相连。

从经济和文化发展变迁对高等教育发展的影响来看,鸦片战争以后,伴随着通商口岸的被迫开放,东部沿海沿江地区和北京成为中西经济和文化交会融通的最前沿。随着西方势力的侵入,这些地区开始逐渐从古老的传统农耕社会中剥离出来,经济上以现代工商业为主轴,文化上也直接置于西方文化的示范效应之下,从而在经济、文化等方面形成了与广大内地社会不同的特色[30],在一定程度上形成了"沿海、沿江——腹地"经济和文化特色不尽相同的格局。直到目前,东部地区无论在经济还是中西文化交流上依然优越于中西部地区是不争的事实。现代化的经济和文化基础为中国许多著名高等学府诞生在这里提供了适宜的土壤和环境,从而使东部地区成为中国优质高等教育资源的集聚地。从中国现代高等教育萌芽至今,除抗战时期众多高校由外敌入侵内迁而导致东部地区高等教育发展削弱外,东部地区一直是中国高等教育发展的中心。

西部地区优质高等教育资源优于中部地区则更多的是政府政策导向的结果。早在抗战全面爆发前,国民政府决策层就已经意识到了发展边疆教育的重要性并制定出一系列发展边疆教育的政策,然而,当时动乱的局势,使很多政策没有落实。抗战的全面爆发导致国民政府迁都重庆,东部地区大批高校也向西部地区迁移,政治中心的西移和大批高校的西迁促进了西部地区高等教育的发展。整个抗战期间,相对稳定的西部地区成为中国优质高等教育资源的集聚地,大批高等院校在得以保存的同时也部分地实现了国民政府抗战前所拟定的发展西部高等教育的设想。抗战胜利后,出于建设边疆和促进东西部高等教育均衡发展的目的,国民政府制定了"积极建设西安,成都、昆明、兰州四地之教育机构,俾五年内,得树立为西南西北之文化中心据点"的计划[31],采取多种鼓励性措施,通过政策导向努力促进西部地区高等教育的发展。

而中部地区在抗战时期沦为中日争夺的游击区,高等教育遭到了严重破坏,几乎处于停滞状态。抗战胜利以后,国民政府对中部地区高等教育的态度,除了利用高校复员进行恢复外,并没有予以特别的关注。加上抗战胜利后不久国民党即忙于内战,根本无暇关注教育,从而导致抗战以后至新中国成立之前高等教育优质资源在区域分布上"东西强,中部弱"轮廓的初步形成。

新中国成立以后,支援和建设西部一直是国家的重要政策之一。在根据"新的经济区域规划、新的城市规划和国防部署的要求,重新调整高等学校和中等学校的设置和分布,逐步改变高校过于集中少数大城市尤其是沿海大城市的现象,逐步加强内地和少数民族地区各类学校的建设"[32]的政策导向下,国家运用行政性手段,通过东部地区部分高校西迁和在西部新建高校,进一步加强了对广大西部地区高等教育的支持和建设,从而使西部地区的优质高等教育资源进一步强于中部地区。

就高等教育区域布局的调整来说,在一定意义上,新中国成立后1955—1957年的高等院校区域调整和抗战胜利后国民政府的高等院校区域调整政策一样,都侧重于关注西部地区与东部地区之间高等教育的均衡发展,在政策导向上对西部高等教育的扶持和投入力度都强于中部地区。通过历次调整,西部的昆明、成都、兰州、西安逐步建设成为继重庆之后的高等教育重镇,从而使中国高等教育优质资源在区域布局上也真正形成了"东西强,中部弱"的格局并一直延续至今。

总体而言,优质高等教育资源的多寡是区域经济社会发展的重要影响因素,一方面,高等教育发展受所在区域经济社会发展状况的制约,但另一方面,高等教育自身的发展又会对区域经济社会的发展发挥重要的推动作用。如克拉克·克尔所言:"对大学来说,基本的现实是广泛承认新知识是经济社会发展的最重要因素。我们现在正在察觉到:大学的无形产品——知识——可以是我们文化中唯一最强大的因素,它影响各种职业,甚至社会阶级、地区和国家的兴衰。"[33]东部地区一直保持着较快的发展速度,除了自身的地缘优势、历史形成的深厚积淀以及主观努力外,优质高等教育资源发挥的人才培养、科研成果转化以及社会服务功能,也是推动东部地区快速发展的重要动力机制。同样,在西部地区发展优质高等教育资源,符合西部大开发战略,为西部开发准备了优质的人力资源,在一定程度上推动了经济、文化较为落后的西部地区的发展,对于增强国家的综合国力、维护各民族的团结乃至巩固国防都具有长远和重要的意义。

目前,随着我国经济社会的快速发展,国家适时地提出了"中部崛起"的发展战略,以促进不同区域间经济社会的协同发展。然而,中部地区优质高等教育资源的稀缺在严重制约中部地区经济社会发展的同时,也可能给东部和西部地区的发展带来消极的影响。优质人力资源的匮乏势必影响中部地区经济社会发展的速度和质量,进而不仅会影响东部地区经济社会的快速发展,也会在一定程度上削弱国家对西部地区经济社会发展投入的效果。从这个角度来看,当前中国优质高等教育资源区域分布不均衡的状况,既不符合高等教育与经济社会协调发展的要求,也不适应不同区域之间经济社会协调发展的要求。

为了保证"中部崛起"国家发展战略得以顺利实现,进一步推动我国经济社会的持续、快速、健康发展,国家应当在不削弱东西部地区优质高等教育资源的前提下,充分发挥政策导向的功能,大力提升中部地区高等教育发展水平,努力促进中部地区和东西部地区高等教育的均衡发展。这不仅是当前我国政府在高等教育发展中面临的一项重要任务,也是值得我们研究的一个重要课题。

注释:

①有关东部、中部、西部地区划分的主要依据,是不同区域的经济文化基础、发展条件和环境差异等。其中,东部地区包括北京、天津、河北、辽宁、山东、上海、江苏、福建、浙江、广东、海南和广西等12个省市自治区;中部地区包括山西、内蒙古、黑龙江、吉林、江西、安徽、河南、湖北和湖南9个省自治区;西部地区包括四川、贵州、云南、西藏、陕西、甘肃、青海、宁夏、新疆和重庆10个省市自治区。

②国民政府成立后,南京市作为中华民国的首都,是被作为特别市对待的,当时江苏省的省会是镇江。因此,在当时的统计中,南京和江苏分开统计。其中,江苏2所,南京3所。基于当今行政区划的现实,笔者在此把民国时期南京的高校也划归到江苏省中计算。

③详情请参阅刘光编著:《新中国高等教育大事记(1949—1987)》,东北师范大学出版社1990年出版,第169页和第213页。

④详情请见中国教育科研和计算机网(http://www.edu.cn/)中国大学:院校数据。

参考文献:

[1][9][17]国民政府教育年鉴编纂委员会.第一次中国教育年鉴(丙编·教育概况·上)(影印版)[G].台北:传记文学出版社,1971:341—343,344,348.

[2]杜元载.革命文献——抗战前之高等教育[G].台北:"中央"文物供应社,1971:44.

[3]陈旭麓.近代中国社会的新陈代谢[M].上海:上海人民出版社,1992:362.

[4]陈志让.军绅政权——近代中国的军阀时期[M].北京:生活·读书·新知三联书店,1980:24.

[5]许美德.中国大学(1895—1995):一个文化冲突的世纪[M].许洁英等,译.北京:教育科学出版社,2000:72.

[6]国际联盟教育考察团.国际联盟教育考察团报告书(影印版)[R].台北:文海出版社,1973:58—59.

[7]叔永.国立大学的合理化问题[J].独立评论,第158号:4.

[8]宋懋炎.大学地点的分配和合并问题[J].独立评论,第161号:16—17.

[10][11][12]李定开.抗战时期重庆的教育[M].重庆:重庆出版社,1995:19,20,8.

[13][14][15][18]国民政府教育年鉴编纂委员会.第二次教育年鉴(第五编)(影印版)[G].上海:商务印书馆,1948:81,16,577—587,578—580.

[16][22][25][28]刘光.新中国高等教育大事记(1949—1987)[G].长春:东北师范大学出版社,1990:38,58,97,123.

[19]河南大学校史编写组.河南大学校史[M].开封:河南大学出版社,2002:280.

[20][21]建国初期全国高等学校院系调整文献选载(1951—1953)[J].党的文献,2002,(6):65,63.

[23][24][26][27][29]毛礼锐,沈灌群.中国教育通史(第6卷)[M].济南:山东教育出版社,1989:80,79,80—81,82,82.

[30]许纪霖,陈达凯,等.中国现代化史·1800—1949(第一卷)[M].上海:学林出版社,2006:13—14.

[31]王聿均,孙斌.朱家骅先生言论集[M].台北:"中央"研究院近代史研究所,1977:189.

[32]中华人民共和国高等教育部办公厅.高等教育文献法令汇编(第三辑)[G].1956:11.

[33]克拉克·克尔.大学之用(第五版)[M].高铦,高戈,汐汐,译.北京:北京大学出版社,2008:1.

本文原载于2012年第4期《河南大学学报》,2012年第19期《新华文摘》摘要转载

"君子儒"与"小人儒"新诠

高培华　河南省教育科学研究所,河南　郑州　450003

摘　要:《论语·雍也》:"子谓子夏曰:'女为君子儒,无为小人儒。'"以往论者释儒,罕有联系子夏姓氏者;释君子有两种含义:有德者、有位者。进一步分析可说君子有四种含义:就已然性而言,除了以往所谓两种,还有第三种:有德又有位者;第四种是孔子教育弟子君子应当如何如何,尚不具备已然性,就理想标准而言比较接近第三种含义。其实,无论两种还是四种,都是我们后人结合《论语》具体语境所作的分析;而在孔子心中和《论语》中,君子大概只有一种含义:有德又有位者。小人则是其反义词。儒在孔子时代,还是一种行业。这一行业包括承继了巫、史、祝、卜等王官知识技艺而以教师、治丧、相礼、占卜等为职业的所有术士。君子标准加儒之职业性,就是"君子儒"。子夏作为卜氏后裔、卜偃后人,出身于由贵族沦为民间术士而世代为人占卦决疑的贫寒之家。"女为君子儒,无为小人儒",是孔子针对子夏的出身,对其进行入学教育的要点。

关键词:孔子;子夏;君子儒;小人儒;卜氏家世

作者简介:高培华(1957—　),男,河南温县人,教育学博士,河南省教科所所长兼书记,教育史志年鉴主编、编审,研究方向是中国教育史、思想史。

《论语·雍也》记载:"子谓子夏曰:'女为君子儒,无为小人儒。'"这是传世文献中最早的"儒"字,也是《论语》中唯一提到"儒"的一章。古人的解释,从程树德《论语集释》所集十余家古注[①]可以看出,大多没有探讨孔子向子夏讲这两句话的具体时间、地点和原因,其所谓君子儒"明道"、小人儒"矜名",以及"为人、为己"、"识大、识小"、"狭隘、远大"等说法,其实并没有什么切实的根据,皆为各凭己意的揣测之词。清代刘宝楠说"儒为教民者之称。子夏于时设教,有门人。故夫子告以为儒之道"[②],虽然在近、现代影响颇广,但也是一种误解。因为在孔子生前,子夏求学之外就是从政,尚未有门人弟子。[③]孔子何须特别告之为师之道?如今流行的孔子"告诫子夏"说,就是建立在这一误解的基础之上。到了近现代,章太炎先生作《国故论衡·原儒》,开始分出"达名之儒、类名之儒、私名之儒"三层含义。胡适于1934年作《说儒》长文,认为"儒"是殷民族的教士,他们在被周征服之后继续保存着殷人的宗教典礼,继续穿戴着殷人的衣冠,以治丧、相礼、教学及其他宗教事务如祈神、求雨、驱鬼、乐舞等为职业,经过六七百年渐渐成为绝大多数人民的教师。胡适以为荀子说的"俗儒",即是孔子所谓"小人儒","是一种不耕而食的寄生阶级";"君子儒与小人儒,品格虽有高低,生活路子是一样的"[④]。此文引起许多一流学者如郭沫若、冯友兰、钱穆等参与讨论,在激烈争论中逐步达成了一些共识,对于问题的认识也日益深化。在此背景下,现代学界对于《论语》此章的解释,既有承袭前人者,更有对前人成说辨疑纠误而从不同角度加以引申、发挥者,以至于众说纷纭愈演愈烈,想当然厚诬前贤的解释越发增多(详后),"告诫"说也就越发流行,似乎已经成为定论。

现代学界参与说"儒"讨论者虽多,但是除了孔祥华先生之外,罕有联系子夏姓氏者。本文拟在考察此章诠释史的同时,利用卜氏家谱、族志及姓氏学资料,对于子夏的卜氏家世作一考述,在此基础上对于这一章做出新的解释。

一、孔子所谓"君子"、"小人"含义新探

关于孔子所谓"君子"、"小人"的含义,以往论者的解释,大都如杨伯峻先生所归纳的:"'君子',有时指'有德者',有时指'有位者'。"小人,是君子的反义词,有时指"无德之人",有时指无位的"老百姓"。[⑤]

北京大学李零教授,对此有更为细致的讲解:

> 孔子说的君子有双重含义,一是身份君子,有贵族身份,但不一定有道德学问,比如当时的上流社会;二是道德君子,没有贵族身份,但通过学习,照样有道德学问,比如孔子和孔子的学生。他的学生,很多都来自社会下层,但培养标准,是贵族标准。孔子好古,他心中的君子,是古代的贵族,古代的君子,或孔子时代还有古君子之风的人。当时的君子,复杂,好多贵族,徒有身份,没有道德学问,不是真君子,而是伪君子。但小人不一样,原来的下层民众,只要不学,还是小人,只有真小人,没有伪小人。当然,孔子说的小人,主要是道德概念,即作为道德君子的反义词。[⑥]

李教授提到孔子"心目中的君子",却没有就此探讨孔子所谓"君子"乃至《论语》中对这一词汇的确切含义;话锋一转,谈起了"当时的君子"的复杂情况,最后得出了君子、小人"主要是道德概念"的结论。这就仍有继续探讨的余地。

在《论语》中,"君子"出现频率高达107次,"小人"出现24次。[⑦]仔细考察其含义,仅就已然性而言,除了上述两种情况,显然还有第三种情况,就是"君子"囊括了上述两种含义,指既有德又有位者。这种含义的使用频率也很高。如《论语·公冶长》:"子谓子产,'有君子之道四焉:其行己也恭,其事上也敬,其养民也惠,其使民也义。'"《卫灵公》:"君子哉蘧伯玉!邦有道,则仕;邦无道,则可卷而怀之。"《泰伯》:"君子笃于亲,则民兴于仁;故旧不遗,则民不偷。"又"曾子曰:'可以托六尺之孤,可以寄百里之命,临大节而不可夺也。君子人与?君子人也。'"《子路》:"君子易事而难说也:说之不以道,不说也;及其使人也,器之。小人难事而易说也:说之虽不以道,说也;及其使人也,求备焉。"这些"君子"概念,显然不单指有位无位、有德无德者,而是指既有位又有德者;"小人"则恰好相反。

还有第四种情况:孔子说"君子"应当如何,"小人"如何如何,是在陈述君子的理想标准,指导弟子如何努力去做一个君

子,避免做小人。如《论语·学而》:“人不知而不愠,不亦君子乎?”“君子不重则不威,学则不固。主忠信,无友不如己者。过则勿惮改。”“君子食无求饱,居无求安,敏于事而慎于言,就有道而正焉,可谓好学也已。”《为政》:“子贡问君子。子曰:‘先行其言,而后从之。’”“君子周而不比,小人比而不周。”《里仁》:“君子欲讷于言而敏于行。”《雍也》:“子曰:‘质胜文则野,文胜质则史。文质彬彬,然后君子。’”“君子博学于文,约之以礼,亦可以弗畔矣夫!”《颜渊》:“子曰:‘君子成人之美,不成人之恶。小人反是。’”“司马牛问君子。子曰:‘君子不忧不惧。’曰:‘不忧不惧,斯谓之君子已乎?’子曰:‘内省不疚,夫何忧何惧?’”《子路》:“君子和而不同,小人同而不和。”等等,这样说“君子”应当有某种美德,只是应然而并非已然,不等于弟子已经有此美德,也很难说有位或者没位;就理想状态而言,比较接近第三种含义,即应当是既有德又有位者。这第四种用法,在《论语》中使用频率最高,更适合用作“君子儒”的解释。

说“小人”无位,毋庸置疑;说无位者无德,不免含有对于被统治者的道德歧视,显然有其局限性。但是,其并无苛责之意,倒是含有某些理解,也是需要注意的。在孔子看来,在其位则谋其政,也才能有其德;不在其位,不谋其政,也很难有其德。所谓“君子怀德,小人怀土;君子怀刑,小人怀惠”,“君子喻于义,小人喻于利”,是各自地位与职责使之然。无其德是由无其位决定的,前者是后者的必然结果。岂但是德与政,“礼不下庶人”之礼,也因为庶人不具备实行贵族礼仪的经济、物质等基本条件,而不能以贵族礼仪要求平民。故不以君子之德苛求小人,在孔子看来是理所当然的。

这里,需要说明的是,无论以往论者所述两种“君子”含义,还是笔者分析的四种含义,都只是我们后人结合具体语境以及春秋末年的社会情况所作的分析推测。在孔子的心目中,则很可能“君子”只有一种含义:就是既有德又有位者。有德无位是暂时的,是不合理的;有位无德是伪君子,根本不配称作君子。孔子及其弟子,正是基于这一理念频频使用着“君子”以及作为其反义词的“小人”概念,结果就开始把这一对原来是指有无贵族身份地位的概念,在较大的程度上转变为一对主要是道德评价的概念。但是在《论语》中,这种转变仅仅是开始,而远非完成。这从《郭店楚墓竹简》[8]乃至《孟子》等书中,还有大量的“君子”、“小人”是就其社会地位而言,即可得知。

二、对于“儒”的诠释和“告诫”说的流行

关于“君子儒”、“小人儒”的解释,今日所见最早的,就是何晏等《论语集解》引“孔(安国)曰:‘君子为儒,将以明道;小人为儒,则矜其名。’”[9]其对“儒”字没有解释。梁皇侃《论语义疏》:“‘儒者,濡也。夫习学事久,则濡润身中,故谓久习者为儒也。但君子所习者道,道是君子儒也;小人所习者矜夸,矜夸是小人儒也。’”[10]北宋邢昺《论语注疏》于此承袭皇侃义疏:“此章戒子夏为君子也。”[11]明确提出了“告诫”说。南宋朱熹《论语集注》对“儒”的解释赞同皇侃,对君子、小人的解释赞同程颐:“儒,学者之称。程子曰:‘君子儒为己,小人儒为人。’”[12]清刘宝楠《论语正义》引“《周官·太宰》‘四曰儒以道得民’注:‘儒,诸侯保氏有六艺以教民者。’《大司徒》‘四曰联师儒’注:‘师儒,乡里教以道艺者。’据此,则儒为教民者之称。子夏于时设教,有门人。故夫子告以为儒之道:君子儒,能识大而可大受;小人儒,则但务卑近而已。”[13]刘氏此说影响深广,赞同者众。但子夏在孔子生前主要是求学,求学之外间或从政,曾任卫国行人、鲁国莒父宰[14];其设教授徒是孔子去世三年之后的事。孔子何须特别告以为师之道?可见此说尚欠通顺。

还有清刘逢禄《论语述何》、焦循《论语补疏》、赵佑《温故录》、焦袁熹《此木轩四书说》、黄式三《论语后案》、俞樾《群经平议》[15]等各家观点,大抵不出上述诸家论述之范围。总括古代十余家所论,对于“儒”的解释不外乎三说:学者、教师、士;对于君子、小人的解释,则有“明道、矜名”、“为己、为人”、“识大、识小”、“远大、狭隘”等。说法虽各有不同,却都是各凭己意的揣测之词,没有探讨孔子向子夏讲这两句话的时间、地点和具体原因,也就没有提出比较切实的根据。俞樾《群经平议》流露出辨疑纠误的意图,惜其只辨析君子、小人的含义,对于“儒”字则未予解释。

近代程树德,在《论语集释》中总结古代各家观点曰:

> 孔注以矜名为小人,程子注以徇外为小人,二说过贬子夏。《周礼·大司徒》“四曰联师儒”注:“师儒,乡里教以道艺者。”是儒为教民者之称。子夏于时设教西河,传《诗》、传《礼》,以文学著于圣门,谓之儒则诚儒矣。然苟专务章句训诂之学,则褊浅卑狭,成就者小。夫子教之为君子儒,盖勉其进于广大高明之域也。此“君子、小人”,以度量规模之大小言。小人,如“硁硁然小人哉”、“小人哉樊须也”之类,非指矜名、徇利者言也。孔、程二注,盖均失之。[16]

程氏批评一些古注“过贬子夏”,很有见地;但沿袭刘宝楠之误,将孔子殁后子夏设教西河“发明章句”之事,释作孔子“告诫”子夏的原因,显然说不通。故其“苟专务章句训诂之学,则褊浅卑狭,成就者小”云云,难免无的放矢;以“度量规模之大小”区分君子儒、小人儒,也难以切中肯綮。

近代章太炎先生作《国故论衡·原儒》,开始分出“达名之儒、类名之儒、私名之儒”,对于“儒”之内涵及其历史演变,做出了开创性论述。胡适1934年发表《说儒》长文,引起许多一流学者如郭沫若、钱穆等参与讨论,在争论中对于问题的认识日益深化。

郭沫若认为:

> 儒,在初是一种高等游民,无拳无勇,不稼不穑,只晓得摆个臭架子而为社会上的寄生虫。孔子所说“小人儒”当指这一类……既腾达的暴发户可以豢养儒者以为食客陪臣,而未腾达的暴发户也可以豢养儒者以为西宾以教导其子若弟,期望其腾达。到这样,儒便由不生产的变而为生产的。这大约也就是孔子说的“君子儒”了。[17]

钱穆认为:

> 儒在孔子时,本属一种行业,后逐渐成为学派之称。孔门称儒家,孔子乃创此学派者。本章儒字尚是行业义。同一行业,亦有人品高下志趣大小之分,故每一行业,各有君子小人。孔门设教,必为君子儒,无为小人儒,乃有此一派学术。后世惟辨儒之真伪,更无君子儒小人儒之分。因凡为儒者,是必然为君子……或疑子夏规模狭隘,然其设教西河,而西河之人拟之于孔子。其从学之徒如田子方、段干木、李克,进退有以自见。汉儒传经,皆

溯源于子夏。亦可谓不辱师门矣。孔子之诫子夏,盖逆知其所长,而预防其所短。推孔子之所谓小人儒者,不出两义:一则溺情典籍,而心忘世道。一则专务章句训诂,而忽于义理。子夏之学,或谨密有余,而宏大不足,然终可免于小人儒之讥。而孔子之善为教育,亦即此可见。[18]

郭氏以没落贵族、高等游民界定小人儒,以是否被统治者豢养区分君子儒与小人儒,颇有道理;但并未涉及孔子为什么向子夏提出“女为君子儒,无为小人儒”的问题。钱氏继承章太炎的观点,指出儒有行业、学派二义,就行业义而言应以“人品高下志趣大小”作为君子与小人的区分;虽然尽力为子夏辩护,终未摆脱“告诫”说的影响。

就连美国的顾立雅著《孔子与中国之道》,也受到“告诫”说的影响,流露出贬抑子夏的倾向[19],并把“君子、小人”当成了道德评价。

20世纪50年代以来,特别是改革开放以来,国内出版的有关论著、《论语》注本和论文中,“告诫”说的影响仍然随处可见,程树德所批评的“过贬子夏”的问题,甚至还有所发展。如有论者把儒家课程内容的“意义、精神”,与“训诂、章句”截然分开,以致“发明章句,始于子夏”不仅不是子夏的历史性贡献,反而变成其为“小人儒”的证据。[20]还有论者把孔子曰“商也不及”,与朱熹的解释和荀子批评“子夏氏之贱儒”,乃至子夏所说“君子有三变”联系起来,借以论证子夏“规模狭隘”[21];不知子夏所说“君子有三变:望之俨然,即之也温,听其言也厉”,与“子温而厉,威而不猛,恭而安”[22]的君子风范,其实并无实质性区别。令人可喜的是,新时期对于“儒”的解释进一步明晰起来。如《蒙培元讲孔子》[23],黄克剑的《由“命”而“道”》[24],张秋升等编著的《中国儒学史研究》[25]等书,虽繁简不同,观点有别,但都专门对儒之含义作出解释,反映出自胡适《说儒》发表以来学界在争鸣中逐步达成的一些共识。其中黄克剑教授提出“勉励”说:“‘女为君子儒,无为小人儒。’这是孔子对子夏的督促勉励,也是对所有依‘兴于诗,立于礼,成于乐’的途径闻道、修德的儒门弟子的训示。”这就为纠正“告诫”说的偏颇,迈出了一大步。

令人遗憾的是:各家说儒虽然大都溯及巫、史、祝、卜等王官之学,却很少有人联系到子夏的姓氏和家庭出身,因而失去了思考问题的一个重要线索。迄今为止,在中外学界,将“君子儒、小人儒”的解释,与子夏的姓氏及其“太卜之后”的家庭出身联系起来的,只有孔祥华先生一人而已。

“农圃医卜之属”,孔子认为这是君子所不为的小人之事。但子夏十分欣赏“小道”,认为必有可观、可取之处。子夏又说:“百工居肆以成其事,君子学以致其道。”子夏的“道不离器”的观点,与孔子的“君子不器”的观点正相反对。子夏姓卜名商,《风俗通》对卜姓解释说:“氏于事者,巫卜陶匠是也。”子夏可能是太卜之后,其先辈可能从事医卜商贾之事,孔子批评子夏为“小人儒”,正说明子夏在孔门学术中已背离了孔子的大道。[26]

孔先生谈到“子夏可能是太卜之后”,本来是提出新见的一个契机,可惜其未能摆脱当时学界儒法对立、儒家保守等观点的影响,过度夸大了子夏“西河学派”与孔子、曾参所代表的“洙泗学派”的差异,把孔子对子夏说“女为君子儒,无为小人儒”的原因,归结为“孔子早已发现子夏对他的思想学说有分歧、变异”[27]。虽然他十分推崇子夏,但所论述“孔子批评子夏为‘小人儒’”的原因,仍然与历史真相距离颇远。

总之,以往诸家说儒及其对“君子儒、小人儒”的解释,都没有探讨孔子是在何时、何地向子夏讲这番话的,所论都缺乏针对性;一些论者把孔子卒后子夏西河教授“发明章句”,当做孔子“告诫”子夏的原因,不无牵强附会之嫌,更难以切中肯綮。

三、“为君子儒”是孔子对子夏的入学教育

笔者赞同钱穆所述:“儒在孔子时,本属一种行业”;但是,认为这一行业不仅是教职,也包括承继了巫、史、祝、卜等王官知识技艺,而以治丧、相礼、占卜、祭祀、祈雨等为业的所有术士,或曰儒士。今从《论语·子罕》“子曰:‘出则事公卿,入则事父兄,丧事不敢不勉,不为酒困,何有于我哉’”等语,以及《礼记·檀弓》等文献[28]所记孔门弟子颇有从事治丧、相礼者来看,儒,也是孔子及其部分弟子所操持之业。然而,并非弟子一入孔门,皆以儒为业。儒之职业特点,在孔门之内,显然并不像培养从政君子的目标一样具有普遍性。不然的话,就很难解释为什么有那么多弟子问政、问君子,而不见有人问儒;更难以说清楚为什么孔子只是给予子夏做什么样儒者的指导。

孔子为什么给予子夏“女为君子儒,无为小人儒”的勉励指导,而没有给予别的弟子以同样的指导呢?要回答这一问题,需要从子夏的姓氏和家庭出身谈起。

子夏姓卜,名商,生于晋国温邑。[29]郑樵《通志·氏族略》:“卜氏,《周礼》‘卜人氏’也。鲁有卜楚邱,晋有卜偃,楚有卜徒父,皆以卜命之。其后遂以为氏,如仲尼弟子卜商之徒是也。”[30]由此可知,卜氏先祖是以王官为职、占卜为业的卜官。据《周礼·春官宗伯·大卜》:大卜位居大夫之列,为卜筮官之长;“大卜掌三易之法”,对于《连山》、《归藏》、《周易》的内容及卜筮方法,都是颇为熟悉的。

笔者曾通过温县“卜子故里联谊会”,得到河南《温县卜氏家谱》、《修武县卜氏家谱》、《内黄卜氏宗谱》、《滑县卜氏宗谱》、《安阳卜子大宗谱》,山西《河津卜子夏族志》、《大同卜氏族谱》,江苏《丰县卜氏族谱》、湖南《浏阳卜氏家谱》,以及山东、河北、广东、广西、江西、福建等全国各地子夏后裔家藏谱志副本二十余册。这些谱志上多有“卜氏,系出周之太卜”一类记载。湖南《浏阳卜氏族谱》记述子夏六世祖为晋国掌卜大夫卜偃。

子夏是晋国人,说他是晋国卜偃后裔比较可信。笔者从《论语》找到一条内证:《子张》篇记子夏称子游“言游”[31],乍看有点奇怪。子夏大子游一岁,按照常礼和孔门弟子间称名不称字的惯例,应直呼其名曰“偃”,或者“言偃”;像这样姓与字连称“言游”,实在是罕见现象。其中缘故,就是子夏要避其先祖卜偃之名讳。

作为晋献公至文公时代的掌卜大夫,卜偃被《左传》记述7次,分别见《闵公元年》、《僖公二年》、《僖公五年》、《僖公十四年》、《僖公二十三年》、《僖公二十五年》、《僖公三十二年》,这些记述显现了卜偃在晋国成为霸主过程中的重要作用。据冯友兰先生考证:卜偃即《墨子·所染》谓“齐桓染于管仲、鲍叔,晋文染于舅犯、高偃”之高偃(俞樾说:高亦读为郭,高偃即郭偃),亦即《商君书·更法》、《国语·晋语》、《韩非子·南面》、《战国策·赵策》等书中制定"郭偃之法"的郭偃。冯先生指出:"春秋战国时期,齐桓、晋文是齐名的;管仲、郭偃也是齐名的……齐桓之霸靠管仲,晋文之霸靠郭偃。"[32]如同管仲辅佐齐桓一样,郭偃亦即卜偃,是辅佐晋文公在晋国实行"第一次封建化改革"的大臣。

温邑卜氏乃晋国卜氏支脉,其始祖可能是鲁僖公二十五年(前635)温邑归晋以后,狐溱出任温邑大夫时聘请来温充任卜吏的卜偃庶子。《左传·僖公二十三年》记载:卜偃曾对晋怀公杀害狐突予以抨击,对狐氏冤案抱深刻同情。此后,卜偃与狐氏兄弟共同辅佐晋文公,从《左传·僖公二十五年》记狐偃、卜偃力促晋文公出师勤王成就霸业可以看出,其志同道合关系融洽。晋国任命的首任温邑大夫狐溱,乃狐毛之子、狐偃之侄,与卜偃子弟亦当素有交往;其担任首任温大夫,也需要卜吏预测祸福吉凶、问卦决疑,在卜偃庶子中选聘一位来温,是顺理成章之事。这才有了温邑卜氏。后来温邑大夫易主[33],在狐氏、赵氏后代的权力争斗中,曾经显赫一时的狐氏失势,在春秋后期与诸多公族后人一样"降在皂隶"[34]。随狐溱来温的卜偃庶子的后人,在社会各阶层迅速分化的春秋后期,像其他多数祝、宗、卜、史之类世守其业的贵族后裔一样,由养尊处优的贵族上流社会沦落民间,成为依靠祖传技艺糊口的术士,即职业之"儒"。此乃春秋时代官学失守学术下移的普遍现象。今从《荀子·大略》"子夏贫,衣若县鹑"[35],《说苑·杂言》记孔子说子夏"甚短于财"[36]来看,子夏即出生在这样一个曾是文化贵族,但是已经衰落的术士世家。至少其祖、父两代已沦为民间替人占卦决疑,乃至操持治丧、相礼等职事的儒士。

子夏民间术士的家庭出身,不免使他忍受贫寒之苦,却又使他具有颇为难得的家学渊源。这对子夏奠定较好的知识基础,无疑会起一定作用。如《孔子家语》记载:

> 子夏问于孔子曰:"商闻易之生人及万物,鸟兽昆虫,各有奇耦,气分不同,而凡人莫知其情,唯达德者能原其本焉。天一,地二,人三,三三如九,九九八十一。一主日,日数十,故人十月而生;八九七十二,偶以从奇,奇主辰,辰为月,月主马,故马十二月而生;七九六十三,三主斗,斗主狗,故狗三月而生;六九五十四,四主时,时主豕,故豕四月而生;五九四十五,五为音,音主猿,故猿五月而生;四九三十六,六为律,律主鹿,故鹿六月而生;三九二十七,七主星,星主虎,故虎七月而生;二九一十八,八主风,风为虫,故虫八月而生;其余各从其类矣……敢问其然乎?"
>
> 孔子曰:"然,吾昔闻老聃,亦如汝之言。"[37]

有学者考证,子夏的问话"背后实际隐藏着一套古《易》八卦象数。这套古《易》八卦象数,从《易》象上说,即乾为日,为人;坤为月,为马;艮为斗,为狗;兑为时,为豕;坎为音,为猿;离为律,为鹿;震为星,为虎;巽为风,为虫。从《易》数上说,即乾为一,坤为二,艮为三,兑为四,坎为五,离为六,震为七,巽为八。此乃与今本《说卦》所载古《易》象数系统不同的另一古《易》系统……这一八卦卦序是乾、坤、艮、兑、坎、离、震、巽,而这一八卦卦序正与传本《归藏》八卦卦序完全相同……据此我们可以推断,子夏所了解的古《易》八卦系统,很可能就属于《归藏》,子夏对《归藏》应该是了解和掌握的"[38]。今从子夏就《归藏》内容请教孔子,孔子"吾昔闻老聃"云云来看,子夏并非闻于孔子。那么,子夏是从哪里得来这些知识的呢?显然是得自其卜氏家学。

笔者曾经考证:子夏十五岁入孔门。[39]当时孔子五十九岁,正在周游列国,在中原各地办流动的私学。这时孔子办学已有三十年的历史[40],积累了丰富的知识和教育经验。除了教师,还有同学的影响。在这所私学里追随孔子周游的颜渊、闵子骞、冉伯牛、仲弓、宰我、子贡、冉有、子路等前期弟子,一个个都是学有所成的孔门精英,他们对子夏的帮助和影响亦不可低估。子夏入孔门历经"陈蔡之厄"[41],在艰难困苦磨砺中成长为孔门后起之秀,自楚反卫以后出任卫国行人,自卫返鲁以后出任莒父宰,在孔子晚年被列入"四科十哲"。

笔者发现,在子夏成长的诸多因素中,有一个因素颇为关键,就是孔子对他的入学教育。这入学教育的要点,就是《论语·雍也》中勉励子夏"为君子儒"这一章。

凭什么说这一章是孔子对子夏入学教育的要点呢?如前所述,子夏作为卜氏后裔,家庭出身贫寒,属于从上流社会沦落民间靠祖传术技糊口,世代以替人占卦决疑为业的民间术士,或曰儒士。这样世代为"小人儒"的家庭出身,及其拜师孔子的初衷、愿望等,势必会在入孔门之初讲给老师听。那么,对于出身于儒士之家,而又投师孔子的子夏而言,将来仍将为儒是确定无疑的;问题仅仅在于:要为什么样的儒?所以,孔子勉励子夏"为君子儒,无为小人儒"这一番话,在其入学之初就讲,可能性最大。傅斯年曾经讲:"《论语》成书时代,文书之物质尚难得,一段话只能写下个纲目,以备忘记,而详细处则凭口说。"[42]知此,则《雍也》篇此章所记,应当就是孔子对于子夏进行入学教育的要点。孔子这两句话,无疑是在指导这位出身于儒士之家的新及门弟子,明确学习目标,树立远大志向,改变世代为小人儒的社会地位,努力跻身君子儒行列。如果联系孔子答"子路问君子"的话,则可以说这两句话包含着老师对学生无限美好的期望,就是希望子夏成为"修己以敬"、"修己以安人"、"修己以安百姓"[43]的君子儒。

君子儒是什么社会角色呢?笔者以为,是既为王者臣又为王者师,"以道事君"的"大臣"[44]。古之伊尹、傅说、姜太公、周公、卜偃等,即是君子儒的楷模。广而言之,凡《论语》中孔子指导弟子致力于"君子"修养的言论,都可以视作"为君子儒"的要求。如此丰富的"君子儒"内涵,自然不是通过一次入学教育就可以讲清楚的,也不是哪位学生短时期内就可以掌握的。但是,在子夏入学之初,孔子就针对其家庭出身等情况,从正反两个方面,明确提出了"女为君子儒,无为小人儒"的目标及注意事项,这对于子夏较快成长、少走弯路,无疑是非常有益的。

四、结语

综上所述,孔子心目中和《论语》中的君子,是有德有位者。孔子总是用这样的君子标准教育和要求弟子,批评君不君、臣不臣、君子不君子的社会乱象;小人,是君子的反义词,是指无贵族之位也无其德的庶民。孔子时代的儒,还是一种行业,这一行业包括承继了巫、史、祝、卜等王官的知识技艺,而是以教师、治丧、相礼、占卜、祈雨等为职业的所有术士。君子标准加上儒之职业性,就是君子儒。凡《论语》所述君子应有的素质和优秀品德,都是君子儒应当具备的。“子谓子夏曰:‘女为君子儒,无为小人儒。’”是针对其术士世家的出身,对其进行入学教育的要点。

至于孔子开创的学派被称作儒家,则是孔子去世以后,在战国百家争鸣中逐渐形成的。《左传·哀公十七年》记齐鲁两君会盟,孟武伯相发生“稽首”礼之争;《左传·哀公二十一年》“八月,公及齐侯、邾子盟于顾。齐人责稽首,因歌之,曰:‘鲁人之皋,数年不觉,使我高蹈。唯其儒书,以为二国忧。’”传世文献中第二次出现的这个“儒”字,仍是行业义,并含有歧视。[45]前注引《墨子·非儒》针对儒之行业特点加以攻讦,歧视的意味更重。由此可知,战国初期一些人以“儒”称谓孔门学派,颇含歧视之意。孔门弟子后学在辩白、争论的过程中,逐渐接受了这一称谓。到孟、荀时代,儒已成为可以引为自豪的称谓。这从《孟子》、《荀子》可以明确看出。钱穆先生谓“后世惟辨儒之真伪,更无君子儒小人儒之分。因凡为儒者,是必然为君子”,则是汉代独尊儒术以后,才形成的社会观念。

注释:

①详见《四部要籍注疏丛刊(中)·论语集释》,中华书局1998年版,第1443—1444页。

②〔清〕刘宝楠:《论语正义》,《诸子集成》,上海书店出版社1986年版,第122页。

③详见拙作《子夏的孔门求学时期》(《史学月刊》2004年第9期)、《子夏孔门求学三事考辨》(《齐鲁学刊》2011年第1期)的考证。

④胡适:《说儒》,1934年,《历史语言研究所集刊》第4本第3分册。

⑤杨伯峻《论语译注》,中华书局1980年版,第2页、第218页。

⑥李零:《丧家狗——我读〈论语〉(附录)》,山西人民出版社2007年版,第40页。

⑦据杨伯峻《论语译注》所附《论语词典》,中华书局1980年版。

⑧《郭店楚墓竹简》,荆门市博物馆整理,文物出版社1998年版。

⑨〔三国〕何晏等:《论语集解》,《四部要籍注疏丛刊》,中华书局1998年版,第705页。

⑩〔梁〕皇侃:《论语义疏》,《四部要籍注疏丛刊》上卷,中华书局1998年版, 第198页。

⑪〔宋〕邢昺:《论语注疏》,《四部要籍注疏丛刊》上卷,中华书局1998年版,第356页。

⑫〔宋〕朱熹:《四书集注》,中华书局1983年版,第88页。

⑬〔清〕刘宝楠:《论语正义》,《诸子集成》,上海书店出版社1986年版,第122页。

⑭详见拙作《子夏为官与孔门武艺勇德考》,《史学月刊》2010年第9期。

⑮〔清〕刘逢禄《论语述何》:“君子儒,所谓‘贤者识其大者’;小人儒,所谓‘不贤者识其小者’。识大者方能明道,识小者易于矜名。”焦循《论语补疏》:“儒,犹士也。‘言必信,行必果,硁硁然小人哉!’小人儒,正指此尔。孔(安国)注未是。”赵佑《温故录》:“此小人,当以‘言必信,行必果,硁硁然小人哉’语为之注脚。彼不失为士之次,此言儒一也。子夏规模狭隘,盖未免过于拘谨,故圣人进之以远大。”焦袁熹《此木轩四书说》:“注云‘君子儒为己’,又云‘远者大者’,非各为一义不相统贯。盖惟为己乃所以为远大……”黄式三《论语后案》:“谢显道谓子夏‘于远者大或昧’,金氏《考证》亦据王会之说,谓子夏‘细密谨严,病于促狭’,此君子、小人以度量规模言,其言小人对大人君子而言,特有大小之分耳。”俞樾《群经平议》:“君子儒、小人儒,疑当时有此名目。所谓小人儒者,犹云‘先进于礼乐,野人也’。所谓君子儒者,犹云‘后进于礼乐,君子也’。古人之辞,凡都邑之士谓之君子。”以上转引自《四部要籍注疏丛刊·论语集释》,中华书局1998年版,第1443—1444页。

⑯程树德:《四部要籍注疏丛刊(中)·论语集释》,中华书局1998年版,第1444页。

⑰郭沫若:《驳说儒》,《中国古代社会研究》,河北教育出版社2004年版,第354—355页。

⑱钱穆:《论语新解》,生活·读书·新知三联书店2002年版,第151—152页。

⑲〔美〕顾立雅《孔子与中国之道》:“子夏确有某种学究气质。比如,他认为:‘只要一个人不越过大的道德问题的界限,就可以在小的道德问题上有所出入。’这显然证明,他以命令式的言辞把道德准则认作是某种僵硬而固定的规则,而不是像孔子那样,把道德准则看成是达到某种目标的实际进程。可能正是这些倾向,促使孔子提醒子夏,一定要以‘君子的而不是小人的方式’行事。”大象出版社2000年版,第87页。

⑳李耀仙《梅堂达儒》:“古代教人子弟者称为儒。那么,能以课程内容的意义、精神教人者,就是‘君子儒’,徒以课程内容的训诂、章句教人者,就是‘小人儒’。孔子所以是儒家学派的创始人,就在于他是‘君子儒’的首倡者,他是典型的‘君子儒’……子夏是孔子‘文学’科的高材生……既有走向‘君子儒’的倾向(他和孔子论《诗》能道出‘礼后乎’的见解,连孔子也承认其有‘启予’之功),又有走向‘小人儒’的迹象(后世言‘《诗》、《书》、《礼》、《乐》,定自孔子;发明章句,始于子夏’,不为无据)。孔子早就看出他在学习‘六艺’态度中所存的二重性,才鼓励他走前者的道路,可是他毕竟走上后者的道路了。”四川大学出版社,2005年版,第23页。

㉑杨朝明等《孔子与孔门弟子研究》,齐鲁书社2004年版,第462页。

㉒《论语·述而》。

㉓蒙培元《蒙培元讲孔子》:“行‘相礼’,即人家举行祭祀时当司仪。这就是所谓‘儒’。孔子由于博学多能,已成为一名最著名的儒者,并由此成为儒家学派的创始人。后来他对学生子夏说,‘女为君子儒,无为小人儒’,就是以君子人格为儒者的标准了。”北京大学出版社2005年版,第9页。

㉔黄克剑《“由”“命”而“道”》:“‘女为君子儒,无为小人儒。’这是孔子对子夏的督促勉励……孔子所谓‘君子儒’、‘小人儒’的说法是一种劝勉,这样说是要那些愿意以他为师的人在儒家之教的意义上做一个真正的儒者。”线装书局2006年版,第80—81页。

㉕张秋升等《中国儒学史研究》:“孔子之言,当是要子夏给君子做儒,莫给小人做儒。其‘君子’、‘小人’,以社会地位

区分，分别指贵族和劳动者……孔子既然言给君子、小人做'儒'，说明'儒'确实是一类职业。什么职业?《周礼》及其郑玄注已经作了明确回答。《周礼·天官·大宰》云：'……四曰儒，以道得民。'郑玄注：'儒，诸侯保氏有六艺以教民者。'可见是一种教职……子夏后来设教西河，更是明证。可见'儒'确是以教为职的人。"齐鲁书社，2004年版，第18—19页。

㉖孔祥骅：《子夏氏"西河学派"再探》，《学术月刊》1987年第7期。

㉗孔祥骅：《子夏氏"西河学派"初探》，《学术月刊》1985年第2期。

㉘《墨子·非儒》亦攻讦儒者曰："五谷既收，大丧是随，子姓皆从，得厌饮食，毕治数丧，足以至矣。因人之家翠，以为，恃人之野以为尊，富人有丧，乃大说，喜曰：'此衣食之端也。'"

㉙详见拙作《关于子夏的几个问题》(2004年第8期《教育研究》)等论文的考证。

㉚郑樵：《通志·氏族志略四》，文渊阁《四库全书》本。

㉛《论语·子张》："子游曰：'子夏之门人小子，当洒扫应对进退，则可矣，抑末也。本之则无，如之何?'子夏闻之曰：'噫!言游过矣……'"

㉜冯友兰：《中国哲学史新编(第一册)》第三章第十节：《晋国第一次封建化的改革——"郭偃之法"》；见《三松堂全集》第八卷，河南人民出版社2001年版，第116—120页。

㉝从《左传》看，继任温邑大夫的阳处父、郤至、赵氏与卜氏都无特殊关系，故不可能是后继者聘请卜氏庶子来温。温邑卜氏的沦落，当与狐氏、赵氏后代争权而狐氏失败有直接关系。

㉞《左传·昭公三年》记叔向曰："虽吾公室，今亦季世也……栾、郤、胥、原、狐、续、庆、伯，降在皂隶。政在家门，民无所依。"

㉟王先谦：《荀子集解》，中华书局1988年版，第513页。"县鹑"，见《诗经·国风·伐檀》："胡瞻尔庭有县鹑兮"，谓衣短而敝。

㊱向宗鲁：《说苑校正》卷十七，中华书局1987年版，第430页。

㊲《孔子家语·执辔》，河南大学出版社2008年版，第232—233页。按：此处"子夏问于孔子曰"，《大戴礼记·易本命》为"子曰"。南宋王应麟《困学纪闻》："《易本命》篇与《家语》同，但《家语》谓'子夏问于孔子……《大戴》以'子曰'冠其首。疑此篇子夏所著，而《大戴》取之为《记》。"(《续修四库全书》第1142册，清翁元圻《困学纪闻注》第569页)东北师大金景芳等作《孔子新传》(长春出版社2006年版，第194页)采取王氏此说，认为"《易本命》乃子夏所著"。

㊳刘彬：《子夏与〈归藏〉关系初探——兼及帛书〈易经〉卦序的来源》，《孔子研究》2007年第4期；该文作者又有《子夏易学考》，见《周易研究》2006年第3期。

㊴详见拙作《子夏的孔门求学时期》，《史学月刊》2004年第9期。

㊵子曰："吾十五有志于学，三十而立……"学界多以为孔子设教授徒始于三十岁左右。

㊶《论语·先进》："子曰：'从我于陈蔡者，皆不及门也。'德行：颜渊，闵子骞，冉伯牛，仲弓；言语：宰我，子贡；政事：冉有，季路；文学：子游，子夏。"

㊷傅斯年：《史学方法导论》，中国人民大学出版社，2004年版，第183—184页。

㊸《论语·宪问》："子路问君子。子曰：'修己以敬。'曰：'如斯而已乎?'曰：'修己以安人。'曰：'如斯而已乎?'曰：'修己以安百姓，尧舜其犹病诸!'"

㊹《论语·先进》："子曰：'……所谓大臣者，以道事君，不可则止。今由与求也，可谓具臣矣。'"

㊺据《论语·为政》，为齐、鲁两君执相礼的孟武伯，曾经向孔子"问孝"；其父孟懿子，是孔子早期弟子。看来其父、子皆为孔门弟子。

本文转自2012年第2期《教育研究》

"农远工程"的发展对我国基础教育信息化的启示

汪基德　冯永华

摘　要："农村中小学现代远程教育工程"是用教育信息化带动农村教育现代化发展的一次伟大实践，其通过试点阶段——初探信息技术应用、全面实施阶段——信息技术的推广和普及应用、深化应用阶段——信息技术应用的深化，开创了农村基础教育信息化的新时代。"农村中小学现代远程教育工程"的发展对我国基础教育信息化的启示是：要加强农村信息基础设施建设，完善硬件配置；加强共享的、适用的区域性数字化资源中心建设；加强信息化人才培养，建设高素质的教师队伍；加强信息技术与学科课程深度整合，不断创新教育教学模式；保障经费投入；提高教育管理信息化水平。

关键词：基础教育；"农远工程"；教育信息化

作者简介：汪基德，河南大学教育科学学院院长、教授、博士生导师；冯永华，河南大学教育科学学院讲师(河南开封475004)

"农村中小学现代远程教育工程"(简称"农远工程")是国家基础教育信息化推进中值得称道的项目之一，它为广大农村中小学展示了一个新的教育天地。教育信息化重在信息技术应用。联合国教科文组织把信息技术应用于教育的过程分为四个阶段，即起步、(初步)应用、融合和创新。尽管"农远工程"建设的阶段性任务已经完成，但是按照此划分方法，"农远工程"目前仅仅处于教育信息化的(初步)应用阶段，距离融合、创新阶段还有较大差距。因此，梳理"农远工程"各个阶段的经验与研究成果，对贯彻《教育规划纲要》精神，加快基础教育信息化进程具有重要的意义。

一、"农远工程"扫描

20世纪90年代,我国受美国"信息高速公路"计划的影响,对信息技术与信息化越来越关注。同时,联系到教育改革和发展,"教育信息化"的提法也开始出现。[1]基础教育作为整个教育体系的起点和重要组成部分,其信息化建设问题逐步受到关注。

进入21世纪以来,我国各级政府及教育行政部门更加重视基础教育信息化工作,建设力度不断加大,尤其是自2002年《教育信息化"十五"发展规划纲要》颁布以来,基础教育信息化在经费投入、建设规模、软硬件平台建设、技术应用等方面都取得了实质性的进步。但问题同样不容回避,尤其是信息化发展不平衡。在中西部和农村贫困地区,教育经费短缺,信息化基础设施落后,信息化建设投入不足,中小学计算机普及率极低,网络设施不健全。据2001年底统计,北京每14.87名学生拥有一台计算机,上海每16.7名学生拥有一台计算机,而云南每186名学生拥有一台计算机,贵州每118名学生拥有一台计算机,甘肃每93名学生拥有一台计算机,中西部农村乡镇以下的许多学校几乎没有计算机。[2]由此可见,在城乡之间产生了"数字鸿沟",不同的信息主体在信息资源分布上出现巨大反差,教育公平也受到考问。信息技术的发展和教育均衡的要求,对学校信息化建设提出了新的要求,只有仔细研究这些新情况并妥善地加以改进,才能确保教育信息化持续、快速、健康发展。"现代远程教育工程试点示范项目"的实施,正是为了解决基础教育信息化发展中的不平衡问题。

2003年5月,经国务院批准,教育部、国家发展和改革委员会、财政部(以下简称"三部委")联合下发了《关于实施现代远程教育工程试点示范项目的通知》,启动实施了"现代远程教育工程试点示范项目"(以下简称"试点示范项目"),"试点示范项目"设计采用教学光盘播放点、卫星教学收视点、中心学校计算机教室三种模式。2003年9月,在全国农村教育工作会议上发布了《国务院关于进一步加强农村教育工作的决定》,正式提出了实施"农远工程",要着力于教育质量和效益的提高。"先行试点"是"农远工程"实施的原则之一,因此,2003年11月,"三部委"联合发布《农村中小学现代远程教育工程试点工作方案》,指出试点工作"以中西部地区为主",计划"从2003年开始用一年时间完成试点地区三种模式的建设工作","农远工程"试点工作正式启动。

2004年11月,"三部委"在总结"农远工程"试点工作经验的基础上,研究制订了《农村中小学现代远程教育工程总体实施方案》,后经国务院批复,"农远工程"由试点阶段进入全面实施阶段,教育部表示将在未来三年陆续投入100亿元用于发展农村中小学现代远程教育。2005年7月,陈至立在"中西部农村中小学现代远程教育教学应用现场交流会"中要求,"把农村中小学现代远程教育的应用作为工程建设的关键环节,摆在更加突出的位置","把应用效益作为衡量农村中小学现代远程教育工程成效的重要标准","充分发挥为农服务综合效益"等。

2006年,"农远工程"建设任务已完成过半,更加强调教育教学质量、教师信息技术素养、教学能力以及资源建设。到2007年底,"农远工程"共计投资110亿元,基础设施已经配齐,进入深化应用阶段。2010年,中央电教馆受教育部委托,组织了10所院校和相关研究机构的专家开展了对"农远工程"的绩效评估工作,评估显示:在各级政府的重视下,"农远工程"在补充投入后,继续发挥重要作用。到2010年底,"农远工程"基本完成了教育资源建设的阶段性任务,为农村中小学提供了信息化环境和信息资源。

二、"农远工程"研究成果述评

"农远工程"是一个连续体,为便于分析研究,我们把"农远工程"的发展大致划分为三个阶段:试点阶段(2003年至2004年底)、全面实施阶段(2004年底至2007年底)和深化应用阶段(2008年至今)。

(一)试点阶段——初探信息技术应用

试点阶段覆盖了西部地区12个省(自治区、直辖市)、中部6省、山东省和新疆生产建设兵团,共建成20977个教学光盘播放点、48605个卫星教学接收点、7094个计算机教室。这一阶段为"农远工程"的全面实施打下了基础。笔者以"农村中小学现代远程教育"为关键词,在万方数据中设置为"全部"类别,时间限定为2003年初到2004年末进行搜索,共搜索到17篇期刊文章,其中多数是关于"农远工程"的模式介绍、文件通知、工作方案等,少数是关于实施建议、现状描述、经费投入、应用思考等。研究视角较为狭窄,研究深度欠缺,系统性不足。但是,从研究范围来看,"农远工程"试点的开启已经引起了学者们的关注,为后续研究打下了基础。

(二)全面实施阶段——信息技术的推广和普及应用

经过五年的努力,至2007年底,中央和地方共投入110亿元资金,基本完成了工程建设任务。工程覆盖了所有农村中小学,初步形成了农村教育信息化环境,初步构建了惠及全国农村中小学的远程教育网络,形成了基本适应农村中小学教学需要的资源体系。[3]该阶段是硬件、软件和"人件"三要素协同发挥作用的关键时期,对于"农远工程"发展起着承上启下的作用,既延续、拓展了试点阶段的研究,又为现代信息技术的深度应用乃至融合、创新打下了基础。

该阶段学者们对"农远工程"展开了丰富的理论和实践研究,掀起了空前的研究热潮。研究视角广泛,分析透彻,在很多方面的研究都颇见成效。笔者以"农村中小学现代远程教育"为关键词,在万方数据中搜索该阶段的论文,共搜索到期刊论文251篇、学位论文64篇、会议论文11篇。其中,从2004年初到2007年底论文的数量呈现逐步上升趋势,尤其是2007年论文数量达148篇。研究内容分为六类:"农远工程"实施现状研究、资源应用研究、资源建设与管理研究、"农远工程"效益研究、"人件"要素研究、"农远工程"可持续发展研究。

1."农远工程"实施现状研究——从调研、归因到对策分析

现状研究试图了解"农远工程"的全貌。但"农远工程"是一个系统工程,涉及硬件、软件、"人件"三个基本要素及其在信息技术环境中的相互作用,再加上我国中西部农村的特殊背景,"农远工程"的实施是一个长期的、曲折的、复杂的过程。所以,面面俱到的研究也导致了研究深度的不足。但是,现状研究旨在通过探索与剖析全貌,找出问题,为深入研究打下基础。

问题可以从硬件、软件和“人件”三个层面来概括。[4]硬件层面主要的问题有设备不足、信息基础设施落后等；软件层面的主要问题有有效资源供给不足，缺乏有效交流与共享，少数民族资源库建设滞后等；“人件”层面的主要问题有教师信息技术应用能力偏低，教师培训缺乏可持续性，设备使用效率低，设备维修与管理、资源管理的技术支持服务体系不健全等。

2.资源应用研究——“农远工程”实施的关键

“农远工程”以三种硬件环境建设模式搭建了一个遍及全国农村的信息化平台，但实现基础教育的均衡发展，关键是依靠远程教育资源应用。总览研究成果，可以分为教育教学应用和教师发展应用两个方面。

(1)“三种模式”的教育教学应用

首先，基于课堂教学实践。有研究者提出了农村中小学现代远程教育环境下的十种基本教学应用模式，并形成了“以媒体为中心”、“以教师为中心”、“以学生为中心”的三种课堂教学形态与十种基本教学模式的关系[5]，建构了“三种模式”下的教学过程设计范式[6]，探索了基于学科的整合模式等方面，形成了特定的策略与模式。丰富的远程教育资源活跃了农村中小学第二课堂，丰富了综合实践课程内容，拓宽了学生视野。

其次，基于学习者需求。利用“三种模式”的信息技术优势提出针对学习落后学生的听说交际教学策略、课堂教学管理策略、差异教学策略等。[7]

最后，基于资源本土化需求。农村中小学现代远程教育资源大多数或源于名师之手，或源于专业公司的技术人员，或源于经济发达地区的教育基础，并非适用于所有地区。加上各省区教材版本、教学内容和教学进度不同，各省区农村的教育发展水平和师资水平不同，以及有些IP资源处于零散发布状态，形式、内容各异，均不利于教师的直接使用。各地区对教育资源需求具有多样性，并要求资源本土化。有研究者依据资源的类型，分别提出了单一的文本资源、多媒体资源及综合性资源的二次加工流程；[8]依据课程分析、教学设计、媒体资源、应用技巧及课堂教学反思等内容，创建“农远资源课时应用包”[9]，进一步解决学科教学问题，提高课时教学效率。

(2)教师专业发展应用

“农远工程”的实施不仅提供了信息技术环境和资源，而且带来了素质教育思想和新课程的理念，对农村学校教师的教育理念和教学行为都能产生影响。因此，有研究者开展了基于信息资源提高教师监控能力、信息技术促进教师专业发展的行动研究，将人力资源、信息资源、环境资源以及本地资源与远程资源相结合，提出了有效利用资源的途径。[10]

3.资源建设与管理——“农远工程”的基础

建设与管理是“农远工程”的基础，也是发挥工程效益的关键。有研究者从“资源建设体系”概念出发，建立了一套由硬件、软件和人力资源三大模块构成的立体式资源建设体系方案；[11]有研究者从资源建设和应用主体出发，提出资源建设的宏观策略和微观策略，宏观上，在国家层面上建立国家、地方和学校三级资源建设体系，在地方层面上建立“以县为主”的区域资源整合模式，在学校层面上建立校本资源策略；微观上，考虑资源本地化、深加工和民族化策略[12]，为“农远工程”资源建设提供参考。

资源管理是指管理者为达到预定目标，运用现代化的管理手段和管理方法来研究农村中小学现代远程教育资源在教育活动中的利用规律，并依据这些规律进行组织、规划、协调、配置和控制活动。其管理对象不仅包括现代远程教育资源的获取、创造、加工、存储、传播和应用的过程，而且还包括对有关的各种因素的管理。学者们从做好资源服务和对资源进行评估探讨管理策略。[13]

4.“农远工程”效益研究——生存和发展的生命线

推动农村中小学现代远程教育可持续发展，提高农村中小学的教育教学质量，必须树立成本效益观。[14]成本效益研究的主要内容包括“农远工程”的建设及应用现状、支持服务体系建设、可持续发展的长效机制、成本核算体系与效益评价体系以及基于成本效益观的农村中小学现代远程教育可持续发展模式等。[15]从效益最大化来说，实现“成本最小—效益最大”的有效途径即成本管理，其是资源优化配置和有效利用的“调节器”，构建农村中小学现代远程教育成本管理体系结构模型[16]，对提升应用效益有积极的现实意义。有学者在借鉴国内外成本分析和核算的理论，对“农远工程”成本分担、成本管理、成本核算、成本降低途径进行研究的基础上，构建了农村中小学现代远程教育成本核算的具体方法。[17]有学者构建了理想状态下的“农村中小学现代远程教育资源利用效益数学模型”。[18]有学者从项目学校、培训基地、省级教育管理机构、市县(区)级教育管理机构四个方面分别提出评估方案，进行分项研究，并确定了各个项目的评分标准。[19]也有学者研制了“农远工程”综合效益评价指标体系[20]、应用评价指标体系[21]，为提高应用效益提供理论依据。

5.“人件”要素研究——应用效益的根本保障

“人件”资源是硬件资源和软件资源的驾驭者、管理者，包括管理人员、技术人员、教师、培训人员、教科研队伍等，有研究者将此界定为“农远队伍”[22]。“人件”要素的研究重点是解决“农远队伍”尤其是教师——现代远程教育资源的直接应用者的信息素养偏低的问题。教育部基础教育司负责人解读“农远工程”时指出，“要建立一支能自觉地、主动地、创造性地应用现代远程教育设备与资源的教师队伍”。研究者从不同角度提出了“农远队伍”培训的内容，例如，基于“农远队伍”中承担的角色[23]，或者基于省、市、县、校四级管理体系[24]，或者基于校本培训[25]，等等。另外，对培训项目进行绩效分析[26]，建立教师教学中应用信息技术的评价指标[27]，保证“人件”资源建设的有效性。

6.“农远工程”可持续发展研究——基础教育信息化发展的内在要求

“农远工程”可持续发展是指从系统角度出发，将农村中小学现代远程教育置于社会生态系统中，以实现和谐共存为目标，合理协调“农远工程”的外部环境与内部因素的关系，为未来的农村社会政治、经济、文化等各项事业发展奠定良好的基础，最终实现系统和谐、持续性的发展。其追求的不是某单次价值的最大化，而是整个系统价值的最优化。“农远工程”可持续发展是实现农村中小学现代远程教育良性循环的诉求，是化解发展历程中诸多问题的迫切需要，也是基础教育信息化发展的内在要求。

从影响因素和解决策略探讨如何促进“农远工程”的健康发展是该研究中的核心问题。尽管研究者的视角不同,但是问题探讨的落脚点涉及政策、观念、管理、评价、技术、资金、资源、人才等。[28]尤其在管理层面,有研究者独辟蹊径,运用项目管理的理念和方法,从项目组织管理、项目管理的协调与沟通、项目计划进度管理、项目成本管理、项目设备管理、项目质量管理、项目综合管理、项目检测与评价等方面探讨“农远工程”项目的具体实施方案,形成了“中西部地区农村中小学现代远程教育项目管理模式”[29],为提高项目管理水平、持久发挥“农远工程”效益提供支持和保障。

(三)深化应用阶段——信息技术应用的深化

“农远工程”的落脚点在于“应用”。2007年底硬件建设的全面完成,预示着从2008年起,“农远工程”转入深化应用阶段。该阶段研究成果也非常丰富。在该阶段,以“农村中小学现代远程教育”为关键词在万方数据中搜索,共搜索到期刊论文311篇、学位论文32篇、会议论文19篇。它们基本均匀分布在2008年、2009年、2010年三年中。此阶段与全面实施阶段相比,有以下特点。

1.研究主题更加集中

从搜索到的311篇期刊论文中筛选出41篇核心期刊论文,发现研究的主题主要集中在资源应用、教师培训、效益研究和现状研究方面。其中资源应用和教师培训各有10篇,各占24.4%;效益研究和现状研究各有7篇,各占17%;其余还涉及可持续发展、管理等。这一研究特征的呈现与“农远工程”进展有直接联系。2008年以后“农远工程”进入重视提升教育质量阶段,重视资源应用、注重提升教师的认识和技能,“农远工程”对教育系统的影响更加深入,其建设的价值和应用效益也更加受到关注。

2.研究视角更加独特

首先,从价值定位视角分析教育资源数字化的价值取向。不同的价值定位导致教育资源数字化在规划、技术路线、应用效果等多个层面上的多种认识。正确的做法应该以“促进人的生动发展”为价值取向来考察“农远工程”,数字化资源应用需要强调以人为中心,应用目的是促进人的和谐发展;同时,人的发展需要将本土化资源与外来资源相互融合。[30]这一视角启示我们,要建立恰当的技术观,重视人的“丰富性发展”,并处理好虚拟与现实、外来与本土的关系。

其次,从经济学视角对“农远工程”总拥有成本的分析。总拥有成本是一种基本概念和分析工具,源自经济学,被广泛应用于信息技术产业的经济学分析。对“农远工程”而言,总拥有成本是指确保优质教育资源进入课堂、被广大师生有效利用,从而实现信息技术与各科课程日常教学整合需要的总投资及其合理的结构、配置和进度。研究者运用总拥有成本的概念与工具对“农远工程”进行经济学分析,提出注意事项以便引起教育界与全社会对实施“农远工程”财政保证的关注。[31]

3.研究内容更加深入

(1)资源开发、资源应用研究更加深入

首先,资源建设与开发更具有操作性。在全面实施阶段中探讨资源建设,主要基于理论分析建立一种规范、体系;本阶段研究资源建设更加具体,例如,针对英语师资力量薄弱状况,提出了“小学英语空中课堂”资源的建设方法。[32]另外,根据不同的资源需求构建了不同的网络学习平台,例如,根据需求现状构建了基于中小学的流媒体资源应用平台;[33]基于“农远工程”资源数据、信息管理以及不同教育系统之间的互操作构建面向服务架构的网络学习系统;[34]基于IPTV网络学习平台实施区域教育资源整合;[35]基于农村中小学校本资源建设设计校本课程开发与资源管理平台;[36]等等。通过开发不同模式的资源平台,促进资源更有效应用。

其次,资源与课程整合更加具体。例如,探索“农远工程”IP资源与数学课堂教学整合等。[37]

再次,拓展了教师教研的形式。有研究者提出了将网络教研与传统教研有机结合,构建网络支持下的农村教师区域教研基地,并提出了区域联动、立体评价的教研基地运作支持策略,对新形势下提高农村教师的教研水平进行了有益的尝试。[38]

(2)教师培训研究更加深入

新的发展阶段使农村远程教育对教师提出了新的要求,因此,教师培训的思路和模式也需要转变。有研究者提出了教师培训的转型策略[39],并且为促进“农远工程”的可持续发展,提出了以提升教师能力为核心的优化方案,以及回归生态的“农远工程”教师培训等,保证教师培训系统持续平衡发展。[40]另外,有研究者还设计了培训包,以“农远工程”中信息技术应用于课堂的教学方法为主题,以“主持人串讲+视频案例分析”的呈现方式设计与制作的信息化教学方法电视培训教材,支持学校开展校本培训及教师开展自主学习[41],丰富了校本培训的方式。

三、“农远工程”对基础教育信息化的启示

根据《教育规划纲要》提出的“加快教育信息基础设施建设”、“加强优质教育资源开发与应用”和“构建国家教育管理信息系统”三个方面要求的精神,借鉴“农远工程”的经验与研究成果,笔者认为,基础教育信息化建设需要注意以下几个方面。

(一)进一步加强农村信息基础设施建设,完善硬件配置

信息基础设施是教育信息化的前提条件。“农远工程”的实施,对农村的教育信息基础设施有所改善,但硬件配置仍不足,且与城市相比差距较大。城市地区学校平均生机比为15:1,平均师机比为2:1;农村地区学校平均生机比为22:1,平均师机比为4:1;城市地区没有计算机的学校占4%,农村地区没有计算机的学校占12%;城市地区学校联网率为88%,农村地区学校联网率为48%。[42]另外,基础设施建设的基本目标除了建立师生广泛受益的计算机、网络硬件环境之外,还需要持续地运行、维护与更新。“农远工程”实施已经8年,对于硬件的应用周期来说,目前正是设备故障的高发期,从农村学校的调查来看,有接近40%的设备出现问题[43],因此,要实现《教育规划纲要》提出的“缩小城乡数字化差距”的目标,必须重点加强农村学校信息基础设施建设,更新需要淘汰的设施,为信息技术在学科课程、教师专业发展、学生成长与学校管理中的应用奠定基础。

（二）进一步加强共享、适用的区域性数字化资源中心建设

教育资源信息化是实现基础教育信息化的重要环节。到2010年底，“农远工程”教育资源建设基本完成了阶段性任务，改善了农村信息资源极度匮乏的状况，为提高农村中小学教育教学质量注入了新的推动力。然而我国地域辽阔，农村地区的经济、文化、教育发展存在极大差异，再加上资源与教材不同步，资源校本化需求限制了资源的应用，不符合信息化建设中“以资源带动应用”的要求。另外，数量与质量均显不足，共建共享机制尚未形成。尤其是少数民族资源不足成了农村中小学现代远程教育发展的瓶颈。《教育规划纲要》指出，“建设有效共享、覆盖各级各类教育的国家数字化教学资源库和公共服务平台”。进而，我们还应建设区域性的本土化的数字化资源中心。

1.建立校本化资源中心

资源校本化是“农远工程”给我们的重要启示，通过开发适合本校实际的远程教育资源，提高应用效益。因此，校本化资源中心的建立，能更有效地促进远程教育资源服务于教育教学。为了促进同学科教师的交流以及避免资源的重复建设，这里“校本化”的含义可以推广为立足于市、县（区）内部具有相似校情、相似学情的学校。尤其是县级处于“承上启下”的重要位置，既接受从中央到省、市教育部门的指导，又是“农远工程”具体的执行层，也是项目学校最直接的指导者。因此，积极发挥县级“因地制宜”的优势，整合县级力量，积极调研资源需求，不但重视“量”的建设，更要关注“质”的要求，包括内容、形式、针对性以及与新课程理念的衔接等，开发符合差异性需求的资源，包括符合农村学生实际、符合新课标、体现不同版本教材的要求、体现民族特色等。

2.避免“信息孤岛”

校本化资源中心建立的目的是“校校用”、“人人用”，应打破壁垒，创建资源中心之间的互通互联机制和共享平台，促进优质资源库的合作与共享，实现教师和学生人人可用资源，促进教育教学应用，促进义务教育阶段学校的均衡发展。

（三）进一步加强信息化人才培养，建立高素质的教师队伍

信息化人才是基础教育信息化成功的根本，关系着信息化的发展速度和质量。尤其是学校教师的信息化教学能力、学校技术人员的网络维护与保障能力，攸关信息技术的应用。但“专门服务于教育信息化应用项目的教育技术支持队伍远不能满足实际需要，从事教育信息化工作的人员数量与国际通行的标准存在巨大差距”，“尤其在基础教育领域中，教师队伍的知识结构、素质和能力不适应教育信息化发展要求”。[44]调查显示，教师对Word软件的使用，几乎不懂的占2.1%，不大会的占6.6%，一般的占47.8%，熟练的占43.6%；教师对Windows的基本操作，几乎不懂的占3.6%，不大会的占8.3%，一般的占49.8%，熟练的占38.4%；在技术与课程整合中，有68.3%的教师认为在整合过程中存在一些障碍，另有24.0%的教师认为障碍很大，只有不到8.0%的教师认为几乎没有障碍；在网页制作和程序制作方面，分别有75.6%和87.8%的教师几乎不懂或不大会。[45]从教育传播学的角度看，教师作为信宿要接收远程教育资源，作为信息源要将信息资源加工后向学习者发送，教师是信息流通过程的重要控制者，决定了远程教育资源的应用效益。因此，信息化人才的培养尤为关键。

首先，完善“农远工程”继续教育平台，实现及时培训。目前的IP卫星资源中有“教师发展”模块，还有中国教育电视台的“空中课堂”，汇集名家课堂实录，为农村中小学提供了教学范本。但是，目前最大的缺陷是缺乏信息的交互性，因此，有必要构建“农远工程”继续教育平台，将“天网”、“地网”、“人网”相结合，保证信息畅通，学习者能直接与名师对话。

其次，将培训内容模块化，实现按需培训。将信息化理念、信息技术能力以及课程整合能力，按照培训教师需求，形成模块化培训体系，让受训教师根据自己的需要给教师培训机构下订单，在培训者的引导下解决教育教学问题。

再次，建立学习共同体，加强校本培训。立足于本岗、本职、本校的教育实践，教师通过平等的、宽松的同伴互动交往进行学习，使教师通过“做中学”、“做中思”完成所学知识的意义建构，促进教师教学和科研能力全面提高。

最后，完善培训管理与评价制度，保障培训质量。为培训设计合理的目标，制订科学规范的培训程序和管理规程，包括计划、实施、检查、总结等，注重培训实际效果。建立健全考核制度，将教师培训与岗位聘任、晋级、职称评定、评优评先等联系起来，保障培训质量。

（四）进一步加强信息技术与学科课程深度整合，不断创新教育教学模式

很多农村教师在信息化资源的应用中，总希望通过课件把优秀的资源传递给学生，这一初衷是好的，但运用的结果往往形成电子“填鸭”式教学，或者把所有对抽象思维、文字语言的理解都用多媒体形象展现出来，扼杀了学生的空间想象能力、逻辑思维能力和创造能力的培养。[46]也有教师将资源应用主要集中在课堂演示工具和创设情境层次，在光盘播放中，教师的任务仅仅是按按钮，完全是光盘占据主导地位；IP资源应用层次较低，只有4%的教师会“根据自己的教学设计进行较大的二次加工”；[47]一些学校几乎没有发挥计算机交互的作用；[48]等等。网络计算机教室仅实现广播功能，忽视了资源共享、在线交谈、学生示范、监控管理、考试评价等功能，远未实现信息化资源与学科的深度整合。

教育信息化资源的应用，不应该仅追求资源的数据量和多媒体的形式，不应该只是书本内容的简单翻版或者直观形象的堆积，而应该真正体现信息技术与课程教学目标有机整合。对教学真正产生影响的是媒体资源的设计与应用方式。实现资源与课程的深度整合，即充分挖掘资源，营造新型互动的教学环境，变革传统的教学结构，实现创新人才培养的目标，使计算机多媒体技术在教学应用中达到最恰当和最优化。同时，对课堂、课前和课后进行整合，让学生充分参与资源对话、资源设计，从传统的课件制作转移到在各个学科的学习中应用和学习信息技术，培养学生的创新精神与实践能力，真正发挥信息技术对教育的变革性推动作用。

（五）进一步保障经费投入

缺乏稳定、持续的资金投入，是制约农村基础教育信息化

可持续发展的关键因素之一。从“农远工程”资金投入经验来看,前期一次性资金投入是基础,但维持其正常运行和管理还需要相当数量的流动资金,包括运行和维护、软硬件升级更新、资源后续开发与建设、管理和各类支持服务以及人员配备和培训等费用,所以,后期持续资金投入是教育信息化向高级阶段发展的保证。调查数据显示,84.5%的校长认为学校信息化发展最大的困难是缺乏必要的经费,31.8%的信息技术教师认为因缺乏后续资金投入,不能及时对软、硬件进行升级和维护,致使已有的信息资源得不到有效利用。[49]有了长期、持续、稳定、有效的经费保障制度,才能促进农村基础教育信息化的可持续发展。

(六)进一步提高教育管理信息化水平

教育信息化是实现信息技术与教育整合的过程[50],既包括教学工作的信息化,也包括教育管理工作的信息化,后者是教育信息化持续发展的有力保障。目前,我国教育管理信息化发展整体水平不高,尚未形成有效的业务系统数据资源整合、交换、共享体系,数据集中程度低,“信息孤岛”现象突出。然而,“农远工程”的实施为农村中小学带来了信息技术,信息技术的发展促使教师、学生、学校、资源等角色都在变化,将导致教育观念、教育方法、教育模式,乃至传统教育体制的革命。信息技术的深刻影响必将对信息交流和管理提出更高的要求,促进信息技术与学校管理的融合,即利用信息技术的数据管理和信息处理功能来支持学校管理职能,优化教育管理过程,帮助学校管理部门了解、掌握学校各项工作状态,监测、调控、评价学校的教育管理过程,并且为学校领导提供有助于做出科学决策的重要信息,从而减轻学校管理人员的劳动强度,提高学校管理的效果与效率,增加学校工作的透明度,促进学校管理向科学化、现代化方向发展。[51]通过信息技术与学校教学管理、教师管理、学生管理、学校资产与财务管理、德育管理等方面的深度整合,有效促进校内各管理部门与教学部门之间的信息交流和共享,实现教育教学信息化,文档资料标准化,各类资源共享化,学校管理规范化、数字化、高效化的愿景。

“农远工程”是用教育信息化带动农村教育现代化发展的一次伟大实践。基础教育信息化的推进,重在实现信息技术在教育、教学、管理中的应用、融合乃至创新。当信息技术与教育达到深度融合时,就会形成一种全新的教育形态,即信息化教育——将学校的教育教学、科学研究、管理与服务建立在信息化的基础上,把信息技术作为教学、科研、管理与服务的重要工具和支撑环境,成为教育中不可或缺的要素。

[本文为全国教育规划2008年度教育部重点课题“农村中小学现代远程教育应用策略研究”(课题批准号:DCA080149)的成果。]

参考文献:

[1]杨晓宏,梁丽.全面解读教育信息化[J].电化教育研究,2005,(1).

[2]祝智庭.中国基础教育信息化进程报告[J].中国电化教育,2003,(9).

[3]教育部副部长陈小娅同志在2008年全国电化教育馆馆长会上的讲话[Z].2008—1—13.

[4]陈邦泽.甘南藏族自治州中小学现代远程教育现状及对策研究[D].兰州:西北师范大学,2005;杨晓宏,郭治虎.西部“农远工程”建设及应用现状分析[J].开放教育研究,2007,(1).

[5]陈庆贵.农村中小学现代远程教育环境下的教学应用模式研究[J].电化教育研究,2006,(12).

[6]赵呈领,等.农村中小学现代远程教育三种模式下的教学过程设计[J].中国电化教育,2007,(5).

[7]袁磊.“农远工程”背景下的小学英语多媒体教学策略研究——关注差生的教育公平[D].长春:东北师范大学,2007.

[8]谢文斌.农村中小学现代远程教育资源的二次加工[J].中国电化教育,2006,(5).

[9]谢文斌.农远资源课时应用包的实践探索[J].中国电化教育,2007,(11).

[10]赵健.利用学习资源促进农村教师专业发展之行动研究[D].兰州:西北师范大学,2005.

[11]傅钢善,孟小芬.中西部地区农村中小学现代远程教育工程资源建设重点问题探讨[J].中国电化教育,2005,(10).

[12][13][18]俞树煜.西部地区中小学现代远程教育资源研究[D].兰州:西北师范大学,2007.

[14][15]杨晓宏,梁丽.解析农村中小学现代远程教育的“三种模式”[J].电化教育研究,2006,(1).

[16]杨晓宏,等.农村中小学现代远程教育成本管理初探——对成本管理提升应用效益的思考[J].中国电化教育,2007,(7).

[17]杨晓宏,贾春燕.西部地区农村中小学现代远程教育成本核算方法研究[J].中国电化教育,2006,(11).

[19]傅钢善,田世生.中西部地区农村中小学现代远程教育工程评估方案研究[J].中国电化教育,2005,(12).

[20]杨晓宏,韩伟颖.甘肃省农村中小学现代远程教育的综合效益与评价体系研究[J].电化教育研究,2007,(1).

[21]王继新,等.农远工程应用评价指标体系的设计[J].中国电化教育,2007,(10).

[22][23]张林静.河北省农村中小学现代远程教育工程队伍建设研究[D].石家庄:河北师范大学,2006.

[24]马骐.陕西省农村中小学现代远程教育工程教师培训的实践与研究[D].西安:陕西师范大学,2007.

[25]薛苏琴.农村中小学现代远程教育工程模式三项目学校信息技术校本培训研究[D].西安:陕西师范大学,2007.

[26]张强.湖北省农村中小学现代远程教育教师培训项目绩效研究[D].武汉:华中师范大学,2005.

[27]王瑞军.农村中小学现代远程教育工程项目学校教师教学中应用信息技术评价指标的研究[D].呼和浩特:内蒙古师范大学,2007.

[28]查锐.农村中小学现代远程教育工程可持续发展的几点思考[J].中国电化教育,2005,(12);王童,杨改学.农村中小学现代远程教育的可持续发展之我见[J].中国电化教育,2006,(1);杨晓宏,贾巍.西部地区农村中小学现代远程教育可持续发展研究[J].中国电化教育,2007,(2).

[29]傅钢善,彭惠群.中西部地区农村中小学现代远程教育工程项目管理研究[J].中国电化教育,2005,(11).

[30]罗江华.教育资源数字化的价值取向研究——基于西部四地两个现代远程教育项目的考察[D].重庆:西南大学,2008.

[31]丁兴富,李烁.对农远工程的经济学思考——重视对工程总拥有成本的分析[J].中国电化教育,2008,(6).

[32]方正平,等.农远工程环境下《小学英语空中课堂》资源的设计与建设[J].中国电化教育,2008,(3).

[33]邢惠.基于中小学的流媒体资源应用平台的设计与开发[D].武汉:华中师范大学,2008.

[34]孙鸿飞.面向服务架构的网络学习系统的研究与设计[D].北京:北京邮电大学,2008.

[35]马晓光.基于IPTV的网络学习平台设计与研究[D].新乡:河南师范大学,2009.

[36]程云.校本课程开发与资源管理平台的设计与实现——以农村中小学现代远程教育工程为背景[D].武汉:华中师范大学,2008.

[37]刘世银.农远IP资源与数学课堂教学整合的探索[J].中国电化教育,2008,(1);彭秋霞,杨宏.农远工程模式——生生互动形态与教学应用研究[J].中国电化教育,2008,(4).

[38]唐章蔚.农远工程背景下区域教研基地构建研究[J].中国电化教育,2010,(4).

[39]汪颖.农远教师培训转型策略研究[J].中国电化教育,2008,(3).

[40]汪颖.回归生态的农远工程教师培训[J].中国电化教育,2009,(1).

[41]张筱兰,欧阳汝梅."主持人串讲式"电视培训教材的设计——农远三种模式应用的实践视角[J].电化教育研究,2010,(5).

[42]"教育信息化建设与应用研究"课题组.我国教育信息化建设与应用专题研究报告[M].北京:高等教育出版社,2010.6—9.

[43]连璞".农远工程"与农村教育信息化发展[J].中国教育信息化,2010,(22).

[44]"教育信息化建设与应用研究"课题组.我国教育信息化建设与应用现状调研与战略研究报告[M].北京:高等教育出版社,2010.19—20.

[45]倪小鹏,李国芳.从教师角度考察我国基础教育信息化的状况和问题[J].中国远程教育,2010,(7).

[46][47]杜娟,李兆君.辽宁省农远资源课堂应用现状的调查与分析[J].中国电化教育,2010,(5).

[48]杨改学,王妍莉".农远工程"环境下西部藏民族双语教学资源应用研究[J].电化教育研究,2010,(6).

[49]解月光,等.可持续发展观下欠发达农村基础教育信息化现状、问题与建议[J].中国电化教育,2009,(2).

[50]南国农.信息化教育概论[M].北京:高等教育出版社,2004.16.

[51]张际平.系统论与基础教育信息化应用推进[J].中国电化教育,2009,(3).

本文转自2012年第3期《教育研究》

走向高位均衡:基础教育改革与发展的应然追求

刘志军　王振存

摘　要:教育均衡分为基础均衡和高位均衡,教育均衡发展的阶段性、文化性决定了教育均衡发展应关注文化影响,走向高位均衡是教育改革的应然追求,以文化关怀为切入点科学构建教育高位均衡发展的策略对深化教育改革、推进教育高位均衡发展有着重要的理论意义和实践价值。实现教育高位均衡发展应推进研究范式从绩效主义到文化自觉的转型;牢固树立"以人为本、文化关怀、特色彰显、生态共荣"的价值理念;充分发挥文化的推进作用,关注文化影响,加强文化研究,重视家庭、学校、社会和区域文化建设。

关键词:教育均衡发展;基础均衡;高位均衡

作者简介:刘志军,河南大学现代教育研究所教授,教育科学学院博士生导师;王振存,河南大学教育科学研究所副教授、博士(河南开封　475004)

《教育规划纲要》提出,要把推动均衡发展作为义务教育的战略性任务。目前,我国教育均衡发展取得了巨大成就,城乡免费义务教育全面实现,并向以加大教育投入、实施标准化建设工程为主要方式的办学条件方面的基础均衡迈出了重大步伐。但随着我国教育改革步入新的发展阶段,面对人民群众对优质教育需求不断提高和我国教育在区域、城乡等层面的巨大差距的现实,如何更为科学地认识均衡的内涵,根据不同类型、层次的教育特点充分发挥其优势,实现特色多元、优质的高位均衡发展是应努力破解的重要课题。

一、教育均衡发展与高位均衡

科学理解教育均衡发展,破解教育均衡发展难题,推进教育高位均衡发展,需要深刻认识教育均衡发展的阶段性、文化性及教育高位均衡发展的内涵。

(一)教育均衡发展的阶段性

均衡不是平均,均衡是平等地对待相同的、有差别地对待不同的以及对弱势进行补偿。均衡发展不是平均发展,而是在基础条件基本均衡的条件下多元优质、和而不同的和谐发展。教育均衡发展具有明显的阶段性,大体可分为两个阶段:一是基础条件均衡,指主要依靠外力,以有形物质投入、标准化建设及外在条件弥补的方式,推进城乡、区域及校际教学场所的硬件设施、师资水平等有形教育资源配置的基本均衡,追求有形方面的均等化、规模化和标准化。二是高位均衡,指根据各自基础、优势和特色,主要通过深化内部改革、加强文化建设、创新体制机制及推动特色发展等方式,将外在条件弥补与内生引领相结合,促进城乡、区域、校际教育互动交流、优势互补、资源共享,实现自主创新、多元特色、峥嵘并进、可持续协调发展。基础条件均衡是实现高位均衡的前提和基础,高位均衡是基础条件均衡的价值追求和奋斗目标。

(二)教育均衡发展的文化性

教育均衡发展具有鲜明的文化表征和深刻的文化根源。教育均衡问题的本质是不同区域、学校、阶层、个体由于文化资本占有量的差异导致其在教育起点、过程、结果方面产生的差距及其累积造成的教育失衡状况。这种失衡状态会不断复制、累积甚至造成代际传递,进而造成更大的教育差距。教育均衡发展不可忽视如下文化的影响。一是为人一生成长奠基的家庭文化。父母是孩子的启蒙老师,家庭是孩子接受教育最早的学校,父母的文化程度、教育观念、教育期望、生活学习习惯、为人处世方式及家庭的教育文化氛围等都对子女的教育产生重要的影响。二是浸染人与教育发展的学校文化。学校是教育开展的主要场所,教师是流动的文化资本,课程是知识、文化和价值的载体,学生群体的素质、学校的教育环境、教育条件、文化氛围等对学校教育的效果和学生的成长乃至一生的发展都有着重要的影响。三是伴随人一生发展的社会文化。家庭文化、学校文化、区域文化都受社会文化的影响和制约,社会文化对家庭文化、学校文化、区域文化有传导作用,当今社会文化观念、教育观念、成才观念、用人观念等对家庭教育、学校教育、社会教育和教育均衡发展有着潜移默化的重要影响。文化既可以成为推进教育均衡发展的积极因素,也可以成为阻碍教育均衡发展的消极因素,教育均衡发展的文化性启示我们,应关注文化影响、深化文化研究、推动文化建设,以推动教育均衡深入发展。

(三)教育高位均衡发展的内涵

在物质条件基本达到的情况下,教育的差别主要不再是物质条件的差别而是办学观念、学校文化、育人特色等方面的差别。教育高位均衡发展不仅仅是数量的扩张、规模的发展,也不是限制教育的高质量区域、高质量学校和高质量学习成绩的学生的发展,而是追求不同区域、类型、层次的教育共同发展,鼓励不同区域、类型、层次的教育,所有学校都能实现个性特色发展。教育高位均衡发展是实现办有特色的教育与为学生提供最适合个性协调可持续发展的教育的有机结合、近期"治标之法"与中长期"治本之策"的有机结合、薄弱学校改造与扩大教育总体供给的有机结合、政府外部推动与学校内部系统改革的有机结合。其更加注重内外结合、上下互动,更加注重通过深化内部改革,强化特色引领,更加注重资源共享,推动互动协调、和谐共生、特色优质均衡、健康可持续发展。

高位均衡发展是一个长期的、动态的、辩证的螺旋式上升的历史发展过程,旨在追求一种更理想、高效、优质的教育状态。这一过程由不均衡逐渐走向均衡,然后均衡再次被更高一级的发展需求打破,出现新的不均衡,并在更高层次上再次从不均衡走向均衡。走向高位均衡既是社会主义社会发展的本质要求,也是基础教育内在品质的客观诉求,更是实现人自由、全面、健康发展的根本需要,是实现教育均衡发展的理想追求。

教育高位均衡发展是一种全新的教育理念和教育发展观。"这一发展观的实质代表了最广大人民群众的根本利益;这一发展观的核心是教育的民主化、公平化,也就是尊重每一个学生接受优质教育的权利;这一发展观的最主要内涵就是合理配置教育资源,全面提升教师群体的素质,办好每一所学校,教好每一个学生。"[1]教育高位均衡发展不仅追求有形的物质层面的均衡,还追求文化、精神等无形层面的均衡与特色;不仅追求起点、过程公平,更追求结果公平,是有形与无形、起点和过程与结果、数量与质量、局部与整体、静态与动态的统一,旨在追求并实践教育公平理念。

教育高位均衡发展是教育的历时态与共时态的有机结合与整体推进。历时态主要包括三个阶段:一是就学机会公平阶段,即"有学上"的教育机会均衡;二是就读优质学校的机会公平阶段,即"上好学"的教育机会均衡;三是充分参与教育过程的机会公平阶段,即"按需选学"的教育机会均衡。共时态主要有四层含义:一是全面发展,即教育要面向全体学生,着眼学生一生,促进学生全面发展;二是协调优质,即规模、结构、质量、效益的协调发展,质量全面提升;三是多元特色,即优势互补、资源共享,不同区域、类型、层次的教育特色发展;四是和谐生态,即不同区域、类型、层次的教育各安其位,构建终身教育体系,维护教育生态,促进人、教育、社会、自然和谐和可持续发展。

二、走向教育高位均衡发展的路径选择

我国城乡免费义务教育的全面实施使孩子受教育机会的基本条件均衡问题——有学上的问题基本解决;如何让孩子上好学,接受更优质且适合自己发展的教育——实现教育高位均衡发展成为亟待解决的另一重大课题。教育均衡发展的阶段性、文化性决定了走向高位均衡是当前教育改革的应然追求,文化关怀是实现教育高位均衡发展的可能路径和现实选择。

(一)推进教育研究范式从绩效主义到文化自觉的转型

"新中国成立以来的中国教育研究,先后出现了三种研究范式和两次范式转换。首先是政治教育范式向绩效主义范式的转换,其次是绩效主义范式向文化学范式的转换。文化学范式是以人为中心,从文化出发来研究人、从人出发来研究文化所形成的研究范式。文化学范式正在成为中国教育研究的主导或主流范式。"[2]社会发展到一定程度必须重视文化,文化对社会方方面面的影响越来越大。在文化作用日益凸显的今天,重视文化影响,从文化视角研究、推动教育均衡发展,加快研究范式从绩效主义到文化自觉的转型是教育从基础均衡走向高位均衡的客观诉求,是深化教育均衡研究、推进教育高位均衡发展的必然要求。缩小教育差距、推进教育高位均衡发展需要在增加经费投入的同时,从文化视角重新审视教育均衡问题的实质,认识教育均衡问题的文化制约性,揭示文化对教育均衡的影响及二者之间复杂的互动关系,需要对当前教育的文化价值取向进行反思,确立以追求公平正义为旨趣的教育均衡文化价值取向。

唤起教育者、决策者、研究者、实践者的文化自觉，以文化转型、文化创新、文化建设全面深入推进教育均衡理论研究的深化和教育高位均衡实践的发展。

（二）确立教育高位均衡发展的价值理念

教育高位均衡发展追求让教育阳光普照每个学龄儿童。首先，切实解决人民群众“有学上”的问题；其次，着力解决人民群众“上好学”的问题，“因材施教”，让每一个学生接受最适合的教育。“上好学”本质涉及社会公平正义，是社会关注的热点，只有推进教育高位均衡发展，才能有效消除教育不公平现象，彻底解决“上好学”的问题。教育高位均衡发展是让所有的孩子接受更多的优质教育，让所有的孩子能够在教育的润泽下自由、全面、健康、富有个性地发展。实现教育高位均衡发展，应秉承如下发展理念。

1.以人为本

以人为本既是科学发展观的本质和核心，也是教育事业发展的核心命题和基本价值取向，树立以人为本的教育发展观，推动教育事业的科学发展，把教育的重点转向人本身，在教育过程中把人的全面发展放在中心地位，坚持育人为本。[3]教育高位均衡发展秉承的以人为本理念就是促进从物本向人本转变，从应试教育向素质教育转变，从学历教育向终身教育转变，从倾斜城市的二元化重点发展向反哺农村的城乡互动协调均衡发展转变，从同质化发展向特色发展转变，从知识本位向生命本位转变；以满足人的需要，提高人的能力，促进人的自由个性发展，实现人的全面、协调、终身、可持续发展为使命，努力为每一个学习者提供公平优质的受教育机会和成人、成功、成才的机会；把近期“治标之法”与中长期“治本之策”有机结合起来，实现从以知识为中心到以人终身、全面、可持续发展为中心的转型；牢固树立基于生命发展的教育高位均衡发展理念，从提升教育公正品质、构建终身教育体系和学习型社会、促进人生命全面发展的高度来审视、研究、规划、推进教育高位均衡发展。

2.文化关怀

教育均衡发展的文化性和阶段性，当代教育研究范式的转型，决定了教育从基础均衡向高位均衡发展必须加强文化关怀，关注不同文化样态的影响，以文化为切入点与着力点，以系统论和文化生态学为主要理论基础，实现从有形物质投入到注重文化建设与发展的转型，以文化研究、文化规划、文化创新、文化建设、文化共享等推动教育高位均衡发展。注重潜在的文化影响，深化基本概念范畴、不同文化与不同类型和层次教育方面的研究；系统加强文化生态建设，汲取中西方传统文化精华，整合区域文化资源；重视家庭文化建设，加强学校文化建设，推动社会文化建设，打造和谐教育文化生态，优化教育高位均衡发展的文化环境，缩小区域、城乡、校际教育差距；科学制定教育文化规划，丰富教育政策公正内涵，健全统筹发展体制机制，探索高位均衡发展模式，建立教育高位均衡发展实验区；提升教育公正品质，扩大优质教育资源供给，充分发挥文化作用，推动文化教育互动共享、自主创新、特色优质协调发展，打造教育高位均衡发展的文化生态圈，整体提升文化生活现代化水平、文化竞争力和文化影响力、文化教育资本总量、优质教育资源的供给力，系统、全面、深入、持久地推进教育高位均衡发展。

3.特色彰显

区域、城乡、学校教育各自的不同文化禀赋特点，不同区域、类型、层次的教育由于复杂的历史和现实原因形成的巨大差距，人发展的多样性对教育的多元化需求等，决定了教育高位均衡发展不能走标准化、同质化、一体化的道路。不同区域、类型、层次的教育应在实现基础条件平等的基础上，根据自身的优势、特点和经济社会与人发展的需要，走优势交流互补和特色凝练提升，适合各自教育文化特点，适合区域、学校、学生个性，自由、多元化、特色发展的道路，推进教育从基础条件达标的标准化建设阶段向不同类型、不同层次教育优势交流互补的质量提升阶段，向内部改革、自主创新的特色发展阶段转变，办最有特色的教育与最适合学生个性自由全面发展的教育，实现从同质化、标准化、一体化发展到特色化、优质化、多元化发展的转型，以增进互动交流、深化内部改革、创新体制机制、加强特色学校建设等推动教育高位均衡发展。

4.生态共荣

教育高位均衡发展不是把不同区域、类型、层次的教育看做孤立的教育单元，而是在教育—文化这一生态系统的整体框架下系统思考、审视教育的发展理念和发展道路。教育高位均衡发展把教育看做由不同区域、类型、层次的教育组成的教育生态和由传统文化、区域文化、城市文化、农村文化等不同文化样态组成的文化生态，两个生态之间相互影响、促进，共同构成了教育文化生态。教育高位均衡发展就是充分关注由传统文化、区域文化、城乡文化、农村文化等组成的文化生态对由区域教育、学校教育、家庭教育、社会教育等不同教育类型组成的教育生态的影响，充分发挥市场、政府、学校、家庭、社会等方面的作用，以不同类型的文化建设推进教育生态系统的改革、发展、提升和完善。推动教育从主要依靠外部到深化内部改革的转型，实现内外结合互动。教育均衡发展既需要政府的外部供给又需要教育资源之间的有效整合，既需要扩大教育总量又需要深化教育内部改革，加快薄弱学校建设，打造高效生命课堂。实现从外在规范到内部自主创生的转型，需要政府推动与学校系统内部的深化改革内外互动、上下联动有机结合，以深化教育教学改革、提升教师素质、改进师生关系、实施有效教学、彰显课堂生命活力推动教育均衡发展。推动被动发展到主动变革转型，既需要国家、社会的扶持，也需要不同区域、类型、层次的教育主体、教育个体的努力，实现从外部政策、物质依附到内在文化自觉、特色创生转型，以主动积极的特色发展推进教育高位均衡发展。

（三）充分发挥文化的推进作用

1.重视家庭文化建设，为教育高位均衡发展奠基

家庭是“人生际遇中的第一所学校”，是人生成长的“摇篮”，是教育高位均衡发展的奠基石。家庭对一个人的教育乃至一生发展有着不可忽视的重要影响；父母是人生命旅程中的启蒙老师，家庭教育实施的效果与家长的素质和家庭的教育文化氛围有很大关系，家庭教育从某种意义上讲是一个家长与孩子之间相互学习、相互影响的互动过程，家长是家庭文化的创造者和传播者，建设健康、文明、积极的家庭文化环境是家长的重要责任。因此，应高度重视家长教育素质的提升

和对孩子的早期教育,家庭成员之间要相互尊重、平等相待,家长要重视孩子的合理意见,注重发现孩子的个性特长。家长要树立积极向上的生活态度,努力创造和丰富家庭教育文化生活,通过开展形式多样、生动活泼的亲子活动培养孩子的兴趣爱好,营造和谐民主的家庭氛围。把家庭教育纳入国民教育体系,加大家庭教育经费投入,注重家庭教育政策立法,建立健全家庭教育的研究、管理、督导机构、体制机制和家长学校、家长委员会等教育培训机构,科学制订家长全员教育培训计划,实施家庭教育系统培训工程,开展文化下乡等系列活动,加快学习型家庭建设。

2.重视学校文化建设,为教育高位均衡发展助力

学校是教育的主阵地,是教育实施的重要场所,学校教育是推进教育高位均衡发展的重要载体和力量。决定一所学校质量的最重要的是文化、传统等深蕴于人心之物。推进教育高位均衡发展最有效的办法是让每所学校、每个人都成为自己的发展者。加强学校文化建设可以充分发挥每所学校、每个人的优势,使学校和师生都成为各自的创造者和发展者。人是学校文化建设中最重要的因素,以学校文化建设推进教育高位均衡发展的最根本的目的是促进学生全面发展,为其一生发展奠定坚实的知识、能力和人格等方面的基础。校长、教师、学生是学校文化建设和学校教育发展的三大主体,应充分发挥其在学校文化建设中的作用;课程、教学、评价是学校文化建设的三大领域,应从课程文化、教学文化、评价文化等方面加强和完善学校文化建设。学校应根据自身特点和发展实际,充分汲取区域文化资源,通过建立校务委员会,充分调动家长、社会等方面的力量,整合家庭、学校、社会资源,形成教育合力,共同推进学校文化建设。同时,应注重加强区域、城乡、学校之间的互动交流、结对帮扶、优势互补、资源共享,通过全面加强社会教育文化支撑系统建设深入推进教育高位均衡发展。

3.推动社会文化建设,为教育高位均衡发展提供有力支持

解决教育均衡发展中的矛盾和问题,需要跳出教育看教育、跳出教育找办法,依托家庭、社会等方面的支持,在良好的社会氛围中谋求教育改革和发展的新局面。只有把每个与教育相关的人都变成教育事业发展的参与者、支持者、建设者,形成个体、群体、家庭、学校、社会教育的合力,教育事业才能赢得最广泛的支持,才能赢得和谐发展的氛围和环境,实现教育高位均衡发展的理想和目标。社会文化对家庭、学校、社会教育有着不可忽视的重要影响,是影响教育高位均衡发展的重要文化因素。

社会文化建设应建立沟通协调机制,减少学校和社会文化价值观的冲突,加强区域、城乡社会文化之间的交流合作;建立有利于激励学习者多种学习渠道成才的政策制度和保障机制;重点保证"两馆一站一室"建设到位,健全科学合理的文化建设财政投入体制;实施文化数字化建设工程和文化遗产保护工程。通过"民间艺术之乡"、"特色文化之乡"的创建和各级非物质文化遗产项目的申报,保护和传承地方传统文化,扶持一批非物质文化遗产的拳头产品。实施文化品牌战略,培育和扶持一批文化名镇、名村、名院;实施农村文化典型带动工程、农村文化人才培育工程;实施文化惠民工程,充分发挥网络资源优势;实施文化扶贫和文化建设工程,加快推进覆盖城乡的公共教育文化服务体系建设。以省(市)群艺馆、图书馆、博物馆、影剧院等为龙头,以区(县)文化馆、图书馆等为骨干,以乡镇(街道)综合文化站为支撑,以村(社区)多功能文化活动室为基础,构建覆盖城乡的四级公共文化阵地网络,实现城乡公共文化服务均衡发展,形成人民群众基本文化权益得到保障的公共文化服务体系。加快县级文化馆和图书馆达标建设、乡镇综合文化站标准化建设、村文化活动室基本设施设备配套建设,以及文化信息资源共享、农村电影数字化改革、图书流转体系建设等公益性文化工程建设,丰富农村文化生活,以加快城乡社会文化建设,缩小区域、城乡文化建设差距,深入推进教育高位均衡发展进程。

4.加强区域文化建设,为教育高位均衡发展营造良好环境

基于不同文化样态对教育均衡发展的影响,考虑到"文化和智慧的价值,是不能简单地以经济、军事实力为标准来衡量的,人类的各种文化中,都可能隐含着很多永恒的、辉煌的、空前绝后的智慧"[4],应秉持"和而不同"、"各美其美、美人之美、美美与共"的文化态度推进区域文化建设。基于不同文化对教育均衡发展的影响和我国幅员辽阔、区域差别巨大的现实,应秉承"生态视角、区域推进、文化着力、城乡交流、优势互补、资源共享、特色发展、双强共荣"的教育高位均衡发展理念,承认和保持教育文化的多样性,让每一所学校都有自己的闪光点,城乡各类学校相互学习、相互促进、异彩纷呈、差异发展。应树立地位平等、相互开放、优势互补、共同繁荣的思想,正确处理依托发展与自主创生、主导作用与支持作用、市场机制与政府调控、近期目标与远景规划之间的辩证关系,注重加强区域、城乡、学校之间的互动交流,促进资源共享、优势互补。关注区域文化影响,加强区域文化建设,整合区域文化资源,推进区域全覆盖和文化产业发展与公共文化服务的均衡提升,使居民共享"文化阳光"。推进区域"城市特色教育文化圈"、区域"城郊特色教育文化圈"、区域"农村特色教育文化圈"的规划建设,优化区域公共文化功能布局。以文化建设教育提升工程和完善公共教育文化服务网络推动教育文化服务质量水平的全面提升,推进区域、城乡、校际文化交融互动、共同提升和特色发展。

[本文系全国教育科学"十一五"规划教育部重点项目"中西部城乡教育公平推进策略研究"(项目批准号:DHA100259)的阶段性研究成果。]

参考文献:

[1]翟博.均衡发展:我国义务教育发展的战略选择[J].教育研究,2010,(1).

[2]张应强.中国教育研究的范式和范式转换——兼论教育研究的文化学范式[J].教育研究,2010,(10).

[3]翟博.育人为本:教育思想理念的重大创新[J].教育研究,2011,(1).

[4]费孝通.费孝通在2003:世纪学人遗稿[M].北京:中国社会科学出版社,2005.130—131.

本文转自2012年第5期《教育研究》

论理科课堂中的价值教育

魏宏聚

摘　要:重视理科教学中情感、态度与价值观的培养已成为世界理科教学改革的重要走向。新课程提出的情感、态度与价值观目标在价值教育中被称为价值目标。理科课堂中的价值教育是指在理科教学活动中,通过教授内容或学习活动的方式,达成情感、态度与价值观目标的教学活动。课堂中试图达成的价值目标将内化为学生的科学精神,是学生从事理科学习及日后从事科学研究而应遵循或具有的"正当性原则",是个体科学素养的重要组成部分。

关键词:理科课堂;价值教育;课堂教学;科学素养

作者简介:魏宏聚,河南大学教育科学研究所副教授、博士(河南开封　475004)

一、理科课堂中价值教育的内涵

价值教育的范围很广,在文科课堂中谈价值教育很容易被人理解,但在理科课堂中谈价值教育的实施却是一个容易让人费解的话题。这种费解可能来自对关键词"价值"、"理科"的不解。

(一)价值教育与"价值"

就"价值"概念本身而言,人们并不陌生,其内涵简要地说就是"客体满足主体需要的程度"。一种物品或社会服务,其满足人们需要的程度越高,它的价值就越大;反之,它的价值就越小。这一理解经常出现在经济学领域,同时也是很多哲学家对价值内涵的一种界定,如有学者就认为,价值学就是研究"有用没用"的学问。[1]但是,在教育学与伦理学领域,"价值"概念的内涵出现了重要变化。比如,"当伦理学家批评一些公众人物缺乏正确的'价值信念'的时候,或者当教育学家提出'应该从小培养青少年学生良好价值品质'的时候,他们所说的'价值'概念根本不可能在'有用性'意义上得到理解,而只能被理解为'主体满足需要的正当性原则'"[2]。比如尊重、关爱、平等与公平等是大家最为熟识的"正当性原则",这即为价值教育中的"价值"。价值教育就是把这些"满足主体需要的正当性原则"通过教学活动,以直接或间接的方式,内化为受教育者的价值观念、价值态度,最终使受教育者建立起基于正确价值原则的生活方式。所以,价值教育是一种完整教育活动的一个组成部分,它所关注的不是学生有关事实性知识、程序性知识的获得,而是学生价值观念和价值态度的形成、价值理性的提升、价值信念的建立及基于正确价值原则的生活方式的建立。[3]毫无疑问,理科课堂中的价值教育应从属于价值教育,但其价值教育中的"价值"具有一定的特殊性,它的特殊性是由理科的知识属性所决定。

(二)理科课堂中价值教育的"价值"内涵及其特殊性

"理科"是一个大家比较熟识的概念。在学术界,大家一般把中小学阶段的理科教育等同于科学教育,如有学者认为,科学教育"指的是自然科学教育或理科教育"[4]。如果从知识属性判断,理科的教学内容是以自然科学知识体系为主要内容,属于自然科学范畴。所以,中学理科教学内容是中学科学教育的重要内容,理科教学作为中学科学教育的代名词是恰当的。理科课堂中价值教育的"价值"一词又该做何理解?既然价值教育中的"价值"是指主体在实践行动中应当遵循的正当性原则,是个体行为的指南与依据,那么据此定义出发,理科课堂中价值教育的"价值",应当是指从事理科学习或理科研究活动应当遵循的正当性原则,这些价值原则显然是任何一个个体进行科学研究或理科学习活动应当遵循的重要行为指南,它们侧重于科学思维方式、科学态度及相应的科学价值观。笔者认为,一个优秀的理科学习者或研究者应具有的价值品质包括:独立思考、认真分析、解决问题的好习惯;逆向思维与质疑精神和能力;有序思考问题、认真细致解题的好习惯等。

当这些价值品质内化为个体的信念后,就会成为指引个体成功地进行理科学习或从事相关研究活动的价值观。新课程改革以来,新的课程目标设置中明确提出了情感、态度与价值观目标,这一目标恰是价值教育所关注的价值目标,它是课堂教学中实施价值教育的重要目标载体。所以,理科课堂中的价值教育是指在理科教学活动中,通过直接或间接的方式,达成理科相应的情感、态度与价值观目标的过程,情感、态度与价值观目标在价值教育中被称为价值目标。

二、理科课堂实施价值教育的必要性与价值追求

理科教学不仅要使学生掌握理科的基础知识、基本技能,还应使学生吸取科学的思想,养成表达清晰、思考有条理的理性思维方式,使学生具有求真求实的态度和锲而不舍的精神。

(一)从学习的角度看,理科课堂实施价值教育是为了养成个体完整的科学素养

在众多对科学素养概念的分类和定义中,影响最为深远的为米勒的定义。米勒于1983年提出了科学素养的三维模式,即认识和理解一定的科学术语和概念的能力;对科学研究的一般过程和方法有所了解,具备科学思维的习惯,在日常生活中能够判断某种说法在什么条件下才有可能成立;全面正确理解科学技术对社会的广泛影响,能够对个人生活及社会生活中出现的科学技术问题做出合理的反应。[5]

米勒提出的科学素养的三维模式,得到了学术界的广泛认同。如果对其科学素养的三个维度再作进一步的归类,依据三个维度的内涵、性质来判断,上述三个维度实际上可以归为两个领域,一个是认知领域,也即是知识学习目标,通常是指科学的事实、概念、原理、规律等的学习目标,比如米勒维度一与维度二的部分内容;另一个是情意领域,也即指向科学的情感、态度与价值观的学习,比如维度二中的部分内容与维度三。认知领域是传统的知识教学关注的对象。情意领域则是

价值教育关注的对象,也就是说,价值教育的目的在于达成科学教育的情感素养,最终目的在于培养学生的科学精神。仅重视知识教学,离开科学精神培养的科学教育是不完整的科学教育,科学精神是理科教学实施价值教育的最终目标与追求。科学素养包括两个领域,一是认知领域,也即科学知识;另一是情感领域,也即科学精神。要培养一个人的科学素养,认知素养与情意素养既相互依附,又相互独立,二者缺一不可。科学精神是指存在于科学共同体中从事科学研究应具有的精神气质,它是一套约束与指导科学工作者的价值观和规范的综合,这恰恰是本研究所提出的理科价值教育中的价值的内涵。

但是,我国传统的理科教育只注重事实性知识与程序性知识,关注知识的形式化的演绎。在绝大多数的理科教学中,教师把科学知识当做教条传授给学生,忽视了科学知识发现的过程,有的只是着眼于应付考试的解题能力和解题技巧,这样培养出的理科学生具有的是残缺不全的科学素养。他们虽然熟练地掌握了科学的知识和技能,但却未必真正理解科学,甚至对科学以外的东西,如社会、人,以及科学与社会及人的关系等,一无所知。这种人是片面发展的人,是单方面的"工具人"、"物理人"、"经济人"。[6]笔者认为,理科课堂中的价值教育应致力于如下几个方面。首先,要有助于学生实现完美的科学生涯,为终身学习、工作奠定良好的基础。其次,要服务于社会和生活的需要,要协助学生解决有关科学的社会问题。再次,其最终追求要在于培养受教育者完整的科学素养。

(二)从教学的角度,理科课堂实施价值教育是为了实施完整的科学教育

理科知识如数学大多是由一些"公理"、"定理"、"法则"、"公式"等"硬"知识组成,这些内容本身并不蕴涵情感、态度与价值观因素,但它们都是人类探索自然、追求真理的知识结晶,其中不仅凝聚着前人的智慧和创造才华,也蕴含着前人对科学的执著追求、百折不挠和献身事业的高尚精神。所以,科学知识不仅表现为一定的理论体系,而且还内含着方法论规则、世界观的价值与伦理学规范,或者说科学不仅有具体的科学事实、定律和理论,而且还有深层的哲学和文化内涵。

倡导理科课堂中的价值教育,试图改变人们"学化学就是掌握化学知识,学物理就是掌握物理知识"的观念,唤醒理科教师在关注科学知识传授的同时,还要关注探寻科学知识的过程与方法,更应关注科学的价值观与科学精神的形成与培养。理科课堂教学不应仅局限于公式、定理等单纯的科学知识讲解,还要向学生揭示蕴含于科学知识中的科学思想和科学思维方式,实现科学知识与科学文化的双重传递。这一认识已受到有识之士的重视并在一些国家的教育政策中得到体现。

简言之,理科课堂实施价值教育的价值追求可以概括为:恢复科学教育的本来面目,实施完整的科学教育,培养受教育者全面的科学素养。

三、理科课堂实施价值教育的内容框架

中学理科课堂实施价值教育应有最基本的内容框架,这个框架是理科各学科价值教育的"纲",也即教学中价值目标设定的"纲"。新课程各理科课程标准中有关情感、态度与价值观目标的内容结构为寻找理科价值教育的内容框架提供了参考与依据。

新课程理科课程标准是在广泛吸收国外理科教育的先进经验的基础上制定的,它进一步明确了自己的课程理念,那就是"全面提高每一个学生的科学素养"。其中理科课程标准明确提出理科价值目标,也就是情感、态度与价值观目标,并结合具体的学科制定出了具体的内容,各理科课程内容不同,价值目标的表述也不尽相同,但其基本结构相似。

新课程关于价值目标①的明确规定是以往理科教学大纲中所不具备的,极大地拓展了科学素养培养的内涵。但各理科标准在关于价值目标的描述中略显散乱,有交叉、重复及层次不够清楚的现象,一线教师操作起来有难度,本研究以新课标物理、化学学科关于价值目标层次的表述为基础,再结合学术界关于科学精神要素及价值教育内涵的界定,寻找理科课堂中价值教育的内容框架。笔者认为,中学理科教学实施价值教育的基本内容框架或结构如下。

1.具有对科学知识、科学研究的兴趣

对科学知识、科学研究的兴趣是科学精神的首要成分。美国1996年颁布的《国家科学教育标准》中明确指出,有科学素养就意味着一个人对日常所见所经历的各种事物能够提出、能够发现、能够回答因好奇心而引发出来的一些问题,如科学兴趣、探索科学的冲突。[7]显然兴趣也是美国对科学素养的首要要求。兴趣是学习积极性中最活跃的成分,是渴望获得理科知识而积极参与学习活动的意向。我国新课程各理科课程标准关于理科价值目标的第一个内容均是关于兴趣培养的要求,在物理学科课程标准中,要求培养学生"能保持对自然界的好奇,初步领略自然现象中的美妙与和谐,对大自然有亲近、热爱、和谐相处的情感"。在化学学科课程标准中要求培养学生"保持和增强对生活和自然界中化学现象的好奇心和探究欲,发展学习化学的兴趣"。

2.理性的质疑意识与能力

理性的质疑是指对已有的科学认识成果不盲目崇信,而是依据理性的逻辑思维和科学事实加以审视,这是理科教学中重要的价值目标。"科学认识是求知、求是、求真的过程,它要求认识主体不唯上,不唯书,不屈从外来压力,不迷信权威和既有理论,以既有的科学事实为出发点,在理性中生疑、存疑,在实践、实验中质疑、解疑。"[8]科学的基本态度之一是疑问,科学的基本精神之一是批判。理性的质疑还意味着应具有批判意识,它是理性的怀疑的深层内涵。没有批判意识会使理性的怀疑逐渐消失,就会轻信、甚至"迷信",抑或在观念上或思维方式上逐渐陷入僵化、简单化或趋同化,也就不可能在科学研究过程中做出什么成就。在物理学科课程标准和化学学科课程标准中均有对"理性质疑意识与能力"培养的要求。

3.实事求是的态度

实事求是的态度与价值观是科学精神存在的基本依据,体现了科学求真的价值。这一要求也被称为科学共同体成员应遵守的普遍性原则。它是指任何科学研究都应以客观的实

践活动为基础，凭科学事实立论并以科学实验和实践作为检验理论正确与否的唯一标准。这一态度也体现在要求科学研究者或学习者应脚踏实地、勤勤恳恳的务实态度上，从点滴做起，扎扎实实地学习，而不是投机取巧，梦想一步登天。实事求是的态度还要求科学工作者必须有坚忍不拔、迎难而上的攻关精神。物理课程标准和化学课程标准中均有对“实事求是态度”培养的要求。

4.超越自我的精神

超越自我的精神包括以下内涵。第一，心态上要有超越自我的精神，不能自傲、自大、容不得别人的批评意见。第二，要敢于、勇于让别人赶上，以心悦诚服的态度对待他人、看待他人超越自己的成就。这一要素几乎是所有研究者都应具备的重要科学精神。这既是科学教育的目标，也是学生进行科学学习的动力因素，影响着学生对科学学习的投入、过程与效果。

5.运用科学知识和方法为社会服务的意识与责任感

这一要素体现了科学向善的价值，应包括两方面的内容：一是运用科学知识为社会服务的意识与责任感；二是科学的伦理问题。以色列学者雅格曾明确指出：理科（科学教育）应是“致力于科学与社会互动研究的学科，即研究科学对社会的影响及社会对科学的影响”。[9]如在生物学科的学习中，新课标非常强调“理解人与自然和谐发展的意义”，突出“主动参与社会决策意识”的培养；初中物理课标中的第五条与初中化学课标中的第六条均是对“运用科学知识、方法分析解决问题意识和能力”培养的要求，新课程这一目标内涵的规定蕴含了为社会服务的意识与责任感的培养。

上述五项内容，既是理科价值教育的内容，也是理科价值教育的教学目标。理科教师可以结合本学科具体的教学内容，在传授相应科学知识的同时，有目的、有选择地达成上述价值目标。

四、理科课堂实施价值教育的路径

理科课堂中的价值目标是一个非常特殊的教学目标，特殊性在于它是一个情意目标或是一种观念与态度。作为一种心理过程，它的达成具有极大的复杂性，我们很难判断受教育者是在什么时候、借助什么事件形成了某种价值目标。所以，探索实施价值教育的路径非常困难。借助达成价值目标的载体，笔者认为，理科课堂中的价值教育可以通过如下三种路径来实施。

（一）通过蕴含丰富价值目标内容的教学

教学内容按其蕴含价值目标的程度可分为三类：一类是含显性价值目标的教学内容；一类是含隐性价值目标的教学内容；一类是不含价值目标的教学内容。通过蕴含丰富价值目标的教学内容实施价值教育这一路径显然针对的是前两类内容。对于理科而言，在新课程改革后，理科教材内容的设置已把价值目标作为教学内容选择、设置的重要依据，所以，新课程理科教学内容中有大量蕴含丰富价值目标的教学内容。可以通过如下途径实施价值教育。

1.通过教授理科教材中的科学史

科学史是激发学生学习动力，培养学习兴趣、献身精神与养成科学态度的生动材料。美国的《国家科学教育标准》极为重视科学史教育，将“科学史与科学本质”作为培养科学素养的核心内容之一。我国的新课程教材也大量增加了理科课程中有关的科学史及其相关的科学哲学内容，这些内容在教材中一般以阅读材料的形式出现在每一节、章的后面。这些内容虽然在教材设计中被放在“正规”教学内容之后，作为课后学习、阅读的材料，从价值教育的角度，这些内容完全可以融入正常的教学中，也可以在课堂上进行专题学习。

从理科价值目标的培养看，通过科学史及相关的理科知识的教学，可以达成以下价值目标。

第一，激发兴趣，培养学习动机。科学史往往选取的是有意义的逸闻趣事，学生非常乐意学习，能够有效地激发学生学习理科的积极性。

第二，有利于培养学生的质疑精神。科学史的实例可以激发学生进行科学探索的热情、勇气与欲望，也有益于培养学生的批判、质疑精神。美国学者萨顿曾说：“英雄们一砖一瓦地建造了科学大厦，他们经受多少痛苦和斗争，表现出多大的坚忍不拔。这些事情，如果青年们知道得更多一些，不是将以更大的勇气和热忱工作吗？不是将对科学怀有更深的尊敬吗？”[10]

第三，有利于形成严谨的科学态度以及为社会服务的责任感。科学史的发展往往是不平坦的，焦耳测定热功当量用了40年，法拉第探究电磁感应用了10年。通过对科学史的学习，让学生真正体会到“在科学上从来就没有平坦的大道，只有不畏艰难、勇于攀登的人才有希望达到光辉的顶点”。此外，让学生通过对与社会生活相关的理科知识的学习，体会科学知识的巨大力量，形成社会服务的责任感与意识。

2.通过与社会生活紧密结合的内容的教学

理科教学有一个重要的价值目标，即为社会服务的意识与责任感。新课程标准中如初中数学是这样描述的：“初步认识数学与人类生活的密切联系及对人类历史发展的重要作用”；初中物理课标规定：“有将科学服务于人类的意识”。在理科课堂上，教师通过教授与社会生活紧密结合的教学内容，恰当地与社会生活相联系，可以有效达成上述价值目标。除了教材中明确设置与社会生活紧密结合的教学内容外，还有一些理科知识与社会生活的联系，需要教师去挖掘、发现。这需要教师具有一定的价值教育意识与价值挖掘能力，才能有效地实施。教师把社会生活中的问题恰当地融入课堂教学中，在教师的引导下，既能培养学生学习理科知识的兴趣，也能培养他们用学到的理科知识解决社会生活中问题的责任与意识。

（二）通过挖掘理科教学内容中隐含的价值目标

理科课程中还存在着大量表面上不含价值因素的教学内容，比如一些“公理”、“定理”、“法则”与“公式”等，但它们都是人类探索自然、追求真理的知识结晶，凝聚着前人对科学的执著追求、百折不挠和献身事业的高尚精神，教师可以在讲授这些内容时，穿插一些知识背后的故事与价值观，“知识无情人有情”，通过这种赋予价值目标的办法，同样可以实施价值教育。

理科课程中存在大量隐含的价值目标的教学内容，挖掘内容背后的价值目标就成为实施价值教育的关键。细化解读教学内容中的三维目标,已成为高效课堂的条件与保障,这一工作已在我国部分地区的学校开始实施。就理科课堂实施价值教育的难易程度而言,挖掘教学内容中隐含的价值信息实施价值教育是一个比较困难的路径,因为价值目标比较隐蔽,需要教师主动、积极地挖掘,它对教师价值品质要求较高。

(三)通过蕴含价值目标的教学活动

这一路径来自理科价值目标的特殊性。理科价值目标如质疑精神、实事求是和严谨的态度等,皆是一个人在活动过程中或科学研究过程中才体现出来的。所以,通过蕴含价值目标的教学活动实施价值教育是理科课堂价值教育的重要路径。这些蕴含价值目标的教学活动可分为三类。

1.借助实验教学

实验教学是理科教学的重要内容,也是价值教育的重要载体。中小学理科教学实验可分为探究性实验、验证性实验与模仿性实验。无论什么实验,实验教学的本质都是通过模拟情景,再现、还原某一科学探究的过程,让学生积极主动地获取科学知识,领悟科学研究方法的活动,在还原这一过程中,让学生体会科学探究的全部价值观。

2.借助探究式教学活动

探究式教学是新课程倡导的重要教学方式,在理科教学活动中,从价值教育的角度来看,探究式教学本质上与实验教学相类似,它也是通过模拟科学活动,通过活动来获得科学知识,同时体验科学精神,形成科学的价值观。初中物理课程标准中是这样描述探究式教学的:“科学探究既是学生学习的目标,又是重要的教学方式。旨在将学习重心从过分强调知识的传承和积累向知识的探究转化……从而培养学生的科学探究能力、实事求是的科学态度和敢于创新的探索精神。”需要说明的是,有一些实验如探究性教学实验,本身就是探究味较浓的教学活动。无论是实验教学或是探究式教学,理科课堂可以达成以下价值目标。

第一,严肃认真的科学态度。科学探究和科学实验需要认真观察,细心操作,任何疏忽都有可能导致结果的失误甚至是整个实验的失败,因此,可以通过科学探究或实验的过程,让学生体验严肃认真的科学态度对科学的意义与价值,尝试形成严肃认真的科学态度。

第二,实事求是的科学价值观。科学研究来不得半点虚假。准备再好的实验、探究活动,也可能由于出现误差而不能达到实验的预期结果,在这种情况下,要教育学生如实地填写实验报告,并认真分析出现误差的原因,养成实事求是的科学价值观。

第三,创新的精神与意识。实验可分为验证性实验与探究性实验,这些实验方法和步骤并不是唯一的,因此从提出问题到作出假设、制订计划、实施计划,每一步都需要学生开动脑筋,提出自己的见解和思路,鼓励学生进行创新,有意识地进行创新精神与意识的培养。

第四,合作的意识与能力。历史上许多科学成就是来自团队的力量,是集体力量和智慧的结晶,理科教材中的探究、实验内容,是需要合作才能完成的,我们可以通过这种合作性的探究、实验过程,培养学生的合作意识与能力。

3.在师生互动中达成价值目标

如果师生互动中蕴含着价值目标,同样可以通过成功的师生互动培养学生相应的价值原则,达成价值目标。比如,学生在课堂学习中,做出了具有创新意蕴的行为,教师可以即时鼓励与评价这种行为,通过教师的即时鼓励与评价,可以让学生明确自己行为的意义与价值,强化与坚定做出这种行为的意识,进而可以内化为相应的价值观。这种达成价值目标的师生互动往往是随机发生的,偶然性较强,通过这种形式实施价值教育至少需要两个条件:一是教师有足够的教学智慧,二是教师有较强的价值教育意识、价值理性与能力。

需要强调的是,通过内容实施价值教育与通过活动实施价值教育,二者不是截然分开的,在通过内容实施价值教育活动时,同样可以设计教学活动实施价值教育;在通过活动实施价值教育时,同样也可以选择恰当的、富有价值目标的教学内容来进行。

[本文系教育部长江学者资助项目“社会转型时期的中小学价值教育”的阶段性研究成果。]

注释:

①学术界、实践界也有称其为情感目标、价值观目标。

参考文献:

[1]李德顺.价值论[M].北京:人民大学出版社,1987.1.

[2][3]石中英.关于当前我国中小学价值教育几个问题的思考[J].人民教育,2010,(8).

[4][5]阎金铎.科学教育研究[M].合肥:安徽教育出版社,2004.1、10.

[6]蔡铁权.物理教学丛论[M].北京:科学出版社,2005.2.

[7]国家研究理事会.美国国家科学教育标准[S].北京:科学技术文献出版社,1999.28.

[8]刘建国.论科学精神的层次[J].江汉论坛,2003,(3).

[9]R.E.Yager. Defining the Discipline of Science Education[J]. Science Education,1984,(1).

[10]乔治·萨顿.科学的生命——文明史论集[M].北京:商务印书馆,1987.44.

本文转自2012年第7期《教育研究》

农村籍学生接受高等教育的个人成本与收益分析

——基于山西省怀仁县海北头乡的调查研究

李桂荣　谷晓霞

摘　要：通过对山西省怀仁县海北头乡的田野调查，匡算出该乡自高等教育大众化发展战略推进以来进入大学本科的求学者接受高等教育的成本与收益状况，进一步推算出被调查者高等教育投资的内部收益率和投资回收期。研究数据表明，尽管随着高等教育大众化的推进和高等教育个人成本的提升，农村籍学生的高等教育投资收益率在逐渐下降，并且投资回收期从10年延长到了14年，但高等教育投资收益率仍保持在较高水平上，高等教育投资收益仍十分明显；本科学历劳动者相对于高中学历劳动者，无论是年收入还是终身收入，其增量都非常显著。接受高等教育除经济收益外，还有多方面的非经济收益，大多数农村籍大学生的自我评价也显示出接受高等教育是有益的。

关键词：高等教育大众化；农村籍学生；高等教育成本；高等教育收益

作者简介：李桂荣，河南大学教育科学研究所常务副所长、教授、博士；谷晓霞，河南大学教育科学学院硕士研究生（河南开封　475001）

高等教育大众化的发展战略和现实推进，为农村适龄青年接受高等教育提供了越来越多的机会。与此同时，不断升高的教育成本、不断延长的教育投资回收期、不断增加的大学生就业风险、不断出现的因教返贫现象，使一些农村籍学生对高等教育望而却步，在农村泛起了新一轮的"读书无用论"，"农村孩子上大学值与不值"的问题成为社会舆论的焦点。本研究从学理角度调查分析高等教育大众化发展战略推进以来农村籍学生接受高等教育的个人成本与收益状况，回应社会焦点，并为农村籍学生高等教育投资提供参考。

一、研究设计

（一）研究预期

本研究以1999年高等教育进入规模快速扩张时期以后，农村籍学生接受高等教育的个人成本与收益现状为切入点，通过计算个人投资高等教育的内部收益率和投资回收期，讨论分析"农村孩子上大学值与不值"的问题，以期引导社会大众作出理性的高等教育投资选择，并呼吁社会关注农村籍学生接受高等教育的弱势地位。

（二）研究方法

本研究主要采用田野调查的方法，笔者住村近三个月，通过问卷和访谈（含电话访谈），客观地了解收集被调查者接受高等教育的个人成本与收益情况，并运用相关模型对此进行统计分析，以期较为客观清晰地呈现高校扩招后农村籍学生接受高等教育的个人成本与收益状况。同时，由于调查对象都是通过追忆、估算的方式提供个人接受高等教育的成本收益数据，因此，对各类个人成本与收益的汇总和统计均采用匡算的方法。这样虽然不具有精确性，但大体上能反映现实状况。

（三）研究样本

1.样本区域

本研究的样本区域是山西省怀仁县海北头乡。海北头乡位于怀仁县境东部，面积111平方公里，人口1.5万，下辖14个村委会，其工农业都具有农村地区的典型性。同时，海北头乡的人口数量和经济总量均居于怀仁县中等水平，具有农村地区的代表性。

2.样本期限

由于研究的是高等教育大众化时代农村籍学生接受高等教育的成本收益问题，因此样本选取的起始点定为高校大扩招的启动年份，即1999年。同时，考虑到2011年以前毕业的大学生才有直接的经济收益，因此样本选取的终结点定为2011届，即2007级大学生。

3.样本级别

我国高等教育的级别结构分为研究生、本科、专科三个层次，但笔者在对农村籍学生进行初期调查时发现其在高中毕业时的第一愿望往往是继续接受本科阶段教育，他们大都认为只有接受本科教育才是真正意义上的"上大学"。另外，由于经济原因，大部分农村籍学生在本科毕业后首先会选择就业，而不是继续接受研究生教育。基于此，为突出研究重点，本研究剔除掉了调查期限内海北头乡最终学历为专科和研究生的学生，把研究对象聚焦在接受全日制本科教育的农村籍学生，共计130人，其中男生67人、女生63人。

二、数据分析

（一）被调查者的高等教育个人成本

教育个人成本包括直接成本和间接成本[1]，本研究对个人成本的考察按照这两类成本展开。

1.个人直接成本的匡算

高等教育的个人直接成本是指学生家庭和学生个人直接以货币形式支付的教育费用。本研究通过对调查样本的问卷、访谈，直接匡算出被调查者的平均个人直接成本。（见表1）

从表1的数据可以看出，1999年以来，学费明显增长，交通费和住宿费有所增长，生活差距费（主要指衣、食、用方面）、教材费、文具费基本稳定。可见，尽管国家在学费控制方面采取了许多措施，但学费仍是农村籍学生高等教育个人成本升高的主要因素。深度访谈中得知，平均学费升高主要是部分学生就读的中外合作办学学校、独立学院、民办高校等二本、三本专业高昂的学费所致。交通费和住宿费的增长主要是由于社会公共交通和房地产价格的上涨。访谈中还了解到，被

表1 被调查者接受高等教育的年平均个人直接成本(元/年)

项目	1999级	2000级	2001级	2002级	2003级	2004级	2005级	2006级	2007级
学费	3500	4000	4200	4500	4600	5000	5000	5000	5000
生活差距费	3000	3000	3000	3000	3000	3000	3000	3000	3000
住宿费	800	800	800	800	800	1000	1000	1000	1000
教材费	500	500	500	500	500	500	500	500	500
交通通信费	450	450	450	500	500	550	600	600	600
文具费	200	200	200	200	200	200	200	200	200
合计	8450	8950	9150	9500	9600	10250	10300	10300	10300

调查者就读的地区大多是欠发达地区,生活成本比发达地区低,由于国家、学校的相关补贴,学校食堂的餐饮价格更为便宜,同时由于物价普遍上涨,在农村生活的成本也在提高,因此,近些年上大学与不上大学的生活差距费与前些年基本相当,只是生活差距费基本稳定的背后是农村籍学生生活质量的下降,大学贫困生越来越普遍,其生活比以往也更加拮据。另外,被调查者反映,由于家境不富裕,他们多是购买二手教材,或是复印、借用教材,多是到图书馆或网吧上网,自己购买电脑的很少,所以,教材费和文具费也基本稳定。

2.个人间接成本的匡算

高等教育个人间接成本是指个人因接受高等教育而放弃的收入机会成本,以及个人为了接受高等教育而投入的资金所损失的利息机会成本或收益机会成本。间接成本的计算较为复杂,本研究采用河北大学韩宗礼教授提出的简便折算方法[2],即在校大学生每年付出的间接成本相当于全国职工平均收入水平的72%,同时根据国家统计局发布的1999—2010年我国城镇单位在岗职工平均工资公告,折算出被调查者的平均个人间接成本。(见表2)

表2 被调查者接受高等教育的平均个人间接成本(元)

年级	大学一年级	大学二年级	大学三年级	大学四年级	四年合计
1999级	6368.40	7286.75	8385.10	9526.30	31566.55
2000级	7286.75	8385.10	9526.30	10823.30	36471.45
2001级	8385.10	9526.30	10823.30	12394.50	41579.20
2002级	9526.30	10823.30	12394.50	14186.20	47380.30
2003级	10823.30	12394.50	14186.20	16535.90	54389.90
2004级	12394.50	14186.20	16535.90	19936.40	63503.00
2005级	14186.20	16535.90	19936.40	22746.95	73855.45
2006级	16535.90	19936.40	22746.95	25158.95	84828.20
2007级	19936.40	22746.95	25158.95	28443.33	96285.63

从表2的数据可以看出,1999年以来,高等教育的间接成本增长迅速,2007级的间接成本是1999级的三倍多,显见的原因是经济转型带来了劳动力市场价格的普遍上涨,大学生已经达到法定劳动年龄,如果不上大学去就业,可以获得更高的劳动收入。

3.个人直接成本与间接成本的比较

根据直接成本与间接成本的匡算,可以汇总出被调查者个人平均总成本的数值(见表3)。根据表3的数据,可以绘出被调查者接受高等教育的平均成本直观图(见图1)。如图1所示,从1999级到2007级,被调查者接受高等教育的直接成本和间接成本都呈递增趋势,但直接成本增长缓慢,间接成本增长迅速。由于间接成本大都属于机会成本,其显著增长必然引发人们对高等教育机会的质疑。

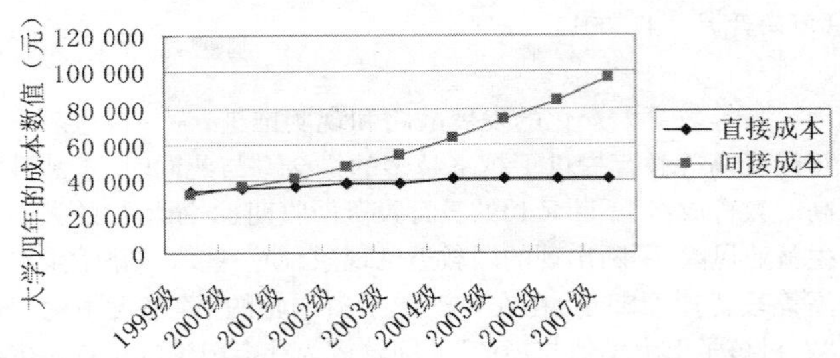

图1 被调查者大学四年的平均直接成本与间接成本

(二)被调查者的高等教育个人收益

个人收益包括经济收益和非经济收益[3],本研究对个人收益的考察按照这两个维度展开。

1.个人经济收益的匡算

高等教育的个人经济收益,也称货币收益,是指个人接受高等教育可以为他在今后的工作和生活中获取的工资、津贴等收入的增量。本研究对农村籍学生接受高等教育个人经济收益的估算大致包括以下过程。

第一,确定收益期。本研究假定高中毕业时年龄为18周岁,本科毕业时年龄为22周岁,毕业当年开始工作,到60

表3 被调查者大学四年的个人平均成本状况(元)

项目	1999级	2000级	2001级	2002级	2003级	2004级	2005级	2006级	2007级
直接成本	33800.0	35800.0	36600.0	38000.0	38400.0	41000.0	41200.0	41200.0	41200.0
间接成本	31566.6	36471.5	41579.2	47380.3	54389.9	63503.0	73855.5	84828.2	96285.6
总成本	65366.6	72271.5	78179.2	85380.3	92789.9	104503.0	115055.5	126028.2	137485.6

周岁退休，高中毕业生工作期限为42年，本科毕业生工作期限为38年，即高中教育投资的收益期为42年，大学本科教育投资的收益期为38年。

第二，匡算过往收入。被调查者的起始年级为1999级，2003年开始有经济收入，他们2003—2011年的年均收入以被调查者的实际收入为依据进行匡算；与被调查者年龄相当的高中学历劳动者，1999年开始有经济收入，他们1999—2011年的年均收入以被调查者推荐的其中学同学为辅助调查对象，进行实际收入的调查匡算。

第三，预测未来收入。2011年以后的预期收入，借用李洪天的研究思路[4]，未来某一年的预期收入=收入基数×(1+年实际收入增长率)n×收入系数，其中n表示某一预期收入年份与收入基数年份之间的差额。根据这个计算公式，预测未来收入，关键是要确定收入基数、年实际收入增长率和收入系数。

确定收入基数。本研究以被调查者2011年的收入为收入基数，2007级因尚未获得整年的收入，其年收入根据月收入推算。(见表4)

表4 被调查者2011年的收入状况(元)

类型＼年级	1999级	2000级	2001级	2002级	2003级	2004级	2005级	2006级	2007级
本科学历者月均收入	3362	3155	2956	2783	2584	2448	2350	2198	2120
本科学历者年均收入	40344	37860	35472	33396	31008	29376	28200	26376	25440
高中学历者月均收入	2352	2279	2168	2136	2063	1991	1967	1924	1892
高中学历者年均收入	28224	27324	26016	25632	24756	23892	23604	23088	22704

表5 1999—2010年城镇单位在岗职工平均工资及其增长率情况

统计项＼年份	1999	2000	2001	2002	2003	2004	2005	2006	2007	2008	2009	2010
城镇单位在岗职工平均工资(元)	8346	9371	10870	12422	14040	16024	18364	21001	24932	29229	32736	37147
平均实际工资增长率(%)	13.1	11.4	15.2	15.5	12.0	10.5	12.8	12.7	13.6	11.0	13.0	10.0

估计年实际收入增长率。年实际收入是指扣除物价变动因素后的收入。根据《中国统计年鉴》公布的数据，1999—2010年，城镇单位在岗职工平均实际工资每年都有所增长，年均增幅最高15.5%、最低10%(见表5)。但从增长趋势来看，线性略有下降走势(见图2)。据此，本研究保守估计未来年实际收入增长率，2015年之前为8%，2015年及以后为5%。

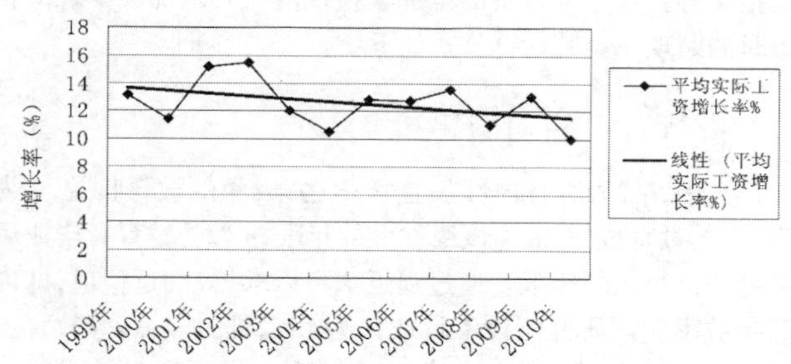

图2 1999—2010年城镇在岗职工年均实际工资增长率及其变动趋势

确定收入系数。根据劳动力市场分割理论，现实的劳动力市场是分层的，一级劳动力市场的雇主是大公司，较易形成内部劳动力市场，劳动者的工资不是由边际生产力决定的，而是由其在内部劳动力市场中所处阶梯的地位决定的，内部晋升程序明朗，劳动年数越长，级别越高，工资也越高；二级劳动力市场的雇主由众多中小企业组成，产品需求变动频繁，企业对发展内部劳动力市场不感兴趣，工资由市场上的劳动力供求关系决定，与劳动者的工龄相关性较小。在现实的劳动力市场上，本科学历劳动者大都有机会进入一级劳动力市场，而高中学历劳动者多数是进入二级劳动力市场。根据劳动力市场分割的状况，再辅之以德菲尔法收集的专家建议，本研究确定两类劳动者的收入系数如表6、表7所示。

表6 本科学历劳动者收入系数

工作年数	1～4	5～9	10～13	14～17	18～28	29～33	34～38
收入系数(μ)	0.4	1.0	1.2	1.4	1.6	1.2	1.0

表7 高中学历劳动者收入系数

工作年数	1～4	5～8	9～12	13～16	17～37	38～42
收入系数(μ)	0.8	0.9	1.0	1.1	1.2	0.9

第四，绘出两类劳动者收入差额图。根据前文的估算，将收入基数、年实际收入增长率和收入系数代入公式，分别算出本科学历劳动者和与其同龄的高中学历劳动者的未来预期收入，然后分别用1999级至2007级本科学历劳动者从工作第1年(23岁)到第38年(60岁)的年均收入减去相应年份同龄的高中学历劳动者的年均收入，计算出两类劳动者的年均收入差值和终身收入差值，将终身收入差值绘成图(见图3)。如图3所示，1999级至2007级本科学历劳动者相对于同龄高中学历劳动者，其终身收入的增量是十分显著的。同时，本研究选取调查样本的起始年级是1999级，中位年级是2003级，终端年级是2007级，绘出其年均收入差额曲线(见图4)。如图4所示，两类劳动者年均收入的差额始终为正数，说明本科学历劳动者年均收入始终高于高中学历劳动者，并且两类劳动者预期平均年收入，在刚参加工作的起初几年差额较小，随着工作

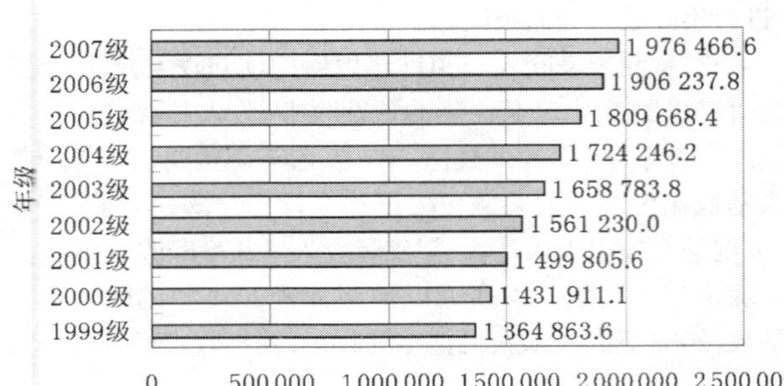

图3　1999级至2007级两类劳动者终身收入差额

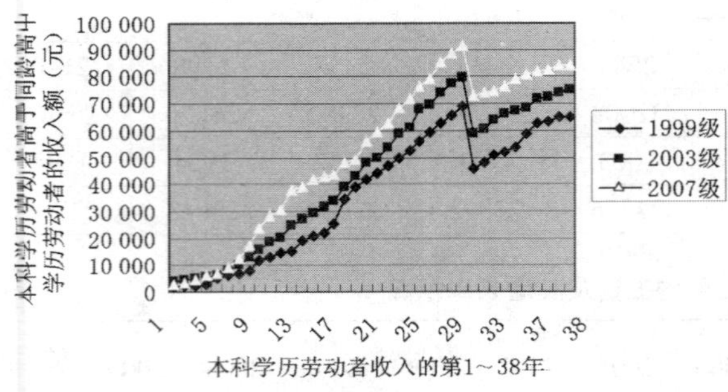

图4　1999级、2003级、2007级两类劳动者年均收入差额曲线

年数的增加差额逐渐加大，在50岁左右，二者的年平均收入差额达到峰值，其后二者的年平均收入差距有所缩小，但仍很可观。另外，1999级学生工作的第一年是2003年，2003级学生工作的第一年是2007年，2007级学生工作的第一年是2011年，由于工资体制改革和整体收入水平的不断提升，2007级学生起薪高于2003级学生，2003级学生高于1999级学生。因此，仅从工资额来看，入学晚的比入学早的两类劳动者的年均收入差距更为明显。这说明高等教育大众化进程并未消除本科学历劳动者相对于高中学历劳动者的收入优势。

2.个人非经济收益的调查

高等教育的个人非经济收益，也称社会收益，是指个人因接受高等教育而获得的政治收益、精神收益、家庭生活收益等。本研究对农村籍学生接受高等教育个人非经济收益的调查包括以下两个方面。

第一，农村籍学生对接受高等教育是否有收益的认同度。被调查者有75.5%的人认为接受高等教育有收益，也就是说绝大多数农村籍学生自我感觉上大学是值得的。但认为非常有收获的不足三分之一，还有近四分之一认为收益有限和没有收益（见图5）。这说明的确有一部分农村籍学生自我感觉上大学是不值的，其作为一种市场信号反馈到求学市场，必然会引起一些学生对上大学的踌躇。

第二，农村籍学生接受高等教育的积极影响。经调查，农村籍学生接受高等教育对其个人和家庭带来的积极影响是多方面的。（见表8）

（三）被调查者的高等教育投资收益率

教育投资收益率有多种计算方法，本研究以学界常用的内部收益率为计算工具。高等教育个人投资的内部收益率，

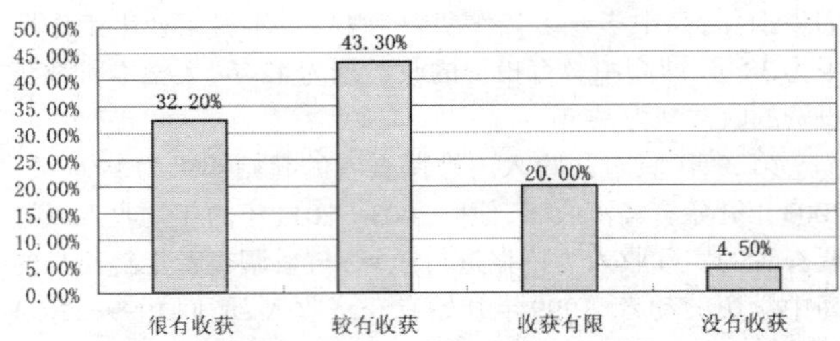

图5　被调查者对接受高等教育是否有收益的认识

表8　被调查者认为接受高等教育能为个人和家庭带来的积极影响

对个人带来的积极影响				对家庭带来的积极影响	
影响内容	认同比例	影响内容	认同比例	影响内容	认同比例
提高认识水平	76.67%	拓展人际网络	46.67%	提高家庭生活质量	43.33%
提高思维能力	70.00%	丰富社会经验	41.11%	改善家庭经济状况	33.33%
提高环境适应能力	70.00%	增强未来收益的安全性	30.00%	增强家庭的荣誉感	28.89%
提高人际交往能力	63.33%	提供良好工作环境	26.67%	产生积极的代际效应	26.67%
提升心理素质	56.67%	提升选择更好享受生活的能力	26.60%	提高家庭的社会地位	16.67%
丰富世界观、人生观	54.44%	增加非货币福利	20.00%		

是指高等教育个人投资的全部收益现值与其全部成本现值相等时的贴现率。其计算公式如下：[5]

$$\sum_{t=1}^{n}\frac{B_t}{(1+i)^t}=\sum_{t=1}^{m}\frac{C_t}{(1+i)^t}$$

其中，i代表教育内部收益率，B_t为第t年的教育收益，C_t为第t年的教育成本，m为该级教育的年限，n为受教育者毕业后终身获得收入的年限。通过逼近法可以求得i的近似值，即内部收益率。本研究假设本科教育为4年，即$m=4$；高等教育投资项目的寿命期为38年，即$n=38$；C_t和B_t数据通过前文对成本与收益的调查统计和预期估算获得，最终代入公式，计算出不同年级被调查者接受高等教育的个人内部收益率（见表9）。投资者一般以银行贷款利率作为社会平均投资收益率，进而以社会平均投资收益率为参照权衡某一项具体投资的可行性。本研究选取1999年到2011年中央银行一年至三年期贷款基准利率中最高值作为每年社会平均投资收益率（见表10）。然后再据此推算出每一届本科生求学期间的社会平均投资收益率。因为学制年与财政年不一致，每一届本科生求学期间的社会平均投资收益率按5个财政年度进行平均。（见表11）

表9 被调查者高等教育投资的内部收益率(%)

年级	1999级	2000级	2001级	2002级	2003级	2004级	2005级	2006级	2007级
内部收益率	21.68	20.36	19.47	18.36	17.55	16.19	15.31	14.24	13.16

表10 中央银行一年至三年期贷款基准利率[6](%)

年份	1999年	2000年	2001年	2002年	2003年	2004年	2005年
利率	5.94	5.94	5.94	5.49	5.49	5.76	5.76
年份	2006年	2007年	2008年	2009年	2010年	2011年	
利率	6.30	7.56	7.29	7.29	5.85	6.10	

表11 被调查者求学期间的社会平均投资收益率(%)

年级	1999级	2000级	2001级	2002级	2003级	2004级	2005级	2006级	2007级
求学期间	1999—2003年	2000—2004年	2001—2005年	2002—2006年	2003—2007年	2004—2008年	2005—2009年	2006—2010年	2007—2011年
社会平均投资收益率	5.76	5.72	5.69	5.76	6.16	6.52	6.83	6.85	6.81

表12 被调查者平均高等教育个人投资回收期(年)

年级	1999级	2000级	2001级	2002级	2003级	2004级	2005级	2006级	2007级
投资回收期	10	11	12	12	12	13	13	13	14

根据表9、表11的数据,将被调查者的高等教育投资收益率与其求学期间的社会平均投资收益率进行比较。(见图6)

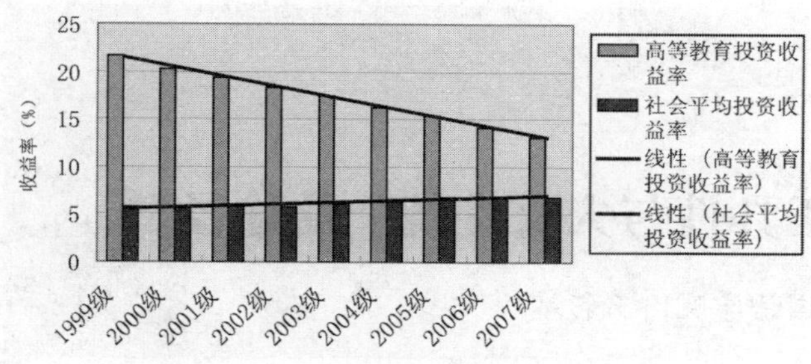

图6 被调查者高等教育投资收益率与社会平均投资收益率

如图6所示,高等教育投资收益率始终远高于社会平均收益率,说明个人投资高等教育的收益是显著的。但从趋势线看,社会平均投资收益率基本稳定,并略有升高,但高等教育内部收益率却呈明显的下滑趋势,高等教育投资收益率与社会平均收益率之间的差距在逐渐缩小,如果不出现拐点,随着高等教育毛入学率的进一步攀升,高等教育收益空间的确不容乐观,这或许是部分农村籍学生选择放弃高等教育投资的原因之一。

(四)被调查者的高等教育投资回收期

投资回收期是指从项目投建之日起,用项目所得的净收益偿还原始投资所需要的年数。投资回收期分为静态投资回收期与动态投资回收期,本研究依据高等教育投资的特性,选择动态投资回收期为计量工具。其计算公式为:[7]

P′t(动态投资回收期)=(累计净现金流量现值出现正值的年数-1)+上一年累计净现金流量现值的绝对值/出现正值年份净现金流量的现值

本研究假设大学期间每年的直接费用是在年初支付的,间接费用是在年末统一计算的,工作后取得的收入也是在年末统一计算的。根据历年中央银行一年期定期存款利率计算出相应的复利现值系数,在相应的个人投资成本和工资标准下,依据动态投资回收期公式,进而计算出1999年到2007年入学的被调查者平均高等教育投资回收期。(见表12)

如表12所示,高等教育投资回收期1999级约为10年,2000级约为11年,2001级到2003级约为12年,2004级到2006级约为13年,2007级约为14年。这说明,随着高等教育大众化进程的推进,求学成本的偿还需要更长时间。深度访谈得出其原因主要是,劳动报酬由工作岗位的性质决定,而非由劳动者的学历和素质决定,随着高等教育的扩张,具有研究生学历的劳动者越来越多,他们在就业大军中排在前列,有选择更好职位的优先权,部分本科学历劳动者被排挤到了劳动报酬不理想的工作岗位上,甚至一时被困在不需要受高等教育的劳动力就业市场上,工作搜寻时间延长,工作稳定性差,起薪微薄。这种状况作为一种市场信号也是部分农村籍学生选择放弃高等教育投资的原因之一。

三、研究启示

由于高等教育求学成本的提高、个人收益率的下降、投资回收期的延长,以及农民家庭高等教育支付能力相对拮据和农村籍学生毕业后就业风险较高等多方面的原因,在农村出现新一轮的“读书无用论”是可以理解的,这也从一个侧面说明了农民高等教育消费理性的觉醒,他们不再盲目地认为上大学就是跳入了“龙门”,大学毕业一定能前程似锦,人们面对高等教育市场时有了选择的意识,尽管这种选择是被动的、无奈的,但毕竟在高等教育卖方市场的“铁板”上掀开了一道向买方市场转型的“缝隙”。然而,消费理性不仅包括消费意识,而且强调理性能力。在现实中,一方面农村籍学生上大学的花费越来越多,家庭经济负担越来越重,甚至一些家庭“因教返贫”;另一方面农村孩子不上大学,外出打工的收入越来越高。因此,农民往往简单地认为,与其上大学不赚钱还花钱,不如去打工不花钱还赚钱。在这里,显然众多农村家庭很少或者根本没有从长远利益的角度去考量教育投资的收益,而是把高等教育投资当做了一种短期投资行为。

根据研究结论,被调查者个人高等教育投资的收益率均高于相应年度的社会平均投资收益率,这说明农村籍学生接受高等教育的个人投资是能够还本并取得较高收益的。尽管随着高等教育大众化进程的推进和高等教育个人成本的提升,农村籍学生的高等教育投资收益率在逐渐下降,并且投资回收期从10年延长到了14年,但高等教育投资收益率仍保持在较高水平上(最低年份也在13%以上),高等教育投资收益仍是十分明显的;本科学历劳动者相对于高中学历劳动者,无论是年收入还是终身收入,其增量都是非常显著的。况且接受高等教育除经济收益外,还有多方面的非经济收益,大多数农村籍大学生的自我评价也显示出接受高等教育是有益的。因此,在农村渲染“读书无用”的思想,从短期看,貌似理性,但从长期看,却是不理性的。

教育是关涉未来的事业,教育投资是终身受益的投资,农村家庭不能简单地从望子成龙转向劝子退学,而要认真权衡接受高等教育的投入与产出,正确认识并防范教育投资风险,切实提高高等教育投资的决策能力。与此同时,政府要引导民众树立高等教育的理性消费观,鼓励民众作出理性的教育选择;要继续加大对高等教育的投资力度,控制个人的成本分担比例,减轻民众接受高等教育的经济压力,减缓和控制个人高等教育投资收益率的下降趋势,保持和扩大个人投资高等教育的收益空间;要进一步完善助学贷款制度,为贫困家庭投资高等教育提供金融手段的支持;要加快建设支撑教育投资决策的信息平台,让农村籍学生能够更为便利地选择到适合自己的高校和专业,提高个人高等教育投资的效益,进而提升农村籍学生上大学的自我效能感,让更多的农村籍大学生认为上大学是非常有价值的选择。

参考文献:

[1][5]靳希斌.教育经济学(第四版)[M].北京:人民教育出版社,2008.257、405.

[2]韩春蕾.江苏省高等教育个人收益研究[D].南京:南京财经大学,2006.

[3]王善迈.教育投入与产出研究[M].石家庄:河北教育出版社,1996.246.

[4]李洪天.高等教育与个人收益率[J].教育发展研究,2002,(6).

[6]中国银行历年存款准备金率及基准利率调整一览表(2011版)[DB/OL].http://wenku.baidu.com/view/d0a3a7dd5022aaea998f0f11.html.

[7]财政部会计资格评价中心.中级财务管理[M].北京:经济科学出版社,2011.86—87.

本文转自2012年第6期《课程·教材·教法》

内容阅读教学:实现英语课程工具性与人文性统一的途径*

河南师范大学外国语学院　王彩琴

摘　要:《义务教育英语课程标准(2011年版)》指出“工具性和人文性统一的英语课程有利于为学生的终身发展奠定基础”。在教学实践中,如何实现工具性与人文性的统一,是当前英语教学面临的一大难题。研究表明,内容阅读教学的方法,有助于在英语教学中实现英语课程的工具性与人文性的统一。

关键词:内容阅读教学;英语课程性质;工具性;人文性

作者简介:王彩琴(1965—　),女,河南新乡人,河南师范大学外语学院副教授,主要研究英语课程与教学论

《义务教育英语课程标准(2011年版)》(以下简称《课程标准》)改变了我国以前的英语教学大纲和课程标准只说明英语课程的工具性的阐述,明确规定:义务教育阶段的英语课程具有工具性和人文性双重性质。工具性和人文性统一的英语课程有利于为学生的终身发展奠定基础。[1]这是英语课程从单纯的语言类课程向语文类课程的发展,是我国社会发展对于英语课程的需要。[2]

《课程标准》规定英语课程的总目标由语言技能、语言知识、情感态度、学习策略和文化意识等五方面构成,这一目标“既体现了英语学习的工具性,也体现了其人文性”[3],显然是英语课程的工具性与人文性的统一,因为语言知识、语言技能、学习策略的目标主要表现为工具性,情感态度、文化意识的目标则主要表现为人文性。以英语阅读教学为例,在阅读教学中进行语法、词汇、阅读技能的教学,显然是实现英语课程的工具性的教学目标,而同时对阅读语篇与话语进行情感态度、文化内涵层面的教学,则可以实现其人文性的教学目标,从而在阅读教学中实现工具性与人文性的整合。这种把语法、词汇、阅读技能教学与情感态度、文化内涵统一起来进行的阅读教学,即为内容阅读教学。笔者在教学研究中尝试了内容阅读教学的方法,发现内容阅读教学能较好地实现工具性的教学目标与人文性的教学目标的整合,既有利于提高学生的英语运用能力,也有利于发展学生的思维能力和综合

人文素养。本文尝试结合具体案例,阐述如何开展整合英语课程的工具性与人文性的内容阅读教学。

一、通过内容阅读教学实现工具性与人文性目标的统一

在心理学意义上,阅读是读者对由视觉输入的语言文字符号的信息进行解码,获取作者想表达的信息的活动,这一活动是一个心理过程,影响作者对信息进行解码的,是读者已有的经验,也就是图式。由此而言,阅读就是读者看到作者的符号信息,然后比照自己的大脑中的图式,从而形成自己对于作者符号信息的理解。显然,理解的关键在于读者是否具有与作者所表达信息相同的图式。在此意义上,阅读即是基于已有图式理解文本内容。如何帮助学生建构理解阅读文本所需的图式,显然是阅读教学的重要任务之一,而任何一篇英语阅读材料都是由语言图式和内容图式构成的。语言图式是指词汇、语法、篇章结构等方面的语言知识,内容图式则是指语篇的意义(价值取向、情感态度)与文化内涵。影响阅读的首先是语言图式,但最终是内容图式,而内容阅读教学即是引导学生通过阅读理解文本的语言图式和内容图式的教学,正因为如此,内容阅读教学在当今全球阅读教学研究中受到广泛重视。[4]

(一)通过内容阅读教学实现英语课程的工具性目标

英语课程的工具性目标要求英语阅读教学"培养学生通过英语课程掌握基本的英语语言知识,发展英语听、说、读、写技能,初步形成用英语与他人交流的能力,进一步促进思维能力的发展,为今后继续学习英语和用英语学习其他相关科学文化知识奠定基础"[5]。这些目标都需要通过引导学生建构阅读文本的语言图式而实现。

任何阅读理解都首先需要对阅读文本进行理解,而这需要对文本的语词、语句、语篇进行阅读理解,内容阅读教学也是如此。理解文本、建构语言图式,当然需要进行必要的语词、语法、语篇结构的教学,也需要进行相关的阅读理解技能的教学,理解语句、语句之间的联系、语段之间的联系,都可以培养学生的思维能力。

内容阅读教学还强调英语之外的其他相关学科的科学文化知识的阅读理解。联合国教科文组织所属的国际图书馆联合会长期倡导多学科、跨学科的阅读。该机构2007年发布了指导开展跨学科阅读实践的建议报告,2011年再度发布了强调通过多学科的阅读提升学生的综合素养的报告。[6]21世纪伊始,美国教育部就开展了"概念导向的阅读(concept - oriented reading)"大型项目,这一项目由美国教育部的教育科学研究所主持,把美国3—9年级的阅读和科学课程整合起来进行阅读教学项目,这一项目目前正在美国一些中小学广泛开展。[7]

显然,内容阅读教学可以通过开展对阅读语篇的理解进行词汇、语法、语篇等语言知识的教学,以及阅读技能的教学、思维能力的教学和其他科学文化知识的教学,从而实现英语课程的工具性目标。

(二)通过内容阅读教学实现英语课程的人文性目标

英语课程的人文性目标要求"英语教学承担着提高学生综合人文素养的任务,即学生通过英语课程能够开阔视野,丰富生活经历,形成跨文化意识,增强爱国主义精神,发展创新能力,形成良好的品格和正确的人生观与价值观"[7]。这些目标都需要通过引导学生建构阅读文本的内容图式而实现。

对于内容阅读教学的早期研究则是源于内容图式对于阅读理解的影响。早在1987年,著名英语教育专家*Patricia* Carrell就在外语教育著名期刊*TESOL Quarterly*上发表"Content and Formal Schemata in ESL Reading"一文,介绍了她组织开展的一项阅读实验,其结论是:对于阅读理解,内容图式的影响远远大于形式图式(即语言图式)。[8]

内容阅读教学不仅仅引导学生理解文本,更要求开展对于阅读文本内容,尤其是文本所表达的价值取向、情感态度、文化内涵的分析和讨论,由此引导学生建构相应的内容图式,从而培养学生的理解文本的价值取向、情感态度和文化内涵的能力,并基于此而提升学生的综合人文素养,实现英语课程的人文性目标。

(三)通过内容阅读教学实现工具性与人文性目标的统一

国内外对于内容阅读的学术研究达到这样的共识:内容阅读教学要求教师在进行阅读教学时,不仅关注阅读技能的培养、对文本信息的获取,引导学生建构阅读文本的语言图式,更要引导学生理解文本内容,引导学生建构阅读文本的内容图式。此即,内容阅读教学可以首先通过理解文本,进行相关的词汇、语法、语篇等语言知识教学,进行阅读技能教学,进行基于语句、语句之间联系、语段之间联系的思维教学。同时,内容阅读教学可以在学生理解文本之后,引导学生展开对于文本的价值取向、情感态度、文化内容的分析、讨论等。显然,内容阅读可以实现英语课程的工具性与人文性目标的统一。在教学中,教师可根据教学内容的特征、学生的水平,进行工具性与人文性教学目标的整合统一,或者以语法、词汇等语言图式的建构为主,或者以价值取向、文化内容等内容图式的建构为主,或者二者都予以强调。

我国当前的英语阅读教学存在主要关注词汇、语法、语篇等语言知识教学,很少关注基于阅读文本发展学生思维能力,而对于文本的价值取向、情感态度、文化内容的分析和讨论则更少。这就更加要求我们在英语教学中着力开展内容阅读教学,引导学生在建构语言图式的同时,建构文本的内容图式。

二、内容阅读教学设计的基础

开展内容阅读教学,首先要求教师要树立明确的内容阅读教学意识,在进行阅读教学时,既要设定引导学生通过阅读文本建构相应的语言图式的教学目标,更要设定引导学生理解阅读文本的内容,建构相应的内容图式的教学目标,从而通过内容阅读教学实现工具性与人文性目标的统一。

开展内容阅读教学,还要求教师认真分析把握阅读文本的内容特性,尤其是文本的价值取向、作者的情感态度、文本的文化内涵等。任何一篇阅读文本都必然呈现着文本的内容,表达着作者的写作意图,教师在分析阅读文本,尤其是作为课文的阅读文本时,一定要广泛了解作者背景,深刻理解文本内容,准确把握作者写作意图,不要只是把课文当做呈现语法的语言材料。只有这样,教师才能真正引导学生读懂阅读文本,尤其是课文。对于阅读文本的内容图式,我们还可以采用批判性话语分析,进行深度的理解与分析。在具体的分析中，我们可以通过回答以下问题进行深度把握：What opinions / facts / examples / terms didthe author mention in the passage? For what purpose (s) did the author present these opinions / facts / examples / terms in the passage? What is the climax of the story? For what purpose (s) did the author present this climax / turning point? For what purpose (s)did the author write this passage? For what purpose (s)did the author write this passage in this way? 等等。

开展内容阅读教学，还要求教师自身具有较为广泛的内容图式，对阅读文本有着较为敏锐的理解、感知与认知。这就要求教师进行广泛的阅读，不断丰富自己的内容图式，从而更加合理地开展内容阅读教学。

三、内容阅读教学设计步骤

(一)分析阅读文本的内容图式

开展内容阅读的前提是教师准确把握阅读文本的内容图式，所以设计内容阅读教学，首先要做的、必须要做的即是分析阅读文本的内容图式。主要从以下要素进行分析。

1.阅读文本的主题(theme)

任何阅读文本都有着清晰的主题，比如乌鸦与狐狸的故事具有“不要听信奉承”的主题，侠盗罗宾汉的故事具有“反抗暴政”的主题，科学实验的文本具有“追求真理”的主题，尤其是文化内涵很丰富的文本，其主题更需要深层分析和把握，如奥德赛的故事、科学与上帝关系的论证文章等等。

2.阅读文本的体裁(genre)

文本的体裁也会对文本的内容内涵有影响，如新闻与科学论文的体裁不同，对同一科学发现的阐述的主题则也会不同，新闻报道袁隆平院士的水稻试验田的产量，重点在于产量的多少，主题在于“新的水稻育种技术成功”，突出的是“中国取得新的科技进步”；而科学论文说明分析袁隆平院士的水稻试验田的产量则重点在于产量如何达到这一数量，主题在于“新的水稻育种技术得到科学证明”，突出的是“科学精神”。

3.阅读文本的细节与顺序(details and sequence)

文学作品的细节与故事发展顺序，会对文本主题形成影响，如《水浒传》中是宋江先被招安再打方腊，还是先打方腊再被招安，会对故事主题形成重大影响。科学文本更会受细节与顺序的影响，从实验到结论，是归纳，从原理到应用，是演绎。先说明具体事例，再得出结论性阐述的新闻，具有西方的文化特性。先说明结论，再用具体事例补充说明的新闻，具有中国的文化特性。显然，理解文本主题需要分析文本的细节与顺序。

(二)设计内容图式理解活动

内容阅读就是要引导学生理解阅读文本的内容，引导学生建构相应的内容图式，这就需要相应的内容理解活动，通常可以通过以下方式进行。

1.教师直接分析、讲解阅读文本的内容图式。这一方法适合阅读文本的内容图式比较复杂、学生难以理解把握或者对学生而言比较陌生以及进行内容阅读的开始阶段。如奥德赛的故事，其文化内涵，尤其是其精神价值，是需要通过数千年来对故事文本内涵的深层解读，故事的内容图式已经非常清晰(如回“家”的内涵，认识自我、认识世界的过程的内涵等等)，但奥德赛的精神意义是中小学生自身的生活阅历难以理解的。所以阅读奥德赛的故事这样的阅读文本，就需要教师为学生分析、讲解其内容图式，尤其是其象征意义。

2.教师引导学生通过小组或班级讨论分析归纳阅读文本的内容图式。这一方法适合通过讨论分析能够获得内容图式的文本的阅读。如Alice in the Wonderland这样的文本，学生可以通过生活经历、阅读经历等，理解阅读文本中的相应内容，比如会说话的动物、扑克牌士兵等等，都只是各种已知要素的组合。

3.学生课前通过阅读，分析归纳阅读文本的内容图式，教师检查并给予反馈。这一方法适合资料容易获得的内容图式。如阅读关于哥白尼的文章，学生可能很难理解为什么哥白尼不敢在生前发表他的著作、公布他的学说，但说明这一问题的材料很多，学生很容易找到这些材料，这就可以让学生课外查找资料，然后在课堂上汇报自己所获得的信息，教师进行评价反馈。

(三)设计语言图式教学活动

内容阅读教学之所以能实现《课程标准》所规定的工具性与人文性整合的教学目标，就在于内容阅读教学不仅突出对于阅读文本内容的理解，也强调对于理解阅读文本所需的语言知识、阅读技能的教学。

很多阅读文本中，尤其是作为课文的阅读文本中，都预设了语法、词汇教学目标，这些语言图式都是阅读教学必须引导学生建构的。

阅读理解任何文本都需要运用阅读技能、方法与策略，所以任何内容阅读活动都可以用于培养阅读技能、方法与策略，而且可以用于培养任何阅读技能、方法与策略。这里以如何设计培养学生“找出文章中的主题”的阅读技能为例，说明如何在内容阅读教学中设计阅读技能培养活动。

内容阅读中对于分析把握阅读文本的主题要求较高，而《课程标准》“分级标准”三级阅读目标技能要求学生能够“抓住大意”，五级阅读技能标准中就有明确的“找出文章中的主题”的技能目标，所以我们实施《课程标准》，就需要培养学生抓住大意、归纳主题观点的能力。

教师设计怎样的活动来培养阅读“抓住大意、找出文章中的主题”的阅读能力？对于故事而言，可采取以下方法。这里以《英语》(新标准)初一下册的Goldilocks故事阅读为例，进行说明。[9]

1.分析主要角色

我们阅读故事可能会发现故事中有很多角色，但我们要归纳发现文章主题，就一定要找出主要角色，因为只有主要角色的经历，才是故事主题所在。次要角色的出现是为了衬托主要角色的故事。这个故事尽管有Goldilocks和熊爸爸、熊妈妈、小熊四个角色，但小熊一家连名字都没有，更没有主要的情节，所以不可能是主要角色，故事的主要角色只能是Goldilocks。

2.分析故事冲突

故事的冲突不难发现，只要我们阅读故事之后能把握故事发展线索，找出故事中的转折点，即可准确把握故事冲突。Goldilocks故事的冲突不是熊发现Goldilocks把粥吃掉了，把椅子坐坏了,在床上睡觉,因为这些不是故事的主要角色的主要情节。从主要角色Goldilocks的情节而言,故事的冲突是每次都有三个选择项,有的too hot或者too cold,有的too big或者big,所以她总是选择那个just right的一项。

3.分析故事冲突的结果

对于故事结果的理解比较容易,我们阅读故事的发展,总会有冲突的结局,当然有些文学作品可能没有明确说明故事冲突的结局,但这本身也是一个结局,说明冲突的发展的未知性。我们需要注意的是,冲突的结果不一定是故事的结尾,而是冲突情节的结果。Goldilocks这个故事的结局是Goldilocks跑了,但这不是故事冲突的结果。从Goldilocks来说,冲突的结果是选择了合适的选项。

4.综合归纳作者写作意图

这是把握故事主题最难的一步,要对于故事的寓意有准确把握,需要有理解故事所需的内容图式。Goldilocks这个故事的写作意图不是说明Goldilocks喜欢偷吃他人的食物,也不是要说明小熊一家出门散步时应该把门锁上,而是要说明Goldilocks总是做出正确的选择,她没有选择too cold或者too hot的粥、too big或者big的椅子、too hard或者too soft的床,而是选择just right的那碗粥、那把椅子、那张床。这就是著名的Goldilocks Principle的内涵。

(四)设计整合内容理解与技能培养的活动

基于(二)(三)两步设计,我们可以设计出内容阅读教学的课堂活动,亦即把内容阅读理解与阅读能力培养结合起来,实现《课程标准》所要求的工具性与人文性统一的课程目标。

1.激活导入

鉴于Goldilocks故事中的Goldilocks Principle这一内容图式比较容易通过分析把握,我们可以采用教师引导学生课堂讨论的方法进行内容阅读教学。那么,激活导入可以如此进行:

教师告诉学生:学校新购了很多课外读物,让学生放学后到学校图书馆去选择借阅。选择读物时要注意采用Goldilocks Principle。什么是Goldilocks Principle?我们来读Goldilocks这个故事,大家应该就能理解了。

2.阅读故事

让学生阅读故事,在描述Goldilocks行为的语句下画线。然后引导学生讨论:Goldilocks是怎么做出选择的?

对粥的选择:

One bowl was small, one was big and one was very big. Goldilocks was very hungry.She picked up the biggest bowl but she didn' t like it—it was very hot. Then she picked up the big bowl, but she didn' t like it—it was cold. The little bowl was good. She finished all the food in it.

对椅子的选择:

Then she felt a little tired.So, she walked into the living room where she saw three chairs. Goldilocks sat in the first chair to rest her feet. "This chair is too big! " she said. So she sat in the second chair. "This chair is too big, too! " she said.So she tried the last and smallest chair. "Ahhh, this chair is just right," she was happy.

对床的选择:

She lay down in the first bed, but it was too hard. Then she lay in the second bed, but it was too soft. Then she lay down in the third bed and it was just right. Goldilocks fell asleep.

3.归纳总结

显然,Goldilocks不是盲目地选择大的、小的、冷的、热的,而是选择合适的。这就是Goldilocks Principle的内涵。

4.拓展引领

那么,我们选择课外读物,就要注意:不要一味选择著名的、有趣的、插图好看的等等,而要选择just right(正好适合自己的)读物。我们以后做任何选择都应遵循Goldilocks Principle,这就是我们读Goldilocks应该获得的教益。

上述Goldilocks的内容教学案例既培养了学生获得Goldilocks Principle这一非常重要的选择的能力,又培养了学生如何分析归纳故事主题的阅读能力,较好地做到了工具性与人文性的统一。

实践证明:教师在提高自身阅读素养的同时,准确把握内容阅读教学的内涵,精心设计内容阅读教学活动,能有效实现《课程标准》所要求的英语课程的工具性与人文性整合的目标。

[本文是教育部人文社科项目"中小学英语学习成效提升策略实验研究"(08JD740002)的研究成果之一。]

参考文献:

[1][3][5][7]中华人民共和国教育部. 义务教育英语课程标准(2011年版)[S]. 北京:北京师范大学出版社,2012.

[2]鲁子问. 我国义务教育外语课程目标质疑与重构[J]. 课程·教材·教法,2007(7):55—59.

[4]Richard Vacca, Jo Anne Vacca, Maryann Mraz. Content Area Reading: Literacy and Learning Across the Curriculum, 2010. Boston: Allyn, Bacon; Ulusoy, Mustafa, Dedeoglu, Hakan. Content Area Reading and Writing: Practices and Beliefs. Australian Journal of Teacher Education, 2011, 36 (4): 1—17.

[6] Carrell Patricia L. Content and Formal Schematain ESL Reading [J]. TESOL Quarterly, 1987, 21(3): 461—481.

[7] Katz L G, Raths J D. Dispositions as Goals for Teacher Education [M]. Teaching and Teacher Education, 1985 (4): 301—307.

[8] International Federation of Library Associations and Institutions, 2007. Guidelines for Library – Based Literacy Programs: Some Practical Suggestions; 2011. Using Research to Promote Literacyand Reading in Libraries, Paris.

[9]陈琳,Simon Greenall.《英语》(新标准)(初中一年级下学期)[M]. 北京:外语教学与研究出版社,2003:42—45.

本文转自2012年第9期《课程·教材·教法》

从历史看小学语文教材中的坐姿、家具与器物插图

———以人教版、苏教版和北师大版为例

安阳师范学院历史系　刘朴兵

摘　要：跪坐是唐代以前中原汉族合乎礼仪的标准坐姿，宋代以后则盛行垂足坐。在小学语文教材中，有部分插图所绘的坐姿不符合历史事实，多将唐代以前流行的跪坐误绘为宋代以后盛行的垂足坐。桌椅等与垂足坐相适应的高足家具唐代以后始普遍流行，在反映唐代以前的历史插图中，不应出现桌椅等家具。中国古代的酒具、茶具和农具，其材质和样式随着时代的发展而有所不同，绘制其插图时，不能有悖于当时的时代背景。

关键词：小学语文；教材；历史插图；坐姿；家具；器物

作者简介：刘朴兵（1972—　），男，河南西华人，安阳师范学院历史系副教授，历史学博士，主要从事中国古代社会史研究

目前中国大陆所使用的小学语文教材，多彩色印刷，图文并茂。书中所配的历史插图，使有关历史故事更为形象化，小学生得以更为直观地理解课本中的历史故事。这些历史插图，在帮助小学生加深理解课文内容方面功不可没。然而，由于配图人员缺乏相应的历史知识，部分历史插图也存在着一些失误之处。本文以人教版、苏教版和北师大版小学语文教材为例，从历史学专业角度审视其中涉及中国古代的坐姿、桌椅家具和酒具、茶具、农具等器物的部分插图，就其正误进行粗浅分析，旨在引起人们对中小学教材中历史插图的失误予以重视。所论不当之处，敬请方家指正。

一、中国古代的坐姿与桌椅家具

（一）中国古代的坐姿

在中国古代，人们的坐姿有跪坐、箕据坐、盘腿坐和垂足坐四种类型。跪坐类似于今天的下跪，双膝并拢着地，臀部叠压于足跟之上，上身直立。跪坐是唐代以前中原汉族合乎礼仪的标准坐姿，由于双膝着地，故正面是不露脚的。在跪坐盛行的时代，有一种臀部着地、两足伸出的坐法，称为“箕据”。箕据被认为是一种不尊重他人的极其失礼的行为。盘腿坐类似于箕据，也是臀部着地，但盘腿坐两腿盘起，双脚压在膝下。盘腿坐是中国北方游牧民族的传统坐姿，魏晋南北朝以来，逐渐为中原汉族所接受。垂足坐是将臀部坐在椅凳等坐具上，两腿自然下垂，双脚踏地。垂足坐源于古代埃及、印度等国，魏晋南北朝时期由丝绸之路传入中国内地。唐代是中国坐姿的重要变革期，传统的跪坐逐渐消失，盘腿坐和垂足坐日益流行。宋代至近现代，盛行垂足坐，盘腿坐尚可偶见，跪坐则比较罕见。

在小学语文课程标准实验教科书中，不少插图所绘的坐姿符合历史事实，给人以真实感。如人教版六年级上册《语文》教材（以下简称“人教六上”。以下人教版的其他册《语文》教材亦作类似简称）《伯牙绝弦》插图（图1）[1](137)，俞伯牙跪坐于席上，正要弹琴。本课的“资料袋”介绍道：“俞伯牙、钟子期相传为春秋时代人”[1](138)。将俞伯牙的坐姿绘为跪坐，符合春秋时代的坐姿。苏教版六年级下册（以下简称“苏教六下”。以下苏教版的其他册《语文》教材亦作类似简称）《孔子游春》第二幅插图（图2）[2](121)，一名弟子跪坐于地，聆听孔子的教诲。北师大版四年级上册（以下简称“北师大四上”。以下北师大版的其他册《语文》教材亦作类似简称）《孔子和学生》插图（图3）[3](3)，孔子和诸弟子皆跪坐于席上，其中右下角身穿青灰色衣服的弟子，其跪姿尤为明显。孔子生活于春秋时代，这两幅插图将坐姿绘为跪坐是正确的。

图1　伯牙绝弦

图2　孔子游春

图3　孔子和学生

在小学语文教材中，也有部分插图所绘的坐姿不符合历史事实，多将唐代以前流行的跪坐误绘为宋代以后盛行的垂足坐。如人教四下《扁鹊治病》插图（图4）[4](142)，蔡桓公坐于床榻之上，左足鞋尖外露。鞋尖外露，说明其坐姿不是跪坐，而是垂足坐。扁鹊治病的故事出自《韩非子·喻老》，扁鹊和蔡桓公生活于春秋时期，其坐姿不应绘为垂足坐。

图4　扁鹊治病

人教二下《数星星的孩子》插图（图5）[5](134)，幼年张衡和奶奶同坐于一张有靠背的竹椅之上，小张衡和奶奶两人垂足而坐的姿势十分明显。北师大一下《数星星的孩子》插图（图6）[6](101)，张衡和爷爷垂

图5　数星星的孩子（人教版）

足坐于板凳之上。张衡为东汉时期著名的科学家、文学家,故绘垂足坐为误。人教四下《手不释卷》插图(图7)[4](98),三国时期吴国的大将吕蒙据桌读书,其坐姿也画成了垂足坐。人教六下《七步诗》背景图(图8)[7](144),魏文帝曹丕的坐姿也误绘为垂足坐。

图6 数星星的孩子(北师大版)

北师大六上《学弈》插图(图9)[8](46),两个对弈的小儿盘腿坐于地下,师傅弈秋的坐姿较低,腿部被绿裳覆盖,绿裳之下两膝之间的距离较大,可以推知其坐姿非跪坐,而是盘腿坐。《学弈》这一故事出自《孟子·告子上》,说明弈秋至少生活于战国时期,当时中国内地尚无盘腿坐,故此图的坐姿绘为当时流行的跪坐为佳。

图7 手不释卷

图8 七步诗

图9 学弈(北师大版)

苏教二下《木兰从军》第二幅插图(图10)[9](65),一位男性军人据桌垂足而坐。《木兰从军》的故事背景发生在北朝时期,当时垂足坐已经传入中国北方,人们坐"胡床"(马扎)时即采用垂足坐。但垂足坐在内地尚不流行,汉族人民会客时仍采取传统的跪坐。木兰解甲归故乡,脱去戎装换红装,出门会见昔日的"伙伴"(战友),伙伴的坐姿绘为跪坐较佳。

图10 木兰从军

(二)桌椅家具

唐代以前,人们在居室之中铺设席子,席子之上设有低矮的几案。几案相比,几小案大。其中,案又可分为进食用的食案和办公、书写用的书案。至唐代时,"居室文化仍然以席子为主"[10](59),但高足长案开始出现,成为后世桌子的先声。五代时,文献中始出现桌子之名。宋代时,桌子获得空前的发展,成为家庭中基本的家具。宋代的桌子和后世一样,多采取建筑形式的梁架结构。与桌子相比较,椅子在中国出现的时间更早一些。大致说来,"约在三到四世纪,跟随着印度寺院中的习惯,中国的僧人开始使用椅子;在盛唐到晚唐时期,有一部分居士以及与佛教有接触的人也开始使用椅子;到了五代、宋初,椅子开始普遍流行于中国的家庭内"[11](266)。与椅子相类似的凳子、绣墩等坐具,是随着垂足坐的流行而逐渐普及开来的。

图11 响遏行云

在小学语文教材中,不少插图所绘的几案桌椅等家具是符合历史事实的。如人教六上《响遏行云》插图(图11)[1](151),薛谭跪坐于地,面前摆放着一张低矮的食案。"响遏行云"这一故事发生的战国时期,图中的食案准确反映了当时与跪坐相适应的家具。苏教六上《冬夜读书示子聿》插图(图12)[12](129),陆游坐于一张有靠背的椅子之上,陆游父子的面前摆放着一张书桌。陆游是南宋时期的诗人,当时已流行垂足坐,图中的桌椅正是与垂足坐相适应的高足家具。北师大四上《师恩难忘》插图(图13)[3](1),师生正在一间由破庙改造的教室中上课,多数学生坐于简陋的木质课桌前认真听讲。《师恩难忘》一文的故事背景发生在1942年,图中所绘的简陋课桌反映了中国抗日战争时期艰苦的读书条件。

图12 冬夜读书示子聿

图13 师恩难忘

图14 学弈(苏教版)

但也有部分插图所绘的几案桌椅等家具不符合历史事实。如人教四下《扁鹊治病》插图(图4)[4](142),春秋时期的蔡桓公坐于一张框架结构的坐榻之上,他的右手旁边还绘有一张方桌。苏教二下《学弈》第二幅插图(图14)[9](84),图中绘有一张框架结构的长条高桌。前文已言,学弈这一故事发生在春秋战国时期。人教四下《纪昌学射》插图(图15)[4](140),纪昌面前的桌面上放着一把宝剑。"纪昌学射"这一故事源于《列子·汤问》,这说明纪昌生活于战国以前。人教二下《数星星的孩子》插图(图5)[5](134),东汉的张衡和奶奶坐于有靠背的竹椅之上。北师大一下《数星星的孩子》插图(图6)[6](101),张衡和爷爷坐于小板凳之上。人教四下《手不释卷》插图(图7)[4](98),三国的吕蒙面前,绘有一张框架结构的桌子。人教五下《杨氏之子》插图(图16)[13](48),在杨氏之子的身边,绘有一张框架结构的圆桌和两个绣墩。《杨氏之子》选自南朝刘义庆的《世说新语》,故事中的孔君平、杨氏之子生活于魏晋时期。苏教二下《木兰从军》第二幅插图(图10)[9](65),绘有一张桌子。"木兰从军"的故事发生在北朝时期。以上历史插图的故事背景皆发生在唐代以前,图中不应出现唐代以后才流行的桌子、椅子、板凳、绣墩等家具。

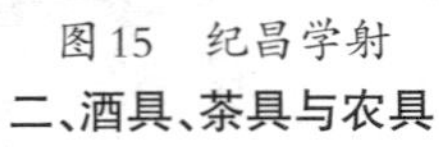

图15　纪昌学射

图16　杨氏之子

二、酒具、茶具与农具

(一)酒具

中国古代的酒具,从材质和样式上都变化甚大。先秦时期,最为流行的酒具为青铜酒具,其品种主要有爵、觚、尊、盉、壶等。人教六上《响遏行云》插图(图11)[1](151),战国时期的歌唱家秦青为弟子薛谭饯行,在两人之间的食案上,摆放着饮酒用的爵、调酒用的盉等酒具。这幅插图较好地反映了先秦时期人们饮酒时所使用的酒具。

秦汉以后,爵、觚等青铜酒器逐渐被羽觞(又称耳杯)、酒盏、酒杯取代。其中,羽觞多为漆器,在外形上呈椭圆形,主要流行于两汉魏晋时期。人教五下《草船借箭》插图(图17)[13](98),诸葛亮与鲁肃对坐于船中饮酒,在两人之间的食案上,摆放着一爵一觚。草船借箭的故事发生在东汉末年,故应将图中的爵、觚改绘为羽觞为佳。

图17　草船借箭

就酒壶而言,魏晋以前的酒壶无可供执秉的柄系,也没有可供斟酒入杯的流子。只在酒壶的顶部,有一个较大的开口,以供酒浆的倾入、倾出。南北朝至隋唐时期的酒壶,形态多古朴丰满,顶部的开口仍很大。开始出现壶柄和壶流,其壶柄连接酒壶的颈部和腹部,壶流短小,多位于酒壶的肩部。宋代的酒壶又称酒注、注子,多与温酒的注碗配套使用,形态多轻盈苗条,顶部的开口变小,酒流变得又细又长。明清两代,由于温酒习俗的消失,酒壶摆脱了注碗的束缚,花样更新,千姿百态,但多配有壶盖,壶柄、流子下移至酒壶的腹部。苏教三下《李白斗酒诗百篇》插图(图18)[14](77),唐代诗人李白面前放着一把蓝色的酒壶,其壶顶部的开口很小,壶流、壶颈甚长,流子及执柄位于酒壶的肩部,是典型的宋代酒壶样式。人教四下《扁鹊治病》插图(图4)[4](142),右边侍女所端的托盘上,放着一把酒壶,此壶上瘦下丰,壶顶的开口较小,配有壶盖,壶柄及酒流对称分部在酒壶的腹部,壶柄呈流畅的环状,酒流又细又长,正是典型的明清酒壶样式。明清时期的酒壶出现在春秋时期故事的绘图中,这显然是错误的。

图18　李白斗酒诗百篇

(二)茶具

与酒具相比,中国的茶具出现得较晚,这主要因为中国人饮茶的历史大大晚于饮酒。大致说来,汉代时,长江上游的四川地区已有茶叶买卖。魏晋南北朝时期,茶从长江上游逐渐传播到长江中下游地区,饮茶在南方地区渐成习尚,但在北方黄河流域却比较鲜见,这种状况一直持续到唐代中期。杨晔《膳夫经手录》载:"至开元、天宝之间,稍稍有茶,至德、大历遂多,建中以后盛矣。"可见,唐代中原地区饮茶之风的兴起始于唐玄宗开元(713—741年)、天宝(742—755年)年间,唐德宗建中(780—783年)以后,中原地区的饮茶之风方呈现兴盛局面。在唐代陆羽《茶经》问世之前,人们饮茶并没有专门的茶具。唐代盛行煎茶,宋元盛行点茶。无论是煎茶,还是点茶,人们饮用的都是茶末或茶粉,这与明代以后盛行的泡茶迥然不同。泡茶所用的基本茶具为茶壶和茶杯。明清时期的茶壶和酒壶一样,多有盖有柄有流,壶柄与流子也多在壶的腹部,对称分布。与酒壶不同的是,茶壶的壶顶开口一般较大,壶身低矮,壶腹圆鼓。茶杯在清代也有了突出发展,由杯、托、盖三件组合而成的盖碗瓷茶具开始在北方大量使用。

人教五下《杨氏之子》插图(图16)[13](48),桌子上摆放着一把茶壶和一只茶杯,其茶壶是典型的明清泡茶壶样式。苏教二下《木兰从军》第二幅插图(图10)[9](65),桌子上摆放着一套白色的盖碗瓷茶具。《杨氏之子》和《木兰从军》的故事背景分别是魏晋和北朝时期,这两幅插图中出现的明清样式的茶具显然有悖于当时的时代背景。人教一下《春晓》插图(图19)[15](12),一名中年男子左手举着一只杯子,正凭栏眺望。在男子面前的桌子上,摆放着一把明清样式的矮矮的圆圆的茶壶。在男子背后的立柜上,也放着一把同样的茶壶,这只茶壶被支起的窗扇遮挡住了上半部。苏教六上《闻官军收河南河北》插图(图20)[12](17),图中桌子上放着一套白色的盖碗茶具。《春晓》和《闻官军收河南河北》的作者分别是孟浩然和杜甫,两人都生活于唐代。因此,这两幅插图中不应该出现清代的茶壶和盖碗茶具。

图19　春晓

图20　闻官军收河南河北

(三)农具

农具的质料和样式,随着历史的发展而有所变化。在质料上,最早的农具为木器和石器。苏教四上《开天辟地(一)》插图(图21)[16](P81),盘古劈开天地所用的斧子,样式古拙,木质的斧柄绑在石质的斧头之上，此图较好地反映了人类尚处于石器时代的历史。然而，同书反映盘古开天辟地的另一幅插图(图22)[16](P69)，图中的斧子，木质的斧柄插于金属斧头之中。无论是从质料，还是从样式来看，都与现代的斧子无异。北师大二上《金斧子》插图(图23)[17](P38)，图中的斧子却是银白色的。课文的标题为金斧子，斧子的颜色理应绘成金黄色。

图21 开天辟地(一)

图22 开天辟地(二)

锄是古代农耕社会中一种重要的锄草工具，锄头的颈部是弯曲的。人教一上《悯农》插图(图24)[18](100)，图中老农手持之锄，其锄头颈部弯曲。然而，北师大一上《锄禾》插图(图25)[19](79)和苏教一下《锄禾》插图(图26)[20](119)，图中锄禾的农民所拿的却不是锄，而是一种被称为“镢头”的挖土工具。锄头曲柄，较轻薄，利于锄草；镢头直立，较厚重，便于取土。人教六下《桃花心木》插图(图27)[7](8)，图中植树挖坑的农具即是镢头。

图23 金斧子

图24 悯农

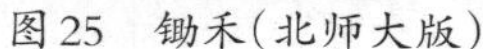
图25 锄禾(北师大版)

图26 锄禾(苏教版)

图27 桃花心木

三、结语

由于小学生尚不具备辨别知识真伪的能力，他(她)们对教材中的内容多不加置疑地背诵记忆。与课文内容相配的历史插图，因其生动形象，更会在他(她)们的脑海中留下非常深刻的印象。小学语文教材中的错误历史插图，一旦被小学生们作为正确的知识接受下来，将和其他基础知识一起，在他(她)们童年的记忆中扎下根来，难以磨灭。由于大多数学生长大后，并没有机会接受相关的历史专业知识，这些错误的知识将陪伴其一生。更为可悲的是，多数人或许一生并不知道其错误。因此，对小学语文教材中的历史插图，应从历史学专业角度予以全面的认真审视，并尽快更换其中的错误历史插图。

参考文献：

[1]课程教材研究所小学语文课程教材研究开发中心.义务教育课程标准实验教科书·语文(六年级上册)[Z].北京：人民教育出版社，2006.

[2]江苏中小学教材编写服务中心.义务教育课程标准实验教科书·语文(六年级下册)[Z].南京：江苏教育出版社，2008.

[3]北京师范大学出版社基础教育分社.义务教育课程标准实验教科书·语文(四年级上册)[Z].北京：北京师范大学出版社，2008.

[4]课程教材研究所小学语文课程教材研究开发中心.义务教育课程标准实验教科书·语文(四年级下册)[Z].北京：人民教育出版社，2004.

[5]课程教材研究所小学语文课程教材研究开发中心.义务教育课程标准实验教科书·语文(二年级下册)[Z].北京：人民教育出版社，2002.

[6]北京师范大学出版社基础教育分社.义务教育课程标准实验教科书·语文(一年级下册)[Z].北京：北京师范大学出版社，2008.

[7]课程教材研究所小学语文课程教材研究开发中心.义务教育课程标准实验教科书·语文(六年级下册)[Z].北京：人民教育出版社，2006.

[8]北京师范大学出版社基础教育分社.义务教育课程标准实验教科书·语文(六年级上册)[Z].北京：北京师范大学出版社，2009.

[9]江苏中小学教材编写服务中心.义务教育课程标准实验教科书·语文(二年级下册)[Z].南京：江苏教育出版社，2004.

[10]崔咏雪.中国家具史[M].台北：明文书局，1994.

[11]柯嘉豪.椅子与佛教流传的关系[M]//蒲慕州.生活与文化.北京：中国大百科全书出版社，2005.

[12]江苏中小学教材编写服务中心.义务教育课程标准实验教科书·语文(六年级上册)[Z].南京：江苏教育出版社，

2008.

[13]课程教材研究所小学语文课程教材研究开发中心.义务教育课程标准实验教科书·语文(五年级下册)[Z].北京:人民教育出版社,2005.

[14]江苏中小学教材编写服务中心.义务教育课程标准实验教科书·语文(三年级下册)[Z].南京:江苏教育出版社,2005.

[15]课程教材研究所小学语文课程教材研究开发中心.义务教育课程标准实验教科书·语文(一年级下册)[Z].北京:人民教育出版社,2001.

[16]江苏中小学教材编写服务中心.义务教育课程标准实验教科书·语文(四年级上册)[Z].南京:江苏教育出版社,2006.

[17]北京师范大学出版社基础教育分社.义务教育课程标准实验教科书·语文(二年级上册)[Z].北京:北京师范大学出版社,2008.

[18]课程教材研究所小学语文课程教材研究开发中心.义务教育课程标准实验教科书·语文(一年级上册)[Z].北京:人民教育出版社,2001.

[19]北京师范大学出版社基础教育分社.义务教育课程标准实验教科书·语文(一年级上册)[Z].北京:北京师范大学出版社,2006.

[20]江苏中小学教材编写服务中心.义务教育课程标准实验教科书·语文(一年级下册)[Z].南京:江苏教育出版社,2003.

本文转自2012年11月25日《光明日报》

校园网,思想政治教育新渠道

郑州大学口腔医学院　唐艳华　丁蓓蕾

高校校园网在整个学校的运行过程中发挥着重要作用,也是大学生思想政治教育的重要渠道和平台。开发建设高校校园网,既是主动占领网络思想政治教育新阵地,进一步加强和改进大学生思想政治教育的重要举措,也是引导大学生健康成长,培养社会主义建设者和接班人的迫切需要。

从目前我国各高校的情况来看,在网络管理方面的规章制度还不够健全,亟待进一步制定和完善校园网管理制度、信息发布制度、信息检查制度、网络管理员制度、网络行为管理制度、网络舆情分析制度、校园网用户守则、电子公告牌(BBS)管理规定、不良信息处理办法等一系列与网络管理相关的规章制度。

各高校的校园网主页上一般都设有学校简介、机构设置、师资队伍、招生就业以及校园新闻等常规版块,很少开设思想政治教育专题版块。在当今网络信息时代,要进一步发挥校园网的思想政治教育功能,用先进文化占领网络阵地,就必须开设思想政治教育专题版块,加强正面引导,抵制网络不良信息和错误思潮。高校要通过思想政治教育版块大力宣传马克思列宁主义、毛泽东思想以及中国特色社会主义理论体系,宣传党的路线、方针、政策。当然,宣传时要避免单纯的理论灌输,要尽可能地做到文字与图片、声音、视频相结合,增强生动性和感染力,以增强教育效果。另外,思想政治教育专题版块最好与思想政治理论课相结合,开辟网络课堂。

当然,互联网是一个开放的系统,各种信息都有可能进入网络并进一步传播。一些思想觉悟不高、政治理论水平较低的学生有可能会发表一些不良的信息,造成不好的影响。但如果开发建设好网络交流平台,将会对大学生思想政治教育起到很好的促进作用,而且可以及时地掌握大学生的思想动态,故而不能因为其有可能传播不良信息,造成负面影响就简单地采取关闭了事的办法。

首先,要时刻关注大学生在网络交流平台上的各种言行,及时删除一些不良信息,阻止其进一步传播和扩散。其次,要加强引导。高校思想政治教育者要通过这些网络交流平台,加强与大学生进行沟通和交流,正确地引导大学生对国内外热点问题、社会焦点问题、学校改革与发展方面的问题、大学生学习与生活方面的问题等展开讨论,交流意见。再次,加强网络舆情分析。高校思想政治教育者要时刻关注网上舆情,并进而分析学生的思想动态,及时发现带有苗头性、倾向性的问题,并及时回答和解决大学生提出的问题,尽可能地消除各种负面影响。

大学生精力充沛、思想活跃、兴趣广泛,而且具有很强的求知欲望和创新能力。高校可以通过举办校园网页设计大赛、建立网络信息员队伍、征集意见等形式,鼓励和引导大学生积极参与校园网站的设计和管理。这样,一方面可以使校园网更加贴近实际、贴近学生、贴近生活,符合大学生的心理特点,进一步加强和完善校园网建设,同时可以有效地将大学生对网络的兴趣与思想政治教育有机结合起来;另一方面,通过这种方式,可以充分调动大学生的积极性、主动性和创造性,提高大学生自我管理、自我教育的能力,进而提高大学生自觉规范自身网络行为的意识以及甄别网络信息、明辨是非的能力。

本文转自2012年11月28日《光明日报》

创新能力可以这样培养

河南师范大学校长　焦留成

党的十八大报告提出努力办好人民满意的教育，强调全面实施素质教育，深化教育领域综合改革，着力提高教育质量，培养学生创新精神。报告还阐述了科技创新、制度创新、理论创新等一系列问题。创新能力再次成为各界关注的焦点话题之一。

创新源于个性化培养。从历史来看，创新培养源于对学生的个性化培养。个性化培养是我们一直在倡导的教育观，"因材施教"的理念，就是着眼于此。

目前有些高校的专业培养目标形式近乎统一，人才定位单一，这种共性化教育不利于高质量创新人才的涌现。要想真正培养出对国家有用的创新人才，需要在制度和文化层面上有突破，要树立和完善个性化培养的理念，进行人才培养模式的改革。

为此，河南师范大学实行因材施教、分类培养的人才培养模式改革，明确将学生分为师资型、学术型和应用型人才进行分类培养。在具体实施中，学校从增强学生从事创新活动的兴趣入手，充分利用自己获得国家大学生创新性实验计划实施单位的有利时机，在大学生创新性项目上大做文章，不仅超额完成国家级项目，还设立了校级项目、院级项目，三个层次的创新性项目吸引了大量学生的参与。据不完全统计，目前全校学生参与创新性项目的人数已达60%以上。

创新要有制度保障。要想真正做好大学生创新这篇大文章，仅仅依靠这些项目是远远不够的，必须在制度层面提供条件，保障项目的实施和推进。

首先，充分发挥学科、设备和教师的作用。让大学生从一入校就可以选择性地进入实验平台进行具体操作，接触优秀老师开展创新活动。自2006年起我校已将大学生创新项目纳入人才培养方案和教学计划，有效地提高学生创新能力。学校联合省内外100家企业、100所示范高中，建立了"1+100"校企联合协作共同体和"1+100"省级示范性高中协作共同体，为学生创新能力的提升提供更加宽阔的平台。

教师是推进创新活动的根本保障。我校历年来均遴选学术水平较高，科研工作基础和经验好，熟悉和热爱大学生创新训练和科技竞赛工作的教师担任大学生的指导教师。学校要求每位教师同时指导大学生创新性项目不超过两项，并规定指导教师保证时间参与创新训练各环节，加强过程指导，定期组织学生开展讨论和交流。

创新更要有文化氛围。为了推进大学生创新性活动，学校各部门积极为学生营造浓厚的创新校园文化氛围，每年举办"大学生创新论坛"和项目中期检查、结项验收学术报告会，通过开展各级大学生创新实验计划、举办"科技文化节"，实施"大学生素质拓展计划"，组织"挑战杯"、数学建模、专利设计、计算机仿真、机器人大赛、创业计划大赛等全方位多层次的学科科技训练和竞赛，鼓励学生开展发明创造，营造浓厚的校园创新文化氛围。

为了激励大学生参与创新项目，学校每年设立不少于100万元的奖励基金对获奖学生进行奖励，设立大学生创新项目优秀指导教师奖，指导方案可申报教学成果奖，验收结果"优秀"项目的承担学生可被优先推荐免试研究生。优秀结项论文可作为毕业论文或毕业设计……这些措施的实施极大地激励了大学生的创新动力，推动了大学生创新活动蓬勃开展。

对大学生进行创新能力培养是一篇大文章，人才培养模式改革助推创新能力培养的格局，这都在召唤我们努力做好创新这篇大文章。

本文转自2012年3月13日《中国教育报》

实施三个三资助模式　创新高校育人功能

焦作师范高等专科学校党委书记　刘文锴

长期以来，特别是在新形势下，焦作师范高等专科学校在家庭经济困难学生资助工作中，始终坚持"资助育人"这一主题，构建了"三级联动——保障资助育人，三层相辅——强化资助育人，三环紧扣——深化资助育人""三个三"学生资助育人体系，为学生成长成才提供保障和服务，受到了社会各界的广泛好评。

一、保障资助育人：学校、部门、院系三级联动，形成合力

健全机构和队伍建设是实现资助育人的保障。为了提高资助工作效率，准确、及时地把各项资助政策落实到位，学校于2006年3月成立了学生资助管理中心，配备了6名专职工作人员，专门负责日常学生资助工作，定期向学生资助工作领导小组汇报工作进展情况，同时，对各院系的资助工作进行协调和指导，有效保障了全校资助工作高效、有序运行。同时，各院系根据学校统一部署，也成立了相应的院级学生资助工作协作小组，并指定专职辅导员负责此项工作，以此形成学校、职能部门、教学院系“三级联动”的资助工作格局,形成了合力,保证了各项资助政策落实到位。

经费充足和设施完备是资助工作顺利开展的基础。学校在每年的财务预算中,严格按照规定比例提取事业费的4%至6%划入学生资助专用账户,并由学生资助管理中心专项用于学生资助工作。同时,学校还为资助工作专门安排办公场所,完善设施设备,配置贷款档案专用柜、困难学生档案专用柜等,对所有档案分盒建制建档,学生资助档案管理进一步规范,为资助工作的开展提供了强有力的经济支持和物质保障。

二、强化资助育人:国家、学校、社会三层相辅,内容丰富

国家政策保障体系惠及千名学生。学校依托政府、教育主管部门,争取各项奖、助学金,切实解决了经济困难学生的后顾之忧。近3年来,学校先后为2976名学生办理了国家助学贷款,累计金额达1303.1万元,受国家助学贷款资助的学生占学生总人数的13.6%,满足了我校家庭经济困难学生的助学贷款需求。全校有5973人获国家奖学金、国家励志奖学金和国家助学金,奖励资助金额达1613.4万元,受资助的学生占学生总人数的20%。

学校资助体系架起爱心桥梁。焦作师专以“设立奖学金、开展勤工助学、实施特殊困难补助、采取学费减免”为基本助学工作思路,为家庭经济困难学生架起了爱心桥梁。学校设立了校优秀学生奖学金制度,每年奖励人数约占在校生总数的15%,按一、二、三等奖学金标准,分别为每生每年1500元、1000元和500元。对残疾学生、单亲家庭贫困学生、突发事件导致家庭贫困的学生等特殊困难家庭学生,学校根据困难程度给予一定金额的资助。近3年来,学校为148名家庭经济困难学生减免了学费,为756名家庭经济困难学生发放了冬季困难临时补助。同时,学校还多渠道开辟勤工助学岗位,支持学生以勤工助学方式获得资助。

社会爱心助学体系温暖学子心。学校主动争取企事业单位、社会团体、杰出校友和热心公益事业的人士到学校设立奖、助学金,进一步完善“学校、院系、社会”三者结合的资助网络。近3年,先后有移动公司、联通公司设立的“新生助学金”等8个社会资助项目,每年资助金额达87.5万元,资助学生500余人。学校在全校教职工中推行“爱心助成才”捐资助学活动,累计捐款达20余万元,资助经济困难学生400余名。

三、深化资助育人:诚信、感恩、能力三环紧扣,彰显效果

注重加强诚信教育。学校充分利用校园广播、网络、板报等渠道,通过班团组织生活等形式,及时、全面、深入、准确地宣传国家助学贷款政策,并结合贷款工作,有效实施了“三个到位”诚信教育,营造了良好的贷款工作氛围。一是认识到位。将诚信教育纳入学生全部教育之中,特别是在每年新生入学教育中,让学生了解国家和学校的有关政策;在学生毕业离校前,学校进一步加强贷款毕业生诚信、还款知识等方面的教育,坚定其就业后按期偿还国家助学贷款的信心。二是分析到位。针对每个贷款毕业生,建立了包括学生学号、姓名、院系、身份证号、贷款时间、金额、学位类别、拟毕业时间、贷款合同编号、还款账号、联系电话等内容的个人信息档案,加强了申贷、在校生贷后及还贷管理,根据每个贷款学生学籍变动的情况,进行全程跟踪服务,及时提醒贷款毕业学生了解自己的还款情况,有效降低了违约发生率。三是引导到位。充分发挥课堂主阵地的作用,紧密联系学生实际,将诚信教育有机地渗透到各类教育教学活动之中,培养学生诚信的意识和品质。通过诚信教育的开展,学生的诚信意识明显增强,毕业学生的还款率不断提高,2011届毕业生提前还贷率达96%以上。

注重加强感恩教育。学校在家庭经济困难学生中广泛开展“受助者助人”、“爱心传递”等主题活动,开展了“关爱生命,从我做起”主题教育活动和“地震无情,人间有爱”向玉树灾区献爱心的赈灾活动,号召贫困生主动帮助自己周围需要帮助的人,用自己的实际行动回报社会。组织受助学生到市福利院、敬老院以及贫困地区小学开展公益活动,同时注重将爱国主义教育和感恩教育灌输其中,培养当代大学生的民族责任感与社会责任心。

注重加强能力教育。一是通过助学成长教育,帮助受助的一年级学生树立自信,培养其与他人沟通合作的能力;利用助学岗位、学业指导、心理培训、素质拓展等活动,提高受助的一、二年级学生的个人修养和综合能力;借助学校就业指导中心资源,为受助的大三学生提供面试技巧辅导和顶岗实习机会,使他们在实习过程中真正掌握职业岗位的基本技能,并获得一定工资报酬。二是针对不同学生的个性特点,尽可能提供更多的学习交流机会。为受助学生建立“成长档案”,新生录取时,向学生发放《家庭经济困难学生资助政策宣传册》和《普通高校学生及家庭经济状况调查表》。新生入校时,精心组织“绿色通道”,为家庭经济困难学生提供人性化服务,并发放《心理咨询手册》、《助学贷款申请指南》等材料,全面记录其入校以后各成长阶段的表现和需求,充分了解学生内心的真实想法和实际需求,力争在第一时间给予他们个性化的辅导与帮助,为他们提供更多的学习锻炼机会。

本文转自2012年3月23日《中国教育报》

中职教育更需要均衡发展

河南省灵宝市职业中等专业学校　建转锋

前不久,俄罗斯有关航天发射接连失事的原因中有这么一项内容:该国在前些年将中职学校升格为高职学校后,造成技术工人后继无人,为此,时任俄罗斯总统梅得韦杰夫要求俄各地要大力发展中等职业教育。目前,无论是世界各国还是国内都非常关注中等职业教育的发展和人才的培养，它体现了中等职业教育技能型人才在高科技领域不可替代的重要作用。

中职教育发展中的难点与忧思

河南省灵宝市职业中等专业学校是豫西地区一所具有良好办学声誉的职业学校。近年来，随着国家职业教育政策的调整和地方经济的发展，办学条件得到了明显改善，办学实力明显增强，办学效益显著提升。2011年7月，被批复为首批国家中职改革发展示范学校项目建设学校，迎来了前所未有的发展机遇。但在实践过程中，学校发现有以下几个问题影响着中职教育，特别是农村中职教育的发展。

一是生均公用经费不平衡。目前，各省市对中职教育实行生均公用经费的学校还为数不多。中职生均公用经费不到位，农村职业学校改善办学条件及实训条件的努力还异常艰难，大多数只能靠当地政府投入为主、渐进发展。而义务教育"以县为主"的管理体制，加之"吃财政饭"的因素，决定了县级政府在中职教育方面投入的局限性，又不可能大幅度提高教育经费中在中职教育经费的比例。反过来，生均公用经费匮乏的现状，又严重制约了职业教育的可持续发展。

二是收费政策不均衡。灵宝市职业中等专业学校的前身是一所1986年成立的园艺职业高中。历经25年发展，尤其是随着城市化建设进程的加快，学校在区位上已位于城市之中，但仍按农村中学1996年的收费标准执行。建校初期，学校仅开设农学类专业，实习实训在田间地头即可完成，而现在学校经过发展，专业已发展到10余个，特别是机电、钳工等专业耗材日渐看涨。原来一角钱左右的焊条，现在已涨了数倍，为保证学生正常学习和实训教学，学校的开支越来越大，国家对农村职业学校的补贴还不能满足学校的所需。在这种情况下，投资学校大型建设和基础设施建设，更显得力不从心，只能靠当地政府投入解决。

三是设备投入不均衡。众所周知，大城市职业学校建设普遍起步较早，而且多有一定的行业背景，也有着先天的政策扶持。而当前职业教育"金字塔式"的设备下拨模式，依然拉大着农村职业学校和大城市职业学校在办学条件方面的差距。30余年来，虽经过改革开放的积淀与努力，农村职业学校拥有了一些基本的实训设施，但其中多数实习实训设备老化，还尚需先进的设备作补充，与城市职业学校相比还有相当一段距离。

四是师资配置不均衡。对于教育而言，师资是支撑学校发展的灵魂，特别是对职业教育，培养建设一支"双师型"的教师队伍，对于中职学校的发展就更为重要。因农村职业学校办学条件滞后，真正有一技之长的紧缺型人才往往不能配置到位；有的虽然在教学岗位上服务，但受经济待遇的影响流动性很大。一些重点专业的专业教师极为匮乏，如机电一体化等难以选聘到技术娴熟的师傅，从而制约了相关专业的发展。

中职教育发展中的对策与思考

多年的教育实践证明："职业教育具有教育和经济双重属性。但教育属性决定了其根本目的是育人，这就要求职业学校区域间差异应该降低到最小程度。"而据2011年《区域职业教育均衡发展》报告显示，在我国，生均校舍面积、"双师型"教师比例占专任教师比例、生师比、生均仪器设备值、每百名学生拥有计算机数量等几个相关中职教育发展的关键性指标方面，区域差距仍是影响区域职业教育均衡发展的主要问题。

一是立足中职教育农村人口优势。随着国家计划生育政策的落实，全国人口老龄化的问题已经凸显，农村中职教育适龄人口正在逐年减少，而中职教育中农村青少年又占了绝大部分。要抓紧组织实施并切实强化农村中职教育发展战略，使大批农村青少年成为中职教育的培养者、受益者。

因为农村青年的特点是吃苦耐劳性强，较之城市青年更朴实、更能吃苦，他们渴望用知识与技能改变命运，用一技之长寻求发展空间。而经过中职学校的培养，一定会成为推动地方经济社会发展的技能型和应用型的人才。面对农村职业教育的发展，还需国家在职业教育改革和资金上多向农村职业教育倾斜，以便多培养出中职教育人才，使他们成为建设社会主义新农村的生力军。

二是实行中职学校教学设备划拨机制。就农村中职教育而言，影响职业学校良性发展的因素主要有三个：规模、条件、生源。按照国家产业发展规划，当前学校在物品采购上实行国家财政买单、统一采购的运作模式。面对中职教育发展的实际需求，建议国家和各级党委政府根据产业布局、行业发展和人才培养规划实行中职学校教学设备和实训设备划拨机制，使其教学和实训设备真正做到"量缺而购，按需配发"；各级教育部门可根据划拨情况，组织人员定期核查划拨设备的使用情况。这样，农村职业学校教学设备就能得到均衡使用，就能够从根本上解决农村中职学校设备落后，不适应时代发展需求的实际问题。

三是适度压缩大城市中职教育规模。就中职学校培养的人才结构看，上中职学校者大多是中低收入的百姓子弟，而且绝大多数都来自农村。目前，一些地处城市的职业学校出现了生源较少的问题，致使一些设备闲置，师资浪费。同时，因为农村学生求学路程较远，无形中又增加了家长负担。基于中职教育的发展现状，适度压缩大城市中职学校规模，将招生计划等投放到城市边缘和农村职业学校，这样能更好地体现职业教育的平民性，推进职业教育的均衡发展，使其更好地服务农村、惠及百姓、造就人才。

四是加大农村中职学校师训力度。农村职业学校远离城市，植根农村，加之教师编制相对较紧，不能实现专业教师到企业轮训，教师实践机会较少，缺乏对现代企业人才需求和培养模式的认识。对于职业学校来讲，就不能脱离生产实践这个重要的环节。农村中职学校的教师在任教三年中，应至少有一年的生产实践时间。尤其在社会大变革时代，面对发展迅速的现代企业，让职校教师在教室、备课室去想象企业生产的样子，是不可能培养出高技能人才的。作为各级教育主管部门，在全国指定一些中职学校教师参与实践的行业和企业，实行定期实践和培训，让广大农村职业一线教师接受大工业的新鲜经验，为培养中职人才积累后劲，欣喜的是国家教育部门已在着手做这件事。

中职教育发展中的实践与探索

灵宝市职业中等专业学校作为一所县级市的职业学校，在多年的发展中，针对中职教育的实际，不断完善职业教育的新机制、新方法，使之适应社会对人才的需求。

近年来,学校针对职业学校教师中普遍存在的环境无压力、工作无目标等问题,实行教师挂牌上岗、学生评教等制度,重新修订教师工作量化考核制度。其中,教师挂牌上岗制度让每位教师自觉置身于广大师生监督之下,增强教师的自律意识和责任心;学生评教制度促进了师生互动、教学互动,使评定教师教育教学质量更具真实性和客观性;教师工作量化制度体现了多劳多得原则,调动了教师工作的积极性。

在培养学生上,中职生相当一部分是生活和学习上的"潜能生",在九年义务教育阶段,多数时候是在"同学白眼、老师瞪眼、家长急眼、社会侧眼"中生活。要对其施以关爱与呵护,通过开展学校面向社会开放日活动,展现学生风采和办学成绩,增强学生自信心和社会对学校的了解,改变家长对孩子认识,形成良好的中等职业教育办学氛围。另外,学校还扎实有效地开展各种有益于学生良好生活习惯、学习习惯和行为习惯养成的活动,如:感恩教育、成才教育、道德实践周活动,从文明礼仪到言行举止的教育入手,通过举行校园文化艺术节、校园歌手大赛、迎新生晚会、技能达标等丰富多彩的文娱活动,引导他们"增强信心、培养兴趣、发展特长、服务社会"。

特别是,学校"以人文精神让学生享受快乐学习时光"的办学理念,以"服务好学生"为学校工作的出发点,秉承"学生的学业就是我们的事业、家长的期望就是我们的愿望、企业的需求就是我们的追求"的服务宗旨,努力打造豫陕晋黄河金三角地区的职教名校,探索出了一条人才培养之路。学校被授予首批国家中职改革发展示范学校项目建设学校、国家级重点职业学校、河南省示范性中等职业学校等多项荣誉称号,受到了社会各界的广泛关注。

本文转自2012年4月11日《中国教育报》

强化内涵建设破解校企合作难题

郑州牧业工程高等专科学校校长　曾照烨

作为面向畜禽生产、饲料、食品加工行业培养高端技能型人才的高职院校,河南郑州牧业工程高等专科学校遵循农牧行业生产规律及企业经营特点,立足学校办学实际和人才培养需要,从强化内涵建设着手,系统思考并从理念上破解"与谁合作、合作什么、怎样合作"等问题,着力建设规范的校企合作组织平台、规范的校企合作实现模式、规范的校企合作运行标准等,促进了办学质量的提高。

规范校企合作的校、系两级组织平台,解决"与谁合作"的问题

多年来,学校走出"建设专业,发展企业,服务行业,促进就业"的合作办学道路。2007年,学校联合省内外70余家实力雄厚、经营规范、与学校长期密切合作的畜牧养殖、食品加工类农业产业化龙头企业、行业协会等,成立郑州牧专合作发展联盟。合作联盟的主体目标是紧扣学生实习和就业,共建共享稳定规范的校外实习基地和毕业生就业基地,同时促进企企合作。

以联盟为依托,各系分别组建专业建设与发展指导委员会,实行学校主导、系部建管的运行体制。学校制定管理办法,明晰和细化校、系两级平台组织的运行职能,区分工作内容,确保两级平台不仅具有稳定的架构、高质量的合作伙伴,更具有实质性的工作内容和有效的工作方式,成为实实在在促进校企合作的工作平台。特别是完善和强化了系级平台的规范建设,在提高校级平台的议事、协调、服务力的同时重心下移,着力提升系级平台的"办事"执行力。

规范校企合作的实现模式,解决"合作什么"的问题

为避免校企合作零散、肤浅、低水平重复行为,提高合作效率,确保合作成效,学校对既有合作形式进行跟踪、比较,通过综合考评合作对象、内容、过程和效果等,对合作内容及形式进行取舍,进而探索校企合作项目制的管理模式。

1.校企共建多专业共享的校外示范性实践教学基地。学校通过对校外众多实习点的考评筛选,与联盟企业深度合作,共同建设稳定有序、相对固定、多专业共享、具有一定示范效应的实践教学基地,促进了多数专业由时断时续实习点向稳定实习基地的转变,企业也通过相对稳定的实习学生,保证了生产经营对用工的连续需求,校、企、生三方受益。

2.学校整合科研优势力量,为企业提供技术服务,以贡献求共建。学校充分利用多年积淀的科技推广优势,组建畜牧养殖、疫病防治、饲料生产等科技服务专家组,通过科技特派员、科普工程项目、科技110、博士服务团、教师挂职锻炼等形式,为合作企业及养殖户提供技术培训和技术指导,开展实实在在的服务,赢得企业及养殖户的信赖和支持。

3.发挥联盟优势,推动企企合作,增强企业的合作动力和能力。校企合作一般是校企之间建立了联系,学校较顺利地从合作中获益,但企企之间联系不够,企企之间的资源与信息难以共享。畜牧业产业化程度、企业组织现代化程度等与现代工业有很大差距,民营小企业多、科研水平低、抵御市场风险能力弱、人才流失现象严重。因此,学校借助联盟平台,支持并帮助企业开展企企合作,为企业发展排忧解难。

学校的专业设置依据产业链条的延伸而不断扩展,基本覆盖畜牧业产前、产中和产后各环节。但对应畜牧业产前、产中和产后的不同企业,例如养殖、兽药、质检、冷藏、包装、物流等,又分属于不同的行业类型,彼此之间存在生产经营上的必然联系,企业因行业跨度较大而缺乏直接沟通。学校则利用联盟平台,召集它们共同架起零距离联系合作的桥梁,企业因此受益。

规范校企合作的运行和建设标准,解决“怎么合作”的问题

学校按照“项目导向、共建共享、全程参与、标准化管理”的指导思想,制定实施了校企合作项目实施及管理办法。所有合作均以项目为载体,由各教学系(院、中心)调研论证、提出立项申请,学校依照项目认定条件和标准进行审核,决定是否立项实施;凡立项实施的项目,其共建共享内容要兼顾学校和企业双重目标,涉及学生实习、师资培养和资产投入等,由学校归口管理;学校针对校企合作中订单培养、校外示范性实习基地建设、教师实践锻炼、学生顶岗实习等项目内容,制定具体的工作标准和运行规则,对项目运行的每个环节起到规范、约束和引导作用;项目完成时,学校组织专家依据专业建设、课程改革、基地和团队建设、毕业生就业等主要指标,对合作项目的实际成效进行考评和验收。目前,学校立项运行13项合作项目,对全校校企合作起到了明显的质量引领和标杆作用。

本文转自2012年4月15日《中国教育报》

如何做到“有规矩,成方圆”

洛阳师范学院学前教育系教授　杜燕红

幼儿园作为学前教育机构,制定和执行合理的、大家共同遵守的规则,一方面有利于教师对幼儿的管理,保障集体活动的展开;另一方面也可以培养幼儿的规则意识、集体责任感,促进幼儿社会性的发展,帮助其从一个自然人转化为社会人,获得参与集体生活的基本能力。

了解不同层面的规则

在学前教育机构内,规则大体可以分为三类:

第一类,底线层面的规则。这类规则是为了保证集体利益、人身财产安全、社会稳定有序发展而制定的,是任何人、任何时刻都必须遵守的。如要求学前儿童“不打人、不骂人”,“不偷东西”,“不损坏公物和他人的财产”,遵守交通规则等均属此类。

第二类,发展层面的规则。这类规则通常体现为幼儿园的“常规”,如遵守作息时间、具备良好生活卫生习惯等。幼儿园的常规制定要适合不同年龄段幼儿的身心发展特点,既具有稳定性和制约性,也具有一定的可变性;既有利于培养幼儿的良好习惯和性格,又能够充分提供机会和自由,引导他们探索周围世界。

第三类,活动层面的规则。这是为了顺利地、较好地实现某一活动目标而制定的规则,如游戏规则、某一教育活动规则。这类规则有较大的灵活性,要依据实际活动情况和参与者的实际需要进行不断的修订与完善,具有一定的弹性。

本案例中,师生共同商议决定“上课、早操、集体舞等规则性较强的集体活动中不可以玩自带玩具,否则予以没收”为活动层面的规则。

为何“有了规矩,还不成方圆”

“没有规矩,不成方圆。”可以说,从幼儿入园的第一天起,规则教育就已开始渗透,在这个过程中,教师会不遗余力、不厌其烦,但有时效果不佳。究其原因,存在着规则定位片面、培养方式偏差等问题。

外控与内控失衡。在幼儿园规则的制定和执行过程中,教师多是提要求,或通过奖惩督促调整幼儿的行为,重教师外部控制与管理,轻幼儿自主探索与活动;重幼儿顺从、有序、守纪的培养,轻幼儿自主性、创造性、个性、规则意识的培养;重通过惩罚约束幼儿行为,轻考虑幼儿内在的心理感受与体验,导致幼儿被动地执行规则,没有真正激发其规则意识和自主建构规则的能力。

琐碎、机械、缺乏艺术和策略。“没有规则的自由是放任,没有自由的规则是遏制。”规则的制定和执行需讲求艺术和策略,规则的数量、频率、时机及要求都应合理、科学,有利于促进幼儿身心发展。尤其是发展层面、活动层面的规则如果过于琐碎、机械,限制得过于死板,就有可能限制幼儿活动的自由和探究的欲望,压抑其个性的发展。

简单化、表面化。一些教师只想利用规则为自己的班级管理服务,眼里只有规则、没有孩子,因此在处理违规问题时,常常简单化、表面化,丧失许多教育契机。如:两个孩子为争夺玩具打了起来,违反了班级常规,表面上看,是规则问题,其背后可能还隐藏着深层次的其他问题,或是材料投放过于单一,或是幼儿缺乏社会交往与沟通能力,等等。一个有教育智慧的教师就会透过表面现象不断思考,善于利用教育的“寻常”时刻,进行随机教育。

考虑幼儿年龄特点和个性差异不足。表现为重复化、说教化、成人化、一统化。在一些规则的制定和执行过程中,教师未能充分把握不同年龄段幼儿身心发展的特点、活动的特点和学习的规律,未能循序渐进、逐步提高要求,而是重复说教。同时,规则的制定面向全体有余,因材施教不足。

执教教师“得”与“失”

结合本案例分析,教师通过辩论,听取幼儿意见,发挥幼儿参与规则建立的积极主动性,值得肯定。同时,幼儿园的集体教学活动也需要幼儿共同遵守规则,从而达成一定的教育目标。因此,师生共同商定“在上课、早操、集体舞等规则性较强的集体活动中不可以玩自带玩具”有其合理性。

我认为该教师在此问题中的缺失是纠结于如何执行规则,而忽视了活生生的人!也即在规则的制定和执行过程中存在简单化、表面化的问题。表面上看,事情的缘由是某个男孩违反规则,在不该玩自带玩具的时候玩玩具,教师是否要没收其玩具。其实,考问“该不该”的同时,教师还应思考:这是一个怎样的孩子?这个男孩为什么缺乏控制力导致违规?其背后我们掩盖、忽略了什么?深入分析这个案例并结合这个男孩的过往表现,我们会发现,这个男孩是一个典型的胆汁质气质类型的孩子。

每个孩子一出生都会表现出自己的独特气质,气质本身并无好坏高下之分,每种气质类型都有积极的一面,也有消极的一面,科学的教育应是"顺乎天性,导之有方",对不同气质类型的孩子给予不同的教育。具体到胆汁质气质类型的幼儿,他们表现为精力充沛、果敢、情绪发生快而强、内心外露、率直、热情,易冲动、易怒、性情急躁。他们行为反应迅速、自制力差、行事鲁莽、言语动作急速而难于自制。他们常出现违反要求的现象,而对于过错,也常常是"虚心接受、过后就忘、比较难改"。本案例中,该男孩所表现出的这些特点尤为突出。而作为教育者,应在接受、理解和尊重孩子先天气质特点的基础上,为他们营造相适应的生活环境,规避不利刺激;引导他们扬长避短,促进他们健康和谐地发展。

因此,在本案例中,不应只限于表面问题谈论是否该没收孩子的玩具,该如何执行规则,而应结合这个男孩的气质特点,充分利用这一突发事件,将其转化为一次教育契机,因材施教,兼顾规则意识和良好个性的培养。在教育实践中,教师的策略有:第一,将规则意识的培养视作核心,让幼儿从内在的、积极的自我活动中体现出遵守规则的愿望,将守规则逐步培养成为幼儿主体的一种品质。第二,应多鼓励胆汁质气质类型的幼儿,激发他们的荣誉感,变被动接受常规为主动建构规则,帮助幼儿体验规则的意义;将规则还原成幼儿主体的兴趣和需要,激发幼儿对规则的内在动机,使他们感受到对规则的内在需要并体验到其中的快乐,变外在的常规要求为幼儿内在的规则需要。第三,可以通过多种方式,耐心启发和协助他们养成自制的习惯。比如师生之间订立信号、暗语,由教师提示胆汁质气质类型的幼儿遇事"慢半拍",到幼儿自我提醒;从幼儿感兴趣的活动入手让他们做事细心沉稳、遵守规则,逐步拓展到其他活动。

本文转自2012年5月2日《中国教育报》

高职院校内涵发展的境界追求

郑州牧业工程高等专科学校党委书记　李明中

世纪之交,我国高等职业教育开始了跨越式发展。在实现规模跨越的同时,从2006年起,以国家示范性高等职业院校建设为标志,开始了内涵式建设。

教育改革发展及其目标实现要符合教育自身的发展规律。跨越发展到一定阶段,必然要进行结构调整、模式转型、秩序重建,走向内涵发展;内涵发展到一定阶段后,要进入的是回归本真、常态发展;常态发展则需进一步提升境界、积极追求。"跨越——回归——提升"是中国特色高等职业教育发展的战略选择和必由之路。因此,在我国高职院校进入全面内涵发展的今天,进一步提升境界就成为了非常现实的问题。

内涵发展不仅有功能上的区分,而且有层次上的差异

高职院校的内涵发展主要体现在"高等性"与"职业性"两个属性上,包括办学指导思想、办学定位等办学理念,人才培养、科学研究、社会服务等办学功能,师资建设、专业建设、课程建设、科学管理等载体。高职院校内涵发展不仅有功能上的区分,而且有层次上的或曰境界追求上的差异。

内涵发展在功能上的区分,主要表现在三个方面:一是创新组织结构,理顺体制机制,推进合作办学、合作育人、合作就业、合作发展,增强办学活力;二是自身价值追求,以提高质量为核心,深化教育教学改革,优化专业结构,加强师资队伍建设,完善质量保障体系,提高人才培养质量和办学水平;三是拓展社会职能,增强高职院校服务区域经济社会发展的能力,实现行业企业与高职院校相互促进,区域经济社会与高等职业教育和谐发展。

内涵发展的境界追求差异主要体现为三个层次:第一个层次是遵循社会经济发展规律和高职教育自身发展规律,满足上述三方面功能的基本要求。第二个层次是在具备一定发展基础后,思考和追求向更高层次、更高境界发展。这也是目前很多示范校和原来基础较好、内涵建设较好的院校所追求的。第三个层次是走向文化自觉,逐步形成自己独立的精神文化品格。

国家紧锣密鼓、重锤响音推进高职示范校和骨干校的建设,其影响和带动是全方位的。一些老牌专科院校由于瞄准升本目标而没有进入示范校和骨干校名单,但并没有影响其内涵发展,反而一直用示范校标准建设着没有示范校名称的"示范校";而一些新升格或新建高职院校也不甘落伍,努力学习、追赶示范校。这使得整个高职教育经历了一场涉及办学理念、人才培养模式、管理制度、合作方式等深层次的教育教学改革和探索,不仅全面提高了人才培养质量和办学水平,而且使中国高等职业教育汇入了世界高等职业教育新一轮改革与探索大潮之中。

高职院校功能发挥存在偏差,境界追求分层明显

但与此同时,我们也应清醒地认识到,高职院校内涵发展因受社会经济发展、国家现实政策和自身发展内在要求等因素的影响,在功能发挥上存在较明显的偏差,境界体现上分层也比较明显。

从功能发挥上看,一是组织结构创新不够,与行业、企业互利共生的体制机制尚未真正形成。表现在高职教育的经济功能和社会功能还比较弱,产业及行业、企业与高职教育之间缺乏良性互动、互利共生的体制机制。二是在价值追求上,功利主义严重，偏离本真。一些高职教育变成了纯粹的就业教育，甚至已异化为现代工匠的培训中心，片面强化专业技能的培养，忽视综合素质的提高。这种工具化、功利化的教育模式磨灭了师生的个性和创造力，不能培育出时代所需要的目光远大、修养深厚、敬业爱岗、技能高超、富有创新能力的技术应用性人才。

从境界追求上看，分层也比较明显。一类是着力提升境界的院校。这类院校建设起步早，已完成资源整合与校区建设，规模大、面貌新、质量高、就业好，内涵建设的重心已从规范教育教学管理向开放办学、深层次改革人才培养模式、国际化发展和教育创新方面转移。这类院校以老牌专科学校和近年来异军突起的示范校、骨干校为主。一类是需要提升境界的院校。这类院校正在进行或刚结束资源整合，建设发展与内涵提升并举，在加强教育教学规范管理的同时开展人才培养模式的改革，同时解决生存与发展两个方面的问题，其内涵建设的重点是回归本位、抓纲务实，进一步规范管理、完善条件，深化人才培养模式改革，提高就业率。这类院校以起步较晚、中专升格院校居多。一类是需要夯实基础的院校。这类院校还处在扩大办学规模、改善办学条件阶段，生存是最主要、最突出问题。这类院校主要是一些刚刚升格而且基础条件较差的民办院校。存在上述分层的根本原因是我国高职院校分布的地域不同，办学主体不同，办学条件不同，办学历史不同，所依托的行业和企业背景不同等，从而造成了办学理念、办学层次、办学重心和发展阶段、发展水平以及服务功能等方面的差异。

境界追求取决于层次特点的自然要求，更取决于主观认识程度和努力水平

高职院校内涵发展的境界追求取决于其层次特点的自然要求，更取决于其主观认识程度和努力水平。作为一种教育类型，高职教育在我国教育体系中还是一个新生事物，对其自身的规律、特点需要长时期的客观实践和理论探索才能逐步了解，不断总结。其中要把握的最基本的一点就是，遵循社会经济基本发展规律和高职教育自身发展规律，回归本真，注重质量的提升，创新发展和特色办学。

最后，需要强调的是，高职院校内涵发展只有上升到文化发展，才是真正的可持续的发展、特色发展。因为发展最终体现的是人的素质的提升，是人对自我价值的肯定与实现，是达到自我与社会的和谐共处。所以发展必须最终归结到一个字，即“人”的发展上，只有坚持“以人为本”，才能使高职院校真正实现内涵式的发展。因此，高职院校内涵发展最高境界追求是以人为本、文化立校。

本文转自2012年7月8日《中国教育报》

聊天中巧解幼儿午睡难题

河南省开封市实验幼儿园园长　张晓奕

一天中午，我正在教研室和教学副园长商量事情，突然门外传来一阵哭声。我循声走过去，发现大(2)班门口的走廊上，两个大人和一个小孩儿正在拉拉扯扯：小胖墩儿小雨正光着脚赖在地上哭闹不止，旁边一个中年男子正气哼哼地强行为小雨穿鞋，班主任朱老师在一旁无奈地看着。我问：“怎么啦？”朱老师连忙解释：“因为小雨这一段时间午睡时总是不睡觉，还搅得别的孩子也睡不成，只好把小雨爸爸叫来，让他把小雨接走，免得影响别的孩子睡觉，下午再送来。但小雨就是不跟爸爸走，父子俩正处在对抗状态。”

看到小雨的爸爸一脸的愠怒和怨气，我轻抚小雨的头：“不愿意睡就跟我走吧，到我办公室，咱俩说说话。”小雨停止了哭声，看看爸爸，开始自己穿鞋，主动拉着我的手，并站了起来。小雨爸爸似乎还没有消气，执意要将小雨带走，小雨开始往我身后躲(在此之前，我和小雨并不熟悉，但他知道我是园长)。我对他爸爸说：“你放心走吧，晚上来接他就行了。”

我拉着小雨的手到了我的办公室，我俩紧挨着坐在沙发上，我递给他一个橘子，他有点不好意思，我说：“别客气了，老师一劝，你就不哭了，没有影响别的小朋友睡觉，所以老师奖励你！”小雨觉得我说的有道理，就坦然接过橘子剥了起来。趁着这机会，我轻轻地问：“能不能告诉我，你为啥不想睡觉啊？”“因为我害怕！”我很惊奇地问：“你怕什么？”“怕鬼！”我不禁笑了起来：“鬼是什么样的啊？”小雨神秘地问：“张老师，你看过《木乃伊归来》没有？”“看过啊！”我有点明白了：“你是怕木乃伊啊！”小雨连忙点头：“吓死我啦！”“你看的是《木乃伊归来》几啊？”我问他。“不就那一个《木乃伊归来》吗？”“你不知道吧？《木乃伊归来》一共有三部呢，我全看完啦！”我得意地说：“不过，我刚开始看时也有点害怕！”“那你给我讲讲后两部呗！”小雨讨好地笑着说。“没啥意思，看第一集的时候还挺紧张的，越往后看越假，一点儿也不害怕了！”我刻意把这个话题平淡化。

小雨觉得自己找到了知己，把胳膊架在我的腿上，一边吃橘子一边开始讲他的恐怖经历，我也慢慢了解了其中的来龙去脉：他第一次感到害怕，是上中班时妈妈曾带他到公园看过一个“阴曹地府”的模拟场景，那段血淋淋的恐怖记忆让他很长时间都忘不掉；好不容易慢慢淡忘了，前些天爸爸在电脑上看《木乃伊归来》，他在旁边陪看，又把他曾经的恐怖记忆唤醒，一到晚上就不敢睡，也不敢跟父母说自己的心事，就看电视到很晚，熬不住了才睡，早上又起不来，将近10点才来幼儿园，中午当然睡不着了。而他的自控能力不大好，总想和旁边的小朋友说话，所以使大家都睡不好。

在交谈过程中，我发现小雨很健谈。我们在沙发上以他为主滔滔不绝地聊了将近1小时,我也说了我小时候怕鬼的经历,并告诉他:“不过,我长这么大也没见过一个鬼,这都是人们拍电影专门锻炼人的胆量的!”其间,他爸爸进来想把他带走,小雨一看见他爸爸立刻闭嘴。我请他爸爸回家:“你看,我跟小雨聊得正高兴呢!”

最后,小雨打了个哈欠。我说:“这样,小雨,你先回班里睡会儿,如果还睡不着就看会儿图画书,但是不能打扰小朋友睡觉。”他乖乖地跟着我回到了班里,乖乖地躺在床上。临走,我又趴到他耳边交代他:“别跟小朋友说啊,要不然他们会笑话你的。”

随后,我把班主任朱老师叫到我办公室,沟通了和小雨聊天的情况,我提出了两点建议:作为班主任,应该了解清楚小雨不睡觉的原因,对症下药,而不是盲目批评孩子、给孩子扣帽子;以“把家长叫来带走孩子”的方式处理问题,只会显得老师无能,从他爸爸给孩子穿鞋时无奈又怨愤的表情就能感觉到。朱老师很主动地反思自己:确实因为工作的繁忙和琐碎疏于和孩子有过多的交流,问题难以解决源于自己没有追根溯源,缺乏和孩子以及家长的沟通、缺乏对孩子的倾听。朱老师表示以后中午小雨若不睡觉,他可以做他想做的事,但前提是不能影响别人。

我又询问小雨父母的家庭情况,得知:由于小雨爸爸三班倒、上下班时间不一致,只要小雨的妈妈送,一般都会按时到园,中午孩子能睡着;但他爸爸是个“夜猫子”,对小雨的入睡时间从不要求,早上睡到自然醒,只要爸爸送,小雨必定迟到,中午必定不睡。所以,我要求朱老师跟小雨爸爸或妈妈深入沟通一次,并达成教育共识,在小雨作息时间上保持一致的管制和要求,晚上9点前必须上床睡觉,家长还要注意不在孩子面前看一些恐怖、暴力等不适合孩子的电影,并给其父母留一个家庭作业:经常和孩子聊天。

之后的一段时间,我一直关注着小雨,他开始按时来园,有时中午从班级摄像头里,我看见小雨趴在床上安静地看书,有时看见他已安然入睡。小雨不管在校园何处见了我都会主动和我打招呼,他的爸爸每次见了我,也都满脸微笑致意,小雨的进步让我很高兴。

通过这个事情,我在反思:我们经常说要培养孩子学会倾听,但是父母和老师在孩子面前是否也会倾听呢?孩子在成长,他们也许有很多的疑惑、很多的恐惧、很多的秘密想对我们诉说、想和我们分享,而我们只顾着自己而忽略了他们的感受。我们只有蹲下来多和他们聊天,多听他们诉说,多和他们一起嬉笑玩闹,才能走进他们的内心世界。当孩子们乐意向我们诉说的时候,问题就会迎刃而解,我们在教育过程中的困惑也就豁然开朗。让我们多给孩子们倾诉的机会,一起聆听童声、解读童心吧!

本文转自2012年7月11日《中国教育报》

怎样看待大赛的规模和效应

河南省教育厅职成教处　史文生

全国职业院校技能大赛已经举办了多年,规模是逐年扩大。刚刚闭幕的2012年全国职业院校技能大赛的赛事规模再创新高,参与主办的单位由去年的16个增加到23个,赛项数目由55个增加到96个,参赛选手由5038人增加到近万人,参赛队伍达4000支,并首次在天津主赛场外设立了10个分赛区。可以看到,全国职业院校技能大赛的比赛规模越来越大,竞赛的组织与管理更加缜密,赛项分布愈加广泛,影响力不断提升。

技能大赛的规模对于职业教育技能竞赛具有重要意义。职业教育是面向人人的教育,同样,技能大赛也应当面向所有职业院校在校学生。参与技能大赛的学生人数越多,技能大赛的信度就越高,就越能检验职业教育的教学质量和水平。但是,尽管提出了“普通教育有高考,职业教育看大赛”,但大赛的规模具有限制性,不可能无限扩大。而职业教育事业的不断发展,又要求我们不断提高技能大赛效应,以提升职业教育的质量,增强职业教育吸引力和影响力。在这样的背景下,我们面临的一个问题就是,怎样扩大技能大赛的规模和效应?

怎样进一步扩大技能大赛的规模?要不断持续地扩大技能大赛的规模,仅仅举办好全国技能大赛是不够的。我国已经建立了职业教育技能竞赛制度,推进技能竞赛制度化进程,应重点落实在技能竞赛序列的建设上,建立“校校有比赛,层层有选拔,国家有大赛”的技能竞赛序列,统筹规划,逐步形成逐级举办的格局。把扩大技能大赛规模的工作重点,放在普及各级职业院校校内技能竞赛活动上,放在不断扩大市级、省级技能大赛规模上。在各职业学校普遍举办技能竞赛的基础上,通过层层选拔的方式,最后由省级技能大赛的优秀选手参加全国技能大赛。这样才能逐步实现“专业全部覆盖,师生全员参与”,实现“教赛融合”、“教学做一体化”,通过举办技能竞赛提升全体职业学校师生的专业技能水平,全面提高教育教学质量。

怎样进一步提高技能大赛的效应?首先,应重视技能大赛的质量和效应。技能大赛具有竞争性、公正性、普惠性等特征。举办高质量、高效应的技能大赛,影响因素是多方面的,竞赛组织、设备选用、评委选聘等都会对比赛效应产生影响。比如技能大赛的项目设置,应以普惠性为指导,设置面向职业学校相关专业或技能方向在校生规模较多的比赛项目。其次,提高技能大赛的效应,应发挥技能大赛各个功能的级层性。职业教育技能竞赛的功能包括导向功能、激励功能等,各个功能是互相联系、相互渗透的。尽管各个功能在各级技能大赛中都发挥着重要作用,但从多年来技能竞赛活动的发展情况来看,技能大赛各个功能之间具有级层性,即各个功能在不同级别的技能大赛中发挥的作用主次不同,各有侧重。比如,学校内举办的技能竞赛活动重在全员参与,强调教赛融合,主要发挥评价功能,突出其普惠性;市级、省级技能大赛因需要向上一级技能大赛选送优秀选手,选拔功能发挥着重要作用,具有普惠性、竞争性等多重特征。从2012年全国职业院校技能大赛期间同时举办的德育与校园文化会议、学生技能作品展洽会等多项活动来看,全国技能大赛作为一个举办各种职业教育活动的平台,发挥着载体作用,其重要功能是展示功能和宣传功能,又因汇聚了全国职业院校学生中技能水平最高的优秀选手,技能性、竞争性的特征明显。

《教育规划纲要》提出,把提高质量作为教育改革发展的核心任务,更好地满足群众接受高质量教育的需求。随着我国迈入从人力资源大国向人力资源强国进军的历史新阶段,职业教育事业的发展,就是要在巩固规模大发展成果的基础上,狠抓教育教学质量,努力提高培养高素质劳动者和技能型人才的水平。举办技能竞赛活动是提升职业教育质量的重要举措,应当不断扩大技能大赛规模,并注重把提高技能大赛效应放在重要位置。

本文转自2012年9月6日《中国教育报》

过一个形式和内涵丰厚的教师节

河南省修武县教育局　马立新

第28个教师节如约而来,各地的庆祝活动也将接踵而至。这些或由学校、教育局甚至政府出面举办的活动,体现出党和政府对教师的深切关怀。教师节无疑是全体教师体味做教育之美好的幸福时刻,但是,笔者认为在如何过节上不少地方正步入一种误区:有的表面上看轰轰烈烈,但缺乏实际内容;有的比较机械呆板,缺乏新意与吸引力。由于和最广大教师互动不足,和当地教育发展的主题契合不够,不少教师节活动最终缺乏共鸣,社会影响最终也不大。

教育局作为教育行政管理部门,上接政府,下联学校,起着十分重要的纽带和桥梁作用。在欢度节日的同时,如何让教师节相关活动更富有新意呢?笔者认为,教育局要带头创新。

固化的过节方式的确很难实现真正的广泛参与。例如,某县一直以来都是以开表彰大会、发放证书的形式过节。似乎是自身也感觉形式太呆板,近几年,表彰大会也取消了,教师节一过,通知各校领回证书完事。当地还开展走访慰问活动,教师节期间,县领导和教育局负责人都要分几组到学校慰问,与教师座谈,或是到贫困教师家中走访。某位校长曾说,座谈会上只敢说成绩不敢谈问题。因为有一名全国优秀教师因在座谈会上"实话实说",冒犯了领导,结果该校校长和老师遭到了训斥,慰问活动不欢而散。

单纯来看,教师节是教育工作者的节日,是一个行业性的节日,但从其意义上而言,这个节日是带有全民性质的一个庆祝活动。温家宝总理曾说,强国必先强教,而强教必先强师,可见,教师在国家中的重要地位。在庆祝教师节的力度和方式上,足可以反映出一个国家、一个地方尊重知识、尊重教育的程度。因此,在如何过好教师节上,要深化内涵,创新形式,让更多的教师参与其中、享受节日,进而增添发展动力。

第一,教师节庆祝活动主题要常变常新、与时俱进。活动主题是引领活动高效开展的灵魂。在教师节走过的27个年头里,经历了从无主题到有主题的历程。教师节庆祝活动全国统一主题,可以很快营造热烈的尊师重教的社会氛围,提升教师节活动的社会影响力。当然,作为地方,完全可以立足本地实际,与时俱进,坚持每年结合本地教育、教师实际变换主题,弘扬为师的光荣感应是恒久的主题,而因教育发展阶段不同而注入新内涵则应是创新过节的关键所在。

第二,教师节庆祝活动要立足教师专业成长,成就新型教师。现在看各地教师节庆祝活动,不少都是着眼于师德、教学成绩,或是照顾偏远山区、贫困地区的优秀教师等。当然,这些举动无可厚非,但教师节庆祝活动不应仅仅立足于表彰一些先进典型,而应立足于促进大多数一线教师的专业成长,给更多的普通教师注入成长的激情,从而造就更多的新型教师和魅力教师。如果我们的节庆内容更贴近时代、贴近教师的幸福,回归情趣、趋向专业,教师节才可能更富魅力。

从2009年开始,河南省在全省教师中实施最具成长力的教师培养工程,并将这些教师的先进事迹、教学故事、成长历程等汇编成书,赠送到教师手中,对教师走向卓越起到了有力的助推作用。此做法区别于传统的庆祝方式,在一定范围内起到了较好的引领作用。

第三,要形成对教师节庆祝活动的系统性规划。怎样让我们的庆祝活动常有新意?笔者认为,可根据本地教育发展的主要目标和重大行动,确定本地未来几年的过节主线并精心设计。每年凸显一个主题,几年内的主题环环相扣,有了这种相对长远的规划,过节的方式和内容才有可能策划得更精准,同时也能更好地呼应本地教育发展的大趋势。只有加强策划、主动规划,才有可能在如何过好教师节上、在新学年伊始更好地激励教师发展进步上取得更好的效果。从这个意义上来讲,过一个富于创新的教师节、贴近教师心灵的教师节、合乎本地教育发展主题的教师节,无疑是一个需要用心思考的命题,这无疑将考验教育局的创意能力和行动能力。

本文转自2012年11月15日《中国教育报》

从小事入手帮学生爱眼

河南省洛阳市新安县磁涧镇八里小学教师　张金锋

作为班主任,经常接到家长因为孩子视力问题要求调换座位的电话。现在小学生近视的人数越来越多,有些孩子过早地架上了与他们年龄不相称的眼镜,很多家长对此也是忧心忡忡。如何从根本上做好小学生的近视预防工作,我结合自己的工作经验总结了以下几点。

建立视力档案,提高学生视力保护意识

在每个学期开学初的第一周,我都会对学生进行视力保护方面的宣传教育,帮助他们提高自我保护意识。小学生的自我认知力和约束力都较差,这些防护知识怎样才能触动他们的心灵呢?怎样才能使学生认识到自己的视力状况呢?我的具体做法就是为每一个学生建立视力档案。学生入班的时候,学校的保健医生会对每一个学生进行视力检查,并把结果反馈给班主任。以后每两个月,我都会对学生的视力进行一次检查,并与学期初的结果进行对比,对视力下降的学生,及时提醒并督促他们改掉不好的生活习惯。特别是暑假开学的时候,一定要给学生测一下视力,并把结果反馈给家长。有些孩子,因为假期看电视、玩电脑过多,视力下降特别厉害,更应该引起重视,最好把结果也通知家长,这样也能引起家长的重视,起到家校联动共同保护学生视力的作用。

注重学生良好行为习惯的养成教育

利用卫生课、健康课,教育学生养成良好的用眼卫生习惯,提醒他们读写姿势和握笔方法要正确,眼睛距书本30厘米左右,写字1小时要休息片刻,不躺在床上看书,不在行进的车中看书,不在暗弱或强光下看书写字。发现学生有不良的用眼行为,要及时向学生指出,并督促他们纠正。学生课间休息时,督促学生到室外去活动或远眺,进行眼睛的调节。同时要求学生积极参加体育活动,保证每天有1小时的体育锻炼时间。在班级中成立了由班干部组成的"护眼小组",平时在老师不在的情况下,由他们及时督促学生,共同做好班级同学的视力保护工作。

调整桌椅和座位创设良好的学习环境

良好的学习环境,有助于学生保护视力。我结合学生的身高,合理调整课桌椅的高度。每学期开学前我都要对班级的课桌椅调整一次,尽量使学生坐到高度合适的课桌椅。同时,摆放课桌时,教室内第一排课桌前缘距黑板不少于2米,每两排的间距不少于0.5米,以保证每个学生都能看清黑板上的字。

学生座位的调整,要结合学生的身高和视力进行调整,并且做到学生座位每两周调换一次,特别是对位置在两边的同学,要进行左右交换,以避免斜视的现象发生。

平时做到教室墙壁清洁,没有张贴物。同时要求学校每年黑板漆黑一次,做到没有反光,无裂缝。在打扫卫生时,我会和学生一起把教室的窗户擦干净,保证教室有充足的采光度。我会随时检查、修理及更换老化的灯管,保证在阴雨天和光线较暗时,学生有充足的照明条件。

做好协调工作,共同保护学生视力

在日常教学中,加强与其他任课教师的联系,控制随意多留课外作业和利用各种方式变相占用学生课间休息的现象发生。要求任课教师在教学过程中,随时提醒学生注意读写姿势,培养学生良好的用眼卫生习惯;同时,要求教师板书的字体要粗大,字迹规范化,使左右两边学生均能看清。定期与家长联系,并督促家长配合做好子女的视力保护工作。向家长宣传有关近视眼的防治知识,学生视力有变化时要及时与家长取得联系,并结合家访,提出改善家庭学习环境、合理安排学生生活和作息制度及其他防治措施的意见。

学生的视力保护工作是一项长期而细致的工作,只有从点滴小事入手,才能将这项工作真正落到实处。

论 著 提 要

《卜子夏考论》

《卜子夏考论》,高培华著,社会科学文献出版社2012年9月出版,34.3万字。该书获得2012年度河南省社会科学优秀成果一等奖。

高培华,1957年8月生,汉族,中共党员,教育学博士,编审、研究员,享受国务院特殊津贴的专家。本书从孔子与苏格拉底身后人物比较的视角切入论题,在搜集传世古籍、出土文献、地方志书和家谱族志中所有关于子夏的资料,仔细研究现有资料的基础上,用共计四章十四节的篇幅,深入系统地研究、考证、论述了孔子高徒子夏的家乡人文地理,卜氏家学渊源,孔门求学经历;他在孔子逝世后"居西河教授,为魏文侯师",传授《六经》"发明章句",作《毛诗序》、《仪礼·丧服传》、《子夏易传》(至少为第一作者,其后学陆续有所补益)等经典的历史性业绩;特别是他参与主编《论语》总结孔子教弟子怎样做人的教育思想,全面继承和部分发展孔子教育思想的历史贡献。由是论证子夏(还可以类推到曾参、子游等孔门高徒)实为中国教育史、中华文明史上承上启下的一流大师级人物;即使与古希腊、古印度、古巴比伦同属人类历史"轴心时代"的大师级人物相比,亦并不逊色。

其中各章的内容大致如下:

第一章:从"河济之间"到"洙泗之间",通过对子夏家乡人文地理、卜氏家学渊源,及子夏从出生到孔门求学经历的系统考述,深入研究了其学术师承渊源;对其一生事业的奠基时期作了尽可能详细的探讨,并廓清了一些长期流行的误解。

第二章:子夏西河教授考述,从其基本生活经历和教育实践入手,考述其思想产生的实践基础,论述其"教弟子三百人"的光辉业绩和巨大影响。考证"西河"是北流黄河之西以温邑和安邑为中心的一个比较广阔的区域,子夏为孔子服丧三年后,经过在人生十字路口"心战"之后的慎重选择,踏上了返回家乡设教授徒之路,"教弟子三百人"办学取得巨大成就,成为魏文侯君、臣的老师,以至于"西河之民疑"之为孔子。

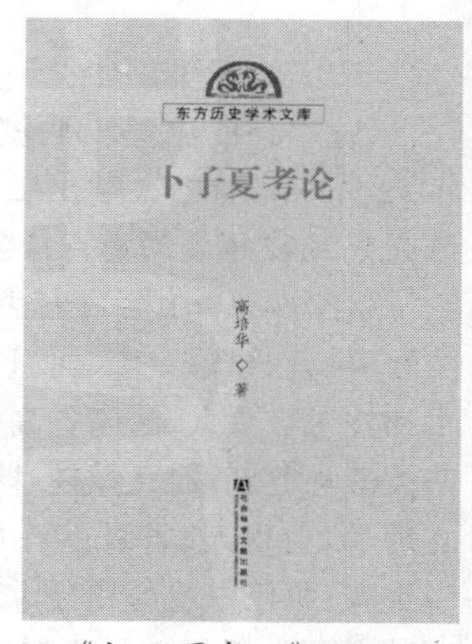

《卜子夏考论》封面

第三章:子夏传授《六经》考析——西河教授之教材建设,系统考述子夏对于《诗》、《书》、《礼》、《乐》、《易》、《春秋》的传授,并梳理了以往论者对于子夏与《毛诗序》、上博简《孔子诗论》、《仪礼·丧服传》、《子夏易传》、《春秋公羊传》、《谷梁传》、《左传》等经传之关系的论述,在此基础上提出了自己的观点。

第四章:子夏对孔子教育思想的继承与发展,考述子夏参与主编《论语》全面总结孔子教弟子怎样做人的教育思想之重要贡献,并分析研究传世文献中子夏所有的教育言论,重点揭示子夏教育思想的一些新因素和特质。在解决子夏的教育思想"是什么"问题的同时,阐述其与孔子教育思想的关系及其对后世的影响。

结　语:在以上四章的基础上,简要回顾子夏的历史地位与影响,最后回到"绪论"所提出的问题——孔子与苏格拉底身后比较上来,简要阐述作者的研究结论。

附　录:陈玉澍《卜子年谱》补正,在书稿正文对于子夏的生平业绩作系统研究的基础上,为清末盐城陈玉澍的《卜子年谱》(迄今唯一的子夏生平研究专著)作补充和正误。

(省教科所供稿)

《高等教育学科专业发展战略及预警机制研究》

《高等教育学科专业发展战略及预警机制研究》,邹友峰等著,2012年7月煤炭工业出版社出版,40.1万字。该书获2012年度河南省社会科学优秀成果二等奖。

邹友峰,1964年12月生,汉族,中共党员,博士,教授,博士生导师,河南省优秀专家,跨世纪学术和技术带头人,享受国务院政府特殊津贴的专家;河南省第十、第十一届政协委员。现任河南理工大学校长;兼任国际矿山测量协会委员、中国煤炭学会常务理事、河南省煤炭学会副理事长、河南省矿业协会副会长、中国煤炭学会矿山测量专业委员会副主任委员、中国煤炭学会开采损害技术鉴定委员会委员、中国岩石力学与工程学会软岩支护专业委员会副主任委员等学术团体职务。

《高等教育学科专业发展战略及预警机制研究》通过历史

的、现实的和理论的考察,重点探讨和研究了中部崛起背景下的高校学科专业发展战略及风险预警机制问题,揭示了高校学科专业结构与产业结构协调发展的规律与机理。在分析我国各地区高校学科专业结构与产业结构中出现的主要问题、根源的基础上,提出了实现经济结构调整和高等教育学科专业结构协调发展的策略。主要论点:(1)阐明了经济结构、就业结构、人才结构、学科专业结构的互动关系、发展规律及运行机理。(2)提出了2010—2020年我国经济结构发展对人才发展和学科专业发展的需求模型。(3)提出了我国经济结构调整与高等教育学科专业结构协调发展的策略。(4)提出了"五系统、四功能"的学科专业风险预警系统和实现机制。(5)提出了促进河南省高校学科专业结构调整与产业结构协调发展的战略构想及实施策略。

本成果对于推进我国高等教育学科专业结构的优化,规避高校学科建设实践所面临的风险,在规模、结构、效益上更好地满足社会发展对高等教育的需求,推进产业结构和人才结构的匹配,具有重要的指导意义。

(河南理工大学供稿)

《管理心理学——理论实务案例实训》

《管理心理学——理论实务案例实训》,赵国祥主编,2012年12月东北财经大学出版社有限责任公司出版,58.9万字。该书获2012年度河南省社会科学优秀成果二等奖。

赵国祥,1961年11月生,汉族,中共党员,博士,享受国务院政府特殊津贴专家、河南省优秀中青年骨干教师、跨世纪学术和技术带头人、河南省高校创新人才工程培养对象;现任河南大学常务副校长、教授、博士生导师,国家级精品课程《管理心理学》负责人,省级重点学科(心理学)带头人,心理学学科带头人;兼任中组部领导干部考试与测评中心专家组成员、教育部心理学学科教学指导委员会委员、教育部普通高等学校大学生心理健康教育专家指导委员会委员、《心理研究》杂志主编、中国心理学会理事、中国心理学会人格心理学分会副会长、河南省心理学会理事长。

《管理心理学——理论实务案例实训》根据"21世纪'多元整合型一体化'"最新课程理念设计,以新时期"就业"和"人才竞争"为导向,紧紧围绕"十二五"时期我国高等教育新型人才培养目标,依照"原理先行、实务跟进、案例同步、实训到位"的原则,全面展开兼顾"通用"(即经管类)与"核心"(即跨行业)两个层面的"职业知识"、"职业能力"和"职业道德素质"建构,突出"问题思维"与"创新意识"训练的管理心理学教材内涵。其主要内容包括:管理心理学概述,人性假设与管理,认知理论与管理,个性理论与管理,态度、情绪、心理健康理论与管理,激励原理与管理,人力资源模块说与管理,群体理论与管理,团队理论与高绩效团队建设,人际关系理论与管理,领导理论与管理,组织文化理论与管理,组织变革、组织发展理论与管理等。本书可作为高等院校经管类相关专业的全国通用教材,也可供企业在职人员培训使用。

(河南大学供稿)

《共和国中小学教师专业发展的政策研究》

《共和国中小学教师专业发展的政策研究》,王大磊著,2011年12月黑龙江教育出版社出版,24万字。该书获2012年河南省教育科学研究优秀成果特等奖。

王大磊,1969年4月生,河南南阳人,汉族,中共党员,教育学博士,信阳师范学院教育学教研室副主任、讲师。2009年10月获华东师大与美国加州大学洛杉矶分校交换留学合作项目奖学金并赴美访学半年。研究方向为:中国近现代教育变革及教师专业发展。发表论文16篇,参编著作《陶行知词典》1部。独著《共和国中小学教师专业发展的政策研究》。主持和参与省、部级课题10余项,获得省、厅级奖励3项。

《共和国中小学教师专业发展的政策研究》一书旨在对我国建国以来的中小学教师政策进行系统的历史考察和逻辑分析,并努力探讨其存在的问题及原因,把建国以来制定的教师专业发展政策分为教师准入政策、教师任用政策和教师待遇政策三部分,进行了比较详细的考察、分析和反思。作者借鉴了新加坡等国家的教师激励政策及美国成熟的福利制度,以弥补我国在这方面政策制定上的不足,并提出了完善我国当代中小学教师专业发展政策的若干建议:要明确中小学教师专业发展政策的目标和方向,促进政策执行者及相关人员对政策的理解,尽快提高政策执行主体的执行能力,政策制定需要考虑政策之间的兼容性。同时要重新定位政府在教师专业发展中的角色,切实实现教师专业发展政策在政府教育中的地位从边缘到教育政策中心的转变。在研究方法上,作者注重史论结合,尝试运用教育学、历史学、政治学、社会学等多学科研究理论进行综合分析。该书有助于读者认识、分析和解决我国教师专业发展政策存在的问题,为教师教育和教师发展创造外部环境和条件,从中央到地方再到教育机构主体,形成中小学教师培养、培训、管理一体化的有效平台和完备的保障运作体系。

(信阳师范学院供稿)

《市场营销专业教学法》

《市场营销专业教学法》,主编郎群秀,副主编李玮。2011年12月中国人民大学出版社出版。字数27.4万字。2012年9月,该书获得河南省教育科学研究优秀成果(著作)特等奖。

郎群秀,男,1966年4月出生,河南科技学院经济与管理学院教授、副院长。长期从事市场营销专业教学法、公共关系学、商务谈判等课程教学工作。获得包括省级奖励在内的各类科研奖励10余项,在《中国高教研究》等期刊上发表论文50余篇,编写专著和教材12部。先后获得河南省优秀中青年骨干教师等称号。

《市场营销专业教学法》是史保金教授主持的"教育部、财政部中等职业学校教师素质提高计划——市场营销专业师资培训包开发项目(LBZD049)"成果之一。该项目2007年启动后,在全国范围内对中等职业学校师生、企业一线营销人员、高等学校市场营销专业教师等数千份样本的全方位深入调查,在教育部、财政部组织的项目专家指导委员会的多次指导下,在课题组成员的不懈努力下,历经四年多时间,终成此书。

《市场营销专业教学法》编写目标。市场营销专业教学法教材编写的根本目的在于为中职市场营销专业的教师教学提供多种可资借鉴的教学方法,提高其教学能力,实现教师教学"专业化"。通过教材开发和相应培训,促使中职市场营销专业教师逐步由合格教师向教师专业化转变,继而由专业化教师向专家型教师转变。

《市场营销专业教学法》教材开发思路。市场营销专业教学法的开发是指在市场营销专业课程教学目标的引领下,根据专业内容特征,选择合适的方法,并辅之以适当的教学媒体资源,使中职市场营销专业的教师能够高质量地完成专业内容的教学。市场营销专业教学法教材的开发遵循下列原则:第一,符合中职市场营销专业教师的素质提高需要。第二,符合中等职业教育学生的认知特点和学习心理。第三,符合市场营销专业教学的特殊性要求。市场营销专业教学法教材的开发依据下列三点:第一,依据教育教学理论和中职学生特点。第二,依据营销工作过程和中职市场营销专业教学过程。第三,依据中等职业教育市场营销专业教师教学实践的实证调查。

《市场营销专业教学法》教材的主要内容。教材整体框架分为两部分:第一部分为专业教学特点分析,主要介绍中职市场营销专业教学目标、学生特点、教材内容、教学媒体等,以实用、够用为度。第二部分为专业教学法应用,详细介绍了八种典型的市场营销专业教学法,是教材的重点内容。各个专业教学法应用案例详细分析了教学目标、对象,界定了内容,明确了实施条件、场合、媒体、步骤等。

(河南科技学院供稿)

《区域视野中的乡村、学校与社会——清末民初东北乡村教育研究(1905—1931)》

《区域视野中的乡村、学校与社会——清末民初东北乡村教育研究(1905—1931)》,杨晓军著,2011年5月光明日报出版社出版。字数28万字。2012年9月,该书获得河南省教育科学研究优秀成果(著作)特等奖。

杨晓军,1980年5月生于辽宁省葫芦岛市,汉族,中共党员,博士,河南理工大学马克思主义学院讲师,硕士生导师,主要从事中国乡村教育史、马克思主义中国化和中国近现代基本问题研究的教学和科研工作。

《区域视野中的乡村、学校与社会——清末民初东北乡村教育研究(1905—1931)》一书是对清末民初时期东北乡村教育的系统性研究。该书从区域性研究的视角出发,以乡村、学校和社会三者互动为切入点,运用历史学、教育学、社会学、民俗学和文化学等多学科研究理论和方法,揭示出清末民初时期东北乡村教育近代化的社会背景和演进脉络,系统考察了社会转型时期东北乡村教育的发展概况、管理体系、授课模式和考试方法的革新,归纳出近代东北乡村教育发展模式的区域特色,探讨新式知识分子群与近代东北乡村社会政治、经济、文教和风俗近代化之内在关联,阐述了近代东北乡村新式教育运动的历史经验和当代价值。该书选取的研究视角独特,立意新颖,资料翔实,方法得当,为进一步深化东北乡村教育研究乃至中国近代乡村教育研究提供了新的视角。

(河南理工大学供稿)

2012年河南省教育科学研究优秀成果奖励项目名单

证书编号	成果名称	申报人	人数	成果形式	申报人单位
高校中专组特等奖					
豫教〔2012〕17079号	区域视野中的乡村、学校与社会:清末民初东北乡村教育研究(1905—1931)	杨晓军	1	著作	河南理工大学
豫教〔2012〕17080号	共和国中小学教师专业发展的政策研究	王大磊	1	著作	信阳师范学院
豫教〔2012〕17081号	临床心理治疗学	王长虹	6	著作	新乡医学院
豫教〔2012〕17082号	实验心理学	刘金平	6	著作	河南大学
豫教〔2012〕17083号	市场营销专业教学法	郎群秀	6	著作	河南科技学院
高校中专组一等奖					
豫教〔2012〕17084号	基于三维软件的机械类课程数字化教学资源建设	韩玉坤	6	研究报告	安阳工学院
豫教〔2012〕17085号	应用化学专业课程体系特色模块建设	房晓敏	5	其他	河南大学
豫教〔2012〕17086号	偏离与回归:马克思人学视域中的教育技术	郝兆杰	2	论文	河南大学
豫教〔2012〕17087号	论单位制度对学校教育性的影响	王　晋	1	论文	河南大学
豫教〔2012〕17088号	创意人才与创意阶层:文化产业人才培养目标探索	王志标	1	论文	河南大学
豫教〔2012〕17089号	新时期高校历史学专业课程体系构建探究	展　龙	5	研究报告	河南大学
豫教〔2012〕17090号	论高校教务员队伍非职业化现状与职业化发展空间	李　兵	6	论文	河南大学
豫教〔2012〕17091号	新时期国民音乐教育改革研讨会综论	陈宗花	1	论文	河南大学
豫教〔2012〕17092号	提高中职生抗挫折心理能力研究	魏道清	4	研究报告	河南工程技术学校
豫教〔2012〕17093号	示范性职业学校师德师风建设研究	胡苗霞	4	研究报告	河南工程技术学校
豫教〔2012〕17094号	商务英语本科专业筹建中的问题与思考	王红丽	6	研究报告	河南工程学院
豫教〔2012〕17095号	话语的暴力与规训——解读哈罗德·品特的《生日聚会》	李　华	1	论文	河南工程学院
豫教〔2012〕17096号	嵌入式系统课程教学研究	张晓东	3	论文	河南工业大学
豫教〔2012〕17097号	《野性的呼唤》与《白牙》之对比研究	裴秀娟	5	研究报告	河南工业大学
豫教〔2012〕17098号	学困生心理障碍防治与矫正研究	李　强	5	研究报告	河南工业贸易职业学院
豫教〔2012〕17099号	基础会计课程组合式教学模式的应用与实践	范中良	1	论文	河南广播电视大学
豫教〔2012〕17100号	河南省高职高专高等数学的教学改革研究与实践	王　琳	6	论文	河南机电高等专科学校
豫教〔2012〕17101号	基于模糊故障树法的建筑工程技术专业教学质量评价体系研究	白丽红	6	研究报告	河南建筑职业技术学院
豫教〔2012〕17102号	高职院校教师专业发展危机及其干预	吴笑伟	1	论文	河南交通职业技术学院
豫教〔2012〕17103号	关于当前农村家庭教育的调查研究	牛金芳	4	研究报告	河南教育学院
豫教〔2012〕17104号	幼儿园实施劳动合同法过程中存在的问题与对策研究	王洪成	5	研究报告	河南教育学院
豫教〔2012〕17105号	高等院校英语专业写作课程教学质量提升研究	田秋香	5	研究报告	河南教育学院
豫教〔2012〕17106号	网络环境下的英语教学研究	薛　燕	4	研究报告	河南教育学院
豫教〔2012〕17107号	高校文学课程教学与大学生人文素质教育的调查研究	王淑玲	5	研究报告	河南教育学院
豫教〔2012〕17108号	师德建设与教师精神培育研究	杜月菊	6	研究报告	河南经贸职业学院
豫教〔2012〕17109号	教育平等视野下的职业技术教育制度创新研究	张社字	6	研究报告	河南科技学院
豫教〔2012〕17110号	河南省农村劳动力转移培训现状与体制创新研究	闫梅红	6	研究报告	河南科技学院
豫教〔2012〕17111号	中职园林专业师资培养培训方案、课程和教材开发项目调研报告	齐安国	6	研究报告	河南科技学院
豫教〔2012〕17112号	河南省高等教育与经济、科技协调发展实证研究	周　启	6	研究报告	河南科技学院

续表

证书编号	成果名称	申报人	人数	成果形式	申报人单位
豫教〔2012〕17113号	农村社区教育调查研究	元焕芳	6	研究报告	河南科技学院
豫教〔2012〕17114号	大学生创业与就业技能提升研究	张红岩	6	研究报告	河南科技学院
豫教〔2012〕17115号	河南高校知识资本管理创新研究	马艳红	6	研究报告	河南科技学院
豫教〔2012〕17116号	增强职业教育吸引力视野下中高职衔接问题研究	杨红旻	6	研究报告	河南科技学院
豫教〔2012〕17117号	构建高等学校院(系)领导体制的探索与实践	王少安	1	论文	河南理工大学
豫教〔2012〕17118号	提升产学研合作人才培育模式运行成效的对策研究	蒋文昭	6	研究报告	河南理工大学
豫教〔2012〕17119号	基于语料库的词块习得对大学生英语写作能力发展研究	冉玉体	6	研究报告	河南理工大学
豫教〔2012〕17120号	俄罗斯钢琴素质基础教育研究	孙　娟	6	研究报告	河南理工大学
豫教〔2012〕17121号	中职护理技能教学构建"有效教学,高效学习"模式研究	姜亚娟	6	研究报告	河南煤炭卫生学校
豫教〔2012〕17122号	激发学生主体性,提高实验教学质量	陈玉霞	5	论文	河南农业大学
豫教〔2012〕17123号	兽医药剂学实验教学改革探索与实践	赵金凤	3	论文	河南农业大学
豫教〔2012〕17124号	动物医学国家级特色专业的建设与实践	张龙现	5	论文	河南农业大学
豫教〔2012〕17125号	高等院校院系两级教学督导体制与教学质量监控体系研究与实践	孙元峰	6	研究报告	河南农业职业学院
豫教〔2012〕17126号	高职数学与中学数学教学衔接问题研究	李茂强	6	研究报告	河南农业职业学院
豫教〔2012〕17127号	大学生积极心理素质培养教程	陈玉焕	6	著作	河南商业高等专科学校
豫教〔2012〕17128号	基于能力与素质培养一体化的高职数学课程教学改革	赵白云	1	论文	河南商业高等专科学校
豫教〔2012〕17129号	河南省高校编制管理如何适应高等教育事业发展的需要	张　琳	6	研究报告	河南商业高等专科学校
豫教〔2012〕17130号	基础会计(教材)	刘苏鑫	6	著作	河南省轻工业职工大学
豫教〔2012〕17131号	婚姻经营与情感管理	田瑞娟	1	著作	河南省幼儿师范学校
豫教〔2012〕17132号	高等教育功能观的历史脉络	张国强	3	论文	河南师范大学
豫教〔2012〕17133号	从基于教科书的教学到基于课程标准的教学	冯喜英	1	论文	河南师范大学
豫教〔2012〕17134号	中国特色教育督导制度的构建	李帅军	6	研究报告	河南师范大学
豫教〔2012〕17135号	缩小数字鸿沟,促进城乡义务教育信息化均衡发展	段宝霞	1	论文	河南师范大学
豫教〔2012〕17136号	终身教育视野下教师职业发展问题及对策	李向辉	1	论文	河南师范大学
豫教〔2012〕17137号	农村寄宿制学校建设资源困境与改进路径	李醒东	2	论文	河南师范大学
豫教〔2012〕17138号	女性主义课程的性别批判	姚文峰	1	论文	河南师范大学
豫教〔2012〕17139号	我国语文质性教学评价体系研究	耿红卫	6	研究报告	河南师范大学
豫教〔2012〕17140号	教育硕士教育课程设置的问题及对策	时花玲	1	论文	河南师范大学
豫教〔2012〕17141号	论初中物理课堂教学中培养学生问题意识的策略	侯新杰	3	论文	河南师范大学
豫教〔2012〕17142号	构建学习型社会与职业教育改革和发展研究报告	殷文杰	1	研究报告	河南卫生职工学院
豫教〔2012〕17143号	大学生职业核心能力培养与训练	白君堂	6	著作	河南质量工程职业学院
豫教〔2012〕17144号	中西医结合诊断资料库与技能教学方案探索	卢依平	6	研究报告	河南中医学院
豫教〔2012〕17145号	医学生物学实验教学中科学素养的培育	张小莉	3	论文	河南中医学院
豫教〔2012〕17146号	提高医学专业学位研究生临床能力初探	常学辉	2	论文	河南中医学院
豫教〔2012〕17147号	药学院校本科生科研训练与创新能力的培养	王　霞	4	论文	河南中医学院
豫教〔2012〕17148号	中药学特色专业建设研究与探索	卢　萍	6	研究报告	河南中医学院

续表

证书编号	成果名称	申报人	人数	成果形式	申报人单位
豫教〔2012〕17149号	中医学院硕士研究生《临床生物化学》课程设计与实施	王 蕾	3	研究报告	河南中医学院
豫教〔2012〕17150号	护理人员疼痛管理培训效果分析	潘兰霞	2	论文	河南中医学院
豫教〔2012〕17151号	方剂专业研究生教材建设研究与实践	王 付	5	研究报告	河南中医学院
豫教〔2012〕17152号	循环医学在内科教学中的应用	何 敏	1	论文	河南护理职业学院
豫教〔2012〕17153号	普通高校公共音乐课教学思考与探索	乔 敏	1	论文	华北水利水电学院
豫教〔2012〕17154号	论高等院校教学督导工作中的信息不对称风险及其规避	郭瑾莉	1	论文	华北水利水电学院
豫教〔2012〕17155号	新时期高校育人机制研究	舒坤尧	1	论文	华北水利水电学院
豫教〔2012〕17156号	对基于建构主义理论的河南省高校英语教师角色的调查与研究	旁彦杰	2	研究报告	华北水利水电学院
豫教〔2012〕17157号	澳大利亚英语本科课程设置研究	魏新强	1	论文	华北水利水电学院
豫教〔2012〕17158号	对外开放条件下复合型外语实用人才培养模式	邵红杰	6	研究报告	华北水利水电学院
豫教〔2012〕17159号	试论英语专业口译课模式与教学策略	郑茗元	1	论文	华北水利水电学院
豫教〔2012〕17160号	公民社会	时锦瑞	1	论文	华北水利水电学院
豫教〔2012〕17161号	行政法视野中的高校行政和学术权力运行机制探析	袁 伟	1	论文	黄河科技学院
豫教〔2012〕17162号	学生标准化病人在外科急腹症教学中教学效果的探讨	刘宽浩	2	论文	黄河科技学院
豫教〔2012〕17163号	模拟电子技术课程教学改革与实践	吴显鼎	6	研究报告	黄河科技学院
豫教〔2012〕17164号	英语专业本科生毕业论文指导策略研究	程小蔷	3	研究报告	黄河科技学院
豫教〔2012〕17165号	高职水工建筑物基础课程教学改革与实践	王智阳	1	论文	黄河水利职业技术学院
豫教〔2012〕17166号	教学方式的变革与创新	贾长虹	2	著作	焦作师范高等专科学校
豫教〔2012〕17167号	河南省高职院校开展绩效审计工作问题研究	范金梅	6	研究报告	开封大学
豫教〔2012〕17168号	网络环境下教师反馈对英语自主学习作用的调查分析	段慕卉	1	论文	洛阳理工学院
豫教〔2012〕17169号	大学英语翻译教学中汉英对比理论的引入探究	黄 瑞	1	论文	洛阳理工学院
豫教〔2012〕17170号	谈计算机专业工程型与应用型人才培养	李 蒙	2	论文	洛阳理工学院
豫教〔2012〕17171号	基于现代人才培养的河南省高校心理健康教育发展研究	卢爱新	4	研究报告	洛阳理工学院
豫教〔2012〕17172号	提升幼师学生数学素养的研究	刘晨艳	6	研究报告	洛阳幼儿师范学校
豫教〔2012〕17173号	河南省高职高专院校教师职业倦怠及其相关因素研究	陈 军	6	研究报告	漯河医学高等专科学校
豫教〔2012〕17174号	大学英语听说教学模式及相关第二课堂活动实践与研究	孔 博	6	研究报告	漯河医学高等专科学校
豫教〔2012〕17175号	高职高专院校“五位一体”内部教学质量保障体系的构建	黄小蕾	1	论文	漯河医学高等专科学校
豫教〔2012〕17176号	以能力为核心的《服装材料学》课程研究	叶根洋	6	研究报告	漯河职业技术学院
豫教〔2012〕17177号	职业教育实训基地建设的探索与实践	于红杰	6	研究报告	漯河职业技术学院
豫教〔2012〕17178号	文学欣赏教学能力培养对策研究	杨运芝	6	研究报告	南阳理工学院
豫教〔2012〕17179号	高校法律基础教育实效性改革研究	张 珂	3	论文	南阳理工学院
豫教〔2012〕17180号	应用型本科院校PHP程序设计的教学改革	黄宪通	3	论文	南阳理工学院
豫教〔2012〕17181号	高校危机干预策略研究	丁心镜	6	研究报告	南阳理工学院
豫教〔2012〕17182号	问题学习导向的网络课程调研与分析	赵玉青	1	论文	南阳师范学院
豫教〔2012〕17183号	新升本地方院校大学英语课堂教学新模式研究	林 萍	6	研究报告	平顶山学院
豫教〔2012〕17184号	网络时代学校德育研究	李玉林	6	研究报告	濮阳职业技术学院
豫教〔2012〕17185号	高职院校文科专业实训基地建设研究	韩彦枝	6	研究报告	濮阳职业技术学院

续表

证书编号	成果名称	申报人	人数	成果形式	申报人单位
豫教〔2012〕17186号	河南省高校体育场馆开展有偿服务研究	于成义	6	研究报告	濮阳职业技术学院
豫教〔2012〕17187号	人伦与道德教育	宋五好	1	著作	三门峡职业技术学院
豫教〔2012〕17188号	高职新闻专业基于工作过程的项目课程开发研究	毛艳青	6	研究报告	商丘工学院
豫教〔2012〕17189号	试论钢琴的有效练习	何丽莎	1	论文	商丘师范学院
豫教〔2012〕17190号	高职教育校企合作人才培养模式的探索与实践	刘洪运	6	研究报告	商丘职业技术学院
豫教〔2012〕17191号	现代远程高等教育自主学习低效现象的原因及对策	贺学海	6	研究报告	商丘职业技术学院
豫教〔2012〕17192号	刑事诉讼法学课程整体设计之创新思考	王淑华	1	论文	铁道警官高等专科学校
豫教〔2012〕17193号	应用研究性:专业学位研究生教育本质属性	袁广林	1	论文	铁道警官高等专科学校
豫教〔2012〕17194号	关于跨文化交际身势语在教育教学中的应用研究	李玲婉	4	论文	新乡学院
豫教〔2012〕17195号	高校计算机教学设计CBE教学理念探讨	穆瑞辉	2	论文	新乡学院
豫教〔2012〕17196号	河南省中小学生学习生活状况调查分析	杜丽娟	4	研究报告	新乡学院
豫教〔2012〕17197号	医学检验专业实践教学体系的改革研究与实践	王明永	6	研究报告	新乡医学院
豫教〔2012〕17198号	教师视野下大学英语教学中文化缺失的调查研究	任如意	6	研究报告	新乡医学院
豫教〔2012〕17199号	基于网络的大学英语学习策略的应用研究	姜向军	6	研究报告	新乡医学院
豫教〔2012〕17200号	独立学院就业工作体系建设研究	许红芝	6	研究报告	新乡医学院
豫教〔2012〕17201号	从"同课异讲"看香港与内地中学课堂教学的异同	李文田	1	论文	信阳师范学院
豫教〔2012〕17202号	现代教育技术	周全林	6	著作	许昌学院
豫教〔2012〕17203号	美国《全民健身计划》解读及对我国的启示	边　宇	2	论文	许昌学院
豫教〔2012〕17204号	城镇化进程中城乡教育均衡发展对策研究	王建民	1	论文	许昌学院
豫教〔2012〕17205号	高中师生对新高考方案态度的比较研究	于康平	2	论文	许昌学院
豫教〔2012〕17206号	基于构建主义理论的英语语言学教学模式研究	贾军红	6	研究报告	许昌学院
豫教〔2012〕17207号	项目驱动培养学生英语自主学习能力研究	马玲玲	6	研究报告	许昌学院
豫教〔2012〕17208号	面对日趋加重的老龄化社会,适应社会发展需要的创新型护理人才培养模式的探讨	吴国华	6	研究报告	郑州大学
豫教〔2012〕17209号	儿童青少年品行障碍与抑郁障碍共病的影响因素与作用机制	耿耀国	6	研究报告	郑州大学
豫教〔2012〕17210号	网络背景下高校马克思主义理论课教学中的问题及应对	杨静娴	1	论文	郑州大学
豫教〔2012〕17211号	对高校体质弱势群体实施运动处方教学的实验研究	翟小巧	4	研究报告	郑州大学
豫教〔2012〕17212号	俄罗斯高考制度改革十年回顾	张　璐	1	论文	郑州大学
豫教〔2012〕17213号	基于工作过程的火电厂集控运行专业课程体系的开发与实践	杨小琨	6	研究报告	郑州电力高等专科学校
豫教〔2012〕17214号	大学生涯发展与规划	庞玉娴	2	著作	郑州电力高等专科学校
豫教〔2012〕17215号	新时期加强未成年人思想道德教育研究	张灵敏	6	研究报告	郑州广播电视大学
豫教〔2012〕17216号	论职教史研究中"马太效应"的表现及对策	王运涛	1	论文	郑州广播电视大学
豫教〔2012〕17217号	公共关系基础与实务	牛艳莉	1	著作	郑州交通职业学院
豫教〔2012〕17218号	以职业能力为核心的旅游英语专业课程体系研究	张贺玲	5	研究报告	郑州旅游职业学院
豫教〔2012〕17219号	职业院校单亲家庭子女心理行为问题及教育对策	周　岩	6	研究报告	郑州旅游职业学院
豫教〔2012〕17220号	基于工作过程开发的中药制剂技术课程建设的研究与实践	连瑞丽	4	论文	郑州牧业工程高等专科学校

续表

证书编号	成果名称	申报人	人数	成果形式	申报人单位
豫教〔2012〕17221号	高职高专药学类专业“校企合作,工学结合”人才培养模式的研究与实践	李利红	6	研究报告	郑州牧业工程高等专科学校
豫教〔2012〕17222号	基于职业能力培养的高职商务英语专业“渗透式”实践教学体系的构建	刘　燕	1	论文	郑州牧业工程高等专科学校
豫教〔2012〕17223号	宠物生理实验教学中增加学生实践能力和创新意识的探讨	王　军	3	论文	郑州牧业工程高等专科学校
豫教〔2012〕17224号	任务驱动教学法在畜禽传染病防治技术课程实验教学中的应用	王　岩	5	论文	郑州牧业工程高等专科学校
豫教〔2012〕17225号	理工类非计算机专业程序设计技术双语教学模式的研究与实践	王鹏远	6	研究报告	郑州轻工业学院
豫教〔2012〕17226号	河南省高校品牌建设路径研究	王飞鸿	5	研究报告	郑州航空工业管理学院
豫教〔2012〕17227号	青少年日常行为规范养成教育研究	崔慕岳	6	研究报告	郑州升达经贸管理学院
豫教〔2012〕17228号	基于Malmquist生产率指数方法的教育投入绩效测度	王　铮	5	论文	郑州升达经贸管理学院
豫教〔2012〕17229号	大学生的人力资源开发意识调查	陈　新	1	论文	郑州师范学院
豫教〔2012〕17230号	河南省高校艺术设计专业毕业生就业、创业和失业对策的研究	赵汇鑫	6	研究报告	郑州师范学院
豫教〔2012〕17231号	道德教育中“被”现象及其反思	杨运强	1	论文	郑州师范学院
豫教〔2012〕17232号	包容性增长理念下我国行政救助制度的反思与展望	孔令兵	1	论文	郑州师范学院
豫教〔2012〕17233号	提升中学生创新能力方法探析	符巧静	3	研究报告	郑州师范学院
豫教〔2012〕17234号	郑州市初中青年英语教师英语课堂用语调查分析与对策:从关联视角出发	张　锦	3	论文	郑州师范学院
豫教〔2012〕17235号	高师音乐教育专业学生抗挫折心理能力研究	常丽文	6	研究报告	郑州师范学院
豫教〔2012〕17236号	语言学新探	白　杨	1	著作	郑州师范学院
豫教〔2012〕17237号	任务驱动法在中小学信息技术教学中的应用	李正超	1	论文	郑州师范学院
豫教〔2012〕17238号	非计算机专业Visual　Foxpro课程教学探索与实践	李华英	2	论文	郑州师范学院
豫教〔2012〕17239号	语言哲学与人和生活世界	赵　芳	1	论文	郑州师范学院
豫教〔2012〕17240号	情绪劳动与抑郁及焦虑的关系:情绪耗竭的中介作用	陈瑞君	2	论文	郑州师范学院
豫教〔2012〕17241号	基于职业能力的高职计算机基础课程过程性评价体系研究	李　咚	5	研究报告	郑州铁路职业技术学院
豫教〔2012〕17242号	关于郑州市学前教育发展的调查与思考	张岩莉	1	论文	郑州幼儿师范专科学校
豫教〔2012〕17243号	高等职业教育课堂教学质量评价问题研究	苏咏梅	5	研究报告	郑州职业技术学院
豫教〔2012〕17244号	高等学校空乘类人才培养模式改革的研究与实践	苗振青	6	研究报告	中原工学院
豫教〔2012〕17245号	建筑设计与技术课程相整合之策略研究	张　进	6	研究报告	中原工学院
豫教〔2012〕17246号	河南省高校大学生性观念现状调查研究	刘秀英	6	研究报告	中原工学院
豫教〔2012〕17247号	高职高专现代汉语课程改革构想	王　静	1	论文	中州大学
豫教〔2012〕17248号	地方高师对外汉语人才培养模式与课程体系的研究与实践	王振顶	1	论文	周口师范学院
高校中专组二等奖134项,略					
中小学幼儿园组一等奖					
豫教〔2012〕17383号	幼儿礼仪教育生活化的研究与实践	杨婷芹	6	研究报告	安阳市殷都区教体局幼教发展研究中心

续表

证书编号	成果名称	申报人	人数	成果形式	申报人单位
豫教〔2012〕17384号	回归本源的教育思考和探索	李　涵	1	论文	河南省第二实验中学
豫教〔2012〕17385号	农村英语教师专业化发展丛书	姚连荣	6	著作	河南省基础教育教学研究室
豫教〔2012〕17386号	墨子教育哲学思想的现代阐释	刘红霞	1	论文	河南省教育科学研究所
豫教〔2012〕17387号	工读学校学生厌学现象与家庭教养方式研究	周长春	4	论文	河南省教育科学研究所
豫教〔2012〕17388号	职业教育在区域振兴发展中的作用及实现途径研究	熊光慈	6	研究报告	河南省教育厅
豫教〔2012〕17389号	河南省实验小学管理规程构建与应用	孙广杰	2	著作	河南省实验小学
豫教〔2012〕17390号	农村小学语文课堂学习方式的研究	李舒文	1	研究报告	济源市大峪中心校
豫教〔2012〕17391号	《英汉多功能词典》部分词条的商榷及订正	孔礼战	1	论文	济源市教科所
豫教〔2012〕17392号	幼儿师范生培养途径探索与研究	李恒蔚	4	研究报告	济源市教师进修学校
豫教〔2012〕17393号	山区中小学布局调整的几点思考	杨建东	2	研究报告	济源市坡头中心校
豫教〔2012〕17394号	“有疑必究，延迟判断”课堂教学模式研究	薛家宝	5	研究报告	济源市沁园中心校
豫教〔2012〕17395号	新课改下教学文娱特色的实施研究	郭长太	6	研究报告	济源市邵原实验小学
豫教〔2012〕17396号	初中校本课程“优因数学”的实验与研究	郭先军	6	研究报告	济源市五龙口一中
豫教〔2012〕17397号	新教育实验区域推进模式研究	马秀泉	5	研究报告	焦作市教育局
豫教〔2012〕17398号	小学“四个一”教学模式的研究与实践	史曙光	6	著作	沁阳市教育局
豫教〔2012〕17399号	高中语文教学中培养学生创新能力的研究	邱锡光	6	论文	博爱第三中学
豫教〔2012〕17400号	以读写提高全县中小学教师人文素养的实践与研究	田彩玲	5	研究报告	博爱县教育局教研室
豫教〔2012〕17401号	师生共写随笔，促进学生成长	李国庆	6	论文	沁阳市柏香镇肖寺小学
豫教〔2012〕17402号	关于开展小学综合实践活动方式的研究	闫桂梅	5	研究报告	焦作市解放区焦西小学
豫教〔2012〕17403号	如何利用新教育实验促进师生教学相长的实践研究	杨　芳	6	研究报告	焦作市解放区学生路小学
豫教〔2012〕17404号	教师人文素养提升的实践性研究	张战军	5	研究报告	温县第二实验中学
豫教〔2012〕17405号	初中阶段中英双语教学研究探索	张瑜卓	6	研究报告	洛阳市第五十五中学
豫教〔2012〕17406号	小学数学教师的素质与培养	侯晓丽	1	论文	洛阳市实验小学
豫教〔2012〕17407号	美德的力量	张耀国	4	著作	舞阳县西大街教研室
豫教〔2012〕17408号	在语文课教学中，如何对学生进行人文精神内化的研究	闫召华	4	研究报告	南召县基础教研室
豫教〔2012〕17409号	在“三疑三探”教学模式中培养学生评价能力的研究	王金英	1	研究报告	西峡县城区二小
豫教〔2012〕17410号	“三疑三探”教学模式在初中数学课堂中的应用与研究	刘宏超	3	研究报告	西峡县基础教研室
豫教〔2012〕17411号	县级教师培训模式研究	孙芙蓉	5	研究报告	新野县教师进修学校
豫教〔2012〕17412号	“三省两改一做”德育模式研究	王　辅	6	研究报告	平顶山市第五十六中学
豫教〔2012〕17413号	农村教师队伍专业化成长的现状、问题及对策研究	李全胜	6	研究报告	鲁山县教体局教研室
豫教〔2012〕17414号	开发非智力因素增强学生写作动力的研究	王朝旺	6	研究报告	鲁山县赵村中心校
豫教〔2012〕17415号	教师反思与专业化成长研究	赵　团	6	研究报告	平顶山市卫东区教体局教研室

续表

证书编号	成果名称	申报人	人数	成果形式	申报人单位
豫教〔2012〕17416号	新课程下优化小学作文教学的实践研究	周小梅	6	研究报告	平顶山市卫东区教体局教研室
豫教〔2012〕17417号	实施分层教学,有效避免学生两极分化	张仙仙	6	研究报告	灵宝市第二初级中学
豫教〔2012〕17418号	高中数学思想方法与解题	齐立全	6	著作	灵宝市第一高级中学
豫教〔2012〕17419号	实施家校合作　促进学生思想道德素质提高	赵海洋	6	研究报告	市卢氏县实验中学
豫教〔2012〕17420号	阅读教学的语文本色研究	张瑞华	6	研究报告	商丘市红旗路小学
豫教〔2012〕17421号	新课程背景下小学语文教学实施多元评价策略的研究	张　捷	6	研究报告	商丘市民主路第二小学
豫教〔2012〕17422号	《弟子规》对聋校教育教学的辅助作用	何迎春	6	研究报告	商丘市特殊教育中心
豫教〔2012〕17423号	初中生英语学习策略和自主学习能力调查研究	秦希根	1	研究报告	新乡市第三十二中学
豫教〔2012〕17424号	中学生同伴心理互助模式的探讨与实践	李　仲	6	研究报告	新乡市第一中学
豫教〔2012〕17425号	培养小学生语文拓展阅读的途径与方法研究	张建英	6	研究报告	新乡市新区小学
豫教〔2012〕17426号	打造小学高效语文课堂的策略与模式研究	刘　莺	6	研究报告	新乡市新区小学
豫教〔2012〕17427号	从“我们的字怎么了”看中考命题的变化	余　俊	1	论文	信阳市第五初级中学
豫教〔2012〕17428号	新课程背景下政治教师专业成长途径研究	袁德成	5	研究报告	潢川县教体局教研室
豫教〔2012〕17429号	小学语文阅读教学效益提升的途径与方法	王丽娟	1	论文	许昌市古槐街小学
豫教〔2012〕17430号	美术教育如何在校园文化建设中体现自主与合作	李筱琴	6	研究报告	许昌市襄城县教研室
豫教〔2012〕17431号	关于构筑“自主、开放、高效”数学课堂的几点建议	董艳霞	1	论文	许昌市兴华路小学
豫教〔2012〕17432号	新课标下旨在“转变学生学习方式”课堂教学模式生成研究与实验	李华伟	1	研究报告	禹州市颍川街道办事处中心学校
豫教〔2012〕17433号	应用现代信息技术实施小学数学计算教学	羊志华	3	论文	郑州市二七区淮河东路小学
豫教〔2012〕17434号	幼儿园中班值日生活动的巧妙开展	王艳丽	1	论文	郑州市教工幼儿园
豫教〔2012〕17435号	提升教师专业发展的校本策略实践研究	胡远明	1	研究报告	郑州市教育科学研究所
豫教〔2012〕17436号	幼儿园语言教学活动目标设置的理论与对策研究	闫　莉	1	论文	郑州市中原区教育局教研室
豫教〔2012〕17437号	初中物理教学中如何与高中物理有效衔接	司德平	1	论文	郑州外国语学校
豫教〔2012〕17438号	思维树	邱　亮	5	著作	平舆县青少年校外活动中心
豫教〔2012〕17439号	运用农村现代远程教育技术培养学生创新精神和实践能力	王高生	6	研究报告	平舆县阳城镇第一初级中学
豫教〔2012〕17440号	小学生数学学习兴趣与潜能的发展研究	郝亚飞	5	研究报告	驻马店实验小学
豫教〔2012〕17441号	刍议如何组织好一节语文课	康秀毡	1	论文	驻马店市基础教学研究室
豫教〔2012〕17442号	“412教学模式”研究与探索	黄美群	6	研究报告	遂平县车站中学
豫教〔2012〕17443号	分层教学的感悟	陈晓燕	1	论文	正阳县第二高中
中小学幼儿园组二等奖141项,略					
中小学幼儿园组三等奖77项,略					

(省教科规划办王身佩供稿)

资料汇编

2012年河南省各级各类教育基本情况

单位:人

	学校数（所、处）	学生数				教职工数	
		毕业生数	招生数	在校生数	预计毕业生数	计	其中:专任教师
总计	64752	10490855	7402627	27899649	4958726	1406429	1182766
一、高等教育	182	558106	658523	1907997	568003	125554	89507
（一）研究生	8	10331	11683	31965	11813	205	205
1.高等学校	（18）	10267	11626	31793	11761	（8688）	（8688）
2.科研机构	8	64	57	172	52	205	205
（二）普通本、专科教育	120	435308	498174	1559025	447586	120156	85982
1.普通高等学校	120	427267	490250	1536280	438526	120156	85982
本科院校	47	250375	308284	1001100	248063	74970	53821
其中:独立学院	8	19236	35070	107231	23729	7270	5675
专科院校	73	176892	181966	535180	190463	45186	32161
其中:高等职业学校	59	138487	139286	417251	148998	33062	25052
2.成人高校普通专科班	（6）	8041	7924	22745	9060		
（三）成人本、专科教育	14	103943	148666	298123	108604	4289	2892
1.职工高校	9	8314	7581	15593	6001	1547	1089
2.教育学院	4	3392	4875	8129	2901	1861	1355
3.广播电视大学	1	1856	610	1816	1206	392	202
4.其他机构	（4）	420		258	108	489	246
5.普通高等学校成人班	（79）	89961	135600	272327	98388		
（四）民办的其他高教机构	40	8524		18884		904	428
二、中等职业教育	920	599913	633066	1738741	633210	90959	67580
（一）中等职业教育学校	735	522733	522537	1456626	539172	76395	57173
1.普通中等专业学校	147	174940	163729	486521	189877	23550	16581
2.成人中等专业学校	179	48230	51316	118145	47969	13144	8701
3.职业高中	409	252095	260650	731487	260299	37752	30801
4.其他机构	（37）	13186	11580	37032	12921	1949	1090
5.附设中职班	（93）	34282	35268	83441	28106		
（二）技工学校	185	77180	110529	282115	94038	14564	10407
三、基础教育	45835	5187670	6111038	20471348	3757513	1151236	1002463
（一）普通中学	5336	2137740	2247293	6464204	2081376	458884	407156

续表

	学校数(所、处)	学生数				教职工数	
		毕业生数	招生数	在校生数	预计毕业生数	计	其中:专任教师
1.普通高中	785	639777	665703	1926336	636360	142786	121689
完全中学	157	74332	79462	223985	74379	28192	23755
高级中学	578	552670	573506	1664205	549199	107677	92906
十二年一贯制学校	50	12775	12735	38146	12782	6917	5028
2.普通初中	4551	1497963	1581590	4537868	1445016	316098	285467
初级中学	4016	1344485	1386908	3998575	1281676	277339	253767
九年一贯制学校	535	79640	110246	291211	84152	38759	31700
十二年一贯制(初中部)	(50)	9146	11038	29612	8740		
完全中学(初中部)	(157)	64692	73398	218470	70448		
(二)小学	27452	1704437	1909723	10792061	1676137	504923	479450
1.小学	27452	1509782	1691184	9646525	1467438		
2.小学教学点	(6022)	62306	151526	607834	52244		
3.附设小学班		58721	5070	113400	74363		
4.九年一贯制(小学部)	(535)	68030	57035	391103	75839		
5.十二年一贯制(小学部)	(50)	5598	4908	33199	6253		
(三)幼儿教育	12912	1343073	1950985	3198181		183591	112595
1.幼儿园	12912	727682	1222900	2334712		183591	112595
2.附设幼儿班		615391	728085	863469			
(四)特殊教育	132	2381	2994	16689		3767	3211
1.特殊教育学校	132	1345	2023	12012			
2.附设特教班		13	15	87			
另有:随班就读		1023	956	4590			
(五)工读学校	3	39	43	213		71	51
四、成人技术培训学校	13018	3445250		3071727		31379	18860
(一)职工技术培训学校	300	229465		255302		9189	4934
(二)农民技术培训学校	12157	3007714		2591993		17172	10594
(三)其他培训机构	561	208071		224432		5018	3332
五、成人中小学	4797	699916		709836		7301	4356
(一)成人中学	331	205403		204536		1692	1025
1.职工中学	76	24127		34681		270	144
2.农民中学	255	181276		169855		1422	881
(二)成人小学	4466	494513		505300		5609	3331
1.职工小学	324	16386		45583		41	18
2.农民小学	4142	478127		459717		5568	3313
其中:扫盲班	989	37564		37821		1995	1470

注:技工学校暂用2011年数据。

1998—2012年河南省各级各类教育基本指标变化情况

指标名称	单位	1998年	1999年	2000年	2001年	2002年	2003年	2004年	2005年	2006年	2007年	2008年	2009年	2010年	2011年	2012年	2012比2011年增减情况（+、-）	2012年比2011年增减比例（%）
一、研究生																		
1.校数	处	19	22	20	20	21	21	22	22	23	23	23	23	23	23	26	3	13.04
2.毕业生	人	469	577	640	718	952	1488	2036	2587	3722	5429	6643	6939	7750	8856	10331	1475	16.66
3.招生	人	717	1034	1485	2114	2707	3818	5408	6561	7375	7957	8507	9918	10704	10891	11683	792	7.27
4.在校生	人	1935	2392	3229	4656	6313	8465	11853	15830	19336	21667	23551	26431	29021	30908	31965	1057	3.42
5.毕业班学生	人	584	631	709	962	1526	2020	2634	3868	5488	6712	7238	8154	9450	10913	11813	900	8.25
6.专任教师	人	1148	1513	1585	1983	2451	3022	3445	3626	5433	5731	6254	7169	7491	7367	8893	1526	20.71
二、普通高等学校																		
1.校数	所	51	56	52	64	66	71	82	83	84	82	84	99	107	117	120	3	2.56
其中：本科	所	18	18	21	21	24	24	28	28	28	31	33	43	45	47	47		
其中：民办	所	1	2	2	4	5	8	10	10	11	11	12	23	28	33	34	1	3.03
2.毕业生	万人	3.96	3.99	4.17	4.61	7.12	10.90	13.43	16.52	20.21	26.72	30.25	33.41	38.25	43.30	43.53	0.23	0.53
其中：本科	万人	1.45	1.55	1.70	1.91	2.34	3.53	4.82	6.18	7.86	9.72	11.48	12.77	13.76	15.40	16.78	1.38	8.96
3.招生	万人	5.02	7.88	11.69	14.01	16.61	19.02	25.74	27.76	33.76	35.52	44.51	45.74	47.83	47.14	49.82	2.68	5.69
其中：本科	万人	2.27	3.54	4.47	5.42	6.40	7.59	9.30	10.62	14.40	14.41	16.74	18.38	21.13	22.65	24.92	2.27	10.02
4.在校生	万人	14.64	18.55	26.24	36.91	46.80	55.72	70.28	85.19	97.41	109.52	125.02	136.88	145.67	150.01	155.90	5.89	3.93
其中：本科	万人	7.65	9.69	12.56	16.22	20.75	25.96	32.06	38.94	44.99	50.70	56.58	61.61	68.72	75.88	83.71	7.83	10.32
5.毕业班学生	万人	4.02	4.23	4.30	7.18	11.14	13.67	16.70	20.54	27.01	30.12	33.82	38.48	42.78	43.68	44.76	1.08	2.47
其中：本科	万人	1.57	1.74	1.96	2.34	3.55	4.96	6.26	8.03	9.95	11.50	13.08	13.86	15.50	17.03	18.68	1.65	9.69
6.教职工	万人	4.08	4.34	4.44	5.05	5.45	5.97	7.20	7.58	8.34	8.82	9.59	10.36	11.04	11.71	12.02	0.31	2.65
其中：专任教师	万人	1.70	1.88	2.02	2.46	2.85	3.33	4.18	4.63	5.29	5.88	6.49	7.15	7.75	8.20	8.60	0.40	4.88
副高以上所占比例	%	33.97	33.15	35.08	33.55	31.87	33.57	32.41	32.29	31.85	32.58	33.11	32.98	33.00	33.86	34.15	0.29	
研究生以上学历所占比例	%	20.93	22.02	22.30	21.37	20.90	24.92	26.37	30.92	33.37	36.21	39.92	41.43	43.65	46.14	47.97	1.83	
7.占地面积	万平方米	1343.62	1697.71	1963.33	2952.77	3773.10	5264.72	6331.37	6770.17	7182.61	7914.11	8722.48	8952.88	9352.04	9837.98	10231.61	393.63	4.00
8.校舍建筑面积	万平方米	621.57	762.20	910.50	1259.75	1543.73	2076.10	2458.70	2714.92	3103.53	3527.19	3715.12	3980.81	4237.21	4688.79	5010.89	322.10	6.87
其中：教学及辅助用房	万平方米	205.73	248.27	292.37	476.83	554.82	844.45	1032.27	1151.39	1363.01	1690.50	1707.07	1820.80	1923.07	2143.53	2298.50	154.97	7.23
学生公寓	万平方米	104.11	131.51	173.97	288.09	380.96	496.30	633.24	709.02	823.95	913.22	996.40	1048.04	1080.91	1213.16	1288.22	75.06	6.19

续表

指标名称	单位	1998年	1999年	2000年	2001年	2002年	2003年	2004年	2005年	2006年	2007年	2008年	2009年	2010年	2011年	2012年	2012比2011年增减情况(+、-)	2012年比2011年增减比例(%)
学生食堂	万平方米	22.40	27.06	34.58	50.34	64.11	109.00	114.72	120.55	132.05	142.90	146.44	153.61	162.59	180.91	189.24	8.33	4.60
9.一般图书	万册	2095.59	2316.87	2647.87	3298.06	3539.70	4207.94	5520.02	5995.33	7095.14	8093.61	9099.18	10050.64	11038.59	11921.80	12506.98	585.18	4.91
10.固定资产总值	万元	293084.58	392832.54	503074.20	677185.25	906158.10	1330384.09	1959397.46	2380446.29	2910567.61	3444975.06	3700987.66	4046669.85	4606275.68	5475394.03	6202397.36	727003.33	13.28
其中:教学、科研仪器设备值	万元	70204.70	89789.38	126596.90	162492.61	229554.80	311138.99	406322.00	462557.39	536599.47	620539.12	706825.05	774679.16	865786.55	953317.33	1088421.78	135104.45	14.17
三、成人高等学校																		
1.校数	所	45	40	34	27	24	24	23	23	23	23	20	18	15	14	14		
2.毕业生	万人	4.77	5.12	5.13	4.60	4.91	6.29	8.68	7.74	4.04	9.20	8.20	8.19	12.33	11.51	10.39	-1.12	-9.73
其中:本科	万人	0.35	0.43	0.42	0.57	0.75	1.01	1.47	1.66	0.57	2.64	2.66	3.17	4.74	4.46	4.07	-0.39	-8.74
3.招生	万人	5.12	5.67	7.60	8.81	11.13	11.12	10.77	10.39	10.08	9.28	11.01	10.13	10.72	11.94	14.87	2.93	24.54
其中:本科	万人	0.51	0.85	1.00	1.39	1.91	3.20	3.12	3.03	3.47	3.77	4.22	3.67	4.22	5.23	5.48	0.25	4.78
4.在校生	万人	14.52	14.89	16.82	19.65	25.40	29.08	33.74	36.93	25.51	24.94	26.88	27.78	25.89	25.65	29.81	4.16	16.22
其中:本科	万人	1.51	1.89	2.35	3.24	4.37	6.63	7.70	8.70	8.26	9.30	10.57	10.71	10.25	11.04	12.30	1.26	11.41
5.毕业班学生	万人	5.21	5.27	5.11	5.20	6.80	9.09	8.16	3.99	9.19	8.00	7.39	10.11	11.22	10.09	10.86	0.77	7.63
其中:本科	万人	0.44	0.43	0.55	0.76	0.97	1.45	1.71	0.59	2.61	2.59	2.88	3.30	4.19	3.82	4.28	0.46	12.04
6.教职工	万人	0.86	0.89	0.79	0.71	0.78	0.81	0.82	0.82	0.86	0.84	0.59	0.54	0.46	0.43	0.43		
其中:专任教师	万人	0.42	0.47	0.42	0.39	0.45	0.48	0.50	0.47	0.54	0.55	0.38	0.36	0.31	0.29	0.29		
副高以上所占比例	%	22.02	23.57	24.60	26.14	26.22	27.75	28.18	30.30	30.13	28.08	31.54	31.30	30.80	30.80	29.81	-0.99	-3.21
7.占地面积	万平方米	274.75	285.02	264.27	325.61	408.80	523.70	515.95	595.59	628.49	730.48	562.78	325.79	288.55	269.13	269.14	0.01	0.004
8.校舍建筑面积	万平方米	161.78	187.35	184.12	186.91	217.90	255.09	280.81	286.86	292.80	344.33	299.36	161.74	160.27	159.62	157.68	-1.94	-1.22
其中:教学及辅助用房	万平方米	60.24	86.72	84.71	78.41	96.00	111.33	124.65	126.90	123.71	171.67	135.87	71.93	74.14	75.88	77.72	1.84	2.42
学生公寓	万平方米	219.01	32.50	30.98	29.79	37.50	45.22	53.25	60.60	67.98	79.74	82.31	40.69	35.10	35.53	33.48	-2.05	-5.77
学生食堂	万平方米	7.62	7.25	7.45	7.52	8.80	10.69	11.19	14.38	15.17	16.13	15.38	7.17	6.26	5.79	5.65	-0.14	-2.42
9.一般图书	万册	523.65	495.67	393.58	430.94	478.20	547.95	604.79	722.53	690.09	672.91	645.46	432.32	374.52	407.69	433.48	25.79	6.33
10.固定资产总值	万元	77089.46	89736.69	87209.30	84108.44	119946.60	168632.28	197895.36	202502.59	211177.30	226778.37	202073.51	99933.85	128241.27	114039.70	118200.00	4160.30	3.65
其中:教学、科研仪器设备值	万元	14109.82	16341.20	17423.14	17160.15	22807.30	30899.32	38600.63	40626.31	44108.03	50101.90	45386.95	29912.68	28368.81	26826.02	26985.90	159.88	0.60

续表

指标名称	单位	1998年	1999年	2000年	2001年	2002年	2003年	2004年	2005年	2006年	2007年	2008年	2009年	2010年	2011年	2012年	2012比2011年增减情况（+、-）	2012年比2011年增减比例（%）
四、高中阶段教育																		
1.校数	所	1731	1753	2016	1933	1915	1876	1859	1908	1978	2036	2081	2048	1955	1753	1705	-48	-2.74
2.招生	万人	56.72	55.01	64.67	72.69	87.21	95.69	106.16	120.96	125.64	136.08	136.06	137.61	135.32	132.65	129.87	-2.78	-2.10
3.在校生	万人	152.52	157.89	178.61	184.93	214.51	246.92	281.11	313.35	338.67	368.96	379.01	389.11	381.47	374.23	366.50	-7.73	-2.07
4.高中阶段毛入学率	%	34.04	34.93	39.17	37.82	38.58	40.28	42.94	48.30	55.61	67.70	80.30	88.84	89.08	90.00	90.00		
五、中等职业教育																		
1.校数	所	1088	1065	1255	1114	1061	988	950	963	1023	1116	1173	1180	1130	961	920	-41	-4.27
2.招生	万人	38.00	30.58	33.19	35.06	36.28	41.91	44.83	50.97	57.89	65.51	67.64	73.11	72.47	68.02	63.30	-4.72	-6.94
3.在校生	万人	101.39	96.82	103.46	90.20	88.96	100.50	112.36	124.96	137.09	156.34	171.75	187.91	189.31	184.72	173.87	-10.85	-5.87
4.招生数占高中阶段教育的比例	%	66.98	55.59	51.32	48.23	41.60	43.80	42.23	42.14	46.07	48.14	49.71	53.13	53.56	51.28	48.74	-2.54	
5.在校生数占高中阶段教育的比例	%	66.48	61.33	57.93	48.77	41.47	40.70	39.97	39.88	40.48	42.38	45.32	48.29	49.63	49.36	47.44	-1.92	
六、基础教育																		
(一)小学																		
1.校数	所	41238	41404	41269	39825	37729	36379	34164	33026	31410	30677	30214	29420	28603	27793	27452	-341	-1.23
2.毕业生	万人	180.67	205.01	225.57	220.41	202.55	204.18	203.54	191.90	166.71	160.19	168.90	165.75	165.35	167.61	170.44	2.83	1.69
3.招生	万人	217.82	193.65	171.11	163.32	185.77	164.35	162.49	169.44	176.86	183.22	186.92	184.51	187.76	193.44	190.97	-2.47	-1.28
4.在校生	万人	1200.06	1186.97	1130.63	1070.73	1104.59	1058.61	1014.06	986.84	997.09	1018.71	1036.60	1052.02	1070.53	1092.90	1079.21	-13.69	-1.25
5.教职工	万人	45.69	47.62	48.95	50.35	52.73	51.67	50.45	50.22	50.50	51.00	51.22	51.58	51.82	50.47	50.49	0.02	0.04
6.专任教师	万人	42.55	44.66	45.93	47.56	49.62	48.85	47.85	47.55	47.82	48.30	48.53	48.91	49.04	49.58	47.95	-1.63	-3.29
7.专任教师学历合格率	%	95.90	97.00	98.00	97.47	97.50	98.59	98.97	99.11	99.17	99.36	99.54	99.58	99.64	99.98	99.98		
8.入学率	%	99.72	99.84	99.84	99.55	99.87	99.7	99.81	99.65	99.86	99.94	99.91	99.92	99.94	99.91	99.93	0.02	
其中:女	%	99.72	99.86	99.85	99.58	99.87	99.7	99.85	99.67	99.86	99.85	99.93	99.91	99.94	99.96	99.93	-0.03	
9.升学率	%	94.80	95.60	95.42	95.21	100.00	97.78	96.45	98.84	99.69	100.00	97.77	96.94	96.05	96.43	92.79	-3.64	
其中:女	%	91.73	93.78	94.65	94.85	100.00	98.20	96.82	99.31	99.97	101.36	99.55	98.03	97.46	97.92	94.47	-3.45	
(二)普通初中																		
1.校数	所	5426	5432	5456	5565	5545	5475	5320	5262	5090	4944	4810	4703	4616	4596	4551	-45	-0.98
2.毕业生	万人	130.94	138.47	144.68	156.61	177.26	188.78	198.21	198.36	187.88	189.11	183.67	163.18	154.92	155.45	149.8	-5.65	-3.63
3.招生	万人	170.95	195.70	214.98	209.33	203.00	199.42	196.13	189.59	166.10	160.92	165.13	160.68	158.81	161.62	158.16	-3.46	-2.14
4.在校生	万人	461.39	507.80	562.99	588.65	607.80	604.09	590.67	569.83	540.64	507.20	484.20	474.25	469.40	467.98	453.79	-14.19	-3.03
5.教职工	万人	27.45	28.74	29.95	31.56	—	—	—	—	—	—	—	—	—	31.66	31.61	-0.05	-0.16
6.专任教师	万人	23.86	25.00	26.29	27.77	29.03	29.16	28.95	28.90	28.45	28.09	27.62	27.81	27.67	28.22	28.24	0.02	0.07
7.专任教师学历合格率	%	81.40	85.20	87.42	88.22	90.40	91.80	93.52	94.68	95.62	96.91	97.68	98.22	98.64	98.93	98.88	-0.05	-0.05

续表

指标名称	单位	1998年	1999年	2000年	2001年	2002年	2003年	2004年	2005年	2006年	2007年	2008年	2009年	2010年	2011年	2012年	2012比2011年增减情况(+、-)	2012年比2011年增减比例(%)
8.入学率	%	96.51	98.05	91.94	97.07	97.64	90.06	97.34	98.21	98.35	98.79	99.17	99.16	99.62	99.60	99.70	0.10	
其中:女	%	95.78	98.00	98.26	97.19	97.79	90.33	97.47	98.26	98.39	98.86	99.23	99.27	99.65	99.45	99.70	0.25	
(三)普通高中																		
1.校数	所	643	688	761	819	854	888	909	945	955	920	908	868	825	792	785	-7	-0.88
2.毕业生	万人	14.93	15.50	17.47	19.84	25.78	36.38	42.48	53.66	57.36	65.10	74.98	70.17	70.43	66.55	63.98	-2.57	-3.86
3.招生	万人	18.72	24.43	31.48	37.63	50.93	53.78	61.33	69.99	67.75	70.57	68.42	64.50	62.85	64.63	66.57	1.94	3.00
4.在校生	万人	51.13	61.07	75.15	94.73	125.55	146.42	168.75	188.39	201.58	212.63	207.26	201.20	192.16	189.51	192.63	3.12	1.65
5.教职工	万人	5.20	5.58	6.14	6.93	–	–	–	–	–	–	–	–	–	13.85	14.28	0.43	3.10
6.专任教师	万人	3.75	4.09	4.57	5.13	6.03	6.72	7.60	8.40	9.19	9.79	10.27	10.49	10.43	10.43	10.73	0.30	2.88
7.专任教师学历合格率	%	64.30	67.70	71.39	73.58	76.10	78.40	80.73	82.55	85.17	88.67	90.80	93.98	94.99	95.47	96.53	1.06	
(四)幼儿园																		
1.校数	所	2763	2943	2937	1757	2163	2659	3467	4142	4761	4859	5617	6355	7698	10304	12912	2608	25.31
2.招生	万人	167.52	145.20	121.43	101.48	137.62	118.85	116.26	117.97	118.22	120.47	116.30	114.11	111.96	175.56	195.10	19.54	11.13
3.在校生	万人	204.17	178.52	156.37	124.05	164.58	149.43	149.02	153.50	157.64	159.34	164.52	171.65	196.67	282.21	319.82	37.61	13.33
4.教职工	万人	3.17	3.30	3.60	3.08	3.56	4.18	4.89	5.73	6.44	6.94	7.86	8.92	11.06	15.10	18.36	3.26	21.59
5.专任教师	万人	2.04	2.12	2.44	1.88	2.24	2.93	3.09	3.64	4.16	4.50	5.14	5.83	7.20	9.36	11.26	1.90	20.30
(五)特殊教育																		
1.校数	所	115	118	121	121	122	123	123	123	121	121	120	121	120	127	132	5	3.94
2.毕业生	万人	0.11	0.14	0.34	0.18	0.18	0.2	0.18	0.14	0.17	0.20	0.17	0.21	0.23	0.17	0.24	0.07	41.18
3.招生	万人	0.23	0.23	0.45	0.30	0.33	0.26	0.27	0.26	0.22	0.30	0.31	0.31	0.32	0.32	0.30	-0.02	-6.25
4.在校生	万人	1.22	1.23	2.97	1.88	1.99	1.91	1.91	2.03	1.77	2.17	2.07	2.11	2.19	1.95	1.67	-0.28	-14.36
5.教职工	万人	0.26	0.28	0.29	0.30	0.32	0.32	0.32	0.31	0.32	0.33	0.33	0.34	0.34	0.35	0.38	0.03	8.57
6.专任教师	万人	0.20	0.22	0.23	0.23	0.25	0.25	0.25	0.26	0.27	0.27	0.28	0.29	0.29	0.30	0.32	0.02	6.67
七、每万人口中各级教育平均在校学生数																		
1.高等教育	人	32	36	46	60	76	110	132	150	171	199	218	230	233	227	246	19	8.53
2.普通高等教育	人	16	20	28	39	49	58	73	88	100	112	126	138	146	144	149	5	3.22
3.普通中专	人	36	37	35	33	35	38	43	49	52	59	61	66	68	66	63	-3	-4.24
4.普通高中	人	55	65	79	100	131	152	175	194	206	217	210	203	193	182	184	2	0.91
5.普通初中	人	495	541	593	620	636	628	611	586	553	517	491	478	471	448	433	-15	-3.43
6.小学	人	1288	1264	1192	1129	1156	1101	1049	1016	1021	1037	1050	1061	1074	1047	1029	-18	-1.73
7.幼儿园	人	219	190	165	131	172	155	154	158	161	162	167	173	197	270	305	35	12.93
八、高等教育毛入学率	%	6.80	7.30	8.70	12.00	13.00	14.00	16.00	17.02	18.30	19.68	20.50	22.02	23.66	24.63	27.22	3	

(河南省教育厅发展规划处张琳供稿)

2012年普通高等院校本科一批录取情况统计表

院校代码	院校名称	科类	计划数	录取数	录取最高分	录取最低分	录取平均分
1100	中央民族大学	文科综合	22	22	609	595	598.5
1103	中南民族大学	文科综合	97	97	577	557	565.9
1105	北京大学	文科综合	33	43	668	597	638.9
1110	中国人民大学	文科综合	37	62	652	578	624
1115	清华大学	文科综合	4	16	673	601	640.6
1120	北京交通大学	文科综合	5	7	604	601	602.2
1125	东南大学	文科综合	27	29	607	599	601.5
1130	复旦大学	文科综合	10	16	637	578	627.4
1135	湖南大学	文科综合	38	48	608	567	598.5
1140	华中科技大学	文科综合	40	45	613	575	603.9
1145	吉林大学	文科综合	48	51	606	599	601.1
1150	江南大学	文科综合	20	22	591	580	583.9
1155	兰州大学	文科综合	54	70	608	558	590.6
1160	南京大学	文科综合	18	21	633	612	624.4
1165	南开大学	文科综合	38	46	631	566	620.1
1170	山东大学	文科综合	34	53	611	567	601.9
1173	山东大学威海分校	文科综合	44	48	599	589	591.9
1175	四川大学	文科综合	33	41	610	586	603
1180	武汉大学	文科综合	84	92	624	560	611.5
1185	西安交通大学	文科综合	4	8	595	589	592.8
1189	西交利物浦大学	文科综合	36	36	579	557	565
1190	厦门大学	文科综合	33	37	624	593	610.8
1195	浙江大学	文科综合	9	13	628	613	624.2
1200	华北电力大学(保定)	文科综合	8	9	593	577	581.4
1205	中南财经政法大学	文科综合	101	117	615	568	604.6
1210	中南大学	文科综合	35	40	605	566	597.4
1215	中山大学	文科综合	39	41	622	608	611.2
1220	华北电力大学(北京)	文科综合	11	15	603	577	589.9
1225	北京化工大学	文科综合	16	17	589	581	583.7
1230	北京科技大学	文科综合	21	24	602	585	595.6
1235	北京邮电大学	文科综合	10	13	610	598	601.6
1240	长安大学	文科综合	30	37	595	557	579.7
1250	电子科技大学	文科综合	8	9	593	580	585.4
1255	东北大学	文科综合	21	21	593	585	587.8
1265	合肥工业大学	文科综合	14	14	578	567	571.3
1270	河海大学	文科综合	17	18	599	587	590
1275	华东理工大学	文科综合	30	35	594	583	587.5
1280	华南理工大学	文科综合	25	27	603	578	596.8
1285	大连海事大学	文科综合	7	8	610	560	587.1
1290	上海交通大学	文科综合	1	1	629	629	629
1295	中国石油大学(北京)	文科综合	4	5	604	585	596.6

续表

院校代码	院校名称	科类	计划数	录取数	录取最高分	录取最低分	录取平均分
1300	中国石油大学(华东)	文科综合	19	20	601	582	586.7
1305	天津大学	文科综合	8	8	613	608	610.1
1315	武汉理工大学	文科综合	33	35	593	574	585.6
1320	西安电子科技大学	文科综合	14	14	584	576	577.9
1325	西南交通大学	文科综合	18	19	587	560	579.6
1330	中国海洋大学	文科综合	18	23	598	561	592.4
1335	中国地质大学(北京)	文科综合	7	10	600	596	597.7
1340	中国地质大学(武汉)	文科综合	20	25	594	560	585.3
1345	中国矿业大学(北京)	文科综合	8	8	589	580	583.4
1350	中国矿业大学	文科综合	36	38	587	573	577.1
1355	重庆大学	文科综合	18	27	604	564	592.5
1360	华中农业大学	文科综合	42	51	595	557	577.6
1365	南京农业大学	文科综合	36	46	585	572	576.9
1370	西北农林科技大学	文科综合	39	46	589	559	575.4
1375	中国农业大学	文科综合	11	13	601	594	596.2
1380	北京林业大学	文科综合	16	21	595	562	590.4
1385	东北林业大学	文科综合	30	30	582	568	571.1
1390	北京中医药大学	文科综合	9	11	608	584	593.1
1395	中国药科大学	文科综合	2	2	576	576	576
1405	东北师范大学	文科综合	54	54	596	577	581.1
1410	华东师范大学	文科综合	28	31	613	577	604.9
1415	华中师范大学	文科综合	46	53	606	564	593.7
1420	陕西师范大学	文科综合	43	49	594	577	581.8
1425	西南大学	文科综合	35	41	602	558	588.1
1430	北京外国语大学	文科综合	9	9	625	613	618
1435	北京语言大学	文科综合	16	18	620	596	600.8
1440	上海外国语大学	文科综合	7	9	611	609	610
1445	上海财经大学	文科综合	14	17	624	613	617.2
1450	对外经济贸易大学	文科综合	34	45	625	570	615.5
1455	西南财经大学	文科综合	30	35	615	576	604.4
1460	中央财经大学	文科综合	27	30	629	587	618.4
1465	中国政法大学	文科综合	47	51	625	573	612.2
1470	中国传媒大学	文科综合	19	26	622	557	598.7
1485	北京航空航天大学	文科综合	9	15	620	585	605.3
1490	北京理工大学	文科综合	9	17	603	561	592.6
1495	哈尔滨工业大学	文科综合	14	14	602	593	595.4
1500	哈尔滨工程大学	文科综合	13	13	574	567	569.5
1505	南京航空航天大学	文科综合	10	13	593	589	591.1
1510	南京理工大学	文科综合	11	11	582	574	576.5
1515	西北工业大学	文科综合	10	14	593	559	581.5
1520	暨南大学	文科综合	10	22	597	583	589.3
1550	北京工商大学	文科综合	12	12	588	584	586.2
1565	北京第二外国语学院	文科综合	22	22	608	595	598.5
1605	天津医科大学	文科综合	12	12	575	569	571.3
1635	燕山大学	文科综合	14	15	577	568	571.3
1640	石家庄铁道大学	文科综合	15	15	578	561	564.7

续表

院校代码	院校名称	科类	计划数	录取数	录取最高分	录取最低分	录取平均分
1660	山西大学	文科综合	31	31	582	557	562.4
1680	内蒙古大学	文科综合	10	11	574	561	566.8
1690	辽宁大学	文科综合	89	89	597	578	583.5
1695	辽宁工程技术大学	文科综合	35	12	564	558	560
1710	沈阳农业大学	文科综合	18	18	569	558	561
1725	东北财经大学	文科综合	26	26	604	596	599.2
1740	延边大学	文科综合	21	24	575	563	566.5
1745	长春理工大学	文科综合	15	15	587	557	568.3
1760	东北农业大学	文科综合	33	33	578	557	562
1790	上海大学	文科综合	39	41	606	592	596.2
1795	上海理工大学	文科综合	29	31	581	572	575.1
1805	上海对外贸易学院	文科综合	34	36	594	580	584.5
1810	华东政法大学	文科综合	52	56	608	589	593
1830	苏州大学	文科综合	26	26	603	595	597.4
1835	扬州大学	文科综合	11	11	576	570	572.1
1840	江苏大学	文科综合	18	18	585	577	579.6
1845	南京工业大学	文科综合	9	9	570	563	564.8
1855	南京师范大学	文科综合	29	31	596	588	590.5
1860	南京信息工程大学	文科综合	29	45	578	564	569.7
1880	宁波大学	文科综合	16	17	581	573	574.9
1885	安徽大学	文科综合	22	24	598	578	583
1895	福州大学	文科综合	23	23	589	576	578
1910	南昌大学	文科综合	48	50	592	575	579
1915	江西财经大学	文科综合	33	35	595	582	586
1930	湘潭大学	文科综合	64	84	579	569	572.4
1935	湖南师范大学	文科综合	29	30	587	575	579.2
1960	广东外语外贸大学	文科综合	39	40	602	588	591.9
1965	深圳大学	文科综合	31	31	590	575	579.9
1970	华南农业大学	文科综合	26	32	572	563	566.1
1975	广州中医药大学	文科综合	30	30	599	570	579.2
1985	华南师范大学	文科综合	17	18	589	575	580.2
2030	西南政法大学	文科综合	72	76	606	585	589.4
2035	重庆邮电大学	文科综合	12	14	574	565	568.1
2080	云南大学	文科综合	25	25	590	574	577.5
2090	西北大学	文科综合	20	21	595	587	591.2
2095	陕西科技大学	文科综合	10	13	568	559	562.5
2100	西安建筑科技大学	文科综合	12	14	576	562	565.6
2105	西安邮电大学	文科综合	5	7	573	571	572
2110	西安外国语大学	文科综合	12	15	597	582	586.6
2115	西北政法大学	文科综合	32	32	600	579	582.7
2120	新疆大学	文科综合	10	23	587	557	564.3
2125	青海大学	文科综合	12	15	573	559	562.8
2130	石河子大学	文科综合	32	44	572	557	561
2205	青岛大学	文科综合	19	19	583	574	576.3
2210	湖北大学	文科综合	39	41	580	564	568.6
2215	中国民航大学	文科综合	6	6	583	575	577.8

续表

院校代码	院校名称	科类	计划数	录取数	录取最高分	录取最低分	录取平均分
2220	武汉科技大学	文科综合	24	27	583	574	576.5
2225	首都师范大学	文科综合	11	11	591	578	582.8
2230	天津财经大学	文科综合	42	42	605	591	593.7
2240	南京审计学院	文科综合	47	47	612	593	597.7
2250	天津外国语大学	文科综合	85	89	609	581	585.4
2255	浙江理工大学	文科综合	20	21	579	571	573.2
2265	南京财经大学	文科综合	36	36	602	587	590.6
2270	江苏科技大学	文科综合	10	10	574	564	568.2
2275	青岛科技大学	文科综合	20	20	573	562	565.7
2280	北京建筑工程学院	文科综合	4	4	571	564	565.8
2285	沈阳建筑大学	文科综合	10	10	560	559	559.6
2290	中国计量学院	文科综合	15	16	577	567	570.6
2295	南华大学	文科综合	21	26	569	560	562.7
2300	长沙理工大学	文科综合	25	25	576	566	569.5
2305	贵州大学	文科综合	20	21	580	567	570.1
2310	南方医科大学	文科综合	29	29	587	565	572.4
2315	南京邮电大学	文科综合	10	11	581	576	578.1
2320	北方工业大学	文科综合	13	13	577	565	569.9
2325	华侨大学	文科综合	38	41	580	570	573.7
2330	西安工业大学	文科综合	10	10	566	560	561.7
2335	上海金融学院	文科综合	10	10	592	586	589.4
2340	汕头大学	文科综合	15	15	578	574	575.3
2345	宁波诺丁汉大学	文科综合	9	9	600	566	575.2
2350	大连民族学院	文科综合	10	10	565	562	562.8
2365	太原理工大学	文科综合	16	16	577	570	572.7
2380	北京信息科技大学	文科综合	10	10	580	567	572.5
2385	安徽财经大学	文科综合	30	32	580	568	572.5
2390	上海师范大学	文科综合	103	103	600	562	568
2395	集美大学	文科综合	29	29	589	567	571.6
2400	北京物资学院	文科综合	15	17	579	567	571.7
2405	天津师范大学	文科综合	85	85	584	570	574
2410	青岛理工大学	文科综合	16	16	577	562	566.4
2415	浙江工业大学	文科综合	15	18	570	561	563
2425	湖南科技大学	文科综合	35	36	570	560	563.7
2435	江西理工大学	文科综合	1	1	562	562	562
2500	首都经济贸易大学	文科综合	12	12	596	589	591.5
2505	南京林业大学	文科综合	12	12	573	563	567.3
2510	西南科技大学	文科综合	14	14	594	557	568.8
2525	天津工业大学	文科综合	34	38	580	565	568.6
2530	中北大学	文科综合	10	11	575	560	563.1
2535	西安科技大学	文科综合	4	4	565	560	561.3
2550	北京联合大学	文科综合	9	12	576	564	567.5
2565	南通大学	文科综合	15	15	564	561	562.3
2575	浙江师范大学	文科综合	26	27	574	565	567.6
2615	湖南中医药大学	文科综合	20	20	571	560	564.4
2750	海南大学	文科综合	87	93	590	569	573.8

续表

院校代码	院校名称	科类	计划数	录取数	录取最高分	录取最低分	录取平均分
2755	宁夏大学	文科综合	35	35	577	562	566.8
2780	山东科技大学	文科综合	20	20	576	564	568.5
2785	河北大学	文科综合	31	31	580	561	565.8
2790	辽宁石油化工大学	文科综合	18	18	562	559	560.1
2795	沈阳工业大学	文科综合	17	17	588	557	564.2
2800	中南林业科技大学	文科综合	43	43	570	561	563.3
2805	西安理工大学	文科综合	8	9	567	560	561.6
2850	广州大学	文科综合	47	48	586	569	572.6
2860	上海海事大学	文科综合	20	23	592	577	580.3
2865	重庆交通大学	文科综合	16	16	571	562	565.1
2885	华东交通大学	文科综合	2	2	569	566	567.5
2890	重庆工商大学	文科综合	18	21	580	571	574.9
2910	四川外语学院	文科综合	16	16	579	566	570.8
2920	山西财经大学	文科综合	16	16	578	566	570
2925	上海立信会计学院	文科综合	10	12	592	580	583.7
3240	天津商业大学	文科综合	37	37	580	564	568.5
4890	北京师范大学—香港浸会大学联合国际学院	文科综合	17	14	597	557	568.4
5997	郑州大学(自主招生)	文科综合	4	22	585	557	569
6000	郑州大学	文科综合	701	763	604	578	584.2
6005	河南大学	文科综合	1276	1338	601	561	568.6
6006	河南大学(自主招生)	文科综合	2	26	577	557	563.4
6010	河南农业大学	文科综合	32	34	564	558	559.6
6030	河南师范大学	文科综合	307	307	576	557	560.3
6080	河南财经政法大学	文科综合	634	640	587	563	568
6085	河南科技大学	文科综合	125	126	567	559	560.4
6100	河南理工大学	文科综合	44	62	567	557	559.5
6105	河南工业大学	文科综合	90	89	578	557	558.5
9919	上海戏剧学院	文科综合	4	4	573	564	569.5
1100	中央民族大学	理科综合	34	35	609	584	589.8
1103	中南民族大学	理科综合	202	203	577	540	550.3
1105	北京大学	理科综合	26	47	703	608	665.3
1106	北京大学医学部	理科综合	28	33	667	656	660.6
1110	中国人民大学	理科综合	36	46	676	576	644.8
1115	清华大学	理科综合	69	107	716	619	673.3
1120	北京交通大学	理科综合	125	136	631	581	607.8
1125	东南大学	理科综合	148	157	635	613	617.1
1130	复旦大学	理科综合	38	66	672	565	649.7
1135	湖南大学	理科综合	257	271	628	576	601.5
1140	华中科技大学	理科综合	411	433	647	578	622.9
1145	吉林大学	理科综合	428	446	630	593	599.4
1150	江南大学	理科综合	143	159	591	540	579.6
1155	兰州大学	理科综合	117	147	611	544	588.4
1160	南京大学	理科综合	40	43	667	633	646.3
1165	南开大学	理科综合	66	80	651	574	637
1170	山东大学	理科综合	179	209	629	568	607.5

续表

院校代码	院校名称	科类	计划数	录取数	录取最高分	录取最低分	录取平均分
1173	山东大学威海分校	理科综合	86	96	591	576	579.6
1175	四川大学	理科综合	223	255	630	577	604.3
1180	武汉大学	理科综合	359	398	648	563	620.9
1185	西安交通大学	理科综合	121	152	654	542	630.1
1189	西交利物浦大学	理科综合	67	67	602	548	560.5
1190	厦门大学	理科综合	116	129	640	583	618.2
1195	浙江大学	理科综合	64	76	665	610	647.7
1200	华北电力大学(保定)	理科综合	88	96	617	559	594.8
1205	中南财经政法大学	理科综合	115	135	624	564	604.2
1210	中南大学	理科综合	371	398	632	543	602.6
1215	中山大学	理科综合	138	155	650	545	624.3
1220	华北电力大学(北京)	理科综合	83	103	622	586	605.2
1225	北京化工大学	理科综合	113	130	608	543	588.9
1230	北京科技大学	理科综合	123	136	632	585	607.7
1235	北京邮电大学	理科综合	112	130	643	589	618.7
1237	北京邮电大学(宏福校区)	理科综合	16	19	605	577	585.8
1240	长安大学	理科综合	258	293	600	545	580.9
1245	大连理工大学	理科综合	213	234	639	590	612
1250	电子科技大学	理科综合	227	277	627	547	600.7
1251	电子科技大学(沙河校区)	理科综合	25	30	591	574	579.4
1255	东北大学	理科综合	199	207	613	588	592.3
1258	东北大学秦皇岛分校	理科综合	135	156	586	568	571.1
1260	东华大学	理科综合	115	123	596	569	581.6
1265	合肥工业大学	理科综合	206	210	595	556	582.7
1268	合肥工业大学(宣城校区)	理科综合	160	160	589	549	559
1270	河海大学	理科综合	172	183	610	554	587.7
1275	华东理工大学	理科综合	108	126	617	572	596.2
1280	华南理工大学	理科综合	92	103	639	589	610.8
1285	大连海事大学	理科综合	83	83	609	580	585.7
1290	上海交通大学	理科综合	45	59	666	603	651.6
1295	中国石油大学(北京)	理科综合	86	93	625	543	599.2
1300	中国石油大学(华东)	理科综合	211	239	622	568	588.6
1305	天津大学	理科综合	153	178	642	582	624.3
1310	同济大学	理科综合	128	139	662	601	637.4
1315	武汉理工大学	理科综合	361	372	615	542	592.2
1320	西安电子科技大学	理科综合	274	296	629	582	596.5
1325	西南交通大学	理科综合	171	184	611	540	588.9
1330	中国海洋大学	理科综合	72	78	632	549	593.2
1335	中国地质大学(北京)	理科综合	76	82	629	583	589.5
1340	中国地质大学(武汉)	理科综合	163	185	612	547	582.5
1345	中国矿业大学(北京)	理科综合	81	90	601	580	583.6
1350	中国矿业大学	理科综合	294	315	611	544	579.1
1355	重庆大学	理科综合	171	245	626	547	599.2
1360	华中农业大学	理科综合	261	291	600	545	562.8
1365	南京农业大学	理科综合	187	221	576	560	564.4
1370	西北农林科技大学	理科综合	348	401	593	528	568.2

续表

院校代码	院校名称	科类	计划数	录取数	录取最高分	录取最低分	录取平均分
1375	中国农业大学	理科综合	111	114	625	588	594.9
1380	北京林业大学	理科综合	98	104	609	557	578.5
1385	东北林业大学	理科综合	267	267	587	549	555.1
1390	北京中医药大学	理科综合	39	47	626	573	591.7
1395	中国药科大学	理科综合	92	97	616	541	583.3
1405	东北师范大学	理科综合	79	86	593	561	566.9
1410	华东师范大学	理科综合	104	110	620	558	600.6
1415	华中师范大学	理科综合	72	76	595	540	582.3
1420	陕西师范大学	理科综合	67	71	580	565	569.6
1425	西南大学	理科综合	142	176	591	544	574.4
1430	北京外国语大学	理科综合	8	9	630	618	622.1
1435	北京语言大学	理科综合	22	24	601	576	585.8
1440	上海外国语大学	理科综合	14	16	620	568	608.8
1445	上海财经大学	理科综合	41	46	643	626	631.3
1450	对外经济贸易大学	理科综合	34	39	636	584	625.6
1455	西南财经大学	理科综合	70	78	625	547	604
1460	中央财经大学	理科综合	74	80	652	623	634
1465	中国政法大学	理科综合	37	38	671	612	621
1470	中国传媒大学	理科综合	38	43	614	566	591.9
1485	北京航空航天大学	理科综合	109	117	652	619	640.5
1490	北京理工大学	理科综合	125	151	642	563	622.5
1495	哈尔滨工业大学	理科综合	103	120	652	604	630.2
1496	哈尔滨工业大学(威海)	理科综合	105	105	629	588	593
1500	哈尔滨工程大学	理科综合	212	226	609	549	586.7
1505	南京航空航天大学	理科综合	143	158	618	553	605.2
1510	南京理工大学	理科综合	107	111	607	562	598
1515	西北工业大学	理科综合	173	218	632	544	607.5
1520	暨南大学	理科综合	13	21	597	543	571.8
1525	中国科学技术大学	理科综合	56	67	661	628	648.3
1550	北京工商大学	理科综合	59	62	590	567	571.7
1560	北京工业大学	理科综合	14	17	601	591	594
1565	北京第二外国语学院	理科综合	16	16	607	588	594.6
1605	天津医科大学	理科综合	38	38	640	600	607.1
1630	河北工业大学	理科综合	30	30	599	574	579.1
1635	燕山大学	理科综合	84	92	588	570	573.5
1640	石家庄铁道大学	理科综合	73	73	585	564	569.6
1660	山西大学	理科综合	51	51	572	556	560.4
1680	内蒙古大学	理科综合	20	36	579	554	563.4
1690	辽宁大学	理科综合	122	123	586	569	572.5
1695	辽宁工程技术大学	理科综合	247	271	573	547	551.9
1710	沈阳农业大学	理科综合	186	233	569	520	536.3
1715	沈阳药科大学	理科综合	73	79	589	558	565.1
1725	东北财经大学	理科综合	27	27	611	590	596.3
1740	延边大学	理科综合	55	57	575	553	561.6
1745	长春理工大学	理科综合	140	140	596	556	561
1760	东北农业大学	理科综合	167	163	572	542	546.8

续表

院校代码	院校名称	科类	计划数	录取数	录取最高分	录取最低分	录取平均分
1765	哈尔滨医科大学	理科综合	40	44	608	575	584.3
1790	上海大学	理科综合	268	281	611	584	588.4
1795	上海理工大学	理科综合	121	128	594	571	574.6
1805	上海对外贸易学院	理科综合	62	65	593	567	572.6
1810	华东政法大学	理科综合	57	60	601	570	575
1830	苏州大学	理科综合	113	114	606	557	591
1835	扬州大学	理科综合	92	96	592	556	568.7
1840	江苏大学	理科综合	110	110	579	568	571
1845	南京工业大学	理科综合	131	131	581	567	570.4
1855	南京师范大学	理科综合	55	59	582	569	571.7
1860	南京信息工程大学	理科综合	75	83	596	562	568.1
1880	宁波大学	理科综合	68	71	578	560	564
1885	安徽大学	理科综合	20	20	574	570	571.8
1895	福州大学	理科综合	134	134	585	571	574.7
1910	南昌大学	理科综合	174	189	586	570	572.7
1915	江西财经大学	理科综合	44	49	585	570	573.7
1930	湘潭大学	理科综合	126	169	576	558	562.3
1935	湖南师范大学	理科综合	37	38	575	565	568.3
1960	广东外语外贸大学	理科综合	38	39	596	573	581
1965	深圳大学	理科综合	78	78	598	572	577.1
1970	华南农业大学	理科综合	164	176	573	545	550.5
1975	广州中医药大学	理科综合	75	78	595	555	566.2
1985	华南师范大学	理科综合	16	16	594	560	567.8
2000	广西大学	理科综合	18	22	574	561	565.7
2025	重庆医科大学	理科综合	60	60	613	576	583.6
2030	西南政法大学	理科综合	63	67	606	566	573.6
2035	重庆邮电大学	理科综合	146	147	588	564	568.1
2080	云南大学	理科综合	55	55	574	564	567.9
2090	西北大学	理科综合	35	35	592	576	580.6
2095	陕西科技大学	理科综合	40	59	570	555	559.1
2100	西安建筑科技大学	理科综合	36	43	602	573	580.6
2105	西安邮电大学	理科综合	49	50	586	563	567.9
2110	西安外国语大学	理科综合	9	11	586	567	574.8
2115	西北政法大学	理科综合	20	21	579	563	567.4
2120	新疆大学	理科综合	85	163	589	540	552.5
2125	青海大学	理科综合	138	152	572	549	554.8
2130	石河子大学	理科综合	148	256	582	540	549.1
2200	首都医科大学	理科综合	25	25	633	605	611.6
2205	青岛大学	理科综合	81	81	589	569	572.4
2210	湖北大学	理科综合	80	85	573	557	561.1
2215	中国民航大学	理科综合	178	186	618	562	569.6
2220	武汉科技大学	理科综合	141	175	596	569	572.1
2225	首都师范大学	理科综合	19	19	579	564	568.8
2230	天津财经大学	理科综合	59	60	603	582	586
2235	东北电力大学	理科综合	121	121	586	561	567.6
2240	南京审计学院	理科综合	55	55	606	585	590.6

续表

院校代码	院校名称	科类	计划数	录取数	录取最高分	录取最低分	录取平均分
2250	天津外国语大学	理科综合	53	57	586	564	568.9
2255	浙江理工大学	理科综合	80	83	583	568	571.7
2260	上海交通大学医学院	理科综合	18	18	652	642	647.2
2265	南京财经大学	理科综合	42	42	597	572	576.3
2270	江苏科技大学	理科综合	59	59	585	561	565.1
2275	青岛科技大学	理科综合	68	69	572	559	561.5
2280	北京建筑工程学院	理科综合	44	44	591	561	567.4
2285	沈阳建筑大学	理科综合	93	93	586	558	564.5
2290	中国计量学院	理科综合	60	63	572	560	563.1
2295	南华大学	理科综合	139	161	574	550	555.6
2300	长沙理工大学	理科综合	156	159	581	564	567
2305	贵州大学	理科综合	60	62	573	561	565.5
2310	南方医科大学	理科综合	177	177	634	577	591.8
2315	南京邮电大学	理科综合	125	125	600	575	580.3
2320	北方工业大学	理科综合	53	56	584	567	569.4
2325	华侨大学	理科综合	103	106	572	559	562.9
2330	西安工业大学	理科综合	30	30	573	561	564.3
2335	上海金融学院	理科综合	24	24	595	570	574.9
2340	汕头大学	理科综合	26	26	577	565	569.1
2345	宁波诺丁汉大学	理科综合	16	17	588	559	569.1
2350	大连民族学院	理科综合	13	14	554	545	548.1
2355	四川农业大学	理科综合	200	200	566	543	548.6
2365	太原理工大学	理科综合	98	100	588	572	574.6
2375	东北石油大学	理科综合	50	50	602	560	567.3
2380	北京信息科技大学	理科综合	90	90	573	555	560.6
2385	安徽财经大学	理科综合	60	75	585	550	560.3
2390	上海师范大学	理科综合	155	155	567	544	551
2395	集美大学	理科综合	113	113	565	544	553.3
2400	北京物资学院	理科综合	25	26	567	551	555.8
2405	天津师范大学	理科综合	150	156	574	549	554.9
2410	青岛理工大学	理科综合	104	104	576	564	567.6
2415	浙江工业大学	理科综合	70	83	593	567	569.9
2420	杭州电子科技大学	理科综合	105	116	595	568	571.4
2425	湖南科技大学	理科综合	101	100	579	554	558.4
2430	南昌航空大学	理科综合	28	34	582	562	566.7
2435	江西理工大学	理科综合	49	50	567	552	556.6
2440	长江大学	理科综合	25	25	574	563	565.9
2450	成都理工大学	理科综合	49	51	585	560	565.8
2500	首都经济贸易大学	理科综合	33	34	599	580	586.2
2505	南京林业大学	理科综合	89	89	580	552	556.4
2510	西南科技大学	理科综合	96	96	578	553	558
2515	西南石油大学	理科综合	30	32	593	574	578.2
2520	西安工程大学	理科综合	21	21	560	550	553.8
2525	天津工业大学	理科综合	239	286	577	562	565.9
2530	中北大学	理科综合	125	124	576	553	559.7
2535	西安科技大学	理科综合	47	47	586	563	566.9

续表

院校代码	院校名称	科类	计划数	录取数	录取最高分	录取最低分	录取平均分
2540	河北科技大学	理科综合	47	47	580	554	558.1
2545	河北工程大学	理科综合	27	27	567	551	555.1
2550	北京联合大学	理科综合	9	12	586	553	562.1
2555	大连交通大学	理科综合	93	98	572	560	563.7
2560	温州医学院	理科综合	70	70	574	544	564.9
2565	南通大学	理科综合	68	68	577	553	556.5
2570	上海中医药大学	理科综合	25	25	575	565	568.2
2575	浙江师范大学	理科综合	41	41	564	549	552.9
2580	安徽理工大学	理科综合	28	28	574	555	560
2600	天津中医药大学	理科综合	8	8	573	564	568.3
2605	中国医科大学	理科综合	54	54	618	588	595.6
2610	黑龙江中医药大学	理科综合	6	6	575	559	564
2615	湖南中医药大学	理科综合	80	81	580	552	559.2
2620	成都中医药大学	理科综合	6	6	585	564	570.5
2625	新疆医科大学	理科综合	1	1	581	581	581
2630	山西医科大学	理科综合	4	4	596	584	587.5
2635	大连医科大学	理科综合	78	81	601	573	579.7
2650	广西医科大学	理科综合	12	12	575	569	571.8
2750	海南大学	理科综合	237	261	585	557	563.4
2755	宁夏大学	理科综合	64	64	578	546	560.2
2780	山东科技大学	理科综合	40	42	570	560	562.6
2785	河北大学	理科综合	49	49	578	553	558.6
2790	辽宁石油化工大学	理科综合	156	166	574	550	555.6
2795	沈阳工业大学	理科综合	140	141	578	554	559.3
2800	中南林业科技大学	理科综合	150	150	567	547	550.2
2805	西安理工大学	理科综合	57	69	577	569	571
2810	安徽工业大学	理科综合	60	60	574	552	555.4
2815	安徽医科大学	理科综合	6	6	581	577	578.2
2850	广州大学	理科综合	56	56	578	558	562.5
2855	广州医学院	理科综合	32	32	581	570	572.6
2860	上海海事大学	理科综合	74	74	597	564	568.6
2865	重庆交通大学	理科综合	148	148	586	558	561.5
2870	天津理工大学	理科综合	26	49	579	561	564.8
2875	上海海洋大学	理科综合	48	50	569	545	549.5
2880	常州大学(原江苏工业学院)	理科综合	14	14	572	549	553.4
2885	华东交通大学	理科综合	74	74	587	554	557.2
2890	重庆工商大学	理科综合	24	27	562	550	554.4
2895	武汉工程大学	理科综合	64	67	567	546	550.2
2900	太原科技大学	理科综合	30	30	570	547	551.6
2905	三峡大学	理科综合	8	9	560	551	554.4
2910	四川外语学院	理科综合	10	10	567	549	555.4
2915	西安石油大学	理科综合	24	24	576	561	566.4
2920	山西财经大学	理科综合	32	32	569	551	558.1
2925	上海立信会计学院	理科综合	18	22	584	563	567.1
2930	广东工业大学	理科综合	54	54	570	554	558.6
2935	辽宁科技大学	理科综合	24	26	553	543	545.3
3240	天津商业大学	理科综合	52	52	573	542	548.1

续表

院校代码	院校名称	科类	计划数	录取数	录取最高分	录取最低分	录取平均分
4890	北京师范大学—香港浸会大学联合国际学院	理科综合	23	26	582	540	553.6
5997	郑州大学(自主招生)	理科综合	6	64	586	540	561.2
6000	郑州大学	理科综合	2563	2631	632	574	580.5
6005	河南大学	理科综合	2427	2491	579	554	560.5
6006	河南大学(自主招生)	理科综合	2	26	567	540	551
6010	河南农业大学	理科综合	741	592	568	520	533.7
6030	河南师范大学	理科综合	793	558	589	530	544.5
6080	河南财经政法大学	理科综合	882	898	589	549	555.1
6085	河南科技大学	理科综合	1852	1872	574	541	550.1
6095	华北水利水电学院	理科综合	372	377	574	552	557.7
6100	河南理工大学	理科综合	2498	2390	579	530	544.8
6105	河南工业大学	理科综合	765	762	568	540	544.9

（河南省招生办公室孟留拴、叶素景供稿）

河南省人民政府表彰
河南省教育工作先进县名单

〔共32个县(市、区)〕

新郑市　新密市　荥阳市　开封市金明区　尉氏县
新安县　洛阳市洛龙区　平顶山市卫东区　鲁山县
安阳县　林州市　沁阳市　武陟县　淇　县
辉县市　新乡市红旗区　濮阳县　襄城县
漯河市源汇区　灵宝市　西峡县　内乡县　夏邑县
柘城县　永城市　新　县　固始县　信阳市平桥区
郸城县　淮阳县　泌阳县　平舆县

河南省人民政府表彰
第三批河南省义务教育均衡发展先进县市区名单

〔共20个县(市、区)〕

郑州市二七区　尉氏县　洛阳市涧西区　洛阳市西工区
平顶山市湛河区　安阳县　鹤壁市鹤山区　新乡市卫滨区
新乡市红旗区　武陟县　博爱县　范　县　许昌市魏都区
三门峡市湖滨区　南阳市宛城区　淅川县　虞城县　信阳市平桥区　泌阳县　永城市

河南省教育厅、发展和改革委员会、财政厅人力资源和社会保障厅、农业厅
扶贫开发办公室表彰河南省第七批职业教育强县(市)名单

〔共15个县(市)〕

汝州市　清丰县　修武县　平舆县　邓州市　桐柏县
淮阳县　息　县　浚　县　原阳县　南乐县　温　县
鄢陵县　义马市　范　县

2012年创建河南省职业教育强县(市)活动先进县(市)名单

南召县　沈丘县　封丘县

河南省教育厅表彰
河南省参加2012年全国职业院校技能大赛
选手标兵及优秀辅导教师名单

姓名	单位	比赛项目	获奖情况	辅导教师	备注
樊奥飞	河南机电学校	数控车工	一等奖	徐　慧	
潘亚萍	河南省农业经济学校	种子质量检测	一等奖	马玉勤	
沈春明 杨增帅	河南化学工业高级技工学校	化工仪表自动化	一等奖	于　海	小组赛
李志豪	洛阳市第一职业中专	冷拼	一等奖	邓清伟	
李倩倩	平顶山市文化旅游学校	中餐宴会摆台	一等奖	李蓝蓝 王新亚	
赵艳洁	平顶山市卫生学校	护理技能	一等奖	郭耀玲	
高怀亮 林小帅 余成志 庞玉杰	黄河水利职业技术学院	测绘测量	一等奖	师军良 李孝雁	小组赛
吴凌文 王亚旭 卢文举 邵向东	河南工业职业技术学院	测绘测量	一等奖	马书英 牛鹏涛	小组赛
张　森 孟海舟 高书华	河南交通职业技术学院	汽车检测与维修	一等奖	张俊停 贾广辉	小组赛
张玉臻 田婷婷	河南职业技术学院	汽车营销	一等奖	姬　虹 卢利平	小组赛
陈丹红	中州大学	中餐主体宴会设计	一等奖	张彩虹 丁明华	
刘远远	中州大学	中餐主体宴会设计	一等奖	张彩虹 丁明华	
王不凡	商丘职业技术学院	报关	一等奖	罗秉鑫 任东红	
庞颖颖	郑州铁路职业技术学院	护理技能	一等奖	李国荣	
张卫卫 张卫彪 赵　朋	鹤壁职业技术学院	机器人技术应用	一等奖	马传琦 孙　华	小组赛
蔡永军 程川川 李萧男	郑州铁路职业技术学院	机器人技术应用	一等奖	梁明亮 孙逸洁	小组赛
张长永 石纯标 宋雪伟	鹤壁职业技术学院	数控机床装调维修与升级改造	一等奖	朱海勇 赵文俊 申东东	小组赛

续表

姓名	单位	比赛项目	获奖情况	辅导教师	备注
王文阁 余东博 周备凯	河南职业技术学院	数控机床装调维修与升级改造	一等奖	李太祥 曹智军 徐　海	小组赛
李太祥 曹智军 徐　海	河南职业技术学院	数控机床装调维修与升级改造	一等奖		教师赛

河南省参加2012年全国职业院校技能大赛优秀选手及优秀辅导教师名单

姓名	单位	比赛项目	获奖情况	辅导教师	备注
刘方方 秦志豪 孙世坤 张凯鹏	河南省郑州水利学校	工程测量	二等奖	王玉振 黎瑾慧	小组赛
刘盼盼	河南省交通职业中等专业学校	汽车维修基本技能	二等奖	王书勤	
孙文华	河南省工业科技学校	车身修复	二等奖	梁　琰	
吴　坤	河南省工业科技学校	车身涂装	二等奖	艾卫东	
吕　鹏	河南省工业科技学校	汽车空调维修	二等奖	胡国喜	
李慧超	河南辅读中等职业学校	男士无缝推剪	二等奖	郑银台	
赵荣瑞	河南辅读中等职业学校	女士短发修剪	二等奖	郑银台	
王欢欢	新安县职业高中	种子质量检测	二等奖	张蜜勤	
孙耀彬	洛阳市第一职业中专	热菜	二等奖	尚　彬	
李志豪	洛阳市第一职业中专	热菜	二等奖	赵子设	
肖远哲	洛阳旅游学校	热菜	二等奖	王少引	
王帅迪	洛阳市第一职业中专	果蔬雕刻	二等奖	王毅飞	
肖远哲	洛阳旅游学校	果蔬雕刻	二等奖	王少引	
张　楠	郑州市科技工业学校	女士春夏时尚连衣裙款式设计立体造型	二等奖	朱　昀	
王万顺 赵双双	河南化学工业高级技工学校	化工仪表自动化	二等奖	齐金成	小组赛
李曜先 宋　尧 崔金明	河南省化工学校	化工生产技术	二等奖	付长亮	小组赛
李小灿 邢凉爽 陈英豪	河南化学工业高级技工学校	化工生产技术	二等奖	毛　琳	小组赛
田成路 郑天龙 徐文辉	河南化学工业高级技工学校	化工设备维修	二等奖	王林超 靳军丽	小组赛
张亚蒙	河南省郑州水利学校	建筑CAD	二等奖	孟庆伟	
董嘉坤 曹　震 张　鹏	郑州市信息技术学校	电子商务技术	二等奖	董丽红	小组赛

续表

姓名	单位	比赛项目	获奖情况	辅导教师	备注
刘晓盼	平顶山市卫生学校	护理技能	二等奖	王继红	
康　乐	河南省医药学校	中药传统技能	二等奖	邓　戈 丁　方	
买智博	洛阳市铁路中等职业学校	车工	二等奖	戚建刚	
张晓梅 谭恺阳 李英明	河南机电学校	数控综合加工技术	二等奖	王庆海 武　燕 佟满河	小组赛
王世龙	洛阳市铁路中等职业学校	机械装配技术	二等奖	丁　雷	
黑书标 翟明明 柏长胜	郑州铁路职业技术学院	电子产品设计与制作	二等奖	江兴盟 王云飞	小组赛
司欢庆 余先德	许昌职业技术学院	电子产品检测与维修	二等奖	李　硕 王　琳	小组赛
张　森 孟海舟 高书华	河南交通职业技术学院	汽车检测与维修	二等奖	张俊停 贾广辉	小组赛
闫刘杰 李晓强 黄乐乐	河南职业技术学院	汽车检测与维修	二等奖	胡　勇 罗道宝	小组赛
丁俊丽	中州大学	中餐主体宴会设计	二等奖	张彩虹 丁明华	
杨艳洁	濮阳职业技术学院	农产品质量安全检测	二等奖	刘殿锋 马艳华 吴春昊	
刘炎龙 范　林 陈永姣 张小杰 赵瑞肖	河南商业高等专科学校	烹　饪	二等奖	王　源 苏志平	小组赛
宋增辉 杨亚飞 邢雨杉	河南财政税务高等专科学校	报　关	二等奖	王蒙燕 徐　冉	小组赛
邢雨杉	河南财政税务高等专科学校	报　关	二等奖	王蒙燕 徐　冉	
张　旭 周玉秒	河南化工职业学院	化工仪表自动化	二等奖	杨　敏	小组赛
付洒洒 王　帅 薛鹏伊	河南化工职业学院	化工生产技术	二等奖	蔡庄红	小组赛
李敬宇 司冬冬 王亚威	河南化工职业学院	化工设备维修	二等奖	朱　财 赵良勤	小组赛
王　倩 王自阳	河南化工职业学院	工业分析检验	二等奖	张慧俐	
安朋真 孙志峰 张世闯	河南经贸职业学院	物联网技术应用	二等奖	薛文龙 陈长生	小组赛

续表

姓名	单位	比赛项目	获奖情况	辅导教师	备注
罗冠军 徐辉亚 刘多红	郑州铁路职业技术学院	计算机网络应用	二等奖	马国锋 王文莉	小组赛
刘　鹏 张红民 武振涛	河南职业技术学院	计算机网络应用	二等奖	谭营军 李超林	小组赛
马鹏浩 赵建伟 苏领云	许昌职业技术学院	信息安全管理与评估	二等奖	王永乐 陈军章	小组赛
杜苓燕	鹤壁职业技术学院	护理技能	二等奖	李银红	
张庆丽	郑州铁路职业技术学院	护理技能	二等奖	李国荣	
程丽莎	济源职业技术学院	护理技能	二等奖	高宁宁	
冯　喆 王　彬 赵怡鑫	郑州铁路职业技术学院	数控机床	二等奖	张　勇 魏冠义 刘艳宾	小组赛
朱海勇 赵文俊 申东东	鹤壁职业技术学院	数控机床	二等奖		教师赛
田林红 季　祥 王宏颖	河南工业职业技术学院	数控机床	二等奖		教师赛
张建军 金　赞 路富朝	黄河水利职业技术学院	楼宇自动化	二等奖	刘云潺	小组赛
孟　醒 杨朝阳 孙家乐	河南职业技术学院	楼宇自动化	二等奖	熊新国	小组赛
刘社杰 余小漫	河南农业职业学院	农业:植物组织培养	二等奖	陈世昌	小组赛
陈玲玲	郑州市经济贸易学校	会计技能	三等奖	贾振刚	
雷晓云	河南省财经学校	会计技能	三等奖	田俊敏	
李佳成	河南信息工程学校	电子产品装配与调试	三等奖	张　立	
王成吉	河南信息工程学校	电子产品装配与调试	三等奖	李中显	
林祥腾 刘旭飞	郑州市电子信息工程学校	机电一体化设备组装与调试	三等奖	吴廷鑫	小组赛
杨红杰	郑州市电子信息工程学校	单片机控制装置安装与调试	三等奖	金　杰	
郭宇航	郑州市电子信息工程学校	制冷与空调设备组装与调试	三等奖	陈清顺	
张治明 吕康达	郑州市电子信息工程学校	电气安装与维修	三等奖	张靖辉	小组赛
王　佳 柴金盟	河南省工业科技学校	二级维护和车轮定位	三等奖	崔　焱 张　晓	小组赛
杨英杰	郑州市国防科技学校	汽车空调维修	三等奖	姚宗涛	
张文杰	河南辅读中等职业学校	标准卷杠	三等奖	孟春玲	
侯　尚	河南辅读中等职业学校	标准卷杠	三等奖	孟春玲	
郭明振	河南辅读中等职业学校	男士无缝推剪	三等奖	郑银台	
刘富强	河南辅读中等职业学校	女士短发修剪	三等奖	郑银台	
李　潇	河南辅读中等职业学校	新娘化妆·盘发造型	三等奖	宋卫华	

续表

姓名	单位	比赛项目	获奖情况	辅导教师	备注
任爽燕	河南辅读中等职业学校	新娘化妆·盘发造型	三等奖	宋卫华	
姚乐双	洛阳旅游学校	客房中式铺床	三等奖	张丽婷	
韩丹华 谢德发 樊亚乐	洛阳市工科中等专业学校	光伏发电设备安装与调试	三等奖	冯军海 王跃伟	小组赛
王金金	河南省农业经济学校	艺术插花	三等奖	许文营	
胡乐涛	河南机电学校	农机维修	三等奖	陈东照	
朱志超	河南省交通职业中等专业学校	农机维修	三等奖	严卫刚	
易德银	信阳市第二职业高中	手工制茶(手工卷曲型绿茶)	三等奖	杜立彬 杨　冰	
孙耀彬	洛阳市第一职业中专	冷拼	三等奖	周英辉	
王　敬 王世婷	河南省化工学校	工业分析检验	三等奖	智红梅	
彭信波	河南省建筑工程学校	建筑CAD	三等奖	林　彦	
祝士闯	河南省郑州水利学校	建筑CAD	三等奖	陈红中	
陈坤杰 李贺飞	郑州市电子信息工程学校	建筑设备安装与调控	三等奖	杨录田 谢　琳	小组赛
王　猛 沈磐举	河南省建筑工程学校	电梯维修保养	三等奖	齐冠然 宋丽娟	小组赛
史艳艳 许冰玉	郑州市卫生学校(专业组)	职业英语技能	三等奖	刘国全	小组赛
刘　统 王钰介 尤晨旭	河南省理工学校	现代物流中心作业	三等奖	方伟磊 韩笑云 马永藏	小组赛
李志洋	河南省理工学校	叉车操作	三等奖	万顺江	
魏成钰	河南省理工学校	叉车操作	三等奖	万顺江	
李合红	河南省理工学校	物流单证处理	三等奖	韩笑云	
张院生 于伟光	河南信息工程学校(锐捷)	企业网搭建与应用	三等奖	张　立 门雅范	小组赛
姜　斌 齐小威	郑州市电子信息工程学校(锐捷)	企业网搭建与应用	三等奖	冯　皓 尹春鹏	小组赛
李　雷 岳光辉	河南信息工程学校(神州数码)	企业网搭建与应用	三等奖	谢晓广 芦　艳	小组赛
田鹏博	洛阳市第一职业高中(神州数码)	企业网搭建与应用	三等奖	胡祥龙 林淑红 刘玉录	小组赛
邓健平	河南信息工程学校	工业产品CAD	三等奖	韩志孝	
侯志华	郑州市卫生学校	护理技能	三等奖	胡　蝶	
周金鸽	河南省医药学校	中药传统技能	三等奖	邓　戈 丁　方	
陈小帅	洛阳市铁路中等职业学校	车　工	三等奖	戚建刚	
程帅帅	洛阳市铁路中等职业学校	数控车工	三等奖	贾小宁	
宋智恒	洛阳市铁路中等职业学校	数控铣工	三等奖	田梅玲	
张刘洋	河南机电学校	数控铣工	三等奖	熊莎莎	
焦新程	洛阳市铁路中等职业学校	焊接技术	三等奖	郭玉财	
张志龙	洛阳市铁路中等职业学校	焊接技术	三等奖	郭玉财	
张慧峰	洛阳市铁路中等职业学校	机械装配技术	三等奖	丁　雷	

续表

姓名	单位	比赛项目	获奖情况	辅导教师	备注
李　鹏	河南工程技术学校	煤矿瓦斯检查	三等奖	徐小马	
周金鸽 康　乐	河南省医药学校	中药传统技能(团体)	三等奖	邓　戈 丁　方	小组赛
刘苏东 李　佩 王　振	河南职业技术学院	电子产品设计与制作(基于FPGA技术)	三等奖	季小榜 李永星	小组赛
牛立峰 黄秋雨 齐贝贝	河南工业职业技术学院	电子产品设计与制作(基于FPGA技术)	三等奖	席东河 王林生	小组赛
郝称心 史雪庆	焦作师范高等专科学校	电子产品检测与维修(芯片级)	三等奖	蒋海涛 张文义	小组赛
张　森 孟海舟 高书华	河南交通职业技术学院	汽车检测与维修	三等奖	张俊停 贾广辉	小组赛
闫刘杰 李晓强 黄乐乐	河南职业技术学院	汽车检测与维修	三等奖	胡　勇 罗道宝	小组赛
宋青青	鹤壁职业技术学院	农产品质量安全检测	三等奖	杨玉红 王永刚 王跃强	
王林辉	鹤壁职业技术学院	农产品质量安全检测	三等奖	杨玉红 王永刚 王跃强	
熊小蕊	濮阳职业技术学院	农产品质量安全检测	三等奖	刘殿锋 马艳华 吴春昊	
陈力玮	河南经贸职业学院	报　关	三等奖	张琦生 王　艳	
王晓晓	河南经贸职业学院	报　关	三等奖	张琦生 王　艳	
赵真真	河南经贸职业学院	报　关	三等奖	张琦生 王　艳	
杨亚飞	河南财政税务高等专科学校	报　关	三等奖	王蒙燕 徐　冉	
吕威然	商丘职业技术学院	报　关	三等奖	罗秉鑫 任东红	
朱冠豪 许国超 甄伟奇	黄河水利职业技术学院	现代物流储存与配送作业优化设计和实施	三等奖	文　静 徐　猛	小组赛
崔帅峰 许　奔 王志龙	河南职业技术学院	信息安全管理与评估	三等奖	娄松涛 王爱强	小组赛
李　帅 王　翔 郭永刚	黄河水利职业技术学院	信息安全管理与评估	三等奖	关天柱 吕振雷	小组赛
李　雪	鹤壁职业技术学院	护理技能	三等奖	李银红	
徐　娜	鹤壁职业技术学院	护理技能	三等奖	李银红	

续表

姓名	单位	比赛项目	获奖情况	辅导教师	备注
郭玉凰	郑州铁路职业技术学院	护理技能	三等奖	李国荣	
艾高强	鹤壁职业技术学院	中药传统技能	三等奖	李雪倩 李娅玲	
叶永春 刘　鹏	河南职业技术学院	自动化生产线安装与调试	三等奖	施利春	小组赛
王自洋 赵亚男	鹤壁职业技术学院	工业产品造型设计与快速成型	三等奖	孟亚峰 薛子闯	小组赛
赵亚龙 何一鸣 刘　闯	河南建筑职业技术学院	楼宇自动化系统安装与调试	三等奖	张晓斌	小组赛
张亚磊 黄亚军 马鸿雁	河南机电高等专科学校	水环境监测与治理技术	三等奖	刘国华 冯秀芳	小组赛
郭　亮 李安伦	河南职业技术学院	农业:园林景观设计	三等奖	胡继光	小组赛
曹传勇	河南化工职业学院	外语口语(非专业)	三等奖	胡　芳	

河南省参加2012年全国职业院校技能大赛先进单位名单

河南省职业技术教育教学教研室
河南机电学校
河南省农业经济学校
河南化学工业高级技工学校
洛阳市第一职业中专
平顶山市文化旅游学校
平顶山市卫生学校
河南辅读中等职业学校
河南工程技术学校
河南省财经学校
河南省工业科技学校
河南省化工学校
河南省建筑工程学校
河南省理工学校
河南省医药学校
河南省郑州水利学校
河南信息工程学校
河南省交通职业中等专业学校
洛阳市第一职业高中
洛阳市工科中等专业学校
洛阳旅游学校
洛阳市铁路中等职业学校
新安县职业高中
信阳市第二职业高中
郑州市电子信息工程学校
郑州市国防科技学校
郑州市经济贸易学校
郑州市科技工业学校
郑州市卫生学校
郑州市信息技术学校
黄河水利职业技术学院
河南工业职业技术学院
河南交通职业技术学院
河南职业技术学院
中州大学
商丘职业技术学院
郑州铁路职业技术学院
鹤壁职业技术学院
河南财政税务高等专科学校
河南化工职业学院
河南机电高等专科学校
河南建筑职业技术学院
河南经贸职业学院
河南农业职业学院
河南商业高等专科学校
济源职业技术学院
焦作师范高等专科学校
濮阳职业技术学院
许昌职业技术学院
洛阳市教育局
郑州市教育局
平顶山市教育局

河南省参加2012年全国职业院校技能大赛先进工作者名单

赵高潮　河南省郑州水利学校
孙立国　河南信息工程学校
毛润山　河南省建筑工程学校
武　燕　河南机电学校
朱　冰　河南省化工学校
方伟磊　河南省理工中等专业学校
杨清波　河南省财经学校
赵永霞　河南省工业科技学校
高　强　河南辅读职业中等专业学校
邓　戈　河南省医药学校
张爱辉　河南化学工业高级技工学校
徐小马　河南工程技术学校
智利红　河南省农业经济学校
贾振纲　郑州市经济贸易学校
陈清顺　郑州市电子信息工程学校
刘诗鹏　郑州市信息技术学校
贾　欣　郑州市卫生学校
花　芬　郑州市科技工业学校
姚宗涛　郑州市国防科技学校
李守刚　洛阳市第一职业中等专业学校
程红旗　洛阳市铁路中等职业学校
林淑红　洛阳市第一职业高中
王少引　洛阳旅游学校
付小平　新安县职业高中
王跃伟　洛阳工科中等专业学校
夏惠丽　平顶山卫生学校
陈玲玲　平顶山市文化旅游学校
王书勤　河南省交通职业中等专业学校
杜立彬　信阳市第二职业高中
郭　爽　河南职业技术学院
卫宗超　黄河水利职业技术学院
刘明黎　河南工业职业技术学院
李明丽　河南交通职业技术学院
董作霖　河南机电高等专科学校
王　侃　河南经贸职业学院
王　成　河南化工职业学院
王蒙燕　河南财政税务高等专科学校
王华杰　河南农业职业学院
李宏魁　河南建筑职业技术学院
杨行昌　河南商业高等专科学校
崔国英　鹤壁职业技术学院
郭志戎　郑州铁路职业技术学院
郭　瑛　中州大学
冯朝印　许昌职业技术学院
金长虹　郑州电力高等专科学校
周国征　济源职业技术学院
刘占才　焦作师范高等专科学校
武模戈　濮阳职业技术学院
张百胜　商丘职业技术学院
赵　聘　信阳农业高等专科学校
巴玉强　郑州职业技术学院
张俊丽　河南省教育厅高等教育处
王　凯　河南省教育厅职业教育与成人教育处
史文生　河南省教育厅职业教育与成人教育处
赵丽英　河南省职业技术教育教学研究室
白　冰　河南省职业技术教育教学研究室
汤晓乐　河南省职业技术教育教学研究室

河南省事业单位首次专业技术二级岗位人选名单

（教育系统）

郑州大学（70人）

马晓建　王　博　王中全　王东㛃　王立东　王　杰
王宗敏　王建平　王复明　王家祥　石东洋　申金媛
田土城　宁金成　师　黎　朱诚身　庄　雷　刘玉敏
刘立新　刘向文　刘宏民　刘金盾　关绍康　祁元明
孙莹璞　杜书云　李　倩　李玉晓　李珊珊　李清富
吴宏亮　吴泽宁　宋毛平　张钦宪　张倩红　张雷顺
陈　淮　陈绍春　陈铁军　陈静波　林克明　郑永扣
郑志龙　郑鹏远　赵明皞　赵清香　侯红卫　姜建设
耿献国　原晋江　高丹盈　高金峰　唐明生　曹少魁
盛光耀　常俊标　章　茜　董广安　董子明　蒋登高
韩　捷　韩国河　程敬亮　童丽萍　路纪琪　慕小武
樊洛平　樊耀亭　薛长贵　魏新利

郑州大学第一附属医院（8人）

牛扶幼　文建国　史惠蓉　刘章锁　张水军　娄卫华
高剑波　阚全程

郑州大学第二附属医院（2人）

法宪恩　雷　方

郑州大学第三附属医院（1人）

张　展

河南大学(34人)
于金富 万师强 马远方 王立群 王发曾 王崇喜
牛保义 牛景杨 吕世荣 刘济良 关爱和 许兴亚
杜祖亮 李玉洁 李伟昉 李振宏 李起升 杨改生
佟培基 汪基德 宋纯鹏 张克定 张治军 张保国
苗长虹 苗书梅 赵国祥 赵 瑾 秦耀辰 耿明斋
贾玉英 阎照祥 梁 工 程民生

河南科技大学(13人)
王键吉 文九巴 尹卫平 邓效忠 师清翔 朱文学
严全治 李友军 李全安 张永振 周志立 段广才
谢敬佩

河南科技大学第一附属医院(1人)
雷万军

河南师范大学(11人)
王桂兰 卢 雁 孙先科 李春喜 杨 林 杨宗献
张贵生 张豪锋 徐存栓 郭宗明 渠桂荣

河南农业大学(16人)
马新明 王成章 王泽霖 尹 钧 刘国顺 李玉玲
李潮海 杨铁钊 何松林 张冬平 张全国 陈彦惠
范国强 郭天财 崔党群 康相涛

河南理工大学(15人)
王少安 王兆丰 刘明举 祁 峰 肖建华 余明高
邹友峰 张子戌 张子敏 张玉贵 张国臣 赵 波
夏保成 高建良 景国勋

河南工业大学(13人)
王有安 王录民 王振清 王 晏 卞 科 宁 祎
李铜山 谷克仁 张 元 陆启玉 陈复生 屈凌波
梁醒培

河南财经政法大学(10人)
史自力 乔法容 杜福磊 李小建 肖会敏 陈相成
胡荣涛 郭 军 郭爱民 崔朝栋

华北水利水电学院(9人)
王天泽 朱海风 刘汉东 严大考 邱 林 赵顺波
徐建新 解 伟 魏 群

新乡医学院(7人)
文小军 闫福林 李东亮 张新中 赵卫星 原志庆
郭志坤

中原工学院(5人)
任家智 李 勇 崔世忠 董丞明 董学武

郑州轻工业学院(6人)
方少明 甘 勇 陈江风 林世选 龚 毅 崔光照

河南中医学院(13人)
丁 樱 白 雁 冯卫生 司富春 李建生 苗明三
郑玉玲 郑晓珂 赵文霞 徐玉芳 徐立然 郭淑云
梁华龙

河南中医学院第一附属医院(5人)
马云枝 王新志 朱明军 李 真 魏 明

河南中医学院第二附属医院(1人)
韩丽华

河南工程学院(2人)
卢 奎 许瑞超

郑州航空工业管理学院(2人)
张 锐 施进发

信阳师范学院(9人)
卢克平 刘辰诞 刘彦明 孙宏典 李义凡 李学志
杨云善 宋新宇 武津刚

河南科技学院(5人)
王清连 刘兴友 李敬玺 吴国梁 陈付贵

洛阳师范学院(5人)
王利亚 孙金锋 时明德 张宝明 张凌江

安阳师范学院(1人)
王爱民

商丘师范学院(4人)
刘纯献 陈向炜 曹 奎 蒋志民

洛阳理工学院(4人)
杨小林 邱天河 段治乾 葛 玻

南阳师范学院(3人)
石恒真 刘 征 赵秀玲

河南广播电视大学(1人)
温海昌

郑州牧业工程高等专科学校(2人)
刘太宇 张晓根

河南商业高等专科学校(1人)
丁庭选

郑州铁路职业技术学院(1人)
王清义

黄河水利职业技术学院(1人)
刘国际

河南经贸职业学院(2人)
王金台 苏万益

河南省教育厅表彰
河南省中小学德育工作先进单位名单

郑州市
郑州市教育局
郑州市二七区教育体育局
郑州市金水区教育体育局
新密市教育体育局
荥阳市教育体育局

郑州市第二中学
郑州市第八中学
郑州市第十一中学
郑州市第十二中学
郑州市回民中学
郑州市管城区五里堡小学
郑州外国语学校
郑州市中原区淮河路小学

开封市

开封市教育局
开封县教育体育局
河南大学附属中学
开封市第十三中学
开封市第二十七中学
开封市第二师范附属小学
开封高级中学
开封市第二十五中学
开封市化建中学
开封市金明区梁苑小学
开封市兴华中学

洛阳市

洛阳市教育局
栾川县教育局
偃师市教育局
洛阳市东方第二中学
洛阳市涧西区景华实验小学
洛阳市第十八中学
洛阳市第二外国语学校
洛阳市第一中学
汝阳县实验高中
洛阳市西工区西下池小学
偃师市第一高级中学
伊川县白元乡省元头学校

平顶山

宝丰县教育体育局
叶县教育体育局
平顶山市第十六中学
鲁山县第一高级中学
平顶山市素质教育实践基地
平顶山市卫东区雷锋小学
平顶山市新华区胜利街小学
舞钢市第一初级中学
平顶山市湛河区沁园小学

安阳市

安阳市殷都区教育体育局
林州市教育体育局
安阳县教育体育局
安阳市第一中学
安阳市第五中学
安阳市第八中学
安阳市第二十中学
安阳市钢城小学

鹤壁市

鹤壁市教育局
鹤壁市淇滨区文化教育体育局
鹤壁市高中
鹤壁市桃源小学
鹤壁市淇县实验学校
鹤壁市山城区实验小学

新乡市

新乡市教育局
新乡市凤泉区教育局
辉县市教育局
河南师范大学附属中学
新乡市第十中学
新乡市第二十二中学
新乡市第一铁路小学
新乡市凤泉区尚介小学
辉县市第一初级中学
延津县僧固乡李僧固初级中学
新乡市红旗区平原小学

焦作市

焦作市中站区教育局
沁阳市教育局
孟州市教育局
焦作市第十一中学
焦作市实验小学
焦作市学生路小学
焦作市塔南路小学
焦作市武陟县育英实验小学

濮阳市

南乐县教育局
濮阳县教育局
清丰县第一实验小学
濮阳市华龙区高级中学初中部
濮阳市油田第十九中学
濮阳市第二实验小学
濮阳市第一高级中学

许昌市

禹州市教育体育局
许昌市魏都区教育体育局
许昌市第一中学
许昌市第二中学
许昌实验小学
长葛市第二高级中学
许昌县尚集镇第一中心小学
襄城实验高中

漯河市

漯河市教育局
漯河市高级中学

漯河市实验小学
漯河市临颍县第一高级中学
漯河市实验中学
漯河市源汇区受降路小学

三门峡市

灵宝市教育体育局
三门峡市外国语高级中学
三门峡市阳光小学
渑池高级中学
义马市第一初级中学
陕县第二小学

南阳市

西峡县教育体育局
内乡县教育体育局
南阳市第一中学
南阳市第二十二中学
南阳市第十三中学
南阳市第十二小学
南阳市第十五小学
唐河县第一初级中学
南阳市第九小学
方城县城关镇第三小学

商丘市

商丘市梁园区教育体育局
商丘市第一实验小学
商丘市三高
商丘中学
夏邑县高级中学
虞城县营廓镇木兰中学
商丘市睢阳区第二实验小学
睢县实验小学
民权县实验中学

信阳市

信阳市教育局
信阳市浉河区教育体育局
信阳市平桥区教育体育局
信阳市羊山中学
新县高中
罗山县第一实验小学
商城县观庙高中
潢川二中
淮滨县轻工希望小学
息县第三初级中学
光山一小

周口市

周口市教育局
扶沟县教育体育局
郸城县教育体育局
周口市实验小学
商水县希望中学
西华县城关初级中学
太康县城郊乡蒋湾小学
扶沟县红旗小学
郸城县实验中学
淮阳县第二实验小学
沈丘县槐店镇第一初中
周口一高初中部

驻马店市

遂平县教育体育局
汝南县教育体育局
驻马店市第十一小学
驻马店市经济开发区第一小学
西平县盆尧第一初级中学
上蔡县第一高级中学
平舆县清河街道中心学校
正阳县真阳镇梁庙中心学校
确山县靖宇小学
泌阳县花园乡中心学校

济源市

济源第一中学
济源市济水一中

中牟县

中牟县教育体育局
中牟县第一高级中学
中牟县第四高级中学

巩义市

巩义市第二高级中学
巩义市第二小学

兰考县

兰考县城关镇第一小学
兰考县城关乡第一初中

汝州市

汝州市杨楼镇一中
汝州市程楼小学
汝州市实验幼儿园

滑县

滑县道口镇第二初级中学
滑县产业集聚区英民小学

长垣县

长垣县第一中学

邓州市

邓州市教体局
邓州市城区五初中
邓州市城区四小
邓州市湍河中心校

永城市

永城市实验高级中学
永城市第一小学
永城市第三小学

固始县

固始县慈济高级中学
固始县草庙集乡第一初级中学
固始县城关六小

鹿邑县

鹿邑县第三高级中学
鹿邑县生铁冢镇中心学校

项城市

项城市第一高级中学
项城市第二初级中学
项城市荣楼小学

新蔡县

新蔡县第一高级中学
新蔡县现代双语实验学校

厅直属单位

河南省实验中学
河南省第二实验中学
河南省实验小学

河南省中小学德育工作先进个人名单

姓名	单位	类别	证书编号
徐荣新	郑州市教育局	德育先进工作者	豫教〔2012〕23194号
汪　伟	郑州市第十三中学	德育先进工作者	豫教〔2012〕23195号
毛德宇	郑州市第五中学	德育先进工作者	豫教〔2012〕23196号
宋爱萍	郑州大学第二附属中学	德育先进工作者	豫教〔2012〕23197号
李　益	郑州市第二十三中学	德育先进工作者	豫教〔2012〕23198号
韦艳春	郑州市第十中学	德育先进工作者	豫教〔2012〕23199号
蔡明生	郑州市第四十七中学	德育先进工作者	豫教〔2012〕23200号
刘志勇	郑州市第四十七中学	德育先进工作者	豫教〔2012〕23201号
郑科建	郑州市第五十一中学	德育先进工作者	豫教〔2012〕23202号
卢新建	管城区教育体育局	德育先进工作者	豫教〔2012〕23203号
马　蕾	高新区管委会教育局	德育先进工作者	豫教〔2012〕23204号
李建英	中原区淮河路小学	德育先进工作者	豫教〔2012〕23205号
翟元月	开封市杞县教育体育局	德育先进工作者	豫教〔2012〕23206号
李智慧	开封市金明中学	德育先进工作者	豫教〔2012〕23207号
李健将	开封市第三十三中学	德育先进工作者	豫教〔2012〕23208号
郭玉文	开封市田家炳实验中学	德育先进工作者	豫教〔2012〕23209号
刘　颖	开封市第一职专中专	德育先进工作者	豫教〔2012〕23210号
郝玉霞	开封新区回龙庙小学	德育先进工作者	豫教〔2012〕23211号
党京川	河南大学附属中学	德育先进工作者	豫教〔2012〕23212号
刘红卫	洛阳市教育局	德育先进工作者	豫教〔2012〕23213号
韩永稳	洛阳市涧西区教育局	德育先进工作者	豫教〔2012〕23214号
李中顺	洛阳市洛龙区教育局	德育先进工作者	豫教〔2012〕23215号
李学平	洛阳市第二十三中学	德育先进工作者	豫教〔2012〕23216号
段华松	洛阳市第四十八中学	德育先进工作者	豫教〔2012〕23217号
李吉川	洛阳市第六中学	德育先进工作者	豫教〔2012〕23218号
马素芳	洛阳市孟津县双语实验学校	德育先进工作者	豫教〔2012〕23219号
张俊峰	洛阳市新安县第二高级中学	德育先进工作者	豫教〔2012〕23220号
王明刚	洛阳市嵩县实验中学	德育先进工作者	豫教〔2012〕23221号
王　蕾	平顶山市教育局普教科	德育先进工作者	豫教〔2012〕23222号
张建岭	平顶山市第三高级中学	德育先进工作者	豫教〔2012〕23223号
王素红	郏县第二实验中学	德育先进工作者	豫教〔2012〕23224号
赵新亭	叶县叶邑镇叶公中学	德育先进工作者	豫教〔2012〕23225号

续表

姓名	单位	类别	证书编号
赵东侠	平顶山市石龙区中心幼儿园	德育先进工作者	豫教〔2012〕23226号
李永生	鲁山县露峰第一小学	德育先进工作者	豫教〔2012〕23227号
张　伟	安阳市教育局基础教育科	德育先进工作者	豫教〔2012〕23228号
许志强	安阳市汤阴县教育体育局	德育先进工作者	豫教〔2012〕23229号
康锦光	安阳市第二中学	德育先进工作者	豫教〔2012〕23230号
邢新春	安阳市实验中学	德育先进工作者	豫教〔2012〕23231号
张修计	安阳市第七中学	德育先进工作者	豫教〔2012〕23232号
张国庆	安阳市东关小学	德育先进工作者	豫教〔2012〕23233号
郑玉玲	鹤壁市教育局基础教育科	德育先进工作者	豫教〔2012〕23234号
尹程军	鹤壁市鹤翔小学	德育先进工作者	豫教〔2012〕23235号
冷鹤丽	鹤壁市第四中学	德育先进工作者	豫教〔2012〕23236号
宋卫红	新乡教育局基础教育科	德育先进工作者	豫教〔2012〕23237号
王玉芳	新乡市牧野区教育文化体育局	德育先进工作者	豫教〔2012〕23238号
蔡殿录	新乡县教育局	德育先进工作者	豫教〔2012〕23239号
张泽方	封丘县教育体育局	德育先进工作者	豫教〔2012〕23240号
师立红	新乡市实验小学	德育先进工作者	豫教〔2012〕23241号
刘　霞	新乡市育才小学	德育先进工作者	豫教〔2012〕23242号
程红苗	焦作市人民中学	德育先进工作者	豫教〔2012〕23243号
黄喜玲	焦作市马村区教育局	德育先进工作者	豫教〔2012〕23244号
常　莉	焦作市修武县实验中学	德育先进工作者	豫教〔2012〕23245号
闫吉旺	博爱县教育局	德育先进工作者	豫教〔2012〕23246号
杨永利	沁阳市教育局	德育先进工作者	豫教〔2012〕23247号
李源滋	濮阳市教育局基础教育二科副科长	德育先进工作者	豫教〔2012〕23248号
朱建兵	范县教育局纪检组长	德育先进工作者	豫教〔2012〕23249号
张振领	台前教育局基础教育股股长	德育先进工作者	豫教〔2012〕23250号
潘高岭	南乐县教育局副股长	德育先进工作者	豫教〔2012〕23251号
徐玉玲	清丰县阳邵乡中心校	德育先进工作者	豫教〔2012〕23252号
吴述亮	濮阳市第四中学副校长	德育先进工作者	豫教〔2012〕23253号
赵慧勇	濮阳市第六中学政教主任	德育先进工作者	豫教〔2012〕23254号
李　瑛	许昌市教育局	德育先进工作者	豫教〔2012〕23255号
张玉技	许昌实验中学	德育先进工作者	豫教〔2012〕23256号
孙旭东	许昌市健康路小学	德育先进工作者	豫教〔2012〕23257号
赵明霞	许昌市学府街小学	德育先进工作者	豫教〔2012〕23258号
李双义	禹州市三高	德育先进工作者	豫教〔2012〕23259号
张大显	河南省襄城高中	德育先进工作者	豫教〔2012〕23260号
巩海生	漯河市临颍县第一高级中学	德育先进工作者	豫教〔2012〕23261号
袁耀辉	漯河市源汇区空冢郭乡中学	德育先进工作者	豫教〔2012〕23262号
狄晓娟	漯河小学	德育先进工作者	豫教〔2012〕23263号
汪定稳	漯河市第二实验小学	德育先进工作者	豫教〔2012〕23264号
王　昊	灵宝市第一高级中学	德育先进工作者	豫教〔2012〕23265号
段军杰	灵宝市城关镇中心学校	德育先进工作者	豫教〔2012〕23266号
张顺来	三门峡市四中	德育先进工作者	豫教〔2012〕23267号
李琴玲	三门峡经济开发区向阳学校	德育先进工作者	豫教〔2012〕23268号
楚慧丽	南阳油田第一小学	德育先进工作者	豫教〔2012〕23269号

续表

姓名	单位	类别	证书编号
姚鹏程	淅川县盛湾乡第一初级中学	德育先进工作者	豫教〔2012〕23270号
李文捷	南阳市第二十八中学	德育先进工作者	豫教〔2012〕23271号
李文先	镇平县高丘镇第二初级中学	德育先进工作者	豫教〔2012〕23272号
刘明阳	南召县教育体育局	德育先进工作者	豫教〔2012〕23273号
孙向村	南阳市第十五小学	德育先进工作者	豫教〔2012〕23274号
王书志	内乡县城关镇第二小学	德育先进工作者	豫教〔2012〕23275号
王海岗	南阳市教育局	德育先进工作者	豫教〔2012〕23276号
杨凤民	商丘市教育局	德育先进工作者	豫教〔2012〕23277号
王光辉	睢阳区高辛镇第二初级中学	德育先进工作者	豫教〔2012〕23278号
韩庆涛	夏邑县高级中学	德育先进工作者	豫教〔2012〕23279号
刘存领	虞城县第二高级中学	德育先进工作者	豫教〔2012〕23280号
乔国华	宁陵县教育体育局	德育先进工作者	豫教〔2012〕23281号
徐海燕	民权县民族学校	德育先进工作者	豫教〔2012〕23282号
皇甫学锋	睢县实验小学	德育先进工作者	豫教〔2012〕23283号
邢　韧	柘城县教育体育局	德育先进工作者	豫教〔2012〕23284号
龚玉荣	新县高级中学	德育先进工作者	豫教〔2012〕23285号
徐　晓	羊山新区教育办公室	德育先进工作者	豫教〔2012〕23286号
叶世奇	罗山县教育体育局	德育先进工作者	豫教〔2012〕23287号
王　俊	潢川县实验小学教育集团	德育先进工作者	豫教〔2012〕23288号
涂开奎	信阳市育才中学	德育先进工作者	豫教〔2012〕23289号
夏　琼	息县北街小学	德育先进工作者	豫教〔2012〕23290号
周　锋	光山县教育体育局	德育先进工作者	豫教〔2012〕23291号
易宏敏	信阳市平桥区教育体育局	德育先进工作者	豫教〔2012〕23292号
任崇华	周口市第二初级中学	德育先进工作者	豫教〔2012〕23293号
陈道文	商水县希望中学	德育先进工作者	豫教〔2012〕23294号
李志凤	西华县实验中学	德育先进工作者	豫教〔2012〕23295号
白宗超	太康县教体局	德育先进工作者	豫教〔2012〕23296号
张春献	扶沟县城关镇二中	德育先进工作者	豫教〔2012〕23297号
李　磊	郸城县南丰二中	德育先进工作者	豫教〔2012〕23298号
井宏泉	淮阳县教体局	德育先进工作者	豫教〔2012〕23299号
辛殿章	沈丘县槐店镇第一初中	德育先进工作者	豫教〔2012〕23300号
杨　丽	周口市教育局	德育先进工作者	豫教〔2012〕23301号
柯　刚	遂平县第一初级中学	德育先进工作者	豫教〔2012〕23302号
范俊岭	西平县完全中学	德育先进工作者	豫教〔2012〕23303号
王平心	上蔡县第一高级中学	德育先进工作者	豫教〔2012〕23304号
赵银中	汝南县教育体育局	德育先进工作者	豫教〔2012〕23305号
尹桂云	确山县靖宇小学	德育先进工作者	豫教〔2012〕23306号
王江涛	泌阳县第二高级中学	德育先进工作者	豫教〔2012〕23307号
马银平	驻马店市第三小学	德育先进工作者	豫教〔2012〕23308号
刘红义	驻马店市教育局	德育先进工作者	豫教〔2012〕23309号
李文理	驻马店市体卫艺站	德育先进工作者	豫教〔2012〕23310号
常正波	济源高级中学	德育先进工作者	豫教〔2012〕23311号
孟祥生	济源克井一中	德育先进工作者	豫教〔2012〕23312号
赵焕章	巩义市市直高中	德育先进工作者	豫教〔2012〕23313号

续表

姓名	单位	类别	证书编号
张凤琴	巩义市孝义孝南小学	德育先进工作者	豫教〔2012〕23314号
郑卫萍	兰考星河中学	德育先进工作者	豫教〔2012〕23315号
张　彪	兰考县爪营乡齐场小学	德育先进工作者	豫教〔2012〕23316号
史占涛	汝州市塔寺小学	德育先进工作者	豫教〔2012〕23317号
刘光周	汝州市二高	德育先进工作者	豫教〔2012〕23318号
刘　辉	滑县教育体育局	德育先进工作者	豫教〔2012〕23319号
史淑芹	滑县向阳小学	德育先进工作者	豫教〔2012〕23320号
王　宇	长垣县孟岗镇中心学校	德育先进工作者	豫教〔2012〕23321号
张如昆	长垣县樊相镇中心校	德育先进工作者	豫教〔2012〕23322号
李元乐	邓州市城区六小	德育先进工作者	豫教〔2012〕23323号
魏玉峰	邓州市六高中	德育先进工作者	豫教〔2012〕23324号
黄　金	永城市第三初级中学	德育先进工作者	豫教〔2012〕23325号
高　云	永城市第六初级中学	德育先进工作者	豫教〔2012〕23326号
杨子刚	固始县永和实验小学	德育先进工作者	豫教〔2012〕23327号
陈明友	固始县第一中学	德育先进工作者	豫教〔2012〕23328号
杜锐敏	鹿邑县教育体育局	德育先进工作者	豫教〔2012〕23329号
孙永清	鹿邑县贾滩镇后堂小学	德育先进工作者	豫教〔2012〕23330号
陈　曦	新蔡县第一高级中学	德育先进工作者	豫教〔2012〕23331号
杜晓斌	新蔡县现代双语实验学校	德育先进工作者	豫教〔2012〕23332号
张国民	项城市第二高级中学	德育先进工作者	豫教〔2012〕23333号
张勋保	项城市高寺镇张营小学	德育先进工作者	豫教〔2012〕23334号
孙呈丰	中牟县教育体育局教科室	德育先进工作者	豫教〔2012〕23335号
张艳茹	中牟县青年路小学	德育先进工作者	豫教〔2012〕23336号
陈保新	河南省基础教育教学研究室	德育先进工作者	豫教〔2012〕23337号
崔秀玲	河南省基础教育教学研究室	德育先进工作者	豫教〔2012〕23338号
侯泽桥	河南省实验中学	德育先进工作者	豫教〔2012〕23339号
李汀洁	河南省实验中学	德育先进工作者	豫教〔2012〕23340号
杨　敏	河南省第二实验中学	德育先进工作者	豫教〔2012〕23341号
刘利梅	河南省实验小学	德育先进工作者	豫教〔2012〕23342号
姚守伦	郑州市第二十四中学	优秀班主任	豫教〔2012〕23343号
李海霞	郑州市第六十三中学	优秀班主任	豫教〔2012〕23344号
李艳红	郑州市第102中学	优秀班主任	豫教〔2012〕23345号
李竞川	河南农业大学附属中学	优秀班主任	豫教〔2012〕23346号
王卫红	郑州市第二十二中学	优秀班主任	豫教〔2012〕23347号
牛　立	郑州市第十六中学	优秀班主任	豫教〔2012〕23348号
李俊英	郑州外国语学校	优秀班主任	豫教〔2012〕23349号
张　鸽	郑州市金水区文化绿城小学	优秀班主任	豫教〔2012〕23350号
侯利平	郑州市惠济区大河路中心小学	优秀班主任	豫教〔2012〕23351号
林新领	郑州市第八十六中学	优秀班主任	豫教〔2012〕23352号
李　杰	郑州市上街区新建小学	优秀班主任	豫教〔2012〕23353号
梁晓东	郑州市金水区庙李小学	优秀班主任	豫教〔2012〕23354号
张　琳	郑州市盲聋哑学校	优秀班主任	豫教〔2012〕23355号
高东亮	开封市第五中学	优秀班主任	豫教〔2012〕23356号
程　华	开封市第八中学	优秀班主任	豫教〔2012〕23357号

续表

姓名	单位	类别	证书编号
赵　楠	开封市第十四中学	优秀班主任	豫教〔2012〕23358号
刘丽梅	开封市第二职业中等专业学校	优秀班主任	豫教〔2012〕23359号
徐　黎	开封市旅游学校	优秀班主任	豫教〔2012〕23360号
葛志强	开封市县街小学	优秀班主任	豫教〔2012〕23361号
魏永萍	开封市特殊教育学校	优秀班主任	豫教〔2012〕23362号
陈卉兰	开封市禹王台区夏理逊小学	优秀班主任	豫教〔2012〕23363号
孙有生	开封市鼓楼区仙人庄中心小学	优秀班主任	豫教〔2012〕23364号
林　琳	洛阳市实验小学	优秀班主任	豫教〔2012〕23365号
李克民	洛阳市第二十二中学	优秀班主任	豫教〔2012〕23366号
陈阵营	洛阳市第四十六中学	优秀班主任	豫教〔2012〕23367号
周　宏	洛阳市第五十四中学	优秀班主任	豫教〔2012〕23368号
秦利明	偃师市市直中学	优秀班主任	豫教〔2012〕23369号
李红星	孟津县第一高级中学	优秀班主任	豫教〔2012〕23370号
卢社会	新安县第一高级中学	优秀班主任	豫教〔2012〕23371号
郭明星	宜阳县第一高级中学	优秀班主任	豫教〔2012〕23372号
樊中华	嵩县第一高级中学	优秀班主任	豫教〔2012〕23373号
宋长海	洛阳市洛龙区第二实验小学	优秀班主任	豫教〔2012〕23374号
吴　荣	洛阳市西工区实验小学	优秀班主任	豫教〔2012〕23375号
滑松霞	洛阳市伊滨区诸葛镇道湛小学	优秀班主任	豫教〔2012〕23376号
张延龙	平顶山市第一中学	优秀班主任	豫教〔2012〕23377号
焦燕珍	平顶山市第二高级中学	优秀班主任	豫教〔2012〕23378号
李志红	平顶山市第六中学	优秀班主任	豫教〔2012〕23379号
李秀静	平顶山市实验中学	优秀班主任	豫教〔2012〕23380号
焦晨睿	宝丰县第一高级中学	优秀班主任	豫教〔2012〕23381号
郭颖嘉	鲁山县第三高级中学	优秀班主任	豫教〔2012〕23382号
王菲菲	鲁山县第二十一中学	优秀班主任	豫教〔2012〕23383号
闫随忠	叶县叶公中学	优秀班主任	豫教〔2012〕23384号
张素爱	平顶山市卫东区矿工路小学	优秀班主任	豫教〔2012〕23385号
李素红	安阳市内黄县第一中学	优秀班主任	豫教〔2012〕23386号
常秀萍	安阳高新区第一小学	优秀班主任	豫教〔2012〕23387号
米　静	安阳市永安东街小学	优秀班主任	豫教〔2012〕23388号
陈文会	安阳市刘家庄小学	优秀班主任	豫教〔2012〕23389号
张　红	安阳市第九中学	优秀班主任	豫教〔2012〕23390号
陈丽霞	安阳市第十中学	优秀班主任	豫教〔2012〕23391号
史志勇	安阳市第十一中学	优秀班主任	豫教〔2012〕23392号
张小利	安阳市第二十一中学	优秀班主任	豫教〔2012〕23393号
牛　磊	鹤壁市外国语中学	优秀班主任	豫教〔2012〕23394号
牛鹏勇	鹤壁市淇滨中学	优秀班主任	豫教〔2012〕23395号
伏新红	鹤壁市山城区实验中学	优秀班主任	豫教〔2012〕23396号
曹　炜	鹤壁市淇滨区第二中学	优秀班主任	豫教〔2012〕23397号
牛海云	鹤壁市浚县实验初级中学	优秀班主任	豫教〔2012〕23398号
郑桂花	河南师范大学实验中学	优秀班主任	豫教〔2012〕23399号
王文莉	新乡市第十一中学	优秀班主任	豫教〔2012〕23400号
周丽敏	新乡市外国语小学	优秀班主任	豫教〔2012〕23401号

续表

姓名	单位	类别	证书编号
王玉娟	新乡市新区小学	优秀班主任	豫教〔2012〕23402号
刘继红	新乡市卫滨区人民路小学	优秀班主任	豫教〔2012〕23403号
王颖飞	新乡市红旗区和平路小学	优秀班主任	豫教〔2012〕23404号
张锦文	辉县市拍石头乡中心小学	优秀班主任	豫教〔2012〕23405号
王清香	获嘉县第一中学	优秀班主任	豫教〔2012〕23406号
郭景致	焦作市第一中学	优秀班主任	豫教〔2012〕23407号
刘菊红	焦作市第二十三中	优秀班主任	豫教〔2012〕23408号
刘菊香	焦作市山阳区第十七中学	优秀班主任	豫教〔2012〕23409号
吕海红	焦作市许衡中学	优秀班主任	豫教〔2012〕23410号
原方正	焦作市博爱县清化中心校	优秀班主任	豫教〔2012〕23411号
瞿卫华	焦作市武陟县第一中学	优秀班主任	豫教〔2012〕23412号
朱海港	焦作市温县第一中学学	优秀班主任	豫教〔2012〕23413号
徐养科	濮阳市第三中学	优秀班主任	豫教〔2012〕23414号
李迷忍	濮阳市第八中学	优秀班主任	豫教〔2012〕23415号
尚　光	濮阳市第二高级中学	优秀班主任	豫教〔2012〕23416号
王志华	濮阳市油田第二高级中学	优秀班主任	豫教〔2012〕23417号
张利巧	华龙区第一中学	优秀班主任	豫教〔2012〕23418号
田自蕊	南乐县谷金楼乡前岳连小学	优秀班主任	豫教〔2012〕23419号
刘灿涛	范县第一小学	优秀班主任	豫教〔2012〕23420号
李贵霞	台前县后方乡中学	优秀班主任	豫教〔2012〕23421号
杨志锋	许昌高级中学	优秀班主任	豫教〔2012〕23422号
宋建新	许昌市第三高级中学	优秀班主任	豫教〔2012〕23423号
周梅芳	许昌市第二中学	优秀班主任	豫教〔2012〕23424号
李红卫	许昌市第十二中学	优秀班主任	豫教〔2012〕23425号
张晓娜	许昌实验小学	优秀班主任	豫教〔2012〕23426号
张淑娴	许昌市郊庞庄小学	优秀班主任	豫教〔2012〕23427号
刘素敏	许昌县实验小学	优秀班主任	豫教〔2012〕23428号
赵书玲	襄城县实验小学	优秀班主任	豫教〔2012〕23429号
杨荷芳	漯河市第二中学	优秀班主任	豫教〔2012〕23430号
李慧珍	漯河市第三中学	优秀班主任	豫教〔2012〕23431号
周红艳	漯河市第五中学	优秀班主任	豫教〔2012〕23432号
魏凤杰	漯河市第八中学	优秀班主任	豫教〔2012〕23433号
董宝庆	漯河市第四高级中学	优秀班主任	豫教〔2012〕23434号
邢军伟	漯河市第五高级中学	优秀班主任	豫教〔2012〕23435号
贺华丽	三门峡市第一高级中学	优秀班主任	豫教〔2012〕23436号
石中华	三门峡市实验中学	优秀班主任	豫教〔2012〕23437号
高江玲	湖滨区交口中学	优秀班主任	豫教〔2012〕23438号
赵慧莲	陕县实验中学	优秀班主任	豫教〔2012〕23439号
王晓娟	三门峡市外国语小学	优秀班主任	豫教〔2012〕23440号
陈彩丰	灵宝市第二小学	优秀班主任	豫教〔2012〕23441号
时　凯	新野县第三高级中学	优秀班主任	豫教〔2012〕23442号
杨　浩	南阳市第十三中学	优秀班主任	豫教〔2012〕23443号
赵太辉	南阳市第三中学	优秀班主任	豫教〔2012〕23444号
张晓磊	方城县第三高级中学	优秀班主任	豫教〔2012〕23445号

续表

姓名	单位	类别	证书编号
李洁芳	淅川县第一高级中学	优秀班主任	豫教〔2012〕23446号
李亚欣	南阳市卧龙区实验学校	优秀班主任	豫教〔2012〕23447号
崔　乐	南阳市第二中学	优秀班主任	豫教〔2012〕23448号
田玉才	社旗县苗店镇初级中学	优秀班主任	豫教〔2012〕23449号
吴亮中	桐柏县教育局	优秀班主任	豫教〔2012〕23450号
于松军	南阳市实验中学	优秀班主任	豫教〔2012〕23451号
金嫣然	南阳市第五中学	优秀班主任	豫教〔2012〕23452号
王　雪	商丘市凯旋路第二小学	优秀班主任	豫教〔2012〕23453号
刘乐臣	睢阳区坞墙镇中心小学	优秀班主任	豫教〔2012〕23454号
牛　帅	开发区第一初级中学	优秀班主任	豫教〔2012〕23455号
杨连峰	夏邑县高级中学	优秀班主任	豫教〔2012〕23456号
刘太霞	宁陵县实验中学	优秀班主任	豫教〔2012〕23457号
付中跃	民权县第一初级中学	优秀班主任	豫教〔2012〕23458号
朱文荣	睢县实验小学	优秀班主任	豫教〔2012〕23459号
杜兰超	柘城县大仵乡宋集小学	优秀班主任	豫教〔2012〕23460号
张志华	商丘市第一高级中学	优秀班主任	豫教〔2012〕23461号
马庆强	商丘市回民中学	优秀班主任	豫教〔2012〕23462号
赵秀宽	信阳市罗山高中	优秀班主任	豫教〔2012〕23463号
马德权	河南省信阳市七中	优秀班主任	豫教〔2012〕23464号
熊志晗	商城县实验小学	优秀班主任	豫教〔2012〕23465号
刘建华	潢川县第一中学	优秀班主任	豫教〔2012〕23466号
杨咏梅	信阳市第三实验小学	优秀班主任	豫教〔2012〕23467号
潘　涛	淮滨县实验学校	优秀班主任	豫教〔2012〕23468号
朱　军	信阳市南湾湖风景区中学	优秀班主任	豫教〔2012〕23469号
郭旭东	息县东岳初中	优秀班主任	豫教〔2012〕23470号
李友根	光山县白雀园二中	优秀班主任	豫教〔2012〕23471号
赵　萍	信阳市平桥区实验小学	优秀班主任	豫教〔2012〕23472号
陆　登	周口市第十二中学	优秀班主任	豫教〔2012〕23473号
王丽娜	商水县实验小学	优秀班主任	豫教〔2012〕23474号
郝建华	西华县第二实验小学	优秀班主任	豫教〔2012〕23475号
牛　鹏	太康县实验中学	优秀班主任	豫教〔2012〕23476号
万书桓	扶沟县高中	优秀班主任	豫教〔2012〕23477号
刘广锋	郸城县实验中学	优秀班主任	豫教〔2012〕23478号
张晓雯	河南省淮阳中学	优秀班主任	豫教〔2012〕23479号
刘艳灵	沈丘县刘店镇第一初中	优秀班主任	豫教〔2012〕23480号
黄增伟	周口一高初中部	优秀班主任	豫教〔2012〕23481号
冯　莉	市直一小	优秀班主任	豫教〔2012〕23482号
孟华敏	周口市第一实验小学	优秀班主任	豫教〔2012〕23483号
董新亮	遂平县第二初级中学	优秀班主任	豫教〔2012〕23484号
康　伟	西平县柏城中学	优秀班主任	豫教〔2012〕23485号
刘剑峰	上蔡县第一高级中学	优秀班主任	豫教〔2012〕23486号
祝国辉	汝南县第一初级中学	优秀班主任	豫教〔2012〕23487号
周　霞	平舆县第二初级中学	优秀班主任	豫教〔2012〕23488号
余团结	正阳县第二高级中学	优秀班主任	豫教〔2012〕23489号

续表

姓名	单位	类别	证书编号
李艳晓	确山县第二初级中学	优秀班主任	豫教〔2012〕23490号
刘清华	泌阳县花园乡中心学校	优秀班主任	豫教〔2012〕23491号
余宏涛	驻马店市第四初级中学	优秀班主任	豫教〔2012〕23492号
吴华敏	驻马店市开发区第一小学	优秀班主任	豫教〔2012〕23493号
侯爱国	邵原郝坡中心小学	优秀班主任	豫教〔2012〕23494号
郭　霞	济源市北海中学	优秀班主任	豫教〔2012〕23495号
郝金霞	济源市黄河路小学	优秀班主任	豫教〔2012〕23496号
秦　鸣	巩义市第二高级中学	优秀班主任	豫教〔2012〕23497号
张艳丽	巩义市市直第四初级中学	优秀班主任	豫教〔2012〕23498号
张巧鸽	巩义市子美外国语小学	优秀班主任	豫教〔2012〕23499号
段海勇	兰考县东坝头乡第三中学	优秀班主任	豫教〔2012〕23500号
唐爱银	兰考县城关乡第三初中	优秀班主任	豫教〔2012〕23501号
肖好仁	兰考县闫楼乡初级中学	优秀班主任	豫教〔2012〕23502号
马云峰	汝州市三高	优秀班主任	豫教〔2012〕23503号
郭素霞	汝州市一高	优秀班主任	豫教〔2012〕23504号
范敏霞	汝州市逸夫小学	优秀班主任	豫教〔2012〕23505号
葛明武	汝州市大峪二中	优秀班主任	豫教〔2012〕23506号
王保利	滑县第一高级中学	优秀班主任	豫教〔2012〕23507号
孟士奇	滑县第六高级中学	优秀班主任	豫教〔2012〕23508号
崔建恒	滑县第二高级中学	优秀班主任	豫教〔2012〕23509号
庞学斌	长垣县第十中学	优秀班主任	豫教〔2012〕23510号
刘智慧	长垣县县直实验小学	优秀班主任	豫教〔2012〕23511号
徐艳菊	长垣县蒲北中心校	优秀班主任	豫教〔2012〕23512号
孟　静	邓州市一高中	优秀班主任	豫教〔2012〕23513号
张　云	邓州市城区第三初级中学	优秀班主任	豫教〔2012〕23514号
周英飞	邓州市城区一小	优秀班主任	豫教〔2012〕23515号
邵丽娟	邓州市林扒镇马营小学	优秀班主任	豫教〔2012〕23516号
王建华	永城市高庄镇初级中学	优秀班主任	豫教〔2012〕23517号
刘爱玲	永城市马桥镇第一初中	优秀班主任	豫教〔2012〕23518号
刘蕴霞	永城市陈集镇第二初中	优秀班主任	豫教〔2012〕23519号
赵　轩	永城市实验高级中学	优秀班主任	豫教〔2012〕23520号
杨文劲	固始县黎集镇第一初级中学	优秀班主任	豫教〔2012〕23521号
祝孟林	固始县永和高级中学	优秀班主任	豫教〔2012〕23522号
孙纬云	固始县幸福小学	优秀班主任	豫教〔2012〕23523号
王新友	固始县第三初级中学	优秀班主任	豫教〔2012〕23524号
宋秀山	鹿邑县高级中学	优秀班主任	豫教〔2012〕23525号
王丽华	鹿邑县高级中学	优秀班主任	豫教〔2012〕23526号
时建华	鹿邑县第二高级中学	优秀班主任	豫教〔2012〕23527号
张从书	新蔡县第一高级中学	优秀班主任	豫教〔2012〕23528号
陈　宏	新蔡县第一高级中学	优秀班主任	豫教〔2012〕23529号
刘　旭	新蔡县现代双语实验学校	优秀班主任	豫教〔2012〕23530号
郭秋丽	项城市第一实验小学	优秀班主任	豫教〔2012〕23531号
刘梦宇	项城市第二初级中学	优秀班主任	豫教〔2012〕23532号
李书涛	项城市贾岭镇第一初级中学	优秀班主任	豫教〔2012〕23533号

续表

姓名	单位	类别	证书编号
杜福明	中牟县第二高级中学	优秀班主任	豫教〔2012〕23534号
王素玲	中牟县第四初级中学	优秀班主任	豫教〔2012〕23535号
孙田飞	中牟县官渡路小学	优秀班主任	豫教〔2012〕23536号
朱合清	中牟县实验中学	优秀班主任	豫教〔2012〕23537号
王艳霞	河南省实验中学	优秀班主任	豫教〔2012〕23538号
黄　颖	河南省实验中学	优秀班主任	豫教〔2012〕23539号
孟新平	河南省第二实验中学	优秀班主任	豫教〔2012〕23540号
杨　燕	河南省第二实验中学	优秀班主任	豫教〔2012〕23541号
张　磊	河南省实验小学	优秀班主任	豫教〔2012〕23542号
吴　镜	河南省实验小学	优秀班主任	豫教〔2012〕23543号
王军利	郑州市第四十三中学	优秀德育课教师	豫教〔2012〕23544号
朱新玲	郑州市第106中学	优秀德育课教师	豫教〔2012〕23545号
李　敏	郑州市第三中学	优秀德育课教师	豫教〔2012〕23546号
王志娟	郑州市第六十五中学	优秀德育课教师	豫教〔2012〕23547号
邱建华	郑州市第103中学	优秀德育课教师	豫教〔2012〕23548号
陈绍花	郑州市经开区实验小学	优秀德育课教师	豫教〔2012〕23549号
靳丽雅	郑州市航空港区第十八小学	优秀德育课教师	豫教〔2012〕23550号
许丽娜	新郑市市直中学	优秀德育课教师	豫教〔2012〕23551号
王水敏	登封市商埠街小学	优秀德育课教师	豫教〔2012〕23552号
房建云	开封市第十中学	优秀德育课教师	豫教〔2012〕23553号
刘卫红	开封市第十二中学	优秀德育课教师	豫教〔2012〕23554号
籍　锐	开封市第一师范附属小学	优秀德育课教师	豫教〔2012〕23555号
庄建新	开封市金明小学	优秀德育课教师	豫教〔2012〕23556号
刘永玲	尉氏县洧川镇第一初级中学	优秀德育课教师	豫教〔2012〕23557号
顿雪瑞	开封市龙亭区教育文化体育局教研室	优秀德育课教师	豫教〔2012〕23558号
马仲宏	洛阳市第一高级中学	优秀德育课教师	豫教〔2012〕23559号
张　良	洛阳市第五十一中学	优秀德育课教师	豫教〔2012〕23560号
王忠献	洛阳市第五十五中学	优秀德育课教师	豫教〔2012〕23561号
胡承勇	洛阳市东升第二中学	优秀德育课教师	豫教〔2012〕23562号
张　娜	洛阳市东升第三中学	优秀德育课教师	豫教〔2012〕23563号
王传锋	洛阳市新安县实验小学	优秀德育课教师	豫教〔2012〕23564号
李学涛	洛阳市洛宁县第一实验中学	优秀德育课教师	豫教〔2012〕23565号
和妙红	洛阳市瀍河区外语实验小学	优秀德育课教师	豫教〔2012〕23566号
刘宝针	洛阳市吉利区送庄小学	优秀德育课教师	豫教〔2012〕23567号
樊吕娜	平顶山市育才中学	优秀德育课教师	豫教〔2012〕23568号
赵　辉	舞钢市实验初级中学	优秀德育课教师	豫教〔2012〕23569号
徐学锋	郏县第一实验中学	优秀德育课教师	豫教〔2012〕23570号
孙彩红	平顶山市第五十六中学	优秀德育课教师	豫教〔2012〕23571号
王爱丽	平顶山市第二十八中学	优秀德育课教师	豫教〔2012〕23572号
侯凌飞	平顶山市新城区湖光小学	优秀德育课教师	豫教〔2012〕23573号
王忠付	安阳市第三实验中学	优秀德育课教师	豫教〔2012〕23574号
李小涛	安阳市第三十二中学	优秀德育课教师	豫教〔2012〕23575号
朱庆丰	安阳市新世纪中学	优秀德育课教师	豫教〔2012〕23576号
郭久豫	安阳市梅园中学	优秀德育课教师	豫教〔2012〕23577号

续表

姓名	单位	类别	证书编号
王　英	安阳市幸福中学	优秀德育课教师	豫教〔2012〕23578号
杜红妍	安阳市建安小学	优秀德育课教师	豫教〔2012〕23579号
张天才	鹤壁市浚县第二实验中学	优秀德育课教师	豫教〔2012〕23580号
李喜胜	鹤壁市淇县北阳镇第二初级中学	优秀德育课教师	豫教〔2012〕23581号
孙素巧	鹤壁市鹤山区中山小学	优秀德育课教师	豫教〔2012〕23582号
李爱红	鹤壁市淇滨中学	优秀德育课教师	豫教〔2012〕23583号
魏继光	新乡市第一中学	优秀德育课教师	豫教〔2012〕23584号
冯世伟	新乡市第二中学	优秀德育课教师	豫教〔2012〕23585号
刘正毅	新乡市铁路高级中学	优秀德育课教师	豫教〔2012〕23586号
张　莹	新乡一师附属小学	优秀德育课教师	豫教〔2012〕23587号
张合丽	卫辉市第一完全小学	优秀德育课教师	豫教〔2012〕23588号
赵宗尘	原阳县第一初级中学	优秀德育课教师	豫教〔2012〕23589号
薛芳芳	焦作市实验中学	优秀德育课教师	豫教〔2012〕23590号
赵季香	焦作市第十中学	优秀德育课教师	豫教〔2012〕23591号
张小芳	焦作市第二十八中学	优秀德育课教师	豫教〔2012〕23592号
刘爱民	焦作市修武县第二实验中学	优秀德育课教师	豫教〔2012〕23593号
侯　婧	孟州市韩愈中学	优秀德育课教师	豫教〔2012〕23594号
杨美丽	濮阳市子路小学	优秀德育课教师	豫教〔2012〕23595号
王清斋	濮阳市外国语高中	优秀德育课教师	豫教〔2012〕23596号
任蓉婷	濮阳市油田第一小学	优秀德育课教师	豫教〔2012〕23597号
刘爱梅	高新区新习乡新习小学	优秀德育课教师	豫教〔2012〕23598号
李艳芳	清丰县第一实验小学	优秀德育课教师	豫教〔2012〕23599号
牛会民	濮阳县渠村乡第一中学	优秀德育课教师	豫教〔2012〕23600号
孔丽红	许昌市第三中学	优秀德育课教师	豫教〔2012〕23601号
李岩杰	许昌市第八中学	优秀德育课教师	豫教〔2012〕23602号
郑保胜	许昌市毓秀路小学	优秀德育课教师	豫教〔2012〕23603号
张同英	长葛市第二初级中学	优秀德育课教师	豫教〔2012〕23604号
王学增	许昌县尚集镇中心学校	优秀德育课教师	豫教〔2012〕23605号
王玫芝	鄢陵县安陵镇朱元庄小学	优秀德育课教师	豫教〔2012〕23606号
王　杰	漯河市舞阳县第一高级中学	优秀德育课教师	豫教〔2012〕23607号
周爱琴	漯河市实验中学	优秀德育课教师	豫教〔2012〕23608号
潘林业	漯河市郾城实验中学	优秀德育课教师	豫教〔2012〕23609号
李吉祥	漯河市经济开发区小学	优秀德育课教师	豫教〔2012〕23610号
俞　翔	三门峡市实验高中	优秀德育课教师	豫教〔2012〕23611号
丁　茹	卢氏县城关镇中学	优秀德育课教师	豫教〔2012〕23612号
吕春雨	三门峡市实验小学	优秀德育课教师	豫教〔2012〕23613号
白金玲	渑池县第二小学	优秀德育课教师	豫教〔2012〕23614号
岳党然	新野县上港中学	优秀德育课教师	豫教〔2012〕23615号
刘清转	南阳市第一中学	优秀德育课教师	豫教〔2012〕23616号
张　爽	唐河县第一小学	优秀德育课教师	豫教〔2012〕23617号
朱明发	南召县城关镇第二初级中学	优秀德育课教师	豫教〔2012〕23618号
王　茹	镇平县第一高级中学	优秀德育课教师	豫教〔2012〕23619号
宋江瑞	南阳油田教育中心	优秀德育课教师	豫教〔2012〕23620号
王克选	南阳市第十七小学	优秀德育课教师	豫教〔2012〕23621号

续表

姓名	单位	类别	证书编号
张　娅	桐柏县城关镇第一小学	优秀德育课教师	豫教〔2012〕23622号
杨　淳	南阳市第十六小学	优秀德育课教师	豫教〔2012〕23623号
翟卫华	商丘市第七中学	优秀德育课教师	豫教〔2012〕23624号
吴凤勤	虞城县小侯初中	优秀德育课教师	豫教〔2012〕23625号
房　霞	宁陵县初级中学	优秀德育课教师	豫教〔2012〕23626号
郑　健	柘城县张桥乡第一初级中学	优秀德育课教师	豫教〔2012〕23627号
白义良	商丘市第一中学	优秀德育课教师	豫教〔2012〕23628号
高秋艳	商丘市实验中学	优秀德育课教师	豫教〔2012〕23629号
刘朝欣	商丘市文化路小学	优秀德育课教师	豫教〔2012〕23630号
张　娟	商丘市第一实验小学	优秀德育课教师	豫教〔2012〕23631号
李艳林	信阳市浉河区教育体育局	优秀德育课教师	豫教〔2012〕23632号
胡孝菊	新县高中	优秀德育课教师	豫教〔2012〕23633号
吴玉琴	商城县伏山一中	优秀德育课教师	豫教〔2012〕23634号
陈　涛	信阳高级中学	优秀德育课教师	豫教〔2012〕23635号
李利敏	淮滨县王店一中	优秀德育课教师	豫教〔2012〕23636号
熊乐乐	息县项店镇中心学校	优秀德育课教师	豫教〔2012〕23637号
邓思伟	光山县第三高级中学	优秀德育课教师	豫教〔2012〕23638号
邱　华	信阳市平桥区实验小学	优秀德育课教师	豫教〔2012〕23639号
张新劝	周口市闫庄小学	优秀德育课教师	豫教〔2012〕23640号
付宝琦	商水县实验中学	优秀德育课教师	豫教〔2012〕23641号
侯会霞	西华县艾岗乡第二中学	优秀德育课教师	豫教〔2012〕23642号
何明杰	太康县第一高级中学	优秀德育课教师	豫教〔2012〕23643号
李军莲	扶沟县城关镇红旗小学	优秀德育课教师	豫教〔2012〕23644号
陈　锋	郸城县实验中学	优秀德育课教师	豫教〔2012〕23645号
冯艳辉	淮阳县第二实验小学	优秀德育课教师	豫教〔2012〕23646号
徐宏亮	沈丘县东城回民中学	优秀德育课教师	豫教〔2012〕23647号
李晓航	周口一高初中部	优秀德育课教师	豫教〔2012〕23648号
孙美荣	遂平县特殊教育学校	优秀德育课教师	豫教〔2012〕23649号
董保珠	上蔡县第一高级中学	优秀德育课教师	豫教〔2012〕23650号
庄秋才	平舆县第一高级中学	优秀德育课教师	豫教〔2012〕23651号
尚新成	确山县第一初级中学	优秀德育课教师	豫教〔2012〕23652号
陶建仁	泌阳县泌水镇中心学校	优秀德育课教师	豫教〔2012〕23653号
贾新亚	驻马店市第十初级中学	优秀德育课教师	豫教〔2012〕23654号
张东亚	驻马店市开发区关王庙乡中学	优秀德育课教师	豫教〔2012〕23655号
胡文仁	驻马店市雪松路小学	优秀德育课教师	豫教〔2012〕23656号
杨红敏	济源市沁园中学	优秀德育课教师	豫教〔2012〕23657号
朱军慧	济源四中	优秀德育课教师	豫教〔2012〕23658号
张光武	巩义市第二初级中学	优秀德育课教师	豫教〔2012〕23659号
陶　红	巩义市之朴中学	优秀德育课教师	豫教〔2012〕23660号
张占杰	兰考县三义寨乡付楼小学	优秀德育课教师	豫教〔2012〕23661号
陈金旗	兰考县张君墓镇焦庙小学	优秀德育课教师	豫教〔2012〕23662号
马民强	汝州市五中	优秀德育课教师	豫教〔2012〕23663号
董谡玲	汝州市四中	优秀德育课教师	豫教〔2012〕23664号
杨素能	汝州市实验小学	优秀德育课教师	豫教〔2012〕23665号

续表

姓名	单位	类别	证书编号
李全武	滑县教师进修学校	优秀德育课教师	豫教〔2012〕23666号
李俊耀	滑县第三高级中学	优秀德育课教师	豫教〔2012〕23667号
赵红燕	长垣县樊相镇中心学校	优秀德育课教师	豫教〔2012〕23668号
陈贵荣	长垣县武邱乡武邱中心小学	优秀德育课教师	豫教〔2012〕23669号
王文珍	邓州市花洲中心校校本部	优秀德育课教师	豫教〔2012〕23670号
赵国亚	邓州市城区二初中	优秀德育课教师	豫教〔2012〕23671号
木玉先	邓州市陶营一初中	优秀德育课教师	豫教〔2012〕23672号
卢冰心	邓州市穰东实验学校	优秀德育课教师	豫教〔2012〕23673号
陈　永	永城市苗桥乡第二初级中学	优秀德育课教师	豫教〔2012〕23674号
刘　坤	永城市城关镇胜利中学	优秀德育课教师	豫教〔2012〕23675号
于德新	永城市实验中学	优秀德育课教师	豫教〔2012〕23676号
易松林	固始慈济高中附属初级中学	优秀德育课教师	豫教〔2012〕23677号
梁玉华	固始县第二初级中学	优秀德育课教师	豫教〔2012〕23678号
黄　菽	固始县第一小学	优秀德育课教师	豫教〔2012〕23679号
刘　静	鹿邑县老君台中学	优秀德育课教师	豫教〔2012〕23680号
王庆伟	鹿邑县宋河镇中心学校	优秀德育课教师	豫教〔2012〕23681号
王艳丽	新蔡县第一高级中学	优秀德育课教师	豫教〔2012〕23682号
米　巍	新蔡县现代双语实验学校	优秀德育课教师	豫教〔2012〕23683号
李清云	项城市第一初级中学	优秀德育课教师	豫教〔2012〕23684号
刘纪伟	项城市永丰第一初级中学	优秀德育课教师	豫教〔2012〕23685号
程锋利	中牟县第二初级中学	优秀德育课教师	豫教〔2012〕23686号
肖　杰	中牟县第一初级中学	优秀德育课教师	豫教〔2012〕23687号
杨爱珍	河南省基础教育教学研究室	优秀德育课教师	豫教〔2012〕23688号
焦秋洪	河南省实验中学	优秀德育课教师	豫教〔2012〕23689号
石德玲	河南省实验中学	优秀德育课教师	豫教〔2012〕23690号
何中伟	河南省第二实验中学	优秀德育课教师	豫教〔2012〕23691号

河南省教育厅表彰 2012年度河南省优秀民办学校民办教育先进单位和先进个人名单

一、优秀民办学校

郑市富基明亮外语学校
郑州枫杨外国语学校
郑州交通中等专业学校
通许县丽星中学
尉氏县博文双语学校
洛阳市双语实验学校
洛阳市东方中等专业学校
偃师市实验幼儿园
平顶山世纪星中学
平顶山维多利亚国际幼儿园
安阳市文源高级中学
安阳市文峰区安居幼稚园
焦作市马村区实验学校
焦作市龙源湖实验小学
博爱县勤奋学校
延津县新远实验学校
新乡十中英才学校

鹤壁市淇滨高级中学
濮阳县双语实验学校
清丰县育博苑学校
长葛市天隆学校
禹州市文殊宏升学校
漯河市艺术学校
三门峡黄冈实验学校
新野县文府书院
南阳市枣林中学
虞城县春来小学
民权县九九初级中学
淮阳第一高级中学
太康县永生中学
驻马店开发区华宝幼儿园
汝南县金铺新世纪幼儿园
上蔡县邵店中心幼儿园
信阳市新蕾幼儿园
河南宋基信阳实验中学
淮滨外国语学校
济源市小能人北海中心幼儿园
巩义市新欣学校
兰考县兰苑学校
新蔡县成龙双语学校
滑县火车站初级中学
长垣县河南宏力学校
固始县桃花坞中学
项城市正泰博文学校
邓州市东方爱婴幼儿园
汝州市来青苑学校
鹿邑县外国语学校
永城市小龙人教育集团
郑州成功财经学院
郑州经贸职业技术学院
郑州澍青医学高等专科学校
周口科技职业技术学院
嵩山少林武术职业技术学院
长垣烹饪职业技术学院
漯河食品职业技术学院

二、民办教育服务与管理先进单位

开封市教育局
焦作市教育局
洛阳市教育局
许昌市教育局
新乡市教育局
商丘市教育局
驻马店市教育局
永城市教育体育局
项城市教育体育局
邓州市教育体育局
长垣县教育体育局
滑县教育体育局
郑州市二七区教育体育局
郑州市管城区教育体育局
新密市教育体育局
杞县教育体育局
通许县教育体育局
伊川县教育局
宜阳县教育体育局
嵩县教育局
宝丰县教育体育局
安阳县教育体育局
安阳市殷都区教育体育局
沁阳市教育局
博爱县教育局
焦作市中站区教育局
鹤壁市淇滨区文教体局
新乡市卫滨区教育文化体育局
原阳县教体局
台前县教育局
清丰县教育局
禹州市教育体育局
舞阳县教育科技体育局
灵宝市教育体育局
虞城县教育体育局
民权县教育体育局
淮阳县教育体育局
郸城县教育体育局
平舆县教育体育局
驻马店市驿城区教育体育局
汝南县教育体育局
光山县教育体育局
息县教育体育局
方城县教育体育局
唐河县教育体育局

三、民办教育先进个人

郑州市

张理琳　张新杰　姜兴国　高中峰　刘喜红　段青珍
王丽丽　王向辉　赵保平

开封市

陶伟佳　刘学军　李长庚　郭克林　张妍敏　张文艺
李世鹏　阴丽丽

洛阳市

张克成　买作温　黄文莲　田　洁　吉小宁　刘浩洋
姚汉武　田建中　张财旺

平顶山市

赵俊平　毕延文　刘海涛　安爱真　王红敏　毛　虹

陈新义　焦泉洲

安阳市

田文霞　李银花　苏中华　金存芳　赵丽萍　王新国　杨广生　董太平

焦作市

马秀泉　张志宇　李全利　孙庆堂　魏晓枝　胡世平　杨秋云　蔡林森　马卫兵

鹤壁市

安建国　高玉芬　徐林山　李爱国　李鹤香

新乡市

侯福祥　张　千　郭艳梅　何元猛　魏立新　吉庆兰　徐一铭　周　普

濮阳市

朱继波　蒋利红　孙现生　李德峰　和坤鹏　谷晓芳　王进良　张学武

许昌市

康伟强　张峻领　付永桥　任艳萍　吴艳娜　葛晓静　田亚娟　陈军固

漯河市

徐　玲　刘　晔　曹亦伟　王　楠　刘　晔　陈民广

三门峡市

任樱桃　李铜立　罗丽丽　王秀琴　丁战峰　夏芳飞

南阳市

黄　磊　刘春喜　李　佳　路俊东　杨俊梓　刘尚欣　张　超　田玉菊

商丘市

王心领　丁云侠　宋广钦　杨建领　李振堂　张　帆　金美云　张焕君

周口市

姚学贞　张水堂　董志勇　刘　芳　杜化鹏　刘光运　简建鹏　高玉民　赵　玲　王　浩

驻马店市

王玉洁　宋春营　李新志　范　卫　刘保中　王晶垚　康景兰　史法泉　王清海

信阳市

苏　平　张汉国　程顺学　张　勇　李永生　孙玉先　谢国海　周安喜　张彦林

济源市

翟宇峰　陈立山

省直管试点县(市)、重点扩权县(市)

巩义市:陶　红

滑县:郭勤民

兰考县:刘庆义

汝州市:胡建法

中牟县:李志华

新蔡县:王　铁　彭中华

长垣县:吴民献　毛守阳

鹿邑县:肖文生　蒋　勇

永城市:邵世武　刘　磊

项城市:申　磊　冯　伟　马冰皓

固始县:胡传山　代如洋　汪厚刚

邓州市:石桂丽　赵　毅　李荣霞

民办高校

王广亚　杨雪梅　秦小刚　侯春来　赵国运　李向阳　徐仲昆　刘　欣　刘亮军　王　晨　陈建华　藏智超　马振红　陈国云　尚爱民　李文霞　柴　远　李建国　何　伟　吴泽强　陈　萍　张　欣　晏　祎　樊振江　朱永恒

河南省教育厅表彰 2011年度"五好"基层党组织、十佳优秀共产党员、优秀共产党员、优秀党务工作者名单

"五好"基层党组织(12个)

省教育装备中心党总支
省电教馆党总支
省基础教研室党总支
省职业教研室党支部
省教育信息中心党支部
省学生资助中心党支部
河南机电学校党委
省轻工业学校党委
省工艺美校党委
省工业设计学校党委
省实验中学党委
省实验二中党总支

"五好"党支部、党总支(34个)

厅办公室党支部
厅人事处党支部
厅发规处党支部
厅高教处党支部

厅学生处党支部
厅组干处思政处党支部
厅体卫艺处离退处党支部
厅纪检组机关党委党支部
省招办综合处党支部
省招办纪委监察处党支部
省招办信息宣传中心党支部
河南教育报刊社机关报刊党支部
省电教馆第二党支部
省基础教研室理科党支部
郑州测绘学校教学党支部
郑州测绘学校机关党支部
郑州工贸学校地质工程与资源勘察系党总支
郑州工贸学校后勤党支部
省工业学校校学团党支部
省工业学校教务党支部
河南机电学校教学第一党支部
河南机电学校行政第一党支部
省轻工业学校经济管理系党支部
省轻工业学校化学工程系党支部
省工艺美术学校学生管理党支部
省工艺美术学校工业设计系党支部
省工业设计学校教学第二党支部
省工业设计学校学生党总支
省实验中学本校高二党支部
省实验中学分校高三党支部
省实验二中第二党支部
省实验小学第一党支部
省实验小学郑东小学党支部
省实验幼儿园鑫苑名家分园党支部

十佳优秀共产党员名单(10名)(以姓氏笔画为序)

王军德　郑州测绘学校大地工测教学部主任
冯　艳　省实验中学团委书记、德育教师
史道祥　河南教育报刊社《河南教育》主编
许小国　省装备管理中心国育公司经理
佟满河　河南机电学校实训中心主任
张秋萍　省实验幼儿园园长
陈志宇　省实验二中学生处主任、体育教师
陈垠亭　厅机关发展规划处处长
赵留喜　郑州工贸学校校长
崔柏林　省职业教研室网管办主任

优秀共产党员(149名)

省教育厅机关　揣振海　罗莉娟　张　哲　杨　冰　张　晖　王　凯　韩小爱　吴建中　平　奇　杨维纳　宋　辉　王　鹏　夏　青　张水潮　高　翔　王新生　王　飞　李景堂　金振鹏　武仕祥　赵淑清　岳鹏飞
省招办　陈　举　李建民　陈　强　沈长云　王智军　袁启德　介小伟　王　宏　赵　昕　张献振
河南教育报刊社　王　源　刘学才　荆西海　贺今伟　侯　岩　陈　锋　朱小琳　张智勇　侯军锋
省教育装备中心　景泽强　姜　燕　刘利生　孙艳红
省电教馆　崔瑞峰　刘新超　毋钢军　雷　琨
省教科所　马　洪
省基础教研室　李海龙　陈保新　丁亚宏　张　琳
省成人教研室　李义锋　詹绍玲
省职业教研室　孙琪琪
厅机关服务中心　赵玉堂　王留根
省教育信息中心　张　娜
省学生资助中心　孙惠萍
郑州测绘学校　李骏元　李玉潮　贾承清　王继增　王建设　田　军　侯方国　朱文军
郑州工贸学校　蒋　辉　杨永利　张建成　刘效振　申国喜　白　颖　樊守德　杨国华　陈　宇
省工业学校　贺志范　周银环　刘兰河　汪海平　路晶晶
河南机电学校　丁　汀　王晓侃　刘明芳　张永三　李　森　李　想　沈志平　尚淑玲　段松凯　霍志军
省轻工业学校　樊安新　薛本萍　胡艳霞　李　阳　黄建华　罗海彬　冯来民　乔海霞
省工艺美术学校　付中承　谷晓红　赵天俊　解　玮　李成民　李珊珊
省工业设计学校　樊健林　田　涛　曹永智　向　上　李　勇　陈立功　邓永红　栾　晨
省电子科技学校　马瑾瑞
省实验中学　张　倩　夏文心　杨黎娜　崔　爽　刘春城　张何娟　荆玲玲　王　华　李　漾　贾　楠　贾春丽　吴建新　阎俊合　安剑琴　张　会　杨莉莉　李　莎
省实验二中　刘新平　樊　敏　霍金峰
省实验小学　刘程元　石真真　常学银　孙保国　徐永梅　徐艳霞　李学军　刘　明　林　铮
省实验幼儿园　詹　慧　赵焕平　张婷婷　徐淳纯

优秀党务工作者(48名)

省教育厅机关　张冰燕　丁建志　陈垠亭　李培俊　焦元庆　庞晓东　张　华　张延华　李志刚　李伟民　陈兆武　应文斌

	吕　冰
省招办	王予洁　吕宜旺　穆振宇
河南教育报刊社	张剑光
省教育装备管理中心	王德如
省电教馆	陈冰文
省教科所	韩和鸣
省基础教研室	赵　阳
省成人教研室	任慧婷
省职业教研室	宋安国
厅机关服务中心	郑　刚
省教育信息中心	曲　兵
省学生资助中心	洪　波
郑州测绘学校	郑殿军　茹良勤
郑州工贸学校	张　霖　李俊峰
省工业学校	杨宏涛　张民芳
河南机电学校	苏全卫　范红伟
省轻工业学校	常　江　毛超英
省工艺美术学校	李　刚　石全玉
省工业设计学校	陈立超　闫丛立
省电子科技学校	陈秋风
省实验中学	周　欢　王　琪
省实验二中	孟新平
省实验小学	张　青　王书钧　张春玲
省实验幼儿园	韩晓德